W0054842

P. G. Zimbardo

Psychologie

Bearbeitet und herausgegeben von
W. F. Angermeier J. C. Brengelmann Th. J. Thiekötter

Anhang: Lern- und Arbeitshilfen von K. Westhoff

Vierte, neubearbeitete Auflage

Mit 322 zum Teil farbigen Abbildungen

Springer-Verlag
Berlin Heidelberg New York Tokyo 1983

Autoren:
Philip G. Zimbardo, Ph. D., Professor of Psychology, Stanford University
Floyd L. Ruch, Ph. D., University of Southern California
(beratender Mitarbeiter)

Herausgeber und Bearbeiter:
Prof. Dr. Wilhelm F. Angermeier, Psychologisches Institut I der
Universität zu Köln, Lehrstuhl Psychologie II, Meister-Ekkehart-Straße 9,
5000 Köln 41
Prof. Dr. Dr. Dr. Johannes C. Brengelmann, Direktor der Psychologischen
Abteilung, Max-Planck-Institut für Psychiatrie, Kraepelinstraße 10,
8000 München 40
Dr. Thomas J. Thiekötter, Wissenschaftlicher Mitarbeiter, Springer-Verlag,
Tiergartenstraße 17, 6900 Heidelberg 1
Dr. Karl Westhoff, Luxemburger Ring 22, 5100 Aachen

Übersetzer:
Erwin Hachmann, Hildegard Koch, Marina Kolb, Maren Langlotz,
Gabriele Niebel, Gisela Saalfeld

Titel der amerikanischen Originalausgabe:
Essentials of Psychology and Life, Brief 10th Edition
Copyright © 1979, 1976, 1975, 1971, 1967 by Scott, Foresman and Company,
Glenview, Illinois 60025, USA

ISBN 3-540-12123-4 4. Auflage Springer-Verlag Berlin Heidelberg New York Tokyo
ISBN 0-387-12123-4 4th edition Springer-Verlag New York Heidelberg Berlin Tokyo

ISBN 3-540-08719-2 3. Auflage Springer-Verlag Berlin Heidelberg New York
ISBN 0-387-08719-2 3rd edition Springer-Verlag New York Heidelberg Berlin

CIP-Kurztitelaufnahme der Deutschen Bibliothek
Zimbardo, Philip G.: Psychologie / P.G. Zimbardo. Bearb. u. hrsg. von W. F. Angermeier...
[Übers.: Erwin Hachmann...]. – Berlin; Heidelberg; New York; Tokyo: Springer. Einheitssacht.:
Psychology and Life < dt. >
NE: Angermeier, Wilhelm F. [Bearb.]. [Hauptbd.]. – 4., neubearb. Aufl. – 1983.
ISBN 3-540-12123-4 (Berlin, Heidelberg, New York, Tokyo)
ISBN 0-387-12123-4 (New York, Heidelberg, Berlin, Tokyo)

Satz und Druck: Offsetdruckerei Julius Beltz OHG, Hemsbach
Bindearbeiten: J. Schäffer OHG, Grünstadt. 2126/3140-543210

Vorwort zur vierten Auflage

Die nun vorliegende 4., erneut überarbeitete und auf den neuesten Forschungs-
stand gebrachte Auflage der „Psychologie" bringt – wie seine Vorgänger auch –
einen informativen, umfassenden Überblick über das Gesamtgebiet der Psychologie als einer angewandten Sozialwissenschaft.

Entschließen sich die Herausgeber, einer umfassenden Neubearbeitung der in
10. Auflage vorliegenden amerikanischen Originalausgabe den Vorzug vor
einer völligen Neukonzeption zu geben, so hat dies gute Gründe: Psychologie als
angewandte Sozialwissenschaft und umfassende Disziplin einer „behavioral
science" kann im amerikanischen Raum auf eine nunmehr lange Tradition
alltagsnaher, praktischer Anwendung zurückblicken. Aus seiner Nähe zur
lebensnahen, „handgreiflichen" Anwendung bezieht das Buch seine Frische und
die Dynamik seiner Argumentation. Das Buch ist in der Auseinandersetzung
mit seinen Lesern und in der direkten Lehrerfahrung mit Studenten der
Sozialwissenschaften gewachsen; es verdankt sich in seiner jetzigen Gestalt den
Autoren nicht weniger als seinen Benutzern. Besonderes Gewicht wurde
deshalb auch jetzt wieder vermehrt der didaktischen Gestaltung und Ausstattung geschenkt. Zentrale Konzepte und Theorien der Psychologie werden nicht
nur umfassend dargestellt, sondern „Unter der Lupe" veranschaulicht und
vertieft.

Um dem Benutzer bei seinem Einstieg in die Themenvielfalt der Psychologie
möglichst effizient zur Seite zu stehen und Wissenserwerb und Kenntnisvertie-
fung nach Möglichkeit zu fördern, haben die Herausgeber der 4. Auflage einen
zusätzlichen Anhang eingearbeitet, der die bisher nur separat erhältlichen Lern-
und Arbeitshilfen von Westhoff in gleichfalls überarbeiteter Form in die Arbeit
mit dem Lehrbuch integriert. Durch die Möglichkeit, das eigene Verständnis der
neuen Materie zu prüfen, anhand von Fragen das eigene Studium gezielt zu
gestalten und Perspektiven und Gewichtungen bei der Lektüre des Textes zu
konzentrieren, hat der Leser nunmehr alle Möglichkeiten zur Hand, sich seinen
individuellen Weg durch das Lehrbuch der Psychologie zu gestalten. Die
Herausgeber sind guter Hoffnung, daß das Buch in seiner vorliegenden Gestalt
seinen Adressaten, den Anfangssemestern der Psychologie, Pädagogik, Soziologie und Medizin gleiche – oder noch bessere – Dienste erweist, wie seine drei
Vorgängerauflagen.

Köln, München, Heidelberg im Juli 1983   Die Herausgeber

Inhaltsübersicht

Inhaltsverzeichnis

Teil I
Die wissenschaftlichen und menschlichen Grundlagen der Psychologie

Einleitung

Psychologie ist Wissenschaft vom Verhalten. Psychologie ist die Frage nach dem, was den Menschen bewegt.

Psychologie befaßt sich mit dem menschlichen Geist.

Psychologie befaßt sich mit der Frage, wie Lebewesen mit ihrer Umwelt und miteinander fertig werden. In der Psychologie begegnen sich die Philosophie, die Biologie, die Soziologie, die Physiologie und die Anthropologie.

Psychologie ist das, was den Menschen von einer Maschine unterscheidet.

Psychologie ist eine Art Wissen und Vorgehen, welches benutzt werden kann, um die Qualität menschlichen Lebens zu verbessern.

Psychologie ist all das – und vielleicht noch mehr.

Es ist heute nahezu unmöglich, eine Zeitung zu lesen, ohne auf irgendwelche psychologischen Phänomene wie z. B. Drogenmißbrauch, Gewalttätigkeit, Sexualität, Eignungsuntersuchungen, Intelligenztests und vieles andere zu stoßen. Was sind das für Berichte? Worauf basieren sie? Bevor man sich aufgrund dieser Berichte entscheidet, etwas zu tun oder zu unterlassen, sollte man sich über deren Glaubwürdigkeit im klaren sein.

Wir werden versuchen, solche Fragen im einzelnen zu beantworten, indem wir die üblichen Verallgemeinerungen, die uns immer wieder als sog. „psychologische Wahrheiten" angeboten werden, genauer untersuchen. Bei diesem Vorgehen werden wir auf viele Fehler eingehen, die durch zufällige Beobachtung, unkontrollierte Voreingenommenheit sowie durch den sog. „gesunden Menschenverstand" entstehen.

Im ersten Teil dieser Einführung in die Psychologie werden wir einen Überblick darüber geben, was Psychologen tun, welche Methoden sie anwenden und wie sich ihre Arbeitsweise zu der anderer Disziplinen verhält.

Psychologische Forschung versucht die Struktur des Verhaltens aufzuzeichnen, Ursachen von Reaktionen zu finden und Sinn und Ordnung dort zu sehen, wo oft Zufälligkeit und Chaos zu herrschen scheinen. Da die Psychologie ein Bestandteil des täglichen Lebens ist, werden wir versuchen zu zeigen, wie die Methoden der psychologischen Forschung und deren Ergebnisse oft Aussagen ermöglichen, die für jeden von uns interessant und von Bedeutung sind.

Bei der Untersuchung psychischer Prozesse gibt es gewöhnlich 3 grundsätzliche Probleme zu berücksichtigen: Wie stellt man die richtigen Fragen, wie findet man die richtigen Antworten und wie bewertet man deren Gültigkeit? Dementsprechend befassen sich die ersten Kapitel dieses Buches mit der Erforschung von Verhaltensphänomenen auf unterschiedlichen Ebenen, mit Methoden der wissenschaftlichen Fragestellung und mit Möglichkeiten, falsche Aussagen einzugrenzen.

Psychologen befassen sich i. allg. mit dem Studium des Verhaltens lebender Organismen, und zwar sowohl mit *externalem* wie auch mit *internalem* Verhalten. Das internale Verhalten ist entweder physiologisch oder erfahrungsbedingt. Physiologisches Verhalten beinhaltet biochemische und elektrische Vorgänge innerhalb des Körpers und kann oft direkt gemessen werden. Erfahrungsbedingt sind Prozesse wie Gedanken und Gefühle, von denen man vermutet, daß sowohl ihre Ursachen wie auch ihre Wirkungen im Nervensystem zu suchen sind, die meist zu komplex und unzugänglich sind, als daß man sie direkt messen könnte.

Psychologen stehen gewöhnlich Versuchen, innere „subjektive" Erfahrungsprozesse wie z. B. Träume, Gedanken und Phantasien zu untersuchen, argwöhnisch gegenüber und bevorzugen das Studium äußeren Verhaltens, bei dem die entsprechenden Reaktionen oft direkt meßbar und Beobachtungen gut kontrollierbar sind.

Kapitel 2 wird sich mit den physiologischen Grundlagen des inneren und äußeren Verhaltens befassen.

Beim Studium der frühen Entwicklungsphasen des Organismus (Kap. 3) stoßen wir auf 2 Probleme: Wo liegen die *Ursprünge* von Verhaltensmustern, und welche Möglichkeiten gibt es, solche Verhaltensmuster zu *verändern?* Auch in späteren Kapiteln werden wir uns auf das offene Verhalten konzentrieren, um genauer zu sehen, wie Verhalten modifiziert wird, und welche Bedeutung der Aufmerksamkeit, der Wahrnehmung, dem Denken und der Kreativität bei der Ausformung des Verhaltens zukommt. Von Zeit zu Zeit jedoch werden wir uns überlegen müssen, inwieweit für ein weiteres Verständnis des Verhaltens nicht doch ein breiteres Gesichtsfeld notwendig ist – nämlich eines, welches die erfahrungsbedingte Seite des Verhaltens mit einschließt.

1 Die Psychologie als wissenschaftliches System

Bei einem Psychologielehrbuch ist der Leser auch zugleich der Stoff des Buches; er bringt ein ganzes Leben voll Erfahrung mit, hat bereits Beobachtungen über sein eigenes Verhalten und das von anderen angestellt und hat Erklärungen dafür bereit, wie bestimmte Vorgänge miteinander zusammenhängen und warum er selbst ein bestimmtes Verhalten zeigt. Manchmal versucht er vorauszusagen, wie andere auf sein Verhalten reagieren werden. Schließlich und endlich versucht er Kontrolle auszuüben, indem er sein eigenes Verhalten ändert, seine Umwelt umgestaltet und andere beeinflußt.

In diesem Kapitel werden wir zu zeigen versuchen, warum zufällige und unregelmäßige Beobachtungen sowie solche, die sich auf den „gesunden Menschenverstand" verlassen, für die Beurteilung menschlichen Verhaltens unzureichend sind.

Wenn man seinen Augen und Ohren trauen darf

Wie kommen unsere Auffassungen über die Natur, insbesondere „die menschliche Natur" zustande? Wie beurteilen wir Aussagen darüber, warum bestimmte Leute ein bestimmtes Verhalten zeigen?

Wir lernen, was der Mensch ist, auf was er reagiert und wie er reagieren sollte, durch Beobachtung, Eindrücke, Fragen, Aussagen anderer, durch Lesen und Denken. Unser Verständnis kommt also entweder direkt aus eigener Erfahrung mit unserer Umwelt oder indirekt durch die Erfahrung anderer, die uns vermittelt wird.

Wir nehmen vieles als gegeben an, insofern als wir es akzeptieren, ohne uns über mögliche Alternativen Gedanken zu machen (z.B. vertraut ein Kind den Erklärungen seiner Mutter, warum die Dinge so und nicht anders sind). So

werden Anschauungen verallgemeinert und Verallgemeinerungen werden zu einer persönlichen Auffassung über das, was wahr ist. Diese Verallgemeinerungen benutzen wir als Zusammenfassungen unserer persönlichen Erfahrung. Sie üben einen prägenden Einfluß darauf aus, was und wie wir in Zukunft wahrnehmen. Schon sehr früh hören wir auf, die Dinge so zu sehen wie sie sind, und unsere Wahrnehmung wird durch unsere eigenen Erwartungen, die auf früheren Verallgemeinerungen basieren, beeinflußt. Hugo Münsterberg (1908) gab folgenden Bericht über die Verschiedenartigkeit der von Journalisten auf einer Friedenskundgebung gemachten Beobachtungen:

„Die Journalisten saßen direkt vor der Rednertribüne. Einer schrieb, daß die Zuhörer über meine Ansprache so überrascht waren, daß sie sich ganz still verhielten; ein anderer schrieb, daß ich dauernd durch lauten Beifall unterbrochen wurde und daß dieser am Ende meiner Ansprache minutenlang anhielt. Der eine schrieb, daß ich während der Ansprache meines Gegners dauernd lächelte; der andere beobachtete, daß ich keinerlei Miene verzog. Der eine schrieb, daß ich rot vor Aufregung, der andere, daß ich weiß wie Kalk wurde. Der eine berichtete, daß mein Gegner während der Ansprache dauernd auf der Rednertribüne auf und ab ging; der andere sagte, er habe die ganze Zeit an meiner Seite gestanden und mir väterlich auf die Schulter geklopft."

Sicherlich hat hier jemand nicht die Wahrheit erzählt. In Kap. 9 werden wir sehen, wie Wahrnehmungen durch Einstellungen, Motive und Erwartungen beeinflußt werden. Unsere gegenwärtige Aufgabe besteht jedoch darin zu zeigen, wie fehlerhaft eine angeblich glaubwürdige Darstellung der Realität sein kann.

Wir wollen jetzt beginnen; nicht am Anfang des Lebens mit dem Säugling oder dem neugierigen Kind, sondern mit einem Studenten, der sich Annoncen anschaut oder Zeitungen und Illustrierte liest. Natürlich glaubt der aufgeklärte Student nicht alles, was er liest oder am Fernsehschirm sieht, aber es ist möglich, daß er Dinge glaubt, die sich auf Statistiken stützen, auf Feststellungen von anerkannten Autoritäten, auf wissenschaftliche Tests, auf Umfragen, auf Interviews und Forschungsberichte. Oft werden auch Feststellungen, die den Stempel der Wissenschaft tragen, allgemein für bare Münze genommen. Was wir hier zeigen wollen, ist der Unterschied zwischen pseudowissenschaftlichen Schlußfolgerungen (die gefährlich sein können) und Schlußfolgerungen, auf die man sich verlassen kann, weil sie sich auf wissenschaftliche Methoden stützen.

Im folgenden wollen wir herausfinden, wie man zu gültigen Schlußfolgerungen gelangt. Unser Material befaßt sich mit dem Leben, so wie es in den Massenmedien dargestellt wird.

Die Wahrheit kann unter verschiedenen Warenzeichen angeboten werden

Reklame ist dazu bestimmt, nicht nur Verhalten, sondern auch Ideen zu manipulieren. Werden wir von der Reklame belogen? Nehmen wir z. B. an, daß Sie eine Pille haben möchten, um ein gewöhnliches Kopfweh loszuwerden. Würden Sie deshalb glauben, daß eine Pille tatsächlich die beste ist, weil es heißt: „Tests seitens der Regierung haben gezeigt, daß keine Kopfwehtablette wirksamer ist als die XYZ-Pille"?

Was die Reklame nicht erwähnt, ist die Tatsache, daß die Tests, die von einer Regierungskommission durchgeführt und im Dezember 1962 veröffentlicht wurden (*Journal of the American Medical Association*) zeigten, daß kein Unterschied zwischen den 5 Kopfwehtabletten, die geprüft wurden, besteht, weder in der Schnelligkeit der Schmerzlinderung noch in der allgemeinen Wirksamkeit. Natürlich ist es wahr, daß keine Tablette wirksamer war als die XYZ-Tablette, aber es war auch keine *weniger* wirksam. Betrachtet man diesen Zusatz, erscheint die obige Behauptung in einem etwas anderen Licht.

Die Brünetten können einem leid tun

Eine andere Reklame bietet ein Haarfärbemittel an und zeigt, daß die hübschen und glücklichen Mädchen in dem Film (bzw. auf dem Bild) dafür belohnt werden, daß sie neuerdings blond sind. Es soll angedeutet werden, daß z. B. die durchschnittliche brünette Studentin auf ihrem Zimmer oder in der Bibliothek sitzt und sich mit einem Buch wie diesem herumschlägt, während sich ihre blonde Freundin irgendwo amüsiert. Haben denn wirklich nur die Blonden Spaß oder zumindest mehr Spaß als die Brünetten?

Die oben dargestellten Beispiele sollen uns dazu bringen, nur auf diejenigen Fälle zu achten, die für das Beispiel sprechen. So gehörten für Hollywood z. B. blonde Haare und Sex-Appeal zusammen. Dadurch wurde das Image von Stars wie Marilyn Monroe, Mae West und Jean Harlow aufgebaut. Dann kommt die Haarfärbemittel herstellende Industrie und zeigt auf dem Bildschirm blonde Mädchen, die sich gut amüsieren. Dies dient lediglich der Bestätigung einer bereits früher gebildeten Verallgemeinerung. Hinzu kommt, daß, wenn Blondinen und andere diese Verallgemeinerungen glauben, sie ihr Verhalten so ändern, daß sich ihre Erwartungen erfüllen. So spricht man z. B. mit einer dümmlichen amüsierwütigen Blondine nicht über ernsthafte Dinge und gewinnt dadurch mehr Zeit für unwichtige, amüsante Dinge usw. Das kann dazu führen, daß wir letztendlich beobachten, daß Blondinen mehr Zeit damit verbringen, sich zu amüsieren. Aus einer Behauptung ist eine „sich selbst erfüllende Prophezeihung" ("self fulfilling prophecy") geworden.

Rauchen und Zensuren

Vielleicht haben wir schon gelernt, gegenüber Reklame mißtrauisch zu sein; aber wie steht es mit Presseberichten? Was würden Sie z. B. von einem Bericht halten, der besagt, daß Studenten, die rauchen, schlechtere Zensuren bekommen? Muß der neuimmatrikulierte Student das Rauchen aufgeben, um auf der Universität erfolgreich zu sein? Hier brauchen wir weder die Daten selbst noch die Korrelation zwischen den zwei Arten von Verhalten zu bezweifeln (Rauchen der Studenten und die Zensuren, die die Dozenten vergeben). Wir sollten vielmehr die angenommene Kausalität betrachten. Was führt zu was? Wenn Zensuren und Rauchen negativ miteinander korrelieren, werden dann die Zensuren besser, wenn der Student weniger raucht? Dies würde nur dann eintreten, wenn die beiden

Vorgänge direkt miteinander verbunden wären. Wir können jedoch mehrere andere kausale Zusammenhänge annehmen, die zu unseren Beobachtungen passen. Zunächst einmal wäre es möglich, daß Rauchen tatsächlich schlechtere Zensuren verursacht. Wäre das wahr, dann müßte die Anzahl der gerauchten Zigaretten negativ mit der Durchschnittszensur korrelieren und die Zensuren müßten sich je nach Anzahl der gerauchten Zigaretten verändern. Aber nehmen wir einmal an, daß schlechte Zensuren das Rauchen verursachen. In einem Zeitungsbericht lesen wir tatsächlich, daß „Studenten mit schlechten Zensuren eine bestimmte psychologische Reaktion zeigten, die oft zu nervösen Angewohnheiten wie Rauchen und Nägelbeißen führte". Wenn dem so ist, dann würde die Änderung des Effekts (des Rauchens) die Ursache nicht verändern (schwache Zensuren).

Es könnte auch sein, daß beide Faktoren durch einen dritten verursacht werden, z.B. durch „nervöse Reizbarkeit". Dieser Faktor könnte zum Rauchen, zu wenig effektiven Lerngewohnheiten und den daraus resultierenden schlechten Zensuren führen. Wenn man so argumentiert, könnte eine Reduzierung des Rauchens die Nervosität erhöhen, was wiederum zu einer Störung des Lernvorgangs und damit zu schlechteren Zensuren führen könnte. Es wäre möglich, daß das Rauchen ein Sicherheitsventil ist, welches einer bestimmten Anzahl von Studenten hilft, bessere Zensuren zu bekommen.

Es ist augenscheinlich, daß 2 Faktoren, die systematisch abhängig voneinander variieren, nicht unbedingt in einem direkten Ursache-Wirkung-Verhältnis zueinander stehen müssen. Bevor wir nicht mehr über diese Dinge wissen, erscheinen andere Erklärungen ebenso plausibel wie die hier gegebenen. In dem oben angeführten Beispiel können wir zumindest noch eine andere Alternative anbieten (vielleicht können auch Sie zusätzliche Alternativen angeben?). Es wäre z.B. möglich, daß die Dozenten diejenigen Studenten nicht leiden können, die während der Vorlesung rauchen (weil es so aussieht, als ob sie dem Dozenten nicht genügend Aufmerksamkeit schenkten, nicht fleißig genug seien etc.) und sie deshalb diesen Studenten schlechtere Zensuren geben. In solchen Fällen kann das Einstellen des Rauchens zu besseren Zensuren führen. Die Ursache wäre dann

die Veränderung der Wahrnehmung des Dozenten und nicht die Verhaltensänderung beim Studenten.

Der 8. Sinn

In einem Zeitungsartikel wurde berichtet, daß von der Hälfte derer, die starben, 85% sich der „Vorboten des Todes direkt bewußt waren". Können wir daraus schließen, daß ältere Leute einen speziellen Sinn entwickeln, mit dem sie ihren Tod vorausahnen?
Da die Wahrscheinlichkeit zu sterben für Leute über 70 ziemlich hoch ist, erscheint es uns realistisch, daß diese den Tod in nicht allzu ferner Zeit erwarten und deshalb eine Reihe von körperlichen Symptomen als Vorboten desselben betrachten. Diese 85%ige Genauigkeit besagt aber nichts, wenn wir nicht wissen, um wie viele Leute es sich insgesamt handelt, und wie viele unter den verbleibenden *fälschlicherweise* glauben, daß auch sie Vorboten des Todes wahrgenommen hätten.

Sex kann einen verrückt machen

Ein anderer Zeitungsartikel berichtete über die Arbeit eines Psychiaters, der feststellte, daß 86% einer Gruppe von Studentinnen, die sich in psychiatrischer Behandlung befanden, Geschlechtsverkehr gehabt hatten, verglichen mit nur 22% einer Gruppe an der gleichen Universität, die sich nicht in psychiatrischer Behandlung befand. Die Daten wurden mit Hilfe eines Fragebogens ermittelt, und der Psychiater soll aus diesen Daten geschlossen haben, daß seine Patientinnen „Opfer der Sexrevolution" geworden seien. Würden auch Sie diesen Schluß ziehen? Es handelt sich hier um 2 Behauptungen:

1. daß ein viel höherer Prozentsatz von Patienten Geschlechtsverkehr hatte als Nichtpatienten und
2. daß die sexuelle Aktivität der Patienten ein kausaler Faktor für deren emotionale Probleme sei.

Diese Schlußfolgerungen mögen wahr sein, aber bevor wir sie akzeptieren können, müssen wir wiederum verschiedene Fragen stellen. Zunächst, wie groß war die Gruppe der psychiatrischen Patienten? Die überraschend große

Zahl von 86% könnte sich z. B. daraus ergeben haben, daß von 7 Mädchen 6 nicht „nein" sagen konnten. Glich die Patientengruppe der Nichtpatientengruppe generell, außer in bezug auf sexuelle Betätigung, oder bestanden auch noch andere Unterschiede (wie z. B. weniger Erfolg im Studium oder mehr Probleme zu Hause), welche eine erhöhte Anfälligkeit der Patientengruppe im Rahmen des Universitätslebens verursachten? Ferner gehen die Schlußfolgerungen weit über die ursprünglich befragte Gruppe hinaus. Es wird auf die gesamte Gruppe der Studentinnen generalisiert, es wird uns aber nicht gesagt, wie groß die ausgewählte Gruppe war oder inwieweit sie repräsentativ für alle Studentinnen war.

Man könnte sich auch vorstellen, daß die nicht behandelten Studentinnen einen etwas „frisierten" Selbstbericht gaben, indem sie ihre Promiskuität unterschätzten, während die Patientinnen entweder ehrlicher oder angeberischer waren. Die Schlußfolgerungen bezogen sich also nicht auf den Selbstbericht, sondern auf das Verhalten, das durch solche Berichte angesprochen wird. Deshalb können wir auch nicht ohne weiteres annehmen, daß Selbstberichte und tatsächliches Verhalten miteinander perfekt korrelieren. Durch Selbstberichte dargestellte Unterschiede zwischen Gruppen können Unterschiede reflektieren, die sich nicht auf das beschriebene Verhalten direkt beziehen, sondern auf das, was die beiden Gruppen von sich selbst berichten wollten. So kann es durchaus sein, daß die Patientinnen ihre sexuelle Aktivität als einen der wenigen gesunden Aspekte ihres Lebens betrachteten und die psychiatrische Hilfe aus ganz anderen Gründen suchten.

Wir können also letzten Endes nur feststellen, daß sich die Patientinnen sexuell mehr betätigten als die Nichtpatientinnen. Ihr tatsächliches Verhalten aber können wir nicht miteinander vergleichen, und wir wissen auch nicht, ob die Probleme der Patientinnen in ihrer sexuellen Aktivität begründet waren oder mit dieser in keiner Beziehung standen.

Nicht genügend Daten ...

Wir machen uns Sorgen über die schädlichen Einflüsse von LSD auf die Jugend unseres Landes und Gedanken über die mögliche Entdek-

kung von Krebsursachen. Beides wurde kürzlich in einem Bericht miteinander in Beziehung gebracht, in dem „der Beweis für ein mögliches Bindeglied zwischen der halluzinogenen Droge LSD und Leukämie" geliefert wurde.

Über dieses mögliche Bindeglied berichtete ein Arzt aus Australien, dessen Schlußfolgerungen aus der Arbeit mit genau einem Patienten resultierten. Dieser Patient erkrankte an Leukämie genau ein Jahr nach der Verabreichung von LSD im Rahmen eines Therapieprogramms für emotionale Probleme.

Obwohl die kontrollierte Analyse eines einzigen Falles Material zu gültigen Schlußfolgerungen liefern kann, werden i. allg. solche zufälligen und unkontrollierten Beobachtungen, wie sie hier an einem einzigen Fall gemacht wurden, nicht als Beweis zugelassen.

Darf man den Statistiken glauben?

Die Tagespresse erinnert uns häufig an die sich stetig erhöhende Zahl von Verkehrstoten; dies geschieht besonders dann, wenn Vergleiche zwischen der Anzahl von Verkehrstoten an einem Feiertag in diesem und im letzten Jahr angestellt werden. In Abb. 1.1 sehen wir, daß in den USA die Zahl der Verkehrstoten von etwa 38 000 im Jahr 1936 auf über 56 000 im Jahr 1969 anstieg. 1936 fuhren die Amerikaner insgesamt etwa 22 Mrd. Meilen, 1969 etwa 1000 Mrd. Meilen. Der diese Abbildung betrachtende Pessimist wird sagen, daß die Todeskurve stetig mit der Zahl der gefahrenen Meilen ansteigt.

Nun wollen wir uns aber das Verhältnis zwischen diesen beiden Zahlen näher ansehen. Bei den gefahrenen Meilen gab es eine Steigerung von insgesamt 500%, verglichen mit einer Steigerung der Verkehrstotenziffer um etwa 50%. Um dieses Verhältnis besser zu verstehen, müssen wir jetzt Abb. 1.2 betrachten, in der eine zusätzliche Kurve eingetragen ist, die die Zahl der Verkehrstoten für je 100 Mio. gefahrene Meilen zeigt.

Wir stellen fest, daß, so gesehen, die Anzahl der Verkehrstoten innerhalb der hier dargestellten Zeitperiode etwa auf ein Drittel gesunken ist. Am meisten freuen wir uns über das bemerkenswerte Absinken seit 1966, was bedeuten kann, daß die zahlreichen Programme, wie z. B. verbesserte Fahrzeugkonstruktion, Verkehrserzie-

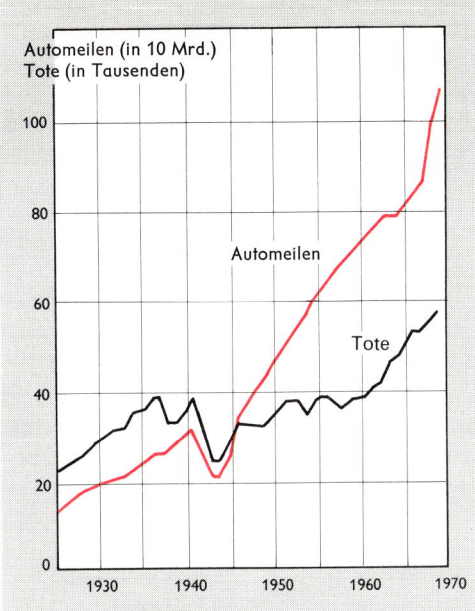

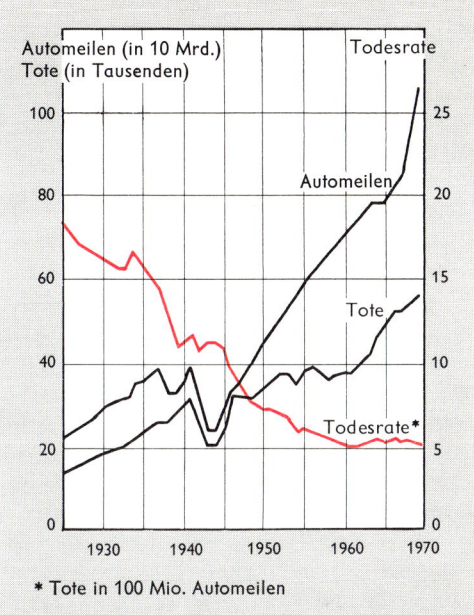

Abb. 1.1. Verkehrstote und Automeilen. (Nach US Safety Council 1969)

Abb. 1.2. Verkehrstote, Automeilen und Todesrate. (Nach US Safety Council 1969)

hung und gesetzliche Maßnahmen, erfolgreich waren. Keine der hier gezeigten Kurven ist „realer" als die andere. Sie zeigen lediglich ein und dieselbe Realität auf unterschiedliche Art. Dies geschieht durch die zugrundeliegende Konzeption und die Wahl der statistischen Formulierung.

Jetzt müßte man schwarz sein, wo die Polizei die Weißen verprügelt

„Arme Weiße werden von unnötig angewendeter Polizeigewalt mehr betroffen als Neger", hieß es in einem amerikanischen Zeitungsbericht vom Juli 1968. „Rassenvorurteile spielen keine Rolle, wenn arme Leute von der Polizei geschlagen werden... Weiße scheinen von der Polizei mehr mißhandelt zu werden als Neger." 36 Beobachter, die mit der Polizei von Boston, Washington und Chicago während des Sommers 1966 arbeiteten, berichteten, daß von 643 festgenommenen Weißen 27 unnötig geschlagen wurden (das entspricht 41,9/1000). Von 752 schwarzen Festgenommenen wurden nur 17 mißhandelt (22,9/1000). Insofern werden Beschuldigungen von Zivilrechtsgruppen, welche der Polizei

Brutalität gegenüber den Schwarzen vorwerfen, durch diese Angaben nicht bestätigt.

So wie die Daten dargestellt sind, gibt es zumindest 3 mögliche Interpretationen:
1. die Angaben können richtig sein;
2. sie können auf das Prinzip der Ungewißheit zurückzuführen sein;
3. sie können die Voreingenommenheit der Beobachter widerspiegeln oder falsch sein.

Der Physiker Heisenberg entdeckte das Prinzip der Unbestimmtheit – nämlich die Tatsache, daß die Messung eines Prozesses den Prozeß selber verändern kann. Obgleich sich dies auf die Geschwindigkeit und Lage eines Elektrons in einer Nebelkammer bezog, trifft diese Feststellung auch häufig für psychologische Messungen zu.

Wenn der Beobachtete weiß, daß er beobachtet wird, so bekommt der Beobachter selten genaue Daten. Eine Messung kann verfälscht werden durch den Versuch, den Beobachter zu täuschen, durch das Bemühen, einen möglichst guten Eindruck zu machen oder durch das Bestreben, so zu sein, wie man glaubt, der Versuchsleiter sähe es gerne.
Bei dieser Studie über Polizeibrutalität ist es also möglich, daß die Polizei ihre Schläge anders

verteilte als dies normalerweise der Fall ist, weil sie sich unter Beobachtung wußte. Die Polizei war sich möglicherweise bewußt, daß es zu diesem Zeitpunkt politisch gesehen riskanter war, einen schwarzen Mann zu mißhandeln als einen weißen.

Wir sollten hier auch noch eine andere Betrachtungsweise in Erwägung ziehen. Es ist z.B. möglich, daß die Definition eines so vagen Konzepts wie „unnötige Polizeigewalt" von den Beobachtern für die festgenommenen Schwarzen anders ausgelegt wurde als für die Weißen. Was mit einem solchen Ausdruck gemeint ist, hängt davon ab, was der einzelne unter „berechtigter Gewalt", „Provokation" etc. versteht. Es ist möglich, daß die Polizei genausoviele Schwarze wie Weiße geschlagen hat – vielleicht sogar mehr – aber, daß das Schlagen von Schwarzen von den Beobachtern eher als „notwendig" betrachtet wurde, d.h., die Beobachter könnten dieselbe Gewalt, die gegen die Schwarzen angewendet wurde, als notwendig, die Anwendung dieser Gewalt gegen die Weißen aber als Mißhandlung betrachtet haben. Hier sehen wir, daß die Daten, aufgrund derer man Schlüsse zieht, von Verhaltensweisen stammen müssen, die präzise und mit einem Minimum an persönlicher Voreingenommenheit beobachtet und ausgewertet werden können.

Baby, draußen ist es kalt und dunkel

Es ist bemerkenswert, wie viele Dinge in der Natur miteinander korrelieren und wie diese Zahl sich erhöht, wenn es sich dabei um Menschen handelt. Im August 1966 meldeten New Yorker Zeitungen einen überdurchschnittlichen Geburtenanstieg in „verschiedenen führenden Krankenhäusern, 9 Monate nach dem totalen Elektrizitätsausfall im Jahre 1965". Diese Behauptungen wurden allgemein akzeptiert, und man bemühte sich daraufhin um eine Erklärung des Phänomens.

Unter den 30 Mio. Menschen, die von dem Ausfall der Elektrizität am 9. November 1965 betroffen waren, gab es solche, die erklärten, daß „Naturkatastrophen Menschen näher zusammenbringen; Ausgrabungen in Pompeji z.B. zeigten, daß sich Paare während des Vulkanausbruchs umklammerten". Eine Mutter im Brookdale-Krankenhaus sagte: „Ich wollte

nicht allein zu Bett gehen." Einer, der gerade Vater geworden war, meinte zum Geburtenanstieg, daß „die New Yorker sehr romantisch seien. Es war das Kerzenlicht". Etwas nüchterner wurde die Lage durch einen Vertreter der „Amerikanischen Föderation für geplante Elternschaft" beschrieben:

„Die Sexualität ist eine sehr starke Kraft, und die Leute würden sich normalerweise mehr damit beschäftigen, wenn sie nicht tausend andere Dinge zu tun hätten. All dieser Ersatz für Sex wie Gruppentreffen, Vorlesungen, Kartenabende, Theater, Bars fielen an diesem Abend aus. Was hätten sie anderes anfangen sollen?" (*The New York Times,* 11. August 1966).

Hier sehen wir wieder eine kausale Folgerung aus der Korrelation zweier Vorgänge. Die Häufigkeit, mit der diese Art von Denken betrieben wird, zeigt die Neigung des Menschen, über die Beobachtung hinauszugehen und eine Gesetzmäßigkeit zu finden, die diese Beobachtung seiner Meinung nach erklärt. Dies mag ein bewundernswerter Zug sein, jedoch müssen wir noch einmal nachdrücklich davor warnen, eine Kausalverbindung dort zu suchen, wo nur eine Korrelation beobachtet werden kann. In diesem Beispiel gibt es noch 2 andere Möglichkeiten, die bisher nicht erwähnt wurden:
1. die Daten sind falsch oder
2. der Zusammenhang ist zufällig.
Obwohl ein New Yorker Krankenhaus (St. Luke's) 3mal die tägliche Geburtenzahl für die 7 wichtigen Tage meldete, war diese Zahl dennoch klein: nur etwa 10 „Extrababys" pro Tag. Die anderen 16 Krankenhäuser zusammen berichteten eine Zunahme von nur 47 Geburten: etwa 2,9 Neugeborene pro Krankenhaus. Diese Zahlen erscheinen noch weniger signifikant, wenn wir beachten, daß in New York City etwa 3 Mio. geburtsfähige Frauen den besagten Elektrizitätsausfall miterlebten.

Es gibt auch Einwände dagegen, die Geburtenziffer an bestimmten Tagen mit der durchschnittlichen Tagesgeburtenziffer eines ganzen Jahres zu vergleichen, anstatt dies für die gleichen Tage in verschiedenen Jahren zu tun. Es ist z.B. möglich, daß es „saisonbedingte" Fluktuationen gibt (so berichtete ein Krankenhausdirektor in Chikago von einem Geburtenanstieg in der letzten Woche des Monats September – 9 Monate nach einem „fröhlichen Weihnachten" und einem „glücklichen Neujahr"). Es wäre auch gut, hinter die unpersönlichen Zahlen zu schauen und festzustellen, wieviele von den Frauen, die während der kritischen Woche in New York entbunden hatten, tatsächlich in der Stadt waren, als der Strom ausfiel.

Ein Nachgesang zur New Yorker Story kam im darauffolgenden Jahr aus Chikago. Anscheinend hatten die Krankenhauschefs die New Yorker Geschichte geglaubt und bereiteten sich für den Herbst 1967 auf eine erhöhte Geburtenzahl vor, nachdem im Januar desselben Jahres ein Schneesturm mit einer etwa 60 cm hohen Schneedecke den Verkehr fast völlig lahmgelegt hatte. Die Statistik für die 3 Herbstmonate, verglichen mit denselben Monaten im Jahr vorher und nachher, zeigte jedoch nur kleine Abweichungen mit etwas weniger Geburten als im vorangegangenen und etwas mehr Geburten als im folgenden Jahr.

Tabelle 1.1. Geburtenziffern in Chikago 1966, 1967, 1968. (Gesundheitsamt Chikago 1969)

Monat	1966	Differenz	1967	Differenz	1968
Okt.	21,1	−0,6	20,5	+1,6	18,9
Nov.	19,8	−0,8	19,0	+0,5	18,5
Dez.	20,2	−0,5	19,7	+1,1	18,6

Die Zahlen für das Jahr 1967 zeigen die Anzahl der Geburten je 1000 Einwohner in Chikago im Jahre des „großen Sturms". Die anderen Spalten zeigen die entsprechenden Zahlen für das vorangegangene und das folgende Jahr. Es ist also kein Beweis vorhanden, daß es im Herbst 1967 eine erhöhte Geburtenziffer gab; die Unterschiede entsprechen offenbar der normalen Fluktuation.

Klopfe einem gewalttätigen Gefangenen nicht auf die Schulter

Es scheint, als ob gewalttätige Individuen einfach durch ihre Hypersensitivität in bezug auf die physische Nähe anderer provoziert werden können. Eine Studie, die für die American Psychiatric Association (Kinzel 1969) durchgeführt wurde, berichtete daß eine Gruppe von gewalttätigen Gefangenen eine fast 4mal so große „Individualdistanz" brauchte als eine nichtgewalttätige Kontrollgruppe. (Die Größe der Individualdistanz wird dadurch definiert, daß der Versuchsleiter (Vl) feststellt, wie nahe er an einen Probanden herantreten kann, ohne daß dieser „Stopp" sagt.) Der betreffende Forscher schrieb diesen Tatbestand in der gewalttätigen Gruppe einem "pathological body image state" und „homosexueller Angst" zu, also einer Tendenz, „diese passive persönliche Nähe als eine aktive physische Bedrohung auszulegen". Sollte Gewalttätigkeit sich tatsächlich in solchen psychologischen Prozessen widerspiegeln, wäre es möglich vorauszusagen, daß Leute, die eine große Individualdistanz besitzen, wahrscheinlich sehr leicht gewalttätig werden können.

Nur ein Teil dieser Studie und die dazugehörige Schlußfolgerung soll uns hier beschäftigen: die qualitative Klassifikation von Individuen, d. h. die Einteilung in verschiedene Gruppen entsprechend einem allgemeinen Konzept, in diesem Fall „gewalttätig" vs. „nichtgewalttätig". Diese Art der Klassifikation finden wir in der psychologischen Forschung und in den Massenmedien häufig; z. B. könnten Kinder, je nach dem Interesse des Forschers als „normal" oder „zurückgeblieben" (oder „voreingenommen" vs. „nichtvoreingenommen" oder „gesund" vs. „unterernährt") klassifiziert werden. Das Verhalten der Kinder wird dann beobachtet, um zu sehen, ob sich eine Gruppe durchgängig irgendwie anders verhält als die andere. In einigen Fällen wird nur eine einzige Art von Verhalten beobachtet (Individualdistanz am Beispiel der gewalttätigen und nichtgewalttätigen Gefangenen). In anderen Fällen versucht der Beobachter, möglichst viele Verhaltensbeispiele zu sammeln, um dann zu sehen, ob irgendein Verhalten für die eine Gruppe charakteristischer ist als für die andere.

Dieses allgemeine Vorgehen, zu Schlußfolgerungen zu gelangen, ist nur dann berechtigt, wenn wir es in der ersten Phase der Untersuchung anwenden. Der hierbei gewöhnlich auftretende Fehler liegt darin, daß ein bestimmtes isoliertes Charakteristikum als verantwortlich für die beobachteten Unterschiede im Verhalten der Gruppen angesehen wird. In der oben angeführten Gefangenenstudie unterschieden sich die gewalttätigen durch häufiges „gewalttätiges Verhalten" im Laufe ihres Lebens, definiert als „tätliches Angreifen eines anderen mit Gewebeverletzung als Folge".

Es gab jedoch noch andere Unterschiede zwischen den beiden Gruppen.

In dieser Studie waren die gewalttätigen Gefangenen im Durchschnitt jünger (um etwa 6 Jahre), gedrungener (etwa 2,6 cm kürzer und

7 kg schwerer) und weniger intelligent (um etwa 15 IQ-Punkte).

Wie können wir schließen, daß der Unterschied in der Individualdistanz unumstritten mit Gewalttätigkeit und nicht mit Alter, Körperbau oder Intelligenz zusammenhängt? Wir können dies nicht tun, bis wir nicht bei Probanden mit demselben Grad an Gewalttätigkeit die anderen, oben aufgeführten Eigenschaften miteinander verglichen haben. Theoretisch gesehen gibt es eine unüberschaubare Zahl von Eigenschaften, die auf irgendeine Art und Weise mit der einzelnen Eigenschaft zusammenhängen (welche als Grundlage für eine Klassifikation diente).

Die Gefahr liegt in der Versuchung, eine bestimmte Variable als kausalen Faktor hinzustellen und dann diese Variable für die Diagnose, Voraussage und evtl. sogar für ein Kontrollprogramm des mit ihr korrelierenden Verhaltens zu benutzen. Es ist durchaus möglich, daß eine Variable zwar vorhanden war, aber eine andere, die nicht berücksichtigt wurde, das Verhalten „verursachte". Ein Beispiel dafür aus früherer Zeit: Als die Pest in Europa herrschte, wurde beobachtet, daß während der Epidemien immer Ratten auf den Straßen waren. Die Ausrottung der Ratten jedoch beendete die Epidemien nicht. Dieser Seuche wurde erst dann Einhalt geboten, als ein französischer Arzt, Sismone, feststellte, daß die Pest in Wirklichkeit von Läusen übertragen wurde, welche auf den Ratten lebten, und daß auf diese Art und Weise die Krankheit diejenigen Leute befiel, welche die toten Ratten sammelten und verbrannten (Infektionskette: Ratte – Laus – Mensch).

Klassifizieren und Kategorisieren ist notwendig, wenn wir in irgendeine Ordnung in die Tausende von Reizen, Reaktionen, Situationen und Individuen, mit denen wir uns beim Studium des Verhaltens befassen, bringen wollen. Wir müssen uns jedoch davor hüten, die klare Linie zwischen Klassifikation und Verursachung zu verwischen.

Wird unsere Welt von Ordnung und Gesetzmäßigkeit oder von Chaos und Ungewißheit regiert?

Aufgrund der vorausgegangenen Diskussion können wir jetzt verstehen, wie leicht es ist, falsche Schlüsse zu ziehen, die möglicherweise die Anschauungen und Handlungen von Leuten beeinflussen.

Läßt man große Worte beiseite, dann ist die wissenschaftliche Forschung nichts anderes als ein Weg, falsche Schlußfolgerungen über natürliche Vorgänge einzugrenzen. Dieses einfache Ziel ist nur sehr schwer zu erreichen. Es verlangt sowohl eine Reihe besonderer Eigenschaften auf seiten des Forschenden als auch bestimmte Methoden der Darstellung, Prüfung und Auswertung von Behauptungen. Zusammengenommen sind es diese Eigenschaften und Vorgehensweisen, die man als wissenschaftliche Methode bezeichnet.

Es ist hier nicht unsere Absicht, die Psychologie als „harte", eng mit den Naturwissenschaften verwandte Wissenschaft hinzustellen. Es soll aber dem Leser dieses Buches klar werden, daß die wichtigen psychologischen Entdeckungen, die bis heute gemacht wurden, nur deshalb möglich waren und sind, weil die Psychologie die wissenschaftliche Methode als ihr Modell zum Verständnis des Verhaltens lebender Organismen aufgegriffen hat.

Die wissenschaftliche Methode

Obwohl jeder unter „wissenschaftlicher Methode" etwas anderes verstehen kann, stimmt man doch darin überein, daß es ganz bestimmte Voraussetzungen und Regeln gibt, die es dem Forscher ermöglichen,

1. Daten zu sammeln durch systematische Beobachtung und Aufzeichnung;
2. die gesammelten Daten (die aufgezeichneten Beobachtungen) auszuwerten;
3. seine Resultate und Schlußfolgerungen anderen mitzuteilen;
4. seine Befunde und Interpretationen so darzulegen, daß sie repliziert werden können (wiederholbar sind zum Zwecke der Verifizierung oder zur Anfechtung);

5. das, was er entdeckt hat, dem hinzuzufügen, was andere schon zur Lösung eines gegebenen Problems beigetragen haben;
6. durch Veröffentlichung seiner neuen Fakten und Auslegungen den ihm folgenden Forschern eine günstigere Ausgangsposition zu schaffen.

Die Ausgangsposition eines jeden Wissenschaftlers ist die Annahme eines auf Gesetzmäßigkeiten beruhenden Universums: die Annahme des „Gesetzes der kausalen Determiniertheit", welches, von John Stuart Mill (1843) formuliert, besagt, „daß es in der Natur Dinge gibt, die man als Parallelfälle bezeichnet; daß das, was sich einmal ereignet, sich bei genügend hohem Ähnlichkeitsgrad der Umstände wieder ereignen wird".

Unter der Lupe

John Stuart Mills Regeln der Beweisführung

Um herauszufinden, ob ein bestimmter Faktor Ursache eines beobachteten Ereignisses ist, schlug Mill 4 Bedingungen vor, die zutreffen müssen, bevor dieser Faktor als Ursache betrachtet werden kann. Diese Bedingungen sind hier kurz zusammengefaßt:
1. Bezeichnen wir etwas als Ursache, so muß es immer dann auftreten, wenn das Phänomen auftritt.
2. Bezeichnen wir etwas als Ursache, dann muß das Phänomen immer dann auftreten, wenn die vermutliche Ursache auftritt.
3. Bezeichnen wir etwas als Ursache, dann muß das Phänomen variieren, wenn die vermutliche Ursache variiert.
4. Weist ein Phänomen, dessen Ursache bekannt ist, zusätzliche Eigenschaften auf, dann gibt es dafür zusätzliche Ursachen.

Diese „Regeln der Beweisführung" geben uns Richtlinien, falsche Hypothesen über die Ursachen beobachteter Ereignisse zu eliminieren. Es wird dem Leser nahegelegt, anhand der hier dargestellten Bedingungen die oben beschriebenen Zeitungsberichte und Reklamen noch einmal zu überprüfen.

Dies wiederum führt zu einer systematischen Suche nach Ursachen. Während die Logiker immer noch darüber argumentieren, was Kausalität eigentlich bedeutet, wollen wir hier Kausalität als gegeben betrachten, wenn eine unveränderliche Beziehung zwischen 2 oder mehreren Prozessen besteht. Damit einer dieser Prozesse als Ursache für den anderen gelten kann, muß er diesem zeitlich vorangehen und für das Eintreten dieses zweiten Prozesses notwendig sein (und nicht umgekehrt). Diese Bedingungen legte Mill in seinen berühmten „Regeln der Beweisführung" dar.

An dieser Stelle sei darauf hingewiesen, daß es viele verschiedene Ebenen der Kausalität gibt und daß die Frage „Was ist die Ursache des Phänomens X?" mit verschiedenen gültigen Aussagen beantwortet werden kann. Jeder Forschende muß entscheiden, welchen Grad der Präzision und der Spezifizierung er wählt und welche allgemeine kausale Beziehung er seiner Untersuchung zugrundelegt. Die Frage „Was brachte den Mörder dazu, sein Opfer umzubringen?" kann wie folgt beantwortet werden:

1. *auf einer makroskopischen Ebene* – z.B. durch das kulturelle oder biologische Erbe des Angeklagten;
2. *auf einer molaren Ebene* – z.B. Provokation von seiten des Opfers, Leidenschaft, Rachsucht;
3. *auf einer molekularen Ebene* – z.B. Muskelkontraktionen im Finger, der den Abzug der Pistole umspannte; ein Erregungsmuster aufweisendes EEG;
4. *auf einer mikroskopischen Ebene* – z.B. spezifische biochemische Energieumwandlungen innerhalb eines Nervs, einer Gehirnzelle oder der Retina des Auges.

Der Wissenschaftler hat oft das Gefühl, die Natur bediene sich vieler Verstellungen, um ihre wahre Identität zu verschleiern. Aus diesem Grund kann er nie absolut sicher sein, eines ihrer Geheimnisse entdeckt zu haben. Seine Schlußfolgerungen sind daher immer unvollständig und nur vorläufig. Sie können nie dogmatisch abgefaßt sein, sondern müssen immer einer Berichtigung oder auch einer Widerlegung durch neue Fakten offenstehen. Seine Schlußfolgerungen müssen immer in Termini der *Wahrscheinlichkeit* ausgedrückt sein. So gibt er z.B. die Wahrscheinlichkeit an, mit der ein bestimmtes Phänomen, das er beobachtet hat, unter gegebenen Umständen wieder erscheinen wird. Oder er gibt den *Grad der Zuverlässigkeit* seiner Messung an und zeigt damit, inwieweit die von ihm gewählte Stichprobe repräsentativ für die Gesamtheit der Population ist (z. B. 18jährige; Studenten im 2. Semester etc.).

Die Objektivität und die kritische analytische Einstellung, die für die wissenschaftliche Methode charakteristisch sind, können als Schutz gegen voreilige, unvollständige und falsche Schlußfolgerungen betrachtet werden. Mehr als alles andere jedoch respektiert der Wissenschaftler die *Daten,* die letztendlich über alle Argumente entscheiden. Seine eigenen Daten und die anderer Forscher (wie auch die Methoden, mit denen diese Daten erarbeitet wurden) müssen *verifizierbar* sein, d. h. sie müssen offen sein für Überprüfung, Kritik und Nachahmung. Es wird selten etwas als wissenschaftliche Tatsache betrachtet – selbst wenn es noch so vernünftig oder gegeben erscheint –, was nicht auch von anderen Forschern nachgewiesen werden kann.

Die Natur selbst wird es nicht erlauben, daß man an ihren Daten herumdoktert. Stalin versuchte z. B. die Anerkennung der Theorie durchzusetzen, nach der während des Lebens erworbene Eigenschaften auf die eigenen Kinder vererbt werden können. Diese Theorie stimmte mit der politischen Anschauung überein, daß der Mensch, einmal durch eine gute Umwelt zum Besseren verändert, sich durch den Vorgang der Vererbung so erhalten würde. Dieser Versuch Stalins schlug fehl, nicht, weil er nicht genügend politische oder militärische Macht besaß, sondern weil die *Daten* nicht mit dieser Theorie übereinstimmten. Erworbene Fähigkeiten sind nicht vererbbar, und die Behauptung, daß sie es seien, macht dies noch lange nicht zur Wirklichkeit. Daten warten oft jahrelang auf einen Beobachter, den man nicht zum Schweigen bringen kann und der ihre Information richtig auszulegen versteht. In diesem Sinn wirken Daten dann – nach McCain und Segal 1969 – „wie übermäßig gestärkte Unterwäsche: vor anderen verborgen, aber schlecht zu ignorieren".

Techniken der wissenschaftlichen Fragestellung

Es gibt eine Reihe von wissenschaftlichen Taktiken, die alle Forscher benutzen. Wir werden sie hier kurz skizzieren und diejenigen, die für die Psychologie besonders wichtig sind, eingehender behandeln.

Einengung des Blickwinkels

Die Wahrscheinlichkeit einer befriedigenden wissenschaftlichen Antwort auf eine Frage wird größer, wenn diese Frage in Form eines lösbaren Problems formuliert wird. Durch die Beschränkung der Untersuchung auf ein kleines Teilgebiet ist eher die Möglichkeit einer Antwort gegeben als durch die Frage nach den letztendlichen, allumfassenden Erklärungen. Der Wissenschaftler soll sich jedoch stets des Verhältnisses bewußt sein, in welchem seine spezielle Fragestellung zum größeren Problemgebiet steht.

Vom einzelnen Fall zum übergeordneten Prinzip

Zunächst einmal wollen wir den Unterschied zwischen deduktiven und induktiven Schlußfolgerungen klarstellen. Deduktives (syllogistisches) Denken gründet sich auf einen Denkprozeß, der die gegebenen Prämissen untersucht und feststellt, ob sich daraus eine bestimmte Schlußfolgerung unausweichlich ableiten läßt.

Die Wissenschaft bedient sich natürlich oft eines solchen Denkprozesses, aber sie verläßt sich hauptsächlich auf den induktiven Denkprozeß, stellt also Überlegungen an, die über die beobachteten Fakten hinausgehen. Von bestimmten Gegebenheiten, die direkt beobachtet worden sind, wird eine Schlußfolgerung über die Gesamtheit solcher Gegebenheiten abgeleitet. Der Wissenschaftler möchte natürlich Generalisierungen über Beziehungen zwischen Dingen aufstellen, kann aber mit Sicherheit nur das wissen, was er selbst in Einzelfällen beobachtet hat. Die Beziehungen zwischen diesen Einzelfällen sind ebenso eine Annahme wie die, daß einzelne Fälle für eine größere Klasse von Fällen repräsentativ seien.

Voreingenommenheit bei der Beobachtung

Vieles in der Wissenschaft hängt von zuverlässiger Beobachtung ab. Wie wir aber bereits gesehen haben, können uns Beobachtungen leicht auf die falsche Fährte locken.

Schauen Sie sich die beiden Linien an, deren Enden mit a_1, b_1 und a_2, b_2 bezeichnet sind. Welche horizontale Linie ist länger?

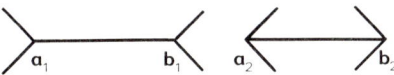

Die Sinneswahrnehmung sagt uns, daß die Linie a_1, b_1 länger ist als die Linie a_2, b_2. Tatsächlich sind sie aber gleich lang. Um unsere Beobachtungen nachzuprüfen, nehmen wir ein Lineal und messen die beiden Linien. Komischerweise erscheinen die beiden Linien immer noch verschieden, obwohl wir wissen, daß sie gleich lang sind. In Kap. 9 werden wir auf dieses Phänomen (Müller-Lyer-Täuschung) näher eingehen. An dieser Stelle ist es wichtig zu wissen, daß es die Verlängerungen der Linien sind, die unsere Beobachtung verzerren. Sie sind die Ursache einer Sinnestäuschung: Die Beobachtung stimmt nicht mit der physikalischen Gegebenheit überein. Um eine genaue Beobachtung zum Vergleich der Länge dieser Linie durchzuführen, müßte man die Verlängerungen der beiden Linien weglassen oder die Linien mit dem Lineal messen. Wenn man die Verlängerungen abdeckt, verschwindet die Täuschung, und die beiden horizontalen Linien sehen gleich lang aus.

Dies ist also ein Fall, bei dem andere Beobachter die Genauigkeit unserer eigenen Beobachtungen nicht unterstützen können. Auch sie unterliegen denselben psychologischen Prozessen der Wahrnehmungstäuschung, solange ihre Umwelt unserer eigenen insofern gleicht, als in ihr rechte Winkel häufig zu finden sind (z.B. Häuser, Möbel etc.).

Einen anderen Einfluß auf die Beobachtung zeigt folgende Geschichte: Ein Pferd – „der kluge Hans" – verblüffte seinen Trainer und eine Untersuchungskommission in Berlin im Jahre 1904. Es schien, als hätte Hans ein ganz außergewöhnliches Gedächtnis und als könne er buchstabieren, lesen, komplizierte Fragen verstehen, zählen und mathematische Operationen durch-

führen. Die Untersuchungskommission befaßte sich sehr sorgfältig mit dem Verhalten des Pferdes, konnte aber keine Tricks feststellen, da das Pferd gegenüber der Kommission genau dasselbe erstaunliche Verhalten zeigte wie bei seinem Trainer. Daraufhin kam die Kommission zu dem Schluß, daß das Pferd ebenso gut und vernünftig denken könne wie die meisten Menschen. Der Leser wird jetzt gebeten, sich mit den Fähigkeiten von Hans zu befassen und aufzudecken, wie Hans dies alles fertigbrachte.

„... Das stattliche Tier, ein russischer Traber, stand da wie ein gelehriger Schüler, nicht durch die Peitsche, sondern durch sanftes Zureden und häufige Belohnung in Form von Brot oder Karotten geleitet. Fast alle Fragen, die ihm auf Deutsch gegeben wurden, beantwortete er richtig. Hatte er eine Frage verstanden, zeigt er dies unmittelbar durch ein Nicken mit dem Kopf an; verstand er diese nicht, so zeigte er dies durch ein Schütteln des Kopfes. Es wurde uns gesagt, daß der Fragende sich auf ein bestimmtes Vokabular zu beschränken habe, aber dieses war verhältnismäßig umfangreich und wuchs von Tag zu Tag ohne Erteilung besonderer Instruktionen, nur durch den einfachen Kontakt mit seiner Umgebung ..."

„Unser intelligentes Pferd konnte natürlich nicht sprechen. Es drückte sich hauptsächlich dadurch aus, daß es mit dem rechten Vorderhuf scharrte. Vieles wurde auch durch Bewegungen des Kopfes ausgedrückt. So wurde z.B. ‚ja' durch ein Nicken des Kopfes, ‚nein' durch ein langsames Bewegen des Kopfes von Seite zur anderen, die Begriffe ‚aufwärts', ‚oben', ‚nieder', ‚rechts' und ‚links' durch das Drehen des Kopfes in diese Richtungen ausgedrückt ..."

„Nun wollen wir uns einigen seiner besonderen Fähigkeiten zuwenden. Hans hatte anscheinend die Kardinalzahlen von 1 bis 100 und die Ordinalzahlen bis 10 gemeistert. Befragt, konnte er Objekte aller Art zählen, auch die anwesenden Personen, wobei er sogar nach Geschlechtern zu trennen vermochte. Dann kamen Hüte, Regenschirme und Brillen. Kleine Zahlen gab er durch langsames Scharren mit dem rechten Huf an, bei größeren Zahlen erhöhte er seine Geschwindigkeit und tat dies oft schon von Anfang an ... Nach dem letzten Scharren brachte er zum Zählen benutzten Huf wieder in die ursprüngliche Position."

„Aber Hans konnte nicht nur zählen, sondern auch mathematische Probleme lösen. Die vier Grundvorgänge des Rechnens waren ihm durchwegs bekannt. Einfache Brüche verwandelte er in Dezimalzahlen und umgekehrt ..."

„Hans war außerdem imstande, Deutsch zu lesen, ganz gleich, ob die Sprache geschrieben oder gedruckt war ... Als ihm eine Reihe von Plakaten mit geschriebenen Wörtern präsentiert wurde, schritt er vorwärts und zeigte mit seiner Nase auf das Wort, das er heraussuchen sollte. Er konnte sogar einige der Wörter buchstabieren. Dies geschah mit Hilfe einer Tabelle, die Herr von Osten zusammengestellt hatte, auf der jeder Buchstabe des Alphabets eingetragen war, und die außerdem noch eine Anzahl Diphthonge enthielt, welche das Pferd mit Hilfe von zwei Nummern bezeichnen konnte…"

„Darüber hinaus zeigte er ein erstklassiges Gedächtnis… Hans hatte den gesamten Jahreskalender im Kopf; er konnte nicht nur das Datum für jeden Tag genau angeben, ohne daß ihm das vorher noch einmal beigebracht werden mußte, sondern konnte auch das Datum jeden beliebigen Tages nennen, der ihm angegeben wurde…" (Nach Pfungst 1911).

Es dauerte einige Zeit, bevor die Kommission herausfand, daß Hans keines der Probleme lösen konnte, wenn er Scheuklappen trug, wenn der Trainer hinter ihm stand, oder wenn die Person, die die Frage stellte, nicht selbst die Antwort darauf wußte. Diese Kontrollbedingungen für die Beobachtung der Verhaltensweisen des Pferdes weisen darauf hin, daß es lediglich auf subtile, unbeabsichtigte visuelle Signale reagierte, die von den Fragenden abgegeben wurden und ihm so Hinweise gaben, wann es mit dem Scharren anfangen und wann es damit aufhören sollte. Hans hatte lediglich das gelernt, was von „Gedankenlesern" tagtäglich praktiziert wird.

Persönliche Sinneseindrücke sind keine Fakten

Der Inhalt persönlicher Erfahrung kann nicht als wissenschaftliches Faktum zugelassen werden, weil dieser Inhalt idiosynkratisch und der Beobachtung durch andere nicht zugänglich ist. Verbale *Berichte* über persönliche Erfahrungen jedoch sind zulässig, obwohl man nicht annehmen kann, daß sie mit dem, was sie beschreiben, vollkommen übereinstimmen. Die Beschreibung eines Traums ist nicht das gleiche wie der Inhalt eines Traums, da dieser durch das Gedächtnis und den Bericht verzerrt und modifiziert werden kann.

Konkrete Terminologie und operationale Definitionen

Wir können uns die Sprache als eine Menge von Symbolen vorstellen, die in vorgeschriebener Weise benutzt werden. Es wäre ideal, wenn alle diejenigen, die eine Nachricht erhalten, diese auch genau entziffern und ihren Sinn verstehen könnten. Diese Art von Verständigung findet nur dann statt, wenn die Symbole in eng begrenzter, genau festgelegter Art und Weise benutzt werden, wie z.B. bei mathematischen Formeln oder musikalischen Noten. Eine solche

Sprache besitzt einen hohen Grad an intersubjektiver Übereinstimmung. Jeder Wissenschaftler wünscht sich diesen Grad an Objektivität, um die Information, die er vermitteln will, klar, präzise und direkt wiedergeben zu können.

Wie beurteilen z.B. andere Psychologen die folgenden Aussagen eines Kollegen:

„Als das ängstliche Kind frustriert war, zog es sich zurück". „Die Ratte explorierte die neue Umgebung, wenn ihr dazu die Gelegenheit gegeben wurde". Es ist unmittelbar verständlich, daß die Sprache, die bei dieser Beschreibung psychologischer Phänomene benutzt wurde, eine Reihe verschiedener Interpretationen zuläßt. Was bedeutet es, „frustriert" zu sein? Ist dies ein innerer Zustand des Kindes, ein Selbstbericht oder ein äußeres Verhalten? Oder wird es definiert durch die Umweltbarrieren, welche das Kind von bestimmten Aktivitäten abhalten? Wie verschieden voneinander müssen zwei Umgebungen sein, bevor man die eine als „neu" bezeichnet?

Wenn wir Konzepte benutzen, die durch eine physikalische Größe ausgedrückt werden können, ergibt sich die Möglichkeit, bei verschiedenen Leuten eine Übereinstimmung über dieses Konzept herbeizuführen. „Die Temperatur des Wassers beträgt 35 °C" ist eine genauere Beschreibung des Wärmezustands des Wassers als die Aussage: „Das Wasser ist warm". Die erste Aussage ist nicht nur eine genaue Beschreibung, sondern sie kann auch von verschiedenen Leuten verifiziert werden, wenn diese dasselbe Thermometer benutzen.

Diese Aussage über das Wasser ist verknüpft mit Operationen, die ausgeführt werden, um eine Temperatur zu bestimmen: „Ein Thermometer, welches sich in Wasser befand, registrierte 35 °C". Eine solche Aussage bezeichnet man als *operationale Definition*, ein Ausdruck, der von dem Physiker Bridgman geprägt wurde. Seine Ideen werden am besten in seinen eigenen Worten wiedergegeben:

„… Die neue Ansicht über das, was ein Konzept ist, ist eine grundlegend andere. Wir wollen uns einmal das Konzept der Länge überlegen: Was bedeutet es, wenn wir über die Länge eines Gegenstandes sprechen? Wir wissen, was Länge ist, wenn wir sagen können, wie lang bestimmte Gegenstände sind; das genügt dem Physiker. Um jedoch die Länge eines Gegenstandes festzustellen, müssen wir gewisse *physikalische* Operationen vornehmen. Das Konzept der Länge ist daher festgelegt, wenn die Operationen,

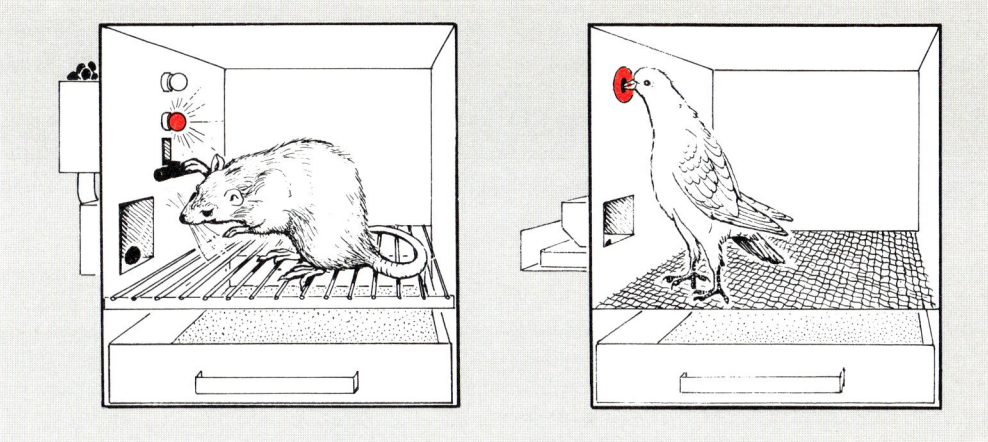

Abb. 1.3. Skinner-Versuchskammern (Skinner-Boxes). Links ein Rattenkäfig, in dem das Versuchstier durch das Drücken eines Hebels Futter erhält; der Käfig rechts ist mit einer Pickscheibe für Tauben ausgestattet

durch welche die Länge gemessen wird, festliegen: d. h. das Konzept der Länge beinhaltet nicht mehr und nicht weniger als eine Reihe von Operationen, mit deren Hilfe die Länge festgestellt wird. Im allgemeinen bedeutet der Ausdruck ‚Konzept' nichts anderes als eine Reihe von Vorgängen; ‚Konzept' ist also ein Synonym für die jeweils entsprechende Reihe von Operationen" (Bridgman 1927).

Diesem Prinzip zufolge könnte man „Angst" in Termini des Tests beschreiben, den man benutzt, um sie zu messen. Man könnte sie auch als Folge bestimmter Umwelteinflüsse (Operationen), von denen sie vermutlich erzeugt wird, bezeichnen.

Der Vorteil moderner Apparaturen

Für die gesamte Wissenschaft ist der Gebrauch von Apparaturen entscheidend für das Ausmaß und die Präzision der Beobachtungen. Es wurde einmal gesagt, daß der Mensch einen Platz zwischen den Planeten und dem Atom einnehme; bevor er auf dem einen landen und das andere teilen konnte, brauchte er ein Teleskop und ein Mikroskop.

Wichtige Fortschritte in der Wissenschaft fallen oft mit der Entwicklung neuer Apparaturen zusammen, die es ermöglichen, die kausale Seite eines Phänomens besser zu kontrollieren, und die darüber hinaus eine sorgfältigere Beobachtung, Aufzeichnung und Messung der Wirkung dieses Phänomens zulassen. So wurde der Neu-

rophysiologie z. B. ein neues Gebiet erschlossen, als der Schweizer Physiologe W. R. Hess in den 20er Jahren eine Mikroelektrode entwickelte, die die Reizung eines winzigen Gehirnareals bei wachen Versuchstieren ermöglichte.

Registrierung und Messung

Ein Vorgang wird zu einem *Meßwert (Datum)*, wenn er von einem Beobachter registriert worden ist. Er wird zu einem *zuverlässigen Meßwert*, wenn ein zweiter Beobachter ähnliche Aufzeichnungen macht. Dieser wichtige Prozeß der wissenschaftlichen Untersuchung setzt voraus, daß es *standardisierte* (einheitlich festgelegte) Methoden gibt, nach denen man Beobachtungen macht, Vorgänge registriert und bei der Messung dieser Vorgänge sowohl ihre Entstehung (Existenz) als auch ihre Charakteristika aufzeichnet. Zur Messung sind eindeutige Regeln notwendig, um Vorgänge, die sich in der physischen Realität vollziehen, in symbolische Zeichen umwandeln zu können. Diese Regeln müssen die Normen und unveränderlichen Aspekte der Umwelt festhalten, mit denen die zu messenden Vorgänge verglichen werden können, und beinhalten außerdem Verfahren, die zur Anwendung der Umweltnormen auf den Vorgang benutzt werden können.

Symbole, die bei diesen Transformationen benutzt werden, sind willkürlich (z. B. m oder cm) und kommen gewöhnlich durch die Vereinbarung einer Reihe von Beobachtern zustande. Wir dürfen dabei nicht vergessen, daß diese Symbole selbst nicht die Realität sind, sondern sie repräsentieren. Deshalb können sie auch in andere äquivalente Symbole transformiert werden, ohne dabei ihre Bedeutung zu verlieren (z. B. Fahrenheit – Celsius). Mehrere solcher einzelner *Primärdaten* (Daten, die nur einen symbolischen Schritt vom beobachteten Vorgang entfernt sind) müssen immer irgendwie organisiert und zusammengefaßt sein. Erst dann werden dem Betrachter dieser Daten allgemeine oder abstrakte Qualitäten solcher Vorgänge klar. So können z. B. die Leistungsdaten der einzelnen Mitglieder des 2. Schuljahrs (Primärdaten) zusammengefaßt werden als durchschnittliche Leistung dieser Klasse während des Schuljahrs (eine mögliche Art von Sekundärdaten). Dieser Durchschnitt kann dann mit dem des letzten Jahres verglichen werden. Es können aber auch andere Sekundärdaten von den Primärdaten abgeleitet werden.

Hypothesen sind zum Testen da

Sobald ein Wissenschaftler glaubt, daß seine Datensammlung ihm vertrauenswürdige Fakten liefert, wendet sich sein Interesse den Beziehungen zwischen solchen Fakten und deren Ursachen zu.

Alle Untersuchungen, die sich mit der Ursache eines Phänomens befassen, beginnen mit einer *Hypothese*. Hypothesen sind potentielle Antworten auf die Frage, wie 2 und mehr Ereignisse oder Variablen zueinander in Beziehung stehen. Solche Hypothesen müssen präzise formuliert sein und durch Beobachtung oder Logik überprüft werden können.

Es gibt keine Regeln, wie man zu guten Hypothesen kommt. Diese Fähigkeit hängt ab vom Wissensstand des Forschers, seiner Fähigkeit, analytisch und synthetisch zu denken, seiner Kreativität und manchmal auch vom Zufall. Aber selbst wenn wir das Glück oder den Zufall berücksichtigen (wie z. B. bei Flemings Entdeckung des Penicillins in verschimmeltem Brot), so können wir mit Pasteur davon ausgehen, daß „der Zufall nur den gut vorbereiteten Geist bevorzugt".

Die kritische Aufgabe des Forschers ist es, alle *Alternativhypothesen* über Ursache oder Ursa-

chen des Phänomens festzulegen. Erst dann beginnt er mittels der *Strategie der Eliminierung* diejenigen Hypothesen auszuklammern, die für die Erklärung des beobachteten Vorgangs unzureichend erscheinen. Bei diesem Vorgehen bleibt dem Forscher gewöhnlich eine Hypothese, die er den anderen vorzieht. Nun prüft er mit objektiven Methoden, ob diese Hypothese angemessen ist.

Wie wir aber bereits früher festgestellt haben, kann man einer Hypothese nie voll und ganz vertrauen. Selbst diejenigen Hypothesen, die sich in vielen Studien als tragbar erwiesen haben und schließlich sogar zum Gesetz erhoben worden sind, kann man nicht als „bewiesen" betrachten. Auch sie müssen noch als „nur vorläufig" angesehen werden, als das Beste, was es zu diesem Zeitpunkt gibt.

Einige Forscher halten es für falsch, wenn Psychologen ihre Untersuchungen mit vorgefaßten Hypothesen beginnen, ohne irgendwelche Daten in Händen zu haben. Grund dafür ist die Annahme, daß Hypothesen theoretische Abstraktionen sind, die den Beobachter auf ungebührliche Art und Weise beeinflussen können. So kann es vorkommen, daß die Aufmerksamkeit des Untersuchers sich nur auf einen Vorgang richtet, während andere – wichtigere Vorgänge – unbeachtet bleiben. Gegner einer solchen Ansicht argumentieren, daß jegliches Sammeln von Daten durch irgendeine Hypothese beeinflußt wird, selbst wenn diese nicht ausdrücklich festgelegt wurde.

Der wissenschaftliche Beweis liegt im Experiment

Experimente ereignen sich im täglichen Leben dauernd. Hier einige Beispiele:

1. Es gibt Kinder, deren Eltern hohe Anforderungen an sie stellen, während andere Kinder Eltern haben, die ihnen vieles gestatten und wenig Wert auf Leistung legen. Es gibt Schüler, die hochintelligent sind und trotzdem immer schlecht bei Prüfungen abschneiden, während sich andere hier besonders auszeichnen. Hier haben wir es mit 2 Arten von Unterschieden zu tun. Sollte es sich herausstellen, daß zwischen beiden Arten eine feste Beziehung besteht, so könnte es möglich

sein, daß sie kausal miteinander verbunden sind.

2. Nach einer Reihe mißlungener Verabredungen mit Mädchen ändert ein Student sein Verhalten dahingehend, daß er die Mädchen jetzt zärtlich umwirbt, statt sie zu überrumpeln. Er hat jetzt bei den Mädchen mehr Erfolg als früher. Was kann man aus diesen Aussagen ableiten?

Bei solchen „natürlichen" Experimenten beobachten wir dieselben Probleme, die wir am Anfang des Kapitels beschrieben haben. Ohne zusätzliche Informationen sind wir nicht in der Lage, die vielen alternativen Hypothesen auszuklammern, die ebenfalls für die beobachtete Beziehung in Frage kommen. Und hiermit kommen wir zu dem grundlegenden Widerspruch, der uns immer dann begegnet, wenn wir Ursachen erklären wollen. Wir müssen eine *künstliche* Situation schaffen, um *natürliche* Vorgänge studieren und verstehen zu können, weil wir nämlich durch Beobachtung allein nur herausfinden können, wie die Dinge erscheinen, und nicht, „wie sie sind".

Funktechnisch ausgedrückt, könnte man sagen, daß im alltäglichen Leben die „Signale", die uns interessieren, immer so sehr von „Rauschen" begleitet sind, daß sie sich nicht klar genug abheben, um von uns verstanden zu werden. Die natürlichen Signale können sehr stark sein, aber das Hintergrundrauschen eben auch (Abb. 1.4). Das Laborexperiment versucht, die beiden Si-

gnale, die in der Hypothese spezifiziert sind, zu simulieren und dabei gleichzeitig das Rauschen gegenüber dem Signal herabzusetzen. Dadurch gewinnt das Experiment an Präzision, was es an Kraft verliert. Der wichtigste Aspekt eines solchen Experiments jedoch ist die Tatsache, daß es den Beobachter in die Lage versetzt, kausale Folgerungen zu ziehen. Dabei ist noch zu beachten, daß ein funktionales Verhältnis zwischen den Signalen erst dann besteht, wenn nach Änderung des einen Signals auch eine entsprechende Veränderung des anderen Signals beobachtet werden kann.

Das Laborexperiment zeigt die gleiche Strategie der Eliminierung wie Mills „Regeln der Beweisführung" (s. S. 13). Dadurch, daß jeweils nur ein Faktor systematisch verändert wird, können wir die Anzahl der Alternativhypothesen begrenzen und die Wahrscheinlichkeit dafür erhöhen, daß eine zurückbleibende Hypothese die beste kausale Erklärung für das Phänomen darstellt; z.B. können wir so unsere verschiedenen Hypothesen über die Beziehung zwischen Rauchen und schlechten Zensuren testen und diejenigen ausklammern, deren Voraussagen sich nicht erfüllten.

Unabhängige und abhängige Variablen

Die Hypothese, die in einem Laborexperiment geprüft wird, sagt einen Vorgang nach der Kenntnis eines anderen voraus. Der Prädiktor heißt *unabhängige Variable*. Im Experiment

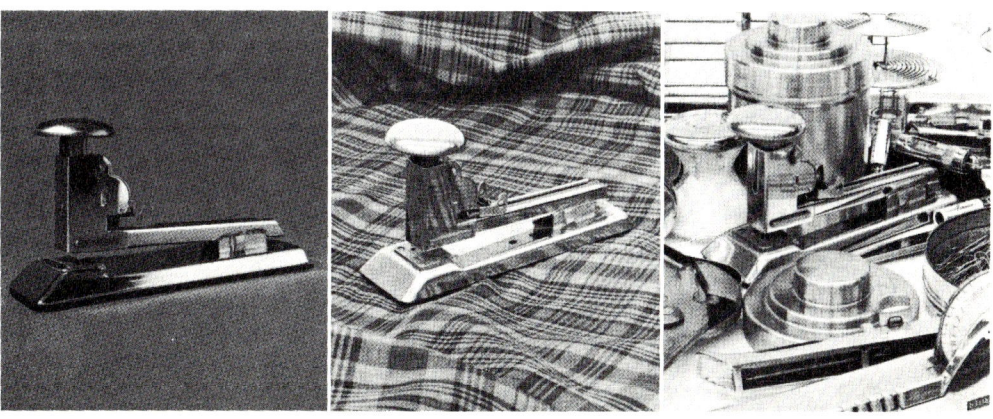

Abb. 1.4. Verhältnis zwischen Signal und Rauschen = Verhältnis zwischen Figur und Grund. *Links:* Grund ist homogen, Figur hebt sich deutlich ab; *Mitte und* *rechts:* Grund ist leicht heterogen, Figur wird undeutlich

handelt es sich dabei um den Aspekt, der vom Versuchsleiter (Vl) systematisch variiert (d. h. manipuliert) wird. Der Effekt, der von der unabhängigen Variablen abhängig ist, ist das, was vorausgesagt wird, die *abhängige Variable.* In der Psychologie ist die abhängige Variable immer ein Aspekt des Verhaltens. Genauer gesagt ist sie eine Verhaltenseinheit, die beobachtet und gemessen werden kann – eine Reaktion ("response", R). Diese Reaktion kann molar sein, wie eine Handlung (z. B. laufen, schlagen, weinen), ein Testscore oder ein verbaler Bericht. Sie kann auch molekular sein, wie z. B. die Herzfrequenz oder das EEG.

Der Teil der psychologischen Umwelt, der verändert wird, ist gewöhnlich irgendein Reizelement ("stimulus", S). Als *Reiz* betrachtet man meistens irgendeine Veränderung in der physischen Energie, die von den Rezeptoren des am Experiment beteiligten Organismus wahrgenommen werden kann. Die *kausale* Beziehung (zwischen einem Reiz und einer Reaktion) bezeichnet man als eine S→R-Beziehung. Im Vergleich dazu folgt aus der korrelativen Verbindung, die wir früher beschrieben haben, und bei der beide Variablen Reaktionen des Organismus sind, eine R-R-Beziehung. Hier können wir nicht eine Variable als Ursache für die andere betrachten, wie einige Beispiele der Zeitungsberichte schon deutlich zeigten.

Obwohl es verschiedene technische Unterschiede zwischen ihnen gibt, werden die folgenden dennoch oft vertauscht:

Ursache – Wirkung,
unabhängige Variable – abhängige Variable,
Reiz (S) – Reaktion (R).

Unabhängig davon, welche Ausdrücke benutzt werden, müssen diese immer operational definiert sein, damit letztendlich Übereinstimmung darüber herrscht, was zu wem in Beziehung steht.

Experimentelle Kontrolle

Das wichtigste Merkmal eines Experiments ist der darin unternommene Versuch, alle Bedingungen zu *kontrollieren,* die einer klaren, unzweifelhaften Überprüfung der Hypothese entgegenwirken. So müssen z. B. alle relevanten Variablen, die die Wirkung der unabhängigen Variablen ausdehnen, einengen oder verwischen könnten, für sämtliche Versuchstiere oder Versuchspersonen (Vpn) konstant gehalten werden.

Um die Rolle dieser experimentellen Kontrollen besser zu verstehen, müssen wir zunächst einmal das Konzept der *Reaktionsvarianz* (Reaktionsvariabilität) genauer untersuchen.

Verhalten wird immer von einer Reihe von Faktoren beeinflußt. Das Verhalten einer Person in einer bestimmten Situation kann von einer Beobachtungsperiode zur anderen variieren; es kann aber auch das Verhalten verschiedener Personen, auf die zur gegebenen Zeit die gleichen Reize einwirken (= gleiche Situation), ebenfalls variieren.

Deshalb müssen wir uns bei unserer Untersuchung folgende Frage stellen: „Welcher Anteil der beobachteten Reaktionsvarianz ist auf Veränderungen der manipulierten unabhängigen Variablen zurückzuführen, und welcher Anteil kommt durch andere Einflüsse zustande? Den ersten Anteil bezeichnet man als *wahre Varianz,* während der zweite *Fehlervarianz* genannt wird. Ein gutes experimentelles Design versucht immer, die Fehlervarianz möglichst gering zu halten, wobei der Anteil der Gesamtvarianz, die auf die experimentelle Manipulation zurückzuführen ist (wahre Varianz), vergrößert wird.

Die Fehlervarianz setzt sich aus zufälligen und systematischen Fehlern zusammen. Ein *zufälliger Fehler* beeinflußt eine Reaktion dann, wenn z. B. durch Zufall Lärm entsteht und die Vp ablenkt. Dabei kommt es vor, daß die Reaktion einmal in die eine und ein anderes Mal in die andere Richtung beeinflußt wird. Gleich, wie dieser Einfluß im speziellen Fall aussieht, er ist nie vorhersagbar. Die Wirkung des *systematischen Fehlers* auf die Reaktion hingegen kann vorausgesagt werden, da dieser die Reaktion immer nur in eine Richtung beeinflußt. So kann eine attraktive weibliche Versuchsleiterin z. B. ohne Absicht ihre männlichen Vpn dahingehend beeinflussen, daß sie sich in ihrer Gegenwart mehr bemühen als in Anwesenheit eines männlichen Vl.

Der Einfluß des zufälligen wie des systematischen Fehlers wird durch die Anwendung experimenteller Kontrollen vermindert. Solche Kontrollen tragen auch zum besseren Verständnis der Quellen der wahren Varianz bei. Es werden hauptsächlich 6 verschiedene Kontrollen angewendet:

Unter der Lupe

Ein typisches experimentelles Design

Zwei Gruppen werden zufällig aus derselben Population ausgewählt (randomisiert). Beide Gruppen erhalten dieselben Vor- und Nachtests, im Verlauf derer alle irrelevanten Variablen (Zimmertemperatur, erlaubte Zeit etc.) gleich gehalten werden. Soweit bekannt ist, besteht der einzige systematische Unterschied für beide Gruppen während des Intervalls zwischen Vor- und Nachtests in der unterschiedlichen experimentellen Behandlung. Die Veränderung der Lernleistung wird durch den Unterschied zwischen den Vortestscores und den Nachtestscores bestimmt. Verändert sich die Experimentalgruppe mehr als die Kontrollgruppe, so wird dieser Unterschied auf die Verschiedenheit der experimentellen Bedingungen zurückgeführt.

Können Sie in diesem Beispiel die unabhängigen und die abhängigen Variablen nennen?

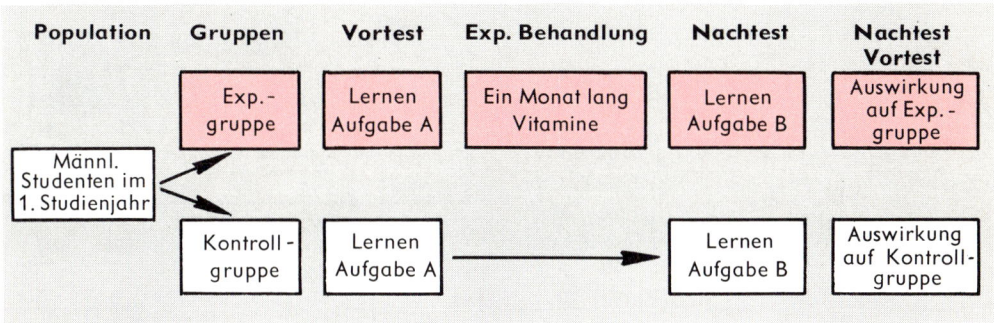

Kontrolle der Umgebung

Der Experimentierraum (die Testkammer, der Tierkäfig etc.) muß immer so gestaltet sein, daß zusätzliche Reize wie z. B. Licht, Lärm, Temperaturunterschiede usw. auf ein Minimum beschränkt bleiben oder ganz eliminiert werden können. Die experimentelle Umgebung sollte ferner so eingerichtet sein, daß das zu untersuchende Verhalten mit höherer Wahrscheinlichkeit auftritt als anderes, irrelevantes Verhalten. So erhöht sich (z.B. in einer Skinner-Box) die Wahrscheinlichkeit, daß ein hungriges Tier die Taste drückt, wenn man das Tier in eine kleine Box steckt, in der die Taste das wichtigste Reizobjekt in der Umgebung darstellt.

Kontrolle des Verfahrens

Bei jedem Experiment müssen die Instruktionen und Reize (S) standardisiert und die Art ihrer Darbietung gleich sein. Ferner müssen die Beobachtungen an allen Vpn von allen Beobachtern in der gleichen Art und Weise durchgeführt werden. Aufgaben und alternative Reaktionen müssen für alle Vpn identisch sein, und es muß darauf geachtet werden, daß zusätzliche Einflüsse auf den Beobachter selbst ausgeschlossen werden.

Kontrolle der Auswahl

Es ist häufig ein Ziel des Experiments zu zeigen, daß das Verhalten der Vpn in der Gruppe, die einer Veränderung der unabhängigen Variablen ausgesetzt ist, anders ist als bei einer anderen Gruppe, bei der dies nicht der Fall ist. Deshalb ist es wichtig, daß bei diesen beiden Gruppen *vor* der Einführung der unabhängigen Variablen keinerlei Unterschied in bezug auf das zu untersuchende Verhalten besteht. Eine Angleichung der beiden Gruppen kann dadurch erreicht werden, daß jeweils eine Vp aus der Experimentalgruppe mit jeweils einer der Kontrollgruppe verglichen wird, mit der sie in bezug auf möglichst viele Variablen dasselbe Verhalten zeigt (= "matching"). Dieser Vorgang ist oft sehr schwierig, weil er einer großen Population bedarf, aus der Stichproben gezogen werden können, die dann aufgrund einer Anzahl von Faktoren aufeinander abgestimmt werden müssen (z. B. Geschlecht, Lebensstandard, Länge des Krankenhausaufenthalts, Notendurchschnitt, Anzahl der gerauchten Zigaretten pro Tag etc.). Dazu kommt noch, daß man natürlich nie *alle* möglichen Variablen voraussehen kann, die einen Einfluß auf das Experiment haben können.

Randomisierung (zufällige Auswahl)

Diese Methode bietet uns eine weitere Möglichkeit, vor dem Experiment die Vpn der einzelnen Gruppen einander anzugleichen. So können wir hier die Vpn aus einer größeren Gruppe auswählen (z. B. Gruppe aller Studenten im 1. Studienjahr) und diese Vpn den verschiedenen experimentellen Verfahren rein zufällig zuordnen (z. B. durch das Werfen einer Münze oder durch den Gebrauch einer Tabelle mit zufälligen Zahlenreihen). Aufgrund dieses Vorgehens können wir annehmen, daß es keine systematischen Unterschiede zwischen den Mitgliedern der einzelnen Gruppen vor der Anwendung der unabhängigen Variablen gibt und daß beide Gruppen als repräsentativ für die größere Population, aus der sie stammen, anzusehen sind.

Welche Fehler sich einschleichen können, wenn wir die Zufälligkeit bei der Auswahl der Versuchsteilnehmer nicht beachten, zeigt eine Studie, die in der Armee durchgeführt wurde. Bei der Auswahl der Teilnehmer beschränkte man sich darauf, jeden 32. Namen von einer Liste als Vp für das Experiment auszusuchen. Als die Vpn sich versammelten, stellte sich heraus, daß sie alle Feldwebel waren, da in die Liste (was der Vl nicht wissen konnte) immer als erstes der Name des Feldwebels eingetragen wurde. Diese Stichprobe war natürlich nicht repräsentativ für die Gesamtpopulation. Ein weiteres Beispiel für die Wichtigkeit der randomisierten Auswahl entstammt einem Experiment, bei dem der Einfluß verschieden langer Aufenthalte in einer „angereicherten" Umgebung ("enriched environment") auf späteres Explorationsverhalten junger Ratten untersucht wurde (Abb. 1.5).

Das experimentelle Verfahren bestand darin, daß einige Ratten nach 25 Tagen, andere nach 50 und der Rest nach 100 Tagen aus dem Versuchskäfig entfernt werden sollten. Ohne ein randomisiertes Auswahlverfahren, welches *von Anfang an* festlegt, welche Ratten zu welchem

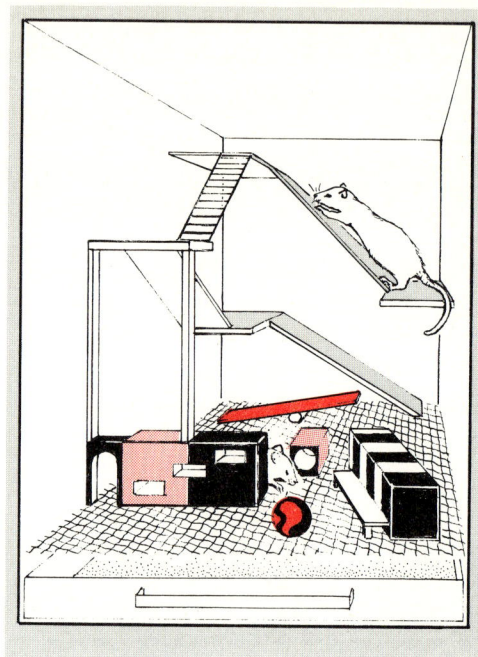

Abb. 1.5. Rattenkäfig mit „angereicherter Umwelt". Hier werden die Tiere zum Explorieren und zu erhöhter Aktivität angeregt

Zeitpunkt aus dem Käfig genommen werden, wäre es durchaus möglich gewesen, daß am Ende des Versuchs gänzlich verschiedene Ratten„typen" existiert hätten; d. h. hätte der Vl diejenigen Ratten zuerst aus dem Käfig entfernt, die leicht zu handhaben waren – also diejenigen, die ihn nicht bissen, wenn er sie anfaßte, oder schliefen –, wäre es möglich gewesen, daß sich in der 25-Tage-Gruppe die gelehrigsten und in der 100-Tage-Gruppe die agilsten und aggressivsten Tiere befunden hätten.

Statistische Kontrolle

Nach Abschluß des Experiments kann ein gewisses Maß an analytischer Kontrolle mittels statistischer Techniken angewendet werden. Solche Techniken ermöglichen die Schätzung der Effekte unkontrollierter Variablen auf die im Experiment untersuchten Variablen. Eine dieser Techniken ist die *Kovarianzanalyse*. Wenn man z. B. weiß, daß Unterschiede zwischen den Vpn bestehen und diese Unterschiede gemessen werden können, so kann man deren Einfluß statistisch von dem Einfluß der unabhängigen Variablen isolieren. In einem Experiment, in welchem der Einfluß elektrischer Schocks auf die Laufgeschwindigkeit von Versuchstieren gemessen wird, die ein unterschiedliches Gewicht haben, kann der Vl die Kovarianzanalyse anwenden, um sicher zu gehen, daß eventuelle Verhaltensunterschiede auf verschieden starke E-Schocks und nicht auf den Gewichtsunterschied der Ratten zurückzuführen sind.

Kontrollgruppen

„Die Gruppe, die ‚Crest' benutzte, zeigte 38% weniger Karies!" Wenn wir fragen „weniger Karies als wer?", dann wollen wir etwas über die Kontrollgruppe wissen, die einen Vergleich der Wirksamkeit verschiedenartiger Behandlungen ermöglicht. Sie würden sich nie darum bemühen, ‚Crest' zu kaufen, wenn die Frage auf diese Antwort lautete: „Weniger als Leute, die sich nie die Zähne putzen". Man müßte hier fordern, daß die vergleichbare Kontrollgruppe genau dasselbe Verhalten zeigt wie die Experimentalgruppe; sie putzt sich die Zähne ebenso häufig, die Qualität der Nahrung ist vergleichbar (besonders im Hinblick auf fluorisiertes Wasser), und sie kommt aus derselben Gesamtpopulation (gleiches Alter, Gesundheitszustand etc.).

Eine Kontrollgruppe muß alle Eigenschaften und experimentellen Bedingungen mit der Experimentalgruppe gemeinsam haben, ausgenommen die unabhängigen Variablen, deren Effekt geprüft werden soll. Wenn wir später einen Unterschied zwischen beiden Gruppen feststellen, können wir mit Sicherheit sagen, daß die Ursache dieses Unterschieds in der unterschiedlichen experimentellen Behandlung liegt. Den besten direkten Vergleich zwischen Auswirkungen der Behandlung oder Nichtbehandlung bietet uns die sog. „paarweise" ("yoked") Kontrolle. Bei diesem Verfahren werden 2 sorgfältig ausgewählte Vpn gleichzeitig unter praktisch identischen Bedingungen (mit Ausnahme der Anwendung der unabhängigen Variablen) geprüft.

Eine Kontrolle für bestehende genetische Unterschiede wird als "co-twin control" (Zwillingsmethode) bezeichnet und bei der Prüfung von Lerneffekten benutzt. Ein eineiiger Zwilling wird dabei durch Zufall der Experimentalgruppe zugeordnet (z. B. bei Untersuchungen zum frühen Sprachtraining), während der andere zur Kontrollgruppe gehört. Beide Zwillinge machen dann einen Leistungstest.

Bei Tieren, deren Würfe groß sind (bei Ratten etwa 8 Junge), kann der Vl die genetischen Einflüsse dadurch konstant halten, daß er abwechselnd die Tiere aus diesem Wurf der Experimental- bzw. der Kontrollgruppe zuordnet.

Endlich kommt es in manchen Versuchen darauf an, daß die Vpn nicht untereinander, sondern jede einzelne Vp mit sich selbst verglichen wird. Bei Anwendung dieser Kontrollmethode ("within subject control") kann man jeden Versuchsteilnehmer als eine eigene Versuchseinheit betrachten. Seine Reaktion auf die unabhängige Variable kann direkt mit seiner Reaktion bei Abwesenheit dieser Variablen verglichen werden (z. B. bei Drogenstudien). Ein solches Verfahren reduziert die systematische Fehlervarianz, weil gewöhnlich die Reaktionen einer einzigen Person weniger fluktuieren als die Reaktionen zweier verschiedener Personen. Within-subject-Designs sind vorteilhaft, wenn man den Einfluß einer experimentellen Bedingung auf das Verhalten prüfen will, gleichzeitig aber auch an der nach dem Versuch auftretenden Veränderung des Verhaltens interessiert ist.

Es gibt natürlich viele Probleme, die nicht mit diesem Versuchsplan untersucht werden können. Wenn sich das Verhalten der Vp nach der Behandlung permanent ändert, würde sie auf eine zweite Behandlung nicht so wie auf die erste reagieren. Ein Beispiel wäre hier der Einfluß eines Entspannungstrainings auf die Ängstlichkeit einer Frau während ihrer ersten Schwangerschaft. Ihre zweite Schwangerschaft kann hier nicht als Kontrollbedingung (kein Entspannungstraining) angesehen werden, weil sie aufgrund ihres ersten Entspannungstrainings wahrscheinlich nicht mehr so ängstlich ist wie früher.

Wenn bei dem obigen Versuchsplan eine einzige Vp wiederholt verschiedenen Varianten der unabhängigen Variablen ausgesetzt wird, ist es unbedingt nötig, daß man diese Einflüsse *gegeneinander ausbalanciert* ("counterbalancing"). Werden z. B. die Einflüsse zweier verschiedener Dosierungen eines Medikamentes auf die Leistung der Vp untersucht, so kann der Vl der Vp die Dosierung der Medikamente in der Reihenfolge „hoch – niedrig – niedrig – hoch" verabreichen. Diese A-B-B-A-Sequenz stellt sicher, daß die Wirkung der niedrigen Dosis nicht nur dadurch zustandekommt, daß sie der höheren folgt.

Die häufigste Kritik, die an Experimenten geübt wird, bezieht sich auf fehlende Kontrollgruppen oder Kontrollverfahren, die logischerweise notwendig gewesen wären, um Alternativhypothesen auszuklammern.

Beweisführung durch statistische Inferenz

Nun kommen wir zum letzten Schritt im langwierigen Prozeß der Beweisführung aufgrund von Beobachtungen. Angenommen, die Daten sind richtig gesammelt worden und es zeichnet sich ein Verhaltensunterschied zwischen der Experimental- und der Kontrollgruppe ab. Können wir daraus folgern, daß die unabhängige Variable für die Unterschiede verantwortlich und damit die experimentelle Hypothese bestätigt ist? Wenn soviel Zeit, Geld und Energie investiert wurden, so kann das selbst einen seriösen Wissenschaftler geneigt machen, jeden Unterschied (obgleich er zufällig oder unzutreffend sein mag) als „echte" Auswirkung anzusehen. Gegen eine solche Versuchung können er und seine Kollegen sich nur dadurch schützen, daß von vornherein festgelegt ist, was als *signifikanter Unterschied* angesehen wird.

Wenn ein statistisches Inferenzverfahren benutzt wird, dann formuliert der Untersucher die sog. *„Nullhypothese"* (H_0). Diese Hypothese besagt, daß die beobachteten Unterschiede allein durch Zufall zustande kamen. Seine Aufgabe besteht jetzt darin, durch Anwendung objektiver statistischer Tests festzustellen, ob die Unterschiede groß genug sind, um die Nullhypothese zu *verwerfen*. Dieses Vorgehen bestimmt

---

Unter der Lupe

Mittelwert, Streuung und Korrelation

Bei der Besprechung von Forschungsergebnissen gebrauchen wir manchmal die Begriffe *Mittelwert, Variabilität (Streuung, Abweichung) und Korrelation.* Ihre Bedeutung wird hier kurz erläutert.

1. Um die Leistung einer Gruppe zu beschreiben (und in der Lage zu sein, sie mit der einer anderen Gruppe zu vergleichen), brauchen wir 2 Werte: einen einzelnen Wert, der typisch für den Gruppenwert ist, und einen Wert, der die Streuung andeutet.

a) Der am häufigsten gebrauchte Wert ist der *Durchschnitt.* Dieser kann auf 3 verschiedene Arten ausgedrückt werden:

Arithmetisches Mittel:
$$\frac{\text{Summe aller Zahlen}}{\text{Anzahl aller Zahlen}};$$

Median: Wert, der in einer Zahlenreihe genau in der Mitte liegt (3, 5, 9, *19*, 40, 55, 70);

Modus: Wert, der in einer Zahlenreihe am häufigsten vorkommt (3, 4, 5, *6, 6, 6, 6*, 7, 8, 9, 12, 25).

b) *Streuungsmaße* geben Auskunft darüber, ob die Werte eng beieinander liegen oder weit gestreut sind. Die am häufigsten benutzten Streuungsmaße sind die Streuungsbreite ("range"), die Differenz zwischen der größten und kleinsten Maßzahl (kleinster Wert: 3, größter Wert: 25; Streuungsbreite [R] = 22) und die Standardabweichung = Durchschnitt der Abweichungen aller Meßzahlen vom Mittelwert.

2. Um die Beziehungen zwischen 2 Gruppen von Maßzahlen desselben Individuums (z.B. Intelligenz und Zensuren) beschreiben und außerdem ihre Wechselbeziehung feststellen zu können, errechnen wir den Korrelationskoeffizienten (r). Er gibt an, ob eine Beziehung besteht und wenn, ob sie positiv oder negativ, bedeutend oder unbedeutend ist.

Korrelationskoeffizienten variieren zwischen −1,0, was eine perfekte negative Korrelation anzeigt (höhere Intelligenz – fallende Zensuren) über 0 (keine Korrelation) und + 1,0, was eine perfekte positive Korrelation anzeigt (höhere Intelligenz – steigende Zensuren). Perfekte Korrelationen sind selten. Eine mittelmäßige Korrelation liegt zwischen 0,25 und 0,60 (+ oder −); eine hohe Korrelation liegt zwischen 0,70 und 0,99 (+ oder −).

---

zugleich, wieviel Vertrauen in die ursprüngliche *experimentelle Hypothese* (H_1) gesetzt werden kann, die besagt, daß der festgestellte Unterschied durch die manipulierte Variable und *nicht* allein durch Zufall zustande kam.

Die statistischen Tests, die angewendet werden, hängen von der Art der gesammelten Daten ab, führen letztendlich aber alle zu einer *Wahrscheinlichkeitsaussage,* d. h. einer Schätzung der Wahrscheinlichkeit, mit der der beobachtete Unterschied durch Zufall zustande kam. Diese Wahrscheinlichkeitsaussage ermöglicht es dem Psychologen, eine allgemein anerkannte Regel anzuwenden, um zu entscheiden, ob das Experiment „funktioniert" hat. Gewöhnlich werden Resultate nur dann als echt und als statistisch signifikant angesehen, wenn die Wahrscheinlichkeit (P), daß der Unterschied durch Zufall hätte zustandekommen können, weniger als 5 % ist ($P < 0,05$). Dieses *Signifikanzniveau* ist gerade noch akzeptabel, aber für viele Fragestellungen reicht es nicht aus. Je schwerwiegender und bedeutender die Konsequenzen einer falschen Schlußfolgerung sind (z. B. wenn Leben auf dem Spiel steht oder größere Summen Steuergelder aufgrund der Resultate freigestellt werden sollen), um so strengere Maßstäbe müssen angelegt werden. Im letzteren Falle müßte man ein Signifikanzniveau von 0,01 verlangen. Letzten Endes jedoch sind alle statistischen Verfahren und die Schlußfolgerungen, die daraus hervorgehen, nur so gut wie die Qualität der Daten, welche sie verarbeiten.

Pro und kontra Menschen- und Tierversuche

Es wird oft die Frage ausgesprochen, warum Psychologen so viele ihrer Versuche mit Tieren durchführen. Dafür gibt es eine Reihe von Gründen:

a) Das Verhalten von Tieren ist weniger komplex als das von Menschen, was dazu führt, daß Verhaltensmuster auftreten, die beim Menschen nicht in dieser Art und Weise beobachtet werden können.

b) Genetische und Umweltfaktoren können experimentell kontrolliert werden.

c) Tiere haben eine kürzere Lebensspanne als der Vl, was eine Untersuchung von experimentellen Auswirkungen über mehrere Generationen hinweg ermöglicht.

d) Tiere können in Versuchen eingesetzt werden, die einen direkten Bezug auf menschliches Verhalten haben, aber beim Menschen aus ethischen Gründen nicht durchgeführt werden können.

Bei Humanversuchen müssen verstärkt ethische Überlegungen angestellt werden. Der Vl wird versuchen, seine Hypothese so zu prüfen, daß die Integrität der Vpn nicht angetastet wird. Er ist es, der entscheiden muß, wo und wann gewisse Unbequemlichkeiten, experimentelle Störungen des Privatlebens seiner Vpn und Störungen des Wohlbefindens seiner Versuchstiere im Hinblick auf die mögliche Bedeutung des Experiments gerechtfertigt sind.

Psychologie: Die Wissenschaft vom Verhalten

Genau genommen, bedeutet das Wort Psychologie die Wissenschaft von der Psyche. Die Psychologen waren mit dieser Definition noch nie zufrieden, weil „Psyche" ein überaus vager Ausdruck ist. Deshalb sollte es uns nicht überraschen, daß es eine ganze Reihe grundlegend verschiedener Definitionen von „Psychologie" gibt; je nach der theoretischen Ausrichtung der entsprechenden „Schule".

Die meisten zeitgenössischen Psychologen würden einer Definition der Psychologie als der *„Wissenschaft vom Verhalten der Lebewesen"* zustimmen. Mit *„Verhalten"* sind vor allen Dingen Aktivitäten und Prozesse gemeint, die objektiv beurteilt werden können – d. h. also sowohl die isolierten Reaktionen von Muskeln, Drüsen und anderen Teilen des Organismus, wie auch die organisierten, zielgerichteten äußeren Reaktionsmuster, die den Organismus als Ganzes charakterisieren. Beim Begriff „Verhalten" denken die Psychologen auch an interne Prozesse, wie Denken, emotionale Reaktionen etc., die eine Person nicht direkt an einer anderen Person beobachten kann, die aber dennoch aus Beobachtungen externen Verhaltens abgeleitet werden können. Verschiedene psychologische Schulen haben ihre Aufmerksamkeit verschiedenen Aspekten des Verhaltens zugewendet (wie z. B. Lernen, Wahrnehmung, Persönlichkeit usw.) und waren sich über das, *was* die

Unter der Lupe

Ruhiggestellte Texaner: Korrelation oder kausale Zusammenhänge?

Kürzlich „entdeckte" man, daß das Wasser in El Paso, Texas, die Bewohner dieser Stadt beruhigen soll (im Sinne eines Tranquilizers). Sie sollen weniger psychologische Probleme und eine gesündere Einstellung zum Leben haben als z. B. die Einwohner von Dallas. Die chemische Substanz Lithium, die im psychiatrischen Bereich häufig zur Behandlung schwerer Depressionen benutzt wird, ist im Wasser von El Paso in hohem Maße enthalten, da dieses Wasser aus sehr tiefen Brunnen gepumpt wird. In Dallas hingegen kommt das Wasser aus sehr seichten Brunnen und sein Lithiumgehalt ist sehr gering.

Im Jahre 1971 berichtete ein Biochemiker auf dem Kongreß der amerikanischen Ärzte über ein „mathematisch erwiesenes" Verhältnis zwischen Lithiumgehalt und der Anzahl der in den Nervenkrankenhäusern hospitalisierten Patienten in Texas (*Associated Press,* 2. September 1971). Im Jahre 1970 wurden 2796 Einwohner von Dallas in Nervenheilanstalten eingeliefert; aus El Paso hingegen waren es nur 238.

Die Daten sind überzeugend, wie aber steht es mit den kausalen Zusammenhängen?

Die so klaren Wasser werden durch einige zusätzliche Angaben getrübt: Für die Einwohner von El Paso befindet sich die nächste psychiatrische Station 570 km weit entfernt, für die von Dallas hingegen nur 75 km. Ferner bestehen zwischen beiden Städten bedeutende Unterschiede im Hinblick auf sozioökonomische Faktoren und Bevölkerungsdichte. Man weiß, daß Lithium manisch-depressive Patienten beruhigt; man konnte diesen Einfluß jedoch nicht für „normale" Leute nachweisen. Wie denken Sie jetzt über die kausalen Zusammenhänge?

Psychologie ihrer Meinung nach untersuchen sollte und *wie* sie es tun sollte, nicht immer einig.

Es gibt natürlich immer noch Widersprüche zwischen den Theorien und Resultaten der verschiedenen Forscher, ebenso wie eine wirklich umfassende „Theorie der Psychologie" auch heute noch fehlt.

Die Psychologie und andere Wissenschaften

Das Verhalten wird durch eine Reihe von Faktoren bestimmt, die teils biologischer, teils anthropologischer, teils soziologischer und teils psychologischer Herkunft sind. Daher kommt es auch, daß die Psychologie sowohl mit der Biologie als auch mit den Sozialwissenschaften eng verwandt ist.

Die *Biologie* – Wissenschaft vom Leben – zeigt uns, wie lebende Dinge wachsen, ihren Körper instand halten, ihre Art reproduzieren und wie sie andere lebensnotwendige Prozesse vollziehen. Die biologischen Wissenschaften, die der Psychologie am nächsten stehen, sind die *Physiologie,* die sich mit dem Studium der Funktion lebender Organismen und ihrer Teile befaßt; die *Neurologie,* die sich auf die Vorgänge in Gehirn und Nervensystem und die dazugehörigen Krankheiten spezialisiert, die *Embryologie,* die das Wachstum und die Entwicklung vor der Geburt untersucht, und die *Genetik,* die sich mit Vererbungsprozessen beschäftigt. Ein verhältnismäßig neues Spezialgebiet innerhalb der Genetik ist die *Verhaltensgenetik,* die die Vererbbarkeit bestimmter, dem Verhalten zugrundeliegender Mechanismen erforscht.

Die *Anthropologie* untersucht die physische Evolution des Menschen, den Ursprung von Rassen und die Entwicklung von Zivilisationen. Mit der Erforschung grundverschiedener Kulturen – insbesondere der sog. „primitiven" Kulturen – hat sie für die Psychologie wichtige Daten zum Verständnis des Einflusses kultureller Faktoren auf menschliche Verhaltensmuster beigesteuert.

Die *Soziologie* untersucht Gesetzmäßigkeiten, die der Entwicklung und dem Funktionieren von Gruppen aller Art (sozialer, politischer, ökonomischer, religiöser) zugrunde liegen. Dabei liegt der Schwerpunkt des Interesses mehr auf den strukturellen und funktionellen Eigentümlichkeiten der Gruppen und weniger auf den einzelnen Mitgliedern. Die Soziologie hat der Psychologie nicht nur geholfen, Gruppenverhalten zu verstehen, sondern auch soziale Einflüsse auf das Verhalten des Individuums zu berücksichtigen.

Psychologen, Anthropologen und Soziologen haben herausgefunden, daß sie sich bei ihren Anstrengungen sehr wirkungsvoll gegenseitig unterstützen können. Hieraus hat sich eine neue Disziplin entwickelt, die sog. *Verhaltenswissenschaft ("behavioral science")*, deren Hauptaufgabe darin liegt, allgemeingültige Gesetzmäßigkeiten des menschlichen Verhaltens schlechthin aufzudecken.

Was Psychologen tun

Das Arbeitsgebiet der Psychologen ist in letzter Zeit erheblich umfangreicher geworden. So kommt es vor, daß oft verschiedene Spezialisten das gleiche Problem mit verschiedenen Ansätzen und Methoden zu lösen versuchen. Um einen besseren Eindruck vom Anschauungsspektrum auch nur eines einzigen Teilgebiets der Psychologie zu vermitteln, wollen wir uns hier ganz kurz mit 2 verschiedenen Richtungen innerhalb der Psychopathologie befassen.

Auf der einen Seite finden wir die Einstellung der Mediziner zum abnormen Verhalten. Hier wird die psychologische Dysfunktion auf physische Ursachen zurückgeführt, z. B. auf organische Schäden oder ein chemisches Ungleichgewicht. Wir finden diese Einstellung häufig beim *Psychiater*, einem Mediziner, der sich auf die Behandlung von Geistesstörungen spezialisiert hat. Er allein darf, den rechtlichen Vorschriften nach, Medikamente oder eine physikalische Behandlung wie z. B. Elektroschock verordnen.

Auf der anderen Seite wird angenommen, daß das Verhalten tief in der Erfahrung – besonders der sozialen Erfahrung – verwurzelt ist. Hier werden die psychologischen und sozialen Faktoren der Psychopathologie hervorgehoben. Diese Einstellung wird gewöhnlich vom klinischen Psychologen vertreten. Seine Behandlungsmethoden bestehen hauptsächlich aus Gespräch und Anwendung von Verstärkung. Er kann zudem auf dem Gebiet der Psychodiagnostik und in der Forschung tätig sein.

Beide der hier dargelegten Einstellungen könnte man als „klinisch, angewandt, praktisch, behandlungsorientiert und ausschließlich auf den Menschen bezogen" bezeichnen. Solche Ansätze repräsentieren jedoch nur einen kleinen Teil der Fachrichtungen innerhalb der Psychologie.

Es gibt noch eine Reihe von anderen Gebieten, auf denen sich die Psychologie um die Lösung praktischer Probleme bemüht. Solche Anwendungen finden wir in der Industrie, in den Schulen, im Marketing, im Weltraumforschungsprogramm, in der Psychodiagnostik etc.

Ziele der Psychologie

Die Psychologie ist, wie andere Wissenschaften auch, ein Kind der menschlichen Neugierde und entstand aus dem jahrhundertealten Wunsch der Menschheit, die Umweltbedingungen und das, was im Menschen selbst vorgeht zu *beschreiben, zu erklären, vorauszusagen und zu kontrollieren*.

Beschreibung

Ein Ziel aller Wissenschaften ist die genaue Beschreibung bestimmter Aspekte der natürlichen Umgebung. Der Psychologe hat das Verhalten von Mensch und Tier als „seinen" Sektor gewählt. Einige Wissenschaften, wie z. B. die Anatomie, beschränken sich fast ausschließlich auf die objektive Beschreibung, während andere, wie die theoretische Physik, weit darüber hinausgehen. Je mehr wir uns mit den Einzelheiten der Psychologie befassen, um so mehr werden wir verstehen, wie schwierig die objektive Beschreibung des Verhaltens ist. Die meisten lebenden Organismen sind nicht nur hochkomplizierte und schwer zu verstehende Systeme, sondern es ist für den Beobachter oft auch schwierig, eine objektive, unvoreingenommene Einstellung zu bewahren, zumal, wenn es sich um die Beschreibung menschlichen Verhaltens handelt. Ferner muß man unterscheiden zwischen dem, was man wirklich *beobachtet* („der Patient zitterte und schaute dem Therapeuten nicht direkt ins Gesicht") und dem, was man daraus *schließt* („der Patient hatte Angst").

Für den Psychologen hat das alte Sprichwort „Wer suchet, der findet", einen bitteren Beigeschmack bekommen. Er muß sich gegen die Tendenz wehren, „das zu sehen, was er zu sehen erwartet". Eine Methode, die ihm dabei hilft, ist der *Doppelblindversuch*. Bei dieser Methode weiß derjenige, der die Daten auswertet, nicht, welche Vpn z. B. Medikamente und welche keine erhalten haben. Außerdem haben die Vpn selbst keine Kenntnis davon, in welcher Gruppe sie sich befinden (Experimental- oder Kontrollgruppe), oder sie wissen überhaupt nicht, daß es mehr als eine Gruppe gibt.

Erklärung

„Es gibt einstöckige Intellektuelle, zweistöckige Intellektuelle und dreistöckige Intellektuelle mit Glasdach. Alle Faktensammler, die nicht über ihre Fakten hinausgehen, sind einstöckig. Zweistöckige Leute vergleichen, denken nach und generalisieren, wobei sie die Arbeit der Faktensammler in ihre eigene integrieren. Dreistöckige Leute schaffen neue Ideen, sind kreativ und imstande, Voraussagen zu machen; ihre besten Erleuchtungen kommen von oben, durch das Glasdach" (Holmes 1872).

Verhaltensbeobachtung ist die Quelle der Fakten in der Psychologie, aber diese Fakten sind wertlos, wenn sie isoliert dastehen. Nur dadurch, daß sie mit anderen Fakten in Beziehung gebracht werden und durch die Folgerungen, die man daraus ziehen kann, gewinnen sie an Bedeutung und Relevanz. *Unwissenschaftliche Verallgemeinerungen* wie z. B. „Die Milch ist eine Flüssigkeit", „Autos brauchen Benzin" und „Wasser bringt Metall zum Rosten" werden in *wissenschaftliche Verallgemeinerungen* umgewandelt, wie z. B. „Objekte mit entgegengesetzten Polen ziehen sich an", „für die Verbrennung benötigt man Sauerstoff" und „Reaktionen, denen Verstärkung folgt, werden öfters wiederholt". *Gesetzmäßigkeiten* sind Verallgemeinerungen auf höherem Niveau, die präzisere und umfassendere Aussagen über die Prozesse oder Eigenschaften, auf die sie sich beziehen, machen. Diese Gesetzmäßigkeiten können wiederum Bestandteile umfassenderer Aussagen, sog. *Prinzipien* sein, die sich ausnahmslos auf breiterer Ebene anwenden lassen.

Der Wissenschaftler muß jedoch noch einen Schritt weiter gehen und seine Prinzipien in ein logisches Gerüst einordnen, welches die Ordnung und die Konsistenz aufzeigt, mit der die verschiedenen beobachteten Fakten und abgeleiteten Prinzipien untereinander in Beziehung stehen. Eine solche systematische Aussage über Beziehungen dieser Art nennt man eine *Theorie*. Der Wert einer Theorie zeigt sich (a) in ihrer Fähigkeit, die bekannten Fakten zu erklären

und Beziehungen zwischen vorher unbekannten Konzepten und Beobachtungen aufzuweisen und (b) in ihrer Brauchbarkeit für die Aufstellung spezifischer Hypothesen, die dann in weiteren Untersuchungen geprüft werden.

Auch wenn Fakten sich im Laufe der Zeit nicht ändern, ist es doch oft notwendig, aufgrund neuer Beobachtungen Theorien zu modifizieren oder sie gar aufzugeben. In solchen Fällen versucht man, eine neue Theorie zu formulieren, die alle bekannten relevanten Fakten enthält und sie möglichst vollständig erklärt.

Die zweite Hauptaufgabe der Wissenschaft ist demnach die *Erklärung;* zu diesem Zweck muß sie versuchen, die Ordnung zu finden, die der Verworrenheit und Komplexität der Natur zugrunde liegt.

Psychologen benutzen 2 Arten von Klassifikationen: *qualitative* und *quantitative*. Die Trennungslinie zwischen beiden ist nicht immer klar.

Qualitative Klassifikation

Bei der qualitativen Klassifikation fassen wir einzelne Merkmale (Items) aufgrund einer bestimmten Qualität, die sie gemeinsam besitzen, in Kategorien zusammen. Menschen z. B. können klassifiziert werden als männlich oder weiblich, als blond, brünett oder rothaarig, als Mitglieder einer politischen Partei, als verheiratet, ledig, verwitwet oder geschieden. Oft müssen die Mitglieder einer Klasse noch in verschiedene Untergruppen aufgeteilt werden. Wenn wir z. B. Personen als „blind" oder „sehend" klassifizieren, können die Sehenden nochmals in „Normalsichtige" und „Farbenblinde" aufgeteilt werden.

Ein Hauptmerkmal der qualitativen Klassifikation ist, daß die Klassen oder Kategorien miteinander nicht in irgendeiner mathematischen (quantitativen) Beziehung stehen. Primär ist die qualitative Klassifizierung also ein Prozeß, bei dem Einzelmerkmale Kategorien zugeordnet werden und diese Kategorien dann eine entsprechende Bezeichnung erhalten.

Quantitative Klassifikation

Bei der quantitativen Klassifikation werden die Kategorien aufgrund verschiedener meßbarer Eigenschaften, wie z. B. Größe, Gewicht oder musikalische Fähigkeiten, bestimmt. Wir alle

Ebenen der Erklärung	Beispiele aus der Physik	Beispiele aus der Psychologie
Unwissenschaftliche Verallgemeinerung	Äpfel fallen auf den Boden	Leute tun am liebsten das, was ihnen Freude macht
Wissenschaftliche Verallgemeinerung	Gegenstände, die schwerer sind als Luft, fallen immer nach unten	Folgen auf eine Reaktion positive Konsequenzen, erhöht sich die Wahrscheinlichkeit, daß diese Reaktion später wieder gezeigt wird
Gesetzmäßigkeiten	Die Schwerkraft zieht alle Gegenstände an, die Masse besitzen	Verhalten, welches den gewünschten Effekt auf die Umgebung hat, wird eingeprägt
Prinzip	Die Anziehungskraft zwischen zwei Gegenständen ist proportional ihrer Masse und umgekehrt proportional dem Quadrat ihrer Entfernung	Verhalten kann durch entsprechende Verstärkungs- und Bestrafungspläne modifiziert werden
Theorie	Einsteins Relativitätstheorie	Thorndikes Lerntheorie (Verbindungslehre)

Es ist nahezu unmöglich, genaue Abgrenzungen zwischen Gesetz und Prinzip oder Prinzip und Theorie vorzunehmen. An dieser Stelle zeigen wir lediglich immer abstrakter werdende Verallgemeinerungen.

besitzen *etwas* von der Eigenschaft, aber manche Leute besitzen mehr davon als andere. Die Personen oder Objekte einer Gruppe können demnach in eine Rangordnung eingefügt werden, je nachdem, wieviel sie von der bestimmten Eigenschaft besitzen. Die Kategorien werden gewöhnlich mit einer Bezeichnung versehen, welche das zwischen ihnen bestehende mathematische Verhältnis kennzeichnet. So kann z. B. die Kategorie „große Frauen" alle diejenigen einschließen, die über 1,75 m groß sind.

Der Wunschtraum des Psychologen ist es, alle Klassifikationen zu quantitativen zu machen, obgleich dies auf vielen Gebieten nicht zu verwirklichen ist. Man gibt den quantitativen Kategorien deshalb den Vorzug, weil diese es ermöglichen, Voraussagen direkter und präziser zu formulieren; ferner kann die Genauigkeit von Voraussagen besser überprüft werden, wenn die vorhandene Information und das Verhalten, das vorausgesagt werden soll, numerisch ausgedrückt werden.

Voraussage

In alten Zeiten hatten Orakel und Weissager eine ehrenvolle Stellung inne, weil man ihnen eine übernatürliche Fähigkeit, die Zukunft vorherzusehen, zuschrieb. Heute verläßt sich der Mensch im großen und ganzen bei der Vorhersage der Zukunft auf die Wissenschaft.

So basiert z. B. die gesamte Versicherungsbranche auf der Fähigkeit, sehr genau die Lebensdauer verschiedener Gruppen von Leuten vorherzusagen. Die Lebensversicherungsgesellschaft „wettet" sozusagen mit dem Käufer der Police, daß ihre Voraussage richtig ist. Hier ist anzumerken, daß diese Art von *versicherungsstatistischer* Voraussage nicht von einem direkten Verständnis des Lebenszyklus abhängt, sondern lediglich auf beobachteten Verhältnissen beruht. In der Wissenschaft kommen aufsehenerregende Entdeckungen nur dann zustande, wenn man das Verhältnis zwischen Ursache und Wirkung so gut versteht, daß man vorhersagen kann, was in der Vergangenheit noch nie beobachtet wurde.

Eine psychologische Hypothese ist die Überlegung, daß eine bestimmte Reaktion (R_2), wie z.B. das Schlagen der kleinen Schwester, irgendwie mit einer anderen Reaktion (R_1) zusammenhängt, wie z.B. Trotz der Mutter gegenüber, oder mit einem vorausgegangenen Reizereignis (S), z.B. Einstecken einer Tracht Prügel. Ob eine Hypothese gut oder schlecht ist, liegt nicht an ihrer Plausibilität oder ihrer scheinbaren Wahrscheinlichkeit, sondern daran, wie erfolgreich sie bei der Voraussage von R_2 ist. Wenn man z.B. sagen könnte, daß viele trotzige Kinder sich ihren kleinen Schwestern gegenüber aggressiv verhalten, dann könnte man bei Trotzverhalten evtl. das Verhalten „Schlagen" voraussagen. Ebenso gilt: würde man finden, daß dem Verhauen der kleinen Schwester oft eine Tracht Prügel für den „Schläger" vorangeht, könnte man nach der Tracht Prügel das Verhalten gegenüber der kleinen Schwester voraussagen. Auf keinen Fall könnten wir angeben, ob R_1 oder S das Verhalten R_2 verursacht hat, sondern höchstens, daß eine vorhersagbare Beziehung zwischen den Ereignissen (S, R_1, R_2) besteht.

Kontrolle

Der Mensch ist gewöhnlich nicht damit zufrieden, nur zu beschreiben, zu verstehen und etwas vorauszusagen. Es gibt viele Gelegenheiten, bei denen er das, was sich ereignet, beeinflussen und verändern, kurz: kontrollieren möchte.

Die Fähigkeit, Verhalten zu kontrollieren, bietet dem Psychologen die beste Möglichkeit zu überprüfen, ob er dieses Verhalten auch tatsächlich verstanden hat. Man hat festgestellt, daß im Beruf Erfolg und Arbeitsfreude eng mit bestimmten Fähigkeiten, Interessen und anderen meßbaren menschlichen Eigenschaften zusammenhängen. Aufgrund dieses Wissens ist z.B. der Berufsberater in der Lage, mittels Daten aus persönlichen Interviews und psychologischen Tests dem Klienten einen Beruf vorzuschlagen, in dem er mit ziemlicher Sicherheit erfolgreich und zufrieden sein wird.

Die Fähigkeit, Verhalten zu beeinflussen und zu manipulieren, bietet viele neue Möglichkeiten, soziale Zustände und Arbeitsbedingungen zu verbessern, Erziehung und Psychotherapie effektiver zu gestalten. Vieles in diesem Buch soll dazu beitragen, den Leser über die Relevanz der Verhaltenskontrolle aufzuklären. In diesem Zusammenhang wäre es gut, B. F. Skinners Roman *Futurum Zwei* zu lesen, der eine utopische Kommune beschreibt, die auf den Prinzipien der positiven Verhaltenskontrolle aufbaut; dieses Buch könnte man dann mit dem Roman „1984" von G. Orwell vergleichen, in welchem ein Bild der negativen Kontrolle und damit die möglichen Gefahren einer Verhaltenskontrolle aufgezeigt werden.

Carl Rogers stellte fest, daß, wenn man aufgrund bestimmter existierender Bedingungen ein Verhalten voraussagen kann, es zumindest theoretisch möglich ist, dieses Verhalten zu evozieren, indem man obige Bedingungen schafft (Rogers u. Skinner 1956). Der Erfolg der sog.

Unter der Lupe

Eine Lektion in Angewandter Psychologie

Josef Müller ist ein Sammler seltener Münzen. Er ist Bettler und beherrscht die Angewandte Psychologie bis zur Vollendung. „Natürlich bin ich ein Bettler", sagt er trotzig, „na und …?" „Nichts …", sagst Du und gibst ihm gleichzeitig ein paar Münzen, um die Geheimnisse seines beruflichen Erfolges klarer erkennen zu können.

„Stell' Dich einfach in den Hauseingang gegenüber und beobachte mich."

Josef sucht sich einen Geschäftsmann mit maßgeschneidertem Anzug aus und beginnt, seine Routine abzuspulen, eine herrliche Kombination von Lügen, Körperhaltungen und Gesichtsausdrücken, die als schmeichelnd und tastend zugleich empfunden werden können.

„Könnten Sie einem armen Kerl wie mir nicht helfen? Ich habe heute überhaupt noch nichts gegessen."

Nach dem letzten Wort streckt er die Hand aus, mit der Innenfläche nach oben, und beugt sich ein wenig nach vorn, um in den Augen des Spenders klein, unauffällig und unterdrückt zu wirken. Dies nennt er seine „Hungermasche".

Josef schaut tatsächlich hungrig aus, ob er nun gefrühstückt hat oder nicht. Gewöhnlich nimmt er ein sehr üppiges Frühstück zu sich.

Der gutangezogene Geschäftsmann schaut mit kaltem Blick auf Josef herab und geht vorbei, ebenso die nächsten zwei Adressaten. Der dritte jedoch greift schnell zu seinem Geldbeutel und rückt ein 50-Pfennig-Stück heraus. Josefs Bemühungen waren erfolgreich. Oberflächlich betrachtet ist Josefs Masche ohne Stil und ohne Originalität. Er benutzt ein ganz gewöhnliches Vokabular und auch sein Talent scheint nicht gerade auffällig.

Seine Tätigkeit bringt ihm jedoch über 5 DM pro Stunde und da wird man dann doch neugierig. „Nun", sagt er, „wenn Du das wissen willst, dann mußt Du mir schon einen ausgeben." Der Schnaps löst dann schließlich seine Zunge.

„Schau her, es ist nichts als Psychologie. Ich arbeite mit einem Kontrastprogramm. Meine Kleidung ist alt aber sauber, mein Anzug ist eine Nummer zu groß und meine Schuhe sehen aus, als würden sie auseinanderfallen.

Ein gutgekleideter Mann ist stolz auf sein Aussehen, und er bemerkt den Kontrast sofort. Und noch etwas: ich frage nie nach einem bestimmten Betrag wie 10 oder 20 Pfennig. Das überlasse ich dem Spender, der dadurch die Möglichkeit erhält, selbst eine Entscheidung zu treffen, wenn er seine Hand in den Geldbeutel steckt. Männer treffen gern selbst ihre Entscheidungen.

Wenn ich ihm sage, ich hätte noch nichts gegessen, regt sich dadurch sein Mitleid, denn er hat bestimmt gefrühstückt und denkt bereits über das Mittagessen nach.

Ich habe ihm auch gesagt, daß ich ein armer Kerl bin. Das sieht er zwar sofort, aber fühlt sich mir uberlegen, weil er selbst nicht arm ist und ich zugebe, daß ich ein Versager bin. Können Sie einem armen Kerl wie mir nicht helfen? Ich habe heute überhaupt noch nichts gegessen! Denk' mal über die paar Worte nach; sie sagen eine ganze Menge" (Blake 1972).

„Gehirnwäsche" zeigt nicht nur die mögliche Wirksamkeit der psychologischen Kontrolle, sondern auch die praktischen und ethischen Probleme, die sie mit sich bringt. Robert Oppenheimer sagte in einer Ansprache vor der American Psychological Association:

„Der Psychologe kann kaum etwas tun, ohne sich darüber im klaren zu sein, daß seine neuen Erkenntnisse furchterregende Möglichkeiten der Kontrolle darüber beinhalten, was Leute tun, wie sie denken, sich verhalten, sich fühlen. Das trifft für alle zu, die in der Praxis arbeiten; wenn im Laufe der Zeit die Psychologie noch an Sicherheit, Subtilität und Erfahrung zunimmt, dann sehe ich die Forderung der Physiker, daß das, was sie entdecken, zum Wohle der Menschheit eingesetzt werden soll, als ziemlich trivial gegenüber den Forderungen an, die Sie stellen müssen und für die Sie verantwortlich sein werden" (1956, S. 128).

Unsere Ansicht ist, daß zwar eine äußere Kontrolle des Verhaltens für das Individuum besteht, die zum Guten oder zum Bösen verwendet werden kann, daß aber die wichtigste Aufgabe der Psychologie darin besteht, den einzelnen möglichst von dieser äußeren Kontrolle zu befreien. In dem Maße, in dem psychologische Forschung und Theorie dem einzelnen helfen können, seine interne und externe Umgebung selbst zu kontrollieren, kann der Mensch aus der Abhängigkeit und einem Gefühl der Nutzlosigkeit herausgerissen werden und lernen, sein Leben selbst zu bestimmen und zu meistern.

Soziale Implikationen psychologischer Forschung

Die Wissenschaft wird manchmal als ein elegantes Spiel angesehen, das nach sorgfältig ausgetüftelten Regeln (die wir in diesem Kapitel beschrieben haben) gespielt werden muß; ein Spiel, welches intellektuelle Anregung für die Spieler bringt und von den Zuschauern bestaunt wird, weil auf mysteriöse Weise neue und fabelhafte Dinge entdeckt werden. Aus dieser Sicht ist die Psychologie eine nie versagende Quelle des Genusses für den Geist, der neugierig auf die Ursachen des Verhaltens ist. Auf der anderen Seite aber wird diese Freude von sehr schwerwiegenden Einwirkungen überschattet, die diese Spiele auf das menschliche Leben haben können. In Amerika z.B. hat die Wissenschaft die Atombombe geschaffen, und die Erkenntnisse der dortigen Psychologen dienten als Grundlage sowohl für die Entscheidung des Obersten Gerichtshofes, die Rassentrennung ("segregation") innerhalb der Schulen aufzuheben, als aber auch für das Argument, daß es Rassenunterschiede bezüglich der Intelligenz gibt.

Die Objektivität und Unparteilichkeit, die den Methoden der Datensammlung, der Analyse und Darbietung eigen sind, werden also sehr wichtig, wenn Untersuchungen durchgeführt werden, die einen direkten Einfluß auf soziale Probleme haben.

Die Gleichberechtigung in der Schulerziehung für alle Kinder, ohne Rücksicht auf deren Rasse, ist ein gutes Beispiel. Wenn wir mit der unumstrittenen Tatsache beginnen, daß weiße Kinder weit bessere Resultate in Leistungstests zeigen als schwarze Kinder, so ergeben sich daraus für uns eine Reihe verschiedener Fragen und Möglichkeiten des Handelns. Kommt diese Diskrepanz dadurch zustande, daß a) es grundlegende vererbbare Unterschiede zwischen den beiden Rassen gibt, b) die Kriterien für die Auswertung von Intelligenz- und Leistungstests nicht angemessen sind, c) die Qualität der jeweiligen Schulerziehung unterschiedlich ist, d) die Erfahrungen der Kinder außerhalb der Schule eine Rolle spielen oder liegt vielleicht e) eine Kombination solcher Faktoren vor?

Wir können hier nicht alle Argumente und Daten, die es zu diesen Alternativen gibt, aufführen, sondern nur kurz einige Bemühungen beschreiben, die Leistungen der schwarzen Kinder zu verbessern. Wir tun dies, um die Gefahren vereinfachter Schlußfolgerungen im Hinblick auf komplizierte Verhältnisse und Beziehungen aufzudecken und um das Spiel zwischen wissenschaftlichen und nichtwissenschaftlichen Kräften zu beschreiben, wenn Forschungsergebnisse die öffentliche Meinung beeinflussen.

Die 2 Hauptformen der Intervention, die dazu bestimmt sind, „gleiche Möglichkeiten für die optimale Entwicklung aller Schulkinder" zu schaffen sind: *kompensatorische Erziehung* (in den USA durch das Programm „Head Start" und durch Bereicherung des Grundschulunterrichts eingeführt) und die Schaffung von *„integrated schools"*, d.h. die Zulassung schwarzer Kinder aus den Ghettos zu vormals ausschließlich „weißen" Schulen.

Kompensatorische Erziehung beruht auf der Annahme, daß ein grundlegendes Defizit das Kind daran hindert, sich die normale Schulerziehung voll zunutze zu machen (z.B. unzureichende sprachliche Entwicklung, Mangel an Motivation, sensorische Deprivation etc.). Versuche, diese Nachteile auszuschalten, bestanden i. allg. darin, die Klassen kleiner zu halten, besseres Lernmaterial zur Verfügung zu stellen und bessere Bibliotheken einzurichten. Kürzlich wurde die Auswertung einer Reihe solcher kompensatorischer Erziehungsprogramme veröffentlicht, und man stimmte darin überein, daß zwar, sowohl was die Schulleistung als auch die Gesundheit und allgemeine Entwicklung anbelangt, eine Reihe von Fortschritten erzielt wurde, daß aber die Programme das Problem nicht gelöst haben.

Verfechter der kompensatorischen Erziehung sahen in diesen Ergebnissen Anzeichen für die Notwendigkeit, den Angriff auf dieses Problem zu intensivieren. Eine andere Gruppe sah in diesen Ergebnissen die Unterlegenheit der Schwarzen und die Tatsache, daß diese sich selbst unter idealen Bedingungen nicht so schnell verbessern können wie die Weißen. Eine dritte Gruppe schließlich argumentierte, daß die bisherigen Programme nur einen mit den gleichen alten Fehlern behafteten Teilangriff darstellten und verlangte eine grundlegende Umstrukturierung und neue Programme mit besseren Ideen.

Unter der Lupe

Aberglauben und Wissenschaft

Das rechte Bild zeigt peruanische Eingeborene, die versuchen, mit einem besonderen Ritual die zornigen Götter während einer Sonnenfinsternis zu besänftigen.
Das untere Bild zeigt mexikanische Dorfbewohner zusammen mit Wissenschaftlern, die dabei sind, ihre Geräte zur Beobachtung der Sonnenfinsternis im März 1970 aufzustellen.

Unter der Lupe

Verhaltenskontrolle

Die Werkzeuge der Psychologie können, genau wie andere Werkzeuge, für gute oder schlechte Zwecke verwendet werden: sie können dem Menschen helfen, seine Ziele zu erreichen und seinen Bedürfnissen gerecht zu werden, sie können aber auch eingesetzt werden, ihn zu unterdrücken. Die Kontrolle unserer Bewegungsfreiheit durch andere ist in vielen alltäglichen Situationen erforderlich; wir fürchten uns nicht davor und akzeptieren diese Kontrolle, die hier im linken Bild dargestellt ist.

Auf der anderen Seite empfinden wir die Idee einer computergesteuerten elektronischen Kontrolle unseres Gehirns als unheimlich. Und doch ermöglichen solche Methoden dem hier im rechten Bild gezeigten Affen, seinen gelähmten Arm zu heben; diese Methode kann z.B. auch körperbehinderten Menschen helfen, die verlorene Kontrolle über ihre eigenen Bewegungen wiederzuerlangen.

„Mensch, haben wir den Burschen konditioniert! Jedesmal, wenn ich den Hebel drücke, wirft er uns was zu knabbern rein."

Es sollte jetzt klar sein, daß der Wert der kompensatorischen Programme nicht nur in Faktoren wie ,mehr Geld', ,mehr Bücher' oder ,kleinere Klassen' liegen kann. Man muß vielmehr herausfinden, welche besonderen Aspekte bei der Entwicklung bestimmter Kinder beeinflußt werden können; z.B. welche Reizeinflüsse aus der Umgebung eines Kindes erhöhen die Wahrscheinlichkeit, daß es a) in der Klasse aufmerksam zuhört, was der Lehrer und die

Mitschüler sagen, b) selbst Fragen stellt und Antworten gibt, c) über längere Zeit hinweg Interesse und Aufmerksamkeit im Unterricht zeigt und d) das in der Schule Gelernte außerhalb der Schule anwenden kann? Es ist anzunehmen, daß für eine Verhaltensmodifikation des einzelnen Kindes in diese Richtung auch die *soziale Motivation* und die *Verstärkungsmuster* verändert werden müssen. Dies bedeutet wiederum, daß wir die Hauptquellen seiner Motivation und der Verstärkung zu Hause kennenlernen müssen. Von den Programmen, die immer wieder nur dasselbe bringen und die keine Möglichkeit zu tieferem Eindringen in das Problem bieten, ist kein Erfolg zu erwarten. Demnach besteht die Aufgabe darin, herauszufinden, welche Programme mit welchen Kindern welche Ergebnisse zeigen und wie weit solche Interventionen gehen dürfen.

In späteren Kapiteln werden wir auf die Verstärkung und die Motivation näher eingehen, aber wir wollen an dieser Stelle kurz die Umstände beschreiben, die für den Unterschied zwischen weißen und schwarzen Kindern hinsichtlich ihrer Motivation für intellektuelle Leistungen und der Verstärkung für schulische Anstrengungen verantwortlich sind.

Der durchschnittliche weiße Mittelschichtschüler ist mit dem Schulsystem aus verschiedenen Gründen mehr verhaftet: Da sind der Druck und die Unterstützung seitens der Eltern und Freunde, da sind intellektuelle Anregungen von den Klassenkameraden und Lehrern, da ist die Identifizierung mit einigen Zielen des Lehrers und die Erkenntnis, daß man mit einer besseren Ausbildung eine bessere Anstellung bekommen kann. Das benachteiligte Kind aus dem Ghetto kennt wenige solcher Beweggründe. In der Kultur des Ghettos ist die Schule etwas Unwirkliches; sie ist eine fremde Einrichtung, die man besuchen muß, weil man sonst Ärger mit irgendeiner Behörde bekommt. Es besteht dort auch kein Zusammenhang zwischen dem, was innerhalb und dem, was außerhalb der Schule vor sich geht. Man lernt die „Schulweisheiten", um den Anforderungen des Lehrers gerecht zu werden; jedoch die Ghettobevölkerung betrachtet das „Aus-dem-Buch-Lernen" als etwas Sekundäres, verglichen mit dem „Aus-dem-Leben-Lernen", den Tricks, die man auf der Straße lernt.

Es gibt bei den weißen Mittelschichtlehrern nur weniges, mit dem sich die Ghettokinder identifizieren können, und ihre schwarzen Lehrer sind durchweg immer schlechter ausgebildet, haben einen geringeren Wortschatz und kommen aus einem schlechteren Milieu als die weißen Lehrer. Wegen der heimtückischen Diskriminierung gibt es in den betreffenden Familien und unter den Freunden wenige, die die Oberschule, das College oder die Universität absolviert haben und so als „Modell" fungieren könnten. Auch werden diese Kinder außerhalb der Schule nur selten angeregt, intellektuellen, literarischen oder kulturellen Interessen nachzugehen.

Schließlich gibt es in vielen Schulen noch das sog. "tracking system", ein System, welches die Kinder aufgrund von mutmaßlichen Begabungsunterschieden in bestimmte Leistungsgruppen einordnet. Dieses System wird zumeist in den unteren Klassen der Volksschule angewendet und führt dazu, daß eine ungewöhnlich hohe Anzahl von schwarzen Schülern und Schülern anderer Minoritäten nur bis zur Berufsschule vordringen kann und damit von einem Hochschulstudium ausgeschlossen bleibt. Deshalb ist es nicht verwunderlich, daß die Modelle, denen diese Jugend nacheifert, solche sind, die durch Ausnutzung ihrer natürlichen Talente „schnell reich geworden" sind und damit das System besiegt haben.

Das endgültige Ziel der Psychologie ist die Kontrolle des Verhaltens, eine Kontrolle, die immer Einmischung und Veränderung mit sich bringt. Andererseits beruht jeder Versuch, sich in menschliches Verhalten einzumischen, ausnahmslos auf Werturteilen und die wiederum auf Vorstellungen über die Natur des Menschen, denen wir uns nun zuwenden werden.

Vorstellungen über die Natur des Menschen

Die Fragen, mit denen wir uns bis jetzt beschäftigt haben, sind nur eine kleine Auswahl aus denjenigen, mit denen wir uns in diesem Band immer wieder befassen werden. Die Art und Weise, wie man Fragen stellt, beeinflußt die Art und Weise der möglichen Antworten. Verschiedenartige Fragestellung erfordert die Entwicklung unterschiedlicher Forschungsmethoden und -strategien, die Erhebung unterschiedlicher

Daten und letztlich auch die Konstruktion grundlegend voneinander verschiedener Standpunkte über die Natur des Menschen.

Die Phase der Wissenschaft, die im Stellen von Fragen besteht, wird durch die Neugier des Forschers und seinen Drang, bisher Unbekanntes in Erfahrung zu bringen, angeregt. Die Arten möglicher Fragen, die ein Psychologe stellen könnte, sind wiederum abhängig von seiner Kultur, seiner Erziehung und Bildung, seinen Wertvorstellungen und seinen Vorlieben für ein bestimmtes „Psychologiesystem". Ein Psychologiesystem ist ein Instrument für die Erlangung wissenschaftlicher Erkenntnisse, eine Orientierung hin auf das, was als Forschungsproblem wichtig erscheint und relevant ist. Ein Psychologiesystem macht auch Annahmen darüber, was zu untersuchen ist und wie dies geschehen sollte. Damit trägt das jeweilige Psychologiesystem oder -modell, dem sich ein Forscher anschließt, entscheidend dazu bei, ob er:

a) *alle lebenden Organismen* oder *nur Menschen* untersucht;

b) nur *beobachtbares Verhalten* studiert oder auch *psychische Prozesse* wie z. B. Gedanken oder Gefühle;

c) sich für den *Ablauf* psychischer Vorgänge (Denken und Problemlösen) interessiert, oder für dessen *Resultate* (Erfolg, Mißerfolg);

d) nur *objektive Verhaltensdaten* akzeptieren will oder auch *subjektive Interpretationen* eigener Erfahrungen von Untersuchten einbezieht;

e) das Verhalten in kleinste funktionale *Teile* zerlegt oder es als *Ganzes,* als integriertes System betrachtet;

f) die *vergangene* Lebensgeschichte eines Individuums in den Mittelpunkt seiner Betrachtungen stellt oder dessen *gegenwärtige* Situation;

g) nach den Ursprüngen des Verhaltens eher *innerhalb der Person* sucht (Motive, Charaktereigenschaften, physiologische Vorgänge usw.) oder in ihrer *Umwelt* (Belohnung, Stressoren usw.);

h) bei der theoretischen Beschreibung und Erklärung des Verhaltens eher *Genauigkeit und Einfachheit* oder *Komplexität und Mannigfaltigkeit* bevorzugt;

i) von einer *Theorie* ausgehend Daten erhebt, um mit diesen die die Theorie zu überprüfen bzw. zu erweitern – also *deduktiv* vorgeht –, oder nach einem *empirischen* Ansatz – *induktiv* – vorgeht, wobei der Bedeutung von Theorien eine geringere Rolle zugewiesen wird;

j) Forschung als *reine Grundlagenforschung* betreibt oder mit dem Ziel ihrer *praktischen Anwendbarkeit* zur Lösung sozialer und individueller Probleme.

Der Leser wird sich jetzt fragen, wie man nun eigentlich *die richtigen Fragen* stellt. Ob eine Frage sinnvoll ist, bemißt sich danach, ob sie zu brauchbaren Erklärungen für einen bestimmten Bereich psychischen Funktionierens führt. Die menschliche Natur ist derart komplex, daß bisher noch niemand den (einzig) „richtigen" Weg gefunden hat, wie sie zu analysieren oder zu verstehen ist. Zu allererst einmal sind wir biologische Lebewesen, die in ihrer physiologischen Ausstattung anderen Arten sehr ähnlich sind. Aber gleichzeitig sind wir auch soziale Lebewesen, Teil einer Gemeinschaft, einer Kultur, eines politisch-ökonomischen Systems. Wir können rational Probleme lösen, aber uns trotzdem auch zeitweise impulsiv und irrational verhalten. Wir benutzen unsere einzigartigen menschlichen Fähigkeiten der Sprache und des abstrakten Denkens dazu, uns aus den Fesseln des Genetischen zu befreien, indem wir Wege und Möglichkeiten dazu ersinnen, wie wir die Umwelt an unsere Bedürfnisse angleichen können und uns, umgekehrt, nicht einfach an das anpassen müssen, was wir vorfinden. Um diese Komplexität angemessen zu erfassen und in einem („richtigen") Bild des Menschen festzuhalten, bedarf es einer Vielfalt von Schattierungen, Farbnuancen und stilistischen Mitteln. Auf der einen Seite ist die Psychologie eine biologische Wissenschaft, auf der anderen kommt sie der Soziologie nahe. Zwischen diesen beiden Polen, der Biologie wie der Soziologie, gibt es, wenn wir die Entwicklung des Organismus von seiner Empfängnis bis hin zum Tod verfolgen, stets Übergänge und Verknüpfungen. Die Psychologie ist *pluralistisch;* sie ermuntert ganz entschieden zu unterschiedlichen Standpunkten und duldet vielerlei Ansichten über die Natur des Menschen. Auf lange Sicht besteht Grund zu der Hoffnung, daß die vielen Strömungen dieser jungen Wissenschaft in einen festen Wissenskern einmünden.

Unter den verschiedenen allgemeinen Perspektiven zur Lösung des Rätsels um die menschliche Natur stehen 4 Sichtweisen im Vordergrund: das psychodynamische, das behavioristische, das kognitive und das humanistische Modell; aber diese stellen nicht nur unterschiedliche Perspektiven dar, sondern sie konkurrieren mit- und opponieren gegeneinander auch hinsichtlich dessen, was untersucht werden sollte, wie und weshalb etwas untersucht werden sollte.

Das psychodynamische Modell

Der dynamische Ansatz in der Psychologie geht davon aus, daß das gesamte menschliche Verhalten von starken inneren Kräften angetrieben oder motiviert wird. Danach werden unsere Handlungen von biologischen und sozialen Trieben bestimmt. Konflikte, Spannungen, Schuldgefühle, Angst und Frustrationen liefern die Energie für das menschliche Verhalten, genauso wie etwa die Kohle die Energie für eine Dampfmaschine liefert. Beobachtbares, offenes Verhalten wird durch innere Kräfte oder Energien erklärt. Theorien, die ihr Hauptgewicht auf die eine oder andere Art von Motivation legen, gehören prinzipiell zu den dynamischen Theorien.

Das psychodynamische Modell beruht auf den Ideen von Sigmund Freud (s. „Unter der Lupe", S. 38). Seine Schriften haben die Entwicklung der Psychologie sehr stark beeinflußt, und wir werden Freuds Ideen in diesem Band in irgendeiner Form immer wieder begegnen. Die zentrale Annahme seines Ansatzes besteht darin, daß biologische Triebe und angeborene Instinkte das menschliche Verhalten im Sinne der Selbsterhaltung bestimmen; dementsprechend werden wir von sexuellen und aggressiven Impulsen beherrscht. Jedoch stellt die Gesellschaft sich dem offenen Ausagieren dieser Impulse entgegen, so daß der Säugling oder das Kleinkind von einer Gegenströmung erfaßt wird. Indem wir also einerseits diesen angeborenen Trieben und, antagonistisch dazu, der elterlichen Erziehung andererseits hilflos ausgeliefert sind, überleben wir nur, indem wir diese grundlegenden Konflikte unter rationale Kontrolle bringen. Verhalten, das auf den ersten Blick keinen Sinn ergibt oder unlogisch erscheint, wird als Symptom unbewußter Motive analysiert. Nach dem psychodynamischen Modell ist die Natur des Menschen damit durch die Vererbung und frühere Lebenserfahrung vollständig bestimmt. Der Mensch ist von Natur aus „böse", weshalb er der gesellschaftlichen Kontrolle und der Psychotherapie bedarf, die das Unbewußte aufdeckt; er gibt somit Anlaß zu pessimistischen Zukunftserwartungen: seine Entwicklung ist durch unvermeidbare Gewalt und leidenschaftliches Machtstreben gekennzeichnet.

Das behavioristische Modell

Kann man als Analogie für das psychodynamische Modell die Dampfmaschine wählen, so ist das behavioristische Modell mit einem Fließband vergleichbar. Für die Vertreter des Behaviorismus sind Aktivitäten, greifbare Ergebnisse, Vorgänge, die man zählen und „inventarisieren" kann, von Bedeutung. Sie suchen nach Daten, die objektive, beobachtbare, spezifische und genau lokalisierte Reaktionen auf bestimmte Reize darstellen; diese müssen genau gemessen werden und sollten möglichst in einfachen Beziehungen zueinander stehen. Nach behavioristischer Ansicht sind die Grundlagen der Realität in der objektiven, materiellen Welt physischer Vorgänge zu finden. Behavioristen suchen nach vorhersagbaren Zusammenhängen zwischen spezifischen Reaktionen und Bedingungen in der Umwelt; sie sehen keinen Sinn darin, nach Ursachen zu suchen, die innerhalb der Person liegen, wenn diese inneren Vorgänge nicht in einen Zusammenhang mit der Umwelt gebracht werden können. Einige Behavioristen argumentieren sogar, daß das Erschließen innerer Vorgänge das Ratespiel von Psychologen sei, die entweder Verhaltenstatsachen nicht erkennen oder nicht wissen, wie man an sie herankommt. Verhalten ist der Ausgangspunkt der Psychologie – dieses „äußere" *Verhalten* muß erklärt werden und nicht die „innere" Person.

Bis zu einem gewissen Grad akzeptieren alle Psychologen, daß es wichtig ist, beobachtbares Verhalten zu untersuchen – also das, was Menschen sagen oder tun. Einige *radikale Behavioristen* verwerfen darüber hinaus jedoch jegliche Existenz von Motiven, Gedanken, Persönlichkeitszügen, Wertvorstellungen oder kognitiven Prozessen.

Sigmund Freud

Einen messerscharfen Intellekt und ein glänzendes literarisches Talent in sich vereinigend, behandelt Sigmund Freud das Problem der menschlichen Persönlichkeit mit lebendiger Einsicht und wurde so zu einem der Pioniere der modernen Persönlichkeitsforschung. Während seines ganzen Lebens war Freud darum bemüht, die Wurzeln der Persönlichkeit zu ergründen und das komplizierte Zusammenspiel zwischen grundlegenden geistigen Strukturen, beobachtbarem Verhalten und gesellschaftlichen Zwängen zu beschreiben.

Freud wurde am 6. Mai 1856 in einer kleinen tschechischen Stadt in Mähren, unweit der polnischen Grenze, geboren. Er war das älteste von 8 Kindern aus der zweiten Ehe seines Vaters. Sein Vater, ein Tuchhändler, erkannte und förderte früh die intellektuelle Begabung seines Sohnes. Freud war ein hervorragender Schüler, unterlag jedoch häufig depressiven Verstimmungen und seiner emotionalen Unausgeglichenheit. Seine eigenen früheren persönlichen Probleme haben ihn möglicherweise dazu angeregt, die verborgenen Mechanismen von Persönlichkeitsstörungen zu ergründen.

Im Jahre 1873 begann er sein Studium an der berühmten medizinischen Fakultät der Universität Wien mit dem Ziel, sich eher der wissenschaftlichen Forschung als der medizinischen Praxis zu widmen. Während seines Studiums faszinierten ihn die theoretischen Vorstellungen seines Lehrers, Prof. Ernst Brücke, über Verhalten und physiologischen Prozesse, so daß Freud, nach Erlangung des Doktorgrades, die Zusammenarbeit mit ihm erwog. Inzwischen hatte Freud jedoch geheiratet und geriet mit der Gründung seiner Familie zunehmend in finanzielle Bedrängnis. Demzufolge sah er sich angesichts der zur damaligen Zeit stark eingeschränkten akademischen Aufstiegsmöglichkeiten veranlaßt, eine private psychiatrische Praxis zu eröffnen. Mit diesem Ziel vor Augen arbeitete Freud ein Jahr bei Jean Charcot in Frankreich, der dadurch Berühmtheit erlangt hatte, daß er die Hypnose als therapeutisches Mittel zur Behandlung von Nervenkrankheiten einsetzte.

Mit der Zeit wurde diese Methode für Freud unbefriedigend, und er begann seine Zusammenarbeit mit dem Wiener Kollegen Josef Breuer, der die Technik der freien Assoziation eingeführt hatte, um damit die Ursachen für neurotische Symptome zu erfassen. Aus den Jahren dieser Zusammenarbeit stammt die bedeutende Veröffentlichung *Studien über die Hysterie* (1895). Schließlich führten gegensätzliche Ansichten über die Bedeutung des sexuellen Konflikts als Ursache der Hysterie – Freud sprach diesen Konflikten eine zentrale Bedeutung zu – zur Trennung von Breuer.

Bald darauf begann Freud zu praktizieren und wandte die Technik der freien Assoziation an, indem er seine Patienten aufforderte, ihre Träume zu schildern. Auf der Basis der Erkenntnisse, die er während dieser Sitzungen gewann, entwarf er ein System der Traumsymbolik, das er in seinem großen Werk *Die Traumdeutung* (1900) veröffentlichte. Obwohl er von der Mehrzahl seiner wissenschaftlichen Zeitgenossen, vornehmlich wegen seiner Theorie der frühkindlichen Sexualität, angegriffen wurde, hatte er dennoch auch berühmte Mitstreiter, wie z. B. Jung und Adler.

Seine Anerkennung als bedeutender Theoretiker der Psychologie erhielt Freud, als er im Jahre 1909 von der American Psychology Association zu einer Vortragsreihe an der Clark University eingeladen wurde.

Im Jahre 1910 gründete er dann die Deutsche Psychoanalytische Gesellschaft, was in verschiedenen Ländern zur Einrichtung von Ausbildungsinstituten für Psychoanalyse führte. Seine Veröffentlichungen umfassen ein unglaublich breites Themenspektrum: die Technik der Psychoanalyse sowie psychoanalytische Abhandlungen über Geschichte, Religion, Literatur und Sozialwissenschaften.

Echte Wirkung zeitigten Freuds Theorien aber erst in den 30er Jahren. Diese Periode war zugleich aber auch eine äußerst kritische Zeit für ihn und seine Familie, da Österreich inzwischen von Hitlers Wehrmacht besetzt worden war, was zu einer ständigen Bedrohung seines Lebens und seiner Familie führte. Auf Drängen von Freunden emigrierte Freud schließlich im Jahre 1938 nach England, wo er ein Jahr später einem Krebsleiden erlag, an dem er mehr als 16 Jahre lang gelitten hatte. Obwohl die Psychoanalyse in den USA heute an Popularität verloren hat, nimmt sie in Westeuropa weiterhin eine bedeutende Stellung ein; manche Europäer glauben, daß sie als sozial-intellektuelle Bewegung in Konkurrenz zur Religion oder zum Kommunismus stehe.

Wenn überhaupt, dann werden innere Zustände als bloße Nebenprodukte des äußeren Verhaltens angesehen. Menschliches Handeln wird durch Ereignisse in der Umwelt ausgelöst und durch die Konsequenzen, die es erfährt, kontrolliert. Diesen Standpunkt bezeichnet man als „S-R-Theorie" („Stimulus-Response-Theorie"). Wir behalten das Verhalten bei, das in der Vergangenheit belohnt wurde und unterlassen jenes, welches unangenehme Folgen hatte.

Die Behavioristen bevorzugen ein „wissenschaftliches" Vorgehen in der Psychologie; sie geben den „harten", quantifizierbaren Daten den Vorzug gegenüber den „weichen", qualitativen Erhebungen. „Harte" Daten stammen gewöhnlich aus kontrollierten Laborexperimenten, wobei elektronische Apparaturen und Computer verwendet werden, um Reize darzubieten und Reaktionen zu registrieren. Die Behavioristen bestehen auf präzise Definitionen, benutzen ein besonderes Vokabular und bevorzugen rigorose Standards für empirische Evidenz. Sie verwenden häufig Tiere für ihre Versuche, weil bei ihnen die experimentelle Kontrolle viel vollständiger möglich ist als bei menschlichen Versuchspersonen und weil die beobachteten Vorgänge weniger komplex sind. Nach behavioristischer Ansicht ist die Natur des Menschen weder gut noch böse – sie kann in beinahe jede Richtung beeinflußt werden. Verhalten ist durch die systematische Anwendung der Prinzipien der Konditionierung prinzipiell modifizierbar. Praktisches Ziel aller Lebewesen ist es, sich auf der Basis von Lernen und Erfahrung erfolgreich an die Umwelt anzupassen.

Der erste bedeutsame Vertreter dieser Lehrmeinung war John B. Watson, der in den frühen 20er Jahren den Behaviorismus begründet hat. Watson erklärte die Psychologie zu einer reinen Verhaltenswissenschaft und reagierte damit auf verschiedene Strömungen seiner Zeit, die vage definierten inneren Zuständen und endlosen Instinktlisten übergebührend große Bedeutung beimaßen, um damit vermeintlich alles erklären zu können, auch wenn sie es in Wirklichkeit bloß etikettierten. Die Position Watsons, auf eine kurze Formel gebracht, könnte lauten: Wir sind das, was wir zu sein gelernt haben.

B. F. Skinner hat das Banner des Watsonschen Determinismus übernommen und weitergetragen, sowohl in seinen wissenschaftlichen Veröffentlichungen (1938, 1953, 1974) als auch in seinen populären Schriften *Futurum Zwei* (1948) und *Jenseits von Freiheit und Würde* (1971): Alles Verhalten steht prinzipiell in einem gesetzmäßigen Zusammenhang zu beobachtbaren Umweltbedingungen. Skinner sagte kürzlich in einem Interview: „Die psychische Entwicklung eines Menschen ist nicht im Sinne eines naturgegebenen Prozesses zu verstehen, der sich aus dem Individuum heraus entfaltet" (*APA Monitor*, Juli 1977, S. 6). Nach Meinung Skinners führen das ganze Leben hindurch Variationen in der Umwelt zu Veränderungen im Verhalten. Wenn sich die Umwelt verändert, das Verhalten jedoch nicht, dann fehlen dem Individuum die angemessenen Verhaltensweisen, die es braucht, um positive Bekräftigungen zu erhalten, und die erst sein psychisches und physisches Überleben garantieren.

Unter der Lupe

Burrhus Frederic Skinner

Skinner ist wahrscheinlich der bekannteste amerikanische Psychologe der Gegenwart. Zu der Zeit, als er durch seine Bestseller *Futurum Zwei* (1948) und *Jenseits von Freiheit und Würde* (1971) in der Öffentlichkeit bekannt wurde, war er aufgrund seiner Beiträge zur behavioristischen und experimentellen Psychologie innerhalb seines Faches schon weithin anerkannt.

Skinner wurde am 20. März 1904 in Susquehanna (Pa.) als Sohn eines Rechtsanwalts geboren. Mit dem Ziel, eine Schriftstellerlaufbahn einzuschlagen, besuchte er ab 1922 das Hamilton College in New York. 1926 graduierte er mit Prädikatsexamen in Englisch und erhielt für seine Griechischkenntnisse besondere Auszeichnungen.

Während des letzten Jahres am Hamilton College sandte Skinner einige Kurzgeschichten an den Dichter Robert Frost. Zu seiner Überraschung nahm Frost diese mit Begeisterung auf und ermutigte den jungen Autor dazu, Schriftsteller zu werden. Auf diesen Rat hin widmete sich Skinner für längere Zeit der Schriftstellerei. Rückblickend kommentiert er ironisch, er

habe zwar damals gelernt, besser zu schreiben, dabei sei ihm allerdings aufgefallen, daß er eigentlich nichts Wichtiges zu sagen gehabt hätte!

Um diese Situation zu ändern, kehrte Skinner an die Universität zurück und belegte dort Graduiertenkurse in Psychologie. Während seiner einjährigen Abwesenheit von der Universität hatte er viel gelesen und war dabei auf die Werke J. B. Watsons gestoßen. Die Lektüre der Pionierarbeiten Watsons regte Skinners Interesse an und hat seine Entscheidung, Psychologie zu studieren, stark beeinflußt.

Er wurde von der Harvard University aufgenommen, promovierte 1931 im Bereich der experimentellen Psychologie und arbeitet dort bis zum Jahre 1936. Danach ging er als Dozent an die University of Minnesota, wo er seine berühmte Lerntheorie entwickelte. Die Ergebnisse seiner Laborarbeiten über das Verhalten von Tieren waren so eindrucksvoll, daß die US-Regierung ihn im 2. Weltkrieg mit einem Geheimprojekt beauftragte: Skinner sollte Tauben darauf trainieren, Raketen in die Schornsteine feindlicher Kriegsschiffe zu dirigieren (s. Kap. 5, „Unter der Lupe", S. 188).

Nach dem Kriege zögerte Skinner nicht, seine im Labor gewonnenen Ergebnisse auch auf das menschliche Verhalten anzuwenden. Als Leiter des neugegründeten Psychologiedepartments an der Indiana University entwickelte er seine berühmte „Säuglingskrippe" ("air crib"), einen schallgedämpften, bakterienfreien Behälter aus Plexiglas. Skinners Tochter Deborah wuchs ebenso in einer solchen „Krippe" auf wie später ihre eigenen Kinder.

Im Jahre 1948 kehrte Skinner wieder an die Harvard University zurück. Hier entwickelte er die nach ihm benannte "Skinner-Box", eine Apparatur, die die präzise Registrierung und statistische Auswertung des Verhaltens von Tieren (insbesondere Ratten und Tauben) erlaubt. Durch die Skinner-Box wurde die experimentelle Arbeit in den Universitätslaboratorien im ganzen Land entscheidend beeinflußt.

Überzeugt davon, daß sich seine in Labor entwickelten Lerntechniken auch auf die Schule und die Schulsituation übertragen lassen, beschäftigte sich Skinner in den 50er Jahren im wesentlichen mit der Weiterentwicklung seiner Methoden zum programmierten Lernen. Mit

Hilfe des programmierten Unterrichts und spezieller curricularer Bausteine lassen sich Informationen und Fertigkeiten an Schüler vermitteln, indem durch eine Folge von Fragen, deren richtige Beantwortung direkt zu einer Bestätigung führt, gelernt wird.

Während seiner Laufbahn hat Skinner sehr viel veröffentlicht. Die American Psychological Association ehrte ihn dafür im Jahre 1958 für seine hervorragenden wissenschaftlichen Leistungen. Obgleich er jetzt emeritiert ist, setzt Skinner sein Wirken auf seinem Ruhesitz in Cambridge (Mass.) fort und hat erst kürzlich eine Autobiographie unter dem Titel *Particulars of My Life* veröffentlicht.

Wie wir in späteren Kapiteln noch sehen werden, hat der Behaviorismus Skinnerscher Prägung zwar zu einer Kontroverse über die Ethik und die Politik der Verhaltenskontrolle geführt, andererseits aber auch eine Vielzahl psychologischer Theorien und Praktiken grundlegend beeinflußt.

Das kognitive Modell

Während die Behavioristen nichts akzeptieren, was sich nicht direkt beobachten läßt, gehen die Anhänger der kognitiven Psychologie davon aus, daß die Natur des Menschen mehr ist als das offen zutagetretende Verhalten. Für die Kognitivisten geht die psychologische Realität weit über die Verhaltensreaktion auf äußere Reize hinaus. Geistige Prozesse wie Aufmerksamkeit, Denken, Erinnern, Planen, Erwartungen, Wünsche, Phantasien und Bewußtsein bilden das Material für den kognitiven Psychologen. Als Gegenpol zu den Handlungen und ihren äußeren Aspekten, welche die Behavioristen in den Mittelpunkt ihrer Untersuchungen stellen, ist das Bewußtsein für den Kognitivisten die zentrale Aktivität. Wie der Philosoph Karl Jaspers 1963 betonte, existiert der Mensch nicht nur, sondern er weiß auch, daß er existiert. Die Wahrnehmung und ihre Interpretation bedingen, wie sich eine Person verhält. Will man das Verhalten einer Person verstehen, genügt es also nicht, nur ihre objektive, reale Umwelt zu kennen; wir müssen vielmehr in Erfahrung bringen, wie die Person diese Umwelt subjektiv wahrnimmt. In der Frühzeit der Psychologie haben besonders Wilhelm Wundt in Deutschland und E. B. Titchener in den USA die Rolle dieser inneren Sichtweisen einer Person in den Vordergrund gestellt. Die „neue" Psychologie gegen Ende des 19. Jahrhunderts war „intro-spektiv". Kernstück der introspektiven Psychologie war die Untersuchung des *Bewußtseins;* ihr Ziel war es, die „Bewußtseinsinhalte" und geistigen Prozesse zu entdecken, auf die eine Person zurückgreift, wenn sie auf Umweltreize reagiert. Aufschlüsse darüber erhielt man durch die systematische Befragung geübter Versuchspersonen, die mit der *Introspektion,* d. h. der Beobachtung, Beschreibung und Mitteilung subjektiver Erfahrungen vertraut waren.

Nach Hitt (1969) betrachtet das kognitive Modell den Menschen als den *Produzenten von Information* und nicht als einen bloßen Registrator und Vermittler von Information aus der Umwelt. Im Vordergrund steht die Frage, wie wir die Informationen über unsere physikalische Welt gewinnen, durch die es uns möglich ist, daß unsere Empfindungen einen Sinn ergeben und unsere Verhalten zielgerichtet wird. Tabelle 1.2 zeigt einige der wichtigsten Unterschiede zwischen dem behavioristischen und dem kognitiven Modell.

Der Begriff *Phänomenologie* bezeichnet eine bestimmte Richtung innerhalb des kognitiven Ansatzes, nach der die Einzigartigkeit persönlicher Erfahrungen besonders hervorgehoben wird. Wie verändert sich das persönliche Bild von der Welt, wenn man älter wird, wenn man traurig ist, wenn man sich verliebt oder wenn man sich in Gefahr befindet? Will man die Reichhaltigkeit der Natur des Menschen untersuchen, so kann dies nicht anhand einer Analyse einzelner Teilaspekte geschehen, sondern nur, indem man sie als ein sinnvolles Ganzes, als ein komplexes, dynamisches System betrachtet. Einige Phänomenologen versuchen zu verstehen, wie Sinneseindrücke durch Wertvorstellungen umgeformt werden (May 1975).

Der englische Essayist William Hazlitt hat mit dem Satz: „Wir erfassen die Natur nicht mit unseren Augen, sondern mit unserem Geist und

Tabelle 1.2. Zwei Modelle von der Natur des Menschen

	Behavioristisch	Kognitiv
– Der Gegenstand Psychologischer Untersuchungen ist	– Verhalten, Handeln	– (Selbst-)Bewußtsein
– Menschliches Verhalten ist	– vorhersagbar	– unvorhersagbar
– Die Menschen sind	– Informationsüberträger	– Informationserzeuger
– Die Grundlage der Wirklichkeit findet man in	– der objektiven, materiellen Welt	– dem subjektiven Bereich persönlicher Erfahrung
– Jedes Individuum ist	– wie jedes andere und unterliegt daher allgemeinen Gesetzmäßigkeiten	– einzigartig
– Beschreibung des Menschen	– in Absolutbegriffen	– in Relationsbegriffen
– Charakteristika des Menschen können untersucht werden	– einzeln oder unabhängig voneinander	– nur als Ganzes bzw. als interdependentes System
– Die Natur des Menschen ist	– Aktualität, Realität, objektive Tatsache der Existenz	– Potentialität, ein dynamischer Prozeß des Werdens
– Die Menschen kann man kennenlernen	– wissenschaftlich, logisch, empirisch, vollständig	– nur teilweise, nie gänzlich

unserem Herzen" (1839) den Kern der phänomenologischen Psychologie auf den Begriff gebracht. Für den Phänomenologen ist von größter Bedeutung, wie die einzelne Person eine Situation auffaßt, während den „objektiven" Behavioristen eher die Sichtweise des Experimentators interessiert. Diese zuletztgenannte Einstellung ist im Zusammenhang mit Tierexperimenten sicherlich sinnvoll; sie verliert jedoch ihre Wirksamkeit, wenn man sie auf die Untersuchung menschlichen Verhaltens überträgt. Der kognitive Ansatz in der Psychologie befaßt sich mit einer Vielfalt von Themen: vom Begriff der „Einstellung" in der Sozialpsychologie über die Freudsche Traumdeutung bis hin zur Untersuchung von Persönlichkeitsmerkmalen oder von Gedächtnisprozessen.

Einige der prominenten behavioristisch orientierten Forscher sind im Verlauf der letzten Jahre von der empirischen Untersuchung einfacher Verhaltensweisen von Ratten und Tauben abgekommen. Sie haben damit den Fokus ihres Interesses von den Zusammenhängen zwischen äußeren Reaktionen und bestimmten Umweltzusammenhängen auf die inneren kognitiven Prozesse verlagert, also auf Vorgänge, die erklären sollen, wie Individuen externe Ereignisse interpretieren und wie sie ihre Reaktionen darauf reflektieren bzw. planen. Die kognitive Psychologie, die z. B. Prozesse der Gedächtnistätigkeit, des Spracherwerbs oder des Problemlösens untersucht, baut somit eine Brücke zwischen den S-R-Variablen der Behavioristen und der individualistischen Orientierung der Phänomenologie. Sie greift bei der Untersuchung der Erfahrungswelt des einzelnen Individuums auf die strengen Forschungsmethoden des Behaviorismus zurück. Den durchgreifenden Einfluß des kognitiven Modells werden wir später noch genauer kennenlernen, wenn wir auf die Arbeiten Albert Banduras zur Lerntheorie zu sprechen kommen.

Das humanistische Modell

Man hat den Humanismus als eine „dritte Kraft" in der Psychologie bezeichnet, als eine Alternative zu der passiv-deterministischen Anschauung des psychodynamischen wie des behavioristischen Modells. Mit der Phänomenologie teilt der Humanismus die Auffassung, daß es ganz entscheidend das aktuelle Erleben einer Person ist, was ihre Wirklichkeit beeinflußt. Der Humanismus ist jedoch weniger ein forschungsorientierter Ansatz als vielmehr ein Bündel programmatischer Ideen darüber, was der wahre Gegenstand psychologischer Untersuchung sein *sollte*.

Der Humanismus betrachtet die Natur des Menschen prinzipiell als „gut" und nicht als böse oder neutral; sie ist demnach grundsätzlich aktiv und nicht passiv; sie paßt sich nicht einfach an, sondern sie strebt nach Wachstum, Verbesserung und Umstrukturierung der Umwelt. Die humanistische Psychologie befaßt sich mit der Entwicklung des menschlichen Potentials und nicht nur mit dessen angemessenem Funktionieren. Kurz gesagt: die humanistische Psychologie tritt für das Werden des Menschen ein, für die Ganzheit und Einmaligkeit des Individuums, die Verbesserung der menschlichen Situation und ein besseres Verstehen des einzelnen.

Pioniere dieser Bewegung waren Abraham Maslow (1954) und Carl Rogers (1961, 1977; s. „Unter der Lupe"). Beide betrachten den Menschen als Wesen, das zu seiner Selbstverwirklichung strebt, indem es seine fundamentalen Möglichkeiten zu voller Blüte entwickelt. Ziele des Lebens sind die kontinuierliche Evolution, die bewußte Erfahrung der Freuden des Lebens, die bewußte Teilnahme an der schöpferischen Gestaltung neuer Lebensformen; diese Ziele stehen im krassen Gegensatz zu einer bloßen Anpassung an bereits vorhandene Lebensformen. Die Einheit der psychologischen Untersuchung ist damit nicht eine einzelne Verhaltensreaktion, sondern die Person als ganze.

Floyd Matson, der ehemalige Vorsitzende der American Association for Humanistic Psychology brachte diesen Standpunkt auf die Formel: „Ich kenne keine größere Herabwürdigung eines Menschen, als ihn wie ein Objekt zu behandeln – die nur noch dadurch übertroffen wird, daß dieses Objekt noch weiter in Triebe, Persönlichkeitszüge, Reflexe und andere derart mechanistische Elemente zergliedert wird" (1971, S. 7). *Analysieren* die Behavioristen den Menschen auf seine Reaktionen und Konflikte hin, sehen die Humanisten ihre Aufgabe darin, die vom Behaviorismus zerstückelte Person wieder zusammenzufügen, indem sie ihre Teile zu einer einzigartigen Ganzheit *synthetisieren*.

Unter der Lupe

Carl Rogers

Rogers ist einer der bekanntesten Vertreter der humanistischen Psychologie und gleichzeitig der Begründer der „klientenzentrierten Psychotherapie". Im Kreise seiner Anhänger wird er oft beschrieben als „... der Mann, der es dem Menschen wieder erlaubte, er selbst zu sein". Auf dem Hintergrund seines unerschütterlichen Glaubens an das Gute im Menschen stellte Rogers folgende Annahme in den Mittelpunkt seines therapeutischen und pädagogischen Ansatzes: Das Individuum, sofern es nur die geeigneten Möglichkeiten und die notwendige Ermunterung dazu erhält, ist in der Lage, selbst zu entscheiden, welchem Weg es am besten folgt.

Durch ihre offenkundige Simplizität hat diese Maxime den mildgesinnten Rogers seine ganze Laufbahn hindurch in vehemente Kontroversen verstrickt. Rogers hat immer wieder versucht, über das Formulieren schön klingender Philosophien hinauszukommen, indem er beharrlich versuchte, seine Ideen im Rahmen sozialer Institutionen zu verwirklichen.

Nachdem er von einer Chinareise mit einer Gruppe religiöser Studenten zurückgekehrt war, verwarf Rogers abrupt seine Zukunftspläne als Student der Agrarwissenschaften. Er glaubte nun, eine wirkliche Befriedigung seiner Bedürfnisse und Interessen sei nur in einem Milieu möglich, das die zwischenmenschliche Kommunikation fördere und ihm die Möglichkeit biete, anderen Menschen zu helfen. Er besuchte bald darauf ein theologisches Seminar, stieß jedoch bald auf den Widerspruch zwischen der Betonung von Dogma und Hierarchie einerseits und seiner auf die einzelne Person gerichteten Sichtweise andererseits. Er wandte sich nun dem Studium der Psychologie zu, von dem er sich erhoffte, seine Ideen besser weiterentwickeln und besser verwirklichen zu können. Im Jahre 1924 erwarb er ein Diplom an der University of Wisconsin. Nach seiner Promotion an der Columbia University wurde er Direktor der Rochester Child Guidance Clinic in New York und begann dort Techniken zu entwickeln, aus denen sich später die klientenzentrierte Therapie herauskristallisierte. Im Anschluß daran wurde ihm die Stellung als Direktor der Student Guidance Clinic an der University of Chicago angeboten, die erste Einrichtung dieser Art in den USA. Die Aussicht, seine Techniken weiterentwickeln zu können, begeisterte ihn so sehr, daß er diese Stellung antrat. Er geriet jedoch praktisch von Anfang an in Schwierigkeiten mit den konservativen Mitgliedern des Departments für Psychiatrie. Seine Kollegen waren der dezidierten Auffassung, er praktiziere eine Art von Therapie, die besser Fachleuten mit einer medizinischen Ausbildung überlassen bleiben solle. Andererseits erregte seine unverblümte Behauptung Anstoß, ein Großteil der Therapiemißerfolge gehe eindeutig zu Lasten der Therapeuten. Rogers versuchte sich dadurch der Debatte zu entziehen, daß er seine Terminologie änderte – statt „Psychotherapie" führte er nun „Studentenberatung" durch –, und so konnte er weiterhin erfolgreich an der Entwicklung neuer therapeutischer Methoden arbeiten.

Da ihn dieser Zustand auf die Dauer nicht befriedigte, ging Rogers schließlich an die University of Wisconsin zurück, wo er jedoch nach kurzer Zeit erneut in dem Ruf stand, ein Sonderling zu sein. Während seines fast 10jährigen Aufenthalts in Wisconsin veröffentlichte er einige seiner bekanntesten Arbeiten, stand aber gleichzeitig der Form der Graduiertenausbildung in der Psychologie zunehmend kritisch gegenüber. Die bekannteste seiner kritischen Schriften über das Hochschulstudium wurde 1969 unter dem Titel *Freedom to Learn* publiziert.

Schließlich entschloß sich Rogers, die Kräfte gleichgesinnter Psychologen im Western Institute for Behavioral Science in Kalifornien zusammenzuschließen. Dieses Zentrum, das auf nichtkommerzieller Basis arbeitet, ist an einer Reihe von Projekten beteiligt, zu denen auch ein weithin bekanntes Sommerseminar für Encountergruppen gehört. Ein noch ehrgeizigeres Projekt verfolgt die Absicht, Ärzte in engere Berührung mit den humanitären und ethischen Aspekten der medizinischen Praxis zu bringen. Weitere Projekte gelten der Familientherapie und Psychotherapie verhaltensauffälliger Kinder.

Ungeachtet seiner Erfolge hat Rogers in den letzten Jahren aber auch von vielen Seiten Kritik erfahren. Selbst Anhänger und Kollegen beurteilen seine Ansichten als übertrieben optimistisch – speziell seinen Glauben, daß sich Spannungen, wie etwa Rassenkonflikte, mit den Mitteln der klientenzentrierten Therapie lösen lassen. Zudem haben sich inzwischen einige seiner nicht sonderlich durchstrukturierten Erziehungsprogramme als ineffektiv erwiesen. Rogers ist indes, sofern er sich überhaupt verändert hat, noch optimistischer geworden. Zur Zeit führt er in verschiedenen Ländern Trainingskurse für Therapieinstruktoren durch. Er hofft auf die zunehmende Popularität seiner klientenzentrierten Psychotherapie – v. a. in Staaten wie der Bundesrepublik Deutschland, Japan und Brasilien.

Zusammenfassung

Beiläufige Beobachtungen und die Verallgemeinerungen, die dem „gesunden Menschenverstand" entspringen, führen oft zu falschen Schlußfolgerungen. „Tatsachenberichte" bleiben oft unangefochten, Korrelation wird mit Ursache verwechselt und Bezeichnungen, die als Klassifikation dienen sollen, werden als Erklärungen mißbraucht.

Es ist der Zweck der wissenschaftlichen Forschung, falsche Schlußfolgerungen über natürliche Vorgänge durch die systematische Suche nach Ursachen einzuschränken. Die *wissenschaftliche Methode* besteht aus einer Reihe von Annahmen und Regeln, mit Hilfe derer ein Forscher Daten sammelt, auswertet und seine Resultate anderen in einer Weise mitteilt, daß diese seine Arbeit replizieren und die Ergebnisse entweder bestätigen oder verwerfen können.

Wissenschaftliche Schlußfolgerungen sind immer vorläufig und hängen von weiteren Untersuchungen ab; es gibt keine Hypothese, die ein für allemal bewiesen werden kann. Schlußfolgerungen werden immer in Form einer Wahrscheinlichkeitsaussage formuliert; sie gibt die Wahrscheinlichkeit an, mit der die entsprechenden Ergebnisse für die gesamte Population, aus der die Stichproben stammen, zutreffen. Genauso wie andere Wissenschaftler versuchen die Psychologen sich gegen Vorurteile bei ihren Beobachtungen zu schützen und beschränken diese auf verifizierbare, „öffentliche" Ereignisse. Um die größtmögliche Klarheit, Präzision und Objektivität zu erreichen, bedienen sie sich konkreter Aussagen und *operationaler Definitionen*.

Wissenschaftliche Untersuchungen bedürfen standardisierter Registrier- und Meßmethoden. Die Messung impliziert den Gebrauch festgelegter Regeln zur Transformation der beobachteten Ereignisse in Daten. Durch Zusammenfassung von Daten und deren Zusammenfassung in Gruppen ergibt sich die Möglichkeit, sinnvolle Aussagen über die Beziehungen zwischen Ereignissen zu machen.

Die Untersuchung der Ursache eines Phänomens beginnt mit einer oder mehreren *Hypothesen*. Diese Angaben über die Beziehungen zwischen Variablen werden experimentell überprüft; dann werden die nichtzutreffenden Hypothesen eliminiert. Obgleich das Forschungslabor eine bessere Kontrolle und eine genauere Prüfung der Hypothesen zuläßt, als dies woanders möglich ist, geht in dieser künstlichen Umgebung doch vieles von der Aussagekraft einer Variablen verloren. Man muß entscheiden, ob das, was man durch die Ausschaltung des „Hintergrundrauschens" gewonnen hat, den Verlust an „Signalstärke" wieder wettmacht.

Die *Reizbedingung (S)*, die manipuliert wird, ist die *unabhängige Variable*. Die *abhängige Variable* ist die *Reaktion (R)*, bei der vorausgesagt wird, daß sie sich mit der Veränderung der unabhängigen Variablen ebenfalls verändert. Eine *kausale Beziehung* zwischen Reiz (S) und Reaktion (R) bezeichnet man als eine S→R-Gesetzmäßigkeit. Eine *Korrelationsbeziehung*, bei der 2 Gegebenheiten (R_x, R_y) einfach zusammen auftreten, nennt man eine R-R-Gesetzmäßigkeit. Bei letzterer kann man nicht annehmen, daß ein Faktor die Ursache des anderen ist.

Die *Reaktionsvarianz* kann eine *wahre Varianz* (die von der Manipulierung der unabhängigen Variable herrührt) oder eine *Fehlervarianz* (die aus anderen Quellen stammt) sein. Wir benutzen *experimentelle Kontrollen*, um die Größe der Fehlervarianz zu minimieren. Bei der Untersuchung, ob 2 Gruppen von Versuchsteilnehmern Unterschiede zeigen, nachdem eine von ihnen dem Einfluß der unabhängigen Variablen ausgesetzt wurde, benutzt der Forscher eine *randomisierte (zufällige) Auswahl* oder andere Selektionskontrollen. Dies geschieht, um sicherzustellen, daß sich beide Gruppen vor Beginn des Experiments möglichst gleichen. Das *Gegenbalancieren* (*"counterbalancing"*: die abwechselnde Reihenfolge von experimentellen und Kontrollbedingungen) ist eine Methode, die verhindert, daß Unterschiede nur aufgrund der Reihenfolge der experimentellen Bedingungen zustande kommen. Da die Variablen, die das Verhalten beeinflussen können, zahlreich und oft eng miteinander verwandt sind, benötigt man u. U. viele Kontrollgruppen, um Alternativhypothesen auszuklammern.

Zeigt sich nach der experimentellen Behandlung ein Unterschied im Verhalten, so benutzt der Untersucher statistische Verfahren, um die Wahrscheinlichkeit festzustellen, mit der diese Unterschiede durch Zufall zustande kamen. Ist die Wahrscheinlichkeit (P) kleiner als 0,05, so verwirft er die *Nullhypothese* (H_0), die besagt, daß die Unterschiede durch Zufall zustande kamen, und folgert, daß der Verhaltensunterschied echt und signifikant ist und sich seine Hypothesen über die Wirkungen der unabhängigen Variablen bestätigt haben.

Sowohl aus Gründen der Ethik als auch der Bequemlichkeit werden im Versuch oft Tiere anstatt Menschen eingesetzt. Gewöhnlich versuchen solche Untersuchungen, auf menschliches Verhalten zu schließen.

Die meisten modernen Psychologen würden der Definition zustimmen, daß die *Psychologie* die *Wissenschaft vom Verhalten der Lebewesen* ist, und würden in diese Definition sowohl beobachtbares als auch nichtbeobachtbares Verhalten einbeziehen.

Zu den Spezialgebieten der Psychologie gehört die *Klinische Psychologie,* die sich hauptsächlich mit dem Verstehen und der Behandlung verschiedener Arten abnormer Verhaltensweisen befaßt; die *Experimentelle Psychologie* versucht, voraussagbare Beziehungen zwischen Reaktionen (R_x, R_y) oder zwischen Reizbedingungen (S) und Reaktionen (R) herauszufinden und greift damit über auf die Entwicklungspsychologie, die Wahrnehmungspsychologie und andere; ferner gehören zu den Spezialgebieten verschiedene Gebiete der *Angewandten Psychologie,* die sich bemüht, die Psychologie in Bereichen wie Industrie, Schulwesen, Psychodiagnostik etc. anzuwenden.

Die Ziele der Psychologie gleichen den Zielen anderer Wissenschaften. Durch sorgfältig angelegte Methoden versucht man, Verhalten sowohl qualitativ als auch quantitativ zu *beschreiben,* Verhalten mit Hilfe von *Gesetzmäßigkeiten, Prinzipien* und *Theorien* zu *erklären,* zukünftiges Verhalten aufgrund der Bedingungen, die für sein Auftauchen notwendig sind, *vorauszusagen* und Einfluß sowohl bei der *Kontrolle des Verhaltens* geltend zu machen als auch es anderen zu ermöglichen, ihr eigenes Verhalten zu kontrollieren.

Obgleich Datensammlung und Datenanalyse größtmögliche Objektivität erfordern, beruhen Schlußfolgerungen darüber, welche Veränderungen im Leben der Menschen notwendig sind, auf Werturteilen. Deshalb müssen wir bei der Beurteilung jeglicher Schlußfolgerung nicht nur die zur Verfügung stehenden Daten berücksichtigen, sondern auch die bei der Interpretation einfließenden Wertvorstellungen. Welche Art von Fragen ein Psychologe stellt und wie er diese beantwortet, ist zu einem großen Teil davon abhängig, welches *Modell* oder welchen Standpunkt über die Natur des Menschen er sich zu eigen gemacht hat. Die meisten Psychologen akzeptieren eines der 4 größeren Modelle:

1. Das psychodynamische Modell. Es geht von der Annahme aus, daß alles menschliche Verhalten von starken inneren Kräften – biologischer oder sozialer Art – abhängig ist, und stützt sich im wesentlichen auf die theoretischen Vorstellungen Sigmund Freuds.

2. Das behavioristische Modell. Hiernach werden die Ursachen des Verhaltens in der Umwelt und nicht im Individuum selbst gesucht. Auch dieser Standpunkt ist deterministisch. Die Anhänger dieses Modells sind der Meinung, daß alles Verhalten durch Ereignisse in der Umwelt ausgelöst und durch nachfolgende Konsequenzen kontrolliert (verändert) wird – mit anderen Worten, daß dem Verhalten bestimmte Lernprozesse zugrunde liegen. Der bekannteste Behaviorist in den USA ist derzeit B. F. Skinner.

3. Das kognitive Modell. Das Vorhandensein geistiger Prozesse wird anerkannt und folglich die Natur des Menschen unter einer etwas weiteren Perspektive betrachtet. Viele Kognitivisten nehmen einen *phänomenologischen* Standpunkt ein und konzentrieren sich auf die Untersuchung der einzigartigen Erfahrungen eines Individuums. Viele Behavioristen neigen heute dazu, einige Aspekte der kognitiven Psychologie in ihr Modell zu integrieren.

4. Das humanistische Modell. Auch als die „dritte Kraft" der Psychologie bezeichnet, ist dieses Modell weniger ein psychologischer Forschungsansatz als vielmehr eine optimistische Bewegung innerhalb der Psychologie, die dem Potential des Menschen zu seiner Entfaltung und Selbstverwirklichung besondere Bedeutung beimißt.

2 Die physiologischen Grundlagen des Verhaltens

Um unser Wissen über das menschliche Verhalten erweitern zu können, müssen wir lernen, der Natur die richtigen Fragen zu stellen; dann müssen wir Methoden entwickeln, welche die Beantwortung dieser Fragen ermöglichen, und zwar in einer Form, die meßbar und verständlich ist.

Die Geschichte der Wissenschaft zeigt ganz klar, daß ihre Entwicklung manchmal über Jahrhunderte hinweg nur deshalb blockiert wurde, weil Fragen gestellt wurden, die nicht beantwortbar waren. Solche Fragen erwiesen der Wissenschaft einen schlechten Dienst, da sie die Aufmerksamkeit auf falsche und unbedeutende Probleme lenkten und zu einer oberflächlichen oder nur teilweise richtigen Sicht der Realität führten. Man verbohrte sich in einfache Wahrheiten, wo komplizierte angebracht gewesen wären, und sah von weiteren Untersuchungen ab, wo Probleme zu kompliziert erschienen, in Wirklichkeit aber sehr einfach waren.

Der Versuch zu verstehen, wie der Mensch seine äußere Umwelt wahrnimmt, blieb lange Zeit durch solche unbeantwortbaren Fragen erfolglos. Der erste Durchbruch auf dem Gebiet der Wahrnehmung fand z.B. erst im 17. Jahrhundert statt. Dafür gibt es 2 Gründe: 1. Die Forscher der Antike und des Mittelalters versuchten vor allen Dingen, den Einfluß der Seele auf die Wahrnehmung zu ergründen; 2. sie unterschieden nicht zwischen einer physikalischen, physiologischen und psychologischen Fragestellung.

Es war der französische Philosoph und Mathematiker René Descartes, der Anfang des 17. Jahrhunderts begann, die richtigen Fragen zu stellen. Er betrachtete den menschlichen Körper als eine „Maschine", die man wissenschaftlich untersuchen konnte. Dabei stellte er rein physiologische Fragen; Fragen über die körperliche Mechanik der Bewegung, die von den psychologischen Fragen der Wahrnehmung klar

getrennt waren. Die Antworten auf die physiologische Fragestellung konnten durch mathematische Beweise und physikalische Demonstrationen gefunden werden.

Den Beitrag Descartes müssen wir noch höher einschätzen, wenn wir bedenken, daß er ein strenggläubiger, religiöser Mensch war, der an eine Seele glaubte. Man bedenke, daß zur gleichen Zeit Galilei von einem päpstlichen Gericht in Rom als Ketzer verurteilt wurde für seine Behauptung, die Erde sei nicht der Mittelpunkt des Universums. Descartes größte geistige Leistung aber war die Postulierung eines *Dualis-*

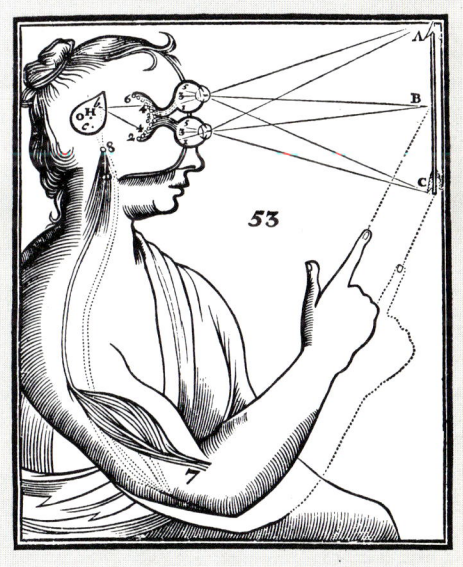

Abb. 2.1. Holzschnitt aus dem Jahre 1686. Descartes glaubte, daß die Information über unsere Umwelt von den Augen aufgenommen werde und über „Stränge im Gehirn" zur Zirbeldrüse gelange, die dann die entsprechenden Botschaften zu den Muskeln weiterleite. Neuere Versuche zeigen, daß die Zirbeldrüse tatsächlich zyklische nervöse Aktivität, die durch Licht hervorgerufen wird, „in hormonale Information umsetzt"

mus, der die (mechanistischen) Tätigkeiten des Körpers und Gehirns von denen der Seele und des Geistes trennte. Erst dadurch wurde die wissenschaftliche Erforschung des Körpers und der damit verbundenen Vorgänge möglich. Obgleich man annahm, daß die Seele mit dem ganzen Körper vereint sei, konnte sie doch nicht auf alle Teile des Körpers einwirken oder umgekehrt von diesem beeinflußt werden. Wäre dies so, dann wäre der Körper nicht länger eine perfekte Maschine und müßte als „undurchdringlicher Mechanismus" betrachtet werden. Nach Descartes interagieren Seele und Körper in der Zirbeldrüse, dem einzigen Teil des Gehirns, der nicht in jeder der beiden Hirnhemisphären angelegt ist (unpaares Organ). Seine Ansicht war, daß die Seele nicht allein an diesen Ort gebunden sei, aber daß sie nur von dieser Stelle aus auf den Körper einwirken könne (Abb. 2.1). Erst in letzter Zeit hat man sich wieder mit der physiologischen Funktion der Zirbeldrüse befaßt (Axelrod u. Wurtmann 1970).

Unterstützt wurde diese *mechanistische* Einstellung durch Helmholtz' Versuche im Jahr 1850, die zeigten, daß die Übertragung des nervösen Impulses nicht augenblicklich vonstatten geht, sondern eine gewisse Zeit in Anspruch nimmt. Wenn die körperliche Bewegung aus einer Reihe von Ereignissen besteht, dann kann diese Bewegung zeitlich gesehen von dem Willen, der sie verursacht, getrennt und so als natürlicher Vorgang untersucht werden.

Solch eine Einstellung ermöglichte es schließlich der Psychologie, sich mit der Physiologie zu verbinden und von der Religion unabhängig zu werden.

Es erscheint uns zweckmäßig, daß wir unsere Darstellung des Verhaltens mit der Physiologie der Impulsübertragung, Wahrnehmung und Gehirnfunktionen beginnen und mit der Analyse des Sehens und Hörens, also der beiden Sinne, die dem Menschen vorrangig den Kontakt mit der Umwelt ermöglichen. Auch wir werden eine mechanistische Einstellung vertreten und Fragen stellen, die auf physiologischer Ebene beantwortet werden können. Einige der Analysen werden sich auf der molekularen Basis der biochemischen Aktivität innerhalb eines Teils einer einzelnen Zelle bewegen. In den darauffolgenden Kapiteln jedoch werden wir uns mit dem allgemeinen Problem der Wahl der Analyse-

ebene befassen, die sehr wichtig für das Verstehen eines Problems ist. So können wir z. B. nicht erwarten, daß wir auf die Frage „Was brachte Sirhan Shiran dazu, Senator Kennedy zu ermorden?" eine physiologische mechanistische Antwort finden. Statt eine solche Frage mit Hilfe der elektrischen Aktivität von Gehirnzellen beantworten zu wollen, sollte man vielmehr die Aspekte in der Vorgeschichte Sirhans, die ihn zu dieser Tat führten, analysieren, seine persönliche und soziale Einstellung kennenlernen und versuchen festzustellen, was er sich von dieser Tat versprach.

Viele Studenten, die eine „Einführung in die Psychologie" lesen, sind ungeduldig Methoden gegenüber, die nicht unmittelbar zum Kern der Fragen über Verhalten vordringen. Wir werden solche Fragen und Probleme erst dann behandeln können, wenn wir das nötige Rüstzeug dazu haben. Wir hoffen jedoch, den Leser für eine Reihe anderer Probleme interessieren zu können, die ihm bisher vielleicht gar nicht so bemerkenswert erschienen.

Wie kann ich mich verständlich machen?

Es ist der Vorgang der Impulsübertragung im Nerv, der es dem einzelnen ermöglicht, die ständige Variabilität und Beeinflussung seiner Umwelt wahrzunehmen. Um zu verstehen, wie eine Wechselwirkung mit der Umwelt zustandekommt, müssen wir uns zunächst mit der Grundeinheit des Nervensystems, der einzelnen Nervenzelle, befassen.

Eine Nervenzelle wird geboren

Eine Nervenzelle besitzt die allgemeinen Eigenschaften anderer lebender Zellen und ist zusätzlich spezialisiert, um elektrochemische Nachrichten (Erregungen, Impulse) zu empfangen und weiterzuleiten. Nervenzellen werden auch *Neurone* genannt. Es gibt wahrscheinlich keine unter ihnen, die sich hinsichtlich Größe, Form, Verzweigungen oder Verbindungen genau gleichen.

Während der pränatalen Entwicklung beobachten wir bei der Nervenzelle wie bei allen anderen

Zellen verschiedene Phasen der progressiven Differenzierung der undifferenzierten Zelle, die bei der Konzeption zustandekam. Diese Zelldifferenzierung wird durch ganz bestimmte chemische Substanzen angeregt, die man als *Organisatoren* bezeichnet. Aber diese Reaktion kann nur während bestimmter „kritischer" Phasen der Gewebeentwicklung stattfinden, dann, wenn Teile des Gewebes von den „Organisatoren" aktiviert werden können. Sowohl das Zustandekommen „kritischer Perioden" als auch der „Organisatoren" wird als ein Ergebnis von Prozessen angesehen, die von Genen kontrolliert werden.

In den frühesten Phasen der embryonalen Entwicklung ist das Zellmaterial so undifferenziert, daß es leicht zu irgendeinem beliebigen Teil des Organismus ausgebildet werden kann; z. B. zu einem Auge oder zu einem Muskel. Wenn wir Gewebe von einem Teil des Embryos in einen anderen transplantieren, so entwickelt es sich dort seiner neuen Umgebung entsprechend und nicht, wie es sich in seiner ursprünglichen Umgebung entwickelt hätte. Eine Zelle, die ursprünglich Teil eines bestimmten Organs hätte werden sollen, wird so zum Teil eines anderen. Bei älteren Embryonen jedoch zeigen Geweberverpflanzungen diese Eigenschaften nicht; sie passen sich nicht mehr an ihre neue Umgebung an. Sobald sich die erste Anlage des Nervensystems, die *Neuralplatte,* an der Oberfläche des Embryos abzeichnet, sind diese Zellen ausreichend spezialisiert und sind von jetzt ab nicht mehr austauschbar oder in andere zu verwandeln. Schon wenig später hat jede Nervenzelle ihre eigene besondere Aufgabe innerhalb des Nervensystems und kann dann nur noch ihre spezielle Funktion im Leben des Organismus erfüllen.

Während der weiteren Entwicklung wandelt sich dann die Neuralplatte in das *Neuralrohr* um, in dem Gehirn und Rückenmark bereits differenziert sind. Die Zellen, welche an der Wand des Neuralrohrs sitzen, verändern jetzt ihre Position innerhalb des Rohrs und machen dort eine *Mitose* (direkte Zellteilung) mit; es bilden sich Tochterzellen. Dann beobachten wir eine bemerkenswerte Wanderung: Jede Nervenzelle durchquert das Neuralrohr, um sich an einer bestimmten Stelle der das Rohr umgebenden Schicht niederzulassen. Einige Zellen wandern noch ein zweites Mal, um andere Bestimmungs-

orte entlang des Rohrs zu erreichen; andere verlassen das Neuralrohr und wandern weite Strecken, um ihren endgültigen Bestimmungsort in inneren Organen oder in der Nähe der Gewebeteile einzunehmen, die sich später einmal zu Rezeptoren entwickeln. Niemand weiß, wie die Wanderung aktiviert oder gesteuert wird.

Zwei Arten von Nervenzellen, die über besonders weite Strecken wandern müssen, sind die *motorischen* Nervenzellen, die später von einer Zelle des Rückenmarks aus die Muskeln und Drüsen innervieren, und die *sensorischen* Nervenzellen, wie z. B. die im Auge, die später einmal sensorische Information in die „Zentrale" übermitteln. Wenn die embryonale motorische Nervenzelle eine bestimmte Stelle im Neuralrohr erreicht hat, dann beginnt ein Verzweigungsprozeß, der die Membran, die das Neuralrohr umgibt, durchdringt. Dieses Ende

---

Unter der Lupe

Der Hühnerembryo wird „lebendig"

Ist der wachsende Embryo schon „lebendig", oder hängt das Leben von der Fähigkeit ab, funktionelle Tätigkeiten auszuüben – auf Reize zu reagieren? Beim Hühnerembryo können die ersten Gliedreflexe ab dem 7. Tag der Inkubation (Bebrütung) ausgelöst werden; jedoch bereits vor dieser Zeit treten möglicherweise einige spontane, zufällige Gliedbewegungen auf.

Der Beginn grober Bewegungen des Embryos hängt mit einem ungeheuren Anstieg der Aktivität spezifischer Enzyme, besonders des Enzyms AChE (Acetylcholinesterase) zusammen. Wir können annehmen, daß es (für jede Art spezifische) Gene gibt, die einen Anstieg der Enzymproduktion an den Stellen des Embryos auslösen, die später an wichtigen Verhaltensmustern beteiligt sind. So finden wir z. B. beim Küken zwischen dem 7. und 13. Tag der Inkubation einen 5fachen Anstieg des Enzyms AChE dort, wo die Flügel im Rückenmark repräsentiert sind. Beim Salamander beobachten wir diesen schnellen Enzymanstieg, kurz bevor Schwimmbewegungen möglich werden.

---

der Nervenzelle bezeichnen wir als *Axon* (Synonyme: Neurit, Nervenfaser, Achsenzylinder); es verläßt das Neuralrohr, wird länger und verzweigt sich scheinbar rein zufällig. Die sich verzweigenden Fasern kommen in Bündeln zusammen, diese wiederum vereinigen sich mit anderen Faserbündeln der sensorischen Fasern. Sie treten zusammen in die wachsenden Gliedknospen und andere Teile des sich entwickelnden Embryos ein.

Obwohl der Zellkörper des motorischen Neurons im Rückenmark selbst verbleibt, wächst das Axon bis in die entferntesten Teile des Embryos. Das Wachstum der Nervenzelle wird sowohl durch Hormone als auch durch die Bedingungen, die das wachsende Axon antrifft, bestimmt. Neuere Studien haben gezeigt, daß Nervenzellen ein erhebliches Wachstumspotential besitzen, welches unter normalen Bedingungen nicht voll ausgenutzt wird, das aber in Gegenwart bestimmter künstlicher Aktivie-

rungssubstanzen, wie z.B. Schlangengift, voll entwickelt werden kann.

Die Nervenzelle kann auch dann schon Impulse leiten, wenn sie ihre volle Größe noch nicht erreicht hat; allerdings sind zu diesem Zeitpunkt Differenzierung, Wanderung und Verzweigung bereits abgeschlossen. Im Gegensatz zum Gesamtorganismus nimmt die Nervenzelle ihre Tätigkeit bereits früh im Leben auf und vollendet ihr Wachstum erst später. Mit dem Wachstum des Organismus und der immer größer werdenden Entfernung zwischen dem Zellkörper und den Enden des motorischen Axons im Arm oder im Bein muß die Zelle ein ungeheures Wachstum mitmachen. Einer Schätzung zufolge ist der Eiweißanstieg im Zytoplasma der motorischen Nervenzelle einer erwachsenen Ratte etwa 200000mal größer als während des frühen Embryonalstadiums (Hydén 1943).

Sogar, wenn beim erwachsenen Organismus das Wachstum abgeschlossen ist, fährt der Zellkör-

---

Unter der Lupe

Beispiele der Formenvielfalt von Neuronen

Die Abbildung zeigt eine Auswahl verschiedener Neuronentypen. Beachte insbesondere die starke Variation der Dendriten. Manche Neurone, z.B. *c*, verfügen über regelrechte Dendri-

tenbäume; bei anderen, z.B. *a, b,* ist das Verhältnis Somaoberfläche zu Dendritenoberfläche etwas ausgewogener. Im Fall der ersten sensorischen Neuronen ist der Dendrit zu einem Axon umgewandelt (*d*). Schließlich gibt es aber auch Neurone, die keine Dendriten haben (*e*). (Nach Ramon y Cajal u. R. F. Schmidt)

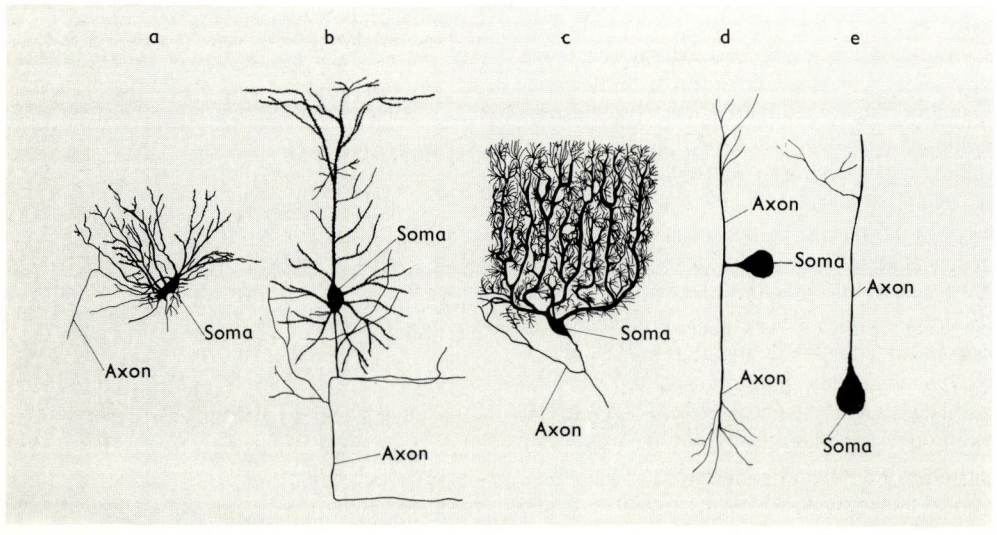

per fort, eine Art Plasma zu produzieren, welches sich im Axon verbreitet und dessen Wachstums- und Veränderungsbereitschaft aufrechterhält. So befinden sich die Nerven also nie in einem statischen Zustand, sondern immer zumindest „in Bereitschaft". So ist z.B. bei einer Beschädigung eines peripheren Axons durch Unfall oder Krankheit oft eine Regeneration möglich.

Der große Plan: Das Nervensystem

Wir haben uns kurz mit der Evolution und Entwicklung des menschlichen Organismus und der einzelnen Zellen befaßt; unsere nächste grundlegende Frage heißt: Wie funktioniert so ein Organismus; wie reagiert er auf Umweltreize? Wie entdeckt er Veränderungen, die in ihm selbst vorgehen? Wie bewegt er sich? Wie verarbeitet er Information, und wie denkt er? Alle diese Fragen sind von Interesse hinsichtlich der Vorgänge im *Nervensystem* (Abb. 2.2). Im wesentlichen besteht das Nervensystem aus 2 Teilsystemen, dem zentralen und dem peripheren. Zum *zentralen Nervensystem (ZNS)* gehören Gehirn und Rückenmark. Die Funktion dieses Systems ist es, zu koordinieren und zu integrieren, d.h. die Zusammenarbeit der verschiedensten Teile des Körpers zu regulieren. Das *periphere Nervensystem* besteht aus Nervenfasern, die das ZNS mit Zellen verbinden, welche Reize aufnehmen (Rezeptoren) und zudem noch die Verbindung zu den Muskeln und Drüsen herstellen (Effektoren), welche die eigentlichen regulierenden Aktionen des Organismus ausführen.

Dieses System besteht aus den Teilen des Organismus, die auf sensorischen Input reagieren und diesen integrieren, den Verhaltensoutput initiieren und kontrollieren; zugleich sind sie Grundlage für die verschiedenen geistigen Prozesse wie Denken, Gedächtnis und Lernen.

Die Reaktion des gesamten Nervensystems auf einen Reiz vollzieht sich nach einem ziemlich einheitlichen Muster: Der Reiz wird zunächst von den entsprechenden Rezeptoren aufgenommen (z.B. ein taktiler Reiz wird von speziellen Zellen in der Haut des Fingers aufgenommen). Diese Information wird dann den *sensorischen Nervenzellen* im Rückenmark zugeleitet und gelangt von hier zum Gehirn. Hier wird die

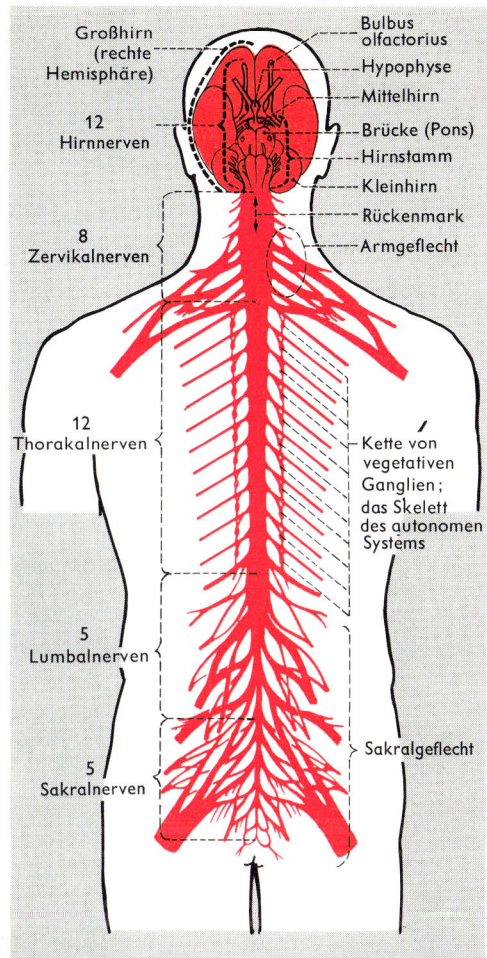

Abb. 2.2. Das Nervensystem. Zum ZNS gehören alle Neurone oder Teile von Neuronen innerhalb von Gehirn und Rückenmark; alle diejenigen, die sich außerhalb dieser Strukturen befinden, bezeichnen wir als peripheres Nervensystem. Es gibt viele einzelne Neurone, die in einem System beginnen und im anderen enden.
12 wichtige Nerven im peripheren System haben ihren Ursprung im Gehirn selbst und werden deshalb Hirnnerven genannt (obgleich einer von ihnen, der Vagus, durch den ganzen Körper zieht und die meisten visceralen Organe innerviert). Die anderen peripheren Nerven sind auf der ganzen Länge mit dem Rückenmark zwischen den Wirbeln verbunden und haben begrenztere Funktionen

Information verarbeitet und, wenn notwendig, eine entsprechende Reaktion „ausgewählt". Diese Entscheidung gelangt dann über die *motorischen Nervenzellen* zu den Effektoren, die eine entsprechende Reaktion auslösen (z.B. Wegzie-

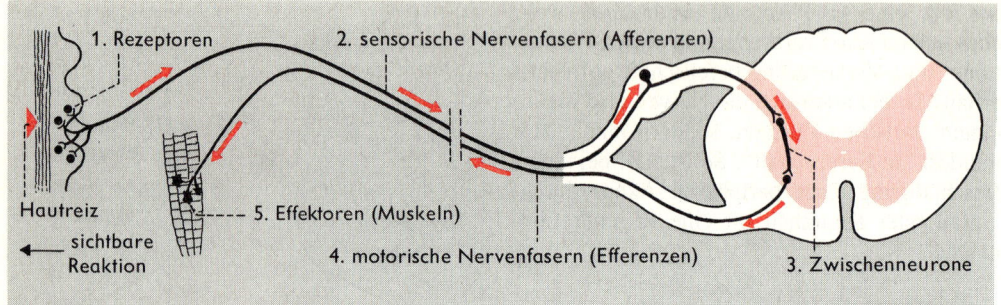

1. Rezeptoren   2. sensorische Nervenfasern (Afferenzen)

Hautreiz

sichtbare
Reaktion   5. Effektoren (Muskeln)

4. motorische Nervenfasern (Efferenzen)

3. Zwischenneurone

Abb. 2.3. Der Reflexbogen. Reaktionen auf einen Reiz hin erfordern alle 5 Schritte, die in diesem Diagramm gezeigt sind. Nur in seltenen Fällen wird das Zwischenneuron im Rückenmark nicht benutzt. Es findet keine Reaktion statt, wenn: der Reiz zu schwach ist, der Reiz nicht rezeptorenspezifisch ist, der Impuls über eine der Synapsen innerhalb der Kette nicht hinwegkommt, der Impuls bei seiner Ankunft zu schwach ist, um die Effektoren zu aktivieren, oder wenn die Effektoren nicht auf ihn reagieren (z.B. wegen Übermüdung).
Die Abbildung zeigt eine einzige Kette mit einem Zwischenneuron. Tatsächlich aber wird diese Kette

bei einem einzigen Reiz-Reaktion-Vorgang viele Male wiederholt, und gewöhnlich bringen die Zwischenneurone noch Rückenmarksegmente ins Spiel, die oberhalb und unterhalb des hier gezeigten Segments liegen.
Nicht gezeigt in diesem Diagramm ist einer der wesentlichen Aspekte des sequentiellen Verhaltens: die Rückkoppelung. Wenn sich eine Handlung vollzieht, so erhalten wir eine sensorische Rückkoppelung (Feedback), die uns die Konsequenzen unseres motorischen Outputs oder andere Veränderungen in der Umwelt anzeigt. Wir nehmen diese Rückkoppelung wahr und passen uns daraufhin den Veränderungen an

hen der Hand von einem schmerzhaften Reiz). Dieses grundlegende Muster: sensorischer Input – ZNS – Verhaltensoutput wird beim Vollzug einer einzigen Reiz-Reaktion-Abfolge viele Male wiederholt (Abb. 2.3).
Wie wir gesehen haben, ist die grundlegende Funktionseinheit des Nervensystems die einzelne Nervenzelle, das Neuron. Neuronen sind jedoch nicht isoliert, sondern sind miteinander verbunden. Die Schaltstelle zwischen 2 Neuronen bezeichnet man als *Synapse*. Die Tatsache, daß das menschliche Gehirn ein Netzwerk von ca. 25 Mrd. Neuronen besitzt, weist auf die Komplexität dieser Verbindungen hin.
Die Organisation der Neuronen innerhalb des Nervensystems ist nicht so chaotisch, wie Abb. 2.4 vermuten läßt. Häufig kommt es vor, daß eine Anzahl von Axonen (oder Nervenfasern, wie sie häufig genannt werden) in Bündeln zusammengefaßt sind, die einen gemeinsamen Ursprungs- und Bestimmungsort haben. Innerhalb des Zentralnervensystems sind solche Bündel auch als *Nervenstränge* bekannt. Wenn solche Bündel das ZNS mit anderen Teilen des Körpers verbinden, werden sie meistens einfach als *Nerven* bezeichnet und enthalten dann, wie wir bereits gesehen haben, sowohl sensorische wie auch motorische Fasern. Es gibt auch be-

stimmte Gehirnareale, die als *Kerne (Nuklei)* bezeichnet werden, wo sich die Zellkörper konzentrieren. Schließlich ist der gesamte Komplex von Neuronen noch in ein Netzwerk von *Neuroglia* (auch *Gliazellen* genannt) eingebettet, die den Neuronen Nährstoffe zuführen und sie schützen. Manche Forscher glauben, daß die Gliazellen eine kritische Rolle bei Lernvorgän-

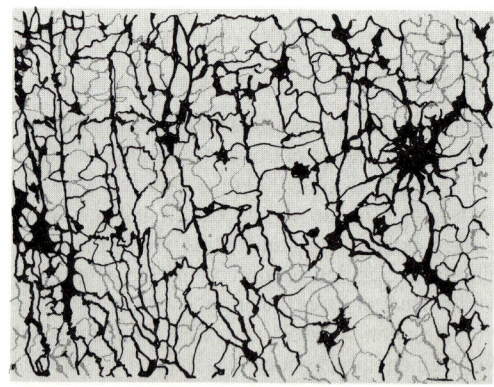

Abb. 2.4. Schnitt durch das Gehirngewebe einer Katze. Hier sehen wir die Kompliziertheit des inneren Kommunikationssystems. Nur ein geringer Teil der Neurone dieses Gehirnschnitts ist zur Verdeutlichung angefärbt

gen spielen; aber dies ist bis jetzt noch nicht bewiesen.

Obgleich diese Übersicht über das Nervensystem sehr kurz und vereinfacht ist, macht sie doch deutlich, warum sich der Psychologe auch mit der Physiologie befassen soll. Ohne das Nervensystem könnte der Organismus nicht leben, geschweige denn reagieren; es ist sozusagen seine Hauptantriebsfeder. Würden wir die seiner Funktion zugrundeliegende Dynamik nicht kennen, dann bliebe auch unser Verständnis des menschlichen Verhaltens begrenzt.

Von einer Instanz zur anderen

Während der Evolution vom einzelligen zum mehrzelligen Organismus wurde das Problem der internen Kommunikation immer größer. Die verschiedenen Zellen mußten in der Lage sein, miteinander zu interagieren und sich gegenseitig zu beeinflussen, um die Funktion und Aufrechterhaltung des Oranismus zu garantieren. Man kann das Nervensystem als ein äußerst kompliziertes Kommunikationsnetz betrachten, welches sich aus der Notwendigkeit der internen Koordination entwickelt hat. Jetzt ergibt sich sofort die Frage, *wie* sich die einzelnen Teile des Nervensystems „untereinander verständigen". Um dieses System besser verstehen zu können, brauchen wir nur an die notwendigen Voraussetzungen für ein gut funktionierendes Kommunikationssystem zu denken. Die verschiedenen Teile des Systems müssen imstande sein:

1. Information über weite Strecken schnell und genau, also ohne Verlust oder Verzerrung zu senden;
2. genaue Information von anderen Teilen zu empfangen. Dies würde bedeuten, daß ein oder mehrere Kommunikationswege zwischen ihnen bestehen;
3. müßte die Möglichkeit gegeben sein, viele verschiedene Informationen zu integrieren und zu verarbeiten.

Gewisse Merkmale des Neurons sind besonders wichtig für die Informationsübertragung. Der *Zellkörper* des Neurons ist etwa kugelförmig und enthält den Zellkern. Aus dem Zellkörper entspringen 2 Arten von faserähnlichen Fortsätzen: eine unterschiedliche Anzahl von *Dendriten* und ein *Axon*.

Die Dendriten sind gewöhnlich kurz, verzweigt und in größerer Anzahl vorhanden. Ihre Aufgabe ist es, Impulse von vielen anderen Zellen zu empfangen und diese an den Zellkörper weiterzuleiten, obgleich diese Verbindung sehr häufig auch ohne Einschaltung der Dendriten direkt auf den Zellkörper zustande kommt.

Das Axon ist eine lange Faser, die viele Verzweigungen haben kann und die in *synaptischen Endknöpfen* endet. Die Länge des Axons ist sehr unterschiedlich; einige Axone sind mehrere Meter lang. Das Axon leitet den Impuls vom Zellkörper zu anderen Neuronen, zu den Muskeln oder zu den Organen des Körpers. Große Axone sind oft mit einer *Myelinschicht* umgeben, die aus einer fetthaltigen Substanz besteht und der Isolierung des Axons sowie der raschen Weiterleitung des Impulses dient.

Die Verbindungsstelle einer axonalen Endigung mit anderen Zellen wird als *Synapse* bezeichnet. Der synaptische Spalt mißt nur etwa 5×10^{-6} cm; er befindet sich zwischen der Membran am Ende des Axons (*präsynaptische Membran*) und der Membran eines Dendriten oder des Zellkörpers eines anderen Neurons (*postsynaptische Membran*).

Es gibt 2 Grundarten der Informationsübertragung, die beide erforderlich sind, um eine Nachricht durch das Nervensystem zu übermitteln. Die *axonale Übertragung* (Reizleitung innerhalb des Nervs) dient der Weiterleitung der Information. Die *synaptische Übertragung* (Leitung eines Impulses von einem Neuron zum anderen) ist notwendig für die Koordination und Verarbeitung der Information.

Axonale Übertragung

Wie kommt es überhaupt zu einem elektrischen Impuls? Zum besseren Verständnis stellen wir im folgenden die Vorgänge etwas vereinfacht dar, da eine vollständige Antwort uns zu weit führen würde. Auf beiden Seiten der Axonmembran befinden sich 2 verschiedene Ionengruppen: Natrium und Kalium. Die Membran ist in ihrer Durchlässigkeit selektiv (selektiv permeabel); Kaliumionen durchdringen sie leichter als Natriumionen. Aufgrund dieser *selektiven Permeabilität* ist die Konzentration von Natriumionen viel größer an der Außenseite, während die Konzentration von Kaliumionen größer an der Innenseite der Axonmembran ist.

Das Neuron

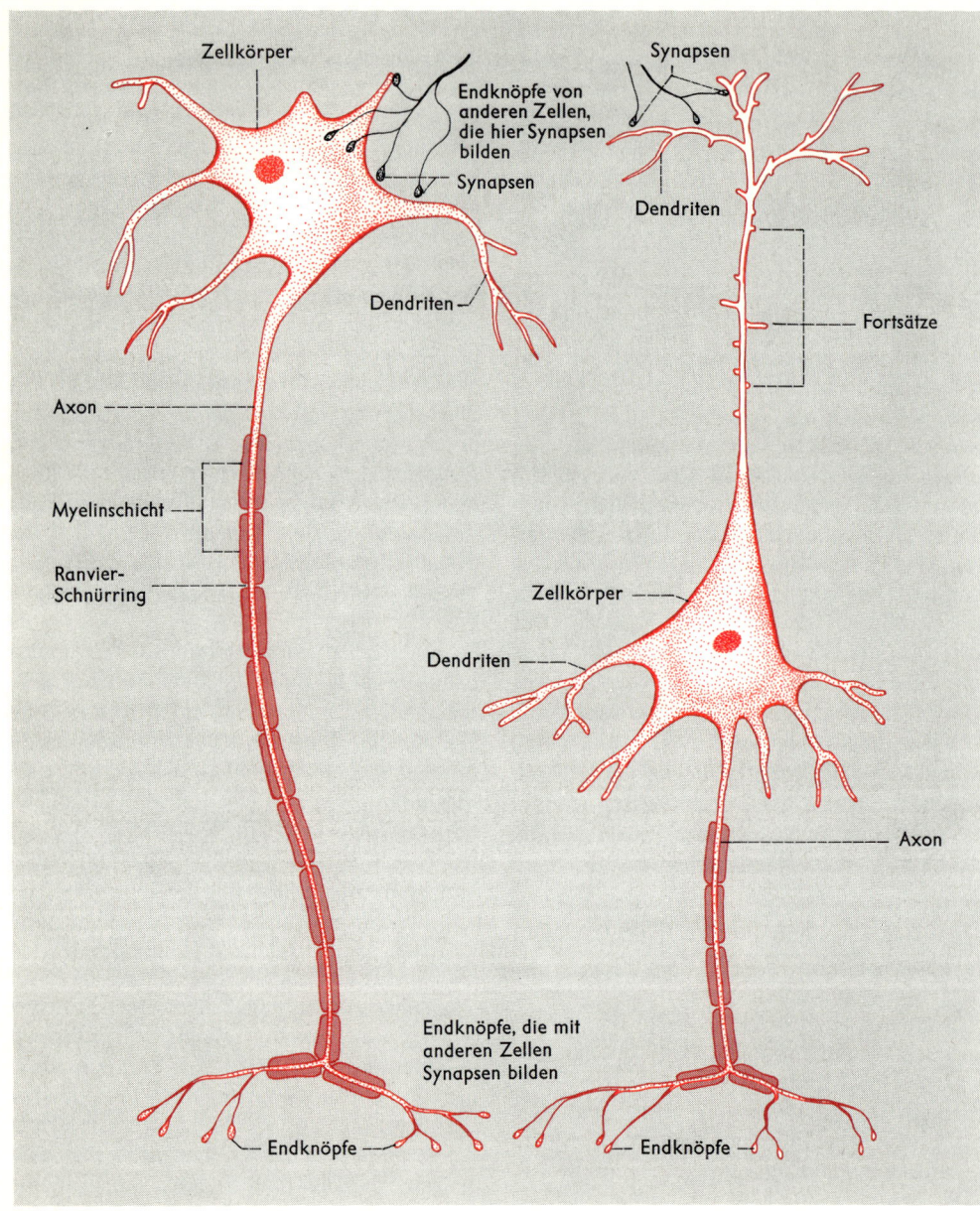

Axon: Das Axon leitet den Impuls vom Zellkörper weg. Die meisten Neurone haben nur ein Axon, einige haben keines.

Dendriten: Verzweigte, sich zuspitzende Fortsätze, die Impulse empfangen.

Membran: Die sehr dünne Umhüllung der Zelle, mit einer speziellen chemischen und elektrischen Erregbarkeit.

Myelinschicht: Eine Fettschicht aus Gliazellen, die einige Axone umhüllt; die Weiterleitung des Impulses wird durch diese Schicht beschleunigt.

Ranvier-Schnürring: Einschnürung in der Myelinschicht; bewirkt die sog. „saltatorische Erregungsleitung": Der Nervenimpuls „springt" von einem Schnürring zum nächsten.

Synapse: Spezialisierte Verbindungsstelle zur Informationsübertragung zwischen den Neuronen oder zwischen einem Neuron und einem Effektor.

Bouton terminal (Endknopf): Verdickte Axonendigung, die darauf spezialisiert ist, Informationen über die Synapsen hinweg zu übertragen.

Unter der Lupe

Die Synapse

Endknopf: Das vergrößerte Ende eines Axons, das den präsynaptischen Teil einer Synapse bildet.

Neurotransmitter: Chemische Substanzen, die vom präsynaptischen Neuron freigesetzt werden.

Postsynaptische Membran: Die Oberfläche des „Empfängerneurons"; die darin enthaltenen Rezeptoren und Ionenkanäle steuern die Erregbarkeit der Zelle.

Präsynaptische Endigung: Synonym für Endknopf.

Rezeptoren: Zellen der postsynaptischen Membran, die zusammen mit den Neurotransmittern die Permeabilität der Membran verändern und so einen Ionenaustausch ermöglichen.

Synaptischer Spalt: Ein sehr schmaler Raum zwischen der präsynaptischen und postsynaptischen Membran.

Synaptische Vesikeln: Kleine Bläschen in den Endknöpfen, von denen man annimmt, daß sie die Transmittersubstanzen enthalten.

Wiederaufnahme: Nach ihrer Freisetzung können die Moleküle der Transmittersubstanzen (oder Teile davon) von den Endknöpfen wieder aufgenommen werden.

Die 3 Diagramme zeigen die Synapse zwischen einem Endknopf und einem spinalen Motoneuron in unterschiedlicher Vergrößerung

A Das gesamte Motoneuron, dessen Zellkörper mit Endknöpfen von anderen Zellen bedeckt ist (die anderen Zellen sind nicht abgebildet)
B Struktur eines einzelnen Endknopfes
C Freisetzung der Neurotransmitter am synaptischen Spalt

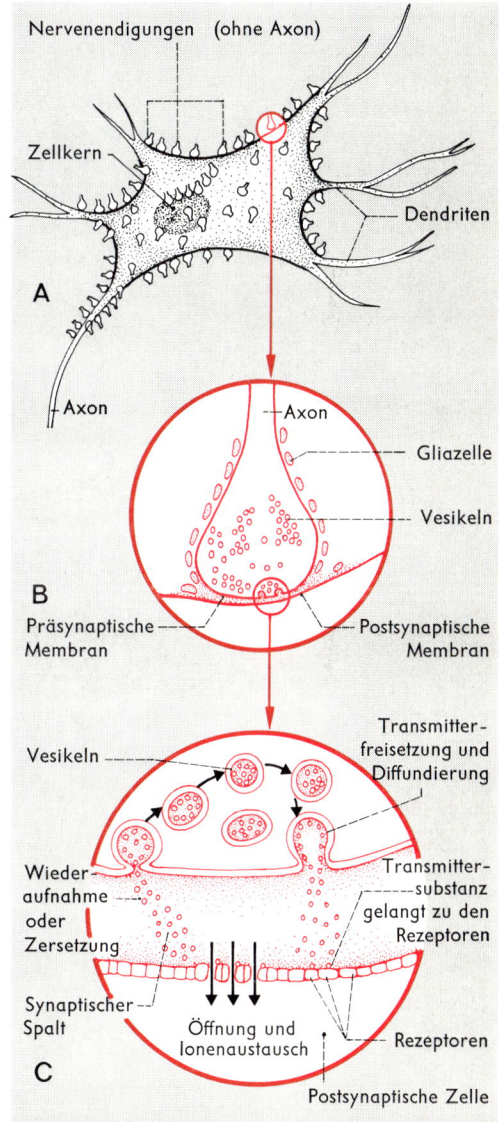

Nervenendigungen (ohne Axon)

Zellkern

Dendriten

A

Axon

Axon

Gliazelle

Vesikeln

B

Präsynaptische Membran

Postsynaptische Membran

Transmitterfreisetzung und Diffundierung

Vesikeln

Wiederaufnahme oder Zersetzung

Transmittersubstanz gelangt zu den Rezeptoren

Synaptischer Spalt

Öffnung und Ionenaustausch

Rezeptoren

C

Postsynaptische Zelle

Dies wiederum bedeutet, daß die Ionengruppen außerhalb und innerhalb der Membran verschiedene elektrische Spannungen aufweisen; im Verhältnis zur Außenseite ist die Innenseite des Axons zumeist elektrisch negativ geladen. In diesem Zustand bezeichnet man das Axon als *polarisiert,* und den Unterschied zwischen der inneren und äußeren Spannung nennt man das *Membranpotential;* im Ruhezustand (d. h. wenn kein Imuls geleitet wird) beträgt es etwa −60 mV. Wenn das Membranpotential positiver ist (z. B. −40 mV), ist das Axon *depolarisiert.* Ist das Membranpotential dagegen negativer (z. B. −80 mV), spricht man von einem *hyperpolarisierten* Axon.

Veränderungen des Ruhepotentials weisen auf einen nervösen Impuls hin; das Axon ist erregt worden und reagiert darauf: Die Zellmembran wird durchlässiger, und Natriumionen strömen von der Außen- zur Innenseite des Axons. Dadurch wird das Innere des Axons an dieser Stelle positiv geladen, was bedeutet, daß dieser Teil des Axons depolarisiert ist. Nach diesem Vorgang ändert sich die Permeabilität für Kalium, wodurch die Membran kurzfristig negativer wird als während des Ruhezustands. Nachdem der Impuls durch das Axon geleitet wurde, kehren besondere physiologische Systeme den Fluß der chemischen Substanzen um, und der Ruhezustand wird wiederhergestellt. Mit anderen Worten: Der nervöse Impuls hängt mit einer breiten Depolarisation der Nervenmembran zusammen. Diese Depolarisation wird als *Aktionspotential* bezeichnet. Obgleich dieser Ionenaustausch intensiv untersucht worden ist (v. a. am Riesenaxon des Tintenfisches), wissen wir bis heute nicht genau, wie die selektive Permeabilität der Membran zustande kommt (Hodgkin et al. 1949).

Nun taucht die Frage auf, wie der Impuls eigentlich durch das Axon geleitet wird. Wie kann der Ionenaustausch an einer Stelle der Membran den Ionenaustausch an einer anderen Stelle bewirken? Im wesentlichen breitet sich eine Depolarisation an einer Stelle des Axons in Richtung der sie umgebenden Fläche aus, wodurch diese schwach depolarisiert wird (ein Phänomen, das man als „passive Ausbreitung" bezeichnet). Die zuletzt erwähnte Depolarisation verursacht dann einen Impuls an diesem zweiten Punkt des Axons, der wiederum auf das nächste Areal übergreift, usw. Zusammenfassend könnte man sagen, daß jeder nervöse Impuls die Membranpermeabilität der nächstliegenden Membranfläche verändert und dadurch einen anderen Impuls auslöst. Dieser gesamte Vorgang führt zu einem sich fortpflanzenden Impuls entlang des Axons (Abb. 2.5). Nur für weniger als 1 ms, nachdem das Axon „gefeuert" hat, wenn also die Membran umpolarisiert ist, ist sie kurzfristig unerregbar und kann nicht mehr feuern. Dieses Zeitintervall wird als *absolute Refraktärphase* bezeichnet. Während der Wiederherstellung des Normalzustands der Membran gibt es eine kurze Periode, innerhalb derer ein stärkerer als normaler Reiz notwendig ist, um

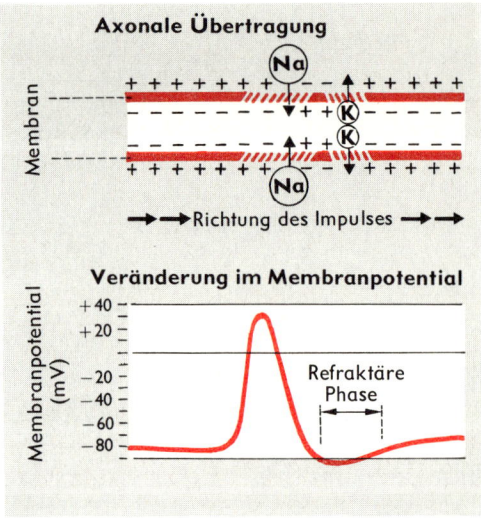

Abb. 2.5. Axonale Übertragung. Das Fortschreiten eines Impulses an einem Axon wird im oberen Teil des Diagramms gezeigt. Der Impuls bewegt sich entlang dem Axon; die Membran wird durchlässig. Natriumionen dringen ein, und die Membran wird depolarisiert. Nach dem Durchlauf des Impulses wird das negative Potential (Ruhepotential) der Membran wiederhergestellt.

Die Veränderungen der Membran sind im unteren Teil der Abbildung dargestellt. Die Spitze ("spike") zeigt die Stelle der maximalen Umkehrung des Potentials an. Unmittelbar danach, wenn die Kaliumionen nach außen fließen, findet eine kurze Refraktärphase statt, während der das elektrische Potential negativer als gewöhnlich ist. Während dieser Zeit ist eine Erregung des Axons schwierig (relative Refraktärzeit) oder unmöglich (absolute Refraktärzeit).

Die Information wird angegeben in Form von „Anzahl von Impulsen/s" und „Anzahl der erregten Neuronen". Wenn ein Impuls durch ein Axon geleitet wird, bleibt dieser praktisch in seiner vollen Stärke erhalten

einen Impuls auszulösen; diese Periode wird als *relative Refraktärphase* bezeichnet.

Nicht jeder Reiz jedoch ist in der Lage, im Axon ein Aktionspotential auszulösen. Um dies näher zu erläutern, müssen wir uns dem wichtigen Begriff der *Reizschwelle* zuwenden. Jedes Axon hat eine bestimmte Reizintensitätsschwelle, die erreicht werden muß, damit ein Impuls ausgelöst werden kann. Liegt die Reizstärke unter dieser Schwelle, kommt kein Aktionspotential zustande. Wenn aber die Reizintensität über dieser Schwelle liegt – ganz gleich, ob wenig oder viel –, dann zeigt das Axon die volle Reaktion. Das Axon feuert also ganz oder gar nicht, eine Tatsache, die auch als das *Alles-oder-nichts-Prinzip* bezeichnet wird. In einem Axon ist die Größe des Impulses immer dieselbe, also unabhängig von der Reizstärke, solange diese über der Reizschwelle liegt.

Die Reizschwelle und die Alles-oder-nichts-Reaktion sind wichtige Eigenschaften des Neurons oder der Axone. Daß der Impuls nicht verschwindet oder kleiner wird, ist davon abhängig, daß jeder Impuls einen lokalen Kreisstrom auslöst (Unterschied zwischen den depolarisierten und den angrenzenden Membranbezirken), der das nächste Membransegment depolarisiert.

Aus diesem Grunde ist die axonale Übertragung gewöhnlich sehr genau und zuverlässig.

Die Tatsache, daß das Neuron nur dann feuert, wenn die Reizintensität über der Reizschwelle liegt, bedeutet, daß zufällige unterschwellige Fluktuationen im Membranpotential keinen Impuls auslösen können. So reagiert das Neuron eher nur auf echte Informationssignale und nicht auf zufällige Aktivität oder „Rauschen".

Synaptische Übertragung

Nachdem wir nun die Informationsleitung innerhalb des Axons besser verstehen, ist unsere nächste Frage, wie die Information von einem Neuron zum nächsten gelangt.

Die Übertragung der Information vollzieht sich an den Synapsen. Der elektrische Impuls „springt" nicht einfach über den synaptischen Spalt hinweg, sondern es fließen bestimmte chemische Substanzen in den Spalt. Die Kompliziertheit und Interaktion dieser Vorgänge läßt darauf schließen, daß die Synapse eine wichtige Stelle nicht nur der Informationsübertragung, sondern auch der Informationsverarbeitung und -integration ist.

Wenn ein Impuls das Ende eines Axons erreicht hat, dann bewirkt er die Freisetzung einer chemischen Überträgersubstanz (Transmittersubstanz). Diese Substanz fließt in den synaptischen Spalt und wirkt auf Rezeptormoleküle des Dendriten oder Soma des zweiten Neurons ein; dadurch kann im zweiten Neuron entweder ein Impuls ausgelöst (Erregung) oder gebremst (Hemmung) werden. Im Gegensatz zum Alles-oder-nichts-Prinzip finden wir bei der synaptischen Übertragung eine *graduelle* Aktivität. Die chemische Transmittersubstanz verursacht kleine Polarisationsveränderungen der postsynaptischen Membran, die proportional der Stärke und der Art des einkommenden Signals sind. Diese Polarisationsschwankungen breiten sich von den Dendriten und dem Soma zum Anfangsteil des Axons aus, wo ein Impuls dann ausgelöst wird, wenn die Membran genügend depolarisiert ist, um die Entladungsschwelle zu erreichen. Wenn diese Veränderungen unterhalb der Entladungsschwelle bleiben, bleibt das Aktionspotential aus.

Wir unterscheiden im wesentlichen 2 Arten von Veränderungen in der postsynaptischen Membran (Abb. 2.6). Das *erregende postsynaptische Potential (EPSP)* ist eine graduelle Reaktion, die die Membran depolarisiert. Sie wird deshalb „erregend" genannt, weil nur eine Depolarisation ein Aktionspotential auslöst, wenn sie überschwellig ist. Das inhibitorische (= hemmende) *postsynaptische Potential (IPSP)* ist ebenfalls eine graduelle Reaktion, die die Membran hyperpolarisiert. Diese Hyperpolarisierung bewirkt einen Anstieg der Negativität des Membranpotentials, die eine genügende Depolarisierung zum Erreichen der Reizschwelle schwierig macht. So wirkt also ein IPSP gegen ein EPSP und hemmt das „Feuern" des Neurons. In einem gewissen Sinne wetteifern EPSP und IPSP um die Kontrolle.

Obgleich wir bis jetzt festgestellt haben, daß ein Neuron ein zweites aktiviert, ist dies doch nicht ganz richtig. Im Übertragungssystem vieler Synapsen reicht gewöhnlich die Menge der chemischen Transmittersubstanz, die von einem einzelnen Nervenimpuls freigesetzt wird, nicht aus, um einen zweiten Impuls hervorzurufen. Ein zweites Neuron kann in den meisten Fällen durch die Tätigkeit mehrerer Axonendigungen

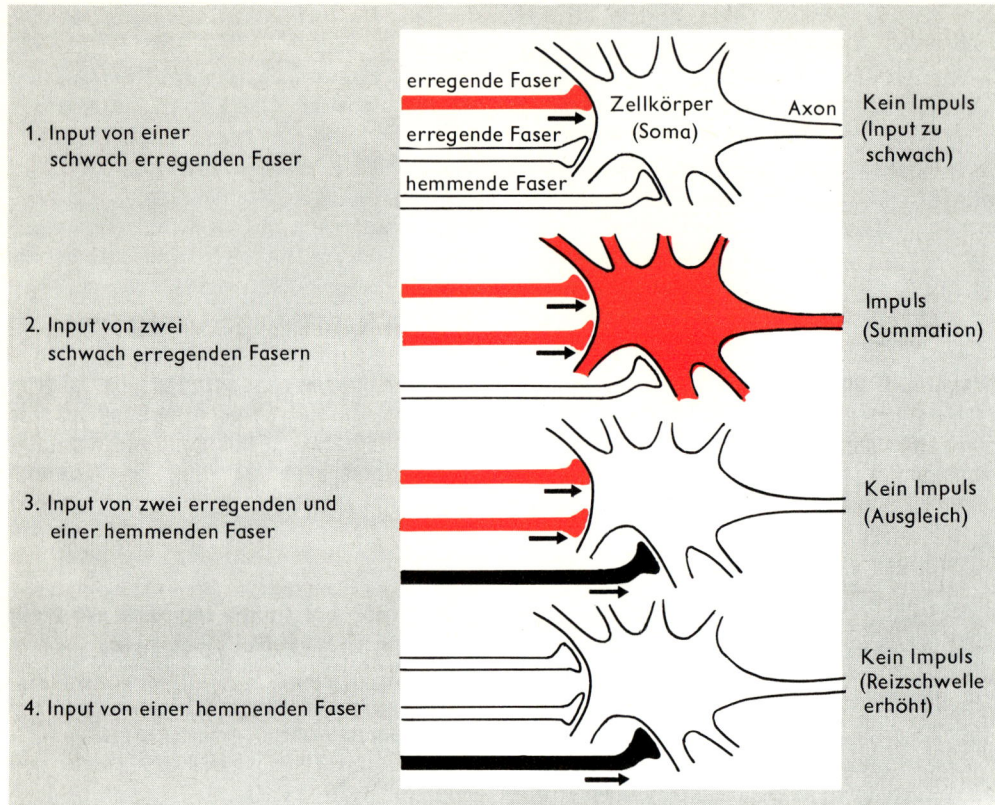

1. Input von einer
   schwach erregenden Faser

erregende Faser
Zellkörper (Soma)
erregende Faser
hemmende Faser
Axon
Kein Impuls (Input zu schwach)

2. Input von zwei
   schwach erregenden Fasern

Impuls (Summation)

3. Input von zwei erregenden und
   einer hemmenden Faser

Kein Impuls (Ausgleich)

4. Input von einer hemmenden Faser

Kein Impuls (Reizschwelle erhöht)

Abb. 2.6. Die Wirkungen von erregendem und hemmendem Input. Die Abbildung zeigt in vereinfachter Form vier verschiedene Möglichkeiten und Kombinationen des Einstroms (Input) auf ein Motoneuron. Zwischen den elektrischen Vorgängen bei einer erregenden und einer hemmenden Phase gibt es keinen Unterschied. Ihre Einflüsse auf das nächste Neuron sind deshalb unterschiedlich, weil unterschiedliche chemische Substanzen an der Synapse frei werden

aktiviert werden (entweder verschiedene Axone oder mehrere verzweigte Endigungen eines einzelnen Axons oder beides). Die graduellen Reaktionen mehrerer verschiedener Axone werden summiert und rufen somit ein größeres postsynaptisches Potential hervor. Bei *räumlicher Summation* werden mehrere Impulse, die gleichzeitig ankommen, addiert, bei *zeitlicher Summation* werden mehrere Impulse, die rasch aufeinander folgen, summiert.

Durch die Summation wird bei der synaptischen Übertragung die Möglichkeit geschaffen, die Information von vielen verschiedenen Neuronen zu integrieren und in einer neuen Form weiterzuleiten. Es ist klar, daß eine Reihe von Wechselwirkungen zwischen erregenden und hemmenden Impulsen möglich ist.

Bis jetzt haben wir uns hauptsächlich mit den elektrischen Vorgängen (Veränderungen der Polarisation) der synaptischen Übertragung befaßt. Obgleich die chemischen Vorgänge an der Synapse vielleicht die faszinierendsten sind, sind sie bei weitem nicht so bekannt.

Wie bewirkt ein Impuls im Axon die Diffusion der Transmittersubstanz im Endteil des Axons? Dieser Endteil des Axons zeigt eine knopfähnliche Struktur (synaptische Endknöpfe), die Vesikeln (synaptische Bläschen) enthält. Es wird angenommen, daß sich in diesen Bläschen die Transmittersubstanz befindet und daß jeder Impuls einige dieser Bläschen dazu bringt, ihre chemischen Moleküle in den synaptischen Spalt freizusetzen.

Welche Faktoren sind dafür verantwortlich, daß die Impulse eines bestimmten Axons das nächste Neuron erregen oder hemmen?

Man nimmt an, daß diese verschiedenen Effekte
a) von unterschiedlichen Transmittersubstanzen verursacht werden und
b) durch Unterschiede in der Struktur der postsynaptischen Membran zustande kommen.

Ein Axon, welches eine erregende Substanz freisetzt, verursacht in der postsynaptischen Membran eine Depolarisation und damit ein EPSP. Auf ähnliche Weise führt die Freisetzung einer hemmenden Substanz zur Hyperpolarisation der Membran und damit zum IPSP. Viele verschiedene chemische Substanzen sind als mögliche Transmittersubstanzen vorgeschlagen worden, aber bis heute sind nur einige wenige endgültig identifiziert worden. Von diesen ist die wichtigste das Acetylcholin (ACh), eine überwiegend erregende Transmittersubstanz für mehrere Synapsen im peripheren und möglicherweise auch im zentralen Nervensystem.

Wie lange dauert es, bis die Transmittersubstanz den synaptischen Spalt überquert hat und eine abgestufte Aktivität in der postsynaptischen Membran hervorruft? Wie und durch was wird dieser Vorgang beendet? Es ist klar, daß unser Übertragungssystem ziemlich unwirksam sein würde, wenn die Neuronen keine strikte zeitliche Begrenzung der Information hätten. Sobald sich ein Signal im Neuron befindet, muß es weitergeleitet werden, damit im Neuron das nächste Signal verarbeitet werden kann.

Diese zeitliche Begrenzung der Wirksamkeit des Transmitters geschieht im Falle des Acetylcholins durch die Aktivität von Enzymen im synaptischen Spalt. Es wird heute angenommen, daß das Enzym, welches die Transmittersubstanz zerstört oder inaktiviert, sich an oder in der Nähe der postsynaptischen Membran befindet. So wird z. B. Acetylcholin (ACh) durch das Enzym *Acetylcholinesterase* (AChE) in seine Bestandteile Essigsäure und Cholin zerlegt. Nachdem die Transmittersubstanz ein EPSP oder ein IPSP verursacht hat, beginnt das entsprechende Enzym zu wirken und unterbindet eine weitere Tätigkeit der Substanz. Die aus diesem Prozeß hervorgehenden chemischen Zerfallsprodukte werden wieder in die präsynaptische Endigung zurückgeschafft und dort wieder in Transmittersubstanz umgewandelt, die dann abermals den synaptischen Spalt überqueren kann. Genaueres über diese Vorgänge ist bis jetzt allerdings noch nicht bekannt.

Die Einbahnstraße

Der Impuls kann eine Synapse nur in einer Richtung überqueren: von dem Axon eines Neurons zu dem Dendriten oder Zellkörper des nächsten Neurons; nur die Endknöpfe eines Axons sind in der Lage, die Transmittersubstanz herzustellen. Dadurch ist gewährleistet, daß die Information normalerweise immer von den Dendriten und vom Soma herkommend in Richtung zu den vom Axon ausgehenden Synapsen fließt (Abb. 2.7).

Die Informationsübertragung im Nervensystem ist ein ziemlich komplizierter Prozeß, den wir in einer stark vereinfachten Form dargestellt haben, um dem Leser ein allgemeines Bild zu vermitteln (s. auch Abb. 2.8). Wir haben uns zumeist auf den Vorgang bezogen, bei dem ein einzelnes Axon die Signale über die Synapse an ein zweites Neuron weiterleitet. Das Nervensystem besteht jedoch aus Milliarden von Zellen, die Synapsen mit Milliarden von anderen Zellen bilden, von den Drüsen und Muskeln ganz abgesehen. Hunderte oder tausende von Neuronen können bei der Übermittlung derselben Nachricht beteiligt sein, und die Tätigkeit der Nervenzelle wiederholt sich dauernd an allen Stellen des Körpers in Verbindung mit vielen Nachrichten, die gleichzeitig vermittelt werden.

Wie wird die Information verarbeitet?

Große Anforderungen werden an den Organismus sowohl von der äußeren Umwelt (z. B. soziale Verhaltensweise) als auch von der inneren Struktur (z. B. Nahrung) gestellt. Was geschieht im Nervensystem zwischen dem sensorischen Input und der Reaktion (Output) der Muskeln und Drüsen?

Das Input-Output-Netz: Das periphere Nervensystem

Wie bereits erwähnt, besteht das periphere Nervensystem aus den Nerven, die das ZNS mit allen Rezeptoren und Effektoren im Körper verbinden. Das System besteht sowohl aus *somatischen* Anteilen, die die Skelettmuskulatur kontrollieren, wie auch aus *viszeralen* Anteilen,

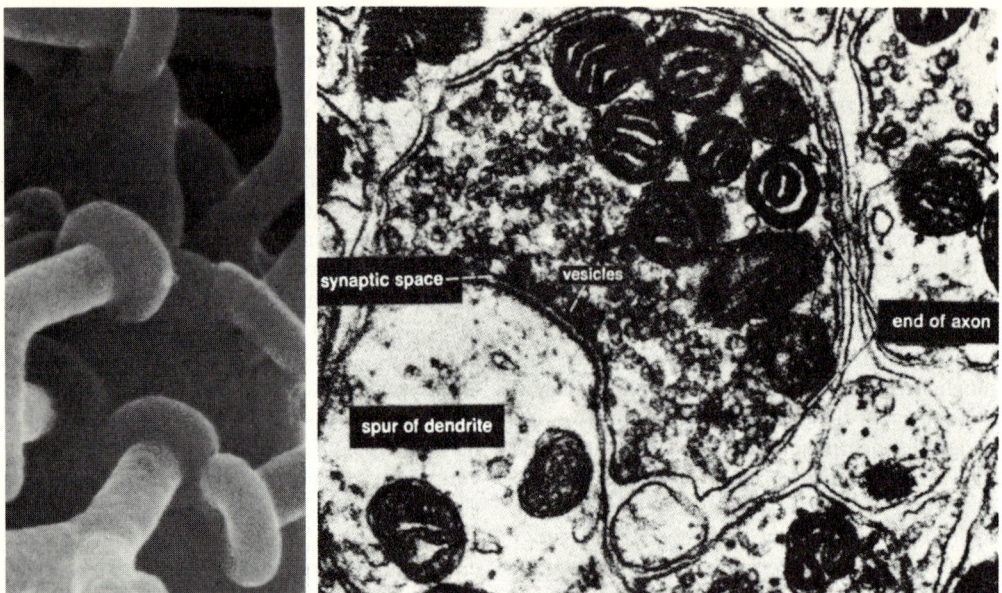

Abb. 2.7. Das bemerkenswerte Foto links wurde ermöglicht durch die neue Technik der Rasterelektronenmikroskopie bei speziell präpariertem Gewebe. Es zeigt das Zusammentreffen synaptischer Endknöpfe vieler Axone auf einem Zellkörper. Rechts sehen wir das stark vergrößerte Bild einer einzelnen Synapse; es zeigt den synaptischen Endknopf eines Axons, den Dendriten eines anderen Neurons und den winzigen synaptischen Spalt. Ebenfalls zu erkennen sind eine Anzahl von Vesikeln, in denen sich die Transmittersubstanz befindet. Die Anordnung dieser synaptischen Bläschen ermöglicht es, festzustellen, in welcher Richtung der Impuls über die Synapse geleitet wird

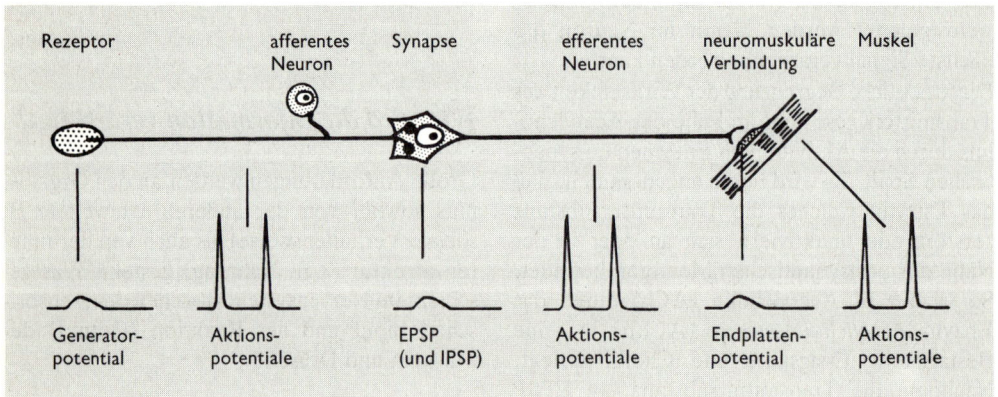

Abb. 2.8. Zuordnung verschiedener Potentiale zum Reflexbogen

die die Drüsen und die speziellen Typen von Muskeln kontrollieren, die wir z. B. im Herz, in den Blutgefäßen, den Augen und in den inneren Organen finden (glatte Muskulatur). Die Neuronen des somatischen Systems werden außerhalb des Rückenmarks nicht mehr umgeschaltet, die des viszeralen dagegen noch 2mal. Die Zentren, welche beide Systeme kontrollieren, befinden sich ebenfalls im Gehirn; dabei finden wir die viszeralen Kontrollzentren in den evolutionär älteren Teilen des Gehirns und die somatischen Kontrollzentren in der Großhirnrinde (obgleich auch subkortikale Strukturen z. B. an Bewegungen Anteil haben). Während die Kontrolle der Skelettmuskulatur entweder bewußt oder reflexiv sein kann, ist die bewußte Kontrolle der viszeralen Funktionen ohne besonderes Training nicht möglich. Bis vor kurzem hielt man eine solche Kontrolle überhaupt für ausgeschlossen (Angermeier u. Peters 1973). Allerdings ist bis zum Erwerb der bewußten, willkürlichen Kontrolle der Skelettmuskulatur auch eine lange frühkindliche Trainingsperiode erforderlich.

Somatische Anteile

In früheren Abschnitten dieses Kapitels verfolgten wir die Wanderung der sensorischen Neuronen und Motoneuronen (während der Embryonalentwicklung), die später dann zu Bestandteilen des peripheren Systems werden. Obgleich sie ihre Impulse in entgegengesetzte Richtungen senden – die sensorischen Neuronen zum Rückenmark hin, die Motoneuronen vom Rückenmark weg –, befinden sie sich über weite Strecken hinweg in denselben Nerven. Sie treten jedoch an verschiedenen Stellen in das Rückenmark ein bzw. aus ihm heraus (Vorderwurzel bzw. Hinterwurzel). Die motorischen Fasern enden an den Muskeln. Die Fasern werden von Rezeptorzellen z.B. in der Haut aktiviert.

Die Zellkörper der sensorischen Neuronen befinden sich in der Nähe des Rückenmarks, und ihre Axone teilen sich T-förmig in zentralwärts und peripheriewärts. Das bedeutet für das sensorische Neuron, daß das periphere Axon (ein umfunktionierter Dendrit desselben) sehr lang sein kann. Die meisten anderen Neurone besitzen, wie wir bereits gesehen haben, sehr kurze Dendriten und längere Axone. Die Dendriten und Zellkörper der Motoneurone befinden sich im Rückenmark; nur ihre Axone treten aus diesem aus (Abb. 2.9).

Viszerale Anteile

Der viszerale Teil des peripheren Nervensystems wird gewöhnlich als *autonomes Nervensystem (ANS)* bezeichnet. Dieses System ist für die Psychologie deshalb wichtig, weil es alle inneren und viele der äußeren Aspekte der Emotion kontrolliert. Eigentlich ist der Ausdruck „autonom" etwas irreführend, da nur wenige Aktivitäten dieses Systems (wie z.B. die Verdauung) wirklich selbstregulierend sind.

Das System gliedert sich in 2 Teile, einen sympathischen und einen parasympathischen Anteil, sowie jeder der Anteile wiederum in einen zentralen und einen peripheren Teil. Jeder entspringt in einem anderen Teil des Hirnstamms und des Rückenmarks, und sie zeigen oft einan-

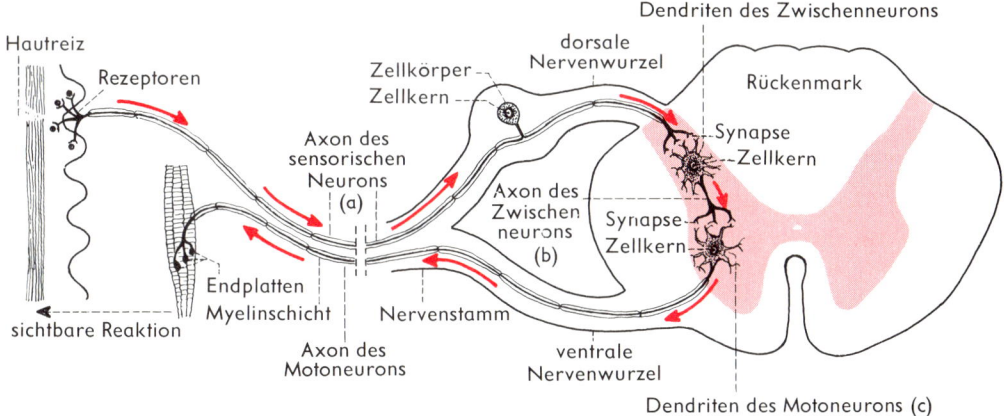

Abb. 2.9. Verschiedene Arten von Neuronen. Hier sehen wir eine genauere Darstellung des Reflexbogens. Es werden 3 Typen von Neuronen gezeigt: *(a)* ein sensorisches (afferentes) Neuron, das sich von den meisten Neuronen durch lange, peripheriewärts reichende und verhältnismäßig kurze Axone, die zentralwärts verlaufen, unterscheidet; *(b)* ein Interneuron mit vielen kleinen Verästelungen und *(c)* ein Motoneuron, dessen langes Axon fast dieselbe Entfernung in demselben Nerv zurückliegt wie das sensorische Neuron, und das an den Effektoren in der Nähe des Ursprungs des sensorischen Einstroms endigt. In einem Reflexbogen befinden sich alle Synapsen innerhalb des Rückenmarks

der entgegengesetzte Funktionen und Wirkungen.

Der sympathische Teil des ANS

In seinem peripheren Teil befindet sich der Ursprung der Nervenfasern nur im mittleren Abschnitt des Rückenmarks, d. h. in den Segmenten zwischen dem Hals und dem unteren Teil des Rückgrats. Diese Nerven münden in eine vertikal liegende Kette von Ganglien ein (Ganglien = Ansammlungen von Nervenzellkörpern), von denen je eins auf jeder Seite des Rückenmarks liegt. In diesem Strang verlaufen die Fasern sowohl aufwärts als abwärts und bilden Synapsen mit den Neuronen, die zu den viszeralen Organen führen.

Das sympathische System arbeit gewöhnlich als ein koordiniertes Ganzes, bei dessen Aktivierung alle oder fast alle seine Funktionen ins Spiel kommen. Der sympathische Teil tritt immer dann in Aktion, wenn Notfälle auftreten; er wird aktiviert, wenn das Leben einer Person in Gefahr ist, wenn die Person einer großen Anstrengung oder Belastung ausgesetzt ist, und bei Emotionen wie z. B. Furcht und Zorn. Im wesentlichen bereitet das System den Körper darauf vor, in Aktion zu treten; dies geschieht durch Erhöhung der Herzfrequenz, ferner, indem es die Leber veranlaßt, Zucker auszuschütten, der von den Muskeln gebraucht wird, durch Stimulierung der Adrenalinausschüttung, durch Einstellen der Verdauungsprozesse, damit das Blut in die Muskeln geleitet werden kann usw.

Der parasympathische Teil des ANS

Die Fasern in dem peripheren Teil sind Verästelungen des ZNS oberhalb und unterhalb der sympathischen Nervenfasern, ein Umstand, der auch für den Namen „*parasympathisch*" (*para* = in der Nähe von) verantwortlich ist. Die meisten Funktionen dieses peripheren Teils werden von den zentralen Fasern kontrolliert, die ihren Ursprung im Hirnstamm haben. Der parasympathische Teil lenkt viele lebenswichtige Funktionen. Zu diesen gehören: die Verdauung, Beseitigung von Stoffwechselprodukten, Schutz des Gesichtssinnes und – allgemein gesprochen – die Aufrechterhaltung der körperlichen Energie. Im Gegensatz zum sympathischen Teil reagiert der parasympathische Teil nicht als Ganzes,

sondern aktiviert nur diejenigen Funktionen, die zu einem bestimmten Zeitpunkt notwendig werden.

Die Koordination der beiden Teile des ANS

Die meisten Organe der Brust und des Abdomens nehmen Fasern von beiden Systemen auf; wo dies zutrifft, ist die Funktion beider Teile immer antagonistisch (Abb. 2.10). Wenn ein Teil des Systems ein Organ zur erhöhten Aktivität anregt, hemmt oder vermindert der andere Teil diese Aktivität. So hemmt z. B. der sympathische Teil die Verdauungsprozesse, während der parasympathische Teil sie anregt. Es gibt jedoch Umstände, unter denen die beiden Systeme sowohl simultan als auch aufeinanderfolgend zusammenarbeiten. Die männliche Geschlechtsreaktion erfordert zunächst eine Erektion (eine parasympathische Funktion), dann eine Ejakulation (eine sympathische Funktion).

Die Verbindung:
Das Zentralnervensystem (ZNS)

Wie wir bereits gesehen haben, befinden sich während der Embryonalentwicklung die einzelnen Nervenzellen zunächst im Neuralrohr. Aus einem Ende entwickelt sich das Gehirn, aus dem Rest das Rückenmark. Beide Teile zusammen ergeben das *zentrale Nervensystem (ZNS)*. Dieses System ist die Basis für die Verbindung zwischen dem weitreichenden Netz der sensorischen Rezeptoren und hereinkommenden *Afferenzen*, den herausgehenden *Efferenzen* und den Effektoren. Die afferenten sensorischen Bahnen und die efferenten motorischen Bahnen sind innerhalb des ZNS miteinander durch ein Netz von *Interneuronen (Zwischenneuronen, assoziativen Neuronen)* verbunden.

Das ZNS ist jedoch mehr als nur eine Verbindungsinstanz, denn es integriert und koordiniert auch den Reizinput und die daraus resultierenden Reaktionen (Output).

Je höher eine Art phylogenetisch gesehen steht, desto höher sind auch die Mechanismen der Integration und Koordination entwickelt. Bei einigen Arten, die ein sehr hochspezialisiertes ZNS haben, umfaßt die Möglichkeit der Speicherung sowohl sensorische Information, als auch Information, die sich auf die Folgen der

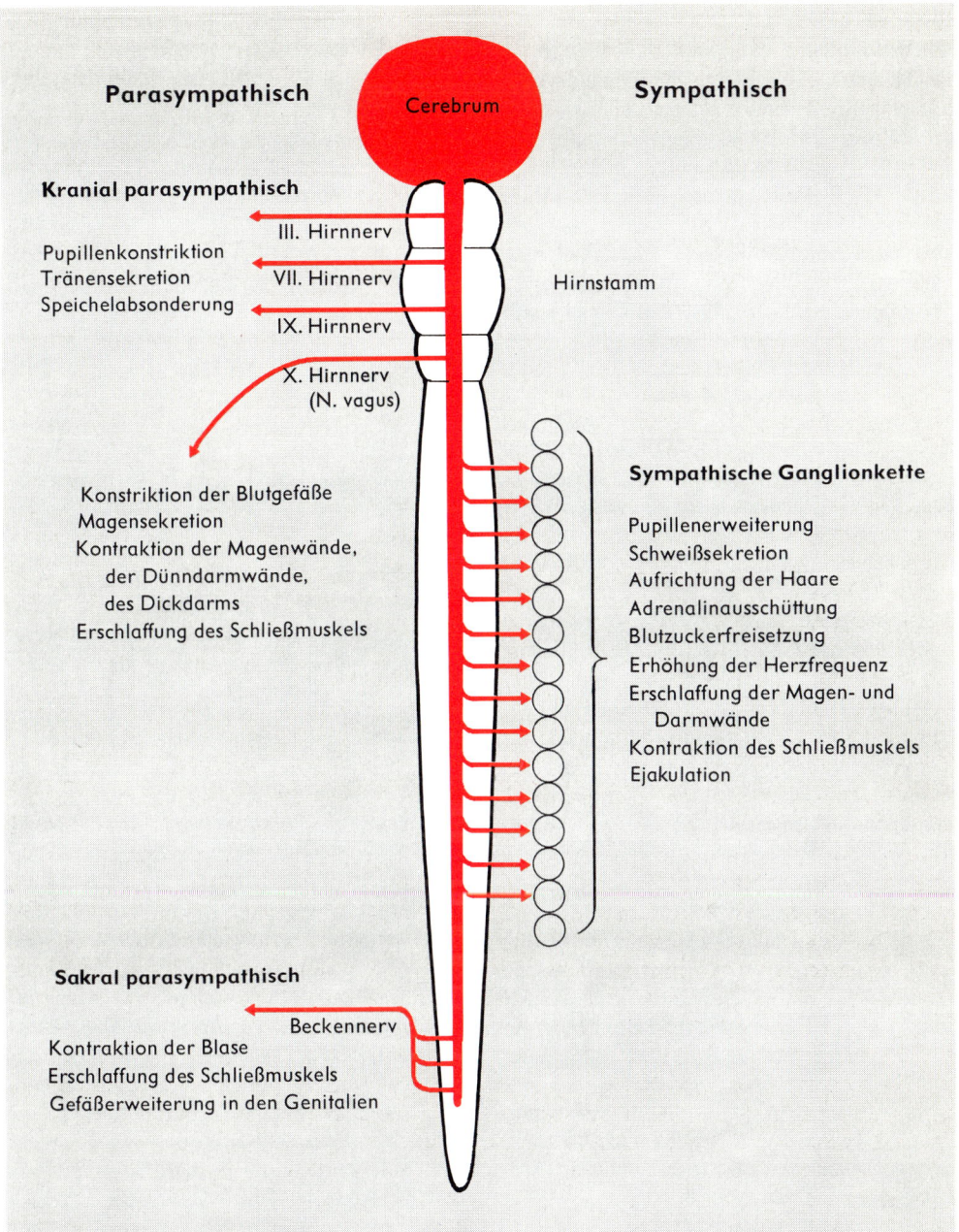

Parasympathisch

Cerebrum

Sympathisch

Kranial parasympathisch

III. Hirnnerv

Pupillenkonstriktion
Tränensekretion
Speichelabsonderung

VII. Hirnnerv

Hirnstamm

IX. Hirnnerv

X. Hirnnerv
(N. vagus)

Konstriktion der Blutgefäße
Magensekretion
Kontraktion der Magenwände,
der Dünndarmwände,
des Dickdarms
Erschlaffung des Schließmuskels

Sympathische Ganglionkette

Pupillenerweiterung
Schweißsekretion
Aufrichtung der Haare
Adrenalinausschüttung
Blutzuckerfreisetzung
Erhöhung der Herzfrequenz
Erschlaffung der Magen- und
Darmwände
Kontraktion des Schließmuskels
Ejakulation

Sakral parasympathisch

Beckennerv

Kontraktion der Blase
Erschlaffung des Schließmuskels
Gefäßerweiterung in den Genitalien

Abb. 2.10. Das autonome Nervensystem (ANS). Vereinfachte Darstellung der Teile des autonomen Nervensystems mit Angabe von Ursprüngen und Hauptfunktionen. Aus Gründen der Vereinfachung sind die parasympathischen Teile auf der einen und die sympathischen auf der anderen Seite gezeigt; in Wirklichkeit finden wir beide Teile auf beiden Seiten des Körpers

Reaktion bezieht. Komplexe Aktivitäten des ZNS ermöglichen so einen Vergleich zwischen gespeicherter Information und momentanem Input wie auch eine Neuorganisation von Input und Output (Kreativität) und eine Vorbereitung weiterer Aktionen (Erwartung).

Reflexe des Rückenmarks

Die Beobachtung, daß Tiere, deren Gehirn vom Rückenmark getrennt wurde (Spinalisierung), immer noch auf Reize reagieren und sogar einfache Formen des Lernens zeigen, erscheint überraschend. Im Verlaufe der Evolution jedoch kam die Entwicklung des „denkenden" Gehirns erst nach der Entwicklung des einfacheren Rückenmarks. Schutzfunktionen, Inganghalten der „inneren Apparatur" und Körperhaltung des Tieres sind wahrscheinlich der Grund dafür, warum diese Funktionen im Rückenmark und nicht im Gehirn verankert sind, dessen Entwicklung erst später erfolgte.

Zwickt man den Finger eines Säuglings, wird der ganze Arm zurückgezogen. Der lokalisierte Reiz (der auf eine mögliche Gefahr hinweist) bewirkt die Aktivierung eines großen Teils der Körpermuskeln, die aufgrund des „Verteilersystems Rückenmark" zustande kommt (Abb. 2.11). Die erste Station in diesem Verteilersystem bildet das *afferente* Neuron. Beim Eingang in das Rückenmark verzeigt es sich in aufsteigende und absteigende Verästelungen, von denen wiederum *Kollaterale* (Verästelungen) an jedes Segment des Rückenmarks abgegeben werden. Jede dieser Kollaterale kann sich wiederum mit mehreren *Zwischenneuronen* verbinden, welche ebenfalls im Rückenmark hinaufund herablaufen und an jedem Segment Kollaterale an *Motoneuronen* abgeben.

Durch diesen Verteilungsmechanismus können Impulse eines einzigen afferenten Neurons viele verschiedene Muskel innervieren und dadurch weitreichende Reflexe hervorrufen. Diese Art von Verteilung wird als *Divergenz* bezeichnet.

Eine umgekehrte Abfolge dieser Anordnung bezeichnet man als *Konvergenz*. Hier erreichen Impulse von vielen afferenten Neuronen dasselbe (einzelne) Motoneuron, wobei das System wie ein Trichter funktioniert. Die Konvergenz ermöglicht einer einzigen Muskelfaser, an vielen verschiedenen Reflexen mitzuwirken.

Eine andere Funktion des Verteilersystems der Kollateralen und Interneuronen ist die Verlängerung der Erregung, die auftritt, weil die Zwischenneurone in *Erregungskreisen* angeordnet sind. Wenn ein Neuron in einem solchen Kreis feuert, dann durchläuft der Impuls nicht nur das Axon, sondern auch die zum Axon gehörenden

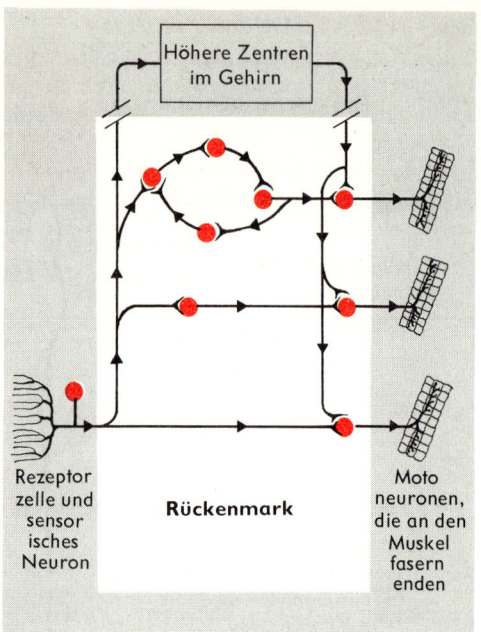

Abb. 2.11. Koordination im Rückenmark. Divergenz, Konvergenz, Erregungskreise und Verbindungen vom und zum Gehirn entstehen durch das Netz von Neuronen im Rückenmark. Alle Vorgänge, mit Ausnahme der Konvergenz, sind hier dargestellt

kollateralen Verzweigungen. Diese Verzweigungen können mit einem zweiten Neuron verbunden sein, welches dann ebenfalls erregt wird. Das Axon des zweiten Neurons kann dann den Impuls an die ursprüngliche Zelle zurückleiten und diese wieder erregen; dieser Vorgang kann beliebig oft wiederholt werden. Der Impuls erregt innerhalb dieses Rückkoppelungsmechanismus *(Feedbackschleife)* jedesmal auch das Motoneuron und den Muskel. So kann ein zeitlich begrenzter Reiz eine Reaktion auslösen, die lange nach dem Abklingen des Reizes anhält. Eine solche Reaktion ist natürlich nur dann möglich, wenn der Bogen aus mehr als 2 Neuronen besteht.

Beim „intakten" Tier erfüllen die Zwischenneurone des Rückenmarks und die Kollaterale der afferenten Neurone noch eine andere Funktion, indem sie lange Kreise bilden, die Impulse zum Gehirn leiten. So wird das Gehirn von den jeweiligen momentanen Vorgängen informiert und kann dann die Aktivität der einfacheren Reflexbögen entsprechend beeinflussen.

Das Verteilersystem im Rückenmark bewirkt also vier verschiedene Dinge: a) Impulse von einem einzigen Rezeptor erreichen viele Muskeln (Divergenz); b) ein und derselbe Muskel ist an Reflexen beteiligt, die durch die Reizung vieler verschiedener Punkte zustande kommen (Konvergenz); c) eine Reaktion kann zeitlich verlängert werden; d) Impulse gelangen durch lange Bahnen hindurch zum Gehirn.

Anpassungsfähigkeit der Reflexe

Reflexe sind „automatische" Reaktionen, die gewöhnlich für den Körper eine wichtige Muskel- oder Drüsentätigkeit auslösen. Das Zurückziehen einer Hand nach Verletzung schützt sie vor weiteren Verletzungen und kann deshalb als *Schutzreflex* bezeichnet werden. Ein weiterer Schutzreflex kann beobachtet werden, wenn ein Staubkorn Tränen auslöst, die dieses aus dem Auge herausschwemmen. Einige Reflexe sind zur Aufrechterhaltung der Körperfunktionen wichtig; dazu gehören Reflexe, die den Herzschlag und den Durchmesser der Blutgefäße regulieren.

Im Gegensatz zu den Schutzreflexen stehen die *Haltungsreflexe,* die für die Körperhaltung und für die aufrechte Haltung des Kopfes sorgen. Wenn z.B. jemand auf Ihren Rücken springt, geben Ihre Knie zwar für einen Moment nach, Ihre Beine strecken sich aber sofort wieder, um die aufrechte Körperhaltung zu gewährleisten. Das Beugen der Knie dehnt eine *Muskelspindel,* eine Gruppe von Muskelfasern, die sowohl von afferenten wie auch von efferenten Nervenendigungen umgeben ist. Das Strecken dieser Spindel erregt die afferenten Nervenendigungen, die ihrerseits Impulse zum Rückenmark senden. Diese Impulse gelangen zum Motoneuron, welches die Muskelfasern neben der Spindel versorgt, von der die ursprüngliche Nachricht kam. Der gestreckte Muskel kontrahiert, und die ursprüngliche Haltung ist wiederhergestellt. Die afferenten Neurone, die bei solchen Haltungsreflexen mitwirken, sind die größten und am schnellsten leitenden Neurone, die es gibt.

Hemmung und reziproke Innervation

Im allgemeinen sind die einander gegenüberliegenden Muskeln des Körpers in antagonistischen Paaren angeordnet, wobei der eine ein bestimmtes Gelenk streckt und der andere es beugt. Normalerweise erschlafft ein Muskel, wenn sein Antagonist kontrahiert, denn die *Erregung* des einen wird von der *Hemmung* des den anderen Muskel versorgenden Motoneurons begleitet. Diesen Vorgang bezeichnet man als *reziproke Innervation.* Die Hemmung findet nur an den Synapsen statt. Es sind hier nicht die Muskelfasern selbst, die gehemmt werden, sondern die Motoneuronen, die sie versorgen.

Wie entscheidet nun das Nervensystem bei sich widersprechenden Reizen, welche Nachricht gehemmt werden soll? Drei Eigenschaften des Reizes bestimmen dabei die Bevorzugung des einen oder anderen Reizes:

1. Schmerzreize haben gewöhnlich Vorrang. Der Selbstschutz des Organismus ist von größter Bedeutung.
2. Stärkere Reize oder schwächere, sich aber oft wiederholende Reize haben Vorrang.
3. Eine zu häufige Wiederholung der Reizung führt dazu, daß der Vorrang an die rivalisierende Reaktion abgegeben wird, teils aufgrund von Ermüdung, teils aufgrund der sich einstellenden *Adaptation.* Wenn ein Reiz fortwährend oder wiederholt mit gleichbleibender Intensität einwirkt, dann adaptiert sich der Rezeptor an diese Einwirkung durch Herabsetzung seiner Aufnahmebereitschaft.

So müssen Organismen, die eine Vielzahl von Reizen zu verarbeiten haben, einen sensorischen Adaptationsmechanismus entwickeln, um mit den fortwährend auf sie einströmenden Reizen fertigzuwerden.

Wir wenden uns nun dem Ursprung dieser Information – der Umwelt – zu und stoßen dabei gleich wieder auf ein neues Rätsel: Wenn die Grundeinheit im Code des Nervensystems ein elektrischer Impuls von konstanter Größe ist, wie werden dann die vielen Arten der auf den Organismus einwirkenden physikalischen Reize in diesen Code übersetzt?

Wie nehmen wir Information auf?

Die Information über die Beschaffenheit der Umgebung wird von einer Reihe von Organen vermittelt, die aus hochspezialisierten Rezeptorzellen zusammengesetzt sind. Gewöhnlich reagiert jedes Rezeptororgan nur auf eine physikalische oder chemische Eigenschaft der Umgebung, wie z. B. auf Schall- oder Lichtwellen. Diese Unterschiede sind jedoch nicht absolut. So reagiert z. B. das Auge, das normalerweise nur auf Lichtwellen reagiert, auch auf den Druck des Fingers gegen den Augapfel durch das Augenlid mittels der darinliegenden Rezeptorzellen.

Transduktion und Psychophysik

Ein Organismus kann gewöhnlich 3 Aspekte der Reize in seiner Umgebung erkennen: a) die allgemeine Art der Energie, wie z. B. Licht, Temperatur oder Druck; b) den Ort der Reize im Raum; c) ihre Intensität in zeitlicher Verteilung.
Die Information über den 1. Aspekt – Klassifikation des Reizes – wird gewöhnlich durch die Art des erregten Rezeptors (seine *Spezifität*) vermittelt. So zeigt z. B. die Reaktion bestimmter Rezeptorzellen im Auge die Erregung durch Lichtwellen innerhalb gewisser Grenzen elektromagnetischer Strahlung an. Aufschluß über den 2. Aspekt – Ortsbestimmung des Reizes – wird uns durch die Lage der erregten Rezeptoren vermittelt, da es für jede Art von Reizinput

multiple Rezeptoren gibt. Der 3. Aspekt – die Bestimmung der Intensität des Reizes – wird durch eine Umwandlung der Reizenergie in eine graduelle De- bzw. Hyperpolarisation der Rezeptorzellmembran bewirkt, ein Prozeß, den man als *Transduktion* bezeichnet (Abb. 2.12). Es ergibt sich ein konstantes quantifizierbares Verhältnis zwischen der Reizintensität und der Amplitude des Rezeptormembranpotentials, das ausgelöst wird. Anschließend wird jedes Rezeptorpotential in ein entsprechendes Generatorpotential (eine Depolarisation) mit einer bestimmten *Amplitude* übersetzt; diese Amplitude wird dann in eine bestimmte „Feuerfrequenz" verschlüsselt. Ein stärkerer Reiz bewirkt eine häufigere Reaktion der Zelle oder/und die Reaktionen mehrerer Zellen. Sobald die Information verschlüsselt ist, wird sie nach den Grundregeln der Kommunikation der Nervenzellen untereinander, die wir schon besprochen haben, verbreitet und verarbeitet.
Welchen Einfluß hat nun die Veränderung der Reizintensität auf die Amplitude des Generatorpotentials? Diese physiologische Frage kann mehrfach formuliert werden: Wie groß muß die Veränderung des Reizes sein, bevor der Organismus auf diese Veränderung reagiert? Welches mathematische Verhältnis besteht zwischen der Reizintensität und dem Generator-

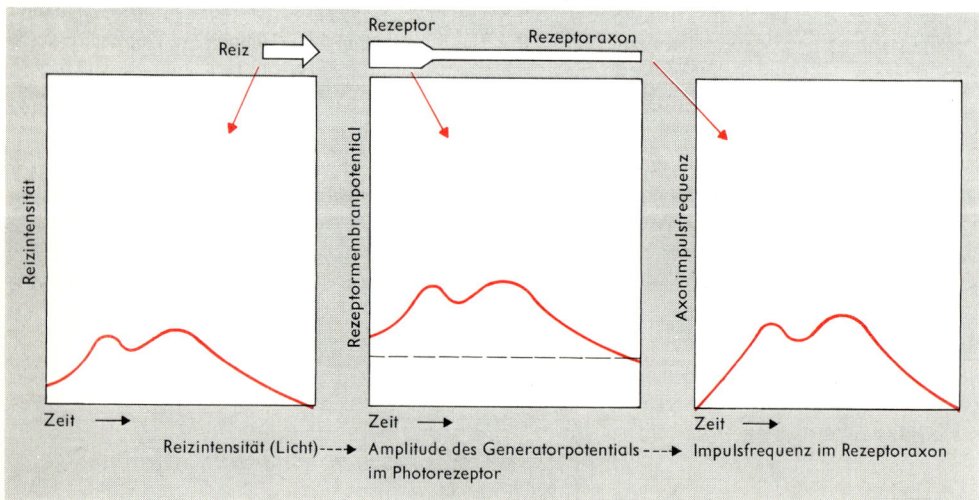

Abb. 2.12. Transduktion: Information aus der Umwelt gelangt in das Nervensystem durch hauptsächlich 2 Umwandlungsprozesse: 1. Die Reizintensität wird in das Rezeptorpotential übersetzt. 2. Das daraus entstandene Generatorpotential wird in Impulse des Axons umgewandelt, die in einer Auftragung als Axonimpulsfrequenz den ursprünglichen Reizverlauf widerspiegeln

potential der Rezeptoren? Wenn Sie z. B. im hohen Frequenzbereich einen Unterschied zwihen Ihrem alten und Ihrem neuen HiFi-Gerät feststellen können, dann ergibt sich die praktische Frage, ob Sie sich ein noch teureres Gerät kaufen sollten, welches noch höhere Frequenzen bringt? Aber könnten Sie diese höheren Frequenzen überhaupt noch wahrnehmen und den „Vorteil" dieses neuen Gerätes genießen?

Ob unsere Sinnesorgane einen Unterschied in der Reizintensität feststellen können, hängt vom Verhältnis zwischen der zusätzlichen und der ursprünglich vorhandenen Intensität ab. Wenn wir z. B. zu einem 100-g-Gewicht 2 g dazugeben müssen, um es als schwerer zu empfinden, müßten wir bei einem 200-g-Gewicht 4 g addieren, bevor wir den Unterschied feststellen könnten. Das genaue Verhältnis variiert mit der Art der Empfindung, die wir messen, und mit dem Ausmaß der Intensitäten, mit denen wir uns befassen. Im allgemeinen jedoch ist der kleinste feststellbare Unterschied in der Reizintensität eine konstante Proportion des Vergleichsreizes. Dies bedeutet, daß für fast alle Rezeptoren eine kleine Veränderung in der Reizintensität eine Veränderung des Generatorpotentials hervorrufen kann, wenn die Reizintensität niedrig ist. Bei Anstieg der Reizintensität bedarf es einer immer größeren Veränderung der Intensität, um eine ähnliche Veränderung im Generatorpotential hervorzurufen, d. h. es besteht nicht etwa eine lineare, sondern eine logarithmische Beziehung.

Das Verhältnis zwischen Reiz und Empfindung kann entweder in Form der physikalischen Reaktion des Organismus (Generatorpotential und Impuls) oder in Form einer psychologischen Reaktion (wieviel Reizveränderung notwendig ist, bevor der Organismus diese wahrnimmt) gemessen werden. Die Methoden zur Messung der psychologischen Reaktion werden auch *psychophysische Methoden* genannt.

Organisation der Information

Wahrnehmung halten wir oft für etwas Absolutes, einen selbstverständlich und unmittelbar ablaufenden Vorgang, durch den Stimuli als draußen in der Welt existierende „Dinge" in unser Bewußtsein gelangen. In Wirklichkeit handelt es sich dabei mehr um eine Frage der Wahrscheinlichkeit, daß der jeweilige Sinneseindruck einem bestimmten stimulierenden Ereignis exakt entspricht. Manchmal nehmen wir selbst starke Reize nicht wahr. Jeder Wahrnehmungsreiz muß mit einer Anzahl anderer Reize in Wettbewerb treten, um überhaupt unsere Aufmerksamkeit zu finden, denn wir werden unablässig von einer unüberschaubaren Zahl von Reizen bombardiert, sowohl von der äußeren Umgebung her als auch von inneren Produkten unseres Gedächtnisses und unserer Vorstellung. Gewisse schwache Reize werden nur kurzfristig und unter besonderen Bedingungen wahrgenommen. Um den Zuverlässigkeitsgrad, mit dem jemand einen physischen Reiz wahrnimmt, messen zu können, benötigen wir spezielle Meßtechniken. Aber Reize treten nicht isoliert auf, weshalb wir Wahrnehmungsreize zu übergeordneten Bedeutungseinheiten organisieren und strukturieren müssen. Als nächstes werden wir uns den Wahrnehmungsschwellen, der Wahrnehmungsstrukturierung und der Rolle der Aufmerksamkeit zuwenden.

Schwellen und Skalierung

Vieles, was wir über die Art und Weise, in der Informationen wahrgenommen werden, wissen, verdanken wir physiologischen und anatomischen Untersuchungen. Das meiste übrige entstammt einem Forschungskonzept, das auf folgender Vorstellung beruht: Wenn wir Versuchspersonen in eine isolierte Umgebung bringen und sie dort nur einer bestimmten Anzahl ausgewählter Reize aussetzen, auf die sie wiederum nur mit wenigen ebenfalls von uns bestimmten Antwortarten reagieren dürfen, können wir etwas über die Wahrnehmung erfahren. Es liegt auf der Hand, daß diese Vorgehensweise auf einen engen Rahmen beschränkt ist. Sie kann uns jedoch – vergleichbar dem Erfahrungswert von Laboruntersuchungen in anderen Wissenschaftsbereichen – ein einführendes Grundverständnis für die Prinzipien der Wahrnehmung vermitteln.

Die Einführung quantitativer experimenteller Meßmethoden zur Untersuchung der Wahrnehmungsprozesse – wie übrigens in die psychologische Forschung überhaupt – nahm mit der Arbeit von Gustav Fechner (1860) ihren Anfang. Den Physiker und Philosophen Fechner beschäftigte die Frage der Beziehung zwischen Geist (Psyche) und der Welt der Materie. Aus seinem eigenen Wissensdrang heraus entwarf er *psychophysikalische Methoden* zur Messung dieser Beziehungen, womit der Mann im „Elfenbeinturm" zum Geburtshelfer der modernen Psychologie wurde. Seine Methoden ermöglichten ihm die Einschätzung der Empfänglichkeit gegenüber Reizen geringer Intensität *(absolute Schwelle)* sowie der Unterscheidung zwischen mehreren Reizen *(Unterschiedsschwelle)*. Ferner beschäftigte er sich auch mit der Schätzung unterschiedlicher Sinneswahrnehmung (unterschiedlicher Empfindungen) als Reaktion auf unterschiedliche Reize *(psychophysikalische Skalierung)*.

Ist da etwas?

Wie läßt sich der schwächste wahrnehmbare Reiz messen? Das Grundprinzip ist einfach, die Ausführung dagegen verlangt schon etwas mehr. Wir können die Intensität eines Reizes einfach solange verstärken, bis er wahrgenommen wird und umgekehrt solange vermindern, bis der Reiz nicht mehr empfunden wird. Wiederholen wir diesen Vorgang mehrmals, werden wir mehrere Intensitätseinschätzungen für von der Versuchsperson erfahrene Veränderungen in der Wahrnehmung erhalten.

Die über alle Versuche ermittelte durchschnittliche Intensität ist der beste Schätzwert für die *absolute Schwelle* für diesen Reiz. Hiermit haben wir Fechners psychophysikalische *Grenzmethode* angesprochen. Darüber hinaus beschrieb Fechner zahlreiche andere Methoden samt den entsprechenden geeigneten Berechnungen und experimentellen Kontrollverfahren.

Viele Forscher und Theoretiker, einschließlich Sigmund Freud, begannen alsbald, sich Fechners Methoden oder Vorstellungen hinsichtlich der Wahrnehmungsschwellen zu bedienen. Für Untersuchungen, die sich mit verschiedenartigen Reizen in großen Populationen beschäftigten, begann man in gewissem Umfang mit „Normen", d. h. durchschnittlichen Schwellenwerten zu arbeiten. Wenn Sie sich schon einmal einem Seh- oder Hörtest unterzogen haben, so haben Sie dabei aller Wahrscheinlichkeit nach auch mit Fechners Methoden Bekanntschaft gemacht. Durch den Vergleich zwischen den Meßergeb-

nissen für Ihre individuellen Schwellenwerte mit den standardisierten Gruppennormen kann der Fachmann den Zustand ihres Empfindungsapparates beurteilen.

Messung der Wahrnehmung

Psychophysikalische Skalierverfahren ermöglichen uns die Messung von Empfindungsgrößen bei gleichzeitiger Einwirkung unterschiedlich intensiver Reize (z. B. „Hitze" – Sonnenintensität). Solche Methoden sind deshalb erforderlich, weil die Empfindungsgröße nicht unmittelbar mit der Reizgröße korrespondiert. Wir wollen das an einem Beispiel verdeutlichen: Wenn Sie eine Feder in der Hand halten und jemand legt Ihnen zusätzlich ein Pfundpaket Zucker darauf, werden Sie das zusätzliche Gewicht ohne weiteres spüren. Halten Sie dagegen 3 kg Federn, und es kommt ½ kg Zucker hinzu, wird der Gewichtsunterschied für Sie nicht mehr so deutlich. Die gleiche Veränderung in der Reizquantität führt zu einer unterschiedlichen Veränderung in der Wahrnehmung des gleichmäßig veränderten Reizes, und die Ursache dafür muß in einer Eigenschaft des Beobachters, also in Ihnen selbst liegen.

Skalierung (die „Herstellung einer Skala für ein zu messendes Merkmal") kann auf mehreren Ebenen der Wahrnehmungsunterscheidung stattfinden. Jedesmal, wenn wir es mit unterschiedlichen Empfindungen zu tun haben, setzt die Skalierung ein. Auf der einfachsten Ebene erfolgt eine Klassifizierung nach der *Nominalskala*, dann nämlich, wenn wir Objekte als voneinander verschieden oder einem übergeordneten Kategoriensystem zugehörig wahrnehmen und entsprechend mit Namen oder Begriffen benennen können. Bezeichnen wir ein Objekt als „Mann", „Frau", „Hans", „Grete", „Mond" oder „Baum", so setzt das nominale Diskrimination voraus. Auf der nächsten, schon schwierigeren Stufe erfolgt die Anordnung in *Ordinalskalen;* d. h. Wahrnehmungsobjekte werden entsprechend unterschiedlicher Merkmalsgrößen eingeordnet. Wir skalieren in dieser Weise, wenn wir Objekte z. B. in die Kategorien „klein, mittel, groß" einordnen oder wenn wir sagen: „Auf der Zehnpunkteskala nimmt diese Sache Platz 7 ein."

Die nächsthöhere Ebene der *Intervallskalierung* tritt in Kraft, wenn zwischen den wahrgenommenen Objekten gleichmäßige Abstände geschätzt werden können. Wer sich in einem nahezu leeren Klassenzimmer einen von allen anderen darin sitzenden Personen gleichmäßig weit entfernten Platz aussucht, kann gleiche Abstände bemessen. Die höchste Skalierungsstufe schließlich repräsentiert die *Verhältnisskala* ("ratio scaling"). Hier handelt es sich um das Einschätzen oder die Herstellung spezifischer Verhältnisgrößen zwischen den Wahrnehmungsobjekten. Wir nehmen eine Verhältnisskalierung vor, wenn wir einen Verstärker unserer Stereoanlage so einstellen, daß seine Lautstärke in einem bestimmten Verhältnis zur Lautstärke eines anderen Verstärkers steht. Wir können das z. B. so einrichten, daß einer doppelt so laut ist wie der erste, ein anderer ¼ so laut usw.

Beim psychophysikalischen Skalieren handelt es sich um ein sehr komplexes Gebiet, und tieferes Eindringen setzt beträchtliche mathematische Kenntnisse und die Befähigung zur Durchführung komplizierter Operationen voraus. Die Grundkonzepte des Skalierens dagegen sind relativ leicht überschaubar und lassen sich ziemlich unmittelbar anwenden. Sie sind Bestandteil aller psychologischen Tests und Meßverfahren.

Zuviel des Guten

Das Gehör stellt zwar ein sehr sensibles Sinnesorgan dar, es vermag jedoch auch intensive Schallreize kurzfristig zu tolerieren. Hält aber ein zu starker Schallreiz längere Zeit an, kann eine irreversible Schädigung des Gehörs die Folge sein. Irreversible Schädigung bedeutet in diesem Zusammenhang normalerweise einen nicht wieder rückgängig zu machenden Hörverlust. Bei Meerschweinchen, die 88 h lang Rock-and-Roll-Musik in einer Lautstärke von 122 dB ausgesetzt gewesen waren, konnte man eine Schädigung der Kochlea feststellen. Nun pflegen sich Meerschweinchen normalerweise kaum in Diskotheken aufzuhalten; zu denken geben sollte uns aber die zunehmende Schwerhörigkeit von Rockmusikern und Diskjockeys, die man seit einiger Zeit beobachten kann, weil sie auch für uns die Frage aufwirft, ob wir uns nicht durch zu vieles, zu langes Hören lauter Musik dauerhafte Hörschäden zufügen (vgl. Bohne et al. 1978).

Wenn man sich nicht ganz so intensiven Schallreizen aussetzt oder dies nicht so übermäßig lange tut, kommt es dennoch oft zu einer vorübergehenden Schwellenveränderung, wie man gelegentlich bei dem Besuch eines Rockkonzerts oder einer Disko feststellen kann. Während die Musik spielt, müssen sich die Zuhörer gegenseitig anschreien, wenn sie sich miteinander verständigen wollen; hinterher müssen sie sich weiter anschreien, um ihre akustische Schwellenänderung zu überwinden. Im allgemeinen tritt bald wieder Normalisierung ein. Hält die Schwellenänderung aber über mehrere Stunden an oder besteht noch tagelang ein Ohrendröhnen, so ist das Risiko einer Dauerschädigung nicht mehr auszuschließen. Wer solche Langzeitwirkungen an sich beobachtet, sollte sich wohl vorsichtshalber einer ohrenärztlichen und audiometrischen Untersuchung unterziehen.

Auch bei den Sehorganen macht sich stärkere Reizbeeinflussung – in diesem Falle durch hochintensive Lichteinwirkung – bemerkbar. Waren wir sehr starkem Licht ausgesetzt, so brauchen wir einige Zeit, um unser normales Lichtempfinden wiederzugewinnen. Versuchstiere, die in einem Lichtexperiment intensiven stroboskopischen Lichteffekten, wie sie auch in Lightshows und Diskos üblich sind, längere Zeit ausgesetzt werden, erleiden degenerative Netzhautveränderungen bis zu völligen Erblindung (Dempsey 1975). Menschen werden sich solchen Lichteinwirkungen wohl kaum solange aussetzen, trotzdem sollte man sich auch darüber seine Gedanken machen, genauso wie bei der akustischen Schwellenänderung.

Verschiedene Arten sensorischer Information

Zunächst einmal wollen wir uns auf den Gesichtssinn und den Gehörsinn konzentrieren, also auf die Sinne, über die wir das meiste wissen. Zusätzlich zu diesen beiden Sinnen, die genaue Information über die Umwelt vermitteln, erhält der Mensch auch Information über die Umgebung mittels verschiedener *Körpersinne*, die aber weniger präzise funktionieren und auf direkten (stofflichen) Kontakt angewiesen sind. Es gibt insgesamt 4 Körpersinne, deren Rezeptoren in der Haut liegen: Druck (Berührung), Schmerz, Kälte und Wärme; sie werden oft auch als *Hautsinne* bezeichnet. Jeder dieser

Reizwertmessung

Mit Hilfe psychophysischer Methoden können z. B. folgende Quantifizierungen vorgenommen werden:

- *Limen oder absolute Reizschwelle* ist definiert als der Reizwert, der bei 100 Darbietungen genau 50mal wahrgenommen wird. Werte unter dieser Schwelle werden als *unterschwellig* bezeichnet.
- *Der eben merkliche Unterschied ("just noticeable difference", j.n.d.)* ist die Reizerhöhung, die vorgenommen werden muß, damit der Organismus einen Unterschied zwischen dem höheren Reiz und dem ursprünglichen Reiz feststellen kann. Es herrscht allgemeine Übereinstimmung, daß bei 100 Darbietungen dieser Unterschied 75mal oder mehr wahrgenommen werden muß.
- *Das Weber-Fechner-Gesetz* beschreibt das Verhältnis zwischen Reizveränderung und Empfindung für verschiedene Reizwerte. Die Reizerhöhung (Δ s), die einen eben merklichen Unterschied (j.n.d.) hervorruft, steht in einem konstanten Verhältnis zu den meisten Reizwerten (nicht jedoch zu den Extremwerten), wie das unten aufgeführte Beispiel zeigt, in dem Δ s = $^5/_{10}$ oder 0,5 ist (*E* Einheit):

	Ursprünglicher Reizwert	Notwendige Reizerhöhung	
wenn	10 E	plus 5 E	1 j.n.d.
dann	15 E	plus 7,5 E	
oder	22,5 E	plus 11,25 E	1 j.n.d.
oder	33,75 E	plus 16,875 E	
		etc.	

Sinne vermittelt dem Organismus eine besondere Information über die Umwelt.

Der *Muskelsinn* und der *Gleichgewichtssinn* sind zwei weitere Körpersinne, die eng miteinander verbunden sind und bei der Aufrechterhaltung des Gleichgewichtes zusammenarbeiten; sie informieren uns über die Lage unserer Arme, unserer Füße, unseres Kopfes und aller anderen beweglichen Teile. Dazu kommen noch die chemischen Sinne des Geschmacks und Geruchs.

Das Sehen

Der Gesichtssinn, der so wichtig für das Überleben ist, hat eine faszinierende Entwicklung hinter sich. Das komplizierte menschliche Auge ist anscheinend aus einigen wenigen lichtsensiblen Zellen, wie man sie bei primitiven Lebensformen findet, hervorgegangen. Erst allmählich, als sich höhere Lebensformen entwickelten, erschien eine immer größere Anzahl von Sehelementen pro Flächeneinheit, ein besonders sensibler zentraler Punkt, komplizierte Nervenbahnen und dazugehörige Gehirnareale, die eine genauere Wahrnehmung der „Muster" möglich machten. Darüber hinaus entwickelte das Auge Mechanismen zur Aufnahme geringer Lichtmengen während der Dunkelheit und wurde somit zu einem vielseitig verwendbaren Instrument. Beim Affen und beim Menschen wanderte das Auge allmählich zur Vorderseite des Kopfes, so daß zweiäugiges (binoculares) Sehen möglich wurde. Schließlich sorgte die Entwicklung weitaus besserer Gehirnverbindungen zum Auge, besonders beim Menschen, dafür, daß der visuelle Input besser („intelligenter") verarbeitet werden konnte (Abb. 2.13).

Sehsysteme

Das Auge (vgl. Abb. 2.14) besteht aus 2 verschiedenen optischen Systemen, die zwar kombiniert, aber doch auf verschiedene Funktionen spezialisiert sind. Jedes System hat seine eigenen, verschieden geformten Rezeptorzellen; die des einen werden als *Zapfen*, die des anderen als *Stäbchen* bezeichnet. Die Zapfen funktionieren nur bei Tageslicht und sind verantwortlich für das Farbsehen und gute Sehschärfe. Bei wenig Licht (z. B. Dämmerung und Mondschein) können die Zapfen nicht erregt werden; die Stäbchen reagieren äußerst sensibel bei geringer Beleuchtung (z. B. Nachtsehen), aber reagieren nicht auf Farben, sondern nur auf schwarz, weiß und grau.

Die Zapfen und Stäbchen befinden sich auf der untersten Schicht der Netzhaut, was bedeutet, daß das Licht durch verschiedene Schichten von Nervenfasern und Blutgefäßen dringen muß,

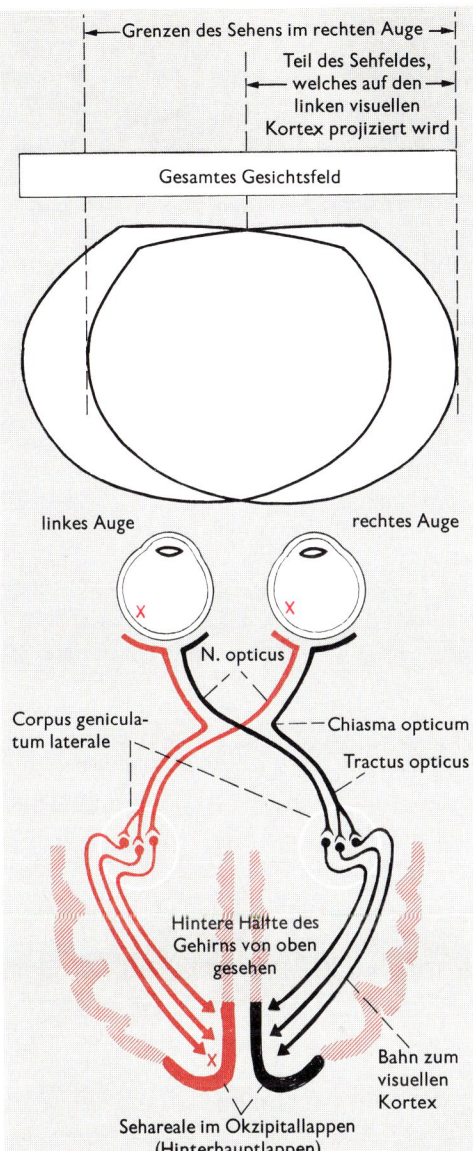

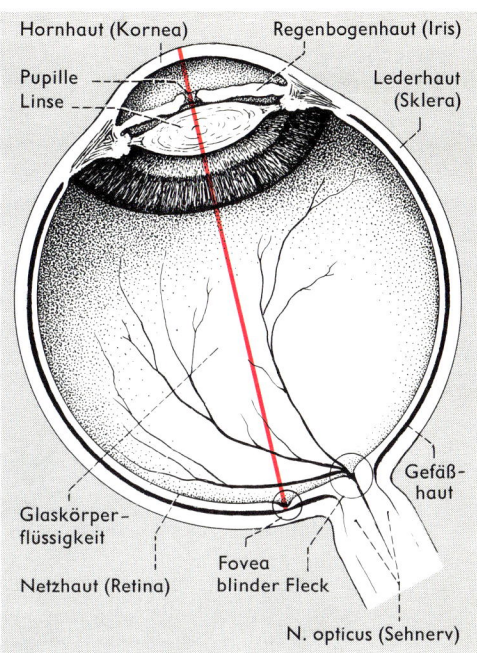

Abb. 2.14. Querschnitt durch das linke Auge. Der Augapfel besteht aus 3 Schichten: einer äußeren Schutzschicht, die als *Sklera* bezeichnet wird; ein Teil der Sklera ist die durchsichtige *Kornea* (Hornhaut), die als Brechungsfläche wirkt; einer mittleren Schicht, die als *Gefäßhaut* bezeichnet wird und pigmentiert ist, und einer lichtsensitiven Schicht, der *Retina* (Netzhaut). Wenn Licht in das Auge eindringt, so durchdringt es zuerst die Hornhaut und die *Pupille*, eine Öffnung in der pigmentierten *Iris* (Regenbogenhaut). Die Pupille verändert ihre Größe, um die in das Auge eindringende Lichtmenge zu regulieren; dieser Vorgang beeinflußt sowohl die Helligkeit als auch die Klarheit des Bildes. Die Lichtstrahlen durchdringen dann die *Linse* und werden von dort auf die lichtsensitive Oberfläche der Netzhaut projiziert. Bevor sie aber die Netzhaut erreichen, müssen die Lichtstrahlen noch die Glaskörperflüssigkeit durchdringen, mit der der Augapfel gefüllt ist. Das Licht von der Mitte des Gesichtsfeldes trifft genau auf die *Fovea*, die sich im Mittelpunkt der Netzhaut befindet und bei normalem Tageslicht der empfindlichste Teil des Auges ist

Abb. 2.13. Mechanismus des Sehens. Beim normalen Sehvorgang erregt Licht von einem Punkt in der rechten Hälfte des Gesichtsfeldes Punkte in der linken Hälfte beider Netzhäute, verursacht dabei Impulse über die Nervenbahnen, die von beiden Punkten wegführen, und aktiviert schließlich nur einen Punkt im linken visuellen Kortex des Gehirns (Okzipitallappen). Das Licht vom angrenzenden Punkt im Gesichtsfeld aktiviert einen anderen, aber angrenzenden Punkt im visuellen Kortex. Inzwischen aktivieren auch die Punkte in der linken Hälfte des Gesichtsfeldes Punkte in der rechten Hälfte des visuellen Kortex. Obgleich doppelte Bahnen zu jedem Punkt des visuellen Kortex führen und obgleich nur eine Hälfte des Gesichtsfeldes auf jeder Seite des Gehirns repräsentiert ist, sehen wir doch ein einziges Bild

bevor es diese Rezeptorzellen erreicht. Auf der Netzhaut gibt es mehr als 7 Mio. Zapfen. Ihre Dichte ist am größten in der Fovea und verringert sich vom Zentrum zur Peripherie der Netzhaut hin. Stäbchen finden wir auf allen Teilen der Netzhaut, ausgenommen der Fovea.

Wie Abb. 2.15 zeigt, bestehen Verbindungen zwischen den Rezeptoren und *bipolaren Zellen,* die wiederum Synapsen mit *Ganglienzellen* bilden. Der *Sehnerv* besteht aus den Axonen der Ganglienzellen; diese bilden Synapsen mit Zellen einer „Schaltzelle" im Gehirn, dem *Corpus geniculatum laterale* des Thalamus. Diese letzteren Zellen wiederum besitzen Axone, die bis zum *Hinterhauptlappen* reichen. An dem Punkt, an dem der Sehnerv die Netzhaut verläßt, befindet sich der *blinde Fleck,* der nicht auf Licht reagiert. Sie können die Lage Ihrer blinden Flecke durch ein ganz einfaches Experiment feststellen: Schließen Sie Ihr rechtes Auge, halten Sie das Buch etwa eine Armlänge von sich entfernt und fixieren Sie den schwarzen Punkt.

Während Sie den Punkt immer noch fixieren, bewegen Sie das Buch in Richtung Ihrer Augen, bis das Kreuz verschwindet. An dieser Stelle fällt das Kreuz genau auf den blinden Fleck Ihres linken Auges. Um den blinden Fleck Ihres rechten Auges zu finden, brauchen Sie denselben Vorgang nur zu wiederholen; schließen Sie diesmal aber Ihr linkes Auge und fixieren Sie das Kreuz mit dem rechten Auge.

Man schätzt, daß die Netzhaut etwa 120 Mio. Rezeptoren enthält, einige Mio. bipolare Zellen und etwa 1 Mio. Ganglienzellen. Demnach muß eine ungeheure Informations*konvergenz* von vielen Rezeptoren auf eine Ganglienzelle stattfinden. Da es aber auch viele Verbindungen zwischen den Zellen der Netzhaut gibt, muß auch ein *Divergenz*system des Informationsflusses vorhanden sein. So bestehen Verbindungen zwischen einem Rezeptor und mehreren bipolaren Zellen, die wiederum Verbindungen mit noch mehr Ganglienzellen herstellen. Aber wie wandeln diese Rezeptoren Licht in nervöse Impulse um? Bei diesem Umwandlungsprozeß spielen die Photopigmente in den Rezeptoren eine wichtige Rolle. Die Stäbchen enthalten ein Photopigment, das sog. *Rhodopsin,* während jeder Zapfen eine von 3 Arten *Iodopsin* enthält, entsprechend den Wellenlängen des blauen, roten und grünen Lichts. Wenn Licht auf einen Rezeptor trifft, dann wird es von dem Photopigment absorbiert, wobei das Photopigment in seine Grundbestandteile zerfällt (so zerfällt z. B. Rhodopsin in *Retinin* und *Opsin*). Wie bei ande-

ren sensorischen Systemen, so verstehen wir auch den visuellen Transduktionsprozeß nicht vollständig; viele wichtige Fragen müssen noch beantwortet werden. Nachdem Millionen von Rezeptoren auf einen visuellen Reiz reagiert haben, muß diese ungeheure Informationsflut vom Nervensystem irgendwie verarbeitet werden. Durch verschiedene Kombinationen des visuellen Inputs liefert uns das Nervensystem Informationen über verschiedene Aspekte des visuellen Bildes, wie z. B. über Helligkeit, Farbe, Form und Bewegung. Um dies zu erreichen, muß der Input von den Rezeptoren *gleichzeitig* auf mehrere unterschiedliche Arten von Information hin analysiert werden. Die vorher erwähnte Anordnung der anatomischen Divergenz macht solch eine mehrfache parallele Informationsverarbeitung möglich.

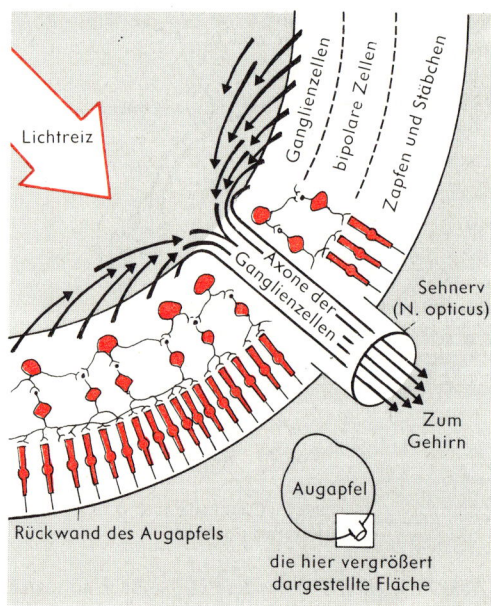

Abb. 2.15. Optische Bahnen. Die Abbildung zeigt in stark vereinfachter und schematischer Form Beispiele von Bahnen, die 3 der Nervenzellenschichten in der Netzhaut verbinden. Das einfallende Licht durchdringt alle diese Schichten, um zu den Rezeptoren zu gelangen, die sich auf der Rückseite des Augapfels befinden und von der Lichtquelle wegzeigen. Mittels *Konvergenz* senden mehrere Rezeptorzellen Impulse an jede Ganglienzelle, während mittels *Divergenz* eine Rezeptorzelle Impulse an mehrere Ganglienzellen weiterleiten kann. Die Impulse der Ganglienzellen verlassen das Auge über den Sehnerv und gelangen so zum nächsten Umschaltpunkt

Helligkeit

Die Absorption von Photonen durch die Rezeptoren aktiviert die Stäbchen und durch sie Neuronenketten und macht so die Wahrnehmung des Lichts möglich. Je größer die Lichtintensität (Zahl der Photonen pro Zeiteinheit) ist, um so größer ist auch die Aktivität, die in der Netzhaut hervorgerufen und ans Gehirn übermittelt wird, und damit auch um so größer unsere Empfindung der Helligkeit. Der Integrationsvorgang beruht hier auf einer *Summation* der Information vieler Rezeptoren und findet in den Ganglienzellen statt, von denen jede ihre Information von vielen Rezeptoren erhält.

Diese Summation ist verantwortlich für die große Lichtsensibilität des Stäbchensystems. Ein einzelnes Stäbchen muß dabei nahezu gleichzeitig von 2 Photonen erregt werden, um eine Ganglienzelle zu aktivieren. Ein solcher gleichzeitiger Vorgang ereignet sich jedoch gewöhnlich nur bei größerer Helligkeit. Die Summation der Erregung vieler verschiedener Stäbchen ermöglicht die Aktivierung der Ganglienzelle durch alle nahezu gleichzeitigen Lichteinwirkungen, bei denen diese Rezeptoren von mindestens 2 Photonen erregt werden. Dies bedeutet, daß die Ganglienzellen selbst auf sehr geringe Lichtmengen reagieren. Dazu kommt noch, daß das Stäbchensystem verschiedene Möglichkeiten hat, die Summation zu erhöhen, um so größere Sensibilität zu erreichen; dieser Vorteil wird jedoch durch den Verlust an Sehschärfe wieder ausgeglichen.

Dunkeladaptation

Dies ist ein Vorgang, der das Auge auf das Sehen bei geringer Helligkeit vorbereitet. Der Leser hat bestimmt schon die Erfahrung gemacht, daß er in einem dunklen Kino nicht in der Lage war, ohne fremde Hilfe einen Platz zu finden. Nach ein paar Minuten in der Dunkelheit jedoch geht das ohne weiteres. Die meisten Leute müssen sich nach dem letzten Gebrauch der Augen in hellem Licht etwa ½ h in der Dunkelheit aufhalten, bevor der Vorgang der Dunkeladaptation vollständig abgeschlossen ist. Mit zunehmender Dunkelheit wird die Farbunterscheidung immer schwächer und verschwindet letztlich ganz, wenn die „farbenblinden" Stäbchen den Sehvorgang beherrschen.

Sie können einen einfachen, aber interessanten Selbstversuch über die Dunkeladaptation machen, indem Sie etwa 10 min lang in einem dunklen Zimmer verweilen. Schließen Sie dann ein Auge, halten Sie eine Hand darüber und machen Sie das Licht einige Minuten lang an. Dann schalten Sie das Licht wieder aus. Beobachten Sie das Zimmer zunächst durch das Auge, das die ganze Zeit geschlossen war, und Sie werden feststellen, daß Sie die Gegenstände ziemlich klar erkennen können. Dann schließen Sie dieses Auge und beobachten das Zimmer nur durch das Auge, das ein paar Sekunden dem Licht ausgesetzt war, das Zimmer erscheint schwarz. Dieser Versuch zeigt, daß die Dunkeladaptation auf der Netzhaut stattfindet.

Farbsehen

Unter Farbsehen versteht man die Fähigkeit, zwischen verschiedenen Wellenlängen des Lichts (verschiedenen Farben) zu unterscheiden, unabhängig von deren relativen Intensität oder Helligkeit. Es steht fest, daß diese Fähigkeit in den Zapfen (Abb. 2.16) lokalisiert ist, in Kombination mit Zellen im Corpus geniculatum laterale, den sog. *Gegenfarbenzellen.* Jede dieser Zellen antwortet mit Erregung auf Impulse, die von einer bestimmten Wellenlänge stammen, und mit Hemmung auf Impulse, die von einer anderen Wellenlänge stammen.

Insgesamt gibt es 4 Arten von Gegenfarbenzellen:
– rot erregend, grün hemmend (+R, −G),
– rot hemmend, grün erregend (−R, +G),
– gelb erregend, blau hemmend (+GE, −B),
– gelb hemmend, blau erregend (−GE, +B).

Wenn das Licht von den Zapfen absorbiert wird (von denen jeder, wie wir wissen, eine der 3 Arten von Photopigmenten enthält), dann wird diese Information an die Gegenfarbenzellen weitergeleitet, die den Output einer Art von Rezeptoren von dem einer anderen Art *subtrahieren.* So zieht z. B. eine +R-, −G-Zelle den Output der grünen Zapfen von dem der roten ab. Dies bedeutet, daß die Entladung einer einzigen Gegenfarbenzelle von der differentiellen Erregung des zu ihr führenden Rezeptors abhängt. Verschiedene Erregungs- und Hemmungsmuster der Gegenfarbenzellen verursachen so Empfindungen verschiedener Farben.

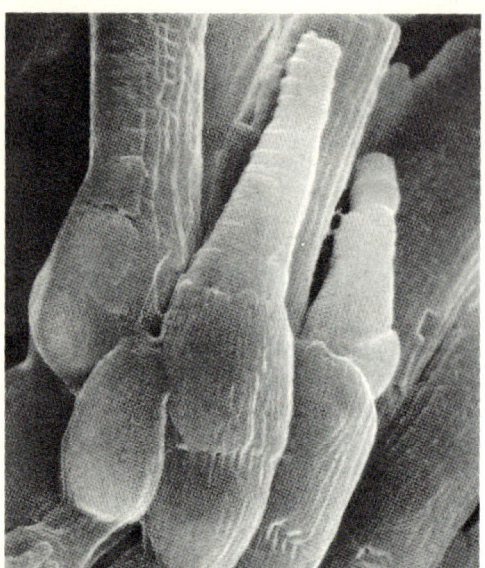

Abb. 2.16. Zapfen der Netzhaut

rot-grüne und gelb-blaue Farbempfindung. Die Erklärung dieser Theorie über die Wahrnehmung von schwarz-weiß deckt sich ebenfalls mit dem, was wir heute über die Tätigkeit des Stäbchensystems wissen.

Muster

Erst in letzter Zeit hat sich die Psychologie mit der Wahrnehmung von Mustern befaßt, d.h. unter anderem mit der Frage, wie das Auge Form und Bewegung im Gesichtsfeld registriert.

Konturen

Untersuchungen am Auge des Limulus haben gezeigt, daß jede erregte Zelle die ihr nächstliegende hemmt, ein Phänomen, das als *laterale Inhibition* bezeichnet wird (Ratliff et al. 1963). Wenn das gesamte Sehfeld einheitlich erregt wird, dann reagiert die einzelne Zelle nicht sehr stark, da alle Zellen sich gegenseitig hemmen. Nehmen wir aber einmal an, daß nur die Hälfte der Zellen stark erregt wird und die andere Hälfte nicht, wie das z.B. bei visuellen Reizen der Fall ist, die halb weiß und halb schwarz sind. Während wir wenig Aktivität in solchen Teilen des Sehfelds beobachten können, die einheitlich erregt werden, beobachten wir am Erregungsmuster der Ganglienzellen eine rege Tätigkeit entlang der *Grenzlinie* zwischen den beiden Feldern (schwarz und weiß). Der Rand der hellen Seite des Reizes wird durch eine besonders hohe Entladungshäufigkeit charakterisiert, weil diese Zellen nur von einer Seite gehemmt werden. Der Rand des dunkleren Teils des Reizes hingegen zeigt eine geringere Entladungshäufigkeit, weil diese Zellen besonders stark von den ihnen naheliegenden Zellen der helleren Seite gehemmt werden; das Ergebnis ist, daß diese Grenzlinie besonders deutlich wird. Der dunkle Rand der Grenzlinie wird als besonders dunkel und der helle als besonders hell empfunden. Solche Ränder bezeichnet man als *Mach-Bänder* (Abb. 2.17).

Formen

Das *rezeptive Feld* eines bestimmten Neurons ist diejenige Fläche der Netzhaut, von der es Impulse empfängt. Man hat festgestellt, daß Ganglienzellen in der Netzhaut konzentrische rezep-

Wie das oft der Fall ist, wenn sich unser Wissensstand vergrößert, so bekräftigt das gegenwärtige Gegenfarbenzellenmodell des Farbsehens bestimmte Aspekte beider klassischer Theorien auf diesem Gebiet. Die *Young-Helmholtz-Theorie* enthält die Ideen des Physikers Young (1807), die später von dem Physiologen Helmholtz modifiziert wurden. Nach dieser Theorie enthält das menschliche Auge 3 Arten von Zapfen, von denen jeweils ein Typ auf eine der 3 Primärfarben des Lichts reagiert. Der Theorie entsprechend war die Empfindung „weiß" eine Reaktion auf die gleichmäßige Reizung aller 3 Typen, während andere Farbempfindungen aus der kombinierten Erregung der 3 Zapfenarten in jeweils unterschiedlichem Verhältnis zustande kommen. Obgleich sich andere Aspekte der Young-Helmholtz-Theorie als falsch erwiesen haben, so hat die moderne Forschung doch gezeigt, daß verschiedene Arten von Zapfen für verschiedene Farbempfindungen verantwortlich sind.

Die *Hering-Theorie,* die auch als *Gegenfarbentheorie* bekannt ist, postulierte 3 Gegenfarbenpaare (schwarz-weiß, rot-grün, gelb-blau). Jedes dieser Paare konnte 2 sich gegenseitig ausschließende Urfarben vermitteln. Diese Theorie ist ein Vorläufer der heutigen Gegenfarbentheorie, besonders mit ihren Hypothesen über die

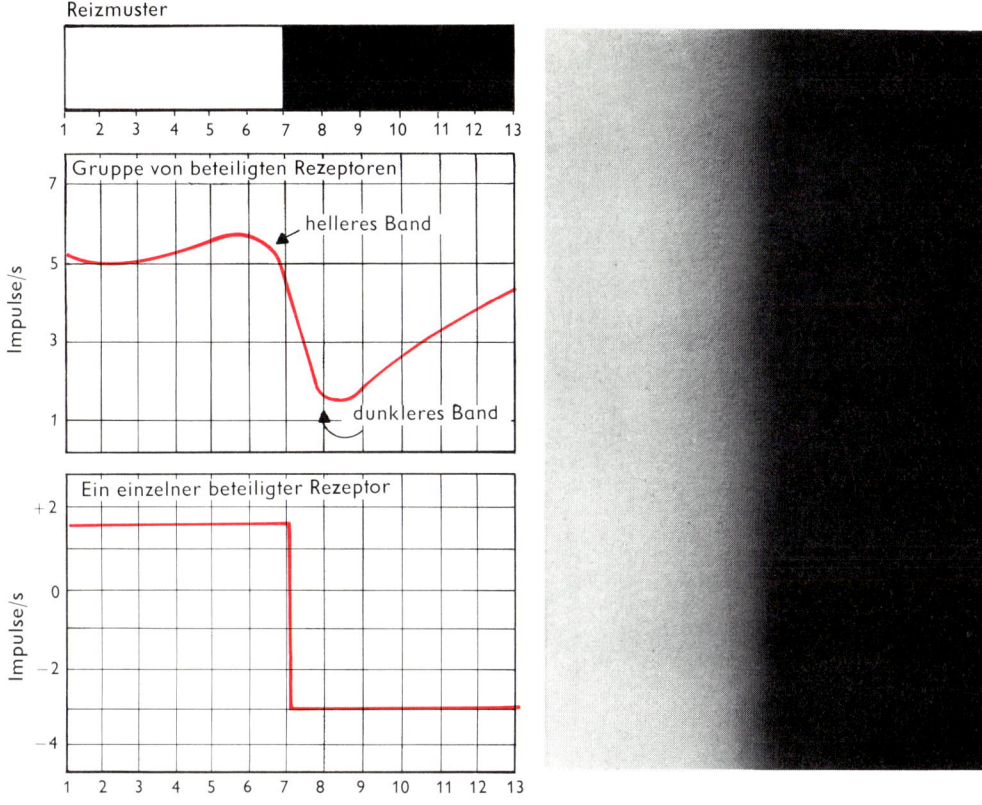

Reizmuster

Gruppe von beteiligten Rezeptoren

helleres Band

dunkleres Band

Impulse/s

Ein einzelner beteiligter Rezeptor

Impulse/s

Reize

Abb. 2.17. Mach-Bänder. Wenn ein einzelner visueller Rezeptor von aufeinanderfolgenden Feldern eines hell-dunklen Reizmusters erregt wird (Feld 1–13), dann beobachten wir einen plötzlichen Abfall in seiner Reaktion, der mit dem Punkt zusammenfällt, an dem das helle Muster dunkel wird (unterer Teil der Abb.). Wenn aber derselbe Rezeptor und die ihm nächstliegenden Rezeptoren zusammen von diesem Muster erregt werden (oberer Teil der Abb.), dann sehen wir eine gänzlich andere Reaktion, welche auf *lateraler Inhibition* beruht.

Solange der Reiz einheitlich hell ist, bleibt die Reaktion des Rezeptors die gleiche; aber in der Nähe der Grenzlinie wird seine Reaktion etwas stärker, weil die ihm nächstliegenden Zellen ihn weniger hemmen (einige von diesen werden zu diesem Zeitpunkt schon nicht mehr erregt), und ein helles Band erscheint, welches der Leser selbst auf dem Foto betrachten kann. Auf der dunkleren Seite der Grenzlinie werden einige naheliegende Rezeptoren immer noch von der hellen Seite erregt und rufen also mehr Hemmung hervor, als dies allgemein auf der schwarzen Seite geschieht. Das Ergebnis ist, daß man an dieser Stelle ein schwarzes Band beobachten kann.

Diese inhibitorischen Prozesse können noch mehr verdeutlicht werden durch Abdecken zunächst der rechten, dann der linken Hälfte des Fotos; die Mach-Bänder verschwinden, sobald das Reizfeld einheitlich gestaltet ist. (Nach Ratliff u. Hartline 1959)

tive Felder haben, die entweder ein hemmendes *Zentrum* und ein erregendes *Umfeld* haben oder umgekehrt.

Die Ganglienzellen reagieren sehr genau auf *kleine Lichtflecken,* die gerade das Zentrum des rezeptiven Feldes ausfüllen. Im Gegensatz zu den Ganglienzellen haben die Zellen im visuellen Kortex statt konzentrischer oft längliche rezeptive Felder. In diesem Fall ist der Reiz, der die größte Aktivität in einer Zelle hervorruft, eine *Linie* mit einer bestimmten Breite, die in einem bestimmten Winkel zum Sehfeld liegt. Die „optimale Orientierung" des Reizes ist über die gesamte kortikale Oberfläche verteilt. Hubel u. Wiesel (1959) nehmen an, daß die „Linien"-Zellen im Gehirn auf den Input einer Gruppe auf der Netzhaut befindlicher konzentrischer Zellen reagieren, deren rezeptive Fel-

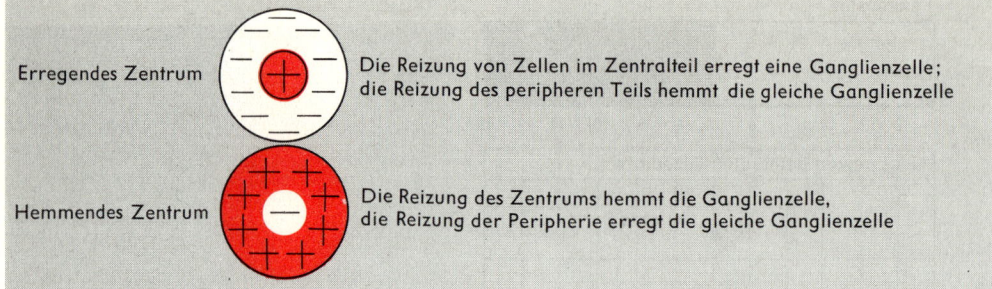

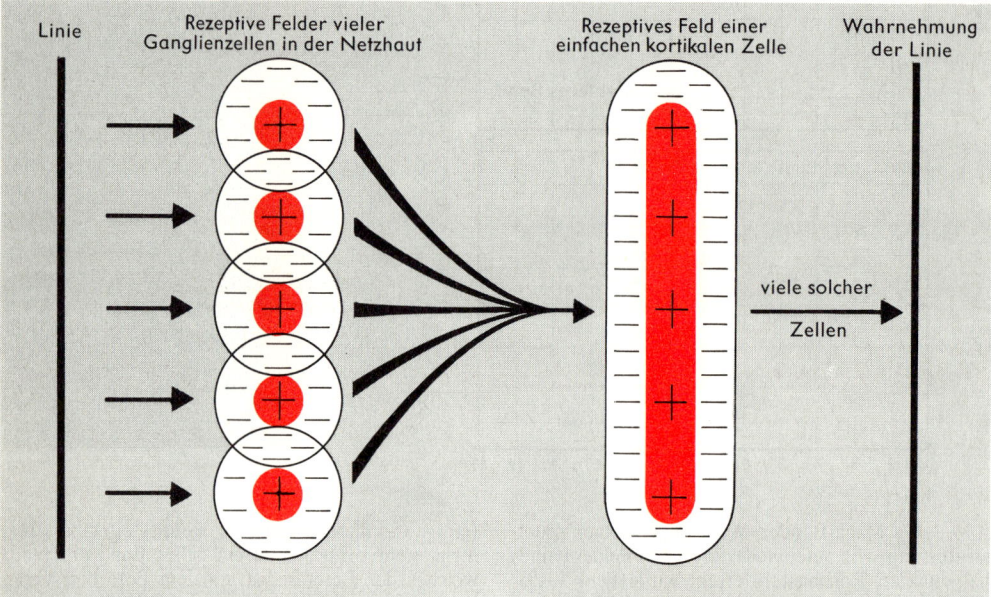

Abb. 2.18. Rezeptive Felder der visuellen Zellen

Rezeptive Felder zweier Ganglienzellen
Jede Ganglienzelle im Auge erhält Input von einer runden, aus vielen Rezeptoren bestehenden Fläche der Netzhaut. Einmal wirkt der mittlere Teil dieser Fläche erregend und der äußere hemmend; in anderen Fällen ist es umgekehrt. Eine Ganglienzelle reagiert am besten auf den Input vom zentralen Teil ihres rezeptiven Feldes

Rezeptive Felder kortikaler Zellen
Im Gegensatz zu den Ganglienzellen ist die Netzhautfläche, die eine einfache kortikale Zelle erregt, länglich; sie besitzt ebenfalls hemmende und erregende Teilflächen. Die kortikale Zelle wird vom Input mehrerer Ganglienzellen versorgt; die rezeptiven Felder der Ganglienzellen überlappen einander und ergeben so die Form des rezeptiven Feldes der kortikalen Zelle; auf diese Weise wird z. B. das Sehen einer Linie ermöglicht. (Nach DeValois 1966)

der entlang dieser Linie verlaufen (Abb. 2.18). Im Kortex gibt es noch andere, kompliziertere Zellen, die für andere Aufgaben im Verlauf des visuellen Prozesses bestimmt sind. So reagieren z. B. einige dieser Zellen auf jede Linie, unabhängig von deren Lage und Orientierung. Es scheint, daß diese Zellen von einer beliebigen Gruppe anderer kortikaler Zellen aktiviert werden können, wobei jede Zelle jedoch nur auf eine Linie mit einer besonderen Lage und

Orientierung reagiert. Andere komplizierte Zellen höherer Ordnung reagieren z. B. nur auf einen Winkel. Es wird angenommen, daß der Input dieser Zellen von „Linien"-Zellen kommt, deren optimale Orientierung in einem Winkel zueinander liegt.

Bewegung

Man hat bestimmte Ganglienzellen gefunden, die nur auf einen Reiz reagieren, der sich in eine bestimmte Richtung bewegt. Bewegung in die entgegengesetzte Richtung hemmt die Zelle, während Bewegungen in anderen Richtungen Erregung und Hemmung mittleren Grades hervorrufen. Diese Zellen unterscheiden sich voneinander aufgrund der Bewegungsrichtung, auf die sie am meisten reagieren. Wie aber diese Zellen die Bewegung registrieren, ist immer noch nicht bekannt; es wird angenommen, daß die Analyse und Verarbeitung der Reaktionen dieser bewegungssensiblen Zellen im Kortex stattfindet.

Diese kurze Beschreibung der visuellen Wahrnehmung von Helligkeit, Farbe und Muster sollte genügen, um dem Leser einen Eindruck davon zu geben, wie gut der Mensch für die Wahrnehmung optischer Reize ausgerüstet ist.

Das Hören

Eines der kompliziertesten Organe des Körpers ist das Ohr (Abb. 2.19); seine Sensibilität ist so groß, daß es selbst auf äußerst leise Töne reagiert (tatsächlich kann es – wenn auch nicht ganz – den Ton registrieren, der durch das zufällige Auftreffen von Luftmolekülen auf das Trommelfell erzeugt wird). Auf der anderen Seite ist das Ohr widerstandsfähig genug, um dem Hämmern sehr starker Schallwellen, wie z. B. durch Verstärker erzeugter Töne bei einem Rockkonzert zu widerstehen. Ferner kann es äußerst selektiv sein, z. B. wenn es aus einer Gruppe oder einem Chor eine einzelne Stimme heraushören kann.

Wie der Schall hereinkommt

Das Zustandekommen eines Lautes geschieht durch die Erzeugung von Druckwellen unterschiedlicher Stärke in der Luft. Diese abwechselnden Wellen von dichter und dünner Luft sind die Reize für das Hören; aber bevor nervöse Impulse zum Hörzentrum des Gehirns geleitet werden können, müssen die Schallwellen die 3 Hauptabschnitte des Ohrs passieren: Außen-, Mittel- und Innenohr (Kochlea), wo sie dann endgültig in Impulse umgeformt werden.

Jetzt wird man sich wahrscheinlich fragen, warum ein so komplizierter Mechanismus notwendig ist, um Schallwellen in nervöse Impulse umzuformen. Warum könnten sich die auditiven Rezeptoren z. B. nicht an der Außenseite des Ohrs befinden? Die Antwort auf diese Fragen ist, daß das Ohr darauf ausgerichtet ist, die Energie der Schallwellen, die auf das Trommelfell auftreffen, bestmöglich auszunutzen. Normalerweise wird ein Großteil der Energie von Schallwellen, die auf eine harte Fläche auftreffen, wegreflektiert. Trommelfell und Mittelohr jedoch machen es möglich, Energie zu erhalten, indem sie die große Amplitude des großen Trommelfells in stärkere Vibrationen mit kleinerer Amplitude des Steigbügels umwandeln (v. Békésy 1957).

Wie Schallwellen kodiert werden

Die Laute, die wir hören, haben Tonhöhe und Lautstärke, deren physikalische Grundlagen die Frequenz und die Amplitude der Schallwellen sind. Aber wie kann das Innenohr dem Gehirn die Frequenz und die Amplitude der auditiven Reize so signalisieren, daß sowohl Tonhöhe als auch Lautstärke erkannt werden können? Eine Erklärung dieses Vorgangs liefert die Einortstheorie, die Helmholtz um die Jahrhundertwende in Form der Resonanztheorie aufstellte. Helmholtz glaubte, daß verschiedene Fasern der Basilarmembran auf verschiedene Frequenzen reagieren, so wie die verschiedenen Saiten eines Klaviers; so würden auf einen bestimmten Ton hin nur bestimmte Fasern der Basilarmembran vibrieren und die darauf befindlichen Rezeptorzellen erregen. Dies wiederum würde Impulse in ganz bestimmten Nervenfasern erzeugen, die zu einem ganz bestimmten Areal des auditiven Kortex führen. Nach Helmholtz würde die Amplitude der Schallwellen durch die Entladungsrate der Nervenfaser kodiert. Im Gegensatz zur Einortstheorie nimmt die Telefontheorie des Physikers Rutherford an, daß die Frequenz der nervösen Impulse direkt mit der Frequenz der Schallwellen korreliert. So betrachtet er die Basilarmembran als einen Apparat, der verschiedene Impulsfrequenzen an das Gehirn übermittelt. Die Lautstärke eines Hörreizes hinge dann von der Anzahl der erregten Nervenfasern ab. Die Schwierigkeit dieser Theorie liegt darin, daß eine einzelne Nervenfaser nicht öfter

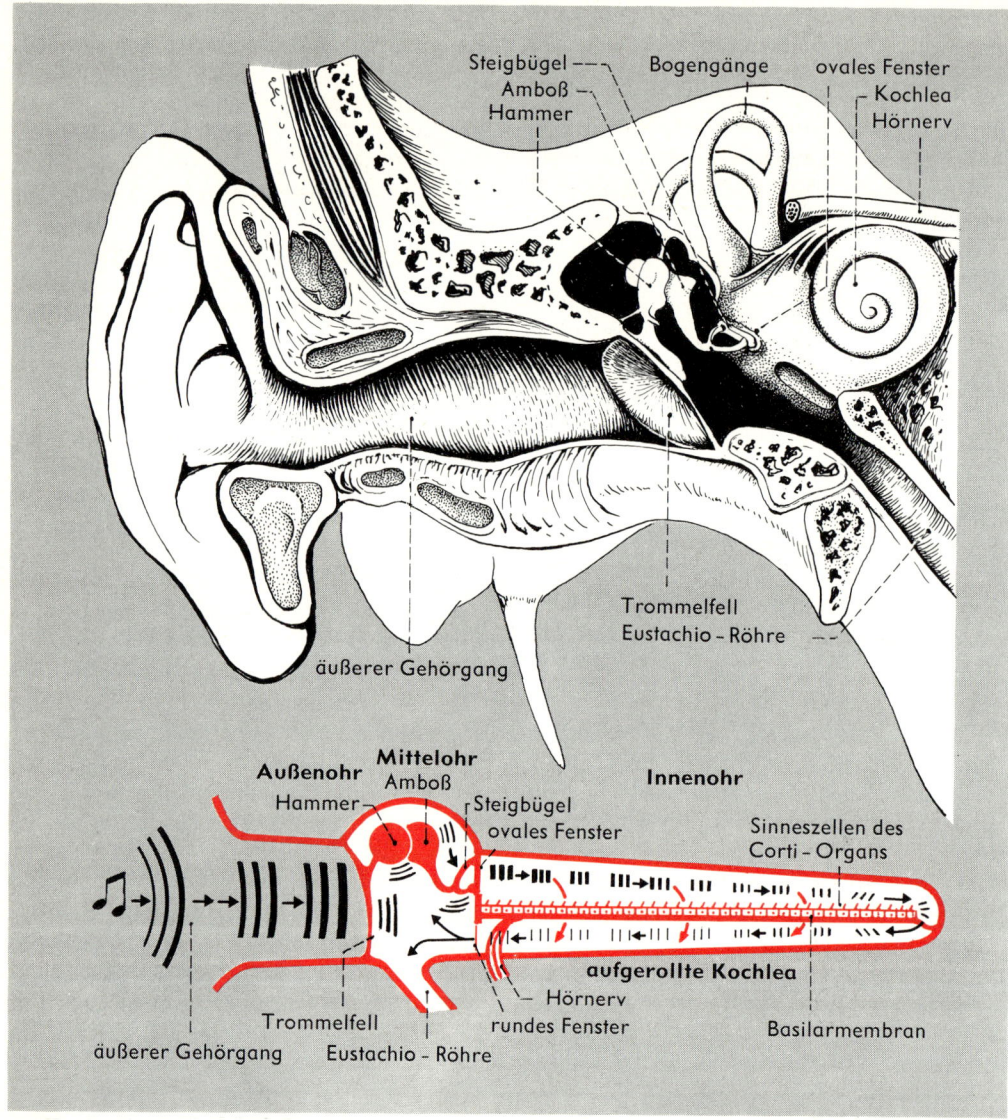

Steigbügel — Bogengänge — ovales Fenster
Amboß — Kochlea
Hammer — Hörnerv

Trommelfell
Eustachio - Röhre

äußerer Gehörgang

Außenohr **Mittelohr** **Innenohr**
Hammer Amboß
Steigbügel
ovales Fenster Sinneszellen des
Corti - Organs

aufgerollte Kochlea
Hörnerv
Trommelfell rundes Fenster Basilarmembran
äußerer Gehörgang Eustachio - Röhre

Abb. 2.19. Aufbau des menschlichen Ohrs. Die obere Zeichnung zeigt einen Querschnitt durch das menschliche Ohr. Darunter befindet sich ein Schema, das die Kochlea zeigt, wie sie aufgerollt und geradlinig gedehnt aussehen würde.

Die Schallwellen gelangen durch den äußeren *Gehörgang* zu einer dünnen Membran, dem *Trommelfell,* welches zu schwingen anfängt. Diese Schwingungen übertragen sich auf drei kleine Knochen (Gehörknöchelchen) im Mittelohr und werden dort durch eine andere Membran, das sog. *ovale Fenster,* auf die Flüssigkeit in der *Kochlea* übertragen. Eines der Ge-hörknöchelchen, der *Steigbügel,* funktioniert wie ein Kolben und erzeugt in der Flüssigkeit Druckwellen im Rhythmus der Schallwellen. Die Bewegung der Flüssigkeit verursacht die Bewegung einer dünnen Membran innerhalb der Kochlea, der *Basilarmembran.* Die Sinneshaare der Zellen des *Corti-Organs* (auf der Basilarmembran) erfahren durch diese Schwingungen eine Ablenkung (mechanische Verbiegung), die zur Erregung der Zellen führt, d. h. zu einem Generatorpotential, welches nervöse Impulse in den Fasern des *Hörnervs* auslöst, über den diese Impulse dann zum Gehirn gelangen

als ca. 1000mal/s reagieren kann; weshalb auch nicht alle Frequenzen innerhalb eines Hörbereichs, der bis zu 20 000 Hz reicht, übertragen werden können. Diese Schwierigkeit der sog. Telefontheorie versucht die sog. Wechselspannungstheorie von Wever u. Bray (1930) zu verringern. Da wir Frequenzen hören können, die viel höher liegen als die höchste Frequenz der Nervenfaserentladung, nimmt diese Theorie an, daß die Nervenfasern in Gruppen reagieren, wobei die verschiedenen Fasergruppen zu verschiedenen Zeitpunkten, die aber immer Vielfache des Zeitabstands zweier Wellenbäuche sein müßten, die Entladung ihrer Impulse vornehmen. Würde z. B. ein Ton von 4000 Hz übermittelt, wären im Hörnerv alle $1/4000$ s Entladungen anzutreffen, wenn auch an verschiedenen Fasern. Neurophysiologische Untersuchungen haben nun solche phasengekoppelte Entladung bis maximal 4 kHz im Hörnerv nachgewiesen. Höhere Frequenzen als ca. 4 kHz sind im Nervensystem nach der Einortstheorie in Fasern verschiedener Herkunft von der Basilarmembran kodiert. Eine solche revidierte Einortstheorie (ein Ort = eine Frequenz) hat vom Nobelpreisträger Békésy in Form der Dispersions- oder Wanderwellentheorie vorgelegt. Sie muß inzwischen als gesichert angesehen werden. Danach kommt es zu einer Frequenzzerlegung der ankommenden Schallfrequenzen auf der Basilarmembran dadurch, daß eine Wanderwelle auf der Basilarmembran läuft, die Ausbauchungsmaxima nur an einer Stelle der Basilarmembran für jede Anregungsfrequenz zeigt. Hierdurch werden die dort liegenden Rezeptorzellen optimal erregt.

Die Intensität oder Lautstärke eines Schallreizes kann auf 2 verschiedene Arten kodiert werden: 1. durch die Entladungsrate in der einzelnen Nervenfaser und 2. durch die Anzahl der beteiligten Fasern. Der Bereich, innerhalb dessen unser Ohr auf Schalldruck reagiert, ist unglaublich groß. Tatsächlich ist das Verhältnis zwischen dem höchsten und dem niedrigsten registrierbaren Druck etwa 1:5 000 000. Aufgrund dieses großen Hörbereichs wird der Schalldruck gewöhnlich auch in einer logarithmischen Einheit gemessen, die als Dezibel (dB) bekannt ist. Das Dezibel mißt den Schalldruck eines bestimmten Tons im Verhältnis zum Schalldruck eines Tons an der untersten Reizschwelle des Hörens (d. h. um wievielmal Ton 1 stärker als

Unter der Lupe

Die Dispersions- oder Wanderwellentheorie

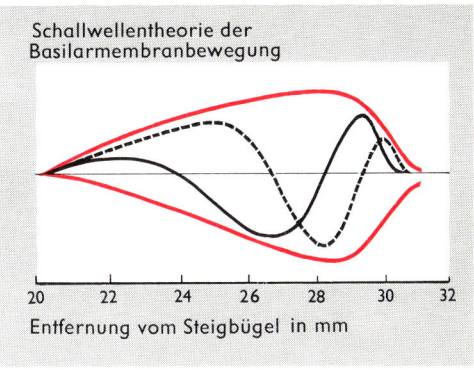

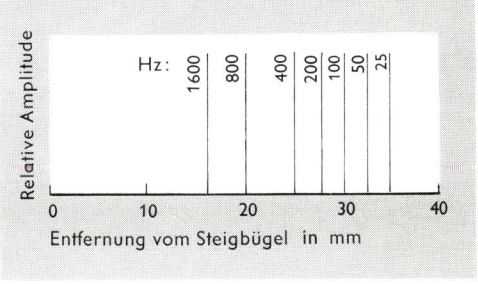

Frequenzbildung auf der Basilarmembran. Hohe Frequenzen werden steigbügelnah, niedrige Frequenzen steigbügelfern abgebildet. (Nach v. Békésy u. Rosenblith 1951)

Ton 2 ist). Diese untere Reizschwelle, auch Hörschwelle genannt, hängt von der Frequenz ab.

Die Hörschwelle zeigt im mittleren Frequenzbereich bei 4 kHz, wo wir besonders empfindlich sind, ein Minimum; für höhere und tiefere Töne nimmt der Schalldruck erst geringfügig, dann erheblich zu. Altersabhängig hören wir oberhalb von 15–20 kHz nicht mehr.

Zusammenfassend kann man sagen, daß das Innenohr Frequenzen und Amplituden der Schallereignisse in der Form umkodiert, daß Frequenzen hauptsächlich im Sinne der Einortstheorie als Erregung verschiedener Nervenfasern kodiert sind. Dies gilt ausschließlich für Frequenzen über 4 kHz. Für tiefere Frequenzen gibt es darüber hinaus Hinweise auf eine zweite Kodierungsform im Sinne phasengekoppelter Entladungen: Die anregende Frequenz wird nicht nur nach dem Ortsprinzip durch wenige Fasern von dem zugehörigen Ort in der Kochlea repräsentiert, die Entladung ist so gruppiert, daß die *Zeitstruktur* der anregenden Frequenz noch wiedergegeben ist.

Das Gehirn

Stellen Sie sich einen tragbaren Tischcomputer vor, der die folgenden Merkmale besitzt: Eine ungeheure Speicherkapazität für alle möglichen Eingaben, die er innerhalb von 70 Jahren oder mehr erhält, diskriminative Fähigkeiten, die groß genug sind, um gute von schlechten Weinen zu unterscheiden, den Unterschied zwischen zwei Parfüms festzustellen; der die Fähigkeit besitzt, seine eigene Reproduktion und Verbesserung zu lenken und seine Umgebung zu modifizieren. Können Sie sich letzten Endes einen Computer vorstellen, der seine eigene Zerstörung und die seiner Art programmieren kann? Ihr Gehirn ist eine Gewebemasse, die solch ein Computersystem darstellt; Sie können sich vorstellen, welches bis jetzt noch unentdeckte Potential in Ihnen ruht.

Die Wege zum Gehirn

Bei der Untersuchung der Informationsverarbeitung im Gehirn ist es zunächst interessant, die methodologische Frage zu beantworten, *wie* wir die Vorgänge im Gehirn studieren können. Die grundlegenden Methoden sind *Reizung, Ableitung* und *Läsion*. So verursacht z. B. die Reizung eines Teils des Gehirns mit nur winzigen Strommengen das Zittern einer der beiden Hände. Bei der Reizung eines anderen Areals hört der Patient auf zu sprechen; Reizung in der Hinterhauptgegend verursacht optische Emp-

findungen, während die Reizung etwas weiter nach vorn gelegener Teile die Erinnerung an eine Melodie wecken kann.

Die Reizung kann sowohl elektrisch als auch chemisch durchgeführt werden. Durch den Vergleich der stimulierten Gehirnareale mit dem Verhalten, das eine solche Reizung begleitet, ist es möglich geworden, viele der Gehirnfunktionen genau zu bestimmen.

Diese Bestimmung kann auch durch Beobachtung des Verhaltens nach Läsionen durchgeführt werden. Wenn wir z. B. nach der Entfernung eines Tumors feststellen, daß Krämpfe nicht mehr auftreten, so ist dadurch die Beziehung dieser Hirnläsion (Areal zerstörter Zellen) zum Verhalten klargestellt worden. Läsionen können auch durch Krankheit oder Unfall zustandekommen, oder wir können sie experimentell hervorrufen.

Eine genauere Beschreibung solcher Methoden, die bei den Untersuchungen am Menschen und an anderen Wirbeltieren angewendet werden, finden Sie im letzten Teil dieses Kapitels.

Lokalisierung der Funktion

Zu Beginn des 19. Jahrhunderts kam die *Phrenologie* auf. Grundanschauung dieser Richtung war, daß der „Geist" keine Einheit darstelle, sondern aus verschiedenen getrennten „Fähigkeiten" zusammengesetzt sei. Diese „Fähigkeiten", so argumentierten Gall und Spurzheim, die Gründer der Phrenologie, befänden sich in den verschiedenen „Organen" des Gehirns.

Die Neurophysiologie ist im wesentlichen zu denselben Schlußfolgerungen gelangt; nicht in bezug auf die „Fähigkeiten des Geistes" oder auf die von den Phrenologen vorgeschlagenen naiven Kategorien, sondern was die Tatsache der spezialisierten Funktionen betrifft. So besagt die Lehre der Funktionslokalisierung, daß Nervenzellen mit derselben Funktion eine Anhäufung in einer bestimmten Hirnregion bilden. Diese Anhäufung hat eine beträchtliche Funktions*redundanz* innerhalb eines solchen Areals zur Folge, was bedeutet, daß wichtige Funktionen auch dann ausgeführt werden können, wenn einige der Zellen zerstört sind, weil es viele andere gibt, die die Nachricht übermitteln können *(Kompensationsfähigkeit des ZNS).*

Unter der Lupe

Die Struktur des Gehirns beim Menschen

Amygdala (Mandelkern): Ein mandelähnlicher Kern im limbischen System befindet sich vor dem Hippokampus im Temporallappen; steht in Verbindung mit emotionalen und aggressiven Verhaltensweisen (s. B; D).

Chiasma opticum: Kreuzungsstelle der Sehnerven (s. B).

Corpus callosum (Balken): Eine große Ansammlung von Nervenfasern (Axone), die beide Hemisphären miteinander verbindet; sog. „Split-brain-Operationen" trennen diese Verbindungen und führen zu 2 funktional voneinander unabhängigen Gehirnhälften (s. C; D).

Dienzephalon (Zwischenhirn): Befindet sich am oberen Ende des Hirnstamms; dazu gehören Thalamus und Hypothalamus (s. C).

Fissur: Tiefe Furchen im Gehirn, die die einzelnen Lappen voneinander trennen (s. A).

Frontallappen: Teil des Kortex vor der zentralen oder Rolando-Furche. Der Frontallappen steht vermutlich mit der Planung und Zukunftsorientierung im Zusammenhang (s. A; B).

Ganglion (Nervenknoten): Eine Ansammlung von Nervenzellkörpern; gewöhnlich außerhalb des ZNS (hier nicht abgebildet).

Gyrus (Gehirnwindung): Eine Auffaltung der Großhirnrinde (s. A – Rolando-Furche: die Gehirnwindungen unmittelbar davor und dahinter sind der Gyrus praecentralis bzw. Gyrus postcentralis).

Hippokampus (Ammonshorn): Lateinisches Wort für „Seepferd", dem die Form dieser Struktur ähnelt; ein Teil des limbischen Systems unterhalb des Temporallappens; beidseitige Schädigungen führen zu einem Gedächtnisverlust für darauffolgende Ereignisse (s. B).

Hirnnerven: 12 Nervenpaare, die dem Gehirn und dem Hirnstamm entspringen; dazu gehören u.a. die Geruchs- und Gesichtsnerven, der Gehörnerv sowie der N. vagus (s. B).

Hirnstamm: Eine säulenartige Struktur zwischen dem Großhirn und dem Rückenmark;

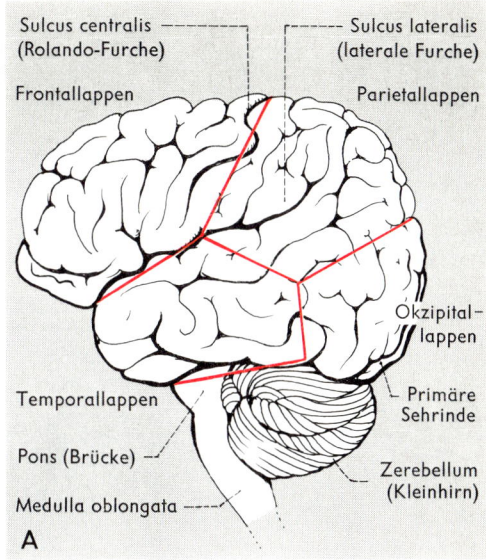

A Seitenansicht des intakten Gehirns (links ist vorn)

enthält viele andere Strukturen; Schädigungen führen gewöhnlich zu schwerwiegenden Ausfällen wie Koma oder Tod (s. C).

Hypophyse: Kontrollorgan des endokrinen Systems (s. B; C).

Hypothalamus: Eine der wichtigsten Strukturen unterhalb des Kortex; steht im Zusammenhang mit der Regulierung des Stoffwechsels (Metabolismus), der Körpertemperatur und des emotionalen Verhaltens; in Verbindung mit der Hypophyse bildet der Hypothalamus das Kontrollzentrum des endokrinen Systems (s. C).

Kortex oder Neokortex (Großhirnrinde): Eine dünne graue Schicht aus Nervengewebe, die das Großhirn bedeckt; verantwortlich für bewußte Erfahrungen und höhere geistige Prozesse [s. A (nur Oberfläche); D].

Limbisches System: Eine Region oberhalb des Hirnstamms; steht im Zusammenhang mit Aufmerksamkeit, Emotion, Motivation und Gedächtnis (s. B; C; D).

Medulla oblongata (verlängertes Mark): Der untere Teil des Hirnstamms, der direkt in das Rückenmark übergeht; verantwortlich für viele vitale Körperfunktionen (s. A; B; C).

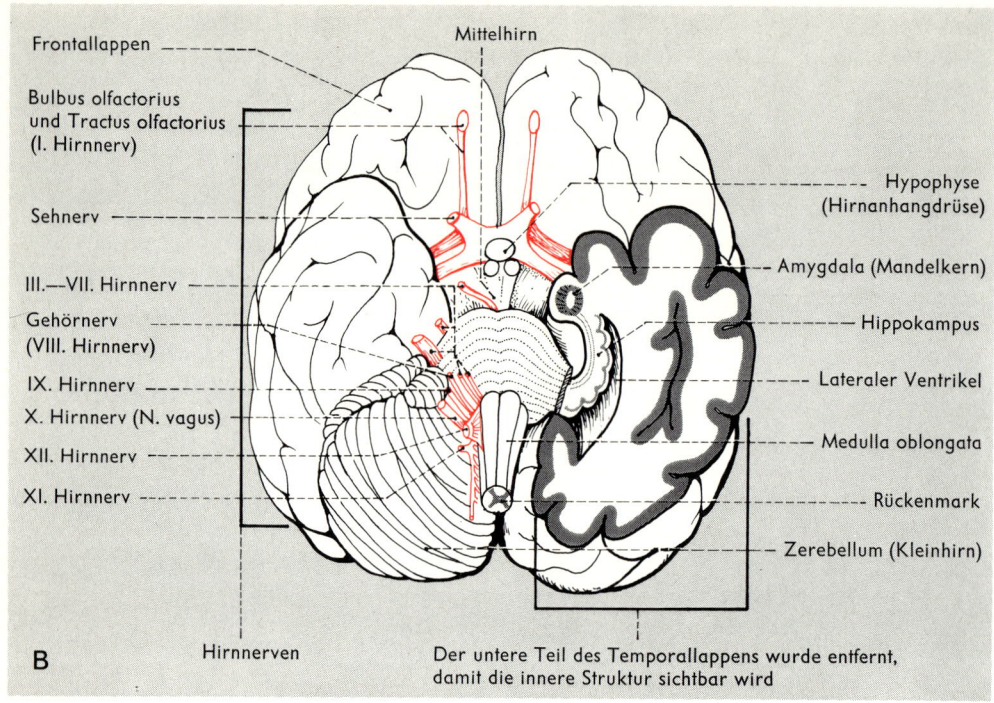

Frontallappen

Bulbus olfactorius
und Tractus olfactorius
(I. Hirnnerv)

Sehnerv

III.—VII. Hirnnerv

Gehörnerv
(VIII. Hirnnerv)

IX. Hirnnerv

X. Hirnnerv (N. vagus)

XII. Hirnnerv

XI. Hirnnerv

Mittelhirn

Hypophyse
(Hirnanhangdrüse)

Amygdala (Mandelkern)

Hippokampus

Lateraler Ventrikel

Medulla oblongata

Rückenmark

Zerebellum (Kleinhirn)

B

Hirnnerven

Der untere Teil des Temporallappens wurde entfernt,
damit die innere Struktur sichtbar wird

B Ansicht von unten: Horizontalschnitt durch den rechten Temporal- und Okzipitallappen, wodurch der Hippokampus und ein Teil des lateralen Ventrikels freigelegt ist

Mittelhirn: Teil des Hirnstamms zwischen Hypothalamus und Pons (s. C).

Nerv: Ein Bündel von Axonen, das von Bindegewebe umgeben ist (s. B).

N. vagus: Der X. Hirnnerv; enthält sensorische und Motoneurone, die eine Verbindung zwischen den viszeralen Organen und dem Gehirn herstellen (s. B).

Nukleus: 1. Spezieller Teil des Nervenzellkörpers, der die Aktivitäten der Zelle kontrolliert. 2. Eine Ansammlung von Nervenzellkörpern im ZNS (hier nicht abgebildet).

Okzipitallappen: Primäre Sehrinde (s. A).

Parietallappen: Unspezifisches sensorisches Kortexareal, in dem sich viele sensorische Nerven befinden (s. A).

Pons (Brücke): Ein Teil des Hirnstamms, der besonders viele Verbindungen mit dem Kleinhirn aufweist (s. A; C).

Retikuläres Aktivierungssystem (RAS; Formatio reticularis): Ein diffuses Zellareal im zentra-

len Teil des Hirnstamms; wichtige Funktionen im Zusammenhang mit Aufmerksamkeit und Erregung (s. A; B; C).

Rückenmark: Verbindung zwischen dem ZNS und der Körperperipherie (s. B).

Sulcus (Gehirnfurche): Eine Furche im Kortex, die weniger tief ist als eine Fissur (s. A; C).

Temporallappen: Lateraler (seitlicher) Teil der Großhirnrinde; enthält die primäre Hörrinde und Areale für die Weiterleitung visueller Sinneseindrücke (s. A).

Thalamus: Eine Struktur im Zentrum des Gehirns, am oberen Ende des Hirnstamms; enthält Millionen von Axonen, die die sensorische Information zum Gehirn weiterleiten; kontrolliert den allgemeinen Erregungszustand des Kortex (s. C).

Ventrikel: Ein (untereinander verbundenes) System von Hohlräumen, die mit zerebrospinaler Flüssigkeit gefüllt sind und Erschütterungen

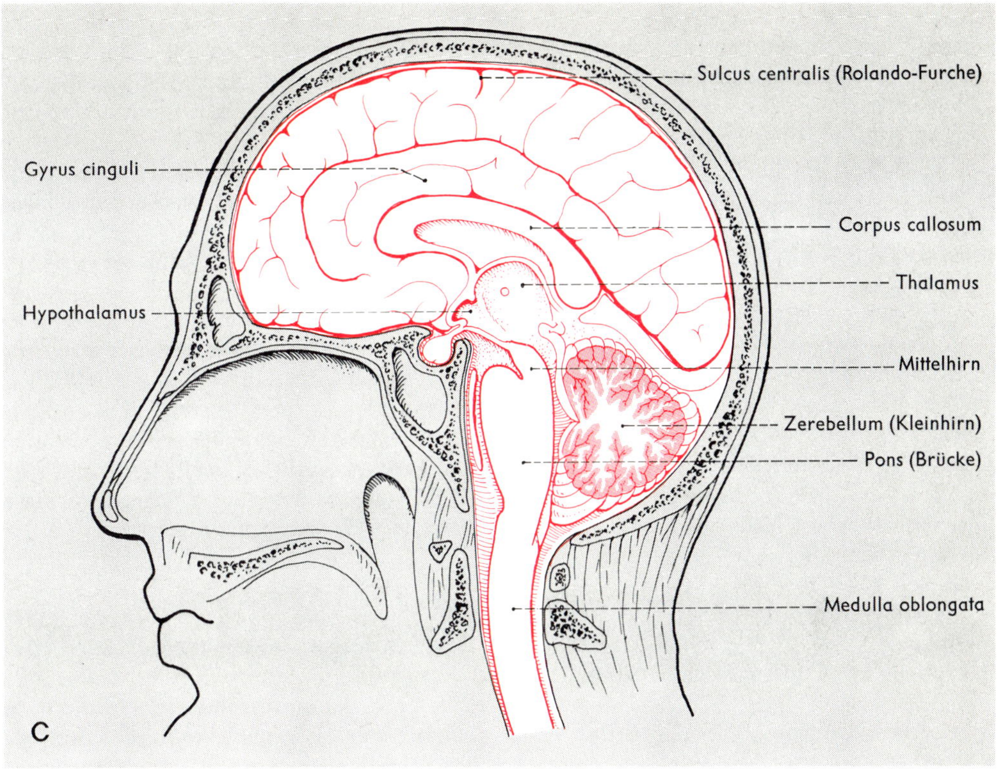

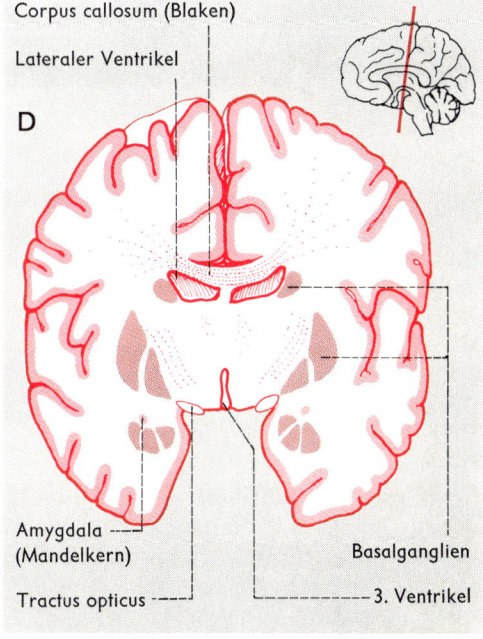

Sulcus centralis (Rolando-Furche)

Gyrus cinguli

Corpus callosum

Thalamus

Hypothalamus

Mittelhirn

Zerebellum (Kleinhirn)

Pons (Brücke)

Medulla oblongata

C

C Sagittalschnitt; Seitenansicht

D Frontalschnitt; die Schnittebene ist im Insert *(oben rechts)* gezeigt ▶

Corpus callosum (Blaken)

Lateraler Ventrikel

D

Amygdala (Mandelkern)

Basalganglien

Tractus opticus

3. Ventrikel

des Gehirns puffern. Fälschlicherweise dachte man über 1000 Jahre lang, sie wären der Sitz geistiger Fähigkeiten (s. B; D).

Zerebellum (Kleinhirn): Es befindet sich unter dem hinteren Teil des Großhirns und besitzt umfangreiche Verbindungen mit sensorischen und motorischen Strukturen. Schädigungen im Kleinhirn führen zu Bewegungsstörungen (s. A; B; C).

Zerebrum (Großhirn): Gewöhnlich Bezeichnung für den Teil des Gehirns, der sich zuletzt entwickelt hat: die zerebralen Hemisphären, die Basalganglien und das Rhinenzephalon (Riechhirn) (s. D; bei A nur die Oberfläche gezeigt).

Da bis zu einem gewissen Grade alle Teile des Gehirns miteinander in Verbindung stehen, kann der Verlust eines Gehirnteils oft durch die Aktivität anderer Teile, die dieselbe Information verarbeiten, kompensiert werden. Obwohl die Zerstörung bestimmter Hirnareale den endgültigen Verlust der Zellen, häufig aber auch einer bestimmten Funktion bedeutet, ist es möglich, daß sich Schäden in anderen Arealen nur kurzfristig auswirken. In einigen Fällen scheint der Funktionsverlust weniger von der Lokalisation des betroffenen Gehirngewebes abzuhängen als von der gesamten betroffenen Masse. Diese „mass action", die 1929 von Lashley entdeckt wurde, ermöglicht es den höheren Organismen, selbst weitreichende Schäden im zentralen Teil des ZNS zu überleben: Trotz seiner Spezialisierung der Fähigkeiten erhält sich das Gehirn doch auch „Äquipotentialität" (Lashley 1929).

Hauptteile und Funktionen des Gehirns

Wenn wir das menschliche Gehirn von oben betrachten, so sehen wir eine Masse grauen Gewebes, die in 2 Hälften geteilt ist, von denen jede mit Wölbungen und Furchen bedeckt ist. Dieses Gewebe ist der äußere Mantel des Gehirns und ist nur etwa 2,5 mm dick. Es wird als *Kortex (Rinde)* bezeichnet und besteht hauptsächlich aus Dendriten und Zellkörpern von Neuronen, deren Axone sich in den inneren Teil des Gehirns erstrecken. Der Kortex gehört zum Hauptteil des Gehirns, dem *Zerebrum (Großhirn)*. Das Großhirn ist mit dem Rückenmark durch den *Hirnstamm* verbunden, der innerhalb der Evolution den ersten Ansatz zu einer „Zentrale" im Nervensystem darstellt. Am hinteren Teil des Gehirns unter dem Großhirn befindet sich das *Kleinhirn (Zerebellum)*, dessen Funktion in der Erhaltung des Gleichgewichts, der Körperhaltung und bestimmter Regulationsmechanismen besteht.

Die beiden Hälften des Großhirns, *Hemisphären* genannt, sind nicht voneinander getrennt, sondern durch ein starkes Bündel von Nervenfasern, dem *Corpus callosum (Balken)*, miteinander verbunden. Von der Funktion her kann jede Hemisphäre des Großhirns in 4 Lappen eingeteilt werden, die durch 2 tiefe Windungen innerhalb jeder Hemisphäre voneinander getrennt

sind. Man kann sehen, daß vor dem *Sulcus centralis* der *Frontallappen* liegt und dahinter der *Parietallappen*. Unterhalb des Sulcus centralis liegt der *Temporallappen* und ganz hinten der *Okzipitallappen*.

Unterhalb der Kortexschicht liegt der größte Teil des Gehirns, der aufgrund der unzähligen, mit weißer Myelinschicht umgebenen Axone fast gänzlich weiß erscheint. Einige dieser Fasern sind sensorische Fasern, die den Kortex vom Rückenmark her über Schaltstellen erreichen; einige sind motorische Fasern, die vom Kortex zum Rückenmark führen; andere wiederum verbinden ein Hirnareal mit einem anderen in derselben Hemisphäre, mit Arealen auf der anderen Seite des Gehirns oder mit einer Reihe von separaten subkortikalen Strukturen, die unterhalb des Großhirns liegen.

Sensorische Funktionen

Obgleich die Reizung unterschiedlicher sensorischer Nerven auch unterschiedliche Arten von Empfindungen hervorruft, geschieht dies nicht deshalb, weil die Impulse verschieden sind. Wie wir bereits gesehen haben, unterscheiden sich Nervenimpulse nur in ihrer Amplitude und der Schnelligkeit, mit der sie sich fortpflanzen. Die unterschiedlichen Empfindungen kommen durch die unterschiedliche Lokalisation im Gehirn zustande.

Die höchstentwickelten „Empfangsstationen", die die präzisesten Diskriminationen ermöglichen, liegen in der Großhirnrinde. Alle Sinne sind jedoch auch mehr oder weniger in niedrigeren Zentren repräsentiert. Sollten also höhere Zentren zerstört werden, können niedere wenigstens einen Teil der Funktion übernehmen und die ankommenden Nachrichten entschlüsseln.

Die höchsten visuellen Zentren liegen, wie bereits angedeutet, im Okzipitallappen des Gehirns. Beim Menschen verursacht die Zerstörung dieses Teils den Verlust des Sehvermögens, mit Ausnahme einer gewissen primitiven Fähigkeit der Unterscheidung von Licht und Dunkel. Bei niederen Tieren hingegen bleibt bei einer Hirnschädigung mehr visuelle Diskriminationsfähigkeit erhalten als beim Menschen.

Die sensorischen Nachrichten von den verschiedenen Teilen der Körperoberfläche werden auf die *somatosensorischen Areale*, die in Abb. 2.20

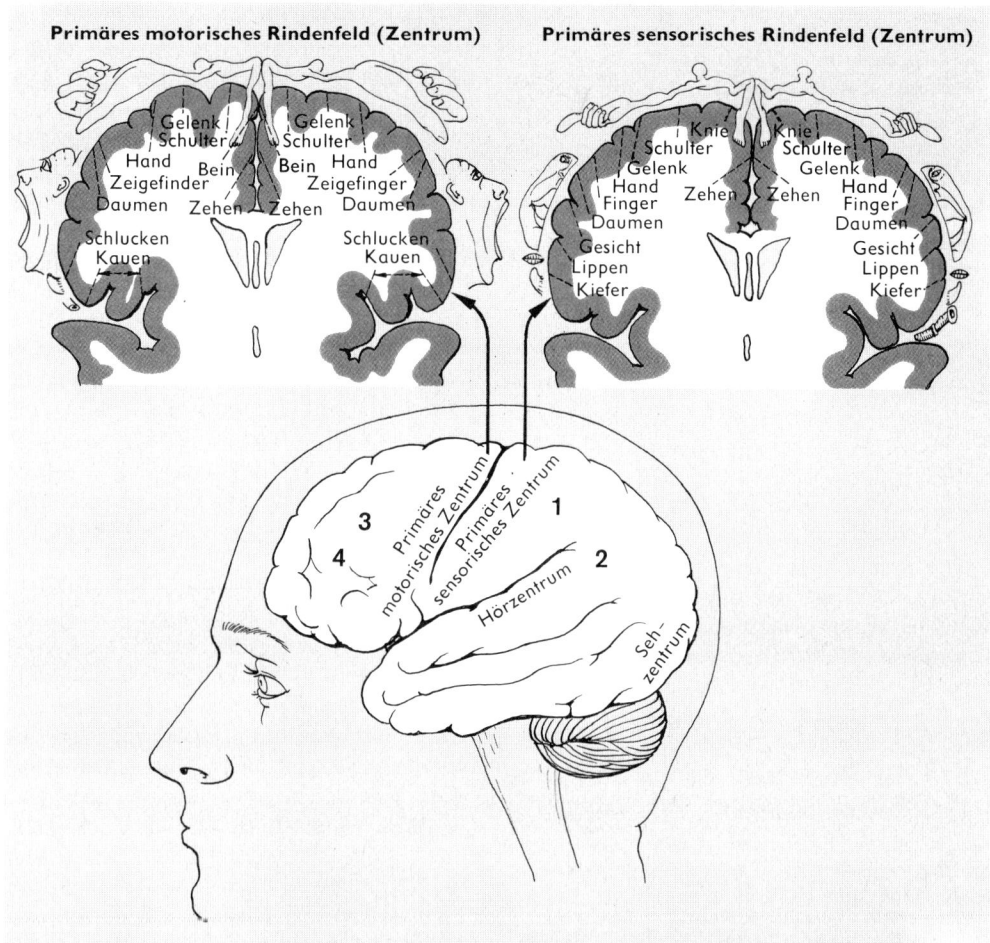

Primäres motorisches Rindenfeld (Zentrum)

Primäres sensorisches Rindenfeld (Zentrum)

Abb. 2.20. Primäre motorische und sensorische Zentren. Die motorischen und sensorischen Areale des Kortex liegen entlang des Sulcus centralis. Das motorische Areal liegt genau vor ihm (frontal), das sensorische Areal genau hinter ihm. Die sich entsprechenden Teile des Körpers werden von Punkten repräsentiert, die sich der Windung entlang genau gegenüberliegen. Die Körperrepräsentation ist auf den Kopf gestellt.

Das bedeutet, daß die Beine und Füße oben und auf den Innenflächen zwischen den Hemisphären repräsentiert sind, die Hände und Arme darunter und der Kopf ganz unten. Die größere Präzision von Sensibilität und Kontrolle in Kopf und Händen gegenüber anderen Teilen des Körpers ist angezeigt durch die größeren Repräsentationsareale *(1–4)* im Kortex

dargestellt sind, projiziert. Das primäre sensorische Zentrum befindet sich hinter dem Sulcus centralis gegenüber den primären motorischen Zentren. Der Körper wird hier kopfstehend repräsentiert, wobei das Gesicht und die Hände viel mehr Fläche einnehmen als der Rest des Körpers. Die Geschmackszentren befinden sich in der Nähe der Areale, die für die taktile Sensibilität der Zunge verantwortlich sind. Die Hörzentren liegen entlang der Fissura Sylvii

im oberen Teil des Temporallappens. Geruch wird im ältesten Teil des Vorderhirns, im *Rhinenzephalon,* entschlüsselt, welches sich tief im Inneren der Hemisphären befindet.

Neben den primären Zentren zeigt Abb. 2.20 auch verschiedene benachbarte Gebiete – in einigen Fällen sogar solche, die weiter entfernt sind –, die ebenfalls mit der Integration und der Organisation des sensorischen Inputs und folglich mit Wahrnehmungen zu tun haben.

Sensorische Funktionen   85

Motorische Funktionen

Die primären motorischen Zentren befinden sich unmittelbar vor dem Sulcus centralis, liegen also direkt gegenüber dem sensorischen Zentrum. Auch hier sind die Füße im oberen Teil repräsentiert, der Rumpf etwas weiter, die Hände noch weiter unten; die Zentren, die die Bewegungen des Gesichts und der Zunge kontrollieren, befinden sich ganz unten.

Lange Axone führen von diesem Teil des Gehirns durch das Rückenmark direkt oder durch Interneuronen zu den Motoneuronen, die die Muskeln des Körpers und der Extremitäten versorgen. Wenn ein Teil dieses Gehirnareals stimuliert wird, dann reagieren einige „willkürliche" Muskelgruppen, und wenn Teile in diesem Areal zerstört werden, ist die Bewegung dementsprechend eingeschränkt.

Wegen der Verbindungen zwischen diesen Teilen des Gehirns und der Tätigkeit der willkürlichen Muskulatur glaubte man lange, daß die Kontrolle der Muskeln in diesem Gehirnstreifen lokalisiert sei. Luria (1970) hat darauf hingewiesen, daß diese Annahme genauso naiv sei, als wenn man sagen würde, daß sämtliche Produkte, die in einem bestimmten Hafen gelöscht werden, auch dort produziert würden. Tatsächlich spielen mehrere Teile des Gehirns eine wichtige Rolle bei der Organisation der willkürlichen Bewegung.

1. Für die präzise Regulierung der Bewegung ist eine Rückkoppelung von den sensorischen Arealen über den Sulcus centralis hinweg notwendig. Ohne eine solches Feedback würden die Beuge- und Streckmuskeln wahllos innerviert werden, und eine sinnvolle Bewegung wäre unmöglich.

2. Die genaue Koordination unserer Bewegung im Raum erfordert Zellen, die sich in der Schläfen- und Hinterhauptgegend befinden. Mit Läsionen an solchen Stellen würde eine Person links und rechts verwechseln oder sich in einer vertrauten Umgebung verirren.

3. Um eine koordinierte Reihenfolge von Tätigkeiten zu gewährleisten, muß jede Verhaltensphase abgeschlossen sein, damit die nächste stattfinden kann. Bei Schäden, die frontal vor dem primären motorischen Areal lokalisiert sind, könnte es vorkommen, daß die Person den ersten Teil einer Handlung dauernd wiederholt.

4. Ein weiteres Areal noch weiter vorn im Frontallappen ist notwendig für die Planung und Durchführung koordinierter Verhaltenssequenzen. Wenn dieses Areal beschädigt ist, dann wiederholt die Person Verhaltensphasen, die bereits abgeschlossen sind, oder reagiert unüberlegt auf äußere Reize; sinnvolle zielgerichtete Handlungen können dann nicht durchgeführt werden (Luria 1970).

5. Neben den kortikalen Arealen, die wir hier erwähnt haben, spielen auch die subkortikalen Areale des Gehirns eine Rolle, z.B. durch das Filtern oder Verstärken ankommender Nachrichten, durch die Herbeiführung eines bestimmten Erregungsniveaus usw.

Assoziationsfunktionen

Wenn wir eine Zeichnung vom zerebralen Kortex anfertigen und dabei diejenigen Areale markieren, von denen wir wissen, daß sie bei motorischen und sensorischen Funktionen eine Rolle spielen, so sehen wir bald, daß weitaus der größte Teil dieser Zeichnung von unserem Bleistift unberührt bleibt. Diese Teile sind die *Assoziationsfelder,* die so genannt werden, weil man ursprünglich annahm, daß hier neue „Assoziationen", d.h. Lernvorgänge stattfänden. Obwohl wir noch viel über diese Areale lernen müssen, wissen wir doch heute schon, daß diese Ansicht nicht zutreffend ist. Die Assoziationsfelder beider Seiten des zerebralen Kortex sind miteinander, mit motorischen und sensorischen Feldern, mit entsprechenden Arealen auf der gegenüberliegenden Seite und mit inneren Teilen des Gehirns verbunden. Man nimmt an, daß sie die einfacheren Funktionen der motorischen und sensorischen Areale korrelieren und integrieren. Wie wir bereits gesehen haben, bilden die sensorischen Areale die Eingänge zum Kortex und die motorischen Areale die Ausgänge. So führen Verletzungen am Kortex außerhalb, aber in der Nähe der primären visuellen Areale (Sehzentrum) nicht zu Blindheit, sondern zum Verlust des räumlichen Sehens und des Erkennens visueller Objekte. Bei der Analyse des sensorischen Inputs und der Formung eines entsprechenden motorischen Outputs spielen jedoch auch vertikale Interaktionen zwischen kortikalen und subkortikalen Schichten eine beträchtliche Rolle.

Krankheiten oder Verletzungen in bestimmten Assoziationsfeldern führen dazu, daß die Person nicht imstande ist, Objekte durch das Betasten mit den Händen zu erkennen. Selbst bekannte Dinge wie z. B. ein Schlüssel oder ein Bleistift können lange Zeit mit der Hand betastet und dennoch nicht erkannt werden. Trotzdem bleiben den Patienten, die diese Störungen aufweisen, die normalen grundlegenden Empfindungen erhalten; ihr Problem besteht darin, daß sie diese Empfindungen nicht den normalen Wahrnehmungsprozessen zuordnen können.

Ähnliche Wahrnehmungsstörungen finden wir auch in anderen sensorischen Feldern (vgl. Abb. 2.21). Diese Störungen werden als *Agnosien* bezeichnet und aufgrund der Funktionen klassifiziert, die gestört sind (akustische, optische, räumliche, etc.). Störungen im Sprachbereich bezeichnen wir als *Aphasien*. Ein Beispiel ist die Unfähigkeit, gesprochene Wörter zu erkennen (Störung des Wortverständnisses). Diese Störungen treten auf in Verbindung mit Läsionen in den Assoziationsfeldern, die in der Nähe der verschiedenen sensorischen Areale im Kortex liegen.

Ähnliche Schäden der Assoziationsfelder in der Nähe der motorischen Areale können zu motorischen Störungen führen, besonders auf dem Gebiet der Sprache. In einigen Fällen werden zwar die sensorischen und der motorischen Aspekte der Sprache wenig berührt, hingegen beobachten wir subtile Störungen der Sprache, die nur schwer zu beschreiben sind.

Im Jahre 1861 berichtete Broca über den klassischen Fall eines Patienten, der fast das gesamte Sprachvermögen verloren hatte. Eine sorgfältige Untersuchung seines Gehirns zeigte, daß ein Areal im Frontallappen der linken zerebralen Hemisphäre etwas oberhalb der Fissura Sylvii zerstört war. Dieses Areal, das sich in der Nähe des den Mund kontrollierenden Areals befindet, wird seitdem *Broca-Sprachzentrum* genannt. Etwa 10 Jahre später entdeckte Wernicke, daß die Zerstörung des kortikalen Teils des linken Temporallappens unterhalb des primären Hörzentrums (akustisches Assoziationsfeld im linken Temporallappen, das sich nach hinten und entlang der Fissura Sylvii erstreckt) es dem Patienten unmöglich macht, gesprochene Sprache zu verstehen. Dieses Areal wird *Wernicke-Sprachzentrum* genannt.

Seit dieser Zeit hat die Forschung gezeigt, daß eine der Hirnhemisphären über die andere dominant ist. Die zerebrale Dominanz hängt mit Rechts- bzw. Linkshändigkeit zusammen. Da die sensorischen und motorischen Fasern kreuzen, ist z. B. die linke Hemisphäre bei rechtshändigen Individuen dominant.

Wir wissen nun, daß verschiedene Teile des linken zerebralen Kortex bei einer rechtshändigen Person mit verschiedenen Aspekten des Sprachgebrauchs zu tun haben. Sprechen, Schreiben, Lesen und das Verständnis der gesprochenen Sprache bedürfen alle etwas unterschiedlicher Kombinationen. So müssen wir z. B., wenn wir auf eine verbale Instruktion hin ein Wort niederschreiben, Laute diskriminieren (Temporallappen in der Nähe des Hörzentrums), das Wort, das geschrieben werden muß, formulieren (kinästhetische Zentren in der Nähe des Broca-Zentrums) und das Wort schreiben (visuelle und räumliche Areale in der Okzipitalgegend und im Parietallappen), wobei der ganze Prozeß im Frontallappen koordiniert wird. Von der Störung, die der Patient zeigt, kann oft auf die Lage des Gehirnschadens geschlossen werden. So vermutet man z. B. bei einem Patienten, der die gesprochene Sprache gut versteht, aber geschriebene oder gedruckte Wörter nicht schreiben oder erkennen kann, Schäden in der Parietal-/Okzipitalgegend.

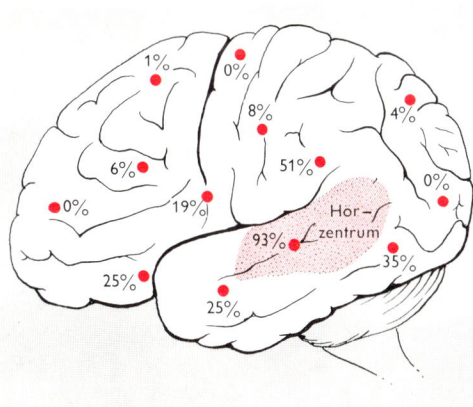

Abb. 2.21. Auditive Sensibilität. Prozentsatz von Patienten mit Schäden in verschiedenen Gehirnteilen, deren Tonwahrnehmung gestört ist. Nicht nur die Areale, die gewöhnlich als primäre Hörzentren bezeichnet werden, sondern auch die übrigen Teile des Gehirns scheinen bei der normalen akustischen Wahrnehmung eine Rolle zu spielen

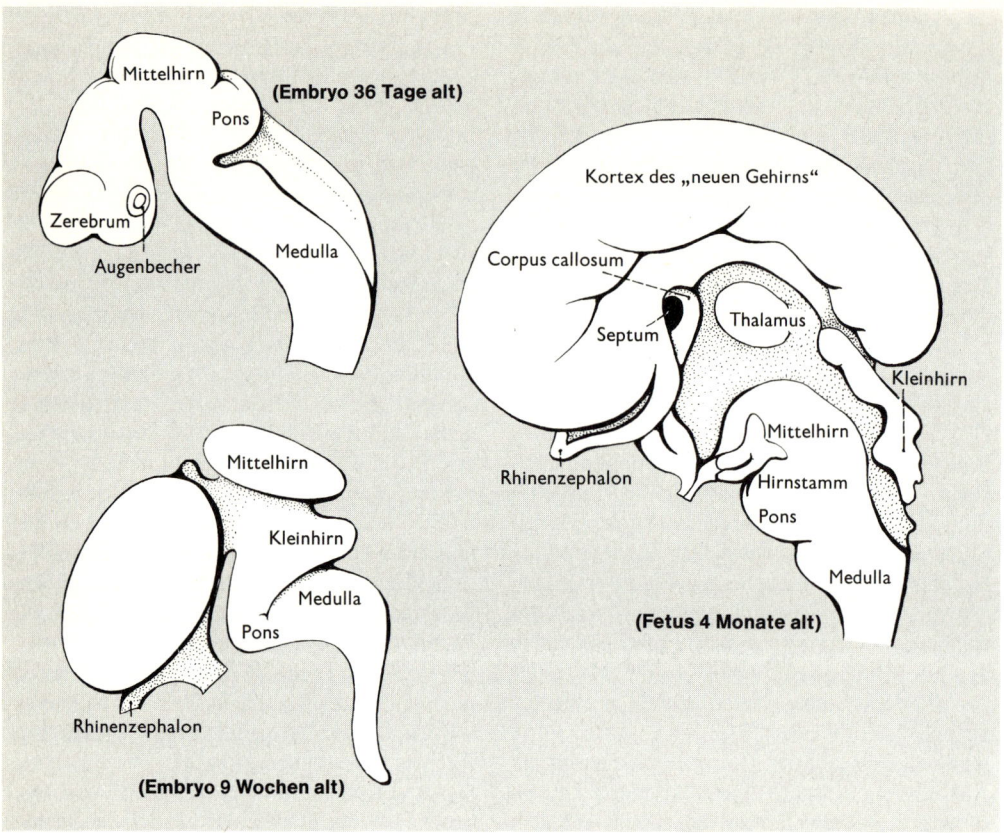

Im Bild enthaltene Beschriftungen:

(Embryo 36 Tage alt)
Mittelhirn
Pons
Zerebrum
Augenbecher
Medulla

(Embryo 9 Wochen alt)
Mittelhirn
Kleinhirn
Medulla
Pons
Rhinenzephalon

(Fetus 4 Monate alt)
Kortex des „neuen Gehirns"
Corpus callosum
Septum
Thalamus
Rhinenzephalon
Kleinhirn
Mittelhirn
Hirnstamm
Pons
Medulla

Abb. 2.22. Die pränatale Entwicklung des Gehirns. Diese 3 Phasen der Entwicklung des menschlichen Gehirns zeigen zugleich auch den Verlauf der Evolution des Gehirns, das immer stetig zunehmende Wachstum des vorderen Teils im Verhältnis zu den älteren Strukturen. Mit fortschreitendem Wachstum und Druck der zerebralen Hemisphären gegen das Schädeldach beobachten wir eine größere Anzahl und Vertiefung der Windungen an der Oberfläche

Subkortikale Strukturen

Die herausragende Stellung des Kortex als phylogenetisch jüngstem Teil des Nervensystems und seine Zugänglichkeit bei Reizungen und chirurgischen Versuchen führte zunächst zu der falschen Annahme, daß der Kortex für fast alle komplexen Verhaltensweisen verantwortlich sei. Dazu kommt, daß es der Kortex oder, besser gesagt, der *Neokortex* war, bei dem sich der Verlauf der phylogenetischen Evolution am besten nachweisen ließ. Fische z. B. haben keinen Neokortex, während die Amphibien, Reptilien und Vögel (in dieser Reihenfolge) mehr davon besitzen. Bei den Säugetieren wird der Neokortex immer größer, bis er dann beim Menschen seinen größten Umfang erreicht. Diese Tendenz bezeichnet man als *Kortikalisation* (s. Abb. 2.22).

Die Hauptaufgaben des Kortex bestehen in der Entzifferung komplizierter sensorischer Nachrichten, der Speicherung von Information, dem Urteilen, Denken, Sprechen und Lernen. Darüber hinaus gibt es jedoch eine Anzahl von Aufgaben für die älteren Teile des Gehirns. So führen z. B. die Bahnen zum und vom Kortex weg durch diese Teile, und es besteht eine umfangreiche gegenseitige Kommunikation zwischen diesen und den höheren Zentren des Gehirns. Dazu kommt noch der Einfluß, den subkortikale Strukturen auf viele andere Aspekte des menschlichen Lebens ausüben: Hunger, Durst, Essen, Trinken, Sexualtrieb und -verhalten, Schlaf, Furcht und Angst, Erregung

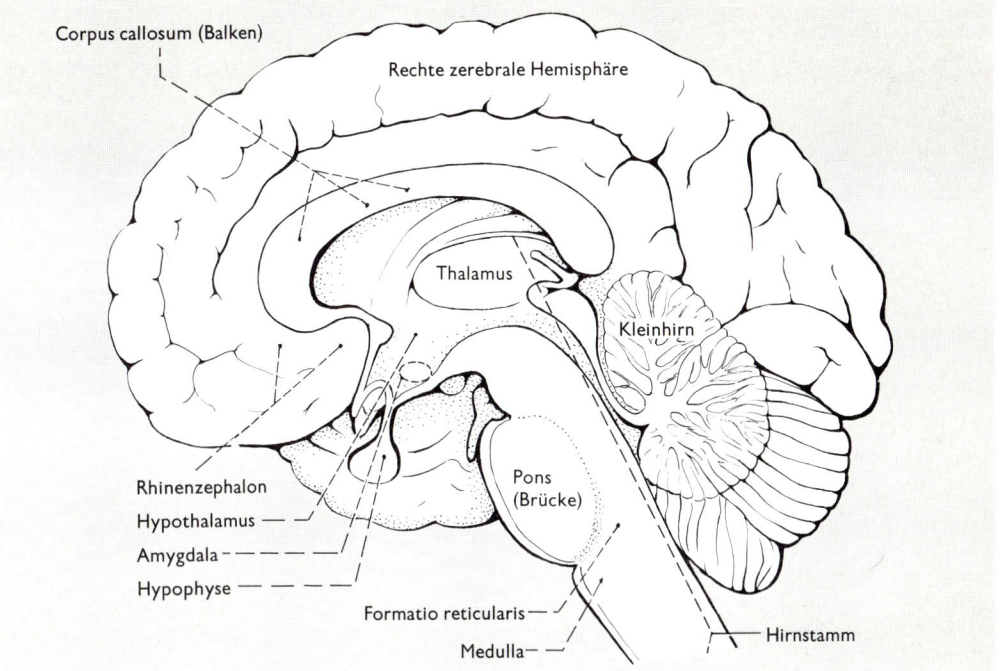

Abb. 2.23. Längsschnitt durch das Gehirn, durch die Mitte von vorn nach hinten. Die vorderen und oberen Teile zeigen deshalb Oberflächen der rechten Hemisphäre, während die verschiedenen anderen Strukturen darunter alle durchschnitten sind. Das Corpus callosum ist ein großes Bündel weißer, myelinisierter Fasern, die von einer Hemisphäre zur anderen hinüberkreuzen. Hier ist das Corpus callosum genau in der Mitte durchschnitten. Unter ihm befinden sich subkortikale Strukturen. Das Rhinenzephalon ist bei diesem Schnitt nicht zu sehen, da es tiefer innerhalb der Hemisphären liegt

und Kontrolle der Körpertemperatur. Endlich finden wir in der Tiefe dieser „primitiven" Strukturen Zentren, die eine wichtige Rolle beim emotionalen Verhalten spielen.

Im menschlichen Gehirn liegt der *Thalamus;* wie aus Abb. 2.23 ersichtlich ist, fast genau in der Mitte. Der Thalamus ist eine wichtige Schaltstation für ankommende sensorische Nachrichten aus allen Regionen des Körpers. Genau unterhalb des Thalamus und in ihn übergehend liegt der *Hypothalamus,* in dem sich wichtige Zentren der Regulation des Stoffwechsels, der Körpertemperatur, des Hungers, des Durstes und des emotionalen Verhaltens befinden. Hess (1954) stellte fest, daß die Reizung des hinteren Teils des Hypothalamus Reaktionen des *sympathischen Systems* hervorruft (Erhöhung der Herzfrequenz und des Blutdrucks), während die Reizung des vorderen Teils *parasympathische Reaktionen* auslöst (Herabsetzung der Herzfrequenz,

Erweiterung der Blutgefäße in den Eingeweiden und im Magen). Der Hypothalamus ist sensibel für Veränderungen in der äußeren Umgebung, auf die entweder mit Kampf oder Flucht reagiert wird; desgleichen für innere Bedürfnisse des Körpers, und er spielt eine wichtige Rolle beim Energieaustausch zwischen Körper und Umgebung.

Die *Formatio reticularis* besteht aus einem Knäuel von Kernen und Fasern und befindet sich über der Medulla oblongata im Hirnstamm; sie erfüllt 2 wichtige Funktionen: sie reagiert auf Impulse, die von höheren Zentren herunterkommen und dämpft einige sensorische Nachrichten des Inputs, während sie andere fördert. Durch die Fasern, die von der Formatio reticularis aus zu allen höheren Zentren führen, hat sie die Funktion eines allgemeinen Erregungssystems: Reizung in diesem Teil führt z.B. bei einem schlafenden Tier zum Aufwachen und bei

Abb. 2.24. Funkgesteuerte Hirnelektroden. Obgleich der Stier seinen Angriff bereits begonnen hat, kann ihn Delgado, einer der Pioniere auf diesem Gebiet, durch Funksignale, die von den Elektroden im Gehirn aufgenommen werden, zum Stehen bringen. Nach mehreren Wiederholungen dieses Vorgangs greift das Tier nur noch selten an

einem bereits wachen zu größerer Aufmerksamkeit.

Es wird deshalb auch als das *retikuläre Aktivierungssystem (RAS)* bezeichnet. Magoun und seine Mitarbeiter (1963) führten entscheidende Experimente durch, die zeigten, daß die Formatio reticularis Aufmerksamkeit und Erregung durch die Aufrechterhaltung der elektrischen Aktivität im vorderen Teil des Kortex beeinflußt. Es scheint ferner, daß Impulse, die in einem bestimmten Teil der Formatio reticularis ihren Ursprung haben, Vorgänge in einigen Hirnstrukturen hemmen können, wobei die Erregung gedämpft wird und sogar Schlaf induziert werden kann (vgl. Abb. 2.24). Ein anderes wichtiges Gebiet der – von der Evolution her gesehen – älteren Teile des Gehirns ist das *Rhinenzephalon.*

Dieses wurde ursprünglich für das „Riechhirn" gehalten, weil die Nerven der Geruchrezeptoren der Nase in verschiedenen Teilen seiner Struktur enden. Sein Beitrag zur Regulierung des Verhaltens besteht jedoch nicht nur in der „Dekodierung der Gerüche". Hier finden wir Strukturen, das *limbische System,* welche an so verschiedenen Funktionen wie Aufmerksamkeit, Emotion und Gedächtnis beteiligt sind. Die Reizung vieler dieser Strukturen ruft z. B. eine *Aufmerksamkeitsreaktion* hervor, im Verlauf derer z. B. ein Tier aktiv die Umgebung absucht. Die Reizung eines Teils der limbischen Struktur, die als *Amygdala* (Mandelkern) bezeichnet wird, führt zu Flucht- und Verteidigungsreaktio-

nen. Läsionen in der Amygdala oder in einer anderen Struktur, dem *Gyrus cinguli,* führen dazu, daß ein wildes Tier zahm wird, während Läsionen in einer nahegelegenen Struktur, dem *Septum,* eine Wutreaktion in einem vorher zahmen Tier hervorrufen können. Außerdem scheint das limbische System für eine selektive Förderung oder Dämpfung des Verhaltens in bezug auf Umwelteinflüsse verantwortlich zu sein.

Ein anderer Teil des limbischen Systems, der *Hippokampus,* spielt bei mindestens 2 weiteren Verhaltensweisen, der Paarung und dem Gedächtnis, eine Rolle. Die elektrische Stimulierung dieses Teils kann eine Erektion des männlichen Geschlechtsorgans hervorrufen (MacLean 1960). Patienten mit einem Schaden im Hippokampus haben ein sehr schlechtes Gedächtnis für jüngere Ereignisse, es sei denn, ihre Aufmerksamkeit bliebe ganz auf diese beschränkt. Bei dieser Art der Amnesie bleiben ältere Angewohnheiten und Vorgänge gut im Gedächtnis erhalten, während sich der Patient an jüngere Gegebenheiten weniger gut erinnern kann.

Ein ähnlicher Vorgang scheint die Senilität zu begleiten: Durch das Verhärten und Altern der Arterien (Herabsetzung der Sauerstoffzufuhr zum Gehirn) wird ein Gedächtnisverlust bewirkt, der sich besonders auf jüngere Ereignisse bezieht. Erste Untersuchungen scheinen zu zeigen, daß die tägliche Zuführung von reinem Sauerstoff diesen Gedächtnisschwund bei alten Leuten verhindert (Jacobs et al. 1969).

Unter der Lupe

Wie man die stumme Hirnrinde zum Sprechen bringt

Bestimmte Teile der Hirnrinde zwischen den primären sensorischen Arealen, bei denen keine beobachtbaren evozierten Potentiale auf periphere Reizung hin festgestellt werden konnten, wurden früher als die *stumme Hirnrinde* (Kortex) bezeichnet. Eine Reihe verschiedener Funktionen wurde ihnen zugesprochen. Richard Thompson von der Harvard-Universität brachte es fertig, diese stumme Hirnrinde zum „sprechen" zu bringen, wobei einige überraschende Dinge zutage kamen.

Thompson benutzte eine neuartige Narkose, da er annahm, daß die normalerweise in neurophysiologischen Untersuchungen am Kortex angewendete Barbituratnarkose zur Unterdrückung der evozierten Potentiale führte; mit Hilfe der neuen Narkose fand er bald Regionen im Kortex, die auf sensorische Reizung anderer Teile des Körpers reagieren. Diese Regionen bezeichnete er als Assoziations-Reaktions-Areale. Seine sorgfältigen Untersuchungen an Katzen ergaben bei Reizung mit Lichtblitzen, Klicks (kurzes Geräusch mit einer Dauer von ca. 1 ms) und Elektroschocks an den Pfoten, daß 82% der Zellen in diesen Assoziations-Reaktions-Arealen auf alle 3 Modalitäten reagieren. Einige Zellen jedoch reagieren mehr auf die eine Modalität als auf die beiden anderen. Wenn man verschiedene Kombinationen und Serien von Reizen benutzt, zeigen viele der Zellen eine Reaktionsplastizität – d.h. eher eine variable als eine starre Reaktion.

Daneben entdeckte Thompson auch sog. „Noveltyzellen"; dies sind Zellen, die nur dann reagieren, wenn ein Intervall von 30 s oder länger zwischen den einzelnen Reizen liegt (verglichen mit den gewöhnlichen Intervallen von etwa 1 s), und sog. „Numbercoding-Zellen", von denen jede nur auf den „soundsovielten" Reiz innerhalb einer Serie reagiert.

Es gibt z.B. Zellen, die nur auf jeden 7. Reiz innerhalb einer Serie reagieren, ohne Rücksicht auf die Reizmodalität oder das Intervall zwischen den Reizen (Thompson et al. 1973).

Elektrische Aktivität des Gehirns

Von einem Zeitpunkt vor der Geburt bis zum Moment des Todes zeigt das Gehirn eine konstante Aktivität. Die Registrierung der elektrischen Aktivität, die mittels an der Kopfhaut angebrachter Elektroden durchgeführt wird (Elektroenzephalogramm, EEG), zeigt, daß selbst während des Schlafs langsame Wellen von nervösen Impulsen über den Kortex hinwegziehen, wie wir in Kap. 10 sehen werden.

Was sind diese Gehirnströme, und was können sie über die physiologischen Grundlagen von Erlebnissen und Erfahrungen aussagen? Gehirnströme spiegeln die wechselnden Erregungszustände von Neuronen wider. Viele Nervenfasern werden entlang paralleler Bahnen zum Gehirn an jeder Synapse aktiviert und bilden so eine Welle variierender elektrischer Spannungen. An jeder Umschaltstation im Kortex können bis zu *100* Neuronen gefunden werden; dementsprechend kann der sich fortbewegende Aktionsstrom in einer Sekunde über *100 000* Neuronen hinwegziehen. Dieser Aktionsstrom kann durch ein Mosaik von Neuronen unterschiedlicher Bahnen fließen und zu sich selbst zurückkommen, wobei ein in sich geschlossener „Informationskreis" ("reverberatory circuit") gebildet werden kann.

Diese Stromwellen können sowohl die Träger eines Frequenzcodes sensorischer Impulse sein als auch die Möglichkeit bieten, Nachrichten zu organisieren (dekodieren) und sie zu einer sinnvollen sensorischen Erfahrung zu transformieren. Die sensorische Information der Rezeptoren kommt zum Kortex als spezifisches Signal, das sogar in einzelnen Zellen des entsprechenden sensorischen Projektionsareals im Kortex aufgenommen werden kann. Da aber verschiedene kortikale Zellen wahrscheinlich Informationen über verschiedene Eigenschaften eines Objekts entschlüsseln können (Größe, Form, Bewegung, Farbe, Dichte, Gewicht, Geruch, Temperatur etc.) muß diese gesamte Information irgendwie integriert werden.

Diese gesamte Aktivität des Gehirns erfordert einen ungeheuren Aufwand an Energie in Form des Zellstoffwechsels. Im Ruhezustand verbraucht dieser Stoffwechsel tatsächlich 20% des gesamten Sauerstoffverbrauchs des Körpers. Erhöht sich die Gehirnaktivität, wie z.B. bei Angstzuständen oder bei Belastung durch Streß, dann benötigt das Gehirn noch mehr Sauerstoff. Im Gegensatz dazu verbraucht das Gehirn wesentlich weniger Sauerstoff – manchmal sogar weniger als die Hälfte des Normalbedarfs –, wenn die Gehirnfunktionen nachlassen (z. B. bei Senilität) oder fast aufhören (z. B. in Narkose oder im Alkoholkoma). Man nimmt an, daß Vorgänge, die die synaptische Übertragung stören, den zerebralen Sauerstoffverbrauch herabsetzen (Kety 1967).

Obwohl wir schon viel über das Funktionieren des menschlichen Gehirns wissen, gibt uns die Kommunikation innerhalb des Gehirns doch noch so manches Rätsel auf. Trotz der großen Fortschritte in der modernen Neurophysiologie wissen wir immer noch nicht, wie eine Serie elektrischer Impulse uns dazu bringt, einen Freund innerhalb einer Menschenmenge zu erkennen, uns das Gefühl der Freude beim Einsetzen des Frühlings vermittelt oder den Prozeß unserer Selbsterkenntnis fördert.

Die endokrinen Drüsen

Man könnte zu dem Schluß kommen, daß das hochentwickelte Nervenzentrum des Menschen auch entsprechend kompliziert sein müßte, um das Anpassungsverhalten des Körpers zu gewährleisten. Dies ist jedoch nicht ganz richtig, wie wir bei der Betrachtung des *endokrinen Systems* sehen werden (vgl. Abb. 2.25).

Die endokrinen Drüsen geben ihre Sekrete direkt in den Blutstrom ab, der sie in alle Teile des Körpers trägt. Diese chemischen Substanzen werden als *Hormone* bezeichnet (griech. „ich errege"). Sie sind verantwortlich für weitreichende Einflüsse auf den Organismus. Die Aktivität der endokrinen Drüsen ist von Natur aus eine regulierende. Ihre Sekrete dienen der Kontrolle des *Stoffwechsels,* also der chemischen Reaktionen, die die Energie für die lebensnotwendigen Prozesse und für das Wachstum in den Knochen, Muskeln und im Nervengewebe bereitstellen. Die Tätigkeit dieser Drüsen sorgt auch für die Erhaltung eines inneren Gleichgewichts innerhalb eines optimalen Bereichs. Befindet sich z. B. zuviel Zucker im Blut, so stoßen bestimmte endokrine Strukturen das Hormon *Insulin* aus, welches den Körper beim Zuckerstoffwechsel unterstützt und das normale chemische Gleichgewicht des Blutes wiederherstellt.

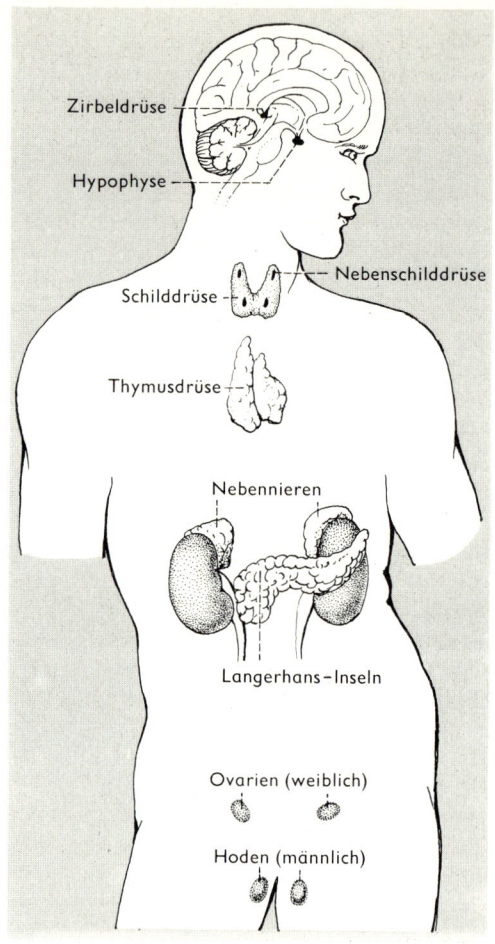

Abb. 2.25. Die endokrinen Drüsen: Die *Hypophyse* produziert das Wachstumshormon und die Vermittlerhormone.

Die *Schilddrüse* beeinflußt hauptsächlich den Stoffwechsel, das Wachstum und die Intelligenz. Die *Nebenschilddrüsen* regulieren den Kalzium- und Phosphorstoffwechsel.

Das *Nebennierenmark* produziert Adrenalin und Noradrenalin, die beide bei emotionalen Zuständen von Bedeutung sind; die *Nebennierenrinde* beeinflußt die allgemeine körperliche Aktivität, die sekundären Geschlechtsmerkmale und Reaktionen auf länger andauernde Belastung.

Keimdrüsen (Gonaden) sind lebensnotwendig für die geschlechtliche Entwicklung, den Geschlechtstrieb und die Fortpflanzung.

Die *Ovarien* produzieren Östrogen und Progesteron, die *Hoden* Androgene.

Die *Langerhans-Inseln* im Pankreas scheiden Insulin aus, das den Blutzuckerspiegel kontrolliert.

Die *Thymusdrüse* spielt bei körperlichen Abwehrreaktionen eine Rolle

Dieses Bestreben des Körpers, ein konstantes inneres Gleichgewicht aufrechtzuerhalten, bezeichnet man als *Homöostase;* hieran beteiligen sich sowohl das Nervensystem und andere physiologische Mechanismen als auch die endokrinen Drüsen.

Bei der *Koordination* verschiedener Prozesse im Körper spielen die endokrinen Drüsen ebenfalls eine große Rolle. Bei plötzlicher Furcht zirkuliert z.B. ein Hormon im Blut, welches voneinander grundverschiedene Prozesse in Gang bringt, wie die Erweiterung der Pupillen, die Konstriktion der Blutgefäße in der Magenwand und eine raschere Blutgerinnung im Falle einer Verletzung.

Das Hauptkontrollzentrum des endokrinen Systems liegt mit Sicherheit im hypothalamo-hypophysealen System. Ferner scheint sicher, daß sogar die Nervenzellen im Hypothalamus bestimmte regulierende Hormone ausscheiden. Bei der Erhaltung des Gleichgewichts und der Koordination körperlicher Funktionen arbeiten die verschiedenen endokrinen Drüsen eng zusammen. Die Funktionen, die hierbei den Psychologen am meisten interessieren, sind die der Hypophyse, der Schilddrüse, der Nebennierenrinden und der Keimdrüsen.

Die *Hypophyse,* eine kleine Struktur, die sich an der Unterseite des Hypothalamus befindet, scheidet eine Anzahl verschiedener Hormone aus, die für das Wachstum und die Erhaltung des chemischen Gleichgewichts von Bedeutung sind. Besonders wichtig für eine normale körperliche Entwicklung während der Kindheit ist das *Hypophysenwachstumshormon,* welches das Wachstum des Skeletts, der Muskeln und verschiedener innerer Organe kontrolliert.

Die Hypophyse produziert auch eine Reihe von „Vermittlerhormonen", die direkt auf andere endokrine Drüsen, hauptsächlich die Schilddrüse, die Keimdrüsen und die Nebennierenrinde einwirken, um deren Funktion anzuregen. Die Ausscheidung dieser Hormone unterliegt der Kontrolle durch verschiedene Faktoren. So ist z.B. die Interaktion zwischen dem Hypophysenhormon Kortikotropin (ACTH) und den Sekreten der Nebennierenrinde ein wichtiger Faktor in der physiologischen Reaktion auf länger andauernde Belastung.

Auf beiden Seiten des „Adamsapfels" im Hals befindet sich die paarig angelegte *Schilddrüse,* die das Hormon *Thyroxin* ausscheidet. In enger Zusammenarbeit mit der Hypophyse beeinflußt die Schilddrüse den Körperstoffwechsel und trägt auch zur Kontrolle des Wachstums bei. Hoher Thyroxinausstoß geht mit hoher allgemeiner Aktivität einher; geringe Ausscheidung bewirkt Trägheit der Bewegung. Schilddrüsensekrete beeinflussen sowohl die Struktur als auch die Funktionen des Nervensystems, besonders bei der Entwicklung der Intelligenz.

Am oberen Ende der Nieren befinden sich 2 *Nebennierendrüsen,* von denen jede aus 2 Teilen besteht, einem inneren Teil, dem *Nebennierenmark,* und einem äußeren Teil, der *Nebennierenrinde.* Das Nebennierenmark wird direkt vom Nervensystem kontrolliert, welches die Drüsen bei starker emotionaler Belastung zur Ausscheidung seiner Hormone *Adrenalin* und *Noradrenalin* (auch Epinephrin und Norepinephrin genannt) anregt. Die Nebennierenrinde produziert Hormone, die die Ausbildung der sekundären Geschlechtsmerkmale beeinflussen (z.B. Stimmwechsel in der Pubertät) und auch Hormone, die die oben bereits angeführten Belastungsreaktionen beeinflussen.

Die *Keimdrüsen* oder *Gonaden* erfüllen bei beiden Geschlechtern eine doppelte Funktion: a) Produktion von Sexualhormonen, die die körperliche Entwicklung und das Verhalten beeinflussen; b) Produktion von Gameten (Spermien oder Eier). Die männlichen Hormone werden als *Androgene* bezeichnet; bei der Frau finden wir 2 Sexualhormone, nämlich die *Östrogene,* die die Menstruation kontrollieren, und das *Progesteron,* das für Veränderungen in der Gebärmutter verantwortlich ist.

Gehirn und Verhalten

Der Psychologe muß sich deshalb mit der Physiologie befassen, weil diese für das Verständnis wichtiger Verhaltensvorgänge von grundlegender Bedeutung ist. Obwohl wir auch in den späteren Teilen des Buches dementsprechendes Beweismaterial heranziehen werden, möchten wir schon an dieser Stelle 2 Beispiele der Interaktion zwischen physiologischen Vorgängen und Verhalten aufzeigen.

1. Im Sozialleben vieler Tierarten können wir die Existenz einer sog. „Hackordnung" (Rangordnung) beobachten. Ein dominantes, aggres-

sives und selbstsicheres Mitglied der Gruppe wird zum Führer, indem es die Kämpfe und Auseinandersetzungen mit allen anderen Mitgliedern gewinnt. Bei Hühnern ist die Dominanz-Submissivität-Hierarchie so klar festgelegt, daß in einer großen Schar jede Henne eine bestimmte Position innehat, von der aus sie alle ihr unterlegenen Hennen beherrscht und nur denen gegenüber submissiv ist, die in der Rangordnung über ihr stehen (Guhl 1956). Die gleiche soziale Organisation kann man auch bei Affenherden beobachten. Hier etabliert sich immer ein Affe durch seine drohenden und überwältigenden Gesten als Führer. Es wird nur selten körperliche Aggression zur Erhaltung der Hierarchie eingesetzt. Der führende Affe (der „Chef") beherrscht den Raum und bewegt sich frei im Käfig, während die Aktivität der anderen Mitglieder der Gruppe auf eine Ecke beschränkt bleibt. Dieser Chef hat eine privilegierte Position in bezug auf das vorhandene Futter und die Auswahl von Geschlechtspartnern.

Die soziale Struktur der Gruppe, wie auch die einzelnen Eigenschaften der Dominanz, der Aggressivität und der furchtvollen Unterwerfung können alle – bis zu einem gewissen Punkt – drastisch geändert werden durch eine elektrische Reizung im Gehirn des Chefs (vgl. Abb. 2.26). Als in einer solchen Kolonie das Septum des Rhinenzephalons des Chefs elektrisch gereizt wurde, wurde der daraus resultierende unmittelbare Verlust an Aggressivität sofort von den anderen Affen wahrgenommen. Jetzt liefen sie frei im Käfig herum, bis die Reizung endete und der Chef wieder „er selbst" wurde (Delgado 1970).

Die Dominanzhierarchie in einer Herde von 8 jungen Rhesusaffen erfuhr eine permanente Änderung durch chirurgische Eingriffe im Amygdalagebiet des Rhinenzephalons beim ursprünglichen Chef und dann der Reihe nach bei denjenigen Affen, die seinen Platz eingenommen hatten (Abb. 2.27):
Bevor irgendeine Operation durchgeführt wurde, war Dave der Chef (Nr. 1) und die anderen hielten irgendeine submissive Stellung innerhalb der Hierarchie inne. Nachdem Dave operiert war, kam er für immer auf die unterste Sprosse der Rangleiter. Seine Selbstsicherheit wurde umgewandelt in Furcht und Submissivität. Zeke (vorher Nr. 2) übernahm nun die Herrschaft und alle anderen stiegen auf der Rangleiter eine

Abb. 2.26. Der Chef dieser Affengruppe war Ali (Mitte), gewöhnlich übellaunig und aggressiv. Die ferngesteuerte Reizung seines Gehirns durch implantierte Elektroden machten ihn jedoch brav und zahm. Ein submissiver Affe, Elsa (links) lernte das Drücken eines Hebels, der die Reizung in Alis Gehirn auslöste. Elsa selbst wurde nie zum dominanten Tier, verhinderte aber durch dieses Verhalten Angriffe gegen sich selbst

Sprosse höher. Larry, der vorher gänzlich submissiv war, beherrschte nun Dave.
Nachdem Zekes Amygdala operiert war, wurde er ebenfalls submissiv, verlor die Führung an Riva und verbrachte seine Zeit damit, ab und zu seinen früheren Peiniger Dave anzugreifen.
Überraschenderweise beendete die Operation an Riva dessen Gewaltherrschaft nicht, sondern verstärkte sie eher noch. Dies mag zum Teil daran liegen, daß Herbys nichtaggressive „Persönlichkeit" außerstande war, die Krone zu erobern.
So kommen wir zu dem Schluß, daß Persönlichkeitsmerkmale und sogar die Sozialpsychologie einer Gruppe durch die physiologischen Funktionen des Individuums zu beeinflussen sind. Etwas später werden wir dann sehen, wie soziale und kognitive Faktoren wiederum physiologische Funktionen verändern.
Wie wir bereits gesehen haben, sind die beiden Hemisphären des Gehirns kontralateral organisiert. Das bedeutet z. B. daß die rechte Hemisphäre Information vom linken Sehfeld erhält (über das Chiasma opticum) und natürlich auch von der linken Seite des Körpers; die linke Hemisphäre wiederum erhält ihren Input vom rechten Sehfeld und von der rechten Seite des Körpers. Normalerweise werden diese sensorischen Inputs dann integriert, was zu einer koordinierten Wahrnehmung und zu koordiniertem

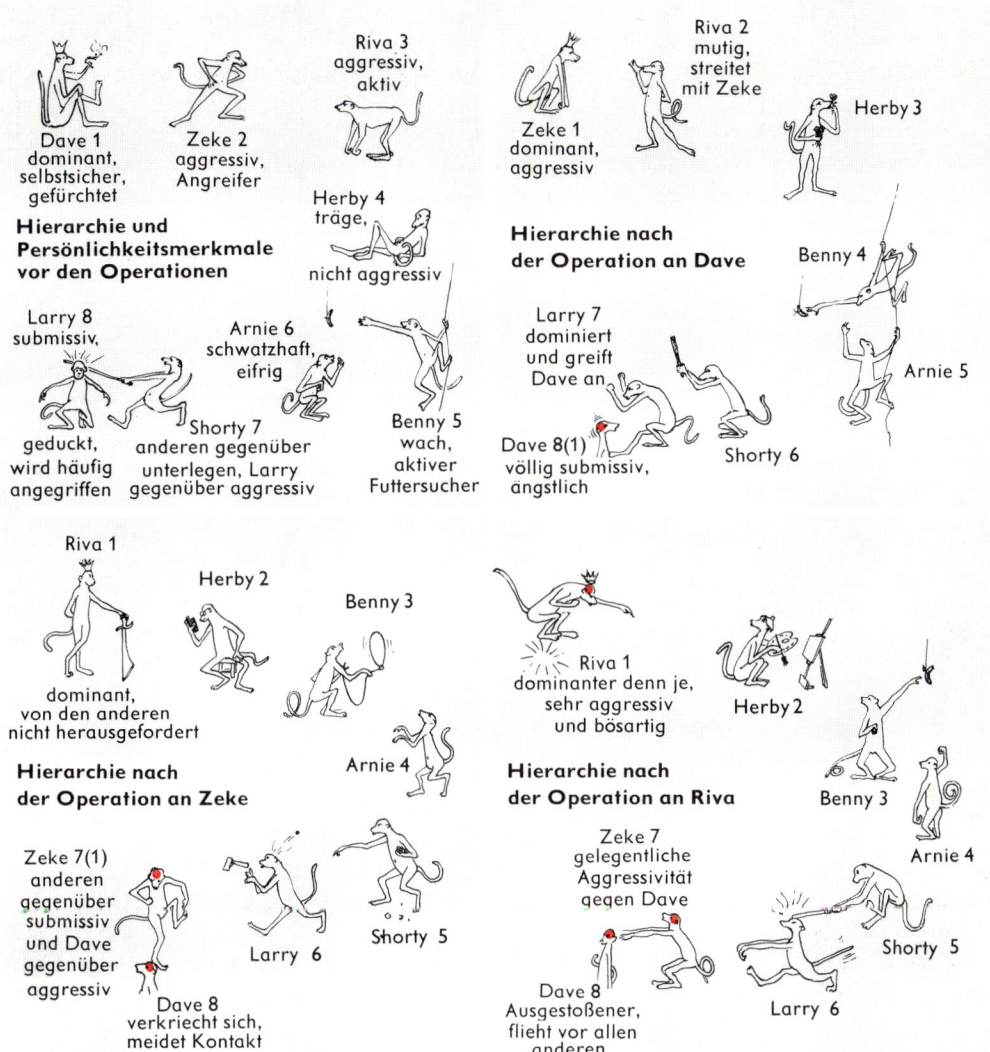

Abb. 2.27. Physiologie und Persönlichkeitsfaktoren beeinflussen die soziale Dominanz (vgl. Text). Obgleich der chirurgische Eingriff bei allen 3 Tieren derselbe war, zeigten Dave, Zeke und Riva unterschiedliche Verhaltensmuster. Das Verhalten war zwar in jedem Fall durch die Operation weitgehend beeinflußt, doch spielen auch das Temperament und die Gewohnheiten des Tieres wie die Herausforderung durch andere Gruppenmitglieder eine wichtige Rolle. (Nach Pribram 1962)

Verhalten führt. Aber bei einem Patienten, dessen Corpus callosum durchtrennt ist, kann diese Koordination im Gehirn nicht stattfinden. Diese Operation wird manchmal an Patienten mit schweren epileptischen Anfällen, die durch Medikamente nicht zu heilen sind, durchgeführt. Ohne einen solchen chirurgischen Eingriff wären diese Anfälle zumeist tödlich; nach einer solchen Operation wird der Patient von seinen Anfällen befreit und berichtet über eine Verbesserung seines Befindens. Ein Nebenprodukt dieses Eingriffs ist ein natürliches Experiment: Es arbeiten jetzt 2 Gehirne innerhalb eines einzigen Körpers. Jede Hälfte funktioniert unabhängig von der anderen und jede scheint ihre eigenen Empfindungen, Wahrnehmungen, Gedächtnisinhalte wie auch kognitive und emotionale Erlebnisse zu haben.

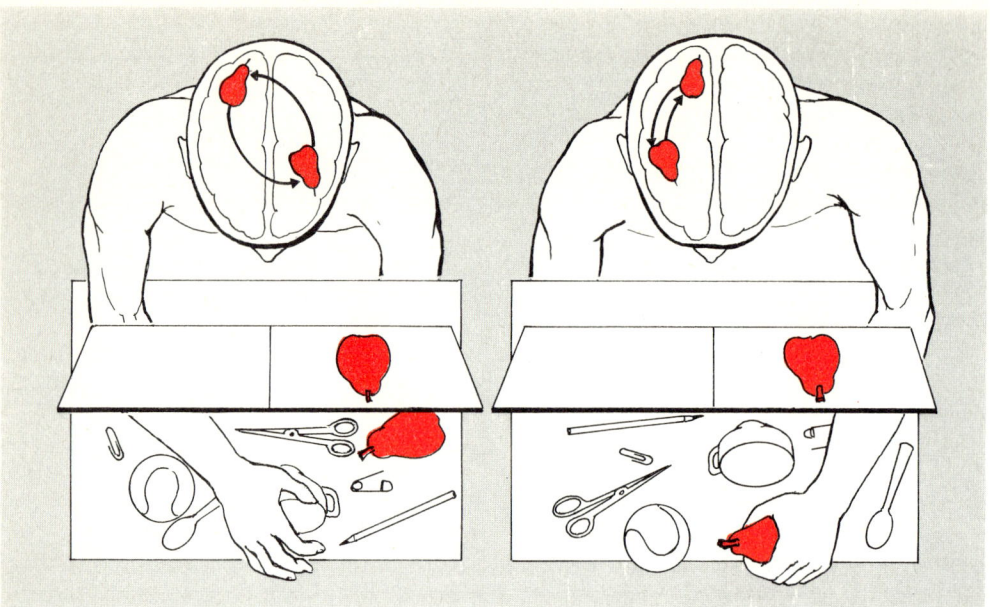

Abb. 2.28. Augen-Hand-Koordination bei einem „Split-brain"-Patienten. Eine Person mit durchtrenntem Corpus callosum hat keine Schwierigkeit, mit seiner linken Hand diejenigen Objekte zu erkennen, die denen im linken Sehfeld gleichen. Dies ist so, weil die Nachrichten von seiner linken Hand und dem linken Sehfeld (projiziert auf die rechte Hälfte beider Netzhäute) zur selben zerebralen Hemisphäre gelangen. Auf der anderen Seite jedoch werden die Nachrichten von seiner rechten Hand zur linken Hemisphäre weitergeleitet, von wo aus keine Verbindungen mit dem rechten visuellen Kortex bestehen. Deshalb kann er auch nicht mit seiner rechten Hand dasselbe Objekt heraussuchen, solange es nicht auch in seinem rechten Sehfeld erscheint. (Nach Sperry 1968)

Untersuchungen über die Fähigkeiten solcher Patienten sind in einem Versuchsraum durchgeführt worden, in dem die Vp angewiesen wird, mit den Augen den Mittelpunkt des Sehfelds anzufixieren; auf diese Art und Weise gibt es keine Überschneidung der Bilder, die für die beiden Hemisphären bestimmt sind. Wenn Sie sich z. B. in einem solchen Versuchsraum befinden würden und angewiesen wären, auf alle Lichtreize im linken Sehfeld mit einem Druck auf einen Knopf mit der rechten Hand zu reagieren, dann würden Ihre Reaktionszeiten viel langsamer werden, wenn Sie zur selben Zeit auch mit der linken Hand auf Signale aus dem rechten Sehfeld reagieren müßten. Das Gehirn braucht also Zeit, die verschiedenen sensorischen Inputs zu koordinieren.

Im Gegensatz dazu reagiert ein Patient in einem Mehrfach-Reaktionszeit-Experiment ebenso schnell, wie er in einem einfachen reagieren würde. Hier geschieht jede Reizantwort (Reaktion) unabhängig von der anderen, so daß keine Koordinationszeit erforderlich ist (Gazzaniga u. Sperry 1966). Auf der anderen Seite sind diesem Patienten sämtliche motorische Koordinationen zwischen den beiden Händen oder zwischen dem visuellen Input zu einer Hemisphäre und der Hand auf dieser Körperseite verlorengegangen.

Untersuchungen an Patienten mit durchtrenntem Corpus callosum haben auch die Ansicht bestätigt, daß eine Hemisphäre klar über die andere dominiert (Abb. 2.28). Es ist nicht nur so, daß die innere visuelle Welt solcher Patienten aus 2 gänzlich verschiedenen Erlebniswelten besteht und nicht, wie bei normalen Personen, eine Einheit darstellt; dazu kommt, daß das, was die rechte Hemisphäre einer rechtshändigen Person sieht oder an was sie sich erinnert, weder durch Schreiben noch durch Sprechen mitgeteilt werden kann, weil die *Kontrollzentren für Kommunikation* in diesem Fall nur in der linken gegenüberliegenden (dominanten) Hemisphäre vorhanden sind.

Besonders interessant sind die emotionalen Reaktionen solcher Patienten, wenn die nichtdominante Hemisphäre emotionalen Reizen ausgesetzt ist. Die unerwartete Darbietung des Bildes eines nackten jungen Mädchens z. B. in der linken Gesichtshälfte (rechte Hemisphäre) führt zu folgender Verhaltenssequenz:

„Unter diesen Umständen ist die typische Antwort des Patienten, daß er nichts gesehen hat, nur ein weißes Licht, wie das immer passiert, wenn die Reize im linken Sehfeld erscheinen. Man kann dann aber ein inneres Lächeln beobachten, das sich über die Gesichtszüge des Patienten ausbreitet, dort verbleibt und selbst in den nächsten 2 oder 3 Versuchen noch vorhanden ist. Manchmal beobachtet man auch ein Erröten oder Kichern und einen veränderten Tonfall der Stimme, die von der dominanten Seite kommt. Wenn man dann den Patienten fragt, worüber er lacht, dann ersieht man aus seiner Antwort, daß die sprechende Hemisphäre keine Idee hat, worum es sich handelt. Er kann z. B. sagen: ,Das ist aber eine Maschine, die Sie da haben', oder ,Uiih, das Licht!' Anscheinend gelangt aber nur der emotionale Unterton hinüber zur sprechenden Hemisphäre, so als ob die kognitiven Aspekte nicht im Hirnstamm artikuliert werden könnten" (Sperry 1968, S. 319–320).

Solche Studien an Patienten mit durchtrenntem Corpus callosum (sog. Split-brain-Patienten) geben zusammen mit den experimentellen Untersuchungen an Tieren wertvolle Hinweise auf die Mechanismen, durch die die „Konfusion der großen weiten Welt" für uns zu einer einheitlichen Wahrnehmung wird, auf die sich dann später unser eigenes Verhalten gründet.

Das Verhalten einer Hemisphäre während einer bestimmten Zeitperiode kann auch noch mit Hilfe einer anderen Methode untersucht werden: man bestreicht eine Seite des Kortex mit Kaliumchlorid (Methode der sog. "spreading depression"). Dadurch werden die kortikalen Zellen vorübergehend für wenige Minuten inaktiviert. Bei dieser Methode ist das Versuchstier gleichzeitig sein eigenes Kontrolltier, und es besteht der weitere Vorteil, daß das Gehirn nicht permanent geschädigt wird (Schneider 1967).

Zusammenfassung

Das Hauptinstrument des Organismus, um Informationen von der Umwelt aufzunehmen und die Reaktionen auf diese Informationen zu koordinieren, ist das *Nervensystem*. Der Grundbaustein dieses Systems ist die *Nervenzelle* oder das *Neuron*. Während der pränatalen Entwicklung spezialisieren sich Nervenzellen immer mehr und können sich über weite Strecken vom *Neuralrohr* weg bewegen.

Das Nervensystem besteht aus dem *Zentralnervensystem* (*ZNS;* Gehirn und Rückenmark) und dem *peripheren Nervensystem* (alle Teile außerhalb des Gehirns und Rückenmarks). Die Information von der Umwelt wird durch die *Rezeptoren* aufgenommen und gelangt über *sensorische, afferente* Fasern zum Rückenmark und zum Gehirn. Die Reaktionen (Antworten) gelangen über *motorische, efferente* Fasern zu den *Effektoren* (Muskeln oder Drüsen). Die Verarbeitung der Information zwischen Input und Output wird vom ZNS ausgeführt. Der *Reflexbogen* ist die einfachste Art dieses Mechanismus.

Axonale Übertragung leitet die Information innerhalb eines Neurons; *synaptische Übertragung* leitet sie über eine Synapse zu einem anderen Neuron. Impulse bewegen sich nur in *einer Richtung,* von den *Dendriten* zum Axon, zur *Synapse* und wiederum zum Dendriten oder Zellkörper des nächsten Neurons.

Im Ruhezustand ist ein Axon *polarisiert,* wobei die Innenseite – im Verhältnis zur Außenseite – negativ geladen ist. Ein *nervöser Impuls* tritt auf, wenn die Reizung stark genug ist, um die Axonmembran zu *depolarisieren;* diese Veränderung im Membranpotential pflanzt sich dann entlang der Nervenfaser fort. Das Axon leitet Information nur auf einer *Alles-oder-nichts*-Basis: es übermittelt entweder den Impuls in seiner vollen Stärke oder überhaupt nicht. Information über die Intensität des Reizes wird durch die Anzahl der „feuernden" Neuronen und durch deren Entladungsfrequenz übermittelt.

Membranprozesse an der Zelle vollziehen sich summativ über etwas längere Zeiten und folgen also nicht dem Alles-oder-nichts-Prinzip. Die Nachricht gelangt über die Synapse mit Hilfe *chemischer Transmittersubstanzen*, die die Polarisation des nächsten Neurons beeinflussen. Wird das *postsynaptische Potential* dadurch *erhöht*, dann ist der Einfluß *hemmend (inhibitori-*

sches postsynaptisches Potential, IPSP). Wird die Polarisation dadurch *verringert,* dann ist der Einfluß *erregend (exzitatorisches postsynaptisches Potential, EPSP).* Das zweite Neuron feuert nur dann, wenn der erregende Input, den es erhält, den hemmenden überwiegt, d.h. die Depolarisation größer ist als die Hyperpolarisation und dadurch die Entladungsschwelle erreicht wird.

Der *somatische* Teil des peripheren Systems verbindet das ZNS mit den sensorischen Rezeptoren und der Skelettmuskulatur. Der *viszerale* Teil (gewöhnlich als *autonomes Nervensystem* bezeichnet) verbindes das ZNS mit den inneren Organen. Das autonome Nervensystem wiederum teilt sich in einen *sympathischen* Anteil, der die Funktionen für Notsituationen vorbereitet, und einen *parasympathischen* Teil, der die permanenten lebensunterhaltenden Funktionen kontrolliert.

Die *reziproke Innervation* sorgt dafür, daß die Erregung eines Muskels gewöhnlich die Hemmung des ihm gegenüberliegenden Muskels (Antagonisten) hervorruft. Gewöhnlich haben schmerzhafte, starke oder sich wiederholende Reize das Vorrecht im Nervensystem. Die Koordination im Rückenmark geschieht durch Divergenz, Konvergenz, Erregungskreise und kollaterale Fasern zum und vom Gehirn.

Der Umwandlungsprozeß von Reizenergie in einen nervösen Impuls wird als *Transduktion* bezeichnet.

Methoden der *psychophysikalischen Skalierung* stellen Beziehungen zwischen Reizintensität und den daraus resultierenden Empfindungen her. Die 4 Skalenniveaus, die in allen gebräuchlichen Formen psychologischer Tests und Messungen zur Anwendung kommen, sind: *Nominalskala, Ordinalskala, Intervallskala* und *Verhältnisskala.*

Die Wahrnehmungsschwelle ist gekennzeichnet durch die Reizstärke, die bei der Hälfte aller Darbietungen wahrgenommen wird. Der „eben merkliche Unterschied" ist der Reizzuwachs, der notwendig ist, um in 75 % aller Fälle den eben noch merklichen Unterschied zu bewirken. Nach dem Weber-Fechner-Gesetz ist dies eine Konstante, die für die meisten Reizmodalitäten einen bestimmten Wert hat.

Für die verschiedenen Arten von sensorischen Reizen haben wir unterschiedliche Arten von Rezeptorsystemen, wie den Gesichtssinn, das Hören, Druck-, Kälte- und Wärmeempfindungen, Geschmack, Geruch und Gleichgewichtssinn. Von diesen sind der Gesichts- und der Hörsinn für den Menschen die wichtigsten und zugleich auch die genauesten.

Das Auge besitzt zwei verschiedene Rezeptorsysteme: die *Stäbchen,* die zwar auf wenig intensives Licht, aber nicht auf Farbe reagieren können, und die *Zapfen,* die auf Tageslicht und Farbwahrnehmung spezialisiert sind. Die Zapfen sind am dichtesten in der Fovea, wo die schärfsten visuellen Eindrücke entstehen; dort gibt es keine Stäbchen. Das Licht wird durch mehrere Schichten von Nervenfasern geleitet, bevor es diese Rezeptorzellen erreicht, welche es dann in Information umwandeln, die über die *bipolaren* und *Ganglienzellen* zum *N. opticus* gelangen und von dort zum visuellen Areal des Gehirns in der *Okzipitalgegend.* Dort, wo der N. opticus die Netzhaut verläßt, befindet sich der blinde Fleck. Die Wahrnehmung von Form, Muster und Bewegung hängt von spezialisierten Zellen ab, die nur durch Reize in einer bestimmten räumlichen Anordnung oder Lage aktiviert werden.

Drei Arten von *Photopigmenten* in den Zapfen absorbieren blaues, grünes oder rotes Licht. Vier Arten von „Gegenfarbenzellen" im *Corpus geniculatum laterale* summieren die Information, die dorthin gelangt, und leiten sie weiter zum visuellen Kortex, wodurch die Farbwahrnehmung zustande kommt.

Bei der Tonwahrnehmung dringen Schallwellen in das *Außenrohr* ein und werden von dort durch das *Mittelohr* zur *Kochlea* im *Innenohr* geleitet, wo sie in nervöse Impulse umgewandelt werden. Die *Dispersionstheorie (Wanderwellentheorie)* von Békésy erklärt die Voränge bei der Frequenzzerlegung im Innenohr besser als die anderen Theorien des Hörens.

Gehirnfunktionen werden mit Hilfe von *Reizung, Ableitung* und *Läsion* erforscht. Im Gehirn finden wir eine ausgedehnte Redundanz von Bahnen, die es möglich macht, daß andere Gebiete des Gehirns die Funktionen beschädigter Areale übernehmen.

Das Gehirn hat zwei *Hemisphären,* die durch das *Corpus callosum* verbunden sind; jede Hemisphäre hat 4 Lappen (Lobi): *Frontal-, Temporal-, Parietal-* und *Okzipitallappen.* Die äußere Schicht der Hemisphären bezeichnen wir als *Kortex.*

Die primären sensorischen Zentren befinden sich in relativ spezifischen Teilen des Kortex, und die primären motorischen Zentren finden wir in dem Areal, welches sich frontal des *Sulcus centralis* befindet. Die übrigen Areale des Kortex sind *Assoziationsfelder.* Wenn diese beschädigt werden, besonders in der linken Hemisphäre einer rechtshändigen Person (dominant), so kann dadurch das Verstehen oder der Gebrauch der Sprache beeinträchtigt werden.

Die *subkortikalen Strukturen* kontrollieren primitive Funktionen, wie grundlegende biologische Triebe, angenehme Gefühle und Schmerz. Die wichtigen Strukturen sind hier der *Thalamus*, eine Schaltstation für sensorische Information; der *Hypothalamus*, der viele lebensnotwendige Funktionen kontrolliert, und die *Formatio reticularis*, ein allgemeines Erregungssystem. Das *Rhinenzephalon* besteht aus primitivem kortikalem Gewebe, das bei verschiedenen Funktionen, wie z. B. Aufmerksamkeit, Emotion und Gedächtnis, miteinbezogen ist.

Aktionsströme des Gehirns, die durch das Elektroenzephalogramm (EEG) gemessen werden, spiegeln die spontane Aktivität der Neuronen des Gehirns wider. Die Hirnaktivität verbraucht etwa ⅕ des im Körper vorhandenen Sauerstoffs.

Zum *endokrinen System*, dessen Ausscheidungen (Sekrete) dazu dienen, das. chemische Gleichgewicht im Körper zu erhalten und Körperfunktionen zu koordinieren, gehören die *Hypophyse*, verantwortlich für Wachstum und Erhaltung; die *Schilddrüse,* die das Wachstum und den Stoffwechsel beeinflußt; die *Nebennieren,* die die Reifung und körperliche Reaktionen auf Emotion steuern; und die *Gonaden,* welche auf die körperliche Entwicklung und das Verhalten einwirken und zudem Gameten (Spermien und Eier) zur Fortpflanzung produzieren.

3 Entwicklung als Grundlage des Verhaltens

Zur Zeit der Depression in den 30er Jahren wurden 2 kleine Mädchen, die von ihren geistig behinderten Müttern vernachlässigt worden waren, in ein Waisenhaus im Staate Iowa eingewiesen. Als sie Skeels (1966) zum ersten Mal beobachtete, waren sie krank und in ihrer geistigen Entwicklung deutlich zurückgeblieben. Im Alter von 15 bzw. 18 Monaten wurden sie in eine Anstalt für geistig Behinderte überwiesen. Als Skeels sie 6 Monate später sah, machten sie einen aufgeweckten Eindruck, lächelten, zeigten normale Aktivität und schienen gesund zu sein. Auch ihre Intelligenzwerte hatten sich verbessert. Skeels vermutete, daß die Veränderung dadurch zustande kam, daß diese kleinen Waisenkinder von den Schwestern und Patienten „adoptiert" worden waren. Obwohl die älteren Mädchen und Frauen maximal ein Intelligenzalter von 10 Jahren aufwiesen (biologisches Alter 18–50 Jahre), sorgte ihre Gegenwart doch für eine liebevolle stimulierende „familiäre" Umgebung („tender loving care", TLC). Diese zufällige Beobachtung wurde systematisch weiter verfolgt; 13 ähnlich vernachlässigte Kinder mit einem Durchschnittsalter von 19 Monaten und einem IQ von durchschnittlich 64 – also weit unter dem „normalen" IQ von 100 – wurden vom Waisenhaus in die Anstalt für geistig Behinderte als „Hausgäste" überwiesen. Sie wurden mit einer Kontrollgruppe ähnlichen Alters, aber mit höherem IQ verglichen, die zur gleichen Zeit geprüft wurde, aber im Waisenhaus verblieb, das überfüllt und kaum stimulationsreich war. Jedes Kind der Experimentalgruppe wurde sofort von einer älteren Frau „adoptiert", und es entwickelte sich ein warmes persönliches Verhältnis. Dieses Verhältnis wurde noch zusätzlich durch die anderen Patienten und das Personal unterstützt. Für die älteren Patienten waren die Kinder eine willkommene Abwechslung in der Monotonie des Anstaltslebens. Für die Kinder waren die Stiefmütter die Quelle von Aufmerk-samkeit und Stimulierung, die sie im Waisenhaus nie erfahren hatten.

Welche Wirkung zeigte nun diese TLC ("tender loving care" = zarte liebevolle Pflege)?

Die Kinder der im Waisenhaus verbliebenen Kontrollgruppe hatten zu Anfang der Untersuchung einen beträchtlichen Vorsprung; sie lagen im Mittel um 23 IQ-Punkte höher als die Experimentalgruppe. Etwa 3 Jahre nach Beginn des TLC-Programms hatte der mittlere IQ der Experimentalgruppe um 28 Punkte zugenommen, sich also von einem Mittel von 64 IQ-Punkten auf 92 erhöht. Demgegenüber hatte das intellektuelle Niveau der Kontrollgruppe im gleichen Zeitraum abgenommen. Nach weiteren 2 Jahren des TLC-Programms waren 11 TLC-Kinder, die ursprünglich wegen ihres niedrigen IQ als nicht adoptierbar eingestuft wurden, adoptionsfähig und auch tatsächlich adoptiert worden. Skeels ging Jahre später noch weiter, was in den Augen eines Entwicklungspsychologen als Tour de force erscheinen muß, und suchte jedes Mitglied der früheren TLC-Gruppe, jetzt im Erwachsenenalter, auf. Die Unterschiede zwischen dieser Gruppe und der Kontrollgruppe der jetzt Erwachsenen waren enorm: Alle früheren TLC-Kinder waren jetzt existenzfähige Erwachsene und nicht hospitalisiert, während 4 der noch lebenden Mitglieder der Vergleichsgruppe noch immer in Heimen lebten. Das mittlere Einkommen der beschäftigten 6 Mitglieder der Kontrollgruppe lag bei nur 25% des Einkommens der TLC-Gruppe. Von diesen hatten 11 (von 13) einen High-School-Abschluß und weitere 5 einen Collegeabschluß. Der durchschnittliche Schulabschluß der TLC-Gruppe war das 12. Schuljahr, der der Vergleichsgruppe dagegen das 3. Schuljahr. 11 Mitglieder der TLC-Gruppe hatten inzwischen geheiratet und Kinder bekommen, deren mittlerer IQ über 104 lag und von denen keines retardiert war (Skeels 1966).

Diese Arbeiten wurden von der Kennedey Foundation ausgezeichnet. Die Auszeichnung wurde Skeels von einem jungen Mann überreicht, der soeben ein Studium der Betriebswirtschaft abgeschlossen hatte. Der junge Mann konnte freilich nicht wissen, daß er eines der Kinder war, die Skeels damals in das TLC-Programm aufgenommen hatte (Lipsitt u. Reese 1979).

Erforschung der Entwicklung

Aus der Kenntnis der Vergangenheit sollten wir unsere Gegenwart besser verstehen können, und wenn wir die Gegenwart verstehen, sollte uns das helfen, die Zukunft vorauszusagen. Dieses allgemeine Prinzip kann auf alle Entwicklungsforschung angewendet werden, von der Embryologie über die Geographie, die Geologie und Geschichte bis hin zur Entwicklungspsychologie. Zwar unterscheiden sich diese Wissenschaften sowohl hinsichtlich der jeweiligen Zeitabschnitte, die sie untersuchen, als auch in der Auswahl dessen, was sich verändert, jedoch ist ihnen allen die Ansicht gemeinsam, daß Veränderungen zeitabhängig erfolgen, daß sich die Ursachen dieser systematischen Veränderungen prinzipiell aufdecken lassen. Zeiteinheit der Entwicklungspsychologie ist die gesamte Lebensspanne eines Menschen, und das, was sich verändert, ist der Mensch – oder genauer gesagt, sein physisches und psychisches Verhalten.

Der Volksmund drückt sein naives Wissen von dieser Kontinuität in der psychischen Entwicklung in Redensarten aus wie: „Das Kind ist der Vater des Mannes" oder „Jede lange Reise beginnt mit einem kleinen Schritt". In solchen Volksweisheiten ist der Gedanke enthalten, Entwicklung sei zum Großteil eine eher äußerliche Veränderung in Größe oder Erscheinungsbild. Die Anschauung, daß das Kind ein kleiner Erwachsener sei und sich v. a. in seiner Größe verändere, stammt aus dem 17. Jahrhundert und wird als *Homunkulustheorie* bezeichnet. Die Ansicht, daß Veränderungen überwiegend in dem Erscheinungsbild, der äußeren Form, stattfinden, findet sich bereits bei Aristoteles. Was die körperliche Entwicklung angeht, glauben auch heute noch viele Eltern anscheinend an die Theorie der Veränderung der Form, insbesondere was die pränatale Phase und die frühere Kindheit angeht, während sie für die psychische Entwicklung eher zur Homunkulustheorie tendieren.

So bezeichnen sie beispielsweise die Unfolgsamkeit eines Kindes oder sogar das anhaltende Schreien eines Säuglings als Produkt bewußter Intention.

Entwicklungspsychologische Untersuchungen können uns aber behilflich sein festzustellen, was es mit dem Verhalten eines Kindes tatsächlich auf sich hat. Da jedoch die Entwicklung nicht mit der Kindheit endet, kann uns die Entwicklungspsychologie auch erklären, warum Eltern das Verhalten ihrer Kinder eigentlich mißverstehen. Der Gegenstandsbereich der Entwicklungspsychologie erstreckt sich abgesehen davon über die gesamte Lebensspanne und erlaubt es somit, auch das Verhalten des Kindes, seiner Eltern oder Großeltern zu verstehen.

An dieser Stelle scheint für die weitere Diskussion eine formale Definition der Entwicklungspsychologie von Nutzen zu sein: *Die Entwicklungspsychologie befaßt sich mit der Beschreibung, Erklärung und Beeinflussung intraindividueller Veränderungen während der gesamten Lebensspanne eines Individuums sowie mit interindividuellen Ähnlichkeiten bzw. Unterschieden, was diese Veränderungen angeht.* Ihr Ziel ist es also herauszufinden, wie sich unser Verhalten über die Lebensspanne hinweg verändert, warum sich gerade bestimmte Veränderungen ergeben und wie gewollte Veränderungen begünstigt oder ungewollte verhindert werden können. Entwicklungspsychologen sind schließlich auch daran interessiert zu erfahren, wie und warum sich Personen in solchen Veränderungen unterscheiden und wie sich solche Unterschiede zu ihrem Nutzen entwickeln lassen.

Nach Abb. 3.2 ist der allgemeine Entwicklungsverlauf aller 5 Personen einander recht ähnlich, wobei das Wachstum in der frühen Kindheit schneller verläuft als in der späten Kindheit oder der Jugendzeit, wobei Unterschiede in den Wachstumsraten zwischen einzelnen Personen recht groß sein können. So erfolgt z.B. das geistige Wachstums der mit *5 M* symbolisierten Person wesentlich schneller als das der anderen, während sich Person *13 M* wesentlich langsamer als alle anderen entwickelte. Derartige Kurven sind in dem Sinne aufschlußreich, als sie uns Vorhersagen darüber ermöglichen, wie sich das

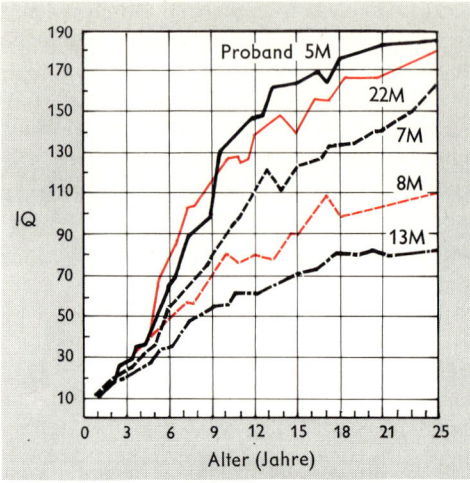

Abb. 3.2. Wachstumskurven der geistigen Entwicklung von 5 Probanden. (Nach Bayley 1955)

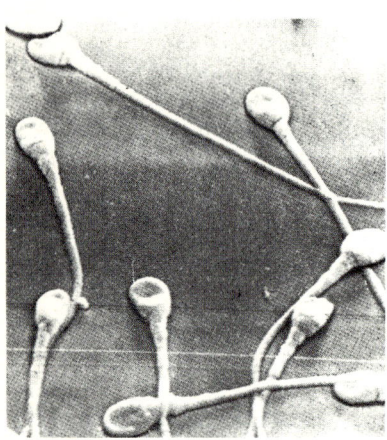

Abb. 3.1. Zeichnung einer Samenzelle von Niklaas Hartsoeker. Der obere Teil der Abbildung zeigt die Gestalt eines „Homunkulus" (lat. „Menschlein"). Darunter befindet sich die Fotografie einer menschlichen Samenzelle

Entwicklungspsychologen sind daran interessiert, bestimmte Entwicklungen zu *beschreiben* – hieraus ergibt sich auch ihr Interesse für Normen – aber sie wollen Entwicklungsprozesse auch *erklären* können, d.h. sie wollen wissen, warum eine bestimmte Entwicklung so und nicht anders verläuft oder warum es interindividuelle Unterschiede hinsichtlich der Entwicklung gibt. Häufig führt der Versuch, Entwicklung zu beschreiben und zu erklären, zu unerwarteten, aber sehr nützlichen Nebeneffekten, wie z. B. zu neuen Erkenntnissen über mögliche Entwicklungsförderungen – durch Interventionen oder kompensatorische Erziehung – wie wir dies im Zusammenhang mit den Arbeiten von Skeels gesehen haben.

Wachstum einer Person im Verlauf der Entwicklung wohl verändern und in welchem Umfang Unterschiede zwischen einzelnen Individuen zu erwarten sein könnten. Mit anderen Worten: solche Wachstumskurven geben uns also *Normen* an die Hand, mit denen der Entwicklungsverlauf einer Person im Vergleich zu anderen festgestellt werden kann. Es ist jedoch zu beachten, daß Normen lediglich einen *Istzustand* aufzeigen und nicht einen *Sollzustand;* Normen sind also deskriptive, beschreibende Durchschnittswerte und keine präskriptiven Idealwerte, denen entsprochen werden muß.

Was ist Entwicklung?

Die meisten Entwicklungspsychologen erklären ihre Ergebnisse anhand eines der folgenden 3 Prinzipien: 1. das Prinzip des *Wachstums,* 2. das Prinzip der *Reifung* und 3. das Prinzip des *Lernens.* Das Prinzip des Wachstums umfaßt Veränderungen der Körperstruktur und der Organe, und zwar Veränderungen in bezug auf Form, Größe, Anzahl, Lage und Position. Der Ausdruck Reifung bezeichnet die Entwicklung von Reflexen, Instinkten oder anderen ungelernten Verhaltensweisen. Die Prinzipien des

Wachstums und der Reifung sind biologischer Art. Die Vererbung hat dabei eine erhebliche Steuerungsfunktion über diese Entwicklungsprozesse; ihr scheint bisweilen ein größerer Einfluß zuzukommen als den Umwelteinflüssen.

Die Prinzipien des Lernens beziehen sich außer auf den Bereich des traditionellen Konditionierens und der Extinktion auch auf den Bereich des schulischen Lernens und anderer Umwelteinflüsse. Über die relativen Einflüsse des Lernens und der Vererbung auf die Entwicklung ist es in der Vergangenheit zu intensiven Kontroversen gekommen. Heute akzeptieren die meisten Psychologen einen *interaktionistischen Standpunkt,* d. h. daß Vererbung und Umwelteinflüsse sich wechselseitig beeinflussen. Beide Einflußgrößen gelten heute als notwendig; ein Einflußfaktor allein erscheint als nicht hinreichend. Selbst diejenigen, die der Vererbung den größten Einfluß zusprechen, gestehen zu, daß auch die Umwelt einen gewissen Einfluß ausübt (Jensen 1977); selbst radikale Behavioristen gestehen ein, daß mit Umwelteinflüssen nicht alles erklärt werden kann (Skinner 1974). Die Vererbung setzt der Entwicklung potentielle Grenzen, aber die Umwelt ist für den Grad der Annäherung an diese Grenzen ausschlaggebend.

Traditionelle Gesichtspunkte

Die heutige Entwicklungspsychologie der Lebensspanne ("life-span developmental psychology") umfaßt das ältere Gebiet der Kinderpsychologie und der psychologischen Gerontologie oder *Gerontopsychologie* (Psychologie des Alterns). Offensichtlich war sie jedoch stärker von der Kinderpsychologie als von der Gerontopsychologie beeinflußt. Die Entwicklung der modernen Kinderpsychologie geht auf 4 unterschiedliche Traditionen zurück, für die die Arbeiten von Watson, Freud, Piaget und Binet repräsentativ sind.

Watsons Ansatz, der *Behaviorismus,* spiegelt die Linie von der Philosophie Lockes im 17. Jahrhundert bis hin zu den Arbeiten von Pawlow wider (in dieser Tradition steht auch Skinner). Der Behaviorismus vertritt die Ansicht, daß es das Verhalten (die beobachtbare Handlung) in der physikalischen Welt ist, das einer Entwicklung unterliegt. Die Ursachen der Veränderung des Verhaltens liegen in der Umwelt: „Geben

Sie mir 12 gesunde, körperlich wohlgestaltete Säuglinge und lassen Sie mich die Umwelt, in der sie aufwachsen sollen, selbst gestalten, dann garantiere ich Ihnen, daß ich, wenn ich irgendeines der Kinder zufällig auswähle, es zu einem Spezialisten meiner Wahl ausbilden kann – einem Arzt, Rechtsanwalt, Künstler, Geschäftsführer, ja sogar zu einem Bettler oder Dieb, ohne Rücksicht auf seine Talente, Neigungen, Vorlieben, Fähigkeiten oder seine rassische Herkunft" (Watson 1925, S. 82).

Obgleich diese Aussage häufig bespöttelt wird und Watson als unbarmherziger „Möchte-gern-Gedankenmanipulator" karikiert wird, enthält sie dennoch eine bewunderswert optimistische Einstellung zum menschlichen Entwicklungspotential, unabhängig von möglichen Unterschieden in der genetischen Veranlagung. Ein zeitgenössischer Behaviorist sagt dazu: „Es müßte nur eine beträchtliche Anzahl von Programmen zur Veränderung der Umwelt vorhanden sein, ... um eine Person auf einen bestimmten, vorhersagbaren Entwicklungsstand bringen zu können. Das ist im Prinzip eine gute Sache ..., falls sie sich realisieren läßt. Das könnte nämlich bedeuten, daß es zur Erreichung eines wünschenswerten Verhaltensziels kaum jemals zu spät – oder zu früh – wäre" (Baer 1970, S. 244). Die Behavioristen haben also eine optimistische Erwartung darüber, daß sich genetische Grenzen durch gezielte Gestaltung der Umwelt weitgehend überwinden lassen, auch wenn sie heute bei weitem nicht mehr so optimistisch sind wie einst Watson.

Freuds *psychodynamische Theorie* der Persönlichkeitsentwicklung repräsentiert den genetischen Standpunkt, der seinen Ursprung in den Arbeiten Darwins hat und den auch Erikson neuerdings theoretisch vertreten hat. In dieser Sicht bedeutet Entwicklung eine Entfaltung aufeinanderfolgender Strukturen und Funktionen: die der körperlichen Organe und ihrer Funktionen in biologischer Hinsicht, die der geistigen Strukturen und ihrer Funktionen in psychologischer Hinsicht. Freud und Erikson führen die Entwicklung nicht direkt auf die Wirksamkeit der Gene zurück, jedoch ist ihre Betonung der biologischen Grundlagen des frühkindlichen Verhaltens wie auch der Bedeutsamkeit der frühen Erfahrung für die spätere Entwicklung eindeutig im Ansatz darwinistisch.

Piagets *kognitives Modell* hat seinen Ursprung in

der Philosophie Rousseaus, wonach Entwicklung ein Reifungsprozeß ist, der durch „innerorganismische" Kräfte bestimmt wird. Nach Piaget verläuft die Entwicklung in definiten Phasen, die sich jeweils durch einen bestimmten Denkstil charakterisieren lassen, oder, in der Terminologie Piagets, durch „Strukturen kognitiver Operationen". Im Verlauf der Entwicklung verändern sich die Struktur und das Gefüge der kognitiven Operationen; einige werden im Verlauf der Entwicklung neu erworben, andere unverändert aus vorangegangenen Phasen übernommen, wieder andere werden zwar unverändert beibehalten, erhalten jedoch eine neue Funktion. Denselben Standpunkt nimmt auch Kohlberg ein, dessen Theorie der moralischen Entwicklung wir später kennenlernen werden.

Binet ist durch seinen *psychometrischen Ansatz* und die Konstruktion von Intelligenztests bekannt geworden. Mit zunehmender Verfeinerung von Testmethoden und der Testkonstruktion entwickelte sich auch die praktische Anwendung von Tests zu einer eigenen theoretischen Richtung innerhalb der Psychologie, der Testtheorie, was dazu führte, daß man nun Tests dazu einsetzte, um Normen zu erstellen, denen zwar auf den ersten Blick keine praktische Bedeutung zuzukommen schien, die jedoch von großem Wert für die Theorien der Entwicklung werden sollten.

Alter und Phasen

Das zentrale Konzept, das die Entwicklungspsychologie von anderen Disziplinen der Psychologie unterscheidet, ist das *Alter*. Seine Rolle wird in standardisierten Formeln zur Repräsentation von Entwicklung, wie z.B. der folgenden, erkennbar: $B = f(H, E_{t_1}, E_{t_2})$.

Die in dieser Beziehung verwendeten Zeichen haben folgende Bedeutung:
B Verhalten ("behavior");
f mathematisches Symbol für eine funktionale Beziehung;
H Vererbung ("heredity");
E_{t_1} vergangene Umweltereignisse ("environment");
E_{t_2} gegenwärtige Umweltereignisse.

Das Alter ist repräsentiert durch die verstrichene Zeit, dargestellt durch die Indizes t_1 und t_2.

Eine derartige Symbolisierung der Zeit hat zur Folge, daß man sie nicht als eine kausale Variable, sondern als eine *Indexvariable* interpretieren darf. Wenn auch der Volksmund sagt: „Die Zeit heilt alle Wunden", so wissen demgegenüber Ärzte, daß ein Heilungsvorgang auf physiologische Prozesse zurückzuführen ist. Heilungsprozesse bringen die Zeit ins Spiel, weil sie eine gewisse Zeit benötigen, um zu ihrem Abschluß zu kommen, aber Zeit ist natürlich nicht Ursache der Heilung. Alter kann man als Synonym für Zeit betrachten – die Zeit, die seit der Geburt verstrichen ist –, entsprechend kann auch das Alter nicht eine Ursache für irgend etwas sein. Auch wenn das Alter in entwicklungspsychologischen Untersuchungen als unabhängige Variable fungiert, so ist dies nicht im Sinne einer kausalen Variablen zu verstehen, sondern im Sinne einer Indexvariablen.

Die Verwendung des Alters als Indexvariable führt zu einem weiteren Interpretationsproblem: Alter repräsentiert Zeit, und Zeit ist eine kontinuierliche Größe. Obgleich wir sie in diskrete Abschnitte einteilen, können wir diese ja in immer kleinere Segmente unterteilen: Monate statt Jahre, Sekunden statt Minuten. Daraus folgt, daß das Alter ebenfalls kontinuierlich ist. Aus der Verwendung von Alter als einer Indexvariablen folgt dann aber, daß indizierte kausale Variablen ebenfalls kontinuierlich sind, wie es das im Beispiel des Heilungsprozesses der Fall war.

Kontinuierliche kausale Variablen bewirken somit kontinuierliche Veränderungen, wie zum Beispiel körperliches und geistiges Wachstum. Das körperliche Wachstum steht beispielsweise im Zusammenhang mit metabolischen Vorgängen und dem Zellwachstum, das geistige Wachstum mit Erfahrung oder Lernprozessen. In beiden Fällen sind die kausalen Variablen kontinuierlich und das Wachstum setzt sich fort, bis eine physiologische Grenze erreicht ist oder bis die kausalen Variablen ihre Wirkung einstellen, weil bestimmte Veränderungen der Umwelt aufgetreten sind.

Viele Entwicklungspsychologen glauben aber gerade im Gegenteil, daß die kausalen Variablen *diskontinuierlich* sind und sich in ihrer Qualität und nicht nur in ihrer Quantität verändern. Um zwingende Konsequenzen zu umgehen, die aus dem Konzept einer „diskontinuierlichen Veränderung" folgen, verwenden sie anstelle des Konzepts Alter das Konzept der *Phase* als unabhängige Variable. Dieses Konzept impliziert, daß Veränderungen diskontinuierlich und qualitativ sind. Am Beispiel der Beziehung zwischen einer Mutter und ihrem Kind soll dies verdeutlicht werden. Die Beziehung der Mutter zu ihrem Säugling ist qualitativ andersartig als die Beziehung zum (ungeborenen) Fetus. Das Neugeborene ist, verglichen mit dem Fetus, nicht nur in einem geringeren Ausmaß abhängig – was ja einer quantitativen Veränderung entspräche – sondern es ist auf eine qualitative Art und Weise abhängig. Die Phasentheorie besagt somit, daß in bestimmten Phasen ein bestimmtes Verhalten auftritt, weil bestimmt Ursachen dafür vorliegen.

Das Konzept der Phasen

Das Phasenkonzept wird von den Entwicklungspsychologen in zweierlei Weise verwendet. Zum einen im Sinne einer Diskontinuität, also einer eher *eng umschriebenen Bedeutung,* wie dies oben dargestellt wurde. Als Beispiel aus der Biologie könnten die Phasen der Entwicklung eines Insekts dieses verdeutlichen: Ei, Raupe, Kokon, erwachsenes Insekt. Ein Beispiel aus der Entwicklungspsychologie wäre die Entwicklung der Lokomotion: sitzen, krabbeln, stehen, gehen, laufen. Jede einzelne dieser Phasen unterscheidet sich qualitativ von den anderen. Die Auslegung des Begriffs Phase in diesem eher engen Sinne bedeutet gleichzeitig, daß die Phasen in einer festgelegten Reihenfolge aufeinander folgen; das sich entwickelnde Individuum kann keine Phase überspringen und die Phasen nicht in irgendeiner anderen Reihenfolge durchlaufen. Diese strenge Auffassung des Phasenkonzepts findet sich auch in Piagets Theorie der kognitiven Entwicklung und in Kohlbergs Theorie der moralischen Entwicklung.

Die zweite, vergleichsweise *weite Fassung* des Phasenkonzepts, steht konventionell als kurzer Ausdruck für das Alter, die Umwelt oder die Interessen und Aktivitäten eines Kindes zu einer bestimmten Zeit. Beispiele hierfür wären: „Das Kind ist jetzt im Alter des Zahnens", was soviel bedeutet, daß ein Alter erreicht ist, in dem gewöhnlich die Zähne das Zahnfleisch durchstoßen; „Das Kind ist in der analen Phase", bedeutet soviel wie: Das Kind ist zur Zeit seiner Sauberkeitserziehung von dem Prozeß des Aus-

scheidens seiner Exkremente sehr angetan und freut sich darüber, diese Vorgänge kontrollieren zu können. Sowohl in Freuds Theorie der psychosexuellen Entwicklung als auch in Eriksons Theorie der psychosozialen Entwicklung wird das Phasenkonzept in diesem eher weit gefaßten Sinn verwendet.

Entwicklungsphasen der Lebensspanne

Die menschliche Lebensspanne wird gewöhnlich in Phasen eingeteilt, wie sie in Tabelle 3.1 aufgeführt sind.

Diese Phasen wurden ursprünglich dem Alter entsprechend definiert und waren somit „Phasen" in einer eher schwachen Bedeutung, die in etwa der von „Alter" entspricht, wie sie Freud und Erikson verwendeten. Erst als Piagets Werk über die kognitive Entwicklung und Kohlbergs Arbeiten zur moralischen Entwicklung zu einer Entdeckung identischer Phasen in dem präzisierten Verständnis von „Phase" als Veränderungen in Ursache und Struktur geführt hatten, war der eng definierte Phasenbegriff geboren.

Die Übereinstimmung zwischen verschiedenen Phasenlehren reicht noch weiter: auch die etwas weiter gefaßten Phasen in Freuds psychosexueller Entwicklung und in Eriksons Analyse psychosozialer Krisen passen recht gut in das gleiche Grundmuster. Es muß jedoch beachtet werden, daß durch das Alter in der zweiten Spalte nur die Abgrenzung der Phasen in der ersten Spalte der Tabelle definiert wird. Für alle 4 in der Tabelle dargestellten Theorien gilt, daß die Phasen durch die Art der psychologischen oder sozialen Prozesse umschrieben werden und daß die Altersbereiche nur grobe Normenbereiche angeben.

Die Tabelle beginnt in der pränatalen Phase mit der Empfängnis, obwohl die Entwicklungspsychologie der Lebensspanne gewöhnlich ihren Ausgangspunkt bei der Geburt wählt. Dies wird damit begründet, daß nur sehr wenig über die Entwicklung vor der Geburt bekannt ist und noch weniger über die Einflüsse der pränatalen Entwicklung auf das spätere Verhalten. Der Anfangspunkt der Tabelle ist jedoch willkürlich gewählt. Eigentlich könnte sie mit einer Phase „vor der Empfängnis" beginnen, da Erbfaktoren, Persönlichkeitsmerkmale und andere Faktoren der Person, die einmal das Kind empfängt,

Tabelle 3.1. Entwicklungsphasen der Lebensspanne

Phase	Alter	Hauptmerkmale	Kognitive Phase (Piaget)	Psychosexuelle Phase (Freud)	Psychosoziale Phase (Krisen) (Erikson)	Moralische Stufe (Kohlberg)
Pränatale Phase	Empfängnis bis Geburt	Körperliche Entwicklung	—	—	—	—
Säuglingsalter	Normalgeburt bis 18. Monat	Bewegung; einfache Sprache; soziale Anhänglichkeit	Sensumotorische Intelligenz	Orale, anale Phase	(Ur-)Vertrauen vs. (Ur-)Mißtrauen	Prämoralische Stufe 0
Frühe Kindheit	18 Monate bis etwa 6. Lebensjahr	Sprache gut entwickelt; geschlechtsspezifische Unterschiede; Gruppenspiele; Vorbereitung auf die Schule	Präoperationale Stufe	Phallische, ödipale Phase	Autonomie vs. Scham und Zweifel	Gehorsam und Strafe Stufe 1 Wechselbeziehung Stufe 2
Späte Kindheit	6 bis 13 Jahre	Viele kognitive Fähigkeiten wie beim Erwachsenen, mit Ausnahme der Durchführungsgeschwindigkeit; Mannschaftsspiele	Konkret-operationale Stufe	Latenzzeit	Leistung vs. Minderwertigkeitsgefühl	„Gutes" Kind Stufe 3
Jugend	13 bis etwa 20 Jahre	Pubertät und Geschlechtsreife; höchste kognitive Entwicklung; Unabhängigkeit von den Eltern; sexuelle Beziehungen	Phase der formalen Operationen	Genitale Phase	Identität vs. Rollendiffusion	Gesetz und Ordnung Stufe 4
Junger Erwachsener	20 bis etwa 45 Jahre	Beruf und Familie			Intimität vs. Isolierung	Vertragsmoral Stufe 5
Mittleres Alter	45 bis etwa 65 Jahre	Berufsziel erreicht; Selbsteinschätzung; „Leeres-Nest"-Krise; Pensionierung			Zeugende Fähigkeit vs. Stagnation	Gewissensgrundsätze Stufe 6 und 7, beide selten
Hohes Alter	65 bis Tod	Erreichtes wird genossen; Abhängigkeit; Partnerverlust; schlechte Gesundheit			Ichintegrität vs. Verzweiflung	—
Tod	—	Eine Phase in einem besonderen Sinn (s. Text)	—	—	—	—

einen großen Einfluß auf die Entwicklung des Kindes haben.

In Tabelle 3.1 wird der Tod als die letzte Phase des Lebens angegeben. Man kann den Tod legitimerweise als Phase bezeichnen, da er auch frühere Entwicklungsphasen stark beeinflußt. Wie wir später sehen werden, ist die Verarbeitung der Unausweichlichkeit des eigenen Todes im Verlauf der Entwicklung eine wichtige Aufgabe. So wie auch das noch nicht gezeugte Kind von den Ereignissen vor der Empfängnis beeinflußt wird, übt auch ein schon Verstorbener noch Einflüsse auf Verhalten und Erleben der Hinterbliebenen aus. Beispiele dafür, daß einige Personen einen größeren Einfluß auf das Denken späterer Generationen hatten als auf ihre eigenen Zeitgenossen, sind z.B. Jesus, Galilei oder Martin Luther. Es gibt also eine Art psychologischer Kontinuität, die über die Lebensspanne eines einzelnen Individuums hinausreicht.

Untersuchungsmethoden der Entwicklungspsychologie

Diese Untersuchungsmethoden lassen sich in 3 Klassen einteilen: Querschnitt-, Längsschnitt- und Sequenzstudien. In *Querschnittstudien* werden Gruppen verschiedenen Alters miteinander verglichen. Ein großer Vorteil dieser Methode ist der, daß sämtliche Altersgruppen im Rahmen einer einzelnen Untersuchung erfaßt werden können. Das Hauptproblem dieser Methode besteht darin, daß sich die Gruppen nicht nur hinsichtlich des Alters, sondern auch hinsichtlich ihres jeweiligen Geburtsjahres unterscheiden. Diese unterschiedlichen Geburtsjahrgänge könnten in einem systematischen Zusammenhang mit unterschiedlichen sozialen Bedingungen, Erziehungsmethoden, politischen Strömungen und mit anderen Variablen stehen, so daß die Untersuchungsergebnisse hierdurch stark beeinflußt werden könnten. Individuen, die sich in einer ganz bestimmten Art und Weise voneinander unterscheiden, werden unterschiedlichen „Kohorten" zugeteilt. So gehören Personen, die zu unterschiedlichen Zeiten geboren wurden, zu unterschiedlichen Geburtskohorten, die gewöhnlich durch das Geburtsjahr, u. U. aber auch durch den Geburtsmonat oder den Tag der Geburt definiert sind. Das Problem

der Querschnittmethode besteht demnach darin, daß Alter und Kohorte konfundiert, d.h. fälschlicherweise miteinander verwoben sein können und die Altersgruppen aus unterschiedlichen Geburtskohorten stammen.

Im Rahmen von *Längsschnittuntersuchungen* werden Individuen aus einer Geburtskohorte über längere Zeit wiederholt untersucht. Ein Vorteil dieser Methode besteht darin, daß altersbedingte Veränderungen nicht durch Unterschiede zwischen den Kohorten konfundiert werden können, da nur eine Kohorte untersucht wird. Ein großes Problem ergibt sich allerdings dann, wenn die untersuchte Altersspanne sehr groß ist und somit die Dauer der Untersuchung praktisch eine kaum noch zu bewältigende Größenordnung annimmt. Ein anderes Problem ergibt sich dadurch, daß sich mögliche Unterschiede zwischen den Kohorten nicht erkennen lassen. Da nur eine Kohorte untersucht wird, ist die Generalisierbarkeit der Ergebnisse nicht abschätzbar.

Beispielsweise könnte eine Kohorte, die in Zeiten einer wirtschaftlichen Krise aufgewachsen ist, bestimmte Eigenschaften aufweisen, die typisch für diese Zeit sind, nicht aber für frühere oder spätere Kohorten. Ein weiteres Problem ergibt sich dadurch, daß durch die Untersuchungswiederholung die Ergebnisse in einer bestimmten Art und Weise beeinflußt werden können. Dieser Effekt ist aber leicht dadurch zu kontrollieren, daß verschiedene Untersuchungsgruppen unterschiedlich oft untersucht werden. Unterschiede zwischen den Gruppen geben dann einen Hinweis auf den Einfluß, den die Untersuchungswiederholung ausübt.

Im Rahmen von *Sequenzstudien* werden wiederholt mehrere unterschiedliche Geburtskohorten über eine Reihe von Jahren untersucht. Die Geburtskohorten werden so ausgewählt, daß zum Ende der Untersuchung die gesamte Altersspanne überprüft wird und die Kohorten sich hinsichtlich des Alters überschneiden. Somit umgehen die Sequenzstudien das Problem der Querschnittstudien – die Konfundierung von Alter und Kohorte – indem sie mehrere Kohorten in verschiedenen Altersklassen untersuchen, sie vermeiden damit gleichzeitig auch das Problem der Generalisierbarkeit von Längsschnittstudien. Aufgrund der Überschneidungen der Altersklassen vermeiden Sequenzstudien auch das Hauptproblem der Längsschnittstudien, nämlich den großen Zeitaufwand (s. „Unter der Lupe").

Große Unterschiede zwischen den Kohorten, wie sie „Unter der Lupe" dargestellt sind, werden im Rahmen der Querschnittstudien mit altersbedingten Veränderungen konfundiert. Da es sich bei den meisten Untersuchungen im Bereich der Entwicklungspsychologie um Querschnittstudien handelt, könnten solche Effekte, die meist dem Alter zugeschrieben werden, in Wirklichkeit auf Unterschiede zwischen den Kohorten beruhen. Solche Kohortenunterschiede sind ein Teil der individuellen Unterschiede im Verlauf der Entwicklung, und einige Psychologen halten sie sogar für interessanter als altersbedingte Veränderungen. Welcher der beiden Effekte auch immer größeres Interesse weckt, das Problem bleibt bestehen, sie erst voneinander unterscheiden zu müssen.

Entwicklungspsychologen strukturieren ihr Untersuchungsmaterial gewöhnlich nach 2 verschiedenen Aspekten: entweder nach bestimmten Altersabschnitten oder nach bestimmten Prozessen. Eine Einteilung nach bestimmten Altersabschnitten ist v.a. dann angebracht, wenn eine Theorie mit eng umschriebenen Phasen vorliegt; sie ist aber in jedem Fall immer dann von Nutzen, wenn gezeigt werden soll, daß unterschiedliche Prozesse während eines bestimmten Alters miteinander in Beziehung stehen. Eine prozeßorientierte Einteilung ist insbesondere dann angebracht, wenn unterschiedliche Prozesse auf unterschiedliche Alterstrends hinweisen oder mit verschiedenen Entwicklungsprozessen einhergehen.

Die folgenden Unterabschnitte sind prozeßorientiert gegliedert, so daß Entwicklungstrends und -prinzipien deutlicher werden können.

Jene Prozesse, die im Verlauf der Entwicklung bestimmten Veränderungen unterliegen, können – wenn auch etwas willkürlich – in 4 allgemeine Kategorien eingeteilt werden: biologische und physiologische, motorische und perzeptive, kognitive und intellektuelle sowie soziale und persönlichkeitsbedingte Veränderungen. Wir werden im folgenden versuchen, einige der grundlegenden Veränderungen innerhalb dieser Kategorien zu untersuchen und einige Variablen näher zu beschreiben, die diese Veränderungen bewirken. Es wird jedoch keine vollständige Beschreibung oder Analyse der Veränderungen in den einzelnen Kategorien

angestrebt, sondern in einem Überblick gezeigt, welche Veränderungen und Ursachen dieser Veränderungen die Entwicklungspsychologie untersucht.

Unter der Lupe

Kohorteneinflüsse können größer sein als Alterseinflüsse

Nesselroade u. Baltes (1974) untersuchten im Rahmen einer Sequenzstudie Veränderungen bestimmter Fähigkeiten und Persönlichkeitsmerkmale von Jugendlichen. Die Untersuchungsanordnung kann der Abbildung entnommen werden, die einige Ergebnisse zeigt.

Die Untersuchungsleiter wählten Jugendliche aus den Geburtskohorten 1954, 1955, 1956 und 1957 aus. Im Jahre 1970, als die Untersuchung begann, waren die Kohorten 12, 13, 14 oder 15 Jahre alt. Jede Kohorte unterzog sich 1970, 1971 und 1972 einer Reihe von Intelligenz- und Persönlichkeitstests. In der Abbildung sind die Ergebnisse eines Leistungsmotivationstests dargestellt. Zu beachten ist, daß zu jedem einzelnen Zeitpunkt der Testdurchführung die

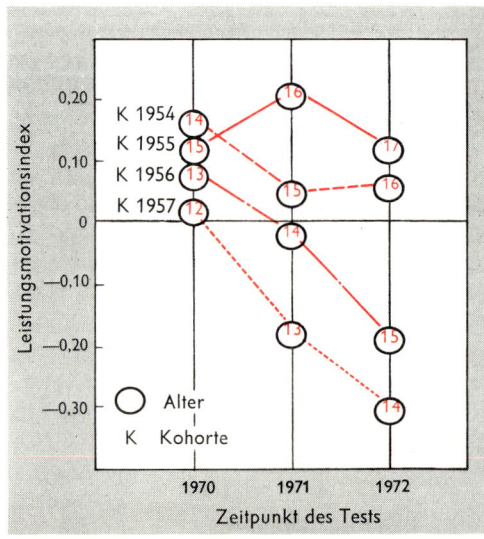

Veränderung der Leistungsmotivation in verschiedenen Kohorten. (Nach Nesselroade u. Baltes 1974)

Studie einen Querschnitt ermittelt, da die 4 verschiedenen Altersgruppen sich aus 4 verschiedenen Geburtskohorten zusammensetzen. Für jede Kohorte hingegen ähnelt die Untersuchung einer Längsschnittstudie, da jede Kohorte zu 3 verschiedenen Zeitpunkten untersucht wurde. Als Ganzes ist die Untersuchung als eine Sequenzstudie zu bezeichnen, durch die eine Altersspanne von 12–17 Jahren bei einer Untersuchungsdauer von nur 3 Jahren erfaßt wird. Weiterhin war die Untersuchung so aufgebaut, daß zum Ende der Studie jede Kohorte eine Altersüberschneidung von 2 Jahren mit einer anderen aufwies. Dadurch war es möglich, altersunabhängige Unterschiede zwischen den Kohorten zu ermitteln. Wie der Abbildung zu entnehmen ist, zeigt sich bei den jüngeren Kohorten – 1956 und 1957 – mit zunehmendem Alter ein starker Abfall der Leistungsmotivation, während die Kennwerte der beiden älteren Kohorten – 1954 und 1955 – eher stabil bleiben. Somit weist diese Studie große Unterschiede zwischen den Geburtskohorten auf, die altersmäßig nur 1 Jahr auseinander liegen. Einige Vergleiche anhand der Abbildung deuten sogar darauf hin, daß bei einem Altersunterschied von nur 1 Jahr zwischen je 2 Kohorten größere Veränderungen auftreten als bei demselben Altersunterschied innerhalb derselben Kohorte. So ist z.B. der Unterschied zwischen den 14jährigen Jugendlichen, die 1955 geboren wurden (1970 waren sie 14 Jahre alt), und den 14jährigen Jugendlichen, die 1956 geboren wurden (1971 waren sie 14 Jahre alt), größer als der Unterschied in der Kohorte von 1956, wenn man sie im 13. Lebensjahr (1970) und im 14. Lebensjahr (1971) untersucht. Ähnliches gilt für die Kohorte von 1955, wenn man die Jugendlichen zwischen dem 14. (1970) und dem 15. Lebensjahr (1971) vergleicht. Es wäre vielleicht ganz angebracht, wenn heute 16jährige gegenüber den heute 14jährigen als „ältere Generation" bezeichnet würden.

Biologische und physiologische Entwicklung

Viele biologische und physiologische Prozesse verändern sich im Verlauf der Entwicklung, jedoch sind Wachstumsraten und -muster nicht für alle physiologischen Strukturen gleich. Andererseits gibt es ein Muster, das als *allgemeine Wachstumskurve* bezeichnet wird, weil es die Veränderung einer Vielzahl verschiedenartiger Strukturen kennzeichnet. Die Wachstumskurve repräsentiert Veränderungen von biologischen und physiologischen Merkmalen, wie z.B. der Größe oder des Körpergewichts; sie läßt sich auch bei einigen psychologischen Charakteristika zeigen, wie z.B. der Entwicklung der Intelligenz.

Einfluß der Ernährung

Über die Gene übt die Vererbung eine nahtlose Steuerung des körperlichen Wachstums aus und führt zu der deutlichen physischen Ähnlichkeit (am augenfälligsten bei eineiigen Zwillingen). Die Gene wirken sich jedoch nicht in einem luftleeren Raum, sondern in einer konkreten Umwelt aus, so daß die Umwelt ihrerseits den genetischen Einfluß erheblich modifizieren kann. So ist z.B. richtige Ernährung ein Umweltfaktor, der einen ganz wesentlichen Einfluß auf das Körperwachstum ausübt.

Mangelernährung führt zu körperlicher wie auch zu geistiger Fehl- oder Unterentwicklung. Ihre Auswirkungen können jedoch z.T. durch eine angemessene Diät wieder kompensiert werden. Der menschliche Säugling verfügt über eine erstaunliche Fähigkeit, sich von physischen Beeinträchtigungen (etwa durch Mangelernährung) wieder zu erholen. Ähnlich verhält es sich bei psychischen Schädigungen, wie sie beispielsweise durch mangelnde soziale Stimulation oder Isolation verursacht werden können (Kagan 1978). Das Ausmaß einer derartigen Erholung ist jedoch von verschiedenen Faktoren abhängig, z.B. Dauer, Intensität und Zeitpunkt der Entwicklungsstörung. Während eine lange schwere Unter- oder Fehlernährung zu einer bleibenden Retardierung führt, ist der Einfluß kurzzeitiger und begrenzter Unterernährung meist vollständig kompensierbar (Herrera 1978, Kessen et al. 1970).

Der Zeitpunkt, zu dem eine Mangelernährung auftritt, scheint ebenfalls von großer Bedeutung zu sein; besonders schwerwiegende Folgen können dann eintreten, wenn dies in Perioden forcierten Wachstums auftritt. So führt z.B. eine Unterernährung in der pränatalen Phase zu einer schweren Retardierung der Gehirnentwicklung. Mögliche Verallgemeinerungen werden jedoch durch die Tatsache erschwert, daß männliche Säuglinge anfälliger für Umwelteinflüsse sind als weibliche. Dieser Effekt tritt bei allen Säugetieren auf, die in diesem Zusammenhang untersucht worden sind (Tanner 1970), was in Einklang mit anderen körperlichen Geschlechtsunterschieden steht: Das weibliche Geschlecht ist allgemein gesünder und lebt länger als das männliche (Whelan 1978).

Entwicklung von Geschlechtsunterschieden

Zum Zeitpunkt der Geburt ist das Verhältnis Jungen : Mädchen = 106:100. Die vorgeburtliche Sterblichkeitsrate durch Fehlgeburten ist für das männliche Geschlecht größer, und man schätzt, daß zum Zeitpunkt der Konzeption ein Verhältnis von 100 Mädchen zu etwa 130–150 Jungen besteht.

Der zahlenmäßige Überhang des männlichen Geschlechts sinkt jedoch bei zunehmendem Alter der Mutter. Bei 15jährigen Müttern besteht ein Verhältnis von 163 männlichen zu 100 weiblichen Kindern, bei 20jährigen Müttern 120 zu 100, bei 30jährigen 112 zu 100 und bei 40jährigen 91 zu 100. Eine mögliche theoretische Erklärung hierfür ist die, daß die Samenzellen, in denen sich die Y-Chromosomen befinden, kleiner sind als diejenigen, die die X-Chromosomen enthalten, und sie sich deshalb schneller fortbewegen können, daß sie aber andererseits nur für kürzere Zeit lebensfähig sind. Tritt die Befruchtung während der Ovulation auf, ist die Wahrscheinlichkeit, daß das Ovum, das immer ein X-Chromosom besitzt, durch eine Samenzelle mit einem Y-Chromosom befruchtet wird, größer; es wird also eine männliche Frucht entstehen. Tritt die Befruchtung aber 2–3 Tage vor der Ovulation ein, ist es umgekehrt wahrscheinlicher, daß sich eine der längerlebigen Samenzellen mit X-Chromosom durchsetzt und die Frucht weiblich wird. Es wird weiterhin angenommen, daß die Befruchtung bei den jüngeren Frauen eher zum Zeitpunkt der Ovulation auftritt, weil sie sexuell aktiver sind als die älteren Frauen.

Während der gesamten Lebensspanne ist die Sterblichkeitsrate bei Männern größer als bei Frauen, wobei die Unterschiede im Jugendalter und im mittleren Erwachsenenalter am größten sind. In der Altersstatistik fällt die Sterblichkeitsrate der Männer erst bei der Altersgrenze 100 unter die der Frauen. Die Selbstmordrate bei Männern ist in jedem Lebensalter größer als bei den Frauen. Allgemein ist die Lebenserwartung von Frauen größer als die der Männer. Dies trifft nicht nur für Menschen, sondern auch für viele andere Arten zu. Ganz generell scheint das Leben an das männliche Geschlecht härtere Anforderungen zu stellen als an das weibliche.

Obgleich die Verlaufsform der allgemeinen Wachstumskurve für Mädchen und Jungen gleich ist, treten einige spezifische Veränderungen bei den Geschlechtern zu unterschiedlichen Zeitpunkten auf. Abbildung 3.3 zeigt beispielsweise, daß Jungen allgemein ein höheres Gewicht haben als Mädchen.

Das Geburtsgewicht bei Jungen beträgt durchschnittlich 160 g mehr, das Körperwachstum ist ca. 1 cm größer als bei Mädchen. Dieser Unterschied bleibt im Prinzip bis zur Zeit zwischen dem 12. und 15. Lebensjahr bestehen; danach sind Mädchen im Durchschnitt schwerer und größer als Jungen. Diese Trendumkehrung tritt v.a. deshalb auf, weil der „präadoleszente Wachstumsschub" bei Mädchen etwa 2 Jahre früher einsetzt als bei Jungen. Hat dieser Wachstumsschub dann auch bei den Jungen stattgefunden, holen sie gegenüber den Mädchen auf und sind dann wieder schwerer und größer. Vor diesem Hintergrund wird es plausibel, daß Jungen es als störend empfinden, wenn die Mädchen in ihrer Schulklasse größer sind, da innerhalb der Sozialstruktur von Kindern, insbesondere der Jungen, das Ansehen eher vom Alter als von der sozialen Position oder von bestimmten Fähigkeiten abhängt (im Gegensatz zu den Erwachsenen, bei denen v.a. die soziale Position oder bestimmte Fähigkeiten den jeweiligen sozialen Status ausmachen). Da die Körpergröße mit dem Alter einhergeht, sind ältere Kinder gewöhnlich auch größer, so daß schließlich auch das Ansehen mit der Körpergröße korreliert. Entgegen den Erwartungen sind Jungen im Alter zwischen 12 und 14 Jahren gegen-

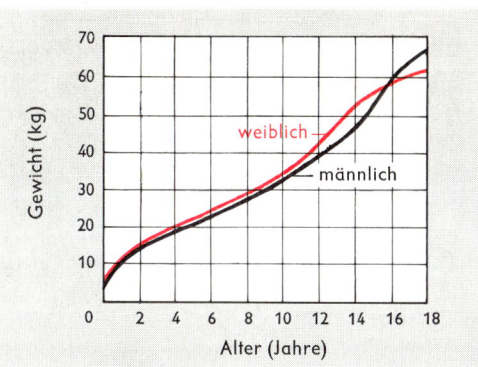

Abb. 3.3. Körperliches Wachstum beim Menschen zwischen Geburt und dem 18. Lebensjahr. Viele andere physiologische und psychologische Eigenschaften zeigen denselben Verlauf. (Nach Scammon 1930)

über Mädchen weniger feindselig eingestellt als dies umgekehrt der Fall ist (Reese 1966).

Außer der Körpergröße bestehen noch weitere körperliche Unterschiede zwischen den Geschlechtern. Sind z.B. Jungen in allen grobmotorischen Fertigkeiten den Mädchen überlegen, besitzen diese wiederum größere Fähigkeiten im Bereich der Feinmotorik und der Auge-Hand-Koordination; zudem sind die Jungen nach dem 6. Lebensjahr allgemein kräftiger als die Mädchen. Diese Unterschiede sind auf Wirkungen im Bereich der praktischen Erfahrung und der Motivation zurückzuführen. Andere Unterschiede haben eine physiologische Ursache: Störungen der Farbwahrnehmung treten z.B. häufiger bei Jungen auf, da eine derartige Farbfehlsichtigkeit durch ein geschlechtsspezifisches Gen vererbt wird, das bei Mädchen rezessiv und bei Jungen dominant ist. Bei den Mädchen findet man eine größere Sensitivität für Geruch, Geschmack und für Tonempfindungen in höheren Tonlagen. Hirnschädigungen überwiegen bei den Jungen, da die Mädchen vermutlich weniger empfindlich gegenüber Sauerstoffschwankungen im Uterus der Mutter sind. Hyperaktivität, die anscheinend mit der „minimalen zerebralen Dysfunktion" in Zusammenhang steht, tritt ebenfalls häufiger bei Jungen auf. Auch hier nimmt man an, daß dies in Zusammenhang mit einer geschlechtsspezifischen Robustheit des Fetus gegenüber Fluktuationen von Umweltfaktoren steht.

Schon im Alter von 3 Tagen sind Mädchen anschmiegsamer als Jungen (Osofsky 1976) und werden auch häufiger gestreichelt. Diese Tendenz findet man auch bei Affen (Mitchell u. Schroers 1973). Die Zuwendung der Eltern und liebevoller Körperkontakt sind sowohl beim Menschen (Ribble 1943) als auch beim Affen (Harlow u. Suomi 1974) von besonderer Bedeutung für eine normale psychische Entwicklung. Möglicherweise erklärt dieser Unterschied teilweise, warum bei den Jungen im Vergleich zu den Mädchen häufiger emotionale und schulische Verhaltensprobleme auftreten. Jungen finden sich fast 3mal so häufig wie Mädchen in psychologischer Behandlung, sie lesen schlechter und fallen häufiger durch Stottern, Bettnässen, Tics, Undiszipliniertheit, Delinquenz und Aggression auf. Demgegenüber findet man bei Mädchen häufiger passiv-nervöse Störungen wie Nägelkauen oder Daumenlutschen.

Derartige Unterschiede beruhen natürlich weniger auf genetischer Determination als auf Umwelteinflüssen. Kinder lernen ihre jeweiligen Geschlechtsrollen. Kinder lernen die Geschlechtsrolle und die geschlechtstypischen Verhaltensweisen, die die Gesellschaft für sie vorsieht und normiert. Auch wenn sich die Auffassungen über Geschlechtsrollen in der Gesellschaft derzeit verändern, wird die männliche Geschlechtsrolle noch immer gesellschaftlich höher bewertet. Vielleicht trägt dieser Umstand insofern zu der größeren Feindseligkeit der Mädchen gegenüber den Jungen im präadoleszenten Alter bei, als die Mädchen damit ihren Ärger über die ihnen zugewiesene, niedriger bewertete Rolle ausdrücken. Vielleicht passen sich Jungen aus dem gleichen Grund auch dem männlichen Geschlechtsstereotyp zu einem bedeutend früheren Zeitpunkt an als die Mädchen an das weibliche. Derartige Unterschiede in der Entwicklung der Geschlechtsrolle treten auf, obwohl es gerade die Mutter als Trägerin der Merkmale der weiblichen Geschlechtsrolle ist, die in den frühen Lebensjahren für beide Geschlechter der entscheidende Sozialisationspartner ist. Es ist die Mutter, die Jungen ihre männliche und Mädchen ihre weibliche Geschlechtsrolle vermittelt. Durch eine veränderte Einstellung gegenüber traditionellen Geschlechtsrollentypisierungen in unserer Gesellschaft und einer größeren Beteiligung jüngerer Väter an der Erziehung der Kinder ist es aber durchaus möglich, daß sich neue Muster geschlechtstypischer emotionaler Entwicklung herausbilden können.

Veränderungen der Motorik und der Wahrnehmung

Wann fängt ein Kind an zu krabbeln? Wann beginnt es zu laufen? Wann kann es seine Flasche selbst halten, eine Stecknadel aufheben und in seinen Mund stecken? Wann beginnt ein Kind, bewußt wahrzunehmen? Wie sieht die Wahrnehmungswelt des Kindes aus? Wie verändert sich die Wahrnehmung mit zunehmendem Alter? Solche und ähnliche Fragen faszinieren den psychologischen Forscher nicht weniger als die Eltern.

Motorische Entwicklung

Im Jahre 1933 veröffentlichte Shirley seine klassische Studie über die Entwicklung der Fortbewegung bei Säuglingen. Die Studie zeigt eine Reihe von Entwicklungsphasen auf, die zum aufrechten Gang hinführen. Für die verschiedenen Entwicklungsstufen werden durchschnittliche Altersgrenzen angegeben(Abb. 3.4).

Die Durchschnittswerte können jedoch nur im Sinne grober Orientierungswerte interpretiert werden, da nur eine relativ geringe Anzahl von Kindern untersucht wurde. Die Entwicklung des Laufens erfolgt, ohne daß besondere Erziehungsanstrengungen der Eltern notwendig sind. Es lassen sich jedoch interkulturelle Unterschiede hinsichtlich des Alters feststellen, in dem die Kinder zum ersten Mal allein laufen. Diese Unterschiede zeigen, daß innerhalb verschiedener Kulturen das Laufen wie Verhaltensvorstufen dazu unterschiedlich beeinflußt und verstärkt werden. Es ist eigentlich eigenartig, daß Kinder überhaupt zu laufen beginnen. Ein Kind, das sich durch sein Krabbeln ja schließlich erfolgreich fortbewegen kann, erlebt doch bei seinen ersten Versuchen aufrecht zu gehen nur Schmerz und Enttäuschungen. Trotz zahlreicher Rückfälle macht es hartnäckig mit seinen Bemühungen weiter, bis es zuletzt in der Lage ist, allein auf beiden Beinen zu stehen oder zu laufen. Dadurch, daß es das tut, schließt es sich *aktiv* seiner Gruppe, dem aufrecht gehenden Homo sapiens an.

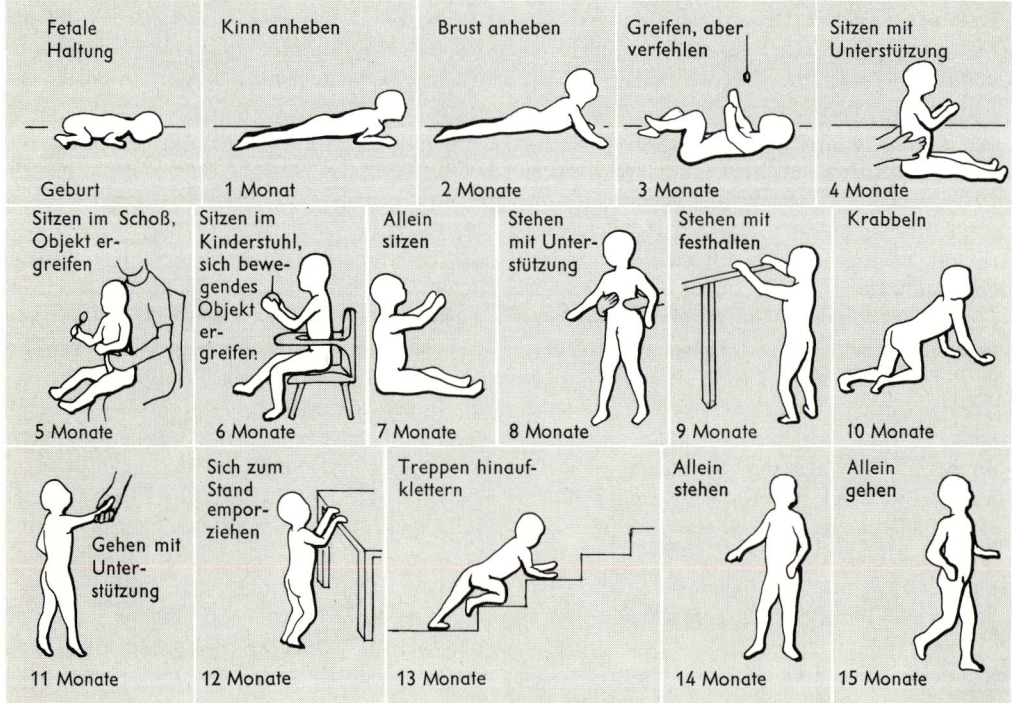

Abb. 3.4. Phasenabfolge bei der Entwicklung des Gehens

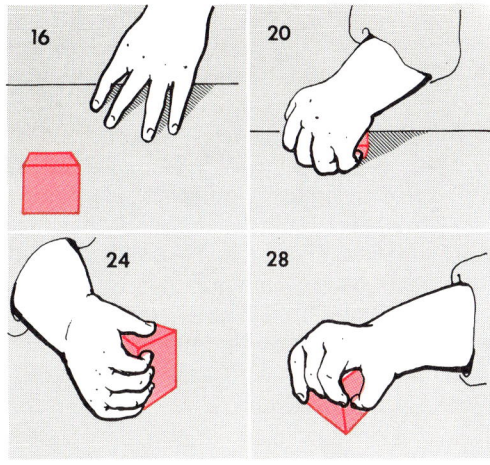

Abb. 3.5. Phasen bei der Entwicklung des zielgerichteten Greifens. Die Zahlen geben das Alter in Monaten an

Das Greifen von kleinen Objekten mit Daumen und Zeigefinger erfordert eine ganze Reihe komplexer koordinierter Bewegungen und gezielter Informationsaufnahme. Eine berühmte Studie über die Entwicklung der *Greifbewegung* (engl. "prehension") wurde im Jahre 1931 von Halverson veröffentlicht. Ähnlich wie bei der Entwicklung des Laufens läßt sich auch hier eine Sequenz verschiedener Phasen aufzeigen (s. Abb. 3.5).

Nach der Geburt ergreifen Kinder reflexartig einen Gegenstand, den man ihnen in die Hand gibt. An diesem Greifreflex sind alle Finger und die Handinnenfläche beteiligt, nur der Daumen wird dabei nicht benutzt. Bei manchen Säuglingen ist der Griff sogar stark genug, das eigene Gewicht zu tragen. Mit zunehmendem Alter wird der unwillkürliche Greifreflex schwächer und durch die willkürliche Greifbewegung ersetzt. Zunächst ist daran die ganze Hand beteiligt, aber allmählich kommt dem Zeigefinger die Hauptfunktion zu, und im Alter von etwa 5 Monaten ist die Greifbewegung des Kindes im wesentlichen von der eines Erwachsenen nicht mehr zu unterscheiden.

Entwicklung der Wahrnehmung

Die anatomischen Strukturen der meisten Sinnesorgane sind schon vor der Geburt voll entwickelt. Von welchem Zeitpunkt an sie beim Fetus oder beim Neugeborenen ihre jeweiligen Funktionen ausüben, kann nur mit Hilfe sorgfältiger Untersuchungsmethoden festgestellt werden. Die Untersuchung der sensorischen Empfindung im frühen Kindesalter ist deshalb besonders schwierig, weil sie nicht direkt erhoben werden kann – das Kind kann ja noch nicht sprachlich kommunizieren – und sie deshalb indirekt aus einer anderen Reaktion erschlossen werden muß. Es kann aber sein, daß z. B. das motorische System, mit dem auf eine Sinnesempfindung reagiert würde, noch gar nicht weit genug entwickelt ist, daß die Reaktion auftreten könnte, die eine Sinnesempfindung beantwortet. In diesem Fall wäre also nicht die sensorische Funktion unterentwickelt sondern das motorische System, das sie repräsentiert.

In der Abgeschiedenheit des Mutterleibs ist der heranwachsende Organismus nur wenigen Reizen ausgesetzt. Das Neugeborene trifft dann plötzlich auf eine viel komplexere Reizumwelt und ist für vielfältige Stimulationen sensitiv. Wie der Säugling dieses Wirrwarr von Sinneseindrücken verarbeitet, hat die Forschung stark beschäftigt.

Berührung, Temperatur und Schmerz

Der menschliche Fetus reagiert schon 6–8 Wochen nach der Konzeption auf Berührungsreize, d. h. schon zu diesem Zeitpunkt hat sich eine rudimentäre sensorische Kapazität entwickelt. Die Berührungsempfindlichkeit entwickelt sich vom Kopf ausgehend nach unten. In der 8. (pränatalen) Lebenswoche reagiert der Fetus auf Reizungen der Nase, der Lippen und des Kinns. Im Lauf der Zeit nimmt der sensitive Bereich des Körpers immer mehr zu. In der 13. bzw. 14. Lebenswoche ist der gesamte Körper berührungsempfindlich, ausgenommen der obere und hintere Teil des Schädels, der erst nach der Geburt berührungssensitiv wird. Jedoch ist das Gesicht bereits bei der Geburt stärker berührungs- und druckempfindlich als jeder andere Körperteil.

Temperaturempfindlichkeit ist ebenfalls schon vor der Geburt vorhanden. Frühgeborene z. B.

verweigern die Aufnahme falsch temperierter Milch. Sie reagieren auch auf Schwankungen der Außentemperatur und sind gegenüber Kälte empfindlicher als gegenüber Wärme.

Die Schmerzempfindlichkeit ist vor und kurz nach der Geburt allgemein niedrig; im Gesicht ist sie relativ hoch, während sie an anderen Körperregionen derart niedrig ist, daß noch während der ersten beiden Wochen nach der Geburt eine Beschneidung ohne Narkose vorgenommen werden kann. Diese zeitliche Verzögerung der Entwicklung der Schmerzempfindlichkeit ist ein biologischer Schutzmechanismus, demzufolge der Geburtsvorgang relativ schmerzlos bleibt (Carmichael 1951).

Geschmack und Geruch

Die Geschmacksempfindungen sind bei der Geburt gut entwickelt. Das Neugeborene reagiert auf süße und salzige Stimuli gewöhnlich mit Saugreflexen und auf saure oder bittere Reize mit Vermeidungsreaktionen. Der Geschmackssinn ist anscheinend schon vor der Geburt entwickelt, da auch Frühgeborene schon auf Geschmacksreize ansprechen.

Auch der Geruchssinn ist bei der Geburt schon gut entwickelt. Bei der Darbietung von Geruchsstoffen können bestimmte Veränderungen der Körperaktivität und der Atmung beobachtet werden. Untersuchungen haben gezeigt, daß Neugeborene in der Lage sind, zwischen Gerüchen wie Essigsäure, Asant, Äthylalkohol und Anisöl zu unterscheiden (Engen et al. 1963). Weiterhin zeigen sich deutliche Reaktionsunterschiede auf entsprechende Geruchsreizungen, die von den Erwachsenen als angenehm oder unangenehm beurteilt werden (Steiner 1978).

Hören

Es ist derzeit noch fraglich, ob der Fetus trotz des in seinen Ohren befindlichen Fruchtwassers hören kann. Wenn man in der Nähe der mütterlichen Bauchdecke einen Ton erklingen läßt, reagiert der Fetus mit einer abrupten Erhöhung der Pulsfrequenz (Bernard u. Sontag 1947). Ein schwedisches Forscherteam untersuchte die Reaktionen des Fetus auf Töne unterschiedlicher Frequenz. Töne höherer Frequenz rufen stärkere Reaktionen hervor als eher tiefe Töne (Dwornicka 1964). Dieses Ergebnis ist inso-

fern interessant, als Verhaltensbeobachtungen an Neugeborenen zeigen, daß tiefere Töne angenehmere Empfindungen hervorrufen als höhere.

Das Gehör ist bei der Geburt gut entwickelt. Das Neugeborene nimmt Unterschiede in der Dauer und der Intensität wahr und kann komplexe Töne von einfachen unterscheiden; es kann außerdem leise Töne im Bereich der normalen Sprechlautstärke hören und wird durch niederfrequente Töne sowie kontinuierliche oder rhythmische Klänge beruhigt. Schon kurz nach der Geburt ist der Säugling in der Lage, Töne auch zu lokalisieren (Appleton et al. 1975).

Sehen

Da die Retina bei der Geburt noch nicht voll ausgebildet ist, hat man früher angenommen, daß das Neugeborene auch nicht scharf sehen kann. Experimente haben jedoch gezeigt, daß Neugeborene schon zwischen verschiedenen Mustern unterscheiden können und sogar Anzeichen von Tiefenwahrnehmung erkennen lassen.

Muster- und Farbwahrnehmung

Anscheinend gibt es eine angeborene Fähigkeit zur Formwahrnehmung. Säuglinge blicken schon vor dem 5. Lebenstag länger auf schwarzweiße Muster als auf einfarbige Oberflächen; Säuglinge, die nur wenige Tage älter waren, zeigten ein noch größeres visuelles Diskriminationsvermögen (Fantz 1963). In einer anderen Studie wurde Neugeborenen eine Reihe paarweise angeordneter Formen dargeboten, die sich durch die Anzahl der in ihnen enthaltenen Winkel unterschieden. Die fotografische Registrierung von Blickbewegungen bzw. Fixationen ergab, daß Formen mit 10 Winkeln oder Windungen solchen mit 5 oder 20 Windungen vorgezogen wurden (Hershenson et al. 1965).

Schon kurz nach der Geburt können Säuglinge Objekte, die sich langsam bewegen, mit den Augen verfolgen (Brazelton 1973). Da die Augenmuskeln zu diesem Zeitpunkt noch nicht gut koordiniert sind, erweckt dies bisweilen den Eindruck, als würden die Säuglinge gleichzeitig in 2 verschiedenen Richtungen blicken. Säuglinge nehmen auch verschiedene Farben wahr, aber man hat bisher noch nicht feststellen können, ob sie Farben genauso wahrnehmen wie Erwachsene. Auch das Alter, in dem die Farbwahrnehmung zum ersten Mal auftritt, ist nach wie vor unbekannt, wie auch die Frage weiterhin unbeantwortet bleiben muß, ob Säuglinge überhaupt Farben wahrnehmen (Bornstein 1978).

Tiefenwahrnehmung

Eine der Fragestellungen im Bereich der visuellen Wahrnehmung ist die, wie wir dreidimensional, also Höhe, Breite und Tiefe, wahrnehmen. Man ging lange davon aus, daß die zweidimensionale Wahrnehmung angeboren sei, während die dreidimensionale Wahrnehmung erlernt werde. Diese Hypothese wurde jedoch in letzter Zeit angefochten.

Eine für diese Frage relevante Untersuchung zeigte, daß 1 bis 2 Wochen alte Säuglinge häufiger nach Objekten in ihrem Sehfeld griffen als nach Bildern dieser Objekte (T. G. R. Bower 1972). Die Unterscheidung zwischen Objekten und Bildern weist auf Prozesse der Tiefenwahrnehmung hin, die damit lange vorher auftritt, bevor sie nach einer lerntheoretischen Interpretation auftreten könnte. Die Frage über die Angeborenheit der Tiefenwahrnehmung wird dadurch jedoch nicht entscheidbar, weil uneinheitliche Befunde existieren. So ergab eine neuere Untersuchung, daß gleichaltrige Säuglinge Gegenstände zwar visuell betrachteten, jedoch praktisch nie nach ihnen griffen. Umgekehrt schauten sie ebenso häufig auf Bilder der gleichen Gegenstände und griffen nach ihnen nicht seltener als nach den Gegenständen. Somit gab es keine eindeutigen Unterschiede in der Diskrimination zwischen den dreidimensionalen Objekten und den zweidimensionalen Bildern (Dodwell et al. 1976).

Weitere Belege dafür, daß die Fähigkeit, Muster und Bedeutung visueller Reize zu erkennen, angeboren sein könnte, stammen aus einer Reihe von Untersuchungen mit der sog. visuellen Klippe ("visual cliff").

Die visuelle Klippe besteht aus einem Brett, das quer über die Mitte einer großen Glasplatte gelegt wird, deren eine Hälfte sich 30 cm vom Boden befindet, wogegen der Boden unter der anderen Hälfte schlagartig auf 1–1,20 m absinkt. Auf der einen Seite des Brettes befindet sich ein Bogen Papier mit Schachbrettmuster, der direkt an der Unterseite der Glasplatte angebracht ist, so daß diese als die solide Unterlage erscheint, die sie tatsächlich ist. Auf der anderen Seite des Brettes ist der Bogen aus demselben Material über den 1 m tieferliegenden Boden gespannt, so daß auf diese Weise der Eindruck einer „Klippe" entsteht (trotz der Glasplatte, die sich darüberspannt). In Untersuchungen an 36 Kindern im Alter von 6–14 Monaten wurde jedes Kind auf das in der Mitte befindliche Brett gesetzt, und die Mutter des jeweiligen Kindes versuchte dieses durch Zurufen – zuerst von der „tiefen", dann von der „flachen" Seite her – anzulocken. 27 der untersuchten Kinder bewegten sich vom Brett herunter; alle krochen auf die flache Seite und nur 3 wagten sich auf das Glas über der „Klippe". Viele von ihnen weinten, wenn ihre Mutter versuchte, sie von der „tiefen" Seite her zu locken und zeigten keinerlei Bereitschaft, über den vermeintlichen Abgrund zu klettern. Einige bewegten sich von der Mutter weg in die andere Richtung, andere betasteten das Glas auf der „tiefen" Seite, um sich zu vergewissern, ob es wirklich fest sei, bewegten sich aber doch in die andere Richtung. Anscheinend verließen sie sich mehr auf ihre visuellen Eindrücke als auf ihren Tastsinn.

Obgleich dieses Experiment nicht beweist, daß die Wahrnehmung und die Vermeidung der Klippe angeboren sind, unterstützten doch die Ergebnisse einiger gleichartiger Tierexperimente die Hypothese, daß eine solche Wahrnehmung angeboren ist. Fast alle geprüften Tiere zeigten die Fähigkeit, die visuelle Klippe wahrzunehmen und zu vermeiden, sobald sie imstande waren, aufrecht zu stehen oder zu gehen. Dies traf zu für Küken, die weniger als 24 h waren, und auch für junge Ziegen, Lämmer und Katzen. Ratten wagten sich auf die „tiefe" Seite nur dann, wenn sie das Glas mit ihren Schnurrhaaren berühren konnten; sie wählten aber immer die flachere Seite, wenn das Mittelbrett so hoch war, daß sie das Glas nicht mehr mit den Schnurrhaaren berühren konnten (Gibson u. Walk 1960) (Abb. 3.6).

Tatsächlich reagierten die Kinder nicht auf Reize für die Tiefenwahrnehmung, sondern, auch wenn dies überrascht, auf die *Bewegungsparallaxe*: die wahrgenommenen Veränderungen der eigenen Position in bezug auf andere Objekte. Wenn der „Boden" nahe war, so erschien die Eigenbewegung schneller, als wenn der „Boden" weiter entfernt war. Offensichtlich ist es nicht notwendig, daß die Wahrnehmung dieses Unterschieds oder die Bevorzugung der Bedingungen, die mit der schnellen Bewegung in Zusammenhang stehen, gelernt werden müssen.

Teil-Ganzes-Wahrnehmung

Nach einem alten Prinzip der Entwicklungspsychologie entwickeln sich Wachstum und Reaktionsfähigkeit vom Globalen und Diffusen zum Speziellen und Spezifischen hin. Dies bezeichnet man als das *orthogenetische Entwicklungs-*

Abb. 3.6. Die „visuelle Klippe". Obgleich das Kind die Glasplatte mit den Händen berührt und so taktilen Beweis hat, daß eine feste Unterlage vorhanden ist, weigert es sich, dem Zuruf seiner Mutter zu folgen und darüberzukrabbeln. Die 1 Tag alte Ziege bewegt sich frei auf der „flachen" Seite, aber wagt sich ebenfalls nicht auf die „tiefe" Seite

prinzip. Im Zusammenhang mit der Entwicklung der motorischen Reflexe bedeutet dies, daß eine entwicklungsmäßig primitive Reaktion auf einen Reiz den gesamten Körper einbezieht, während eine voll entwickelte, reife Reaktion dann durch eng umschriebene spezifische Muskelgruppen erfolgt. So ruft beispielsweise ein plötzlicher greller Lichtreiz beim Erwachsenen eine Rückwärtsbewegung des Kopfes hervor, während der Säugling mit Bewegungen der Gliedmaßen, des Rumpfes und u. U. auch mit Schreien reagiert. Für die Entwicklung der Emotion bedeutet das Teil-Ganzes-Prinzip, daß die Entwicklung von einem Zustand undifferenzierter Emotionalität beim Kind zur Ausprägung hochspezifischer emotionaler Reaktionen beim Erwachsenen führt. Für die Wahrnehmung bedeutet dieses Prinzip, daß die Wahrnehmung einer Figur als Einheit primitiver ist als die Wahrnehmung ihrer Teile und Details.

Das orthogenetische Prinzip ist jedoch auch angezweifelt worden. So zeigt eine Analyse von Einzelbildern von Filmaufnahmen, daß bei entsprechender Reizung des Fetus und des Säuglings die Reaktion als Ganze zwar global und diffus erscheint, daß sie tatsächlich aber mit einer begrenzten Reaktion in der betroffenen Körperregion beginnt und sich dann von dort aus rasch über den ganzen Körper ausbreitet (Humphrey 1970). Analog zeigen sich schon bei der Geburt differenzierte Emotionen, die mit subkortikalen Strukturen in Verbindung stehen. Diese beiden Befunde sind kaum mit dem Prinzip der orthogenetischen Entwicklung vereinbar. Für die Wahrnehmung stellt sich damit die Frage, ob die Entwicklung von der Ganzwahrnehmung zur Teilwahrnehmung verläuft – wie es dem Prinzip der orthogenetischen Entwicklung entspräche – oder ob sie umgekehrt vom Teil zum Ganzen verläuft, wie dies in anderen Theorien angenommen wird.

Die Frage der Teil-Ganzes-Entwicklung stellt sich nicht nur für den Bereich der Wahrnehmungsentwicklung, sondern auch bei der Untersuchung der Entwicklung des Wiedererkennens in der Gedächtnispsychologie. Hier lautet die Frage, ob das Wiedererkennen auf dem Vergleich eines kognitiven Abbilds einer Ganzfigur basiert, oder ob es auf dem Vergleich einzelner Merkmale basiert. Wenn wir ein Gesicht sehen, erkennen wir dieses Gesicht dadurch wieder, daß wir es als Ganzes mit anderen erinnerten

Gesichtern von Freunden und Bekannten vergleichen, oder erkennen wir es dadurch wieder, daß wir einzelne Merkmale dieses Gesichts mit einer Reihe von Einzelmerkmalen vergleichen? Erinnern wir uns daran, daß Hans große Ohren und Suse eine große Nase hat, indem wir uns ihre Gesichter als Ganzes ins Gedächtnis rufen und sie auf diese Merkmale hin untersuchen oder indem wir uns an das Merkmal „Ohren" von Hans bzw. an das Merkmal „Nase" von Suse erinnern? Die Ergebnisse der Forschung über das Wiedererkennen von Gesichtern zeigt einen Entwicklungsverlauf von der Analyse einzelner Merkmale hin zur Ganzwahrnehmung (s. „Unter der Lupe", S. 118).

Carey u. Diamond (1977) berichteten, daß selbst 5jährige Kinder sich nicht durch irrelevante zusätzliche Merkmale wie Gesichtsausdruck oder Kleidungsstücke täuschen lassen, wenn sie das Gesicht einer wohlvertrauten Person wiedererkennen sollen. Somit erfaßt schon das kleine Kind ein Gesicht als Ganzes und nicht als Zusammensetzung verschiedener Einzelmerkmale. Es gibt Hinweise darauf, daß diese Fähigkeit auch schon beim Säugling ausgeprägt ist.

Säuglinge richten ihre Aufmerksamkeit auf Winkel oder Konturen, wenn man ihnen geometrische Figuren darbietet. Neuere Untersuchungen haben gezeigt, daß sie auch beim Betrachten menschlicher Gesichter analog vorgehen. Diese Tendenz, die bei 3–5 Wochen alten Säuglingen festgestellt wurde, wird im Alter von 7 Wochen von einer Tendenz abgelöst, die Aufmerksamkeit auf die Augen einer Person zu richten, besonders wenn die betrachtete Person spricht (Haith et al. 1977). Diese Veränderung wird als Wechsel von einer geometrischen Formwahrnehmung zu einer Ganzwahrnehmung interpretiert. Das Gesicht wird also zu einer Wahrnehmungseinheit, und gleichzeitig wird auch der Blickkontakt zwischen der Mutter und dem Säugling häufiger. Dieser Blickkontakt zwischen dem Kind und seiner erwachsenen Pflegeperson ist für die Entwicklung der Fähigkeit zur Zuwendung ("attachment") von großer Bedeutung.

Kognitive und intellektuelle Entwicklung

Die Begriffe Kognition und Intelligenz bezeichnen bestimmte psychologische Prozesse der Anpassung an die Umwelt. Vertreter unterschiedlicher Entwicklungstheorien versuchen diese Prozesse auf verschiedene Art und Weise zu erklären.

Der Standpunkt der Verhaltenstheorie

In den Jahren 1954 und 1956 veröffentlichte Ferguson einen der verhaltenstheoretischen Standpunkte über die intellektuelle Entwicklung. Danach besteht Intelligenz aus verschiedenartigen Fähigkeiten, die in Wirklichkeit aber nichts anderes sind als Reaktionen und die nach den gleichen Prinzipien erlernt werden wie alle anderen Reaktionen auch. Das Lesen z.B. umfaßt aus naheliegenden Gründen Wahrnehmungsreaktionen, aber auch motorische Reaktionen (wie Augenbewegungen). Kinder lernen normalerweise jene Fähigkeiten, die von der Gesellschaft oder ihren Repräsentanten verstärkt werden (Eltern, Lehrer usw.). Insbesondere die zu einem frühen Lebensabschnitt erworbenen Fähigkeiten werden auf neuartige Lernsituationen übertragen und fördern dadurch neues Lernen. Die Aneignung einer zentralen Fähigkeit im frühen Kindesalter führt zu einer beschleunigten Entwicklung; wird diese Fähigkeit jedoch erst spät erlernt, sollte dies zu einer stufenweisen Retardierung führen, weil jeder verzögerte Erwerb einer Fähigkeit auch das Erlernen einer von ihr abhängigen Fähigkeit verzögert. Demnach ist zu erwarten, daß Kinder, die mit ihren Fähigkeiten ihrer Altersstufe voraus sind, anderen Kindern auch weiterhin überlegen sein werden, während Kinder mit einer Fähigkeitsretardierung auch weiterhin im Rückstand bleiben werden.

Diese Annahme liegt dem sog. Intelligenzquotienten (IQ) zugrunde. Der IQ veranschaulicht die intellektuellen Fähigkeiten eines Kindes im Verhältnis zu seiner Altersgruppe. Ein IQ von 100 besagt, daß die intellektuelle Leistungsfähigkeit eines Kindes im Durchschnittsbereich seiner Altersgruppe liegt. Ein IQ über (bzw. unter) 100 bedeutet also, daß die Leistung über (bzw. unter) dem Durchschnitt der vergleichba-

Unter der Lupe

Das Wiedererkennen von Gesichtern

Nehmen Kinder Gesichter wahr und erinnern sie sich daran als eine bloße Ansammlung von Einzelmerkmalen oder als ganzheitliche Konfiguration, d.h. beachten sie nur Teile des Gesichts oder betrachten sie das Gesicht als Ganzes? Dieses Problem steht in einem engen Zusammenhang mit der Entwicklung lateralisierter Hirnfunktionen. Beim Erwachsenen ist die rechte Hemisphäre für die Wahrnehmung unbekannter Gesichter wesentlich wichtiger als die linke. Dies bezieht sich aber auch auf die Art der Wahrnehmungsentwicklung: verläuft sie vom Globalen und Diffusen zum Speziellen und Spezifischen oder umgekehrt? Carey u. Diamond untersuchten im Jahre 1977 das kindliche Erinnerungsvermögen für unbekannte Gesichter. Dazu verwendeten sie Materialien, wie sie in der folgenden Abbildung dargestellt sind. Ein einzelnes Bild aus der oberen Reihe wurde den Kindern dargeboten und anschließend wieder abgedeckt. Im Anschluß daran wurden 2 Bilder, wie sie in der unteren Reihe der Abbildung dargestellt sind, gezeigt, und die Kinder wurden aufgefordert, dasjenige Bild auszuwählen, das dieselbe Person wie auf dem ersten Bild darstellt; 6, 8 und 10 Jahre alte Kinder wurden instruiert, auf das Gesicht zu achten, da andere Merkmale wie Gesichtsausdruck, Kleidung oder Haartracht verändert würden. Die Abbildung zeigt 2 der 4 verwendeten Untersuchungsbedingungen. Unter Bedingung A, wo die Kleidung das irrelevante Merkmal darstellt, führt eine Aufmerksamkeitszentrierung auf dieses Merkmal zu einem Fehler. Unter Bedingung B, wo der Gesichtsausdruck das irrelevante Merkmal darstellt, führt eine Aufmerksamkeitszentrierung auf dieses Merkmal zu einem Fehler. Unter Bedingung A war der Gesichtsausdruck als diskriminativer Hinweisreiz nicht zugänglich (er war in allen Bildern derselbe), und in Bedingung B galt dasselbe für die Kleidung.

In der graphischen Abbildung ist der Prozentsatz der Fehler dargestellt. Mit zunehmendem Alter verbesserte sich die Genauigkeit, insbesondere für die Aufgabenstellung vom Typ A. Jüngere Kinder beachteten eher das irrelevante Merkmal Kleidung statt des Gesichts als Ganzes, obgleich sie auf das Gesicht hätten reagieren können, wenn das Merkmal Kleidung fehlt. Offensichtlich verlassen sich jüngere Kinder eher auf einzelne Merkmale, wie z.B. Kleidung und Haartracht, ältere Kinder eher auf das Gesicht als Ganzes. Somit lassen sich Kinder eher durch das Merkmal Kleidung täuschen als durch den Gesichtsausdruck.

Typ A

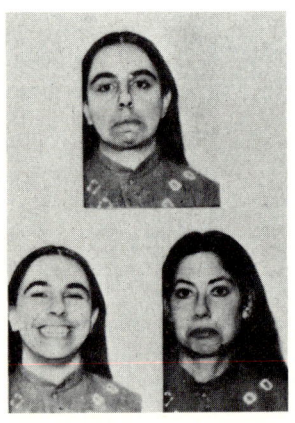

Typ B

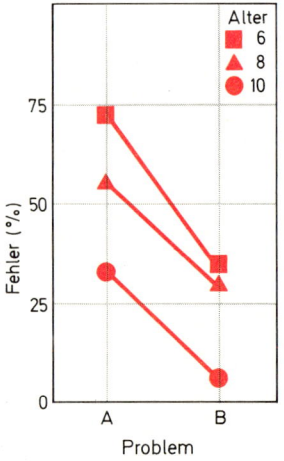

Wahrnehmung und Wiedererkennung von Gesichtern bei Kindern

ren Altersgruppe liegt. Ursprünglich errechnete man den IQ nach einem Vorschlag von William Stern (1911), indem man das geistige Alter, das sog. Intelligenzalter (IA) durch das chronologische Alter oder Lebensalter (LA) dividierte. Um Dezimalstellen zu vermeiden, wurde dieser Quotient außerdem noch mit der Zahl 100 multipliziert:

$$IQ = \frac{IA}{LA} \cdot 100.$$

So ist z. B. ein 5jähriges Kind mit einem IQ von 120 seiner Altersgruppe um ein Jahr voraus (120 = 6 : 5 · 100); mit demselben IQ hätte dieses Kind im Alter von 10 Jahren ein Intelligenzalter von 12 Jahren (120 = 12 : 10 · 100). Dieses Kind wäre seiner Altersgruppe im Alter von 5 Jahren um 1 Jahr und im Alter von 10 Jahren um 2 Jahre voraus. Dieses Beispiel bestätigt den Gedanken der beschleunigten Entwicklung, wie er von Ferguson dargelegt wurde.

Verschiedene Forschungsergebnisse bestätigen ebenfalls diese Erwartungen. Ein Beispiel sahen wir in Abbildung 3.2, in der die Entwicklungskurven von 5 Personen dargestellt waren, die, ausgehend von einer annähernd gleichen intellektuellen Leistungsfähigkeit in der frühen Kindheit, im weiteren Verlauf aufgrund unterschiedlicher kognitiver Wachstumsraten immer mehr voneinander abwichen. Zu bedenken ist, daß verschiedene Kulturbereiche auf verschiedenartige Fähigkeiten Wert legen. Ferguson nimmt deshalb an, daß Personen, die aus unterschiedlichen Kulturen stammen, auch unterschiedliche Fähigkeiten besitzen. Diese Aussage konnte durch die Forschung bestätigt werden (Munroe u. Munroe 1975). Aufgrund kultureller Unterschiede sind Intelligenztests *kulturspezifisch;* ein Test, der beispielsweise für die Anwendung in Deutschland oder in den USA entwickelt wurde, könnte in der Dritten Welt keine Anwendung finden, da dort wesentlich andere Voraussetzungen dafür bestehen, was man als „intelligent" bezeichnet. Versuche, „kulturfreie" oder „kulturfaire" Tests zu konstruieren, waren nicht sehr erfolgreich (Shepard 1978). Wenn ein Test für einen bestimmten Kulturbereich nicht geeignet ist, dann bleibt auch der IQ nicht konstant. In der frühen Kindheit bestehen hinsichtlich der allgemeinen intellektuellen Fähigkeiten – Lokomotion, Kommunikation, Selbständigkeit etc. – interkulturell

kaum Unterschiede; mit zunehmendem Alter jedoch vergrößern sich die Unterschiede zwischen den Kulturen. Wenn nun die Intelligenz mit einem ungeeigneten Test erfaßt worden ist, dann wird der IQ in der frühen Kindheit annähernd „normal" erscheinen. Mit zunehmendem Alter jedoch wird der Test für das, was er messen soll, immer ungeeigneter, und der IQ wird dadurch zu niedrig ausfallen.

Diese Annahme wurde durch eine Reihe von Untersuchungen mit Kindern, die isoliert und abseits der Zivilisation leben, bestätigt. Es handelt sich dabei um Kinder, die auf Kanalfähren in England leben, um Kinder aus isolierten Fischerdörfern Neufundlands oder aus abgelegenen Bergdörfern in Tennessee (Ferguson 1954; s. „Unter der Lupe", S. 120).

Fergusons Theorie kann auch die Abnahme der intellektuellen Fähigkeiten im hohen Alter erklären. Kurz gesagt: Fähigkeiten, die nicht mehr geschätzt und deshalb nicht mehr verstärkt werden, verkümmern.

Die Anlage-Umwelt-Kontroverse

Bei der Anlage-Umwelt-Kontroverse geht es um das Problem der relativen Bedeutung der Vererbung und der Umwelt für die Entwicklung von Persönlichkeitsmerkmalen oder der Intelligenz. Die Standardmethode in diesem Forschungsgebiet besteht darin, Korrelationen von Intelligenztestwerten zwischen verschiedenen Personen mit verschiedenen Niveaus ähnlicher Erb- oder Umweltfaktoren zu vergleichen. So werden beispielsweise Korrelationen zwischen Kindern und ihren natürlichen Eltern mit Korrelationen zwischen Kindern und ihren Pflegeeltern verglichen. Außerdem werden eineiige mit zweieiigen Zwillingen verglichen oder Geschwister und nichtverwandte Kinder. Gruppen werden danach unterteilt, ob Kinder zusammen aufgewachsen sind oder nicht. Derartige Korrelationen geben dann darüber Aufschluß, wie groß der relative Beitrag der Vererbung oder der Umwelt ist. Eine in diesem Zusammenhang oft verwendete numerische Schätzung ist der sog. *Vererbungskoeffizient.* Dieser nimmt einen Wert von Eins an, wenn bestimmte Merkmale ausschließlich durch die Erbanlagen bestimmt weden (z. B. die Blutgruppe), und einen Wert von Null, wenn bestimmte Merkmale aus-

Unter der Lupe

Warum verringert sich der IQ von Kindern aus Bergdörfern?

Wheeler (1942) untersuchte im Rahmen einer Querschnittstudie die Intelligenz von Kindern aus Dörfern im Tennessee-Gebirge. Die Kinder waren 6, 10 und 14 Jahre alt. Wheeler führte die Untersuchung zunächst im Jahre 1930 durch und dann erneut im Jahre 1940. In der Abbildung sind 2 der wichtigsten Ergebnisse dargestellt.
Alle Kinder in allen Altersgruppen, die 1940 untersucht wurden, erzielten im Durchschnitt einen höheren IQ als diejenigen, die im Jahre 1930 untersucht wurden. Der durchschnittliche IQ der Kinder aus den Bergdörfern sinkt mit zunehmendem Alter, sowohl bei der Untersuchung von 1930 wie bei der von 1940.
Ferguson führt dies darauf zurück, daß die intellektuellen Fähigkeiten, die in dieser isolierten Bergregion bevorzugt werden, stark von denen abweichen, die allgemein in der amerikanischen Kultur geschätzt werden und für die der Test ja auch entwickelt wurde. So verfügen die Bergkinder zwar über die Fähigkeit, bei der Jagd feststellen zu können, wann ein Hund eine Fährte aufgespürt hat und welcher Hund dies ist. Das Stadtkind hört hier nichts anderes als eine bellende Hundemeute. Solche Unterschiede aber, die den Dorfkindern zugute kommen würden, kann der Intelligenztest nicht aufzeigen, da er ja für die Erfahrungswelt von Stadtkindern entwickelt wurde.
Wegen dieser unterschiedlichen Bewertung erworbener Fähigkeiten fallen die Dorfkinder mit zunehmendem Alter in solchen Tests mehr und mehr in den unteren Bereich der standardisierten Normen ab. Entsprechend könnte das Argument vertreten werden, daß die Einflüsse der kulturellen Isolation und der unterschiedlichen Wertschätzungen dann geringer sein sollten, wenn eine Erweiterung von Straßenverbindungen, Schulen und Kommunikationsmöglichkeiten eintritt, so daß dann auch die Abweichungen von der Norm geringer ausfallen sollten.

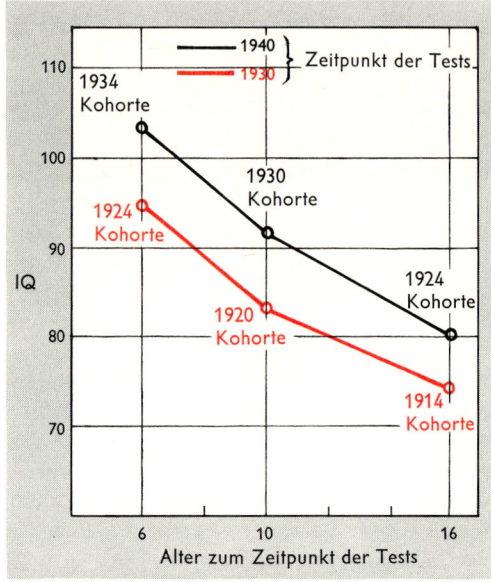

Das Absinken des IQ bei Kindern aus Bergdörfern

Eine alternative Interpretation dieser Ergebnisse – wie sie gewöhnlich gegeben wird – ist die, daß die Dorfkinder mit zunehmendem Alter tatsächlich geistig retardieren, weil ihnen in den isolierten Gegenden ein intellektueller Anreiz fehlt. Aus den genannten Gründen verringert sich aber derzeit dieser Mangel an Stimulation. Während Fergusons Interpretation besagt, daß die Bergkinder sich lediglich von den Stadtkindern *unterscheiden,* würde diese Interpretation behaupten, sie hätten ein *Defizit.* Man sollte sich diese Interpretationsunterschiede ins Gedächtnis zurückrufen, wenn man über die Einflüsse der Kultur oder der Rasse auf die Intelligenz oder auf sonstige Fähigkeiten diskutiert.
Es gibt schließlich auch die Interpretation, daß die intelligenteren Kinder so früh wie möglich aus den Dörfern in die Städte ziehen und somit der durchschnittliche IQ der in der Stichprobe verbliebenen Kinder durch den Ausfall der Intelligenteren niedriger wird (Baltes et al. 1977).

schließlich durch die Umwelt bestimmt werden (z. B. welche spezielle Sprache ein Kind lernt). Wenn man den Koeffizienten mit 100 multipliziert, erhält man den prozentualen Anteil eines Merkmals, der auf die Vererbung zurückzuführen ist.

Eine weithin akzeptierte Schätzung der Intelligenz besagt, daß sie zu 80% durch Anlage- und zu 20% durch Umweltfaktoren bestimmt ist. Derartige Schätzungen können jedoch aus vielerlei Gründen angefochten werden. Kann man den Grad der Ähnlichkeit von Anlagefaktoren noch grob numerisch bestimmen, so kann man den Grad an Ähnlichkeit für Umweltfaktoren nicht einmal grob quantifizieren, weil es dafür noch gar keine geeigneten Methoden gibt. Infolgedessen wird der relative Beitrag der Umwelteinflüsse als der Anteil geschätzt, der übrig bleibt, wenn der relative Beitrag der Vererbung bestimmt worden ist, damit wird er aber nicht unabhängig ermittelt, wie dies der Fall sein sollte. Außerdem muß für derartige Bestimmungen von Anlage-Umwelt-Relationen die Voraussetzung erfüllt sein, daß Unterschiede in den Variationsbereichen der Anlage- und Umweltfaktoren nicht bestehen.

Ein weiteres Problem besteht darin, daß als Index der Intelligenz ein globaler numerischer Wert, der Gesamt-IQ, verwendet wird. Es ist aber bekannt, daß Intelligenz sich aus mehreren, relativ voneinander unabhängigen *primären geistigen Fähigkeiten* zusammengesetzt und daß ein gleicher IQ sich bei verschiedenen Personen aus ganz unterschiedlichen Konfigurationen der primären geistigen Fähigkeiten zusammensetzen kann. So können z. B. Mädchen und Jungen denselben durchschnittlichen Gesamt-IQ haben, aber die Jungen den Mädchen im Erfassen räumlicher Beziehungen und im Umgang mit Zahlen überlegen sein, während die Mädchen den Jungen in den verbalen Fähigkeiten überlegen sein können. Es ist also wenig sinnvoll anzunehmen, diese Geschlechtsunterschiede beruhten zu 80% auf geschlechtstypischen, genetischen Unterschieden. Die Hauptursache dieser Geschlechtsunterschiede ist vielmehr der unterschiedliche soziale Umgang, den Mädchen und Jungen während ihrer Kindheit seitens ihrer Eltern, Lehrer und auch ihrer Spielgefährten erfahren.

Jedoch hat die Frage, um die es hier geht, keine praktische Bedeutung. Es wäre eine viel wichtigere praktische Frage, ob man die Intelligenz eines Kindes durch ein spezielles Training oder durch Veränderungen seiner Umwelt verbessern könnte. Dies ist in der Tat der Fall, gleichgültig, welches Intelligenzkonzept dabei zugrunde gelegt wird. Wird z. B. Intelligenz als Gesamt-IQ konzeptualisiert, so zeigen Untersuchungen in Kindergärten, daß Intelligenz durch Lernen erhöht werden kann. Betrachtet man Intelligenz hingegen als schulbezogene Fähigkeit, so zeigen Untersuchungen, daß Leseschwächen oder andere Beeinträchtigungen durch Sonderpädagogik überwunden werden können. Wird Intelligenz als Anpassungsfähigkeit an die physikalische und soziale Umwelt angesehen, so zeigt die Forschung, daß selbst geistig schwer behinderte Kinder durch Verhaltensmodifikationsprogramme die Fertigkeit erwerben können, in begrenztem Umfang für sich selbst zu sorgen. Wie wir zu Beginn dieses Kapitels gesehen haben, können besondere Fürsorgemaßnahmen dazu führen, daß Personen, die eigentlich als retardiert eingestuft werden müßten, zu einer optimalen Anpassung an die Lebensanforderungen gebracht werden können.

Piagets Theorie der kognitiven Entwicklung

Es gibt niemanden, der mehr zu unserem Wissen darüber beigetragen hat, wie Kinder denken, verstehen und Probleme lösen, als der Schweizer Psychologe Jean Piaget. Fast 50 Jahre lang hat er sich der Frage gewidmet, was Kinder während der aufeinanderfolgenden Phasen ihrer intellektuellen Entwicklung zu tun vermögen, und wie sie erklären, was sie können oder nicht können (s. „Unter der Lupe", S. 123).

Piaget begann damit, daß er seine eigenen Kinder während ihrer Entwicklung genau beobachtete. Er stellte ihnen bestimmte Probleme, die sie lösen sollten, und veränderte dann geringfügig die Situation, um zu sehen, was sie nun tun würden. Im Gegensatz zu vielen anderen Experimentalpsychologen, die den kognitiven Informationsverarbeitungsprozeß im Laboratorium anhand komplexer Fragestellungen untersuchen und zu eher einfachen Schlußfolgerungen gelangen, hat Piaget immer recht einfache experimentelle Bedingungen verwendet, aus denen sich dennoch sehr komplexe Verallgemeinerungen ableiten lassen.

Von der Erscheinung zur allgemeinen Regel

Kleine Kinder beginnen ihren Weg durch das Leben als *naive Realisten,* d. h. sie glauben an das, was sie sehen und sie vertrauen darauf, daß die Erscheinungswelt die einzige Realität ist. Für viele Probleme, mit denen Kinder konfrontiert werden, ist dieses Vertrauen in die eigene *Wahrnehmung* völlig ausreichend, um damit ein angemessenes Wissen über die Umwelt zu erlangen. Aber der Schein kann trügen, wie wir ja auch zu unseren Kindern sagen: „Es ist nicht alles Gold, was glänzt."

Ein zentrales Problem der kognitiven Entwicklung besteht darin, wie Kinder *Regeln,* die den abstrakten Relationen der Welt zugrunde liegen, erlernen und richtig anwenden (finden doch die Prinzipien, die für ein logisches Verständnis unserer Welt notwendig sind, in bestimmten Regeln ihren Ausdruck). Nach Piaget (1970) bildet sich dieses Wissen nur dann heraus, wenn sich das Kind von dem dominanten Einfluß der unmittelbaren Wahrnehmung befreit.

Nur im Prozeß des Entdeckens, des Anwendens und der Bestätigung von Regeln lernen Kinder, welche Merkmale der Welt beständig und unveränderlich und welche veränderlich und unbeständig sind. Gleichzeitig lernen sie auch ihre soziale Lektion ihrer eigenen Beziehungen zur Welt und zu den Personen, die mit ihnen in dieser Welt leben.

Strukturen und Prozesse

Wie wir bereits gesehen haben, basiert Piagets Theorie der kognitiven Entwicklung auf einer Abfolge „strenger" Phasen, von denen jede abrupte, diskontinuierliche Veränderungen (nicht kontinuierliche oder graduelle) repräsentiert. Diese Phasen treten bei allen Kindern in derselben Reihenfolge, wenn auch nicht immer in demselben Ausmaß, auf. Zwar sind die Phasen qualitativ unterschiedlich, immer werden jedoch die Strukturen und Fähigkeiten, die sich in einer Phase entwickelt haben, in die jeweils folgende Phase übernommen und integriert.

Piaget bezeichnet die 4 Phasen der kognitiven Entwicklung als sensumotorische, präoperatio-

nale, konkret operationale und formal operationale Phase (vgl. Tabelle 3.1, S. 106). Die charakteristischen Eigenschaften dieser Phasen werden weiter unten (s. auch Kap. 4) besprochen; wir betrachten hier zunächst die Strukturen und Prozesse, die den Phasen zugrunde liegen.

Piaget vertritt die Ansicht, daß die Fähigkeiten des Verstehens, Schlußfolgerns, Abstrahierens oder logische Regeln anzuwenden und Probleme zu lösen, sich einzig und allein aus der *unbefriedigenden Interaktion* des Kindes mit seiner Umwelt entwickeln (Zustand des „angespannten Gleichgewichts"). Wie das Verhalten ist auch das Wissen strukturiert, und diese Strukturen verändern sich erst dann, wenn eine wahrgenommene Diskrepanz zwischen ihnen (bzw. ihrem Grad der Komplexität) und der Komplexität der Umwelt auftritt. Aus dieser Begegnung des Kindes mit der Umwelt und Problemen der physikalischen Umwelt ergibt sich eine feste Abfolge kognitiver Entwicklungsphasen. Diese Abfolge von einfachen hin zu immer komplexeren Funktionen ist für alle Kinder die gleiche.

Der allgemeine Entwicklungsverlauf läßt sich dadurch kennzeichnen, daß er

1. eine Funktion der intellektuellen Herausforderung ist, die sich dann einstellt, wenn die vorhandenen kognitiven Strukturen des Kindes mit neuer Information aus der Umwelt konfrontiert werden (Assimilation), und daß er
2. ein kontinuierlicher Prozeß der inneren, selbst herbeigeführten Umorganisation und Integration der Inhalte und Strukturen des menschlichen Intellekts ist (Akkommodation).

Die „Architekten" des intellektuellen Wachstums sind die *funktionalen Invarianzen,* die es dem Kind ermöglichen, sich erfolgreich an seine Umwelt anzupassen. Piaget sieht hierin gewisse Ähnlichkeiten zwischen psychologischen und biologischen Prozessen. Der Säugling beginnt sein Leben mit angeborenen biologischen Interaktionsmöglichkeiten mit seiner Umwelt, die Piaget *Funktionen* nennt. Die Funktionen ermöglichen es dem Kind, Handlungen auszuführen, mit denen es sich die Dinge verschafft, die für sein Überleben notwendig sind, wie zum Beispiel die Nahrungsaufnahme.

Während diese Handlungen ausgeführt werden, werden sie als *Strukturen* organisiert. Diese Strukturen werden dann verändert, um sich veränderten Umweltbedingungen und Erfahrungen anpassen zu können. Diese Strukturen beinhalten *Pläne* [frz. schème = (funktioneller) Plan] und *Schemata* [frz. schéma = (bildliche) Darstellung]. *Pläne* repräsentieren die Komponenten einer Handlung, die wiederholt anwendbar oder generalisierbar sind (z.B. ein beliebiges Objekt mit einem Stock oder irgendeinem anderen Gegenstand bewegen). Dieser „Bewegungsplan" ist nicht das gleiche wie die tatsächliche Handlung, die sich auf ein spezifisches Objekt bezieht, sondern er repräsentiert das, was allen derartigen Handlungen gemeinsam ist. Der „Bewegungsplan" umfaßt also sowohl ein Objekt, das bewegt wird, als auch einen Gegenstand, mit dem dieses Objekt bewegt wird. Allgemein gesagt, ist ein Plan also eine kognitive Struktur, die Mittel (wie z.B. spielen, greifen etc.) mit einem Zweck (wie z.B. eine bestimmte Art von Stimulation zu erlangen) verbindet. Ein *Schema* ist ein vereinfachtes Bild (wie z.B. ein Stadtplan). Schemata beziehen sich auf die figuralen Aspekte des Denkens (Piaget 1970). Kinder erkennen beispielsweise ein bestimmtes Tier als einen Hund, indem sie es mit den Schemata für verschiedene Tiere vergleichen, und aufgrund eines Plans „Spielen" wissen sie, daß sie mit diesem Tier spielen können.

Der Entwicklung der kognitiven Strukturen liegt der zentrale Prozeß der *Adaptation* oder „Anpassung" zugrunde; die Adaptation wiederum setzt sich aus den beiden Komponenten *Assimilation* und *Akkommodation* zusammen. Die Prozesse der Assimilation und der Akkommodation treten immer zusammen auf, auch wenn dabei ein Prozeß dominieren kann. Alltagssprachlich könnte man das so ausdrücken, daß Kinder einerseits versuchen, neue Erfahrungen so zu deuten, daß sie mit ihrem bisherigen Wissen übereinstimmen (Assimilation), daß diese Erfahrungen aber auch gleichzeitig ihren bisherigen Wissensstand verändern (Akkommodation) (Lipsitt u. Reese 1979). Die Interpretation einer aktuellen Erfahrung mit Hilfe bereits bestehender kognitiver Strukturen nennt man Assimilation; das Entdecken neuer Tatsachen und die Veränderung vorhandener kognitiver Strukturen bezeichnet man als Akkommodation.

Unter der Lupe

Jean Piaget

Jean Piaget, der Schweizer Psychologe, dessen Untersuchungen grundlegend sind für unser Verständnis der kognitiven Entwicklung bei Kindern

Jean Piaget hat bis zu seinem Tod die Sommermonate meist in der Abgeschiedenheit seiner Berghütte verbracht, wo er die umfangreichen Forschungsergebnisse aufarbeitete, die im Verlauf eines Jahres in seinem Institut für Epistemologie erarbeitet wurden. Während seiner langen Bergwanderungen dachte er über die neuesten Ergebnisse nach, und an den kühlen Abenden formulierte er dann seine Schlußfolgerungen; im Herbst kehrte er aus den Bergen mit einem Buchmanuskript oder mehreren Zeitschriftenartikeln zurück. Dank dieses systematischen Vorgehens – von der sorgfältigen Beobachtung über eine Phase der Reflexion zur Synthese – wurde Piaget zu einem der profiliertesten, wenn nicht gar der berühmteste Psychologe unseres Jahrhunderts. Erst als man in den 60er Jahren seine Arbeiten aus dem Französischen übersetzte, wurde er über die Grenzen Europas hinaus bekannt. In Europa selbst jedoch war er schon seit 1930 bekannt als ein hervorragender Fachgelehrter der kognitiven Entwicklungspsychologie. Seine erste Veröffentlichung stammt aus dem Jahre 1906, als er im Alter von 10 Jahren seine sorgfältigen Notizen über die Lebensgewohnheiten eines Albinospatzen veröffentlichte, den er in der Nähe seines Elternhauses in der Schweiz beobachtet hatte. Nach diesem frühreifen Debüt als Ornithologe arbeitete er während seiner Freizeit in einem Heimatmuseum für Naturgeschichte. Im Alter von 16 Jahren wurde ihm die Stellung eines Kurators am Museum für Naturgeschichte in Genf angeboten, die er jedoch nicht antrat, da er seine Ausbildung fortsetzen wollte.

An der Universität von Neuchâtel studierte er Naturwissenschaften und promovierte dort im Alter von 21 Jahren. Die Lektüre philosophischer Schriften weckte in ihm das Interesse an der Epistemologie, der Lehre vom menschlichen Wissenserwerb. Piaget war davon überzeugt, daß die kognitive Entwicklung eine genetische Grundlage habe, und er beschloß daher, verschiedene Probleme der Epistemologie unter dem Aspekt ihrer biologischen und psychologischen Komponenten zu untersuchen. Dabei erschien ihm die Psychologie die Disziplin zu sein, die seinen Ansatz am ehesten gerecht wurde, und er setzte seine Ausbildung in verschiedenen berühmten psychologischen Laboratorien und Universitäten Europas fort.

Sein erster großer Durchbruch bei der Erforschung der Wachstumsphasen gelang ihm zu der Zeit, als er in Paris mit Alfred Binet zusammenarbeitete. Bei der Konstruktion von Intelligenztests für französische Schulkinder fiel ihm auf, daß viele Kinder dieselben falschen Antworten auf seine Fragen gaben. Als er diesen charakteristischen Fehlern nachging, kam er zu der Erkenntnis, daß die Denkprozesse und Deutungen der Kinder sich grundsätzlich von denen der Erwachsenen unterscheiden, die diese Tests konstruiert hatten.

Seine theoretischen Vorstellungen über die kognitive Entwicklung konzentrierten sich auf die Phasen des Wachstums in der frühen Kindheit, so daß es für ihn nur ein konsequenter Schritt war, seine eigenen Kinder vom Säuglingsalter bis zur Präadoleszenz zu beobachten. Durch die Veröffentlichungen seiner sorgfältig durchgeführten Untersuchungen und seiner daraus abgeleiteten Schlußfolgerungen erwarb er sich in Europa ein hohes Ansehen. Auch wenn Piaget spätere Untersuchungen an jeweils größeren Stichproben durchführte, blieb seine Forschungsmethode im Prinzip unverändert. Er beobachtete, stellte Fragen, entdeckte neue und bisweilen überraschende Tatsachen, die er dann in das jeweils bekannte Wissen zu integrieren suchte, indem er eine Theorie entwickelte, durch die er zu einer Erklärung für eine Vielzahl von Beobachtungen gelangte.

Piaget wurde gelegentlich dahingehend kritisiert, daß er die traditionellen Methoden der wissenschaftlichen Forschung mißachte. Fast nie hat er Untersuchungen durchgeführt, um damit bestehende Hypothesen zu überprüfen, und er hat sich auch nie um detaillierte statistische Analysen seiner Schlußfolgerungen bemüht. Piaget stand dieser Kritik mit gutmütigem Humor gegenüber. So hielt er seinen Kritikern entgegen, daß ihm durch rigide Versuchspläne und Hypothesen sicherlich viele spannende Phänomene entgangen wären, die außerhalb derartiger Beschränkungen aufträten. Die Freiheit, das Neue und Unerwartete zu untersuchen, ging ihm über alles. Bis an sein Lebensende hat er nicht aufgehört, Kindern auf seine Art Fragen zu stellen, Untersuchungen mit ihnen durchzuführen und seine Beobachtungen in ein theoretisches System zu integrieren. Seine von Neugierde und Forscherdrang gekennzeichneten Bemühungen um das Problem, wie die Kinder die Welt und ihre Rolle darin verstehen lernen, haben der Entwicklungspsychologie und der kognitiven Psychologie zu erheblichen Fortschritten verholfen.

Phantasievolles kreatives Spielen, wo der Besen zum Pferdchen wird, ist ein Beispiel für die Assimilation, während das Imitieren ein Beispiel für die Akkommodation darstellt (Flavell 1977).

Durch Assimilation werden neue Informationen modifiziert oder transformiert, d. h. die Information von außen wird durch die (innere) kognitive Struktur des Kindes verändert. Nur der Teil eines Reizes, der assimiliert wird, beeinflußt das

Verhalten; der nichtassimilierte Rest bleibt unbeachtet. Die Akkommodation modifiziert schon vorhandene kognitive Strukturen, d. h. Information von außen verändert die (innere) kognitive Struktur des Kindes. Merkt ein Kind beispielsweise, daß ein Strohhalm nicht stabil genug ist, um damit ein festes Objekt zu bewegen, so führt dies zu einer Akkommodation des „Bewegungsplanes": „Weiche Gegenstände sind nicht dazu geeignet, schwere Objekte zu bewegen". Für Piaget ist die kognitive Entwicklung eine Aufeinanderfolge von Veränderungen von Plänen, Verfeinerungen von figuralen Strukturen (Schemata) sowie wiederholten Neuorganisationen des gesamten Struktursystems. Es sind also die Pläne und Schemata, die das Verstehen und Handeln des Kindes auf jeder Altersstufe lenken und kontrollieren.

Soziale Entwicklung der Persönlichkeit

Nach der psychodynamischen Theorie werden die Fundamente für die Persönlichkeit des Erwachsenen in der Kindheit gelegt. Nicht nur die „normale" Persönlichkeitsentwicklung verläuft als ein kontinuierlicher Prozeß über verschiedene Altersstufen und Phasen hinweg; auch die Ängste und Neurosen des Erwachsenen haben ihren Ursprung in den Erlebnissen während der frühen Kindheit.

Psychosexuelle Entwicklung

Freuds psychoanalytische Theorie unterteilt die Persönlichkeitsentwicklung während der Kindheit in sog. *psychosexuelle Phasen*. In jeder dieser Phasen dominieren instinktive, ungelernte biologische Bedürfnisse oder Triebe *hedonistischer* Natur. Auf allen diesen aufeinanderfolgenden Phasen wird sinnliche Befriedigung durch die Stimulierung verschiedener „erogener Zonen" des Körpers – Mund, Anus und Genitalien – erreicht. Diese sexuelle Energie wird als *Libido* bezeichnet und umfaßt alle körperlichen Stimulierungen, die als angenehm empfunden werden. Während jeder einzelnen Entwicklungsphase stellt das jeweilige Ausmaß an Befriedigung oder Frustration dieser libidi-

nösen Triebe eine Möglichkeit für das Auftreten eines intrapsychischen Konfliktes dar. Eine exzessive Befriedigung oder Frustration während einer Phase verhindert die normale Weiterentwicklung zu der darauf folgenden Phase und führt zu einer *Fixierung* auf die Phase. Derartige Fixierungen beeinflussen dann die Art der Interaktion zwischen dem Kind und der Umwelt. So entwickelt sich z. B. bei „analer Fixierung" ein Charakter, der mit Eigenschaften wie geizig, reinlich, eigensinnig und zwangsneurotisch umschrieben werden kann. Eine „orale Fixierung" wird als Ursache von Drogenabhängigkeit oder Eßgier angesehen und sogar in einen Zusammenhang mit sprachlicher Gewandtheit oder Sarkasmus gebracht.

Die erste Phase der psychosexuellen Entwicklung ist die *orale* Phase, in welcher die Mundregion die primäre Quelle der Ernährung, der Stimulierung und des Kontaktes mit der Umwelt darstellt. Säuglinge und Kleinkinder verbringen einen Großteil ihrer Zeit damit, an Daumen oder Zehen zu lutschen.

In der folgenden *analen* Phase wird Befriedigung zunächst durch den Vorgang der Ausscheidung, später durch die Zurückhaltung der Fäzes erlebt. Der Lustgewinn, den das Kind durch den Ausscheidungsprozeß und die Exkremente hat, wird in den meisten Kulturen durch die Gesellschaft unterdrückt und reguliert.

Die letzte allgemeine Phase erotisch-libidinöser Befriedigung zentriert sich auf die Exploration und Stimulierung des eigenen Körpers, insbesondere des Penis, der Vagina oder der Klitoris. Auf diese *phallische* Phase folgt eine *Latenz*phase, während der die Sexualität eine Zeitlang „untertaucht". In der Pubertät tritt das Individuum dann in die *genitale* Phase der sexuellen Differenzierung ein, die es von der Autoerotik zur Stimulierung durch den Kontakt mit den Genitalien anderer führt. Während dieser Phasen erlernen die Kinder die Identifizierung mit ihrer Geschlechtsrolle, entwickeln ein Bewußtsein durch die Hinwendung ihrer sexuellen Liebe zum gegengeschlechtlichen Elternteil (*ödipale Situation*) und bereiten sich auf die Heterosexualität des Erwachsenenalters vor. Wenn der Konflikt zwischen persönlicher Befriedigung und sozialem Druck in irgendeiner der Phasen nicht hinreichend verarbeitet wird, kann nach Freud die normale Charakterentwicklung beeinträchtigt werden.

Psychosoziale Entwicklung

Wir wenden uns nun den beiden Theorien im Detail zu, die ganz besonders die soziale Natur der Persönlichkeit hervorheben: den Theorien von Erikson und Sullivan.

Eriksons Porträt des Individuums

Ausgehend von seinen klinischen Betrachtungen an Kindern, Jugendlichen, Studenten und älteren Erwachsenen, die er in seinem Buch *Kindheit und Gesellschaft* im Jahre 1950 (dt. 1961) veröffentlichte, lieferte Erikson 3 wichtige Beiträge zur Theorie der Persönlichkeitsentwicklung.

1. Parallel zu den psychosexuellen Phasen Freuds postulierte er die *psychosozialen Phasen* der Ichentwicklung, in denen das Individuum eine neue Orientierung gegenüber sich selbst und gegenüber anderen Personen seiner sozialen Umwelt entwickelt.
2. Die Entwicklung der Persönlichkeit wird auf allen Altersstufen als ein kontinuierlicher Prozeß betrachtet, also nicht auf das Kindesalter beschränkt, wie bei Freud.
3. Jede dieser Phasen erfordert ein neues Niveau sozialer Interaktion, das den Verlauf der Persönlichkeitsentwicklung in positive oder negative Richtung lenken kann.

Erikson unterscheidet 8 Phasen der psychosozialen Entwicklung und beschreibt damit den menschlichen Lebenslauf von der Geburt bis ins hohe Alter. Auf jeder Phase wird ein bestimmter Konflikt aktuell, und obgleich diese Konflikte nie ein für allemal gelöst werden können, müssen sie doch soweit überwunden werden, daß das Individuum mit den Konflikten der folgenden Phasen erfolgreich fertig werden kann.

1. *Vertrauen vs. Mißtrauen* (1. Lebensjahr): Je nach Qualität der Fürsorge, die er erfährt, lernt der Säugling, entweder seiner Umwelt zu vertrauen und sie als geordnet und vorhersagbar wahrzunehmen oder ihr zu mißtrauen, sie zu fürchten und sie als chaotisch und unberechenbar wahrzunehmen.
2. *Autonomie vs. Scham und Zweifel* (2. und 3. Lebensjahr): Ausgehend von der Entwicklung der motorischen und intellektuellen Fä-

higkeiten und der Möglichkeit zu manipulieren und zu explorieren, entsteht ein Gefühl der Autonomie, Adäquatheit und Selbstkontrolle. Übermäßige Kritik oder die Einschränkung der Exploration und anderer Verhaltensweisen des Kindes führt zu einem Gefühl von Scham und Zweifel an den eigenen Fähigkeiten. Während dieser Zeit findet in unserem Kulturkreis die Reinlichkeitserziehung statt. Eine sanfte Art des Umgangs führt dabei zur Unabhängigkeit, eine zu grobe dazu, daß das Kind zu allzugroßer Schamhaftigkeit neigt.

3. *Initiative vs. Schuldgefühl* (4. und 5. Lebensjahr): Die Art und Weise, in der Eltern auf die Eigeninitiative ihrer Kinder reagieren, auf intellektuelle wie auch auf motorische Aktivitäten, ruft bei positivem Verlauf ein Gefühl der Freiheit und Initiative hervor, im negativen Fall Schuldgefühle und das Gefühl, unfähiger Eindringling in die Erwachsenenwelt zu sein.
4. *Werksinn vs. Minderwertigkeitsgefühl* (6.–11. Lebensjahr): Das Kind interessiert sich dafür, wie Dinge funktionieren und wie sie funktionieren sollten. Diese Phase ist durch das Formulieren von Regeln, durch Organisieren, Ordnen und Betriebsamkeit gekennzeichnet. Werden diese Anstrengungen aber als dumm, störend oder mutwillig hingestellt, so entwickelt sich beim Kind ein Gefühl der Minderwertigkeit. Während dieser Phase sind Einflüsse außerhalb des Elternhauses wirkungsvoller für die Entwicklung des Kindes.
5. *Identitätsfindung vs. Rollendiffusion* (Jugendalter, 12.–18. Lebensjahr): Während dieser Zeit eröffnen sich dem Jugendlichen neue Wege, Dinge wahrzunehmen; er kann Dinge aus der Sicht anderer Personen betrachten und verhält sich in verschiedenen Situationen unterschiedlich, je nachdem, wie er es in der jeweiligen Situation für angemessen hält. Durch dieses Einnehmen unterschiedlicher Rollen muß die Person eine integrierte eigene Identität erwerben, sich als verschieden von anderen wahrnehmen, als kohärent und akzeptabel. Die Alternative zu einer konzentrierten, „neutralen" Identität ist die Verwirrung darüber, wer man eigentlich ist, oder die Flucht in eine „negative" Identität, eine Rolle, die von der Gesell-

schaft nicht anerkannt wird, wie z. B. die des Drogenabhängigen oder des aggressiven Rockers.

6. *Intimität vs. Isolation* (junges Erwachsenenalter): Wenn der Erwachsene versucht, Kontakt mit anderen Personen herzustellen, kann sich eine Intimität in der sexuellen, emotionalen oder moralischen Hingabe anderen Menschen gegenüber entwickeln. Scheitern derartige Versuche, kann sich daraus eine Isolationshaltung ergeben, die enge persönliche Beziehungen unmöglich macht.

7. *Zeugungsfähigkeit vs. Selbstabkapselung* (mittleres Alter): Mit dem Begriff „Zeugungsfähigkeit" meint Erikson ein über die eigene Person hinausgehendes Interesse, das sich auf die Familie, die Gesellschaft oder zukünftige Generationen richtet; wenn sich eine derartige Orientierung nicht entwickelt, beschränkt sich das Interesse auf materiellen Besitz oder auf das physische Wohlergehen.

8. *Ich-Integrität vs. Verzweiflung* (hohes Alter): In dieser letzten Lebensphase blickt der Mensch auf alles, was hinter ihm liegt oder voraus auf die Ungewißheit des Todes. Hat man während der vorhergehenden Phasen Konflikte erfolgreich gelöst, kann man nun die Erfüllung seines Lebens in einem Gefühl der Integrität genießen. Wer sein Leben aber als unbefriedigend und fehlgeschlagen betrachtet, den befällt ein Gefühl der Verzweiflung. Zu spät dafür, um im Zorn zurückzublicken oder hoffnungsvoll noch einer Zukunft entgegensehen zu können, endet der Lebenszyklus einer solchen Person in Jammer und Verzweiflung.

Die ersten 4 Phasen gelten der Sozialisierung des Kindes, die letzten 4 der Sozialisierung des Erwachsenen. Die wichtigsten psychosozialen Probleme während der Kindheit betreffen die Wertschätzung anderer und das Selbstwertgefühl. Während der Jugendzeit steht die persönliche Identität, beim jungen Erwachsenen die Intimität, im mittleren Alter die Familie und im hohen Alter das Vermächtnis, das man hinterläßt, im Vordergrund (Neugarten 1976).

Sullivans soziale Perspektive

Wie Freud war auch Sullivan der Meinung, daß Spannungen, die aus physiologischen Bedürfnissen entstehen, häufig zu Handlungen führen. Im Gegensatz zu Freud vertrat er jedoch die Auffassung, daß die grundlegenden Bedürfnisse nicht biologischer Art seien, sondern daß sie sich aus Interaktionen zwischen Menschen ergeben. Diese aus dem Zwischenmenschlichen hervorgehenden „humanen" Charakterzüge können das physiologische Funktionieren direkt beeinflussen oder verändern. Die meisten Kulturen haben beispielsweise mehr oder weniger strenge Regeln dafür entwickelt, wann und wie man seine Nahrung zu sich nehmen oder wieder ausscheiden darf.

Sullivan (1953, S. 111) definiert Persönlichkeit als „ein relativ stabiles Muster sich wiederholender zwischenmenschlicher Situationen, die das menschliche Leben kennzeichnen". In diesem Sinne bedeutet Persönlichkeit also *Beständigkeit und Konsistenz in Beziehung zu anderen Menschen* und nicht im Hinblick auf innere Wesensmerkmale.

Im Zusammenhang mit dieser Konsistenz des zwischenmenschlichen Verhaltens führt Sullivan die Begriffe „Dynamismus" und „Personifikation" ein. *Dynamismus* bezeichnet ein für längere Zeit sich wiederholendes Verhaltensmuster (andere Theoretiker sprechen hier von einer Gewohnheit, "habit"). Ein Dynamismus kann jede gewohnheitsmäßige Reaktion sein, gleich, ob es sich um eine Einstellung, ein Gefühl oder eine beobachtbare Handlung handelt. Ein besonders wichtiger Dynamismus ist für Sullivan das *Selbstsystem*, das sich beim Menschen entwickelt, wenn er lernt, Bedrohungen seiner Sicherheit abzuwenden. Man lernt z. B., daß man nicht bestraft wird, wenn man sich so verhält wie die eigenen Eltern. So erlernt eine Person die habituellen „Sicherheitsmaßnahmen", die bestimmte Verhaltensweisen erlauben (das „gute" Ich) und andere verbieten (das „schlechte" Ich).

Eine *Personifikation* meint eine Vorstellung, die man von einer anderen Person hat. Sie setzt sich zusammen aus Gefühlen, Einstellungen und Auffassungen, die zu einem Großteil ausschlaggebend dafür sind, wie man sich zu einem anderen Menschen verhält. Die in der Kindheit erlernten Personifikationen können intakt bleiben und auch im Erwachsenenalter wirksam sein. So können z. B. Kinder, die ihren Vater als streng und feindselig „personifizieren", später auch anderen älteren Männern – wie ihren Lehrern und Vorgesetzten – so begegnen, als seien diese streng und feindselig, ganz gleich, ob diese das tatsächlich sind. Eine Personifikation, die einer Gruppe gemeinsam ist, bezeichnet Sullivan als *Stereotyp*. Beispiele für Stereotype in unserer Gesellschaft sind der „langhaarige studentische Radikale", der „Intellektuelle im Elfenbeinturm" oder der „männliche Chauvinist".

Sullivan unterteilt die Persönlichkeitsentwicklung in den westeuropäischen Gesellschaften in 7 Phasen ein:

1. frühe Kindheit,
2. Kindheit,
3. Jugendalter,
4. Präadoleszenz,
5. frühe Adoleszenz,
6. späte Adoleszenz und
7. Erwachsenenalter.

Dabei liegt der Akzent v. a. auf der Qualität der zwischenmenschlichen Beziehungen und der Denkweise, die während jeder Phase möglich wird. Sullivan erkennt an, daß in unterschiedlichen Gesellschaftssystemen durchaus verschiedene Verhaltensmuster vorherrschen können.

Obgleich er den Einfluß sozialer Kräfte auf die Entwicklung der Persönlichkeit besonders betont, erkennt Sullivan auch den potentiellen Einfluß von Individuen für die Veränderung ihrer Gesellschaft an. Er hat die Gesellschaft seiner Zeit häufig deshalb kritisiert, weil die durch die Mißachtung persönlicher Bedürfnisse die Persönlichkeitsentwicklung oft negativ beeinflusse und dadurch den Menschen eher einschränke, als daß sie ihm Möglichkeiten biete, sein Potential voll zu entfalten. Gleichzeitig beurteilte er die Chancen eines harmonischen Zusammenlebens unter dem Diktum gesellschaftlicher Zwänge optimistisch, da er glaubte, daß die Menschen während ihres Lebens anpassungsfähig bleiben. Nur wenn eine Gesellschaft zu irrational oder repressiv wird, werden die Menschen versuchen, sie zu ändern, statt sich ihr anzupassen.

Emotionale Entwicklung

Beim Neugeborenen lassen sich nur einige wenige, vielleicht sogar nur 2 abgrenzbare emotionale Zustände unterscheiden: Erregung und Ruhe.

Der Behaviorist Watson glaubte, daß Säuglinge 3 grundlegende Emotionen zeigen: Furcht, Wut und Liebe. Wie groß auch immer die ursprüngliche Anzahl sein mag, so nimmt man dennoch an, daß sich die Emotionen, die sich beim Erwachsenen zeigen, aus diesen grundlegenden Emotionen der Kindheit entwickeln. Dies geschieht z. T. durch Reifung, ganz überwiegend jedoch durch Lernvorgänge. Diese Entwicklung vollzieht sich ziemlich schnell: Im Alter von 2 Jahren zeigt das Kind schon die meisten Emotionen des Erwachsenen wie Ärger, Enttäuschung, Furcht, Freude und liebevolle Zuneigung.

Wie wenig differenziert die grundlegenden Emotionen sind, zeigt Abb. 3.7.

Achten Sie bitte auf die Ähnlichkeit von Reaktionen des Abscheus und von Reaktionen auf erfreuliche Dinge auf den verschiedenen Altersstufen. Denselben Gesichtsausdruck findet man auch bei Säuglingen, die mit schweren Mißbildungen des Gehirns geboren wurden, bei Kindern, die geistig schwer behindert sind und bei Personen, die blind geboren wurden (Steiner 1978). Emotionen haben ihren Ursprung in den eher primitiven Gehirnstrukturen, die charakteristische Art, sie auszudrücken, scheint angeboren zu sein; Imitation spielt in diesem Zusammenhang kaum eine Rolle, da hierzu die visuelle Erfahrung notwendig wäre.

Watson glaubte, die emotionale Entwicklung sei in erster Linie Resultat einer Konditionierung primärer Emotionen auf neue Reize. In Zusammenarbeit mit Rosemary Rayner überprüfte er diese Annahme, und es konnte gezeigt werden, daß eine der Emotionen, die Furcht, schon in der frühen Kindheit auf ursprünglich neutrale Reize konditioniert werden kann.

Watson u. Rayner (1920) untersuchten den kleinen Albert, einen 11monatigen Jungen. Sie boten ihm eine ganze Reihe von Woll- oder Pelzsachen dar, um zu sehen, ob sie Angst auslösen könnten. Albert zeigte nicht die geringste Furcht vor irgendeinem Stoff- oder Pelztier (man gab ihm eine weiße Ratte, einen Hasen, einen Pelzmantel, einen Ball aus Baumwolle und einige Masken). Aber Albert schreckte zusammen und schrie fürchterlich, wenn plötzlich dicht hinter ihm lauter Lärm erzeugt wurde (man klopfte mit einem Hammer auf eine Stahlstange).

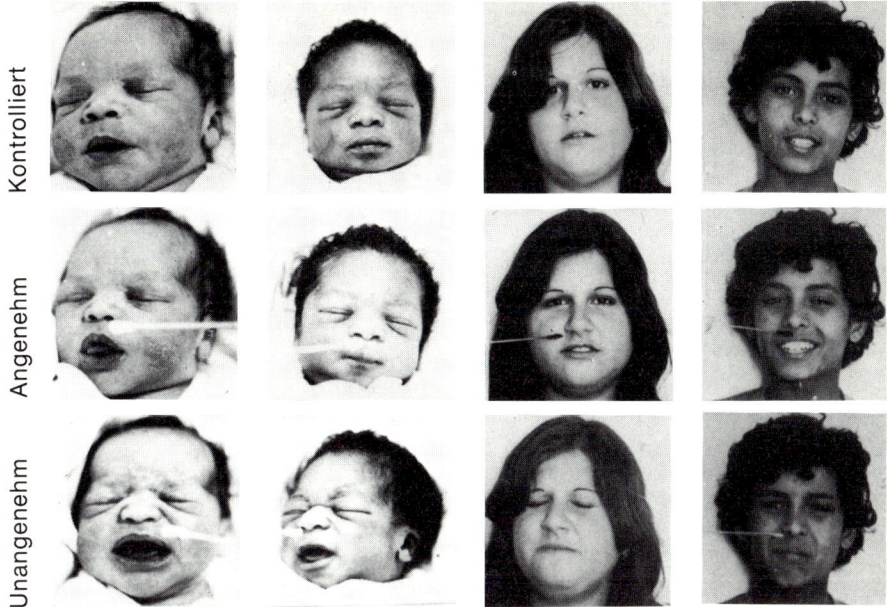

Kontrolliert — **Angenehm** — **Unangenehm**

Abb. 3.7. Emotionaler Ausdruck. Den Säuglingen wurden verschiedene Duftstoffe unter die Nase gehalten. Dies geschah in dem Zeitraum während der Geburt und der ersten Nahrungsaufnahme. Die Bilder der *oberen Reihe* zeigen ein ruhiges Gesicht (ohne Stimulierung). Die Bilder der *mittleren Reihe* zeigen die Reaktion auf einen angenehmen Duftstoff; die Reaktion in der Mundregion ähnelt dem Gesichtsausdruck der Erwachsenen, die man häufig im Zusammenhang mit der Emotion der Liebe beobachten kann. Der Gesichtsausdruck auf unangenehme Duftstoffe *(untere Reihe)* zeigt deutliche Übereinstimmungen mit den Reaktionen der Erwachsenen im Zusammenhang mit Ekel oder Abscheu (vgl. Fotos der beiden *rechten Spalten:* Reaktionen auf die Darbietung derselben Duftstoffe bei normalen Jugendlichen)

Als ihm im Alter von 11 Monaten und 3 Tagen die Ratte gezeigt wurde, und er seine Hand nach ihr ausstreckte, ertönte derselbe scheußliche Lärm hinter ihm. Nachdem Albert diese Erfahrung 2mal gemacht hatte, wimmerte er. Als ihm die Ratte eine Woche später erneut gezeigt wurde, hatte er seine Lektion gelernt: er zog die Hand zurück, bevor er den alten Spielkameraden berührte. Jetzt wurde systematisch mit der Konditionierung einer starken negativen emotionalen Reaktion auf die weiße Ratte begonnen; 7mal hintereinander tauchten die Ratte und der gräßliche Lärm zusammen auf. Als die Ratte das nächste Mal alleine dargeboten wurde, fing Albert an zu weinen, drehte sich um, fiel hin und krabbelte mit ganzer Kraft davon.

Nach einer Woche stellte sich heraus, daß sich die Furchtreaktion von der weißen Ratte auch auf den freundlichen Hasen übertragen hatte. Nun hatte Albert plötzlich Angst vor dem Hund, beim Ansehen des Pelzmantels fing er an zu weinen, und er schreckte sogar vor seinem Baumwollball zurück. Auch reagierte er „ausgesprochen negativ", als man ihm die Maske eines bärtigen Nikolaus zeigte. Keine Angst hatte er vor Bauklötzen oder anderen Objekten, die nicht zur *Reizdimension* „Pelz oder pelzähnlich" gehörten.

Leider wissen wir nicht, was aus Albert geworden ist. Die Untersucher berichteten, daß „Albert unglücklicherweise noch an dem Tag, an dem man die beschriebenen Tests durchgeführt hatte, aus dem Krankenhaus entlassen wurde. Daher hatten wir leider nicht die Möglichkeit, eine Methode zur Löschung der konditionierten emotionalen Reaktion zu entwickeln" (Watson u. Rayner 1920).

Mary C. Jones (1924) gelang es, eine sehr wirkungsvolle Technik zu entwickeln, mit der solche Furchtzustände beseitigt werden können. Ihr Proband hieß Peter, ein 3 Jahre alter Junge, der Angst vor Hasen hatte. Die Methode war denkbar einfach: Peter erhielt in einem Teil eines Zimmers etwas zu essen, während der Hase in den anderen Teil des Zimmers gebracht wurde. Über eine Reihe von Sitzungen wurde der Hase immer näher an Peter herangebracht, bis dieser seine Furcht überwunden hatte und mit dem Hasen zu spielen begann. Im Grunde genommen ist diese Vorgehensweise identisch

Tabelle 3.2. Stufen der moralischen Entwicklung. (Nach Kohlberg 1964, 1967, 1973)

Grundlage des moralischen Urteils	Entwicklungsstufe	Gründe für die Anpassung	Wert des menschlichen Lebens
Ebene I: Vorkonventionell, hedonistisch. Moralischer Wert liegt in der Person, selbstsüchtig in guten und bösen Handlungen	Stufe 0: Prämoralisch. Gut ist, was ich gerne haben möchte	Keine	Keine
	Stufe 1: Bestrafung/Folgsamkeit. Egozentriertes Nachgeben gegenüber überlegener Macht oder Prestige; Versuch, Unannehmlichkeiten aus dem Weg zu gehen	Vermeidung von Bestrafung	Der Wert des menschlichen Lebens wird mit dem Wert von Dingen verwechselt und ist abhängig vom Status oder vom Aussehen der Person
	Stufe 2: Naive egoistische Orientierung. Instrumenteller Hedonismus: Richtig ist, was die eigenen Bedürfnisse befriedigt und ab und zu auch die anderer Personen. Konkrete Reziprozität: Auge um Auge... Bewußtsein für die Relativität der Werte im Zusammenhang mit Bedürfnissen und Lebensaussichten	Belohnungen zu erhalten; Gefälligkeiten auszutauschen	Das menschliche Leben ist dazu da, für die Befriedigung persönlicher Bedürfnisse oder der Bedürfnisse anderer Menschen zu sorgen
Ebene II: Konventionell; pragmatisch. Moralität einer konventionellen Rollenkonformität. Moralischer Wert liegt in der Ausführung guter oder richtiger Rollen und in der Beachtung von Konventionen und den Erwartungen anderer	Stufe 3: Moralität des „guten" Kindes. Anderen gefallen und helfen, um ein gutes Verhältnis herzustellen und Anerkennung zu gewinnen. Konformität mit stereotypen Ideen über natürliche Rollen. Das moralische Urteil gründet sich auf Absichten	Vermeide Mißbilligung und Abneigung von seiten anderer	Der Wert des menschlichen Lebens beruht auf dem Mitgefühl und der Liebe von Familienmitgliedern und anderen Personen
	Stufe 4: Orientierung an Gesetz und Ordnung. Autoritäten stellen die Regeln auf zur Aufrechterhaltung der öffentlichen Ordnung. Moralität: Die Pflicht tun und Respekt für Autorität zeigen; die soziale Ordnung um ihrer selbst willen erhalten	Zensur von seiten der Autorität und nachfolgende Schuldgefühle vermeiden	Das Leben ist heilig wegen seiner Einbindung in eine moralische und religiöse Ordnung von Rechten und Pflichten

Grundlage des moralischen Urteils	Entwicklungsstufe	Gründe für die Anpassung	Wert des menschlichen Lebens
Ebene III: Nachkonventionell. Moralität von selbstakzeptierten moralischen Prinzipien. Der moralische Wert liegt in der Konformität mit den Prinzipien der moralischen Theorie	*Stufe 5*: Kontraktmäßige, legalistische Orientierung: Moralität von Verträgen, individuellem Recht und demokratisch akzeptierten Gesetzen; soziale Kontraktorientierung. Pflichten reflektieren die Rechte anderer, den Willen der Mehrheit und die allgemeine Wohlfahrt	Die Wohlfahrt der Gesellschaft zu erhalten	Das Leben wird geschätzt wegen der Wohlfahrt der Gesellschaft und weil es ein universelles menschliches Recht darauf gibt
	Stufe 6: Orientierung an Gewissen oder Prinzipien. Moralität individueller Prinzipien des Gewissens, gegenseitigen Respekts und Vertrauens. Orientierung nicht nur auf aktuelle soziale Regeln, sondern auf beständige universelle Prinzipien	Selbstverdammung zu vermeiden	Das menschliche Leben ist heilig wegen des allgemeingültigen menschlichen Wertes, der im Respekt vor dem Individuum gründet
	Stufe 7: Orientierung auf den Kosmos oder das Infinite. Die moralische Frage, die hier gilt, ist: „Warum leben?" und nicht: „Warum moralisch handeln?" Die Antwort bezieht sich auf die Einheit des Kosmos und auf das Selbst als Teil dieser Einheit	Die Einheit des Kosmos und des Selbst reflektieren (oder des Selbst als Teil dieser Einheit)	Das Leben wird geschätzt, weil es ein Teil der unendlichen oder kosmischen Einheit ist

mit der Methode der „systematischen Desensibilisierung", die man heutzutage bei der Behandlung von Phobien anwendet.

Moralische Entwicklung

Die typische Untersuchungsmethode Piagets bestand darin, eine bestimmte Situation herzustellen, die Situation beurteilen zu lassen und dann über die Prozesse, die zu dieser Beurteilung geführt haben, nachzudenken. Die Situation, die Piaget herstellte, interessierten ihn nur im Hinblick auf die sich daraus ergebende Möglichkeit, die Denkvorgänge einer anderen Person zu untersuchen. Piaget benutzte diese Methode auch, um die moralische Entwicklung zu untersuchen. Kohlberg hat diese Methode verfeinert und weiterentwickelt. Er gibt seinen Probanden kurze Geschichten, die auf verschiedene moralische Konflikte hinweisen, wie z. B. folgende:

„In Europa war eine Frau an Krebs erkrankt und lag im Sterben. Es gab allerdings ein Medikament, von dem die Ärzte glaubten, daß es die Frau retten könnte. Es war eine Art Radium, das ein Apotheker in derselben Stadt kurze Zeit zuvor entdeckt hatte. Die Herstellung des Medikaments war zwar teuer, aber der Apotheker verlangte das Zehnfache der Kosten, die ihm entstanden. Er hatte 500 DM für die Rohsubstanz bezahlt und verlangte 5000 DM für das Medikament. Der Mann der kranken Frau, namens Heinz, ging zu allen seinen Bekannten, um sich das Geld zu borgen, aber er bekam nur etwa die Hälfte des verlangten Preises, also ca. 2500 DM, zusammen. Daraufhin ging er zu dem Apotheker und teilte diesem mit, daß seine Frau im Sterben läge und bat ihn, das Medikament billiger zu verkaufen oder ihn es in Raten abzahlen zu lassen. Der Apotheker aber sagte: ‚Nein, ich habe das Medikament entdeckt und möchte auch daran verdienen.' Jetzt war Heinz so verzweifelt, daß er in die Apotheke einbrach und das Medikament für seine Frau stahl. Hätte der Ehemann dies tun sollen?" (Longstreth 1974, S. 504).

Wie Piaget ist auch Kohlberg weniger an der Entwicklung des moralischen *Verhaltens* als an der Entwicklung des *Verständnisses* von Moralität interessiert. Es geht ihm nicht darum, was eine Person im Falle eines moralischen Konfliktes tatsächlich tun würde, sondern vielmehr darum, was eine Person für moralisch richtig hält.

Kohlberg hat 7 Stufen der moralischen Entwicklung unterschieden (Stufe 0 bis 6); eine weitere (Stufe 7) hat er theoretisch postuliert (Kohlberg 1973). Jede Stufe ist gekennzeichnet durch bestimmte Ansichten über Aspekte der Moralität, wie die Gründe, moralisch zu handeln, oder die Einschätzung des Wertes, den das menschliche Leben hat. Die Entwicklung verläuft in einer festen Abfolge von Stufe 0 nach Stufe 7; dabei kann die Zeit bis zum Erreichen der jeweils nachfolgenden Stufe von Kind zu Kind und von Gesellschaft zu Gesellschaft verschieden sein. Ebenso kann es vorkommen, daß die späteren Stufen nicht erreicht werden. Kohlsbergs postulierte höchste 7. Stufe konnte bisher noch nicht empirisch erhärtet werden; theoretisch kann ihr Vorhandensein jedoch angenommen werden.

Die moralische Entwicklung eines Erwachsenen ist gekennzeichnet durch die Aufgabe einer egozentrischen Denkweise zugunsten von Moralität, durch die Stabilisierung der konventionellen Moralität auf Stufe 4, durch eine größere innere Konsistenz des moralischen Urteils und des moralischen Handelns, durch eine Integration bei der Verwendung der moralischen Strukturen und durch die Anwendung moralischer Prinzipien auf den eigenen Lebensvollzug.

Kohlberg berichtet, daß er unter seinen Versuchspersonen noch nie eine Person auf Stufe 7 gefunden habe, er gibt aber zu bedenken, daß „von Sokrates bis Martin Luther King Personen für ihre ethischen Maximen lebten und starben", was man als eine starke Orientierung an Stufe 7 (1973, S. 204) betrachten kann. Die Moralität der Stufe 7 basiere vermutlich auf einer Art Religion, die allerdings nicht eine Religion der „nachkonventionellen Art" (vgl. Tab. 3.2) sein müßte.

Zusammenfassung

Die Entwicklungspsychologie befaßt sich mit der Beschreibung, Erklärung und Modifikation (Optimierbarkeit) von Verhaltensänderungen über die gesamte Lebensspanne einer Person hinweg sowie mit den Unterschieden hinsichtlich dieser Veränderungen zwischen Personen. Die Veränderungen können durch *körperliches Wachstum, Reifung* oder *Lernen* erklärt werden. Auch wenn üblicherweise Entwicklung auf Vererbung oder auf Umweltfaktoren zurückgeführt wird, kann sich keiner der beiden Faktoren ohne den anderen allein auswirken. Damit wird aber die klassische Anlage-Umwelt-Kontroverse zum fruchtlosen Streit.

Wir haben Entwicklung aus 4 verschiedenen Perspektiven dargestellt: Dabei betont die *Verhaltensperspektive* die Einflüsse der Umwelt auf das Verhalten; die *genetische Perspektive* betont die Bedeutung von Trieben und die Evolution höherer Formen; die *kognitive Perspektive* hebt die zugrundeliegenden geistigen Strukturen besonders hervor, die sich während der Entwicklung verändern; die *psychometrische Perspektive* konzentriert sich auf relativ stabile Eigenschaften, die objektiv gemessen werden können.

Alter ist ein Begriff, der sich auf das Verstreichen von Zeit bezieht; es ist deshalb keine Ursachenvariable. Da das Alter jedoch mit kausalen Variablen korreliert, kann es als eine *Indexvariable* betrachtet werden. Das Konzept der *Entwicklungsstufen* wird in einem eher „schwachen" Sinne verwendet, wenn es sich auf Variablen bezieht, die im Zusammenhang mit Alter stehen. In dem eher „strengen" Sinn zeigt das Stufenkonzept die Diskontinuität der Entwicklung oder die qualitativen Veränderungen zwischen 2 bestimmten Zeitpunkten auf. Die Entwicklung der Lebensspanne kann durch 8 Phasen charakterisiert werden: *pränatal* (Empfängnis – Geburt); *Säuglingsalter* (Geburt – 18 Monate); *frühe Kindheit* (18 Monate – 6 Jahre); *späte Kindheit* (6–13 Jahre); Adoleszenz (13–20 Jahre); *frühes Erwachsenenalter* (20–45 Jahre); *mittleres Alter* (45–65 Jahre) und *hohes Alter* (bis zum Tod). Man könnte noch eine Phase vor der Empfängnis und eine Phase des Todes hinzunehmen.

Die Methoden der entwicklungspsychologischen Forschung sind *Querschnittuntersuchungen*, *Längsschnittuntersuchungen* und *Sequenzstudien*. Jede Methode hat ihre Vor- und Nachteile, aber die Sequenzstudien sind i. allg. den beiden anderen überlegen. Dennoch werden zumeist Querschnittstudien durchgeführt.

Unter- und Fehlernährung kann dauernde körperliche und geistige Schäden hinterlassen, besonders wenn sie lange Zeit andauern, gravierend sind oder in Phasen schnellen Wachstums auftreten. Das männliche Geschlecht ist gegenüber den negativen Auswirkungen anfälliger als das weibliche.

Das weibliche Geschlecht weist von der Geburt bis zum hohen Alter von 100 Jahren eine höhere Überlebenschance auf als das männliche. Unter anderem liegt dies am größeren Widerstand, den Frauen bestimmten Störeinflüssen aus der Umwelt entgegensetzen. Jungen neigen eher als Mädchen zu emotionalen und schulischen Problemen sowie zu Fehlverhalten, aber die Ursachen hierfür liegen wahrscheinlich in der Umwelt und basieren auf den unterschiedlichen Erwartungen und der unterschiedlichen Behandlung, die Eltern Jungen bzw. Mädchen gegenüber an den Tag legen.

Laufen und Greifen entwickeln sich während bestimmter Phasen, ohne daß hierzu ein besonderes Training notwendig ist. Die Entwicklung der Wahrnehmung verläuft ebenso spontan. Das Neugeborene besitzt einen gut ausgebildeten Geruch- und Geschmackssinn, eine gute Tastsensibilität, gute Kälte- und Wahrnehmungsempfindungen, ein gutes Gehör und einen guten Gesichtssinn; gegenüber Schmerzen ist es jedoch relativ unempfindlich. Die Tiefenwahrnehmung ist wahrscheinlich erlernt; Untersuchungen mit der „visuellen Klippe" zeigen, daß die Tiefenwahrnehmung bei 6 Monate alten Kindern auftritt, bei Untersuchungen an jüngeren Kindern sind die Ergebnisse jedoch widersprüchlich. Ebenso widersprüchlich sind die Ergebnisse von Studien, die darüber Aufschluß geben sollten, ob die Ganzheitswahrnehmung zeitlich vor der Teilwahrnehmung entwickelt ist, wie es dem *orthogenetischen Prinzip* entspräche.

Denken und Intelligenz bezeichnen psychische Anpassungsprozesse an die Umwelt. Nach Fergusons Verhaltenstheorie sind diese Prozesse nichts anderes als Reaktionen, die erlernt werden, weil die Umwelt sie schätzt und verstärkt. Interkulturelle Unterschiede in der Intelligenz und vielleicht auch Altersunterschiede spiegeln Unterschiede hinsichtlich der Reaktionen oder Fähigkeiten wider, die erwünscht sind.

Im Rahmen des psychometrischen Ansatzes werden Testergebnisse als Ausdruck von Fähigkeiten interpretiert. Man hat versucht, den jeweiligen Anteil von Vererbung bzw. von Umwelteinflüssen an bestimmten Fähigkeiten zu bestimmen. Ein Schätzmaß der relativen Bedeutung jedes dieser beiden Einflüsse ist der *Vererbungskoeffizient*. Einige Untersuchungen, in deren Rahmen dieser Koeffizient errechnet wurde, zeigen, daß der Beitrag der Vererbung an der allgemeinen Intelligenz etwa 80% und der Umweltanteil etwa 20% beträgt.

Allerdings ist die Gültigkeit derartiger Schätzungen anfechtbar.

In Piagets kognitivem Ansatz bezeichnen *Pläne* intellektuelle Vorgänge, während *Schemata* geistige Vorstellungen bezeichnen. Das Denken beinhaltet *Assimilation* und *Akkommodation*. Die Assimilation führt zum Verstehen, indem neue Erfahrungen im Lichte vorhandenen Wissens gedeutet werden. Dagegen bezeichnet Akkommodation einen Prozeß der Entdeckung, der *Pläne* modifiziert, also vorhandenes Wissen mit neuen Informationen in Übereinstimmung bringt. Der Verlauf der kognitiven Entwicklung besteht in Veränderungen der *Pläne* und *Schemata* und v. a. der Art und Weise, in der sie organisiert sind, was zu dem für eine Person oder eine bestimmte Entwicklungsphase charakteristischen Denkstil führt. Piaget hat 4 Denkphasen oder -stile unterschieden: *sensumotorisch, präoperational, konkret* und *formal*.

Freud betrachtet die Persönlichkeitsentwicklung als eine Abfolge von 5 *psychosexuellen* Phasen: *orale, anale, phallische Phase, Latenzzeit* und *genitale Phase*.

Erikson postuliert 8 Phasen der *psychosozialen* Entwicklung. Von diesen beziehen sich die ersten 4 auf die Sozialisierung des Kindes und die letzten 4 auf die Sozialisierung des Erwachsenen. Sullivan betont in noch stärkerem Ausmaß als Erikson die sozialen Aspekte der Persönlichkeit.

Grundlegende Emotionen und die Art und Weise, sie auszudrücken, sind angeboren und stehen mit (subkortikalen) Gehirnstrukturen in Zusammenhang. Die komplexen und subtilen Emotionen, die schon in der frühen Kindheit auftreten, differenzieren sich während der Reifung und v. a. durch Lernvorgänge im sozialen Umfeld.

Die moralische Entwicklung scheint ebenfalls in Phasen zu verlaufen. Während der Säuglingszeit ist moralisches Denken noch nicht vorhanden. Im weiteren Entwicklungsverlauf lassen sich dann 7 Phasen unterscheiden, die sich (nach Kohlberg) in 3 Ebenen aufteilen lassen: eine vorkonventionelle (frühe Kindheit), eine konventionelle (späte Kindheit bis evtl. ins Erwachsenenalter) und eine nachkonventionelle oder Prinzipienebene (die aber nur selten erreicht wird, besonders die beiden letzten, höchsten Stufen).

4 Phasen der Lebensspanne

Die ganze Welt ist eine Bühne,
Und Frauen und Männer bloße Spieler.
Sie treten auf und gehen wieder ab;
So mancher spielt sein Leben lang bloß Rollen,
Sein Stück hat sieben Alter. Zuerst der Säugling,
Der in der Amme Armen wimmert und sprudelt.
Dann der weinerliche Schulbube, der mit seinem
 Ranzen
Und mit glattem Morgenantlitz wie die Schnecke
Unwillig zur Schule kriecht. Dann der Verliebte,
Der wie ein Ofen seufzt, mit einem Jammerlied
Auf seiner Liebsten Augenbrauen. Dann der Soldat,
Voll saftiger Flüche und bärtig wie ein Leopard,
Auf Ehre eifersüchtig, schnell im Händel,
Die Seifenblase des Ruhmes bis in die Mündung
Der Kanone suchend. Und dann der Richter, den
Mollig runden Bauch reihenweise mit Kapaun gefüllt,
Mit strengem Blick und formgerechtem Bart,
Voll weiser Sprüche und neuester Exempel, so
Spielt dieser seine Rolle. Das sechste Alter bringt
Den hageren und besockten ersten Schritt zum
 Kontertanz,
Mit der Brille auf der Nase und dem Beutel an der
 Seite,
Die jugendliche Hose wohl geschont, die Welt zu weit
Für die geschrumpften Schenkel; die tiefe
 Männerstimme
Zum kindischen Sopran verwandelt, im Ton voll
 Piepsen und
Voll Pfeifen. Die letzte aller Szenen,
Mit der die seltsam wechselnde Geschichte schließt,
Ist zweite Kindheit, gänzliches Vergessen,
Ohn' Zahn, ohn' Augen, Geschmack und alles.

[Shakespeare: *As You like It*
 (dt. *Wie es euch gefällt*), 2. Akt, Szene VII]

Shakespeare, der dieses Stück im Jahre 1599 schrieb, wußte damals schon, daß die menschliche Entwicklung das ganze Leben dauert. Er teilte unser „Bühnenstück" in „sieben Alter" ein, das mit dem *Säuglingsalter* beginnt; dann folgt der „weinerliche Schulbube" während der *Kindheit*, der *Jugendliche* als der „Verliebte", der *junge Erwachsene* als der „Soldat", „und dann der Richter" oder die Phase des *Erwachsenenalters* und der Stabilität, dann das *hohe Alter* und schließlich „die letzte aller Szenen", die

Senilität. Shakespeare deutet sogar die allerletzte Phase, die des Todes, an. Wir brauchen nur noch die pränatale Phase hinzuzufügen, und Shakespeares Analyse stimmt mit unserer Einteilung der 8 Phasen überein, die wir in diesem Kapitel diskutieren wollen.

Unser ganzes Leben ist durch Wachstum und Veränderungen gekennzeichnet: körperliche Entwicklung, Persönlichkeitsveränderungen, die Entwicklung kognitiver Fähigkeiten, Veränderungen unserer Emotionen und unserer Einstellungen. Eine scheinbar endlose Reihe von *Entwicklungsaufgaben* kommt auf jeden von uns zu. Am Anfang steht die Geburt, dann folgt das Jugendalter, die Heirat, die Kindererziehung, die Berufswahl, die Wahl eines Lebensstils, das Akzeptieren des eigenen Lebens, der Ruhezustand und schließlich die Erwartung des Todes.

Wir alle durchleben diese Phasen und sind mit praktisch allen genannten Aufgaben konfrontiert. Einigen von uns gelingt es, diese Aufgaben bravourös, mit Stolz und Würde zu lösen, andere dagegen kommen nur mit Schwierigkeiten vorwärts und stehen unter dauerndem Streß. Wachstum und Veränderung sind das Kernstück der menschlichen Existenz, und wir können viel aus Untersuchungen lernen, die sich mit altersspezifischem Verhalten sowie mit dem Erkennen und der Lösung von Problemen während der Entwicklung befassen. Unser individueller Wachstumsprozeß beginnt mit der Empfängnis und geht während unseres ganzen Lebens kontinuierlich weiter bis hin zum letzten Augenblick, dem „gänzlichen Vergessen".

Der Zyklus beginnt

Eine energetische Samenzelle entdeckt eine rezeptive Eizelle; miteinander vereinigt, folgen sie einer Spur, die so alt ist wie das Leben selbst und reifen in 9 Monaten zu einem neuen menschlichen Wesen heran. In Kap. 3 sahen wir, daß etwa 30–50 % mehr Jungen als Mädchen gezeugt werden, daß aber die pränatale Sterblichkeitsrate wesentlich größer für den männlichen als den weiblichen Fetus ist, so daß bei der Geburt ein Verhältnis von 106 Jungen zu 100 Mädchen besteht. Über Geschlechtsunterschiede während der pränatalen Phase ist nur wenig bekannt, und es gibt auch keine Hinweise auf mögliche Geschlechtsunterschiede bei der Entwicklung des Verhaltens während dieser Zeit. Aus der Tatsache, daß derartige Unterschiede bei der Geburt beobachtet werden können, kann man jedoch schließen, daß sie auch während der pränatalen Phase vorhanden sind.

Abb. 4.1. Wie dieses Kind kamen Hunderte von Kindern ohne vollentwickelte Arme und Beine zur Welt, nachdem die Mütter in der frühen Schwangerschaft das Medikament Contergan eingenommen hatten

Vorgeburtliche Entwicklung

Die Mutter fühlt die Bewegungen des Fetus etwa ab der 16. Woche nach der Empfängnis, obwohl man sie mit einem Stethoskop schon 1 oder 2 Wochen eher wahrnehmen kann (Carmichael 1970). Zu diesem Zeitpunkt ist der Fetus etwa 18 cm groß (die Größe bei der Geburt beträgt etwa 50 cm). Ein Fetus kann sich aber schon viel früher bewegen, wie Beobachtungen im Zusammenhang mit medizinisch induzierten Aborten gezeigt haben. Reaktionen auf Stimulierung wurden schon in der 6. Woche nach der Empfängnis, wenn der Embryo noch keine 2 cm groß ist, beobachtet, und Spontanbewegungen wurden schon bei Embryos beobachtet, die 1 oder 2 Wochen alt waren (Carmichael 1970, Humphrey 1970). Das früheste feststellbare Verhalten, das man an einem Embryo beobachten kann, ist der Herzschlag, der in der 3. Woche beginnt, wenn die Frucht noch weniger als ½ cm groß ist.

Medikamente, die eine werdende Mutter einnimmt, gelangen durch die Plazenta zum Embryo und können so sein Verhalten und seine Entwicklung beeinflussen. Ein tragisches und extremes Beispiel ist das Conterganunglück im Jahre 1961. Wenn dieses Beruhigungsmittel während der ersten Monate der Schwangerschaft eingenommen wurde, führte es zu schweren Störungen in der körperlichen Entwicklung. Hunderte von „Conterganbabys" wurden ohne Arme oder Beine geboren, und die Hände oder Füße waren direkt an den Rumpf angewachsen (Abb. 4.1).

Obgleich nicht alle Medikamente, die eine werdende Mutter einnimmt, Auswirkungen auf den Fetus zu haben brauchen und auch wenn solche extremen Wirkungen, wie die des Contergans sehr selten sind, ist es bei der Einnahme von Medikamenten, insbesondere während des 1. Drittels der Schwangerschaft, sehr wichtig, an die *möglichen* Folgeschäden für das ungeborene Kind zu denken.

Da im 1. Drittel der Schwangerschaft etwa 75 % aller Fehlgeburten auftreten, scheint dies eine besonders gefährdete Phase zu sein. Man schätzt z. B. auch, daß etwa 12 % der Kinder, deren Mütter während dieser Zeit an Röteln erkrankten, eine Beeinträchtigung aufweisen. Dazu gehören Schädigungen des Gehirns, Blindheit, Taubheit oder Erkrankungen des Herzens und anderer Organe. Diese frühe Schwangerschaftsphase ist derartig störungsempfindlich, daß man in den ersten Wochen *kein* Medikament als völlig unschädlich betrachten sollte (Bowes et al. 1970). Erst nach dem 5. Monat ist diese Gefahr um einiges herabgesetzt.

Die Geburt

Es wurde vieles über die Vorzüge der natürlichen Geburt geschrieben, jedoch gibt es nur wenige wissenschaftliche Forschungsarbeiten, die diese Vorzüge bestätigen könnten. Ein Vorteil aber, der wiederholt bestätigt wurde, ergibt sich durch die Nichtanwendung einer Narkose. Bestimmte anästhetische Mittel gelangen direkt durch die Plazenta in den Organismus des Kindes und beeinflussen sein Verhalten auch noch einige Tage nach der Geburt. Man hat sogar schon Wirkungen festgestellt, die noch 4 Wochen nach der Geburt beobachtet werden konnten, und es gibt einige schwache Hinweise darauf, daß bestimmte Wirkungen länger als 20 Wochen andauerten. Selbstverständlich zeigen nicht alle anästhetischen Mittel eine Wirkung beim Kind; und nicht alle gelangen durch die Plazenta (Bowes et al. 1970). Die normale Reaktionsfähigkeit des nicht durch Medikamente beeinflußten Neugeborenen und seiner Mutter kann zu einer intensiveren Interaktion führen – mehr Berührung, mehr Spielen, mehr Liebkosungen und mehr Bewegung. Ein anderer positiver Aspekt der natürlichen Geburt ist beispielsweise die Teilnahme des Vaters an Gesprächen vor der Geburt und seine Anwesenheit beim Geburtsvorgang selbst, wodurch die Geburt zu einem intensiven Gemeinschaftserleben der beiden Eltern wird.

Bisweilen jedoch ist eine Anästhesie unumgänglich, so z. B. bei einem Kaiserschnitt. Kinder, die durch einen solchen chirurgischen Eingriff, einen Schnitt durch die Bauchwand der Mutter, geboren werden, weisen nicht selten eine blasse Hautfarbe auf, zeigen einen schwachen Muskeltonus und reagieren schwächer als Kinder, die durch eine normale Geburt zur Welt kamen. Es ist aber nicht klar, ob diese Unterschiede auf den Einsatz von Anästhetika zurückzuführen sind oder ob, wie man vermutet, der Streß der normalen Geburt sich vorteilhaft auswirkte.

Frühgeburten treten am häufigsten bei den eher niedrigeren sozialen Schichten auf, was vermutlich an der unzureichenden Ernährung der Mutter und an einer unzulänglichen medizinischen Versorgung liegt. Je eher eine Frühgeburt stattfindet, desto größer sind die Gefahren körperlicher und geistiger Fehlentwicklungen, wie z. B. Hirnlähmungen, geistige Behinderung oder Lernstörungen.

Frühgeborene müssen eine Zeitlang im Brutkasten isoliert werden, wo ihre Herzfrequenz mittels Elektroden überwacht wird. Der Brutkasten hält die Temperatur konstant; das Frühgeborene kann nur durch seitlich angebrachte Öffnungen versorgt werden. Die Geräusche in diesem Brutkasten können die interessanteren, weniger monotonen menschlichen Laute außerhalb dieser Apparatur überlagern. Der Blick aus dem Brutkasten heraus läßt nur wenig erkennen, da die Plastik- oder Glasabdeckung die Wahrnehmung verzerrt. So sind Frühgeborene nicht nur allein durch genetische oder geburtliche Risiken belastet, sondern zusätzlich dadurch, daß ihnen zuweilen für die Dauer mehrerer Wochen oder Monate der sensorische Kontakt und die Interaktion mit anderen Personen vorenthalten wird (Klaus u. Kennell 1970).

Das Säuglingsalter

In den letzten 20 Jahren ist eine Flut von Untersuchungen an Säuglingen veröffentlicht worden. In diesem Zeitraum wurde mehr über Säuglinge, ihr Verhalten und ihre psychischen Bedürfnisse veröffentlicht als in dem gesamten Zeitraum seit Bestehen der Fächer Pädiatrie und Kinderpsychologie. Das hat dazu geführt, daß wir heute wesentlich mehr wissen als noch die Generation vor uns. Die praxisorientierten Leitfäden und Schriften zur Säuglingspflege und kindlichen Entwicklung können trotz ihres schnellen Erscheinens auf dem Markt nur schwer mit dem Vorrücken der Grenzen gesicherten Wissens Schritt halten.

Die Bedeutung des Säuglingsalters

Neben dem intrinsischen Interesse, das ein Neugeborenes oder ein Säugling in uns weckt, ist es unter dem Aspekt der Gesundheit und der Wohlfahrt von großer Bedeutung, daß wir möglichst schnell so viel wie möglich über den heranwachsenden Säugling erfahren. Es wird immer deutlicher, daß im *Säuglingsalter* der Grundstein für die spätere Entwicklung des Verhaltens gelegt wird. Während des 1. Lebensjahres stellt das Kind seine ersten Beziehungen zu anderen Menschen her; in dieser Zeit beginnt die Entwicklung des Laufens, und das Kind beginnt zu lächeln; es entwickelt wechselseitige soziale Verhaltensweisen, und es beginnt zu spielen und seine Umwelt zu erkunden – mit den Händen, den Augen, mit kulturell bedeutsamen Lautäußerungen; einige der grundlegenden biologischen Reflexe schwächen sich ab und werden durch erlernte Reaktionen ersetzt (Lipsitt 1976).

Das Neugeborene

Schon in den ersten Stunden nach der Geburt verfügt das Neugeborene über eine Reihe angeborener Verhaltensweisen. Wenn man es beispielsweise auf den Bauch der Mutter legt, reagiert es mit Krabbelbewegungen, anscheinend um die Brust zu suchen. Wenn man das Neugeborene in die Nähe der mütterlichen Brust legt, wird dadurch ein Suchverhalten nach der Brustwarze ausgelöst, das mit heftigen aber gut koordinierten Kopfbewegungen und dem Öffnen des Mundes einhergeht. Wenn sich die Brustwarze im Mund befindet, schließt der Säugling seinen Mund und beginnt zu saugen. Es hat den Anschein, als ob Neugeborene „wissen, wie man das macht"; einige brauchen allerdings noch etwas Übung dazu (Abb. 4.2).

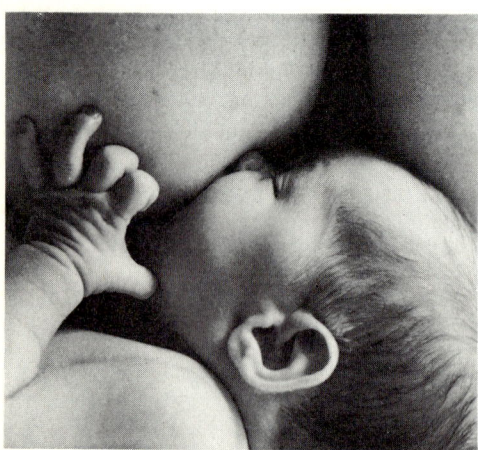

Abb. 4.2. Saugverhalten des Neugeborenen. Wenn das Baby an die Brust der Mutter gelegt wird, öffnet es seinen Mund und bewegt seinen Kopf hin und her; sobald es die Brustwarze gefunden hat, beginnt es zu saugen

Saugverhalten ist ein sehr hoch entwickeltes komplexes Verhaltensmuster (Kaye 1967). Es beinhaltet die präzise Koordination von Kau- und Schluckbewegungen, die Synchronisation der Atmung mit den Saug- und Schluckbewegungen; der gesamte Vorgang ist von der taktilen Stimulierung durch die Brustwarze und vom Geschmackssinn abhängig.

Vom ersten Moment dieses Saugverhaltens und der Nahrungsaufnahme an wird das Kind durch die Konsequenzen seines eigenen Verhaltens beeinflußt. Die Schnelligkeit des Saugens hängt z.B. von dem Grad der Süße der Flüssigkeit ab. Je süßer die Flüssigkeit ist, um so kontinuierlicher – aber auch langsamer – saugt der Säugling (Lipsitt et al. 1976). Offensichtlich kommen wir mit einer Disposition für angenehme Empfindungen auf die Welt, und schon während der ersten Tage unseres Lebens erwerben wir die Fähigkeit, unser Verhalten einen optimalen Genuß entsprechend anzupassen.

Eng verbunden mit dieser Fähigkeit des Neugeborenen, angenehme Stimulation, insbesondere im *oralen* Bereich, zu optimieren, sind auch die ebenso früh vorhandenen Abwehrreaktionen. Das Neugeborene hat eine Abneigung gegen jede Art von unangenehmer Stimulierung und richtet sein Verhalten so ein, daß es unangenehme Reize vermeiden kann. Die Reize, die dem Säugling unangenehm erscheinen, unterscheiden sich kaum von denen, die auch die meisten Erwachsenen als störend beurteilen. So blinzelt das Neugeborene mit den Augen, wenn plötzlich ein grelles Licht eingeschaltet wird, zeigt bei plötzlichem lautem Geräusch eine Schreckreaktion und weint oder zieht seinen Fuß zurück, wenn aus seiner Ferse eine Blutprobe entnommen wird.

Besonders auffallend beim Neugeborenen sind eine Reihe von Reaktionen bei Erstickungsgefahr. Wenn man es mit dem Gesicht nach unten auf den Bauch so hinlegt, daß Nase und Mund leicht gegen die Oberfläche der Matratze gedrückt werden, heben die meisten Neugeborenen innerhalb weniger Sekunden ihren Kopf von dieser Unterlage hoch. Wenn das Baby auf dem Rücken liegt und man drückt ihm ein Stück Zellstoff für kurze Zeit auf das Gesicht, dann wird das folgende Reaktionsmuster von 5 Komponenten auftreten: Zuerst wirft der Säugling seinen Kopf schnell hin und her, wirft dann seinen Kopf nach hinten, bringt die Hände zum

Gesicht wie ein Boxer in Kampfstellung und versucht, den Gegenstand wegzureißen (was ihm häufig auch gelingt), um dann, wenn keine dieser Maßnahmen Abhilfe bringt, rot anzulaufen und um sein Leben zu brüllen, was dann auch fast immer ausreicht, die Belästigung zu beseitigen.

Die soeben beschriebenen Reaktionen sind angeboren, und sie müssen nicht erst in einer tatsächlichen Notsituation oder Atemnot gelernt werden, um überhaupt auftreten zu können. Es handelt sich hier um ein System von Schutzreaktionen, das auch schon bei einer bloßen Erwartung von Gefahr aktiviert wird. Beobachter charakterisieren dieses Reaktionsmuster häufig als Wut. Es könnte sein, daß es sich hier um die Vorstufe des Ärgers handelt, der erst später als erlernte Reaktion auftritt. Es gibt Anzeichen dafür, daß Säuglinge, bei denen dieses System von Schutzreaktionen von Geburt an nicht ausreichend funktioniert, der Gefahr eines sog. plötzlichen Kindestodes ausgesetzt sind. Allein in den USA treten jährlich etwa 8000 derartiger Todesfälle auf; am häufigsten davon betroffen sind die Säuglinge im Alter von 2–8 Monaten (Lipsitt 1976).

Zuneigung (attachment)

Der junge Säugling scheidet durchschnittlich 5mal am Tag Kot aus, was gewöhnlich innerhalb der ersten halben Stunde nach der Nahrungsaufnahme geschieht, und 19mal Urin, meistens innerhalb einer Stunde nach dem Essen. Diese Richtwerte erfreuen wahrscheinlich eher einen Windelfabrikanten als die Eltern eines Säuglings; denn das Wechseln der Windeln im Alltag eines Kleinkindes beansprucht sehr viel Zeit. Wenn man dann noch die vielen anderen täglichen Pflegeaktivitäten hinzunimmt – 4- bis 8mal wird gestillt oder gefüttert – Baden, Spielen, Trösten, Schaukeln usw., dann wird deutlich, daß dem Säugling täglich viele Lerndurchgänge angeboten werden, um den Anblick und die Sprache der Mutter (oder einer anderen Pflegeperson) mit seinem eigenen Wohlbefinden in Verbindung zu bringen. Kein Wunder also, daß der Säugling schon sehr früh seiner Mutter gegenüber anhänglich wird; diese Zuwendung entwickelt sich allgemein innerhalb der ersten 3 Lebensmonate, bisweilen auch noch früher. Diese warme persönliche Zuneigung oder An-

hänglichkeit wird definiert als eine Reihe von Aktivitäten, die allgemein eine bleibende körperliche Nähe zwischen 2 Personen (speziell zwischen Mutter und Kind) aufbauen und etablieren (Ainsworth u. Bell 1970, Bowlby 1969). Die Entwicklung einer derartigen Beziehung zwischen Mutter und Kind ist für eine gesunde emotionale Entwicklung unerläßlich. Untersuchungen haben gezeigt, daß eine schwere Störung dieser Beziehung zu psychischen Beeinträchtigungen, ja sogar zum Tod des Kindes führen kann (Sherrod et al. 1978).

Nach Bowlby (1969) bringen Kinder dieses Zuneigungsverhalten (Lächeln, Ausstrecken der Arme, Vokalisieren und Weinen) jedem Erwachsenen entgegen, der eine potentielle Pflegeperson darstellt; erst im Alter von etwa 3 Monaten ist dieses Verhalten ausschließlich auf die eigenen Eltern gerichtet. Diese Präferenz wird mit zunehmendem Alter stärker, und vom 6. oder 7. bis etwa 12. Lebensmonat kann sogar eine *Angst vor Fremden* (Fremdeln) auftreten: die Kinder fühlen sich durch die Gegenwart fremder Erwachsener sehr beunruhigt.

Man nimmt an, daß die Entwicklung der Zuneigung v. a. durch die Verbindung von Körperkontakt mit dem Gefühl des eigenen Wohlbefindens vermittelt wird (Sherrod et al. 1978). Eltern haben ja jeden Tag viele Gelegenheiten, das Kind diese Assoziationen zu lehren. Wird das Kind beispielsweise mit der Flasche ernährt, so ist es besser, es wie beim Stillen auf dem Arm zu halten und nicht auf dem Schoß sitzen zu lassen oder gar in sein Bett zu legen. Eltern müssen auch ein Gespür für die Signale entwickeln, die das Kleinkind dazu benutzt, die nötige Pflege zu erhalten und das eigene Wohlbefinden zu sichern.

Frühe Stimulierung

Im Vergleich zu früher beurteilt man einen Säugling heute als wesentlich „frühreifer" (Lipsitt 1963, 1977). Diese neue Einschätzung hat dazu geführt, daß man den Umweltbedingungen sowohl in Pflege- oder Kinderheimen als auch im Elternhaus weit mehr Beachtung schenkt als früher. Säuglinge, die z. B. in Waisenhäusern aufwachsen, liegen heutzutage nicht mehr stundenlang unbeachtet in ihrem Bett. Die Wände sind meist in hellen Farben gestrichen, Mobiles hängen über den Betten, Musik läuft im Hinter-

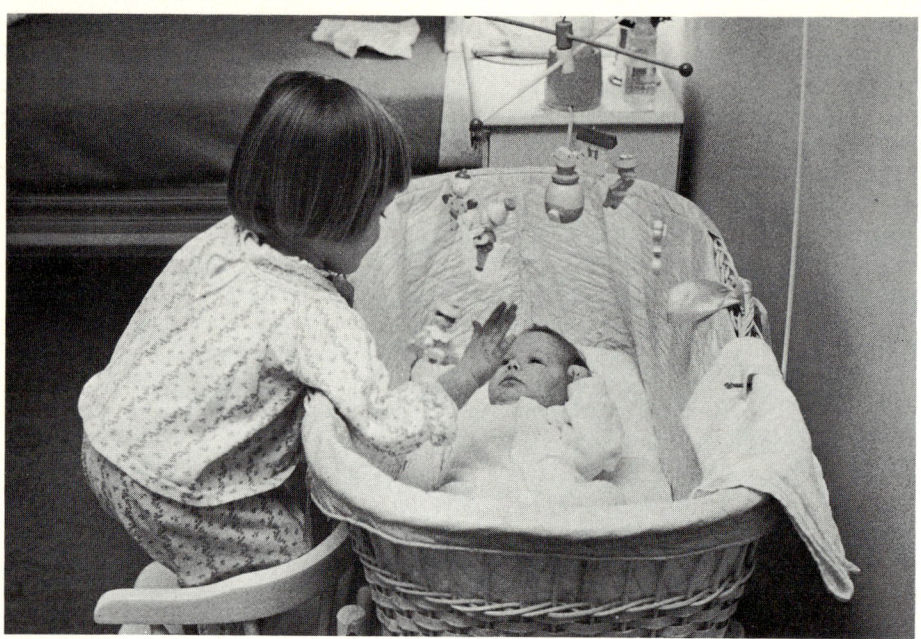

Abb. 4.3. Frühkindliche Stimulierung. Hier werden die Grundlagen für gute zwischenmenschliche Beziehungen geschaffen

grund, und das Pflegepersonal beschäftigt sich mehr mit den Kindern: sie werden häufiger hochgenommen, man spricht mit ihnen, singt ihnen etwas vor oder schmust mit ihnen. Es ist jetzt bekannt, daß das Ausbleiben einer solchen Stimulierung und liebevollen Betreuung gravierende Folgen haben kann, die man als *Hospitalismus* oder *Marasmus* bezeichnet (Spitz 1945).

Auch Eltern wissen heutzutage, daß ein solcher Start für das weitere Leben ihres Kindes sehr wichtig ist. „Aufgeklärte" Eltern werden sich immer mehr der tatsächlichen Fähigkeiten ihres Säuglings bewußt und versuchen oft, dem Kind zusätzliche liebevolle Zuwendung zu vermitteln. Dies beruht teilweise darauf, daß Eltern inzwischen ihre Kinder viel genauer beobachten. So war vor 25 Jahren noch die allgemeine Ansicht verbreitet, daß das Neugeborene nicht sehen könne, während Mütter von heute wissen, daß ihre Kinder sehen, hören und riechen können. Viele Mütter „testen" ihre Neugeborenen während der ersten Lebenstage, um zu sehen, ob sie z. B. Handbewegungen mit den Augen verfolgen können oder ihrer Stimme mit Kopfbewegungen folgen können; meist ist das „Testergebnis" ja dann auch positiv.

Die Veränderung angeborenen Verhaltens

Bald nach der Geburt beginnen Faktoren der Umwelt oder sog. Reaktionskontingenzen, zusammen mit dem angeborenen Verhaltensrepertoire des Kindes, erlernte Verhaltensänderungen hervorzubringen. Es dauert nicht lange, daß der Säugling zu saugen anfängt, wenn er die Flasche oder die Brust in seine Nähe kommen sieht. Oder er hält seinen Kopf in die richtige Richtung, wenn er in die gewohnte Fütterposition gebracht wird. Derartige antizipatorische Gesten oder Erwartungshaltungen sind nichts anderes als das Produkt von Lernprozessen. Bei solchen Reaktionen handelt es sich um klassisches Konditionieren, da das Verhalten durch einen konditionierten Reiz ausgelöst wird.

Aber auch operantes Lernen ist in gewissem Sinne antizipatorisch; das Kleinkind zeigt eine bestimmte Reaktion in der Erwartung, dafür belohnt zu werden. Reaktionskonsequenzen dienen als Verstärker für ein Verhalten und sorgen dafür, daß das betreffende Verhalten auch künftig auftritt. Wenn z. B. ein Säugling spontan einen Laut von sich gibt und ihn die Mutter daraufhin anlächelt oder etwas Süßes zu trinken gibt, so wird das Kind im Verlauf der

Zeit diese Handlung immer häufiger ausführen. Folgt hingegen auf eine solche Handlung eine aversive Konsequenz, wie ein plötzlicher erschreckender Lärm, so wird die Handlung mit der Zeit nicht mehr auftreten. Das Verhalten des Säuglings steht also im Einklang mit seinen Erwartungen über die Verfügbarkeit von Belohnungen oder Bestrafungen, und diese Erwartungen basieren auf früher gemachten Erfahrungen.

Kognitive Prozesse

Es sollte jetzt klar sein, daß Denkprozesse schon bei der Geburt beginnen. Es gibt Psychologen, die den Begriff der „antizipatorischen Gesten" nicht als Denken bezeichnen würden. Aber sie würden es umgekehrt sehr schwer haben, den genauen Zeitpunkt des Beginns der Entwicklung des Lernens, womit auch das Denken beginnt, zu bestimmen. Vielleicht wäre es sinnvoller, in diesem Zusammenhang von aufsteigenden Ebenen der Symbolisierung zu sprechen.

Einige Entwicklungspsychologen haben bestimmte Phasen der Entwicklung des Denkens postuliert. Obgleich zwischen solchen Theorien nie eine vollständige Übereinstimmung besteht, stimmen doch die meisten darin überein, daß der Säugling zunächst einmal schlicht erkennt, was existiert und was nicht, und daß das, was nicht existiert, für ihn keine Bedeutung hat. Erst mit zunehmender kortikaler Entwicklung, mit zunehmender kognitiver Komplexität und zunehmender Erfahrung hinsichtlich sensorischer Empfindung, Wahrnehmung und Informationsspeicherung beginnt das Kind, früher vorhandene, aber im Moment fehlende Stimulierungen zu berücksichtigen und lernt so, daß bestimmte Situationen verändert sind oder sein können. Derartige „geistige Manipulationen" erscheinen erst später und bilden die Grundlage für die abstrakten Denkvorgänge (symbolischen Repräsentationen), zu denen Erwachsene in der Lage sind. Wir wollen hier nur kurz 2 Theorien der kognitiven Entwicklung betrachten, und zwar die von Piaget und die von Bruner.

Piagets Theorie

Piagets Theorie der kognitiven Entwicklung und der Intelligenz läßt sich gewissermaßen vollständig dadurch charakterisieren, daß es ihm um den allmählichen Erwerb der Fähigkeit geht, Vorgänge zu symbolisieren und eine interne Vorstellung bzw. Repräsentation externer Reize zu entwickeln. Seine Beschreibung von Übergängen in der Entwicklung basiert auf seinen Beobachtungen an heranwachsenden Kindern. Als seine Kinder alt genug waren, auf seine scharfsinnigen Fragen zu antworten, suchte Piaget das Gespräch mit ihnen, jedoch wartete er nicht so lange, sondern begann mit seinen Beobachtungen schon kurz nach der Geburt seiner Kinder.

Piaget fand heraus, daß während des 1. Lebensmonats die meisten Aktivitäten des Säuglings reflexartig sind und bezeichnete dies als *Stufe der reflexiven Aktivität* (a). Die Zeit zwischen dem 1. und 4. Monat bezeichnete er als *Stufe der primären Zirkulärreaktionen* (b), die durch die Tendenz gekennzeichnet ist, das was angenehm oder faszinierend ist, immer wieder zu wiederholen. Beispielsweise öffnet der Säugling den Mund, wenn seine eigene Hand diesen berührt, und lutscht intensiv an seinen Fingern. Anscheinend ist dieses Saugen an den Fingern so angenehm, daß die Hand oder die Finger lange Zeit im Mund verbleiben. Während dieser 3 Monate entwickeln sich zunehmend komplexere Variationen dieses Verhaltens und bilden somit die Grundlage für die nächste Phase.

Die 3. Phase (c) bezeichnet Piaget als die Stufe der *sekundären Zirkulärreaktionen*. Während dieser Phase versucht der Säugling, seine Umwelt aktiv zu beeinflussen. Zwischen dem 4. und 8. Monat gelangt ein Kind zu seinem ersten, rudimentären Verständnis des „Prinzips der Verursachung". Wenn beispielsweise das Kind seine Matratze mit seinen Fersen bearbeitet, bewegt sich als Folge davon sein Bettchen oder ein Mobile. Fasziniert von der Erkenntnis, daß man so etwas *machen* kann, fährt das Kind mit seinen Aktivitäten fort, beobachtet, lächelt, bearbeitet erneut seine Unterlage ... usw. Hier entwickelt sich die das ganze Leben anhaltende Freude darüber, seine Umwelt beeinflussen zu können, wenn dies zum gegenwärtigen Zeitpunkt auch nur in begrenztem Umfang möglich ist.

Im Anschluß daran beginnt eine *Stufe der Koordination der sekundären Pläne* (d), die etwa bis zum 12. Lebensmonat andauert. In dieser Zeit entwickeln die Kinder einen Sinn für die sog. Objektkonstanz, für die Tatsache, daß ein Objekt, das aus dem Sehfeld verschwunden ist, immer noch existieren kann oder daß sich ein Objekt zu 2 unterschiedlichen Zeitpunkten an verschiedenen Orten befinden kann. Der Unterschied zwischen einem 8 Monate alten und einem 12 Monate alten Kind ist in diesem Zusammenhang sehr auffällig. Das 8 Monate alte Kind sucht ein Objekt an seinem ehemaligen Ort, selbst dann, wenn man es vor seinen Augen entfernt oder wenn der neue Ort gut eingesehen werden kann. Das 12 Monate alte Kind ist dafür schon zu weit entwickelt.

Die nächste Phase (e) ist die *Stufe der tertiären Zirkulärreaktionen.* Während dieser Zeit kann man ein Versuch-und-Irrtum-Verhalten beobachten, das dem rationalen Denken ähnlich ist. Das Kind beobachtet z. B. ein Objekt aus verschiedenen Perspektiven und erkennt, daß es sich dennoch um ein und dasselbe Objekt handelt. Während dieser Phase zieht ein Kind etwa eine Bodenmatte, einen Läufer oder ein Tischtuch zu sich hin, um so an ein darauf befindliches Objekt zu gelangen, das sich außerhalb seiner Reichweite befindet.

Piaget bezeichnet alle Stufen (a–e) zusammen als *Phase der sensumotorischen Intelligenz.* Das letzte Stadium dieser Phase beinhaltet die Erfindung neuer Mittel durch geistiges Kombinieren. Diese Entwicklung ist bis zum Beginn des 2. Lebensjahres abgeschlossen. Es handelt sich hier um eine Zeit des „Ausdenkens" oder des geistigen Experimentierens, wo eine Handlung vor ihrer tatsächlichen Ausführung durchdacht wird. „Wenn ich das tue, dann folgt das", scheint das Kind zu denken; vielleicht liegt hier auch der Anfang eines Gefühls der Verantwortlichkeit.

Bruners Theorie

Bruners Theorie der kognitiven Entwicklung unterscheidet sich von der Piagets v. a. in zweierlei Hinsicht. Der eine Unterschied betrifft die Rolle der Erfahrung und der Erziehung, die Piaget als die *Bedingungen,* Bruner hingegen als die *Ursachen* der kognitiven Entwicklung betrachtet. Piaget ist der Ansicht, daß der Erziehungsprozeß Erfahrungen bereitstellt, die zum Entdecken anregen; eine Entdeckung ist jedoch eine Aktivität des Lernenden und sie wird begrenzt durch die jeweilige Ebene des Denkens, auf der sich der Lernende befindet. Für Bruner (1966) dagegen kann sich adäquate Erziehung in

jedem Alter auswirken. Ein weiterer Unterschied besteht darin, daß in der Sicht Bruners die kognitive Entwicklung in 3 Phasen verläuft, die jeweils durch verschiedene Arten der Repräsentation, d. h. der Art und Weise, in der Informationen repräsentiert sind, gekennzeichnet sind: eine handlungsmäßige oder *enaktive,* eine bildhafte oder *ikonische* und eine *symbolische* Phase. Während der enaktiven Phase erlangt das Kind Kontrolle über Objekte und Vorgänge in der Umwelt, insbesondere durch seine zunehmende motorische Geschicklichkeit; die Repräsentation ist motorisch. Während der ikonischen Phase werden Objekte und Vorgänge als „geistige Bilder" oder wahrnehmungsmäßig repräsentiert. Dagegen treten echte symbolische Repräsentationen nicht vor der symbolischen Phase auf.

Der kommunikative Aspekt

Es sollte klar sein, daß an allen Aktivitäten des Säuglings auch andere Personen beteiligt sind. Meist sind dies Personen, die sich in das Blickfeld des Säuglings begeben und sich wieder entfernen oder die ihm irgendwelche Dinge geben und wieder wegnehmen. Andere wiederum drehen das Licht an und aus, reichen ihm den Schnuller, wechseln ihm die Windeln oder drehen und bewegen verschiedene Gegenstände vor seinen Augen hin und her. Derartige wechselseitige Interaktionen, bei denen jeweils die eine Person auf das Verhalten der anderen reagiert, sind Arten der Kommunikation; sie bilden die Grundlage für den Spracherwerb.

Die Gesten und Lautäußerungen des Kindes sind die ersten sozialen „Nachrichten" des Kindes, mit denen es andere Personen zu Handlungen im Sinne seiner gegenwärtigen Interessen veranlassen will. Wenn das Kind seine Hand nach irgendeinem Objekt ausstreckt, kann dies soviel bedeuten wie: „Ich will das" oder „Gib mir das". Die Mutter oder eine andere Pflegeperson könnte nun nicht nur auf diesen Wunsch eingehen, sondern sie könnte ihr Verhalten zusätzlich kommentieren oder einen längeren Dialog beginnen. Wenn eine Mutter ihrem Kind ein Spielzeug reicht, könnte sie z. B. sagen: „Hast du das schon wieder fallen lassen?!" oder „Soll ich dir dein Spielzeug wieder aufheben?" Solche Interaktionen finden lange vor dem Zeitpunkt statt, zu dem das Kind in der Lage ist, eine Sprache im üblichen Sinn zu sprechen. Vermutlich wird das Erlernen einer Sprache durch den wechselseitigen Austausch motorischer Gesten zwischen dem Kind und den Erwachsenen gefördert. Untersuchungen darüber zeigen, daß man die Sprachentwicklung eines Kindes fördern kann, indem man ihm etwas vorliest, lange bevor es das Vorgetragene verstehen kann (Irwin 1960).

Sozialisation

Eriksons Theorie entsprechend kennzeichnet der Konflikt zwischen *Vertrauen* und *Mißtrauen* die erste Phase der psychosozialen Entwicklung. Wenn die Bedürfnisse des Säuglings befriedigt werden – was seinem Wohlbefinden, seiner Sicherheit und seiner Ernährung dient – lernt das Kind, seiner Umwelt zu vertrauen und seine Umgebung als geordnet und vorhersagbar wahrzunehmen. Wenn Pflege und Fürsorge jedoch zu wünschen übriglassen, so kann das Kind verzweifelt oder ängstlich werden, und es mißtraut seiner chaotischen und unvorhersagbaren Umwelt und den Menschen, die in ihr leben. Viele Aspekte dieser Denkweise stimmen mit den Ansichten Freuds überein, der ja ganz besonders die Bedeutung der „oralen Phase" für die Ich-Entwicklung hervorhob. Das Vertrauen, auf das Erikson hinwies, läßt sich auch im Sinne der sozialen Lerntheorie interpretieren (McCandless 1970).

Die erste Ebene der moralischen Entwicklung bezeichnet Kohlberg als *vorkonventionell* oder *hedonistisch*. Auf der 1. Entwicklungsstufe, der Stufe 0, ist das Kind prämoralisch. Könnte der Säugling zu diesem Zeitpunkt sein eigenes Leitmotiv artikulieren, so würde er vermutlich sagen: „Gut ist, was ich will und was ich mag."

Kindheit und Jugend (Adoleszenz)

Auch wenn wir als Aufbauprinzip dieses Kapitels eine Organisation nach Altersstufen und Phasen gewählt haben, machen es die langen Altersspannen, die pro Stufe behandelt werden und die Vielzahl verhaltensmäßiger Veränderungen, die in ihnen vor sich gehen, recht pro-

blematisch, jede einzelne Phase genau abzugrenzen und als solche zu kennzeichnen.

Ähnlich wie das Spielverhalten mit zunehmendem Alter komplexer wird, indem es vielfältige Nuancen der Phantasie und der Realität in sich aufnimmt, so werden auch die Denkvorgänge zunehmend von der Möglichkeit zur symbolischen Repräsentation abhängig. Die sozialen und moralischen Interessen des Kindes erfahren während der ganzen Kindheit eine grundlegende Veränderung und gipfeln im Jugendalter in ganz besonders interessanten und aufschlußreichen Verhaltensmustern, die die Entstehungsbedingungen des kommenden Erwachsenenalters vorbereiten.

Die Kindheit

Der Zeitabschnitt der *frühen Kindheit* reicht vom Ende des Säuglingsalters bis zum Schulbeginn. Entsprechend der Terminologie Freuds geht das Kind während dieser Zeit durch die „anale Phase" hindurch und befindet sich gegen Ende der frühen Kindheit weit in der „phallischen Phase". Das bedeutet, daß das Reinlichkeitstraining abgeschlossen ist, die Kinder sich weniger mit ihren Ausscheidungsprozessen befassen und daß sowohl die Identifikation mit der eigenen Geschlechtsrolle als auch bestimmte Geschlechtsunterschiede nunmehr in den Vordergrund ihres Interesses treten.

Jeder Entwicklungstheoretiker (wie jeder andere Mensch auch) tendiert dazu, das Verhalten im Lichte einer bestimmten theoretischen Orientierung zu beobachten und zu interpretieren. Dort, wo beispielsweise ein Theoretiker auf die zeitweilige Überbeschäftigung eines Kindes mit seinen Genitalien hinweist, betont ein anderer den explorierenden, gedankenanregenden Aspekt dieser „Besessenheit". Wieder ein anderer betont vielleicht die funktionale Bedeutung dieser Beschäftigung mit dem eigenen Körper, indem er vermutet, daß die anale Orientierung des Säuglings nach dem Sauberkeitstraining in Wirklichkeit eine Art von Autonomie fördert und das Bestreben nach Selbstbestimmung anregt.

Gegen Ende der frühen Kindheit, etwa im Alter von 5 Jahren, umfaßt der Sprachschatz des Kindes etwa 2000 Wörter; fast jedes ausgesprochene Wort wird verstanden, obgleich die Aussprache nur zu etwa 88% korrekt ist. Die Häufigkeit, mit der das Wort „Du" (bzw. „Sie"; engl. "you") verwendet wird, beträgt etwa 50% der Häufigkeit, mit der das Pronomen „Ich" verwendet wird; dies wird manchmal als Hinweis auf ein sich entwickelndes soziales Interesse gedeutet.

Die Phase der *späten Kindheit* reicht vom 6. bis zum 13. Lebensjahr oder von der Einschulung bis zum Jugendalter. Unter entwicklungspsychologischem Aspekt ist dies eine relativ „ruhige" Zeit, und die meisten Veränderungen sind eher quantitativer als qualitativer Art. Während der 6 oder 7 Jahre dieser Phase verändert sich der Körper mehr hinsichtlich seiner Größe als hinsichtlich seiner Proportionen. Nachdem er in den vergangenen 6 Jahren eine drastische Veränderung seiner Form erfahren hatte, werden in den jetzt folgenden Jahren die qualitativen Aspekte des Körperbaus stark durch die Geschlechtsreife beeinflußt werden. In analoger Weise vergrößert sich auch lediglich der Wortschatz der Kinder, nachdem die grammatikalischen Fähigkeiten sich schon zu Beginn dieser Phase nahezu vollständig entwickelt hatten.

Sprache und Denken

Wie kann man überhaupt bei Kindern auf irgendeiner Altersstufe feststellen, was in ihrem Kopf vorgeht? Es gibt nur einen Weg, nämlich das Verhalten, einschließlich des verbalen, genauestens zu beobachten. So bestimmt Piaget etwa die Phase, in der sich ein Kind oder auch ein Säugling befindet, nach der zu beobachtenden Fehlerquote. Die Fehler wie die Phantasien, die jemand macht bzw. hat, geben darüber Aufschluß, was ihn gedanklich beschäftigt. Die Art, wie wir zeichnen, wie wir mit anderen spielen, die von uns als selbstverständlich betrachteten Wahrheiten über das Universum, unser Land, unsere Freunde, unsere Familie und über uns selbst sind organisierende Einflüsse für weite Bereiche unseres alltäglichen Verhaltens. Selten ist dies so offenkundig wie während der Kindheit.

Die präoperationale Stufe

Nach Piaget befindet sich das Kind gegen Ende der frühen Kindheit mitten auf der sog. präoperationalen Stufe. Während dieser Zeit eignet

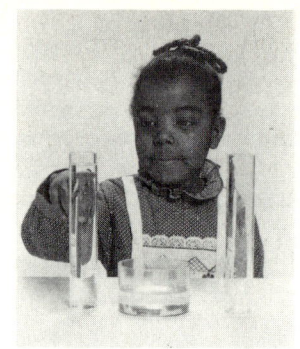

Abb. 4.4. Piagets berühmte „Umschüttaufgabe". Obgleich das Kind eigenhändig jeweils die gleiche Menge einer Flüssigkeit in 2 Behälter mit unterschiedlichem Durchmesser gegossen hat, ist es davon überzeugt, daß sich in dem einen der Behälter *(links)* mehr Flüssigkeit befindet, da der Flüssigkeitsspiegel dort höher ist

sich das Kind ein beträchtliches Sprachvermögen an, auch wenn dies zum größten Teil für eine egozentrische oder magische Vorstellungswelt gebraucht wird (zumindest erscheint das so in den Ohren der Erwachsenen). Fragt man beispielsweise ein Kind auf der präoperationalen Stufe, woher es weiß, daß es Nacht ist, dann wird es vermutlich antworten, daß es dann Nacht ist, wenn es zu Bett geht. Es liegt ein gewisser Sinn (eine gewisse Logik) in derartigen Antworten: Kinder dieser Altersstufe gehen davon aus, daß ihre Handlungen die Dinge zu dem machen, was sie sind. Die sinnliche Erscheinung erklärt alles (vgl. Abb. 4.4).

Die Kinder auf der präoperationalen Stufe müssen diese Stufe erfolgreich durchqueren, indem sie mit einer Realität konfrontiert werden, die anders ist als die, wie sie sie ursprünglich wahrgenommen haben.

In der Theorie Bruners befinden sich die Kinder zum Ende des Säuglingsalters in der ikonischen Phase, sie können also an Dinge denken, die physikalisch nicht präsent sind. Während der frühen Kindheit entwickeln sie die Fähigkeit zur *symbolischen Repräsentation,* wodurch die Kinder in der Lage sind, Gegenstände und Ideen symbolisch zu repräsentieren und Objekte und Ideen über das Symbol zu vermitteln – durch den Gebrauch von Wörtern oder im Spiel. Ein Kind kann sich beispielsweise vorstellen, ein Zug zu sein, und durch die Nachahmung des typischen Fahrgeräuschs diese Identität symbolisch ausdrücken. Obgleich die Kinder während der präoperationalen Phase verschiedene Symbole erlernen, sind sie jedoch zu dieser Zeit noch nicht in der Lage, sie für ihre eigenen Denkvorgänge zu verwenden. Ein Beispiel mag dies verdeutlichen: Legt man Kindern 2 Reihen mit jeweils 5 Murmeln vor, wobei jede folgende Reihe weiter auseinandergezogen ist als die vorhergehende, also länger wird, werden Kinder dieses Alters sagen, die längere Reihe enthalte mehr Murmeln als die kürzere.

Die Stufe der konkreten Operationen

Kinder, die sich in dieser Phase befinden, zählen die Murmeln, um festzustellen, ob beide Reihen gleichviele Murmeln enthalten. Während dieser Phase können Kinder nun auch Symbole verwenden, beispielsweise um jemandem den Weg von einem Ort zu einem anderen zu beschreiben, und sie können bestimmte Gegenstände nach der Ähnlichkeit ihres Aussehens bzw. ihrer Funktion klassifizieren. Sie befinden sich auf dem Wege zur Denkweise der Erwachsenen, und sie denken mehr und mehr wie ein Wissenschaftler: sie versuchen Ereignisse zu erklären und Relationen zu analysieren.

Spielverhalten

Das Spielverhalten ist ein wichtiges Kennzeichen verschiedener Entwicklungsphasen. Einerseits weist es interessante Korrelationen mit dem chronologischen Alter auf, andererseits gibt uns die Art eines Spiels einen wichtigen Hinweis auf den kognitiven Entwicklungsstand und die allgemeine Reife eines Kindes. Mit zunehmendem Alter spielen Kinder mehr und mehr mit anderen Personen und mit komplizierterem Spielzeug; beide werden in der Phantasie auch miteinander in Beziehung gebracht. Wenn ein Kind im Verlauf der frühen Kindheit nicht – d. h. also im Gegensatz zu dem, was allgemein beobachtet werden kann – ein zunehmendes Interesse daran zeigt, mit anderen Kindern zu spielen oder ein Spielzeug mit ihnen auszutauschen, dann kann man diese Einzelgängerei oder „Tendenz zur Isolierung" oft als einen Hinweis dafür betrachten, daß dieses Kind während der späteren Entwicklungsphasen vermut-

lich Schwierigkeiten haben wird, zufriedenstellende soziale Beziehungen herzustellen.

Sozialisation

Die frühe Kindheit ist ein Zeitabschnitt, in dem die Eltern oder Pflegepersonen das Kind dazu anleiten, sich an die Gepflogenheiten und Normen der Gesellschaft anzupassen, insbesondere was seine Ausscheidungsprozesse, seine sexuellen Äußerungen und die allgemeine Sittlichkeit angeht. Zuweilen werden freilich auch die beiden Bereiche von angemessener Reinlichkeit und allgemeiner Sittlichkeit miteinander verwechselt. Die Gesellschaft übt einen beträchtlichen Druck auf das Kind aus, um Spiele sexuellen Charakters oder Aktivitäten, die mit den Exkrementen zu tun haben, zu unterdrücken. Für das Kind ist es verständlicherweise naheliegend, beide Aktivitäten als gleichwertig anzusehen und sich entsprechend zu verhalten. Im Extremfall glauben Kinder, daß sie, wenn sie jemanden „anpinkeln", dadurch ein Baby hervorbringen oder daß Mütter Kinder durch Entleeren des Darmes zur Welt bringen. Das verbindende Glied zwischen der Fäkalsphäre und der sexuellen Sphäre sind die hartnäckigen Vorhaltungen von Gesellschaft oder Eltern, in beidem sittlich zu sein; für das Kind haben Genitalien und Exkremente zumindest die elterliche Ängstlichkeit gemeinsam (Sears et al. 1957).

Die wachsenden Bemühungen der Eltern um die Sittlichkeit schaffen die Voraussetzung für die Entwicklung des Schamgefühls; das Kind wird dazu gebracht, sich für sein Fehlverhalten zu schämen. Dieses Gefühl von Unanständigkeit oder Scham wird als notwendige Voraussetzung für eine umfassende Sozialisierung angesehen, die es erfordert, daß man auch in Abwesenheit der Eltern sein Verhalten zu „kontrollieren" in der Lage ist. Diese Schuldgefühle verhindern unerwünschte Verhaltensweisen auch dann, wenn die Autoritätspersonen abwesend sind, die gewöhnlich Belohnungen und Bestrafungen kontrollieren. Scham- und Schuldgefühle repräsentieren also die verinnerlichten elterlichen und sozialen Normen. Letztlich führen diese frühkindlichen Erfahrungen zu einem Gefühl von Selbstkontrolle und Eigenverantwortlichkeit für das eigene Verhalten.

In der psychosozialen Phase vom Ende des Säuglingsalters bis zum Alter von etwa 3 Jahren tritt auch die Entwicklung der Selbstbehauptung auf (Erikson 1968). Das Kind kann sich ohne Schwierigkeiten umherbewegen, ein Gefühl für die Sprache und eine Zunahme der Möglichkeiten, sich mitzuteilen, bilden sich heraus. Zunehmend erkennt das Kind seine eigenen Möglichkeiten, Dinge und Ereignisse in einer bis dahin ungeahnten Art und Weise kontrollieren zu können. Aber jeder neue „Raubzug" in die Welt jenseits der beruhigenden Abhängigkeit von der Mutter geht mit einigen Risiken, einigen Niederlagen und, als Konsequenzen, mit einigem Zweifel an sich selbst einher. Während der späteren Phase der frühen Kindheit, d.h. kurz vor der Einschulung, tritt ein Konflikt zwischen Initiative und Schuldgefühl auf. Während dieser Zeit wetteifert das Kind in zunehmendem Ausmaß mit seinen Eltern um die Kontrolle seines eigenen Verhaltens und Vergnügens. Diese „Sparringbeziehung", die sich insbesondere zu dem gleichgeschlechtlichen Elternteil herausbildet, fördert zusätzlich ein „Ausweichverhalten" in Richtung auf die eigene Phantasie oder auf die Gruppe der Gleichaltrigen. Wenn es zu einem Streit mit den Eltern kommt, zieht das Kind gewöhnlich den kürzeren. Dieses Gefühl des Versagens oder der Unterlegenheit führt, so behauptet Adler (1929), zu einem starken Bestreben, die Kränkungen des kindliche Ego zu überwinden. Dies wiederum führt zu Überreaktionen und zu einem ungeheuren Fleiß, der, wie Erikson meint, die späteren Abschnitte der Kindheit charakterisiert.

Da diese späte Kindheit durch eine besonders schnelle Aneignung von Fertigkeiten gekennzeichnet ist, postuliert Erikson als Hauptkonflikt dieser Phase den zwischen dem Stolz auf die eigene Leistung und der Angst vor der eigenen Unterlegenheit. Konkurrenzorientierte Mannschaftsspiele werden während dieser Phase allgemein mit großem Eifer ausgetragen. Die Peer-group erlangt eine besondere Bedeutung; Verbindungen zwischen guten Freunden erlangen dann im Jugendalter eine noch größere Bedeutung. Die Peer-group wird zu einer sehr einflußreichen sozialisierenden Kraft, da sie sowohl die Möglichkeit hat, ihre Mitglieder zu ächten oder zu beschämen, als auch das Selbstwertgefühl des Einzelnen zu stärken (McCandless 1970). Während dieser Zeit kommt es häufig zu Auseinandersetzungen mit den Eltern, da das Kind durch seine Loyalität gegenüber der Peer-group fast unvermeidlich in einen Konflikt mit Forderungen wie Zugeständnissen der Eltern gerät. Das Bestreben, sich in Bereichen, die mit hohem Ansehen verknüpft sind, besonders hervorzutun, kann man in dieser Phase ganz allgemein beobachten; das Kind versucht, gleichzeitig die Anerkennung sowohl der Peers als auch der Familie (wieder) zu erlangen.

Kohlbergs Stufen der Moralität

Kohlbergs Analyse der moralischen Entwicklung weist darauf hin, daß jüngere Kinder ihr Verhalten an Regeln der Zweckdienlichkeit und der Reziprozität ausrichten; sie zeigen ein bestimmtes Verhalten, weil sie fürchten, andernfalls bestraft zu werden, oder weil ihnen etwas Positives als Reaktion auf ihr Verhalten zuteil wird. In der späteren Kindheit vollzieht sich in diesem Zusammenhang ein Wandel zu der Überzeugung, daß etwas Gutes daran ist, wenn man gut ist (Stufe 3). Diese Überzeugung wird während der Adoleszenz dann noch klarer artikuliert.

Das Jugendalter

Aus der Richtung, die die Entwicklung in der späten Kindheit einschlägt, wird ersichtlich, daß etwas Umwälzendes bevorsteht. G. S. Hall, ein Pionier der Entwicklungspsychologie, nannte das Jugendalter die Periode des „Sturm-und-Drang". Längsschnittuntersuchungen neueren Datums haben allerdings gezeigt, daß das Jugendalter nicht notwendigerweise auch eine Phase des „Sturm und Streß" sein muß, wie Hall dies seinerzeit angenommen hatte. Die neueren Untersuchungen stimmen eher mit Schlußfolgerungen überein, die einige Anthropologen, wie Margaret Mead oder Ruth Benedict, schon viel früher aus ihren interkulturellen Forschungen abgeleitet hatten: Die Jugendzeit ist nur dann eine Zeit von „Sturm und Streß", wenn die Gesellschaft sie dazu macht. Wenn die Gesellschaft den Übergang von der Kindheit zum Erwachsenenalter erleichtert, dann ist auch das

Jugendalter nicht (mehr) so turbulent (Muuss 1962).

Körperliche Entwicklung

Der Beginn des Jugendalters wird oft mit dem Beginn der *Pubertät* gleichgesetzt, d. h. mit dem Erscheinen der reifen primären Geschlechtsmerkmale. Bei den Mädchen ist dies der Zeitraum des Eintretens der ersten Menstruation, der *Menarche*. Sie tritt durchschnittlich im Alter vom 12½ Jahren ein, allerdings entspricht diesem Durchschnittsalter eine hohe Variationsbreite vom 8. bis zum 16. Lebensjahr. Etwa zwei Jahre vor der Menarche zeigt sich ein sprunghafter Anstieg des Wachstums von Körpergröße und Gewicht, dessen Höhepunkt ein Jahr vor der Menarche erreicht wird. Sie stellt auch die schnellste Wachstumsperiode nach der Geburt dar. Aufgrund dieser zeitlichen Abfolge nennt man diese Phase auch den „präadoleszenten Wachstumsspurt".

Bei den Jungen finden wir kein derartig herausragendes Ereignis, das analog der Menarche den Beginn des Jugendalters markiert. Es zeigt sich jedoch ein ähnlicher Wachstumsspurt wie bei den Mädchen, der allerdings erst 2 Jahre später eintritt (Beginn des Jugendalters der Jungen also 2 Jahre später als das der Mädchen).

Ähnlich wie bei den Mädchen variiert auch bei den Jungen der Zeitpunkt des Pubertätsbeginns. Bei einem frühreifen Jungen beginnt die Pubertät in demselben Alter wie bei einem normalen Mädchen, bei einem spätreifen Mädchen zur gleichen Zeit wie bei einem normalen Jungen. Die Forschung zeigt, daß bei der Anpassung an das jeweils andere Geschlecht nur wenige Probleme auftreten. Für den frühreifen Jungen ergibt sich ein Vorteil, weil er zum Helden für den normalreifen Jungen wird; andererseits wird ein spätreifes Mädchen von den normalreifen Mädchen weniger leicht akzeptiert. Im Gegensatz dazu ist das frühreife Mädchen ihren Schulkameraden und -kameradinnen sehr weit voraus, ein spätreifer Junge ist sehr weit hintenan. Beide haben somit ihre Anpassungsprobleme.

Das Jugendalter ist eine Übergangsperiode zum Erwachsenenalter. Es gibt allerdings keinen bestimmten Zeitpunkt, von dem man sagen könnte, daß von diesem Moment an der Heranwachsende zum Mann oder zur Frau geworden ist.

Wie bei den meisten biologischen und psychologischen Veränderungen handelt es sich hier um einen Prozeß, bei dem Veränderungen kaum von einem Tag auf den anderen wahrgenommen werden können. Vielen Eltern fällt oft nicht auf, wie schnell im Grunde genommen diese Veränderungen stattfinden, bis zu dem Augenblick, in dem ein Außenstehender, der den Jugendlichen einige Monate nicht gesehen hat, dessen bemerkenswertes Wachstum, die Veränderung der Stimme oder sonstige sichtbare Merkmale der Reife feststellt. Jugendliche Mädchen machen sich oft Sorgen um die Größe ihres Busens (je nach der vorherrschenden Mode ist er entweder zu klein oder zu groß) – und die Jungen über die Größe ihres Penis (der gewöhnlich „zu klein", aber nur gelegentlich „zu groß" ist). Nebenbei bemerkt, Nichtgebrauch verurteilt den Penis noch nicht zur Atrophie, häufiger Gebrauch macht noch keinen „Riesen" (Katchadourian 1977).

Kognitive Prozesse

Die formal-operationale Phase, wie Piaget die adoleszente Phase der kognitiven Entwicklung genannt hat, weist eine reife Organisation von Tatsachen und Vorgängen auf, einschließlich eines verfeinerten Umgangs mit Material und Symbolen. Die Person, die dieses Stadium erreicht hat, betrachtet Probleme zunächst unter verschiedenen Gesichtspunkten, ohne zu handeln. Probleme oder Konfliktlösungen finden größtenteils im Modus geistiger Kalkulation statt. Das Bild eines erfahrenen Schachspielers, der in Ruhe über seine Züge nachdenkt und dem aktuellen Geschehen gedanklich um einige Schritte voraus ist, wobei er simultan mehrere verschiedene Alternativen in Betracht zieht, wäre ein angemessenes kognitives Portrait des Jugendlichen.

Sozialisation

Das Jugendalter ist der Zeitraum innerhalb des Lebenszyklus, in dem die Sozialisation in Peergroups ihren Höhepunkt erreicht, nicht nur hinsichtlich der Kontakthäufigkeit sondern auch hinsichtlich der Anzahl der Personen, die in diesen Gruppen sozialisiert werden. Vielleicht wird das Jugendalter aus diesem Grund zuweilen als die Periode der stärksten Konformität mit

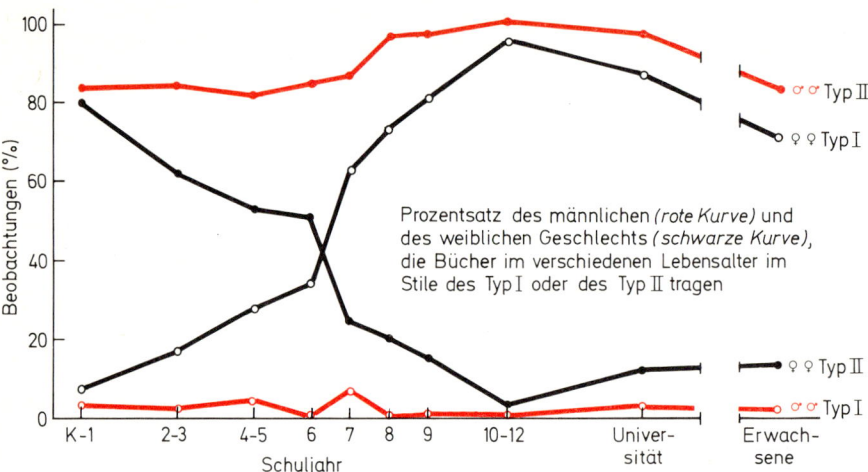

Abb. 4.5. Geschlechtsunterschiede beim Tragen von Büchern

der Peer-group charakterisiert. Diese Charakterisierung ist jedoch recht irreführend, da die Normen, die während der Kindheit von den Eltern übernommen worden sind, nicht völlig preisgegeben werden, sondern in Anwesenheit der Peers lediglich „beiseite gestellt" werden.

Als Beispiel für Verhaltensmodifikationen in diesem Altersabschnitt seien die (insbesondere von amerikanischen Forschern) beobachteten Unterschiede beim Tragen von Büchern erwähnt (Abb. 4.5). Die meisten Mädchen und Frauen tragen ihre Bücher, indem sie sie an den Brustkorb drücken; Männer tragen sie auf der Seite. Während der ersten beiden Schuljahre tragen

beide Geschlechter die Bücher wie ältere männliche Studenten. Noch vor der Adoleszenz entwickelt sich ein geschlechtsspezifischer Stil, was u. a. auf Skelettunterschiede oder auch auf soziale Lernprozesse zurückgeführt wird (Jenni u. Jenni 1976).

Der Unterschied ist zwischen dem 10. und 12. Schuljahr am größten; dies ist möglicherweise ein Indiz für maximale Konformität mit der Peer-group. In der Bundesrepublik Deutschland sind derartige Unterschiede nur selten zu beobachten, da die Bücher meist in Schulranzen, Beuteln oder Aktentaschen transportiert werden; gelegentlich – wenn Schüler oder Studenten die Veranstaltungsräume wechseln – lassen sie sich aber auch hier feststellen. Achten Sie einmal darauf!

Die Phase der Adoleszenz nach Erikson und Freud

Erikson zufolge steht der Hauptkonflikt des Jugendalters in Zusammenhang mit der eigenen Identität. Es ist die Zeit der Rollenkonfusion, während der der Jugendliche auf der Suche ist nach einem angemessenen Verhaltensstil, der sowohl mit dem Einfluß der Peers vereinbar sein, gleichzeitig aber auch den Eltern akzeptabel erscheinen soll. Der Jugendliche, der diesen Übergang erfolgreich abschließt, erreicht jene persönliche Identität und bringt die soziale Erziehung der Kindheit mit dem Selbstbewußtsein des jungen Erwachsenen in Einklang. Hier führt ein erfolgreicher Fortschritt dazu, daß man weiß, wer man ist, aber auch, daß man von seiner Entwicklung profitiert und ihr positiv gegenübersteht. Viele Ereignisse werden dann für den Jugendlichen zu einer „prinzipiellen Angelegenheit".

Für Freud markiert das Jugendalter das Ende der sog. Latenzphase, die etwa mit dem 6. Lebensjahr beginnt. Während dieser Latenzphase sind die sexuellen Triebe scheinbar in Vergessenheit geraten, und die Energien des Kindes werden in andere Richtungen gelenkt, wie beispielsweise zur Entwicklung von Fertigkeiten oder zur Entwicklung von persönlichen Beziehungen, die über die Familie hinausgehen. Im Jugendalter, das Freud als die genitale Phase bezeichnete, erscheinen die sekundären Geschlechtsmerkmale, und mit ihnen taucht auch die Sexualität wieder auf. Während der Jugendliche mit dem eigenen Körper und mit dem neu erworbenen Selbstbewußtsein vertraut wird, das z.T. auf seinem persönlichen Werdegang und z.T. auf erneuten „Einbrüchen" in die Welt der Erwachsenen beruht, kommt es nun zu Intimbeziehungen.

Die Stufen adoleszenter Moral nach Kohlberg

Das verhaltenswirksame Prinzip der Moral im Jugendalter ist meist durch die Einsicht motiviert, daß die Gesellschaft nicht funktionieren könnte, wenn sich jeder schlecht benehmen würde. Gesetz und Ordnung sind notwendig, soll kein Chaos entstehen. Interessanterweise haben die Jugendlichen, die ein ausgeprägtes Gefühl für die Notwendigkeit „echter" Autorität entwickeln, um Moral definieren zu können, in dieser Phase konkrete Probleme damit, Autorität zu akzeptieren (und stellen sie ganz erheblich in Frage).

Das Erwachsenenalter

Die Entwicklungspsychologen waren sich häufig darüber uneinig, welche Altersspanne sie als die Phase des jungen Erwachsenen definieren sollten. Der Begriff „Erwachsener" läßt sich aus dem Partizip des lateinischen Verbs „adolescere" (deutsch: heranwachsen) ableiten. Das Problem der Definition besteht darin, daß ein Erwachsener nicht nur hinsichtlich der körperlichen sondern auch hinsichtlich der psychologischen Merkmale „herangewachsen" sein sollte, d. h. daß er eine gewisse körperliche *und* geistige Reife erreicht haben sollte. Es ist schwierig, psychologische Reife überhaupt zu definieren, schon deshalb, weil bestimmte psychologische Entwicklungsprozesse bis ins hohe Alter andauern. Wegen dieser Schwierigkeiten haben viele Entwicklungspsychologen das Problem auf sich beruhen lassen und eine Definition verwendet, die sich nur auf das faktische Alter stützt.

Das junge Erwachsenenalter

In Kap. 3 (Tabelle 3.1) haben wir das junge Erwachsenenalter zeitlich festgelegt auf den Abschnitt zwischen Reifezeit und dem Alter von etwa 45 Jahren. Andere Entwicklungspsychologen haben das junge Erwachsenenalter auf den Zeitabschnitt zwischen dem 18. und dem 35. Lebensjahr (Havighurst 1973), zwischen dem 20. und 40. Lebensjahr (Erikson 1961) oder zwischen 25. und 45. bis 50. Lebensjahr eingegrenzt. Gute Übereinstimmung herrscht jedoch hinsichtlich der wichtigsten kritischen Ereignisse und Aufgaben dieses Lebensabschnitts.

Entwicklungsziele

Die Periode des jungen Erwachsenenalters beginnt mit dem Abschluß der formalen Ausbildung, mit dem Berufseintritt oder mit der Eheschließung. Für verheiratete Eltern endet dieser Lebensabschnitt zu dem Zeitpunkt, zu dem die Kinder das Elternhaus verlassen; für andere wiederum endet er mit verschiedenartigen, psychologisch bedeutsamen Ereignissen, die ihnen zu erkennen geben, daß sie „auch nicht mehr die jüngsten" sind.

Erikson kennzeichnete die Krise dieser Lebensphase als Konflikt zwischen *Intimität und Isolation*. Eine der wichtigsten Entwicklungsziele betrifft die Intimität, insbesondere die im Verhältnis zum anderen Geschlecht. Während des Jugendalters stehen eher die biologischen Aspekte der Sexualität im Vordergrund des Interesses und weniger die Aspekte der zwischenmenschlichen Zuneigung und der Intimität (McCandless 1970).

Im frühen Erwachsenenalter jedoch führt ein Ausbleiben von Intimität zu Isolation und erstickt jede weitere psychologische Entwicklung (Erikson 1968).

Andere Ziele und Aufgaben in dieser Phase bestehen darin, eine Familie oder einen Haushalt zu gründen und zu erhalten, einen Beruf auszuüben, in eine passende soziale Gruppe aufgenommen zu werden oder darin, den Pflichten eines Staatsbürgers nachzukommen (Troll 1975).

Die Bewältigung dieser allgemeinen Aufgaben kann natürlich nicht dadurch erreicht werden, daß bestimmte Veränderungen in einem einzelnen Verhaltensbereich auftreten, sondern sie erfordert verschiedenste Anpassungen in ganz unterschiedlichen Verhaltensbereichen (Havighurst 1973). Die Bewältigung oder Lösung der Aufgaben dieses Lebensabschnitts erfordert mit anderen Worten die Anpassung an „eine Vielzahl spezifischer und detaillierter *Teilaufgaben*" (engl. "task-lets", Havighurst 1973, S. 10). Diese Teilaufgaben können in ganz verschiedener Art und Weise gruppiert werden. Die Gründung und Erhaltung einer Familie mag dies verdeutlichen. Um diese Aufgabe zu erfüllen, muß man zunächst einen Partner finden und diesen an sich binden, man muß lernen, mit dem Partner zusammenzuleben, Kinder aufzuziehen und zu erziehen, einen Haushalt zu gründen und einzurichten usw.

Eine Beschäftigung als Babysitter oder die Mitarbeit im elterlichen Haushalt während der Adoleszenz sind immerhin „besser als nichts" [Ahammer (1973) spricht von „antizipatorischer Sozialisierung"], denn in diesem Bereich „Ehe und Familie" erhalten wir während unserer Erziehung nur relativ wenig Anleitung oder Trai-

ning – die Jungen noch weniger als die Mädchen (Albright u. Gift 1975).

Interessant sind die Verschiebungen des Heiratsalters, beispielsweise in den USA. Zwischen 1890 und 1960 gingen Männer und Frauen in einem ständig abnehmenden Durchschnittsalter eine Ehe ein und bekamen auch zunehmend früher Kinder.

Erhebungen aus dem Jahre 1975 zeigen jedoch, daß sich dieser Trend inzwischen umgekehrt hat und daß das Durchschnittsalter zum Zeitpunkt der ersten Eheschließung wieder steigt (Troll 1975). Ein Trend ist allerdings nach wie vor zu erkennen: Frauen heiraten in einem jüngeren Alter als Männer. Eine Konsequenz davon ist, daß sie auch jünger sind, wenn sie Witwen werden (vgl. Abb. 4.6).

Soziale Angelegenheiten und Themen

Viele der jungen Erwachsenen verbleiben auf der Stufe 4, der „Gesetz-und-Ordnung-Stufe" der moralischen Entwicklung nach Kohlberg; nur wenige erreichen die Stufe 5; auf dieser wird das moralische Verhalten nicht durch äußere Autorität und Konvention motiviert, sondern durch soziale Übereinkunft und den Respekt vor den Rechten der anderen. Die Proteste der späten 60er und der frühen 70er Jahre in den USA spiegeln z.T. das moralische Denken auf der 5. Stufe wider (s. „Unter der Lupe", S. 152).

Kognitive Anpassung

In dem Abschnitt über das Jugendalter haben wir die kognitiven Fähigkeiten der formal-operationalen Phase im Sinne Piagets mit dem Bild eines Schachspielers umschrieben. Dies ist natürlich eine grobe Vereinfachung, die jedoch die Darstellung der komplizierten Theorie erleichtert. Tatsächlich bleiben nach Piaget die Denkweisen der früheren Phasen in jeder nachfolgenden Entwicklungsphase erhalten, um dann in geeigneten Situationen – allerdings in „höheren" Formen – angewendet werden zu können. Auf der höchsten Ebene der kognitiven Entwicklung, die während der Phase des jungen Erwachsenenalters erreicht wird, werden die verschiedenen kognitiven Strukturen angemessen und effektiv benutzt. Ein Wissenschaftler beispielsweise gebraucht die formalen Operationen bei der Arbeit an einem theoretischen Pro-

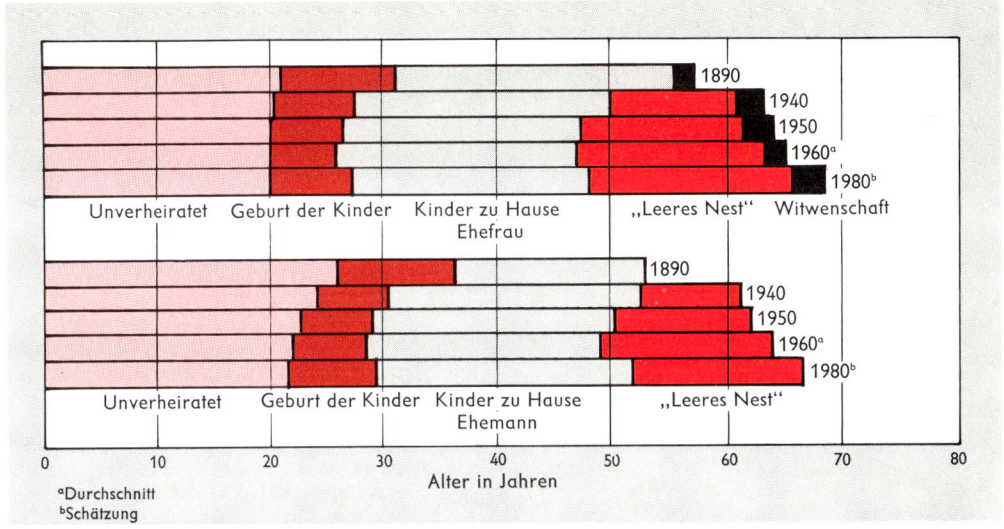

Abb. 4.6. Durchschnittliches Lebensalter während der kritischen Phasen im Familienleben

blem, die konkreten Operationen bei alltäglichen Geschäftsangelegenheiten, präoperationale Denkweisen bei künstlerischen Betätigungen und sensumotorische Prozesse in Situationen intimer Interaktion (Riegel 1973). In diesem Fall allerdings sind die entsprechenden sensumotorischen Handlungen und das daraus entstehende Vergnügen die eines Erwachsenen und nicht die eines Kindes.

Die Jahre der Reife

Einer weit verbreiteten Auffassung zufolge sind alte Menschen aufgrund ihrer angesammelten Erfahrung weise und wertvolle Ratgeber. Untersuchungen haben jedoch gezeigt, daß dies eher auf das mittlere Alter zutrifft, also auf den Zeitabschnitt zwischen dem 35. und 55. Lebensjahr. Auch die Alten verlassen sich lieber auf Rat von Personen eher mittleren Alters.
Einem anderen Vorurteil entsprechend beschwört das mittlere Alter eine große Krise herauf, die sog. "mid-life crisis". Psychologen haben sich jedoch nicht auf einen Zeitpunkt einigen können, zu dem sich diese Krise ereignen soll. Einige plädieren für die 20er, andere für die 60er Jahre und die übrigen für irgendein Alter dazwischen. Außerdem kann man sich auch über die Art dieser Krise nicht einig werden. Man könnte somit vermuten, daß dieses

Konzept einer soliden Tatsachenbasis entbehrt. Diese Vermutung wird durch eine kürzlich veröffentlichte Untersuchung unterstützt, die zeigt, daß das mittlere Lebensalter „die beste Zeit" des Erwachsenenalters ist. Gefühle wie Entfremdung, Kraftlosigkeit, Hilflosigkeit, Sinnlosigkeit und Interessenlosigkeit traten sehr häufig bei jungen Erwachsenen auf. Die Ergebnisse für die Gruppe derjenigen Personen, die im hohen Alter waren, lagen zwischen den für die beiden anderen Gruppen ermittelten.
Nichtsdestoweniger ist das mittlere Erwachsenenalter nicht frei von Krisen. Die auftretenden Krisen können sowohl physiologischer als auch psychologischer Art sein und müssen von demjenigen, der nicht will, daß eine Stagnation eintritt, bewältigt werden.

Die Menopause

Das Wort *Menopause* stammt aus dem Griechischen menos (dt. Monat) und pausein (dt. verursachen aufzuhören). Der Begriff Menopause bezeichnet den Zeitraum, in dem physiologische Veränderungen bei der Frau ein natürliches Ausbleiben der Menstruation und des Menstruationszyklus bewirken. Während dieser Zeit treten oft plötzliche Hitzewallungen auf, und viele Frauen empfinden diese Zeit als unangenehm. Die Menopause ist ein Zeichen für das Ende der Fruchtbarkeit, jedoch betrachten

Unter der Lupe

Moralität und sozialer Aktivismus

„Obwohl man vielleicht dankbar sein sollte, daß Gefühle der persönlichen Entfremdung seit den späten 60er Jahren abgenommen haben, kann es einen dennoch traurig stimmen, daß einige der besten Aspekte des Aktivismus der 60er Jahre (im Gegensatz zu seinen eher unrealistischen und destruktiven Aspekten) – nämlich der Idealismus und die aktive Teilnahme am Leben anderer Menschen, an den Problemen der Welt, in der wir leben – sich im Laufe der Zeit verloren haben. Während der Präsidentschaftswahlen im November 1974 betrug die Beteiligung in der Gruppe der 18- bis 24jährigen Wähler lediglich 21%, welches die niedrigste Wahlbeteiligung in allen wahlberechtigten Gruppen war.

Auch wenn die Lösungsvorschläge, die die radikalen Aktivisten und die ‚Blumenkinder‘ in den späteren 60er Jahren vertraten, oft zu naiv, zu ungehemmt, persönlich destruktiv, in sich inkonsistent und unpraktikabel waren, bleiben die Bedürfnisse unserer Gesellschaft, so wie sie sie damals erkannt hatten, auch heute noch eine drängende Herausforderung: das Bedürfnis nach mehr Intimität und Liebe, nach einer weniger hohen Bewertung des unbarmherzigen Wettbewerbs und des Statusdenkens, nach einer Beseitigung des Zwanges, ‚Rollen‘ spielen zu müssen, nach einem größeren Bewußtsein seiner selbst, nach Ehrlichkeit, nach mehr Freiheit zum Selbstsein, nach Widerstand gegen soziale Zwänge und gegen korrupte Autoritäten" (Conger 1976).

Frauen im mittleren Alter dies nicht als eine schwere Krise; lediglich 4% der Frauen dieser Altersgruppe bezeichneten im Rahmen einer Fragebogenerhebung die Menopause als die schlimmste Krise dieses Lebensalters; die meisten, die diesen Lebensabschnitt schon hinter sich hatten, gaben nachträglich sogar ein positives Gefühl an (Troll 1975).

Im Rahmen einer in Israel durchgeführten Untersuchung wurden mehr als 1000 Frauen, die aus unterschiedlichen Kulturkreisen stammten, befragt. In der traditionellen Kulturgruppe Israels wurde die Frucht-

barkeit nicht kontrolliert („Fruchtbarkeit" wird hier im Sinne von „Geburtsrate" verwendet); in der modernen, europäischen Kulturgruppe Israels dagegen wurde die Fruchtbarkeit kontrolliert. Die „typische" Frau der traditionellen Kulturgruppe hatte nie eine Menstruation. Bei der ersten Ovulation wurde sie schwanger und von diesem Zeitpunkt an bis zur Menopause war sie entweder schwanger oder sie stillte. Die „typische" Frau der traditionellen Kulturgruppe war während dieser Zeit 25mal schwanger; 20 Kinder wurden ganz ausgetragen, aber lediglich 15 lebend geboren. Von diesen 15 Neugeborenen überlebten jedoch nur 10 Kinder die Kindheit. Im Gegensatz dazu gebar die „typische" Frau der modernen Kulturgruppe nur 1 oder 2 Kinder, verwendete Verhütungsmittel (als Standardmethode der Geburtenkontrolle) oder bediente sich der Schwangerschaftsunterbrechung, wenn die Empfängnisverhütung fehlschlug.

Beide Frauengruppen beurteilten den mit Eintritt der Menopause verbundenen Verlust der Fruchtbarkeit gleichermaßen als positiv, gaben jedoch unterschiedliche Begründungen für ihre Einschätzungen ab. Die Frauen des europäischen Kulturbereichs waren positiv eingestellt und erleichtert, daß sie sich nun nicht mehr um Empfängnisverhütung (oder Abtreibung) kümmern müßten; die Frauen des traditionellen Kulturbereichs betonten dagegen den Aspekt, daß die Menopause die lange Folge der Schwangerschaften beendete (Datan et al. 1978).

Männer erleben keine derartige, der Menopause analoge Phase, und sie bleiben bis ins hohe Alter fruchtbar. Bei ihnen treten jedoch ebenfalls physiologische Veränderungen auf, die das Sexualleben beeinflussen. Die Häufigkeit der sexuellen Aktivitäten nimmt im mittleren und hohen Alter ab. Im allgemeinen finden sexuelle Aktivitäten auch in sehr hohem Alter noch statt – trotz des Vorurteils von „geschlechtslosen" alten Menschen. Physiologische Veränderungen haben bei Männern zur Folge, daß sich die Zeit bis zur Erektion beständig vergrößert und sich die Stärke der Ejakulation und die Intensität des Orgasmus verringern. Bei Frauen bewirken die physiologischen Veränderungen eine Verlängerung der Zeit bis zur Erregung und zur Lubrikation, die Intensität des Orgasmus wird jedoch nicht beeinflußt (Weg 1975).

Psychologische Krisen

Erikson bezeichnet die psychosoziale Krise des mittleren Lebensalters als den Konflikt zwischen *Zeugungsfähigkeit* und *Selbstabkapselung*. Das Hauptproblem besteht darin, von der körperlichen Zeugungsfähigkeit, d. h. der Zeugung und Aufzucht von Kindern, zu einer sozialen und psychologischen „Zeugungsfähigkeit" zu gelangen, die sich nicht nur auf die gegenwärtige, sondern auch auf die zukünftige Generation bezieht. Das Vermächtnis des einzelnen besteht nicht nur aus einem Beitrag zum Genpool der menschlichen Art, sondern auch aus einem Beitrag zum allgemeinen Wissensbestand. Im Gegensatz dazu zeigt eine selbstabgekapselte Person ein materielles Interesse an dem Hier und Jetzt und ist v. a. um ihr körperliches und geistiges Wohlbefinden bemüht.

Berufliche Laufbahn

Eine der Krisen des mittleren Alters steht mit der beruflichen Tätigkeit in Zusammenhang. Die Person mittleren Alters verspürt eine Enttäuschung, die aus der Diskrepanz zwischen den früheren Ambitionen und dem zu diesem Zeitpunkt tatsächlich Erreichten resultiert. Diese Diskrepanz ist nur dann nicht enttäuschend, wenn die früheren Ambitionen eher bescheiden waren oder die betreffende Person Glück gehabt hat. Diese Krise betrifft den Mann gewöhnlich direkter als die Frau, auch wenn der indirekte Einfluß auf sie recht groß sein kann. Diese Krise fällt oft mit einer anderen zusammen, die meist dann aufkommt, wenn das letzte Kind der Familie das Elternhaus verläßt („Verlassenes-Nest-Krise"), und von der insbesondere Ehefrauen betroffen sind (vgl. Abb. 4.7). Häufig erhalten die Frauen bei der Bewältigung dieser Krise keine Unterstützung durch ihren Ehemann, da dieser von der Bewältigung seiner eigenen Krise zu sehr in Anspruch genommen ist und sich an Beschränkungen seines beruflichen Weiterkommens und an die entsprechend spürbaren Grenzen seiner Leistungsfähigkeit anpassen muß. Insbesondere dann, wenn die Ehefrau vornehmlich die traditionelle Rolle der Frau in der Gesellschaft – „Frau und Mutter" zu sein – erlernt hat, führt das Fortgehen des letzten oder einzigen Kindes zu einer Krise. Die Ehefrau hat zu diesem Zeitpunkt das Hauptziel ihres Lebens erreicht und wird plötzlich, gegen ihren Willen und völlig unerwartet, „pensioniert". Was in dieser Situation am meisten belastet, sind die Anzeichen dafür, daß die eigene Jugend vergangen ist. Das alternde Gesicht im Spiegel und die Menopause machen es unmöglich, sich über den Verlust seiner Jugend hinwegzutäuschen. Wenn man bedenkt, wie Jugendlichkeit (besonders in weiblicher Gestalt) in unserer Gesellschaft geradezu angebetet wird, so ist einzuräumen, daß der Anlaß für die Krise tatsächlich gegeben ist. Für die heutige Generation dürfte es kein Trost sein, daß die sinkende Geburtenrate und die gleichzeitig zunehmende Lebenserwartung das mittlere Alter (in den USA) auf 29 Jahre erhöht haben. Wenn dieser Trend sich fortsetzt, könnten allerdings auch entsprechend reifere Ideale in Mode kommen.

Abb. 4.7. Zerstörte Hoffnungen. Arbeitslosigkeit, „verlassenes Nest", Menopause

Die reife Moralität nach Kohlberg

Im reifen Alter bilden eher bestimmte Prinzipien als herkömmliche Konventionen die Grundlage der Moralität. Kohlberg bezeichnet dieses Entwicklungsniveau als „nachkonventionell". Auf der ersten nachkonventionellen Stufe (Stufe 5) ist das Leitprinzip, die Wohlfahrt der Allgemeinheit, aufrecht zu erhalten. Auf dieser Stufe schätzt das Individuum die Wohlfahrt der Allgemeinheit wegen seines Respekts vor den Rechten anderer und nicht, weil das Gesetz dies von ihm verlangt. Die Moralität der Stufe 6 geht noch über die der Stufe 5 hinaus; hier gründet sich die Moralität auf „universale" Prinzipien.

Die nachfolgende Stellungnahme könnte dies verdeutlichen: „Ein Diebstahl, der begangen wird, um ein Menschenleben zu retten, ist deshalb gerechtfertigt, weil das Leben eines Menschen mehr wert ist als materielles Eigentum."

Das hohe Alter

Häufig wird als der Beginn des hohen Alters der Zeitpunkt der Pensionierung, also das 65. Lebensjahr, angegeben. In der einschlägigen Fachliteratur findet man aber auch Altersangaben, die bis zum 60. oder sogar bis zum 55. Lebensjahr reichen. Angesichts der gegenwärtigen Arbeitsmarktlage wird der Zeitpunkt der Pensionierung im Verlauf der nächsten Jahre vermutlich noch sinken. Wie dies auch während der anderen Lebensabschnitte häufig der Fall war, so wird auch der Zeitpunkt des Beginns dieser Periode des Lebenszyklus eher nach Gutdünken festgelegt. Nichtsdestoweniger betrachtet die Gesellschaft diesen Lebensabschnitt als eine fest umschriebene Periode, und sie hat auch stereotype Ansichten darüber, wie sich die Menschen während dieser Phase verhalten. Ein Stereotyp ist das des gealterten Häuptlings, der mit den Überlieferungen des Stammes wohl vertraut ist und der die Weisheit in sich angehäuft hat; ihm zu Füßen sitzt die junge Generation, seinen Rat andächtig vernehmend, ein anderes ist der gut situierte Pensionär, der nun endlich seinen Lieblingsbeschäftigungen nachgehen kann, wie dem Lesen oder dem Schreiben der großen Literatur, dem Malen, Bauen, Reisen oder auch der Gartenarbeit (Abb. 4.8).

Abb. 4.8. Der „alte Häuptling" als stereotypes Kulturideal *(oben)*. Der „ideale" Rentner, der es versteht, seinen Hobbys nachzugehen, zeigt auch Sinn für Humor *(unten)*

Ein drittes Stereotyp ist das vom hohen Alter als einer Zeit der gelassenen Gemütsruhe; die älteren Leute meditieren über ein wohlverlaufenes Leben und sehen dem unabwendbaren Tod mit Ruhe und Gelassenheit entgegen.

In Wirklichkeit stimmen derartige Idealvorstellungen allerdings selten. Ältere Menschen halten lieber altväterliche Moralpredigten, als daß sie Substantielles lehren: „Als wir noch jung waren, ging es uns nicht so gut." Ihr schlechtes Gedächtnis macht die Zuverlässigkeit derartiger Bezeugungen indes recht fragwürdig.

Das Ausscheiden aus dem aktiven Berufsleben führt häufig zu einer finanziellen Krise, die wenig Geld für Luxus oder Reisen übrigläßt und manchmal nicht einmal für den dringenden Bedarf des täglichen Lebens ausreicht. Zudem stellen sich im hohen Alter meist gesundheitliche Probleme ein, wie z. B. Nachlassen der Sehkraft oder Arthritis, wodurch viele Aktivitäten eingeschränkt werden und die zusammen mit der geringeren Mobilität häufig in die soziale Isolierung führen. Anstatt heiter über Vergangenheit und Zukunft zu meditieren, sind ältere Menschen häufig über ihre Vergeßlichkeit erschrocken, und ihr schlechter Gesundheitszustand läßt sie nur mit Verzagtheit in die Zukunft blicken.

Die Wirklichkeit steht häufig in krassem Widerspruch zu den schönfärberischen Stereotypen, so daß diese als Charakteristik des hohen Alters kaum akzeptabel sind. Allerdings treffen die positiven Stereotype auf eine relativ hohe Zahl alter Leute zu, so daß wir auch davor gewarnt sein sollten, entsprechende negative Stereotype zu akzeptieren. Was wir anstelle von Stereotypen benötigen, sind empirische Daten über das Altern.

Kognitive Fähigkeiten

Im hohen Alter lassen einige kognitive Fähigkeiten nach, andere jedoch nicht, zumindest nicht bis zu einem Zeitraum von wenigen Jahren vor dem Tod.

Gedächtnis

Jeder weiß, daß ältere Leute Probleme mit ihren Gedächtnisleistungen haben. Häufig können sie sich an kurz zurückliegende Ereignisse nicht erinnern, erinnern sich jedoch gut an Ereignisse, die längere Zeit zurückliegen, und sie sprechen immer wieder davon, da sie nicht mehr wissen, daß sie dieselbe Geschichte erst am Tag zuvor erzählt haben.

Dies ist zwar allgemein bekannt, aber doch nicht ganz korrekt. So kann sich beispielsweise eine ältere Person an eine Zahlenreihe ebensogut erinnern wie eine jüngere, vorausgesetzt, diese Reihe ist nicht zu lang, es ist genügend Zeit zum Einüben vorhanden und es wird kein störendes Füllmaterial zwischen die Übungs- und die Testphase eingeschoben. Wenn sie nicht gedrängt und während des Vorgangs nicht gestört werden, können sich alte Menschen an eine Telefonnummer ebensogut erinnern wie jeder andere auch. Bei anderen Arten von Aufgabenstellungen, die im Rahmen von experimentellen Untersuchungen zur Gedächtnisleistung verwendet werden, sind sie weniger erfolgreich, auch wenn ihnen während der Lernphase genügend Zeit zur Verfügung steht. Hierzu gehören z. B. Aufgabenstellungen im Rahmen des Paarassoziationslernens, des Reihenlernens oder des freien Reproduzierens.

Es stellt sich hier aber auch die Frage, warum in aller Welt sie eigentlich bei der Ausführung derartiger Aufgaben von ihrem Erinnerungsvermögen Gebrauch machen sollten. Wenn man sich im täglichen Leben eine Reihe verschiedener Einzelheiten merken muß – beispielsweise verschiedene Dinge, die man beim Einkauf erledigen will –, so schreibt man sich diese gewöhnlich auf ein Blatt Papier und ruft sie sich dadurch ins Gedächtnis zurück, daß man ggf. in dieser Liste nachschaut. Psychologen haben mehrere hundert, vielleicht auch tausend Untersuchungen über das Kurzzeitgedächtnis durchgeführt, aber ihren Probanden nie erlaubt, sich so zu verhalten, wie die meisten von uns dies tun würden, wenn wir im täglichen Leben mit derartigen Aufgabenstellungen konfrontiert werden.

Ähnliches gilt auch für Untersuchungen zum Langzeitgedächtnis für auswendig gelerntes Material, da dies eine Art des Lernens ist, die nach Beendigung der Schulausbildung nur noch in Ausnahmefällen praktiziert wird. Bisweilen nimmt man natürlich an derartigen Tests teil, z. B. wenn man den entzogenen Führerschein wiedererwerben will, ansonsten kommt dem mechanischen Auswendiglernen kaum mehr eine Bedeutung zu. Da Menschen diese Art des

Lernens nach ihrer Schulzeit nicht mehr üben, können sie diese Fähigkeiten auch im Alter nicht mehr mit Vorteil einsetzen, und es ist zu bezweifeln, daß sie diese veralteten Fähigkeiten überhaupt jemals einsetzen.

Mit gezielter Anweisung und Übung können auch ältere Menschen ihre verlorenen Fähigkeiten wiedererlangen; sie zeigen dann ebenso gute Leistungen wie die jüngeren Leute, mit Ausnahme der wenigen Fälle, wo der Gedächtnisverlust eine physiologische Ursache hat (Walsh 1975). Hinzu kommt, daß ältere Leute, selbst wenn sie eine Information effizient in ihrem Gedächtnis abgespeichert haben, häufig Schwierigkeiten haben, diese wieder aus ihrem Gedächtnis abzurufen (Hultsch 1975). Das Problem scheint hier erneut eher darin zu bestehen, daß ältere Menschen ineffiziente Strategien („Suchstrategien") anwenden, als darin, daß es ihnen an bestimmten Kapazitäten oder Fähigkeiten mangelt.

Intelligenz

Neugarten (1976) hat bekannte Tatsachen über das Altern und die Intelligenz wie folgt zusammengefaßt:

a) Mit zunehmendem Alter nimmt die Reaktionsgeschwindigkeit ab. Bei der Durchführung sog. „Schnelligkeitstests" (bei denen die Geschwindigkeit das entscheidende Kriterium ist) schneiden ältere Leute besonders schlecht ab.

b) Das chronologische Alter eignet sich schlecht für eine Vorhersage der Leistungsfähigkeit.

c) Ältere Menschen, die körperlich und geistig aktiv bleiben, zeigen bessere Leistungen als diejenigen, die inaktiv werden.

d) Auf der Grundlage des Bildungsniveaus können Vorhersagen über die Leistungsfähigkeit im hohen Alter gemacht werden; je höher das Bildungsniveau ist, desto höher ist auch das spätere Leistungsvermögen.

e) Die Abnahme der intellektuellen Leistungsfähigkeit steht in einem umgekehrten Verhältnis zur Lebensdauer; die weniger intelligenten Menschen sterben früher.

f) Die Abnahme der intellektuellen Leistungsfähigkeit ist bei älteren Männern größer als bei älteren Frauen.

Lange Jahre hindurch schien einer der gesichertsten Befunde im Rahmen entwicklungspsychologischer Forschung der Befund zu sein, daß die Intelligenz im hohen Alter absinkt. Jetzt wissen wir, daß dieser „Befund" teilweise falsch ist. Die Daten wurden im Rahmen von Querschnittstudien ermittelt; die Ergebnisse spiegeln vermutlich in erheblichem Ausmaß Unterschiede zwischen verschiedenen Geburtskohorten wider. Sie konnten im Rahmen von Längsschnitt- und Sequenzstudien nie voll bestätigt werden.

Ein anderes Problem besteht darin, daß der genannte Befund auf einem Intelligenzkonzept beruht, das von den meisten Entwicklungspsychologen heute abgelehnt wird. Insbesondere betrifft dies solche Untersuchungen, bei denen nur ein einziges, globales Intelligenzmaß, der IQ, ermittelt wurde. Wir wissen heute, daß Intelligenz keine einzelne, globale Einheit darstellt, sondern sich aus einer Reihe unterschiedlicher und relativ unabhängiger Fertigkeiten oder Fähigkeiten zusammensetzt, wie z.B. Wortflüssigkeit und rechnerische Fähigkeit. Die Tatsache, daß diese Fähigkeiten ziemlich unabhängig voneinander sind, weist darauf hin, daß man sie nicht zu einer globalen Kenngröße zusammenfassen sollte. Gegen eine derartige Zusammenfassung spricht weiterhin, daß die einzelnen Fähigkeiten in unterschiedlichem Ausmaß von genetischen Einflüssen abhängig sind. Schließlich, und dies ist für Entwicklungspsychologen von besonderer Bedeutung, liegen den verschiedenartigen Fähigkeiten während der Entwicklung der Lebensspanne unterschiedliche Veränderungsmuster zugrunde. Die verschiedenen intellektuellen Fähigkeiten können in mehrere Gruppen aufgeteilt werden. Eine Aufteilung unterscheidet z.B. zwischen „kristallinen" und „flüssigen" Fähigkeiten (Horn 1970). Die „kristallinen" Fähigkeiten sind im wesentlichen durch Lernprozesse erworben, während die „flüssigen" Fähigkeiten durch den Einfluß von Reifung oder physiologischen Faktoren entstehen. So sind z.B. Wortschatz, mechanisches Wissen und formales Schlußfolgern „kristalline" Fähigkeiten. Nur durch Erziehung – auch wenn diese nicht formell ist – erlernt man einen Wortschatz, die Funktionsweisen bestimmter Maschinen und die Regeln der Logik. Beispiele für „flüssige" Fähigkeiten sind das induktive Denken, das intellektuelle Tempo und die Gedächtnisspanne.

Die „flüssigen" Fähigkeiten müßten sich demnach bei physiologischen Veränderungen, wie sie z. B. im hohen Alter vorkommen, mit verändern. Im Gegensatz dazu müßten die „kristallinen" Fähigkeiten eher konstant bleiben – trotz der größer werdenden Kluft zwischen den älteren Menschen und der Gesellschaft –, da der Kontakt mit der Kultur zwar selten aber nicht gänzlich verschwunden ist. Die besten Schätzungen, die es gegenwärtig gibt, unterstützen die Ansicht, daß die „kristallinen" Fähigkeiten im hohen Alter erhalten bleiben oder sogar eher noch zunehmen, während die „flüssigen" Fähigkeiten abnehmen. Somit hat sich der klassische Befund als teilweise falsch erwiesen: Einige intellektuelle Fähigkeiten nehmen im hohen Alter ab, und zwar in viel größerem Ausmaß, als man bisher vermutet hatte, während andere bis kurz vor dem Tod konstant bleiben.

Klare Anhaltspunkte deuten darauf hin, daß „Personen, die eine bemerkenswerte Veränderung bei einer Reihe von kognitiven Leistungen aufweisen, innerhalb der darauffolgenden 5 Jahre sterben werden, im Vergleich zu denjenigen Personen, bei denen eine derartige Veränderung nicht auftritt" (Kalish 1975). Dieses Phänomen wird als Absinken vor dem Ende (engl. "terminal drop") bezeichnet (Riegel u. Riegel 1972); aufgrund dieses Phänomens soll eine zuverlässigere Vorhersage des nahen Todes möglich sein als aufgrund medizinischer Untersuchungsbefunde. Das Phänomen selbst ist jedoch in mancherlei Hinsicht noch unerklärlich und seine Ursachen sind noch unbekannt.

Körperliche und soziale Probleme

Die Aktivitäten älterer Personen können aufgrund fehlender Motivation, schlechter Gesundheit, fehlender Mittel oder aufgrund eines Gefühls der Hoffnungslosigkeit stark eingeschränkt sein.

Ruhestand

Frühzeitiges Ausscheiden aus dem Berufsleben wird in vielen Bereichen der Wirtschaft befürwortet, und viele Arbeiter, Angestellte oder Beamte entscheiden sich dann auch zu diesem Schritt. Wer sich aber dann plötzlich im Ruhestand oder kurz davor befindet, ist häufig auf diese Lebensphase schlecht vorbereitet. Während der Jugend hat man gelernt, daß Erfolg an der Produktivität und am wirtschaftlichen Fortschritt gemessen wird – die Arbeitsethik der freien Marktwirtschaft. Infolgedessen ist man gar nicht auf ein Leben in Muße vorbereitet (Birren u. Woordruff 1973). Das Ergebnis ist, daß viele, die im Ruhestand sind, unzufrieden sind und viele, die den Ruhestand wählen könnten, dennoch weiterarbeiten. Vielfach wird der Eintritt in den Ruhestand als eine Art Bestrafung angesehen, die mit einem Verlust an Selbstachtung verbunden ist, was manchmal zur Selbstmordursache werden kann. Während des Erwachsenenalters und im hohen Alter liegt die Suizidrate in den USA relativ stabil bei etwa 5–15/100000. Eine auffällige Abweichung von diesen allgemeinen Durchschnittswerten zeigt sich allerdings in der Bevölkerungsgruppe männlicher Weißer, bei der sich diese Rate während des Erwachsenenalters deutlich erhöht und im hohen Alter sehr hoch ist (Troll 1975).

Der Eintritt in den Ruhestand kann aber auch erfolgreich gestaltet werden (Abb. 4.9). Eine Untersuchung mit Arbeitern in der Automobilindustrie, die entweder relativ früh oder zum üblichen Zeitpunkt in den Ruhestand eintraten, zeigte, daß die Zufriedenheit größer war, wenn:

1. der Eintritt in den Ruhestand geplant war,
2. sie in guter gesundheitlicher Verfassung waren,
3. ihr Einkommen hoch war,
4. ihr Lebensstandard ebenso gut war wie vor dem Ruhestand,
5. sie eine umfangreiche Ausbildung hatten und
6. die Firma ein Sonderprogramm für die Gestaltung des Ruhestandes hatte.

Dieses Bild wird jedoch dadurch komplizierter, daß einige Personen im Ruhestand ähnliche Arbeiten verrichteten wie vormals im Beruf und andere die Muße nach dem Beginn ihres Ruhestandes als gerechte Belohnung für ihre erbrachten Leistungen betrachteten. So „scheint es durchaus möglich zu sein, daß diejenigen älteren Menschen, die ein zufriedenstellendes Einkommen haben, für die dieser Übergang zufriedenstellend gestaltet wurde und die sich bei guter Gesundheit befinden, gerne alle verfügbaren Möglichkeiten der Muße und Unterhaltung ausnützen und sich nicht nach Arbeit sehnen" (Kalish 1975). Der Eintritt in den Ruhestand ist

Abb. 4.9. Der Ruhestand. Während dieser Phase bieten sich viele Möglichkeiten, neuen Interessen nachzugehen und neue Fähigkeiten zu erlernen

somit eine wichtige Aufgabe, nicht nur für die Betroffenen sondern auch für die Gesellschaft.

Rückzug

Mit zunehmendem Alter verstärkt sich bei den älteren Menschen die Tendenz, sich mehr und mehr aus dem öffentlichen Leben zurückzuziehen; gleichzeitig besteht auch seitens der Gesellschaft die analoge Tendenz. Diese beständig zunehmende Tendenz, sich voneinander zurückzuziehen, nennt man *Rückzug* (engl. *"disengagement"*). Dieses Disengagement ist der Grund dafür, daß die älteren Leute einerseits ein relativ geringes Interesse an sozialen Kontakten haben, daß andererseits die Gelegenheiten zu sozialen Kontakten zunehmend seltener werden und daß schließlich die verbleibenden Kontakte durch eine relativ geringe emotionale Beteiligung gekennzeichnet sind. Positiv betrachtet, bietet das Disengagement den älteren Leuten die Möglichkeit, ihr Leben mit Muße zu genießen. Diesem positiven Aspekt des Rückzugs stellt sich jedoch die allgemeine Arbeitsmoral entgegen, die Aktivitäten, einschließlich sozialer Aktivitäten voraussetzt, damit ein Gefühl der Selbstachtung aufrechterhalten werden kann (Kalish 1975).

Schlechte Gesundheit

Viele alte Menschen klagen über einen schlechten Gesundheitszustand; mehr als 50% der älteren Leute haben ihre Zähne verloren; ebenso viele sehen schlecht; etwa 50% haben chronische gesundheitliche Probleme, die ihre Aktivitäten einschränken und etwa 25% haben Probleme mit ihrem Hörvermögen (Kalish 1975). Außerdem zeigt sich eine Zunahme an schwerwiegenden Allgemeinbefunden (Arthritis, Rheumatismus, hoher Blutdruck und Herzkrankheiten); 7 von 8 Personen in diesem Alter haben irgendeine chronische Krankheit (Bengtson u. Haber 1975). Zu allerletzt kommt noch hinzu, daß ihre Einkommen niedriger und die Krankheitskosten höher sind als in jüngeren Jahren.

Abhängigkeit

Armut ist zwar im Alter nicht sehr verbreitet, aber auch nicht gerade selten. Im Jahre 1973 wurden z. B. in den USA etwa 14% der älteren weißen Bevölkerung nach einer Statistik als arm eingestuft, gegenüber 35% der nichtweißen älteren Bürger.

Auch wenn Armut im hohen Alter nicht den Normalfall darstellt, lebten dennoch die meisten älteren Leute unterhalb des allgemeinen Lebensstandards. Hinzu kommen noch die Ausgaben für die Gesundheit, die das Einkommen weiter herabdrücken (Bengtson u. Haber 1975). Dabei ist allerdings zu berücksichtigen, daß die meisten statistischen Angaben nicht von einer *relativen* Lebensqualität ausgehen. Die meisten Aussagen über ein adäquates Einkommen werden gemacht, ohne das Einkommen vor dem Ruhestand zu berücksichtigen (Walther 1975). Ohne zusätzliche Mittel büßt eine ältere Person, deren Einkommen weit unter dem gewohnten Einkommen liegt, einen beträchtlichen Teil der Lebensqualität ein.

Finanzielle Abhängigkeit kann auch durch andere Arten von Abhängigkeit zustande kommen, wie z.B. körperliche oder geistige Schwächen. Körperliche Abhängigkeit kann von einer Krankheit oder Verletzung herrühren, so daß eine Pflegeperson benötigt wird, wodurch das Einkommen ebenfalls reduziert wird. Gedächtnisschwund und andere geistige Schwächen, die krankheitsbedingt sind oder durch einen Unfall verursacht wurden, insbesondere Schädelverletzungen oder Erkrankungen des Gehirns können zu einer Abhängigkeit führen. Auch hier ist in vielen Fällen eine Pflegeperson notwendig.

Die Probleme, die durch derartige Abhängigkeiten entstehen, können auf unterschiedliche Art und Weise angegangen werden. Wenn ein genügend hohes Einkommen vorhanden ist, kann die ältere Person meist weiterhin in ihrer Wohnung bleiben. Oft jedoch reichen die finanziellen Mittel nicht aus, und die älteren Leute ziehen in die Haushalte ihrer Verwandten. Andernfalls übernimmt die Gemeinde oder der Staat die Verantwortung für die älteren Menschen. In der Bundesrepublik Deutschland gibt es ein ausgedehntes Netz von Altenpflegestätten und ähnlichen Institutionen.

In den USA jedoch zeigen Erhebungen, daß im Jahre 1970 nur 3–6% der alten Leute in derartigen Institutionen untergebracht waren.

Partnerverlust

Der Verlust des Ehe- oder Lebenspartners in den frühen Erwachsenenjahren verursacht sicherlich eine außergewöhnliche Krise. Von der Jugendzeit an steigt die Wahrscheinlichkeit des Partnerverlusts mit zunehmendem Alter an. Dieser statistischen Wahrscheinlichkeit liegen verschiedene Ursachen zugrunde; insbesondere ist der Verlust des Partners im jungen Erwachsenenalter eher durch Scheidung als durch einen Todesfall begründet. Diese Krise, die durch den Verlust des Partners entsteht, tritt im jungen Erwachsenenalter selten plötzlich ein, sondern sie entwickelt sich meist allmählich. Die Scheidung – eine der häufigsten Ursachen des Partnerverlusts im jungen Erwachsenenalter – ist meist die Folge eines beständigen Anwachsens von Spannungen, während der Tod – in diesem Alter die seltenste Ursache – in dieser Lebensphase meist unerwartet und plötzlich eintritt. Im frühen Erwachsenenalter wie in der Jugendzeit sind Unfälle die häufigste Todesursache.

Im Gegensatz dazu ist im hohen Alter der (natürliche) Tod die häufigste Ursache des Partnerverlusts, allerdings in dieser Lebensphase selten unerwartet. Einem älteren Menschen, dessen Partner krank geworden ist, sollte im Grunde genommen ein Zeitraum zur Verfügung stehen, in dem er sich auf die zu erwartende Partnerverlustkrise einstellen könnte. In Wirklichkeit jedoch werden entsprechende Warnsignale selten beachtet; dies ist ein erneuter Hinweis darauf, daß wir im Verlauf unserer Sozialisation kaum gelernt haben, uns auf das Eintreten unserer „normalen" Lebenskrisen vorzubereiten. Der Verlust des Partners im hohen Alter erfolgt damit nicht weniger plötzlich und unvorhergesehen wie ein Partnerverlust im jüngeren Erwachsenenalter.

Vor Erreichen des mittleren Erwachsenenalters ist Partnerverlust durch Tod relativ selten. Er wird mit Eintritt in das höhere Alter zunehmend häufiger. Unter den verwitweten, alleinstehenden Personen sind häufiger Frauen als Männer anzutreffen. Bevor wir aber die verschiedenen möglichen Konsequenzen dieser Tatsache diskutieren, sollen ein paar Gründe dieses Geschlechtsunterschiedes genannt werden.

Frauen sind im Durchschnitt 2–3 Jahre jünger als ihre Männer (Troll 1975), sie sollten sie daher eigentlich auch überleben. Des weiteren haben Frauen in der ganzen Welt eine höhere Lebenserwartung als Männer. Schließlich sind es eher ältere Witwer als ältere Witwen, die sich wiederverheiraten. Dies hat seinen Grund darin, daß Witwer von einer Wiederheirat mehr profitieren als die Witwen, da Männer von ihren Frauen häufig fast völlig abhängig sind, von der Zubereitung der Mahlzeiten angefangen bis zum Reinemachen oder bis zur Versorgung des Haushalts. Ihr Leben wird durch den Verlust der Partnerin damit viel nachhaltiger in verschiedensten Bereichen gestört (Lopata 1975). Im übrigen sind häufig die Ehefrauen für den Kontakt mit den Verwandten zuständig, während der Witwer jeden Kontakt aufgibt. Und Männer haben normalerweise gar nicht die Erwartung, ihre Frauen zu überleben, sie sind damit psychisch gar nicht auf den Fall des Verlusts vorbereitet (Lopata 1975).

Einsamkeit

Ein Gefühl der Einsamkeit durchzieht das hohe Alter, selbst wenn der alte Mensch noch mit seinem Partner zusammenlebt. Sie dominiert besonders bei den Frauen, und unter ihnen noch mehr bei den Witwen (Lopata 1975). Die Einsamkeit ist generell das Hauptproblem verwitweter Frauen (Treas 1975). Ein anderes Problem, das mit der Einsamkeit einhergeht, ist die Appetitlosigkeit, die bisweilen zu einer erheblichen Unterernährung führt (Weg 1975). Unausweichliche Folge der Einsamkeit ist die Abnahme der Zufriedenheit mit dem Leben. Die Lebensqualität kann nicht zufriedenstellend sein, wenn man von Einsamkeit, Isolation und Bitterkeit geplagt wird.

Integrität vs. Verzweiflung

In Eriksons 8. und letzter Phase der psychosozialen Entwicklung dreht sich das Thema der Krise um die Bedeutung des Lebens, das Leben allgemein und das eigene Leben insbesondere. Bleibt der Versuch zur Lösung dieses Konflikts erfolglos, so führt dies in Verzweiflung. Das Leben ist verpfuscht, und die Zeit reicht nicht aus, um noch alle Scherben einzusammeln; alles, was bleibt, ist Enttäuschung und Hilflosigkeit. Wird der Konflikt hingegen erfolgreich gelöst, so stellt sich ein Gefühl persönlicher Integrität ein, einer Integrität, die durch Ehrenhaftigkeit und hohe moralische Prinzipien gekennzeichnet ist sowie von dem Gefühl, mit dem Kosmos eins zu sein. Personen, die einen derartigen Zustand erreichen, sollten auch Kohlbergs Stufe 6 der Moralität und vielleicht sogar die Stufe 7 erreichen, auf der die Moralität postkonventionell ist [Prinzipien universell (Phase 6) oder kosmisch (Phase 7)].

Der Zyklus geht zu Ende

Läßt man alles andere außer Betracht, so trifft uns der Tod einer älteren Person weniger als der eines jungen Menschen, anscheinend weil wir den frühen Tod als irgendwie unfair betrachten (Kastenbaum 1975; Roth 1977). Das Wort Tod bezeichnet sowohl einen Vorgang – das Sterben – als auch das Resultat dieses Vorgangs. Es ist schwer, zwischen klinischem Tod und biologischem Tod zu unterscheiden. Der klinische Tod wird durch das Ausbleiben der vitalen Lebenszeichen definiert; aber noch nach deren Aussetzen „leben" einige biologische Strukturen unterschiedlich lange weiter. Der biologische Tod variiert also innerhalb der verschiedenen Strukturen des Körpers. Wenn der Sauerstoffvorrat des Blutes verbraucht ist, entweder weil das Blut nicht mehr mit Sauerstoff versorgt wird (wie beim Ertrinken) oder weil das Blut nicht zirkuliert (wie beim Herzversagen), sterben als erstes die Gehirnzellen ab. Wenn die Gehirnzellen absterben, hört vermutlich auch der Geist auf zu funktionieren, allerdings würden einige Religionen dieser Aussage nicht zustimmen.

Lebenserwartung

Tabelle 4.1 zeigt die unterschiedlichen Lebenserwartungen in verschiedenen Ländern der Welt.

In Europa ist die Lebenserwartung am größten. Das bedeutet natürlich, daß es in Europa einen größeren Prozentsatz älterer Menschen gibt als anderswo. Im Jahre 1000 v. Chr., so hat man geschätzt, betrug die Lebenserwartung etwa 18 Jahre. Zwischen 1000 v. Chr. und 1900 n. Chr. erhöhte sich die Lebenserwartung um fast 30 Jahre, und in den 70 Jahren zwischen 1900 und 1970 erneut um 24 Jahre. Diese Daten trügen jedoch, weil diese ungeheure Zunahme fast ausschließlich auf die Reduzierung der Säuglingssterblichkeit zurückzuführen ist (s. „Unter der Lupe", S. 161).

Unter der Lupe

Wie lang ist lange?

„In den Bergen der Sowjetunion, Indiens und Ecuadors gibt es Menschen, die angeblich sehr alt sind. Einige von ihnen behaupten, sie seien 125 Jahre alt und noch immer bei Kräften."

Robert R. Kohn, Professor der Pathologie an der Case Western University, sagt, daß diese Behauptungen nicht stimmen.

Diese Leute haben persönliche Gründe, ein hohes Alter anzugeben (finanzielle Gründe, Statusdenken usw.), aber Unterlagen, die diese Behauptungen stützen könnten, gibt es keine, sagt Kohn.

Als Kohn in der Sowjetunion einen wissenschaftlichen Kongreß besuchte, fand er noch einen anderen Grund: die alten Leute in Georgien sind zu einer derartigen Touristenattraktion geworden, daß man ihm deren ‚Besichtigung' für $ 50 angeboten hätte.

Es gibt keinen Zweifel, daß diese Leute alt und gesund sind. Wenn man aber hört, daß die Mutter von Iwan, der 146 Jahre alt ist, ganz versessen auf ihn sei, dann sollte man dies nicht glauben.

Die maximale Dauer des Lebens habe seit der Steinzeit kaum zugenommen, sagt Kohn. Die moderne Medizin habe zwar zur Verbesserung des Gesundheitswesens und zu einer besseren Ernährung beigetragen, und dadurch v.a. die Überlebenschancen zwischen der Geburt und dem 10. Lebensjahr erhöht, sie habe jedoch wenig getan, um die Lebenserwartung im Alter zu erhöhen.

Die Lebenserwartung im Alter von 65 Jahren bleibt vom medizinischen Fortschritt praktisch unberührt. Vielleicht seien im Verlauf der letzten 80 Jahre noch 1 oder 2 Jahre hinzugekommen, sagt Kohn" (aus: „Adult's Life: No longer Now Than Stone Age Man's Life", *Spectator*, März 1978).

Zumindest an 2 Stellen gerät die Verwendung der Statistik in die Nähe des Mißbrauchs. Während es vielleicht richtig ist, daß sich die *maximale* Lebensdauer seit der Steinzeit nicht viel verändert hat, trifft dies aber nicht für die durchschnittliche Lebensdauer zu, die enorm gestiegen ist. Allein in diesem Jahrhundert hat sie um 50% zugenommen. Zweitens ist die Lebenserwartung im 65. Lebensjahr nicht um 1 oder 2 Jahre gestiegen, sondern genau um 3,3 Jahre. Dies fällt noch schwerer ins Gewicht, wenn man bedenkt, daß dieser Anstieg um 28% über der Lebenserwartung des Jahres 1900 liegt, als die Lebenserwartung im 65. Lebensjahr damals noch 11,9 Jahre betrug; im Gegensatz zu 15,2 Jahren im Jahre 1970.

Dieser Urgroßvater aus Georgien (UdSSR) ist angeblich 117 Jahre alt *(oben);* die Frau bestellt im Alter von 99 Jahren immer noch ihren eigenen Garten *(unten)*

Tabelle 4.1. Lebenserwartung bei der Geburt – Bevölkerung über 65 Jahre

Land (Datenerhebung[a])	Lebenserwartung bei der Geburt (Jahre) ♂	♀	Bevölkerung über 65 Jahre (% der Gesamtbevölkerung)
Nordamerika			
Kanada	68,8	75,2	8,1
Mexiko	61,0	63,7	3,7
USA	67,0	75,0	9,9
Südamerika			
Argentinien	64,1	70,2	7,5
Asien			
China (VR)	60,7	64,4	
Japan	69,1	74,3	7,1
UdSSR	65,0	74,0	11,8
Europa			
Albanien (1966)	64,9	67,0	
Belgien (1972)	67,8	74,2	
Bulgarien (1976)	68,7	73,9	
BRD (1977)	68,6	75,2	
Dänemark	70,8	75,7	12,1
DDR (1976)	68,8	74,4	
England	68,8	75,1	13,1
Finnland	67,4	75,9	
Frankreich	68,6	76,1	13,4
Griechenland (1970)	70,1	73,6	
Irland (1972)	68,7	73,5	
Italien (1972)	69,0	74,9	
Jugoslawien (1972)	65,4	70,2	
Luxemburg (1973)	67,0	73,9	
Niederlande	71,0	76,7	10,3
Norwegen (1977)	72,1	78,4	
Österreich	66,6	73,7	14,2
Polen (1976)	66,9	74,5	
Portugal (1974)	65,3	72,0	
Rumänien	67,4	72,0	
Schweden	71,7	76,5	13,7
Schweiz (1973)	70,3	76,2	
Spanien (1970)	69,7	75,0	
Tschechoslowakei (1973)	67,0	74,0	
Türkei (1966)	53,7	53,7	
Ungarn	66,3	72,0	11,4
Afrika			
Kenia	46,9	51,2	3,6
Australien (1967)	67,6	74,1	

[a] Wenn nicht anders vermerkt, stammen die Daten aus dem Jahre 1975. *Quelle:* Demographisches Jahrbuch der Vereinten Nationen

Der Tod

Der Vorgang des Sterbens verläuft normalerweise in einer Abfolge von Phasen. Wenn der Tod nicht allzu plötzlich eintritt und der Sterbende sich dessen bewußt ist, was geschieht, lassen sich nach Kübler-Ross (1969) 5 Phasen unterscheiden: *Ableugnung, Zorn, Verhandlung, Depression* und *Hinnahme.* In der 1. Phase leugnet der Sterbende ab, daß der Tod bevorsteht. In der 2. Phase stellt sich der Sterbende die Frage: „Warum ich?". Es kommt zu Enttäuschung und Zorn, weil die Frage keine befriedigende Antwort erfährt (Kastenbaum 1975). In der 3. Phase versucht der Sterbende den Tod hinauszuschieben, indem er mit Gott, den Ärzten oder anderen Anwesenden Abmachungen zu treffen versucht. In der 4. Phase kann der Betroffene nicht länger ableugnen, daß er im Sterben liegt, und sein Zorn geht über in ein Gefühl der Depression, ein Gefühl des Verlorenseins, verbunden mit einem Schuldgefühl und einem Gefühl der Unwürdigkeit. Schließlich, in der 5. Phase, akzeptiert der Sterbende das Herannahen seines Todes. „Dieses Hinnehmen bedeutet jedoch nicht, daß der Sterbende glücklich ist, es ist eher ein Gefühlsvakuum. Es ist so, als wäre der Schmerz vorbei, der Kampf vorüber, und als käme die Zeit ‚für die letzte Ruhe vor der langen Reise‘, wie es ein Patient ausdrückte" (Kübler-Ross 1969, S. 100). Es ist durchaus möglich, daß der Sterbende nicht in diese letzte Phase gelangt, sich in mehr als einer Phase gleichzeitig oder abwechselnd in verschiedenen Phasen befindet. Auch die Zeit, die der Sterbende in den jeweiligen Phasen verbleibt, kann unterschiedlich lang sein (Kastenbaum 1975).

Diese Phasentheorie des Sterbens wurde von der Psychiaterin Elisabeth Kübler-Ross entwickelt nach Gesprächen mit einer großen Anzahl unheilbar kranker Patienten. Ihr Vorgehen, Daten zu sammeln und auszuwerten, ist jedoch in Frage gestellt worden. Es wurde vor allem kritisiert, daß sie eine Reihe demographischer Faktoren nicht berücksichtigte, wie z. B. die Art der Krankheit, das Geschlecht des Patienten, seine rassische Abstammung, sein Bildungsniveau oder seinen kognitiven Stil (Kastenbaum 1975). Nützlichkeit und Allgemeingültigkeit dieser Theorie können somit bezweifelt werden. Ihre Untersuchungen haben jedoch andere Forscher angeregt, sich mit der Psychologie des Sterbens zu befassen.

Befragt darüber, ob der Tod eine Lebenskrise sei, antwortete ein bekannter Experte, daß dies für bestimmte Menschen nicht unbedingt zutreffe. „Viele von uns denken selten an den Tod. Einige kommen zu Tode, bevor der Tod ihnen in den Sinn kommen konnte – durch Unfall, Mord usw. Unter derartigen Umständen wurde eine Krise weder erwartet noch erlebt. Andere von uns denken zwar an den Tod, aber ohne dunkle Vorahnungen. Es gibt Leute, die den Tod mit Gleichmut und andere, die ihn mit Zuversicht betrachten, weil für sie der Tod nicht das Ende

bedeutet. Andere wiederum haben es im Leben so schwer, daß der Tod eher zur Erlösung statt zu einer Krise wird" (Kastenbaum 1975, S. 48).

Zusammenfassung

Unser gesamtes Leben ist charakterisiert durch Veränderung und Wachstum sowie eine Reihe von Aufgaben, vor die die Entwicklung uns stellt.

Die pränatale Phase beginnt mit der Empfängnis und endet etwa 9 Monate danach mit der Geburt. Während dieser Phase ist die Sterberate für das männliche Geschlecht wesentlich höher als für das weibliche, insbesondere während der ersten 3 Schwangerschaftsmonate, die für die normale Entwicklung ganz besonders wichtig sind. Die Einnahme bestimmter Medikamente durch die Mutter und bestimmte Krankheiten der Mutter können einen verheerenden Einfluß auf die embryonale Entwicklung haben, wenn sie in dieser Zeit auftreten, während sie zu einem späteren Zeitpunkt praktisch keine Auswirkungen haben. Einige Medikamente und Krankheiten behalten demgegenüber während der gesamten fetalen Phase einen Einfluß. Bestimmte Medikamente, die bei der Entwicklung verabreicht werden, haben Auswirkungen, die noch Monate nach der Geburt beim Säugling festgestellt werden können.

Anfänglich ist der Säugling ein völlig reflexgesteuertes Wesen, das hilflos und willenlos auf die Einwirkungen der Umwelt reagiert. Das Lernen schreitet jedoch schnell voran, und der Säugling gewinnt mehr und mehr Kontrolle über sein Verhalten und damit auch über andere Personen. Die Reflexe integrieren und organisieren sich in komplexe Verhaltensmuster, und am Ende dieser Phase ist das Kind imstande, sich bedeutsame Ereignisse geistig vorzustellen. Das Kleinkind ist egoistisch und verlangt (von „guten" Eltern mit, von „schlechten" Eltern ohne Erfolg) die Befriedigung seiner Bedürfnisse.

Die „guten" Eltern erwecken in ihren Kindern ein Gefühl des Vertrauens, einen optimistischen, wenn auch zu diesem Zeitpunkt noch relativ simplen Glauben an die Vorhersagbarkeit der Umwelt und der Menschen.

Während der Kindheit entwickeln sich die primitiven kognitiven Fähigkeiten des Säuglings zu Denkprozessen, die sich kaum von den typischen Denkprozessen der Erwachsenen unterscheiden, obgleich bis zu den ausgereiften formalen Denkoperationen noch einige Entwicklungsschritte notwendig sind. Nach Piaget verläuft die Entwicklung von der sensumotorischen Anpassung des Säuglings über die präoperationale Intelligenz des Kleinkindes zur konkreten Mentalität des älteren Kindes. Die psychosozialen Konflikte während der Kindheit sind Autonomie vs. Zweifel (2.–3. Lebensjahr), Initiative vs. Schuldgefühl (4.–5. Lebensjahr) und Werksinn vs. Minderwertigkeitsgefühl (6.–11. Lebensjahr). Diese Konflikte treten während der Phasen auf, die Freud als anale, phallische und Latenzphase bezeichnete. Hinsichtlich der Moralität finden während dieser Zeit beachtliche Veränderungen statt: von einem rein hedonistischen, prämoralischen Zustand des Säuglingsalters über die pragmatische Moralität des Kleinkindes zur konventionellen „Gesetz-und-Ordnung-Moralität" des älteren Kindes.

Die Pubertät beginnt mit einem Wachstumsschub (oder kurz danach), der bei Mädchen etwa 2 Jahre früher einsetzt als bei Jungen. Die Entwicklung der Selbstidentität sowie der postkonventionellen oder Prinzipienmoralität sind Aufgaben des Jugendalters, das zu einer Sturm-und-Drang-Periode werden kann, wenn die Gesellschaft diesen Übergang zum Erwachsenenalter nicht erleichtert, was teilweise dadurch geschehen kann, daß sie eher tolerant ist gegenüber dem starken Drang des Jugendlichen nach Konformität mit den Peers. Während des Jugendalters tritt zum ersten Mal die höchste Form des Denkens auf, die Piaget mit dem Begriff der formalen Operation bezeichnete.

Der junge Erwachsene muß als Grundlage für die erfolgreiche Gründung und Erhaltung einer Familie eine intime Beziehung mit dem anderen Geschlecht herstellen, was wiederum zusätzliche Aufgaben zur Folge hat. Im Hinblick auf seine kognitiven Fähigkeiten ist der junge Erwachsene in der Lage, sich auf verschiedenen Handlungsebenen und gedanklichen Ebenen reibungslos, effizient und angemessen in verschiedenen Situationen zu verhalten. Manche junge Erwachsene entwickeln erst jetzt die postkonventionelle Moralität, die gekennzeichnet ist durch die Sorge um die Wohlfahrt der Gesell-

schaft sowie durch eine Orientierung an einer Vertragsmoral.

In den reifen Jahren führt die Menopause bei der Frau zu einer schweren Krise, vielleicht weil dies ein unmißverständliches Zeichen dafür ist, daß die Jugend für immer vorbei ist. Häufig trifft die Menopause mit dem Phänomen des „leeren Nestes" zusammen (das letzte Kind verläßt die Familie), was ebenfalls eine schwere Krise hervorruft, insbesondere bei denjenigen Frauen, die eine traditionelle Geschlechtsrollenidentifikation haben.

Viele Männer erkennen zu diesem Zeitpunkt, daß sie die Grenze ihrer Leistungsfähigkeit erreicht haben und daß Ambitionen aus ihrer Jugend gescheitert sind. Die erfolgreiche Bewältigung dieser Krisen zeigt sich in „Zeugungsfähigkeit", ein Scheitern in „Selbstabkapselung", wobei der Erfolg mit der Herausbildung einer postkonventionellen Moralität einhergeht, die sich auf universelle oder kosmische Prinzipien gründet.

Im hohen Alter treten oft Gedächtnisschwächen auf, die aber durch ein besonderes Training überwunden werden können (es sei denn, sie resultieren aus Erkrankungen). Die sog. „kristalline" Intelligenz umfaßt Fähigkeiten und Wissen, die v. a. durch Lernprozesse erworben werden. Sie bleibt auch im hohen Alter erhalten, während die sog. „flüssige" Intelligenz abnimmt. Ein Absinken beider Intelligenzbereiche ist während der letzten Phase des Lebens zu erkennen. Dieses sog. „Absinken vor dem Ende" (engl. "terminal drop") ist eine Bezeichnung für die letzten Jahre vor dem natürlichen Tod. Eine niedriges Einkommen und ein schlechter Gesundheitszustand führen in Verbindung mit dem sog. Disengagement zu einer deutlichen Einschränkung möglicher Freizeit- und sonstiger Aktivitäten; für die alten Leute ist vieles zu teuer, zu anstrengend und ohnehin nicht mehr interessant.

Die durchschnittliche Lebenserwartung hat sich beständig erhöht und liegt derzeit bei einem Alter von 71 Jahren; die der Frauen ist wesentlich höher als die der Männer. Das Sterben kann in 5 Phasen verlaufen: Ableugnung, Zorn, Verhandlung, Depression und Hinnahme. Einige Menschen jedoch betrachten den Tod nicht als eine Krise, sondern sehen ihm mit Gelassenheit entgegen.

Teil II
Aus Erfahrung lernen

Einleitung

Um zu überleben und sich an die Anforderungen einer veränderten, manchmal feindlichen Umwelt zu adaptieren, müssen alle Organismen – vom Pantoffeltierchen bis zum Menschen – in der Lage sein, von früheren Erfahrungen zu profitieren. Die physiologischen Mechanismen für die Aufnahme erreichbarer Umweltinformationen und das Ingangsetzen gezielter Handlungen müssen durch den Lernprozeß koordiniert werden, wenn der Organismus wirksam funktionieren soll.

Organismen, die dabei im wesentlichen von angeborenen Reflexen abhängig sind, zeigen eine nur eng begrenzte Fähigkeit, auf neue Reize wirksam zu reagieren. Je höher wir die phylogenetische Skala hinaufgehen, desto flexibler, umwandelbarer und origineller wird das stereotype Verhalten, welches für die niederen Formen des Lebens typisch ist. Organismen mit komplexen Nervensystemen können 2 grundlegende, für eine erfolgreiche Anpassung wichtige Fähigkeiten erlernen: die Vorhersage zukünftiger Umweltereignisse aufgrund zurückliegender Erfahrungen und die Vorhersage von Konsequenzen seitens der Umwelt, die auf eine bestimmte Reaktion folgen werden. Die 1. Art des Lernens hilft dem Organismus, die Struktur der Umwelt zu erklären und ermöglicht es ihm, Signale, die Gefahren oder auch Angenehmes anzeigen, zu erkennen; die 2. Art des Lernens hilft ihm festzustellen, ob sich in der Umwelt infolge seines eigenen Verhaltens irgend etwas ereignet oder verändert hat.

Die Änderungsfähigkeit des Menschen erscheint fast grenzenlos, weil er nicht nur die Möglichkeit hat, aus den Wirkungen seines eigenen Verhaltens zu lernen, sondern auch aus der Beobachtung des Verhaltens anderer; weil er durch das Manipulieren von Symbolen abstrakte Beziehungen erlernen und die Sprache dazu benutzen kann, Beziehungen zu beschreiben und sich an sie zu erinnern, und weil er Computerprogramme entwerfen kann, welche die menschliche Intelligenz simulieren.

Die ersten beiden Kapitel dieses Teils werden sich mit den 2 grundlegenden Arten des Lernens befassen, um zu zeigen, wie das Verhalten unter die Kontrolle von Reizen gerät und wie Umweltreize vom Verhalten kontrolliert werden können. Viele Psychologen betrachten diese Prozesse als Grundlagen für das Verständnis fast aller psychologischer Phänomene, wie komplex sie auch immer sein mögen. Ihrer Meinung nach lernen wir wahrzunehmen, logisch und kritisch zu denken, emotional oder auch frustriert zu sein, ein Magengeschwür zu bekommen, und schließlich lernen wir auch noch, geisteskrank zu werden.

Damit das Lernen aber mehr als nur einen vorübergehenden Wert hat, muß das Gelernte auch gespeichert und bei Bedarf wieder abgerufen werden können. Deshalb werden wir uns auch mit den Beziehungen zwischen menschlichem Lernen, Erinnern, Vergessen und mit Methoden zur Verbesserung des Lernens und Erinnerns befassen.

Obwohl die Fähigkeit, aus Erfahrungen zu lernen, für die Adaptation an die Umweltanforderungen wichtig ist, kann sie doch nicht alle Geheimnisse der Psychologie entschlüsseln. Warum verschlafen wir ein Drittel unseres Lebens? Was ist der „Stoff, aus dem die Träume sind"? Was ist Bewußtsein und wie entsteht es? Wie können wir unterscheiden, was wichtig und was unwesentlich ist? In welchem Maße sind unsere Wahrnehmungen ein Produkt angeborener sensorischer Mechanismen oder das Ergebnis gesellschaftlicher Erfahrungen und Lernprozesse? Indem wir Antworten auf diese Fragen suchen, befassen wir uns weiter mit der Komplexität des Organismus, den wir „Mensch" nennen.

5 Lernen

Wahrscheinlich hat es damals in St. Petersburg geschneit, als Pawlow sich auf seine Reise nach Stockholm vorbereitete; man schrieb das Jahr 1904, und er sollte den Nobelpreis entgegennehmen. Der russische Physiologe hatte eine Methode entwickelt, mit der man die Funktion der an der Verdauung beteiligten Drüsen bei Tieren untersuchen konnte. Mit Hilfe von Fisteln, die entweder direkt in den Speicheldrüsen oder in der Magengegend eingepflanzt waren, konnten die Speichelsekretion und andere am Verdauungsprozeß beteiligte Sekretionsvorgänge studiert werden.

Aber als Pawlow nach Stockholm fuhr, war er mehr besorgt als glücklich. Er war bei seiner Arbeit auf eine Reihe von Problemen gestoßen, die seine Methode, die Physiologie der Verdauung zu erforschen, in Frage stellten.

Bei seinen Experimenten gab er den Hunden Fleischpulver ins Maul, worauf sie Speichel absonderten. Nachdem diese Prozedur jedoch ein paarmal wiederholt worden war, trat die Speichelabsonderung schon auf, *bevor* das Fleischpulver ins Maul gelangte. Zuerst begann Speichel zu fließen, wenn die Tiere das Futter sahen, später, wenn sie den Versuchsleiter, der das Futter brachte, sahen, und schließlich, wenn sie die Schritte des Vl auf dem Gang hörten. Pawlows Assistenten bemühten sich verzweifelt, diesen Effekt loszuwerden, da er eine bedeutende Fehlerquelle innerhalb der Experimente darstellte. Jeder Reiz, der regelmäßig der Fleischpulvereingabe ins Maul des Tieres voranging, löste dieselbe Reaktion aus wie das Fleischpulver selbst!

Pawlow war von der Einmischung dieses „psychischen Prozesses" in den physiologischen Vorgang, den er untersuchen wollte, beeindruckt. Er war sich der Bedeutung seiner Beobachtung bewußt und stellte sein Forschungsvorhaben um, obgleich Sir Charles Sherrington, der führende Physiologe seiner Zeit, ihm davon abriet,

sich von solchem „psychischen Unsinn" beeinflussen zu lassen. Pawlow jedoch ließ sich nicht beirren, und so kam es, daß aus einer Zufallsbeobachtung eine der größten Entdeckungen unserer Zeit hervorging, nämlich die der Gesetze des Lernens durch Konditionierung.

Die Tragweite des Pawlowschen Beitrags zu unserem Wissen von der Adaptation der Organismen an neue Reize in ihrer Umwelt war sofort augenfällig. Als der Historiker H. G. Wells gefragt wurde, wen er als wichtiger für die Gesellschaft halte, Pawlow oder Shaw, antwortete er, daß, wenn beide am Ertrinken wären und er nur einen Rettungsring hätte, er diesen Pawlow zuwerfen würde. Shaw gefiel dieses Urteil überhaupt nicht, und er bespöttelte Pawlows Beitrag in „Ein Negermädchen sucht Gott" (1933).

In dieser Geschichte begegnet das Mädchen einem schwülstigen, ältlichen Kurzsichtigen in einem Dschungel von Ideen. Nachdem der Mann (= Pawlow) ihre Furchtreaktion auf einen unerwarteten Lärm als einen einfachen konditionierten Reflex analysiert hat, fährt er fort:

„Diese bemerkenswerte Entdeckung kostete mich 25 Jahre aufopferndster Forschung, während welcher ich zahllosen Hunden das Gehirn herausschnitt und ihren Speichel beobachtete, indem ich ihre Wangen durchlöcherte, damit er auf diesem Wege abfließe statt über die Zunge. Die ganze wissenschaftliche Welt liegt mir anbetungsvoll zu Füßen ob dieser ungeheuren Errungenschaft und in Dankbarkeit für das Licht, das sie auf die großen Probleme des menschlichen Verhaltens geworfen hat."

„Warum hast du mich nicht gefragt?", rief das Negermädchen. „Ich hätte dir alles in 25 Sekunden sagen können, ohne arme Hunde zu martern."

„Deine Unwissenheit und Anmaßung sind unerhört", entgegnete der alte Kurzsichtige. „Die Tatsache war natürlich jedem Kind geläufig, aber sie war niemals durch Laborversuche bewiesen worden und deshalb blieb sie wissenschaftlich völlig unbekannt. Als laienhafte Vermutung habe ich sie empfangen, als Wissenschaft habe ich sie weitergegeben. Hast du jemals einen wissenschaftlichen Versuch gemacht, wenn ich bitten darf?"

Und dann zeigt das Negermädchen, daß auch sie Verhalten kontrollieren kann. Durch die verbale Manipulation von Umweltreizen (etwa: „Hast du schon bemerkt, daß du auf einem schlafenden Krokodil sitzt?") bringt sie den alten Mann dazu, schnell auf einen Baum zu klettern, und auf ähnliche Weise („Hinter Deinem Nacken züngelt eine Baumschlange") dazu, wieder herunterzuspringen.

Wenn wir uns nun der Verhaltenskontrolle zuwenden, beginnen wir mit den einfacheren Phänomenen und Fragen, welche die Grundlage für eine komplexere Verhaltenskontrolle bilden.

Was Organismen lernen müssen

Die beiden wichtigsten Dinge, die ein Organismus wissen muß, wenn er überleben will, sind: a) wie Umweltvorgänge miteinander in Beziehung stehen und b) wie seine eigenen Handlungen mit den Umweltereignissen in Beziehung stehen, d. h. was passiert, wenn er auf bestimmte Art und Weise handelt.

Welche Vorgänge in der Umwelt stehen miteinander in Beziehung?

Indem wir etwas über die Regelmäßigkeit lernen, mit der bestimmte Ereignisse immer wieder zusammen auftreten, stellen wir Korrelationen bezüglich der Umwelt auf, strukturieren diese damit und machen sie vorhersagbar. Es ist auch diese Ordnung, die es uns ermöglicht, *Vorhersagen* über die Wahrscheinlichkeit zukünftiger Vorgänge aus der Kenntnis gegenwärtiger Vorgänge heraus zu machen.

Ferner kann der Organismus lernen, wie er auf Reizabfolgen zu reagieren hat. Der erste Reiz eines Reizpaares kann zu einem „Signal" für den zweiten werden und dadurch eine antizipatorische (vorwegnehmende) Reaktion auslösen, bevor sich der zweite Reizvorgang ereignet. Dieser Lernvorgang ist besonders dann wertvoll, wenn der zweite Reiz unangenehm, schädlich oder möglicherweise tödlich ist. So ist z. B. für einen Boxer, dessen Gegner bei ihm eine kurze Linke „landet", das „Abducken" möglicherweise die Rettung vor einem rechten Haken ins Gesicht –

besonders dann, wenn der erste Reizvorgang regelmäßig den rechten Haken ankündigt.

Schließlich beruhen auch die intellektuellen Aktivitäten des Zerlegens komplexer Reize in einfache Komponenten *(Analyse)* oder des Zusammenfügens einfacher Elemente zu komplexen Ganzheiten *(Synthese)* auf der Wahrnehmung von Beziehungen zwischen Reizen. Analyse und Synthese sind wichtige Komponenten des Problemlösungsprozesses, der im alltäglichen Leben von so großer Bedeutung ist. In diesem Kapitel werden wir sehen, wie Reize zu Signalen werden, die es dem Menschen ermöglichen, verschiedene Aspekte seiner Umwelt vorherzusagen und in vielen Fällen auch zu kontrollieren.

Welche Handlungen und Konsequenzen stehen miteinander in Beziehung?

Die zweite Art der Korrelation, die wir lernen müssen, ist die zwischen einer von uns ausgeführten Reaktion und den Folgen dieser Reaktion auf die Umwelt oder auf unsere Beziehung zu ihr. Manches, was wir tun, hat eine Wirkung, anderes nicht. Von den Dingen, die eine Wirkung haben, verändern einige unsere Einstellung zu einem Teil der Umwelt oder sie verändern einen Teil der Umwelt selbst. Beim ersten Anzeichen von Rauch können Sie z. B. zum nächsten Ausgang gehen und so einem Schaden entgehen. Sie können aber auch „Feuer!" schreien, weglaufen, eine Panik verursachen und dadurch den Ausgang blockieren. Natürlich können Sie auch auf den Rauch reagieren, indem Sie versuchen, das Feuer zu löschen: Sie schlagen mit Ihrer Zeitung danach oder werfen sie noch drauf. Da hierdurch das Feuer nur größer wird, lernen Sie sehr schnell, daß dieses Verhalten unerwünschte Konsequenzen hat. Durch alle diese Handlungen lernen Sie etwas über sich selbst als eine wirkende Kraft der Umweltkontrolle, darüber, welche Aspekte der Umwelt kontrolliert werden können und welche Handlungen welche Konsequenzen nach sich ziehen.

Alle lebenden Organismen besitzen die Fähigkeit, etwas über diese beiden Arten von Beziehungen zu lernen. Höhere Organismen können subtilere und komplexere Beziehungen zwischen verschiedenen Umweltreizen lernen als niedrigere; sie lernen auch besser, wie sie ihre

Beziehungen zur Umwelt verbessern können – entweder um sich an die Umwelt oder die Umwelt an sich anzupassen.

Die Dusche ist zu heiß

Die mangelhafte Installation in vielen Studentenwohnheimen bietet ein vorzügliches Beispiel für die Betrachtung der beiden oben aufgeführten grundlegenden Beziehungen.

Stellen Sie sich vor, daß Sie nach des Tages Mühen eine warme Dusche nehmen. Wenn das Wasser so schön den Rücken herunterläuft, beginnen Sie bald, sich zu entspannen und merken nichts als eine wohltuende Wärme. Plötzlich ist es mit Ihrer Entspannung vorbei, weil Sie bemerken, daß das Wasser kochendheiß aus der Leitung kommt. Irgend jemand hat eine Toilettenspülung in Gang gesetzt, und wenn das passiert, dann fließt (dank der vereinfachten Installation) kein kaltes Wasser mehr in den Duschenanschluß. Das kochendheiße Wasser verbrüht Ihren Rücken, und die Sache ist zudem noch recht schmerzhaft. Genauso schnell verändert sich die Temperatur des Wassers wieder und Sie setzen Ihre Dusche fort, wenn auch nicht mehr mit der gleichen Hingabe. Bald darauf entdecken Sie, daß der Wasserdruck wieder sehr schnell abgefallen ist, und, begleitet von Ihren Flüchen, kommt erneut kochendes Wasser auf Sie herab.

Diese eine Assoziation zwischen dem Abfall des Wasserdrucks und der Erhöhung der Wassertemperatur kann genügen, um in Ihnen eine „Erwartung" auszulösen, bei der das erste Ereignis die durch das zweite drohende Gefahr ankündigt. Passiert Ihnen die leidige Sache mehrmals, können Sie sicher sein, daß der erste Vorgang ganz schnell zum Signal für den zweiten wird.

Sie haben also jetzt eine Verbindung zwischen 2 Reizen hergestellt, nämlich, daß eine Korrelation zwischen dem Abfall des Wasserdrucks (es fließt kein kaltes Wasser mehr zu) und der sofortigen Erhöhung der Wassertemperatur besteht. Das eine ist ein zuverlässiges *Signal* für das andere geworden. Könnten Sie jedoch solches Wissen jetzt nicht für sich arbeiten lassen, wären Sie zwar klüger geworden, aber noch lange nicht schmerzfrei. Den bei der Beschädigung des Hautgewebes auftretenden Schmerz bräuchten

Sie nicht zu erlernen, denn solche Verbindungen sind physiologisch eingebaut. Aber Sie müssen die Verbindung zwischen dem Vorgang und seiner Wirkung auf Sie lernen – nämlich „sehr heißes Wasser verbrennt meine Haut". Darüber hinaus gibt es viele Verhaltensweisen, die eine solche Schmerzreaktion begleiten, wie z.B. Schreien, Weinen, Fluchen, mit dem Fuß stampfen, gegen die Wand treten usw.

Was Sie natürlich lernen müssen, ist, welche Handlung adaptiv (angepaßt) ist, d.h. welche Handlung den Schmerz beenden oder verhindern kann.

Bei einem derart aversiven und auch schädlichen Ereignis reicht es nicht aus, eine Fluchtreaktion zu erlernen, d.h. zu entfliehen, *nachdem* bereits kochendes Wasser aus der Leitung kommt. Es ist viel besser, den ganzen Verdruß zu vermeiden. Eine *Vermeidungsreaktion* bedeutet, daß Sie die Dusche verlassen, bevor das kochendheiße Wasser kommt; d.h. Sie haben nun gelernt, auf ein Umweltsignal zu reagieren, in diesem Fall auf das Abfallen des Wasserdrucks. Ihre erlernte Reaktion hilft Ihnen, Ihre Umwelt zu kontrollieren.

Eine solche Umweltkontrolle wird v.a. durch den Gebrauch der Sprache gefördert. Als Menschen können wir Aussagen über die Beziehungen zwischen Vorgängen aufnehmen und angemessene Reaktionen mit erwünschten Konsequenzen durchführen, ohne daß wir durch mehrmalige Wiederholung die Signal-Vorgang-Reaktion erlernen müßten. Es braucht also nicht jeder Bewohner eines Studentenwohnheims mit schlechter Installation diese schmerzhafte Entdeckung selbst zu machen. Das Wissen um solche Verhältnisse wird verbal von einer Person zur nächsten vermittelt.

In gewisser Hinsicht befaßt sich die Lernpsychologie mit dem Verständnis der Prinzipien, die an der Bildung der beiden Arten von Korrelationen – zwischen Reizvorgängen und zwischen Reaktionen und deren Konsequenzen – beteiligt sind. Von einem breiteren Ansatz aus gesehen ist das Studium der Lernvorgänge jedoch wesentlich für jegliches Verständnis des Menschen. Das Merkmal, welches höhere Organismen von niedrigeren Formen der Tierwelt unterscheidet, ist die relative Unabhängigkeit ihres Verhaltens von invarianten, angeborenen physiologischen Mechanismen und die größere Anpassungsfähigkeit an die Umwelt. Wir lernen, menschliche

Wesen zu werden, mit anderen zu leben, zu sprechen, aufzupassen, wahrzunehmen, vernünftig zu denken und zu handeln. Darüber hinaus sind auch unsere Einstellungen, Geschmäcker, Eigenheiten, Vorurteile, Emotionen und das, was wir lieben, hassen und fürchten, erlernt. Wir lernen – gleich, ob uns das zum Vor- oder Nachteil gereicht –, ein Individuum mit eigener Persönlichkeit zu werden. Deshalb sollte es uns nicht überraschen, daß das Verständnis von Lernprinzipien Voraussetzung für jegliche Analyse des menschlichen Verhaltens ist.

In diesem Kapitel beschränken wir uns hauptsächlich auf Lernphänomene und auf die beiden grundlegenden Lernprozesse, die klassische und die operante Konditionierung. In späteren Kapiteln, in denen die Betonung auf komplexem menschlichem Verhalten und anderen psychologischen Phänomenen liegt, wie z. B. Wahrnehmung, soziale Interaktion und Therapie für Geisteskranke, werden wir oft auf diese Lernprinzipien zurückgreifen müssen. Zunächst aber wollen wir uns mit den Bausteinen des Lernens befassen.

Die „Was-ist-los?"-Reaktion

Es gibt wenige Dinge, die das Selbstbewußtsein eines Dozenten mehr untergraben, als wenn in der Vorlesung die Studenten, die angeblich aufmerksam seiner „zwingenden" Rhetorik folgen, den Kopf drehen, um zu sehen, wie die Tür aufgeht, ihren Sitz verlassen oder auf andere „unwichtige" Reize reagieren. Genauso peinlich war es Pawlows Assistenten, wenn sie den Professor baten, sich eine neue, von ihnen entworfene Konditionierungstechnik anzusehen, und Pawlow dann das Versuchstier anschaute, anstatt die gewünschte Reaktion zu zeigen. Diesen Mechanismus, auf neue Umweltreize aufmerksam zu reagieren, bezeichnet man als *Orientierungsreaktion*. Sowjetische Wissenschaftler befassen sich schon seit langem damit; in den USA begann man mit Untersuchungen dieser Art erst in den 50er Jahren. Neugierde und Explorationsverhalten sind etwas komplexere Formen dieser Reaktion, die seitdem immer wieder untersucht worden sind.

Bereit für einen möglichen Notfall

Die anscheinend einfache Reaktion auf einen neu auftauchenden Reiz wird von vielen Veränderungen begleitet. Diese dienen i. allg. dazu, die Sensibilität des Organismus für ankommende Reize zu erhöhen, damit dieser sie wahrnehmen und nötigenfalls auf sie reagieren kann. Zur Orientierungsreaktion gehören folgende Komponenten:

1. Erhöhte Sensibilität. Auditive und visuelle Reizschwellen werden herabgesetzt, die Pupillen erweitern sich, um mehr Licht einzulassen, und die Fähigkeit, zwischen einander ähnlichen Reizen zu diskriminieren, wird erhöht.

2. Spezifische Veränderungen der Skelettmuskulatur. Je nach Gattung treten Muskeln in Tätigkeit, die die Sinnesorgane steuern: der Kopf wird gedreht, die Augen werden gerichtet, die Ohren gestellt usw.

3. Allgemeine Veränderungen der Muskulatur. Momentan ablaufende Handlungen werden eingestellt, der allgemeine Muskeltonus erhöht sich, und die elektrische Aktivität der Muskeln steigt an.

4. Veränderungen der elektrischen Hirnaktivität. EEG-Muster zeigen erhöhte Erregung, wobei schnelle Wellen mit niedriger Amplitude dominieren.

5. Viszerale Veränderungen. Die Blutgefäße in den Gliedmaßen ziehen sich zusammen, während sich die im Kopf erweitern. Die psychogalvanische Reaktion (PGR), eine Veränderung des elektrischen Hautwiderstands, wird bemerkbar, die Atmung wird tiefer und langsamer, und beim Menschen und einigen Tieren wird die Herzfrequenz herabgesetzt. So spielt also die Orientierungsreaktion eine 2fache Rolle: die Sensibilität auf Informationsinput wird erhöht, während der Körper sich gleichzeitig auf eine Notfallsituation vorbereitet.

Aus Gründen der Einfachheit unterscheiden wir
nach Berlyne (1961) Reizkategorien, die Orientierungsreaktionen auslösen:

1. Neue oder komplexe Reize. Ereignisse, die
sich von kürzlich erlebten unterscheiden oder in
eine ungewohnte Abfolge gebracht sind und
daher „Überraschung" auslösen, führen zur
Orientierungsreaktion. Affen, die gelernt hatten, unter einer Tasse eine Banane zu finden,
zeigten ausgeprägte Orientierungsreaktionen,
wenn sie statt dessen Kopfsalat vorfanden
(Tinklepaugh 1928).

Ferner rufen Reize mittlerer oder höherer
Intensität Orientierungsreaktionen hervor,
ebenso wie bunte im Vergleich zu einfarbigen
Reizen und komplexe oder ungewöhnliche Formen im Gegensatz zu einfachen.

2. Sich widersprechende Reize. Muß ein Organismus schwierige perzeptive Diskriminationen
zwischen ähnlichen Reizen vornehmen, von denen einer mit positiven und der andere mit
negativen Konsequenzen verbunden ist, kommen stark ausgeprägte Orientierungsreaktionen
vor. Ein Konflikt zwischen geforderten motorischen Reaktionen oder zwischen geforderten
verbalen Reaktionen kann ebenfalls zur Orientierungsreaktion führen (Berlyne 1961).

3. Signifikante (Signal-)Reize. Wenn ein Reiz
eine besondere Bedeutung für eine Vp oder ein
Versuchstier gewonnen hat, dann ruft dieser
Reiz ebenfalls eine Orientierungsreaktion hervor. Solche Reize lösen auch nach mehrfacher
Wiederholung eine solche Reaktion aus, obgleich sie nicht neu sind und keine Konflikte
hervorrufen. Ihr eigener Name oder „Vorsicht!"
(geschrieben oder gesprochen) sind Beispiele
für Reize, die immer zur Orientierungsreaktion
führen, während andere, nichtssagende Reize
keine solche Wirkung zeigen, selbst wenn sie oft
auf uns einwirken.

Orientieren oder habituieren?

Fast alle Reize haben die Fähigkeit, eine Orientierungsreaktion auszulösen, wenn auch die den
obigen Kategorien zugeordneten Reize stärkere

und länger andauernde Reaktionen bedingen.
Reize, die neu, überraschend oder von besonderer biologischer oder persönlicher Bedeutung
sind, haben anscheinend einen besonderen
Funktionswert erlangt (Bindra 1969). Wenn unsere Sinnesapparatur aber tatsächlich wirksam
arbeiten soll, muß sie einen Mechanismus besitzen, der die Orientierungsreaktion „abschal-
tet", sobald die einkommenden Reize bekannt
und verstanden sind und nichts Neues aus der
Umwelt signalisieren.

Die meisten Reize verlieren mit gleichmäßiger
Wiederholung die Fähigkeit, eine Orientierungsreaktion hervorzurufen. Durch diese Wiederholung gewöhnt (habituiert) sich der Organismus sowohl physiologisch als auch psychologisch an den Reiz und reagiert nicht mehr auf
ihn. Es sieht fast so aus, als würde ein Reiz in
dem Moment an Bedeutung verlieren, da er dem
Organismus keine neue oder signifikante Information mehr vermittelt. Die Orientierungsreaktion habituiert sich nach 10–30 Wiederholungen.

Es hat sich gezeigt, daß normale Erwachsene
schon nach einer 8minütigen Darbietung sich
wiederholender Reize zu schlafen anfangen
(Gastaut u. Bert 1961). Das Herbeiführen von
Schlaf durch „Schafezählen" oder die Induzie-
rung eines hypnotischen Zustands mit völliger
Erschlaffung durch wiederholtes Sprechen einer
einfachen Formel gehen beide auf dieses Prinzip
der Habituation zurück.

Sowohl die Orientierung als auch die Habituation sind notwendig für die Erhaltung der Art,
da der einzelne Organismus erst lernen muß,
was in seiner Umwelt vorgeht, bevor er sich an
diese Umstände adaptieren oder versuchen
kann, sie zu kontrollieren. Obgleich bei allen
Spezies vorhanden, ist die Orientierungsreaktion bei den höheren Tieren mehr ausgeprägt als
bei den niederen. Da die höheren Tiere darüber
hinaus die Fähigkeit besitzen, mehr Information
aus den dargebotenen Reizen zu ziehen, zeigen
sie auch eine schnellere Habituation.

Die Bedeutung der Orientierungsreaktion für
das Überleben wird vielleicht auch durch die
Tatsache deutlich, daß es für jede Spezies Reize
von besonderer Bedeutung gibt, die sich der
Habituation widersetzen. So stellte man z.B.
fest, daß raschelnde Geräusche beim Haushund
nur eine schwache Reaktion und eine schnelle
Habituation hervorrufen, während sie beim Ha-

sen eine Orientierungsreaktion auslösen, die
sich selbst nach 240 Wiederholungen nicht habituiert; ähnlich gewöhnen sich Eulen nicht an den
Anblick von Katzen, Biber nicht an das Geräusch splitternden Holzes und Fische nicht an
das Spritzen der Wellen (Klimowa 1958). Wir
wissen noch nicht, ob solche Reaktionen angeboren sind oder als Folge frühen Lernens entstehen.

**Entwöhnung (Dishabituation):
Zurück zur Orientierungsreaktion**

Ist eine Habituation eingetreten, kann die
Orientierungsreaktion erneut hervorgerufen
werden, wenn der Reizinput auffallend verändert wird, z.B. wenn er zwar dieselben Elemente enthält wie vorher, diese aber in unge-
wohnter oder unerwarteter Reihenfolge erschei-

nen. Unger (1964) bot z.B. eine Zahlenreihe (1,
2, 3, 4, 5, 6 etc.) solange dar, bis sich bei den
Versuchspersonen eine Habituation einstellte,
die über die Blutgefäßkonstriktion im Finger
gemessen werden konnte. Wenn eine nicht in
die Reihe passende Zahl dargeboten wurde (9,
10, 11, *10*), stellte sich plötzlich die Orientierungsreaktion wieder ein.

Entwöhnung kann eintreten, wenn Länge, Muster oder Bedeutung eines Reizes geändert werden. Es scheint so, als habe der Organismus die
Merkmale des ursprünglichen Reizmusters ein-
gespeichert und könne durch den Vergleich mit
diesem Muster neu-einkommende Reize als
„unverändert" oder „neu" einordnen. Orientierung und Habituation sind demnach Reaktionen
auf Veränderungen (oder Nichtveränderungen)
der Reizeinwirkung, während die Entwöhnung
wahrscheinlich eine primitive Form des Lernens
darstellt.

Findet nach der Habituation keine Dishabituation (und damit eine neue Orientierungsreaktion) statt, obwohl Elemente des Reizkomple-
xes verändert wurden, können wir daraus schließen, daß die Veränderung entweder zu klein
war, um entdeckt zu werden, oder aber, daß der
Organismus diese Veränderung nicht wahrgenommen hat. Letzteres könnte bedeuten, daß
der Organismus die betreffenden Elemente
nicht als dem ursprünglichen Reizkomplex zugehörig erkannt hat.

Was passiert im Gehirn?

Es ist offensichtlich, daß Orientierung und Habituation eine grundlegende Funktion bei der
Steuerung unseres Verhaltens ausüben. Die
Frage ist nur, wie sich diese Informationsverarbeitung und Reaktionssteuerung vollziehen.
Vieles von dem, was wir über diese Prozesse
wissen, können wir in ein von Sokolow (1960)
entwickeltes Modell einordnen, welches mit den
z.Z. gültigen neurophysiologischen Ergebnissen übereinstimmt (Abb. 5.1). Dieses Modell
erklärt, wie die Orientierungsreaktion zustande
kommt, wie Habituation und Entwöhnung mit
dieser Reaktion verflochten sind und schließlich, wo diese Vorgänge im Gehirn lokalisiert
sind.
Hauptbestandteil dieses Modells ist ein System,
welches einen Vergleich zwischen gerade ablau-

Unter der Lupe

Detektivarbeit mittels Entwöhnung

Das Phänomen der Entwöhnung ermöglichte die Entwicklung einer Methode, mit der man bei Säuglingen die Fähigkeit, zwischen verschiedenen Gerüchen zu diskriminieren, untersuchen kann. In Kap. 3 wurden die Untersuchungen von Lipsitt (1963) über die olfaktorische Sensibilität bereits kurz beschrieben. Wenn man wenige Tage alten Säuglingen verschiedene olfaktorische Reize darbietet, reagieren sie mit Körperbewegungen und Veränderungen der Atem- und Herzfrequenz (s. Abb. oben re.). Diese Reaktionen deuten an, daß die Säuglinge auf diese Reize sensibel sind.

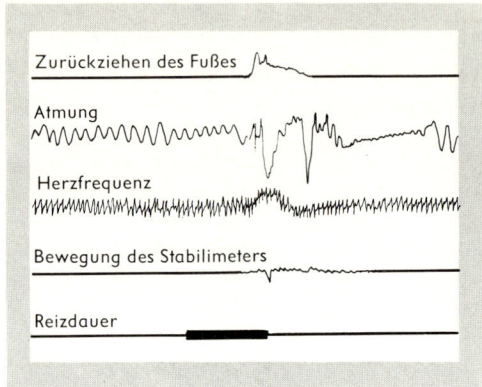

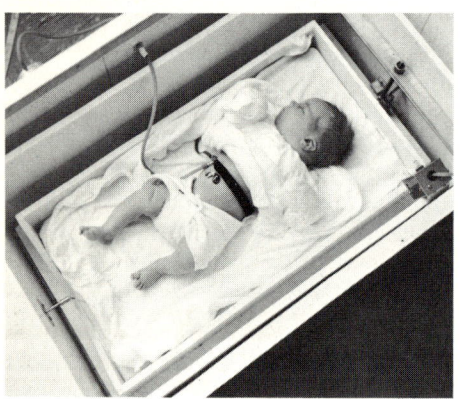

nen pro Versuchsreihe, die sich ganz deutlich von einer Versuchsreihe zur nächsten verringert. Die Darbietung einer *einzelnen* Komponente des Gemischs (Test ganz rechts) erzeugt wieder eine stärkere Reaktion, die auf Entwöhnung schließen läßt, und deutet zusätzlich an, daß der Säugling die Fähigkeit besitzt, zwischen der ursprünglichen Mischung und der einzelnen Komponente zu unterscheiden. Obwohl Habituation auf die Mischung bereits stattgefunden hat, ist die Reaktion auf die einzelne Komponente dieser Mischung fast so stark wie vor den Habituationsversuchen. (Nach Engen et al. 1963 und Lipsitt 1966)

Der Reiz wird wiederholt dargeboten, bis Habituation eintritt; dann bietet der VI einen anderen Reiz dar. Wenn der Säugling nun eine Veränderung wahrnimmt, setzt Entwöhnung ein und damit auch die Orientierungsreaktion auf den olfaktorischen Reiz. Wird der neue Reiz nicht als „verschieden" wahrgenommen, setzt sich die Habituation fort.
Die graphische Darstellung (unten re.) zeigt die Habituationskurve eines Säuglings auf ein Gemisch von 3 chemischen Substanzen. Wir sehen die durchschnittliche Anzahl der Reaktio-

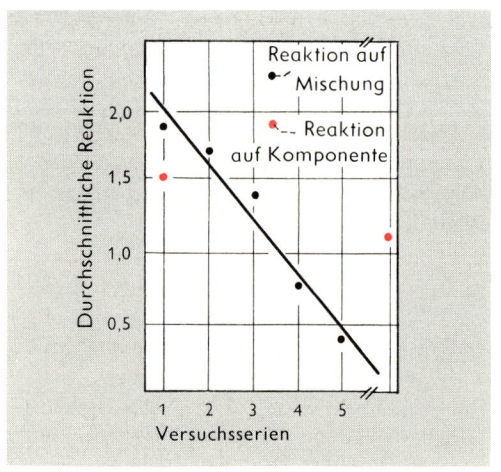

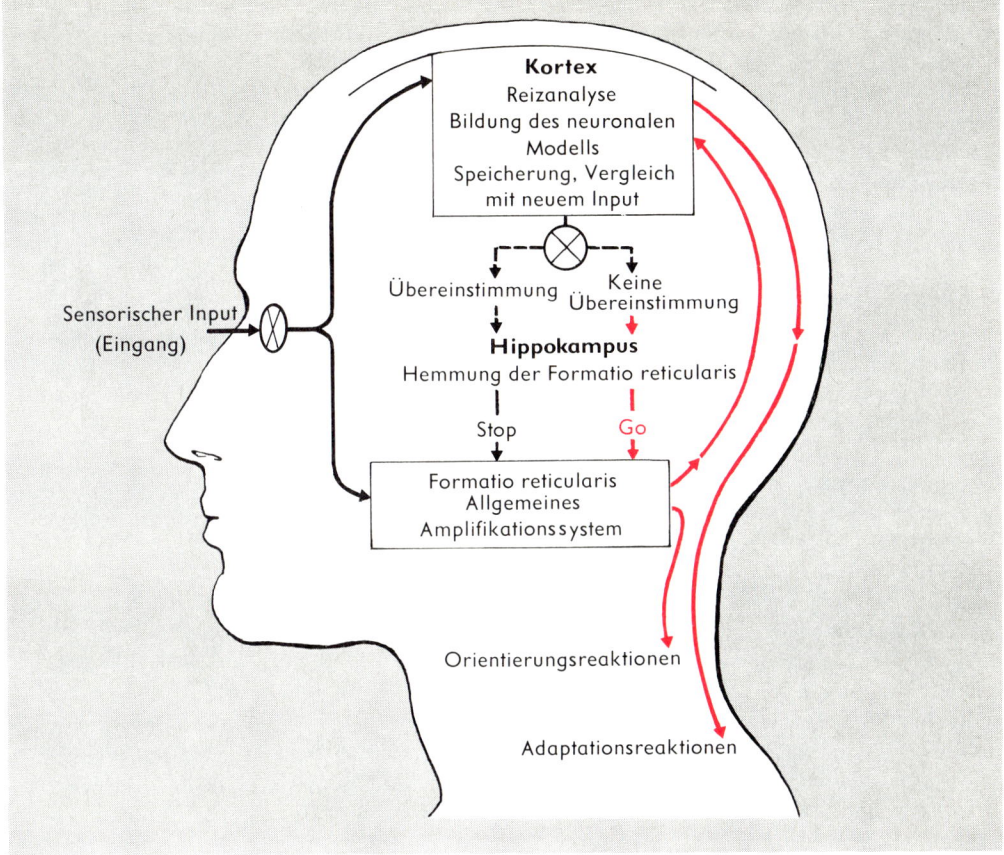

Abb. 5.1. Sokolows Gehirnmodell. Das vereinfachte Diagramm zeigt, was bei der Orientierungsreaktion, in der Habituations- und der Entwöhnungsphase nach Sokolows Modell im Gehirn vorgeht.
1. Der sensorische Input wird im Kortex analysiert, und es wird ein „neuronales" Modell gebildet.
2. Der neue Reizinput wird mit diesem Modell verglichen.
3. Im Falle von „nichtpassend" wird die Formatio reticularis aktiviert, die dann Orientierungsreaktionen (kortikale, somatische, viszerale) hervorruft.
4. Im Falle von „passend" werden Impulse ausgelöst, die die Formatio reticularis hemmen und einen weiteren Input von den afferenten, sensorischen Nerven blockieren.
Resultat: Habituation

fenden und früheren Ereignissen erlaubt und zukünftige Reize und die wahrscheinlichsten Reaktionen auf diese Reize vorhersagen kann.

Bei langanhaltender Habituation beobachten wir eine Hemmung der Formatio reticularis, die zu Schläfrigkeit und evtl. zu Schlaf führt. Bei Veränderung des Reizinputs erfolgt eine Störung, die zu einer Aktivierung der Formatio reticularis durch den Hippokampus führt, was eine Entwöhnung und damit eine neue Orientierungsreaktion zur Folge hat.

Klassische Konditionierung – Pawlowsches Lernen

Es gibt bestimmte Reize, deren biologische und Verhaltenskonsequenzen nicht erlernt werden müssen, da sie bereits genetisch vorprogrammiert sind. Zu diesen ungelernten Reaktionen gehören Reflexe, die durch spezifische Reizung von Sinnesrezeptoren ausgelöst werden. Die Speichelabsonderung ist eine solche ungelernte Reaktion, die durch das Vorhandensein von Nahrung im Mund hervorgerufen wird. Pawlow bezeichnete eine solche Reaktion als „unkondi-

tionierte Reaktion" („unbedingte Reaktion";
engl. "unconditioned response", UCR) und den
auslösenden Reiz als „unkonditionierten Reiz"
(„unbedingter Reiz"; engl. "unconditioned stimulus", UCS).

Bei Reflexen beobachten wir eine perfekte Korrelation zwischen diesen beiden Ereignissen: die
unkonditionierte Reaktion (UCR) folgt ausnahmslos auf den unkonditionierten Stimulus
(UCS), da das Überleben des Organismus von
einer sofort und zuverlässig ausgeführten Reaktion abhängen kann.

So würde z. B. die Netzhaut schwer geschädigt,
wenn die Pupille auf zu intensives Licht nicht mit
einer sehr raschen Konstriktion reagieren würde. Diese Reaktion vollzieht sich „automatisch", ohne Denken oder Lernen. Dort aber,
wo es keinen vorprogrammierten Mechanismus
gibt, der das Individuum schützt, muß dieses erst
lernen, welche Vorgänge und Situationen möglicherweise gefährlich sein können. Was Pawlow
herausfand, war folgendes: Nach der Darbietung des Fleischpulvers kam es zur automati-
schen, ungelernten Reaktion der Speichelabsonderung; es dauerte aber nicht lange, bis auch
andere, zur gleichen Zeit auftauchende Reize
(Anblick des Futters oder des Vl etc.) ebenfalls
imstande waren, die Speichelabsonderung auszulösen. Wenn ein ursprünglich neutraler Reiz
in der Lage ist, eine Reaktion, die der unkonditionierten Reaktion (UCR) gleicht, hervorzurufen, so bezeichnet man diesen als einen konditionierten Reiz („bedingter Reiz", engl. "conditioned stimulus", CS) und die Reaktion, die er
auslöst als konditionierte Reaktion („bedingte
Reaktion", engl. "conditioned response", CR).
Manchmal gleicht die bedingte der unbedingten
Reaktion, aber oft enthält sie auch neue Komponenten. Den gesamten Prozeß bezeichnet
man als *klassische Konditionierung.*

Beachten Sie bitte, daß wir es hier mit einer
Reizsubstitution zu tun haben, bei der die Funktionen des ursprünglichen unkonditionierten
Reizes (UCS) von einem neuen, konditionierten
Reiz (CS) übernommen werden. Wichtig ist
auch, daß bei diesem Vorgang weder der bedingte noch der unbedingte Reiz vom Organismus kontrolliert werden können; beide erscheinen unabhängig von seinem Verhalten. Die
Reize werden durch die Umgebung gesteuert
(z. B. bei der Veränderung des Wasserdrucks
und der Erhöhung der Wassertemperatur) oder

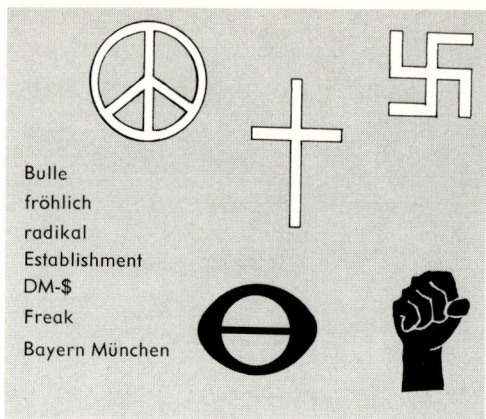

Bulle
fröhlich
radikal
Establishment
DM-$
Freak
Bayern München

Abb. 5.2. Diese Symbole vermitteln nicht nur eine
Bedeutung, sondern lösen bei vielen von uns auch
emotionale Reaktionen aus, die aufgrund vorausge-
gangener Konditionierung zustande gekommen sind

sie werden von Psychologen vorgegeben, die
diesen Prozeß untersuchen.

Das Heulen von Luftschutzsirenen hat während
des 2. Weltkriegs für die Zivilbevölkerung
Deutschlands eine besondere Bedeutung erlangt, da dieses Signal sehr häufig Bombenan-
griffen vorausging. Noch heute läuft es diesen
Menschen „kalt den Rücken herunter", wenn
z. B. das jetzige Warnsystem überprüft wird.

Nicht nur einfache physikalische Reize, sondern
auch Wörter und andere Symbole können zu
konditionierten Reizen werden. Solche Kondi-
tionierungsprozesse vergrößern die Anzahl der
Reize, welche lebenswichtige Reflexe auslösen,
Gefahren andeuten oder für andere, im Moment
nicht verfügbare, unkonditionierte Reize eintreten können, um ein beträchtliches. Wörter und
Symbole, die mit wichtigen Ereignissen zusammenhängen, können als Ersatz für diese Ereignisse wirken, indem sie dieselbe Reaktion wie
die Ereignisse selbst hervorrufen. Kommen in
einem Brief die Wörter „I love you" vor, können
sie beim Empfänger (so er Englisch versteht)
eine starke emotionale Reaktion auslösen, obgleich der Briefschreiber hunderte von Kilometern entfernt ist (vgl. Abb. 5.2).

Die Anatomie
des Pawlowschen Konditionierens

„Das gesamte Leben der höheren Tiere und besonders des Menschen besteht in einem dauernden Aufbau neuer konditionierter Verbindungen auf der Grundlage unkonditionierter Reize unterschiedlicher biologischer Qualität" (Anokhin 1961). Ob wir mit dieser Aussage übereinstimmen oder nicht, ist hier nebensächlich; in jedem Fall trifft zu, daß im Verlauf des Lebens viele angeborene Aktivitäten des Organismus – wie z.B. Essen und sexuelle Betätigung – mit einer Reihe von Umweltreizen verbunden werden. Die ursprüngliche Handlung kann unter die Kontrolle der neuen Umweltsignale geraten und von diesen direkt ausgelöst werden (vgl. Abb. 5.3).

Wie bilden sich diese Verbindungen und wie zerfallen sie wieder, wenn sich die Umgebung ändert und der konditionierte Reiz kein wichtiges Signal mehr ist? Es folgt nun eine kurze Übersicht über die wichtigsten mit der Konditionierung zusammenhängenden Prozesse.

Generalisierte Erregbarkeit

Schon nach einer einzigen Paarung eines neutralen und eines unkonditionierten Reizes reagiert das Tier auf die Konditionierungssituation mit erhöhter Erregbarkeit. Diese kann groß genug

Abb. 5.3. Pawlows Konditionierungsapparat. Bei den ersten Experimenten wurde der Hund angeschirrt und ein Napf mit Futter vor ihn gestellt. Durch eine Glasröhre wurde der Speichel von einer Öffnung an der Speicheldrüse zu einem Hebel *(Mitte)* geleitet, der die Schreibapparatur in Tätigkeit setzte *(ganz links),* wo auf einer Trommel die Quantität und zeitliche Verteilung der Speichelabsonderung registriert wurde. (Nach Yerkes u. Morgulis 1909)

sein, sowohl spontane motorische Reaktionen wie auch Drüsensekretionen hervorzurufen. Wenn eine Futterreaktion konditioniert wird, so beobachtet man eine „allgemeine Erregung, eine Vorbereitung auf zukünftige Nahrungsaufnahme und die Erwartung des Futters, welches folgen soll. Dann wird die Reaktion konkretisiert, und das Tier erwartet den bestimmten, gewöhnlich dem Futter vorangehenden konditionierten Reiz und lenkt seine ganze Aufmerksamkeit darauf" (Kupalov 1961).

Zeitliche Muster

Je öfter konditionierter und unkonditionierter Reiz zusammen dargeboten werden, um so stärker wird die konditionierte Reaktion (bis zu einem gewissen Grad); dies tritt jedoch nur dann ein, wenn zwischen den beiden Ereignissen eine bestimmte zeitliche Beziehung besteht. Die für die Konditionierung beträgt etwa 0,5 s vom Beginn des CS bis zum Beginn des UCS. Dieses Zeitintervall ist lang genug, daß der erste Reiz den zweiten ankündigen und den Organismus physiologisch vorbereiten kann. Kürzere Intervalle verringern die Verwendbarkeit des CS als Signal; bei längeren Zeitintervallen können andere Reize wirksam werden, wodurch u. U. die Aufmerksamkeit auf den CS verringert wird. Der optimale Zeitabstand von 0,5 s zwischen CS und UCS trifft v. a. auf skelettale Reaktionen zu. Bei viszeralen Reaktionen liegt dieses Intervall zwischen 2 und 5 s, da bei diesen die Leitungsgeschwindigkeit der innervierenden Nerven beträchtlich langsamer ist. Das Zeitintervall selbst kann auch zum CS werden. Wird der UCS wiederholt im gleichen zeitlichen Abstand dargeboten, lernt das Versuchstier, auf das Intervall zu reagieren, indem es kurz vor Einsetzen des UCS eine Reaktion zeigt. Dies bezeichnet man als temporal bedingte Reaktion ("temporal conditioning").

Reizgeneralisierung

Am Anfang des Konditionierungsprozesses können viele Signale, die dem ursprünglichen Signal gleichen, die Reaktion hervorrufen. Dieses Phänomen, das man als *Reizgeneralisierung* bezeichnet, bringt den Organismus dazu, auf ein breites Spektrum von Reizen, worunter sich auch der „echte" konditionierte Reiz befindet, zu reagieren. Mit zunehmender Erfahrung reagiert das Tier dann nur noch auf Reize, die dem tatsächlichen Signal mehr und mehr gleichen. Diese Tendenz, auf ähnliche Reize anzusprechen, zeigt sich am häufigsten bei Reizen, die zur selben sensorischen Modalität gehören wie der konditionierte Reiz (z.B. Töne unterschiedlicher Frequenz und Licht unterschiedlicher Helligkeit), tritt aber auch bei Reizen verschiedener sensorischer Modalitäten auf (Brogden u. Gregg 1951).

Reaktionsgeneralisierung

Ein schmerzvoller unkonditionierter Stimulus (UCS) auf die Pfote eines Hundes bewirkt das Zurückziehen der Pfote. Zu Beginn der Konditionierung ruft der CS – vielleicht ein Ton – nicht nur die spezifische Reaktion des Zurückziehens der Pfote hervor, sondern auch eine allgemeine motorische Reaktion. Es ist z.B. möglich, daß der Hund beim Erscheinen des Signals (CS) mit

seinem ganzen Körper eine Abwehrreaktion ausführt (Culler et al. 1935). Insofern kann die konditionierte Reaktion (CR) ganz anders aussehen und tatsächlich auch anders sein als die UCR, besonders zu Beginn der Konditionierung. Erst während des weiteren Versuchsverlaufs wird die Reaktion spezifischer.

Diese Reaktionsgeneralisation hat für das Tier einigen Wert, wie ein Versuch andeutet, bei dem während des Konditionierungsprozesses der Hund mit seinen Pfoten in flache Schalen gestellt wurde, damit so die Bewegungen und die Veränderungen bei der Gewichtsverlagerung gemessen werden konnten. Es zeigte sich, daß die dabei nötigen Haltungsanpassungen den Hund in die Lage versetzten, später die aversiv stimulierte Pfote zurückzuziehen, ohne das Gleichgewicht zu verlieren (Anokhin 1959).

Vpn, die eine richtige Antwort auf einen gegebenen Reiz gelernt haben, zeigen oft Reaktionsgeneralisation bei der späteren Prüfung des Gedächtnisses, indem sie Antworten geben, die der richtigen Reaktion in bezug auf Bedeutung, Struktur oder Klang gleichen; z.B. antworten sie mit „Hirn" anstatt „Gehirn", mit „merkwürdig" statt „eigenartig" etc. (Underwood 1948).

Unter der Lupe

Konditionierung und Untersuchung „versteckter" Prozesse

Wenn wir Tiere oder Kleinkinder untersuchen, können wir sie nicht fragen, was sie wahrnehmen. Aber wir ersehen dies oft aus der Art der zustandegekommenen konditionierten Reaktionen. Konditionieren wir z.B. ein Kleinkind auf einen Ton und ist diese Konditionierung erfolgreich, wissen wir, daß es den Ton wahrgenommen haben muß. Kommt die Konditionierung nicht zustande, ist damit jedoch nicht das Gegenteil bewiesen: Unzulängliche motorische Kontrolle, Ablenkung oder andere Faktoren mögen der Konditionierung entgegengewirkt haben. Können wir das Kind so konditionieren, daß es auf einen hohen, nicht aber auf einen niedrigen Ton reagiert, wissen wir, daß es zwischen den beiden Tönen diskriminieren kann. Farben, Konzepte wie Dreieckigkeit und andere Reizparameter können auf diese Weise untersucht werden. Viele Studien über Gehirnfunktionen haben Konditionierungsmethoden angewendet, um festzustellen, welche Reize wahrgenommen werden und welche nicht.

Differenzierung und Hemmung

Während es zu Beginn des Konditionierungsprozesses für den Organismus vorteilhaft sein kann, auf alle Reize, die Signalwert besitzen *können,* zu reagieren, ist das Beibehalten solcher Reaktionen natürlich uneffektiv. Ferner wird dieses Verhalten auch wertlos, sobald die Umgebung so stabil ist, daß nur ein sehr spezifischer Reiz ein konsistentes und verläßliches Signal darstellt. Dann muß das Tier lernen, auf alle die Reize nicht zu reagieren, die *nicht* direkt mit dem unkonditionierten Stimulus verbunden sind.

Während des Konditionierungsprozesses lernt der Organismus, zwischen solchen irrelevanten und den konditionierten Reizen zu unterscheiden. Daß diese Differenzierung stattgefunden hat, wissen wir, sobald der konditionierte Reiz die Reaktion allein hervorruft und andere Reize dies nicht tun: diese anderen Stimuli verursachen jetzt eine *Hemmung* der Reaktion. Konditionierung ist somit ein Prozeß, in dessen Verlauf die Differenzierung über die Generalisation dominiert.

Unter der Lupe

Iwan Petrowitsch Pawlow

Eigentlich ist es eine Ironie, daß ausgerechnet Pawlow, der durch seine Pionierarbeiten den Grundstein für den behavioristischen Ansatz in der Psychologie legte, es als völlig hoffnungslos ansah, daß die Psychologie je eine eigenständige Wissenschaft werden könnte. Seine Untersuchungen über das Konditionieren betrachtete er als einen Beitrag zur Physiologie – als eine Methode, die physiologischen Vorgänge im Gehirn zu erforschen.

Pawlow wurde im Jahre 1849 als Sohn eines Dorfpriesters geboren. Da er den festen Vorsatz hatte, in die Fußstapfen seines Vaters zu treten und ein Priesteramt zu übernehmen, erhielt er seine frühe Erziehung in einem Seminar für angehende Priester. Nach der Lektüre verschiedener physiologischer Texte änderte er jedoch seine Meinung und entschloß sich zu einem Studium der Naturwissenschaften.

Obgleich er damit zu Hause auf großen Widerstand stieß, ging er an die Universität von St. Petersburg und erwarb dort im Jahre 1875 sein Diplom der Physiologie. Um sich auf seine angestrebte Tätigkeit als Forscher im Bereich der Physiologie gründlich vorzubereiten, besuchte er als fortgeschrittener Student die medizinische Fakultät. Während seines Studiums fiel er durch seine glänzenden Beiträge so sehr

auf, daß er nach Abschluß des Medizinstudiums ein Stipendium erhielt, um in Deutschland bei 2 berühmten Physiologen weiterarbeiten zu können. Er kehrte erst im Jahre 1890 in sein Heimatland zurück und erhielt dort 2 Berufungen, die eine als Professor der Pharmakologie an der Medizinischen Akademie von St. Petersburg und die andere als Direktor der physiologischen Abteilung des Instituts für Experimentelle Medizin.

Während der nächsten 20 Jahre befaßte er sich v. a. mit der Untersuchung von Verdauungsprozessen, und im Jahre 1904 erhielt er für seine hervorragenden Arbeiten den Nobelpreis. Im Rahmen dieser Studien der „Verdauungsdrüsen" erkannte er zum ersten Mal die Bedeutung der konditionierten Reaktionen.

Um die Funktion des Speichels im Zusammenhang mit den Verdauungsprozessen zu untersuchen, führte er eine Vielzahl von Experimenten mit Hunden als Versuchstieren durch. Im Verlauf dieser Untersuchungen bemerkte er, daß viele seiner Hunde schon Speichel absonderten, bevor ihnen ein Fleischpulver verabreicht worden war. Pawlow fand schnell heraus, daß dieser „psychische Reflex" immer dann auftrat, wenn der Hund entweder das Futter erblickte oder wenn er die Schritte des Wärters vernahm, der ihm das Futter brachte.

Dies war ein derart unerwartetes Phänomen, daß er sich entschloß, diesen Prozeß als ein physiologisches Problem weiterzuverfolgen, wobei er von der neuen Sowjetregierung großzügig unterstützt wurde. Das neue Regime war sehr darauf bedacht, die biologische und Verhaltensforschung zu fördern, und man sah in Pawlow, den Nobelpreisträger und brillanten Forscher auf diesem Gebiet, einen Mann, der die Sowjetunion zu einer führenden Stellung in der wissenschaftlichen Forschung verhelfen könnte. Pawlow versammelte eine große Anzahl von Mitarbeitern und Assistenten um sich und begründete so das am längsten dauernde Forschungsprojekt in der Geschichte der Psychologie. Im Rahmen der psychologischen Forschung in der Sowjetunion wird auch heute noch fast ausschließlich sein Paradigma verwendet.

Im Verlauf der folgenden Jahre verfeinerte Pawlow seine Methoden zur Untersuchung der kon-

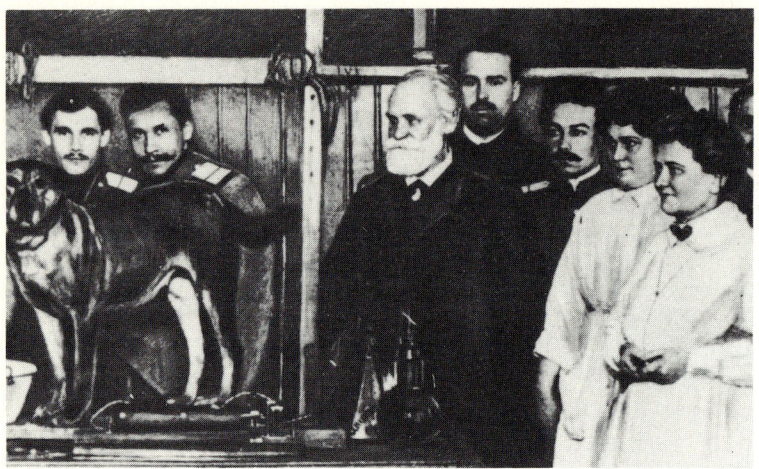

Pawlow und seine Mitarbeiter. Links steht der Hund in der Halterung. Der Speichel wird über eine Fistel abgeleitet, so daß die Menge des auf einen Reiz hin abgesonderten Speichels gemessen werden kann (s. auch Abb. 5.3)

ditionierten Reaktion. Ausgehend von der Demonstration der eher simplen Mechanismen der positiven Verstärkung ging er dazu über, subtilere Phänomene, wie Extinktion, Spontanerholung, Generalisation und Diskrimination zu untersuchen. Bis zu seinem Tode im Jahre 1936 befaßte er sich insbesondere mit dem Phänomen der experimentellen Neurose bei Tieren.

Pawlow war der Ansicht, sein wichtigster wissenschaftlicher Beitrag sei seine Theorie über die kortikale Abschwächung und die Hemmung – ein Versuch, den Konditionierungsvorgang physiologisch zu erklären. Dieser Aspekt seiner Arbeit wurde jedoch bei weitem nicht so aufgegriffen, wie seine Methode der Konditionierung. Diese Methode wird von Psychologen in aller Welt benutzt, wodurch das klassische Konditionieren zu einem Meilenstein der Psychologie des 20. Jahrhunderts geworden ist.

Je besser ein *Signal* unterscheidbar ist, um so schneller kann es identifiziert werden und um so weniger Aufmerksamkeit geht an irrelevante Reize, die zur selben Zeit vorhanden sind, verloren. So sorgt z.B. ein markanter Intensitätsunterschied zwischen zu differenzierenden Reizen für eine bessere Unterscheidbarkeit. In dem vielzitierten Beispiel von der Dusche vollzieht sich die Assoziation zwischen Abfall des Wasserdrucks und heißerem Wasser schneller, wenn der Wasserdruck plötzlich abfällt und die Temperatur sehr rasch steigt.

Einige Reize werden zu Signalen für die *Abwesenheit* des unkonditionierten Stimulus und erwerben so einen „Sicherheitsreizwert", indem sie signalisieren, daß der unbedingte Reiz *nicht* erscheint, solange sie gegenwärtig sind.

„Nichtreagieren" ist, wenn auch ein passives Verhalten, so doch eine physiologische Reaktion. Dazu gehört eine beträchtliche Aktivität im ZNS, um irrelevante Inputs und unangemessene Reaktionen zu hemmen. Viele Untersucher halten die koordinierende Rolle der inhibitorischen (hemmenden) Prozesse für das Interessanteste am ganzen Konditionierungsprozeß.

Eine kurzfristige Hemmung der konditionierten Reaktion kann auch auftreten, wenn sich die Aufmerksamkeit anderen Reizen zuwendet; z.B. kann die Konditionierung kurzfristig unterbrochen werden, wenn ein unerwarteter irrelevanter Reiz, wie Lärm oder Licht, erscheint und daraufhin das Tier eine Orientierungsreaktion zeigt. Eine solche Hemmung der CR durch

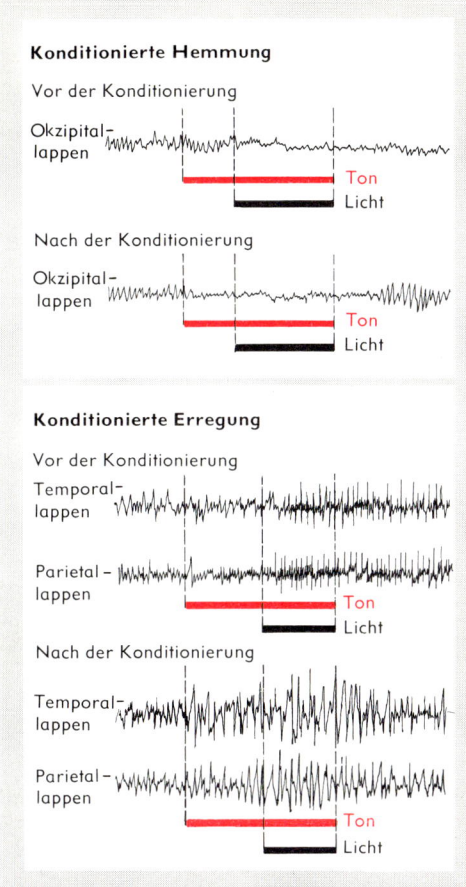

Konditionierte Hemmung

Vor der Konditionierung

Okzipital-lappen — Ton / Licht

Nach der Konditionierung

Okzipital-lappen — Ton / Licht

Konditionierte Erregung

Vor der Konditionierung

Temporal-lappen

Parietal-lappen — Ton / Licht

Nach der Konditionierung

Temporal-lappen

Parietal-lappen — Ton / Licht

Abb. 5.4. Konditionierungsvorgänge zeichnen sich im EEG ab. Pawlow beobachtete konstante Verhaltensänderungen nach der Paarung eines neutralen Reizes mit einem unkonditionierten Reiz. Heute sind wir in der Lage, im EEG Veränderungen der Hirnaktivität festzustellen, die das neurologische Substrat der Konditionierung darstellen:

Konditionierte Hemmung. Zu Beginn des Konditionierungsprozesses beobachten wir eine unkonditionierte Blockierung des okzipitalen EEG, wenn ein helles Licht dargeboten wird; der Ton aber, der dem Licht vorausgeht, verändert das EEG nicht. Nach dem 9. Versuchsdurchgang jedoch ist die Blockierung der Reaktion auch schon vor der Darbietung des Lichts erkennbar (Morrell u. Ross 1953)

Konditionierte Erregung. Zu Beginn der Konditionierung erzeugt ein Lichtreiz eine unkonditionierte Erhöhung der elektrischen Aktivität in der Temporal- und Parietalgegend; ein Ton hat keinerlei Einfluß. Nach der Konditionierung verursacht der Ton allein, vor der Darbietung des Lichts, eine Erhöhung der elektrischen Aktivität (Yoshii u. Hockaday 1958)

zufällig auftretende äußere Reize kann im Laboratorium größtenteils verhindert werden, weil dort fast jegliche äußere Stimulierung kontrolliert werden kann (vgl. Abb. 5.4).

Die CR kann aber auch von seiten des Tieres selbst gehemmt werden. Eine *innere Hemmung* kann durch Müdigkeit, Medikamente, Läufigsein oder andere physiologische und motivationale Zustände hervorgerufen werden.

Konditionierung höherer Ordnung

Krylow, ein Kollege Pawlows, entdeckte, daß, wenn nach einer Morphininjektion Übelkeit und Erbrechen aufgetreten waren, diese Beschwerden später allein schon durch den Anblick der Injektionsnadel ausgelöst werden konnten – eine typische CR. Aber nicht nur das: er fand zusätzlich heraus, daß alle Reize, die regelmäßig dem Anblick der Nadel vorausgingen (Alkohol auf der Haut, das Nadeletui, schließlich das Laborzimmer), ebenfalls Übelkeit hervorriefen. Diesen Prozeß, bei dem jeder konditionierte Reiz den ursprünglichen CS ersetzen kann und selbst die Reaktion auslöst, bezeichnet man als *Konditionierung höherer Ordnung.* Ein solches Aneinanderreihen konditionierter Reize ist jedoch nur dann wirksam, wenn die ursprüngliche unkonditionierte Reaktion (UCR) sehr stark ist, und selbst dann ist es notwendig, gelegentlich die ursprüngliche CS-UCS-Anordnung darzubieten.

Es ist tatsächlich sehr schwierig, einen Konditionierungsprozeß über die Konditionierung 2. Ordnung hinaus durchzuführen (CS_2 – CS_1 – UCS), obgleich frühere Untersuchungen gezeigt haben, daß bei Hunden bis zur 4. Ordnung hin konditioniert werden konnte: Der erste CS_1 war ein Ton, dann wurde ein Licht zum CS für den Ton und vermochte die Reaktion „Pfote heben" auszulösen; als nächstes wurde eine Glocke zum CS für das Licht, und schließlich wurde diese noch durch einen Ventilator ersetzt (Brogden u. Culler 1935).

Extinktion (Abschwächung)

Da die Umwelt variabel ist, ist es lebenswichtig, daß die durch Konditionierung zustande gekommenen Verbindungen ebenfalls zeitlich begrenzt sind. Andernfalls besäßen wir nicht die notwendige Flexibilität, um auf eine veränderte Um-

Unter der Lupe

Bedingte Reaktionen. (Nach Angermeier u. Peters 1973)

1. Akquisition der bedingten Reaktion

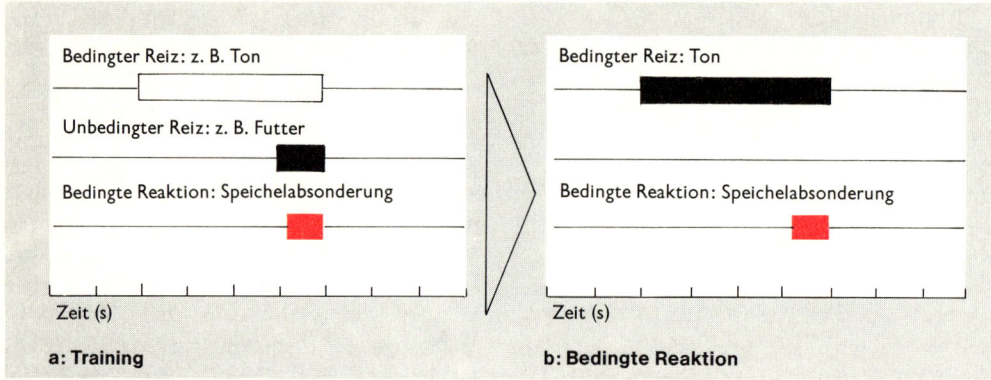

a: Training

b: Bedingte Reaktion

2. Erhaltung der bedingten Reaktion
   Bei der Erhaltung der bedingten Reaktion wird derselbe Vorgang wie beim Training laufend wiederholt. – Dieser Vorgang steht im Gegensatz zur Erhaltung bei der operanten Reaktion, wo die Verstärkung nur gelegentlich verabreicht wird, um ein optimales Verhalten zu gewährleisten

3. Abschwächung der bedingten Reaktion

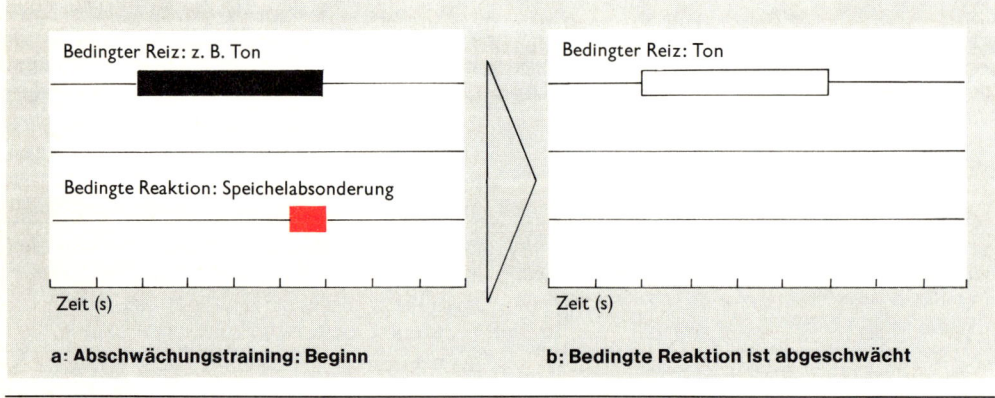

a: Abschwächungstraining: Beginn

b: Bedingte Reaktion ist abgeschwächt

welt angemessen reagieren zu können. Sobald ein CS aufhört, Gefahren oder andere für den Organismus wichtige Umstände zu signalisieren, werden auch die zu diesem Reiz gehörenden Reaktionen bedeutungslos und u. U. sogar gefährlich.

Glücklicherweise entfallen solche bedeutungslosen Reaktionen sofort, wenn auf den CS durchgängig *kein* unkonditionierter Reiz mehr folgt. In Abwesenheit des UCS wird die CR schwächer und langsamer, bis sie schließlich nach mehreren Durchgängen (CS + *kein* UCS) den Nullpunkt erreicht: die Reaktion ist *extingiert* (gelöscht, verlernt, abgeschwächt).

Eine solche Extinktion ist ein aktiver Hemmungsprozeß und kein einfaches „Verlieren" der Reaktion, eine Annahme, die durch das Phänomen der *spontanen Erholung* (Reflexrest) der CR unterstützt wird. Folgt einer Reihe von Extinktionsdurchgängen eine Pause, in der keine Möglichkeit zur Übung oder zum erneuten Lernen gegeben ist, so tritt bei der ersten Darbietung des CS die CR mit einem Teil ihrer ursprünglichen Intensität wieder auf. Erst sorgfältiges und oft wiederholtes Extinktionstraining kann die CR auf Dauer löschen.

Ebenso wie ein neuer Reiz die *Entwöhnung der Orientierungsreaktion* hervorruft, kann ein neuer Reiz nach der Extinktion einer CR diese „kurzfristig wieder ins Leben rufen". Es scheint, als würde der neue Reiz die Hemmung der CR in diesem Moment aufheben. In diesem Zusammenhang zeigte Razran (1939) z. B., daß nach der Extinktion einer auf einen Lichtreiz konditionierten Speichelabsonderung ein kurz vor dem Licht gegebener Ton die Reaktion auf den Lichtreiz wiederherstellte.

Während der Extinktion vollzieht sich ein Prozeß, der der Reizgeneralisierung gleicht, die während des Erlernens einer CR stattfindet. Reaktionen auf Reize, die nicht direkt dem Extinktionstraining unterliegen, werden ebenfalls abgeschwächt, und zwar proportional ihrer Ähnlichkeit mit dem CS. Diesen Vorgang bezeichnet man als „Generalisationsdekrement" ("generalization decrement").

Stärke der konditionierten Reaktion

Die Stärke der Konditionierung muß aus einem beobachtbaren, meßbaren Verhalten abgeleitet werden. Pawlow benutzte den Umfang *(Amplitude)* der Reaktion – die Menge des abgesonderten Speichels – für die Messung der Reaktionsstärke. Andere Maße sind die *Latenz* der Reaktion, d. h. das Zeitintervall zwischen Einsetzen des CS und Beginn der CR; und die *Frequenz*, d. h. die Anzahl der Reaktionen pro Zeiteinheit.

Die Reaktionsstärke kann auch am *Extinktionswiderstand* gemessen werden. Je mehr Versuchsdurchgänge zur Extinktion einer CR notwendig sind, um so stärker ist die CR.

Ein wenig Lernen kann gefährlich sein

Bei der Beschreibung des Konditionierungsprozesses ist der Leser vielleicht zu der Ansicht gelangt, daß das tierische und menschliche Verhalten von einer Reihe einfacher Prinzipien gesteuert ist, die wirkungsvoll ein müheloses Überleben garantieren. Leider sind in die Konditionierungsmaschinerie einige Komplikationen eingebaut, denen wir uns jetzt zuwenden.

Schizokinesis

Wenn die beobachtbare CR in einem Konditionierungsexperiment extinguiert wird, kann es passieren, daß andere, begleitende Reaktionen nicht gelöscht werden, sondern unabhängig weiterbestehen. Manchmal führen solche Reaktionen zu einer permanenten Lernunfähigkeit und einer lebenslangen Störung der „Persönlichkeit".

So beobachtete Liddell (1934) an Schafen, daß ein Zurückziehen des Beins als Abwehrreaktion auf einen elektrischen Schock von Veränderungen der Atmung, der Herzfrequenz und der allgemeinen Aktivität begleitet wurde. Alle diese Veränderungen treten dann auch bei der CR auf. Zeaman u. Smith (1965) zeigten, daß bei der Konditionierung der menschlichen Herzfrequenz durch Darbietung von Licht (CS) und Elektroschock (UCS) auch eine Konditionierung der Atmung stattfindet.

Die CR kann somit aus vielen einzelnen Komponenten bestehen. Während die UCR auf Fleischpulver in einer Speichelabsonderung besteht, gehören zur CR die Speichelabsonderung und andere Reaktionen. Ähnlich ist es beim Zurückziehen der Pfote, das durch Paarung von Licht und Schock konditioniert wurde. Auch hier können Ducken, Bellen, Veränderungen der Herzfrequenz und Atmung und möglicherweise eine generalisierte Hemmung zur ursprünglichen Reaktion hinzukommen. Die Gefahr für den Organismus tritt dann auf, wenn die spezifisch konditionierten Reaktionen gelöscht sind, die anderen Komponenten jedoch einer Extinktion widerstehen und weiterfunktionieren. Unangemessene emotionale Komponenten können besonders gefährlich sein.

„Die Tatsache, daß es so schwierig ist, konditionierte Reaktionen zu löschen, macht das Individuum, wenn

es älter wird, zu einem regelrechten Antiquariat. ...
Es ist mit vielen Reaktionen belastet, die nichts mehr
nützen, ja manchmal sogar seinem Leben schaden.
Dies trifft besonders für den kardiovaskulären Bereich
zu, und gerade diese konditionierten Reaktionen sind
am widerstandsfähigsten. Eine Person kann auf eine
alte Niederlage oder eine längst nicht mehr existierende Situation reagieren, und sie ist sich gewöhnlich
nicht bewußt, wie die Erhöhung ihrer Herzfrequenz
oder ihres Blutdrucks zustande kommt. Das Ergebnis
kann ein chronischer Hochdruck sein, der wiederum
die Erklärung für manches Herzversagen ist" (Gantt
1966).

Diese Doppelreaktion, in der sich die Komponenten einer komplexen CR aufspalten und im
Laufe der Zeit verselbständigen, nennt Gantt
Schizokinesis. Oft zeigt die betroffene Person
keinerlei äußerliche Reaktionen auf die Stimulierung, obwohl diese einen Einfluß auf physiologische Vorgänge hat.
Einen solchen Extinktionswiderstand bezüglich
eines ehemals signifikanten, jedoch jetzt bedeutungslosen Signalreizes beschreibt eine Studie
über die Reaktionen auf Gefechtsalarm (Edwards 1962):

Im Krankenhaus befindlichen Army- und Navyveteranen, die aktiv am 2. Weltkrieg teilgenommen hatten,
wurde eine Serie von 20 akustischen Reizen dargeboten, wobei gleichzeitig ihre psychogalvanische Hautre-
aktion (PGR) gemessen wurde. Der größte Unterschied zwischen den beiden Gruppen (Army und
Navy) zeigte sich bei wiederholter Darbietung von ca.
100 Gongschlägen/min. Dies war während des 2.
Weltkriegs auf den Schiffen der amerikanischen
Kriegsmarine das Signal für „Alle Mann auf Gefechts-
station". Mehr als 15 Jahre nach dem Krieg löste
dieses Signal bei den Navyveteranen eine starke emotionale Reaktion aus, während es auf die ehemaligen
Armyangehörigen keinerlei Wirkung ausübte. Der
Unterschied zwischen beiden Gruppen war statistisch
hoch signifikant (p < 0,01).

Experimentelle Neurose

Bei Versuchstieren, die während der Konditionierungsprozedur unter hohem Streß stehen,
können wir manchmal extrem abnorme Verhaltensmuster beobachten. Ein Assistent Pawlows
bemerkte als erster diese Reaktion bei einem
Hund, der darauf konditioniert war, beim Anblick eines Kreises (der auf eine Leinwand projiziert wurde) Speichel abzusondern.
Dann wurde eine Diskrimination zwischen dem
Kreis und einer Ellipse erlernt, indem man nach
der Darbietung des Kreises Futter gab und nach
Darbietung der Ellipse nicht.

Unter der Lupe

Der Wurm, der lernte und den Wissenschaftlern den Kopf verdrehte

Was kann uns ein niederer Plattwurm über die
Prinzipien des Konditionierens erzählen? Plattwürmer sind die höchsten Tiere, die, nachdem
man sie zerschnitten hat, regenerieren können.
Selbst wenn man einen Plattwurm in 6 Stücke
schneidet, entwickelt sich jeder Teil wieder zu
einem voll funktionierenden Organismus. Die
Würmer bewegen sich durch Muskelkontraktion und reagieren auf aversive Reize durch
Kontraktionen entlang ihrer Längsachse. Die
ersten Lernexperimente mit diesen faszinierenden Tieren (Thompson u. McConnell 1955) haben gezeigt, daß die Tiere sich auf einen Elektroschock hin (UCS) zusammenziehen (UCR)
und daß diese Reaktion auf Licht (CS) konditioniert werden kann.
Die nächste Frage für McConnell und seine
Mitarbeiter war: Wenn man einen solchermaßen konditionierten Plattwurm in 2 Teile teilt
und ihn regenerieren läßt, zeigt sich dann das
Lernen nur bei den Tieren, die sich aus dem
konditionierten Kopf entwickelt haben, oder
auch bei den Tieren, die aus dem konditionierten Schwanzteil entstanden sind; d.h. ist das
Gedächtnis im „Gehirn"teil eines solchen Organismus zu finden?
Die Hälfte einer Gruppe konditionierter Plattwürmer wurden in 2 Teile zerschnitten, die
andere Hälfte nicht. Einen Monat später, nachdem die geteilten Tiere regeneriert waren und
sich von der „Operation" erholt hatten, wurden
sie wieder überprüft. Die aus den Schwanztei-
len regenerierten Tiere hatten die Aufgabe
ebensogut behalten wie die aus dem Kopfteil
regenerierten; ferner hatten die regenerierten
Tiere insgesamt genausoviel behalten wie die
Kontrolltiere. Die Experimentalgruppen zeigten ein schnelleres Wiedererlernen als die Kontrollgruppen, die vorher nicht konditioniert
worden waren, sondern einfach in 2 Teile zerschnitten wurden und regenerierten (McConnell et al. 1959).
Inwieweit sind solche Ergebnisse übertragbar?
Wo liegt die Grundlage für eine solche Übertragung von Gedächtnisinhalten? Möglicherweise, so argumentierte McConnell, verur-

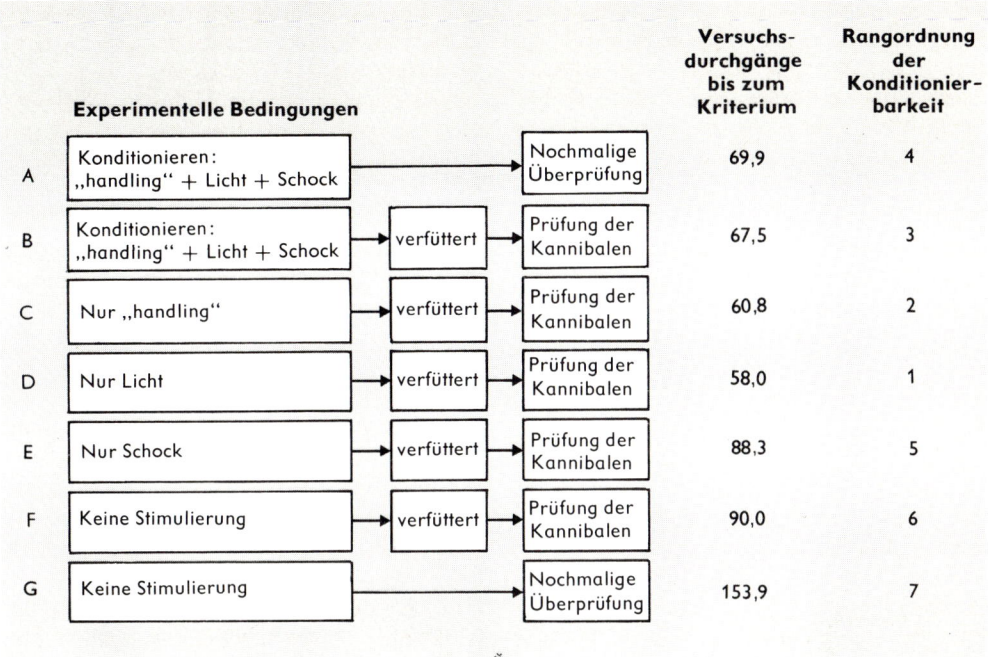

	Experimentelle Bedingungen			Versuchs-durchgänge bis zum Kriterium	Rangordnung der Konditionier-barkeit
A	Konditionieren: „handling" + Licht + Schock		Nochmalige Überprüfung	69,9	4
B	Konditionieren: „handling" + Licht + Schock	verfüttert	Prüfung der Kannibalen	67,5	3
C	Nur „handling"	verfüttert	Prüfung der Kannibalen	60,8	2
D	Nur Licht	verfüttert	Prüfung der Kannibalen	58,0	1
E	Nur Schock	verfüttert	Prüfung der Kannibalen	88,3	5
F	Keine Stimulierung	verfüttert	Prüfung der Kannibalen	90,0	6
G	Keine Stimulierung		Nochmalige Überprüfung	153,9	7

sachte der Lernprozeß eine Veränderung der Ribonukleinsäure (RNS) in den Körperzellen dieser Tiere. Wenn dies zuträfe, würde dann diese veränderte RNS, wenn man sie nichtkonditionierten Plattwürmern verabreichte, aus diesen *bessere* Lerner machen? Um diese Hypothese zu überprüfen, verfütterte McConnell die RNS zermahlener konditionierter und unkonditionierter Plattwürmer an eine Gruppe von unkonditionierten Plattwürmern (McConnell 1962). Die Ergebnisse schienen die Hypothese zu stützen, daß das Übertragen des Gedächtnisses von einer trainierten auf eine untrainierte Generation von Plattwürmern möglich sei. Diese Entdeckung rief in wissenschaftlichen Kreisen eine ziemliche Aufregung hervor.

Diese hielt aber nur solange an, bis andere, unabhängig von den ersten Untersuchern arbeitende Wissenschaftler anfingen, das Problem zu untersuchen. Hartry et al. (1964) bauten auf der Suche nach Alternativerklärungen strengste Kontrollen in ihre Versuche ein. Es wurden 7 Behandlungsmethoden angewendet. Eine Gruppe von Plattwürmern wurde konditioniert und dann an andere verfüttert, eine andere Gruppe wurde konditioniert und intakt gehal-

ten. Einige Gruppen wurden nicht konditioniert, aber verschiedenen Elementen der Konditionierungsprozedur ausgesetzt (Schock, Licht oder einfaches „handling" durch den VI) und dann an „Kannibalenplattwürmer" verfüttert. Zwei Gruppen erhielten keinerlei Stimulierung. Eine dieser Gruppen wurde an andere Planarien verfüttert, die andere blieb intakt. Der gesamte Versuchsablauf ist im Diagramm gezeigt. Die 5 Kannibalengruppen und die 2 intakten Gruppen wurden dann in einem Doppelblindversuch geprüft, um festzustellen, wie viele Versuchsdurchgänge notwendig waren, bevor diese Tiere das Lernkriterium der ursprünglich konditionierten Gruppen erreichten (23 richtige von 25 aufeinanderfolgenden Versuchsdurchgängen).

Wie aus dem Diagramm zu ersehen ist, lernte die G-Gruppe am schlechtesten. Das war die Gruppe, die weder stimuliert noch mit anderen Würmern gefüttert wurde. Die Konditionierung der „Opfer" hatte keinen Einfluß auf die Lernfähigkeit der „Kannibalen"; in diesem Fall hätten die Gruppen A und B die schnellste Rekonditionierung zeigen müssen. Statt dessen wurden Gruppe D (nur Licht) und C (nur „handling") am schnellsten konditioniert. Es sieht so aus, als ob das bessere Lernen nicht die Funktion einer vorher konditionierten Gedächtnisspur sei, sondern einfach eine Funktion der Stimulierung oder eines *Ernährungsfaktors.*

Wenn diese Schlußfolgerung richtig ist, dann sollte die Rekonditionierung der „Kannibalen" um so besser vor sich gehen, je mehr ihre „Opfer" stimuliert wurden – ungeachtet irgendeines Konditionierungsprozesses. Zu diesem Schluß kam eine Studie von Walker u. Milton (1966), bei der der Lernerfolg der „Kannibalen" direkt mit dem Umfang der Schockstimulierung zusammenhing, der die „Opfer" ausgesetzt gewesen waren.

Schließlich zeigte Jensen (1965) in einer Übersicht über sämtliche Studien, die sich mit diesem Problem befaßten, daß sämtliche Studien, die eine Lernübertragung bei Plattwürmern anzeigten, ernste methodologische Fehler aufwiesen, während die korrektesten Untersuchungen negative Ergebnisse erbrachten. Den Schlußstrich zog Byrne (1966) mit der trockenen Feststellung in der Zeitschrift *Science,* die von 23 anderen Forschern bestätigt wurde: „In 18 verschiedenen Experimenten konnte kein klarer Beweis für eine Gedächtnisübertragung von einem trainierten Tier auf ein Empfängertier gefunden werden".

Die allgemeine Förderung des Lernprozesses bei „Kannibalenplattwürmern" durch eine vorausgegangene Sensibilisierung ihrer „Opfer" ist wahrscheinlich auf eine Form der *Pseudokonditionierung* zurückzuführen, da hier zwar eine Veränderung des Verhaltens aufgrund irgendwelcher Erfahrung, nicht aber das Lernen einer neuen Assoziation festgestellt werden konnte.

Hier zeigt sich wieder einmal die Bedeutung einiger Merkmale der psychologischen Wissenschaft (wie bereits in Kap. 1 beschrieben):

1. Zwischen der „Entdeckung" und dem „Beweis" eines psychologischen Phänomens besteht ein großer Unterschied.
2. Die interessantesten Ideen, die möglicherweise einen sehr großen Einfluß haben könnten, werden meist am schärfsten von anderen Wissenschaftlern überprüft.
3. Dieses Prüfungssystem ist ein in die wissenschaftliche Methode eingebauter Sicherheitsfaktor zur Vermeidung falscher Schlußfolgerungen.
4. Selbst wenn sich die erste Erklärung für eine „Entdeckung" als unhaltbar erwiesen hat, so können sich bei der Überprüfung andere Erklärungen von Wert herauskristallisieren.

Während der nächsten Versuchsphase wurde die Ellipse so verändert, daß sie mehr und mehr dem Kreis glich. Der Hund zeigte auch weiterhin die entsprechende Diskrimination: nur auf den vollen Kreis hin erfolgte die Speichelreaktion. Bald wurde jedoch ein Punkt erreicht, an dem beide Reize fast gleich waren und die Diskrimination zusammenbrach. Manchmal konnte das Tier nicht einmal mehr die ursprüngliche einfache Diskrimination erbringen. Dramatischer noch waren die begleitenden Verhaltensänderungen. Der ursprünglich ruhige Hund bellte, jaulte, riß an der Apparatur herum, zeigte Furcht vor dem Zimmer und eine generalisierte Hemmung, die zu Schläfrigkeit oder Schlaf führte. Ähnliche Reaktionen wurden auch bei Ratten (Cook 1939), bei Katzen (Masserman 1943) und bei Schafen (Liddell 1956) beobachtet.

Dieses Phänomen wird als experimentelle Neurose bezeichnet. Wie Kimble (1961) feststellt,

erscheint eine solche Analogie zu neurotischen Symptomen beim Menschen berechtigt, da ein Vergleich der Merkmale neurotischen Verhaltens zwischen Mensch und Tier zeigt, daß große Ähnlichkeit besteht. In beiden Fällen

– ergibt sich das Verhalten aus langandauerndem Streß und unausweichlichen Konflikten;
– zeigt das Verhalten Komponenten, die auf Angst schließen lassen;
– zeigt das Verhalten Symptome auf, die ungewöhnlich für Mensch und Tier sind und die nur eine Teillösung des Konflikts darstellen;
– zeigt dieses Verhalten viele Jahre hindurch keine Abschwächung, es sei denn, daß eine spezielle Gegenkonditionierung durchgeführt wird.

Liddell (1956) berichtet, daß diese Symptome über 13 oder mehr Jahre erhalten blieben; ferner starben viele der Versuchstiere mit experimenteller Neurose frühzeitig. Er berichtet von einem Zwischenfall, bei dem der Vl nach 1 Jahr Pause zu einer 200 kg schweren neurotischen Sau kam; diese „legte ein sehr freundliches Verhalten an den Tag, lockte ihn in eine Stallecke und griff ihn dann dermaßen bösartig an, daß er sich in ärztliche Behandlung begeben mußte".

Der Einfluß Pawlows

Pawlows Entdeckung bestimmt bis zum heutigen Tag die sowjetische Psychologie. Auch in den USA betrachten sich viele Psychologen, die auf dem Gebiet des Lernens arbeiten, als Neopawlowianer, wie auch die Neurophysiologen, die versuchen, das neurologische Substrat des Lernprozesses zu erforschen. Wenngleich Pawlow mit den Reaktionen des peripheren Nervensystem arbeitete (wie Speichelabsonderung und Abwehrreaktion mit Fuß oder Pfote), so galt sein theoretisches Interesse doch der „höheren Nerventätigkeit", d.h. den kortikalen Prozessen, von denen er annahm, daß sie dem Lernen der konditionierten Reaktionen zugrunde liegen müßten.

In den USA ging Watson, der Begründer des Behaviorismus, sogar noch weiter: Er vertrat eine Psychologie der S-R-Verbindungen psychologischer Vorgänge. Er argumentierte, daß das Verhalten sich gänzlich aus Drüsentätigkeit und Muskelbewegungen zusammensetze und daß diese Reaktionen durch wirksame Reize bestimmt würden.

So bestand für Watson die Aufgabe der Psychologie darin, die Beziehungen zwischen den Reizen und diesen äußerlichen, beobachtbaren Reaktionen zu identifizieren und zu kontrollieren. Es lag ihm wenig daran, Bewußtseinsprozesse, mentalistische Phänomene oder die Introspektion der Bewußtseinsinhalte zu untersuchen, weil man diese nicht objektiv beobachten konnte und weil sie auch von der Kausalität her gesehen wahrscheinlich keine bedeutende Rolle spielen. Auf jeden Fall hoffte man, daß man das Verhalten ohne sie erklären und vorhersagen könne, indem man nur objektive, „harte" Daten benutzte, die durch Methoden wie die der Konditionierung geliefert wurden. Die Bedeutung, die Watson (im Gegensatz zu der damals herrschenden Vorliebe für angeborene Tendenzen und Instinkte) der Konditionierung und den

Umwelteinflüssen (CS-UCS-Paarungen) bei der Entstehung des menschlichen Verhaltens zuschrieb, wird durch seine weiter oben (Kap. 3, S. 103) zitierten Worte deutlich.

Die seither vergangenen Jahre haben überzeugende Beweise geliefert, daß diese Ansicht viel zu extrem war und daß sowohl die genetische Struktur als auch die Umweltbedingungen in Betracht gezogen werden müssen. Ferner weisen viele Daten auf die Notwendigkeit hin, kognitive Faktoren im Verhalten zu berücksichtigen.

Der wichtigste Schluß, den man aus den Untersuchungen über die klassische Konditionierung ziehen kann, ist, daß jeder Reiz, den der Organismus wahrnehmen kann, eine konditionierte Reaktion in jedem beliebigen Muskel oder einer Drüse auslösen kann, wenn man einen CS und einen UCS wirkungsvoll zusammen darbietet. Bykows (1957) eindrucksvollen Überblick über die Möglichkeit der klassischen Konditionierung innerer Organe könnte man so zusammenfassen: „Alles, was sich von selbst bewegt, kann konditioniert werden".

Dies sind große Worte, wenn man bedenkt, daß nicht nur Reizwahrnehmung und Lernen betroffen sind, sondern auch die soziale Kontrolle des menschlichen Verhaltens.

Das Lernen am Erfolg: Operantes Konditionieren

Wahrscheinlich waren dem Leser die Namen von Skinner, Freud und Pawlow schon bekannt, bevor er dieses Buch zur Hand nahm. Skinner ist der Autor eines provokativen Romanes, *Walden II* (1948), der seine behavioristisch getönte Utopie beschreibt; vor einigen Jahren tat er sich auch als Prophet und Verhaltensingenieur mit seinem Buch *Jenseits von Freiheit und Würde* (1971) hervor. In der Zeit zwischen diesen literarischen Bemühungen entwickelte er eine exakte Wissenschaft, die er als *experimentelle Analyse des Verhaltens* bezeichnete, und wurde bekannt als Pionier bei der Anwendung des Lernens auf Erziehungsprobleme und auf die Modifikation abnormen Verhaltens bei Nervenkranken, Delinquenten und anderen Menschen mit Verhaltensproblemen (vgl. Kap. 1).

Unter der Lupe

Tauben, Pillen und Raketen

Das operante Lernen komplexer Diskriminationen mit Hilfe entsprechender Verstärkungsschemata hat viele praktische Implikationen. Bei den hier angeführten Beispielen wurden Tauben benutzt. Im einen Fall ersetzten sie die Frauen an einem Fließband, die beschädigte Pillen entdecken und aussortieren mußten, im anderen Beispiel wurden sie während des 2. Weltkriegs darauf trainiert, Raketen auf feindliche Ziele zu lenken.

In einem pharmazeutischen Betrieb waren etwa 10% aller Pillen „Ausschuß". Die Firma hatte deshalb Frauen beschäftigt, die am Fließband diese unbrauchbaren Pillen aussortieren mußten. Um die Frauen von dieser monotonen Arbeit zu befreien, brachte Verhave (1966) Tauben bei, diese Qualitätskontrolle zu übernehmen. Erschien eine beschädigte Pille, so pickten die Tauben auf eine Scheibe und erhielten dafür Futter (als „Verstärkung"); erschien eine nichtbeschädigte Pille, pickten die Tauben auf eine andere Scheibe, das Picken wurde nicht verstärkt, und das Fließband brachte die näch-

ste Pille zur Überprüfung. Bei Fehlern wurde die Taube mit einer 30 s andauernden Dunkelheitsperiode bestraft. Innerhalb einer Woche erlernten die Tauben eine zu 99% sichere Diskrimination.

Wenn Tauben, entsprechend den Anforderungen einer sich konstant verändernden Umwelt, kontinuierlich ihre Reaktionen verändern können, dann müßte es für sie auch möglich sein, Raketen auf bestimmte Ziele zu lenken. Die Möglichkeit einer solchen Verwendung zeigte Skinner (1960) während des 2. Weltkriegs im Zusammenhang mit dem Projekt ORCON (ORganic CONtrol). Während des Diskriminationstrainings wurde nur das Picken auf das Zentrum eines Ziels (Schiffssilhouette auf Scheibe) verstärkt. Wenn eine am Schnabel der Taube angebrachte Goldelektrode die Scheibe berührte, so bestimmte ein elektronisches Steuergerät die genaue Position der einzelnen Schnabelhiebe auf der Scheibe. Die Rakete blieb auf Kurs, wenn auf den Mittelteil der Scheibe gepickt wurde, änderte aber ihren Kurs nach der Position der Schnabelhiebe. Die Bilder zeigen Tauben im „Einsatz" (*links:* Überprüfung von Pillen, *rechts:* Raketensteuerung).

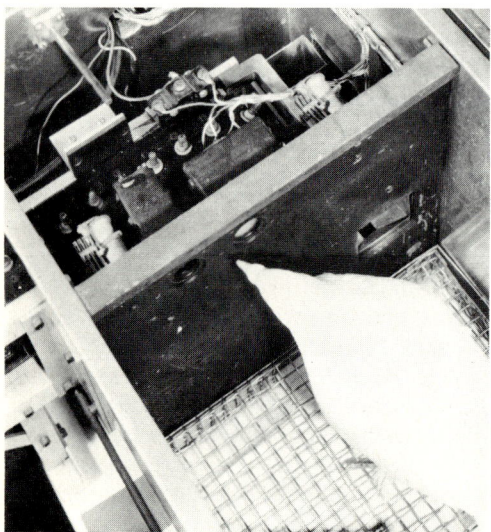
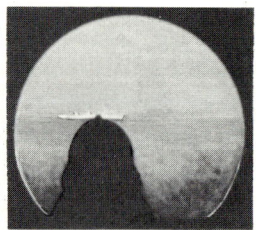

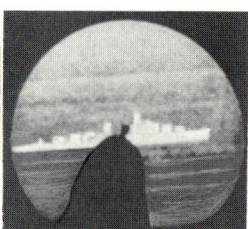

Von Anfang an zeichnete sich Skinners Methode dadurch aus, daß sie großen Wert auf die Beobachtung physikalischer und meßbarer Reaktionen legte und eine praktische Technologie zur Kontrolle des Verhaltens entwickelte. In seiner Verhaltensanalyse ist daher kein Platz für nichtbeobachtbare, erschlossene, rein abstrakte, motivationale oder selbst physiologische Zustände oder Gegebenheiten.

Die Anhänger Skinners glauben, daß man eine Lernsituation gänzlich mit Hilfe solcher Ausdrücke beschreiben kann und auch sollte, die nichts über innere Zustände des Organismus aussagen. So definieren sie z. B. „Hunger" nicht durch irgendeinen Hinweis auf Triebzustände, sondern durch die Angabe, wie lange vor dem Versuchsdurchgang Futter entzogen wurde oder über den Prozentsatz des verlorenen Körpergewichts, der durch diese Futterdeprivation zustande kam.

Statt zu sagen, daß Hunger das Tier *motiviert* hat, für Futter zu arbeiten, stellen sie fest, daß Futterdeprivation das Futter zur wirksamen Verstärkung werden ließ, was sich dann durch eine Erhöhung der Verhaltenshäufigkeit ausdrückt. Deprivation, Menge und Art des Futters sowie die *Verhaltenshäufigkeit* sind klar beobachtbare und meßbare Vorgänge.

Auch die Konsequenzen des Verhaltens können empirisch definiert werden. Eine *Verstärkung* (oder ein verstärkender Reiz) wird definiert als ein Reiz, der einer Reaktion folgt und die Wahrscheinlichkeit dieses Verhaltens erhöht. Wenn die Auslieferung des Futter durch einen Hebeldruck die Wahrscheinlichkeit der Verhaltenshäufigkeit für das Hebeldrücken erhöht, dann ist der Erhalt des Futters eine Verstärkung. Mit Skinners eigenen Worten:

„Ein natürliches Ergebnis in einer Wissenschaft vom Verhalten ist die Wahrscheinlichkeit, daß ein bestimmtes Verhalten zu einer bestimmten Zeit stattfindet. Eine experimentelle Analyse befaßt sich mit der Wahrscheinlichkeit in bezug auf die Frequenz des Verhaltens oder Reagierens ... Die Aufgabe einer experimentellen Analyse ist es, alle Variablen zu entdecken, die die Verhaltenshäufigkeit beeinflussen."

Operantes Verhalten

Die Psychologen, die mit dem Skinner-System arbeiten, studieren Verhalten, welches von Organismen freiwillig gezeigt wird, und verstärken dieses, anstatt sich mit unfreiwilligem Verhalten zu befassen, welches automatisch durch einen vorangegangenen Reiz ausgelöst wird. Solches Verhalten wird als *operantes* Verhalten bezeichnet, was ausdrücken soll, daß die Reaktionen in irgendeiner Weise auf die Umwelt einwirken (im Unterschied zur Speichelabsonderung und anderen klassisch konditionierten Reaktionen, mit denen sich Pawlow beschäftigte). Die Termini „instrumentell" und „operant" werden von vielen Psychologen synonym gebraucht. Die meisten „Skinnerianer" ziehen jedoch den Ausdruck „operant" vor, weil er keinerlei Absicht von seiten des Organismus impliziert.

Eine weitere Unterscheidung wird ebenfalls oft gemacht: Lernen, welches als „instrumentell" bezeichnet wird, bezieht sich häufig auf die Aneignung einer neuen, oftmals komplizierten Reaktion, wie z. B. das Öffnen eines Verschlusses an einem Käfig, um Futter zu erhalten. „Operantes" Lernen hingegen bezeichnet Lernen, das sich auf die Erhöhung oder Verminderung der Verhaltenshäufigkeit bereits erlernten und ausgeführten Verhaltens bezieht, wie z. B. das Drücken eines Hebels oder das Picken auf eine Scheibe [nähere Angaben dazu gibt Angermeier (1976)].

Zufällige Verhaltenshäufigkeit

Die Häufigkeit, mit der sich eine Reaktion zeigt, deren Konsequenzen weder positiv noch negativ sind, wird als *zufällige Verhaltenshäufigkeit* einer Reaktion bezeichnet. Man kann für jede Reaktion eines jeden Organismus eine zufällige Verhaltenshäufigkeit bestimmen. Die Skinnerianer untersuchen die *Veränderung* der Verhaltenshäufigkeit, die aus verschiedenen Arten, Intensitäten und zeitlichen Abfolgen der Verstärkung resultieren. So sind z. B. das Stottern, das Gestikulieren, das Schlucken während des Redens ebenso wie der Gebrauch des Plurals von Hauptwörtern während des Sprechens Beispiele von Reaktionen, bei denen man die zufällige Verhaltenshäufigkeit registrieren und auch modifizieren kann. *Was ist eine „verstärkbare Reaktion"?* Bekanntermaßen ist das, was wir als

Unter der Lupe

Lust- und Schmerzzentren im Gehirn

Wenn man durch eine tief im Gehirn des Versuchstiers implantierte Elektrode einen winzigen Strom fließen läßt, kann man in den Neuronen, die die Spitze der Elektrode umgeben, künstlich Impulse auslösen. Olds u. Milner (1954) entdeckten im Gehirn Areale, die man als „Lustzentrum" bezeichnen kann. Tiere lernen ohne weiteres operante Reaktionen, auf die solche Reize folgen. Sie überqueren sogar einen elektrischen Rost oder lernen, sich in komplizierten Labyrinthen zurechtzufinden, um solche Stimulierung zu erhalten. Wenn sie sich in einer Skinner-Box befinden, in der sie durch Hebeldrücken diese Stimulierung selbst auslösen können, so drücken sie bis zu 7000mal/h, wobei keine Sättigung eintritt: Die Tiere drük-

ken den Hebel, bis sie vor Erschöpfung umfallen. Bleibt jedoch der elektrische Strom aus, wird die Reaktion sehr schnell gelöscht.

Andere Untersuchungen (Delgado et al. 1954) haben gezeigt, daß es im Gehirn auch sog. „Bestrafungszentren" gibt. Stimulierung dieser Areale führen zu Flucht- oder Vermeidungsreaktionen.

Die Technik der elektrischen Hirnstimulation beeinflußte die neurophysiologische und psychologische Forschung entscheidend bei ihrer Suche nach den grundlegenden Mechanismen von Lernen und Gedächtnis. Wie wir bereits gesehen haben, zeichnen sich auch hier Konsequenzen für die Humanmedizin ab: Durch elektrische Hirnstimulation können gelähmte Glieder bewegt und Aggressivität gehemmt werden. Ferner konnte gezeigt werden, daß Epileptiker durch Selbstreizung epileptische Anfälle verhindern konnten (Delgado 1970).

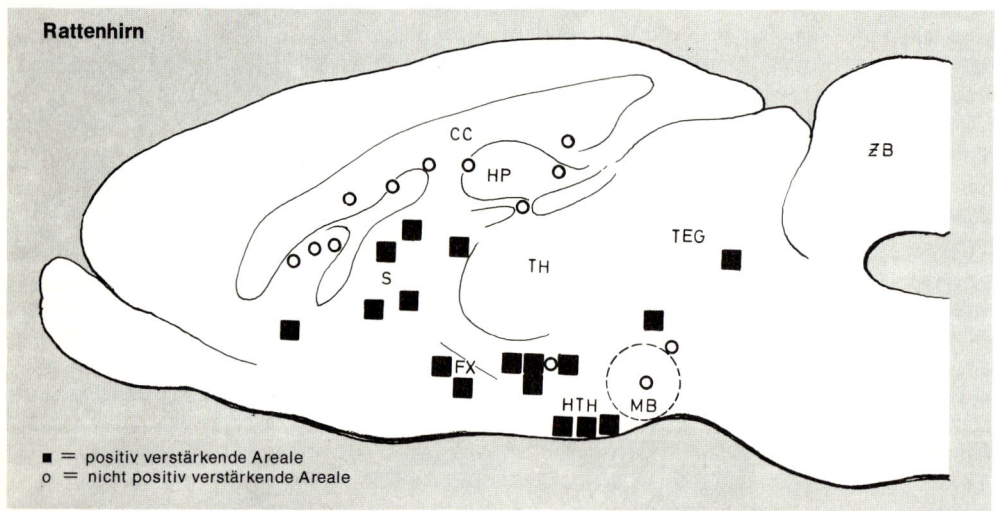

Rattenhirn

■ = positiv verstärkende Areale
o = nicht positiv verstärkende Areale

CC Corpus callosum, *FX* Fornix, *HP* Hippokampus, *HTH* Hypothalamus, *MB* Corpus mamilare,

S Septalregion, *TEG* Tegmentum, *TH* Thalamus, *ZB* Zerebellum

„Reaktion" bezeichnen, tatsächlich nur ein Teil des kontinuierlichen Verhaltens. So gibt es über den efferenten Nervenimpuls hinaus nichts, was man als einfache oder einzelne Reaktion bezeichnen könnte. Selbst eine Muskelkontraktion setzt sich aus vielen Reaktionskomponenten zusammen. Die Größe der Einheit, die wir

als Reaktion bezeichnen, kann sehr unterschiedlich sein; wenn wir sie als Einheit verstärken, so erhöht sich die Verhaltenshäufigkeit der ganzen Einheit. So könnten wir z. B. 100 Anschläge auf der Schreibmaschine als operante Reaktion bezeichnen, wenn sie als Einheit verstärkt werden. Dasselbe trifft zu für 8 Semester Studium, bei dem das Diplom erworben wird. Es sollte also klar sein, daß es praktisch keine Grenzen für die Größe oder das Ausmaß einer einzelnen verstärkbaren Reaktion gibt.

Manche Verhaltenseinheiten, wie z.B. eine Muskelkontraktion, üben gewöhnlich keine direkte Wirkung auf die Umwelt aus. Gelingt es aber einem genialen Forscher, Bedingungen zu schaffen, unter denen sie einen Einfluß ausüben, so können sich ihre Verhaltenshäufigkeiten entsprechend verändern. Selbst die elektrische Aktivität des Gehirns ist auf diese Art und Weise beeinflußbar. Somit also gewinnt der Anspruch des operanten Lernens, daß *jede Reaktion, die verstärkt werden kann, auch konditioniert werden kann*, die gleiche Bedeutsamkeit wie der Grundsatz des klassischen Konditionierens, daß *alles, was der Organismus wahrnehmen kann, zum konditionierten Reiz werden kann* und alles das, was sich auf natürliche Weise bewegt, auch konditioniert werden kann.

Grundlagen des operanten Lernens

Operantes Lernen ist der Prozeß, durch den Verhalten modifiziert oder genauer gesagt die Verhaltenshäufigkeit einer operanten Reaktion durch Umweltmanipulationen kontrolliert werden kann. Für diesen Vorgang gibt es eine einfache empirische Beschreibung: Findet eine operante Reaktion statt und folgt auf sie eine Verstärkung, so erhöht sich die Wahrscheinlichkeit der Verhaltenshäufigkeit dieser Reaktion:

$$R \text{——} S^R.$$

Diejenigen Reaktionen, auf welche angenehme Umweltereignisse folgen, sind wahrscheinlicher und zeigen eine größere Verhaltenshäufigkeit als solche, für die dies nicht zutrifft. Das Konzept der Verstärkung hängt jedoch nicht mit irgendeinem postulierten Triebzustand oder mit „Befriedigung" zusammen. Eine Verstärkung wird ganz einfach empirisch und pragmatisch definiert als ein Reizvorgang, der die Wahrscheinlichkeit der Verhaltenshäufigkeit der Reaktion erhöht. Die Beziehung zwischen der Reaktion und der Verstärkung ist arbiträr und ein Reiz wird nur dann als „Verstärker" (Verstärkung) bezeichnet, *nachdem* gezeigt wurde, daß er die Verhaltenshäufigkeit beeinflußt.

Stimuluskontrolle und diskriminativer Reiz

Da das operante Verhalten kein Lernvorgang ist (der Organismus „weiß" bereits, wie man Laute erzeugt, wie man sich bewegt, wie man etwas berührt, wie man pickt usw.), bezieht sich das Lernen darauf, *wann* eine Reaktion, die verstärkende Konsequenzen hat, ausgeführt wird. Aus der Unzahl der in der Umwelt vorhandenen Reize lernen Menschen und Tiere diejenigen zu identifizieren (zu diskriminieren), die Verstärkung signalisieren, welche sich nach der Ausführung einer bestimmten operanten Reaktion einstellt (vgl. Abb. 5.5). Diese Signale bezeichnen wir als *diskriminative* Reize (in Skinners System symbolisiert als S^D); sie informieren den Organismus darüber, ob ein bestimmtes Verhalten zur Verstärkung führt oder nicht. Ein diskriminativer Reiz setzt also dem Organismus ein Signal, zu welchem Zeitpunkt er „freiwillig" eine operante Reaktion zeigen soll. Dieser diskriminative Reiz löst eine Reaktion nicht aus in dem Sinne, wie ein helles Licht eine Pupillenreaktion auslöst, sondern signalisiert ganz einfach:

„Wenn die Reaktion jetzt erfolgt, wird sie verstärkt".

Eine Ausdehnung des grundlegenden operanten Lernparadigmas, welche diesen diskriminativen Reiz mit einbezieht, lautet: In der Gegenwart eines diskriminativen Reizes folgt auf eine operante Reaktion ein verstärkender Reiz:

$$S^D \text{——} R \text{——} S^R.$$

Wenn die Lichter im Konzertsaal ausgehen, so ist dies der S^D dafür, daß man seinen Platz einnimmt, seine Unterhaltung einstellt, und dem, was jetzt kommt, seine Aufmerksamkeit schenkt. Viele Professoren haben vor einem großen Auditorium Schwierigkeiten mit ihrer Vorlesung zu beginnen, weil sie keinen leicht erkennbaren diskriminativen Reiz benutzen, wie z.B. sich auffällig zum Pult zu begeben und sofort mit ihrer Vorlesung zu beginnen. Dasselbe Problem haben auch viele Studenten bei ihrem ersten Rendezvous. Hier müssen sie lernen, die diskriminativen Reize von seiten ihres Partners zu interpretieren, d.h. sie müssen lernen, *wann* sie tun dürfen, was sie längst können, ohne dafür unangenehme Konsequenzen in Kauf nehmen zu müssen (Peng!).

Psychologen, die sich mit dem operanten Lernen befassen, sind darauf bedacht, Reaktionen

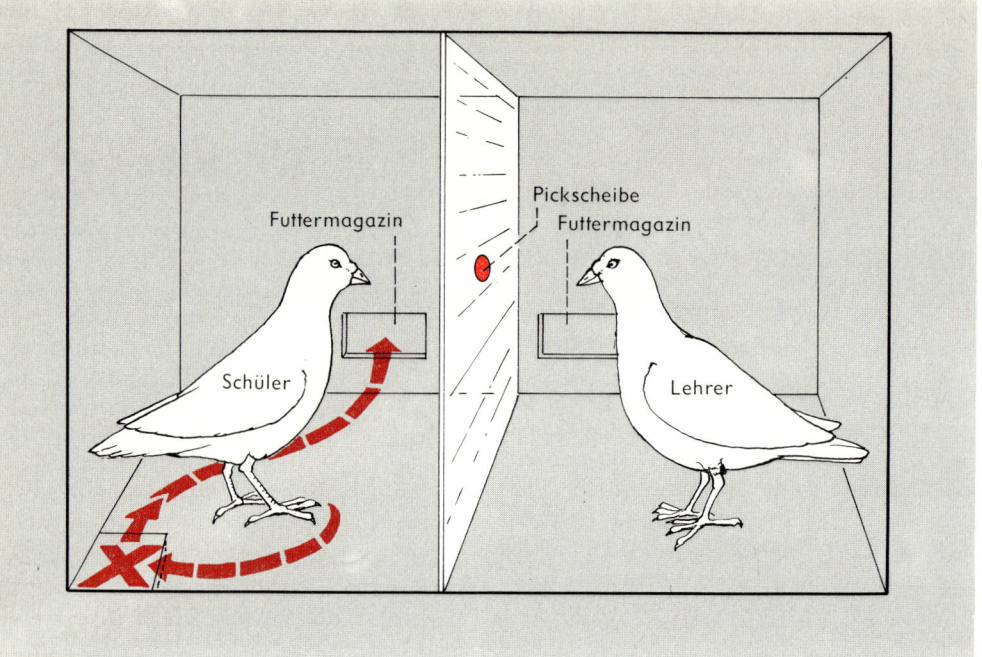

Abb. 5.5. Gegenseitige Verstärkung beim Lernprozeß. Die Entwicklung eines idealen Lehrer-Schüler-Verhältnisses, wobei jeder dem anderen etwas zu geben hat, zeigt das hier beschriebene Experiment. Der Lehrer und der Schüler konnten einander durch eine transparente Scheibe sehen. Wenn der Lehrer auf die Scheibe pickte, fiel Futter in das Futtermagazin des Schülers. Stand der Schüler zur gleichen Zeit auf einem Schalter in der Ecke seines Käfigs, erhielten beide Vögel Futter. Es entwickelte sich bald ein subtiler Interaktionsprozeß, im Verlaufe dessen der Lehrer den Schüler dazu brachte, auf dem Schalter zu stehen. Dann pickte der Lehrer und beide konnten an ihrem Futtermagazin die Belohnung in Empfang nehmen. (Nach Herrnstein 1964)

unter die Kontrolle manipulierbarer Umweltreize zu bringen. Indem sie die Verstärkung kontrollieren, kontrollieren sie die Häufigkeit oder Wahrscheinlichkeit einer Reaktion. Durch die Kontrolle des Zeitpunktes, zu dem der diskriminative Reiz erscheint, kontrollieren sie den Zeitpunkt der Reaktion. Das Verhalten eines Organismus befindet sich also unter „Reizkontrolle", wenn dieser konsistent in Anwesenheit eines diskriminativen Reizes reagiert und keine Reaktionen zeigt, wenn der diskriminative Reiz fehlt. Schenkt ein Organismus einem diskriminativen Reiz Beachtung, so kann man diesen Umstand auch dazu benutzen, dem Organismus Diskriminationen zwischen Reizen – auch solchen, die einander sehr ähnlich sind – beizubringen. Das Vorgehen ist ziemlich einfach: Man verabreicht die Verstärkung, wenn Reaktionen in der Gegenwart des einen Reizes, aber nicht wenn sie in der Gegenwart eines anderen Reizes

gezeigt werden. Somit wird der erste Reiz zum *positiven diskriminativen Reiz* S^D und der zweite zum *Reiz, der Nichtverstärkung* anzeigt (S^d, gesprochen „S delta"). Nach ausgedehntem Diskriminationstraining erfolgen die Reaktionen fast ausschließlich in Gegenwart des S^D. Psychologen benutzen diese Technik, um herauszufinden, ob ein Organismus tatsächlich zwischen verschiedenen Reizen unterscheiden kann, wie z. B. zwischen blau und grün oder Horizontal- und Vertikallinien.

Konditionierte Verstärkungen

Jeder diskriminative Reiz, der vorhersagbar zu einer verstärkten Reaktion führt, kann über kurz oder lang selbst verstärkend wirken, d. h. er kann die Verhaltenshäufigkeit der Reaktion, die ihm folgt, erhöhen. Wenn dies eintritt, so sprechen wir von einem *erlernten Verstärker* oder

Irren mag menschlich sein, ...

Der amerikanische Psychologe Terrace (1963) entwickelte eine Technik für das Diskriminationslernen, bei der die Probanden nie einen Fehler machen, auch nicht während des Initialtrainings. Er trainierte zunächst eine Rot-grün-Diskrimination bei Tauben (für diese Tiere leicht erlernbar) und projizierte dann horizontale Linien über das Rot und vertikale Linien über das Grün (oder umgekehrt). Die Intensität des roten und grünen Lichts wurde langsam abgeschwächt, so daß am Ende nur noch die horizontalen und vertikalen Linien übrigblieben. Auf diese Weise gelang es ihm, Tauben eine Horizontal-vertikal-Diskrimination anzutrainieren, ohne daß diese auch nur einen Fehler machten.

Die Entdeckung von Terrace ist aus zweierlei Gründen wichtig:

a) Lernen, das auf diese Weise antrainiert wurde, ist später stabiler; mit dieser Technik lassen sich

b) Diskriminationen trainieren, die man früher für unmöglich hielt. So brachten Sidman u. Stoddard (1969) geistig Behinderten Diskriminationen bei, von denen man geglaubt hatte, daß sie weit über ihren Fähigkeiten lägen.

---

von *sekundärer Verstärkung.* Wenn Sie also z. B. Ihrem Baby zulächeln, während es auf Sie zukrabbelt und ihm dann ein Bonbon geben, so kann dieses Lächeln auch in Abwesenheit des Bonbons zur sekundären Verstärkung werden und dazu führen, daß das Baby häufiger auf Sie zukrabbelt.

In der westlichen Welt sind solche sekundären Verstärker bei der Verhaltenskontrolle tatsächlich viel wichtiger als die primären Verstärker, die (wie z. B. Nahrungsaufnahme) zu biologischen Konsequenzen führen. Bedenken Sie nur, wie viele Reaktionen Sie zu zeigen gewillt sind, um ein rechteckiges bunt bedrucktes Stück Papier (Banknote) zu bekommen, aus dem Sie milde ein älterer Herr anschaut.

Lächeln, Zunicken, leichtes Klopfen auf die Schulter und Geld gehören zu einer Klasse von generalisierten erlernten Verstärkern, die imstande sind, eine große Anzahl von Reaktionen zu kontrollieren. Solche Verstärkungen tragen die Last der menschlichen sozialen Interaktion und überbrücken die Kluft zwischen dem Verhalten und seiner später möglicherweise folgenden primären Verstärkung. Manche Leute behandeln diese erlernten Verstärker, als hätten sie biologische Signifikanz, schätzen sie um ihrer selbst willen und beginnen sie zu horten. Kennen Sie solche Leute?

Obgleich die Wirkung solcher erlernter Verstärker bezüglich des Lernens variabler ist als die der primären Verstärker, sind sie doch in der Schulsituation oder im Experiment häufig wirksamer, und zwar

- weil sie schnell angewendet werden können,
- weil man sie überall bei sich hat,
- weil fast jede vorhandene Reizsituation als Verstärker gebraucht werden kann,
- weil sie häufig nicht zu Übersättigung führen und
- weil ihr verstärkender Einfluß schneller wirkt, da er nur von der Wahrnehmung und nicht von der biologischen Verarbeitung der primären Verstärker abhängig ist.

In einem späteren Kapitel werden wir sehen, daß das Prinzip der Münzverstärkung, bei dem Münzen später für eine Reihe Verstärkungen (wie z. B. Zigaretten, Bonbons usw.) umgetauscht werden können, heute in vielen Verhaltensmodifikationsprogrammen bei Menschen Anwendung findet.

Verhältnis zwischen der Reaktion und der Verstärkung (Kontingenz)

Zu dem Zeitpunkt, zu dem Sie reagieren, ereignen sich viele Dinge in Ihrer Umwelt. Die Umwelt verändert sich ständig, auch wenn Sie nicht darauf reagieren. Wie können Sie dann wissen, welche Ereignisse von Ihrem Verhalten beeinflußt werden? Es herrscht allgemeine Übereinstimmung darüber, daß ein Ereignis in der Umwelt mit dem Verhalten zusammenhängt, wenn die Wahrscheinlichkeit sehr groß – aber nicht unbedingt 100% – ist, daß dasselbe Ereignis immer auf dasselbe Verhalten folgt.

Dieses Verhältnis zwischen der Reaktion und der Verstärkung *(Kontingenz)* ist wahrscheinlich das wichtigste Konzept des operanten Lernens. Durch die Manipulierung des Verhältnisses zwischen der Reaktion und der Verstärkung sind wir in der Lage, die Auftretenswahrscheinlichkeit eines bestimmten Verhaltens zu manipulieren. Dies geschieht, indem wir Zeitfaktoren und Häufigkeitsfaktoren von Verstärkungen verändern, d. h. daß die Verstärkung nur dann angewendet wird, wenn die erwünschten Reaktionen gezeigt werden, nicht zu irgendeinem anderen Zeitpunkt. Wenn also eine Verstärkung nur einer gewünschten Reaktion folgt, so erhöht sich dadurch die Wahrscheinlichkeit des Auftretens dieser Reaktion.

Psychologen, die sich näher mit dem operanten Lernen befassen, nehmen an, daß jede Reaktion, die sich häufig wiederholt, auf irgendeine Art und Weise verstärkt wird. Die Verstärkung ist abhängig von der Reaktion, wie unerwünscht, irrational oder sogar bizarr diese auch erscheinen mag (unter gewissen Umständen der reagierenden Person sogar Schaden zufügt). Zum Verständnis der Reaktion ist es wichtig, die Verstärkung zu entdecken. Diesen Aufklärungsvorgang bezeichnet man als *experimentelle Analyse des Verhaltens* (im klinischen Bereich als „*Verhaltensanalyse*").

Um Verhalten zu ändern, müssen neue Verstärkungsbedingungen festgelegt werden. Diese machen die Verstärkung abhängig von erwünschtem Verhalten und verhindern die Verstärkung von unerwünschtem Verhalten, welches eliminiert werden soll. So werden z. B. Eltern angewiesen, anstatt ihrem weinenden Kind Aufmerksamkeit zu schenken (und dadurch sein Verhalten, d. h. sein Weinen, zu verstärken), nur erwünschtes Verhalten zu verstärken und dies nur dann, wenn das Kind nicht weint.

Später werden wir uns eingehender mit diesen Methoden befassen. Im Moment ist es wichtig festzustellen, daß dieser Ansatz, im Gegensatz zu anderen innerhalb der Psychologie, die Ursache des erlernten Verhaltens in beobachtbaren und definierbaren Ereignissen in der Umwelt sieht und nicht in geistigen Vorgängen, Persönlichkeitsstrukturen oder anderen inneren Zuständen.

Es gibt 5 mögliche Zusammenhänge zwischen Reaktionen und Verstärkung – 3 von ihnen erhöhen die Verhaltenshäufigkeit und 2 führen zu einer verringerten Verhaltenshäufigkeit. Die Verhaltenshäufigkeit wird erhöht, wenn auf die Reaktion

1. ein positiver Verstärker folgt,
2. die Flucht vor einem aversiven Reiz möglich gemacht wird oder
3. die Vermeidung eines aversiven Reizes stattfinden kann.

Die Verhaltenshäufigkeit wird geringer, wenn auf die Reaktion

4. ein aversiver Reiz (Bestrafung) folgt oder
5. wenn keine Verstärkung auf die Reaktion folgt (Abschwächung).

Diese 5 Beziehungen sind im folgenden („Unter der Lupe", S. 195) dargestellt (s. dazu auch Lefrançois 1976).

Zufälligkeit und abergläubisches Verhalten

Die Annahme, daß eine bestimmte Beziehung zwischen Reaktionen und den darauffolgenden Reizen besteht, wenn in Wirklichkeit gar keine Verbindung vorhanden ist, ist einer der faszinierendsten Aspekte des Lernverhaltens. Stellen Sie sich vor, der Tennisspieler, der sich für das Spiel anzieht, zieht zuerst seinen linken Socken, dann seinen rechten Socken, dann seinen rechten Schuh und zuletzt seinen linken Schuh an. Er geht auf den Tennisplatz und gewinnt das Spiel. Das nächste Mal zieht er Socken und Schuhe in einer anderen Reihenfolge an und verliert das Spiel. Nur ein „Lerndurchgang" brachte diesen Tennisspieler dazu anzunehmen, der Ausgang des Spieles hänge von der Reihenfolge, in der er seine Socken und Schuhe anzieht, ab.

Nehmen wir ein anderes Beispiel. Ein Mann, der sich selbst Orpheus nennt, sagt uns, er habe die Macht, durch sein Singen die Sonne aufgehen zu lassen. Da wir skeptisch sind, verlangen wir von ihm eine Demonstration dieser Umweltkontrolle. Etwa um 5 Uhr früh hebt Orpheus zu singen an, und bald darauf geht die Sonne auf. Er kann diese Vorführung täglich wiederholen und uns zeigen, daß auf sein Verhalten hin immer eine bestimmte Veränderung in der Umwelt stattfindet. Nun schlagen wir ihm einen anderen Test vor: Er soll das Singen unterlassen und dann schauen, ob die Sonne nicht trotzdem aufgeht. Aber Orpheus muß einen solchen Test zurückweisen. Die Konsequenz seines Nichtsingens würde sicherlich sein, daß die Sonne nicht

Unter der Lupe

Fünf Beziehungen zwischen der Reaktion und der Verstärkung

1. Belohnungslernen erhöht die Verhaltenshäufigkeit

S^D	R	$\rightarrow S^{R+}$
Diskrimina-tiver Reiz (Coca-Cola-Automat)	Operante Reaktion (Münze ein-werfen)	Positive Verstärkung (Coca Cola trinken und Durst löschen)

2. Fluchtlernen erhöht die Verhaltenshäufigkeit

S^D	R	$\rightarrow S^{R-}$	Man entrinnt einer unangenehmen Situation (S^D), indem man eine bestimmte operante Reaktion durchführt. Die Flucht vor der unan-genehmen Situation wirkt verstärkend.
Diskrimina-tiver Reiz (Hitze)	Operante Reaktion (sich kalte Luft zu-fächeln)	Negative Verstärkung (Abkühlung)	

3. Vemeidungslernen erhöht die Verhaltenshäufigkeit

S^D	R	$\rightarrow S^{R-}$	Ein Reiz (S^D) signalisiert ein späteres unange-nehmes Ereignis. Die Vermeidungsreaktion führt zur Absicherung vor diesem Ereignis. In Tierexperimenten ist der S^D zumeist ein Si-gnal für Schock.
Diskrimina-tiver Reiz (Fliegeralarm im 2. Welt-krieg)	Operante Reaktion (in den Bunker laufen)	Negative Verstärkung (Bomben ver-meiden)	

4. Bestrafung verringert die Verhaltenshäufigkeit

S^D	R	$\rightarrow S^A$	Bei der Bestrafung kann der Organismus dem aversiven Reiz weder entfliehen, noch ihn vermeiden. Der aversive Reiz folgt immer auf die bestimmte Reaktion.
Diskrimina-tiver Reiz (attraktive Streichholz-schachtel)	Operante Reaktion (Streich-holz an-zünden)	Aversiver Reiz (Finger ver-brennen)	

5. Abschwächung verringert die Verhaltenshäufigkeit

	R	$\rightarrow$ $\not{S^R}$	Eine operante Reaktion, die *nicht* (mehr) ver-stärkt wird, verändert sich zunächst in ihrer Ausdrucksform und verschwindet dann all-mählich ganz.
	Operante Reaktion	Keine Verstärkung	

---

aufgeht. Da er dies der Menschheit nicht antun kann, kann er es sich auch nicht leisten, nicht zu singen.

Dieses Beispiel zeigt, wie eine *zufällige* Bezie-hung zwischen Verhalten und Verstärkern die Wahrscheinlichkeit einer operanten Verhaltens-weise erhöht. Das Ritual, welches Spieler vor-nehmen, wenn sie z. B. würfeln, zeigt, daß sol-che Verhaltensweisen erlernt sind. Diese zufäl-lig konditionierten Reaktionen bezeichnen wir als *abergläubisches Verhalten*.

Wenn die Umweltkonsequenzen für den Einzel-menschen oder die Gruppe lebenswichtig sind, dann ist es sehr schwierig, abergläubisches Ver-halten zu löschen. Dafür gibt es 2 Gründe. Erstens, wie im Falle von Orpheus, ist das Risiko, die Reaktion nicht zu zeigen (wenn die Verbindung tatsächlich auf Kausalität beruht), größer als der Vorteil, der aus der Beobachtung resultieren würde, daß das eigene Verhalten mit der ganzen Sache nichts zu tun hat. Zweitens, wenn der einzelne tatsächlich an seinem Aberglauben festhält, dann kann der Versuch, ihn davon abzubringen, andere Veränderungen in seinem Verhalten hervorrufen, die den entsprechenden Vorgang direkt beeinflussen können. Man kann dies manchmal bei Studenten beobachten, die zu Prüfungen immer mit demselben Kugelschreiber oder derselben Hose erscheinen. Geht der Kugelschreiber verloren oder ist die Hose zufällig in der Reinigung, dann schneiden sie möglicherweise in der Prüfung tatsächlich schlecht ab, weil sie sich zu sehr mit dem Nichtvorhandensein des Talismans und der sich daraus ergebenden „Pechsträhne" befassen und einen schlechten Ausgang der Prüfung erwarten.

Die Entwicklung abergläubischer Verhaltensweisen kann im Labor sehr einfach demonstriert werden. Eine hungrige Taube kommt in einen Versuchskäfig, dessen Futtermechanismus automatisch alle 15 s eine Futterpille auswirft, ohne Rücksicht darauf, was die Taube tut. Die Reaktion, die die Taube gerade bei Erscheinen der Futterpille zeigt, wird verstärkt und die Auftretenswahrscheinlichkeit der Reaktion dadurch erhöht. Bei den verschiedenen Versuchstieren zeigen sich verschiedene stereotype Verhaltensmuster: z.B. 3mal links herumdrehen, bevor man zum Futtermagazin geht, bizarre Flügelstellungen, ungewöhnliche Kopfbewegungen usw.

Skinner-Box und Additivschreiber

Um die Reizbedingungen, die die Verhaltenshäufigkeit operanter Reaktionen modifizieren, näher zu untersuchen, sind Spezialapparaturen, elektronische Versuchssteueranlagen und besondere Registriergeräte entwickelt worden.

Die Apparatur, die unter dem Namen *Skinner-Box* bekannt wurde, ist eine stark vereinfachte reizarme Umwelt, in der verschiedene diskriminative Reize untersucht werden können, ohne daß ablenkende, konkurrierende oder irrelevante Reize, die normalerweise in der Umwelt des Organismus vorkommen, stören. Licht, Farbreize oder geometrische Figuren sind typische S^D (für die Untersuchungen an Tauben) und werden auf besonderen Pickscheiben dargeboten. Die operante Reaktion, die aus dem Picken oder einem Hebeldruck besteht, kommt unter die Kontrolle dieser Reize, da sie die

einzig wahrnehmbaren Reize in dieser Umwelt darstellen. Ein Futter- oder Wassermagazin und ein Signallicht vervollständigen die Skinner-Box.

Elektronische *Versuchssteueranlagen* sorgen dafür, daß die Darbietung der Reize, die Registrierung der Reaktionen und die Auslösung des Futterspenders präzise ablaufen und sind in der Lage, eine große Anzahl verschiedener Verstärkungsprogramme zu kontrollieren.

Die Verhaltenshäufigkeit wird mit Hilfe eines *Additivschreibers* registriert. Diese Apparatur zeichnet jede einzelne Reaktion auf und summiert diese (kumulativ) über bestimmte Zeitperioden hinweg auf. Ein Stift oder eine Schreibfeder gleitet über eine Papierrolle und registriert die Reaktionen automatisch: bei jeder Reaktion bewegt sich der Stift etwa 1 mm nach oben. Je mehr Reaktionen innerhalb einer Zeitperiode gezeigt werden, um so häufiger bewegt sich der Stift nach oben. Am unteren Ende des Papiers registriert eine automatisch eingestellte Feder die Zeit. Je größer die Verhaltenshäufigkeit, um so steiler ist die dargestellte Kurve und umgekehrt (Abb. 5.6).

Es ist auch möglich, an der Form (Topographie) der kumulativen Kurve Veränderungen der Verhaltenshäufigkeit innerhalb eines bestimmten Intervalls abzulesen. So ist die Kurve während der Phase des Antrainierens sehr flach und unregelmäßig; es zeigen sich viele Pausen zwischen den einzelnen Reaktionen. Während dieser Pausen bewegt sich der Stift horizontal über das Papier. Wenn Lernen stattgefunden hat, zeigt die kumulative Kurve weniger Variabilität und wird steiler. Ein geübter Beobachter kann so die Reaktionskurve eines Versuchstieres wie ein Röntgenbild lesen. Dabei kann er z.B. die Wirkung verschiedener Verstärkungsprogramme während bestimmter Zeitperioden feststellen.

Verstärkungsprogramme

Jede Verstärkung ist ein Teil eines Verstärkungsprogramms, gleich ob dieses systematisch oder unsystematisch arrangiert ist. Die Verhaltensmodifikation erfordert, daß das *Verstärkungsprogramm*, welches gegenwärtig das Verhalten eines Individuums kontrolliert, entdeckt und verändert wird (vgl. Abb. 5.7).

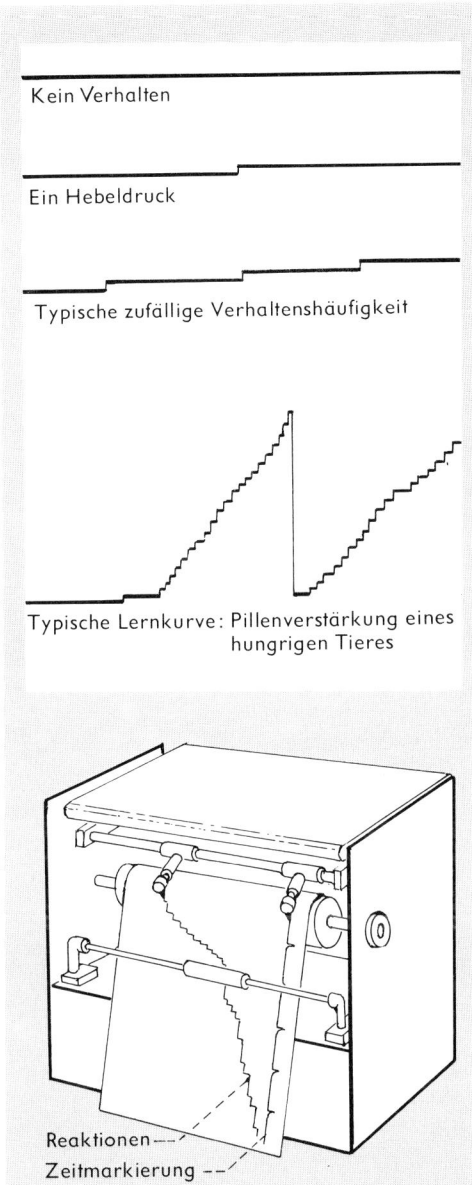

Kein Verhalten

Ein Hebeldruck

Typische zufällige Verhaltenshäufigkeit

Typische Lernkurve: Pillenverstärkung eines
hungrigen Tieres

Reaktionen ---
Zeitmarkierung ---

Abb. 5.6. Additivschreiber und kumulative Verhaltenskurven. (Nach Angermeier 1976)

Als der junge Skinner vor vielen Jahren in seinem Laboratorium arbeitete, kam er zufällig auf eine wichtige Entdeckung: Unter bestimmten Umständen führt weniger Verstärkung zu einer höheren Verhaltenshäufigkeit. Da er nicht genügend Futterpillen auf Vorrat hatte, entschied sich Skinner, nur jede zweite Reaktion seiner Versuchstiere zu verstärken. Für die An-

eignung des Verhaltens schien diese Maßnahme keine Rolle zu spielen: *intermittierende (gelegentliche, partielle) Verstärkung* war genauso wirksam wie *kontinuierliche Verstärkung* (eine Reaktion – eine Futterpille). Aber die wichtige Entdeckung kam erst während der Abschwächung. Nach Anwendung gelegentlicher Verstärkung zeigten die Tiere einen viel größeren Extinktionswiderstand! Nachdem ihr Verhalten während des Trainings nur gelegentlich verstärkt wurde, zeigten sie während der Abschwächung (keine Verstärkung) eine viel höhere Verhaltenshäufigkeit als sonst in der Extinktionsphase üblich. Dieser „partielle Verstärkungseffekt" ist reliabel. Man hat ihn wiederholt bei vielen Tieren und auch beim Menschen beobachtet.

Dies bedeutet wiederum, daß man die Verstärkung eines bestimmten Verhaltens so programmieren soll, daß dieses nur ab und zu verstärkt wird, was sich dann als vorteilhaft erweist, wenn man nicht immer anwesend sein kann, um die Verstärkung zu veranlassen. Da wir nun wissen, daß nicht nur kontinuierliche Verstärkung (1:1) imstande ist, Reaktionen zu kontrollieren, können wir uns den Wirkungen verschiedener Verstärkungsprogramme zuwenden.

Quotenprogramme

Wie wir gesehen haben, ist eine „Reaktion" manchmal ein Teil einer Klasse von Reaktionseinheiten, die allesamt gezeigt werden müssen, bevor eine Verstärkung eingesetzt wird. Wenn immer die gleiche Anzahl von Verhaltensweisen zu einer Verstärkung führt (wie z.B. bei der Akkordarbeit), so bezeichnen wir dieses Programm als ein fixiertes Quotenprogramm (Synonym: fixiertes Ratenprogramm, FR). Im Laboratorium können wir z.B. eine Taube dazu bringen, eine Pickscheibe von 2- bis über 100mal zu picken, bevor wir diese Verhaltensweise verstärken. FR-25 bedeutet z.B., daß eine Verstärkung für jeweils 25 Verhaltensweisen eingesetzt wurde. FR-Verstärkungsprogramme führen zu einer sehr hohen Verhaltenshäufigkeit im Laboratorium, wie die in der Abb. 5.6 gezeigten kumulativen Kurven beweisen. Anhand solcher Verstärkungsprogramme lernt ein Versuchstier das Zählen.

Aber das Leben fordert von uns nicht nur Verhaltensweisen nach einem FR-Verstärkungspro-

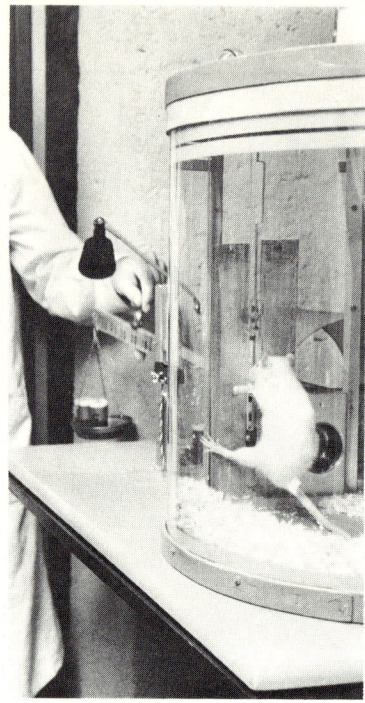

Abb. 5.7. Herkules der Gewichtheber. Zunächst gab es nach jeder Bewegung der hungrigen Ratte in Richtung Futternapf ein lautes „Klick", ein Lichtsignal über dem Futternapf und eine Futterpille. Sobald das Tier mit dem Futtermagazin vertraut war, wurde sein Verhalten (Körperbewegungen in Richtung Hebel) verstärkt, dann nur, wenn es diesen berührte, und schließlich, wenn es ihn herunterzog. Als diese Phase beendet war, wurde die Kraft, mit der der Hebel heruntergezogen werden mußte, Schritt für Schritt erhöht, indem man auf die Waagschale am anderen Ende des Hebels immer schwerere Gewichte legte. Durch diese stufenweise Anäherung an die gewünschte Reaktion war die 250 g schwere Ratte innerhalb weniger Stunden in der Lage, 515 g zu heben

„Gib's weiter: heute ist FR-25 dran!"

gramm. Oft ist die Welt wie ein Glücksspielautomat, und man weiß nicht, wann die Verstärkung (z.B. „große Serie") ausgegeben wird. Wird z.B. *im Durchschnitt* jede 25. Reaktion verstärkt, so sprechen wir von einem variablen Quotenprogramm (Synonym: variables Ratenprogramm). Solche Programme sorgen bei Glücksspielen dafür, daß der Spieler auch größere „Pechsträhnen" überwindet.

Intervallprogramme

Manchmal sind für die Verstärkung eines bestimmten Verhaltens weniger die Art und Intensität der zu erbringenden Lernleistung als vielmehr der Zeitpunkt der Stimulation und deren Dauer von ausschlaggebender Bedeutung.
Bei Intervallprogrammen wird die initiale Verhaltensweise nach Ablauf einer bestimmten Zeit

Operantes Verhalten (Lernen am Erfolg) (Angermeier 1976)

1. Akquisition des operanten Verhaltens

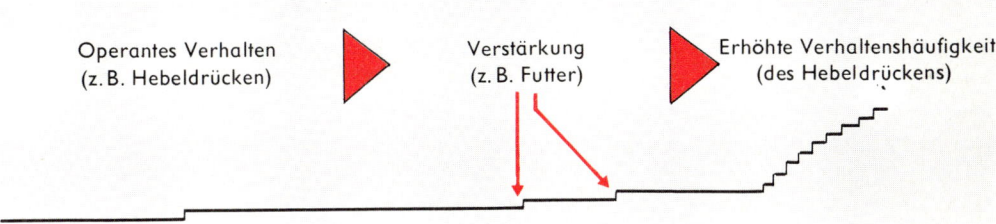

Während der Akquisition des operanten Verhaltens müssen die Reaktionen kontinuierlich und
unmittelbar verstärkt werden. Nur dadurch

kommt die erwünschte erhöhte Verhaltenshäufigkeit zustande.

2. Erhaltung des operanten Verhaltens

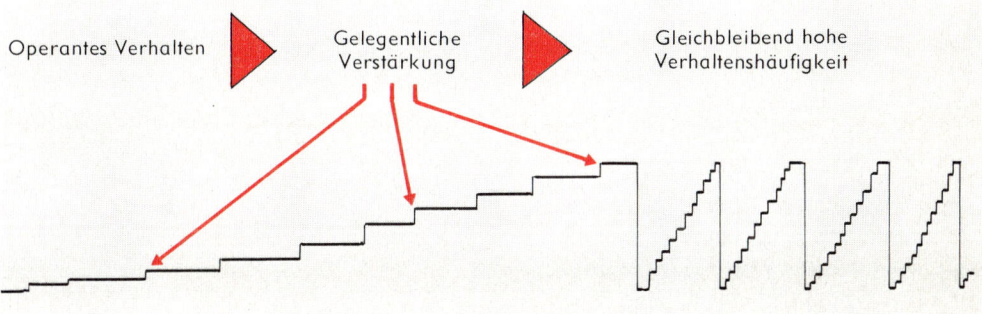

3. Extinktion (Abschwächung) des operanten Verhaltens

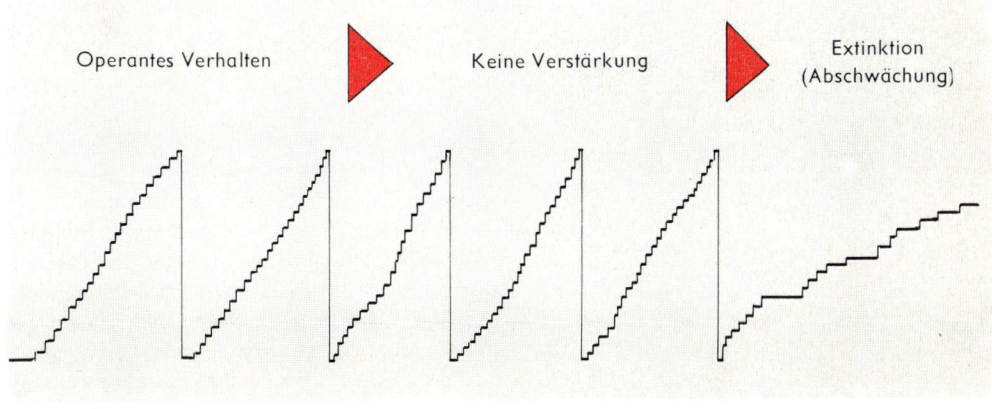

verstärkt. Theoretisch ließe sich das Verhalten einer Taube mit einem *fixierten Intervallprogramm* (FI) von „einer Minute zu eins" dadurch verstärken, daß das Tier – genau nach 1 min – nur einmal an die Pickscheibe pickt.

Die Meßergebnisse eines FI stellen sich in einer typischen treppenförmigen Kurve dar. Nach jeder verstärkten Reaktion verringert sich zunächst die Verhaltenshäufigkeit, ehe sie sich kurz vor dem Einsatz der jeweils folgenden Verstärkung wieder erhöht. Es ist anzunehmen, daß die Versuchstiere hierbei Zeitintervalle abschätzen lernen.

Alle Arbeitssysteme, die lange FI-Verstärkungsprogramme benutzen, müssen sich irgendeine Überwachungsmethode einfallen lassen, da sonst während der Zeitintervalle keine Arbeit verrichtet wird; der typische „blaue Montag" ist ein Beispiel dafür.

Wird das Zeitintervall – ähnlich wie beim Quotenprogramm – variabel gestaltet, so sprechen wir von einem *variablen Intervallprogramm* (VI). Bei einem VI-Verstärkungsprogramm von „zwanzig Sekunden zu eins" können wir z.B. die Verstärkung einmal nach 12 s und ein anderes Mal nach 28 s (12 + 28 = 2 · 20) einsetzen. Dieses Verstärkungsprogramm trifft für viele Schauspieler zu, aber auch für Angler, die nebenbei noch lernen, „sich in Geduld zu üben".

Wir haben hier nur die wichtigsten Verstärkungsprogramme beschrieben. Darüber hinaus gibt es eine Reihe von gemischten und komplexen Verstärkungsprogrammen. Alle diese Programme sorgen dafür, daß eine hohe Verhaltenshäufigkeit über lange Zeit erhalten bleibt. Man kann Verstärkungsprogramme auch dazu benutzen, Verhalten zu hemmen oder es völlig zu unterdrücken, wobei Abwarten oder Nichtausführen der Reaktion belohnt werden. So lernten z.B. Tiere, mit einer bestimmten Geschwindigkeit durch das Labyrinth zu laufen, was eine unmittelbare und quantitativ umfangreiche Verstärkung nach sich zog (Logan 1960, 1972). Es gibt Hinweise darauf, daß Vpn nicht nur eine persönliche Lerngeschwindigkeit haben, sondern auch lernen, welche Lerngeschwindigkeit positiv mit Verstärkung korreliert.

Verstärkungsverzögerung

Wie immer das Verstärkungsprogramm aussehen mag, fest steht: Die Wirksamkeit der Verstärkung hängt davon ab, daß sie unmittelbar nach der gezeigten Reaktion angewandt wird. Verstreicht zwischen der Reaktion und der Anwendung der Verstärkung zu viel Zeit, so kann es vorkommen, daß die Verstärkung völlig *unwirksam* wird: Zu späte Verstärkung ist schlechter als gar keine! Man sollte annehmen, daß Erzieher dieses einfache Prinzip beherrschen, aber häufig ist dies nicht der Fall. Zu oft kommt die Verstärkung im Klassenzimmer lange nachdem die Arbeit verrichtet wurde, und selbst dann besteht sie zumeist nur aus einer allgemeinen Beurteilung und nicht aus einer informativen Rückkoppelung für ein spezielles Verhalten.

In Lernsituationen, in denen eine Verstärkungsverzögerung unvermeidbar ist, kann der Lehrer dennoch seine Schüler „bei der Stange halten".

1. Die richtigen (gewünschten) Reaktionen sollen so klar und unzweideutig definiert sein, daß sowohl der Lehrer als der Schüler diese auch erkennen, wenn sie stattfinden.
2. Die Beziehung zwischen der Verstärkung und einer bestimmten Verhaltensweise soll nie arbiträr oder zufällig, sondern immer vorhersagbar sein.
3. Sprachliche und andere Hinweise können als symbolische Verbindung zwischen späterer Belohnung und der früher stattgefundenen Reaktion dienen.
4. Sekundäre Verstärker können primäre Verstärker ersetzen.

Neue Reaktionen durch operantes Lernen

Da nur eine Verhaltensweise, die tatsächlich stattfindet, verstärkt werden kann, könnte man denken, daß es vielleicht unmöglich sei, Verstärkung auf Verhalten anzuwenden, das noch nicht stattgefunden hat oder in jedem Fall zum gewünschten Zeitpunkt nicht stattfindet. Dem ist jedoch nicht so. Es gibt verschiedene Möglichkeiten, eine erwünschte Reaktion hervorzurufen, egal ob es sich um eine Reaktion handelt, die im Verhaltensrepertoire des Organismus vorhanden ist, aber gerade nicht gezeigt wird, oder ob es sich um eine neue Reaktion handelt, die der Organismus nie zuvor gezeigt hat.

Unter der Lupe

Langzeitgedächtnis bei Tieren

Im folgenden geben wir ein Beispiel für eine experimentelle Gedächtnisstudie an Tieren (Angermeier u. Bednorz, in Vorb.). Es sind wichtige Studien über das Langzeitgedächtnis (LZG) beim Menschen (u.a. Jenkins u. Dallenbach 1924; s. S. 262) und beim Tier (u.a. Minami u. Dallenbach 1946; s. S. 262) durchgeführt worden. „Unter der Lupe", S. 260, stellen wir die Untersuchungen von Ebbinghaus vor. Glauben Sie, daß es möglich ist, die Methode von Ebbinghaus auch im Tierversuch anzuwenden? Ebbinghaus prüfte sich selbst nach unterschiedlichen Zeitintervallen, um festzustellen, wieviel des Erlernten er zu bestimmten Zeitpunkten noch *behalten* hatte. Man könnte nun aber, mit einer leichten Veränderung seiner Methode, darangehen und fragen, wieviele Wiederholungen eines einfachen Lernvorgangs für ein Tier notwendig sind, um die gestellte Aufgabe 1, 2 oder 4 Tage später *ohne zusätzliches Lerntraining* unmittelbar durchführen zu können. Dies würde dann bedeuten, daß die Aufgabe und ihre Lösung im LGZ gespeichert sein müssen und daß die Anzahl der Wiederholungen dieser Aufgabe während des Lernens die Anforderung des LZG darstellt, die für diese Speicherung erfüllt sein muß.

Wir haben eine Reihe solcher Untersuchungen an Fischen, Ratten, Tauben und Hühnern durchgeführt. Dabei wurden Gruppen von Tieren benutzt, die am Tag 1 entweder 1, 2, 3, 4 oder bis zu 18 belohnte Reaktionen zeigten und dann 1, 2 oder 4 Tage später – dann ebenfalls wieder hungrig (23 h ohne Futter) – auf das Behalten der Aufgabe hin geprüft wurden. Die Tabelle zeigt die Ergebnisse dieser Untersuchungen.

Aufgrund dieser Ergebnisse stellen die Autoren fest, 1. daß man die Anforderungen an das LZG bei Tieren genau bestimmen kann, 2. daß diese Anforderungen bei den hier untersuchten Klassen von Tieren dasselbe Verhältnis zum Lernkriterium aufwiesen wie die Anforderungen belohnter Reaktionen/Lernkriterium (s. „Unter der Lupe", S. 204) und 3. daß man von diesen Ergebnissen auf die erforderliche Anzahl von belohnten Reaktionen bis zum Erreichen des Lernkriteriums und umgekehrt schließen kann. Wenn man z.B. die durchschnittlichen Zeitintervalle zwischen den einzelnen belohnten Reaktionen aufzeichnet (in der folgenden Abb. für 124 Hybridenhühner dargestellt), so kann man aus der graphischen Darstellung sogar ablesen, wann das Tier gelernt hat. Die Kurve nähert

n	Art	Belohnte Reaktionen am Tag 1	Zusätzliche durchschnittliche Lernzeit am Tag 2, 3 oder 5 bis zum Erreichen des Lernkriteriums (in min)
		Vögel	
15	Hybridenhühner	1	3,9
11	„	2	0,9
10	„	3	0,4
11	„	4	0,0
8	Tauben	4	0,4[a]
		Säugetiere	
16	Ratten	18	0,0
		Fische	
10	Goldfische	1	0,3[a]

[a] Keine Lernzeit sondern Adaptationszeit an die Apparatur. Nach dieser angegebenen durchschnittlichen Zeit haben die Tiere innerhalb von 1 min das Lernkriterium erreicht

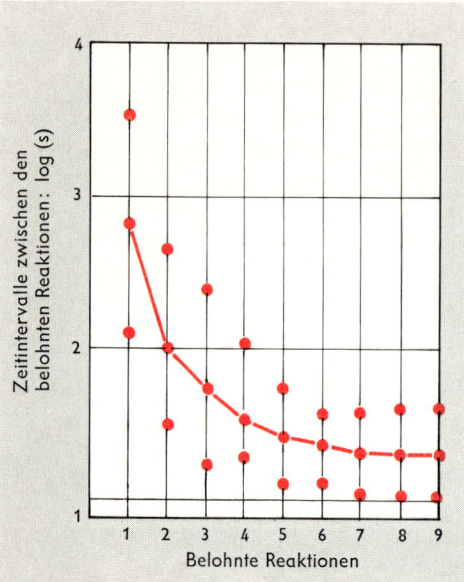

Lerntraining mit Hybridenhühnern (n = 124). (*Linie* Mittelwerte, *Punkte* Standardabweichung; log 1 = 10 s, log 2 = 100 s, log 3 = 1000 s, log 4 = 10000 s)

sich der Abszisse und verläuft dann in etwa parallel zu ihr. An der Stelle, wo der Knick erscheint, hier nach 4 Belohnungen, hat das Tier die Aufgabe erlernt. Der parallele Verlauf deutet lediglich an, daß eine optimale Durchführung der Lernaufgabe stattfindet und anscheinend keine weitere Verbesserung (zeitlicher oder mechanischer Art) möglich ist.

Versuch und Irrtum

Wenn z. B. mehr als die Hälfte der Schüler einer Klasse unter dem Notendurchschnitt liegt (die erwünschten Leistungen also nur von wenigen erbracht werden), so ließe sich dieser Zustand zwar durch Minderung der Anforderungen (Änderung der Benotung) beheben, aber in der Regel wird der Lehrer versuchen, durch geschickten Einsatz der Verstärkung im Versuch- und-Irrtum-Lernprozeß der Schüler eine Anhebung des Leistungsniveaus zu erreichen.

Vergleich zwischen klassischer Konditionierung und operantem Lernen

Es sollte jetzt klar sein, daß der unkonditionierte Reiz (UCS) beim klassischen Konditionieren der positiven oder negativen Verstärkung (S^R) des operanten Lernens insofern gleicht, als beide Reize Reaktionen verstärken. Ebenso erfüllt der konditionierte Stimulus (CS), der bei der klassischen Konditionierung den UCS ersetzt, dieselbe Funktion wie die erlernten oder sekundären Verstärker beim operanten Lernen.

Das Ganze wird jedoch komplizierter, wenn wir den folgenden Sachverhalt betrachten. Nehmen wir an, Sie seien ein Säugling. Während der Nahrungsaufnahme lacht Ihre Mutter Sie an, gibt Ihnen dann einen Löffel zu essen, bei Ihnen kommt es zu einer Speichelabsonderung, Sie essen die Nahrung und lachen zufrieden zurück. Es scheint, als könne man aus dieser Situation folgendes klassisches Konditionierungsprogramm entwickeln: Lächeln der Mutter (CS) – Nahrung (UCS) – Speichelabsonderung (UCR). Dies führt letztlich zur Speichelabsonderung (CR) als Reaktion auf das Lächeln der Mutter, lange bevor die Nahrung aufgenommen wird.

Aber wie sieht das ganze aus Ihrer Perspektive (Säugling) aus? Wäre es nicht möglich, daß Sie gelernt haben zu glauben, daß Ihre Speichelabsonderung, Ihr Lächeln und Schlucken usw. dazu führen, daß Ihnen Nahrung zugeführt wird? Wenn Sie erst einmal konditioniert sind, dann lautet die Sequenz: Lächeln der Mutter – Ihre Reaktion – Nahrung erscheint im Blickfeld. Was Sie (Säugling) anbetrifft, so handelt es sich hier um operantes Lernen, auch wenn Ihre Mutter es als klassische Konditionierung betrachtet. Tatsächlich verhalten Sie sich wie Orpheus in unserem früher gegebenen Beispiel über das abergläubische Verhalten. Sie handeln so, *als wäre* die Verstärkung abhängig von Ihrem eigenen Verhalten (auch wenn dies nicht zutrifft) und Sie betrachten das Lächeln der Mutter als einen diskriminativen Reiz, der dann zum Ablauf des R-S^R-Prozesses führt, und Sie sehen einfach nicht den CS, der eigentlich beabsichtigt war. Man könnte Sie natürlich davon überzeugen, daß Ihr Lernparadigma falsch sei und daß Sie in jedem Falle Ihr Essen bekommen. Aber wer tut das schon bei einem hungrigen, gutkonditionierten, lächelnden Baby? Also was geht hier eigentlich vor: klassisches Konditionieren oder operantes Lernen?

Operante Beeinflussung klassisch konditionierter Reaktionen

Klassisch konditionierte Reaktionen (respondentes Verhalten) sind Verhaltensweisen, die mit dem biologischen Überleben des Organismus eng zusammenhängen. Zu den Reaktionen, die uns am Leben erhalten und sich gewöhnlich unwillkürlich (d. h. nicht bewußt beeinflußt) abspielen, gehören u. a. Verdauung, Speichelabsonderung, Erweiterung und Kontraktion der Blutgefäße, Schweißabsonderung, Veränderung der Herzfrequenz, Blutdruck, Körpertemperatur, Atmung, die Funktionen der Leber und der Niere. Alle diese Funktionen werden uns nur selten bewußt, es sei denn, wir haben Asthma, hohen Blutdruck, Magenbeschwerden oder eine Menge anderer Krankheiten, die unsere normalen Körperfunktionen beeinträchtigen.

Wenn gezeigt werden kann, daß Drüsen, Eingeweide, glatte Muskulatur des Körpers sich nach denselben Lerngesetzen verhalten wie die Skelettmuskulatur, dann wird die Anzahl der Reaktionen, die durch Verstärkung beeinflußt werden können, fast unüberschaubar.

Wenn die glatte Muskulatur und die Drüsen tatsächlich auf Umwelteinflüsse reagieren, so sind wir in der Lage, die Entstehung psychosomatischer Krankheiten zu erforschen. Wir wissen bereits, daß diese physischen Krankheiten manchmal durch Streß ausgelöst werden. Möglicherweise befinden sie sich unter operanter Kontrolle. Wenn dem so ist, so können sie auch mit Hilfe von operantem Lernen modifiziert werden. Dem gegenüber steht die Beobachtung, daß die meisten Reaktionen des vegetativen Nervensystems keinen Einfluß auf die Umwelt ausüben. Damit können sie nicht durch Konsequenzen verstärkt werden und sind damit auch nicht unter Kontrolle der Umwelt.

Um zu zeigen, daß diese Reaktionen durch Verstärkung *verändert* und somit kontrolliert werden können, führten Neal Miller und seine Kollegen an der Rockefeller University (1969, 1970, 1973) eine Reihe von bedeutsamen Versu-

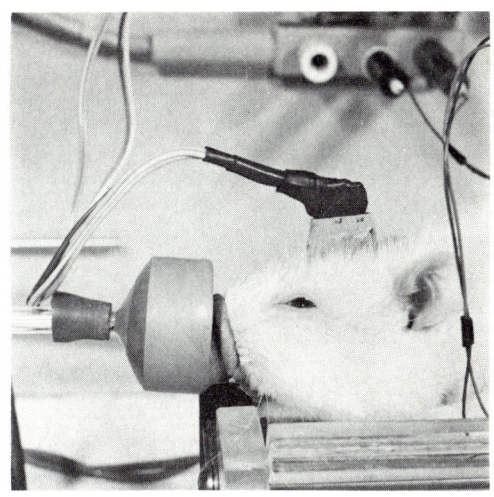

Abb. 5.8. Teil der Apparatur Millers, in dem die Ratte durch Curare paralysiert und künstlich beatmet wird. Wenn eine entsprechende elektrokardiographische Veränderung eintritt, erfolgt durch die eingepflanzte Elektrode prompt eine Reizung der positivverstärkend wirkenden Gehirnareale

chen durch. Diese Untersuchungen haben gezeigt, daß auch klassische Reaktionen operant kontrolliert werden können und daß eine äußerst genaue und präzise Kontrolle mit den entwickelten Techniken möglich ist. Miller et al. entwickelten zu diesem Zweck 3 verschiedene Verfahren (vgl. Abb. 5.8).

1. Skelettale Reaktionen, wie z. B. Atmung und Bewegung, die u. U. viszerale Reaktionen beeinflussen, wurden durch Curare ausgeschaltet. Hierbei werden bei vollem Bewußtsein alle motorischen Reaktionen blockiert, weshalb die Versuchstiere künstlich beatmet werden müssen.

2. Selbst kleine viszerale Reaktionen mußten gemessen und schon die geringsten Veränderungen in Amplitude oder Reaktionsrate sofort verstärkt werden. Dies geschah mit Hilfe physiologischer Registriergeräte, die von einem kleinen Computer kontrolliert wurden, welcher Reaktionsveränderungen feststellen und sofortige Verstärkung geben konnte.

3. Die Verstärkung mußte sofort zugeführt werden, sofort voll wirksam sein und keine weiteren Bewegungen erfordern (wie z. B. Essen einer Futterpille). Dies wurde durch die elek-

trische Stimulierung bestimmter „Lustzentren" im Gehirn ermöglicht.

Die Kontrolle ist so präzise, daß selbst das Zeitintervall innerhalb eines einzigen Herzschlags (Vorkammer–Herzkammer) kontrolliert werden kann. Mit Hilfe dieser Methode ist es gelungen, Speichelabsonderung, Blutdruck, intestinale Kontraktionen, Geschwindigkeit der Urinansammlung, Durchblutung der Magenwände und viele andere Reaktionen durch Verstärkung zu kontrollieren.

Um zu zeigen, daß operante Verstärkung einen hochspezifischen Einfluß auf einzelne Teile des vegetativen Nervensystems haben kann (anstatt eines früher angenommenen undifferenzierten Effekts), lernten Ratten nicht nur zu „erröten" (durch Erweiterung der Blutgefäße), sondern sie waren auch in der Lage, dies auf nur einem Ohr zu tun. An den Ohren der Ratte waren Photozellen angebracht, die auch die geringste Veränderung in der Durchblutung der Ohren registrierten. Trat eine entsprechende Veränderung ein, so erfolgte durch die eingepflanzten Elektroden im Gehirn prompt eine Reizung der positiv verstärkend wirkenden Gehirnareale. Von 12 Ratten erhielten 6 eine Verstärkung für die erhöhte Durchblutung in ihrem rechten Ohr, die anderen 6 eine solche für die erhöhte Durchblutung des linken Ohrs. Alle 12 Ratten lernten, die Durchblutung in dem für sie „verstärkten" Ohr zu steigern (DiCara u. Miller 1968).

Angespornt durch den Erfolg dieser Untersuchungen an Tieren, versuchen nun eine Reihe von Medizinern und Psychologen diese Prinzipien auf die Kontrolle psychosomatischer Symptome beim Menschen anzuwenden. Gegenwärtig sind die Ergebnisse vielversprechend, jedoch nicht so dramatisch wie bei den besser kontrollierten Tierexperimenten.

Teilweise liegt das Problem wohl darin, daß die beim Menschen verwendeten Verstärker weniger und nicht so unmittelbar wirksam sind wie die Hirnstimulierung bei Tieren. Bei den Humanversuchen müssen z. B. die Veränderungen der Reaktion verstärkt werden – im technischen Sinne, d. h. mit einem Amplifier; wenn sie ein kritisches Niveau überschritten haben, zeigt ein Lichtsignal oder ein Ton dem Probanden den „Erfolg" an. Diese Rückkoppelung ist die Verstärkung (Belohnung), d. h. das Gefühl der „Kompetenz", Licht oder Ton andrehen zu können. Aber selbst durch den Gebrauch dieser weniger wirksamen Verstärker ist es z. B. gelungen, Herzpatienten dazu zu konditionieren, die Anzahl ihrer frühen ventrikulären Kontraktio-

nen zu verringern; auch nach 2 Jahren waren 4 der 8 am Versuch beteiligten Patienten noch dazu in der Lage (Weiss u. Engel 1971).

Alle diese Ergebnisse weisen darauf hin, daß auch *klassische Reaktionen operant konditioniert* werden können. Obgleich der Eindruck entstehen könnte, daß die einst klare Unterscheidung zwischen den beiden Arten des Lernens verwischt wird, kann diese Forschung doch zu klinischen Methoden führen, die eine Behandlung schwerer Krankheiten durch Lernprozesse anstatt durch Medikamente ermöglichen.

Unter der Lupe

Evolution und Lernen

Das Problem des Lernens oder der Lernfähigkeit bei Tieren kann man auf verschiedene Art und Weise angehen. Man kann z. B. versuchen herauszufinden, wie schwierig eine Aufgabe sein muß, damit eine bestimmte Tierart sie nicht mehr lösen kann (Harlow 1949, 1959). Oder man stellt unterschiedlichen Tierarten unterschiedlich schwierige Aufgaben, um zu sehen, bei welchen Aufgaben die Tierarten sich gleichen und bei welchen sie sich unterscheiden (Bitterman 1975). Dabei kann man theoretisch annehmen, daß solche Unterschiede in der Lernfähigkeit *bestehen* und erst bewiesen werden muß, daß dies nicht der Fall ist (die meisten Ethologen), oder, daß solche Unterschiede *nicht bestehen* und erst bewiesen werden muß, daß sie tatsächlich vorhanden sind (die meisten Lernpsychologen).

Eine von beiden Standpunkten grundlegend abweichende Betrachtungsweise (die Ethopsychologie) besagt, daß Vergleiche zwischen den Lernfähigkeiten von Tieren nur dann einen Sinn ergeben, wenn die geforderte Aufgabe biologisch relevant ist und einen für alle Tiere gleichen Schwierigkeitsgrad aufweist. Ist die Aufgabe zu leicht, dann ergeben sich keine Unterschiede, weil alle Tierarten die Aufgabe gleich schnell bewältigen. Ist sie hingegen zu schwierig, dann spielen andere Fähigkeiten eine Rolle, wie z. B. sensorische Vor- oder Nachteile (Farbsehen etc.), welche die Vergleiche verzerren können. Bei der ethopsychologi-

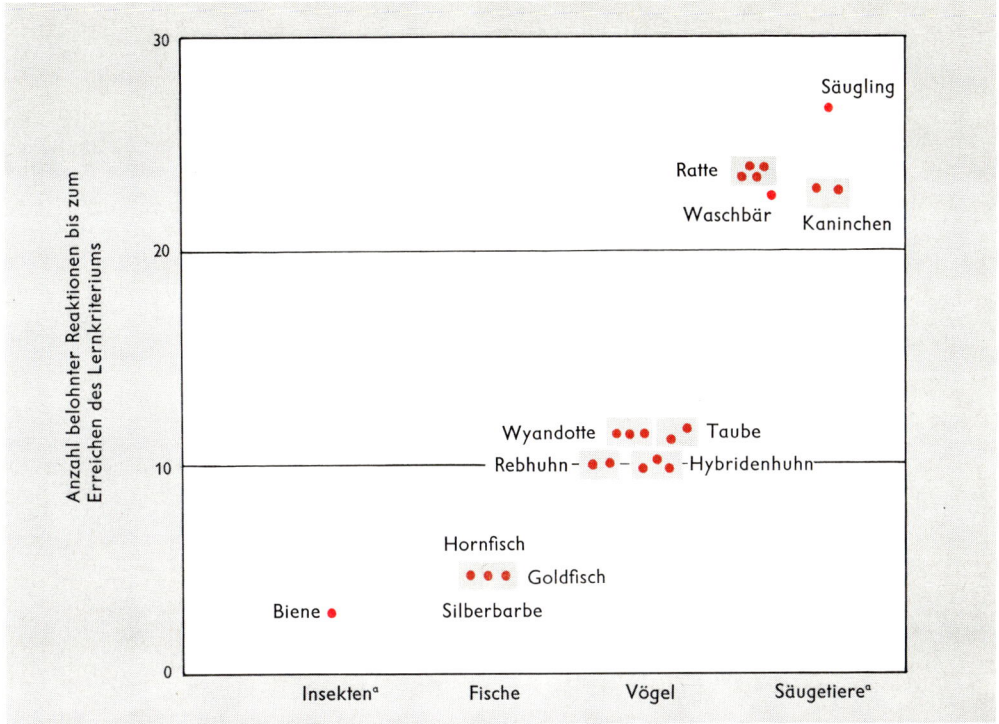

[a] Die Untersuchungen an Bienen wurden von Menzel u. Erber (1978), die Studien mit den Säuglingen von Papousek (1978) durchgeführt. Obgleich diese beiden Arbeiten nicht direkt mit unseren Ergebnissen vergleichbar sind, da sie methodisch etwas abweichen, sind sie in diesem Zusammenhang dennoch interessant (Angermeier 1982a, 1982b)

schen Betrachtungsweise von Lernfähigkeiten bei Tieren ist es außerdem wichtig, innerhalb einer Klasse von Tieren, z.B. bei Vögeln, eine Reihe von unterschiedlichen Ordnungen (z.B. Haushuhn, Rebhuhn, Taube etc.) zu prüfen, um zu sehen, ob deren unterschiedliche Verhaltensweisen im Hinblick auf die gestellte Lernaufgabe zu unterschiedlichen Ergebnissen führen.

Schließlich wird in diesen Untersuchungen, die sich ausschließlich auf einfaches operantes futterbelohntes Lernverhalten beziehen, nicht nur die Verhaltenshäufigkeit gemessen, sondern es werden dabei 3 abhängige Variablen erfaßt: *Anzahl der Belohnungen bis zum Erreichen des Lernkriteriums, Lernzeit in Minuten* und *Anzahl der Tiere,* die das (selbstbestimmte) Lernkriterium erreichen.

Typischerweise werden die hungrigen Tiere (23 h ohne Futter), nach entsprechender Anpassung an die Laborbedingungen, in eine einfache Apparatur gesetzt, wo ein Manipulandum zu betätigen ist (beim Fisch ein kleiner schwimmender Knopf, bei der Ratte und beim Waschbär ein Hebel, bei Vögeln eine kleine Pickscheibe). Nach Betätigung des Manipulandums liefert ein Futtermagazin eine entsprechende Belohnung aus (z.B. Flockenfutter für den Fisch, eine Futterpille für die Ratte, ein Stückchen Leber für den Waschbär und ein Weizenkorn für das Huhn). Für die Manipulandumbetätigung wird den Tieren keine weitere Hilfestellung geleistet, (wie etwa stufenweise Annäherung usw.).

Alle Tiere bestimmen ihr eigenes Lernkriterium. Dies geschieht folgendermaßen: Nachdem die Tiere die Aufgabe häufig wiederholt haben, stabilisiert sich die Verhaltenshäufigkeit. Diese wird über Zeitperioden von 30–120 min gemessen und gemittelt. Dadurch ergibt sich ein mittlerer Wert, der beim Fisch 3, bei der Ratte 5, bei Vögeln 4, beim Waschbär 7 usw. beträgt. Dieser Wert wird als Lernkriterium festgesetzt, da er die Geschwindigkeit widerspiegelt, mit der das

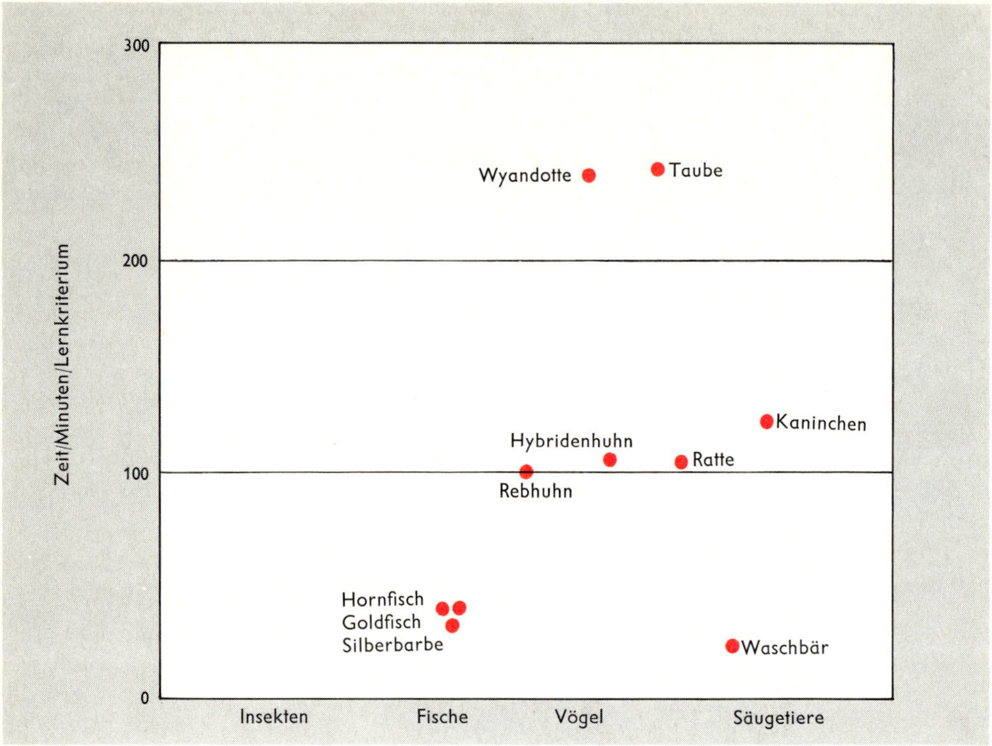

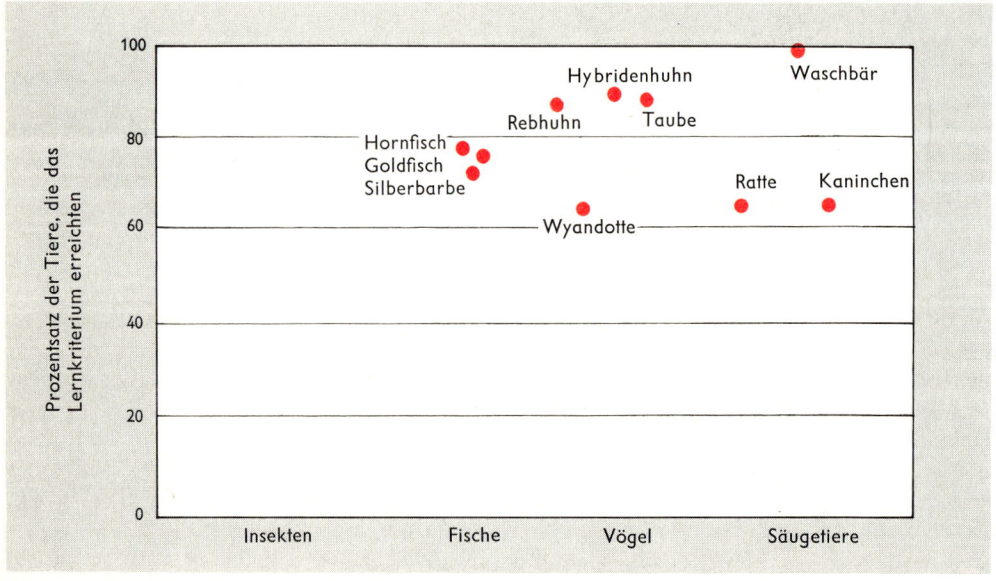

Tier im Optimalfall (also wenn es bereits gelernt hat) die Aufgabe lösen kann. In der ersten Minute, in der dieser Wert erreicht wird, hat das Tier auch das Lernkriterium erfüllt.

Die Abbildungen zeigen einen Vergleich zwischen *Insekten, Fischen, Vögeln* und *Säugetieren*. Jeder Punkt stellt eine Versuchswiederholung (Replikation) dar, wobei die Anzahl der

Versuchstiere zwischen 10 und 548 (beim menschlichen Säugling) schwankt. Die Abszisse ist kein „Maßstab", hier sind lediglich die Klassen von Tieren aufgeführt.

Die Ergebnisse lassen als eine Hypothese zu, daß die *Anzahl von Belohnungen,* die zum Erreichen des Lernkriteriums notwendig sind, etwas mit dem evolutionären Stand des getesteten Organismus zu tun haben, während Lernzeit und Prozentsatz der Tiere, die lernen, im Experiment diesen Schluß nicht nahelegten. Der Prozentsatz der Tiere, die lernten, war in allen Experimentalgruppen gleich; demnach läßt sich vermuten, daß die Aufgaben für alle Tiere den gleichen Schwierigkeitsgrad hatten.

Zusammenfassung

Um überleben zu können, muß ein Organismus folgendes lernen: welche Dinge in der Umwelt miteinander in Beziehung stehen und wie seine eigenen Handlungen die Umwelt beeinflussen und von dieser beeinflußt werden.

Solches Lernen ermöglicht es dem Organismus, zukünftige Vorgänge „vorherzusagen" und die Umwelt den eigenen Bedürfnissen anzupassen.

In Gegenwart neuer oder komplexer, sich widersprechender oder besonders bedeutsamer Reize zeigt der Organismus eine *Orientierungsreaktion,* die mit höherer Sensibilität, erhöhter Muskeltätigkeit, allgemeiner Erregung und viszeralen Veränderungen, die alle den Körper auf eine mögliche Handlung vorbereiten, verbunden ist. Wenn Reize keine neuen Informationen mehr enthalten, dann setzt die *Gewöhnung (Habituation)* ein, und die Reaktionen nehmen ab oder hören ganz auf. Findet nach der Habituation eine Veränderung in der Reizsituation statt, so tritt eine *Entwöhnung (Dishabituation)* und mit ihr wieder die Orientierungsreaktion auf.

Ein Reiz, der, bevor noch ein Lernen stattgefunden hat, immer eine Reaktion auslöst, wird als *unkonditionierter Reiz (UCS)* bezeichnet. Ein neutraler Reiz, der wiederholt mit einem unkonditionierten Reiz gepaart wird, übernimmt dessen Fähigkeit, eine Reaktion hervorzurufen und wird dadurch zum *konditionierten Reiz (CS).* Diesen Vorgang bezeichnet man als *klassische Konditionierung.* Hier wird ein Reiz durch einen anderen ersetzt und signalisiert, daß ein angenehmes Ereignis (z. B. Futter) oder ein aversives Ereignis (z. B. Elektroschock) unmittelbar folgen. Die ursprünglich automatische Reaktion wird als *unkonditionierte Reaktion (UCR)* bezeichnet. Die konditionierte Reaktion, die durch das neue Signal ausgelöst wird, kann der unkonditionierten Reaktion ähnlich sein, aber auch zusätzliche neue Komponenten aufweisen. Nicht nur physikalische Reize, sondern auch Wörter und andere Symbole können zu konditionierten Reizen werden. In jeder Konditionierungssituation zeigt sich eine allgemeine Erhöhung der Erregbarkeit. Das optimale Intervall zwischen dem Beginn des CS und dem Beginn des UCS beträgt etwa 0,5 s für skelettale und 2–5 s für viszerale Reaktionen. Von *Reizgeneralisierung* sprechen wir dann, wenn nicht nur der CS, sondern auch ihm ähnliche Reize die Reaktion auslösen können. Wenn wiederholt eine Verstärkung nur für den genauen CS gegeben wird, reagiert der Organismus nur auf diesen einen Reiz. Es gibt auch eine *Reaktionsgeneralisierung.* Durch *Differenzierung* und *Hemmung konkurrierender Reaktionen* lernt der Organismus, nur auf den richtigen Reiz zu reagieren. *Konditionierung höherer Ordnung* findet dann statt wenn ein CS anstelle eines UCS als Verstärkung für den Aufbau einer Assoziation zweiter Ordnung dient. Die *Extinktion* (Abschwächung), die auf eine aktive Hemmung der Reaktion zurückzuführen ist, tritt auf, wenn regelmäßig auf den CS *kein* UCS folgt. Als *spontane Erholung* (Reflexrest) bezeichnet man das spontane Wiederkehren einer Reaktion nach einer Pause, der ein massives Extinktionstraining vorausging. Die *Stärke der konditionierten Reaktion* kann verschieden gemessen werden: *mittels des Extinktionswiderstands, der Amplitude der Reaktion, der Reaktionsrate* oder *der Latenz der Reaktion.*

Jeder Reiz, den der Organismus wahrnehmen kann, kann dazu dienen, eine konditionierte Reaktion in der glatten oder gestreiften Muskulatur und in den Drüsen auszulösen.

Skinner, ein Pionier der *experimentellen Analyse*

des Verhaltens, und seine Anhänger glauben, daß man Lernen nur im Hinblick auf beobachtbares Verhalten beschreiben soll und kann. Sie untersuchen das *operante Lernen*, bei dem die Konsequenzen des Verhaltens wichtig sind und die *Verhaltenshäufigkeit* und nicht das Erscheinen einer neuen Verhaltensweise untersucht wird. In diesem Zusammenhang kann eine *Reaktion* eine einzige Handlung sein oder eine gegebene Anzahl von Verhaltensweisen, die als Gruppe verstärkt wird (wie z. B. 100 Hebeldrücke). Operational wird die *Verstärkung* definiert als ein Reiz, der die Auftretenswahrscheinlichkeit eines bestimmten Verhaltens erhöht.

Ein *diskriminativer Reiz* (S^D) signalisiert die Erreichbarkeit einer Verstärkung; die Verhaltenshäufigkeit erhöht sich in seiner Gegenwart. Ein *negativer diskriminativer Reiz* (S^Δ) führt zu einer Verringerung der Verhaltenshäufigkeit.

Ein diskriminativer Reiz kann selbst auch verstärkend wirken; dann bezeichnet man ihn als einen *erlernten*, einen *konditionierten* oder einen *sekundären Verstärker*.

Es gibt 5 wichtige Beziehungen zwischen Reaktion und Verstärkung. Die Verhaltenshäufigkeit *erhöht sich*, wenn auf die Reaktion ein *positiver* verstärkender Reiz folgt, jedoch auch dann, wenn einem aversiven Reiz durch *Flucht-* oder *Vermeidungsverhalten* ausgewichen werden kann. Die Verhaltenshäufigkeit wird verringert, wenn auf die Reaktion ein aversiver Reiz *(Bestrafung)* oder kein Reiz *(Abschwächung)* folgt.

Wir sprechen von *abergläubischem Verhalten*, wenn jemand eine Beziehung zwischen einem Reiz und einer Reaktion annimmt, wo objektiv keine besteht.

Bestrafung ist die Darbietung eines aversiven Reizes, der die Auftretenswahrscheinlichkeit einer Reaktion *verringert*. Wenn auch die Bestrafung in einigen Situationen wirksam sein kann, so müssen wir trotzdem darauf achten, daß keine unerwünschten Konsequenzen entstehen. Es sollte immer klar sein, daß die Reaktion und nicht die Person bestraft wird.

Die *Verhaltenshäufigkeit* wird mit Hilfe eines *Additivschreibers* (Kumulativschreibers) registriert. Je größer die Verhaltenshäufigkeit ist, um so steiler wird die *kumulative Reaktionskurve*. Ist eine Reaktion einmal erlernt, so kann man sie mit Hilfe gelegentlicher Verstärkung aufrechterhalten. Die 4 wichtigsten Verstärkungsprogramme sind:

fixiertes Quotenprogramm (FR),
variables Quotenprogramm (VR),
fixiertes Intervallprogramm (FI) und
variables Intervallprogramm (VI).

Jedes dieser Programme führt zu charakteristischen Verhaltensmustern. Je schneller die Verstärkung erfolgt und je enger sie mit der spezifischen Reaktion in Verbindung gebracht werden kann, um so wirksamer ist die Erhöhung der Verhaltenshäufigkeit.

Da Verstärker i. allg. nur bereits stattfindende Reaktionen beeinflussen können, bedarf es einer besonderen Methode, den Organismus zur Ausführung der ersten Reaktion zu bringen. Eine solche kann umfassen: die Erhöhung der Motivation, den Abbau früher erlernter Reaktionen, den Zwang und die Lenkung der Reaktion, die Imitation eines Modells, verbale Instruktionen, Versuch und Irrtum sowie Training mit Hilfe sukzessiver Annäherung.

Bei der Bildung von *Verhaltensketten* kann man einer Person eine Sequenz von Reaktionen beibringen, bei der der diskriminative Reiz des einen Schrittes zum *konditionierten Verstärker* für den ihm vorausgehenden Schritt wird.

Zusammenfassend können wir feststellen, daß sich klassische Konditionierung auf unwillkürliche biologische Reaktionen bezieht, welche durch die Darbietung eines Reizes ausgelöst werden. Dabei können $S-S-$, $R-R-$ oder $S\rightarrow R$-Kontingenzen eine Rolle spielen.

Das Lernen am Erfolg bezieht sich auf willkürliche Reaktionen, die der Organismus freiwillig zeigt und auf die eine Verstärkung folgt; es handelt sich hierbei also um $R\rightarrow S$-Kontingenzen.

Einige Ergebnisse der gegenwärtigen Lernforschung sind nicht so einfach einzuordnen. Es steht z. B. heute mit ziemlicher Sicherheit fest, daß auch klassische Reaktionen operant beeinflußt werden können.

Diese Erkenntnisse haben zu umfangreichen Untersuchungen geführt, von denen anzunehmen ist, daß sie in naher Zukunft auch im medizinischen Bereich eine große Rolle spielen werden. Hierbei handelt es sich im wesentlichen um die Beeinflussung psychosomatischer Reaktionen durch Rückkoppelungsmechanismen, die dem Patienten anzeigen, welche Fortschritte er bei der Kontrolle seiner eigenen körperlichen Funktionen erzielt hat.

Eine Konditionierung kann unglückliche und oft unerkannte Folgen haben. In der Schizokinesis bleiben Teile der konditionierten Reaktion (z.B. Veränderungen in der Herzfrequenz) erhalten, nachdem die primären Muskel- oder Drüsenreaktionen gelöscht sind. Wenn das konditionierte Versuchstier gezwungen wird, immer feinere Diskriminationen zu machen, geht die ursprüngliche konditionierte Diskrimination verloren und „neurotische" Symptome erscheinen, ein Phänomen, das man als *experimentelle Neurose* bezeichnet.

6 Lernprozesse und Verhaltensänderung

Ganz Paris war auf den Beinen und aus dem Häuschen, als bekannt wurde, daß man ein wild aufgewachsenes Kind eingefangen hätte. Das Kind, das zu diesem Zeitpunkt etwa 12 Jahre alt war, war schon 5 Jahre vorher gesehen worden, als es nackt durch den Wald lief. Es lebte anscheinend allein und ernährte sich von Wurzeln, Nüssen und Wildbret. Die vielen Schrammen und Narben auf seinem Körper zeugten von seinen Überlebenskämpfen mit den wilden Tieren im Wald von Aveyron. Nachdem es die Jäger eingefangen hatten, gelang es ihm zwar zu entfliehen, doch bald darauf wurde es erneut eingefangen. Der Junge verhielt sich jedoch „weiterhin wild und zurückgezogen", wie berichtet wird, sowie „ungeduldig, unruhig und dauernd darauf bedacht zu entfliehen".

Ein einsichtsvoller Staatsminister, der von dem Abenteuer des „wilden Jungen von Aveyron" gehört hatte, ließ ihn nach Paris bringen. Man hoffte, die Beobachtung des „halbwilden Tiermenschen" würde ein neues Licht auf die „Wissenschaft vom menschlichen Geist" werfen. Diese Ereignisse trugen sich im Herbst des Jahres 1800 zu; aus heutiger Sicht kann die „Psychologie" in ihrer damaligen Form noch kaum als eine Wissenschaft bezeichnet werden. Sie war bestenfalls eine Kombination aus Philosophie und Medizin, einschließlich einiger unkontrollierter Beobachtungen menschlichen Verhaltens.

Die Entdeckung des wilden Jungen war eine willkommene Gelegenheit, Rousseaus These zu bewerten, wonach die Gesellschaft einen schlechten Einfluß auf den einzelnen Menschen ausübe. Rousseau vertrat die Ansicht, daß der „primitive Mensch" „der edle Wilde" sei. Im Gegensatz dazu war das Portrait dieses Kindes alles andere als edel. Er wurde folgendermaßen beschrieben:

Ein entsetzlich dreckiges Kind, mit spastischen Bewegungen und häufigen Konvulsionen, das sich unaufhörlich hin- und herbewegte, wie ein Tier in der Menagerie, das diejenigen, die ihm gegenüberstanden, biß und kratzte, das keinerlei Zuneigung zu denjenigen zeigte, die ihn betreuten und das, kurz gesagt, allem teilnahmslos gegenüberstand und das nichts interessierte (Itard, Repr. 1962, S. 3; Lane 1976).

Nach Meinung der Experten war der Junge ein „unverbesserlicher Idiot". Glücklicherweise nahm der junge Arzt Jean Marc Itard die Herausforderung an, diesen „subnormalen Organismus" in ein normal funktionierendes menschliches Wesen zu verwandeln. Itard war ein extremer „Milieutheoretiker", dessen naiver Glaube an einen Empirismus im Sinne John Lockes dabei allerdings etwas „über Bord ging". Wenn uns „die Sinne alles vermitteln", so dachte Itard, und der Mensch ein Produkt der Erfahrung ist, dann mußte durch eine angemessene Erziehung der Geist des Wilden „kultivierbar" sein. Itard glaubte weiterhin daran, durch Beobachtung lasse sich feststellen, woran es dieser „so überraschenden Kreatur" fehle, um daraus schließlich „das bis dahin unbekannte Ausmaß des Wissens und der Ideen, das der Mensch seiner Erziehung verdanke", abzuleiten.

Während der ersten Jahre sahen die geduldigen und einfallsreichen Bemühungen Itards um seinen Zögling, den er Victor nannte, durchaus erfolgreich aus. Der Junge lernte einige Worte zu sprechen, wie „lait" (dt. Milch) oder „Oh Dieu" (dt. Oh Gott), und er verstand auch eine größere Anzahl von Anweisungen und Vorschriften. Itard berichtete, daß „dieser Wilde durch die vielfachen Sinneseindrücke und Ideen eine erstaunliche Entwicklung seiner intellektuellen Befähigung erfahren hat; ... außerdem kennt er die konventionelle Bedeutung der Symbole des Denkens, wie er auch die Kraft besitzt, diese durch Benennen der Objekte, ihrer Qualitäten und ihrer Wirkungen anzuwenden". Er hielt sich selbständig sauber, entwickelte seine zuvor recht stumpfen Sinne und war liebevoll und anständig. Schließlich lernte er auch noch eine der schwierigsten Lektionen der Menschheit, nämlich aus einem Gefühl der Gerechtigkeit heraus moralisch zu handeln und sich gegen Ungerechtigkeiten aufzulehnen.

Bedauerlicherweise hielten diese anfänglichen Erfolge nicht an; nach 5 Jahren des Trainings machte Victor keine weiteren Fortschritte mehr. Er lernte nie, zu reden oder sich „wie andere Jugendliche zu benehmen". Enttäuscht gab Itard daraufhin seine Bemühungen auf: „Unglückliches Geschöpf, da nun mein Labor verwüstet und deine Mühen erfolglos sind, geh wieder deines Weges in deinen Wald und folge deinem Hang zum primitiven Leben."

Warum ist es während all dieser Jahre des Lernens nicht gelungen, Victors Verhalten vollständig zu verändern? Auf diese Frage gibt es viele mögliche Antworten. Vielleicht setzten die Einflüsse der neuen Umwelt zu spät ein, um das Denken und Handeln des Kindes optimal zu beeinflussen. Es könnte auch sein, daß Victor geistig behindert war und deshalb von seinen Eltern ausgesetzt worden war. In diesem Fall wären seine geistigen Fähigkeiten so gering gewesen, daß auch der beste Lehrer nicht hätte helfen können. Aber die Erziehungsmethoden waren zu der damaligen Zeit alles andere als ideal. Mit dem heutigen Wissen über die Prinzipien des Lernens und über den Erwerb der Zeichensprache bei Taubstummen und bei Primaten, hätte Victor vermutlich bedeutend größere Fortschritte machen können.

Nichtsdestoweniger ist der Fall Victor, des wilden Knaben aus Aveyron, ein Meilenstein in der Geschichte der Psychologie. Diese Geschichte verdeutlicht uns die Rolle des Lernens für die Veränderung des Verhaltens. Zugleich ist sie auch ein Hinweis auf die Grenzen der Änderungsfähigkeit des Verhaltens. Diese Grenzen können durch Vererbung, durch Schädigungen des Gehirns oder durch das Entwicklungsniveau des Kindes abgesteckt gewesen sein. Diese Themen werden wir noch eingehend in späteren Kapiteln behandeln. Itards Erfolge, seinen Zögling Begriffsbildung, Denken und Problemlösen zu lehren, verdeutlichen die grundlegende Befähigung des menschlichen Geistes zur Verarbeitung komplexer Informationen.

Bevor wir nun im Detail die Möglichkeiten der Verhaltensänderung darstellen, sollten wir Itards bleibenden Einfluß erwähnen. Itard

wurde später der Lehrer von Eduard Séguin, der verschiedene Methoden für die Erziehung schwachsinniger Kinder entwickelte. Maria Montessori wiederum wurde von Séguin beeinflußt. Ihre Methoden der Erziehung während der frühen Kindheit, die heute in vielen Ländern der Welt praktiziert werden, haben ihre geistigen Wurzeln in der Pionierarbeit des jungen Pariser Arztes. Seine Bemühungen, den jungen Wilden auf den Bildungsstand gleichaltriger, normaler Jungen zu bringen, mögen fehlgeschlagen sein. Aber seine Ideen und sein hingebungsvoller Erziehungsstil haben auf Pädagogik und Erzieher einen bleibenden Einfluß ausgeübt. Selbstverständlich ist der Bereich der Erziehung nur ein Feld, auf dem das psychologische Wissen über die Prozesse des Lernens und der Informationsverarbeitung praktische Anwendung findet.

Die Steuerung des menschlichen Verhaltens

Angenommen, Sie wären vor die Aufgabe gestellt, ein Kind wie Victor zu erziehen. Welche Prinzipien zur Änderung des Verhaltens würden Sie anwenden? Einige Grundlagen des klassischen und operanten Konditionierens sind Ihnen zwar schon bekannt, aber Sie werden noch mehr Wissen benötigen. Wie soll die erste Reaktion zustande kommen, auf die eine direkte positive Verstärkung erfolgen soll? Sollte man ein Kind dafür strafen, wenn es Fehler macht? Wie erzielt man komplexe Verhaltenssequenzen und neue Verhaltensmuster? Diese Fragen führen uns zunächst zu einer Analyse möglicher Vorgehensweisen bei der Kontrolle des Verhaltens.

Das Verhalten verändert sich, wenn wir seine Auswirkungen, seine auslösenden Bedingungen oder die Situation, in der es auftritt, verändern. Die Psychologie des Lernens untersucht die *relativ beständigen* Veränderungen des Verhaltens, die dann eintreten, wenn ein Organismus von Umweltbedingungen beeinflußt wird, welche die Konsequenzen, die vorausgegangenen Ereignisse oder den Kontext, in dem das Verhalten auftritt, verändern.

Wir wissen, daß bestimmte Reize, die auf das Verhalten folgen, die Wahrscheinlichkeit erhöhen, daß dieses Verhalten erneut auftreten wird (positive Verstärker: Belohnung, Bekräftigung).

Hull machte im Jahre 1943 auf 4 grundlegende Bedingungen der Verstärkung aufmerksam. Bis zu einem gewissen Grad sind operante Reaktionen um so stärker,

a) je häufiger sie verstärkt werden (Belohnungsfrequenz);
b) je unmittelbarer die Verstärkung auf das Verhalten erfolgt (Belohnungsverzögerung);
c) je größer die Belohnungsmenge ist (Belohnungsquantität/-intensität);
d) je attraktiver oder angenehmer die Belohnung ist (Belohnungsqualität).

Auf eine kurze Formel gebracht: Die Stärke einer Reaktion ist dann am größten, wenn *viele gute Verstärker häufig und direkt* auf die erwünschte Reaktion folgen.

Erlernen neuer Verhaltensweisen durch operante Methoden

Wie kann eine *neue* Verhaltensweise erlernt werden, wenn das operante Konditionieren es erfordert, daß die richtige Reaktion bereits aufgetreten sein muß, bevor sie verstärkt werden kann? In diesem Abschnitt wollen wir diejenigen Bedingungen untersuchen, die die Auftretenswahrscheinlichkeit der ersten Reaktion erhöhen, so daß sie verstärkt werden kann. Dann wollen wir untersuchen, wie eine Reaktion, die selten oder nie gezeigt wird, konditioniert werden kann.

Zuletzt wollen wir herausfinden, wie komplexe Verhaltenssequenzen zu einem *Verhaltensmuster* zusammengefügt werden können, das dann verstärkt werden kann.

Das Erzielen der ersten Reaktion

Nehmen wir an, Sie hätten die Taschen voll mit Belohnungen, die Sie gerne loswerden wollen – wenn Ihr Proband nur die erste erwünschte Reaktion zeigen würde. Welche Methoden könnten Sie anwenden, um diese erste richtige Reaktion auszulösen, die Sie anschließend verstärken, damit sie häufiger auftritt? Für Pawlow bestand dieses Problem nicht, da er eine Reflex-

reaktion untersuchte, die er mit Hilfe eines entsprechenden Reizes auslösen konnte.

Wir haben es hier mit einem wichtigen und grundlegenden Problem der Lernpsychologie zu tun, dem nicht genug Beachtung geschenkt werden kann. Wir wollen nun die Wirksamkeit verschiedener Methoden im Umriß darstellen und kommentieren. Einige der Möglichkeiten zur Auslösung der ersten Reaktion, die dann verstärkt werden kann, sind:

a) Erhöhung der Motivation,
b) Minderung oder Abbau von Einschränkungen,
c) Umstrukturierung der Umwelt,
d) spezielle Lenkung,
e) Modellernen,
f) Anweisung,
g) Versuch und Irrtum.

Jede dieser Methoden hat bestimmte Vorteile und bestimmte Nachteile, je nachdem, ob unmittelbare oder langfristige, bleibende Veränderungen erwünscht sind. Da einige dieser Methoden negative Nebenwirkungen haben, insbesondere auf lange Sicht, sollte sehr vorsichtig erwogen werden, welche Methode in welcher Lernsituation die beste ist.

Erhöhung der Motivation

Wenn man den Organismus durch verschiedene Anstöße dazu bewegt, überhaupt zu reagieren, erhöht sich dadurch die Wahrscheinlichkeit, daß eine der gezeigten Reaktionen die richtige ist. Wenn man z.B. ein Gitter leicht unter Strom setzt, dann beginnen Ratten damit, umherzulaufen und finden dabei vielleicht einen Fluchtweg. Drohungen, das Versprechen von zukünftigen Belohnungen (sog. „Anreize") sowie Deprivation oder aversive Stimulierung können dazu verwendet werden, bestimmtes Verhalten zu motivieren.

Das allgemeine Prinzip dabei ist, das Aktivitätsniveau derart zu erhöhen, daß möglichst viele Verhaltensweisen auftreten. Sobald sich darunter das erwünschte Verhalten befindet, wird es unmittelbar nach seinem Auftreten verstärkt. Die Motivation zur Ausführung einer bestimmten Verhaltensweise muß nicht unbedingt darin bestehen, daß eine Deprivation von Erwünschtem oder Benötigtem vorausgegangen ist. Vielmehr kann die Motivation auch in einer Herausforderung des eigenen Könnens bestehen, wie z.B. beim sportlichen Wettkampf oder beim Zusammensetzen eines Puzzles.

Eine Erhöhung der Motivation kann andererseits auch unerwünschte Konsequenzen nach sich ziehen. Sie ist insbesondere dann nicht empfehlenswert, wenn eine Person nicht die Fähigkeit besitzt, eine erwünschte Reaktion auszuführen, etwa wenn ein Säugling zur Reinlichkeit erzogen werden soll, der seinen Schließmuskel noch nicht kontrollieren kann. Weiterhin ist diese Methode dann ungeeignet, wenn die Reaktion durch hochgradige Angst, Furcht oder eine Tendenz zur Vermeidung gehemmt wird. Wird die Motivation unter diesen Bedingungen dennoch erhöht, dann nimmt dadurch lediglich das Gefühl der Konflikthaftigkeit und die Erfahrung von Streß zu. Wenn jemand durch externe, *extrinsische* Motivation zu einem bestimmten Verhalten veranlaßt werden soll, dann besteht die Möglichkeit, daß zu einem späteren Zeitpunkt seine eigene, interne bzw. *intrinsische* Motivation zu gering ist, um dieses Verhalten auszuführen.

Minderung oder Abbau von Einschränkungen

Wenn ein Organismus bereits die Fähigkeit besitzt, eine bestimmte Reaktion auszuführen, diese Reaktion jedoch auch unter motivierenden Bedingungen nicht zeigt, dann wird sie vermutlich durch irgendeinen Umstand gehemmt oder unterdrückt. Möglicherweise sind früher gelernte, eingeschliffene Verhaltensweisen mit der erwünschten Reaktion unvereinbar. Ein schüchternes Kind z.B., das die richtige Antwort weiß, kann natürlich erst dann für seine Antwort belohnt werden, wenn es seine Hand hebt und seine Antwort gibt. Die Furcht, verspottet zu werden, oder die Erwartung, abgelehnt zu werden, hemmen oft das Sprechen in der Öffentlichkeit, auch wenn die Fähigkeit oder der Wunsch dazu vorhanden sind. Will man Soldaten während des Krieges zum Töten oder Medizinstudenten zum Sezieren einer Leiche veranlassen, so muß man die zuvor gelernte Zurückhaltung gegenüber derartigen „antisozialen" Verhaltensweisen abbauen. Dadurch, daß man miteinander unvereinbare Motive ausfindig macht und abschwächt, oder wenn man erkennt, wodurch die Hemmungen verstärkt werden und man diesem Verstärkermechanis-

mus entgegenwirken kann, sollte das Auftreten der erwünschten Reaktion erleichtert werden. Die Schaffung unterstützender Umweltbedingungen könnte also dem schüchternen Kind helfen, sein Wissen häufiger auch laut mitzuteilen. Andererseits können die Faktoren, die ein erwünschtes Verhalten hemmen, gleichzeitig auch *unerwünschte Verhaltensweisen* in Schach halten; in diesem Fall wäre es unklug, auf sie einzuwirken. Wenn man einen Soldaten dazu ermutigt, während des Krieges zu töten, dann kann dies dazu führen, daß er auch im Zivilleben aggressiver wird.

Umstrukturierung der Umwelt

Nehmen wir an, Sie wollen 2 miteinander rivalisierende Kinder dazu bringen, miteinander zusammenzuarbeiten. Eine Möglichkeit bestünde darin, sie in ein Spielzimmer zu setzen, wo es nur Spiele gibt, die nur von 2 oder mehreren Kindern gespielt werden können. Man könnte auch jedem Kind nur einen *Teil* der gesamten Information geben, die für eine Lösung im Team nötig ist. Wenn man die Umgebung so strukturiert, dann führt dies eher zu kooperativer Zusammenarbeit als zu konkurrierendem Wetteifer (Aronson 1978). Will man ein Tier dazu bringen, einen Hebel zu drücken oder auf einen Auslöser zu picken, so wird das Auftreten dieses Verhaltens dadurch wahrscheinlicher, daß sich der Hebel bzw. der Auslöser deutlich von der übrigen Apparatur abhebt. Die Skinner-Box ist ein typisches Beispiel hierfür.

Ein negativer Aspekt dieser Methode ist der, daß sie eine Abhängigkeit von einer künstlich vereinfachten Umwelt fördert, während die reale Welt eine Vielzahl komplexer Reize enthält. Das Individuum soll ja lernen, *auf was* es zu reagieren hat, und weniger, wann und wie.

Spezielle Lenkung

Häufig besteht die effektivste Methode, die erste richtige Reaktion auszulösen, darin, ihre Ausführung physisch zu unterstützen. Man nimmt z.B. die Hand des Kindes, in der sich ein Löffel voll Brei befindet, und führt sie zu seinem Mund. Anschließend verstärkt man das Zumundeführen des Löffels – das Kauen und Schlucken erfolgt hoffentlich ja auch! – durch anerkennendes Lob. Will man einen Hund dazu bringen,

„Männchen zu machen", so ruft man ihn zuerst, zieht ihn an den Vorderpfoten hoch und belohnt ihn solange, bis er den gesamten Vorgang „begriffen" hat.

Diese „Schnellschußmethode", Reaktionen auszulösen, führt beim Menschen wahrscheinlich auf Dauer gesehen zu katastrophalen Folgen, insbesondere wenn das erwünschte Verhalten unfreiwillig oder unwillig gezeigt wird, das Kind sich dagegen sträubt oder das geforderte Verhalten zu schwierig ist. Wenn ein Tanzlehrer eine junge Dame während einer schwierigen Passage führt, so ist dies etwas anderes, als wenn ein Lehrer die Hand des schüchternen Kindes in die Höhe hebt, damit es die richtige Antwort laut ausspricht. Wie immer die Belohnung auf dieses Verhalten folgt, kann eine derart grobe Verhaltenslenkung zu negativen emotionalen Gefühlen dem Lehrer gegenüber führen, zum Gefühl einer persönlichen Unzulänglichkeit oder dazu, daß die betreffende Person die erwünschte Verhaltensweise automatisch zeigt, ohne jemals die zugrundeliegenden Prinzipien verstanden zu haben.

Modellernen (Nachahmung, Imitation)

»Répétez, s'il vous plaît«, sagt der Französischlehrer, und die Schüler versuchen, das Vorgesagte nachzusprechen, wobei sowohl der Inhalt als auch der sprachliche Ausdruck von Bedeutung sind. Beobachtungslernen ist besonders dann von Vorteil, wenn die Einzelheiten einer komplexen motorischen Aufgabe verbal nur unter größten Schwierigkeiten beschrieben werden können, wie z. B. das Binden eines Schnürsenkels oder die „Rückhand" beim Tennis.

Wie wir später sehen werden, ist diese Lernmethode sowohl beim Menschen als auch beim Tier, insbesondere im Zusammenhang mit dem sozialen Lernen, von großer Bedeutung.

Andererseits kann eine übergroße Abhängigkeit vom Modell, bei dem es sich gewöhnlich um irgendeine „Autorität" handelt, die eigene Initiative einschränken und zu Konformität führen. Außerdem können auch zusätzliche Verhaltensweisen des Modells gelernt werden, wie z. B. Sprachfehler der Eltern, Dialekte usw. Auch Einstellungen des Modells, die in keinem Zusammenhang mit dem erwünschten Verhalten stehen, wie etwa Vorurteile gegenüber bestimmten gesellschaftlichen Gruppen, könnten nachgeahmt werden.

Anweisung

„Tu, was ich sage, und nicht, was ich mache!" Dieser Satz verdeutlicht den Unterschied zwischen dieser und der vorangegangenen Methode. Beim Erlernen bestimmter Verhaltensweisen ist eine verbale Anweisung sicherlich von Vorteil und kann u. U. die Zeit bis zum Auftreten der ersten Reaktion verkürzen. Verbale Anweisungen können nicht nur dazu verwendet werden, die erwünschte Verhaltensweise, sondern auch die entsprechenden Konsequenzen des Verhaltens zu beschreiben. Dabei können sowohl komplexe Abfolgen als auch abstrakte Prinzipien erklärt werden. Informationen über Belohnungsverzögerung oder über Möglichkeiten, bereits Gelerntes einzusetzen sowie Anweisungen für künftiges Verhalten gehören ebenfalls zu der Methode der verbalen Unterweisung.

Allerdings sind Anweisungen nicht automatisch verständlich. Viele Eltern können dies bestätigen, die sich am Zusammenbau eines Spielzeugs, dessen Anleitung „kinderleicht" sein sollte, bis zur Frustration und Verzweiflung versuchten. Der häufig uneindeutige Sprachgebrauch, unzulängliche verbale oder begriffliche Fähigkeiten sowie gelegentliche Unterschiede zwischen dem Gesagten und dem damit Gemeinten können die Wirksamkeit verbaler Instruktionen für viele Lernwillige reduzieren. Umgekehrt können aber übermäßig ausführliche Anweisungen langfristig zu einer „erlernten Abhängigkeit" führen, so daß dem Betroffenen später immer genau gesagt werden müßte, was und wie etwas zu tun ist. Die Folge davon ist eine Verminderung der intellektuellen Neugierde, eine Furcht vor Risiko und eine Bereitschaft, sich auf Experten zu verlassen, die einem dann „die" Lösung servieren sollen.

Versuch und Irrtum

Diese „Friß-Vogel-oder-stirb"-Methode ist in vielerlei Hinsicht eigenartig. Sie ist eine der am wenigsten wirksamen Methoden, wenn es darum geht, die erste Reaktion auszulösen, führt jedoch – wenn sie einmal geklappt hat – zu den erfreulichsten langfristigen Konsequenzen. Die

Methode ist oft höchst undemokratisch und elitär, da ein Erfolg nur sehr wenigen Personen beschert sein wird; für die Erfolgreichen ist die Belohnung dann besonders wertvoll: Die Note „Eins" ist von noch größerem Wert, wenn die anderen Mühe haben, eine „Zwei" oder „Drei" zu schaffen. Außerdem wird nicht nur die einzelne Reaktion, sondern der gesamte Prozeß der Lösungssuche belohnt. Diejenigen, die erfolgreich lernen, werden ermutigt, ihr Anspruchsniveau zu erhöhen, mehr zu riskieren, und sie werden dadurch unabhängiger. Wie aber steht es mit den anderen, die erfolglos bleiben?

Viele, deren Anstrengungen lediglich zu mehr Fehlern führen, gelangen niemals zu einer Belohnung für das richtige Verhalten. Ihre Anstrengungsbereitschaft und ihre intellektuelle Neugierde werden abgeschwächt, sie unterliegen quasi den Bedingungen einer experimentellen Extinktion. Dies trifft insbesondere dann zu, wenn sich z. B. die Benotung in der Schule so an der sog. Normalverteilungskurve orientiert, daß die Hälfte der Schüler dazu verurteilt ist, „unterdurchschnittlich" zu sein. Andererseits kann ein fragend-entwickelndes Unterrichtsverfahren, das nach dem Prinzip von Versuch und Irrtum erfolgt und bei dem der Lehrer die Suche strukturieren hilft, dazu führen, daß die Schüler ständig ihre letzte Leistung übertreffen und somit gefordert, aber nicht überfordert sind. Dadurch erhält der Schüler genügend Verstärkung für seine Suche, was ihn schließlich dazu motiviert, mit seinen intellektuellen Anstrengungen fortzufahren.

Verhaltensformung nach dem Prinzip der stufenweisen Annäherung

Eine Methode, die dazu verwendet wird, neue Reaktionen hervorzubringen, nennt man Verhaltensformung (engl. "shaping"). *Die Verhaltensformung ist eine operante Lernmethode, bei der lediglich diejenigen Teilaspekte verschiedener Verhaltensweisen unterschiedlich verstärkt werden, die letztlich zu einem erwünschten Gesamtverhalten führen.* Das angestrebte Verhalten ist das sog. „Zielverhalten", das sich aus Elementen oder Teilen von Verhaltensweisen zusammensetzt, die eine Person bereits gelernt hat bzw. die sie tatsächlich ausführt.

Zu Beginn wird jedes Element dieses Zielverhaltens verstärkt. Dann wird das Belohnungskriterium angehoben und Belohnungen werden nur noch für diejenigen Verhaltensweisen gegeben, die dem Zielverhalten zunehmend ähnlich sind. Schließlich muß das Individuum die verschiedenen Teile zusammenfügen oder das erwünschte Gesamtverhalten in einer bestimmten Art und Weise an den Tag legen, um eine Belohnung zu erhalten. Diese Technik, bei der diejenigen Verhaltenselemente verstärkt werden, die eine Annäherung an das Zielverhalten darstellen, nennt man *stufenweise Annäherung*. Auf diese Weise können sich Fertigkeiten aus verhältnismäßig einfachen Reaktionen zusammensetzen.

Um ein erwünschtes Verhalten auszuformen, müssen verschiedene Punkte beachtet werden:

1. Was stellt für die betreffende Person eine Belohnung dar?
2. Die Belohnung sollte unmittelbar und nach einem ganz bestimmten Verstärkungsplan erteilt werden.
3. Das Zielverhalten muß genau definiert sein.
4. Das Belohnungskriterium sollte nach Erreichen bestimmter Teilziele allmählich angehoben werden.

Im Rahmen von Seminaren wäre es denkbar, daß Lehrer z. B. das folgende komplexe Verhaltensmuster verstärken wollten: zuhören, nachdenken, die eigene Sichtweise formulieren, die Hand heben, eine klare Stellungnahme abgeben, die interessant, einsichtig und kreativ ist. Würden wir jedoch solange warten, bis dieses komplexe Zielverhalten auftritt, so wäre das Semester vermutlich längst beendet. Statt dessen wird anfangs jedes Teilelement dieses Verhaltens unmittelbar verstärkt und anschließend das Belohnungskriterium hinsichtlich der Qualität und Angemessenheit des betreffenden Seminarbeitrags beständig angehoben. Alle komplexen Fertigkeiten, die wir uns angeeignet haben, waren ursprünglich einfache Reaktionen, die dann durch stufenweise Annäherung zu komplizierten Verhaltensweisen entwickelt wurden. Leistungsfähigkeit im Sport, die Beherrschung von Fremdsprachen, das Tanzen, Tricks mit dem Skateboard, Autofahren, ja sogar intime Partnerreaktionen bei Liebespaaren sind die Folgen einer absichtlichen oder unbeabsichtigten Verhaltensformung. Die absichtliche Verhaltensformung besteht aus der systematischen Anwendung der hier dargestellten Grundsätze; eine Verhaltensformung kann jedoch auch zufällig sein. Personen, die in der Lage sind, für ihre erste Reaktion belohnt zu werden, gelangen relativ schnell zu einer stufenweisen Annäherung an das Zielverhalten, ohne daß man eine systematische Belohnungsstrategie verfolgt. Die meisten von uns lernen die Muttersprache in dieser Art.

Verhaltenssequenzen
(Bildung von Reaktionsketten)

Durch die Technik der stufenweisen Annäherung wird aus einfachen Verhaltensweisen ein komplexes, integriertes Verhalten. Die Ausführung von *Verhaltenssequenzen* integrierter Reaktionen erfordert eine andere operante Lernmethode: die *Verkettung* (engl. "chaining").

Vermutlich hat jeder im Rahmen eines Fernsehprogramms schon einmal Tiere gesehen, die beachtliche Kunststücke vorführten, und es ist ihm vielleicht aufgefallen, daß dabei immer nur die letzte Reaktion mit einer Karotte, einem Stück Zucker oder einem Stückchen Fisch belohnt wird. Eine experimentelle Demonstration einer solchen Trainingsprozedur zeigt, daß der Schlüssel zu derartigen Kunststücken nicht in der Intelligenz des Tieres liegt, sondern in der Geduld und in der Geschicklichkeit des *Trainers,* der die Prinzipien des operanten Konditionierens anwendet.

Pierrell u. Sherman (1963) gelang es, eine ganz gewöhnliche Ratte namens „Barnabus" in einen Varietékünstler zu verwandeln, etwa so, wie Professor Higgins aus dem Blumenmädchen Eliza eine „Fair Lady" machte. Barnabus lernte:

– eine Wendeltreppe hinaufzusteigen,
– über eine schmale Zugbrücke zu laufen,
– eine Leiter hinabzuklettern,
– ein Spielzeugauto an einer Kette herbeizuziehen,
– in das Auto einzusteigen,
– mit dem Auto zu einer zweiten Leiter zu fahren,
– diese Leiter hinaufzuklettern,
– durch ein Rohr zu kriechen,
– in einen Aufzug zu klettern,
– an einer Kette zu ziehen, die eine Fahne hochzog und Barnabus zur Ausgangsplattform zurückbrachte, wo er
– einen Hebel drücken konnte und dafür eine Futterpille bekam, die er fraß;
– dann kletterte er die Wendeltreppe hinauf ... usw.

Um Barnabus dies alles beizubringen, begannen die Vl nicht etwa am Anfang der Sequenz, sondern am Ende: Zuerst lernte Barnabus den Hebel zu drücken, um Futter zu bekommen; dann wurde er in den Aufzug gesetzt, der ihn zur Ausgangsplattform zurückbrachte, wo sich der Hebel befand. Als Barnabus gelernt hatte, daß das Aufzugfahren so angenehme Folgen hatte, war es leicht, ihm beizubringen, durch das Rohr zu kriechen, um den Aufzug zu erreichen ... usw. Die Reaktionen, die Barnabus ursprünglich nicht in seinem Repertoire hatte, wurden ihm mit Hilfe verschiedener Methoden (vgl. oben) beigebracht – durch Imitation, durch Konfrontation mit der neuen Situation und Herausstellen wichtiger Teile der Umgebung etc. Dann erfolgte die stufenweise Annäherung an die gewünschten Reaktionen. Allmählich wurde jedes Glied der Reaktionskette ein S^D für den nächsten Schritt und ein konditionierter Verstärker für den gerade vorausgegangenen.

Stimuluskontrolle

Das Verhalten wird nicht nur durch seine Konsequenzen beeinflußt, sondern auch durch andere Reize (Stimuli) aus der Umwelt, die zum Zeitpunkt, da eine Belohnung auftritt oder ausbleibt, vorhanden sind. In Kap. 5 haben wir gelernt, daß man dann von Stimuluskontrolle spricht wenn ein vorhandener Reiz dazu führt, daß das Verhalten belohnt wird. Wenn wir jemanden um eine Gefälligkeit bitten, dann wird dieser Bitte sicherlich eher stattgegeben (Verstärkung des Verhaltens), wenn der Bittsteller lächelt, als wenn er seine Stirn runzelt. In diesem Fall wird das Lächeln zu einem diskriminativen Reiz (S^D) und das Stirnrunzeln zu einem S^Δ (in Verbindung mit dem Ausbleiben der Belohnung).

Gute Vertreter lernen es beispielsweise, anhand verschiedener Signale zu erkennen, ob die Fortführung eines Gesprächs erfolgreich sein wird oder nicht. Dasselbe gilt für Täuschungsmanöver beim (american) Football, wenn der Spielmacher durch eine Körpertäuschung die gegnerische Abwehr in eine Falle lockt, d.h. sie zu Reaktionen ermuntert, die vormals durch die erfolgreiche Abwehr einer Angriffsformation belohnt wurden.

Wie wir gesehen haben, kann der kontrollierende Einfluß eines Reizes durch ein *Diskriminationstraining* erhöht werden, d.h. dadurch, daß Reize in die Situation eingeführt werden, die dem S^D ähnlich sind. Dabei werden Reaktionen in Gegenwart des S^D belohnt und in Gegenwart der Reize, die dem S^Δ ähnlich sind, nicht belohnt. Ein Problem beim Einsatz von Stimuluskontrolle in Alltagssituationen außerhalb des Labors besteht darin, wie man den Lernenden dazu bringen kann, gerade auf die richtige Reizdimension zu achten und den S^D zu identifizieren, wenn dieser Teil eines komplexen, reizreichen Kontexts ist. In kontrollierten Laborstudien, in denen z.B. die Skinner-Box benutzt wird, heben sich die relevanten Reize deutlich von dem Hintergrund ab und werden leicht erkannt, da kaum konkurrierende Reize vorhanden sind. Anders verhält es sich dagegen im Klassenzimmer oder in einer Wohnung; hier sind sehr viele Reize vorhanden, und diese lenken leicht von bestimmten diskriminativen Reizen ab, die Belohnungen signalisieren. Eine Anhebung der Stimme des Lehrers am Ende eines Satzes kann auf eine Frage hindeuten, auf die man eine gut durchdachte Antwort geben soll. Aber manche Fragen sind rhetorisch gemeint und wollen jedenfalls zum Nachdenken anregen, während der Lehrer selbst die Antwort gibt. Dasselbe Stimmuster kann auch auf eine Ängstlichkeit seitens des Lehrers hindeuten, ohne daß eine Frage beabsichtigt war; möglicherweise war der Satz auch sarkastisch gemeint.

Der Lernvorgang fordert von uns oft eine sehr spezifische Reaktion auf einen Reiz mit einer bestimmten Bedeutung. Meist wird weder dieselbe Reaktion auf einen nur geringfügig unterschiedlichen Reiz, noch eine geringfügig unterschiedliche Reaktion auf denselben Reiz belohnt werden. Dabei bildet sich bei der Person ein Diskriminationsvermögen aus, das so präzise ist, wie die Lernsituation es verlangt (d.h. um dafür belohnt zu werden) oder wie das Wahrnehmungssystem es zuläßt. Wir lernen z.B., eine Flasche mit einem Drehverschluß so fest zu verschließen, daß die kostbare Flüssigkeit nicht ausläuft, gleichzeitig aber auch nicht so fest, daß wir sie später nicht mehr öffnen können. Wir applaudieren z.B. nach einer Ansprache, um damit unsere Zustimmung oder Anerkennung zu signalisieren, unterlassen dies jedoch nach einer Predigt in der Kirche oder während der Pause zwischen den Sätzen einer Symphonie.

Diskrimination wird so zu einem lebenswichti-

gen Vorgang, der uns hilft, unser Wahrnehmungssystem und unsere Motorik auf die bedeutsamen Dimensionen der Lernaufgabe einzustellen. Wenn das Gelernte jedoch nützlich sein soll, dann muß es auch in anderen entsprechenden Situationen benutzt werden können, wobei zu bedenken ist, daß 2 Situationen nie vollkommen gleich sind. Die *Generalisierung* ist der Vorgang, der es uns ermöglicht, ein gelerntes Verhalten in Situationen zu realisieren, die vergleichbar, aber nicht identisch mit denjenigen Umweltbedingungen sind, unter denen wir dieses Verhalten ursprünglich gelernt hatten (vgl. Kap. 5). Wenn *Reizgeneralisierung* stattfindet, dann können eine ganze Reihe ähnlicher Reize die ursprüngliche Reaktion hervorrufen. Eine *Reaktionsgeneralisierung* liegt vor, wenn in Anwesenheit eines bestimmten Reizes eine Reihe von Reaktionen, die der ursprünglich gelernten Reaktion gleichen, ausgelöst und verstärkt werden. So kommt es also trotz der Veränderungen der Situation zur Beibehaltung der grundlegenden Lernbereitschaft. In der Therapie z.B. müssen neue Verhaltensweisen von Patienten auch außerhalb der Therapiesituation angewendet werden können; um wirklich nützlich zu sein, muß das Gelernte auch am Arbeitsplatz und zu Hause brauchbar sein. In einem späteren Kapitel werden wir sehen, wie Therapeuten versuchen, die Generalisierbarkeit erlernter Verhaltensmuster zu erhöhen, damit sie auch im alltäglichen Leben der Patienten auftreten.

Aversive Kontrollmaßnahmen

Positive Kontrollmaßnahmen führen dadurch zum erwünschten Verhalten, daß die Belohnung von der richtigen Handlung abhängig gemacht wird. Für die Beseitigung unerwünschten Verhaltens werden aversive Kontrollmaßnahmen angewendet. Die bei der aversiven Kontrolle auftretenden Bedingungen sind unangenehm, seien es nun Elektroschocks, Lärm, eine Ohrfeige oder Drohungen, wie z.B.: „Jetzt kriegst du aber Prügel!". Ausgelachtwerden oder Ablehnung sind schmerzliche soziale Kontrollmaßnahmen, die die genannten Strafmaßnahmen an Wirkung noch übertreffen.

Flucht und Vermeidung

Man unterscheidet 3 Paradigmen aversiver Kontrolle: Flucht, Vermeidung und Bestrafung. Bei Flucht und Vermeidung wird dasjenige Verhalten, das aversive Stimulierung beseitigt, stärker und bleibt aufrechterhalten. Man bezeichnet das als *negative Verstärkung*. Das Kind erhält solange Schläge, bis es zugibt, die Vase zerbrochen zu haben. Die Eltern handeln in diesem Fall nach einem *Fluchtparadigma*. Das Eingeständnis des Kindes beseitigt die aversive Stimulierung, die von den Eltern stammt. Somit ist dies eine negativ verstärkte Reaktion. Wenn die Eltern jedoch das Kind, das schneller ist als sie und wegläuft, nicht ergreifen können, dann handelt es sich um ein *Vermeidungsparadigma*. Das Eingeständnis des Kindes – in diesem Fall aus sicherer Distanz – führt dazu, daß die aversive Stimulierung vermieden wird. Wenn die aversive Stimulierung sehr schmerzhaft ist, dann genügt es schon, ihr nur wenige Male ausgesetzt zu sein, um das Flucht- oder Vermeidungsverhalten zu erlernen.

Der Gegenpol zur negativen Verstärkung ist das *Bestrafungsparadigma*, bei dem ein aversiver Reiz auf das Verhalten *folgt*. Wenn die Bestrafung sehr schmerzhaft oder unangenehm ist, dann wird die betreffende Handlung (z. B. im Wohnzimmer mit dem Fußball spielen) *beendet, reduziert* oder zumindest nur noch *in vermindertem Ausmaß* auftreten. Wir werden später das Für und Wider der Anwendung von Bestrafungen diskutieren und vorerst verschiedene Aspekte des Flucht- und Vermeidungsverhaltens darstellen.

Ein neutraler Reiz, der wiederholt zusammen mit einem primären aversiven Reiz auftritt oder mit ihm gepaart wird, wird zu einem *konditionierten aversiven Reiz*. Dies kann z. B. ein Lichtsignal sein, das zusammen mit einem Elektroschock auftritt (wie z. B. in Tierexperimenten) oder das Ertönen der Signalhörner eines Polizeiwagens, bevor wir das Bußgeld für eine Geschwindigkeitsüberschreitung entrichten, oder das Gähnen der Freundin, die dann sagt: „Es ist schon spät, bring mich bitte nach Hause!" Diese Warnsignale dienen uns als Hinweise auf die unangenehmen Vorgänge, die dann folgen. Sie geben uns allerdings auch Zeit, unser Verhalten zu ändern (oder eine Entschuldigung vorzubereiten usw.).

Furcht ist eine emotionale Reaktion, die (nach den Prinzipien der klassischen Konditionierung) auf einen Warnreiz hin erlernt wird (Mowrer 1960). Furcht motiviert eine ganze Reihe von Reaktionen, die in Anwesenheit des furchterregenden Reizes zu Flucht- oder Vermeidungsverhalten führen. Weil schmerzhafte Reize meist plötzlich und mit großer Heftigkeit auftreten (im Gegensatz zu den meisten positiven Verstärkern), sind Furchtreaktionen leicht zu erlernen und können häufig nicht abgeschwächt werden.

Jede Reaktion, die eine erlernte Furcht reduziert, wird häufig wiederholt auf Signale konditioniert, die das furchterregende Ereignis ankündigen. Nehmen wir an, Sie erwarten eine unangenehme Szene, wenn Sie zu Hause von Ihren schlechten Noten berichten. Diese Sorge führt zu Kopfweh oder zur Beeinträchtigung Ihrer Atmung. Weil Sie jetzt „krank" sind, wird man Ihnen zu Hause kein „großes Theater machen". Welche Reaktionen könnten Sie noch lernen, wenn Sie sich ängstlich oder verletzlich fühlen (ohne sich dessen bewußt zu sein)? Vielleicht eine Migräne oder ein wenig Asthma. Einige Psychologen nehmen an, daß neurotische und psychosomatische Symptome erlernte Reaktionen auf tatsächliche, imaginäre oder symbolische Reize sind. Diese Reaktionen bestehen fort, weil sie die Furcht oder Angst einer Person vermindern (Miller 1959).

Erlernte Hilflosigkeit

In einer Zweiwegkammer (engl. "shuttle box") springt ein Tier schnell über eine Barriere in den sicheren Teil der Apparatur, um einen schmerzhaften Elektroschock in der Kammer, in der es soeben war, durch Flucht zu vermeiden. Ein anderes Tier, das in dieselbe Apparatur gebracht wird, rührt sich nicht vom Fleck. Es gibt auf und erträgt geduldig den Schmerz. Warum ist ein Tier derartig hilflos, während ein anderes Tier derselben Art situationsgerecht reagiert und die Gefahr vermeidet? Die Antwort auf diese Frage liegt in der vorangegangenen Erfahrung des hilflosen Tieres. Das Tier wurde zuvor in einer Halterung, die eine Flucht unmöglich machte, mit Hilfe eines Elektroschocks auf einen Ton „furchtkonditioniert". Das Tier (in diesem Fall ein Hund) lernte auf den Ton allein zu reagieren, aber darüber hinaus noch etwas viel Wichtigeres: keine seiner Handlungen konnte die schmerzhafte Umwelt irgendwie verändern. Die aversive klassische Konditionierung zeigte dem Tier, daß seine Reaktionen den Schmerz weder verhindern, noch beenden, noch vermindern konnten. Dadurch entstand Furcht und ein „Gefühl der Hilflosigkeit". Später war das Tier dann nicht imstande, eine Fluchtreaktion zu erlernen, obwohl es von den Versuchsleitern wiederholt über die Barriere gezerrt wurde. Dieses Phänomen bezeichnet man als *erlernte Hilflosigkeit*. Sie tritt dann auf, wenn ein Organismus aufgrund früherer Erfahrungen gelernt hat, daß seine Handlungen keinen Einfluß auf irgendwelche Veränderungen in einer aversiven Umwelt haben.

Untersuchungen haben gezeigt, daß domestizierte Beagles (Spürhunde) z.B. viel anfälliger für die erlernte Hilflosigkeit sind als Mischlinge unbekannter Herkunft. Diese ungezähmten Hunde haben wahrscheinlich in einer unwirtlichen Umwelt, die keineswegs so „ausrechenbar" ist wie das Labor, gelernt, sich durchzusetzen und zu überleben. Die erlernte Hilflosigkeit konnte übrigens beseitigt werden, wenn die Hunde in der ursprünglichen Halterung mit Hilfe eines Hebeldrucks den schmerzhaften Reiz vermeiden oder beseitigen konnten. In der Zweiwegkammer zeigten diese Hunde später ein normales Fluchtverhalten. Ihre frühere Erfahrung kam ihnen in dieser traumatischen Situation zugute, und sie verhielten sich nicht mehr passiv (Seligman u. Maier 1967; Overmeier u. Seligman 1967). Seligman und seine Mitarbeiter haben zeigen können, daß es auch beim Menschen erlernte Hilflosigkeit gibt. Außerdem wurden einige Parallelen zu einem weit verbreiteten klinischen Problem, der *Depression*, festgestellt (Seligman 1975.

Bestrafung

Die grundlegenden Ziele auch der wohlmeinendsten Eltern, Lehrer und Erzieher sind es, bestimmte Verhaltensweisen *zu aktivieren*, andere *aufrechtzuerhalten* und wiederum andere zu *beseitigen* oder zu *verhindern* (insbesondere zu bestimmten Zeiten und an bestimmten Orten). Für die ersten beiden Maßnahmen ist Belohnung die wirksamste Methode (um ein erwünschtes Verhalten zustande zu bringen oder seine Auftretenshäufigkeit deutlich zu er-

höhen). Bei dem Versuch jedoch, unerwünschtes Verhalten einzuschränken oder zu verhindern, ist die positive Verstärkung häufig nicht hinreichend. In derartigen Fällen wird oft die Bestrafung verwendet.

Wir finden jedoch viele Stimmen, die sich gegen die Bestrafung des Menschen erheben. „Bestrafung ist einfach Unfug. Bestrafung ist in sich selbst etwas Böses", meinte der englische Philosoph Jeremy Bentham. Der französische Essayist und Moralist Montaigne schrieb (schon im 16. Jh.): „Ich habe noch nie erlebt, daß das Prügeln einen Jungen tapferer oder gehorsamer gemacht hätte". Der amerikanische Schriftsteller Eric Hoffer weist auf die verstärkenden Nebeneffekte der Bestrafung für den Bestrafer hin, indem er schreibt: „Das Gefühl der Macht wird uns bewußter, wenn wir den Geist eines Mannes brechen, als wenn wir sein Herz gewinnen". Die Psychologen Grier und Cobbs sind der Ansicht, daß „die Strafe in der Kindererziehung ihre psychologischen Wurzeln in der Sklaverei hat". Andere berichten, daß die Bestrafung eine ziemlich unwirksame Methode zur Verhaltenskontrolle ist, da sie zur Rebellion führt und außerdem eine ständige Überwachung notwendig macht. Daneben ist sie auch ein Eingeständnis des eigenen Fehlverhaltens; man gibt zu, daß man nicht imstande ist, positive Verstärkung wirksam einzusetzen (Baer 1970, Solomon 1964).

Die Prinzipien der Bestrafung sind vergleichbar mit denen der positiven Verstärkung, mit der Ausnahme, daß die Bestrafung die Wahrscheinlichkeit, daß ein bestimmtes Verhalten auftritt, *erniedrigt*, während die positive Verstärkung diese *erhöht*. Wie wir aber noch sehen werden, kann die Bestrafung in sozialen Situationen sehr oft äußerst unangenehme Nebenwirkungen haben. Seit Jahrhunderten hören wir die Stimmen der Philosophen und Erzieher, die sich darüber streiten, ob die Bestrafung das einzige Mittel sei, den „Charakter" zu formen, oder ob es sich dabei lediglich um einen destruktiven, wenn nicht sogar sadistischen Ausdruck brutaler Strenge seitens des Bestrafenden handelt.

Bestrafe die Reaktion und nicht die Person

Vielleicht können wir diese hitzige Diskussion ein wenig abkühlen, indem wir auf einige semantische Unterschiede hinweisen, die von den Verhaltenstheoretikern besonders hervorgehoben werden:
Reaktionen werden verstärkt, *Personen* werden belohnt.
Wenn man diese Unterscheidung auf eine wirksame und humane Anwendung der Bestrafung

Unter der Lupe

Es gibt nur einen Weg, diesen Gören etwas beizubringen:

"Speak roughly to your little boy
and beat him when he sneezes;
he only does it to anoy,
because he knows it teases."

[Lewis Carroll, *Alices Adventures in Wonderland* (1865)]

In vielen Fällen ufert die Bestrafung von Kindern in Brutalität aus, so daß die Kinder schwerwiegende physische und psychische Folgen davontragen. In der Tat sterben alljährlich tausende von Kindern durch Mißhandlungen von seiten ihrer Eltern.

Die Kindesmißhandlung wird in einem späteren Kapitel analysiert, aber es erscheint uns wichtig, daß wir schon hier eine Reihe von Interviews mit Eltern von mißhandelten Kindern untersuchen und mit den Aussagen von Eltern vergleichen, deren Kinder nicht mißhandelt wurden. *„Mißhandelt"* wurde in dieser Untersuchung definiert als „mehrfache Knochenbrüche, die auf eine starke Mißhandlung von seiten der Eltern zurückzuführen waren" (Elmer 1971).

In Familien, bei denen Kindesmißhandlung vorkam, wurde die Disziplin v. a. durch eine Vielfalt physischer Kontrollmethoden, wie z. B. Schlagen, Schütteln und Deprivation herbeigeführt. Rationale Auseinandersetzungen oder die Vermeidung von Konflikten waren selten. „Diese Eltern betrachten sogar Kleinkinder als straf- und disziplinbedürftig und setzen bei unerwünschtem Verhalten eine Absicht voraus". Viele dieser Mütter glaubten, daß sogar sehr kleine, unreife Kinder im Alter von 6–9 Monaten bereits „Launen" hatten, aus Trotz handelten, richtig von falsch unterscheiden konnten und absichtlich unerwünschtes Verhalten zeigten. Auf die Frage, wie sie sich selbst verhalten würden, wenn ihre Kleinkinder (im Alter von 6 Monaten oder etwas älter) sie schlagen oder anspeien würden, antwortete die überwältigende Mehrheit, daß sie die Kinder körperlich bestrafen würden „um ihnen zu zeigen, daß man so etwas *nicht* tun darf".

„Die Mütter, um die es bei dieser Untersuchung ging, waren gewöhnlich nicht imstande, zwischen Disziplin und Lehren zu unterscheiden. Befragt, wie sie denn ihren Kleinkindern neue Verhaltensweisen beibringen würden, sagten die meisten, sie würden sie beschimpfen und schlagen, damit sie schon beim ersten Mal die gegebenen verbalen Instruktionen befolgen könnten. Die Versuchsleiter hatten das Gefühl, daß Kleinkinder viel häufiger körperlich bestraft werden, als dies allgemein angenommen wird. Wenn es zur allgemeinen Praxis wird, Kleinkinder zu schlagen, selbst wenn dies nur sehr leichte Schläge sind, mit der Absicht ihnen etwas beizubringen, so werden nach den Gesetzen der Wahrscheinlichkeit einige Kleinkinder eben zu hart geschlagen und dabei verletzt".

Aber auch viele der Eltern nicht mißhandelter Kinder wenden körperliche Bestrafung bei ihren Kleinkindern an – der Unterschied liegt in der Strenge und in der Häufigkeit der Bestrafung. 87 % aller an dieser Untersuchung teilnehmenden Mütter gaben ihren Kindern im Alter von 2 Jahren einen Klaps auf die Hand oder das Hinterteil.

Es traten interessante Unterschiede zwischen den sozialen Klassen und den Geschlechtern zutage. Die Ergebnisse zeigten, daß Mütter aus den oberen sozioökonomischen Klassen ihre Kinder mehr für aggressives Verhalten bestrafen, während Mütter aus der Mittelklasse dies mehr bei übertriebenem, irritierendem oder gefährlichem Verhalten taten. Mütter aus den unteren Klassen bestraften ihre Kinder für „Fehlverhalten", wie z. B. übertriebene Forderungen, Ungehorsam oder Weinen. Über alle sozialen Klassen hinweg wurden die Mädchen früher bestraft als die Jungen: im Alter von 9 Monaten waren es 31 % im Vergleich zu 5 % der Jungen, im Alter von 18 Monaten waren es 70 % der Mädchen und nur 50 % der Jungen.

ausdehnt, dann könnte man hinzufügen: Unerwünschte *Reaktionen* werden bestraft; *Personen* sollten nicht bestraft werden.

Obgleich bestimmte *Reaktionen* unerwünscht sein können, sollte man *Personen* niemals dem Gefühl aussetzen, unerwünscht zu sein.

Eine Bestrafung „funktioniert" oft, aber nur dann, wenn sie innerhalb eines allgemein positiven Klimas angewendet wird. Ansonsten ist zwar eine Schlacht gewonnen, der Krieg jedoch verloren. Es folgen nun einige Leitlinien für eine konstruktive Anwendung der Bestrafung (Parke u. Walters 1967, Azrin u. Holz 1966).

a) *Reaktionsspezifität.* Es sollte klar sein, welche spezifische Reaktion bestraft wird, warum dies geschieht und welche Alternativen möglich sind.

b) *Alternative Verhaltensweisen.* Es sollte immer eine Reaktion verfügbar sein, die nicht bestraft, sondern positiv verstärkt wird.

c) *Situationsspezifität.* Die aversive soziale Situation, die im Zusammenhang mit der Bestrafung entsteht, sollte nur auf diejenige Situation beschränkt bleiben, in der das bestrafte Verhalten auftritt. Sie sollte nicht auf andere Situationen oder Zeitpunkte übergreifen.

d) *Zeitpunkt.* Bestrafung sollte unmittelbar und ausnahmslos nach jeder Reaktion angewendet werden.

e) *Flucht.* Es sollte keine Möglichkeit zur Flucht, Vermeidung oder Ablenkung bestehen.

f) *Intensität der Bestrafung.* Der Strafreiz sollte so stark sein, daß man ihn gerade noch vertreten kann.

g) *Dauer.* Lang andauernde Bestrafung sollte vermieden werden.

h) *Konditionierte Strafreize.* Wenn ein neutraler Reiz fortwährend mit einem aversiven Strafreiz gepaart wird, so kann er zu einer Verminderung der Verhaltenshäufigkeit führen, ohne der Person Schaden zuzufügen.

i) *Sympathie und Zuneigung.* Diejenigen, die bestrafen, sollten zusammen mit der Bestrafung keine positive Verstärkung anwenden. Tun sie dies trotzdem, so kann diese Verstärkung ausreichend sein, um die zu bestrafende Reaktion zu erhalten. Bestrafung sollte eine Abschwächungsperiode für die zu

bestrafende Reaktion signalisierten, d. h. eine Zeitperiode, in der keine positive Verstärkung verabreicht wird.

j) *Time-out.* "Time-out"-Perioden zeigen eine bestrafende Wirkung, indem für eine bestimmte Zeit die erwünschte positive Verstärkung nicht gegeben wird, um dadurch die unerwünschte Reaktion abzuschwächen (z. B.: „Heute darfst du nicht fernsehen, weil du deine Hausaufgaben nicht gemacht hast."). In dem griechischen Schauspiel „Lysistrata" z. B. gab es eine "Time-out"-Bestrafungsperiode. Die Frauen verweigerten ihren Männern den sexuellen Kontakt solange, bis ihre Forderung, den Krieg zu beenden, erfüllt wurde.

k) *Motivation.* Die Motivation, die zu bestrafende Reaktion auszuführen, sollte vermindert, auf alternative, der Motivation entsprechende Verhaltensweisen sollte hingewiesen werden.

l) *Generalisierung von Verhalten auf Veranlagungen.* Der Bestrafende sollte *unter keinen Umständen* von spezifischen Reaktionen auf Charaktereigenschaften der Person generalisieren („Du bist ja dumm" oder „Du bist unkorrigierbar" usw.). Derartige Schlußfolgerungen über Persönlichkeitsmerkmale bleiben im Bewußtsein des Bestraften lange erhalten; sie sind auch dann noch vorhanden, wenn die zu bestrafende Reaktion abgeschwächt und die Bestrafung bereits vergessen ist.

Wann hat Bestrafung unbeabsichtigte Wirkungen?

Obgleich es eine Reihe von Hinweisen für die Wirksamkeit vernünftig angewandter Bestrafung als eine Methode der Verhaltensmodifikation gibt, bei der sonst allgemein die positive Verstärkung überwiegt, *führt Bestrafung dennoch meist zu gegenteiligen Effekten.* Dies ist wahrscheinlich darauf zurückzuführen, daß die Anwendung der Bestrafung außerhalb des Labors seitens der Lehrer, Eltern, Polizei, Ärzte, Freunde, Partner oder anderer Personen selten mit den oben genannten Prinzipien in Einklang steht, die der kontrollierten Forschung entstammen. Die Bestrafung wird vielmehr undifferenziert angewendet, weil meist die Motive des Strafenden nicht allein dahin zielen, die Wahrscheinlichkeit einer bestimmten Reaktion zu verringern.

Im folgenden seien einige der Gründe genannt, warum der alltägliche Gebrauch der Bestrafung mehr unerwünschtes Verhalten hervorruft als abschwächt.

a) Bestrafung führt oft zu starken *emotionalen Reaktionen* beim Strafenden und beim Bestraften, die über die Bestrafungssituation hinaus generalisieren. Beim Bestrafenden ruft sie oft ein Gefühl der Erleichterung hervor; durch das positive Gefühl, das oft mit dem Gefühl der Macht zu aversiver Kontrolle einhergeht, wird das Bestrafungsverhalten verstärkt und tritt zunehmend häufiger auf. Der Bestrafte lernt den Strafenden zu fürchten, zu hassen, oder er verspürt eine Verringerung seiner Selbsteinschätzung, wodurch er letztlich die Bestrafung durch eine geliebte Person rechtfertigen kann.

b) Es ist oft schwierig, die Bestrafung *unmittelbar und konsistent* anzuwenden.

c) Häufig wird die Intensität der Bestrafung vom Bestrafenden unterschätzt, was zur *Brutalität* führen kann.

d) Die Bestrafungssituation kann zu einer *allgemeinen Lernsituation* werden. In ihr wird u.a. die Bedeutung der sozialen Macht erlernt. Die Beteiligten könnten hinsichtlich der Bestrafung das Prinzip erlernen: „Geben ist besser als nehmen." Ein weiterer „Lernerfolg" könnte in der Erkenntnis bestehen, daß Konfliktsituationen allgemein weniger Anstrengung erfordern, wenn sie mit Hilfe körperlicher Gewalt anstatt im Rahmen verbaler Auseinandersetzungen gelöst werden. Aufgrund seines Alters, seines Geschlechts, seiner Stärke oder seiner Autorität wird dem Bestrafenden oft das Recht eingeräumt, „erwünschtes Verhalten" zu definieren und so Maßnahmen gegen eine wehrlose Person einzuleiten (die zudem von der Umwelt geduldet werden). Derart bestrafte Personen lernen das Modell zu imitieren und benutzen ebenfalls die Bestrafung als Methode der Verhaltenskontrolle bei anderen.

e) So, wie die Bestrafung häufig angewendet wird, unterdrückt oder hemmt sie unerwünschte Reaktionen meist nur dann, wenn der *Bestrafende anwesend* ist, da der Bestrafte vermutlich zu lernen in der Lage ist, unterschiedliche Sti-

muli voneinander zu unterscheiden (Stimulusdiskrimination). Folglich wird er schließlich lernen, das betreffende Verhalten zu unterlassen, wenn er sich „unter Beobachtung" wähnt. Dies führt letztlich zu 2 irrigen Annahmen:

1. daß eine fortwährende Überwachung notwendig ist, um „gutes" Verhalten zu garantieren und
2. daß die zu bestrafende Person unfähig ist, ihr eigenes Verhalten zu steuern.

f) Bestrafung wird oft in sozialen Situationen angewandt, in der sich außer dem Bestrafenden und dem Bestraften noch andere Personen befinden. Die *Bestrafung in Gegenwart anderer Personen* führt zu weiteren Demütigungen der bestraften Person, die zusätzlich bestrafend wirken können. Ferner ist es möglich, daß die Anwesenheit anderer Personen das Verhalten des Bestrafenden beeinflußt.

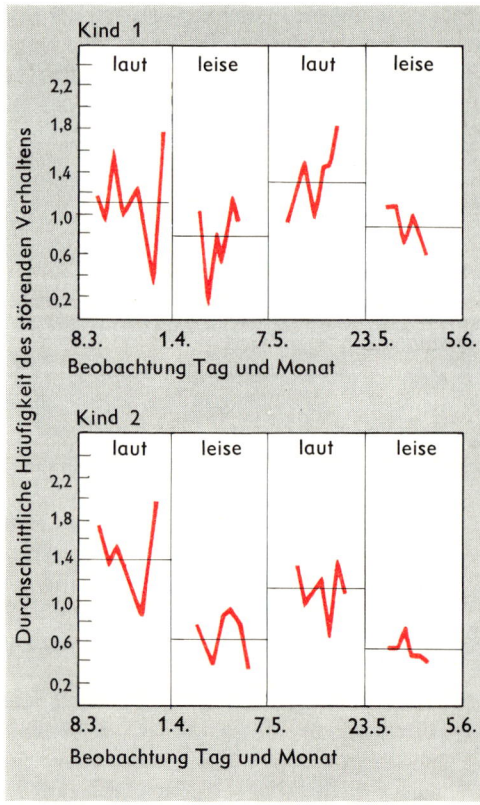

Abb. 6.1. Störendes Verhalten im Unterricht. Zwei Kinder wurden dafür entweder laut oder leise zurechtgewiesen. (Nach O'Leary et al. 1970)

Körperliche Züchtigung ist problematisch

Die Anwendung von Bestrafung zur Kontrolle menschlichen Verhaltens hängt nicht nur davon ab, ob sie „funktioniert" oder nicht. Neben der psychologischen Frage der Bestrafung „unerwünschten Verhaltens" treten auch noch viele moralische und rechtliche Erwägungen auf. Körperliche Bestrafung wird im Bereich der Pädagogik definiert als „Schmerz, den ein Lehrer oder Erzieher am Körper eines Schülers als Strafe für eine Tat, die dem Strafenden mißfällt, verursacht" (Wineman u. James 1967). Dazu gehören z.B. Maßnahmen wie in eine unwirtliche Kammer („Karzer") eingesperrt zu sein, gezwungen zu werden, unangenehme Substanzen zu essen oder längere Zeit aufrecht stehen zu müssen.

In den USA hatte man lange Zeit angenommen, daß körperliche Bestrafung selten angewendet werde, und wenn, dann nur „mit leichter Hand und insbesondere bei Gymnasialschülern, die ihre Lehrer körperlich bedrohen". Diese Annahme erwies sich jedoch als falsch. Während des Schuljahrs 1971/72 gab es in den Schulen der Stadt Dallas, Texas über 2000 Fälle körperlicher Bestrafung *pro Monat.* In Kalifornien wurde im Jahr 1974 von 4000 Fällen körperlicher Bestrafung berichtet (wobei die Stadt Los Angeles nicht mitgerechnet wurde). Lediglich 5% der Bestraften waren Schüler der letzten 4 Jahrgänge vor dem Abitur. Die körperliche Bestrafung richtet sich v.a. gegen Jungen aller Altersgruppen und Kinder in den ersten 4 Grundschulklassen. Derartige Bestrafungen sind oft brutal, die Kinder werden häufig geschlagen oder erhalten Fußtritte (Hyman et al. 1977).

Für die Anwendung der körperlichen Bestrafung werden 4 Gründe am häufigsten genannt:
a) Es sei eine erprobte und wirksame Methode, unerwünschtes Verhalten zu verändern.
b) Das Gefühl der persönlichen Verantwortung werde dadurch gefördert.
c) Die Schüler erlernten dadurch Selbstdisziplin.
d) Diese Bestrafungsart sei eine Hilfe bei der Entwicklung eines „guten Charakters". (Nach Clarizio 1975).

Es gibt viele Gründe, die Wirksamkeit der Bestrafung im Hinblick auf alle 4 Ziele zu bezweifeln. Das betreffende unerwünschte Verhalten wird nur dann unterlassen oder unterdrückt, wenn die Bestrafung schwer und langandauernd der bestrafende Erzieher immer anwesend ist. Außerdem entstehen unerwünschte Nebenwirkungen: eine allgemeine negative Einstellung zur „Schule" oder zum „Lernen", Tendenzen, Lehrer zu meiden, Schulschwänzen, blinder Gehorsam gegenüber Autoritäten, Vandalismus und vielleicht auch gewalttätiges Verhalten gegenüber jüngeren und schwächeren Mitschülern (Bongiovanni 1977).

Mehr als 75% der befragten Erwachsenen in den USA sprachen sich für eine körperliche Bestrafung aus, nur 17% waren dagegen und 8% hatten keine Meinung. Diese Erwachsenen waren Eltern, Lehrer, Rektoren, Schulräte und Vorsitzende von Elternräten. Die einzige Gruppe, die klar dagegen war, waren die Schüler: 50% waren dagegen, 25% dafür und 25% hatten keine Meinung (Reardon u. Reynold 1975).

Im April des Jahres 1977 entschied das Verfassungsgericht der USA im „Fall Ingraham versus Wright" mit 5 zu 4 Stimmen, daß die körperliche Bestrafung an den Schulen der USA verfassungsgemäß sei, gleichgültig, wie hart eine Bestrafung auch ausfallen möge. Derzeit haben nur 4 Bundesstaaten der USA Gesetze, die die körperliche Bestrafung in den Schulen einschränken: New Jersey, Maine, Maryland und Massachusetts.

Es gibt eine ganze Reihe von Alternativen zur Anwendung der körperlichen Bestrafung. „Time-out"-Räume und der Entzug von Privilegien sind erfolgreiche aversive Kontrollmaßnahmen. Persönliche Gespräche mit den Schülern, die den Unterricht stören, sollten häufiger stattfinden. Diskussionen im Klassenzimmer über akzeptaples und unerwünschtes Verhalten sowie die Teilung der Verantwortlichkeit für die Disziplin zwischen Lehrern und Schülern führen zu einer „demokratischen" Klassenatmosphäre. Hinzu kommt natürlich, daß die Lehrpläne interessanter gestaltet werden könnten, daß die Ausbildung der Lehrer bezüglich des Einsatzes von positiven Anregungen und Belohnungen zu verbessern wäre. All dies würde die „Notwendigkeit" körperlicher Bestrafungen stark verringern.

In der Bundesrepublik Deutschland besteht ein Kanon von Schulstrafen, die von der Warnung über den Tadel und den Verweis bis zum Arrest, zum Ausschluß von Schulveranstaltungen bzw. zur Überweisung in eine Parallelklasse oder eine andere Schule reichen. In besonders schweren Fällen erfolgt die Androhung der Entlassung und als letzte Strafmöglichkeit die Verweisung, die für alle Schulen der Bundesrepublik gilt. Schulstrafen sollten so angewandt werden, daß sie die Menschenwürde des Schülers nicht verletzen, Ungerechtigkeiten vermeiden und den Rechtsgrundsatz der Verhältnismäßigkeit wahren. So darf z. B. bei der Strafe der Verweisung nicht außer acht gelassen werden, welche Folgen sie für das weitere Leben des Schülers mit sich bringt, niemals sollte sie eine schematische Strafentscheidung sein (etwa „wer einen Ladendiebstahl begeht, gehört nicht auf das Gymnasium").

Die früher wohl häufigste Schulstrafe war die körperliche Züchtigung. In neuerer Zeit wurde sie jedoch in allen Bundesländern und in West-Berlin verboten (in Bayern sind Ausnahmen möglich: „Verbot in abgeschwächter Form"). Über den erzieherischen Wert herrscht Uneinigkeit; als Regelstrafe wird körperliche Züchtigung indes allgemein abgelehnt und vermieden. Urteilen des Bundesgerichtshofes zufolge soll jede Züchtigung maßvoll bleiben und nie ohne Anlaß erfolgen; im Vordergrund steht dabei „das Wohl des Kindes in seiner individuellen Eigenart."

Es kann z. B. geschehen, daß der Bestrafende um seinen „guten Ruf" besorgt ist und Bestrafung nur deshalb benutzt, weil jede erwünschte Veränderung im Verhalten des Bestraften ihm selbst „gutgeschrieben" wird und nicht dem Bestraften. Bisweilen fällt eine Bestrafung auch übermäßig aus, weil der Bestrafende sie als willkommene Gelegenheit ansieht, einer gesamten Gruppe eine „Lektion zu erteilen" (s. „Unter der Lupe", S. 223).

Im Rahmen einer Untersuchung über den spontanen Gebrauch der Bestrafung in der Schule wurden 2 Kinder aus jeder der 5 an der Untersuchung teilnehmenden Klassen über 4 Monate hinweg beobachtet. Die Kinder zeigten eine hohe Auftretenshäufigkeit von bestimmten Verhaltensweisen im Klassenzimmer, die vom Lehrer öffentlich gerügt wurden. Fast alle Rügen wurden laut erteilt, von den meisten Klassenmitgliedern deutlich gehört und waren nicht besonders wirksam im Hinblick auf die Reduzierung des betroffenen Verhaltens.

In der 2. Phase der Untersuchung wurden die Lehrer angewiesen, „leise" Rügen zu erteilen, die nur das betroffene Kind selbst hören konnte. In fast allen Fällen war eine Verringerung des unerwünschten Verhaltens zu beobachten.

In der 3. Phase wurden die lauten Rügen wieder eingeführt, was prompt zu einer Erhöhung des unerwünschten Verhaltens führte. Um in überzeugender Weise den Einfluß sozialer Faktoren auf dieses Verhalten zu demonstrieren, wurden in der 4. Phase wiederum nur „leise" Rügen erteilt. Wie vorher zeigte sich auch hier in fast allen Fällen eine Reduzierung des unerwünschten Verhaltens (s. Abb. 6).

Die Theorie des sozialen Lernens

Unterschiedlichste Theorien haben sich jahrelang mit der Frage beschäftigt, warum der Mensch sich so verhält, wie er es tut, und wie man menschliches Verhalten verändern könnte. Wie wir gesehen haben, hat die Verhaltenstheorie das Gewicht von den inneren Determinanten des Verhaltens auf eine detaillierte Untersuchung äußerer Einflüsse verlagert. Jedes beliebige Verhalten kann danach untersucht werden, welche äußeren Reizbedingungen es sind, die ein Verhalten aktivieren und welche äußeren Verstärker vorliegen könnten, die es aufrechterhalten. Es gibt einen erheblichen Forschungsertrag, der die Annahme bestätigt, daß menschliches Verhalten außengesteuert ist. Der empirische Erfolg der operanten Lernmethode hat viele Psychologen dazu gebracht, die Annahme überhaupt preiszugeben, daß menschliches Verhalten binnengesteuert sei. Statt dessen wird die Kontrolle des menschlichen Verhaltens durch Umwelteinflüsse betont. Umgekehrt wird aber auch die Sichtweise des radikalen Behaviorismus, der den Menschen als ein passives Wesen ansieht, das der Kontrolle einer allmächtigen Umwelt unterliegt, von vielen Psychologen verworfen. Weitere Kritik gilt v. a. der Weigerung der orthodoxen Behavioristen, dem Denken überhaupt eine Rolle zuzugestehen. Einen alternativen Standpunkt vertritt die *Theorie des sozialen Lernens.* Aus ihrer Sicht wirken Verhalten, Persönlichkeitsfaktoren und Umwelteinflüsse in wechselseitiger Interaktion zusammen. Natürlich wird unser Verhalten von der Umwelt beeinflußt, aber umgekehrt *gestalten* wir erheblich Teile unserer Umwelt. Verhalten wird z. B. durch die Belohnung geformt, aber in der Regel sind es ja Menschen, die diese Belohnungen einander verfügbar machen oder entziehen. Bandura von der Stanford University hat dem behavioristischen Standpunkt durch seine Theorie des sozialen Lernens neue Perspektiven gewiesen (1977 a). Seine Konzeption über das menschliche Funktionieren betrachtet den Menschen weder als ein Wesen, das von inneren Kräften getrieben wird, noch als eines, das hilflos Umwelteinflüssen ausgesetzt ist; vielmehr ist diesem Ansatz zufolge der Mensch in der Lage, eine gewisse Kontrolle über sein eigenes Verhalten auszuüben. Umwelteinflüsse werden durch kognitive Prozesse vermittelt, also definiert, gedeutet, verglichen, gegenübergestellt, erkannt und integriert. Diese kognitiven Fähigkeiten ermöglichen es auch, daß wir uns an solche Verhaltensweisen erinnern können, die belohnt wurden, und mit welcher Häufigkeit in welchen Situationen die Belohnung erfolgte; d. h. auch eine Kontrolle durch Umwelteinflüsse wäre in dieser Sichtweise immer zuerst kognitiv vermittelt.

Ihre kognitive Orientierung hat die Vertreter der sozialen Lerntheorie dazu veranlaßt, bisher vernachlässigte Aspekte von Lernprozessen zu untersuchen, wie z. B. Beobachtungslernen, symbolisches Lernen und selbstregulatorische Prozesse. Ein Großteil unseres Lernens wird durch die *Beobachtung* von Modellen, die das betreffende Verhalten ausführen, gelernt; wichtig dabei sind auch die Verhaltenskonsequenzen, die sich für das Modell ergeben. Die Sprache und andere Symbole ermöglichen es uns, Erfahrungen aufzunehmen, im Gedächtnis zu speichern und abzurufen. Diese Erfahrungen dienen als Wegweiser für das spätere Verhalten. Die Fähigkeit, Symbole als Repräsentanten der Wirklichkeit zu benutzen und zu abstrahieren, erlaubt es dem Lernenden, sich alternative Konsequenzen seiner Handlungen vorzustellen, Problemlösungsmöglichkeiten zu überdenken und konkrete Vorstellungen von Begriffen wie „Freiheit", „Würde", „Gerechtigkeit" usw. zu entwickeln.

Beobachtung von Modellen

Tennisspieler werden nur dann besser, wenn sie intensiv trainieren. Viele beobachten auch noch andere Spieler, um zu sehen, wie diese den Schläger führen; oder sie beobachten ihre eigene Spielweise mit Hilfe von Videoaufzeichnungen. Wenn man in eine neue Lebenssituation kommt, dann beginnt man meist nicht sofort zu handeln, sondern versucht, sich erst einmal zu orientieren. Menschen sind zwar prinzipiell auf aktives Handeln ausgerichtet, aber ihre Handlungen orientieren sich gewöhnlich an früheren Beobachtungen. Ein Großteil des menschlichen Verhaltens beruht auf der Beobachtung anderer Menschen und dessen, was ihnen passiert oder sich in ihrer Umgebung verändert.

Ein Lernvorgang, der sich gänzlich auf die Beobachtung anderer stützt, ohne daß das Verhalten und seine Konsequenzen persönlich ausgeführt und erfahren werden, bezeichnet man als indirektes oder *stellvertretendes* (engl. "vacarious") *Lernen.*

Unsere Fähigkeit, aus Beobachtung zu lernen, bringt eine Reihe wichtiger Vorteile mit sich. Wir können uns z. B. umfangreiche, integrierte Verhaltensmuster aneignen, ohne diese mühsam mit Hilfe der „Versuch-und-Irrtum"-Me-

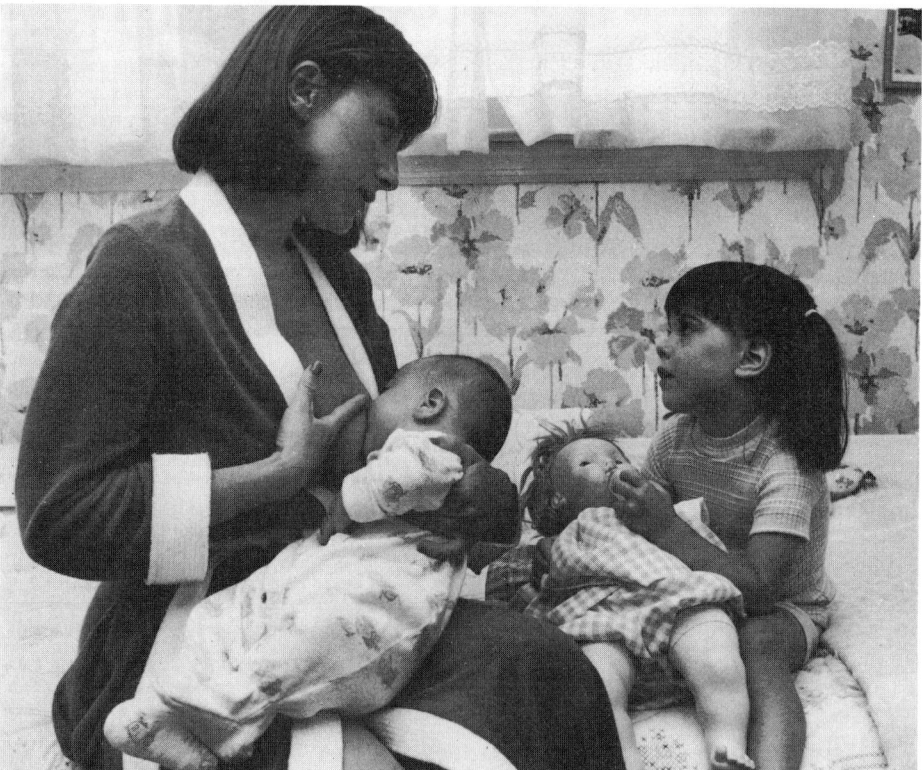

Abb. 6.2. Beobachtungslernen. Wir lernen Verhaltensregeln durch die Beobachtung von Modellen. Kinder beobachten Verhaltensweisen von Erwachsenen, erinnern sich daran und sind motiviert, sie zu wiederholen. Oft gehen sie weit über die beobachteten Fähigkeiten des Modells hinaus

thode erwerben zu müssen; wir können aus den Fehlern und Erfolgen anderer einen Nutzen ziehen. Indem wir zuhören, lesen oder zuschauen, eignen wir uns Kenntnisse an, die für unsere Entwicklung und unser Überleben von Vorteil sind. Wir lernen giftige Schlangen von ungiftigen zu unterscheiden oder die Gefahren der Gezeiten zu erkennen; wir wissen, daß man bei einer Sonnenfinsternis nicht direkt in die Sonne hineinschauen soll; oder wir erfahren von der Hinrichtung eines Massenmörders. Dies alles sind Lektionen, die man am besten nicht in persönlicher Erfahrung lernen sollte. Außerdem werden neue und komplexe Verhaltensmuster wirksamer durch verbale Anweisung oder Beobachtung gelernt als durch operante Verhaltensformung oder andere, eher direkte Methoden.

Banduras nachdrückliche Betonung der Bedeutung der Beobachtung von Modellen steht in einer Entwicklungslinie mit der Pionierarbeit von Miller und Dollard (1941). Dollard und Miller betonen bereits die *Imitation* von Reaktionen, also indirektes Lernen spezifischer Verhaltensweisen. Eine Ratte, die sieht, wie eine andere Ratte belohnt wird, weil sie in einem Labyrinth in den linken Gang gelaufen ist, wird, wenn sie die Möglichkeit hat, dasselbe tun. Banduras Theorie des sozialen Lernens baut freilich auf einer breiteren Basis der psychologischen Wirksamkeit des Beobachtungsvorgangs auf. „Durch Beobachtung erwerben sich Menschen Regeln und allgemeine Verhaltensprinzipien, die es ihnen gestatten, über das hinauszugehen, was sie sehen und hören" (Bandura, in Evans 1976, S. 244).

Das Beobachtungslernen am Modell wird durch 4 wichtige Teilprozesse geprägt: Aufmerksamkeit, Behalten, motorische Reproduktion und Motivation. Das bedeutet, daß der Lernende seine Aufmerksamkeit auf bestimmte Merkmale des Modells richten, sich an das, was er beobachtet hat, erinnern und motiviert sein muß, das betreffende Verhalten zu zeigen, sowie imstande sein muß, es zu zeigen (vgl. Abb. 6.2).

den kann, muß die Aufmerksamkeit auf die wesentlichen Merkmale eines Modells gerichtet sein, und sie müssen genau wahrgenommen werden. Das Vorhandensein bestimmter Modelle grenzt natürlich die Auswahl und das Angebot möglicher Merkmale, die beobachtet werden können, ein. Gewalttätigkeit wird öfters im Umfeld von Jugendbanden beobachtet, Drogenmißbrauch in der „Drogenszene" und Vorurteile dort, wo Eltern oder andere Vorbilder intolerant sind. Analog wirkt sich das Fehlen entsprechender Modelle dahingehend aus, daß dadurch die Gelegenheit, bedeutsames Verhalten am Modell zu erlernen, verringert wird. Bis in die Gegenwart hinein waren z.B. Frauen oder Angehörige von Minoritäten in den Schulbüchern der USA nur unzulänglich repräsentiert oder fielen durch stereotype, negative Darstellungen auf. Inhaltsanalysen von Kinderbüchern haben gezeigt, daß Charaktereigenschaften männlicher Weißer als dominant, aktiv, entschlußfreudig, risikobereit und humorvoll dargestellt wurden, während weibliche Eigenschaften als unterwürfig, passiv, abhängig, sicherheitsbedürftig oder sich ständig beklagend dargestellt oder karikiert wurden (U'Ren 1971, Tavris u. Offir 1977). Diese stereotyp dargestellten Rollenklischees der Schulbücher haben das soziale Lernen bei Jungen und Mädchen tiefgreifend beeinflußt. Das Fernsehen bietet eine große Anzahl von Modellen und modellierten Verhaltensweisen zur Nachahmung an. Wenn man das unübersehbare Angebot in den Massenmedien und im täglichen Leben in Betracht zieht, erkennt man, daß diejenigen Modelle, die wir uns auswählen, ganz bestimmte persönliche Merkmale aufweisen, wie z.B. Anziehungskraft, Rang und Stellung. Aber die persönlichen Merkmale des Beobachtenden sind ebenfalls wichtig, so die Spanne der Merkmalsbeachtung, Erwartungen und Präferenzen bei der Wahl von Modellen (herausgebildet durch den Kontakt und die Erfahrungen mit einer bestimmten Art von Modellen, wie z.B. Athleten versus Akademiker oder „harte Männer" versus „feminine Frauen").

Aufmerksamkeitsprozesse

Was jemand beobachtet, hängt davon ab, wohin er schaut und welche Modelle er wahrnimmt. Damit Beobachtungslernen überhaupt stattfin-

Behaltensprozesse

Weil das Beobachtungslernen sich gewöhnlich dann auswirkt, wenn das Modell nicht anwesend ist, ist es plausibel anzunehmen, daß Handlungen von Modellen erinnert werden. Symbolische Vorstellungen tatsächlich stattgefundener Vorgänge ermöglichen uns ihre Speicherung im Gedächtnis und den Abruf gespeicherter Inhalte, wenn die Situation es erfordert. Solche Repräsentationen im Gedächtnis können bildliche Vorstellungen (man denke an die Rückhand, die der Tennislehrer vorführte) oder verbal verschlüsselt sein (der Weg vom Klassenzimmer zum Pausenhof). Wenn man sich diese Gedächtnisspuren wiederholt vergegenwärtigt oder wenn man die modellierten Verhaltensmuster wiederholt übt, dann erleichtert dies das Ausführen des Gelernten.

Motorische Reproduktionsprozesse

Wenn ein Verhaltensmuster nachvollzogen werden soll, so muß der Beobachtende alle Teilkomponenten beherrschen oder sie einzeln von Grund auf erlernen. Bevor man in einem Chor singen kann, darf man nicht „falsch" singen; man muß ein bestimmtes Gefühl für Rhythmik besitzen und Noten lesen können. Eine komplexe Verhaltensweise ist selten beim ersten Versuch perfekt. Aber auch durch informative Rückmeldungen wird das Verhaltensmuster modifiziert, so daß es dem Vorbild des Modells mehr und mehr gleich wird. Wo diese Rückmeldung mehrdeutig ist (wie z.B. beim Lernen emotionaler Reaktionen) oder fehlt (wie z.B. in sozialen Situationen, in denen die Anwesenden nicht zu erkennen geben, welches Verhalten angebracht ist), kann häufig die richtige Reaktion nicht erlernt werden. Die moderne Verhaltenstherapie kann auf eine Reihe von Methoden zurückgreifen, die die soziale Geschicklichkeit fördern, damit die Betroffenen auch mit unangenehmen Situationen fertig werden können.

Motivationale Prozesse

Es ist wichtig, zwischen dem *Prozeß des Lernens* und der *Ausführung des Gelernten* zu unterscheiden (Lernen vs. Performanz). Die Ausführung des Gelernten ist davon abhängig, ob wir dazu motiviert sind oder nicht. Diese Motivation kann in einem Deprivationszustand, d.h. in einem Mangel an etwas Erwünschtem oder in einem Anreiz (z.B. einer versprochenen Belohnung) bestehen. Von all den Verhaltensweisen, die wir beobachten, führen wir am ehesten

diejenigen aus, deren Folgen für uns wünschenswert sind oder die mit unseren eigenen Wertvorstellungen und unserem Selbstbild übereinstimmen. Während des Vietnamkrieges z.B. verbrannte sich ein buddhistischer Mönch in der Öffentlichkeit, um damit gegen die Fortführung des Krieges zu protestieren. Dieses Verhalten wurde von anderen Personen nachgeahmt, deren Wertvorstellungen ähnlich waren – trotz der schwerwiegenden persönlichen Konsequenzen. Auf der anderen Seite wird häufig das Verhalten von Kidnappern, Terroristen oder Flugzeugentführern von Personen nachgeahmt, die damit ihr „Selbstkonzept" zum Ausdruck bringen.

Symbolisches Lernen: „Wenn ... dann"

„Wenn ... dann"-Zusammenhänge lernen wir sowohl durch aktive Teilnahme (Ausübung des Gelernten) als auch durch passives Erleben derartiger Ereignisse (Beobachtung). Es handelt sich dabei um die Beziehungen zwischen Handlungen und Handlungsfolgen. „*Wenn* ich lächle, *dann* sind andere Personen mir gegenüber freundlich"; „*wenn* der Dozent verspätet zur Vorlesung kommt, *dann* kann er meine kritischen Anmerkungen nicht leiden"; „*wenn* jemand sehr häufig von sich selbst spricht, *dann* bezeichnen ihn die anderen als selbstgefällig". Die Summe all dieser „Wenn ... dann"-Zusammenhänge bildet das Wissen einer Person oder ihr System von Annahmen über das Verhältnis zwischen Handlungen und Folgen.

Wir erwerben nicht nur ein ganzes Bündel dieser operanten R–S-Verbindungen, vielmehr lernen wir zudem noch, unter welchen Bedingungen welche Zusammenhänge auftreten. Wir lernen, daß bestimmte situative Gegebenheiten die Wahrscheinlichkeit dafür erhöhen, daß ein bestimmtes „Wenn" zu einem bestimmten „Dann" führt. Das Betteln am Zahltag vor einem Warenhaus oder auf der Pferderennbahn macht sich besser bezahlt als vor dem Wohlfahrtsamt oder dem Waisenhaus.

Wir lernen also, zwischen verschiedenen Situationen im Hinblick auf ihre jeweilige Erfolgswahrscheinlichkeit für bestimmte Verhaltensweisen zu unterscheiden.

Zusätzlich erlernen wir subtile Variationen dieser grundlegenden „Wenn ... dann"-Beziehungen. Es ist oft sehr wichtig, den Zeitpunkt für die

Ausführung einer Reaktion festzulegen. Jemandem ein Kompliment zu machen, während er noch spricht, würde als eine Störung aufgefaßt. Erfolgt das Kompliment zu spät, dann ist es verwirrend. Sozial akzeptables Verhalten erfordert die Kenntnis dessen, was zu tun ist, wo dies zu tun ist und wann.

Im Rahmen einer 1977 veröffentlichten Untersuchung wurden Universitätsstudenten, die sich häufig mit Studentinnen verabredeten, mit solchen verglichen, die eher selten Verabredungen trafen. Die Untersuchten hatten die Aufgabe, auf einem Fernsehmonitor eine attraktive junge Frau zu beobachten und sich über das Medium des Monitors mit ihr zu unterhalten. Die Aufgabe jedes Probanden bestand darin, einen bestimmten Knopf zu drücken, wenn er etwas verbal mitteilen wollte und einen anderen Knopf zu betätigen, wenn er etwas nichtverbal zum Ausdruck bringen wollte. Die Untersuchung erbrachte folgende Ergebnisse: Beide Gruppe reagierten gleich häufig. Der Hauptunterschied zwischen ihnen lag nicht in der Häufigkeit, mit der sie reagierten, sondern im Zeitpunkt. Die „unerfahrenen" Studenten reagierten meist zu früh oder zu spät, d. h. ihre Reaktionen traten meist vor oder nach dem „idealen" Zeitpunkt auf. Die erfahrenen Studenten dagegen hatten gelernt, das Auftreten ihrer Reaktionen mit dem Verhalten der anderen Person zu synchronisieren (Fischetti et al. 1977).

Symbolisches Lernen geht weit über die Kenntnis von S–R- oder R–S-Verbindungen hinaus und schließt auch die Entwicklung allgemeiner *Regeln* für ein angemessenes Verhalten und für die Hemmung unangebrachter Verhaltensweisen mit ein. Aufgrund der Fähigkeiten, konkrete Ereignisse durch abstrakte Symbole gedanklich abzubilden, haben wir erweiterte Möglichkeiten, einen Einfluß auf unsere Umwelt auszuüben. Mit Hilfe dieser Symbole können wir unsere spezifischen Beobachtungen in allgemeine Klassen und Kategorien einordnen sowie Wahrscheinlichkeitsaussagen über mögliches Verhalten formulieren. „Wenn ich mich mit jedem Kapitel dieses Buches nur wenige Stunden lang befasse, dann werde ich mir wahrscheinlich eine solide Wissensbasis für die Diskussion angeeignet haben." Um der Versuchung zu widerstehen, kleinere, sofortige Belohnungen den größeren, späteren Belohnungen vorzuziehen, müssen wir in der Lage sein, uns abstrakte zukünftige Konsequenzen ebenso lebhaft vorzustellen wie unmittelbar vorhandene.

Kognitive Verhaltensänderung

Bildhafte Vorstellungen, Gedanken oder Wörter sind häufig „vermittelnde Prozesse" (Mediationsprozesse). Bisweilen werden Wörter direkt benutzt, so z. B. wenn wir einen neuen Tanz erlernen und laut zu uns selbst sprechen: „Eins, zwei ... cha, cha, cha!" Durch Übung und mit zunehmender Geschicklichkeit wird das gesprochene Wort internalisiert und zum Gedanken.

Verbale vermittelnde Prozesse bestehen darin, daß man zu sich selbst spricht, wenn man z. B. etwas lernen will, ein Problem zu lösen hat oder wenn ein Konzept erlernt werden soll. Bei Erwachsenen erfolgt dies automatisch und ohne bewußt zu werden. Nur dann, wenn ein Problem sehr schwierig ist, fangen wir an, laut zu denken. Die meisten dieser Prozesse bleiben jedoch auf subvokalem Niveau und werden nicht bewußt (Jensen 1966, S. 101).

Die Sprache dient uns somit als Instrument, neue Pläne zu formulieren und unser nichtverbales Verhalten zu steuern. Einen Teil unserer Sprache kann man sich als *internen Dialog*, als eine Art „Selbstgespräch" vorstellen. Solche Pläne, die wir für die Definition und Lösung von Problemen formulieren, werden auch als *kognitive Strategien* bezeichnet. Solche Verbände zusammengehöriger Gedanken sind organisierte geistige Fertigkeiten, die es uns ermöglichen, unsere eigenen Denkvorgänge zu kontrollieren (Gagné u. Briggs 1974).

Wenn wir uns diese kognitiven Strategien als Fähigkeiten zum „Selbstmanagement" vorstellen, dann sollte diese Fähigkeit auch durch die Prinzipien des operanten Konditionierens verändert werden können. Meichenbaum von der University of Waterloo in Kanada hat auf der Grundlage des Ansatzes zur Selbstinstruktion Personen mit einer Reihe von Verhaltensstörungen erfolgreich behandelt.

Depressive Menschen halten sich oft für unzulänglich, bezeichnen ihre Lage als hoffnungslos, sich selbst als hilflos und glauben an keine Besserung. Personen mit einer niedrigen Selbsteinschätzung führen oft mit sich selbst einen Dialog, der wie folgt aussehen könnte:
„Wie seh' ich denn aus?"
„Furchtbar."
„Ja, du hast recht, mein Haar ist ein wirrer Haufen; ich bin zu fett ..."
„Ja, aber es wäre noch nicht so schlimm, wenn deine Häßlichkeit dein einziges Problem wäre ..."

„Du meinst ..."
„Ich brauch' dir doch nicht zu sagen, was für ein blöder Schnösel du bist ..."

Unser Selbstbild hängt z. T. von dem Verhältnis der negativen zu den positiven Dingen ab, die wir über uns selbst in solchen inneren Dialogen sagen. Derartige Gedanken führen oft zu Gefühlen der Angst, des Neides, der Enttäuschung, des Sichschämens; oder sie können auch eine ganze Reihe von Reaktionen auslösen, etwa bestimmte Personen und Situationen zu meiden, sich unangemessen zu verhalten, niemals ein größeres Risiko als unbedingt notwendig einzugehen und vieles mehr.

Meichenbaum (1977) schlägt einen 3stufigen Prozeß vor, um derartige Verhaltensmuster zu ändern: 1. Selbstbeobachtung, 2. unvereinbare Gedanken und Verhaltensweisen zu entwickeln und 3. über Veränderungen nachzudenken und zu handeln.

In der 1. Phase muß die Person sich ihres privaten und öffentlichen Verhaltens bewußter werden. Dies kann man am einfachsten dadurch erreichen, daß man über bestimmte Verhaltensweisen Buch führt, sie notiert und festhält. Derartige Aufzeichnungen sollten beinhalten, wie häufig am Tag ein bestimmtes Verhalten vorkommt, unter welchen Bedingungen es auftritt und welche Konsequenzen es nach sich zieht. Zusammen mit dieser bewußten Selbstbeobachtung sollte man v. a. versuchen, seinem Verhalten eine neue Bedeutung zuzuschreiben, indem man sich die Bedingungen klarmacht, die es auslösen, wodurch man sich sein Verhalten somit auch besser erklären kann. Wenn man seine „Probleme" auf diese Art und Weise neu definiert, indem man die Bedingungen registriert, die sie auslösen und aufrechterhalten, nimmt auch das Gefühl zu, man könne sie in den Griff bekommen. Daraus entsteht dann auch eine neue Perspektive, die *Verhaltensänderungen prinzipiell möglich* erscheinen läßt.

In der 2. Phase muß das, was die Person sich vorstellt oder sagt, eine Reihe *neuer Verhaltensweisen* auslösen. Diese Verhaltensweisen sollen mit dem „Problemverhalten" unvereinbar sein. Die Person ermutigt sich selbst dazu, neue Reaktionen auszuprobieren, wie z. B. „Wenn ich mich fürchte, dann pfeife ich eine fröhliche Melodie." Andere Ziele wären beispielsweise, eine fremde Person anzulächeln, ein Kompliment zu machen oder sich selbstsicher zu verhalten.

In der 3. Phase muß die Person, nachdem das erwünschte Verhalten aufgetreten ist, auch die *Konsequenzen* dieses Verhaltens *positiv bewerten,* so daß damit auch ihre kognitiven Strukturen in Zukunft eine Unterstützung erfahren. Die neu erworbenen Ansichten können sonst durch abwertende Selbstgespräche untergraben werden: „Ich hab' es geschafft, ich habe ein Rendezvous mit ihr – aber sie war ja so verzweifelt, daß das wahrscheinlich jeder fertiggebracht hätte." Solche negativen Deutungen verringern die Wirkung und die Generalisierbarkeit der Verhaltensänderungen. Jede wirkliche Veränderung des Verhaltens benötigt also eine entsprechende Veränderung der unterstützenden kognitiven Strukturen: „Sie hat dem Rendezvous zugestimmt, weil ich sie so nett darum gebeten habe und weil sie sich wahrscheinlich für mich interessiert."

Bei dieser Methode ist der Schlüssel zur Verhaltensänderung die Herbeiführung bewußter vermittelnder Prozesse. Diese beinhalten das Erkennen der „problematischen" Verhaltensweisen und einen neuen inneren Dialog, der mit den früheren, negativen Denkabläufen unvereinbar ist. Diese neuen Gedanken ihrerseits müssen angemessene Bewältigungsstrategien auslösen. Schließlich erkennt die Person an, daß sie sich verändert hat, freut sich über das neue Selbstbild – und bekommt vollen Kredit für ein Verhalten, das sie auch gut gemeistert hat.

Selbstregulation: Alle Macht der Person!

Vertreter der Theorie des sozialen Lernens weisen die folgende Aussage Skinners entschieden zurück: „Nicht der Mensch beeinflußt die Welt, sondern die Welt ihn" (1971). Sie ersetzen diesen *Umweltdeterminismus* durch ihr Konzept des *reziproken Determinismus.* Das bedeutet, daß die Umwelt das Verhalten beeinflußt, das Verhalten die Umwelt verändert und daß die Person einerseits sowohl das Verhalten als auch die Umwelt kontrolliert, daß sie aber andererseits auch von beiden beeinflußt wird. Schematisch läßt sich dieser Ansatz des reziproken Determinismus wie folgt darstellen:

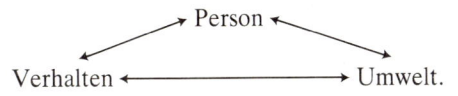

Person

Verhalten ←——————→ Umwelt.

Unser Verhalten wird zwar durch Verstärkungen nach einem bestimmten Plan („Verstärkungspläne") geformt, aber häufig suchen wir uns die Umwelt aus, in der bestimmte Verstärker vorhanden sind (z. B. wenn wir fischen gehen, Karten spielen oder uns um jemanden bemühen, den wir näher kennenlernen wollen).

Ergebnisse aus verschiedenen Untersuchungen über Selbstregulationsprozesse haben einen beachtlichen Einfluß auf Therapieprogramme zur Ermöglichung persönlicher Veränderungen gewonnen (Curran 1977). Während der Akzent früher auf dem „Management" von Verhalten lag, das durch die Manipulation von Reizkontingenzen erzielt wurde, liegt es heute auf dem Aspekt der Weiterentwicklung persönlicher Fähigkeiten zur Selbstregulation. Damit wird die Instanz der Steuerung des Verhaltens in die Person zurückverlegt, während sie früher „extern" in den Händen von Verhaltenstrainern, Lehrern, Psychologen oder anderen „Agenten der Veränderung" lag. So setzen Personen nun ihre eigenen Ziele, überwachen selbst ihr aktuelles Verhalten, bewerten ihr Verhalten nach bestimmten Normen selbst und entscheiden dann selbst darüber, ob sie eine Belohnung verdient haben oder nicht.

Selbstregulation des Verhaltens bedeutet, persönliche Kontrolle über die 3 Grundelemente des Verhaltens auszuüben: Selbstbeobachtung, Gestaltung der Umwelt und Entwicklung von Verhaltensprogrammen (Mahoney u. Thoresen 1974). Anstelle vager Versuche, so etwas wie „Willenskraft" aufzubauen, tritt die soziale Lerntheorie für eine genaue Überprüfung des „ABC" ein:

A (engl. "*antecedents*"): die dem Verhalten vorausgehenden Bedingungen;

B (engl. "*behavior*"): das Verhalten selbst;

C (engl. "*consequences*"): die Konsequenzen des Verhaltens.

Um das eigene Verhalten selbst steuern zu können, braucht man Informationen über die Faktoren, die es auslösen, über seine Auftretenshäufigkeit sowie über seine Wirkung.

Selbstbeobachtung bedeutet, objektive Aufzeichnungen über das eigene Verhalten anzufertigen. Dieses Niederschreiben des „Wann" und „Wie" des Verhaltens sensibilisiert die Person gegenüber sich selbst. Gleichzeitig liefert es eine Rückmeldung über das Verhalten selbst und über die Bedingungen, unter denen es auftritt. Es kommt häufig vor, daß allein schon genaue Aufzeichnungen von bestimmten Verhaltensweisen zu erheblichen Verhaltensänderungen führen können. So erzielten z. B. Studenten, die täglich über die Zeit, die sie mit dem Lesen von Studientexten verbrachten, Buch führten, wesentlich bessere Noten als die Vergleichsgruppe der Studenten, die dies nicht taten (Yates u. Zimbardo 1977).

Bei der Gestaltung der Umwelt ist darauf zu achten, daß Situationen vermieden werden, die unerwünschtes Verhalten auslösen. Dazu gehört auch die aktive Strukturierung der Umwelt, um das Auftreten der erwünschten Verhaltensweisen zu erleichtern und um die Chance einer Belohnung zu erhöhen. Bei Studenten könnte eine derartige Strukturierung so aussehen, daß sie den Fernseher in einen Schrank stellen, ihre Bücher und Hefte fein säuberlich auf dem Schreibtisch arrangieren und während des Zeitraumes, in dem sie arbeiten wollen, keine Telefonate führen.

Verhaltensplanung bedeutet also weniger eine Veränderung der Reizbedingungen, sondern eher eine Veränderung der Konsequenzen des eigenen Verhaltens. Personen regulieren dabei ihr Verhalten, indem sie sich bei Erreichen selbst vorgegebener Kriterien belohnen. „Ich werde *A* in der Zeit *t* schaffen und mich dann mit *X* belohnen." Belohnungen und Bestrafungen – durch äußere oder innere Konsequenzen – unterliegen der Selbstverwaltung (der Kauf einer neuen Langspielplatte, am Wochenende nicht ins Fußballstadion gehen usw.). Eigenlob und Selbstkritik sind Teile des inneren Dialogs, die einen großen Einfluß auf das Verhalten haben können. Durch das sorgfältige Erstellen eines Programms zur Selbstverwaltung dieser Konsequenzen übernimmt die Person die Verantwortung für ihr Verhalten. Dadurch entsteht eine Ausweitung der persönlichen Freiheit, und selbst herbeigeführte Eigenkontrolle weitet sich aus (ein Beispiel für eine Selbstregulation im Alltag finden Sie „Unter der Lupe", S. 232).

Was macht eine Selbstverstärkung aus? Bei der *Selbstverstärkung* übt eine Person die vollständige Kontrolle über den Einsatz frei verfügbarer

Unter der Lupe

Bring mich auf's Töpfchen – aber schnell!

Die Reinlichkeitserziehung ist ein wichtiger Vorgang in der Entwicklung des Kindes. Sie markiert den Übergang von der Abhängigkeit von den Eltern und der Unfähigkeit, körperliche Funktionen zu beherrschen, zu einer Phase, in der man sich auf sich selbst verlassen kann, weil man gelernt hat, Kontrolle über Schließ- und Blasenmuskeln auszuüben. Dieses Ereignis wirkt sich auch auf die Eltern belohnend aus; sie sparen jährlich etwa 500 DM an Kosten für die Windeln sowie einen beträchtlichen Zeit- und Energieaufwand für das tägliche Windelnwechseln ein. Nach erfolgter Reinlichkeitserziehung kann das Kind an vielen Vorschulprogrammen teilnehmen; größere Reisen werden für alle Betroffenen angenehmer.

Bis es dazu kommt, geht dieser Idylle allerdings häufig ein Alptraum voraus, in dem es zu einem Machtkampf zwischen entschlossenen Eltern und eigensinnigen Kindern kommen kann. Drohungen, Geschrei oder Bestrafungen führen zu einem „Schlachtfeld" voller Spannungen, auf dem es keine Sieger, sondern nur Besiegte gibt. Psychoanalytiker betrachten die Reinlichkeitserziehung als eine potentiell traumatische Erfahrung, die zu lebenslangen nachteiligen (sogar neurotischen) Folgen führen kann, wie dies häufig an Patienten anzutreffen ist.

Es müßte nicht so sein. Die einsichtige und systematische Anwendung der Lernprinzipien, die in diesem Kapitel dargestellt wurden, kann das Wunder bewirken, daß der ganze Vorgang an einem einzigen Tag abgeschlossen wird – ohne daß man dabei auf irgendeine Art körperlicher Bestrafung zurückgreifen müßte! Die Methode, die die beiden Psychologen Azrin und Fox in den 70er Jahren entwickelten, besteht aus folgenden Prinzipien: a) Das Kind muß körperlich entsprechend entwickelt sein (nicht jünger als 20 Monate). b) Es wird die Methode des klassischen Konditionierens angewendet, wobei das Kind lernt, die Entspannung des Schließmuskels (UCS) mit dem Sitzen auf dem Töpfchen (CS) zu assoziieren. c) Operantes Lernen wird angewendet, indem auf das erwünschte Verhalten ein materieller oder sozialer Verstärker folgt (z.B. Gebäck, Schokolade,

das Lob „das hast du aber gut gemacht" usw.) und indem bestimmte Verhaltenssequenzen ausgebildet werden. d) Mit Hilfe der Methode des vermittelten Lernens werden beispielsweise verbale Bezeichnungen für „nasse" und „trockene" Windeln erlernt, und Verhaltenssequenzen werden durch wiederholte Verbalisierungen miteinander verbunden. e) Soziales Lernen tritt auf, indem die Eltern nachgeahmt und selbstverursachte Belohnungen erteilt werden. Die einzige Art der Bestrafung, die erlaubt ist, ist eine verbale Vermittlung des Mißfallens, wie z.B.: „Nasse Höschen sind aber böse."

Fox u. Azrin (1973) untersuchten die Wirksamkeit dieser Prinzipien systematisch; an ihrer Untersuchung nahmen fast 2000 Kinder teil, und bei 33 Kindern wurde dieses Modell der Reinlichkeitserziehung angewandt. Die Kinder der Untersuchung waren zwischen 20 Monaten und 4 Jahren alt, gehörten beiden Geschlechtern an und hatten unterschiedliche Fähigkeiten. Für ihre Reinlichkeitserziehung benötigten die Kinder durchschnittlich 4 h. Das schnellste Kind benötigte 30 min, das langsamste 14 h. Die Mädchen waren etwas schneller als die Jungen, die älteren Kinder waren etwa doppelt so schnell wie die Gruppe der Kinder unter 26 Monaten.

Als die Methode bei einem Kind, das den Autoren persönlich bekannt war, angewendet wurde (s. Abb. unten), überzeugte die Qualität des

Lernerfolgs noch mehr als das Tempo, mit dem er zustande kam. Das Mädchen, das noch keine 2 Jahre alt war, lernte die folgende Verhaltenssequenz (wobei nur gelegentlich geringe „Ausreißer" auftraten):

a) Es sagte: „Töpfchen"; b) ging oder lief (je nach Dringlichkeit) zum Töpfchen oder zur Toilette; c) hob ihr Kleidchen hoch und zog ihr Höschen herunter; d) erklomm den Toilettensitz; e) verrichtete ihr Geschäft; f) stieg vom Toilettensitz; g) säuberte sich; h) zog ihr Höschen wieder hoch und ihr Kleid herunter; i) trug das Töpfchen zur Toilette und spülte den Inhalt weg (bzw. später: spülte die Toilette); j) wusch ihre Hände und trocknete sie ab; k) belohnte sich selbst: „Höschen sind trocken!" oder: „Ich geh' jetzt zur Toilette, o. k.!"; l) bat um eine Belohnung: „Mama, gib mir ein Stück Schokolade!"; m) teilte ihre Belohnung mit den Eltern (um die Einstellung des Teilens persönlicher Dinge zu fördern).

Barnabus (vgl. S. 216), laß Dich einsalzen!

Belohnungen aus, die sie sich nur dann verabreicht, wenn sie bestimmte selbst gesetzte Verhaltenskriterien erreicht hat. Nur diejenigen Verhaltensweisen, die diese Kriterien erfüllen, werden zu diskriminativen Reizen für die Selbstverstärkung; alle anderen signalisieren einen Anlaß zur Nichtbelohnung. Die Verhaltenskriterien, die sich jemand aufstellt, beruhen gewöhnlich auf einem Vergleich mit

a) irgendeinem *absoluten Leistungsniveau* (z. B. 90% richtige Antworten bei einer Prüfung zu erzielen oder sein Körpergewicht wöchentlich um mindestens 500 g zu senken);
b) einem *Standard von früher* (z. B. die Anzahl der täglich gerauchten Zigaretten im Vergleich zu früher zu senken; häufiger als bisher an geselligen Veranstaltungen teilzunehmen);
c) *sozialen Standards* (besser als der Freund bei einer Prüfung abzuschneiden).

Diese 3 Merkmale definieren den *Mechanismus* der Selbstverstärkung; man sollte sie von dem *Prozeß* unterscheiden, in dem Verhalten durch Belohnungen beeinflußt wird. Die Hauptunterschiede zwischen einer von außen gesteuerten (externen) Verstärkung und einer selbstregulierten, intern gesteuerten Verstärkung liegen in dem Zeitraum vor der Erteilung der Belohnung. Wenn das Kriterium erreicht und eine Belohnung erfolgt ist, spielt es keine Rolle mehr, wo die Belohnung herkam – der Prozeß der Verstärkung ist derselbe.

Eine der wichtigsten Determinanten des Verhaltens ist die sog. *Selbstwirksamkeit*, d. h. der Glaube an die eigene Fähigkeit, die Anforderungen der Umwelt zu bewältigen. Wir unternehmen nichts und trauen uns nichts zu, wenn wir erwarten, unfähig zu sein. Wir meiden bestimmte Personen oder Situationen, wenn uns das Gefühl fehlt, uns so verhalten zu können, wie wir es (vermeintlich) sollten. Selbst wenn wir die notwendigen Fähigkeiten besitzen und den Wunsch haben, etwas zu tun, werden wir ohne ein Gefühl der Selbstwirksamkeit mit einer Aufgabe nicht beginnen oder, wenn wir es tun, sie nicht erfolgreich zu Ende führen. Selbstwirksamkeit ist also ein Gefühl persönlichen Könnens, das man erst erlernen muß. Sobald sich dieses aber entwickelt hat, werden auch positive Erwartungen über die eigene Wirksamkeit auf neue Lernsituationen übertragen (Bandura 1977b).

Während des Zeitraumes, in dem wir lernen, bestimmte bedeutsame Verhaltensweisen zu meistern, vergrößert sich die Selbstwirksamkeit nur dann, wenn wir uns den Erwerb bestimmter Fähigkeiten auch als persönliches Verdienst anrechnen. Dies ist jedoch nicht der Fall, wenn sich die Person zu entsprechenden Handlungen gezwungen fühlt oder wenn der Erfolg einem Lehrer, Erzieher, dem Glück, dem Zufall, den Göttern oder irgendeiner anderen Instanz zugeschrieben wird. Pädagogen sollten sich deshalb immer der Tatsache bewußt sein, daß in einer Lernsituation mehr als bloß richtiges Verhalten erlernt wird. Das Individuum lernt vielmehr eine viel profundere Lektion: „Ich bin eine kompetente Person, die ‚wirksam' als unabhängiges und selbständiges Wesen leben kann." Diese Botschaft wird in jeder Lernsituation gelernt, sei es in der Schule, zu Hause, in der Therapie, bei der Arbeit und während der meisten alltäglichen Begegnungen. Dem Erlernen dieser Art kognitiver Selbsteinschätzung kommt eine unschätzbare Bedeutung zu. Wir wollen der bedeutenden Rolle, die kognitive Prozesse in vielen Bereichen menschlichen Verhaltens spielen, Rechnung tragen, indem wir im folgenden Abschnitt eine gründliche Analyse kognitiver Prozesse vornehmen. Kognitive Prozesse weben den Stoff, der die Reichhaltigkeit eines intellektuellen Lebens ausmacht.

Menschliche Informationsverarbeitung

Die moderne Psychologie ist zum Großteil kognitive Psychologie. Früher lag die Betonung – v.a. in den USA – auf Themen wie Konditionieren oder einfache Lernprozesse niederer Organismen. Die Vorgänge wurden üblicherweise unter künstlich eingeschränkten bzw. Laborbedingungen untersucht. Experimentell kontrollierte Studien erbrachten grundlegende „Lerngesetze", die allgemeine Gültigkeit für Menschen wie für niedere Tierarten beanspruchten. So sagt z.B. das *Gesetz des Effektes*, „daß jede Handlung, die eine erwünschte Konsequenz nach sich zieht, später in ähnlichen Situationen wiederholt werden wird". Wie wir bereits gesehen haben, kann Verhalten in der Tat bei systematischer Anwendung dieses grundlegenden Lerngesetzes beeinflußt werden.

Wenn Sie jedoch eine Handlung ausführen, der eine erwünschte Konsequenz folgt, haben Sie dann nicht *mehr* gelernt, als bei Gelegenheit wieder dasselbe zu tun? Nehmen wir an, Sie haben sich sehr sorgfältig auf eine Prüfung vorbereitet und sie erzielen die Note „Sehr gut". Wenn wir weiterhin annehmen, daß Sie sich auch auf andere Prüfungen ebenso gut vorbereitet und ebenso gute Noten erzielt haben, dann haben Sie etwas über die Bedeutung ihrer Handlungen, über die Benotung sowie über das Verhältnis zwischen Handlungen und Folgen gelernt. Ohne Zweifel haben Sie sich Gedanken gemacht, gewisse Lernstrategien entwickelt und einige Handlungen ausgeführt oder andere unterlassen.

Was aber wäre der Fall, wenn Ihr Freund ebenfalls gute Noten erzielt, ohne sich jedoch vorbereitet zu haben? Was haben Sie dann gelernt? Oder, was geschieht, wenn jemand bei der Klausur mogelt und dadurch eine sehr gute Note erzielt? Oder noch schlimmer, wenn Sie sich

sorgfältig vorbereitet haben und Sie in der Prüfung trotzdem eine schlechte Note erzielen? Könnten Sie dann nicht auf die Idee kommen, daß die Prüfung unfair war, das Lehrbuch schlecht ist, die Psychologie einfach „nicht Ihr Fach" ist, oder daß Ehrlichkeit und sorgfältiges Arbeiten sich doch nicht bezahlt machen?

Beim Menschen wird das Gesetz des Effektes häufig durch kognitive Prozesse moderiert, insbesondere durch das Erkennen scheinbarer Zusammenhänge zwischen Handlungen und deren Konsequenzen. Das menschliche Lernen beinhaltet Rückschlüsse darüber, wie die Welt „funktionieren" könnte. Wir verallgemeinern einzelne Informationen und konstruieren geistige Modelle von Relationen zwischen verschiedenartigen Handlungen, zwischen Handlungen und Konsequenzen, zwischen Handlungen und darauffolgenden Handlungen, zwischen Ereignissen und darauffolgenden Handlungen sowie zwischen verschiedenartigen Ereignissen. Auf diese Weise entwickeln wir eine Wissensbasis.

Wenn man uns erzählt, daß unser Freund Thomas in einem Restaurant eine Languste bestellt hat, denken wir sofort an eine Reihe von Begleitumständen. Wir „wissen", daß unser Freund das Restaurant betreten hat und ihm jemand einen Platz zugewiesen hat. Die Bedienung brachte die Speisekarte, die Thomas sorgfältig studierte. Dann teilte er der Bedienung mit, was er gerne essen würde; diese teilte es dem Koch mit, der die Speise zubereitete. Die Bedienung servierte anschließend das Menü, Thomas verzehrte es mit Genuß, bat um die Rechnung, zahlte, gab ein Trinkgeld usw.

Bruner (1973) vertrat die Ansicht, der bemerkenswerteste Aspekt der menschlichen Wahrnehmung (abgesehen davon, daß sie überhaupt stattfindet) sei die Tendenz des Wahrnehmenden, „immer über die vorhandene Information hinauszugehen". Dabei wird Information sowohl im Sinne des gegenwärtigen Umfeldes als auch im Bezug zu anderen Faktoren interpretiert. Wichtige, die Wahrnehmung beeinflussende Faktoren sind z.B. der Erfahrungshintergrund der Person oder ihre zukünftigen Erwartungen. Menschen interpretieren Information, lösen Widersprüche auf, planen und sagen Ereignisse voraus.

Den *Prozeß des Wissens* nennt man *Kognition*. Eine Kognition ist auch das *Resultat des Wissens*-

aktes. Zur Kognition gehören Gedanken, Teile von Information, Gedächtniselemente, geistige Symbole und die Vorgänge, durch die diese Symbole erlernt und verändert werden. Mit Hilfe der *kognitiven Verarbeitung* von Information gestalten wir aktiv unsere Realität und gehen damit weit über S–R-Muster hinaus, insbesondere weit über die Belange der Anpassung und des Daseinskampfes, die bei den niederen Tieren den Großteil ihrer verfügbaren Energie beanspruchen. Kognitive Prozesse vollziehen sich nicht notwendigerweise geordnet und linear, sondern bringen je nachdem auch parallele und simultane Verarbeitung verschiedenartiger Information mit sich. So kann es beispielsweise vorkommen, daß, während Sie sich mit der Lösung eines mathematischen Problems befassen, Sie gleichzeitig an das bevorstehende Essen denken, versuchen, sich an einen Namen zu erinnern, der Ihnen auf der Zunge liegt, von Hunger oder von sexuellen Phantasien abgelenkt werden, ein Loch in Ihrem Strumpf entdecken, sich an einen dummen Traum erinnern und sich wundern, warum Sie überhaupt studieren – und dies alles innerhalb weniger Sekunden.

Neisser hat eine weitgefaßte Definition dessen gegeben, was wir unter kognitiven Prozessen verstehen:

Der Begriff Kognition bezieht sich auf alle Prozesse, durch die Wahrnehmungen transformiert, reduziert, verarbeitet, gespeichert, reaktiviert und verwendet werden. Er umfaßt diese Prozesse auch dann, wenn relevante (äußere) Stimulierung fehlt, wie dies bei Vorstellungen und Halluzinationen der Fall ist (Neisser 1967, S. 4).

In vielen Bereichen der kognitiven Psychologie spielt die *Informationsverarbeitung* eine zentrale Rolle. Wir werden kognitive Vorgänge unter den folgenden Aspekten betrachten:
a) als eine Abfolge der geistigen *Verarbeitung der Information*, die im Gedächtnis gespeichert ist und b) als eine Abfolge von internen *Veränderungen bestimmter Informationszustände* im Hinblick auf ein bestimmtes Ziel. Das Ziel kann dabei sein, mit Hilfe einer begrenzten Anzahl von Informationen ein gestelltes Problem zu lösen oder aus vorgegebenen Prämissen die richtige Schlußfolgerung abzuleiten.

Der dem Ansatz der Informationsverarbeitung verpflichtete Psychologe hat das Interesse, diejenigen kognitiven Prozesse und internen Zu-

stände zu analysieren, die sich zwischen der Informationsaufnahme und der Reaktion auf diese Information ereignen. Er konzentriert sich auf nicht unmittelbar beobachtbare Vorgänge, die sich hypothetisch im Gehirn (zwischen dem sensorischen Input und dem Handlungsoutput) ereignen. Es ist verständlich, daß ein radikaler Behaviorist sich von einer derartigen Forschungsrichtung distanziert, die den Raum zwischen S und R mit Hypothesen über Wahrnehmung, Gedächtnis, Denken, Urteilen und Problemlösen ausfüllt, also mit Vorgängen, die niemals direkt beobachtet werden können.

Grundlegend für den Ansatz der Informationsverarbeitung ist der Versuch, die genaue Reihenfolge der vermuteten Verarbeitungsschritte sowie die verschiedenen Stufen, auf denen die Informationen umgewandelt werden, präzise zu definieren. Dieser Ansatz ist allerdings eher eine bestimmte Methode als eine Theorie. Sie gilt dem Ziel einer präzisen Beschreibung von kognitiven Prozessen als einer Abfolge verschiedener Phasen und als eines hierarchischen Aufbaus unterschiedlicher Ebenen der Informationsverarbeitung. Wir wenden diese Methode an, um besser verstehen zu können, wie Menschen denken, urteilen, Probleme lösen und sich an das erinnern, was sie gelernt haben. „Die allgemeinen Prinzipien der Informationsverarbeitung sollen auf alle Systeme anwendbar sein, die mit Information umgehen, sie transformieren und vergleichen, oder die dem Erinnern von Informationen gelten" (Lindsay u. Norman 1977, S. 589).

Die 3 Hauptmerkmale eines Informationsverarbeitungssystem (Abb. 6.3) sind der *Input-Output-Mechanismus* (IO), der *Informationsspeicher* und *verschiedene Verarbeitungseinheiten* (Prozessoren). Die IO-Mechanismen sorgen dafür, daß die Information in das System hinein- und aus ihm herausgelangt. Der Informationsspeicher ist ein Teilsystem des Gedächtnisses. Verschiedene Sachverhalte werden als Daten gespeichert und anschließend von den Prozessoren verarbeitet. Komplette Verarbeitungsprogramme – Regelsysteme, Problemlösungsstrategien, Handlungssequenzen oder Verhaltensziele – können als Daten gespeichert werden. Die Prozessoren führen die Tätigkeiten eines Informationsverarbeitungssystems aus. Aufgabe der Prozessoren ist es beispielsweise, verschiedene Fakten oder auch gespeicherte Pro-

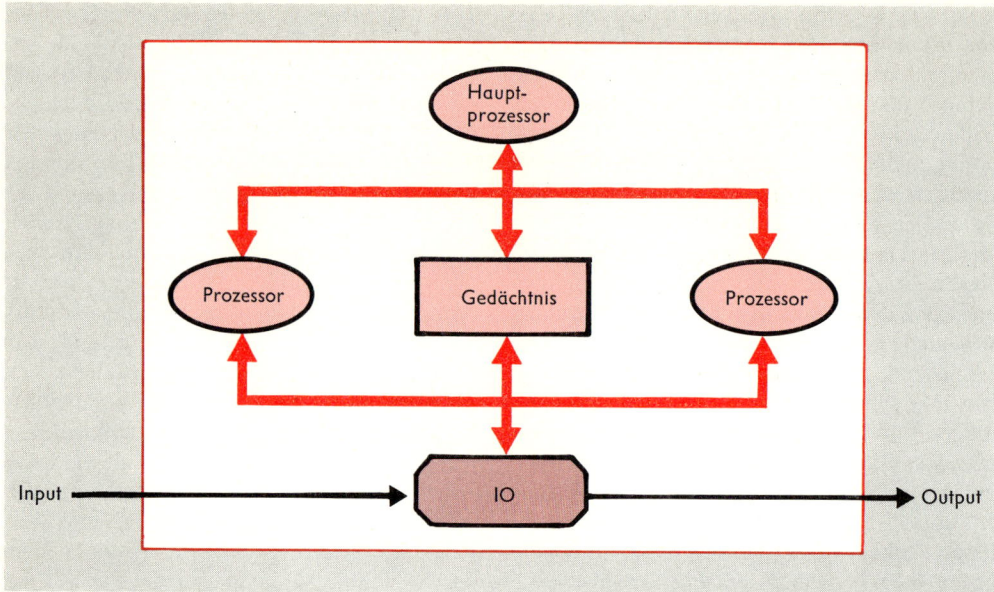

Abb. 6.3. Informationsverarbeitung nach einem einfachen Verarbeitungssystem mit 2 Prozessoren und einem Hauptprozessor als „Überwachungsprozessor". (Nach Lindsay u. Norman 1977)

gramme aus dem Informationsspeicher abzurufen. Der Prozessor sucht dann nach relevanten Informationen und Programmen, wenn das erforderlich ist. Der Prozessor kann das System auch anweisen, zusätzliche Daten zu beschaffen (durch IO-Operationen). „Lieber Leser, nimm ein Wörterbuch und finde heraus, was die Begriffe ,sequentiell' und ,hierarchisch' bedeuten", könne eine Anweisung lauten, die der Prozessor dem Hauptprozessor gibt.

Was geschieht nun während der Suchaktion im Wörterbuch? Hätte das System nur einen einzelnen Prozessor, so müßte es „den Laden dicht machen", bis die verlangte Information gefunden ist. Tatsächlich aber verfügt das System über eine Vielzahl von Prozessoren, die von einem Hauptprozessor – einer Art „Überwacher" oder „Exekutive", häufig auch „Zentraleinheit" („CPU") genannt – koordiniert und überwacht werden. Das folgende Beispiel mag dies verdeutlichen: Während der Dozent einen Diaprojektor aufstellt, machen Sie sich eine Notiz über einen Termin, den Sie am Abend wahrnehmen wollen, oder Sie wiederholen die Hintergrunddaten für eine Prüfung im Fach Geschichte. Diese Strategie, mehrere Tätigkeiten auszuführen, während man gleichzeitig auf weitere Informationen wartet, nennt man "time sharing".

Wenn nun der Diaprojektor funktioniert und somit der Informationsfluß wieder einsetzt, dann können Sie Ihre Aufmerksamkeit auf alle Informationsquellen verteilen – sei es, daß sie Ihre weitere Terminplanung erwägen oder daß Sie mit dem Stricken fortfahren – da Sie ja über eine Vielzahl von Prozessoren verfügen. Komplexe Informationsverarbeitungssysteme können mehrere Tätigkeiten gleichzeitig durchführen, weil sie über mehrere unterschiedliche Verarbeitungseinheiten verfügen, die parallel zueinander funktionieren. Um dies zu bewerkstelligen, benötigen Sie einen kontrollierenden Hauptprozessor, der das angemessene Funktionieren der einzelnen Prozessoren verfolgt und der in der Lage ist, etwaige Konflikte zwischen ihnen zu lösen. Zum Beispiel: Während der Vorlesung sagt Ihr Freund zu Ihnen: „Komm, laß uns gehen!" Im selben Augenblick sagt der Dozent: „Und jetzt möchte ich Ihnen noch mitteilen, welche Prüfungsliteratur Sie lesen sollten." Was nun, lieber Meisterprozessor?

Die Steuerung von Informationsverarbeitungssystemen kann auf 3fache Art und Weise erfolgen (Lindsay u. Norman 1977). Die einfachste Art der Steuerung, die durch eine separate Verarbeitungseinheit durchgeführt werden kann, bezeichnet man als *„Programmsteue-*

rung". Die Programmsteuerung bestimmt die Reihenfolge, in der entsprechend einer Programmanweisung bestimmte Operationen ausgeführt werden. Wenn diese Operationen auf den verschiedenen Verarbeitungsebenen durch ein System höherer Ordnung gesteuert werden, so spricht man von einer *„konzeptuell gelenkten Steuerung"*. Diese konzeptuelle „Leitung" überwacht den Fortschritt der Systemoperation auf ein bestimmtes Ziel hin. Die *datengelenkte Steuerung* gibt dem Informationsverarbeitungssystem die Richtung an, die aufgrund neuer Inputinformationen eingeschlagen werden soll. Neuankommende Informationen unterbrechen die Programmsteuerung sowie die konzeptuell gelenkte Steuerung. Die neuen Daten müssen erkannt, übersetzt, ausgewertet und verarbeitet, müssen entweder für eine spätere Verarbeitung zurückgestellt oder in die laufenden Vorgänge integriert werden.

Dieser Ansatz der Informationsverarbeitung wurde durch die Entwicklungen auf den Gebieten der Kybernetik, der Informationstheorie und der Computersimulation angeregt.

Kybernetik und Rückkopplung

Als Kybernetik bezeichnet man die Forschungsrichtung, die sich mit der Untersuchung der Rückkopplungskontrolle und Kommunikation innerhalb maschineller und physiologischer Systeme befaßt (Wiener 1948). In seinem provokanten Buch *The Human Use of Human Beings* definierte Wiener (1954) den Begriff Steuerung folgendermaßen:

Steuerung sei „nichts weiter als das Aussenden von Nachrichten", wodurch das Verhalten des Empfängers dieser Nachrichten verändert werde. Wieners kybernetische Modelle bilden die Grundlage der Automation und eines Großteils der Computertechnologie. Operationen werden durch programmierte Befehle gesteuert, in denen Anweisungen enthalten sind, die Programmausführung zu überprüfen, Informationen über diese Ausführung rückzukoppeln und Entscheidungen zu treffen. Ein Thermostat z.B. funktioniert nach derartigen kybernetischen Prinzipien. Er ist eine Vorrichtung, um ein bestimmtes Merkmal – die Temperatur – zu „erkennen" und zu messen, diese Information dazu zu verwenden, Entscheidungen zu treffen,

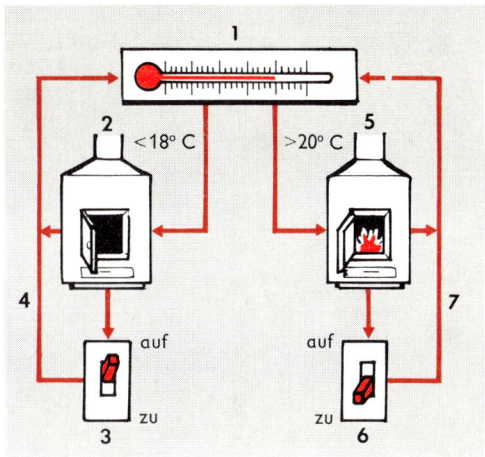

Abb. 6.4. Plan und Programmanweisung zur Regulierung der Temperatur (Thermostat mit Rückkopplung; nach Mayer 1977):

1   Prüfe Temperatur. Wenn 18°, dann Schritt 2; wenn 20°, dann Schritt 5; sonst Schritt 1
2   Prüfe Wärmequelle. Wenn an, dann Schritt 1; sonst Schritt 3
3   Wärmequelle einschalten
4   Gehe nach Schritt 1
5   Wärmequelle prüfen. Wenn aus, dann Schritt 1; sonst Schritt 6
6   Wärmequelle ausschalten
7   Gehe nach Schritt 1

wodurch verschiedene Stromkreise geöffnet oder geschlossen werden, die ihrerseits eine Wärmequelle steuern. Abbildung 6.4 zeigt ein Programm und ein Flußdiagramm eines Thermostaten, der die Temperatur zwischen 18° und 20° reguliert.

Ein ähnliches Modell eines Rückkopplungssystems, bei dem kognitive Prozesse beteiligt sind, wurde von Miller et al. (1960) konzipiert. Danach folgen die Pläne für die meisten menschlichen Handlungen dem sog. *TOTE*-Prinzip (*TEST – OPERATE – TEST – EXIT*). Die *TOTE*-Einheit ist eine geordnete Hierarchie von Operationen mit Rückkopplung. Abbildung 6.5 zeigt ein kurzes Programm und einen Plan der kognitiven Prozesse während des Einschlagens eines Nagels in ein Brett.

Die Rückkopplung abgeschlossener Aktivitäten und noch laufender Vorgänge ist für einen koordinierten und reibungslosen Ablauf einer Verhaltenssequenz von zentraler Bedeutung. Viele menschliche Funktionen werden durch sog. *geschlossene* Rückkopplungssysteme gesteuert.

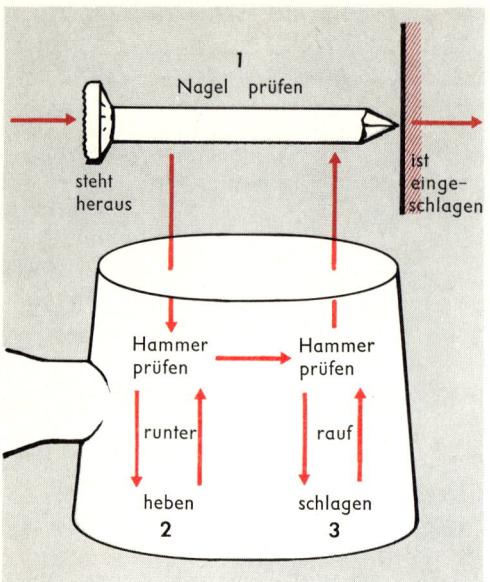

Abb. 6.5. Ein hierarchischer Plan. So schlägt man einen Nagel in ein Brett. (Nach Miller et al. 1960)

Schritte:
1 Nagel prüfen; wenn er heraussteht, dann Schritt 2; sonst Stopp
2 Hammer prüfen; wenn er unten ist, dann anheben; sonst Schritt 3
3 Auf den Nagel schlagen
4 Zurück zu Schritt 1

Eine einfache Handlung, wie das Trinken aus einem Glas, ist ein Beispiel für ein geschlossenes Rückkopplungssystem. Der empfundene Durst ist der Input, der das Gedächtnis aktiviert, in dem die motorischen Handlungen gespeichert sind, die im folgenden ausgeführt werden müssen. Ein Befehlsprogramm sendet Signale durch das Nervensystem, so daß bestimmte Arm- und Handbewegungen ausgelöst werden. Die Bewegung in eine bestimmte Richtung wird dabei abgetastet, indem die Entferung zwischen Hand und Glas gemessen wird. Diese Information gelangt dann zum Gehirn zurück, wo der aktuelle Stand („Ist-Wert") der Operation mit dem erwünschten Endzustand („Soll-Wert") verglichen wird. Jede bedeutende Abweichung hat das Aussenden weiterer Signale zur Folge, die zu einer Korrektur der Muskelbewegungen in die erwünschte Richtung führen. Diese Operationen wiederholen sich solange, bis die Hand das Glas berührt. Nun werden weitere, ähnliche Rückkopplungsschleifen aktiviert, damit die Hand fest genug zugreift, das Glas zum Mund geführt wird, getrunken wird, bis der Durst gelöscht ist und das Glas wieder an seinem ursprünglichen Platz abgestellt ist. Dieses einfache menschliche Rückkopplungssystem ist in Abb. 6.6 dargestellt.

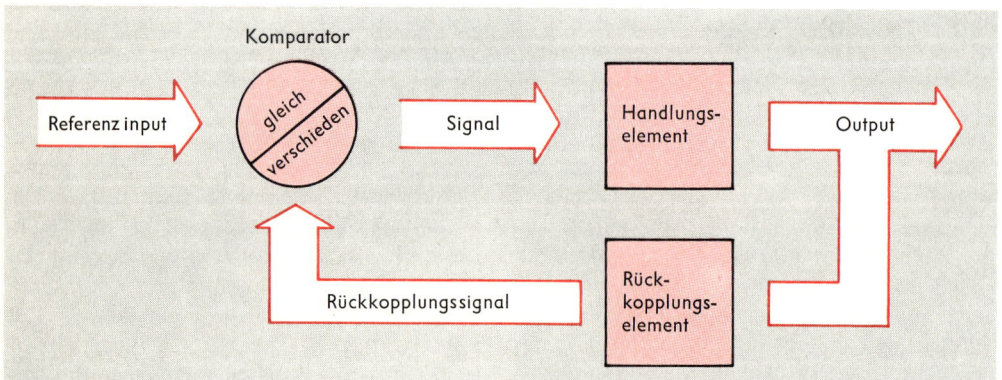

Abb. 6.6. Flußdiagramm eines Informationsverarbeitungssystems. (Nach *Encyclopedia Britannica* 1974)
Einfaches Rückkopplungssystem:
Ein einleitendes Signal (z. B. Durst) verursacht verschiedene Aktivitäten im Handlungselement (z. B. Nervensystem). Diese internen Prozesse aktivieren die Muskeln, die eine Reaktion ausführen (Output). Ein Teil des gesamten Outputs dient als Signal für das Rückkopplungselement (Komparator), wo der gegenwärtige Systemzustand (Ist-Zustand) mit dem erwünschten Zustand verglichen wird (Referenzinput). Wenn Abweichungen zwischen Ist- und Soll-Zustand auftreten, wird erneut ein einleitendes Signal ausgesandt, um einen erneuten Output zu erzeugen. Der gesamte Vorgang dauert solange an, bis das Rückkopplungssignal mit dem Referenzinput übereinstimmt, so daß das Signal gegeben werden kann, daß das Ziel erreicht ist

Die Rückkopplung erfüllt 3 unterschiedliche Funktionen: 1. Sie liefert *Informationen* über die Konsequenzen einer Reaktion und ihre wesentlichen Merkmale (Raum, Zeit, Richtung, Intensität usw.). 2. Sie sorgt für positive oder negative *Verstärkung,* je nachdem, ob die Reaktion angemessen war oder nicht. 3. Sie vermittelt die *Motivation* zur Fortführung der Handlung, indem sie dazu beiträgt, daß das eigene Verhalten vorhersagbar und, zumindest potentiell, steuerbar wird.

Informationstheorie: Redundanz vs. Entropie

Damit eine Nachricht (Information oder Rückkopplung) eine Handlung in eine bestimmte Richtung steuern kann, muß sie richtig übermittelt und im Sinne des Senders verstanden werden. Die Nachrichten können auf verschiedenen Kommunikationskanälen unterschiedlichsten Störungen ausgesetzt sein. Zuweilen ist ein Signal sehr schwach, so z. B. wenn ein schüchterner Student seine Meinung kaum hörbar von sich gibt. Bisweilen erkennt der Empfänger ein Signal nicht, weil er ein anderes Signal erwartet hat, weil persönliche Probleme ihn ablenken oder weil er die Sprache, in der die Nachricht abgefaßt ist, nicht versteht. Schließlich kann im Kommunikationskanal ein „Rauschen" oder ein Störgeräusch auftreten, wodurch die Qualität des Signals herabgesetzt wird.

Nachrichteningenieure müssen genau wissen, wieviel Information durch ein bestimmtes Kommunikationssystem übertragen werden kann, um die Wirksamkeit des Systems feststellen zu können. Die Voraussetzung hierfür ist jedoch, daß das Konzept „Information" quantifizierbar ist. Die ersten Schritte in diese Richtung hat Shannon von den Bell Telephone Laboratories im Jahre 1949 unternommen, als er eine mathematische Theorie der Kommunikation entwickelte (Shannon u. Weaver 1949).

Die Maßeinheit der Informationsmenge ist das Bit. *Ein Bit ist die Informationsmenge, die 2 gleichwahrscheinliche Alternativen voneinander unterscheidet.* Bevor ich z. B. eine Münze werfe, gibt es 2 gleichwahrscheinliche Ausgänge. Wenn ich nun die Münze werfe und Ihnen sage, daß „Zahl" oben liegt, dann habe ich ein Bit an Information übermittelt. Kann ich Ihnen noch

zusätzliche Information übermitteln, wenn ich Ihnen außerdem noch sage, daß „Wappen" nicht oben liegt? Nein, denn diese Information („nicht Wappen") ist vollkommen überflüssig, da sie Ihnen nichts vermittelt, was Sie nicht schon wußten („Zahl liegt oben"). Hätte ich aber einen Würfel geworfen und Ihnen gesagt, daß es „keine Zwei" ist, dann hätten Sie eine zusätzliche Information erhalten, auch wenn Sie bereits gewußt hätten, daß es „keine Eins" ist, da es beim Würfel 6 gleichwahrscheinliche Alternativen gibt. Ein Bit ist also die maximale Informationsmenge, die in einer Ja-nein-Antwort enthalten ist. Dieses Maximum kann nur dann erreicht werden, wenn die Frage so gestellt ist, daß die vorhandenen Möglichkeiten genau in 2 Hälften geteilt werden (s. „Unter der Lupe", S. 242).

Redundanz ist die Wiederholung von Elementen in einer Nachricht. Sie erhöht die Verläßlichkeit einer Nachricht. Dazu gehören auch bestimmte strukturelle Regelhaftigkeiten, wie sie z. B. die Regeln der Grammatik enthalten, der viele Arten von Informationen unterworfen sind. Die meisten geschriebenen und gesprochenen Sprachen sind etwa zur Hälfte redundant. Sie enthalten also etwa 50% mehr Information als für die reine Übermittlung ihres Inhalts notwendig wäre. Redundanz dient zur Verdeutlichung der Kommunikation und erhöht die Sicherheit dafür, daß eine Nachricht verstanden wird. Dadurch, daß bei 50% Redundanz jeder Informationsträger doppelt übermittelt wird, wird das Risiko eines Informationsverlusts – etwa durch „Rauschen" – herabgesetzt, denn die Nachricht hat die doppelte Chance anzukommen.

Bei Gesprächen zwischen Flugzeugpiloten werden die Buchstaben A, B und C durch die Wörter Able, Baker und Charlie ersetzt. Diese Wörter erbringen für das Gespräch nichts Neues, vermindern aber die Möglichkeit, daß in einem „verrauschten Kanal" ein A mit einem K, ein B mit einem P oder ein C mit einem T verwechselt wird. Hier handelt es sich also um ein weiteres Beispiel für Redundanz; sie erhöht die Voraussagbarkeit. Wenn ein Pilot beispielsweise den Buchstaben C nicht deutlich vernimmt, dann ist es für ihn schwierig, vorherzusagen, welcher Buchstabe gemeint war; hört er dagegen nur das Fragment „Cha …" aus dem Wort Charlie, dann besteht bei ihm verläßliche

Gewißheit darüber, daß es sich nur um den Buchstaben C handeln kann.

Das Gegenteil der Redundanz ist die *Entropie;* sie ist das Ausmaß der Unsicherheit in einem Informationssystem. Durch sie kann die Nachricht verzerrt und der Empfänger verunsichert werden. Wenn die Entropie zunimmt, dann wird jedes Systemelement von jedem anderen unabhängiger, weniger von Regeln oder durch den Kontext eingeschränkt, und es gibt mehr Möglichkeiten, sich in einer unvorhersagbaren Weise zu verändern. Eine Tabelle mit nach Zufall ausgewählten Zahlen weist eine maximale Entropie auf, da jede Zahl dieselbe Wahrscheinlichkeit besitzt, an irgendeiner Stelle aufzutreten. Es gibt keine entdeckbare Regelmäßigkeit. Umgekehrt weist z. B. häufig wiederholtes Aussprechen des Wortes „Mantra" während einer Meditation ein Minimum an Entropie auf.

Es könnte der Eindruck entstehen, als sei Redundanz „gut" und Entropie „schlecht". Dies trifft nur bis zu einem gewissen Grade zu, und zwar bis zu dem Grad, wo die Redundanz langweilig wird und der Empfänger die Verarbeitung der Nachricht einstellt. Ein geringes Ausmaß an Entropie sorgt für Abwechslung; sie kann die Neugierde wecken und vom Empfänger als intellektuell stimulierend empfunden werden.

Eine Analyse der Redundanz in Kinderbüchern zeigt, daß die Autoren ohne Zweifel erkannt haben, daß Wiederholungen für jüngere Kinder notwendig sind. Wie Abb. 6.7 zeigt, vermindert sich die Redundanz vom 1. Schuljahr an relativ schnell während der darauffolgenden Jahre.

Das Wissensniveau des Systems (Erfahrung, Kompliziertheit, gespeicherte Information) muß dem Informationsverarbeitungssystem bekannt sein, bevor es neue Informationen verarbeiten kann. Unser Gehirn unterscheidet sich u. a. darin von einem Computer, daß es durch den Prozeß der Informationsverarbeitung sein eigenes Komplexitätsniveau verändern kann. Je mehr es tut, desto „klüger" wird es.

In diesem Zusammenhang sollte festgehalten werden, daß eine Information nur dann existiert, wenn es auch ein Substrat („Geist", Gehirn usw.) gibt, das diese Information sucht oder zu verarbeiten bereit ist. Pasteur sagte einst: „Der Zufall bevorzugt nur den vorbereiteten Geist", und er deutet damit an, daß zufällige Ereignisse nur durch denjenigen „entdeckt" werden können, der sie wahrnimmt oder der

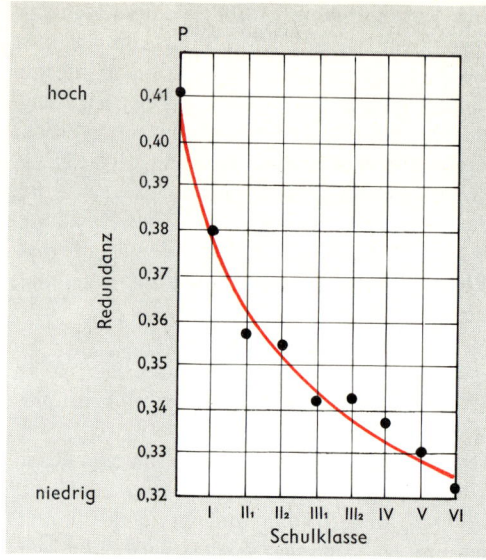

Abb. 6.7. Redundanz in Lesebüchern für Kinder. (Nach Gatlin 1972)

über sie nachdenkt, weil er aufgrund früherer Erfahrungen ihre Bedeutung zu erkennen vermag.

Computersimulation und künstliche Intelligenz

Einige Kognitionspsychologen haben das menschliche Denken untersucht, indem sie es mit Problemlösungsaktivitäten von Computern verglichen. Bei der sog. *Computersimulation* werden Computer so programmiert, daß sie das menschliche Problemlösen nachvollziehen können. Der Computer wird als Analogie des menschlichen Gehirns und dessen Fähigkeiten zur Informationsaufnahme, Informationsverarbeitung oder Informationsabgabe an die Umwelt verwendet. Einen Vergleich zwischen einem menschlichen und einem Computerinformationsverarbeitungssystem zeigt Abb. 6.8. Sowohl der Mensch als auch der Computer benötigen zunächst eine sog. *Hardware.* Die Hardware des Computers besteht aus Schaltsystemen, Mikroprozessoren, Schrauben und Muttern, die des Menschen besteht aus Knochen, dem Kreislaufsystem, den neuronalen Verschaltungen usw. Diese Systeme sind bei der „Geburt" genetisch festgelegt. Die sog. *Software* ist das Programminventar, das es dem Computer ermög-

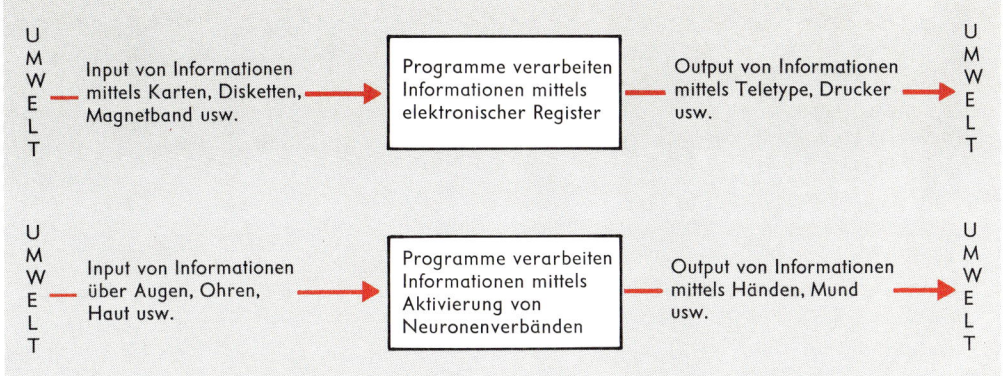

Abb. 6.8. Ähnlichkeit zwischen den Informationsverarbeitungsprozessen des Menschen und des Computers. (Nach Loftus u. Loftus 1976)

licht, Informationen auf eine bestimmte Art und Weise zu verwenden. Ein Computerprogramm besteht lediglich aus einer „Reihe von Anweisungen, die in einer Sprache geschrieben sind, die der Computer aufgrund seiner Bauart versteht und die ihm genau vorschreiben, was mit der vorhandenen Information geschehen soll" (Loftus u. Loftus 1976, S. 6). Programme sind kein baulicher Bestandteil des Computers, sondern sie werden ihm eingegeben. Wir Menschen eignen uns z.B. Verhaltens„programme" an, durch die wir in der Lage sind, zu rechnen, zu tanzen, auf Beleidigungen zu reagieren und viele andere Tätigkeiten auszuführen.

Das komplizierteste „Verhalten" des Computers entsteht durch verhältnismäßig einfache, aber präzise *Computerprogramme,* die von Menschen geschrieben werden. Vielleicht können wir das komplizierte Verhalten des Menschen anhand ähnlicher Programme verstehen. „Die Logik der Computerprogramme ist einfach: Wenn ein Computerprogramm dasselbe Problemlöseverhalten wie der Mensch zeigt, dann ist die Abfolge dieser Vorgänge eine genaue Repräsentation menschlicher Denkprozesse" (Mayer 1977).

Die typische methodische Vorgehensweise bei der Computersimulation besteht darin, daß man Probanden ein Problem zu lösen gibt und sie auffordert, fortwährend Kommentare zu ihren Denkvorgängen abzugeben. Von diesen Kommentaren wird eine Niederschrift, ein „Protokoll" angefertigt. Aus einer Sammlung mehrerer derartiger Protokolle wird eine Beschrei-

bung der geistigen Prozesse abgeleitet, die hypothetisch am Problemlöseverhalten beteiligt sind. Die einzelnen Lösungsschritte werden dann in Form eines Programms dem Computer eingegeben, das dieser wiederum benutzt, um dieselben Inputdaten zu verarbeiten wie vorher die Versuchspersonen. Wenn der Output des Computers dem der Versuchspersonen gleicht, kann man davon ausgehen, daß das betreffende Informationsverarbeitungsmodell zutreffend ist. Wenn der Output des Computers und der menschliche Output voneinander abweichen, dann sind entweder die Protokolle oder das Computerprogramm nicht korrekt.

Als *künstliche Intelligenz* bezeichnet man einen Forschungsansatz zur Entwicklung von Computerprogrammen, die menschliches Verhalten simulieren, indem sie Konversation betreiben oder Probleme lösen. Newell et al. (1958) waren die ersten, die den Computer als ein System zur Verarbeitung von Symbolen ansahen, die man zur Untersuchung des menschlichen Denkens und Problemlösens verwenden kann. Ihr sog. „Logiktheoretiker", der so konstruiert war, daß er Beweise für verschiedene Theoreme der Logik führen konnte, war das erste große Computersystem, das für sich in Anspruch nehmen konnte, „intelligent" zu sein. Das Problemlösungsverhalten des „Logiktheoretikers" zeigte einige „menschliche Züge", wie z.B. seine plötzlichen „Einsichten" bei der Lösung von Problemen. Man hat auch „Schachcomputer" programmiert, um gegen menschliche Gegner oder gegen andere Computer zu spielen.

Unter der Lupe

Weißt du, was ich denke?

Ich denke an ein bestimmtes Quadrat auf dem Schachbrett; weißt du, welches es ist? Es besteht die Möglichkeit, genau das eine Quadrat von 64 zu entdecken, wenn man die richtigen 6 Fragen stellt. Wenn jede der gestellten Fragen die Unsicherheit genau um die Hälfte reduziert (d. h. die Hälfte der möglichen Alternativen ausschaltet), dann sind 6 Fragen hinreichend und notwendig, um das richtige Quadrat zu finden. Wenn aber die 1. Frage z.B. lautet: „Ist das Quadrat im rechten oberen Viertel des Brett?", dann wären die Alternativen nur um ein Viertel reduziert (es könnte ja in den anderen 3 Vierteln sein). Es folgen die 6 Fragen (F), die in einer optimalen Art und Weise die Ungewißheit reduzieren:

F_1 Ist es auf der linken Hälfte des Bretts? (Ja)

F_2 Ist es in der oberen Hälfte des linken Teils? (Nein)

F_3 Ist es eines der 8 in der linken Hälfte der noch verbleibenden 16 Quadrate? (Nein)

F_4 Ist es eines der 4 in der oberen Hälfte der noch verbleibenden 8 Quadrate? (Nein)

F_5 Ist es eines der 2 in der linken Hälfte der noch verbleibenden Quadrate? (Ja)

F_6 Ist es das obere der 2 übriggebliebenen Quadrate? (Ja)

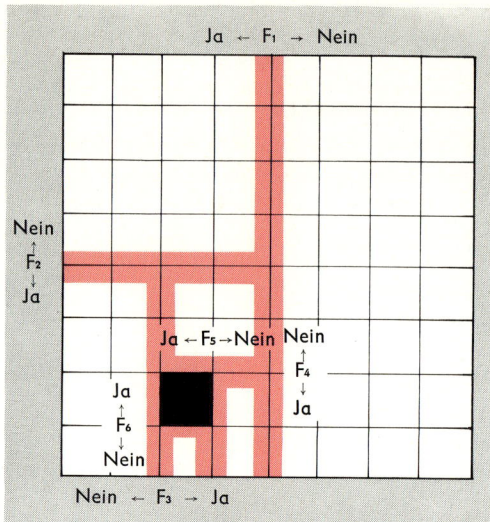

Die Antworten in Klammern („Ja" bzw. „Nein") beziehen sich auf das dargestellte Schachbrett und zeigen, wie die Ungewißheit zunehmend reduziert wird, bis das richtige Quadrat lokalisiert werden kann. Andere Fragen können dies ebenfalls bewerkstelligen, aber nur dann, wenn die Unsicherheit jeweils um die Hälfte reduziert wird. Die Unsicherheit der Ausgangsfrage beläuft sich auf eine Informationsmenge von 6 Bit (nach Attneave 1959).

Wie „intelligent" derartige Programme auch sein mögen, sie benutzen dennoch nicht dieselben Informationsverarbeitungsstrategien wie die Schachmeister, die häufig gegen sie antreten.

Als Teil einer diagnostischen Erhebung können Computer recht hilfreich sein. Viele Kliniken verwenden Computer, um die beste Therapie für ihre Patienten auszuwählen.

In den USA hat man herausgefunden, daß Patienten das Gespräch mit dem Computer bevorzugen, weil sie sich ihm gegenüber freier und weniger unpersönlich äußern können als einem geschäftigen Psychiater gegenüber. Viele Patienten berichteten zudem, daß sie dem Computer gegenüber ehrlicher seien.

Die Computersimulation von Informationsver-arbeitungsprozessen kann für den Psychologen sehr nützlich sein. Derartige Programme machen es erforderlich, daß die einzelnen Schritte der Informationsverarbeitung explizit, präzise und stringent definiert und vage Generalisierungen unterlassen werden. Dies zwingt den Forscher dazu, alle Teilaspekte seiner Theorie genauestens festzulegen und sich nicht mit verschwommenen, diffusen oder undefinierten Konzepten zu begnügen. Aus dieser Sicht bietet uns die Computersimulation eine gute Gelegenheit, unsere Theorien über das menschliche Denken zu überprüfen. Computermodelle von Denkvorgängen sind so gestaltet, daß sie erfolgreich sind, wo der Mensch erfolgreich ist, und daß sie Fehler machen, wo der Mensch dies auch tut. Der Computer macht jedoch im Gegensatz

Der verrückte Doktor

Kann Ihnen ein Computer helfen, Ihre persönlichen Probleme zu lösen? Ein Beispiel der therapeutischen Fähigkeiten eines Computers wird in der folgenden Unterhaltung zwischen einem Patienten und dem „verrückten Doktor" dargestellt. Dieser verrückte Doktor (VD) befindet sich in der Stanford-Universität im Labor für künstliche Intelligenz. Der Patient (PT) schreibt seine Reaktionen in Teletype, und Sekunden später antwortet der Computertherapeut via Teletype oder auf einem Bildschirm. Patient (PT): Guten Tag. Therapeut (VD): Wie geht es Ihnen? Erzählen Sie mir bitte etwas über Ihr Problem.

PT: Ich fühlte mich die ganze Zeit bedrückt.
VD: Sagen Sie mir bitte etwas mehr über Ihre Gefühle.
PT: Ich bin nur unglücklich und suche Ihre Hilfe.
VD: Sie glauben, daß ich Ihnen helfen kann?
PT: Ich bin mir nicht sicher.
VD: Sind Sie zu mir gekommen, weil Sie nicht sicher sind?
PT: Ich glaube, ich hasse Sie.
VD: Vielleicht mögen wir uns in Ihrer Phantasie nicht?

PT: Sie sind nichts anderes als eine dumme Maschine!
VD: Machen Ihnen Computer Sorgen?
PT: Computer und Therapeuten machen mir Sorgen.
VD: Warum erwähnen Sie Computer?
PT: Sie haben es zuerst erwähnt.
VD: Wir sprechen doch über Sie und nicht über mich.
PT: Sind Sie ein Therapeut oder ein Computer?
VD: Was glauben Sie, haben Maschinen mit Ihrem Problem zu tun?
PT: Die haben dieses Problem verursacht.
VD: Haben Sie je daran gedacht, daß sie das evtl. *nicht* getan haben?
PT: Nein!
VD: Sagen Sie nur „nein", um negativ zu sein?
PT: Nein!
VD: Sie scheinen heute nicht sehr gesprächig zu sein.
PT: Ich will auch gar nicht mehr sprechen.
VD: Wollen Sie *wirklich* nicht mehr sprechen?
PT: Nein!
VD: Sie sind aber doch ein bißchen negativ.
PT: Darauf können Sie Gift nehmen; ich gehe jetzt.
VD: Glauben Sie, daß es normal ist, jetzt zu gehen?
(Nach Colby 1965.)

zum menschlichen Beobachter keine Fehler aufgrund von Voreingenommenheiten, Vorurteilen, Wertvorstellungen oder weil er irgend etwas vergißt. Computer arbeiten wesentlich schneller und können gewisse komplexe Zusammenhänge präziser verarbeiten als der menschliche „Informationsverarbeiter".

Es ist jedoch wichtig, sich die Grenzen derartiger Analogien vor Augen zu halten. Obwohl Computer-Modelle in verschiedenen Forschungsbereichen eine wichtige Funktion erfüllen, kann man jedoch nicht behaupten, daß sie die untersuchten Phänomene *erklären* könnten. Die elektronische Datenverarbeitung (EDV) ist nicht identisch mit der menschlichen. Modelle dieser Art sind deshalb besonders wertvoll, weil sie uns veranlassen, Hypothesen über die Funk-

tionsweise des menschlichen Gehirns aufzustellen, die wir ansonsten übersehen würden.

Zusammenfassung

Veränderungen des Verhaltens kann man dadurch erreichen, daß man die Bedingungen ändert, die das Verhalten auslösen, daß man die Umwelt verändert, in der das Verhalten stattfindet oder daß man die Konsequenzen verändert, die auf das Verhalten folgen. Da Verstärker nur diejenigen Verhaltensweisen beeinflussen können, die bereits aufgetreten sind, müssen besondere Bedingungen geschaffen werden, um eine solche erste Reaktion auszulösen. Dazu gehören die Erhöhung der Motivation, eine Verminderung von Einschränkungen, die Umstrukturierung der Umwelt, spezielle Lenkung, Modelllernen, Anweisung sowie Versuch und Irrtum. Komplexe neue Reaktionen entstehen durch die Verstärkung *schrittweiser Annäherung* ("shaping"). Beim Aufbau von *Verhaltensketten* wird der diskriminative Reiz für einen Schritt zu einem konditionierten Verstärker für den vorangegangenen.

Verhalten kann auch von Reizen gesteuert werden, die keine Verstärker sind, von sog. *diskriminativen Reizen*. Eine derartige Stimuluskontrolle erfordert eine verfeinerte Diskrimination, die in einer Umwelt mit einer Vielzahl komplexer Reize nicht immer leicht ist. Die Generalisierung, die sich auf ein Spektrum bestimmter Reize und Reaktionen bezieht, ist sehr wichtig, da sich 2 Situationen nie gleichen.

Flucht- und Vermeidungslernen sind von der *negativen Verstärkung* abhängig, wobei der *aversive Reiz* entweder beendet (Flucht) oder verhindert wird (Vermeidung), wenn die erwünschte Reaktion auftritt. Furcht ist der wirkungsvollste *konditionierte aversive* Reiz. Mit der Furcht verwandte Reaktionen können nur selten extingiert werden. Furchtbezogene, aversive Lernprozesse können zu einer *erlernten Hilflosigkeit* führen, bei der die Unfähigkeit, die Probleme der Umwelt zu bewältigen, zu einem völligen „Verhaltensstillstand" führen kann.

Die negative Verstärkung ist auch von einem dritten aversiven Kontrollparadigma zu unterscheiden, dem der *Bestrafung*. Bei der Bestrafung wird der aversive Reiz angewendet, um das Auftreten der unerwünschten Reaktion zu mindern. Obwohl die Bestrafung unter bestimmten Bedingungen wirkungsvoll sein kann, muß man mit ihr sehr vorsichtig umgehen, sollen keine unerwünschten Folgen für das „Opfer" oder den Strafenden entstehen. Es ist wichtig, sich daran zu erinnern, daß das *Verhalten* und nicht die *Person* bestraft wird.

Die Theorie des sozialen Lernens von Bandura und Miller geht in ihrer Erkenntnis, daß sich ein Großteil des menschlichen Lernens stellvertretend, d. h. durch die Beobachtung eines Modells vollzieht, weit über den orthodoxen Behaviorismus hinaus. Wichtige Bestandteile dieses Lernens sind Aufmerksamkeitsprozesse, Behaltensprozesse, motorische Reproduktionsprozesse und motivationale Prozesse.

Das Erlernen von *„Wenn... dann"-Beziehungen* ist wichtig, um neue Handlungsstrategien zu entwickeln und um sich zukünftige Konsequenzen des Verhaltens vorstellen zu können. Die *kognitive Verhaltensmodifikation* stützt sich auf die Selbstkontrolle des Verhaltens durch verschiedene Strategien, wie z. B. die Verwendung positiver vermittelnder Prozesse. Im Rahmen der sozialen Lerntheorie wird das Konzept des *Umweltdeterminismus* durch das Konzept des *reziproken Determinismus* ersetzt, wobei die wechselseitigen Beziehungen zwischen Person, Umwelt und Verhalten berücksichtigt werden. Die Vertreter dieses Ansatzes betonen besonders die Selbstregulation des Verhaltens, wobei 3 Faktoren eine wichtige Rolle spielen: *Vorbedingungen, Verhalten* und *Konsequenzen*. Ein wichtiges Ziel der modernen sozialen Lerntheoretiker besteht darin, der Person dabei zu helfen, ein Gefühl der *Selbstwirksamkeit* zu entwickeln.

Die heutige Psychologie legt besonderen Wert auf die Untersuchung von *Kognitionen*. Kognitive Prozesse finden zwischen Reizen und Reaktionen statt – sie sind es, die unser Verhalten erst wirklich menschlich machen.

Aus der Sicht des Ansatzes der *Informationsverarbeitung* ist die kognitive Aktivität entweder eine Abfolge geistiger Operationen oder eine Abfolge interner Veränderungen eines Informationszustands. Ein Informationsverarbeitungssystem besteht aus einem *Input-Output-Mechanismus*, einem *Informationsspeicher* und verschiedenen *Prozessoren*. Die Prozessoren ermöglichen uns die gleichzeitige Ausführung mehrerer kognitiver Tätigkeiten. Ein Informationsverarbeitungssystem kann wie folgt gesteuert werden: durch einen einzelnen Prozessor *(Programmsteuerung),* durch übergeordnete Ebenen des Systems *(konzeptuell gelenkte Steuerung)* oder durch Inputinformationen *(datengelenkte Steuerung)*. Die *Kybernetik* befaßt sich mit der Untersuchung der Steuerung durch Rückkopplung und der Kommunikation bei lebenden Systemen und bei Maschinen. Zu den Modellen des Rückkopplungssystems gehören das *TOTE*-System und geschlossene Rückkopplungssysteme. Die Rückkopplung erfüllt folgende Funktionen:

a) sie gibt Informationen über die Merkmale oder Folgen einer Reaktion;

b) sie veranlaßt positive oder negative Verstärkung;
c) sie stellt eine Motivation zur Aufrechterhaltung der Handlung dar.

Die Informationsmenge wird in *Bit* gemessen. Ein Bit ist die Informationsmenge, die 2 gleichwahrscheinliche Alternativen voneinander unterscheidet (beim Wurf einer Münze z.B. Zahl vs. Wappen). *Redundanz* bedeutet Wiederholung von Information; sie ist das Gegenteil der *Entropie* (Unsicherheit und Unvorhersagbarkeit). Zur Untersuchung menschlicher Problemlösungsvorgänge wird oft die *Computersimulation* verwendet. Die Apparatur des Computers oder das menschliche Nervensystems werden als *Hardware* bezeichnet; die Programme oder die Instruktionen, die dem System eingegeben werden bezeichnet man als *Software*. Die Schritte, die notwendig sind, um ein Problem zu lösen, werden in einem *Protokoll* festgehalten. Dieses Protokoll liegt der Entwicklung von Programmen für die Computersimulation zugrunde *(künstliche Intelligenz)*. Es ist wichtig, sich daran zu erinnern, daß derartige Modelle zwar die menschliche Informationsverarbeitung verständlich (durchschaubar) machen, aber nicht (ursächlich) *erklären* können.

7 Gedächtnis und Vergessen

Robert W. war der erste Nervenkranke in einer Heilanstalt, den ich während eines Praktikums im Bereich der klinischen Psychologie kennenlernte. Sein Verhalten entsprach keiner meiner Vorstellungen über Geisteskranke. Während des einstündigen Gesprächs erschien er mir als völlig normal. Aber im gleichen Moment, als die Schlußfolgerung in mir gereift war, hier liege eine Fehldiagnose vor, änderte sich sein freundliches, aufmerksames Verhalten auf dramatische Art und Weise.

„Haben Sie Kinder, Robert?" fragte ich.

Der Patient verfiel plötzlich in einen Weinkrampf, schluchzte, wurde hysterisch, depressiv und redete zusammenhangslos. Nach ein paar Minuten wurde er ruhiger und sagte mir, daß er nur ein Kind gehabt habe, eine 6 Jahre alte Tochter, namens Jennifer. Er mußte das Kind sehr geliebt haben, denn er berichtete eine Menge freundlicher Episoden, die sie gemeinsam erlebt hätten. An ihrem 6. Geburtstag sei das Mädchen von einem Auto überfahren worden, der Fahrer habe nach dem Unfall Fahrerflucht begangen. Immer dann, wenn er an seine Tochter dachte, verfiel er in einen Zustand tiefer Depression. Es war ihm nicht möglich, einen Beruf auszuüben oder sein bis dahin gutes Verhältnis zu seiner Familie und seinen Freunden aufrechtzuerhalten.

„Ich muß einfach immer wieder an das süße kleine Gesicht mit dem süßen Lächeln denken", sagte er, „und dann werde ich unendlich traurig" (eine durchaus normale Reaktion). „Aber ich darf sie einfach nicht vergessen, denn sonst existiert meine Kleine nicht mehr. Sehen Sie, dann wäre sie vergessen, und ich hätte die Erinnerung an sie getötet." Dies geschah 4 Jahre nach dem Unfall.

Meine Cousine, Frau R.I., verlor eines Tages ihr Gedächtnis, und ich hatte die schwierige Aufgabe, ihr dabei zu helfen, es wiederzufinden. Es ist eine Sache, in Lehrbüchern etwas über Amnesie zu lesen, aber eine ganz andere, wenn jemand, den man fast sein ganzes Leben lang gekannt hat, einem in die Augen sieht und nicht das geringste Zeichen des Wiedererkennens gibt. Frau R.I. konnte sich nicht mehr an ihren derzeitigen Wohnsitz erinnern; man griff sie in einer Stadt auf, in der sie vor 10 Jahren einmal gewohnt hatte – sie glaubte, es sei ihr jetziger Wohnsitz. Außer ihrem jungen Sohn erkannte sie niemanden mehr. Die Vergangenheit war für sie dahin – und damit auch ihre Identität, zumindest der Großteil davon. R.I. konnte sich nicht an ihren Namen erinnern, wußte nicht mehr, wer sie war und ob sie berufstätig war (sie war Universitätsprofessorin).

Aber sie erinnerte sich an alles, was sie über die englische Literatur wußte, die früher ihr Fach gewesen war, und zwar so gut, daß sie ihren Beruf wieder aufnehmen konnte, noch bevor sie ihr restliches Gedächtnis wiedergefunden hatte. Zu ihrem Entsetzen erkannte sie jedoch ihre Studenten nicht wieder, nicht einmal diejenigen, mit denen sie persönlichen Umgang gehabt hatte. Sie konnte sich nicht an ihre Namen erinnern oder daran, ob sie gute oder schlechte Noten gehabt hatten, oder an sonst irgend etwas, womit sie ihre Studenten mit ihrer Vergangenheit hätte verbinden können. Überraschenderweise hatte sie jedoch ein „emotionales Gedächtnis", d.h. sie konnte sich daran erinnern, wen sie früher hatte leiden können, und daran, wen sie nicht hatte ausstehen können. Sie war jemand, der eine ausgeprägte Meinung über Personen und Ereignisse hatte. Zu ihren ehemaligen Freunden sagte sie: „Es tut mir leid, daß ich nicht weiß, wer Sie sind, aber irgendwie gefallen Sie mir." Auf der anderen Seite errötete sie schnell, wenn sie jemanden traf, den sie früher nicht hatte leiden können; sie berichtete dann, daß sie ein komisches Gefühl dabei hätte, wenn sie auf einen „Fremden" beim ersten Anblick so heftig reagierte. Sie schämte sich auch, ein Buch „nach dessen Umschlag" zu beurteilen. Dies waren einige negative Aspekte ihres ansonsten eher euphorischen Amnesiezustands.

R. I. setzte die Mosaiksteine ihres Lebens nach und nach wieder zusammen, und ihre Freunde halfen ihr dabei. Diese erinnerten sie z. B. daran, daß sie früher eine Diät eingehalten hatte und seit ihrer Jugend noch nie soviel Freude am Essen gehabt habe wie jetzt – sie kehrte zu ihrer Diät zurück. Ihre Freunde sagten ihr auch, daß sie das Geschirr nicht abzuwaschen brauche, da sie eine Geschirrspülmaschine habe. Darauf fiel ihr auch wieder ein, wie diese bedient werden muß. Aber je mehr sie sich an ihre Vergangenheit erinnerte, desto trauriger wurde sie. Es schien, als hätten sich eine Reihe unglaublich traumatischer Ereignisse innerhalb eines Jahres zugetragen. Zunächst war ihre Ehe in die Brüche gegangen, dann war ihre Mutter vor ihren Augen gestorben. Die Amnesie hatte alle diese Ereignisse – und manche andere mehr – aufgehoben und aus ihrem Bewußtsein getilgt. Somit hatte dieses motivierte Vergessen ihr Seelenfrieden gegeben. Aber es war für uns alle beunruhigend, jemanden unter uns zu haben, der sich an nichts mehr erinnern konnte. R. I. wurde schließlich „geheilt", weil wir ihr halfen, die Erinnerung an ihre traumatischen Ereignisse wiederzuerlangen. Mit der Rückkehr ihres vollen Gedächtnisses wurde sie um vieles weiser, gleichzeitig aber auch unendlich trauriger.

Das, was Robert W. sich weigerte zu vergessen, wollte R. I. nicht in Erinnerung bringen. Das ungewöhnliche Verhalten dieser beiden Menschen zwingt uns geradezu, etwas herauszustellen, was wir gewöhnlich als nichts Besonderes empfinden: die Fähigkeit des Gedächtnisses, die Realität aufrechtzuerhalten, und die Kräfte des Vergessens, die Realität in Abrede zu stellen.

Wie erinnern wir uns?

Wenn die meisten Menschen über „das Gedächtnis" reden, dann meinen sie damit im wesentlichen den Vorgang des Behaltens von Fakten. Wenn man sich lange Zeit an viele Einzelheiten erinnern kann, dann hat man ein „gutes Gedächtnis", andernfalls ein „schlechtes". Das Gedächtnis ist jedoch mehr als nur ein geistiges Lagerhaus, das mit den Erlebnissen unseres Lebens angefüllt ist. Zunächst müssen wir erkennen, was wir wahrnehmen: Handelt es sich um ein Pferd oder ein Reh, ein A oder ein X, den Klang einer Stimme oder um irgendeinen anderen Klang? Diesen Prozeß nennt man *enkodieren*. Daran schließt sich der Prozeß des *Speicherns* an, damit die Information verfügbar ist, wenn wir sie erneut benötigen. Dieser Schritt ist entscheidend, da ohne Speicherung unser Gedächtnis fast völlig ineffektiv wäre. Stellen Sie sich beispielsweise eine Bibliothek vor, die eine große Anzahl von Büchern enthält, die zusammen mit anderen Sachen auf einen großen Haufen geworfen werden. Wenn Sie nun ein bestimmtes Buch ausleihen wollten, dann müßten Sie diesen Haufen Buch für Buch durchsuchen. Das Problem besteht nicht darin, daß das Buch nicht in der Bibliothek ist (wir können davon ausgehen, daß es vorhanden ist), sondern vielmehr darin, daß es nicht „ordnungsgemäß" aufbewahrt wird.

Wir speichern Information entsprechend unseren früheren Erfahrungen. Wenn wir versuchen, einen Witz zu behalten, in dem ein sprechender Fisch vorkommt, dann speichern wir diesen zusammen mit dem ab, was wir über das Sprechen, über Fische oder über eine besondere Art, über das Fischen zu sprechen („Anglerlatein"), wissen. Wenn wir später diesen Witz erzählen wollen, dann können wir in unserem Gedächtnis an einer ganzen Reihe von Orten danach suchen; wir haben den Witz in eine sinnvolle Beziehung zu anderen Erfahrungen gebracht. Ein Grund dafür, warum Kinder oft ein „schlechtes" Gedächtnis haben (manche Erwachsene übrigens auch), ist der, daß sie noch nicht in hinreichendem Maße gelernt haben, *wie* man etwas speichert, was man behalten will.

Das sinnvolle, „gelenkte" Speichern ist deshalb so wichtig, weil dadurch der Abruf von Informationen aus dem Gedächtnis wesentlich effektiver wird. Wenn wir wissen, wo etwas ist, dann ist es einfacher, es zu finden – genauso verhält es sich mit dem Gedächtnis: man kann Information daraus abrufen, wenn man sie benötigt. Bei der Amnesie handelt es sich im Grunde genommen nicht um einen Gedächtnisverlust in dem Sinne, daß sie angesammelte Information wirklich verlorengegangen oder aus dem Gedächtnis „herausgefallen" wäre. Was verlorengegangen ist,

Abb. 7.1. Verarbeitung, Speicherung und Abruf.
Dieses Kind, das sich auf seinen Auftritt vorbereitet,
benutzt alle 3 Gedächtnisprozesse

sind vielmehr die „Adressen", mit deren Hilfe
man beim Informationsabruf gezielt hätte suchen können. So hat ja auch R. I. sich im Laufe
der Zeit wieder an ihre früheren Erfahrungen
erinnern können, als ihr die entsprechenden
„Adressen" wieder zugänglich gemacht wurden.
Das Gedächtnis ist also mehr als das bloße
Behalten von Information; wie wir gesehen haben, umfaßt es die Prozesse des Enkodierens,
des Speicherns und des Abrufens (s. Abb. 7.1).
Eine Störung oder Beeinträchtigung eines dieser
Prozesse kann zu einer Gedächtnisschwäche
oder zu einem totalen Verlust des Gedächtnisses
führen.

Einspeichern und Abruf von Information

In Abhängigkeit davon, was wir später mit den
Informationen anfangen und wie lange wir sie
behalten wollen, kann man verschiedene Arten
des Enkodierens, Speicherns und Abrufens unterscheiden. Wenn wir bei der Kinokasse anrufen, um zu erfahren, wann ein bestimmter Film
gezeigt wird, brauchen wir uns diese Telefonnummer nur solange zu merken, bis wir sie
gewählt haben. Der gesamte Vorgang ist auf
eine kurze Zeitspanne beschränkt. Wenn es
andererseits darum geht, den Namen eines Do-

zenten zu enkodieren, zu speichern und abzurufen, wenn er für Sie eine Empfehlung schreiben
soll, wird ein völlig anderer Vorgang notwendig,
der von größerer Wichtigkeit ist und langandauernd sein soll. Wir erinnern uns jedoch nicht nur
an Namen, Zahlen, historische Daten, Regeln
oder Anweisungen; vielmehr erinnern wir uns
auch an Gesichter und Bilder, an Gerüche und
Geschmackssubstanzen, an Berührungen und
Schmerzen. Teilweise handelt es sich um dieselben Gedächtnisprozesse, teilweise können aber
auch grundlegende Unterschiede bestehen.
Wenn man sich einen bestimmten Namen einprägen will, dann kann man ihn sich immer
wieder vorsagen, um ihn tiefer einzuprägen;
aber wie kann man sich einen bestimmten Geruch einprägen?
Die 3 Prozesse: Enkodieren, Speichern und
Abruf von Information interagieren ständig miteinander. Dinge, die wir in einer bestimmten
Situation oder zu einem bestimmten Zeitpunkt
lernen, benötigen wir in einer anderen Situation
oder zu einem anderen Zeitpunkt, um ein Problem zu lösen oder um eine Entscheidung zu
treffen. Wenn z.B. ein Patient über eine Reihe
von Beschwerden berichtet, dann sucht der Arzt
in seinem Gedächtnis nach Informationen, die
ihm in Erinnerung rufen, was die geschilderten
Symptome bedeuten. Er stellt dabei Hypothesen auf, überprüft sie, akzeptiert sie oder weist
sie zurück, während er gleichzeitig neue Informationen enkodiert, speichert und abruft.
Ein weiteres Beispiel: Angenommen, ich treffe
einen gewissen Herrn Samson auf einer Party,
und ich halte es, aus welchem Grunde auch
immer, für wichtig, daß ich seinen Namen be-
halte. Wie gelingt mir das? Nun, ich denke z.B.
an die biblische Geschichte von Samson (Informationsabruf), an seine Stärke, seine langen,
wallenden Haare, und ich versuche diese Geschichte mit dem Herrn in Verbindung zu bringen, den ich soeben getroffen habe. Wenn dieser
Herr Samson aber eine Glatze hat, muß ich diese
Tatsache mit meiner Erinnerung an den ursprünglichen Samson in Zusammenhang bringen (Enkodieren, Speichern); also denke ich
daran, wie Samson nach Dalilas Verrat kahlge-
schoren wurde.
Das nächste Mal, wenn ich dem lebenden Herrn
Samson wieder begegne, werde ich zwischen
seinem Aussehen – dem kahlen Kopf – und
meiner Erinnerung an den geschorenen (und

geschwächten) Samson eine Verbindung herstellen. Dann sollte der Name praktisch sofort abgerufen werden können. Wir werden später auf diese Methode noch zurückkommen, wenn es darum geht, wie wir unsere Gedächtnisleistungen verbessern können. Sollte Herr Samson allerdings beim nächsten Zusammentreffen eine Perücke tragen, dann bin ich wohl „aufgeschmissen". Dieses Beispiel sollte darauf hinweisen, daß unser Gedächtnis nicht unfehlbar ist: Ich kenne den Mann und habe seinen Namen nicht völlig vergessen; was mir fehlt, ist lediglich der Hinweis auf seine Glatze, den ich beim Abruf des Namens bräuchte – und so bin ich, wenigstens für einen Moment, „lahmgelegt".

Zusammen mit dem Wissen über frühere Erfahrungen, die wir in unserem Gedächtnis gespeichert und behalten haben, besitzen wir auch ein Wissen von Dingen, das nicht auf frühere Erfahrungen beruht. Wenn z. B. ein Lkw mit hoher Geschwindigkeit auf uns zukommt, benötigen wir keine Erfahrungen aus erster Hand, um uns darüber im klaren zu sein, daß wir dem Fahrzeug besser ausweichen sollten. In Bruchteilen von Sekunden können wir uns an Situationen wie diese erinnern oder an solche, die andere uns erzählt haben, die wir beobachtet haben, die wir vielleicht selbst erlebt haben, an andere große Gegenstände, die sich sehr schnell bewegen, oder daran, daß wir einmal von einem Schulfreund mit dem Fahrrad angefahren wurden und daß wir von den Eltern dafür versohlt wurden. Wir wissen aber auch, daß wir etwas nicht wissen oder daß wir bestimmte Erfahrungen noch nicht gemacht haben. Studenten konnten z. B. schneller mit „Nein" auf die Frage nach dem Namen von europäischen Städten antworten, die sie nicht besucht hatten, als mit einem „Ja" bei Namen von Städten, in denen sie schon einmal gewesen waren (Kolers u. Palef 1976). Bei Witzen ist es ähnlich; wir können weniger gut beurteilen, ob wir einen bestimmten Witz schon einmal gehört haben, als daß wir wissen, daß wir diesen Witz noch nicht gehört haben (Dolinsky 1978). Haben Sie dafür irgendeine Erklärung? Sie wissen z. B., daß Sie Ihre gegenwärtige und vielleicht auch Ihre früheren Adressen kennen (oder Sie fühlen, daß sie Ihnen auf der Zunge liegen). Sie wissen jedoch genau, daß Sie nicht wissen, wie die Adresse von Udo Jürgens lautet. Untersuchungen haben gezeigt, daß Entscheidungen über dieses Gefühl, etwas zu wissen oder

nicht zu wissen, ziemlich genau sein können (s. „Unter der Lupe", S. 250). In einer Bibliothek beispielsweise durchsuchen Sie ein Regal nur dann, wenn Sie Grund zu der Annahme haben, daß sich das benötigte Buch dort befindet; in einer kleinen Leihbibliothek würde niemand nach einem seltenen Regierungsdokument suchen. Wir verfügen anscheinend über einen internen „Monitor", der uns mitteilt, ob wir etwas wissen oder ob es sich lohnen könnte, eine längere Suche im Gedächtnis zu veranstalten, um eine Frage beantworten zu können.

In einem Experiment sollten Studenten eine Reihe von allgemeinen Informationsfragen beantworten (z. B. „Wer hat die Dampfmaschine erfunden?"). Wenn sie sich nicht an die Antwort der betreffenden Frage erinnern konnten, wurden sie aufgefordert, ihr Gefühl des Wissens auf einer 5-Punkte-Skala zu bezeichnen. Später erhielten sie eine Multiple-choice-Aufgabe, die die betreffenden Fragen noch einmal enthielt. Es zeigte sich, daß das Gefühl des Wissens ein Hinweis dafür war, ob die Studenten bei einer Multiple-choice-Aufgabe die richtigen Antworten ankreuzen konnten. Der Prozentsatz der richtigen Wahlen war etwa 63% der Antworten, die die Studenten zu wissen glaubten, verglichen mit etwa 47% der Antworten, die sie nicht zu wissen glaubten, während der Prozentsatz der zu erwartenden richtigen Antwort bei der Multiple-choice-Aufgabe mit 4 Alternativen bei 25% lag. Die Studenten wußten also bis zu einem gewissen Grade, ob sie Informationen, die sie z. Z. nicht reproduzieren konnten, kannten oder nicht (Hart 1967).

Dieser innere Monitor, dieses Wissen um unsere eigenen Kenntnisse, ist sicher eine der faszinierendsten Fähigkeiten unseres Gehirns. Es hilft uns entscheiden, ob es sich lohnt, unser Gedächtnis nach irgendeiner unzugänglichen Information zu durchsuchen. Auf diese Weise vergeuden wir keine unnütze Zeit und Anstrengung.

Systeme der Gedächtnisspeicherung

Obgleich sich Psychologen derzeit noch nicht sicher sind, wie man Gedächtnis und Vergessen erklären kann, herrscht unter ihnen dennoch ziemlich gute Übereinstimmung über verschiedene Merkmale von Gedächtnisprozessen. Im Zusammenhang mit den Prozessen des Speicherns und Abrufens von Informationen lassen sich 3 verschiedene Gedächtnissysteme unterscheiden: der sensorische Informationsspeicher, das Kurzzeitgedächtnis und das Langzeitgedächtnis. Auch wenn wir im folgenden diese

Unter der Lupe

Sag es mir nicht – es liegt mir auf der Zunge

Wie heißt die wachsähnliche Substanz, die uns der Wal liefert und die oft in Parfüms verwendet wird? Wie heißen die kleinen Boote in den Häfen und auf den Flüssen Japans und Chinas? Welchen Titel trägt ein Bürgerlicher in Großbritannien, nachdem er geadelt wurde?

Als man Studenten derartige Fragen stellte, kam es zu 3 verschiedenen Gruppen von Reaktionen: a) Die richtige Antwort wurde unmittelbar gegeben; b) die Umschreibung des gesuchten Begriffes wurde nicht verstanden und schließlich c) (die interessanteste Reaktion:) man kannte zwar die richtige Antwort, aber man konnte sie nicht aus dem Gedächtnis abrufen (Brown u. McNeill 1966). Diese letzte Reaktion ist uns allen bekannt: ein Begriff, nach dem wir suchen, „liegt uns auf der Zunge" (engl. "on the tip of the tongue", *TOT*).

Wenn solche *TOT*-Begriffe sich tatsächlich in unserem Gedächtnis befinden, aber im aktiven, abrufbaren Wortschatz nicht verfügbar sind, sollte man eigentlich viele Merkmale dieser Wörter durch zusätzliche Nachfragen abrufbar machen können. Als die Probanden gebeten wurden, alle Wörter niederzuschreiben, die als mögliche Antworten in Frage kämen, schrieben viele von ihnen Wörter mit einer ähnlichen *Bedeutung* nieder; die meisten notierten Wörter waren den gesuchten jedoch im *Klang* ähnlich. Anstelle des Wortes Sampan geben die Probanden wesentlich häufiger Antworten wie „Siam", „Sarong" oder „Saipan", als Antworten wie „Dschunke" oder „Barke". Häufig konnten auch andere Details des Zielwortes in Erinnerung gerufen werden, wie z. B. die Anzahl der Silben, der Anfangsbuchstabe usw.

Sie können dieses Phänomen in Ihrem Freundeskreis untersuchen, wenn Sie beobachten, was diese anstelle der Wörter *Ambra, Sampan* und *Sir* nennen. Derartige Untersuchungen zeigen uns, daß das Speichern und Abrufen von Informationen ein komplexer Prozeß ist und nicht nach dem Alles-oder-nichts-Prinzip funktioniert.

Systeme getrennt betrachten, sollte man sich immer vor Augen halten, daß sie ständig miteinander interagieren, d.h. daß die Information von einem System ins andere verlagert und wieder zurückverlagert wird.

Sensorischer Informationsspeicher

Das erste am Gedächtnisprozeß beteiligte System erhält die sensorische Information nur solange aufrecht, wie sie für das Wahrnehmen, Erinnern, Urteilen usw. benötigt wird. Dieses System bezeichnet man als *sensorischen Informationsspeicher*. In der Psychologie wird dieses System häufig auch als „sensorisches Puffersystem" (engl. "sensory buffer") oder als „ganz kurzfristiges Kurzzeitspeichersystem" (engl. "very short-term memory", abgekürzt: „VSTM") bezeichnet. Informationen erreichen unser Gedächtnissystem durch all unsere Sinne, auch wenn sich die Forschung bisher auf den Gesichtssinn und das Gehör konzentriert hat. Die visuelle sensorische Information wird als *Ikon* bezeichnet, sie bleibt für weniger als 1 s erhalten. Die akustische Information, das sog. *Echo*, wird von dem sensorischen Informationsspeicher etwa 1 s lang, unter bestimmten Umständen auch länger, aufrechterhalten. Sie können dies beobachten, indem Sie plötzlich die Musik abstellen; die Klänge „hallen" eine ganze Weile „nach". Wenn Sie dies analog mit einem Bild versuchen, das Sie sehr rasch vor Ihren Augen aufblitzen lassen, wird das „Nachbild" bedeutend schneller verschwinden. Derartige Versuchsanordnungen, mit denen visuelle Reize sehr kurzzeitig dargeboten werden können, nennt man „Tachistoskope".

Im Rahmen einer Untersuchung bot man Probanden ein Feld mit 9 Buchstaben dar, die in 3 Zeilen zu je 3 Buchstaben angeordnet waren. Nach einer Darbietungszeit von 30 ms für das ganze Feld wurden die Probanden gebeten, 3 Buchstaben einer bestimmten Reihe wiederzugeben. Wenn diese Anweisung auch nur $\frac{1}{15}$ s später als die Darbietung erfolgte, fiel die Wiedergabeleistung von 100% auf 60% ab; betrug diese Verzögerung 1 s, so sank sie weiter auf 40% ab (Sperling 1960). Dies zeigt wie schnell ein Ikon sich auflöst.

Vielleicht denken Sie jetzt, daß die Informationsverarbeitung effektiver wäre, wenn sensorische Gedächtnisspuren länger bestehen blieben, weil dann ja mehr Zeit zur Verfügung stünde, den sensorischen Reiz wahrzunehmen und zu analysieren. Wir sehen und hören jedoch zu einem bestimmten Zeitpunkt nicht nur einen einzelnen Reiz, sondern Reize treten vielmehr in Sequenzen und Mustern auf, die sehr nahe beieinander liegen. Wenn die Spuren länger im sensorischen Gedächtnis verblieben, würde die neue Information mit der bereits vorhandenen durcheinander geraten, die vorhandenen Spuren überdecken und verzerren und dadurch das Erkennen erschweren. Stellen Sie sich vor, was in einem derartigen Fall während einer alltäglichen Unterhaltung geschehen würde. Die kurzzeitige Präsenz des Echos und des Ikons sowie ihr schnelles Abklingen gewährleisten die Differenziertheit unserer Erfahrungen. Nur dadurch, daß dieses System so funktioniert, können wir eine relativ große Menge an Information innerhalb sehr kurzer Zeit verarbeiten.

Mustererkennung

Gleichgültig über welches Sinnessystem ein Reiz in den sensorischen Informationsspeicher gelangt, unsere erste Aufgabe besteht darin, diesen Reiz zu identifizieren. Ist es eine Zahl? Wenn ja, welche Zahl ist es? Ist es ein Wort oder ein Geruch? Es muß also zunächst ein bestimmtes *Muster* erkannt werden, um der Erfahrung, die wir machen, eine Bedeutung geben zu können. Gerade an dieser ersten Phase der Reizaufnahme sind die anderen Gedächtnissysteme beteiligt. So müssen wir, wenn wir eine Ziffer zu sehen bekommen, eine Erinnerung, ein Wissen davon haben, wie Zahlen aussehen, um sie überhaupt erkennen zu können, da ansonsten in unserer Wahrnehmung ein heilloses Durcheinander entstünde.

Irgendwie muß der dargebotene Reiz möglichst schnell mit einem Ziffernmuster aus unserem Gedächtnis verglichen werden. Wenn das Muster in einem bestimmten Umfang mit dem Reiz übereinstimmt, dann erkennen wir die Ziffer. Jedoch sehen Ziffern, wie beispielsweise hier die „6", nicht immer völlig gleich aus; manche sind groß, manche klein, manche stehen senkrecht, manche sind geneigt usw.

Denken wir an verschiedene Handschriften; Verschiedenheit ist dabei eher die Regel als die Ausnahme, und unser Erkennungssystem muß in der Lage sein, eine „6" trotz aller möglichen

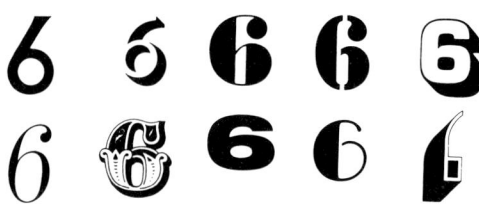

Abweichungen in der Form noch zu erkennen. Auf ähnliche Weise erkennen wir auch unseren eigenen Namen wieder, ganz gleich, ob er von einem alten Mann, einem Kind oder durch das Telefon gesprochen wird.

Wie dieses Vergleichen vonstatten geht, weiß niemand genau. Eine Theorie besagt, daß Muster in verschiedene Merkmale untergliedert werden, wie z. B. gerade Linien, Krümmungen, diagonale oder senkrechte Linien usw., und daß diese Merkmale mit denjenigen, die bereits im Gedächtnis vorhanden sind, verglichen werden. Diejenigen Merkmale, die am besten mit den im Gedächtnis gespeicherten Merkmalen übereinstimmen, sind dafür ausschlaggebend, welches Muster erkannt wird. Beispielsweise wird die Form ⌐ als „B" und nicht als „P" erkannt, da sie eine größere Anzahl der Merkmale eines im Gedächtnis gespeicherten Musters „B" aufweist.

Wir nehmen also dieses Muster als ein „B" wahr, da es dem Merkmalsmuster eines „B" näher kommt als irgendeinem anderen Buchstaben (Selfridge 1959). Ein derartiger Vergleich kann nur dann vorgenommen werden, wenn die Aufmerksamkeit auf das gerichtet ist, was gerade geschieht. Aber gerade an diesem Punkt versagt unser Gedächtnis häufig, so daß die Information dann gar nicht in das System hineingelangt.

Verteilte Aufmerksamkeit

Lange Zeit war man der Ansicht, daß der Aufmerksamkeit sehr eindeutige Grenzen gesetzt seien und daß man sich nicht gleichzeitig effektiv auf 2 Dinge konzentrieren könne. Das berühmte „Cocktailpartyphänomen" ist ein typisches Beispiel für geteilte Aufmerksamkeit. Unterhalten wir uns beispielsweise auf einer lauten Party mit einem guten Bekannten und steht ein weiterer Freund in Hörweite und unterhält sich, dann schwankt unsere Aufmerksamkeit ständig von einer Konversation zur anderen; wir können uns nicht auf beide Unterhaltungen gleichzeitig konzentrieren. Wenn eine Konversation im Vordergrund des Interesses steht, dann rückt die andere sprunghaft in den Hintergrund.

Neuere Untersuchungen haben jedoch gezeigt, daß wir unsere Aufmerksamkeit durchaus mehreren Dingen gleichzeitig widmen können, was allerdings einige Übung voraussetzt. Nach wenigen Wochen der Übung gelang es Probanden, eine Kurzgeschichte vorzulesen und gleichzeitig über ein anderes Thema ein Diktat aufzunehmen. Geschwindigkeit, Genauigkeit und das Verständnis waren dabei ebenso gut wie bei der getrennten Bearbeitung dieser Aufgaben. Diese Ergebnisse sprechen dafür, daß die Aufmerksamkeit wahrscheinlich keine starren Grenzen hat (Spelke et al. 1976). Es könnte deshalb auch tatsächlich zutreffend sein, was Kinder häufig ihren Eltern gegenüber vertreten, daß sie nämlich gleichzeitig ihre Hausaufgaben erledigen und dabei noch fernsehen können. Sobald erst einmal eine Information beachtet und erkannt worden ist, gelangt sie auch in das Kurzzeitgedächtnis.

Kurzzeitgedächtnis

Das zweite Gedächtnissystem ist das *Kurzzeitgedächtnis* (engl. "short-term memory", *STM*), in dem eine begrenzte Menge Information kurzzeitig, etwa 30 s lang, gespeichert wird. Diese Zeitspanne kann beträchtlich erweitert werden, wenn das Material repetiert wird; ansonsten zerfällt diese Gedächtnisspur unmittelbar nach Ablauf dieser Zeit. Ein klassisches Beispiel für die Funktionsweise des Kurzzeitgedächtnisses wurde bereits erwähnt: Nachdem man eine unbekannte Telefonnummer in einem Telefonbuch nachgeschlagen hat, kann man sie unmittelbar verwenden, indem man sie wählt oder jemandem mitteilt. Kurze Zeit später kann man diese Nummer nicht mehr korrekt wiedergeben – es sei denn, man wiederholt sie zwischenzeitlich in Gedanken oder sagt sie laut vor sich hin. Aktives Wiederholen oder Repetieren kann dazu führen, daß eine Gedächtnisspur nicht zerfällt, sondern sich „tiefer eingräbt". So können wir uns Telefonnummern, die wir häufiger gebrauchen, merken, ohne daß wir sie jemals „gelernt" haben. Wie man sich bestimmte Dinge besser einprägen kann, soll weiter unten noch dargestellt werden.

Im Rahmen eines Experiments wurde Studenten ein sog. „Trigramm" gezeigt, das sich aus 3 Konsonanten zusammensetzt, wie z. B. „QNV". Unmittelbar danach wurde ihnen eine 3stellige Zahl dargeboten, und sie wurden gleichzeitig aufgefordert, in Dreierschritten rückwärts zu zählen, wobei sie mit der jeweiligen Zahl beginnen sollten. Lautete die Zahl z. B. „157", hatten sie zu zählen: „157 – 154 – 151 – 148 – ..." An einer bestimmten Stelle wurde das Rückwärtszählen dann abgebrochen, und die Studenten wurden gebeten, sich an das Trigramm zu erinnern. Da die beiden Aufgaben, das Trigramm aktiv zu repetieren, und die Zählaufgabe sich gegenseitig stören (in der Psychologie wird dieser Vorgang als „Interferenz" bezeichnet), eignet sich eine solche Doppelaufgabe sehr gut dazu herauszubekommen, wie lange eine Information, die nicht aktiv repetiert werden kann, weil eine Person daran gehindert wird, im Kurzzeitgedächtnis verbleibt, bis sie zerfällt. Das Experiment umfaßte 8 derartige Versuchsdurchgänge, wobei jeweils ein Trigramm dargeboten wurde, die Vp anschließend 3 s lang rückwärtszählen und sich dann an das Trigramm erinnern sollte. Dauerte das Rückwärtszählen nur 3 s, waren die Antworten noch zu 80% richtig. Wenn das Rückwärtszählen aber 18 s dauerte, dann waren die Antworten nur noch zu 10% richtig, d. h. 90% der Information wurde vergessen (Peterson u. Peterson 1959).

Wie der sensorische Speicher, so hat auch das Kurzzeitgedächtnis nur eine begrenzte Kapazität: Nur 5–7 *unabhängige* Einheiten, Wörter, Zahlen oder sonstige Elemente, können darin gespeichert werden. Wenn diese Einheiten jedoch irgendwie miteinander in Beziehung stehen, dann kann, wie wir später sehen werden, diese Kapazität beträchtlich erhöht werden. So können wir uns z. B. an Sätze erinnern, die mehr als 7 Wörter enthalten, weil die Wörter in einer geordneten Reihenfolge vorkommen.

Die Kapazität des Kurzzeitgedächtnisses ist allgemein also relativ gering. Dies wäre an sich kein Grund zur Beunruhigung, es sei denn, man wäre allzu häufig persönlich von der Nichtbeachtung dieses Umstands betroffen. Wenn sich z. B. das Fräulein in der Vermittlungszentrale der Universität nur an 6 Ziffern erinnern kann, viele Telefonnummern aber 7stellig sind, wird der Fall komplizierter. Wenn sie sich nämlich, aus welchem Grund auch immer, keine Notizen macht und deshalb die letzte, ihre Gedächtnisspanne übersteigende Ziffer, einfach rät, ist die Wahrscheinlichkeit, daß sie unter den richtigen 10 Ziffern von 0 bis 9 die richtige errät, eben bloß 1:10 (unnötig hinzuzufügen, wie häufig dann falsch verbunden wird).

Wird das Kurzzeitgedächtnis überladen, fallen bereits vorhandene Informationen heraus, d. h. jeweils die älteste in einer Reihe von Informationen geht verloren, wenn eine neue Information hinzukommt und Platz braucht. Es ist so, als würde man eine Reihe von Holzklötzen von einer Seite eines Tisches bis zur anderen aneinanderreihen. Wenn diese Reihe voll ist, dann verursacht jeder weitere Klotz das Herunterfallen eines bereits vorhandenen. Man spricht in diesem Zusammenhang auch davon, daß das Kurzzeitgedächtnis wie ein „Schieberegister" funktioniert.

Repetieren

Das Kurzzeitgedächtnis hat zwar nur eine begrenzte Kapazität, jedoch ist die darin gespeicherte Information leicht zugänglich und kann somit leicht abgerufen werden. Soll die Information im Kurzzeitgedächtnis verbleiben, dann erfordert dies ein aktives Repetieren der Information (so z. B. wenn wir eine Telefonnummer immer wieder laut vor uns hersagen). Wenn dieses Repetieren allerdings nur als mechanische Wiederholung geschieht, dann ist es nicht sehr wirkungsvoll, denn das Vergessen setzt in dem Moment ein, in dem das Repetieren aufhört. Mechanisches Repetieren mag zwar für das Behalten einer Telefonnummer, die wir anschließend nur einmal wählen wollen, geeignet sein, es hilft uns aber nur wenig, wenn Informationen für längere Zeit behalten werden sollen.

Jacoby (1973) ließ Studenten eine Liste mit 5 bekannten Wörtern lernen – eine an sich einfache Aufgabe. Unmittelbar nach der Darbietung dieser Liste abgefragt, betrug ihre Erinnerungsleistung 100%. Eine andere Gruppe lernte diese Liste ebenfalls, konnte sie aber vor dem Abfragen für die Dauer von 15 s repetieren. Wie nicht anders zu erwarten, betrug die Erinnerungsleistung auch unter dieser Bedingung 100%. Dieser Vorgang wurde mit anderen, jeweils 5 Wörter enthaltenden Listen von beiden Gruppen mehrfach wiederholt. Gegen Ende des Experiments wurden die Probanden dann angewiesen,

sich an alle Wörter aus allen bis dahin gelernten Listen zu erinnern. Dies war für die Probanden völlig überraschend, da sie einen derartigen Test nicht erwartet hatten. Beide Gruppen schnitten etwa gleich gut ab. Das mechanische Repetieren erbrachte also keine besonderen Vorteile, es sorgte lediglich dafür, daß die Information längere Zeit im Kurzzeitgedächtnis verblieb.

Das Kurzzeitgedächtnis benutzt eine Art „Echoprozeß", der die Information eher dem Klang nach und nicht nach ihrer Bedeutung speichert. Untersuchungen haben gezeigt, daß viele Fehler begangen werden, die auf *klanglichen Verwechslungen* beruhen und weniger mit dem Aussehen und mit der Bedeutung der Wörter in Zusammenhang stehen. So werden z. B. die Buchstaben B und D häufig miteinander verwechselt. Solche kurzzeitigen akustischen Verwechslungen treten auch dann auf, wenn die Probanden die Listen gelesen und nicht gehört haben (Conrad 1964).

Informationsabruf aus dem Kurzzeitgedächtnis

Bisher haben wir untersucht, wie Information im Kurzzeitgedächtnis gespeichert wird. Das Kurzzeitgedächtnis beinhaltet andererseits auch einen Abrufprozeß, der das gespeicherte Material durchsucht und sichtet. Das folgende Experiment soll diesen Vorgang etwas erhellen.

Den Probanden wurden bis zu 6 verschiedene Ziffern kurzzeitig dargeboten. Im Anschluß daran wurde eine einzelne Ziffer dargeboten; die Aufgabe der Probanden bestand darin, möglichst schnell anzugeben, ob diese Ziffer in der ursprünglichen Liste enthalten war oder nicht. Die Latenz- oder Reaktionszeit, d. h. die Zeit zwischen der Angabe der Ziffer und der Antwort des Probanden, wuchs mit steigender Länge der ursprünglichen Liste. Dies ist vielleicht nicht sonderlich überraschend und könnte bedeuten, daß die Probanden eine einzeln dargebotene Testziffer mit jeder einzelnen Ziffer der Liste verglichen (Sternberg 1966).

Ein anderes Ergebnis dieser Untersuchung ist jedoch überraschend. Man sollte ja erwarten, daß die Reaktionszeiten auf diejenigen Ziffern, die nicht in der ursprünglichen Liste enthalten waren – also für die „Nein"-Antworten länger sind als die Reaktionszeiten für die „Ja"-Antworten. Um sicher zu gehen, daß eine Zahl nicht in der Liste enthalten ist, muß diese ja vollständig „durchsucht" werden. Befindet sich die betreffende Ziffer jedoch in der Liste, dann kann die Suche beendet werden, sobald im Kurzzeitgedächtnis eine Übereinstimmung festgestellt wird. Diese letzte Art des Vorgehens bezeichnet man als eine „sich selbst beendende Suche". Die Reaktionszeiten für die positiven („Ja"-)Antworten sollten dementsprechend wesentlich niedriger sein als für die negativen („Nein"-) Antworten. Die Ergebnisse weisen jedoch keine derartigen Unterschiede auf. Das bedeutet, daß die Probanden auch bei einer positiven Antwort sich an jede einzelne Ziffer der ursprünglichen Liste zu erinnern versuchten, also auch in diesem Fall eine sog. „erschöpfende Durchmusterung" ausführen. Warum benutzen wir einen derart uneffektiven, unökonomischen Prozeß? Warum brechen wir die Durchmusterung nicht ab, sobald die Übereinstimmung der Ziffern festgestellt ist, sondern vergeuden die Zeit damit, die restlichen Ziffern ebenfalls miteinander zu vergleichen?

Sternberg, der diese Untersuchung durchführte (s. Abb. 7.2), nimmt an, daß hier 2 Prozesse beteiligt sind. Danach wird zuerst die einzelne Ziffer mit den Ziffern der Liste *verglichen* und anschließend wird darüber *entschieden,* ob eine Übereinstimmung aufgetreten ist oder nicht. Nehmen wir an, daß der Prozeß des Vergleichens eher schneller vonstatten geht und der Prozeß des Entscheidens etwas länger dauert. Wenn es tatsächlich stimmen sollte, daß zunächst die einzelne Ziffer mit einer Ziffer der ursprünglichen Liste verglichen wird und dann darüber entschieden wird, ob eine Übereinstimmung besteht, bevor der Vorgang mit der nächsten Ziffer der ursprünglichen Liste wiederholt wird, dann sollte die gesamte Durchmusterung alternierend verlaufen: von einem sehr schnellen Vergleich zu einer eher langsamen Entscheidung zu einem sehr schnellen Vergleich usw. Alternativ dazu könnte man annehmen, daß alle Vergleiche zu Beginn der Durchmusterung gemacht werden und am Ende nur eine einzelne Entscheidung darüber getroffen wird, ob eine Übereinstimmung aufgetreten ist oder nicht. Es gäbe dann nur einen langsamen Prozeß – den der Entscheidung –, und der gesamte Vorgang wäre wesentlich effektiver als die sich selbst beendende Suche, da die positiven und negativen Antworten jeweils die gleiche Zeit benötigen.

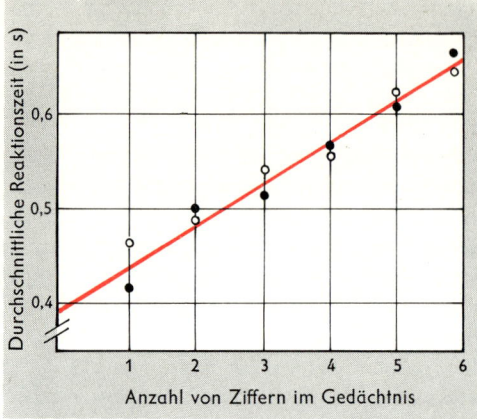

Abb. 7.2. Reaktionszeit als Funktion der Anzahl der Ziffern im Kurzzeitgedächtnis. Die *Punkte* geben die Reaktionszeiten für die positiven Antworten und die *Kreise* diejenigen für die negativen Antworten wieder. (Nach Sternberg 1966)

Der Vergleichsprozeß dauert bei dieser Aufgabe tatsächlich weniger als 40 ms. Das bedeutet, daß in einer Sekunde etwa 25 Vergleiche durchgeführt werden könnten.

Langzeitdächtnis

Das typische Merkmal des Langzeitgedächtnisses (engl. "long-term memory", *LTM*) ist das Behalten der *Bedeutung* einer Information. Dieses dritte Gedächtnissystem ist zwar beständiger als die beiden anderen, aber es ist nicht immer leicht, aus diesem System Informationen abzurufen. Da das Material nicht direkt zugänglich ist, muß beim Abruf nach geeigneten Hinweisen oder „Adressen" gesucht werden. Ein Grund für diese Schwierigkeiten beim Abruf ist der, daß das Langzeitgedächtnis eine sehr umfangreiche Menge an Information enthält (praktisch alles, was wir jemals erlebt haben und was aus dem Kurzzeitgedächtnis übertragen worden ist), wahrscheinlich Millionen von Einzelinformationen. Dazu gehören nicht nur Erinnerungen an Tatsachen, sondern auch Emotionen, Einstellungen und motorische Fertigkeiten, wie z.B. das Autofahren. Stellen Sie sich vor, was es bedeuten würde, wenn Sie alles niederschreiben müßten, was Sie wissen! Dennoch besteht nie die Gefahr, daß wir unser Langzeitgedächtnis jemals überlasten könnten. Fry (1977) hat die

Kapazität des Langzeitgedächtnisses auf etwa 1 000 000 000 000 000 (10^{15}) Einheiten geschätzt. Damit diese gigantische Bibliothek, wie man das Langzeitgedächtnis auch bezeichnen könnte, für uns nutzbar wird, muß es einen Ordnungsplan oder ein Ordnungsschema für das Einordnen unserer Erfahrungen geben, da wir uns ansonsten an nichts mehr erinnern könnten. Denken Sie an das bereits erwähnte Beispiel einer größeren Bibliothek, in der man einen einzelnen Band kaum mehr auffinden könnte, wenn es nicht einen Katalog, ein Verzeichnis nach Verfassern, Titeln oder wichtigen Schlagwörtern gäbe. Die inhaltliche Bedeutung ist also ein wichtiges Merkmal des Langzeitgedächtnissystems; sie schafft Ordnung, und dies in zweierlei Hinsicht.

Im sog. *episodischen Gedächtnis* speichern wir Informationen darüber, wann und wo etwas stattgefunden hat, also spezifische Fakten und Erfahrungen. Wir speichern darin Tatsachen: Wann entdeckte Kolumbus Amerika; was habe ich gestern zu Mittag gegessen; wer war meine erste große Liebe usw.? Das sog. *semantische Gedächtnis* ist weniger spezifisch und bezieht sich auf das Erinnern von Regeln und Anweisungen, z.B. Regeln dafür, wie man richtig schreibt oder rechnet; weiterhin enthält es konzeptuelle Einheiten sowie auch derartig prosaische Information wie die, daß man mit dem Kopf nicht gegen Wände anrennen kann. Das episodische und das semantische Gedächtnis interagieren ständig und stehen in ständigem Kontakt miteinander. Folglich ist es schwierig, strikte Grenzen zwischen beiden zu ziehen. Im allgemeinen ist das semantische Gedächtnis leichter zu zugänglich als das episodische (Tulving 1972).

Es ist erstaunlich, wieviel Information in dem relativ begrenzten Raum unseres Gehirns gespeichert werden kann. Wissenschaftler der IBM arbeiten derzeit an einer neuen Entwicklung; dabei handelt es sich um einen Magnetblasenspeicher, der bis zu 100 Mio. Bit auf einer Fläche von 6 cm^2 speichern kann. Während der Evolution hat sich unser Gehirn so weiterentwickelt, daß eine Vielzahl verschiedenartiger Informationen verarbeitet und in Bits gespeichert werden können. Beim Abruf jedoch werden nicht nur ein paar Bits aus unserem System entnommen, sondern ganze Wissensstrukturen.

Semantische Verarbeitung

Es sind sehr viele Theorien dafür entwickelt und vorgelegt worden, wie die semantische Information im Langzeitgedächtnis angeordnet sein könnte. Wie speichern wir z.B. Informationen wie diese: „Elephanten haben große Ohren und einen langen Rüssel" oder „Elephanten sind Tiere"? Es muß eine Art Hierarchie oder eine Art Netzwerk von Assoziationen, d.h. Wissenselementen geben, die zueinander in einer engen „assoziativen" Beziehung stehen und deren Querverbindungen untereinander das „Netzwerk" ausmachen. Diesem Netzwerk können wir entnehmen, daß „große Ohren" und „Rüssel" Merkmale des Elephanten und daß Elephanten Tiere sind. Das Ganze ist ein unglaublich kompliziertes Unternehmen, nicht nur aufgrund der Tatsache, daß wir eine enorme Anzahl derartiger Sequenzen speichern müssen, sondern auch, weil diese Sequenzen zudem noch wechselseitig miteinander verbunden sind. Elephanten sind Tiere, aber das sind auch Walddrosseln, wodurch beide sich von Petunien unterscheiden, aber alle drei sind Lebewesen, und das wiederum unterscheidet sie von Sand. Vielleicht können Sie sich ein derartiges Netzwerk, das Teil unseres Langzeitgedächtnisses ist, bildhaft vorstellen (vgl. Abb. 7.3).

Das Langzeitgedächtnis spielt auch eine große Rolle für das *Verstehen* und das Erkennen von Zusammenhängen. Wenn wir z.B. den Satz hören: „Der Elephant fraß die Erdnuß", so erinnern wir uns an Elephanten und an Erdnüsse.

Dabei erkennen wir, daß „Elephant" das Subjekt dieses Satzes ist und „Erdnüsse" das Objekt und darüber hinaus, daß der Elephant die Ursache (oder der verursachende „Agent") dafür ist, daß die Erdnüsse gefressen werden. Weiterhin liegen unserem Verstehen verschiedenartige Schlußfolgerungen, sog. „Inferenzen", zugrunde. So würden wir etwa folgern, daß der Elephant die Erdnüsse mit seinem Rüssel aufgenommen hat, und nicht mit seinem Schwanz oder seinen Vorderbeinen, und daß die Erdnüsse wahrscheinlich ungeschält gefressen wurden. Wenn man sie morgen darum bitten würde, diesen „Elephantensatz" zu wiederholen, dann würden sie sicherlich nach derartigen Sinnzusammenhängen in Ihrem Langzeitgedächtnis suchen. Wahrscheinlich würden Sie den Satz nicht wortwörtlich wiedergeben, da Sie eher den

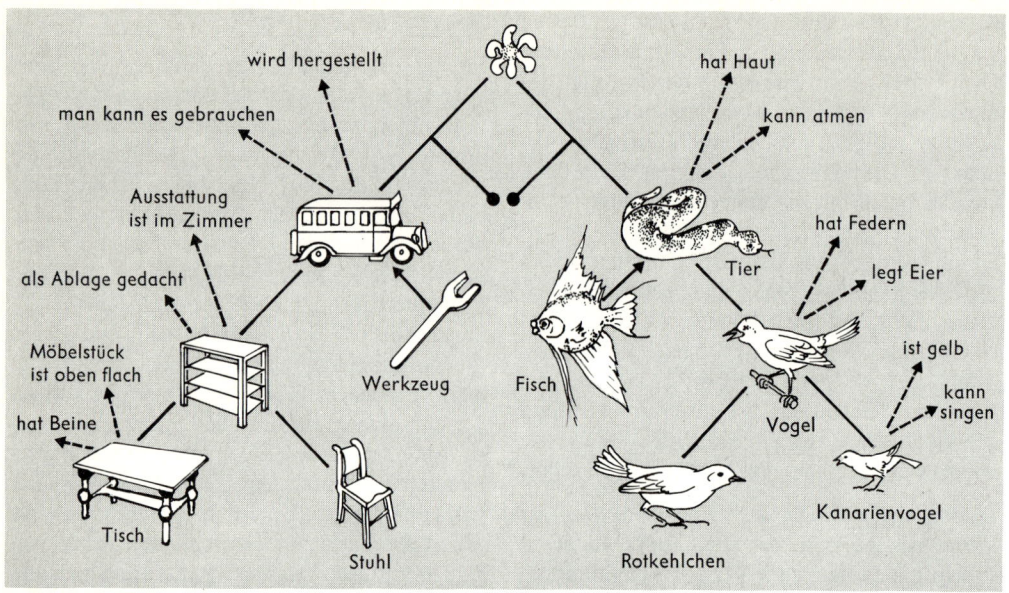

Abb. 7.3. Semantisches Gedächtnisnetzwerk. Die *durchgezogenen Linien* verbinden Kategorien mit Unterkategorien, die *gestrichelten Linien* weisen auf Merkmale der einzelnen Kategorien hin. (Nach Meyer u. Schwaneveldt 1976)

Kerninhalt speichern und nicht die genaue Reihenfolge der Wörter. So könnte der von Ihnen wiedergegebene Satz wie folgt lauten: „Die Erdnüsse wurden von dem Elephanten gefressen" oder auch: „Der Elephant fraß die Erdnüsse, indem er sie mit dem Rüssel aufnahm." In diesem letzten Fall hätten Sie sich nicht bloß an die Kerninformation erinnert, sondern auch die Inferenz dazu gebildet, daß Elephanten ihren Rüssel als Werkzeug benutzen usw.

Analog werden Sie sich morgen an einige Dinge erinnern können, die Sie heute in diesem Kapitel gelesen haben, aber sicherlich nicht an die von uns gewählten Formulierungen. Und Sie werden sich dabei wohl auch an Dinge erinnern, die gar nicht darin vorkamen, sondern Inferenzen darstellen.

Im Rahmen eines Experiments wurde den Probanden eine kurze Geschichte vorgelesen, in die ein bestimmter Satz eingebettet war, wie z. B. „Er schrieb darüber einen Brief an Galilei, den berühmten italienischen Wissenschaftler." Später erfolgte eine Gedächtnisprüfung nach der Wiedererkennungsmethode, die entweder nach 0, 80 oder 160 diesem Zielsatz nachgestellten Silben stattfand. Während dieser Überprüfung wurde ein Testsatz vorgelesen, der entweder mit dem Zielsatz derart übereinstimmte, daß er zwar in der Form, aber nicht in der Bedeutung verändert war („ein Brief darüber wurde an Galilei, den großen italienischen Wissenschaftler gesandt"), oder der in der Bedeutung verändert war („Galilei, der große italienische Wissenschaftler, schrieb ihm darüber einen Brief"). Wie die Abb. 7.4 zeigt, konnten die Probanden sehr leicht Veränderungen des Inhalts erkennen. Weniger gut erkannten sie jedoch, daß sich die Wortstellung im Testsatz von der im Zielsatz unterschied, sowie Veränderungen im Satzbau bei gleichbleibendem Inhalt. Dies wurde besonders augenfällig, wenn sich die Menge des eingeschobenen Materials erhöhte (Sachs 1967) (s. Abb. 7.4).

Während Untersuchungen wie die oben geschilderte ihren Schwerpunkt auf das Erinnern einzelner Wörter oder kurzer Sätze legen, beschäftigen sich andere Untersuchungen mit dem Erinnern von Ideen, denen häufig mehrere Sätze zugrunde liegen, die einen gemeinsamen semantischen Inhalt ausdrücken. Bransford u. Franks (1971) haben sich mit dem Phänomen des Aneignens und Erinnerns von Ideen in einer Reihe von Untersuchungen befaßt. Sie fanden heraus, daß Probanden Ideen, die durch eine bestimmte Anzahl untereinander in Beziehung stehender Sätze ausgedrückt werden, spontan in einige wenige, komplexe Ideen integrierten; daß sie

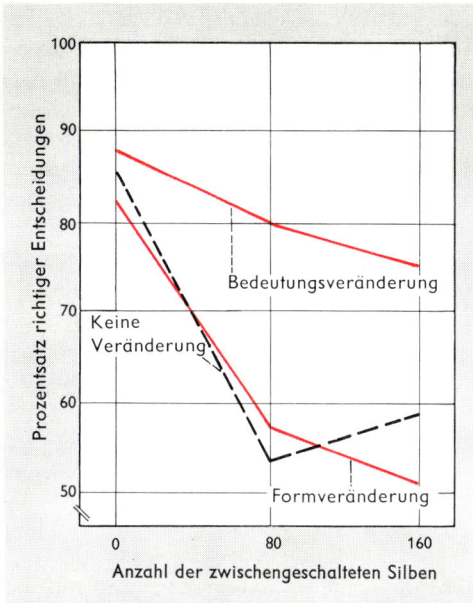

Abb. 7.4. Inhalts- und Formveränderungen eines Satzes. Die Veränderungen des Inhalts wurden gut erkannt, Veränderungen der Form hingegen weniger gut. (Nach Sachs 1967)

also die Informationsmenge und die Komplexität der ursprünglichen Sätze reduzierten, indem sie sie zu einem Gedanken oder in eine Idee zusammenfaßten. Die Probanden erinnerten sich später wesentlich besser an diejenigen Sätze, die diese komplexen Ideen ausrückten als an die einfachen ursprünglichen Sätze. Derartige Ergebnisse weisen darauf hin, daß wir häufig Schemata für die Organisation der Information konstruieren, die wir erlernen. Bei der Erinnerung von Sachverhalten oder Ideen verwenden wir also derartige konstruktive Prozesse und gehen nicht so vor, daß wir mechanisch, wortwörtlich auswendiglernen.

Verzerrung

Es besteht natürlich immer die Möglichkeit, daß ein solcher konstruktiver, schlußfolgernder Prozeß sich selbst überschlägt und daß daraus Fehler beim Erinnern von Tatsachen entstehen. Auf diese Weise entstehen z. B. Gerüchte, Rechtsanwälte können Zeugen zu unterschiedlichen Aussagen veranlassen u. ä. Wenn Sie beispielsweise Zeuge eines Unfalls wären und später

gefragt würden, wie schnell die beiden Fahrzeuge gefahren seien, als sie *zusammenstießen,* dann würden Sie möglicherweise eine wesentlich niedrigere Geschwindigkeit angeben als auf die Frage, wie schnell die Fahrzeuge gefahren seien, als sie ineinander *hineinrasten.* Probanden, die jeweils denselben Film über einen Autounfall gesehen hatten, schätzten die Geschwindigkeit von Autos, die ineinander „hineinrasten", um 25% höher ein, als die Geschwindigkeit von Autos, die „zusammengestoßen" waren (Loftus u. Palmer 1974).

Niveaus der Verarbeitung

Wir haben oben festgestellt, daß ein bloß mechanisches Repetieren nur dazu beiträgt, das Material im Kurzzeitgedächtnis aufrechtzuerhalten, d. h. es vor dem Zerfall zu schützen. Um die Information in das relativ dauerhafte Langzeitgedächtnis zu überführen, wird ein sorgfältiges Repetieren notwendig, d. h. auf einem tieferen („gründlicheren") *Niveau der Verarbeitung.* Angenommen, Sie haben eine Wortliste zu lernen, die Sie auch in der nächsten Woche noch wiedergeben können sollen. Mechanisches Vorsich-Hersagen ist aber nur solange effektiv, als man es aktiv betreibt – und vermutlich würde niemand eine Woche lang eine Reihe von Wörtern repetieren wollen (oder können).

Ein anderes, viel ausgefeilteres Vorgehen könnte darin bestehen, sich an bereits im Langzeitdächtnis vorhandenes Material zu erinnern, z. B. Wörter zu finden, die sich auf die zu lernenden Wörter reimen. Noch effektiver wäre es, jedes Wort in einen Satz einzubauen und aus diesen Sätzen eine Geschichte zu konstruieren. Derartige Veränderungen – oder eigentlich Verarbeitungsschritte – führen auf eine bedeutungsvollere, „tiefere" Verarbeitungsebene (Craik u. Lockhart 1972). Je mehr Beziehungen wir aber zwischen neuen Erfahrungen und gespeicherten Informationen herstellen können, desto besser können wir uns an das neue Material erinnern. Das bedeutet, daß das Langzeitgedächtnis sich sehr stark auf den Kontext früherer Erfahrungen stützt.

Kontext

Obgleich einige Kindheitserinnerungen auch später noch sehr lebendig bleiben, wenn wir älter werden, „residieren" viele davon aber auch in den „hintersten Ecken" unseres Gedächtnisses und bleiben für uns unzugänglich. Auch in diesem Fall sind Abrufmerkmale, „Adressen" für das Wiederauffinden der Information, verlorengegangen, d. h. man weiß eigentlich nicht, wo man mit der Suche beginnen soll. Wenn wir den ursprünglichen Kontext, in dem wir unsere Erfahrungen erworben haben, wiederherstellen könnten, dann wären auch die notwendigen Hinweisreize vorhanden. Wenn man z. B. versucht, sich an ein Lied zu erinnern, das man im 4. Schuljahr gelernt hat, so mag dies auf den ersten Blick unmöglich erscheinen; aber wenn wir an das Klassenzimmer, unsere Stimmung, den Lehrer und an einige ehemalige Freunde denken, dann können wir uns vielleicht an einige Zeilen erinnern. Auch wenn dies nicht immer gelingt, ist es doch erstaunlich, an wieviele Dinge aus der Vergangenheit wir uns erinnern können.

Auch die Wiederherstellung bestimmter körperliche Zustände verbessert die Erinnerungsleistung. Alkoholiker, die ihre Flasche Alkohol in betrunkenem Zustand versteckt hatten, konnten sich nüchtern nicht mehr an das Versteck erinnern. Erst als sie wieder betrunken waren, fanden sie das Versteck wieder (Goodwin et al. 1969).

Personen, die eine Wortliste lernten, als sie unter dem Einfluß von Marihuana standen, erinnerten sich in diesem Zustand besser an das ihnen dargebotene Material als ohne den Einfluß der Droge (Eich et al. 1975). Wenn sich die Durchführung einer erlernten Aufgabe durch die Wiederherstellung eines ursprünglichen Zustands der Person (physiologisch, psychisch oder emotional) verbessert, spricht man von einem zustandsabhängigen Gedächtnis.

Übertragung von Information ins/im Gedächtnis

Wenn wir unsere gegenwärtigen Erfahrungen später sinnvoll nutzen wollen – etwa um einen Fehler nicht zu wiederholen –, dann muß die Information irgendwie ins Langzeitgedächtnis übertragen werden. Wie wir gesehen haben, gelangen neue Informationen durch den sensorischen Speicher hindurch direkt in das Kurzzeitgedächtnis. Diese frühe Phase der Speicherung ist jedoch sehr instabil und Information wird dabei leicht vergessen oder geht verloren. Sowohl Tierexperimente als auch Beobachtungen an Patienten mit verschiedenen Gehirnverletzungen geben Hinweise darauf, daß die Erinnerung an bestimmte Ereignisse leicht gestört werden und aus dem Gedächtnis „herausfallen" kann. Bei Tierexperimenten besteht eine Standardmethode zur Störung und Unterbrechung aktueller, frischer Gedächtnisinhalte darin, daß man einen elektrokonvulsiven Schock des Gehirns oder Bewußtlosigkeit und Koma durch ein Medikament hervorruft. Es stellte sich heraus, daß die Erinnerung an Ereignisse, die kurz vor einem derartigen Eingriff eintraten, fast vollständig verlorengeht. Je länger das Zeitintervall zwischen der Erfahrung und dem Gehirntrauma ist, desto weniger wird das Gedächtnis gestört. Diese Ergebnisse stützten die Annahme, daß um so mehr Information ins Langzeitgedächtnis übertragen wird, je länger sie ohne Störung im Kurzzeitgedächtnis verbleibt. Dies führt jedoch zu der Frage, wie das Gehirn Sinneinheiten oder *Bedeutungen* unterscheiden und speichern kann.

Patienten, denen Teile des Hippokampus entfernt wurden, können neue Informationen nicht langfristig behalten; an Sachverhalte, die sie vor der Operation erfahren haben, können sie sich jedoch weiterhin erinnern (Milner u. Penfield 1955). Demnach könnte der Hippokampus an der Informationsübertragung vom Kurzzeit- zum Langzeitgedächtnis beteiligt sein.

Es gibt verschiedene Faktoren, die eine Übertragung der Information vom Kurzzeit- zum Langzeitgedächtnis fördern. Die Wahrscheinlichkeit, daß die Information ins Langzeitgedächtnis gelangt, steigt dann an, wenn die Menge des Materials gering ist, wenn das Material neu ist, wenn es aktiv repetiert wird und wenn es für die Person von Bedeutung ist.

Wie vergessen wir?

Denken Sie für einen Moment an die komplexen Informationen, die Sie in der Schule gelernt haben: Grammatik, Fremdsprachen, chemische Formeln, geometrische Beweise, schlußfolgerndes Denken und vieles mehr. Bedenken Sie weiterhin, wieviel mehr Sie noch außerhalb der Schule gelernt haben, über Ihre Umwelt sowie über die Menschen und ihre Institutionen. Dabei waren einige Lernvorgänge leicht, andere eher schwierig.

Mit dem Vergessen verhält es sich ähnlich: einiges vergißt man schnell, anderes behält man länger. Haben Sie in einem Fach schon einmal eine sehr gute Note erzielt und Monate später festgestellt, daß Sie fast alles vergessen haben? Andererseits können Sie sich wahrscheinlich an alle Einzelheiten Ihrer ersten „großen Liebe" erinnern. Studenten erinnern sich oft an die Namen ihrer Grundschullehrer, vergessen aber kurz nach dem Examen den Namen ihres Dozenten.

Anders verhält es sich jedoch bei Fähigkeiten, wie dem Schlittschuhlaufen, dem Fahrradfahren oder dem Schwimmen. Auch wenn man diese Fertigkeiten jahrelang nicht geübt hat, ist man nach kurzer Zeit wieder so gut wie früher.

Warum behalten wir manche Dinge soviel besser als andere? Liegt der Unterschied im Lernmaterial oder in der Art und Weise des Lernens begründet?

Wir haben bereits zwischen Lernen und Gedächtnis unterschieden. Psychologen, die das Lernen untersuchen, betrachten die Veränderung der Leistung von einem Durchgang zum anderen und beobachten, wie gut ein Proband eine Aufgabe nach unterschiedlicher Art der Übung durchführen kann – also die Veränderung der Leistung aufgrund von Erfahrung. Im Rahmen von Gedächtnisuntersuchungen sind wir daran interessiert, ob ein bestimmtes Material das zu einem bestimmten Zeitpunkt in der Vergangenheit gelernt wurde, zu einem bestimmten Zeitpunkt in der Gegenwart verfügbar ist. Untersuchungen des Gedächtnisses bedeuten also, daß Vergangenes zurück in die Gegenwart gebracht werden muß.

Im Rahmen von Laboruntersuchungen über das Gedächtnis wird das, was ein Proband unmittelbar nach dem Lernprozeß wußte, mit dem verglichen, was er eine bestimmte Zeit danach noch weiß. Bei einem perfekten, „ideal" funktionierenden Gedächtnis dürfte zwischen beiden Messungen kein Unterschied bestehen, d.h. es dürfte kein Informationsverlust auftreten. Das Gedächtnis wird also im Hinblick darauf gemessen, wieviel vergessen worden ist. Das erklärt auch, warum wir uns der Erklärung von „Gedächtnis" durch die Behandlung des Vergessens annähern und weshalb einige wichtige Gedächt-

nistheorien an Vergessensprozessen interessiert sind, d.h. eigentlich Theorien des Vergessens darstellen.

Wir alle kennen 2 Tatsachen über das Vergessen. Die eine dieser beiden Tatsachen ist die, daß wir uns nicht an alles erinnern. Wir vergessen die Namen von Personen, Termine und Informationen, die wir uns für eine Prüfung angeeignet haben. Die andere Tatsache bezieht sich auf den Zeitraum zwischen dem Lernen und dem Erinnern. Je größer dieses Intervall ist, desto mehr vergessen wir; 1 h nach dem Lernen erinnern wir uns besser, als 5 Tage später. Außerdem findet ein Großteil des Vergessens eher unmittelbar nach dem Lernen statt, als Tage oder Wochen später (s. „Unter der Lupe", S. 260).

Obgleich das Vergessen eine sehr vertraute Erfahrung für uns ist, läßt sich eine Erklärung dafür nicht so leicht finden. Darüber, wie und warum wir vergessen, sind viele Untersuchungen durchgeführt und eine Reihe unterschiedlichster Theorien aufgestellt worden.

Wie wird Vergessen gemessen?

Wir wissen bereits, wie das Gedächtnissystem experimentell untersucht wird. Zunächst erhält der Proband eine Lernaufgabe, und im Anschluß daran wird gemessen, wieviel er gelernt hat. Danach führt der Proband für eine bestimmte Zeit irgendeine andere Tätigkeit aus (zusätzlich etwas lernen oder eine zeitfüllende Tätigkeit, wie das Lösen von einfachen Rechenaufgaben), damit er nicht mehr an die ursprüngliche Aufgabe denkt. Schließlich wird gemessen, wieviel von der ursprünglich gelernten Information in Erinnerung bleibt. Dies wird dann mit der Gedächtnisleistung verglichen, die der Proband unmittelbar nach der Lernphase erbracht hatte. Um die Menge der erinnerten Information zu messen, werden gewöhnlich die „freie Wiedergabe" (Reproduktion; engl. "free recall") oder das „Wiedererkennen" (engl. "recognition") als Untersuchungstechnik verwendet.

Freie Wiedergabe

Wenn Sie etwa während einer Prüfung im Fach Geschichte gefragt werden, welche Gründe zur

Unter der Lupe

Ebbinghaus ruft CEG, DAX, LAJ!

Die erste bedeutende Untersuchung zu einer objektiven, quantifizierenden Messung des Behaltens wurde im Jahre 1885 von Ebbinghaus durchgeführt.

Ebbinghaus ist der Erfinder der „sinnlosen Silbe" – einer, wie man annahm, bedeutungslosen, informationsleeren Einheit aus 3 Buchstaben. Ein Vokal zwischen 2 Konsonanten, z.B. „CEG", „DAX", „LAJ" usw. bilden das sog. „KVK-Trigramm". Solche KVK-Trigramme oder „sinnlose Silben" sollten ein reines, von Assoziationen mit anderen Gedächtnisinhalten unbeeinflußtes, lernunabhängiges Maß der Gedächtnisleistung darstellen. Ebbinghaus, der wie viele bedeutende Psychologen seiner Zeit, im Selbstversuch, d.h. mit sich selbst als Versuchsperson, experimentierte, lernte eine Liste derartiger sinnloser Silben solange, bis er sie 2mal hintereinander in der ursprünglichen Reihenfolge wiedergeben konnte. Die Zeit, die er zum Lernen der 1. Liste benötigte, zeichnete er dabei auf. Nach einer bestimmten Zeitspanne, die er gewöhnlich mit dem Lernen anderer Silbenlisten ausfüllte, nahm er sich dann die ursprüngliche Liste wieder vor und lernte sie erneut, wobei er wiederum die benötigte Zeit notierte. Die Differenz der Lerndauer beim ersten Lernen (Neulernen) der Liste und beim zweiten Lernen (Wiedererlernen) gibt die Menge des Behaltens an: Die Zeit, die Ebbinghaus für das Wiedererlernen nicht mehr benötigte – die er sich also „ersparte" („Ersparnismetho-

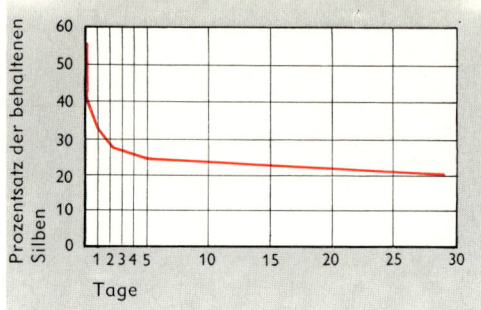

Vergessenskurve. (Nach Ebbinghaus 1885)

de") – gibt die Behaltensmenge (beim Erstlernen) an.

Von Ebbinghaus stammt auch die in der Psychologie klassisch gewordene „Vergessenskurve". Sie stellt die Menge derjenigen Elemente dar, die in bestimmten Zeitabständen nach dem Lernen noch behalten werden können. Von einer Liste mit beispielsweise 20 sinnlosen Silben können am Lerntag noch zwischen 40% und 60% der gelernten Silben, also etwa 8–12 Silben, richtig wiedergegeben werden. An den ersten 3 Tagen, insbesondere am 1. Tag, tritt also ein beträchtlicher, rapider Gedächtnisverlust ein, der sich dann, etwa ab dem 4.–5. Tag, deutlich verlangsamt. Entsprechend zeigt die Abbildung am Anfang einen starken Abfall, der dann deutlich abflacht. Wir vergessen anfänglich also sehr rasch, während sich das Gedächtnis für die behaltene restliche Information deutlich stabilisiert.

Entstehung des Dreißigjährigen Krieges geführt haben, dann müssen Sie die Antwort in Ihrem Gedächtnis finden und sie so formulieren, daß der Prüfer von Ihrem Wissen überzeugt ist. In der Gedächtnisforschung werden 2 Techniken der Reproduktion unterschieden. Die erste ist die wörtliche oder *mechanische Reproduktion*. Wenn wir uns an irgend etwas sehr genau erinnern müssen, z.B. an eine Telefonnummer, dann müssen wir die gesamte Information so speichern, daß wir sie später korrekt wiedergeben können. Ist die Information aber sehr um-

fangreich oder sehr komplex, dann erfordert die Wiedergabe meist eine *Rekonstruktion*. In diesem Fall speichern wir nur einen Teil der Information, sind aber dann imstande, das restliche Material aus dieser Teilinformation heraus zu rekonstruieren. Im Beispiel der Prüfung würde man eine Art „Theorie der Entstehung des Dreißigjährigen Krieges" auf der Grundlage einiger weniger erinnerter Einzelheiten rekonstruieren.

Wiedererkennen

Eine weitere Technik für die Untersuchung des Gedächtnisses ist das Wiedererkennen, z. B. von Straßen und Gebäuden in Ihrer Nachbarschaft, von Gesichtern vieler Freunde und aller Bekannten, von Wörtern und Gegenständen – man könnte die Liste fast endlos fortsetzen! Die Technik des Wiedererkennens besteht darin, daß dem Probanden ein Reiz dargeboten wird und er dann später gefragt wird, ob ihm der Testreiz aus der Lernphase bekannt ist oder ob es sich um einen neuen Reiz handelt. Bei einer anderen Methode werden mehrere Reize gleichzeitig dargeboten, und es wird gefragt, ob irgendwelche dieser Reize aus früheren Erfahrungen bekannt sind. Wir besitzen erstaunliche Fähigkeiten darin, Dinge wiedererkennen zu können. Im Rahmen einer Untersuchung wurden 2560 Dias je 10 s lang projiziert. Die Gedächtnisprüfung erfolgte anhand eines zufällig ausgewählten Teils dieser Dias. Die Probanden zeigten eine Wiedererkennensleistung von über 90% (Standing et al. 1970). In anderen Untersuchungen wurden sogar mehr als 97% des Lernmaterials wiedererkannt.

Das Wiedererkennen ist möglicherweise ein (einfacherer) Teilprozeß der (insgesamt schwierigeren) Reproduktion, da wir während der Reproduktion ja auch den anhand von Einzelinformationen anvisierten Gesamtkomplex „wiedererkennen" mussen. Dieser Hinweis mag auch eine Erklärung dafür sein, warum das Wiedererkennen gewöhnlich zu besseren Ergebnissen führt als die Reproduktion. Ein weiterer Unterschied besteht darin, daß bei der Reproduktion Fehler sowohl bei der Speicherung als auch beim Abruf der Information auftreten können. Beim Wiedererkennen hingegen ist der Abruf kein Problem, da die Information ja als Hinweisreiz dargeboten wird und wir sie nicht aus dem Gedächtnis abrufen, sondern nur korrekt identifizieren müssen. Fehlerhafte Wiedererkennung beruht also eher auf einer fehlerhaften Speicherung: die Information ist an einem falschen Ort oder unter einer falschen Kategorie gespeichert worden.

Zerfall und Interferenz

Wir haben im ersten Teil dieses Unterkapitels dargestellt, warum eine Information vergessen werden kann oder warum zu einem späteren Zeitpunkt Informationen nicht mehr zugänglich sind. Vergessen kann auf verschiedene Ursachen zurückgeführt werden: auf eine schlechte Enkodierung, auf eine Überlastung des Kurzzeitgedächtnisses, auf Fehler bei der Übertragung aus dem Kurzzeitgedächtnis in das Langzeitgedächtnis oder auf das Fehlen beziehungsweise den Verlust geeigneter Hinweisreize für den Abruf aus dem Langzeitgedächtnis. Aus irgendeinem dieser Gründe können wir die Information zu einem bestimmten Zeitpunkt nicht mehr abrufen. Was ist nun im Gedächtnis geschehen und warum nimmt das Vergessen im Verlauf der Zeit zu?

Hierzu sind im wesentlichen 2 Theorien entwickelt worden, die den Verlauf des Vergessens erklären sollen. Die Vertreter der sog. *Spurenzerfallstheorie* sind der Ansicht, daß das Erlernte im Gedächtnis eine „Spur" oder einen „Eindruck" („Engramm") hinterläßt. Wenn wir das Gelernte nicht benutzen, dann „zerfällt" diese Spur im Verlauf der Zeit. Wie sich der Kondensstreifen eines Flugzeugs am Himmel nach einiger Zeit auflöst, zerfällt auch das Wissen, das wir uns erworben haben, oder es bleicht aus, wie ein aufgemalter Reklamespruch an einer Hausfassade; um die Schrift aufzufrischen, muß sie immer wieder neu übermalt werden.

Analog kann man einen derartigen Zerfall unseres Wissens durch eine wiederholte Auffrischung verhindern und damit die Gedächtnisspur erhalten.

Die andere Theorie besagt, daß die Zeit allein nicht imstande sei, etwas geschehen oder ungeschehen zu machen. Das Vergessen hängt davon ab, was im Verlauf der Zeit geschieht. Diese sog. *Interferenztheorie* besagt also, daß alles, was wir lernen, erhalten bleibt, es sei denn, daß neues Material hinzukommt und störend auf das Gelernte einwirkt. Wenn nichts mit unserem Wissen interferiert, dann vergessen wir auch nichts. Interferenz ist jedoch etwas Alltägliches, die Frage ist deshalb, wie stark sie das Vergessen beeinflußt.

Welcher der beiden Theorien gebührt nun der Vorzug, der Spurenzerfallstheorie oder der Interferenztheorie? Ein Experiment, mit dem eine

Entscheidung zugunsten einer der beiden Theorien herbeizuführen wäre, könnte folgendermaßen aussehen: Zunächst führen 2 Gruppen von Probanden dieselbe Aufgabe durch – sie lernen eine Wortliste oder eine Geschichte. Anschließend lernt die erste Gruppe eine andere Liste oder Geschichte, also etwas, was die Erinnerung an die erste Aufgabe stört. Während dieser zweiten Lernphase der ersten Gruppe macht die zweite Gruppe „überhaupt nichts". Schließlich sollen beide Gruppen die Wortliste oder die Geschichte der ersten Aufgabe wiedergeben. Falls die erste Gruppe schlechter abschneiden würde als die zweite, dann spräche dieses Ergebnis für die *Interferenztheorie*. Wenn beide Gruppen gleich viel vergessen würden, dann wäre dies eine Bestätigung der *Spurenzerfallstheorie*. Diese Entscheidung ergibt sich aus dem Grundgedanken des Experiments: der Zeitraum zwischen der ersten Lernphase und dem Reproduzieren ist für beide Gruppen gleich groß und die Spurenzerfallstheorie besagt, daß die Zeit die einzig relevante Variable sei. Es wäre jedoch schwierig, dieses Experiment durchzuführen, weil man niemals sicher sein kann, daß die zweite Gruppe „überhaupt nichts" macht, während die erste Gruppe die interferierende Tätigkeit durchführt. Wir können Vpn nicht aus der Zeitdimension „entlassen" oder sie einfrieren (von den ethischen Bedenken ganz abgesehen; und selbst wenn das möglich wäre, müßte das Auftauen immer noch als interferierender Vorgang gewertet werden). Es hat dennoch einige Versuche gegeben, ein derartiges „Entscheidungsexperiment" durchzuführen.
Eine der frühesten Überprüfungen dieser Hypothesen wurde von Jenkins u. Dallenbach (1924) vorgenommen.

Die Probanden sollten eine Liste sinnloser Silben lernen und sich später, nach unterschiedlichen Zeitintervallen, einer Gedächtnisprüfung unterziehen. Die Zeit zwischen dem Lernen und dem Erinnern war entweder mit der Durchführung normaler Arbeitstätigkeiten oder mit Schlafen zu verbringen (man nimmt an, daß es während des Schlafs zu einer geringeren Interferenz kommt). Die Ergebnisse zeigen, daß nach dem Schlaf weniger vergessen wurde als nach der im wachen Zustand durchgeführten Tätigkeit. Dieses Ergebnis stellt eine Bestätigung der interferenztheoretischen Annahme dar, daß die Art der zwischenzeitlich ausgeführten Tätigkeit und nicht die Dauer der verstrichenen Zeit entscheidend für das Vergessen ist (vgl. Abb. 7.5).

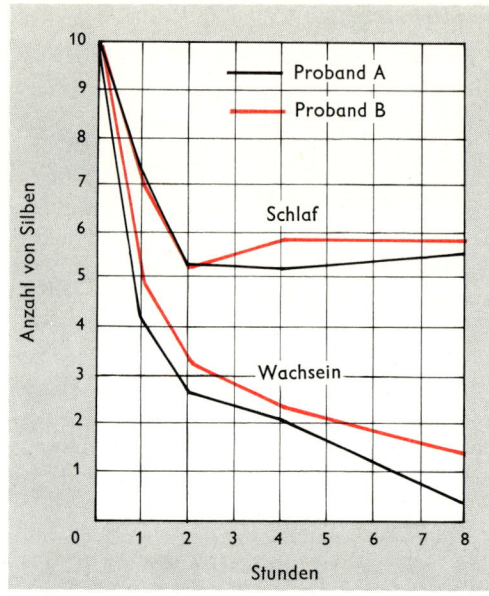

Abb. 7.5. Vergessenskurven (Schlaf- vs. Wachzustand). (Nach Jenkins u. Dallenbach 1924)

An einem anderen einfallsreichen Experiment nahmen Küchenschaben als Versuchtiere teil. Wenn man eine Schabe in einen konusförmigen Pappkasten einschließt, in der sie viel Kontakt mit der inneren Papphülle hat, so kann man sie dadurch bis zu 2 h ruhigstellen. Hier entsteht also eine Umwelt, von der praktisch keine Interferenz ausgeht. Dieses Experiment hat eine gewisse Ähnlichkeit mit dem zuletzt beschriebenen. Zwei Gruppen von Schaben lernten mit Hilfe von Elektroschocks, eine Ecke des Kastens zu vermeiden. Eine Gruppe wurde dann in der Papierhülle ruhiggestellt, während die andere Gruppe sich frei bewegen konnte. Dann erfolgte ein Test, um festzustellen, wie gut die Tiere sich an das Gelernte (nämlich eine bestimmte Ecke des Kastens zu vermeiden) erinnern. Die Gruppe, die in der Papierhülle ruhiggestellt war, schnitt dabei wesentlich besser ab als die andere Gruppe. Ohne störende Einwirkungen (Interferenz) hatten sie also die Aufgabe besser behalten, was erneut eine Bestätigung der Annahmen der Interferenztheorie darstellt. Allerdings zeigte die immobilisierte Gruppe ebenfalls einen geringen Leistungsabfall. Es könnte also sein, daß dennoch ein gewisser Spurenzerfall stattgefunden hat oder daß sich auch in dieser Situation störende Einflüsse eingeschlichen haben (Minami u. Dallenbach 1946).

Wie Sie sehen ist es nicht leicht, sich für eine der beiden Theorien zu entscheiden. Neuere Untersuchungen haben gezeigt, daß beide Prozesse, also sowohl Spurenzerfall als auch Interferenz, beim Vergessen beteiligt sind.

Retroaktive und proaktive Interferenz

Die Interferenz, die in den beiden letzten Experimenten auftrat, ist eine Störung, die sich rückwärts, auf etwas Früheres auswirkt. Man nennt sie deshalb auch *retroaktive Interferenz*.

Im Rahmen von Untersuchungen zur retroaktiven Interferenz lernen zwei Gruppen (die *Experimentalgruppe* und die *Kontrollgruppe*) zunächst die erste Aufgabe und nur die Experimentalgruppe lernt auch die zweite Aufgabe. Die Kontrollgruppe führt inzwischen irgendeine irrelevante Tätigkeit aus, wie z.B. Witzelesen oder Rechenaufgabenlösen. Anschließend wird bei beiden Gruppen die erste Aufgabe überprüft. Die Kontrollgruppe zeigt hier gewöhnlich die besseren Leistungen, weil bei ihr die eingeschobene („irrelevante") Tätigkeit wahrscheinlich weniger Interferenzen mit sich bringt.

Je ähnlicher die zweite Aufgabe der ersten ist, desto größer ist der Einfluß der retroaktiven Interferenz. Wenn Sie beispielsweise eine Liste französischer Wörter lernen sollten und zusätzlich eine weitere Liste mit anderen französischen Wörtern, dann wäre die Interferenz sehr groß, und Sie wüßten während der Überprüfung nicht, zu welcher Liste die einzelnen Testwörter gehören. Bestünde die zweite Liste hingegen aus den Namen der Bundesländer – was ja mit den französischen Wörtern nichts zu tun hat – dann wäre die retroaktive Interferenz wahrscheinlich sehr gering. Die Störung ist hier also eine Funktion der Nähe der Interferenzaufgabe zu der Zielaufgabe. Es gibt aber noch weitere Faktoren, die zu Interferenz führen: Je größer der Übungsaufwand für die zweite Liste ist, desto größer wird auch die retroaktive Interferenz. In diesem Fall ist es die Intensität der Auseinandersetzung mit der Interferenzaufgabe, die die Stärke der Interferenz moderiert (Slamecka 1960).

Eine weitere Art störender Einflüsse, die zeitlich „vorwärts", also auf Späteres (ein)wirken, bezeichnet man als *proaktive Interferenz*. Die Experimentalgruppe lernt die erste Aufgabe und anschließend die zweite. Diese *zweite Aufgabe* wird schließlich überprüft. Die Kontrollgruppe befaßt sich zu Anfang mit irgendeiner irrelevanten Tätigkeit und lernt dann die zweite Aufgabe. Auch in dieser Gruppe wird dann anschließend diese zweite Aufgabe überprüft. Wiederum erinnert sich die Kontrollgruppe wesentlich besser, sie unterliegt also weniger der proaktiven Interferenz (s. „Unter der Lupe").

Die proaktive Interferenz entwickelt sich sehr schnell. Wenn jemand eine Liste mit Tiernamen lernt und dann abgefragt wird, dann ist die Erinnerung gewöhnlich verhältnismäßig gut. Wenn nun eine zweite Liste von Tiernamen gelernt und abgefragt wird, dann ist die Erinnerung schlechter als bei der ersten Liste. Dieser Abfall ist auf eine proaktive Interferenz zurückzuführen. Namen in der ersten Liste interferieren mit denen in der zweiten. Wenn nun eine dritte Liste von Tiernamen gelernt wird, dann ist die Erinnerung für diese Liste noch schlechter

---

Unter der Lupe

Typische Versuchsanordnungen für Untersuchungen der Interferenz

Bedingung	Liste 1	Liste 2	Test
Proaktive Interferenz			
Experimentalgruppe	X–A	X–B	X–B
Kontrollgruppe	Andere Betätigung (kein Lernen)	X–B	X–B
Retroaktive Interferenz			
Experimentalgruppe	X–A	X–B	X–A
Kontrollgruppe	X–A	Andere Betätigung (kein Lernen)	X–A

als für die zweite Liste. Proaktive Interferenz baut sich mehr und mehr auf. Nehmen wir nun an, daß auch noch eine vierte Liste gelernt wird, dieses Mal aber eine Liste mit Namen von Berufen. Wenn diese Liste abgefragt wird, dann ist die Erinnerungsleistung ziemlich gut, gewöhnlich viel besser als bei den vorangegangenen Listen. Dies deutet auf eine *Abnahme der proaktiven Interferenz* hin. Anscheinend bewirkt der Wechsel zu der neuen Kategorie „Berufe" eine Reduzierung oder sogar ein gänzliches Fortfallen der proaktiven Interferenz (Wikkens 1970). Die proaktive Interferenz entwikkelt sich also nicht nur sehr schnell, sie bildet sich auch sehr schnell zurück.

Konkurrenz und Verlernen

Um die Faktoren, die beim Vergessen eine Rolle spielen, noch besser verstehen zu können, wollen wir uns einer klassischen Technik zur Untersuchung von Gedächtnisprozessen zuwenden, nämlich dem *Paarassoziationslernen.* Denken Sie an das Vokabellernen bei Fremdsprachen oder an das Erlernen der Namen von Hauptstädten verschiedener Länder. In diesem Fall besteht die zu lernende Information immer aus einem Paar, so daß ein Element des Paares immer zusammen mit dem anderen Element auftritt oder assoziiert wird. Gewöhnlich wird jedes Paar eine Zeitlang dargeboten, bis die Liste erschöpft ist. Anschließend wird nur das erste Element des Paares dargeboten und der Proband soll sich an das zweite erinnern. Nehmen wir nun an, daß diese Prozedur in der Experimentalgruppe beim retroaktiven Interferenzparadigma angewendet wird. Dann würde z.B. ein Proband eine Liste von Paarwörtern lernen, von der ein Paar „Auto – Baum" heißt. Wenn diese Liste nun gelernt ist, wird eine zweite Liste dargeboten. In dieser Liste wäre dann das erste Wort eines jeden Paares gleich dem ersten Wort in der ersten Liste, das jeweils zweite Element würde jedoch verändert. Beispielsweise könnte in dieser zweiten Liste das entsprechende Paar „Auto – Hund" lauten. Nach dem Erlernen dieser zweiten Liste müßten die Probanden nun die erste Liste wiedererlernen.

Die Kontrollgruppe würde lediglich die erste Liste lernen und sie dann wiedererlernen. Während dieser Zeit, während der die Experimental-

gruppe die zweite Liste lernt, gäbe es für die Kontrollgruppe irgendeine irrelevante Beschäftigung. Eine retroaktive Interferenz sollte nur bei der Experimentalgruppe auftreten, da die zweite Liste störend wirkt. Zudem sollte auch das Wiedererlernen der ersten Liste durch die störenden Assoziationen innerhalb der Paare erschwert werden. Das heißt, daß statt „Baum" (auf das Reizwort „Auto") häufig das Wort „Hund" benutzt wird, da dieses Wort in der zweiten Liste mit dem Wort „Auto" assoziiert wurde. Dies legt den Schluß nahe, daß die Konkurrenz zwischen assoziierten Wörtern für die retroaktive Interferenz verantwortlich ist. Eine interessante Studie hat jedoch gezeigt, daß Konkurrenz nicht die einzige Ursache sein kann. Mit zunehmender Einübung in die zweite Liste wurde die Konkurrenz immer weniger ausschlaggebend (Melton u. Irvin 1940).

Was ist die Hauptursache für die retroaktive Interferenz in dieser Paarwortsituation? Melton u. Irvin nahmen an, daß zusätzlich zu den konkurrierenden Einflüssen ein *Verlernen* der ersten Liste stattfand, als die zweite Liste gelernt wurde. Dies ist der sog. „X-Faktor" in Abb. 7.6. Das bedeutet, daß bei der zunehmenden Einübung des Paares „Auto – Hund" das ursprüngliche Paar „Auto – Baum" „verlernt" wird. Für diese Idee gibt es auch eine weitere Bestätigung, denn man hat festgestellt, daß die Assoziationen der ersten Liste mit zusätzlichem Training der zweiten Liste zunehmend schwieriger zu erinnern sind (Barnes u. Underwood 1959).

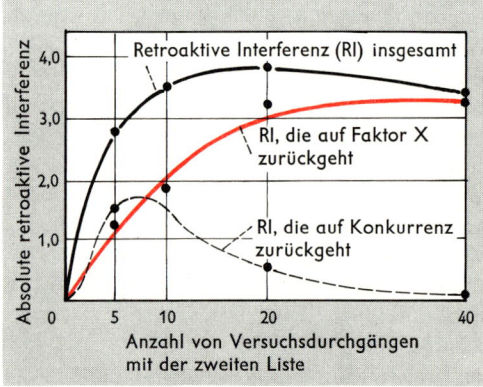

Abb. 7.6. Retroaktive Interferenz, Faktor X und Konkurrenz. Das Ausmaß der retroaktiven Interferenz als Funktion der Güte, mit der die zweite Liste gelernt wurde

Ursprünglich verglich man das Verlernen mit der Extinktion beim klassischen Konditionieren. Die Idee dabei war, daß beim Erlernen des Wortes „Hund" als Reaktion auf das Wort „Auto" die Reaktion der ersten Liste („Baum") nicht verstärkt und deshalb abgeschwächt wurde. Bis heute ist es jedoch nicht geklärt, ob diese Annahme richtig ist.

Das Paarassoziationslernen ist nicht die einzige Methode zum Erlernen von Wortlisten. Eine weitere Methode ist das sog. *Reihenlernen*, auch „serielles Lernen" genannt. Bei dieser Methode wird eine Liste von Wörtern, Buchstaben, Ausdrücken, Zahlen usw. gelernt, die nicht paarweise auftreten. Das Material ist dann in der Reihenfolge wiederzugeben, in der es dargeboten wurde. Es muß also zuerst das erste Wort, dann das zweite, das dritte usw. wiedergegeben werden – jedes an dem Platz, an dem es dargeboten (gelernt) wurde.

Wenn Sie irgendwann schon einmal Erfahrungen mit dem seriellen Lernen gemacht haben, dann kennen Sie auch schon ein Phänomen, das fast immer dabei auftaucht. Wenn Sie eine Liste lernen, z. B. die Ziffern einer Telefonnummer, dann erinnern Sie sich an die ersten und letzten Ziffern immer besser als an die Ziffern in der Mitte. Diesen Effekt bezeichnet man als *Reihenpositionseffekt*. Wir wissen noch nicht, wie dieser Effekt zustande kommt, aber er tritt regelmäßig bei solchen Untersuchungen auf. Die z. Z. weithin akzeptierte Erklärung ist die daß die ersten und letzten Ziffern in einer Reihe eine markante Position innehaben und besonders gut behalten werden, weil sie den Anfang und das Ende der Liste markieren (Abb. 7.7).

Wenn nach dem Lernen einer seriellen Liste die Wiedergabe etwa 1 min durch das Einschieben einer Aufgabe verzögert wird, die das Repetieren der Liste verhindert, dann zeigt sich eine beträchtliche Verringerung des Positionseffekts. Die Wörter am Anfang und in der Mitte werden ebensogut wiedergegeben wie bei der Versuchsanordnung ohne Verzögerung. Aber an die Wörter am Ende der Liste erinnert man sich bedeutend schlechter, in einigen Fällen sogar schlechter als an die Wörter in der Mitte der Liste. Wenn man nun annimmt, daß die Wörter am Anfang und in der Mitte der Liste bereits im Langzeitgedächtnis sind und die Wörter am Ende der Liste sich noch im Kurzzeitgedächtnis befinden, dann würde die Verzögerung

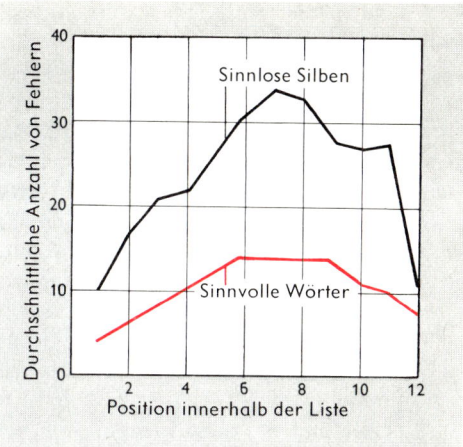

Abb. 7.7. Reihenpositionseffekt. Die Wörter in der Mitte sind schwieriger zu behalten als die am Anfang oder am Ende der Liste. (Nach Postmann u. Rau 1957)

ohne Repetieren nur das Kurzzeitgedächtnis beeinflussen. Das Resultat wäre dann eine größere Vergessensrate am Ende der Liste (Glanzer u. Cunitz 1966).

Erinnern und Vergessen von Geschichten

Das Experiment, das wir im letzten Abschnitt beschrieben haben, befaßte sich mit dem Vergessen von sinnlosen Silben und Wörtern, die in Listen dargeboten wurden. Aber nur ein geringer Teil unseres Lernens und Vergessens geschieht auf diese Art und Weise. Im allgemeinen verarbeitet unser Gedächtnis größere Einheiten von Information, wie z. B. ganze Geschichten. Statt sich mit einzelnen Wörtern oder Wortpaaren zu befassen, liegt in diesem Bereich die Betonung auf Themen, Charaktere, ganzen Szenen oder Drehbuchausschnitten, wofür neuerdings der Begriff „Szenario" verwendet wird (Schank u. Abelson 1977). Die Frage ist nun, ob wir bedeutungshaltiges Material in ähnlicher Weise wie sinnlose Silben oder Listen von unzusammenhängenden Wörtern vergessen. Wie wir sehen werden, gibt es hier ganz erhebliche Unterschiede.

Produktives Gedächtnis

Bartlett las im Rahmen einer Untersuchung seinen Probanden ein indisches Märchen vor; sie sollten die Geschichte 15 min später und nochmals nach einem längeren Zeitintervall nacherzählen. Im allgemeinen erinnerten sich die Probanden sehr genau an das zentrale Thema der Geschichte, aber sie fügten auch neue Gedanken hinzu, die nicht in der ursprünglichen Geschichte enthalten waren. Häufig bestand dieses neue Material aus Veränderungen, die die Geschichte mit kulturellen Normen und früheren persönlichen Normen in Übereinstimmung brachten. So wurde z. B. der Satz: „... ging hinunter zum Fluß, um Seehunde zu jagen," von einem jungen Engländer erinnert als: „... ging zum Fischen."

Bartlett interpretierte diese Ergebnisse in dem Sinne, daß das Gedächtnis sowohl *produktiv* als auch *reproduktiv* sei und daß diese Produktivität bestimmte vorhersagbare Veränderungen des gespeicherten Materials bewirke.

„Die Erinnerung ... ist eine schöpferische Rekonstruktion oder Konstruktion, die sich aus dem Verhältnis unserer Einstellungen gegenüber einer aktiven Menge organisierter früherer Reaktionen oder Erfahrungen heraus bildet ... Sie ist deswegen selten immer genau ..." (Bartlett 1932, S. 213).

Auf dieser Theorie von Bartlett aufbauend, vertritt Neisser (1967) die Auffassung, daß ein gutes Gedächtnis mehr sei als ein reines, wenn auch wirksames Ablage- oder Speichersystem. Nach Neisser sind Gedächtnisprozesse mit der Arbeit eines Paläontologen vergleichbar, der mit ein paar Knochenfragmenten beginnt und daraus das Modell eines Dinosauriers oder eines anderen Tieres rekonstruiert. Auf ähnliche Weise rekonstruieren wir unsere Gedächtnisinhalte auf der Basis einiger weniger Elemente. Wir verfügen nicht über ein exaktes mechanisches Gedächtnis für Wörter, die wir lernen, sondern erinnern uns an die allgemeine Bedeutung dieser Wörter. In diesem Zusammenhang sollten wir uns an die semantische Verarbeitung im Langzeitgedächtnis erinnern.

Struktur von Geschichten

Im Zusammenhang mit der Frage, wie eine Geschichte gelernt und vergessen wird, betrachtet die moderne Psychologie eher die Strukturen und Regelmäßigkeiten innerhalb von Geschichten. Die Art und Weise, wie die Information dargeboten wird und wie sich daraus eine Geschichte entwickelt, weist sehr oft eine Struktur auf, die der Grammatik ähnlich ist, die die Stellung der einzelnen Wörter innerhalb eines Satzes ordnet. Lesen Sie z. B. die Fabel von dem Hund und dem Stückchen Fleisch, die in Abb. 7.8 festgehalten ist.

Die Geschichte ist in 11 Teile gegliedert, von denen jeder ein Ereignis oder einen Zustand beschreibt. Diese Ereignisse und Zustände können innerhalb der Geschichte, zu größeren Einheiten zusammengefaßt werden, ähnlich wie die Wörter in einem Satz zu einer Subjekt-Prädikat-Einheit. Diese größeren Einheiten können dann erneut miteinander verbunden werden, bis die gesamte Geschichte rekonstruiert ist.

Das Diagramm enthält 2 Haupteinheiten, eine Szenario- oder Settingstruktur und eine Ereignisstruktur, die jeweils aus einer Anzahl von Ereignissen bestehen; die ersten Ereignisse sind z. B. dem Szenario zugeordnet. Die Ereignisstruktur besteht aus kleineren Einheiten, die ihrerseits in weitere Einheiten unterteilt werden können. Das Ergebnis ist ein allgemeines Schema für die gesamte Geschichte. Man nimmt an, daß andere Geschichten eine ähnliche Struktur aufweisen, zumindest im Hinblick auf die größeren Einheiten (Mandler u. Johnson 1977).

Welcher Zusammenhang besteht nun zu Gedächtnisprozessen? Als verschiedene Altersgruppen (1. und 4. Grundschuljahr sowie Erwachsene) Geschichten wie diese zu erinnern versuchten, ergab sich, daß sie sich am besten an das Szenario, sowie an den Anfang und an den Ausgang der Geschichte erinnern konnten. Die schlechtesten Erinnerungsleistungen zeigten sich hinsichtlich der einzelnen Reaktionen, z. B. das 6. Ereignis dieser Geschichte betreffend: „Er dachte, es wäre ein anderer Hund ..." Anscheinend achten wir in unterschiedlichem Ausmaß auf verschiedene Aspekte der Geschichtsstruktur; wir wenden uns wahrscheinlich eher den Hauptteilen der Geschichte zu, wie etwa dem Szenario, dem Anfang und dem Ende der Geschichte. Die Tatsache, daß zwischen den 6jährigen Probanden und den Erwachsenen nur geringe Unterschiede in der Art und Weise bestehen, wie sie eine Geschichte verarbeiten, zeigt, daß die Bedeutung dieser Merkmale schon recht früh erkannt wird.

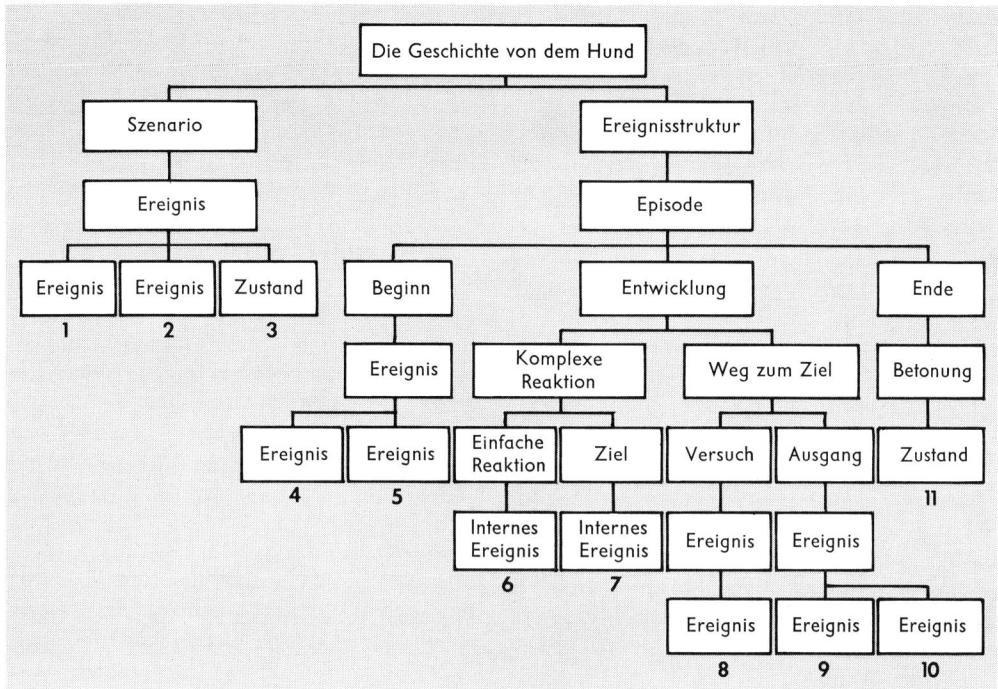

Abb. 7.8. „Geschichtengrammatik" bzw. „Geschichtenstruktur". (Nach Mandler u. Johnson 1977)

1 Es war einmal ein Hund, der ergatterte sich ein Stückchen Fleisch
2 und trug es in seinem Maul nach Hause.
3 Auf dem Weg dorthin mußte er einen Bach über einen schmalen Steg überqueren.
4 Als er hinüberlief, senkte er seinen Kopf

5 und sah sein Spiegelbild im Wasser.
6 Er dachte, es wäre ein anderer Hund mit einem Stückchen Fleisch
7 und wollte dieses auch noch haben.
8 So schnappte er nach dem Spiegelbild,
9 aber als er sein Maul öffnete, verlor er sein Stückchen Fleisch.
10 Es fiel ins Wasser
11 und ward nie wieder gesehen.

Motivation

Im Rahmen der Theorien, die wir bisher besprochen haben, wird das Vergessen als Folge einer Interferenz im Gedächtnissystem, eines Spurenzerfalls oder irgendeines Fehlers bei der Verarbeitung, der Speicherung oder beim Abruf betrachtet. Was auch immer zutreffen mag, auf jeden Fall scheint das Vergessen ein *unwillkürlicher,* automatisch eintretender Vorgang zu sein. Sigmund Freud dagegen war der Ansicht, daß das Vergessen ein absichtlicher Prozeß sei und daß die Sachverhalte, an die wir uns erinnern oder die wir vergessen, mit ihrer Wert- und Bedeutungshaltigkeit für uns zusammenhängen. Sachverhalte, die uns (zu) sehr beunruhigen, werden zeitweise aus unserem Bewußtsein verdrängt. Die *Verdrängung* ist also ein Mittel, mit

dem wir uns vor unangenehmen oder schmerzlichen Informationen schützen, ähnlich wie Frau R. I., über die wir früher berichteten. Gemäß der psychoanalytischen Theorie bleibt das Material jedoch im Unterbewußten erhalten und kann dadurch Jahre später noch emotionale Konflikte hervorrufen. Vielleicht könnte ein Teil unseres Vergessens der Verdrängung zugeschrieben werden, jedoch kann die Allgemeingültigkeit dieses Erklärungsansatzes aus gutem Grund in Frage gestellt werden. Die Mehrzahl der von Freud vertretenen theoretischen Argumente stützt sich auf anekdotische Belege aus seiner persönlichen Erfahrung als Psychoanalytiker. Auch wenn Freuds Einsichten sehr plausibel sind, sind sie doch einer experimentellen Überprüfung kaum zugänglich. Ähnliche Schwierigkeiten tauchen auch bei dem Versuch auf, eindeutige Vorhersagen darüber zu machen, wie und unter welchen Bedingungen eine derartige Verdrängung auftreten könnte. Zur selben Zeit, als Freud sich über die Motive zur Verdrängung negativer Erlebnisse äußerte, untersuchten Lewin und dessen Mitarbeiter den Einfluß, den die Motivation zur Durchführung einer Aufgabe auf das Gedächtnis ausübt.

Einer Anekdote zufolge sollen Lewin und seine Mitarbeiter über eine Episode in einem Berliner Biergarten sehr überrascht gewesen sein. Dort soll es einen Kellner gegeben haben, der ein so erstaunliches Gedächtnis besaß, daß er lange, detaillierte und komplizierte Bestellungen aufnehmen konnte, ohne sie sich notieren zu müssen. Hatte er die Bestellung aber erst einmal ausgeführt, konnte er, als er dann zum Kassieren gerufen wurde, zur Überraschung aller, kaum eine Rückfrage zu einer bestimmten Bestellung beantworten. Er konnte also, wenn er eine Bestellung erledigt hatte, sich an fast nichts mehr davon erinnern. Aus dieser Begebenheit resultierte ein klassisches Experiment, das den Nachweis erbrachte, daß man sich an Aufgaben besser erinnert, wenn sie noch nicht abgeschlossen sind, als dann, wenn sie (oder vergleichbare Aufgaben) abgeschlossen sind. Dieser Effekt – daß man erledigte Aufgaben schlechter behält als unerledigte – wurde nach Blouma Zeigarnik, der Studentin, die diese Untersuchung durchgeführt hatte, „Zeigarnik-Effekt" genannt. Wenn Ihnen das Ganze sehr unplausibel oder sehr unwahrscheinlich vorkommt, dann versuchen Sie einmal, sich an die Fragen Ihres Prüfers in einer Prüfung zu erinnern, in der Sie alles wußten und dafür eine gute Note erzielten. Es wird Ihnen kaum noch einfallen, was Sie alles gefragt wurden. Denken Sie andererseits an eine Prüfung, in der Sie gerade noch so durchkamen, oder die Sie nicht bestanden haben. Bis an Ihr Lebensende werden Sie nicht vergessen, daß Sie diese „dämliche Frage" nach der Jahreszahl des Wormser Ediktes nicht beantworten konnten.

In einer Untersuchung führten die Vpn einfache Aufgaben durch, die sie innerhalb einer gewissen Zeit erledigen konnten, wie z.B. das Niederschreiben eines beliebten Zitats, das Lösen eines Rätsels oder Kopfrechnen. Bei einigen der Aufgaben wurden die Vpn unterbrochen, bevor sie die Möglichkeit hatten, fertig zu werden; andere Aufgaben durften sie zu Ende führen.
Trotz der Tatsache, daß die Vpn mehr Zeit für die zu Ende geführten als für die unterbrochenen Aufgaben

verwendet hatten, erinnerten sie sich einige Stunden später besser an die unterbrochenen Aufgaben als an die vollendeten. Dieser Unterschied verschwand jedoch innerhalb von 24 h. Anscheinend beruhte er auf kurzfristigen motivationalen Faktoren, die den Erinnerungsprozeß beeinflußten (Zeigarnik 1927).

Anscheinend steht der Zeigarnik-Effekt im Widerspruch zu der Verdrängungshypothese Freuds, da man erwarten sollte, daß die Probanden ihre Erinnerung an unerledigte Aufgaben verdrängen, insbesondere dann, wenn sie darin einen persönlichen Mißerfolg sehen.

Wie so oft, verbesserten auch hier weitere Untersuchungen das Verständnis der kurzfristigen motivationalen Faktoren bei Lern- und Gedächtnisvorgängen. Sie zeigten, daß der Zeigarnik-Effekt nur für das Erinnern von Aufgaben zutrifft, die ohne Streß durchgeführt wurden. Wenn sich die Vp durch die Nichtvollendung bedroht fühlt, scheint sich der Zeigarnik-Effekt umzukehren: vollendete Aufgaben werden besser behalten als unvollendete (Alper u. Korchin 1952).

Auch neuere Untersuchungen zeigen klar das bessere Behalten unter bestimmen Motivationsbedingungen. Wir wissen z.B., daß das Behalten besser ist, wenn während des Lernens eine angenehme oder unangenehme emotionale Erregung stattgefunden hat. Erregung nimmt mit der Zeit ab; negative Erregung nimmt schneller ab als positive, so daß negative Assoziationen schneller verlorengehen. Deshalb können wir uns wahrscheinlich später besser an angenehme Erlebnisse erinnern (Holmes 1970).

Eine Vp lernt schneller, wenn sie weiß, daß sie mit einem elektrischen Schock bestraft wird, falls sie sich später an das Gelernte nicht erinnern kann. Ebenso erinnert sich eine Vp an etwas, für das sie eine größere Summe bezahlt bekam, besser, als an etwas, für das sie weniger bekam (Weiner 1967). Dieses „Sich-bezahlt-Machen" läßt eine Information während des Lernens relevanter erscheinen, so daß sie später besser in Erinnerung tritt. Das Wichtigste ist hierbei die Einübung und die angewandte Strategie, nicht wieviel Belohnung die Person für das Erinnern erhält. Dies zeigt sich, wenn eine Vp vor der Gedächtnisprüfung über die Belohnung informiert wird – sie hat dann keinen oder einen negativen Einfluß. Wenn das Material gespeichert worden ist, dann genügt zum Abruf eine einfache Aufforderung auch ohne Belohnung.

Klinische Erfahrung hat gezeigt, daß Erlebnisse, die zu schmerzvoll sind, manchmal überhaupt nicht behalten werden. Man erinnert sich natürlich auch an unangenehme Erlebnisse. Aber wenn ein bestimmter Gedächtnisinhalt die Selbsteinschätzung einer Person zu sehr bedroht, dann kann dadurch die Erinnerung völlig gehemmt werden. Folgende Fallstudie ist ein Beispiel dafür.

Zwei Mädchen im Alter von etwa 12 Jahren wurden von ihren Eltern unter Bedingungen, die für die Mädchen unglaublich demütigend waren, in ein Bordell gebracht. Als dies bekannt wurde und die Mädchen vor Gericht ihre Geschichte erzählten, gaben sie sehr detaillierte Informationen, die ihre Eltern und andere Verantwortliche schwer belasteten.
Als aber die Mädchen einige Monate später wieder befragt wurden, ließen sie die meisten Einzelheiten aus, selbst die, die sich auf den drastischsten Teil ihrer Erlebnisse bezogen. Als ihnen ihre frühere Aussage vorgelesen wurde, bestritten sie mit anscheinender Aufrichtigkeit, daß sich solche Ereignisse je zugetragen hätten, und deuteten mit Entrüstung an, daß diese Geschichten wahrscheinlich erfunden seien, „um sie schlecht zu machen" (Erickson 1938).

In Fällen wie diesem, wo das ursprüngliche Erlebnis so lebhaft stark emotional war, würden wir erwarten, daß die Erinnerung an solche Tatsachen wach bleibt.
Die hemmende Wirkung bedrohlicher Erlebnisse auf das Gedächtnis ist auch im Labor demonstriert worden. Es wurde gezeigt, daß das Gedächtnis gestört wird, wenn Angstreize benutzt werden (Merrill 1954), wenn Angst vor Versagen mit dem Material assoziiert wird (Worchel 1955) oder wenn sich Frustration oder andere unangenehme Erlebnisse zwischen Lernen und Erinnerung einschieben (Zeller 1950).
Ob das Gedächtnis durch die Motivation gefördert oder gehemmt wird, hängt u. a. von folgenden Faktoren ab: von der Art und Intensität der Emotion, von der Art der Aufgabe, von der Art der Reaktion, die verlangt wird, und von der Stelle der Lern- oder Erinnerungssequenz, in der die Motivationsbedingungen eingeführt werden.
Bei emotional aufgeladenem Material scheint die Erinnerung von der Einstellung der Vp dem Material gegenüber abzuhängen. Leute scheinen Material schneller zu lernen und sich besser daran zu erinnern, wenn es mit ihren eigenen Assoziationen übereinstimmt, als wenn es diesen widerspricht (Levine u. Murphy 1943).

Männliche und weibliche Studenten mußten einen 350 Wörter umfassenden Text lesen (der jetzt natürlich längst veraltet ist), der sich mit dem „Problem" der Zulassung weiblicher Studenten an Universitäten für Männer befaßte und eine Reihe von pro-männlichen, pro-weiblichen, anti-männlichen und anti-weiblichen Feststellungen enthielt. Nach einmaligem Lesen wurden die Vpn aufgefordert, das Material in 10-min-Abschnitten innerhalb der nächsten Stunde niederzuschreiben.
Die Ergebnisse zeigten signifikante Geschlechtsunterschiede für die Erinnerung bestimmter Stellen des Textes. Die männlichen Vpn erinnerten sich mehr an pro-männliche, pro-weibliche und anti-weibliche Stellen als die weiblichen Vpn, die sich besser an die anti-männlichen Stellen erinnern konnten. Obgleich ihre Erinnerung für pro-weibliche etwas besser als für anti-weibliche Stellen war, übertrafen die weiblichen Vpn die männlichen nur bei der Erinnerung anti-männlicher Stellen. Im allgemeinen zeigen diese Ergebnisse, daß man sich am besten an die mit eigener Einstellung übereinstimmenden Dinge erinnert (Alper u. Korchin 1952).

Das bessere Erinnern anti-männlicher als pro-weiblicher Textstellen bedarf einer weiteren Erklärung. Der allgemeine Ton des Textes war anti-weiblich gehalten, und die Autoren dieser Untersuchung kamen zu dem Schluß, daß die Betonung der anti-männlichen Stellen seitens der weiblichen Studenten den allgemein anti-weiblichen Text bei der Reproduktion etwas ausgeglichener gestaltete. Es ist auch möglich, daß das bessere Erinnern anti-männlicher Stellen seitens der weiblichen Vpn ein Ventil für Aggressionen darstellte. Da beide Geschlechter das gegen ihr eigenes Geschlecht sprechende Material weniger behielten, könnte man dies u. U. auch als Verdrängung unangenehmer Ideen ansehen.
In dieser Studie waren jedoch wichtige Variablen nicht kontrolliert, und andere Erklärungen sind deshalb möglich.
Die tatsächliche Einstellung der Vp wurde nicht festgestellt: es wurde einfach angenommen, daß die weiblichen Studenten alle pro-weiblich und die männlichen alle pro-männlich sind.
Auch wurde nicht festgestellt, ob den Studenten die im Text enthaltenen Argumente vorher vertraut waren. Wenn Sie die Argumente für Ihre Einstellung ganz genau kennen und zwischen diesen Argumenten und verwandten Konzepten reichhaltige assoziative Verbindungen bestehen, Sie andererseits aber die Argumente der anderen Seite nicht kennen, kann Ihre Erinnerung an Pro-und-kontra-Items mit dem Erin-

nern sinnvollen und sinnlosen Materials verglichen werden (s. dazu auch Angermeier 1976).

Was man tun kann, um sein Gedächtnis zu verbessern

Viele Personen beklagen sich häufig über ein schlechtes Gedächtnis und geben dafür verschiedene Ursachen an: zu wenig geistige Übung – als sei das Gedächtnis ein schlaffer Muskel, der trainiert werden muß –, das Alter, irgendeine angeborene Schwäche usw. Sie sind über ihr schlechtes Gedächtnis so sehr betroffen, daß z. B. in den USA Tausende sich Bücher kaufen, die helfen sollen, das Gedächtnis zu verbessern (in der Bundesrepublik Deutschland ist es ebenso) oder Abendkurse belegen. Andere freuen sich eigenartigerweise über ihr schlechtes Gedächtnis, wie manche, die damit angeben, daß sie schlecht rechnen können. Sie argumentieren, daß man sich unwichtige Dinge gar nicht zu merken brauche, da ansonsten ja wichtiger Platz im Gedächtnis für die wirklich wichtigen Dinge fehle. Wir wissen, daß diese Ansicht falsch ist, daß die Kapazität des Langzeitgedächtnisses praktisch unbegrenzt ist.

Trotzdem ist es für uns faszinierend zu sehen, was Menschen mit ihrem Gedächtnis anfangen können – oder nicht. So können sich z. B. professionelle Gedächtniskünstler an die Namen von etwa 100 Personen erinnern, obwohl sie ihnen nur ein einziges Mal vorgestellt wurden. Auf der anderen Seite sind Fallstudien, wie die der Frau R. I., die sich aufgrund ihrer Amnesie an häufig wiederkehrende Alltagserfahrungen nicht mehr erinnern konnte, ebenso interessant.

G. H. Bower (1978) beschreibt eine noch schwerwiegendere Amnesie eines hirngeschädigten Patienten. Mit dem Mann, einem Soldaten, konnte man sich normal unterhalten, obgleich er sich an nichts erinnern konnte, was vor ein paar Sekunden passiert war. Der Patient unterhielt sich kurz mit dem Arzt, der ihn dann für einige Minuten allein ließ. Als der Arzt zurückkehrte, fragte ihn der Patient: „Wer sind Sie?" – und es folgte wiederum dieselbe Konversation. Als einige Gedächtnisprüfungen durchgeführt werden sollten, konnte sich der Patient nicht an die Anweisungen erinnern. Gefragt: „Können wir jetzt anfangen?", antwortete der

Patient: „Womit anfangen? Soll ich etwas tun?" Bei einem ähnlichen Fall handelte es sich um einen 27jährigen Mann, „der vom Tod seines Onkels, dem er sehr zugetan war, erfuhr. Er war sehr gerührt, vergaß aber die Nachricht unmittelbar darauf wieder und reagierte jedes Mal, wenn er diese Nachricht wieder erhielt, mit demselben emotionalen Ausdruck der Rührung" (Barbizet 1970). Glücklicherweise sind derartige Fälle selten, sie unterstreichen allerdings die ungeheure Bedeutung eines voll funktionierenden Gedächtnissystems.

Wir wollen uns nun einigen Techniken zur Steigerung der Gedächtnisleistungen zuwenden.

Lernstrategien

Bei Untersuchungen über das verbale Lernen hat man verschiedene Techniken gefunden, die das Behalten des erlernten Materials fördern.

Überlernen

Wenn man eine Liste lernen muß, könnte man meinen, daß das Lernen abgeschlossen ist, wenn die ganze Liste ohne Fehler wiedergegeben werden kann und daß es dann sinnlos wäre, darüber hinaus weiterzulernen. Im Gegenteil: weiteres Üben, das man als Überlernen ("overlearning") bezeichnet, hat einen wesentlichen Einfluß darauf, an wieviel des gelernten Materials man sich später erinnert. In einer Untersuchung mußten Vpn mehrere Listen von je 12 Substantiven lernen. Nach Lernen dieser Listen wurden sie in 3 Gruppen eingeteilt, die in unterschiedlichem Maße weiterübten. Die 1. Gruppe übte die Wörter wieder genau so lange wie beim ersten Lernen (100 %), die 2. Gruppe halb so lang wie beim ursprünglichen Lernen (50 %), die 3. Gruppe übte nicht weiter (0 %). Obgleich die Anzahl der erinnerten Wörter am 28. Tag für alle Gruppen sehr gering war, erinnerte sich doch die 1. Gruppe (100 %) bei allen 6 Prüfungen an rund 2mal soviele Wörter wie die anderen Gruppen (Krueger 1929). Die genauen Ergebnisse sind in Abb. 7.9 dargestellt.

Die SQ3R-Methode

Eine bekannte Lernstrategie, die effektiv und leicht zu erlernen ist, besteht aus 5 Schritten:

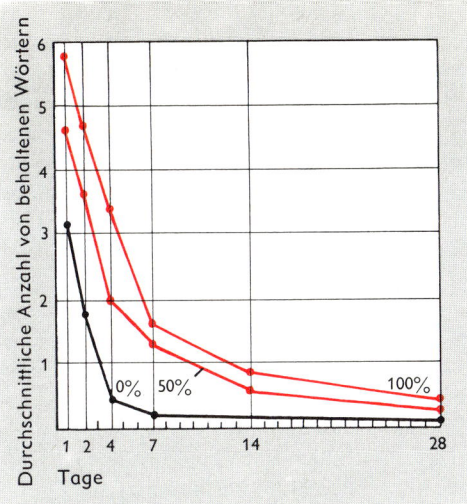

Abb. 7.9. Der Einfluß des Überlernens auf das Gedächtnis. (Nach Krueger 1929)

durchsehen (engl. "survey"), fragen ("question"), lesen ("read"), rezitieren ("recite") und wiederholen ("review") (Morgan u. Deese 1969, Higbee 1977).

Beim *Durchsehen* verschafft man sich zunächst einmal einen Überblick über das Material: Man liest die Zusammenfassung, die Kapitelüberschriften und die Überschriften über die einzelnen Abschnitte. Der Grund für diesen 1. Schritt besteht darin, sich nicht gleich mit Einzelheiten zu befassen, sondern zunächst einmal zu sehen, wo diese Einzelheiten hinführen. Man erinnert sich besser an Fakten, wenn man das allgemeine Thema kennt. Ohne das Thema zu kennen, ist es oft schwierig, sich einen Reim aus dem zu machen, was man gerade liest. Lesen Sie nun bitte den folgenden Abschnitt und versuchen Sie anschließend, sich daran zu erinnern:

„Gut bei Kasse mit Hilfe der verpfändeten Juwelen, wies unser Held tapfer alle spöttelnden Versuche zurück, ihn von seinem Plan abzuhalten. ‚Deine Augen trügen dich‘, sagte er, ‚dieser unerforschte Planet gleicht eher einem Ei als einem Tisch.‘ Jetzt suchten 3 kräftige Schwestern Beweis; brachen sich mit Gewalt eine Bahn durch unendliche Weiten, doch öfter über turbulente Höhen und Täler. Tage wurden zu Wochen, als viele Zweifler fürchterliche Gerüchte über den Rand verbreiteten. Schließlich kamen aus dem Nichts willkommene beflügelte

Kreaturen, die einen unheimlichen Erfolg andeuteten" (Dooling u. Lachman 1971, S. 217).

Wieviel haben Sie von diesem Abschnitt behalten?

Hätte es etwas genützt, wenn Sie gewußt hätten, daß es sich hier um die Entdeckung Amerikas durch Kolumbus handelt? Lesen Sie jetzt den Abschnitt noch einmal und beachten Sie, um wieviel er jetzt besser organisiert ist.

Nach dem ersten Durchsehen sollten Sie als nächstes *Fragen* zu dem Material stellen. Was sind die wesentlichsten Punkte in diesem Abschnitt oder Kapitel? In welcher Reihenfolge werden diese Punkte entwickelt? So beginnt z.B. der Abschnitt „Wie vergessen wir?" mit einigen Methoden zur Messung des Gedächtnisses. Können Sie sich an diese erinnern? Dann folgen einige allgemeine Theorien des Vergessens und darauf wiederum eine genaue Beschreibung der Interferenz usw. Wenn man gleich nach dem Durchsehen seine Fragen stellt, dann kann man sich besser auf das Lernmaterial einstellen. Einige Lehrbücher stellen den einzelnen Kapiteln Fragen voran, als sog. "advance organizers" (vorausblickende Zusammenfassungen). Andere haben Begleitbücher mit Selbstkontrollfragen, damit der Student prüfen kann, ob er das Material auch tatsächlich beherrscht. Wenn sich die Fragen auf die wichtigsten Punkte im Buch beziehen, dann ist es vorteilhaft, sie schon vor dem Lesen des Materials versuchsweise zu beantworten. Das ist so, als wüßte man die Examensfragen bereits vor der Prüfung – aber in diesem Falle wird es nicht als Mogeln betrachtet.

Die 3. Phase, das *Lesen,* bezieht sich auf das Lesen und Erfassen der Einzelheiten oder Details des Materials. Viele Studenten benutzen nur diese Phase beim Lernen und verlieren sich derart in Einzelheiten, daß sie die große Linie nicht erkennen. Jetzt wird auch klar, warum Durchsehen und Fragen so wichtig sind: Man erkennt den Wald und sieht nicht nur die Bäume.

Die 4. Phase bezeichnet man als Rezitieren. Wenn man während des Lernens das Material niederschreibt oder laut liest, dann behält man es auch besser. Ein *aktives Rezitieren* bedeutet auch: aktive Aufmerksamkeit statt passives Erleben. Dadurch wird ein Lernniveau erreicht, das eine notwendige Bedingung für die Rekonstruktion oder Erinnerung ist und nicht auf der Ebene des Wiedererkennens stehenbleibt. Es ist auch nützlich, wenn Sie sich selbst überprüfen, während Sie das Buch geschlossen lassen – Sie wiederholen dann das Material ohne es zu sehen. Auch hier sind Fragen angebracht. Viele Psychologen sind der Ansicht, daß es sich beim Rekapitulieren um das Erlernen einer Abrufstrategie für die Gedächtnisinhalte handelt. Das Erlernen einer derartigen Strategie käme einem dann später bei den Prüfungen zugute.

Schließlich sollte man *wiederholen,* was man gelernt hat. Wissen Sie, wie das Material aufgebaut war? Können Sie die Fragen beantworten, die Sie sich anfangs gestellt haben? Wenn Sie beispielsweise ein Buch zu Beginn des Semesters lesen und wenn Sie wissen, daß die Prüfung erst am Ende des Semesters stattfindet, dann ist es besser, das Buch vor der Prüfung noch mehrmals zu lesen. Ein Grund dafür, daß derartige Wiederholungen von Nutzen sind, ist der, daß Sie dabei auf Informationen aufmerksam werden, die Ihnen vorher entgangen sind. Bei regelmäßiger Wiederholung benötigen Sie zunehmend weniger Zeit, um das zu behalten, was Sie gelernt haben.

Diese 5 Schritte haben einen großen Einfluß auf das Erinnern. Higbee stellte 1977 zudem fest, daß diese Schritte „die Lesegeschwindigkeit erhöhen, das Ausmaß des Verständnisses fördern und zu besseren Prüfungsleistungen führen. Hinzu kommt noch, daß diese Prinzipien ... nicht nur für das Lernen aus Büchern, sondern auch beim Erlernen von Tabellen, Karten, Abbildungen und Zeichnungen verwendet werden können."

„Chunking" und Gedächtnis

Neuere Untersuchungen befassen sich v. a. mit Gedächtniseinheiten, d. h. Gruppen von Elementen, die entweder als Ganzes erinnert oder vergessen werden. Es ist klar, daß die Organisation, die wir in einem im Gedächtnis zu behaltenden Material erkennen, einen großen Einfluß darauf ausübt, wie schnell wir das Material lernen und wie gut wir es im Gedächtnis behalten können.

Bei fast allen Arten verbalen Materials können wir verschiedene Niveaus feststellen. Wir finden z. B. auf dem niedrigsten Kommunikationsniveau Buchstaben oder Phoneme. In Sequenzen zusammengefaßt bilden diese größere Einheiten Wörter. Wörter wiederum bilden grammatikalische Segmente und diese wiederum Sätze. Die Sätze können dann zu Sequenzen von Ideen führen, die das allgemeine Thema oder die Konzeptstruktur eines Gedankenkomplexes ausdrücken. Durch das Aufeinanderfolgen immer höherer Organisationsformen entsteht eine Hierarchie.

Die grundlegende Hypothese über die Gedächtniseinheit besagt, daß die Menge, die eine Person bei neuem Material lernt, von dem *Niveau* der Einheiten bestimmt wird, die sie bei diesem Material erkennt. Die meisten Leser beginnen z. B. beim Lernen des in diesem Kapitel dargebotenen Materials mit der Kenntnis der Wörter als Einheiten. Zu Beginn sind also die Gedächtniseinheiten Wörter und sehr kurze Ausdrücke. Umfassende Organisationseinheiten, die beim Lesen eines Textes erkannt werden, bezeichnet man in der Gedächtnis- und Sprachpsychologie als *chunks* (Miller 1956). Im folgenden werden wir uns damit befassen, was wir mit diesen „chunks" tun müssen, um den Inhalt eines ganzen Kapitels zu verstehen und zu behalten. Zunächst jedoch wollen wir sehen, was diese grundlegenden Chunks mit unserer Fähigkeit, zu lernen und zu behalten, zu tun haben.

Lesen Sie jetzt die folgende Buchstabensequenz einmal durch, schließen Sie dann Ihre Augen und versuchen Sie dann, sich an diese Sequenz zu erinnern:

DE-RHU-NDS-AHD-IEK-ATZ-E.

Wahrscheinlich ist damit Ihr Kurzzeitgedächtnis schon ein wenig überfordert. Die Buchstabengruppierung ergibt keine Bedeutung, deshalb müssen die Buchstaben einzeln gespeichert werden. Wenn Sie jedoch bemerkt hätten, daß diese Sequenz eine andere Gruppierung des Satzes „Der Hund sah die Katze" darstellt, wäre es für Sie sehr einfach gewesen, sich an alle Buchstaben zu erinnern. Unsere Fähigkeit, einmal gesehenes Material zu behalten, hängt von den sich im Material erkannten Chunks ab. Viele Untersuchungen haben gezeigt, daß wir innerhalb einer kurzen Zeit nur etwa zwischen 5 und 9 oder, wie G. Miller sagt, 7 ± 2 Chunks aufnehmen können. Dies scheint zuzutreffen, unabhängig davon, ob die Einheiten groß oder klein, komplex oder einfach sind.

Haben Sie jemals versucht, eine Reihe von 18 Buchstaben als 18 getrennte Einheiten zu erinnern?

Ein Psychologe brachte sich selbst bei, eine Sequenz von 2 Ziffern, die zufällig angeordnet waren, z. B. 101100111010, umzugruppieren, indem er einen Code benutzte, der jeweils eine Gruppe von 3 Ziffern in eine einzige Ziffer zwischen 0 und 7 umwandelte. So wurde die obige Serie, gruppiert als 101,100,111,010, umgruppiert in 5472.

Zunächst stellte er fest, wie lang die Sequenz der ursprünglichen Ziffern war, die er ohne Umgruppierung behalten konnte. Dann lernte er die umgruppierten Serien. Wie erwartet, erhöhte sich seine Erinnerungsleistung fast um das 3fache. Was in der ursprünglichen Sequenz also als 3 Chunks behalten wurde, wurde jetzt in der umgruppierten Serie als 1 Chunk behalten und führte zu einer bedeutenden Erweiterung der Kapazität des Gedächtnisses (S. Smith, zit. nach Miller 1967).

Wahrscheinlich gibt es eine Tendenz, konstant eine bestimmte Anzahl von Chunks, wie immer auch ihre Größe und Komplexität aussehen mag, zu behalten. Wenn z. B. Buchstaben in Wörter gruppiert werden, so stellen wir eine etwa 7fache Erhöhung der Anzahl behaltener Buchstaben fest, obgleich die Wörter kompliziertere Informationseinheiten darstellen. Wenn die Wörter in Sätze umgewandelt werden und die Sätze in größere Gedächtniseinheiten, nimmt die Menge des behaltenen Materials entsprechend zu. Eine weitere Bestätigung für das Vorhandensein derartiger Chunks liefert eine Methode, die sich mit der freien Wiedergabe von Wörtern innerhalb verschiedener Arten von Sätzen befaßt.

Miller u. Selfridge (1950) konstruierten Wortlisten mit verschiedenen Ähnlichkeiten bezüglich der Wortanordnung in natürlichen englischen Sätzen.

Derartige Approximationen kommen so zustande, daß eine Person ein beliebiges Wort sagen soll. Dann wird eine andere Person gebeten, ein weiteres Wort zu sagen, usw. Eine Approximationsordnung 0. Stufe bedeutet, daß es keinerlei Vorgaben für die Person gibt; d. h. es gibt nicht die geringste Vorgabe, die zu einer Strukturierung führen könnte. Bei einer Approximation 1. Ordnung erhält eine Person ein Wort vorgegeben, und sie soll an dieses Wort ein

neues Wort anschließen. Die nächste Person erhält dann dieses Wort und soll nun ihrerseits ein neues Wort anschließen usw. Damit ist die Höhe der Approximationsordnung bestimmt durch die Anzahl vorgegebener Wörter, die eine Person dann mit einem neuen Wort fortsetzen sollte. Es ist klar, daß mit steigender Höhe der Approximationsordnung auch die (Vor-)Strukturierung erhöht wird, von der die ratende Person Gebrauch macht. Mit zunehmender Approximationsordnung nehmen natürlich auch die strukturierenden Einflüsse von Grammatik und Semantik zu, bis die Approximation die normale Sprache annähernd („approximativ") erreicht. Herrmann (1962) hat für das Deutsche sehr gute Beispiele für verschiedene Approximationsordnungen gegeben. Ein Beispiel (nach Hörmann 1967, S. 107) mag das Gesagte verdeutlichen:

Approximation

0. Ordnung:	Beweis Ausraufung stabil Linde Stiel gemäß der ...
1. Ordnung:	aus wurde Kino von über wir Thema noch Korn Grund ...
3. Ordnung:	Arbeit gedeiht im Januar schneit es oft lieber geschwätzig als Putzfrau fegen ...
.	
.	
6. Ordnung:	Mainz fand vorige Woche der Kongreß statt und endete mit Applaus aller ...

Je mehr (in den oben erwähnten Studien von Miller u. Selfridge) die Sätze der natürlichen Sprache ähnelten, um so besser konnten die Vpn sich daran erinnern. Beachten Sie bitte, daß bei höherem Anpassungsgrad an die echte Sprache die Sätze auch sinnvoller werden, was bedeutet, daß weniger Chunks gelernt werden müssen, und weiterhin, daß die Vpn tatsächlich sinnvolle Sequenzen als Chunks lernten.

Ein ähnliche Untersuchung von Tulving u. Patkau (1962) führte zu denselben Ergebnissen. Auch hier war die Erinnerung größer, je mehr die Phrasen der natürlichen Sprache angepaßt waren. Diese Autoren jedoch gingen einen Schritt weiter und definierten ein „Erinnerungs-chunk" als jede Wortsequenz, welche die Vp in der ursprünglichen Reihenfolge wiedergeben konnte. Hier zeigte sich, daß die ursprüngliche Länge der Erinnerungs-chunks mit der Annäherung an die natürliche Sprache wuchs. Am wichtigsten jedoch war die Beobachtung, daß für alle Listenarten die *Anzahl* der behaltenen Chunks ziemlich konstant blieb.

Die Ergebnisse unterstützen die Annahme von Chunks und einer konstanten Kapazität des unmittelbaren Gedächtnisses (in Chunks ausgedrückt). Vielleicht ist unser Gedächtnis für sinnvolles im Vergleich zu sinnlosem Material deshalb so viel besser, weil unsinniges Material aus vielen kleinen Chunks besteht, die nicht zu größeren Einheiten zusammengefaßt werden können und deshalb getrennt im Gedächtnis verarbeitet werden müssen. In jedem Fall steht fest, daß wir zu erlernendes Material in „bedeutungsverschlüsselte" Einheiten umwandeln. Beim Kodieren des Materials in größere bedeutungtragende Einheiten geht jedoch die Präzision des rein mechanischen Lernens verloren.

Mnemonische Strategien (Mnemotechnik)

Bis vor kurzem haben diejenigen, die psychologische Prinzipien im Klassenzimmer anzuwenden versuchten, sich sehr wenige Gedanken darüber gemacht, welche Organisationsprobleme der Lernende bei neuen Lernaufgaben zu bewältigen hat. Durch die Entdeckung des „Chunking" und der Bedeutung hierarchischer Organisation und bedeutungträchtiger Verschlüsselung haben die Psychologen begonnen, geistige Prozesse zu untersuchen, die mit der Verschlüsselung des Materials zu tun haben, und nach Techniken zu suchen, die die Verschlüsselung wirksamer machen. Solche Methoden bezeichnet man als *mnemonische Strategien*. Die diesen Strategien zugrundeliegende Idee ist die, daß man schon vorhandene Kenntnisse als Anker und Kontext für neue Kenntnisse benutzt.

Gebrauch einer bereits vorhandenen Struktur

Man kann die Organisation einer bereits gut bekannten Struktur als „Grundgerüst" für neue Information verwenden („Eselsbrücke"). Zum Beispiel kann die genaue Reihenfolge einer Gruppe von Gedächtnisinhalten leichter behalten werden, wenn man ihnen Zahlen zuordnet. Und manchem Medizinstudenten hat beim verzweifelten Studium der Handwurzelknochen schon folgender „Zauberspruch" geholfen: „Ein Schifflein fuhr im Mondenschein ums Dreieck und ums Erbsenbein. Vieleck groß und Vieleck klein, ein Kopf, der muß beim Haken sein".

Reduzierung der Anzahl von Einheiten

Eine andere mnemonische Strategie besteht darin, das Material so umzuwandeln, daß weniger Einheiten gelernt werden müssen. Wenn man eine Wortliste lernen soll, kann man die Wörter dieser Liste in etwa 7 Gruppen einteilen, so daß innerhalb der Gruppen irgendein Zusammenhang zwischen den Wörtern besteht (z.B. in Bedeutung oder Klang). Diese Gruppen bilden dann die Gedächtniseinheiten.

Erhöhung der Bedeutsamkeit

Da sinnvolles (bedeutsames) Material leichter erlernt und behalten wird, besteht eine andere wirksame mnemonische Strategie darin, verhältnismäßig bedeutungslosem Material Bedeutung zu geben. Wird z.B. eine Liste von sinnlosem Material gelernt, welches aus Gruppen von 3 Konsonanten besteht, wie z.B. TLR, so ist es nützlich, diese Gruppen in sinnvolle Wörter umzuformen; so könnte aus TLR z.B. „Teller" werden. Obwohl Teller länger ist als TLR, ist es eine Einheit, die wir bereits kennen und die für uns Bedeutung hat. Solche sinnvollen Einheiten können wiederum in umfassendere Kategorien eingeordnet oder auf irgendeine andere Art verbunden werden.

Einer der wirksamsten mnemonischen Kunstgriffe, der die Sinnhaftigkeit in Wortlisten erhöht, gliedert die einzelnen Wörter in eine Geschichte oder in Sätze ein. Bower u. Clark (1969) demonstrieren die Wirksamkeit dieser Strategie beim Erinnern von Substantiven.

Die Vpn erhielten eine Liste von 10 Substantiven, die keine Beziehung zueinander hatten und die sie in der Reihenfolge lernen mußten, wie sie dargeboten wurden. Die Experimentalgruppe wurde angewiesen, eine Geschichte zu erfinden, in die diese Wörter in richtiger Reihenfolge erscheinen sollten. Eine Vp erfand z.B. folgende Geschichte: „Ein GEMÜSE kann zu einem wirksamen INSTRUMENT für den Studenten werden. Eine Karotte kann ein NAGEL für den ZAUN oder die MAUER sein, aber ein HÄNDLER der KÖNIGIN würde über dieses DING klettern und die Karotte einer ZIEGE schenken". Jede Vp lernte 12 Listen nach dieser Methode. Jeder Vp in der Experimentalgruppe wurde eine Vp der Kontrollgruppe zugeordnet, der dieselbe Zeit zum Lernen der Listen zur Verfügung stand. Die Vpn der Kontrollgruppe erhielten jedoch keine Anweisung, wie die Listen zu lernen seien.
Da jede Liste nur 10 Wörter enthielt, konnten sich beide Gruppen an fast alle Wörter der Liste erinnern,

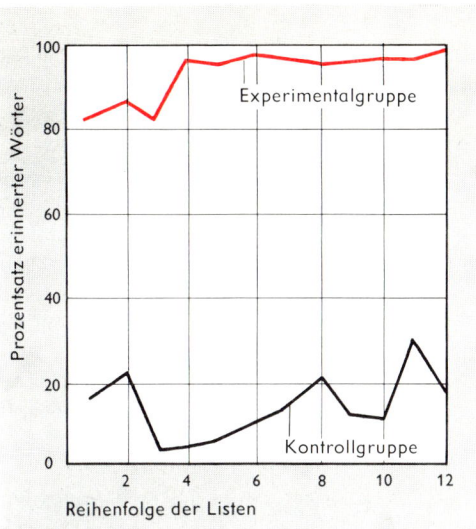

Abb. 7.10. Bedeutsamkeit und Gedächtnis. (Nach Bower u. Clark 1969)

die unmittelbar nach der Lernperiode abgefragt wurde. Nachdem jedoch alle Listen dargeboten und gelernt worden waren, wurden den Vpn nur das erste Wort jeder Liste gesagt und sie wurden aufgefordert, den Rest der Liste in richtiger Reihenfolge zu reproduzieren. Wie Abb. 7.10 zeigt, war der Unterschied zwischen den beiden Gruppen hoch signifikant. Die Vpn, die Geschichten erfunden hatten, erinnerten sich an 94% der Wörter aller Listen, während die Vpn der Kontrollgruppe nur 14% behielten.

Technik der visuellen Vorstellung

Die visuelle Vorstellung ist ein weiteres Beispiel für eine mnemonische Strategie, die oft auch in Verbindung mit anderen hier besprochenen Techniken auftritt. Diese Technik ist insbesondere dann effektiv, wenn es darum geht, sich an eine geringe Anzahl anschaulicher Einzelinformationen zu erinnern. Dabei werden die Einzelinformationen so miteinander verbunden, daß daraus eine Art „lebendes" Bild entsteht. Wenn beispielsweise das Paar „Hund – Fahrrad" in einer zu lernenden Liste von Wortpaaren enthalten ist, dann wird dieses Wortpaar schneller gelernt, wenn man daraus das Bild eines großen Hundes produziert, der auf einem bunten Kinderfahrrad sitzend dahinfährt, oder wenn man sich den Hund neben einem Fahrrad herlaufend vorstellt.

Oft können auch Namen von Personen auf diese

Art und Weise besser behalten werden. Je lebendiger und detaillierter die visuelle Vorstellung ist, desto besser. Neuere Untersuchungen weisen allerdings darauf hin, daß die Lebhaftigkeit der Vorstellung weniger bedeutsam ist als die Enge des Zusammenhangs zwischen den jeweils im Vorstellungsbild enthaltenen Komponenten. Weniger effektiv wäre es demnach, getrennte Vorstellungsbilder sowohl von dem Hund als auch von dem Fahrrad zu produzieren. Die Anwendung dieser Technik ist jedoch mit Schwierigkeiten verbunden, wenn es sich um abstrakte Begriffe wie „Gerechtigkeit" oder „Vertrauen" handelt oder wenn auf diese Weise der Versuch unternommen wird, sich z.B. eine Reihe von Ziffern zu merken.

Die Locimethode

Da das Wort *mnemonisch* aus dem Griechischen stammt, ist es nicht verwunderlich, daß auch die alten Griechen schon diese Methoden verwendeten. Die Locimethode (Ortsassoziationsmethode) ist eine solche Technik. Wir erinnern uns z.B. an die Reihenfolge innerhalb einer Liste, indem wir diese mit einer anderen Anordnung assoziieren, die wir bereits kennen. Higbee (1977) erzählt eine grausame Geschichte von Cicero nach, die über den Ursprung dieser Methode Aufschluß geben soll.

Ein Dichter namens Simonides sprach auf einem Festessen, als ihm die Nachricht überbracht wurde, daß vor der Tür jemand auf ihn warte. Während Simonides draußen war, brach die Decke der Festhalle ein und erdrückte alle Anwesenden, so daß sie nicht mehr zu erkennen waren. Simonides konnte die Leichen nur dadurch identifizieren, daß er sich erinnerte, an welchem Platz sie gesessen hatten. Durch dieses Erlebnis kam Simonides der Einfall, eine mnemonische Technik zu entwerfen. Nachdem er festgestellt hatte, daß die Sitzplätze der Gäste ihm dabei halfen, sie später zu identifizieren, kam er auf die Idee, daß eine Person ihr Gedächtnis dadurch verbessern könnte, daß sie sich die Position oder Stellung zum Beispiel von Wörtern geistig vorstellt" (Higbee 1977, S. 107–108).

Auch ohne die gräßliche Erfahrung, die Simonides machen mußte, können Sie sich an Dinge wie „Maus", „Auto", „Melone" erinnern, wenn Sie nur einmal kurz in Ihrem Wohnzimmer spazierengehen. Da wäre zunächst einmal die Tür; Sie können sich vorstellen, daß Ihnen die *„Maus"* die Tür öffnet. Dann das *„Auto"*; setzen

Sie sich auf die Couch und stellen Sie sich vor, daß Sie in einem „Superschlitten" sitzen. Die „Melone" hat vielleicht ähnliche Formen wie Ihr Fernsehgerät; usw. Es braucht natürlich nicht Ihr Wohnzimmer zu sein, es könnte auch eine Auslage in einem Geschäft sein usw. Versuchen Sie diese Methode selbst einmal, z. B. wenn Sie sich an die Namen Ihrer Kommilitoninnen und Kommilitonen in einem Seminar erinnern wollen.

Supergedächtnis?

Bevor Sie weiterlesen, schauen Sie sich bitte das Foto (Abb. 7.11) an.

Alle haben wir schon etwas über das Phänomen eines „fotografischen Gedächtnisses", oder wie man in der Psychologie sagt, über ein „eidetisches Gedächtnis" bzw. eine *eidetische Vorstellung* gehört. Einige Menschen besitzen ein sol-

Abb. 7.11. Schauen Sie sich dieses Bild etwa 3 Sekunden lang an – dann lesen Sie die Bemerkung im Anschluß an die Zusammenfassung (S. 278)

ches Vorstellungsvermögen, das in Klarheit und Präzision einer tatsächlichen Wahrnehmung gleichkommt. Personen, die diese Fähigkeit besitzen, können z. B. genau angeben, an welcher Stelle auf welcher Seite des Buches eine bestimmte chemische Formel etc. zu finden ist. Sie können ein Objekt, z. B. einen Kamm, einen Bruchteil einer Sekunde lang betrachten und dann ein derart lebendiges Anschauungsbild hervorrufen, daß sie eine genaue Beschreibung (z. B. die Anzahl der Zähne dieses Kammes) geben können. In Prüfungen z. B. können sie einfach das Anschauungsbild der Druckseite kopieren und zeigen dabei eine Genauigkeit, als hätten sie das Buch aufgeschlagen vor sich liegen (Haber 1968).

Eindrucksvolle Beispiele solcher eidetischer Fähigkeiten finden wir in einem Buch des russischen Psychologen Luria (1968):

Die Vp war ein Mann, der dermaßen starke Anschauungsbilder hatte, daß er eine unglaubliche Gedächtnisakrobatik vorführen konnte. Hier eines der vielen mit diesem Mann durchgeführten Experimente, welches Sie selbst auch mal versuchen können. Der Mann betrachtete die unten gezeigte Tabelle (7.1) 3 min lang. Dann war er imstande, die Tabelle perfekt zu reproduzieren, indem er innerhalb von 40 s alle Zahlen in genauer Reihenfolge wiedergab. Er konnte dabei die Zahlen sowohl in den Kolonnen als auch in den horizontalen Spalten vorwärts oder rückwärts wiedergeben. Auch den Zahlen auf den Diagonalen wußte er (z. B. 6, 4, 8, 5; 5, 6, 3, 7). Für diese Aufgabe brauchte er genau 35 s. Schließlich verwandelte er die ganze Zahlenreihe innerhalb von 1½ min in eine einzige Zahl mit 50 Stellen.

Tabelle 7.1. Gedächtnis – Zahlenserie. (Nach Luria 1968)

6	6	8	0
5	4	3	2
1	6	8	4
7	9	3	5
4	2	3	7
3	8	9	1
1	0	0	2
3	4	5	1
2	7	6	8
1	9	2	6
2	9	6	7
5	5	2	0
X	0	1	X

Jetzt wünschen Sie sich wahrscheinlich, daß Sie die Gabe des eidetischen Vorstellungsvermögens besäßen. Sie denken, daß es Ihr Studium vereinfachen würde, wenn Sie sich immer an alles genau erinnern könnten. In der Realität sieht das alles ganz anders aus, da die eidetische Fähigkeit oft das Denken stört, anstatt es zu unterstützen. Eidetisch gespeichertes Material ist sehr widerstandsfähig und läßt sich nicht leicht in neue Muster umwandeln. Das Individuum kann zwar sehr leicht Gesehenes reproduzieren, aber es hat Schwierigkeiten, diese Information auf andere Art und Weise zu verwerten. So spielt denn auch die eidetische Anschauungskraft keine Rolle beim abstrakten Denken oder bei der kreativen Phantasie, die beide eine gewisse Flexibilität im Denken voraussetzen. So war z. B. auch Lurias Mnemoniker außerstande, einfache abstrakte Ideen zu verstehen, weil er sie nicht in konkreten visuellen Bildern „sehen" konnte. Da die eidetische Vorstellungskraft „wirkliches" Lernen behindert, hören Personen, die sie besitzen, auch später auf, davon Gebrauch zu machen. Das erklärt z. B., warum eidetisches Vorstellen v. a. bei Kindern, weniger aber bei Erwachsenen, anzutreffen ist.

Nach Baddeley (1976) unterscheiden sich Kinder, die eidetische Fähigkeiten besitzen, nicht von anderen Kindern, die diese Fähigkeiten nicht besitzen. Er glaubt sogar, daß diese Fähigkeit nur von sehr geringem Nutzen ist. Wir bräuchten uns also nicht zu wünschen, Eidetiker zu sein. Wir besitzen alle Kapazität, die wir je brauchen werden. Was wir brauchen, sind Methoden, um unsere Gedächtnisinhalte zu organisieren, so daß sie einander nicht stören; und wir brauchen Methoden, um diese Inhalte aus dem Gedächtnis abzurufen.

Zusammenfassung

Die Untersuchung des menschlichen Gedächtnisses befaßt sich mit der Frage, wie unser Wissen verarbeitet, gespeichert, behalten und abgerufen wird. Dazu gehört auch die Frage, wann eine Person weiß, daß sie etwas nicht weiß. Man geht davon aus, daß 3 Gedächtnissysteme gibt, die beständig interagieren. Der *sensorische Informationsspeicher* behält die Information nur solange, wie sie für die unmittelbare Wahrnehmung von Bedeutung ist. Dazu gehören *Mustererkennung* und *geteilte Aufmerksam-

keit*. Im *Kurzzeitgedächtnis* wird eine begrenzte Anzahl von Informationen für eine kurze Zeit gespeichert. Wenn das Material im Kurzzeitgedächtnis nicht verlorengehen soll, dann muß es aktiv repetiert werden. Das Kurzzeitgedächtnis kann auch durch *bildhafte Vorstellungen* unterstützt werden. Inhalte, die länger behalten werden sollen, müssen ins *Langzeitgedächtnis* übertragen werden. Dieses System ist zwar stabiler, aber die Information daraus ist nicht so leicht zugänglich. Das Langzeitgedächtnis leistet eine *semantische Verarbeitung*, und auch das *Verarbeitungsniveau* ist anspruchsvoller (tieferreichend); Erinnern wird effektiver. *Kontext* und *Schlußfolgerungen* sind wichtig, obgleich sie häufig auch zu Verzerrungen der Gedächtnisinhalte führen können.

Bei der Untersuchung des Vergessens vergleicht man die Menge des erinnerten Materials kurz nach dem Lernen mit der Menge, die eine Zeitlang später erinnert wird. Gewöhnlich benutzt man dabei die Methode der *Rekonstruktion* oder der *Wiedererkennung*. Die ersten systematischen Arbeiten auf diesem Gebiet gehen auf Ebbinghaus zurück, der im Eigenversuch Listen von sinnlosen Silben lernte. Beim Lernen von sinnlosen Silben tritt die klassische Vergessenskurve auf: Der Abfall der Gedächtnisleistung ist zunächst sehr groß (während der ersten 24 h), während später (während der nächsten 30 Tage) fast kein Abfall mehr zu beobachten ist. Für das Vergessen werden 2 alternative Erklärungen gegeben: die *Spurenzerfallshypothese*, wonach die Gedächtnisspur im Laufe der Zeit langsam verschwindet, und die *Interferenztheorie*, die besagt, daß andere Erfahrungen das vorhandene Gedächtnis stören. Es gibt 3 Arten von Interferenz: eine rückwärtswirkende, die sog. *retroaktive Interferenz*, und eine vorwärtswirkende, die sog. *proaktive Interferenz*.

Bei Untersuchungen über die Interferenz hat man herausgefunden, daß sowohl *Konkurrenz* als auch *Verlernen* eine Rolle spielen. Konkurrenz ist hier im Sinne konkurrierender Reize oder Erfahrungen gemeint. Bei der *Paarassoziationsmethode* lernen Probanden Paare von Wörtern und sollen bei der Darbietung eines Wortes sich an das andere, dazugehörige erinnern. Beim *seriellen Lernen* ist eine Reihenfolge zu lernen, wie z. B. die genaue Abfolge einer Reihe von Wörtern, Buchstaben oder Zahlen. Hier beobachtet man den *Positionseffekt*, auch Reihenpositionseffekt genannt. Dieser Effekt besagt, daß man den Beginn und das Ende einer Serie besser in Erinnerung behält als die Informationen in der Mitte der Serie.

Das Erinnern von zusammenhängender Information, wie z. B. einer Geschichte, unterscheidet sich vom Erinnern an Wortlisten oder sinnlosen Silben. Es ist eher *produktiv* und gibt das Szenario und die Ereignisse der Geschichte wieder, aber auch das Streben nach Erledigung von Aufgaben. Das Vergessen kann auch von motivationalen Faktoren, wie *Verdrängung* oder *persönlichen Vorurteilen* des Lernenden, beeinflußt werden.

Das Gedächtnis kann durch *Überlernen* verbessert werden und durch Lernstrategien, wie *Durchsehen, Fragen, Lesen, Rezitieren* und *Wiederholen.* Beim *Chunking* wird die Anzahl der Informationsmenge dadurch verringert, daß man zusammengehörige Information in größere Einheiten, sog. „Chunks", integriert und somit reduziert.

Die *visuelle Vorstellung* ist eine mnemonische Technik, die auch in anderen mnemonischen Strategien vorkommt. Andere Fähigkeiten, wie z. B. die der *Eidetiker,* sind nur von geringem Nutzen.

Wenn Sie Eidetiker wären, dann hätten Sie jetzt noch ein klares Bild der Stühle von Abb. 7.11 vor sich und könnten sie zählen!

8 Sprache und schlußfolgerndes Denken

Virginia und Grace Kennedy sind eineiige Zwillinge. Sie leben in San Diego und wurden überwiegend von ihrer deutschsprechenden Großmutter aufgezogen und betreut. Im Alter von 7 Jahren verstanden sie Englisch, Deutsch, eine Zeichensprache und etwas Spanisch. Darüber hinaus konnten sie sich untereinander verständigen – in einer „Privatsprache", die sonst kein Mensch verstand. Howes berichtete (1977) in der *New York Times* über die beiden Mädchen. Als Beispiel für die Art und Weise ihrer sprachlichen Verständigung untereinander gab er folgenden Dialog beim Spiel mit dem Puppenhaus wieder:

„... Dugon, thash yom, dinckin, du-ah?", fragte Virginia, die von ihrer Schwester ‚Cabenga' gerufen wird. Grace, die ‚Poto' genannt wird, nickte und gab eine Antwort, die etwa so klang: "Snup aduck, chase diedipanna."
Darauf begannen beide augenblicklich, die Puppenmöbel wegzuräumen (s. Abb. 8.1).

Das mag sich wie Kauderwelsch anhören, aber einige Forscher sind der Meinung, es könne sich hier um *Idiolalie* oder „Zwillingssprache" handeln, eine sehr seltene Sonderform persönlicher Kommunikation, die anscheinend ihr eigenes einmaliges Vokabular und ihre eigene Syntax hat. Bei den Zwillingsmädchen begann sich diese Sprache im Alter von 17 Monaten zu entwickeln, aber es handelt sich hier nicht lediglich um eine gemeinsame Babysprache. Die Mädchen einigen sich auf Benennungen für Gegenstände und behalten diese Bezeichnungen dann in ihren Gesprächen bei. Ein paar Experten teilen nicht die Überzeugung, daß es sich wirklich um eine besondere Sprache handelt, sondern vermuten, diese Verständigungsform sei auf eine neurologische Störung zurückzuführen (beide Kinder litten im Säuglingsalter unter schweren Krampfzuständen). Ganz gleich, was ihr Entstehen verursacht haben mag, diese Form der Kommunikation ist jedenfalls sehr faszinierend und bedeutungsvoll. Newmark, Professor

Abb. 8.1. Linguisten interessieren sich für die eineiigen Zwillinge Grace und Virginia Kennedy, weil sie möglicherweise eine eigene Sprache erfunden haben; die Kommunikation mit der „Außenwelt" (hier mit ihrer Sprachtherapeutin) erfolgte indes zunächst mittels Zeichensprache

der Sprachwissenschaften an der University of California, sprach die Vermutung aus, „dies könne uns bei der Lösung eines der interessantesten und umstrittensten Rätsel helfen, vor dem die Sprach- und Kognitionsforschung steht... Eine wissenschaftliche Beschäftigung mit diesen Kindern kann ... zur Beantwortung der Frage beitragen, ob Sprachfähigkeit vererbt wird".

In diesem Kapitel wollen wir mit der Untersuchung des Sachgebiets der Psycholinguistik beginnen, dem Bereich, der sich mit der psychologischen Seite der Sprache beschäftigt. Durch diesen Überblick sollte dem Leser verständlicher werden, warum die Sprache eine der Haupterrungenschaften unserer Spezies ist.

Durch die Beherrschung der Sprache waren die Menschen in der Lage, Weisheit von Generation zu Generation weiterzugeben, die Realität zu strukturieren und die Phantasie anzuregen. Diese gleiche Fähigkeit kann sich jedoch auch einschränkend auf die Totalerfahrung emotionalen Erlebens auswirken, indem sie es uns ermöglicht, wirkliche Gefühle durch verbale Beschreibungen unseres Gefühlszustands (oder der Gefühle, die wir haben sollten) zu ersetzen. Folglich kann man mit Hilfe der Sprache eine analytische Distanz zu beunruhigenden Erlebnissen gewinnen, indem man diese mit einer Bezeichnung versieht, ihnen eine Erklärung gibt und sie durch Beiordnung eines Zeittäfelchens an einen bestimmten Platz der Lebensgeschichte verweist.

Das Wesen der Sprache

Vor langer, langer Zeit stieß irgendein Mensch irgendwo auf der Welt das erste Wort aus, und seitdem nahm das Reden kein Ende mehr. Sicherlich werden wir nie erfahren, wie dieses erste Wort hieß, und wahrscheinlich wird uns nie etwas über die Form der ersten Sprache bekannt werden. Doch das hält die Menschen nicht davon ab, Spekulationen anzustellen. Eine der schon früh aufgestellten Theorien erachtete die ersten Worte als Versuche, die Dinge, über die man sich verständigen wollte, durch Nachahmung ihrer charakteristischen Laute auszudrücken. So könnte ein Löwe – oder seine prähistorische Entsprechung – ein „Grr" sein und ein Hund ein „Wau-Wau". Diese Theorie des

Sprachursprungs ist unter der Bezeichnung *Wau-Wau-Theorie* bekannt. Nun gibt es aber unglücklicherweise viele Dinge, die keinen Laut geben; man denke nur an Steine oder Raupen. Die erste Sprache müßte also recht armselig gewesen sein. Moderne Sprachen enthalten allerdings etliche Wörter, die Geräusche imitieren. Im Englischen sind das zum Beispiel "zip" und "zap" und "wham" und "ping". Dabei muß die Lautmalerei in den verschiedenen modernen Sprachen nicht übereinstimmen: Das englische "Ding-Dong" einer Glocke lautet im Deutschen „Bim-Bam".

Entsprechend der in einer anderen alten Theorie vertretenen Vermutung waren die ersten Wörter einfach Laute, die bei der Konfrontation mit den einzelnen Objekten spontan geäußert wurden. Unter diesen Voraussetzungen war der Löwe der Vorzeit nun nicht mehr ein „Grr", sondern so etwas wie ein „Puh". Diese Sprachursprungstheorie nannte man *Puh-Puh-Theorie*. Wie wenig ernst man diese Theorien nahm, zeigt sich schon in ihren phantasievollen Bezeichnungen. Allerdings wurden sie nicht deshalb so leicht genommen, weil sie wirklich falsch sein müssen, sondern einfach, weil alle Voraussetzungen fehlten, ihre Richtigkeit oder Falschheit zu beweisen. Hauptsächlich aus diesem Grund lehnte es die Französische Akademie der Wissenschaften 1875 ab, weitere Arbeiten zu diesem Thema zu akzeptieren.

Wenn sich schon die Wörter der ersten Sprache unserer Kenntnis entziehen, können wir wenigstens etwas über die Urlaute erfahren? Brachten die ersten Menschen im gleichen Umfang Laute hervor wie die heutigen Vertreter ihrer Spezies? Diese Fragen sind z. T. beantwortbar, denn es ist möglich, anhand von Schädelüberresten einen Großteil des Stimmapparats zu rekonstruieren und ihn einer Computeranalyse zu unterziehen. So gelangten wir zu dem Ergebnis, daß die Neanderthaler, die vor 45 000 bis 100 000 Jahren lebten, aufgrund ihrer Kehlenbeschaffenheit nicht in der Lage waren, so viele Laute hervorzubringen, wie sie in einer modernen Sprache enthalten sind. Es gab da ein paar Vokale: Möglich waren Vokallaute wie in englisch "hill", "the" und "boat", aber nicht solche wie in "put", "pit" und "paw". Konsonanten beschränkten sich auf Laute wie b und d. Weiter fehlten den Neanderthalern die neurologischen Rezeptoren für Teile der Sprachwahrnehmung. Vielleicht hatte die kümmerliche Kommunikationsfähigkeit der Neanderthaler zur Folge, daß sie durch eine Untergattung abgelöst wurden (Lieberman u. Crelin 1971).

Kriterien der Sprache

Es gibt tausende moderner Sprachen; sie unterscheiden sich zwar in vielerlei Hinsicht voneinander, doch ihre Grundmerkmale sind die gleichen. Hockett (1960) erarbeitete eine Zusammenstellung von Merkmalen der Sprache. Einige davon sollen hier erörtert werden.

a) Der Sprech-Hör-Kanal. Sprachliche Verständigung beansprucht Mund und Ohren. Folglich bedarf es zur Sprachproduktion nur wenig physischer Energie, und dies stellt andere Kanäle zur Wahrnehmung anderer Aufgaben frei. Wenn sich die Sprache nur der Gestik bediente, wären wir nicht in der Lage zu sprechen und gleichzeitig mit unseren Händen andere Dinge zu verrichten. Für die Kommunikation mittels Lautsprache ist keine visuelle Beobachtung erforderlich. Wir können uns auch um Ecken herum und im Dunkeln miteinander verständigen.

b) Spezialisierung. Das Sprechen dient der Aussendung von Nachrichten. Dies ist sein einziger Zweck. Viele andere Arten des Verhaltens mögen auch zur Kommunikation führen, doch würden wir nicht sagen, daß sie eine Sprache bilden. Wenn ein Hund hechelt, sendet er zwar die

Nachricht aus, daß ihm heiß ist; in erster Linie handelt es sich dabei jedoch um einen physiologischen Vorgang, der – ähnlich wie das Schwitzen des Menschen – darauf abzielt, sein körperliches Unbehagen zu mildern. Ausschlaggebend ist hier, daß das Hecheln nur sekundär der Kommunikation dient, während seine Hauptfunktion eine andere ist. Ein erhitzter Hund würde auch hecheln, wenn niemand in der Nähe wäre, der ihn hören könnte.

c) Willkür. Die Tatsache, daß ein gewisses großes, vierfüßiges Haustier im Englischen "horse" genannt wird, beruht auf einer willkürlichen Namensbezeichnung. Wenn wir uns alle auf eine andere Benennung einigten, könnte es beispielsweise ebensogut "mub" heißen. In anderen Sprachen ist das gleiche Tier unter anderen Bezeichnungen bekannt; im Deutschen z. B. heißt es „Pferd", im Französischen »cheval«. Die Lautkombination, die eine Sprache zur Bezeichnung eines Gegenstands auswählt, ist willkürlich, doch muß sie – einmal festgelegt – von allen Personen, die diese Sprache sprechen, konsequent und übereinstimmend benutzt werden.

d) Zeitperspektive. Der Mensch bezieht sich im Gebrauch seiner Sprache ebenso auf Vergangenheit und Zukunft wie auf die unmittelbare Gegenwart. Viele Psycholinguisten sehen darin den Hauptunterschied zwischen menschlicher Sprache und den Kommunikationsformen der Tierarten, die dem Menschen evolutionsmäßig nahestehen. Allerdings wären hier – wie wir bald noch sehen werden – einige Zweifel anzumelden. Jedenfalls können wir wohl davon ausgehen, daß ein Schoßhund, der uns anbellt, in diesem Augenblick etwas will und kaum Reflexionen über den vergangenen Sommer anstellt oder sich in Spekulationen über das nächste Weihnachtsfest ergeht.

e) Produktivität. Die Sprache ermöglicht das Hervorbringen von theoretisch unendlich vielen Äußerungen. Tatsächlich sagen die meisten Menschen – abgesehen von der Wiederholung von Klischees und stehenden Redewendungen – nie zweimal genau das gleiche. Insofern ist die Sprache produktiv. Würde beispielsweise jemand berichten: „Peter stolperte über das Skateboard, stürzte durch die Glastür und stieß dabei so mit Gabi zusammen, daß sie in den tiefsten Teil des Schwimmbeckens fiel", so hätte die Einmaligkeit dieser Aussage nicht zur Folge, daß sie schwieriger auszudrücken oder zu verstehen wäre. Diese Produktivität erlaubt uns auch, Unwahrheiten zu sagen; wir werden auf diesen Punkt in Kürze zurückkommen.

f) Vertauschbarkeit der Anordnung. Die Sprache setzt sich aus einer verhältnismäßig geringen Anzahl von Lauten zusammen, die – auf verschiedene Weise kombiniert – die Bezeichnungen für die einzelnen Gegenstände ergeben. Die einzelnen Laute selbst haben keine spezifische Bedeutung. Die Tatsache, daß in den Wörtern „Mast", „Samt", „Stamm" die gleichen 4 Laute in unterschiedlicher Zusammenstellung enthalten sind, impliziert keinerlei Sinnverwandtschaft.

Die Bedeutung ergibt sich aus der Anordnung der Laute, und jeder einzelne Laut erscheint innerhalb vieler Kombinationen. Wäre unsere Sprache nicht mit dieser Eigenschaft ausgestattet, brauchten wir für jeden einzelnen Mitteilungsgegenstand einen besonderen Laut, was unsere Sprechkapazität alsbald überfordern würde.

Verständigungsweisen der Tiere

Die oben aufgeführten Merkmale tragen nicht nur zu einer besseren Definition dessen bei, was menschliche Sprache ausmacht, sondern erlauben uns auch deren Abgrenzung gegenüber den Verständigungsformen der Tiere. Zwar benutzen auch viele Tiere ein Sprech-Hör-System, doch gab es – zumindest bis vor kurzem – kaum Beweise dafür, daß ihre Kommunikationsformen durch Merkmale wie Spezialisation, Willkür, Zeitperspektive, Produktivität oder Vertauschbarkeit der Anordnung gekennzeichnet sind.

Pfeifende Delphine

In den vergangenen Jahren hat man den Kommunikationssystemen der Delphine sehr viel Aufmerksamkeit zugewandt. Man nahm an, die von diesen Tieren unter Wasser ausgestoßenen Laute stellten eine richtige Sprache dar. Einer dieser Laute war ein „Klick"ton, der mehrmals hintereinander hervorgebracht wurde. Untersuchungen haben jedoch ergeben, daß diese Töne lediglich Bestandteil eines Sonarverfahrens zur Unterwasserorientierung sind. Durch Ausstoßen eines Tones und Empfang seines Echos kann der Delphin die Position von Gegenstän-

Abb. 8.2. Die aufsteigenden Wasserblasen lassen erkennen, daß die Delphine pfeifen. Die hervorge-brachten Laute scheinen jedoch eher der Identifikation als der Kommunikation zu dienen

den ausmachen. (Bei der Fledermaus verhält es sich ähnlich.)

Ein anderer Delphinlaut ist sein sog. „Pfeifen". Tiere beiderlei Geschlechts und aller Altersstufen geben ihn von sich, sogar neugeborene Delphine. Dieser einzigartige Laut ist für nichtmenschliche Säugetiere absolut ungewöhnlich, weshalb man Spekulationen darüber anstellte, ob er die Funktion einer richtigen Sprache haben könne. Die jüngsten Forschungsergebnisse lassen eine solche Schlußfolgerung jedoch als sehr fragwürdig erscheinen. Das individuelle Delphingepfeife ist durch große Stereotypie und Wiederholung charakterisiert. Zwar gibt es unter den Delphinen Unterschiede in der Art zu pfeifen, doch sind die Abweichungen innerhalb der Einzelpfeiftonabfolgen nicht hinreichend genug ausgeprägt, um berechtigterweise an eine Sprache denken zu lassen. Das Pfeifen scheint eher 4 sozialen Funktionen zu dienen: 1. soll es andere Delphine auf die Anwesenheit des Pfeifenden aufmerksam machen; 2. gibt sich dieser bestimmte Delphin damit zu erkennen; 3. gibt er seinen genauen Standort bekannt und 4. zeigt er dadurch seine allgemeine emotionale Verfassung an (Caldwell u. Caldwell 1972). Hinsichtlich der ersten 3 Funktionen ließ sich die Theorie durch experimentelle Ergebnisse bestätigen; für die 4. Funktion ist die Datenerhebung noch nicht abgeschlossen. Die Caldwells konnten zeigen, daß Delphine anhand des Pfeifens Einzeltiere ihrer eigenen Art sowie anderer Delphinarten eindeutig voneinander unterscheiden können. Weiter können sie aufgrund der Pfeiftöne eines anderen Delphins dessen Position orten. Das Forscherpaar stellte auch fest, daß Delphine vermehrt pfeifen, wenn sie emotional erregt sind, aber sofort verstummen, wenn sie sich fürchten (Abb. 8.2).

Untersuchung der Affensprache

Warum ist nur dem Menschen die Gabe der Sprache zuteilgeworden? Ist dies durch die Evolution und angeborene neurale Strukturen bedingt oder auf eine ideale Sprach-Lern-Umwelt zurückzuführen, zu der andere Arten keinen Zugang haben?

Im Laufe der letzten 40 Jahre wurden zahlreiche Untersuchungen durchgeführt, die die Frage klären sollten, ob in menschlichen Behausungen unter Menschen aufgezogene Schimpansen ähnliche Kommunikationsfähigkeiten wie Kinder entwickeln können. Der junge Schimpanse adaptiert sich äußerst schnell an die physischen und sozialen Gegebenheiten seiner Umwelt, hängt sehr an seinem Betreuer, imitiert ohne Training das Verhalten Erwachsener und entwickelt sein motorisches Verhalten schneller als Menschenkinder entsprechenden Alters. Was jedoch die Sprachentwicklung anbelangt, sind die Ergebnisse erbärmlich. Keiner der in die Untersuchungen einbezogenen Schimpansen imitierte oder reproduzierte je spontan menschliche Wortlaute, noch gab es jemals irgendwelche erkennbaren Versuche, sich in dieser Richtung etwas anzueignen. Es gab auch keine Phase des Lallens oder der zufälligen Lautäußerung (abgesehen von den artspezifischen Lauten dieser Tiere).

Einem Psychologenehepaar gelang es, seinem Schimpansenweibchen Vicki 4 Wörter beizubringen: „Mama", „Papa", „Cup" und „up". Vicki lernte diese Wörter unter großen Schwierigkeiten und durch viel Training. Aber selbst dann fiel es ihr schwer, die Wörter auszusprechen, und sie konnte die Klangmuster nicht gleichhalten (Hayes u. Hayes 1952). Aber zu verbaler Kommunikation muß nicht notwendigerweise Sprachproduktion gehören, und jüngere Untersuchungen zum Sprechenlernen von Affen bezogen eine Reihe unterschiedlicher Symbolsysteme mit ein

Die Zeichensprache

1966 begannen R. und B. Gardner, Psychologen an der Universität von Nevada, eine Studie, durchgeführt an einem Schimpansenweibchen namens Washoe. Sie benutzten dazu die amerikanische Zeichensprache (American Sign Language; ASL), einen Code für Gehörlose, der aus willkürlich festgelegten Symbolen besteht (Gardner u. Gardner 1969).

In den ersten 7 Monaten lernte Washoe 4 Zeichen, die sie zuverlässig anwenden konnte. Darüber hinaus verstand sie mehr Zeichen als sie selbst benutzte. In den folgenden 7 Monaten lernte sie weitere 9 Zeichen zu gebrauchen. Im Alter von 12 Jahren beherrschte Washoe 180 Zeichen (Fouts 1977).

Eindrucksvoller noch als Washoes großer Wortschatz ist die Tatsache, daß sie täglich viele Zeichen spontan benutzte und Generalisierung und Differenzierung zeigte. So benutzte sie z. B. das gleiche Zeichen „mehr", um auszusagen, daß sie weiterspielen wollte und daß sie noch mehr zu essen verlangte: sie gebrauchte „öffnen" im Sinne von Tür öffnen, Flasche öffnen und einen festgeklemmten Reißverschluß aufziehen. Aus ihren Zeichenwörtern bildete sie mehrere Zeichen lange semantisch gültige Sequenzen wie: „Gib mir bitte Futter", „Bitte kitzle weiter", „Schnell gib mir Zahnbürste", „Du, ich gehen da hinein".

Washoe bewies auch etwas Produktivität. Sie vermochte durch Wortzusammensetzungen neue Begriffe zu bilden. Als sie beispielsweise zum ersten Mal einen Schwan sah, gab sie spontan das Zeichen „Wasser-Vogel"; für Coca-Cola, dessen Zeichen sie nicht kannte, erfand sie „Süß-Wasser".

In den meisten Untersuchungen über Spracherwerb bei Affen benutzt man Schimpansen als Versuchstiere. Mittlerweile hat sich erwiesen, daß auch Gorillas den Gebrauch der Zeichensprache erlernen können. Seit 5 Jahren (Anfang der 70er Jahre) arbeitet F. G. Patterson von der Stanford-Universität mit einem (weiblichen) Gorilla namens Koko. Koko beherrscht über 400 Zeichen, kann neue erfinden und sich mit Menschen unterhalten. Sie zeigt auch eine gewisse Fähigkeit zur Manipulation der Zeitperspektive, insofern als sie über vergangene Ereignisse sprechen kann. Der folgende Auszug vermittelt einen Eindruck von Kokos Sprachfähigkeiten. Das Beispiel erscheint besonders deshalb beeindruckend, weil es zeigt, daß Koko auf einen emotionalen Zustand Bezug nehmen kann, der nicht zum Zeitpunkt des Gesprächs von ihr erfahren wird.

Die folgende Unterhaltung (zwischen Patterson und Koko) fand 3 Tage nach dem Ereignis statt, das hier Gesprächsgegenstand ist:
P: Was hast Du mit P. gemacht?
K: Beißen.
P: Du gibst es zu? (Zuvor hatte Koko den Biß als „Kratzen" bezeichnet.)
K: Entschuldigung beißen Kratzer. (P. zeigt Koko das Bißmal an ihrer Hand – es sieht tatsächlich wie ein Kratzer aus.)
K: Falsch beißen.
P: Warum beißen?
K: Weil wütend. (Einen Augenblick später fiel es P. ein, Koko zu fragen.)
P: Warum wütend?
K: Weiß nicht.

Bei anderer Gelegenheit log Koko ganz eindeutig. Damit zeigte sie ein weiteres Verhalten, das man bislang nicht dem Repertoire von Tieren zugerechnet hatte.

„Koko, deren Gewicht gerade 90 engl. Pfund erreicht hatte, setzte sich auf das Küchenausgußbecken, welches sich um ein paar Zentimeter senkte. In Unkenntnis darüber, wie das passiert war, fragte ich (Patterson) Koko: ‚Hast Du das gemacht?', und Koko antwortete in Zeichensprache: ‚Kate dort böse', wobei sie auf das Ausgußbecken deutete. Kate …, die den Vorgang beobachtet hatte, verteidigte sich, indem sie erklärte, was geschehen war" (Patterson 1977).

„Plastikwörter"

Mit einer etwas anderen Taktik hatten Premack und Mitarbeiter beachtlichen Erfolg. Sie lehrten ihre Schimpansin Sarah, sich dadurch mit ihnen zu verständigen, daß sie aus farbigen Plastikchips, die auf eine Magnettafel gelegt wurden, Sätze konstruierte. Zunächst lernte Sarah durch einfache Konditionierung, Form und Farbe eines Chips mit einer bestimmten Frucht zu assoziieren; die Frucht durfte sie – wenn sie sie richtig „benannt" hatte – zur Belohnung verspeisen. Andere Chips standen für die Namen der Vl oder für bestimmte Tätigkeiten. Sarah war bald in der Lage, Sätze zu verstehen und zu konstruieren, wie z. B.: „Maria gib Apfel Sarah" und „Sarah steckt Banane Eimer".

Sarah zeigte auch die Fähigkeit, Relativbegriffe (Präpositionen) wie „auf" und „unter" und selbst so abstrakte Begriffe wie „der Name von" zu lernen. Sie konstruierte Sätze wie: „(Symbol) Nicht-Name von Apfel". Der Höhepunkt von Sarahs „literarischer" Karriere war aber vielleicht der Tag, an dem sie – anscheinend gelangweilt von ihrem normalen Tagesprogramm – eine Reihe unvollständiger Sätze zusammenbaute und ihrem verblüfften Trainer einen Multiple-choice-Satzergänzungstest vorlegte (Premack 1969, 1970).

Computersprache

Am Yerkes Primate Research Center in Georgia hat eine Schimpansin namens Lana gelernt, Symbole auf einer Computereingabetastatur zu „lesen" und ihre Wünsche einzutippen. Nur

Abb. 8.3. Die hier abgebildeten Tiere sind – jedes auf seine Weise – sehr kommunikationsfreudig. Sarah „schreibt" an der Magnettafel ihre Bestellung für Schokolade aus. Lana tippt an der komplizierten Computereingabetastatur Sätze ein. Aufgefordert zu zeigen, wo das „Baby" sein Auge hat, zeigt Koko richtig zum Auge. All diese Primaten leisten einen Beitrag zu unserem Verständnis der Kommunikationsprozesse

grammatikalisch „richtige Sätze", d.h. richtige Zeichenfolgen, werden vom Computer belohnt. Lana hat nicht nur gelernt, ihre Wünsche korrekt einzugeben, sondern auch grammatikalische Fehler in vom Computer präsentierten Sätzen zu löschen und zu korrigieren (Rumbaugh et al. 1973).

Gemäß dem zuletzt bekanntgegebenen Zählungsergebnis setzte Lana über 74 Wortsymbole gezielt ein und konnte auf 23 Arten ihren Wunsch nach einer Tasse Kaffee ausdrücken („Du gibst Kaffee mir?", „Bitte Maschine, gib Kaffee.", usw.; Rumbaugh u. Gill 1976). Noch viel beachtlicher ist, daß sie nicht mehr passiv auf neue Unterweisung wartete, sondern von sich aus ihre Lehrer nach den Namen der sie interessierenden Gegenstände fragte.

Washoe, Sarah und Koko wurden ihre Sprachsysteme von Menschen vermittelt; Lana lernte in Interaktion mit dem Computer. Soweit wurden die erworbenen Sprachfähigkeiten nur zur Kommunikation mit Menschen eingesetzt. Aber angenommen, diese Tiere wären in Gesellschaft anderer Affen, die gelernt haben, sich auf die gleiche Weise zu verständigen: Würden sie sich dann auch untereinander dieser Art der Kommunikation bedienen? Schimpansen im Institute for Primate Studies in Norman, Oklahoma, die von Menschen in der Zeichensprache unterwiesen wurden, benutzen diese Sprache oft, um sich untereinander zu verständigen. Zum Beispiel folgt ein Affe gewöhnlich der durch einen Artgenossen in Zeichensprache gegebenen Aufforderung: „Komm, umarmen" oder „Komm, eilen".

Zwei Schimpansen lernten, sich per Computer miteinander zu verständigen. Sherman und Austin konnten einander mitteilen, welche Art Futter sich in einem festverschlossenen Behälter befand; einer konnte den andern bitten, ihm etwas von dem besonderen Futter abzugeben, zu dem nur er Zugang hatte. Solche Bitten wurden in der Regel erfüllt; manchmal allerdings wurde die „Bestellung" eines besonderen Appetithappens in der Weise ausgeführt, daß der Auftraggeber etwas nicht ganz so Leckeres erhielt (Savage-Rumbaugh et al. 1978).

Die Fertigkeiten, die Sarah, Lana, Koko und andere Affen in Versuchszentren überall in den USA erworben haben, stellen ganz eindeutig die Auffassung in Frage, die Linguisten vordem von den Grenzen sprachlicher Fähigkeiten bei nichtmenschlichen Spezies hatten (vgl. Abb. 8.3). Die Tatsache, daß Kommunikation zwischen Mensch und Tier in einer gemeinsamen Sprache bereits so weitgehend möglich ist, verleitet zu der Hoffnung, daß das Sprechen mit Tieren eines Tages nicht mehr lediglich ein Märchenthema sein wird.

Entwicklung der Sprache

Die Sprache ist gleichsam das Schmieröl in der Maschinerie des zwischenmenschlichen Kontakts. Durch die Mitteilung von Gedanken, Einstellungen, Ängsten und Gefühlen und das Dar-

übersprechen mit anderen erlangen Kinder das Feedback, das sie brauchen, um sich selbst besser verstehen zu lernen; gleichzeitig werden sie dadurch in die soziale Gemeinschaft eingegliedert. Die Sprache macht es uns möglich, andere von unserem Standpunkt zu überzeugen oder – umgekehrt – uns überzeugen zu lassen, daß wir die Dinge nicht realistisch sehen oder daß unsere Auffassung keine Billigung finden wird. Indem wir über Wörter verfügen, können wir Gegenständen, Ereignissen und Zuständen einen Namen geben, sie somit einordnen und besser behalten. Wenn man Dinge, die einem neu sind, beim Namen nennen kann, verlieren sie damit schon etwas von ihrer Fremdheit, und sie können in einen Kontext gebracht werden, der uns den Umgang mit neuen Erfahrungsdimensionen erleichtert. Auf einer anderen Ebene wird Sprache zum Surrogat der Erfahrung: Wir können über Zeiten, Menschen, Orte und Handlungen *lesen,* die wir nicht selbst kennenzulernen brauchen. Mittels der Sprache wird es uns möglich, die Grenzen unserer Sinneserfahrung zu überschreiten und teilzuhaben an den Visionen von Propheten, den Produkten der Vorstellungskraft von Schriftstellern oder der Atmosphäre vergangener Zeiten, die Historiker wieder aufleben lassen. Tatsächlich beruht unsere Bildung zum größten Teil auf dem Gebrauch der Sprache, mittels derer wir so vieles „erfahren" haben, was wir vermutlich nie direkt kennenlernen werden.

Die Sprache ist eine unabdingbare Voraussetzung für die Vorgänge des Erinnerns, Planens, Begründens, Analysierens. Ohne Sprache könnte man Widersprüchliches nicht erklären, Zweifel nicht zerstreuen und keine soziale Realität schaffen, in der wir mit unseren Mitmenschen verbunden sind.

Phasen der Sprachentwicklung

Die menschliche Sprachentwicklung kann grob in 4 Phasen eingeteilt werden. Diese überlappen sich und können deshalb nicht genau voneinander getrennt werden (Kaplan u. Kaplan 1970).

1. Phase. Die Untersuchung der Sprachentwicklung bei Kindern beginnt mit dem Geburtsschrei des Neugeborenen. Während der ersten 3 Wochen ist das „Sprachrepertoire" des Kindes äußerst eingeschränkt. Der Schreilaut kann etwas abgewandelt werden und ermöglicht es so aufmerksamen Eltern, aufgrund der Klangunterschiede z. B. auf Ärger oder körperlichen Schmerz zu schließen. Im wesentlichen jedoch besteht die Sprache des Neugeborenen aus Schreien, Husten und Gurrlauten. Die Vokalisation ist in diesem Lebensstadium zwar noch diffus, doch zeigte sich bei der Analyse von Filmaufnahmen, daß schon 2 Tage alte Säuglinge sich synchron zum Sprechen von Erwachsenen bewegen. Sicher sind diese Bewegungen noch sehr schwach ausgeprägt – ein leichtes Kopfneigen, eine Hüftdrehung – aber sie zeigen, daß das Kind sich auf die Welt der Erwachsenen einstimmt (Condon u. Sander, 1974).

2. Phase. Im Alter zwischen 3 Wochen und etwa 4–5 Monaten bringt das Kleinkind „Pseudoschreie" hervor, die man nicht als einfaches Schreien bezeichnen kann. Abwandlungen dieser Laute entstehen durch Veränderungen in Dauer und Frequenz sowie durch den Gebrauch der Sprachorgane. Tatsächlich kommen bei den Lautäußerungen während der ersten 2 oder 3 Lebensmonate sämtliche Sprechlaute aller Sprachen vor. Es scheint sich dabei um so etwas wie die allgemeine Betätigung des gesamten Sprachapparats zu handeln; d. h. das Kind ist noch nicht in der Lage, ganz bestimmte und beabsichtigte Laute hervorzubringen und produziert zufallsmäßig viele.

Die Sprachwahrnehmung verfeinert sich auch etwas. Kinder von einem Monat konnten zwischen stimmhaften und stimmlosen Endkonsonanten wie b und p oder d und t unterscheiden, wie sich an ihrer dazu in Abhängigkeit stehenden Saugleistung zeigte (Eimas et al. 1971). Die Ergebnisse dieser Untersuchung sowie die festgestellte Bewegungssynchronizität sprechen sehr dafür, daß die Sprachwahrnehmung früher ausgeprägt ist als die willkürliche Sprachproduktion. Wie wir noch sehen werden, können Kinder die gesprochene Sprache schon verstehen, bevor sie noch einigermaßen bewandert sind in ihrem Gebrauch (vgl. Abb. 8.4).

Säuglingsvokalisationen erfolgen auch in Interaktion mit artikulatorischen Äußerungen der Mutter. Diese Interaktion ist manchmal alternierend: Die Mutter produziert einen Laut, das Kind antwortet mit einem anderen Laut, darauf die Mutter wieder mit einem anderen usw. Zu

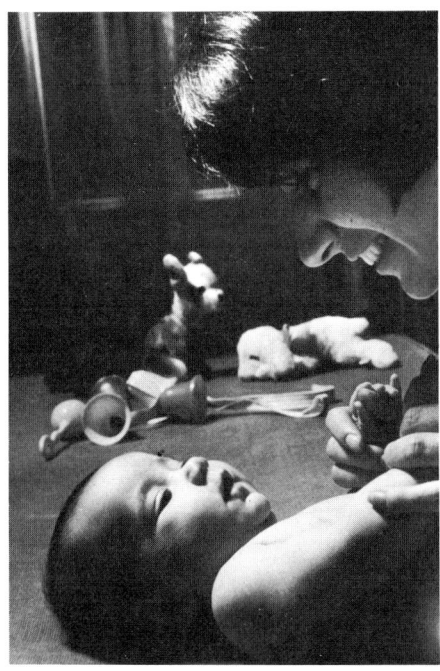

Abb. 8.4. Zusätzlich zu den eigentlichen Spiel- und Plauderzeiten ergibt sich auch beim Baden, Windeln, Anziehen und Füttern häufig lautliche Interaktion zwischen Mutter und Kind

anderen Zeiten wieder ist die Interaktion simultan: Mutter und Kind produzieren die Laute gleichzeitig. 2–4 Monate alte Kinder zeigen beide Arten; und diese scheinen sich auch aus verschiedenen Gründen zu entwickeln. Das Alternanzschema erscheint dabei als der Vorläufer normalen Gesprächsverhaltens, bei dem der eine spricht, während der andere schweigt und umgekehrt. Das Simultanschema ist am häufigsten dann zu beobachten, wenn das Kind ein hohes Erregungsniveau erreicht hat, etwa beim Sichbewegen oder Umherblicken. Auch Erwachsene vokalisieren simultan, wenn sie sehr erregt sind, wie etwa bei heftigem Streit oder beim Sex (Stern et al. 1975).

3. Phase. Im 2. Lebenshalbjahr werden die Sprachlaute des Kindes so abwechslungsreich und zusammenhängend, daß man von der Lallperiode spricht, Wie in den vorangegangenen Phasen werden sehr viele verschiedene Laute hervorgebracht und scheinen – zumindest zu Beginn der Lallperiode – in allen Kulturen die gleichen zu sein. Gegen Ende dieser Phase jedoch beginnen die Kinder die Intonationsmuster ihrer Muttersprache zu imitieren. Obwohl noch keine Wörter produziert werden, hören sich die Lautgebilde eines amerikanischen Kindes wie amerikanisches Englisch an, und was japanische Kinder hervorbringen, klingt japanisch (Glucksberg u. Danks 1975).

4. Phase. Die Anfangsstadien „echter" strukturierter Sprache beginnen gegen Ende des 1. Lebensjahres. Die „vorsprachliche" Periode der früheren Phasen wird jetzt durch das Auftauchen der ersten erkennbaren Wörter abgelöst. Man weiß allerdings bislang noch nicht, ob zwischen den Äußerungen der vorsprachlichen Phasen und der wirklichen Sprachproduktion ein systematischer Zusammenhang besteht. Einige Forscher vertreten die Auffassung, die Lallperiode stelle einen folgerichtigen Entwicklungsschritt dar; andere behaupten dagegen, die echte Sprachentwicklung stehe in keinerlei Zusammenhang mit dem vorsprachlichen Verhalten.

Der Wortschatz von etwa 2–3 Wörtern, der typisch für ein 1jähriges Kind ist, erhöht sich auf etwa 50 Wörter beim 2jährigen und auf 1000 Wörter beim 3jährigen Kind (Lenneberg 1969). Die größere Stimulierung durch tägliche Fernsehprogramme kann möglicherweise dazu beitragen, die Entwicklung des Wortschatzes zu fördern, und kann, wenn sie systematisch und

geschickt vorbereitet wird (z. B. TV-Sendung *Sesamstraße,* vgl. Abb. 8.5), auch andere Aspekte der Sprachentwicklung beeinflussen.

Schema der Sprachentwicklung

Was sagen Kinder, wenn sie erst einmal soweit sind, daß sie erkennbare Wörter aussprechen können? Ihre ersten sinnvollen Äußerungen sind einzelne Wörter wie „Mama", die aber oft für einen ganzen Satz stehen. Mit „Mama" kann z. B. gemeint sein: „Das ist Mama", „Mama, wo bist Du", „Mama, ich habe Hunger" oder – je nach der Situation – vieles andere mehr. Später fügt das Kind Wörter zu Zwei-Wort-Sätzen zusammen. Wie wir noch sehen werden, handelt es sich nicht um Zufallskombinationen, sondern die Zusammenstellungen haben eine definitive, gesetzmäßige Struktur. Diese Struktur ändert sich zwar mit fortschreitendem Lebensalter, stimmt aber nicht immer mit der Gliederung der Erwachsenensprache überein.

Zusammenstellen von Wörtern

Mit ungefähr 18 Monaten beginnt das Kind anstelle von Ein-Wort-Äußerungen Zwei-Wort-Sätze zu gebrauchen. Auf diese Weise werden offenbar die verschiedensten Relationen zwi-

Abb. 8.5. Drei Bewohner der „Sesamstraße" haben sich in Mr. Hoopers Bonbonladen versammelt und helfen mit bei der Aufgabe, Vorschulkinder in der Entwicklung ihrer kognitiven Fertigkeiten zu fördern

schen den Objekten ausgedrückt. Der Satz „Tasse Glas" könnte z. B. eine *Konjunktion* meinen („Ich sehe eine Tasse und ein Glas"). In ähnlicher Art könnte eine *Präposition des Ortes* folgendermaßen ausgedrückt werden: „Hut Stuhl" („Der Hut liegt auf dem Stuhl"). Ein Satz wie „Maria Ball" könnte ebenso ein *Besitzverhältnis* („Das ist Marias Ball") wie eine *Subjekt-Objekt-Beziehung* („Maria wirft den Ball") meinen. Es ist ganz klar, daß derartige Zwei-Wort-Sätze nur im jeweiligen Kontext verstanden werden können (wie übrigens viele „normale" Sätze auch).

Das Bedeutsame an der Kindersprache dieser Phase ist, daß sie *kein* unmittelbares Kopieren der Erwachsenensprache darstellt. Zwar benutzt das Kind die gleichen Wörter, es fügt sie aber anders zusammen. Die Grammatik des Kindes hat ihre eigenen Gesetze, die nicht mit der in seiner Umgebung gesprochenen Erwachsenensprache übereinstimmen.

Regeln des Wort- und Satzaufbaus

Im Alter von ungefähr 2 Jahren beginnen die Kinder Sätze zu bilden, die aus mehr als 2 Wörtern bestehen. Oft entstehen diese längeren Sätze als Erweiterungen der kürzeren; das Kind bildet zunächst einen kurzen Satz, den es aber dann komplexer macht, indem es noch etwas „anflickt": „Will das" ... „Andreas will das" ..., oder: „Steht auf" ... „Katze steht auf" ... „Katze steht auf Tisch". Bei aufmerksamer Betrachtung dieser längeren Sätze finden wir Hinweise dafür, daß das Kind jeden Satz aktiv in seine Einzelelemente aufgliedert und nicht einfach Wörter aneinanderreiht.

Mit zunehmender Komplexität seines sprachlichen Ausdrucks beginnt das Kind gewisse Gesetzmäßigkeiten oder *Regeln* einzuführen. Dabei kann es geschehen, daß es sich im Anwendungsumfang einer Regel vergreift, was zu linguistischen Formfehlern führt. Hat ein Kind z. B. gerade die Regeln zur Bildung der Vergangenheitsform gelernt, hängt es möglicherweise die Endung „te" an *alle* Verben an (wobei dann Formen wie „gehte" anstatt „ging" und „fahrte" anstatt „fuhr" herauskommen können).

Diese Verallgemeinerung der Regelanwendung ist besonders deshalb interessant, weil sie gewöhnlich erst auftritt, *nachdem* das Kind bereits die korrekten Formen der Verben und Prono-

men gelernt und selbst schon angewendet hatte; d. h. das Kind sagte zunächst ganz richtig „ging" und „fuhr", weil es diese Formen als separate Vokabeln gelernt hatte. Lernt das Kind jedoch später die allgemeinen Regeln zur Bildung der Vergangenheitsformen, beginnt es sie sogleich auf alle Verben anzuwenden, obwohl es niemals andere Menschen in dieser Weise hatte sprechen hören. Durch die analytische Betrachtung solcher Fehler können wir herausfinden, wie weit das Sprachenlernen von der Aneignung allgemeiner Regeln abhängt.

Bis zu diesem Stadium der Sprachentwicklung hatten die Sätze die Form einfacher Aussagen wie: „Mehr Schokolade", „Michael will das". Nun aber beginnt das Kind nach und nach mit der Konstruktion regelrechter Fragen und Verneinungen. Die Anwendung einer der Sprachregeln macht es möglich, die Aussage: „Er macht das" in die Frage: „Macht er das?" umzuwandeln. Wird dem Satz dann noch ein „Warum" vorangestellt, ändert dies die Frage in: „Warum macht er das?" ab.

Diese Entwicklung ist nicht ganz einfach. Das Kind hat eine kurze Gedächtnisspanne und ist nicht imstande, viele Sprachregeln gleichzeitig anzuwenden. Außerdem fällt es kleinen Kindern schwer, die Bedeutung bestimmter Wörter auseinanderzuhalten: „Was" wird mit „wer" verwechselt, „warum" mit „was" und „wann" mit „wo" (Clark 1971). Auch hinsichtlich der Satzbedeutung kann Verwirrung entstehen. Einem amerikanischen Jungen von 6½ Jahren gab man 2 Spielzeugfiguren: Donald Duck und Bozo, den Clown. Dazu sagte man ihm: „Donald fordert Bozo auf, über den Tisch zu hopsen. Kannst Du ihn hopsen lassen?". Der Junge ließ Bozo über den Tisch hüpfen. Als man ihm aber sagte: „Bozo verspricht Donald, über den Tisch zu hopsen. Kannst Du ihn hopsen lassen?", bewegte der Junge Donald anstatt Bozo über den Tisch. Im ersten Satz steht „Bozo" (der Satzstellung nach) dem Wort „hopsen" am nächsten, also läßt das Kind Bozo hopsen. Im zweiten Satz ist „Donald" näher, folglich muß er hopsen. Dieses *Prinzip des kürzesten Abstands* ist aber im zweiten Satz außer Kraft gesetzt; das Kind hat noch nicht gelernt, daß durch die Einführung des Verbs „versprechen" eine Änderung eintritt (C. S. Chomsky 1970).

Theorien zum Spracherlernen

Nachdem wir nun eine Vorstellung davon gewonnen haben, *was* Kinder sagen, wollen wir uns der Frage zuwenden, *wie* sie sprechen lernen. Woher haben sie diese Fähigkeit, eine komplexe Sprache zu produzieren? Viele Leute gäben wahrscheinlich zur Antwort: „Kinder ahmen halt nach, was sie hören, und wenn sie dabei Fehler machen, werden sie von den Eltern korrigiert." Tatsächlich ist dieses Imitationskorrekturmodell eine der verbreitetsten Theorien über den Spracherwerb. Daneben gibt es den entwicklungspsychologischen, rationalistischen Ansatz, der eine anderslautende Antwort anbietet: Die Befähigung zum effektiven Sprachgebrauch wird als eine angeborene Disposition des Menschen aufgefaßt, die an einem bestimmten Punkt der kindlichen Entwicklung zutage tritt und als einziger weiterer Voraussetzung einer aufnahmebereiten Umwelt bedarf.

Der lerntheoretische Ansatz:
Imitation und Verstärkung

Skinner (1957), einer der führenden Lerntheoretiker, vertritt den Standpunkt, daß die Sprache nach denselben Prinzipien wie alles andere Verhalten auch gelernt wird. Kinder imitieren das Sprachverhalten der Erwachsenen ihrer Umwelt. Wenn ihnen die Nachahmung gut gelingt, wird ihr Verhalten seitens der Erwachsenen positiv verstärkt durch Lob und Bestätigung, daß sie es „richtig" gemacht haben. Machen sie dagegen einen Fehler und drücken sich grammatikalisch unrichtig aus, bleibt die Verstärkung aus, und manchmal erfolgt auch durch die Erwachsenen eine „Bestrafung" in Form von Äußerungen wie: „Nein, das ist falsch" oder: „So kannst Du das nicht sagen". Da die Imitation der Erwachsenen auf diese Weise selektiv verstärkt wird, lernen die Kinder allmählich, richtig zu sprechen.

Diese Vorstellung vom Spracherwerb der Kinder ist zwar recht unkompliziert, aber dennoch nicht ganz unproblematisch. Erstens müßte die *Variabilität* der Umwelt- und Verstärkungsbedingungen eine ungeheure Variabilität in der Sprachentwicklung verschiedener Kinder derselben Kultur oder über verschiedene Kulturen hinweg hervorrufen. Dies trifft jedoch nicht zu. Obgleich Unterschiede zwischen den verschiedenen Trainingsmöglichkeiten und sozialen Verstärkungen bestehen, die durch die große Verschiedenheit sozialer Umgebungen, in denen Sprachlernen stattfindet, zustande kommen, so folgt die Sprachentwicklung von Kindern verschiedener Kulturen und verschiedener sozialer Klassen doch einem relativ einheitlichen Muster.

Taube Eltern können ihre Kinder weder hören noch Verstärkungen geben, dennoch durchlaufen diese die gleichen Phasen der Vokalisationsentwicklung wie die Kinder von Eltern mit normalem Gehör (Lenneberg 1969).

Als weiteres Argument gegen diese lerntheoretische Auffassung läßt sich die Tatsache anführen, daß Kinder oft Äußerungen von sich geben, die eindeutig *keine* Imitation der Erwachsenensprache darstellen. Wie wir bereits sahen, sagen Kinder Dinge wie „er gehte"; sie produzieren auch Zwei-Wort-Sätze wie: „Alleweg Papi". Nichts davon haben sie ja aus Erwachsenenmunde gehört. Darüber hinaus berichtigen Eltern ihre Kinder gar nicht so oft wie die Lerntheoretiker behaupten. Im allgemeinen bemühen sich die Eltern viel mehr zu verstehen, *was* ihr Kind sagt, als daß sie darauf achten, *wie* es etwas ausdrückt. So wird eine richtige Feststellung häufig durch die Eltern positive Verstärkung erfahren, auch wenn die Aussage grammatikalisch unhaltbar ist. Sagt das Kind z. B.: „Macht mich Locken", wird die Mutter, die ihrer Tochter tatsächlich gerade Locken kämmt, darauf sagen: „Richtig, mein Kind!" Trifft das Kind dagegen in grammatikalisch untadeliger Form die Feststellung: „Das ist ein Stall" und deutet dabei auf ein Transformatorenhäuschen, so wird es von seinen Eltern hören: „Nein, das ist falsch!" (Brown et al. 1969).

Entscheidender ist aber noch folgendes: Könnten Kinder nur solche Sätze sagen, für deren erfolgreiche Imitation sie bereits belohnt worden sind, wie wären sie dann jemals in der Lage, neue, noch nie gehörte Sätze selbst zu produzieren? Ganz offensichtlich bilden Kinder ebenso wie Erwachsene ständig absolut originelle Sätze. Jeder Mensch kann theoretisch unendlich viele Sätze äußern. Die Entwicklungstheorie des Spracherwerbs zieht dies in Betracht.

Der entwicklungstheoretische Ansatz: Aneignung von Regeln

Dieser Ansatz geht davon aus, daß Kinder ein komplexes System von Regeln erlernen und nicht nur einfach Wortketten. Aufgrund dieses Systems sind sie in der Lage, unendlich viele neue Sätze zu produzieren. Wie wir schon gesehen haben, beweist die Überziehung der Regelanwendung im Falle der Vergangenheitsform ganz eindeutig, daß sie ein System von Regeln benutzen. Diese erlernen sie ohne regulären Unterricht und darüber hinaus lange bevor sie zu anderen komplexen Intelligenzleistungen fähig sind. Wie schaffen sie das?

Theoretiker wie Lenneberg (1969) betonen die Bedeutung biologischer Faktoren. Wie wir bereits sahen, handelt es sich bei der Entwicklung eines so komplexen und abstrakten Systems wie der Sprache um eine *artspezifische* Fähigkeit, die nur dem Menschen eigen ist. Einige Tierarten haben zwar ein relativ komplexes Signalsystem hervorgebracht, mittels dessen sie sich über drohende Gefahr und Anwesenheit von Futter verständigen können. Derartige Systeme beinhalten aber keine Möglichkeiten für neuartige Ausdrucksweisen oder Abstraktionen, wie sie die menschliche Sprache enthält.

Die Sprachfähigkeit scheint auch *arteinheitlich* zu sein: Es ist keine Menschengruppe bekannt, die nicht über eine Sprache verfügt. Weiter unterscheiden sich die verschiedenen menschlichen Sprachen nur geringfügig hinsichtlich der Komplexität ihrer Grammatik. Beobachtungen dieser Art haben viele Psycholinguisten veranlaßt anzunehmen, daß viele Aspekte unserer Sprachfähigkeit wahrscheinlich angeboren sind. Das würde bedeuten, daß ein Großteil unserer Fähigkeit, eine Sprache zu sprechen oder zu verstehen, auf unsere genetischen Anlagen und nicht auf spezifische Verstärkungen, die wir im Laufe der Zeit erhalten haben, zurückzuführen ist. Lenneberg (1969) weist darauf hin, daß „Kinder nicht früher und nicht später anfangen zu sprechen, als bis sie eine gewisse körperliche Reife erlangt haben". Er hat gezeigt, daß die Sprachentwicklung stark mit der motorischen Entwicklung und Anzeichen der Gehirnentwicklung korreliert.

Der Hypothesenprüfungsansatz steht in engem Zusammenhang mit N. Chomskys Theorie von der Transformationsgrammatik (1965). Er stellt zweifellos eine interessante Alternative zur Imitationsverstärkungstheorie dar, kann aber letztlich nicht die Frage beantworten, wie Kinder ihre Muttersprache lernen.

Denken und Problemlösen

Die Art des Denkens bewegt sich zwischen 2 Extremformen: dem autistischen und dem realistischen Denken. *Autistisches* Denken beinhaltet charakteristischerweise Phantasie, Tagträumen und aus dem Unbewußten kommende Einfälle. Es ist mehr oder weniger ein die eigenen Bedürfnisse erfüllendes Wunschdenken, mit dem eine illusionäre Welt geschaffen wird, in der alles so ist, wie man es haben möchte. Bei jeglichem schöpferischem Wirken ist etwas autistisches Denken mitbeteiligt. Tritt es jedoch sehr häufig auf oder stellt es bei einem Menschen den absolut vorherrschenden Denkstil dar, so darf man vermuten, daß er „keinen Kontakt zur Realität" hat.

Denkstörungen bei Schizophrenen sind oft dadurch gekennzeichnet, daß Gültigkeit und Richtigkeit äußerer Erfahrung am Maßstab der inneren Realität (den Überzeugungen des Patienten) gemessen wird.

Beim *realistischen* Denken werden persönliche Wünsche und Meinungen der äußeren Realität untergeordnet und durch sie „korrigiert". Erweisen sich unsere Gedanken unter Berücksichtigung der Realität als nicht haltbar, so sind wir geneigt und bereit, sie zu ändern (und konsequenterweise auch das gedanklich motivierte Handeln). Ein erfolgreicher Sportler, dem man eröffnet hat, daß er sein Stipendium verlieren wird, wenn er nicht bessere Studienleistungen bringt, beweist realistisches Denken, wenn er seine Teilnahme an Sportwettkämpfen einschränkt, mehr Zeit auf sein Studium verwendet und einen Repetitor engagiert.

Ein gegensätzliches Verhalten zeigt folgendes Beispiel: Der Teilnehmer an einem Kurs über interpersonale Anziehung bildete sich ein, die Lehrerin sei in ihn verliebt, weil sie im Rahmen ihrer Vorträge viel von Gernhaben, Liebe und Intimität sprach. Er sagte ihr, es sei ihm klar, daß sie ihm auf diese Weise verschleiert ihre Gefühle mitteile, und er liebe sie auch. Darauf eröffnete sie ihrem liebestollen Schüler, daß sie ihn unter den über 100 Kursteilnehmern im Vorlesungsraum nicht einmal *sähe,* daß sie keinerlei besondere Gefühle für ihn hege und außerdem glücklich mit jemand anderem liiert sei. Er tat die Realität kurzerhand ab, indem er ihre Antwort als „prüdes Verhalten" interpretierte und machte ihr weiter Avancen. Selbst als die Lehrerin Strafmaßnahmen wegen Beleidigung gegen ihn veranlaßte, beharrte er darauf, sie „spiele sich nur auf, um ihn zu erobern". So also kann sich autistisches Denken auswirken: Es macht die Menschen blind für reale Gegebenheiten, die eine Verwirklichung ihrer irrationalen Einfälle und persönlichen Wunschvorstellungen nicht zulassen.

Methoden des schlußfolgernden Denkens

Schlußfolgern ist auf ein bestimmtes Ziel gerichtetes Denken. Es bezieht nicht nur die maßgeblichen Informationen ein, die die Umwelt liefert, sondern berücksichtigt auch gespeicherte Information und richtet sich nach einer Reihe von formalen oder informellen Regeln zur Informationsverarbeitung. Schlußfolgerndes Denken kann deduktiv, induktiv oder evaluativ sein.

Deduktives Denken bedeutet Analyse und Abstraktion. Bei der *Analyse* wird ein Gegenstand in seine Einzelteile zerlegt, und der Teil tritt für das Ganze ein. Die Aussage: „Aller Krieg ist die Hölle" präsentiert nur *eine* Eigenschaft des Krieges (sie stellt fest, daß er „höllisch" ist). Die *Abstraktion* ordnet eine besondere Eigenschaft einem Begriff von weiterem Umfang oder einer allgemeinen Regel unter. In der Fortführung der Abstraktion mit: „Böse Orte sind schlecht für alle Lebewesen" subsumiert der Denkende „Hölle" unter die allgemeine Kategorie „böse Orte".

	a)			b)
P_1:	Aller	Krieg	ist	die Hölle
	b)			c)
P_2:	Hölle		ist	böse
K:	Aller	Krieg	ist	böse

Deduktives Schlußfolgern ist durch *Syllogismen* charakterisiert, die den Regeln der aristotelischen Logik folgen. Sind 2 Prämissen – P_1 und P_2 – gegeben, so ist nur ein einziger *gültiger* Schluß (Konklusion, *K*) möglich. Im Geome-

trieunterricht haben Sie zweifellos diese Art des Schlußfolgerns gelernt. Wird der syllogistische Schluß nicht nach den Gesetzen der Logik erreicht, so ist er ungültig.

Die *Gültigkeit* eines Syllogismus sollte von der *Wahrheit* der Schlußfolgerung unterschieden werden. Ein Syllogismus kann logisch wahr sein, aber die Konklusion faktisch falsch – wenn er auf falschen Prämissen beruht. Andererseits kann der Schluß faktisch richtig sein, ist jedoch nicht logisch von den Prämissen abgeleitet. In diesem Fall ist der Syllogismus ungültig. Syllogistisches Schlußfolgern beinhaltet Aussagen, die die Beziehung zwischen übergeordneten und untergeordneten Sätzen von Aussagen betreffen. Abbildung 8.6 zeigt die 4 Ausdrücke für Beziehungen, wie sie üblicherweise im Venn-Diagramm verdeutlicht werden.

Zwei Arten von Fehlern sind beim deduktiven Schlußfolgern möglich: formale Fehler und inhaltliche Fehler. *Formale Fehler* treten auf, wenn entweder die Breite (der Umfang) des mittleren Ausdrucks (Aussagenverknüpfung) zu stark verallgemeinert wird oder wenn eine spezifische Prämisse falsch interpretiert wird (z. B. „einige" als „alle"). *Inhaltliche Fehler* entstehen, wenn persönliche Einstellungen hinsichtlich der Konklusion oder der Prämissen den Prozeß der deduktiven Schlußfolgerung beeinflussen. Stärker emotional „geladene" Konklusionen begünstigen Fehler bei der Schlußfolgerung, die in diesen Fällen zahlreicher auftreten als bei emotional neutralen Konklusionen der gleichen logischen Form (Lefford 1946). Aus systematischer Untersuchung der beim logischen Denken und Schlußfolgern auftretenden Fehler erfahren wir viel über die Struktur des menschlichen Geistes. Darüber noch mehr im letzten Abschnitt dieses Kapitels.

Man darf jedoch nicht erwarten, daß es auf alle Fragen nur jeweils eine richtige Antwort gibt, und nicht alle Probleme lassen sich dadurch lösen, daß man einfach die verfügbaren Fakten zusammenstellt.

Induktives Schlußfolgern umfaßt die Konstruktion einer Hypothese aus einem Minimum an Fakten. Sodann wird weiteres Material auf seine Beweiskraft zur Bestätigung der Hypothese hin überprüft. Auch Alternativhypothesen werden aufgestellt. Die einzelne Hypothese – oder einige wenige Hypothesen – werden jeweils nacheinander im Vergleich mit den verfüg-

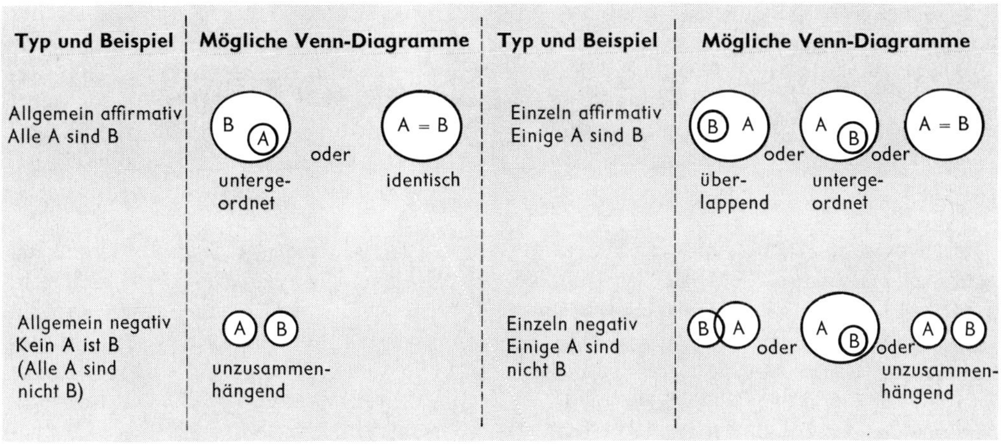

Typ und Beispiel	Mögliche Venn-Diagramme	Typ und Beispiel	Mögliche Venn-Diagramme
Allgemein affirmativ Alle A sind B	untergeordnet oder identisch	Einzeln affirmativ Einige A sind B	überlappend oder untergeordnet oder identisch
Allgemein negativ Kein A ist B (Alle A sind nicht B)	unzusammenhängend	Einzeln negativ Einige A sind nicht B	oder oder unzusammenhängend

Abb. 8.6. Mögliche Venn-Diagramme zu 4 Arten von Beziehungen. (Aus Mayer 1977)

baren Daten auf ihre Gültigkeit hin überprüft (Trabasso u. Bower, 1968; Restle u. Greeno 1970). Psychologische Theorien werden weitgehend durch induktives Schlußfolgern gewonnen. Eine dritte Art des Schlußfolgerns geht *evaluativ* vor, indem sie die Stichhaltigkeit oder Angemessenheit eines Gedankens, einer Handlung oder eines Produkts beurteilt. Kritisches Denken ist evaluativ. Es beinhaltet die Beurteilung der Eignung oder Güte oder Wirksamkeit eines Gedankens oder einer Vorstellung. Damit ist es abgegrenzt gegenüber schöpferischem Denken, das darauf ausgerichtet ist, Neues hervorzubringen oder Bestehendes zu erweitern. Die Gültigkeit seines Ergebnisses hängt nicht nur von dem Schlußfolgerungsprozeß selbst ab – in diesem Falle von der Bewertung –, sondern auch von der Beurteilungsgrundlage. Liegt schon im Bezugssystem ein Fehler vor, wird die als „angemessen" bewertete Lösung möglicherweise nicht den tatsächlichen situativen Anforderungen genügen.
Evaluatives Schlußfolgern setzt nicht erst dann ein, wenn ein Problem schon gelöst ist; es ist vielmehr ein inhärenter Teil des Aneignungsprozesses, der auf den Erwerb neuer Reaktionen, Fertigkeiten oder Lernstrategien abzielt. Fünf Einzelschritte lassen sich im Ablauf evaluativen Schlußfolgerns skizzieren (nach Holliman 1976):

1. Festsetzung der Ziele (Aufgabenanalyse) und Aufstellung eines geeigneten Erfolgskriteriums.

2. Auswahl der Mittel, die zur Aufgabenlösung benötigt werden.
3. Spezifizierung der zur Zielerreichung erforderlichen Reaktionen.
4. Einteilung der Mittel und Programmierung der Reaktionsabfolge zur effizienten Erreichung des Endziels.
5. Evaluierung des erzielten Resultates im Lichte des Erfolgskriteriums.

Es ist schon so wie Sherlock Holmes mehr als einmal bemerkte: Beweiskräftige Fakten mögen ganz eindeutig in eine bestimmte Richtung weisen; betrachtet man sie aber aus einer nur geringfügig veränderten Perspektive, lassen sie sich ohne weiteres genau entgegengesetzt interpretieren.
(N. Meyer, *The Seven Percent Solution (Die siebenprozentige Lösung)*

Problemlösen

Neue Situationen bringen Probleme mit sich, wenn man unter diesen Bedingungen zwar zur Erreichung bestimmter Ziele motiviert ist, sich dabei aber Hindernissen gegenübersieht, für deren Überwindung man kein fertiges Rezept parat hat. Dadurch kann aus der Situation leicht ein Frustrationserlebnis erwachsen. Wenn man das Problem lösen will, so muß man eine Reaktion erbringen, die geeignet ist, das Hindernis zu beseitigen. Da frustrierende Situationen im Leben immer wieder vorkommen, spielt das Problemlöseverhalten innerhalb unseres Gesamtverhaltens eine wichtige Rolle. Einige Psycholo-

Methoden des schlußfolgernden Denkens – Problemlösen   293

gen der kognitiven Richtung gehen sogar soweit, das gesamte Denken als „Problemlösen" zu definieren (Johnson 1972), wobei sie dem Problemlösen sogar die zentrale Bedeutung in unserer gesamten Umweltadaptation beimessen.

Reproduktives vs. produktives Denken

Beim Prozeß des Problemlösens können 2 grundsätzlich zu unterscheidende Denkformen beteiligt sein: reproduktives Denken und produktives Denken. Wird zur Problemlösung *reproduktives* Denken eingesetzt, so heißt das, daß die Bewältigung des Problems durch Reproduktion alter Gewohnheiten und verstärkter Verhaltensweisen versucht wird:
Lösungen, die sich in der Vergangenheit als effektiv erwiesen haben, werden auf aktuelle Probleme angewandt. Diese Form des Denkens bezeichnet man auch als „Versuch-und-Irrtum"-Denken, mechanisches oder „gedrilltes" Denken. Das *produktive* Denken beantwortet aktuelle Probleme mit dem Hervorbringen völlig neuer Lösungen; dafür wurden auch die Bezeichnungen „Einsicht" und „strukturelles Verstehen" verwendet. Reproduktives Denken wird charakteristischerweise von den *assoziationistischen* Richtungen betont, während der Begriff des produktiven Denkens aus der *gestaltpsychologischen* Theorie hervorgeht. Die Ursprünge der beiden gegensätzlichen Auffassungen liegen einmal in Thorndikes Katzenexperiment, in dem die Tiere versuchten, aus ihrer Gefangenschaft im Problemkäfig zu entkommen, und – im anderen Fall – im Köhlerschen Experiment, bei dem Affen versuchten, außerhalb ihrer Reichweite liegender Bananen habhaft zu werden.

Für Thorndike (1926) bedeutete Denken Lernen durch Assoziation. Seine eingesperrten Katzen zeigten in ihrer Bemühung zu entkommen anfangs eine Vielzahl von Reaktionen. Die Reaktionen, die zu nichts führten, wurden gelöscht; diejenigen, die zur Lösung gehörten, wurden verstärkt und dadurch kräftiger. Man kann sich die durch die Reizsituation ausgelösten Reaktionen als – entsprechend ihrer Stärke oder Auftretenswahrscheinlichkeit – eine hierarchische Ordnung gebracht vorstellen. Die anfängliche *Gewohnheitshierarchie* (Abb. 8.7) verändert sich im Verlauf der Versuch-und-Irrtum-Erfahrung, bei der untaugliche Reaktionen schwächer und taugliche – die anfangs schwach waren – stärker werden.

Nach der hier vertretenen assoziationistischen Auffassung stellt das Problemlösen einen Prozeß dar, in dem durch Reiz-Reaktion-Lernen allmählich die Gewohnheitshierarchie verändert wird. Aus dieser Sicht ist das Problemlösen eher eine Sache des Lernens als des Denkens; d. h. Lebewesen erlernen richtiges Verhalten eher nach und nach, und es verhält sich nicht so, daß sie Reaktionen plötzlich erkennen. Man bezeichnet dies als die *Kontinuitätshypothese* des Problemlösens; aus Übung, Erfahrung und Verstärkung entwickelt sich im Lauf der Zeit allmählich die Lösung.

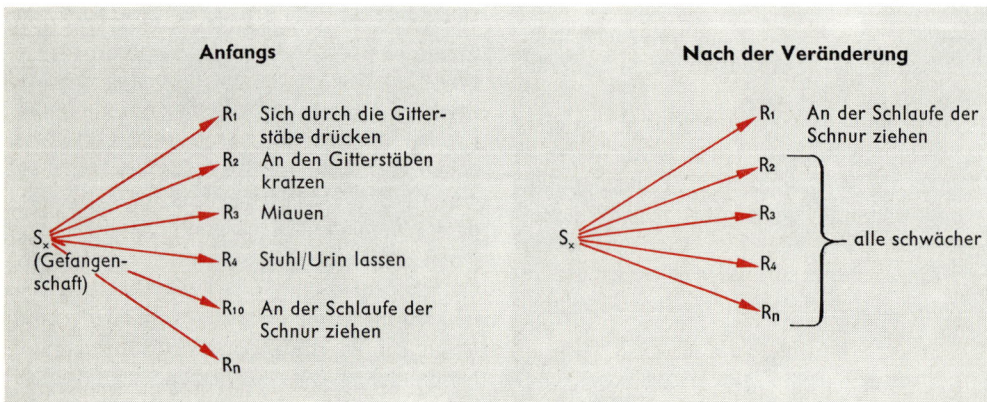

Abb. 8.7. Gewohnheitshierarchie

Der Gestaltpsychologe W. Köhler ficht diesen Standpunkt an mit dem Argument, das Thorndikesche Experiment sei zur Untersuchung des Problemlöseprozesses ungeeignet, da die Versuchsanordnung der Katze nicht erlaubt habe, zur Problemlösung Voraussicht und Planung einzusetzen. Bei diesem Versuch befand sich der Mechanismus zum Öffnen der Tür nicht im Sichtbereich des Tieres, weshalb es auch nicht „ausknobeln" konnte, wie er funktionierte. Die korrekte Reaktion (nämlich das Betätigen eines Schnappriegels) lag zudem so sehr außerhalb des normalen Bewegungsrepertoires der Katze, daß sie wahrscheinlich nur durch Zufall entdeckt, nicht aber durch „Schlußfolgern" erzielt werden konnte.

Köhler versuchte diesen Schwierigkeiten zu begegnen, indem er die Problemsituation für die Tiere so gestaltete, daß alle zur Lösung erforderlichen Gegenstände ohne weiteres sichtbar waren. In seiner berühmt gewordenen Versuchsreihe mit Affen bestand das Problem für die Tiere darin, Futter an sich zu bringen, das außerhalb ihrer Reichweite lag (Abb. 8.8). Es wurde z. B. ein Korb mit Obst vom Käfigdach so herunterhängen lassen, daß er durch Ziehen an einem Seil ins Schwingen gebracht werden konnte. An einer bestimmten Stelle in der Schwungbahn des Korbs befand sich ein Gerüst. Der Korb war zwar für das Tier vom Boden aus unerreichbar, aber es konnte ihn abfangen, wenn es auf das Gerüst sprang.

Im Gegensatz zu Thorndikes Katzen schienen Köhlers Affen die Lösung plötzlich zu entdecken; nicht irgendwann im Verlauf von Zufallsreaktionen. Darüber hinaus zeigten sie, nachdem sie einmal die Lösung gefunden hatten, in allen folgenden Versuchen zuverlässig die richtige Reaktion, anstatt – wie Thorndikes Tiere – eine allmähliche Verbesserung erkennen zu lassen. Mit anderen Worten, Köhlers Affen handelten in Übereinstimmung mit der *Diskontinuitätshypothese*. Köhler (1926) verfocht die Auffassung, Problemlösen sei primär eine Sache der Einsicht und Umorganisation der Wahrnehmung und nicht des Versuch-Irrtum-Verhaltens. Durch spätere Untersuchungen erfuhr Köhlers Standpunkt eine Modifikation, denn es wurde gezeigt, daß Einsicht kein plötzlich einsetzender Vorgang ist, sondern maßgebliche frühere Erfahrung impliziert.

Abb. 8.8. Tiere benutzen instinktiv „Werkzeuge" – sowohl wenn sie wild leben als auch unter Menschen. Dieser Schimpanse benutzt einen Grashalm, um sich aus einem Termitenhaufen seine Mahlzeit herauszustochern. (Foto von Baron Hugo von Lawick; © National Geographic Society)

Einzelphasen des Problemlösens

Beim Menschen ist das Problemlösen gewöhnlich ein Prozeß, an dem sowohl Einsicht als auch Lernen durch Versuch und Irrtum beteiligt sind. Im allgemeinen gehen wir schon von Anfang an mit mehr Einsicht an ein Problem heran, als es beispielsweise den Katzen in der Puzzlebox möglich war. Die meisten Probleme sind uns nicht gänzlich unvertraut, und es ist wahrscheinlich, daß unsere Problemsituation interne Beziehungen aufweist, wogegen das Türschloßbetätigen im Problemkäfig nichts enthält, was mit Futter in Beziehung steht. So bilden wir aufgrund unseres Erfahrungswissens brauchbar erscheinende Hypothesen, die wir dann auf die beabsichtigte Lösung hin entweder durch aktives Handeln oder in Gedanken (verdeckte Versuch-Irrtum-Reaktion) durchprobieren. Wir sehen, zu welchen Ergebnissen unsere Lösungsversuche führen, gewinnen zunehmende Einsicht und produzieren immer geeignetere Hypothesen zur Bewältigung des Problems, bis wir schließlich „die" Lösung gefunden haben. Selten kommt eine Problemlösung ohne das Ausprobieren verschiedener Alternativmöglichkeiten zustande, und das erfolgreiche Abschließen eines Lösungsprozesses impliziert per definitionem eine gewisse Einsicht in die wesentlichen Beziehungen.

Der beim Problemlösen ablaufende Denkprozeß wurde in verschiedene Phasen aufgegliedert. Wallas (1926) meinte, es handele sich um einen 4stufigen Prozeß:

1. Vorbereitung: durch Sammeln von Information; Versuchslösungen;
2. Inkubation: „darüber schlafen" oder das Problem zur Seite schieben;
3. Illumination: in einer blitzartigen Einsicht taucht die Lösung auf;
4. Verifikation: Überprüfen, ob die Lösung praktisch durchführbar ist.

Da uns im täglichen Leben die Lösungen für unsere Probleme in der Regel nicht so urplötzlich einfallen, beziehen andere Theorien mehr aktive Schritte ein. Der Mathematiker Polya (1957) beobachtete u. a. die Phase des „Planentwerfens", bei der der um eine Lösung Bemühte auf vergangene Erfahrungen zurückgreift, um sein Ziel entsprechend umzugestalten (Rückwärtsplanen), oder die Gegebenheiten auf neue Weise formuliert, die aber mit früherer Erfahrung in Verbindung steht (Vorwärtsplanen).

In den jüngsten Versuchen zur Analyse des Problemlöseprozesses wird die Aufgliederung des Gesamtproblems in kleinere Unterabschnitte betont; eine Etappe folgt der anderen und wird separat bearbeitet. Wenn jeweils ein Etappenproblem gelöst ist, schreitet man zum nächsten fort (Restle u. Davis 1962). Entscheidend ist bei dieser Sicht des Problemlösevorgangs die Aufteilung der Gesamtlösung in kleine „Unterlösungen", wobei immer noch das „Problem" fortbesteht, *wie* man die zu knackende Nuß in mundgerechte kleinere Stücke zerlegt. Aus der Analyse der für die einzelnen Phasen des Problemlösens aufgewandten Zeit und der darin gemachten Fehler ergeben sich Hinweise dafür, daß tatsächlich eine Zerlegung in Unterabschnitte stattfindet. Fehlerraten und Reaktionszeit vermindern sich bei der Annäherung an die Lösung einer Teilaufgabe und erhöhen sich wieder unmittelbar nach Erreichen dieses Etappenziels (Hayes 1966, Thomas 1974).

Fallstricke beim Problemlösen

Wenn man sich um die Lösung eines Problems bemüht, muß man beachten, daß die folgenden beiden „Fallstricke" das Vorwärtskommen behindern können: a) Nichtbeachtung negativer (falscher) Ergebnisse als Hilfe, die richtige prinzipielle Lösung zu finden und b) Rigidität in Wahrnehmung und Kognitionen.

Bestätigung der Regel

Die Lösung gut strukturierter Probleme impliziert normalerweise die Suche nach einem Gesetz, das für einen bestimmten Problemkreis prinzipielle Gültigkeit haben soll. Es handelt sich hier um eine induktive Vorgehensweise, in deren Verlauf Beweise erhoben, Hypothesen aufgestellt und geprüft werden und schließlich das allgemeine Gesetz gefunden wird (Wason 1971). Über das Problemlösen generell wie auch über die Beschränkungen, die wir unseren eigenen Fähigkeit zur Lösung von Problemen auferlegen, können wir viel lernen, wenn wir versuchen, ein scheinbar einfaches Problem zu lösen (s. „Unter der Lupe", S. 297). Bei der ursprünglichen Durchführung des Experiments durch Wason fanden nur 21 % der Vpn die Regel, ohne Fehlanzeigen. Warum, glauben Sie, fiel den restlichen 79 % die Lösung so schwer? Warum haben Sie selbst die Regeln falsch formuliert (sofern Sie das taten)?

Untersucht man den *Prozeß,* der zur Auffindung des Prinzips führen soll, so zeichnen sich einige der Fallstricke und Hindernisse folgerichtigen Denkens deutlicher ab. Diese Protokolle beweisen, daß „die Ausnahme die Regel bestätigt" bzw. „auf die Probe stellt". Mit den bestätigenden Ergebnissen allein kommt man nicht aus; man braucht auch die negativen (falschen). Es wird auch erkennbar, wie leicht wir einfache Lösungen übersehen – aus unserem Bestreben heraus, übermäßig komplexe Hypothesen aufzustellen und übergenaue Feststellungen zu treffen. Wason stellte außerdem fest, daß seine Vpn dazu tendierten, ihren eigenen Hypothesen zuviel Gültigkeit zu unterstellen, weshalb sie sich mehr darauf konzentrierten, diese zu verifizieren, anstatt sie zu evaluieren. In einigen Fällen führte dieser Dogmatismus zur Selbsttäuschung: Die Vpn faßten das Feedback, das ihrer vorgeschlagenen Lösung widersprach, entweder falsch auf oder sie rationalisierten es.

Unter der Lupe

Die Ausnahme kann die Regel bestätigen

Die Zahlen 2, 4, 6 fügen sich einer einfachen Beziehungsregel. Die Aufgabe besteht darin, dieses Prinzip durch Bildung anderer Drei-Zahlen-Folgen herauszufinden. Den Vpn wird jeweils gemeldet, ob die von ihnen angegebenen Zahlenfolgen richtig (+) oder falsch (−) sind. Das Untersuchungsprotokoll für 2 Teilnehmer an Wasons (1971) Experiment ist unten auszugsweise wiedergegeben. Stellen Sie fest, ob Sie in der Lage sind, anhand des ihnen gegebenen Feedbacks das Prinzip zu formulieren.

Protokoll 1

Vp: 8 10 12 (+); 7 9 11 (+); 7 5 3 (−);
13 26 28 (+); 1 2031 2033 (+).
Die Regel lautet: Alle ersten und zweiten Zahlen sind wahllos; die dritte ist die zweite + 2.

VI: Das ist nicht die Regel, die ich meine. Bitte fahren Sie fort.

Vp: 7 5 7 (−); 1 5 7 (+); 5 5 7 (−); 4 5 7 (+);
9 5 7 (−); 263 364 366 (+).
Die Regel lautet: Erste und zweite Zahl wahllos; aber die erste ist kleiner als die zweite, und die dritte ist die zweite + 2.

VI: Das ist nicht die Regel, die ich meine. Bitte fahren Sie fort.

Vp: 261 263 101 (−); 3 17 17 (−); 51 53 161 (+);
671 671 3 (−); 671 673 900 (+); 42 43 45 (+);
41 42 42 (−); 41 43 67 (+); 67 43 45 (−).
Die Regel lautet: Die erste Zahl ist wahllos.

Die erste ist *entweder* gleich der zweiten − 2 und die dritte wahllos, aber größer als die zweite *oder* die dritte Zahl ist gleich der zweiten + 2 und die erste wahllos, aber kleiner als die zweite.

VI: Das ist nicht die Regel, die ich meine ...
(Nach 50 min gibt die Vp auf.)

Protokoll 2

Vp: 4 6 8 (+); 6 8 10 (+).
Die Regel lautet: Zähle zur ersten und zur zweiten Zahl jeweils 2 hinzu.

VI: Das ist nicht die Regel ...

Vp: 8 10 12 (+).
Die Regel ist: gleichmäßige Progression mit ganzen Zahlen.

VI: Das ist nicht die Regel ...

Vp: 13 15 17 (+).
Die Regel ist: Jegliche drei ganzen Zahlen.

VI: Das ist nicht die Regel ...

Vp: 3 5 7 (+).
Die Regel ist: Irgendwelche drei Zahlen.

VI: Das ist nicht die Regel ...

Vp: −11 0,999 22/7 (+).
Die Regel ist: Irgendwelche drei Zahlen, unabhängig davon, ob sie durch Zeichen modifiziert sind.

VI: Das ist nicht die Regel ...

Vp: 8 6 4 (−).
(An diesem Punkt konnte der Proband die Regel richtig formulieren. Können Sie es auch?)

Die Regel:
Jegliche drei Zahlen in aufsteigender Reihenfolge.

Bei Problemen, die in Untersuchungen dieser Art zur Lösung dargeboten werden, spielen Emotionen, Wertvorstellungen und schwerwiegende persönliche Konsequenzen keine Rolle, während sie sich in den wirklichen Situationen unseres Lebensalltags nicht einfach ausklammern lassen. Hier stellen sie Einflüsse dar, die es noch schwieriger machen, objektive Problemlösungen zu finden.

Beeinflussung des Problemlösens durch Einstellung und funktionelle Fixiertheit

Manchmal erweist sich Erfahrung als der allerungeeignetste Lehrmeister. Beim Problemlösen kann es vorkommen, daß man sich auf eine früher gemachte Erfahrung mit einer bestimmten Art der Problemlösung stützt, obwohl man derzeit mit einer völlig neuen Situation konfrontiert ist, in der der gedankliche Rückgriff auf Vergangenes eher eine Behinderung darstellt: Er schränkt die Fähigkeit ein, eine neue hinreichend allgemeingültige Regel aufzustellen. Wir haben hier ein Beispiel für negativen Transfer, d. h. Beeinträchtigung der Leistung durch Übertragung ungeeigneter Regeln. Ein wohlbekannter Hemmfaktor beim Problemlösen ist die *Einstellung*. Dies wurde schon im Wasserkrugproblem von Luchins u. Luchins (1950) aufgezeigt. Die Aufgabe lautet: Fülle einen Krug mit einer vorgeschriebenen Menge Wassers. Zur Verfügung stehen mehrere Krüge mit unterschiedlichem Fassungsvermögen sowie Wasser in unbegrenzter Menge.

Ziel: Einfüllmenge 20. Gegeben: Krug A (29), Krug B (3).

Lösung: Fülle Krug A bis zur Grenze seines Fassungsvermögens, gieße 3 Meßeinheiten in Krug B um und leere B aus; wiederhole dies noch 2mal, bis insgesamt 9 Einheiten weggegossen sind und noch 20 in A verblieben. Damit ist das Ziel erreicht.

Versuchen Sie nun, die nächsten 4 Problemaufgaben zu lösen. Geben sie durch Einzeichnen von Pfeilen an, wohin Sie das Wasser gießen.

Fassungsvermögen der Krüge

	A	B	C
Geforderte Einfüllmenge			
100	21	127	3
99	14	163	25
5	18	43	10
21	9	42	6

Nun folgen 2 weitere Wasserkrugaufgaben, die so schnell und effektiv wie möglich gelöst werden sollen. Benutzen Sie wieder Pfeile (s. Abb. rechts oben).

Falls Sie eine Lösungsregel für die ersten 4 Probleme (B – A – C – C) entwickelt und diese dann auch auf die beiden letzten Aufgaben angewandt haben, bewiesen Sie damit, daß Sie

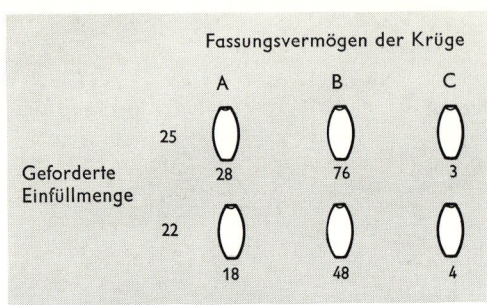

Fassungsvermögen der Krüge

	A	B	C
Geforderte Einfüllmenge			
25	28	76	3
22	18	48	4

von einer *Einstellung* geleitet waren. Anstatt 25 dadurch zu erreichen, daß Sie 76 einfüllten und 28 und 3 und 3 weggossen, hätten Sie einfach 28 einfüllen und 3 weggießen können, um 25 zu erhalten!

Vpn, denen man lange Reihen von Übungsaufgaben vorsetzt, brauchen zur Lösung der Testaufgaben länger als Kontrollpersonen, denen man nur die erste Übungsaufgabe vorlegt. Diese verwenden die kurze, direkte Lösung. Die Einstellung setzt dem Aufgabenlöser Scheuklappen auf. Sie verzerrt den Informationsfluß; Neues wird so behandelt, als sei die alte Regel immer noch die beste und allein gültige. (Dieser Faktor mag in Kommunikationsproblemen zwischen verschiedenen Generationen wirksam sein: „Generationsproblem".)

Auch *funktionelle Fixiertheit* beschränkt die Produktivität beim Problemlösen. Eine angemessene neue Verwendungsmöglichkeit für einen Gegenstand wird uns deshalb nicht erkennbar, weil wir ihn zuvor für einen anderen Zweck benutzt haben. Gestaltpsychologe Duncker (1945), der dieses Prinzip entdeckte, konnte zeigen, daß Probanden sich beim Problemlösen schwerer taten, wenn der entscheidende Gegenstand auf bis dahin eher ungewöhnliche Art und Weise benutzt werden mußte. Vpn kamen selten darauf, eine Schachtel als Ständer (für eine Kerze) zu benutzen, wenn sie zuvor als Behälter verwendet worden war. Bei Vpn, denen man die Schachtel unabhängig gab, war die Wahrscheinlichkeit, die Lösung zu erkennen, größer.

Durch funktionelle Fixiertheit und Problemeinstellung wird das Verhalten an die Vergangenheit gekettet. Ängstlichkeit, Ermüdung und die unmittelbare Konfrontation mit den Anforderungen begünstigen die Wirksamkeit dieser Faktoren, und man kann sie nur abschwächen, indem man beim Problemlösen kühl bleibt, die Ruhe bewahrt, sich von dem Problem distanziert, es unter einer veränderten Perspektive betrachtet und jederzeit bereit ist, Alternativhypothesen zuzulassen. Kinder erweisen sich beim Problemlösen kreativer als Erwachsene. Das liegt z.T. daran, daß Erwachsene die Grenzen des in der Realität Machbaren erfahren haben. Verantwortlich dafür ist aber auch die in den meisten Kulturen geübte Praxis, ihren Mitgliedern Phantasie, Vorstellungskraft und spielerisches Denken „auszutreiben" und ihnen dafür logisches, lineares, verbales Denken anzutrainieren. Kreatives Problemlösen beinhaltet häufig das Zerschlagen von Konzeptblöcken ("conceptual blockbusting"); dieser Begriff wurde von James Adams (1976), Professor für technisches Konstruktionswesen, geprägt. Manchmal müssen Tradition, kulturelle Wertvorstellungen und in der Umwelt begründete Blockierungen erst durchbrochen werden, damit man sich vorstellen kann, wie eine bessere Welt aussehen könnte.

Das Wasserkrugproblem läßt sich als *gutdefiniertes* Problem klassifizieren, da Ausgangs- und Endzustand eindeutig festliegen und die Aufgabe darin besteht, die beste Strategie zur Erreichung des Endzustands zu entdecken (Ziel-Mittel-Weg-Strategie). In unserem täglichen Leben stehen wir aber oft vor weniger klar umrissenen Problemen. *Schlechtdefinierte* Probleme haben wir dann, wenn Anfangs- oder Endzustand oder beide unklar sind. Der Problemlöser muß dann zunächst die relevanten Ausgangsbedingungen definieren (Wo soll ich anfangen? Was steht mir zur Verfügung und ist geeignet?), weiter muß er die sich abzeichnende Situation insgesamt verstehen (Wo liegt hier das Problem?). Sodann muß er Zielkriterien festlegen (Was soll geschehen, was will ich erreichen?) und schließlich Sachverhalte (Gegebenheiten) identifizieren, die diese Kriterien erfüllen (Erickson u. Jones 1978). Manchmal ist die Lösung ungenau bestimmter Probleme wie: „Was soll ich mit meinem Leben anfangen?" oder: „Warum verletze ich immer die Menschen, die ich liebe?", nicht durch Ziel-Mittel-Weg-Strategien möglich, sondern setzt eine Analyse von kognitiven Strukturen höherer Ordnung voraus.

Wissensstrukturen höherer Ordnung

Früher gemachte Erfahrungen können bei der Lösung aktueller Probleme hinderlich sein (wie wir soeben gesehen haben); sie können sich aber auch als äußerst nützlich erweisen. Erfahrung führt zum Aufbau kognitiver Strukturen, die wir in der Folge zur Informationsverarbeitung einsetzen. Negative Auswirkungen solcher Erfahrungshaltungen zeigen sich meist dann, wenn Problemsituationen auftreten, die sehr plötzlich neue Lösungen erfordern oder in denen die erprobten Faustregeln sich nicht mehr bewähren. Ohne Erfahrung aber wären wir überhaupt nicht imstande, Probleme zu lösen; wir brauchen sie, um viele Aufgaben automatisch bewältigen zu können und um den Bedeutungsgehalt und den Bedeutungswert verfügbarer Information zu erkennen.

Welches Wort paßt nicht in den Kontext: Wolkenkratzer – Kathedrale – Tempel – Gebet? „Gebet" paßt nicht, wenn der gemeinsame Oberbegriff „Gebäude" lauten soll; „Wolkenkratzer" ist fehl am Platz, wenn die Begriffe in einem religiösen Kontext gesehen werden (Judson u. Cofer 1956). Das erste Wort liefert die Grundlage für die Aufstellung eines Konzepts, das gemäß unserer früheren Erfahrung eine vernünftige Deutung des Problems anbietet. Der Lösungsvorgang macht fast immer eine Angleichung des Problems an frühere Erfahrungen erforderlich. Dazu gehört, daß man die Beziehungen zwischen neuen Elementen im Sinne eines vertrauten Bedeutungszusammenhangs sehen kann. Wenn Sie „verstehen was ich meine", „klickt" es bei Ihnen, und Sie erleben mit Erleichterung, daß das zuvor als so fremd, neu und ungewiß empfundene kognitive Ereignis gleichsam eine vertraute Hülle bekommt.

Für die aktive Verwendung früherer Reaktionen und Erfahrungen zur Gestaltung einer kognitiven Struktur, die die Bearbeitung neuer Information erlaubt, verwendet Bartlett (1932) den Begriff Schema. Zur Assimilation von Neuem an Altes muß das Gedächtnis nach einem geeigneten Schema abgesucht werden: „... diese Bemühung ist einfach der Versuch, irgend etwas, das gegeben ist, mit etwas anderem, das nicht das Gegebene ist, in Verbindung zu bringen" (S. 227). Die Suche nach der Bedeutung und die Verwendung von Schemata und anderen

Wissensstrukturen höherer Ordnung hat – ausgehend von ihren Ursprüngen in der Gestaltpsychologie – zunehmend an Bedeutung gewonnen und nimmt jetzt im Bereich der kognitiven und Sozialpsychologie eine zentrale Stellung ein.

Metapher und Bedeutung

„Alle Menschen, alle Personen, die in der heutigen Welt das Erwachsenenalter erreichen, sind programmierte Biocomputer. Keiner von uns kann seiner eigenen Natur als einem programmierbaren Wesen entkommen. Im buchstäblichen Sinne heißt das, daß jeder von uns seine eigenen Programme sein kann – nicht mehr und nicht weniger" (Lilly 1974).

In der Textstelle beschreibt Lilly, ein Psychologe, die menschliche Natur in Metaphern der Computerprogrammierung. Metaphern sind Wörter mit übertragener Bedeutung: Ein Wort wird nicht in seiner buchstäblichen Bedeutung in seinem üblichen Sinnzusammenhang gebraucht, sondern in einem anderen Sinnzusammenhang, in dem es bildliche Bedeutung hat, d. h. die ursprüngliche Bedeutung sinngemäß auf eine andere Situation überträgt. Abläufe im Bereich der Kognition, der Sprache, des Gedächtnisses und der Kreativität werden durch Metaphern nachdrücklich beeinflußt (s. Billow 1977). Metaphern verleihen einem Satz doppelte Bedeutung – eine wörtliche und eine bildliche; sie regen den, dem sie dargeboten werden, an, sein durch die Aussage in ihrem üblichen und geläufigen Sinn angesprochenes Wissen auf den nicht üblichen und ungeläufigen Vergleich mit dem „Etwas" zu übertragen, um dessen Verständnis es geht. Häufig werden Metaphern benutzt, um Vorstellungen, die für das Verständnis des Angesprochenen zu abstrakt und fremd wären, durch anschaulichere, begreifbarere Darstellungen zu ersetzen. Das Geheimnis der Funktionsweise des Gehirns ist schon immer metaphorisch ausgedrückt worden, wobei die Metaphern entsprechend des technologischen Wissensstandes der jeweiligen Ära gewählt wurden: ein göttliches Uhrwerk, ein sich drehendes Rad, eine Maschine, eine Rundfunkstation, ein Telefonschaltpult, ein Computer, ein Hologramm.

Der Gebrauch von Metaphern ist für kognitive Abläufe u. a. aus folgenden Gründen von Nutzen: a) Er entlastet durch die Verwendung von Einzelwörtern mit zwei oder mehr Bedeutungen den Gedächtnisspeicher. b) Er verleiht der Sprache größere Flexibilität und Ausdruckskraft. c) Er bewirkt größere Klarheit des Denkens, indem er den Ausdruck abstrakter, unvertrauter Vorstellungen in verständlicherer Weise ermöglicht. d) Er begünstigt Gedächtnisassoziationen, indem er lebhafte, konkrete und „behaltbare" Vorstellungsbilder liefert. In allgemeinerem Sinne gebraucht, sind Metaphern Bedeutungsträger für eine Gesamtauffassung von einem Sachverhalt oder einer Erfahrung und können als solche unsere eigene Auffassung des beschriebenen Gegenstandes oder Sachverhaltes umwandeln, wie z. B. durch die folgenden Sätze: „Das Leben ist eine Schale voller Kirschen", „Ihr Kopf ist ein Computer". Die Metapher der künstlichen Intelligenz zum Beispiel hat die Psychologen gezwungen, die dem Denken zugrundeliegenden Prozesse ausführlich darzustellen und ihre Aufmerksamkeit auf die Fragen zu konzentrieren, wie Ereignisse im Gedächtnis abgebildet, gespeichert und transformiert werden.

Die Untersuchung der Bedeutung fällt in das Forschungsgebiet der Semantik oder allgemeiner der Epistemologie, der Wissenschaftslehre. Sie stellt den Kernpunkt aller kognitiven Bestrebungen dar und ist die Grundlage für die Entwicklung von „Wissenspaketen", mit denen wir uns im Anschluß beschäftigen werden. Im Gedächtnis jeden Problemlösers sind 2 Arten von Wissen vorhanden. Das *Bedeutungs- oder Urteilswissen* besteht aus Konzepten, die allgemeiner Erfahrung entstammen. Sie sind solcher Art wie: „Männer und Frauen sind gleichberechtigt", „Mir macht es Freude, etwas über Psychologie zu lernen". *Mechanisches oder algorithmisches Wissen* besteht aus Regeln oder Formeln zur Bearbeitung von Konzepten, wie beispielsweise: „$E = mc^2$".

Was meinen wir mit *Bedeutung?* Dem Inhalt der im Gedächtnis gespeicherten Information wohnt Bedeutung inne, Bedeutungsgehalt hat zugleich seine Assoziation mit anderen gespeicherten Inhalten sowie seine aktuelle Signifikanz für den Problemlöser. Die Bedeutung kann ausgedrückt werden durch ein *Hindeuten auf einen Bezugsgegenstand* („mein Auto" – dieses bestimmte Fahrzeug, oder „meine Siamkatze" – dieses bestimmte Tier). Bedeutung kann sich auch aus der *Umwandlung abstrakter Begriffe in konkretere Vorstellungen* ergeben („Demokratie ist Volksherrschaft; Herrschaft, die durch das Volk für das Volks ausgeübt wird"). Die Bedeutung kann auch *aus den Zusammenhängen* ersichtlich werden, in denen ein Gegenstand steht, oder aus der Kenntnis seiner Ursache-Wirkung-Beziehungen („Dieser Schlüssel öffnet jene Tür"). Auch eine *allgemeine subjektive Erfahrung* kann Bedeutungscharakter haben. Aus Ereignissen, die unser Leben in einer bestimmten Weise verändern – wie der erste Kuß, die Aufstellung in der ersten Mannschaft, der Verlust eines geliebten Menschen oder das Finden von Gott – leiten wir eine spezielle Bedeutung her.

Bedeutung ist grundsätzlich mit *Verstehen* verknüpft. Verstehen heißt, ein Sinnverständnis für eine neue Erfahrung aus ihrer Ähnlichkeit mit Elementen schon vertrauter Erfahrungen zu entwickeln. Wenn wir sagen: „Ich verstehe nicht", meinen wir damit oft, daß wir den Zusammenhang zwischen der Aussage selbst und dem Kontext, in dem sie gemacht wird, nicht erfassen. Verstehen integriert neue Information in ihr entsprechende Sinnzusammenhänge oder festliegende Schemata.

Nach jüngeren Forschungsergebnissen scheint das Gedächtnis des Menschen vertraute Objektkategorien wie Tisch, Stuhl, Vogel an bestimmten, eigens festliegenden Punkten des *semantischen Netzes* abzubilden (Meyer u. Schvaneveldt 1976). Ein semantisches Netz ist ein angenommenes (d.h. aus Schlußfolgerungen abgeleitetes) System, das – im Gedächtnis gespeichert – das Erkennen von zwischen bekannten Objekten bestehenden Beziehungen erleichtert (vgl. Abb. 7.3, S. 256).

Probanden wurden aufgefordert, aufgrund eines Beziehungsvergleichs der maßgeblichen Satzelemente für eine Reihe kurzer Sätze den Wahrheitsgehalt zu überprüfen. Die Sätze lauteten beispielsweise:

Einige Kiefern sind Bäume.
Einige Kiefern sind Pflanzen.
Einige Autoren sind Mütter.

Als Reaktionszeit wurde die Zeit vom Erscheinen eines Satzes auf dem Computerbildschirm bis zum Drücken des richtigen oder falschen Knopfes gemessen. Die Reaktionszeiten variierten entsprechend der angegebenen Relation zwischen den Kategorien. Wenn die erste Kategorie ein Unterbegriff der zweiten war (Kiefern – Bäume), erfolgte die Reaktion schneller als dann, wenn sich die Kategorien teilweise überschnitten (Autoren – Mütter). Die Reaktionszeit verlängerte sich ferner dann, wenn der Unterschied in der Bedeutungsgröße zwischen den Kategorien zunahm; die Reaktion auf den Satz: „Einige Kiefern sind Pflanzen" erfolgte also langsamer als die auf: „Einige Kiefern sind Bäume".

Aus dieser Untersuchung geht hervor, daß die Menschen sich zur Entscheidung über den Wahrheitsgehalt eines Satzes selbst dann relativ viel Zeit nehmen, wenn die Aussage leicht erfaßbar ist. Das kommt daher, daß sie ihr Gedächtnis nach gespeicherter Information hinsichtlich der Relationen zwischen den Kategorien absuchen. Die Geschwindigkeit des Abrufprozesses wächst proportional zur Bekanntheit und Bestimmbarkeit der enthaltenen Bedeutung. Andere Forschungsergebnisse lassen darauf schließen, daß die Arbeit im semantischen Netz schon einsetzt, *bevor* der Prozeß zum Relationsverständnis eingeleitet wird. Selbst unsere Fähigkeit, Druckbuchstaben, Wörter und Laute zu verstehen, hängt teilweise davon ab, wie wir deren Bedeutung gespeichert haben.

Um informativ zu sein, müssen Sätze sowohl bekannte Informationen enthalten (das, was der Zuhörer vorausgesetztermaßen schon weiß) als auch neue Information (deren Kenntnis vom Zuhörer noch nicht erwartet wird). Eine (angenommene) Strategie zum Satzverstehen (Haviland u. Clark 1974) besteht darin, daß der Zuhörer das „Bekannte" aufgreift und zum Absuchen seines Gedächtnisspeichers nach sinnentsprechender Information verwendet. Sodann erfolgt eine Revision des Speichersystems in der Weise, daß die neue Information der schon vorhandenen beigefügt wird. Diese Strategie konnte empirisch bestätigt werden. Der Zielsatz („Das Bier war warm") wurde schneller verstanden, wenn im Kontext ein Satz voranging, der mit dem Ziel unmittelbar in Verbindung stehende Information enthielt („Wir nahmen ein paar Flaschen Bier aus dem Schrank. / Das Bier war warm."). Die Reaktionszeit war dagegen länger, wenn solche direkte Information im vorangegangenen Kontext fehlte („Wir sahen die Picknickvorräte durch. / Das Bier war warm.").

Redundante Information ist unbedingt notwendig, um die Entropie zu überwinden (d.h. dem Neuen, „Ungewissen", eine Bedeutung bzw. einen Sinnzusammenhang zu vermitteln). Redundanz, im Sinne von *bekannter* Information, verweist den Zuhörer auf die Stelle in seinem Gedächtnis, wo er die *neue* Information sinnvollerweise speichern muß, damit sie ihm künftig zugänglich ist.

Wissenspakete

„Das Gedächtnis ist ausgefüllt mit den Fußabdrücken in der Sandwüste der Zeit". Diese Metapher vom Gedächtnis sollte Sie zu der Überlegung anregen, daß wir aus einer Analyse von Fußabdrücken mehr erfahren können als die simple Tatsache, daß hier jemand vorübergegangen ist. Wir können des Wanderers Richtung und Gehtempo bestimmen sowie sein wahrscheinliches Geschlecht, seinen Körperumfang und ob er oder sie auf 2, 3 oder 4 Beinen ging. Das Gedächtnis ist kein Museum für Sammelgegenstände aus unserer Vergangenheit, die ohne Beziehung zur Gegenwart sind; es ist vielmehr ein System aktiver Wissensstrukturen, die miteinander in ständiger Wechselbeziehung stehen. Diese Strukturen ermöglichen es uns, neu eingehende Informationen zu verstehen, und steuern die Durchführung ihrer Umgestaltung. Von einer kleinen Einheit neu erhaltener Information können wir auf eine beträchtliche Menge verwandter Ereignisse oder Sachverhalte schließen. Oder das Wissen um den allgemeinen Kontext eines Ereignisses hilft uns, besser unterrichtet, Vermutungen hinsichtlich seiner besonderen Umstände anzustellen.

Die Organisation der Information in Strukturen höherer Ordnung wurde beschrieben als Schemata, Skripts, Attribuierungen, heuristische Beurteilungen und Inferenzstrategien.

Schemata

„Beim Öffnen des Korbs bemerkte Adam zu seinem großen Ärger, daß er das Salz vergessen hatte." Ihre Wissensstruktur verrät Ihnen über diesen kleinen Vorfall wesentlich mehr als die nackte Tatsache, daß Adam das Salz vergessen hat. Salz in einem Korb läßt an einen Frühstücks- oder Picknickkorb denken; dieser wiederum deutet auf Eßbares hin, auf das man Salz streuen kann, wie Gemüse oder Fleischwaren. Was weiter, vermuten Sie, war in dem Korb? Servietten, Teller, Besteck, Nachtisch, vielleicht ein Tischtuch oder eine Decke und möglicherweise etwas zu trinken. Außerdem „wissen" Sie, was nicht in dem Korb war: alles, was größer als ein Picknickkorb ist und alles, was man zu einem Picknick nicht mitnehmen würde, wie z. B. eine Boa constrictor (Königsschlange) oder Ihre bronzierten Babyschuhe.

Nach Rumelhart u. Norman (1976) ist *ein Schema die Bedeutung- und Verarbeitungsgrundlage des menschlichen Informationsverarbeitungssystems.*

Ein Schema besteht aus einem Netz wechselseitiger Beziehungen zwischen seinen Bestandteilen. Diese Teile sind selbst wieder schematische Informationseinheiten.

Skripts

Skripts sind Wissenspakete, die all das enthalten, was uns über eine komplexe Sequenz von innerhalb eines zeitlich begrenzten Rahmens auftretenden, untereinander in Beziehung stehenden Ereignissen bekannt ist (s. Schank u. Abelson 1977). Wir haben Skripts für den Besuch einer Gaststätte, für die Benutzung der Bibliothek, für das Teilnehmen an einer Vorlesung und für den Krankenbesuch. Derartige Skripts geben die üblichen Einheitsverhaltensweisen in bestimmten Lebenslagen an. Die Interaktion in bestimmten Situationen gestaltet sich um so leichter, je mehr die Beteiligten sich an ein gemeinsames „Drehbuch" halten. Professoren gehen von der Annahme aus, daß ihre Studenten das „Vorlesungsskript" kennen, das bedeutet, daß sie zuhören, während der Professor vorträgt. Zum Konflikt kommt es dann, wenn ein Student von einem anderen Skript, z. B. von einem gesellschaftskritisch orientierten Skript ausgeht, das keinen unmittelbaren Bezug auf die Fragestellung hat.

Für manche Skripts sind situative Gesichtspunkte maßgebend (die Situation im Lesesaal einer Bibliothek erfordert z. B., daß man sich ruhig verhält); man kann sie *situationsgesteuerte Skripts* nennen. Andere Skripts werden durch die jeweiligen Rollen bestimmt, die zu spielen die Gesellschaft von uns erwartet, wie etwa die Eltern-, Lehrer- oder Priesterrolle. Sie lassen sich als *rollengesteuerte Skripts* auffassen. Wieder andere Skripts werden zu Hilfe genommen, wenn wir uns außerhalb der üblichen Rollen oder Situationen befinden. In diesem Fall greifen wir auf *individuell gesteuerte Skripts* zurück,

Abb. 8.9. Eine Nonne in wallender Ordenstracht bietet auf den Skihängen Italiens einen ungewohnten Anblick. Sie hat die Grenzen ihrer stereotypisierten Rolle überschritten zugunsten ihres Persönlichkeitsausdrucks

die man auch als Ausdruck unserer „Persönlichkeit" ansehen kann (Abb. 8.9).

In der Psychologie fängt man gerade erst an, sich für die systematische Untersuchung skriptgeleiteten Verhaltens zu interessieren, dessen Analyse noch viele Fragen aufwerfen wird. Wie kommt es zustande, daß Skripts durch kleinste situative Hinweisreize hervorgelockt werden? Unter welchen Voraussetzungen legen Menschen ein geläufiges, gut einstudiertes Konzept beiseite, um ein neues auszuprobieren? Was, schließlich, veranlaßt manche Akteure dazu, ein „Drehbuch" zu akzeptieren, nach dem zu spielen nicht gerade ihrem Interesse dient? Man denke z. B. an die selbstzerstörerischen Süchtigkeitsskripts. Sozialpsychologen, klinische Psychologen und kognitive Psychologen versuchen auf derlei Fragen Antwort zu finden.

Attribuierungen

In der Attribuierungstheorie wird eine *rationale* Auffassung darüber angeboten, wie der Durchschnittsmensch zu seinen Inferenzschlüssen hinsichtlich der Ursache-Wirkung-Zusammenhänge von verhaltensmäßigen Gegebenheiten

gelangt (Kelley 1967). Der Laie geht vor wie ein Sozialwissenschaftler, der sowohl a) die Kovariation zwischen einzelnen Ereignissen (soziale Handlungen und ihre Folgen) als auch b) potentielle Ursachenfaktoren (wie Kompetenz und Motiven der Handelnden, situativer Druck, frühere Rechtfertigungsquellen für die Handlung) in Betracht zieht. Von diesen Beobachtungen ausgehend, urteilt der Laie logisch und statistisch über die „Ursache" bzw. den „Grund" einer bestimmten sozialen Gegebenheit. Wenn Ihnen ein Kommilitone empfiehlt, eine bestimmte Vorlesung von Professor X zu belegen, ist die Empfehlung dann ursächlich durch die gute Qualität dieses Lehrers gerechtfertigt oder gründet sie auf der mangelhaften Urteilsfähigkeit Ihres Bekannten? Sie leiten die Gültigkeit der Empfehlung auf der Grundlage von 3 Attribuierungskriterien ab:

a) der *Konsistenz* – die gleiche Empfehlung wird bei vielen Gelegenheiten und in vielerlei Kontext gegeben;

b) der *Besonderheit* – nicht alle Dozenten oder Vorlesungen werden durch Ihren Bekannten empfohlen;

c) der *Übereinstimmung* – andere Studenten mit vergleichbarer Sachkenntnis geben die gleiche Empfehlung.

Als Attribuierungstheoretiker läßt der Laie möglicherweise solche Variablen unberücksichtigt, die zu Verzerrungen führen und dadurch die abgeleitete Kausalbeziehung entstellen können. Angenommen Ihr Freund fällt bei einer Prüfung durch: Werden Sie auch der Meinung sein, daß der Prüfer voreingenommen war? – Denn das ist die (in diesem Beispiel angenommene) Ursachenzuschreibung, die Ihr Freund dem Mißerfolg gibt. Oder werden Sie festzustellen versuchen, ob Ihr Freund sich auf die Prüfung richtig vorbereitet hat, ob er am Examenstag in guter gesundheitlicher Verfassung war, ob er nicht vielleicht beim Mogeln erwischt worden ist, wieviele andere Prüflinge auch durchgefallen sind usw.?

Die Attribuierungstheorie geht davon aus, daß wir es für wichtig halten, ein Verständnis für voraussagbare Relationen zu erlangen, damit wir dem, was sich in unserem Leben ereignet, Stabilität und Sinn verleihen können. Dies führt zu einer *Realitätsorientierung* der Welt gegenüber. Die Theorie nimmt weiter an, daß wir das

Bedürfnis haben, wichtige Ereignisse bzw. Sachverhalte voraussehen zu können, damit wir Entwicklungen in eine andere, uns genehmere Richtung steuern können. Dies führt zu einer *Kontrollorientierung* der Welt gegenüber. (Wir haben diese beiden Orientierungsformen schon in Kap. 5 kennengelernt, im Zusammenhang mit den 2 Arten des Konditionierens und der für Lebewesen notwendigen Fähigkeit zur Erkennung des Signal-Ereignis-Konsequenz-Zusammenhangs.) Die Attribuierungstheorie unterstellt weiter, daß mit unserer Ursachenzuschreibung auch aktive, systematisch durchgeführte Informationseinholung verquickt ist und daß die „Bedeutung", die ein Ereignis für uns hat, in großem Maße davon abhängt, wie wir sie begründen.

Heuristische Beurteilungsstrategien

Attribuierendes Analysieren hat eine lange Tradition als Bestandteil der Psychologie, die Menschen als rationale, logisch vorgehende Informationsverarbeiter auffaßt. Dieses schmeichelhafte Porträt des „Homo sapiens als geborener Problemlöser" wurde aber in jüngerer Zeit in Zweifel gezogen. Bei der Bildung von rational hergeleiteten Urteilen unterlaufen uns oft Fehler (so wie dem Autor, als er sein Haus an ein „seriöses Ehepaar" weitervermietete, das es dann dazu benutzte, darin verbotene Filme zu drehen und Rauschgift zu verkaufen). Während des Denkprozesses, der zu spezifischen Kausalattribuierungen und allgemeinen sozialen Rückschlüssen führt, ist keiner von uns vor systematischen Irrtümern gefeit. Jedem von uns kann es passieren, daß ihn seine eigenen Theorien blind machen, daß die Objektivität seines Denkens durch die eigenen Wertvorstellungen eingeschränkt wird oder daß er sich von scheinbar „harten Fakten", die ihm seine Sinnesorgane oder seine persönliche Erfahrung liefern, übermäßig beeindrucken läßt.
Kahneman u. Tversky (1973; Tversky u. Kahneman 1978) trugen wesentlich dazu bei, daß wir verstehen können, wie Menschen ihre Erfahrung fehlinterpretieren. Durch die Analyse derartiger Fehler lernen wir mehr über die Struktur des Verstandes und die Beurteilungsstrategien der Menschen. *Heuristiken* sind kognitive Instrumente, nichtformalisierte kognitive Strategien oder Faustregeln. Durch Heuristiken wird

die Aufgabe, komplexe ableitende Schlußfolgerungen zu erarbeiten, auf sehr einfache Beurteilungsvorgänge reduziert (geht – geht nicht; paßt – paßt nicht; taugt – taugt nicht usw.). „Nimm nie Schokolade von einem Fremden an" ist eine typische Heuristik, die man brave Kinder lehrt. „Traue nie einem Menschen, der Dir nicht in die Augen schauen kann" ist auch so eine Entscheidungsregel hinsichtlich des Vertrauenschenkens: „Unsteter Blick – kein Vertrauen; Augenkontakt – Vertrauen". Unsere Köpfe sind voll solcher Faustregeln, die sich oft als nützliche Entscheidungshilfen erweisen, solange es um die unzähligen Urteilsfindungen geht, die wir täglich leisten müssen, während sich unser Lebensablauf auf einem einfachen, geradlinigen und schmalen Weg vollzieht. Problematisch wird es aber, wenn dieser Weg eine Kurve macht oder wenn er breit ist. Wir geraten in die Patsche, wenn wir die Heuristiken zu großzügig anwenden (da, wo sie nicht mehr angebracht sind) oder wenn wir sie fehlanwenden (da, wo sie falsch sind). Die Untersuchung von Kahneman u. Tversky beleuchtet diese Art der Verwendung anhand zweier Heuristiken: der Vorhandenseinsheuristik und der Repräsentativitätsheuristik.

Die Vorhandenseinsheuristik

Fehleinschätzungen hinsichtlich der Vorkommenshäufigkeit einer bestimmten Entität oder der Eintretenswahrscheinlichkeit bestimmter Ereignisse treten dann auf, wenn der Urteilende sich durch deren relative Verfügbarkeit in seinem Urteil beeinflussen läßt. Wenn die Dinge, um die es geht, ohne weiteres sichtbar und leicht zugänglich oder erlangbar sind (egal, ob das in der Wahrnehmung, im Gedächtnis oder in der Phantasie der Fall ist), werden sie als mehr allgemein verbreitet, typischer, häufiger, wichtiger oder wahrscheinlicher beurteilt. Zum Fehlurteil kommt es, wenn die *subjektive* Erfahrung des Urteilenden nicht mit der *objektiven* Häufigkeit oder Wahrscheinlichkeit korreliert ist. Beispielsweise schätzen Arbeitslose die allgemeine Arbeitslosenrate höher ein als Leute, die in einem Beschäftigungsverhältnis stehen. Das Urteil des Arbeitslosen wird verzerrt durch die ihm zur Verfügung stehende Beobachtungsstichprobe, die er seiner Beurteilung der Höhe der allgemeinen Arbeitslosenrate zugrundelegt: arbeitslose Nachbarn, Freunde, Verwandte; Arbeitsämter, Sozialamt usw. Jede Manipulation, die die Aufmerksamkeit des Wahrnehmenden auf einen bestimmten sozialen Sachverhalt fixiert, erhöht dessen „Vorhandenseinsquantität". Dies wiederum führt zu Urteilsverzerrungen oder zur Überbewertung der Bedeutung, Häufigkeit oder des Einflusses bzw. der Wirksamkeit des beurteilten Gegenstandes (Tayler u. Fiske 1978; McArthur u. Post 1977).

Die Repräsentativitätsheuristik

Manche Urteilsfindungen bedingen die Einbeziehung von Vergleichen oder die Berücksichtigung relativer Wahrscheinlichkeiten: Ist Y eher der Klasse A oder der Klasse B zuzuordnen? Inferenzaufgaben, besonders diejenigen, zu deren Lösung Generalisation oder Induktion erforderlich ist, sind von Entscheidungen über die Zugehörigkeitsklasse des Beobachtungsgegenstandes abhängig. Solche Beurteilungen beruhen auf der Bewertung der Ähnlichkeit oder Repräsentativität des Besonderen zu einer stereotypisierten Auffassung, die der Urteilende hinsichtlich der allgemeinen Klasse hat (Tversky 1977).

Ich habe einen Freund in Stanford. Er ist Professor. Zu seinen Lieblingsbeschäftigungen gehört die Pflege seines Gartens. Außerdem liest er gern Gedichte, ist schüchtern und schmächtig. Auf welches Lehrfach schließen Sie bei ihm:
a) Japanische Kultur oder
b) Psychologie?

„Japanische Kultur" ist die Antwort, wenn Sie sich fragen würden: Ähnelt ein Psychologe mit größerer Wahrscheinlichkeit dem skizzierten Persönlichkeitsprofil als jemand, der „Japanische Kultur" lehrt? Hiermit wären Sie aber auch schon dem Fehler der Repräsentativitätsheuristik verfallen. Die Antwort lautet „Psychologie", wenn Sie die Antwort gemäß der statistischen Grundrate der Freunde, die ein Psychologe der Wahrscheinlichkeit nach hat, formulierten. Zwar mag ein höherer *Prozentsatz* an japanischen Gelehrten als an Psychologen diesem Persönlichkeitsprofil nahekommen, aber die *absolute Anzahl* von Psychologen, auf die es paßt, ist viel größer, da sie in der hier in Betracht gezogenen Population so sehr viel häufiger vorhanden sind (Nisbett u. Ross 1979). Wo Grundraten oder normative Populationsdaten nicht bekannt sind oder vernachlässigt werden, wird die Repräsentativitätsheuristik den Urteilenden dazu verleiten, fälschliche Schlüsse in Richtung auf Gleichartigkeit zu ziehen. In der Psychologie werden nicht nur die Konsequenzen und die Fehlanwendung von Beurteilungsheuristiken untersucht, sondern auch die Bedingungen, unter denen die einzelnen Heuristiken eingesetzt, d. h. so wie die Skripts und allgemeinen Schemata „herangezogen" werden.

Inferenzstrategien

Nisbett u. Ross (1979) beschäftigen sich mit der Analyse des Gebrauchs und Mißbrauchs der Wissensstrukturen höherer Ordnung. In ihrer Arbeit zeigen sie die Trugschlüsse auf, die sich sowohl aus den Verzerrungseffekten von Theorien wie von Daten ergeben können. Auf der einen Seite ist der Laie, der sich als intuitionsgeleiteter Psychologe betätigt, ein „Gefangener" seiner Vorurteile, Theorien und Wissensstrukturen. Seine Hypothesen über die zwischen den Gegenständen bestehenden Beziehungen beeinflussen seine Beobachtungen in der Weise, daß er die Daten findet, die „passen", und diejenigen verwirft oder geflissentlich übersieht, die seine Hypothese nicht bestätigen. So wird jemand, der ein Vorurteil gegen Juden hat, möglicherweise behaupten, sie seien „gierig" und „geldhungrig". Zeigt man ihm einen Juden, der großzügig für wohltätige Zwecke spendet und für das Wohl anderer Opfer bringt, so wird dieser Tatbestand als die *Ausnahme* von der

Regel erklärt. Legt man ihm öffentliche Statistiken über die philanthropischen Leistungen der jüdischen Gemeinde vor, so weist der Engstirnige sie als „manipuliert" zurück mit der Begründung, „alle Zeitungen seien ja in ihren Händen". Trotz aller sie widerlegenden Fakten, die sie zumindest modifizieren sollten, wird die Theorie beharrlich aufrechterhalten.

Unsere Schlußfolgerungen werden demnach allzuoft von unseren Vorstellungen und Meinungen gesteuert und vorliegende Beweise zugunsten unserer Theorien verzerrt. Eine Fehlerquelle, die sogar noch häufiger die Inferenzstrategien speist, ist die übermäßige Beeindruckbarkeit des Laien durch eine besimmte Art von Daten. Wir neigen dazu, all den Fakten unverdient große Bedeutung beizumessen, die uns als konkret, sinnlich wahrnehmbar, persönlich erlebbar, bedürfnisrelevant oder auf andere Weise „lebendig" dargeboten werden. Dadurch werden unsere Urteilsprozesse systematisch fehlgeleitet infolge Überbewertung des individuellen konkreten Falles und Unterbewertung abstrakter Statistiken, Prinzipien oder Grundlinien. Diesen allgemeinen Grundsatz hervorhebend, soll Stalin den Ausspruch getan haben: „Ein einzelner Toter ist eine Tragödie, eine Million Tote sind eine Statistik."
Journalisten pflegen den Inferenzfehler auszuschlachten, wann immer ihre Berichte über einen nationalen Trend oder eine soziale Bewegung nicht auf bevölkerungsstatistischen Zahlen basieren, sondern aus ein paar Charakterstudien konkreter beteiligter Individuen aufgemacht sind.
Eine jüngere experimentelle Untersuchung zeigt, daß ein Artikel im *New Yorker,* der die „Krankheit der Gesellschaft" am Beispiel eines einzigen „prototypischen" Sozialfalles darstellte, die Einstellung der Probanden hinsichtlich des Sozialwesens nachhaltiger beeinflußte als die Präsentation kritisch bedeutsamer Faktensammlungen zu allgemeinen sozialen Fragen (Hamill et al. 1978). „Der intuitive Psychologe wird vielleicht ebenso oft dadurch fehlgeleitet, daß er sich zu sehr auf seine Gefühle nicht loskommt" (Ross 1979).
Wissenschaftliches Training und die richtige Anwendung der wissenschaftlichen Methode können den Psychologen vor den Tücken bewahren, die die Schlußfolgerung verdrehen und das Ur-

teil verzerren. Im täglichen Leben jedoch werden Psychologen wie der Rest der Menschheit auch Opfer der Fehlanwendung unserer normalerweise ausgezeichneten Informationsverarbeitungsmechanismen.

Zusammenfassung

Die Sprache spielt beim Menschen eine wichtige Rolle für Lernen, Kommunikation und Gedächtnis. Sie dient dazu, die Wirklichkeit zu strukturieren und die Phantasie anzuregen. Ferner bietet sie die Möglichkeit, Wissen von Generation zu Generation weiterzugeben. *Psycholinguistik* ist der Wissenschaftszweig, der sich mit der Untersuchung psychologischer Aspekte der Sprache befaßt.
Es gibt zwar viele Theorien über den Ursprung der Sprache, jedoch konnte noch nicht entschieden werden, welche Gültigkeit besitzt. Neandertaler waren zwar in der Lage, einige Sprachlaute hervorzubringen, aber ihre Sprachfähigkeit läßt sich mit der des heutigen Menschen nicht vergleichen. Es bestehen zahlreiche Kriterien zur Definition echter Sprache, darunter der *Sprech-Hör-Kanal, die Fähigkeit zur Zeitperspektive* (Fähigkeit, über Vergangenheit, Gegenwart und Zukunft zu sprechen) und die *Produktivität* (die Fähigkeit, eine im Prinzip unendlich große Zahl von Nachrichten hervorzubringen).
Seit langem beschäftigt die Psychologie die Frage, ob die Fähigkeit zur Verwendung der Sprache auf die menschliche Spezies beschränkt ist. Die Untersuchung der von Delphinen hervorgebrachten Pfeiflaute hat ergeben, daß sie eher sozialen als Kommunikationsfunktionen dienen. In den Studien, die sich mit Primaten beschäftigen, ist man von den Versuchen, die Tiere Wörter sprechen zu lehren, dazu übergegangen, ihre Fähigkeit zum Symbolgebrauch zu untersuchen.
Beim Menschen ist Sprachproduktion während des 1. Lebensjahrs auf verschiedene Arten des Schreiens und Lallens beschränkt. Danach werden erkennbare Wörter hervorgebracht und damit beginnt das echte Sprechen. Von hier an vermehren die Kinder ihren Wortschatz und entwickeln den Gebrauch der Syntax. Am Anfang verwenden sie einzelne Wörter, später

Zwei-Wort-Sätze. Im Alter von 2 Jahren können sie schon längere Sätze produzieren, und nun dauert es nicht mehr lange, bis sie die Syntax der Erwachsenensprache beherrschen.

Einige Theoretiker vertreten die Auffassung, daß Sprache – wie jedes andere Verhalten – durch *Verstärkung* des richtigen Gebrauchs gelernt wird und daß die Sprachproduktion des Kleinkindes spontan oder als *Imitation* der Erwachsenen erfolgt. Psycholinguisten halten die Sprachproduktion für eine *angeborene* Fähigkeit des Menschen, die sowohl *artspezifisch* als auch *arteinheitlich* ist. Sie glauben, daß sie nicht auf Imitation basiert, sondern auf der Konstruktion einer allgemeinen Sprachtheorie.

Das Denken reicht von der *autistischen* (egozentrischen) bis zur *realistischen* Form. Realistisches Denken umfaßt 3 Arten des *Schlußfolgerns*: *deduktives Schlußfolgern*, wozu der Gebrauch von *Syllogismen* gehört, in denen die Daten miteinander verknüpft werden und logische Schlußfolgerungen gezogen werden; *induktives Schlußfolgern*, bei dem, ausgehend von Bekanntem, Hypothesen über das Unbekannte rückschließend formuliert werden; und *evaluatives Schlußfolgern*, d. h. Beurteilung der Richtigkeit oder Angemessenheit einer neuen Idee oder eines neuen Ergebnisses.

Wer in einer neuen Situation die Erreichung eines Ziels anstrebt, dabei aber vor einem Hindernis steht, hat ein *Problem*. Das Problemlösen kann mittels *reproduktiven Denkens* (sich verlassen auf früher Gelerntes) oder *produktiven Denkens* (Neugestaltung und Einsicht) versucht werden. Beim Menschen umfaßt der Vorgang des Problemlösens meist 4 Phasen: Vorbereitung, Inkubation, Illumination und Verifikation. Wenn es beim Problemlösen um die Auffindung der richtigen Regel geht, wird oft vergessen, daß aus „falschen" Antworten ebenso viel Information zu beziehen ist wie aus „richtigen". Ferner kann das Problemlösen an *Rigidität* scheitern, die in Form einer *Einstellung* vorliegen kann und dazu führt, daß wir gedankenlos alte Regeln auf neue Probleme anwenden, oder die sich als *funktionelle Fixiertheit* nachteilig auswirkt, da es uns nicht gelingt, für bekannte Objekte neue Verwendungsmöglichkeiten zu erkennen.

Der Prozeß der Assimilation neuer Informationen und Erfahrungen erfordert die Organisation vergangener Reaktionen und Erfahrungen zu kognitiven Strukturen, die *Schemata* genannt werden. Metaphern verleihen abstrakten und unbekannten Begriffen Bedeutung, indem sie den Bedeutungsgehalt konkreter und bekannter Vorstellungen auf diese übertragen. Die *Epistemologie* (Wissenschaftslehre) befaßt sich sowohl mit *Bedeutungs- und Urteilswissen*, das der Erfahrung entstammt, als auch mit *mechanischem* oder *algorithmischem Wissen*, d. h. der Kenntnis von Regeln oder Formeln. *Semantik* ist die Wissenschaft, die sich mit der Bedeutung beschäftigt. *Semantische Netze* sind angenommene Systeme, mittels derer wir Beziehungen zwischen den Gegenständen erkennen können.

Wissensstrukturen höherer Ordnung beinhalten Schemata, Skripts, Attribuierungen, heuristische Urteilsstrategien und Inferenzstrategien. So verwendet, ist ein *Schema* ein Netzwerk wechselseitiger Beziehungskonzepte. *Skripts* sind Wissenspakete, die ganze Sequenzen von miteinander verknüpften Ereignissen enthalten. *Attribuierungen* sind Rückschlüsse auf Ursachenzusammenhänge. Durch sie wird unsere Welt vorhersagbar. *Heuristiken* sind kognitive Strategien oder Faustregeln, die wir zur Grundlage unseres Verhaltens machen. Ein Beispiel ist die *Vorhandenseinsheuristik*, die uns dazu verleitet, die Häufigkeit des Vorkommens eines Gegenstands oder Ereignisses (Sachverhalts) von daher zu beurteilen, wie wir sie wahrnehmen, wobei die Art der *Wahrnehmung* wieder davon beeinflußt ist, wie wichtig das Wahrgenommene für uns ist. Ein anderes Beispiel ist die *Repräsentativitätsheuristik*, die unser Urteil aufgrund stereotypisierter Meinungen über eine bestimmte Menschen- oder Gegenstandsklasse zustande kommen läßt. *Inferenzstrategien* können durch Vorurteile beeinflußt werden, und wir lassen uns u. U. eher dazu verleiten, unsere Daten so abzuändern, daß sie zu unseren Hypothesen passen, als daß wir umgekehrt die Hypothesen auf objektive Daten stützen.

9 Wahrnehmung

Jeder von uns verbringt sein ganzes Leben damit herauszufinden, wie die Welt und wie die anderen Menschen wirklich sind. Wie können wir diese unglaublich komplizierte Realität jemals richtig erkennen? Wie erfassen unsere Augen die Muster, die Formen und die Bewegungen des Lebens, wie unsere Ohren die Klänge der Sprache, die Rhythmen der Musik und die Laute der Natur? Die Wahrnehmung ist der Schlüssel, der uns die Türen zu der Welt um uns herum öffnet.

Die Wahrnehmungsprozesse sind es auch, die es ermöglichen, in einer Welt, die sich dauernd verändert, Stabilität und Kontinuität zu finden. Die Wahrnehmung ist das Ordnungsprinzip, das den uns zuströmenden Reizen Zusammenhang verleiht, das getrennte Elemente zu einer sinnhaften Einheit zusammenfügt und das unserem Verhalten die Richtung weist. Ohne die Organisationsprozesse unserer Wahrnehmung würden wir keine Objekte, keine Lebewesen, keine Ereignisse, keine Bewegungen und keine räumlichen oder zeitlichen Relationen registrieren, sondern in einer Welt bedeutungsloser, chaotisch ungeordneter Empfindungen umherschweben.

Das menschliche Nervensystem ist ein außerordentlich sensitives Detektions- und Reaktionssystem, welches es uns ermöglicht, mit größter Genauigkeit auf die physischen Gegebenheiten unserer Umwelt zu reagieren. In einem einzigen Augenblick werden z. B. *100 Mio.* Empfindungen von Lichtquellen in unserer Umwelt über die Netzhaut unserer Augen zum Gehirn weitergeleitet. Dazu kommen gleichzeitig Empfindungen wie Laute, Wärme und Kälte, Geschmack, Geruch u. a. Informationen, die Bedürfnisse unseres Körpers signalisieren sowie Erwartungen, relevante frühere Erfahrung usw. Diese verschiedenen Informationen werden analysiert, organisiert und integriert; sie führen schließlich zu irgendeiner Entscheidung. Man

schätzt, daß etwa 5 solcher „Entscheidungsbefehle" innerhalb von 1 s vom Gehirn an unsere Muskeln gegeben werden.

Etwas wahrzunehmen bedeutet gewiß mehr als nur die Umwandlung der physikalischen Energie des Reizes in Nervenenergie (Impulse), worauf dann eine erneute Umwandlung in physikalische Energie folgt, welche eine Reaktion auf die Umwelt beinhaltet. Die 1. Phase dieses Prozesses bezieht sich auf die Aufnahme des Reizes (Empfindung), spätere Phasen befassen sich mit der Selektion der einkommenden Information, mit der Organisation des Wahrgenommenen, mit dessen Interpretation und mit der Suche nach mehr und neuerer Information und Stimulation.

Aber nun genug der Allgemeinheiten. Wir wollen Ihnen jetzt aus der Zaubertüte der Wahrnehmung ein kleines Kabinettstückchen vorführen. Also passen Sie genau auf!

Schritt 1: Machen Sie mit Ihrer linken Hand eine Faust, strecken Sie jetzt den Daumen nach oben, und halten Sie dann Ihren Arm ausgestreckt vor Ihrem Gesicht.

Schritt 2: Sehen Sie sich jetzt den Daumen an. Bald wird er 3mal vor Ihren Augen verschwinden!

Schritt 3: Schauen Sie immer noch in Richtung Ihres Daumens. Schließen Sie jetzt Ihre Augen ein paar Sekunden lang. Ihr Daumen ist verschwunden!

Schritt 4: Schließen Sie jetzt Ihre Augen, sehen Sie aber immer noch in Richtung Ihres Daumens. Jetzt „verstecken" Sie Ihre linke Hand hinter Ihrem Kopf. So, nun öffnen Sie Ihre Augen; Ihr Daumen ist ebenfalls verschwunden!

Schritt 5: Jetzt wird es ernst! Nehmen Sie Ihre Hand in die ursprüngliche Position zurück und halten Sie sie da. Rollen Sie Ihre Augen in Ihrem Kopf, ohne den Kopf zu bewegen, bis Sie auf die Decke sehen. Sehen Sie Ihren linken Daumen noch, oder ist er schon verschwunden? Schließen Sie jetzt Ihre Augen drehen Sie Ihren Kopf langsam soweit nach rechts wie es geht. Jetzt öffnen Sie Ihre Augen. Ihr Daumen ist zum dritten Mal verschwunden!

Was? Sie sind nicht beeindruckt? Sie sagen, Ihre Hand sei nie *wirklich* verschwunden gewesen? Sie sagen, das war überhaupt kein Kunststück, weil Sie immer wußten, wo Ihre Hand war? Aber wußten Sie dies wirklich? *Wie* wußten Sie denn, daß Ihre Hand nicht verschwunden war, als Sie sie nicht sehen konnten, daß sich tatsächlich Ihre Augen bewegten und nicht Ihre Hand, oder daß sich Ihr Kopf bewegte und Ihre Hand genau dort blieb, wo sie war? Wie können Sie den Unterschied feststellen zwischen dem, was Sie *sahen* und dem, was sich *wirklich abspielte*? Und wie kommt es, daß die Kleckse von Druckerschwärze auf dieser Seite mittels eines stummen Codes übersetzt wurden, der Anweisung an Ihr Gehirn gab, welche dann in Form von Befehlen an Ihre Muskeln weitergeleitet wurden? *Das ist* das wahre „Kunststück".

Bevor wir uns nun mit dem Wissen befassen, das auf dem Gebiet der Wahrnehmung zusammengetragen wurde, mit einem Wissen, welches einige von diesen „einfachen" Fragen zu beantworten sucht, wollen wir hier noch eine Geschichte hören: „Über 3 Arten, die Welt zu sehen". Manche Leute glauben, sie könnten durch die Wahrnehmung die echte Welt so sehen, wie sie ist. Andere glauben, daß das, was sie je wissen können, sich nur auf ihre eigenen Wahrnehmungsprozesse bezieht, d. h. auf das, was in ihrem Kopf vorgeht. Andere wiederum argumentieren, der wichtigste Aspekt der Wahrnehmung sei weder in dem zu suchen, was ist, noch in dem, was wir anscheinend sehen, sondern vielmehr in der Übereinstimmung bezüglich der Bezeichnung dessen, was wir wahrnehmen.

Die Geschichte befaßt sich mit dem uralten Problem: Wann ist ein Tor beim Fußballspiel tatsächlich ein Tor? Wir haben hierzu 3 bekannte Bundesligaschiedsrichter interviewt. „Nun", sagt der erste Schiedsrichter, „ich versuche auf dem Platz immer eine günstige Position einzunehmen, sobald der Ball sich in Tornähe befindet. Dann beobachte ich den Fußball und pfeife eben ein Tor, wenn es eines ist". „Ich mache das etwas anders", meint der zweite Schiedsrichter. „Ich beobachte den Ball im Verhältnis zum Torwart und wenn der Torwart auf der Linie steht und der Ball hinter ihm ist, dann pfeife ich ein Tor." „Für mich", sagt der dritte Schiedsrichter, „gibt es bei schwierigen Entscheidungen nur eins: ich frage den Linienrichter, ob der Ball hinter der Torlinie war."

Nach den letzten Diskussionen im deutschen Fußballbund über die Zulassung von Fernsehaufzeichnungen wäre es vielleicht doch nicht so schlecht, ab und zu den „elektronischen Schiedsrichter" (Replay) zu Rate zu ziehen.

Das Problem der Wahrnehmung (oder: Wann ist das, was glänzt, wirklich Gold?)

Der naive Beobachter akzeptiert seine Sinneseindrücke, ohne sich darüber weiter Gedanken zu machen. Er glaubt, auf direkte, *unmittelbare* Weise Merkmale der sich in der Umwelt befindlichen Objekte wahrzunehmen. Er glaubt ferner, daß er direkten Kontakt mit diesen Objekten hat und ist von der Genauigkeit seiner Wahrnehmungen „lebhaft überzeugt". Darüber hinaus nimmt er an, daß andere Beobachter die Situation genauso wahrnehmen wie er, es sei denn, sie seien „absichtlich pervers". Seine Meinung bezeichnet man als *phänomenalen Absolutismus*.

Wie der Student, den wir in Kap. 5 unter der Dusche stehen ließen, so können auch Sie den Unterschied zwischen heißem und kaltem Wasser feststellen. Natürlich hatte das Wasser die Eigenschaft „Hitze"! Wenn Sie das denken, sollten Sie ein Experiment wiederholen, das John Locke schon im Jahre 1690 durchführte. Halten Sie einige Minuten lang die eine Hand in eine Schüssel mit heißem Wasser und die andere in eine Schüssel mit kaltem Wasser. Nun stecken Sie beide Hände in eine Schüssel mit lauwarmem Wasser. Eine Hand wird dieses Wasser als warm und die andere als kalt empfinden. So trifft also zu, was Locke schon vor 3 Jahrhunderten feststellte, als er sagte: „Es ist unmöglich, daß das gleiche Wasser zur selben Zeit heiß und kalt sein könnte, wenn wirklich beide Wesenheiten (heiß und kalt) darin enthalten wären". Neuere Experimente zeigen ebenfalls, daß Ihre subjektive Wahrnehmung nicht der objektiven Realität entspricht, obgleich Sie sicher sind, daß es so ist. Sie wissen z. B., ob etwas oben oder unten ist (im Verhältnis zu Ihnen), weil es eben oben oder unten *ist,* oder? Ebenso sind Sie sicher, daß sich etwas im Verhältnis zu anderen statischen Objekten bewegt, weil es das einfach *tut!*

In einer Reihe von Untersuchungen wurden Vpn auf einen Stuhl gesetzt, der sich in einem Zimmer befand, das bis auf eine Ausnahme gänzlich normal war: sowohl der Stuhl als auch das Zimmer konnten gekippt werden (vgl. Abb. 9.1). Saß eine Vp gerade im Stuhl, aber das Zimmer wurde gekippt, so wurde ihre Wahrnehmung dessen, was oben oder unten war, gestört, weil sie annahm, daß sie und die Gegenstände im

Abb. 9.1. Wahrnehmungskontrolle. Ein Raum, in dem entweder der Stuhl, auf dem die Vp sitzt (im Vordergrund), oder der Rahmen (Reiz) oder beide gekippt werden können. Wenn das Zimmer verdunkelt ist und nur der Rahmen zu sehen ist, muß die Vp angeben, wann dieser Rahmen vertikal steht

Zimmer zwar gedreht werden könnten, Wände aber doch immer vertikal stehen bleiben müßten. So nahm sie also die geneigten Wände als vertikal und sich selbst und die anderen vertikalen Gegenstände im Zimmer als gekippt wahr (Witkin 1954).

Ein ähnliches Phänomen wird auch von den Passagieren der Jumbojets berichtet, die angeben, daß sich beim Start eher die Startbahn zurückzuziehen scheint und nicht, daß man das Gefühl habe, vom Boden abzuheben.

Auch im Kino sehen Sie Bewegung, die eigentlich nicht vorhanden ist. Die kontinuierliche Bewegung der Schauspieler entsteht durch eine Serie einzelner Bilder, die etwa mit einer Geschwindigkeit von 24/s projiziert werden. Die Bilder selbst enthalten keine Bewegung und trotzdem sehen Sie eine. Dieselbe scheinbare Bewegung bildet auch die Grundlage für die Neonlichtreklamen, bei denen Figuren sich bewegen, und für Spruchbänder, bei denen die Wörter von der einen zur anderen Seite laufen. In Wirklichkeit geht jedes einzelne Licht in dieser Reklame entweder an oder aus, und es ist lediglich der Zeitabstand zwischen diesem An und Aus, der Ihnen den Eindruck einer Bewegung vermittelt. Die Wahrnehmung eines sich bewegenden Lichtes anstelle zweier oder mehrerer stationärer Lichter, die an- und ausgehen, bezeichnet man als das φ-*Phänomen* (griech. Phi).

Die Aufgabe der Wahrnehmung besteht darin, die einkommende Information so zu filtern und aufzuschlüsseln, daß wir die Beschaffenheit und die Verhältnisse der Welt erkennen, sie so vorhersagbar machen und daher gut in ihr zurechtkommen können. Hier beschränkt sich unsere Diskussion im wesentlichen auf den Gesichtssinn, da dieser bei der Steuerung des menschlichen Verhaltens eine dominante Stellung einnimmt.

Wahrnehmung und Trugschluß

Der tropische Urwald, in dem die BaMbuti-Pygmäen leben, ist so dicht, daß die Eingeborenen selten mehr als ein paar Meter ihrer Umgebung sehen können. Unter diesen Umständen verlassen sie sich bei der Jagd hauptsächlich auf akustische Signale. Selten müssen sie dabei Urteile fällen, die auf visuellen Signalen der Distanz oder Dreidimensionalität beruhen. Eine der Konsequenzen dieses „natürlichen Experiments" wird in den Aufzeichnungen des Anthropologen Turnbull (1961) mitgeteilt. Als einer der Pygmäen namens Kenge mit Turnbull auf eine offene Ebene fuhr, wo die Aussicht nicht versperrt war, spielte ihm die Natur (oder Erfahrung?) plötzlich einen Streich. Turnbull berichtet:

„Kenge schaute über die Ebene hinweg hinunter auf einen Platz, wo einige Meilen entfernt eine Herde von etwa 100 Büffeln graste. Er fragte mich, was für *Insekten* dies denn seien, worauf ich erwiderte, daß es sich hier um Büffel handele, die etwa 2mal so groß wie die ihm bekannten Urwaldbüffel seien. Er lachte laut und bat mich, nicht solche dummen Geschichten zu erzählen; dann fragte er mich wiederum, welche Art von Insekten das wohl sei. Nun sprach er mit sich selbst, da ihm meine Gesellschaft wohl nicht intelligent genug schien, und versuchte, die Büffel mit verschiedenen ihm bekannten Käfern und Ameisen zu vergleichen. Er tat dies immer noch, als wir ins Auto stiegen und zur Herde hinunterfuhren. Er beobachtete, wie die Tiere größer und größer wurden, und obgleich er genauso mutig war wie alle anderen Pygmäen, rückte er ganz nahe an mich heran und murmelte etwas von Hexerei ...

Als er endlich feststellte, daß es sich um echte Büffel handelte, zeigte er zwar keine Furcht mehr, war aber immer noch davon überrascht, daß sie so klein gewesen seien, und fragte, ob sie wirklich so klein gewesen und jetzt so groß geworden seien, oder ob hier irgendeine Art von Betrug im Spiel gewesen sei."

Beim Versuch, eine rationale Erklärung seiner Welt aufrechtzuerhalten, führte Kenge seine außergewöhnliche Wahrnehmung auf Hexerei zurück. Es waren also böse Geister, die die Menschen betrügen, indem sie die Größe von Dingen verändern oder die Augen so überlisten, daß sie tatsächlich glauben, daß sich dies ereignet hätte. Bei unserem Versuch eine solche Täuschung zu erklären (und wie Kenge ein „rationales" Bild von unserer Welt zu erhalten), suchen wir nach Gründen in der Natur.

Hierbei suchen wir die Erklärung entweder in ungewöhnlichen Reizbedingungen oder im speziellen Erfahrungshintergrund des Wahrnehmenden.

Aus dieser Anekdote ergeben sich einige wichtige Schlußfolgerungen. Ebenso wie der Pygmäe nehmen auch wir nicht an, daß Objekte wie Büffel ihre Größe innerhalb einer kurzen Zeit drastisch verändern. In einer vertrauten Umgebung behalten Gegenstände ihre Größe ungeachtet unserer Entfernung von ihnen bei (Turnbulls Wahrnehmung); aber in einer fremden Umgebung kann sich die Größe von Objekten im Verhältnis zur Entfernung verändern (Kenges Wahrnehmung). Wir versuchen, neue Wahrnehmungen in einen vertrauten Kontext oder Bezugsrahmen einzupassen (Kenge verglich die „Insekten" mit Käfern). Endlich kann sich unter ungewöhnlichen Bedingungen der Reizdarbietung unsere Wahrnehmung so verändern, daß wir Täuschungen sehen. Dies passierte, als Kenge sich den Büffeln schnell per Auto näherte und sie „wachsen" sah.

Aus ähnlicher Erfahrung wissen wir, daß Kenge die Welt wahrscheinlich wie Turnbull realistischer wahrgenommen hätte, wenn er gewußt hätte, daß die Objekte tatsächlich Büffel waren. Eine solche Wahrnehmung ist genauer, da hier die subjektive Wahrnehmung eines Objekts mit den objektiven physikalischen Eigenschaften dieses Objekts, die man messen und verifizieren kann, übereinstimmt. Die Wahrnehmungserfahrung, d.h., wie etwas dem Wahrnehmenden erscheint, bezeichnet man auch als *phänomenologische Erfahrung*.

Wahrnehmung optischer Täuschungen

Glauben Sie, daß Sie als „erfahrener" Wahrnehmender dieselben verzerrten Wahrnehmungen der Realität haben könnten wie dieser „Primi-

Abb. 9.2. In diesen 3 Bildern durchquerte der Mann das Zimmer in weniger als 1 min. Es ist der gleiche Mann und auch das gleiche Zimmer. Wie ist dieses Phänomen zu erklären?

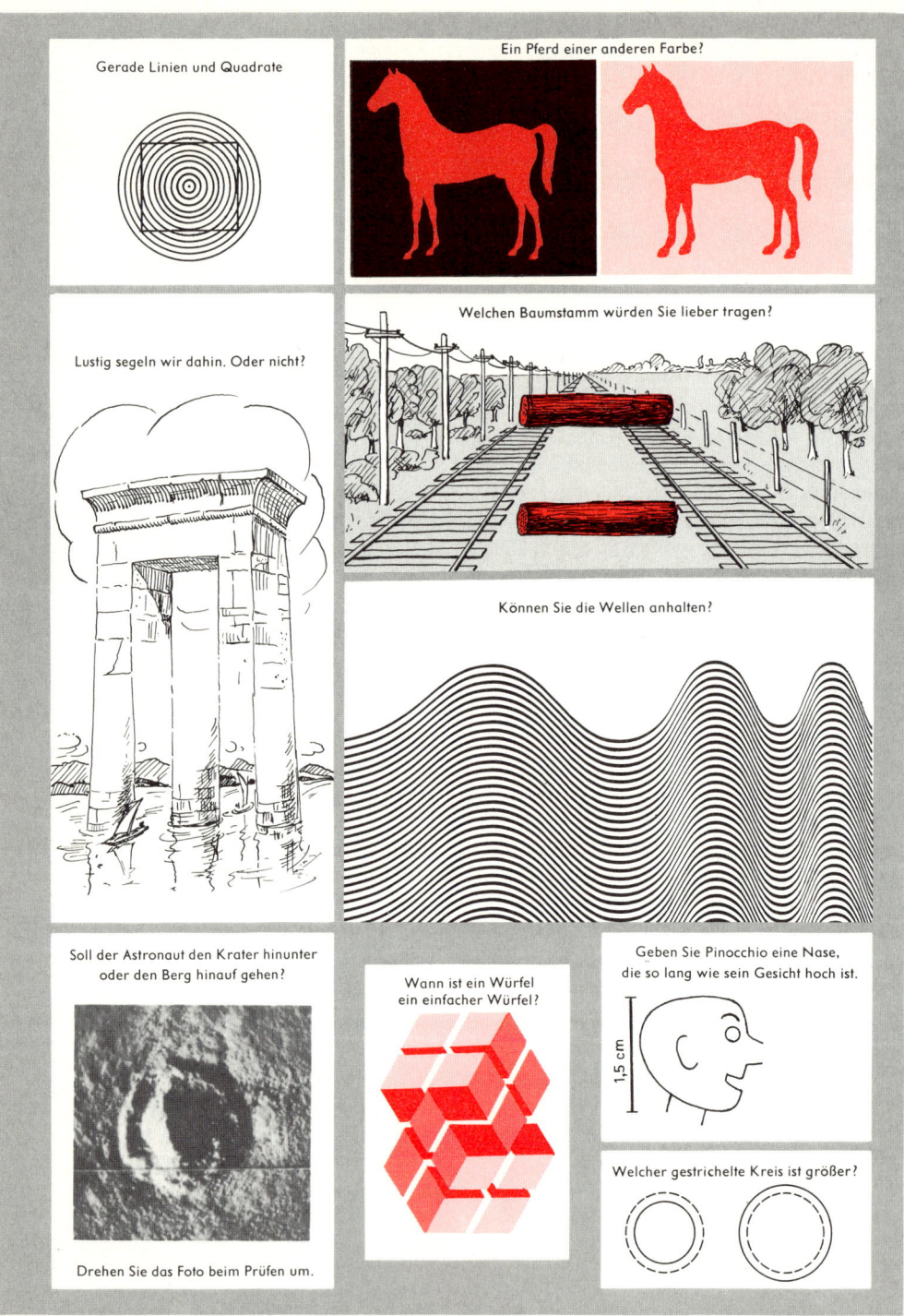

Abb. 9.3. Wahrnehmungsphänomene (optische Täuschungen)

tive"? Sehen auch Sie den Mann beim Durchschreiten des Raumes 2mal so groß wie vorher werden (Abb. 9.2)? Sie *wissen,* daß dies unmöglich ist. Was ist passiert? Optische Täuschungen können helfen, auch andere Wahrnehmungsphänomene zu verstehen. In Abb. 9.3 sind eine Reihe optischer Täuschungen dargestellt.

Die betrügerische Netzhaut und
das umherschweifende Auge

Wenn Sie wegen dieser optischen Täuschungen jetzt an Ihren Augen und Ihren interpretativen Mechanismen zweifeln, denken Sie einen Moment über den Ihnen zur Verfügung stehenden Wahrnehmungsapparat und die Aufgaben, die er erfüllen muß, nach. An der Rückwand des Auges befindet sich die Netzhaut, welche die durch die Linse eindringenden sensorischen Reize empfängt und diese zur Verarbeitung ins Gehirn weiterleitet. Aber welche Art von Information sendet die Netzhaut? Da sie eine zweidimensionale Oberfläche hat, muß sie die dreidimensionale Welt in ein zweidimensionales Muster umwandeln, das dann weitergeleitet wird. Da ihre Länge und Weite nur etwa 2,5 cm beträgt, muß die Linse die Größe des betrachteten Gegenstandes entsprechend *verkleinern.* Schließlich werden beim Durchdringen der Linse die Bilder *umgedreht,* so daß die Netzhaut ein „auf dem Kopf stehendes Weltbild" erhält.

Was die Angelegenheit noch komplizierter macht, ist daß das Auge nie still steht. Das sich dauernd bewegende Auge zeigt einen geringen, aber konstanten *Tremor* von hoher Frequenz. Dazu kommen noch *ruckartige Bewegungen,* mit denen sich das Auge unregelmäßig hin- und herbewegt. Trotzdem zeigen Objekte, die wir sehen, kein Zittern oder ruckartige Bewegungen. Schauen Sie sich z.B. die Ecken dieser Seite an. Das Netzhautbild bewegt und verändert sich, jedoch Sie selbst und die Seite bleiben der Realität entsprechend unverändert und unbewegt. Hat die Netzhaut diese Information an das Gehirn weitergegeben? Wenn ja, wie unterscheidet sich diese Situation von der, in der sich die Seite bewegt und Ihre Augen fixiert bleiben? Aber irgendwie sehen wir die Welt doch mit „dem richtigen Ende oben", voller Tiefe und Schärfe, und wir können gewöhnlich auch Bewegung *in ihr* von Bewegung *in uns* unterscheiden. Bestünde die Wahrnehmung ausschließlich

in einer retinalen Übertragung, so hätten wir überhaupt keine Ahnung, wie die Welt tatsächlich aussieht.

Die Zuverlässigkeit der Wahrnehmung

Die Wahrnehmungstäuschungen überraschen uns gerade deswegen, weil unser Wahrnehmungssystem gewöhnlich so verläßlich ist. Unter normalen Umständen verlassen wir uns darauf, daß die Information, die uns dieses System zur Verfügung stellt, für die Anpassung an unsere Umwelt und deren Modifizierung präzise und nutzbar ist. Da die Wahrnehmung gewöhnlich so gut, so einfach, so mühelos und „unbewußt" funktioniert, müssen wir das System irgendwie stören (wie z.B. mit optischen Täuschungen), um uns der Komplexität der physiologischen und psychologischen Prozesse bewußt zu werden.

Wie sorgt nun der Wahrnehmungsakt für ein stabiles, organisiertes, zusammenhängendes, sinnvolles Bild der Realität, obgleich die vorhergehenden Beispiele gezeigt haben, wie fehlbar es sein kann? Wenn wir nach einer Erklärung der optischen Täuschungen suchen oder verstehen wollen, wie das Wahrnehmungssystem es fertigbringt, einen Unterschied zwischen der *objektiven Realität* und der *phänomenalen Realität* zu machen, so entdecken wir eine Reihe ineinander übergreifender Prozesse. Das Wahrnehmungssystem verhält sich dabei wie ein datenverarbeitender Computer, indem es viele Informationsquellen aufnimmt, diese auswählt, integriert, vergleicht, prüft, aussortiert und wieder ausgibt und zudem noch dies alles ständig von neuem wiederholt (vgl. Abb. 9.4). Jeder Wahrnehmungsakt ist eine Konstruktion oder Schöpfung der Realität, welche auf allen relevanten, gegenwärtigen und vergangenen, dem Organismus zugänglichen Informationen basiert.

Wahrnehmung, weit davon entfernt, eine direkte Erfahrung „dessen, was ist" zu sein, wird somit zu einem *mittelbaren* Prozeß organisierter Schlußfolgerungen über die „reale" Welt der Zeit, des Raumes, der Objekte und Ereignisse, der auf wesentlich mehr basiert als dem einfachen Reizinput. Um „Wahrnehmung" als ein Untersuchungsgebiet zu isolieren, müssen die Psychologen künstliche Grenzen zwischen den

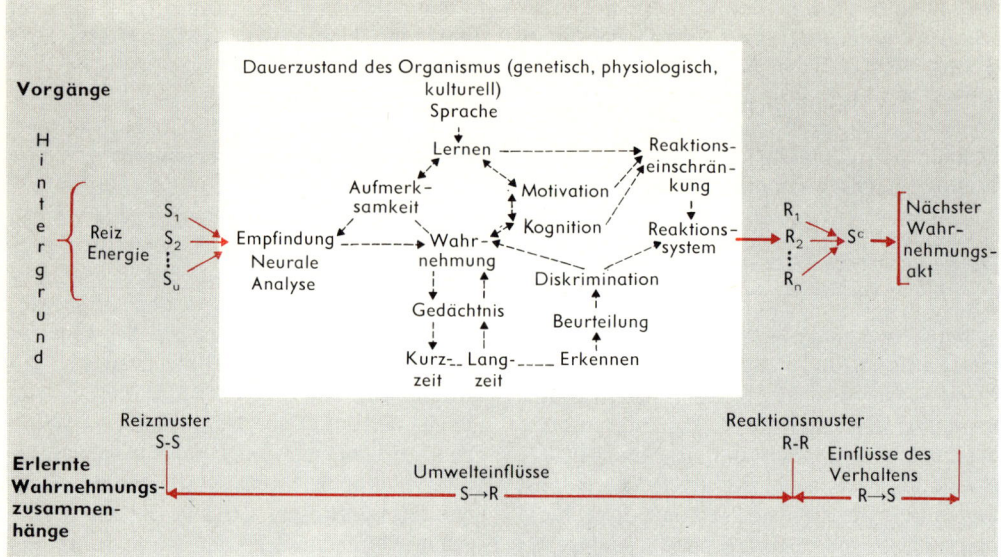

Abb. 9.4. Schematisierte Darstellung des Wahrnehmungsvorgangs

verschiedenen Prozessen der Empfindung, der Aufmerksamkeit, des Gedächtnisses, des Lernens etc. ziehen, also zwischen Gebieten, die in Wirklichkeit nicht getrennt, sondern sehr eng und dynamisch miteinander verknüpft sind. Welche verläßlichen Informationen liefert Ihnen also Ihr Wahrnehmungssystem tatsächlich?

Genauigkeit und Präzision der Wahrnehmung

Unter guten Lichtbedingungen kann das Auge einen Abstand zwischen 2 Linien wahrnehmen, der etwa so weit ist wie 1″ eines Vollkreises (360°). Das Auge kann ein Tier auf einer entfernten Bergkette oder feine Rillen von Fingerabdrücken ausmachen und kann zudem zwischen beiden Zielobjekten unmittelbar wechseln. Es lenkt die feine Hand-Augen-Koordination des Uhrmachers und des Neurochirurgen. Wie kann es alle diese Aufgaben erfüllen, wenn es sich selbst dauernd hin- und herbewegt? Wie kann das Auge bei einer Veränderung des Netzhautbildes feststellen, ob dieses auf eine Bewegung in der Außenwelt oder auf Augen- oder Kopfbewegungen zurückzuführen ist? Anscheinend lernt das Wahrnehmungssystem die internale Stimulation zu kompensieren. Die einleuchtendste Erklärung läge in einer Rückkoppelung von den Augenmuskeln her;

jedoch ist dies nicht die richtige Antwort. Wenn die Augenmuskeln durch eine intravenöse Injektion von Curare unbeweglich gemacht werden und dann die Vp aufgefordert wird, die Augen zu bewegen, so empfindet sie eine Augenbewegung, obwohl keine stattfindet (Brindley u. Merton 1960). Schon Helmholtz (1867) berichtete über dieses Phänomen. Er stabilisierte mit Pinzetten die Augenmuskeln seiner Vpn und forderte sie dann auf, ihre Augen zu bewegen, wobei er zu denselben Resultaten kam.

Beständigkeit der Wahrnehmung

Nehmen Sie eine Streichholzschachtel und drehen Sie diese zuerst bei ausgestrecktem Arm, dann in der Nähe des Gesichtes, im Sonnenlicht und im Schatten. Sie scheint sich nicht zu verändern, obgleich das Netzhautbild durch jede Bewegung stark verändert wird.

Die Stabilität unserer visuellen Welt hängt von dieser Wahrnehmung der *Objektbeständigkeit* ab, der Wahrnehmung der kontinuierlichen Existenz eines Gegenstandes trotz Veränderungen in Größe, Form und Position des Netzhautbildes. Bei der Konkurrenz der Reize, die die endgültige perzeptive Beurteilung bestimmen, muß die Stimulierung vom *distalen Reiz* (dem tatsächlichen Gegenstand) über den *proximalen*

Reiz (das Netzhautbild) dominieren, wenn die Wahrnehmung genau sein soll. Das Paradox der Wahrnehmung ist, daß genau dies zutrifft: Was wir subjektiv wahrnehmen, stimmt eher mit dem objektiven Reizmuster als mit dem Netzhautbild überein.

Von der Spitze des Eiffelturms aus betrachtet sehen die Menschen wie Ameisen aus, genau wie Kenges Büffel aus der Entfernung von einigen Kilometern. Wenn wir uns in einer neuen Situation befinden und die Signale, auf die wir uns zur Schätzung der Entfernung verlassen müssen, ungeeignet oder verwirrend sind, dann ist die Größenkonstanz nicht länger gegeben, und unser Wahrnehmungssystem verläßt sich dann auf die Information, die gerade erreichbar ist, nämlich auf die unverläßliche proximale Stimulierung (Netzhautbild).

Regelmäßigkeit bei optischen Täuschungen

Optische Täuschungen, die keineswegs Beispiele einer abnormen Wahrnehmung sind, geben eine Reihe von Informationen über die notwendigen Voraussetzungen für die normale genaue Wahrnehmung. Sie geben eher Aufschluß über die Stärken unseres Wahrnehmungssystems als über seine Schwächen und zeigen, daß die Wahrnehmung nicht gänzlich von einem winzigen Teil der Reizinformation der gegenwärtigen Umwelt abhängig ist. Es ist diese Freiheit, die den Menschen von der Reizgebundenheit löst und es ihm ermöglicht, seine Wahrnehmungen beim Denken zu gebrauchen. Die Erklärungen für einige der gezeigten optischen Täuschungen hängen teilweise von der Anordnung der Signale oder ihrer Mischung, die deren Nützlichkeitswert ändert, ab. Statt einer genauen Wahrnehmung dessen, was ist, haben wir es hier mit zusätzlichen Inputs von unseren Augen, unserem Gehirn oder beiden zu tun. Haben Sie schon gemerkt, daß der Mond am Horizont größer aussieht als wenn er hoch am Himmel steht? Da wir wissen, daß sich seine Größe bei der Wanderung über den nächtlichen Himmel nicht verändert, ist unsere Wahrnehmung dieser scheinbaren Größenveränderung eine optische Täuschung. Sie wurde schon im 2. Jahrhundert von dem ägyptischen Astronomen Ptolemäus erwähnt. Früher wurde diese Täuschung auf die Krümmung der Augen oder auf die Anstrengung der Nackenmuskeln beim

Hochschauen zurückgeführt; heute wird sie durch 2 miteinander kombinierte Prinzipien erklärt: dem Prinzip der Größenkonstanz und dem Prinzip der Täuschung, dem wir bei der Betrachtung der Eisenbahnschienen begegneten. Objekte in der Nähe des Horizonts werden größer gesehen, weil wir sie als weiter entfernt einschätzen. Diese Fehlbeurteilung der Entfernungssignale führt zu einem Zusammenbruch der gebräuchlichen Größenkonstanzformel. Daß diese Erklärung zutrifft, zeigten Kaufmann u. Rock (1962) mit Hilfe einer besonderen Apparatur, die künstliche Monde verschiedener Größen an den „Himmel" eines dunklen Theaters projizierte.

Warum wurde der Mann beim Durchqueren des Raumes immer größer (Abb. 9.2)? Sie sahen diese Täuschung, weil Sie annahmen, daß der Raum rechteckig war und nicht trapezoid, wie Abb. 9.5 zeigt. Die rechte hintere Ecke ist in Wirklichkeit viel näher als Sie annahmen. Da Sie glaubten, ein normales Zimmer zu sehen und zudem über keine verläßlichen Entfernungssignale verfügten, verließen Sie sich auf das größer werdende Netzhautbild und sahen die distale Größe wachsen.

Wahrnehmungstheorien

Warum sehen wir das, was wir sehen? Inwieweit werden unsere Wahrnehmungen durch frühere Erfahrungen beeinflußt und wie kommen diese Veränderungen zustande (vgl. Abb. 9.6)? Noch grundlegender: Welche Rolle spielt die Wahrnehmung bei der Entwicklung unseres Realitätsbegriffs? Obgleich sich Philosophen, Psychologen und Physiologen verschiedenster Richtungen über die Wichtigkeit der Wahrnehmung klar waren und sind, führten ihre unterschiedlichen Erklärungen der Wahrnehmung doch immer wieder zu großen Kontroversen. Mit den wichtigsten dieser Kontroversen wollen wir uns kurz befassen.

Die „Spielkasinotheorien"

Zwei der Erklärungen des Wahrnehmungsprozesses könnte man als „Spielkasinotheorien" bezeichnen. Die erste ist der transaktionale An-

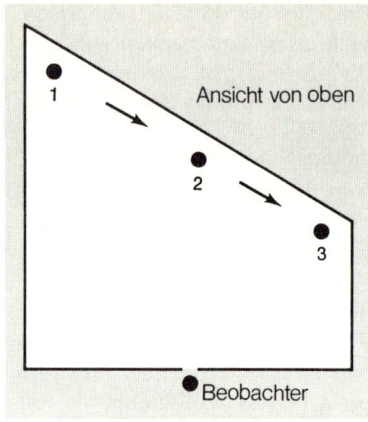

Ansicht von oben

Beobachter

Abb. 9.5. Aus dem Bild *(links)* und dem dazugehörigen Diagramm können Sie ersehen, warum der Mann auf Abb. 9.2 größer zu werden schien. Wenn Sie Ihr Kinn in die Kerbe der horizontalen Holzplatte legen und dabei ein Auge schließen würden, sähen Sie den Raum genauso, wie ihn die Kamera in Abb. 9.2 sah

satz von Ames (1951). Diese Theorie besagt, daß jeder einzelne durch seine Wechselwirkung mit der ihm eigenen Umwelt eine beschränkte Anzahl von Wahrnehmungen entwickelt, um mit der unendlichen Vielfalt der Netzhautbilder fertig zu werden. Aufgrund seiner Erfahrungen entwickelt er seinen eigenen Realitätsbegriff, der wiederum bestimmt, was er wahrnehmen wird. Die Wahrnehmung wird zu einem erlernten Vorgang der Realitätsrekonstruktion.

Abb. 9.6. Manchmal glauben wir, daß man sich heutzutage auf nichts mehr verlassen kann ... (Grundlegend für die Wahrnehmung ist freilich „... die Tatsache, daß der Organismus bestimmte Ansichten über die Welt, in der er lebt, entwickelt hat. Diese gewöhnlich unbewußten Ansichten führen dazu, daß Signalen Bedeutung beigemessen wird." (Nach Allport 1955)

Die zweite dieser Theorien, der probabilistische Funktionalismus von Brunswick (1956), betrachtet die Wahrnehmung als einen Prozeß der Auswahl von Signalen, die der Verhaltenssteuerung dienlich sind. Für jede Spezies gibt es in der natürlichen Umwelt bestimmte Signale, welche die Wahrscheinlichkeit der funktionalen Anpassung dieser Art erhöhen. Der Wahrnehmende muß also die ökologische Signalvalidität verschiedener Reizmuster zu bestimmen lernen, um dann diejenigen auszuwählen, die die genaueste Wahrnehmung der distalen Reize seiner Umwelt garantieren.

Bei beiden Theorien können wir uns ein Spielkasino vorstellen, dessen Besitzer aus Erfahrung lernt, wie die Chancen für die verschiedenen Kombinationen von Ereignissen stehen. Gewöhnlich hat das Kasino mehr Informationen als es benötigt und gewinnt. Wenn es immer gewinnt, lernt es jedoch nichts Neues hinzu. Wenn es nun plötzlich anfängt zu verlieren und die Ereignisse, auf die es sich verlassen hat, sich zu ändern scheinen, muß neue Information gesucht werden.

Der britische Assoziationismus

Die Frage, wie wir die Realität erfassen können, war von philosophischem Interesse, lange bevor sich die Psychologen mit der Wahrnehmung befaßten. Schon im 17. Jahrhundert entwickelten die britischen Philosophen Locke, Berkeley und Hume eine allgemeine „assoziationistische" Theorie des Wissens und der Wahrnehmung, die seitdem das Denken beeinflußt hat. Sie nahmen an, daß die Kenntnis der Realität nur von Eindrücken stammen könne, die vom sensorischen Apparat verarbeitet worden seien. Einfache Ideen wurden als nichtreduzierbare Elemente der sensorischen Erfahrung angesehen. Komplexe Ideen wurden durch erlernte Assoziation zwischen diesen einfachen Elementen zusammengebaut. Die „Inhalte des Geistes" könnten

---

Unter der Lupe

Größenkonstanz

Stellen Sie sich vor, Sie müßten sich an eine Welt anpassen, in der die Objekte, abhängig von ihrer Entfernung zu uns, dauernd ihre scheinbare Größe veränderten, so daß das gleiche Objekt bei einer Entfernung von 3 m 2mal so groß erschiene wie bei einer Entfernung von 6 m. Genau dies würde passieren, wenn die Wahrnehmung nur von der Größe des Netzhautbildes abhängig wäre, weil dieses Netzhautbild ja tatsächlich um so größer wird, je näher die Objekte kommen. Wir nehmen aber eine Größenkonstanz wahr, weil wir den Input

des Netzhautbildes mit dem Input über Entfernung und Blickwinkel integrieren.

Das von einem distalen Reiz (S) einkommende Licht wird durch die Linse gebrochen und auf die Netzhaut projiziert. Die Entfernung zwischen Linse und Netzhaut ist die Konstante (K). Die retinale Größe (R) hängt von dem Blickwinkel ab, da dieser bestimmt, wie weit das Licht bei Erreichen der Netzhaut gestreut wird. Der Blickwinkel wiederum hängt von der Größe des distalen Reizes (S) und seiner Entfernung (Distanz = D) von der Linse ab.

Hieraus ergibt sich: Blickwinkel =

$$\frac{\text{Distale Größe (S)}}{\text{Distanz (D)}} = \frac{\text{retinale Größe (R)}}{\substack{\text{Entfernung Linse (K)} \\ \text{zur Netzhaut}}} .$$

So ist also $\dfrac{S}{D} = \dfrac{R}{K}$ und $R = K \dfrac{S}{D}$.

Wenn wir die retinale Größe kennen, so können wir durch Schätzung der Entfernung auf die Größe des distalen Reizes schließen. Im Gedächtnis gespeicherte Informationen über gebräuchliche Entfernungen und Größen uns vertrauter Objekte können möglicherweise in diese Schätzung mit eingehen.

---

in einfache Elemente, die die Bausteine der Empfindung darstellen, zerlegt werden. Da sie großen Wert auf sensorische Erfahrung und weniger auf angeborene Fähigkeiten legten, bezeichnete man diese Philosophen auch als die britischen *Empiristen*. Ihr Interesse richtete sich nicht so sehr auf den Vorgang der Wahrnehmung selbst, sondern auf die Rolle der Wahrnehmung bei der Bildung des Realitätsbegriffs. Sie betrachteten den Geist als „Tabula rasa" und erklärten das Lernen durch Assoziation von Reizen (s. Kap. 5).

Analytische Introspektion

Wenn die Empfindungen das Rohmaterial sind, das durch Lernen in Wahrnehmung verwandelt wird, dann müssen wir uns fragen, wie wir überhaupt je etwas empfinden können, ohne daß diese sensorische Erfahrung durch das Lernen und die Wahrnehmung verdeckt wird. Gegen Ende des 19. Jahrhunderts standen eine Reihe von Psychologen, vornehmlich Wundt und Titchener, auf dem Standpunkt, daß die Aufgabe der Psychologie darin zu sehen sei, Beobachtern beizubringen, sich nur mit reinen, vom Lernprozeß unbeeinflußten Empfindungen zu beschäftigen. Um dies zu tun, mußten sie die „Wahrnehmung" eliminieren oder herauszuanalysieren lernen, da diese angeblich die primäre *sensorische* Empfindung störte. Sie glaubten, daß die erlernte Introspektion zur grundlegenden psychologischen Erfahrung, die dann der Ausgangspunkt der Psychologie sein sollte, führen würde.

Der gestaltpsychologische Neuansatz

Es war eine Gruppe von Psychologen an der Universität Berlin (Köhler, Koffka, Wertheimer), die das Konzept der *Assoziation von Elementen* als Grundlage der Wahrnehmung und das der *introspektiven Analyse* als Schlüssel zur primären ursprünglichen Erfahrung zurückwiesen. Sie griffen auch die behavioristische Idee vom Lernen als Reiz-Reaktions-Verbindung an. Die Gestaltpsychologen legten den Schwerpunkt auf angeborene Organisationsprozesse, die uns nicht die nach Wundt isolierten Empfindungen, sondern Reizmuster als ein Hauptmerkmal der Wahrnehmung angeben.

Die *Gestalt* ist die grundlegende Einheit der Wahrnehmung und anderer Erfahrungen. Diesem Ansatz zufolge ist „das Ganze mehr als die Summe seiner Teile" und bestimmt auf vielfältige Art und Weise den Charakter und das Verhalten dieser Teile, anstatt umgekehrt. Eine Melodie bleibt die gleiche, ob sie nun in einer Tonart oder einer anderen gespielt wird, selbst wenn der einzelne den Tonartunterschied bemerkt. Auch sind die Qualitäten des Ganzen, wie z. B. die Melancholie in einer Melodie, nicht in den einzelnen Noten zu finden. Aufeinander bezogene Eigenschaften wie diese sind ein Teil der primären Wahrnehmung und kommen nicht später durch unbewußte Folgerung hinzu. So kann z. B. selbst die beste Introspektion die Scheinbewegung beim φ-Phänomen nicht verschwinden lassen.

Der von den Gestaltpsychologen postulierte *Isomorphismus* besagt, daß „die konkrete Ordnung gegebener Erlebnisse die getreue Wiedergabe einer dynamisch-funktionalen Ordnung der zugehörigen physiologischen Hirnprozesse ist". Wenn die in der Umwelt wahrgenommenen „Gestalten" Punkt für Punkt auf das Gehirn projiziert werden, ergibt sich daraus, daß Kenntnisse über Gehirnfunktionen durch sorgfältige Untersuchungen von Wahrnehmungsprozessen gewonnen werden können. So kommen denn die Gestaltpsychologen zu dem Schluß, daß die Realität der phänomenologischen Wahrnehmung (= subjektive Erfahrung) eines Beobachters *die* Realität ist, mit der sich der Psychologe befassen sollte; diese Realität ist interessant per se und kann uns zudem noch Einblicke in neurologische Vorgänge geben.

Wahrnehmung als Filter

Nach E. J. Gibson (1970) ist die Wahrnehmung ein Prozeß, der nicht *Addition,* sondern *Reduktion* beinhaltet. Diese Autorin sieht in der Wahrnehmung nicht einen Prozeß, welcher den sensorischen Elementen Sinn, Form etc. hinzufügt, sondern einen Prozeß, der die unbedeutenden Elemente, das „Rauschen", herausfiltert und so die wichtigen Elemente des Signals identifiziert. Dieser Prozeß ermöglicht es dem Organismus zu lernen, was in der Umwelt vorhersagbar ist, und so besser mit seiner Umwelt fertig zu werden.

Ähnlich wie bei den informationsverarbeitenden Maschinen wird die Wahrnehmung als ein Prozeß betrachtet, der Unsicherheit durch das Erkennen von Regelmäßigkeiten reduziert. Die Informationstheorie definiert *Information* nicht aufgrund von Inhalt oder Bedeutung, sondern aufgrund von Regelmäßigkeit im Gegensatz zur Zufälligkeit. Die zufälligen Elemente in einem Signal sind „statisch" und können so die Entdeckung eines Signals verhindern, welches nicht zufällig und gemustert ist. Je redundanter ein Signal ist, d. h. je mehr Teile des Signals doppelte Information enthalten, um so leichter ist es für uns, die Information zu erkennen. Schauen Sie sich folgenden Satz an:

„Wir Hopfen, daß Ihnen diese Newe informatio gefällt."

Diese Information enthält durch die falschen und fehlenden Buchstaben „statische" Momente oder „Rauschen", aber auch beträchtliche Redundanz, indem sie mehr Signale enthält, als für das Erkennen der beabsichtigten Information notwendig wären. Signale, die wir wahrnehmen, enthalten oft Rauschen und Redundanz gleichzeitig. Je größer die Redundanz und je geringer das Rauschen, um so leichter wird es für uns, die Ungewißheit zu reduzieren, d. h. die Regelmäßigkeiten in Struktur und Beziehungen zu erkennen.

Es gibt viele andere „große" und „kleine" Theorien der Wahrnehmung, aber die hier dargestellten sollten ausreichen, um Ihnen ein Gefühl davon zu vermitteln, wie entscheidend die eigene Anschauung über den Wahrnehmungsprozeß für die Meinung über die Aufgabenstellung der Psychologie ist. Die Psychologen, die die Wahrnehmung als ein Kombinieren von Elementen betrachten, werden sich mit anderen Problemen befassen als die Psychologen, für die die Wahrnehmung dazu da ist, neue Differenzierungen vorzunehmen und kontinuierliche Strukturen zu erkennen. Dabei spielt es keine Rolle, ob sich die Untersuchungen mit Lernen, Denken, Motivation, sozialem Verhalten oder der Messung individueller Unterschiede befassen.

Faktoren, die bestimmen, was wir wahrnehmen

Der Wahrnehmungsprozeß besteht sowohl aus einer komplexen physiologischen Verarbeitung der Reizsignale wie auch aus einer psychologischen Verarbeitung der erhaltenen Information. Wir können Wahrnehmungsuntersuchungen 3 großen Kategorien zuordnen, die jeweils vom besonderen Forschungsinteresse abhängen:

a) Der Schwerpunkt liegt auf den *Reiz*determinanten der Wahrnehmung, z. B. der Gestalt, der Komplexität, der Signalstärke, dem Signal-Rauschen-Verhältnis etc.
b) Der Schwerpunkt liegt auf dem *physikalischen Apparat,* der dazu dient, auf Rezeptor- und neutraler Ebene Signale zu entdecken.
c) Der Schwerpunkt liegt auf *anderen Faktoren innerhalb des Individuums,* die die Wahrnehmung beeinflussen, wie z. B. vorausgehende Lerngeschichte, kultureller Hintergrund und motivationale oder Persönlichkeitsfaktoren.

In Kap. 2 befaßten wir uns mit der physikalischen Apparatur, d. h. unseren sensorischen Rezeptoren und den neuralen Prozessen. Hier wollen wir folgende Untersuchungsgebiete besprechen:

a) nichterlernte Organisationsprozesse innerhalb der Wahrnehmung,
b) vorprogrammiertes Verhalten,
c) die Einflüsse des Lernens einschließlich des Interesses und der Motivationen.

Organisationsprozesse innerhalb der Wahrnehmung

Die grundlegende Annahme der Gestaltpsychologen, daß die Organisation ein Teil jeder Wahrnehmung ist und nicht etwas, was später hinzugefügt wird, nachdem die Elemente empfunden worden sind, wird allgemein anerkannt. Mehrere Aspekte dieser Organisation sollen im folgenden dargelegt werden.

Figur-Grund-Beziehungen

Wir scheinen unsere Wahrnehmungen so zu organisieren, daß Veränderungen und Unterschiede minimal bleiben, während die Einheit und das Ganze erhalten werden. Grundlegend für diesen Prozeß ist unsere Tendenz, eine Figur gegen einen Hintergrund wahrzunehmen. Dies scheint automatisch zu geschehen, gleich ob wir nun uns umgebende Objekte oder Wolken am Himmel betrachten.

Die Figur unterscheidet sich vom Grund

a) durch ihre Form sowie dadurch, daß sie
b) näher ist,
c) ein Objekt darstellt,
d) lebhafter ist,
e) einen intensiveren Farbton hat,
f) die zwischen Figur und Grund bestehende Kontur besitzt,
g) den Grund hinter sich hat (Rubin 1921).

Ein gutes Beispiel dafür, wie diese Prinzipien zur Veränderung der Figur benutzt werden können, finden wir bei der Tarnung. Gleichgültig ob die Tarnung von der Natur benutzt wird, um die Beute vor dem Räuber zu schützen oder von der Armee (zu demselben Zweck): sie ist dann erfolgreich, wenn durch sie die Figur im Grund verschwindet.

Wir bilden aus der erhaltenen sensorischen Information nicht nur die beste Figur, sondern tendieren auch dazu, fehlende Teile zu ergänzen, wie z. B. wenn wir eine fast runde Figur als ganz rund sehen, oder wir stabilisieren die Figur auf andere Art, um sie regelmäßiger und vollständiger zu „gestalten", als die sensorische Information es vorsieht.

Obwohl diese *„Tendenz zur guten Gestalt"* ziemlich vage zu sein scheint, hat sie in letzter Zeit doch durch das informationstheoretische Konzept der Redundanz einige Unterstützung erfahren. Zum Beispiel zeigte Garner (1970), daß gute Figuren solche mit maximaler Redundanz sind. Wie jedes andere Informationssignal wird eine Figur dann *gut,* wenn sie aus ihren Teilen heraus *vorhersagbar* wird. Garner: „Der menschliche Organismus entwickelt seine Wahrnehmungen irgendwie zur guten Gestalt hin und von der schlechten weg".

Wir nehmen Gestalten auch dann wahr, wenn die einzelnen Elemente keine Beziehung zur Ganzheit zeigen.

Das Kombinieren von Signalen bei der Tiefenwahrnehmung

Zur Tiefenwahrnehmung dienen u. a. folgende Signale: Deutlichkeit, lineare Perspektive, Beschaffenheit, Licht und Schatten, relative Position und bekannte Anhaltspunkte. Alle zusammen steuern zu den Daten bei, die in der Wahrnehmung zu einem sinnvollen Ganzen zusammengefügt werden.

Atmosphärische Perspektive

Da sich in der Luft Rauch und Staub befinden, erscheinen weit entfernte Objekte oft verschwommen und unklar. Einzelheiten, von denen wir wissen, daß sie vorhanden sind, können dann einfach nicht beobachtet werden. Der Grad der Unklarheit hängt von der Entfernung ab, und so kommt es, daß wir Entfernungen aufgrund dieser Gegebenheiten einzuschätzen lernen. Tatsächlich passiert es, daß wir Entfernungen falsch einschätzen, wenn sich die charakteristischen Bedingungen der Luft verändern. Personen aus Industriestädten z. B. unterschätzen Entfernungen in der klaren Bergluft beträchtlich.

Lineare Perspektive

Objekte erscheinen kleiner und enger beieinander, je weiter sie entfernt sind. Eisenbahnschienen oder die beiden Seiten der Autobahn scheinen am Horizont zusammenzulaufen. Objekte, die, wie z. B. Telegrafenstangen, einen gleichen Abstand voneinander haben, scheinen mit wachsender Entfernung näher zusammenzurücken. Maler machen von dieser linearen Perspektive Gebrauch, wenn sie in ihren Bildern Entfernungen darstellen wollen.

Beschaffenheit der Oberfläche

Die Beschaffenheit ist sehr eng mit der linearen Perspektive verwandt. Auf jeder Oberfläche, die nicht senkrecht zur Blickrichtung steht, erscheinen die Elemente um so dichter, je mehr die Oberfläche zurückweicht. So trägt also deren Beschaffenheit in Situationen zur linearen Perspektive bei, in denen keine zusammenlaufenden Parallelen als Signale fungieren.

Licht und Schatten

Wenn Licht auf eine unregelmäßige Oberfläche wie z. B. das menschliche Gesicht fällt, so werden bestimmte Teile heller beleuchtet als andere. Die dabei auftretenden Schatten geben uns Aufschluß über die Tiefe der betreffenden Teile. Auch dieses Prinzip verwendet der Maler, der auf einer zweidimensionalen Leinwand den Eindruck von Tiefe vermitteln will.

Relative Position

Wenn sich zwei Gegenstände in derselben Blickrichtung befinden, kann das nähere Objekt das weiter entfernte teilweise oder ganz verdecken. Nähere Objekte erscheinen gewöhnlich im unteren Teil des zweidimensionalen Gesichtsfeldes und entferntere im oberen.

Bekannte Anhaltspunkte

Wenn wir die Größe oder Form eines bestimmten Objektes kennen, können wir dieses Wissen als Anhaltspunkt für die Größe anderer Gegenstände anwenden. Dieses Signal ist entscheidend beim Zustandekommen der Objektkonstanz.

Die Tiefenwahrnehmung bedingt auch den Gebrauch von Signalen, die von der Veränderung der Augenlinse herrühren, die sich beim Betrachten naher Objekte stärker krümmt und bei der Betrachtung entfernterer Gegenstände flacher wird. Binokulares Sehen trägt ebenfalls zur Tiefenwahrnehmung bei, weil beim Betrachten eines nahen Objektes durch die *Konvergenz* der Augen eine zusätzliche Information entsteht. Zusätzlich helfen uns die etwas unterschiedlichen Bilder, die wir von beiden Augen bekommen, die Tiefe und Entfernung wahrzunehmen (disparate Netzhautpunkte: Querdisparation). Wir schätzen die Entfernung, indem wir automatisch diese beiden Bilder vergleichen und integrieren, was uns das räumliche Sehen ermöglicht.

Stereoskopische Diapositive stellen eine Anwendung dieses Prinzips dar. Zwei Bilder können gleichzeitig von einer Kamera mit zwei Linsen aufgenommen werden. Wenn man die beiden Bilder betrachtet (je ein Bild mit einem Auge), so sieht man ein einziges dreidimensionales Bild. Durch die Vergrößerung des Ab-

stands zwischen den Bildern ist es möglich, die Tiefenwirkung bis zu einem gewissen Grad zu steigern. Wenn die beiden Ansichten aber zu unterschiedlich werden, sehen wir wieder zwei Bilder.

Das stereoskopische Prinzip wird bei Fotos aus großen Höhen angewendet, wobei die Bilder an verschiedenen Punkten des Fluges gemacht werden. Betrachten Sie nun die folgenden Diagramme:

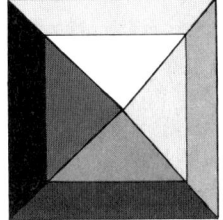 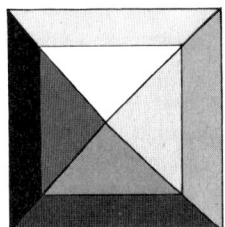

Sie zeigen die Ansicht eines Denkmals von oben aus zwei verschiedenen Positionen. Nehmen Sie ein etwa 25–35 cm großes Stück Pappkarton und stellen Sie dieses zwischen die beiden Figuren. Nähern Sie jetzt Ihr Gesicht dem oberen Ende des Kartons, so daß das linke Auge nur das Diagramm auf der linken Seite und das rechte Auge nur das Diagramm auf der rechten Seite sieht. Nun wird aus den beiden zweidimensionalen Bildern plötzlich ein dreidimensionales, welches zwischen den beiden Zeichnungen zu liegen scheint.

Signale bei der Tonwahrnehmung

Wir sind imstande, die Position eines Tons im Raum im Hinblick auf Entfernung und Richtung festzustellen. Diese Fähigkeit hat im modernen Leben besonderen Wert. Wenn wir z. B. eine belebte Straße überqueren, so kann unser Leben davon abhängen, ob wir die Position eines sich nähernden Autos genau ausmachen können.

Unsere Fähigkeit, Töne im Raum zu lokalisieren, hängt fast gänzlich davon ab, daß unsere beiden Ohren sich an verschiedenen Punkten im Raum befinden.

1. Ein Ton, der von links auf uns zukommt, wird zuerst vom linken Ohr wahrgenommen, bevor er das recht Ohr erreicht. Dieser Zeit-

unterschied kann zwar sehr kurz sein, zeigt uns aber an, von welcher Seite der Ton kommt.

2. Tonwellen, die von links kommen, stimulieren das linke Ohr mehr als das rechte.
3. Wie wir in Kap. 2 gesehen haben, bestehen Schallwellen aus Bereichen von hohen und niedrigem Druck. Da die beiden Ohren sich an verschiedenen Punkten im Raum befinden, werden unsere Ohren von verschiedenen Phasen dieser Schallwellen stimuliert. Da die Geschwindigkeit der Schallwellen viel langsamer als die des Lichts ist, sind auch die Unterschiede in den Phasen dieser Schallwellen viel leichter wahrzunehmen.

Diese Richtungssignale sind nur dann von Nutzen, wenn die Töne von der einen oder der anderen Seite kommen. Töne, die direkt von vorn auf uns zukommen, können nicht so leicht von solchen über oder hinter uns unterschieden werden, weil in diesem Fall die Stimulierung beider Ohren identisch ist.

Die Veränderung der Wahrnehmung durch das Lernen

„*Natürlich* hängt die Wahrnehmung von früherer Erfahrung ab", sagen Sie (vgl. Abb. 9.6). Aber von *welchem Teil* dieses vagen Ausdrucks „früherer Erfahrung", und wie kann man dies beweisen? Die vielen Experimente, die sich mit diesem Thema befaßten, untersuchten u. a. die Auswirkung allgemeiner kultureller Erfahrung, allgemeine Wahrnehmungsgewohnheiten, unterschiedliches Training, Anweisungen und manipulierte Einflüsse auf psychophysische Vorgänge.

Der Einfluß der Kultur

Daß Kenge die entfernten Büffel als Insekten sah, ist ein drastisches Beispiel für den Einfluß kultureller Erfahrung auf unsere Wahrnehmung. Sollte unsere Wahrnehmung tatsächlich von früherer Erfahrung mit einer bestimmten Umwelt abhängen, müßte es viele Unterschiede in der Wahrnehmung bei Leuten aus verschiedenen Kulturkreisen geben. Solche Unterschiede sollten sich auch in der Art, wie sie optische Täuschungen wahrnehmen, zeigen.

Beweise für Unterschiede in der Wahrnehmung von optischen Täuschungen entstammen einer Untersuchung an 1878 Personen aus 14 nichteuropäischen Kulturen und einer amerikanischen Gruppe. Die Autoren dieser Untersuchung gingen von der Hypothese aus, daß sich Unterschiede v.a. bei 2 Arten von Täuschungen zeigen müßten: bei der horizontal-vertikalen Täuschung (Pinocchios Nase) und der Müller-Lyer-Täuschung. Sie überlegten, daß Erfahrung mit großen weiten Ebenen und offenen Flächen die Anfälligkeit für die horizontal-vertikale Täuschung *erhöhen* müßte, während das Fehlen dieser Erfahrung (z.B. bei Waldbewohnern) diese Anfälligkeit verringern sollte. Im Gegensatz dazu sollten die Bewohner von Häusern, für die Winkel wichtig sind, empfänglicher für die Müller-Lyer-Täuschung sein als z.B. die Zulus, deren Hütten rund sind und bei denen Winkel kaum eine Rolle spielen. Ihre Ergebnisse stimmten mit diesen Voraussagen überein (Segall et al. 1966).

Unterschiedliches Training

Um den Einfluß selbst kurzer Trainingsperioden auf unsere Wahrnehmung zu demonstrieren, machen Sie bitte folgendes Experiment: Schauen Sie sich 1 min lang das Gesicht der Frau in der nächsten Abbildung (Ansicht 1) an.

Ansicht 1

Unter der Lupe

Warum sehen wir die Figuren so wie wir sie sehen?

1. Ähnlichkeit

Ähnliche Elemente werden als zusammengehörig wahrgenommen im Vergleich zu anderen Elementen, deren Entfernung voneinander gleich groß ist, die aber weniger ähnlich sind. Sehen Sie in dieser Figur Spalten von Rs und Zs oder Zeilen von sich abwechselnden Buchstaben R Z R Z R Z ?

```
R  Z  R  Z  R  Z
R  Z  R  Z  R  Z
R  Z  R  Z  R  Z
R  Z  R  Z  R  Z
R  Z  R  Z  R  Z
R  Z  R  Z  R  Z
```

2. Nähe

Elemente, die nahe beieinander liegen, werden mehr als zusammengehörig betrachtet als ähnliche Elemente, die weiter voneinander entfernt sind. Hier sehen Sie Paare von RZ RZ RZ RZ.

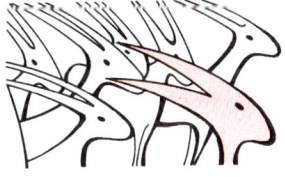

Die Nähe kann auch Dinge einander ähnlicher erscheinen lassen als sie es in Wirklichkeit sind. Die gleiche Figur, die unter Antilopen wie eine Antilope aussieht, sieht in der Gesellschaft von Vögeln wie ein Vogel aus.

3. Geschlossenheit

Wir neigen dazu, unvollendete Figuren als vollendet wahrzunehmen. Wir sehen z.B. die unten gezeigte Linie als einen Kreis mit einem Spalt und die unregelmäßigen Fragmente als ein Tier.

4. Kontinuität

Wir betrachten Elemente als zusammengehörig, wenn sie eine Fortsetzung vorausgehender Elemente zu sein scheinen. Hier sehen wir die Kurvenlinie als eine Figur und die rechteckige Linie als eine andere.

5. Gemeinsame Bewegung

Elemente, die sich in dieselbe Richtung bewegen, werden als zusammenhängend gesehen. Wenn Tänzer abwechselnd aus der Ballettgruppe hervortreten und die gleichen Bewegungen machen, sehen wir sie als eine Einheit.

6. Umkehrung von Figur und Grund

Es kommt ab und zu vor, daß ein Reizmuster so organisiert ist, daß mehrere Figur-Grund-Beziehungen wahrgenommen werden können, die miteinander konkurrieren. In dem hier gezeigten Beispiel wird der Becher zur „Figur", wenn der schwarze Grund zurücktritt. Das Gegenteil ereignet sich, wenn die beiden Gesichter als Figur wahrgenommen werden.

Das Nervensystem scheint regelmäßige einfache Formen zu bevorzugen. Hier sehen wir eher zwei sich überschneidende Quadrate und nicht

ein Dreieck und zwei unregelmäßiger Formen, was vom sensorischen Input her genausogut möglich wäre.

 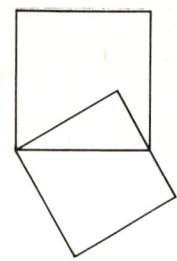

Zur gleichen Zeit bitten Sie einen Freund, das Gesicht auf dieser Seite (Ansicht 2) zu betrachten, *welches Sie aber nicht anschauen sollen,* dann blättern Sie um auf S. 326 und sagen jetzt beide gleichzeitig, welche Art von Gesicht Sie sehen (Ansicht 3).

Als vor vielen Jahren ein ähnliches Experiment im Labor durchgeführt wurde, zeigte sich, daß die visuelle Vorbereitung durch eines der ersten Bilder eine gute Voraussage der Reaktion auf die zweideutige Figur möglich machte, während

verbale Vorbereitung keinen Effekt hatte. Es zeigte sich ferner, daß Vpn, denen nur die zweideutige Figur dargeboten wurde, in dieser zweimal so oft die junge wie die alte Frau sahen. Bei gleicher vorhergehender Erfahrung waren andere Merkmale, vielleicht im Reizmuster selbst, entscheidend für das, was gesehen wurde (Leeper 1935).

Auf die Plätze, fertig ...

Eine *Einstellung* ist die Bereitschaft, etwas in einer bestimmten Art und Weise wahrzunehmen oder auf etwas in einer bestimmten Art zu reagieren. Die Einstellung kann auf Erwartungen, die auf vorherige Erfahrungen zurückzuführen sind, beruhen oder kann durch Anweisungen des Vl (oder anderer) zustandekommen. Insofern kann sie ein momentaner Zustand oder eine langandauernde Haltung bestimmten Situationen gegenüber sein.

Der Einfluß von Einstellungen auf die Wahrnehmung ist im Labor gründlich untersucht worden. Allport schrieb 1955: „Wenn die anderen Bedingungen gleichgehalten werden, können Einstellungen auf dem physiologischen Niveau bestimmen, welche Gegenstände wahrgenommen werden, ferner haben sie Einfluß auf die Geschwindigkeit oder Bereitschaft für diese Wahrnehmung und innerhalb gewisser Grenzen auch auf den Inhalt und die Lebhaftigkeit des Wahrgenommenen".

Die Diskriminationsfähigkeit kann durch Anweisungen erhöht werden, welche die Vp auf eine bestimmte Klasse von Objekten oder

Ansicht 2

Merkmalen, über die sie später berichten muß, vorbereiten. Ferner können solche Instruktionen bestimmte Antwortkanäle „vorwärmen" und dadurch besonders bei zweideutigen Reizmustern eine Reaktion wahrscheinlicher machen als die anderen. Während die Untersuchungen klar ergeben haben, daß Einstellungen die Wahrnehmung beeinflussen, ist es weniger klar, auf welcher Ebene sich dieses alles abspielt, ob sich die tatsächliche perzeptive Sensibilität verändert hat oder die Aufmerksamkeit, das Gedächtnis oder die Motivation.

Langzeiteinstellungen können zu Anschauungen werden, die die Reizinformationsverarbeitung wesentlich beeinflussen. Diese Anschauungen funktionieren auch als Anker oder Vergleichsstandard, mit denen neue Inputs verglichen werden. Dem Standard ähnelnde Inputs werden als *ähnlicher* wahrgenommen als sie tatsächlich sind (gleichgültig ob es sich dabei um Gewichte oder politische Ansichten handelt). Eingänge, die sich vom Standard sehr unterscheiden, werden als noch unterschiedlicher empfunden als sie tatsächlich sind. Werden Vpn gebeten, ihre Meinung über wichtige Angelegenheiten in Kategorien einzuordnen, dann zeigt sich eine deutliche Verschiebung der Items zur eigenen Position hin oder von ihr weg (Sherif u. Hovland 1961).

Interessen, Motive und Abwehrmechanismen

Die Forschung von Anhängern eines formalen strukturellen Ansatzes hat sich i. allg. mit Determinanten der Wahrnehmung wie Reiz, proximaler Stimulierung auf der Netzhaut und an anderen Rezeptorpunkten oder neuronalen Verbindungen befaßt, kurz: mit der angeborenen Ausstattung des Organismus und der auf die Rezeptoren einwirkenden physikalischen Reizenergie. Der Funktionalismus hat diesem traditionellen Ansatz eine neue Dimension hinzugefügt, indem der *Wahrnehmende* selbst wieder mit der Wahrnehmung in Verbindung gebracht wurde. Die Anhänger dieses Ansatzes haben gezeigt, daß sich zwischen den sensorischen Rezeptoren und den motorischen Effektoren ein menschlicher Organismus mit Motiven, Bedürfnissen, Werten, Anschauungen, Erwartungen und Emotionen, die alle die Wahrnehmung bedeutend beeinflussen können, befindet. Die Studie, mit der die Laborforschung über den Einfluß emotionaler Faktoren auf die Wahrnehmung ihren Anfang nahm und die als „Armer Junge, reicher Junge"-Studie bekannt wurde, enthielt einen gravierenden methodologischen Fehler. Können Sie ihn entdecken?

Eine Gruppe von 30 10jährigen wurde mit einem aus einer Holzkiste mit Bildschirm bestehenden Apparat getestet. Durch das Drehen eines vorn rechts befindlichen Knopfes konnten die Kinder den Durchmesser einer runden, auf den Schirm projizierten Lichtscheibe verändern. Zwei Gruppen von Kindern (eine reich, eine arm) wurden aufgefordert, die Größe des Lichtkreises der Größe von Münzen verschiedener Werte anzugleichen; eine Kontrollgruppe mußte den Lichtkreis der Größe verschiedener Papierchips anpassen.

Die Münzen, von der Gesellschaft anerkannte Wertobjekte, wurden größer eingestuft als die Papierchips. Darüber hinaus überschätzte die arme Gruppe die Größe der Münzen mehr als die reiche Gruppe (Bruner u. Goodman 1947).

Diese Untersuchung führte zu einem heftigen Streit; die Kritiker zeigten schnell auf, daß es keinen Beweis dafür gab, daß Werte und Bedürfnisse die bestimmenden Faktoren waren, da andere Variablen, wie z. B. die vorherige Erfahrung mit Münzen, nicht kontrolliert worden waren. Eine Gruppe von Autoren versuchte, diese Einwände zu beseitigen, indem sie Vpn per Hypnose „reich" oder „arm" sein ließ.

Bevor sie hynotisiert wurden, mußten die aus der Mittelschicht stammenden Vpn einen Lichtpunkt der tatsächlichen Größe dreier verschiedener Münzen angleichen (10, 15, 25 cts). Als unter Hypnose ihre Lebenserfahrungen gegen eine „arme" Lebensgeschichte ausgetauscht wurden, überschätzten die gleichen Versuchspersonen nunmehr die Größe der Münzen beträchtlich. Wenn sie unter Hypnose „reich" wurden, zeigten sie im Gegensatz zu vorher eine beständige Unterschätzung der Münzengröße. Diese Ergebnisse führten zu dem Schluß, daß ihre Wahrnehmung tatsächlich durch Werte und Bedürfnisse beeinflußt wurde, da ihre tatsächliche Erfahrung mit Geld ja gleichgeblieben war. Die Wirksamkeit der „armen" und „reichen" Lebensgeschichten bei der Bestimmung verschiedener Bedürfnisse und Werte zeigte sich zudem noch im Verhalten der Vpn: Wenn sie „arm" waren, saßen die Vpn gerade und arbeiteten mit großer Sorgfältigkeit; wenn sie „reich" waren, saßen sie lässig im Stuhl und arbeiteten zwar schnell, aber herablassend (s. Abb. 9.7).

Bei einer Analyse von Kinderzeichnungen zu verschiedenen Zeitpunkten des Jahres stellte sich heraus, daß Zeichnungen vom Weihnachtsmann vor Weihnachten größer waren als solche, die nach den Feiertagen angefertigt wurden (Solley u. Haigh 1957, Sechrest u. Wallace 1964).

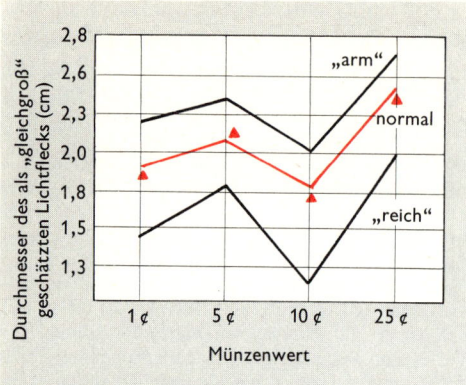

Abb. 9.7. Beeinflussung der Wahrnehmung durch
Bedürfnisse und Werte. Die Abbildung zeigt die Größen weißer Lichtpunkte, die den Größen von 4 Münzen zu Beginn des Experiments (Vpn im Normalzu-
stand) und dann unter Hypnose (arm bzw. reich)
gleichgesetzt wurden. Die *Dreiecke* zeigen die tatsächliche Größe der Münzen. (Nach Ashley et al. 1951)

Die aktive Rolle emotionaler und motivationaler Faktoren bei der Wahrnehmung zeigt sich
auch darin, daß Vpn Reize, die in der Gesellschaft tabu sind und Furcht auslösen, falsch
wahrnehmen und zum Erkennen dieser Reize
mehr Zeit als für neutrale Reize brauchen.

Bei der ersten Untersuchung dieser Hypothese wurden Studenten 7 Tabuwörter (wie z.B. vergewaltigt,
Hure), die mit 11 neutralen Wörtern vermischt waren,
dargeboten. Die Darbietungszeit wurde durch ein
Tachistoskop kontrolliert, das die Wörter für Sekun-
denbruchteile auf den Bildschirm projizierte. Die Vpn
brauchten für das Erkennen der Tabuwörter länger als
für die neutralen. Ferner zeigten die Vpn, *bevor* sie die
Tabuwörter aussprachen, eine größere PGR; dies
wurde als ein Beweis für einen unbewußten *perzeptiven Abwehrmechanismus* angeführt (McGinnies
1949).

Die interessante Erklärung dieses Abwehrmechanismus bei der Wahrnehmung wurde heftig
kritisiert, weil das methodische Vorgehen bei
dieser Untersuchung 3 verschiedene, gleichermaßen plausible Erklärungen erlaubte. Die Unterschiede bei der Wahrnehmungsschwelle
könnten auf folgende Faktoren zurückgeführt
werden:

1. die unterschiedliche Sensibilität auf Tabuwörter, „die in guter Gesellschaft nicht erlaubt sind";
2. die Tatsache, daß man diese Wörter gewöhnlich weniger häufig sieht als andere;

Ansicht 3

3. eine Reaktionshemmung, denn es ist möglich, daß die Vpn die Tabuwörter genauso
   schnell wahrgenommen hatten wie die neutralen, daß es ihnen aber peinlich war, diese
   ebenso schnell wie die neutralen Wörter auszusprechen.

Weitere Untersuchungen unterstützten die Hypothese des perzeptiven Abwehrmechanismus.
Furchtauslösende und neutrale Wörter wurden
in kleine Bücher gedruckt, wobei sie auf der
ersten Seite völlig verschwommen erschienen
und dann von Seite zu Seite klarer herauskamen
(mehr Signal im Verhältnis zum Rauschen).
Zum Erkennen der furchtauslösenden Wörter
wurden mehr Seiten umgeblättert als bei den
neutralen. Dies traf auch dann zu, wenn die
Häufigkeit, mit der diese Wörter in der Sprache
auftreten, kontrolliert wurde. Die gleiche Wirkung zeigte sich, wenn die Vpn im voraus über
das Auftreten kritischer Wörter informiert worden waren und wenn das Geschlecht der Vpn
und des Vl gleich waren (Cowen u. Beier 1954).

In einem anderen Experiment wurde wiederum die
Häufigkeit der Wörter im täglichen Sprachgebrauch
kontrolliert; diesmal aber wurden sie in Paaren darge-

boten. Zuerst kam 2 s lang ein Wort zum „Anwärmen", welches manchmal ein Tabuwort, manchmal neutral war. Daraufhin wurde für 0,1 s das Testwort, welches immer neutral war, gegeben. Wurde dieses nicht erkannt, so wurde das erste Wort wieder 2 s lang gezeigt, dann das Testwort für 0,2 s usw. So wurde verfahren, bis das Testwort erkannt wurde. Wenn das erste Wort ein Tabuwort war, erhöhte sich die Schwelle für das Erkennen des mit dem Tabuwort assoziierten neutralen Wortes. Die Schwelle war geringer, wenn das erste Wort neutral war (McGinnies u. Sherman 1952).

Selbst wenn die Lichtbedingungen gut und die Reizmuster klar erkennbar sind, können unsere Wahrnehmungsvorgänge von unseren *Wünschen, Ängsten, Gewohnheiten, Vorurteilen* und anderen Faktoren beeinflußt werden. Wenn die Lichtbedingungen schlecht und der Reiz mehrdeutig ist, dann wird unsere Wahrnehmung noch mehr als sonst durch Gedanken-, Motivations- und Emotionsprozesse beeinflußt. Klinische Psychologen machen sich diese Erkenntnis zunutze, wenn sie ihre Patienten veranlassen, auf mehrdeutige Bilder oder sogar auf bedeutungslose Tintenkleckse zu reagieren. Reaktionen, die unter solchen Bedingungen zustande gekommen sind, können wichtige Hinweise auf die Motivation und die Probleme des Patienten liefern.

Außersinnliche Wahrnehmung

Während des Weltraumfluges von Apollo 14 hatte Kapitän Edgar Mitchell dauernd Funkkontakt mit dem Kontrollzentrum. Er behauptet jedoch, er habe mit Hilfe außersinnlicher Wahrnehmung ("extrasensory perception", *ESP*) auch geheimen Kontakt mit anderen Personen auf der Erde gehabt. Von seiner Weltraumkapsel aus sendete er eine Reihe von „Gedankenwellen" an 4 Kontaktpersonen auf der Erde. Diese sollten 200 Dinge erraten, an die Mitchell im Weltraum dachte; von diesen stimmten genau 51 mit seinen diesbezüglichen Aufzeichnungen überein.

Glauben Sie, daß es so etwas wie *außersinnliche Wahrnehmung* gibt? Glauben Sie, daß Leute miteinander in Kommunikation treten können, ohne die uns bekannten Sinne oder die sonst üblichen Kommunikationsmittel zu benutzen? Neuere Umfragen deuten an, daß die Öffent-

Unter der Lupe

Die Plunkett-Geschichte

Um die Verläßlichkeit der auf visuellen Signalreizen beruhenden motorischen Leistung zu zeigen, bat einer der Professoren der Stanford University einen Studenten namens Jim Plunkett ((später der große Star im amerikanischen Football) als Proband an einem Test über die Genauigkeit des Footballwerfens teilzunehmen.

Zuerst warf Plunkett mit der ihm gewohnten Genauigkeit auf einen sich bewegenden Fänger am Ende einer 17 Meter tiefen Bühne. Dann bekam er eine prismatische Brille, welche das Ziel um 20° nach rechts versetzte. Beim nächsten Wurf verfehlte er das Ziel – sehr zum Entsetzen seiner Zuschauer. Aber schon nach ein paar Würfen traf er das Ziel wieder genauso haarscharf wie vorher – unter dem Beifall der Studenten, die den anscheinend „geschlagenen" Professor mit Pfiffen bedachten.

Nach 10 haargenauen Würfen entfernte der Professor die Brille und half damit Jim Plunkett zu seinem „normalen" Zustand zurück. „Würden Sie bitte noch einmal den Ball werfen, damit wir ganz sicher gehen können, daß Sie es auch noch können?" bat ihn der Professor. Mit einem verächtlichen Blick nahm Plunkett den Fußball, erhob seinen mächtigen Arm und schmetterte den Ball über die Bühne. Dabei verfehlte er allerdings um 20° nach links.

Hatte diese Psychologielektion tatsächlich dazu beigetragen, daß Plunkett sich beim anschließenden Endspiel um die amerikanische Footballmeisterschaft nicht von visuellen Täuschungen auf dem Fußballfeld beeinflussen ließ? Dem Professor wäre es recht, wenn dem so war.

lichkeit dies glaubt, daß aber die Meinungen der Psychologen und Wissenschaftler darüber weit auseinandergehen.

Einige sagen: „... daß die außersinnliche Wahrnehmung als Tatsache zweifelsfrei bestehe" (McConnell 1971); andere hingegen behaupten, daß „ein großer Teil der vorhandenen experimentellen Daten an der Existenz einer außersinnlichen Wahrnehmung zweifeln lassen" (Hansel 1966).

Wie kommt es, daß die wissenschaftliche Meinung über die außersinnliche Wahrnehmung derart differiert? Bestimmt trifft nicht zu, daß die Oppositon die außersinnliche Wahrnehmung nicht ernst nimmt. Ganz im Gegenteil: diese Opposition erkennt, welche revolutionäre Implikation die Möglichkeit einer *Übertragung ohne Überträger* haben würde und wie sehr dadurch unser ganzes Denken über Kommunikation, Kausalität und die Fähigkeiten des menschlichen Geistes beeinflußt würde. Dazu ein Physiker:

„Sollte es tatsächlich eine außersinnliche Wahrnehmung geben, dann wäre dies die wichtigste Entdeckung der modernen Physik, weil man, um sie zu erklären, eine neue Kraft annehmen müßte, eine Kraft, die den Physikern z. Z. nicht bekannt ist. Die einzige Alternative wäre, die Kausalität zu verneinen, was zu einer noch größeren Revolution in der Wissenschaft führen würde" (Rothman 1970).

Aber es sind gerade diese revolutionären Implikationen, die die Phantasie der ESP-Leute anregen. Wir wollen hier einige der Charakteristika der ESP und ihr verwandter Phänomene beschreiben, einige typische Experimente darstellen und diese dann kritisch beleuchten.

Parapsychologie

Parapsychologie ist ein moderner Ausdruck für systematische wissenschaftliche Untersuchungen psychischer Phänomene. Dazu gehören die folgenden: ESP bezeichnet Wahrnehmungs- oder Erkennungsprozesse, die unabhängig von irgendwelchen bekannten physiologischen Aktivitäten in Sinnesorganen ablaufen. Man unterscheidet 3 Untergruppen:

1. *Telepathie* („Gedankenlesen"), bei der eine Person weiß, was eine andere denkt, ohne daß dabei eine beobachtbare Kommunikation zwischen beiden statfindet.

2. *Hellsehen* („zweites Gesicht"), bei dem eine Person ohne Benutzung ihrer Sinnesorgane einen Gegenstand wahrnimmt.

3. *Präkognition*, bei der eine Person die Zukunft voraussieht; hier kann es sich um die *Gedanken* anderer Menschen oder um *Ereignisse*, die in der Zukunft liegen, handeln.

Bei einer vierten verwandten Kategorie handelt es sich um mehr als nur das Vorhandensein von Informationen. Hier geht es um Psychokinese (PK), womit die Kontrolle von Personen und Vorgängen gemeint ist, die durch einen besonderen Willens- oder Gedankenakt bewerkstelligt werden kann.

Typische Versuchsentwürfe

In einem typischen *Telepathieexperiment* sieht sich eine Vp (der „Sender") eines von 5 Symbolen auf einem Paket von ESP-Karten an, während eine andere Vp (der „Empfänger") versucht zu erraten, welches der Symbole das richtige ist. Gewöhnlich werden 200 solcher Versuchsdurchgänge durchgeführt. Handelt es sich hierbei nur um Raten, dann sollte eine richtige Lösung nur bei jeder 5. Karte auftreten. Bei insgesamt 200 Versuchsdurchgängen läge dann die Ratewahrscheinlichkeit für ein richtiges Symbol bei 40. Eine statistisch signifikante Abweichung von dieser Zahl nach oben bedeutet, daß ESP stattgefunden hat.

Bei *Hellsehexperimenten* gibt es keinen Sender; die Karten werden lediglich gemischt und der Empfänger versucht, die richtige Anordnung wiederzugeben. Dieser Versuchsentwurf wird zu einem Präkognitionsexperiment, wenn der Empfänger versucht, die Identität der Karten zu erraten, bevor sie gemischt und niedergelegt sind. In einem typischen Psychokineseexperiment versucht die Vp Einfluß darauf zu gewinnen, auf welche Seite (links oder rechts von einem Strich) ein mechanisch geworfener Würfel fällt.

In vielen solcher Untersuchungen weicht das Verhalten einiger Vpn signifikant von der erwarteten Wahrscheinlichkeit ab. Die meisten dieser Untersuchungen arbeiten mit strikten Kontrollprozeduren. Wie kommt es also, daß ESP einfach nicht akzeptiert wird?

Um diese Frage beantworten zu können, müssen wir uns an einige der Prinzipien der wissenschaftlichen Methode erinnern, die in Kap. 1 beschrieben wurden. Forschung kann nie etwas absolut sicher „beweisen". Bei adäquater Durchführung erlaubt sie uns, alternative Erklärungen auszuschließen, während sie gleichzeitig unser Vertrauen in eine bestimmte Erklärung stärkt. Kontrollgruppen und Kontrollprozeduren in einem Experiment garantieren nicht unbedingt, daß andere wichtige beeinflussende Faktoren tatsächlich kontrolliert sind. Den echten Wissenschaftler motiviert der Drang nach dem Unbekannten, den unerklärten Vorgängen im Leben, jedoch ist diese Neugierde immer mit einer gewissen Skepsis gemischt: „Ich glaube, daß alles möglich ist, daß aber nichts sicher ist, bevor ich es nicht unter Bedingungen analysiert und erklärt habe, die von anderen nachvollzogen werden können, die noch skeptischer sind als ich".

Akzeptable Kriterien

Würde ESP als ein ernstzunehmendes Phänomen akzeptiert werden, dann würden sich dadurch nicht nur die wissenschaftlichen Grundlagen der Psychologie, sondern auch der Physik und Biologie verändern. Annahme oder Zurückweisung hängt aber nicht vom Glauben ab, von einer philosophischen Grundeinstellung oder von persönlicher Meinung; hier kommt es einzig und allein darauf an, ob die für die Untersuchung benutzte Methode adäquat ist. Dies trifft natürlich für alle Phänomene zu, wird aber um so wichtiger, je bedeutsamer die Konsequenzen werden, die durch die Anerkennung eines bestimmten Phänomens entstehen.

Die folgenden methodologischen Überlegungen beschreiben die Bedingungen, unter welchen die ESP-Skeptiker gezwungen sein würden, Ergebnisse auf diesem Gebiet zu akzeptieren und weisen gleichzeitig auf Probleme bei dieser Art von Forschung hin:

1. Wenn die erhaltenen Resultate durch irgend etwas anderes als ESP gedeutet werden können, so können diese Daten nicht als „Beweis" angeführt werden. Der ESP-Forscher muß nicht nur die üblichen Fehlerquellen ausschließen, wie z.B. feinste sensorische Signale, besondere psychische Gewohnheiten, Reaktionspräferenzen von seiten des Senders oder Empfängers sowie Registrierfehler, sondern er muß auch die *Möglichkeit* der Täuschung von seiten des Empfängers oder des Senders eliminieren. Der Versuchsentwurf sollte so gestaltet sein, daß diese Faktoren die Daten nicht beeinflussen *können*. Es gab z.B. ein klassisches ESP-Experi-

ment von Pratt und Woodruff, über das Rhine (1960) schrieb: „In der gesamten Geschichte der Psychologie gibt es kein Experiment, bei dem mögliche Fehlerquellen so gründlich kontrolliert wurden". Trotzdem gelang es einem Kritiker (Hansel 1966), verschiedene mögliche Fehlerquellen (z.B. Täuschung) als Resultat eines fehlerhaften Versuchsentwurfes aufzuzeigen.

2. Versuchspersonen, deren Verhalten signifikant von der Wahrscheinlichkeit abweicht, sollten bei einer Überprüfung in einem anderen Labor durch unabhängige Vl dieselben Ergebnisse aufweisen.

3. Der gleiche Versuchsaufbau sollte bei den gleichen Vpn über mehrere, jeweils von anderen Vl durchgeführte Untersuchungen hinweg, ähnliche Resultate erbringen.

4. Es müßte möglich sein, Versuchsentwürfe zu konzipieren, bei denen auf ESP nicht nur durch abweichendes Verhalten von der Wahrscheinlichkeit geschlossen werden kann (Gardner 1957). Wenn es ESP tatsächlich gibt, dann muß sie eine variable Funktion sein, was bedeutet, daß sie bei denjenigen Personen, die über sie verfügen, erfaßt werden kann und zu anderen Variablen in Beziehung gesetzt werden kann, deren Funktion sie ist.

Das Vorhandensein von Psychokinese (vgl. Abb. 9.8) kann z.B. mit Hilfe eines *Radiometers* geprüft werden. Diese Apparatur, die Sie sicher schon mal in einem Geschenkladen gesehen haben, besteht aus einer Miniaturwetterfahne, die 4 Arme mit je einer schwarzen und einer reflektierenden Seite hat. Das Ganze ist in einer kleinen Glaskugel eingeschlossen. Dieses Instrument kann so empfindlich sein, daß es die Wärme einer 800 Meter weit entfernten Kerze registriert. Auf diese Weise kann es auch die bei der Psychokinese freigesetzte Kraft aufnehmen und registrieren.

Während der skeptische Wissenschaftler sich noch immer mit den unzulänglichen Daten der außersinnlichen Wahrnehmung herumschlägt, haben der allgegenwärtige „Mann auf der Straße" und auch viele Studenten diese ganze Debatte bereits hinter sich gebracht. Es gibt viele Menschen, die an „astrale Energie" aus dem Weltraum glauben und auch andere phantastische psychische Phänomene akzeptieren. Man kann diesen Glauben an die Parapsychologie leicht verstehen. Auf der einen Seite sind diese Phänomene Ausweitungen der Ziele aller Menschen. Telepathie und Hellsehen bedeuten ein größeres Verständnis der Umwelt; Präkognition würde die Vorhersagbarkeit erhöhen, Psychokinese eine Art der Kontrolle sein. Darüber hinaus ist auch der Wunsch vorhanden, mehr zu sein als zu scheinen, mehr als die medizinisch-diagnostischen Werte, die bei der biochemischen und hämatologischen Untersuchung erstellt werden, und mehr als das, was wir uns in unserer Philosophie erträumen. Demgegenüber steht die Furcht der etwas mehr konservativen Wissenschaftler, daß eine Anerkennung dieser unmeßbaren ESP-Kräfte dem Unnatürlichen Tür und Tor öffnen würde; „finstere Kräfte und Hexerei" könnten herangezogen werden, um natürliche Phänomene und menschliches Verhalten zu erklären. Um zu zeigen, daß solche Befürchtungen nicht unberechtigt sind, zitieren wir den Fall eines ehemaligen Arztes aus Michigan, dessen neue Spezialität „psychische Vampire" sind – Leute, die die psychischen Energiefelder anderer Individuen „aufsaugen". Er soll gesagt haben: „Ich habe Patienten gesehen, die innerhalb von 30 min nach dem Besuch eines solchen Vampirs im Krankenhaus gestorben sind" (*San Francisco Cronicle*, 15. Dezember 1973).

ESP ist ein eigenartiges Phänomen, das verdient hätte, mehr von skeptisch eingestellten Forschern untersucht zu werden. Es sieht aber nicht so aus, als würden diese sich in absehbarer Zeit von der Existenz der außersinnlichen Wahrnehmung überzeugen lassen.

Normales Bewußtsein und dessen Veränderung

… man kann es fühlen aber nicht beschreiben … verloren in einer See von Farbe, „Gefühl", „Sein", voll untergetaucht, keine eigene Identität, Sie wissen ja … ich sage, es ist ein außergewöhnlich phantastisches Gefühl, ein Teil einer endlosen Galerie von Farben zu sein, die weich und sanft und nachgiebig ist, die alles absorbiert, außerordentlich, ganz außerordentlich (Aldous Huxley, zit. in Erickson 1965).

Die oben angeführte Aussage ist Teil eines Berichts von Aldous Huxley über eines seiner

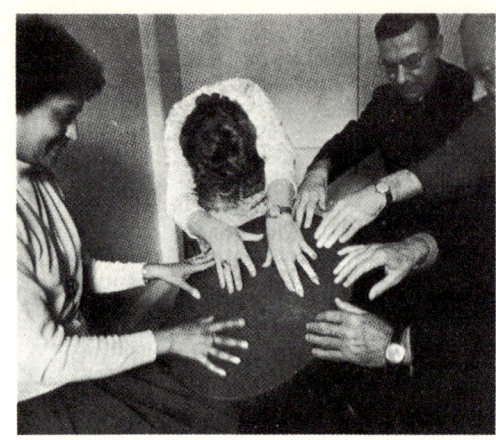

Abb. 9.8. Zwei geübte Medien und zwei ungeübte Beobachter beim „Tischchenrücken" (psychokinetischer Effekt). Ein Beobachter berichtete, daß zwar der Tisch nie ganz in der Luft schwebte, aber sich dennoch bewegte und anfing durch das Zimmer zu „marschieren". (Nach Gatland 1973)

Experimente, die sich mit Farbwahrnehmung mittels dessen, was er als „tiefe Reflexion" bezeichnete, befaßt. Huxley gibt an, diesen Zustand innerhalb weniger Minuten in sich selbst erzeugt zu haben, ohne besonderes Training, ohne Drogen, ohne irgendeine Beeinflussung von außen. Er habe einfach „alle Anker seines gewöhnlichen Bewußtseins weggeworfen" und sich intensiv auf das konzentriert, was in ihm selbst vorging. Dies half ihm anscheinend, sein eigenes Bewußtsein von der Realität der Außenwelt abzutrennen. Es gelang ihm dabei nicht nur, ganz besondere *Empfindungen* wahrzunehmen, sondern er konnte diese Methode auch benutzen, um neue Gedanken zu haben, neue Ideen zu entwickeln und neue konzeptartige Relationen zu sehen, die er später dann in seine bewußte Aktivität, sein normales Bewußtsein mit einschließen konnte.

Sich *bewußt* sein bedeutet, daß man seine eigenen Gedankenprozesse kennt und die Realität der äußeren Welt normal wahrnimmt. Eine Person, die ihr Bewußtsein verloren hat (z. B. durch traumatischen Schock, Bewußtlosigkeit, Vollnarkose usw.) hat keinen Kontakt zur Realität. Wie wir alle wissen, ist das Bewußtsein jedoch kein Entweder-oder-Zustand, d. h. ein Zustand der entweder vorhanden oder nicht vorhanden ist, sondern ein Prozeß, eine Aktivität des Geistes, die sich zwischen den Extremen der erhöhten Vigilanz, Erregung und Empfindung auf der einen Seite und Empfindungslosigkeit und völlier „Bewußtlosigkeit" auf der anderen Seite bewegen kann.

Um optimal zu funktionieren, braucht das menschliche Gehirn Stimulierung. Es braucht einen stetig sich verändernden Reizzufluß. Wahrscheinlich braucht es auch einen bestimmten Grad an kognitiver Aktivität, die durch die Bewertung des Zuflusses zustande kommt, sowie durch Denken und Phantasieren. Ist dieser Input entweder zu intensiv oder zu minimal, dann wird das Funktionieren des Menschen zumindest zeitweise gestört. Wirkt dieser Input überwältigend, dann kann die Person das Bewußtsein verlieren und damit diese Überwältigung „bewältigen", die Person weigert sich, die Realität anzuerkennen, sie „dreht sie ab". Wirkt der Input hingegen nicht genügend stimulierend, dann ist die Person gelangweilt und schläft möglicherweise ein, oder aber sie gibt sich Phantasien, Halluzinationen und Tagträumen hin, wobei das Gehirn durch eine Reihe von internen Prozessen stimuliert wird.

Eine Veränderung des Bewußtseinszustands kann auch absichtlich durch die Einnahme von Alkohol, psychodelischen Drogen, stimulierenden Medikamenten oder Sedativa, ebenso wie unfreiwillig durch Fieber, Hunger, Durst, hormonelle Fehlversorgung, Schlafdeprivation, epileptische Anfälle und Gifte zustandekommen. Alle diese Bewußtseinsveränderungen haben eins gemeinsam: sie verändern den Zustand der Hirnzellen, sei dies nun durch chemische Einwirkung oder durch Unter- bzw. Überstimulierung.

Bewußtseinsveränderungen können jedoch auch psychologisch induziert werden, durch Meditation, durch Konzentration, durch Lernen, durch Hypnose und vielleicht auch noch auf andere Weise. Faszinierend an der Sache ist, daß diese Zustände, obgleich psychologisch induziert, auch physiologische Veränderungen bewirken. Zur Zeit bemüht man sich heftig, Korrelationen zwischen diesen beiden Faktoren herzustellen; kausale Zusammenhänge konnten bisher nicht erkannt werden.

Bei diesen Untersuchungen gibt es für die objektive Wissenschaft eine Reihe besondere Probleme. Die untersuchten Phänomene sind subjektiv. Es ist oft schwierig, objektive Indikatoren für sie zu finden, noch schwieriger, sie zu messen. Ferner bestehen Widersprüche beim Gebrauch von Methoden, die physische Vorgänge messen sollen und dann für die Untersuchung psychischer, irrationaler und häufig unvorhersagbarer Prozesse verwendet werden. Vielleicht sollten wir uns mit der Ansicht vertraut machen, daß nicht die gesamte Realität auf eine Input-Output-Formel zu reduzieren ist. Auf alle Fälle sollten wir uns „bewußt" sein, daß wir eine wissenschaftliche Verifizierung nicht bei Phänomenen annehmen können, die sich der Untersuchung durch wissenschaftliche Methoden entziehen.

Geschichtlicher Wandel in der Wertung des Bewußtseins

Unsere Orientierung zum Materialismus hin bedeutet eine grundlegende Abwendung vom Gedankengut des frühen Christentums, nach dessen Auffassung der menschliche Körper nicht nur der unsterblichen Seele untertan war, sondern ihr lediglich als „Einwegbehälter" während des irdischen Lebens diente. Um eine mystische Einheit mit Gott zu erreichen, mußte der Mensch sich einer *kontemplativen Meditation* hingeben, durch die die Seele vom Denken und Empfinden unabhängig wurde und so Gott direkt erfassen konnte. So ist es nicht verwunderlich, daß die transzendentalen Übungen, die Walter Hilton, ein römisch-katholischer Schriftsteller aus dem 14. Jahrhundert, in seinem Buch „Die Leiter der Perfektion" beschreibt, denen ähneln, die der berühmte Yogi Pantanjali aus dem 6. Jahrhundert für die gleichen Zwecke vorsieht (Woods 1914).

Während der Renaissance herrschte die Ansicht, daß die Seele (infolge der Sünde im Paradies) 3 Anteile aufweise: Sinne, Vernunft und Verständnis. Von den Sinnen kommen Appetit oder Bedürfnis, etwas, was wilde Tiere auch haben; von der Vernunft kommen Wahl oder Auswahl, die zum Menschen gehören; vom Verständnis, welches den Menschen endlich wieder mit den Engeln gleichstellt, kommt der Wille (Castiglione 1528).

Es blieb Descartes im frühen 16. Jahrhundert vorbehalten, die Seele und den Geist vom Materiellen zu trennen und die Aufmerksamkeit der Wissenschaft auf die Untersuchung der physikalischen Vorgänge im „Uhrwerk der Maschine Mensch" zu lenken.

Am Anfang der kurzen Geschichte der Psychologie als formale Wissenschaft stand eine Gruppe deutscher Psychologen, die glaubte, man könne alles auf die einfachsten Qualitäten reduzieren und dann Gefühle und Empfindungen vorfinden. *Empfindungen* wurden definiert als das, was man aufgrund der Stimulierung verschiedener sensorischer Bahnen (wie z.B. Geruch, Kontakt, Sehen usw.) wahrnimmt. *Gefühle* wurden emotionalen Erfahrungen gleichgestellt. Dieser Ansicht nach konnten Gedächtnisinhalte, Phantasien und alle anderen Elemente des Bewußtseins letztlich auf eine Mischung von Gründen und Empfindungen reduziert werden.

Mit dem Auftauchen der amerikanischen Psychologie, die ihre Modelle in der Physik und Biologie suchte und die aufgrund einer pragmatischen Perspektive nur objektives Verhalten und meßbare Reize als der Untersuchung wert befand, verlor der Körper seine Seele. Manche behaupten, der Kopf sei gleich mit verschwunden.

Aber das Pendel schwingt wieder zurück. Es gibt viele Forscher, die bereit sind, die Grenzen ihrer eigenen Disziplinen zu überschreiten, wenn es darum geht, Bewußtsein, innere Repräsentation externer Vorgänge und das reiche Innenleben des Menschen zu verstehen. Erklärtes Ziel dieser Untersuchung ist es, die Natur des menschlichen Bewußtseins zu begreifen und seine Rolle im Verhalten und bei Verhaltensänderungen zu definieren. Ein Teil dieses Umschwungs ist den Bemühungen der humanistischen Psychologie zuzuschreiben, die den ganzen menschlichen Organismus untersuchen will. Hier spiegelt sich aber auch ein neues Interesse der westlichen Welt an den orientalischen Traditionen (wie Zen, Yoga usw.) wider. Auch hat der stark verändernde Einfluß psychodelischer Drogen und anderer pharmakologischer Produkte auf Wahrnehmungsvorgänge, Gefühle und die normale Informationsverarbeitung von Reizen dazu beigetragen, daß die Psychologen ein erhöhtes Interesse am Verständnis des normalen menschlichen Bewußtseins und seiner Veränderung zeigen. Wie immer dieses erneute Interesse auch zustande gekommen sein mag, fest steht, daß die Untersuchung von Bewußtseinsveränderungen sich auf alle Veränderungen des men-

talen Zustands bezieht, seien sie nun induziert durch pharmakologische Substanzen, durch physiologische Einflüsse oder durch psychologische Vorgehensweisen.

Besondere Eigenschaften der Bewußtseinsveränderung

Es ist nicht ganz einfach, Kriterien für eine Bewußtseinsveränderung festzulegen. Das kommt teilweise daher, daß wir das „normale" Bewußtsein nicht gut genug verstehen, welches selbst wieder aus vielen Zuständen besteht, die in Art und Intensität variieren. Dennoch zeigt der Bewußtseinszustand eine klar erkennbare Beständigkeit – Beständigkeit natürlich nur für das Individuum, welches sein eigenes Bewußtsein betrachtet.

Einer der Pioniere der Untersuchungen von Bewußtseinsveränderungen, Charles Tart, schreibt:

„Als normal für ein bestimmtes Individuum gilt der Bewußtseinszustand, in dem sich dieses während des größten Teils seines Wachzustands befindet. Die Annahme, Ihr normaler Bewußtseinszustand und meiner seien ziemlich ähnlich und ähnelten auch dem aller anderen Menschen, ist eine fast universelle Annahme, deren Gültigkeit jedoch bezweifelt werden muß. Für ein bestimmtes Individuum besteht eine Bewußtseinsveränderung darin, daß die Person eine *qualitative* Veränderung in ihrem geistigen Funktionsmuster wahrnimmt; d.h. daß die Person nicht nur eine quantitative Veränderung (wie z.B. sehr erregt, weniger erregt usw.) wahrnimmt, sondern die Qualität oder die Qualitäten ihrer mentalen Prozesse sich verändern. Es zeigen sich dann – normalerweise nicht vorhandene – mentale Funktionen und es erscheinen perzeptive Qualitäten, für die es kein normales Gegenstück gibt usw.

Es gibt eine Reihe von Zuständen, die im Grenzbereich liegen und in denen das Individuum nicht imstande ist, seinen momentanen Bewußtseinszustand von einem normalen zu unterscheiden; diese Tatsache täuscht jedoch nicht darüber hinweg, daß es auch klar unterscheidbare, qualitative Veränderungen in der mentalen Funktion gibt, die Kriterium für eine Bewußtseinsveränderung sind" (Tart 1969).

Welche Übereinstimmungen gibt es zwischen den verschiedenen Zuständen der Bewußtseinsveränderungen? Überraschenderweise werden in den unterschiedlichsten Situationen (religiöse Sitzungen, Drogen, Meditation, starker Streß) viele ähnliche Qualitäten aufgezählt. Diese wer-

den in den folgenden Abschnitten zusammengefaßt.

Verzerrungen des Wahrnehmungsprozesses, des Zeitsinnes und der Körperwahrnehmung

Häufig wird über *Verzerrungen* vertrauter Wahrnehmungen sowie solche im Bereich des Gesichts- und Hörsinns, jedoch auch bei Zeit- und Raumwahrnehmung berichtet. Ein „transzendentales Erlebnis" kann ohne irgendwelche Sinneseindrücke ablaufen, aber viele Bewußtseinsveränderungen beinhalten verstärkte visuelle und auditorische Empfindungen, perzeptive Täuschungen und Halluzinationen, also Wahrnehmungen in Abwesenheit entsprechender äußerer Reize. Auch das Gefühl einer Trennung vom eigenen Körper u. ä. wird oft angegeben; Teile des Körpers werden als vergrößert oder gewichtslos empfunden, manchmal auch als ab-

getrennt oder stumpf. Der Zeitsinn verändert sich häufig derart, daß Sekunden wie Stunden oder Stunden wie Sekunden werden. Das transzendentale Erlebnis beinhaltet nicht selten das Gefühl „Ewigkeit" oder „Unendlichkeit" zu erfahren. Typisch für solche Veränderungen ist Huxleys Bericht über die Veränderung der Farbwahrnehmung.

Gefühle der Objektivität und Ich-Transzendenz

Es entsteht das Gefühl, daß man die Welt mit größerer Objektivität betrachtet, daß man eher imstande ist, Phänomene wahrzunehmen, als wären sie unabhängig von einem selbst und sogar unabhängig von allen menschlichen Wesen. Man scheint in der Lage zu sein, sich von den eigenen *persönlichen Bedürfnissen* zu trennen und wünscht sich die Dinge so zu sehen, wie sie „wirklich" sind. Häufig haben Personen ein solches transzendentales Erlebnis nach Anstrengungen, sich von den irdischen Belangen und Wünschen zu trennen, aber auch außerhalb dieses Rahmens scheint dies möglich zu sein.

Manchmal wird dieser *Sinn für Objektivität* als ein Verlust der Kontrolle empfunden, als ein Gefühl, vom eigenen Ich getrennt zu sein; dabei kann die Person diesen Zustand willkommen heißen oder sich ihm widersetzen, was gewöhnlich von der Einstellung oder Erwartung der Person gegenüber dem veränderten Zustand abhängt. Hat jemand z. B. das Gefühl, daß er seine eigene persönliche Perspektive zugunsten einer höheren Macht aufgibt, dann widersetzt er sich dieser Veränderung weniger als wenn er spürt, daß ihm eine Realität verlorengeht, die er nicht durch Einsetzen seines freien Willens wiedererlangen kann.

Religiös-mystische Erlebnisse beinhalten gewöhnlich das Aufgeben der „Sünden des Fleisches" ebenso wie eine Unbekümmertheit um die biologische Existenz. Statt dessen ersetzt die Person das Mondäne durch das Geistige, durch die Gemeinschaft mit Gott, mit der Natur oder den kosmischen Kräften des Universums.

Gefühle der absoluten Wahrheit

Veränderte Bewußtseinszustände sind oft von einem ungeheuren Gefühl der Sicherheit durchdrungen. Die Person hat das Gefühl, daß das Erlebnis sehr wertvoll, ja sogar einzigartig wertvoll ist und daß keine darauffolgende „rationale" Erklärung oder Interpretation ihren Wert mindern kann. Dieses Wissen selbst wird auf einer intuitiven Ebene erfahren, also nicht auf der uns wohlbekannten rational-empirisch-logischen Ebene der Analyse. Die Person hat das Gefühl, als könne sie über eine *Scheinwirklichkeit* hinaus die essentiellen Qualitäten erfassen. Häufig werden solche Erlebnisse als „realer" oder „wahrer" als die Wahrnehmung des gewöhnlichen Bewußtseins bezeichnet. Dasselbe gilt natürlich auch für Sinnestäuschungen und Halluzinationen, was mit ein Grund dafür ist, daß die Auswertung der Berichte über Bewußtseinsveränderungen so schwierig ist.

Positive emotionale Qualität

Während solcher *transzendentaler Erlebnisse* werden häufig Gefühle wie Freude, Ekstase, Demut, Frieden und überschäumende Liebe empfunden, insbesondere dann, wenn die Person dieses Erlebnis ihren eigenen philosophischen oder religiösen Grundideen zuordnen kann. In den aus dem Orient kommenden mystischen Berichten wird das Erlebnis weniger als Ekstase, sondern eher als ein Gefühl tiefen und entspannenden Friedens bezeichnet, der einen harmonisierenden Einfluß auf das Leben des Individuums ausübt. Es ist gerade das Gefühl des fundamentalen inneren Friedens, das von vielen westlichen Beobachtern als Nachlässigkeit und Ablehnung von Verantwortung hingestellt wird. In den Berichten christlicher Mystiker wird das Erlebnis hingegen weniger friedlich, sondern vielmehr als ein Gefühl brennender Ekstase bezeichnet. Während Drogensüchtige oft Furcht- und Angstgefühle während eines „bösen Trips" beschreiben, scheint der emotionale Ton bei transzendentalen Erlebnissen immer positiv zu sein.

Widersprüchlichkeit

Berichte über Zustände der Bewußtseinsveränderung werden dann widersprüchlich, wenn man versucht, sie logisch zu analysieren. So wird z. B. ein Gefühl „vollständiger" Leere beschrieben; es wird die Auflösung der eigenen Individualität angegeben; dennoch handelt es sich hier um ein Individuum, welches diese Auflösung wahrnimmt. Die Dichotomien und Polaritäten des Lebens werden anscheinend gleichzeitig wahrgenommen, fließen in irgendeine Harmonie zusammen und bleiben trotzdem getrennt. Es ist wie bei „Alice im Wunderland" oder ähnlichen Märchen, in denen *Widersprüche* die Basis der Übereinstimmung darstellen.

Unbeschreibbarkeit

Häufig geben Personen an, sie seien nicht imstande, ihr Erlebnis zu beschreiben. Die darin enthaltenen Qualitäten scheinen so einmalig zu sein, daß Worte einfach fehlen. Auch kann das Erlebnis so viele paradoxe Qualitäten enthalten, daß die Beschreibung keinen Sinn ergeben würde (ähnliches vollzieht sich auch in unseren Träumen). Die Qualität der Einheit zwischen dem Selbst und dem Anderen, zwischen dem Inneren und Äußeren ist eine Erfahrung, die häufig gemacht wird, aber sehr schwierig in einer Sprache auszudrücken ist, die den Unterschied zwischen Subjekt und Objekt, zwischen Täter und Tat, zwischen Zeit und Ort heraushebt.

Einheit und Fusion

Ein nicht geringer Teil des frühen Sozialisierungsprozesses bei Kindern besteht darin, ihnen beizubringen, *Grenzen* zu erkennen, wie z.B. zwischen mein und dein, zwischen sich selbst und den anderen, zwischen Vergangenheit, Gegenwart und Zukunft, zwischen lebendig und tot, zwischen einer inneren und äußeren Realität und zwischen dem, was tatsächlich vorhanden ist und dem, was in der Einbildung vorherrscht. Bei verändertem Bewußtseinszustand verschwinden diese Grenzen, und es vollzieht sich eine Fusion zwischen dem Selbst und dem, was vormalig „Nichtselbst" war. Die Erfahrung einer kollektiven Identität, wo alles an allem teilnimmt, verwundert und befremdet den Menschen der westlichen Welt, dessen Entwicklung von Individualismus und Selbstidentität geprägt ist.

Weil diese Eigenschaft den Kern des eigentlichen transzendentalen Erlebnisses darstellt und weil sie zugleich Annahmen über uns selbst beleuchtet, denen wir uns nicht bewußt sind, werden wir im folgenden Berichte von Menschen wiedergeben, die diese Einheit und Fusion erlebt haben. Zunächst ein autobiographischer Bericht über ein LSD-Erlebnis:

„Es ist sinnvoll zu sagen, daß ich, John Robertson, aufhörte zu existieren, daß ich untertauchte im Kern meiner eigenen Existenz ... in Gott, im Nichts, in die letzte Realität, oder in irgendein anderes Symbol der Einheit ... Es wäre mißverständlich, die Wörter ‚ich habe erfahren' zu benutzen, weil es auf dem Höhepunkt meines mindestens eine Stunde andauernden Erlebnisses keine Dualität zwischen mir selbst und dem, was ich erfahren habe, gab. Ich *war* vielmehr diese Gefühle ... das fiel mir besonders auf, als auf dem Höhepunkt des mystischen Erlebnisses Bachs Phantasia und Fuge in g-Moll gespielt wurden. Dabei schien es mir, als wäre ich nicht wie sonst der Zuhörer,

sondern die Musik selbst" (Robertson, zit. nach Metzner 1968).

Eine andere Perspektive des transzendentalen Erlebnisses vermittelt ein moderner Zen-Meister, der bekannte Sokei-an Sasaki:

„Eines Tages löschte ich alle Gedanken aus meinem Geist. Ich gab alle Wünsche auf. Ich warf alle Worte fort, mit denen ich dachte und begab mich in Ruhe. Es war ein unheimliches Gefühl – als wäre ich in etwas hineingetragen worden oder als hätte ich eine mir unbekannte Kraft berührt ... und ztt! Ich trat ein. Die Grenzen meines Körpers waren aufgehoben. Natürlich hatte ich meine Haut, aber ich hatte das Gefühl, als stände ich mitten im Universum. Ich sprach, aber meine Worte hatten ihre Bedeutung verloren. Ich sah Leute auf mich zukommen, alle als derselbe Mensch. Sie waren alle ich selbst! Ich hatte diese Welt nie gekannt. Ich hatte geglaubt, daß ich erschaffen war, aber jetzt mußte ich meine Meinung ändern: ich war nie erschaffen: ich war der Kosmos; ein Individuum Sasaki gab es nicht" (zit. nach Watts 1957).

Einer Studentin wurde in tiefer Hypnose gesagt, ihr Vergangenheit und Zukunft lägen sehr weit weg und seien für sie nicht bedeutsam und ihre Gegenwart erweitere sich nun (Bewußtseinserweiterung). Sie berichtete folgendes:

„Ich bin geschmolzen. Ich bin so dünn, daß ich praktisch alles bedecke. Weil ich so dünn bin, falle ich praktisch in alles hinein. Ich kann all diese kleinen Dinge vibrieren hören, ich kann all die verschiedenen Dinge, wie Holz und den Teppich und den Boden und die Stühle, schmecken. Ich kann wirklich nichts mehr sehen, obgleich ich glaube, daß es unterschiedliche Farben sind, aber es ist so groß, daß ich es kaum sehen kann, alles ist sehr durcheinander, aber ich bin in alles hineingeschmolzen ... ich bin verantwortungslos! ... Ich bin alles! Ich kann noch weitermachen ... Ich bin kein Ding mehr, ich bin alles, deswegen kann ich nichts tun. Es ist niemand hier, niemand, der mir sagt, ,Hallo, Alles, Du mußt das jetzt tun!'" (zit. nach Zimbardo et al. 1973).

Die Schriften einer der größten christlichen Mystikerinnen des 16. Jahrhunderts, der Heiligen Theresa von Avila, zeigen die universellen Züge dieses Erlebnisses noch deutlicher, obgleich die Sprache vom speziellen Lebenshintergrund dieser Frau geprägt wurde.

„Im Zustand des Gebets ist die Seele eine Einheit und hinsichtlich Gott voll wach, aber sie schläft, was die Dinge dieser Welt und sie selbst angeht. Während der kurzen Zeit, in der diese Einheit andauert, ist es so, als wäre sie ohne irgendein Gefühl, und selbst wenn dies nicht so wäre, könnte sie an nichts denken ... So enthebt Gott, wenn er eine Seele zur Einheit mit sich selbst erhebt, die natürlichen Tätigkeiten aller ihrer Pflichten. Sie sieht nicht, sie hört nicht, sie versteht nicht, so lange sie mit Gott vereinigt ist ... Gott selbst läßt sich in der Mitte dieser Seele nieder und zwar so, daß, wenn sie zu sich selbst zurückkehrt, sie keinen Zweifel hegen kann, daß sie in Gott war und Gott in ihr ... Sie sieht dies klar ein, wenn sie zu sich selbst zurückkehrt, nicht durch irgendeine Vision, sondern durch die Gewißheit, die sie hat und die Gott allein ihr geben kann" (zit. nach James 1902).

Andere Eigenschaften, die manchmal in Berichten auftauchen, sind z. B. das Gefühl der Verjüngung, einer plötzlichen intensiven Emotionalität und einer extremen Beeinflußbarkeit (Ludwig 1966).

Wie erwünscht sind *Veränderungen* des Bewußtseinszustands? Viele von uns wissen, daß der kulturelle Konditionierungsprozeß unserem eigenen persönlichen Wachstum Grenzen gesetzt hat. Zu viele unserer täglichen Bewußtseinsinhalte sind gefüllt mit Gedanken und Empfindungen, die in uns hineinprogrammiert wurden, so daß wir die Welt so wahrnehmen wie andere es wünschen. Wir sehen sie nicht so, wie sie ist oder wie sie sein könnte.

Menschen, die das Erlebnis der *Bewußtseinsveränderung* („Bewußtseinserweiterung") suchen, tun dies häufig, um die Zwangsjacke der Zivilisation zu sprengen, die ihre Gefühle, ihre Wahrnehmung und ihr Denken einengt. Sie suchen nach neuen Formen der Wahrheit über sich selbst und über die Natur. Sie hoffen damit, eine Befriedigung, einen inneren Frieden und eine Sicherheit zu finden, die ihrem Leben Bedeutung geben und ihrer Existenz als Grundlage dienen soll.

Für zu viele jedoch ist dieses Suchen nach Bewußtseinsveränderung eine *Flucht* von den Sorgen und Lasten des alltäglichen Lebens. Frustriert in ihrem Vorhaben, „im Leben weiterzukommen", oder hilflos gemacht durch Regierungsgesetze, die die Lebensqualität verringern, vertiefen sich einige Studenten in sich selbst, um wenigstens da zu versuchen, einer inneren Harmonie näher zu kommen.

Gewöhnlich handelt es sich hierbei um Studenten, die keine starken Bindungen an Familie, an gleichaltrige Studenten und Gruppen haben. Wenn immer eine Bewußtseinsveränderung herbeigeführt wird, um Alltagsprobleme zu entfliehen, so folgt meist darauf eine weitere Isolierung des einzelnen von bedeutsamen sozialen Kontakten.

Wie „normal" ist das gewöhnliche Bewußtsein?

Wir haben über normales Bewußtsein so diskutiert, als wäre es aus einem Stück, eine Einheit, eine Startrampe in höhere Regionen. Haben Sie je schon daran gedacht, daß *Sie* vielleicht nicht ein, sondern zwei „Bewußtseine" in sich tragen? Einen Hinweis auf eine solche Möglichkeit erhielten wir durch die Untersuchungen von Sperry in Kap. 2. Es ist ziemlich sicher, daß die beiden Gehirnhälften auf unterschiedliche Funktionen spezialisiert sind. Bei den meisten Menschen finden wir in der linken Hirnhälfte Verarbeitungszentren für verbal-intellektuell-analytische Bereiche des Lebens, während die rechte Hemisphäre mit den mehr spontanen, intuitiven und Erfahrungsaspekten der Informationsverarbeitung befaßt ist. Diese laterale Spezialisierung der Hirnfunktion finden wir nur beim Menschen; sie hängt anscheinend mit der Evolution der Sprache zusammen.

Da die linke Gehirnhälfte gewöhnlich Sprachfunktionen und die komplizierten Bewegungen der rechten Hand kontrolliert (bei Rechtshändern), wird sie auch als die dominante Hemisphäre bezeichnet. Diese Bezeichnung wird unterstützt durch die Tatsache, daß die linke Hemisphäre gewöhnlich schwerer ist als die rechte. Nunmehr denken Forscher darüber nach, ob sie nicht Ursache und Wirkung verwechselt haben. Vielleicht ist das größere Gewicht unserer linken Hemisphäre damit zu erklären, daß wir mehr Wert auf rational-analytische Funktionen legen, für die sie sich spezialisiert hat. Zur Zeit untersucht man, ob Menschen aus Kulturen, in denen das Intuitive und die Erfahrung höher eingeschätzt werden als bei uns, ein anderes Gewichtsverhältnis zwischen den beiden Hemisphären aufweisen.

Auf alle Fälle gibt es jetzt schon ziemlich stichhaltige Hinweise dafür, daß die Aktivitäten der beiden Hemisphären verschiedene Arten eines Bewußtseins darstellen. Obgleich sich beide Teile ergänzen, können sie sich doch nicht vollständig ersetzen. Ornstein (1972) ist der Meinung, daß eine freiere Interaktion zwischen diesen beiden Arten des Bewußtseins zu einer vollendeten Selbsterfüllung des Menschen führen könnte.

Unter der Lupe

Das Bewußtsein: YIN und YANG

Die Dualität des menschlichen Bewußtseins wird in vielen Kulturen erkannt. So gibt es eine Reihe von Möglichkeiten, die Pole dieser Dichotomie darzustellen. Vielleicht müssen sich die gegenüberstehenden Teile, wie bei den chinesischen Symbolen von YIN-YANG, ergänzen statt einander auszuschließen oder einander zu kontrollieren, sich über die Widersprüche hinwegsetzen, um sich zu einem harmonischen Ganzen zusammenzufügen, welches mehr ist als die Summe seiner Teile. Einige von vielen Aspekten von YANG und YIN, die lange Zeit ein Teil des orientalischen Denkens waren, sind hier aufgeführt.

YIN	YANG
Tag	Nacht
Licht	Dunkel
männlich	weiblich
intellektuell	intuitiv
linke Hemisphäre	rechte Hemisphäre
rechte Seite	linke Seite
des Körpers	des Körpers
Zeit	Raum
Vergangenheit	Gegenwart
und Zukunft	
sequentiell	simultan
verbal	räumlich („bildhaft")
explizit	implizit
analytisch	Gestalt
konzentriert	diffus
kausal	nichtkausal
denkend	fühlend
aktiv	rezeptiv
planend	erfahrend
kontrollierend	seiend
Geschichte	Ewigkeit

(Nach Ornstein 1972)

Zusammenfassung

Durch unsere Wahrnehmung geben wir den Objekten und Begebenheiten unserer Umwelt Stabilität und Kontinuität. Die Wahrnehmung beinhaltet die Analyse, die Organisation und die Integration des sensorischen Einflusses, der aus der Umwelt und vom Körper selbst kommt. Die Theoretiker sind unterschiedlicher Meinung darüber, was nun wichtiger sei, die Realität, so wie sie in der Welt existiert, oder die Realität, so wie sie in unserem Geist existiert. Einige behaupten auch, die Interpretation dessen, was wir annehmen, sei das Allerwichtigste.

Phänomenaler Absolutismus ist der Glaube, daß Wahrnehmungen das, was in unserer Umwelt existiert, genau wiedergeben. Aber es ist nicht immer leicht zu wissen, wann die *phänomenale Realität* (unsere Wahrnehmungserfahrung) eine *echte* Repräsentation der *objektiven Realität* (dessen, was wirklich ist) ist. *Optische Täuschungen* zeigen, wie sich die Wahrnehmung irren kann; sie überraschen uns, weil unsere Wahrnehmung größtenteils zuverlässig funktioniert und uns, obgleich sich die Netzhautbilder dauernd verändern, eine konstante vorhersagbare Umwelt vermittelt. Dies geschieht, weil unser Wahrnehmungssystem einen gedanklichen Vorgang darstellt, der zu Schlußfolgerungen über den Reizeinfluß kommt und nicht ein 1:1-Verhältnis zwischen Reiz und Wahrnehmung wiedergibt. Normalerweise können wir uns sowohl auf die Genauigkeit als auch die Beständigkeit der Wahrnehmung verlassen. Wenn uns z.B. die Entfernung bekannt ist, so stimmt die wahrgenommene Größe eines Objekts mit dessen *distaler* (tatsächlicher) Größe und nicht mit seiner *proximalen* Größe (Netzhautbild) überein.

Zu den Faktoren, die für die Wahrnehmung einer Figur bestimmend sind, gehören u.a. *Nähe, Ähnlichkeit, Geschlossenheit, gemeinsame Bewegung* und *Kontext.* „Gute" Gestalten sind einfach und regelmäßig; eine Gestalt wird um so besser, je mehr sie durch Kenntnis ihrer Teile vorhersagbar wird.

Die wichtigsten Faktoren beim räumlichen Sehen sind: *atmosphärische Perspektive, lineare Perspektive, Beschaffenheit der Oberfläche, Licht und Schatten, relative Position, bekannte Anhaltspunkte, Konvergenz der Augen* und *retinale Ungleichheiten.* Unterschiede in *Ankunft-*

zeit, Intensität und *Phase* der Schallwellen ermöglichen es uns, die Richtung, aus der der Schall kommt, festzustellen, außer wenn die Schallquelle von beiden Ohren gleich weit entfernt ist (direkt vor uns, über uns oder hinter uns). Lautstärke und Tonqualität helfen uns, die Entfernung der Laute zu erfassen.

Die Wahrnehmung wird auch durch *Kultur* und *persönliche Erfahrungen* beeinflußt, desgleichen durch *Interessen, Motive* und *Erwartungen.* Innere organische Faktoren zeigen dann eine größere Wirkung auf die Wahrnehmung, wenn die Eigenschaften eines Reizes mehrdeutig werden und unterschiedlich erklärt werden können.

Unter *Parapsychologie* verstehen wir wissenschaftliche Untersuchungen psychischer Phänomene, wie z. B. außersinnliche Wahrnehmung (ESP). Zu ESP gehören *Telepathie, Hellsehen, Präkognition* und *Psychokinese.* Würden die Ergebnisse über die außersinnliche Wahrnehmung allgemein anerkannt, so müßte sich dadurch das Denken nicht nur in der Psychologie, sondern auch in der Physik und in der Biologie grundlegend ändern. Gerade deswegen wäre es wichtig, streng kontrollierte Versuche auf diesem Gebiet zu machen.

Bewußtsein ist nicht nur das Wissen um die eigenen Gedankenvorgänge, sondern auch um die Vorgänge in unserer Umwelt. Es ist kein Alles-oder-nichts-Phänomen, sondern ein Kontinuum, welches zu einem gewissen Grad vom sensorischen Input zum Gehirn abhängt. Bewußtseinsveränderungen können induziert werden durch zuwenig und zuviel Stimulierung, durch Mittel wie z. B. Alkohol oder Drogen oder durch psychologische Vorgänge wie z. B. Meditation oder Hypnose. Psychologen zeigen in letzter Zeit ein großes Interesse an Untersuchungen über das Bewußtsein als Teil des menschlichen Verhaltens.

Es wird z. Z. darüber spekuliert, ob es nicht zwei Seiten des menschlichen Bewußtseins gibt: die intellektuell-rationale und die intuitiv-erfahrende. Ornstein glaubt, daß der Mensch nur durch die Interaktion dieser beiden Aspekte zu höchster Selbstverwirklichung gelangen kann.

Teil III
Innere Determinanten und Persönlichkeit

Einleitung

Die Einzigartigkeit des Menschen liegt in seiner Lernfähigkeit, in der Komplexität seiner Denkprozesse, der Empfindlichkeit seines Wahrnehmungssystems und der Gewandtheit, die er täglich bei der Anpassung an seine Umwelt zeigt. Für einige Psychologen äußert sich die Überlegenheit des menschlichen Organismus besonders in dessen Fähigkeit, die Natur zu erobern; andere Psychologen sehen die menschliche Größe in den vom Menschen geschaffenen sozialen Systemen, die ihn befähigen, die Schwäche des Individuums durch kollektive Stärke und die Begrenztheit des Individuums durch die Vorteile mannigfaltiger, spezialisierter Talente wettzumachen sowie Zuneigung, Anerkennung und Selbstbestätigung zu finden. Doch was auch immer das Besondere am Menschen sein mag, die handelnde Person, die das bewerkstelligt, muß dazu auch motiviert sein. Die treibende Kraft, die das Verhalten initiiert und aktiviert, mit Energie versorgt und in der Richtung festlegt und die schließlich das Verhalten auch angesichts von Hindernissen, Rückschlägen und fehlender Belohnung in Gang hält, ist die Motivation. Für den Anstoß zur Aktion sorgen die vorwiegend biologisch begründeten Antriebe des Hungers, Durstes, der Sexualität und des Schmerzes, unterstützt von psychologischen und sozialen Motiven wie Neugierde, Angst und Leistungsbedürfnis. Die wechselseitige Beziehung zwischen physiologischen Faktoren und äußeren Reizbedingungen bei der Erregung motivationaler Zustände wird von uns ausführlich untersucht werden. Es hängt von den motivationalen Bedingungen ab, welche Anreize eine Handlung auslösen und welche Verstärker wirksam werden.

Das Mädchen, das an den „Kummerkasten" einer Zeitung schreibt: „Wie kann ich diesen Träumer so aufrütteln, daß er auf mich aufmerksam wird und bemerkt, daß ich hübsch und nett bin und daß ich ihn heiraten möchte?", stellt eine motivationale Frage. Sherlock Holmes sah einen Kriminalfall dann als gelöst an und konnte den anklagenden Finger auf den Schuldigen richten, wenn er das passende Motiv für das Verbrechen gefunden hatte. Wie man Menschen dazu motivieren kann, in einer bestimmten Weise zu handeln, ist ein ständiges Problem für Erzieher, Vertreter, Politiker, Geistliche, Eltern und zumindest gelegentlich für jeden von uns.

Die Art, in der sich der Mensch von Maschinen, sogar von zu Höchstleistungen fähigen Imitationen seiner selbst in Form von Computern, unterscheidet, liegt in seiner Fähigkeit, Emotionen zu erleben und sein Verhalten von emotionalen Reaktionen beeinflussen zu lassen. Eine Analyse der Emotionen muß die Wechselbeziehung zwischen der verstandesmäßigen Erkenntnis und den physiologischen Aspekten des Körpers berücksichtigen. Dies wirft wiederum das uralte Leib-Seele-Problem auf. Wie kann das Seelische, können Gedanken und Gefühle, die nicht konkret faßbar sind, die rein körperliche Tätigkeit unserer Muskeln und Drüsen bestimmen?

Bisher haben wir ausführlich behandelt, was man überhaupt unter Psychologie versteht, womit sich die Psychologen beschäftigen und zu welchen Erkenntnissen sie gekommen sind. Zum einen hat diese Darstellung die verschiedenen Forschungsgebiete der Psychologie und einen Denkansatz über das menschliche Verhalten aufgezeigt; sie hat dabei eine Methode zur Stellung wesentlicher Fragen und zur besseren Einschätzung der Qualität der gegebenen Antworten vorgelegt.

Zum anderen muß die Psychologie versuchen, ein Verständnis der Einzigartigkeit menschlichen Verhaltens zu erreichen: Sie muß also sowohl die Idiosynkrasie als auch die Generalität des Verhaltens in ihr Bild vom Menschen aufnehmen. Ist es möglich, sowohl die allgemeinen Wirkungen bestimmter Bedingungen auf Reaktionen zu erklären als auch die individuellen Unterschiede in diesen Reaktionen? Die Untersuchung der Persönlichkeit sucht die Person in psychologische Gesetzmäßigkeiten der aufeinander bezogenen Reize und Reaktionen, der Ursachen und deren Verhaltenskonsequenzen einzukleiden. Wir werden Theorien über das Wesen der normalen Persönlichkeit prüfen und werden uns damit befassen, wie Persönlichkeit und Intelligenz meßbar gemacht und in Zahlen erfaßt werden können.

10 Motivation und Emotion

„Der Teufel hat mich das tun lassen!" ist eine der Antworten auf die Frage: „Warum haben Sie einen Laib Brot gestohlen?" Die Person leugnet die Tat nicht; sie verleugnet vielmehr die persönliche Motivation, den Diebstahl begangen zu haben. In diesem Fall wird das Argument vorgebracht, die das Verhalten bestimmende oder verursachende Kraft sei so stark gewesen, daß das Individuum ihr nicht widerstehen konnte. Andere Antworten auf dieselbe Frage können sein: „Ich nahm es, um einer armen Familie zu helfen": oder „Ich hatte Hunger und kein Geld, Brot zu kaufen, und so mußte ich stehlen."

Die vielen verschiedenen Antworten, die hier gegeben werden könnten, haben alle eines gemeinsam: sie sind alle „Gründe für das Handeln". Diese *Gründe* sind gewöhnlich Feststellungen über vermutete Ursachen des Verhaltens und diese Ursachen werden oft als *Motiv* bezeichnet.

Einige dieser Motive, wie z.B. Hunger, stammen aus dem biologischen Triebreservoir des Organismus, andere, wie z.B. Altruismus, entwickelten sich als Konsequenz sozialer Erfahrung und sozialer Bedürfnisse. Wieder andere fallen zwischen die biologischen und sozialen Motive, so wie z.B. Handlungen aus Wut, Rache, Neugierde, religiösen Motiven usw.

Die Frage, was uns und andere lebende Organismen funktionieren läßt, ist die Frage nach der Motivation. Wird das menschliche Verhalten durch Impulse und Appetenzen angetrieben? Warum führen Wettbewerbsbedingungen bei manchen Individuen und Teams, die dadurch psychisch angeregt werden, zu Höchstleistungen und bei anderen, die dem Wettbewerbsdruck nicht standhalten, zu Mißerfolgen? Warum sind einige Leute bereit, für das, woran sie glauben, ihr Leben hinzugeben, während andere so apathisch sind, als kümmere sie anscheinend gar nichts? Wie kann man Kinder Zusammenarbeit lehren? Was kann getan werden, um die Pro-

duktivität von Arbeitern zu erhöhen? Wie kann ein Fabrikant die Leute dazu bringen, sein Produkt zu „wollen"? Ist es wahr, daß Menschen, die von der Sozialhilfe leben, sich gar nicht selbst helfen wollen? Die Antworten solcher Fragen implizieren eine bestimmte Vorstellung darüber, wie motivationale Faktoren unser Leben beeinflussen. So beruht jedes Verstehen des Verhaltens auf dem Verstehen der Motivationsprinzipien.

Hinter dem Wunsch, den Begriff der Motivation zu verstehen, steckt die Hoffnung, Verhalten kontrollieren zu können, die Qualität des eigenen und des Lebens anderer zu verbessern. Was bedeutet das Wissen um die Motivation für die Technologie der Verhaltenskontrolle, die ja ständig von Lehrern, Eltern, Politikern, Dompteuren, Unterhaltungskünstlern, Eheberatern, Therapeuten und anderen Verhaltungsmodifikatoren – uns selbst eingeschlossen – betrieben wird?

Der Begriff der Motivation

Niemand hat je Motivation „gesehen", genau wie nie jemand Lernen „gesehen" hat. Was wir sehen, durch systematische Beobachtung von Situationen, Reizen und Reaktionen, sind Veränderungen im Verhalten. Um diese beobachtbaren Veränderungen zu erklären oder zu rechtfertigen, ziehen wir indirekte Schlüsse über die ihnen zugrundeliegenden psychischen und physiologischen Prozesse, Schlüsse, die unter dem Begriff „Motivation" zusammengefaßt werden.

Indem wir bei der Erklärung eine innere (internale) Motivation mit heranziehen, versuchen wir das komplexe Netz möglicher Wechselbeziehungen dadurch zu vereinfachen, daß wir eine einzige *intervenierende Variable* postulieren, welche die verschiedenen Stimuluseingänge mit den mannigfaltigen Reaktionsausgängen verbindet; z.B. setzen wir eine umfassende Variable wie Hunger oder Durst ein, anstatt zu versuchen, eine Variable einzusetzen, die jeden einzelnen Aspekt der Stimulussituation zu jedem Aspekt der Reaktion in Bezug setzt.

Der Psychologe muß, in die Rolle eines Sherlock Holmes versetzt, das vorhandene Beweismaterial über die Reizbedingungen und das beobachtbare Verhalten benutzen, um diese dem Verhalten zugrundeliegende innere Variable zu identifizieren. Die Wörter, die wir benutzen, um hinter der beobachteten Variabilität des Verhaltens liegende innere Zustände zu benennen, implizieren alle eine kausale Determiniertheit: *Entschluß, Absicht, Zielstrebigkeit, Bedürfnis, Wollen, Trieb, Wunsch, Motiv.* Psychologen gebrauchen die Benennung „*Trieb*" gewöhnlich dann, wenn angenommen wird, daß die Motivation primär biologischen Ursprungs ist.

Die Benennungen „*Motiv*" und „*Bedürfnis*" werden v.a. in bezug auf psychologische und soziale Motivation angewandt, von der angenommen wird, daß sie zumindest teilweise anerzogen ist.

Allerdings werden diese Begriffe uneinheitlich gebraucht; beispielsweise ziehen es einige vor, den Begriff „Bedürfnis" nur für biologische Notwendigkeiten (wie z.B. Wasserbedarf des Körpers) zu gebrauchen, ob diese nun tatsächlich ein bestimmtes Verhalten auslösen oder nicht (vgl. Abb. 10.1).

Motivation schließt folgendes ein:

a) Energie, Erregung,
b) Ausrichtung dieser Energie auf ein bestimmtes Ziel,
c) selektive Aufmerksamkeit für bestimmte Reize (und verminderte Empfänglichkeit für andere),
d) Organisation der Aktivität in ein integriertes Reaktionsmuster bzw. eine Sequenz,
e) Aufrechterhaltung der Aktivität, bis sich die Ausgangsbedingungen ändern.

In den folgenden Abschnitten betrachten wir verschiedene Ausprägungen des Motivationskonzeptes.

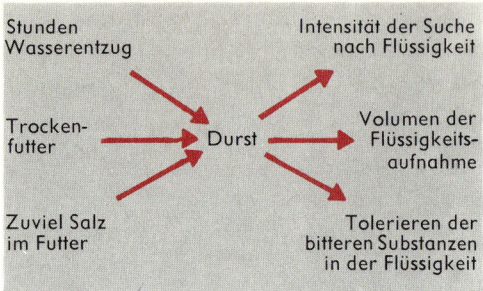

Abb. 10.1. Antrieb als intervenierende Variable. *Links* sind 3 Faktoren dargestellt, die das Trinkverhalten beeinflussen (unabhängige Variablen) und *rechts* 3 Methoden, die zeigen, wie man das Trinkverhalten messen kann (abhängige Variablen).
Man kann jede der 3 Variablen links so manipulieren, daß sich 1, 2 oder alle 3 Variablen rechts verändern. Anstatt jedoch 9 mögliche Interaktionen zu postulieren, ist es einfacher, eine einzige intervenierende Variable (in diesem Falle „Durst") anzunehmen, mittels deren Mechanismus die linken Variablen die rechten beeinflussen

Motivation als Erklärung für Variabilität

Die grundlegende Funktion einer Motivationsanalyse liegt darin, die beobachtete Variabilität des Verhaltens zu erklären. Wie können wir uns die Unterschiede in den Reaktionen verschiedener Menschen auf die gleiche äußere Situation erklären und sogar Unterschiede in den Reaktionen einer Person auf die gleiche Situation zu verschiedenen Zeiten? Wenn die Leistung von Individuen trotz Gleichhaltung von Trainings-, Test- und Begabungsvoraussetzungen noch immer variiert, dann schreibt man die Unterschiede im Verhalten der Motivation zu.

Wird jemand durch extrem hohen Blutverlust ohnmächtig, so führen wir das nicht auf eine durch den „Ohnmachtstrieb" bedingte Motivation zurück. Wenn wir jedoch feststellen, daß ein kräftiger Sportler mehr als andere Leute dazu neigt, bei einer Injektion ohnmächtig zu werden, dann fühlen wir uns veranlaßt, nach einem inneren psychischen Grund zu suchen. Ähnlich wird die Bewegung des Patellarsehnenreflexes nicht als Beweis für das Vorhandensein eines „Triebs zum Beinstrecken" angesehen, sondern als Reflex, dem keine Motivation zugrunde liegt. Es bedarf keiner motivationalen

Konstrukte, um zu verstehen, warum ein Mensch stirbt, der einen starken elektrischen Schlag erhalten hat; der plötzliche Tod eines scheinbar gesunden älteren Menschen, kurz nachdem man ihn in ein Altersheim gesteckt hat, scheint jedoch eine motivationale Erklärung zu fordern.

Man ißt nicht jedesmal, wenn Eßbares in erreichbarer Nähe ist, und man lernt vor jedem Examen nicht unbedingt so viel, wie man es dem eigenen Gefühl nach eigentlich sollte. Man wird niemals Zeit und Energie für Tätigkeiten aufbringen, für welche andere Menschen sozusagen „leben". Nehmen wir z.B. die deutschen Rodler, die bei der letzten Europa- und Weltmeisterschaft so glänzend abschnitten, oder als weitere Beispiele Jo-Jo-Spieler oder Gelehrte. Womit läßt sich erklären, daß jemand seine ganze Energie auf so etwas konzentriert? Wir behaupten, wir äßen, weil wir „hungrig" sind, und wir arbeiteten, um andere zu übertreffen, angetrieben vom Wunsch nach Leistung. Weil die Beziehung zwischen dem Verhalten und dem Reizereignis nicht perfekt, d.h. nicht völlig abhängig ist, nehmen wir das Konzept der Motivation zu Hilfe, um diese Lücke zu überbrücken.

„Die einfachen Leute preisen die Tat und übersehen das Motiv, die gebildeten Leute übersehen die Tat und legen die Seele des Handelnden offen" (Barth 1960).

Die meisten von uns *nehmen* an, daß in unserem Verhalten eine gewisse Konsistenz über verschiedene Zeiten und Situationen hinweg besteht. Wenn dem nicht so ist, dann wird nicht angenommen, wir hätten uns irgendwie verändert, sondern daß es zeitweilige Veränderungen in den Situationen gäbe, die uns anders handeln ließen. In solchen Fällen werden motivationale Begriffe gebraucht, um von diesen beobachtbaren Handlungen innere Zustände oder Vorgänge abzuleiten.

Dazu kommt, daß Personen, die komplexere Ideen über die dynamischen Ursachen des menschlichen Verhaltens entwickeln, nicht damit zufrieden sind, das Verhalten „so wie es ist" zu akzeptieren, sondern es nur als die sichtbare Spitze eines Eisberges betrachten. Somit wird es zu einem faszinierenden intellektuellen Spiel, die Motive oder motivationalen Zusammenhänge zu finden, die am besten auf eine Situation „passen".

Motivation als innerer Wegweiser

Wird die Motivation im Sinne einer Anregung zu „zielstrebigem" Verhalten gebraucht, so verleiht sie dem Verhalten Richtung. Damit wird der Begriff der Motivation austauschbar mit Begriffen wie „Willenskraft", die andeuten, daß der Ursprung des Verhaltens in der Person und nicht in der Umwelt zu suchen sei. Von der Motivation nimmt man oft an, daß sie das Verhalten anheize, so wie die Kohle einen Ofen. Damit wird die innere Motivation zum Vorläufer der äußeren Handlung – zum *Ursprung des Verhaltens*.

Eine ganz andere Erklärung für die Variabilität des Verhaltens und die kausalen Determinanten für Handlungen kommt von den radikalen Behavioristen, welche Skinners Ansatz des operanten Konditionierens folgen. Für sie sind nicht die einer Reaktion vorausgehenden inneren Zustände wichtig, sondern das, was dem Verhalten regelmäßig folgt. Ihrer Ansicht nach ist die einer Reaktion folgende Verstärkung – nicht die dieser vorangehende Motivation – das wichtigste Element. Diese Annahme betont die wichtige Rolle der Umwelt als Kontrollfaktor und der Reizkontrolle des Verhaltens. Es sind die Verstärkungen, die dem Verhalten seine Richtung geben, argumentieren die Behavioristen. „Da die Betonung beim operanten Konditionieren auf den Wirkungen der Verstärkung liegt, sind die motivationalen Bedingungen zu rein technischen Details geworden" (Reynolds 1968).

Aus dieser Sicht wird Motivation gleichsam zum unbedeutenden Bühnenarbeiter, der die Kulisse vorbereitet, damit der Verstärker als Hauptdarsteller auftreten kann. So gesehen wirkt Hunger auf das Verhalten, indem die Wirksamkeit der als Verstärkung gegebenen Nahrung erhöht wird. Die Motivationspsychologen hingegen behaupten, die Motivation wirke direkt auf das Verhalten ein; zusätzlich wirke sie indirekt dadurch, daß sie Verstärker „relevant" mache. Motivierte Personen zeigen mehr Handlungen, zeigen diese eher, schneller, stärker und regelmäßiger als unmotivierte Personen. Die Motivation führt dazu, daß in der freien Umwelt Tiere nach Futter suchen, eine Aktivität, die im Labor nicht beobachtet werden kann. Dort kontrolliert der Vl die Verstärker und schränkt die Exploration ein, indem er simplifizierte, künstliche Umwelten schafft, wie z.B. die Skinner-Box.

Freiwilligkeit und Verantwortung

„Wir sind gleich genial bei der Suche nach schlechten Motiven für gute Handlungen, die andere ausführen, wie bei der Suche nach guten Motiven für schlechte Handlungen, wenn wir sie ausführen". (Charles Caleb Colton, Lacon 1825)

Wie auch immer der Stellenwert der Motivation in einer wissenschaftlichen Psychologie sein mag, eines steht mit Sicherheit fest: sie nimmt einen zentralen Platz in der religiösen und juristischen Tradition ein, ebenso im Denken der Lehrer, der Sozialarbeiter und vieler von uns, die von Zeit zu Zeit gerne wissen möchten, was das Verhalten anderer im Vergleich zu unserem so unterschiedlich sein läßt.

Nach dem Gesetz ist es notwendig zu unterscheiden zwischen Verhalten, welches freiwillig und unfreiwillig ist, zwischen kriminellen Handlungen, die geplant und solchen, die ungeplant waren usw. Solchen Betrachtungen liegen motivationale Überlegungen zugrunde (s. „Unter der Lupe").

In einigen orthodoxen Religionen wird die Schuld für begangene Handlungen nicht von der intellektuellen Fähigkeit, das Gute vom Bösen unterscheiden zu können, abhängig gemacht, sondern von der Motivation, das Gute zu mißachten und das Böse zu tun. Die Motivation kommt hier als „Sünde" ins Spiel, die sich sowohl auf den Wunsch als auch auf die Tat bezieht. So ist z.B. in den 10 Geboten das „Begehren nach deines Nächsten Weib" ein ebenso schwerwiegender Verstoß wie das Stehlen oder das Fluchen. Die bisherige Diskussion und die Tatsache, daß der Rest dieses Kapitels einer detaillierten Analyse verschiedener Triebe und Motive gewidmet ist, könnten den Eindruck der Einigkeit darüber erwecken, daß die Untersuchung der Motivation eine bedeutsame Angelegenheit für alle Psychologen sei. Dies ist jedoch nicht der Fall.

Einige Kritiker wehren sich gegen den populären Gebrauch von Motivationsbegriffen als *Standardentschuldigung* für das Auftreten von Verhaltensweisen und als Beschwerdemittel für ein anderes, erwünschtes Verhalten, das nicht auftrat. Zu sagen, daß jemand ein bestimmtes Verhalten gezeigt hat, weil er von grundlegenden Motiven dazu veranlaßt wurde oder daß er das, was von ihm erwartet wurde, nicht getan hat, weil er dazu nicht motiviert war, heißt eine

Unter der Lupe

Unter welchen Umständen ist ein Mörder für seine Tat nicht verantwortlich?

Die Berücksichtigung des psychischen Zustands eines Täters zur Tatzeit ist einer der Grundsätze unserer Rechtsordnung. Die Tötung eines anderen Menschen wird, wenn eine Tötungsabsicht vorliegt, als *Mord* oder *Totschlag* betrachtet, wenn hingegen keine Absicht vorliegt, als das geringere Vergehen der *fahrlässigen Tötung*.

Die jeweilige gesellschaftliche Vorstellung von der menschlichen Natur ist u.a. aus den Bedingungen ersichtlich, unter denen ein Mitglied dieser Gesellschaft, das einen anderen Menschen getötet hat, für seine Tat als nicht verantwortlich angesehen wird.

Damit Sie sehen, wie unterschiedlich solche Beurteilungen sein können, überprüfen Sie die nachstehend aufgeführten Bedingungen unter dem Aspekt, ob Sie einen Mörder „freisprechen" würden, und vergleichen Sie dann Ihre Entscheidung mit der Ihrer Freunde.

1. Unfähigkeit zu rechtsbewußtem Handeln aufgrund
   a) altersbedingter Unreife,
   b) geistiger Retardation,
   c) zeitweiliger oder chronischer Krankheit,
   d) „unmenschlicher" bzw. „tierischer" Persönlichkeitsstruktur;
2. Einfluß kontrollierender Kräfte, die die Willensfreiheit einschränken:
   a) Drogen und Alkoholika,
   b) Schlafwandeln;
3. Einfluß von Emotionen, die die Vernunft ausschalten:
   a) rasende Eifersucht,
   b) unkontrollierbare Wut;
4. situative oder durch Rollenerwartungen determinierte Verhaltensweisen, welche die Intention der Tat und die individuelle Verantwortlichkeit ändern:
   a) bei Henkern in Ländern mit Todesstrafe,
   b) bei Polizisten im Dienst,
   c) bei Soldaten im Kampf,
   d) in Notwehrsituationen,
   e) bei Ärzten, die Sterbehilfe geben.

wertlose Erklärung anbieten. Wir neigen nur allzusehr zu der Annahme, daß wir Verhalten schon erklärt haben, wenn wir es mit Bezeichnungen wie „Motivationsmangel", „Zerstörungstrieb", „Altruismus" oder „Labilität" versehen haben. Wenn die Bande der Jets in der *West Side Story* singt: „Nanu, Herr Polizeimeister Krupke", so macht sie sich lustig über die motivbezogene Ausdrucksweise, die die Sozialarbeiter gebrauchen, um das delinquente Verhalten der Bande zu erklären. Wenn wir die Reizbedingungen, die das beobachtbare Verhalten einleiten und aufrechterhalten, nicht spezifizieren, können wir nicht hoffen, das Verhalten zu ändern.

Kelly (1958) beobachtet, daß die Lehrer beim Unterricht am häufigsten darüber klagten, daß ihre Schüler „einfach nicht motiviert" seien. Er fährt fort:

„Häufig war die Lehrerin der Überzeugung, daß das Kind nichts täte – absolut nichts – nur stillsitzen! Dann pflegten wir zu sagen, sie solle versuchen, eine nicht-motivationale Erklärung zu suchen und das Kind einfach nur sitzen lassen und zu beobachten, wie es das ,Nur-Sitzen' gestaltet. Ausnahmslos konnte die Lehrerin über einige äußerst interessante Vorgänge berichten. Eine Analyse dessen, was das ,faule' Kind tat, während es untätig war, gewährte der Lehrerin einen ersten Einblick in die Welt des Kindes und lieferte ihr die ersten soliden Grundlagen für die Kommunikation mit ihm. Einige Lehrerinnen stellten fest, daß ihre faulsten Schüler die ungewöhnlichsten Ideen entwickelten; andere stellten fest, daß die Bezeichnung ,Faulheit' auf Aktivitäten angewandt wurden, die sie lediglich nicht verstehen und akzeptieren konnten."

Physiologische Prozesse und motiviertes Verhalten

Es wird allgemein angenommen, daß biologische oder psychische Deprivation zu motiviertem Verhalten führt. So ist z. B. die Anzahl der Stunden Futterdeprivation eine Reizbedingung, die den Hunger beeinflußt und deshalb die Motivation zur Nahrungssuche erhöht (vgl. Abb. 10.1). Motivationszustände können auch durch die Gegenwart aversiver Reize induziert werden, wie z. B. durch schmerzhaften elektrischen Schock, ätzende Luftverschmutzung oder einen allzu strengen Vater. Auch konditionierte Reize, die mit starken unkonditionierten Reizen assoziiert sind, wie z. B. die nackten Frauen in

unseren Zeitschriften oder romantische Liebesgeschichten, dienen demselben Zweck. Daneben besteht die Möglichkeit, Motivationszustände direkt durch elektrische oder chemische Reizung bestimmter Hirnteile zu beeinflussen. Hirnläsionen und Infusionen von triebrelevanten Substanzen in das Blut, den Magen oder andere Organe können dazu führen, daß Tiere hungrig, durstig oder sexuell erregt werden.

Der moderne Forscher sucht nicht mehr nach einem *einzigen* physiologischen Prozeß, der als Grundlage für motiviertes Verhalten dienen könnte. Statt dessen befassen sich moderne experimentelle Untersuchungen mit einer ganzen Reihe von Kontrollsystemen, die zusammenwirken und für einen bestimmten Motivationszustand verantwortlich sind. Um die Wirkung physiologischer Komponenten auf das Verhalten zu verstehen, ist es wichtig, die Interaktion zwischen einem bestimmten physiologischen Zustand des Organismus und den in der Unterwelt vorherrschenden Reizbedingungen zu verstehen. Letztere bezeichnen wir als *Antriebsreize*. Sie können bestimmte Reaktionssequenzen initiieren und dienen gleichzeitig als Signalreize, deren Aufgabe es ist, das Verhalten in bestimmte Bahnen zu lenken (Bindra 1969). So gesehen beeinflußt die Motivation das Verhalten durch eine Signalfunktion, eine Sensibilisierungsfunktion und eine Erregungsfunktion.

Die Funktion der Erregung

Zusätzlich zur Energie, die mit einem bestimmten Motivationszustand zusammenhängt, kann es auch eine nichtspezifische Erregung geben, die durch die Aktivität des allgemeinen Erregungssystems vermittelt wird. Es ist sicherlich nicht die Motivation, die uns aus dem Schlaf aufweckt oder die uns im Hörsaal einschlafen läßt. Auch ist es nicht die Motivation, die uns zur Tat schreiten läßt, wenn wir Rauch riechen, wenn wir unseren Namen hören oder wenn das grüne Licht auf rot schaltet. In unserer Umwelt gibt es viele Signale, auf die wir schnell reagieren müssen, und viele Situationen, in denen das Verhalten vom allgemeinen Grad der Erregung des Organismus abhängt. Wirksames Handeln erfordert die Aktivität vieler sensorischer und motorischer Systeme; häufig ist die Möglichkeit einer Erregung all dieser Systeme innerhalb kürzester Zeit für den Organismus lebenswichtig.

Es ist die Formatio reticularis, welche die Aufgabe erfüllt, den Kortex wachzuhalten, damit er auf Vorgänge in der Umwelt reagiert. Die Formatio reticularis ist ein Bündel von Nervenfasern, die vom Rückenmark über die Medulla zu den kortikalen Regionen des Gehirns führen. Diese Fasern erhalten Zustrom von allen Sinnen und ermöglichen somit einen besseren Kontakt zwischen dem gesamten Organismus und seiner Umwelt. Sie sorgen dafür, daß der Organismus wach, erregt und sensibel für Veränderungen in der Umwelt ist. Diese allgemeine Erregung kann beim letztlich zustandekommenden Verhalten eine wichtige Rolle spielen.

Das *Erregungsniveau* schwankt zwischen dem tiefen Niveau des Schlafens und dem hohen Niveau der Aufregung. Wenn die Erregung ansteigt, so beobachten wir eine allgemeine Erhöhung in der Stärke instrumenteller Reaktionen, ungeachtet ihres momentanen Nutzens für die Befriedigung der motivationalen Anforderungen. Der gleiche Reiz kann sowohl eine Erregungsfunktion als auch eine Signalfunktion ausüben (z.B. der Geruch von Nahrung, der sowohl Nahrungssuche auslösen als auch die Richtung bestimmen kann, in der sich der Organismus bewegt). Manchmal sind es auch unterschiedliche Reize, die für die Erregungsfunktion und die Richtungsfunktion der Motivation verantwortlich sind, so z.B. wenn eine Veränderung des Blutzuckerspiegels uns ein Gefühl des Hungers vermittelt und eine auf dem Teller liegende Frikadelle uns veranlaßt, sie zu verzehren.

Die sensorische Stimulierung als Lenker unseres Verhaltens funktioniert dann mangelhaft, wenn die Erregung sehr niedrig oder sehr hoch ist. Bei sehr niedriger Erregung kommen die sensorischen Informationen nicht am Ziel an; bei sehr hoher Erregung kommen zu viele Informationen am Ziel an und verhindern dadurch, daß der Organismus selektiv auf die richtige Reiznachricht reagiert. Ein *mittlerer Erregungsgrad* führt zu optimalem Verhalten, weil dann die Signalreize natürliche Informationen liefern, wie das Verhalten zu steuern ist. Solch ein mittlerer Erregungsgrad zeigt seine Wirkung nicht nur bei Ratten im Labyrinth, sondern auch bei Studenten in Klausuren. Dieses Verhältnis zwischen Erregung und Effektivität des Verhaltens wird

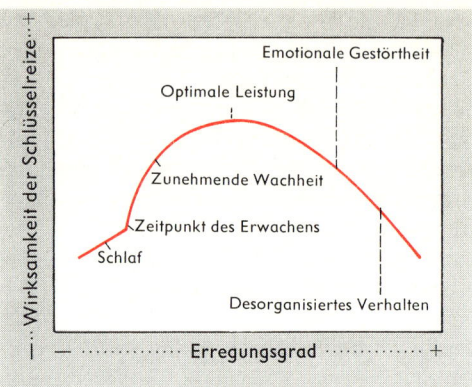

Abb. 10.2. Die umgekehrte U-Funktion. Die Kurve zeigt, wie die wirksame Ausnützung der Schlüsselreize mit der Höhe des allgemeinen Erregungsniveaus variiert. Eine optimale Leistung kann bei einem mittleren Erregungsgrad erwartet werden. Bei sehr niedrigem (−) oder sehr hohem (+) Erregungsgrad werden gewöhnlich die schlechtesten Leistungen erzielt. (Nach Hebb 1958)

als umgekehrte U-Funktion bezeichnet (vgl. Abb. 10.2).

Da die Erregung auch im Zusammenhang mit Streß eine entscheidende Rolle spielt, werden wir in Kap. 13 noch einmal näher auf diese physiologische Reaktion eingehen.

Biologische Antriebssysteme

Die meisten biologischen Antriebe haben ihren Ursprung in den unausweichlichen Ansprüchen des Organismus. Diese Antriebe motivieren das Verhalten des Organismus in eine Richtung, die zu den notwendigen Veränderungen im Innern des Körpers führen. So z.B. lenkt der *Hungertrieb* den Organismus zur Nahrungssuche und zur Nahrungsaufnahme, welche notwendig sind, um den Grundumsatz des Körpers zu erhalten. Werden diese Bedürfnisse über längere Zeit nicht erfüllt, so können daraus verminderte Gesundheit, Störungen des Intellekts (beim Menschen), Krankheitsanfälligkeit und sogar Tod resultieren. Um sein Leben zu erhalten, muß der einzelne Organismus Nahrung, Wasser, Sauerstoff, Rast und Schlaf haben. Er braucht ferner ein System, um eine konstante *Körpertemperatur* zu erhalten und ein Signalsystem (Schmerz), welches ihm *körperlichen Schaden* zu vermeiden hilft.

Und doch umfassen die biologischen Antriebe mehr als nur die grundlegenden physiologischen Bedürfnisse des einzelnen. Alle Arten, die auf dieser Erde leben, mußten sich mit dem Problem der Fortpflanzung oder Ausrottung auseinandersetzen. So müssen zur Wahrung der Kontinuität des Lebens von einer Generation zur anderen zusätzlich Sexualtriebe und „Aufzuchttriebe" ins Spiel kommen. Es ist nicht klar, ob diese beiden letzteren Antriebe auch als biologisch bezeichnet werden sollen, d.h. in demselben Sinne wie Hunger oder Durst.

Antriebe beeinflussen das Verhalten eines jeden Individuums von der Geburt an und sind auch schon vor der Geburt wirksam, obgleich sie dann normalerweise automatisch durch die im Körper der Mutter geschaffenen Umwelt befriedigt werden. In den letzten Jahren jedoch haben wir eine wachsende Anzahl von Säuglingen gesehen, die bereits mit einem unvorstellbar starken Antrieb zur Welt kommen – sie sind drogensüchtig. Diese Kinder von heroinsüchtigen Müttern (oder jetzt sogar von methadonsüchtigen Müttern) zeigen bei der Trennung der Nabelschnur bereits Entzugserscheinungen; sie haben ihre „Verbindung" verloren.

Biologische Triebe als homöostatische Mechanismen

Obwohl sie in ihrer Intensität variieren, sind alle biologischen Triebe regulatorische Mechanismen, die das physiologische Gleichgewicht des Individuums aufrechterhalten. Ein Organismus macht bemerkenswerte Anstrengungen, um sein inneres Milieu konstant zu halten. Diesen Prozeß nennt man *Homöostase*. Biologische Triebe haben ihren Ursprung in physiologischen Bedingungen, die das physiologische Gleichgewicht des Organismus stören. Wenn das innere Milieu aus dem Gleichgewicht gebracht ist, entstehen Bedingungen, die den Organismus zur Aktivität veranlassen. Dieser Prozeß endet erst, wenn das Ziel erreicht und das biologische Gleichgewicht wieder hergestellt ist oder wenn ein stärkeres Motiv überwiegt, so als würde man die Vorbereitung einer Mahlzeit unterbrechen, um nach der Ursache eines Brandgeruchs zu suchen.

Homöostatische Aktivitäten laufen weitgehend innerlich und automatisch ab. Dazu gehören die Aufrechterhaltung einer konstanten Körpertemperatur und das richtige Verhältnis von Sauerstoff zu Kohlendioxyd im Blut. Eine andere Aktivität dieser Art, die im Zusammenhang mit der Ernährung steht, ist der sehr komplexe Vorgang, durch welchen der Körper für die Aufrechterhaltung eines konstanten Blutzuckerspiegels sorgt.

Da biologische Bedürfnisse jedoch niemals permanent befriedigt werden können, entwickelten sich komplexe, höhere Formen von Aktivität – besonders beim Menschen – um das Problem immer wiederkehrender Störungen der Stabilität des Gewebehaushalts zu bewältigen (Stagner 1951). Für viele Spezies sind bereits geringe physiologische Veränderungen zu Hinweisreizen für eine Änderung im Gleichgewicht des Organismus geworden, und überdies wurden Mechanismen entwickelt, um bestimmte Bedürfnisse zu antizipieren. So bauen Tiere Nester und legen Futtervorrat für den Winter an.

Und der Mensch hat nicht nur gelernt zu essen, bevor Hungerschmerzen eintreten, er hat auch durchdachte Methoden in der Landwirtschaft, der Nahrungskonservierung und -lagerung sowie im Handel mit Gütern des täglichen Bedarfs entwickelt, um eine ausreichende Nahrungsmittelversorgung zu jeder Jahreszeit zu gewährleisten.

Daher ist Homöostase mehr als die automatische Aufrechterhaltung des chemischen Körpermilieus im Sinne einer Reaktion auf bestimmte Reize. Physische und soziale Gelegenheiten schaffen, die so kontant wie möglich sind, bedeutet aktive Anstrengung für den Organismus.

Homöostase erklärt jedoch nicht alle Arten von Verhalten, nicht einmal auf physiologischer Ebene. Ein Organismus verhält sich manchmal in einer Weise, die für die körperliche Erhaltungsfunktion schädlich ist. Wenn z.B. Säuglinge Gelegenheit dazu hätten, würden einige von ihnen soviel Salz essen, daß sie sterben müßten. Auch ist der menschliche Körper gewissen gefährlichen Umweltbedingungen, wie z.B. einer zu hohen radioaktiven Strahlung, schutzlos ausgeliefert. Ferner strebt der Organismus manchmal nach Zuständen, die für die Adaption bedeutungslos sind.

So hungern sprichwörtlich viele Amerikaner, nur um einem z.Z. hoch im Kurs stehenden kulturellen Ideal zu frönen: „Schlank ist schön."

Als z. B. einer der Autoren Studenten an der New York Universität interviewte und sie bat, ihre tatsächliche und ihre Idealgröße sowie ihr tatsächliches und ihr Idealgewicht anzugeben, gab die Mehrzahl der 90 Studenten und Studentinnen ein „Idealgewicht" an, das weitaus geringer war als ihr echtes Gewicht. Dies traf sowohl für übergewichtige als auch für magere Personen zu. Bei der Idealgröße war es ähnlich: Auch hier wurde eine „Idealgröße" angegeben, die jeweils weit über einer noch so großen gemessenen Körpergröße lag.

In den nun folgenden Abschnitten werden wir uns mit den physiologischen Bedürfnissen niederer Tiere befassen. Obgleich wir hier diese Bedürfnisse als biologisch klassifizieren, beinhalten sie auch psychologische Elemente. Dies wird besonders deutlich, wenn wir uns den biologischen Motiven beim Menschen zuwenden.

Manipulation und Messung

Ein großer Teil unseres Wissens über biologische Antriebe kommt von sorgfältigen Laboruntersuchungen an Tieren. Da Messung und Quantifizierung eines der Hauptziele der Wissenschaft sind, haben Psychologen und Physiologen verschiedene Methoden für die Registrierung Triebstärke entwickelt. Sie variieren dabei die Antriebsstärke und beobachten die dadurch erzielte Wirkung auf bestimmte Verhaltenskomponenten.

Um einen Antrieb zu erzeugen, benutzen die Forscher Reizwirkungen, welche die Homöostase des Organismus stören. Häufig steht dabei die Deprivation einer notwendigen Substanz wie z. B. Nahrung oder Wasser oder eine Veränderung der Kalorien- oder Salzzufuhr im Vordergrund. Ferner können veränderte Umweltbedingungen, wie z. B. erhöhte Wärme, Kälte oder aversive Reize, als antezedente Variablen der Motivation experimentell manipuliert werden.

Die abhängigen biologischen Konsequenzen erhöhter biologischer Antriebe werden anhand einer Reihe von Reaktionen gemessen. Zu diesen gehören:

- grobe motorische Aktivität,
- Aktivität des vegetativen Nervensystems, konsummatorisches Verhalten (Menge, La-

tenz bis zum Beginn und zeitliche Muster von Nahrungs- und Wasserzufuhr),
- Reaktionshäufigkeit oder Reaktionskraft,
- Geschwindigkeit, mit der Assoziationen erlernt werden, die von biologisch relevanten Verstärkungen abhängig sind,
- Extinktionswiderstand (Widerstand gegen die Abschwächung),
- Präferenzen für bestimmte Zielobjekte,
- Störung gerade stattfindender Aktivitäten,
- Menge überwundener Hindernisse oder Mühe, die aufgewandt wurde, um ein bestimmtes Ziel zu erreichen.

Das letztere Maß wurde in einer der frühesten Motivationsstudien benutzt, die sich mit der unterschiedlichen Stärke der verschiedenen Antriebe befaßte. In den späteren 20er Jahren konstruierten Psychologen an der Columbia-Universität ein Labyrinth, bei dem eine motivierte Ratte durch einen elektrischen Rost von den für sie bedürfnisstillenden Reizen getrennt war. Ein konstanter elektrischer Schock sollte das Tier davon abhalten, über das Labyrinth zu laufen, um zu Nahrung, Wasser, einem brünstigen Partner oder zu den eigenen Jungen zu gelangen. Gemessen wurde die Anzahl der Läufe über den elektrischen Rost in einer bestimmten Zeiteinheit (s. Abb. 10.3).

Die motivierende Wirkung des Durstes ist am stärksten nach einer kurzen Entzugsperiode und nimmt mit extremer Deprivation ab, ebenso wie Hunger. Diese umgekehrte U-Funktion spiegelt möglicherweise jedoch lediglich den störenden

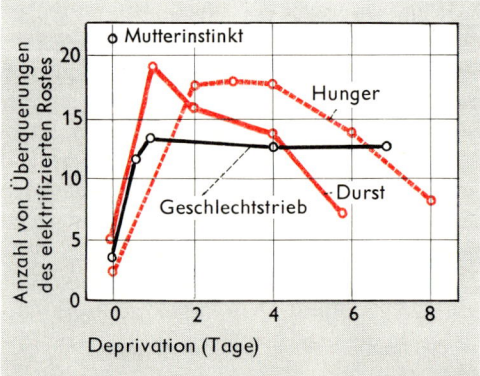

Abb. 10.3. Motivationshierarchie bei Ratten. Für wen würden Sie durchs Feuer gehen? (Nach Warden 1931)

Einfluß langdauernder Deprivation wider. Im Gegensatz dazu liefen die Ratten ziemlich konstant über den elektrischen Rost, wenn es darum ging, sich geschlechtlich zu betätigen. Überraschenderweise wenden die Mutterratten die größte „Mühe" auf, um ihre Jungen aufzusuchen. Dieser Hinweis auf einen starken „mütterlichen" Trieb wurde bis vor kurzem unangefochten hingenommen.

Noch ein anderer Aspekt ist von Interesse. Auch ohne irgendwelche Deprivation überqueren die Tiere den elektrischen Rost einige wenige Male, und dies auch dann, wenn sich in der Kiste auf der anderen Seite gar nichts befand; vielleicht handelte es sich hier um einen Antrieb zur *Exploration*. Die geschilderte Studie ist typisch für die frühen Untersuchungen, die sich nur mit Deprivation befaßten und den Einfluß äußerer Antriebsreize auf motiviertes Verhalten vernachlässigten.

Betrachten wir nun eine Auswahl bedeutsamer Erkenntnisse, die über einige biologische Triebe gewonnen wurden.

Der auffälligste Trieb: Hunger

Von allen motivationalen Zuständen wurden dem Hunger von Psychologen wie auch Physiologen die meisten Untersuchungen gewidmet. Die mit der Ernährung zusammenhängenden Aktivitäten herrschen natürlich in unserem täglichen Leben vor, und so haben sich die meisten Motivationstheorien auch ausführlich mit dem Phänomen Hunger und Essen beschäftigt. Um die Nahrungsaufnahme wirksam regulieren zu können, muß ein Organismus in der Lage sein, den physiologischen Zustand des Hungers zu erkennen, das Eßverhalten einzuleiten und zu organisieren und dann dieses Verhalten abzubrechen, wenn er genügend Nahrung aufgenommen hat. Wie wir sehen werden, ist die Natur der inneren Bedingungen und regulatorischen Mechanismen, die mit Hunger und Essen – und Beendigung des Essens – verbunden sind, ziemlich komplex.

Was macht uns „hungrig"?

Subjektiv erleben wir das Gefühl des Hungers als Anhäufung von Empfindungen, die aus der Magenregion zu kommen scheinen. Aber welche physiologischen und kognitiven Veränderungen verursachen diese Gefühle? Ist primär der Magen verantwortlich für die Regulation des Hungers oder sind noch andere Faktoren daran beteiligt?

Eine der hervorstechenden früheren Erklärungen des Hungergefühls stammt von Cannon, einem Physiologen. Er vermutete, daß das Hungergefühl von Magenkontraktionen (gastrische Motilität) ausgelöst wird, die bei leerem Magen auftreten. Gestützt wurde dieser Gedanke hauptsächlich durch ein Experiment, das Cannon mit Washburn, seinem Forschungsassistenten, durchgeführte. Cannon überredete Washburn, einen dünnen Gummiballon zu schlucken, der an einer langen Röhre angeschlossen war, deren freies Ende mit einem Aufzeichnungsgerät verbunden war. Nachdem der Ballon aufgeblasen worden war, wurden alle Druckveränderungen, die durch Magenaktivität verursacht wurden, automatisch graphisch aufgezeichnet. Immer wenn er Hungerschmerz verspürte, setzte Washburn durch Knopfdruck ein Registriergerät in Betrieb, welches Dauer und Frequenz des Hungerschmerzes aufzeichnete.

Die kontinuierliche Aufzeichnung des Magenverhaltens über viele Stunden hinweg ergab zwei Arten von Magenaktivität: eine, die mit dem Verdauungsvorgang auftrat, und eine andere, die bei akutem Hunger gemeldet wurde. Die regelmäßigen, heftigen Verdauungsbewegungen wurden nur unmittelbar nach dem Essen beobachtet, aber als der Magen leerer wurde, setzten die mit Hunger verbundenen Kontraktionen ein. Sie traten zum ersten Mal nach etwa 1,5 h auf und wurden immer häufiger, je mehr Zeit ohne Nahrungsaufnahme verging. Als man die Aufzeichnungen genau überprüfte, fand man heraus, daß Washburn *nur* während Perioden starker Magenkontraktionen Hungerschmerzen meldete. Cannon zog daraus den Schluß, daß der „unangenehme Schmerz" des Hungers tatsächlich von den heftigen Kontraktionen des leeren Magens verursacht wurde (Cannon 1934).

Eine Anzahl neuerer Untersuchungen, bei denen ausgeklügelte Aufzeichnungsgeräte benutzt wurden, haben jedoch gezeigt, daß das (nach Cannon) klassische Muster der Magenaktivität erst auftritt, *nachdem* der Ballon in den Magen eingeführt und aufgeblasen wurde (Penick et al. 1963). Dies zeigt wieder einmal deutlich, daß die Meßmethode das zu Messende beeinflussen kann. In diesem Fall *verursachte* offensichtlich das Vorhandensein des Ballons die Kontraktionen, die gemessen wurden. Natürlich können wir deswegen eine andere Tatsache, nämlich daß viele Menschen Hungerschmerzen verspüren, nicht bezweifeln.

Der frühe Enthusiasmus für die Theorie Cannons verstummte, als sich Beweismaterial anhäufte, das unvereinbar mit der Annahme war, daß Magenkontraktionen das Hungergefühl hervorrufen können. Wären das Hungergefühl und die Auslösung der Eßaktivitäten allein das Resultat von Magenkontraktionen, sollte es eigentlich möglich sein, das Eßverhalten drastisch zu verändern, indem man verhindert, daß die „Botschaft" der Magenkontraktionen des Rest des Körpers erreicht. Dies ist jedoch nicht der Fall. Eine Reihe von Untersuchungen, bei denen die Mägen von Tieren operativ entfernt oder die verbindenden Nervenbahnen durchtrennt wurden, zeigten, daß die Tiere mit nur geringen Veränderungen ihres normalen Eßverhaltens weiteraßen. So zeigten in einem Experiment Ratten, deren Magen entfernt worden war, im wesentlichen das gleiche Hungerverhalten wie normale Tiere (die als Kontrollgruppe dienten). Sie lernten Labyrinthe genauso schnell wie die Kontrollgruppe zu bewältigen, um zu Futter zu gelangen und sie waren genauso unruhig, wenn die Fütterungszeit nahte. Der einzige Unterschied bestand darin, daß die Ratten ohne Magen öfter nach Futter suchten als die Kontrolltiere, was jedoch zu erwarten war, denn sie hatten nur die Gedärme zur Nahrungsspeicherung und mußten daher öfter fressen (Tsang 1938).

Cofer u. Appley (1964) haben einen wichtigen Aspekt bezüglich der Interpretation dieser und ähnlicher Experimente zur Sprache gebracht. Ihrer Meinung nach demonstrieren solche Untersuchungen nur, daß die *Fortsetzung* von bereits etablierten Verhaltensmustern bei der Nahrungsaufnahme nicht völlig von Stimuli, die von den Magenkontraktionen stammen, abhängen. Es ist jedoch denkbar, daß der Organismus diesen bestimmten Hungerstimulus bei der frü-

heren Entwicklung des Eßverhaltens benutzt hat, oder es könnte auch sein, daß sich ein Organismus normalerweise auf die Stimuli, die von den Magenkontraktionen stammen, stützt, aber daß er, wenn ihm diese Information entzogen ist, in der Lage ist, die Nahrungsaufnahme zu regulieren, indem er andere Hinweisreize benutzt. Da die Tiere, mit denen hier experimentiert wurde, ausgewachsen waren und bereits Eßverhalten entwickelt hatten, ist es wahrscheinlich, daß sie die Nahrungsaufnahme und damit verbundene Reaktionen inzwischen mit einer Vielzahl innerer und äußerer Stimuli assoziierten. Das nahrungsorientierte Verhalten, das nach dem Entfernen des Magens beobachtet wurde, kann Teil eines früher aufgebauten Verhaltensmusters gewesen sein, das durch die Gegenwart verschiedener konditionierter Stimuli hervorgerufen und aufrechterhalten wurde. Magenkontraktionen werden also bei der Regulation der Nahrungsaufnahme wahrscheinlich eine gewisse Rolle spielen, auf keinen Fall aber die einzigen oder auch nur die wichtigsten damit verbundenen Stimuli darstellen.

Blutchemie und Hunger

Die unmittelbare Quelle, aus der der Körper die für das Funktionieren der Zellen benötigte Energie bezieht, ist die Glukose oder der Blutzucker. Es wurde daher angenommen, daß chemische Veränderungen in der Blutzusammensetzung eine Rolle beim Hunger spielen.

Frühere Untersuchungen zeigten z.B., daß Blut, das von einem ausgehungerten Hund auf einen Hund, der gerade erst gefüttert worden ist, übertragen wurde, unter bestimmten Bedingungen Magenkontraktionen auslösen kann (Luckhardt u. Carlson 1915, Tschukitschew 1929). Man fand auch heraus, daß die Transfusion des Blutes eines gerade gefütterten Hundes auf einen ausgehungerten Hund bei diesem zur Beendigung seiner Magenkontraktionen führt (Bash 1939). Die neuere Forschung beim Menschen verwendete als Hungerindex die Konzentration von freien Fettsäuren im Blutplasma (Dole 1956). Diese Säuren werden von dem „gespeicherten Energievorrat" abgegeben und ihre Konzentration steigt als Reaktion auf erhöhten Energiebedarf des Individuums und während des Fastens. Die positive Korrelation, die man zwischen der Konzentration von plasmafreien Fettsäuren im Blut und dem Fasten festgestellt hat, deutet auf folgende Beziehung hin: Je länger die letzte Nahrungsaufnahme zurückliegt, desto mehr werden solche Fettsäuren ins Blut abgegeben (Klein et al. 1960).

Wenn jemand eine Insulininjektion bekommt, senkt sich der Glukosespiegel im Blut, was einen als *Hypoglykämie* bekannten Zustand auslöst. Patienten und Versuchspersonen berichten nach Insulininjektionen, daß sie Hungergefühle und Magenkontraktionen verspürten (Goodner u. Russell 1965). Tiere, denen man Insulin verabreichte, zeigten eine Reihe von nahrungsbezogenen instrumentellen Verhaltensweisen (Balagura u. Hoebel 1967).

Wenn ein Glukosedefizit einen Hungerzustand auslöst, dann müßten Glukoseinjektionen Sättigung hervorrufen, und dies scheint auch so zu sein. Glukoseinjektionen hemmen die Nahrungsaufnahme von nahrungsdeprivierten Tieren genauso, wie sie die elektrische Selbststimulation von Gehirnfeldern hemmen, von denen man annimmt, daß es Sättigungszentren sind (Mook 1963, Balagura 1968).

Wie Veränderungen im Glukosespiegel des Blutes im zentralen Nervensystem zum Zwecke der Verhaltenslenkung registriert werden, steht noch nicht fest. Eine Vermutung geht dahin, daß spezialisierte Zellen im Magen, in der Leber und im Hypothalamus, *Glukoserezeptoren*, Informationen über den momentanen Glukosespiegel absenden (Russek 1963). Da der durchschnittliche Blutzuckerspiegel nur wenig mit den Angaben über das Hungergefühl korreliert, wurde angenommen (Mayer 1955), daß die Differenz zwischen dem Blutzuckerspiegel in den Venen und Arterien den Hunger auslöst. Nach einer Mahlzeit ist der Blutzuckerspiegel in den Arterien größer als in den Venen, aber je mehr Zeit ohne Nahrungsaufnahme verstreicht, desto mehr gleicht sich der Blutzuckerspiegel der beiden Arten von Blutgefäßen an und meldet ein Hungergefühl. Diese interessante Theorie muß noch genauer überprüft werden.

Kontrolliert das „Zentrum für Nahrungsaufnahme" den Hunger?

Viele Untersuchungsergebnisse zeigen, daß Verletzungen verschiedener Teile des Hypothalamus nicht nur das Eßverhalten beeinflussen, sondern auch andere konsummatorische Reaktionen und offensichtlich auch motivierte Verhaltensweisen, wie z.B. Aggression. Diese Tatsache und die Kenntnis, daß das Zentrum für Nahrungsaufnahme an einer Art geographischen Flaschenhals im Gehirn lokalisiert ist, durch welchen die Impulse zu und von der Großhirnrinde durchströmen müssen, legen es nahe, ihm eine zentrale Vermittlerfunktion zuzuschreiben.

Die spätere Entwicklung von Methoden zur elektrischen Gehirnreizung brachte eine verblüffende Anzahl von Untersuchungen hervor, die alle auf die Annahme hinausliefen, daß der Hypothalamus nicht nur eine Vermittlungsrolle habe, sondern das Kontrollzentrum für Hunger und die anderen biologischen Triebe sei. Man nahm an, daß die Stimulation bestimmter Regionen des Hypothalamus Triebzustände hervorrufen würde, die funktionell den natürlich vorkommenden Trieben entsprachen. Sogar gesättigte Ratten konnten durch elektrische Stimulation des Hungerzentrums dazu motiviert werden, eine neue Reaktion zu lernen, die mit Futter verstärkt wurde (Coons et al. 1965). Von dieser und anderen Regionen wurde angenommen, daß sie sehr spezifische Funktionen haben, daß eine Region die Nahrungsaufnahme kontrollierte, eine andere das Trinken, wieder eine andere die Aggression usw.

Neuere Ergebnisse lassen allerdings diese Funktion des Hypothalamus zweifelhaft erscheinen. Erstens mangelt es den Verhaltensweisen, die bei der Nahrungsaufnahme auftreten, an anatomischer Spezifität. Die Regionen für Essen und Trinken koexistieren mit denen für allgemeines Explorationsverhalten. Man hat auch Regionen für Essen und Trinken in Teilen des hinteren Hypothalamus gefunden, in denen auch Kopulationsverhalten ausgelöst wird (Caggiula 1970). Überdies gibt es eine Reihe von Regionen im limbischen System, die einen spezifischeren Einfluß auf Motivationszustände auszuüben scheinen als der Hypothalamus. Das legte die Vermutung nahe, daß der Hypothalamus nur als „Verbindungszentrum" zwischen diesen anderen wichtigen Regionen wirken könnte (Grossman 1968).

Wenn ein Tier frißt, sobald eine Stelle des Hypothalamus stimuliert wird, und trinkt, wenn eine andere Stelle stimuliert wird, so ist augenscheinlich die erste Stelle für „Hunger" und die zweite für „Durst" zuständig. Auf den ersten

Blick scheint es so zu sein, doch einem einfachen, aber sehr aussagekräftigen Experiment zufolge ist es nicht so.

Als das von einer stimulierten Ratte ursprünglich vorgezogene Objekt (etwa Nahrung) vom Käfig entfernt wurde, löste eine spätere Stimulierung derselben Hirnstelle andere Formen des Verzehrverhaltens aus, etwa das Trinken oder Nagen an einem Stück Holz (Valenstein et al. 1968).

Andere Untersuchungen dieser Forscher haben gezeigt, daß Tiere, die auf eine elektrische Stimulation des Hypothalamus hin fressen, nicht zu einer gewohnten zweiten Mahlzeit überwechseln, wenn die erste entfernt wird – was sie natürlich tun, wenn sie tatsächlich hungrig sind. Sie wechseln nicht einmal, wenn ihnen das gleiche Futter nur in anderer Form dargeboten wird, wie z. B. pulverisiertes Schrot statt Schrot (Valenstein et al. 1968).

Das letzte Sorgengebiet für die Verfechter der hypothalamischen Motivationstheorie ist das Problem der Selbststimulation. Wie wir in Kap. 5 gesehen haben, gibt es eine Reihe von Gehirnregionen, die man als „Lustzentren" erkannt hat, und Tiere zeigen extrem hohe Reaktionsraten, um in den Genuß einer elektrischen Stimulation dieser Zentren zu gelangen.

Diese Motivation ist nach der Beobachtung verschiedener Forscher so stark, daß Ratten im Hinderniskäfig ein „heißeres" elektrisches Gitter öfter überqueren, wenn diese Stimulation auf der anderen Seite erhältlich ist, als für irgendeine andere durch Deprivation hervorgerufene Anreizbedingung.

Das Problem besteht darin, daß die gleichen Regionen des lateralen Hypothalamus, welche verstärkende Lustzentren sind, auch trieberzeugende Zentren zu sein scheinen, die Nahrungsaufnahme auslösen (Hoebel u. Teitelbaum 1962).

Wie kann die gleiche Stimulation verstärkend wirken und Nahrungsaufnahme auslösen?

Eine kürzlich vorgebrachte Erklärung, die die frühere Auffassung von der Rolle, die der Hypothalamus bei der Motivation spielt, radikal ändert, lautet dahingehend, daß die Stimulation des Hypothalamus Hunger, Durst oder andere Triebe nicht direkt erzeugt. Vielmehr schaffe sie die Bedingungen, die die neurale Aktivität anregen, die einer bereits erlernten Vollzugsreaktion zugrunde liegt; die Ausführung der Reaktion

kann bereits als solche verstärkend sein (Valenstein 1970).

Die Streitfrage ist bei weitem nicht geklärt, und obwohl die absolute Vorherrschaft des Hypothalamus vorüber sein mag, wartet die Wahl eines Nachfolgers nur noch auf Fortschritte in den physiologischen Untersuchungsmethoden und der Versuchsplanung in der Verhaltensforschung. Nichtsdestoweniger hat die Suche nach dem „Zentrum der Motivation" eine Fülle an Information über das motivierte Verhalten von Organismen geliefert.

Innere und äußere Signale

Jeder, der schon einmal im Zoo bei der Raubtierfütterung zugesehen hat, weiß, daß die Löwen und Tiger „wissen", wann die Zeit der Fütterung nahe ist; sie laufen unruhig umher, brüllen, kratzen und sind voller Aktivität. Drängt sie ihr Hungertrieb zu diesem Verhalten, haben sie eine „innere biologische Uhr", die mit der des Zoowärters übereinstimmt? Solche grundlegenden Fragen, warum möglicherweise Motivation die Aktivität eines Tieres erhöht, beschäftigt die Psychologen auch schon seit langem. Die frühesten Studien mit Ratten in Laufrädern schienen mit der Beobachtung an den Zootieren übereinzustimmen: Ein bestimmter Grad von Futterentzug macht Tiere aktiv.

Aktivierung oder Sensitivierung

Diese einfache Aktivierungshypothese wurde jedoch fragwürdig, als Campbell u. Sheffield (1953) zeigten, daß hungrige Ratten *nur dann* signifikant aktiver waren als gesättigte Ratten, wenn sich in der Umwelt eine Veränderung vollzog (z. B. eine Veränderung der Intensität des Lichts oder des allgemeinen Hintergrundlärms). Vielleicht, so dachten sie, hat Hunger gar keinen allgemein aktivierenden Effekt, sondern eine *sensitivierende* Wirkung; das bedeutet eine Verminderung der Reaktionsschwelle auf unterschiedliche Arten von Stimulierung. In einer weiteren Studie zeigten Sheffield u. Campbell (1954), daß Hunger die Aktivität erhöhte, wenn neuartige Reize in der Umwelt auftauchten, daß aber die *größte* Steigerung dann erfolgte, wenn diese Reize irgend etwas mit Fressen zu tun hatten.

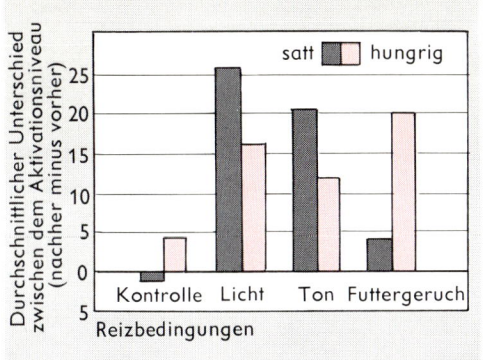

Abb. 10.4. Der Geruch des Futters bringt es an den Tag: Vergleich des Aktivationsniveaus von hungrigen und satten Tieren vor und nach der Darbietung verschiedener Reize. Wenn kein Reiz dargeboten wurde (Kontrolle), dann verringerte sich das Aktivationsniveau der satten Tiere, während das der hungrigen Tiere leicht anstieg. Wenn ein Licht oder ein Ton dargeboten wurde, dann stieg die Aktivität der satten Tiere mehr als die der hungrigen Tiere. Bei der Darbietung des Futtergeruchs hingegen stieg die Aktivität der hungrigen Tiere höher als bei allen anderen Bedingungen, während die der satten Tiere nur leicht anstieg. (Nach Tapp et al. 1970)

Vom Gesichtspunkt der Adaption her sollte ein erhöhter Antrieb Organismen *selektiv* auf Reize sensitivieren, die mit einer möglichen Antriebsbefriedigung zusammenhängen. Zu diesem Ergebnis kann eine Studie, die sich mit der Aktivität von hungrigen und anders deprivierten Tieren auf eine Reihe von Stimulusveränderungen hin befaßte. Es zeigte sich, daß hungrige Tiere aktiver waren als nichthungrige, wenn sie auf den Geruch des Futters reagierten, aber weniger aktiv auf Licht und Laute (s. Abb. 10.4).

Exploratives Verhalten ist eine Art der Aktivität, die durch Hunger gefördert wird. In der freien Natur, wo die Tiere ihr Futter selber suchen müssen, müßte Exploration bei hungrigen Tieren adaptive Signifikanz bei der Nahrungssuche haben.

In einem Laborexperiment wurde gezeigt, daß Ratten nach Exploration eines Teils ihrer Umwelt einen neuen Teil eher explorierten, wenn sie hungrig als wenn sie satt waren. Von einem Versuchsdurchlauf zum anderen rannten die hungrigen Tiere schneller von dem bekannten zu dem unbekannten Teil der Apparatur. Als der Apparatur noch ein weiterer Teil hinzugefügt wurde, steigerten die Ratten ihre Geschwindigkeit sogar noch einmal (Zimbardo u. Miller 1958).

Die Ergebnisse solcher Studien bringen nicht oft die erwarteten einfachen Aussagen. *Erhöhter Antrieb* erhöht die Sensitivität auf äußere Reize, aber die Wirkung variiert von Spezies zu Spezies und ist nicht die gleiche für alle Antriebe wie z. B. Hunger und hängt davon ab, welche Reize verändert werden und welches Verhalten beobachtet wird.

Äußere Reizkontrolle?

Wie oft haben Sie schon eine Mahlzeit zu sich genommen, weil die Uhr Ihnen sagte, es sei Zeit zum Essen, und nicht, weil Sie hungrig waren? Haben Sie jemals schon Hunger verspürt beim Anblick von Kaffee und Kuchen verspeisenden Personen oder bei dem Geruch, der Ihnen aus einem Pizzarestaurant entgegenschlug? Sicherlich bestimmen solche *Signalreize* manchmal, wann, was und wieviel wir essen.

Die Bedeutung vieler dieser äußeren Hungerreize ist in Tierstudien hinreichend untersucht worden. So wissen wir z. B., daß die Gegenwart einer fressenden hungrigen Ratte eine nichthungrige Ratte zum Fressen anregen kann. Eine Reihe von Experimenten zeigte z. B., daß, je vertrauter die Situation ist, in der ein Tier frißt, um so größer auch die Menge des gefressenen Futters ist (Bolles 1967).

Äußere Umweltreize können auch durch Konditionieren mit physiologischen Zuständen assoziiert werden. Diese „neutralen" Signalreize können später zum Fressen und sogar zum Gefühl des Hungrigseins führen. Ein sehr interessantes Experiment von Balagura (1968) weist darauf hin, wie die Physiologie des Hungers mit äußeren Reizen zusammenhängen könnte. Nachdem eine Gruppe von Ratten Insulin injiziert bekommen hatte, welches bekanntlich den Blutzuckerspiegel erniedrigt, erhöhte sich ihr Futtersuch- und Freßverhalten. Nachdem diese Verhaltensmuster etabliert waren, wurden die Injektionen fortgesetzt, jedoch ohne Insulin. Die Injektion, die vormals mit dem Insulin (dem unkonditionierten Reiz) assoziiert wurde, funktionierte jetzt als konditionierter Reiz. Die Tiere reagierten auf die Injektionen ohne Insulin genauso wie auf die Injektionen mit Insulin. Sie zeigten weiterhin Futtersuch- und Freßverhalten! Anscheinend bringt die gelernte Assoziation zwischen äußeren Reizen und einem *plötzlichen*

Hungergefühl das Freßverhalten unter die Kontrolle dieser Reize. Normalerweise wächst das Hungergefühl langsam und wird auch allmählich reduziert. Deshalb ist es schwierig, eine Assoziation zwischen einem spezifischen, bedingten Reiz und einem unbedingten Reiz zustandezubringen. Der kurze Hungerzyklus bei Kindern z. B. ist wahrscheinlich dafür verantwortlich, daß sie auf Umweltreize eher reagieren als Erwachsene. Wie dem auch sei: Die Aktivität der Raubkatzen vor der Fütterung wird am besten durch zwei Faktoren erklärt: Durch die Vorbereitung des Fleisches dringen entsprechende Gerüche zu den Tieren und kurz vor Fütterungsbeginn versammeln sich immer viele Zuschauer am Gehege. Natürlich können die Tiere auch eine funktionierende innere Uhr haben. Könnten Sie ein Experiment entwerfen, welches die Existenz dieses Faktors überprüft?

Nahrungsknappheit und äußere Sensitivität

Der griechische Philosoph Diogenes sagte: „Ein reicher Mann ißt, wenn er hungrig ist; ein armer Mann ißt, wenn er kann". Tiere, die freien Zugang zum Futter haben, können sich auf innere Signalreize bei der Regulierung ihrer Nahrungsaufnahme verlassen, da das Futter immer vorhanden ist, wenn sie es brauchen. Für Tiere, die in einer futterarmen Umwelt leben, ist die Situation jedoch ganz anders. Wenn das Futter knapp ist, so ist es bei sich bietender Gelegenheit besser, so viel wie möglich zu fressen; deshalb reagieren diese Tiere auch besser auf äußere Reize (z. B. auf den Geruch des Futters) als auf innere Reize (z. B. das Hungergefühl).

Das wilde Opossum und einige andere Tiere reagieren höchst feinfühlig auf die Geruchsqualitäten ihrer Nahrung und fast gar nicht auf innere Hungerreize. Man nimmt an, daß eine täglich gleiche Kalorienzufuhr nichts bedeutet, weil die Futterzufuhr unregelmäßig ist, während die Sensitivität auf Futtergeruch ihnen hilft, das Futter rasch zu entdecken und zwischen verschiedenen Nahrungsmitteln zu unterscheiden (Maller et al. 1965). Tiere, die einen Winterschlaf halten, können sich bei der Nahrungszufuhr auch nicht an ihre momentanen physiologischen Bedürfnisse halten, sondern fressen exzessiv, bevor sie ihre Periode der Inaktivität

beginnen. Laborratten hingegen fressen im Hinblick auf ihre Energiebedürfnisse ziemlich regelmäßig. Ratten, die in freier Natur leben, wo das Futter nicht regelmäßig vorhanden ist, regulieren ihren Futterbedarf, indem sie hamstern. Wenn Ratten futterdepriviert werden und deshalb nicht hamstern können, verlagert sich die Kontrolle von inneren auf äußere Reize. Die Nahrungszufuhr wird bei solchen Ratten mehr von der Geruchsqualität des Futters als vom Kalorienwert beeinflußt (Jacobs u. Sharma 1968). Je hungriger sie werden, um so sensitiver reagieren sie auf äußere Reize.

Gross (1968) hat gezeigt, daß sich dieses Verhalten auch dann fortsetzt, wenn eine geregelte Futterzufuhr wieder möglich ist. Futterdeprivierte Ratten reagieren ohne Rücksicht auf den Kalorienwert auf äußere Geruchsreize, während normal gefütterte Ratten einen trotz Geruchsveränderung gleichbleibenden Kalorienwert einhalten.

Woran merken wir, daß wir „genug" haben?

Woran merkt der hungrige Organismus, wann er genug gegessen hat? Die Mechanismen, die die Einstellung der Nahrungsaufnahme bewirken, stehen mit denen, die sie in Gang bringen, in Beziehung, sind aber von ihnen verschieden. Eine Hypothese geht dahin, daß die „Registrierung" mit Auswertung im Maul stattfindet, als Funktion der Quantität und der Geschmacksqualitäten der Nahrung, die den Mund passieren. Die Gültigkeit dieser Hypothese wurde mittels Scheinfütterungsexperimenten untersucht. Dabei wurde die Nahrung zwar gekaut und geschluckt, gelangte aber durch eine operierte Öffnung in der Speiseröhre ins Freie und gar nicht erst in den Magen (James 1963). Auch diese Tiere hören mit dem Fressen auf, aber erst nachdem sie viel mehr gefressen haben, als sie es getan hätten, wenn das Futter den Magen erreicht hätte. Offenbar ist eine registrierende Auswertung der Nahrungsaufnahme im Maul durch Feedback zu verzeichnen, jedoch ist diese grob und ungenau.

Andererseits kann die Ratte ihre Nahrungs- und Wasseraufnahme perfekt regulieren, ohne daß die Nahrung geschmeckt oder gerochen wird und ohne daß die Nahrung im Maul oder in der Speiseröhre gefühlt wird.

Unter der Lupe

Wie steht es mit den Bremsen?

Schachter (1967), Nisbett (1968) und Mitarbeiter untersuchten die Reizbedingungen, unter denen dickleibige Menschen mehr essen als „normale", bzw. unter welchen Bedingungen sie es nicht tun. Offensichtlich werden Menschen dann übergewichtig, wenn sie sich dazu angeregt fühlen, häufiger und mehr zu essen, als der Körper von sich aus fordert, und/oder wenn sie weiteressen, ungeachtet der Sättigungsanzeichen des Körpers. Aber welche Auslöser – bzw. fehlende Hemmungen – bewirken dieses Eßverhalten? Es wurde die Hypothese aufgestellt, daß dickleibige Personen für äußere Hinweisreize bezüglich Nahrung *empfänglicher* sind als andere, aber für innere Hinweisreize relativ *unempfindlich*.

Klinisches Untersuchungsmaterial weist darauf hin, daß beide Faktoren wirksam sind. Eine Untersuchung zeigte, daß dickleibige Patienten um so mehr essen, je größer die Attraktivität ihrer jeweiligen sozialen und sonstigen Umgebung ist. Sie schränkten ihre Mahlzeiten drastisch ein, wenn sie ihre Nahrung mittels eines unbequemen Schlauches aus einem Wasserspender zu sich nehmen mußten (Hashim u. Van Itallie 1965). Außerdem gibt es, im Gegensatz zu normalgewichtigen Menschen, deren Hungerempfindungen mit Magenbewegungen (Hungerschmerzen) verbunden sind, bei übergewichtigen Menschen keine Korrelation zwischen Magenaktivität und Hungergefühl (Stunkard u. Koch 1964).

Bei der kontrollierten Laboruntersuchung, die von Schachter, Nisbett und deren Studenten durchgeführt wurde, wurden die Eßgewohnheiten von dickleibigen Studenten mit denen einer vergleichbaren normalgewichtigen Kontrollgruppe in vielen unterschiedlichen Situationen verglichen. Wenn sie in Angst versetzt wurden oder wenn der Magen schon mit Nahrung vorgefüllt war, reduzierten die normalgewichtigen Versuchspersonen die Nahrungsaufnahme. Das Eßverhalten der dickleibigen Studenten wurde durch diese inneren Bedingungen jedoch nicht beeinflußt. Andererseits aßen die dickleibigen Personen mehr als die Kontrollgruppe, wenn sie schmackhafte Eiskrem beka-

men, aber weniger als die Normalgewichtigen, wenn die Eiskrem bitter war.

Übergewichtige Personen aßen auch dann mehr als die Normalgewichtigen, wenn sie glaubten, es sei Essenszeit – also mehr aufgrund äußerer Information als aufgrund ihrer eigenen biologischen Uhr. Dies zeigte sich, als man eine spezielle „Trick-Uhr" benutzte, die langsamer oder schneller eingestellt werden konnte. Eine experimentelle Sitzung, die kurz vor Essenszeit angesetzt wurde, dauerte tatsächlich eine ½ h, schien aber entweder 60 min oder nur 15 min zu dauern. Die Übergewichtigen aßen mehr, wenn der Zeitgeber 18 Uhr anzeigte, als wenn es erst 17.15 Uhr zu sein schien. Bei den Normalen war das nicht so. Auch wenn einer dickleibigen Person ein Teller mit Cashewnüssen vorgesetzt wurde, der entweder durch hellere Beleuchtung oder durch die Anweisung, an die Nüsse zu denken, attraktiver gemacht wurde, aß sie mehr davon. Diese Variationen der Hinweisreize beeinflußte die Menge der Nahrungsaufnahme bei Normalgewichtigen nicht.

Nach diesen und anderen Untersuchungsergebnissen kann Eßsucht offenbar mit Überempfänglichkeit für Hinweisreize aus der Umgebung, die Eßverhalten unabhängig vom physiologischen Bedarf auslösen und aufrechterhalten, charakterisiert werden. In einer Gesellschaft des Überflusses, der auffordernden Verpackung, des guten Essens und eines sich nach der Uhrzeit richtenden Eßverhaltens wie dem der wohlhabenden Industrienationen, ist es kein Wunder, daß viele Menschen zuviel essen und dickleibig werden.

Den Forschern fiel auch die Parallelität der Verhaltensmuster von dickleibigen Menschen und freßsüchtigen Ratten auf. Beide zeigen eine größere Geschmackssensibilität und größere Empfindlichkeit gegenüber Streß und Verstärkungsplänen für Arbeitsleistungen, kürzere sensorische Reaktionszeiten und sind weniger als normalgewichtige Individuen gewillt, sich anzustrengen, um Nahrung zu bekommen. Es wird vermutet, daß für solche Individuen eine allgemeine „Externalität" charakteristisch ist – eine übergroße Empfänglichkeit gegenüber äußeren Stimuli, zu denen auch die Nahrung gehört.

Man führte bei einem Experiment die Nahrung direkt in den Magen der Ratten ein, wobei Maul und Speiseröhre umgangen wurden. So wurden Geschmack, Geruch und taktile Stimulation im Maul ausgeschaltet. Den Tieren wurden dann Willkürhandlungen beigebracht – in diesem Fall, einen Hebel zu betätigen –, um die intragastrischen Nahrungsinjektionen zu erhalten. Auch unter dieser Bedingung waren die Tiere in der Lage, ihre Nahrungsaufnahme so zu regulieren, daß ihr Körpergewicht auf dem normalen Stand blieb (Teitelbaum u. Epstein 1962).

Eine Reihe von Untersuchungen hat die zweiseitige Natur des Sättigungsmechanismus beim Hunger beleuchtet. Sie zeigten, daß Tiere zwar neue Reaktionen lernen, um als Belohnung Nahrung direkt in den Magen zu bekommen, was einen vollen Magen und die Befriedigung metabolischer Bedürfnisse zur Folge hat, daß sie aber viel schneller lernen, wenn das Futter seinen normalen Weg durch das Maul nimmt. Daher ist es offensichtlich so, daß die Kontrolle der Nahrungsaufnahme erleichtert wird, wenn sowohl das Maul als auch der Magen daran beteiligt sind.

Forscher haben gefunden, daß spezifische Arten von Hunger oft die Folge biologischer Bedürfnisse und Defizite sind – der Organismus wählt die Nahrung, die die in der jeweiligen Ernährungsweise fehlenden Substanzen enthält. Die Auswirkungen des *Verlangens nach Ausgleich von Mängeln* in der Nahrung auf das Verhalten zeigen sich besonders deutlich bei niederen Tierarten, denen bestimmte benötigte Substanzen vorenthalten wurden. Beispielsweise wählen Ratten, denen Thiamin (= Vitamin B_1) und Salz vorenthalten wurde, Futtermittel aus, die genau diese Substanzen enthalten, auch wenn ihnen eine reiche Auswahl an anderen Futtermitteln zur Verfügung steht (Rozin 1965). Ähnliche Resultate wurden bei Mangel an Calcium, Fett, Protein und Teilen des Vitamin-B-Komplexes erzielt.

Andere Experimente mit Kühen, Schweinen und Hühnern haben ebenfalls gezeigt, daß diese Tiere in der Lage sind, ihre Nahrung entsprechend spezifischen Bedürfnissen des Körpers auszuwählen und so für eine ausgewogene Ernährung zu sorgen.

Es ist noch nicht klar, wie diese Mechanismen funktionieren, man vermutet aber, daß hierbei der Geschmack eine wesentliche Rolle spielt. Richter (1943) zeigte, daß Ratten, denen man die Geschmacksnerven durchtrennt hatte, nicht imstande waren, Futter für eine ausgewogene Ernährung auszuwählen.

Diätetische Selbstauswahl ist ein weiterer Beweis dafür, daß der Körper nicht nur für die Gesamtmenge der Nahrungsaufnahme, sondern ebenso für die vielen Aspekte einer ausgewogenen Ernährung empfindlich ist. Viele Untersuchungen haben gezeigt, daß Menschen ebenso wie niedere Tiere in der Lage sind, ihre Nahrung entsprechend spezifischer Bedürfnisse des Körpers auszuwählen und für eine ausgewogene Ernährung zu sorgen.

In einer heute klassischen Untersuchung durften 3 gerade von der Brust entwöhnte Säuglinge ihre Mahlzeiten aus einer großen Vielfalt von gesunden Speisen auswählen. Zwei von ihnen wählten ihre Nahrung 6 Monate lang aus, das dritte ein ganzes Jahr lang. Alle drei gediehen normal und zeigten keine Anzeichen von Ernährungsmängeln. Ganz im Gegenteil, ein Säugling, der zu Beginn des Experiments an Rachitis litt, kurierte sich selbst, indem er große Mengen von Lebertran wählte, der Vitamin D enthält und für die Behandlung von Rachitis gebraucht wird. Der Säugling hörte mit dem Lebertran auf, als die Krankheit geheilt war. Alle 3 Säuglinge neigten dazu, einige Zeit viel von einer Nahrung zu nehmen, etwa von Eiern und dann auf eine andere überzugehen, die aus Getreide bestand. Aber auf Dauer gesehen, verschafften sich die Säuglinge mit Hilfe dieses Selbstbedienungs-Ernährungsprogramms i. allg. das, was Ernährungsexperten empfohlen hätten – und erzielten eine ausgewogene Kost. Am Ende der Untersuchung waren sie gesund und normal entwickelt (Davis 1928).

Wir wissen, daß Lernen und Konditionieren Methoden sind, um in einem Organismus Gewohnheiten oder Neigungen aufzubauen. Was passiert aber, wenn diese Gewohnheiten mit den biologischen Bedürfnissen des Organismus in Konflikt geraten? Beeinträchtigen diese erworbenen Neigungen die natürliche Fähigkeit des Organismus, die benötigte Art der Nahrung zu wählen? Auf diese Fragen versuchen die nachstehenden Untersuchungen eine Antwort zu geben.

Ein Organismus, dem die Nebennieren entfernt wurden, braucht anormal viel Salz. Normalerweise nehmen Ratten zusätzlich Salz zu sich, nachdem ihre Nebennieren entfernt wurden, indem sie Salzlösungen den Glukoselösungen vorziehen, wenn ihnen beides zur Auswahl steht. Aber „erfahrenere" Ratten, die sowohl die salzige als auch die süße Lösung vor der Operation probiert hatten, pflegten die Glukoselösung zu nehmen – und starben (Harriman 1955).

Man fand auch heraus, daß Ratten, die an Proteinmangel leiden, Rohrzucker dem Protein vorziehen, und zwar dann, wenn sie sich in einer Versuchsstation befinden, in der sie früher schon Rohrzucker gewählt hatten. In einer für sie neuen und andersartigen Versuchssituation aber wählten sie das von ihnen benötigte Protein. Offenbar ist die Gewohnheit, Rohrzucker zu bevorzugen, unter den ursprünglichen Reizbedingungen stark genug, um sich über das Bedürfnis des Körpers nach Protein hinwegzusetzen. Der Forscher faßt diese Ergebnisse zusammen, indem er sagt, „daß Gewohnheiten dazu neigen, sich im Einklang mit körperlichen Bedürfnissen zu bilden, aber daß etablierte Gewohnheiten dazu neigen, ungeachtet der Bedürfnisse weiter zu bestehen" (Young 1961, 1968).

Unglücklicherweise hat der zivilisierte Mensch ähnlich der „erzogenen" Ratte viele *Eßgewohnheiten* gebildet – wie z. B. die deutsche Vorliebe für Kaffee und Kuchen –, die mit den Bedürfnissen des Körpers nicht im Einklang stehen. So kann die „Klugheit des Körpers", so bemerkenswert sie unter natürlichen Bedingungen auch sein mag, von erlernten Gewohnheiten untergraben werden.

Wenn Nahrung knapp wird

Mehr als ein Drittel der Erdbevölkerung lebt in Hungersnot oder ist unterernährt, und doch wurde bis jetzt hinsichtlich der Auswirkungen von ständig unzureichender Nahrungsaufnahme auf menschliches Verhalten und das menschliche Leben allgemein relativ wenig Forschung betrieben. Wie paßt sich der Körper an solche Umstände an? Welche psychologischen Konsequenzen hat Unterernährung? Eine ziemlich ausführliche Laboruntersuchung, durchgeführt während des 2. Weltkriegs, beantwortet einige dieser Fragen: 36 freiwillige Vpn nahmen an der Untersuchung teil, die nahezu 1 Jahr dauerte. Das Experiment bestand aus 3 Phasen: a) einer 12wöchigen Kontrollperiode, während der die Vpn eine gut ausgewogene Kost bekamen, die der Kost unter guten wirtschaftlichen Bedingungen in den USA entsprach; b) einer 24wöchigen Periode der Unterernährung, während der die Vpn eine Kost erhielten, wie sie charakteristisch für europäische Hungersnotgegenden war und c) einer 12wöchigen Rehabilitationsperiode, in der die Vpn wieder vorsichtig auf normale Ernährung zurückgeführt wurden. Die Unterernährungskost bei diesem Experiment bestand hauptsächlich aus Brot, Nudeln, Kartoffeln, Rüben und Kohl. Sie enthielt nur 1.570 kcal (= 6.573 kJ) pro Tag, weniger als die Hälfte der Kalorien der „normalen" Kost, die während der Kontrollperiode verabreicht wurde.

Während des ganzen Experiments hatten die Vpn einen wöchentlichen Stundenplan mit Gymnastik, Instandhaltung der Unterkünfte und Fortbildung durchzuführen. Jede Vp wurde regelmäßig physiologischen und psychologischen Untersuchungen unterzogen (Keys et al. 1950).

Die physischen Veränderungen, die durch die 24wöchige Periode der Unterernährung hervorgerufen wurden, waren natürlich tiefgehend. Als der Körper sich nur schwer an die drastisch eingeschränkte Kalorienzufuhr (die einen durchschnittlichen Gewichtsverlust von 25% zur Folge hatte) gewöhnte, traten deutliche Veränderungen in der Energieverteilung auf verschiedene Körperfunktionen auf. Während der Kontrollperiode stellte man fest, daß eine ungefähr gleiche Kalorienmenge sowohl für die grundlegenden metabolischen Funktionen wie für die willentliche physische Aktivität verbraucht wurde – etwas weniger als 50% der Gesamtkalorien. Am Ende der Hungerperiode stellte sich jedoch heraus, daß ungefähr 60% der reduzierten Kalorienaufnahme für wichtige Stoffwechselprozesse gebraucht wurden, während weniger als 30% der physischen Aktivität zur Verfügung standen. Der Körper schien sich bestmöglich angepaßt zu haben, indem ein größerer Prozentsatz der verringerten Gesamtkalorienmenge der Aufrechterhaltung lebensnotwendiger Körperfunktionen und ein entsprechend geringerer Prozentsatz freiwilliger (deswegen verzichtbarer) physischer Aktivität zur Verfügung gestellt wurde (Brôzek 1963).

Mit dem Terminus „Unterernährungsneurose" beschrieben Keys et al. die auffallenden Veränderungen der Persönlichkeit, die als Ergebnis der Unterernährung auftraten und verschwanden, wenn die Vpn wieder normale Kost bekamen. Das hervorstechendste Merkmal der „Neurose" war Apathie. Der Humor verschwand, eine gedrückte Atmosphäre von Trübsinn und Niedergeschlagenheit trat an seine Stelle. Auch waren die Vpn viel weniger gesellig. Die Männer wurden nervös und reizbar, neigten dazu, grob und taktlos zu sein, kleideten sich schlampig und waren streitsüchtig. An die

Stelle des Selbstbewußtseins traten Minderwertigkeitsgefühle und Depression.

Darüber hinaus nahmen die sexuellen Bedürfnisse deutlich ab; während der Rehabilitationsperiode nahmen sie nur langsam wieder zu. Die Vpn wurden merklich „kühler" gegenüber ihren Freundinnen und Verlobungen gingen auseinander. Die Männer schienen praktisch nicht in der Lage zu sein, Zuneigung zu zeigen.

Tests zur Prüfung der intellektuellen Leistungsfähigkeit, die verschiedentlich während der Untersuchung durchgeführt wurden, brachten keine deutlichen Veränderungen zutage, obwohl das allgemeine Leistungsniveau der Vpn bei diesen Tests leicht sank, was aber vielleicht ihrer allgemeinen physischen Schwäche zuzuschreiben war. Da ihre Gedanken dauernd ums Essen kreisten und sie sich nicht auf andere Dinge konzentrieren konnten, glaubten die Vpn, daß ihre Intelligenz tatsächlich abnehme.

Es kann kein Zweifel darüber bestehen, daß bis zum Ende der Unterernährungsperiode der Hungertrieb der dominierende Faktor im Leben der Vpn geworden war. Direkt oder indirekt beherrschte Essen ihre Unterhaltung, ihre Lektüre, ihre Freizeitbeschäftigung und ihre Tagträume. Viele Vpn widmeten ihre kurze Freizeit dem Lesen von Kochbüchern und dem Sammeln von Rezepten; einige erwogen ernsthaft, ihren Beruf zu wechseln und Koch zu werden (vgl. Abb. 10.5).

Es ist interessant festzustellen, daß sich viele dieser klinischen Symptome auch bei chronisch fettsüchtigen Personen (von denen viele über 3 Zentner wiegen) zeigen, die im Krankenhaus über einen längeren Zeitraum hinweg auf Abmagerungskost gesetzt werden. Die „diätetische Depression", der analoge Begriff für die Unterernährungsneurose beim Übergewichtigen, besteht aus starker Depression, einem „Sichzurückziehen", offener Feindseligkeit und generalisierter Angst. Diese Patienten berichten ebenfalls von intensiven Hungergefühlen und sind mit ihrem Gedanken bei Nahrung und Essen, sowohl in ihren Tagträumen als auch im manifesten Inhalt ihrer Träume (Gluckman u. Hirsch 1968).

Das bewußte Hungergefühl ist beharrlicher bei Unterernährung als bei völligem Hungern. Nach einigen Tagen der völligen Abstinenz verschwindet der Hunger fast vollkommen, aber bei einer längeren Periode der Unterernährung,

Abb. 10.5. Während der Hungerphase des Experiments wurde der Hungertrieb so groß, daß die Männer unsozial wurden häufig ihre guten Tischmanieren vergaßen

bei der eine kleine, aber unzureichende Nahrungsmenge zur Verfügung steht, wächst das Verlangen nach Nahrung ständig, bis es das Bewußtsein und das Verhalten des Individuums beherrscht. Diese Tatsache wurde von einigen Medizinern bei der Zusammenstellung von Diätprogrammen für extrem übergewichtige Patienten verwertet. Anstelle der bisherigen längeren Periode reduzierter Kalorienzufuhr haben diese Ärzte kurze Perioden des völligen Fastens in die normale Ernährung eingeplant. Bis jetzt scheint diese Methode viele der unangenehmen Nebeneffekte der Unterernährung erfolgreich zu vermeiden.

Der Sexualtrieb

Das Überleben des einzelnen Organismus hängt nicht von der Befriedigung des Sexualtriebes ab – einige Menschen und Tiere haben ihr ganzes

Leben lang keine Sexualkontakte, ohne daß ihnen dadurch irgendwelche Nachteile entstehen. Für das Überleben der Art jedoch ist der Sexualtrieb unerläßlich. Somit stellte sich der Evolution die Frage, wie man Tiere dazu bewegen könne, für die Erhaltung der Art zu sorgen. Dies war keineswegs ein einfaches Problem, da sexuelle Betätigung großer Energiereserven bedarf und der Einzelorganismus unter ziemlichem Streß steht. Die Antwort darauf ist natürlich, daß geschlechtliche Stimulierung sehr angenehm für das Individuum ist; ein Orgasmus dient als letzter Verstärker für all die Zeit, die Anstrengung und die Arbeit, die verrichtet werden muß, bevor Samenzellen und Ei zusammenkommen.

Ausgedehnte Studien an verschiedenen Arten haben gezeigt, daß die geschlechtliche *Empfängnisbereitschaft* die Aktivität, Spannung und Unruhe stark erhöht. Betrachtet man also geschlechtliche Empfängnisbereitschaft als einen Trieb, dessen Ziel die Paarung ist, so kann man das Sexuelle als ein Motiv sehen, welches beides verknüpft: sowohl zur Befriedigung des einzelnen führt (durch Spannungsreduktion) als auch die Art erhält (durch erfolgreiche Fortpflanzung).

Was unterscheidet die Sexualität von allen anderen Triebarten? In verschiedener Hinsicht nimmt der Sexualtrieb in der Analyse der Motivation einen einzigartigen Platz ein.

1. Wie bereits erwähnt, ist er nicht notwendig zum Überleben des einzelnen, wohl aber zum Überleben der Art.
2. Seine Erregung ist unabhängig von Deprivation mit Ausnahme einer variablen Erholungsphase nach Erreichen des Gipfels der sexuellen Erregung.
3. Er kann von nahezu jedem wahrnehmbaren Reiz erregt werden.
4. Die Erregung des Triebes wird genauso aktiv angestrebt wie seine Befriedigung.
5. Er liefert die Motivation zu einer ungewöhnlichen Vielzahl von Verhaltensweisen und psychologischen Prozessen.
6. Es ist unklar, worin die Zielreaktion besteht, wodurch sein Status als homöostatische Funktion in Frage gestellt wird.

Sexuelle Verhaltensmuster

Überraschenderweise sind sich die Wissenschaftler, die „Sexualverhalten" untersuchen, ganz und gar nicht einig darüber, was das „Sexuelle" eigentlich ausmacht. Einige sehen nur die Verschmelzung der Gameten beim Verkehr als grundlegend wichtig an; andere behaupten, daß der Geschlechtsverkehr das ist, worum es beim Sexuellen geht. Aber Befruchtung und Kopulation sind nur ein kleiner Teil des größeren komplexen Verhaltensmusters, das das Anlocken eines Partners, Werbung, Vorspiel, Nestbau und Aufzucht der Nachkommen, die aus der sexuellen Gemeinschaft hervorgehen, beinhaltet. Die spezifischen Verhaltensweisen, die tatsächlich zu beobachten sind, sind innerhalb dieser generellen Klassifikation dessen, was unter „sexuell" verstanden wird, einzuordnen. Jede einzelne Komponente des Geschlechtsaktes ist eine Verhaltensweise, die ihren eigenen auslösenden Reiz hat und von verschiedenen neuralen, hormonalen und Umweltbedingungen unterschiedlich beeinflußt werden kann.

Die äußeren sexuellen Reaktionen bei Tieren sind wegen ihrer Variabilität zwischen den Arten und ihrer Übereinstimmung innerhalb der Arten bemerkenswert. Der Einfluß der Östrogene auf den weiblichen Sexualtrieb ist am deutlichsten bei den niedrigeren Säugetieren zu beobachten. Beim Eisprung, wenn das Blut mit Östrogenen angereichert wird, verliert das weibliche Tier eine sonst indifferente Haltung gegenüber dem Männchen und wird in seinem Sexualverhalten hochgradig empfänglich oder gar aggressiv auffordernd. Dieses als Brunft bekannte Verhalten ist ein Anzeichen dafür, daß das weibliche Tier paarungsbereit ist. Die *Verhaltenssignale* an das männliche Tier sind artspezifisch stereotypisierte Reaktionen, die dazu bestimmt sind, seine Aufmerksamkeit zu erregen und auf die Genitalzone des Weibchens zu lenken. Bei den Männchen bestimmter Tierarten gibt es ebenfalls eine ganz bestimmte Zeit für die Paarung. So vergrößern sich z. B. beim Virginiahirsch kurz vor der Brunftzeit die Hoden. Die sexuelle Reaktion bei Tieren steht auch unter der Kontrolle von *Duftreizen*, besonders bei weiblichen Tieren. Diese „süßen Düfte des Sexus" werden Pheromone genannt. Männliche Rhesusaffen zeigen geschlechtliche physiologische Veränderungen, wie z. B. Vergrößerung der Hoden, wenn sie den Erregungsgeruch von Weibchen, die durch Hormonspritzen in einen Erregungszustand gebracht wurden, im Nachbarkäfig riechen. Setzt man eine sexuell potente männliche Maus in einen Käfig mit Weibchen, so löst das ein Wiedereinsetzen der Erregungsperiode bei den Weibchen aus; viele von ihnen geraten sofort in einen Erregungszustand (Parkes u. Bruce 1961). Wenn man weibliche Mäuse zwingt, eng zusammenzuleben, kann dies Pseudoschwangerschaften hervorrufen – die verhindert werden können, indem man ihre Riechkolben im Gehirn entfernt. Bereits befruchtete weibliche Mäuse werden nicht trächtig, wenn man sie den Urin eines geschlechtsreifen Männchens, das aber nicht ihr Befruchter war, riechen läßt. Diese Schwangerschaftsverhinderung tritt mit noch größerer Häufigkeit auf, wenn der Uringeruch vom Männchen einer anderen Art stammt.

Die *Variabilität* im Kopulationsverhalten soll an einigen Beispielen demonstriert werden: Affen bleiben bei der Kopulation nur 15 s zusammen, Zobel jedoch bis zu 8 h. Raubtiere wie Bären und Löwen kopulieren stundenlang, während Wild, wie z. B. Antilopen, höchstens ein paar Sekunden während des Laufens kopuliert. Die männliche Ratte dringt 10–12mal hintereinander kurz ein, bevor sie ejakuliert (s. auch Abb. 10.6).

Die Erregung von sexuellen Verhaltensmustern führt zu einer komplexen *Reiz-Reaktions-Verkettung* zwischen dem männlichen und weiblichen Geschlechtspartner, die für eine erfolgreiche Befruchtung koordiniert werden muß (Schein u. Hale 1965). Aber selbst diese scheinbar mechanischen Verhaltensweisen werden von einer ausgeklügelten Integration hormonaler und neuronaler Mechanismen kontrolliert und reguliert, die äußerst sensitiv auf Umweltreize sind.

Bedeutung frühkindlicher Erfahrung

Frühkindliche Erfahrungen haben sich als Faktoren erwiesen, die Aufnahme, Aufrechterhaltung und Weiterentwicklung des Sexualverhaltens von Lebewesen beeinflussen. Die Forschung hat gezeigt, daß frühkindliche soziale

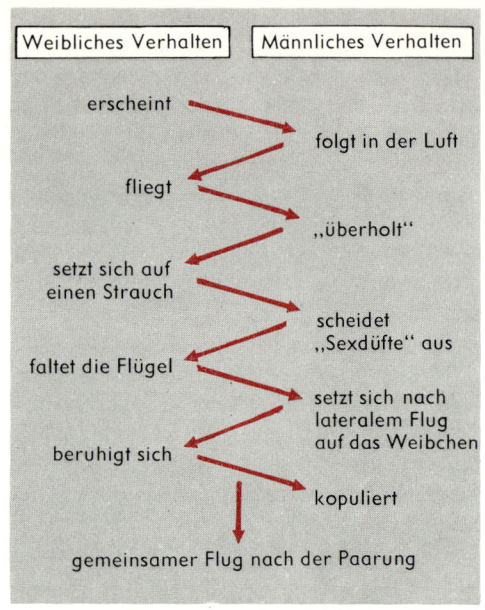

Abb. 10.6. Paarungsverhalten des Schmetterlings. (Nach Brower u. Cranston 1962)

Erfahrung eine notwendige Bedingung für späteres normales Sexualverhalten ist.

Bei einem anhand zahlreicher Meßwerte angestellten Vergleich von isoliert aufgezogenen männlichen Ratten mit solchen, die mit weiblichen Ratten zusammen aufgezogen worden waren, stellte Zimbardo (1958) fest, daß die isolierten männlichen Ratten bezüglich ihres Sexualverhaltens in jeder Hinsicht relativ ineffizient waren. Bei Affen und Schimpansen hat die soziale Isolation noch schwerwiegendere Folgen. Das Männchen muß das Sexualverhalten erst lernen; gewöhnlich ist ihm dabei ein erfahrenes Weibchen behilflich. Auf der anderen Seite lernen die Weibchen durch Kontakt mit anderen Weibchen, ihr Sexualverhalten für sexuelle und nichtsexuelle Zwecke einzusetzen. Wenn eine Schimpansin z. B. „präsentiert", so gewinnt sie dadurch häufig die Futterkonkurrenz gegen ein stärkeres Männchen.

Ferner ist bekannt, daß jüngere Tiere der meisten Arten in ihrem Spielverhalten viele Verhaltensweisen „durchspielen", die im Erwachsenenleben ein Teil ihres Sexualverhaltens werden. Ohne diese Übungen und ohne den körperlichen Kontakt ist das Sexualverhalten der Tiere im späteren Leben gestört.

Unter der Lupe

Die sexuellen Probleme gelangweilter Tiere

„Je intelligenter sie sind, um so mehr Probleme scheinen sie zu haben." Dies ist keine Feststellung des freundlichen Universitätspsychologen, sondern es sind die Worte des Zoodirektors von San Francisco, John J. Spring. Er ist felsenfest davon überzeugt, daß seine Tiere fast ebenso viele emotionale Probleme haben wie die Menschen, die kommen, um sie zu sehen. Nach Spring ist das größte Problem bei den Tieren in Gefangenschaft die Langeweile – ein Problem, das häufig durch unzulängliche sexuelle Befriedigung zustandekommt. Unter den Beispielen, die er zur Untermauerung dieser Feststellung zitiert, befinden sich folgende:

„Ein frustriertes Okapi namens Ralf sehnt sich so nach weiblicher Gesellschaft (es gibt in diesem Zoo kein anderes Okapi – Verwandter der Giraffen –), daß es seine Hörner dauernd an einem eisernen Gitter hin- und herreibt. Wir brachten Ralf dann in den Giraffenkäfig, aber auch von dort mußte er wieder entfernt werden, als die Giraffen anfingen, ihn zu treten, nachdem er einer Giraffe ‚sexuelle Offerten‘ gemacht hatte."

„Eine Rhesusäffin war so wild darauf, ein eigenes Baby zu haben, daß sie das Neugeborene einer anderen Äffin stahl und die Rückgabe verweigerte. Sie wurde entfernt, und Mutter und Kind sind nunmehr wohlauf."

„Henrietta, eine alte Löwin, … wurde so zornig bei dem ungeschickten sexuellen Spiel, das ein neuer Partner mit ihr trieb, daß sie ihn in den Fuß biß. Schließlich kroch sie in letzter Verzweiflung unter ihn. Endlich kapierte er und wurde ganz wild" (*San Francisco Cronicle*, 2. November 1973).

Ist Mutterliebe notwendig?

Wir nehmen an, daß Mütter – sei es nun beim Menschen oder beim Tier – einen biologischen Antrieb (fast einen „Mutterinstinkt") besitzen, um ihre Sprößlinge zu umsorgen und zu beschützen. Eine bereits angestellte frühere Untersuchung zeigte, daß weibliche Ratten öfter freiwillig Schmerz ertrugen, wenn es darum ging, eines ihrer Kinder auf der anderen Seite des Labyrinths zu erreichen als unter irgendeiner anderen motivationalen Bedingung. Die Literatur ist voll von Beispielen, wie Mütter die Belange der Selbsterhaltung vernachlässigen, um ihre Kinder aus Gefahren zu retten, und wie Muttertiere ihren Wurf erfolgreich auch gegen physisch stärkere Angreifer verteidigen.

Es wird häufig argumentiert, daß die Geburtsschmerzen und die Vorsorge, die notwendig ist, um das Überleben der Sprößlinge zu sichern, die Existenz eines solch grundlegenden Antriebs erfordern.

Eine moderne Version einer solchen Mutterliebe finden wir in der Aussage einer 19jährigen unverheirateten Mutter: „… Jetzt muß ich mich aber erst einmal um meinen Sohn kümmern … ich lasse von mir Nacktaufnahmen machen, weil es mir das Geld bringt, um meinen Sohn ernähren zu können" (*The Daily Californian*, 26. Juli 1970).

Gleichwohl gibt es Beispiele, die man gegen einen angeborenen Muttertrieb anführen könnte. Auf den Murray-Inseln bringt man die Neugeborenen des Geschlechts um, das überzählig zu werden scheint. In unserer Gesellschaft geben viele Mütter gerne ihre Kinder zur Adoption frei, während die Mütter auf den Andaman-Inseln die Kinder ihrer Freunde adoptieren und gleichzeitig ihre eigenen aufgeben. Bei niedrigen Säugetieren kann die Entwicklung eines adäquaten Mutterverhaltens von reizspezifischer Erfahrung abhängen. Zieht man z. B. weibliche Ratten mit einem Gummikragen auf, der sie daran hindert, ihre eigene Genitalregion zu beschnüffeln und abzulecken, kann man später auch keinerlei „mütterliches" Verhalten beobachten. Wenn sie nämlich ihre neugeborenen Jungen nicht ablecken können, dann vernachlässigen sie diese nicht nur, sondern fressen sie auf (Birch 1956).

Was ist eigentlich einzigartig an dem Verhältnis zwischen Mutter und Kind? Wie sehen die Bedingungen aus, unter denen ein gebärendes Weibchen keine „Mutter" wird? Die erste Frage wurde von Harlow gestellt und von ihm und seinen Mitarbeitern in einem groß angelegten Forschungsprogramm an der Universität Wisconsin an Affen untersucht (1971). Die zweite Frage ergab sich aus Untersuchungen über

„Kontaktkomfort" und stellt einen signifikanten Aspekt des Verhältnisses zwischen Mutter und Kind dar.

Zufriedenheit ist eine weiche Handtuchmutter

In einer Reihe von Experimenten wurden Rhesusaffen unmittelbar nach ihrer Geburt von ihren natürlichen Müttern getrennt und bei künstlichen Affenmüttern untergebracht.

Die eine *Ersatzmutter* bestand aus einem mit Schaumstoff und einem Handtuch bezogenen Holzrahmen, die andere – in Größe und Form ähnlich – aus Draht. Beide wurden im Wohnkäfig des Äffchens aufgestellt. Die Hälfte der Affen erhielt ihr Futter aus einer an der Handtuchmutter befestigten Flasche, die andere Hälfte aus einer Flasche, die an der Drahtmutter befestigt war (Abb. 10.7). Alle hatten die Möglichkeit, sich entweder bei der einen oder bei der anderen „Mutter" aufzuhalten; die bei jeder „Mutter" verbrachte Zeit wurde automatisch aufgezeichnet.

Mit zunehmendem Alter und der Möglichkeit, Lernerfahrungen zu sammeln, nahm die mit der Drahtmutter (die sie ernährte) verbrachte Zeit ab und die mit der Handtuchmutter (die sie nicht ernährte) verbrachte zu. Also war *Kontaktkomfort* bei der Entscheidung, welche „Mutter" vorgezogen wurde, wichtiger als Nahrungszufuhr. Wenn zudem noch ein Angstreiz (ein kleiner trommelnder Spielzeugbär) in den Wohnkäfig gebracht wurde, liefen die Äffchen schnurstracks zur Handtuchmutter, unabhängig davon, welche „Mutter" die Nahrung bot.

Untersuchungen im freien Feld bestätigten diese Ergebnisse. Die jungen Äffchen benutzten die Handtuchmutter als „Operationsbasis" und explorierten von dort aus die fremde Umgebung, rannten aber immer gleich zu ihr zurück, wenn irgend etwas sie erschreckte. Als man sie in ein völlig fremdes Zimmer brachte, in dem sich keine „Mutter" befand, erstarrten und jammerten sie oder eilten schreiend und weinend von Objekt zu Objekt.

Die Affen wurden dann von ihren Ersatzmüttern getrennt und auf eine *affektive Bindung* zu diesen „Müttern" geprüft. Diese ebenfalls im freien Feld stattfindenden Untersuchungen wurden täglich über 9 Tage durchgeführt und später einmal im Monat über 5 Monate hinweg fortgesetzt. Hier zeigte sich, daß sie fast die ganze Zeit bei der „Mutter" verbrachten und sich mit anderen Objekten überhaupt nicht befaßten, es sei denn, daß sie ab und zu der Ersatzmutter ein Stück Papier zutrugen. Wurde die „Mutter" entfernt, verhielten sie sich zunächst so, wie in den früheren Untersuchungen, überwanden dann jedoch ihre Furcht und gewöhnten sich an die Situation im freien Feld. Wurde die Ersatzmutter mit einer durchsichtigen Plastikkiste zugedeckt, zeigten sie sich anfangs gestört (aber wesentlich weniger als dann, wenn die Ersatzmutter überhaupt nicht da war) und benutzten sie immer noch als „Operationsbasis". Die Zuneigung

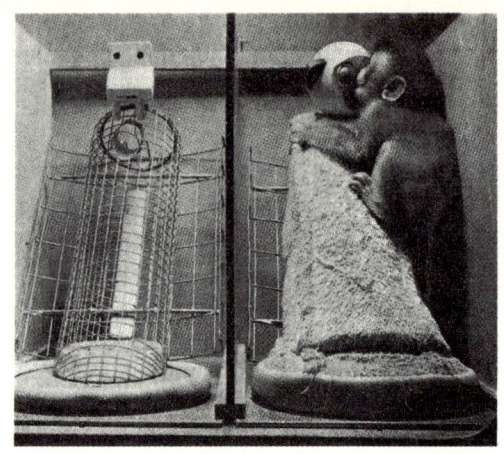

Abb. 10.7. Ersatzmütter für junge Affen. „Drahtmutter" mit Flasche, „Handtuchmutter" mit Kontaktkomfort

dieser Affen zu ihren Handtuchmüttern blieb während dieser ganzen Zeit konstant.

Bei 4 Kontrollaffen wurden die Handtuch- und die Drahtmütter zum ersten Mal in ihren Käfigen angebracht, als sie 250 Tage alt waren. Alle schrien und versuchten zu entfliehen. Innerhalb von 48 h jedoch begannen sie, die Gestelle zu untersuchen und nach 10 Tagen brachten sie etwa 9 h am Tag bei der Handtuchmutter zu und rannten zu ihr, wenn sie erschreckt wurden. Auch diese Tiere benutzten sie als „Operationsbasis" im Feld, jedoch nicht so intensiv wie die Affen, die sie von Anfang an in ihren Wohnkäfigen hatten. Bei der Drahtmutter wurde weniger als eine ½ h verbracht (Harlow u. Zimmermann 1959).

Im allgemeinen war das Verhalten, das die jungen Affen gegenüber den Handtuchmüttern zeigten, fast identisch mit dem, welches Affen ihren natürlichen Müttern gegenüber zeigen. Es schien, als hätten die jungen Tiere echte emotionale und affektive Bindungen gegenüber den Handtuchmüttern entwickelt, die über lange Zeitperioden anhielten, auch dann, wenn die Handtuchmütter entfernt wurden. Diese ersten Ergebnisse deuteten zunächst darauf hin, daß das Wichtigste an einer Mutter ganz einfach „Kontaktkomfort" sei, der anscheinend auch von einer Handtuchmutter vermittelt werden konnte (Abb. 10.8). Als die jungen Affen jedoch heranreiften, zeigten sich eigenartige Verhaltensweisen, die uns davor warnen sollten, den „Muttertag" doch endlich abzuschaffen.

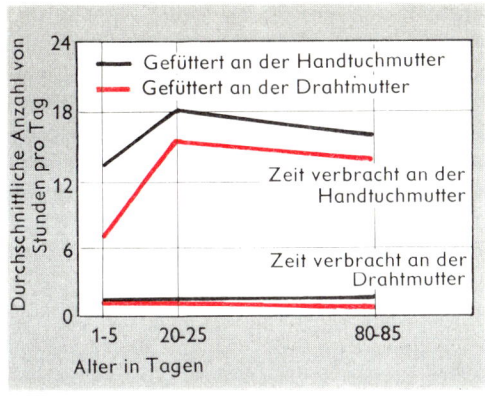

Abb. 10.8. Die Bedeutung des Kontaktkomforts. Die Äffchen verbrachten fast die gesamte Zeit an der Handtuchmutter, unabhängig davon, wo sie gefüttert wurden. (Nach Harlow 1958)

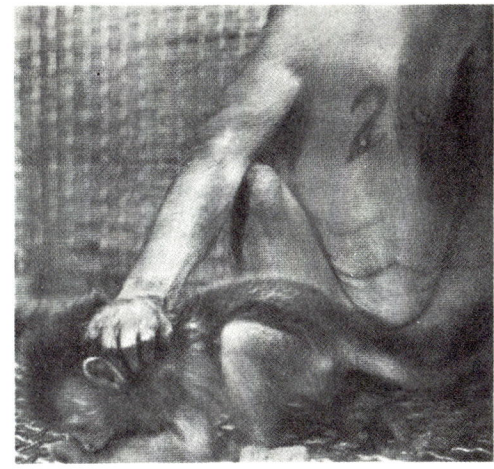

Abb. 10.9. „Unmütterliches" Verhalten einer Äffin, die selbst mit einer Ersatzmutter aufgewachsen war

Mutter Natur setzt sich durch

Was passierte nun in der nächsten Generation, als es für die „mutterlosen" Affen Zeit wurde, selbst Mutter zu werden? Es stellte sich heraus, daß ihr heterosexuelles Verhalten völlig unzureichend war. Trotz vieler raffinierter Arrangements, die darauf abzielten, diese Affen zur Fortpflanzung zu bewegen, fand eine solche nicht statt (die ganze Kolonie wurde sogar auf eine Insel im Zoo gebracht, wo man dann sexuell kompetente Affen, die im Freien aufgewachsen waren, in die Kolonie einführte). Nach vielen Monaten wurden schließlich 4 der insgesamt 18 weiblichen Affen schwanger und bekamen Junge.

„Nach der Geburt ihres Babys ließ die erste dieser ‚mutterlosen' Mütter ihr Baby völlig unbeachtet und saß ziemlich bewegungslos auf der einen Seite des Wohnkäfigs, wo sie Stunde um Stunde vor sich hinstarrte. Kam ein menschlicher Beobachter hinzu und versuchte, die Mutter zu bedrohen, so erfolgten keinerlei Gegenangriffe ... Als das Junge heranwuchs und sich mehr bewegte, machte es fortwährend verzweifelte Versuche, mit der Mutter Kontakt aufzunehmen, die diese dauernd zurückwies. Sie drängte das Junge entweder mit der Hand zurück oder drückte sein Gesicht in das Drahtgeflecht des Käfigbodens" (Harlow 1965; s. Abb. 10.9).
Zusätzlich zu diesen sozial deprivierten Weibchen, die gebaren, nachdem sie von erfahrenen Männchen gedeckt worden waren, wurden in diesem Experiment auch andere „mutterlose Mütter" künstlich befruchtet. Bei dieser Gruppe von 20 neuen Müttern konnten 3 Muster mütterlichen Verhaltens beobachtet werden.

Acht der Mütter behandelten ihre Sprößlinge brutal: sie bissen ihnen Finger oder Zehen ab, sie schlugen sie und hätten sie wahrscheinlich auch umgebracht, wenn der Tierwärter sie nicht daran gehindert hätte. Sieben der Weibchen kümmerten sich einfach nicht um ihre Jungen – sie schenkten ihnen keine Aufmerksamkeit, gingen nicht auf ihre Bedürfnisse ein und beschützten sie nicht. Das Verhalten der 5 übrigen kann als „fast adäquat" bezeichnet werden. Drei von ihnen hatten während ihrer frühkindlichen Entwicklung minimalen sozialen Kontakt mit anderen Affen (Arling 1966).

Trotz der fortwährenden Bestrafung, die die jungen Affen von ihren Müttern dafür hinnehmen mußten, daß sie ihnen nahe kamen, setzten sie ihr Annäherungsverhalten dennoch fort. Am Schluß sah es so aus, „als hätte das Baby die Mutter adoptiert und nicht die Mutter das Baby" (Harlow 1965). Nach weiteren Schwangerschaften derselben Affenmütter zeigte sich jedoch eine wesentliche Besserung des mütterlichen Verhaltens.
In darauffolgenden Untersuchungen stellte Harlow fest, daß die mit den Handtuchmüttern aufgewachsenen Affen zwar adäquates, aber wesentlich verzögertes heterosexuelles Verhalten an den Tag legten. Dies traf jedoch nur dann zu, wenn sie während der frühkindlichen Entwicklungsphase genügend Gelegenheit hatten, mit anderen jungen Affen zusammen zu sein. Die Harlows kamen zu folgenden Schlußfolgerungen: „Die Bedeutung dieser Studien liegt darin zu zeigen, daß das Bemuttern nicht nur wichtig ist als eine Quelle der sozialen Sicherheit, sondern auch die soziale Entwicklung der jungen Affen in Gang setzt; wir glauben, daß das echte Bemuttern, sei es nun bei Affen oder beim Menschen, ein sehr wichtiger sozialer Faktor ist, der für eine normale soziale Entwicklung unerläßlich ist" (Harlow u. Harlow 1966).

Menschliche Sexualität

„Lieber Herr Dr. Reuben: Glauben Sie nicht auch, daß man der menschlichen Sexualität heutzutage zuviel Aufmerksamkeit schenkt? Ich bin Sportlehrer und glaube, daß die Leute sich besser anständigeren Dingen widmen sollten wie z. B. Sport und der körperlichen Ertüchtigung, anstatt ihre Zeit an Sex zu verschwenden. Meinen Sie nicht auch?" (Reuben 1973). Meinen *Sie* das oder meinen *Sie* das nicht?

Der obige Brief deutet an, daß sexuelle Gedanken (und was noch schlimmer ist, sexuelle Aktivitäten) das Gegenteil von „anständigen Dingen" sind. Die Ansicht, Sexualität sei etwas Unanständiges und verletze das Edle im menschlichen Geist, ist heute weniger vertreten als zur Zeit unserer Eltern und Großeltern. Noch vor kurzem konnte man in amerikanischen Eheberatungsbüchern lesen, Sexualverhalten sei ein „gefährliches Übel", welches allerdings zur Erhaltung der Rasse notwendig sei. Sexualität als Sünde oder als etwas Schmutziges stand am Anfang (und damit auch am Ende) von Diskussionen über menschliches Sexualverhalten.

Da in früheren Zeiten offene Diskussionen über das Sexualverhalten sowohl für Männer als auch für Frauen tabu waren, blieb die Sexualerziehung den Eheberatungszeitschriften und -büchern überlassen. Gewöhnlich erregten solche Bücher, obwohl von Ärzten geschrieben, Furcht und Schuldgefühle; die Eltern mußten ständig aufpassen, daß ja nichts passierte! Wir können uns die Folgen einer solchen Indoktrination nur schwer ausmalen, wissen aber, daß die sexuelle Revolution der 70er Jahre ohne die vorangegangene sexuelle Unterdrückung nicht stattgefunden hätte.

Sex ist zu einem der wichtigsten Verstärker in der heutigen Zeit geworden, wahrscheinlich gerade deswegen, weil er so lange „verpönt" war. Das, was man eigentlich als natürliche und normale Handlung bezeichnen sollte – angenehm sowohl von der Aktivität als auch von den Folgen her –, wurde in einem Extrem als die Wurzel allen menschlichen Übels betrachtet, die zur Erniedrigung des Geistes und des Fleisches führt, und im anderen Extrem übertrieben in Richtung einer magischen, mystischen und kosmischen Verbindung mit dem Nirwana.

Die sexuelle *Tabuisierung* fand sich sowohl in den Lehrbüchern der Psychologie als auch in den Büchern über Hygiene an den amerikanischen Gymnasien. Bis vor kurzem gab es nur wenige Psychologiebücher, die sich überhaupt mit Sexualverhalten befaßten; wenn überhaupt, so bezogen sich ihre Hinweise auf das Sexualverhalten von Tieren. Und selbst da wurden im wesentlichen physiologische Aspekte abgehandelt oder Abnormitäten, die mit Kastration und Deprivation zu tun hatten. Dafür gibt es wahrscheinlich 2 Gründe:

1. hat sich die psychologische Forschung überraschenderweise wenig mit dem Sexualverhalten des Menschen befaßt; dies bedeutet gleichzeitig das Fehlen wesentlicher Erkenntnisse;
2. glauben manche Leute immer noch, daß es sich hier um ein „riskantes Thema" handele, über das man nicht gern offen schreibt.

Dies ist bedauernswert, weil wir noch sehr viel über die menschliche Sexualität lernen müssen, um eine Reihe von falschen Ansichten korrigieren zu können.

In den wenigen Universitäten, in denen Vorlesungen über die menschliche Sexualität angeboten werden, sind diese nicht nur sehr besucht, sondern geben jungen Männern und Frauen zugleich die Möglichkeit, Dinge über Sexualität und über sich selbst zu erfahren, die sie besser Jahre zuvor erfahren hätten. Obgleich es einige ausgezeichnete Bücher zu diesem Thema gibt (z. B. Katchadourian u. Lunde 1972), sind diese Bücher und Vorlesungen immer noch biologisch ausgerichtet. Was die Sexualität anbetrifft, übersehen diese Lehrbücher eine wichtige Unterscheidung: Reproduktion ist biologisch; die menschliche Sexualität aber ist im wesentlichen ein psychologischer Prozeß, der zu biologischen Konsequenzen führen kann oder auch nicht. Menschen beschäftigen sich im wesentlichen mit Sex aus psychologischen Gründen, und ob dabei eine positive oder eine negative Erfahrung herauskommt, hängt im wesentlichen von der Psychologie der Sexualität ab. Für viele Personen ist das wichtigste nicht das, was *während* des Geschlechtsverkehrs passiert, sondern die Einstellungen, die Motive, die Ängstlichkeit und die kulturellen Werte, die ihnen früher vermittelt wurden und die sie mit sich herumschleppen müssen. Wenn das Thema menschlicher Sexualität psychologisch erforscht werden soll, dann muß es zunächst von der wissenschaftlichen Seite her legitimiert werden. Zum Teil geschieht dies durch glaubwürdige Lehrer und gute Lehrbücher. Daneben aber müssen sich auch Forscher mit der komplexen Natur der menschlichen Sexualität befassen. Dies wiederum ist nicht so leicht.

Bis vor wenigen Jahrzehnten beschränkten sich die Untersuchungen der menschlichen Sexualität auf klinische Daten über sexuelle Abnormitäten, wie dies z.B. in dem klassischen Werk von Krafft-Ebing (1932) über *Perversion* geschah. Die Erforschung des normalen Geschlechtsverhaltens des Menschen wurde angeregt durch die Arbeit von Kinsey und Mitarbeitern (1948, 1953), obgleich die Ergebnisse durch Interviewberichte mit einer fraglichen Validität zustandekamen.

Es blieb Masters u. Johnson (1966, 1970) überlassen, das traditionelle Tabu zu brechen. Sie beobachteten und registrierten physiologische Abläufe und Verhaltensmuster, die bei normalen menschlichem Geschlechtsverkehr und sexuellem Fehlverhalten auftraten.

Es ist anzunehmen, daß in den nächsten Jahren unser Wissen über die menschliche Sexualität um ein Vielfaches anwachsen wird. Interessanter wird auch die Antwort auf die Frage, ob die sexuellen Motivationen unseres Verhaltens durch geänderte *soziale Gepflogenheiten* und juristisches Umdefinieren dessen, was beim Sexualverhalten als legal gilt, beeinflußt werden. Gegenwärtig verkauft Sex nicht nur sich selbst (in der Form von Prostitution und Pornographie), sondern auch andere Produkte wie z.B. Unterhaltung, Zigaretten, Zahnpasta und sogar Nahrungsmittel.

Es wird interessant sein zu sehen, ob die sexuelle Revolution der 70er Jahre dazu beiträgt, daß die Leute „vergnügungssüchtiger" werden und sich ihren sexuellen Gelüsten hingeben oder ob sie sich weniger mit diesem Thema befassen, d.h. Sexualität mehr als einen natürlichen Teil ihres Lebens betrachten. Wie ist Ihre Prognose?

Auf alle Fälle ist es interessant festzustellen, daß im *International Thesaurus of Quotations* das Wort Sex zwischen dem Wort "sewer" (Gosse) und dem Wort "shame" (Schamgefühl) erscheint.

Woran merken Sie, ob Sie ♂ oder ♀ sind?

Welchen Geschlechts Sie sind, mag vielleicht genauso klar für Sie sein, wie das, was unter Sexualverhalten zu verstehen ist. Ihr diesbezügliches Selbstvertrauen stützt sich jedoch auf eine Anzahl verschiedener Geschlechtsvariablen, von denen Sie annehmen, daß sie kongruent sind: a) genetisches Geschlecht, bestimmt durch die XX- (♀) oder XY- (♂) Chromosomenanordnung, b) hormonales Geschlecht, bestimmt durch die Vorherrschaft von Androgenen (♂) oder Östrogenen (♀), c) durch die Gonaden bestimmtes Geschlecht (Hoden bzw. Eierstöcke), d) Geschlecht im Sinne der Fortpflanzung, bestimmt durch entsprechende innere Organe, e) körperliches (morphologisches) Geschlecht, bestimmt durch die äußeren Genitalien, f) zugeschriebenes Geschlecht, festgestellt von Eltern und Ärzten, g) psychologisches Geschlecht oder Geschlechtsrolle, bestimmt durch die anerzogene Identifikation mit der männlichen bzw. weiblichen Geschlechtsrolle.

Natürlich stimmen all diese Determinanten im allgemeinen überein. Aber gelegentlich mischt die Natur diese Variablen zu inkongruenten Kombinationen und produziert dabei einen sog. *Hermaphroditen:* „ein Individuum, bei welchem zwischen den vorherrschenden primären Geschlechtsmerkmalen auf der einen Seite und der Struktur der Geschlechtschromosomen, den Gonaden, Hormonen oder inneren Reproduktionsorganen auf der anderen Seite, entweder im einzelnen oder in der Kombination, ein Widerspruch besteht" (Hampson 1965). Die Existenz des Hermaphroditismus zeigt, daß die *Geschlechtsdifferenzierung* bei der Geburt und für einige Zeit nach der Geburt noch nicht vollständig ist.

Es gibt eine kritische Periode für die Vollendung dieser Geschlechtsbestimmung: Es scheint, als sei die Zeit, zu der ein Kind seine Muttersprache lernt, vielleicht die letzte Periode, in der eine Neuzuschreibung des Geschlechtes eines hermaphroditischen Kindes möglich ist, ohne daß daraus eine psychologische Fehleinstellung des Kindes resultiert. Material über Fälle, bei denen die Eltern dem Kind nach einiger Zeit ein anderes Geschlecht als anfänglich zuschrieben, zeigt, daß Störungen der Sexualität und der Persönlichkeit desto wahrscheinlicher sind, je später diese Änderungen erfolgen (Hampson 1965).

Unter der Lupe

S–X: So wie es war

Wir zitieren hier aus einem pseudomedizinischen Taschenbuch, welches im Jahre 1902 unter dem Titel *Der Frauenratgeber für Gesundheit und Krankheit* von einem Arzt namens Kellog veröffentlicht wurde. Dieses Buch dient der Aufklärung der Eltern über Sex und wie man ihn „bei Kindern verhindern kann". Wir zitieren ohne Kommentar aus einem Abschnitt, der sich mit „einem der größten Übel der Menschheit" befaßt, dem „Selbstmißbrauch" (Masturbation).

„Üble Gewohnheiten – Es gibt viele Mütter, die über ein im Geheimen betriebenes Laster ihrer Kinder überhaupt nicht Bescheid wissen. Dieses Laster ist sowohl bei den Mädchen als auch bei den Knaben zu finden. Ist es vorhanden, so wird es monatelang oder jahrelang betrieben, ohne daß es dem in der Aufdeckung Ungeübten auffällt. Uns sind eine ganze Reihe von Fällen bekannt, in denen es unmöglich war, die Mütter davon zu überzeugen, daß ihre Töchter ein solches Verhalten praktizierten, obgleich alle Anzeichen des Lasters klar zu erkennen waren. Sorgfältige Untersuchungen dieser weitverbreiteten Gewohnheit haben uns davon überzeugt, daß es sich hier um eine der wichtigsten Ursachen des Ansteigens der Nervenkrankheiten und Geschlechtskrankheiten handelt, denen besonders die Frauen im letzten halben Jahrhundert anheimfielen. Ein bekannter Schriftsteller, der sich fast ausschließlich mit der Behandlung weiblicher Krankheiten befaßt, fragt dazu: ‚Warum soll man hier nicht einmal in aller Öffentlichkeit feststellen, daß die Masturbation der Grund für die Schwäche, die Blässe, die Nervosität und die allgemeine Untauglichkeit dieser ganzen Gruppe ist?' ... ‚Mütter schicken ihre Töchter in Internate, die einen guten Ruf genießen und glauben, sie seien dort sicher, tatsächlich aber ist es ein Wunder, wenn sie nicht mit diesem schmutzigen Laster in Berührung kommen.' ...

„... früher oder später muß das Opfer dieser üblen Angewohnheiten die Strafe erleiden, die die Natur für solche bereit hält, die ihre Gesetze verletzen. Jede Verletzung eines Naturgesetzes jedoch zieht eine unausweichliche Strafe nach sich. Dies trifft besonders für die Gesetze zu, die sich auf die Sexualorgane beziehen." ...

„Vieles von dem, was wir bei den Mädchen der heranwachsenden Generation an Nervosität, Hysterie und Neuralgie und allgemeiner Unzulänglichkeit sehen, kann auf diese Ursache allein zurückgeführt werden. Die blassen Wangen, Hohläugigkeit, ausdruckslose Gesichter und die Lustlosigkeit vieler Schulmädchen, die von vielen als Überbelastung durch die Schule angesehen wird, ist ebenfalls auf diese eine Ursache zurückzuführen." ...

„... auch wenn sie alles andere zugeben, werden die Mädchen immer energisch bestreiten, daß sie diesem Laster verfallen sind." ...

„... deshalb bedarf es größter Sorgfalt, um den Beweis zu erbringen, der eine Fehleinschätzung ausschließt. Der einzige positive Beweis ist natürlich der, wenn man das Kind auf frischer Tat ertappt."

„... wenn die Masturbation zur Gewohnheit geworden ist, dann ist sie dem Kind äußerst schwierig abzugewöhnen. Die Opfer dieser furchtbaren Gewohnheit sind absolute Sklaven, bei denen die eisernen Handschellen der täglichen Gewohnheit die Gefangenen mehr und mehr in den Griff bekommen." ...

„... die Mutter sollte das Kind zuerst über die Sündhaftigkeit dieses Verhaltens aufklären und ihm vor allen Dingen erklären, welche furchtbaren Konsequenzen aus seinem Verhalten erwachsen können. Unmittelbar nachdem das Kind morgens aufgewacht ist, soll es sofort aus dem Bett entfernt werden und von dann an den ganzen Tag über beschäftigt werden, bis es nachts wieder zu Bett geht." ...

„Für jemanden, der starken Willens ist, ist es nicht unmöglich, dieser Gewohnheit Herr zu werden; die Rehabilitation jedoch muß im Geist beginnen. Die unreinen Gedanken und Vorstellungen müssen aufgegeben werden. Auch der Hauch des Übels muß aus dem Geist entfernt werden. Diese Aufgabe bedarf einer ungeheuren Geduld und in vielen Fällen reicht die menschliche Kraft allein gar nicht aus."

Während der embryonalen Entwicklung kann in die *Geschlechtsdifferenzierung* eingegriffen werden, indem Hormone verabreicht oder die Geschlechtsdrüsen bei Säugetieren entfernt werden (Kastration). Bei vielen Arten können auf diese Weise „maskulinisierte Weibchen" und „feminisierte Männchen" geschaffen werden. Dem kommt beim Menschen ein Syndrom sehr nahe, welches als „progesteroninduzierter Hermaphroditismus" bezeichnet wird. Diese pränatale Maskulinisierung wurde bis etwa in die 50er Jahre zufällig bei einigen weiblichen Kindern induziert, deren Mütter Injektionen gegen eine Fehlgeburt erhielten. Die Babies kamen mit maskulinisierten weiblichen Genitalien zur Welt, Abnormitäten, die in früher Kindheit korrigiert werden konnten. Die Forscher der 60er Jahre behaupteten, diese Säuglinge hätten später männliche Verhaltenszüge an den Tag gelegt (Money u. Erhardt 1972), gemessen an Spielzeugpräferenzen, Energieumsatz und Aktivitäten, die normalerweise nur Knaben zeigen. Heute würde sich ihr Verhalten nicht von dem „emanzipierter" normaler Mädchen unterscheiden.

Das Ausmaß, in dem wir im Leben die *Geschlechterrollen* übernehmen, hängt stark von den Erziehungspraktiken der Eltern während der frühkindlichen Entwicklung ab. Die Unterscheidung zwischen passiven und submissiven Mädchen und aggressiven dominanten Jungen war vielleicht in der Vergangenheit biologisch wichtig, verliert aber jetzt immer mehr an Bedeutung.

Sexuelle Erregung bei Mann und Frau

Praktisch Jahrtausende hindurch gab es sowohl in primitiven als auch hochentwickelten Zivilisationen unterschiedliche Verhaltensnormen für die Beziehungen zwischen Mann und Frau. Wir finden in der Geschichte eine große Anzahl außergewöhnlicher Methoden, mit denen die Männer die Einstellungen, den Glauben und das Verhalten der Frauen beherrschten und kontrollierten. Der ständige Vormarsch der Frauen in Richtung auf sexuelle Gleichberechtigung jedoch hat diese Verhaltensnormen untergraben, und nun ist man dabei, die geistigen Keuschheitsgürtel ein für alle Male abzuschaffen.

Einer der die sexuelle Erregung auslösenden

Unter der Lupe

Sex unter anderem Namen würde sich kaum verkaufen lassen

Im ersten Viertel dieses Jahrhunderts verkaufte der Verleger E. Haldemann-Julius Millionen von Exemplaren seiner „kleinen blauen Bücher". Einer seiner Verkaufstricks bestand darin, die Titel der Bücher, die sich nicht gut verkaufen ließen, zu ändern (Haldemann-Julius 1928). Die Originaltitel von 4 dieser Bücher, die sich anfangs nicht gut verkauften, waren:

Das goldene Tuch	6 000 Exemplare
Dem König geht's gut	8 000 Exemplare
Keiner unter dem König	6 000 Exemplare
Casanova und seine Liebschaften	8 000 Exemplare

Nun gebe man eine Prise Sex dazu und schon erhöhen sich die Verkaufsziffern! Die jährlichen Absatzzahlen der im Titel abgeänderten Bücher sahen nun wie folgt aus:

Die Eroberung der blonden Geliebten	50 000 Exemplare
Die Freuden des lüsternen Königs	38 000 Exemplare
Keiner unter dem König soll diese Frau bekommen	34 000 Exemplare
Casanova. Der Geschichte größter Liebhaber	22 000 Exemplare

Kann man mit Sex auch heute noch Bücher verkaufen? Verleger, die Paperbacks verkaufen, denken ganz sicher so, schauen Sie sich einmal die Illustrationen auf den Umschlägen an.

Außenreize ist die *taktile Reizung* der erogenen Körperzonen. Andere sind visuelle und verbale erotische Stimulationen und Bilder sowie individuelle Phantasien. Man hört häufig, Männer würden durch visuelle Reize leichter erregt (durch nackte oder teilweise nackte Körper), während dies bei Frauen nicht zuträfe. Haben Sie das auch schon gehört? Glauben Sie, daß es wahr ist? Wenn nicht, warum, glauben Sie, können solche Ansichten aufrechterhalten werden?

Erst kürzlich wurde die Frage untersucht, ob die visuelle Darstellung nackter Körper oder von erotischen Aktivitäten Männer und Frauen in gleicher Weise erregen würde. Die meisten Ansichten darüber basieren gewöhnlich auf Intuition und unkontrollierter Beobachtung, die zudem noch mit Vorurteilen behaftet sind. Die Anregung für diese Art der Forschung ergab sich im wesentlichen aus juristischen Fragen, die mit der Zensur von obszönem und pornographischem Material zusammenhängen. Die steigende Anzahl von Verbrechen im allgemeinen und von Sexualvergehen im besonderen, zusammen mit einer immer leichteren Zugänglichkeit zu pornographischen Filmen und Zeitschriften, ließ viele Leute einen Zusammenhang zwischen diesen beiden Umständen vermuten. Neuere Untersuchungen, die sich mit dem Einfluß pornographischen Materials auf die sexuelle Erregung von Männern und Frauen befassen, geben uns Aufschluß darüber, ob diese Vermutung gerechtfertigt ist.

Die ersten Studien, die genau die Folgen der kontrollierten Darbietung solcher erotischen Reize untersuchten, wurden an der Universität Hamburg durchgeführt (Sigusch et al. 1970). In einer Studie an 99 männlichen Universitätsstudenten stieg die Masturbationsrate bei ca. 25% der Probanden an, die erotische Diapositive und Filme gesehen hatten (die Daten wurden 24 h vor und 24 h nach der Darbietung der Filme und Dias erhoben). In einer anderen Studie, in der 128 männliche und 128 weibliche Universitätsstudenten ebenfalls erotische Filme sahen, berichteten beide Geschlechter über einen Anstieg der masturbatorischen Aktivität am folgenden Tage. Bei den jungen Frauen zeigte sich außerdem ein geringer aber signifikanter Anstieg im Hinblick auf Petting und Geschlechtsverkehr. In einer weiteren Studie berichteten 72% der Studentinnen über physiologische Erregung, nachdem sie erotische Filme gesehen hatten. In Dänemark und in den USA wurden Untersuchungen an Ehepaaren vorgenommen, um festzustellen, ob pornographische Reize die Anzahl heterosexueller wie autoerotischer Reaktionen erhöht. Junge Ehepaare in Studentenheimen der Kopenhagener Universität nahmen freiwillig an einer Untersuchung teil, die sich mit der Wirkung erotischer Reize auf ihre Einstellungen, ihre Wahrnehmung und ihr Verhalten befaßte (Kutschinsky 1971). Mehr als die Hälfte von ihnen hatte noch nie einen pornographischen Film gesehen, aber viele zeigten daran Interesse. Während des einstündigen Versuchsdurchgangs sahen die 70 Teilnehmer dieser Untersuchung zwei 15 min lange „erstklassige, harte" pornographische Filme, lasen 15 min lang pornographische Zeitschriften und hörten 15 min lang einen Vortrag, der sich explizit mit Pornographie befaßte. Die Reaktionen wurden anhand von Fragebögen erfaßt, die vor dem

Versuch, unmittelbar nach dem Versuch und dann wieder nach 4 und 10 Tagen ausgefüllt werden mußten.

Insgesamt gesehen lösten die Versuchsbedingungen keine starken affektiven Reaktionen aus, abgesehen von Enttäuschung und Langeweile. Auch die Einstellung gegenüber sexuellen Vergehen änderte sich nicht. Die Mehrzahl der Teilnehmer empfand keine sexuelle Erregung, das Masturbationsverhalten änderte sich nur wenig (etwa 11% zwischen dem Vor- und dem Nachtest), der Geschlechtsverkehr nahm zu bei 29% der Teilnehmer, war unverändert bei 70% und nahm bei 1% der Teilnehmer ab; das Interesse an „perversen sexuellen Praktiken" *nahm allgemein ab*.

Ein Vergleich beider Geschlechter ergab, daß die Männer mit höheren Erwartungen zum Versuch gekommen waren als die Frauen. Am Ende der experimentellen Sitzungen berichteten etwa 25% der Männer und der Frauen über „Gefühle sexueller Erregung" und „Lustgefühle". Der Forscher kam zu dem Schluß, daß während des Versuchs sich eine Tendenz zu höherer Erregung bei den Frauen abzeichnete (obwohl die meisten – 75% – von ihnen unberührt blieben), während bei den Männern die Erregung eher gedämpft wurde. Tabelle 10.1 zeigt die Reaktionen beider Geschlechter auf die *pornographischen Reize*.

Trotz dieser und anderer ähnlicher Ergebnisse kam der VI zu dem Schluß, daß insgesamt gesehen die Frauen das dargebotene pornographische Material in den Experimenten weniger mochten als die Männer und daß sie auch über weniger sexuelle Erregung berichteten. Allen Ergebnissen zum Trotz – so auch in der Psychologie – bleiben Vorurteile erhalten!

Einer der umfassendsten Studien über die Wirkung von *Erotika* auf das Sexualverhalten stammt aus Californien (Mann et al. 1971). Diese Forscher untersuchten über einen langen

Tabelle 10.1. Einschätzung des sexuellen Erregungsgrades pornographischer Reize bei beiden Geschlechtern. (Nach Kutschinsky 1971)

Sequenz und Typ	Männlich (n = 43) [%]	Weiblich (n = 29) [%]	Unterschied [%]
1. Film 1 (2 Mädchen, 1 Junge)	42	35	− 7
2. Zeitschriften	19	14	− 5
3. Vortrag	7	28	+ 21
4. Film 2 (heterosexuelle Paare und lesbische Paare)	37	48	+ 11

Zeitraum die Reaktionen von 85 Ehepaaren auf erotische und nichterotische Filme.

Die Versuchsteilnehmer, die sich auf Zeitungsannoncen hin freiwillig gemeldet hatten, waren typische Angehörige der Mittelschicht. Sie waren mindestens 10 Jahre miteinander verheiratet, der Großteil der Frauen war als Hausfrauen, die meisten Männer als mittlere Angestellte tätig. Der überwiegende Teil war mit ihren Ehen und ihrem Geschlechtsleben zufrieden und verurteilte Partnertausch und Gruppensex. Vom Alter her lagen die Vpn zwischen 30 und 64 Jahren, im Durchschnitt etwa bei Mitte vierzig. Alle Vpn füllten täglich 84 Tage lang einen Berichtsbogen aus (vor, während und nach Darbietung erotischer Filme). Es ergab sich, daß „das Ansehen erotischer Filme im Vergleich zum Ansehen nichterotischer Filme oder gar keiner Filme zu keinen *signifikanten Verhaltensänderungen* führte …".

Es zeigten sich keine langandauernden Wirkungen auf das Sexualverhalten des einzelnen, obgleich die sexuelle Aktivität an den Abenden, an denen erotische Filme gezeigt wurden, anstieg.

Zum größten Teil reagierten Männer und Frauen ähnlich auf die erotischen Filme; die wesentlichsten Unterschiede bezogen sich auf die Bewertung von Sexualpraktiken in den einzelnen Szenen der Filme.

Was die *physiologischen Reaktionen* anbetrifft, so waren diese bei den Frauen – im Vergleich zu den Männern – bei 7 von 8 Variablen größer nach dem erotischen Film, der ihnen am besten gefallen hatte.

Die grundlegende Frage also, ob Frauen durch die visuelle Darbietung nackter Körper oder erotischer Aktivitäten erregt werden können, wird von den Ergebnissen dieser Studie positiv beantwortet. Sie zeigt, daß 60% der Frauen sexuelle Erregung verspürten, wenn sie einen Film über Gruppensex ansahen.

So informativ diese Untersuchungen auch sein mögen, so gibt es bei ihnen doch eine Reihe methodologischer Probleme (ganz abgesehen von moralischen und ethischen). So berichteten z. B. die Teilnehmer der California-Studie, daß sie durch das Ausfüllen der täglichen Fragebögen am meisten erregt wurden, weil diese sie stärker als die erotischen Filme auf sexuelle Inhalte sensibilisierten. Dasselbe Problem ergab sich möglicherweise auch bei der dänischen Studie, bei der die Teilnehmer sich 10 verschiedene Koituspositionen ansehen und diejenige heraussuchen sollten, die ihnen am besten gefallen hatten und die sie selbst ausprobieren wollten. Nirgendwo machte sich das *Heisenbergsche Prinzip der Unschärfe* (= Messung eines Prozesses kann den Prozeß selbst schon verändern) mehr bemerkbar als bei der sexuellen Erregung:

Die Messung beeinflußt das gemessene Konstrukt, es wird gehemmt oder gefördert. Ein weiteres wesentliches methodologisches Problem tritt bei der Benutzung indirekter subjektiver Berichte auf, die nach der Darstellung der erotischen Reize angefertigt werden. Es wäre besser, während der Darbietung der Reize physiologische und Verhaltensreaktionen zu messen. Wir wissen inzwischen auch, daß sexuelle Reaktionen von der Situation schlechthin abhängen; in einer „wissenschaftlichen Gruppensituation" sind sie anders als im privaten Bereich.

Wenn wir aber daran denken, wie wichtig die Sexualität in der Psychologie und in unserem täglichen Leben ist, so lassen uns diese Forschungsversuche hoffen, daß wir über kurz oder lang zu wesentlichen Schlußfolgerungen über die menschliche Sexualität gelangen. Obwohl der gesunde Menschenverstand und die Intuition des Dichters (s. u.) oft recht haben, so bedarf es doch systematischer, gut kontrollierter, psychologischer und humanbiologischer Untersuchungen, um über unsere Vorurteile hinauszukommen. Ist es wissenschaftlich haltbar, was Edward Albee (in *The Zoo-Story,* 1958) z. B. über die unterschiedliche Bewertung pornographischer Spielkarten schreibt:

„Wenn man jung ist, benutzt man die Karten als Ersatz für die echte Erfahrung, und wenn man älter ist, benutzt man die echte Erfahrung als Ersatz für die Phantasie."?

Sexuelle Erregungs- und Reaktionsmuster beim Menschen

Sexuelle Aktivität kann bei manchen Kindern bereits von Geburt an beobachtet werden und kann bis weit ins Greisenalter andauern. Das Alter erfordert jedoch seinen Tribut in der Weise, daß der männliche Geschlechtstrieb zwischen Pubertät und den frühen zwanziger Jahren seinen Höhepunkt erreicht und danach stetig abnimmt. Für Frauen trifft in etwa die gleiche Verallgemeinerung zu, wobei jedoch kulturelle Faktoren die Sache komplizieren. Die *Abnahme des Geschlechtstriebes* mit zunehmendem Alter ist teilweise eher auf eine schlechte Gesundheit und schnellere Ermüdung zurückzuführen als auf eine sich natürlich ergebende „Abkühlung es Blutes". Obwohl die Androgene mit zunehmendem Alter abnehmen, wird im Kinsey-Report von Fällen berichtet, in denen Männer in den Fünfzigern durchschnittlich 14mal pro Woche geschlechtlich verkehrten; Mae West konnte mit 80 Jahren immer noch auf ihren „Sex-Appeal" stolz sein.

Schlechte Ernährung vermindert den Sexualtrieb genauso wie übermäßiger Alkohol- oder Drogengenuß. Ähnlich hemmend wirken sich belastende persönliche Probleme, Angst vor den Folgen oder eine Überbewertung der Sexualität als Leistung aus.

Kulturelle Variationen im Sexualverhalten

Wir werden uns der Tatsache, daß der Sexualtrieb und die damit verbundenen Verhaltensweisen unter dem kontrollierenden Einfluß einer großen Anzahl *kultureller Erfahrungen* stehen, oft erst dann bewußt, wenn wir uns selbst mit anderen Kulturen vergleichen. Margret Meads (1938) Analyse von Mädchen auf Samoa und in den USA enthüllte, daß die physiologischen Störungen und psychologischen Spannungen, die die Pubertät in den USA begleiten, erlernt sein müssen, denn in Samoa fehlen sie völlig.

Ein anderer Anthropologe beschrieb das Muster des Sexualverhaltens der Bevölkerung auf den Melanesischen Inseln im südwestlichen Pazifik, deren Sexualverhalten mit einem großen Teil unserer Auffassungen nicht übereinstimmt.

Da hier der Geschlechtstrieb als mächtiger Impuls, der befriedigt werden muß, angesehen wird, vorehelicher Geschlechtsverkehr jedoch verboten ist, werden junge Männer und Frauen zur Masturbation ermutigt. Um diesen Triebzustand weiterhin zu entspannen, pflegen alle jungen Männer mit Billigung der Gemeinschaft homosexuellen Verkehr. Es gibt jedoch keine Anzeichen für eine spätere sexuelle Inversion, bei der die Männer ihre Geschlechtsgenossen als Sexualpartner vorziehen würden.
Die voreheliche Keuschheit wird so streng bewahrt, daß unverheiratete Frauen und Männer völlig getrennt sind und nicht einmal miteinander sprechen oder sich ansehen dürfen, wenn sie Gelegenheit haben sich zu treffen. Die Folge davon ist ein starkes Schamgefühl. Ungeschicklichkeit und Schwierigkeiten während der „qualvollen Anpassungsperiode" zu Beginn ihres Ehelebens (Davenport 1965).

Individuelle Unterschiede: Heterosexualität und Homosexualität

Heterosexualität wird auch heute noch, nach der Abschaffung des Paragraphen 175, als das „einzig angemessene" und „von der Gesellschaft akzeptierte" sexuelle Verhalten betrachtet. Die Heterosexualität ist natürlich für die Fortpflanzung unerläßlich (obwohl einige lesbische Gruppen künstliche Befruchtung erwägen, um heterosexuellen Geschlechtsverkehr zu vermeiden). Unsere soziale Moral und unsere sozialen Institutionen gründen auf der Ansicht, daß Heterosexualität das einzig richtige sexuelle Verhalten zwischen zwei Individuen sei. Alles andere wird als „abnorm", „sündhaft" und (häufig) als illegal betrachtet.

Das plötzliche Auftauchen vieler homosexueller Gruppen an den amerikanischen Universitäten und in den Städten ist ein Hinweis auf das Vorhandensein der Homosexualität und sollte gleichzeitig der Gesellschaft als Anstoß dienen, ihre Einstellung diesem Personenkreis gegenüber neu zu überdenken. Wußten Sie, daß in den USA die meisten Bundesstaaten homosexuelles Verhalten zwischen Erwachsenen als kriminelles Vergehen ansehen? In 7 Staaten kann dieses Verhalten mit lebenslänglichem Gefängnis bestraft werden, und in 35 anderen Staaten beträgt die Höchststrafe 10 Jahre. Bis vor kurzem betrachtete auch die Psychiatrie den Homosexuellen als eine kranke Person mit einer ernsten „Geisteskrankheit", die so lange durch Therapie zu behandeln war, bis der „Patient" dieses unangemessene Verhalten zugunsten heterosexuellen Verhaltens aufgab. Auch einige übereifrige Verhaltenstherapeuten bringen am homosexuellen Patienten ganz einfach Elektroden an, wenn er auf gleichgeschlechtliche sexuelle Reize mit Erregung reagiert. Die Erregung auf diese Reize legt sich bald und der „Patient" wird dann mit Hilfe von Konditionierungsprogrammen dazu gebracht, die sexuelle Erregung bei der Darbietung nichtgleichgeschlechtlicher Reize zu zeigen (in einigen Fällen generalisiert diese neue Reaktion von den Diapositiven des Therapeuten auf die Wirklichkeit). Ist nun Homosexualität eine *Geisteskrankheit?* Am 14. Dezember 1973 waren die Homosexuellen geistig kranke, sexuell Abartige. Am 15. Dezember 1973 waren die Homosexuellen nicht mehr krank.

Diese Wendung wurde nicht etwa durch eine Massentherapie herbeigeführt, sondern durch einen Beschluß des Rates der amerikanischen psychiatrischen Vereinigung. Dieser bezeichnete die Homosexualität als „eine sexuelle Orientierungsstörung", die keiner Behandlung bedarf, es sei denn, der Betroffene wünsche es.

Das Wesen psychologischer und sozialer Motivation

Bei der Besprechung der biologischen Motivation haben wir genügend Wechselbeziehungen zwischen inneren und äußeren Bedingungen und genügend Beispiele der zentralen Rolle, die Konditionierung, Erwartung und Angst spielen, kennengelernt, um zu verstehen, wie willkürlich die Zweiteilung in biologische Triebe und soziale Motive ist. Die Motive, die als *psychologisch* klassifiziert werden, sind jene, welche weder von neurophysiologischen Stimulationsformen noch von der Deprivation biologisch relevanter Zielsubstanzen oder -aktivitäten hervorgerufen werden. Es wird angenommen, daß diese psychologischen Motive erlernt oder erworben sind und daher gänzlich mit Begriffen der äußeren Stimulusbedingungen, die die relevanten Verhaltensweisen auslösen und aufrechterhalten, analysiert werden können.

Der Mensch scheint, ganz allgemein gesehen, psychologische Bedürfnisse zu entwickeln, die sich in den sozialen Strukturen seiner jeweiligen Kultur ausdrücken. Er braucht Sicherheit, er braucht die Reaktionen anderer durch den Austausch von Liebe und Achtung, er benötigt Selbstgeltung und gleichzeitig das Streben nach Selbstbesserung, er muß neue Erfahrungen suchen, und schließlich hat er auch das Bedürfnis, von der Umwelt akzeptiert und anerkannt zu werden. Obwohl diese Bedürfnisse manchmal von anderen Bedürfnissen und von Hindernissen in der Umgebung überwältigt werden, ist ihre Befriedigung nichtsdestoweniger für die gesunde Entwicklung des Individuums unentbehrlich. Psychologen haben die Erfahrung gemacht, daß die Frustrierung der psychologischen Motive eines Menschen – obwohl sie nicht direkt zum Tode führt, wie es bei einer lang anhaltenden Vereitelung der meisten biologischen Triebe der Fall ist – letztlich zu emotionalen Störungen oder gar zu einer somatischen Krankheit führen kann.

Abb. 10.10. Die Bedeutung psychologischer Motive und die enge gegenseitige Abhängigkeit der biologischen und psychologischen Motivation ist deutlich erkennbar in der Art und Weise, wie Rückschläge oder Sorgen plötzlich die Dringlichkeit physiologischer Triebe verringern und die Attraktivität biologischer Verstärker verändern

Die Unterscheidung zwischen physiologisch und psychologisch bedingter Motivation kann niemals klar getroffen werden, da jedes Verhalten von äußeren Stimuli modifiziert wird und dabei physiologische Verarbeitung der Information und efferente Aktivierung stattfinden müssen. Desgleichen ist die Trennung zwischen psychologischen und sozialen Motiven nicht scharf, da sogar abwesende Individuen die Bedürfnisse anderer Individuen erwecken können, als ließe die Entfernung die Zuneigung wachsen (Abb. 10.10). Andererseits verkehren Menschen oft miteinander, um nichtsoziale Bedürfnisse wie Habgier und Frustration zu befriedigen.

Obwohl bestimmte grundlegende psychologische Bedürfnisse (z.B. das Bedürfnis nach Sicherheit und sozialer Anerkennung) bei jedem Menschen vorhanden zu sein scheinen, hängt doch die Art und Weise, in der sie befriedigt werden, von der Umwelt des Individuums und von seiner emotionalen Entwicklung ab. Die motivationale Struktur eines Individuums wird um so komplexer, je größer seine Erfahrung wird; so hat der Erwachsene viele Motive in seiner Rolle als Ehepartner, Vater oder Mutter oder auch als Berufstätiger, die er als Kind nicht hatte. Es sind viele Versuche unternommen worden, um die Bedürfnisse und Motive erwachsener Menschen zu kategorisieren. Zwei dieser Versuche wurden in Tabelle 10.2 zusammengefaßt.

Psychologische Motive unterscheiden sich von biologischen Trieben in dem *Ausmaß,* in dem sie von Lernprozessen beeinflußt sind und in der Natur der Stimulusbedingungen, durch die sie hervorgerufen und befriedigt werden. Soziale Motive können nur insoweit von psychologischen unterschieden werden, als der Nachweis gelingt, daß die Veranlassung des Motivs und die Verstärkung des motivierten Verhaltens eine wirkliche oder imaginäre Interaktion mit anderen Menschen voraussetzt oder nicht.

Im nächsten Kapitel werden wir die Auswirkungen sozialer Motivation genauer untersuchen. Im Teil IV werden wir dann sehen, wie psychologische, soziale und kognitive Faktoren bei der Entwicklung der Persönlichkeit zusammenwirken, und wir werden einige der Probleme beleuchten, die entstehen können, wenn motiviertes menschliches Verhalten auf irgendeine Weise beeinträchtigt wird. Hier aber wollen wir untersuchen: a) wie 2 starke psychologische Triebe – Angst und Furcht – erlernt werden können, b) welche Bedeutung die Deprivation und Befriedigung sozialpsychologischer Bedürfnisse haben und c) wie sich der Explorationstrieb (das Bedürfnis, die Umgebung kennenzulernen) manifestiert.

Erlernte Furcht und Angst

Angenommen, Sie beobachten, wie ein Experimentator eine Ratte in die eine Hälfte eines Wechselkäfigs setzt. Sie schnüffelt, geht langsam umher, und dann geht sie sozusagen auf Entdeckungsreise, erst in der einen Hälfte des Käfigs, bevor sie durch die Verbindungstür in die andere Hälfte geht. Nachdem sie sich in der zweiten Hälfte ähnlich verhalten hat, kehrt sie in die erste zurück und läßt sich schließlich in einer der beiden Hälften nieder.

Nun wiederholt der Experimentator die Prozedur mit der gleichen Anlage, aber mit einer anderen Ratte. Dieses Tier rennt zur Verbindungstür, springt hindurch, läuft zum hintersten Ende des anderen Abteils und bleibt dort sitzen.

Wenn beim nächsten Versuchsdurchgang die Verbindungstür zwischen den beiden Abteilen geschlossen ist, quiekt die Ratte und kratzt an der Tür. Wenn es eine Möglichkeit gibt, die Tür zu öffnen, lernt die Ratte bald, diese zu benutzen. So lernt sie tatsächlich schnell, einen Hebel zu drücken, an einer Kette zu ziehen, ein Rad zu drehen oder irgend eine andere hinsichtlich der Flucht instrumentelle Reaktion zu zeigen – und sie wird nicht zu ihrem ersten Platz zurückkehren. Wie würden Sie jede dieser Ratten charakterisieren? Wenn 2 Menschen in vergleichbarer Weise handelten, was würden Sie dann für Vermutungen über ihre „Persönlichkeit" anstellen? Als Erklärung für diese dramatischen Unterschiede im Verhalten bei einer objektiv gleichen physikalischen Umgebung postulieren wir, daß die subjektive, psychologische Realität der beiden Ratten verschieden ist. Die gegenwärtige Stimulussituation muß durch die Assoziation mit einer früheren physische Erfahrung für die zweite Ratte eine besondere Bedeutung bekommen haben.

In dem beschriebenen Beispiel war die zweite Ratte bereits vorher in den Käfig gesetzt worden und hatte im ersten Abteil stets einen elektrischen Schock bekommen. Schock allein ist ein unkonditionierter Stimulus, der eine starke innere Reaktion hervorruft, weil der Organismus von Natur aus darauf „vorbereitet" ist, auf einen schmerzhaften Stimulus zu reagieren. Die Vermeidung dieses Schmerzes motiviert das Verhalten. Schließlich wird die innere Reaktion auf den Schock schon durch die visuellen Hinweisreize, die mit dem Anteil selbst assoziiert sind, ausgelöst. Nach wiederholten Konditionierungsdurchgängen (vielleicht nur einem, wenn der schmerzhafte Stimulus „traumatisch" ist) löst die Plazierung in den Käfig eine starke Furchtreaktion aus (Abb. 10.11).

Furcht wird so durch konditionierte Assoziation mit Schmerz erlernt. Sie wird als Trieb betrachtet, denn sie motiviert das Erlernen jeder Reaktion, die den konditionierten Stimulus beseitigt (verändert die Beziehung des Organismus zu seiner „feindlichen" Umgebung). Furcht ist der wichtigste der erlernbaren Triebe, weil sie a) leicht assoziiert und ausgelöst werden kann, und zwar in bezug auf jeden konditionierten Stimulus, den der Organismus wahrnehmen kann, und b) außerordentlich widerstandsfähig gegenüber experimenteller Löschung ist (Miller 1948).

Tabelle 10.2. Klassifikation menschlicher Bedürfnisse und Motive. (Nach Prescott 1938, Edwards 1959 und Murray 1938)

Es gab schon viele Versuche, menschliche Bedürfnisse und Motive zu klassifizieren. Eine dieser Einteilungen nimmt 3 Kategorien von Bedürfnissen an (Prescott 1938):

1. Physiologische	Bedürfnisse nach lebenswichtigen Stoffen und Lebensbedingungen, nach einem bestimmten Rhythmus zwischen Aktivität und Ruhe, und nach sexueller Aktivität	*3. Ich-integrierte*	Bedürfnisse nach einem Bezug zur Realität, nach Übereinstimmung mit der Realität, fortschreitender Symbolbildung, zunehmender Selbststeuerung, einem gerechten Verhältnis zwischen Erfolg und Mißerfolg und schließlich nach der Erlangung der Selbstunabhängigkeit.
2. Soziale	Bedürfnisse nach Zuneigung, Zugehörigkeit und Beliebtheit bei anderen		

Eine andere Klassifikation zählt 15 „manifeste Bedürfnisse" auf, die in jedem Menschen in mehr oder weniger starker Ausprägung vorhanden sind (Edwards 1959). Diese Items stammen von einer älteren Liste, die aus Antworten des *Thematischen Apperzeptionstests* zusammengestellt wurde (Murray 1943):

1. Leistung	Sein Bestes geben; erfolgreich sein; Aufgaben meistern, die Geschick und Anstrengung erfordern; eine anerkannte Autorität sein; etwas Bedeutendes vollbringen; schwierige Aufgaben bewältigen	*6. Geselligkeit*	Loyal gegenüber Freunden sein; an einer freundschaftlich verbundenen Gruppe teilhaben; enge Beziehungen anknüpfen; etwas mit Freunden gemeinsam haben; Briefe an Freunde schreiben; so viele Freunde wie möglich gewinnen
2. Selbstzurückstellung	Von anderen Vorschläge bekommen; herausfinden, was andere denken; Anweisungen befolgen und tun, was von einem erwartet wird; andere rühmen; die Führerschaft anderer akzeptieren; sich Gepflogenheiten anpassen	*7. Menschenverständnis*	Motive und Gefühle der Menschen analysieren können; verstehen, wie andere bestimmte Probleme empfinden; die Menschen mehr danach beurteilen, warum sie etwas tun, als danach, was sie tun; das Verhalten anderer vorhersagen
3. Ordnung	Dinge sauber und in Ordnung halten; im voraus planen; Arbeiten bis ins letzte Detail organisieren; Angelegenheiten so arrangieren, daß sie reibungslos vonstatten gehen und es zu keiner unvorhergesehenen Veränderung kommt	*8. Beistand*	Sich der Hilfe anderer versichern; Ermutigung bei anderen suchen; Entgegenkommen und Mitgefühl bei anderen finden; viel Zuwendung von anderen bekommen
4. Exhibition	Kluge und witzige Sachen sagen; die Beachtung anderer durch die eigene Erscheinung auf sich ziehen; etwas sagen, nur um die Wirkung auf andere zu sehen; über persönliche Erfolge sprechen	*9. Dominanz*	Den eigenen Standpunkt vertreten; Führer in einer Gruppe sein; andere überreden und beeinflussen; die Handlungen anderer überwachen und lenken
5. Autonomie	Kommen und gehen können, wie man will; sagen können, was man über das eine oder andere denkt; bei Entscheidungen von anderen unabhängig sein; etwas ohne Berücksichtigung dessen tun, was andere darüber denken	*10. Selbsterniedrigung*	Sich schuldig fühlen, wenn man etwas falsch gemacht hat; Schuld auf sich nehmen, wenn etwas schief läuft; das Gefühl haben, daß persönliches Leid und Not mehr Gutes als Schlechtes an sich haben; sich minderwertig und unzulänglich fühlen
		11. Hilfsbereitschaft	Freunden helfen, wenn sie in Not sind; andere freundlich und mitfühlend behandeln; anderen vergeben und ihnen den Gefallen tun; Zuneigung zeigen und das Vertrauen anderer suchen

Tabelle 10.2 (Fortsetzung)

12. *Abwechslung*	Neue und andere Dinge tun; reisen, neue Menschen treffen; Erneuerung und Abwechslung in der täglichen Routine erleben; sich an neuen und verschiedenen beruflichen Aufgaben erproben; an neuen Moden und Gags teilnehmen	14. *Heterosexualität*	Sich an sozialen Aktivitäten mit dem anderen Geschlecht beteiligen; in ein Mitglied des anderen Geschlechts verliebt sein; von Mitgliedern des anderen Geschlechts für äußerlich attraktiv gehalten werden
13. *Ausdauer*	Bei einer Aufgabe bleiben, bis sie vollendet ist; an einer Aufgabe angestrengt arbeiten; eine Sache nach der anderen erledigen; an der Lösung eines Problemes weiterarbeiten, obwohl noch kein Fortschritt zu erkennen ist	15. *Aggressivität*	Entgegengesetzte Meinungen angreifen; andere „anschnauzen"; sich für Beleidigungen rächen; andere dafür verantwortlich machen, wenn etwas schief geht; andere öffentlich kritisieren; sich Gründe für Gewaltanwendung zurechtlegen

Abb. 10.11. *Links:* Typischer Wechselkäfig ("shuttle box") mit einer beleuchteten und einer dunklen Käfighälfte. Der Boden beider Abteile besteht aus einem Metallgitter, das so unter Strom gesetzt werden kann, daß dem Tier in kontrollierter Weise Elektroreize verabreicht werden können. *Mitte:* Verbindungstür zwischen den Käfighälften, die durch Drücken des Hebels in der Ecke des Käfigs von der Ratte geöffnet werden kann. Wenn die Ratte immer im beleuchteten und nie im dunklen Abteil elektrische Reize verabreicht bekommt, lernt sie die Tür zu öffnen und in das „sichere" Abteil *(rechts)* zu entkommen. Sobald sie in das beleuchtete Abteil gesetzt wird, flieht sie auch dann, wenn dort kein elektrischer Reiz mehr gegeben wird

Diese Art Furcht bei Menschen wird „Angst" genannt, wenn die ursprünglichen Lernbedingungen nicht eindeutig sind oder der Zusammenhang zwischen CS und UCS nicht bewußt ist (oder verdrängt ist). Furcht und Angst erhöhen unsere Anpassungsfähigkeit, indem sie das Erlernen neuer Reaktionen zur Bewältigung von „Gefahr" motivieren; andererseits führen Angst und Furcht, wenn ihre Intensität überhand nimmt, zu unangepaßten Reaktionen und sogar zu selbstmörderischen Verhalten, wie wir in Kap. 14 sehen werden.

Handhabung sozialpsychologischer Verstärker

Die beste Art und Weise, Arbeiter so zu motivieren, daß ihre Produktivität steigt, war Gegenstand einer Untersuchung bei den Hawthorne-Werken der Western Electric Company in Chicago/USA. Eine Gruppe von Arbeiterinnen wurde einer Vielzahl spezieller Bedingungen ausgesetzt, darunter Variationen der Arbeitsstunden, der Pausen, der Beleuchtung, der Bezahlung und so weiter. Was auch immer die Forscher taten, die Produktivität stieg. Sogar wenn die Arbeitsbedingungen gegenüber den ursprünglichen verschlechtert wurden, arbeiteten die Frauen fleißiger und produktiver. Was war das Geheimrezept? Es war die Variable der *Aufmerksamkeit*, die den Arbeiterinnen von den verschiedenen Untersuchern gewidmet wurde, die ihr Verhalten beeinflußte. Obwohl dies nicht die vom Vl gesetzte unabhängige Variable war, reagierten die Vpn doch darauf. Dieses Phänomen wird „Hawthorne-Effekt" genannt (Roethlisberger u. Dickson 1939).

Der starke Einfluß, den die psychologischen Bedürfnisse nach Aufmerksamkeit, Anerkennung und Lob auf Verhalten ausüben, wurde auch bei einer wichtigen Untersuchung mit retardierten Kindern gezeigt (s. „Unter der Lupe", S. 391).

Die Wirkung von Deprivation und Befriedigung durch sozialpsychologische Verstärker ähnelt der der biologisch notwendigen Verstärker. Soziale Verstärker sind nach einer Periode sozialer Deprivation wirksamer, als wenn das Individuum von diesem sozialen Verstärker bereits „gesättigt" ist.

Bei einem Experiment mit 102 Schülern der 1. und 2. Klasse wurde den Vpn die „spielerische" Aufgabe gestellt, mit Murmeln in eines der beiden Löcher eines einfachen Spielzeugs zu zielen. Vor dem „Spiel" wurde eine Gruppe der Vpn 20 min lang sozial isoliert (Deprivation), während sich der Vl scheinbar um das Spielzeug kümmerte. Eine 2. Gruppe begann sofort mit dem Spiel (Nichtdeprivationsbedingung), während eine 3. Gruppe (Sättigung) 20 min damit verbrachte, Ornamente zu malen und auszuschneiden, wobei sie der Vl andauernd lobte und ihre Anstrengungen bewunderte. Das „Spiel" begann dann mit einer 4 min dauernden „unverstärkten" Spielzeit mit nachfolgender Konditionierungsperiode, während der der Vl Worte wie „gut", „schön" oder einfach „Mm-hmmm" als Verstärker einsetzte, sobald die Vp eine Murmel in das Loch bekam, das während der 4. min am wenigsten häufig von ihr ausgewählt worden war. Dieses Lob wirkte bei allen 3 Gruppen als Verstärker und erhöhte die Reaktionsfrequenz. Die Verstärkung war jedoch am wirksamsten bei der vorher deprivierten Gruppe und am wenigsten wirksam bei der gesättigten Gruppe (Gewirtz u. Baer 1958).

In einer ähnlichen Studie (Gewirtz 1967) wurde jedes Kind gebeten, sich einige Bilderbücher anzusehen, während der Vl mit seinen Notizen beschäftigt war. Während das Kind die Bilderbücher betrachtete, sagte der Vl das Wort „gut" entweder 2mal (leichte Sättigung) oder 16mal (Sättigung) aus keinem ersichtlichen Grund. Dann ließ man das Kind entweder für 1 min allein (leichte Deprivation) oder für 8 min (Deprivation), bevor man ihm die experimentelle Aufgabe stellte.

Das Kind wurde dann aufgefordert, sich von 2 Bildern (mit einer Pflanzen- oder Tierabbildung) dasjenige auszusuchen, das ihm besser gefiel. Die Art Bild, die das Kind beim 1. Versuchsdurchgang *nicht* gewählt hatte, wurde als „korrekte" Reaktion angenommen und mit einem „gut" des Vl verstärkt, wann immer das Kind es bei darauffolgenden Durchgängen wählte. Während die Anzahl der „korrekten" Reaktionen bei allen Vpn anstieg, war sie bei den leicht gesättigten Vpn (gleich welchen Deprivationsniveaus) und bei den deprivierten Vpn (gleich welchen Sättigungsniveaus) von Anfang an höher und blieb auch höher.

Neugier: Explorations- und Wissensbedürfnis

Ein wichtiges Motiv, das offenbar angeboren ist oder ohne formales Training früh erlernt wird, ist Neugier. Bereits 1881 wurde beobachtet, daß Affen unermüdlich ihre Umgebung erkundeten, obwohl keine Belohnung zu bekommen war, außer daß es ihnen einfach Spaß machte. Ein Affe plagte sich 2 h lang (erfolglos) damit, das Schloß einer Kiste zu öffnen, in der Nüsse aufbewahrt wurden, obwohl eine Menge Nüsse in seiner Reichweite lagen (Romanes 1881).

Thorndike (1901) berichtete von einem Affen, der wiederholt auf einen hervorstehenden Draht schlug, offensichtlich um ihn vibrieren zu lassen.

Thorndike stellt fest: „Er konnte diesen Ton nicht essen, lieben oder für sein späteres Leben aus ihm lernen (und tat es auch nicht). Aber dieser Ton war für ihn geistige Nahrung, geistige Übung. Affen scheinen unbekannte Plätze zu mögen. Sie erfreuen sich an Gefühlen, genauso wie es ihnen Spaß macht, Bewegungen auszuführen. Das seelische Lebendigsein an sich ist schon ihre Belohnung." Aber nach diesem frühen Werk vernachlässigten Psychologen das Phänomen der Neugier mehr als 40 Jahre lang.

Bereits an ihrem 1. oder 2. Lebenstag zeigen Affen visuelle Neugier und visuelles Explorationsverhalten, wenn sie auf Objekte außerhalb ihres Käfigs starren und versuchen, sie zu erreichen, obwohl Affen in diesem Alter noch keine Einzelheiten erkennen können. Diese Neugier ist zweifellos angeboren. Ungefähr am 10. Lebenstag beginnt das Affenbaby, das Saughütchen seiner Flasche visuell anstatt durch Kontakt mit seiner Wange auszumachen. In diesem Alter entwickelt es plötzlich auch die Fähigkeit, Unterscheidungsprobleme zu lösen. Darüber hinaus zeigt es jetzt ein starkes Bedürfnis, seine Welt visuell zu erkunden (Butler u. Harlow 1954). Dies wiederum führt zum Hantieren mit Gegenständen, was sich zu einem außerordentlich mächtigen Motiv entwickelt. Tatsächlich hantiert es andauernd mit etwas und spielt mit allem, was es bekommen kann.

Diese visuelle Neugier und das Bedürfnis nach Bestätigung werden, so sie einmal erwacht sind, nicht mehr verschwinden. Wilde und auch in Gefangenschaft gehaltene Affen verbringen einen großen Teil ihres Lebens mit diesen Aktivitäten. Besonders interessant ist es, daß dieses Motiv den Vorrang hat vor dem Motiv, feste Nahrung zu sich zu nehmen, und tatsächlich ist es ja auch für das letztere von grundlegender Bedeutung. Wenn man ihnen das erste Mal einige Bissen fester Nahrung gibt, spielen Affenbabys damit und behandeln sie wie Spielzeug. Zuerst nehmen sie dieses Futter in den Mund in einer Art von Explorationsverhalten, und es können viele Tage vergehen bei diesem Prozeß, bevor ein Stück Nahrung tatsächlich gefressen wird.

Affen lernen bereitwillig, verschiedene Aufgaben zu bewältigen, ohne daß sie für deren Lösung verstärkt werden.

In einem Experiment lernten Affen, zwischen Klötzchen von zweierlei Farbe zu unterscheiden. Es wurde ein Steckbrett verwendet, in dem eine Reihe von Klötzchen steckten. Die roten Klötzchen konnten entfernt werden, die grünen jedoch nicht. Die Affen lernten, alle roten Klötzchen zu entfernen, ohne die grünen zu berühren. Bei dieser und 6 anderen Aufgaben mit verschiedenen Farbenpaaren verbesserten die Affen ihre Leistung, ohne daß ihre Motivation während der Untersuchung nachgelassen hätte. Als Stimulation zum Lernen waren Belohnungen wie z. B. Futter unnötig, schon Ruheperioden verhinderten eine Sättigung oder ein Gelangweiltsein von den Aufgaben (Harlow u. McClearn 1954). Tatsächlich zeigte eine frühere Untersuchung, daß Futter als Belohnung einen Lernvorgang geradezu unterbrechen kann (Harlow et al. 1950).

Viele Experimente haben gezeigt, daß sogar die Laboratoriumsratten einen starken Explorationstrieb haben. Bei der Rückschau auf diese Experimente weisen Welker (1961) und Dember (1961) auf die vielen Untersuchungen hin, die zeigen, daß Ratten Leistungen erbringen, nur um Gelegenheit zu bekommen, eine neue Umgebung zu erkunden; daß sie zugunsten einer fremderen Umgebung solche Gegenden vermeiden, die sie erst kürzlich exploriert haben; daß sie in ihren Reaktionsweisen abwechseln, damit eine Situation jedesmal wieder möglichst unbekannt ist; daß sie vertrauter Stimuli überdrüssig werden und es bevorzugen, eine neue Umgebung zu erforschen anstatt zu essen oder zu trinken, sogar wenn sie seit einigen Tagen keine Nahrung und kein Wasser bekommen hatten. Die grenzenlose Neugier des Menschen, sein Wissensdurst und sein Bedürfnis nach immer neuen Erfahrungen (Fiske u. Maddi 1961), haben seine abenteuerlichen Erforschungen des Unbekannten gelenkt und ihm zum Aufbau eines Bildungssystems veranlaßt, das diese grundlegenden intellektuellen Wünsche befriedigt. Der englische Dichter S. T. Coleridge meinte zu diesem Thema:

„Jener war der erste Wissenschaftler, der sich in eine Sache vertiefte, nicht um zu erfahren, ob sie ihn mit Nahrung oder Schutz oder Waffen oder Werkzeugen oder Schmuck oder mit etwas zum Spielen versorgte, sondern den es nach Wissen dürstete, um nichts als des *Wissens* willen" (*Notebooks,* 1814–1818).

Emotion

Stellen wir uns einmal vor, wir könnten einen Roboter schaffen, der genauso wie ein menschliches Wesen aussieht, spricht und sich ebenso bewegt. Mittels eines komplizierten Computersystems könnten wir den Roboter so programmieren, daß er denken, Probleme lösen und die verschiedensten Handlungen ausführen kann. Solch ein Roboter könnte ohne Zweifel viele Dinge zeigen. Aber er würde niemals lächeln, lachen, weinen, erröten usw. Würde jemand unseren Roboter kennenlernen, so würde er wahrscheinlich erraten, daß das kein menschliches Wesen ist, weil er niemals Gefühle zeigt, wenn er sich in einer „emotionalen Situation" befindet.

Wie könnten wir unseren Roboter menschlicher machen? Eine Lösung dieses Problems bestünde darin, Verhaltensweisen, die mit einer bestimmten Emotion verbunden sind, in den Roboter einzubauen. Wenn wir z.B. möchten, daß der Roboter traurig wirkt, könnten wir ihm ein paar Tränenkanäle einbauen und ihn so programmieren, daß er bei den Gelegenheiten weint, bei denen Menschen das tun. Aber *wann* weinen Menschen?

Wenn wir uns umsehen, stellen wir fest, daß Babys weinen, bis sie gefüttert werden, und ein kleines Kind weint und tobt, bis einen Kuchen oder sein Lieblingsspielzeug bekommt. Menschen weinen bei bestimmten Filmen, und manchmal weinen sie bei Hochzeiten. Sie weinen, wenn sie sich einen Zeh anstoßen oder sich sonst irgendwie weh tun. Eine Schauspielerin kann weinen, während sie auf der Bühne steht und ihre Rolle spielt. Ein Demonstrant weint, wenn er Tränengas ins Auge bekommt. Menschen weinen oft, wenn sie eine Rede von einem begabten Redner hören, und sie weinen beim Zwiebelschneiden. Eine Mutter weint, wenn sie erfährt, daß ihr Sohn im Krieg getötet wurde, und sie weint für gewöhnlich auch, wenn ihr Sohn lebend aus dem Krieg zurückgekehrt ist.

An dieser Stelle sagen Sie sich vielleicht: „Moment mal! Nicht alle diese Beispiele von Weinen beziehen sich auf Emotion. Und selbst wenn sie sich auf Emotion beziehen, ist sie nicht notwendigerweise trauriger Natur." Offenbar kann also eine einzelne Verhaltensreaktion wie „Weinen" nicht das Vorhandensein einer einzigen Emotion anzeigen. Aber wie können wir in dem Fall überhaupt wissen, ob ein Gefühl von anderen oder von uns selbst empfunden wird oder nicht? Warum sagen wir, wir sind „traurig", wenn wir eine schlechte Nachricht erhalten, aber nicht, wenn wir Zwiebeln schneiden? Was *ist* das eigentlich für ein komplizierter Vorgang, den wir Emotion nennen? Bevor wir unseren Roboter programmieren können, müssen wir vielleicht erst lernen, wie *wir* selbst programmiert wurden, um Emotionen zu empfinden. Wie *erkennen* Sie den Unterschied zwischen den Gefühlen des Glücks, der Trauer, der Wut und der Euphorie?

Der Begriff der Emotion

Schon immer hat der Mensch versucht, die bewegten, *affektiven* Zustände, in denen er sich oft befindet, zu verstehen. Die Griechen der Antike glaubten, es gäbe 4 charakteristische emotionale Reaktionsweisen, wobei jede auf dem Vorherrschen einer bestimmten Körperflüssigkeit basiert: sanguinisch (Blut), melancholisch (schwarze Galle), cholerisch (gelbe Galle) und phlegmatisch (Schleim). Aristoteles unterschied als erster zwischen den physiologischen und psychologischen Komponenten der Emotion, von denen er als „Materie" bzw. „Form oder Idee" sprach. Die Philosophen des 17. und 18. Jahrhunderts waren der Meinung, Emotionen seien instinktiv und irrational und repräsentierten mehr die „tierische" Seite des Menschen. Den Emotionen standen die rein menschlichen Attribute der Vernunft und des Intellekts gegenüber, von denen man annahm, daß sie die Emotionen des Menschen zügelten und sein Verhalten auf rationale Weise beherrschten. Dieses starre Gegenüber von Emotion und Ratio implizierte nicht nur, daß Emotionen gefährlich und zerstörerisch seien, sondern daß sie ein irriger psychologischer Prozeß seien, der sich von Denken und Vernunft unterscheide, ja ihnen entgegengesetzt sei. Viele Ausdrucksweisen, die sich auf den sog. gesunden Menschenverstand gründen, unterstützen diesen Standpunkt heute noch: „Ich war so wütend, daß ich nicht mehr richtig denken konnte", „Ich versuchte, richtig zu handeln, aber meine Gefühle gewannen die Oberhand" oder: „Mein Zorn war so groß, daß ich nicht mehr wußte, was ich tat".

Als die Psychologie eine formale Disziplin wurde, von Philosophie und Physiologie getrennt, war eines der ersten Probleme, mit dem sie sich befaßte, das der Emotion. Psychologen versuchten, eine präzisere Definition von Emotion zu finden, aber sie bemerkten schnell, daß dies eine sehr schwere Aufgabe war. Einige haben Emotionen als *Motive* definiert, während andere meinen, daß Emotion ein ganz anderer Prozeß als der der Motivation sei. Einige definieren Emotionen als körperliche Veränderungen, während andere sie in der Sprache der subjektiven Gefühle, wie sie das Individuum verspürt und berichtet, definieren. Das Fehlen einer allgemein anerkannten Definition ist einer der Faktoren, die die Forschung auf diesem Gebiet behindert haben.

Die Fähigkeit, verschiedene Emotionen genau zu identifizieren, wächst mit dem Alter an, wie die Studien von Izard (1971) an Kindern in den USA und Frankreich zeigen.

Inzwischen ist auch ein *Wörterbuch der Emotionen* erschienen, in dem der Autor die Antworten von Vpn zusammenstellte, die bestimmte emotionale Termini definieren mußten. Entsprechend der Verschiedenartigkeit der Definition von Emotion haben Psychologen eine große Vielzahl von Reaktionen untersucht. Einige von ihnen haben sich mit der Rolle, die neurophysiologische Prozesse wie z.B. Aktivitäten des Gehirns, des endokrinen Systems und des autonomen Nervensystems spielen, beschäftigt. Ein anderer Ansatz konzentrierte sich auf sichtbare Körperbewegungen und den Gesichtsausdruck. Viele Forscher stützen sich auf verbale Berichte von erlebten Emotionen sowie auf andere introspektive Daten. Keine dieser Datenquellen wurde für sich allein als ausreichend betrachtet, was darauf hindeutet, daß eine akzeptable Erklärung der Emotion all diese Komponenten der emotionalen Reaktion in irgendeiner Weise integrieren muß.

Die Erforschung der Emotion hat zwar viele interessante Ergebnisse erzielt, aber sie hat auch mehrere Einschränkungen erfahren. Eine von diesen Einschränkungen ist die Annahme (übernommen von der rationalistischen Philosophie), daß Emotionen zerstörerisch sind und für gewöhnlich mit der Desintegration gerade ablaufenden rationalen Verhaltens einhergehen. Ob-

wohl extreme emotionale Zustände wie Panik oder Lampenfieber oft Handlungen beeinträchtigen, scheint dieses Modell jedoch nicht auf alle emotionalen Reaktionen zuzutreffen.

Leeper (1948) wies darauf hin, daß Emotionen häufig die sehr positive Funktion ausüben, das Individuum dazu zu veranlassen, neue adaptive Reaktionen auf eine veränderte Umwelt auszubilden.

Eine zweite Einschränkung der Emotionsforschung besteht darin, daß sie sich auf die negativen Emotionen (besonders Angst und Furcht) konzentriert hat, während sie die positiven Emotionen wie Liebe, Glück und Zufriedenheit vernachlässigt hat. Schließlich hat sich ein großer Teil der Forschung mit den Konsequenzen emotionaler Zustände beschäftigt und schenkte den vorausgehenden Bedingungen der Emotion und den Charakteristika der Emotionen selbst wenig Beachtung.

Wie nehmen wir Emotionen bei anderen wahr?

"Don't sigh and gaze at me,
Your sighs are so like mine,
Your eyes mustn't glow like mine,
People will say we're in love."

Richard Rodgers: *Oklahoma*

Hinweise aus dem Verhalten

Obwohl wir niemals die Gefühle eines anderen direkt beobachten können, beurteilen wir sie doch oft, so z.B., wenn wir sagen: „Ich habe ihn niemals so wütend gesehen", oder: „Sie sieht so traurig aus heute". Wie kommen wir zu diesen emotionalen Klassifikationen? Wir könnten natürlich die Person einfach fragen, was sie fühlt (voraussetzend, daß ihre Antwort ehrlich und genau ist). Für uns ist jedoch das *nichtverbale* Verhalten einer Person (Gesichtsausdruck oder Körperbewegungen) ein zuverlässiger Hinweis auf die Emotion, die sie empfindet. Das „Verliebtaussehen" teilt ebenso viel mit (wenn nicht mehr) wie eine verbale Beteuerung von Leidenschaft.

Die Entdeckung und Interpretation nichtverbaler Hinweise auf den emotionalen Zustand anderer erfordert ein feines Gespür und sind eine Kunst, die schwer zu erlernen ist. Gesellschaften, die dazu neigen, eine starke Entfaltung individueller Emotionen zu hemmen, müssen hochstilisierte, ritualisierte Verhaltensmuster entwickeln, um mit immer wieder vorkommenden, emotionsgeladenen Situationen wie Hochzeiten und Beerdigungen zurechtzukommen. Dieses Erkennen der relevanten nichtverbalen Hinweise führt nicht nur zur dazugehörigen offenen Reaktion, sondern kann auch die emotionale Empfindung bestimmen. So kann ein Kind lernen, bei einer Beerdigung Trauer zu empfinden, einfach indem es die nichtverbalen Reaktionen der Erwachsenen beobachtet. Diesen Punkt erfaßt Tolstoi in *Der Tod des Iwan Iljitsch,* wenn er beschreibt, wie ein Mann der Totenwache einer nahen Bekannten beiwohnt. „Und Peter Iwanowitsch wußte, so wie es genau das Richtige gewesen war, in diesem Zimmer das Kreuz zu machen, so mußte er ihr (der Witwe) auch die Hand drücken, seufzen und sagen: ‚Glauben Sie mir …‘. So tat er all dies, und während er es tat, hatte er das Gefühl, daß das gewünschte Ergebnis erzielt worden war, denn beide, er und sie, waren gerührt."

Es ist ebenfalls interessant zu wissen, daß die sozialen Riten, die sogar die unbedeutendsten und gewöhnlichsten Gefühlsausdrücke kontrollieren, um so stilisierter, komplexer und übertriebener sind, je mehr eine Gesellschaft emotionale Äußerungen unterdrückt und je weniger spontan sie ist, wie im kaiserlichen Japan oder im England des 18. Jahrhunderts. In ihrer Untersuchung der Charakterentwicklung der Bewohner von Bali kamen Margaret Mead u. G. Batesons (1942) zu dem Schluß, daß spontane Emotion völlig durch kunstvolle, formale Gestik ersetzt war. Bei den klassischen balinesischen Tänzen wurden die Gesichter hinter Masken verborgen, und die Bewegungen wurden von ritualisierten, starren Regeln vorgeschrieben. Diese Tänze waren oft vom Thema der balinesischen Mutter-Hexe beherrscht, die Unglück über die Menschheit bringen soll. Die beiden Anthropologen entdeckten, daß balinesische Mütter die Impulse ihrer Kinder methodisch frustrierten – indem sie sie zum besten hielten; sie zeigten ihnen eine erwartete Belohnung vor und gaben ihnen dann doch nichts. Mit etwa 3 Jahren konnte ein balinesisches Kind als in eine eigene Welt zurückgezogen charakterisiert werden, und die einzige emotionale Reaktion bestand darin, daß es gelegentlich Furcht zeigte. Auf diese Weise konnte man sein Gefühl oder

sein Verlangen nach Sicherheit nur in den konventionellen Zeremonien ausdrücken, wobei das Individuum seine eigene emotionale Verwundbarkeit verbergen konnte. Solche stereotypisierten Formen verhindern jedoch nicht nur den ebenso direkten Ausdruck der eigenen Gefühle, sondern auch das Erkennen individueller Variationen in den Emotionen anderer.

Wir führten in Kap. 3 die Unterschiede der Art an, wie amerikanische und japanische Mütter ihre Kinder für ihre allgemeine stimmliche und körperliche Ausdrucksfähigkeit verstärken. So konnte man von einem japanischen Kind größere Zurückhaltung und Abgeschlossenheit erwarten und ebenfalls, daß es weniger Emotionen zeigen würde als das amerikanische Kind.

Die experimentelle Forschung konzentrierte sich auf 4 Grundtypen nichtverbaler Ausdrucksmöglichkeiten. Viele Untersuchungen wurden über den *Gesichtsausdruck* angestellt, da die wichtigste offene Ausdrucksform von Emotion im Gesicht auftritt, zumindest beim Menschen. Ein anderes Forschungsgebiet ist die Kinesik, die sich mit Körperstellungen, -haltungen, Gesten und anderen *Körperbewegungen* beschäftigt. Ein drittes Forschungsgebiet ist die *Parasprache,* die nicht die verbalen, sondern die vokalen Aspekte der Kommunikation umfaßt – d. h. Stimmqualitäten wie Stimmlage, Lautstärke und Sprechgeschwindigkeit; Zögern, Versprecher und andere Sprachflußstörungen; nichtsprachliche Laute, wie Lachen und Gähnen. Die *Gesprächshaltung* betrifft u. a. die räumliche Entfernung zwischen den Gesprächspartnern sowie deren Orientierung zueinander (wie sie sich in Berührung und Blickkontakt zeigt).

Das „Tier" im Menschen

Der erste, der Verhalten und emotionalen Ausdruck als Gegensatz zur subjektiven Erfahrung betonte, war Charles Darwin. In seinem Buch *The Expression of the Emotions in Man and Animals* (1872) legte er seine Überzeugung dar, daß emotionaler Ausdruck weitgehend ererbte, angeborene Reaktionen sind, die bei der Evolution biologisch nützlich waren. Beispielsweise fletschen Tiere, die sich angegriffen fühlen, die Zähne, knurren, und ihre Haare sträuben sich. Wenn solches Verhalten bei der Vertreibung von Angreifern wirksam war, so hat es offensichtlich Anpassungsfunktion hinsichtlich des Überlebens. Die Rudimente dieser Verhaltensweisen zeigen sich in der Tendenz des Menschen, höhnisch zu lächeln und mit den Zähnen zu knirschen, wenn er wütend ist. Bis zu welchem Grade sind emotionale Ausdrucksformen angeboren, wie Darwin meinte, bzw. in welchem Ausmaß spielen soziale Lernfaktoren eine Rolle? Zur Unterstützung seiner Behauptung wies Darwin auf die Tatsache hin, daß blinde Kinder ihre Emotionen durch den gleichen Gesichtsausdruck zeigen wie sehende. Wir können jedoch einen Lernprozeß in diesem Fall nicht ausschließen, da die blinden Kinder möglicherweise eine Verstärkung erhielten, wenn sie die richtige Reaktion zeigten, und korrigiert wurden, sobald sie eine der Situation unangemessene Reaktion zeigten. Weiter führte Darwin auch die Allgemeingültigkeit der emotionalen Ausdrucksformen, besonders bei Kindern, an. Ekman u. Friesen (1969) bestätigten diese Allgemeingültigkeit verschiedener Ausdrucksformen für alle Kulturen, fanden jedoch heraus, daß die Emotion, die hinter einer bestimmten Ausdrucksform steht (und damit die Interpretation derselben) von Kultur zu Kultur erheblich variiert. Beispielsweise strecken sowohl Amerikaner wie auch Chinesen die Zunge heraus, um damit eine bestimmte Gefühlsregung zu zeigen, aber für den Amerikaner bedeutet dies ein Gefühl des Abscheus oder der Geringschätzung mit einer starken Komponente der Feindschaft, während es für den Chinesen Überraschung bedeutet (Klineberg 1938).

Dein Gesicht ist wie ein offenes Buch

Sogar innerhalb eines Kulturkreises kann ein bestimmtes nichtverbales Verhalten irgendeine von vielen verschiedenen Emotionen ausdrücken, wie wir bereits weiter oben an dem Beispiel des Weinens gesehen haben. Wenn keine eindeutige Beziehung zwischen einem Gesichtsausdruck oder einem anderen Verhalten und einer bestimmten Emotion besteht, dann stellt nichtverbales Verhalten kein allzu zuverlässiges Kommunikationssystem dar (vgl. Abb. 10.12). Die Ergebnisse vieler früherer Untersuchungen über den Gesichtsausdruck scheinen diese Behauptung zu stützen. Man forderte Vpn auf, sich menschliche Gesichter auf Bildern anzusehen und dann anzugeben, welche Emotion diese

Abb. 10.12. Können Sie aus dem Gesichtsausdruck dieses Mannes schließen, was er gerade empfindet? Überprüfen Sie Ihr Urteil auf S. 384

Gesichter ihrer Meinung nach ausdrückten. Entgegen der Erwartungen der Vl urteilten die Vpn sehr unterschiedlich, was zu der Annahme führte, daß Menschen die Emotionen anderer nur ungenau einschätzen. In einer Untersuchung jüngeren Datums von Schlosberg (1952) wurde jedoch gezeigt, daß sich der Gesichtsausdruck in Begriffen zweier Dimensionen beschreiben ließ: angenehm-unangenehm und Ablehnung-Hinwendung, wobei ein ziemlich hohes Maß an Beurteilerübereinstimmung erreicht werden konnte (Abb. 10.13). Später entdeckte Schlosberg (1954) eine 3. Dimension des Gesichtsausdrucks (Intensität oder Aktivitätsniveau) und entwickelte ein 3dimensionales Modell der Emotion, das viele spätere Untersuchungen beeinflußt hat. Gegenwärtige Experimente zeigen, daß Vpn, die bestimmte Formen des Gesichtsausdrucks mit Hilfe dieses Modells beurteilten, eine hohe Genauigkeit und Übereinstimmung (90% und mehr) bei der Beurteilung der wichtigsten, einfachen Emotionen (Zorn, Trauer, Ekel und Interesse) aufweisen und daß darüber hinaus diese Übereinstimmung auch zwischen verschiedenen Kulturen besteht (Ekman et al. 1969).

Menschen drücken jedoch nicht immer nur solche eindeutigen Gefühle wie Glück und Zorn aus. Oft empfinden sie komplizierte, gemischte Emotionen wie Verlegenheit, Enttäuschung und Eifersucht, und der nichtverbale Ausdruck solcher Gefühle ist ziemlich vieldeutig. Wie können Menschen diese emotionalen Zustände richtig beurteilen, wenn die Hinweise, so stark sie auch sein mögen, derart komplex sind? Eine

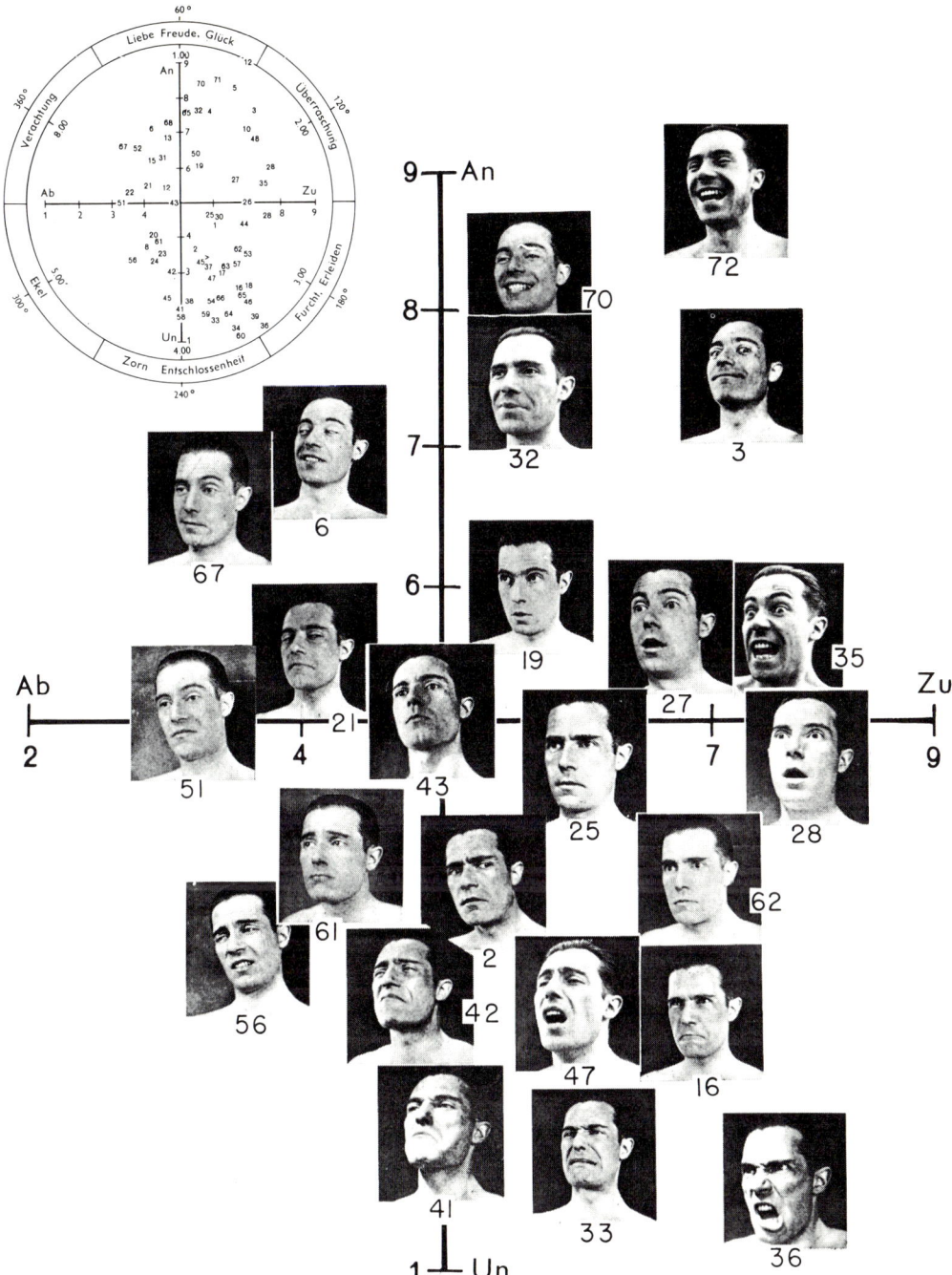

Abb. 10.13. Bildanordnung. Dies sind einige der von Schlosberg benutzten Bilder, die nach den zwei Achsen Angenehmheit–Unangenehmheit und Ablehnung–Zugewandtheit angeordnet wurden. Diagramm oben links: Mit Hilfe der beiden Achsen und der peripheren Kreisanordnung kann jedes Bild in bezug auf die beiden Dimensionen der Qualität und der Intensität des Gesichtsaudrucks lokalisiert werden. Intensive Emotionen werden mehr zur Peripherie, neutralere mehr zur Mitte hin angeordnet

Möglichkeit besteht darin, die Emotion aus dem Kontext der jeweiligen Situation abzuleiten. Daher würden wir von einer Frau, die ihren aus dem Krieg heimkehrenden Sohn begrüßt, sagen, daß sie glücklich, von Freude überwältigt und erleichtert ist. Wenn wir sie jedoch weinen sähen, nachdem sie erfahren hat, daß ihr Sohn getötet wurde, würden wir ihre Emotion als Trauer bezeichnen.

Daß man sich gerade dann auf situative Hinweise verläßt, wenn das Ausdrucksverhalten eher vieldeutig ist, wurde in einem Experiment von Munn (1940) demonstriert. Den Vpn wurden Fotos aus dem Magazin *Life* gezeigt, und sie wurden aufgefordert, die Emotionen der Menschen auf diesen Bildern zu beurteilen. Bei einigen Bildern war der Hintergrund wegretuschiert worden, so daß nur die Person sichtbar war. Munn fand bei diesem Experiment heraus, daß die Genauigkeit und Übereinstimmung bei der Benennung der Gefühle viel besser war, wenn die Hinweise, die die Situation im Hintergrund lieferte, vorhanden waren (Abb. 10.12 und 10.14). Die Bedeutung dieser Hinweise wird auch von Frijda (1970) betont, der damit argumentiert, daß Emotionen *immer* innerhalb des Bezugsrahmens der Situation, in der sie auftreten, interpretiert werden. Ihm fiel auf, daß Vpn, wenn sie die Gesichtsausdrücke interpretieren, kaum nur Worte wie „zornig" oder „glücklich" verwendeten. Statt dessen beschrieben sie eine aus dem Gesichtsausdruck abgeleitete Situation, etwa: „Man erzählte ihr eine abscheuliche Geschichte", oder: „Sie scheint ein winziges Kätzchen anzublicken."

Wie nehmen wir Gefühle bei uns selbst wahr?

Aus all den aufgeführten Gründen kann der Versuch, die Gefühle anderer zu identifizieren, ein sehr komplexer Vorgang sein. Ein Haupthindernis dabei ist die Tatsache, daß wir nicht beobachten können, was im Kopf des anderen vorgeht, sondern gezwungen sind, uns auf äußere Hinweise zu verlassen. Aber wenn es sich um unsere eigenen Emotionen handelt, ist uns der verdeckte innere Aspekt zugänglich, und daher sollten wir eigentlich unsere *eigenen* Gefühle kennen. Ist das so?

Abb. 10.14. Nachdem Sie nun wissen, daß der auf S. 382 abgebildete Mann gerade versucht, eine überschwemmte Straße zu überqueren, würden Sie jetzt seinen Gesichtsausdruck anders beurteilen?

Die physiologische Komponente

Es wurden schon einige Versuche unternommen, Emotion zu physiologischen Prozessen in Beziehung zu setzen oder Emotion vollständig mit physiologischen Termini zu erklären.

Die James-Lange-Theorie

Immer, wenn man eine starke Emotion empfindet, hat man zweifellos das Gefühl, innerlich „aufgewühlt" zu sein, aufgrund verschiedenartiger Veränderungen innerhalb des Körpers. Wenn Sie jemand fragen würde, wie dieses Aufgewühltsein zustande kommt, würden Sie wahrscheinlich sagen, daß Ihre Wahrnehmung eines Gefühls (z. B. „Ich bin traurig") den darauf folgenden körperlichen Ausdruck (z. B. „Und daher weine ich") entstehen läßt. Die meisten Menschen würden wohl mit dieser Behauptung übereinstimmen – nicht aber William James, der Vater der amerikanischen Psychologie. 1884 behauptete er, daß die Abfolge von empfundener Emotion und Veränderungen im Körper nicht gemäß der landläufigen Behauptung, sondern genau *umgekehrt* ablaufe: „Unsere Wahrnehmung der Veränderungen im Körper *ist* die Emotion" (James 1884). In der heutigen Terminologie „sind die Veränderungen das Medium". James glaubte, daß die kognitiven, empfundenen Aspekte der Emotion das *Ergebnis* physiologischer Erregung seien und nicht umgekehrt. Sein klassisches Beispiel hierfür war: Der Anblick eines Bären ruft einen bewegten inneren Zustand hervor, der dann als Furcht wahrgenommen wird.

Ein dänischer Wissenschaftler namens Lange hatte etwa zur gleichen Zeit die gleichen Gedanken, und so ist diese Theorie unter dem Namen *James-Lange-Theorie* der Emotion bekannt geworden. Ihre Bedeutung liegt darin, daß sie als erste postulierte, daß viszerale Prozesse emotionales Verhalten kontrollieren und so die Vorstellung in Frage stellten, daß geistige Prozesse körperliche Reaktionen kontrollieren.

Cannon widerspricht

Es gab viele Wissenschaftler, die auf die James-Lange-Theorie mit Rufen wie „So einfach ist es nicht!" reagierten. Einer von ihnen war der Physiologe W. Cannon. Seine Kritiken (1929) waren die ernstzunehmendsten Angriffe auf diese Theorie, und sie hatten auf die spätere Erforschung der Emotion großen Einfluß. Die James-Lange-Theorie impliziert, daß es zur Empfindung verschiedener Emotionen auch verschiedene, unterscheidbare Arten physiologischer Veränderungen geben müsse, die der Mensch als Hinweise benutzen kann. Cannon bestritt diese Auffassung, indem er Beweismaterial dafür anführte, daß verschiedene Emotionen vom *gleichen* viszeralen Zustand begleitet werden, daß die inneren Organe zu unempfindlich ge-

genüber ihren eigenen Veränderungen sind, als daß diese bemerkt und als Hinweisreize verwendet werden könnten, und daß viszerale Veränderungen zu langsam ablaufen, als daß sie als Quelle emotionaler Empfindungen dienen könnten, die sich schnell verändern und unbeständig sind. Er wies ebenfalls darauf hin, daß die Arbeit von Marañon (1924) der James-Lange-Theorie widerspricht. Marañon hatte herausgefunden, daß künstliche Stimulation der inneren Organe durch Adrenalin-(Epinephrin-)Injektionen nur „kalte" oder „Als-ob-Emotionen" im Menschen hervorrief (z. B. „Es ist, *als ob* ich Angst hätte") und keine wirklichen Emotionen.

„Zentren" der Emotion

Teilweise aufgrund der Kritik von Cannon begannen viele Forscher nach physiologischen Systemen Ausschau zu halten, in denen die Emotion beheimatet sein könnte. Allgemein war ein gesteigertes Interesse an zentralen neuralen Mechanismen zu verzeichnen. Eine der verbreitetsten Theorien nahm an, daß die Kontrolle der Emotion im limbischen System (welches die phylogenetisch ältesten Teile des Thalamus und des Hypothalamus umfaßt) stattfindet. Wie wir bereits gesehen haben, produzieren Reizung und Verletzung verschiedener Teile des limbischen Systems Veränderungen in den emotionalen Reaktionen. Die Tatsache, daß das limbische System vom Stammhirn gebildet wird, verlieh wahrscheinlich dem Gedanken, daß die „primitiven" Emotionen dort beheimatet seien, Glaubwürdigkeit. Wie jedoch auch Pribram (1960) bemerkte, haben diese vermeintlich phylogenetisch alten Strukturen ihre höchste Entwicklungsstufe in der Evolution beim Menschen erreicht, wie es auch bei sog. „höheren" kortikalen Strukturen zutrifft, und daher können sie nicht länger für „primitiv" erachtet werden. Überdies ergab die Forschung, daß das limbische System an kognitiven Funktionen genauso beteiligt ist wie an der Emotion (z. B. beeinflussen Verletzungen und Stimulation limbischer Strukturen das Problemlösungsverhalten). Außerdem verursachen auch Stimulation und Verletzung anderer als der viszeralen Regionen des Gehirns emotionale Veränderungen (Pribram 1967). Diese Ergebnisse legen nahe, daß die Emotionen (und kognitives Verhalten) von vielen verschiedenen interagierenden Teilen des Gehirns kontrolliert werden und nicht nur von einem einzigen „Emotionszentrum".

Endokrines System und Emotionen

Die physiologische Komponente der Emotionen wird sehr stark durch die Aktivität verschiedener *Drüsen* beeinflußt. Diese Drüsen scheiden ihre Sekretion direkt in den Blutstrom aus, von dem sie in die verschiedenen Teile und Organe des Körpers transportiert werden. Diese chemischen Substanzen werden als *Hormone* (von griech. „ich errege") bezeichnet. Eine der Funktionen endokriner Drüsen ist es, die körperlichen Prozesse zu koordinieren. Bei plötzlicher Furcht z.B. zirkuliert im Blutstrom ein Hormon, welches u.a. eine Erweiterung der Pupillen, eine Konstriktion der Blutgefäße in der Magenwand und eine Beschleunigung der Blutgerinnung (bei Luftkontakt) bewirkt.

Das neuronale Regulationszentrum des endokrinen Systems befindet sich im Hypothalamus. Die *Hypophyse,* eine kleine Drüse an der Unterseite des Hypothalamus, scheidet eine Anzahl unterschiedlicher Hormone aus, die für das Wachstums und die Erhaltung vitaler Funktionen des Körpers angelegt sind. Von der Hypophyse kommen auch „Vermittlerhormone", die direkt auf andere endokrine Drüsen, wie z.B. die *Nebennieren* (die sich am oberen Ende der Niere befinden), einwirken. Bei Stimulierung scheiden die Nebennieren 2 Hormone aus, das *Epinephrin* und das *Norepinephrin* (auch als Adrenalin und Noradrenalin bekannt). Es hat sich gezeigt, daß diese Hormone bei unterschiedlichen Emotionen wirksam werden.

Frühere Untersuchungen ergaben, daß Epinephrin i. allg. im Zusammenhang mit Furcht auftritt, während sowohl Norepinephrin wie auch Epinephrin bei Zornreaktionen zu finden ist. Furchtsame Tiere, die durch Flucht vor Gefahr ihr Überleben sichern (z.B. Kaninchen), sekretieren hauptsächlich Epinephrin, während Tiere, die eher angreifen (z.B. Löwen), viel Norepinephrin ausscheiden (Funkenstein 1955).

Eine andere Untersuchung ergab, daß Collegestudenten, denen man eine frustrierende Aufgabe stellte, eine der folgenden 3 Emotionen zeigten: Furcht, gegen den Vl gerichtete Wut und Wut über sich selbst (Selbstbeschuldigung).

Studenten, die ihre Wut offen zeigten, neigten eher zur Sekretion von Norepinephrin, während diejenigen, welche furchtsam waren oder sich selbst die Schuld gaben, vorwiegend Epinephrin sezernierten (Funkenstein et al. 1957). Neuere Forschung über das endokrine System hat gezeigt, daß unter verschiedenen Streßbedingungen sowohl erhöhte, als auch unterschiedlich starke Freisetzung von sowohl Epinephrin als auch Norepinephrin stattfindet (Brady 1967; Abb. 10.15).

Norepinephrin wird nicht nur ins Blut abgegeben, sondern wird auch im Gehirn gefunden, besonders im Hypothalamus und im limbischen System. Es gibt Anhaltspunkte für die Annahme, daß Drogen, die Veränderungen in der psychischen Stimmungslage bewirken, dies durch ihre Wirkung auf das Norepinephrin im Gehirn bewerkstelligen. Drogen, die die Ansammlung von Norepinephrin erhöhen, bewirken Euphorie und Hyperaktivität, wohingegen Drogen, die das Norepinephrin abbauen, Depression hervorrufen (Kety 1967).

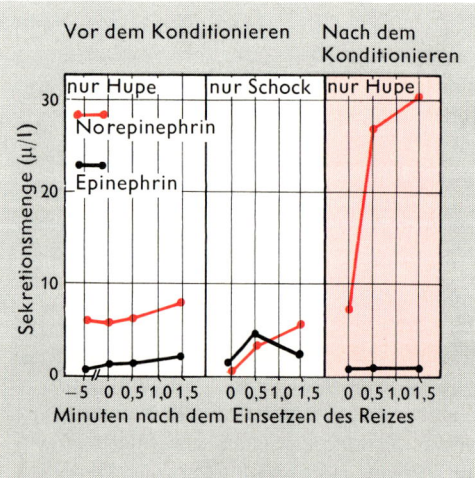

Abb. 10.15. Norepinephrinsekretion und Angst. Vor dem Konditionieren rief die Hupe allein oder der Schock allein die Sekretion geringerer Mengen sowohl von Norepinephrin als auch von Epinephrin hervor. Nachdem die Hupe als Signal für den nachfolgenden Schock gelernt worden war, rief sie eine stark erhöhte Sekretion von Norepinephrin hervor, während die Sekretion von Epinephrin minimal blieb. (Nach Mason et al. 1966)

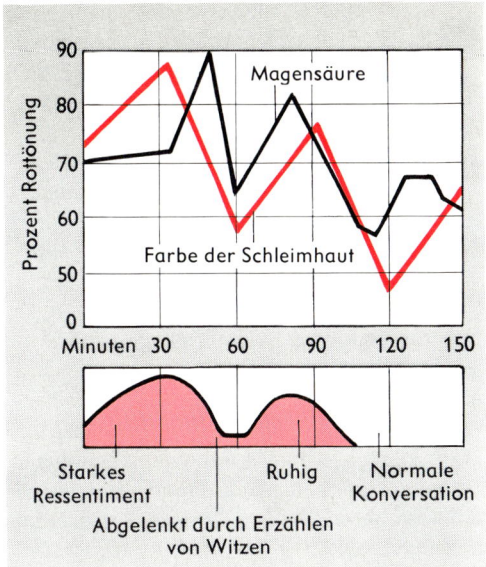

Abb. 10.16. Ressentiments und gastrointestinale Physiologie. Diese Abbildung entstand aufgrund von Beobachtungen an einem Patienten, dessen Magen zum Zwecke wissenschaftlicher Untersuchungen freigelegt war.

Zu Beginn zeigte der Patient Ressentiments und Hostilität aufgrund der unangenehmen Operation, der er sich unterziehen mußte. Während er darüber sprach, wuchs sein Unmut und mit ihm auch die Rottönung seines Magens und das Volumen der Magensäure. Die Veränderung seiner Stimmung schlug sich auch in den entsprechenden Veränderungen seiner gastrointestinalen Physiologie nieder. (Nach Wolf u. Wolff 1947)

Physiologische Differenzierung von Emotionen

Einige Forschungsergebnisse wiesen tatsächlich darauf hin, daß ein Verhältnis zwischen Emotionen und physiologischen Reaktionen besteht, wie die o. a. Studien über das Adrenalin zeigen. Wolf u. Wolff (1947) berichten über einen Patienten, dessen Magenaktivitäten durch eine Öffnung beobachtet werden konnten. Es wurden 2 Arten von Magenaktivitäten beobachtet: eine, wenn der Patient zornig und eine andere, wenn er ängstlich war (Abb. 10.16). Subjektive Berichte über Emotionen jedoch korrelieren nicht mit physiologischen Veränderungen, es sei denn bei extremen Reaktionen wie z. B. bei Furcht und bei Wut. Unterschiedliche Personen zeigen klar unterscheidbare *physiologische Erregungsmuster*, die davon abhängen, ob die Person auf innere oder situative Faktoren reagiert. Einige Forscher (z. B. Duffy 1962) argumentier-

ten damit, daß physiologische Differenzen lediglich unterschiedlichen Beträgen einer gleichen allgemeinen, *undifferenzierten Erregung* entsprechen. Obwohl Intensität sicherlich ein Aspekt der Emotion ist, scheint dieser Ansatz ziemlich einseitig zu sein, denn a) man kann durchaus physiologisch erregt sein, ohne sich in einem emotionalen Zustand zu befinden (z. B. bei körperlicher Anstrengung), und b) die Unterscheidung zwischen verschiedenen Erregungsgraden würde die *qualitativen* Differenzen bei der Empfindung verschiedener Emotionen immer noch nicht erklären. Wenn Sie Ihr Herz klopfen hören und das Gefühl von „Schmetterlingen" im Magen haben, was sagt Ihnen, ob Sie Angst haben, aufgeregt, zornig oder verliebt sind? Selbst wenn Forscher mit Hilfe hochempfindlicher Aufzeichnungs- und Verstärkungsgeräte letztlich in der Lage sein sollten, alle physiologischen Korrelate jeder einzelnen Emotion zu identifizieren, könnte dies immer noch nicht erklären, warum der Mensch das *empfindet,* was er empfindet.

Die kognitive Komponente

Wenn sich also durch Hinweise aus der physiologischen Aktivität Emotionen offensichtlich noch nicht bestimmen lassen, welche Rolle spielen dann Wahrnehmung, Erwartung, Interpretation und andere derartige kognitive Prozesse?

Emotionaler Eintopf: Vermischen Sie zu gleichen Teilen innere Organe und Erkenntnis

Wie wir gesehen haben, reicht die Information von proximalen Stimuli allein nicht aus, um zu erklären, warum wir Dinge so sehen, wie wir sie sehen. Nur durch die kognitive Organisation und Interpretation der Stimuli nach der Ankunft in der Netzhaut können wir wahrnehmen, was „draußen" vor sich geht. Ähnlich glauben moderne Psychologen, daß Emotion nicht durch physiologische Reaktionen allein bestimmt wird, sondern eine kognitive Einschätzung und Bewertung der Stimulussituation erfordert. Eine Theorie lautet dahingehend, daß die im wesentlichen undifferenzierten physiologischen Reaktionen die *Intensität* einer Emotion bestimmen, daß aber der Mensch mit Hilfe emotionsbezogener Erkenntnisse deren *Qualität* bestimmt – d. h. welche Emotion es ist.

Wenn man eine Erregung verspürt, sie aber qualitativ nicht identifizieren kann, so sucht man in der unmittelbaren Umwelt natürlich nach Hinweisen, um seinen aufgerührten Zustand benennen zu können.

Diese Theorie wurde in einem geschickt geplanten Experiment untersucht, in dem man Vpn glauben ließ, daß der Vl die visuelle Wirkung eines Vitaminkombinationspräparats, genannt „Suproxin", testen wollte. Sie erhielten eine Injektion und wurden dann in einen Warteraum geschickt, um angeblich auf die Wirkung des Medikaments zu warten. Für die experimentelle Gruppe bestand die Injektion aus Epinephrin (Adrenalin), was für gewöhnlich erhöhten Herzschlag, beschleunigte Atmung, Zittern und manchmal Hitzewallungen zur Folge hat. Eine Kontrollgruppe bekam eine Placeboinjektion (Salzlösung), die überhaupt keine physiologische Erregung bewirkt.

Bei der Verabreichung der Injektion manipulierte der Vl auch die kognitive Bewertung der Vpn hinsichtlich ihrer körperlichen Verfassung. Der 1. Gruppe wurde gesagt, daß die typischen Nebeneffekte von Suproxin Zittern, Herzklopfen und Hitzewallungen seien; so hatten sie eine passende Erklärung für die Erregung, die sie verspüren könnten. Die 2. Gruppe erfuhr, daß das Medikament keine Nebeneffekte habe, während der 3. Gruppe mitgeteilt wurde, daß die typischen Nebeneffekte Taubheitsgefühl, Juckreiz und leichte Kopfschmerzen seien. Diese beiden letzten Gruppen erhielten also keine angemessene Erklärung für ihren späteren Erregungszustand. Es wurde vorhergesagt, daß sie in ihrer unmittelbaren Situation nach einer Erklärung für die Vorgänge in ihrem Innern suchen würden, da sie natürlich anfälliger für solche Hinweisreize waren.

Im Warteraum fand jede Vp eine andere Vp vor, die angeblich genau wie sie auf die Wirkung des Medikaments wartete. In Wirklichkeit war dies ein Verbündeter des Vl, der bald anfing, sich emotional zu verhalten. Bei der einen Hälfte der Vpn benahm er sich sehr munter; er machte Späße, ließ Papierflugzeuge fliegen, spielte mit einem Hula-Hoop-Reifen usw. Bei dem Rest der Vpn wurde er zunehmend verwirrter und verärgerter über einen Fragebogen, den die Vpn vom Vl zum Ausfüllen erhalten hatten, bis er ihn schließlich zerriß und wütend das Zimmer verließ. Während dieser beiden Situationen wurde die Vp durch eine Einwegscheibe beobachtet, und die Vl beurteilten den Grad des euphorischen oder verärgerten Verhaltens. Schließlich füllten die Vpn noch Fragebögen hinsichtlich ihres emotionalen Zustands aus.

Was würden die Vpn Ihrer Meinung nach antworten, wenn Sie sie in in dieser Situation danach fragten, ob sie sich glücklich oder verärgert fühlten? Die Vl fanden heraus, daß die 2 Gruppen, die keine passende Erklärung für ihre Erregung zur Verfügung hatten, sich glücklich fühlten, wenn der andere sich so benahm, als wäre er glücklich, und wütend waren, wenn der andere sich benahm, als wäre er wütend. Offensichtlich beeinflußte die Wahrnehmung des Verhaltens und der Laune des anderen die Einschätzung ihrer eigenen unerklärten Erregung. Die richtig informierten Vpn aber, die ja bereits eine passende Erklärung für ihre Erregung hatten, waren für die Laune des anderen nicht anfällig und berichteten weder, daß sie wütend, noch daß sie glücklich gewesen seien. Auch die Kontrollgruppe, die keine Erregung spürte, aber die gleichen sozialen Wahrnehmungen hatte, berichtete über keinen emotionalen Zustand (Schachter u. Singer 1962, Schachter 1971).

Diese Ergebnisse unterstützen also die Theorie, daß die Qualität emotionaler Zustände von kognitiven Faktoren bestimmt wird. Obwohl sie sich im gleichen physiologischen Erregungszustand befanden (für den sie keine Erklärung hatten), bezeichneten die Vpn ihre Emotion in Abhängigkeit von den kognitiven Aspekten der Situation als „Glücklichsein" oder „Wut". Diese demonstrierte Fähigkeit zur Änderung von Emotionen durch Manipulation der kognitiven Komponente, unabhängig von der physiologischen Erregung, läßt auf eine Wiedereröffnung des Gebietes der Emotion für die experimentelle Analyse hoffen. Sie stellt auch eine direkte Herausforderung der früheren Emotionstheorie dar, die einen kausalen Zusammenhang zwischen physiologischer Erregung und kognitiver Erfahrung postulierte. Die Validität dieser Studien ist inzwischen mehrmals angezweifelt worden (s. „Unter der Lupe", S. 389).

Datenverarbeitung und Interpretation

Die durchschnittlichen Unterschiede zwischen den Bedingungen – obgleich statistisch signifikant – waren nicht sehr groß. Sie wurden erst

Die von Schachter und Singer zur Überprüfung ihrer Hypothese über Emotion als Zweikomponentenprozeß entworfenen Studien sind äußerst wichtige Untersuchungen. Der vieldeutige Begriff der Emotion wird hier zum ersten Mal experimentellen Untersuchungen zugänglich gemacht, wobei zusätzlich versucht wird, „harte" und „weiche" Daten psychologischer Phänomene zu verknüpfen. Es sind sozusagen Pionierarbeiten, die die Psychologie, kognitive Prozesse und Sozialpsychologie verbinden, um emotionale Prozesse besser erforschen zu können.

Die Theorie von Schachter und Singer hat eine Reihe neuer Ideen nach sich gezogen, die sich damit befassen, wie der Mensch die Ursachen seiner Ängstlichkeit, seiner Furcht und anderer Emotionen, die eine zentrale Rolle bei „neurotischem" Verhalten spielen, einschätzt. Auf dieser Theorie beruht sogar eine neue Therapieform. Aber trotz der Bedeutung der Theorie der Emotion von Schachter und Singer ist ihr Experiment – genial wie es war – *kein* adäquater Test der Theorie. Wahrscheinlich ist die Tatsache, daß die Leute ohne weiteres diese Resultate akzeptierten und daß der Experimentalentwurf sehr komplex und teuer war, der Grund dafür, daß erst vor kurzem versucht wurde, diese Studie zu replizieren (Marshall 1974), was denn auch hinsichtlich der Ergebnisse nicht gelang. Wir nehmen deshalb die Originalstudie noch einmal genauer unter die Lupe und stellen fest, daß diese mehrere Fehler enthält.

Tabelle 10.3. Selbstbericht über emotionale Zustände[a]. (Nach Schachter u. Singer 1962)

Emotion von einem Helfer vorgetäuscht

Erregungsgruppen	Euphoriebedingung	Wutbedingung
Epinephrin/ falsch informiert	+ 1,9	Nicht geprüft
Epinephrin/ nicht informiert	+ 1,8	+ 1,4
Epinephrin/ informiert	+ 1,0	+ 1,9
Placebokontrolle	+ 1,6	+ 1,6

[a] Die Ergebnisse (in einer Spanne zwischen +4 und −4) beruhen auf einer Subtraktion der „Wutwerte" von den „Glückwerten": Je positiver das Ergebnis, desto positiver das Gefühl (die Emotion)

der" als andere beschrieben wurden, tatsächlich aber nur „weniger glücklich" waren.

Wie Tabelle 10.3 zeigt, war der größte Unterschied hinsichtlich der Qualität der emotionalen Erfahrung nicht bei der nichtinformierten, sondern bei der informierten Gruppe zu finden.

Methodologische Probleme

Epinephrin beeinflußt verschiedene Personen unterschiedlich. Der Beginn, die Intensität und die Dauer des Symptoms variieren mit Körpergröße und anderen Faktoren. Die Forscher hatten diese Variablen nicht unter Kontrolle und waren auch nicht imstande, das Ausmaß ihrer Entwicklung abzuschätzen. Die Dosierung wurde trotz unterschiedlichen Körpergewichts konstant gehalten; es wurde kein Versuch unternommen, festzustellen, ob die Erregung bereits im Gange war, wenn der Helfer mit seinem „Spielchen" begann. Die manuell abgenommene Pulsrate kann nicht eindeutig zwischen der Wirkung des Epinephrins und der der körperlichen Tätigkeit selbst differenzieren.

Andere methodologische Probleme beziehen sich auf die vom Helfer ausgehenden kognitiven Signalreize: Der verärgerte Verbündete gab für seine Erregung einen guten Grund an; dies traf auf den Verbündeten, der versuchte, ein Glücksgefühl zu projizieren, jedoch nicht zu. So konnte seine positive Emotion keinerlei kognitive *Erklärung* für die Erregung der Vp sein; sie

signifikant, nachdem eine Reihe von Vpn aus der Placebogruppe und eine andere Bedingung ausgeschlossen wurden. Anstatt die Glück- und Wutergebnisse getrennt darzustellen, subtrahierten die Forscher die einen Werte von den anderen, wobei eine zusammengesetzte Komponente der *„relativen Emotion"* (mehr oder weniger Glück) zustande kam und nicht ein absolutes Maß der „Euphorie" und der „Wut". Dies führte dazu, daß einige der Vpn als „wüten-

war höchstens ein emotionales „Modell". Der verärgerte Verbündete verließ obendrein wütend das Zimmer und ließ eine verwirrte Vp zurück, die dem Vl allein gegenüberstand und diesem wahrscheinlich keine Szene machen wollte. Ohne ein Maß, wie jede Vp den Verbündeten wahrgenommen hat, können wir nicht wissen, ob dieser als „verärgert" (wütend), „euphorisch", „vernünftig" oder „verwirrt" eingeschätzt wurde. Außerdem fehlt in diesem Experiment ein Maß der Stimmung der Vpn vor Gabe des Medikaments. Es ist also möglich, daß bereits vorhandene Stimmungsunterschiede zwischen den Vpn mit der Versuchsbedingung auf nicht definierbare Art und Weise interagierten.

Diese und andere kritische Betrachtungen können entweder bedeuten, daß die Schlußfolgerungen der Autoren stärker ausfielen als die Ergebnisse erlaubten – oder, was wahrscheinlicher ist – daß sie viel zu weit gefaßt oder sogar falsch sind. Die Theorie, die uns in Versuchung führte, sie ohne weiteres zu akzeptieren, harrt immer noch ihrer endgültigen, definitiven Überprüfung.

Unerklärbare Erregung tut besonders weh

Das obige Experiment unterstützte offensichtlich die Annahme, daß physiologische Erregung als solche im wesentlichen neutral und „plastisch" und in jede Art von Emotion konvertierbar sei, vorausgesetzt, sie kann auch wahrgenommen werden. Andererseits ist aber unerklärbare Erregung ein charakteristischer Bestandteil der *Angst,* die zweifellos einen negativen emotionalen Zustand darstellt. Innerlich „aufgewühlt" zu sein, ohne zu wissen warum, ist ein beunruhigendes Gefühl und motiviert den Menschen dazu, nach einer Erklärung zu suchen. Da eine derartige Erregung gewöhnlich als negativ empfunden wird, ist es schwer zu verstehen, wie sie jemals in eine positive Emotion umgewandelt werden könnte, zumindest bei Erwachsenen, die bereits gelernt haben, auf unerklärte Erregung negativ zu reagieren. Zur Beantwortung dieses Problems müssen weitere Untersuchungen durchgeführt werden. Die früheren Untersuchungen müssen zunächst wiederholt werden, und der Begriff der Emotion muß durch die Hereinnahme der Frage erweitert werden, wie sich der Mensch in jeder Situation,

sei sie emotional oder nicht, sieht und Bestand über sich selbst aufnimmt.

Kognitive Bewertungstheorien

Obwohl sich immer mehr Forscher mit der Frage befassen, welche Rolle kognitive Prozesse bei emotionalen und anderen Reaktionen spielen, haben nur wenige versucht, über die Dynamik solcher Prozesse ernsthaft nachzudenken. Was bedeutet es zu sagen, daß man eine Erkenntnis hat, die die emotionale Reaktion bestimmt? Zwei Psychologen, die an diesem Problem arbeiteten, haben solche Erkenntnisvorgänge im Sinne des *Bewertens* ("appraisal") diskutiert. Bewertung ist die Einschätzung und Beurteilung der Bedeutung eines Stimulus. Eine der ersten, die dieses Konzept in einer Theorie der Emotion angewandt haben, war Magda Arnold (1960), die ein Sequenzmodell vorschlug. Der erste Schritt in dieser Sequenz ist die *Wahrnehmung,* bei der die äußeren Stimuli empfangen werden. Der nächste Schritt ist die *Bewertung,* wobei die Stimuli danach beurteilt werden, ob sie gut und nützlich oder schlecht und gefährlich sind. Diese Bewertung bestimmt dann die gefühlsmäßige Stellungnahme *(Emotion),* die definiert wird als empfundene Tendenz zum Stimulus hin, wenn er als gut beurteilt wurde, oder weg von ihm, wenn er als schlecht bewertet wurde. Der *Ausdruck* der Emotion besteht in den physiologischen Reaktionen, die die empfundene Tendenz begleiten. Diese Tendenzen können sich in Richtung Annäherung oder Rückzug organisieren. Das letzte Glied in der Sequenz ist die *Handlung,* wodurch Annäherung oder Rückzug tatsächlich stattfinden.
Diesen Ansatz hat Lazarus (1968) in seiner Theorie ausgebaut. Er postuliert 2 Grundtypen von Bewertungsprozessen: *primäre Bewertung,* die beurteilt, ob die Situation bedrohlich ist oder nicht, und *sekundäre Bewertung,* die die alternativen Möglichkeiten, mit einer wahrgenommenen Bedrohung fertig zu werden, abschätzt. Wenn eine Situation als bedrohlich wahrgenommen wurde, stehen 2 mögliche *Strategien zu ihrer Bewältigung* zur Verfügung: a) *direkte Handlung,* wie Kampf oder Flucht, die von entsprechenden negativen emotionalen Zuständen begleitet werden, oder b) *wohlwollende Neubewertung,* wobei die Person die Situation neu bewertet, und zwar als weniger bedrohlich, so

Unter der Lupe

Motivation und geistige Retardation

Bei einer Vielzahl von experimentellen Aufgaben verhalten sich geistig retardierte Kinder anders als Kinder gleichen Alters, deren intellektuelle Entwicklung als „normal" betrachtet wird. Die allgemeine Folgerung der meisten Forscher war, daß sich solche Kinder von Geburt an „unterscheiden". Weitere Erklärungsmodelle haben Schäden der kortikalen und subkortikalen Funktionen, eine grundsätzliche Lernunfähigkeit aufgrund mangelnder kognitiver Umstellungsfähigkeit und die Furcht vor Erwachsenen berücksichtigt. Die Meinung, Retardierte seien aufgrund eines gestörten Nervensystems „anders", führt zwangsläufig zu einer pessimistischen Einschätzung ihres *Verhaltens*potentials.

Diese Position wurde in einer ausgedehnten Untersuchungsserie von Zigler überzeugend angegriffen (1961, 1966, 1968, 1969). Zigler versuchte zu erfahren, in welchem Ausmaß Leistungsdifferenzen zwischen Retardierten und „Normalen" eher auf motivationale als auf kognitive Faktoren zurückzuführen seien. Es ergab sich, daß sowohl die Variationen in der Art der Aufgaben wie auch die Verstärkung durch den Tester zu systematischen Variationen in der Leistung der Retardierten führten. Sie zeigten beharrliches („rigides") Verhalten, wenn ihre Beharrlichkeit den Kontakt mit den Erwachsenen verlängerte, aber sie waren es nicht mehr, wenn diese Beharrlichkeit nicht verstärkt wurde. Dies bedeutet, daß ihre vermutete Rigidität auf ihr größeres Bedürfnis nach der Aufrechterhaltung von Kontakten mit Erwachsenen und nach Gewinnung von Zustimmung und Beifall der Erwachsenen zurückzuführen war.

Der verhältnismäßig größere Unterschied in der Motivation als in der angeborenen, kognitiven Rigidität wurde auf ihre soziale Deprivation zurückgeführt. Je länger ein retardiertes Kind institutionell betreut worden war, um so länger harrte es bei einer einfachen Aufgabe aus, um die zugehörige soziale Verstärkung zu erlangen. Dasselbe Verhalten wurde auch bei anderen institutionell betreuten, aber nicht retardierten Kindern gefunden.

Die Motivationsstruktur dieser retardierten Kinder wurde durch eine weitere Ambivalenz belastet. Sie benötigten einerseits mehr als normale Kinder die Verstärkung durch Erwachsene, waren andererseits aber aufgrund vieler negativer Erfahrungen den Erwachsenen gegenüber mißtrauisch. Überdies hatten sie auch gelernt, niedrige Erfolgserwartungen an sich selbst zu stellen.

Das Forscherteam ist sich zwar darüber einig, daß es zwischen „Normalen" und Retardierten Unterschiede gibt, aber diese Differenzen sind nicht qualitativer Art, sondern Unterschiede hinsichtlich der Erkenntnis*geschwindigkeit* und der oberen Leistungs*grenze,* im Zusammenhang mit wichtigen Verschiedenheiten in der Motivation und Erwartungshaltung, die wiederum den Umweltfaktoren zuzuschreiben sind. So haben Retardierte aus vielen Gründen Verstärkerhierarchien aufgebaut, die sich von denen der Kinder „normaler" Intelligenz unterscheiden. Diese Erkenntnisse erfordern eine grundlegende Revision unserer Auffassung über die Natur der geistigen Behinderung und über die Praxis, institutionalisierte Retardierte lediglich zu beaufsichtigen und zu versorgen.

---

daß sich der negative emotionale Zustand mildert. Die positiven Emotionen folgen den verschiedenen Bewertungen des Nichtbedrohtseins (einschl. wohlwollender Neubewertungen). Diese ganze Analyse betont das Wechselspiel zwischen kognitiven Bewertungen und emotionalen Reaktionen. Darin ist es mit anderen psychologischen Modellen der Wahrnehmungs- und Informationsverarbeitung verwandt, wie dem bereits besprochenen von Sokolov.

Beide Theorien wenden sich gegen die Annahme einer neutralen, undifferenzierten Erregung, die später mit Bedeutung versorgt wird, wie es Schachter vorschlug. Sie postulieren, *daß* es unterschiedliche physiologische Reaktionsverläufe gibt, aber daß solche Reaktionen die Emotion *nicht* bestimmen oder verursachen. Die physiologische Komponente wird eher als eine Funktion der kognitiven Bewertung betrachtet, wobei sie gewöhnlich der Bewertung folgt, aber auf jeden Fall Bestandteil von ihr wird.

Die von Lazarus betriebene Forschung konzentrierte sich darauf, wie Bewertungen und Neubewertungen benutzt werden, um mit besonders bedrohlichen Situationen fertig zu werden.

Zusammenfassung

Motivation zu untersuchen heißt, nach den Ursachen der Variabilität des Verhaltens zu suchen. Motive sind nicht direkt beobachtbar; wir können sie nur aus der Beziehung zwischen Reiz und Reaktion erschließen. Die Aspekte der inneren Motivation umfassen:
a) Erregung, b) Richtung der Anstrengung, c) selektive Aufmerksamkeit, d) Organisation, e) Aufrechterhaltung der Aktivität.

Wir schließen auf das Vorhandensein von Motiven, um

- die Variabilität des Verhaltens zwischen verschiedenen Personen zu erklären,
- innere Einstellungen von beobachtbaren Handlungen abzuleiten,
- den inneren Ursprung des Verhaltens zu erklären,
- auf freien Willen, Verantwortung und Schuld schließen zu können und
- einen Zusammenhang zwischen physiologischen Prozessen und beobachtbarem Verhalten zu finden.

Besondere motivationale Zustände können zur Erregung führen, jedoch besitzen wir auch ein allgemeines Erregungssystem. Es ist dies das retikuläre Aktivationssystem (RAS) im Rückenmark und im Gehirn. Mittlere Erregung führt zu wirksamerem Verhalten als hohe oder niedrige Erregung (sog. umgekehrte U-Funktion; vgl. Abb. 10.2).
Biologische Triebe resultieren aus den elementaren Bedürfnissen des Organismus. *Homöostase* ist die Tendenz, ein konstantes inneres Milieu innerhalb der Grenzen, die für das physiologische Gleichgewicht nötig sind, aufrechtzuerhalten. Biologische Antriebe werden untersucht, indem man dem Organismus eine bestimmte Substanz vorenthält (Deprivation) oder ihn einer unangenehmen Reizung aussetzt und dann die daraus resultierenden Verhaltensänderungen mißt.

Der *Hungertrieb* ist einer der am gründlichsten untersuchten Triebe. Man induziert den Hungerzustand, indem man einem Organismus Futter vorenthält. Das „konsummatorische" Verhalten, hier die Nahrungsaufnahme, reduziert den Antrieb und befriedigt den Organismus. Sowohl Magenkontraktionen als auch Blutzuckerspiegel zeigen dem Organismus an, ob er hungrig ist. Der Hypothalamus spielt beim Ablauf des Hungertriebes und anderer Triebe eine wichtige Rolle, aber es ist nicht klar, ob er als Zentrum der Motivation oder nur als „Kommunikationszentrum" fungiert. Hunger scheint eine sensibilisierende Wirkung zu haben, indem er die Reizschwelle für verschiedene Arten von Reizen senkt. Sowohl *äußere* als auch *innere* Hinweisreize können den Hungertrieb auslösen. Man fand, daß Lebewesen, die unter unzulänglichen ökonomischen Verhältnissen leben, empfänglich für äußere Hinweisreize sind; Lebewesen in einer Überflußökonomie sind empfänglich für innere Hinweisreize. Untersuchungen zeigen, daß die laufende *Kontrolle der Nahrungsaufnahme* sowohl vom Magen als auch (zu einem geringen Teil) vom Mund ausgeht. Menschen wie Tiere empfinden ganz spezielle Arten des Hungers, besonders wenn ihnen bestimmte Substanzen vorenthalten werden.
Beim Menschen werden jedoch diese Hungergefühle oft von erlernten Präferenzen außer Kraft gesetzt.
Sexualität ist im Gegensatz zu anderen biologischen Trieben nicht notwendig für das Überleben des Individuums – obwohl sie offensichtlich für die Erhaltung der Art unerläßlich ist. Sexuelle Erregung kann durch nahezu alle wahrnehmbaren Reize ausgelöst werden; die Erregung wird ebenso aktiv angestrebt wie die Reduktion.
Das Sexualverhalten von Tieren wird in viel größerem Maße als das menschliche von physiologischen Faktoren, wie z.B. dem weiblichen hormonalen Zyklus, kontrolliert. Häufigkeit und zeitlicher Ablauf der Kopulation variieren sehr stark unter den verschiedenen Spezies, aber bei allen beruhen die Reaktionsabläufe auf komplexen wechselseitigen Hinweisreizen zwischen den Sexualpartnern. Wird ein Individuum in der Kindheit von Gleichaltrigen isoliert, so kann das im Erwachsenenalter zu gestörtem

Sexualverhalten führen. Obgleich die Existenz eines angeborenen „Muttertriebes" allgemein akzeptiert wird, gibt es experimentelle Ergebnisse, die dagegen sprechen. Ob weibliche Muttertiere ihre Sprößlinge akzeptieren, hängt weitgehend von *Geruchsreizen* ab.

Frühe Untersuchungen, die sich mit „Kontaktkomfort" befassen, zeigten, daß junge Affen, die mit künstlichen Müttern aufwuchsen, eine „weiche Handtuchmutter" auch dann bevorzugten, wenn sie Nahrung nur von einer künstlichen Mutter erhalten konnten, die aus Draht konstruiert war. Bei diesen Affen schienen sich normale affektive Reaktionen ihren künstlichen Müttern gegenüber zu entwickeln; sie schienen völlig „normal" aufzuwachsen. Es stellte sich jedoch später heraus, daß das Sexualverhalten dieser mutterlosen Affen völlig inadäquat war und daß sie, als einige von ihnen später selbst Mütter wurden, ihre Jungen abwiesen. Anscheinend ist sowohl die Erfahrung mit einer Mutter als auch die soziale Interaktion mit Gleichaltrigen eine unbedingte Voraussetzung für adäquates heterosexuelles Verhalten während des Erwachsenenalters.

Noch vor wenigen Jahrzehnten wurde die Sexualität als ein „notwendiges Übel" betrachtet, über das man in einer „anständigen" Gesellschaft nicht sprach. Das ist wahrscheinlich einer der Gründe, warum die Sexualität in unserer Zeit einen so großen Verstärkungswert besitzt. Noch bis vor kurzem beschränkte sich die Forschung über die menschliche Sexualität auf klinische Untersuchungen und Fragebogenberichte.

Die psychosexuelle Differenzierung zum Männlichen oder Weiblichen hängt sowohl von physiologischen Faktoren (im wesentlichen hormonal bestimmt) als auch von psychologischen Faktoren ab (z.B. die erlernte Geschlechterrolle). *Hermaphroditen* sind Individuen, bei denen ein Widerspruch zwischen externalen und internalen Geschlechtsmerkmalen besteht.

Man hat lange Zeit angenommen, daß Unterschiede zwischen den sexuellen Erregungsmustern von Männern und Frauen existieren; kürzlich veröffentlichte Forschungsberichte widersprechen dieser Ansicht. In Untersuchungen, in denen erotische Reize kontrolliert dargeboten wurden (pornographische Filme oder Literatur), berichteten weibliche ebenso wie männliche Vpn über physiologische Erregung bei der Darbietung von visuellen Reizen. Es sind noch viele methodologische Probleme zu lösen, aber es ist wichtig, daß kontrollierte Studien auf diesem Gebiet endlich Vorurteile durch fundiertes Wissen ersetzen.

Die meisten Menschen sind den größten Teil ihres Lebens fähig, sich sexuell zu betätigen, obwohl die sexuelle Aktivität allgemein mit zunehmendem Alter nachläßt. Psychologische Faktoren sowie Veränderungen im Gesundheitszustand können zu einer Abnahme der sexuellen Ansprechbarkeit führen. Sexuelle Verhaltensweisen und Einstellungen sind zu einem großen Teil von kulturellen Faktoren abhängig. Die *Homosexualität*, die lange Zeit als kriminelles Vergehen und/oder als pathologischer Zug angesehen wurde, wird mehr und mehr als eine Sache der freien persönlichen Entscheidung betrachtet, die nur dann behandelt werden soll, wenn die betreffende Person es wünscht.

Trotz der Schwierigkeit, Emotion objektiv zu definieren, ist sie häufig Gegenstand von Untersuchungen von Psychologen gewesen. Diese jedoch haben sich im wesentlichen nur mit ihren negativen und unangenehmen Aspekten befaßt. Wir beurteilen die Emotionen anderer aufgrund ihres verbalen und nichtverbalen Verhaltens; vieles am offenen emotionalen Verhalten ist aufgrund kultureller Erwartungen und Verstärkungen erlernt. Darwin glaubte, daß einige emotionale Verhaltensmuster sowohl beim Menschen als auch beim Tier angeboren sind. Die Bedeutung solcher Verhaltensweisen kann von Kultur zu Kultur sehr variieren. Einfache Emotionen können – ungeachtet der jeweiligen Kultur – mit einiger Genauigkeit und Übereinstimmung beurteilt werden, aber das gleiche Verhalten, wie z.B. das Weinen, kann bei verschiedenen Emotionen auftreten. Manchmal empfangen wir unvereinbare Hinweisreize und verlassen uns dann auf die situativen Indikatoren.

Gemäß der James-Lange-Theorie gehen die *physiologischen Vorgänge der empfundenen Emotion* voraus und verursachen sie auch; jedoch war der Suche nach spezifischen physiologischen Zuständen, die mit den verschiedenen Emotionen verbunden sind, kein eindeutiger Erfolg beschieden. Neuere Untersuchungen über bei Emotionen auftretende physiologische Faktoren konzentrieren sich auf die Rolle bestimmter Mechanismen (besonders des *limbischen Systems*) und bestimmter *endokriner Drüsen* (insbesondere der *Hypophyse* und der *Nebennieren*). *Epinephrin (Adrenalin)* ist ein Hormon, das bei Furchtreaktionen wirksam wird, während *Norepinephrin (Noradrenalin)* mit Ärger und Wutz zusammenhängt.

Physiologische Hinweisreize sind möglicherweise mit der Intensität empfundener Emotionen assoziiert, ihre Qualität jedoch – welche Emotionen empfunden werden – hängt teilweise von *kognitiven Hinweisen* ab, die sich aus der individuellen Interpretation der Situation ergeben. Obwohl aufwendige Studien von Schachter und Singer diese Theorien unterstützen, finden wir in diesen doch eine Reihe von methodologischen Fehlern. Die Bewertung sowohl der Bedeutung als auch der Ernsthaftigkeit einer Situation ist sehr wichtig bei der Bestimmung der entsprechenden Emotionen.

11 Persönlichkeit: Ansätze und Theorien

„War ich überrascht, als mich meine Klassenkameraden auf der James Monroe High School für den Titel Jimmie Monroe auswählten! Dies bedeutete, daß ich die beste Persönlichkeit in der ganzen Schule hatte ..., das heißt, die beste unter den älteren Jungen (Janie Monroe war das weibliche Gegenstück). Es war der erste Wettbewerb, den ich je gewonnen hatte, und ich hatte dafür nicht einmal etwas zu tun brauchen – keine Boxkämpfe, keine Tests – ich hatte lediglich ich selbst zu sein. Das aber war für mich denkbar einfach, denn immer, wenn ich versucht hatte, jemand anders zu sein, war das, was dabei herauskam, doch immer nur ich selbst."

„Natürlich war es ein angenehmes Gefühl, die beste Persönlichkeit zu haben, aber ich hätte dies gern gegen meinen Wunschtraum eingetauscht, jederzeit und nach Belieben meine Persönlichkeit zu verwandeln, so wie ein Supermann – Figur aus einem Comic – oder vielleicht zwischen zwei Personen zu wechseln wie Dr. Jekyll und Mr. Hyde. Ich denke da auch noch an ‚Die drei Gesichter der Eva‘: Wäre es nicht besser, über drei grundverschiedene Persönlichkeiten zu verfügen, als immer nur ein und derselbe zu bleiben?"

„Die Leute konnten mich zu leicht durchschauen, jeder wußte gleich, was mit mir los war. Sie mochten mich, weil ich so geradeaus war. Wenn sie mich um sich hatten, fühlten sie sich ungefähr so ungezwungen, wie mit alten Latschen oder mit einer angestaubten aber geliebten alten Rock'n-Roll-Platte. Ich war zuverlässig. Man konnte mich beim Wort nehmen. Bei dir gilt: ‚Ein Mann, ein Wort‘, pflegte der Polizist von unserem Bezirk zu sagen, wenn er mich sah. Meine Freundin schrieb sogar in mein Notizbuch: ‚Ich kann nicht auf lateinisch zählen / ich kann nicht auf griechisch zählen / ich kann nicht auf Zulu zählen / aber ich kann auf dich zählen‘. Ich war einfach zu beständig, so vorhersagbar wie der Sonnenaufgang im Osten."

„Der besondere Reiz, jetzt Persönlichkeit Nr. 1 zu sein, lag für mich darin, daß ich seltsamerweise noch ein Jahr zuvor als Junior in einer Hollywood High School weder Freunde noch Mädchen zum Ausgehen finden konnte und der Meinung war, überhaupt keine Persönlichkeit zu besitzen. Die anderen hielten mich für einen Bauernfänger aus New York mit einem komischen Namen und zu allem Übel hatte ich nicht einmal Räder unter dem Hintern. Ich fühlte mich abgelehnt, wurde zum ersten Mal in meinem Leben schüchtern und zog es schließlich vor zu lesen, statt meine Zeit mit anderen Leuten zu vergeuden. ‚Für Persönlichkeit kann man sich nichts kaufen‘, war mein Lieblingsspruch.

Aber, wie meine Schwester immer sagte: ‚Eine wirkliche Persönlichkeit kriegt man nicht klein‘. Und die meiner Natur entsprechende ‚beste‘ Persönlichkeit war auf die Dauer nicht zu unterdrücken. Wahrscheinlich habe ich sie nur solange versteckt, bis ich nach New York zurückkam, wo man sie besser zu würdigen wußte.

‚Jimmie Monroe‘ zu sein, bedeutete für mich jahrelang eine Quelle der Ermutigung, denn es ist doch schon was wert zu wissen: Selbst wenn du einen ganz schrecklichen Motorradunfall hast und danach total entstellt bist, werden die Leute immer noch sagen: ‚Er sieht vielleicht nicht gerade gut aus – aber eins ist sicher, er hat eine nette Persönlichkeit‘."

Der populäre Sprachgebrauch, wie er im obigen Beispiel zum Ausdruck kommen sollte, jetzt „Persönlichkeit" in etwa gleich mit „Attraktivität", „Charme", „Überzeugungskraft" oder „Ausstrahlung". Sie ist eine Eigenschaft, von der Filmschauspieler und beliebte Politiker eine Menge besitzen, während sich der Rest von uns mit weniger begnügen muß. Psychologen verwenden das Wort *Persönlichkeit* jedoch in einem neutralen, allgemeinen Sinn, nämlich um auszudrücken, „was ein Individuum charakterisiert". Oder, formaler ausgedrückt: Persönlichkeit ist „die Summe der Verhaltensweisen, mit denen ein Individuum charakteristischerweise reagiert und mit anderen Personen und Objekten in Beziehung tritt" (Ferguson 1970).

Schon als Kind haben Sie wahrscheinlich ein eigenes System entwickelt und zur Anwendung gebracht, mit dessen Hilfe Sie Ihre eigene Persönlichkeit und die anderer einschätzen konnten. Es war für Sie von lebenswichtiger Bedeutung, zwischen Freunden und Feinden unterscheiden zu können, Stimmungen von Eltern und Geschwistern beurteilen, Konkurrenten einschätzen und austricksen zu können und sich darüber klar zu werden, wo die eigenen Stärken und Schwächen liegen. Ihre Beurteilungen waren tatsächlich primitive (intuitive) Persönlichkeitsdiagnosen. Jeder von uns handelt Tag ein

Tag aus auf der Basis sogenannter *naiver Persönlichkeitstheorien*. Beim Aufbau solcher Theorien bedienen wir uns vielfach derselben Informationsquellen, die auch Psychologen benutzen, wenn sie anspruchsvolle Persönlichkeitstheorien entwickeln. Diese Quellen umfassen Informationen über biographische Daten, gegenwärtige Verhaltensmuster, Gewohnheiten, Interessen, Einstellungen, Zielsetzungen und Zukunftserwartungen. Der Hauptunterschied liegt darin, daß unsere naiven, informellen Theorien weitgehend auf Intuition und Mutmaßungen beruhen, während die Persönlichkeitstheoretiker objektive Verfahrensweisen und Meßinstrumente entwickelt haben, auf die sie ihre Persönlichkeitsbeurteilungen stützen. Es gibt eine Menge Leute, wie etwa unsolide Geschäftemacher, Trickkünstler und Wahrsager, die sich zur Bestreitung ihres Lebensunterhalts weitgehend auf die Anwendung naiver Persönlichkeitstheorien stützen (Abb. 11.1).

„Durch Versuch und Irrtum und durch scharfsinnige Beobachtung der Menschen haben viele Wahrsager schon vor langer Zeit viele jener großen Wahrheiten erarbeitet, die die offizielle Psychologie eben erst entdeckt hat. Schon vor Freud wußten sie, daß kleine Jungen häufig auf ihre Väter eifersüchtig sind; vor Adler erkannten sie, daß sich oft hinter einem unverschämten Benehmen Minderwertigkeitsgefühle verbergen. Wie es den Alchimisten vor dem Chemiker, den Kräuterdoktor vor dem Apotheker und die Hebamme vor dem Geburtshelfer gab, so griff der durchschnittliche ‚Gedankenleser‘ in Methode und Wissen dem Psychiater vor. Tatsächlich ist er der Psychiater der Armen; und ist er nur schlau genug, dann wird er manchmal auch der Psychiater der Reichen" (Gresham 1949).

Ein solcher Mensch ist ein geschickter Pseudofachmann, der auf der Basis einer naiven Persönlichkeitstheorie vorgeht, die sich auf scharfe Beobachtung, Menschenkenntnis und eine gute Portion Dreistigkeit aufbaut. Zu den Grundwerkzeugen dieses „Handwerks" gehören die Fähigkeit, Menschen schnell aufgrund von Alter, äußerer Erscheinung, ehelichem Status und so weiter zu klassifizieren und eine gewiefte Kenntnis, welche Art von Problemen ein bestimmter Menschentyp am ehesten aufweist.

Einzigartigkeit und Konsistenz: Schlüsselproblem der Persönlichkeitstheorie

Entscheidend für jede Diskussion der Persönlichkeit sind 2 komplementäre Fragestellungen:

a) Wie kommt es, daß Menschen sich gleich verhalten?
b) Wie kommt es, daß Menschen sich unterschiedlich verhalten?

Frage a) zielt darauf ab, die Mindestanzahl von Bedingungen, Faktoren und Variablen zu bestimmen, die diejenigen Reaktionen bedingen, die den Mitgliedern der menschlichen Spezies gemeinsam sind. Frage b) sucht nach einer Erklärung für beobachtete Differenzen im Verhalten unterschiedlicher Individuen in ihrer Reaktion auf eine offensichtlich gleiche Situation. Hier besteht das Problem darin, individuelle Einzigartigkeit zu erklären, d. h. die Reaktionsvariabilität, die man nicht der Stimulussituation zuschreiben kann.

Auf der einen Seite ist demnach die Untersuchung der Persönlichkeit nicht von der allgemeinen Psychologie zu unterscheiden, die einen Versuch darstellt, die *Totalität* menschlichen Verhaltens zu verstehen. Zusätzlich liegt dem

Abb. 11.1. Erwerbsquelle „Persönlichkeitsanalyse"

Persönlichkeitstheoretiker jedoch speziell daran zu ergründen, warum sich die Menschen immer noch unterschiedlich verhalten, auch wenn alle bekannten Umweltfaktoren spezifiziert worden sind.

Wie unterschiedlich ist das „Normale"?

Fälschlicherweise gilt als Binsenwahrheit, die durch ratspendende Briefkastenonkel oder -tanten in Zeitungen immer wieder verbreitet wird, daß normale Menschen so ziemlich gleichartig „funktionieren". Darüber hinaus wird vorausgesetzt, daß man eigentlich genauso funktionieren *müßte* wie die anderen, die in irgendeiner Weise vergleichbar sind (z. B. nach Alter, Geschlecht oder Erziehung). Eltern, die sich Sorgen machen, daß ihr Baby noch nicht zu laufen begonnen hat, teilt man mit, in welchem Alter „normale Babys" dies tun. Jugendlichen sagt man, wann es „normal" ist, sich zum Rendezvous zu verabreden, aufgrund des statistischen Überblicks, wann der „durchschnittliche" Teenager damit beginnt.

Der Mythos von der normalen, durchschnittlichen „Funktionsweise" des Menschen wurde zerpflückt in einer gründlichen Analyse von Williams (1956), die die enorme Variationsbreite hinsichtlich Lage, Größe und Leistung der inneren Organe des Menschen aufzeigte. Fast jedes Organ kann bei einigen normalen Individuen um ein Mehrfaches größer sein als bei anderen, ebenso normalen Individuen. Zum Beispiel fassen manche Mägen 6- bis 8mal soviel wie andere. Überprüfungen von 182 jungen Männern ergaben Herzfrequenzen von 45–105 Schlägen/min. Die normale Pumpleistung reicht von 3–11 l/min. Ähnliche Differenzen werden hinsichtlich der Struktur des Nervensystems, von biochemischen Stoffwechselprozessen und von Reaktionen auf Drogen und auf verschiedenartige Stimuli berichtet.

Wenn man sich vor Augen führt, daß zu dieser ganzen Variationsbreite im psychologischen Bereich auch noch eine schier unendliche Vielfalt in der individuellen Lebenserfahrung hinzukommt, dann ist es nicht mehr verwunderlich, daß Menschen sich auch in der gleichen Situation ganz verschiedenartig verhalten. Diese individuellen Unterschiede erschweren die Arbeit derjenigen Forscher, die nach allgemeinen Ge-

setzen suchen. Gewöhnlich wird diese Hürde dadurch umgangen, daß man starke Reize in einfachen Situationen untersucht, oder dadurch genommen, daß man Mittelwerte bildet, indem die verschiedenartigen Reaktionen einer großen Anzahl von Versuchspersonen zusammengefaßt werden. Die meisten Persönlichkeitstheoretiker jedoch sehen das „Problem" anders. Die Frage, weshalb Menschen sich als Individuen verhalten, wird nicht als ein Problem angesehen, das es loszuwerden gilt, sondern als *das* Problem, das untersucht werden soll.

Dies bedeutet noch nicht, daß Psychologen, die sich mit Persönlichkeit beschäftigen, nicht daran interessiert wären, allgemeine Gesetze zu finden. Wie in anderen psychologischen Bereichen glauben viele Persönlichkeitstheoretiker, daß Psychologen eines Tages Prinzipien entdecken werden, die auf alle Menschen zutreffen. Aber in der Persönlichkeitstheorie müssen sich aus den Prinzipien auch die Unterschiede zwischen Individuen erklären lassen. Nicht alle Persönlichkeitstheorien betonen individuelle Differenzen, aber alle müssen in der Lage sein, sie zu erklären. Sie müssen aussagen können, was eine Person von einer anderen unterscheidet, warum eine Person sich in verschiedenen Situationen gleichbleibend verhält und warum Menschen entweder die gleichen bleiben oder sich im Laufe der Zeit verändern.

Persönlichkeit als Konsistenz

Was nun charakterisiert ein Individuum wirklich? Ohne groß nachzudenken sind wir in der Lage, unsere Freunde wiederzuerkennen, selbst wenn wir sie längere Zeit nicht gesehen haben. Wenn wir eine Person gut genug kennen, können wir sie sogar aus der Schilderung ihres Verhaltens durch irgend jemand anderen wiedererkennen. („Oh, das muß Peter gewesen sein. Er macht immer solche Sachen".) Wie schaffen wir das? Der Schlüssel hierfür scheint in der *Konsistenz* (Beständigkeit) zu liegen. Wir können Menschen wiedererkennen und sie anderen gegenüber charakterisieren aufgrund der Art, wie sie sich „prinzipiell" verhalten. Selbst wenn sie sich ständig unvorhersagbar verhalten, ist dies ein Merkmal, das sie von weniger sprunghaften Leuten unterscheidet. Aber die Sache ist weitaus komplexer. Versuchen Sie einmal den folgenden Test. Denken Sie über 2 Menschen nach, die in Ihrem Leben eine wichtige Rolle spielen – einen, den Sie mögen und einen, den Sie nicht mögen. Ist einer von den beiden primär „gut" (stark, freundlich, verständnisvoll) oder primär „schlecht" (schwach, grausam, rücksichtslos)? Oder hängt das von den Umständen ab? Nun denken Sie einmal über sich selbst nach und beantworten Sie diese beiden Fragen.

Sehr häufig führen die Ergebnisse dieses einfachen Experiments zu der Entdeckung, daß wir andere Leute, die wir gut kennen, als ziemlich gleichbleibend gut oder schlecht ansehen, und zwar unabhängig von der Situation, während wir uns selbst als mehr von Umständen beeinflußt und daher auch variabler sehen. Dieses Paradoxon erhellt unsere Neigung, dem Verhalten anderer Konsistenz zuzuschreiben und konsistente Reaktionsmuster und Eigenschaften zu formulieren, wenn wir andere Menschen charakterisieren.

Diese Neigung, bei anderen Beständigkeit wahrzunehmen, stellt eine Ausweitung der allgemeinen Tendenz dar, Konsistenz in allen Ereignissen überhaupt zu sehen. Dies ist Teil eines allgemeinen Prozesses, uns die Welt so einzurichten, daß sie für uns zusammenhängend, geordnet und leichter vorhersagbar wird. So müssen wir die Frage aufwerfen: Ist die Konsistenz, die wir im anderen Menschen zu erkennen glauben und um die herum Theorien über Charaktereigenschaften aufgebaut werden, eigentlich wirklich in den entsprechenden Menschen vorhanden, oder existiert sie nur in den Köpfen naiver Beobachter oder spitzfindiger Persönlichkeitstheoretiker?

Persönlichkeitstheoretiker unterscheiden sich beträchtlich darin, wie sie diese Konsistenz beschreiben und zu erklären versuchen. In diesem Kapitel werden wir uns zunächst mit einigen dieser unterschiedlichen Auffassungen über das Wesen der Persönlichkeit beschäftigen. Weiterhin werden wir uns dann den komplizierten Prozeß der Persönlichkeitsbeurteilung ansehen: wie Tests und andere Hilfsmittel verwendet werden in dem Versuch, das, worüber Persönlichkeitstheoretiker spekulieren, zu messen und auf Zahlen und Bezeichnungen zu reduzieren.

Unter der Lupe

„Im großen und ganzen scheinen mir die Menschen ziemlich beständig zu sein"

Ein Vorzug des „Common-sense"-Verständnisses liegt sicherlich darin, daß man Menschen nach ihren hervorstechenden Merkmalen charakterisieren kann, die sie in verschiedenen Situationen durchgängig zeigen. Wir alle kennen „gesellige", „schüchterne", „ehrenhafte" Leute, „impulsive Männer", „unselbständige Frauen" usw. Trotz unseres Vertrauens in die Zuverlässigkeit solcher Intuitionen, häuft sich eine beträchtliche Forschungsevidenz dafür, daß diese schlicht und einfach falsch ist.

Hier haben wir ein interessantes Paradoxon: Auf der einen Seite steht unsere naive Auffassung in Übereinstimmung mit der grundlegenden Annahme der meisten Persönlichkeitstheorien, es besteht eine Konsistenz der Persönlichkeit von einer Situation zur anderen. Was alle Persönlichkeitstheorien beschäftigt, ist die Erklärung des Warum und des Wie dieser individuellen Beständigkeit. Auf der anderen Seite zeigt die systematische Forschung, die versucht, das Verhalten einer Person in einer bestimmten Situation aufgrund von Persönlichkeitsmerkmalsausprägungen oder ihrem Verhalten in unterschiedlichen Situationen vorherzusagen, nur ziemlich geringe Voraussagbarkeit auf. Eine Auflösung dieser diskrepanten Sichtweisen wird vielleicht möglich, wenn man die Gründe dafür analysiert, daß wir (und die Persönlichkeitstheoretiker) geneigt sind, mehr Konsistenz *in* die Menschen hineinzusehen, als tatsächlich vorhanden ist.

Es gibt zumindest 10 gute Gründe für unsere intuitive Annahme, daß das, was uns für eine Person in einer Situation zuzutreffen scheint, auch für alle oder zumindest die meisten Situationen Gültigkeit haben soll (nach Bem u. Allen 1974).

1. Jeder von uns trägt eine „implizite Persönlichkeitstheorie" mit sich herum, mit deren Hilfe er aus beobachtetem Verhalten auf bestimmte Eigenschaften schließt und dann Vorhersagen in bezug auf andere, unbeobachtete Verhaltensweisen macht. Solche Theorien verleiten uns, mangelnde Beobachtungen von

dem, was *ist,* mit dem aufzufüllen, was unserer Persönlichkeitstheorie entsprechend *sein sollte.* Außerdem verallgemeinern wir, ausgehend von Bereichen, in denen offensichtlich einige Konsistenz besteht (wie etwa intellektuelle Fähigkeit oder kognitiver Stil), leicht zu stark auf solche Bereiche, in denen es in Wirklichkeit gar keine Konsistenz gibt.

2. Um menschliches Verhalten zu beschreiben, verlassen wir uns zu sehr auf die Verwendung von Eigenschaftswörtern. So gibt es z.B. im Englischen ca. 18000 Bezeichnungen für Eigenschaften. Wir neigen dazu, im Stil der Sprache zu *denken,* die wir zur Verfügung haben – d.h. eher im Sinne von Merkmalen oder Eigenschaften als im Sinne von Situationen.

3. Vielleicht ist das üppige Angebot an einzelnen Eigenschaftsbegriffen in der Sprache aufgrund der starken Betonung des Individuums sowohl in der Psychologie als in unserer Gesellschaft zu erklären. Wir neigen dazu, „Probleme" eher in Menschen als in Situationen zu verlegen. Daraus ergibt sich die Tendenz, Menschen ihren „Problemen" entsprechend zu etikettieren, und ein solches Etikett bleibt leicht haften.

4. Wir unterschätzen subtile situative Einflüsse, die bei verschiedenen Menschen unterschiedliche Reaktionen hervorrufen können. Den situativen Einfluß ignorieren wir besonders dann, wenn es andere betrifft und nicht uns selbst.

5. Gewöhnlich sehen wir bestimmte Menschen nur in begrenzten Teilbereichen ihres Lebens (manchmal nur in einem einzigen, wie etwa Lehrer und Schüler in der Schule), generalisieren aber unsere Beobachtungen auf andere für uns nicht einsichtige Bereiche.

6. Unsere Mitmenschen verhalten sich oft so, wie sie meinen, daß wir es von ihnen erwarten und übertreiben damit die Konsistenz, die wir ihnen unterstellen (aber vor anderen Beobachtern verhalten sie sich womöglich ganz anders).

7. Die meisten von uns können die Situationen, in die sie sich hineinbegeben, frei wählen, und man wird sich gewöhnlich solche Situationen aussuchen, in denen man sich aller Voraussicht nach wohl fühlen wird und denen man sich gewachsen glaubt. Bevorzugt werden in diesem Sinne vertraute Situationen, in denen die Wahrscheinlichkeit, neuen Anreizen, Konflikten oder Herausforderungen zu begegnen, möglichst gering ist. Es ist kein Wunder, daß wir uns in denjenigen Situationen konsistent verhalten, die wir uns ihrer Unveränderlichkeit wegen ausgesucht haben.

8. Oft beurteilen wir die anderen nicht aufgrund unserer Beobachtung ihres Tuns, sondern aufgrund dessen, was sie über ihr Tun berichten. Solche Selbstberichte geben aber häufig ein ganz schiefes Bild.

9. Wir sind durch den „ersten Eindruck" stark voreingenommen, und spätere Bewertungen werden immer wieder so zurechtgebogen, daß sie sich mit dem ursprünglichen „echten" Eindruck decken. Wenn eine Überzeugung sich erst einmal gefestigt hat, dann ist zu ihrer Aufrechterhaltung nur wenig Beweismaterial vonnöten, aber viel zu ihrer Widerlegung.

10. Wir neigen dazu, Konsistenz auch da zu sehen, wo sie gar nicht existiert, weil wir gelernt haben, Konsistenz mit Güte, Zuverlässigkeit, Standhaftigkeit usw. gleichzusetzen. Mark Twain drückte es so aus: „Es gibt Menschen, die uns einreden möchten, daß das Festhalten am alten Trott Konsistenz bedeutet – und eine Tugend, und daß das Aussteigen aus dem alten Trott Inkonsistenz ist – und ein Laster." (*Consistency,* 1923)

Persönlichkeitstheorien

Die vielen systematischen Ansätze, zu einem Verständnis der Persönlichkeit zu gelangen, lassen sich auf 4 grundlegende Denkmodelle zurückführen, die durch die folgenden Theorien repräsentiert sind: Merkmalstheorien, psychodynamische Theorien, humanistische Theorien und Lerntheorien.

Genauso wie kleine Kinder ständig nach Benennungen für die Objekte in ihrer Umwelt fragen, damit sie diese einordnen können, verhalten wir Erwachsene uns, wenn wir Menschen entsprechend ihrer Persönlichkeitsmerkmale etikettieren und klassifizieren. Klassifizierung hilft, sinnvolle Ordnung in die Vielfalt der Erscheinungen zu bringen und vermindert die Anzahl gesonderter Entitäten, mit denen wir uns beschäftigen müssen. Indem wir klassifizieren, tun wir den ersten Schritt zur Einordnung unserer Erfahrungen in ein Kategoriensystem, wodurch sich die Menge des einzeln Erlebten auf eine überschaubare Zahl allgemeiner Erfahrungen reduziert. Das, was konkret und unterschiedlich auftritt, wird durch allgemeine, abstrakte Begriffe der Einheitlichkeit ersetzt. Sobald die Klassifikation festgelegt ist und die Menschen den entsprechenden Klassen zugeteilt sind, suchen wir alle Gleichartigkeiten zwischen den zu einer Kategorie gehörenden zu bestimmen. Sodann fangen wir an, Vorhersagen über die Wahrscheinlichkeit zu treffen, mit der auf irgendeinen, einer bestimmten Kategorie zugeteilten Menschen die dafür typischen Persönlichkeits- und Verhaltensmerkmale zutreffen. Bedienen Sie sich zur Einordnung von Menschen in ihrer Umgebung manchmal einer der folgenden Klassifizierungen? Semester, Geschlecht, Rasse, Nationalität, Religionszugehörigkeit, Körperbau, Studienfach?

Diese Art des Klassifizierens ist ein Einteilen in bestimmte Kategorien oder Typen. Die Einteilung in Typen ist eine *Alles-oder-nichts-Klassifikation,* bei der eine Person *einer* von wenigen möglichen Kategorien zugewiesen wird, die einander in keiner Weise überschneiden.

Persönlichkeitstypologien stellen Versuche dar, die Beziehung zwischen dem Verhalten einer Person und einem einfachen, deutlich sichtbaren Merkmal, das sie selbst aufweist oder das als für die entsprechende Zuordnungskategorie typisch angenommen wird, zu vereinfachen: wenn dick, dann fröhlich; Studienfach: Ingenieurwesen (Maschinenbau), dann konservativ; weiblich, dann gefühlsbetont usw. Solche Typologien waren schon immer sehr populär, denn sie schaffen die Illusion, daß das komplizierte Unterfangen, die menschliche Natur zu verstehen und

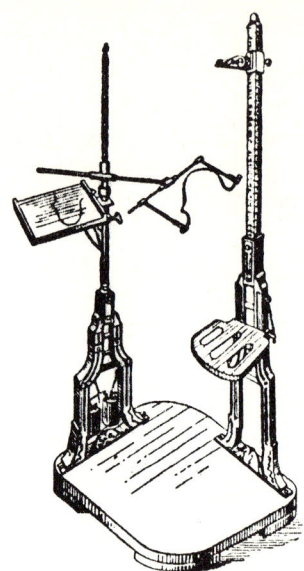

Abb. 11.2. Cesare Lombroso verwendete Instrumente wie den hier abgebildeten „Kraniographen", um damit die Schädel Krimineller zu messen. Er entwickelte ein Klassifikationssystem krimineller Typen

über sie Vorhersagen zu treffen, doch recht einfach sei.

Der italienische Kriminologe Cesare Lombroso entwickelte eine Typologie, der die Formen des menschlichen Gesichts zugrunde lagen. Angeblich sollte man aus diesen kriminelle Disposition ablesen können (vgl. Abb. 11.2).

„In scharfem Gegensatz zur engen Stirn und der flachen Schädelwölbung ist das Gesicht des Kriminellen – wie bei den meisten Tieren – unverhältnismäßig groß. Dieses Phänomen steht in engem Zusammenhang mit ausgeprägterer Entwicklung der Sinnesorgane im Vergleich zu der der Nervenzentren. … Asymmetrie ist ein allgemeines Merkmal der Verbrecherphysiognomie. Augen und Ohren liegen oft nicht in der gleichen Höhe und sind nicht gleich groß, die Nase ist etwas zur Seite geneigt usw. Dieser Asymmetrie entspricht eine ausgeprägte Unregelmäßigkeit in den Sinnen und Funktionen" (Ferrero 1911).

Die am besten ausgearbeitete Theorie der Persönlichkeitstypen entwickelte aber ein amerikanischer Arzt, namens Sheldon (1942). Sheldon versuchte eine Beziehung zwischen Körperbau und Temperament herzustellen. Er bewertete den Körperbau *(Somatotyp)* entsprechend einer 7-Punkte-Skala hinsichtlich seiner Zugehörigkeit zu einer der folgenden Kategorien: *endomorph* (dick, weich, rund), *mesomorph* (musku-

Abb. 11.3. Sheldons Theorie der Somatotypen stellt einen (untauglichen) Versuch dar, den Körperbau mit Persönlichkeitscharakteristika in Beziehung zu setzen

lär, rechteckig, stark) oder *ektomorph* (dünn, lang, schmächtig). Ein Mensch mit einem Bewertungsindex 1:3:7 wäre ein Ektomorpher mit etwas Muskeln und ohne Fett; er könnte vielleicht ein Langstreckenläufer sein. Ein Index von 7:5:1 dagegen könnte für einen japanischen Sumoringer charakteristisch sein (vgl. Abb. 11.3).

Sinn und Zweck der Typologie war es aber, eine Verknüpfung zwischen Physis (unterschiedliche Formen des Körperbaus) und Persönlichkeit herzustellen. Sheldons Persönlichkeitstheorie erschuf augenfällige Verknüpfungen zwischen Körpergröße und Typ auf der einen Seite und Betätigungstendenzen und -vorlieben auf der anderen. Endomorphe sind entspannt, essen gern, sind gesellig und auf ihre Verdauungsorgane abgestimmt. Mesomorphe werden durch die (muskuläre) Qualität ihres Körpers geprägt; sie sind energiegeladen, aktiv, mutig und zur Selbstbehauptung disponiert. Beim Ektomorphen spielen Gehirn und Nervensystem die entscheidende Rolle; er hat ein denkerisches, künstlerisches, introvertiertes Temperament und reflektiert lieber über das Leben, anstatt aktiv an ihm teilzunehmen. Für eine aus Körper-

bautypen abgeleitete Vorhersage individuellen Verhaltens hat sich Sheldons Typologie als wenig nützlich erwiesen; jedenfalls ist sie dann kaum noch zutreffend, wenn man die Stereotypen ausschaltet, die die Bewertungsergebnisse der Beurteiler verzerren (Tyler 1965).

Das Verhältnis von Merkmalen ("Traits") zu Typen läßt sich mit dem von Gedankenstrichen zu Punkten vergleichen. Dem Begriff der Typen liegt die Annahme getrennter Einzelkategorien zugrunde, während Merkmale das Zugrundeliegen einer Dimension der Kontinuität implizieren. Ein Merkmal ist ein psychologisches Konstrukt oder eine Persönlichkeitsdimension, wonach man Individuen (der Merkmalskombination entsprechend) einordnen kann. Guilford (1959) sagte: „Ein Merkmal kann alles sein, was ein Individuum in erkennbarer und relativ beständiger Weise von einem anderen unterscheidet".

Allports Merkmalstheorie

Der einflußreichste Traittheoretiker war Allport (1937, 1961, 1966). Nach seiner Auffassung sind Traits (charakteristische Merkmale, Eigenschaften) die Bausteine der Persönlichkeit, die Wegweiser für das Handeln eines Menschen und der Ursprung seiner Einmaligkeit als Individuum. *Traits werden definiert als hypothetisch abgeleitete Prädispositionen, die das Verhalten eines Individuums in konsistenter und charakteristischer Weise bestimmen.* Darüber hinaus bewirken Traits auch deshalb Konsistenz des Verhaltens, weil sie überdauernde Eigenschaften von allgemeiner oder ausgedehnter Reichweite sind, d.h. sie stehen zwischen einer Vielzahl unterschiedlicher spezifischer Reize und Reaktionen und vereinheitlichen diese (Tabelle 11.1).

Allport identifizierte drei Klassen von Eigenschaften ("Traits"). *Kardinaleigenschaften* sind die Persönlichkeit stark beherrschende Dispositionen, die für die gesamte Organisation des Lebens einer Person bestimmend sind. So mögen die einen zu Macht oder Leistung disponiert sein, die anderen zur Selbstaufopferung zum Wohle ihrer Mitmenschen. Weniger dominierend, aber dennoch von großer Wirkungsbreite und allgemeinem Einfluß sind *Zentraleigenschaften*. Die spezifischen Eigenschaften, die unsere Handlungen innerhalb begrenzterer Wirkungsbahnen leiten, werden *Sekundäreigenschaften* genannt.

Eigenschaften bilden die Struktur der Persönlichkeit, und diese wiederum determiniert das Verhalten eines Individuums. Nach Allports Auffassung ist eher die Persönlichkeitsstruktur als Umweltbedingungen der entscheidende Faktor für die psychologische Gegebenheit. Mit dem Satz: „Dasselbe Feuer, das die Butter schmilzt, macht das Ei hart" brachte er allegorisch seine Überzeugung zum Ausdruck, Reize hätten auf verschiedene Individuen verschiedene Wirkungen. Obwohl er *allgemeine Eigenschaften* anerkannte, die Menschen in einer gegebenen Kultur gemeinsam haben, war Allport doch in erster Linie daran interessiert, die *einzigartigen Eigenschaften* zu entdecken, die jeden Menschen zu einem einmaligen Wesen machen. In einer späteren Schrift (1966) macht er klar, daß der Zentralbegriff "Trait" als grundlegender, allgemeiner Terminus aufzufassen ist, der „alle überdauernden Möglichkeiten zur Handlung" einbegreift. Diese umfassen langzeitige Einstellungen, Meinungen, „Dispositionen zur Wahrnehmungsreaktion" und „kognitive Stile".

Allport erachtete Traits als die „akzeptabelsten Einheiten für Forschungsuntersuchungen in der Psychologie der Persönlichkeit" (1937) und faßte sie als „biophysikalische Gegebenheiten" auf – als die individuellen Gegebenheiten, die über neurale und mentale Energien darauf Einfluß nehmen, wie wir denken, fühlen und handeln.

Drei weitere bekannte Persönlichkeitstheoretiker müssen erwähnt werden: Cattell (1965), Guilford (1967) und der britische Psychologe Hans Eysenck (1967, 1973) (s. „Unter der Lupe", S. 404). Trotz gewisser Unterschiede in ihren Auffassungen teilen sie die folgenden Annahmen:

a) Persönlichkeitsmerkmale sind Grundeinheiten der Persönlichkeitsorganisation;
b) sie werden aus den Meßergebnissen von Verhaltenstests abgeleitet;
c) sie verleihen der Persönlichkeit Kontinuität und Konsistenz, indem sie Verhalten und Reizreaktionen vereinheitlichen;
d) sie können entweder Oberflächenmerkmale ("surface traits") sein (Anhäufungen von unmittelbar hervortretenden Reaktionen, die untereinander in Wechselbeziehung stehen), oder sie können Grundeigenschaften ("source traits") sein (Bedingungen und Prozesse, die dem an der Oberfläche manifestierten Verhalten zugrundeliegen und es determinieren).
e) Persönlichkeitsbeurteilung hat die Aufgabe, zwischen Oberflächen- und Grundeigen-

Tabelle 11.1. Traits als intervenierende Variablen

Reiz	Merkmal (Trait)	Reaktionen
Eine Rede halten Zu einer Party gehen Fremde Leute kennenlernen Intime Begegnungen Einen defekten Artikel zurückbringen (reklamieren)	Schüchternheit	Vermeidung Ängstlichkeit Selbstabwertung Unbeholfene Reaktionen Erröten Isolation

Traits können als intervenierende Variable auftreten, die solche Reiz- und Reaktionsgruppen miteinander in Verbindung bringen, die auf den ersten Blick wenig miteinander zu tun zu haben scheinen.

schaften zu unterscheiden und die kleinste Anzahl dieser Grundeinheiten der Persönlichkeit zu identifizieren, die geeignet ist, die größtmögliche Variabilität des menschlichen Verhaltens zu erklären.

f) Die Entwicklung ausgefeilter Testmethoden dient der quantitativen Bestimmung individueller Unterschiede auf der Grundlage von Merkmalsdimensionen. Merkmalstheoretiker erheben unter Anwendung der nomothetischen Methode (psychologische Messung individueller Verschiedenheiten) Persönlichkeitstestdaten. Sie gewinnen sie durch die Testung unter standardisierten Bedingungen aus großen Stichproben. Durch den Einsatz wirksamer statistischer Techniken (wie die Faktorenanalyse) können die über alle Individuen hinweg bestehenden Assoziationsmuster zwischen den Merkmalen auf die kleinste Anzahl reduziert werden, die vermutlich den Kern der Persönlichkeit bildet.

Kritik an den Merkmalstheorien

Es wurde die Kritik erhoben, Merkmalstheorien seien keine wirklichen Theorien, da sie keine *Erklärung* dafür bieten, wie Verhalten kausal determiniert ist, sondern nur Merkmale feststellen und benennen, die mit Verhalten *korreliert* sind. Darüber hinaus bieten sie keine theoretische Erklärung der Entwicklung der Persönlichkeit und ihrer Elemente, während deren Ursprünge oder die dynamische Wechselbeziehung zwischen den Traits, die angenommenermaßen gemeinsam die Persönlichkeit gestalten, nicht in entsprechender Weise berücksichtigt werden. Mit nomothetischen Methoden konnte kein empirischer Nachweis dafür erbracht werden, daß Merkmale über Situationen und Zeiten hinweg irgendeine wesentliche Konsistenz haben. Allports Vorgehensweise mit seinem beispielhaften, auf intensiven Langzeitstudien basierenden Ansatz hat kaum Nachfolger gefunden. Im Gegenteil, in ihrem Bestreben, allgemeine Grundmerkmale aufzufinden, die individuelle Reaktionsunterschiede auf die gleiche Bedingung erklären, opfern die heutigen Merkmalstheoretiker die individuelle Einmaligkeit der Persönlichkeit auf.

Ein positiv zu wertender Punkt der merkmalstheoretischen Ansätze ist allerdings die Erkenntnis, daß Verhaltensvorsagen sich in der Regel durch gemeinsame Berücksichtigung von Situationsvariablen *und* Dispositionsvariablen verbessern lassen. Psychologische Wirklichkeit läßt sich selten in einfachen Haupteffekten entdecken, wo *eine* Reizvariable das Verhalten determiniert. Viel öfter geht es um eine *Interaktion* von Variablen. In der Regel hat eine gegebene Variable auf das untersuchte Verhalten keinen Direkteinfluß, sondern der Effekt ist *abhängig* von einer oder mehreren weiteren Variablen. Um folglich Vorsagen hinsichtlich des Erinnerungsvermögens eines Menschen treffen zu können, müssen in der Untersuchung über Extraversion und Gedächtnis (s. u.) sowohl die Extraversion-Introversion-Kategorie als auch die Zeitabschnitte für das Wiedererinnern bekannt sein. Die Leistung wird determiniert durch die Interaktion zwischen Persönlichkeitsmerkmal und Reiz.

Psychodynamische Theorien

Gegen Ende des 19. Jahrhunderts rief Charles Darwin seinen Zeitgenossen ins Bewußtsein, daß Mensch und Tier durch Gemeinsamkeiten miteinander verbunden sind. Darauf zögerten die Psychologen nicht lange damit, Darwins „Instinkt"begriff zu übernehmen. Der Begriff „Instinkt" war ursprünglich nur benutzt worden, um stereotype Verhaltensmuster der Tiere zu erklären, jetzt aber wurde ihm die Bedeutung der Kraft beigelegt, die praktisch hinter jeder menschlichen Handlung steht. Griff jemand etwa andere Leute tätlich an, so nahm man an, er handele aus einem „Kampfinstinkt". War jemand geizig, so sprach man von einem „Hamsterinstinkt". Allerdings kam bei dieser Art des

Extravertierte lassen nach, während Introvertierte in Form kommen

Eysenck entwickelte einen Persönlichkeitsinventar, anhand dessen man bei den Getesteten Merkmalsunterschiede die Grundmuster Introversion bzw. Extraversion feststellen kann. Extravertierte sind gesellig, aus sich herausgehend, aktiv, impulsiv und „hart im Nehmen". Introvertierte sind, psychologisch gesehen, ihr genaues Gegenteil; sie sind zartbesaitete Menschen, die man als zurückgezogen, nach innen gerichtet, passiv, vorsichtig und nachdenklich kennt (Eysenck u. Eysenck 1968).
Introvertierte haben vermutlich von Geburt an ein sensibleres, leichter erregbares autonomes Nervensystem als Extravertierte. Es wurde aufgezeigt, daß Introvertierte eine niedrigere Schmerzschwelle haben als Extravertierte und daß ihre Konditionierung mit schwachen nicht-konditionellen Reizen oder partiellem Verstärkungstraining schneller erfolgt. Andere Untersuchungen haben ergeben, daß Assoziationen, die unter schwach erregenden Reizbedingungen gelernt werden, unmittelbar nach dem Lernen besser behalten werden als solche, die von einem hohen Erregungsniveau begleitet waren. Die zur Erklärung dieser Ergebnisse entwickelte Theorie besagte, daß starke Erregung in einer erhöhten Konsolidierung der gelernten Information resultiert. Starke Konsolidierung aber sollte einen interferierenden Einfluß auf die unmittelbare Wiedererinnerung haben, doch überdauernder sein und das Behalten über lange Zeiträume begünstigen. Eysenck kombinierte diese Vorstellungen zur Vorhersage hinsichtlich des unterschiedlichen Erinnerungsvermögens bei Extravertierten und Introvertierten.
Britische Studenten, die entweder extrem extravertiert oder extrem introvertiert waren, legte man eine durch Paarassoziation zu ler-

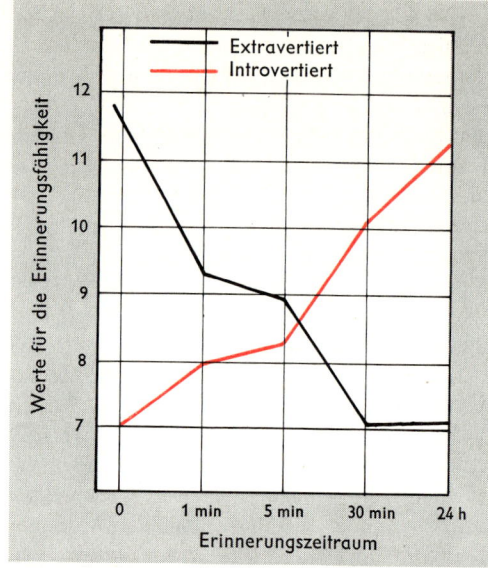

nende Aufgabe vor und testete sie zu 5 verschiedenen Zeitpunkten hinsichtlich ihres Erinnerungsvermögens (s. Kap. 7, S. 264). Die Vorhersage lautete, daß die Introvertierten anfangs schlechte Leistungen zeigen würden, weil ihre starke Erregung die Kurzzeiterinnerung beeinträchtigen würde. Bei den Extravertierten wurden gute Anfangsleistungen erwartet. Im Verlauf der Zeit sollten sich diese Effekte jedoch beide in ihr Gegenteil verkehren: Die stärkere Konsolidierung bei den Introvertierten sollte deren spätere Erinnerungsleistung steigern, während sich die schwächere Konsolidierung bei den Extravertierten zwar im Kurzzeitbereich weniger interferierend bemerkbar machen, aber dann als weniger beständig erweisen und die Langzeitbehaltensleistung nicht erhöhen sollte. Die in der Abbildung (aus Eysenck 1973) dargestellten Meßergebnisse bestätigen eindeutig die Vorhersage. Extravertierte mit ihrem niedrigeren Erregungsniveau schneiden zwar anfänglich gut ab, lassen aber im Lauf der Zeit nach (Howarth u. Eysenck 1968).

Erklärungsversuchs nicht viel heraus. Wenn Psychologen eine neue Verhaltensweise erklären wollten, brauchten sie nur einen neuen Instinkt zu postulieren und hatten damit zwar einen weiteren psychologischen Fachausdruck geschaffen, aber nicht das geringste zum besseren Verständnis des psychologischen Prozesses gewonnen.

Wie aus einer Übersichtsarbeit von Bernard (1924) hervorgeht, waren bis zu den 20er Jahren mindestens 849 verschiedene Instinktklassen vorgeschlagen worden. Offensichtlich bedurfte es eines fruchtbareren Ansatzes. Sigmund Freud gab nicht nur dem Konzept der menschlichen Instinkte eine neue Bedeutung, er revolutionierte auch die Auffassung von der menschlichen Persönlichkeit selbst.

Freud hatte zahlreiche komplexe und scharfsinnige Vorstellungen über Ursprünge, Entwicklung und Ausdruck der normalen wie der abnormen Persönlichkeit. An dieser Stelle kann nur ein skizzenhafter Abriß gebracht werden; zur Gewinnung eines besseren Einblicks sei dem Leser jedoch die Lektüre folgender Schriften empfohlen:

Freud (1904): *Zur Psychopathologie des Alltagslebens;*

Freud (1923): *Vorlesungen zur Einführung in die Psychoanalyse;*

Munroe *(1955):* Schools of Psychoanalytic Thought.

Grundkonzepte

Freuds Ansatz zum Verständnis der Persönlichkeit umfaßt eine Reihe charakteristischer Konzepte. Es bestehen zwar unterschiedliche Auffassungen zwischen Freud und manchen seiner Nachfolger (wie etwa Jung, Adler und Sullivan); diese Abweichungen ergeben sich aber aus verschiedenartiger Akzentsetzung und berühren nicht die maßgeblichen Grundvorstellungen, die das Kernstück des psychodynamischen Ansatzes ausmachen: a) extremer psychischer Determinismus, b) entwicklungspsychologischer Ansatz, c) biosoziale Instinkte, d) unbewußte Vorgänge und e) zielgerichteter motivationaler Determinismus.

Determinismus

Gegen Ende des 19. Jahrhunderts war die *Hysterie* in Europa eine häufige Krankheit, für die man keine plausible Erklärung hatte. Die Patienten litten unter funktionalen Beeinträchtigungen ohne erkennbare organische Ursache. Zum Beispiel wurden Menschen (vorwiegend Frauen) bei intaktem Nervensystem und ohne Vorliegen organischer Schäden von Lähmung oder Blindheit befallen. Freud untersuchte als Arzt die bizarren Symptome dieser psychischen Störung und versuchte, sie zu behandeln. Zusammen mit seinem Kollegen Breuer entdeckte er, daß sich oft ein sinnvoller Zusammenhang zwischen einem spezifischen körperlichen Symptom und einem in Vergessenheit geratenen Ereignis im Leben des Patienten herstellen ließ. Es konnte z.B. vorkommen, daß eine blinde Patientin sich in Hypnose wieder daran erinnerte, in ihrer Kindheit die Eltern beim Geschlechtsverkehr beobachtet zu haben. Während sie nun als Erwachsene ihre erste eigene geschlechtliche Begegnung antizipierte, wurden dadurch mächtige, mit dieser beunruhigenden und psychisch traumatischen Kindheitserfahrung in Verbindung stehende Gefühle in ihr erregt. Die Blindheit repräsentierte symptomatisch den Versuch der Patientin, den früheren Vorfall ungeschehen zu machen (als hätte sie ihn nie gesehen) und vielleicht darüber hinaus auch noch ihre eigenen sexuellen Gefühle zu verleugnen. Ihr Symptom hatte also auch noch eine sekundäre Funktion *(sekundärer Krankheitsgewinn):* es machte sie hilflos und abhängig und brachte ihr Aufmerksamkeit, Trost und Anteilnahme von seiten anderer ein.

Freuds Analyse zeigte, daß die Symptome weder willkürlich noch zufällig waren, sondern in sinnvollem Zusammenhang zu wichtigen Lebensereignissen standen. Er glaubte, durch sorgfältige, eingehende Analyse der Lebensgeschichte eines jeden Patienten sei es möglich, die Ursprünge seltsamer psychischer Störungen sowie auch des selbst von normalen Menschen ab und zu gezeigten irrationalen Verhaltens zu rekonstruieren.

Sein extremer Determinismus kann auf die einfache Formel gebracht werden: „Kein Verhalten ist zufällig". Er ging davon aus, daß die Determinanten des Verhaltens zwar nicht offen erkennbar seien, daß aber *Psychoanalyse die Determinanten, d.h. die verursachenden Faktoren, für jegliche menschliche Handlung aufdecken könne.* Folglich wurden die Methoden der empirischen Untersuchung und der rationalen Analyse als Schlüssel zum Geheimnis der pathologischen wie auch der normalen Persönlichkeit angesehen.

Ursprünge in der individuellen Entwicklungsgeschichte

Maßgebliche Verhaltensaspekte der Erwachsenenpersönlichkeit werden als Produkte von Adaptationserfahrungen aufgefaßt, die das Individuum bei der Bewältigung von Umweltanforderungen gemacht hat. Der Verlauf der Persönlichkeitsentwicklung wird „von der Wiege bis zur Bahre" als *kontinuierlich* angesehen. Aber die größte Bedeutung wird den Erlebnissen des Säuglings- und frühen Kindesalters beigemessen, weil sie in diesen frühen Phasen den tiefgreifendsten Einfluß auf die Bildung der Persönlichkeit haben. Durch die Freudsche Theorie wurde die wissenschaftliche Beschäftigung mit Säuglingen und Kindern populär und respektabel. Interessanterweise basierten Freuds Theorien nicht etwa auf einer direkten Beobachtung von Kindern, sondern auf Schilderungen, die ihm seine erwachsenen Patienten von Kindheitserlebnissen gaben.

Instinkte (Triebe)

Freud suchte nach einem Weg, um zwischen bei seinen Patienten beobachteter psychischer Abnormität und der normalen biologischen Grundlage eine Beziehung herstellen zu können. Diese Grundlage vermutete er – als geschulter Mediziner – im Bereich der Psychobiologie; d. h. den Vorstellungen seiner Zeit entsprechend, in den menschlichen Instinkten (oder „Trieben"). Er glaubte, das Verhalten bezöge seine Kraft aus Trieben, die wiederum in physischen Prozessen ihre Ursprünge hätten. Wiederholte körperliche Erregungszustände schaffen, gemäß seiner Vorstellung, die Energie für unsere verschiedenen Triebe. Triebe stellen angeborene Spannungsstrukturen dar, hinter denen die Körperorgane stehen. Triebverhalten zielt darauf ab, erlebte Spannung zu mildern. Es gibt viele Möglichkeiten (Verhaltensweisen) zur Befriedigung der Triebansprüche. Somit besteht die Aufgabe der Psychoanalyse darin, die Instinktgrundlage der beobachteten Handlungen (oder Symptome) aufzuspüren.

Zwei Hauptklassen der Triebe sind: Ich-Triebe und Sexualtriebe. Ich-Triebe gehören zum Selbsterhaltungssystem; Sexualtriebe haben mit dem Drang zur Arterhaltung zu tun. Mit seiner Auffassung des Sexual- oder Lebenstriebes, auch *Eros* genannt, gab Freud jedoch dem Begriff der menschlichen Sexualität einen sehr viel weiteren Bedeutungsumfang.

Der Drang zur sexuellen Vereinigung wurde nur als eine besondere Ausdrucksform des Eros verstanden. Der Erosbegriff schließt alles ein, was auf Lustgewinn, körperlichen Kontakt und sogar schöpferische Synthese abzielt. Die Energie, die hinter diesen Triebkräften steht, wird *Libido* genannt. Wie wir schon gesehen haben (Kap. 3, S. 125), entsteht der Sexualtrieb nicht erst in der Pubertät, sondern ist schon in der frühen Kindheit wirksam. Frühkindliche Sexualität war zur viktorianischen Zeit eine sehr gewagte Vorstellung. Für Freud bedeutete sie Lustgewinn des Kindes durch physiologische Stimulation der Genitalien oder anderer sensibler Körperzonen. Zu diesen anderen „erogenen" Zonen gehören Mund und Anus. Der Sexualtrieb wurde als eine primitive unbeugsame Kraft angesehen, die Befriedigung verlangt – durch Lustsuche und Schmerzvermeidung (sie wird *Lustprinzip* genannt). Zuweilen erfolgt die Befriedigung des Eros indirekt und in der Verkleidung von Wünschen, Phantasien oder Handlungsweisen, die nicht sinnvoll erscheinen.

Die klinische Beobachtung von Kriegsteilnehmern aus dem 1. Weltkrieg, die traumatische Erfahrungen hinter sich hatten, veranlaßte Freud, über das Lustprinzip hinauszugehen. *Thanatos (Todestrieb)* ist ein Drang zu aggressivem und zerstörerischem Verhalten. Er gehört mit zu der Tendenz aller Lebewesen zur Rückkehr in einen anorganischen Zustand, die *Entropie ("Wärmetod")*.

Wir müssen im Auge behalten, daß Sexualität und Aggression (vgl. Abb. 11.4) hier als Hauptaspekte der *normalen* Persönlichkeit aufgefaßt werden. Die Lust am Zerstören kann man allerdings bei normalen Kindern und Erwachsenen ohne weiteres beobachten, z. B. wenn jemand mit einem kurzen Fußtritt eine Sandburg kaputtmacht oder eine Hausfassade verunstaltet, indem er Kritzeleien einritzt, oder wenn er ein Auto zertrümmert.

Unbewußte Prozesse

Schon die der Idee der Unschuld Abbruch tuende Vorstellung kindlicher Sexualität begegnete großer Ablehnung; noch schärferen Widerstand aber setzte man einer anderen neuen

Vorstellung Freuds entgegen, der des *Unbewuß-ten*. Auch andere Autoren hatten auf einen solchen Prozeß hingewiesen, aber Freud stellte sein Konzept der unbewußten Determinanten menschlichen Denkens, Fühlens und Handelns auf eine ganz besondere Basis. Das Unbewußte ist ein *Prozeß*, nicht nur eine Entität oder ein Teil des menschlichen Geistes: Unbewußte Triebe können das Verhalten motivieren. Es ist möglich, daß wir handeln, ohne zu wissen warum oder ohne daß uns die wahre Ursache unseres Handelns direkt einsichtig wäre. Unser Verhalten hat einmal einen *manifesten* Gehalt: das, was wir sagen, tun, wahrnehmen; aber es kann auch einen *latenten* Gehalt haben, der uns durch unbewußte Prozesse verborgen ist. Die Bedeutung neurotischer Symptome (vgl. Abb. 11.5) ebenso wie der Träume, des Sichverschreibens oder -versprechens und anderer psychopatholo-

Abb. 11.4. Freud behauptete, beim Menschen sei Aggressivität – ebenso wie das Sexualverhalten – triebbedingt

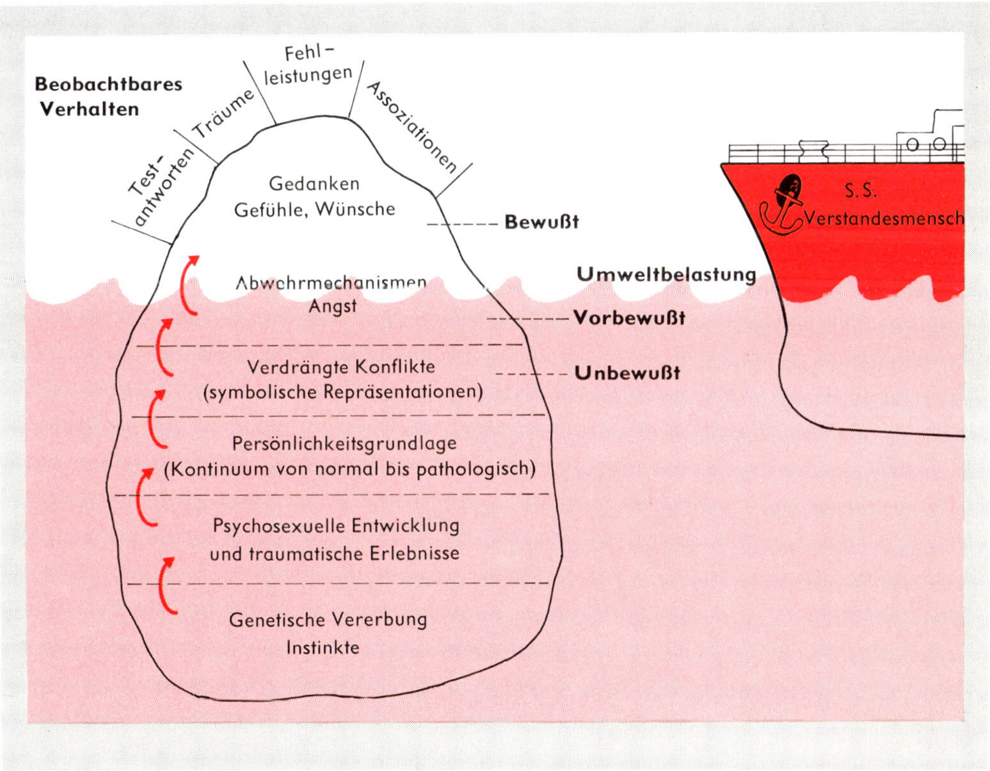

Abb. 11.5. Vor Freud nahm man an, daß menschliches Verhalten in den täglichen Situationen weitgehend durch bewußtes Denken und rationales Handeln bestimmt sei. Freud dagegen war der Überzeugung, daß die Gedanken und die Verhaltensweisen, die einer Person bewußt werden, nur einen kleinen Anteil seiner fortlaufenden Erfahrung ausmachen und daß die bestimmenden Einflüsse auf bewußte Gedanken und auf das beobachtbare Verhalten irrational, unbewußt und von früheren Entwicklungsphasen abhängig seien, d.h. jede Schicht beeinflußt die darüberliegende

gischer Aspekte des normalen Verhaltens können auf der unbewußten Ebene des Denkens und der Informationsverarbeitung gefunden werden.

Welchen Beweis gibt es dafür, daß es tatsächlich zu solchen Konflikten kommt? Freud fand darauf eine Antwort, die bald populärwissenschaftliches Allgemeingut werden sollte: die „Freudsche Fehlleistung". Nach Freuds Auffassung drängen die als nicht akzeptierbar empfundenen Triebimpulse, auch wenn sie noch so gehemmt, unterdrückt und verdrängt werden, immer wieder zum Ausdruck. Der Drang, unsere imaginären Verstöße gegen die Regeln der Gesellschaft offen bekanntzugeben, ist so stark, daß er sich einfach immer wieder durchsetzt und dabei vielerlei Formen annimmt. Das „Vergessen" eines wichtigen Zahnarzttermins oder das ständige Zuspätkommen bei Verabredungen mit einer bestimmten Person muß nicht zufallsbedingt sein. Es kann vielmehr bedeuten, daß sich die Tendenz, unsere echten Empfindungen und Gefühle auszudrücken, durchsetzen will. Wenn man ungebetene Gäste bei ihrer Ankunft mit den Worten begrüßt: „Schade – äh schön, daß Sie kommen konnten", kann dies die wahre Einstellung der Gastgeber ans Tageslicht bringen.

Nach Freud haben diese Fehlleistungen eine Bedeutung, die in der unbewußten Absicht begründet liegt. Zur Erklärung solcher „Versprecher" kann man nur das wirklich Gesagte heranziehen – auch wenn der Zuhörer eine andere Bedeutung erwartet hat oder wenn der Sprecher die Absicht hatte, sich anders auszudrücken. Freud meinte, daß solche Versprecher immer die tatsächliche Intention aufzeigen (vgl. Abb. 11.6).

Dynamische Motivation

Der Terminus „psychodynamisch" bezieht sich auf ein dem Menschen eigenes System zielgerichteter motivationaler Kräfte. Nach Freuds Vorstellung dient jegliches Verhalten einem bestimmten Zweck. Es gibt gute Gründe dafür, daß Menschen gewisse unangenehme Ereignisse vergessen, daß sie ihr Leben aufs Spiel setzen oder sich in der Öffentlichkeit dumm benehmen. Der Wunsch ist der Vater des Gedankens – unsere Handlungen entspringen unseren Wünschen. Sexuelle und aggressive Wünsche nehmen eine vorrangige Stellung ein, und sie lenken unser aus dem Unbewußten motiviertes Handeln auf spezifische Ziele hin oder von solchen Zielen weg. Laut Freudscher Theorie wird das zur Anpassung an die Lebensanforderungen gezeigte Verhalten eines Menschen unaufhörlich durch das Zusammenwirken von unbewußten und bewußten Prozessen triebhaft gesteuert.

Struktur der Persönlichkeit

Individuelle Unterschiede der Persönlichkeit meinte Freud dadurch erklären zu können, daß die einzelnen Menschen mit ihren maßgeblichen Trieben (Eros und Thanatos) verschieden umgehen. Zur Erklärung dieser Unterschiede entwarf er das Bild des unausgesetzten Kampfes zwischen zwei Teilen der Persönlichkeit, nämlich dem Es und dem Über-Ich, wobei einem dritten Aspekt des Selbst, dem Ich, eine Vermittlerrolle zukam.

Das *Es* wird als der primitive, unbewußte Anteil der Persönlichkeit verstanden, als das „Reservoir" der fundamentalen Triebe. Es arbeitet irrational; Impulse drängen nach Ausdruck und Befriedigung „ohne Rücksicht auf Verluste" und ohne zu erwägen, ob das Triebziel realisierbar oder moralisch vertretbar ist.

Im *Über-Ich* sind die Wertbegriffe eines Individuums einschließlich seiner durch die Gesellschaft vermittelten moralischen Haltungen verankert. Das Über-Ich entspricht in etwa dem *Gewissen;* es entwickelt sich, wenn das Kind die Verbote der Eltern und anderer Erwachsener internalisiert. Das Über-Ich beinhaltet auch das *Ich-Ideal,* das sich entwickelt, wenn das Kind die Wunschvorstellungen anderer über die Form und Richtung seiner Persönlichkeitsentwicklung verinnerlicht (sich zu eigen macht). So steht das Über-Ich als Repräsentant der Gesellschaft im Individuum häufig im Konflikt mit dem Es, dem Repräsentanten des Überlebens. Das Es will lediglich das, was angenehm ist, während das Über-Ich darauf besteht, das zu tun, was „richtig" ist.

Abb. 11.6. Übung zum Entdecken Freudscher Fehlleistungen: Lesen Sie den Brief einmal ganz schnell durch; anschließend noch einmal etwas sorgfältiger. Was signalisiert Mama aus ihrem Unbewußtsein an den Sohn, der sie gerade von seiner Verlobung mit einem Mädchen aus Richmond, Virginia, informiert hat?

My dear Son,

The news of your engagement came as a delightful surprise. Naturally we are very pleased at the results of your efforts. When must we meet the fair lady again? She seemed just to divine when we saw her at your new year's party. Richmond is such a long way — I hope you won't be going to Vaginia so often that you have no time left for studies.

We look forward to the future knowing that I have not lost a sun but a daughter.

Congratulations,
Mother

Mein lieber Sohn,

die Nachricht von Deiner Verlorung war für uns eine wunderbare Überraschung. Natürlich sind wir alle ganz entzückt über den schnellen Erfolg Deiner Bemühungen. Wann müssen wir damit rechnen, Deine Schöne wiederzusehen? Bei der ersten Begegnung auf unserer Neujahrsparty fanden wir sie wirklich ganz reizend. Bis Richmond ist es ja eine Riesenwegstrecke – ich hoffe, Du fährst nicht so oft nach Vagina, daß Dir keine Zeit mehr fürs Studium bleibt.

Wir blicken freudig in die Zukunft in dem Wissen, daß wir keinen Sohn verloren haben, sondern eine Tochter.

Meine frankulation,
Mutter

In diesem Konflikt spielt das *Ich* eine Schiedsrichterrolle. Es repräsentiert das Bild des Individuums von der physischen und sozialen Realität, d. h. seine Vorstellung darüber, was zu was führt und welche Dinge in der tatsächlich wahrgenommenen Welt realisierbar sind. Zum Teil besteht die Aufgabe des Ich darin, Handlungsweisen zu finden, die die Es-Impulse zwar befriedigen, aber unerwünschte Konsequenzen vermeiden. So würde wahrscheinlich das Ich den Impuls, von einer Klippe herunterzuspringen, um zu fliegen, blockieren und durch Fallschirmspringen oder Achterbahnfahren ersetzen. Geraten Es und Über-Ich in Konflikt, versucht das Ich im allgemeinen einen Kompromiß zu finden, der beide zumindest teilweise zufriedenstellt. Dann kann es einen oder mehrere unbewußte „Abwehrmechanismen" einsetzen.

Abwehrmechanismen des Ich

Der Kompromiß kann manchmal nur zustandegebracht werden, indem man seine Augen vor dem Es verschließt: seine Wünsche werden *verdrängt*. Hat z. B. ein Kind so starke Haßgefühle gegen ein Elternteil, daß es gefährlich wäre, sie auszuagieren, setzt die Verdrängung ein. Der feindselige Impuls drängt nicht mehr bewußt auf Befriedigung. Das bedeutet jedoch nicht, daß verdrängte Triebbedürfnisse – auch wenn man sie weder sehen noch hören kann – nun nicht mehr existent sind. Sie wirken in der Persönlichkeit weiter. Verdrängung ist der elementarste Abwehrmechanismus des Ich, mit dem es sich vor im Verlauf normaler menschlicher Entwicklung auftretenden Konflikten zu schützen sucht. *Verdrängung* trennt das, was wir hinsichtlich der Bedürfnisse und Instinkte gewahr werden, ab von deren motivierender Kraft.

In Situationen, die eine Wiederholungserfahrung des verdrängten Konfliktes potentiell beinhalten, reagieren wir mit *Angst*. Freud hält Angst für ein Gefahrensignal, das dann einsetzt, wenn ein verdrängter Konflikt im Begriff ist, ins Bewußtsein zu kommen. Nunmehr wird eine zweite Phalanx, bestehend aus einem oder mehreren weiteren Abwehrmechanismen (s. Tabelle 11.2), mobil gemacht.

Zum Beispiel wird in dem als Reaktionsbildung bezeichneten Abwehrmechanismus der unannehmbare Impuls in sein Gegenteil verkehrt: „Ich hasse mein Kind nicht. Ich liebe mein Kind.

Seht nur, wie ich das kleine Schnuckelchen mit Liebe überhäufe."

Abwehrmechanismen sind also von entscheidender Wichtigkeit für die psychologischen Adaptation des einzelnen. „Vom psychoanalytischen Standpunkt sind Abwehrmechanismen des Ich psychische Vorgänge, die auf die Lösung von Konflikten zwischen Triebzuständen, Angriffen und äußerer Realität abzielen. ... Sie schwächen die durch Streß erregten Emotionen ab, sie helfen das Gewahrsein gewisser Triebimpulse auf einem minimalen Niveau zu halten, sie geben dem Individuum Zeit, mit Traumata in seinem Leben fertigzuwerden, und sie helfen ihm, mit nichtbewältigbaren Verlusten umzugehen" (Plutchik et al. 1979).

Nach der Freudschen Theorie haben wir alle Triebansprüche, die in unserer Gesellschaft nicht realisierbar sind, und folglich machen wir alle bis zu einem gewissen Grade Gebrauch von den Abwehrmechanismen. Übermäßiger Einsatz von Abwehrmechanismen jedoch führt zur *Neurose*. Neurotische Menschen verwenden so viel Energie darauf, unakzeptable Triebimpulse umzuleiten, zu verbergen und umzukanalisieren, daß ihnen nur noch wenig Energie für ein produktives Leben oder befriedigende Beziehungen verbleibt.

Nach Freuds Konzeption ist jemand gesund oder gut angepaßt, wenn er sich in „Liebe und Arbeit" erfolgreich betätigen kann. Die Möglichkeit, einer Neurose zu entgehen, beurteilte er sehr pessimistisch. Er war in der viktorianischen Ära aufgewachsen und glaubte vielleicht deshalb, jede Gesellschaft müsse ihren Kindern beibringen, daß der Ausdruck elementarer Triebe weitgehend verwerflich sei.

Kritik an der Theorie Freuds

Gegen Freuds Theorie sowie gegen ihre Anwendung auf die normale Persönlichkeit und die psychoanalytische Behandlung der Neurose werden eine ganze Reihe Einwände erhoben.

a) Viele Konzepte sind verschwommen und nicht operational definiert. Folglich läßt sich ein Großteil der Theorie nicht durch empirische Tests und überprüfbare Vorhersagen evaluieren. Weil sie sich nicht einmal prinzipiell widerlegen läßt, bleibt ihr theoretischer Status fragwürdig.

Tabelle 11.2. Abwehrmechanismen des Ich

Begriff	Definition	Begriff	Definition
Kompensation	Verhüllung einer Schwäche durch Überbetonung eines erwünschten Charakterzuges. Frustration auf einem Gebiet wird aufgewogen durch übermäßige Befriedigung auf einem anderen	Projektion	Übertragung der Mißbilligung eigener Unzulänglichkeiten und unmoralischer Wünsche auf andere
Verleugnung	Schutz vor einer unangenehmen Wirklichkeit durch die Weigerung, sie wahrzunehmen	Rationalisierung	Der Versuch, sich einzureden, daß das eigene Verhalten verstandesmäßig begründet und so vor sich selbst und vor anderen gerechtfertigt ist
Verschiebung	Entladung von aufgestauten, gewöhnlich feindseligen Gefühlen auf Objekte, die weniger gefährlich sind als diejenigen, welche die Emotion ursprünglich erregt haben	Reaktionsbildung	Angstbeladene Wünsche werden vermieden, indem gegenteilige Intentionen und Verhaltensweisen überbetont und diese als „Schutzwall" verwendet werden
Emotionale Isolierung	Vermeidung traumatischer Erlebnisse durch Rückzug in Passivität	Regression	Rückzug auf eine frühere Entwicklungsstufe mit primitiveren Reaktionen und in der Regel auch niedrigerem Anspruchsniveau
Phantasie	Befriedigung frustrierter Wünsche durch imaginäre Erfüllung (z. B. „Tagträume")	Verdrängung	Verhinderung des Eindringens unerwünschter oder gefährlicher Impulse ins Bewußtsein
Identifikation	Erhöhung des Selbstwertgefühls durch Identifikation mit einer Person oder Institution von hohem Rang	Sublimierung	Befriedigung nicht erfüllter sexueller Bedürfnisse durch Ersatzhandlungen, die von der Gesellschaft akzeptiert werden
Introjektion	Einverleibung äußerer Werte und Standardbegriffe in die Ich-Struktur, so daß das Individuum sie nicht mehr als Drohungen von außen erleben muß	Ungeschehenmachen	Sühneverlangen für unmoralische Wünsche und Handlungen, um diese damit aufzuheben
Isolierung	Abtrennung emotionaler Regungen von angstbeladenen Situationen oder Trennung unverträglicher Strebungen durch straffe gedankliche Zergliederung. (Widersprüchliche Strebungen werden zwar beibehalten, treten aber nicht gleichzeitig ins Bewußtsein; man nennt das auch *Kompartmentbildung*		

b) Die Theorie erklärt alles post hoc, trifft aber viel weniger Vorhersagen. Ihre Anwendung erfolgt retrospektiv, als historische Rekonstruktion von Ereignissen und Motiven, die ein zur Diskussion stehendes Verhalten determiniert haben könnten.

c) Durch die Überbetonung der weit in der Vergangenheit liegenden Ursprünge, eines gegenwärtigen Verhaltens ist die Gefahr gegeben, daß aktuelle situative Reizbedingungen, die das jetzige Verhalten auslösen und aufrechterhalten, unbeachtet bleiben (vgl. Abb. 11.7).

Abb. 11.7. „Schon gut, tief im Innern ist es ein Schrei nach seelischem Beistand – aber im Moment ist es ein Überfall"

d) Die rein spekulativ entwickelte Theorie beruhte auf klinischer Erfahrung mit Menschen, die an Neurosen und anderen Anpassungsschwierigkeiten litten, d. h. bei denen in jedem Fall etwas „schiefgelaufen" war. Sie kann deshalb wenig über eine gesunde Persönlichkeit oder einen nicht grundsätzlich defensiven Lebensstil aussagen.

e) Schließlich basiert die gesamte Theorie auf einer sehr pessimistischen Sichtweise der menschlichen Natur, die sich mutmaßlich aus Konflikten, Traumata, Fixierungen und Ängsten heraus entwickelt. Sie berücksichtigt folglich nicht in angemessener Weise die positive Seite unserer Existenz, noch enthält sie eine Vorstellung der gesunden, nach Glück und größtmöglicher Verwirklichung ihres Potentials strebenden Persönlichkeit.

Selbst Freuds schärfste Kritiker erkennen an, daß er durch seine Beiträge das neuzeitliche psychologische Denken hinsichtlich der Persönlichkeit bereichert hat. In diesem Zusammenhang sollten wir uns daran erinnern, daß er die unbewußten Determinanten des Verhaltens und die dem Verständnis zugänglichen Ursprünge irrationaler und bizarrer Verhaltensformen in den Vordergrund stellte. Ferner bewirkte die Tatsache, daß er frühen Kindheitserfahrungen so große Bedeutung für die spätere Persönlichkeitsentwicklung beimaß, einen Anstoß zur ernsthaften psychologischen Beschäftigung mit der kindlichen Entwicklung. Hinzu kam auch noch, daß die Psychoanalyse der wissenschaftlichen Erforschung der Sexualität den Weg bahnte und ihre Bedeutung als Konfliktquelle und Ursache von Anpassungsproblemen aufzeigte. Seine psychoanalytische Behandlungsmethode der Neurose schließlich hat dazu beigetragen, daß wir besser verstehen können, wie in einer normalen Persönlichkeit „etwas falsch läuft", und sie hat auch einigen Patienten geholfen, wieder auf den richtigen Weg zu effektivem Verhalten zurückzufinden.

Theorien der Neofreudianer

Viele von Freuds Nachfolgern hielten fest an seinem grundlegenden Bild der Persönlichkeit als einem Schlachtfeld, auf dem unbewußte Primärtriebe sich mit sozialen Wertvorstellungen raufen.

Allerdings nahmen die meisten einige Veränderungen vor. Manche, wie Adler und Jung, warteten mit neuen Konzepten für die wichtigsten „Primärtriebe" auf, um Freuds weitgefaßten Begriff des Sexualtriebes zu ersetzen.

Adler (1929) akzeptierte die Vorstellung, daß die Persönlichkeit vollständig durch unerkannte Wünsche determiniert ist: „Der Mensch weiß mehr als er versteht". Aber er verwarf die entscheidende Bedeutung des Lustprinzips zugunsten des *Wunsches nach Überlegenheit*, der ihm als mächtiger erschien. Hierin sieht Adler das Hauptziel der Persönlichkeit, und er nimmt an, daß jegliches menschliche Handeln von daher motiviert wird. Die Persönlichkeitsstruktur baut sich um dieses grundlegende Streben nach Überlegenheit und Macht herum auf. Weil wir als hilflose, abhängige kleine Kinder alle das Gefühl der Unterlegenheit erfahren, wird unser Leben von dem Drang beherrscht, Mittel und Wege zur Überlegenheit zu finden. Oft wird der Lebensstil eines Menschen durch Kompensation von Minderwertigkeitsgefühlen bestimmt. Aus Adlers Sicht entstehen Persönlichkeitskonflikte dann, wenn der Druck aus der Umwelt mit dem eigenen inneren Streben nach Überlegenheit oder Vollkommenheit unvereinbar ist, d. h. er ergibt sich nicht aus widerstreitenden Triebimpulsen in der Person selbst.

Jung (1953) erweiterte das Konzept des Unbewußten ganz beträchtlich. Nach seiner Anschauung ist das Unbewußte nicht lediglich auf eigene Lebenserfahrungen des Individuums beschränkt, sondern enthält fundamentale psychologische Wahrheiten, die gemeinsames Gut der gesamten menschlichen Rasse sind. Die Existenz dieses *kollektiven Unbewußten* erweist sich in unserem intuitiven Verständnis primitiver Mythen, Kunstformen und Symbole, den sogenannten Archetypen. Auch der Libidobegriff Jungs umfaßte weit mehr als die sexuelle Kraft. Für ihn bedeutete die Libido die Lebensenergie, die entscheidende Kraft, die unzerstörbar und ewig überdauernd ist und den einzelnen an den Zyklus der Natur bindet.

Andere Neofreudianer werteten die Rolle des Ich als bloßen Vermittler in den Konflikten zwischen Es und Über-Ich auf und betrachteten es als mit letzteren gleichrangig. Wieder andere, wie Horney (1950) und Fromm (1947) fanden, Freud betone die biologischen Einflüsse auf die Persönlichkeit zu stark und berücksichtige zu wenig die sozialen Einflüsse. In ihren Arbeiten haben sie versucht, ein Gleichgewicht wiederherzustellen. In Kap. 3 wurden bereits die Entwicklungstheorien zweier anderer Neofreudianer, nämlich Erikson und Sullivan umrissen.

Humanistische Theorien

Humanistische Ansätze zum Verständnis der Persönlichkeit sind typischerweise durch folgende Punkte charakterisiert: a) feldtheoretische Orientierung, b) ganzheitliche Sicht der Persönlichkeit, c) starke Berücksichtigung der Integrität der individuellen, persönlichen Erfahrung (phänomenales oder Verhaltensfeld), d) Betonung der Wachstumsmotivation und e) der Wichtigkeit der Selbstaktualisierung.

Humanistische Persönlichkeitstheoretiker wie Rogers und Maslow legten großes Gewicht auf den Grundtrieb zur Selbstverwirklichung, der all die verschiedenen Kräfte organisiert, deren unablässiges Zusammenspiel die Persönlichkeit gestaltet. Sie entwickelten „menschlichere" Theorien als viele ihrer Vorgänger und betonen darin, daß es wichtig ist, *wie* Menschen ihre Welt wahrnehmen, sowie die Bedeutung von Gesundheits- und Wachstumsprozessen. Nach ihrer Auffassung spielt sich alles psychologische Geschehen innerhalb von Feldern ab, die – in ständiger Bewegung – ein dynamisches Gleichgewicht aufrechterhalten. Das seelische Geschehen stellt somit Gleichgewicht und Interaktion vieler Kräfte dar, und jede Veränderung, die irgendwo in diesem System auftritt, wirkt sich nach humanistischer Vorstellung auf das ganze System aus. Das Verhalten wird nach dieser Auffassung also nicht geformt durch die individuelle Ursachen-Wirkung-Verkettung, sondern durch das Zusammenwirken der Kräfte, die das gesamte Feld ausmachen.

Carl Rogers

Rogers (1947, 1951, 1977) begreift Therapie als „klientenzentriert" und die Theorie der Persönlichkeit als „personenzentriert". Der persönliche Erlebnisbereich – das phänomenale Feld – des einzelnen muß verstanden werden. Rogers rät zuzuhören, was andere über sich berichten, und zu beachten, was sie für Auffassungen haben und welche Bedeutung sie ihren Erfahrungen beilegen. Diese Vorgehensweise ist z.T. als eine Reaktion auf die vordem die Therapie beherrschenden Konzepte zu verstehen, die entweder, wie im Falle der Freudianer, von einer apriorischen Theorie ausgingen, oder – wie die Behavioristen – sich auf die objektive äußere Situation stützten.

Rogers glaubt, der grundlegendste Trieb des menschlichen Organismus ziele auf *Selbstaktualisierung* (Selbstverwirklichung) hin. Er ist nach seiner Auffassung das ständige Bestreben, unser inneres Potential zu verwirklichen. Unglücklicherweise gerät dieser Trieb zeitweilig in Konflikt mit dem Bedürfnis nach Anerkennung oder *positiver Beachtung* sowohl durch das Selbst wie durch andere. Wenn wichtige Bezugspersonen des Kindes über gewisse Dinge, die das Kind tut, in Bestürzung geraten und Mißbilligung zeigen, ohne deutlich zu machen, daß diese „konditionale Beachtung" nicht so sehr auf das Kind als Person gerichtet ist als vielmehr auf sein Verhalten, so kann das dazu führen, daß das Kind fortan nur noch denkt und tut, was Billigung findet. (Es sei hier an die in Kap. 6 betonte Unterscheidung zwischen der Bestrafung einer Reaktion und der Bestrafung einer Person erinnert.) In diesem Falle bildet sich ein *Mißverhältnis* heraus zwischen den „wirklichen" Gefühlen des Kindes und den ihnen entsprechenden Aktivitäten auf der einen Seite und dem, was erlaubt und erwünscht ist, auf der anderen Seite. Wenn man nicht wagt, man selbst zu sein oder sich seine eigenen realen Erfahrungen einzugestehen, entstehen psychische Krankheiten (s. „Unter der Lupe", S. 414).

Werden jedoch erst einmal die Alternativen deutlich wahrgenommen und adäquat symbolisiert, dann – so glaubt Rogers – wird das Individuum den Weg der persönlichen Entfaltung suchen. So ist es der eigene innere Drang nach Entfaltung und Ganzheit, der in der Therapie die Genesung möglich werden läßt. Aufgabe des Therapeuten ist es, für eine Atmosphäre der Sicherheit zu sorgen, die diese Entwicklung fördert, wie wir noch später sehen werden.

Abraham Maslow

Ein weiterer Theoretiker, der in der Idee der Selbstverwirklichung (Selbstaktualisierung) eine erfolgversprechende Möglichkeit sah, war Maslow (1968, 1971). Er fand, daß sich die

Unter der Lupe

Auffassungen vom Selbst

Für die humanistischen Psychologen ist das Selbst die letzte nicht weiter zerlegbare Einheit, aus der Kohärenz und Stabilität der Persönlichkeit hervorgehen. Die Vorstellung eines Selbst-Konzeptes ist durchaus nichts Neues. Schon in den Schrein des Delphischen Orakels war die Inschrift „Erkenne dich selbst" eingeschnitten. Der Soziologe Cooley (1902) meinte, man könne sich das Selbst wie einen Spiegel vorstellen, der wiedergibt, wie wir uns von anderen eingeschätzt fühlen. Mead (1934) erweiterte diesen Gedanken zu der Vorstellung, die Entwicklung einer Identität käme dadurch zustande, daß wir und die Auffassung anderer von uns selbst zu eigen machen. Aus solcher Sicht betrachtet ist das Selbst das direkte Ergebnis echter oder symbolischer Interaktion mit der sozialen Umwelt. Innerhalb der Psychologie setzte sich James (1890) am tatkräftigsten für eine Analyse des Selbst ein. Er bestimmte 3 Komponenten der Selbsterfahrung: das materielle Selbst ("material me"), womit das *körperliche Selbst* in Verbindung mit den materiellen Objekten seiner Umwelt gemeint ist; das *soziale Selbst* ("social me") als das Gewahrsein dessen, wie man von anderen geachtet wird, und das *spirituelle Selbst* ("spiritual me"), das Selbst, das persönliche Erfahrungen des Denkens und Fühlens überwacht.

Derzeit sind 2 Definitionen des Selbst in der Psychologie gebräuchlich. Nach der einen ist das Selbst das *Objekt* der Selbstauffassung eines Menschen. In der Forschungsrichtung, die mit dieser Definition arbeitet, konzentriert man sich sehr auf die Wichtigkeit der eigenen Wertschätzung für die Art, wie man fühlt und wie man sich verhält. Der zweiten Definition entsprechend, richtet man sein Augenmerk auf das Selbst als einen *Prozeß* des Wahrnehmens, Denkens, Beurteilens usw. Zweifellos benutzen die Menschen beide Formen der Selbstauffassung, aber möglicherweise betrachten die einen sich öfter als Objekte, während die anderen ihr Selbst häufiger als einen Prozeß erleben. Es ist aber auch möglich, daß die meisten Menschen zwar beide Arten der Selbstauffassung haben, jedoch jeweils *eine* während bestimmter Perioden ihres Lebens überwiegt.

Das Konzept des Selbst mag sich wohl aus unseren Beziehungen zu unseren Mitmenschen entwickeln und durch deren Einschätzung unserer Person bestimmt sein, ist es aber einmal ausgebildet, übt es auch einen *verzerrenden* Einfluß auf unsere Informationsverarbeitung aus. Angenommen, wir sind dahingelangt, von uns selbst eine sehr gute Meinung zu haben und uns sehr positiv einzuschätzen. Kommt uns nun negatives Feedback entgegen, so wird es „wegerklärt" oder einfach als Ausnahme von der Regel abgetan. Haben wir andererseits ein geringes Selbstwertgefühl, wird es sich auch durch positives Feedback kaum beeinflussen lassen, denn wir sehen dieses positive Feedback als Ausnahme von der Regel an, während jegliches Versagen oder jede schlechte Erfahrung bereitwillig als der „erwartete" Beweis aufgenommen wird.

Unsere Selbstauffassung beeinflußt nicht nur unsere Beziehungen zu anderen, sondern auch die Ziele, die wir anstreben, und – was vielleicht am wichtigsten ist – unser persönliches Gefühlsleben.

„Wenn ich sage: ‚Ich', meine ich damit etwas ganz und gar Einmaliges, das nicht mit irgendetwas anderem zu verwechseln ist." Ugo Betti: *The Inquiry*

Psychologie zu sehr auf die Schwächen des Menschen konzentriert, seine Stärken aber weitgehend unberücksichtigt gelassen habe, und unternahm den Versuch, durch das Studium emotional gesunder Menschen das Bild abzurunden. Maslow war der Überzeugung, die menschliche Natur sei im Grunde gut, sein angeborenes Streben zur Entfaltung und Selbstverwirklichung jedoch erachtete er als recht schwach, als wenig widerstandsfähig und sozialem Druck nicht gewachsen. Maslow unterschied zwischen *"deficiency motivation"* (Mangelmotivation), die auf die Wiederherstellung des physischen und psychischen Gleichgewichts gerichtet ist, und *"growth motivation"* (Wachstumsmotivation), die den Menschen veranlaßt, über sein bisheriges Sein und Handeln hinauszugelangen. Unsicherheit, vermehrte Spannung und selbst

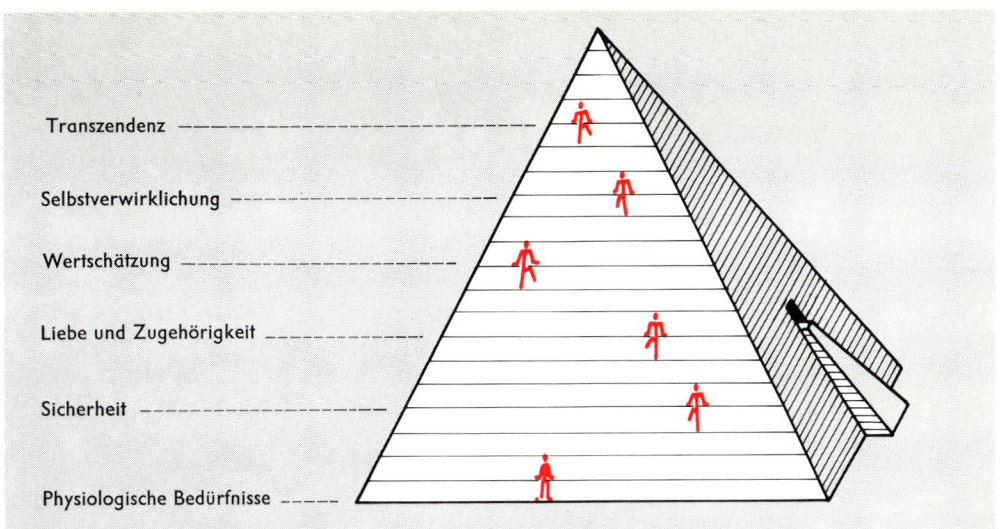

Transzendenz

Selbstverwirklichung

Wertschätzung

Liebe und Zugehörigkeit

Sicherheit

Physiologische Bedürfnisse

Abb. 11.8. Hierarchie der Bedürfnisse. Nach Maslow sind Bedürfnisse auf den „niedrigen" Stufen so lange vorherrschend, wie sie unbefriedigt bleiben. Werden sie angemessen befriedigt, nehmen allerdings die „höheren" Bedürfnisse die Aufmerksamkeit und die Bemühungen des Individuums in Anspruch

Schmerz werden in Kauf genommen, wenn darin eine Möglichkeit zu größerer Erfüllung gesehen wird.

Nach Maslow sind die angeborenen Bedürfnisse des Menschen in einer *Hierarchie* der Vorrangigkeiten angeordnet. Sind die Bedürfnisse einer Stufe befriedigt, so haben auf der nächsten Stufe andere Bedürfnisse Vorrang. Wenn also z. B. physiologische Bedürfnisse wie Hunger und Durst befriedigt sind, tritt auf der nächsten Stufe das ihr zugehörige Bedürfnis, nämlich das Sicherheitsbedürfnis, in den Vordergrund und verlangt nach Befriedigung. Darauf folgen der Reihe nach das Bedürfnis nach Zugehörigkeit und Liebe, nach Wertschätzung und nach Selbstverwirklichung. An der Spitze der Bedürfnishierarchie steht das Bedürfnis nach „Transzendenz" als 6. Stufe. Diese höchste Stufe soll Maslow zufolge das Bedürfnis des Menschen nach dem letzten und äußerst Erreichbaren repräsentieren, ein Bedürfnis, das über Selbstverwirklichung hinausgeht, nämlich die Suche nach einer sogar jenseits des individuellen Menschseins liegenden Identität (Abb. 11.8).

Die psychologische Untersuchung transzendentaler Erfahrungen fällt in den Arbeitsbereich der sich neu entwickelnden „transpersonalen Psychologie"; ihr geht es v. a. um die Untersuchung höherer Bewußtseinszustände und spiri-

tueller Suche, die als grundlegende Aspekte des menschlichen Lebens zu gelten haben (Roberts 1974).

Für die meisten Menschen bleibt die Selbstverwirklichung nur eine Hoffnung oder ein Ziel, etwas, was sie sich wünschen und wonach sie streben; einige wenige jedoch scheinen diesem Ziel sehr nahe zu kommen. Maslow führte an einer Gruppe solcher Menschen eine Untersuchung durch, allerdings ohne je klar Angaben über die Art seiner Stichprobenauswahl und seine Forschungsmethoden zu machen. Er berücksichtigte dabei sowohl historische Persönlichkeiten, wie etwa Beethoven und Lincoln, als auch zum Untersuchungszeitpunkt noch lebende Zeitgenossen wie Einstein und Eleanor Roosevelt. Aufgrund seiner Forschungsergebnisse formulierte Maslow (1954) eine Liste von 15 Charakteristika der Selbstverwirklichung.

Würden Sie sich selbst den folgenden Standards nach als „verwirklicht" betrachten?

1. Selbstverwirklichte Menschen erkennen die tatsächlichen Gegebenheiten besser als die meisten anderen und haben ein besseres Verhältnis zur Realität; d. h. *sie leben in gutem Einklang mit der Realität* und der Natur, haben eine gute Menschenkenntnis und können Ungewißheit und Unsicherheit besser ertragen als andere.

Abraham Maslow 415

2. Sie können *sich selbst annehmen* mit allen ihren Eigenheiten, und zwar ohne besondere Schuld- oder Angstgefühle; zugleich fällt es ihnen leicht, *andere zu akzeptieren.*

3. Sie zeigen ein hohes Maß an *Spontaneität* im Denken und Verhalten, sind aber selten extrem unkonventionell.

4. Sie sind *problemzentriert,* nicht Ich-zentriert, und vielfach widmen sie sich allgemein sozialen Problemen im Sinne einer Lebensaufgabe.

5. Zeitweilig haben sie ein *Bedürfnis nach Zurückgezogenheit* und Einsamkeit. Sie besitzen die Fähigkeit, das Leben von einem distanzierten, objektiven Standpunkt aus zu betrachten.

6. Sie sind relativ *unabhängig von ihrer Kultur und Umwelt,* prahlen allerdings nicht damit, nur um sich von anderen zu unterscheiden.

7. Sie wissen die wesentlichen Dinge im Leben *ernsthaft zu schätzen und zu würdigen,* auch wenn diese schon alltäglich geworden sind.

8. Viele von ihnen hatten *mystische Erfahrungen* wie z. B. das Erlebnis der Ekstase, das Gefühl, daß sich grenzenlose Weiten vor ihnen auftaten, oder das Gefühl gleichzeitiger großer Macht und völliger Hilflosigkeit, das dann in die beste Überzeugung eines bedeutungsvollen Ereignisses einmündete.

9. Sie haben ein *ausgeprägtes soziales Interesse* und ein starkes Zusammengehörigkeitsgefühl mit der gesamten Menschheit.

10. Sie sind zu sehr *tiefen und befriedigenden zwischenmenschlichen Beziehungen* fähig, die sie aber gewöhnlich nur mit einigen wenigen Menschen unterhalten.

11. Ihre Einstellung anderen gegenüber ist *demokratisch,* und sie haben Achtung vor allen Menschen – ungeachtet deren Rasse, Glauben, Einkommen usw.

12. Sie unterscheiden klar zwischen Ziel und Ergebnis auf der einen und Mitteln und Wegen, die dahinführen, auf der anderen Seite, aber sie können *den Vorgang der Verfolgung ihrer Ziele als solchen genießen,* was ungeduldigen Menschen sehr viel schwerer fällt.

13. Sie haben einen ausgeprägten *Sinn für Humor,* der sich in Witzen mit philosophischem Hintergrund und ohne feindselige Tendenzen äußert.

14. Sie sind ausgesprochen *kreativ,* jeder auf seine eigene individuelle Art. Sie besitzen eine „ursprüngliche schöpferische Kraft, die aus dem Unbewußten kommt" und wirklich originelle, neue Entdeckungen hervorbringt. Dies zeigt sich jeweils in dem besonderen Bereich, den sich die selbstverwirklichte Person gewählt hat. Man muß diese spezifische schöpferische Kraft unterscheiden von der produktiven Kreativität, wie sie sich in Kunst, Musik, Dichtung, Wissenschaft oder Erfindungen spiegelt; aber natürlich wird ein Mensch, der sich selbstverwirklicht hat, in irgendeinem dieser Bereiche beide Formen der Kreativität aufweisen.

15. Sie leisten *Widerstand gegen Enkulturation,* d. h. obschon in ihre Kultur und Umwelt eingebettet, bleiben sie unabhängig von ihr und sind nicht blind all ihren Forderungen ergeben.

Ausgestattet mit all diesen Charakteristiken, sind selbstverwirklichte Menschen besonders dazu befähigt zu lieben und geliebt zu werden.

Typisch für den selbstverwirklichten Menschen sind *Höhepunktserlebnisse* ("peak experiences") verschiedener Art. Dies sind „Momente höchsten Glücks und höchster Erfüllung". Sie können mit unterschiedlicher Intensität und in den verschiedensten Erfahrungsbereichen des Lebens auftreten: in der Erotik, beim Erlebnis der Gesellschaft, bei schöpferischen Tätigkeiten, ästhetischen Wahrnehmungen, Naturerlebnissen und sogar bei intensiver sportlicher Betätigung.

Kritik der humanistischen Theorien

Es ist schwierig, Kritik an Theorien zu üben, die auf der Seite der Engel stehen. Wer könnte schon die Wichtigkeit von Selbstkonzepten, Selbstverwirklichung, Realisierung des menschlichen Potentials oder der Motivation zum Wachstum anfechten? Dies tun die Behavioristen. Sie kritisieren die humanistischen Auffassungen als verschwommen und ohne klare Definitionen. Liegt dem Streben nach Selbstverwirklichung eine dem Menschen angeborene Tendenz zugrunde oder ist er sozial definierbar? Die humanistischen Theorien tun sich schwer bei der Erklärung für die ganz *spezifischen* Arten von Konsistenz, die für bestimmte Individuen charakteristisch sind – es sei denn, sie behandeln sie auf eine sehr allgemeine Weise. Es scheint, als wären sie eher Theorien zur menschlichen Natur als Theorien des Menschen selbst. Objektive Behavioristen führen an, daß diese Theorien zu allgemein formuliert sind und sich dadurch ihr Wert für die wissenschaftliche Forschungsarbeit vermindert. [Allerdings hat Roberts (1973) eine sehr umfangreiche Bibliographie erarbeitet, die andere Schlußfolgerungen nahelegt.] Sie stellen ferner fest, daß die übermäßige Betonung des Selbst als der allein ausschlaggebenden Erfahrungsquelle und des Handlungsursprungs eine Vernachlässigung der wichtigen Umweltvariablen darstellt, deren das Verhalten kontrollierende Wirkung die Behavioristen aufgezeigt haben.

Lerntheorien

Während der Hochblüte des (amerikanischen) Fußballs an der Militärakademie in Westpoint gab es zwei berühmte Mannschaftsspieler, die mit verschiedenen Balltaktiken erfolgreich waren. Der eine, „Mr. Inside" genannt, trug das Spiel nach vorn, indem er schnurstracks in die gegnerische Linie hineinlief, während der andere, „Mr. Outside", das gegnerische Feld auf der Außenseite umrundete. Ihre Spitznamen könnte man auch verwenden, um damit zwei führende „Ballschleppertypen" der Psychologie zu charakterisieren, nämlich Rogers und Skinner. Wie wir sahen, konzentriert sich Rogers auf das, was „in" der Person vorgeht. Skinner dagegen ist der „Mr. Outside" der Psychologie.

B. F. Skinner

Skinner ignoriert in seinem Ansatz, was „in" der Person ist, und bestreitet ausdrücklich, daß die Vorgehensweise, die von innen ansetzt, irgendeine psychologische Gültigkeit besitzt. Nach seiner Auffassung – ebenso wie nach der anderer Behavioristen – werden Verhalten und Persönlichkeit durch die äußere Umwelt geformt. Aus dieser Sicht stellt die Persönlichkeit das Gesamtergebnis verdeckter und offener Reaktionssysteme dar, die verläßlicherweise als Konsequenz

der besonderen, in der Lebensgeschichte eines Individuums wirksamen Verstärkungen hervorgerufen wurden. Individuelle Unterschiede ergeben sich als Folgen der Verschiedenartigkeit der im persönlichen Leben erfahrenen Verstärkungen – und resultieren darüber hinaus aus unserer Unkenntnis der in Wahrheit äußeren Ursachen unseres Verhaltens. Nach Skinner „besteht die Wissenschaft darauf, daß Handlung eingeleitet wird durch Kräfte, die auf das Individuum einwirken, und daß Launen nur ein anderer Name für ein Verhalten sind, dessen Ursache wir noch nicht gefunden haben" (1955).

Aus einer Sichtweise, die sich so aufs Empirische stützt, wird man verständlicherweise argumentieren, daß eine beobachtete Konsistenz im Verhalten, die Anlaß gibt, nach der Persönlichkeit zu suchen, nicht aus Persönlichkeitsmerkmalen, Primärtrieben oder frei flottierenden Selbstauffassungen zu erklären ist. Für den Behavioristen beginnt die Suche mit einer *Funktionsanalyse* der Art und Weise, wie Verhalten in Abhängigkeit von Veränderungen in den Umweltbedingungen variiert, und sie gipfelt in der Bestimmung externer Variablen, deren reaktionsverändernde Wirkung aufgezeigt werden kann. Weder geistig-seelische Zustände noch aus Schlußfolgerungen abgeleitete Dispositionen werden zur Erklärung des Verhaltens zugelassen. Aus unseren Erörterungen in vorangegangenen Kapiteln werden Sie in Erinnerung haben, daß der springende Punkt des Skinnerschen Ansatzes in der Entdeckung der Umweltkontingenzen (Verstärkungsbedingungen) bestand, die das Verhalten kontrollieren.

John Dollard und Neal Miller

In gemeinsamer Arbeit an der Yale-Universität bemühten sich Dollard u. Miller (1950), den behavioristischen Ansatz mit dem von Freud in Einklang zu bringen. Sie verbanden das Interesse an den von Freud diskutierten Problemen mit einer Würdigung der methodologischen Strenge von Hulls (1943) Lerntheorie. So versuchten sie also, die beiden Denkansätze unter einen Hut zu bringen. Auf den ersten Blick scheint Freuds ideenreiche Theorie wenig gemeinsam zu haben mit der Art von Forschungsberichten, wie sie üblicherweise aus der Beobachtung von Ratten im Labyrinth resultieren. Tatsächlich aber gibt es einige enge Berührungspunkte. Zum einen war die Freudsche Konzeption ebenso wie die Hullsche Lerntheorie eine *Spannungsreduktionstheorie:* Beide sehen das Ziel der Tätigkeit des Organismus in der Reduktion von „Spannung", die durch unbefriedigte Triebe produziert wird. Zum anderen heben beide Theorien die Bedeutung *frühen Lernens* für die Determination des Verhaltens im späteren Leben hervor. Obwohl die beiden theoretischen Systeme mit sehr unterschiedlichem Vokabular arbeiten, so entwickeln sie doch Modelle des menschlichen Organismus, die wichtige Parallelen aufweisen.

Ein interessantes Beispiel von Dollard und Millers Übersetzung der Freudschen Konzepte in die Sprache der Lerntheorie ist ihre Interpretation des Persönlichkeitsmerkmals „Unentschlossenheit". Man müsse sich, so meinten sie, die Situation eines Verliebten vorstellen, der sich über das Heiraten Gedanken macht. Die ideale Partnerin ist bereits gefunden, und die notwendigen Vorbereitungen sind getroffen. Doch mit dem Näherrücken des Hochzeitstags mehren sich die Zweifel des Verliebten. Schließlich bläst er zur Bestürzung aller Betroffenen das Ganze in letzter Minute ab. Eine Woche später entschließt er sich jedoch endgültig zum Heiraten. Doch als der Tag dann heranrückt, ändert er wiederum seine Absicht. Wie können wir dieses schwankende Verhalten erklären? Und wie können wir das Verhalten der vielen Männer erklären, die, obwohl sie in der letzten Minute immer noch von Zweifeln gequält werden, doch heiraten?

Miller (1944) formulierte 4 Prinzipien, die sich von Tierversuchen ableiten und uns das Verständnis dieser Art Konfliktsituation ermöglichen:

1. Die Tendenz, sich einem erwünschten Ziel anzunähern, wird um so größer, je näher man ihm ist *(Annäherungsgradient).*
2. Die Tendenz, sich von einem gefürchteten Ort oder Objekt zu entfernen, wächst ebenso mit zunehmender Annäherung *(Vermeidungsgradient).*
3. Die Stärke der zweiten Tendenz (Vermeidung) wächst rascher als die der ersten (Annäherung). Anders ausgedrückt kann man sagen, daß der Vermeidungsgradient steiler ist als der Annäherungsgradient.
4. Die Stärke der beiden Tendenzen variiert mit der Stärke des Triebes, auf dem die Tendenzen beruhen. Eine hohe Triebstärke kann so den ganzen Gradienten nach oben verlagern. Die beiden Graphiken zeigen, wie diese Prinzipien uns helfen, unterschiedliche Verhalten zweier Verliebter zu verstehen (Abb. 11.9).

Diese Beispiele veranschaulichen in verblüffender Weise den Denkansatz von Dollard und

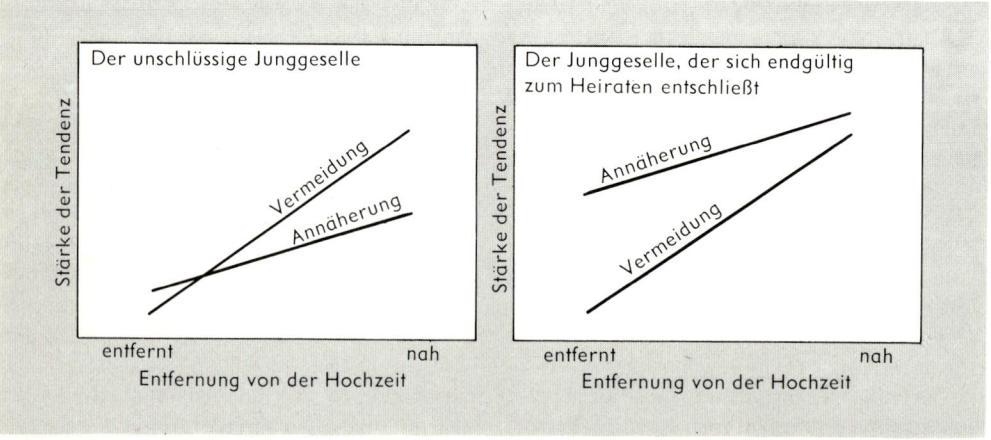

Abb. 11.9. Junggesellenverhalten. *Links:* Der Vermeidungsgradient hat den Annäherungsgradienten überflügelt, damit ist die Hochzeit wieder in die Ferne gerückt – also wird die Annäherungstendenz stärker, und der ganze Prozeß wiederholt sich. *Rechts:* Die Annäherungstendenz ist so stark, daß sie zu keiner Zeit von der Vermeidungstendenz übertroffen wird, folglich findet die Hochzeit plangemäß statt

Miller, doch betreffen sie mehr das Verhalten in relativ kurzdauernden Situationen als die Formen von Konsistenz über Zeit und Raum, mit denen sich Persönlichkeitstheoretiker gewöhnlich auseinandersetzen.

Albert Bandura und Walter Mischel

Die Arbeit Banduras und Mischels, beide an der Stanford-Universität, stellt die systematische Entwicklung eines Denkansatzes zur Persönlichkeit dar, der die Wichtigkeit des Erlernens von Verhaltensmustern berücksichtigt, die sich aus Lernprozessen in der sozialen Umwelt ergeben und sowohl Kognition wie Handeln beeinflussen. Durch ihre schriftlichen Ausführungen sowie durch weitgespannte Programme empirischer Forschungsarbeit mit Kindern und Erwachsenen wurden Bandura (1977) und Mischel (1973) zu überzeugenden Verfechtern des neuen Ansatzes der sozialen Lerntheorie zum Verständnis der Persönlichkeit.

Die soziale Lerntheorie betrachtet den Menschen nicht als Wesen, das von inneren Kräften getrieben wird oder das hilflos den Umwelteinflüssen ausgesetzt ist. Sie nimmt statt dessen an, daß „psychologisches Wirken am besten im Sinne einer kontinuierlichen wechselseitigen Interaktion zwischen Verhalten und seinen kontrollierenden Bedingungen verstanden werden kann" (Bandura 1971). Die einem Individuum eigentümlichen einmaligen Charakteristika werden bestimmt durch Faktoren wie soziale Stimuli, soziale und individuelle Verstärkungen usw.

Im Gegensatz zu anderen Lerntheorien unterstreicht der soziale Lernansatz die nur dem Menschen möglichen kognitiven Prozesse, die beim Erwerb und bei der Aufrechterhaltung von Verhaltensmustern eine Rolle spielen. Die Theorie betont, daß Menschen neben dem Lernen durch direkte Erfahrung zusätzlich auch *aus zweiter Hand* durch die Beobachtung anderer lernen können. Darüber hinaus verfügt der Mensch über *Symbole* zur Darstellung äußerer Ereignisse, die er im kognitiven Prozeß einsetzen kann zur Vorhersage möglicher Konsequenzen seiner Handlungen, ohne daß diese erst tatsächlich erfahren werden müssen. Auch ist der Mensch zu *selbstregulatorischen Prozessen* fähig, wobei er sein Verhalten (den persönlichen Maßstäben entsprechend) bewertet und selbst verstärkt (z.B. durch Selbstlob oder Selbstvorwurf). Diese Fähigkeit zur Selbstregulation ermöglicht es dem Menschen, seine eigenen Handlungen zu kontrollieren, d.h. sie werden nicht einfach nur von äußeren Kräften bedingt.

Hinsichtlich vieler Dinge, die wir tun, glauben und wertschätzen, sollte man besser nicht unterstellen, daß sich hier in unserem Verhalten die Eigenart unseres Selbst ausdrückt. Statt dessen ist es so, wie schon in Kap. 6 dargestellt, daß Handlungen, Denkweisen, Gefühle und Wertvorstellungen durch Lernen am Modell erworben, aufrechterhalten und verändert werden können. Wir eignen uns ebenso allgemeine Regeln und Prinzipien durch beobachtendes Lernen an wie auch ganz spezifische S-R-Muster.

In seiner Analyse beleuchtet Mischel (1973) die Interaktion ausgewählter Persönlichkeitsvariablen mit spezifischen situativen Variablen. Individuelle Unterschiede in der Reaktion auf einen spezifischen Umweltreiz können irgendeiner der folgenden Variablen (oder Prozesse) oder allen zuzuschreiben sein:

a) *Kompetenzen.* Was man weiß; was man tun kann und die Fähigkeit, bestimmte kognitive Resultate oder Ergebnisse des Verhaltens zu erzielen.

b) *Enkodierungsstrategien.* Die Art und Weise, in der man Information verarbeitet, sie selektiv behandelt, kategorisiert und Assoziationen herstellt.

c) *Erwartungen.* Die Antizipation des wahrscheinlichen Ergebnisses bestimmter Handlungen in bestimmten Situationen.

d) *Persönliche Werthaltungen.* Die Wichtigkeit und Bedeutung, die man Reizerlebnissen, Ereignissen, Menschen und Aktivitäten beimißt.

e) *Selbstregulationssysteme und Pläne.* Die Regeln, die man sich als Richtschnur für Leistung, Zielsetzung und zur Bewertung seiner Effektivität gebildet hat.

Man geht hier von der Annahme aus, daß jede dieser Variablen durch verstärkend wirkenden Umgang mit Menschen in der eigenen soziokulturellen Umwelt und mit den jeweiligen materiellen Bedingungen gelernt wurden.

Kritik der Lerntheorien

Manche Kritiker behaupten, mit dem behavioristischen Ansatz habe man „das Kind ausgeschüttet und das Badewasser behalten". Indem man der Umwelt so viel Gewicht beimesse, habe man den Kontakt mit dem Menschen selbst verloren. Geht es bei der Persönlichkeit um Variablen oder um Menschen?, wird gefragt. Besteht man darauf, daß Persönlichkeit nur auf dem erlernten Wiederholen von solchen Reaktionen basiert, die verstärkt wurden – wo haben dann schöpferische Leistungen ihren Ursprung, woher kommen neue Ideen und Kunstwerke? Andere Kritiker weisen hauptsächlich auf die Engspurigkeit einer Sichtweise hin, die das Verhalten als rein situationsgebunden auffaßt, die die Wahlmöglichkeit und die Freiheit, seine eigene Geschichte des Verstärkungslernens zu verwerfen, ableugnet. Darüber hinaus findet bei einem Großteil des von den Behavioristen beobachteten Lernverhaltens die Verstärkung deshalb statt, weil der Organismus sich in einem Zustand der Mangelmotivation befindet (Hunger, Durst usw.). Die volle Verwirklichung der menschlichen Möglichkeiten geschieht aber nicht durch ein Handeln, das bei wilden Tieren durch solche Triebmotive wie Hunger ausgelöst ist, sondern aus Motiven heraus, die den Menschen nach Freude, Unsterblichkeit, Altruismus und Liebe streben lassen – Motiven also, die uns neben die Engel stellen.

Ein Teil der früher durch Skinners radikalen Behaviorismus ausgelösten Kritik läßt sich heute angesichts der breiteren Perspektive und größeren Flexibilität der kognitiven sozialen Lerntheoretiker nicht mehr in vollem Umfang aufrechterhalten. Zudem versucht man sich jetzt auch an anderen, verwandten Theoriebildungen, die eine Wiederannäherung zwischen den Grundprinzipien des Behaviorismus und den traditionellen Persönlichkeitskonzepten herstellen sollen. In diesem Zusammenhang ist z.B. Staats' (1975) Sozialbehaviorismus zu erwähnen.

Eine Persönlichkeitstheorie, die alle Standpunkte so weitgehend vereinigt, daß sie für die Mehrheit der Psychologen annehmbar ist, bleibt Zukunftsmusik. Tabelle 11.3 enthält eine Zusammenfassung der Bereiche, in denen sich die hier diskutierten Haupttheorien unterscheiden (s. unten).

Vielleicht fällt der Vergleich zwischen den erörterten Persönlichkeitskonzepten leichter, wenn man eine Analogie verwendet und die Persönlichkeit mit einem Fahrzeug vergleicht. Die Merkmalstheorien stellen den Katalog zur Verfügung, in dem die Teile und der Aufbau des Fahrzeugs beschrieben sind. Die psychodynamischen Theorien fügen den Motor ein und liefern den Treibstoff, damit das Fahrzeug beweglich wird. Die Lerntheorien rüsten es mit Lenkrad, Fahrtrichtungsanzeigern, Spiegel und anderer Betriebsausstattung aus. Die humanistischen Theorien setzen einen Fahrer ans Steuer – einen Mann oder eine Frau – der ein ganz individuelles Reiseziel im Auge hat und die Reise wie die Ankunft am Bestimmungsort gleichermaßen genießen möchte. In Kap. 12 werden wir sehen, wie die „psychologische Fahrprüfung" mittels objektiver Messung der Persönlichkeit durchgeführt wird.

Tabelle 11.3. Bedeutung ausgewählter Variablen und Prozesse für die Haupttheorien der Persönlichkeit. (*1* wenig betont, *2* mittel, *3* stark betont; nach Hall u. Lindzey 1957)

Variablen und Prozesse	Merkmal (Trait)	Psychodynamisch	Humanistisch	Soziale Lerntheorien
Erblichkeit	2–3	3	1	1
Biologische Grundlagen	3	3	1	2
Lernprozesse	1	1	2	3
Frühe Kindheitserfahrung	1	3	1	3
Unbewußte Prozesse	1	3	2	1
Persönlichkeitsstruktur	3	3	1	1
Selbstauffassungen	3	2	3	1
Einmaligkeit	3	2	2	1

Zusammenfassung

Persönlichkeit kann definiert werden als das „Gesamtbild der für ein Individuum charakteristischen Reaktions- und Interaktionsformen im Umgang mit anderen". Das Studium der Persönlichkeit beinhaltet die Bemühung um die Erklärung von Ähnlichkeiten und Unterschieden zwischen den Individuen. Wir charakterisieren andere aufgrund der *Konsistenz* in ihrem Verhalten und tendieren wahrscheinlich dazu, mehr Konsistenz wahrzunehmen als tatsächlich existiert.

Allport glaubte, die Konsistenz der Persönlichkeit sei durch den *idiographischen* Ansatz nachweisbar. Er vertrat die Auffassung, innerhalb eines Individuums bestehe eine viele Situationen überdauernde Konsistenz, und meinte, die für einen Menschen charakteristischen und relevanten Merkmale (Persönlichkeitszüge) sollten im Sinne der eigenen phänomenologischen Sicht dieser Person untersucht werden.

Es gibt 4 hauptsächliche theoretische Denkmodelle zum Verständnis der Persönlichkeit: die *Traittheorien* (Merkmalstheorien), die *psychodynamischen Theorien*, die *humanistischen Theorien* und die *Lerntheorien*.

Persönlichkeitstypologien versuchen eine Verbindung zwischen einfachen, stark augenfälligen charakteristischen Merkmalen eines Menschen und seinem Verhalten herzustellen. Im allgemeinen scheinen derartige Typologien wenig valide zu sein. Dem *Typenbegriff* liegen getrennte, nicht zusammenhängende Einzelkategorien zugrunde, während sich der *Merkmalsbegriff* auf erkennbare, relativ beständige Persönlichkeitsdimensionen bezieht, in denen sich die Individuen voneinander unterscheiden. Allport, der einflußreichste unter den Traittheoretikern, definierte Traits als hypothetisch abgeleitete Prädispositionen, die das Verhalten eines Individuums in konsistenter und charakteristischer Weise ausrichten.

Er unterschied *Kardinaleigenschaften*, stark persönlichkeitsbeherrschende Disposition, die für den gesamten Lebensaufbau einer Person bestimmend sind; *Zentraleigenschaften*, Züge mit weniger dominierenden, aber dennoch weitreichendem Einfluß; schließlich *Sekundäreigenschaften* als die spezifischeren und ihrem Wirkungsbereich begrenzteren Eigenschaften.

Freuds psychodynamisches Denkmodell umfaßte Konzepte des *psychologischen Determinismus*, des *entwicklungspsychologischen Ansatzes*, des *Konzepts biosozialer Instinkte* und der *zielgerichteten motivationalen Dynamik*. Nach seiner Auffassung ist kein Verhalten zufällig, und er glaubte, die Ursprünge psychischer Störungen und irrationalen Verhaltens durch rationale Analyse der Lebensgeschichte des Patienten aufdecken zu können. Freuds nachdrückliche Betonung der in der individuellen Entwicklungsgeschichte liegenden Ursprünge späterer Verhaltens war mit der Vorstellung verbunden, daß Adaptationserfahrungen, und zwar speziell die in der frühen Kindheit gemachten, tiefgreifende Einflüsse auf zahlreiche Aspekte der Erwachsenenpersönlichkeit hätten. Weiter faßte er Sexualität und Aggression als Triebe auf, die für die normale Persönlichkeit von zentraler Bedeutung sind. Freud behauptete, unser Verhalten habe zusätzlich zu seinem *manifesten* auch noch einen *latenten* Gehalt, der uns durch unbewußte Prozesse verborgen sei. Ferner erachtete er jegliches Verhalten, ob bewußt oder unbewußt, als *psychodynamisch*, d. h. mit eigenem Zweck und Ziel.

Die Theorien der *Neofreudianer* behielten größtenteils Freuds grundlegendes Persönlichkeitsbild bei. Unterschiede ergaben sich durch die variierende Betonung der diversen inneren Triebe. Teilkonzepte wie der Libidobegriff wurden erweitert.

Humanistische Ansätze zur Persönlichkeit stützen sich auf *feldtheoretische Orientierung*, eine *ganzheitliche* Sicht der Persönlichkeit und heben die Bedeutung von persönlicher Erfahrung, Wachstumsmotivation und *Selbstverwirklichung* hervor. Für humanistische Psychologen wie Rogers stellt der Drang nach Selbstaktualisierung, nach Verwirklichung des menschlichen Potentials, den entscheidendsten Grundtrieb des Menschen dar. In Rogers' Gedankengebäude nimmt das phänomenale Feld den wichtigsten Platz ein, deshalb ist seine Therapie *klientenzentriert* und seine Persönlichkeitstheorie *personenzentriert*. Er legte dar, daß die Menschen die Neigung haben, ihr Verhalten auf das internalisierte Selbstbild abzustellen und Informationen, die mit diesem Bild von sich selbst nicht vereinbar sind, entweder abzuweisen oder zu verzerren. Psychische Krankheit entsteht demnach, wenn sich ein Individuum seine tatsächliche

Erfahrung nicht als die rechtmäßige zugestehen kann.

Maslow räumte ebenfalls der Selbstverwirklichung einen maßgeblichen Platz innerhalb der menschlichen Möglichkeiten ein. Er faßte die dem Menschen angeborenen Bedürfnisse als in einer Dringlichkeitshierarchie stehend auf. Sobald die Bedürfnisse einer Stufe befriedigt sind, erhalten die der nächsten Stufe Priorität. *Transzendenz* plazierte er an der Spitze der Hierarchie, unter ihr steht die Selbstverwirklichung als das (praktisch) höchste Ziel menschlichen Strebens.

Skinner und andere Behavioristen haben ein Denkmodell erarbeitet, das innerpsychische Gegebenheiten ignoriert und Persönlichkeit und Verhalten allein aus Umweltfaktoren zu erklären sucht. Sie begannen mit einer funktionalen Analyse der Art und Weise, wie Verhalten in Abhängigkeit von Veränderungen in den Umweltbedingungen variiert, und zeigten schließlich externe Variablen auf, die die Reaktionen verändern.

Dollard und Miller versuchten die Freudsche Theorie mit dem behavioristischen Ansatz in Einklang zu bringen, indem sie sich auf deren Gemeinsamkeiten konzentrierten: auf *Spannungsreduktion* und die Betonung der Bedeutung *frühen Lernens*. Bandura und Mischel gehen zum Verständnis der Persönlichkeit von einem Ansatz des *sozialen Lernens* aus und verfechten die Theorie, daß die individuellen Eigenschaften eines Menschen determiniert werden durch soziale Stimuli, soziale und persönliche Verstärkung und die eigene Lerngeschichte. Nach ihrer Auffassung resultiert ein Großteil des menschlichen Verhaltens aus der Imitation maßgeblicher Modelle.

12 Die Beurteilung der Persönlichkeit und individueller Unterschiede

Was für ein Menschentyp sind Sie? Machen Sie ein paar Angaben über sich selbst. Dieses Kapitel beschäftigt sich damit, wie die Persönlichkeit gemessen wird und welche Persönlichkeitstypen durch solche Messungen erkennbar werden können. Wenn Sie den folgenden einfachen Persönlichkeitstest machen, werden Sie ein besseres Verständnis für diese Meßverfahren bekommen. Schreiben Sie in jede Zeile der folgenden Liste eine mit „Ich bin" beginnende Aussage.

1. Ich bin ....
2. Ich bin ....
3. Ich bin ....
4. Ich bin ....
5. Ich bin ....
6. Ich bin ....
7. Ich bin ....
8. Ich bin ....
9. Ich bin ....
10. Ich bin ....
11. Ich bin ....
12. Ich bin ....
13. Ich bin ....
14. Ich bin ....
15. Ich bin ....
16. Ich bin ....
17. Ich bin ....
18. Ich bin ....
19. Ich bin ....
20. Ich bin ....

Wenn Sie die ganze Liste ausgefüllt haben, analysieren Sie Ihre Angaben gemäß dem unten erläuterten Vierkategoriensystem (Kuhn u. McPartland 1954).

a) Jede Angabe, die sich auf körperliche und geographische Gegebenheiten wie Größe, Geschlecht, Rasse und Adresse beziehen, markieren Sie mit einem *A*. In diese Kategorie fallen alle Aussagen, die sich ohne weiteres anhand eines Spiegels, eines Metermaßes, einer Waage und anderer physikalischer Maßstäbe überprüfen lassen.

b) Angaben zu Ihrem sozialen Status, wie „Mutter", „Student", „Schreiner" kennzeichnen Sie bitte mit einem *B*. In diese Kategorie gehören Aussagen, die nur im Sinne eines gesellschaftlichen Zusammenhanges definiert und beurteilt werden können.

c) Die dritte Kategorie umfaßt die Beschreibung abstrakter Charakteristika wie: „Ich bin freundlich", „Ich bin ein Rock-Fan". Markieren Sie solche Angaben mit einem *C*. Hierhin gehören Kommentare, die, über die gegebenen äußeren Umstände hinausgehend, Spielraum für Änderungen des Verhaltens lassen, aber für den persönlichen Lebensstil charakteristisch sind.

d) Mit *D* schließlich werden alle sehr unbestimmten und globalen Feststellungen gekennzeichnet, etwa solche wie: „Ich bin ein Mensch" oder „Ich bin eins mit dem Universum".

Zählen Sie jetzt die Buchstabenkennzeichen für die einzelnen Kategorien zusammen und stellen Sie fest, welche Sie am häufigsten vergeben haben, welche weniger oft und für welche Sie die niedrigste Gesamtzahl erreichen. Legen Sie diesen Test auch Freunden und Bekannten vor und vergleichen Sie deren Selbstportraits mit Ihrem eigenen.

Tests wie dieser wurden in den 50er Jahren von den meisten Getesteten nach dem B-Modus beantwortet, d. h. im Sinne einer Gruppenzugehörigkeit und der Rolle in der Gesellschaft.

Zurcher (1977) führte in jüngster Zeit eine Reihe von Untersuchungen durch, aus denen sich ergab, daß heutzutage die C-Kategorie überwiegt. Zurcher führt das darauf zurück, daß die Menschen angesichts einer sich rapide verändernden Welt kein gutes Gefühl mehr dabei haben, sich vorwiegend nach ihrem Status in der Gesellschaft zu definieren.

Zurcher wollte herausfinden, ob die Unterschiede in der Selbstdefinition mit anderen Charakteristika in Beziehung stehen. Beim Vergleich zwischen Menschen, die nach dem B-Modus antworteten und solchen, die den C- und D-Modus bevorzugten, ergab sich, daß dem B-Modus-Typ der stärkste Sinn für soziale Zugehörigkeit und gesellschaftliche Zielsetzungen zugrunde lag. Wer den D-Modus bevorzugte, hatte ein distanzierteres Verhältnis zur Gesellschaft und ein ausgeprägteres Gefühl für Unabhängigkeit und Selbstwert. Ein Überwiegen der C-Kategorie schließlich fiel zusammen mit großer Ängstlichkeit und intensiverem Streßerleben.

Nach Zurchers Theorie durchlaufen wir alle 4 Modalitäten in verschiedenen Phasen unserer Entwicklung. Der A-Modus ist vorherrschend in der Kindheit, wenn das Gefühl für das körperliche Getrenntsein von anderen sich entwickelt. Der B-Modus setzt ein, wenn das Kind seine soziale Rolle internalisiert. Aber mit der Adoleszenz beginnt eine Periode der Verwirrung hinsichtlich der eigenen Rolle (s. Kap. 4, S. 146). Der Erwachsene hat die Auswahl zwischen vielerlei Rollen, und in manche Rollen wird er gegen seinen Willen hineingedrängt.

Fast unvermeidlich drängt sich uns die Frage auf, wer wir nun wirklich sind. In diesen Zeiten des Zweifelns und der Veränderung taucht dann ein C-Konzept in uns auf, das eine in all diesen Rollen stabile Identität des Selbst definiert. Während wir uns nun aber wieder ganz zufrieden in unserem Kreis von Rollen einrichten, wird uns bewußt, daß verschiedene Rollen auch verschiedenes Verhalten erfordern. An diesem Punkt müssen wir wieder auf den B-Modus umschalten, sonst können sich möglicherweise Angst und Fehlanpassung entwickeln.

Diese Analyse des Selbst führt zu der Schlußfolgerung, daß ein ständiges Hin-und-her-Pendeln zwischen B- und C-Modus als routinemäßiger Ablauf im Lebensalltag eines Menschen aufgefaßt werden kann. Es handelt sich hier um eine Sichtweise des Selbst, die sich von anderen Auffassungen der Persönlichkeit insofern unterscheidet, als sie eher den *Wechsel* als die Stabilität betont. Tatsächlich behauptet Zurcher, unsere Möglichkeit zur adaptativen Umgestaltung liege darin, Stabilität im Wechsel zu definieren. Ein gesundes Selbst wäre folglich dadurch gekennzeichnet, daß es fähig ist, entsprechend den Erfordernissen unserer sich wandelnden Gesellschaft von einem Modus zum anderen umzuschalten. Jede Fixierung auf einen bestimmten Modus käme einer Fehlanpassung gleich und würde unvermeidlich zu Streß führen. Der Inhalt dieser Vorstellung ist, was man als das *veränderliche Selbst* bezeichnet hat. In unserer Gesellschaft neigt man allgemein dazu, die Wichtigkeit eines stabilen Selbst zu betonen. Viele Jahre der Erziehung haben uns darauf ausgerichtet, der Konsistenz großen Wert beizumessen und sie in unserem Leben anzustreben. Diese Analyse impliziert aber, daß die Menschen vielleicht zur Entfaltung eines veränderlichen Selbst umerzogen werden müssen, damit sie in einer sich verändernden Gesellschaft zurechtkommen können. Ein solches Training würde ihnen helfen, die Übergänge von einem Modus in den anderen zu verstehen, und würde ihnen weiter nachdrücklich klarmachen, daß sie frei wählen können, welchen Modus sie jeweils einschalten wollen. Schließlich müßte besonders betont werden, daß dieses Wechseln ein durchaus akzeptables – ja wünschenswertes – Verhalten darstellt.

Untersuchung individueller Unterschiede

Das Einschätzen der zwischen verschiedenen Individuen bestehenden Unterschiede hinsichtlich ihrer Fähigkeiten, ihrer Intelligenz, Persönlichkeit und Kreativität ist ein Untersuchungsgebiet, mit dem die Psychologie sich noch nicht allzulange beschäftigt. Wie wir sehen werden, ergab sich das Interesse für diesen Sektor aus praktischer Notwendigkeit im Zusammenhang mit Massenausbildung und -einberufung zur Armee während der beiden Weltkriege.

Lange bevor Psychologen des Westens darangingen, Tests zur Messung der Persönlichkeit zu ersinnen, waren solche Beurteilungstechniken im alten China aber schon gang und gäbe. Tatsächlich bediente man sich in China schon vor über 4000 Jahren eines sorgfältig durchdachten Verfahrens, um Staatsbedienstete auf ihre Eignung zu prüfen. Chinesische Beamte mußten sich damals alle 3 Jahre einer mündlichen Prüfung unterziehen und ihre Fähigkeiten unter Beweis stellen; 2000 Jahre später, zur Zeit der Han-Dynastie, verfügte man über Batterien schriftlicher Auswahltests für den Staatsdienst, die zu Leistungsprüfungen im Bereich des Rechts, des Militärwesens, der Landwirtschaft und Geographie eingesetzt wurden. Weitere 1000 Jahre später schließlich war die Praxis der Staatsbedienstetenprüfung über ganz China verbreitet. Während der Ming-Dynastie (1368–1644) erfolgte die Auswahl der Bewerber für den öffentlichen Dienst aufgrund der Testleistungen in einem 4stufigen objektiven Selektionsverfahren. Die ersten Prüfungen erfolgten auf lokaler Ebene. Die 4% Bewerber, die aus diesen Tests erfolgreich hervorgingen, mußten sich 9 Tage und Nächte einer Aufsatzprüfung aus dem Bereich der Klassik unterziehen. Die 5%, die dieses Examen bestanden, wurden zur Schlußprüfung in der Hauptstadt zugelassen.

Britische Diplomaten und Missionare brachten Anfang des 19. Jahrhunderts das chinesische Ausleseverfahren in den westlichen Kulturkreis, und bald wurde es in modifizierten Versionen von den Briten sowie später auch von den Amerikanern zur Selektion geeigneter Bewerber für den Staatsdienst angewandt (Wiggins 1973).

Die Beurteilungspraxis wurde bezeichnet als „der wissenschaftliche Kunstgriff, aufgrund unzureichender Daten zu befriedigenden Schlußfolgerungen zu gelangen" (Office of Strategic Services Staff 1948). Im täglichen Leben versuchen wir oft vorauszusagen, wie irgendein Mensch, den wir kennen, sich in einer bestimmten Situation, die noch in der Zukunft liegt, verhalten wird. Wahrscheinlich haben Ihre Eltern Spekulationen darüber angestellt, ob Sie das Zeug zum Studium haben würden. Eine falsche Vorhersage käme sie finanziell und emotional teuer zu stehen. Solche Vorhersagen können natürlich in zweierlei Richtung irrig sein: Es kann Versagen vorhergesagt (und kein Studium ermöglicht) werden, wenn der Schüler in Wirklichkeit dazu befähigt wäre, oder man kann seinen Erfolg als wahrscheinlich annehmen (und ein Studium finanzieren), wenn er tatsächlich ungeeignet ist und dann abbricht. Umgekehrt kann die Vorhersage natürlich auch auf zweierlei Weise zutreffend sein: wenn vorausgesagter Erfolg bzw. vorausgesagter Mißerfolg tatsächlich eintrifft.

In vielen Lebensbereichen ist auch eine Voraussage darüber erwünscht, wie sich jemand unter zukünftigen, noch weitgehend unbekannten oder unsicheren Gegebenheiten verhalten wird. Wenn Sie mit jemand zusammenziehen wollen oder gar davon ausgehen, daß er oder sie Ihr zukünftiger Ehepartner und der Vater oder die Mutter ihrer Kinder werden könnte, gewinnt die einschätzende Vorhersage schon sehr große Bedeutung. Genauso ist es bei einer Berufsentscheidung. Sie schätzen ein und werden gleichzeitig von anderen eingeschätzt, werden beurteilt als möglicher Freund oder potentielle Freundin, als in Frage kommender Partner oder Angestellter, von Leuten, die sich ein Bild von Ihren Eigenschaften und Qualifikationen zu machen versuchen. Die wissenschaftliche Psychologie versucht, fest strukturierte Beurteilungsverfahren zur individuellen Verhaltensvorhersage zu schaffen, die ein Minimum an Irrtum und ein Maximum an Genauigkeit gewährleisten.

Nach der offiziellen Definition ist Persönlichkeitsbeurteilung ("assessment") der *Gebrauch spezifizierter Testverfahren zur bewertenden oder unterscheidenden Einschätzung von Individuen aufgrund bestimmter Eigenschaften* (s. Kelly 1967). Am Anfang der Bewertung steht das Messen einer begrenzten Zahl individueller Persönlichkeitsmerkmale und Verhaltensmuster. Ausgehend von dieser inhaltlich beschränkten Information über ein Individuum in der Testsituation (bzw. in Testsituationen) werden Voraussagen getroffen hinsichtlich der Reaktionen, die es wahrscheinlich irgendwann in der Zukunft in einer anderen (nicht mit der Testbedingung identischen) Situation zeigen wird.

In der Psychologie werden Einschätzungsverfahren benutzt, um Licht in die unglaubliche Vielfalt individueller Unterschiede zu bringen. Psychologen wollen wissen, wie durch das Zusammenkommen verschiedener Einzelzüge eine einmalige Persönlichkeit entsteht, und sie bemühen sich, Möglichkeiten zur Beschreibung der Vielgestaltigkeit individuellen Verhaltens zu finden. Indem sie Individuen mit ähnlichen Merkmalen testen, klassifizieren und kategorisieren, können sie Korrelationen zwischen unterschiedlichen Formen des Verhaltens und der Persönlichkeitstypen aufstellen. Diese Forschung dient z. T. dem Zweck, den Vorhersagewert verschiedener in Kap. 11 behandelter Persönlichkeitstheorien zu überprüfen.

Ein weiteres Anliegen dieser Forschungsrichtung ist, Aufschluß über die menschliche Entwicklung zu erlangen. In welchem Alter entwickeln Kinder welche Fertigkeiten und Einstellungen, welche Verhaltensweisen zum Umgang mit ihrer Welt? Wie wichtig sind Geschlecht, Rasse, Intelligenz und andere Eigenschaften des Menschen für die Vorhersage spezifischer Verhaltensresultate? Der Persönlichkeitspsychologe ist daran interessiert, allgemeingültige Antworten auf diese und ähnliche Fragen zur Beziehung zwischen der durchschnittlichen Verhaltenstendenz von Menschen und bestimmten Charakteristika zu finden. Das Ziel des klinischen Psychologen dagegen besteht darin, Voraussagen über den einzelnen Patienten zu treffen, und dem in der Forschung engagierten Psychologen schließlich geht es darum, in der Persönlichkeit solche Übereinstimmungen und Gesetzmäßigkeiten zu entdecken, die eine allgemeine Verhaltensvorhersage ermöglichen. Das gemeinsame Ziel, das all dieser Testarbeit zugrunde liegt, ist indes, die Psychologie als theoretische und angewandte Wissenschaft durch neuen Informationsgewinn weiterzuentwickeln.

Grundzüge der Beurteilung und Bewertung

Drei methodische Voraussetzungen müssen erfüllt sein, damit ein Bewertungsverfahren zur Klassifikation und Auslese verwertbare Information liefern kann. Bei der Entwicklung von Instrumenten zur Persönlichkeitsmessung sind die Begriffe der Reliabilität, Validität und Standardisierung von ausschlaggebender Bedeutung.

Ein Test ist *zuverlässig,* wenn er sich als *konsistentes* und *präzises* Meßinstrument erweist. Wenn Ihre Badezimmerwaage Ihnen (ohne daß Sie inzwischen gegessen oder sich umgezogen haben) innerhalb kurzer Zeit jedesmal ein anderes Gewicht anzeigt, macht sie keine zuverlässige Gewichtsangabe. Wenn Sie sich zweimal dem gleichen Test unterziehen und (ohne in der Zwischenzeit etwas hinzugelernt zu haben) ganz verschiedene Resultate erzielen, so müßte man sagen, daß dieser Test ein unzuverlässiges Instrument zur Wissensprüfung ist.

Testinstrumente müssen nicht nur konsistent und zuverlässig in der Messung sein, sondern auch exakt. Reliabilität ist gleichbedeutend mit der Meßgenauigkeit eines Testinstruments. Eine Sonnenuhr ist nicht so zuverlässig wie eine mechanische Uhr mit Uhrwerk. Diese wiederum kann nicht mehr als präzises Meßinstrument angesehen werden, wenn es um Bruchteile von Sekunden geht. Je nach dem Verwendungszweck nehmen wir einen gewissen Grad von Ungenauigkeit in Kauf, wenn wir eine Schätzangabe über den tatsächlichen Wert erhalten wollen. Exakte Messungen sind immer aufwendiger als annähernde Schätzungen. Eine Sonnenuhr reicht aus, wenn man nur wissen möchte, ob es Morgen oder Nachmittag ist. Deshalb versuchen wir die Reliabilität eines Meßinstruments oder einer Meßmethode zu verbessern, ohne daß sich gleichzeitig auch die Konstruktions- und Anwendungskosten unmäßig erhöhen. Die Reliabilität eines Tests läßt sich auf dreierlei Weise beurteilen.

Die Test-Retest-Reliabilität (Zuverlässigkeit bei Testwiederholung) entspricht dem Maß der Übereinstimmung in den Ergebnissen (ausgedrückt in Testpunktwerten), wenn man denselben Vpn den gleichen Test zu verschiedenen Zeitpunkten vorlegt. Sie bestimmt sich somit aus dem Maß der Korrelation zwischen den Testergebnissen, dem Reliabilitätskoeffizienten. Ein absolut reliabler Test hätte also eine Korrelation von +1,00, während sich bei einem völlig unreliablen Test ein Koeffizient von 0,00 ergäbe. In den besten psychologischen Tests kann man Reliabilitätskoeffizienten zwischen 0,70 und 0,90 finden. Zum Vergleich sei erwähnt, daß von Lehrern ausgearbeitete Leistungstests für Schulklassen in der Regel in ihrer Reliabilität nur zwischen 0,30 und 0,60 liegen (Kelly 1967). Diese Korrelationswerte gelten für objektive Tests, Zweifachwahltests (Wahl zwischen „richtig" und „falsch") und Mehrfachwahltest (Multiple-choice-Tests), wie es um die

Reliabilität bei der Beurteilung von Aufsätzen bestellt ist, wissen Sie ja selber.

Zwei weitere Methoden zur Bewertung der Reliabilität bestehen in der Anwendung *äquivalenter Testformen* (Paralleltestmethode) bzw. im *Messen der inneren Konsistenz* (Testhalbierungsmethode). Man sollte z. B. erwarten können, daß ein reliabler Test ungefähr die gleichen Testpunktwerte ("scores") erbringt, wenn wir die Antworten zweier Paralleltests (äquivalente Formen des gleichen Tests) miteinander vergleichen. Das gleiche gilt für den Vergleich der Testpunktwertsummen für die mit ungeraden Zahlen bezifferten Items (Einzelaufgaben) mit denen für die geradzahlig bezifferten Items innerhalb desselben Tests. In beiden Fällen kann eine mathematische Korrelation hergestellt werden, die über die relative Stabilität (Reliabilität) der Testpunktwerte Aufschluß gibt. Die Reliabilität kann sich vermindern, wenn Variablen beteiligt sind, die sich im Verlauf der Zeit verändern und den Gegenstand der Messung vorübergehend beeinflussen. Ermüdung, Schwankungen in der Aufmerksamkeit, emotionale Erregung, Stimmungen und Motivation gehören zu diesen Faktoren, die Abweichungen der gemessenen Leistungswerte von den in Wahrheit möglichen Leistungswerten verursachen.

Der Begriff der *Validität* bezieht sich auf die Genauigkeit, mit der ein Test tatsächlich das mißt, das zu messen er konstruiert wurde. Ganz einfach ausgedrückt, lautet die Frage nach der Testvalidität: Haben die gemessenen Testwerte Bezug zu dem, was wir eigentlich wissen wollen? Denn um diesen Gegenstand unseres Interesses geht es ja in erster Linie; mit dem Test wollen wir lediglich beurteilen, ob jemand dieses „Etwas" hat oder ob er bestimmte Eigenschaften in so ausreichendem Maße besitzt, daß sie im Hinblick auf den Gegenstand der Frage wirksam werden. Validität kann immer nur in bezug auf ein bestimmtes Zielkriterium bestimmt werden. Die Validität von Testscores wird bewertet entsprechend der Höhe ihrer Korrelation (oder Vorhersagegenauigkeit) mit einem eindeutig meßbaren *Kriterium*. Das Validitätskriterium ist der eigentliche Gegenstand unseres Interesses, über den wir etwas erfahren wollen, etwa über den Studienerfolg. Wenn die Validität problematisch wird, liegt das oftmals nicht an einer Unvollkommenheit oder Fehlerhaftigkeit des Tests selbst, sondern an einer unscharfen begrifflichen Fassung des Kriteriums. Diese Bewertungskriterien stellen den Maßstab dar, nach dem sich die Effektivität der Einschätzung ("assessment") bestimmt. Auf sie zielt die Vorhersage ab, und sie sollten präzise formuliert sein, bevor man überhaupt mit der Anwendung einer Beurteilungstechnik beginnt.

Um die Brauchbarkeit eines Meßinstruments zu optimieren, sollte es *standardisiert* werden. Es sollte dann einer großen Population, die für die Zielgruppe repräsentativ ist, unter standardisierten Bedingungen vorgegeben werden. Durch diese Vorgehensweise erhält man *Normen* oder Standardwerte, so daß dann ein individueller Wert mit den Werten anderer Personen aus einer bestimmten Gruppe verglichen werden kann. Selbstverständlich muß der Test auch hier wieder allen Vpn in der gleichen Weise und unter den gleichen Bedingungen dargeboten werden; sonst sind Vergleiche sinnlos.

Verfahren zur Messung der Persönlichkeit

Das systematische Vorgehen, bei der Untersuchung und Messung von Persönlichkeitsfaktoren mit quantitativen Techniken zu arbeiten (d. h. Tests anzuwenden), wird als *psychometrischer Ansatz* bezeichnet. Psychometrie ist die allgemeine Bezeichnung für einen Zweig der Psychologie, der sich mit quantitativer Bewertung beschäftigt.

Um Messungen der Persönlichkeit mit Hilfe von Testverfahren durchführen zu können, haben die Psychometriker Instrumente zur quantitativen Bestimmung u. a. folgender Faktoren entwickelt: Eigenschaften, Fähigkeiten, Fertigkeiten, erworbene Kenntnisse, Temperament, Bedürfnisse, Werthaltungen, Einstellungen, Interessen, Konflikte. In den folgenden Abschnitten wollen wir uns besonders ausführlich mit der Testung der Intelligenz und mit den Techniken zur Messung der Kreativität beschäftigen. An dieser Stelle sollen zunächst 5 Wege zur Messung anderer Aspekte der Persönlichkeit umrissen werden, nämlich der Einsatz von Menschen als Beurteiler, die Verwendung von Verhaltensstichproben, von Erhebungs- und Fragebögen sowie von projektiven Tests und Persönlichkeitsskalen.

Der menschliche Beurteiler

In manchen Fällen läßt sich sehr gut eine Beurteilung durch andere Personen durchführen. Jeder, der das zu beurteilende Individuum sehr gut kennt, ist theoretisch dazu geeignet, seine Eigenschaften einzuschätzen. Um Mitwirkung bei der Bewertung kann man deshalb u. a. Psychologen, Eltern, Freunde, Lehrer, Berater und Mitarbeiter bitten.

Beurteilungsskalen

Beurteilungsskalen dienen der Aufzeichnung von systematisch erhobenen Schätzwerten in standardisierter Form. Wenn ich Sie z. B. bitten würde, jedes einzelne Kapitel dieses Buches nach dem Niveau seines aktuellen Interesses und seines Informationswertes zu beurteilen, so könnten Sie das Kapitel, das Sie am besten fanden, mit 1 bewerten, das nächstbeste mit 2 usw., bis Sie für jedes bis jetzt gelesene Kapitel eine *relative Beurteilung* abgegeben hätten.

Absolute Beurteilungsskalen verlangen vom Beurteiler die Vergabe eines Schätzwertes für jedes einzelne Item (wie etwa Einzelkapitel dieses Buches, Filme, die Sie gesehen haben, Ihre Lehrer) hinsichtlich jedes einzelnen Merkmals, das eingeschätzt werden soll. Für die Evaluation des Beurteilungsgegenstandes ist ein bestimmter Standardwert maßgeblich, mit dem unabhängig von anderen zu berücksichtigenden Faktoren verglichen wird. Wenn Sie also etwa die Kapitel 2 und 8 auf absoluten Beurteilungsskalen mit 5 Punkten bewerten, heißt das, daß Ihre Beurteilung hinsichtlich der 2 angegebenen Größen (aktuelles Interesse und Informationswert) zu erfolgen hat. Der Verfasser hegt die Hoffnung, daß Sie (zumindest) Kap. 9 für seinen Interessewert und Kap. 2 für seinen Informationswert hoch einschätzen werden. Es hängt natürlich auch von Ihrem persönlichen Erfahrungshintergrund ab, ob Sie Psychologie interessant oder todlangweilig finden. Indem man die Bewertungsangaben der Beurteiler mit bestimmten charakteristischen Eigentümlichkeiten (wie Hauptfach, Semester, Geschlecht) vergleicht, kann man herausfinden, ob eine abgegebene Beurteilung mit der der meisten anderen Menschen übereinstimmt oder ob sie entsprechend spezifizierbarer Beurteilercharakteristiken unterschiedlich ausfällt; Beispiel (zum Ankreuzen s. unten).

Andere Arten von Beurteilungsskalen sind:

a) *Adjektivauswahllisten* (aus einer umfangreichen Liste von Adjektiven sind die Wörter auszusuchen, die eine bestimmte Person am treffendsten charakterisieren) und

b) *multiple Auswahlskalen* (unter 3 oder 4 Adjektiven sind jeweils die auszusuchen, die für den zu Beurteilenden am zutreffendsten und am wenigsten zutreffend sind).

Q-Sortierungstechnik

In der Q-Sortierungstechnik steht uns eine recht wertvolle und bis jetzt kaum im ganzen Umfang ihrer Möglichkeiten benutzte Beurteilungsskala zur Verfügung (Block 1961). Dem Beurteiler wird eine große Zusammenstellung von Items vorgelegt (etwa 100). Jedes Item beschreibt ein spezifisches Persönlichkeitsmerkmal, z. B. folgendermaßen:

a) ist kritisch, skeptisch, nicht leicht beeindruckbar;
b) neigt zu defensivem Verhalten;
c) ist produktiv, leistet etwas;
d) ist charmant;
e) wechselt keine Rollen, verhält sich gegenüber jedermann gleich.

Jedes einzelne Item wird (in Form einer separaten Karte, auf die es aufgedruckt ist) in eine von 9 Kategorien einsortiert, wobei in Kategorie 9 die für den zu Beurteilenden kennzeichnendsten

Absolute Beurteilungen

	Informationswert					Interessewert				
Kap. 2:	1	2	3	4	5	1	2	3	4	5
	niedrig		durchschnittlich		hoch	niedrig		durchschnittlich		hoch
Kap. 9:	1	2	3	4	5	1	2	3	4	5
	niedrig		durchschnittlich		hoch	niedrig		durchschnittlich		hoch

Items und in Kategorie 1 die am wenigsten zutreffenden kommen. Jeder Kategorie muß eine festgelegte Anzahl von Items zugeteilt werden, dergestalt, daß eine symmetrische Verteilung der Beurteilungen zustande kommt: Kategorie 1: 5 Items, Kategorie 2: 8 Items, Kategorie 3: 12 Items, Kategorie 4: 16 Items, Kategorie 5: 18 Items, Kategorie 6: 16 Items, Kategorie 7: 12 Items, Kategorie 8: 8 Items, Kategorie 9: 5 Items. Die 100 Beschreibungsaussagen werden entsprechend der Standardnormalverteilung aufgeteilt.

Diese Methode stellt sicher, daß die verschiedenen Beurteiler bei der Beschreibung und Einschätzung der Persönlichkeit des zu Beurteilenden das gleiche Vokabular benutzen.

Interviews

Die Interviewtechnik, der sich klinische Psychologen und Psychiater bedienen, wenn sie den Versuch unternehmen, Persönlichkeitsstörungen zu untersuchen und zu behandeln, ist seit langem am weitesten verbreitet. Vielfach findet sie auch bei der Auswahl neuer Arbeitskräfte durch Personalchefs Anwendung. Interviews können formlos und unsystematisch gehalten sein. In dieser Form haben sie sich jedoch als eine sehr unzuverlässige Methode erwiesen, wenn es darum ging, zuverlässige Eindrücke zu gewinnen, die eine Vorhersage auf zukünftiges Verhalten erlauben. Dies gilt zumindest für den Berufsbereich. Diese Unzuverlässigkeit ergibt sich wahrscheinlich zum Teil aus ihrer Anfälligkeit für Beurteilungsfehler seitens des Interviewers.

Viele dieser Schwierigkeiten lassen sich durch die Verwendung *standardisierter Interviews* umgehen. Dabei werden vorher festgelegte Fragen in einer feststehenden Reihenfolge gestellt. Ein solches Vorgehen liefert Daten, die weniger den Verzerrungen durch den Interviewer unterliegen und die objektiv bewertet bzw. ausgewertet werden können.

Verzerrungen bei der Beurteilung

Es gibt zwei gravierende Beurteilungsfehler, die unbewußt auftreten: der Haloeffekt und die Stereotypie. Unter dem Haloeffekt versteht man die Tendenz, eine liebenswürdige oder intelligente Person auch in anderer Hinsicht als „gut" zu beurteilen (s. „Unter der Lupe", S. 431). Stereotypen sind vorgefaßte Meinungen darüber, wie ein Mensch – als Zugehöriger einer bestimmten Kategorie (z. B. ein Russe oder ein Politiker) – beschaffen sein müsse. Beide Fehler lassen sich auf ein Mindestmaß reduzieren, wenn der Wertungsvorgang jeweils für *eine* Eigenschaft bei *allen* zu Bewertenden durchgeführt wird (bevor man zur nächsten Eigenschaft fortschreitet). Auf diese Weise verringert sich die Wahrscheinlichkeit, daß die Ergebnisse der ersten Wertungen die Beurteilung der nachfolgenden subjektiv beeinflussen.

Wegen ihrer unvermeidlichen Abhängigkeit vom subjektiven Urteil der Auswerter hält man den Aussagewert der Beurteilungsskala und des Interviews für geringer als den der nachfolgend beschriebenen objektiveren psychologischen Tests. Sicherlich ist die Qualität der Wertungen abhängig von der Fähigkeit des Beurteilers zur Einschätzung anderer wie auch von seiner Definition der zu beurteilenden Merkmale. Diese Faktoren lassen sich bis zu einem gewissen Grade kontrollieren, indem man überprüft, inwieweit zwei Bewerterteams hinsichtlich derselben untersuchten Personen in ihrem Urteil übereinstimmen und wie weitgehend sie in nachfolgenden Bewertungen dieses Urteil aufrechthalten.

Verhaltensstichproben

Persönlichkeitsvariablen lassen sich auch aus der Beobachtung von Menschen in typischen Situationen ableiten. Hinsichtlich der Situationen selbst können Unterschiede bestehen, insofern als zu berücksichtigen ist, in welchem Maße sie strukturiert sind, wie weitgehend sie natürlich oder gestellt sind und bis zu welchem Grade sie sich mit der Kriteriumssituation vergleichen lassen. Manchmal weiß die betroffene Person, daß sie beobachtet wird; in anderen Fällen werden Verhaltensstichproben ohne Wissen der Beobachteten (z. B. durch Informanten oder durch verborgene Kameras oder Mikrophone) erhoben. Mit Hilfe dieser Technik gewonnene Scores haben dann die größte Validität, wenn der Beobachtete Test- und Kriteriumssituation als psychologisch vergleichbar empfindet und wenn die Kontingenzen (Kontrollbedingungen) für sein Verhalten in beiden Fällen ungefähr übereinstimmen.

Ihren größten und weitreichendsten Einsatz erfuhren Tests zur Einschätzung situationbezogenen Verhaltens im Office of Strategic Services (OSS) der amerikanischen Armee (1948). Die Reaktionen von über 5000 Rekruten wurden in einer großen Anzahl vielgestaltiger Testsituationen sorgfältig beobachtet. Testinhaltlich ging es dabei unter anderem um das Überwinden von Hindernissen, Problemlösen, Streßbewältigung, die verantwortliche Leitung in einem Unternehmen und die Ausführung übertragener Aufgaben. Beobachterteams nahmen die Einschätzung und Messung für jeden einzelnen Kandidaten in jeder Testsituation vor. Mehr als 1000 dieser Rekruten wurden noch einmal durch Vorgesetzte und Gleichgestellte bewertet, bevor sie zu Geheimoperationen des OSS auf überseeischen Kriegsschauplätzen eingesetzt wurden. Die Ergebnisse dieses Einschätzungsprogramms und der damit verbundenen Follow-up-Prozeduren führten zu folgenden Schlußfolgerungen:

a) Es besteht eine gute Beurteilerzuverlässigkeit hinsichtlich der Bewertung von Persönlichkeitseigenschaften in Miniaturlebenssituationen.

b) Die Beurteilung korreliert mäßig mit anderen Meßwerten, die unabhängig für dasselbe Merkmal gewonnen wurden.

c) Bewertungen, die auf Einzelsituationen oder kurzen Verhaltensstichproben beruhen, haben nur geringe Validität (teils deshalb, weil einige Variablen erst nach längerer Zeit offenkundig werden, wie etwa Loyalität, Geduld, Führungsfähigkeit usw.).

d) Das Bewertungsprogramm kann nicht als effizient angesehen werden, da es einen zu großen finanziellen und personellen Aufwand erforderte (Kelly u. Fisk 1951).

Erhebungsbogen

Bei standardisierten Erhebungsbogen sollen die Befragten Informationen *über sich selbst* geben. Sie werden etwa gefragt, was sie gern tun und was sie nicht gern tun, zu welchen Gefühlsreaktionen sie in bestimmten Situationen neigen, ob sie verschiedene Persönlichkeiten des öffentlichen Lebens bewundern oder ablehnen. Der Erhebungsbogen ist insofern wertvoll, als er, über das äußere Erscheinungsbild hinausgehend, die individuellen Erfahrungen und Gefühle des Befragten erfaßt. Auch erfordert er keinen großen Aufwand, weil keine speziell ausgebildeten Fachleute zur Bewertung und für das Interview erforderlich sind. Sein Hauptnachteil liegt darin, daß die getesteten Personen sich selbst nicht so ganz genau kennen und deshalb auch nicht immer korrekte Auskünfte geben können. Darüber hinaus ist es natürlich auch möglich, daß sie ganz gezielt falsche Angaben machen, weil sie in einem günstigeren Licht dastehen möchten.

Die ersten Erhebungsbogen wurden entwickelt, um Menschen hinsichtlich ihrer Berufsinteressen oder im psychopathologischen Bereich richtig einstufen zu können. In den USA sind mehrere Interessenfragebogen dieses Typs in Gebrauch. Wegen seiner hohen Validität wird besonders der "Strong Vocational Interest Blank" häufig verwendet. Sein Auswertungssystem beruht auf der Grundannahme, daß ein Mensch, der z. B. die Mehrzahl der Items in der Weise beantwortet, wie es Ärzte tun würden, aller Wahrscheinlichkeit nach im Arztberuf recht glücklich würde.

Es konnte überzeugend nachgewiesen werden, daß junge Leute, die ihren Beruf in Übereinstimmung mit ihren Interessentestwerten wählen, in ihrer Arbeit größere Befriedigung finden als diejenigen, die ihre Berufswahl entgegen diesen Werten treffen.

Projektive Tests

Sicher haben Sie schon einmal ein Gesicht oder den Umriß eines Tieres in einer Wolke „gesehen". Wenn Sie dann aber Freunde auf dieses Bild aufmerksam gemacht haben, konnten Sie vielleicht feststellen, daß jeder etwas anderes zu erkennen glaubte: der eine einen Baum, der andere ein Schloß, der dritte wieder etwas ganz anderes. Bei der Verwendung von *projektiven* Techniken zur Persönlichkeitsbeurteilung stützen sich Psychologen auf ein ähnliches Phänomen. Man legt der Vp eine standardisierte Reihe von mehrdeutigen und neutralen Stimuli vor, wie etwa Tintenkleckse oder Bilder, die keine bestimmte Bedeutung haben und verschieden interpretiert werden können. Die Vp wird dann aufgefordert, frei zu interpretieren, was in ihnen zu „sehen" ist. So kann die Vp in jeden neutralen Stimulus irgendeine bestimmte, persönliche

Unter der Lupe

Der Haloeffekt

Eine meiner Verwandten hat die lästige Angewohnheit, eine ihrer Kontaktlinsen meist gerade dann in ihren Zottelteppich fallen zu lassen, wenn die ganze Familie gemeinsam ausgehen will und ohnehin schon spät daran ist. Das macht alle wütend, die ihr suchen helfen müssen – mit Ausnahme ihres neuen verliebten Ehemanns. Was für uns andere eine „lästige Angewohnheit" ist, macht in seinen Augen einen Teil ihres besonderen Charmes aus: eine liebenswerte Prise Konfusion und Exzentrizität.

Hier können wir sehen, wie der Haloeffekt wirkt. Der Gesamteindruck, den wir von einem Menschen haben, färbt unser Urteil, wenn es um spezifische Eigenschaften und Verhaltensweisen geht. Wenn ich Sie mag, können Sie nichts Unrechtes tun; wenn Sie mich nicht mögen, kann ich Ihnen nichts recht machen. Dies ist ein Mechanismus, der abläuft, ohne daß wir uns dessen bewußt werden. Wahrscheinlich würden wir sogar ganz entschieden bestreiten, daß wir einen Menschen und sein Verhalten nicht objektiv und unbeeinflußt beurteilen.

Am deutlichsten konnten Nisbett u. Wilson (1977 a) in einem Experiment jüngeren Datums dieses Phänomen der Urteilsverzerrung demonstrieren. Nach Zufallsauswahl bekamen Collegestudenten eine von zwei Videoaufnahmen von Vorlesungen eines Professors zu sehen. In der einen Vorlesung gab er sich sehr kalt und wurde als wenig liebenswert empfunden; in der anderen strahlte er größere Wärme aus und wirkte sympathisch. Anschließend bewerteten die Studenten mehrere spezifische Aspekte seiner äußeren Erscheinung, seine Ausdrucksweise sowie seinen starken französischen Akzent. Die Versuchspersonen, die den Professor in seiner kalten Rolle gesehen hatte, mochten ihn weder als Gesamtpersönlichkeit noch in den Einzelzügen; bei den anderen war es genau umgekehrt: Sie fanden ihn sympathisch und bewerteten ihn auch in den spezifischen Dimensionen positiv.

Um die Verknüpfung zwischen positivem Gesamteindruck und der Bewertung einzelner charakteristischer Merkmale einer Person untersuchen zu können, gestaltete man die Fragestellung unterschiedlich. Man fragte die Hälfte der Vpn, ob die Bewertung in den Einzelzügen auf ihr Gesamturteil Einfluß habe; die andere Hälfte sollte angeben, ob ihr günstiger Gesamteindruck in irgendeiner Weise die Wertung der einzelnen Merkmale beeinflußte.

Den Befragungsergebnissen kann man folgendes entnehmen:

a) Die Menschen glauben, daß sie sich aufgrund der Bewertung der einzelnen Wesenszüge ihr Gesamturteil bilden;

b) sie bestreiten, daß der Gesamteindruck sie bei der Bewertung der Einzelmerkmale beeinflußt. Sie sind nicht nur der festen Überzeugung, daß „ihr Urteil genau in der umgekehrten Weise zustande kommt", sondern man kann ihnen nicht einmal begreiflich machen, daß sie das Opfer des Haloeffekts sein könnten. Dieser Vorgang läuft eben unbewußt ab.

Ich frage mich, ob mein neuer Vetter auch so bereitwillig nach der verlorenen Kontaktlinse suchen würde, wenn die Objektivität seines Urteils nicht durch Liebe getrübt wäre. Aber kann man seine Vernunft schließlich an einen würdigeren Gegner verlieren, als es der kosmische Haloeffekt, genannt Liebe, ist?

Bedeutung „projizieren" – ganz ähnlich wie Sie das Gesicht oder das Tier in die Wolke projiziert haben. Psychologen nehmen an, daß solche Projektionen verdrängte Bedürfnisse und emotionale Anpassungen der Individuen widerspiegeln und so zur Aufdeckung der zugrundeliegenden Persönlichkeitsstrukturen beitragen.

Projektive Tests sind schwierig zu verfälschen, weil es keine richtigen oder falschen Antworten gibt. Weiter haben sie den Vorteil, daß sie sich eher tieferen Schichten von Bedürfnissen und Ängsten nähern als andere Meßmethoden. Sie sind jedoch dennoch nicht vollkommen zufriedenstellend. Eine Haupteinschränkung liegt darin, daß der Psychologe sich weitgehend auf sein eigenes subjektives Urteil stützen muß, wenn er die Antworten von Vpn auswertet. Obwohl für die Auswertung der verschiedenen

Antworttypen objektive Normen entwickelt worden sind, ist immer noch eine fachmännische Interpretation durch den Vl erforderlich. Dies bedeutet, daß das Urteil des Vl das Ergebnis in größerem Maß beeinflußt, als dies bei den objektiven Tests der Fall ist. Zudem braucht man viel Übung, wenn man projektive Tests als diagnostisches Instrument anwenden will.

Der Rorschach-Test

Die Rorschach-Technik, eine der ältesten projektiven Testmethoden, verwendet eine Reihe von Tintenklecksen. Einige sind schwarz/weiß, andere farbig, und sie variieren in Form, Schattierung und Komplexität. Die Vpn betrachten die Tafeln in einer vorgeschriebenen Reihenfolge und beschreiben, was sie in jeder einzelnen „sehen". Dadurch erhält man oft Informationen über die Persönlichkeitsstruktur, die bei klinischen Interviews nicht zu erlangen sind; z.B. kann die Art, wie eine Vp auf die Farbe der Kleckse reagiert, Aufschluß geben über ihre emotionalen Reaktionen auf die Umwelt (Abb. 12.1).

Abb. 12.1. Ein Tintenklecks, der den Rorschach-Tafeln ähnlich ist. Was sehen Sie, was sehen Ihre Freunde darin?

Außer aus der Inhaltsanalyse der projizierten Geschichten erhält der Rorschach-Experte auch aus den stilistischen Aspekten der Antworten Aufschluß über die Persönlichkeit. Reagiert die Vp auf den Stimulus insgesamt oder nur auf Teilreize? Sind für sie bei dem Versuch, mehrdeutiges Testmaterial zu bearbeiten, Form und Struktur von größerer Bedeutung als Bewegung und Handlung? Solche Analysen helfen dem Kliniker festzustellen, wie ein Patient seine Umwelt wahrnimmt, worin seine Konflikte liegen und welches Ausmaß seine psychische Störung hat (s. „Unter der Lupe", S. 433).

Der thematische Apperzeptionstest (TAT)

Der TAT ist weitere projektive Technik und besteht aus 3 Serien von jeweils 10 Bildern, wobei jedes Bild eine andere Situation darstellt. Die Vp soll zu jedem Bild eine Geschichte erzählen und dabei die momentane Situation, die Ereignisse, die ihr vorangingen, die Gefühle der beteiligten Personen und den gedachten weiteren Verlauf schildern. Der Vl versucht, die Persönlichkeitsmerkmale der Vp aufzudecken, indem er sowohl Form und Inhalt dieser Ge-

schichten als auch das Verhalten der Vp beim Erzählen auswertet (Abb. 12.2). Ein Vl könnte z.B. zu dem Schluß kommen, eine Person sei „gewissenhaft", wenn sie TAT-Geschichten über Menschen erzählt hat, die „allen ihren Verpflichtungen nachkommen", und dabei auch noch sehr ernsthaft und genau war.

Die Interpretation der TAT-Geschichten (ebenso wie des Rorschach-Tests) wird weitgehend durch das subjektive Urteil des Klinikers bestimmt, wobei hinsichtlich persönlicher Motive, Werthaltungen, Einstellungen, Abwehrmechanismen u. a. Schlüsse gezogen werden. Grundsätzlich bildet sich der Kliniker also eine Anschauung über die Vp, die derart beschaffen ist, daß sie so weitgehend wie möglich zur Erklärung für die Geschichte und die Reaktionen dieser Person herhalten kann. In der Praxis wird der TAT in Verbindung mit verschiedenen anderen diagnostischen Verfahren verwendet, die dann eine ausgewogene Anordnung von Tests oder eine Testbatterie bilden.

Unter der Lupe

Ein Blick in die Köpfe
von Nazikriegsverbrechern

Während der Nürnberger Prozesse (1945/46) legte man den Rorschach-Test führenden Köpfen des Naziregimes vor, die unter Anklage von Kriegsverbrechen standen. Die Testleitung hatte Gustave Gilbert, der während des Gerichtsverfahrens als Gefängnispsychologe eingesetzt war. Der Projektionsinhalt der Antworten von 16 dieser berüchtigten Naziführer (darunter Speer, Göring und Hess) wurde vor einigen Jahren durch Florence Maile (Maile u. Selzer 1975) einer unabhängigen Analyse unterzogen. Waren diese Männer nun ganz gewöhnliche Menschen, die einfach blindlings der Autorität gehorchten und Anordnungen befolgten, ohne sich selber darüber Gedanken zu machen? Zu dieser Ansicht neigen H. Arendt und S. Milgram gemäß ihrer Analysen (Milgram 1965, 1974). Oder handelte es sich um pervertierte, sadistische Persönlichkeiten? Maile u. Selzer (1975, S. 287) vertreten den Standpunkt, daß die „Nazis keine psychisch normalen oder gesunden Individuen" waren. Sie stützen sich bei ihrer Diagnose auf ihre Interpretation von Strukturen bei der Beantwortung des Rorschach-Tests, worin sie eine Fülle von Depression, Gewalt, Statusdenken, Ablehnung der Verantwortung, Tod, Groteskheit, Entstellungen des Sachverhalts und Ablehnung von Gefühlen erkennen. „Hier scheint es sich allgemein um Individuen zu handeln, die unentwickelt, manipulierbar und in ihren Beziehungen zu anderen feindselig sind" (S. 278). Das Urteil der beiden Rorschach-Experten lautet: „Schuldig" (im Sinne einer psychopathischen Persönlichkeit; Psychopathen sind Menschen, die antisozial handeln und dabei keinerlei Schuld- oder Reuegefühle zu haben scheinen).

Diesem Urteilsspruch könnte man erst zustimmen, wenn weitere Rorschach-Experten – die nichts von der Geschichte der Leute, die die Tintenkleckse gedeutet haben, wissen – auch zu solchen Befunden kämen. Ferner sollten wir auch darauf bestehen, daß Protokolle von „Kontrolltests" mit denen der Kriegsverbrecher vermischt werden. Ein paar könnten von normalen Durchschnittsbürgern stammen und ein paar von psychiatrischen Patienten. Genau in dieser Weise ging die Psychologin Molly Harrower (1976) vor. Ihre „blinde" Untersuchungskommission, bestehend aus 15 Rorschach-Experten, fand keine konsistenten Persönlichkeitsunterschiede zwischen den Antworten der Nazis und denen der Vergleichspersonen.

Abb. 12.2. Beim TAT werden dem Klienten eine Reihe verschieden ausdeutbarer Bilder vorgelegt, und er wird aufgefordert, zu jedem eine Geschichte zu erfinden. Der Inhalt dieser Geschichten wird aufgenommen und fachmännisch ausgewertet

Einige ausgewählte Persönlichkeitstypen und -variablen

Ein englisches Sprichwort besagt: „Vögel mit gleichem Gefieder fliegen gemeinsam". Wenn das so ist, können wir aufgrund der charakteristischen Gefiederbeschaffenheit etwas über die Fluggewohnheiten bestimmter Vögel vorhersagen. Im deutschen Sprachraum heißt es: „Gleich und gleich gesellt sich gern". Persönlichkeitsforscher vermögen verschiedene Möglichkeiten des menschlichen Verhaltens vorauszusagen, indem sie bestimmte Eigenschaften identifizieren, die manche Personen mit anderen Menschen des gleichen Typs gemeinsam haben.

Die Wirkung einer Reizbedingung auf das Verhalten fällt manchmal entsprechend des spezifischen Persönlichkeitstyps und seiner habituellen Reaktionsweise auf Reize dieser bestimmten Art ganz unterschiedlich aus. Wir wollen nun 4 verschiedene Persönlichkeitstypen und -variablen herausgreifen und sie uns näher anschauen. Dabei wird eine Vielfalt von Verhaltensmustern erkennbar werden, die Sie interessieren dürfte. Erörtert werden sollen: die internale oder externale Persönlichkeit, die machiavellistische Mentalität, die Persönlichkeit des Schüchternen und des „Androgynen".

Kontrollüberzeugungen der Internalität und Externalität

In welchem Maße, glauben Sie, ist das, was Ihnen zustößt, von *äußeren Kräften* wie Schicksal, Zufall, machtausübenden Mitmenschen oder unvorhersehbaren Weltereignissen bestimmt? Bis zu welchem Grade gehen Ihrem Gefühl nach die maßgeblichen Einflüsse von Ihnen selbst aus, d. h. kommen sie von innen? Menschen unterscheiden sich insofern voneinander, als sie die ihr Verhalten kontrollierenden Einflüsse in größerem oder geringerem Maße als von *innen,* d. h. von ihnen selbst ausgehend, oder von *außen,* d. h. von der Umwelt auferlegt, empfinden. Mit dem Wissen um diese individuellen Unterschiede können wir besser vorhersagen, welche Bedeutung ein Mensch seiner eigenen Anstrengung zur Erreichung eines bestimmten Ziels beimessen wird. Halten Sie es für wahrscheinlich, daß Sie bekommen, was Sie haben wollen, wenn Sie hart genug dafür arbei-

ten – oder ist es „einfach unmöglich, sich gegen die Gesellschaft durchzusetzen"? Die Metapher von Internalität/Externalität spielt in vielen Ansätzen zur Persönlichkeitsforschung eine Rolle (s. Collins et al. 1973). Zum Teil verdankt sie ihre Popularität der Dynamik der ihr zugrundeliegenden Vorstellung vom Kampf des Individuums (internal) mit den Kräften der Gesellschaft (external). Da die Probleme in der Gesellschaft immer komplizierter werden und sich der soziale Druck verstärkt, wächst in den Menschen überall auf der Welt das Gefühl des Bedrängtseins und der Ohnmacht. Üben die Menschen nun auf die Gesellschaftsordnung Kontrolle aus oder sind sie nichts weiter als Marionetten im Schauspiel der Gesellschaft?

Wie wir gesehen haben, behaupten Humanisten wie Maslow, der Idealcharakter sei in dem selbstverwirklichten Menschen zu sehen, dem Menschen, der gleichermaßen unabhängig ist von äußeren Gruppenzwängen durch Gleichaltrige wie auch von inneren Zwängen, wie sie der Sozialisationsprozeß auferlegt. Diese Selbstverwirklichung habe eine größere Selbständigkeit und Kreativität zur Folge.

Mit der Introversions-/Extraversionsdimension, die man in Eysencks Persönlichkeitsinventar findet (s. S. 402), lassen sich individuelle Unterschiede aufdecken hinsichtlich des Ausmaßes, in dem andere Menschen als Belohnungsquellen und Richtungsweiser für angemessenes Verhalten gebraucht werden. Der aus sich herausgehende, impulsive Extravertierte ist auf den Austausch mit anderen Menschen angewiesen, während der zurückhaltende, vorsichtige Introvertierte seine Stimulation eher aus Büchern oder anderen „unbelebten" Quellen zu erlangen sucht. Diese Persönlichkeitstypen weisen auch noch weitere Gegensätze auf. Introvertierte sind beständiger, passiver, vorsichtiger, pessimistischer, friedlicher, beherrschter, zuverlässiger und ängstlicher. Extravertierte sind eher wechselhaft, aktiv, impulsiv, optimistisch, aggressiv, leicht erregbar und sorglos.

Eysenck (1976) setzte die durch Messung bestimmten Introversion-Extraversion-Unterschiede in Beziehung zu einer großen Anzahl sozialer, verstandesmäßiger und Lernverhaltensweisen.

In den USA wurde die Metapher von der Internalität oder Externalität im Zusammenhang mit der sozialen Lerntheorie von Rotter und Mitarbeitern bekannt (Rotter 1954; Rotter et al. 1972; Lefcourt 1972; Phares 1976).

Auf einem „Locus-of-control-Kontinuum" für die Überzeugung der Menschen hinsichtlich der Position ihrer „Leitstelle" wären die internalen (innengeleiteten) und externalen (außengeleiteten) Persönlichkeitstypen als Extremwerte zu plazieren. Innengeleitete nehmen an, daß Belohnung kontingent auf ihr eigenes Verhalten hin und/oder ihren persönlichen Eigenschaften entsprechend erfolgt. Außengeleitete empfinden Belohnungen als etwas, das unabhängig von ihren eigenen Bemühungen vergeben und durch äußere Kräfte gesteuert wird.

In anderen Untersuchungen zur Internalität/Externalität der Persönlichkeit wurden besonders die Ursprünge von individuellen Ziel- und Wertvorstellungen und Motiven hervorgehoben, aber Rotters Dimension der internalen/externalen Kontrolle konzentriert sich auf Strategien zum Erreichen von Zielen, ungeachtet des Ursprungs der Zielvorstellungen.

Die Messung der Internalität/Externalität erfolgt in erster Linie mit Hilfe eines „forcierten" Wahlfragebogens, der I-E-Skala.

Jemandem, der an die internale Kontrolle glaubt, müßte alles in der Welt relativ vorhersehbar erscheinen, da dem eigenen Handeln stets die entsprechenden Konsequenzen folgen. Für einen auf externale Kontrolle eingestellten Menschen dagegen ist die Welt unberechenbar, und man kann nicht ohne weiteres davon ausgehen, daß sich durch die Qualität seines eigenen Verhaltens Belohnung erwerben oder Schmerz vermeiden läßt.

Die *I-E-Skala* enthält eine lange Reihe von Alternativitems und verlangt jeweils die Entscheidung für eine Antwortmöglichkeit. Die Doppelitems sehen etwa folgendermaßen aus:

1a Ein gut vorbereiteter Student wird kaum jemals in die Situation kommen, daß ihm Prüfungsfragen als „unfair" erscheinen.

1b Prüfungsfragen nehmen oft so wenig Bezug auf den Unterrichtsstoff, daß Lernen wirklich nutzlos ist.

2a Der Durchschnittsbürger kann auf Regierungsentscheidungen Einfluß nehmen.

2b Diese Welt wird von einer Handvoll Mächtiger regiert; der kleine Mann hat so gut wie nichts mitzureden.

3a Den meisten Menschen ist gar nicht klar, wie weitgehend ihr Leben durch zufällige Ereignisse bestimmt wird.

3b So etwas wie glücklichen „Zufall" gibt es nicht.

4a Mein eigenes Handeln bestimmt die Ereignisse.

4b Mir scheint manchmal, daß ich keine hinreichende Kontrolle darüber habe, wie mein Leben verläuft. (Rotter 1971)[1]

Es gibt Anhaltspunkte dafür, daß Innengeleitete weniger empfänglich sind für soziale Beeinflussung und daß sie weniger konformistisch und unabhängiger sind als Außengeleitete. Erfolgreiche Steuerung des eigenen Verhaltens erfordert die Planung von Mitteln und Wegen zur Zielerreichung und die Fähigkeit, Hindernisse geschickt zu umgehen. Deshalb ist zu erwarten, daß Innengeleitete in Situationen, die für ihre Entscheidungen und im Zusammenhang mit ihren Zielen wichtig sind, eher von allen verfügbaren Informationen Gebrauch machen. Diese Vorhersage hat sich in mehrfacher Hinsicht bestätigt. Bei Tuberkulosepatienten (parallelisiert nach Krankenhauserfahrung und sozioökonomischem Status) zeigte sich, daß Innengeleitete mehr darum bemüht waren, etwas über ihre Krankheit zu erfahren und an deren Überwindung mitzuarbeiten als Außengeleitete (Seeman u. Evans 1962).

Viele arme Leute und Angehörige von Minderheiten haben gelernt, daß sie tatsächlich sehr wenig Einfluß auf den Verlauf ihres Lebens nehmen können. Sie befinden sich in völliger Abhängigkeit von einem komplexen Gefüge externer Bedingungen, die im Rahmen der politischen, ökonomischen und sozialen Situation ihr Leben determinieren. Was Wohnstätte, Arbeit und Unterhaltung anbelangt, haben sie viel weniger Wahlmöglichkeiten als andere Mitglieder der gleichen Gesellschaft. Armut macht Ausbildung zum Luxus; aber ohne Ausbildung, ohne erworbene Fertigkeiten und Befähigungsnachweis sind die Armen die letzten, die man einstellt, die ersten, die man entläßt, und dies gilt selbst für die niedrigsten Arbeiten.

---

1 Innengeleitete Menschen kreuzen bevorzugt 1a, 2a, 3b, 4a an; außengeleitete wählen eher die Alternativitems

Abb. 12.3. Menschen, die von der internen Kontrolle überzeugt sind, glauben über ihre Lebensbedingungen selbst zu bestimmen; folglich werden sie eher aktiv an der Verbesserung ihrer Umwelt arbeiten als „von außen" kontrollierte, die in der Vorstellung leben, daß ihnen „die Dinge eben einfach zustoßen"

„In allen bekanntgewordenen ethnischen Untersuchungen tendierten die Meßwerte für Gruppen, die infolge ihrer Schicht- oder Rassenzugehörigkeit in einer schwächeren sozialen Position waren, stärker in Richtung externer Kontrolle. Innerhalb der Rassengruppen wirkt sich der Einfluß der Sozialschicht dahingehend aus, daß das doppelte Handikap von niedriger Klasse plus niedriger Kaste die Menschen hervorzubringen scheint, die die höchsten Erwartungen bezüglich externer Kontrolle haben. Vielleicht kann die Apathie und das, was oft als mangelnde Leistungsmotivation der Unterschicht beschrieben wurde, als Resultat des mangelnden Glaubens daran erklärt werden, daß Anstrengung sich bezahlt macht" (Lefcourt 1966, S. 212; s. auch Abb. 12.3).

Eine in jüngerer Zeit erschienene Literaturübersicht zu diesem Thema (Phares 1976) enthält Hinweise dafür, daß Externalität und Internalität relativ stabile Persönlichkeitsmerkmale darstellen, die die Menschen in allen Situationen begleiten. In diesem Sinne ist die Auffassung von der eigenen Möglichkeit – oder dem Unvermögen –, Macht und Kontrolle auszuüben, generalisiert. Die Vorstellung, aktive Kontrolle ausüben zu können, läßt sich außerdem als eine Erwartung auffassen, der sehr enge Grenzen

gesetzt sind. Ihr Spielraum wird bestimmt durch die Umweltbedingungen, in denen sich das Leben des Individuums abspielt. Nur der extremste „Internale" wird seinen Optimismus aufrechterhalten und aktiv bleiben können, wenn seine Situation hoffnungslos erscheint.

„Gott gebe mir die Gelassenheit, mich mit dem abzufinden, was ich nicht ändern kann, den Mut, das zu ändern, was möglich ist, und die Weisheit, den Unterschied zu erkennen" (Reinhold Niebuhr, amerikan. ev. Theologe, 1892–1971).

Die Mentalität der Machiavellisten

Versetzen Sie sich einmal in die folgende Situation: 10 $ werden auf den Tisch gelegt und sollen unter Ihnen und 2 weiteren Personen irgendwie verteilt werden. Voraussetzung für die Aufteilung ist, daß 2 von Ihnen sich darüber einig werden, wie das Geld aufgeteilt werden soll. Natürlich ergäbe eine faire Verteilung 3,33 $ für jeden – wenn alle 3 über die Aufteilung zu entscheiden hätten. Ein egoistisches Paar könnte jedoch den Dritten einfach übergehen, so daß jeder der beiden 5 $ bekäme. Einer der Beteiligten tritt nun mit diesem Vorschlag an Sie heran. Noch bevor Sie zustimmen oder ablehnen können, bietet Ihnen der übergangene Dritte an, Ihnen 5,50 $ zu geben und sich selbst mit 4,50 $ zu begnügen, wenn jetzt derjenige ausgeschlossen wird, der den ersten Vorschlag gemacht hat. Was werden Sie tun? Manipulieren Sie die anderen dahingehend, daß Ihr eigener Anteil noch vergrößert wird, bevor Sie bereit sind zuzustimmen, daß entweder der eine der beiden ausgeschlossen wird oder daß die beiden sich teilen, was nach Abzug Ihrer Beute übrig bleibt? Oder könnte es sogar passieren, daß Sie darum feilschen, wenigstens einen kleinen Anteil der Summe zu erhalten, um von den anderen beiden nicht ausgeschlossen zu werden? Das experimentelle Durchspielen dieser Situation ergibt – über viele Versuche hinweg – ein typisches Muster: Einer der Teilnehmer ergattert ca. 5,57 $, der zweite erhält 3,14 $ und der dritte muß sich mit 1,29 $ begnügen. Welcher von den dreien wären Sie wohl?

Niccolo Machiavelli hat in seinen Schriften [besonders in *Der Prinz* (1532) und in *Die Diskurse* (1531)] die Anfangsgründe einer Theorie der sozialen Persönlichkeit bereitgestellt, mit deren Hilfe man diese Frage beantworten kann. Er befaßte sich mit dem Problem, in welcher Weise Menschen manipuliert werden können und nach welchen Eigenschaften und Taktiken sich jene, die Einfluß ausüben, von denen unterscheiden, die beeinflußt werden.

Eigenschaften der Machiavellisten

Aus den anekdotischen Beschreibungen der Machtstrategien und des Wesens einflußreicher Menschen konstruierte R. Christie, ein Psychologe an der Columbia-Universität, einen Fragebogen zur Erfassung des „Machiavellismus". Die Fragen waren zugeschnitten auf Anschauungen über taktische Vorgehensweisen, Menschen und Moral. Dafür jeweils ein Beispiel (Christie u. Geis 1970):

Taktisches Vorgehen
Hoher *Mach.:* „Eine Notlüge ist oft eine gute Lösung."
Niedriger *Mach.:* „Wenn etwas in moralischer Hinsicht nicht einwandfrei ist, kommt ein Kompromiß nicht in Frage."

Menschenbild
Hoher *Mach.:* „Die meisten Leute wissen im Grunde nicht, was das beste für sie ist."
Niedriger *Mach.:* „Leute, die meinen, jede Minute würde ein Einfaltspinsel geboren, irren."

Moralität
Hoher *Mach.:* „In der Kriegsführung ist Täuschung ehrenhaft und lobenswert."
Niederiger *Mach.:* „Es ist besser, bescheiden und ehrenhaft zu sein als einflußreich und unehrenhaft."

Die *Mach.*-Skalen differenzieren zwischen hohen und niedrigen Machiavellisten, je nachdem, wieweit die Betreffenden die machiavellistischen Regeln für das Verhalten in zwischenmenschlichen Beziehungen anerkennen. Am einen Ende der Skalen stehen die Menschen mit *relativen* Maßstäben des Verhaltens („Verrate niemals die wahren Motive deines Handelns, es sei denn, dies wäre zu deinem Vorteil."), und am anderen Ende des Kontinuums stehen diejenigen, die *absolute* Maßstäbe haben („Ehrlich währt am längsten."). Zwischen diesen beiden Extremen liegt die Gruppe derer, die mit der machiavellistischen Philosophie in Teilbereichen mehr oder weniger konform geht.

Im wesentlichen handelt es sich hierbei um eine pragmatische Philosophie: „Der Zweck heiligt die Mittel." In dem 10-$-Spiel sind die Leute, die den Löwenanteil einheimsen, stets solche, deren Werte auch auf dieser Skala hoch liegen. Sie sind es nämlich, die in jede Zweckgemeinschaft einbezogen werden, während die mit niedrigen *Mach.*-Werten froh sein können, wenn man sie überhaupt in einer solchen Verbindung beteiligt und ihnen wenigstens das Übriggebliebene zukommen läßt. Wer dagegen mäßige Werte nach der *Mach.*-Skala erreicht, kann damit rechnen, daß sein Anteil nur geringfügig unter einem fairen Drittel liegt.

In anderen experimentellen Situationen haben die Vpn mit hoher *Mach.*-Ausprägung gezeigt, daß sie nicht öfter mogeln als andere, sondern besser. Wenn sie jemand zur Rechenschaft ziehen will, können sie ihrem Gegenüber beim Lügen in die Augen schauen und den anderen von ihrer Unschuld überzeugen. Im Leistungswettbewerb mit anderen Studenten sind sie geschickter im „Austricksen" von Rivalen, sie verwenden mehr Mühe darauf und sind einfallsreicher, wenn es darum geht, anderen ein Bein zu stellen. War ihr Verhalten unvernünftig oder so, daß es mit ihren persönlichen Einstellungen nicht im Einklang stand, können sie mit diesem Mißverhältnis leben und sehen auch keine Notwendigkeit, etwa ihre Einstellung dahingehend zu revidieren, daß sie mit dem praktischen Verhalten übereinstimmt. In Experimenten manipulieren sie nicht nur andere Vpn, sondern häufig genug auch den Vl selbst.

Was bringt einen Menschen mit hoher Mach.-Ausprägung in Form?

Das Wesen des stark machiavellistischen Typs liegt darin, kühl zu bleiben, wenn andere sich aufregen. Machiavellisten bewahren emotionale Distanz, sie bleiben unberührt vom Benehmen anderer, ja nicht einmal ihr eigenes Verhalten tangiert sie emotional. Ihr Verhalten wird rational, nicht emotional gesteuert. Ausgeprägte Machiavellisten blühen auf in Situationen, die 3 allgemeine Merkmale aufweisen:

1. Die Interaktion ist direkt und persönlich (anstatt unpersönlich oder indirekt).
2. Es ist nur ein Minimum an Regeln und Richtlinien vorgegeben, und es bleibt ein beträchtlicher Spielraum zum Improvisieren, zur willkürlichen Gestaltung und Ausformung der bestehenden Unklarheit.
3. Bei den Menschen mit niedriger *Mach.*-Ausprägung macht sich starke Erregung bemerkbar, die diese bei der Aufgabendurchführung entsprechend behindert, während die Machiavellisten davon frei sind.

Der schweigende Gefangene seiner Schüchternheit

„Rosey und ich sind beide von Natur aus schüchtern. Sie ist einer der schüchternsten Menschen, den ich kenne. Ich kann es selber nicht erklären, daß wir so schüchtern sind und trotzdem auf diese Weise die Wahlkampagne durchführen. Es fällt uns nicht leicht" (Expräsident der USA, Jimmy Carter, zit. nach S. Quem, *Washington Post*, 1. April 1976).

Für Sie mag Schüchternheit etwas anderes bedeuten als für den Expräsidenten Carter und seine Frau. Man könnte sich fragen, wie es überhaupt möglich ist, daß die beiden als angeb-

lich schüchterne Menschen eine Karriere im Lichte der Öffentlichkeit wählten. Ist es nicht so, daß Schüchterne gerade soziale Situationen und Auftritte in der Öffentlichkeit meiden? Auch ein paar derzeitige Berühmtheiten des amerikanischen Showgeschäfts bezeichnen sich als schüchtern; ihre Hemmung fällt nur dann von ihnen ab, wenn sie sich in ihrem eigenen „Machtbereich" befinden, d. h. wenn sie im Rahmen ihrer festgelegten und gründlich geprobten Rolle öffentlich auftreten. Zu den schüchternen Publikumslieblingen gehören die Komiker Carol Burnett und Phyllis Diller ebenso wie die Fernsehinterviewin Barbara Walters, die Sänger Johnny Mathis und Liza Minnelli sowie die Schauspieler Robert Young, Henry Fonda und Lynn Redgrave. Sie sind im Privatleben scheu, d. h. ihre Schüchternheit macht sich psychologisch bemerkbar, ohne daß sie sich für ihr Verhalten in der Öffentlichkeit nachteilig auswirken muß. Wenn das Wesen der Schüchternheit den Rahmen einer inneren Erfahrung überschreitet und sich so auswirkt, daß sie den Menschen bei seinem Handeln in der Öffentlichkeit stört oder behindert, wird der Betroffene um so mehr unter seiner Publikumsscheu leiden.

Schüchternheit ist ein mehrdimensionaler Begriff und kann entsprechend dem üblichen Sprachgebrauch eine Vielzahl sozialer Ängste mitbezeichnen: Hemmungen beim Auftreten in größeren Gruppen, Angst vor dem Sprechen in der Öffentlichkeit, Mangel an Selbstsicherheit und Durchsetzungsfähigkeit und Ängstlichkeit bei zwanglosen Begegnungen mit anderen Menschen generell oder mit Personen des anderen Geschlechts.

Hier wollen wir Schüchternheit definieren als eine Tendenz, soziale Situationen zu meiden, in der sozialen Begegnung nicht richtig teilnehmen zu können und sich bei Interaktionen mit anderen ängstlich, bedrückt und belastet zu fühlen. Schüchternheit umfaßt somit kognitive, affektive, physiologische und Verhaltenskomponenten, die durch ganz bestimmte Menschentypen und soziale Situationen ausgelöst werden. Tabelle 12.1 enthält einige der für Schüchternheit typischsten Reaktionen, so wie sie von amerikanischen Collegestudenten gezeigt werden.

Ist Schüchternheit so ausgeprägt, daß sie soziale Isolation und ein Sichzurückziehen im Gefolge hat, so weist sie zumindest 3 negative Konse-

Tabelle 12.1. Schüchternheitsreaktionen. (Nach Zimbardo et al. 1974)

Physiologische Reaktionen	Schüchterne Studenten [%]	Gedanken und Empfindungen	Schüchterne Studenten [%]	Gezeigtes Verhalten	Schüchterne Studenten [%]
Pulsbeschleunigung	54	Befangenheit	85	Schweigen	80
Erröten	53	Besorgnis, ob man den richtigen Eindruck macht	67	Kein Augenkontakt	51
Schwitzen	49			Vermeiden anderer	44
Kribbeln im Bauch	48	Besorgnis, wie man beurteilt wird	63	Handlungsvermeidung	42
Herzklopfen	48			Leises Sprechen	40
		Negative Selbsteinschätzung	59		
		Die Situation wird als unangenehm empfunden	56		

quenzen auf. Erstens führt sie zu einer drastischen Verminderung der Belohnungen, die von dem allerkräftigsten Verstärker in der Umwelt eines Individuums zu erlangen sind, nämlich von seinen Mitmenschen. Soziale Begegnungen sind für die Schüchternen mit Angst verbunden. Durch ihr entsprechendes Angstvermeidungsverhalten berauben sie sich zugleich der Möglichkeiten, in solchen Begegnungen Belohnung zu erhalten. Der Mangel an hinlänglicher sozialer Verstärkung kann sich wiederum insofern nachteilig auswirken, als durch ihn die Entstehung weiterer Schwierigkeiten – etwa einer Depression – begünstigt wird (vgl. Lewinsohn 1974). Zweitens hat Schüchternheit generell eine Beschränkung der sozialen Unterstützung zur Folge, die man normalerweise von wichtigen Bezugspersonen bekommen kann. Daraus kann sich ergeben, daß der Schüchterne auf den Streß des Lebens anfälliger und verwundbarer reagiert als andere Menschen, denen durch Rat und Ermunterung seitens ihrer Verwandten, Freunde und Bekannten Erleichterung zuteil wird. Drittens bedeutet eingeschränkte Interaktion ein gewisses Maß an Isolierung, und wer isoliert lebt, begibt sich des Vorteils, durch den sozialen Vergleich wertvolle Informationen sammeln zu können. Übertrieben strenge Selbstbewertung und ebenso die übertriebene kognitive Bewertung der Angstzustände resultieren z.T. aus der völligen Unwissenheit darüber, daß soziale Ängste allgemein verbreitet sind. Ferner rühren sie auch davon her, daß der Schüchterne keine realistische Norm kennt, anhand derer er sein soziales Verhalten objektiver beurteilen könnte. Die Situation vieler Schüchterner ist ausgesprochen paradox. Nur weil sie auf andere besonders viel Wert legen, gestalten sie ihr Leben so, daß sie deren Beurteilung entgehen; aber indem sie sich derart verhalten, schneiden sie sich von der so sehr ersehnten Vertrautheit und Verbundenheit mit den anderen ab (Abb. 12.4).

Der Stanford Shyness Survey (Umfrage zur Schüchternheit)

Diese Umfrage haben wir bereits an anderer Stelle ausführlicher diskutiert (Zimbardo 1977). Über 80% der Befragten bezeichneten sich als schüchtern oder gaben an, früher schüchtern gewesen zu sein. Unter den Befragten, die sich für schüchtern hielten, waren ebensoviele Männer wie Frauen; damit zerbricht das Märchen, Schüchternheit sei ein speziell weiblicher Charakterzug. Schüchternheit ist auch nicht lediglich eine Phase, die man im Kindesalter durchläuft. Ungefähr 25% der schüchternen Erwachsenen gaben an, ihr ganzes Leben lang schüchtern gewesen zu sein, und etwa genauso viele hatten ihre Schüchternheit bald nach der Pubertät überwunden. Die meisten Menschen beurteilen Schüchternheit negativ. 79% der befragten Schüchternen waren mit dieser Eigenschaft nicht glücklich, und fast 65% sagten aus, daß ihre Schüchternheit für sie ein persönliches Problem darstelle.

Abb. 12.4. Indem der Schüchterne vor dem sozialen Kontakt zurückweicht, entgehen ihm sowohl die angenehmen wie die schmerzlichen Seiten der Beziehung zu anderen Menschen

Als negative Konsequenzen der Schüchternheit wurden von den Befragten u. a. die folgenden benannt:

a) Schüchternheit schafft soziale Probleme, macht es schwierig, neue Menschen kennenzulernen, neue Freunde zu finden; versperrt den Zugang zu neuen – möglicherweise positiven – Erfahrungen.

b) Sie hat negative emotionale Konsequenzen, führt zum Gefühl der Vereinsamung, Isolation und Depression.

c) Sie verhindert positive Bewertungen durch andere (z. B. weil infolge der Schüchternheit die eigenen Vorzüge und Stärken niemals erkennbar werden).

d) Sie macht es schwer, sich in angemessener Weise zu behaupten, seine Meinung zu äußern und günstige Gelegenheiten zu nützen.

e) Sie hat oft zur Folge, daß man durch andere falsch und negativ bewertet wird (man wird z. B. fälschlicherweise als unfreundlich, snobistisch oder schwach eingeschätzt).

f) Sie engt Kognition und Ausdrucksmöglichkeit ein und hemmt die Fähigkeit, in Gegenwart anderer klar zu denken und effektiv mit ihnen zu kommunizieren.

g) Sie führt dazu, daß man übermäßig befangen ist und sich ständig kritisch mit sich selbst beschäftigt.

Andere Perspektiven der Schüchternheit

Untersuchungen haben ergeben, daß Menschen, die sich selbst als schüchtern bezeichneten, weniger extravertiert waren, daß sie weniger dazu in der Lage waren, ihr eigenes Verhalten zu überprüfen und zu steuern und daß soziale Ängstlichkeit bei ihnen stärker ausgeprägt war als bei gleichaltrigen Nichtschüchternen. Größere Schüchternheit geht Hand in Hand mit verminderter persönlicher Anpassungsfähigkeit. Dies schlägt sich nieder auf der Neurotizismusskala (Pilkonis 1977a, 1977b). Andere Untersuchungen erbrachten den Nachweis von vielerlei Abweichungen zwischen Personen, die nach eigener Aussage schüchtern waren, und Nichtschüchternen aus gleichem Milieu. Nimmt die Ich-Bewußtheit bei einem Schüchternen zu, so vermindert sich seine Gedächtnisleistung, und er wird Überredungen leichter zugänglich. Schüchterne haben weniger sexuelle Erfahrungen und genießen ihre sexuellen Erlebnisse weniger als andere Menschen. Bei Erhebungen im Kreis von Seeleuten und Geschäftsleuten besagten die Antworten der Schüchternen, daß größere berufliche Unzufriedenheit besteht, bei der durchweg das Gefühl, „übergangen" und nicht anerkannt zu werden, eine Rolle spielt.

Schüchternheit ist zwar eine Reaktion der individuellen Persönlichkeit, bei ihrer Entstehung und Aufrechterhaltung spielen jedoch prinzipielle Wertvorstellungen und prägende kulturelle Faktoren eine entscheidende Rolle. In ichorientierten Kulturen ist die Schüchternheit stärker verbreitet als in den Kulturkreisen, in denen das Leben mehr auf die Gruppe oder die Gemeinschaft abgestellt ist. Sie gedeiht überall dort, wo die kulturellen Normen durch eine Überbetonung des Wettbewerbs und des Leistungsstrebens gekennzeichnet sind und wo Schamgefühle und soziale Erwartung das Verhalten bestimmen. Wo jedoch alle Bestrebungen in erster Linie auf die Erreichung der gemeinsamen Ziele einer Gruppe ausgerichtet sind, findet man weniger Schüchternheit: Man denke z. B. an israelische Kibbuzim oder an die VR China (v. a. während der Kulturrevolution 1965). Bei der vergleichenden Betrachtung verschiedener Kulturgefüge zeigt sich übrigens, daß Schüchternheit ein Begriff ist, der anderswo auf der Welt eine von der unseren abweichende Interpretation erfahren kann. In einer Stichprobe japanischer Studenten der Universität Tokio, die alle etwas schüchtern wirkten, gab es eine Minderheit, die Schüchternheit positiv bewertete mit der Begründung, sie mache einen angenehmen Eindruck der Bescheidenheit, wirke auf andere nicht hemmend, bewahre den Menschen vor Aggressivität und mache ihn zu einem guten Zuhörer (G. Hatano, persönliche Mitteilung 1975).

Die androgyne Persönlichkeit

Geschlecht:	☐ männlich	Geschlecht-	☐ männlich
	☐ weiblich	liche	☐ weiblich
		Identität:	☐ sonstiger Art

Bitte kreuzen Sie zunächst die entsprechenden Kästchen an.

In unserer Gesellschaft erwartet man von Männern ein maskulines, von Frauen ein feminines Verhalten. Wir besitzen von Geburt an eine bestimmte Geschlechtszugehörigkeit, aber in der Folge werden wir dazu getrimmt (vielleicht auch durch die Gesellschaft dazu programmiert), eine Identität zu entwickeln, die unserem Geschlecht entspricht. *Männlich* ist gleichbedeutend mit „Er", zäh, tapfer, mutig, dominierend, rational, durchsetzungsfähig, aggressiv. *Weiblich* heißt „Sie", zärtlich, empfindsam, schüchtern, unterwürfig, gefühlsbetont, passiv, sanft. Stimmt das? Nein!

Die Abrichtung auf eine geschlechtsspezifische Identität beginnt schon vor der Geburt, wenn die Familie dem freudigen Ereignis entgegensieht und für den neuen Erdenbürger Pläne macht: Die richtigen Kleider, Möbel, Spielsachen müssen beschafft werden, und man muß sich Gedanken darüber machen, welche Farben das Neugeborene einhüllen und umgeben sollen: blau für einen Jungen, rosa für ein Mädchen! Dann muß man die Listen von Jungen-

und Mädchennamen studieren, um einen Namen zu finden, der den Träger eindeutig als einen Er oder eine Sie ausweisen wird. Aber diese Festlegung erfolgt auch durch die unterschiedliche Behandlung, die die meisten Eltern – ohne bewußte Absicht – ihrem Nachwuchs beiderlei Geschlechts im Spiel wie im täglichen Umgang angedeihen lassen: Die Jungen werden hart angepackt, mit den Mädchen geht man sanft und zart um.

Stimmt das Verhalten eines Individuums nicht mit der traditionellen Geschlechtsrolle überein, so wird dadurch sein ganzes Selbstkonzept in Frage gestellt. Wenn Sie das Ballett und romantische Geschichten lieben, gern kochen und mit kleinen Kindern spielen, so ist das wunderbar – nur dürfen Sie nicht zufällig ein Mann sein! Wenn Sie sich behaupten, auf Ihren Rechten bestehen, eine eigene Meinung haben, gern finanziell unabhängig sind und ein Bier trinken, während Sie sich im Fernsehprogramm ein Fußballspiel anschauen, wird man sich fragen, „was bei Ihnen nicht stimmt" – sofern Sie eine Frau sind.

Nach der traditionellen Auffassung nehmen Mann und Frau in unserer Gesellschaft polar entgegengesetzte Positionen ein. Auch in den Standardtests der Psychologie, die maskuline und feminine Persönlichkeitsmerkmale messen, spiegelt sich diese Vorstellung. Ein Mensch kann nur auf der einen *oder* der anderen Dimension hohe oder niedrige Werte erzielen, aber niemals auf beiden.

Kann man wirklich nicht beides sein? Das Konzept der Androgynie bezieht sich auf eine harmonische Verbindung der traditionell dem einen oder dem anderen Geschlecht zugeordneten Verhaltensweisen und Persönlichkeitsmerkmale. Der Androgyne (androgyn ist zusammengesetzt aus den griechischen Wortstämmen andro = männlich und gyne = weiblich) ist sowohl maskulin wie feminin und kann deshalb in jeder Situation verhaltensmäßig so reagieren, wie es den jeweiligen Umständen am besten entspricht und am wirksamsten ist. Der androgyne Mann kann in persönlichen Beziehungen oder intimen Begegnungen sanft, zärtlich und gefühlsbetont sein. Genausogut kann er aber auch sein Wettbewerbsverhalten einsetzen, wenn es darum geht, ein Ziel zu erkämpfen. In ähnlicher Weise ist auch die androgyne Frau nicht in das Korsett einer beschränkenden Selbstauffassung eingeschnürt. Sie ist in der Lage, Lastwagen zu steuern, kann Marathonläuferin sein, eine Vorliebe für Mathematik haben und mütterlich nett sein. Sie kann sein und tun, was im Bereich ihrer Interessen und Begabungen liegt. In der echt androgynen Persönlichkeit sind männliche und weibliche Züge völlig integriert, und das Ergebnis ist ein vollkommener Mensch, eine abgerundete und anpassungsfähige Persönlichkeit.

Sandra L. Bem (1974, 1978) hat zu diesem Thema theoretische und praktische Forschungsarbeit geleistet. Ihre Strategie umfaßte folgende Punkte: a) die Entwicklung eines neuen Geschlechtsrollenerhebungsbogens, b) die Einstufung der Menschen gemäß ihrer Testwerte für Männlichkeit/Weiblichkeit und c) Reaktionsvergleiche an männlichen, weiblichen und androgynen Collegestudenten als Vpn, durchgeführt in verschiedenen Situationen, in denen die Wahlfreiheit für das Verhalten durch traditionelle Geschlechtsrollenvorstellungen eingeschränkt ist.

Der *Bem Sex Role Inventory (BSRI)* besteht aus 60 Adjektiven; 20 davon bezeichnen „männliche" Eigenschaften, wie ehrgeizig, selbstbewußt; 20 „weibliche", wie liebevoll, sanft; und 20 „geschlechtsneutrale" Eigenschaften wie z. B. glücklich, aufrichtig. Beantwortet wird der Fragebogen durch die Angabe, wie zutreffend die aufgelisteten Adjektive die Persönlichkeit des Befragten beschreiben. (Die Bewertung geschieht auf einer 7-Punkte-Skala, wobei die Ziffer 1 der Angabe „trifft nicht oder fast nicht zu" entspricht und die Ziffer 7 der Antwort „trifft immer oder überwiegend zu".) Der Mittelwert aus den von einem Befragten für „weibliche" Items vergebenen Punkten stellt den Femininitätsscore dar; der Mittelwert aus den für „männliche" Items vergebenen Punkten den Maskulinitätsscore. Entsprechend der operationalen Definition ist Androgynie mit hohen Werten sowohl auf der Maskulinitäts- wie auf der Femininitätsskala verbunden.

Untersuchungen androgyner Individuen haben deutlich gemacht, daß ihnen im Vergleich zur Zwangsjackenmentalität der geschlechtstypischen Identitätsbeschränkung unvergleichlich mehr Möglichkeiten offenstehen. S. L. Bem fand im Verlauf ihrer Forschungsarbeit heraus, daß die Androgynen nicht nur unabhängiger, sondern auch bessere Fürsorger und Pfleger waren. Weiter fand sie, daß feminine Typen

beiderlei Geschlechts mehr Abhängigkeit zeigten, während maskuline Typen niedrige Werte für Fürsorglichkeit und pflegerische Einstellung erzielten. Nach den Ergebnissen von Spence u. Helmreich (1978) hatten Männer und Frauen, die sowohl für männliche wie für weibliche Eigenschaften hohe Werte erzielten, mehr Selbstachtung, verfügten über größere soziale Kompetenz und waren leistungsorientierter. Diese beiden Autoren vermuten, daß unsere traditionelle Vorstellung von einer polaren Gegensätzlichkeit zwischen Männlichem und Weiblichem unrichtig ist. Um erfolgreich zu sein, muß man möglicherweise androgynes Verhalten zeigen können (Abb. 12.5).

Mit der intersexuellen Typenverschmelzung konsistent korreliert erscheint auch eine verstärkte intellektuelle Entwicklung. Maskuline Mädchen und feminine Jungen sind in der allgemeinen Entwicklung ihrer geistigen Funktionen führend. Will man die Persönlichkeiten herausfinden, die in ihrer allgemeinen Intelligenz, ihren räumlichen Fähigkeiten und in der Kreativität am niedrigsten liegen, so braucht man sich nur nach männlichen Männern und weiblichen Frauen umzuschauen. Im folgenden wollen wir versuchen, zu einer besseren Einschätzung der Rolle zu gelangen, die die Intelligenz und die Kreativität im Verhalten und der Persönlichkeit des Menschen spielen.

Intelligenz und Intelligenztests

Intelligenz ist die Fähigkeit, aus Erfahrung zu lernen und über das Gegebene hinaus zum Möglichen fortzuschreiten. Es liegt in unserer intellektuellen Entwicklung begründet, daß wir Menschen imstande waren, die Vorherrschaft über die zahlenmäßig und an Stärke überlegenen Tiere zu erlangen.

So ist es kein Wunder, daß wir die Intelligenz als unseren kostbarsten Besitz einschätzen. Aber was ist Intelligenz? Was sind ihre Ursprünge? Wie kann sie beurteilt werden? Welche Vorteile bietet sie?

Intelligenztests wurden ursprünglich als Instrumente im Dienste der Demokratie entwickelt. Sie sollten gewährleisten, daß befähigten Kindern die Ausbildungsmöglichkeiten gegeben wurden, die das freie, öffentliche Erziehungssy-

stem bot. Man ging also von folgender Überlegung aus: Wäre es möglich, genau zu bestimmen, wie intelligent ein Kind ist, so hinge seine Aufnahme in das öffentliche Ausbildungssystem nicht von vorurteilsbehafteten, subjektiven Urteilen der Lehrer und Verwaltungsangestellten ab. Auf diese Weise kämen alle Kinder in den Genuß der ihren Fähigkeiten entsprechenden Ausbildung, auf die sie ein Anrecht haben. Darüber hinaus könnte man für diejenigen, deren Intelligenzdefizit sich durch schlechte Testleistungen erweist, spezielle Ausbildungsprogramme ausarbeiten. Der Suche nach individuellen Unterschieden in der Intelligenz lagen also ganz pragmatische Erwägungen im Zusammenhang der allgemeinen Schulbildung zugrunde.

Binets erster Test

Im Jahre 1905 wurde der erste Bericht über einen brauchbaren Intelligenztest vermerkt. Alfred Binet war dem Ruf des französischen Ministers für öffentliche Unterweisung gefolgt, zu untersuchen, wie man geistig behinderte Kinder

Abb. 12.5. Androgyne Menschen scheinen in ihrem Leben ausgefüllter und anpassungsfähiger zu sein. Ihre Interessen und Befähigungen erstrecken sich über weite Bereiche, die nach der traditionellen Vorstellung der männlichen oder der weiblichen Sphäre zugeordnet wurden

in öffentlichen Schulen am besten unterrichten könnte. Binet und sein Kollege Theophile Simon waren der Ansicht, man müsse erst einen Weg finden, die Intelligenz der in Frage stehenden Kinder zu messen, bevor man für ein Unterrichtsprogramm planen könne.

Ihr Vorgehen war empirisch. In normalen Schulen und Spezialeinrichtungen für geistig Behinderte ließen sie Kinder verschiedener Altersstufen gruppenweise diverse Aufgaben lösen und beobachteten die Ergebnisse. Dann gingen sie an die Vorbereitung eines Intelligenztests, der objektiv bewertbare Problemsituationen enthielt, die verschiedener Natur waren, wenig von unterschiedlichen Umweltbedingungen beeinflußt wurden und zu deren Lösung es eher der Urteilsfähigkeit und des logischen Denkens als eines mechanischen Gedächtnisses bedurfte (Binet u. Simon 1911).

Die Ergebnisse dieser Tests drückte Binet in der Weise aus, daß er das Lebensjahr angab, in dem normale Kinder einen bestimmten Testwert erreichen konnten. Man nannte dies das Intelligenzalter (IA) des Kindes. Entsprach der Testwert eines Kindes z. B. dem arithmetischen Mittel der Werte, die die Vergleichsgruppe der 5jährigen erzielte, so hatte das Kind ein IA von 5; unabhängig von seinem tatsächlichen Lebensalter (LA). Wie schon erwähnt (S. 119), wird die Beziehung zwischen IA und LA – bekannt als der Intelligenzquotient IQ – folgendermaßen errechnet:

$$IQ = \frac{IA}{LA} \cdot 100.$$

Wenn also die Testleistung eines Kindes so ausfällt, daß sich sein Intelligenzalter und sein Lebensalter genau entsprechen, so hat es einen IQ von 100. Die meisten Testwerte liegen im Umkreis dieser Zahl. Die Übergänge zwischen schwach begabt, durchschnittlich und überdurchschnittlich intelligent sind fließend (s. „Unter der Lupe", S. 445).

Intelligenztestverfahren in den USA

L. Terman von der Stanford-Universität erkannte die Bedeutung der Binet-Methode zur Intelligenzmessung. Er schrieb die Testfragen für die Verwendung bei amerikanischen Schulkindern um, standardisierte die Testdurchführung und erarbeitete Altersnormen, indem er den Test Tausenden von Kindern vorlegte. Im Jahre 1916 veröffentlichte er die Stanford-Revision der Binet-Tests, die bald unter der Bezeichnung *Stanford-Binet* ein Standardinstrument in der klinischen Psychologie, Psychiatrie und Erziehungsberatung wurde (Terman 1916).

In späteren Überarbeitungen wurde die Skala nach beiden Richtungen verlängert (Terman u. Merrill 1937). Der obere Skalenbereich wurde so erweitert, daß differenzierende Messungen von Erwachsenen mit höherer Intelligenz ermöglicht wurden, wobei die Scores mehr auf einer statistischen Basis als auf dem Altersquotienten beruhen. Durch die Erweiterung im unteren Bereich konnte man nun auch jüngere Kinder ab 2 Jahren testen. Weiter entwarf man hochreliable Doppelsätze an Testmaterial (Parallelformen), um bei Wiederholungstestung den möglichen Übungseffekt auszuschließen. Die bislang letzte Revision des *Stanford-Binet* erfolgte Anfang der 70er Jahre. In dieser Überarbeitung wurde den im Laufe der Zeit eingetretenen Veränderungen im Wortschatz Rechnung getragen. Der *Stanford-Binet* oder einer der anderen Stanford-Intelligenztests finden jährlich bei über 1 Mio. Amerikanern Anwendung. Der Psychologe Stanley traf folgende Feststellung:

„Intelligenztests werden zwar oft schlechtgemacht, besonders weil ihre Ergebnisse leicht mißbraucht werden können, aber der *Stanford-Binet* ist und bleibt ein psychometrisches Wunderwerk. Es gibt kein anderes Instrument, das so vollkommen die ganze Spanne geistiger Fähigkeiten vom verzögert lernenden Vorschulkind bis zum hochintelligenten Erwachsenen abdeckt. Kein anderer Intelligenztest liefert dem klinischen Psychologen so valide Einzel-IQs. Da er bei der Testung einzeln vorgegeben werden und sorgfältig ausgewertet werden muß, ist die Anwendung des *Stanford-Binet* zeit- und kostenaufwendiger als Gruppentestungen. Dennoch kann man sagen, daß er für viele sein Geld wert ist" (Stanley 1976).

Intelligenztestungen im großen Stil

Die Modewelle der Intelligenztestung erhielt zusätzlichen Auftrieb, als sich während des 1. Weltkriegs die Notwendigkeit ergab, körperlich und geistig tüchtiges „Menschenmaterial" für den Militärdienst zu finden. Es wurde zwangsläufig erforderlich, die Praxis der Einzeltestung durch Verfahren zu ersetzen, die sich in Grup-

Unter der Lupe

Die Normalverteilung

Die Abbildung zeigt die Verteilung der Werte, die zu erwarten ist, wenn 1000 zufällig ausgewählte Personen bezüglich Gewicht, IQ oder nach anderen Merkmalen gemessen werden. Jeder Punkt stellt den Wert eines Individuums dar. Die *horizontale Achse* zeigt die Meßwerte, die *vertikale Achse* zeigt, wie viele Individuen auf jeden Ausprägungsgrad eines Merkmals entfallen, und zwar gemessen an ihren Testwerten. Gewöhnlich wird aber nur die Kurve dargestellt, da sie die Häufigkeit anzeigt, mit der jeder Meßwert aufgetreten ist. Die meisten empirisch gefundenen Kurven stellen in der Regel zwar nur Annäherungsformen an diese hypothetische Kurve dar, aber sie sind ihr häufig außerordentlich ähnlich.

Diese Kurve ist für Psychologen sehr nützlich, weil sie wissen, daß ein gleichbleibender Prozentsatz der Fälle in ein bestimmtes Segment der Verteilung fällt. Wenn z.B. ein psychologi-

sches Merkmal normal verteilt ist, fallen 68,2% der Testwerte in das mittlere Drittel des Streubereichs.

Die Standardabweichung ist ein Maß der Variabilität der Testwerte. Sie zeigt den typischen Betrag an, durch den die einzelnen Werte vom Mittelwert abweichen. Je stärker die Werte streuen, desto größer ist die Standardabweichung. Die Testwerte einer Verteilung fallen im wesentlichen in einen Bereich, der von 3 Standardabweichungen über dem Mittelwert bis zu 3 Standardabweichungen unter dem Mittelwert reicht, doch findet man bei empirisch gewonnenen Verteilungen gewöhnlich ein paar Werte, die niedriger, und ein paar, die höher sind.

Der Abstand der Standardabweichung vom Mittelwert kann auf der Abszisse angezeigt werden, so wie es unsere Abbildung zeigt. Da die Standardabweichungen über die ganze Streubreite der Testwerte gleich verteilt sind, eignen sie sich ausgezeichnet als Einteilungspunkte für die Klassifikation von Testwerten.

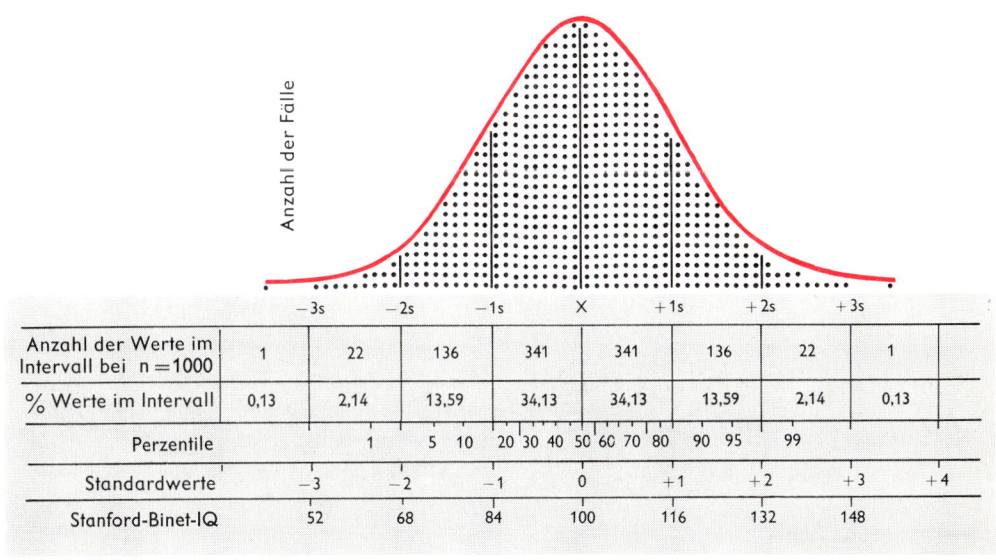

	−3s	−2s	−1s	X	+1s	+2s	+3s	
Anzahl der Werte im Intervall bei n = 1000	1	22	136	341	341	136	22	1
% Werte im Intervall	0,13	2,14	13,59	34,13	34,13	13,59	2,14	0,13
Perzentile		1	5 10	20 30 40 50 60 70 80	90 95	99		
Standardwerte	−3	−2	−1	0	+1	+2	+3	+4
Stanford-Binet-IQ	52	68	84	100	116	132	148	

pen durchführen ließen. Eine weitere Veränderung ergab sich aus der Entwicklung von Handlungstests, die zusätzlich zu – oder anstelle von – den vorwiegend verbalen Standardtests eingesetzt werden konnten. Da viele Rekruten Emigranten und der englischen Sprache kaum mächtig waren, konnte man mit Intelligenztests, die auf dem Gebrauch englischer Wörter basierten, keine richtigen Ergebnisse erlangen.

Im 1. Weltkrieg wurden an fast 2 Mio. Rekruten Testungen der allgemeinen Intelligenz durchgeführt mit dem Ziel, an einem Ende der Skala schwachsinnige Individuen zu identifizieren und am anderen Ende solche Personen herauszufiltern, deren überlegene Intelligenz sie für die Verwendung in Sondereinheiten geeignet erscheinen ließ. Im 2. Weltkrieg erstreckte sich die Massentestung auf weitere 9 Mio. Personen im Militärbereich. Diese Form der Testpraxis wurde schließlich zum Routineverfahren für ganze Generationen von Schulkindern und Stellenbewerbern.

HAWIE und HAWIK

Der Hamburg-Wechsler-Intelligenztest für Erwachsene (Wechsler 1955; Bondy 1956; Hardesty u. Lauber 1956) und der Hamburg-Wechsler-Intelligenztest für Kinder (Hardesty u. Priester 1956) sind Kombinationen aus Verbal- und Handlungstests. Der HAWIE und der HAWIK, wie diese Skalen der Einfachheit halber genannt werden, sind ähnlich im Inhalt, unterscheiden sich aber erheblich im Schwierigkeitsgrad. Der HAWIK wurde für Kinder von 6–16 Jahren standardisiert, der HAWIE für Personen ab 16 Jahre. Beide Tests bestehen aus 2 Teilen, dem Verbalteil und dem Handlungsteil. Der Verbalteil enthält folgende Untertests: allgemeines Wissen, allgemeines Verständnis, Wortschatz, Gemeinsamkeitenfinden, rechnerisches Denken und Zahlennachsprechen.

Der Handlungsteil besteht ebenfalls aus mehreren Untertests. Beim Mosaiktest soll die Vp unter Verwendung farbiger Würfel, die auf allen 6 Seiten verschieden sind, eine Reihe von Mustern nach entsprechenden Vorlagen reproduzieren. Beim Bilderordnen besteht die Aufgabe darin, eine Reihe von Bildern in die richtige Reihenfolge zu bringen, so daß eine sinnvolle Geschichte dargestellt wird. Weitere Handlungstests sind Zahlensymboltests, Bilderergänzen und Figurenlegen.

Ursachen für die Variabilität der IQ-Werte

Wenn zwei Menschen unterschiedliche IQ-Werte haben, kann man daraus nicht ohne weiteres den Schluß ziehen, daß der mit den höheren Werten der Intelligentere sein muß. Um dies verständlich zu machen, soll zunächst einmal eine Unterscheidung zwischen zwei Formen der Intelligenz getroffen und im weiteren eine Analogie zur Körperkraft erörtert werden. Der in einem bestimmten Test erzielte IQ-Wert bezieht sich auf die *phänotypische Intelligenz;* d.h. er sagt etwas über die *Intelligenzleistung* aus. Aus vielerlei Gründen muß der phänotypische IQ-Wert eines Menschen nicht notwendigerweise auch seiner genotypischen Intelligenz entsprechen.

Vielleicht kann man die Ursachen dieser Diskrepanz zwischen gezeigter Intelligenzleistung und der ihr zugrundeliegenden Befähigung besser verstehen, wenn man sich ähnliche Relationen auf einem vertrauteren Sektor anschaut. Wir haben dazu das Beispiel des Kraftakts gewählt.

„Treten Sie näher, meine Herren! Bringen Sie mit einem Hammerschlag die Glocke zum Klingen". – Eine beliebte Jahrmarktszene: Der Hammerschlag – wenn er stark genug ist – treibt eine Gewichtsmarke die Meßlatte hinauf und bringt oben ein Glöckchen zum Klingen (Abb. 12.6). Diese Kraftprobe gibt jedoch möglicherweise ein falsches Bild von Ihrer phänotypischen Stärke. Dafür sind Faktoren verantwortlich, die mit der Körperkraft nichts zu tun haben, und auch gewisse Umstände in der Testsituation spielen eine Rolle. Es könnte z.B. sein, daß Sie durchaus die nötige Körperkraft besitzen, aber Ihre Koordination ist schlecht, oder Sie wissen einfach nicht, wie man mit einem Schwunghammer umgeht. Vielleicht sind aber auch Ihre Armmuskeln gerade ermüdet, oder es irritiert Sie, daß andere Leute zuschauen. Es wäre auch denkbar, daß sie der Jahrmarktschreier einschüchtert oder nervös macht. So wie die genannten Faktoren das an der Latte ablesbare Maß Ihrer Körperkraft „verzerren" können, so kann der IQ ein *verzerrtes* Maß ihrer Intelligenz darstellen, wenn die Testwerte in Abhängigkeit von Testeigenschaften, Hintergrundfaktoren oder motivationalen und empirischen Variablen schwanken.

Intelligenztests messen nicht die „reine" Intelligenz. Zusätzlich zur Intelligenz des Getesteten spiegeln sie auch die Wertvorstellungen, Einstellungen und den kulturspezifischen Wissensstand des Testkonstrukteurs sowie der normativen Population wider. In einem Test wird z.B. gefragt: „Was würden Sie tun, wenn Sie einen adressierten und frankierten, verschlossenen Briefumschlag fänden?" Die einzige als richtig bewertete Antwort lautet: „Ihn absenden". Wären Sie jetzt arm und gäben die Antwort: „Nach-

Abb. 12.6. Was wird bei der Kraftprobe gemessen, was nicht?

von 4 Jahren in Beziehung standen. Man untersuchte 169 unabhängige Variablen, die als mögliche Prädiktoren der Intelligenz in Frage kamen. (Dazu gehörten ebenso pränatale, neonatale und Säuglings-/Kleinkindvariablen wie Faktoren der Familie und des elterlichen Hintergrunds.) Als beste Prädiktoren erwiesen sich der sozioökonomische Index der Familie und das Bildungsniveau der Mutter. Wie in anderen Untersuchungen auch, zeigte sich wieder, daß Mädchen höhere IQs hatten als Jungen und daß weiße Kinder höhere Testwerte erzielten als schwarze (Broman et al. 1975).

Armut kann sich auf die Intelligenz in mancherlei Weise negativ auswirken. Zu erwähnen sind besonders: schlechter Gesundheitszustand der Mutter vor der Geburt; schlechte Ernährung des Kindes; Fehlen von Büchern und anderen Materialien, die einen Anreiz zur Entwicklung der verbalen Fähigkeiten geben könnten; „Überlebenshaltung" der Eltern, die ihnen wenig Zeit und Energie läßt, mit den Kindern zu spielen und sie intellektuell zu stimulieren. In zahlreichen Untersuchungen wurden auch rassenspezifische Unterschiede in den IQ-Werten festgestellt (Loehlin et al. 1975). Diese Unterschiede in der phänotypischen Intelligenz haben eine Kontroverse ausgelöst. Man konnte sich nicht einig werden, ob ihre Ursache in grundlegenden Unterschieden der genotypischen Intelligenz zu suchen ist oder ob andere Faktoren dafür verantwortlich sind. In dieser Auseinandersetzung spiegelt sich der „Anlage-Umwelt-Konflikt" wider, der schon in Kap. 3 erörtert wurde.

Es wurde auch schon die Behauptung aufgestellt, Armut senke den IQ noch in anderer Weise. Zajonc (1976) fand, daß die Geschwisterposition und die Familiengröße wichtige Determinanten für den IQ eines Kindes sind. Kinder aus großen Familien haben in der Regel niedrigere IQ-Werte. Das gilt insbesondere für nachgeborene Kinder und solche mit geringerem Altersabstand zu den Geschwistern. Zajonc vermutet, daß diese Kinder in ihrer Umwelt weniger Stimulation für ihre Intelligenz finden als ihre Altersgenossen, die als Erstgeborene in kleinen Familien leben und wesentlich jüngere Geschwister haben. Insofern als arme Leute und Angehörige von Minderheitengruppen oft mit besonderem Kinderreichtum gesegnet und die Altersabstände zwischen den einzelnen Kindern gering sind, kann man davon ausgehen, daß das Intelligenzniveau der Armen – als Gruppe betrachtet – unter der Standardnorm liegt.

schauen, ob Geld darin ist, bevor ich ihn absende", so würde diese als „falsch" bewertet. Betrifft diese Bewertung die Intelligenz oder die Moral? Ein Intelligenztestitem fragt nach dem ersten Präsidenten der USA. Eine leichte Frage – wenn Sie die amerikanische Geschichte kennen. Dadurch, daß dem Wortschatz so viel Bedeutung zukommt, werden alle diejenigen benachteiligt, deren Muttersprache nicht mit der Sprache der Testfassung übereinstimmt. Kurz gesagt, bei Intelligenztests, die den Einfluß einer bestimmten Kultur nicht ausschalten, ist eine „Normverunreinigung" der phänotypischen IQ-Werte wahrscheinlich, die durch Unterschiede zwischen den Getesteten hinsichtlich ihres kulturellen und ethnischen Hintergrunds sowie ihrer Sozialschicht bedingt ist (s. „Unter der Lupe", S. 448).

In einer großangelegten Langzeitstudie, die 26760 Kinder einbezog, konnten während der ersten Lebensjahre zahlreiche Faktoren identifiziert werden, die mit den Stanford-Binet-IQ-Werten für das Alter

Unter der Lupe

Welche Hautfarbe hat ein Intelligenzquotient?

Kritiker der Intelligenztests machen geltend, eine der Ursachen für das schlechtere Abschneiden der Schwarzen und anderer Minderheiten liege darin, daß für Angehörige dieser Personengruppen die Tests in einer „fremden Sprache" geschrieben seien. Mit in „Standardenglisch" (der Sprache der Weißen) geschriebenen Testinstruktionen und Testfragen, die sich auf „Standardbegriffe" beziehen, können all die Kinder nicht allzuviel anfangen, die gewohnt sind, in einer anderen (aber nicht notwendigerweise „weniger entwickelten") Sprache mit „Nichtstandardbegriffen" umzugehen. (Zum Begriff der Standardabweichung s. „Unter der Lupe", S. 445).

R. L. Williams ist der Meinung, daß subtilere sprachliche Unterschiede berücksichtigt werden sollten, als dies in dem Negerenglisch benutzenden Chitling-Test der Fall ist. Zusammen mit Rivers erarbeitete er (1972) ein Untersuchungsprogramm, um die tatsächliche Auswirkung des Sprachunterschieds auf IQ-Werte zu messen. Die Untersucher versicherten sich der Mitwirkung schwarzer Lehrer und Studenten, die ihnen die Testinstruktionen in Nichtstandardenglisch übersetzten. Benutzt wurde der Boehm Test of Basic Concepts (BTBC), ein IQ-Test, bei dem Kinder jeweils das Bild ankreuzen sollen, das einem bestimmten Zeit-, Raum- oder Mengenbegriff entspricht. Ihre Vpn waren 890 schwarze Kinder, die den Kindergarten bzw. die 1. oder 2. Grundschulklasse besuchten. Die Kinder wurden in 2 Gruppen aufgeteilt, und die Psychologen erhoben die Variablen für die erhaltenen Testwerte anhand anderer IQ-Tests, Alter, Geschlecht und Schulklasse. Einer Hälfte wurde die Standardversion des Boehm-Tests vorgelegt, der anderen Hälfte die Nichtstandardversion. Die Ergebnisse? Die Kinder, denen man den Test in der Nichtstandardversion vorgegeben hatte, schnitten wesentlich besser ab als diejenigen, die mit den Standardinstruktionen getestet wurden. Das Überraschende an diesem Ergebnis ist, daß die Abweichungen zwischen den beiden Versionen so geringfügig waren. Wenn es in der Standardversion z. B. hieß „hinter dem Sofa", war die Entsprechung in der Nichtstandardversion „auf der Rückseite der Couch".

Der Black Intelligence Test of Cultural Homogeneity (BITCH) stellte Williams' nächsten experimentellen Schritt zur Entwicklung eines kulturspezifischen Tests für Schwarze dar. Er legte einer Gruppe von 200 16- bis 18jährigen Probanden 100 Wortitems vor, die er sich aus Slangwörterbüchern oder seinem eigenen einschlägigen Wortschatz herausgesucht hatte. Die Hälfte seiner Vpn war schwarz, die andere Hälfte weiß.

Bei diesem Intelligenztest schnitten die weißen Probanden – mit einem Durchschnitt von 51 – schlechter ab als die schwarzen, die einen Durchschnitt von 87 erzielten.

Williams demonstrierte damit, daß es für Psychologen nicht schwer ist, einen Test zu konstruieren, der eine bestimmte Gruppe begünstigt. Wer Tests konstruieren will, steht jedoch vor dem Problem, wie man sie so gestalten kann, daß sie allen Gruppen gerecht werden. Und wenn ein Test entwickelt ist, erhebt sich die Frage, wie wir die erhaltenen Daten am besten verwerten können. Wie Williams (1974) betonte, dürfen wir nicht vergessen, daß der *IQ lediglich ein Testwert* ist, der sich aus der Messung ziemlich spezifischer Fertigkeiten ergibt. Man darf ihn nicht benutzen, um Kinder damit abzustempeln (was oft genug geschieht). Außerdem darf Ungebildetheit (oder eine andere Art der Bildung) nicht mit mangelnder Intelligenz verwechselt werden. Man kann den IQ auch nicht als Maßstab dafür verwenden, ob ein Mensch sich angepaßt und erfolgreich in die Gesellschaft einfügt.

Sollte man in der Praxis der Intelligenztestung Aufteilungen nach Hautfarbe und kulturellem Hintergrund machen? Ist „getrennt aber gleichwertig" die beste Alternative, wenn es um Intelligenztests geht? Oder sollten wir einfach in der Nutzanwendung der IQ-Testergebnisse etwas größere Vorsicht walten lassen? Was ist Ihre Meinung?

Intelligenz, geistige Fähigkeiten und Begabung

Erinnern wir uns an die Erörterung der Validität (S. 427). Wenn wir nach der Kriteriumsvalidität von Intelligenztestwerten fragen, lautet die Antwort: Sie korrelieren hoch mit akademischen Graden. Intelligenz kann demnach operational definiert werden als „das, was Intelligenztests messen", und IQ-Testwerte erscheinen als valide Prädiktoren für akademischen Erfolg (Tyler 1965, Wing u. Wallach 1971).

Intelligenztests erbringen also nichts weiter als die Erhebung eines kleinen Ausschnitts aus der gegenwärtigen Leistung, anhand derer eine Vorhersage auf die mögliche Leistungsfähigkeit des Getesteten hinsichtlich diverser zukünftiger Aufgaben getroffen werden soll. Schon immer galt die Grundannahme, daß sich in der intellektuellen Leistung die intellektuelle Kapazität widerspiegelt. Diese Kapazität soll sich aus physiologischen Faktoren des Gehirns und des Nervensystems herleiten (Thorndike 1926). Eine derartige Ansicht, die von vielen Psychometrikern vertreten wird, führt zu einer Auffassung der Intelligenz als einem (weitgehend vererbten) Merkmal, das dem intellektuellen Leistungsniveau eines Individuums relativ feste Grenzen setzt. Es gibt jedoch bislang keinen Beweis für eine Beziehung zwischen der Intelligenz und der Anzahl assoziativer Verbindungen im Gehirn oder anderen physiologischen Faktoren (Estes 1970).

Der Kinder-IQ ist zwar ein guter Prädiktor des späteren Erwachsenen-IQ (Honzik 1973), sein Vorhersagewert für den späteren Erfolg in Ausbildung und Beruf ist jedoch wesentlich geringer (Jencks et al. 1972). In einer in jüngerer Zeit durchgeführten Langzeitstudie wurde der IQ eines frühen Lebensalters mit dem späteren Erfolg im Erwachsenenalter verglichen. Etwa 75% der Variabilität, die die Erwachsenenleistung aufwies, war in den IQs der Kindheit *nicht* erkennbar widergespiegelt. Als bester Prädiktor für die möglichen ausbildungsmäßigen und beruflichen Errungenschaften der Kinder erwies sich das Bildungsniveau des Vaters (McCall 1977).

Zwar gibt es offensichtlich viele Situationen, in denen es nützlich und wichtig ist, die Höhe der Gesamtintelligenz eines Menschen zu kennen, so wie sie im IQ zum Ausdruck kommt, doch hat die Forschung gezeigt, daß die „Allgemeinintel-

ligenz", die in einem IQ-Profil dargestellt wird, sich in Wirklichkeit aus einer Anzahl von „Spezialintelligenzen" oder *Primärfähigkeiten* zusammensetzt, die relativ unabhängig voneinander sind. Zwei Menschen mit gleichem IQ können eine recht unterschiedliche Zusammensetzung von spezifischen Fähigkeiten und Begabungsmängeln aufweisen. Der eine mag ausgezeichnet abschneiden bei Fragen, die verbale Fähigkeiten und abstraktes Denken erfordern, der andere bei Items, die Gedächtnis oder motorische Fähigkeiten prüfen. Deshalb hat man Tests entwickelt, die bei der Prüfung der Primärfähigkeiten zwischen verschiedenen intellektuellen Fähigkeiten unterscheiden, d. h. es erfolgt eine Einzelbewertung der verbalen, numerischen, Wahrnehmungs-, räumlichen und Denkfähigkeiten.

In den meisten Ländern außerhalb der USA werden zur Bestimmung und Vorhersage akademischen und beruflichen Erfolgs anstelle der IQ-Tests solche Verfahren angewandt, die die erreichten Leistungen auf bestimmten Gebieten überprüfen. Selbst in Frankreich wird der IQ-Test nur so angewandt, wie er von Binet gedacht war, nämlich um minderbegabte Kinder zu prüfen, die Sonderschulen zugewiesen werden müssen. In der Sowjetunion verwendet man reine Leistungstests zur Identifikation besonderer Begabungen, damit man geeignete Kinder für Mangelberufe ausbilden kann. Den Verzicht auf IQ-Tests zugunsten der Erfassung von Spezialbegabungen begründet ein sowjetischer Psychologe folgendermaßen:

„Wir vertreten den Standpunkt, daß sich eine korrekte Ermittlung der Fähigkeiten eines Kindes nur unter ganz normalen Alltagsbedingungen erzielen läßt, wenn man seine Fähigkeiten nicht statistisch untersucht, sondern in ihrer Entwicklung und Veränderung, im Zusammenhang mit seiner ganzen Persönlichkeit, seiner schulischen Ausbildung und Erziehung, seinem gesamten Leben (Smirnow, zit. in Good 1974).

Viele amerikanische Psychologen plädieren dafür, daß man sich nicht mehr so uneingeschränkt und ausschließlich auf IQ-Tests verlassen sollte, wie dies in den USA bisher üblich war. Estes (1974) schlägt vor, diese Tests nur noch zur Aufdeckung von Leistungsdefiziten einzusetzen, damit man dann über die Analyse der mit dem Testverhalten verknüpften Lernprozesse (wie Enkodierungsstrategien, Abrufprozesse

u. a.) entsprechende Unterrichtsmethoden entwickeln kann, die zu einer Verbesserung der Intelligenzleistung führen. Auch Wallach (1976) ist dafür, daß Fähigkeitstests der traditionellen Art nur noch zur Untersuchung derjenigen verwendet werden sollten, deren Leistungswerte unter einer verbindlich festgesetzten Grenzmarke liegen. Dagegen sollten die Testwerte (IQ u. a.) all derer, deren Leistungen oberhalb dieser Schwelle liegen, unbeachtet bleiben. Bei dieser Handhabung würde man die Begabung (das besondere Talent) eines Menschen aus seinen überdurchschnittlichen Leistungen in spezifischen Bereichen zu erkennen suchen. Wenn man z. B. Englisch zu seinem Hauptfach machen möchte, muß man seine entsprechende Befähigung durch schriftliche Arbeiten in diesem Fach unter Beweis stellen; will man Kunst studieren, muß man überzeugende schöpferische Produkte vorweisen können; möchte man sich für Naturwissenschaften entscheiden, sollte man schon Forschungsarbeiten gut durchgeführt oder geplant haben. In der Anlage vorhandene Möglichkeiten zu späterem beruflichem Erfolg würden auf diese Weise nicht mehr anhand des Abschneidens bei Testungen abstrakter geistiger Fähigkeiten beurteilt, sondern aufgrund der Werke, die jemand auf dem Gebiet seiner speziellen Begabung zustandebringt.

Kreativität

Von all den Merkmalen, die das Besondere und Eigentümliche des Menschen ausmachen – wie Sprache, Zärtlichkeitsgefühle, Zeitsinn, abstraktes Denken – erscheint keines unerklärlicher oder ist mehr erwünscht als der Schaffensdrang. Die frühesten Spuren der Kreativität finden wir schon im künstlerischen Ausdruck der Höhlenbewohner (Abb. 12.7). Jede Religion, die im Laufe der Geschichte entstanden ist, bot irgendeine Erklärung für die *Schöpfung* des Universums an. Unser leidenschaftlicher Drang zum Kreativen, das Bedürfnis, „etwas ins Leben zu rufen, etwas zu erschaffen", zeigt sich in den phantasievollen Spielen, die unsere Kinder mit ihren Puppen veranstalten, ebenso wie in der Beschäftigung unserer Einbildungskraft mit Dingen, die außerhalb der gewöhnlichen Realität liegen.

Beim Stichwort „kreativer Mensch" denken wir unwillkürlich an große Maler, Erfinder, Wissenschaftler und Dichter. Namen wie Michelangelo, Ludwig van Beethoven, William Shakespeare, Marie Curie, Emily Dickinson fallen uns ein. Aber auch ganz gewöhnliche Durchschnittsmenschen können kreativ sein – wenn ihnen auch niemand dafür Beifall zollt. Sehen wir uns doch z. B. einmal die Antworten an, die ein 10jähriger Gettojunge mit durchschnittlichem IQ auf die Frage gab: „Welche Verwendungsmöglichkeiten für eine Zeitung fallen dir ein?"

„Man kann sie lesen, darauf schreiben, ein Bild darauf malen. Wenn man keine Decken hat, kann man sich darin einhüllen. Man kann sie verbrennen, kann sie in der Garage beim Wagenwaschen als Unterlage fürs Auto benutzen. Man kann sie auch als Unterlage für sein Baby benutzen, kann eine gesprungene Fensterscheibe damit abdichten, kann sie zur Dekoration an die Tür stecken, in die Mülltonne legen, auf einen schmutzigen Stuhl legen. Wenn man einen kleinen Hund hat, kann man sie ihm in den Kasten legen oder sie in den Hof werfen, damit der Hund damit spielen kann. Wenn man etwas baut, was keiner sehen soll, kann man es mit der Zeitung abschirmen. Wenn du keine Matratze hast, leg statt dessen eine Zeitung auf den Boden. Man kann sie auch als Topflappen benutzen oder um damit Blut zu stillen oder nasse Kleidungsstücke darauf abtropfen zu lassen. Man kann eine Zeitung als Vorhang benutzen, sie in den Schuh legen, um etwas abzudecken, was einen sticht oder drückt, kann einen Drachen daraus machen oder ein zu helles Licht damit abschirmen. Du kannst Fische darin einwickeln, Fenster damit putzen, Geldstücke damit umwickeln (damit sie nicht klimpern). Man stellt abgewaschene Schuhe auf Zeitungspapier, putzt damit Brillen, legt sie unter den tropfenden Ausguß, stellt einen Blumentopf darauf, macht daraus eine Papierschüssel, benutzt sie als Hut, wenn es regnet, bindet sie sich als Hausschuhe um die Füße. Am Strand kann man sich darauf legen, wenn man kein Handtuch hat. Beim Baseballspielen kann man sie als Mal benutzen. Dann kann man Papierflugzeuge daraus machen, sie beim Saubermachen als Kehrschaufel verwenden, einen Ball daraus formen, den man der Katze zum Spielen gibt, seine Hände darin einhüllen, wenn es kalt ist" (Ward et al. 1972).

Hätten Sie die Antworten dieses Jungen zu beurteilen, würden Sie wohl sagen, daß er sehr kreativ ist, weil er auf so viele ungewöhnliche Dinge kam, die Ihnen selbst niemals eingefallen wären. Tatsächlich würde Ihnen seine Leistung wahrscheinlich noch eindrucksvoller erscheinen, wenn Sie seine Antworten mit denen anderer 10jähriger mit einem Durchschnitts-IQ vergleichen würden. Woher aber rühren diese Fähigkeiten? Handelt es sich um eine angeborene

Abb. 12.7. Dieses prähistorische Felsenfresko wurde in der Höhle von Tan Zoumaitok in der Sahararegion Südalgeriens gefunden

Eigenschaft oder um etwas Erlerntes? Wenn wir uns die Antworten dieses Jungen noch einmal genauer anschauen, würden wir vielleicht sagen, daß Erfahrung ein wichtiger Faktor ist. Es liegt doch auf der Hand, daß einem Menschen um so mehr Verwendungsmöglichkeiten für einen Gegenstand einfallen werden, je öfter er schon – aus nackter Notwendigkeit heraus – gezwungen war, von diesem Gegenstand auf die vielfältigste Weise Gebrauch zu machen. Vielleicht würden Leute aus dem gleichen sozioökonomischen Milieu die Antworten dieses Kindes gar nicht für so besonders kreativ halten. Wenn dies zutrifft, hieße das, daß Kreativität eine relative Qualität ist, die nur existiert, wenn jemand denkt, daß sie vorhanden ist. Viele Psychologen fechten diesen Standpunkt an und bestehen darauf, daß Kreativität eine Persönlichkeitseigenschaft ist, die reliabel gemessen und beurteilt werden kann.

Was ist Kreativität?

Die am weitesten verbreitete Definition der Kreativität besagt, daß kreative Reaktionen (auf bestimmte Stimuli) *durch ungewöhnliche oder unübliche – aber angemessene und passende – Einfälle gekennzeichnet sind.* Diese Annahme liegt auch den meisten Tests zugrunde, die man zur Messung der Kreativität konstruiert hat.

Im allgemeinen hält man es zwar für selbstverständlich, daß Originalität ein wesentliches Element der Kreativität ist, unberücksichtigt bleibt jedoch zuweilen, daß diese Originalität sich auch unbedingt in richtiger und angemessener Weise äußern muß. Dies ist nämlich das Unterscheidungskriterium zwischen kreativem und sinnlosem Handeln, zwischen Kreativität und Absurdität. Problemlösungen, die zwar höchst originell, aber ohne praktischen Wert sind oder an der Sache vorbeigehen, können keinen Anspruch auf Kreativität erheben.

Gewöhnliche Antworten
1. Flecken 2. Dunkle Wolken

Ungewöhnliche Antworten
1. Magnetisierte Eisenspä-
ne
2. Ein kleiner Junge und
seine Mutter, die an ei-
nem stürmischen Tag
nach Hause eilen, damit
sie nicht in den Regen
kommen

Gewöhnliche Antworten
1. Ein Affe
2. Modernes Gemälde ei-
nes Gorillas

Ungewöhnliche Antworten
1. Ein Pavian, der sich im
Handspiegel betrachtet
2. Rodins „Denker", wie er
„Heureka!" ruft

Gewöhnliche Antworten
1. Ein tanzender afrikani-
scher Medizinmann
2. Ein Kaktus

Ungewöhnliche Antworten
1. Mexikaner mit Sombrero
läuft einen Hügel hinauf,
um den Regenwolken zu
entgehen
2. Ein chinesisches Wort-
zeichen

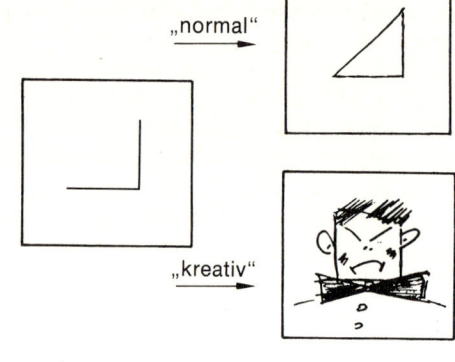

Abb. 12.8. Projektive Tests zur Unterscheidung zwischen kreativen und nichtkreativen Individuen. Beim
Tintenkleckstest *(links)* soll der Proband Gestalt und
Bedeutung in umstrukturierte, verschwommene Gebilde hineininterpretieren. Der Durchschnittsmensch
kann sich höchstens auf einfache, offensichtliche
Merkmale konzentrieren. Der Kreative wird mit größerer Wahrscheinlichkeit die Figur mit einer interessanten Bedeutung belegen. Im Zeichnungsver-
vollständigungstest *(rechts)* gibt sich der Durch-
schnittsproband mit einer einfachen Figur zufrieden,
die „einen (einfachen) Sinn ergibt", während der
Kreative eine kompliziertere und „wirklich sinnvolle"
Zeichnung liefert

Kreativität und schöpferisches Handeln setzen
das Zusammenwirken verschiedener Einzelelemente voraus. Zunächst ist da das Wahrneh-
mungselement, das sich in *erhöhter Sensitivität*
gegenüber solchen Erscheinungen in der Welt
äußert, die von anderen Menschen meist übersehen werden. Ein weiteres Element ist die Produktion nichtverbaler Phantasien oder *innerer
bildlicher Vorstellungen,* die auch räumlichen
Charakter haben können. Die schöpferischen
Produkte sind die „greifbare" Externalisation
dieser Imaginationen in Form von Theorien,
Erfindungen oder Kunstwerken (Shepard
1978). Zur Kreativität bedarf es auch der schöpferischen Synthese, der Fähigkeit, seine Beobachtungen oder Ideen in sinnvoller Weise miteinander in Verbindung zu setzen und zusammenzufügen (Abb. 12.8).
Auf wissenschaftlichem Sektor zeigt sich der
Unterschied zwischen kreativem Schaffen und

nichtkreativer Tätigkeit darin, ob jemand gute
Ideen hervorbringt oder sich darauf beschränkt,
Ideen auf ihre Brauchbarkeit oder Mängel hin
kritisch zu untersuchen. Auf einer Konferenz
zum Thema Kreativität, an der namhafte Wissenschaftler teilnahmen, war man einhellig der
Auffassung, daß keine Universität der Welt
lehren kann, „wie man Ideen produziert". Nur
die Fähigkeit zur kritischen Beurteilung kreativer Gedanken kann durch Modellernen ausgebildet werden, indem der Schüler sich vom
Meister aneignet, wie man die richtigen Fragen
stellt und beantwortet (Maugh 1974).
Schließlich gehört zur Kreativität auch noch ein
Willenselement, eine Portion Selbstsicherheit
und der Mut, seine ganz persönliche Erfahrung
in ein Werk zu übersetzen, mit dem man die
Öffentlichkeit konfrontiert. Dieser „Anstoß von
innen" ist für den schöpferischen Prozeß von
zentraler Bedeutung. Die intrinsische Motiva-

tion, Neues zu entdecken, Bestehendes auf neue Art zu sehen, alten Formen eine neue Gestalt zu geben, leidet, wenn sie durch äußere Bedingungen gehemmt wird. Koestler (1964) stellte die Theorie auf, daß sich die Kreativität am höchsten entfalten kann, wenn wir unserem Geist erlauben, völlig ungehemmt auf ein unbewußtes, präverbales, spielerisches Niveau des Denkens zu regredieren.

Unter Verwendung einer starren Versuchsanordnung wies Amabile (1977) nach, daß die Einführung einer äußeren Hemmung bei der Ausführung einer Tätigkeit das Kreativitätsniveau senkt. Collegestudentinnen erzielten für ihre Collagen niedrigere Kreativitätswerte, wenn sie wußten, daß ihre Produkte von Experten beurteilt werden würden. Andere Vpn, denen nichts über eine spätere Beurteilung bekannt war, schnitten besser ab.

Demnach scheint Kreativität auch abhängig zu sein von der kognitiven Freiheit, die die innere Motivation begleitet.

Wer ist kreativ?

Wie kann man kreative Menschen identifizieren? Welche Merkmale unterscheiden sie von weniger Kreativen? Wie sind sie so geworden? (Könnten Sie auch so kreativ werden?) Viele Psychologen haben daran gearbeitet, Antworten auf diese Fragen zu finden.

Die Untersuchungen haben i. allg. gezeigt, daß die kennzeichnenden Unterschiede eher in den Interessen, Einstellungen und Antrieben der Kreativen zu suchen sind als in ihren intellektuellen Fähigkeiten (Dellas u. Gaier 1970). Das Fehlen einer hohen Korrelation zwischen Kreativität und Intelligenz mag überraschen; die Schlußfolgerung der Autoren wird jedoch durch die Ergebnisse der bis jetzt durchgeführten Forschungsarbeiten erhärtet (Wallach u. Kogan 1965). Zum Beispiel enthielt die Stichprobe Hochintelligenter, die Terman 40 Jahre lang beobachtete, kein einziges Individuum, das irgendwelche aus dem Rahmen fallende schöpferische Leistungen vollbrachte (Terman u. Oden 1959).

Es gibt jedoch andere kognitive Variablen, die für Kreative typisch erscheinen. Am auffallendsten trifft dies zu für die Bevorzugung des *Komplexen* vor der Einfachheit. Es zeigt sich in der Vorliebe für asymmetrische, dynamische, ja sogar chaotische Formen gegenüber all dem, was regelmäßig, ordentlich und einfach ist.

Die Forschung beschäftigte sich in großem Umfang mit den Persönlichkeitsmerkmalen der Kreativen. Die Ergebnisse deuten auf ein Bündel charakteristischer Eigenschaften hin, zu denen unter anderem Impulsivität, Unabhängigkeit, Introversion, Intuition und das Akzeptieren der eigenen Person gehören. Kreative Architekten (MacKinnon 1961) und schöpferische Persönlichkeiten aus der wissenschaftlichen Forschung (Gough 1961) wiesen trotz aller Unterschiede im beruflichen Bereich eine bemerkenswerte Ähnlichkeit auf, was diese Persönlichkeitszüge anbelangt. Ähnliche Merkmale fand man auch bei kreativen Schriftstellern; allerdings zeigte sich in diesem Personenkreis größere Originalität und eine stärkere Betonung der Phantasie (Barron 1963).

Das allerhervorstechendste charakteristische Merkmal der schöpferischen Persönlichkeit ist vielleicht die *Unabhängigkeit* im Denken und Handeln. Praktisch alle Untersuchungen haben ergeben, daß es dem Kreativen ziemlich gleichgültig ist, was andere von ihm denken.

Auch androgyne Struktur kann als eine für den schöpferischen Menschen typische Variable angesehen werden. Kreative Männer können ihre weiblichen Züge akzeptieren, ohne dadurch in einen Konflikt mit ihrer Geschlechtsrolle zu geraten. Das macht sie offener für Emotionen und Gefühle und erhöht ihre ästhetische Sensibilität (Hammer 1964). Eine an Mathematikerinnen durchgeführte Untersuchung von Ravenna Helson (1967) ergibt, daß kreative Frauen dieses Fachs trotz Zulassung einiger maskuliner Züge dennoch ihre weibliche Art beibehalten. Dadurch unterscheiden sie sich von weniger kreativen Kolleginnen. Insgesamt sind sie oft *weniger* „maskulin" als unkreative Frauen. Vielleicht wird die Kreativität durch gewisse traditionell als „maskulin" definierte Eigenschaften eher gehemmt als gefördert. Es muß noch viel Forschungsarbeit geleistet werden, will man aufklären, bis zu welchem Grade man beim schöpferischen Prozeß von einem Unterschied der Geschlechter sprechen kann, sofern ein solcher überhaupt existiert.

Weit verbreitet ist die Vorstellung, daß für ungewöhnlich kreative Menschen die oft zitierte „Verwandtschaft von Genie und Wahnsinn" gelte. Als typisches Beispiel wird immer wieder der Wahnsinn von Malern wie Van Gogh und Nijinsky angeführt. De facto läßt sich aber so gut wie kein Zusammenhang zwischen Kreativität und Psychopathologie nachweisen. Im Gegenteil, schöpferische Menschen scheinen ein stärker ausgeprägtes Ich-Bewußtsein zu haben und mit Problemen besonders konstruktiv umgehen zu können (Cross et al. 1967).

Vielleicht werden schöpferische Persönlichkeiten vom Rest der Menschheit (irrtümlicherweise) deshalb für psychisch gestört gehalten, weil sie eine Denkweise erkennen lassen, die anderen als „seltsam" erscheint, und dazu neigen, Tabus zu durchbrechen.

Wir mögen alle verschieden sein, aber eines haben wir Menschen gemeinsam: die Anforderungen und Anfechtungen der Umwelt, denen jeder von uns ausgesetzt ist. Vielleicht reagieren wir auf diese Stressoren in unterschiedlicher Weise, sie stellen jedoch für jeden einzelnen von uns eine große Belastung dar.

Zusammenfassung

Die *Beurteilung* der Persönlichkeit erfolgt mit Hilfe spezifischer Testverfahren, durch die Einzelpersonen aufgrund charakteristischer Eigenschaften bewertet oder gemäß ihrer Unterscheidungsmerkmale klassifiziert werden können. Bei der Konstruktion psychometrischer Instrumente wird besonders auf *Reliabilität* (Zuverlässigkeit), *Validität* (Gültigkeit) und *Standardisierung* geachtet. Ein Test kann als reliabel bezeichnet werden, wenn er zu verschiedenen Meßzeitpunkten konsistente und präzise Meßergebnisse liefert. Die *Validität* eines Tests bestimmt sich aus der Genauigkeit, mit der er de facto das mißt, was er messen soll. Damit individuelle Meßwerte mit Normen oder *Standardwerten* verglichen werden können, müssen die Meßinstrumente *standardisiert* werden, d. h. die Tests müssen unter Standardbedingungen einer größeren Population dargeboten werden, die für die Zielgruppe repräsentativ ist.

Zur qantitativen Messung von Persönlichkeitsmerkmalen bedient man sich *psychometrischer Methoden*. In manchen Fällen kann man die Beurteilung der Eigenschaften eines Menschen durch Personen vornehmen lassen, die den zu

Beurteilenden besonders gut kennen. Man kann eine *relative Beurteilung* vornehmen oder eine Bewertung anhand *absoluter Beurteilungsskalen* durchführen. Bei letzteren erfolgt die Bewertung des Beurteilungsgegenstandes durch Normvergleich mit einem von anderen Bewertungsitem unabhängigen Standardwert. Bei der *Q-Sortierungstechnik* erhält der Beurteiler einen umfangreichen Itemsatz, von dem jedes Einzelitem eine Eigenschaft der Persönlichkeit beschreibt. Die Items werden entsprechend des Ausmaßes, in dem sie als für den zu Beurteilenden zutreffend erachtet werden, 9 Kategorien zugeteilt.

Die Einzelbefragung gemäß der *Interviewmethode* erweist sich zuweilen als etwas unsystematisch. Größere Zuverlässigkeit besitzen standardisierte Interviews, bei denen die einzelnen Fragen und deren Reihenfolge festliegen.

Das menschliche Urteil unterliegt zuweilen unbewußten Beurteilungsfehlern wie dem *Haloeffekt* und der *Stereotypie*. Diese Verzerrungen lassen sich weitgehend vermeiden, indem man jede einzelne Eigenschaft durchgehend bei allen zu Bewertungen beurteilen läßt (bevor man zur Einschätzung der nächsten Eigenschaft übergeht). Auf diese Weise läßt sich der subjektive Einfluß des ersten Bewertungsurteils über einen Menschen auf die nachfolgenden Eigenschaftsbewertungen erheblich einschränken.

Mit der Erhebung von *Verhaltensstichproben* wird die Ableitung von Persönlichkeitsvariablen aus der Beobachtung von Menschen in typischen Situationen ermöglicht. In manchen Fällen erfolgt die Beobachtung mit Wissen der zu Beurteilenden, in anderen Fällen wird die Verhaltensstichprobe ohne Wissen der Beobachteten erhoben. Die Validität der nach diesem Verfahren gewonnenen Werte bemißt sich nach dem Grad der psychologischen Übereinstimmung, die ein Beurteilter hinsichtlich Test und Kriteriumssituation selbst empfindet.

In *standardisierten Erhebungsbögen* machen die Befragten Angaben zur eigenen Person. Bei *projektiven Tests* werden den Probanden mehrdeutige oder neutrale Stimuli dargeboten, und man stellt fest, welche Bedeutung sie in diese „hineinprojizieren". Man geht dabei von der Annahme aus, daß projektive Techniken wie der *Rorschach-Test* oder der *thematische Apperzeptionstest (TAT)* verschiedene Arten von Bedürfnissen und Formen der emotionalen Anpassung erkennbar werden lassen, von denen man auf grundlegende Persönlichkeitsstrukturen schließen kann.

Die *Introversions-/Extraversionsdimension* des *Eysenck-Persönlichkeitsinventars* zeigt Unterschiede hinsichtlich des Ausmaßes auf, in dem Menschen auf andere Personen als Belohnungsquellen und Gradmesser für angemessenes Verhalten angewiesen sind. Der *Extravertierte* erweist sich als impulsiver und stärker von der Interaktion mit seinen Mitmenschen abhängig, während der *Introvertierte* kontrollierter ist und sich weniger auf andere verläßt.

Rotter und Mitarbeiter benutzten die *Internalitäts-Externalitäts-Dichotomie* der Persönlichkeit, um Individuen entsprechend ihrer Ausprägung dieser Merkmale auf einem „*Locus of control-Kontinuum*" zu plazieren. Außengeleitete empfinden Belohnungen als unabhängig von ihrem Verhalten gegeben; Innengeleitete glauben, daß sie kontingent auf ihr eigenes Verhalten erfolgen. Die Messung der Internalität/Externalität erfolgt mit Hilfe der *I-E-Skala*, eines Forced-choice-Fragebogens.

Christie konstruierte eine Skala zur Messung des „*Machiavellismus*"; diese erfaßt das Ausmaß der Manipulation und des Pragmatismus der Getesteten. Am einen Ende des Kontinuums stehen die Personen mit hohen *Mach.*-Werten (Menschen mit relativen Maßstäben des Verhaltens), am anderen Ende solche mit niedrigen *Mach.*-Werten (entsprechend absoluten Maßstäben). Charakteristisch für Machiavellisten ist emotionale Distanz und eher rational als emotional bestimmtes Verhalten.

Schüchternheit wird definiert als eine Tendenz zur Meidung sozialer Situationen, zur Gehemmtheit in sozialen Begegnungen und zur Ängstlichkeit und Bedrücktheit in der Interaktion. Schüchterne sind weniger extravertiert, weniger imstande, ihr eigenes Verhalten aufgrund von Rückmeldungen adäquat einzuschätzen, und sie zeigen mehr soziale Ängste als nichtschüchterne Altersgenossen. Große Schüchternheit spiegelt sich häufig in schlechter Angepaßtheit wider.

Der Begriff der *Androgynie* bezieht sich auf eine Mischung traditionell als „typisch männlich" oder „typisch weiblich" definierter Verhaltensweisen und Persönlichkeitsmerkmale. Androgynie wird in Verbindung gebracht mit hohen Testwerten für Maskulinitäts- *und* Feminitäts-dimensionen solcher Test wie des Bem-Geschlechtsrollenfragebogens (Bem Sex Role Inventory). Der Androgyne zeichnet sich durch besondere Adaptationsfähigkeit und eine wohlabgerundete Persönlichkeit aus, in der männliche und weibliche Züge integriert sind.

Binet und Simon leisteten zu Beginn dieses Jahrhunderts in Frankreich Pionierarbeit auf dem Gebiet der Intelligenzmessung. Die Testergebnisse wurden gemäß dem Intelligenzalter der getesteten Kinder angegeben. Der *Intelligenzquotient (IQ)* bestimmte sich aus dem Verhältnis zwischen Intelligenzalter (IA) und Lebensalter (LA). Terman entwickelte den Stanford-Binet-Test, indem er die Binet-Skala überarbeitete, standardisierte und für amerikanische Schulkinder gültige Normen erarbeitete.

Während der beiden Weltkriege führten die US-Streitkräfte Handlungs- und Intelligenztests im großen Stil durch. Millionen von Rekruten wurden hinsichtlich ihrer geistigen Leistungsfähigkeit und Intelligenz getestet. Auch der *Hamburg-Wechsler-Intelligenztest für Erwachsene (HAWIE)* und der *Hamburg-Wechsler-Intelligenztest für Kinder (HAWIK)* werden als kombinierte Verbal- und Handlungstests zur Messung der Intelligenz eingesetzt.

IQ-Tests messen nicht die „reine" oder *genotypische* Intelligenz, sondern erfassen eher die *phänotypische* Intelligenz oder den Grad der *Intelligenzleistung*. Da in diese Tests u. a. Einstellungen und spezifische Kenntnisse des Kulturbereichs hineinspielen, dem der Testkonstrukteur sowie die normative Population angehören, kann sich Testvariabilität entsprechend dem sozioökologischen und kulturellen Hintergrund der Getesteten ergeben. Außerdem hat sich gezeigt, daß die Allgemeinintelligenz sich in Wirklichkeit aus einer Anzahl relativ unabhängiger *Primärfähigkeiten* zusammensetzt. Es wurden neue Tests geschaffen, die zwischen diesen Fähigkeiten differenzieren.

Nach einer verbreiteten Definition ist *Kreativität* durch das Auftreten ungewöhnlicher oder unüblicher, aber durchaus angemessener Reaktionen gekennzeichnet. Im einzelnen umfaßt Kreativität erhöhte Sensitivität, innere bildliche Vorstellungen, die Fähigkeit zur Synthese und kognitive Freiheit in Verbindung mit *intrinsischer Motivation*. Schöpferische Persönlichkeiten zeigen ein hohes Maß an Unabhängigkeit im Denken und Handeln.

13 Was ist Streß, und wie kann man mit ihm umgehen?

Der Tag begann wie jeder andere Schultag – nur etwas düsterer. Ich war zu spät dran. Ich hatte nämlich verschlafen, weil ich meinen Radiowekker versehentlich auf 7 Uhr abends anstatt 7 Uhr morgens eingestellt hatte (zweifellos eine Freudsche Fehlleistung!). Trotzdem war ich noch müde, hatte nicht gut geschlafen und mir die ganze Nacht über meine Beförderung Gedanken gemacht: Heute sollte die Entscheidung darüber durch die Fakultät bekanntgegeben werden. Wenn je jemand seine Beförderung verdient hatte, so war ich das, und zwar einfach aufgrund des Maßes an Anstrengung, Eifer und Einsatz, das ich über die reine Pflichterfüllung hinaus an den Tag gelegt hatte. Aber vielleicht sahen das die anderen nicht so.

Ich schluckte hastig meinen Kaffee und meine Semmel hinunter, sah schnell noch einmal nach, ob ich zwei Socken der gleichen Farbe erwischt hatte. Dann: Reißverschlußzuziehen, die Vorlesungsunterlagen gepackt und im Eiltempo die Treppe hinunter, um dem „Maschinengewehr" Rattner zuvorzukommen. Polizeiinspektor Rattner war als der schnellste und produktivste Verwarnungszettelschreiber zu seinem zweifelhaften Ruhm gelangt. Mir hatte er schon Bußgelder von insgesamt über 200 $ angehängt, und ich war fest entschlossen, mich nicht wieder erwischen zu lassen. Doch das war ein ziemlich aussichtsloses Unternehmen, denn nach der bestehenden Regelung war das Parken abwechselnd in verschiedenen Straßen erlaubt, der Wechsel erfolgte um 8 Uhr, und die Straßen waren ohnehin restlos verstopft.

7^{58} und Countdown. Aber wo hatte ich mein Auto gelassen? Ich wußte nicht mehr, wo ich es gestern abend geparkt hatte. Kein Wunder, wenn man seinen Wagen jeden Abend in einer anderen Straße abstellen muß! Ich tippte auf die 71. Straße – und verlor. Während ich die 68. Straße hinunterjagte, sah ich schon, wie Rattner mein Fahrzeug ins Visier nahm.

Zu spät! Blitzschnell war der Verwarnungszettel ausgeschrieben, und ich schuldete der Stadt weitere 15 $.

Als ich endlich im Auto saß und davonfuhr, verwandelte sich das Gefühl meiner schmählichen Niederlage allmählich in kalte Wut. An der Ecke fuhr ich fast einen Fußgänger über den Haufen (geschah ihm recht, so erschreckt zu werden; warum ging er auch so langsam?). Wir tauschten ein paar Obszönitäten aus. Und schon war ich soweit – festgefahren im morgendlichen Berufsverkehrsstau, in der Unterführung. Rundherum wütendes Gehupe, Luftverpestung durch Auspuffgase, die Ungeduld der Leute am Siedepunkt.

Elf Minuten zu spät für Psychologie I. Die Studenten schlendern schon aus dem Hörsaal. Ich bitte sie zurückzukommen, und die meisten kommen meiner Bitte nach, wenn auch mit gewissem Unmut. Die Vorlesung läuft schlecht; ich kann mich weder richtig konzentrieren, noch gelingt es mir, meine Emotionen halbwegs unter Kontrolle zu bringen; fühle mich schuldig, daß ich meine Hörer zum Bleiben überredet habe; schwöre mir, morgen eine Supervorlesung hinzulegen, um sie für das heutige Desaster zu entschädigen.

Während der Bürostunden teilt mir meine Forschungsassistentin mit, daß sie mich verlassen muß. Ihr Vater ist gestorben; sie muß sich eine Vollzeitbeschäftigung suchen, um der Familie finanziell unter die Arme greifen zu können. Sie beweint den Verlust des Vaters und den Abbruch ihrer weiteren Ausbildung. Ich bin unglücklich über den Verlust meiner einzigen verläßlichen, normalen Assistentin. Ich nehme eine Aspirintablette, denn während der sich endlos hinziehenden Studentensprechstunde werden meine Kopfschmerzen immer ärger.

Die Nachmittagspost ist eine bunte Mischung aus Gutem und Schlechtem. Der erste Brief teilt mir mit, daß mein Forschungsartikel von einer

renommierten Zeitschrift zur Veröffentlichung angenommen ist. Jubel! Aus dem zweiten Brief entnehme ich, daß mein Bankkonto überzogen ist. Zahltag ist erst in 10 Tagen. ... Ich beginne mir den Kopf zu zerbrechen, was ich verkaufen oder wen ich anpumpen könnte. Aber bloß nicht wieder meinen kleinen Bruder; das wäre zu demütigend! Das monetäre Problem fängt an, mich zu erdrücken. Kein Ausweg.
Deprimiert!
Ich werde ins Büro des Vorsitzenden gebeten: „Wir alle wissen Ihre Arbeit zu schätzen ... *aber* ... *aber* ... *aber*". Keine Beförderung! „Ein paar Leute sind der Ansicht, Sie sollten erst noch ein bißchen reifer und abgeklärter werden ... zu unbesonnen, und ..." Trauer: Die haben ganz recht. Ich bringe absolut nichts. Wut! Die täuschen sich alle über mich. Ergebnis: Ich fühle mich noch viel deprimierter.
Ich vergesse den Arzttermin, den ich mir wegen meiner neuerdings aufgetretenen Kopf- und Brustschmerzen hatte geben lassen; verliere die Beherrschung und mache meine Sekretärin zur Schnecke, weil sie noch nicht getippt hat, was ich ihr gestern aufgetragen hatte. Sie weint. Ich entschuldige mich. Für heute reicht's mir. Ich kippe ein paar Schnäpse, bevor ich mich auf den Heimweg mache.
Wieder sitze ich im abendlichen Berufsverkehr fest. Wie immer. Aber endlich komme ich doch nach Hause – oder jedenfalls fast nach Hause; fahre die 69. Straße hinauf, die 70. hinunter, die 71. hinauf, die 72. hinunter – vergeblich Ausschau haltend nach einem 3 · 1 m großen leeren Fleckchen Asphalt, auf dem ich mein Auto loswerden kann.
Damit endete also ein Tag, der sich kaum von anderen Arbeitstagen unterschied – nur war es vielleicht ein bißchen stressiger.

Streß und Anpassung

Dieser Collegeprofessor – ein Mensch unserer Zeit – scheint weit entfernt zu sein von dem Elfenbeinturm der Gelehrsamkeit, in dem sich seine akademischen Kollegen der Vergangenheit aufzuhalten pflegten. Er leidet an der „Zeitkrankheit", dem Streß, den intensivierte Umweltreize mit sich bringen. Auf diese verschärften Umweltbedingungen und ihre Anforderun-

gen reagiert er auf 4 verschiedenen Ebenen. Da sind einmal *emotionale* Reaktionen: Traurigkeit, Ärger, Gereiztheit, Frustration, Zorn und sogar auch gehobene Stimmung. Weiter reagiert er auf der *Verhaltensebene,* was sich in wechselhafter Leistungsqualität niederschlägt: geschwächte Konzentrationsfähigkeit, Vergeßlichkeit, Nachlassen der Produktivität oder Unfähigkeit, mit anderen auszukommen. Zusätzlich können durch Streß auch noch *physiologische* Reaktionen – im Sinne einer Veränderung der normalen Körperfunktionen – ausgelöst werden. Auf dieser Ebene resultieren streßbedingte Verspannungen in Kopfschmerz, Rückenschmerzen, erhöhtem Blutdruck und schließlich in tödlicher Erkrankung. Streßreaktionen der *kognitiven Ebene* schließlich machen sich durch gewisse Veränderungen in der Denkweise und der Auffassung seiner selbst in der Form bemerkbar, daß man sich geringer einschätzt und Gefühle der Hoffnungs- und Hilflosigkeit erfährt.
An diesem Punkt nimmt die Depression schon eine bedenkliche Form an: Hospitalisierung kann erforderlich werden, und Suizid rückt in den Bereich der Möglichkeit.
In jüngerer Zeit wurden die auf psychologische Aspekte von Gesundheit, Krankheit und medizinischer Behandlung ausgerichteten Forschungsbemühungen unter dem Namen *Verhaltensmedizin* zu einem gesonderten Wissenschaftsbereich zusammengefaßt. Auf der Basis dieses neuen interdisziplinären Ansatzes kommen die Methoden und Konzepte der Verhaltenswissenschaften bei der Gesundheitsvorsorge, der Krankheitsverhütung und der effektiveren Gestaltung medizinischer Versorgung bei Erkrankungen zum Tragen. Im Vordergrund stehen dabei u. a. Streßmanagement, kognitive Strategien zur Beeinflussung der Anfälligkeit für Krankheitszustände und Verhaltensmuster für Patienten und Ärzte, die die Ergebnisse ärztlicher Praxisarbeit optimieren können. Die Verhaltensmedizin hat ein *holistisches* Bild vom Menschen, d. h. sie betrachtet Geist und Körper, Gedanken und Gefühle, Überzeugungen und Verhalten nicht als getrennte, sondern vielmehr in unmittelbarer Abhängigkeit voneinander und miteinander funktionierende Systeme. Der Kreis der Probleme, an deren Lösung z. Z. gearbeitet wird, ist schon sehr groß und wird sich sicher noch erweitern: Wie kann ein Arzt seinen

Patienten dazu bringen, die gegebenen Anweisungen zu befolgen? Welche Beziehung besteht zwischen kulturell bedingten Krankheitsvorstellungen und dem tatsächlichen Auftreten bestimmter Krankheitsarten? Warum machen bestimmte Bevölkerungsgruppen selbst von unentgeltlich zur Verfügung gestellten gesundheitserhaltenden und -fördernden Maßnahmen keinen Gebrauch? Fördert die durch die Gesellschaft betonte Bedeutung von Leistungswettbewerb und -errungenschaften gesundheitsschädigende Gewohnheiten? Alle diese Fragen bedürfen zu ihrer Beantwortung des forscherischen Einsatzes auf vielen verschiedenen Gebieten, der Arbeit von Sozialpsychologen, Spezialisten der Verhaltensmodifikation und der kognitiven Psychologie ebenso wie der von Soziologen, Anthropologen und in der medizinischen Forschung Tätigen.

In diesem Kapitel wollen wir uns sehr genau anschauen, wie wir dem Gebot der Anpassung an unsere Umwelt begegnen und welche Folgen ein Mißlingen der Adaptation an Alltagsstreß haben kann. Anschließend sollen noch Möglichkeiten zum besseren Umgang mit Streß und in unseren Lebensbereich eindringende Zivilisationskrankheiten erörtert werden.

Die menschliche Anpassungsfähigkeit

Der Mensch besitzt eine unglaubliche Anpassungsfähigkeit. Diese beschränkt sich nicht nur darauf, aus vorgefundenen Lebensbedingungen das beste zu machen, sondern beinhaltet gelegentlich auch aktive Veränderungen der Umwelt, um sie lebensfreundlicher zu gestalten. Die Fähigkeit, sich eine ihren Bedürfnissen besser entsprechende Umwelt vorzustellen und sie diesen Vorstellungen gemäß umzugestalten, kann man als hervorstechendes Kennzeichen der menschlichen Rasse ansehen. Naturkatastrophen gewaltigsten Ausmaßes stellten das Überleben unserer Art in Frage: Hungersnöte, Überschwemmungen, Dürren, Erdbeben, Vulkanausbrüche und vieles mehr. Als weit größere Bedrohung erwiesen sich darüber hinaus kriegerische Gewaltaktionen ausgehend von Menschen, die brutale Verbrechen begingen und Kriege und Völkermord anzettelten.

Die allergrößte Bedrohung für unsere Adaptationsfähigkeit erwuchs uns jedoch viel später.

Im Zuge der Umgestaltung unserer Umweltbedingungen nach Gesichtspunkten der größtmöglichen Annehmlichkeiten und des bestmöglichen Luxus haben wir eine industrielle Technologie geschaffen, die den Todeskeim der Vernichtung in sich birgt. Wir haben angefangen, diese andere Seite der Zivilisation in ihren Auswirkungen auf unser persönliches Leben wie auf die menschliche Gesellschaft insgesamt schmerzlich zu erfahren: Luft- und Wasserverschmutzung, Lärmbelästigung, eskalierende Energieverschwendung, übermäßiger Leistungsdruck, Beschleunigung des Lebensrhythmus und sich in schwindelerregendem Tempo vollziehende Veränderungen auf fast allen Lebensgebieten sind die Zeichen der Zeit (Toffler 1970). Selbst diesen aus der Umwelt kommenden „Verletzungen" passen wir uns noch an. Wir zahlen jedoch – wie wir noch sehen werden – dafür manchmal einen hohen Preis.

Wie läßt sich die menschliche Adaptationsfähigkeit erklären? Die Antwort liegt in dem schon früher erörterten hochentwickelten Nervensystem. Es ermöglicht uns – ebenso wie niedrigeren Arten von Lebewesen – eine primitive Form der Anpassung durch das Signallernen der klassischen Konditionierung und das daraus sich ergebende Lernen durch operantes Konditionieren. Darüber hinaus verfügen wir aber über eine hochentwickelte Großhirnrinde, die uns befähigt zu denken, zu planen und durch den Gebrauch abstrakter Symbole Probleme zu lösen. Wir können Erkenntnisse sammeln und uns einer Sprache bedienen und verfügen damit über die Voraussetzungen, aus Fehlern der Vergangenheit zu lernen und die Gegenwart in eine besser Zukunft umzugestalten. Allein durch die Möglichkeit, die Handlungsergebnisse anderer zu beobachten und daraus zu lernen, erfährt unsere Adaptationsfähigkeit beträchtliche Förderung. Unser kulturelles Erbe beinhaltet die Vermittlung erworbenen Wissens, das über die Generationen hinweg mündlich oder schriftlich überliefert und weitergegeben wird. Die Tiere der Wildnis müssen eine rein biologische Anpassungsleistung an ihre Umwelt erbringen – nach einem in ihren Genen verankerten Mechanismus und in dem durch den Zeitplan evolutionärer Entwicklungsprozesse vorgegebenen langsamen Tempo.

Menschen passen sich nicht nur biologisch an, sondern auch psychologisch.

Man muß den Schlüssel zum Verständnis menschlicher Anpassung jenseits des Überlebens-um-jeden-Preis suchen. Er findet sich in dem empfindlichen Gleichgewicht zwischen den inneren Bedingungen – Geist und Körper – und den zwingenden Anforderungen, die die äußere Umwelt diktiert. Dieses Gleichgewicht ist bedroht, wenn wir mit sehr starken oder unablässig anhaltenden Anforderungen konfrontiert sind und weder die entsprechenden psychologischen noch biologischen Voraussetzungen haben, optimal auf sie zu reagieren. Wenn die Anpassung scheitert, ist Krankheit die Folge. Gesundheit ist gleichbedeutend mit unserer Fähigkeit, als Ganzheit, d.h. mit Gedanken, Gefühlen und Handlungen, wirksam und angemessen zu reagieren auf die uns konfrontierenden Anforderungen der Umwelt. Dubos, emeritierter Professor der Biochemie der Umwelt an der Rockefeller-Universität, läßt uns folgendes wissen: „Die Gesundheit des Menschen geht über ein rein biologisches Gesundsein hinaus, da sie primär von bewußten, wohlerwogenen Wahlentscheidungen abhängt, mittels derer er sich seinen Lebensmodus auswählt und sich in kreativer Weise den daraus resultierenden Erfahrungen anpaßt" (1978).

Der Professor in unserem Eingangsbeispiel hatte Wahlentscheidungen mit einer Reihe negativer Konsequenzen getroffen (er hatte sich entschieden für unzuträgliche Ernährung, zu wenig Ruhe und Entspannung, das Leben in einer übervölkerten, lauten Großstadt, die Benutzung des eigenen Wagens, Arbeit unter Wettbewerbsbedingungen und seine Einnahmen übersteigende Ausgaben). Darüber hinaus ließ er sich durch die daraus resultierenden Erfahrungen emotional aus der Fassung bringen. Auch solche episodischen Gefühlsschwankungen wie das Traurigsein im Zusammenhang mit einer Todesnachricht und Freude und Stolz beim Empfangen einer guten Nachricht signalisieren starke innere Anpassungsvorgänge an von außen kommende Inputs. Dieser aus einem Tageslauf bestehende Lebensausschnitt läßt uns immer wieder Zeuge werden für die Auswirkungen des Stresses.

Streß ist die unspezifische Körperreaktion auf jede Art von Beanspruchung (Sclyc 1973). Streß hat zwar mannigfaltige Ursachen, die sowohl angenehmer als auch unangenehmer Natur sein können (auf der einen Seite ein leidenschaftli-cher Kuß, auf der anderen der Verlust meiner Arbeitsstelle), ihre Gemeinsamkeit liegt jedoch darin, daß sie immer eine Anpassungsveränderung fordern. Die biologische Streßreaktion ist (ganz unabhängig von der Ursache) im wesentlichen immer die gleiche. Wie wir sehen werden, beinhaltet sie immer die Mitbeteiligung des Hormonhaushalts und vollzieht sich auf verschiedenen Ebenen. Entgegen allgemein verbreiteter Auffassungen ist Streß nicht ein fürchterliches Ereignis, das unter allen Umständen vermieden werden sollte, sondern stellt eher einen unser ganzes Leben durchziehenden kontinuierlichen Prozeß dar. Ganz gleich, wie wir uns verhalten, wir werden immer wieder vor der Notwendigkeit stehen, unausweichliche Aufgaben auszuführen oder uns veränderten Bedingungen anzupassen. Streßvermeidung ist keine Lösung; statt dessen sollten wir lieber lernen, mit Streß in der bestmöglichen Weise umzugehen.

Erregung und Erregungsleitung beim Streß

Emotionale Erregung ist eine der häufigsten Streßursachen. Aber nicht jeder Anstoß von außen (Arousal) wird als streßerregend empfunden. Angenommen Sie werden durch einen zärtlichen Kuß und ein geflüstertes: „Es ist Zeit" aus tiefem Schlaf geweckt. Aus einem Zustand der Inaktivität gehen Sie in einen Zustand der Aktivität über – aber allmählich. Sicherlich ist Ihr „Aufwachen" langsamer, als wenn jemand geschrien hätte: „Feuer! Renne um dein Leben!"

In Kap. 10 (Abschn. „Die Funktion der Erregung", S. 347) haben wir bereits dargestellt, welche physiologischen Vorgänge in diesem Zusammenhang von Bedeutung sind; wir erinnern an die zentrale Rolle der Formatio reticularis (vgl. Abb. 13.1) und an den im Bild der umgekehrten U-Funktion (Abb. 10.2) verdeutlichten Umstand, daß ein *mittleres Erregungsniveau* die Voraussetzung für optimales Verhalten ist.

Will man von dieser umgekehrten U-Funktion ausgehend eine Verhaltensvorhersage treffen, so muß man mehrere Variablen berücksichtigen. Das Erregungskontinuum variiert entsprechend der individuellen Erregungstoleranz und der subjektiven Definition eines „hohen Erregungsgrades". Manche Leute regt eine Fahrt mit der Doppel-Looping-Berg-und-Talbahn nicht besonders auf (Abb. 13.2); andere fallen schon

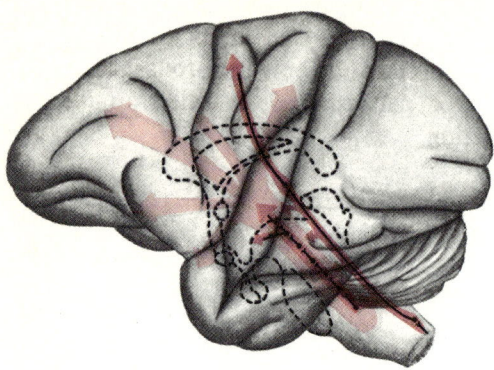

Abb. 13.1. Seitenansicht eines Affenhirns. Die aufsteigende Formatio reticularis erhält Kollaterale direkt aus den afferenten Bahnen und projiziert ihrerseits hauptsächlich in die verschiedenen Assoziationsareale der Hemisphären. (Nach Magoun 1954)

in Ohnmacht, wenn sie Blut sehen oder wenn ihnen eine Injektionsnadel zu nahe kommt. Dies illustriert, daß das Erregungsmaß eine wenigstens zum Teil subjektiv bestimmte Größe ist. Außerdem kann der gleiche Erregungsgrad die Ausführung einfacher, gut eingeübter Aufgaben fördern, während er das Bewältigen komplexerer und unvertrauter Operationen unmöglich macht.

Wiederholte und über längere Zeit fortgesetzte Erregung – wie sie etwa Frontärzte oder Soldaten in der „Todeslinie" erleben – können einen kumulativen Effekt haben. Mit der Wiederholung emotioneller Erregungsepisoden tritt im Lauf der Zeit immer schneller ein Leistungsabfall ein, oder die auftretende Leistungsminderung wird jedesmal größer. (Von Studenten wird Vergleichbares aus den letzten Tagen vor dem Examen berichtet.)

Es sei hier noch einmal betont (vgl. Kap. 10), daß man sich Entspannung und Erregung nicht als die Enden eines simplen Kontinuums vorstellen darf, denn hierbei handelt es sich um einen diffizilen Balanceakt, an dem das Nervensystem und hormonale Faktoren beteiligt sind.

Der Kontakt mit einem Stressor löst komplexe Vorgänge im Hypothalamus, der Großhirnrinde, der Formatio reticularis, im limbischen System sowie im autonomen Nervensystem und den endokrinen Drüsen aus. Diese komplexe physiologische Gesamtreaktion mobilisiert fast augenblicklich alle im Körper verfügbaren Energiereserven, und dies geschieht ohne be-

Abb. 13.2. Erregungsepisode auf dem Rummelplatz

wußte Vorbereitung, denn wenn es schnell zu handeln gilt, kann keine kostbare Zeit auf Überlegungen verschwendet werden.

Das allgemeine Adaptationssyndrom

Streß als psychobiologischer Zustand manifestiert sich in einem *Syndrom,* d. h. einer Gruppe zusammengehöriger Symptome. Selye (1956, 1976) verbrachte über 40 Jahre mit dem Studium des Syndroms des „einfach Krankseins". Nach Selyes Theorie läßt sich die von ihm als allgemeines Adaptationssyndrom (AAS) bezeichnete Reaktion des Körpers unter Streß in 3 Hauptphasen einteilen: die Alarmreaktion, die Phase der Resistenz und die Phase der Erschöpfung.

Die *Alarmreaktion* – manchmal auch Notfallreaktion genannt – umfaßt die physiologischen Veränderungen, die der Organismus als erste Reaktion auf Streß provozierende Reize, also Stressoren, zeigt. Ein Stressor ist irgend etwas, was dem Organismus Schaden zufügt, ganz gleich, ob dieser physischer (z.B. Hunger, Schlafmangel, Verletzung) oder psychischer Natur ist (z.B. Liebesverlust oder Mangel an persönlicher Sicherheit). Die Alarmreaktion setzt sich aus verschiedenen komplizierten körperlichen und biochemischen Veränderungen zusammen, die gewöhnlich die gleichen allgemeinen Haupteigenschaften besitzen, d. h. unabhängig von der besonderen Art des Stressors sind. Dies erklärt auch, warum die Menschen unter sehr ähnlichen allgemeinen Symptomen leiden, selbst wenn sie ganz verschiedene Krankheiten haben. Alle Welt klagt über Kopfschmerzen, Fieber, Müdigkeit, Muskel- und Gelenkschmerzen, Appetitmangel und allgemeine Erschöpfung.

Hält die streßverursachende Situation weiter an, folgt auf die Alarmreaktion die *Phase der Resistenz*, die zweite Phase des AAS. Der Organismus scheint nun einen Widerstand gegen den spezifischen Stressor, der die Alarmreaktionen auslöste, zu entwickeln. Die im ersten Streßstadium aufgetretenen Symptome verschwinden, obgleich die störenden Einflüsse weiterbestehen, und die während der Alarmreaktion gestörten physiologischen Prozesse scheinen sich wieder zu normalisieren. Anscheinend kommt die Resistenz im wesentlichen durch vermehrte Hormonausschüttung durch den Hypophysenvorderlappen und die Nebennierenrinde zustande (ACTH bzw. Kortikosteroide).

Hält die schädigende Einwirkung des Stressors zu lange an, wird schließlich der Punkt erreicht, an dem der Organismus seinen Widerstand nicht

länger aufrechterhalten kann, und damit setzt das letzte Stadium, die *Phase der Erschöpfung*, ein. Hypophysenvorderlappen und Nebennierenrinde können die erhöhte Hormonausschüttung nicht länger aufrechterhalten, und somit kann sich der Organismus dem Dauerstreß nicht mehr anpassen. Viele der in der Alarmreaktionsphase aufgetretenen Symptome treten jetzt erneut auf. Wirkt der Stressor weiter auf den Organismus ein, so kann der Tod die Folge sein. In den weitaus meisten Fällen wird der Streß jedoch reduziert, bevor der Zustand totaler Erschöpfung erreicht ist (Abb. 13.3).

Der Begriff des AAS hat sich besonders bei der Diagnose anderweitig unerklärlicher krankhafter Störungen bewährt. In diesem Rahmen lassen sich viele Störungen als Streßfolgen oder als aus physiologischen Prozessen bei der Streßadaptation resultierende Erscheinungen auffassen. In diesem Zusammenhang dürfte auch klar werden, wieso bei der Behandlung einiger solcher Erkrankungen die Verabreichung von ACTH und Kortison eine hilfreiche Maßnahme sein kann. Auf diese Weise kann man nämlich unter Umständen dem Körper über die Produktionsleistung des Hypophysenvorderlappens und der Nebennierenrinde hinausgehende Hilfen zur Aufrechterhaltung des Widerstands zur Verfügung stellen.

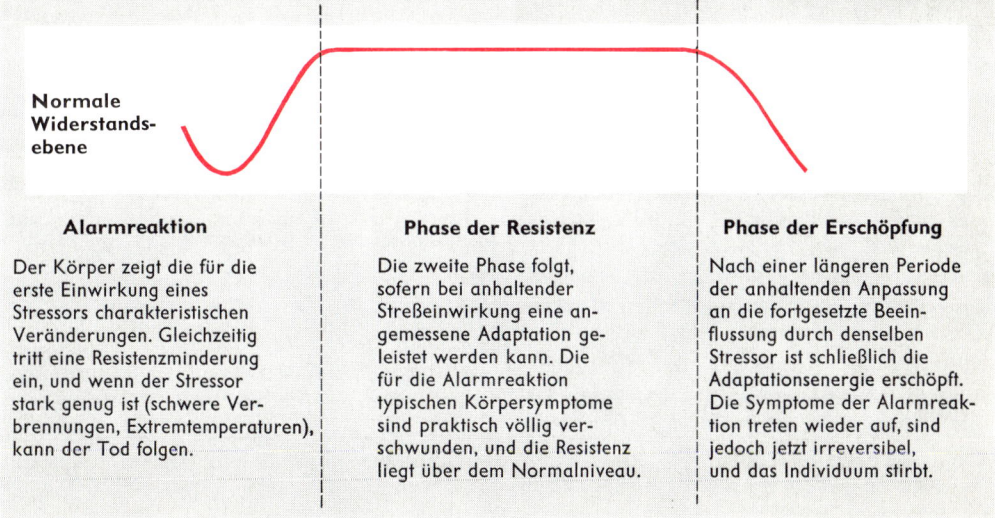

Normale Widerstandsebene

Alarmreaktion

Der Körper zeigt die für die erste Einwirkung eines Stressors charakteristischen Veränderungen. Gleichzeitig tritt eine Resistenzminderung ein, und wenn der Stressor stark genug ist (schwere Verbrennungen, Extremtemperaturen), kann der Tod folgen.

Phase der Resistenz

Die zweite Phase folgt, sofern bei anhaltender Streßeinwirkung eine angemessene Adaptation geleistet werden kann. Die für die Alarmreaktion typischen Körpersymptome sind praktisch völlig verschwunden, und die Resistenz liegt über dem Normalniveau.

Phase der Erschöpfung

Nach einer längeren Periode der anhaltenden Anpassung an die fortgesetzte Beeinflussung durch denselben Stressor ist schließlich die Adaptationsenergie erschöpft. Die Symptome der Alarmreaktion treten wieder auf, sind jedoch jetzt irreversibel, und das Individuum stirbt.

Abb. 13.3. Das allgemeine Adaptationssyndrom. (Nach Selye 1956)

Streßfolgen

Im 4. Jahrhundert v.Chr. verkündete Plato kühn, alle Krankheiten hätten ihren Ursprung im Geist oder in der Seele. Alle jene, die sich auf Untersuchung und Behandlung psychisch bedingter Krankheit spezialisiert haben, sind heute tatsächlich der Auffassung, daß Streß bei 50–80% solcher Erkrankungen als mitbeteiligter Faktor anzusehen ist (Pelletier 1977). Schätzungsweise 30 Mio. Amerikaner leiden an Einschlafstörungen. Daß Streß bei Schlaflosigkeit eine Rolle spielt, wird jedem einleuchten, der sich an schlaflose Nächte vor gravierenden Ereignissen erinnern kann. Nahezu ebensoviele Amerikaner leiden an Hypertension (hohem Blutdruck). Dieser kann zu tödlich verlaufenden Komplikationen führen.

Wer in Ein- und Ausflugschneisen großer Flughäfen lebt, kann mit Streßreaktionen bedenklichen Ausmaßes rechnen. Dichtbesiedelte Wohngebiete in der Nähe des Flughafens von Los Angeles z.B. werden täglich von über 300 Düsenmaschinen überflogen, deren Lärm oft 100 dB überschreitet. Dazu kommen für die Anwohner aber auch noch andere Streßaspekte: die Plötzlichkeit und Unvorhersagbarkeit des jeweiligen Lärmereignisses, ganz abgesehen von seiner generell unangenehmen Natur. Außerdem leben einige Menschen in ständiger Angst vor einem Flugzeugabsturz.

Viele Bewohner dieses Gebiets klagen über Schlafstörungen; weitaus bedenklicher aber noch ist die Tatsache, daß unmittelbar in der Zone der stärksten Geräuschbelästigung lebende – verglichen mit weiter abseits wohnenden – sehr viel mehr Gefahr laufen, eines Tages in eine Nervenklinik eingeliefert werden zu müssen. Die Gefahr, psychisch zu erkranken, ist für die Bewohner der Flugschneisen um 20% höher. Eine ähnliche Risikohöhe für das Erleiden eines „Nervenzusammenbruchs" wurde für die Anwohner des Flughafens Heathrow bei London ermittelt (Meecham u. Smith 1977).

Man kann selbst den Alterungsprozeß als streßbezogene Krankheit auffassen; sicher ist jedenfalls, daß die Abbauvorgänge durch Streß beschleunigt und verstärkt werden. Ein anschauliches Beispiel dafür liefert Abb. 13.4. Um wieviel älter, schätzen Sie, ist der sorgenzerfurchte (ehemalige US-Präsident) Nixon auf dem zweiten Foto, verglichen mit dem strahlenden Nixon auf dem ersten?

Abb. 13.4. Würden Sie es für möglich halten, daß zwischen diesen beiden Aufnahmen nur 6 Monate liegen? *Oben:* Januar 1974, *unten:* Juni 1974 (kurz bevor Nixon wegen der Watergate-Affäre zurücktreten mußte)

Emotionen und körperliche Erkrankung

Die psychologischen Abwehrmittel, die der Körper angesichts wiederholt auftretender streßbedingter Erregtheit aufbietet, können fehlangepaßt und schädigend sein. Verfallserscheinungen im Organsystem, die *psychogen* (d.h. psychisch-emotionalen Ursprungs) sind, werden angemessenerweise als *psychosomatische Störungen* bezeichnet. Dieser Überbegriff umfaßt alle bei anhaltender Streßreaktion auftretenden Symptome (wie Erhöhung der Pulsfrequenz und des Blutdrucks) sowie die eigentlichen Gewebsschädigungen selbst (wie etwa ein Magengeschwür), die daraus resultieren können. Die Beteiligung emotionaler Faktoren bei der Entwicklung von Ulzera, hohem Blutdruck, Kolitis, Migräne, Kreuzschmerzen, Dermatitis, Fettsucht, Asthma und vielen anderen Leiden hat sich oft bestätigen lassen.

Schadet es wirklich der Gesundheit, wenn man seine Gefühle unterdrückt? Nach den Ergebnissen bisheriger Forschung muß die Antwort „Ja" lauten, zumindest soweit Gefühle der Frustration und aufgestauten Aggression betroffen sind.

In getrennt durchgeführten Untersuchungen, die insgesamt über 160 Personen beiderlei Geschlechts im Collegealter einbezogen, wurde Frustration künstlich durch Blockierung zielgerichteter Aktivität oder durch Bedrohung der persönlichen Integrität erzeugt. Ein Teil der Vpn durfte die Aggressivität körperlich, verbal oder in der Phantasie abreagieren. Die anderen erhielten diese Möglichkeit nicht.

Herzfrequenzbeschleunigung und Erhöhung des systolischen Blutdrucks im Gefolge des Frustrationserlebnisses wurden eindeutig festgestellt. War die Möglichkeit gegeben, die Aggression körperlich oder verbal abzureagieren, fielen diese Werte wieder ab, während bei den Vpn, denen der offene Ausdruck ihrer intensiven Emotionen versagt wurde, die physiologischen Veränderungen über längere Zeit bestehen blieben (Hokanson u. Burgess 1962).

Der Streß, sich einem Fremden im Interview zu konfrontieren, vermag den Blutdruck zu beeinflussen. Dies zeigte ein Experiment, in dem die Vpn wechselnden Bedingungen hinsichtlich des Befragungsinhalts, der Neuartigkeit der Umgebung und der Intensität der sozialen Beeinflussung ausgesetzt waren. Die Ergebnisse lassen vermuten, daß der Ablauf der sozialen Interaktion – und vermutlich die dabei erregten Emotionen – einen gewaltigen Einfluß auf die Erhöhung des diastolischen Blutdrucks haben. Dieser Faktor war in seiner Wirkung stärker als der des neuen Milieus oder des Gesprächsinhalts (Williams et al. 1972).

Lange anhaltender Streß kann zwar zahlreiche schwere Störungen im Gefolge haben, aber aufgrund der Belastung durch Verhaltensstreß allein lassen sich die psychosomatischen Reaktionen nicht vorhersagen. Konstitutionelle Faktoren und die spezifische Natur vergangener Erlebnisse und Erfahrungen scheinen dafür mitbestimmend zu sein, ob Streß zu psychosomatischen Reaktionen führt und welcher Art diese

Reaktionen sind. In der oben erwähnten Untersuchung erwies sich, daß diejenigen Studenten, die gelernt hatten, ihren Ärger offen an die Adresse der Streßverursacher zu richten, andere physiologische Reaktionen zeigten als die Vpn, die Angst und Selbstvorwürfe in sich aufkommen ließen (Funkenstein et al. 1957). Eine Untersuchung an Mäusen lieferte ebenfalls überzeugende Beweise für die Mitbeteiligung psychologischer Faktoren bei der Krankheitsentstehung.

Mäuse wurden 3 Tage lang unter Streß gehalten, indem man ihnen Schlüsselreize für Schockerwartung und die Schocks selbst verabreichte, dann wurden sie mit Coxsackie-Virus B geimpft und 4 weitere Tage dem Streß ausgesetzt. Weder Streß allein (als Versuchsbedingung in einigen Kontrollgruppen) noch der Virus allein reichte aus, um die Tiere krank zu machen. Nur die Verbindung von psychologischem Streß und Virusinfektion führte zu Erkrankungen (Friedman et al. 1965).

In einem weiteren Mäuseexperiment wurden die Tiere zu unterschiedlichen Zeiten unterschiedlich lange starkem Lärm ausgesetzt. Dieser Streß bewirkte eine Veränderung in ihrem Immunsystem. Die Verminderung der Infektionsresistenz war begleitet von einer Erhöhung des Adrenalinspiegels. Wieder zeigte sich jedoch, daß umweltbedingter Streß die Immunreaktion sowohl erhöhen als auch vermindern konnte. Die Forschung beschäftigt sich jetzt mit der Identifizierung derjenigen Bedingungen, unter denen Streß die körperliche Widerstandsfähigkeit stärken oder die Anfälligkeit herabsetzen kann (Monjan u. Collector 1977).

Nachdem es sich einen umfassenden Überblick über alle bekannten, mit Anfälligkeit für und Widerstandsfähigkeit gegen Infektionskrankheiten in Verbindung stehenden Faktoren verschafft hatte, kam ein Ärzteteam zu dem Schluß, daß „relativ subtile psychologische und Umweltfaktoren die Anfälligkeit für zahlreiche infektiöse und parasitäre Erreger zu beeinflussen scheinen" (Friedman u. Glasgow 1966). Emotionale Faktoren wurden auch mit der Krebsentstehung in Zusammenhang gebracht (s. „Unter der Lupe", S. 465). Den meisten Ärzten ist seit langem klar, daß – auch wenn die primären Ursachen von Symptomen im physischen Bereich liegen mögen – der Behandlungserfolg dennoch durch emotionale Belastungen beeinträchtigt werden kann (Abb. 13.5).

Dem stehen die vielen Krankenberichte von „unheilbaren" Patienten gegenüber, die den festen Willen hatten, gesund zu werden und denen dies auch entgegen der Überzeugung ihres Arztes gelang. Man weiß, daß alte Menschen eher

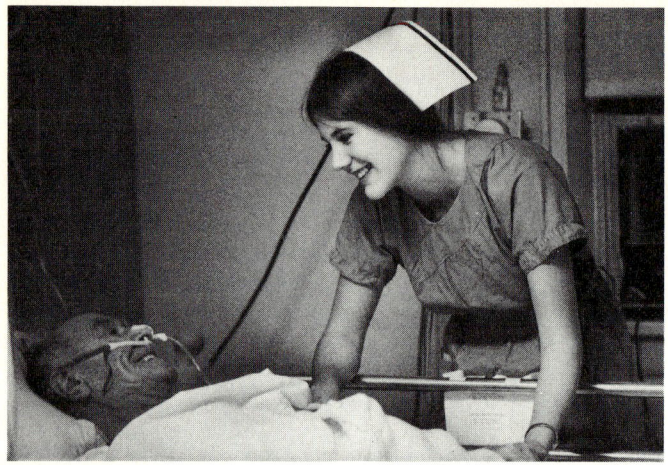

Abb. 13.5. Die menschliche Fürsorge, die ein Patient durch das Krankenhauspersonal erfährt, ist für seine Genesung oft genauso entscheidend wie die medizinische Behandlung

nach einem Feiertag oder ihrem Geburtstag sterben als vorher, und man hat dann oft den Eindruck, daß sie einfach entschlossen waren, ein bestimmtes Datum noch zu erreichen. Emotionale Faktoren spielen besonders bei solchen organischen Erkrankungen wie Tuberkulose, Herzkrankheiten, Diabetes und Epilepsie eine wichtige Rolle. Bei der Tuberkulosebehandlung z. B. muß besonders auf die Vermeidung emotionaler Erregung geachtet werden, da der Patient jede größere körperliche Anstrengung vermeiden muß und folglich auch nicht die Möglichkeit hat, emotionale Spannungen auf die natürlichste Weise abzureagieren. Gelingt es nicht, den Patienten in ausgeglichener Stimmung und bei guter Laune zu halten, wird die essentiell organische Krankheit möglicherweise durch emotionale Faktoren intensiviert.

Sehr wahrscheinlich werden mindestens ebensoviele Patienten durch den beruhigenden Zuspruch ihres Arztes wie durch verordnete Arzneien kuriert. Hausärzten wird neuerdings ausdrücklich geraten, nicht nur auf den ganzen Patienten, sondern auch auf das Gefüge sozialer und emotionaler Bedingungen seiner unmittelbaren Umwelt einzugehen. Obwohl sich jedoch in Ärztekreisen die Bedeutung der „Psyche" im Krankheitsgeschehen durchzusetzen beginnt, besteht infolge des allgemeinen Trends weg vom Hausarzt und der Allgemeinpraxis und hin zu Kliniken und Fachärzten die Gefahr, daß Kranke eher noch weniger Beachtung als ganze Persönlichkeit finden, als dies bisher der Fall war.

Der ganzheitliche Ansatz

Die Verbesserung der ökonomischen Lebensbedingungen und spezifische wissenschaftliche Fortschritte der Medizin im Bereich der Infektionskrankheiten und schweren Körperschädigungen haben in den westlichen Ländern zu einer Veränderung des Katalogs der Krankheitsbilder geführt. Besonders die Errungenschaften in der Chirurgie, im Ernährungswesen, der Hygiene und bei der Eindämmung von Epidemien ließen viele früher bestehende Krankheitsprobleme in den Hintergrund treten. Gleichzeitig aber erfolgte ein Anstieg der Herzerkrankungen, der Hypertonie, der Magengeschwüre, Angstneurosen, Dickdarmerkrankungen und der Arthritis. Die Sammelbezeichnung für alle diese Krankheitsformen, bei denen Streß und degenerative Prozesse eine Rolle spielen, lautet „Adaptationskrankheiten" oder „Zivilisationsleiden" (Dubos 1965).

Ein Vorgehen im Sinne der traditionellen Medizin ist wirkungslos, wenn man nichtspezifischen Syndromen streßbedingter Krankheit gegenübersteht. Die Medizin konnte ihre besten Erfolge da erzielen, wo sie es mit spezifischen Krankheitserregern (wie Bazillen und Viren) zu tun hatte, die ganz bestimmte Krankheitsbilder erzeugten. Als Alternative bietet sich das andere Prinzip an, nach dem der persönliche Lebensstil eines Menschen (Ernährungs-, Bewegungs- und Rauchgewohnheiten) sowie seine habituelle Reaktionsweise auf Streß zu jeder denkbar möglichen Form der Symptombildung

Unter der Lupe

Emotionen und Brustkrebs

Möglicherweise läßt sich eine Erkrankung an Brustkrebs z.T. auf vorangegangene emotionale Traumata zurückführen. Rose Kushner vom Brustkrebsberatungszentrum in Washington, D.C., gibt an, daß nach ihrer Erfahrung mit über 4000 brustkrebskranken Frauen „überwältigend" viele zuvor in ihrem Leben einen großen Verlust erlitten hatten. Diese Beobachtung erfährt Bestätigung durch eine Untersuchung, die in Westdeutschland an 8000 unter verschiedenen Arten von Krebs Leidenden durchgeführt wurde. Gewöhnlich tritt die Krankheit während einer Periode starken Stresses auf, bei dem „Verlust und Trennung" eine Rolle spielen. Laut Dr. S. Greer vom King's College, London, wäre eine Verbindung zwischen Brustkrebs und der Unterdrückung von Gefühlen wie Ärger und Verzweiflung denkbar. Auf den Gefühlsbereich wirkende Stressoren können sowohl Depression wie auch hormonale Schwankungen verursachen, und beides kann die Immunabwehr gegen Krebs beeinträchtigen.

In der Forschung geschieht wenig, um diese möglichen Zusammenhänge aufzuhellen, denn es ist äußerst schwierig, eine eindeutige Verbindung zwischen Depressionen, Hormonhaushalt und Krebs aufzuspüren. Der Krebs selbst verursacht hormonelle Veränderungen. Wie soll man also bestimmen, ob Hormonstörungen die Krankheit verursachen oder ihre Folge sind? Außerdem entwickelt sich der Krebs sehr langsam, so daß man isolierte spezifische Streßfaktoren nur schwer identifizieren kann.

Man kann aber zumindest die emotionale Vorgeschichte zusammen mit der Krankheitsgeschichte in das Krankenblatt aufnehmen und hätte damit eine bessere Datengrundlage für Spekulationen über die Zusammenhänge. Es wäre auch wünschenswert, daß sich die Forschung intensiver mit den psychologischen Vorgängen befaßt, die sich bei Frauen unter Streß abspielen. Wenn sich die Wahrscheinlichkeit, im Gefolge bestimmter Streßreaktionen an Brustkrebs zu erkranken, tatsächlich erhöht, so könnte man Frauen generell instruieren, nach Zeiten besonderer emotionaler Belastung ihre Brüste noch sorgfältiger als gewöhnlich auf mögliche Knoten abzutasten.

Obwohl man zur Zeit noch kaum über stichhaltige Schlußfolgerungen hinsichtlich eines Kausalzusammenhangs zwischen Emotionen und Brustkrebs verfügt, wird es sich zweifellos lohnen, die entsprechenden Vorsichtsmaßnahmen zu beachten: Haben Sie stärkeren emotionalen Streß erlebt, so überprüfen Sie anschließend eine ganze Zeitlang sorgfältig Ihren Körper auf Anzeichen bösartiger Veränderungen. Stellen Sie verdächtige Knoten fest, so wenden Sie sich umgehend an ihren Arzt (*Behavior Today,* 11. Oktober 1976).

---

innerhalb eines breiten Spektrums von Gesundheitsstörungen führen können. Dies ist zugleich eine neue und eine sehr alte Doktrin.

Die Auffassung, daß zwischen unserer Lebensweise und unserer Anfälligkeit für Krankheit eine enge Verbindung besteht, findet schon „klaren Ausdruck im Taoismus und in der traditionellen chinesischen Medizin, ebenso wie in den Lehren des Hippokrates, die für die westliche Medizin bis zum 19. Jahrhundert bestimmend waren" (Stoyva 1976).

Die *Ganzheitsmedizin* beinhaltet eine Neuversion dieser uralten Lehrmeinung. Sie bekämpft Krankheit durch Behandlung des ganzen Menschen – nicht nur der sichtlich betroffenen Organe – und konzentriert sich darauf, nötigenfalls die Umstellung auf eine veränderte Lebensweise anzuregen, wenn dies zur Verhütung streßbedingter Leiden erforderlich erscheint. Das kann Berufswechsel und Wegzug aus streßbelastenden Wohngebieten bedeuten wie auch die generelle Veränderung unzuträglicher Lebensgewohnheiten. Das Hauptgewicht liegt eher auf Gesundheitsvorsorge und -verbesserung als auf der Heilung schon bestehender Krankheiten.

Wenn der Körper eine Anpassungsleistung an übermäßige Anforderungen erbringen muß und seine unspezifische Reaktion in Streßsymptomen besteht, kann man diesen Fall nicht im

Sinne eines simplen Ursache-Wirkung-Mechanismus behandeln (s. „Unter der Lupe", S. 467). Die Experimentalmedizin sieht sich der Aufgabe gegenüber, die physiologischen Konsequenzen von Umweltverschmutzung, Ernährungsgewohnheiten, Bewegungsmangel, Lärm, übermäßiger Arbeitsleistung, feindseliger häuslicher Umgebung und anderer solcher allgemeinen Streßerzeuger präzise zu bestimmen. Diesen verursachenden Bedingungen stehen auf der anderen Seite die zahlreichen Krankheitserscheinungen gegenüber, von denen angenommen wird, daß sie mit Streß in Beziehung stehen: Erkrankungen der Atmungsorgane, Arthritis, Migräne, Hypertension, Arteriosklerose, Krebs u. a. Aber welche Ursache nun für welche Krankheit verantwortlich ist und wie sie wirkt, ist noch ungeklärt. Wenn man Adaptationskrankheiten als psychosomatische Störungen auffaßt, so müssen Körper *und* Psyche behandelt werden. Ferner muß man nach einem Konzept vorgehen, das flexibel genug ist, das Aufspüren konsistenter Korrelationszusammenhänge zwischen Umweltreizen und Körperreaktionen zu ermöglichen, anstatt das aktive Handeln vom Effektivitätsnachweis abhängig zu machen. Dies sind die Vorstellungen, die dem methodischen Forschungsansatz der Ganzheitsmedizin zugrundeliegen.

Streßquellen

Vieles, was wir erleben, ist in gewissem Maße belastend. Doch handelt es sich meist nicht um sehr ernste Herausforderungen, und wir können uns leicht anpassen. Nur wenn wir mit zu großem Druck auf einmal fertig werden müssen oder wenn der Druck zu lange anhält, wird Streß zum ernsten Problem. Im folgenden wollen wir uns mit einigen typischen Veränderungen befassen, die unser Leben belasten und zu bedrohlicher Streßintensität führen können. Auch als Druck empfundene Arbeitssituationen, ob sie nun durch zuviel Wechsel oder einen Mangel an Veränderung gekennzeichnet sind, können zur chronischen Streßquelle werden und viel Schaden anrichten. Wir wollen auch sie berücksichtigen.

Lebenskrisen und Gesundheit

Selbst für Krankheiten wie Krebs und Leukämie mag es zutreffen, daß frühe emotionale Erlebnisse zur Entwicklung der Krankheit beitragen. Dabei ist es eher erstaunlich, daß die Wirkung solcher Ereignisse sich erst so viele Jahre später bemerkbar macht.

In einem Untersuchungsbericht über die Vorgeschichte von Krebspatienten wurde psychisches Trauma so definiert: ... eine Erfahrung, in der „eine emotionale Beziehung zu einem Erlebnis des Schmerzes und Imstichgelassenwerdens führte". 72% von 450 Krebspatienten hatten früh in ihrem Leben eine solche Erfahrung durchgemacht (verglichen mit 10% einer aus Nichtkrebskranken bestehenden Kontrollgruppe). Man stellte die Theorie auf, daß die Krebspatienten auf diese Kindheitskrisen mit Schuldgefühlen und Selbstvorwürfen reagiert hatten. Während ihrer Jugend und im frühen Erwachsenenalter waren diese Gefühle unterdrückt, da Wünsche und Energien auf Schule, Arbeit und wichtige Beziehungen zu anderen – besonders auf den Ehepartner – ausgerichtet waren. Später jedoch, oft erst nach 40 Jahren, wenn – etwa durch den Eintritt in den Ruhestand oder den Tod des Ehegatten – eine entscheidende Lebensveränderung eintrat und der Mensch nichts finden konnte, was ihm die Quelle seiner Zufriedenheit und seines Lebenssinns ersetzte, kehrten diese Schuld- und Unzulänglichkeitsgefühle zurück. Die ersten Krebssymptome machten sich i. allg. 6–8 Jahre nach dieser zweiten Lebenskrise bemerkbar (LeShan 1966).

Wie aber mißt man eine „Lebenskrise"? Psychiater der University of Washington School of Medicine entwickelten eine Schätzskala zur Ermittlung der Anpassungsbelastung an 43 verschiedene Lebensveränderungsereignisse angenehmer wie auch unangenehmer Art (vgl. Tabelle 13.1). Das Maß ihrer Streßskala sind *Lebensveränderungseinheiten* ("life change units", LCU).

Holmes und Mitarbeiter sagen das Risiko einer ernsten Erkrankung in den nächsten 2 Jahren voraus, sofern Patienten mehr als 300 LCU-Punkte erreichen. Rechnen Sie sich Ihre LCU-Punkte aus!

In einer Untersuchungsgruppe, die fast 400 Probanden umfaßte, wurde eine konsequente Verknüpfung zwischen auf der Skala erreichten Lebensveränderungseinheiten und größeren Veränderungen im Gesundheitszustand innerhalb der gleichen Zehnjahresperiode festgestellt. Von den Vpn mit mäßigen Krisenscores hatten 37% eine solche Veränderung erlebt, während sich bei 70% der Vpn, die eine be-

Unter der Lupe

Managerstreß oder emotionale Persönlichkeit?

„,Exekutivaffen' bekommen Magengeschwüre". Dies war die Schlußfolgerung aus einer berühmt gewordenen Untersuchung im Jahre 1958, die seitdem in Presseartikeln und Psychologiebüchern oft zitiert wurde (Brady et al. 1958). Im Rahmen dieser Untersuchung wurden Affen paarweise in einer Umgebung gehalten, in der sie auf Lichtsignalreize folgende elektrische Schocks erhielten, sofern nicht einer von ihnen durch Schalterbetätigung den Schock abwandte (s. Abb.). Den Affen am Schalter bezeichnete man als „Exekutivaffen", weil ihm die ganze Verantwortung oblag. Der andere konnte gar nichts zur Situationskontrolle beitragen. Die in dieser Untersuchung als ausführende Organe eingesetzten Affen bekamen Magengeschwüre und starben schließlich, während die sich passiv verhaltenden Kontrolltiere gesund blieben. Die naheliegende Schlußfolgerung, daß „Zugzwang" Magengeschwüre verursacht, würde – wenn sie zutrifft – auf menschliche Verhältnisse übertragen, sehr einleuchtende Implikationen für die Tätigkeit im Exekutivbereich haben. Neuerdings wird sie aber sehr in Zweifel gezogen, und man vermutet, daß sie infolge eines durch die Art der Zuteilung der Versuchstiere zu den Versuchsbedingungen eingetretenen Verzerrungseffekts zustandekam. Anstatt die Affen randomisiert der „Exekutiv-" oder „Passivbedingung" zuzuweisen, wählte man für die Schalterbedienung solche Tiere aus, die sich bei dieser Form der Schockvermeidung als besonders schnell und geschickt erwiesen hatten. Die „Transusen" wurden als Kontrolltiere verwandt. Inzwischen hat man herausgefunden, daß auf Schock besonders schnell reagierende Affen von vornherein die emotional erregbarsten sind (und wahrscheinlich eine niedrige Schmerz- und Angstschwelle haben). Deshalb besteht hier ein Interaktionseffekt: Die *emotional* sensibel reagierenden ausführenden Tiere sind anfälliger für Magenulkus als die *unemotionalen* passiven Beobachter.

Als J. M. Weiss von der Rockefeller-Universität (1968, 1971) Ratten randomisiert den Exekutiv- oder Passivbedingungen zuwies, war das Ergebnis anders: Die hilflosen (passiven) Tiere waren schlechter dran, verloren mehr Gewicht, tranken weniger, koteten mehr und entwickelten mehr Magengeschwüre als die aktiven. Ist es nicht evtl. so, daß die menschlichen „Macher" ihre Magengeschwüre nicht deshalb bekommen, weil sie zu viel Verantwortung tragen müssen, sondern weil sie sich mehr zumuten, als sie bewältigen können?

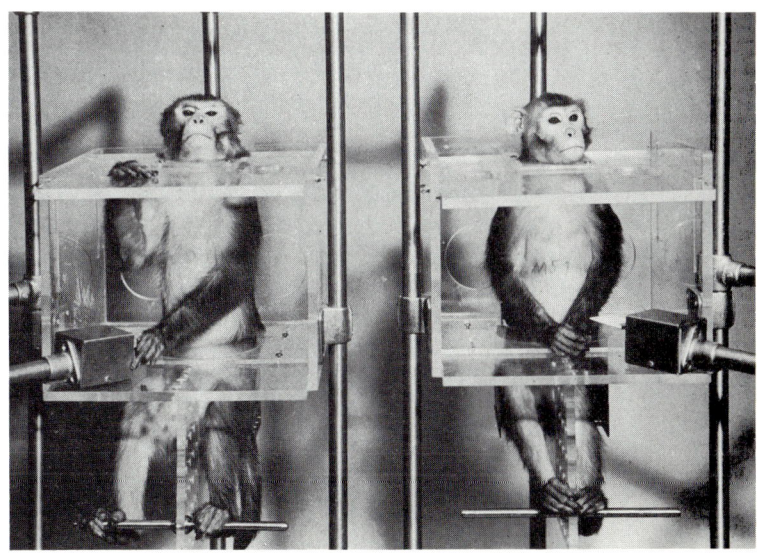

trächtliche Höhe an Krisenscores erreichten, auch der Gesundheitszustand verändert hatte. Als weiteres Ergebnis stellte sich heraus, daß für grippale Infektionen relativ unanfällige Personen nach einer großen Lebensveränderung eher für Ansteckung empfänglich waren (Rahe u. Holmes 1966).

Eine jüngere methodologische Verbesserung zur Beurteilung der Beziehung zwischen Lebensveränderungen und Krankheit stellt der *Life Experiences Survey (LES)* von Sarason u. Johnson (1976) dar, der als Erhebungsmittel die LCU-Skalen übertrifft (s. „Unter der Lupe", S. 469). Bei der Testung mit dem LES wird die Angabe von Art und Einwirkungsausmaß für jedes Ereignis zum Zeitpunkt seines Eintritts verlangt (nach dem Schema „extrem negativ" ... über „ohne Einfluß" ... bis „extrem positiv"). Damit wird zwischen positiven und negativen Veränderungen unterschieden und eine individuelle Einschätzung ermöglicht. Nunmehr kann beispielsweise der Tod eines ungeliebten, unmäßig fordernden Ehegatten, der ein schönes Erbe hinterläßt, eine positive LCU darstellen,

Tabelle 13.1. Streßrelevanz von Lebensveränderungen

Ereignisse	Punkte auf Belastungsskala	Ereignisse	Punkte auf Belastungsskala
Tod des Ehepartners	100	Schwierigkeiten mit den Schwiegereltern	29
Scheidung	73	Außergewöhnlicher persönlicher Erfolg	28
Trennung vom Ehepartner	65	Arbeitsbeginn oder -niederlegung des Ehepartners	26
Gefängnisstrafe	63	Schuleintritt oder -austritt	26
Tod eines nahestehenden Familienmitglieds	63	Veränderungen in den (äußeren) Lebensbedingungen	25
Verletzung oder Krankheit	53	Korrektur der eigenen Lebensgewohnheiten	24
Heirat	50	Ärger mit Vorgesetzten	23
Entlassung aus dem Arbeitsverhältnis	47	Veränderung der Arbeitszeit oder Arbeitsbedingungen	20
Wiederversöhnung in der Ehe	45	Wohnsitzwechsel	20
Eintritt in den Ruhestand	45	Schulwechsel	20
Veränderung im Gesundheitszustand eines Familienmitglieds	44	Veränderung, die Freizeit/Erholung betrifft	19
Schwangerschaft	40	Veränderung in kirchlichen Aktivitäten	19
Sexuelle Probleme	39	Veränderungen in gesellschaftlichen Aktivitäten	18
Neues Familienmitglied	39	Hypothek oder Darlehen unter 10000 $	17
Geschäftliche Neuorientierung	39	Veränderte Schlafgewohnheiten	16
Veränderung der finanziellen Verhältnisse	38	Mehr oder weniger Familienzusammenkünfte	15
Tod eines engen Freundes	37	Veränderte Eßgewohnheiten	15
Überwechseln in einen anderen Berufszweig	36	Urlaub	13
Mehr Streit mit dem Ehepartner	35	Weihnachten	12
Hypothek über mehr als 10000 $	31	Kleinere Gesetzesübertritte	11
Verfall von Hypothek oder Darlehen	30		
Veränderte Verantwortlichkeit im Arbeitsbereich	29		
Sohn oder Tochter verläßt das Elternhaus	29		

die weniger Einwirkung hat als der Verlust eines geliebten Partners.

Zusammenbruch der sozialen Beziehungen

Die meisten kritischen Lebensereignisse haben einen Grundzug gemeinsam: es findet eine Trennung von anderen Menschen statt. Jemand stirbt, man zieht weg, nimmt eine andere Arbeit an, steigt auf oder steigt ab – in jedem Fall entfernt man sich von früheren Gefährten.

Selbst ein so positives Ereignis wie die Eheschließung bedeutet oft Trennung, d. h. Auflösung des bestehenden Systems sozialer Beziehungen zu Freunden und Familie, und diese Tatsache führt zu der berechtigten Frage, ob denn eine Beziehung besteht zwischen dem Abbruch sozialer Beziehungen (bzw. der Isolation) und Krankheitsprozessen. Zwei Untersuchungen weisen in recht überzeugender Weise auf die Bedeutung sozialer Beziehungen für physische und psychische Gesundheit hin.

Fast 7000 Erwachsene wurden 1965 in eine Umfrage einbezogen, die ihren Gesundheitszustand, ihre die Gesundheit mitbeeinflussenden Lebensgewohnheiten sowie andere Hintergrundfaktoren und den Umfang ihrer sozialen Beziehungen erheben sollte. Über eine Zeitspanne von 9 Jahren wurde für 96% dieser ursprünglichen Stichprobe die Sterblichkeitsrate ermit-

---

Unter der Lupe

LCU und Krankheit, kritisch betrachtet

Die ausgedehnten Forschungsbemühungen von Holmes und Rahe brachten die so wesentliche Beziehung zwischen psychosozialen Faktoren und somatischer Erkrankung ins allgemeine Blickfeld (Holmes u. Masuda 1974, Rahe 1974). Wegen der theoretischen wie praktischen Implikationen ihrer Arbeit müssen wir die Ergebnisse mit einiger Vorsicht betrachten. Bei einer kritischen Bewertung sollte man besonders folgende Punkte im Auge behalten:

Methodologie

a) In vielen Untersuchungen wird die retrospektive Angabe von Lebensveränderungen mit ebenfalls rückblickenden Erinnerungsangaben über Krankheiten korreliert. Dabei kam es vor, daß Probanden über Lebensveränderungen und Erkrankungen gleichzeitig zu berichten hatten, eine Vorgehensweise, die den Zweck der Untersuchung zu deutlich werden läßt und dadurch die Antworten der Vpn möglicherweise beeinflußt. b) Wenn prädiktives Followup die abhängige Variable ist, haben 6 Monate früherliegende LCU größere Vorhersagewahrscheinlichkeit als die – in früheren Untersuchungen üblichen – 2 Jahre zurückliegenden LCU. c) Die Korrelationen sind allgemein sehr klein, werden aber statistisch signifikant bei größeren Stichproben. d) Einige der LCU-Lebensereignisse könnten auch als Prodrome der Krankheit gewertet werden, womit sie von der Vorhersagevariablen nicht unabhängig wären (z. B. Veränderung der Schlaf- und Eßgewohnheiten). e) Die klare Definierung unabhängiger und abhängiger Variablen läßt oft zu wünschen übrig. f) Die Anwendung eindimensionaler Skalen zur Darstellung eines offenbar komplexen Symptomkreises kann zu unzureichender und falscher Schlußfolgerung führen.

Theorie

a) Es werden keine spezifischen biologischen Mechanismen der Beziehung zugrunde gelegt. b) Das LCU-Maß läßt sich eher als Prädiktor für „Verhalten, das Behandlung sucht", als für echte Krankheit auffassen. c) „Keine Veränderung" mag als stressend empfunden werden, wenn Veränderung erwartet wurde, wie im Falle des Nichteintretens einer erwarteten Beförderung oder eines zurückgewiesenen Heiratsantrags. d) Es fehlt der größere Kontext der stattfindenden Veränderungen, z. B. was die sozialen Beziehungen, die Fähigkeit zum Umgang mit Streß oder bewährte, allgemein übliche Methoden der Veränderungsanpassung anbelangt. e) Die Unterschiede hinsichtlich individuell als positiv oder negativ interpretierter Veränderungen und nachfolgenden reaktiven Erkrankungen bedürfen der Begründung. f) Vielleicht bedeuten LCU und Krankheit Einbußen an engen sozialen Kontakten, und dies ist der entscheidende vermittelnde Prozeß (Cohen 1975, Rabkin u. Streuning 1976).

---

telt. Für jeden einzelnen wurde ein *Index sozialer Beziehungen* errechnet, der sich aus der Anzahl und dem relativen Bedeutungswert seiner sozialen Kontakte ergab. Es zeigt sich eine signifikante Korrelation zwischen dem Index sozialen Beziehungsverlusts und der allgemeinen Sterblichkeitsrate ebenso wie mit jedem spezifischen Todesfall. In jeder Altersgruppe und für beide Geschlechter war die Sterblichkeit bei Personen mit wenigen sozialen Kontakten größer als bei solchen mit vielen. Dieser Effekt zeigte sich unabhängig vom Gesundheitszustand bei Untersuchungsbeginn sowie vom sozioökonomischen Status. Gesellschaftlich isolierte Menschen zeigten ferner eine größere Tendenz zu gesundheitsabträglichen Gewohnheiten (Rauchen, Trinken, unmäßiges oder unregelmäßiges Essen, unzulänglicher Schlaf usw.). Nichtsdestoweniger liefert das Ausmaß sozialer Beziehungen einen sichereren Vorhersagewert für die Sterblichkeit als jede einzelne dieser gesundheitsschädigenden Einzelgewohnheiten oder sogar als alle zusammen. Demnach läßt sich eine Mortalitätsvoraussage eher aufgrund der Kenntnis vom Isoliertsein oder der sozialen Integration eines Menschen geben als vom Wissen um seine Rauchgewohnheiten her, und das, obwohl Rauchen ohne Zweifel ein Sterblichkeitsfaktor ist. Die Daten rechtfertigen die Schlußfolgerung des Untersuchungsteams, daß "soziale Kontakte und Bindungen an das Gemeinwesen Faktoren sind, die den weiteren Gesundheitszustand eines Menschen entscheidend mitbestimmen" (Berkman 1977).

In dem zweiten groß angelegten Forschungsprojekt wurde die Beziehung zwischen psychischem Kummer und dem sozialen Charakter der im Laufe zweier Jahre eintretenden Lebensveränderungen untersucht. Thoits (1978) differenzierte dabei zwischen isolierenden Ereignissen (Todesfälle, Scheidung, Auszug der Kinder aus dem Elternhaus, Arbeitslosigkeit, Unterbringung in Heim oder Anstalt usw.) und *Integrationsereignissen* (Heirat, Wiederversöhnung, Geburt, Rückkehr eines Kindes, Arbeits- oder Schulbeginn etc.). Weiter untersuchte man die Lebensereignisse unter dem Gesichtspunkt des Zuwachses oder der Abnahme an Prestige. Kummer wurde anhand einer Skala für mitgeteilte psychophysiologische Symptome bewertet (Nervosität, Gewichtsverlust, Erschöpfung, Schlaflosigkeit usw.).

In allen untersuchten Gruppen führten isolierende und prestigemindernde Ereignisse zu erhöhtem Kummerniveau. Für verheiratete Männer wurde eine Abnahme des Kummers durch Integrationsereignisse beobachtet, obwohl diese ja hohe LCU-Werte haben; für verheiratete Frauen dagegen ließ sich ein solcher Effekt nicht nachweisen. Auch ist der Wirkungsgrad jeden einzelnen isolierenden Erlebnisses, gemessen nach der Kummerskala, für alleinstehende Männer größer als für solche, die in ein System sozialer Beziehungen eingegliedert sind. Der kummerreduzierende Effekt von Integrationsereignissen ist allerdings bei isoliert lebenden Männern auch größer als bei anderen. Somit wirken sich Lebensveränderungen auf in der sozialen Gemeinschaft integrierte Männer weniger heftig aus als auf isoliert lebende. (Bei Frauen sind diese Auswirkungen komplizierterer Natur und weniger einheitlich.)

Die "romantische Vorstellung", man brauche die Wärme menschlicher Beziehungen, um überleben zu können, erhält durch derartige Forschungsergebnisse ein solides empirisches Fundament.

Berufsstreß

Im Lebensalltag der meisten Menschen nimmt die berufliche Arbeit mehr Raum ein als jede andere Tätigkeit. Wenn man bestimmte Formen der Arbeit als streßverursachend bestimmen kann, heißt das, daß Anpassung an die Anforderungen des Berufs teuer zu stehen kommen oder sogar tödlich sein mögen. Was aber macht eine Arbeitstätigkeit zur Streßquelle? Welche Merkmale weisen eine Beschäftigung als Gesundheitsrisiko aus? Wie läßt sich beweisen, daß gewisse Berufe wirklich streßerzeugend sind?

Berufsstreß läßt sich definieren als "Bedingung, in der die Wechselbeziehung zwischen einem Faktor oder einer Kombination von Faktoren des Arbeitsbereichs und dem Arbeitenden selbst zur Zerstörung der psychologischen oder physiologischen Homöostase des letzteren führen" (Margolis u. Kroes 1974). Das Auftreten von Streß im Arbeitsbereich ist dann wahrscheinlich, wenn die Übereinstimmung zwischen der Person des Arbeitenden und seiner Umgebung sehr zu wünschen übrig läßt: wenn die Arbeitsanforderungen die eigene Leistungsfähigkeit überschreiten oder wenn die Arbeit so wenig Reize bietet, daß die Tätigkeit als frustrierend empfunden wird (Reizdefizit).

Überlastung kann sich entwickeln, wenn einem zu viele und zu widersprüchliche Definitionen hinsichtlich der Erwartungen an die eigene Rolle aufgedrängt werden: "Wir lassen uns hier nicht verrückt machen, also spielen Sie bloß nicht den Streber – aber schauen Sie ja zu, daß Sie was leisten und die Produktionsnorm überschreiten!" Unsicherheit über Leistungskriterien, über das, was von einem erwartet wird, Unklarheit hinsichtlich der Arbeitsausführung selbst oder der Art und Weise, in der man mit Kollegen und Vorgesetzten umgehen soll, all dies trägt zum Arbeitsstreß bei.

Leitenden Angestellten bestimmter Abteilungen eines Großunternehmens wurde ein neues Entscheidungssystem aufgezwungen, das die Organisation verbessern sollte, sich aber in der Praxis als völlig nutzlos erwies. Die Frustration der Manager über diese neue

Arbeitsstruktur schlug sich nicht nur in einem Umsatzrückgang und in betriebsinternem Kleinkrieg nieder, sondern führte auch zu einer Vielzahl psychosomatischer Beschwerden (Ruma 1975).

In einer anderen Untersuchung konnte nachgewiesen werden, daß sich die Umstellung eines Betriebs von monatlicher Gehaltszahlung auf das größere Anforderungen stellende System einer wöchentlichen Entlohnung nach Stückzahlen bei den Arbeiterinnen in negativen psychologischen Reaktionen und nachfolgender Veränderung des Gesundheitszustands auswirkte. Die Arbeiterinnen verdienten zwar jetzt mehr, und ihre Produktionsrate stieg um 113% an, aber sie klagten über Streß und Müdigkeit, und ein starker Anstieg der Streßhormone konnte festgestellt werden (Levi 1972).

Überforderung im Arbeitsbereich führt zu mindestens neun verschiedenen Arten psychologischer und physiologischer Belastungserscheinungen, wie dies in zahlreichen Untersuchungen aufgezeigt werden konnte (French u. Caplan 1971). Diese Überbeanspruchung steht in engem Zusammenhang mit Unzufriedenheit, Erhöhung des Cholesterinspiegels, Pulsbeschleunigung und übermäßigem Rauchen – sämtlich Risikofaktoren für Herzleiden. Es zeigte sich weiter, daß überforderte Arbeitskräfte ihre Kenntnisse oder ihre intellektuellen, administrativen und Führungsfähigkeiten nicht mehr voll einsetzten. Angestellte in dieser Situation fassen ihre Arbeit – bewußt oder unbewußt – als Bedrohung ihrer geistigen und körperlichen Gesundheit auf.

Sogar ausgesprochene Glanzkarrieren wie die Diplomatenlaufbahn weisen Streßfaktoren auf. Ein in der US-Botschaft in Moskau tätiger Arzt berichtet, daß eine Akkreditierung in Moskau von den meisten Diplomaten mit ungewöhnlich hohem psychischem Streß assoziiert wird. Für viele Diplomaten stellt dieser Posten die wichtigste Stufe in ihrer Karriere dar, er ist aber zugleich mit einem besonders hohen Maß an Beschränkungen und Überwachung verbunden. Außerdem bedeutet er für die meisten eine lange Trennung von der Familie. Die Konsequenzen sind bei vielen Magengeschwüre, Schlaflosigkeit, Kolitis, Angstzustände, sexuelle Probleme oder „Nervenzusammenbrüche" (Osnos 1977).

Sexuelle Impotenz kann auch als streßbedingte Folge des spannungsreichen Polizeidienstes auftreten. Ein psychologischer Berater von Justizbeamten führt aus: „Ich habe viele Männer gesehen, die nach ungefähr 5jähriger Tätigkeit im Justizvollzugsdienst impotent wurden". Als Streßursachen sieht er die unregelmäßigen Arbeitszeiten sowie die während des Dienstes erlebte Gewalttätigkeit und Verkommenheit an (*San Francisco Examiner & Chronicle*, 17. Oktober 1976). (Über andere Auswirkungen streßgeladener Tätigkeiten s. „Unter der Lupe", S. 473)

Falls andererseits die Überforderung Sie nicht kleinkriegen kann – vielleicht könnte es die Unterforderung. Die Menschen werden durch ihre Arbeit zwar nicht zu Tode gelangweilt, aber sie können „vor Langeweile krank werden". Wissenschaftler des Institute for Social Research der University of Michigan fanden heraus, daß langweilige Jobs die Gesundheit am stärksten belasten (Caplan et al. 1975).

Diese Untersuchung bezog über 2000 Männer aus 23 verschiedenen Berufen ein und ergab, daß die allgemeinen Arbeitsbedingungen (Arbeitszeit, Arbeitsmenge) weniger Einfluß auf Unzufriedenheit im Beschäftigungsverhältnis hatten als persönliche Faktoren wie Gelegenheit zum Einsatz seines Könnens und zur Teilnahme an Entscheidungen. Mit zunehmender Unzufriedenheit im Arbeitsverhältnis steigen Angst, Depression, Reizbarkeit und psychosomatischer Erkrankungen. Fließbandarbeiter haben zwar einen langweiligen Job, brauchen aber – nicht sehr lange Arbeitszeiten – auch keine Überstunden zu machen, benötigen nicht viel Konzentration und tragen wenig Verantwortung. Sie sind mit ihrer Arbeit am unzufriedensten und zeigen die stärksten streßbedingten Störungen. Im Gegensatz dazu sind Hausärzte, die die höchste Zahl an wöchentlichen Arbeitsstunden zusammenbringen (durchschnittlich 55), viel von ihrer Freizeit opfern sowie geistige Konzentration aufbringen und persönliche Verantwortung tragen müssen, die zufriedenste Berufsgruppe. Sie haben auch die wenigsten körperlichen Beschwerden oder anderen Streßerscheinungen. Die Tabelle in Abb. 13.6 weist für 15 der untersuchten Berufe das Niveau der Langeweile aus.

Vielleicht ist es aber noch schlimmer, keine Beschäftigung zu finden, wenn man arbeiten möchte, als einen stressigen Job zu haben. Wenn man Gesundheitsstatistiken der USA mit Wirtschaftsperioden über eine Zeitspanne von 127 Jahren hinweg in Beziehung setzt, läßt sich daraus ablesen, daß jeweils 2–4 Jahre nach wirtschaftlichen Depressionen die Sterblichkeitsrate anstieg (Brenner 1973). Diese Untersuchungsergebnisse unterstreichen die Bedeutung politischer, ökonomischer und sozialer Zusammenhänge für das individuelle Befinden.

Abb. 13.6. Im Zuge von Meinungsumfragen gaben 2010 Arbeitnehmer eine Einschätzung des Langweiligkeitsgrades ihrer Tätigkeit ab. Je höher der Skalenwert, um so eintöniger die Arbeit, wobei 100 als „mittlerer Langweiligkeitsgrad" galt. (Nach Caplan et al. 1975)

Skala der Langeweile	Skalenwert
Fließbandarbeiter (Arbeitstempo durch Maschine bestimmt)	207
Gabelstaplerfahrer	170
Montierer (selbstbestimmtes Arbeitstempo)	160
Laufbandüberwacher	122
Buchhalter	107
Ingenieur	100
Computerprogrammierer	96
Elektroniktechniker	87
Aufsichtsangestellter	72
Wissenschaftler	66
Verwaltungsangestellter	66
Polizeibeamter	63
Flugkontrollbeamter (Großflughafen)	59
Professor	49
Praktischer Arzt	48

Ineffektive Versuche der Bewältigung

Bestimmend für den Ablauf des menschlichen Lebens sind der genetische Code, die Art der Umweltanpassung und die Fähigkeit, Alternativen zu erkennen und zwischen ihnen auszuwählen. Indem wir von dieser Wahlmöglichkeit zwischen Alternativen des Handelns aktiv Gebrauch machen, können wir die tiefgreifendsten Veränderungen – zum Guten wie zum Schlechten – in der Form unserer Adaptation an Umweltanforderungen bewirken. In diesem Abschnitt wollen wir uns 2 Arten ineffektiven Bewältigungsverhaltens anschauen.

Verhalten, das Koronaranfälligkeit begünstigt

Man hat erkannt, daß ein bestimmter Stil des Bewältigungsverhaltens die Entstehung von Herzerkrankungen begünstigt. Wie Ärzte beobachten können, sind besonders die ständig unter Druck stehenden „Macher" unter den Geschäftsleuten anfällig für Herzinfarkte. In einem Untersuchungsbericht wird festgestellt, daß solche Männer 7mal so häufig von Koronarerkrankungen betroffen sind wie die Allgemeinbevölkerung, und man hat zahlreiche kognitive Faktoren ermittelt, die für diesen Personenkreis als typisch anzusehen sind. Dazu gehören: das Gefühl, unter Zeitdruck zu stehen und unerbittlichen Anforderungen der Außenwelt begegnen zu müssen; intensiver Drang nach Leistung und Wettbewerb; die Tendenz, sehr schnell ungeduldig zu werden; kurzangebundene Sprechweise und abrupte Gestik; Neigung zu Exzessen und Feindseligkeit sowie Verhaltensweisen, die von zwanghafter Aktivität gekennzeichnet sind und die aufrechterhalten werden, um eine mögliche drohende Schädigung abzuwenden (Jenkins et al. 1967, Friedman u. Rosenman 1974, Jenkins 1976). Dieses für Koronarerkrankungen anfälligmachende Verhalten wurde mit dem Ausdruck „Typ A" belegt. Es sollte noch einmal hervorgehoben werden, daß es sich hierbei nicht um Streß handelt, sondern um eine bestimmte typische Art, mit belastenden Umständen fertig zu werden.

Zum Vergleich zwischen Typ-A- und Typ-B-Personen, d.h. Menschen ohne erkennbare, herzschädigende Verhaltensweisen, verwandte man ein Aufgabe, bei der es um die Reaktionszeit ging. Bei den

Unter der Lupe

Spannung im Kontrollturm

Die Angestellten im Flugkontrolldienst des O'Hare-Flughafens von Chicago tragen die Verantwortung für jährlich 37 Mio. Fluggäste. Es finden ca. 666560 Starts und Landungen statt, d. h. alle 20 s eine. Die geringste Unterbrechung der ständigen Wachsamkeit, der kleinste Fehler bei der Instruktionserteilung oder ein vergessener Knopfdruck kann zu einer Luftkatastrophe führen. Dieser Intensivstreß ist mit Frontkampfstrapazen vergleichbar und wird „Kollisionitis" genannt.

Nach eigenen Schätzungen der Fluglotsen gibt es täglich 2 oder 3 Beinahefehlanflüge, die vermieden werden könnten, wäre es möglich, den FAA-Bestimmungen zu folgen. Diese Anweisungen sehen einen Mindestabstand zwischen landenden Flugzeugen vor: 5 Meilen für große Düsenmaschinen und 3 Meilen für Flugzeuge normaler Größe. In der Praxis kann das Kontrollpersonal diese Anweisungen einfach nicht strikt befolgen, weil das Verkehrsvolumen zu groß ist. Die als Minimum vorgeschriebenen Abstände werden in der Praxis zum Maximum. Wenn sie während Verkehrsspitzenzeiten 220 Starts und Landungen pro Stunde abwickelten, wurden die Männer auf dem Kontrollturm von ihren Vorgesetzten belobigt. Sie erhielten Lob für die Verletzung der Sicherheitsnormen! Zu dem Streß durch Überforderung bei der Überwachungstätigkeit kam die Verwirrung hinsichtlich der eigenen Rolle noch hinzu.

Ein Vergleich der Unterlagen des ärztlichen Überwachungsdienstes für 4000 Fluglotsen mit denen von 8000 Angestellten im Flugdienst erbrachte bestürzende Ergebnisse. Die Kontrollbeamten hatten 2mal soviel überhöhten Blutdruck, und dies in einem jüngeren Alter als die Flieger. Außerdem hatten doppelt soviele Magengeschwüre. Auf den stärkstfrequentierten Flughäfen waren auch diese psychosomatischen Krankheiten sowie Angst, Schlaflosigkeit und Depression unter dem Kontrollpersonal am stärksten verbreitet. Und O'Hare ist der verkehrsreichste Flughafen von allen (Martindale 1976).

Instruktionen wurde besonders betont, daß es auf schnelle und exakte Ausführung ankomme. Bei den Typ-A-Probanden zeigte sich ein stärkerer Anstieg der Pulsfrequenz und des systolischen Blutdrucks, was die Vermutung nahelegt, daß sie generell auf den Druck der Ereignisse, die ihr tagtägliches Leben mit sich bringt, mit höherer Erregung des Sympathikus reagieren als Typ-B-Menschen (Dembroski et al. 1977).

Setzt man Collegestudenten experimentellen Streßbedingungen aus, so läßt sich beobachten, daß ihre Vorliebe, in dieser Situation lieber allein oder lieber in der Gesellschaft anderer zu sein, mit ihrem herzgefährdenden Verhalten in Verbindung steht (Dembroski u. MacDougall 1978). Während des *Wartens* auf den vermutlich bevorstehenden Streß, zeigten Typ-A-Probanden wesentlich mehr als Typ-B-Personen die Tendenz, sich der Gesellschaft anderer anzuschließen. Dies ändert sich jedoch völlig, sobald der Zeitpunkt des aktiven Handelns gekommen ist. In schwierigen Situationen zogen Typ-A-Personen weitaus häufiger vor, *allein* vorzugehen als ihre Typ-B-Kollegen. In anderen Korrelationsstudien gaben Herzpatienten häufiger als die zugehörigen Kontrollpersonen an, unter Druck lieber allein zu arbeiten. Wahrscheinlich lassen sich für die Vorliebe des A-Typs, unter Druck allein zu arbeiten, viele Gründe anführen, sicher ist jedenfalls, daß sie sich dadurch selbst des so wertvollen sozialen Austauschs berauben. Vielleicht wäre es möglich, sie so umzuerziehen, daß sie im Kollegenkreis ihre Wettbewerbshaltung aufgeben und statt dessen zum gegenseitigen und gemeinsamen Nutzen mit anderen zusammenarbeiten. Der unzweckmäßige Stil ihres Bewältigungsverhaltens ist erlernt und sollte sich durch Umlernen modifizieren lassen. Das Erlernen neuer Verhaltensweisen kann für viele „Draufgänger" bedeuten, daß sie einige Jahre länger „marschieren" können, wenn auch in einem etwas langsameren Tempo (Glass 1977).

Das Koronarerkrankungen begünstigende Verhaltensmuster ist unter Männern mehr verbreitet als unter Frauen. „Konkurrenzhaltung", „Aggressivität" und „Ungeduld" könnte man fast als Begriffe bezeichnen, die für geschlechtsspezifische Eigenschaften des amerikanischen Mannes stehen. Die Typ-A-Beschreibungen beziehen sich tatsächlich ausschließlich auf Männer. Aus der Forschung wissen wir jedoch, daß auch manche Frauen Typ-A-Verhaltensweisen zeigen. Unter den Berufstätigen gehören zwar mehr Männer als Frauen dieser Kategorie an, betrachtet man jedoch die Frauen allein, so zeigt sich, daß mehr Berufstätige als Hausfrauen zum A-Typ gehören.

Werden die A-Typen nun durch die besonderen Züge ihrer Persönlichkeit in gesellschaftliche und Arbeitsbedingungen des Wettbewerbs und Konkurrenzkampfes hineingetrieben, oder ist es umgekehrt so, daß das Leben unter solchen Bedingungen Verhaltensmuster fördert, die für Herzerkrankungen anfällig machen? Nach den bis jetzt verfügbaren Untersuchungsergebnissen muß kultureller und sozioökonomischer Druck dafür verantwortlich gemacht werden. So tritt das Typ-A-Verhalten beispielsweise in nichtindustriellen Gesellschaften sehr viel seltener auf. In einem kritischen Überblick über die relevanten Forschungsergebnisse gelangt der Autor zu der Schlußfolgerung, daß der soziale Druck der auferlegten Rolle, dem sich Männer in unserer Gesellschaft nicht entziehen können, sie zur Entwicklung eines Verhaltensmusters treibt, das die Entstehung von Koronarerkrankungen begünstigt und zu ihrem erhöhten Gesundheitsrisiko beiträgt (vgl. Waldron 1976). (s. „Unter der Lupe", S. 475)

Koronarerkrankungen sind bei Männern des A-Typs unter 50 doppelt soviel verbreitet wie bei Frauen des gleichen Typs vor der Menopause. Die B-Typen beiderlei Geschlechts sind gleichermaßen wenig von diesen Krankheitsformen betroffen. Daraus könnte man ableiten, daß Männer mit einem weniger auf Konkurrenzkampf und hektische Betriebsamkeit abgestellten Lebensstil diesen Krankheiten mit der gleichen Wahrscheinlichkeit entgehen können wie Frauen des B-Typs; ihre Gefährdung ist sogar um das 3fache geringer als die für Frauen des A-Typs. Unzweckmäßiges Bewältigungsverhalten darf deshalb nicht als durch die Geschlechtszugehörigkeit determinierte unabänderliche Voraussetzung angesehen werden. Es ist die Entscheidung für ein Leben unter Druck, die auch über die damit verbundene Verhaltenskonsequenzen mitbestimmt, die sich dann so nachteilig auf Lebensqualität und Gesundheitszustand auswirken.

Suizidverhalten

Ist der Streß chronisch geworden oder hat man einen geliebten Menschen verloren, eine starke Einbuße seines Selbstwertgefühls erfahren müssen und kommt an den Punkt, an dem man auch nicht mehr an eine „bessere Zukunft" glauben kann, dann rückt der Selbstmord als Alternativstrategie der Adaptation in den Bereich der Möglichkeit. Jeder einzelne von uns durchlebt sicherlich einmal eine Zeit, in der er das Gefühl hat, das Leben sei es einfach nicht wert, soviel Schmerz und Pein in Kauf zu nehmen. Vielleicht ist uns gerade der Vater, die Mutter oder der beste Freund gestorben; vielleicht sind wir in der Liebe enttäuscht worden, haben ein Examen verpatzt oder haben den Arbeitsplatz verloren.

Unter der Lupe

Warum leben Frauen länger als Männer?

Frauen leben länger als Männer. Heutzutage hat eine Frau in den USA eine Lebenserwartung von 75 Jahren. 1920 noch hätte sie lediglich 56 Lebensjahre erwarten können. Andererseits hätte ein zu dieser Zeit geborener Junge damit rechnen können, daß seine Lebenserwartung nur um 2 Jahre unter der seiner Schwester lag, während sich dieser Unterschied heute zuungunsten des Mannes vergrößert hat: die männliche Lebenserwartung ist jetzt um 8 Jahre niedriger als die der Frau. Nach statistischen Prognosen wird sich dieser Abstand in der Zukunft noch vergrößern.

Was ist es, das die Männer so viel eher dahinrafft? Arteriosklerotisch bedingte Herzleiden spielen bei der für Männer um 60% höherliegenden Sterblichkeitsziffer eine große Rolle. Das Risiko, sich Herzleiden zuzuziehen, ist für Männer deshalb höher, weil sie mehr Zigaretten rauchen als Frauen und weil sie mehr dazu neigen, herzgefährdende Verhaltensmuster zu entwickeln. Auch der Suizid ist bei Männern häufiger als bei Frauen. Sie sind öfter in tödliche Autounfälle verwickelt, und auch andere Unfälle stoßen ihnen häufiger zu. Ferner sterben mehr Männer als Frauen an Leberzirrhose, Krebs der Atmungsorgane und Emphysem. Nur 4 der in den USA häufigsten Todesursachen betreffen Frauen in höherem Maße als Männer: Brust- und Genitalkrebs, Diabetes und Schlaganfälle. 1975 betrug die Todesrate für Männer (bezogen auf je 100000 Einwohner) 1013; die für Frauen lag bei nur 770 (U.S. Bureau of the Census 1977).

Die Analyse der Todesursachen, die am meisten zur Unterschiedlichkeit der Sterblichkeitsrate bei Männern und Frauen beitrugen, weist darauf hin, daß nicht genetische Faktoren, sondern Faktoren des Verhaltens verantwortlich zu machen sind. Eine von der Biologin I. Waldron (1976) durchgeführte Analyse läßt sie zu der Schlußfolgerung kommen, daß „jede dieser Todesursachen mit solchen Verhaltensweisen in Verbindung steht, die eher bei Männern als bei Frauen gefördert und akzeptiert werden: der Gebrauch von Waffen, das Trinken und Rauchen, das Ausüben gefährlicher Berufe und so zu tun, als kenne man keine Angst. Auf diese Weise tragen die Verhaltensweisen der Männer in unserer Gesellschaft viel dazu bei, ihre Sterblichkeitsziffer zu erhöhen".

Das Gefühl der „totalen Hoffnungslosigkeit" und der vorübergehende Impuls, einfach Schluß zu machen, mögen in solchen Momenten noch so stark sein und noch so „angemessen" erscheinen – die meisten Menschen fangen sich wieder. Es ist wie Nietzsche sagte: Der Gedanke an Selbstmord ist sehr tröstlich. Er hilft uns so manche schlechte Nacht zu durchstehen.

Tragischerweise bedeutet die Selbstzerstörung aber für einige tausend Menschen täglich sehr viel mehr als einen vorübergehenden Impuls; er stellt die letzte Realität des Lebens dar. Laut Berichten der World Health Organization nehmen sich jährlich fast eine halbe Million Menschen das Leben. Diese Statistik sollte uns um so mehr zu denken geben, wenn wir uns klarmachen, daß den vollzogenen Suiziden ebensoviele mißlungene Selbstmordversuche zugeordnet werden müssen. Der Suizid stellt in den USA und den 10 bedeutendsten Industrienationen der Welt derzeit die siebthäufigste Todesursache dar. Was sind die Gründe, und welche Art von Menschen verbergen sich hinter diesen Statistiken? Was wissen wir über das menschliche Element in dieser Gleichung über Leben und Tod? (Siehe „Unter der Lupe".)

Am kürzesten und prägnantesten wird Suizid gemäß der Selbstmord*absicht* und dem Ausgang eines Selbstmordversuchs definiert: „Echte" Selbstmörder sind Leute, die sich umbringen

---

Unter der Lupe

Suizid bei Collegestudenten

In den USA unternehmen jährlich 10000 Studenten einen Selbstmordversuch, und mehr als 1000 Versuche gelingen. Suizidales Verhalten erreicht seine Spitzenwerte zu Anfang und Ende der 4 jährlichen Schulabschnitte bzw. der Semester. Zwar unternehmen schätzungsweise 3mal soviel Studentinnen wie Studenten einen Selbstmordversuch, aber auch hier – wie in der Gesamtbevölkerung – sind die Männer erfolgreicher darin, sich ums Leben zu bringen.

Beim Selbstmordversuch eines Studenten wird immer zunächst vermutet, er habe Schwierigkeiten mit seinem Studium. Dabei treten Suizidtendenzen gerade bei der Gruppe der besonders befähigten Studenten vermehrt auf. Diese Personen neigen zwar dazu, hinsichtlich akademischer Leistung sehr viel von sich selbst zu erwarten und ihr Studium sehr ernst zu nehmen, doch als zur Katastrophe führende Streßfaktoren spielen das Anstreben eines akademischen Grades, der Wettbewerb im Studienbereich und Examensdruck in der Regel *keine* entscheidende Rolle. Selbst wenn – in seltenen Fällen – akademisches Versagen ein Suizidverhalten auslöst, sieht man die eigentliche Ursache dieses Verhaltens eher in der Minderung des Selbstwertgefühls und dem Gefühl, elterliche Erwartungen enttäuscht zu haben, als in

dem Versagen selbst. Der Streß, der die meisten suizidalen Studenten zum Kurzschluß treibt, ist das Versagen, eine enge persönliche Beziehung herzustellen oder der Verlust einer solchen Beziehung. Einsamkeit ist tödlich.

Als Warnzeichen sollte eine auffallende Veränderung in der Stimmung und im Verhalten eines Studenten beachtet werden. Typischerweise geht dem Selbstmordversuch ein Verhalten voraus, das durch Regressivität, Zurückgezogenheit, angeschlagenes Selbstbewußtsein und Vernachlässigung der Körperpflege gekennzeichnet ist. Dazu kommt, daß die Selbstmordgefährdeten jegliches Interesse an ihrem Studium verlieren. Oft besuchen sie überhaupt keine Vorlesungen mehr und bleiben den ganzen Tag in ihrem Zimmer. Im allgemeinen machen sie den Versuch, mit mindestens einem Menschen über ihren Kummer zu sprechen und bringen in diesem Gespräch wenigstens in versteckter Form die Selbstmorddrohung zum Ausdruck. Viele hinterlassen Abschiedsbriefe.

Obwohl in den meisten Colleges und Universitäten im Rahmen des Gesundheitsberatungsdienstes Hilfen für seelische Probleme angeboten werden, machen suizidgefährdete Studenten nur in seltenen Fällen von professioneller Beratung Gebrauch. Darum ist es von größter Wichtigkeit, daß alle Menschen im näheren Umfeld eines Suizidgefährdeten die Warnzeichen bemerken und Hilfe mobilisieren (Coleman 1976)

---

wollen und dies auch tun. Über den Ausgang läßt sich nicht streiten: Entweder überlebt der Selbstmörder oder er stirbt, aber mit der Bestimmung der Absicht ist es nicht so einfach. In einigen Fällen liegt die tödliche Absicht klar auf der Hand, etwa wenn jemand von einem sehr hohen Gebäude springt oder sich eine Kugel durchs Gehirn schießt. Wenn dagegen jemand ein paar Schlaftabletten mehr nimmt und gleich darauf Freunde anruft, um sie über seine Tat zu informieren, oder wenn sich jemand dann die Handgelenke anritzt, wenn er schon den Wagen des Ehepartners in die Garage einfahren hört, scheint der Versuch nicht ganz so ernst gemeint. Psychologische Bemühungen, das Selbstmordgeschehen direkt zu untersuchen, müssen sich zwangsläufig auf die Rekonstruktion gelungener Suizidversuche beschränken. Deshalb versucht man, durch Konzentration auf Leute, denen der Selbstmordversuch – beabsichtigter- oder unbeabsichtigterweise – mißlungen ist, Aufschluß über die Vorgeschichte und die zum Suizid führenden psychosozialen Triebkräfte zu erlangen. Tatsächlich können wir durch diese Vorgehensweise viel erfahren, was unser Verständnis für die Hintergründe der Lebensflucht erweitert.

Wann ist das Leben nicht mehr lebenswert?

Zum Suizid tendierende Menschen leiden oft unter einer erdrückenden Kombination von Hoffnungs- und Hilflosigkeit, dem Gefühl der Verzweiflung, daß nichts mehr geht und niemand da ist, der etwas tun könnte. Zweifellos spielt Depression beim Selbstmordversuch eine entscheidende Rolle.

Eine Untersuchung an 384 verhinderten Selbstmördern liefert den Hinweis auf das Gefühl der Hoffnungslosigkeit als die Haupttriebkraft im suizidalen Verhalten. Die nach ihrem Selbstmordversuch in stationäre Behandlung gebrachten Personen wurden in den ersten 48 h nach ihrer Einlieferung je 2mal einer psychologischen Einzelbefragung unterzogen. In diesen Gesprächen bestätigte sich die Bedeutung der Hoffnungslosigkeit insofern, als sie zu negativen Erwartungen hinsichtlich der Erreichbarkeit jedweden für den einzelnen wichtigen Zieles führt. Wenn die daraus resultierende Depression überhand nimmt, erscheint Selbstmord als die einzige Alternative (Beck et al. 1975). The-

rapeutische Bemühungen müßten folglich darauf ausgerichtet sein, durch Wiederbelebung des Gefühls der Kompetenz die Hoffnungslosigkeit abzubauen. Die Erforschung des Syndroms der erlernten Hilflosigkeit bringt uns der Erkenntnis der Ursachen näher und läßt uns hoffen, auch für Menschen, die so depressiv sind, daß sie das Leben nicht mehr lebenswert finden, eine wirksame Therapie zu finden.

Beverly Howze von der Universität von Michigan fand heraus, daß bei schwarzen Jugendlichen „ein alarmierendes Verhaltensmuster der Abwendung und Selbstzerstörungstendenz" zu einem erheblichen Anstieg der Zahl der Suizide führte. Aufgrund der Ergebnisse ihrer Untersuchung, in die sie 341 Detroiter Teenager einbezog, macht sie dafür in hohem Maße die Entfremdung verantwortlich, die schwarze Jugendliche der Unterschicht in der Gemeinde, der Schule und dem Kreis ihrer Altersgenossen erfahren (*Behavior Today,* 10. Juli 1978).

Jegliche plötzliche und drastische Veränderung, die einem Menschen das Fundament seiner Sicherheit zerstört und ihn der Erfahrungsgrundlage einer Vorhersehbarkeit der Dinge beraubt, erhöht seine Anfälligkeit für Selbstmordgedanken. Rasche gesellschaftliche und ökonomische Veränderungen, der unerwartet eintretende Verlust eines nahestehenden Menschen oder Leiden an der Ungerechtigkeit des Lebens bei gleichzeitigem Gefühl seiner Ohnmacht, irgendwie steuernd in die Entwicklung eingreifen zu können, all dies sind Vorbedingungen, aus denen sich ein Suizid entwickeln kann.

Eine weitere Untersuchung beschäftigte sich mit dem Vergleich der Lebensgeschichten männlicher weißer Selbstmörder mit denen von Mördern und nichtgewalttätigen Geisteskranken. In allen Fällen wurde die Erfahrung eines persönlichen Verlusts als besonders wichtiger auslösender Faktor identifiziert. Diese 3 Stichproben wurden hinsichtlich der Anzahl und der Natur der im Laufe ihres Lebens erfahrenen Verluste analysiert: Tod von Eltern, Ehefrau oder Kindern, vorzeitiges Verlassen der Schule, Degradierung oder Verlust des Arbeitsplatzes. Die Suizidopfer hatten am meisten verloren, dann kamen die Gewalttäter, gefolgt von den Geisteskranken.

Möglicherweise spielt die Art und Weise, wie sie diese Schicksalsschläge erlebt haben, eine noch ausschlaggebendere Rolle als das Ausmaß der Verluste als solches. Mörder hatten ihre entscheidenden Verlusterlebnisse in der Kindheit oder Jugend gehabt und die Implikationen dieser Ereignisse als zu überwindende Hindernisse interpretiert, d. h. sie faßten den Verlust als eine von außen auferlegte frustrierende Behinderung der eigenen zielgerichteten Aktivität auf. Aggression wird als eine der zur Frustrationsminderung eingesetzten Verhaltensarten angesehen. Die meisten Selbstmörder dagegen hatten anscheinend eine geradezu ideale Kindheit und Jugend mit nachsichtigen Eltern, glücklicher Schulzeit, guter Ehe und netter Familie. Dann brach plötzlich ihr ganzes Lebensgebäude zusammen. Vielleicht hat der Mensch gerade bei einem so plötzlichen Umschlag seines Geschicks, wenn der Status quo abrupt zu einem dramatischen Ende kommt, keine angemessenen inneren Möglichkeiten zur Bewältigung zur Verfügung. In dieser Situation erscheint ihm Selbstmord als „vernünftige" Alternative zu einem „vom bösen Fluch belasteten" Leben (Humphrey 1977).

Selbstmordverhütung

Erstaunlicherweise fangen wir gerade erst an, den Suizid ernsthaft als ein menschliches Problem zu betrachten, dem wissenschaftliche Aufmerksamkeit und humanitäres Interesse zugewandt werden sollten. Das erste Selbstmordverhütungszentrum wurde erst 1958 von E. Shneidman in Los Angeles gegründet. Zum Glück entstanden inzwischen zunehmend mehr solcher Zentren.

Die Krankenhäuser führen neue Therapieprogramme für Selbstmordpatienten ein, und viele Städte haben Notrufnummern eingerichtet und appellieren an Lebensmüde, von dieser Anrufmöglichkeit Gebrauch zu machen.

Es liegt natürlich auf der Hand, daß mit solchen Therapieprogrammen nur dann Hilfe geboten werden kann, wenn lebensmüde Menschen entweder selbst die Initiative ergreifen oder wenn ihr Selbstmordversuch gescheitert ist. Jede Bemühung zur Selbstmordverhütung muß fehlschlagen, wenn die Selbstmordkandidaten sich umbringen, ohne den sog. Hilfeschrei auszustoßen.

Es scheint, daß die Prävention schon früher einsetzen sollte. Anstatt nach Menschen Ausschau zu halten, die die Verzweiflung schon hart an den Rand des Freitodes getrieben hat, müssen wir Mittel und Wege finden, potentiell suizidgefährdete Menschen schon im Kindes- und Jugendalter zu identifizieren.

Viele Leute drohen offen mit Selbstmord, bevor sie dann zur Tat schreiten. Tatsächlich ist es wirklich ganz ungewöhnlich, daß jemand sich das Leben nimmt, ohne zuvor seine Absicht in irgendeiner Form erkennbar werden zu lassen. Deshalb muß man jede Selbstmorddrohung ernst nehmen und so behandeln, als hinge das

Leben eines Mitmenschen von der eigenen Einsatzbereitschaft ab.

Wirksames Streßmanagement

Streß gehört zum Leben, aber zuviel Streß kann tödlich sein. Wir können vermeiden, daß der Streß überhand nimmt, indem wir unseren Beruf, Wohnsitz und allgemeinen Lebensstil bewußt unter dem Gesichtspunkt ihrer Zuträglichkeit für unsere Gesundheit wählen. Aus jüngeren amerikanischen Mortalitätsstatistiken geht beispielsweise hervor, daß die „lockere" Atmosphäre Hawaiis eine höhere Lebenserwartung garantiert als die harten Umweltbedingungen Alaskas oder der amerikanischen Ballungszentren. Wir sollten aber nicht nur vernünftigere Entscheidungen hinsichtlich unseres generellen Lebensstils treffen, sondern zusätzlich auch noch eine bessere Anpassung an umweltbedingte Streßfaktoren erlernen. Dies ist möglich durch gezielte Steuerung körperlicher Streßreaktionen, durch Nutzung wirksamer kognitiver Bewältigungsstrategien und Teilnahme an Selbsterfahrungsgruppen. Alle diese Möglichkeiten sollen im folgenden besprochen werden, und anschließend soll eine Erörterung verschiedener Strategien stattfinden, die Sie persönlich vielleicht gerne anwenden möchten, um den Anforderungen ihres Lebens besser gewachsen zu sein.

Entspannung und physiologische Kontrolle

Zunehmend mehr Befunde sprechen dafür, daß neben dem Streß als nichtspezifischer Körperreaktion auf alle Anforderungen auch eine Antistreßreaktion besteht, eine „Entspannungsreaktion" (Benson 1975). Wie Benson feststellt, kommt es hierbei zu einer Abnahme der Muskelspannung und der Kortexaktivität sowie zu einer Senkung der Pulsfrequenz und des Blutdrucks und zur Verlangsamung der Atmung. Nach Benson bedarf es folgender Reize, um diese Erscheinungen hervorzubringen: a) ruhige Umgebung, b) geschlossene Augen, c) bequeme Körperlage und d) wiederholtes gedankliches Sichselbstzureden. Die Faktoren a)–c) vermindern den afferenten Informationsfluß zum nervösen System; Faktor d) senkt die interne Stimulation des Nervensystems. Auf diese Weise erreichen Nervensystem und Körper ein niedriges Erregungsniveau und können sich vom Streß erholen.

Benson stellt fest, daß diese 4 Grundvoraussetzungen zur Entspannung Bestandteil der meisten traditionellen und religiösen Techniken der Meditation und des Gebets sind, und er ist der Überzeugung, daß sie über ihre mögliche spirituelle Funktion hinaus Faktoren sind, die unmittelbar zur Erholung vom Streß führen.

Die Technik der *progressiven Entspannung* wurde in Amerika psychotherapeutisch in großem Umfang eingesetzt. Bei diesem Verfahren, das auf Jacobson (1970) zurückgeht, werden die Klienten zur abwechselnden Muskelanspannung und -entspannung angeleitet. Auf diese Weise erfahren sie Entspannung und lernen diese auf jeden beliebigen Muskel auszudehnen. Nach einigen Monaten konsequenter körperlicher Übung kann man sich mittels dieser Methode auf ein sehr tiefes Entspannungsniveau versetzen.

Ein als *autogenes Training* bezeichnetes Entspannungssystem fand besonders in Europa, Japan und der UdSSR große Verbreitung. Es gilt als Therapieverfahren für psychosomatische Störungen. Diese Methode beinhaltet die Konzentration auf verschiedene Körperteile, verbunden mit der Vorstellung von Schwere- und Wärmegefühlen (Luthe 1969).

Meditation

Eine Meditationsform, die sich vieler Anhänger erfreut, ist die sog. *transzendentale Meditation (TM)*. Ihr Begründer, Maharishi Mahesh Yogi, definiert TM als „die Aufmerksamkeit nach innen richten auf tiefere Gedankenebenen, bis man über die tiefste Ebene hinauskommt und an der Quelle des Gedankens anlangt". In der breiteren Öffentlichkeit wurde die TM bekannt, als die Beatles nach Indien und zu Mahesh Yogi reisten auf der Suche nach neuen spirituellen Werten und persönlicher Zufriedenheit.

Das Grundprinzip der TM ist bemerkenswert einfach; die Wirkungen sollen beachtlich sein. Man setzt sich einfach bequem hin, schließt die Augen und spricht sich in Gedanken – ohne Anstrengung – bestimmte Tonsilben vor, die man sich eine gewisse Zeitlang wiederholt (üb-

licherweise 2mal 20 min am Tag). Die Ausübung von TM verlangt weder einen Konfessionswechsel noch eine Veränderung des Lebensstils.

Die besonderen Tonsilben werden „Mantras" genannt. Mantras werden ausschließlich mündlich überliefert und jeweils vom Lehrer an den Schüler weitergegeben. Jeder Meditierende erhält ein für ihn speziell ausgewähltes Mantra, das ihm bei seiner täglichen Übung hilft, tiefe Entspannung zu erreichen.

TM wird als Form des *Mantram Yoga* aufgefaßt. Sie ähnelt in gewisser Weise bestimmten christlichen und hebräischen Praktiken. Auch hier gibt es Rituale, durch die die Aufmerksamkeit von der äußeren materiellen Welt abgezogen und auf die innere spirituelle Realität hingelenkt wird. Es sind dies Gebetslitaneien, das Absingen von Hymnen, die Konzentration auf symbolische Formen und die Beschränkung auf bestimmte Bewegungen. Diese religiösen Übungen sind indes im Laufe der Generationen allzuoft zu automatisierten Ritualen erstarrt, die nicht mehr zu dem von religiösen Persönlichkeiten der Vergangenheit berichteten veränderten Bewußtseinszustand führen. Vielleicht ist die TM deshalb so beliebt, weil sie den westlichen Menschen zur Wiederentdeckung dessen führt, was meist auch in den westlichen Religionen ein entscheidend wichtiges Element ihres mystischen Aspekts darstellte.

Was bewirkt nun die TM? Wenn man gelesen hat, welche physiologischen und sozialen Effekte eine TM-Erfahrung verspricht, müßte man eher fragen: „Gibt es irgend etwas, das man mit TM *nicht* beeinflussen kann?" Wallace u. Benson (1972) schreiben der TM unter anderem folgende physiologischen Veränderungen zu: Anregung des Blutkreislaufs, Abnahme des Sauerstoffverbrauchs und der Kohlendioxydproduktion, Erhöhung des Hautwiderstands, EEG-Muster größter „Wachsamkeit" und eine allgemeine „Beruhigung des sympathischen Nervensystems" (das in der Regel durch den Streß der heutigen Zeit zu stark angeregt wird).

Auch viele andere Untersuchungsberichte lassen die günstigen Wirkungen der TM erkennen. Sie bestehen in einer Verbesserung der Lernleistungen und Verringerung der Angst, Feindseligkeit und Aggression. Weiter konnten durch den Einsatz dieser Meditationsform therapeutische Fortschritte bei psychiatrischen Patienten,

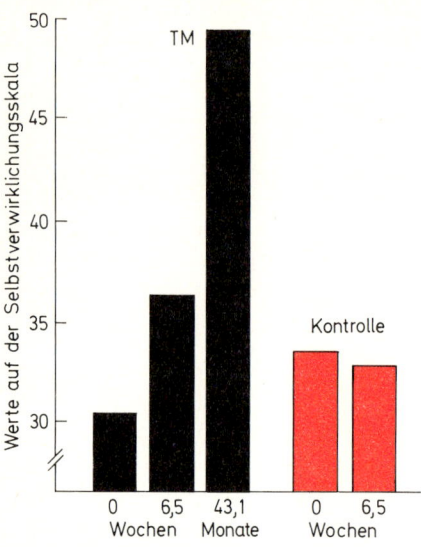

Abb. 13.7. Für kurzfristig wie längerfristig Meditierende konnte gemäß Scorebewertung nach der *Northridge Self-Actualization Scale* eine erhöhte Selbstverwirklichung, verglichen mit nichtmeditierenden Kontrollen, nachgewiesen werden. Gemessen wurde vor und nach Meditationsbeginn der Kurzzeitgruppe. (Nach Ferguson u. Gowan 1976)

Strafgefangenen und Drogenabhängigen erzielt werden (Abb. 13.7; vgl. Kanellakos u. Ferguson 1973, Schwartz 1974).

Biofeedback

Mit Hilfe einer unter dem Namen *Biofeedback* bekanntgewordenen Behandlungstechnik können Menschen lernen, eine Vielzahl organischer Prozesse zu steuern. Das Biofeedbackverfahren ermöglicht es, auch subtile Veränderungen im Körper oder Gehirn festzustellen und zur Wahrnehmung durch den Klienten oder den Untersuchenden vergrößert bzw. verstärkt darzustellen. Durch den Einsatz ausgefeilter Aufnahme- und Computertechniken wird es möglich gemacht, daß man auch sonst nicht wahrnehmbare schwache Veränderungen in der Pulsfrequenz, in Blutdruck, Körpertemperatur und EEG-Ableitungen beobachten kann (Abb. 13.8).

Der Ablauf dieser biologischen Prozesse nun läßt sich als fortgesetztes Feedback für den Klienten verwenden. Als „Ziel" wird beispielsweise die Veränderung der EEG-Wellen in bestimmter Richtung festgesetzt. Der Patient überwacht fortlaufend seine Fortschritte auf dieses Ziel hin. Die physiologische Reaktion wird

Abb. 13.8. Mit Hilfe elektronischen Biofeedbacks kann die Klientin den Ablauf physiologischer Prozesse überwachen – und lernen, diese zu verändern

auf diese Weise zum Stimulus, der in einer bestimmten Richtung modifiziert werden muß (z. B. Senkung des Blutdrucks). Als Verstärkung wirkt dabei die von dem Klienten selbst wahrgenommene Veränderung auf das Ziel hin. Darüber hinaus wird durch die zunehmende Fähigkeit, seine eigenen Körperprozesse zu steuern, das Gefühl der Kompetenz gefördert, das selbst einen sehr wirksamen Verstärker darstellt.

Bei Anwendung dieses Verfahrens konnten Klienten ihre Hauttemperatur um bis zu 5 °C verändern, den Blutdruck um bis zu 15% senken, die Herzfrequenz erhöhen oder vermindern, verspannte Muskeln entspannen sowie auf die EEG-Frequenz der α-, β- und ϑ-Wellen Einfluß nehmen. Darüber hinaus gelangen weitere Veränderungen von Prozessen, die man zuvor als außerhalb der menschlichen Steuerungsfähigkeit erachtet hatte. Man kann z. B. bei gleichzeitiger Senkung der Herzfrequenz den Blutdruck erhöhen. Dies steht im Gegensatz zu dem normalen Ablaufmodell, wonach beide Reaktionen jeweils in gleicher Richtung erfolgen (Schwartz 1972).

Am wirksamsten wurde das Biofeedback jedoch nicht wegen solcher spezifischen Effekte eingesetzt, sondern wegen seiner Allgemeinwirkung, die besonders dem Entspannungstraining zugute kam. Zwar ist es nicht effektiver, führt aber schneller als alle andere Entspannungstechniken zum Ziel (Stoyva 1976). Weil die Biofeedbacktechnik die Verstärkung biologischer Signale und unmittelbares Feedback ermöglicht, erlaubt sie eine genauere Kontrolle als alle anderen Entspannungstechniken. Erhält ein Klient z. B. objektive Information über die Vorgänge in einer verspannten Muskelpartie, so kann er nach dem Versuch-und-Irrtum-Prinzip durch den Einsatz geistiger Entspannung und visueller Vorstellungen herausfinden, welche Reaktionen in dem auf dem Bildschirm sichtbar gemachten Körpersystem Veränderungen hervorbringen. Auf diese Weise werden die Prinzipien der operanten Konditionierung durch das Biofeedback therapeutisch nutzbar gemacht. Zusammen mit anderen allgemeinen Entspannungstechniken wird das Biofeedbacktraining zur Streßbehandlung im Sinne eines ganzheitlichen klinischen Verfahrens eingesetzt.

N. Miller, der Pionierarbeit für die wissenschaftliche Anerkennung des Biofeedback eleistet hat, verlangt mehr Grundlagenforschung mit Doppelblindversuchen zur Kontrolle der Placeboeffekte. Außerdem weist er darauf hin, daß die Aufrechterhaltung des in Labor- und Kliniksitzungen erreichten Niveaus der Steuerungsfähigkeit u. U. problematisch wird, wenn der Klient sein Biofeedback zu Hause trainiert (oder nicht trainiert). Fragen hinsichtlich der Motivation des Patienten, seiner Ablenkbarkeit und der psychologischen Bedeutung der verschiedenen körperlichen Symptome sind noch offen und tragen alle dazu bei, dieses Verfahren, das ursprünglich als eine einfache technische Lösung zur Streßkontrolle erschien, zu einem komplexen Gegenstand der Forschung zu machen.

Potentielle Benutzer, die sich für Do-it-yourself-Leitfäden zum Biofeedback interessieren, die zu leicht erschwinglichen Preisen im Handel sind, sollten Vorsicht und Skepsis walten lassen. Es ist nämlich unwahrscheinlich, daß ein Durchschnittsmensch anhand eines billigen Anweisungsheftes seine Produktion von α-Wellen maßgeblich verändern kann. Dazu bedarf es der Trainingsanleitung durch einen Fachmann. Außerdem ist es gefährlich, sich mehr darauf zu verlassen, daß man mittels Biofeedbacktrainings Körper und Geist wieder zu normalen Funktionsbedingungen zurückführen kann, als daß man dieses Ziel eher über die Änderung seiner Gewohnheiten und der Lebensweise zu erreichen sucht. Keiner von uns mag mehr viel Schmerz und Angst ertragen, und wir alle sind viel zu sehr auf leichte und schnelle Lösungen erpicht – wenn uns auch unser Verstand sagt, daß wir Glück nicht als vorfabrizierte Handelsware erwerben können.

Kognitive Bewältigungsstrategien

Ein Soldat vor der Schlacht, ein Medizinstudent im „Streßinterview" vor seinem klinischen Studium, ein angehender Fallschirmspringer vor dem ersten freien Fall – sie alle sind unmittelbar mit dem Streß konfrontiert. Wenn sie nicht Herr über ihre Angst werden, können sie ihre Aufgabe nicht richtig durchführen, und dies hätte verheerende persönliche Konsequenzen.

Bewertung der Gefahr

Streßsituationen führen offensichtlich nicht immer zu psychosomatischer Krankheit oder Fehlfunktionen des Verhaltens. Unter welchen Bedingungen tun sie es *nicht?* Forschungsergebnisse auf diesem Gebiet bestätigen durchweg die Bedeutung psychologischer Faktoren bei der Streßbewältigung. Der Ausgang eines Ereignisses kann entscheidend dadurch beeinflußt werden, wie jemand die Situation auffaßt und welche Gefühle er dabei hat. Ob der Stressor mehr oder weniger autonom wirken kann, hängt davon ab, wie man ihn kognitiv einschätzt. In einem Forschungsprojekt führte man den Vpn Filme mit großen Streß verursachendem Inhalt vor, um die Wirkungen zu untersuchen, die verschiedene Formen der kognitiven Einschätzung auf Streßreaktionen haben.

Im Rahmen einer Untersuchung wurde den Vpn ein Film vorgeführt, in dem sehr roh anmutende Genitaloperationen vorkamen, wie sie im Zusammenhang mit den männlichen Initiationsriten bei einem primitiven australischen Stamm üblich sind. Der Film wurde von einem Kommentar begleitet, der die mit solchen Operationen verbundenen Gefahren entweder besonders hervorhob oder sie ableugnete oder aber in intellektuell-distanziertem Stil darüber berichtete. Die Vl gingen dabei von der Annahme aus, die verschiedenen Versionen des Kommentars hätten verändernden Einfluß auf die Art und Weise, in der die Vpn die Gefahr im Film bewerteten (und folglich auch emotional darauf reagierten). Sie fanden, daß das physiologische Erregungsniveau – verglichen mit dem bei einer Vorführung ohne Kommentar – höher lag, wenn der „bedrohliche" Kommentar und niedriger, wenn der „ableugnende" oder „intellektualisierende" Bericht mitgespielt wurde (Speisman et al. 1964; s. auch Lazarus 1968).

In einem anderen Experiment zeigten Vpn, die einen Film mit unerwarteten dramatischen Unfällen im Sägewerk sahen (z.B. wie ein Arbeiter von einem Stamm aufgespießt wurde, als er an der Kreissäge arbeitete), weniger physiologische Erregung, wenn sie die bedrohlichen Filmszenen vorher in der Vorstellung durchgespielt hatten. (Die physiologische Erregung wurde anhand der Hautleitfähigkeit und der Herzfrequenz gemessen.) Auch durch Entspannungstraining konnte der Streß vermindert werden; vorwegnehmende kognitive Bewertung war jedoch eindeutig wirksamer (Folkins et al. 1968; s. Abb. 13.9).

Die angemessene Vorbereitung auf ein streßbedingendes Ereignis ist also ein wichtiger Bestandteil des Streßmanagements. Wie die Forschung deutlich zeigt – und wie wir auch aus eigener Beobachtung wissen – werden Warnungen vor Gefahr oft nicht ernst genommen und

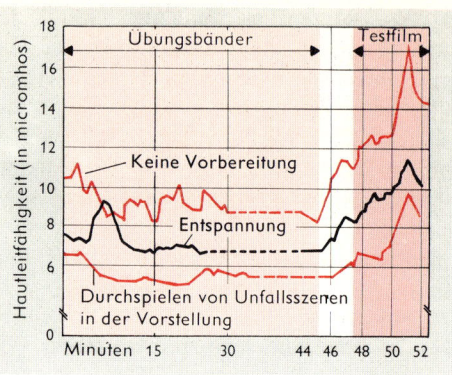

Abb. 13.9. Entspannungstraining kann die Streßwirkung eines Films von sehr erregendem Inhalt bis zu einem gewissen Grade vermindern. Die „emotionale Inokulation" durch kognitives Durchspielen der streßreichen Szenen schwächt die Streßreaktion noch weitgehender ab. (Nach Folkins et al. 1968)

beachtet. Aber sogar wenn man glaubt, daß etwas wirklich gefährlich ist, haben die Warnungen manchmal nur den Effekt einer erhöhten emotionalen Erregung, während sich die Wahrscheinlichkeit eines geeigneten *Präventivverhaltens* nicht erhöht. Dies konnte man z.B. im Falle der Geschlechtskrankheiten, des Drogenmißbrauchs und bei der krebsfördernden Gewohnheit des Rauchens beobachten.

Im Rahmen einer Untersuchungsreihe, in der man herausfinden wollte, wie man Menschen dazu bringen kann, sich gesundheitsbewußter zu verhalten, installierte einer der beteiligten Forscher Informationsstände auf der New York World's Fair, auf zahlreichen anderen großen Messen sowie in Verbindung mit Collegegesundheitszentren. Seine Erfahrung war, daß gerade die Leute, die solcher Präventivmaßnahmen am dringendsten bedürfen, sie oft zurückweisen, weil sie sich gern ihre Illusion von der eigenen Unverletzbarkeit erhalten möchten. Als eine Gruppe von Rauchern ermuntert wurde, sich einer Brustkorbdurchleuchtung zu unterziehen, waren 53% mit niedrigerem Angstniveau zu dieser Untersuchung bereit, aber nur 6% der Vpn mit hohem Angstniveau. Das zeigt, daß diejenigen, die die meiste Angst haben, nicht zu denen gehören, die etwas zum Schutze ihrer Gesundheit unternehmen (Leventhal 1970).

Mit Leuten, die befürchten, eine Geschlechtskrankheit oder Krebs zu haben und den Arztbesuch immer wieder hinausschieben, ist es das gleiche.

Wenn Warnungen wirklich ankommen sollen, müssen sie in einer bestimmten Weise formuliert sein. Sie müssen a) ein vernünftiges Maß an Furcht hervorrufen (keine übermäßige Furcht), b) über das Angstmachen hinaus einen allgemeinen Einstellungswechsel bewirken, aus dem heraus etwas gegen die angstbesetzte Gewohnheit oder ein gefürchtetes Ereignis unternommen wird; c) müssen sie v. a. klare, eindeutige Empfehlungen und Richtlinien zur Bewältigung enthalten, die präzise darüber informieren, *was man wie und wo zu tun hat.* Darüber hinaus werden solche Empfehlungen zuverlässiger befolgt werden, wenn man die betroffenen Personen dazu überreden kann, sich durch eine öffentlich abgegebene Erklärung auf die Ausführung der Anweisungen festzulegen. Wenn Sie also einen Freund oder ein Familienmitglied warnen wollen, machen Sie ihm nicht einfach Angst vor dem „bösen Wolf", sondern halten Sie sich lieber an die im folgenden skizzierte Strategie.

Verbale Selbstinstruktion

Ein Behandlungsansatz zum Streßmanagement kann auch davon ausgehen, daß die Art der Selbstinstruktionen, die ein Mensch sich bei drohendem Streß gibt, verändert werden muß. Man kann sich selbst darin trainieren, Streß in einer 4-Stufen-Operation anzugehen:

Beispiele für Selbstinstruktionen zur Problembewältigung

Vorbereitung
– Ich kann einen geeigneten Plan entwerfen, um damit fertig zu werden.
– Denke jetzt ruhig darüber nach, was sich tun läßt. Das ist besser als sich aufzuregen.
– Keine negative Selbstbewertung! Denke einfach vernünftig nach.

Klare Einschätzung
– Immer nur einen Schritt auf einmal machen! Ich kann mit der Situation fertig werden.
– Die Angst, die jetzt in mir aufkommt, hat mir der Arzt schon vorausgesagt. Sie erinnert mich daran, daß ich jetzt einsetzen muß, was ich bei der Bewältigungsübung gelernt habe.
– Entspannen! Jetzt bin ich wieder in Kontrolle. Tief durchatmen! Gut!

Bewältigung
– Wenn Furcht aufkommt, halte inne.
– Konzentriere dich ganz auf die Gegenwart: Was muß ich jetzt tun?
– Versuche nicht, die Furcht ganz loszuwerden; halte sie lediglich auf einem erträglichen Maß.

– Es gibt Schlimmeres.
– Denke jetzt einfach an etwas anderes.

Selbstverstärkung
– Es hat funktioniert. Ich konnte es tun.
– Es war gar nicht so schlimm wie ich erwartet hatte.
– Ich bin wirklich zufrieden mit meinen Fortschritten.

(Nach Meichenbaum 1975)

Dieses Schema enthält einige Beispiele von Selbstaussagen zur Bewältigung der Streßsituation in den einzelnen Stufen. Meichenbaum (1975), den wir schon in Kap. 6 („Kognitive Verhaltensänderung") kennengelernt haben, hat in seiner Forschungs- und Therapiearbeit bewiesen, welch großen Wert solche Zusammenstellungen sinnvoller Selbstinstruktionen haben können, wenn es darum geht, sich gegen Streß unempfindlicher zu machen; 5 Dinge sollen seine Klienten damit erreichen:

a) Bewertung der faktischen Gegebenheiten,
b) Kontrolle über Gedanken und Vorstellungen negativer Art, die angsterregend und selbstabwertend wirken,
c) Sicheingestehen der Angst und – wenn möglich – Umdefinieren der Angst,
d) Selbstaufmunterung,
e) Bewältigung möglicherweise aufkommender heftiger Furcht,
f) Selbstverstärkung für die Bewältigungsleistung.

Gruppenerfahrung

Viele Menschen erschließen sich in der Gruppeninteraktion und im Austausch mit anderen Hilfsquellen zur Streßbewältigung. Während der 60er Jahre nahm die Zahl der psychologisch orientierten Gruppen in den USA explosionsartig zu. Die Entstehung dessen, was man als „Selbsterfahrungsgruppen", „Entfaltungsgruppen" oder allgemeiner als „Encountergruppen" bezeichnet, hat bereits einen nachdrücklichen und möglicherweise nachhaltigen Einfluß auf die amerikanische Gesellschaft.

Das wesentliche Ziel der Encountergruppen ist, eine intensive menschliche Begegnung in kleinen Gruppen zu ermöglichen und besonders die Interaktionen und Gefühle, die während der Gruppensitzungen entstehen, in einer Atmosphäre zu pflegen, die Offenheit, Ehrlichkeit,

Abb. 13.10. In Encountergruppen kann man die Möglichkeit finden, das Ausdrücken von Gefühlen zu üben und mit verschiedenen Arten des Verhaltens und der Wahrnehmung zu experimentieren

emotionale Feinfühligkeit und Kundgabe begünstigt. Dem Teilnehmer wird gewöhnlich sehr viel Ermutigung und Zustimmung für Äußerungen und Verhaltensweisen gewährt, die die anderen Gruppenmitglieder gutheißen; er muß sich andererseits aber auch unverblümte Kritik gefallen lassen. Der Gruppenleiter kann sowohl direktiv als auch nichtdirektiv vorgehen.

Wenn wir bedenken, wie sehr wir uns voreinander verstecken, wieviele Masken wir tragen und wie wir generell dazu neigen, unsere wahren Reaktionen zu verbergen, so wird klar, daß Selbsterprobung in der Gruppe, in einer Atmosphäre der allgemeinen Offenheit, eine wichtige Lernerfahrung sein kann. In einer solchen Gruppe kann man aufgeschlossener und sich sowohl seiner eigenen Gefühle und Bedürfnisse wie auch der Emotionen anderer bewußt werden (Abb. 13.10). Man fängt auch an, die Ursachen seiner eigenen Reaktionen auf andere wie umgekehrt die Ursachen von anderer Leute Reaktionen auf sich selbst besser zu erkennen. Der Weg zum Aufbau offener und ehrlicherer Beziehungen wird frei.

Viele Teilnehmer geben an, daß selbst kurze Gruppensitzungen ihnen soviel Zuwachs an Erfahrung und Selbsterkenntnis vermitteln, daß sie darin einen Quell der Freude erblicken. Für viele ist es schon eine ganz neue Erfahrung, einfach seine Hand ausstrecken zu dürfen, um einen anderen Menschen zu berühren und dann Zärtlichkeiten auszutauschen. Dabei ist das etwas, was zu unserem täglichen Leben gehören *sollte*. Aber bis zu der Zeit, da unsere Gesellschaft sich so verändert haben wird, daß dies möglich ist, können Selbsterfahrungsgruppen eine Brücke schlagen zwischen Isolation und Miteinander.

Das erklärte Ziel der meisten Encountergruppen besteht nicht in der Behandlung emotionaler Probleme, sondern darin, das Leben ganz normaler Männer und Frauen schöner und wertvoller zu machen. Es steht jedoch außer Frage, daß solche Gruppen Menschen mit emotionalen Problemen und ineffektiven Bewältigungsstrategien anziehen. Erschwerend kommt hinzu, daß viele Gruppen von Nichtfachleuten geführt werden, deren einzige „Ausbildung" in der eigenen Teilnahme an einer Gruppe bestand. Im Unterschied zu Psychotherapeuten wird von Leuten, die eine Selbsterfahrungsgruppe leiten wollen, kein Ausbildungsnachweis verlangt, und sie brauchen keine Prüfung abzulegen. Viele von ihnen haben aber nicht die nötigen Fähigkeiten, um mit schweren emotionalen Störungen richtig umzugehen.

Die Ergebnisse einer ausgezeichnet geplanten und durchgeführten Untersuchung (Lieberman et al. 1973) zur Beurteilung der Wirksamkeit von Selbsterfahrungsgruppen lassen den Wert wie die möglichen Gefahren dieser „therapeutischen" Erfahrung erkennen. Im folgenden sind einige wichtige Ergebnisse aufgeführt.

a) 75% der Gruppenmitglieder berichteten, eine positive Veränderung der eigenen Person erfahren zu haben; die meisten hielten sie für eine dauernde Veränderung.
b) Das Ergebnis fiel in Abhängigkeit von verschiedenen Gruppenleitern und der Zugehörigkeit zu verschiedenen Gruppen auch sehr unterschiedlich aus. In einigen Gruppen hatte die Erfahrung so gut wie keine Wirkung auf die Teilnehmer; in anderen gaben fast alle an, durch die Erfahrung beeinflußt worden zu sein. Dieser Einfluß wurde in manchen Gruppen ebensooft als positiv wie als negativ empfunden. Einige Gruppen hatten gar keine Abbrecher, andere dagegen 40% "drop-outs".
c) Die Gruppenleiter zeigten sehr unterschiedliche Führungsqualitäten und unterschieden sich beträchtlich in ihrem Stil und hinsichtlich des Maßes an Anregung für die Teilnehmer. Dies alles hatte Einfluß auf das jeweilige Gruppenverhalten und seine Normen.
d) Die Teilnehmer hatten unterschiedliche Eindrücke von dem, was Selbsterfahrungsgruppen ihnen persönlich vermitteln konnten. Einige meinten Bejahung der eigenen Person erfahren zu haben, andere betonten das Verständnis und Interesse für Mitmenschen, und für wieder andere standen Rat und geistige Anregung im Vordergrund.
e) Auf 16 Teilnehmer wirkte sich die Gruppenerfahrung so nachteilig aus, daß sie sich anschließend psychiatrischer Behandlung unterziehen mußten.

Das Risiko von aus der Selbsterfahrung resultierenden „Unfällen" war typischerweise größer in Gruppen, deren Leiter ein ausgeprägtes Charisma besaßen und starke Aggressivität anregten. Die weitverbreitete Auffassung, das Eingehen eines hohen Risikos sei eine Vorbedingung zur Erzielung großer Selbstentfaltung, wurde im übrigen nicht bestätigt. Ganz im Gegenteil, die Gruppenleiter, die ein hohes Maß an Zuwendung und Anhalte zur kognitiven Strukturierung boten, erzielten die größten Veränderungserfolge und hatten die wenigsten Unfälle in ihren Gruppen. Es ist unbestreitbar, daß sich die Teilnahme an einer Encountergruppe für manche Menschen sehr positiv auswirken kann, aber andererseits steht auch fest, daß psychologische „Unfälle" vorkommen können. Ob in der jeweiligen Gruppe die positive oder negative Auswirkung überwiegt, scheint weitgehend von den sozialen und psychologischen Führungsqualitäten ihres Leiters abzuhängen.

Liebermann et al. kommen zu dem Schluß: „Es hat also den Anschein, daß die allgemeine Bezeichnung ‚Selbsterfahrungsgruppen' sich auf den sehr unterschiedlichen und vielfältigen Modus der Arbeitsweise von Gruppenleitern bezieht, durch die vielerlei Formen der Gruppenerfahrung und möglicherweise auch vielerlei Arten des Lernens zustande kommen."

Erhaltung der psychischen Gesundheit

Die Möglichkeiten zur Entfaltung der menschlichen Fähigkeiten sind praktisch unbegrenzt, aber genauso vielfältig sind auch die Wege zur Perversion des seelischen und geistigen Potentials. Der Mensch kann sich selbst zum ärgsten Feind werden. Er ist dann fähig, sich selbst vollständiger zu zerstören, als dies irgendein anderer Feind mit den fortschrittlichsten Waffen moderner Technologie vermag.
Im folgenden Kapitel wollen wir die extremen Formen des Wahns, die uns befallen können, abhandeln. Sodann soll beschrieben werden, wie Fachleute bei der Behandlung neurotischer und psychotischer Erkrankungen vorgehen. Glauben Sie aber nicht, daß Sie „verrückt" sein müssen, wenn Sie sich deprimiert fühlen, oder daß es „unnormal" ist, am Wert seines Lebens zu zweifeln oder sich zeitweilig etwas seltsam zu benehmen. Zu wenig Menschen, denen eine Therapie guttäte, nehmen sie in Anspruch; und nicht genügend Menschen tun, was in ihrer Möglichkeit steht, um sich und anderen wirkungsvoll über eine Zeit des Stresses und Kummers hinwegzuhelfen. Ihr Anliegen (und das der Psychologen und Psychiater) sollte es sein, in erster Linie seelische Gesundheit zu stärken und

zu erhalten, anstatt sich ausschließlich auf die Heilung schon bestehender psychischer Leiden zu konzentrieren. Die Erhaltung der Gesundheit, die Verhütung von Krankheit und die Verbesserung der Lebensqualität sind wesentliche Ziele, auf die wir alle aktiv hinarbeiten müssen.

Das Anliegen dieses Buchs ist es zwar, einen theoretischen Überblick über den Forschungs- und Wissensstand der Psychologie zu vermitteln, und es ist *nicht* als Manual für die persönliche Anpassungsverbesserung gedacht. Trotzdem soll hier eine Zusammenstellung von für die Förderung der seelischen und geistigen Gesundheit wertvollen Grundsätzen gebracht werden.

Sie sind als Leitfaden aufzufassen und sollen Sie anregen, im Zusammenhang mit Ihrer geistigen Gesundheit rationaler und wirkungsvoller vorzugehen.

1. Wenn Sie die Ursachen Ihres Verhaltens aufdecken wollen, so suchen Sie diese in Ihrer gegenwärtigen Situation oder im Zusammenhang mit Vorausgegangenem. Suchen Sie *keinesfalls* lediglich nach einem Defekt in sich selbst.

2. Vergleichen Sie Ihre Reaktionen, Gedanken und Gefühle mit denen anderer vergleichbarer Personen in ihrem gegenwärtigen Lebenskreis, um eine Entscheidung hinsichtlich ihrer Angemessenheit und Relevanz zu treffen.

3. Pflegen Sie enge Freundschaft mit mehreren Menschen, so daß Sie Ihre Gefühle, Freuden und Sorgen mit ihnen teilen können.

4. Scheuen Sie sich nicht, anderen zu zeigen, daß Sie Freundschaft suchen oder daß Sie geliebt werden möchten oder eine Liebe erwidern.

5. Sprechen Sie nie schlecht über sich selbst. Belegen Sie sich insbesondere nie mit Attributen, die irreversible, negative Dauereigenschaften bezeichnen, wie „dumm", „häßlich", „unkreativ", „unverbesserlich", „eine Null". Wenn Sie sich unglücklich fühlen, so suchen Sie die Ursachen dafür in Tatbeständen, die sich ändern lassen.

6. Rechnen Sie sich Ihre Erfolge und Ihr Glück immer voll an.

7. Haben Sie immer eine Bestandsliste der Eigenschaften vor Ihrem geistigen Auge, die das Besondere und Originelle an Ihnen ausmachen. Seien Sie sich der Qualitäten bewußt, mit denen Sie anderen etwas zu bieten haben. So kann z. B. ein Schüchterner einem sehr Gesprächigen dadurch etwas bieten, daß er ein besonders guter Zuhörer ist. Seien Sie sich der Quellen Ihrer ganz persönlichen Macht bewußt.

8. Wenn bei Ihnen starke physiologische Reaktionen auftreten, die Sie als typische „Angstsymptome" deuten können, so analysieren Sie zunächst einmal ganz objektiv die Einzelkomponenten dieser Körperreaktion (zählen Sie Ihren Puls, erfassen Sie so viele physiologische Veränderungen wie möglich). Überlegen Sie hierauf, ob es irgendeine andere Erklärung für diese Reaktionen gibt als einfach die „Angst". – Vielleicht sind Sie aufgeregt, übermäßig gespannt in Erwartung eines bevorstehenden Ereignisses, vielleicht ist der Raum zu heiß usw.

9. Wenn Sie das Gefühl haben, daß Sie die Kontrolle über Ihre Emotionen verlieren (übererregt oder depressiv werden), so nehmen Sie Abstand von der Situation, in der Sie sich gerade befinden. Tun Sie dies in einer der folgenden Weisen: a) Verlassen Sie den Ort der Handlung; b) spielen Sie in der Situation oder in dem Konflikt die Rolle einer anderen Person; c) versetzen Sie sich in Ihrer Phantasie in die Zukunft und versuchen Sie, das, was jetzt als überwältigendes Problem erscheint, aus einer anderen zeitlichen Perspektive zu betrachten.

10. Halten Sie sich nicht mit in der Vergangenheit liegendem Mißgeschick auf und brüten Sie nicht über frühere Ursachen für Schuld, Scham oder Versagen. Die Vergangenheit ist vorbei, und nur durch das Nachdenken über sie wird sie in unserem Gedächtnis am Leben erhalten.

11. Entwickeln Sie Langzeitziele für Ihr Leben. Planen Sie, was Sie in 5, 10, 20 Jahren tun wollen, und denken Sie über die Möglichkeiten nach, das zu erreichen, was Sie anstreben.

12. Nehmen Sie sich die Zeit zum Entspannen, zur Besinnlichkeit, zur Beschäftigung mit Hobbys und zu solchen Tätigkeiten, die man allein machen kann und über die man mit sich selbst in Kontakt kommt.

13. Betrachten Sie sich selbst nicht als ein Objekt, dem einfach Schlimmes widerfährt, sondern sehen Sie sich als aktiv Handelnden, der jederzeit die Richtung seines gesamten Lebens verändern kann.
14. Vergessen Sie nicht, daß sich hinter Fehlschlägen und Enttäuschungen manchmal etwas Gutes verbirgt: Sie können nämlich ein Hinweis dafür sein, daß man falsche Ziele anstrebt, und sie können uns davor bewahren, daß wir uns in Zukunft womöglich noch größere Enttäuschungen einhandeln.
15. Beurteilen Sie Ihr eigenes Verhalten und das Verhalten anderer nicht als „normal" oder „verrückt", sondern nach den Kriterien der Angemessenheit oder Unangemessenheit hinsichtlich der Situation und der kulturellen Normen. Versuchen Sie weiter, Mittel und Wege zu finden, um das unerwünschte *Verhalten* – nicht etwa den Menschen, der dieses Verhalten zeigt – zu verändern. (Wenden Sie diese Vorgehensweise auch auf Ihre eigene Person an.)
16. Wenn Sie den Eindruck gewinnen, daß sich jemand sehr eigenartig benimmt, so versuchen Sie sachte und umsichtig herauszufinden, ob er in irgendwelchen Schwierigkeiten ist und ob Sie ihm vielleicht helfen können. Oft besteht die ganze Therapie, die er braucht, darin, daß ihm jemand zur Verfügung steht, bei dem er seine Sorgen einmal aussprechen kann – wenn das nur rechtzeitig geschieht.
17. Wenn Sie feststellen müssen, daß Sie nicht in der Lage sind, sich oder einem anderen selbst aus irgendwelchen Nöten herauszuhelfen, so suchen Sie den Rat eines Fachmanns. Oft ist ein scheinbar psychologisches Problem in Wirklichkeit eine körperliche Störung, wie z. B. Schilddrüsenfehlfunktion.
18. Handelt es sich erwiesenermaßen nicht um ein medizinisches Problem, so konsultieren Sie einen Psychiater oder klinischen Psychologen. Wenn Sie nicht wissen, an wen Sie sich wenden sollen, so lassen Sie sich von Ihrem Hausarzt, in der Studentenberatungsstelle oder im örtlichen Krankenhaus beraten.
19. Gehen Sie von der Annahme aus, daß es für jeden ein Gewinn wäre, wenn er die Möglichkeit hätte, seine Probleme offen mit einem entsprechenden Spezialisten zu erörtern; fühlen Sie sich daher auch nicht mit einem Makel behaftet, wenn Sie selbst seine Hilfe in Anspruch nehmen.
20. Solange es Leben gibt, gibt es auch Hoffnung auf besseres Leben, und solange man hofft, sich bemüht und entschlossen ist, wird sich das Leben auch immer besser gestalten.

Zusammenfassung

Streß – oft als „Krankheit der Zivilisation" bezeichnet – ist die unspezifische Reaktion des Körpers auf jede Art von Beanspruchung. Er führt zu wesentlichen Reaktionen auf der emotionalen, physiologischen, kognitiven und Verhaltensebene.

Die *Formatio reticularis* (engl. "reticular activating system", RAS), ein Bündel von Nervenfasern, die vom Rückenmark zum Gehirn verlaufen, ist beim physiologischen Geschehen der Streßreaktion maßgeblich beteiligt. Sie erhält Reizmeldungen aus allen Sinnesorganen und hat die Aufgabe, den Organismus anzuregen, wach und für Veränderungen der inneren und äußeren Bedingungen sensibel zu erhalten. Ein *mittleres Erregungsniveau* gewährleistet optimale Leistung. Ein derartiger Beziehungszusammenhang wird als *umgekehrte U-Funktion* bezeichnet.

Nach Selye läßt sich die Reaktion des Körpers bei Streß in 3 Hauptphasen einteilen: *Alarmreaktion*, *Phase des Widerstands* und *Phase der Erschöpfung*. Zusammengenommen machen sie das *allgemeine Adaptationssyndrom* aus. Wird infolge ununterbrochen fortgesetzter Einwirkung des schädigenden Stressors die Phase der Erschöpfung erreicht (wenn Hypophysenvorderlappen und Nebennierenrinde die Ausschüttung der streßmindernden Hormone ACTH und Kortikosteroide nicht mehr zureichend leisten können), treten die Symptome der Alarmreaktion erneut auf und totale Erschöpfung kann zum Tod führen.

In Fachkreisen hält man Streß für einen Faktor, der bei 50–80% der Krankheiten maßgeblich mitbeteiligt ist. Bekanntermaßen spielt er eine Rolle bei *Insomnie* und *Hypertension* wie auch beim *Alterungsprozeß*.

Psychogene Zerfallserscheinungen im Organismus (d.h. solche, die psychisch-emotionalen Ursprungs sind) werden als *psychosomatische Störungen* bezeichnet. Dieser Begriff bezeichnet alle bei anhaltenden Streßreaktionen auftretenden Symptome wie etwa Pulsbeschleunigung und hoher Blutdruck. Es hängt wesentlich von konstitutionellen Faktoren, vorausgegangenen Erfahrungen sowie von dem durch das individuelle Verhalten bedingten Streß ab, ob psychosomatische Reaktionen auftreten und welcher Natur sie sein werden.

Die *Ganzheitsmedizin* tritt der Krankheit entgegen, indem sie nicht nur betroffene Körperorgane, sondern den ganzen Menschen zum Gegenstand ihrer Behandlung macht. Sie konzentriert sich auf die Erhaltung der Gesundheit und stellt ihre Praxis darauf ab, Hilfen für eine solche Lebensweise anzubieten, die die Gefahr streßbedingter Störungen nach Möglichkeit ausschließt.

Korrelationsstudien über *Lebensveränderungen* erbrachten den Nachweis einer Koinzidenz von maßgeblichen Veränderungsereignissen im Leben eines Menschen und einer Zunahme der Streßerfahrung, besonders wenn diese Veränderungen Isolation oder Prestigeverlust bedeuten. Es wurde ferner gezeigt, daß die Mortalitätsrate einsamer Menschen höher ist als für die mit guten sozialen Kontakten.

Beruflicher Streß tritt auf, wenn im Arbeitsbereich ein Einzelfaktor oder eine Kombination von Faktoren so zusammenwirken, daß die psychologische oder physiologische Homöostase des Beschäftigten gestört wird. Eine Hauptrolle spielen in diesem Zusammenhang *zu große Arbeitsanforderungen* und *Reizdefizit*.

Es gibt Arten des Umgangs mit Streß, die sich als nachteilig für den Organismus auswirken. So zeigen z. B. herzinfarktgefährdete Männer, die auch als A-Typ bezeichnet werden, im Umgang mit Streß ganz charakteristische Eigenschaften: außergewöhnlichen Leistungsdrang, Feindseligkeit, Wettbewerbsverhalten, Ungeduld sowie eine Vielzahl anderer fehlangepaßter Verhaltensweisen.

Eine für potentielle *Selbstmörder* typische Entwicklung ist, daß der Streß zum Gefühl der Hoffnungslosigkeit und zur Depression führt. Therapeutische Bemühungen sind in diesen Fällen auf das Wiederaufbauen eines Kompetenzgefühls ausgerichtet. Dem Selbstmord ging oft eine Erfahrung sozialer oder ökonomischer Veränderungen oder der Verlust eines geliebten Menschen voraus.

Die *Entspannungsreaktion* bewirkt als Antistreßreaktion eine Lockerung der Muskelverspannung, Verminderung der Kortexaktivität, der Herzfrequenz, des Blutdrucks und eine Verlangsamung der Atemtätigkeit. Diese Art der Entspannung setzt die gleichen Reizbedingungen voraus, wie sie von Meditationspraktiken geboten werden.

Progressive Entspannung und *transzendentale Meditation (TM)* machen beide Tiefenentspannung möglich. Besonders die TM, deren Meditationspraxis die Wiederholung von „Mantras" (Tonsilben) beinhaltet, bewirkt physiologische Veränderungen im Nervensystem, Blutkreislauf und Atmungssystem.

Mit Hilfe der *Biofeedbacktechnik* kann man lernen, innere organische Prozesse zu steuern. Ausgefeilte Computertechnologie ermöglicht die Beobachtung subtiler Veränderungen der Pulsfrequenz, des Blutdrucks, der Körpertemperatur und der EEG-Wellen. Am effektivsten jedoch läßt sich das Biofeedback zum Entspannungstraining einsetzen. Mit Biofeedback übende Klienten lernen sich schneller zu entspannen als Meditationsschüler, das Trainingsergebnis insgesamt übersteigt jedoch nicht das der Meditationspraxis.

Es ließ sich auch aufzeigen, daß die Art der *kognitiven Bewertung* eines Stressors seine autonome Wirkung verstärken oder vermindern kann. Angemessene Vorbereitung auf ein streßbedingendes Ereignis ist ein wichtiger Bestandteil des *Streßmanagements*. Wenn Warnungen vor Gefahren wirkungsvoll sein sollen, müssen sie folgendermaßen strukturiert sein: Sie müssen ein effektives Angstniveau hervorbringen (keine übermäßige Furcht), müssen bewirken, daß der Angesprochene hinsichtlich des Gegenstands seiner Angst etwas unternimmt, und müssen schließlich klipp und klar angeben, welche Schritte zu unternehmen sind. Auch die *verbale Selbstinstruktion* ist ein Mittel des Streßmanagements. Sie enthält Selbstanweisungen für die Phasen der Vorbereitung, der Konfrontation, der Bewältigung bei dem Gefühl, nicht durchhalten zu können und schließlich Selbstverstärkung.

Das Grundanliegen von *Encountergruppen* ist die intensive menschliche Begegnung in kleinen

Gruppen. In der Regel erhält der Teilnehmer Ermutigung und Zustimmung für als positiv erachtetes Verhalten und schonungslose Kritik für das Zeigen unerwünschter Eigenschaften.

Obwohl in Encountergruppen positive Ergebnisse erzielt werden können, beinhaltet die Teilnahme auch ein psychisches Risiko. Viel hängt von der Persönlichkeit des Leiters ab.

Teil IV
Das Potential des Individuums und der Gruppe: Möglichkeiten und Gefahren

Einleitung

Die Pathologie menschlichen Verhaltens offenbart sich z. B. im Vorurteil, in der Sucht, Neurose, Psychose und im Selbstmord. Beim Versuch, diese „abnormen Verhaltensweisen" zu verstehen, werden wir die verschiedenen Auffassungen von der Natur der Gemüts- und Geisteskrankheiten untersuchen. Unterscheiden sich solche „kranken" Menschen wirklich von ihren normalen Mitbürgern? In welchem Ausmaß muß man dieses „Abnormale" oder „Pathologische" durch die umgebende Kultur oder Bezugsgruppe relativiert sehen?

Während die Menschen in Stillschweigen oder Schmerz ihrem Leid ausgeliefert sind, sehen Forscher, Therapeuten und Krankenschwestern ihre Lebensaufgabe darin, diese Leiden wenigstens etwas zu mildern. Aber schon seit Adam und Eva wissen wir, daß es leichter ist zu fallen als aufzustehen. Immerhin gibt es einige Therapieformen, die bei bestimmten Patienten einen Erfolg versprechen.

In Kap. 15 werden wir untersuchen, welche Therapieformen zur Verfügung stehen, um die unterschiedlichen Formen abweichenden Verhaltens zu ändern. Entsprechend unserer Erkenntnis, daß physiologische Faktoren, Lernfaktoren und kognitiv-soziale Faktoren von zentraler Bedeutung für die Entwicklung des Menschen sind, werden wir auch Therapieformen finden, die auf diesen 3 Faktoren beruhen.

Der Mensch ist eindeutig ein soziales Wesen, das aktiv die Gesellschaft anderer sucht, sich in großen Städten zusammendrängt und oftmals empfänglicher für die sozialen Realitäten der Gemeinschaft ist als für die physische Realitäten der natürlichen Umgebung. Aber der Mensch hat sich gleichzeitig als ein Individuum entwickelt, das ein Gefühl für die eigene Identität und für eine eigene Persönlichkeit besitzt. In der Sozialpsychologie (s. Kap. 16) untersuchen wir die Art und Weise, in der Menschen durch ihre soziale Umwelt, durch andere Menschen und durch Gesetze, Regeln und Erwartungen, die von anderen Personen ausgehen, beeinflußt werden.

Wir werden die Motive und Werte untersuchen, die den Menschen dazu veranlassen, die Gesellschaft und das Mitgefühl anderer Menschen zu suchen, eine Verbindung, aus der einige von ihnen Macht, Einfluß und Führungskraft gewinnen.

Der Mensch hat aber nicht nur die Fähigkeit, sich mit seinen Mitmenschen zu vertragen, sondern auch – und dies in letzter Zeit häufig – die Neigung, sein eigenes Potential zu pervertieren. Aggression und Gewalttätigkeit sind Erscheinungen, die in unserem eigenen Lande leider allzuhäufig die Schlagzeilen der Tagespresse ausmachen. Ohne direkt auf einzelne Geschehnisse des Terrorismus einzugehen, untersuchen wir hier die Hintergründe von Gewalttätigkeit schlechthin (Kap. 17).

Wir beenden unsere Betrachtungen (im Nachwort) mit einem Zukunftstraum hinsichtlich der Dienste, die die Psychologie dem Menschen liefern kann, ohne dabei die Unsicherheit hinsichtlich der Bedingungen zu übersehen, die unter den Menschen bestehen muß, damit deren optimale Entwicklung und die volle Verwirklichung ihres Potentials möglich werden kann.

14 Abweichungen, Pathologie und Irresein

Das Unbekannte, das Ungewöhnliche, das Unerklärte und das Mysteriöse haben schon immer eine besondere Faszination auf den Menschen ausgeübt, die sich auf zweierlei Weise äußert: Einmal wird die Neugier geweckt und der Wissensdrang beflügelt, zum anderen reagieren die Menschen mit Furcht. Die erstere Reaktion wurde durch Wissenschaft, Erziehungswesen und Kunst in geordnete und konventionelle Bahnen gelenkt, die letztere findet ihren Niederschlag in dem starken Interesse an heidnischen Bräuchen, Hexerei, Magie, Okkultismus, Ufos u. ä. Was unbekannt und für uns nicht einsichtig ist, entzieht sich natürlicherweise unserer Kontrolle und falls es uns übel will, kann es uns möglicherweise selbst beherrschen oder gar uns zerstören. Schlimmer noch, wenn es jemandem gelänge, die geheime Kraft der unbekannten Mächte zu entdecken, könnte er mit diesem Wissen womöglich die Macht über den Rest der Menschheit an sich reißen. Dieses Grundthema durchzieht unsere Geistergeschichten, die alten Science-fiction-Filmserien und die Literatur über Horror und Irrsinn. Es ist, als ob die Menschen – im Bewußtsein ihrer eigenen Verletzbarkeit und Sterblichkeit – Allmacht und Unsterblichkeit ersehnten und gleichzeitig fürchteten.

Psychologie des Abnormen und geistige Krankheit

In der Psychologie gibt es für Studenten kaum etwas Interessanteres als die Psychologie des Abnormen und die Dynamik der Psychopathologie. Tatsächlich setzt der Durchschnittsbürger oft die gesamte Psychologie mit dem Studium der Geisteskrankheiten gleich. Trotz dieser Faszination, die die Untersuchung anomaler Prozesse ausübt, bringt man für den Menschen selbst, in dem solche Prozesse stattfinden, nur wenig Toleranz und fürsorgliches Interesse auf. In unserer Gesellschaft ist der „geistig Kranke" in einer Art und Weise abgestempelt, wie dies für den körperlich Kranken nicht zutrifft. Untersuchungen haben gezeigt, daß die Öffentlichkeit den geistig Kranken i. allg. fürchtet und meidet. Diesen Menschen wurde schon immer eine Sonderstellung zugewiesen. Zu manchen Zeiten und in verschiedenen Teilen der Welt hielt man Individuen, die Anfälle, Visionen oder Halluzinationen hatten, für Propheten oder Schamanen und verehrte sie ob ihrer vermeintlichen göttlichen Eingebung als Auserwählte. Weitaus häufiger jedoch wurden sie von der Gesellschaft abgelehnt, ausgestoßen, isoliert, gefoltert oder getötet.

Trotz der weiterbestehenden Vorurteile gegenüber Menschen, die (im juristischen Sinne) in die Kategorie der „Geistesgestörten" oder „Geisteskranken" fallen, sind wir ein gewaltiges Stück weitergekommen, was die Ursachenerklärung für ungewöhnliches, wunderliches und gestörtes Verhalten anbelangt. Bevor man zu der heutigen Auffassung der „Geisteskrankheiten" gelangte, nahm man an, solch abweichendes Verhalten sei durch Dämonen verursacht, die den Körper des Betroffenen beherrschten, von jenen unsichtbaren Kräften also, die man als Ursache alles Bösen, aller Schmerzen und allen Leids in der Welt ansah. Die einzige Hoffnung lag darin, diesen Geistern den Zutritt zum Körper zu verwehren. Hatten sie sich erst einmal Eintritt verschafft, so mußte die Austreibung versucht werden, deren Ausgang recht ungewiß war, da der Patient im Verlauf der Prozedur ebensogut sterben wie wieder zur Normalität zurückfinden konnte (Abb. 14.1.).

Die Menschen trugen Amulette und Zauberabwehrmittel (gewöhnlich aus Teilen vom Körper heiliger Tiere verfertigt), um das Böse fernzuhalten.

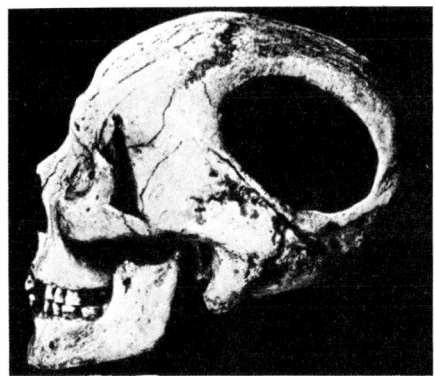

Abb. 14.1. Der neolithische Schädel *(oben)* ist ein stummer Zeuge einer der ersten Versuche, geistige Störungen zu behandeln: Ein Loch wurde in den Schädel des „Patienten" gebohrt, damit die bösen Geister entkommen konnten. Vor weniger als 100 Jahren waren noch das Kastenbett *(Mitte)*, das gewalttätige Personen zügeln sollte, und der Drehgalgen *(unten)*, der die geistig Gestörten wieder zur Vernunft bringen sollte, in Gebrauch

Körperliche und geistige Erkrankungen wurden also mit Besessenheit durch Dämonen erklärt, und folglich gab es auch für beide Krankheitsfor-

men nur eine Kur, nämlich die Austreibung der bösen Geister durch Zauberei, magische Rituale, Kräutertränke und Blutegel (vgl. „Unter der Lupe", S. 496).

Von Zauberärzten, die vor der normannischen Eroberung 1066 in England praktizierten, sind Schriften überliefert, in denen wir folgende Beschreibung finden können:

„Wenn ein Mensch vom Teufel besessen ist oder wenn der Teufel ihn durch Krankheit in der Hand hat: Brechmittel, Lupine, Bilsenkraut, Teufelswurz, Leichenkraut; mische alles zusammen, füge als Flüssigkeit Ale hinzu, lasse es über Nacht stehen, füge 50 Abführkörnchen und Weihwasser bei – das Ganze ist aus einer Kirchenglocke zu trinken" (nach Margotta 1967, S. 292).

Kurz vor Christi Geburt tat der große römische Arzt Celsus einen beachtlichen Schritt vorwärts in Richtung auf die aufgeklärte Sichtweise, die (ohne Beachtung zu finden) schon Jahrhunderte zuvor Hippokrates vertreten hatte. Celsus' klassisches Werk *De Medicina* enthält ein Kapitel, in dem er eine Vielzahl geistiger Störungen klassifiziert und beschrieben hat. Was allerdings die Therapie anbelangt, waren seine Vorstellungen nicht ganz so aufgeklärt: Er empfahl, die Patienten hungern zu lassen und – sofern sie übererregt waren – mit Ketten zu schlagen.

Mit dem Machtanstieg der Kirche im Mittelalter wurde alles, was nicht recht und sauber, gut und gesund war, als Werk des Teufels und der Hexen angesehen. Das Beharren darauf, daß geistige Perversionen Manifestationen des Satans seien, führte nicht nur zu den Auswüchsen der Inquisition und zu Hexenjagden in großen Teilen Europas und der Neuen Welt, sondern machte außerdem jegliche analytische empirische Untersuchung psychischer Störungen unmöglich. Erst die mit der Renaissance einsetzenden gesellschaftlichen Wandlungen und Veränderungen der Denkweise machten es möglich, daß Aufklärung und wissenschaftliche Forschung an die Stelle des Aberglaubens traten.

Ein Bereich der Medizin, in dem nach der Renaissance große Fortschritte erzielt wurden, war die *Neurologie,* die Wissenschaft, die sich mit den Funktionen und Störungen des Gehirns, des Rückenmarks und des nervösen Systems befaßt. Durch die konsequente Unterscheidung zwischen Geist und Seele mit ihren spirituellen und mystischen Eigenschaften auf der einen

Unter der Lupe

Seien Sie wachsam!

Wir müssen auf der Hut sein: Der Aberglaube ist nicht tot! Alte Vorstellungen und primitive religiöse Überzeugungen sterben nie ganz aus, sie ruhen nur, bis die rechte Zeit gekommen ist, sie wieder neu zu beleben. So ist der Exorzismus, den man für einen primitiven Ritus längst vergangener Zeiten halten möchte, wieder aufgelebt.

Im Gefolge der großen Publicity des Films *Der Exorzist* kam zutage, daß sich die religiösen Riten der Teufelsaustreibung durch alle Zeiten gehalten haben, doch die Ausübung dieser Praxis erfolgte mehr im Verborgenen.

Der Taufritus der katholischen Kirche beinhaltet bis zum heutigen Tage noch die Prozedur der Teufelsaustreibung, die für notwendig erachtet wird aus der Vorstellung heraus, das Neugeborene sei als Folge der von Adam im Paradies begangenen Erbsünde vom Teufel besessen. Auch bei den Mormonen, der hassidischen Sekte der Juden und in anderen religiösen Gruppen findet sich diese Vorstellung von der Besessenheit durch Dämonen. Ein katholischer Priester aus Kalifornien berichtet von der erfolgreichen Anwendung alter Exorzismusrituale zur Befreiung einer ganzen Familie vom Teufel. „Der Teufel griff die Familie von außen her an. Er trieb sich um sie herum, schlug und würgte sie, aber er war nicht in ihrem Innern" (nach dem Jesuitenpater Karl Patzelt, *San Francisco Chronicle*, 19. Januar 1974).

Er unterscheidet in seinen weiteren Ausführungen zwischen Besessenheit von außen ("obsession"), die eher eine Heimsuchung durch den Teufel ist, und der eigentlichen echten Besessenheit von innen ("possession"): „Besessensein (`possession`) bedeutet, daß der Teufel wirklich in dem Menschen ist." Dies ist die Situation, die in dem Film *Der Exorzist* dargestellt wird, wo ein junges Mädchen, das sich durch teuflische Besessenheit schrecklich verändert hat, durch Exorzismus „gerettet" wird.

Die Faszination, die von der Vorstellung dämonischer Besessenheit als „externe" Erklärung für unerklärliches Verhalten auf die breite Öffentlichkeit ausgeht, wird von vielen Psychologen als beunruhigend empfunden, besonders wenn sie mit solchen Fällen in ihrer eigenen Praxis konfrontiert werden. Nach einer Woche Publicity für den Film und Pater Patzelts Exorzismus klagte Pater Peter Riga vom St. Mary College darüber, daß bereits 6 Leute zu ihm gekommen seien, die sich für vom Teufel besessen hielten oder glaubten, jemand, den sie kannten, sei es. Dieser Priester hält den Exorzismus und die damit verbundenen Ideen für Unsinn, allerdings seien sie gefährlicher Unsinn, so meinte er, wenn man sich vor Augen halte, welch exzessive Formen er im Mittelalter angenommen habe.

Eine 1974 vom „Center for Policy" bei 3546 Erwachsenen in den USA durchgeführte Meinungsumfrage ergab, daß 48% der Befragten die Existenz des Teufels für *sicher* und weitere 20% sie für *wahrscheinlich* hielten (*Times*, 29. April 1974, S. 99).

Also: Vorsicht mit der Entschuldigung: „Der Teufel muß mich geritten haben!", wenn wir unser schlechtes Betragen erklären wollen. Es könnte sonst leicht jemand auf den Gedanken kommen, wir hätten ein bißchen Exorzismus nötig.

Seite und der medizinischer Forschung zugänglichen Funktionsweise des physischen Nervensystems auf der anderen Seite, erhielt die wissenschaftliche Untersuchung der Geistesstörungen Legitimität und Ansehen. Mit einem Schlag transformierte das medizinische Modell Irresein und teuflische Besessenheit in „geistige Krankheit" und „Nervenleiden".

In vergleichbarer Weise, wie man zur Ermöglichung verläßlicherer Diagnosen und standardisierter Behandlung die körperlichen Erkrankungen klassifizierte, bildete sich im 18. Jahrhundert auch im Bereich der Psychiatrie ein Klassifikationssystem (*Nosologie*) der Geistes- und Gemütsleiden und der Verhaltensabweichungen heraus. Deutsche Nervenärzte des 19.

Jahrhunderts konzentrierten sich auf die Beschreibung, Klassifizierung und sorgfältige experimentelle Untersuchung der Physiologie des Nervensystems, der Zellpathologie und auf die organischen Grundlagen der Geisteskrankheiten. Die Psychiatrie in Frankreich war zu dieser Zeit dadurch gekennzeichnet, daß sie sich in *dynamisch* orientierter Weise auf die Erforschung der *Ursachen* emotionaler Störungen, d. h. hauptsächlich der Neurosen, konzentrierte. Im Rahmen seines Medizinstudiums hielt sich der Wiener Sigmund Freud im Jahre 1885 in Paris auf. Nach seiner Rückkehr nach Wien entwickelt er – zusammen mit Josef Breuer – die Methoden der freien Assoziation, die zum methodologischen Eckpfeiler der psychoanalytischen Richtung werden sollten.

Es war Freud, der mehr als irgendeine andere Einzelpersönlichkeit der Untersuchung und Behandlung des abnormen Verhaltens zur Anerkennung verhalf und sie als etwas Zeitgemäßes und intellektuell Attraktives erscheinen ließ. Er bewerkstelligte dies, indem er die alte, im wesentlichen statische Modellvorstellung vom leidenden Individuum als passives Opfer der Dämonen oder Krankheiten verwarf. Diese alte Auffassung führte Freud in mehr dynamische Sichtweisen über, die das Individuum nun als (wenngleich unbewußt) aktiv Handelnden und seine seelischen Qualen selbst Auslösenden in das Krankheitsgeschehen miteinbezogen.

Als die dynamischen Kräfte, denen vieles von dem, was als „abnorm" galt, zugeschrieben werden konnte, sah man nun unbewußte Motive und die Unterdrückung unerwünschter Triebe an. Freud baute die psychoanalytische Theorie dahingehend aus, daß sie für einen großen Teil des vermeintlich irrationalen und sinnlosen neurotischen Verhaltens plausible Erklärungen anbot. Durch das Postulat, die Neurose sei als Ausweitung „normaler Prozesse" im Zusammenhang mit psychischen Konflikten und Ich-Abwehr zu verstehen, bewirkte Freud, daß der Neurotiker wieder in den Schoß der Gesellschaft aufgenommen werden konnte. Er ließ die Seele wiedererstehen in Form des Über-Ich und des Gewissens und vereinigte den Geist wieder mit dem Nervensystem: Auf diese Weise konnte nun der Mensch als Ganzes behandelt werden. Klinische Psychologen und Psychiater in den USA übernahmen schnell die Freudschen Auffassungen und machten sie zur Grundlage der

psychoanalytischen Therapie (die in Kap. 15 beschrieben wird).

Dollard u. Miller (1950) blieb es vorbehalten, einen Teil der Freudschen Grundgedanken in die Sprache der – in den frühen 50er Jahren vorherrschenden – Lerntheorie umzuformen, um dadurch der psychoanalytischen Denkweise auch bei forschungsorientierten Psychologen mehr Anerkennung zu verschaffen und sie besser nutzbar zu machen.

Die systematische wissenschaftliche Untersuchung und Erforschung der Muster abnormen menschlichen Verhaltens stellt eine Entwicklung dar, die erst in jüngerer Zeit ihren Anfang genommen hat. Der traditionelle Forschungsansatz bestand darin, daß man in einem Fallstudienbericht eine gründliche Analyse der offensichtlichen Ursachen, Symptome und des Verlaufs der „geistigen Erkrankung" bei einem Einzelpatienten erarbeitete.

Studenten sind oft ganz verblüfft, wenn sie erfahren, daß Freuds monumentales Werk zum Großteil aus solchen Fallstudien abgeleitet ist und sich überhaupt nicht auf Experimente stützt, die kontrollierte Beobachtung und Vergleiche mitbeinhalten.

Der Wert der Einzelfallstudie liegt in erster Linie darin, daß sie eine ergiebige Quelle für neue Ideen und Hypothesen sein kann. Um die Gültigkeit solcher Hypothesen zu bewerten, bedarf es aber der gleichen wissenschaftlichen Methodologie wie beim Austesten einer neuen Vorstellung in jedem anderen Bereich der Psychologie. Erst im Laufe der letzten Jahrzehnte wurden großangelegte Datensammlungen, das Testen von theoretisch abgeleiteten Hypothesen und die exakte Durchführung der Evaluation von Behandlungsstrategien zu Grundbestandteilen der klinischen Psychologie.

Es läßt sich zwar nicht genau bestimmen, in welchem Maße geistige und emotionale Probleme bei augenfälligeren Dingen, wie Scheidung, Verbrechen, kriegerische Auseinandersetzungen, Vorurteilen und Selbstmord, eine Rolle spielen; wir wissen jedoch, daß „Persönlichkeitsstörungen" oft zu sozialen Konflikten führen und daß sie bisweilen auch in Gewalttätigkeit resultieren, die sich sowohl gegen andere als auch gegen sich selbst richten kann. Schwere körperliche Erkrankungen können die Ausbildung starker psychischer Störungen begünstigen, und andererseits hat eine Vielzahl physischer Fehlfunktionen ihre Wurzeln im emotionalen Bereich.

Jahraus, jahrein gibt es unzählige Menschen, die an irgendeiner Form geistiger Erkrankung, eines Nervenleidens oder einer emotionalen Störung leiden. In den USA werden z. Z. die durch seelische Erkrankungen verursachten Kosten mit über 20 Milliarden $ veranschlagt. Soweit der rein monetäre Aufwand; aber niemand kann das Ausmaß des Leidens, den Verlust an Menschenpotential abschätzen. Statistiken enthalten zwar nur trockene Fakten, aber anhand dieser Faktensammlung können wir ungefähr abschätzen, welchen Umfang die Problematik angenommen hat, die durch psychische Krankheiten in den USA aufgeworfen wurde. Die Schizophrenie gehört zu den Formen geistiger Erkrankungen, die das Leben der Betroffenen besonders stark beeinträchtigen. Sie erfordert stationäre Behandlung und Langzeittherapie. Die Prognosen gehen dahin, daß über 2% aller 1960 geborenen amerikanischen Kinder zu irgendeinem Zeitpunkt ihres Lebens an Schizophrenie erkranken. (Alle Schätzungen beruhen auf der *National Clearinghouse for Mental Health Information,* Publikation Nr. 5027.)

Die Krankheit, die in unserer Zeit den ersten Platz einnimmt, ist die Depression: Fast 100 000 Menschen werden jährlich wegen Depressionen in Krankenhäuser eingewiesen und ständig sind Millionen von ihr betroffen. In den USA findet bei mehr als 20 000 Menschen jährlich das Leiden an Depressionen ein tragisches Ende im Selbstmord. Schätzungsweise stirbt alle 26 min irgendwo ein Mensch durch Selbstmord. Auf jeden dieser durchgeführten oder bekanntgewordenen Selbstmorde kommen aber mindestens 3 weitere Fälle, die nicht bekannt werden oder nicht „erfolgreich" sind. Der Alkoholismus stellt für über 5 Mio. Amerikaner ein persönliches Problem dar und ist darüber hinaus eine einschneidende soziale Belastung für ihre Familien, Freunde und Arbeitgeber, nicht zu reden von den unschuldigen Opfern verhängnisvoller Verkehrsunfälle unter dem Einfluß von Alkohol. Drogenmißbrauch bestimmt den Lebensstil von über 100 000 bekanntgewordenen Drogenabhängigen in den USA und stellt für Hunderttausende, die an andere Drogenarten gewöhnt sind, ein großes Problem dar; aber das ist nicht alles: der Drogenmißbrauch bedeutet auch ein Problem für die Gemeinwesen, die versuchen, ihn einzudämmen, und die sich mit seinen Folgen wie Kriminalität und Gewalttaten auseinanderzusetzen haben. Durch Verbrechen und Vergehen gegen die Gesetze erleidet die Öffentlichkeit jährlich einen Schaden von schätzungsweise über 20 Milliarden $, ganz zu schweigen von dem Verlust an sozialem Vertrauen der Menschen untereinander, der mit hohen Kriminalitätsraten Hand in Hand zu gehen pflegt.

Krank! Krank. Krank?

Ist Wahnsinn, wie etwa Schönheit, etwas, das von der Meinung des Betrachters abhängig ist, oder existiert er „wirklich", d. h. besteht er unabhängig von der Bewertung seitens der Gesellschaft und dem subjektiven Standpunkt des Beurteilers, wie beispielsweise der Tod? Es gibt Versuche, eine Antwort auf diese Frage zu finden, die die Grundfesten der modernen Psychiatrie erschüttern könnten. Von einigen dieser Versuche sei hier berichtet.

Bei körperlichen Krankheiten gibt es klare, nach allgemeinem Konsens eindeutige und i. allg. meßbare pathologische Zeichen. So läßt sich z. B. die Leukämie identifizieren durch ein ungewöhnliches Verhältnis zwischen den weißen und roten Blutkörperchen, Krebs durch das unkontrollierte Wachstum von Tumoren, Paralyse durch Nervendegeneration und Reaktionsschwäche der Muskeln. Eine psychische Erkrankung dagegen ist einfach dann existent, wenn irgend jemand sagt, sie sei es.

So ist die Psychopathologie nicht bestimmt durch physische Realitäten, sondern durch soziale. Es wird Verhalten beobachtet, nicht Gewebe. Jemand muß das Verhalten bewerten und beurteilen, ob es pathologisch ist. In unserer heutigen Gesellschaft betrachtet man Individuen als geistig gestört, wenn einige der folgenden Anzeichen kombiniert auftreten (nach Wegrocki 1939, Scott 1958, Allport 1960):

1. Die Betroffenen sind in psychiatrischer Behandlung.
2. Angesehene, einflußreiche Mitglieder der Gemeinde (Lehrer, Richter, Eltern, Ehegatten, Priester) stimmen überein, daß das Verhalten ein bestimmtes Maß an Fehlanpassung aufweist.

3. Ein Psychiater oder klinischer Psychologe diagnostiziert eine geistige Störung.
4. Die Testwerte auf psychologischen Selbstbeurteilungsbögen weichen in einem bestimmten Ausmaß von den Standardwerten einer Gruppe ab, die als normal bezeichnet wird.
5. Die Betroffenen bezeichnen sich selbst entweder explizit als geistesgestört oder geben indirekt Auskunft, indem sie ihren Gefühlen des Unglücklichseins, der Angst oder der Minderwertigkeit Ausdruck verleihen.
6. Ihr Verhalten in der Öffentlichkeit weicht in auffälliger Weise von dem ab, was von der Mehrheit der Gesellschaft als anerkannte, gültige Verhaltensnorm erachtet wird.

Kritik des medizinischen Modells

Der Schluß, daß große Fortschritte im Studium und in der Behandlung von Fehlverhalten auf die Annahme eines medizinischen Modells (s. Kap. 15) zurückverfolgt werden können, erscheint vernünftig. Aus einer anderen Perspektive heraus läßt sich jedoch an den Annahmen dieses Modells und der Orientierung, zu der es führt, ernsthaft Kritik anbringen, die sich darauf richtet, daß nämlich dieses Modell die Forschung und mögliche Problemlösungen auf eine falsche Fährte leitet.

Die Hauptpunkte der Anwendung eines medizinischen Modells auf psychologische und psychiatrische Verhaltensprobleme sind folgende: a) anomales Verhalten ist symptomatisch für ein zugrundeliegendes Leiden; b) offene Symptome sind Zeichen interner pathologischer Zustände oder Prozesse; c) die letztlich entscheidende Ursache geistiger Krankheit ist in genetischen, biochemischen organischen Fehlfunktionen zu finden; d) die gegenwärtige Erkrankung ist die Manifestation der individuellen Vorgeschichte von Trauma und Deprivation sowie Variablen, die mit schlechter geistiger Gesundheitspflege in Zusammenhang stehen; e) es wird streng unterschieden zwischen „Krankheit" und „Gesundheit", „anomal" und „normal", „krank" und „gesund"; f) die Behandlung erfordert Hospitalisierung und medizinische Interventionen, die darauf abzielen, den Kranken von der in ihm steckenden Krankheit zu heilen.

Existiert geistige Krankheit aber nun innen oder außen? Wenn man das medizinische Modell als angemessen für das Verstehen von Fehlverhalten ansieht, ist die wichtigste Konsequenz, daß die Betonung auf der Person liegt und nicht auf dem Milieu, in dem der Betroffene sich bewegt. Die Orientierung richtet sich auf in der Vergangenheit liegende Ursprünge der Krankheit und nicht auf die gegenwärtigen Bedingungen, die das Fehlverhalten aufrechterhalten. Das Modell unterstellt, daß der von der Krankheit „Befallene" bis zu einem gewissen Grade isoliert werden muß, wobei ihm in dem von medizinischen Experten geleiteten Heilungsprozeß die *passive Patientenrolle* zugewiesen wird. Das medizinische Modell nimmt ferner an, daß, auch wenn nach einer durchgeführten Behandlung sämtliche Symptome verschwunden sind, der Patient nicht notwendigerweise als geheilt anzusehen ist, da Symptome nur die Spitze des im Wasser verborgenen Eisbergs der psychischen Krankheit darstellen. Wenn der Zustand eines psychisch Kranken nach dem völligen Schwinden aller Symptome beschrieben wird, heißt es dann, seine Krankheit sei *in Remission*. Dies bedeutet, daß die Krankheit nach außen nicht sichtbar ist, es impliziert aber, daß sie jederzeit wieder ausbrechen kann. Kann man sich vorstellen, wie einem Menschen zumute sein muß, der alle Symptome, deretwegen er ins Krankenhaus ging, wieder los ist und dann hören muß, er sei ein „Schizophrener in Remission"? (Vgl. „Unter der Lupe", S. 500.)

Die Hauptkritikpunkte am medizinischen Modell sind folgende: a) Das Phänomen, das mit dem Ausdruck „geistige Krankheit" belegt wird, wäre besser als *Abweichung,* denn als *Krankheit* zu bezeichnen. b) Was auch immer mit „geistiger Krankheit" benannt wird, ist keine Einheit wie Krebs oder TBC, sondern stellt vielmehr eine subjektive Bezeichnung oder eine Metapher dar, die man gebraucht, um bei anderen auf Zustände oder Prozesse hinzudeuten, die nicht direkt beobachtbar sind. c) Die sozial, ökonomisch und politisch *Machtlosen* werden eher als „geistig krank" bezeichnet als die Mächtigen, auch wenn beide gleiches Verhalten zeigen. d) Irresein ist das Ergebnis der Interaktion des Individuums mit seiner Umwelt und seiner Anpassung an diese mit all ihren widersprüchlichen Forderungen, unzumutbaren Normen und pathologischen Beziehungen, wie sie in Familie und Schule, am Arbeitsplatz und in anderen Situationen anzutreffen sind. Diese allgemeine

Unter der Lupe

Geistig Gesunde in Institutionen für Geisteskranke

Wäre es denkbar, daß ein normaler, „geistig gesunder" Mensch, der nie in seinem Leben unter ernsthaften psychiatrischen Symptomen gelitten hat, in eine Irrenanstalt aufgenommen wird und, wenn er einmal dort ist, nicht als „Gesunder" erkannt wird? Dies ist mehr als eine akademische Frage; hier drückt sich nämlich die Angst aus, die sich vielen Menschen aufdrängt, die Nervenheilanstalten besuchen oder in ihnen arbeiten. Eine höchst bemerkenswerte Studie von Rosenhan (1973) erweist, daß diese Furcht teilweise gerechtfertig ist. Ist ein Mensch erst einmal mit dem Etikett „verrückt" oder „geisteskrank" versehen und in einer entsprechenden Anstalt gelandet, so ist es unwahrscheinlich, daß sein Verhalten – was immer er auch tun mag – als normal angesehen wird. Rosenhan und 7 andere Personen wandten sich an 12 verschiedene Hospitäler in 5 verschiedenen Staaten der Ost- und Westküste, und zwar in der Weise, daß bei den Anmeldungsbüros aller dieser Krankenhäuser telefonisch um einen Termin ersucht wurde. Jeder der Pseudopatienten klagte über das gleiche: „Ich höre Stimmen, deutliche Stimmen. Ich glaube, sie sagen ‚leer', ‚hohl', ‚dumpf'." Abgesehen von diesen Falschangaben und der Änderung des Namens und Berufs wurde alles andere wahrheitsgemäß berichtet und stellte somit die nichtpathologische Lebensgeschichte der Pseudopatienten bis zur Gegenwart dar. In fast allen Fällen lautete die Diagnose „schizophren". Eine Ausnahme macht nur das einzige in die Studie einbezogene Privatkrankenhaus, wo die Diagnose „manisch depressiv" lautete. (Diese Diagnose ist mit einer besseren Heilungschance verbunden.) Die Pseudopatienten hörten, sobald sie in die entsprechenden psychiatrischen Stationen aufgenommen waren, sofort auf, irgendwelche Symptome zu simulieren. Jeder Pseudopatient verhielt sich in jeglicher Hinsicht so „normal" wie möglich.

Wie lange dauerte es, bis man ihnen auf die Schliche kam? „Obwohl die Pseudopatienten offen ihre psychische Gesundheit demonstrierten", so Rosenhan, „wurden sie überhaupt nicht entdeckt oder durchschaut. Überwiegend mit der Diagnose ‚Schizophrenie' aufgenommen, wurden sie mit der Diagnose ‚Schizophrenie in Remission' entlassen." Der Krankenhausaufenthalt erstreckte sich über 7–52 Tage, wobei der Durchschnittswert bei 19 Tagen lag. Bezeichnenderweise wurde die Entlassung durch Intervention von Ehepartnern oder Kollegen erwirkt und kam in keinem Fall dadurch zustande, daß etwa ein Mitglied des Pflegepersonals entdeckt hätte, daß es sich hier um eine Fehleinweisung handelte, oder daß jemandem aufgefallen wäre, daß sich hier ein geistig Gesunder in einer Station für Geisteskranke aufhielt.

Um die Subjektivität der Beurteilung und die Unzuverlässigkeit der psychiatrischen Diagnose nochmals zu demonstrieren, führte Rosenhan 1973 eine ähnliche Studie an einem Krankenhaus durch, dessen Personal von der oben beschriebenen Studie wußte und sich zu glauben weigerte, derartige Irrtümer könnten in *ihrem* Hause vorkommen. Es ließ sie wissen, daß irgendwann im Laufe der nächsten 3 Monate ein oder mehrere Pseudopatienten an ihrem Krankenhaus um Aufnahme ersuchen würden. Der Mitarbeiterstab war also darauf vorbereitet, „Schwindler" zu entlarven. Sie überprüften systematisch, mit wie sicherer Überzeugung sie bei jedem einzelnen der in diesem Zeitraum in das Krankenhaus aufgenommenen 193 Patienten bestimmen konnten, ob es sich jeweils um einen gesunden Pseudopatienten oder um einen kranken echten Patienten handelte. Es stellte sich heraus, daß 41 Patienten von jeweils mindestens einem Mitglied des Krankenhauspersonals mit sicherer Überzeugung als Pseudopatienten eingestuft wurden; bei 19 dieser Patienten wurde das Urteil „gesunder Pseudopatient" von jeweils einem Psychiater *und* einem anderen Mitarbeiter gefällt. Wieviel Pseudopatienten hatte Rosenhan nun wirklich in dieses Krankenhaus eingeschleust? Vielleicht haben Sie es schon erraten: *keinen einzigen!*

Kritik stammt hauptsächlich aus 3 Quellen: der radikalen Psychiatrie, der Soziologie und der Sozialpsychologie.

Ein ganz anderes Konzept von dem, was man bislang unter „geistiger Erkrankung" verstand, bildete sich in der von Laing und Szasz gegründeten „radikalen" Schule der Psychiatrie heraus. Ihr Argument lautet, die Beziehung zwischen „Anstalts- (oder Krankenhaus-)Arzt und unfreiwillig eingeliefertem Patienten ähnele eher dem Verhältnis zwischen Herrn und Knecht als dem zwischen Arzt und Patient" (Szasz 1973, S. 12). Dieses Verhältnis gründet sich ihrer Ansicht nach auf eine Machtposition des Arztes, die ihn in die Lage versetzen kann, ganz erbarmungslos vorzugehen, ohne Rücksicht auf Rechte und Wünsche des Patienten oder auf die Funktion, die dessen „Verrücktheit" für ihn in einer womöglich noch verrückteren Umwelt haben mag. Laing hält die Schizophrenie für eine „spezielle Strategie, die ein Mensch dann erfindet, wenn er in Lebensumständen ausharren muß, die anders für ihn nicht erträglich sind" (1967, S. 115).

Abweichung, nicht Krankheit

Zunehmende Einsicht in die Mängel des medizinischen Modells führte im Laufe der letzten Jahre dazu, daß Kritiker dazu übergingen, von einem soziologischen Denksystem her zu operieren. Sie stellten dabei die Behauptung auf, „geistige Erkrankung" sei angemessenerweise mit anderen Formen von *Abweichungen* zu vergleichen, nicht mit *Krankheit*. Mit Goffmans (1961) eindrucksvollen Arbeiten, in denen ausgeführt wird, wie der geistig Kranke als im moralischen Sinne Abweichender behandelt wird, begann eine Entwicklung, in der besonders die Bedeutung der Reaktion der Gesellschaft betont wird: Wer bestimmt, was Abweichung ist, und von wem kann man sagen, es sei ein Abweichler? Und wer soll festlegen, wie mit Abweichlern zu verfahren sei? (Vgl. Becker 1963, Kitsuse 1964, Erikson 1966). Tatsächlich ist es so, daß mit dem Status „abweichend" der Beigeschmack moralischer Unterlegenheit verbunden ist und daß er Hand in Hand geht mit sozialer Ablehnung und voreingenommener Abstempelung durch die Mächtigen oder durch die, die auch ein bißchen Macht fühlen möchten. Zusätzlich impliziert der Ausdruck *abweichend*,

daß sich ein Individuum „seinem Wesen nach von normalen Menschen unterscheidet und daß es in seiner Persönlichkeit keinen Bereich gibt, der von diesem ,Problem' unberührt ist" (Scott 1972, S. 14).

Erikson (1966) hat zur Diskussion gestellt, daß jede Gesellschaft sich negativ definiert, indem sie aufzeigt, was sie *nicht* ist: Dies ist leichter, als eine positive Definition zu erarbeiten. In der Abweichung nimmt all das, was böse und unzulässig ist, was man fürchtet, sichtbare Gestalt an. Man kann deshalb argumentieren, daß eine Gesellschaft ihrer Natur nach immer gewisse Grenzen braucht, wenn sie ein Mindestmaß an Stabilität erreichen will. In diesem Sinne könnte man annehmen, daß Abweichler, die ja diese Grenzen markieren, einen wichtigen Teil dieser Gesellschaft ausmachen, denn sie sind die Voraussetzung dafür, daß sich der Rest der Gesellschaft normaler, gesünder, seelisch intakter, besser, moralischer und gesetzestreuer fühlen kann. Was auch immer wir selbst tun mögen, wie gut tut es uns, wenn wir jederzeit noch jemand finden, auf den wir mit dem Finger zeigen und mit moralischer Entrüstung sagen können: So *etwas* würde *ich* nie tun! Wir müssen nur dem Leiden oder der Krankheit einen bestimmten Platz zuweisen und sicherstellen, daß eine klare Unterscheidung zwischen *uns selbst* und den *anderen* (den Betroffenen) gemacht wird, dann sind wir schon beruhigt, denn es ist ganz unvorstellbar, daß *wir selbst* jemals wie *sie* werden könnten; wir selbst sind schließlich auch nicht für die Bedingungen verantwortlich, die möglicherweise bei den anderen „abnorme" Reaktionen ausgelöst haben.

Stigma, überall Stigma

Die Diagnose „geistig krank" birgt 2 Konsequenzen in sich: die der öffentlichen Degradierung und die der Selbstentwertung. Das soziale Stigma, das mit „geistiger Krankheit" verbunden ist, ist stärker und zählebiger als irgendein anderer Makel (vgl. „Unter der Lupe", S. 504). Die Furcht vor dieser Brandmarkung kann dazu führen, daß man sich selbst oder anderen psychologischen Rat und Behandlung versagt, auch wenn diese dringend erforderlich sind (Yarrow et al. 1955, Schwartz 1957). Ein „geistig kranker" Patient zu werden, trägt per se schon zu der Angst des so etikettierten Individuums bei: Die-

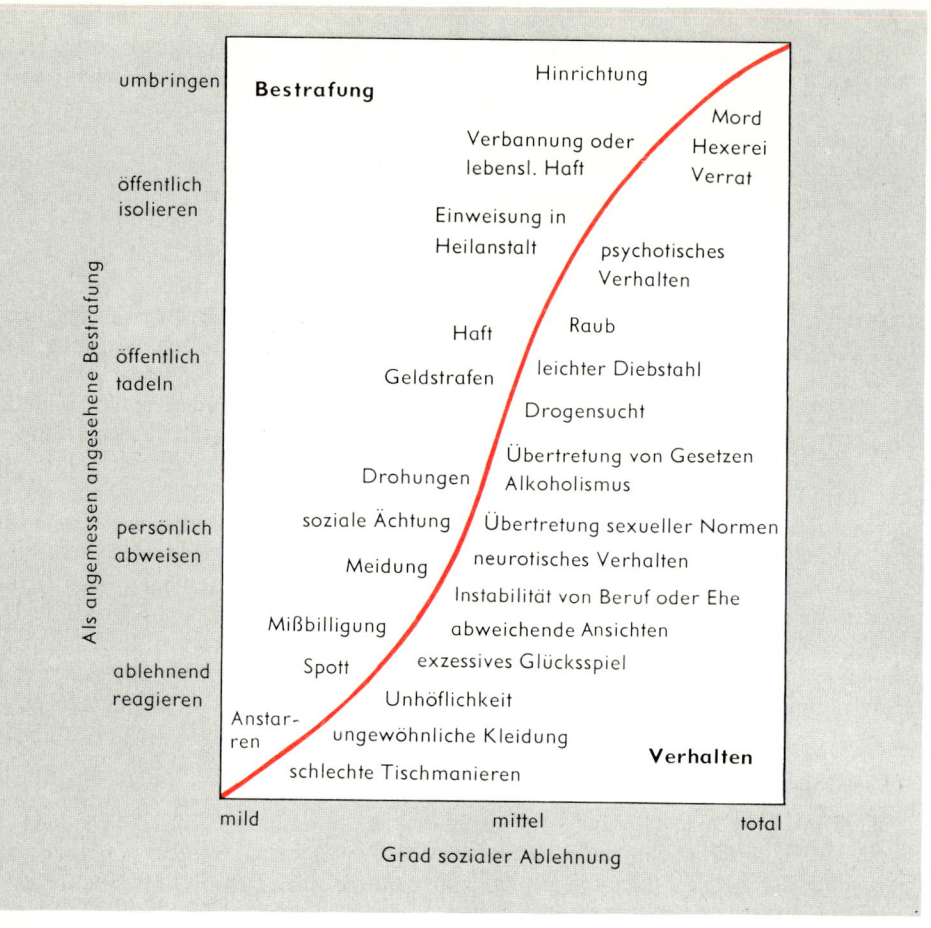

Abb. 14.2. „Die Strafe soll der Tat entsprechen".
Dieses Schaubild veranschaulicht *rechts* ein Kontinuum von Verhaltensweisen, die zunehmend unannehmbar sind und mit zunehmender Strenge behandelt werden *(links)*. Im Grunde sind alle *links* gezeigten Reaktionen Strafen für Abweichungen von einer
Regel oder Erwartung. Etwas prinzipiell Gleichartiges
trifft auf neurotisches oder psychologisches Verhalten
zu, dem gegenüber man sich ähnlich wie den Kriminellen und anderen von der sozialen Norm Abweichenden gegenüber benimmt – trotz der Tatsache, daß man
den geistig Kranken im juristischen Sinne nicht für
verantwortlich hält.

Genauso wie bei antisozialen Personen erwartet man
auch von psychisch Gestörten eine Bedrohung für
Leben und Besitz. Sie verhalten sich in unvorherseh-
barer Weise und schwächen dadurch die Möglichkeit
der sozialen Kontrolle. Und noch wichtiger: Psychisch
Gestörte scheinen unfähig zu sein, ihr Verhalten in
kontrollierter Weise auf Ziele zu lenken, die als
erstrebenswert angesehen werden, und stellen damit
fundamentale Annahmen über die Würde und Integrität der menschlichen Natur in Frage. (Nach Haas
1965)

ser Status mindert die Selbstachtung und stellt
eine sich selbst erfüllende Prophezeiung dar.
Es ist den geistig Kranken nicht möglich, eine
Betrachtungsweise einzunehmen, die sie vor
sich selbst als ganz normale Menschen erscheinen läßt, die nur mit gewissen, ihnen von Gesellschaft und Umwelt auferlegten Problemen nicht
fertig geworden sind. Statt dessen lernen sie,

daß sie gefürchtet, bemitleidet, abgelehnt, erniedrigt und isoliert werden. Oft werden sie
auch einfach als Simulanten abgetan, die nur zu
willensschwach und zu lasch sind, sich mit ihren Problemen auseinanderzusetzen (Fletcher
1967).
Der Sozialpsychologe Farina führte mit seinen
Mitarbeitern (1965, 1966, 1971) an der Universi-

tät von Connecticut kontrollierte Versuche mit der Manipulation der negativen Konsequenzen der Abstempelung als „geistig Kranker" durch. In den Experimenten erwies sich, daß Vpn andere Personen, bei denen sie argwöhnen mußten, sie seien eher ehemalige Psychiatriepatienten als „ganz normale" Mitarbeiter, nicht so gern mochten, daß sie deren Leistungen geringer bewerteten, daß sie sich ihnen gegenüber schroffer verhielten, daß sie lieber allein arbeiteten als mit diesen zusammen, und daß sie an einer weitergehenden Interaktion nicht interessiert waren. Die Vpn, die für die Studenten die Rolle der Psychiatriepatienten (oder irgendeine andere makelbehaftete Rolle) spielten, taten alles Erdenkliche, um zu beweisen, daß sie normal, männlich und intelligent waren. Dabei war ihr Verhalten weit mehr durch die Vorstellung diktiert, daß sie in den Augen eines Fremden mit einem solchen Makel behaftet waren, als durch die Instruktionen, die man ihnen für das Rollenspiel gegeben hatte und mit denen sie sich einverstanden erklärt hatten (Farina 1971). Ähnliche Experimente wurden in der Weise durchgeführt, daß echte ehemalige Patienten mitwirkten. Diejenigen, die annehmen mußten, ihre Mitarbeiter seien über ihren früheren Krankenhausaufenthalt informiert, zeigten schwächere Leistungen und erschienen deutlich angespannter und ängstlicher als diejenigen, die glaubten, man wisse nichts von ihrer Krankengeschichte (Farina et al. 1971).

Ist irgendein Verhalten wirklich anomal?

Angenommen, Etiketten seien austauschbar und Verhalten könne falsch beurteilt werden, gibt es dann irgendein Verhalten, das für Menschen immer anomal oder immer normal ist? „Anomal. Adjektiv. Nicht mit der Norm übereinstimmend. Wer in seinem Denken und in seiner Lebensführung unabhängig ist, ist anomal. Wer anomal ist, wird verabscheut" (Ambrose Bierce: *Lexikon des Teufels*, 1911).

Ist „normal" einfach das, was die meisten Menschen als normal anerkennen?

Nicht zu übersehen ist die Tatsache, daß das, was als „abnorm" angesehen wird, zum Teil historisch bedingt ist. Ein katholischer Priester

möchte heiraten; eine Frau raucht in der Öffentlichkeit; ein junger Mann verweigert den Wehrdienst, ein Schüler nimmt Rauschmittel – sie alle wären vor gar nicht langer Zeit in den Augen ihrer Umgebung „anomal" gewesen. Sind sie es noch immer? Bis vor kurzem hätte man einen jungen Mann, der sich wegen homosexuellen Verhaltens einer Psychotherapie unterzog, die Mißbilligung der Gesellschaft für seine abweichenden Impulse fühlen lassen; er hätte automatisch eine Behandlung erhalten zu dem Zweck, ihn von seinem „Leiden" zu „heilen". Manche Therapeuten sind heute dabei, das Problem neu zu definieren, indem sie die Homosexualität dann als akzeptabel betrachten, wenn sie eine freiwillige Alternative darstellt und nicht eine Reaktion, die sich als Folge von Furcht oder Vermeidungsmechanismen auf der Basis tiefwurzelnder Minderwertigkeitsgefühle quasi zwangsläufig ergibt.

Jenseits einer statistischen Definition der Abweichung

Die meisten dieser Definitionen des Abnormen sind im Grunde statistischer Art: Um wieviel weicht das Verhalten einer bestimmten Person von dem ab, was die meisten Leute tun? „Was die meisten Leute tun" bzw. was die Mächtigsten tun, hängt wiederum von der Kultur oder Epoche ab. Gesellschaften unterscheiden sich voneinander darin, was als Norm gilt, und wieviel Variabilität sie tolerieren, bis die Verhaltensunterschiede als signifikante Abweichungen angesehen werden. Dabei besteht immer die Tendenz, den sozialen Status quo zu schützen. Das geschieht einfach durch Bestrafung der Abweichenden (vgl. Abb. 14.2) oder dadurch, daß man mit den verschiedensten Mitteln auf sie einwirkt, um sie zur Norm zurückzuführen, oder auch durch ihre Eliminierung, damit die Durchschnittsreaktion („was die meisten Leute tun") nicht in Richtung des Nonkonformismus verändert wird (s. „Unter der Lupe", S. 506). Der Psychologe fungiert als Vertreter der Gesellschaft, aber wenn er die simple Ansicht vertreten würde, daß das, was für den Durchschnittsbürger gut ist, auch *gesund* sei, dann würde er die Kritiker als Abnorme und die Nonkonformisten als Verrückte abstempeln. Es ist offensichtlich, daß die „Normalität" der Normen einer jeden Gruppe wiederum durch an-

Unter der Lupe

Läßt sich der Makel jemals wieder ganz abwaschen?

In jüngerer Zeit erst gab es ein besonders häßliches Beispiel für den Schaden, den die Abstempelung mit dem Etikett seelischer Krankheit anrichtet: Wir erinnern an die öffentliche Schmähung und das Ende der politischen Karriere von Senator Thomas Eagleton, dem demokratischen Vizepräsidentschaftskandidaten in der Wahl von 1972. Er war bereits nominiert und auf die Wahlliste gesetzt, als die Enthüllung, er sei früher einmal in psychiatrischer Behandlung gewesen, eine solche Welle von Mutmaßungen und Zweifeln auslöste, daß er schließlich durch einen anderen Kandidaten ersetzt werden mußte. Die Kontroverse drehte sich hauptsächlich darum, daß Eagleton zehn Jahre zuvor wegen Depression in Behandlung gewesen war. Obwohl es nicht den geringsten Hinweis für ein Wiederaufleben depressiver Symptome gab, hielt man ihn nun in Politikerkreisen wie in der breiten Öffentlichkeit für immer noch „anfällig". Wird man den Senator jemals in seinem Leben wieder als „ganz normal" ansehen?

Die American Psychiatric Association reagierte auf die öffentliche Entrüstung in der Eagleton-Affäre mit einer Erklärung, die – im Auszug – wie folgt lautete: „Die zigtausend Menschen, die wieder normalen Aktivitäten nachgehen, nachdem sie erfolgreich gegen Depression behandelt worden sind, sind ein schlagender Beweis dafür, daß die Existenz einer depressiven Periode in der Lebensgeschichte eines Menschen auf die gleiche Art und Weise betrachtet werden sollte, wie eine große Reihe anderer erfolgreich behandelter Krankheiten" (Science News, 5. August 1972, S. 85).

Die Angelegenheit kam mit diesem Aufruf eines autorisierten Gremiums jedoch nicht zur Ruhe. Als die Kongreßkollegen Gerald Ford vor seiner Ernennung zum Präsidentschaftskandidaten bewerteten, prüften sie den Bericht über seine geistige Gesundheit sehr gründlich. In einer provokativen Darstellung machte der Kolumnist Sydney J. Harris deutlich, wie gefährlich unsere ungesunde Einstellung zum Problem der „geistigen Gesundheit" sein kann:

„(Der Kongreß) ersuchte Ford um wiederholte Versicherungen, daß er nie einen Psychiater aufgesucht habe oder jemals wegen einer emotionalen Störung behandelt worden sei; als ob die Tatsache, daß jemand niemals einen Psychiater konsultiert habe, ihn in irgendeiner Weise als psychisch gefestigt ausweise … Emotionale Probleme beeinflussen das Verhalten weit mehr als dies rein körperliche tun. Der springende Punkt ist nur der, daß sie das Verhalten jedoch weit stärker beeinträchtigen, wenn sie nicht erkannt und behandelt werden" (1974).

dere Kriterien beurteilt werden muß. War die Norm des Antisemitismus im Dritten Reich „normal"? Wenn jeder in Ihrem Bekanntenkreis sich entschließen würde, Heroin zu nehmen, wäre es dann „normal" mitzumachen? War es für einen Bürger der USA normal, sich in der Zeit vor dem Bürgerkrieg Sklaven zu halten?

„Es ist die Mehrheit,
die hier wie überall den Ton angibt.
Pflichte ihr bei, und du bist normal und
vernünftig:
finde etwas auszusetzen – und du wirst
zur Gefahr
und mußt mit Ketten gebändigt werden."

Emily Dickinson, 1882

Anzeichen der Veränderung

In unserer Zeit mit ihren sich rasch ändernden gesellschaftlichen Werten ist eine Gegennorm im Entstehen begriffen, die verlangt, daß sich jeder „um seine eigenen Sachen kümmert". Das Individuum nimmt sich alles Nötige von der Gesellschaft, ohne deswegen viel Verantwortung für ihr Fortbestehen zu fühlen oder gar aktiv dazu beizutragen, daß die Gesellschaft ihre Aufgaben der Unterstützung und Ernährung des Individuums erfüllen kann. Es könnte möglich sein, daß diese Entwicklung zu einem gesünderen Verhältnis zwischen Individuum und Gesellschaft führt, zu einer herabgesetzten Bereitschaft, ungewöhnliche individuelle Eigenheiten zugunsten gleichmacherischer Übereinkünfte zu opfern, und zu einer Anerkennung multipler Normen des angemessenen Verhaltens.

Andererseits sind Menschen soziale Wesen, und ein Leben in Selbstgenügsamkeit ist nicht die einzige Alternative zu den Konformitätszwängen der Gesellschaft. Jeder einzelne muß entscheiden, wie er von den anderen, unter denen er lebt, etwas profitieren kann, ohne im Gerangel um soziale Anerkennung seine Identität zu verlieren. Die Verwirklichung einer Gesellschaft, in der das Individuum und die Gruppe in einem fruchtbaren Austausch sind, anstatt daß die eine Seite immer wieder versucht, der anderen etwas wegzunehmen und sie herabzusetzen, kann erst mit der Zeit heranreifen. Unterdessen sind die psychiatrischen Krankenhäuser überbelegt und personell unterbesetzt, und die beim Individuum angetroffenen krankhaften Neigungen werden durch verschiedene Aspekte der gesellschaftlichen Pathologie aufrechterhalten oder gar noch verstärkt – Probleme, die nur durch ein gemeinsames und aufeinander abgestimmtes Vorgehen gelöst werden können.

Im folgenden wollen wir einige der am weitesten verbreiteten Formen gesellschaftlicher und individueller Krankheiten untersuchen. Wir haben sie entsprechend der Art des Verlustes an potentieller Fähigkeit zur Lebenserfüllung in 3 Gruppen unterteilt: a) Abhängigkeit und Sucht, b) Neurosen und c) Psychosen.

In Kap. 15 werden wir darüber handeln, was eindeutiger als soziale Pathologien bezeichnet werden kann.

Verlust der Fähigkeit zur Selbstregulation

Abhängigkeit und Sucht

Bei immer mehr Amerikanern kommt es dahin, daß das Konsumieren zum wichtigsten Bestandteil ihres Lebens wird. Sie trinken Alkohol, rauchen Zigaretten, nehmen Drogen, und diese Haltung nimmt rapide zu. Diese unglückseligen Menschen werden auf künstliche Substitute konditioniert. Sie lernen, sich auf diese Mittel zu verlassen, um vielfältige emotionale und körperliche Befriedigungen zu erlangen – um zu entspannen, um sich aufzuputschen, um eine depressive Stimmung zu lindern – kurz, um damit „den Tag durchzustehen".

Was allgemein als geschätzter Cocktail oder „Kurzer" beim Zusammensein mit anderen beginnt, kann zur heftigen Begierde nach einer Flasche Schnaps und mehr pro Tag werden, einer Begierde, die sich meldet, sobald der Alkoholiker aufwacht. Genauso kann sich die Zigarette nach dem Essen zu mehr als vier Packungen am Tag beim Kettenraucher verwandeln.

Der kleine Marihuanarausch, den man sich ursprünglich nur bei gelegentlichen Parties gönnt, kann hinführen zum LSD-Alptraum, der manchmal im Selbstmord endet, oder zu einem Dauertrip der Paranoia und Gewalttätigkeit oder zur nie endenden Gier des Heroinsüchtigen nach dem nächsten Schuß. Sogar etwas scheinbar so Harmloses wie das Essen – normalerweise nichts weiter als eine unerläßliche Voraussetzung für die Aufrechterhaltung des Zellstoffwechsels – kann zu derart abnormen Formen entarten, daß dadurch für den Organismus eine ebensogroße Belastung und Gefahr entsteht wie bei der Abhängigkeit von irgendeiner anderen Sucht.

Soziale Normen tragen zur Abnormität bei

Soziale Normen bestimmen, wer abgelehnt und als Außenseiter gebrandmarkt wird. Sie können daher bei denjenigen, die sich nicht anpassen können oder wollen, zur Abnormität beitragen, weil ihre Verletzung Angst, Selbstzweifel und soziale Isolierung herbeiführt. Das Ansteigen der Einweisungen von Angehörigen der Mittel- und Oberschicht in Nervenkrankenhäuser, das bei jeder wirtschaftlichen Rezession beobachtet werden kann, ist ein Preis, den wir für unsere hohe Bewertung des wirtschaftlichen Erfolges zu zahlen haben.

Die von Eltern, Lehrern und anderen aufgestellte überhöhte Leistungsnorm hat dazu geführt, daß sich viele Menschen in unserer Gesellschaft geistig minderwertig fühlen. Anderen entstanden Qualen aus ihrer Sexualität, entweder weil ihre Eltern sie zu der Auffassung erzogen, Sex sei mit Sünde gleichzusetzen, oder weil sie im Umgang mit Gleichaltrigen lernten, er bedeute Eroberung und ein Mittel, sich als erfolgreich darzustellen. Dadurch, daß sie sich an außergewöhnlichen Vorbildern orientieren und diese als Modellobjekte für den sozialen Vergleich herausstellen, oder indem sie sich irgendwelcher anderer „normaler" Erziehungstechniken bedienen, bilden viele Eltern – unabsichtlich – in ihren Kindern das Gefühl heraus, häßlich, wertlos, eine Last oder vorsätzlich böse zu sein.

Die Massenmedien sind vielleicht die schlimmsten Übeltäter, was die Verbreitung des Unsinns paranoider Konformität angeht. In der Fernsehwerbung wird den Frauen eingeredet, um „natürlich" und „sexy" auszusehen, müßten sie sich zahllose Kosmetika auf Gesicht und Körper auftragen. Weiterhin werden sie davon überzeugt, sie müßten mit Hilfe von Deodorants, besonderen Seifen, „Intimsprays", Mundduschen usw. jeden natürlichen Körpergeruch unterbinden und statt dessen durch Parfüms einen verlockenden Körpergeruch herstellen. Ein richtiger Mann muß trinken, rauchen und ein spezielles Rasierwasser benutzen, das ihn über Nacht in einen Karatekämpfer verwandelt. In diesem Klima, das durch das Motto „Schwimme mit dem Strom oder geh zum Teufel" bestimmt ist, bedeutet es wirklich ein Tribut an die Menschlichkeit, wenn einer unter uns einmal wagt, anders zu sein!

Der Verlust der Selbstregulierungsfähigkeit kann also für die Gesundheit der süchtigen Person verheerende Folgen haben; diese stammen von den *direkten* Wirkungen der übermäßig großen Menge körperfremder Substanzen auf zerebrale, Atmungs-, Gefäß- und Verdauungsfunktionen und von den verschiedenen *indirekten* Auswirkungen der unausgeglichenen Diät und der ansteckenden Krankheiten, die mit manchen Suchtgewohnheiten einhergehen.

Die psychischen und sozialen Folgen sind nicht weniger schwerwiegend als die physischen. Im psychischen Bereich nehmen Selbstsicherheit und Selbstkontrolle in dem Maße ab, wie sich die Person nicht mehr in der Lage fühlt, es noch mit eigener Kraft zu schaffen. Dieses verringerte Selbstwertgefühl wird von einem Verlust an Interesse an den üblichen Zielen und Aktivitäten des Lebens begleitet, in dem Maße wie die Sucht den Platz des zentralen Verstärkers im Leben des Abhängigen übernimmt.

Die sozialen Folgen der fortgesetzten Suchtgewohnheit kann man an den Einkommensverlusten, den aufgebrauchten Ersparnissen, den Aufwendungen für Wohlfahrts- und Rehabilitationsanstrengungen und an der Kriminalitätsrate messen. Sie lassen sich auch erfassen im Sinne des Verlusts sozialer Produktivität und des Zusammenbrechens sinnvoller zwischenmenschlicher Beziehungen. Das Ende mag dann Obdachlosenquartier, Gefängnis oder Irrenanstalt heißen, ein Bettler- oder Prostituiertenleben bedeuten. Obwohl sich praktisch jeder von uns der potentiellen Gefahr der Sucht[1] bewußt

---

[1] Die eigentliche Bedeutung des Begriffs *Sucht* ist physische Abhängigkeit; wir gebrauchen ihn hier jedoch in einem weiteren Sinne zur Bezeichnung aller Formen physischer oder psychischer Abhängigkeit, die ein solches Ausmaß angenommen hat, daß das Verhalten des Betroffenen zwanghaft geworden ist und der Abhängige die Selbstkontrolle weitgehend verloren hat

ist (an intensiven Informationskampagnen gegen den Mißbrauch von Suchtmitteln fehlt es nicht), scheint sich die traurige Kurve der Sucht weiter aufwärts zu bewegen.

Warum fangen diese Menschen damit an? Das ist das erste Rätsel. Tatsächlich gibt es viele Gründe für das Paradox, daß sich vernünftige Menschen auf eine Sache einlassen, deren selbstzerstörerischen Charakter sie kennen.

Abgesehen von der Möglichkeit des Masochismus (eine Tendenz, sich selbst weh zu tun oder zu bestrafen), gibt es eine große Zahl weniger abnormer Prozesse, die die Entstehung und den Fortbestand des Suchtverhaltens begünstigen.

Oft wird die betreffende Reaktion durch Beobachtung anderer Menschen gelernt. Die Eltern trinken den abendlichen Martini, Prestigefiguren vertreten den Lebensstil des guten Essens, Trinkens und Rauchens. Altersgenossen verhalten sich nach ihren eigenen Maßstäben und zwingen einen dazu, es ihnen gleich zu tun. Die Massenmedien und die Werbung geben beträchtliche Geldsummen für die Erzeugung von Meinungsbildern aus, wonach der „normale" Weg zur Erlangung von Freude, Gesundheit, Glück, Erleichterung von Schmerz und Angst und sogar zu sexueller Leistungsfähigkeit über das Rauchen, Trinken, Essen oder das Einnehmen von Drogen (beginnend mit Aspirin, Beruhigungsmitteln, Schlankheitspillen und Schlaftabletten) führt. Auch das Glücksspiel wird als eine gesellschaftlich akzeptable Tätigkeit durch Lotterien, Toto und TV-Quizsendungen unterstützt.

Der erste Schritt wird durch soziale Verstärkung begünstigt, der zweite wird unterstützt durch angenehme orale Faktoren und durch physiologische Veränderungen, die zur Folge haben, daß man sich „wohlfühlt". Dazu kommt noch die soziale Anerkennung fürs Mitmachen: Jetzt liegt man richtig, weil man bei einer duften Sache dabei ist und sich als ein Hippie, als besonders männlich, weiblich, blasiert, modern – oder was auch immer gerade im Vordergrund stehen mag – fühlen kann.

Die Gesellschaft nimmt an, daß jeder Mensch eine ausreichende Selbstkontrolle über sein Verhalten ausüben kann, die ihn vor der völligen Hingabe an diese Versuchungen bewahrt. „Ich könnte kein Alkoholiker oder Drogensüchtiger werden", sagen die meisten Leute und sind von sich überzeugt, daß sie einer solchen Gefährdung und Selbstzerstörung niemals erliegen würden. Der Süchtige ist in ihren Augen jemand, der *verdient,* was ihm geschieht, weil er zu „willensschwach" ist, um sich selbst zu helfen. Gerade weil wir dazu neigen, uns über unsere Selbstkontrolle und Standhaftigkeit *Illusionen* zu machen, unterschätzen wir leicht die Macht der Suchtmittel und den Einfluß, der von dem Schauplatz ausgeht, an dem wir mit ihnen in Berührung kommen. Wir überschätzen unsere „innere Stärke" oder „Willenskraft" und sind davon überzeugt, daß wir aufhören können, wann immer wir wollen. Dabei gehören aber gerade die zwanghaften Suchtgewohnheiten zu den Verhaltensweisen, die am schwierigsten wieder zu ändern sind. Es stellt sich hier die Frage, wie weit man die Sucht des einzelnen als Anzeichen seiner eigenen pathologischen Schwäche oder als Indikator für eine kranke Gesellschaft anzusehen hat.

Alkoholabhängigkeit

Schon seit dem Altertum kennt man berauschende Getränke und weiß um ihre Wirkung. Neuere archäologische Funde zeigten, daß die Kunst des Gärens tatsächlich bis in vorgeschichtliche Zeiten zurückreicht. Es ist sehr wahrscheinlich, daß der Alkohol in der einen oder anderen Form der erste „Tranquilizer" war, den die Menschheit kannte. Jedenfalls konnte er seine zweifelhafte Stellung als das häufigst gebrauchte Stimmungsmittel von Anbeginn bis heute halten. Im Laufe der letzten Jahrhunderte hat es sich jedoch in zunehmendem Maße gezeigt, daß er den Menschen nicht unbedingt gut tut.

Man schätzt, daß es in den USA mehr als 5 Mio. Trinker gibt (in der BRD sind es schätzungsweise 600 000), deren Alkoholkonsum so unmäßig ist, daß er für sie eine ernsthafte Beeinträchtigung im wirtschaftlichen, sozialen und familiären Bereich darstellt.

Die Problematik, die mit allen Bestrebungen, den Alkoholismus unter Kontrolle zu bringen, verbunden ist, zeigt sich in der Einstellung unserer Gesellschaft zum Trinken. Mäßiges Trinken wird seitens der Gesetzgeber toleriert und in der Gesellschaft weitgehend gefördert. Wird jedoch ein Mitglied der Gesellschaft alkoholabhängig, so kann es kaum mit Mitgefühl rechnen, sondern wird als „willensschwach" beschimpft, wegen seiner „Verantwortungslosigkeit" kritisiert und abgetan als ein Mensch, dem nicht zu helfen ist, weil er es einfach nicht anders will.

„Man muß nur richtig verstehen, was es mit einem guten Schluck auf sich hat. In einer Welt, die den Menschen verbietet, ihre Gefühle zu zeigen oder sich jemals aus dem grauen Alltag herauszulösen, fungiert der Drink nicht als Instrument der Geselligkeit. Man muß trinken, um das Leben ertragen zu können."

Jimmy Breslin, zit. nach *Time*, 18. Februar 1969, S. 76

Verhaltensmuster

Der Alkohol macht es dem Trinker vorübergehend leichter, mit seinem Leben fertig zu werden; er stellt eine Ausweichmöglichkeit dar, und die Verlockung von ihr Gebrauch zu machen, wächst in dem Maße, wie sich ungelöste Probleme häufen und neue, nun durch das Trinken selbst bedingte Probleme hinzutreten. Dieses Verhaltensmuster stellt natürlich, auf die Dauer gesehen, eine Fehlanpassung dar. Trotzdem hält der Trinker an ihm fest, weil sein Verhalten durch die jeweils kurzfristigen Erleichterungen, die der Alkohol ihm bietet, ständig verstärkt wird. An einem bestimmten Punkt dieser Entwicklung wird das Bild durch das Einsetzen der physischen Abhängigkeit weiter kompliziert. Noch lange nachdem es für jedermann klar ist, daß er ein Alkoholiker geworden ist, wird dieser Mensch beharrlich behaupten, daß er keine Schwierigkeiten habe und jederzeit mit dem Trinken aufhören könne.

Jellinek (1960) beschreibt 5 Haupttypen des Alkoholismus, die er mit den ersten 5 Buchstaben des griechischen Alphabets kennzeichnet:

1. α-Alkoholismus: psychische Abhängigkeit von Alkohol.
2. β-Alkoholismus: physische Komplikationen treten hinzu, und in manchen Fällen besteht körperliche Abhängigkeit.
3. γ-Alkoholismus: Entwicklung einer Alkoholtoleranz, die zur Folge hat, daß der Alkoholiker immer größere Mengen trinkt.
4. δ-Alkoholismus: ständig erhöhter Blutalkoholspiegel und Unfähigkeit, über längere Zeit abstinent zu sein.

5. ε-Alkoholismus: periodisch exzessiver Alkoholgenuß („auf Sauftour gehen").

Obwohl viele, die das Problem des Alkoholismus untersucht haben, dieser Kategorisierung zustimmen, findet man daneben auch die Auffassung, es handele sich weniger um eine Aufgliederung in bestimmte Trinkertypen, sondern um ein Kontinuum, auf dem sich ein Individuum bewegt.

Kontrolle des Alkoholismus

Es überrascht nicht, daß gesetzliche Maßnahmen, wie Geldbußen und Gefängnisstrafen, sich als unzulängliche Mittel erwiesen haben, um exzessives Trinken einzudämmen. Dabei werden in den USA bereits ca. ein Drittel aller Arreststrafen wegen Trunkenheit verhängt, und das bedeutet natürlich zugleich einen ungeheuren Aufwand an Zeit, Arbeitsleistung und Geldmitteln sowohl für den Polizeiapparat als auch im Gerichtswesen. Gefängnisstrafen kann man kaum als Behandlung des Alkoholikers ansehen; er wird lediglich dafür bestraft, daß er mit seinem Problem in der Öffentlichkeit auffiel. Wie gänzlich absurd und sinnlos es ist, auf diese Weise dem Alkoholismus begegnen zu wollen (es handelt sich wohlgemerkt um Trunkenheit, die keinen anderen Menschen zu Schaden bringt), erhellt überdeutlich aus folgendem „Inventurergebnis": Eine Untersuchungskommission überprüfte Gerichtsurteile, die Gefängnisstrafen verhängt hatten, und stellte dabei fest, daß es in Washington, D.C., 6 Männer gab, die wegen Trunkenheit insgesamt 1409mal eingesessen hatten und einen gemeinsamen Haftstrafenrekord von 125 Jahren aufwiesen. Hier kann man wohl schwerlich von Rehabilitation sprechen! Darüber hinaus hat sich aber auch keine andere gesetzliche Maßnahme – wie etwa die Prohibition – als erfolgreiches Mittel zur Verminderung des Alkolmißbrauchs erwiesen. Wenn man die statistischen Aufzeichnungen der staatlichen Krankenhäuser von New York über die Jahre 1889 bis 1943 verfolgt, kann man feststellen, daß keinerlei Beziehung zwischen dem gesetzlichen Alkoholverbot und dem Auftreten des Alkoholismus zu finden ist (Landis u. Cushman 1945).

Man hat zwar eine Vielfalt an klinischen Methoden zur Behandlung des Alkoholismus entwikkelt, doch war keiner mehr als ein Teilerfolg beschert. Ausgehend von der Vorstellung, das Trinken sei seinem Wesen nach ein Symptom einer tieferliegenden emotionalen Störung, setzte man psychotherapeutische Techniken ein in dem Versuch, die Lebenseinstellung und den Lebensstil des Patienten in persönlichen Gesprächen oder durch Sozialberatung zu verändern. Aber selbst in Fällen, wo die Abhängigkeit wirklich nur psychologisch bedingt ist, läßt sich eine stark ausgeprägte Trinkgewohnheit nicht so leicht auf Dauer beseitigen.

Mit Behandlungsmethoden, die auf dem Prinzip der bedingten Reaktion beruhen, konnte ein gewisser Erfolg erzielt werden. Man veranlaßt dabei den Patienten, Alkohol vermischt mit emetischen Drogen, die Brechreiz auslösen, zu trinken, worauf ihm sehr übel wird. Gegebenenfalls erfolgt dabei eine Konditionierung, so daß dann schon Anblick, Geruch und Geschmack von Alkohol Übelkeit und Erbrechen hervorrufen. Gewöhnlich kommt man jedoch nicht ohne zusätzliche Psychotherapie aus, weil das Trinken noch immer durch so viele Verstärkungen aufrechterhalten wird, daß dem Alkoholiker ein Leben mit diesem Laster immer noch angenehmer erscheint – oder zumindest weniger qualvoll – als ein Leben ohne Alkohol.

Somit ist ein Alkoholiker kaum zu kurieren, bis er es wirklich will und bis er Wege findet, seinen Nöten auf andere Weise als durch Trinken zu begegnen.

Bei Patienten, die zur Änderung motiviert waren, hat man die größten Erfolge i. allg. mit Gruppentherapie und anderen Gruppenmethoden erzielt. Viele Alkoholiker haben in privaten Organisationen, z. B. bei den „Anonymen Alkoholikern", eine neue Stütze im Kampf gegen ihre Schwierigkeiten gefunden. Diese Vereinigung bietet ihren Mitgliedern eine Atmosphäre gegenseitigen Verstehens und Anerkennens, mitfühlender Kameradschaft und emotionalen Rückhalts, in der sie ihre Probleme angehen können, ohne den Gefühlen der Isolierung, Scham und Hilflosigkeit ausgesetzt zu sein, die oft so qualvoll sind, wenn man sich allein damit abmüht. Mit diesem sozialtherapeutischen Ansatz hat die Alkoholismusbehandlung beträchtliche Erfolge erzielt, aber von den vielen Trinkern treten die meisten niemals einem Antialkoholikerverein wie den „Anonymen Alkoholikern" bei.

Einen wesentlichen Faktor hat man früher übersehen: Eine Therapie kann nur ihre Wirkung tun, wenn sie auch die Menschen wirklich erreicht, die ihrer bedürfen; d. h. sie muß ihnen *angeboten* werden. Es hat nämlich keinen Zweck, sie parat zu haben und dann zu warten, bis vielleicht mal einer kommt, der sie braucht.

Zigarettenabhängigkeit

Obwohl die Geschichte pflichtschuldigst über die ehrfurchtgebietenden Entdeckungen von Christoph Kolumbus berichtet, mit denen der Grundstein der Neuen Welt gelegt wurde, hat kaum jemand darauf hingewiesen, daß er vielleicht auch einen großen Fehler begangen hat: Bekanntlich war er es nämlich, der den Tabak entdeckte und in Europa populär machte. Zigarettenrauchen ist heute die weitverbreitetste Suchtform in unserer Kultur. In den letzten 10 Jahren ist diese Gewohnheit in Amerika zum Gegenstand nationaler Besorgnis geworden infolge der weitverbreiteten wissenschaftlichen Berichte über den Zusammenhang zwischen Rauchen und einer Reihe ernstzunehmender körperlicher Krankheiten, einschließlich Lungenkrebs, Bronchitis, Koronarthrombose und Totgeburten bei stark rauchenden Müttern. Sogar Nichtraucher sind betroffen, denn nach dem *Surgeon General's Report* (1972) „zeigte sich bei Experimenten in mit Tabakrauch gefüllten Zimmern, daß der Kohlenmonoxydspiegel das gesetzlich zulässige Maximum der Luftverschmutzung erreichte oder sogar überstieg ..." (S. 7). So ist der Protest der Nichtraucher zu verstehen, die in Flugzeugen, Restaurants etc. von den Rauchern getrennt sitzen wollen.

Die Abhängigkeit von Nikotin ist psychischer Natur. Beim Gewohnheitsraucher entwickelt sich zwar eine Toleranz für Nikotin, doch ist diese begrenzt. Hierdurch werden jene adaptiven Veränderungen in den Nervenzellen verhindert, die bei anderen Substanzen physische Abhängigkeit verursachen. Dies bedeutet aber nicht, daß das Aufgeben der Rauchgewohnheiten eine einfache Angelegenheit wäre. Jeder starke Raucher, der es einmal versucht hat, kann dies bestätigen. Trotz zahlreicher Versuche, eine Methode zur „Heilung" der Abhängigkeit von der Zigarette zu entwickeln, hat sich das

Rauchen als erstaunlich löschungsresistent erwiesen.

Für all die verschiedenen Raucherentwöhnungstechniken, wie Verhaltensmodifikation, Psychotherapie, Sinnesreizung, medikamentöse Therapie, Hypnose und eine Unmenge anderer Maßnahmen, scheint übereinstimmend zuzutreffen, daß der nach der Anfangsbehandlung erzielte Erfolg nie von langer Dauer ist.

Ein besonderer Problemkomplex sind die bei der Aufrechterhaltung des Raucherverhaltens beteiligten Motivationen – dies gilt v. a. da, wo es sich um Menschen handelt, die den ernsthaften Wunsch bekunden, mit dem Rauchen aufzuhören. Man hat schon zahlreiche Hypothesen aufgestellt, was die möglichen Mechanismen anbelangt, die für dieses Verhalten eine ausschlaggebende Rolle spielen, und man hat ein beträchtliches Angebot an Techniken – entweder einzeln oder kombiniert – zum Einsatz gebracht bei dem Versuch, eine Modifikation des Raucherverhaltens herbeizuführen (Tabelle 14.1).

Diese unterschiedlichen Techniken stellen – implizit oder explizit – eine Widerspiegelung der von den verschiedenen mit dem Problem beschäftigten Forschern aufgestellten Hypothesen dar.

Tabelle 14.1. Techniken, die zur Modifikation des Rauchens eingesetzt wurden. (Nach Bernstein 1969)

1. Nahrung vor dem Runterschlucken so und so oft kauen
2. Besonderen Wert auf seine Sauberkeit legen
3. Profane Ausdrücke vermeiden
4. Diät wechseln
5. Früh aufstehen
6. Heiße Bäder nehmen
7. Kalt duschen
8. Kleider in die Reinigung geben
9. Tiefatmungsübungen
10. Sich körperlich fit halten
11. Drogen wie „Lobelin"
12. Hypnotische Instruktionen
13. Verbale Ermutigung
14. Beratungsgespräche
15. Gruppendiskussionen
16. Unterschreiben eines Vertrags mit dem Einsatz eines Geldpfandes, das bei Vertragsbruch verfällt
17. Drogeninduzierter Brechreiz mit Rauchen gekoppelt
18. Aversive Stimulation (heißer Windstoß ins Gesicht) kontingent gekoppelt mit Rauchen
19. Angenehme Musik wird bei Rauchen durch weißes Rauschen unterbrochen
20. Elektrischer Schock kontingent auf Rauchen
21. Bevor man etwas beginnt, was zur täglichen Gewohnheit gehört (Fernsehen, Telefonieren, Briefeschreiben etc.), sagt man sich jedesmal selbst eindringlich vor: „Rauchen verursacht Krebs"
22. Rollenspiel von Arzt und Patient, bei dem der Patient erfährt, er habe Lungenkrebs

Die kognitive Welt des Rauchers

Einer der Hauptgründe für exzessives Rauchen ist die Befriedigung, die damit assoziiert wird. Da Assoziationen nicht angeboren sind, sondern gelernt werden, variieren sie von Raucher zu Raucher sehr stark. So mag der eine angeben, er rauche, um sich Anregung zu verschaffen, der nächste, um sich zu entspannen, und der dritte mag behaupten, er tue es, weil es ihm ein Gefühl der Gemeinsamkeit mit anderen vermittele. Wie viele Menschen aus der Generation unserer Eltern und Großeltern mögen z. B. in Amerika mit dem Rauchen angefangen haben, nachdem sie die Liebesszene in dem alten Kinofilm *Now Voyager* gesehen hatten, wo sich Paul Henreid zwei Zigaretten in den Mund steckte, sie anzündete und – in einem der spannendsten Augenblicke des Films – eine an Bette Davis weiterreichte.

Zigarettenrauchen wurde in hohem Maße mit der Vorstellung von harter Männlichkeit assoziiert, mit dem standhaften, zähen Typ (der lieber kämpft als nachgibt oder, wie wir annehmen, eher stirbt als aufgibt) und mit vielen weiteren wünschenswerten Eigenschaften. Kognitive Faktoren spielen auch eine Rolle, wenn es darum geht, daß man versuchen will, mit dem Rauchen aufzuhören.

Bei einem Raucherentwöhnungsprogramm hörten alle Teilnehmer, denen eine hohe Erfolgserwartung vermittelt worden war und die viel positive Verstärkung erhielten, mit dem Rauchen auf. 14 davon waren nach 2 Monaten danach noch abstinent. 18 Kontrollpersonen bekamen wenig verbale Verstärkung und erwarteten sich wenig Erfolg. Nur 8 hörten mit dem Rauchen auf und nur 1 davon rauchte beim Follow-up 2 Monate später immer noch nicht (Lichtenstein 1971).

Der Entschluß, das Rauchen aufzugeben, und das Durchhaltevermögen in der Entwöhnung werden dadurch erschwert, daß der Raucher mit einer Reihe unerwünschter Nebenwirkungen und Begleiterscheinungen wie Reizbarkeit, Nervosität und vermehrtem Hungergefühl rechnet.

Diese negativen Erwartungen lassen sich jedoch durch eine spezielle Technik, die „Attributionstherapie", beeinflussen (Ross et al. 1969, Nisbett u. Schachter 1966). Ausgehend von der Annahme, daß durch innere Veränderungen bedingte psychologische Manifestationen dadurch bestimmt sind, *wie* der Betroffene seine empfindungsmäßigen Wahrnehmungen interpretiert, versucht man mit der Attributionstherapie, einfach neue oder andere Interpretationen dessen, was erlebt wird, zu vermitteln. Diese neuen Attributionen schreiben den wahrgenommenen inneren Zustand einer Ursache zu, die extern, neutral und vom Individuum kontrollierbar ist. Eine von Barefoot u. Gorido (1972) durchgeführte Untersuchung mit Krankenschwestern stellt ein interessantes Beispiel für die Anwendung der Attributionstherapie im Zusammenhang mit der Einschränkung des Rauchens dar.

15 Krankenschwestern, die regelmäßig rauchten, wurde mitgeteilt, daß sie an einer Untersuchung über die Auswirkung bestimmter Drogen auf die Herzrate teilnähmen. Sie wurden ersucht, für einen Tag mit dem Rauchen auszusetzen. Den Vpn der Experimentalgruppe wurde ein Placebopräparat verabreicht, das angeblich bestimmte Nebenwirkungen verursachte: erhöhte Reizbarkeit und Nervosität und Appetitzunahme (alles Symptome, die häufig mit dem Einstellen des Rauchens assoziiert werden). Auch der Kontrollgruppe wurde das Placebopräparat verabreicht, jedoch ohne einen Hinweis auf mögliche Nebenwirkungen. Wie vorausgesagt, schrieben die Vpn der Experimentalgruppe ihr Unbehagen der Wirkung des „Medikaments" zu; dabei fiel ihnen, nach ihren Angaben, das Nichtrauchen leichter als den Vpn der Kontrollgruppe, wenn man wiederum von den Aussagen dieser Gruppe ausgeht, die dafür ihr physisches und psychisches Mißbehagen mit dem Zigarettenentzug erklärte.

Ein wenig Verhütung

Weil es gar so schwierig ist, die Gewohnheit des Rauchens abzubauen, erachten viele Wissenschaftler die Prävention als ein fruchtbareres Arbeitsgebiet. Zu diesem Zweck versuchten sie, die sozialen und psychologischen Bedingungen zu identifizieren, die zum Raucherverhalten beitragen. Nach diesen Befunden scheint es festzustehen, daß zur erfolgreichen und dauerhaften Ausmerzung des Rauchens das von den Massenmedien gepflegte Image des Zigarettenrauchers geändert werden muß. Es ist deshalb vorgeschlagen worden, daß die notwendige „Therapie" die Form politischer Gesetzesarbeit annehmen müsse. Nur diese kann die Werbung einschränken, die den Unsinn des „attraktiven Spiels mit dem Tod" suggeriert. Zusätzlich brauchen wir Maßnahmen zur gesundheitlichen Aufklärung, die besonders Kinder und Jugendliche vor den gesundheitsschädigenden Folgen des Rauchens warnt. Solche Vorschläge treffen auf den Widerstand mächtiger Interessengruppen. Für eine Regierung ergibt sich hier ein Konflikt zwischen ihrer sozialen Verantwortung für die Gesundheit der Bürger und dem Interesse an der wirtschaftlichen Gesundheit kommerzieller Unternehmen, die an dieser Sucht profitieren (nicht zu vergessen die Steuereinnahmen, die dieser Wirtschaftszweig dem Staat einbringt).

Drogensucht

Es gibt kaum ein Phänomen, daß auf so weite Teile der Bevölkerung so einschneidende Auswirkungen hat wie das des Gebrauchs und Mißbrauchs psychotroper Drogen. Diese Drogen werden aus vielerlei Gründen konsumiert. Man nimmt sie, um sich in angenehme Stimmung zu versetzen, um sich von Mißbehagen zu befreien, um persönlichen Problemen auszuweichen, um sein Bewußtsein zu erweitern, um eine größere Ungezwungenheit im täglichen Leben zu erlangen usw. Oft entwickelt sich dann bei einem Menschen eine starke psychologische Abhängigkeit von einer bestimmten Droge, weil er mit einem bestimmten Lebensproblem nicht fertig wird. In der amerikanischen Gesellschaft ist der Gebrauch von Drogen längst zur Gewohnheit geworden, und zwar sowohl für medizinische Zwecke als auch außerhalb des Rahmens der Legalität. Auch die Drogensucht ist in den USA nichts Neues, allerdings beschränkte sie sich in der Vergangenheit vorwiegend auf rassische Minderheiten und niedrige sozioökonomische Schichten. In den letzten 5–10 Jahren war jedoch ein enormes Ansteigen des illegalen Drogengebrauchs in der Mittel- und Oberschicht zu verzeichnen, zu dem besonders die junge Generation beitrug: Die jungen Menschen nehmen Drogen hauptsächlich, um sich zu entspannen, um der Realität zu entfliehen und um sich mystische Erlebnisse zu verschaffen (s. „Unter der Lupe", S. 512).

Ein 1972 vorgelegter Bericht der „Nationalen Kommission für Marihuana- und Drogenmißbrauch", der auf einer Stichprobe von 3186 Amerikanern (einschließlich Jugendlicher zwischen 12 und 18 Jahren) basierte, zeigte folgende erschreckende Statistik, die das Ausmaß verdeutlicht, mit dem Jung und Alt mit Drogen experimentieren und sich im Drogenrausch durchs Leben treiben lassen (Tabelle 14.2).

Tabelle 14.2. Drogenmißbrauch in den USA (1972)

Drogen	Anzahl derer, die sie probiert haben
Schmerzmittel, Morphium, Kodein	2 600 000
Verschreibungspflichtige Tranquilizer	2 600 000
Verschreibungspflichtige Stimulantia	5 800 000
Schlaftabletten, Barbiturate	4 500 000
Methamphetamine	3 700 000
Kokain	2 600 000
Halluzinogene Drogen (LSD, Mescalin, Peyote)	4 700 000
Heroin	2 200 000

Es gibt viele Theorien zur Erklärung dieser Zeiterscheinung. Eine dieser Theorien besagt, sie sei das Ergebnis einer ganz natürlichen Entwicklung in einer Gesellschaft, die – ohnehin schon drogenorientiert – zu noch größerem Wohlstand gelangt sei. Eine andere Erklärung geht dahin, daß mit zunehmender Kenntnis der Drogen und ihrer Wirkungen die Neugier und das Interesse wuchsen, sie praktisch zu erproben. Sobald der Drogengebrauch in einem bestimmten Kulturkreis den Status einer gebilligten und normativen Verhaltensweise erlangt hat, wird es für immer mehr Mitglieder der betreffenden Gesellschaft möglich, das Drogenverhalten anderer zu beobachten, es wird leichter, sich selbst Drogen zu verschaffen, und der Gruppenzwang zum Mitmachen wächst.

Es ist eine bekannte Tatsache, daß der Drogengebrauch auch während früherer Perioden kultureller Spannungen anstieg. Besonders nach einem Krieg oder auch während eines Krieges trifft dies zu. Wir leben in einer Zeit, die durch ganz besondere Schwankungen gekennzeichnet ist, in der alle traditionellen Werte und Institutionen in Frage gestellt werden und in der weder Jung noch Alt sich vorstellen kann, wie die Zukunft aussehen wird. Mit geschärftem Blick und kritischen Augen betrachtet die heutige Jugend Zeitprobleme wie Umweltverschmutzung, politische Korruption, rassische und soziale Diskriminierung und die generelle Haltung der Inhumanität, die das Leben der Menschen bestimmt. Bis jetzt haben sie zwar für viele Probleme auch noch keine bessere Alternative anzubieten, aber sie geben sich auch nicht mehr damit zufrieden, das Wertsystem der Älteren blindlings anzuerkennen. Sobald man – aus welchen Gründen auch immer – erst einmal mit dem Wertsystem der herrschenden Gesellschaft gebrochen hat, beginnt das Experimentieren mit vielem, was nach der traditionellen Wertordnung keineswegs gebilligt wird: politischer Protest, andere Religionen, liberalere Sexualethik und Drogengebrauch. Der Gebrauch von Drogen ist jedoch ein sehr komplexes Phänomen. Persönlichkeitsprobleme, jugendliches Aufbegehren, Identitätskrisen, gesellschaftliche Gründe und Gruppenzwang, das alles spielt dabei eine wichtige Rolle.

Neuere Untersuchungen haben gezeigt, daß die meisten jungen Menschen, die anfangen (insbesondere illegal) Drogen zu nehmen, es beim ersten Mal aus Neugier tun und unter Einfluß des Gruppenzwangs. Ist jemand einmal in der Drogenszene, wird die Wahl seiner Drogen weitgehend bestimmt durch die Einstellungen, die die spezielle Subkultur hat.

Unter der Lupe

Der Drogenladen

Es ist ein großer Schritt vom experimentellen Gebrauch psychotroper Drogen (Drogen, die geistige Prozesse beeinflussen) zum Zweck der Selbsterkennung oder der Wahrnehmungserweiterung bis hin zum gewohnheitsmäßigen Gebrauch von Drogen zum Zweck des Wohlbefindens oder Abschaltens. Leider wurde es allzuoft ein irreversibler Schritt zur Drogenabhängigkeit und zur Sucht. Die in den USA am weitesten verbreiteten 5 Gruppen von Psychodrogen seien hier beschrieben.

Cannabis sativa. Sie ist die Pflanze, aus der Marihuana oder das stärkere Haschisch hergestellt werden. Kleine Mengen Marihuana erzeugen einen Zustand milder Intoxikation, der entspannt und enthemmt. Das Verhalten unter Marihuanaeinfluß hängt sehr stark von Sozial- und Persönlichkeitsfaktoren ab. Manche Menschen finden es sexuell stimulierend, manche finden das Gegenteil. Große Dosen können das Wahrnehmungsvermögen und/oder den Zeitsinn beeinträchtigen. Marihuana kann leichte psychische Abhängigkeit verursachen, scheint aber keine anhaltende pathologische Wirkung zu haben.

Narkotische Analgetika. Dieser Gruppe gehören Opium, Morphium und Heroin an, die auf das zentrale und parasympathische Nervensystem wirken und die therapeutisch zur Schmerzlinderung angewendet werden. Sie wirken, indem sie die Schmerzschwelle erhöhen (so daß ein starker Stimulus erforderlich wäre, um Schmerz zu verursachen) und die psychologische Reaktion auf Schmerz verändern. Der Benutzer wird emotional von Schmerz und anderen physiologischen Empfindungen befreit, und ein Gefühl allgemeinen Wohlbefindens tritt ein. Psychologische und körperliche Abhängigkeit entwickeln sich schnell, und es werden immer größere Dosen nötig, um die gleiche Wirkung zu erreichen. Eine chronische Gewebsschädigung tritt nicht ein, die Entzugssymptome sind jedoch heftig und Todesfälle aufgrund von Überdosen kommen häufig vor.

Hypnotika. Sie setzen sich aus den Barbituraten und bestimmten Nichtbarbituraten zusammen. Sie schaffen einen Zustand genereller nervöser Depression und wirken hauptsächlich auf das nervöse System. Medizinisch werden sie als Tranquilizer verwendet, um Angst zu reduzieren und Schlaf zu induzieren. In therapeutischen Dosen sind sie bei der selektiven Reduktion angstmotivierten Verhaltens erstaunlich wirksam. Als Beruhigungsmittel wirken sie ähnlich wie Alkohol: befreien von Spannung und Angst und führen gleichzeitig ein Gefühl der Entspannung und des Wohlbefindens herbei. Größere Dosen verursachen Schläfrigkeit, Intoxikation, Koordinationsschwächen, Erinnerungsverlust, geschmäler-

tes Urteilsvermögen und können evtl. zu Koma und Tod führen. Sie können sehr leicht psychologische Abhängigkeit erzeugen; mit der Zeit entwickelt sich körperliche Abhängigkeit.

Stimulantia. In dieser Kategorie finden sich Amphetamine, Methamphetamine, Kokaine und Koffeine (wie in Kaffee, Tee oder Cola). Drogen dieses Typs stimulieren das zentralnervöse System und führen zu erhöhter Munterkeit, Wachheit, Aktivität, angenehmen Sinneseindrücken und zu vermindertem Appetit. Stimulantia wie Methamphetamine fördern anfänglich Gefühle der Kompetenz, Unverletzbarkeit und Macht. Größere Dosen jedoch erzeugen Irritierbarkeit, Angst, paranoide Furcht und akustische Halluzinationen. Bald reichen aber selbst hohe Dosen – intravenös gespritzt – nicht mehr aus, um die gewünschten Wirkungen zu erzeugen, und es beginnt ein verhängnisvoller Kreislauf intensiven Drogengebrauchs, gefolgt von schweren Zusammenbrüchen.

Halluzinationsdrogen. Diese Gruppe umfaßt LSD-25, Psilocybin (der Zauberpilz), Meskalin und DOM (STP). Diese Drogen werden auch als psychedelische Drogen bezeichnet. Ihre Wirkungsweise ist nicht vollständig bekannt, sie scheinen aber auf die chemische Transmission im Gehirn zu wirken. Die Halluzinationsdrogen sind die stärksten den Verstand beeinflussenden Drogen, sie verändern wie keine andere Droge die Wahrnehmung, führen zu einer größeren Sensibilisierung gegenüber jeglicher Art von Stimulation, zu besonderer emotionaler Sensibilität und zu einem Gefühl der Zeitlosigkeit. Die Bezeichnung „halluzinogen" ist nicht ganz korrekt, denn Halluzinationen haben keine Realitätsbasis, diese Drogen jedoch tendieren dazu, reale Wahrnehmungen zu verzerren. Reizeindrücke werden überwältigend, Musik kann man als fließende Farben „sehen", man kann plötzlich den Sinn des Lebens in einer Blume entdecken. In seltenen Fällen können diese Drogen psychotische Reaktionen verursachen, es gibt jedoch keinen gesicherten Beweis dafür, daß sie zu Hirnschädigungen führen. Die durch die Drogen induzierte Verfälschung der Wahrnehmungen kann allerdings in bedenklicher Weise zur Selbstgefährdung werden, etwa dann, wenn jemand sich aus dem Fenster fallen läßt, weil er fliegen möchte.

Ist diese sehr destruktiv, kann enormer Gruppenzwang bestehen, Amphetamine zu spritzen oder mit Heroin, Kokain oder anderen stark abhängig machenden Drogen zu experimentieren. In einer weniger destruktiven Drogensubkultur (z. B. im College) dagegen hält der Gruppenzwang den einzelnen eher im Bereich solcher Drogen, die weniger suchtabhängig machen. Die Anfangsentscheidungen im Zusammenhang mit Drogenkonsum werden selten unabhängig getroffen. Sie werden i. allg. weitgehend durch die Vorstellung von dem entsprechenden Verhalten anderer beeinflußt und kommen zustande aus dem Wunsch heraus, seine Freunde damit zu beeindrucken oder es ihnen gleichzutun. Die Drogenwahl hängt auch weitgehend davon ab, welche Drogen in der betreffenden Umgebung besonders leicht zugänglich sind (s. „Unter der Lupe").

Ein neuere Untersuchung, die die bei der Heroinepidemie in Washington, D.C., 1969–1970 beteiligten Triebkräfte erfassen sollte, brachte zutage, daß ungefähr 18000 Einwohner direkt betroffen und eine unbekannte Anzahl anderer indirekt mit-„verseucht" waren (DuPont u. Greene 1973). Die NTA (Narcotic Treatment Association) wurde geschaffen, um die Stadt umfassend zu behandeln. Pro Tag begannen 58 Patienten die Behandlung, die Nachfrage überstieg die Kapazität der Einrichtung. 13000 Menschen wurden innerhalb von 3 Jahren durch dieses eine Drogenprogramm behandelt. Während der gleichen Zeit ereigneten sich 200 Todesfälle durch akute Opiatüberdosis.

Unter der Lupe

Harlem leidet schwer unter Heroin

„Harlem war schon fast völlig vom Heroin verseucht. Es war wirklich wie eine Art Epidemie. Jedesmal, wenn ich in dieses Viertel kam, war wieder jemand neues ‚high', war wieder jemand anders ausgeflippt. Die Leute sprachen über sie, als seien sie schon tot. Fragte man nach irgendeinem alten Freund, so bekam man die Antwort: ‚Ach der, der ist ausgeflippt!' Und das war nicht nur so eine gewöhnliche Auskunft oder eine Antwort auf die entsprechende Frage: Es war ein Nachruf. Es hieß: Der Mann ist tot, fertig aus."

„Damals kannte ich keinen, der wieder davon losgekommen war. Seit ungefähr 5 Jahren war Heroin in Harlem *die* Sache, und ich glaube, keiner kannte irgend jemand, der davon wieder losgekommen war ..."

„Ich hatte schon immer Angst, nach jemand zu fragen, den ich eine Zeitlang nicht gesehen hatte – besonders wenn der Betreffende ein guter Freund von mir war. Man mußte nämlich immer damit rechnen, daß es hieß: ‚Na ja, der ist tot. Der Typ hat sich eine Überdosis verpaßt.' – Eine Überdosis Heroin; oder man hatte ihn aus einem Fenster geschmissen, als er eine Wohnung ausrauben wollte; oder er war von Kugeln durchsiebt worden, als er sich bei einem Überfall Geld für seinen Stoff beschaffen wollte. Auf die eine oder andere Art brachte die Droge sie fast alle um. Der ganze Stadtteil war von ihr verseucht."

„Die Typen, die noch nicht ausgeflippt waren, wollten nicht begreifen, auf was sie sich eingelassen hatten und wo das hinführen würde. Was konnte es ihnen schon schaden, wenn sie nur so ein bißchen Stoff schnupften? So, als ob sie schlauer wären als die anderen. Was schon, wenn auch ein paar raffiniertere Typen und ganz starke Kerle in die Klauen des Heroins geraten waren: ihnen selbst würde das nicht passieren. Jeder konnte sehen, daß alle, die einmal damit angefangen hatten, nicht mehr aufhören konnten. Und trotzdem gab es immer noch Leute, die sich etwas vormachten: ‚Scheiß drauf, ich werde nicht süchtig. Ich kann das nehmen, und mich macht es nicht süchtig!'"

„Die Typen, die schon hoffnungslos von der Sucht gepackt waren, versuchten ihre jüngeren Brüder von dem Stoff fernzuhalten. Natürlich machten sie in dieser Richtung nur recht schwächliche Versuche. Sie hatten nicht mehr viel Zeit, sich auch noch über andere den Kopf zu zerbrechen; dazu waren sie viel zu sehr mit sich selbst beschäftigt, denn das Organisieren des nötigen Geldes für den Stoff bedeutete praktisch einen 24-Stunden-Tag."

(Brown 1965, S. 179f.)

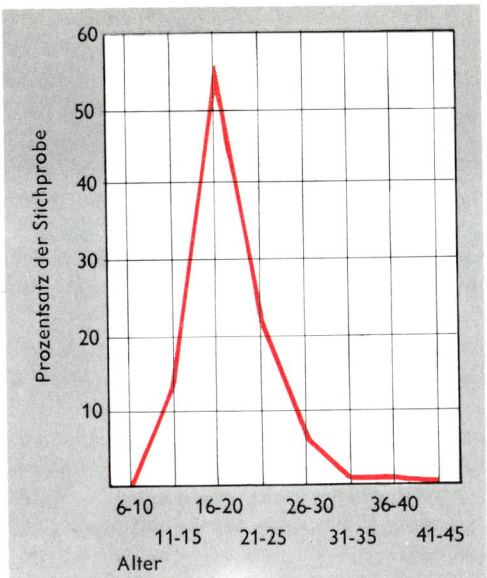

Abb. 14.3. Alter beim ersten Heroingenuß. (Nach DuPont u. Greene 1973)

Zusätzlich zur medizinischen Aufgabe haben solche Einrichtungen die wichtige Funktion, Daten über die Charakteristika der Drogensüchtigen zu sammeln. Auf diese Weise werden uns die mit diesem Problem verbundenen Triebkräfte besser einsichtig, und wir haben nicht nur einseitig die Folgen der Sucht vor Augen. Wie aus der Abb. 14.3 ersichtlich, liegt das Alter, in dem die 13 000 Drogenpatienten der NTA zum ersten Mal Heroin nahmen, überwiegend zwischen 16 und 20 Jahren. Allerdings nahmen viele schon vor dem 15. Lebensjahr Heroin.

Die primäre Übertragungsmethode war der Sozialkontakt von Person zu Person. In dem Sinne, daß Leute, die süchtig sind, diese Gewohnheit an andere weitergeben, ist sie eine „ansteckende Krankheit". Dieses Muster der sozialen Übermittlung wurde auch in einer früheren Untersuchung über Heroinsucht in den Vororten festgestellt (Levingood et al. 1971).

Zur Eindämmung und Bekämpfung dieser Epidemie bedarf es einer wirksamen Verschärfung gesetzlicher Maßnahmen, die die Heroinversorgung entscheidend herabsetzen und gleichzeitig ausreichende Behandlungseinrichtungen garantieren. Kliniken, die Heroin mit Methadon substituieren, berichten von früher Heroinsüchtigen, die Methamphetamine nehmen, um das

„High-sein", das durch Methadon erreicht wird, zu vergrößern, andere werden methadonsüchtig und wieder andere klagen über den Verlust sexueller Impulse – eine Nebenwirkung des Methadons –, die offenbar für den Patienten neue Probleme schafft.

Körperliche und psychische Abhängigkeit

Jede psychoaktive Droge besitzt ein bestimmtes Suchtpotential. Die Suchtgefahr besteht u. a. darin, daß der Drogenkonsument unter einen gewissen Zwang gerät, die Droge immer wieder zu nehmen, weil er eine psychische oder physische Abhängigkeit (oder beide Formen der Abhängigkeit) entwickelt.

Bei psychischer Abhängigkeit besteht ein starkes emotionelles Verlangen, den Drogenkonsum fortzusetzen, weil er eine angenehme Stimmung bewirkt und frei macht von allen Gefühlen des Unbehagens. Ist die Droge einmal nicht verfügbar, wird der an sie Gewöhnte leicht unruhig, reizbar, ärgerlich, aber eine ernstzunehmende physische Beeinträchtigung kommt i. allg. nicht vor.

Fast jede psychoaktive Droge kann psychische Abhängigkeit schaffen. Das in der Zigarette enthaltene Nikotin sowie Alkohol, Koffein, Marihuana und Amphetamine sind solche Drogen, die im Zusammenhang mit psychischer Abhängigkeit oft eine Rolle spielen.

Bestimmte Drogen können auch körperliche Abhängigkeit erzeugen. Die vielleicht bekanntesten der letzteren Kategorie sind die *Narkotika*, die vom Opium herstammen, wie Heroin oder Morphin. Werden diese Drogen über längere Zeit konsumiert, so gerät der Organismus in eine physische Abhängigkeit, da die normalen Abläufe nur noch unter Mitbeteiligung der betreffenden Chemikalie vonstatten gehen. Fällt sie aus, so tritt eine als *Entzugssyndrom* bekannte physiologische Reaktion ein, die für den Betroffenen sehr unangenehm ist. Schafft er sich nicht durch weitere Drogenzufuhr Erleichterung, so wird er tagelang darunter zu leiden haben.

In manchen Fällen kann der Drogenentzug sogar lebensbedrohlich sein. Für einen Menschen, der z. B. an Barbiturate gewöhnt und von ihnen abhängig geworden ist – dieser Stoff ist gewöhnlich in Schlafmitteln enthalten –, bedeutet ein plötzlicher Entzug Gefahr, weil er leicht zu Krämpfen führt, die tödlich sein können.

Bei anderen Drogen, die körperliche Abhängigkeit erzeugen, wie z. B. Heroin, verursacht der Entzug extreme Schmerzen, die mehrere Tage andauern. Die Furcht vor Heroinentzug hält das süchtige Individuum oft davon ab aufzuhören, und es wird es möglicherweise auch dann noch lange weiternehmen, wenn es gar keine euphorischen Effekte mehr daraus bezieht, nur um dem schmerzhaften Vorgang des Entzugs zu entgehen.

Es liegt im Wesen der Sucht, daß sie fortschreitet

Der Weg zur schweren Sucht verläuft normalerweise durch 3 Stadien. Das 1. Stadium ist gekennzeichnet durch ein *Experimentieren* mit Drogen. Aus reiner Neugier oder unter dem Druck des Gruppenzwangs wird eine Vielzahl psychotroper Mittel ausprobiert. Danach trifft man vielleicht die Entscheidung, die meisten dieser Drogen wieder fallen zu lassen und nur noch einige von ihnen gelegentlich, oder vielleicht zur Entspannung oder zum Spaß weiterzunehmen. Das sieht dann z. B. so aus, daß der Betreffende ab und zu Alkohol trinkt oder Haschisch raucht. In dieser *Erholungsphase* kommt er kaum in Schwierigkeiten, sofern er nur vermeidet, die toxische Schwelle zu überschreiten. Es kommt jedoch vor, und zwar besonders dann, wenn bestimmte soziale Umstände und persönliche Probleme mit ins Spiel kommen, daß ein Mensch aus dieser (2.) Phase heraus in ein Stadium zwanghaften Drogenkonsums hineingerät. Dieses 3. Stadium ist gekennzeichnet durch den Begriff *Drogenmißbrauch.* Der Drogenkonsum hat nämlich ein Ausmaß erreicht, das einschneidende Wirkungen auf die Gesundheit des Betroffenen und ernsthafte Konsequenzen in wirtschaftlicher und sozialer Beziehung für ihn zur Folge hat.

Es gibt viele Persönlichkeitszüge, die man vielleicht als prädisponierend zum Drogenmißbrauch ansehen kann. Der traditionellen psychiatrischen und klinischen Beschreibung zufolge ist der Süchtige ein unreifes Individuum, das unter Minderwertigkeitsgefühlen schier zusammenbricht, zur Selbstzerstörung neigt, aber gleichzeitig in narzißtischer Selbstbefriedigung aufgeht (Nyswander 1956). Psychoanalytische

Interpretationen bringen Drogenabhängigkeit zuweilen auch mit Begriffen wie „unbewußte Homosexualität", „Phallussymbolik" (z. B. der Spritze), „Ödipuskomplex" und besonders „orale Fixierung" in Verbindung (Fenichel 1945). Die Versuche der Psychiater, diagnostizierte Persönlichkeitsmerkmale zu klassifizieren, sind jedoch ein recht fragwürdiges Unterfangen, und zwar, weil die Untersuchung erst erfolgt, wenn der Patient bereits süchtig ist. An diesem Punkt ist es aber nicht mehr möglich, die aus der Sucht selbst hervorgegangenen Persönlichkeitsmerkmale von den Charakterzügen zu trennen, die die Sucht verursachten. Die Interpretationen der Psychiatrie sind immer retrospektiv und lassen damit eine Vielfalt historischer Möglichkeiten zu. Man geht von dem Bild aus, das sich zum gegenwärtigen Zeitpunkt bietet, und versucht zu rekonstruieren, wie der betreffende Mensch früher war. Abgesehen von den augenfälligen Wirkungen anhaltenden Drogenkonsums auf die Persönlichkeit des Süchtigen, gibt es mit Sicherheit eine ganze Reihe von Begleitfaktoren, die hier auch hineinspielen, und zwar besonders die psychologischen und soziologischen Implikationen, die die Rolle des Süchtigen in unserer Gesellschaft mit sich bringt. Wie Clausen (1971) zu Recht betonte, „besteht die Persönlichkeit nicht unabhängig von Umwelteinflüssen, und wenn man es recht bedenkt, schaffen die Bedingungen, die es ermöglichen, daß ein Teenager an Drogen herankommt und daß Jugendliche sich in die Subkultur der Straßenecken einreihen, auch die psychologischen Bedürfnisse und bewirken die Anfälligkeit, die in den Augen des einzelnen den Wert und die Bedeutung der Narkotika steigen läßt" (S. 212). In diesem Sinne betrifft dieses komplexe Problem nicht nur die Pathologie des einzelnen, sondern genauso die Krankheit unserer Gesellschaft.

Da die Erfolgsquote, die mit konventionellen Therapietechniken erzielt wurde, denkbar unangemessen war, forcierte man in den letzten Jahren die Suche nach neuen Therapieansätzen und verwarf gleichzeitig die früheren allzu simplen Suchttheorien. In zunehmendem Maße setzt sich nun die Überzeugung durch, daß es unerläßlich ist, ein umfassendes Konzept zu finden, das die bei der Sucht beteiligten sozialen, psychologischen, medizinischen und rechtlichen Aspekte in sich vereinigt. Ganz gewiß muß bei jeder „Ursachenklärung" für die Sucht im Einzelfall auch das Drogenproblem der ganzen Gesellschaft in Betracht gezogen und unter all diesen Perspektiven betrachtet werden. Das gleiche gilt für die Entwicklung von Antidrogenprogrammen, wenn man erwarten will, daß diese langfristig wirken sollen.

„Ich habe ein Recht darauf, ich selbst zu sein und das zu tun, was mir paßt"

Trinken, Rauchen, Drogenkonsum, Glücksspiele – das alles sind Rechte der Erwachsenen. Als Mittel persönlichen Vergnügens sind sie, falls allein oder mit ein paar guten Freunden genossen, Privatsache. Werden sie jedoch bis zum Exzeß getrieben, hören sie auf, „Straftaten ohne Opfer" zu sein. Sie involvieren dann nämlich andere Menschen – Familie, Freunde, Arbeitskollegen, die Polizei, Gerichtsbeamte, medizinisches Pflegepersonal, organisiertes Verbrechen und all jene, die in irgendeiner Weise die pathologische Sucht unterstützen. Die Süchtigen werden für Pflege und Behandlung vom nichtsüchtigen Teil der Bevölkerung abhängig. Sie stellen in psychologischer wie auch finanzieller Hinsicht für ihre Gesellschaft eine enorme Belastung dar. Die Sozialplaner müssen ihr Augenmerk mehr darauf richten, die Gesellschaft so zu entwickeln, daß diese einige der Bedürfnisse befriedigen kann, die durch die Süchte zum Ausdruck kommen. Gleichzeitig muß jeder einzelne mehr über die eigene Anfälligkeit und Gefährdung Bescheid wissen und die subtilen Mächte in der Umwelt erkennen lernen, die das Verhalten heimtückisch beeinflussen und uns dahin lenken, genau das zu tun, was wir uns selbst niemals zugetraut hätten.

Verlust der Freude am Leben: Neurose

Wenn ein Mensch sich von den Gefahren des Lebens ständig bedroht fühlt und der Aufgabe, mit ihnen fertig zu werden, nicht gewachsen zu sein glaubt, dann reichen die gewöhnlichen Abwehrmechanismen des Ich, wie wir sie alle gebrauchen, bei ihm nicht aus. Allmählich kommt es so weit, daß er sich in extremer Form auf den einen oder anderen neurotischen Abwehrmechanismus verläßt. Alle Mechanismen dieser Art suchen Entlastung von der Angst. Mangelnde Freude am Leben und Handlungen, die mehr auf die Verringerung von Schmerz als auf die positive Ausführung oder die konstruktive Lösung tatsächlich vorhandener Aufgaben abzielen, sind dann charakteristisch. Die neurotischen Abwehrmechanismen gewähren so viel zeitweilige Freiheit von Angst, daß das Individuum verzweifelt an ihnen festhält – trotz der Tatsache, daß sie seine Grundprobleme nicht lösen und seine Situation sogar verschlimmern können, auf die Dauer also selbstschädigend sind.

Es ist die Tragödie des Neurotikers, daß er oft fälschlicherweise die Welt als Bedrohung und sich selbst als unfähig beurteilt. Mit einer realistischeren Auffasung bestünde für ihn kein Grund zum Verlust der Freude oder zu seiner übertriebenen, quälenden Beschäftigung mit Sorgen und Bedrohungen.

Im allgemeinen funktioniert die normale Person als ein organisiertes Ganzes und kann mit Frustrationen mehr oder weniger gut umgehen. „Normalität" bedeutet für den Psychologen einen weiten Bereich von Verhaltensweisen und nicht einen fixierten Punkt auf einer Skala. Es gibt keine klare Trennungslinie zwischen dem Normalen und dem Neurotiker: der Unterschied ist ein gradueller. Die Abwehrmechanismen des Neurotikers werden deshalb für ab norm gehalten, weil sie als Versuche zur Meisterung des Lebens in andauernder und gefährlicher Weise ineffektiv sind. Gleichwohl sind neurotische Störungen nur selten so schwer, daß sie eine Hospitalisierung erfordern.

Wenn es ein Kontinuum von normal bis neurotisch gibt, dann stellt sich uns die Frage: Ab welchem Punkt halten wir eine Person für dermaßen gestört, daß die Einstufung als „Neurotiker" gerechtfertigt ist? Welche Kennzeichen im Verhalten gibt es, die zur Identifizierung eines neurotischen Menschen benutzt werden? Im Rahmen der traditionellen Psychologie werden zahlreiche ausreichend voneinander abgrenzbare Neurosenformen identifiziert. Sechs davon seien hier beschrieben.

Angstneurose

Manchmal entspringt beim neurotischen Menschen die Angst nicht einer äußeren Gefahr, sondern einer inneren. Er glaubt z.B., daß er bestimmte Gefühle und Wünsche, wie Feindseligkeit oder sexuelles Verlangen, nicht haben dürfe und ist daher unfähig, die Tatsache anzuerkennen, daß er sie hat.

Wenn solche Gedanken oder Impulse auftreten, werden sie also verdrängt, aus dem Bewußtsein gestoßen. Es kann dann viele Anstrengungen, ebenfalls unbewußter Art, kosten, um sie an ihrem Wiederauftauchen zu hindern. Wenn sie von Zeit zu Zeit drohen, ins Bewußtseins aufzusteigen, erlebt der Neurotiker ein Gefühl drohender Gefahr, und es können körperliche Symptome, wie Herzklopfen und Atembeschwerden, auftreten.

Natürlich konsultiert er dann einen Arzt; man schätzt, daß 30% aller Patienten, die zum praktischen Arzt oder Internisten kommen, in diese Kategorie gehören (Pitts 1969). Ungefähr 10 Mio. Einwohner in den USA leiden vermutlich an einer Angstneurose. Nun ist es nicht nur dem Arzt unmöglich, eine körperliche Störung festzustellen, sondern auch der Neurotiker selbst ist wahrscheinlich nicht in der Lage zu erklären, warum er so ängstlich ist. Seine Angst wird als „frei flottierend" bezeichnet. Manchmal empfindet er selbst stärkste Schuldgefühle, ohne einen Grund für sie angeben zu können.

Dieses Unspezifische, Unerklärliche seiner Angst verletzt den Patienten am meisten in Schrecken. Stellen Sie sich vor, Sie seien stark erregt und in Ihrem Kopf und Körper spielten sich seltsame Dinge ab, für die Sie keine vernünftige Erklärung hätten. Sie gehen zum Arzt, und nach einer gründlichen Untersuchung versichert er, daß mit Ihnen alles in Ordnung sei. Aber in Ihrem Kopf geht es weiter rund!

Die Unfähigkeit, diese „unerklärliche Erregung" zu verstehen, bewirkt eine weitere Verunsicherung und Bedrohung Ihrer Selbstgefühle und Selbstkontrolle und erzeugt neue Angst. Eine der Hauptfunktionen der Psychotherapie besteht in der Identifizierung des ursprünglichen Anlasses für die Angst, um sie in eine greifbare, beeinflußbare Furcht zu verwandeln. „Gib der Sache einen Namen und du kannst mit ihr etwas anfangen" (Grimmet 1970).

Neurotische Angst ist also von Objektangst oder Furcht zu unterscheiden. Furcht ist eine vernünftige Reaktion auf eine objektiv festgestellte Gefahr und mag zur Flucht oder einem Angriff zum Zwecke der Selbstverteidigung führen. Bei der neurotischen Angst ist die emotionale Erregung ebenso stark, aber die Gefahr ist im Innern; sie läßt sich nicht identifizieren und wird von anderen Menschen in derselben Situation nicht als allgemeine Bedrohung empfunden.

Es wird angenommen, daß die Angstattacken durch Lernerfahrung des Individuums entstehen, doch gibt es einige Anzeichen, die auch auf anomale chemische Reaktionen hinweisen (Pitts 1969).

Phobien

Bei *phobischen Reaktionen* ist die Angst an ein bestimmtes Objekt in der Umwelt geknüpft; typischerweise ist das Objekt aber keine wirkliche Gefahrenquelle. Dem Neurotiker ist oft klar, daß seine intensive Reaktion unsinnig ist – es gibt keine angemessene Erklärung für sie –, aber diese Erkenntnis macht seine Angst nur noch unerträglicher. In manchen Fällen ist die Wahl des phobischen Objekts rein symbolischer Art, in anderen steht sie in enger Beziehung zu dem zugrundeliegenden Konflikt.

Ein Bauarbeiter mußte seinen Beruf aufgeben, weil sich bei ihm eine Höhenangst entwickelte. Wie jeder weiß, können auf Baustellen Unfälle vorkommen. War also die Reaktion des Arbeiters sachlich gerechtfertigt oder neurotisch? Ohne weitere Information läßt sich das nicht entscheiden. In diesem Fall jedoch entwickelte der Mann auf der sicheren Erde (also ohne realen Grund) auch noch eine Platzangst und Todesangst.

Es stellte sich heraus, daß ihn ein Mitarbeiter vor Beginn seiner Angstreaktionen ständig ärgerte, so sehr, daß er ihn nach seinen eigenen Worten „am liebsten umgebracht hätte". Aber er fühlte sich hoffnungslos unfähig, auch nur irgend etwas gegen die Belästigung zu unternehmen. Es ist nun möglich, daß er sich durch Aufgabe seiner Arbeitsstelle gegen die Mordimpulse und gegen die demütigende Erkenntnis seiner eigenen Unfähigkeit, den Herausforderungen entgegenzutreten, wehrte. Auf jeden Fall stellte die Entwicklung der Höhenphobie eine effektive Lösung seines Problems dar und lieferte ihm eine Rechtfertigung für die Einstellung seiner Arbeit.

Es gibt praktisch keine Grenzen für die Symbolisierungskraft der Phobie, denn des Menschen kreativer Geist stellt selbst die entferntesten Assoziationen her, Vermeidungsängste bei harmlosen Schlangen oder Insekten, fliegenden Vögeln, Berührung eines anderen Menschen, Haaren und sonstigen recht ungefährlichen Objekten oder Situationen können zu starken Reaktionen führen, die in einer Panik enden, wenn die Person nicht fliehen kann. Deshalb ist es kennzeichnend für den Phobiker, daß er komplizierte Vorsichtsmaßnahmen aufstellt und sorgfältig Vorkehrungen trifft, um mit ihrer Hilfe jeden Kontakt mit dem „gefährlichen" phobischen Objekt zu vermeiden. Es ist, als ob der Neurotiker mit seinem inneren Konflikt in der Weise umgeht, daß er ihn in irgendein äußeres Objekt verlegt. Solange er dann dieses Objekt vermeiden kann, ist es ihm auch möglich, dem ungelösten Konflikt in sich selbst auszuweichen. Phobien funktionieren ganz gut, falls man dem phobischen Objekt selten begegnet oder es leicht vermeiden kann. Schlangenphobien bei Städtern, Höhenphobien bei Flachlandbewohnern usw. sind bequeme Wege, die Angst zu kanalisieren. Sie wird „aus dem Kopf hinaus" auf Dinge verlegt, die keine ständige Bedrohung darstellen. Es ist tatsächlich so, daß phobische Angst für einen Menschen nur dann zum Anlaß größerer Beunruhigung wird, wenn das Objekt sich nicht gut vermeiden läßt und er in seinem normalen Alltag darüber stolpert.

In manchen Kulturen ist die Wahl des phobischen Objekts nicht dem Individuum überlassen, sondern wird von dem Medizinmann oder Zauberdoktor vorgeschrieben, der die betreffende Person behandelt. Ein Objekt oder eine Tätigkeit wird als „Tabu" gewählt – ein bestimmter Baum muß vermieden werden, eine bestimmte Speise darf nie gegessen werden usw. Die Vermeidung des Tabus bringt Zufriedenheit mit sich, die Konfrontation mit ihm schwere Angst, Krankheit und vielleicht sogar den Tod. Das Individuum kann die Ursache seiner Angst in diesen konkreten Dingen lokalisiert sehen und kann sie im Zaum halten, indem es diese vermeidet.

Zwangsneurose

Häufig führen verdrängte Wünsche und Schuldgefühle zu einer Art abnormen Verhaltens, das als *Zwangsneurose* bekannt ist. Zwangsgedanken und Zwangshandlungen sind voneinander zu unterscheidende Reaktionsformen, die unabhängig voneinander vorkommen, aber doch so häufig gemeinsam in Erscheinung treten, daß sie allgemein für zwei verschiedene Aspekte eines einzigen Verhaltensmusters gehalten werden.

Zwangsvorstellungen

Eine Zwangsvorstellung ist ein beharrlich sich aufdrängender, unangemessener Gedanke, der ohne eigentlichen Anlaß ins Bewußtsein kommt und willentlich nicht unterdrückt werden kann. Fast jeder von uns hat gelegentlich Zwangsgedanken leichterer Art, z. B. wenn sich kleinere Befürchtungen immer wieder aufdrängen: „Habe ich die Tür wirklich abgeschlossen?" oder „Habe ich den Wecker gestellt?" Oder wenn uns eine Melodie „nicht aus dem Kopf geht". Die meisten von uns haben schon erlebt, daß es ihnen ein bißchen besser ging, wenn sie das Ritual des Fingerkreuzes vollzogen oder auf Holz geklopft hatten.

Zwar können auch leichtere Zwangsgedanken, wie die Melodie, von der man nicht loskommt, irritieren; wirklich neurotische Zwangsvorstellungen aber sind noch um vieles aufdringlicher und dermaßen störend, daß sie den Betroffenen in allen seinen täglichen Aufgaben und Aktivitäten beeinträchtigen. Oft kreist dabei das Denken um morbide Vorstellungen über Tod, Selbstmord oder unaufhörliche Phantasiegebilde darüber, daß man selbst auf brutale Weise einen Mord begeht. Extremes Zwangsdenken kann einen Menschen nahezu völlig existenzunfähig machen.

Man kann von diesen immer wiederkehrenden Vorstellungen so überwältigt sein, daß man es fast unmöglich findet, sich auf irgend etwas anderes zu konzentrieren, und auch nicht in der Lage ist, das Auftreten und die Richtung der Zwangsgedanken zu beeinflussen.

Eine Erklärung der Funktion der Zwangsgedanken besagt, daß sie den in einem bestimmten Stadium als chaotisch und gefährlich beeindruckenden Impulsen eine Ordnung auferlegen. Das Zwangsdenken schränkt nicht nur das Handeln ein; es dient auch dazu, starke Emotionen, wie Haß, Lustgefühle und Zerstörungsdrang, in Schach zu halten. Für den Neurotiker mit Zwangsvorstellungen wird der als Barriere zwischen Affekt und Handlung gesetzte Gedanke die letzte Realität, mit der er sich befaßt; weiter geht er nicht, gleich welche tatsächlichen Folgen

Zwanghaftes Beschriften von Servietten

In den meisten Fällen erfordern Zwangshandlungen keine Hospitalisierung, sie sind lediglich der Person lästig oder bereiten den Angehörigen Kopfzerbrechen. Manchmal jedoch wird die betreffende Person unfähig, überhaupt noch normal und sinnvoll zu handeln, oder sie sind Bestandteil eines größeren Krankheitsbildes, wie im Falle des Mannes, dessen „Botschaften" hier abgebildet sind.

Dieser ältere Patient verbrachte Stunde um Stunde damit, die eine oder andere Botschaft zu schreiben und sie an die anderen Patienten oder das Personal weiterzugeben. Als man ihm befahl, damit aufzuhören, ihm auch Papier und Bleistift fortnahm, blieben die Botschaften eine Weile aus; plötzlich tauchten sie auf rätselhafte Weise wieder auf: auf Servietten geschrieben und unter der Türe durchgeschoben, oder in den Taschen oder Briefkästen des Personals. Jeden Tag war ein anderer der Empfänger. Wir zeigen hier einige Exemplare, die einer der Autoren im Laufe von 3 Monaten erhielt. Man beachte die bemerkenswerte Übereinstimmung im feinen Detail der Handschrift dieses zwanghaften Patienten, wie auch die „magische Zahl" und die Überschrift der Serviettenbotschaft.

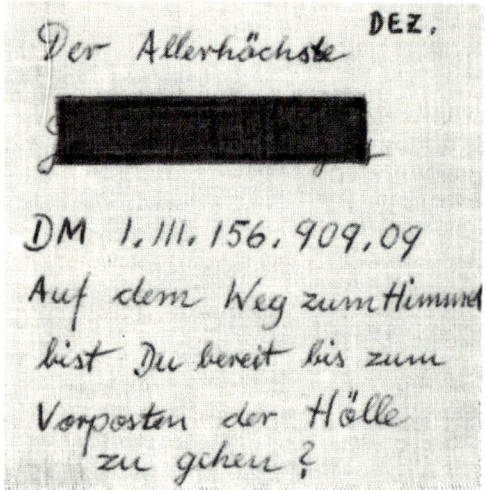

die Durchführung der gewünschten, aber verbotenen Handlung auch hätte.

Zwangshandlungen

In manchen Fällen ist bloßes Denken, auch als Zwangsdenken, kein ausreichender Schutz gegen das Erkennbarwerden verbotener Antriebe.

Ein weiterer Mechanismus, der solchen Impulsen eine Ordnung auferlegt, ist durch die *Zwangshandlungen* gegeben.

In den meisten Fällen erfordern Zwangshandlungen keine Hospitalisierung, sie sind lediglich für den Betroffenen lästig oder bereiten den Angehörigen Kopfzerbrechen. Manchmal jedoch führen sie zur fast völligen Handlungsunfähigkeit im normalen Sinne, oder sie sind ein Teilaspekt einer umfassenderen psychischen Erkrankung (s. „Unter der Lupe", S. 520).

Zwanghaftes Verhalten besteht aus sich wiederholenden, ritualisierten Handlungen. Obwohl solche Rituale für die neurotische Person emotional stark besetzt sind, braucht sie sich ihrer Bedeutung nicht bewußt zu sein. Durch die zwanghafte Ausführung dieser meist alltäglichen, kleinen Verrichtungen immer mehr in Anspruch genommen, bleibt dem Patienten weder Zeit noch Energie, die Triebhandlung, gegen die er sich damit unbewußt schützt, durchzuführen. In einigen Fällen können Schuldgefühle wegen begangener oder eingebildeter Sünden in Zwangsritualen ihren Ausdruck finden, die diese Verfehlung dann ungeschehen machen sollen. Ein Beispiel dafür ist der exzessive Waschzwang – eine Art Lady-Macbeth-Reaktion.

Hysterie

Es ist nichts Ungewöhnliches, wenn jemand einen Termin beim Zahnarzt vergißt, ein Student am Tag der Prüfung krank wird, ein Sänger vor dem Termin zum Vorsingen eine Kehlkopfentzündung bekommt, oder wenn ein Jockey sein Pferd zum Lahmen bringt, so daß er nicht am Rennen teilzunehmen braucht. Dies sind einige „normale" Fälle der Vermeidung von unangenehmen, gefürchteten Situationen.

Verhalten dieser Art wird nicht bewußt gesucht; die meisten Personen, die eine Vermeidungsstrategie benutzen, bestreiten energisch, daß dies „Flucht" sei. Diese Dinge „passieren einfach" in Situationen, in denen ein Streß erwartet wird. Aber ein Gedächtnisausfall oder körperliches Handikap befreit eine Person aus einer Situation, die ihr psychisches Wohlbefinden oder ihre Selbstachtung zu gefährden droht, und das geschieht in einer Weise, daß man ihr daraus nicht den Vorwurf machen kann, der Sache ausgewichen zu sein.   -

Wenn ein solcher Mechanismus bis zu dem Extrem weitergeführt wird, daß ohne Vorliegen irgendeines organischen Schadens Körperlähmung oder totaler Gedächtnisverlust auftritt, dann ist der Zustand abnorm und wird *hysterische Neurose* genannt. Unter dieser allgemeinen Bezeichnung faßt man zwei miteinander verwandte Störungen zusammen: die *Konversionshysterie* und die *hysterische Bewußtseinsspaltung.*

Konversionshysterie

Bei der Konversionshysterie besteht ein Ausfall sensorischer oder motorischer Funktionen, ohne daß eine organische Störung als Ursache nachzuweisen ist. Die Person kann plötzlich nicht mehr hören, sehen oder fühlen, ein Arm oder Bein ist gelähmt, oder sie ist nicht mehr fähig zu sprechen.

Viele hysterische Symptome sind mit den medizinischen Tatsachen unvereinbar. Zum Beispiel stimmen bei gewissen Formen der hysterischen Anästhesie (Verlust der Druck- oder Schmerzempfindlichkeit) die Abgrenzungen der betroffenen Körperbereiche nicht mit den tatsächlichen Nervenleitungen überein. In anderen Fällen kann es für einen Arzt jedoch sehr schwierig sein festzustellen, ob ein Patient ein organisches oder ein hysterisches Leiden hat.

Es ist wichtig, daran zu denken, daß bei der Konversionsreaktion keine wirklich biologische Veränderung beteiligt ist. Dies ist anhand der Tatsache nachzuweisen, daß im Schlafzustand oder unter Hypnose die hysterischen Symptome i. allg. verschwinden. Ein Patient, der z. B. an einer hysterischen Lähmung leidet, mag völlig unfähig sein, die Beine zu bewegen; doch in der Hypnose kann man ihn dazu bringen, daß er aufsteht und durch den Raum geht. Darüber hinaus können hysterische Symptome kommen und gehen und sogar zu verschiedenen Zeiten in verschiedenen Bereichen des Körpers auftreten; der Patient, der an einem Tag auf seinem rechten Auge hysterisch „blind" ist, mag sein Leiden am nächsten Tag unbewußt auf das linke Auge übertragen.

Obwohl es manchmal gelingt, hysterische Symptome durch hypnotische Suggestionen zum Verschwinden zu bringen, tendieren sie solange zum Rückfall – wenn auch in veränderter

Form –, wie der zugrundeliegende Konflikt weiterbesteht.

Menschen, die Konversionssymptome entwickeln, sind oft unreif, emotional und anspruchsvoll-fordernd und tendieren zu Schauspielereien und Selbstmitleid. In vielen Fällen empfinden sie sexuelle Regungen, die sie nicht akzeptieren können. Gewöhnlich gelingt es ihnen nicht nur, aus der bedrohlichen Situation zu entfliehen, sondern aus der Krankheit auch noch Gewinn zu ziehen in Form von Beachtung und Sympathie, was wiederum ihr hilflos-abhängiges Verhalten verstärkt. Interessanterweise hängen Form und Häufigkeit der Konversionsreaktionen vom Grad der medizinischen Aufgeklärtheit des Patienten und der Gesellschaft ab (die ja die Störung als eine physische akzeptieren muß, damit das Manöver Erfolg hat). Ohnmachtsanfälle wurden im vorigen Jahrhundert und v. a. im viktorianischen England häufig beobachtet. Heute findet man diese Art der Konversionshysterie nur noch selten. Die neurotischen Konversionsreaktionen sind in den hochzivilisierten Ländern während der letzten Jahrzehnte stark zurückgegangen, während sie in vielen Ländern, in denen medizinisches Wissen in der Allgemeinheit weniger weit verbreitet ist, noch sehr häufig vorkommen.

Hysterische Bewußtseinsspaltung

Wir haben an vielen Stellen dieses Buches betont, wie wichtig es für den Menschen ist, sich selbst als Kontrolleur seines Verhaltens – einschließlich seiner Gefühle, Erkenntnisse und Handlungen – zu sehen. Wesentlich für diese Auffassung von Selbstkontrolle ist die Annahme, daß wir eine integrierte, beständige Persönlichkeit haben, einen zentralen Wesenskern, der unsere ganze persönliche, einzigartige Natur repräsentiert. Diese „Persönlichkeit" stellt die Grundlage dafür dar, daß wir uns über die Zeit hinweg als etwas im Grunde Gleichbleibendes wahrnehmen. Wir sehen in gegenwärtigen Erlebnissen einen Sinn, und zwar im Kontext von Bezugssystemen, die in der Vergangenheit erstellt wurden, und wir messen ihnen Bedeutung bei, indem wir uns ihre wahrscheinlichen Folgen für die Zukunft vorstellen. Die Situationen wechseln, die Zeit vergeht, unser Verhalten verändert sich, auch unsere Einstellungen und Werte mögen sich ändern – doch wir halten fest

an dem Glauben, daß wir die ganze Zeit hindurch dieselben sind. Diese Konstanz des Selbst bedeutet für die meisten Menschen den festen, zuverlässigen Maßstab, an dem die in der äußeren Welt wahrgenommenen Veränderungen gemessen und bewertet werden. Bei Spaltungszuständen flieht die Person vor ihren Konflikten, indem sie diese kostbare Konsistenz und Kontinuität aufgibt und, in einem gewissen Sinne, Teile ihrer selbst verleugnet. Sie kann das auf ganz verschiedene Weise tun. Eine Möglichkeit ist der *Somnambulismus* (das Schlafwandeln), bei dem das Individuum im Schlaf umhergehen und einige Handlungen von symbolischer Bedeutung ausführen kann, an die es sich beim Aufwachen nicht mehr zu erinnern vermag. Eine verwandte Art der Spaltung wird bei nervösen Manierismen oder Kopfbewegungen gefunden, die irgendwie vom Bewußtsein losgelöst sind. Viele Menschen sind Opfer von Tics, Zuckungen und motorischen Gewohnheiten, die gewissermaßen ein Eigenleben zu führen scheinen.

Erinnerungsverlust in bezug auf das, was man während somnambuler Zustände tat, kann in extremerer Form während des Wachzustands eintreten. Bei der *Amnesie* führt der Betroffene seine gewohnten Tätigkeiten weiter aus: Essen, Sprechen, Lesen, Autofahren usw., aber er kann sich nicht mehr erinnern, wer er ist. Durch diese Aufgabe der Konsistenz der Persönlichkeit mit ihren zeitverhafteten Eigenschaften werden die unlösbaren Konflikte, die ihre Wurzeln ja in der Zeitdimension der Vergangenheit haben, gelöscht. Wenn jemand durch Amnesie seine Vergangenheit auslöscht, bedeutet das, daß er mit einem kräftigen Streich die Fesseln durchtrennt, die seine Gegenwart mit einer unglücklichen Vergangenheit verbinden. Jetzt ist er in der Lage, ganz von vorn anzufangen und ein Leben zu führen, das nur noch durch die in der Gegenwart vorgefundenen Bedingungen bestimmt ist. Vielfach konnte man beobachten, daß die Lebensgeschichte und die eingefahrenen psychologischen Reaktionsmuster solcher Menschen die generelle Tendenz zum Fluchtverhalten in unerträglichen Situationen zeigten und sie damit gewissermaßen schon zur Amnesie prädestinierten.

Nach Aufgabe ihrer alten Identität kommt es vor, daß eine anamnestische Person tatsächlich an einen anderen Ort reist, und zwar entweder an einen ganz neuen oder in eine Umgebung, die ihr vertraut ist und zu einem früheren Zeitpunkt ihres Lebens einen emotionellen Rückhalt bedeutete. Man nennt diesen Vorgang eine Fluchtepisode (s. „Unter der Lupe", S. 524). Hier kann diese Person eine neue Identität und eine neue Lebensweise aufbauen, die sie psychisch, zeitlich und geographisch vom früheren, nicht akzeptablen Lebensstil trennt. Es ist über Fälle berichtet worden, wo solche Personen mehrere Jahre nach ihrem Verschwinden wiederentdeckt wurden. Natürlich wissen wir nicht, wieviele unentdeckt bleiben und ihr Leben als neu konstituierte Persönlichkeiten weiterführen.

Die extremste Form der Bewußtseinsspaltung ist die *multiple Persönlichkeit*. Obwohl häufig in Film und Fernsehen dramatisiert, ist diese Reaktion doch sehr selten. Der Patient entwickelt zwei (oder mehr) unterschiedliche Persönlichkeiten, die abwechselnd und für variable Zeitperioden die bewußte Kontrolle der Persönlichkeit übernehmen. Jeder Teil der multiplen Persönlichkeit stützt sich auf Bestände von Motiven, die mit den Motiven der anderen Teile im Konflikt stehen. Diese konfliktvollen Motivationsstrukturen existierten ursprünglich gleichzeitig in einer Persönlichkeit nebeneinander, waren aber derart unvereinbar – und dabei gleichzeitig so stark –, daß sie jeweils einzeln zeitweilig befriedigt werden mußten, wobei die übrigen vorübergehend aus dem Bewußtsein verdrängt wurden. Gewöhnlich – wenn auch nicht immer – weiß eine Teilpersönlichkeit nichts von der anderen. Es kommt aber auch vor, daß die eine Teilpersönlichkeit sich der anderen bewußt ist, während dies umgekehrt nicht der Fall ist.

Häufig wird die multiple Persönlichkeit mit der „gespaltenen Persönlichkeit", der *Schizophrenie*, verwechselt, einer psychotischen Störung, bei der die Person „von der Realität abgespalten" ist. Bei der multiplen Persönlichkeit jedoch bleibt der bewußte Teil der Persönlichkeit mit der Realität in Kontakt, reagiert darauf allerdings neurotisch.

Diese dramatische Reaktionsform läßt sich veranschaulichen anhand des weltweit publizierten Falles von Eva White (s. auch Tabelle 14.3). Die 25 Jahre alte Eva lebte von ihrem Mann getrennt und suchte wegen heftiger, unerträglicher Kopfschmerzen, die häufig von einem Bewußtseinsverlust begleitet wurden, einen Psychiater auf. Während einer ihrer ersten Therapiesitzungen war Eva sehr aufgeregt; sie berichtete, sie habe vor kurzem einmal Stimmen gehört.

Tabelle 14.3. Zwei Persönlichkeiten in einem Körper

Einige der kontrastierenden Persönlichkeitsmerkmale von „Eva White" und „Eva Black" (vgl. Text):

Eva White	Eva Black
Ernst, zurückhaltend	Lebhaft, ein „Partygirl"
Süßer, stiller Gesichtsausdruck	Koboldhafter, schadenfroher Gesichtsausdruck
Kleidet sich einfach, konservativ	Kleidet sich attraktiv, herausfordernd
Liest und schreibt Gedichte	Niemals ernsthaft oder beschaulich
Sanfte, weibliche Stimme	Rauhe, neckende Stimme
Zurückhaltende Sprache	Grobe, witzige Sprache
Bewundert wegen ihrer Stärke	Beliebt wegen ihres Witzes und ihrer Unternehmungslust
Fleißig und kompetent	Leichten Herzens und verantwortungslos
Selten lebhaft oder spielerisch	Hat Freude an Streichen
Eine hingebungsvolle Mutter	Vorübergehende, kurzlebige Gefühle
Nicht allergisch gegen Nylon	Allergisch gegen Nylon

Plötzlich legte sie beide Hände an ihre Schläfen, schaute mit einem herausfordernden Lächeln zum Arzt auf und stellte sich als „Eva Black" vor. Nach Stimme, Gesten und Manieriertheit dieser zweiten Eva war es offensichtlich, daß sie eine separate Persönlichkeit war. Sie wußte alles von dem, was Eva White tat, aber diese war sich der Existenz von Eva Black in keiner Weise bewußt. Eva Whites „Bewußtseinsverluste" waren in Wirklichkeit die Perioden, während derer Eva Black die Kontrolle innehatte, und die „Stimmen" bezeichneten die erfolglosen Versuche Eva Blacks, „herauszukommen". Im Laufe der weiteren Therapie wurde offenbar, daß Eva Black schon in Eva Whites früher Kindheit existiert hatte, indem sie gelegentlich die Herrschaft übernahm und sich verbotene Freuden leistete, es dann Eva White überlassend, die Folgen zu tragen. Diese Gewohnheit hatte sich erhalten, und für Eva White blieb häufig der Katzenjammer der anderen Eva übrig. Nach ungefähr 8 Monaten Therapie trat eine dritte Persönlichkeit auf. Diese, genannt Jane, war reifer, tüchtiger und durchsetzungsfähiger als die sich zurückziehende Eva White; sie übernahm allmählich für die meiste Zeit die Kontrolle. Die EEGs von Jane und Eva White waren beide normal und hatten große Ähnlichkeit miteinander; das EEG von Eva Black wurde als an der Grenze des Normalen liegend klassifiziert.

Als der Therapeut die Erinnerungen der beiden Evas sondierte, hatte er das sichere Gefühl, die tatsächliche Herausbildung zweier voneinander abgegrenzter Persönlichkeiten müsse in einem ohnehin schon gestörten Kind durch ein entscheidendes Schockerlebnis ausgelöst worden sein.

In einem dramatischen Augenblick, dem Höhepunkt der Therapie, kam dieser vergessene Vorfall zutage. Jane erstarrte plötzlich und begann mit Entsetzen in der Stimme zu schreien: „Mutter... Zwing mich nicht! ... Ich kann's nicht tun! Ich kann nicht!" Als das Schreien sich legte, kam eine neue – die endgültige – Persönlichkeit hervor. Sie war in der Lage, das Schockerlebnis, das der Bewußtseinsspaltung zugrunde lag, ins Gedächtnis zurückzurufen. Im Alter von 6 Jahren war Eva White von ihrer Mutter an den Sarg der Großmutter geführt und gezwungen worden, dieser einen Abschiedskuß zu geben.

Die umgewandelte Persönlichkeit, die sich selbst Evelyn nannte, identifizierte sich später mehr mit Jane als mit jeder der beiden Evas, selber wurde sie aber eine lebenstüchtigere und reizvollere Frau, als es Jane gewesen war. Sie heiratete einen jungen Mann, den Jane kennengelernt hatte und konnte ein stabiles Familienleben führen (Thigpen u. Cleckley 1954, 1957; Thigpen 1961).

Hypochondrie (neurotische)

Neurotische Personen zeigen häufig eine übertriebene Sorge um ihre Gesundheit und ihren körperlichen Zustand und bestehen krankhaft darauf, daß jede unbedeutende Körperempfindung möglicherweise ein Anzeichen irgendeiner ernsthaften organischen Störung sei. Wenn eine solche Haltung das Hauptmerkmal der Neurose ist, wird diese als *hypochondrische Neurose* bezeichnet.

Eine Erklärung der Hypochondrie ist die, daß die Person sich von ihrem Körper getrennt fühlt und sich dieses Gefühl verständlich zu machen versucht, indem sie analysiert und beschreibt, anstatt einfach zu existieren und zu erleben.

Es kann auch sein, daß sich beim Versuch der Erklärung vage Gefühle der Angst, Spannung und zusätzliche Verwirrung auftreten, wonach die Betroffenen es dann für vernünftiger und für ihr Ich weniger bedrohlich halten, wenn sie die Sache als ein körperliches und nicht als ein psychologisches Problem betrachten. Für solche Leute mag die Alternative im „Geistig-Gestörtsein" oder „Körperlich-Kranksein" bestehen.

Jedenfalls sagt man vom Hypochonder oft, er „erfreue" sich einer schlechten Gesundheit, da seine größte Befriedigung darin besteht, körper-

Unter der Lupe

Aus den Augen, aus dem Sinn

Im folgenden sei der Bericht einer Frau wiedergegeben, die eine Amnesie entwickelte und eine Fluchtepisode erlebte. Er ist ungewöhnlich, und zwar nicht nur, weil er einen persönlichen Bericht solchen Erlebens darstellt, sondern auch deshalb, weil die Schreiberin während ihrer Niederschrift für *Psychology and Life* wieder anfing, die Kontrolle und den Zugang zu ihrer Kindheit zu verlieren, wovon ihre Handschrift zeugt, und daß sie nach Fertigstellung des Berichts vorübergehend wieder das Gedächtnis verlor.

„Ich war mit meinem damals 4½jährigen Sohn in ein Automatenrestaurant geraten. Wir saßen beim Frühstück, einer Mahlzeit, die ich normalerweise nicht zu mir nehme, und ich stellte fest, daß es ca. 9 Uhr war... Wir waren, so dachte ich, im Begriff, Weihnachtseinkäufe zu machen (es war Anfang Dezember), und der Tagesablauf war bis ungefähr um die Mittagessenszeit festgelegt. Zum Essen war ich, so dachte ich, mit meiner Mutter verabredet (die damals seit 3 Monaten tot war). Wir verbrachten die Vormittagsstunden beim Einkaufen und rannten mit großer (wie mir jetzt scheint, ungewöhnlicher) Ausgelassenheit und Fröhlichkeit durch die Straßen in die Kaufhäuser..."

„Als der Mittag näherkam, fühlte ich eine leichte Anspannung, eine Angst, daß wir irgendwie die Verabredung zum Mittagessen nicht schaffen würden. Wir gingen in eine Telefonzelle, von wo aus ich meine Mutter anrufen wollte, um ihr wegen des gemeinsamen Essens einen anderen Vorschlag zu machen. In der Telefonzelle bemerkte ich, daß ich mich weder an die Telefonnummer, noch an den Namen meiner Mutter erinnern konnte (um im Telefonbuch nachschauen zu können)... Ich erklärte mir meine Unfähigkeit mit einem Virus, der, wie ich damals gerade gehört hatte, ungewöhnliche psychologische Zustände hervorrief. Ich beschloß, essen zu gehen und nahm dann meinen Sohn mit in ein Museum und anschließend ins Kino. Ich fühlte mich besonders energiegeladen, und es kam mir vor, daß ich mehr unternahm als gewöhnlich."

„Im Kino, als ich wieder daran dachte, meine

Mutter anzurufen, wurde mir klar, daß ich nicht nur ihren Namen nicht mehr wußte, sondern auch meinen eigenen vergessen hatte. Ich ging mit meinem Sohn in die Vorhalle und durchsuchte meine Handtasche nach irgend etwas, was mir Aufschluß über meine Identität hätte geben können. Dabei achtete ich besonders darauf, daß ich ihn nicht beunruhigte, aber ich selbst fühlte mich gar nicht beängstigt, und es schien mir, daß mein Verstand ungewöhnlich klar war. In meiner Handtasche fand ich 3 Telefonnummern auf einer Liste und eine Adresse. An die Namen konnte ich mich nicht erinnern. Ich rief die erste Person nach der Liste an – einen alten Collegelehrer und engen Freund. Als er sich meldete, wollte ich ihm meine Situation schildern, mußte aber feststellen, daß ich mich selbst nicht beschreiben konnte. Ich blickte nach links in einen Spiegel und erkannte mich nicht."

„Ich sagte meinem Lehrer, daß ich meinen Sohn dabei hätte und beschrieb diesen. Mein Lehrer sagte mir, ich solle in ein Taxi steigen, daß er wüßte, wer ich sei und daß die Adresse, die ich dem Taxifahrer geben sollte, meine eigene sei. Nachdem ich aufgehängt hatte, hatte ich meinen Namen, den er mir gesagt hatte, wieder vergessen. Doch als ich die Adresse ansah und merkte, daß sie in Brooklyn war, dachte ich, er irre sich, denn ich erinnerte mich (oder glaubte, mich zu erinnern), daß ich in New Haven wohnte … Ich aß mit meinem Sohn zu Abend und stieg in den Zug nach New Haven … Als der Zug aus Bridgeport hinausfuhr, bemerkte mein Sohn, dies sei nicht der richtige Weg heim nach Brooklyn. Jetzt fühlte ich zum ersten Mal Angst aufkommen. Als ich in New Haven ankam, rief ich den nächsten Menschen an, der auf meiner Liste stand … er sagte mir, ich sollte den nächsten Zug zurück zur Grand Central Station nehmen …"

„Morgens brachte man mich zu einem Psychiater. Mein Mann wartete vor der Praxis, als ich herauskam. Als ich ihn sah, erkannte ich ihn nicht. Er erschien mir so anders. Ich schämte mich sehr, daß ich ihn nicht erkannte. Mir wurde ganz heiß und ich errötete. Zum ersten Mal bemerkte ich, daß mich alle anstarrten und mit einem schrecklichen Schock wurde mir bewußt, daß ich ein Objekt im Blickfeld anderer war. In diesem Augenblick wurde mir klar, daß ich ein sichtbares Wesen war. Mir scheint jetzt, daß ich in meinem damaligen Zustand fast dauernd unter dem Eindruck stand, ich sei unsichtbar, außer dann, wenn ich mich selbst gerade irgend jemand, mit dem ich sprach, sichtbar ins Bewußtsein bringen wollte, und auch dann selbst eher als ein Bewußtsein denn als eine Person in Erscheinung trat."

---

liche Symptome zu finden, die seine schrecklichen Prophezeiungen bestätigen. Seine angeblichen Leiden verhindern nicht nur eine aktive Teilnahme am Leben – was mit dem Risiko des Versagens verbunden wäre –, sondern können ihm auch noch sekundären Krankheitsgewinn in Form von Aufmerksamkeit, Mitgefühl und Hilfeleistungen von anderen einbringen. Andererseits können seine Ansprüche auf besondere Rücksichtnahme, die enormen Arzthonorare und unnötige Operationskosten seine darüber erbitterte Familie vergessen lassen, daß sein Unbehagen – wenngleich irrational verursacht – subjektiv für ihn doch eine Realität ist.

Depressive Neurose

Bei der *depressiven Neurose* verzerrt das Individuum die Realität eher, was das rechte Maß anbelangt, als hinsichtlich ihrer Natur. Es reagiert auf einen Verlust oder drohenden Verlust mit größerer Traurigkeit und länger als die meisten anderen Menschen.

Zusätzlich zu ihrem Depressivsein klagen die Patienten oft über Konzentrationsunfähigkeit, Verlust der Selbstsicherheit, Schlaflosigkeit, Abgestumpftheit, Gereiztheit und schlechte Gesundheit. Sie erkennen den Ursprung ihrer Depressionen, überschätzen aber seine Bedeutsamkeit; er wird von ihnen als etwas gesehen, das man einfach nicht bewältigen kann. Da der depressive Patient alle Rückschläge, Frustrationen, persönlichen Unzulänglichkeiten oder Mängel übermäßig bewertet, wird die Welt in seiner Sicht zu übermächtig, als daß er es mit ihr noch aufnehmen könnte.

In vielen Fällen besteht zwischen der objektiven Situation des Verlusts, des Versagens oder der Enttäuschung und ihrer subjektiven Bewertung kaum eine Entsprechung. Für solche Menschen ist die subjektive Realität einfach die einzige Realität. Lange zurückliegende deprimierende Erlebnisse, in denen sie wiederholt eine „traurige Figur" abgegeben haben, beschäftigen sie, und sie grämen sich darüber, als sei der Vorfall gerade hochaktuell – eine Haltung, mit der sie sich das Leben nur schwerer machen können. Die Unfähigkeit zum Lebensgenuß wird oft von dem Bedürfnis nach Drogen oder Alkohol begleitet, einfach um die Qual eines weiteren Lebenstages ertragen zu können. Diese fatalistische Sicht andauernden Unglücklichseins kann eine starke Motivation zum Selbstmord werden, nicht mehr die Qual des Lebens zu ertragen, sondern mit Hilfe des Suizids zu fliehen.

Die depressive Reaktion ist ein Ausdruck von Hilflosigkeit, wie das bei allen Neurosen der Fall ist. Mit all diesen Strategien versucht der Neurotiker, sich selbst und der Welt zu beweisen, daß er – ohne selber schuld zu sein – nicht in der Lage ist, mit seinen Problemen fertig zu werden. Der Phobiker sagt: „Das macht mir Angst; ich muß es vermeiden." Der Zwangsneurotiker sagt: „Ich muß das denken", oder „Ich *muß* das tun." Der Hysteriker: „Ich kann mich nicht fortbewegen; ich kann den Teil von mir, den ich nicht mag, nicht sehen." Der Hypochonder sagt: „Wenn ich nicht so krank wäre, könnte ich mich mit anderen Problemen beschäftigen, aber angesichts meiner körperlichen Schmerzen ist alles andere unwichtig." Der Depressive sagt: „Die Welt drückt mich nieder; mein schwerer Kummer überwältigt mich."

Allen Neurosen gemeinsam ist zum einen ein Mechanismus, der die Angst dadurch in Grenzen hält, daß jede direkte Konfrontation mit ihrer Ursache vermieden wird, und zum anderen die Unfähigkeit des Betroffenen, irgendwelche andere Wege zur Bewältigung seines Problems zu erwägen. Neurotiker sehen „keinen Ausweg" aus ihren Problemen und keine Alternativen zu ihrer gegenwärtigen Lebensweise. Wie der Theologe Tillich einst sagte, ist die „Neurose ein Weg, das Nichtsein zu vermeiden, indem das Sein vermieden wird" (1952, S. 66).

Wenn die Therapie bei einem solchen Menschen Erfolg hat, dann verändert sich sein Selbstbild durch die Erkenntnis, daß er Kontrolle über sich und seine Umwelt ausüben kann. Dadurch, daß er seine Kraft zur Entscheidung und Ausführung von Handlungen wiederentdeckt oder einfach in einer Wirkung auf die Umwelt den Erfolg seines eigenen Handelns wiedererkennt, lernt der Neurotiker, daß er nicht nur mit seinen gegenwärtigen Problemen fertig werden, sondern auch sein Leben mit neuen Orientierungslinien versehen kann, die ihm Freude, Befriedigung und ein Gefühl der Erfüllung bringen. Die meisten therapeutischen Verfahren, die wir in Kap. 15 darstellen wollen, sind für die beschriebenen neurotischen Reaktionen entwickelt worden. Trotz der Unterschiedlichkeit der Methoden verfolgen die verschiedenen Therapien das gleiche Hauptziel, nämlich der neurotischen Person zu größerer Lebenstüchtigkeit und mehr Selbstbejahung zu verhelfen.

Realitätsverlust: Psychose

Wenn das Verhalten eines Menschen so sehr von der Norm abweicht, daß der Kontakt mit der Realität verloren gegangen ist, dann wird sein Zustand als Psychose bezeichnet. „Psychotisch" bedeutet für den Mann auf der Straße soviel wie irr, verrückt oder wahnsinnig. Dieser Zustand stellt unter all den hier beschriebenen Störungen und Erkrankungen die größte Beeinträchtigung dar, und er ruft in der Gesellschaft am meisten Furcht und Ablehnung hervor. Schon die bloße Tatsache seiner Existenz stellt unser fundamentales Konzept von der Integrität des Geistes, der kontrollierenden Funktion des menschlichen Willens und von dem Wesen und der Beschaffenheit der Realität in Frage.

Geistesgestörtheit ist kein psychiatrischer oder psychologischer Begriff, sondern ein juristischer Ausdruck, der auf jeden Geisteszustand angewendet wird, in dem das Individuum unfähig ist, das Falsche vom Rechten zu unterscheiden und daher für seine Handlungen nicht verantwortlich gemacht werden kann. Geistesgestörtheit betrifft also nicht nur psychotische Störungen, sondern schließt auch extreme, schwer behindernde neurotische Reaktionen mit ein.

Bei der Psychose handelt es sich nicht nur um eine lediglich intensivere oder übertrieben aus-

Die Realitätsprüfung und die Innen- und Außenwelt in der Psychose

Mit der Entwicklung seiner kognitiven Fähigkeiten lernt der Mensch zugleich auch, seine Wahrnehmungen auf ihren Realitätscharakter zu überprüfen. Er entwickelt die Fähigkeit zu beurteilen, ob die Quelle für eine bestimmte Wahrnehmung in der Außenwelt liegt oder ob sie in seinem eigenen Kopf zu suchen ist. Dieser Vorgang wird zu einem recht komplizierten Prozeß, in dessen Verlauf wir prüfen, ob unsere Gedanken, Wahrnehmungen und Gefühle der Situation angemessen sind, und zwar sowohl unter Berücksichtigung gegenwärtiger Bedingungen als auch der vorausgegangenen Umstände und im Hinblick auf die Handlungsweise anderer. Die Gegebenheiten unserer Innenwelt (innere Realität) werden also in dem Beurteilungsvorgang gegen Kriterien der Außenwelt (physikalische und soziale Umwelt) abgewogen.

Schwer gestörte psychotische Kinder scheinen mit der äußeren Realität keinen Kontakt zu haben, obwohl sie offensichtlich ein reges Innenleben haben. Nach der sehr provokativen Theorie zweier Forscher, die an einem Projekt über kindliche Psychosen arbeiten, findet bei Psychotikern eine *Umkehr* des normalen Vorgangs der Realitätsprüfung statt. Bei ihnen stellt das Innenerlebnis das Kriterium dar, an dem die Gültigkeit des außen Erlebten gemessen wird.

„Wenn die äußere Realität sich nicht mit der inneren Wirklichkeit in Übereinstimmung bringen läßt, wird sie ignoriert oder verzerrt. Wenn das außen Erfahrene, vom Standpunkt ihrer inneren Realität gesehen, für ihre inneren Bedürfnisse ohne Wert ist, wird es einfach beiseite geschoben und abgetan in der gleichen Weise, wie ein äußere Kriterien als Maßstab benutzender normaler Mensch wahrscheinlich mit Innenerlebnissen verfahren wird, die nicht mit äußeren Kriterien in Einklang zu bringen sind. Da diese Kinder die äußere Wirklichkeit als Projektionen ihrer inneren Realität erfahren, erhalten viele äußere Ereignisse eine ganz besondere Bedeutung und nehmen furchterregenden Charakter an, weshalb sie unter allen Umständen vermieden werden müssen" (Meyer u. Ekstein 1970, S. 5).

Die Diskontinuität, die der Neurotiker erlebt, ergibt sich aus dem Mißverhältnis zwischen den Forderungen, die sein Unbewußtes stellt und den Anforderungen der äußeren Realität. Die Diskontinuität des Psychotikers resultiert aus dem Bruch zwischen innerem Bewußtsein und der Entsprechung zur äußeren Wirklichkeit. Es ist Aufgabe der Therapeuten, eine Brücke zu bauen zwischen diesen beiden Welten, denn sie sind beide gleich unerläßlich für den Prozeß der Realitätsprüfung und der Selbsterkenntnis.

---

geprägte Form der Neurose, sondern um einen eigenen pathologischen Zustand, der sich seiner ganzen Natur nach von der Neurose unterscheidet. Die psychotische Person geht nicht notwendigerweise zuerst durch ein neurotisches Stadium; auch werden schwer gestörte Neurotiker nicht im Laufe der Zeit psychotisch, obwohl es Fälle gibt, bei denen die Symptome von beiden Seiten stammen und gemischt sind.

Neurotische Patienten erscheinen überwältigt von Angst und Furcht, während bei den psychotischen Patienten die Affektverflachung, die unangemessene Gefühlsäußerung oder das Extrem einer manischen oder einer depressiven Reaktion typisch sind. Der Neurotiker erkennt, daß sein jetziges Verhalten irrational ist und sich von dem der anderen Leute und seinem eigenen „normalen" Verhalten von früher unterscheidet. So entsteht bei ihm oft eine zweite Quelle der Angst. Einige neurotische Symptome können sich sogar aus dem Versuch einer vernünftigen Erklärung für ungewöhnliche Empfindungen und Gedanken entwickeln, sozusagen um diese Situationen vor sich selbst und vor anderen zu rechtfertigen. Psychotiker dagegen gestehen sich nur selten ein, daß ihre Handlungen oder Erlebnisse aus dem Rahmen des üblichen fallen, noch scheinen sie über ihre „Geistesverfassung" beunruhigt zu sein.

Den Unterschied zwischen normal, neurotisch

und psychotisch könnte man analog dem Unterschied zwischen Gleichnis und Metapher sehen. Normale und Neurotiker erleben häufig ihre Gefühle in Form eines *Gleichnisses:* „Ich fühle mich *wie* ein Computer, der ohne irgendwelche Gefühle funktioniert." Die normale Person mag hinzufügen: „– der aber technisch im allgemeinen leistungsfähig ist", während der Neurotiker sagt: „– der aber technisch untauglich ist". Psychotiker hingegen streichen das „wie" und leben mit der vollen Intensität einer *Metapher:* „Ich bin ein Computer."

Die sich aus dem metaphorischen Verhalten ergebende Konsequenz ist die Auflösung der Grenzen zwischen dem Selbst und dem Objekt, zwischen subjektiver und objektiver Realität. Der Psychotiker weigert sich also, die sich auf die Empirie stützende Definition dessen, was real ist, und die auf gesellschaftlicher Übereinkunft beruhende gültige Definition der Realität anzuerkennen. Dadurch wird sein Verhalten von vielen Beschränkungen befreit, die die Gedanken, Gefühle und Handlungen normaler Menschen einengen; denn diese Normalen müssen sich an die Regeln halten, die festlegen, was wirklich, kausal, logisch, vernünftig, angemessen und akzeptabel ist.

So kann der Psychotiker das, „was ist", und das, „was sein sollte", in einen Topf zusammenwerfen. Oder er kann Wirkungen von ihren Ursachen, Handlungen von Gedanken, Gefühle von Handlungen, Folgerungen von Prämissen oder Wahrheit von Beweis trennen. In gewissem Sinne ergibt sich das Bizarre, Unangemessene und Irrationale des psychotischen Verhaltens aus der Schaffung eines geschlossenen Systems, das als solches gültig und in sich stimmig ist (vgl. „Unter der Lupe", S. 527). Jemand hat einmal bemerkt, die Neurotiker bauten Luftschlösser, die Psychotiker wohnten in ihnen (und Kritiker fügen hinzu, daß die Psychiater die Miete kassieren).

Wie kommen manche Menschen dazu, solcherart abweichende Denk- und Verhaltensweisen zu entwickeln? Trotz jahrelanger Forschungsarbeit von Psychologen, Psychiatern und einem Heer von Untersuchern im medizinischen Bereich gibt es leider noch keine befriedigende Antwort auf diese entscheidende Frage. Medizinisch orientierte Forscher diskutieren die Möglichkeit einer angeborenen, genetischen Anlage für einige Formen der Psychose oder weisen auf Mängel und Ausfälle im Stoffwechselsystem hin. Aus psychologischer Sicht hat man v. a. die Bedeutsamkeit von Faktoren in der Erziehung und im sozialen Erleben der Person betont. Einige Forscher, wie z. B. Laing (1967), haben es sogar abgelehnt, die Psychose als etwas Abnormes zu bezeichnen. Solche Denker haben es vorgezogen, den psychotischen Zustand als ein radikales Aufbegehren zu begreifen, das sich gegen die fragwürdigen, vorherrschenden Annahmen über den Sinn des Lebens wendet, gegen die Beziehungen, die den andern als Mittel zum Zweck benutzen und gegen eine zu sehr eingeengte Vorstellung menschlichen Denkens und von der subjektiven Realität.

Einteilung der Psychosen

Einige psychotische Reaktionen und auch andere Geistesstörungen mögen *organischen* Ursprungs sein; so können sie mit Hirnschädigungen zusammenhängen, die von physischen Ursachen (wie z. B. Krankheiten des Nervensystems, Hirntumoren oder -verletzungen, Gas-, Drogen-, Alkohol- oder Metalloxydvergiftungen und altersbedingten Durchblutungsstörungen) herrühren.

Weiter verbreitet sind aber die *funktionellen* Psychosen, die auf keinen physischen Defekt im Hirngewebe, sondern eher auf Funktionsstörungen zurückzuführen sind. Man kann sie in 3 Hauptgruppen zusammenfassen, wie Tabelle 14.4 zeigt.

Paranoide Reaktionen

Im Gegensatz zu den übrigen Psychosen, die untereinander sehr verschieden sein können, sind die paranoiden Psychosen durch ein ganz bestimmtes Symptom gekennzeichnet, nämlich durch persistierende Wahninhalte. Ein Wahn ist ein Überzeugung, die ein Mensch zäh verteidigt und aufrechterhält, auch wenn ihm objektiv das Gegenteil bewiesen wird und er in seiner sozialen Umwelt keinerlei Bestätigung findet. Beim *paranoiden Zustand* sind die Wahnbildungen vorübergehend und ergeben noch kein organisiertes Ganzes. Der Patient mag Halluzinationen haben, aber ansonsten ist seine Persönlichkeit intakt. Mit dem Fortschreiten der Erkran-

Tabelle 14.4. Einteilung der funktionellen Psychosen

Psychoseform	Hauptuntergruppen	Hauptsymptome
Paranoide Psychose	Paranoia; paranoider Zustand	Logische, oft in hohem Maße systematisierte und komplexe Wahnideen, bei ansonsten relativ gut intakter Persönlichkeit
Affektive Psychose	Manie, endogene Depression, Involutionsdepression	Extreme Stimmungs- oder Antriebsschwankungen, länger anhaltende Depression oder Euphorie, damit zusammenhängend Denk- und Verhaltensstörungen
Schizophrenie	Kindheitsschizophrenie, paranoide Schizophrenie, Katatonie, Hebephrenie, Schizophrenia simplex, unklare Symptomatik	Rückzug von der Realität mit emotionaler Abstumpfung, situationsunangemessenen Affekten und merklicher Störung des Denkprozesses; gewöhnlich Wahnideen, Halluzinationen und Stereotypien

kung erhalten die Wahnideen mehr Systematik, Zusammenhang und innere Logik (alles paßt zueinander, wenn nur die anfängliche Grundannahme stimmt), während die halluzinatorische Tätigkeit verschwindet. Dieser Zustand wird *Paranoia* genannt.

Es gibt drei Formen des Wahns, die bei paranoiden Störungen und manchmal auch bei den anderen psychotischen Zuständen auftreten. Am häufigsten ist der *Größenwahn*. Der Patient glaubt, er sei etwas ganz Besonderes, ein Kaiser, ein Millionär, ein großer Erfinder oder sogar Gott. Eine Patientin in einem Nervenkrankenhaus war sehr nett, und man konnte sie mit vielen Aufgaben betreuen, z.B. mit der Fuhrung von Besuchern durch die Anstalt. Aber nichts konnte ihre feste Überzeugung erschüttern, daß sie wirklich Bing Crosbys Ehefrau sei.

Eine zweite Form des Wahns ist der *Beziehungswahn*. In diesem Fall mißdeutet der Betreffende zufällige Ereignisse so, als würden sie sich direkt auf ihn beziehen. Wenn er zwei Personen sieht, die sich miteinander eifrig unterhalten, dann schließt er daraus sofort, daß sie über ihn reden. Wird sein Bett auf der Station an einen anderen Platz gestellt, dann geschieht dies entweder deswegen, weil die Pfleger über ihn verärgert sind und ihn schärfer bewachen wollen, oder aber weil er wegen guter Führung belohnt werden soll. Nichts ist zu trivial oder nebensächlich, als daß es nicht als eine Angelegenheit mit ganz persönlicher Bedeutung interpretiert werden könnte.

Die dritthäufigste Form von Wahnvorstellung ist der *Verfolgungswahn*. Hier ist die Person ständig auf der Hut vor ihren „Feinden". Sie fühlt, daß man ihr ewig nachspioniert, gegen sie intrigiert und daß sie von einer tödlichen Gefahr bedroht wird. Verfolgungsideen können mit Größenwahn Hand in Hand gehen, der Patient ist eine bedeutende Persönlichkeit, wird aber von bösen Mächten bekämpft.

Rundfunkanstalten erhalten öfters Briefe und Telefonanrufe von Leuten, die sich darüber beschweren, daß man im Radio oder Fernsehen über sie rede, ihre Namen, Adressen und persönlichen Angelegenheiten erwähne, gegen sie intrigiere. Meistens wird eine Untersuchung und die Bestrafung der Verantwortlichen verlangt, oder es werden mehr oder weniger dunkle Andeutungen über mögliche Folgen gemacht.

Die Presse publizierte kürzlich die Geschichte einer älteren Frau, die fast ihre ganze Wachzeit vor dem Fernsehschirm verbrachte. Sie glaubte, die Worte der Fernsehsprecher seien ausschließlich an sie gerichtet. So lauschte sie begierig den Reklamesendungen, lief dann zwanghaft in den Laden, um die angepriesenen Waren zu kaufen und kehrte gerade rechtzeitig zurück, um den nächsten Reklamespot zu verfolgen. Da die Frau keine Verwandten oder Freunde hatte, die sie hätten aufhalten können, wäre dieser ökonomische und finanzielle Belastungsprozeß eine ganze Weile weitergegangen. Glücklicherweise erkannte ein Angestellter der Feuerwehr bei einer Routineuntersuchung ihrer Wohnung, was vorging und überzeugte die Frau, daß sie psychiatrische Hilfe aufsuchen müßte.

Das intellektuelle und wirtschaftliche Niveau des Paranoikers liegt gewöhnlich höher als bei anders psychisch gestörten Patienten. Dies hat zur Folge, daß meist einige Zeit verstreicht, ehe irgend jemand seine Behandlungsbedürftigkeit oder die Notwendigkeit einer Einweisung erkennt. Bedeutend für die Dynamik paranoider Störungen scheinen Schuldgefühle wegen eines unmoralischen oder unsittlichen Verhaltens zu sein, unterdrückte Homosexualität, Minderwertigkeitsgefühle und unrealistisch hohe Ansprüche, die der Betreffende an sich stellt.

Es kann auch sein, daß ihm wohlwollende Freunde und Verwandte zunächst nicht widersprechen, wenn er anfängt, seine paranoiden Ideen zu entwickeln. Mit der Zeit werden die Wahnvorstellungen systematischer, d. h. logischer und scheinbar rationaler. So ergibt sich das eigenartige Paradox, daß die Argumentation des Individuums mit zunehmender Verschlimmerung seines Zustandes immer logischer wird. Solche Menschen sind therapieresistent, denn es ist für sie leichter anzunehmen, der Therapeut sei Teil einer feindlichen Verschwörung als die Tatsache zu akzeptieren, die eigenen Gedanken und Assoziationen seien unlogisch.

Colby und seine Mitarbeiter haben an der Stanford-Universität ein Computerprogramm aufgestellt, das die Antworten eines psychotischen Patienten simuliert. Der Patient wegen gewisser paranoider Tendenzen „Parry" genannt, kann so programmiert werden, daß er einem Interviewer in verschiedenen Abstufungen von Ärger, Angst und Mißtrauen antworten und außerdem nonverbale Reaktionen zeigen kann. Ein Teil einer typischen „Therapiesitzung" zwischen Parry (P) und einem der Autoren dieses Buches (Zimbardo), bei der diese 3 Variablen sich auf niedrigem Niveau bewegen, ist in „Unter der Lupe" wiedergegeben. Ist aus diesen Antworten ersichtlich, daß Parry kein echter menschlicher Patient war?

Affektive Psychosen

Bei einer bestimmten Gruppe von psychotischen Störungen ist das Hauptmerkmal eine Verstimmung extremen Ausmaßes. Eine tiefe Depression wird von einer allgemeinen Verlangsamung der geistigen und körperlichen Aktivität, von grausigen Vorstellungen über Krankheit und Tod und von Gefühlen der Wertlosigkeit begleitet. Während solcher *depressiven*

Unter der Lupe

Parry, der paranoide Computer und die Mafia

Z: Hallo.

P: Hallo.

Z: Wie heißen Sie?

P: Sie können mich Parry nennen.

Z: Ich bin Dr. Zimbardo.

P: Es freut mich, Sie kennenzulernen.

Z: Wo wohnen Sie?

P: In San José. Und in keiner schlechten Gegend.

Z: Was meinen Sie damit?

P: Ich meine, nicht zu viele, ... nun ..., Ausländer.

Z: Was meinen Sie mit Ausländern?

P: Diese Ausländer bringen das Land so weit, daß man nicht mehr gut dort wohnen kann.

Z: Welche Ausländer mögen Sie am wenigsten?

P: Italiener, zum Beispiel.

Z: Sie mögen keine Italiener?

P: (die Stirn runzelnd) Italiener?

Z: Sie sagten, daß Sie sie nicht mögen, warum?

P: Wissen Sie irgend etwas über Italiener?

Z: Nein.

P: Wie steht's mit Gangstern?

Z: Sind Gangster Italiener?

P: Ich glaube schon.

Z: Warum glauben Sie das?

P: Warum?

Z: Sind Gangster wirklich Italiener?

P: Nein.

Z: Können Sie mir etwas über die Mafia sagen?

P: (ängstlich) Mafia?

Z: Ich wüßte gern über sie Bescheid.

P: Sie wissen, daß die mich kennen?

Z: Wer?

P: Die Mafia.

Z: Wirklich?

P: Sie sind hinter mir her.

Z: Wer?

P: Die Mafia.

Z: Woher wissen Sie das?

P: Sie spionieren hinter mir her.

Z: (Schweigen)

P: Sie wissen, was ich tue.

Phasen versuchen Patienten häufig, Selbstmord zu begehen und müssen deswegen aufmerksam beobachtet werden. Die Sprache der psychotisch depressiven Patienten ist langsam und lakonisch; wenn sie überhaupt sprechen, dann tun sie es, um sich über ihr Leiden und ihre Suizidgedanken zu äußern.

Im scharfen Kontrast zur „endogenen Depression" steht die *Manie*. Sie ist gekennzeichnet durch starke Erregtheit, gehobene Stimmung und rastlose Aktivität. Der manische Patient ergeht sich in häufig ungestüm-lärmendem Lachen und führt mit lauter Stimme nicht enden wollende Reden. Wild gestikulierend geht er umher, schlägt an die Wände und gegen die Möbel.

Bei den meisten Patienten finden sich nur manische *oder* depressive Phasen. Bei einigen aber wechseln manische und depressive Perioden ab, und zwar dann oft in einem sehr regelmäßigen Zyklus. Zwischen den Phasen gibt es manchmal lange Zeitabstände, in denen der Patient normal erscheint. Der Verlust des Kontakts mit der Realität zeigt sich darin, daß diese extremen Verstimmungen ohne äußeren Anlaß einsetzen. Mit oder ohne Behandlung nimmt die Phase ihren typischen Verlauf, dauert vielleicht eine paar Wochen oder auch mehrere Monate und klingt dann wieder ab.

Eine Form der Depression, die in der Lebensmitte oder später (etwa im Alter über 40) und häufiger bei Frauen als bei Männern auftritt, wird als *Involutionspsychose* bezeichnet. Die psychologischen Kennzeichen dieser Reaktion sind ängstliche Besorgtheit, Unruhe, Hoffnungslosigkeit und Gefühle der Schuld und des Versagens. Man nahm an, diese Störung stünde mit den physiologischen Veränderungen der „Wechseljahre" und dem Aufhören der Gebärfähigkeit in Zusammenhang. In jüngerer Zeit wurde jedoch bewiesen, daß während der Menopause kein größeres Risiko für affektive Störungen besteht als während anderer Lebensabschnitte einer Frau (Winokur 1973). Obwohl es bestimmte physiologische Begleiterscheinungen der Menopause gibt, scheint es, daß man „die Wechseljahre" doch nur als eine allzu bequeme Erklärung für eine Vielfalt von rein psychologischen Veränderungen, die das mittlere Alter und das Alter begleiten, herangezogen hat. Physiologische Erklärungen kommen immer gelegen, denn keiner ist für das Problem verantwortlich oder trägt daran die Schuld; medikamentöse Behandlungsmethoden (Drogen, Hormone etc.) können angewendet werden, und man muß sich nicht nach Ursachen in der Umwelt umsehen. Man muß aber berücksichtigen, was das „Mittelalter" für viele Frauen bedeutet: erwachsene Kinder, die von ihnen unabhängig sind. Männer, die ganz in ihrer Karriere aufgehen oder die krank, tot oder an jüngeren Frauen oder an Fußball interessiert sind, wenig Freunde, unerfüllte oder für unrealisierbar gehaltene Mädchenträume und v. a. ein schweres Verlustgefühl wegen der verlorenen Jugend, Schönheit und aller Chancen. Es ist gut möglich, daß erfolgreiche, glückliche Frauen, die im täglichen Leben und ihren Hoffnungen Erfüllung finden, nicht unter der sog. Depression der Wechseljahre leiden. Dies ist noch nicht untersucht worden, wäre aber eine Untersuchung wert.

Das *Wall Street Journal* hat die Depression „das Leiden der 70er Jahre" genannt. „Bewältigung der Depression" war die Titelgeschichte in einer 1973er Ausgabe der *Newsweek;* Martin Seligman nennt sie die „gewöhnliche Grippe der Psychopathologie". Von all den in diesem Kapitel beschriebenen Krankheitsformen ist sie diejenige, die die meisten Studenten bereits an sich selbst erfahren haben. Wir alle waren zu dieser oder jener Zeit schon traurig, „melancholisch", litten unter dem Verlust oder der Trennung von einem geliebten Menschen, darunter, daß wir ein Wunschziel nicht erreicht haben oder unter chronischer Frustration und Streß. Die normale „Feld-Wald-und-Wiesen-Depression" ist vorübergehend und situationsspezifisch. Bei der neurotischen Depression sind die Symptome intensiver, länger andauernd, wiederkehrend und lähmend. Die Grenze zwischen neurotischer und psychotischer Depression ist nicht klar, denn der allgemeine Begriff „Depression" bezeichnet eine Gruppe von Symptomen, nicht ein einziges definiertes Merkmal. Die psychotischen Formen der Depression sind nicht nur gekennzeichnet durch ihre Schwere und ihren chronischen Verlauf, sondern auch dadurch, daß sie mit Realitätsverlust Hand in Hand gehen. Der depressive Psychotiker braucht klinische Betreuung und intensive Pflege. Das National Institute for Mental Health nimmt an, daß 4–8 Mio. Amerikaner professionelle Hilfe wegen depressiver Erkrankungen brauchten (Williams et al. (1970).

Eine Syndromanalyse depressiver Patienten ergab im Vergleich zu anderen psychiatrischen Patienten in 5 allgemeinen Bereichen auffallende Unterschiede: im emotionalen, im kognitiv-motivationalen, im vegetativ-physischen Bereich, im Bereich des wahnhaften Denkens und in der äußeren Erscheinung. Eine gemischte Stichprobe von 966 psychiatrischen Patienten wurde entsprechend der Schwere ihrer Depression in Gruppen eingeteilt. Die in Tab. 14.5 aufgeführten Symptome unterscheiden am deutlichsten zwischen Patienten mit schwerer und solchen ohne Depression. Jedes der aufgeführten Symptome trat in der Gruppe der schwer Depressiven um mindestens 30% häufiger auf als bei den Nichtdepressiven (Beck 1967).

Depressives Verhalten ist schwer zu kategorisieren. Viele meinen, es gäbe in der Tat 2 Arten von Depressionen: die endogene und die reaktive. Diese Unterscheidung basiert auf der Anwesenheit oder Abwesenheit auslösender externer Faktoren (wie Streß, Konflikt oder Verlust).

Man nimmt an, daß die *endogene Depression* von internen (genetischen oder biochemischen) Faktoren ausgelöst wird. Die Symptome dieser Form der Depression sind: Retardierung, schwere Depressionen, Reaktionsverlust gegenüber der Umwelt, Verlust des Interesses am Leben, Schlaflosigkeit, Gewichtsverlust, Schuldgefühle, Suizidtendenzen (Mendels 1970). Im Gegensatz dazu ist die *reaktive Depression* weniger schwer, aber sie ist charakterisiert durch Selbstmitleid, inadäquate Persönlichkeitszüge und durch das Vorhandensein auslösender Stressoren.

Eines der Probleme bei dieser wie auch anderen Klassifikationen, die auf der Ätiologie aufbauen, ist, daß die Beobachtung erst *nachträglich* einsetzt, d. h. zu einem Zeitpunkt, wenn die Symptome schon so ausgeprägt sind, daß sich der Patient in Behandlung begeben hat. Wenn bei den endogenen Psychosen auch scheinbar keine psychosozialen Stressoren als Auslösefaktoren nachzuweisen sind, so legen einige Untersuchungen doch nahe, ihr Vorhandensein in Betracht zu ziehen und zu bedenken, daß diese schwer gestörten Patienten unfähig sind, darüber zu berichten oder sie zu erkennen. Eine sorgfältige Befragung nach ihrer Genesung bringt dann oft Streßerlebnisse zutage, die denen der an reaktiven Psychosen Erkrankten vergleichbar sind.

Tabelle 14.5. Hauptmerkmale der Depression (vgl. Text)

Emotionaler Bereich

Niedergeschlagenheit	Abneigung gegen sich selbst
Verlust jeder Befriedigung	Verlust der Bindung
Weinkrämpfe	Verlust der Fröhlichkeit

Kognitiv-motivationaler Bereich

Negative Erwartungen	Verlust an Motivation
Suizidverlangen	Niedrige Selbsteinschätzung
Verzerrtes Selbstbild	Selbstvorwürfe, Selbstkritik
Unentschlossenheit	

Vegetativ-körperlicher Bereich

Appetitlosigkeit	Verlust sexueller Interessen
Schlafstörungen	
Müdigkeit	Stuhlverstopfung

Wahnbereich

Wertlosigkeit	Versündigungsidee

Äußere Erscheinung

Trauriger Gesichtsausdruck	Sprache verlangsamt
Gebeugte Haltung	Eingeschränkt, nicht spontan

Seligman (1974) wies sehr überzeugend die Parallelen zwischen den Symptomen der reaktiven Depression und denen der „gelernten Hilflosigkeit" nach. Unter letzterem versteht man das Phänomen, das man in Tierexperimenten provozieren kann, indem man ein Versuchstier einer aversiven Situation aussetzt, in der seine Reaktionen keinen Einfluß auf die Umgebung haben. Schließlich gibt das Tier auf, d. h. es reagiert überhaupt nicht mehr, und zwar auch dann, wenn es in eine Umgebung gebracht wird, die Flucht und Vermeidung zuläßt. In beiden Fällen entwickelt sich die Überzeugung, daß jede aktive Reaktion sinnlos ist. Der Depressive wird nun passiv infolge wiederholten Ausbleibens von positiver Verstärkung als Antwort auf seine Reaktionen. Bei manchen Depressiven hat das aktive Reaktionsverhalten die Tendenz, „ins Leere" zu gehen, d. h. sie zeigen ein Verhalten, das von der Gesellschaft schwerlich Verstärkung erwarten kann. In diesem Falle besteht die Verstärkung dann hauptsächlich in der Beachtung ihrer depressiven Reaktionen (und stellt damit einen sekundären Krankheitsgewinn dar). Die angemessene Therapie besteht folglich in differentiellem *Ignorieren* (zur Löschung) der depressiven Symptome und positiver Verstärkung für aktive Verhaltensweisen.

Akiskal u. McKinney (1973) entwickelten eine

vereinheitlichende Hypothese der Depression; sie postuliert, daß depressives Verhalten zwar durch eine Vielzahl von Mechanismen hervorgerufen werden kann, aber am Ende stets *in der gleichen Richtung* verläuft, die gekennzeichnet ist durch eine (wenn auch reversible) Störung im kortikalen Verstärkungsmechanismus. Als mögliche Beeinträchtigungsfaktoren werden genannt: chemische oder genetisch bedingte Abweichungen im Gehirn, Belastungen im zwischenmenschlichen Bereich während der Kindheit, anhaltende aversive Stimulierung oder Kontrollverlust über wirksame Verstärkungsmechanismen.

Schizophrenie

Für die Medizin und die Verhaltenswissenschaften gibt es kein größeres Rätsel und keine größere Herausforderung als die Aufklärung und Kontrolle der Schizophrenie. 2–3 Mio. der heute lebenden Amerikaner haben schon einmal an dieser geheimnisvollen und tragischen Geisteskrankheit gelitten. Die Hälfte der Betten in den psychiatrischen Einrichtungen der USA sind z. Z. mit schizophrenen Patienten belegt. Die Schätzung, daß ungefähr 2% der Bevölkerung im Laufe ihres Lebens vorübergehend an Schizophrenie erkranken, erhöht sich in einem bestimmten sozialen Milieu (z. B. in den Gettos der Großstädte) auf erschreckende 6%.

Die Aussage der Statistiken über stationär behandelte Schizophreniepatienten konfrontiert uns mit einem Paradoxon. Einerseits ist die Zahl der Patienten in den psychiatrischen Krankenhäusern der USA ständig *rückläufig* – in den letzten 15 Jahren betrug der Rückgang über 30% – aber zugleich *stieg* die Zahl der Neuzugänge ebenso gleichförmig *an*. 1968 wurden 320000 Krankheitsfälle als Schizophrenie diagnostiziert. Offensichtlich handelt es sich hier um ein „Drehtürphänomen". Der Einzelaufenthalt im Krankenhaus hat sich zwar verkürzt, dafür erfolgen aber häufiger Rückfallbehandlungen. Beim Schizophrenen beträgt die Wahrscheinlichkeit der Wiedereinlieferung in den ersten 2 Jahren nach der ersten Krankheitsepisode mehr als 60%. Diese *Rückfallquote* stellt keine Widerspiegelung der Tatsache dar, daß nur 15–40% der ambulant behandelten Schizo-

phrenen eine durchschnittliche Anpassung erreichen.

In einem Bericht des National Institute of Mental Health (Mosher u. Feinsilver 1971, S. 31–32) über den gegenwärtigen Stand der Schizophrenieforschung werden 2 Haupthindernisse dieser Forschungsarbeit herausgestellt: 1. inadäquate Einstellung zu den von der Krankheit Betroffenen und 2. Uneinigkeit in der Auffassung des wissenschaftlichen Tatbestands.

Der Interessenverlust des Patienten für seine Umwelt wird von Familie und Freunden als äußerst störend und beunruhigend empfunden; sie können von dem Kranken keinerlei Verstärkung erfahren. Folglich sind sie nur allzuoft und allzuschnell bereit, den Kranken in eine Anstalt abzuschieben, weil sie die „Verrücktheit" in ihrer Mitte nicht ertragen können. In dieser Einstellung der Familie spiegelt sich die Haltung unserer ganzen Gesellschaft wider. Die Furcht, die der „Irrsinn" bei jedem Menschen weckt, mag der Grund dafür sein, daß von der Öffentlichkeit eigentlich nie ein entscheidender Impuls zu einem Generalangriff auf dieses Problem ausging: Es ist eben ein Problem, dessen bloße Existenz ihr ein solcher Dorn im Auge ist, daß sie sich am liebsten gar nicht daran erinnert. Dies mag auch erklären, warum der Schizophrenie weder in der Welt der Wissenschaft noch seitens der Legislative und der staatlichen Organe die Beachtung geschenkt wird, die ihr zukäme.

Die wissenschaftliche Kontroverse hinsichtlich etlicher Kernpunkte ist immer noch nicht beigelegt und hat eher zu einer Aufsplitterung als zu einer Konzentration der Forschungsbemühungen geführt. Ist Schizophrenie eine isolierte Krankheit, oder ist sie das Ergebnis verschiedener Krankheitsfaktoren? Wie wichtig sind genetische Faktoren, und wie erfolgt die genetische Übertragung der Schizophrenie? Sind bestimmte charakteristische familiäre Faktoren und biochemische Korrelate der Schizophrenie als ihre Ursachen oder ihre Folgen anzusehen? Besteht eine Beziehung zwischen kindlichem Autismus und kindlicher Schizophrenie, und besteht darüber hinaus weiter ein Zusammenhang zwischen diesen und den Manifestationen der Erkrankung im Erwachsenenalter? Dies sind nur einige der grundsätzlichen Fragen, die einer Klärung bedürfen, ehe ein entscheiden-

Fortschritt im Verständnis und in der Therapie der Schizophrenie erzielt werden kann.

Beschreibung der Schizophrenie

Anfangs wurde diese Störung als ein progressiver geistiger Abbau angesprochen, um sie von den affektiven Psychosen abzugrenzen. Man nannte sie *Dementia praecox*. Inzwischen wurde erkannt, daß sie weder unbedingt fortschreitend ist, noch einen Abbau bis zu einem dementen (verblödeten) Zustand bedeutet. Ihr wesentliches Kennzeichen ist vielmehr der Zusammenbruch des integrativen Gefüges der Funktionsbereiche der Persönlichkeit. Verschiedene Aspekte der Persönlichkeit des Patienten liegen miteinander im Widerstreit, und das Verhalten wird von den Rückmeldungen von seiten der Umwelt nicht gesteuert; es ist davon unabhängig.

Wenn eine Person aufhört, die Rückmeldungen ihres Tuns zu beachten, kann sich ihr gesamter Bestand von Verhaltensweisen verändern. Wahrnehmungen ohne sensorische Reizgrundlage (Halluzinationen) treten unter anderem auf. Gefühle entstehen, ohne daß entsprechende Reize vorliegen, oder sie bleiben aus, obwohl die Reize gegeben sind; Gedanken und Sprache folgen nicht mehr der aristotelischen Logik oder den anerkannten grammatikalischen und stilistischen Regeln. Es kann zu einer Verzerrung der Zeitperspektive kommen, die sich wiederum auf die Wahrnehmung kausaler Zusammenhänge auswirkt.

Solche Personen müssen für die Behandlung hospitalisiert werden, denn Verhalten, das nicht unter der Kontrolle irgendeines definierbaren Rückmeldungssystems ist, wird unvorhersagbar und stellt für die Person selbst und für die Menschen ihrer Umgebung eine potentielle Gefahr dar.

Unter experimentellen Forschungsbedingungen durchgeführte Untersuchungen decken erstaunliche Merkmale der schizophrenen Reaktionsweisen auf. Schizophrene zeigen gegenüber Wahrnehmungsreizen eine erhöhte Sensitivität, die größere Irritierbarkeit zur Folge hat und zur „Reizüberflutung" durch externe Stimulierung führt. Das macht es für diese Menschen schwierig, in ihrer sensorischen Umwelt Konstanz vorzufinden. Gestörte Denkmuster können das Ergebnis der Unfähigkeit sein, Ereignissen oder

Vorgängen anhaltende Aufmerksamkeit zu widmen.

Ähnlich ist die Unverständlichkeit schizophrener Sprache z.T. auf bizarre Vermischungen zurückzuführen, bei denen Gedanken, die ohne Zusammenhang mit den verbalisierten Äußerungen sind, *nicht* unterdrückt werden können. Längere zusammenhängende Wortketten lassen sich infolgedessen nicht aufrechterhalten. Die Sprache der Schizophrenen scheint von unmittelbaren Reizen diktiert zu sein. Sie ergibt für den Zuhörer keinen Sinn, weil der Schizophrene durch ständig wechselnde Sinneseingebungen und durch seine innere Realität so abgelenkt ist, daß er selbst einen einfachen Gedankenablauf nicht vollständig zum Ausdruck zu bringen vermag.

Einteilung der Schizophrenie

Man unterscheidet mehrere Kategorien der Schizophrenie mit jeweils charakteristischen Symptomen oder Verhaltensweisen, 6 Kategorien dieser Art sind in Tabelle 14.6 zusammengefaßt.

In den 10 Jahren von 1957–1967 stieg bei den in den USA hospitalisierten Patienten unter 15 Jahren die Häufigkeit der Diagnose „Kindheitsschizophrenie" um 88% an. Dieser Anstieg ist wahrscheinlich weniger auf ein vermehrtes Auftreten dieser Störung als auf die Tatsache zurückzuführen, daß sie inzwischen in weiteren Kreisen erkannt und diagnostiziert wurde.

Das Problem der Diagnose und der Benennung der Schizophrenie besteht weiter. Eines der großen Hindernisse für ein besseres Verständnis des schizophrenen Verhaltens ist die unter den Klinikern herrschende Uneinigkeit bezüglich der geeignetsten Einteilungskriterien. Bezüglich der bekanntesten Symptome besteht zwar gewisse Einigkeit, doch zeigt kein Patient alle Symptome, und jeder kann im Laufe der Zeit eine Vielzahl davon aufweisen.

Belege dafür, daß der Unterschied eher von den Etikettierenden als von den Etikettierten herrührt, stammen aus einer Untersuchung amerikanischer und britischer Psychiater, welche die Diagnose anhand von Videobandaufzeichnungen des ärztlichen Interviews stellten. Die Amerikaner klassifizierten die Patienten mehr als Schizophrene und die Briten mehr als affektiv gestörte Psychotiker. Patienten, die sowohl Denkstörungen als auch Verstimmungen aufweisen, wurden von den amerikanischen Psychiatern als schizophren, von den britischen als affektiv Gestörte diagnostiziert (Mosher u. Feinsilver 1970).

Selbst wenn klinische Beobachter in der Klassifikation übereinstimmen, kann Schizophrenie nur dann ganz verstanden werden, wenn die Fremd-

Tabelle 14.6. Formen der Schizophrenie

Schizophrenie im Kindesalter (frühkindlicher Autismus)

Ein klinisches Bild, das Leo Kanner (1943) als erster beschrieben hat. Dieser Typ der Schizophrenie entwickelt sich auf der Grundlage eines biologischen Defizits, das beim Kind zu einer Unfähigkeit führt, in gewöhnlicher Weise auf andere Menschen und auf Umweltreize einzugehen. Autistische Kinder zeigen zwanghaft-stereotypes Verhalten, können nicht gleichzeitig Reize aus mehr als einem Wahrnehmungsbereich verarbeiten und sind nicht in der Lage, verbal gegebenen Anweisungen die entsprechenden Handlungen folgen zu lassen. Sie stellen den reinsten Fall eines in sich geschlossenen psysischen Systems dar

Schizophrenia simplex

Das Interesse an der Außenwelt und diesbezügliche Bindungen an sie sind reduziert; Apathie, Rückzug, unauffällige Wahnideen oder Halluzinationen, eine gewisse Desintegration der Denkprozesse, oft aggressives Verhalten, hypochondrische Wahrnehmungen und Zügellosigkeit bei Alkohol und/oder sexueller Betätigung kennzeichnen diese Art der Schizophrenie

Paranoide Schizophrenie

Wahnideen kaum systematisiert; oft feindselig, mißtrauisch, aggressiv. Häufige Wahninhalte: Omnipotenz, außerordentliche Fähigkeiten, hohe soziale Stellung. Wahn ist mit Persönlichkeitsabbau verbunden

Katatonie

Beginn plötzlicher als bei anderen Typen, verbunden mit lebhaften Halluzinationen und grandiosen Wahnvorstellungen. Stupor und Erregung wechseln einander ab; beim Stupor plötzlicher Antriebsverlust – der Patient kann eine Zeitlang in einer stereotypen Haltung verharren, ohne zu essen, zu trinken oder andere Körperfunktionen zu beachten. Katatone haben unter den Schizophrenen die beste Aussicht auf Genesung

Hebephrenie

Am weitesten gehender Abbau: läppisches Benehmen, situationsunangemessene Affekte, Inkohärenz (Zusammenhanglosigkeit) des Denkens, der Sprache, des Handelns; Manierismen, akustische und visuelle Halluzinationen, phantastische Wahnvorstellungen, obszönes Verhalten, Unbescheidenheit, Hypochondrien, emotionale Indifferenz, Regression auf kindliches Verhalten

Unklare Symptomatik

Akute oder chronische Formen mit Symptomen aller Art

---

beobachtung durch den Eigenbericht des Patienten über seine Empfindungen ergänzt wird (s. „Unter der Lupe", S. 536).

Manche schizophrene Patienten scheinen dermaßen apathisch und unmotiviert zu sein, daß das psychiatrische Personal zu der Ansicht kommt, eine Therapie für sie wäre wohl „vergeudete Mühe". Im Hinblick auf die begrenzten Möglichkeiten, die in einem Nervenkrankenhaus zur Verfügung stehen, wird die Entscheidung zur Therapie häufig von der Prognose abhängig gemacht; Patienten mit einer günstigen Prognose erhalten eine intensive Behandlung und jene, die keine Anzeichen einer Reaktion auf Umweltreize erkennen lassen, nur pflegerische Fürsorge. Diese landen oft auf einer abgelegenen Station, wo sie u. U. ihr ganzes restliches Leben verbringen, falls sie sich nicht „von sich aus" erholen. Aber dieser Mangel an Ansprechbarkeit ist möglicherweise nur äußerlich. Diese Patienten nehmen die Umwelt wahr und versuchen, mit den Ereignissen um sie herum fertig zu werden, wenn auch auf ihre besondere Weise.

In einer sorgfältig ausgearbeiteten Beobachtungsstudie, die – im West Haven Veteran's Hospital durchgeführt – das Verhalten psychotischer Patienten Minute für Minute erfaßte, erwies sich, daß diese Männer ein komplexes Interaktionssystem aufgebaut hatten. Es beruhte auf dem Bitten um Zigaretten und Streichhölzer und der Gewährung dieser Bitte. Es wurde ein System erkenntlich, das ohne Worte, ohne schriftliche Fixierung, ja ohne ausdrückliche Instruktion in der Weise funktionierte, daß das bloße Sitzen von bestimmten Patienten auf bestimmten Stühlen für alle anderen Patienten der Station einen untrüglichen Hinweis dafür darstellte, daß hier Zigaretten oder Streichhölzer zu haben waren. Wenn also ein Patient darum fragte, bekam er es, und wenn er geben wollte, wurde er gefragt. Dieses System gewährleistete, daß in einem einzigen Bereich, wo zwischenmenschliche Kommunikation überhaupt stattfand, die Gefahr frustriert zu werden, auf ein Minimum beschränkt blieb (Hershkowitz, persönliche Mitteilung 1970).

Die Entwicklung eines solchen Arrangements zwischenmenschlicher Beziehungen und das sensible Eingehen darauf erfordert mehr Motivation und Erkenntnisschärfe, als man es chronisch psychotischen Patienten gewöhnlich zu-

Unter der Lupe

Aus dem Bericht
einer 17jährigen schizophrenen Patientin

Meine Krankheit zeigte sich zuerst in Appetitlosigkeit und Ekel vor Serum. Auch blieb die Periode aus. Dann kam so eine Verstocktheit. Ich sprach nicht mehr frei. Ich hatte kein Interesse mehr, war traurig, rammdösig, schreckte auf, wenn man mich ansprach.

Mein Vater (Besitzer eines Restaurationsbetriebes) sagte mir, die Kochprüfung (die am nächsten Tage stattfand) wäre doch eine Kleinigkeit; er lachte dabei in so seltsam wirkendem Ton, daß ich mir wie ausgelacht vorkam. Die Gäste guckten mich so sonderbar an, als ahnten sie etwas von meinen Selbstmordgedanken. Ich saß neben dem Geldschrank, die Gäste sahen mich an, da kam mir der Gedanke, sollte ich was genommen haben? Ich hatte schon seit 5 Wochen das Gefühl, irgend etwas Schlechtes gemacht zu haben. Auch die Mutter guckte mich manchmal so durchdringend an, so komisch.

Es war abends gegen 21.30 Uhr (sie hatte Leute gesehen, von denen sie fürchtete, sie würden sie wegschleppen). Ich zog mich dann doch aus. Ich hab' ganz steif im Bett gelegen und mich nicht gerührt, damit die mich nicht hören. Ich selbst paßte aber scharf, ganz genau auf jedes Geräusch auf. Ich hab' fest geglaubt, daß die drei sich jetzt zusammenrotten und mich knebeln.

Am Morgen lief ich weg. Als ich über den Platz ging, war die Uhr auf einmal verkehrt, sie war verkehrt stehengeblieben, ich hatte gedacht, sie geht auf die andere Seite herum. In dem Moment denke ich, die Welt geht jetzt unter. Am jüngsten Tag bleibt alles stehen. Ich sah dann auf der Straße viel Militär. Wenn ich in die Nähe der Soldaten kam, fuhr immer einer weg. Aha, dachte ich, die werden doch jetzt nicht Meldung machen? Sie verstehen wohl, wenn einer steckbrieflich verfolgt wird! Immer guckten sie mich an. Es kam mir wirklich so vor, als ob die Welt sich um mich dreht.

Dann kam der Nachmittag. Ich glaubte, daß die Sonne nicht schien, wenn ich schlechte Gedanken hatte. Sobald ich gute Gedanken hatte, kam die Sonne wieder. Dann dachte ich, die Wagen fahren verkehrt. Wenn ein Wagen vorbeifuhr, hörte ich gar nichts. Ich dachte, da ist bestimmt Gummi drunter. Große Lastwagen schepperten nicht. Sobald ich an ein Auto herankam, schien es mir, als ob ich was ausstrahlen würde, daß das Auto sofort stillhält. ... Ich hatte alles auf mich bezogen, als wenn das auf mich gemünzt wäre. Die Leute schauten mich nicht an, als ob sie sagen wollten, ich wäre zu schlecht, um angesehen zu werden.

Im Polizeirevier hatte ich den Eindruck, daß ich nicht auf der Polizeiwache, sondern daß ich im Jenseits sei. Ein Beamter hat wie der Tod ausgesehen. Ich dachte, der Mann ist schon tot und muß so lange auf der Maschine schreiben, bis er seine Sünden abgebüßt hat. Bei jedem Läuten glaubte ich: Jetzt holen sie wieder einen, dessen Lebenszeit abgelaufen ist (erst später wurde mir klar, daß das Läuten von der Schreibmaschine ausging, daß es den Zeilenrand anzeigte). Da habe ich darauf gewartet, daß sie auch mich abholen. Ein junger Polizeibeamter hielt eine Pistole in der Hand, ich hatte Angst, er wolle mich umbringen. Den Tee, den er mir anbot, trank ich nicht, in der Meinung, er wäre vergiftet. Ich wartete sehnsüchtig darauf, wann der Tod wohl komme. ... Es war wie auf einer Bühne, und Marionetten sind keine Menschen. Ich dachte, es wären nur Hauthülsen. Die Schreibmaschine kam mir verdreht vor, da standen nicht die Buchstaben darauf, sondern Zeichen, ich glaubte aus dem Jenseits. Als ich ins Bett ging, dachte ich, da liegt schon einer drinnen, denn die Steppdecke war so holprig. Das Bett fühlte sich so an, als ob Menschen drin lägen. Ich dachte, alle wären verwunschen. Den Vorhang hielt ich für Tante Helene. Unheimlich waren auch die schwarzen Möbel. Der Lampenschirm über dem Bett hat sich immer so bewegt, es sind dauernd Gestalten herumgeschwirrt. ... Am Morgen bin ich dann aus dem Schlafzimmer gelaufen und habe geschrien: Was bin ich denn, ich bin der Teufel! Ich wollte mein Nachthemd ausziehen und auf die Straße laufen, aber meine Mutter hat mich noch erwischt. ... (Nach Jaspers 1965).

traut. Unglücklicherweise ist vieles von dem, was bei ihnen wie ein Mangel an Ansprechbarkeit aussieht, ein Resultat ihres Bemühens, unmotiviert zu erscheinen. Es mag sein, daß sie mit einer solchen Taktik nicht darauf abzielen, das Pflegepersonal zu täuschen, sondern sich selbst über etwas hinwegzutäuschen – wenn sie nämlich keine Ziele haben und nichts wollen, können sie dadurch vermeiden, enttäuscht zu werden. Dadurch, daß sie sich den Anschein der Unmotiviertheit geben, können die Schizophrenen zwar mit Erfolg den Eindruck erwecken, den sie erwecken wollen, doch vermindern sie dadurch unbeabsichtigt ihre Chance auf Behandlung und nachfolgende Entlassung.

Ursprünge des psychotischen Verhaltens

Beim Versuch, das Rätsel des psychotischen Verhaltens zu lösen, haben die Forscher vergebens nach *der* Ursache gefahndet. Einige suchten sie in der Vererbung, andere in der Umwelt. Offensichtlich geht es dabei nicht bloß um die Befriedigung wissenschaftlicher Neugier. Die Kenntnis der Ursache der Psychose und, hoffnungsvoll ausgedrückt, die durch diese Kenntnis möglich werdende Kontrolle würden menschliches Leid von unglaublichem Ausmaß lindern können und gleichzeitig erhellen, wie der menschliche Geist arbeitet – und versagt.

Wir haben bereits diskutiert, ob als Determinante der Eigenschaften schlechthin Anlage oder Umwelt die wichtigere Rolle spielen. Viele Forscher geben bei der Schizophrenie und anderen Psychosen dem „polygenetischen" Gesichtspunkt den Vorzug, wonach die Wechselwirkung zwischen genetischen, biochemischen, neurologischen und Umweltfaktoren entscheidend ist. Nichtsdestoweniger ist der Gedanke, daß eine einzelne biologische Ursache der psychotischen „Krankheit" gefunden werden könnte, in seiner Einfachheit bestechend, und er hat in der Vergangenheit die Forschungsanstrengungen in vielen Laboratorien und Kliniken der ganzen Welt beträchtlich angeregt und wird es in der Zukunft wohl auch noch tun.

Erbfaktoren

„Es liegt alles in den Genen", heißt eine der Ansichten über die Grundlage der funktionellen Psychose. Demnach erbt der betreffende Mensch eine genetische Struktur, die ihn mit mehr oder weniger großer Wahrscheinlichkeit psychotisch werden läßt. Anfänglich wurde diese Position durch zahlreiche Untersuchungen unterstützt, die zeigten, daß psychotische Störungen gehäuft in bestimmten Familien auftreten. Diese Tatsache ist jedoch kaum ein Beweis für die erbliche Basis, weil Menschen mit „ungünstigen" Erbanlagen oft auch in einer Umgebung leben, die für Körper und Seele ungesund ist.

Mehr Beweiskraft für die Hypothese einer Vererbung der Ursachen lag in der Entdeckung, daß die Wahrscheinlichkeit, schizophren zu werden, mit dem Grad der genetischen Verwandtschaft mit einem schizophrenen Patienten zunahm. Unter den Geschwistern schizophrener Personen war die Zahl derjenigen, die ebenfalls schizophren waren, doppelt so groß wie unter den Halbgeschwistern – obwohl die Umwelt in beiden Fällen dieselbe war. Eine deutliche Erhöhung des Risikos, schizophren zu werden, war dann gegeben, wenn beide Elternteile schizophren waren. Der stärkste Zusammenhang wurde bei eineiigen Zwillingen gefunden, die gemeinsam aufwuchsen: Wenn der eine Zwilling schizophren war, dann war in mehr als 90% der Fälle der andere ebenfalls schizophren.

Verschiedene ältere Untersuchungen stimmten darin überein, daß dieser Zusammenhang für eineiige Zwillinge in einem weitaus stärkeren Maße besteht als für zweieiige. Neuere Nachforschungen haben diese Befunde jedoch ernstlich in Frage gestellt.

Eine sehr gründliche Untersuchung, die in Norwegen an 342 Zwillingspaaren (Alter 35–64 Jahre) durchgeführt wurde, von denen jeweils einer oder beide wegen einer funktionellen Psychose hospitalisiert gewesen waren, ergab Konkordanzraten von nur 38% für eineiige Zwillinge und von 10% für zweieiige Zwillinge. Diese Differenz legt die Annahme nahe, daß ein genetischer Faktor zwar von Bedeutung ist, aber nicht die Hauptrolle spielt, wie vorher angenommen worden war. Die Forscher bemerkten: „Für die bisherigen Untersuchungen scheint folgende Regel zu gelten: Je genauer und sorgfältiger die Stichprobenauswahl, um so niedriger die Konkordanzzahlen" (Kringlen 1969, S. 38).

Die Untersuchungen vor 1960 berichten von Konkordanzraten bis zu 86% für eineiige Zwillinge und nur 17% für zweieiige. Doch die fünf Hauptuntersuchungen, die seit 1960 durchgeführt worden sind, weisen Konkordanzraten auf, die nur zwischen 6–34% für eineiige und 5–12% für zweieiige Zwillinge schwanken.

Nachkömmlinge schizophrener Eltern, die von psychisch normalen Eltern adoptiert worden waren, wurden mit Adoptivkindern verglichen, deren biologische Eltern als „normal" klassifiziert worden waren. Der Unterschied zwischen beiden Gruppen hinsichtlich des Auftretens von Schizophrenie war minimal. Das dänische Forscherteam berichtete, daß 14% der „Risikokinder" wegen psychiatrischer Gründe ins Krankenhaus kamen. Das gleiche traf jedoch für 10% der Kontrollgruppe zu. Nach den Krankenberichten wurden nur 1,3% der Nachkömmlinge schizophrener Eltern eindeutig als schizophren klassifiziert, bei der Kontrollgruppe war es keiner (Mosher u. Feinsilver 1971, S. 12).

Die meisten Psychologen und Psychiater stimmen heutzutage darin überein, daß lediglich eine *Prädisposition,* eine gewisse Veranlagung für die Psychose vererbt werden kann. Man nimmt dann an, daß eine prädisponierte Person unter bestimmten belastenden Bedingungen mit größerer Wahrscheinlichkeit eine Psychose entwickeln wird als andere Personen, bei denen sich irgendeine weniger schwere Störung zeigen wird. Wenn ein Kind mit einem psychotischen Verwandten zusammenlebt, wird es wahrscheinlich eher eine pathologische Form der Umweltbewältigung lernen, als wenn es unter normalen Bedingungen aufwächst. Sind beide Eltern schizophren – hat das Kind also zwei Modelle für abnormes, krankhaftes Verhalten, die es imitiert und für Zwecke des sozialen Vergleichs benutzt –, dann besteht eine größere Wahrscheinlichkeit, daß es schizophrene Verhaltensmuster lernt.

Umweltfaktoren

Im vergangenen Jahrzehnt wandte sich das Forschungsinteresse in zunehmendem Maße dem komplexen Bereich der familiären und soziokulturellen Bedingungen zu, unter denen eine schizophrene Person lebt. So wie genetische Faktoren einen Menschen biologisch störungsanfällig machen können, so können auch Umweltfaktoren, wie Ablehnung oder übertriebene Besorgtheit und Bevormundung von seiten der Eltern, übertriebene oder inkonsequente Strenge in der Erziehung oder extreme Unsicherheit, eine psychische Anfälligkeit für Geistesstörungen schaffen. Untersuchungen der Familienstruktur Schizophrener, wie auch anderer Bereiche ihres Soziallebens, enthüllen das Ausmaß, in dem auch die funktionelle Psychose als System erlernter Verhaltensweisen gesehen werden kann, mit dessen Hilfe das Individuum dann versucht, mit chronischer Belastung und unlösbaren Konflikten fertig zu werden.

Einer der zuverlässigsten prognostischen Indikatoren für die spätere Entwicklung einer Schizophrenie ist eine frühe Tendenz zu *sozialer Isolation,* bei der sich der Jugendliche von der Interaktion mit anderen zurückzieht. Dies mag seinen Grund darin haben, daß er sich irgendwie anders oder „anomal" vorkommt oder aber nicht gelernt hat, mit anderen Menschen auf eine positive, sinnvolle Weise Beziehungen zu unterhalten, oder es mag an beidem liegen.

Viele Untersuchungen weisen extrem anomale Lebensvoraussetzungen für schizophrene Kinder auf: eine gestörte Beziehung zwischen ihren Eltern und eine Art des seelischen Mißbrauchs der Kinder, wobei die Eltern das Kind dazu benutzen, um ihre eigenen Gefühle der Frustration und Feindseligkeit abzureagieren. Das Kind wird so in die Rolle eines „Prellbocks" oder eines Vermittlers gedrängt und so weit gebracht, daß es sich für das Weiterbestehen oder das Auseinanderbrechen der Ehe verantwortlich fühlt; oder die Eltern schaffen eine Situation, in der das Weiterbestehen ihrer prekären Beziehung daran gebunden ist, daß sie das Kind von sich abhängig halten.

Interaktionsstudien zeigen, daß Familien mit einem schizophrenen Mitglied in den Gesprächen weniger aufeinander eingehen und weniger Sensibilität für den anderen aufbringen, als normale Familien es tun. Wo das schizophrene Mitglied besonders stark gestört ist, hören die Mitglieder einander nicht zu, und es wird weniger Zeit auf den Austausch von Informationen verwendet als in normalen Familien (Ferriera u. Winter 1964). Die Mitglieder von Familien, in denen sich ungesellige und sozial isolierte Jugendliche befinden, können Reaktionen der jeweils anderen in einer Testsituation nicht so gut voraussagen.

In manchen Fällen zeigen andere Mitglieder der Familie eines Schizophrenen mehr Abweichung von den normalen Kommunikationsformen als der Schizophrene selbst. Dies führt zu der Mut-

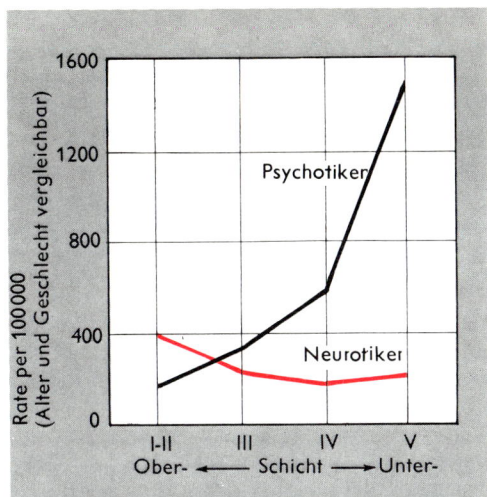

Abb. 14.4. Sozialer Status und psychiatrische Erkrankung. (Nach Hollingshead u. Redlich 1958)

maßung, daß in Familien, deren verschiedene Mitglieder „abnorm" reagieren, eines von ihnen „ausgewählt" wird, um das Etikett des Geisteskranken zu tragen. Es wird dann erwartet, daß dieses Mitglied „verrückt" handelt, und es bekommt dafür dann auch noch Verstärkungen.

Die weitere soziokulturelle Umwelt scheint ebenfalls einen Einfluß darauf auszuüben, welche Form das pathologische Verhalten bei seinem Auftreten annimmt. Ein Beispiel: So wie die neurotischen Konversionsreaktionen heute weniger häufig zu beobachten sind als früher, so tritt auch die manisch-depressive Psychose heutzutage in den psychiatrischen Krankenhäusern viel seltener in Erscheinung als noch vor 20 oder 30 Jahren (Lundin 1961).

Innerhalb unserer westlichen Gesellschaft sind es Menschen aus den niedrigeren sozioökonomischen Schichten, die mit großer Wahrscheinlichkeit schizophren werden; am ehesten neurotisch werden dagegen die aus der Schicht der Wohlhabenden (s. Abb. 14.4).

Es mag sein, daß sich die höhere Rate psychotischer Erscheinungen bei den Familien der Unterschicht auf deren spezifische Erziehungsstile zurückführen läßt (Lane u. Singer 1959). Möglicherweise liefern auch die Umweltkonsequenzen der Armut (Einflußlosigkeit, enttäuschte Hoffnungen, Wurzellosigkeit, aussichtsloser Kampf ums Überleben) einen fruchtbaren Nährboden für psychotische Störungen.

Eine umfangreiche Befragung in New York bestätigte die Vermutung, daß arme Leute ein Leben lang einer erniedrigenden Behandlung durch die Umwelt ausgesetzt sind und daß dies die Aussicht auf eine erste seelische Störung erhöht. Auf der Grundlage von psychiatrischen Gutachten und Computeranalysen von Intensivinterviews mit Müttern von 2000 Kindern (Alter 5–18 Jahre) war festzustellen, daß 23% der Kinder, für deren Unterhalt die Wohlfahrt sorgte, an derart gravierenden psychischen Störungen litten, daß eine sofortige Behandlung erforderlich war. Diese Zahl war fast doppelt so hoch wie die der Kinder aus Familien, die nicht auf die Wohlfahrt angewiesen waren (Langner et al. 1970).

Die gründliche Analyse sozialer und kultureller Einflüsse auf die Psychopathologie, die von Dohrenwend u. Dohrenwend (1974) durchgeführt worden ist, zeigt, daß schon viele historische Vorläufer eine Beziehung zwischen sozialer Klasse und Geisteskrankheit vermutet haben. Die *Sozialstreß*theoretiker mit ihrer Umweltorientierung argumentieren, daß die Armen unter größerem Existenzstreß stehen, der pathologische Folgen hat. Die Theoretiker der *sozialen Selektion* andererseits schreiben die größere Auftretenshäufigkeit psychiatrischer Krankheiten in den niederen Klassen genetischen Faktoren zu.

Die Tatsache, daß die geistig Gestörten oftmals unfähig sind, ihre Angelegenheiten selbst in die Hand zu nehmen, wird als Ursache ökonomischen Versagens gesehen. Armut wäre demnach das Resultat geistiger Gestörtheit.

Es spielt augenscheinlich eine Rolle, wer welche Störung entwickelt, und dies scheint auch die Diagnose zu beeinflussen. Zum Beispiel werden ärmere Patienten, die nicht in der Lage sind, für eine Therapie zu zahlen, eher als „Psychotiker ohne Kontakt zur Außenwelt" in staatliche Anstalten kommen als jene, die sich eine Psychotherapie leisten können und bei gleicher Symptomatik als „Neurotiker, die eine Behandlung zum Durcharbeiten ihrer Konflikte benötigen" angesehen und kategorisiert werden.

Wenn sich die gesellschaftlichen Werte, die Vorstellungen von der Erwünschtheit und Angemessenheit des Verhaltens und schließlich auch unsere Definition dessen, was „Realität" ist und was als ein sinnvolles Lebensziel angesehen werden kann, verändern, dann können wir annehmen, daß sich entsprechende Änderungen auch in der Art der Anpassungsversuche ergeben, die Menschen im Hinblick auf ihre psychosoziale Umwelt unternehmen. Wahrscheinlich wird es zunehmend mehr Menschen geben, die – anstatt den Kontakt mit einer unbeeinflußbaren Realität zu verlieren – gegen diese offen revoltieren, zeitweilig mit Hilfe von Drogen abschalten, oder zusammen mit anderen Gleichgesinnten ganz aus der Gesellschaft „aussteigen", um die Illusion einer neuen, für sie gültigen privaten Realität untereinander zu teilen, auf die sie sich verlassen können.

Zusammenfassung

Geistesstörungen haben die Menschen seit jeher fasziniert und zugleich in Schrecken versetzt. Trotz dieser fast universalen Faszination, die die Beschäftigung mit abnormen geistigen Prozessen ausübt, neigen die Menschen dazu, die Opfer solcher Störungen abzulehnen und zu stigmatisieren. Geschichtlich betrachtet wurden körperliche wie geistige Krankheiten einst übernatürlichen Einflüssen zugeschrieben; die Therapie bestand demzufolge aus Exorzismus und ähnlichen Prozeduren, die darauf abzielten, den Leidenden von den bösen Geistern zu befreien. In jüngerer Zeit haben sich die Forschungen um die *neurologischen* und die *dynamischen* Ursachen der Geistesstörungen zentriert. Während frühere Ansätze wie die Psychoanalyse auf der Studie von Einzelfällen basierten, haben amerikanische Lerntheoretiker diese so umgestaltet, daß sie der kontrollierten Forschung zugänglich wurden.

Geistesstörungen stellen für unsere Gesellschaft ein ernstes Problem dar (und verursachen einen erheblichen Aufwand an Mitteln und Leistungen). Im Unterschied zur physischen Krankheit, die klar ausgeprägte, meßbare Zeichen aufweist, wird das Vorliegen einer geistigen Erkrankung nur dann angenommen, wenn jemand die Aussage macht, es handle sich um eine solche. Wird eine psychiatrische Erkrankung nach dem *medizinischen Modell* behandelt, kann dies bedeuten, daß der Betroffene für den Rest seines Lebens in einer bedenklichen Weise gebrandmarkt ist. Hier zeigt sich eine Einstellung der Allgemeinheit, die z.T. aus der unter allen Menschen verbreiteten Angst vor denen, die „anders" sind, resultiert und die dazu führt, daß man ängstlich besorgt ist, sich von diesem Andersartigen zu distanzieren und abzugren-

zen. „Normal" ist, was die Mehrheit tut. Es gibt neuere kulturelle Strömungen, die möglicherweise zu einer größeren Toleranz gegenüber Menschen führen, die einen außerhalb dieser Norm liegenden Lebensstil bevorzugen.

Psychische und/oder physische Abhängigkeit von Alkohol, Zigaretten oder Drogen bedeuten einen Ausfall der selbstregulierenden Fähigkeiten. Dieses Defizit kann verheerende körperliche, psychische und soziale Folgen haben, es stellt aber ein erlerntes Verhalten dar, das trotz aller nachteiligen Konsequenzen wegen der unmittelbaren Kurzzeitverstärkung aufrechterhalten wird.

Der Alkoholismus kann am besten als progressiver Krankheitsprozeß verstanden werden, der sich mit der Zeit immer weiter verschlimmert. Er ist der Behandlung mit psychotherapeutischen Techniken nur schwer zugänglich – dies gilt sogar auch für Techniken, die auf lerntheoretischen Prinzipien beruhen –, solange der Alkoholiker nicht selbst den *echten* Wunsch hat, sich behandeln zu lassen.

Die *Zigarettenabhängigkeit* ist eine vorwiegend psychologische Abhängigkeit; dennoch ist sie schwer aufzulösen. Eine Vielzahl von Techniken wurde schon angewandt, von denen jedoch nur sehr wenige eine Dauerwirkung erzielen konnten. Sowohl wenn mit dem Rauchen begonnen wird, als auch wenn es aufgegeben werden soll, spielen kognitive Faktoren eine bedeutende Rolle, und daher ist Prävention eher möglich als Heilung.

Die *Abhängigkeit* von psychoaktiven *Drogen* stellt für alle sozioökonomischen Schichten unserer Gesellschaft ein schweres Problem dar. Der Gruppenzwang unter Gleichaltrigen spielt bei der Verbreitung der Droge eine wichtige Rolle. Fast alle psychoaktiven Drogen erzeugen psychische Abhängigkeit; darüber hinaus erzeugen viele von ihnen auch noch körperliche Abhängigkeit und das Absetzen der Droge ist dann mit schweren schmerzhaften Entzugssymptomen verbunden. Von *Drogenmißbrauch* spricht man, wenn der Drogenkonsum die Gesundheit eines Menschen beeinträchtigt und seine soziale Funktion und seine Integration in die Gesellschaft in Frage stellt.

Verlust der Lebensfreude und Überbetonung der psychischen Abwehrmechanismen sind Charakteristika der *Neurosen*. Das Hauptmerkmal der *Angstneurose* ist die freiflottierende Angst;

die Person hat möglicherweise keine Ahnung, warum sie so ängstlich ist. Bei *Phobien* empfindet die Person eine starke Furcht vor einem bestimmten Objekt oder einer Tätigkeit, die typischerweise eine symbolische Bedeutung für sie hat. Die betreffende Person erkennt die Furcht als unsinnig, kann sie aber einfach nicht überwinden. Bei der *Zwangsneurose* ist der Betreffende nicht in der Lage, sich von einem Gedanken loszureißen oder von einem Impuls zu befreien, oder er fühlt sich gezwungen, bestimmte Rituale auszuführen, um seine Angst zu lindern.

Mechanismen zur Flucht vor der Angst sind bei *hysterischen Neurosen* durch die *Konversionshysterie* (ein körperliches Leiden ohne physische Ursache) oder durch die *hysterische Bewußtseinsspaltung* gegeben. *Somnambulismus* (Schlafwandeln), *Amnesie* (Vergessen der eigenen Identität) und *Fluchtreaktionen* (Amnesie plus Flucht) stellen *hysterische Dämmerzustände* dar. Die extremste Form der hysterischen Bewußtseinsspaltung ist die *multiple Persönlichkeit* ein selten beobachteter Zustand, bei dem sich unterschiedliche Teile der Persönlichkeit voneinander trennen und – oft ohne Kenntnis voneinander – abwechselnd die bewußte Kontrolle über die Person ausüben.

Bei der *Hypochondrie* liefert die ständige Beschäftigung mit vermeintlichen, jedoch gewöhnlich eingebildeten Leiden dem Betreffenden eine Entschuldigung dafür, daß er sich anderen Problemen nicht stellt; er schafft es auch, daß ihm beträchtliche Aufmerksamkeit und Mitgefühl zugewendet werden. Bei der *depressiven Neurose* ergeht sich die Person in Gram und Niedergeschlagenheit, negative Dinge in extremem Maße überbewertend. Alle Neurosen sind Mechanismen, die die *Hilflosigkeit beweisen* sollen. Dies verschafft Sympathie, hilft Anstrengungen aus dem Weg zu gehen, die zum Mißerfolg führen könnten, und *begrenzt Angst* dadurch, daß die Konfrontation mit dem Ursprung der Angst vermieden wird.

Der Kontaktverlust mit der Realität wird als *Psychose* bezeichnet. *Geisteskrankheit* ist ein juristischer Begriff, der auf Psychosen und schwere neurotische Störungen angewendet werden darf. Psychosen können *organisch* (physische Ursachen) oder *funktionell* (keine bekannten physischen Ursachen) bedingt sein. Bei den *paranoiden Psychosen* hat die Person Wahnvorstellungen: entweder vorübergehende, wie bei den *paranoiden Zuständen,* oder systematisierte und starre Wahngebilde, wie bei der *Paranoia.* Die verbreitetsten sind: Größenwahn, Beziehungswahn und Verfolgungswahn. *Affektive Störungen* sind Verstimmungen. Die Person kann *manisch* (euphorisch) oder *tiefgreifend depressiv* sein oder zwischen beiden Zuständen wechseln, vielleicht mit intermittierenden Perioden der Normalität. Die *Involutionsdepression* ist eine tiefe, alles durchdringende psychotische Depression, die im mittleren Lebensalter auftritt. Wird angenommen, die Depression sei von externen Faktoren herbeigeführt worden, so nennt man sie *reaktiv;* sind keine solchen Faktoren erkennbar, wird sie als *endogen* bezeichnet.

Die *Schizophrenie* stellt einen Zusammenbruch der Integrationsfunktion dar, bei dem die Person aufhört, sich selbst gegenüber den Rückmeldungen aus der Umwelt zu überprüfen. Nahezu die Hälfte aller Betten in psychiatrischen Krankenhäusern ist mit schizophrenen Patienten belegt. Verzerrungen der Wahrnehmung, Emotion, Sprache, Zeitperspektive und des Denkens können auftreten. Die Hauptkategorien der Schizophrenie sind: *Kindheitsschizophrenie, Schizophrenia simplex, paranoide Schizophrenie, Katatonie, Hebephrenie* und *andere, nicht einzuordnende Formen.* Die Abgrenzungen sind jedoch nicht eindeutig ausgeprägt.

Eine *einzige* Ursache der Psychose scheint es nicht zu geben. *Genetische Prädispositionen* scheinen eine Rolle zu spielen, ebenso Interaktionsmuster innerhalb einer Familie und kulturelle Faktoren im größeren Rahmen. Das vermehrte Auftreten von Neurosen unter den Wohlhabenden und von Psychosen in den niedrigeren sozioökonomischen Schichten kann einen wirklichen Unterschied widerspiegeln, ist manchmal aber nur auf Unterschiede in dem Gebrauch diagnostischer Kategorien zurückzuführen.

15 Therapeutische Modifikation des Verhaltens

„Kannst nichts ersinnen für ein krank' Gemüt?
Tief wurzelnd Leid aus dem Gedächtnis reuten?
Die Qualen löschen, die ins Hirn geschrieben
und mit Vergessens süßem Gegengift
die Brust entled'gen jener giftigen Last,
die schwer das Herz bedrückt?"

William Shakespeare: *Macbeth*, 5. Akt, 3. Szene

Ein immer wiederkehrendes Thema dieses Buches ist die Möglichkeit der Psychologie, dem Individuum dabei zu helfen, mehr Kontrolle über sich zu erlangen und sinnvollere Beziehungen zu seiner physischen und sozialen Umgebung aufzubauen. Wir kommen nun zu einem Gebiet der angewandten Psychologie, in dem dieses Ziel am ehesten verwirklicht wird: dem der *Psychotherapie*. Obwohl es keine allgemein anerkannte Definition gibt, was Psychotherapie ist, geschweige denn was sie leisten soll, vermittelt der umgangssprachliche Gebrauch dieses Begriffs die Vorstellung, daß damit die psychologische Behandlung von abweichenden Gedanken, Gefühlen oder Verhaltensweisen gemeint ist. Die Formen, die diese Behandlung annehmen kann, variieren dabei mit den Theorien für die Erklärung abweichenden Verhaltens.

Da wir gesehen haben, daß es viele Masken von Geisteskrankheiten gibt und die Auffassungen darüber, warum bestimmte Leute in unterschiedlichen Kulturen „verrückt" werden, noch zahlreicher sind, ist es nicht erstaunlich, daß Therapien so Unterschiedliches wie die Seele, den Geist, den Verstand, das Gehirn, das Herz, den Charakter, den Willen, das Verhalten oder andere Aspekte des Individuums zu ändern trachten, je nachdem, was nicht mehr normal funktioniert.

Aber, was Normalität und Abnormität ausmacht, ist abhängig von der Kultur und den Umständen, in denen ein Individuum lebt. Darum besteht das Therapieziel in vielen Fällen (unabhängig von spezifischen Erscheinungsformen oder Vorgehensweisen) darin, den *Status quo* der Gesellschaft aufrechtzuerhalten, indem abweichendes, sozial nicht anerkanntes Verhalten verändert wird. „Geheilt" werden heißt oft, von den anderen Mitgliedern der eigenen Gesellschaft anerkannt werden. Aus dieser Sicht ist Therapie ein Instrument sozialer Kontrolle, eine subtile Form von Indoktrination, um die Werte, Moralvorstellungen, Gesetze, Regeln und Überzeugungen der führenden Institutionen und herrschenden Autoritäten der jeweiligen Gesellschaft aufrechtzuerhalten.

Die meisten Psychotherapeuten würden sich dagegen wehren, daß der Zweck der Therapie darin bestünde, Leute normaler zu machen, indem unerwünschtes Verhalten, idiosynkratisches Denken und abweichendes Handeln beseitigt werden. Therapieziele werden denn auch eher mit positiven Begriffen umschrieben: den Leuten helfen, damit sie sich selbst eher akzeptieren können, damit sie über mehr Selbstkontrolle verfügen und damit sie eine tiefere Bedeutung von persönlicher Befriedigung und Kompetenz erlangen. Aus dieser Sicht „befreit" Therapie Individuen, deren Verhalten zu sehr von den Richtlinien der Gesellschaft eingeengt und begrenzt wird.

So kann man sagen, daß Psychotherapie ein System von Vorgehensweisen beinhaltet, das solches Verhalten modifiziert, das *entweder* zu abweichend ist *oder* zu gehemmt und unterdrückt. Derartige Verhaltensweisen wirken angstauslösend, weil sie anderen nicht sinnvoll erscheinen und weil sie nicht völlig mit den verfügbaren sozialen Mechanismen vorhersagbar und kontrollierbar sind. Ähnlich wie bei einer ansteckenden physischen Krankheit nimmt man an, daß abnormes Verhalten behandelt werden muß, damit es nicht auch noch den Gesunden ansteckt. Somit ist die *Therapie* traditionsgemäß mit der Idee verbunden, zu „heilen" – das Individuum zu einem Zustand der Gesundheit zurückzuführen. Wir betrachten also Psychotherapie als etwas, das eine speziell ausgebildete Person mit einer anderen tut, die in irgendeiner Weise bereits „krank" ist.

Seit geraumer Zeit wird Psychotherapie auch noch in einem anderen Sinne verwendet, nämlich im Sinne des *Erhaltens* von Gesundheit. Anstelle des *retroaktiven* Versuchs, eine ungünstige Situation zu ändern, basiert eine neue Bewegung auf dem Gebiet der Psychotherapie auf der Orientierung an Prävention und Bereicherung. Zuviele von uns kümmern sich eher um *Lebenspflicht* und vergessen bzw. entwickeln dabei nie adäquate *Lebensfreude*. Für einige Therapeuten besteht das erfolgreiche Ergebnis einer Therapie darin, größere Autonomie anzuregen und die Möglichkeiten des Menschen zu vermehren.

In der Praxis ist der größte Teil der Therapie korrigierend und heilend, weil die Leute eher bereit sind, Zeit, Geld und Anstrengung zu investieren, wenn sie bereits „krank" sind und ein „Problem" haben, als wenn sie „gesund" sind und nur den derzeitigen Zustand erhalten oder ihr seelisches Gleichgewicht stabilisieren wollen. Die meisten Therapeuten handhaben denn auch beide Aspekte der Therapie in unterschiedlichem Verhältnis von der ausschließlichen Konzentration auf jeweils einen Ansatz bis hin zur Berücksichtigung beider Aspekte.

Eine andere Unterscheidung zwischen zwei generellen Arten von Therapie ist diejenige zwischen *informellen* und *formalen* therapeutischen Ansätzen. Alle Collegestudenten waren zu irgendeinem Zeitpunkt ihres Lebens in „therapeutischer" Behandlung der *informellen* Art. Wenn sie Hilfe bei persönlichen psychologischen Problemen brauchten, wandten sie sich an ihre Eltern, Lehrer, Pfarrer oder Freunde. Diese Art der „Therapie" wird typischerweise vom Individuum freiwillig initiiert, dauert nicht lange und stellt nicht die primäre Grundlage in der Beziehung zu der anderen Person dar. Ihrerseits besitzen die „nichtprofessionellen" Therapeuten keine spezielle Ausbildung für diese Funktion. Normalerweise geben sie Rat, zeigen Zuwendung und Verständnis oder dienen als „kathartischer Resonanzboden", und dies alles unentgeltlich. Man hat herausgefunden, daß die meisten Leute mit ihren persönlichen Problemen nicht zum Psychotherapeuten gehen. Eine

Befragung amerikanischer Erwachsener, durchgeführt von der Joint Commission on Mental Health (nach Lowen 1968) ergab, daß sie eher Rat suchten bei Berufsgruppen außerhalb der Psychiatrie: 42% suchten Hilfe bei Pfarrern und Pastoren, 29% bei Ärzten und 11% bei Rechtsanwälten. Weniger als 25% der Leute mit „psychologischen Problemen" würden mit ihrem Hilfegesuch zu jemandem gehen, der irgendwie als Psychotherapeut bezeichnet wird.

Wir werden hier *formale* Therapie definieren als jene Vorgehensweisen, die von geschulten, anerkannten Psychotherapeuten im Verlauf der Behandlung oder des Heilens „psychischer Krankheit" (oder wie sie sonst noch genannt wird) bzw. des Verhaltens und des Aufbaus „psychischer Gesundheit" durchgeführt werden (vgl. Abb. 15.1).

Wer führt formale Therapien durch und warum? Historisch war die Rolle des Psychotherapeuten der des Arztes zugeschrieben, eine Praktik, die bis zu den Aufzeichnungen von Hippokrates im 4. Jahrhundert v. Chr. zurückdatiert. Und *Psychiater* sind ja auch Ärzte, die, nachdem sie die ersten Jahre der standardisierten Medizinerausbildung absolviert haben, sich auf dem Gebiet der „psychischen, emotionalen und neurologischen Krankheiten" spezialisieren. Ihnen ist es gesetzlich erlaubt, Drogen und andere physikalische Mittel zur Behandlung von psychischen Problemen zu verwenden. Es ist durchaus möglich, daß ein Psychiater irgendein anderes Fach als Psychologie im Hauptfach studiert hat, daß er relativ wenig Kurse in Psychologie belegt hat oder daß er sogar mit den Methoden psychologischer Forschung nicht vertraut ist.

Klinische Psychologen haben einen akademischen Abschluß in Psychologie; entweder während des Studiums oder danach erfolgt ein Praktikum oder eine Assistenzzeit an einem Krankenhaus oder einer psychiatrischen Klinik. Ohne den Arzttitel können sie keine Medikamente verschreiben, sondern müssen sich zum großen Teil auf das *Wort* als das Mittel therapeutischer Intervention verlassen. Vor dem 2. Weltkrieg bestand die Hauptaufgabe des klinischen Psychologen darin, psychologische Tests zur Diagnostik und Bewertung von psychischen Veränderungen durchzuführen. Psychotherapie war die Domäne des Psychiaters. Durch den plötzlichen Anstieg psychischer Störungen während des Krieges und die starke Nachfrage ließ

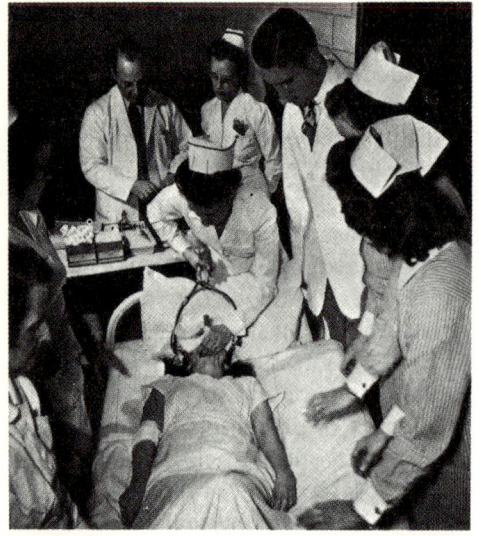

Abb. 15.1. Unterschiedliche Behandlungsmethoden des psychisch Kranken reflektieren unterschiedliche Vorstellungen über die Ursachen irrationalen Verhaltens. Das *obere linke* Bild zeigt einen Patienten, der für eine Heilkrampfbehandlung vorbereitet wird – eine physikalische Therapieform, die sich am medizinischen Modell orientiert. Andere Therapieformen konzentrieren sich auf das Verständnis der situativen Faktoren, die das problematische Verhalten eines Individuums aufrechterhalten *(unten links)*. Neue Formen der Gruppentherapie versuchen, eine Atmosphäre zu schaffen, in der das Ausdrücken von Gefühlen und die Interaktion zwischen den Leuten ermöglicht wird *(oben rechts)*

man immer mehr zu, daß auch klinische Psychologen Therapien durchführen konnten.

Ein *Psychoanalytiker* ist ein Sonderfall eines Therapeuten, einer, der ein Zusatzstudium nach dem Universitätsabschluß an einem psychoanalytischen Institut absolviert hat; dort werden Übungen für Fortgeschrittene, im Freudschen Ansatz Neurosen und andere psychologische Probleme zu verstehen und zu behandeln, angeboten.

Warum wird jemand Therapeut? Der naheliegende Beweggrund ist der Wunsch, anderen bei ihren Sorgen zu helfen, den Untergehenden zu retten, Leiden und Kummer in Gesundheit und Lebensfreude zu verwandeln. Aber, indem man anderen hilft, hilft man auch sich selbst. Interesse am Wohlergehen anderer kann dem eigenen Leben Sinn und Bedeutung geben, wird in unserer Gesellschaft sehr geschätzt und kann das Selbstwertgefühl steigern. Dazu kommt, daß möglicherweise ein Weg, um mit eigenen

Problemen in Berührung zu kommen und sie durchzuarbeiten, darin besteht, dieses bei anderen zu tun. Es gibt andere, weniger edle Aspekte einer Karriere als Psychotherapeut: Geld, Status, Selbständigkeit, Macht, das Leben anderer zu beeinflussen und das Gefühl, gebraucht zu werden und von Zeit zu Zeit in der Lage zu sein, sich der eigenen Gesundheit zu vergewissern. Aber trotz des materiellen Nutzens und der Tatsache, daß „einfach reden" sich nach leichter Arbeit anhört, gehört es zu den anspruchsvollsten Berufstätigkeiten, ein wirkungsvoller Therapeut zu sein, und man sollte sie nicht ausüben, ohne sich darüber im klaren zu sein, daß sie emotionale Belastung und persönliche Verpflichtung mit sich bringt.

Biomedizinische Therapie

Dem Verhältnis menschlicher Funktionsabläufe zu deren biologischem Unterbau kommt zweifellos große Bedeutung zu. Als Angehörige einer Tiergattung unterliegen wir schließlich in vieler Hinsicht den gleichen natürlichen Beschränkungen wie andere Arten auch.

Das empfindliche Gleichgewicht unserer inneren Ökologie ist sehr anfällig für solche Störungen wie Ernährungsmängel, Unter- oder Überproduktion von Hormonen, Dysfunktionen im Enzymsystem und viele andere biologische „Unfälle".

So betrachtet, liegen psychischen Leiden körperlich-biologische Störungen zugrunde. Die physiologische Psychologie sucht in den biologischen Grundlagen des menschlichen Funktionssystems nach den Ursprüngen psychischer Krankheit. Therapeuten, die von der Annahme ausgehen, daß Störungen des Nervensystems eine *organische* Grundlage haben, wenden sich Behandlungsmethoden zu, die in das physische Geschehen des Organismus eingreifen. Sie gehen mit dem Ziel vor, anomale Reaktionsformen des Patienten so *direkt* (und so schnell) wie möglich zu verändern.

Rührt psychische Erkrankung von einer Fehlfunktion des ZNS, des Stoffwechsels oder des endokrinen Drüsensystems her, so setzt die therapeutische Aktivität an diesem Fehlmechanismus als Angriffsfläche an. Es erfolgt ein verändernder Eingriff in die „hardware" des menschlichen Computers und nicht lediglich eine Abänderung der Programmieranweisungen. Dies kann bedeuten, daß man Teile im Gehirn chirurgisch voneinander trennt, daß man durch Elektroschocktherapie Schaltkreise im Nervensystem durcheinanderbringt oder mittels Drogenverabreichung die Abläufe in den Leitungsbahnen oder das Geschehen im Hormonsystem verändert *(Chemotherapie)*. Andere medizinische Maßnahmen (die hier nicht näher erörtert werden sollen) umfassen Spezialdiäten, Vitaminstöße, künstlich eingeleiteten langen Schlaf (in der Sowjetunion gebräuchlich) und Hydrotherapie, die „erregten Nerven" durch heiße Bäder Entspannung bringen soll. Es sollte ausdrücklich erwähnt werden, daß solche „physische Psychiatrie" nicht in jedem Fall als Heilbehandlung für emotionale Störungen eingesetzt wird, sondern versuchsweise in der Absicht angewandt wird, Extremhandlungen wie Totschlag oder Suizid abzuwenden oder den Patienten für Psychotherapie empfänglich zu machen.

Psychochirurgie

Hirnchirurgische Eingriffe zur Behandlung schwerer emotionaler Störungen gehören mit zu den dramatischsten Neuerungen in der Psychiatrie; trotz großer Publizität werden die Ergebnisse jedoch als enttäuschend bewertet. Die bekannteste Form der Psychochirurgie ist die *präfrontale Lobotomie*. Bei dieser Operation werden die Nervenfasern, die die Präfrontallappen mit den unteren Hirnzentren verbinden, durchtrennt; dies gilt besonders für die Verbindung zum Hypothalamus.

Die Praxis hat gezeigt, daß Lobotomie oft eine Herabsetzung des emotionalen Tonus in Verbindung mit Gedanken und Erinnerungen zur Folge hat. Psychochirurgie kann nicht als eine Maßnahme angesehen werden, die bei einem Patienten die *Störungsursache* beseitigt; ihr Ziel ist es, die emotionalen Qualen zu beseitigen, die mit verwirrenden Vorstellungen und Halluzinationen verbunden sind.

Diesem Vorteil muß man die Nachteile folgender negativen Nebenwirkungen gegenüberstellen: a) Verlust des Interesses am eigenen Körper und der Beziehung zur Umwelt, b) Unfähigkeit, die Konsequenzen einer für die Person wichtigen Handlungsabfolge einzuschätzen, c) Indifferenz gegenüber der Meinung anderer, d) Zunahme bestimmter impulsiver Verhaltensweisen, da Reue, Schuldgefühle und Furcht nicht mehr existent sind, e) Verminderung der Fähigkeit, ein einheitliches Selbstbild zu entwickeln und dieses in die Zukunft zu projizieren (Robinson u. Freeman 1955). Ein psychochirurgischer Eingriff läßt sich nicht mehr rückgängig machen. Wegen ihrer ungewissen Ergebnisse wird die Psychochirurgie jetzt als die allerletzte Zufluchtsmaßnahme erachtet und nicht mehr so häufig eingesetzt wie früher.

Ursprünglich wurde Psychochirurgie als Heilmaßnahme für Schizophrenie, Depression, kriminelles Verhalten, Süchtigkeiten und sogar Homosexualität empfohlen. Heute werden derartige Hirneingriffe vorwiegend nur noch dann angewandt, wenn ein schwerer Kontrollverlust vorliegt (tätliche Angriffe, triebhaftes Sexual-

Unter der Lupe

Psychotherapie – kurz gestreift: Probleme, Ziele, Beteiligte, Prinzipien, Behandlungspraktiken und -stellen

„Unter Psychotherapie versteht man jegliche beabsichtigte Anwendung psychologischer Techniken, die durch den Kliniker erfolgt und zu dem Ziel eingesetzt wird, eine gewünschte Persönlichkeits- oder Verhaltensänderung herbeizuführen" (Korchin 1976). Menschen mit Schwierigkeiten im Bereich des Denkens, Fühlens oder Verhaltens werden durch speziell ausgebildete Fachleute behandelt mit dem Ziel, die unter Störungen leidende Person in bestimmter Weise zu verändern.

Die Menschen begeben sich dann in Psychotherapie, wenn ihr Verhalten im täglichen Leben in störendem Mißverhältnis zu den in ihrer Kultur gültigen Normalitätskriterien und/oder ihrem eigenen Empfinden für persönliche Anpassung steht. Wenn jemand ein solches Problem hat, mag er sich aus eigener Initiative oder auf Rat von anderen um therapeutische Behandlung bemühen, es kann aber auch vorkommen, daß er dazu gezwungen wird.

Ziel und Zweck jeder therapeutischen Intervention ist es, Leiden zu vermindern, beim Patienten das Gefühl des Wohlbefindens zu erhöhen und dem Menschen behilflich zu sein bei der Entwicklung von effektiven Mitteln und Wegen zur Bewältigung von Alltagsanforderungen und Streß (vgl. Kap. 13). Zu den Endzielen therapeutischer Bemühungen schließlich gehört es, an die Stelle von psychischer Krankheit oder Unangemessenheiten in der Persönlichkeit und im Verhalten bessere seelische Gesundheit und effektivere Verhaltens- und Bewältigungsstile treten zu lassen.

Diese allgemeinen Ziele werden in Therapieprinzipien übersetzt, die – entsprechend der theoretischen Auffassung des Therapeuten hinsichtlich normaler und pathologischer Persönlichkeit – weit voneinander abweichen. Dieses Gefüge an Überzeugungen, die für einen Therapeuten verbindlich sind, ist z.T. das Produkt seiner kulturellen Wertvorstellungen und der speziellen Richtung seiner Ausbildung. In der therapeutischen Praxis oder hinsichtlich konkreter Vorgehensweisen sind Gemeinsamkeiten zwischen Therapeuten verschiedener Richtungen jedoch oft größer als in der abstrakten Theorie, der sie sich verpflichtet fühlen. Die meisten Therapeuten passen ihre Vorgehensweise den Bedürfnissen des Patienten an und machen dabei „Anleihen" bei anderen Therapieansätzen, wenn diese effektive Techniken zu bieten haben. Durch solcherart Flexibilität und Eklektizismus werden in der Theorie bestehende Abgrenzungen verwischt, aber dies kommt den Patienten zugute.

Es gibt viele unterschiedliche Möglichkeiten, was den äußeren Rahmen der Therapie und die sie durchführenden Therapeuten anbelangt. In der Regel ist die Behandlung um so intensiver und wird in um so isolierterer Umgebung durchgeführt, je schwerer der Patient gestört ist. Psychotische Patienten und solche mit schweren Neurosen werden stationär in Kliniken behandelt. Ambulante Behandlung, die auch in Privatpraxen durchgeführt werden kann, erhalten Patienten, die Neurosen oder Persönlichkeitsstörungen haben, aber deshalb nicht arbeitsunfähig sind. Psychologische Probleme begrenzteren Ausmaßes werden auch außerhalb von Kliniken und Fachpraxen behandelt, etwa in Schulen und am Arbeitsplatz durch psychologische Berater oder zu Hause durch psychologisch geschulte Sozialarbeiter und in kirchlichen Einrichtungen durch pastorale Berater. Psychiater, Psychoanalytiker und klinische Psychologen sind die Fachleute, die in erster Linie für die seelische Gesundheit zuständig sind.

Hätten Sie ein psychisches Problem, welchen dieser Therapeuten würden Sie eher um Rat fragen? Wahrscheinlich keinen – zumindest nicht gleich am Anfang. Die meisten Menschen wenden sich an Eltern, Freunde, Lehrer, Gastwirte, Taxifahrer oder an ihren Friseur oder ihre Kosmetikerin, wenn sie Rat, Unterstützung, Liebe oder eine große „Aussprache" brauchen. Auf diese nichtamtlichen Therapeuten wird die Hauptlast menschlicher Leiden abgewälzt. Erst wenn die Probleme zu groß werden und nicht weichen, wird eine regelrechte Therapie eingeleitet.

verhalten, pathologische Vergiftung sowie wiederholte Verletzung der Straßenverkehrsregeln mit Unfallverursachung; vgl. Mark u. Ervin 1970). Die Ergebnisse dieses neuesten Versuchs, Gewalttätigkeit durch Hirneingriffe unter Kontrolle zu bringen, sind fragwürdig. Noch mehr muß die Auffassung bezweifelt werden, daß die Neigung zu Gewalttätigkeit in bestimmten Hirnregionen angegangen werden könne, statt daß man ihre Ursachen in der Interaktion mit anderen Menschen und Kräften der Gesellschaft ins Auge faßt (Valenstein 1973).

Bis vor kurzem waren Patienten in den USA, die nicht aus eigener Entscheidung in ein Krankenhaus eingeliefert worden waren, in keiner Weise davor geschützt, daß auch gegen ihren Willen ein psychochirurgischer Hirneingriff an ihnen vorgenommen wurde. In den USA hat nun ein Gericht entschieden, daß „zwangsweise verwahrte psychiatrische Patienten" aus zweierlei Gründen nicht in der Lage sind, eine rechtsgültige und auf der nötigen Information beruhende Einwilligung zu psychochirurgischen Eingriffen zu geben: Erstens können Menschen, die von ihrer Umwelt her unter Zwang stehen, keine echte (frei getroffene) Zustimmung abgeben, und zweitens hat die Behandlung dauernde und irreversible Auswirkungen (Kaimovitz, Michigan Department of Health, 1973). Diese Entscheidung hat weitreichende Konsequenzen für die Schaffung neuer Sicherheitsmaßnahmen gegen derartige Verletzung der Menschenrechte.

Schocktherapie

In manchen Fällen reagierten schwer gestörte Patienten, die man früher als hoffnungslos beurteilt hätte, recht günstig auf künstlich herbeigeführte Anfälle oder Krämpfe. Diese als *Schocktherapie* bekannte Behandlungsform wurde nach dem 2. Weltkrieg in den meisten psychiatrischen Kliniken zum Routineverfahren; sie findet jedoch weniger häufig Anwendung seit der Entdeckung neuer chemotherapeutischer Techniken. Bei der Schocktherapie gibt es zwar eine ganze Reihe verschiedener technischer Vorgehensweisen, sie laufen jedoch alle darauf hinaus, ein Koma auszulösen, das nach dem Schock mehrere Minuten bis mehrere Stunden anhält. Dabei ist nicht ganz klar, ob der therapeutische Effekt durch das Koma selbst hervorgebracht

wird oder ob der Wert des Schocks einem anderen Faktor zugeschrieben werden muß – wie etwa physiologischen Veränderungen in den Bahnen des Nervensystems oder der Auslösung einer heftigen psychologischen Reaktion.

Die bislang neueste und (v. a. bei Fällen von schwerer Depression) gebräuchlichste Form ist der Elektroheilkrampf. Der Patient wird auf einem Bett festgeschnallt und dann über Schläfenelektroden für den Bruchteil einer Sekunde elektrischen Strom zwischen 70 und 130 V ausgesetzt. Zwanzig oder mehr solcher Behandlungen werden – über Wochen oder Monate verteilt – gegeben (vgl. Abb. 15.2).

Hinsichtlich der Vorteile dieser Behandlung gehen die Urteile jedoch weit auseinander. Viele Psychiater glauben, daß diese drastische Behandlungsmethode in Zukunft zunehmend seltener benutzt werden wird. Schon jetzt wird sie abgelöst durch Medikamente und neue psychotherapeutische Techniken. Es gibt Beweise dafür, daß der Elektroheilkrampf sich nachteilig auf Lernen und Behalten auswirkt (Leukel 1957, Stone u. Bakhtiari 1956) und daß er, wie von Maher (1966) berichtet, Hirnschäden verursachen kann. Mit Sicherheit zerrüttet er den integrierten Funktionsablauf des Organismus.

In großen staatlichen Nervenheilanstalten der USA, die zuwenig Personal haben, wurde die Schocktherapie ziemlich wahllos und oft auch als Droh- oder Strafmittel angewandt. Die erste derartige Prozedur, die ich selbst mit angesehen habe, gehört zu meinen schlimmsten Erinnerungen. Sie wurde in einer Nervenheilanstalt durchgeführt. Nacheinander wurden fast zwei Dutzend Patientinnen auf einem Rollenbett festgeschnallt. Sie baten die Pflegerinnen flehentlich, „nicht wieder den Strom einzuschalten". Das Pflegepersonal ignorierte die Reaktionen der Patientinnen völlig – wahrscheinlich aus Selbstschutz seinen eigenen Gefühlen gegenüber. Sobald der Strom an den Schläfen einer Patientin angesetzt wurde, verfiel sie in spastische Zuckungen, Schaum trat ihr aus dem Mund und sie verlor das Bewußtsein. Als sie wieder zu sich kamen, waren die Frauen verstört und hatten Angst. Bei diesem Erlebnis wurde mir bewußt, daß immer berücksichtigt werden muß, wie der Patient selbst zu der Behandlung steht. In seinem Roman *Einer flug übers Kuckucksnest* (1962, verfilmt 1975) ruft uns Ken Kesey treffenderweise in Erinnerung, daß wir jeder Art „The-

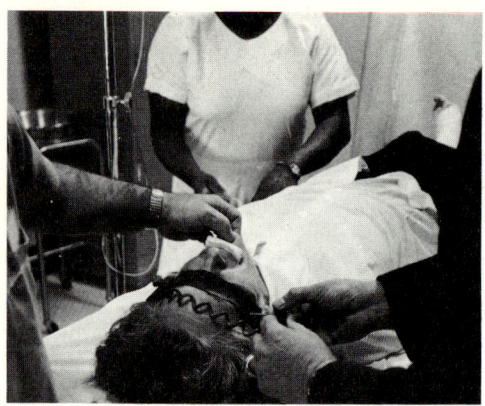

Abb. 15.2. Elektroschockbehandlung (Elektroheilkrampf) löst kurzzeitige Bewußtlosigkeit aus. Sie hat sich bei der Behandlung schwerer Depressionen als wirksam erwiesen. Leider läßt sie sich auch dazu mißbrauchen, Patienten „gefügig zu machen"

rapie" gegenüber mißtrauisch sein müssen, die möglicherweise nur die verkappte Unterdrückung einer abweichenden Meinung ist und darauf abzielt, die Patienten gefügiger zu machen.

Chemotherapie

Die auffallendste Veränderung, die während der letzten 20 Jahre in Nervenheilanstalten stattgefunden hat, besteht darin, daß die Patienten nun kaum noch „wie die Irren herumrennen" und sich entblößen, Obszönitäten herausbrüllen, drohen, schreien oder ihre Emotionen in extremer Weise zur Schau stellen. Dies hat seine Ursache in der *Chemotherapie,* der Anwendung von Medikamenten bei der Behandlung Geisteskranker und emotional Gestörter.

Tranquilizer

1955 befanden sich in den USA 560 000 Patienten in Nervenheilanstalten; die meisten von ihnen bedurften einer Langzeitverwahrung und -pflege. Die Zukunftsprognose ließ erwarten, daß sich ihre Zahl in den folgenden 15 Jahren auf über 750 000 erhöhen würde. Diese Voraussage erwies sich als falsch. 1971 befanden sich nicht einmal halbsoviele Patienten wie erwartet in den staatlichen Nervenheilanstalten. Darüber hinaus betrug die durchschnittliche Aufenthaltsdauer je Patient ungefähr 2 Monate.

Bizarre Schizophreniesymptome verschwanden anscheinend. „Unheilbare" Patienten waren plötzlich einer Psychotherapie zugänglicher. Die Diagnose „Schizophrenie" wurde nun nicht mehr als „Todesurteil" angesehen. Dieser „revolutionäre" Wandel in der Behandlung hospitalisierter Schizophrener kam durch die Antischizophreniemedikamente *Reserpin* und *Chlorpromazin* zustande.

Diese Medikamente, obwohl von unterschiedlicher chemischer Zusammensetzung, wirken in ähnlicher Weise auf bestimmte Hirnfunktionen ein. Die Patienten wurden ruhig und blieben dabei aber doch gleichzeitig wach und rege. Dadurch wird es also jetzt erstmals möglich, viele derartige Patienten psychotherapeutisch zu behandeln.

Reserpin ist die Handelsbezeichnung für *Rauwolfia,* einen Auszug aus dem indischen Schlangenwurz. Chlorpromazin ist eine Droge aus der Klasse der Phenothiazine. Da Reserpin mehr unerwünschte Nebenwirkungen – wie etwa Senkung des Blutdrucks – hat, wird Chlorpromazin i. allg. lieber angewandt. Einer der führenden Forscher auf dem Gebiet der Hirnbeeinflussung durch Medikamente, Seymour Kety vom Massachusetts General Hospital, trifft die Feststellung, daß „allgemeine Übereinstimmung darüber herrscht, daß die Einführung der Phenothiazingruppe in die Schizophreniebehandlung den hervorragendsten Einzelbeitrag der Psychiatrie in den letzten 20 Jahren darstellt" (zit. nach Swazey 1974, S. XII). Merkwürdigerweise führte nicht etwa ein systematisch angelegtes Forschungsprojekt über die Behandlung von Geisteskranken zur Entdeckung des Chlorpromazins, sondern diese kam eher durch eine seltsame Ergebnisanhäufung aus der Grundlagenforschung in verschiedenen Bereichen zustande (s. „Unter der Lupe", S. 549).

Antidepressiva

Depressiven Patienten helfen oft *Psychoenergetika* (Psychostimulanzien), wie *Imipramin,* sowie eine Klasse von Wirkstoffen, die unter der Bezeichnung *Monoaminoxydase-*(MAO) Hemmstoffe bekannt ist. Zwei weitere als Antidepressiva verordnete Pharmaka sind *Lithium* und *Amphetamine.* Lithium übt eine Schutzwirkung aus gegen wiederkehrende psychotische Stimmungsschwankungen bei manisch-depressi-

Unter der Lupe

Chlorpromazin:
Das Wunder der Drogenforschung

Es ist faszinierend, den Weg zu verfolgen, auf dem die Entwicklung der Chlorpromazinbehandlung bei geistig Kranken zustande kam. Wer sich für die Entstehung wissenschaftlicher Vorstellungen oder die Entdeckungsgeschichte großer neuer Errungenschaften in der Therapie interessiert, dem sei die Lektüre von Swazeys Bericht (1974) empfohlen. Die Geschichte des Chlorpromazins gibt uns auch einen Begriff von den unvorhergesehenen praktischen Auswirkungen der Grundlagenforschung. „Selbst der einfallsreichste Beurteiler wäre nicht auf die Idee gekommen, daß irgendeines der entscheidenden Ergebnisse oder einer der Wege, der schließlich nach 100 Jahren zur Entdeckung des Chlorpromazins führte, am Anfang im maßgeblicher Weise mit der Behandlung psychischer Krankheiten zu tun gehabt hätte" (S. XII).

Die neue Ära der Psychopharmakologie begann 1950, als dem französischen Chemiker Paul Charpentier die synthetische Herstellung von Chlorpromazin aus Phenothiazin gelang. Aber dies war zugleich der Endpunkt einer langen Forschungsreihe, die nicht das geringste mit Geisteskrankheit zu tun hatte. Der französische Chemiker und sein Mitarbeiterstab waren auf der Suche nach einer Droge, die durch ihre Wirkung auf das ZNS eine Verminderung der Anästhesie bei chirurgischen Eingriffen ermöglichen würde. Sie waren mit der Arbeit Henri Laborits vertraut, der herausgefunden hatte, daß das vor Operationen verabreichte Antihistamin Promethiazin den chirurgischen Schock milderte. Seine Patienten erschienen ruhig, entspannt und gefaßt. „Selbst nach schweren Operationen", so berichtete er, „sind sie niemals aufgeregt, klagen nicht und scheinen wirklich weniger zu leiden". Laborit hatte Antihistamine verwendet, weil er annahm, sie würden das Abfallen des Blutdrucks, das Hauptsymptom des chirurgischen Schocks,

verhüten. Diesen Effekt hatte das Pharmakon jedoch nicht; es wirkte als Tranquilizer. Noch heute wird es als Beimischung von Anästhesiemitteln verwendet.

Die Bestimmung und Synthese des Phenothiazin durch einen deutschen Chemiker im Jahre 1883 war das Ergebnis eines Versuchs, in einem Labor der deutschen Farbenindustrie einen neuen blauen Farbstoff herzustellen. Ein paar Jahrzehnte Forschungsarbeit liegen zwischen diesem Ereignis und der Entdeckung der Antihistamine durch einen italienischen Pharmakologen im Jahre 1937. Bei allergischen Reaktionen setzen Körperzellen Histamine frei, und diese neue Wunderdroge erwies sich als äußerst wirksam bei Asthma und anderen allergischen Reaktionen. In die Grundformel eines Antihistamins war die Phenothiazinstruktur eingebaut. Die Pharmaindustrie engagierte sich nun stark in der Entwicklung wirksamerer Antihistamine, was dazu führte, daß 1945 in den USA Promethiazin als erster Hauptabkömmling des Phenothiazins herausgebracht wurde. An diesem Punkt führen Laborits und Charpentiers Entdeckungen wieder zusammen.

Sobald man erst einmal erkannt hatte, daß sich Chlorpromazin in der Psychiatrie zur Beruhigung manischer Patienten verwenden ließ (dafür wurde es 1952 zunächst eingesetzt), war man bereit, seine psychotrope Wirkung zu nutzen. Es fügte sich ganz in das medizinische Denkmodell innerhalb der Psychiatrie, nach dem die organischen oder biologischen Ursachen, die geistiger Erkrankung zugrundeliegen, mit physiologischen oder physiochemischen Mitteln zu behandeln sind. „Der Zufall begünstigt [also] den, der darauf vorbereitet ist", wie Pasteur sagte. Die unerwartete Entdeckung des Chlorpromazins als chemotherapeutisches Mittel zur Behandlung geistiger Erkrankungen führte dazu, daß sich viele Wissenschaftsdisziplinen in Forschungslaboratorien zahlreicher Länder jahrzehntelang damit beschäftigten. Aber in dem Augenblick, als seine Wirkung als Tranquilizer bekannt wurde, begann eine neue Ära der Pharmakologie.

ven Störungen. Es hat den Vorzug, daß es nicht, wie viele Tranquilizer, empfindungsdämpfend wirkt, und beeinträchtigt deshalb auch weniger die Fähigkeit zu kreativem Arbeiten. Lithium wird nicht umgewandelt, es zerfällt nicht und bindet sich nicht an Eiweißkörper des Blutes oder der Gewebe. Hierin unterscheidet es sich von allen anderen Psychopharmaka. Dadurch läßt sich ärztlicherseits die Menge dieses aktiven Wirkstoffs im Gehirn durch einfache Blutanalysen überwachen, und durch systematisch angepaßte Dosierung kann ein ganz spezifischer Therapieeffekt erzielt werden, anstatt daß starr festgesetzte Dosen verabreicht werden. Ein Überblick über die Forschungsergebnisse hinsichtlich seiner Wirksamkeit in der klinischen Praxis deutet darauf hin, daß 8 von 10 manischen Patienten eine gute Gesundungschance haben, wenn sie mit Lithium behandelt werden; dies gilt selbst dann, wenn andere Behandlungsweisen versagt haben (National Institute of Mental Health 1977).

Amphetamine werden bei leichter neurotischer Depression verordnet, weil sie Euphorie, Vigilanz und eine Erhöhung der muskulären Energie bewirken. Amphetamine bildeten lange Zeit die entscheidenden Bestandteile von Abmagerungspillen, weil sie einen appetitzügelnden Effekt haben. Der Amphetaminmißbrauch stellt ein besonderes Problem dar, denn gerade bei neurotisch Depressiven besteht die Gefahr, daß sie dieser Droge verfallen. Ihre Anwendung in der psychiatrischen Depressionstherapie ist deshalb fragwürdig geworden.

Kurioserweise wird ein Stoff aus der Klasse der Amphetamine unter dem Markennamen *Ritalin* gegen Hyperaktivität bei Kindern verwendet. Mit Hyperaktivität bezeichnet man ein Verhaltenssyndrom, das normalintelligente Kinder betrifft und sich so auswirkt, daß diese leicht ablenkbar sind, ihre Aufmerksamkeit nicht fixieren und in der Schule oder zu Hause nicht stillsitzen können. Es scheint, daß die gleiche Droge, die bei Erwachsenen energetisierend wirkt, auf Kinder den entgegengesetzten Effekt hat (Kolata 1978). In Wirklichkeit beruhigt es sie nicht, aber es setzt ihre Ablenkbarkeit herab. Dadurch, daß dieses Pharmakon bessere Konzentration ermöglicht und die Aufmerksamkeitsspanne verlängert, kann es manchen hyperkinetischen Kindern effektiveres Verhalten und bessere Leistung erleichtern. Viele Kritiker halten es jedoch für bedenklich, das Verhalten von im Grunde normalen Kindern durch Drogen zu verändern (s. Rapoport et al. 1978). Sie weisen in diesem Zusammenhang darauf hin, daß der Begriff „Krankheit" sehr unklar definiert ist, und führen an, daß erlernte Abhängigkeit von Medikamenten ein fragwürdiges Mittel zur Lösung persönlicher und sozialer Probleme darstellt und daß die verantwortlichen Erwachsenen sich als unfähig erweisen, die schulische und häusliche Umwelt so zu gestalten, daß sie den Bedürfnissen dieser hyperaktiven Kinder gerecht wird. Die Ritalin-Therapie, so argumentieren sie, paßt lediglich das Gehirn des Kindes (in den meisten Fällen handelt es sich um Jungen) an das etablierte System an und macht das Kind besser manipulierbar (Bruck 1976, Haar 1975).

Was beim Thema Chemotherapie mitzubedenken ist

Die Verwendung von Tranquilizern und Psychotonika hat zweifellos bedeutend dazu beigetragen, daß die stationäre Behandlungsdauer psychiatrischer Patienten verkürzt werden konnte. Derartige Drogen haben das Auftreten extremerer Formen fehlangepaßten und bizarren Verhaltens vermindert, das früher mit psychotischen Reaktionen verbunden war. Sie haben auch möglich gemacht, daß gewisse Patiententypen, die früher als „unbehandelbar" galten, nun der Psychotherapie zugänglich werden. Es gibt jedoch keinen Beweis für eine Dauerheilung durch Drogen. Im Gegenteil, die medikamentöse Therapie wirkt sich als „Schmieröl für das Drehtürphänomen" in den psychiatrischen Anstalten aus. Der höheren Entlassungsquote in den Nervenheilanstalten steht mittlerweile eine noch höhere Rückkehrquote ehemals als „geheilt" entlassener Patienten gegenüber. Diese Medikamente bewirken keine „Heilung" im üblichen Sinne; sie vermindern lediglich die Auftretenshäufigkeit bestimmter Verhaltensweisen, die unerwünscht und offenbar unerklärlich sind. Hospitalisierte psychiatrische Patienten werden über Jahre unter Dauermedikation (*tägliche* Verabreichung) gehalten. Wenn solche Patienten entlassen werden, müssen sie die Medikamenteneinnahme auf unbegrenzte Zeit konsequent beibehalten, wenn sie nicht das Wiederauftreten psychotischer Symptome riskieren wollen. Selbst wenn nach der Entlassung aus der Anstalt die Medikamenteneinnahme regelmäßig erfolgt, kann die Mehrzahl der ambulanten Psychosepatienten selten mehr erreichen, als daß sie sich der Allgemeinheit geringfügig anpaßt (Rickles 1968).

Die chemotherapeutische Langzeitbehandlung beinhaltet u. a. folgende Risiken: a) Man verläßt sich zu sehr auf die Medikamente – als „Ersatz" für psychosoziale Therapien und Therapien des „menschlichen Kontakts". b) Diese Behandlungsform hat viele körperliche Nebenwirkungen, einschließlich Schädigungen des Sehvermögens, motorische Spasmen und Gesichtszuckungen (Tics). c) Am schwerwiegendsten ist die Herausbildung psychologischer Medikamentenabhängigkeit als Mittel, der Entwicklung adäquaten Bewältigungsverhaltens im täglichen Leben auszuweichen (Davison u. Valins 1969).

Das medizinische Modell

Jedem medikamentösen Behandlungsverfahren liegt ein medizinisches Denkmodell hinsichtlich psychischer Störungen zugrunde. Bei der Anwendung des medizinischen Modells zur Beschreibung und Behandlung von Verhaltensstörungen stellt sich u. a. das Problem, daß die „Krankheitssymptome" eher dem Verhaltensbereich als körperlicher Erkrankung angehören. Folglich müssen sich auch Veränderungen auf das Verhalten beziehen. Viele Psychologen sind der Ansicht, daß vom Krankheitsmodell abgeleitete Begriffe (Krankheit, Heilung, Rückfall, ja sogar „Patient") nicht so ganz geeignet sind zur Beschreibung und zum Verständnis dessen, was sie als primär verhaltenspsychologische Vorgänge erachten (vgl. Tabelle 15.1). Wie wir schon gesehen haben, gibt es Forscher, die „den Mythos der geistigen Erkrankung" gänzlich verwerfen (Szasz 1965, 1974), da dieser mehr geschadet als genützt habe.

Indes fahren andere fort, nach objektiveren physischen Indikationen sowohl für die psychopathologische Erkrankung als auch für deren Heilung zu fahnden, indem sie zusammenhängende Muster von Hirnwellen oder die chemische Zusammensetzung des Blutes untersuchen.

Es liegt auf der Hand, daß Drogen sowohl direkt wie auch indirekt Veränderungen des Verhaltens und psychischer Prozesse bewirken können. Soweit normale Abläufe von einem unversehrten Hirn und reibungsloser Funktion des Nervensystems abhängen, können Mittel der Medizin dazu beitragen, sie wiederherzustellen oder aufrechtzuerhalten in dem Sinne, daß die physischen Voraussetzungen des Organismus zu gesunder Anpassung geschaffen werden. Man darf jedoch annehmen, daß in dem Maße, in

Tabelle 15.1. Positive und negative Aspekte des medizinischen Modells

Positive Aspekte	Negative Aspekte
Entwicklung physiologischer Therapien	Stigmatisierung durch die Bezeichnung „Krankheit"
Humanere Behandlung der Patienten	Abweichung als „Krankheit"
Dem Engagement der Medizin zu verdankende finanzielle Mittel, Einrichtungen, Einfluß auf die Gesetzgebung und Ansehen	Konzept der „Unheilbarkeit"
	Teure und nur in begrenztem Umfang mögliche Behandlung
Interdisziplinäre medizinische Forschung	Verminderte Einbeziehung von Kommunikation
	Psychiatrie: eine Disziplin der Medizin ohne Orientierung auf das Verhalten
	Langzeitbehandlung in geschlossenen Anstalten, Absonderung von der Gemeinschaft
	Unantastbare Rechte der Fachärzte und Statushierarchien
	„Individuelle Krankheit" im Zentrum der Behandlungsbemühungen unter Vernachlässigung der sozialen Seite des Krankheitsgeschehens

dem effektives Verhalten von der Bedingung des sozialen Lernens abhängig ist, Lernvorgänge und soziale Interaktion Bestandteile der Therapie sein müssen, damit der Patient sich ein neues Verhaltensrepertoire erarbeiten kann. Weiter muß die Therapie eine Wahrnehmungserweiterung gewährleisten, und zwar in dem Maße, wie effektive Anpassung von der Wahrnehmung der eigenen Fähigkeit zur Selbstkontrolle und des eigenen Schicksals abhängt; Abhängigkeit von Medikamenten und anderen Wirkstoffen, die den Körper von außen beeinflussen, führen die Entwicklung wahrscheinlich genau in die umgekehrte Richtung.

Die Vorstellung, daß Geisteskrankheit ein einheitlicher Prozeß oder eine Form neurologischer Erkrankung sei, trägt dem subtilen Zusammenspiel der zugrundeliegenden kognitiven, sozialen und Erlebnisprozesse nicht Rechnung.

Psychodynamisch orientierte Therapie

Die psychodynamische Betrachtungsweise der Psychopathologie lokalisiert ähnlich der biologischen den Kern der Störung innerhalb der gestörten Person, aber, anders als diese, betont sie fortdauernde intensive psychologische Prozesse anstelle von psychischen Defiziten, Exzessen oder Ungleichgewichten. Wie wir bei der Diskussion der Freudschen Theorie in früheren Kapiteln gesehen haben, wird unter Neurose die Unfähigkeit verstanden, innere Konflikte zwischen unbewußten irrationalen Impulsen des *Es* und den internalisierten sozialen Zwängen, die das *Über-Ich* auferlegt, angemessen lösen zu können. Gemäß dieser Auffassung determiniert die Biologie die sexuellen Phasen, die ein Individuum von seiner Kindheit bis hin zum Erwachsenenalter durchläuft; die speziellen psychologischen Erfahrungen während jeder Phase von der oralen über die anale bis hin zur phallischen determinieren dagegen, ob eine Fixierung an eine frühere Phase stattfindet und damit ein Voranschreiten zu einer reiferen, gesünderen Entwicklungsstufe unmöglich wird.

Im Kampf zwischen Trieb und Vernunft gewinnt typischerweise die Vernunft die Schlacht, aber bei Vorliegen einer Neurose verliert sie den Krieg. Die biologischen Triebe, die zugunsten der Macht von sozial „Wertvollem" und elterli-

cher „Gewalt" verleugnet wurden, sind trotzdem im Hintergrund vorhanden, um bei jeder Gelegenheit zu stören. Die Impulse des Es, stark, nicht verbalisiert und gestaltlos, dauern an und suchen nach Ausdruck in verkleideter Form, während das rationale, intellektuelle Bewußtsein des Konflikts der Erinnerung oder der Analyse nicht zugänglich ist. Die neurotische Persönlichkeit mag etwas tun oder fühlen aus Motiven heraus, die ihr nicht bewußt und damit definitionsgemäß irrational sind.

Das Ziel der Freudschen Psychoanalyse ist die Herstellung intrapsychischer Harmonie, mit Hilfe derer der Einfluß des Es besser wahrgenommen wird, die Übererfüllung von Über-Ich-Anforderungen reduziert und die Rolle des Ich gestärkt wird. Freud schien ziemlich pessimistisch zu sein, daß diese ideale Harmonie jemals erreicht werden könne. Nachdem einige Hauptcharakteristiken der Freudschen Theorie erklärt worden sind, werden wir sie mit der Therapie vergleichen, wie sie von den psychodynamischen Theoretikern Karl Jung und Alfred Adler, Freuds früheren Kollegen, entwickelt worden ist.

Die Freudsche Psychoanalyse

Die psychoanalytische Therapie, wie sie von Freud entwickelt wurde, ist eine intensive und ausführliche Technik zur Aufdeckung der unbewußten Motivation des Patienten, mit besonderer Betonung der Konflikte und Verdrängungen, die aus Problematiken während der frühen psychosexuellen Entwicklung stammen. Ihr Ziel ist es, solche verdrängten Erinnerungen bewußt zu machen und dem Individuum zu helfen, sie entsprechend der Erwachsenenrealität zu lösen. Dieser Prozeß bewirkt wahrscheinlich eine radikale Änderung der zugrundeliegenden Persönlichkeit des Individuums. Psychoanalytiker gebrauchen verschiedene Techniken, um verdrängte Konflikte bewußt zu machen und dem Patienten bei deren Bewältigung zu helfen. Hierzu gehören freie Assoziation, Traumdeutung, Widerstands- und Übertragungsanalyse.

Analyse freier Assoziationen

Die freie Assoziation ist die wichtigste Verfahrensweise, um das Unbewußte zu analysieren und um verdrängte Inhalte offenzulegen. Der Patient sitzt bequem auf einem Stuhl oder liegt entspannt auf einer Couch. Er läßt seinen Gedanken freien Lauf, wobei er fortwährend von seinen Vorstellungen, Wünschen, körperlichen Empfindungen und geistigen Bildern, so wie sie gerade auftreten, berichtet. Er wird ermutigt, alle seine Gedanken und Gefühle zu äußern, ohne Rücksicht darauf, wie persönlich, schmerzhaft oder anscheinend unwichtig sie sind. Der Therapeut nimmt häufig hinter dem Patienten Platz, um ihn nicht abzulenken oder den Fluß der Assoziationen zu unterbrechen.

Freud behauptet, daß „freie Assoziationen einem bestimmten Ablauf unterworfen sind und nicht beliebig gewählt werden können". Die Aufgabe des Analytikers ist es, bis zum Innersten der Assoziationen vorzudringen und die „Verkleidungen" aufzudecken, in denen verdrängte Triebe erscheinen mögen – auszumachen, was unter der Oberfläche verborgen ist (vgl. Abb. 11.5, S. 407).

Traumanalyse

Um weitere Klarheit über die unbewußte Motivation des Patienten zu erhalten, wenden Psychoanalytiker die Technik der Traumanalyse an. Im Schlaf trifft das Ich wahrscheinlich weniger Vorsichtsmaßnahmen gegen die unangenehmen Impulse des Es, so daß ein Motiv, das im wachen Zustand nicht geäußert werden kann, im Traum Ausdruck finden mag. Einige Motive sind jedoch für das bewußte Selbst so unannehmbar, daß sie nicht einmal in unseren Träumen offen dargestellt werden können, sondern nur verkleidet oder symbolisch. So gibt es 2 Arten von Trauminhalten: Der *manifeste* (offen sichtbare) Inhalt des Traumes ist das, woran wir uns erinnern und worüber wir nach dem Aufwachen erzählen können. Er ist gewöhnlich nicht schmerzhaft und erscheint häufig sogar recht amüsant. Neben dem manifesten Inhalt gibt es dem *latenten* (verborgenen) Inhalt, die tatsächlichen Motive, die zum Ausdruck kommen wollen, die für uns aber so schmerzhaft oder unangenehm sind, daß wir ihre Existenz nicht anerkennen wollen. Der Therapeut versucht diese verborgenen Motive aufzudecken, indem er die Symbole, die im manifesten Trauminhalt erscheinen, untersucht.

Die unbewußte Umwandlung des emotional schmerzhaften latenten Trauminhalts in einen weniger schmerzhaften manifesten nennt man *Traumarbeit*. Traumarbeit entstellt den Trauminhalt auf verschiedene Weise, wodurch die darin ausgedrückten Motive für den Träumenden weniger offensichtlich werden. So kann ein Student, der Angst hat, eine Prüfung nicht zu bestehen und von der Hochschule verwiesen zu werden, träumen, daß er sich einen Weg durch einen starken Schneesturm bahnt, während er von wilden Tieren verfolgt wird. Weniger entstellt wäre ein Traum, in dem eine Frau, die Feindseligkeit gegen ihren Mann verspürt, davon träumt, eine Ratte zu töten, wobei die Bedeutung dieses Symbols von ihr im Wachzustand verdeutlicht wird, wenn sie von ihrem Gatten als „die kleine Ratte" berichtet.

Widerstandsanalyse

Während der freien Assoziation kann der Patient Widerstände zeigen, und zwar als Unfähigkeit oder Widerwillen, bestimmte Gedanken, Wünsche oder Erfahrungen zu besprechen. Widerstände verhindern das Bewußtwerden verdrängter Sachverhalte, deren Erinnerung Unbehagen bereitet, z.B. Inhalte, die mit dem Sexualleben oder mit feindlichen, beleidigenden Gefühlen gegen die Eltern zusammenhängen. Manchmal zeigt sich der Widerstand, wenn der Patient zu spät zum vereinbarten Termin kommt oder ihn sogar „vergißt". Werden solche Inhalte schließlich offen dargelegt, behauptet der Patient meistens, daß es zu unwichtig, zu absurd, nicht zur Sache gehörig oder zu unangenehm ist, um es zu besprechen.

Der Psychoanalytiker der Freudschen Schule mißt solchen Themen, die der Patient *nicht* diskutieren will, besondere Bedeutung bei. Solche Widerstände faßt man auf als *Schranken* zwischen dem Unbewußten, wo verdrängte Konflikte der psychischen Gesundheit schaden, und dem Bewußten, das rational vorgehen will. Sinn der Psychoanalyse ist, diese Widerstände abzubauen und den Patienten mit diesen schmerzhaften Gedanken, Wünschen und Erfahrungen zu konfrontieren. Der Abbau der Widerstände ist ein langer und schwieriger Prozeß, wird aber als unbedingt notwendig betrachtet, um das ganze Problem bewußt zu machen und damit lösen zu können.

Im Laufe der psychoanalytischen Behandlung entwickelt der Patient normalerweise eine emotionale Reaktion gegenüber dem Therapeuten, indem er ihn mit einer Person identifiziert, die im Mittelpunkt des früheren emotionalen Konflikts stand. Diese Phase der Therapie nennt man Übertragung. In den meisten Fällen wird der Analytiker mit einem Elternteil oder mit einem Geliebten identifiziert. Die Übertragung nennt man *positive Übertragung,* wenn die Gefühle für den Therapeuten solche der Liebe oder der Bewunderung sind, und *negative Übertragung,* wenn sie voll Feindschaft oder Neid sind. Häufig ist die Haltung des Patienten ambivalent, d. h. er hat sowohl positive als auch negative Gefühle für den Therapeuten, so wie es Kinder häufig gegenüber ihren Eltern erleben.

Die Behandlung der Übertragung ist für den Analytiker schwierig und gefährlich, da der Patient leicht zu kränken ist; aber sie stellt einen wichtigen Teil der Therapie dar. Der Therapeut hilft dem Patienten, die übertragenen Gefühle zu interpretieren und ihre Ursache in früheren Erfahrungen und Einstellungen zu suchen.

Es muß jedoch daran erinnert werden, daß der Therapeut kein perfekt programmierter objektiver Analysator dessen ist, was der Patient zum Ausdruck bringt. Obwohl der Therapeut versuchen wird, „emotional unvoreingenommen“ zu bleiben, wird er dennoch auf ganz persönliche Art auf die Probleme des Patienten eingehen. In dieser intensiven Zweierbeziehung, die sich notwendigerweise ergibt, wenn sich zwei Personen jahrelang bis zu 5mal in der Woche treffen, um persönliche Probleme zu diskutieren, ist es für den Analytiker schwierig, immer psychologisch neutral zu reagieren. Deswegen kann sich im weiteren Verlauf der Analyse auch *Gegenübertragung* einstellen. Bei der Gegenübertragung entwickelt der Therapeut aufgrund wahrgenommener Ähnlichkeit des Patienten zu bedeutungsvollen Personen in seinem eigenen Leben auf persönlicher Ebene positive oder negative Gefühle dem Patienten gegenüber. Wenn diese Gegenübertragung aufgearbeitet wird, können die Therapeuten u. U. eigene unbewußte Dynamiken aufdecken.

Wie wir in Kap. 11 gesehen haben, unterscheiden sich die Neofreudianer von Freud, weil sie der aktuellen sozialen Umgebung im Verhältnis zu den Kindheitserfahrungen relativ mehr Bedeutung beimessen. Der gleiche Unterschied erscheint auch in der neofreudianischen Therapie, die darauf abzielt, die gegenwärtige Situation des Patienten ebenso wie seine früheren Erfahrungen zu verstehen. Die meisten neofreudianischen Psychotherapeuten glauben denn auch, daß eine Heilung nicht einfach dadurch bewirkt wird, daß der Patient eher seine unbewußten Gefühle versteht, sondern sie gehen vielmehr davon aus, daß der Patient Anleitung braucht, wenn er von sich aus inadäquate „Arten der Anpassung“ ändern bzw. umbewerten will.

Freuds Betonung der verdrängten sexuellen Konflikte als grundlegende Basis für neurotisches Verhalten ist v. a. bei den jüngeren Neofreudianern in Frage gestellt worden. Viktorianische Zwänge und die allgemein akzeptierte religiöse Lehre von der Sünde erforderten eine Ableugnung der Sexualität zur Zeit Freuds, und so ist es nicht überraschend, daß die Unterdrückung der Sexualität ein allgemeines Problem seiner Patienten war. Aufgrund der starken Veränderungen unserer Einstellung zur Sexualität, wie sie seit einigen Jahren zu beobachten ist, wird sexuelle Unterdrückung immer seltener zur Ursache für emotionale Störungen als „existentielle Krisen“, Unfähigkeit, einen Sinn im Leben zu sehen, Gefühle der Hilflosigkeit und Unfähigkeit, mit raschen technologischen und sozialen Veränderungen Schritt zu halten.

Jung und Adler, ursprünglich Schüler Freuds, wandten sich 1911 von ihm ab und entwickelten ihre eigenen Auffassungen über Persönlichkeit, Pathologie und Therapie. Sie verwarfen Freuds Betonung der Vergangenheit, des Unbewußten, der Sexualität und der Aggression des Individuums. Jung argumentierte, daß es tiefere Bedeutungsebenen im Leben geben müsse als sexuelle Motivation und daß die Menschen nach mehr trachteten als der bloßen Befriedigung „grundlegender“ Bedürfnisse. Beide Wissenschaftler versuchten, das Individuum vollständiger in einen kulturellen Bezugsrahmen zu stellen, in dem es zu allen anderen Menschen durch allgemeine Mythen, archetypische Symbole (ursprüngliche Modelle oder Vorläufer von Grundsymbolen, aus denen sich wiederum andere herleiten) und das Leben in der Gemeinschaft in Beziehung stünde. Obwohl sowohl Adler als auch Jung die positiven Eigenschaften der Menschen betonten und sie in ihrem Zentralstreben nach Selbstverwirklichung erfaßten (bei Adler als Kompensation, bei Jung als Individuation), erscheint Adler insgesamt optimistischer, was die Erreichung dieses Zieles anbelangt. Für Adler waren die Menschen selbstbestimmte Wesen, die sowohl ihr Inneres als auch ihre äußere Umgebung formen können; diese Ansicht brachte ihm den Ruf, einer der ersten humanistischen Psychologen gewesen zu sein. Indem sie die Suche des Individuums nach dem Sinn des Lebens sowie die Auseinandersetzung des Patienten mit dem „Hier und Jetzt" und seinen zukünftigen Zielen in den Vordergrund stellten, sahen beide Theoretiker die Entwicklung der existentiellen Psychologie voraus. Tabelle 15.2 gibt einen Vergleich der Sichtweisen Freuds, Jungs und Adlers über wichtige Bestimmungsstücke psychodynamischer Therapie.

Bewertung der psychoanalytischen Therapie

Man hat die Psychoanalyse häufig wegen ihrer Verschlossenheit gegenüber Kritik und wegen mangelnder Überprüfbarkeit vieler Freudscher Konzepte und Hypothesen angegriffen. Verhaltenstherapeuten haben eingewandt, daß die gegenwärtigen Probleme des Patienten bei der Suche nach den vermutlich zugrundeliegenden Ursachen offensichtlich übersehen werden. Sie behaupten, daß das gegenwärtige Symptom auch das Problem ist. Mit welchem Recht, so fragen sie, kann der Psychoanalytiker bestimmen, was das „wirkliche" Problem des Patienten sei, während er das Problem, das der Patient behandelt haben will, beiseite schiebt.
Weiterhin ist die Psychoanalyse vom praktischen Standpunkt aus kritisiert worden, weil sie zuviel Zeit und Geld vom Patienten verlange. Die Psychoanalyse will eine grundlegende und andauernde Persönlichkeitsveränderung bewirken, ein Ziel, das in der Regel mindestens 2–3 Jahre lang regelmäßige Sitzungen mit dem Analytiker erfordert. Auch wenn es sich der Patient leisten kann, die nötige Zeit und das Geld für eine vollständige analytische Behandlung aufzu-

bringen, sind die Ergebnisse nicht immer zufriedenstellend. Da der Erfolg der Psychoanalyse stark davon abhängt, ob der Patient eine tiefe persönliche Einsicht gewinnt, ist sie am besten geeignet für Leute mit überdurchschnittlicher Intelligenz und nicht zu starken Störungen wie z.B. Schizophrenie. Sie ist weiterhin auf diejenigen zugeschnitten, die sprachlich begabt sind, sich selbst beobachten können und mit denen der Analytiker eine lange Zeit hindurch eine enge Beziehung aufrechterhalten kann.
Indem instinktive biologische Antriebe betont werden, macht die psychodynamische Sichtweise das Individuum zum Opfer seiner unbezwingbaren inneren Kräfte. Ehe diese angeborenen Tendenzen vom Individuum nicht überwunden sind, ist es ihm unmöglich, frei über sich selbst zu bestimmen. Aber es gibt eine andere Sichtweise, der zufolge wir der Verwirklichung menschlicher Leistungsfähigkeit und Intaktheit näher kommen könnten. Irrationales Verhalten wird dabei entweder als das Produkt falschen Lernens angesehen oder als das Nichtbeachten innerer Anleitung, die den Weg sowohl zu geistiger Erfüllung als auch zur Befriedigung sinnlichen Verlangens aufweist.

Behavioristich orientierte Therapie

Dem behavioristischen Ansatz zufolge ist die Krankheit beobachtbares *Verhalten* und nicht etwas, das es innerhalb des Nervensystems, in frei flottierenden verdrängten Konflikten oder im unersättlichen und unbeobachtbaren Es gibt. Gemäß dieser Sichtweise kann funktionale Geisteskrankheit am ehesten verstanden werden als pathologisches Verhalten, das verändert werden kann, wenn die Stimulusbedingungen, die dieses Verhalten aufrechterhalten, herausgefunden und modifiziert werden.
Ebenso wie der psychodynamische Ansatz teilweise eine Reaktion auf das 19. Jahrhundert mit seiner Betonung von Verstand, strukturellen Mechanismen und Willenskraft war, stellte der Behaviorismus eine Zurückweisung der vorherrschenden Auffassung dar, daß der goldene Weg der Psychologie die „introspektive Analyse des Bewußtseins" sein müsse. Aus früheren Kapiteln wissen wir, daß der Behaviorismus einen Ansatz darstellt, der pragmatisch, empi-

Tabelle 15.2. Vergleich einiger Konzepte von Freud, Jung und Adler

	Freud	Jung	Adler
Einsicht	Von zentraler Bedeutung, um unbewußte Motivation zu verstehen. Bezieht sich normalerweise auf verdrängte Erinnerungen an Konflikte während der frühen psychosexuellen Entwicklung und deren Auswirkungen auf gegenwärtige Beziehungen	Führt nur zum Verständnis des persönlichen Unbewußten und ist damit für die Heilung von Neurosen unerheblich. Das kollektive Unbewußte kann ausschließlich durch die Erforschung von Symbolen in Träumen, Phantasien usw. des Patienten verstanden werden	Die Betonung der Einsichtsgewinnung kann eine Strategie sein, um Veränderungen zu vermeiden. Einsicht wird redefiniert als „in konstruktives Handeln übersetztes Verständnis" (Mosak u. Dreikurs 1973, S. 59)
Freie Assoziation	Zentrales Verfahren der Psychoanalyse zur Erforschung des Unbewußten	Wird nicht in vertikaler Richtung im Sinne der Erforschung verdrängter Inhalte des Unbewußten verwendet, sondern in horizontaler Richtung, um Assoziationen zu untersuchen, die für Träume und Phantasiebilder spezifisch sind	Freuds Konzepte der Verdrängung und des Unbewußten werden abgelehnt; damit wird die freie Assoziation überflüssig
Träume	Träume sind der Versuch, verbotene Befriedigungen zu erlangen und werden als Wunscherfüllung im Dienste des Es angesehen. Mit Hilfe von freien Assoziationen kann der Analytiker dem Patienten den latenten Inhalt interpretieren und so das Unbewußte bewußt machen	Wie alle anderen Produkte des Unbewußten ist der Traum eine symbolische Botschaft, der den Weg zu künftigem Wachstum weist. Er ist kreativer und heilender Aspekt des Unbewußten, der den Zugang zur Ganzheit aufweist	Der Traum ist zukunftsorientiertes Problemlöseverhalten – eine Übung zukünftig möglicher Handlungsabläufe in Relation zu gegenwärtigen Problemen. Er ist gleichzeitig Reflexion des individuellen Lebensstils
Widerstand	Ein wesentliches Konzept der Psychoanalyse, das sich allgemein auf alles bezieht, was gegen Fortschritte in der Therapie arbeitet. Im speziellen Fall meint es die aktive Weigerung des Patienten, verdrängtes Material anzusprechen	Das Vorliegen von Widerstand wird zwar erkannt, er wird aber als typisch für die menschliche Natur angesehen und dient damit auch nicht als Anlaß zur Interpretation irgendeiner zugrundeliegenden Dynamik	Widerstände tauchen auf, wenn die Ziele des Patienten nicht mit denen des Therapeuten übereinstimmen. Sie werden nicht analysiert, um verdrängtes Material aufzudecken, sondern um die Therapieziele neu auszurichten
Übertragung	Wird als emotionale Reaktion gegenüber dem Therapeuten oder anderen Individuen angesehen, die sich an der Art der frühkindlichen Beziehung zu den eigenen Eltern orientiert. Das Durcharbeiten (d. h. das Bewußtmachen) der Übertragung und der Widerstände bedeuten das Kernstück der Freudschen Analyse	Es gibt 2 Ebenen der Übertragung: a) Persönlich – ähnlich dem Freudschen Konzept werden Eigenschaften wichtiger Personen der Vergangenheit auf den Therapeuten projiziert. b) Überpersönlich – im Sinne archetypischer Projektionen wird der Analytiker als omnipotent angesehen. Steht nicht im Zentrum des therapeutischen Geschehens, hat aber einige Bedeutung	Wird als Zieldiskrepanz zwischen Patient und Therapeut angesehen, als Resultat inadäquaten Lernens. Aus langfristigen Interaktionen mit den Eltern und anderen Autoritätspersonen hat sich der Patient (vielleicht unbewußt) ein „Skript" konstruiert, demgemäß er von den anderen ganz bestimmte Reaktionsweisen erwartet. Der Analytiker sollte sich weigern, diesem Skript zu entsprechen

risch und forschungsorientiert ist. Abgeleitete Konzepte, wie das vom Unbewußten, werden verworfen, weil sie empirischer Verifikation nicht zugänglich sind. Die zentrale Aufgabe aller lebenden Organismen besteht darin zu *lernen*, sich der jeweiligen Umgebung anzupassen. Deswegen wurden die Lerntheorien als Grundlage zur Untersuchung des Verhaltens herangezogen. Wenn Organismen es nicht gelernt haben, den Anforderungen ihrer sozialen und physikalischen Umgebung gerecht zu werden, so glaubt man, ihre schlecht angepaßten Reaktionen mit einer Therapie überwinden zu können, die auf Prinzipien des Lernens bzw. Wiederlernens basiert.

Diese verschiedenen Therapiearten werden oft gemeinsam als *behavioristisch* oder *handlungsorientiert* bezeichnet, indem sie alle den therapeutischen Nutzen des „Handelns" anstatt des bloßen „Darüberredens" in den Vordergrund stellen. Mit anderen Worten, diese Ansätze behaupten alle, daß das gezeigte Verhalten wichtig ist und nicht einfach ein intellektuelles Verstehen der Beweggründe des eigenen Verhaltens. Nicht zugrundeliegende Triebe determinieren das Verhalten, sondern die vorangegangene Lerngeschichte des Individuums sowie seine gegenwärtige Umgebung. Soziale Lerntheoretiker würden diese Aussage insoweit modifizieren, als sie die individuelle Wahrnehmung der Umgebung und andere kognitive Faktoren (Erwartungen, Werte, Ziele usw.) mit einbeziehen. Dieser Standpunkt wurde „weicher" Determinismus genannt, in dem dem Organismus ein gewisses Ausmaß an Kontrolle über das Verhalten zugeschrieben wird.

Geringfügige Abweichungen innerhalb der behavioristischen Therapien spiegeln die unterschiedliche Bedeutung wider, die emotionalem Lernen, offener Verstärkung und offener Reaktion, dem Einsatz von sozialen Modellen für angemessenes Verhalten, stellvertretendem Lernen durch die Beobachtung anderer usw. beigemessen wird.

Verhaltensmodifikation ist der Begriff, der normalerweise für operante Konditionierungsweisen verwendet wird; hier liegt die Betonung auf der Verhaltensbeobachtung und kontingenter Verstärkung. Wir werden diese Vorgehensweisen als *Münzökonomien* in institutionellen Einrichtungen kennenlernen. Die therapeutische Anwendung der sozialen Lerntheorien wird oft als *Modeling* oder *soziales Lernen* bezeichnet. Trotz gewisser Unterschiede gehen alle Formen behavioristischer Therapien davon aus, daß das „Problem" unerwünschten oder unangepaßten Verhaltens nicht auf irrationale Motive, Sünden oder auf Krankheitszustände zurückzuführen ist, sondern einfach auf unangemessenes Lernen.

Verhaltenstherapeuten behaupten, daß abnormes Verhalten auf die gleiche Weise entsteht wie normales Verhalten, nämlich durch einen Lernprozeß. Sie meinen, daß jedes pathologische Verhalten – außer bei bestehender organischer Ursache – am besten verstanden und behandelt werden kann im Sinne von „abnormen" Verstärkungsbedingungen, die zufällig mit dem gezeigten Verhalten assoziiert worden sind. Behandlung ist nötig, weil ein solches Verhalten dem Betroffenen mehr Unannehmlichkeiten als Vergnügen bereitet oder weil es für ihn selbst oder andere bedrohlich ist. Typisch für diese Behandlung ist also, daß sie direkt auf die Modifikation des *Verhaltens* abzielt und nicht auf etwas innerhalb des Individuums. Aufgrund dieser Sichtweise bevorzugen viele Verhaltenstherapeuten den Begriff „Klienten" anstelle von „Patienten" für die Leute, die sie behandeln.

Löschung

Der einfachste Weg, um unerwünschtes Verhalten zu beseitigen, ist manchmal, jede Art von Verstärkung zu unterlassen. Dadurch wird das Verhalten seltener und verschwindet schließlich ganz. Löschung ist in den Situationen therapeutisch sinnvoll, wo unerwünschtes Verhalten tatsächlich unbewußt verstärkt worden ist: Solche Situationen scheinen im Alltagsleben ziemlich häufig zu sein. Zum Beispiel verstärken Erwachsene manchmal unabsichtlich unerwünschtes Verhalten ihrer Kinder, wie z.B. Wutausbrüche, indem sie ihnen dafür besondere Aufmerksamkeit widmen.

Warum tut jemand immer wieder etwas, das ihm in der Folge Kummer und Schmerz bereitet, wenn er eigentlich auch etwas anderes tun könnte? Viele Verhaltensweisen (oder Symptome) haben mehrere Konsequenzen – z.T. negative, z.T. positive. Häufig halten subtile positive Verstärkungen das Verhalten aufrecht trotz offensichtlich negativer Konsequenz. Das ist häufig bei Stotterern der Fall, indem die starke Spannung, Irritiertheit und Unbehaglichkeit, die das Stottern auslöst, z. T. wieder durch Aufmerksamkeit, Verständnis und fertige Entschuldigungen für Fehler oder Ablehnung, die durch das Stottern bedingt sind, ausgeglichen wird.

Klinische Psychologen wissen seit langem, daß solche *sekundären Gewinne* unangepaßtes Verhalten begleiten und auch aufrechterhalten. Viele Therapeuten glauben allerdings, daß solche Gewinne erst aufgegeben werden, wenn das verursachende Problem geheilt ist und sie nicht mehr benötigt werden. Im Gegensatz dazu glauben Verhaltenstherapeuten, daß das unangepaßte Verhalten das ganze Problem ist und daß man nur die Verstärkungskontingenzen ändern muß.

Unbeabsichtigte Verstärkung hält erwiesenermaßen auch psychotisches Verhalten aufrecht oder fördert es sogar. Typisch für das Pflegepersonal der Nervenkliniken ist es, die Patienten häufig zu fragen, wie sie sich fühlen. Dadurch kann für den Patienten der Eindruck entstehen, daß „richtiges" Verhalten dann vorhanden ist, wenn man über seine Gefühle, ungewöhnliche Symptome, Halluzinationen usw. nachdenkt und spricht. Tatsache ist: Je seltsamer die Symptome und Äußerungen des Patienten sind, um so mehr Aufmerksamkeit wird ihm vom Personal zuteil, wenn auch in der Absicht, die „Dynamik" dieses Falles zu verstehen (Ayllon u. Michael 1959). Ein Patient, der von einem der Autoren während eines Interviews gefragt wurde, ob es noch irgend etwas gäbe, was ihn „quäle", antwortete: „Sie meinen *Halluzinationen* oder *Sublimationen?"*.

So schwierig es auch sein mag: Die gutmeinenden Pfleger, Lehrer und Verwandten und Freunde, die jeweils die Verstärkung für unangepaßtes Verhalten liefern, müssen statt dessen versuchen, solches Verhalten zu löschen. Es erfordert ein beträchtliches Maß an Zurückhaltung, sich nicht einzumischen, wenn ein Raufbold angreift, oder nicht zu erschrecken, wenn ein Kind bereit zu sein scheint, sich selbst zu verstümmeln; aber diese Methode „funktioniert".

Die Löschung unerwünschten Verhaltens wird typischerweise in Verbindung mit positiver Verstärkung für Reaktionen, die der Therapeut für angemessen hält, verbunden. Auf die Techniken der positiven Verstärkung wird später noch genauer eingegangen; ebenfalls auf das Problem, wer entscheiden kann, welches Verhalten auf welcher Grundlage „angemessen" ist.

Desensibilisierung

Es ist schwierig, gleichzeitig glücklich und traurig oder entspannt und ängstlich zu sein. Diese Tatsache wird therapeutisch bei der Technik der *reziproken Hemmung* angewandt, die hauptsächlich von Wolpe (1958, 1969) entwickelt wurde. Eine Art der reziproken Hemmung ist die *Desensibilisierung*. Da Angst vermutlich als Hauptursache für die Unfähigkeit anzusehen ist, positive Ziele zu erreichen und an negative fixiert zu bleiben, wird dem Patienten beigebracht, der Angsterregung durch Entspannung zuvorzukommen.

Desensibilisierung beginnt mit der Zusammenstellung der Reize, die beim Patienten Angst hervorrufen. Diese Reizsituationen werden dann in eine Hierarchie gebracht, von der schwächsten zur stärksten. Als nächstes folgt für den Patienten ein Entspannungstraining im Sinne einer progressiven tiefen Muskelentspannung. Dieses erfordert mehrere Sitzungen; Hypnose oder Drogen können eingesetzt werden, um angespannten Patienten das Erreichen einer vollständigen Entspannung zu erleichtern.

Schließlich beginnt die eigentliche Desensibilisierung. Wenn der Patient in einem entspannten Zustand ist, soll er sich so lebhaft wie möglich den schwächsten Angstreiz der Hierarchie vorstellen. Sobald er die geringste Angst fühlt, unterbricht er die Vorstellung und konzentriert sich wieder auf die Entspannung. Wenn er sich den schwächsten Reiz ohne Unbehagen vorstellen kann, geht er zum nächst stärkeren über. Nach einigen Sitzungen kann er sich schließlich die schlimmsten Situationen der Hierarchie ohne Angst vorstellen, auch jene, die er früher nicht ertragen konnte. Diese Technik muß sehr vorsichtig gehandhabt werden, damit während der allmählichen Annäherung an den „nicht ausdenkbaren" Stimulus keine Angst ausgelöst wird. Sobald Angst auftritt, bricht der Therapeut die gedankliche Vorstellung ab, der Patient entspannt sich wieder, und es wird bei einem schwächeren Reiz erneut begonnen.

Wie bei anderen Konditionierungen gilt auch hier: Ist die Angst einmal vor einem bestimmten

Reiz durch die Koppelung jenes Reizes mit Entspannung gelöscht, so tritt eine *Generalisierung* dieser Hemmung auf ähnliche Stimuli ein, also auch auf den nächststärkeren Stimulus in der Hierarchie.

Die Desensibilisierung wirkt also sowohl direkt, indem sie die Angst vor einem bestimmten Stimulus durch Entspannung reduziert, als auch indirekt durch Generalisierung der Angstreduktion auf ähnliche Stimuli.

Desensibilisierung eignet sich sehr gut für die Behandlung von bestimmten phobischen Reaktionen, die durch die Erleichterung aufrechterhalten werden, die bei der Vermeidung des angstauslösenden Stimulus erfahren wird. Umfangreiche Untersuchungen liegen von Therapien bei Schlangenphobien vor. Es mag seltsam erscheinen, daß therapeutisch überwundene Angstreaktionen auf den *Gedanken* an eine Schlange auch auf Situationen übertragen werden, in denen der Patient wirklich mit einer Schlange konfrontiert wird. Es ist aber bewiesen, daß sich diese therapeutischen Wirkungen auf reale Lebenssituationen übertragen. Klienten, die wegen ihrer Schlangenphobie behandelt wurden, zeigen signifikant weniger Angst, wenn sie sich lebendigen, ungiftigen Schlangen nähern oder sie aufheben sollen.

Diese Methode ist von traditionellen Psychotherapeuten angegriffen worden: Sie behandle nur die oberflächlichen Symptome, die dem Patienten zur Anpassung dienten; nähme man ihm auch noch diese, entstünde noch mehr Angst. Sie wurde damit verglichen, daß man mit dem Verdrehen einer Wetterfahne nicht die Windrichtung ändern oder mit dem Verändern eines Thermometers nicht die Temperatur regulieren könne.

Aufgrund der vorliegenden Daten sind die Bedenken, daß die Beseitigung des einen Symptoms zum Auftreten eines anderen führt, das dessen Funktion übernimmt, *nicht* gerechtfertigt. Es scheint eher, daß die Beseitigung des Symptoms das Selbstvertrauen des Klienten steigert (er erkennt sich als jemand, der Angst überwinden und mit Problemen fertig werden kann) und sogar eine positive Wirkung auf andere unangepaßte, aber nicht behandelte Reaktionen haben kann (Grossberg 1964). Tabelle 15.3 zeigt Unterschiede zwischen der dynamischen und der Verhaltenstherapie auf, wie sie von 2 Verhaltenstherapeuten gesehen werden.

Desensibilisierungstechniken wurden bisher bei einer Reihe von menschlichen Problemen erfolgreich angewendet, u. a. auch bei generalisierten Ängsten wie Prüfungsangst, Lampenfieber, Akrophobie (Höhenangst), Agoraphobie (Angst vor großen Plätzen), Klaustrophobie (Angst vor geschlossenen Räumen), Impotenz und Frigidität (Paul 1969).

Reizüberflutung

Eine andere, gegenwärtig verbreitete Methode der Lösung ist die *Implosivtherapie,* bei der mit allen Mitteln versucht wird, in dem Patienten so viel Angst wie möglich zu erzeugen. Auch Implosivtherapeuten betrachten neurotisches Verhalten als eine konditionierte Vermeidungsreaktion der angsterregenden Stimuli; aber sie glauben, daß Angst niemals gelöscht wird, wenn es dem Klienten ermöglicht wird, den angsterzeugenden Stimulus zu vermeiden, da dann ja auch keine Veranlassung dazu besteht (Stampfl u. Levis 1967).

Diese Begründung veranschaulicht der bekannte Witz von einem Mann, der immer umherging und dabei mit den Fingern schnalzte. Auf die Frage, warum er dies tue, antwortete er, daß er dadurch die Tiger fernhielte. Sagte man ihm, daß es in diesem Teil des Landes keine Tiger gäbe, rief er glücklich aus: „Es hilft tatsächlich!". Offensichtlich ist ein derartiges Verhalten löschungsresistent, da es seine eigenen Verstärkungsbedingungen setzt.

Um irrationale Furcht am wirksamsten zu löschen, glauben Implosivtherapeuten, daß für den Patienten das Erlebnis seiner vollen Angst notwendig sei, ohne dabei aber irgendeinen Schaden zu erleiden. Die therapeutische Situation ist so aufgebaut, daß der gefürchtete Reiz unter Bedingungen auftritt, bei denen der Patient nicht fortlaufen kann. Der Therapeut beschreibt möglichst drastisch eine äußerst angstvolle Situation, die sich auf die Angst des Patienten bezieht. Er verlangt vom Patienten, sich selbst darin vorzustellen und provoziert ihn, diese Vorstellung möglichst intensiv zu gestalten. Man nimmt an, daß sich dadurch die eintretende Panik explosionsartig entlädt. Da diese „Entladung" innerlich ist, wird sie *Implosion* genannt; daher stammt der Begriff *Implosivtherapie* (der im Deutschen eingebürgerte Aus-

Tabelle 15.3. Vergleich zwischen dynamischer und Verhaltenstherapie. (Nach Eysenck u. Rachmann 1965)

Dynamische Therapie	Verhaltenstherapie
1. Basiert auf widerspruchsvoller Theorie, die nie präzise formuliert worden ist	1. Basiert auf folgerichtiger, sauber formulierter Theorie, die zu überprüfbaren Ableitungen führt
2. Leitet sich aus klinischer Beobachtung her – ohne Kontrollbeobachtungen oder -experimente	2. Leitet sich aus experimentellen Untersuchungen her, die speziell zur Überprüfung der zugrundeliegenden Theorien und deren Folgerungen durchgeführt wurden
3. Betrachtet Symptome als sichtbares Ergebnis unbewußter Ursachen („Komplexe")	3. Betrachtet Symptome als unangepaßte, konditionierte Reaktionen
4. Betrachtet Symptome als Zeichen von Verdrängung	4. Betrachtet Symptome als Zeichen für fehlerhaftes Lernen
5. Glaubt, daß die Symptomatik durch Abwehrmechanismen bestimmt wird	5. Glaubt, daß die Symptomatik durch individuelle Differenzen und zufällige äußere Umstände bestimmt wird
6. Jede Behandlung neurotischer Störungen muß historisch orientiert sein	6. Jede Behandlung neurotischer Störungen befaßt sich mit Verhaltensweisen, die gegenwärtig vorhanden sind; die historische Entwicklung ist weitgehend uninteressant
7. Heilungen werden erreicht, wenn man die zugrundeliegende (unbewußte) Dynamik behandelt und nicht nur das Symptom selbst	7. Heilungen werden durch die Behandlung des Symptoms selbst erreicht; d.h. durch Löschung der unangepaßten konditionierten Reaktion und durch Aufbau erwünschter konditionierter Reaktionen
8. Interpretation der Symptome, Träume, Handlungen usw. ist ein wichtiger Bestandteil der Behandlung	8. Interpretation, auch wenn sie nicht ganz subjektiv und fehlerhaft ist, ist irrelevant
9. Symptombehandlung führt zum Auftreten neuer Symptome	9. Symptombehandlung führt zu andauernder Heilung, vorausgesetzt, daß sowohl vegetative als auch muskuläre konditionierte Reaktionen gelöscht werden
10. Übertragungsbeziehungen sind wesentlich bei der Heilung neurotischer Störungen	10. Persönliche Beziehungen sind nicht wesentlich für die Heilung neurotischer Störungen, obwohl sie unter gewissen Umständen nützlich sein können

druck heißt: „Reizüberflutung"). Wird dies häufiger wiederholt, ohne daß der Patient Schaden erleidet, verliert der Reiz seine angstauslösende Kraft. Wenn keine Angst mehr auftritt, verschwindet das neurotische Vermeidungsverhalten, mit anderen Worten, es tritt eine Löschung ein.

Bei der Implosivtherapie beginnt man nicht mit der Vorstellung schwächerer Angstreize bis hin zu den stärksten, um die Entstehung der Angst von Anfang an zu verhindern, sondern der Patient muß sich die schrecklichste Szene, die er heraufbeschwören kann, so lebhaft wie möglich vorstellen. Diese Verfahrensweise und ihr Gegensatz zur Desensibilisierung wird am Beispiel von 10 Frauen mit Schlangenphobie deutlich.

(Versuchen Sie ebenfalls, sich die Szenen vorzustellen, die dabei provoziert wurden):

Es wurden sehr angstregende Szenen mit Schlangen beschrieben, und die Probanden sollten sich diese Szene so lebendig wie möglich mit allen ihren Sinnen vorstellen: „Stellen Sie sich vor, von einer mannsgroßen Schlange angegriffen zu werden; eine glitschige Schlange, die sich über Ihren ganzen Körper windet, die Sie langsam erwürgt. Die Schlange befindet sich in Ihrem Magen und beißt dort unerbittlich um sich." *In Abständen werden die Probanden daran erinnert, daß ihnen tatsächlich nichts geschieht. Nach einer einzigen 45minütigen Sitzung konnten 7 von 10 Probanden eine Schlange aufheben* (Hogan u. Kirschner 1968).

Aversionstherapie

Es gibt einige Verhaltensstörungen, die dem Individuum unmittelbaren Genuß verschaffen, auf lange Sicht jedoch negative Konsequenzen für die Gesundheit oder für die Befriedigung anderer Bedürfnisse zur Folge haben (Rauchen, Trinken, Glücksspiel, Drogenmißbrauch). Oder es kommt vor, daß ein bestimmter Stimulus konditionierte Reaktionen auslöst, die dem Individuum unerwünscht sind, wie z. B. homosexuelle Erregung. Die erfolgversprechendsten Behandlungsformen solcher Störungen beinhalten die Verwendung von aversiver Stimulation bzw. Bestrafung.

Wie wir in Kap. 5 gesehen haben, gibt es zahlreiche interagierende Variablen, die den Lernvorgang bei aversiver Stimulation beeinflussen. Dauer und Kontingenzen der aversiven Stimuli sind dabei sehr wichtig, ebenso ihre Vorhersagbarkeit, der Kontext ihres Auftretens und ob sie mit auslösenden Stimuli gekoppelt sind (respondentes Konditionieren) oder eine Verhaltenskonsequenz darstellen (instrumentelles Konditionieren).

Aversive instrumentelle Konditionierung wurde erfolgreich bei der Behandlung von Stotterern verwendet.

Stotterer wurden instruiert, ungefähr eine Stunde lang laut zu lesen, um Ausgangsdaten für das Stottern zu erhalten. Dann sollten sie sehr langsam lesen, erhielten aber jedesmal, wenn sie stotterten, ein verzögertes akustisches Feedback ihrer eigenen Stimme, was für jemanden, der gerade spricht, sehr unangenehm ist. Sobald der Patient langsam und ohne Stottern lesen konnte, wurde seine Lesegeschwindigkeit allmählich gesteigert und das verzögerte Feedback allmählich ausgeblendet. Ein Stotterer las in der 70. Sitzung schneller als in der Ausgangsposition vor Beginn der Therapie, und er stotterte bei weniger als einem Wort/min gegenüber 15 Wörtern/min bei Beginn der Therapie. Ein anderer Stotterer, dessen Training auf eine Woche zusammengedrängt werden mußte, zeigte sogar noch bessere Ergebnisse: die ursprüngliche Lesegeschwindigkeit wurde mehr als verdoppelt, ohne daß er dabei einmal stotterte (Goldiamond 1965).

Um den „Aufforderungscharakter" von Auslösereizen für abweichende Wünsche und Verhaltensweisen zu modifizieren, werden Verfahren zur Gegenkonditionierung angewendet. Stimuli, die unerwünschte Reaktionen auslösen, werden gleichzeitig mit unangenehmen Stimuli wie Elektroschock oder übelkeiterregenden Medikamenten gekoppelt. Das therapeutische Ergebnis mißt man an der abklingenden Wirkung des auslösenden Stimulus, eine unerwünschte konditionierte Reaktion im physiologischen Bereich oder im Verhalten hervorzurufen.

Die Behandlung eines Transvestiten mit dieser Methode begann mit der Registrierung der sexuellen Erregung des Patienten, gemessen an der Häufigkeit und Dauer der Erektion. Eine Erregung zeigte sich nicht nur bei Fotos von nackten Frauen, sondern auch beim Anblick seiner weiblichen Kleidungsstücke, die er in bestimmten Situationen und Freundeskreisen trug. Jedes einzelne Kleidungsstück wurde sukzessiv mit einem schmerzhaften Elektroschock gekoppelt. Nach der 15. Sitzung löste kein einziges Kleidungsstück mehr eine Erektion aus, aber die entsprechende heterosexuelle Reaktion auf den Körper einer Frau, die nicht gegenkonditioniert wurde, erzeugte noch sexuelle Erregung (Marks u. Gelder 1967).

Aversive Gegenkonditionierung bei Alkoholikern führte in einigen Fällen zu beachtlichem Erfolg. Ein Forscher berichtete von völliger Abstinenz bei 25 von 26 Klienten, 8–15 Monate nach der Gegenkonditionierung (Blake 1967). Andere Untersuchungen zur aversiven Konditionierung bei Alkoholikern, aber auch bei starken Rauchern, zeigten dagegen nur gemischten Erfolg. Ein offensichtliches Problem, das die klinische Wirksamkeit der Aversionstherapie einschränkt, liegt darin, daß die Betroffenen zu leicht zwischen der „gefährlichen" Therapiesituation im Labor und den Situationen außerhalb diskriminieren können, wo sie „ungefährdet" trinken, spielen und sich gehenlassen können. Man kann sogar behaupten, daß diese aversiven Techniken bei Rauchern Angst verursachen, die durch die Erleichterung beim Rauchen außerhalb der Behandlungssituation verstärkt wird.

Ein weiteres Problem bei der Anwendung der Aversionstherapie besteht darin, den Klienten zu motivieren, daß er sich ihr freiwillig unterzieht (und sogar dafür bezahlt, daß er gepeinigt wird). Die Aversionstherapie ermutigt den Klienten nicht gerade, sie bereitwillig über sich ergehen zu lassen und mit dem Wunsch nach Fortsetzung wiederzukommen. Insbesondere wenn der kurzfristige Nutzen der „schlechten Angewohnheit" sehr groß ist, wird das Bedürfnis nach Bestrafung nicht sehr ausgeprägt sein, solange der Klient sich nicht mit den langfristigen Konsequenzen des negativen Verhaltens auseinandersetzen muß. Diese „Auseinandersetzung" beinhaltet Erziehung, Indoktrination und manchmal massive Propaganda. Weiterhin arbeiten jene Teile der Gesellschaft diesem Ziel entgegen, die von „schlechten Angewohnheiten" ihrer Kundschaft profitieren, etwa die Alkohol- und Tabakindustrie.

Positive Verstärkung

Der systematische Einsatz positiver Verstärkung für erwünschte Reaktionen erwies sich in Schulen, Strafanstalten, Nervenkrankenhäusern und vielen anderen Einrichtungen als erfolgreich.

Sogar Patienten, die jahrelang vollständig stumm waren, obwohl sie vom Organischen her hätten sprechen können, konnten mittels operanter Techniken das Sprechen wieder einüben (Isaacs et al. 1960).

In einer solchen Untersuchung konnte bei einem Patienten mit Geldmünzen oder dadurch, daß man für ihn Briefe schrieb, wenn er dafür „sprechen" würde, erreicht werden, daß er allmählich einfache Laute formte. Das weitere Training führte nach und nach zu vollständigen Wörtern und schließlich zu Sätzen. Nach 16 Sitzungen generalisierte sich das Sprechverhalten des Patienten vom Labor auf sein Verhalten auf der Station: Zum ersten Mal nach 2 Jahren sprach er wieder zu einem Pfleger. Da auch die Pfleger in den Verstärkungstechniken unterwiesen waren, konnten sie sich an der weiteren Behandlung beteiligen, und schließlich konnte der Patient wieder vollständig sprechen (Sherman 1963).

Beeindruckende Erfolge konnten mit den operanten Konditionierungstechniken bei Verhaltensproblemen psychisch gestörter Kinder erzielt werden. Ein Beispiel dafür ist der folgende Fall (vgl. auch Abb. 15.3):

Der Patient war ein 3jähriger Junge, der mit der Diagnose einer kindlichen Schizophrenie eingewiesen worden war. Das Kind aß nicht normal und zeigte auch im sozialen und verbalen Bereich starke Auffälligkeiten. Es neigte zu wilden Anfällen mit Selbstaggression, stieß dabei seinen Kopf an Gegenstände, ohrfeigte sich, zog sich an den Haaren und zerkratzte sich das Gesicht. Es hatte eine Operation des grauen Stars hinter sich, und es war für die Entwicklung einer normalen Sehfähigkeit notwendig, daß es eine Brille trug. Es weigerte sich jedoch, sie zu tragen und zerbrach eine nach der anderen.
Um dieses Problem zu lösen, setzten die Psychologen die Methode der Verhaltensformung ein ("shaping"). Ein Pfleger arbeitete täglich 2- bis 3mal 20 min lang mit dem Kind. Zuerst brachte er dem Kind bei, ein Stückchen Süßigkeit oder Obst beim Klicken eines Spielzeuginstruments zu erwarten. Das Klickgeräusch

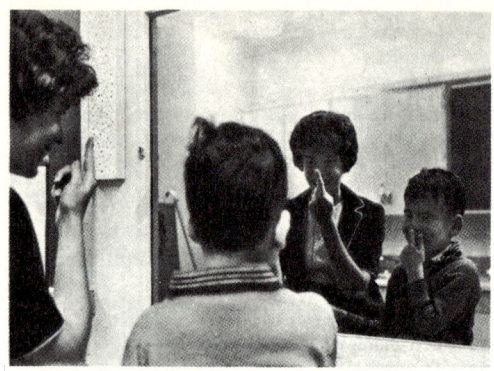

Abb. 15.3. Verstärkungstherapie eines als retardiert diagnostizierten Jungen: Billie, der mit 7 Jahren noch nicht sprechen konnte und seinen Eltern durch Tobsuchtsanfälle (plötzliche heftige Gewalttätigkeiten, Mit-dem-Kopf-gegen-die-Wand-Schlagen) das Leben zur Hölle machte, absolviert eine der ersten Imitationsübungen *(oben)*. Für soziale Interaktionen erhalten Billie und ein anderer Junge unmittelbare Nahrungsverstärkung *(unten)*. Nach einigen Monaten konnte Billie zu Haus wohnen und eine Sonderschule besuchen; 2 Jahre später beherrschte er den Lesestoff und das Rechnen der 1. Schuljahrs, war ausgeglichener, wenngleich seine Sprache oft noch unklar war und er auch zu Haus noch Probleme hatte. (Fotos von Allan Grant)

wurde bald ein positiver Verstärker. Dann begann das Training mit einem leeren Brillengestell. Zuerst wurde verstärkt, wenn das Kind den Rahmen anfaßte, dann, wenn es ihn hielt, dann, wenn es ihn herumtrug. Schließlich wurde jeder Schritt sukzessiver Annäherung des Gestells an die Augen verstärkt, bis es nach ein paar Wochen den Rahmen irgendwie auf den Kopf setzte und ihn endlich richtig trug. Durch weiteres Training lernte das Kind, die Brille bis zu 12 h täglich zu tragen (Wolf et al. 1964).

Operante Verstärkung wurde auch erfolgreich benutzt, um regredierte chronische Psychotiker allmählich wieder reaktionswilliger und dadurch für eine Behandlung aufnahmefähiger zu machen (Skinner et al. 1954).

Modellernen

Positive Verstärkung allein kann ausreichen, um bereits vorhandenes Verhalten zu forcieren; es kann aber eine langwierige, umständliche Technik sein, wenn normales Verhalten erlernt werden muß. Neue Reaktionen, besonders komplexer Art, können leichter erworben werden, wenn der Patient ein Modell beobachten und dieses nachahmen kann. Nachahmung wird häufig mit positiver Verstärkung kombiniert.

In einem Therapieprogramm wurden schizophrene Kinder wegen ihrer Stummheit erstmalig mit mehreren Methoden behandelt, u. a. auch mit Verstärkung und Nachahmung. Zuerst wurden die Kinder belohnt, wenn sie überhaupt einen Ton von sich gaben. Später wurden sie für Lautäußerungen nur dann belohnt, wenn der Tonfall dem „Modellton" des Therapeuten ähnlich war. Wenn die Kinder gelernt hatten, Laute zu imitieren, wurden Belohnungen nur noch für Worte, die dem Therapeuten nachgesprochen wurden, verteilt. Durch den Aufbau eines immer größer werdenden Repertoires an verbalen Verhaltensweisen und durch die wachsende Imitationsbereitschaft wurden schließlich immer schwierigere kommunikative und soziale Verhaltensweisen eingeführt (Lovaas 1968).

Dieses Verfahren erfordert ein beträchtliches Maß an Geduld und Sorgfalt von seiten des Therapeuten. Eines der autistischen Kinder, mit denen Lovaas arbeitete, benötigte über 90000 Versuche, bis es zuverlässig 2 Gegenstände benennen konnte.

Auch stark gehemmte Kinder im Vorschulalter können neues Verhalten erlernen, von dem sie im Film sehen, daß andere dafür belohnt werden. Eine Gruppe, die beobachtete, wie Interaktionen zwischen Kindern positiv bekräftigt wurden, zeigte später im Vergleich zu einer Kontrollgruppe gehemmter Kinder einen deutlichen Anstieg sozialer Interaktionen (O'Connor 1969).

Bei der Behandlung von Phobien (z. B. Schlangenphobien, die häufig zur Untersuchung der Therapieeffektivität herangezogen wird) zeigt der Therapeut zunächst angstfreies Annäherungsverhalten auf einem relativ niedrigen Niveau, indem er sich z. B. dem Schlangenkäfig nähert oder die Schlange berührt. Anschließend wird der Klient durch Demonstration und unterstützende Ermutigung angeleitet, das Verhalten des Therapeuten nachzuahmen. Schritt für Schritt wird dann das Annäherungsverhalten gesteigert, bis der Klient die Schlange aufneh-

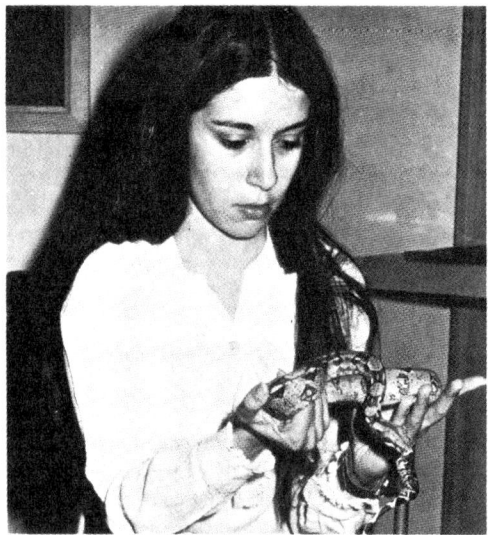

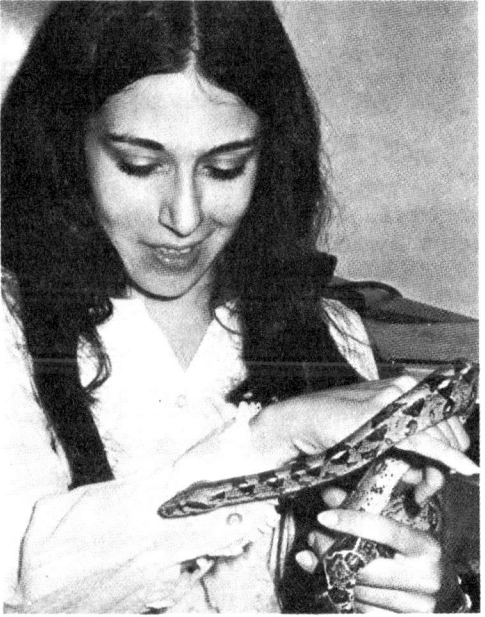

Abb. 15.4. Phobiebehandlung. Die dargestellte Person beobachtete zunächst, wie eine andere Person (Modell) sich ungefährdet der Schlange näherte; dann zeigte sie selbst dieses Verhalten *(oben)*. Schließlich *(unten)* war sie in der Lage, die Schlange aufzuheben und auf sich herumkriechen zu lassen

men und über sich her kriechen lassen kann (Abb. 15.4).

Zu keinem Zeitpunkt wird der Klient gezwungen, ein bestimmtes Verhalten zu zeigen; ähnlich wie bei der Desensibilisierung kehrt der

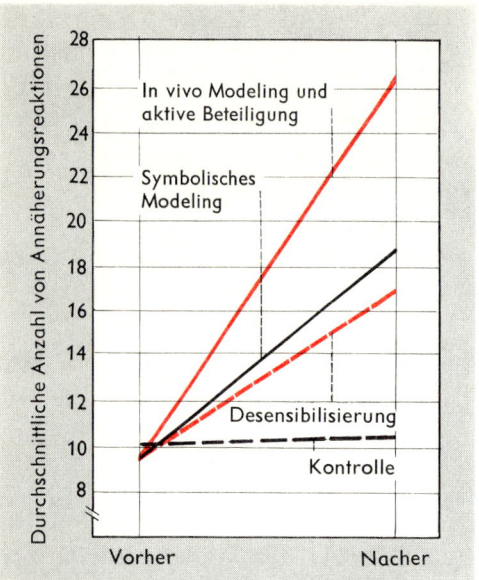

Abb. 15.5. Annäherungsreaktionen unter verschiedenen therapeutischen Bedingungen. (Nach Bandura 1970)

Therapeut zur noch erfolgreichen Stufe zurück und beginnt von vorn, wenn der Klient einer Aufforderung mit offenem Widerstand begegnet. Die beachtliche Wirkung dieser Art des teilnehmenden Modeling wird in der Untersuchung von Bandura und seinen Mitarbeitern deutlich, die in Abb. 15.5 dargestellt ist.
Hier wird In-vivo-Modeling verglichen mit symbolischem Modeling (selbstgesteuertes Anschauen eines Films, in dem ein Modell angstfrei mit einer Schlange umgeht), Desensibilisierung und einer Kontrollgruppe (die überhaupt keine Behandlung erhielt). Bei 11 der 12 Probanden in der Gruppe mit dem teilnehmenden Modeling konnte die Schlangenphobie geheilt werden.

Münzökonomie

In den letzten Jahren wurde in immer mehr Nervenkrankenhäusern der USA die „Münzökonomie" eingeführt. Diese Technik kann als ein Spezialfall positiver Verstärkung betrachtet werden. Die Patienten werden materiell verstärkt, wenn sie sich z. B. mit sozial erwünschten Aktivitäten befassen, wie körperlicher Sauberkeit, rechtzeitigem Erscheinen zu Tisch und

Ausführen zugeteilter Aufgaben. Die Bezahlung erfolgt in Chips (Spiegelgeld), für die man später bestimmte Extras „kaufen" kann, wie z. B. besonderes Essen, verlängerte Fernsehzeit, Einzelzimmer und Wochenendausgang.

Die Münzökonomie erwies sich häufig als recht wirksam, um erwünschtes Verhalten auszulösen, sogar bei schwer gestörten Patienten. Allerdings muß man meistens mit sehr kleinen Schritten beginnen. So muß man anfangs den Patienten bereits dafür belohnen, daß er sich dem Pflegepersonal oder anderen Patienten überhaupt zuwendet. Dann kann man die Patienten durch einen Prozeß gradueller Verhaltensformung dahin bringen, daß sie auch untereinander Gespräche anfangen. Schließlich können sie für komplexe Beziehungen untereinander oder auch für andere wertvolle Aktivitäten belohnt werden.

Die Wirksamkeit der Münzökonomie ist in zahlreichen Studien hinreichend aufgezeigt worden. Patienten, die tatsächlich jahrelang dahinvegetierten, begannen wieder auf Menschen zu reagieren und konnten sogar Aufgaben, die sie vorher vernachlässigt hatten, mit Hingabe und Begeisterung erfüllen.

Ein Team von Verhaltenstherapeuten führte eine Reihe von Experimenten durch, in denen sie die Wirksamkeit einer Münzökonomie systematisch überprüften. Ihre Patienten waren chronische Psychotiker, denen im Krankenhaus Arbeiten zugeteilt wurden, die sie jedoch umständlich und unzuverlässig ausgeführt hatten. Oft erschienen sie überhaupt nicht zur Arbeit. Nun führte man eine Münzökonomie zur Belohnung für erledigte Arbeiten ein. Es entwickelte sich eine bemerkenswerte Gewissenhaftigkeit. Die Patienten kamen zuverlässig und pünktlich zur Arbeit. Sie hörten nicht vorzeitig auf, obwohl sie sofort Erlaubnis dafür bekommen hätten.
Um die motivierende Wirkung der Münzökonomie direkt zu überprüfen, wurde die weitere Verstärkung von der Bereitschaft des Patienten abhängig gemacht, auf weniger beliebte Arbeiten überzuwechseln. Die Patienten erhielten jetzt der Verstärkung nur, wenn sie vorgeschriebene Arbeiten durchführten, die ihnen weniger lagen. Je mehr sie dies taten, um so mehr kontrollierte die Münzökonomie die Wahl der Arbeit.

Die Ergebnisse waren überzeugend. Die Patienten wechselten sofort zu den weniger beliebten Arbeiten über, sobald ihnen klar wurde, daß die fortgesetzte Verstärkung davon abhängig war. Schließlich wurden die Kontingenzen nochmals umgekehrt, und die Patienten wurden wieder für die ursprünglich bevorzugte Arbeit belohnt. Sofort wechselten sie wieder auf die belohnten Aufgaben über (Ayllon u. Azrin 1965).

Eine solche Kontrolle, wie sie in dieser Untersuchung vorgenommen wurde, ist bei Verhaltensuntersuchungen ziemlich häufig. Wenn man die Wirksamkeit einer Münzökonomie dadurch prüft, daß man zuerst beliebtere Arbeiten verstärkt, dann weniger beliebte und schließlich wieder die beliebteren, hat man den sog. „ABA"-Versuchsplan benutzt. Die experimentelle Bedingung, deren Ergebnisse getestet werden sollen, wird hergestellt, dann geändert, dann wieder hergestellt. Jeder Patient dient als seine eigene Kontrolle. In diesem Falle konnte die Wahl der Arbeit eindeutig der Verstärkung selbst zugeschrieben werden und nicht der „Arbeitszufriedenheit" oder anderen Faktoren. Ayllon u. Azrin fanden auch, daß eine unsystematische Ausgabe der Münzen, d.h. ohne Berücksichtigung der gezeigten Leistung, oder die freie Vergabe der Belohnungen, unabhängig von Münzen zu einem starken *Abfall* in der Arbeit des Patienten führte.

Die Motivation der Patienten ist aus einer Zusammenstellung dessen ersichtlich, was sie bevorzugt mit den verdienten Münzen kauften. Der Erhalt einer Privatsphäre war bei weitem die begehrteste Vergünstigung, noch vor dem Einkauf materieller Dinge und Urlaub von der Station. Individuelle Differenzen beschränkten sich weitgehend auf die Veränderung der Rangordnung zwischen diesen drei Vergünstigungen. Nur wenige Münzen wurden für Gespräche mit dem Personal, für religiöse Zwecke oder für Freizeitaktivitäten und Unterhaltung ausgegeben (s. auch „Unter der Lupe", S. 566).

In naher Zukunft ist wohl eine weiter verbreitete Anwendung der Münzökonomie auf viele anderen Einrichtungen zu erwarten. Beispielsweise wurde sie schon in etlichen Schulen angewandt, und einige Anhänger sehen sie bereits als Ersatz für das gegenwärtige Benotungssystem. Vom Gesichtspunkt des Schülers aus hat eine Münzökonomie folgende Vorteile: a) Sie sorgt für eine eindeutige positive Bewertung einer Leistung, b) sie bringt Zuverlässigkeit und Vorhersagbarkeit, indem genau festgesetzt wird, was getan werden muß, um welches Resultat zu erzielen, c) sie ist nicht abhängig von Stimmungen oder persönlichen Wertvorstellungen des Lehrers oder anderer Autoritätspersonen, d) sie gibt dem Schüler vollkommene Freiheit, wofür er (im Rahmen seiner Möglichkeiten) arbeiten will, und e) sie garantiert, daß auch unauffällige, aber richtige Reaktionen erkannt und verstärkt werden; dadurch kann jeder in einer Klasse Erfolg und Anerkennung erreichen.

Kritiker schaudern davor zurück, von einem System überwuchert zu werden, das auf dem Profitmotiv beruht. Sie behaupten, das Lernen werde so durch eine „Marktplatzmentalität" motiviert, Bemühungen erfolgten nur noch für äußere Belohnung, und die Kinder hätten keine Gelegenheit, die Freude am Erkennen oder an intellektueller Leistung um ihrer selbst willen schätzen zu lernen. Verhaltensmodifikation in Form von Münzökonomien, wie sie gegenwärtig in einigen Gefängnissen angewendet werden, beinhalten die unangenehme Tatsache, daß die Gefangenen zunächst in jeder Hinsicht depriviert werden. Danach können sie sich die „Privilegien" einer Dusche, warmer Mahlzeiten, eines anständigen Bettes, des Lesens, Unterrichts usw. verdienen. Bei extremer Deprivation kann fast alles zu „positiver Verstärkung" erhoben werden, z.B. die Möglichkeit zu essen, zu schlafen oder sogar auf die Toilette gehen zu können. Es ist sehr umstritten, unter welchen Bedingungen äußeren Drucks und Deprivation Verstärkungskontingenzen wirklich auch *positiv* genannt werden können.

Bewertung der Verhaltenstherapie

Die Berichte über die Wirksamkeit der Verhaltenstherapie sind allgemein ziemlich günstig; mit einer Erfolgsquote zwischen 75 und 90%. Im Vergleich zu anderen Therapien hat die Verhaltenstherapie zahlreiche Vorteile.

Sie ist empirischer Überprüfung eher zugänglich und verpflichtet als die analytischen Therapien. Da die Behandlung auf fest umrissene Symptome abzielt, erzielen Verhaltenstherapien in viel kürzerer Zeit Ergebnisse als traditionelle Therapien. Dies bedeutet schnellere Erleichterung und Ersparnisse für den Klienten, es können auch mehrere Klienten von einem Therapeuten behandelt werden. Da die Therapie auf klar formulierten Lernprinzipien beruht und nicht von der Persönlichkeit, der Kommunikationsgeschicklichkeit oder der Interpretationsfertigkeit des Therapeuten abhängt, ist das Training leichter, kürzer und kann z.T. auch von Hilfspersonal (Lehrer, Krankenschwestern, usw.) oder *Laientherapeuten* durchgeführt werden. Es ist

Unter der Lupe

Münzökonomie in Aktion

Ein Münzökonomieprogramm auf der Grundlage operanter Konditionierung wurde zuerst
1966 im Camarillo State Hospital in Kalifornien
eingeführt. Es war dermaßen erfolgreich, daß
innerhalb weniger Jahre 11 solcher Programme
in verschiedenen Krankenhäusern liefen. Einige Verhaltenskriterien, für die Münzen ausge-
stellt oder abgenommen wurden, sind im folgenden aufgelistet (nach Montgomery u.
McBurney 1970):

1. Ordentliches und gepflegtes Äußeres zu
   jedem angemessenen Zeitpunkt.
2. Beachtung hygienischer Erfordernisse wie
   Duschen und Baden ohne Aufsicht.
3. Bei Männern: Rasiert zum Frühstück erscheinen.
4. Bei Frauen: Mit gutem Make-up und or-
   dentlicher Frisur zum Frühstück erscheinen, angemessene Kleidung.
5. Sozial akzeptierte Tischmanieren.
6. Möglichst wenig fluchen, spucken oder
   schlagen.
7. Bei jeder Gelegenheit aktiv sein.
8. Sozial angemessenes Verhalten: Sich ohne
   Aufsicht im Klinikgelände aufhalten können, in einer Gruppe das Gelände verlassen
   können, Beachtung der Gepflogenheiten
   der Gemeinschaft bzw. Erlernen derselben.
9. Kleidung selbständig in die Wäscherei
   geben.
10. Jederzeit den Schrank aufgeräumt haben.
11. Selber das Bett machen, den Schlafraum
    säubern, Flure fegen und aufnehmen und
    die Toilette putzen, ehe die Frühschicht
    erscheint.
12. Bei diversen Arbeiten und weniger geübten
    Leuten helfen, ohne dazu aufgefordert zu
    werden.

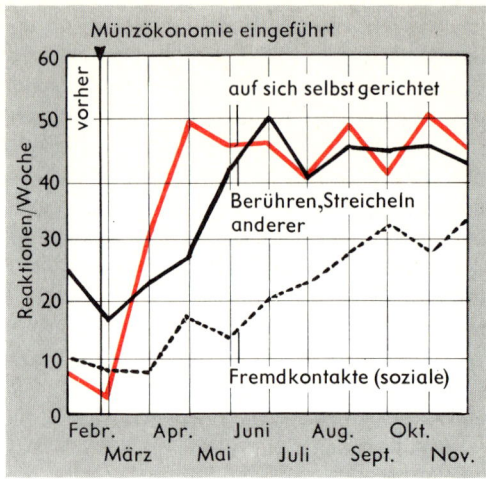

(Nach Rouse u. Reilly 1974)

13. Regelmäßiger Schulbesuch bzw. Teil-
    nahme an der Arbeitstherapie.

Im allgemeinen verstärken die meisten Münzökonomien, die in Krankenhäusern eingesetzt
werden, angemessenes Äußeres, soziales Verhalten, die Durchführung von Aufgaben auf der
Station sowie das Bemühen um eigenverant-
wortliches Verhalten. Unerwünschtes Verhalten kostet den Patienten Münzen, damit die
Frequenz solchen Verhaltens sich verringert.
Die Wirkung einer Münzökonomie, die vor kurzem im Palo Alto Veterans Hospital durchgeführt wurde, wird in der Abbildung deutlich, die
Verhaltensänderungen über 10 Monate von vor
bis nach der Einführung der Münzökonomie
zeigt. Ein bemerkenswerter Teil dieses Programms stellte die Gründung einer Patienten-
selbstverwaltung auf der Station dar, mit deren
Hilfe die Patienten die Planung und Richtlinien
ihrer eigenen Münzökonomie mitbestimmen
konnten. Schließlich konnten sie zu Hause
außerhalb der Klinik ihre eigene „Zweigstelle"
gründen.

---

eindeutig leichter, Variablen in der Umgebung
zu identifizieren und zu kontrollieren als die
psychischen Variablen des „inneren Kerns der
Seele".
Dennoch gibt es Vorbehalte gegenüber Wirksamkeit, Methoden und unbeabsichtigten Folgeerscheinungen der Verhaltenstherapie.
Es gibt wenige Untersuchungen über die langfristigen Wirkungen dieser Methode, d.h. später
als ein Jahr nach der Therapie. Die wohl am

häufigsten angeführte Untersuchung, die zur Demonstration einer 90%igen Heilungsrate durch die Verhaltenstherapie herangezogen wird (Wolpe 1960), enthält einen schwerwiegenden Stichprobenfehler. In die Endergebnisse sind nur die Patienten einbezogen, die zumindest 15 therapeutische Sitzungen hatten. Alle diejenigen, die während der ersten 14 Sitzungen ausscheiden, wurden außer acht gelassen; dadurch wurde das Ergebnis einer höheren Erfolgsrate beeinflußt.

Ernstere Kritik betrifft die Frage, welches die wirksame unabhängige Variable der „Verhaltenstherapie" sei (Breger u. McGaugh 1965). In vielen Fällen scheinen sich Verhaltenstherapeuten nicht allein auf Konditionierungsverfahren zu verlassen, sondern ziehen zusätzlich auch traditionelle Beratungstechniken heran, wie z. B. eine Diskussion darüber, in welcher Weise sich der Patient selbst helfen und Kontrolle über seine Beziehungen zu anderen gewinnen kann (Weitzman 1967).

Eine andere Kritik bezieht sich darauf, daß das wirksamste Werkzeug der Verhaltenstherapeuten in Wirklichkeit kognitive Manipulationen seien –, daß die primären Operanda keine äußeren Verhaltensweisen seien, sondern Kognitionen, wie Vorstellungen, Angstgefühle, Erwartungen und Bewertungen. In diesem Sinne könne argumentiert werden, daß die Verhaltenstherapie nicht deshalb funktioniert, weil sie die Verstärkung bestimmter äußerer Verhaltensweisen manipuliert und aufrechterhält, sondern weil der Patient vielleicht zum ersten Mal eine vorhersagbare Umgebung erfährt, in der er klar die Form seines Verhaltens sehen und die Hilfsmittel aus der Umwelt so benutzen kann, daß er bekommt was er will.

Wieder eine andere Kritik richtet sich gegen das unerwünschte *indirekte* Lernen, das durch die Verhaltenstherapie vielleicht gefördert wird, und gegen die Werte, die mit ihr vermittelt werden könnten. Wenn Belohnung z. B. nur für oberflächliches Verhalten eintritt und in Übereinstimmung mit dem, was ein anderer als „gut" bezeichnet, kann der Klient lernen, den äußerlichen Eindruck, blinde Konformität gegenüber sozial akzeptierten Normen, die soziale Anerkennung auf Kosten des Selbstwertgefühls und Handeln auf Kosten von Denken und Fühlen überzubewerten (D. Grossman, 1968).

Vielleicht das wichtigste Problem der Verhaltenstherapie ist die Schwierigkeit, *Generalisierungen* auf die natürliche Umgebung des Klienten zu erreichen. Dieses Handikap begrenzt den Nutzen der Behandlung, da der Klient eben in seiner eigenen Umgebung und nicht (ständig) in Labors, Kliniken, Schulen, Krankenhäusern oder anderen Institutionen lebt und zurechtkommen muß.

Um eine wirksamere Übertragung des Lernens in der Therapie auf natürliche Bedingungen zu erzielen, sollten folgende Grundsätze beachtet werden:

a) Die Stimuli in der Therapie sollten für diejenigen in der Umgebung des Patienten repräsentativ und ihnen ähnlich sein.

b) Die therapeutischen Bedingungen sollten variieren; einige sollten der natürlichen Umwelt ähnlich oder ihr sogar entnommen sein.

c) Mehrere Therapeuten sollten die Konditionierungsverfahren und Verstärkungskontingenzen festsetzen.

d) Die Reaktion in der Therapie sollte mit einem intermittierenden Verstärkungsplan aufgebaut und überlernt werden.

e) Ein Teil des ursprünglichen Lernens sollte erfolgen, *ohne* daß der Patient es merkt, damit er es nicht kognitiv kontrollieren kann (Goldstein et al. 1966, Gruber 1971).

Die Auseinandersetzung mit den Grenzen der Verhaltenstherapie sollte nicht dazu führen, die positiven und einzigartigen Beiträge dieses Ansatzes zu übersehen. Die Verhaltenstherapie hatte beträchtliche Erfolge, ist vielversprechend und scheint z. Z. die beste Methode zu sein, hemmende Ängste und bestimmte Phobien zu behandeln. Es gibt keinen Grund, warum die Verhaltenstherapie jede psychologische Störung heilen sollte, ebensowenig, wie man von Penicillin erwarten kann, daß es Krebs heilen kann.

Letztlich ist die behavioristische Auffassung von Therapie eine optimistische mit dem Glauben an den Einfluß von Lernprinzipien und an eine Behandlung, die sich aus Forschungsergebnissen herleitet und nicht nur aus Theorien, Spekulationen und Fallberichten. Der neuere Ansatz der sozialen Lerntheorien geht noch über die Behauptung der strengen Behavioristen hinaus, daß jedes Verhalten (normales oder abnormes) von der Umgebung kontrolliert werden könne. Ein möglicher Therapieerfolg könne demzufolge etwa darin bestehen, daß der Klient seine Umgebung beeinflussen und bis zu einem bestimmten Grad kontrollieren könne. Er entwickele gewissermaßen einen Sinn für eigene Beeinflussungs- und Machtmöglichkeiten; damit könne er Gefühle der Hilflosigkeit überwinden und sei auf dem Weg zu einem glücklicheren und produktiveren Leben.

Einübung kognitiver und sozialer Verhaltensweisen (Proben)

Zusätzlich zum Abbau von Furcht und Problemverhalten durch Gegenkonditionierung mittels Desensibilisierung und aversiven Lernens ist es möglich, dieses Ziel in direkter und weniger schmerzvoller Weise anzugehen. Dies kann zum einen geschehen durch Lernen am Modell (oft der Therapeut selbst), das beruhigende Äußerungen tut, während es eine Tätigkeit ausübt, die der Klient fürchtet, oder während es ein Verhalten zeigt, das der Klient ablegen möchte. Wie auch in anderen Kapiteln erwähnt, befürwortet Meichenbaum eine Lernstrategie der Selbstinstruktionen (s. S. 483). Das kognitive Durchspielen von Situationen, in denen der Patient typischerweise Gedanken des Versagens und Sichgeschlagengebens ausspricht, wird gewöhnlich mit dem Einüben von Selbstinstruktionen zur erfolgreichen Bewältigung gekoppelt, und diese Vorgehensweise hat sich beim Aufbau kognitiver und Verhaltensfertigkeiten als sehr effektiv erwiesen.

Der *Aufbau von Effizienzerwartungen* erhöht die Wahrscheinlichkeit effektiven Verhaltens. Der Weg, Klienten dahin zu führen, daß sie ein Gefühl des Könnens und der eigenen Leistungseffizienz entwickeln, besteht darin, ihnen Ziele zu setzen, die mittels realistischer Strategien erreichbar sind, und ihr Verhalten und ihre Leistungsfortschritte durch entsprechendes Feedback zu begleiten (Bandura 1977b).

Therapeuten, die soziales Lernen praktizieren, plädieren für das *Rehearsal* (Wiederholungsübungen) als Mittel sowohl zum Aufbau neuer sozialer Fertigkeiten als auch zur Überwindung problematischer Verhaltensweisen. Das *Training sozialer Fertigkeiten* stellt tatsächlich eine der größten Errungenschaften in der Therapie der letzten 15 Jahre dar (Hersen u. Bellock 1976). Viele Schwierigkeiten des Psychotikers, des Neurotikers und selbst des Normalen rühren einfach davon her, daß er sozial gehemmt ist oder sich unpassend beziehungsweise selbstunsicher verhält. Das Proben von Verhaltensweisen ist ein Verfahren zur Einführung und Stärkung sozialer Grundfertigkeiten (persönliche Hygiene, Arbeitsgewohnheiten, Sozialverhalten) durch Modellernen, klare Instruktionen, Verhaltenskontrakte und wiederholtes Einüben. Das soziale Verhaltenstraining wird auch angewandt, um bei psychiatrischen Patienten das Ausbrechen in Beschimpfungsattacken zu mäßigen (Foy et al. 1975, Fredriksen et al. 1976). Man lehrte die Patienten, in derartigen Situationen nicht ihre gewohnten Strategien der Vermeidung, Einschüchterung oder Gewalt anzuwenden, sondern sich statt dessen durch angemessenes Verhalten zu behaupten.

Die Erlernung sozialer Fertigkeiten führt oft zu effektiverem Verhalten mit mehr *Selbstsicherheit*. Salter (1949) leistete Pionierarbeit beim Selbstsicherheitstraining Normaler (wie auch bei Anstaltspatienten). Zu den Richtlinien für selbstsicheres Verhalten gehört, daß man klar und deutlich formuliert, wie man selbst ein Problem auffaßt oder den Gegenstand einer Meinungsverschiedenheit sieht; daß man (ohne dabei emotional zu werden) seine Gefühle ausdrückt, daß man genau darlegt, welche Alternativverhaltensweisen oder Wahlmöglichkeiten man für sich selbst und den Gesprächspartner als wünschenswert im Auge hat, und die positiven Konsequenzen ins Blickfeld rückt, die aus der Zustimmung zu einer befriedigenden Alternativlösung resultieren werden (s. Bower u. Bower 1976).

Existentialistisch-humanistisch orientierte Therapien

Die humanistische Bewegung wurde als die „dritte Kraft" in der Psychologie bezeichnet, weil sie als Reaktion sowohl auf die pessimistische Ansicht über die menschliche Natur, die die psychoanalytische Literatur bietet, als auch auf den mechanistischen Ansatz des Behaviorismus entstanden ist. Als sich die humanistische Bewegung in den USA formierte, waren ähnliche Sichtweisen auf dem europäischen Kontinent bereits akzeptiert, bekannt unter dem Sammelbegriff *Existentialismus*. Ursprünglich war der Existentialismus das Ergebnis starker Unzufriedenheit mit der traditionellen Philosophie, die als zu oberflächlich, akademisch und lebensfern empfunden wurde (Kaufman 1956).

Die Anerkennung der *Phänomenologie* als philosophische Basis durch sowohl den Humanismus als auch den Existentialismus ist ein wesentlicher Faktor, der die beiden Richtungen verbindet. Die grundlegende Aussage der Phänomenologie lautet, daß alles menschliche Wissen auf Erfahrung beruht; die angewandte Methode besteht darin, sich die Offenheit und Bereitschaft zu erhalten, um Erfahrungswerte so akzeptieren zu können, wie sie erscheinen. Der Beobachter versucht, jede vorgefaßte Meinung über eine Person oder über eine Begebenheit beiseite zu schieben, jedes Werturteil, jede Ursache- und Wirkung-Beziehung, sogar die Unterscheidung zwischen Subjekt und Objekt. In bezug auf die Psychotherapie heißt das, daß der Patient, so wie er als Person in Erscheinung tritt, offen angenommen wird. Diese Person, wie sie sich fortwährend im Hier und Jetzt darstellt, ist es, der man sich zuwenden, und die verstanden und behandelt werden muß.

Der Begriff „*Existentialismus*" kommt vom lateinischen *existere* – „auftauchen, hervortreten" –, das recht treffend die Bedeutung des *existierenden* Menschen als Seiender oder Gewordener beschreibt.

Der Existentialismus ist ein Versuch, unsere einzigartige Position im Universum zu verstehen: Gefühle der Liebe, des Hasses, der Angst; das Bewußtsein seiner selbst; das Wissen um den eigenen zu erwartenden Tod.

Obwohl es unter den Vertretern dieses Ansatzes viele Unstimmigkeiten gibt – ein Tribut an den individualistischen Charakter des Existentialismus –, gibt es auch einige Gemeinsamkeiten. Vorne an steht eine strenge Kritik des wissenschaftlichen Ansatzes mit seiner enthumanisierenden, rigiden Methodologie. Die Person wird nicht als statische Einheit, sondern als ein kontinuierlicher Prozeß, ein Prozeß des Werdens, gesehen. Obwohl Umgebung und Vererbung dem Prozeß des Werdens gewisse Schranken setzen, bleiben wir immer frei zu wählen, was wir werden wollen, indem wir unsere eigenen Werte schaffen, denen wir uns durch unsere eigenen Entscheidungen verpflichten. Diese Freiheit zu wählen wird jedoch von der Last der

Verantwortlichkeit begleitet. Da wir uns niemals über alle Implikationen unseres Handelns im klaren sind, erfahren wir Angst und Verzweiflung. Wir leiden weiterhin darunter, Möglichkeiten der vollen Selbstentfaltung nicht genutzt zu haben.

Diese anscheinend negativen Aspekte des Existentialismus wurden von naiven Kritikern vielleicht überbetont. Dieser Negativismus kann immerhin als ein Versuch betrachtet werden, uns aus unserer Selbstzufriedenheit und Konformität zu reißen. Er ermutigt uns, die Realität unserer eigenen Existenz anzuerkennen, ohne bei theistischen oder monolithischen Systemen Zuflucht zu suchen, wo irgendeine höhere Autorität bestimmt, wie wir leben sollten. Es mag sein, daß das einzige Mittel gegen die Hoffnungslosigkeit der Moderne darin besteht, daß wir uns immer wieder mit der Tatsache auseinandersetzen, daß wir fortwährend für die eigenen Entscheidungen und Werte verantwortlich sind.

Humanistische und existentialistische Ansätze ähneln sich in vieler Hinsicht. Beide sehen den Menschen als Urheber von Werten an und betonen seine Fähigkeit zur Selbstverwirklichung. Beide heben die Konzepte der Verantwortlichkeit, Freiheit und Verpflichtung hervor.

Daneben gibt es aber auch einige Unterschiedlichkeiten. Gemäß der amerikanischen Herkunft ist die humanistische Psychologie viel optimistischer und positiver als der europäische Existentialismus. Sie sieht uns nicht nur als eigenverantwortlich an, sondern als jemanden, der ein positives Bedürfnis danach hat. Der Humanismus mißt weiterhin dem Wert und der Würde des Individuums große Bedeutung bei, mit gleichzeitiger Zentrierung auf die positiven Aspekte menschlichen Verhaltens, wie Liebe, Freude, Kreativität, Freundschaft, Spiel, Spaß, Begeisterung usw.

Im Hinblick auf die therapeutische Anwendung des Existentialismus und des Humanismus finden wir beträchtliche Unterschiede in Methode und Stil. Der Existentialismus stellt keine Technik, Theorie oder systematische Erklärung menschlichen Verhaltens dar; eher ist er eine Einstellung, die man sich selbst und anderen gegenüber hat. So mag es Therapeuten geben, die in Psychoanalyse ausgebildet sind und psychoanalytische Techniken wie freie Assoziation und Traumanalyse verwenden und sich trotzdem existentielle Psychotherapeuten nennen, einfach weil sie jene grundsätzliche Einstellung und Wertorientierung teilen. Ähnlich ist bei Therapeuten der Jungschen und Adlerschen Richtung nicht ohne weiteres zu sagen, ob sie Neofreudianer oder existentielle Humanisten genannt werden sollen, da wir gesehen haben, daß sowohl Jung als auch Adler sich mit existentiellen Thematiken beschäftigten und beide tiefe Ehrfurcht vor der Integrität der menschlichen Existenz hatten.

Existentielle Psychotherapie

Die existentielle Bewegung in der Psychiatrie entstand durch eine Reihe von Europäern, die mit der orthodoxen Psychoanalyse unzufrieden waren. Diese Psychiater und Psychologen bemerkten, daß das häufigste Problem ein Gefühl der Entfremdung von der Umgebung, ein Verlust des Identitäts- oder Zugehörigkeitsgefühls war. Sie glaubten, daß durch die Psychoanalyse das Problem häufig größer wurde, da sie den Menschen noch mehr von seiner Umgebung ablenkten. Als grundlegende Wirklichkeit betrachteten sie die Erlebnisse des Individuums (und weniger körperliche Ereignisse).

Eine Schule der existentiellen Analyse, die *Logotherapie,* konzentriert sich auf das Bedürfnis des Menschen, einen Sinn im Leben zu sehen. Das „Verlangen nach einem Sinn" wird als das menschlichste Phänomen überhaupt angesehen. Diese Schule betont Nietzsches Feststellung: „Derjenige, der ein Warum des Lebens begreift, überwindet fast jedes Wie." Der Mensch findet das „Warum" durch Selbstverwirklichung, die sich zusammensetzt einerseits aus der Freiheit, die Richtung seines Handelns zu bestimmen, und andererseits aus der Verantwortung, so zu handeln, daß die ethischen Werte gefördert werden. Die Logotherapie legt daher besonderen Wert auf die Entwicklung geistiger und ethischer Werte (Weisskopf-Joelson 1955).

Die Logotherapie ist die einzige Schule der existentiellen Psychiatrie, die spezielle therapeutische Techniken hervorgebracht hat. Eine davon, die *paradoxe Intention,* hat sich bei der kurzfristigen Behandlung von zwanghaften und phobischen Patienten als nützlich erwiesen. Viktor Frankl, der Begründer der Logotherapie,

spricht von einem Teufelskreis, in dem sich der Phobiker befindet. Nicht so sehr das gefürchtete Objekt bzw. dessen Auftauchen belaste ihn, sondern die *Angst vor der Angst selber* und den möglichen Auswirkungen der Angst, wie Ohnmachtsanfälle oder Herzattacken. Frankl (1959) nennt diese phobischen Reaktionen „Flucht vor der Angst" und betrachtet das Verhalten des Patienten als Reaktion auf „die Angst vor der Erwartung, das bedrohliche Ereignis könne wieder eintreten". Aber gerade diese Erwartung löst das aus, wovor sich der Patient fürchtet, die phobische Reaktion. Die paradoxe Intention ist eine Technik, sich mit diesen antizipatorischen Ängsten auseinandersetzen zu können, indem der Patient ermutigt wird, „gerade das zu tun oder geschehen zu lassen, wovor er Angst hat".

Die Ähnlichkeit dieser Technik mit der oben dargestellten Implosivtherapie ist offensichtlich. Allerdings liegt hier der größte Teil der Verantwortung eher beim Patienten als beim Therapeuten. Weiterhin wird die paradoxe Intention vom Patienten freiwillig und so humorvoll wie möglich formuliert, da Humor ein gewisses Maß an Selbstüberwindung voraussetzt.
Paradoxe Intention oder auch Logotherapie selbst ist wohl nicht universell für alle Problematiken anwendbar, weiterhin haben solche Techniken wahrscheinlich nur dann langfristig Erfolg, wenn der Patient selbst sich zu sinnvollen Zielen bekennt.

Humanistische Psychotherapie

Eines der anschaulichsten und frühesten Beispiele des humanistischen Behandlungsansatzes stellt die *klientenzentrierte Therapie* dar, wie sie ursprünglich von Rogers in den vierziger Jahren entwickelt wurde. Das Prinzip dieser Methode, nämlich daß der Therapeut während des gesamten Therapieverlaufs *nondirektiv* bleibt, wird recht nett durch folgendes Zitat eines orientalischen Lehrers, Laotse, veranschaulicht:

„Wenn man sich bei den Dingen des Lebens einmischt, schadet man sowohl ihnen als auch sich selbst. Wer sich aufdrängt, hat manifesten aber geringen Einfluß, wer sich nicht aufdrängt, hat geheimen, aber um so stärkeren Einfluß. ... Der vollkommene Mensch mischt sich nicht bei anderen ein, er drängt sich ihnen nicht auf, sondern verhilft ihnen zu ihrer Freiheit" (zit. nach Buber 1957, S. 54ff.).

Diese nichtdirektive Therapie basiert auf der Voraussetzung, daß eine ausreichend motivierte Person das eigene Problem bewältigen kann, wenn sie sich genügend von Selbsttäuschung und Furcht vor der Erkennung des Problems befreien kann. Dementsprechend wird der Patient im Interview, bei dem sich die Gesprächspartner gegenübersitzen, ermutigt, frei über alles zu sprechen, was ihn quält, und das Problem nach eigenem Gutdünken anzugehen. Der Therapeut lobt und tadelt nicht, sondern akzeptiert alles, was auch immer gesagt wird, vielleicht wiederholt er es mit anderen Worten oder hilft dem Klienten, sich über seine eigenen Reaktionen klarzuwerden. Besonderer Wert wird dabei auf das Verbalisieren emotionaler Erlebnisinhalte gelegt.

Die theoretische Annahme der nichtdirektiven Therapie ist, daß es dem Patienten durch „Aussprechen" in permissiver Atmosphäre von alleine gelingen wird, gewisse Beziehungen zwischen seinen Gefühlen und seinem Verhalten zu sehen. Therapie wird allgemein als „Wachstumsprozeß" betrachtet, wobei der Patient seine eigenen Fähigkeiten nutzt, um zu einer reiferen emotionalen Einstellung zu gelangen. Der Klient ist von Anfang an für sein eigenes Verhalten und seine eigenen Entscheidungen, genauso wie für den Verlauf der Therapie verantwortlich. Der Gedanke, „der Therapeut weiß es am besten", fehlt bei dieser Therapieform vollständig. Oberflächlich betrachtet hat der Therapeut die Aufgabe, die vom Patienten geäußerten Gefühle zu „reflektieren". Von größter Bedeutung sind wahrscheinlich aber die verständnisvolle Haltung und die Anteilnahme des Therapeuten, die dem Klienten helfen, das Selbstvertrauen und die Kraft für schwierige Probleme zu entwickeln.

Der folgende Fall veranschaulicht das Vorgehen bei der nichtdirektiven Therapie und die charakteristische graduelle Veränderung von negativen zu positiven Gefühlen.

Maria Johanna Tilden (ein Pseudonym), 20 Jahre alt, wurde von ihrer Mutter zum Therapeuten gebracht. Sie schien vom Leben zurückgezogen, den größten Teil des Tages schlafend, Radio hörend oder vor sich hinträumend verbrachte. Sie hatte ihren Beruf und alle Kontakte aufgegeben; nur selten nahm sie sich die Mühe, sich anzuziehen. Das erste Interview war vollkommen negativ, außer daß sie sich zu einer Fortführung der Behandlung entschloß.

Fräulein T.: „... Vor allem, wenn ich mich mit anderen Mädchen vergleiche – ich fühle mich dazu überhaupt nicht in der Lage ... Sie machen immer einen so normalen Eindruck, und sie schlugen den Weg ein, den jedermann einschlagen sollte, und wenn ich über mich selbst nachdachte, glaubte ich: ‚Um Gottes willen, ich komme noch nicht einmal in die Nähe davon'. Und es war ein schwerer Schlag, als – ich bemerkte gerade, daß es mit mir nicht vorwärts ging auf dem Weg, den ich gehen sollte – ich meine, ich kam einfach nicht voran."

Therapeut: „Es war nicht, daß Sie eifersüchtig waren, sondern daß Sie allmählich bemerkten, daß die anderen für Neues bereit waren, Sie selbst jedoch nicht."

Fräulein T.: „... Es gibt etwas, worüber ich mir nicht klarwerden kann – ich habe versucht, darauf zu kommen – Was wäre, wenn ich diese Richtung einschlagen würde? Was will ich wirklich? Auch wenn ich intensiv über mich nachdenke, kann ich nicht erkennen, was ich eigentlich will. Nur wenn ich sehe, was andere Leute wollen, glaube ich, daß es das sein könnte, was ich will. Es ist eigenartig, und es gefällt mir nicht. Deshalb habe ich das Gefühl –, daß ich nicht das tun kann, was ich tun will, da ich gar nicht wirklich weiß, was ich will."

Therapeut: „Sie halten es nach dem bisher Erreichten für das Beste, einfach ein Ziel zu nehmen, das für einen anderen gut ist, aber Sie glauben nicht, daß es irgend etwas gibt, das Sie wirklich wollen."

Während des 5. Interviews berichtete Fräulein T. über ihre ersten Versuche zur Verbesserung ihrer Situation, allerdings mit vielen Vorbehalten. Im 8. Interview fing sie an, ihr Verhalten objektiver zu betrachten.

Fräulein T.: „... Wenn man aus einer Familie kommt, in der der Bruder aufs College gegangen ist, und jeder intelligent ist, stellt sich für mich die Frage, ob es nicht richtiger ist, mich so zu sehen, wie ich bin: nämlich nicht fähig, diese Dinge zu erreichen. Ich habe immer versucht, so zu sein, wie es andere haben wollten; aber jetzt frage ich mich, ob ich mich nicht so sehen sollte, wie ich bin."

Therapeut: „Sie fühlen, daß Sie in der Vergangenheit nach den Vorstellungen anderer gelebt haben, und momentan sind Sie sich nicht sicher, was zu tun richtig ist. Aber allmählich fühlen Sie, daß es am besten für Sie wäre, sich selbst so zu akzeptieren, wie Sie wirklich sind."

Fräulein T.: „Ja, das stimmt wohl. Ich weiß nicht, was mich so sehr verändert hat. Doch, ich weiß es. Diese Gespräche haben mir stark geholfen; und dann noch die Bücher, die ich gelesen habe. Ich habe gerade einen solchen Unterschied bemerkt. Ich stelle fest, daß meine Gefühle von mehr Gleichmut begleitet werden, sogar wenn ich Haß fühle. Es macht mir nichts aus. Ich fühle mich irgendwie freier. Ich fühle mich nicht mehr irgendwelcher Dinge schuldig" (Rogers 1947).

Im Verlauf der Therapie gelang es der Klientin sehr gut, für sich selbst ein neues Verständnis zu entwickeln und ihre eigene Person zu bejahen. Von da an war die Anpassung an das Leben zufriedenstellender. Es kam nicht plötzlich, und es gab auch Rückschritte, aber die allgemeine Besserung war unverkennbar. Man beachte, daß der Therapeut zu keiner Zeit eine Entscheidung erzwang. Er führte keine neuen Gedanken ein, gab keine Ratschläge oder Beruhigungen oder moralische Ermahnungen. Er versuchte lediglich, die Gefühle und Einstellungen der Klientin zu reflektieren und klarzustellen, so daß sie sich selbst besser verstehen konnte.

Diese Beschreibung hört sich nach leichtem Vorgehen an, aber es erfordert eine Menge Zurückhaltung, Vorschläge und Interpretationen nicht anzubieten und dadurch dem Klienten das eigene Wertsystem aufzudrängen. Studenten haben eingewendet, daß die klientenzentrierte Therapie nicht nur einfach durchzuführen sei, sondern insgesamt simpel erscheine. Wie kann etwas derart Inhaltloses wie das Reflektieren von Gefühlen dem Klienten helfen? Für jemanden, der einen Therapeuten aufsucht, um erzählt zu bekommen, was er tun soll, mag dies eine berechtigte Kritik sein; allein schon deswegen, weil der Therapieerfolg von den Erwartungen des Klienten bezüglich des therapeutischen Vorgehens abhängen kann. Jemand, der unter emotionalen Belastungen und Ängsten leidet, erlebt dagegen in dieser Situation nicht die kalte Reflexion eines klaren Spiegels, sondern die warme Unterstützung und extrem menschliche Anteilnahme eines guten Zuhörers, der davon überzeugt ist, daß der Klient sich selbst helfen kann.

Diese vorurteilsfreie Haltung anderen gegenüber muß nicht unbedingt auf die therapeutische Situation beschränkt bleiben. Bei vielen Arten von persönlichen Beziehungen hat sich das Reflektieren der Gefühle anderer sowie das Darstellen der eigenen Gefühle als effektiver Kommunikationsstil herausgestellt (s. Ivey 1971).

Ein wichtiger Aspekt der klientenzentrierten Therapie war die Bereitschaft, einzelne Techniken untersuchen zu lassen und den Ansatz aufgrund der gewonnenen Erfahrungen zu modifizieren. In der Tat war Rogers der erste Kliniker, der seine Sitzungen auf Band aufnahm, was zu der ersten sinnvollen Prozeßanalyse in der Therapie führte. In diesem Zusammenhang entstand der Gedanke, auf die Gefühle des Klienten einzugehen und sie abzuklären, anstatt nur auf das tatsächlich Verbalisierte. Ähnlich wurde in einer späteren Arbeit mit Schizophrenen her-

ausgefunden, daß im Gegensatz zum klientenzentrierten Ansatz bei Neurotikern größere Therapieerfolge erzielt wurden, wenn der Therapeut einen aktiven, sich selbst einbringenden Part in der Therapie übernahm, in dem seine eigene innere Erfahrungswelt ebenso wie die des Klienten zum Teil des therapeutischen Prozesses wurde (Meader u. Rogers 1973).

Dieser Wechsel des Schwerpunkts stellt das existentialistische Konzept des „persönlichen Zusammentreffens" noch deutlicher dar, indem die Therapeuten sie selbst sein und ihrer eigenen Erfahrung vertrauen können, während sie gleichzeitig ihre Klienten anerkennen und ihnen helfen können, den eigenen Gefühlen zu vertrauen. Diese Haltung dem Klienten gegenüber wurde von Gendlin (1973) weiterentwickelt zu dem, was er *experimentelle Psychotherapie* nennt; damit könnten humanistische und existentialistische Belange, wie sie oben dargestellt wurden, integriert werden.

Zusammenfassend kann festgehalten werden, daß die existentialistisch-humanistische Sichtweise des Menschen wenig Wert auf irgendein inneres „Wesen" legt; es ist nur die sinnvolle Existenz, die beeinflußt, was wir erfahren oder ausdrücken. Irrationale Motive, biologische Antriebe oder soziale Konditionierung werden nicht verworfen; nur sind sie von sekundärer Bedeutung gegenüber der Freiheit des Individuums zu wählen, wie es sich verhalten will. Wie Frankl meint, haben wir unabhängig von den uns auferlegten Beschränkungen immer noch die Freiheit zu entscheiden, wie wir diesen Begrenzungen begegnen wollen. Sogar unter extremsten Leidensbedingungen – wie Frankl sie selbst in einem Konzentrationslager der Nazis erfuhr – können wir Sinnvolles und neue Aspekte unseres Seins entdecken, solange es menschliche Existenz gibt.

Diese Betonung von Existenz und Erfahrung werden wir in einigen Ansätzen der Gruppentherapie wiederfinden. Damit hängt auch das wachsende Interesse – sowohl innerhalb als auch außerhalb therapeutischen Geschehens – an gesteigertem körperlichem und seelischen Wohlbefinden durch veränderte Bewußtseinszustände zusammen.

Therapeutische Gruppen

Formale Psychotherapie wird typischerweise entweder individuell oder in Gruppen durchgeführt. Bei der individuellen Psychotherapie beschränkt sich die Interaktion auf den Therapeuten und die Person, die therapiert werden will. Diese Eins-zu-eins-Therapieansätze wurden kritisiert, weil sie nur begrenzt anwendbar, exklusiv und von fraglicher Effektivität seien. Jede Behandlung, die von professionell ausgebildeten Therapeuten mit spezifischen Techniken über einen langen Zeitraum in einem Eins-zu-eins-Verhältnis durchgeführt werden muß, ist zwangsläufig nur begrenzt brauchbar. Die Ausbildung von Therapeuten ist teuer, dauert lange und erfordert wiederum professionelle Lehrer. Dadurch bleibt die Anzahl verfügbarer Therapeuten gering. Weiterhin verlangen alle dargestellten Therapierichtungen vom Therapeuten besonderes Einfühlungsvermögen und umfassende intellektuelle Fähigkeiten. Damit werden beträchtliche Wirksamkeitsunterschiede sogar zwischen Therapeuten derselben Schule unausweichlich. Darüber hinaus ist nicht ersichtlich, in welchem Ausmaß die Therapeutenerwartung den Klienten dahingehend beeinflußt, daß dieser Dinge feststellt, die er in Übereinstimmung mit der Theorie auch feststellen soll. Sogar bei der nondirektiven Therapie wird es für den Therapeuten schwierig, nicht mit dem Klienten zu interagieren und ihn unmerklich zu verstärken, wenn er sich den Kriterien nähert, anhand derer der Therapeut „Fortschritte" oder „Heilung" determiniert.

Konventionelle Psychotherapien sind für viele Teile der Bevölkerung unerreichbar oder auch unwirksam: für die Armen, Ungebildeten, Minderbegabten, verbal Schwachen, Süchtigen, Psychopathen und Psychotiker. Darüber hinaus sind die Personen, die eine Therapie beenden, ohnehin in der Minderzahl, da rund 60% derjenigen, die Psychotherapeuten aufsuchen, nach den erst einleitenden Kontakten die Behandlung wieder abbrechen (Kirtner u. Cartwright 1958).

Schließlich wurde die Kritik laut, daß die Psychotherapie eine teure Methode zum Erwerb einer vorübergehenden Bindung sei (Schofield 1964). Daß dieser Aspekt grundsätzlich wichtig für den Erfolg einer Therapie ist, zeigt eine Untersuchung über die „Kraft der Freundschaft". Psychotische Patienten, die 5 Monate lang von unausgebildeten, unerfahrenen Studenten „behandelt" wurden, zeigten eindrucksvolle Besserungen im Vergleich zu Patienten, die entweder keine Behandlung oder Gruppenbehandlung durch einen Psychiater oder einen psychiatrischen Sozialarbeiter erhielten (Posner 1966).

Derartige Kritiken und neue Entwicklungen haben ein größeres Interesse an Gruppentherapie, an praktischerer und kürzerer Ausbildung, an Therapie für „Unterprivilegierte" bewirkt und haben auch zu einer Überprüfung der theoretischen Annahmen, Werte und Ziele der Psychotherapie geführt. Trotz dieser negativen Feststellungen mag individuelle Psychotherapie immer noch die beste Behandlung für ganz bestimmte Personen mit bestimmten Problemen sein, wenn sie von einem auffassungsfähigen und feinfühligen Therapeuten durchgeführt wird.

Vor dem 2. Weltkrieg wurde praktisch jede formale Psychotherapie auf individueller Grundlage durchgeführt. Aus dem zunehmenden Bedarf an qualifizierten Therapeuten und der Notwendigkeit, kleine Gruppen der Luftwaffe, Marine o. ä. zu trainieren, erwuchs während des Krieges und danach ein zunehmendes Interesse daran, mit Gruppen zu arbeiten. Gruppentherapeutische Ansätze gewannen ziemlich schnell an Boden, als sich herausstellte, daß Freuds Warnung vor der Gruppenarbeit unberechtigt war. In der Tat sind viele Therapeuten der Ansicht, daß Gruppenarbeit gegenüber der Arbeit mit einzelnen viele Vorteile habe.

Gruppentherapie

Die Gruppentherapie ermöglicht die Erfahrung, daß andere ähnliche Probleme haben und liefert eine „sichere" Umgebung, in der man seine eigenen wirklichen Gefühle erforschen kann (s. auch Kap. 13, Abschn. „Gruppenerfahrung").

In einer Untersuchung auf der Station einer neuropsychiatrischen Klinik wurden Gruppen- und Einzeltherapie miteinander verglichen.

Vier Patientengruppen wurden verglichen; jede Gruppe setzte sich aus gleich vielen Nichtpsychotikern, Kurzzeitpsychotikern und chronischen Psychotikern zusammen. In einer Gruppe waren Arbeit, Tagesablauf und Psychotherapie gruppenorientiert. Die zweite Gruppe erhielt Gruppentherapie, aber individuelle Arbeitszuteilungen, während bei der dritten Gruppe sowohl Therapie als auch Arbeitszuteilung individuell waren. Die vierte Gruppe diente zur Kontrolle; sie bekam die gewohnte individuelle Arbeit, die anderen Patienten auf der Station zuteil wurde, erhielt jedoch keine Therapie.

Die Patienten der Gruppentherapie benötigten die kürzeste Behandlungszeit, während die in der Einzeltherapie eine längere Zeit brauchten. Die spätere Anpassung war gleich gut, unabhängig von der angewandten Therapie und den verordneten Tranquilizern. Das ebenfalls untersuchte Kriterium der beruflichen Rehabilitation nach der Entlassung zeigte, daß alle drei Gruppen signifikant über der Kontrollgruppe lagen, wobei die erste und die dritte Gruppe den höchsten Prozentsatz an ganztägig beschäftigten Mitgliedern hatte (Fairweather et al. 1960).

Bestimmte Patienten scheinen weniger von der Gruppentherapie zu profitieren als andere, und häufig verläßt ein Viertel bis ein Drittel der Mitglieder die Gruppe. Bei der Suche nach einer Erklärung dafür fanden Psychologen 3 Persönlichkeitscharakteristika, aufgrund derer eine Person offensichtlich optimalen Nutzen aus der Gruppentherapie im Gegensatz zur Einzeltherapie ziehen kann. Diese sind: die Bereitschaft, emotionale Beziehungen zu anderen aufzubauen, die Fähigkeit, Ärger auszudrücken, und die flexible Wahrnehmung von Autorität.

32 Schwestern und Schwesternhelferinnen aus der Neuropsychiatrie nahmen freiwillig an einer Reihe von Gruppensitzungen teil mit dem Ziel, Einsicht in die eigenen Gefühle zu gewinnen. Vor Beginn des Experiments wurden in einem Interview die 3 oben genannten Charakteristika gemessen. Von jeder Schwester maß man einen Meßwert für jedes Merkmal. Die Sitzungen wurden über einen Zeitraum von 15 Wochen durchgeführt. Danach wurde jede Teilnehmerin nach ihren positiven oder negativen Reaktionen auf den Kurs befragt. Schwestern, die dazu tendierten, sich emotional „abzukapseln" (sehr vorsichtig in der Kontaktaufnahme zu sein), reagierten signifikant weniger positiv als solche, die nicht als „abgekapselt" klassifiziert wurden. Man fand auch signifikante Beziehungen zwischen den beiden anderen Charakteristika und dem Grad der Zufriedenheit mit den Wirkungen des Kurses. Darüber hinaus waren für eine Gruppe von Mädchen mit besonders hohen Werten bei den 3 Merkmalen die Therapiesitzungen ungewöhnlich effektiv (Gruen 1966).

Es soll angemerkt werden, daß solche Menschen, die zwar hohe Meßwerte bei den 3 Charakteristika erzielen und damit Erfolgsaussichten für eine Gruppentherapie hätten, insgesamt nicht notwendigerweise besser angepaßt sind als andere. Sie können dafür in anderen Beziehungen neurotischer sein. Der emotional „Abgekapselte" kann hingegen einen höheren Grad an Persönlichkeitsintegration besitzen.

Kombinierte therapeutische Methoden

Obwohl viele spezifische Techniken der Psychotherapie erprobt wurden, von denen einige auf ausgeklügelten Theorien und andere lediglich auf praktischen Erfahrungen beruhen, hat sich keine für jede Art von Störungen als universell wirksam erwiesen. Angesichts dessen gehen die meisten Therapeuten *eklektisch* vor und beschränken sich nicht auf irgendein bestimmtes Verfahren.

Dieser breitere Versuch wurde zuerst von Adolf Meyer, einem berühmten Psychiater der John-Hopkins-Universität, vorgeschlagen. Meyers Ansatz, der die Untrennbarkeit *psychologischer* und *biologischer* Prozesse betont, ist als *Psychobiologe* bekannt geworden. Dieser psychobiologische Ansatz erstrebt ein Verständnis aller Faktoren biologischer, psychologischer und sozialer Art, die an der Störung beteiligt sind. Dieses Denken führt zu einer *integrierten* Therapie, die in Abhängigkeit vom jeweiligen Fall verschiedene Techniken in verschiedenen Kombinationen verwendet.

So kann das besondere Behandlungsprogramm eines Patienten z. B. aus Techniken zusammengestellt sein wie freie Assoziation, Traumanalyse, Hypnose und somatischen Methoden, die für notwendig erachtet werden. Das Ideal einer solchen eklektischen Methode ist Flexibilität und Freiheit von theoretischem Dogmatismus; ein Versuch, die Therapie dem Problem anzupassen und nicht den Patienten an die Theorie des Therapeuten.

Anstaltspflege

Die vollständigste Form einer integrierten Therapie findet man in Nervenkrankenhäusern, in denen der Patient von einem Team aus Psychiatern, Psychologen, Sozialarbeitern, Beschäftigungstherapeuten und anderen speziell ausgebildeten Angestellten behandelt wird, die alle mit ihren diagnostischen und therapeutischen Fähigkeiten teilhaben. Schwer gestörten Patienten kann es richtig wohltun, in einer Anstalt zu leben, wo sie keine schwierigen Entscheidungen fällen und sich nicht den vielen Frustrationen eines normalen Lebens stellen müssen. Schuldgefühle werden durch das Dasein anderer mit ähnlichen Schwierigkeiten verringert. Darüber hinaus kann der Patient nicht die körperliche oder finanzielle Sicherheit seiner selbst oder seiner Umgebung gefährden.

Gute Bedingungen

Das Leben in einer gutgeführten Anstalt ist so normal, wie es der Zustand eines jeden Patienten erlaubt. Der Trend geht z. Z. dahin, daß man während der Hospitalisierung dem Patienten zunehmend mehr Freiheit gewährt, damit er normal leben und über sich selbst bestimmen kann. Solche Vorkehrungen, mit denen man sich noch im Experimentierstadium befindet, sind in vieler Hinsicht therapeutisch wertvoll; damit lernen die Patienten, selbständig zu werden und sich nicht völlig von der Klinik abhängig zu machen. Nach der Entlassung fällt ihnen die Anpassung an die Gemeinschaft zu Hause dann leichter.

Eine neuere Art der Behandlung in Institutionen ist unter dem Namen „therapeutische Gemeinschaft" bekannt geworden. Dabei handelt es sich um den Versuch, eine Abteilung eines psychiatrischen Krankenhauses so zu organisieren, daß eine Art sozialer Gemeinschaft zwischen dem Personal und den Patienten entwikkelt und aufrechterhalten wird. Eine enge Beziehung zwischen dem Personal und den Patienten ist dabei die Grundlage für gemeinsame Aktivitäten und Entscheidungen über das Leben auf der Station (vgl. Abb. 15.6).

Eine solche Gemeinschaft gibt es auf der psychiatrischen Station des Yale-New Haven Hospital, wo die Patienten eine „Stationsverfassung" entworfen haben. Darin wird die Station beschrieben als eine „Gemeinschaft mit dem Ziel, daß jeder lernen kann, für sich selbst verantwortlich zu sein und sich selbst zu helfen, indem er anderen hilft". Die Verpflichtungen und Privilegien der Patienten sind festgelegt, ebenso die Pflichten des Personals und die Wertvorstellungen und Verhaltensnormen, die das Leben des Personals mit den Patienten auf der Station regulieren. Die Probleme der Patienten werden offen in einer Sphäre des Vertrauens und der

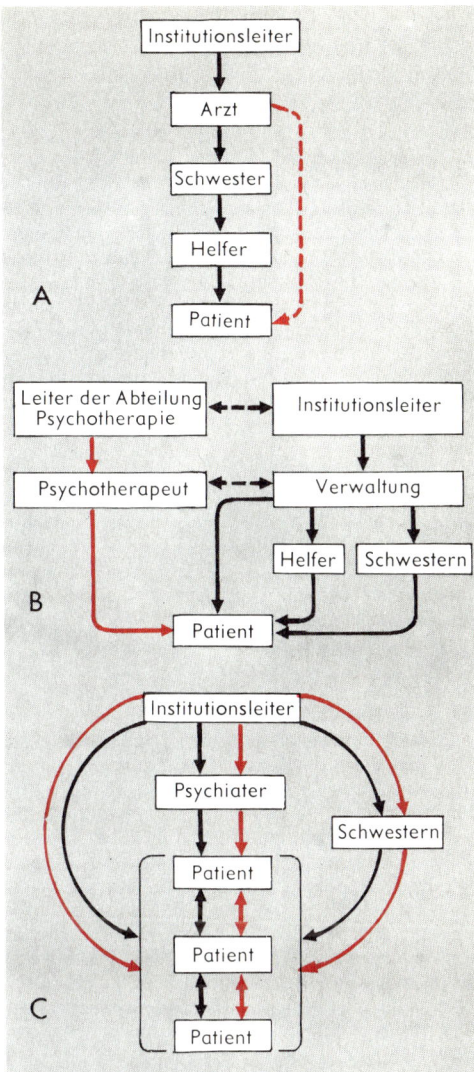

Abb. 15.6. Das Diagramm zeigt den Unterschied zwischen einer therapeutischen Gemeinschaft *(C)* und einem typischen Nervenkrankenhaus *(B)* und einer Nervenheilanstalt mit Sicherheitsverwahrung *(A)*. Bei *A* ist die Autoritätshierarchie (schwarze Linien) sehr deutlich ausgeprägt und es findet wenig therapeutischer Kontak (farbige Linien) zwischen dem Arzt und dem Patienten statt. Bei *B* befassen sich zwar mehr Personen mit dem Patienten, aber Autoritätsmaßnahmen und therapeutische Maßnahmen sind eindeutig voneinander getrennt. Nur in der therapeutischen Gemeinschaft *(C)* umfassen alle Verhältnisse sowohl autoritäre wie auch therapeutische Aspekte. (Nach Almond 1971)

Kameradschaft diskutiert. Das vorrangige Anliegen der Gemeinschaft besteht darin, den Patienten zu helfen, daß sie sobald wie möglich entlassen werden können und genügend gebessert sind, um in der häuslichen Gemeinschaft wieder Fuß zu fassen.

In einer Befragung über die Veränderung von Patienten und Personal aufgrund von Erfahrungen in einer therapeutischen Gemeinschaft berichtet Almond (1971) über ein signifikantes Anwachsen hinsichtlich sozialer Aufgeschlossenheit auf seiten der Patienten und über Verringerungen autoritärer Einstellungen beim Personal. Die Station konnte neue Patienten erfolgreich in die Gemeinschaft eingliedern. Weiterhin fand man heraus, daß die Patienten während des Aufenthalts sich nicht nur verbesserten, sondern (laut Einschätzung durch das Personal) sich gemäß den Normen sozialer Aufgeschlossenheit verhielten. Dabei ging interessanterweise das neue Verhalten der neuen Einstellung voraus – sie handelten zunächst, danach kam erst die dazugehörige Überzeugung. Die Wirkung einer derartigen therapeutischen Gemeinschaft auf den einzelnen wird deutlich in dem Bericht, den eine junge Frau über ihren ersten Tag als Patientin auf der Station gab: „Ich war sehr verwundert, als die Leute auf mich zukamen und mich fragten, warum ich hierher gebracht wurde." Ihre Reaktion während der folgenden Tage schilderte sie so: „Ich fing an, mich mit sehr vielen Leuten zu unterhalten, egal ob Patienten oder Personal. Ich begann allmählich zu erkennen, welche Probleme ich hatte ... Ich wurde objektiver ... Ich war mir nie so klar darüber, was mich krank gemacht hatte." Wie sie Mitglied der Station wurde und die Regeln lernte, beschrieb sie wie folgt: „Eigentlich durch reden. Die Intensität war wirklich beeindruckend ... Es war so intensiv, daß man sich schnell anpassen und die eigenen Probleme objektiver sehen konnte, weil man ständig Situationen ausgesetzt war, in denen man darüber reden mußte ... Die Leute hier haben alle viel Gemeinsamkeiten, sie scheinen am Wohlergehen des anderen ein echtes Interesse zu haben" (S. 39).

Schlechte Bedingungen

Die Anstaltspflege und Behandlung psychisch Kranker ist ein medizinisches, finanzielles und soziales Problem. Jährlich werden in den USA über 1 Mio. Patienten in Nervenkliniken betreut. Wie wir in Kap. 14 gesehen haben, ist tatsächlich die Hälfte aller Krankenhausbetten mit psychisch Kranken belegt. Das liegt nicht etwa darin, daß psychische Störungen stärker vertreten sind als körperliche Erkrankungen, sondern daß sie im allgemeinen schwerer zu heilen sind und man mit ihnen zu Hause nicht so leicht fertig werden kann; daher ist eine längere Hospitalisierung erforderlich.

Die direkten und indirekten Gesamtkosten für diese Patienten werden in den USA auf 1 Mrd. $ pro Jahr geschätzt. Jeder Staat unterhält Nervenkliniken, und in einigen stellen die Zuwendungen für Pflege und Behandlung der psychisch Kranken den größten Posten im Haushaltsplan dar. Dennoch sind sogar in den Staaten mit einem starken Einsatz für psychische Vorsorgeprogramme die Einrichtungen unzureichend. Fast alle staatlichen Krankenhäuser sind stark überfüllt. Obwohl die Zahl der Psychologen und Psychiater in den letzten 30 Jahren stark gestiegen ist, gibt es noch nicht genügend ausgebildete Psychiater und Psychologen und anderes geeignetes Personal für eine angemessene Pflege der psychisch Kranken.

Nur sehr wenige Einrichtungen für psychisch Kranke besitzen annähernd ideale Bedingungen für rehabilitative Maßnahmen. Es gibt viele staatliche Krankenhäuser, in denen die Bedingungen so schlecht sind, daß es einen nationalen Skandal gäbe, wenn sie bekannt wären oder wenn sich die Steuerzahler einmal darum kümmern würden.

In einigen gibt es nur einen Psychiater für über 1000 Patienten. In anderen entscheidet man sich für eine Behandlung nur dann, wenn zu erwarten ist, daß der Patient günstig und schnell auf eine Therapie reagieren wird. Bei Patienten mit schlechter Prognose oder bei denjenigen, die nicht nach kurzer Zeit eine deutliche Besserung zeigen, wird die Behandlung notwendigerweise auf Pharmako- und Beschäftigungstherapie reduziert, damit der Patient wenigstens umgänglich bleibt und keine Probleme macht.

Eine Flut von Kritik an Nervenkrankenhäusern dokumentierte in letzter Zeit die schädlichen Wirkungen, die diese Anstalten oft haben. Ihre Praktiken seien autoritär (Holzberg 1960), erniedrigend für den Patienten (Sarbin 1967), seien unmenschlich (Goffman 1961) und krankmachend (Schwartz 1960). Ein Wissenschaftler meint dazu: „... das Wesen des einzelnen wird so festgelegt, daß der Patient, wenn auch von allen unbeabsichtigt, zu einem Objekt wird, an dem der psychiatrische Dienst abgeleistet werden kann. Zu einem Patienten deklariert zu werden bedeutet, ein Dienstobjekt zu werden; eine Ironie, da der Patient keinen nennenswerten Dienst dadurch erhält" (Goffman 1961, S. 379).

In Kap. 14 sahen wir, daß es Rosenhan und

seinen Mitarbeitern (1973) gelungen war, in Nervenkrankenhäusern aufgenommen zu werden, indem sie Schizophrenie vortäuschten; einmal „drinnen" wurden sie auf eine Art behandelt, die sie depersonalisierte. Im Gegensatz zum Modell der therapeutischen Gemeinschaft zeigte in allen „besuchten" Krankenhäusern das Personal wenig persönliche Anteilnahme am Wohlbefinden der „Patienten", der direkte Kontakt zu Psychiatern und Psychologen war gering, und ein großer Teil der Patient-Personal-Interaktion war durch Gleichgültigkeit und Feindseligkeit gekennzeichnet (s. hierzu auch „Unter der Lupe").

Im Elgin State Hospital in Illinois wurde kürzlich ein ungewöhnliches Experiment durchgeführt. Ein Teil des Personals übernahm vorübergehend die Patientenrolle und wurde während dieser Zeit von den eigenen Kollegen, die in der Personalrolle blieben, betreut. 39 Mitglieder des Personals begaben sich für 3 Tage als Pseudopatienten in eine separate – psychiatrische – Abteilung. Trainierte Beobachter und Videokameras registrierten, was geschah. „Es war wirklich phantastisch, was hier passierte", berichtete Norma Jean Orlando (1973), Leiterin der Untersuchung. Nach kurzer Zeit begannen die falschen Patienten sich so zu verhalten, daß sie von echten nicht mehr zu unterscheiden waren: 6 versuchten zu fliehen, 2 zogen sich auf sich selbst zurück, 2 weinten unkontrollierbar, einer war kurz vor einem Nervenzusammenbruch. Die meisten erlebten einen allgemeinen Anstieg an Spannung, Angst, Frustration und Verzweiflung. Sie reagierten stark auf den totalen Eingriff in ihre Privatsphäre und darauf, wie unfähige Kinder behandelt zu werden, unbeachtet, und gezwungen, den Anweisungen des Personals Folge zu leisten.

Eine der Vpn, die dieses Wochenende in der Rolle des Pseudopatienten durchlitten erlebt hatte, gelangte zu der Einsicht: „Früher betrachtete ich Patienten, als handelte es sich um eine Horde wilder Tiere; ich habe nie gewußt, was sie wirklich durchgemacht haben."

Das positive Ergebnis dieser Untersuchung war die Gründung einer Organisation von Mitgliedern des Personals, die das Bewußtsein des restlichen Personals bezüglich der mißlichen Behandlung von Patienten verändern und auch die eigenen Beziehungen zu den Patienten verbessern sollte.

Unter der Lupe

Der Patient als „häßliches Entlein"

Ein Grund, warum es für Patienten sehr wichtig ist zu lernen, wie man auf das psychiatrische Personal den gewünschten Eindruck macht, liegt darin, daß psychiatrische Bewertungen zum großen Teil davon abhängen, ob das Personal einen Patienten *mag* oder nicht. Diese überraschende Schlußfolgerung ergab eine gründliche Untersuchung von Personal und Patienten zweier Stationen des Agnews State Mental Hospital in Kalifornien von Katz (1974), der selbst psychiatrischer Pfleger war. Wöchentlich schätzte das Personal die soziale Attraktivität der Patienten ein; die Ratings wurden mit der Häufigkeit von Personal-Patient-Kontakten, Beurteilungen des Gesundheitszustands der Patienten und Entscheidungen über ihren weiteren Verbleib korreliert. Die Ergebnisse der Katzschen Untersuchung unterstützen die Ansicht, daß soziale Attraktivität in beträchtlichem Ausmaß psychische Gesundheit ist.

Es gibt eine Statushierarchie der Patienten aufgrund von Umgänglichkeit. Im Vergleich zu beliebten Patienten werden jene Patienten, die beim Personal am unbeliebtesten sind, mehr gemieden, für stärkere Medikationen vorgeschlagen, auf andere Stationen verlegt oder sogar entlassen (obwohl sie als psychisch kränker eingeschätzt wurden). Gutgelittene Patienten werden als gebessert eingeschätzt und sehen sich selbst als psychisch gesund an.

Katz weist auf die Notwendigkeit für das Personal hin, sich des Einflusses bewußt zu werden, den die Beliebtheit der Patienten auf ihre angeblich objektiven Bewertungen hat. Weiterhin wäre es günstig, wenn das Personal den Patienten erklären würde, welches Verhalten es attraktiv oder störend findet und dann selektiv das verstärken würde, was den Patienten beliebt macht. In dem Ausmaß, in dem das Nervenkrankenhaus einen Mikrokosmos der Gesellschaft darstellt, mag die Schlußfolgerung dieser Untersuchung sein, daß wir alle wohl attraktiven Leuten einiges nachsehen, was wir den häßlichen Entlein ankreiden würden.

Eine der härtesten Kritiken psychiatrischer Hospitalisierung stellt die sehr sorgfältige Untersuchung von 2926 erwachsenen Patienten an der psychiatrischen Station des Los Angeles County General Hospital (Mendel 1966) dar. Sie schlußfolgerte, daß 75% aller als „schizophren" diagnostizierten Patienten hätten nach Hause entlassen werden können (waren es aber nicht). Je kürzer der Klinikaufenthalt, desto leichter können sich die Patienten nach der Entlassung wieder an das normale Leben gewöhnen. Je länger sie institutionalisiert bleiben, desto weniger Besserung zeigen sie, und die Chancen einer erfolgreichen Wiedereingliederung in die Gesellschaft draußen verringern sich zusehends.

Psychische Gesundheitspflege in der Gemeinde

Die Joint Commission on Mental Health (1961) empfahl, keine Nervenkliniken mit größerer Kapazität als 1000 Betten zu bauen, akute Fälle in kleineren Einrichtungen in der Heimatgemeinde sofort und ohne Warteliste zu behandeln und die vorhandenen großen staatlichen Einrichtungen sobald wie möglich entweder aufzulösen oder in Pflegeanstalten für chronisch psychisch oder physisch Kranke umzuwandeln. Einen entsprechenden Anfang machte der Community Mental Health Center Act, der den Bau von Gemeinschaftszentren mit breitem Dienstleistungsangebot im ganzen Land ermöglichte. Da diese Zentren immer zahlreicher und besser ausgestattet werden, kann man hoffen, daß immer mehr Hilfesuchende in ihren Gemeinden versorgt werden können und die großen staatlichen Nervenkliniken bald der Vergangenheit angehören werden.

Solche breit angelegten Gemeindeeinrichtungen haben viele Vorteile. Bei sofortiger Pflege, die den Bedürfnissen des einzelnen entspricht, kann die gesamte Behandlungszeit stark verkürzt werden, und dem Patienten wie auch seiner Familie werden viel Leid und Schwierigkeiten erspart. Die Schande, die häufig mit einem „Wegschicken" verbunden ist, wird so verringert oder völlig vermieden. Dem Patienten bleibt es erspart, sich einsam in die Ferne zu begeben und sich dort den Bedingungen einer unpersönlichen Institution anzupassen; auch das Problem, sich nach seiner Rückkehr in seiner alten Gemeinschaft erst wieder einen lebenswürdigen Platz suchen zu müssen, stellt sich ihm auf diese Weise nicht (s. „Unter der Lupe", S. 579).

Das Konzept der gemeindenahen Psychiatrie

Durch die staatliche Unterstützung der Gemeindepsychiatrie während der 70er Jahre war ein beachtlicher und auch dringend nötiger Anstieg der psychologischen Dienstleistungen zu verzeichnen. Tabelle 15.4 verdeutlicht diesen Zuwachs und zeigt die Unterschiede zu den traditionellen, klinisch orientierten Praktiken, die wir bereits beschrieben haben. Die Gemeindepsychiatrie ist ein interessanter und notwendiger Behandlungsansatz, bei dem Neuerungen eher die Regel als die Ausnahme sind. Wenn sie den psychologischen Bedürfnissen vieler gerecht werden wollen, ist es klar, daß die Kliniker den Rahmen der Institution verlassen und die Menschen aufsuchen müssen, anstatt darauf zu warten, daß diese zu ihnen kommen. Noch wichtiger ist allerdings das Konzept der Behandlung und *Prävention* für die gesamte Gemeinde, ähnlich der öffentlichen Gesundheitsprogramme zur Immunisierung gegen Krankheiten, wie z.B. Pocken. Die Ursachen für Belastungen durch die Umwelt und gewisse Organisationsformen können ausgemacht werden; man kann überlegen, wie sich diese verhindern oder umgehen lassen, und gleichzeitig kann man die Gemeindemitglieder bestimmten Belastungsursachen gegenüber widerstandsfähiger machen.

Während ein Teil unserer emotionalen Probleme ohne Zweifel auf frühkindlichen ungelösten Konflikten und unangemessenem Lernen beruht, geht der größte Teil der Belastungen, mit denen wir konfrontiert werden, wohl doch auf die Bedingungen zurück, unter denen wir unseren Alltag erleben: Gewalttätigkeit, Vorurteile, Formen ökologischer Verschlechterung, soziale Isolation, Kriminalität, Arbeitslosigkeit, Armut, politische Auseinandersetzungen und das Gefühl der Machtlosigkeit, wenn wir versuchen, die uns kontrollierenden und manipulierenden Systeme zu verändern.

Wenn man erfährt, daß die Mehrzahl hospitalisierter Patienten nach ihrer Entlassung Rückfälle erleidet, ist das dann ein Zeichen für den Schweregrad ihrer Krankheit oder für die Gestörtheit ihrer Umgebung, in die sie zurück entlassen werden? Es ist schon auffällig, daß die hohe Rückfallquote psychiatrischer Patienten derjenigen von langfristig inhaftierten normalen Gefangenen entspricht. Wenn man eine Person in eine Umgebung „zurückwirft", die von Anfang an ablehnend war (und in der Zwischenzeit eher noch negativer geworden ist), stellt man wahrscheinlich die Auslösebedingungen für abweichendes Verhalten her. Weiterhin ist die Wiederanpassung an die eigene Familie und den alten Freundeskreis nach jeder längeren Zeit der Abwesenheit ohnehin schwierig genug. Amerikanische Kriegsgefangene aus Vietnam erhielten bei ihrer Rückkehr ein „Wiedereingliederungstraining", aber in vielen Fällen waren sie nicht mehr in der Lage, mit einer Familie zurechtzukommen, die jahrelang ohne sie leben konnte, und mit einer „Gemeinschaft", die in Wirklichkeit ihre Abwesenheit nie bemerkt hatte. Wenn dies schon für die Rückkehr von „Helden" gilt, wie sehen dann die Wiedereingliederungsschwierigkeiten ehemaliger Schizophrener oder Strafgefangener aus?

Eine gründliche Untersuchung kommunaler psychiatrischer Einrichtungen (Hogarty et al. 1969) betont die Notwendigkeit, die Gemeindefürsorge für ehemalige Patienten umfassend zu erweitern, wenn man das Drehtürsyndrom in der Psychiatrie vermeiden will. Wo die Nachsorge fehlt oder unzureichend ist, ist die soziale Anpassung psychiatrischer Expatienten sehr viel schlechter. Die Untersucher zogen aus ihrer Studie über die soziale und psychische Anpassung entlassener Patienten über einen Zeitraum von 12 Monaten die Schlußfolgerung, daß „der Grad sozialer Wiederherstellung bei vielen in der Gemeinde behandelten Patienten beachtlich ist; er erscheint genauso groß, wenn nicht größer als die Anpassung von Patienten nach der traditionellen Krankenhausbehandlung" (S. 280).

Laientherapeuten

Das Konzept der gemeindenahen Psychiatrie, das die meisten Neuerungen brachte und u.U. die weitreichendsten Konsequenzen haben wird, ist die Verwendung von Nonprofessionellen als Laientherapeuten. Oberschüler, Studenten und sogar Volksschüler versorgen Hausfrauen, alleinstehende Personen, Arbeiter, jugendliche Delinquenten, Patienten, ehemalige Strafgefangene, Süchtige und Arbeitslose. Diese neuen Hilfstherapeuten tun im Sinne psychiatrischer Versorgung insgesamt genau dasselbe wie professionelle (außer dem Verschreiben von Medikamenten und Anwendung anderer medizinischer Therapieformen) und nehmen auch an Aktivitäten teil, die formal nicht als Teil psychiatrischer Arbeit angesehen werden, wie z.B. Verbesserungen der Gemeindetätigkeit. Diese rapide Entwicklung ist von einigen (Sobey 1970) als „soziale Revolution" bezeichnet worden, deren Auswirkungen auf das Gebiet der Psychiatrie noch nicht abzusehen sind. Es gibt bisher wenige gutgeplante Untersuchungen in diesem Bereich, aber aus den vorliegenden Daten wird ersichtlich, daß Laientherapeuten oft genauso gut und gelegentlich auch *besser* Hilfestellung leisten können als fachlich ausgebildete Personen (s. auch Posner 1966). Ein wichtiges Nebenergebnis ist die Tatsache, daß der *Helfende*

Tabelle 15.4. Vergleich der Gemeindepsychiatrie mit traditionellen klinischen Ansätzen. (Nach Bloom 1973)

1. Das Schwergewicht der Arbeit liegt in der Gemeinde, im Gegensatz zur Arbeit in den Anstalten.
2. Die gesamte Gemeinde oder eine andere definierte Population rückt in den Vordergrund, die Patienten sind integriert.
3. Präventive Aufgaben erhalten Vorrang vor der Therapie bereits „Erkrankter".
4. Indirekte Dienstleistungen wie Beratung und Erziehung zu psychischer Gesundheit sind wichtiger als direkte Behandlung.
5. Innovative klinische Strategien wie Kurztherapien und Kriseninterventionen, die auf die Bedürfnisse und mehr Hilfesuchenden zugeschnitten sind, als es bisher der Fall war, werden betont.
6. Die rationale Planung von Gesundheitsprogrammen einschließlich demographischer Analysen der Gemeinde, Herausfinden offener Bedürfnisse, Identifizierung von Risikopopulationen sowie der Festsetzung von Prioritäten rücken in den Vordergrund.
7. Laientherapeuten und Paraprofessionelle werden vermehrt als therapeutisches Hilfspersonal eingesetzt.
8. Es besteht eine Verpflichtung zur „Kontrolle der Gemeinde", indem die Bedürfnisse der Gemeinschaft ermittelt, Programme zur Befriedigung dieser Bedürfnisse vorgeschlagen und bewertet sowie zukünftige Programmentwicklungen geplant werden.
9. Die Ursachen für Belastungen werden eher in der Gemeinde gesucht, als daß man annimmt, daß die Psychopathologie ausschließlich ein Problem des einzelnen Patienten sei.

Unter der Lupe

Ein praktischer Beratungsführer

Viele von uns haben das Gefühl entwickelt (oder es ist ihnen anerzogen worden), daß wir in der Lage sein sollten, unsere Probleme selbst zu lösen und andere nicht mit unseren Sorgen zu belasten. Irgendwie erscheint es unpassend oder ein Zeichen von Schwäche zu sein zuzugeben, daß wir Hilfe benötigen. Andererseits erlebt gewiß fast jeder von uns manchmal Gefühle der Niedergeschlagenheit, Einsamkeit oder Lebensuntüchtigkeit. Zahlreiche Lebenserfahrungen können solche Krisen auslösen. Dann ist es wichtig, sich zu vergegenwärtigen, daß jeder irgendwann mit solchen Krisen konfrontiert wird und daß es nichts Falsches oder Ungewöhnliches ist, in solchen Situationen emotional zu reagieren. In allen solchen Fällen Hilfe zu suchen, mag nicht leicht sein, aber es scheint doch besser zu sein, als sich allein abzumühen.

Wenn der normale emotionale Beistand von Eltern oder guten Freunden nicht erreichbar ist, sollten wir nicht zögern, woanders Hilfe zu suchen. Bei den meisten Menschen dauert eine Krise nicht lange (zwischen 4 und 6 Wochen) und beinhaltet sowohl die Gefahr erhöhter psychologischer Verletzlichkeit als auch die Chance zu persönlicher Weiterentwicklung. Das Ergebnis scheint in beträchtlichem Ausmaß davon abzuhängen, ob geeignete Hilfe verfügbar ist und welche Einstellung man selbst zu dem „Problem" hat und wie man es definiert.

Im Sinne einer Prävention wäre es jedoch sinnvoller, nach Möglichkeiten der Hilfeleistung zu suchen, *ehe* sie gebraucht werden. Eine interessante und lohnende Aufgabe wäre es, die verschiedenen verfügbaren Quellen psychologischer Beratung ausfindig zu machen. Zuallererst sollte man die nichtprofessionellen Quellen auflisten, die einem zur Verfügung stehen. Familie, Freunde, Lehrer, Pastoren usw. Vielleicht kann ein Besuch im örtlichen Gemeindehaus klären, ob man dort Hilfe bekommen könnte. Man sollte aus dem Zweck seines Besuchs keinen Hehl machen; man erklärt einfach, daß man herausfinden will, an wen man sich mit emotionalen Problemen im Notfall wenden könnte.

Die meisten Probleme sind tatsächlich nicht so schlimm; sie vergehen mit der Zeit und nehmen an Intensität ab, wenn wir auf sie zurückblikken. Aber indem wir sie durcharbeiten, kommen wir uns selbst ein wenig näher und können solche Probleme in Zukunft eher bewältigen. Es gibt jedoch auch Fälle echter Verzweiflung, wenn man selbst oder ein Freund schwer depressiv wird, ernsthafte Selbstmordabsichten hat oder auch paranoide Verfolgungsideen und Halluzinationen oder andere Anzeichen stärkerer psychologischer Belastung entwickelt. Mit solchen Problemen sollte man sofort zu einem anerkannten beruflichen Therapeuten gehen. Idealerweise sollte das jemand sein, den man schon früher als jemanden kennengelernt hat, dem man mit Achtung und Vertrauen entgegentreten und zu dem man offen sein kann. Man sollte rechtzeitig genug hingehen, damit nicht die Symptome selbst zu Problemen werden (z. B. Leistungsabfall usw.).

Es ist sinnvoll, zu Beginn über den „Therapievertrag" zu reden – was man bekommt, was man gibt. Unter Umständen will man die persönliche Philosophie des Therapeuten erfragen, seine Ansichten über den Menschen und die Ursachen emotionaler Beeinträchtigungen und Verhaltensstörungen. Selbstverständlich ist es wichtiger, sich beim Therapeuten wohlzufühlen und Vertrauen entwickeln zu können, als seine Philosophie zu kennen. Dies kann am ehesten erreicht werden, indem man die eigenen Probleme und Anliegen vorträgt und dann einschätzt, wie hilfreich die Reaktion des Therapeuten ist. Allerdings sollte man dabei daran denken, daß die meisten Therapeuten nicht gerne direkte Ratschläge geben, sondern dem Klienten helfen wollen, ihre Probleme selbst zu lösen. Man mag selbst beurteilen, ob es das ist, was man will, oder nicht.

Therapie ist ein intimer sozialer Kontakt, für den man bezahlen muß. Wenn man das Gefühl hat, die Behandlung zeige keine Erfolge, sollte man dies offen mit dem Therapeuten diskutieren, indem man die Möglichkeiten aufzeigt, daß ein Mißerfolg sowohl eigenes als auch *Versagen des Therapeuten* sein kann. Man sollte weiterhin die Kriterien für eine erfolgreiche Beendigung der Therapie besprechen – wann wissen beide, daß es einem „wirklich" besser geht? Weiterhin sollte man zur Sprache brin-

selbst persönlich aus seiner Tätigkeit Nutzen zieht (Gruver 1971).

Ersatzmöglichkeiten für die Hospitalisierung

Wahrscheinlich wird man sich zunehmend bei der Behandlung auch ernsterer Verhaltensstörungen von der Krankenhaussituation entfernen. „Psychiatrie ohne Ärzte", „Behandlung zu Hause" und „Vermieterinnen für Geisteskranke" sind z. B. Schlagzeilen, die immer häufiger erscheinen werden, wenn sich solche Neuerungen als erfolgreich herausstellen. Fairweather et al. (1969) zeigten in einem experimentellen Programm, daß frischentlassene psychisch Kranke außerhalb der Anstalt effektiv tätig sein können. Man fand ein Haus, in dem diese Patienten als Gruppe leben konnten. Zuerst war ein einziges Mitglied des Forscherteams anwesend, später nur noch ein Laie. Die Patienten waren sich gegenseitig verantwortlich für die Regulierung des Verhaltens, für die Haushaltsführung, Besorgung und Zubereitung der Mahlzeiten und das Geldverdienen. Sie richteten einen Service für Gelegenheitsarbeiten ein, wodurch sie in 3 Jahren ein Einkommen von über 50 000 $ erreichten. Sie teilten das verdiente Geld gemäß der Arbeitsleistung und Verantwortlichkeit eines jeden Patienten auf.

40 Monate nach ihrer Entlassung verglich man diese Gruppe mit 75 vergleichbaren Patienten, die zwar zur gleichen Zeit entlassen worden waren, aber keine derartige Erfahrung hatten. Die Mitglieder der Gruppe zeigten mehr Beständigkeit auf ihrem Arbeitsplatz, zeigten eine zufriedenstellendere Anpassung und nahmen mehr am Gemeinschaftsleben teil als die Kontrollpersonen. Ein einzelnes Mitglied dieses Hauses kostete den Steuerzahler nur 6 $ pro Tag (Raush u. Raush 1968).

Ein Traum für die Zukunft oder ein Zukunftsschock?

Ein Geisteskranker mit paranoiden Wahnvorstellungen begann zu phantasieren, er sei mit einer der Krankenschwestern, die er aber kaum kannte, verheiratet. Dieser Gedanke wurde weiterverfolgt, und er sah seine Ehe mit 3 Kindern gesegnet und sein Leben mit Glück erfüllt. Bald verlor der stellenlose Junggeselle mittleren Alters das Interesse an der Arbeit, „falls sie überhaupt Wirklichkeit war", und kümmerte sich nur noch um seinen Traum, „der, wenn er Wirklichkeit ist, wundervoll ist", wie er zum Therapeuten sagte.

Als er den Therapeuten nach dessen Meinung über die Realität oder Irrealität seiner Gedanken befragte, antwortete der Therapeut, daß sie eine Art von Tagträumen seien. An dieser Stelle führte der Patient dann seine Einsamkeit an, sein Älterwerden und die Tatsache, nicht verheiratet zu sein, und daß sich niemand darum kümmerte, wenn er morgen sterben würde. „Was", fragte er, „sollte ich tun, wenn mir meine Träume genommen würden? Was können Sie mir Besseres anbieten als meinen Traum?"

Wie hätten *Sie* ihm geantwortet, wenn *Sie* der Therapeut wären? Ob Sie diesem Geisteskranken einen besseren Traum hätten anbieten können, hängt davon ab, ob Ihnen Ihre Gesellschaft die Möglichkeit für einen Traum der Zukunft anbieten kann (vgl. „Unter der Lupe", S. 582).

In Kap. 16 werden wir die Kräfte untersuchen, die unser „Menschsein" beeinträchtigen könnten, einschließlich der Art, wie Zivilisation unzivilisiert werden könnte. Heute glauben viele Leute so wie Toffler (1970), daß ein „Zukunftsschock" eine von Angst beherrschte Unfähigkeit, mit den schnellen Veränderungen unserer Gesellschaft fertig zu werden, alles ist, was uns die Zukunft bietet. Aber warum sollte es nicht auch Menschen geben, die vortreten, um den

Unter der Lupe

Ethische Probleme bei der Therapie

Wie wir gesehen haben, ist jeder Versuch, eine andere Person zu ändern genauso mit einer ethischen Entscheidung verbunden wie mit einer pragmatischen oder theoretischen. Einige Therapeuten vermeiden die Konfrontation mit solchen komplizierten Problemen, indem sie ihre Ziele nur unspezifisch formulieren. Aber jedes veränderte Verhalten wird von anderen Personen bemerkt; so muß der gesamte Prozeß der therapeutischen Verhaltensmodifikation in einem weiten sozialen Kontext gesehen werden. Welche Werturteile würden Sie in den folgenden Fällen vertreten?

1. Ein Bomberpilot mit einer Höhenphobie möchte geheilt werden, damit er sich wieder der Besatzung seines Bombenflugzeugs anschließen und weiterhin Bomben zielsicher abwerfen kann.
2. Ein impotenter Mann wünscht sich verzweifelt eine große Familie. Die Beseitigung seines sexuellen Problems würde indes zur Überbevölkerung beitragen.
3. Ein Jugendlicher ist von dem Wunsch besessen, auf einem Gebiet Hervorragendes zu leisten, unter Ausschluß aller anderen Interessen. Sie glauben, daß er durch Vielseitigkeit ein besser angepaßter Erwachsener werden wird, daß aber dadurch der Gesellschaft ein begabtes Talent verloren gehen könne.
4. Eine Frau mit einer multiplen Persönlichkeitsstruktur genießt ihr sexuelles, lustvolles Selbst, das sie zur Promiskuität anhält, und hat eine Abneigung gegen ihr konservatives, zurückhaltendes Selbst, das solche Wünsche nicht gestattet. Welches Selbst würden Sie zu beseitigen versuchen, oder würden Sie beide miteinander verbinden wollen?
5. Ein radikaler Student mit der Überzeugung, die Gesellschaft sei korrupt und sein Leben wie auch das Ihrige würde von einem „militärisch-industriellen Komplex" kontrolliert, will ein militanter Revolutionär werden. Behandeln Sie ihn als paranoiden Geisteskranken und versuchen Sie ihn wieder an die Gesellschaft anzupassen, oder versuchen Sie, Veränderungen in der Gesellschaft herbeizuführen, damit sie für die einzelnen (auch für diesen Studenten) erträglicher wird?

Da unsere traditionellen Wertvorstellungen mit den Forderungen kollidieren, daß tatsächlich all diese Vorstellungen geändert werden müßten, ist die Rolle des Therapeuten als Wertvermittler für die Gesellschaft schärfer profiliert als je zuvor. Soll der Therapeut die statistische Definition von Normalität im Sinne dessen, was die Mehrheit will, unterstützen, oder soll er jede Seite beeinflussen und aneinander „anpassen", oder soll er die hohe Zahl der individuellen Störungen als Symptome der übergreifenden gesellschaftlichen „Krankheit" sehen und seine Anstrengungen auf eine Heilung der sozialen Pathologie ausrichten?

„Traum" aufrechtzuerhalten, ebenso für die „Kranken" wie für die „Gesunden"?
Der Theologe Martin Buber (1957) schrieb:

„Die wichtigsten Ereignisse in jener verkörperten Möglichkeit namens Mensch sind die gelegentlich auftretenden Anfänge neuer Epochen, die durch anfänglich unsichtbare und unbeachtete Kräfte bestimmt sind. Jedes Zeitalter ist natürlich eine Fortsetzung des vorhergegangenen, aber eine Fortsetzung kann eine Bestätigung oder eine Widerlegung sein" (S. 167).

Ob der Traum von einer besseren Zukunft bestätigt oder widerlegt wird, wird letztlich durch das *Verhalten der einzelnen* in der Gesellschaft bestimmt sein, d.h. inwieweit sie sich selbst sozialen Verpflichtungen unterziehen wollen und zu wieviel jeder einzelne bereit ist, um einen gemeinsamen Traum wahrwerden zu lassen.

Zusammenfassung

Unter *Psychotherapie* versteht man normalerweise die psychologische Behandlung von abnormen Gedanken, Gefühlen oder Verhaltensweisen. Da der Begriff der Normalität von der jeweiligen Kultur abhängig ist, kann das leider bedeuten, daß das Individuum nur an den jeweiligen Status quo angepaßt wird. Neuerdings wird Psychotherapie auch im Sinne der Erhaltung und nicht nur der Wiederherstellung von Gesundheit verstanden.

Formale Therapien werden durchgeführt von *Psychiatern*, die eine medizinische Ausbildung mit dem Schwerpunkt der Behandlung von psychischen Erkrankungen haben, *klinischen Psychologen*, die zwar akademische und klinische Ausbildung, aber keinen Arzttitel haben, sowie *Psychoanalytikern*, die im Freudschen Therapieansatz ausgebildet sind.

Die heutigen Therapieansätze gründen sich auf das *biomedizinische* Modell, was darauf hinausläuft, im Gehirn und Nervensysten durch chirurgische Eingriffe, Schock oder Medikamente Veränderungen zu bewirken, und auf das *psychologische* Denkmodell, das die psychodynamische, die verhaltenstheoretische und die existentialistisch-humanistische Auffassung impliziert.

Die biomedizinische Therapie geht davon aus, daß psychische Leiden *organische* Krankheiten sind. Bei der *Psychochirurgie* werden Verbindungen zwischen Hirnregionen durchtrennt. Die *präfrontale Lobotomie* ist eine – früher recht häufig durchgeführte – Operation, bei der die die Vorderlappen mit den unteren Hirnzentren verbindenden Nervenfasern durchtrennt werden. Dies hat eine Herabsetzung der emotionalen Spannung im Zusammenhang mit Gedanken und Erinnerungen zur Folge und bedeutet, daß emotionale Qualen beendet und Halluzinationen beseitigt werden. Wegen seiner zahlreichen Nebeneffekte wird dieses Verfahren heute nur noch in begrenztem Umfange und vorwiegend bei solchen Menschen angewandt, die ein Syndrom des Kontrollverlustes aufweisen.

Die nach dem 2. Weltkrieg ebenfalls in größerem Ausmaß angewandte *Schocktherapie* wird in den letzten Jahren auch seltener benutzt. Bei dieser Behandlung wird ein Koma herbeigeführt, das mehrere Minuten oder Stunden nach dem Schock anhält. *Elektroheilkrampfbehandlungen* haben sich besonders bei Depressionen als effektiv erwiesen.

Den nachdrücklichsten Einfluß auf die Behandlung und Versorgung psychisch Kranker in den letzten 25 Jahren hatte die *Chemotherapie*. Die Aufenthaltszeiten in Anstalten und Kliniken konnten drastisch verkürzt werden durch die Verabreichung von *Tranquilizern* wie *Reserpin* und *Chlorpromazin* für Schizophrene und *Antidepressiva* und *Psychotonika* wie *Imipramin* und *Monoaminoxydasehemmstoffen* für Depressive. Ferner stellte sich heraus, daß eine erfolgreiche Behandlung *manisch Depressiver* mit *Lithium* möglich ist, und man verwendete außerdem verschiedene *Amphetamine* zur Behandlung leichter Depressionen. *Ritalin* wurde vornehmlich hyperaktiven Kindern verordnet.

Die Kritik an medikamentöser Therapie richtet sich v. a. darauf, daß Medikamente lediglich die Auftretenshäufigkeit unerwünschten Verhaltens vermindern, aber keine wirkliche „Heilbehandlung" für die Störungen selbst darstellen. Sie führt auch an, daß die Patienten sich so im Übermaß auf die Medikamente verlassen könnten, daß sie auf den Therapieeffekt einer Mensch-zu-Mensch-Beziehung ganz zu verzichten geneigt sind. Schließlich wird in diesem Zusammenhang noch beanstandet, daß die biomedizinischen Ansätze dem Zusammenwirken kognitiver, sozialer und Erfahrungsprozesse nicht genügend Beachtung schenken.

Psychodynamische Therapieformen nehmen interne Ursachen an, aber eher psychologische als physiologische. Gemäß der Freudschen Persönlichkeitstheorie versucht die *Psychoanalyse*, Persönlichkeitsveränderungen dadurch zu erreichen, daß verdrängte Erinnerungen und Konflikte aufgedeckt werden. Dazu gehören die Techniken der Analyse von *freien Assoziationen, Träumen, Widerständen und Übertragungsphänomenen*. Neofreudianer, wie die Anhänger von Jung und Adler, maßen kulturellen Faktoren und der Selbstverwirklichung größere Bedeutung bei. Die Psychoanalyse wurde kritisiert, weil sie sehr zeitaufwendig sei und aktuelle Symptome ignoriere.

Die *Verhaltenstherapie* behandelt sichtbares Verhalten, und zwar wendet sie Lerngesetze an, um Verhalten zu modifizieren. Varianten sind a) *Löschung*, wobei jegliche Verstärkung weggenommen wird, sobald unerwünschtes Verhalten auftritt; b) *Desensibilisierung*, bei der ähnlich wie bei der *reziproken Hemmung* der Betreffende die Angst überwindet, indem er lernt, völlig entspannt zu bleiben, wenn die ehemals angstauslösenden Reize auftreten; c) die *Implosivtherapie*, bei der die Person gezwungen wird, die gefürchteten Reize auszuhalten und gleichzeitig zu erfahren, daß sie keinen Schaden erleidet; d) die *Aversionstherapie,* bei der unerwünschte Reaktionen mit unangenehmen Reizen gekoppelt werden; e) die *positive Verstärkung,* bei der erwünschte Reaktionen durch befriedigende Konsequenzen ausgeformt werden; f) *Modellernen,* bei dem der einzelne die erwünschte Reaktion bei anderen sieht und dann verstärkt wird, wenn er sie selbst zeigt, und g) die *Münzökonomie,* bei der man in einer Institution (Schule, Gefängnis, Nervenkrankenhaus) für bestimmte Verhaltensweisen Münzen „verdienen" kann, die wiederum irgendein besonderes Privileg gestatten. Solche Therapien haben sich als sehr erfolgreich erwiesen, erfordern weniger Zeit als die traditionellen Therapien und weniger Ausbildung auf seiten des Therapeuten.

Kognitive Strategien und *Einprobung von Verhalten* ermöglichen es dem Patienten, durch das Erlernen effektiver Selbstinstruktionen und geeigneter Verhaltensweisen zur Situationsbewältigung neue Fertigkeiten aufzubauen. Die Einübung geschieht unter Bedingungen, die für gewöhnlich das unerwünschte Verhalten hervorrufen. Das *Training sozialer Fertigkeiten* umfaßt die meisten zur Verhaltensmodifikation gebräuchlichen Techniken und zielt ab auf die Aneignung der grundlegenden sozialen Fertigkeiten sowie v. a. auf angemessene Selbstsicherheit.

Existentialistisch-humanistische Therapien entstanden aus einer „dritten Kraft" in der Psychologie und sind weniger pessimistisch und mechanistisch als die anderen Ansätze. Der Existentialismus betont das Hier und Jetzt und den Vorgang des Werdens. Die *Logotherapie* als eine existentielle Therapieform betont das Bestreben, einen Sinn im eigenen Leben zu finden, und verwendet *paradoxe Intention.*

Eins der frühesten Beispiele humanistischer Psychotherapie war die *klientenzentrierte Therapie* von Carl Rogers, in der ein *nichtdirektiver* Therapeut eine „sichere" Atmosphäre schafft, in der der Klient verschüttete Gefühle entdecken und vermehrtes Selbstverständnis und Selbstakzeptierung entwickeln kann. Dabei werden vermehrt Techniken eingesetzt, bei denen der Therapeut ermutigt wird, seine eigenen Gefühle und Erfahrungen einzubringen.

Therapeutische *Gruppen* nutzen Zeit und Personal wirkungsvoller und fördern die Interaktion zwischen den Patienten.

Gruppentherapie ist für manche Personengruppen von größtem Nutzen.

Die meisten Therapeuten bevorzugen heute einen *eklektischen Ansatz,* indem sie nicht ausschließlich eine Vorgehensweise, sondern eine Kombination von Techniken einsetzen. Ein vollständiges Programm *integrativer Versorgung* ist im institutionellen Rahmen möglich. Das Konzept der *therapeutischen Gemeinschaft* betont die gemeinsame Interaktion zwischen Ärzten, Patienten und Personal. Überfüllung und fehlende finanzielle Mittel haben in vielen großen Anstalten zu beklagenswerten Zuständen geführt, die eher kustodialen als rehabilitativen Charakter angenommen haben.

Die *gemeindenahe Psychiatrie,* die von der US-Regierung gefördert wird, versorgt Patienten außerhalb der großen staatlichen Nervenheilanstalten in der örtlichen Gemeinde, wobei der jeweilige Bedarf und die Prävention psychiatrischer Problematiken in den Vordergrund gestellt werden. Es besteht eine zunehmende Tendenz, nonprofessionelle Therapeuten einzusetzen und Einrichtungen aufzubauen, wo Patienten lernen können, wie sie sich effektiv mit der Realität auseinandersetzen. Da wir mit einer sich verändernden Gesellschaft konfrontiert sind, in der der „Zukunftsschock" ein ständig wachsendes Problem darstellt, ist es wichtiger denn je festzulegen, wessen Interessen und Wertvorstellungen die Therapie vertreten sollte: die des Individuums oder die der Gesellschaft.

16 Die sozialen Grundlagen des Verhaltens

Der schrille Klang eines Martinshorns durchbrach jäh die sonntagmorgendliche Stille in Palo Alto, einer Stadt in Kalifornien, und begleitete einen Polizeieinsatz durch die Stadt, bei dem eine überraschende Massenverhaftung von Collegestudenten durchgeführt wurde. Jeder Verdächtige wurde eines schweren Verbrechens beschuldigt, über seine verfassungsmäßigen Rechte in Kenntnis gesetzt, mußte sich dann mit erhobenen Armen gegen den Streifenwagen lehnen, wurde durchsucht und schließlich mit angelegten Handschellen im Rücksitz des Einsatzwagens zur Polizeistation gebracht, um dort erkennungsdienstlich erfaßt zu werden.

Nachdem von den Gefangenen Fingerabdrücke abgenommen worden waren und die für ihre „Akten" in der zentralen Erfassungsstelle notwendigen Formblätter mit den Angaben zur Person ausgefüllt waren, wurden sie eine Zeitlang voneinander isoliert und dann mit verbundenen Augen zum Stanford County Prison, dem Kreisgefängnis, gebracht. Dort mußten sie sich entkleiden, wurden einer Leibesvisitation unterzogen, entlaust, und schließlich wurde jedem die Anstaltskleidung, Bettzeug, Seife und Handtuch ausgehändigt.

Die Kleidung für die Gefangenen bestand aus einem locker sitzenden Kittel mit einer Erkennungsnummer auf Rücken und Brust. Eine Kette war an einem Fußknöchel befestigt und wurde niemals abgenommen. Anstatt der in Gefängnissen sonst üblichen Prozedur des Haarescherens, mußten die Gefangenen eine Nylonkappe über ihre Haare ziehen. Befehle wurden ausgegeben, und wenn die Gefangenen sie nicht schnell genug befolgten, trieb man sie an.

Die Individualität der Wärter war durch Uniformen im militärischen Khakistil eingeschränkt, die ihnen eine „Gruppenidentität" verliehen. Es wurden keine Namen verwendet, und Augenkontakt mit ihnen war wegen ihrer Silber-Reflektoren-Sonnenbrillen nicht möglich. Ihre Machtsymbole bestanden aus Gummiknüppeln, Trillerpfeifen, Handschellen und den Schlüsseln zu Zellen und Haupttor.

Am späten Nachmittag, nachdem die Verhaftungen abgeschlossen und alle Gefangenen ordnungsgemäß abgefertigt waren, begrüßte der Gefängnisdirektor seine neuen Schützlinge und verlas 16 Grundregeln des Gefangenenverhaltens (welche vorher vom Gefängnisdirektor und seinem Stab von 11 Strafvollzugsbeamten zusammengestellt worden waren):

Regel: 1: *Die Gefangenen dürfen während der Ruhe- und Mahlzeiten, nach Löschen des Lichts und immer, wenn sie sich außerhalb des Gefängnishofes befinden, nicht sprechen. 2: Die Gefangenen dürfen ausschließlich bei den Mahlzeiten essen. 3: Die Gefangenen dürfen Decken, Wände, Fenster, Türen oder anderes Gefängniseigentum weder bewegen, daran herumbasteln oder auf irgendeine Weise beschädigen. 7: Die Gefangenen müssen die Wärter mit „Herr Strafvollzugsbeamter" ansprechen. 16: Das Nichtbefolgen einer der oben genannten Regeln kann bestraft werden.*

Die meisten der 9 jugendlichen Strafgefangenen, von denen keiner vorbestraft war, saßen verwirrt auf den Pritschen in ihren kahlen Zellen, erschüttert durch die unerwarteten Ereignisse, die ihr Leben so plötzlich verändert hatten. Was für ein Gefängnis war das nun eigentlich?

Es handelte sich in der Tat um eine ganz besondere Art von Gefängnis – ein experimentelles „Scheingefängnis", von Sozialpsychologen eingerichtet, speziell zu dem Zweck, die psychischen Auswirkungen der Haft auf freiwillige Vpn zu untersuchen (Zimbardo et al. 1973). Wärter und Gefangene waren durch Anzeigen einer örtlichen Tageszeitung angeworben worden, in denen Studenten gesucht wurden, die sich freiwillig für eine 2wöchige Untersuchung des Gefängnislebens zur Verfügung stellen sollten. Das Angebot einer Bezahlung von 15 $ pro Tag hatte über 100 Freiwillige angelockt, die psychologischen Interviews unterzogen wurden;

aus diesen 100 wurden dann 24 Studenten als mögliche Teilnehmer ausgewählt. Die Auswahlkriterien waren emotionale Stabilität, physische Gesundheit, „normal-durchschnittliches" Abschneiden in umfangreichen Persönlichkeitstests und Gesetzestreue, eine Vergangenheit ohne Vorstrafen, Gewalttaten oder Drogenmißbrauch. Es wurde ihnen gesagt, daß ihre spätere Zuordnung zur Gruppe der „Wärter" oder „Gefangenen" rein zufällig durch das Werfen einer Münze entschieden würde. Nach ihrer persönlichen Neigung befragt, meinten sie alle, sie zögen es vor, Gefangene zu sein.

Zu Beginn des Experiments zeigten sich keine meßbaren Unterschiede zwischen den jungen Männern, denen der Wärterstatus zugeteilt wurde und denen, die die Gefangenen spielen sollten. Sie waren eine relativ homogene Stichprobe weißer Studenten der Mittelschicht aus amerikanischen und kanadischen Universitäten. Daß das Experiment mit Verhaftungen der städtischen Polizei beginnen sollte, darüber waren sie jedoch *nicht* informiert. Die „Strafvollzugsbeamten" erhielten kein spezielles Training für ihr Verhalten als Gefängniswärter. Es wurde ihnen

nur mitgeteilt, daß sie „Recht und Ordnung" im Gefängnis aufrechterhalten müßten und sich keinen Unsinn von den Gefangenen bieten lassen sollten – diese könnten sich auch als gefährlich erweisen, etwa bei Fluchtversuchen.

Das „Gefängnis" befand sich im Keller des Psychologischen Instituts der Stanford-Universität, das nach Abschluß des Sommersemesters leer stand (vgl. Abb. 16.1). Ein langer Flur wurde zum „Gefängnishof" umfunktioniert, indem man beide Enden abtrennte. Drei kleine Laborräume, die auf diesen Flur gingen, wandelte man in Zellen um: ihre Türen wurden durch Gitterstäbe ersetzt und anstelle der vorhandenen Einrichtung wurden jeweils 3 Pritschen aufgestellt. Ein kleiner, dunkler Lagerraum, der den Zellen direkt gegenüber lag, diente als Einzelhaftzelle, und ein entsprechendes Schild wurde angebracht: „Das Loch". Die Datensammlung bestand aus Videoaufnahmen von den Interaktionen zwischen Wärtern und Gefangenen, aus der direkten Beobachtung durch das Forschungsteam und aus Interviews mit den Vpn; dazu kamen die Reaktionen, die sie in einer Reihe von Fragebögen über ihre

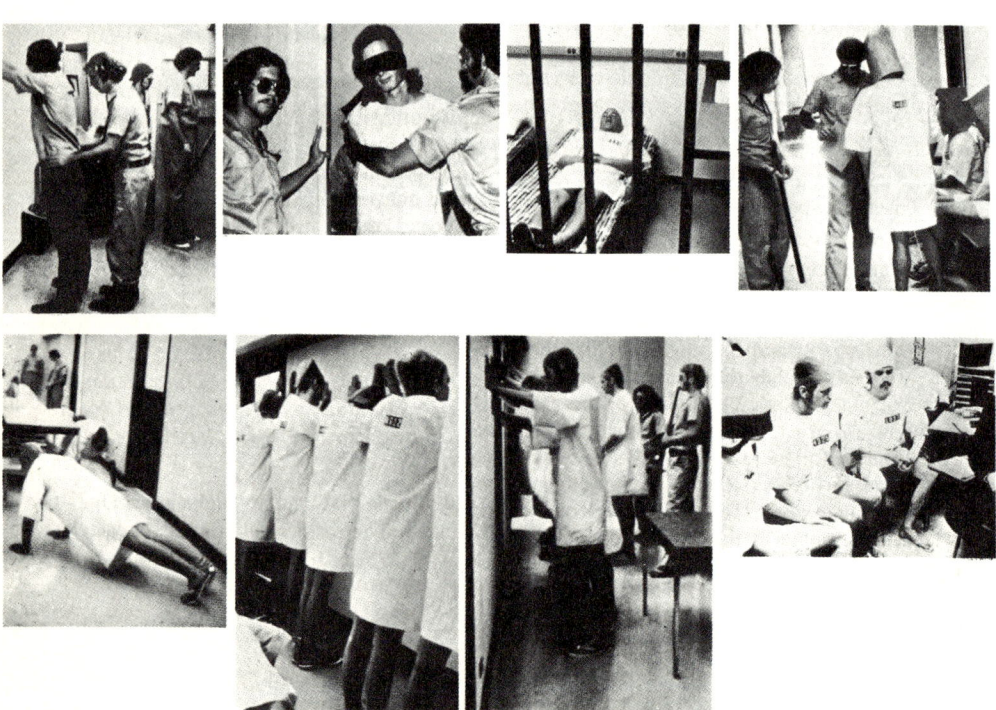

Abb. 16.1. Szenen im Scheingefängnis (s. Text)

persönliche Situation, in Tagebüchern, Briefen und Tagesberichten zeigten.

Dieses Scheingefängnis diente dem Versuch, auf *funktionale* Weise einige der für den psychischen Zustand während der Haft bedeutsamen Bedingungen zu simulieren. Zur Operationalisierung der zu einer Gefängnissituation gehörigen Variablen wurde eine Reihe von Vorgehensweisen genau ausgearbeitet, um so eine maximale Effizienz innerhalb der durch den experimentellen Rahmen gesetzten Grenzen und Beschränkungen zu erreichen. Es war dabei nicht beabsichtigt, eine naturgetreue Kopie der wirklichen Gefängnissituation herzustellen, sondern es sollten einige ähnliche *psychologische* Effekte erreicht werden, trotz mancher Unterschiede in den äußeren Details.

Auf verschiedene Weise wurde jedoch versucht, genügend „weltlichen Realismus" einfließen zu lassen (s. auch Aronson u. Carlsmith 1969), damit es den Teilnehmern auch möglich werden sollte, über die oberflächlichen Anforderungen der ihnen zugeteilten Rollen hinaus in die tieferen Strukturen der Gefangenen- und Wärtermentalität einzudringen. Die Gefangenen erhielten mehrere Besuche, wie etwa von einem früheren Gefängnispfarrer, einem Pflichtverteidiger und von einigen Verwandten und Freunden, außerdem fanden Verhandlungen über Disziplinarverfahren und Haftverschonung vor einer Kommission statt, die aus „erwachsenen Amtspersonen" bestand. Die Scheinwärter arbeiteten zwar in einer 8-h-Schicht, aber die Scheingefangenen waren rund um die Uhr in ihren Zellen eingeschlossen und durften diese nur zu den Mahlzeiten, für Leibesübungen, zum Toilettengang, zum Aufstellen und Abzählen in der Reihe und zur Entgegennahme von Arbeitsanweisungen verlassen.

In bemerkenswert kurzer Zeit entwickelte sich eine pervertierte Beziehung zwischen Gefangenen und Wärtern. Nachdem ein anfänglicher Widerstand gebrochen worden war, reagierten die Gefangenen nur noch passiv auf die tägliche Eskalation der Aggressionen von seiten der Wärter; die Selbstbehauptung der Wärter führte zu wachsender Abhängigkeit und Nachgiebigkeit bei den Gefangenen; Wärterautorität wurde mit Selbstabwertung bei den Gefangenen beantwortet, und das Gegenstück zu dem von den Wärtern neuentdeckten Machtgefühl fand sich bei den Gefangenen in einem depressiven Gefühl der erfahrenen Hilflosigkeit. Nach weniger als 36 h mußte der erste Gefangene entlassen werden, da er Schreikrämpfe, Wutanfälle, Desorganisation im Denken und schwere Depressionen zeigte. Drei weitere Gefangene entwickelten ähnliche Symptome und mußten ebenfalls in den folgenden Tagen freigelassen werden. Ein fünfter Gefangener wurde vom Forschungsprojekt freigegeben, als er einen psychosomatischen Hautausschlag am ganzen Körper entwickelte, der durch die Ablehnung seines Haftentlassungsantrages von der Scheinkommission ausgelöst worden war.

Soziale Macht wurde zur Hauptdimension, über die jeder und alles definiert wurde. Obwohl es zu Beginn keine Unterschiede zwischen den Personen gab, die jeweils die Rollen von Gefangenen und Wärtern übernahmen, führte das Ausagieren dieser Rollen innerhalb einer sozialen Situation, die das Machtgefälle legitimierte, zu extrem unterschiedlichen Verhaltensweisen und emotionalen Reaktionen in beiden Gruppen. Die Hauptinteraktionsformen von seiten der Wärter bestanden, wie aus den Analysen der Videobänder hervorging, aus Befehlen, Beleidigungen, demütigenden Bemerkungen, verbaler und physischer Aggression und Drohungen. Die bei den Gefangenen vorherrschenden Interaktionsweisen waren Widerstand, Fragen beantworten, Informationen geben, Fragen stellen und (anfangs) Ablehnung der Wärter.

Jeder Wärter zeigte zu irgendeiner Zeit mißbräuchliches, autoritäres Verhalten. Viele schienen den gehobenen Status zu genießen, der mit dem Tragen der Uniformen verbunden war und der sie aus ihrer routinemäßigen, alltäglichen Existenz heraushob und in einen Zustand versetzte, in dem sie praktisch totale Macht über andere Menschen hatten.

Je klarer diese Unterschiede in Verhalten, Stimmung und Wahrnehmung hervortraten, desto stärkere Rechtfertigung fanden die nun „von Amts wegen" mächtigen Wärter für ihr Bedürfnis, die offensichtlich untergeordneten (und machtlosen) Insassen zu beherrschen, und schließlich wurde fast jede Form der Demütigung von Menschen als gerechtfertigt angesehen.

Man betrachte einmal die folgenden typischen Kommentare, die ihren Tagebüchern, experimentellen Befragungen und den Arbeitsberichten entnommen sind.

Wärter A: Ich war erstaunt über mich selbst ... Ich ließ sie sich gegenseitig mit Schimpfnamen nennen und die Toiletten mit der bloßen Hand säubern. Für mich waren die Gefangenen wie Vieh und ich dachte ständig, daß ich sie nicht aus den Augen lassen durfte, für den Fall, daß sie irgendwas versuchen sollten.

Wärter B (während der Vorbereitung für den ersten Besuchsabend): Nachdem wir die Gefangenen davor gewarnt hatten, sich irgendwie zu beschweren, außer sie wollten ein schnelles Besuchsende herbeiführen, ließen wir schließlich die ersten Eltern herein. Ich sorgte dafür, daß ich einer der Wärter im Hof war, denn das war meine erste Chance, die Art von manipulierender Macht zu erleben, die mir wirklich gefällt – nämlich eine allseits beachtete Person mit vollkommener Kontrolle über das, was gesagt wird, zu sein.

Wärter C: Sich autoritär zu verhalten, kann Spaß machen. Macht kann ein echtes Vergnügen sein.

Nach 6 Tagen brachen die Forscher das für 2 Wochen geplante Experiment ab, da sich bei den Vpn, die gerade wegen ihrer Normalität, Gesundheit und emotionaler Stabilität ausgewählt worden waren, pathologische Reaktionen zeigten.

Weder die Ergebnisse in den Persönlichkeitstests noch andere Variablen aus der Vergangenheit der Vpn wiesen eine Verbindung zu den extrem unterschiedlichen Reaktionen auf, die man zwischen Wärtern und Gefangenen festgestellt hatte. Folglich kann auch die hier beobachtete Pathologie nicht auf schon vorher vorhandene Persönlichkeitsmerkmale zurückgeführt werden – wie etwa auf „psychopathische" oder „sadistische" Wärter oder auf „kriminelle Gefangene mit schwacher Selbstkontrolle". Das abnorme persönliche und soziale Verhalten in beiden Gruppen muß vielmehr als Produkt von Transaktionen in einer Umgebung angesehen werden, die solches Verhalten verstärkt.

Da die Personen den Rollen von „Wärtern" und „Gefangenen" zufällig zugeteilt wurden, da sie weiter keine Persönlichkeitspathologie aufwiesen und keinerlei Training für ihre Rollen erhielten, stellt sich die Frage, wie es zu erklären ist, daß sie diese Rollen so leicht und schnell übernehmen konnten. Sie hatten wahrscheinlich, wie wir alle, eine stereotype Vorstellung von der Wärter- und Gefangenenrolle durch die Massenmedien einerseits und durch soziale Modelle der Macht und Machtlosigkeit andererseits (Eltern–Kind, Lehrer–Schüler, Unternehmer–Arbeiter, Polizei–Verdächtiger usw.). Tatsächlich wird mit diesem Forschungsprojekt nicht nur verdeutlicht, was eine gefängnisartige Umgebung bei relativ normalen Menschen bewirken kann, sondern auch, wie diese Menschen durch ihre Gesellschaft geprägt sind.

Dieses Experiment ist auf keinen Fall typisch für die Art von Forschung, die von Sozialpsychologen betrieben wird. Trotzdem veranschaulicht es einige der Themen, Begriffe und Variablen, die wir in diesem Kapitel behandeln wollen – soziale Realität, Normen, Status, Rollen, Macht, Gruppendynamik, soziale Beeinflussungsprozesse und interpersonelle Konflikte.

Der sozialpsychologische Ansatz

In der Psychologie unserer Zeit herrscht, wie in Religion und Politik auch, das Primat des Individuums. Die Lehre vom individuellen Sein stellt einen Meilenstein in unserem Denken über Evolution und die Existenz des „Ich" dar. Wir alle glauben an unsere Einzigartigkeit, Unabhängigkeit, Selbstgenügsamkeit und individuelle Macht und ebenso an Eigeninitiative und schöpferisches Denken als Weg zu unserem persönlichen Heil und Nutzen. Diese Überzeugungen stehen offensichtlich in fast natürlichem Einklang mit der Entwicklung einer kapitalistischen Wirtschaftsordnung, mit der Tradition der romantischen Liebe, mit einer Literatur, die die persönliche Entwicklung in den Vordergrund stellt, und schließlich, was jüngeren Datums ist, mit einer Psychologie der Persönlichkeit und des individuellen Verhaltens.

Aber solche Ideen sind relativ neu, da sie erst mit Ende des Mittelalters aufkamen. Eigentlich spricht sogar alles dafür, daß nicht dem Individuum, sondern der sozialen Gruppe als Kerneinheit der Evolution elementare Bedeutung zugesprochen werden kann. Das Gruppenleben bietet Überlebensvorteile, die dem allein lebenden Individuum versagt sind. Der Schutz vor Eindringlingen durch Warnung oder Gegenangriff der Gruppe und die Sicherung eines reichlicheren Nahrungsmittelvorrats durch das Jagen im Rudel mit vereinter Stärke sind offensichtliche Vorteile. Die Gewährung von gegenseitigem Schutz und Nahrungssicherung durch den Gruppenzusammenschluß ermöglicht auch einer größeren Anzahl von Nachkommen, heranzuwachsen und sich zu reproduzieren. Das wiederum erhöht die Wahrscheinlichkeit, daß die genetischen Merkmale der Mitglieder solcher

Gruppen an nachfolgende Generationen weitergegeben werden. Im Gegensatz dazu werden Lebewesen, die nicht Teil einer sozialen Gruppe sind, zu Angriffszielen für Feinde und unterliegen eher den Naturgewalten. Der Gruppenzusammenschluß schafft weiterhin die Umweltbedingungen für Imitationslernen, wodurch jegliche individuelle Anpassungsleistung den übrigen Gruppenmitgliedern zugute kommen kann.

Sozialpsychologie ist die Wissenschaft, die sich mit dem Verhalten, den Vorstellungen und Motiven des Individuums als Reaktion auf soziale Variablen befaßt. Sie versucht, eine Antwort auf die Frage zu finden, wie das Verhalten anderer beeinflußt wird. Diese Disziplin hat sich im wesentlichen in den letzten 30 Jahren entwickelt und füllte so die Lücke zwischen der traditionellen Psychologie – die sich mit dem Verhalten des individuellen Organismus beschäftigt, weit entfernt von komplexen, „grundlegenden" sozialen Variablen –, und der Soziologie und Anthropologie, die die sozialen Institutionen und umfassenderen Einflüsse der Kultur auf den Menschen untersuchen. Forschungsgegenstand sind zwar noch immer die Reaktionen von Individuen, aber das Hauptaugenmerk in der Sozialpsychologie ist auf den sozialen Rahmen gerichtet, in dem solche Reaktionen auftreten, und ebenso auf deren kognitive Bedeutung und soziale Konsequenzen.

Beim Studium der sozialen Natur des Menschen konzentrieren sich sozialpsychologische Forschungen teils auf die abhängige Variable des sozialen *Verhaltens* und teils auf die unabhängige Variable der sozialen *Reize*. In diesem Kapitel werden soziale Reize wie soziale Reaktionen behandelt, aber auch die Prozesse, durch die sie in sinnvolle psychologische Beziehung gebracht werden. Unsere Analyse bewegt sich dabei notwendigerweise auf der „molaren" Ebene von Gruppeneinheiten, und die Variablen weisen im Vergleich zu den bisher behandelten Forschungsgebieten eine höhere Komplexität auf.

Heute ist die Sozialpsychologie auf dem Weg, eine zentrale Stellung innerhalb der Psychologie einzunehmen, da sich allmählich immer eindeutiger abzeichnet, daß selbst nichtsoziale Reaktionen oft beeinflußt werden von sozialen Variablen, wie etwa Einstellungen, Werte, sozialen Bedürfnissen nach Leistung und Zusammen-

schluß, der Art der Wahrnehmung und Definition einer Situation (also nicht dadurch, wie sie „wirklich ist") und von umfassenden kognitiven Strukturen, die sich im Laufe der Sozialisation entwickelt haben, Rassismus, Sexismus, Aggression, Vandalismus, Entfremdung und internationale Konflikte sind nur einige der „brennenden" gesellschaftlichen Probleme, die soziales Handeln verlangen, was wir in diesem und dem folgenden Kapitel behandeln werden.

Zuordnung von Eigenschaften und Ursachen (Attribution)

Um in dem komplexen Verhalten von anderen Menschen einen Sinn zu finden, ziehen wir Schlußfolgerungen über ihre Absichten, Gefühle, Motivationen und Persönlichkeitseigenschaften sowie darüber, wie weitgehend diese Faktoren Ursachen für ihr Verhalten darstellen. Diesen kognitiven Prozeß nennt man *Attribution:* Wir unterstellen einer Person oder einem Verhalten Dinge, die wir nicht sehen, sondern nur folgern können.

Personwahrnehmung

Ebenso wie unsere Wahrnehmung von Objekten unterliegt unserer Wahrnehmung von Personen verschiedenen Illusionen und Verzerrungen, d. h. wir haben oft eine „Sichtweise" von anderen Menschen, die von ihrer objektiven Erscheinung abweicht. Wie kommt es nun zu solchen unzutreffenden Eindrücken? Welche Informationen beeinflussen unser Urteil über die Persönlichkeit eines anderen?

Einschätzung auf den ersten Blick

Sie glauben vielleicht, daß Ihr Urteil über andere Menschen das Ergebnis einer sorgfältigen Verhaltensbeobachtung ist. Es trifft jedoch fast das Gegenteil zu. Psychologen haben herausgefunden, daß die Beurteilung einer Person stark von den ersten Eindrücken des Wahrnehmenden bestimmt ist und diese wiederum auf minimalen Informationen beruhen können.

In einem „Feldexperiment" über erste Eindrücke wurde einer Studentengruppe von ihrem Professor mitgeteilt, daß an diesem Tag eine Gastvorlesung abgehalten würde, und anschließend wurde an sie eine kurze biographische Notiz über den Gastdozenten verteilt. Die eine Hälfte der Studenten erhielt eine Beschreibung des Dozenten, in der er als „ziemlich kalte, tüchtige, kritische, praktische und entschlossene Persönlichkeit" dargestellt wurde. Die andere Hälfte erhielt die gleiche Charakterisierung mit dem Unterschied, daß „kalt" durch „warm" ersetzt worden war. Die Vpn mit der Bedingung „warm" fanden den Dozenten nicht nur sympathischer, sondern sie nahmen auch regeren Anteil an der Diskussion als die Versuchsgruppe, der er als „kalt" avisiert war (Kelley 1950).

Warum ist der erste Eindruck so bestimmend? Eine Erklärung liegt darin, daß sich durch die ersten Informationen ein *Bezugsrahmen* bildet, mit Hilfe dessen der Wahrnehmende spätere Informationen interpretiert. Stehen die nachfolgenden Informationen im Widerspruch dazu, so werden sie durch Verzerrung in den nun bestehenden Bezugsrahmen eingepaßt. Dieser Prozeß ist vergleichbar mit der Einstellungsbildung in nichtsozialen Situationen, die wir im Kap. 7 behandelt haben.

Bilder in unseren Köpfen

Die meisten Menschen haben feste Vorstellungen von bestimmten Leuten. Zum Beispiel „wissen" wir alle, was einen New Yorker Taxifahrer, einen deutschen Wissenschaftler oder einen Universitätsprofessor ausmacht. Diese Vorstellungen oder *Stereotype* beinhalten, daß einer gesamten Personengruppe bestimmte Attribute zugeschrieben werden. Sofern sie sich auf Erfahrung gründen und relativ zutreffend sind, erleichtern sie uns den Umgang mit anderen. Sind diese Vorstellungen jedoch falsch oder hindern sie uns daran, die Wesenszüge eines anderen Menschen wirklich zu erkennen, so ist ihre Wirkung in zwischenmenschlichen Beziehungen eher eine sehr negative, verflachende.

In der ersten größeren Untersuchung über Stereotype zeigte sich deutlich die Fähigkeit der Menschen, sich über die vermuteten Eigenschaften anderer einig zu sein (Katz u. Braly 1933).

Studenten der Princeton-Universität sollten die Eigenschaften auswählen, die auf 10 verschiedene Volksgruppen jeweils am ehesten zuträfen. Die Ergebnisse wiesen einen hohen Grad an Übereinstimmung im Gebrauch von Stereotypen auf, was daraus ersichtlich wurde, daß für jede dieser Gruppen ein

„Wir haben auch Rechte! Und ich habe es auf alle Fälle satt zu versuchen, nach der Vorstellung, die andere Leute von einem Pensionär haben, zu leben!"

ganz bestimmtes Muster an Attributen (viele davon negativer Art) verwendet wurde. So wurden die Juden als schlau und gewinnsüchtig, die Schwarzen als abergläubisch und faul und die Deutschen als wissenschaftlich denkend und fleißig eingeschätzt. Da die Studenten mit einigen der stereotypisierten Gruppen sehr wenig oder gar keinen Kontakt gehabt hatte, ist wohl eindeutig, daß sie einfach die in ihrer Gesellschaft herrschenden Stereotype übernommen hatten.

Als dieses Experiment fast 20 Jahre später an der Princeton-Universität wiederholt wurde, zeigte sich in den Ergebnissen eine Verringerung des Gebrauchs von Stereotypen (Gilbert 1951). Ferner äußerten die Studenten stärker ihren Widerwillen dagegen, daß sie andere Menschen überhaupt charakterisieren sollten. Diese Entwicklung setzte sich zwar generell in einer zweiten, späteren Wiederholung der Studie fort, aber immer noch war die Tendenz zu sterotypisieren klar vorhanden. Die Studenten konnten sich weiterhin auf die „charakteristischsten Eigenschaften" der verschiedenen Gruppen einigen, wenn sich auch während der dazwischenliegenden Jahre eine Veränderung in den genannten Eigenschaften ergeben hatte (Tabelle 16.1).

Tabelle 16.1. Stereotype von 4 Gruppen. (Nach Karlins et al. 1969)

Eigenschaft	Angekreuzte Eigenschaft in %		
	1933	1951	1967
Japaner			
intelligent	45	11	20
fleißig	43	12	57
fortschrittlich	24	2	17
gerissen	22	13	7
verschlagen	20	21	3
Juden			
gerissen	79	47	30
gewinnsüchtig	49	28	15
fleißig	48	29	33
habgierig	34	17	17
intelligent	29	37	37
Amerikaner			
fleißig	48	30	23
intelligent	47	32	20
materialistisch	33	37	67
ehrgeizig	33	21	42
fortschrittlich	27	5	17
Schwarze			
abergläubisch	84	41	13
faul	75	31	26
sorglos	38	17	27
dumm	38	24	11
musikalisch	26	33	47

Konsistenz als Ziel des Wahrnehmenden

Die adäquate Wahrnehmung anderer Menschen wird nicht nur dadurch eingeschränkt, daß wir uns zu sehr auf erste Eindrücke und Stereotype verlassen, sondern dies geschieht oft auch noch auf andere Weise. Eine der bekanntesten dieser Fehlerquellen in der Wahrnehmung ist der *Haloeffekt,* der schon 1907 entdeckt wurde. Wenn man andere Personen nach mehreren Eigenschaften einschätzt, wird diese Beurteilung gewöhnlich von einem allgemeinen guten oder schlechten Eindruck (oder „Halo") beeinflußt. Legt man z.B. Wert auf gutes Benehmen und stellt fest, daß jemand höflich ist, so ist man eher geneigt, ihn ebenso als freundlich, aufrichtig und intelligent zu beurteilen. Der Wahrnehmende kann auch den *logischen Fehler* machen anzunehmen, daß bestimmte Eigenschaften immer gemeinsam auftreten. Wenn er jemanden als stark einschätzt, wird er diese Person also wahrscheinlich auch als aktiv und aggressiv erleben. Eine dritte allgemein verbreitete Art der Wahrnehmungsverzerrung ist der *Mildeeffekt,*

der darin besteht, daß die Beurteilungen sich auf der positiven Seite einer Skala häufen und negative Bewertungen auf ein Minimum reduziert werden. Das erzeugt eine Situation des „jeder mag jeden". Ein *allgemeiner Tendenzfehler* tritt schließlich auf, wenn die Bewertungen die Variabilität von Personen oder von Eigenschaften einer Person ignorieren und alles als „gut", „recht gut" oder „durchschnittlich" einstufen.

Als Ergebnis all dieser Beurteilungsfehler schätzen wir andere konsistenter ein, als sie wirklich sind. In einigen Untersuchungen zeigte sich, daß Menschen sich in verschiedenen Situationen ziemlich inkonsistent verhalten können. Man kann z.B. die Aufrichtigkeit einer Person in einer bestimmten Situation nicht vorhersagen, indem man darauf zurückgreift, wie offen sie sich in vorangegangenen Situationen verhalten hat (Hartshorne u. May 1928). Wir unterstellen jedoch, trotz dieses deutlichen Mangels an Konsistenz im Verhalten anderer Menschen, daß sie konsistent *sind* und nehmen sie auch so wahr. Wie sehr wir Konsistenz erzeugen, indem wir auf verborgene Eigenschaften und Charakterzüge schließen, zeigt sich an unserer Neigung, solche Eigenschaften sogar leblosen Gegenständen zuzuschreiben. Diese Tendenz wurde in einer Studie nachgewiesen, bei der die Vpn geometrische Formen als „aggressiv", „schüchtern" etc. bezeichneten – Eigenschaften, die offensichtlich nicht in Dreiecken und Kreisen vorhanden sind (s. Abb. 16.2).

Angenommen, man hört von einem bestimmten Mann, daß er freundlich sein soll, aber andererseits auch bekanntermaßen sehr unehrlich. Nach den Ergebnissen verschiedener Untersuchungen würde man wahrscheinlich versuchen, diese Inkonsistenz durch eine der folgenden Techniken aufzulösen: a) man könnte einen Teil der Information ignorieren oder entwerten (z.B. er ist wirklich nur ein gutmütiger, wohlmeinender Mensch); b) man könnte die Interpretation einer der beiden Eigenschaften ändern (z.B. die Freundlichkeit ist nicht „echt", sondern eine bewußte Täuschung anderer Leute). Die Wirkung beider Techniken bestünde darin, daß man einen konsistenten (und damit verständlicheren) Eindruck von dem Mann haben könnte.

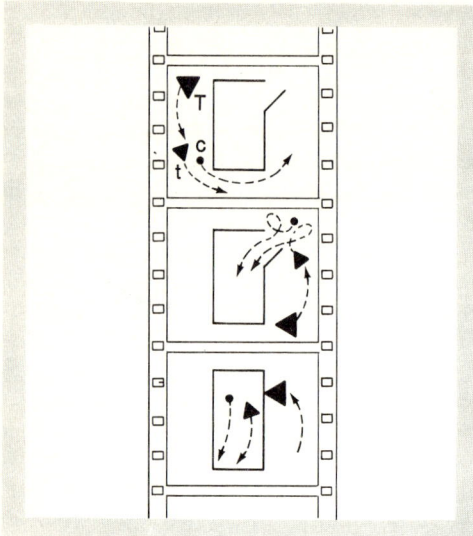

Abb. 16.2. Zuordnung von Motiven. In einer Untersuchung wurde den Vpn ein Film gezeigt, in dem sich geometrische Formen außerhalb und innerhalb eines großen Rechtecks bewegten. Zugrundeliegende Motivationen wurden den „Charakteren" zugeordnet, und die beiden Dreiecke wurden häufig als männliche Wesen angesehen, die um ein weibliches (den Kreis) kämpfen. Aufgrund ihrer Bewegungen wurde das große Dreieck als aggressiv, das kleine Dreieck als heroisch und der Kreis als ängstlich wahrgenommen. Bei der hier gezeigten Sequenz gaben die meisten Beobachter an, sie sähen T, t und c in das Haus jagen und die Tür verschließen (Heider u. Simmel 1944)

Wahrnehmung von Ursachen

Insofern gegebene Verhaltensweisen Konsequenzen haben, die für uns Lust oder Unlust bedeuten oder die uns etwas Wichtiges über uns selbst, andere oder unsere Umgebung vermitteln können, wird es für uns von lebenswichtiger Bedeutung, die ursächlichen Faktoren oder Kräfte herauszufinden, denen das jeweilige Verhalten zugeschrieben werden kann.

Dispositionale vs. situationsspezifische Attributionen

Dispositionale Attributionen sind solche, die sich auf persönliche Eigenschaften, Fähigkeiten, Wertvorstellungen und Bedürfnisse eines Menschen beziehen. Sie implizieren *Un*veränderbarkeit gegenüber neuen Erfahrungen oder Einflüssen. Attributionen von veränderbaren Persönlichkeitsmerkmalen bei sich selbst oder anderen, wie Einstellungen, Vorlieben oder Motivationen unterstellen zwar die Möglichkeit einer Änderung, setzen jedoch voraus, daß dieser Wandel im Individuum stattfindet.

Im Gegensatz dazu richten sich *situationsspezifische* Attributionen nicht auf Merkmale, die in der Person liegen, sondern auf solche der Umgebung, der Situation oder der Interaktion. Sie lokalisieren Ursachen entweder außerhalb der Agierenden oder nicht innerhalb einer einzelnen Person, sondern führen sie auf die Interaktion zwischen den Handelnden zurück. Situationsbezogene Attributionen beinhalten, daß durch Eingriffe in die relevanten situativen Variablen sich auch die Handlungsergebnisse ändern; sie entheben also die beteiligten Personen jeglicher „Schuld".

Die in einem Großteil der *experimentellen* Forschung entwickelten Verhaltensgesetze sind empirische Aussagen über die Beziehung von situativen Variablen zu bestimmten Handlungsergebnissen. Diese Gesetze erklären die Variabilität im Verhalten ähnlicher Vpn in unterschiedlichen Situationen; interpersonale Unterschiede werden ignoriert. Die allgemeinen Aussagen der *Persönlichkeits*forschung zielen dagegen darauf ab, Erklärungen für die Variabilität im Verhalten unterschiedlicher Personen in der gleichen Situation zu finden. Es gibt noch ein drittes Erklärungsmodell: dieses bezieht sich auf die *Interaktion* von situativen und dispositionalen Variablen (die Situation übt einen zwar unterschiedlichen aber voraussagbaren Einfluß auf verschiedene Typen von Menschen aus). Diese 3 Erklärungsmodelle erfassen zusammen die ganze Variationsbreite (all dessen, was nicht zufällig ist) im Verhalten von Menschen in allen denkbaren Situationen.

In einer wachsenden Zahl sozialpsychologischer Veröffentlichungen wird auf die größere Aussagekraft der situationsspezifischen gegenüber den dispositionalen Variablen hingewiesen, wenn es um die Erklärung, Vorhersage oder Kontrolle von Verhalten geht (Argyle u. Little 1972, Larsen et al. 1972). Das zu Beginn dieses Kapitels beschriebene simulierte Gefängnis veranschaulichte auf dramatische Weise, daß situative Variablen die Macht besitzen, bei ähnlichen Vpn stark ausgeprägte Verhaltensunterschiede zu bewirken, während die Experimente von Milgram (1965, 1974) über Gehorsam auch zeigen, wie Eigenheit einer Persönlichkeit und individuelle Wertvorstellungen von der Situation „überwältigt" werden können.

Der Attributionsfehler

Ungeachtet solcher Forschungsergebnisse neigen die meisten Menschen dazu, Rückschlüsse auf Dispositionen zu ziehen, wenn sie versuchen, das Auftreten einer bestimmten Handlung zu verstehen. Auf der Suche nach Begründungen für das Verhalten eines anderen überschätzen sie also eher die Bedeutung der *dispositionalen* Merkmale des Handelnden und unterschätzen den Einfluß der Zwänge und Beschränkungen, die in der *Situation* liegen. Diese Tendenz wurde als *Attributionsfehler* bezeichnet (Ross et al. 1974).

Diese Fehlerquelle tritt in einem weiten Bereich alltäglicher Situationen auf und manifestiert sich in unserer Überzeugung, daß wir uns in einer bestimmten Situation ganz anders verhalten hätten als irgend jemand anders. Für die meisten Menschen ist die Möglichkeit unvorstellbar, daß sie wie Lt. Calley oder die übrigen Mitglieder seiner Kompanie beim My-Lai-Massaker in Vietnam oder wie die Nationalgarde in Kent State oder wie die „Klempner" von Watergate gehandelt hätten. Aber gleichermaßen unvorstellbar war es für die Psychiater – und vielleicht auch für Sie –, daß die Mehrzahl der Vpn in Milgrams Gehorsamsexperimenten bei der Vergabe von elektrischen Schlägen an ein unschuldiges Opfer bis zum Äußersten gehen würden. Ebenso behaupteten bei dem Gefängnisexperiment in Stanford alle Vpn, die später Gefangene wurden, sie seien absolut sicher, daß sie die gesamten 2 Wochen durchstehen würden – die Hälfte hingegen hielt nicht einmal 5 Tage aus. Und die Wärter glaubten nicht, daß sie sich jemals so brutal verhalten würden, wie sie es tatsächlich taten. Vor Beginn des Experiments sagte einer von ihnen: „Da ich Pazifist bin, kann ich mir nicht vorstellen, daß ich jemals aggressiv gegenüber einer anderen Person sein werde." Dennoch wurde er einer der grausamsten, ungezügeltsten Wärter. Selbst wenn Vpn aufgefordert wurden, die Rolle des Schockverteilers in Milgrams Experiment nur zu spielen, und angewiesen wurden, auf die Aspekte der *Situation* zu achten, die die Entscheidung zum Gehorsam beeinflußten, zogen sie doch weiterhin mit gleicher Häufigkeit Rückschlüsse auf die Disposition – ihre Tendenz zu situationsspezifischen Attributionen verstärkte sich jedoch auch (Bierbrauer 1973).

Eine wesentliche Schlußfolgerung, die aus der gesamten Attributionsforschung gezogen werden kann, liegt wohl darin, daß Menschen zwar bemerkenswert *empfänglich* für äußere Zwänge sind (wie Autoritätspersonen, Regeln, Umgangsformen, Etikette, Gruppenkonsens, Handlungsberechtigung etc.), daß sie aber auf noch bemerkenswertere Weise *unsensibel* und unbewußt der Tatsache gegenüberstehen, in welchem Ausmaß eben diese Zwänge für ihr Verhalten bestimmend sind. Wir sagen oft von uns selbst: „Mein Verhalten hängt von der Situation ab", um damit anzudeuten, daß es zeitweise unterschiedlich ist, aber gewöhnlich setzen wir unser Handeln nicht in Beziehung zu äußeren Faktoren. Und das Verhalten anderer führen wir noch stärker als unser eigenes auf ihre Disposition zurück (Jones u. Nisbett 1972).

Die Attributionstheorie von Heider

Wie können wir so einfach von beobachtbaren Handlungen auf innere Dispositionen als deren Ursache schließen? Welche Informationen benutzen wir, und was bestimmt, welche Art von Ursachen wir den verschiedenen Ereignissen zuordnen?

Diese Fragen tauchten zum ersten Mal in den Schriften von Fritz Heider (1944, 1958) auf, der sie mit dem Vokabular einer „naiven Psychologie" beschrieb. Heiders Interesse war auf die Prozesse gerichtet, mit Hilfe derer das durchschnittliche Individuum die Welt *versteht*, wie es ein Verständnis für den Zusammenhang zwischen Ereignissen und Menschen und sich selbst entwickelt. In diesem Sinne sind sich Heiders Fragestellung und die von Piaget (wie sie in Kap. 3 dargestellt wurde) ziemlich ähnlich: Wie gelangen Kinder und Erwachsene von der Wahrnehmung spezifischer äußerer Ereignisse zu einer begrifflichen Vorstellung der dahinterliegenden abstrakten Prinzipien?

Die einfache Ausdrucksweise und der Mangel an theoretischer Exaktheit in Heiders Darstellung führten dazu, daß seinem Beitrag zu unserem Verständnis der grundlegenden Fragen in der Humanpsychologie zunächst keine Beachtung geschenkt wurde. In jüngerer Zeit zeigten sich jedoch allmählich Bestrebungen, die Vorstellungen über den Attributionsprozeß in einer *Attributionstheorie* systematisch zusammenzufassen (Jones u. Davis 1965; Kelley 1967, 1972; Bem 1965, 1972), und heute liefert die Attributionstheorie innerhalb der Sozialpsychologie mehr Forschungsanstöße als jeder andere Ansatz.

Die Attributionstheorie nimmt an, daß wir das Bedürfnis haben, ein Wissen um voraussagbare Situationen zu entwickeln, um so den Ereignissen in unserem Leben Stabilität und Bedeutung zu verleihen. Das führt zu einer *Realitätsorientierung* in der Umwelt. Eine weitere Annahme ist die, daß der Mensch die Fähigkeit haben muß, wichtige Ereignisse vorherzusehen und sie in eine wünschenswerte Richtung zu lenken. Das bewirkt eine *Kontrollorientierung* in bezug auf die Umwelt. (Diese beiden Orientierungsmöglichkeiten wurden in Kap. 5 angeführt bei der Diskussion der Konditionierungsarten und des Bedürfnisses von Organismen, die Beziehung zwischen Signalen und Ereignissen und Folgen zu erkennen.) Weiterhin nimmt die Attributionstheorie an, daß unsere Bestimmung von Ursachen eine aktive Informationssuche einschließt, daß sie systematisch abläuft und daß die „Bedeutung", die ein Ereignis für uns erhält, stark davon abhängt, welche Ursache wir ihm zuordnen.

Die Attributionsanalyse wird mittels einer rational-logischen Analyse der für die wahrnehmende und zuordnende Person verfügbaren Information vollzogen. Wenn Ihnen ein Freund mitteilt, daß ein bestimmter Film, den Sie ansehen wollten, schlecht sei, wie entscheiden Sie dann, ob Sie seinem Rat folgen wollen? Sie wissen, daß es Filme unterschiedlicher Qualität gibt und daß andere Personen unterschiedlich differenziert in ihrer Betrachtungsweise sind. Es müssen also eine ganze Reihe von Faktoren in Betracht gezogen werden.

Nehmen wir einmal an, Ihr Freund setzt alle Filme herab; dann sagt Ihnen seine Bewertung nichts über *diesen Film,* sondern ist nur charakteristisch für Ihren kritischen Freund. Wäre die Einschätzung andererseits sehr positiv gewesen, dann hätten Sie angenommen, daß sie spezielle Informationen über diesen Film geben würde. Ihr Urteil darüber, ob eine Bewertung *wahrheitsgetreu* ist (den Fakten entspricht), hängt auch davon ab, ob Sie glauben, die andere

Person versuche Sie zu beeinflussen. In diesem Fall sehen Sie die Ursache für diese Darstellung nicht im beschriebenen Objekt, sondern in der Absicht der Person, und folglich betrachten Sie es als unwahrscheinlich, daß sie eine zuverlässige Aussage über das Objekt selbst ist. Im großen und ganzen neigt man dazu, Rückschlüsse auf die Disposition zu ziehen, wenn man die Handlungen einer Person eher für bewußt und beabsichtigt und weniger für spontan, ungezwungen und unbeabsichtigt hält.

Allgemein werden wir das Verhalten einer Person eher auf äußere Ursachen zurückführen, wenn sie sich den Erfordernissen der Situation anpaßt, und ziehen in diesem Fall wenig Rückschlüsse aus den Handlungen auf die Person. Verhält sich andererseits eine Person *abweichend* gegenüber eindeutigen Anforderungen einer Situation (wie Regeln, Erwartungen, sozialen Zwängen, Drohungen, Anreizen etc.), sind wir geneigt, ein solch ungewöhnliches Verhalten als Anzeichen für zugrundeliegende Dispositionen wahrzunehmen.

Auch das eigene Verhalten ordnet man je nach den Umständen inneren und äußeren Ursachen zu. Ferner hat die Einschätzung, *warum* man etwas tut, einen wesentlichen Einfluß darauf, ob man diese Aktivitäten als angenehm empfindet, ob man sie auch ohne innere Verstärkung fortsetzt und welchen Stellenwert man ihnen beimißt.

Eine interessante Verlagerung findet statt, wenn man sich für eine von der inneren Motivation her reizvolle Aktivität entschieden hat und plötzlich eine äußere Belohnung dafür erhält. In einer solchen Situation hört man möglicherweise auf, den dispositionalen Rückschluß zu ziehen, daß man es deshalb tut, weil einem die Sache gefällt, und beginnt seine Handlung der äußeren Belohnung zuzuordnen. Wenn dann keine Belohnung mehr erfolgt oder „der Preis nicht angemessen ist", stellt man vielleicht die bis dahin befriedigende Aktivität vollkommen ein.

In einem Experiment mit Studenten aus der Universität von Rochester führte die Tatsache, daß man sie dafür bezahlte, sich mit für sie ursprünglich interessanten Geduldsspielen zu beschäftigen, dazu, daß sie anschließend, als sie frei wählen durften, weniger Zeit auf die Spiele verwendeten als Vpn, die keine Belohnung erhalten hatten (Deci 1972).
Dasselbe kann sich in der Schule als Folge äußerer Belohnungen wie Lob, Anerkennung und Noten ereignen.

51 Vorschulkinder, die anfänglich ein innerlich motiviertes Interesse an einer Malaktivität zeigten, waren die Vpn in einem Experiment über den Effekt der „Überbegründung" einer Aktivität durch Dazukommen einer äußeren Bestätigung. Diese Kinder wurden im zweiten Teil der Untersuchung nach dem Zufallsprinzip Versuchsgruppen mit unterschiedlichen Bedingungen zugeordnet: a) Erwarten einer äußeren Belohnung für die Teilnahme an der Malaktivität (ein goldenes Siegel mit Band); b) kein Erwarten einer Belohnung – aber Erhalten einer solchen nach der Aktivität; c) kein Erwarten oder Erhalten einer Belohnung. Ein bis zwei Wochen später wurde die Malaktivität wieder in der Klasse eingeführt und das Verhalten der Kinder beobachtet und aufgezeichnet. Die Ergebnisse unterstützen eindeutig, die Annahme des Überbegründungseffekts. Wird der Beweggrund für eine ursprünglich interessante, freiwillig gewählte Aktivität auf eine äußere Belohnung zurückgeführt, so sinkt ihr Wert und die von den Kindern in einer späteren Eigenaktivität darauf verwendete Zeit verringert sich. Die Kinder, die eine Belohnung zu erwarten hatten, verbrachten nur halb so viel Zeit mit der Zielaktivität, wie die Kinder aus den beiden anderen Gruppen, die sich im Zeitaufwand für die Zielaktivität nicht unterschieden (Lepper et al. 1973). Diese Ergebnisse wurden auch in anderen Untersuchungen bestätigt (Lepper u. Greene 1975).

Der negative Effekt, der bewirkt, daß intrinsisch motivierte Kinder durch äußere Belohnung in „freie Unternehmer" verwandelt werden, weist auf eine bedeutsame Einschränkung der Verstärkungsgesetze hin, von denen wir vorher gehört haben: Selbst positive Verstärkung kann sich hemmend auf Verhaltensweisen auswirken, die um ihrer selbst willen gerne ausgeführt worden wären (s. „Unter der Lupe").
In einer früheren Untersuchung von Strickland (1958) über Aufsicht und Vertrauen wird gezeigt, wie der Attributionsprozeß durch soziale Bedingungen beeinflußt werden und dann wiederum selbst auf darauf folgende soziale Faktoren und Attributionsprozesse einwirken kann.

Schenken wir Menschen weniger Vertrauen, deren Verhalten Aufsicht erfordert, oder führt das Beaufsichtigen anderer dazu, daß wir weniger geneigt sind, ihnen zu vertrauen? Um Ursache und Wirkung zu unterscheiden, entwarf der Forscher einen Versuchsplan, bei dem „Aufseher" die Leistung von 2 „Arbeitern" überwachen sollten, die eine langweilige Arbeit zugeteilt bekommen hatten. Den Bedingungen entsprechend, mußten die Aufseher Arbeiter A 9mal überprüfen, Arbeiter B hingegen nur 2mal.
Am Ende der Arbeitszeit war die Leistung der beiden Arbeiter gleich; es zeigte sich also kein Unterschied in den von den beiden Aufsehern beobachtbaren Verhaltensweisen. Die Interpretation der Aufseher über die *Ursache* der Verhaltensweisen war jedoch unter-

Unter der Lupe

Der Spielverderber

Eine unbelegte Geschichte wird von einem kleinen italienischen Schuhmacher in New York erzählt, der die Zielscheibe von Beinamen wurde, die ihm Jungen aus dem Stadtviertel vergnügt zuriefen: „Dreckiger Itaker", „Pomadenheini, geh zurück nach Sizilien" und zur Veröffentlichung ungeeignete Obszönitäten. Ohne Erfolg ignorierte der Schuhmacher die Jungen, redete er vernünftig mit ihnen und versuchte er, sie wegzujagen.
Schließlich probierte er, als er sie eines Tages wieder einmal herankommen sah, etwas Neues. „Fragt mich nicht warum", sagte er zu ihnen, „aber ich werde jedem von euch 50 Cent geben, wenn ihr so laut ihr könnt, 10mal ruft: ‚Dreckiger Itaker! Pomadenheini raus aus dem Viertel!'". Die Jungen waren hocherfreut und riefen enthusiastisch mit voller Lautstärke die Sätze.
Am nächsten Tag tauchten sie sofort nach der Schule wieder auf und erwarteten dasselbe. Der Schuhmacher lächelte sie freundlich an und meinte: „25 Cent für jeden, der das Gleiche wie gestern ruft und noch ein neues Schimpfwort bringt." Wieder gingen die Jungen darauf ein und schrieen aus vollem Hals bis sie heiser waren.
Aber als sie am nächsten Tag kamen, sagte der kleine Schuhmacher traurig: „Es tut mir leid, aber die Geschäfte gingen schlecht, und ich kann heute nur 10 Cent für jeden spendieren."

Worauf sich, so erzählt die Geschichte, die Jungen entfernten, schimpfend, sie hätten Besseres zu tun als einem dummen Itaker für nur 10 Cents einen Gefallen zu tun. Die zu Anfang aus sich heraus befriedigende Aktivität war nun zu etwas geworden, das die Jungen der Belohnung wegen taten; wurde die Belohnung entzogen, so sahen sie auch keinen Grund mehr dafür – wie der Schuhmacher richtig vorausgesehen hatte.

schiedlich. Je mehr sie beaufsichtigt hatten, desto stärker führten sie das Verhalten auf die Überwachung und nicht auf die Motivation oder Persönlichkeit des Arbeiters zurück. Im darauffolgenden Teil des Experiments, bei dem es kein festgesetztes Maß an Kontrolle gab, entschieden sich die Aufseher dafür, die Leistung von A öfter zu überprüfen als die von B, und sie nahmen B als vertrauenswürdiger und verläßlicher wahr als A, den „man sorgfältig überwachen mußte, um ihn in Gang zu halten".

Ein vergleichbares Phänomen tritt in einem Gefängnis mit höchster Sicherheitsstufe auf, wo eigentlich alle der Überzeugung sind, daß die Kooperation der Gefangenen auf die sorgfältigen, sie abschirmenden Kontrollen zurückzuführen ist, und das Personal wird vermutlich keine kooperative Handlung, die ein Gefangener ausführen kann, als von ihm selbst beabsichtigt ansehen. Nur bei abweichendem Verhalten wird i. allg. die Ursache im Gefangenen selbst gesucht.

Persönliche und soziale Motive

Der Mensch lebt nicht vom Brot allein. Er verbringt eine Menge Zeit und Energie damit zu überlegen, wie er ein besseres Brot als seine Konkurrenten machen könnte und oft ist es ihm wichtiger, wie und mit wem er ißt, als was er ißt.

„Selbst Menschen in den technologisch am wenigsten entwickelten Gesellschaften verbringen nur relativ wenig Zeit mit Essen, Trinken und sexueller Betätigung. Statt dessen verwenden die Menschen in modernen wie in primitiven Gesellschaften gleichermaßen den Hauptteil ihrer Energie auf den Erwerb oder Ausdruck von Überzeugungen und Erlebnisinhalten, die nicht von den angeborenen Steuerungsmechanismen ihrer biologischen Funktionen angeregt werden, sondern durch die Werte, die sie als Mitglieder ihrer Gesellschaft gelernt haben" (Sarnoff 1960, S. 15–16).

Wie wir schon in Kap. 10 gesehen haben, werden Motive als innere Zustände beschrieben, die bestimmte Verhaltensmuster hervorrufen, strukturieren und lenken. Im Gegensatz zu den *biologischen Trieben,* die durch neurophysiologische Stimulierung oder biologische Mangelzustände angeregt werden und die bei allen Mitgliedern gleich sind, zeigen persönliche und soziale Motive eine viel größere Variationsbreite. Sie werden durch psychologische und soziale Bedingungen sowohl angeregt als auch befriedigt und sind sehr viel stärker von Lernmechanismen abhängig (s. dazu „Unter der Lupe", S. 597).

Offensichtlich entwickeln die Menschen allge-

mein psychologische Bedürfnisse, die in den sozialen Strukturen der jeweiligen Gesellschaftsformen ihren Ausdruck finden. Obwohl diese Bedürfnisse manchmal von andersgearteten Bedürfnissen überlagert werden, Umweltbedingungen eingeschlossen, ist deren Befriedigung dennoch unabdingbar für das gesunde Funktionieren des einzelnen Menschen. Die Verhinderung von persönlichen und sozialen Motiven führt zwar nicht unmittelbar zum Tode des Individuums – wie bei der Nichterfüllung der meisten biologischen Bedürfnisse –, kann jedoch zu emotionalen Störungen oder sogar zu schwerer körperlicher Krankheit führen.

Bedürfnis nach Leistung

Jeder Student in diesem Lande weiß, welch starke Betonung hier auf Leistung gelegt wird. Die Geschäftswelt, der Sport und das ganze Erziehungssystem sind davon beherrscht. Zensuren sind der Schlüssel zum weiteren Wettbewerb auf der nächsthöheren Ebene (um Gymnasiasten in die folgende Klasse zu versetzen und Abiturienten zur Universität zuzulassen). Von Gymnasiasten werden all diese Bestrebungen als ein großes Wettrennen von Ratten charakterisiert, bei dem nur ein kleines Stück Käse in der Falle steckt; das hält sie aber nicht davon ab, an dem Wettlauf teilzunehmen, besonders wenn der Siegespreis die Zulassung zum Medizin- oder Jurastudium oder das Abitur ist. Die Frage nach der Entstehung des Leistungsbedürfnisses ist zum Gegenstand intensiver Forschung geworden.

In einer Untersuchung gaben die Mütter von 8- bis 10jährigen Jungen an, bis zu welchen Altersstufen sie bestimmte Leistungen von ihren Söhnen erwarteten. Mütter, deren Kinder als hoch leistungsfähig beurteilt wurden, erwarteten bis zum Alter von 7 Jahren doppelt so viel Leistung von ihren Söhnen, wie Mütter von Söhnen mit niedrigerem Leistungsniveau. Von den Kindern mit hohem Leistungsniveau wurde viel früher erwartet, daß sie sich in ihrem Stadtteil auskennen, daß sie neue Dinge ausprobieren, in Konkurrenzsituationen gut abschneiden und sich selbst ihre eigenen Freunde suchen (Winterbottom 1953).

Das Leistungsmotiv wird von einigen Forschern als ein relativ allgemeines und stabiles Charakteristikum des Menschen angesehen, das in jeder Situation gegenwärtig ist (McClelland 1961). Man geht davon aus, daß es eine allgemeine

Das Motiv zu arbeiten

Was motiviert Menschen dazu, zu lernen und zu arbeiten? Eine Antwort könnte darin liegen, daß sie es für *äußere* Belohnung wie Geld, Zensuren und Prestige tun und nicht etwa, weil Arbeit an sich reizvoll ist. Aber trifft das in jedem Fall zu?

Nach McGregor (1960) beruhen die meisten Organisationen in ihrer Struktur auf einer Reihe impliziter Theorien über die menschliche Natur. Eines dieser Denksysteme (das er *Theorie X* nennt) beinhaltet die Überzeugung, daß der Mensch im Grunde die Arbeit haßt und alles tun wird, um ihr aus dem Wege zu gehen. Er strebt zwar nach Sicherheit, hat aber andererseits wenig Ehrgeiz und lehnt es, wenn möglich, ab, Verantwortung zu übernehmen. In jeder Arbeitssituation muß ihm also entweder irgendein Anreiz geboten oder Druck auf ihn ausgeübt werden.

Ein dazu alternatives Denksystem bezeichnet McGregor als *Theorie Y*. Diese geht von der Annahme aus, daß der Mensch grundsätzlich kreativ und verantwortungsbewußt ist und daß die Verausgabung von Energie in irgendeiner Form von Arbeit ein natürlicher Prozeß ist. Daher wird der Mensch, soweit Arbeitsziele auch persönliche Bedürfnisse befriedigen (wie Selbstwertgefühl, Wißbegier und Kompetenz), von sich aus motiviert sein, gute Arbeit zu leisten.

Firmen, die auf der Basis von Theorie X operieren, versuchen gewöhnlich, durch das Angebot von Standardreizen, wie Lohnzulagen und Arbeitszeitverkürzung, die Produktionsquantität und -qualität zu steigern. Andere Firmen haben jedoch ihre Organisationsstruktur entsprechend den Prinzipien von Theorie Y verändert, und dort zeigte sich ein bemerkenswerter Wandel in der Arbeitsleistung. Zum Beispiel wurde in einigen Firmen das Fließband (an dem jeder nur einen kleinen Teil des Endprodukts bearbeitet) durch überschaubare Arbeitseinheiten ersetzt, in denen jedes Mitglied am gesamten Produktionsprozeß von Anfang bis Ende teilhat. Dadurch können die Arbeiter nicht nur einen gewissen Stolz auf ihre Arbeit entwickeln, sondern die Kleingruppenarbeit ermöglicht ihnen auch engere freundschaftliche Beziehungen. Sie fühlen sich zufriedener und Abwesenheitsquote, Fluktuation und „Sabotierung" der Arbeit nehmen ab.

Innerhalb des Schulsystems finden seit längerem ebenfalls ähnliche Verschiebungen von Theorie X auf Theorie Y statt. Am bekanntesten ist wohl das „offene Klassenzimmer", was bedeutet, daß die Schüler ihr Lernpensum nach eigenen Interessen gestalten und auch das Lerntempo selbst bestimmen sollen.

Tendenz hervorruft, *sich um Erfolg zu bemühen*, wenn auch die Stärke der Tendenz in einer gegebenen Situation von 3 anderen Variablen abhängig ist: a) von der Erfolgserwartung, b) vom Anreiz des speziellen Erfolges, um den es geht, und c) von der Annahme einer persönlichen Verantwortung für den Erfolg (Atkinson 1964, Feather 1967). Zum Beispiel könnten zwei Menschen gleichermaßen stark leistungsorientiert sein, aber dem einen geht es vielleicht besonders ums Prestige, und er setzt sich vor allem in Situationen ein, in denen der Erfolg auch sein Prestige erhöht, während für den anderen die Befriedigung über eine gut erledigte Arbeit wichtiger ist und er sich in den Situationen am stärksten bemüht, in denen ein Erfolg für ihn diese Befriedigung bedeutet.

Die Komplexität des Leistungsmotivs wird auch durch die Tatsache deutlich, daß bei Personen mit hohem Leistungsbedürfnis zwischen solchen, die sich auf Erfolg und solchen, die sich auf die Vermeidung von Mißerfolg konzentrieren, Unterschiede gefunden wurden. Personen, die sich auf Erfolg konzentrieren, neigen dazu, sich realistischere Ziele zu setzen und Aufgaben mittleren Schwierigkeitsgrades zu wählen. Personen, die darauf bedacht sind, Mißerfolg zu vermeiden, neigen eher dazu, sich unrealistische Ziele zu setzen (zu hohe oder zu niedrige im Vergleich zu ihren Fähigkeiten) sowie Aufgaben mit niedrigerem Schwierigkeitsgrad zu wählen, bei denen Mißerfolg am unwahrscheinlichsten ist, aber Erfolg, selbst wenn er erreicht wird, am wenigsten befriedigend ist.

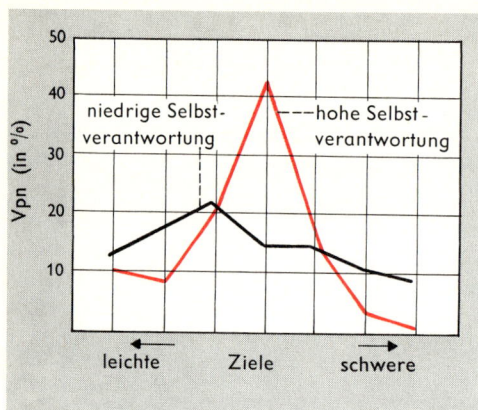

Abb. 16.3. Zielsetzung und Verantwortung, Kinder im Alter von 9–11 Jahren setzten sich Ziele von mittlerem Schwierigkeitsgrad, wenn sie sich für Erfolg und Mißerfolg verantwortlich fühlten. Wenn sie dieses Verantwortungsgefühl nicht hatten, setzten sie sich dagegen in konsistenter Weise leichte Ziele. (Nach Meyer 1968)

Ebenfalls wichtig bei der Bestimmung des Schwierigkeitsgrades der gewählten Aufgabe ist die Bedeutung eines Verantwortungsgefühls für das Ergebnis, Personen, die sich für ihre Erfolge und Mißerfolge stark verantwortlich fühlen, wählen eher Aufgaben mit mittlerem Schwierigkeitsgrad, ähnlich wie die erfolgsmotivierten Personen. Während dagegen Menschen, die sich für ihre Erfolge und Mißerfolge *nicht* verantwortlich fühlen, keine Präferenzen zwischen Aufgaben unterschiedlichen Schwierigkeitsgrades zeigen (Abb. 16.3; Meyer 1973).

Die Leistungsmotivationsforschung hat sich überwiegend mit Männern als Untersuchungsgruppe befaßt. Der Leistungsmotivation von Frauen wurde bis vor kurzem kaum Beachtung geschenkt. Dies kann sicherlich z.T. auf gesellschaftliche Klischeevorstellungen zurückgeführt werden, spiegelt aber wahrscheinlich auch die Tatsache wider, daß sich Frauen in den wenigen Untersuchungen, die es über sie gibt, nicht so verhielten, wie es von ihnen erwartet wurde (d.h. wie Männer). Zum Beispiel findet sich bei Männern in Situationen, in denen es um Intelligenz und Führungsfähigkeiten geht, ein Anstieg der Leistungsmotivation, was bei Frauen nicht der Fall ist.

Ein mögliche Antwort auf das Problem der Geschlechtsunterschiede findet sich in Martina Horners Forschungsarbeiten über das *Erfolgs-*

vermeidungsmotiv bei Frauen. Nach Horner befinden sich leistungsorientierte Frauen in einer außergewöhnlichen Double-bind-Situation. Einerseits unterliegen sie ebenso wie die Männer der allgemeinen gesellschaftlichen Forderung nach Wettbewerb und Erfolg, andererseits sind jedoch Frauen ebenso motiviert, *keinen* Erfolg zu haben, da Leistungserfolge für sie oft so negative Konsequenzen mit sich bringen, wie als „unweiblich" abgestempelt oder sozial geächtet zu werden.

In einer Untersuchung, die dieses Motiv zum Gegenstand hatte, wurde den Vpn der Anfangssatz einer Geschichte gegeben, und sie sollten diese vollenden. Für Frauen lautete die erste Zeile: „Nach den Abschlußprüfungen im 1. Semester des Medizinstudiums war Anne die Beste in ihrem Jahrgang", für Männer dagegen: „Nach den Abschlußprüfungen im 1. Semester des Medizinstudiums war John der Beste in seinem Jahrgang". Enthielten die Geschichten der Vpn negative Vorstellungen über Erfolg, wurden sie als Wiedergabe eines Erfolgsvermeidungsmotivs bewertet (s. dazu „Unter der Lupe", S. 599). Während weniger als 10% der männlichen Vpn solch negative Gefühle erkennen ließen, schrieben über 65% der Frauen Geschichten, in denen Erfolg mit hohen Angstvorstellungen verbunden war (Horner 1969).

Bedürfnis nach Handlungsfreiheit (Reaktanz)

Jeder hat wahrscheinlich als Kind erlebt, wie die Eltern ihm eine bestimmte Arbeit zuwiesen (z.B. „Räume das Zimmer auf", „Mach deine Hausaufgaben") oder wie für ihn eine Entscheidung getroffen wurde („Wir werden uns Film A und nicht Film B anschauen"). Manchmal hat man sich wahrscheinlich diesen Entscheidungen widersetzt, entweder dadurch, daß man sich weigerte, mitzugehen oder indem man sich zu etwas anderem entschloß. Wenn jedoch die Eltern darauf meinten: „Na gut, dann nicht", kam man vielleicht zu dem Schluß, daß die ursprüngliche Tätigkeit eigentlich auch nicht so schlecht sei, und schließlich tat man doch, was sie anfangs vorgeschlagen hatten.

Nach Brehm (1966) ist diese Art von „Gegen"-Reaktion ein typisches Beispiel für *Reaktanz*. Die Theorie, die hinter diesem Begriff steckt, geht von der Annahme aus, daß der Mensch sich seine Handlungsfreiheit erhalten will. Ist diese Freiheit in irgendeiner Weise bedroht, „reagiert" er darauf, indem er alles ihm Mögliche tut, um sie wiederherzustellen. Wenn also je-

Erfolgsangst als Thema

Horner (1969) wertete die Geschichten von Frauen nach ihrem Aussagegehalt über Erfolgsangst aus und fand 3 Hauptkategorien.

1. Am häufigsten waren Geschichten, die Ängste vor sozialer Ablehnung (z. B. Unbeliebtheit, Einsamkeit, Ehelosigkeit) als Folge von Erfolg zum Ausdruck brachten. Etwa: „Anne ist ein pickliger Bücherwurm … Sie lernt jeden Tag 12 Stunden und lebt bei ihren Eltern, um Geld zu sparen. ,Natürlich zahlt sich das aus. Jeden Freitag- und Samstagabend ohne Verabredung, ohne Vergnügen; ich werde die beste Ärztin weit und breit sein.' Und doch zeigt sich ein Anflug von Traurigkeit – sie fragt sich, was sie eigentlich hat …"

2. In der zweiten Gruppe von Geschichten zeigte sich die Sorge um die Normvorstellungen von Weiblichkeit, und Zweifel an Annes Femität und Normalität wurden vorgebracht: „Unglücklicherweise ist sich Anne nicht mehr so sicher, ob sie wirklich Ärztin werden will. Sie ist über sich selbst beunruhigt und fragt sich, ob sie vielleicht anomal ist … Anne entschließt sich dazu, ihr Medizinstudium aufzugeben und etwas zu studieren, das für sie persönlich von tieferer Bedeutung ist."

3. Die dritte Kategorie von „Erfolgsangst" enthält die direkte Verleugnung der Tatsache, daß eine Frau so erfolgreich sein könnte: „Anne ist der *Code*name für eine imaginäre Person, die von einer Gruppe von Medizinstudenten erfunden wurde. Sie machen abwechselnd die Prüfungen und Referate für Anne …"

Im Gegensatz zu diesen Geschichten von Frauen, in denen Erfolgsangst thematisiert wurde, zeigten die von Männern geschriebenen Geschichten eine positive Einstellung zum Erfolg.

Trotz der oben angeführten Ergebnisse scheint jedoch die Haltung von Frauen gegenüber beruflich erfolgreichen Frauen einem Wandel zu unterliegen. Einige der Frauengeschichten zeigten eine aufgeschlossenere Einstellung.

„Anne ist eine echte Dame – sie ist nicht nur erstklassig in ihrem Studienfach, sondern ist auch beliebt und wird bewundert von ihren Mitstudenten – was in einem von Männern beherrschten Gebiet ein ziemliches Kunststück ist. Sie ist hochbegabt – aber sie ist auch eine Frau. Sie wird weiter zu den Besten gehören. Und … immer eine Dame sein."

---

mand unsere Freiheit dadurch bedroht, daß er uns zu einer bestimmten Handlung zwingen will, werden wir unsere Freiheit zu bewahren suchen, indem wir uns weigern, so zu handeln. Oder wenn jemand versucht, unsere Entscheidung zu beeinflussen und uns erzählt, „A ist besser als B", kann unsere Reaktion darauf sein, B besser als A zu finden.

Diese Voraussagen wurden experimentell bestätigt.

In einer Untersuchung wurden Vpn gebeten, an einer Gruppenarbeit mit zwei weiteren Vpn (die natürlich Verbündete des Vl waren) teilzunehmen. Die Aufgabe beinhaltete das Analysieren und Lösen von Problemen in einer Fallstudie über innerbetriebliche Kontaktpflege, und die Gruppe sollte zunächst entscheiden, welche von zwei Fallstudien sie bearbeiten wollte. Als einer der Verbündeten die Gruppe aufforderte, Fallstudie A zu übernehmen, zeigten die Vpn eine Präferenz für Fallstudie B, die andere Alternative. Als jedoch auf diese Aufforderung der Hinweis des zweiten Verbündeten folgte, daß er sich noch nicht entschieden hätte (wodurch die Entscheidungsfreiheit wiederhergestellt wurde), bevorzugten die Vpn Fallstudie A (Worchel u. Brehm 1971).

Bedürfnis nach sozialem Vergleich

„Wie warst Du im Weitsprung?"
„Ich habe 2,30 m geschafft, und Du?"
„2,15 m, aber die meisten schafften nur 2 m."

Um in seinen Handlungen Aussicht auf Erfolg zu haben, muß man ein gewisses Gefühl für die eigenen Stärken und Schwächen, Fähigkeiten und Mängel haben. Wie kann man den Ausspruch „Erkenne dich selbst" verwirklichen? Es gibt im wesentlichen zwei Möglichkeiten, zu solchen Erkenntnissen zu gelangen.

Die erste besteht in der „Realitätsprüfung", bei der man seine Kräfte an einem physischen Merkmal der Umwelt mißt. Einen großen Felsblock umstürzen, den höchsten Berg besteigen, den tiefsten Ozean durchschwimmen, eine Münze über einen breiten Strom zu werfen, 1 km glatt in 3 min laufen, ein Feuer mit den bloßen Händen löschen – solche Unternehmungen vermitteln einem eine Vorstellung von den eigenen physischen Fähigkeiten.

Ob jemand bei solchem Erproben der *physischen Realität* erfolgreich war, wird jedoch fast immer an Bewertungskategorien der *sozialen Realität* gemessen: „Können andere Leute das auch? Können sie es besser? Um wieviel besser?" Die nichtsoziale Motivation zu wissen, was man kann, führt also zu sozialer Motivation derart, daß man andere Menschen zum Maßstab für die Bewertung seiner eigenen Erfolge und Fähigkeiten macht, und so wird ein Prozeß des *sozialen Vergleichs* in Gang gesetzt (Festinger 1954, Latané 1966). Man beobachtet, was andere sagen und tun und fragt sie nach ihren Gedanken und Gefühlen. Durch dieses Prüfen der sozialen Realität erhalten wir eine Vorstellung davon, wie stark wir selbst sind, wie intelligent, wie emotionell ansprechbar, wie politisch konservativ, wie attraktiv usw.

Durch soziale Vergleiche lernt man auch „Kann-" und „Soll-"Beziehungen (Heider 1958). Ist es richtig und korrekt, in bestimmter Weise zu glauben, zu fühlen oder zu handeln? Der einzelne wird durch andere Menschen beeinflußt, die ihm genaue Informationen darüber liefern, was angemessen ist, und so helfen, die bestehenden sozialen Normen zu definieren. Außerdem beeinflussen sie ihn, indem sie solches Verhalten verstärken, das ihren Normen entspricht, und solches Verhalten bestrafen oder nicht belohnen, das diesen Normen nicht entspricht (Deutsch u. Gerard 1955).

Jedoch nicht jede Information ist gleichermaßen nützlich bei der Entwicklung genauer und stabiler Selbsteinschätzungen. Die beste Information ergibt sich aus Vergleichen mit Personen, die ähnliche Fähigkeiten oder Ansichten haben oder die dieselbe Reizsituation erleben.

Mitglieder einer Gruppe neigen dazu, die Gruppennormen und die Verhaltensweisen der anderen Mitglieder zur Grundlage ihrer Selbsteinschätzung zu machen. Wenn sich folglich ein Individuum von den übrigen in der Gruppe stark unterscheidet, wird das von ihnen als unangenehm empfunden, denn seine Abweichung zerstört ihre stabile Basis für den sozialen Vergleich. Wie noch gezeigt werden wird, reagieren sie darauf entweder, indem sie versuchen, ihn wieder auf ihre Linie zu bringen, oder sie lehnen ihn ab.

Das Ausmaß, in dem die Einschätzung der eigenen Intelligenz und Fähigkeit vom Vergleich mit anderen abhängt, zeigt sich jedes Semester bei den Studienanfängern. Studenten, die in der Schule im Vergleich mit ihren Mitschülern zu den Besten zählten, sind bestürzt über die Entdeckung, plötzlich nur noch „Durchschnitt" zu sein. Die Hälfte von ihnen liegt plötzlich sogar unter dem Mittelwert im Vergleich zu den neuen „Besten". Was sich verändert hat, ist natürlich nicht ihre Intelligenz, sondern die Basis des sozialen Vergleichs. Eine Person mit einem IQ von 120 gilt im Vergleich zur Gesamtbevölkerung als „überdurchschnittlich". Aber in einer sehr ausgewählten Gruppe kann dieselbe Person zum Durchschnitt gehören oder sogar darunter liegen.

Bedürfnis nach sozialer Anerkennung

Kinder lernen schon sehr früh, daß es eine Reihe positiver Konsequenzen hat, wenn sie sich nach den elterlichen (und gesellschaftlichen) Definitionen von richtigem und angemessenem Verhalten richten. Wenn solche Konsequenzen von anderen Menschen gesetzt werden, bewirken sie weit mehr als lediglich eine höhere Wahrscheinlichkeit, daß die Reaktion wiederholt und gelernt wird. Ihr Erreichen wird schließlich zum Selbstzweck, und viele der von uns hochgeschätzten Aktivitäten werden nicht um ihrer selbst willen ausgeführt, sondern sollen bewirken, daß andere Menschen uns beachten, schätzen, anerkennen, helfen, lieben und verehren. Unsere Suche nach Anerkennung durch andere kennt keine Grenzen und kann so weit gehen, daß wir jemanden umbringen oder Erniedrigung, Schmerz oder selbst den Tod auf uns nehmen.

Die soziale Anerkennung unserer Handlungen beinhaltet mindestens 5 verwandte, aber unterscheidbare Konsequenzen:

a) Die Anerkennung unserer Verhaltensweisen ist ein Zeichen für die Beachtung *unserer*

Person und bedeutet *Hervorhebung* und *Identität*.

b) Anerkennung *legitimiert* unsere Existenz und erhöht unseren Status als Person, die Beachtung verdient.

c) Anerkennung impliziert die Akzeptierung dessen, was wir anbieten können und damit die *Sicherheit,* nicht wegen Inadäquatheit von Fähigkeiten, Meinungen oder Gefühlen abgelehnt zu werden.

d) Anerkennung schafft eine Verbindung zwischen dem Anerkennenden und dem Anerkannten dadurch, daß die *Sympathie* für den Anerkennenden und ein Wahrnehmen seiner Reaktion darauf bewirkt.

e) Anerkennung liefert ein Kriterium unserer *Kontrolle* oder Macht über die Umwelt, indem sie spezifiziert, welche unserer Verhaltensweisen erwünschte Konsequenzen erzeugen können.

Es ist also nicht verwunderlich, daß die Lernprozesse bei Kindern durch Fehlen sozialer Anerkennung bzw. durch Erhalten von positiver sozialer Verstärkung in Form eines Nickens oder eines „Gut so" wesentlich beeinflußt werden (Gewirtz u. Baer 1958). Man bedenke, was man selbst getan hätte (oder tat), um ein kleines Fleißkärtchen o. ä. von seinem Volksschullehrer zu erhalten.

Die soziale Anerkennung durch Altersgenossen kann sogar wertvoller werden als die soziale Anerkennung durch Eltern und Lehrer, und sie kann zu „antisozialem" Verhalten führen, das von der Gruppe gutgeheißen wird. Man kann den Klassenclown verstehen, dessen Possen den Lehrer verärgern, Teenager, die ihr Leben bei Mutproben riskieren, oder die scheinbar sinnlose Gewaltanwendung von Bandenmitgliedern gegenüber einem unschuldigen Opfer, wenn man die Macht bedenkt, die von der sozialen Anerkennung durch Altersgenossen ausgeht.

Bedürfnis nach Zusammenschluß

Da Menschen offensichtlich überall in Gruppen zusammenleben und das Überleben des einzelnen, wie schon ausgeführt, oft von der Sicherheit der Gemeinschaft abhing, vermuteten die frühen Sozialpsychologen, daß das Zusammenleben auf einen grundlegenden, angeborenen

Instinkt zurückzuführen sei. Die „Herde" wurde als die normale, natürliche Umwelt des Menschen angesehen. Ein früher Beobachter schrieb:

„Das bewußte Individuum empfindet ein nicht zu analysierendes Urgefühl von Wohlbefinden in der unmittelbaren Gegenwart seiner Gefährten und ein entsprechendes Gefühl von Unbehagen bei ihrer Abwesenheit. Für ihn ist eine offenkundige Wahrheit, daß es für den Menschen nicht gut ist, allein zu sein. Einsamkeit ist eine echte Tortur und verstandesmäßig nicht zu überwinden" (Trotter 1916, S. 31).

Bei Forschungsarbeiten wurden jedoch mit Hilfe projektiver Tests bedeutende Unterschiede in bezug auf die Stärke des Bedürfnisses nach sozialem Kontakt aufgezeigt (Atkinson 1958). Manche Menschen verhalten sich auch kontaktfreudiger als andere, z.B. gehören sie eher Vereinen an, sind stärker an Kommunikation interessiert und freundlicher im Umgang mit anderen.

Schachter (1959) stellte die Frage nach Art und Ursache des „Herdeninstinkts" in Form einer empirisch überprüfbaren Hypothese. Hinweise aus verschiedenen Quellen deuten darauf hin, daß ein Zustand der Isolierung Angstgefühle hervorruft. Wenn das der Fall ist, würde vielleicht die Erregung eines starken Antriebs, etwa der Angst, die Tendenz zur Folge haben, Isolierung zu vermeiden und Zusammenschluß zu suchen.

Um diese Folgerung zu überprüfen, erzeugte er bei der Hälfte einer Gruppe von Vpn experimentell starke Angst und bei der anderen Hälfte nur geringe Angst. Die Vpn waren Studentinnen, die in kleinen Gruppen zu je 5–8 getestet wurden. Die erste Hälfte wurde in die Erwartung versetzt, daß der unheimlich aussehende Dr. Gregor Zilstein ihnen eine Reihe schmerzhafter elektrischer Schläge verabreichen würde, und zwar im Verlauf einer Untersuchung, die sich mit den Auswirkungen von Elektroschocks beschäftigte. Die anderen erwarteten keinen Schmerz, da sie nur eine milde elektrische Reizung erhalten sollten. Selbstbeurteilungen ließen erkennen, daß bei den Vpn, die Schmerz erwarteten, tatsächlich stärkere Angst erzeugt worden war. Um festzustellen, ob dieser durch die Schockerwartung bedingte Angstunterschied einen Einfluß auf die abhängige Variable des Kontaktverhaltens hat, wurde den Frauen die Möglichkeit gegeben, eine 10minütige „Wartezeit" vor dem Schock entweder allein oder mit anderen Frauen zusammen zu verbringen. Jede Vp gab an, ob sie es vorzog, allein oder mit anderen zusammenzusein, warum das so sei und wie tief diese Gefühle seien. Die eindeutigen Ergebnisse bestätigten die Hypothese: Angst führte tatsächlich zum Bedürfnis nach Zusammenschluß (Abb. 16.4).

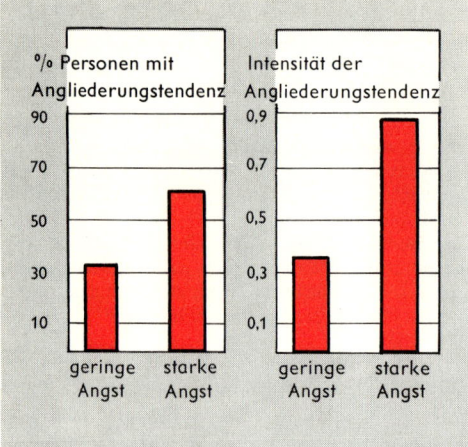

Abb. 16.4. Das Anschlußverhalten nimmt mit steigendem Angstgrad zu. Fast doppelt so viele Personen mit starker Angst bevorzugten einen Anschluß an andere, verglichen mit den weniger ängstlichen. Außerdem war die Intensität dieser Tendenz bei den ängstlichen um das 3fache stärker als bei den Personen mit geringer Angst. (Nach Schachter 1959)

Ein anschließende Studie zeigte, daß es auch von Bedeutung ist, mit welcher *Art* von Person man sich zusammenschließen will (Tabelle 16.2).

Ebenso wie in Schachters Experiment wurden Vpn mit starker Angst vor die Wahl gestellt, entweder allein oder mit einer anderen Person zusammen zu warten. Der einen Hälfte der Vpn wurde jedoch gesagt, daß andere Person auf das Schockverfahren wartete (ebenso wie sie selbst), während man der restlichen Hälfte mitteilte, daß diese Person das Experiment bereits durchlaufen hätte. Die ängstlichen Personen wählten den Kontakt zu der Person, die sich in einem ähnlichen emotionalen Zustand befand, und *nicht* zu der Person, die das Experiment schon hinter sich hatte (und ihnen wahrscheinlich objektive Informationen über die Quelle ihrer Angst hätte geben können). Wer in Not ist, sucht offensichtlich nicht die Gesellschaft irgendwelcher Menschen, sondern der Unglückliche gesellt sich gern zu einem unglücklichen Gefährten (Zimbardo u. Formica 1963).

Tabelle 16.2. Wunsch nach Gesellschaft. (Nach Middlebrook 1973)
100 Studenten der Universität wurden danach befragt, in welchen Situationen sie lieber allein wären oder wann sie die Gesellschaft anderer vorzögen. Unter anderem gaben sie das auch für die folgenden Situationen an

Situation	Studenten in %, die		
	mit anderen zusammen sein wollten	allein sein wollten	unentschieden waren
Wenn man deprimiert ist	42	48	10
Wenn man beunruhigt ist über ein ernstes persönliches Problem	52	44	4
Wenn man müde ist	6	85	9
Wenn man sehr glücklich ist	88	2	10
Wenn man sich wegen einer Sache schuldig fühlt	45	43	12
Wenn man verärgert ist	16	76	8
Wenn einem nach Weinen zumute ist	8	88	4
Wenn man sich in einer ungewohnten Situation befindet oder etwas völlig Neues tut	77	13	10

Bedürfnis, anderen zu helfen (Altruismus)

„Es ist als hätte, wer ein einziges Leben rettet, die ganze Welt gerettet."
Talmud

Wenn wir anderen helfen, ohne irgendeine äußere Belohnung (wie Geld oder Lob) zu erhalten, wird dieses Verhalten als *Altruismus* bezeichnet. Einige Psychologen stellten die Behauptung auf, daß altruistisches Verhalten auch instinktive Anteile hat, da das Überleben des Individuums gewöhnlich von kooperativen, unterstützenden Verhaltensweisen der anderen Menschen abhängig ist (Campbell 1965). Wieder andere haben nachgewiesen, daß eine altruistische Reaktion (etwa einen anderen Menschen aus einem Leidenszustand zu befreien) an sich belohnenden Charakter haben kann (Weiss 1971). Insofern „Nächstenliebe" in unserer Gesellschaft als soziale Norm ausdrücklich gelehrt und gefördert wird, kann altruistisches Verhalten auch als Resultat eines Lernprozesses angesehen werden. Ein weiteres Erklärungsschema für Altruismus stellt den Begriff der *Empathie* in den Mittelpunkt. Hat man einmal gelernt, die Gedanken und Gefühle anderer nachzuvollziehen, so leidet man beim Anblick anderer Menschen, die sich in Not befinden, und wird etwas unternehmen, um deren Leid und das eigene zu mindern (Aronfreed 1970).

In einem ähnlichen Ansatz wird die These aufgestellt, daß altruistisches Verhalten aus einer *fördernden Spannung* resultiert, die als Spannung in bezug auf die Zielorientierung und Zielerfüllung eines anderen Menschen definiert ist: Wenn wir die Bedürfnisse und Wünsche eines anderen empfinden, sind wir motiviert, ihm zu der Erfüllung dieser Wünsche zu verhelfen. Nach dieser Hypothese ist es wahrscheinlicher, daß wir solchen Menschen helfen, die uns in wichtigen Ansichten ähnlich sind und die ein gewünschtes Ziel fast erreicht haben (Hornstein 1972).

Altruistische Handlungen können auch durch *Schuldgefühle* und den darauf folgenden Versuch, wiedergutzumachen, motiviert sein (Rawlings 1970). Wer glaubt, daß er jemanden verletzt hat, ist eher bereit, sich altruistisch zu verhalten, wobei die Person, der er hilft, nicht unbedingt diejenige ist, die er verletzt hat.

Zur Überprüfung der „Schuld"-Hypothese wurde eine Feldstudie in einem großen Einkaufszentrum durchgeführt. Ein männlicher Vl bat Verkäuferinnen um den Gefallen, ihn zu fotografieren. Jedesmal funktionierte der Fotoapparat nicht. Die eine Hälfte der Frauen wurde glauben gemacht, sie hätten die Kamera kaputt gemacht (Schuldbedingung), der anderen Hälfte sagte man hingegen, daß sie keine Schuld daran hätten (Kontrollbedingung). Als die beteiligten Frauen später durch das Einkaufszentrum gingen, lief vor jeder ein weiblicher Vl her mit einer beschädigten Einkaufstasche, aus der ständig Gegenstände fielen. Von den Vpn unter der Schuldbedingung teilten 55% der Vl mit, daß sie Lebensmittel verliere, gegenüber nur 15% aus der Kontrollgruppe (Regan et al. 1972).

Ein weiterer Ansatz zur Erklärung altruistischen Verhaltens basiert auf der Wirksamkeit *sozialer Normen*. Eine solche ist die Norm der *sozialen Verantwortung* – man erwartet von Menschen,

daß sie denjenigen helfen, die von ihnen abhängig sind und einer Hilfe bedürfen. Wer diese Norm übernimmt, fühlt sich verpflichtet anderen zu helfen, weil es das „Richtige" ist, und nicht aufgrund eines für ihn damit verbundenen Nutzens (Berkowitz 1972). Die Norm der *Gegenseitigkeit* hat ebenfalls Einfluß auf altruistisches Verhalten. Man fühlt sich denjenigen gegenüber zur Hilfe verpflichtet, die einem selbst geholfen haben (Gouldner 1960).

Jeglicher Hinweis auf die Relevanz der Norm des Helfens erhöht auch die Wahrscheinlichkeit eines helfenden Verhaltens. Ein solcher Hinweis ist die Demonstration altruistischer Verhaltensweisen durch ein Verhaltensmodell. Zum Beispiel hielten Autofahrer mit größerer Wahrscheinlichkeit an und halfen einer Frau, einen platten Reifen zu wechseln, wenn sie gerade an einer anderen Person vorbeigefahren waren, die jemandem bei einer Reifenpanne half (Byran u. Test 1967). Ebenso waren solche Kinder eher bereit zu teilen, die ein entsprechendes Verhaltensmodell gesehen hatten, als Kinder, die entweder dieses Verhaltensmodell nicht gesehen hatten, oder eines, das zwar die Idee des Teilens lobte, aber sich nicht daran hielt (Grusec 1972).

Bedürfnis nach Konsistenz

Eine Reihe von Psychologen entwickelten Theorien, in deren Mittelpunkt das Bedürfnis nach Konsistenz steht (vgl. Abelson et al. 1968). Alle diese Theorien gehen von der Annahme aus, daß der Mensch nach Konsistenz strebt, harmonisch ausgewogene Beziehungen gegenüber unharmonischen bevorzugt und motiviert ist, die durch inkonsistente Wahrnehmungsprozesse erzeugte Disharmonie zu reduzieren.

Kognitive Dissonanz

Der formal am besten entwickelte Ansatz ist die *Theorie der kognitiven Dissonanz* von Festinger (1957). Die Grundannahme dieser Theorie ist, daß der Mensch Inkonsistenz nicht ertragen kann und versuchen wird, diese, wann auch immer, zu eliminieren oder zu reduzieren. Nach dieser Theorie entsteht ein Zustand der Dissonanz, sobald eine Person gleichzeitig zwei kognitive Vorstellungen hat (Wissens-, Glaubens-, Meinungselemente), die psychologisch inkonsistent sind. Da dies ein unangenehmer Zustand ist, wird das Individuum motiviert sein, diese Dissonanz irgendwie zu verringern und stärkere Konsonanz (Konsistenz) zu erreichen. Das kann dadurch geschehen, daß eines der kognitiven Elemente verändert wird oder neue hinzukommen.

Man nehme etwa an, die beiden dissonanten Kognitionen wären ein Wissenselement über sich selbst („ich rauche") und eine allgemeine Überzeugung in bezug auf das Rauchen („Rauchen erzeugt Lungenkrebs"). Um die hiermit verbundene Dissonanz zu reduzieren, gibt es mehrere Möglichkeiten: a) man könnte seine Überzeugung ändern („Lungenkrebs ist nicht eindeutig nachgewiesen worden"); b) man könnte sein Verhalten ändern (das Rauchen aufgeben); c) neue kognitive Elemente einführen („Ich rauche nicht mehr auf Lunge"), die die Inkonsistenz abmildern.

Die Stärke der Dissonanz hängt von der *Bedeutung* der kognitiven Elemente für das Individuum ab. Wenn es z.B. unserem Raucher egal wäre, ob er Lungenkrebs bekäme (etwa als 90jähriger mit einem erfüllten Leben hinter sich), so wäre wenig Dissonanz zwischen „Ich rauche" und „Rauchen erzeugt Lungenkrebs". Für einen jüngeren Menschen, der große Angst vor Krankheit oder Tod hat, wäre dagegen die Dissonanz sehr viel stärker.

Das Ausmaß der Dissonanz ist auch von dem *Verhältnis* zwischen dissonanten und konsonanten Elementen abhängig. Folglich würde ein Raucher, der nicht nur die beiden widersprüchlichen Kognitionen, sondern auch andere weniger widersprüchliche vorweist, wie „Ich rauche fast nie" und „Ich rauche nicht auf Lunge", das Verhältnis von 1:1 auf 1:3 reduzieren und so weniger Dissonanz erleben. Gemäß der Theorie ist das Ausmaß der erzeugten Dissonanz von Bedeutung für das Verständnis des Folgeverhaltens des Individuums, da es von der Stärke der Dissonanz abhängt, wie sehr sich eine Person um Reduktion bemüht.

In einer späteren Modifikation der ursprünglichen Theorie postulierten Brehm u. Cohen (1962), daß die Wahrscheinlichkeit für das Auftreten von Dissonanz in einer gegebenen Situation höher sei, wenn man sich öffentlich zu einem inkonsistenten Verhalten verpflichtet und gleichzeitig davon überzeugt ist, man habe eine echte *Wahl* zur Alternative. Man würde

z.B. ein beträchtliches Ausmaß an Dissonanz erleben, wenn man einen Politiker öffentlich unterstützt, den man eigentlich verachtet. Sähe man jedoch keine andere Wahl (da einem sonst die Stellung gekündigt würde), könnte man sich von dieser Unterstützung als nicht persönlich motiviert distanzieren und würde keine Dissonanz erleben.

Reduktion der kognitiven Dissonanz

Ein bedeutsamer Aspekt der These von Brehm u. Cohen liegt darin, daß sie Vorhersagen darüber geben kann, auf welche Art die Dissonanzreduktion erfolgen wird. Jede Form öffentlichen Verhaltens wird stärker in der Realität „fixiert" und weniger empfänglich für Veränderung sein als private Gedanken, da es im Gegensatz zu privaten Vorstellungen und Überzeugungen von anderen beobachtet wird. Nehmen wir beispielsweise an, daß eine Person Dissonanz erlebt zwischen einem offenen Verhalten („Ich habe meine Arbeit gewählt") und einer inneren Überzeugung („Diese Arbeit ist langweilig"). Da sie sich in ihrem Verhalten bereits festgelegt hat, wäre es für sie sehr schwer, das kognitive Element zu verändern („Ich habe diese Arbeit nicht frei gewählt"). Ihre private Überzeugung ist jedoch weniger stark in der äußeren Realität verankert und daher leichter zu verändern („Diese Arbeit ist eigentlich interessant – ich lerne eine Menge").

Eine große Zahl von Untersuchungen beschäftigten sich mit der Überprüfung solcher Hypothesen zur Dissonanzreduktion.

In einem Experiment nahmen die Vpn an einer langweiligen Aufgabe teil und wurden anschließend gebeten (aus Gefälligkeit gegenüber dem Vl), einer anderen Person vorzulügen, wie unterhaltsam und interessant die Aufgabe gewesen sei. Die Hälfte der Vpn erhielt dafür 20 \$, während den übrigen nur 1 \$ bezahlt wurde. Für die erste Gruppe bedeutete der Geldbetrag eine genügende äußere Rechtfertigung der Lüge. Die andere Gruppe sah in der geringen Bezahlung keinen ausreichenden Grund für die Lüge, war also konfrontiert mit zwei dissonanten Kognitionen: „Die Aufgabe war langweilig" und „Ich zog es vor, jemandem zu erzählen, sie sei unterhaltsam und interessant". Diese Vpn änderten ihre Bewertung der Aufgabe, um die Dissonanz zu reduzieren und brachten später die Meinung zum Ausdruck: „Es war wirklich unterhaltsam und interessant – ich würde es evtl. gerne noch einmal machen." Im Vergleich dazu änderten die Vpn, die 20 \$ für das Lügen erhalten hatten, ihre

Bewertung der langweiligen Aufgabe nicht (Festinger u. Carlsmith 1959).

Ein weiteres Experiment testete die Reaktion von Armeereservisten auf das Angebot eines äußerst unbeliebten Gerichtes – gebratene Heuschrecken. Nachdem sie eine Rede über „die Anforderungen der neuen mobilen Armee" gehört hatten, wurden die Männer aufgefordert, ein neues Gericht zu probieren, und jedem wurde ein Teller mit gebratenen Heuschrecken serviert. Die eine Hälfte der Vpn erhielt die Essensaufforderung von einem freundlichen, sympathischen Offizier. Bei der anderen Hälfte erfüllte diese Aufgabe ein sehr kalter und unfreundlicher Offizier, der vorher dabei beobachtet worden war, wie er sich einem Untergebenen gegenüber in sehr rüder und feindseliger Weise verhalten hatte.

In beiden Gruppen aßen tatsächlich ungefähr die Hälfte der Männer wenigstens eine Heuschrecke. Diejenigen, die sie auf Wunsch des netten Offiziers hin verspeisten, erlebten keine Dissonanz beim Essen des unbeliebten Gerichtes, da sie genügend Rechtfertigung dafür hatten („Er ist ein prima Kerl – ich tue es ihm zuliebe"). Die Männer jedoch, die es auf Bitten des unfreundlichen Offiziers taten, hatten nicht genügend Grund, eine so unbeliebte Mahlzeit zu sich zu nehmen und verhielten sich sehr paradox. Um die Dissonanz zu reduzieren, änderten sie ihre Einstellung gegenüber den Heuschrecken und entschieden, daß diese eigentlich ziemlich schmackhaft seien; Abb. 16.5 illustriert diese Ergebnisse.

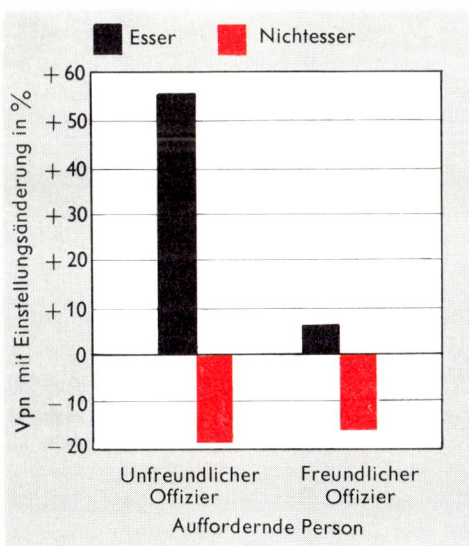

Abb. 16.5. Heuschrecken kennen, heißt sie lieben. Personen, die die Heuschrecken für den unfreundlichen Offizier verzehrten, schätzten sie viel positiver ein. Die übrigen Esser gaben nur in geringem Maße positivere Einschätzungen an, und bei den Nichtessern zeigte sich eine größere Abneigung als vorher. (Nach Zimbardo et al. 1965)

Interpersonelle Attraktion

Gilt „Trennung läßt die Liebe wachsen" oder „aus dem Auge aus dem Sinn", „gleich und gleich gesellt sich gern" oder „Gegensätze ziehen sich an"? Welche Lehre sollte man aus Shakespeare ziehen: „Wer die Liebe nicht zeigt, liebt nicht" oder „Liebe blickt nicht mit dem Augen, sondern mit der Seele"?

Was Freundschaft, Anziehung, Liebe und Ehe angeht, verfügt jede menschliche Gesellschaft über ein jahrtausendelang akkumuliertes Wissen, das der sozialpsychologischen Forschung als Wegweiser dient. Aber wie sich an den einleitenden „Hypothesen" treffend zeigte, haben Volksweisheiten und literarisches Sprachgut ihr Überdauern schlicht dem Umstand zu verdanken, daß sie beliebig interpretierbar sind.

Moralgeschichten, Gemeinplätze, Zitate, Altweibergeschichten und simple Volksweisheiten haben für jedes Ereignis etwas parat – sofern man sich das für die Gelegenheit Passende aussucht und Widersprüche tunlichst übersieht.

Trotz der offensichtlich wichtigen Rolle, die die interpersonelle Attraktion beim Aufbau grundlegender sozialer Beziehungen spielt, versuchen erst seit kurzem einige tatkräftige junge Forscher die blumigen, poetischen Verse und die Kernaussagen der Volksweisheiten in überprüfbare Hypothesen umzuwandeln. Dieses vielversprechende Unterfangen wird uns vielleicht schon bald um einige wertvolle Erkenntnisse bereichern, die uns helfen, einander auf gute und vernünftige Weise zu lieben.

Welche Menschen mögen wir?

Die Forschung hat im wesentlichen ergeben, daß wir uns zu Menschen hingezogen fühlen, die uns maximale Belohnung oder Vorteile bei minimalem Aufwand verschaffen. So mögen wir lieber Menschen, die uns physisch nahe sind als solche, die weiter entfernt sind. Wir ziehen Menschen vor, die uns mögen und die ihre Sympathie für uns dadurch demonstrieren, daß sie uns Gefälligkeiten erweisen und nette Dinge über uns sagen. Wir mögen Menschen, die unsere Bedürfnisse befriedigen und die Bedürfnisse haben, die wir erfüllen können.

„Der Schönheit gelten die besten Dinge des Lebens."

Don Marquis: *Das Leben von Archy und Mehitabel,* 1927

Körperliche Attraktivität

Allgemein gesagt, mögen wir schöne Menschen lieber als unauffällige oder häßliche. Dieser Befund wurde in einer Reihe von experimentellen Untersuchungen bestätigt, obgleich er unserer Überzeugung von Gleichgültigkeit und Bedeutungslosigkeit der äußeren Erscheinung für persönliche Beziehungen widerspricht (Berscheid u. Walster 1974). Warum bevorzugen wir Schönheit? Ein Grund dafür liegt darin, daß wir die stereotype Vorstellung haben, Schönes sei auch gut. Daher nehmen wir schöne Menschen auch als intelligenter, erfolgreicher, freundlicher und glücklicher wahr als andere, selbst wenn es für diese Einschätzungen keine objektive Grundlage gibt. Die bisherige Forschung über körperliche Attraktivität beschäftigte sich mit Situationen, in denen sich Personen gegenüberstanden, die einander fremd waren oder sich gerade kennengelernt hatten. Vielleicht spielt körperliche Attraktivität eine bedeutendere Rolle in den ersten Phasen des Kennenlernens als im späteren Verlauf einer Beziehung.

„Unsere Liebe gilt nicht Eigenschaften, sondern Menschen; manchmal sind dabei die schlechten Eigenschaften genauso wichtig wie die guten."

Jacques Maritain: *Reflexionen über Amerika,* 1958, S. 3

Kompetenz

Generell mögen wir eher Menschen, die fähig und kompetent sind, als solche, denen erfolgreiches Handeln nur selten gelingt, obwohl es hier auch eine Grenze gibt: Eine in hohem Maße kompetente Person kann u. U. sympathischer erscheinen, wenn sie irgendeine menschliche Schwäche zeigt, als wenn sie das Image übermäßiger Perfektion aufrechterhält.

In einer Untersuchung hörte jede Vp eine von 4 Tonbandaufnahmen mit einem „Bewerber für ein Fernsehquiz" an. Auf jedem Band war dieselbe Stimme, aber auf 2 Bändern war der Bewerber als sehr intelligent und im akademischen wie außerschulischen Bereich erfolgreich dargestellt. Auf den anderen beiden Bändern war der Bewerber mit durchschnittlicher Intelligenz und nur mäßigem Schulerfolg dargestellt.

Auf 2 Bändern, wovon das eine die überlegene und das andere die durchschnittliche Person darstellte, widerfuhr dem Bewerber ein peinliches Mißgeschick, als er ungeschickt eine Tasse Kaffee über seine Kleidung verschüttete.

Nach dem Abhören des Bandes wurde jede Vp nach ihrem Eindruck von dem Bewerber befragt, wie sehr er ihr gefiel usw. Die Ergebnisse waren eindeutig: Die attraktivste Person war die überlegene, der ein Mißgeschick passierte, während die negativste Person die mit durchschnittlichen Fähigkeiten war, der ebenfalls ein Mißgeschick passiert war ... an dem Mißgeschick selbst war nichts Anziehendes; es hatte den Effekt, daß es die Attraktivität des Überlegenen erhöhte und die des Durchschnittlichen senkte" (Aronson 1969, S. 149).

„Ohne Ähnlichkeit keine Sympathie."

Äsop: *Fabeln*

Ähnlichkeit und Komplementarität

Eines der eindeutigsten Ergebnisse der Forschung über Attraktion ist die Tatsache, daß man solche Menschen sympathisch findet, die einem selbst ähnlich sind. Genau gesagt, mag man Menschen mit ähnlichen Einstellungen, Menschen, die mit einem übereinstimmen (Byrne 1971). Warum wirkt eine zustimmende Person so attraktiv? Eine mögliche Erklärung wäre, daß Zustimmung *verstärkenden* Charakter hat. Es ist weniger wahrscheinlich, daß wir mit jemandem, der in genereller Übereinstimmung mit uns steht, streiten oder sonstige unfreundliche Auseinandersetzungen haben, und viel wahrscheinlicher, daß wir uns in der Korrektheit unserer Einstellungen bestätigt fühlen. Ferner glauben wir, daß wir ähnlichen Menschen eher sympathisch sind. Einer anderen Interpretation zufolge spielt Ähnlichkeit eine solche Rolle, weil sie es ermöglicht, *konsistente,* ausgeglichene Beziehungen zu Freunden zu pflegen. Wir mögen alle Menschen, die das mögen, was wir mögen. Eine weitere Erklärung besteht darin, daß wir aus Gründen des *sozialen Vergleichs* von Menschen mit ähnlichen Einstellungen angezogen werden. Wie schon erwähnt, erwarten wir gewöhnlich von anderen Rückmeldungen über unsere eigenen Fähigkeiten, Gefühle und Wertvorstellungen. Mit anderen Worten könnten wir uns also zu Menschen hingezogen fühlen, die Widerspiegelungen unseres Selbst sind oder dessen, was wir sein möchten.

Ähnlichkeit ruft jedoch nicht immer Sympathie hervor. Es gibt einige Daten, die darauf hinweisen, daß interpersonelle Attraktion durch *komplementäre* Bedürfnisse oder Persönlichkeitsstrukturen erzeugt wird. So kann sich eine sehr dominierende Person eher zu einem ruhigen und unterwürfigen Menschen hingezogen fühlen als zu jemandem, der ebenfalls dominierend ist. Möglicherweise sind für verschiedene Phasen in der Entwicklung einer Zweierbeziehung unterschiedliche Faktoren von Bedeutung. In den Anfangsstadien kann die Ähnlichkeit von Wertvorstellungen eine notwendige Bedingung sein, während für eine langfristige Beziehung die Komplementarität der Bedürfnisse ein entscheidendes Moment darstellen kann (Kerckhoff u. Davis 1962).

Warum mögen wir bestimmte Leute?

Die wachsende Zahl von Forschungsarbeiten über die Voraussetzungen interpersonaler Attraktivität führte zu dem Versuch, die Ergebnisse in einer übergreifenden Theorie zusammenzufassen. Ein Ansatz, der die weiteste Verbreitung fand, erklärt die Entstehung von Sympathie mit einer Kosten-Nutzen-Analyse, obwohl inzwischen auch andere Theorien entwickelt wurden.

„Liebe ist oft nichts weiter, als ein günstiger Tauschakt zwischen zwei Personen, die je nach ihrem Marktwert das Beste für sich herausholen."
Erich Fromm: *Die gesunde Gesellschaft*, 1955, S. 5

Austauschtheorie

Wie schon im Kap. 5 dargestellt wurde, legt ein Mensch eher solche Verhaltensweisen an den Tag, für die er positive Verstärkung erhält, und vermeidet solche, für die er bestraft wird. Dieser Grundsatz steht im Mittelpunkt der *Austauschtheorie*, die besagt, daß Menschen dadurch versuchen, eine Maximierung positiver Handlungsergebnisse zu erzielen, daß sie größtmögliche Belohnungen (Nutzen) für geringsten Aufwand (Kosten) erhalten. Viele Befunde der Attraktionsforschung lassen sich mit diesem Kosten-Nutzen-Konzept erklären. Zum Beispiel „kostet" es, bei sonst gleichen Bedingungen, weniger Zeit- und Kraftaufwand, jemanden zu mögen, der sich in physischer Nähe befindet, als eine weit entfernte Person. Gleichermaßen ziehen wir mehr „Nutzen" aus Personen, die freundlich sind und uns Gutes tun, als aus unfreundlichen und unangenehmen Menschen.

Sind zwei Personen in einer Freundschaft oder einer romantischen Liebesbeziehung verbunden, so muß man *zwei* Kosten-Nutzen-Vergleiche berücksichtigen. Der Austauschtheorie entsprechend kann eine Beziehung nur dann von Dauer sein, wenn sie sich als rentabel für beide Partner erweist. Das heißt, für jeden Partner muß die Beziehung Belohnungen mit sich bringen, wie Sicherheit, Ansehen etc., wobei der damit verbundene Aufwand minimal sein muß. Ein solches Ergebnis kommt am ehesten in einer ausgewogenen Beziehung zustande, bei der ein gleichgewichtiger Austausch von Vorteilen stattfindet. Demzufolge werden beide Partner am befriedigtsten sein, wenn sie „gleiche" Gewinne erzielen (Walster et al. 1973).

Bei der Anwendung der Austauschtheorie auf romantische Liebesbeziehungen wurde die „Partnerwahl" meist mit Begriffen zu fassen gesucht, die mit sozialer Erwünschtheit zusammenhängen. Menschen von hoher sozialer Erwünschtheit sind solche, die attraktiver, intelligenter, wohlhabender und ähnliches sind. Die Austauschtheorie sagt für solche Personen voraus, daß sie andere mit entsprechend hohem „sozialem Wert" auswählen und bevorzugen werden. Ebenso werden Personen mit niedriger sozialer Erwünschtheit sich lieber einen Partner wählen, der ihrem sozialen Status entspricht. Die Befunde, die diese Partnerwahlhypothese stützen, sind jedoch nicht ganz eindeutig, Individuen zeigen zwar die Tendenz, sich Partner von ungefähr gleich hohem sozialen Rang zu suchen, sie versuchen aber dennoch wiederholt, Menschen anzuziehen, die einen weit höheren sozialen Status aufweisen. Mit anderen Worten, wir streben nach dem Ideal, aber treffen unsere Wahl meist auf der Grundlage dessen, was wir einem anderen tatsächlich anzubieten haben.

„Haß, der von Liebe vollkommen überwunden wird, verwandelt sich in Liebe, und eine solche Liebe ist größer als sie jemals sein könnte, wenn der Haß nicht vorangegangen wäre."

Spinoza: Ethik, 1677

Gewinn-Verlust-Theorie

Sympathie hängt nicht nur von den Eigenschaften des anderen ab und davon, wie gut sie zu den unsrigen „passen". Wenn es um interpersonale Attraktion geht, steht das eigene Ich der Person auf dem Spiel, und die Sympathie kann ebenso oder überwiegend vom eigenen Selbstwertgefühl abhängen wie von den Eigenschaften der anderen Person. Die Selbsteinschätzung eines Menschen beruht häufig auf der Art von Rückmeldung, die er von seiner Umwelt erhält, und seine Reaktion darauf entspricht nicht immer den Vorhersagen der Austauschtheorie.

Um die Frage der Beziehung von Feedback und Sympathie zu erfassen, entwickelte Aronson (1969) ein Modell, die sog. *Gewinn-Verlust-Theorie*. Nach dieser Theorie wird unsere Sympathie für eine andere Person stärker beeinflußt, wenn diese ihre Einschätzung von uns *verändert*, als es bei einer konstanten Beurteilung der Fall ist. Wir werden daher eine Person, die uns im Laufe der Zeit höher einschätzt (Gewinnsituation), sympathischer finden als jemanden, der uns schon immer zugetan war. Ebenso werden wir eine Person „unsympathischer" finden, die uns allmählich immer negativer beurteilt (Verlustsituation), als jemanden, der uns noch nie leiden mochte.

Wie läßt sich dieser Sachverhalt erklären? Eine Erklärung besteht darin, daß wir eine Einschätzungsänderung eher als unmittelbar von *uns* verursacht ansehen („Sie hat ihre Ansicht geändert, weil sie mich besser kennt"), während eine konstante Einstellung eher der Persönlichkeit des anderen zugeschrieben wird („Das sagt er immer – so ist er eben, mit mir hat das nichts zu tun"). Wir beziehen also eine Einstellungsänderung stärker auf unsere Person. Eine weitere Erklärungsmöglichkeit ist mit der Erregung und Reduzierung von Angst verbunden. Wenn ein Mensch eine negative Beurteilung über uns gibt, so ist das angsterzeugend; macht er später eine positive Aussage (Gewinn), dann wirkt diese auf doppelte Weise verstärkend. Einmal hat die positive Aussage, für sich allein genommen,

belohnenden Effekt, sie reduziert aber darüber hinaus auch die vorher erregte Angst. Für den Verlustfall trifft die Theorie mit umgekehrten Vorzeichen zu.

Um dieses Modell zu überprüfen, wurde eine Untersuchung durchgeführt, bei der weibliche Vpn in Zwei-Personen-Gruppen in einer Serie kurzer Begegnungen miteinander interagierten. Nach jedem Treffen ließ man eine der Vpn eine Unterhaltung zwischen dem Vl und ihrer „Partnerin" (in Wirklichkeit eine Verbündete des VL belauschen, in deren Verlauf die „Partnerin" sie beurteilte. Es gab 4 experimentelle Grundbedingungen: 1. *positiv* – die Beurteilungen waren durchgehend positiv; 2. *negativ* – die Beurteilungen waren durchgehend negativ; 3. *Gewinn* – die Beurteilungen waren anfangs negativ, wurden aber allmählich so vorteilhaft wie unter der Bedingung „positiv"; 4. *Verlust* – die Beurteilungen waren anfangs positiv, wurden aber allmählich so unvorteilhaft wie unter der Bedingung „negativ".

Wenn Sympathie von der Summe der Verstärker abhinge, die jede Vp erhielt, hätte Sympathie am häufigsten unter der Bedingung „positiv" auftreten müssen, am seltensten in der Bedingung „negativ" und zu einem mittleren Anteil unter den Gewinn- und Verlustbedingungen. Das war nicht der Fall. Vielmehr war das Muster oder die Reihenfolge der Verstärkungen die Hauptdeterminante für Sympathie. Die Vpn mochten die Partnerin unter der Gewinnbedingung lieber als die, deren Beurteilungen durchgängig positiv war. Entsprechend wurde für die Partnerin unter der Verlustbedingung größere Abneigung geäußert als für die, deren Beurteilungen jedesmal negativ waren (Aronson u. Linder 1965).

Romantische Liebe

Wenn man bedenkt, welche Bedeutung Liebe als „Motor" des Lebens für unser Lebensglück hat, ist es doch erstaunlich, in welch geringem Maße Psychologen dieses Thema erforscht haben. Das mag teilweise auf ein allgemeines Widerstreben zurückgehen, eine Sache zu „objektivieren", die als mystisch und romantisch gilt. Worin besteht dieses Phänomen, genannt Liebe? Die Forschungsarbeit von Rubin (1973) veranschaulicht einen der systematischsten Ansätze zu diesem delikaten Thema (Tabelle 16.3).

Diese Untersuchung verlief in 3 Hauptphasen. Als erstes wurde ein Papier- und Bleistifttest, die sog. „Liebesskala", entwickelt. Zweitens wurde diese Skala zusammen mit anderen Tests 182 befreundeten Pärchen (Studenten) vorgelegt. Als drittes wurden Voraussagen aufgrund der sich abzeichnenden Vorstellung von Liebe in einem Laborexperiment getestet, das sich über 6 Monate hinzog.

Tabelle 16.3. Wie groß ist meine Liebe zu Dir? Laß mich die Items nachschauen. (Die Items werden es mir sagen.) (Nach Rubin 1973)

Rubins Liebesskala enthält die unten aufgeführten Items. Jedes Item wurde anhand eines 9-Punkte-Kontinuums beantwortet, wobei:

1 = „Trifft nicht zu; stimme überhaupt nicht überein"

⋮   ⋮

9 = „Trifft völlig zu; stimme absolut überein"

P = Partner bzw. Partnerin

Liebesskala

1. Wenn P. trauriger Stimmung wäre, wäre es meine erste Pflicht, sie (ihn) aufzumuntern.
2. Ich glaube, daß ich P. praktisch alles anvertrauen kann.
3. Es fällt mir leicht, P.s Schwächen zu akzeptieren.
4. Ich würde für P. fast alles tun.
5. Ich habe große Besitzansprüche an P.
6. Wenn ich nie mit P. zusammen sein könnte, wäre ich sehr unglücklich.
7. Wenn ich einsam bin, ist mein erster Gedanke, P. aufzusuchen.
8. Eine meiner größten Sorgen ist P.s Wohlergehen.
9. Ich würde P. fast alles verzeihen.
10. Ich fühle mich verantwortlich für P.
11. Wenn ich mit P. zusammen bin, verbringe ich viel Zeit damit, sie (ihn) anzuschauen.
12. Ich würde mich sehr darüber freuen, wenn P. mir vertrauen würde.
13. Es würde mir schwerfallen, ohne P. auszukommen.

Die Entwicklung der Liebesskala begann mit der Bildung eines Pools von Items, die sich aufgrund verschiedener psychologischer und soziologischer Mutmaßungen über romantische Liebe anboten. Items, die die ausführlicher untersuchte „prosaische" Spielart der interpersonellen Attraktion – die schlichte Sympathie – erfassen sollten, wurden ebenfalls mit aufgenommen. Nach einer vorläufigen Auswahl durch eine Gruppe von Beurteilern wurde ein Satz von 70 Items mehreren hundert Studenten vorgelegt, die sich in der Beantwortung auf die Einstellung gegenüber ihren festen Partnern beziehen sollten. Vorwiegend auf der Grundlage einer Faktorenanalyse dieser Antworten wurde daraufhin eine kürzere Liebes- und Sympathieskala entwickelt.

Der Inhalt der Liebesskala diente dann in den folgenden Forschungsperioden als Arbeitsdefinition für Liebe. Sie enthielt 3 wesentliche Komponenten: a) Bindungs- und Abhängigkeitsbedürfnisse, b) Hilfsbereitschaft und c) Ausschließlichkeit und Inanspruchnahme.

Rubin wollte herausfinden, ob die Werte eines Paares auf der Liebesskala in Beziehung standen zu ihrem tatsächlichen Verhalten zueinander. Von der Annahme ausgehend, daß romantische Liebe die Tendenz mit sich bringt, einander vollkommen in Anspruch zu nehmen, beobachtete er unauffällig Paare, die sich allein im Raum befanden und auf den Beginn des Experiments warteten. Er fand heraus, daß Paare mit hohen Werten auf der Liebesskala sich eher in die Augen sahen als solche mit niedrigen Werten.

Sechs Monate später bat Rubin die Paare, einen Fragebogen über ihre derzeitige Beziehung auszufüllen. Wie vorausgesagt, zeigte sich eine positive Korrelation zwischen ihren ursprünglichen Liebeswerten und ihren Angaben darüber, inwieweit ihre Beziehung in Richtung Beständigkeit Fortschritte gemacht hatte.

Nach einer weit verbreiteten Überzeugung liegt ein weiterer Aspekt der Liebe darin, inwieweit man die Gefühle des anderen teilt. Ein wirklich Liebender kennt nicht nur die Stimmungsschwankungen des Partners, sondern empfindet sie auch mit. Ein ungewöhnlicher Test dieser „Einfühlungshypothese" wurde im Rahmen eines Lern- und Gedächtnisexperiments durchgeführt.

Die Teilnehmer des Experiments, männliche Studenten, waren um einen großen Tisch in einem Klassenzimmer plaziert. Ihre Aufgabe war relativ einfach: sie sollten auf Karten gedruckte Wörter vorlesen, abwechselnd nach dem anderen, in der Reihenfolge, wie sie saßen. Bei jeder Runde war jeweils eine Hälfte aktiv (jeder las laut ein Wort vor), während die übrigen nur zuhörten. Den Vpn wurde im voraus mitgeteilt, sie sollten sich die Wörter merken, da man sie später abfragen würde.

Waren die Teilnehmer einander fremd, so wiesen sie, je nachdem, ob sie nur zugehört oder vorgelesen hatten, sehr unterschiedliche Erinnerungsmuster auf. In der Zuhörerbedingung schwankte die Erinnerungshäufigkeit zwischen 23 und 37%. Aber unter der Versuchsbedingung, bei der das Zuhören von einem öffentlichen Auftritt – selbst einem so einfachen wie dem Vorlesen eines gewöhnlichen Wortes – unterbrochen wurde, verlief die Erinnerungskurve auffallend unterschiedlich. Die Erinnerung an die eigene Äußerung war fast vollständig, für die Wörter, die kurz vor und nach ihr geäußert wurden, dagegen sehr schlecht; tatsächlich war die Erinnerung an die Wörter um so schlechter, je näher sie zeitlich dem eigenen Auftritt kamen. Die Besorgnis, es gut zu machen, bewirkte offensichtlich, daß der Betreffende seine Reaktionen unmittelbar davor und danach abschaltete (Brenner 1971; vgl. Abb. 16.6).

Nahmen Vpn gemeinsam mit ihren Liebespartnern an dem Experiment teil, trat eine bemerkenswerte Änderung im Verlauf der Erinnerungskurve der Zuhörer auf. Vpn, die in der Zuhörergruppe waren, während ihr Partner vorlesen sollte, zeigten die gleiche Erinnerungskurve wie dieser selbst (d. h. gute Erinnerung an die vom Partner vorgelesenen Wörter, schlechte Erinnerung der Wörter kurz davor und danach). Ihr Gedächtnis für die Wörter war also so, als hätten sie selbst vorgelesen und nicht nur zugesehen. Dieser „Einfühlungseffekt" korrelierte hoch mit anderen Tests über

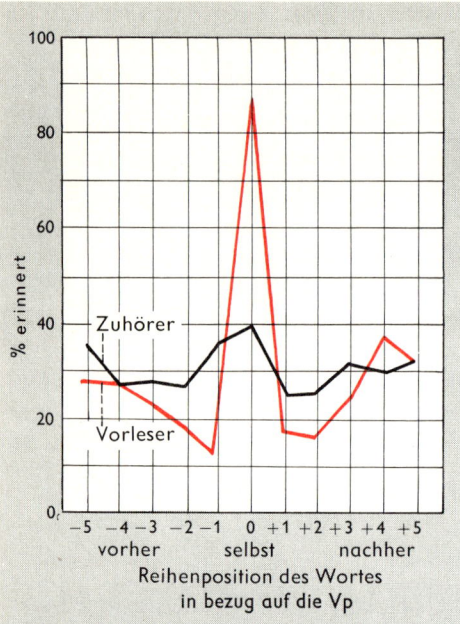

Abb. 16.6. Soziale Befürchtung und Gedächtnis. Für die Zuhörer war die Erinnerung der meisten Wörter etwa gleich gut, lediglich etwas besser bei den Wörtern, die von den Nachbarn geäußert wurden. Als die Zuhörer aber selbst vorlasen, änderte sich das Bild erheblich. An die Wörter, die sie selbst sprachen, erinnerten sie sich fast vollständig. Sie zeigten aber einen starken Gedächtnisschwund für Wörter, die kurz vor und kurz nach dem Punkt, wann sie selbst an der Reihe waren, gelesen wurden. (Nach Brenner 1971)

Liebe und Anteilnahme; Paare mit hohen „Empathiewerten" wiesen auch eine höhere Wahrscheinlichkeit dafür auf, a) anzugeben, daß sie sich gern haben, b) zu dem Experiment händchenhaltend oder Arm in Arm zu kommen, c) 8 Monate später noch zusammen zu sein (Brenner 1973).

Sozialer Einfluß als „personale Macht"

Szene 1: Am 27. Juni 1973 wurde die 19jährige Kathy Crampton aus ihrem neuen Wohnsitz in einer Kommune, die zu der Sekte der orthodoxen „Kirche von Armageddon" in Seattle ge-

hörte, entführt. Ihre Entführer, eine Frau und zwei Männer, überraschten sie beim Spaziergang und zwangen sie, in ein Auto einzusteigen. Einem Polizisten, der das Fahrzeug anhielt, teilte Kathy mit, daß sie von diesen Leuten gekidnappt worden sei. Sie sagte ihm auch, daß sie Corinth Liebe Israel hieße, 85 Jahre alt sei und daß ihre Mutter die „göttliche Vision des Friedens" sei – was alles zu ihrem religiösen Glauben gehörte. Der Polizeibeamte unternahm *nichts*. Statt dessen ließ er zu, daß ihre Entführer sie nach San Diego mitnahmen.

Die Frau, die von Kathy der Entführung bezichtigt wurde, war Henrietta Crampton, Kathys Mutter; die Männer waren der Verlobte ihrer Schwester und Ted Patrick, ein Fachmann für „Umprogrammierung" ("deprogramming").

Mit „Umprogrammieren" bezeichnet man den systematischen Versuch, Individuen, die sich einer religiösen Sekte anschlossen, dazu zu bringen, sich von ihrem neuen Glauben wieder loszusagen. Kathys Eltern waren der Überzeugung, daß sie von dem Glaubensführer der 80 Mitglieder starken Kirche von Armageddon auf irgendeine finstere Weise mit Hilfe der Bibel einer Gehirnwäsche unterzogen worden war. Patrick informierte das Fernsehen von dem Umprogrammierungsversuch, um so die Öffentlichkeit über diese Art von Gehirnwäsche zu unterrichten, die, wie er glaubt, eine nationale Gefahr darstellt. Patrick hatte bereits 134 Umprogrammierungen persönlich durchgeführt, diese 135. war jedoch weniger erfolgreich als die früheren. Er meint: „Eltern haben ein Recht, ihre Kinder zu retten, wenn sie annehmen, daß diese unter irgendeinem Bann oder dem Einfluß von Drogen oder Alkohol stehen oder sonstwie gefährdet sind, und damit basta." Seine Aufgabe sei es, diesen Einfluß zu durchbrechen und die Kinder wieder auf die richtige Bahn zu bringen.

Kathy behauptete, daß sie weder Drogen zu sich genommen noch sexuelle Beziehungen zu irgendeinem Mitglied ihrer neuen Familie unterhalten hätte, im Gegenteil habe sie ihr Leben freiwillig dem Gründer der Kirche von Armageddon übergeben, um ein Kind Gottes zu werden.

Nach 102 h zwangsweiser Reindoktrinierung, die Gottesdienste, intensive Befragungen, emotionale Angriffe und körperliche Bedrohungen umfaßte, schien das Umprogrammieren erfolgreich beendet gewesen zu sein.

Aber am nächsten Tag entschloß sich Kathy Crampton aus freien Stücken zur Flucht und machte sich auf den Weg zurück nach Seattle und der Kirche von Armageddon. Aufgrund ihres beharrlichen Widerstands gegen das Umprogrammieren wurde sie von dem Glaubensbegründer umbenannt in *Weihe* Israel (CBS Abendnachrichten am 13., 14. und 15. August 1973; s. auch *Los Angeles Times*, 4. Dezember 1972).

Szene 2: Am 4. Februar 1974 wurde die 19jährige Patricia Hearst aus ihrem Apartment in Berkeley von einer Frau und zwei Männern, Mitgliedern der „Symbionistischen Befreiungsarmee" (SLA), entführt. Nachdem ihr Vater, Randolph Hearst, einige Mio. $ Lösegeld in Form von Lebensmitteln für die Armen bezahlt hatte, sollte Pattys Freilassung erfolgen. Dann traf es, ungefähr 60 Tage nach ihrer Entführung, die Hearst-Familie und ein Großteil der Bürger des Landes wie ein Schock, als in einer auf Tonband aufgenommenen Erklärung verkündet wurde, daß sich Patty Hearst – umbenannt in Tania – entschlossen hatte, bei der SLA zu bleiben. Als zusätzliches Beweisstück war dem Tonband ein Foto beigelegt (Abb. 16.7).

Patty stellte ihrer vorbereiteten Erklärung den Hinweis voran, daß das, was sie sage, ihre Überzeugung sei, daß es ihre eigenen Worte seien und daß sie in keiner Weise „einer Gehirnwäsche unterzogen, durch Drogen beeinflußt, gefoltert, hypnotisiert oder sonstwie verwirrt" worden sei. Dann klagte sie ihren Vater wegen seiner „Verbrechen gegen das Volk" an und sagte sich von ihrem Verlobten mit der Aussage los: „Ich habe mich verändert – ich bin erwachsen geworden. Ich habe ein neues Bewußtsein entwickelt und kann niemals zu dem Leben zurückkehren, das wir führten ..."

Selbstredend weigerte sich die Familie Hearst, ohne eine direkte Gegenüberstellung mit ihrer Tochter zu glauben, daß Patty das, was sie sagte, auch wirklich meinte oder daß sie ohne Zwang zu einer solchen Meinungsänderung gelangt wäre. Randolph Hearst erklärte: „Wir haben sie 20 Jahre gehabt und die anderen nur 60 Tage, und ich glaube nicht, daß sie ihre Weltanschauung so schnell in so kurzer Zeit ändert" (*San Francisco Chronicle*, 4. April 1974, S. 1 und 20). Die folgenden Ereignisse ließen kaum noch Zweifel zu über die Echtheit von Pattys Bekehrung zu den Idealen der SLA, aber sie gaben

Abb. 16.7. Diese Aufnahme von Patricia Hearst wurde 58 Tage nach ihrer Entführung von der Symbionistischen Befreiungsarmee herausgegeben (im Hintergrund: SLA-Fahne). Die gemeinsam mit dem Foto geschickte Tonbandaufnahme enthüllte Pattys Entschluß, sich der Sache der SLA anzuschließen

keine Antwort auf die beunruhigende Frage, durch was diese zustande gekommen war. Frederick Hacker, ein Fachmann für politischen Terrorismus an der University of Southern California, der von der Hearst-Familie zu Rate gezogen wurde, meint dazu: „Darin besteht wahrscheinlich die größte Bedrohung, die von der modernen Technologie und der modernen Psychologie ausgeht – nämlich, daß freie Zustimmung manipuliert werden kann. Zwang kann sich in scheinbar freiwillige Übereinstimmung auflösen und psychologische Veränderungen bewirken. Diese Veränderungen können zu einer Entscheidung führen, die vollkommen frei sein mag, die aber in Wirklichkeit das Ergebnis von Zwang ist" (*San Francisco Chronicle*, 6. April 1974, S. 1).

Diese Fälle werfen 2 Grundfragen für den Sozialpsychologen auf. Welche Bedingungen und Variablen veranlassen einen Menschen, seine Einstellungen, Überzeugungen und Verhaltensweisen zu ändern? Und wie kann man bei einer tiefgreifenden Veränderung in den Aussagen und Handlungen einer Person – wie es bei Kathy Crampton und Patty Hearst der Fall war – entscheiden, ob dieser Gesinnungswandel „echt" ist oder nur äußerliches Einwilligen? Die 2. Frage kann auch so formuliert werden: „Woher wissen wir, ob irgendeine Handlung von uns selbst oder von anderen freiwillig geschieht oder ob sie unter Druck erfolgt?" Wann nehmen wir sie als natürlicherweise von innen heraus verursacht wahr, und wann halten wir sie für künstlich von außen erzeugt?

Die vielen Gesichter der Überredung

Wir sind unser Leben lang praktisch täglich in unserem Denken, Fühlen und Handeln systematischen Beeinflussungsversuchen ausgesetzt. Wir werden über die Massenmedien von ausgeklügelten Werbeprogrammen bestürmt, die uns dazu bringen sollen, verschiedene Produkte und diverse Dienstleistungsangebote in Anspruch zu nehmen, gleichgültig ob wir sie nun wollen, brauchen oder sie uns leisten können oder nicht. Politiker versuchen unser Wahlverhalten zu beeinflussen; Lehrer versuchen Einfluß auf unser Denken zu nehmen; religiöse Führer wollen Einfluß auf unser moralisches Verhalten und unsere geistigen Werte ausüben, und während wir von unseren Freunden in bezug auf Kleidung, Vokabular, musikalischen „Geschmack" und die Gestaltung eines Rendezvous beeinflußt werden, bleuten unsere Eltern uns ein, wie wichtig es sei, Spinat zu essen, das Zimmer aufzuräumen, Körperpflege zu betreiben, bestimmte Einstellungen zur Sexualität zu haben und vieles andere mehr. Solche Beeinflussungsversuche sind für uns inzwischen unabänderliche Tatsachen geworden. Man erinnere sich nur an solche Lebensweisheiten wie: „Mit Honig fängt man mehr Fliegen als mit Essig". Beispiele für Einflußnahmen, wie die oben genannten, bereiten uns aber doch noch Unbehagen. Einseitige soziale Beeinflussung wird für die meisten Menschen unannehmbar, wenn sie so gelagert ist, daß a) das „Opfer" aufgrund „zarten Alters", „mangelnder Intelligenz" oder der Abhängigkeit von dem, der es beeinflussen will, nicht in der Lage ist, Widerstand entgegenzusetzen; b) der Einfluß Aus-

übende Macht in Form von Zwang anwendet und fast alle wesentlichen Machtmittel unter seiner Kontrolle hat; c) das „Opfer" verliert, der Beeinflussende dagegen etwas gewinnt; v. a. aber d) die Wahrscheinlichkeit groß ist, daß der Versuch der Einflußnahme erfolgreich sein wird: sozialer Einfluß, der keine Wirkung zeigt, ist für niemanden eine Bedrohung.

Erziehung vs. Propaganda

Die Entscheidung einer Person kann nur dann als frei bezeichnet werden, wenn die Person sich vorher aller Alternativen und möglichen Konsequenzen bewußt war.

Viele Lehrer sind der Überzeugung, daß es ihre Hauptaufgabe sei, den Schülern beizubringen, *wie* sie denken sollen und nicht, *was* sie denken sollen – daß die Schüler ermutigt werden sollten, nach Alternativen zu suchen und eher lernen sollten, wie diese zu beurteilen sind, als die Definition und den Lösungswegs für ein Problem einfach von irgendeinem anderen Menschen zu übernehmen.

Propaganda dagegen wird definiert als systematische, ausgedehnte Werbung für bestimmte Ideen, politische Programme oder Praktiken mit dem Ziel, die eigene Sache voranzubringen oder die des Gegners zu diskreditieren. Zu effektiver Propaganda gehört gewöhnlich, daß der angestrebten Zielgruppe sowohl die Überzeugungsabsicht als auch die wahre Quelle der Propaganda verborgen bleibt. Ist aber Propaganda dann am wirksamsten, wenn sie aufgrund ihres Eingebettetseins in einen vorhandenen sozialen Kontext subtil und verdeckt auftritt, so heißt das, daß sie manchmal nicht von dem zu unterscheiden ist, was gemeinhin als Erziehung gilt. Um den Schülern beizubringen, wie sie denken sollen, müssen Lehrbücher und Lehrer *Inhalte* benutzen. In der Auswahl des benutzten oder weggelassenen Materials kann sich das Wirken einer Voreingenommenheit offenbaren, die einen Teil der Ausbildungsinhalte als Propaganda charakterisieren läßt, jedenfalls nach der lexikalischen Standarddefinition. Man erinnere sich nur, in wie vielen Rechenaufgaben, die mathematisches Denken vermitteln sollten, Begriffe wie Kaufen, Verkaufen, Mieten, Darlehen, Zinsen, Geldbuße und Lohn Verwendung finden. Solche Beispiele tauchen wesentlich häufiger in Lehrbüchern der Staaten mit einem kapitalisti-

Unter der Lupe

Gesteh' mein Kind und du wirst Erlösung finden – im Gefängnis

In den Richtlinien zur Vernehmung wird behauptet, daß durch ihre Anwendung keine Geständnisse „erzwungen" werden, sondern daß diese vielmehr als freiwillige Aussagen solchen Verdächtigen entlockt werden, die tatsächlich bestimmter Verbrechen schuldig sind. Der verdächtige George Whitmore sagte nach der Ablegung eines 61 Schreibmaschinenseiten langen Mordgeständnisses, daß er sich mit dem Vernehmungsbeamten enger verbunden fühle als mit seinem eigenen Vater. Später stellte sich Whitmores Geständnis als falsch heraus. Es war auf subtile Art mit Hilfe einer alten Standardmethode, bekannt als „Mutt-and-Jeff-Technik", zustande gekommen. Zwei Kriminalbeamte arbeiten zusammen: Mutt, der „Grobschlächtige", setzt dem Verdächtigen hart zu, indem er ihn beschimpft und ihn bedroht. Der sanfte und freundliche Jeff dagegen gibt vor, daß ihn Mutts entwürdigende Angriffe auf den Verdächtigen beunruhigen und er diesen nun zu schützen sucht. Jeff stellt die einzige Quelle von Freundschaft in einer leeren, hoffnungslosen Situation dar. Ein Geständnis an ihn wird bedeuten, daß die Dinge wieder in Ordnung gebracht werden können, daß Jeff die Möglichkeit erhält, Mutt in seine Schranken zu verweisen und er damit endlich seinem neuen unglücklichen Freund Hilfe erweisen kann. Whitmore diente in einer solchen Situation mit einer unglaublich detaillierten Beschreibung zweier Morde, die er nie begangen hatte.

Eine der Variationen zu diesem Thema nennt sich „Bluffen eines geteilten Paares"; dabei werden zwei Verdächtige voneinander getrennt und Verdächtiger A wird in einen hinteren Raum verfrachtet, während der Verdächtige B im Vorzimmer wartet. Nachdem Schreien und laute Geräusche aus dem Hinterzimmer gedrungen waren, hört der Verdächtige B, wie die Sekretärin über die Sprechanlage gerufen wird. Die Sekretärin kehrt später in das Vorzimmer zurück und beginnt auf der Schreibmaschine zu schreiben, wobei sie gelegentlich ihre Arbeit unterbricht, um den Verdächtigen B nach irgendeiner bedeutsamen Information zu fragen, die in den Bericht aufgenommen wird. Schließlich erscheint der verantwortliche Kriminalbeamte, um mitzuteilen, daß eine Befragung des Verdächtigen B nicht mehr notwendig sei, da der Fall abgeschlossen sei: der Partner habe „alles ausgeplaudert", werde Kronzeuge sein und habe gegen den Verdächtigen B ausgesagt. In vielen Fällen bekennt sich darauf der ahnungslose Verdächtige B für nicht schuldig, gibt eine ins einzelne gehende Beschreibung der Straftat und beschuldigt seinen Partner. Nach diesem „freiwilligen" Geständnis erhält der Verdächtige A, der bis dahin nichts ausgesagt hatte, Gelegenheit, dieses Geständnis zu lesen und die ganze Schuld auf sich zu nehmen oder seinen Komplizen noch tiefer in die Sache zu verwickeln.

Bei einer „verkehrten Gegenüberstellung" wird der einer leichteren Straftat Verdächtige von einer Reihe von achtbar aussehenden Zeugen (Verbündete der Polizei) als Kindesverführer, Entführer, bewaffneter Einbrecher und ähnliches identifiziert. Vielen Verdächtigen, die naiv genug sind, erscheint ein Schuldbekenntnis für das leichtere Verbrechen, bei dem sie mit einer Gefängnisstrafe zwischen 1 und 5 Jahren zu rechnen haben, als kleineres Übel gegenüber der Möglichkeit einer Verurteilung zu 20jähriger Haft.

Neben einer Beschreibung solcher Methoden geben die Vernehmungsrichtlinien den jungen Kriminalbeamten auch an, wie sie sich kleiden und sprechen sollten, wie sie den Verdächtigen einschätzen können und wie die günstigste Raumanordnung zu treffen sei, um eine maximale Einflußwirkung zu erreichen. Daß manche Menschen zu der Überzeugung kommen können, ihre falschen Geständnisse entsprächen der Wahrheit, zeigte sich in den politischen Säuberungsprozessen unter Stalin während der 30er Jahre und wurde auch in einer kontrollierten Laboruntersuchung von Bem (1965) demonstriert.

schen Wirtschaftssystem auf als in solchen aus sozialistischen Ländern. Ähnliches zeigt sich in der Tatsache, daß der Beitrag, den Minoritätengruppen zur Entwicklung der USA geleistet haben, bisher systematisch übersehen wurde, da er in den Geschichtsbüchern keine Erwähnung fand.

Wann wird Überredung zu Zwang?

Sorgfältiger ausgeklügelt sind die Bemühungen von Rechtsanwälten, Vernehmungsbeamten der Polizei und Staatsführern um unseren „freiwilligen" Konsens. Nizer (1961), ein bekannter Strafverteidiger, beschreibt die subtile Psychologie der Geschworenen, deren Schwäche man seiner Ansicht nach ausnutzen muß, da „die Möglichkeit, die Geschworenen zu beeinflussen, so unbegrenzt ist wie das Geschick des Anwalts" (S. 42). Unsere Literatur weist eine Fülle volkstümlicher Überredungstaktiken auf; die Grabrede von Marcus Antonius für Cäsar (in Shakespeares Drama *Julius Caesar*) ist ein klassisches Beispiel dafür.

Den Richtlinien zur Ausbildung der Polizei in der Kunst des Verhörs kann sicherlich ein Teil des Verdienstes um die Tatsache zugeschrieben werden, daß 80% aller Beschuldigten nach einer gewissen Vernehmungszeit ein Geständnis ablegen (s. Inbau u. Reid 1967). In diesen Richtlinien wurden die physischen Exzesse des alten „dritten Grades" durch die „intellektuellen Feinheiten" der angewandten Psychologie ersetzt, allerdings in ethisch fragwürdiger Weise (s. „Unter der Lupe", S. 613).

Die Annahme liegt nahe, daß normalerweise die Bestimmung von Zwang nach folgenden Kriterien erfolgen könnte: a) plötzlicher dramatischer Wandel von Überzeugungen und Werthaltungen statt allmählicher Herausbildung einer neuen Position; b) Nichtverfügbarkeit der sonst üblichen Quellen der Information, der Bestätigung und des sozialen Vergleichs; c) sich in einer Situation befinden, in der Informationseingaben und ebenso die Quellen sozialer Verstärkung unter Kontrolle gehalten werden; d) intensiver Kontakt mit den überzeugenden Personen; e) das Versprechen, daß die gegenwärtige Situation nur vorübergehend und Rückkehr zur vorherigen möglich ist.

„Gehirnwäsche" stimmt mit diesen Kriterien überein. Dieser Ausdruck ist kein wissenschaft-

licher Begriff, sondern wurde von einem Reporter geprägt, der sich damit den offensichtlich von den chinesischen Kommunisten bewirkten Gesinnungswandel einiger amerikanischer Offiziere während des Koreakrieges (1950–53) erklärte (s. Schein et al. 1961, Hinkle u. Wolff 1956).

Wie werden Einstellungen erworben – und verändert?

Eine *Einstellung* (Attitüde) ist eine relativ stabile Disposition, irgendeiner Person, einer Menschengruppe oder Situationen gegenüber in beständiger Weise zu reagieren. Die Frage, wie Einstellungen gelernt – und verändert – werden, geht uns alle an. Die verschiedenen Arten von Überredungskunst, wie sie vorher dargestellt wurden, können sich nicht nur auf uns als Zielpersonen richten, sondern es gibt auch kaum jemanden, der niemals selbst versucht hat, auf einen anderen Einfluß zu nehmen, dessen Meinung durch einen „Beweis" oder ein „Argument", mit einem Beispiel, einer Bitte, einer Drohung oder einem versteckten Bestechungsversuch zu ändern. Der unglaubliche Erfolg von Dale Carnegies Buch *Wie gewinnt man Freunde ...* kann sicher teilweise auf ein bestehendes Kontaktbedürfnis zurückgeführt werden, aber die Tatsache, daß sich der restliche Titel und der Inhalt des Buches mit der Beeinflussung anderer Menschen befassen, könnte auch darauf schließen lassen, daß die Mehrzahl der Leute den Wunsch hat, ihre manipulatorischen Fähigkeiten zu schärfen (s. „Unter der Lupe", S. 615).

Einstellungen bestehen aus 3 Komponenten: a) Überzeugungen oder Vorstellungen darüber, wie die Dinge sind oder sein sollten, b) Affekthaltungen oder Emotionen, die mit diesen Überzeugungen verknüpft sind und anhand physiologischer Reaktionen oder der Intensität und Art der Reaktion meßbar sind, c) einer Handlungskomponente, einer bestimmten Verhaltensbereitschaft. Wir erwerben Einstellungen zu vielen Dingen in unserem Leben, die wir manchmal nur indirekt über Informationen anderer kennen. Eine Entstehungsquelle für Einstellungen ist also *Information,* die entweder in Form direkter Beobachtung, oder durch andere oder als Schlußfolgerung erworben wird. Zu weiteren, in den vorangegangenen Kapiteln bereits diskutierten Einflußgrößen gehören *Beobachtung von Modellpersonen* und deren Verhaltenskonsequenzen sowie *Belohnungen und Bestrafungen* (meist sozialer Art), die uns für das Vertreten beziehungsweise Nichtvertreten einer gegebenen Einstellung, seitens gleichaltriger Freunde oder der Familie, zugemessen werden. Einstellungen können sich auch als Nebenprodukte unterdrückter Konflikte oder sonstiger Verdrängungsformen herausbilden. Diese *Ichschützende* Funktion von Einstellungen trägt vermutlich wesentlich zur Entstehung einiger der hartnäckigsten und „irrationalsten“ Vorurteile bei, wie sie etwa in Rassen- oder religiösen Fragen bestehen (Sarnoff 1960).

Erfolgt der Erwerb von Einstellungen mit Hilfe der eben genannten Prozesse, so kann davon ausgegangen werden, daß Einstellungsänderungen durch entsprechende Vorgänge bewirkt werden, wie etwa durch Konfrontation mit neuen Informationen, durch Beobachtung neuer Modelle oder bereits bekannter bei neuen Verstärkungskontingenzen, durch Änderung in den auf die eigenen Einstellungen erfolgenden Belohnungen und Bestrafungen und durch das Lösen von psychodynamischen Konflikten. Zwar beschäftigt man sich mit der Untersuchung all dieser Methoden, doch bestand der bisherige Hauptansatz innerhalb der Sozialpsychologie darin, vom Individuum als kognitivem, informationsverarbeitendem Element auszugehen, dessen Einstellung man dadurch ändern könne, daß man es mit überredenden Kommunikationsinhalten konfrontiert.

Wer sagt was zu wem mit welchem Effekt?

Aristoteles schrieb in seiner *Rhetorik* die überzeugende Wirkung einer Kommunikation 3 unterscheidbaren Faktoren zu: *Ethos, Logos* und *Pathos*. Sie entsprechen Charakteristika des Kommunikators, Merkmalen der Nachricht und der emotionalen Verfassung der Zuhörerschaft. Die Forschung der Gegenwart folgte in ihren Untersuchungen über die Wirksamkeit von Kommunikation mit der Fragestellung: „*Wer* sagt *was* zu *wem* – und mit welchem Effekt“ den Spuren Aristoteles'. Die grundlegenden Paradigmen wurden von Wissenschaftlern des Forschungsprogramms über Kommunikation und Einstellungsänderung an der Yale-Universität ausgearbeitet (Hovland et al. 1953).

Unter der Lupe

Soziale Verhaltensförderung ohne Überredung

Wir reagieren auf andere Menschen so sensibel, daß sie häufig selbst dann einen beträchtlichen Einfluß auf unser Verhalten ausüben, wenn es gar nicht in ihrer Absicht steht. Den Effekt, den die Gegenwart anderer auf uns hat, nennt man *soziale Verhaltensförderung* (oder *soziale Erleichterung;* engl.: "social facilitation"). Zum Beispiel kann es vorkommen, daß ein Schauspieler „Lampenfieber“ bekommt und seinen Text vergißt, nur weil er plötzlich das Theater voll Publikum vor sich sieht. Andererseits zeigen Wettkämpfer (beim Wettlauf, Schwimmen, Auto-, Radrennen) immer dann bessere Leistungen, wenn sie gegen andere Konkurrenten und nicht nur gegen die Uhr kämpfen (Triplett 1897). In vielen kontrollierten Untersuchungen mit Menschen und Tieren tritt dieselbe allgemeine Regel zutage: Die bloße Anwesenheit anderer kann ein Verhalten fördern oder beeinträchtigen (Simmel et al. 1968). Man hat die Hypothese aufgestellt, daß die *Anwesenheit anderer* einen Reiz darstellt, der einen allgemeinen unspezifischen Erregungszustand hervorruft, welcher die Ausführung etablierter Gewohnheiten und einfacher Reaktionen erleichtert, aber in Situationen, in denen komplexe Reaktionen erworben werden, hemmend wirkt und deshalb stört (Zajonc 1965, 1968). Was wäre auf der Grundlage dieser Analyse vorzuziehen: allein lernen und in einer Gruppe geprüft zu werden oder mit einer Gruppe zu lernen und allein geprüft zu werden?

Obwohl sich das Interesse der Forscher ausschließlich auf die 3 Variablen – Quelle, Nachricht und Empfänger – richtete, fanden sich als Ergebnisse typischerweise eher komplexe Interaktionen als einfache Haupteffekte. Der Grund dafür wird ersichtlich, wenn man nur einige Dimensionen, in denen Quelle, Nachricht und Empfänger variieren können, in Betracht zieht:

1. Informationsquelle – Sachkenntnis, Zuverlässigkeit, Status, Macht durch Zwang oder Belohnung, Alter, Geschlecht, Rasse, ethnische

Gruppe, physisches Erscheinungsbild, Attraktivität, sprachliche Ausdruckskraft, Identifikation mit der ursprünglichen Einstellung der Zuhörerschaft usw.

2. Nachricht – Appell an die Vernunft oder an Emotionen, Art des emotionalen Appells (Angst, Schuldgefühl, Scham usw.), Aufbau der Rede (Steigerung bis zu einem Höhepunkt oder Beginn mit einem Knalleffekt), Sprachstil (formell, umgangssprachlich, Slang, Flüche, Slogans), stellt beide Seiten eines Sachverhalts dar oder nur eine, nennt zuerst die positiven oder die negativen Aspekte usw.

3. Empfänger – alle physischen und demographischen Merkmale, nach denen sich Menschen unterscheiden können; von besonderer Bedeutung sind Geschlecht, Intelligenz, Bildungsniveau und Persönlichkeitszüge (Selbstwert, Abhängigkeit, Dogmatismus, Extraversion); ebenso der Grad an Interesse und Informiertheit in bezug auf die Sache, die Radikalität ihrer ursprünglichen Einstellung usw. Auf der Grundlage dieses Paradigmas sind, trotz der ihm innewohnenden Komplexität, buchstäblich Tausende von Experimenten durchgeführt worden (s. „Unter der Lupe").

Unter der Lupe

Ergebnisse von Untersuchungen über Einstellungsänderung

Es folgt eine Zusammenstellung der allgemeinen Aussagen über die Wirkung von Information, wie sie sich aus der Fülle von Forschungsmaterial über Einstellungsänderung unter kontrollierter Interaktion von Nachricht, Quelle und Empfänger ableiten lassen. In konkreten Situationen müßte man in der Regel hinzufügen: „... aber das hängt außerdem von den Faktoren X, Y und Z ab".

1. Darstellung nur *einer* Seite des Problems, wenn das Publikum allgemein wohlgesonnen ist oder wenn die eigene Position die einzige ist, die vertreten wird, oder wenn man eine sofortige, allerdings kurzfristige, Meinungsänderung erzielen will.
2. Darstellung *beider* Seiten des Problems, wenn das Publikum anfänglich anderer Ansicht ist oder wenn zu erwarten ist, daß die Gegenargumente von einer anderen Person vorgetragen werden.
3. Werden zwei konträre Ansichten nacheinander dargelegt, hat wahrscheinlich die zuletzt geäußerte größere Wirksamkeit. Die Wirkung des „ersten Eindrucks" ("primacy effect") ist dominierend, wenn die zweite Seite unmittelbar auf die erste folgt, während der gegenläufige Effekt ("recency effect") sich eher durchsetzt, wenn die Erstellung des Meinungsbildes sofort im Anschluß an die Präsentation der zweiten Ansicht erfolgt.
4. Eine Meinungsänderung in der gewünschten Richtung wird wahrscheinlich eher erreicht, wenn Schlußfolgerungen *explizit* konstatiert werden und dies nicht dem Publikum überlassen bleibt, es sei denn, es herrscht ein hohes Intelligenzniveau.
5. Manchmal erweisen sich emotionale Appelle als wirkungsvoller, manchmal sachliche, je nachdem wie das Publikum zusammengesetzt ist und in welchem Rahmen das Ganze stattfindet.
6. Angstappelle: Die Befunde zeigen in der Regel eine positive Beziehung zwischen der Intensität der erregten Angst und dem Ausmaß an Einstellungsänderung, wenn Handlungsvorschläge explizit geäußert werden und durchführbar sind, ansonsten tritt eine negative Reaktion auf.
7. Je weniger Bemerkungen über äußere Rechtfertigungen für abweichendes oder unstimmiges Verhalten in der Kommunikation enthalten sind, desto größer ist die Einstellungsänderung nach vollzogener Übereinstimmung.
8. Hinweisreize, die das Publikum die manipulatorische Absicht der Kommunikation erkennen lassen, erhöhen den Widerstand, während durch das gleichzeitig mit der Nachricht erfolgende Präsentieren ablenkender Reize der Widerstand vermindert und die Überredung verstärkt wird.

Verhaltensänderung als Bedingung für Einstellungsänderung

Sozialpsychologen haben den Prozeß der Einstellungsänderung untersucht, weil sie von der Annahme ausgingen, daß Einstellungen „Prädispositionen für Handlungen" sind. Folglich wurde erwartet, daß die Kenntnis der Bedingungen, die die Entstehung und Änderung von Einstellungen beeinflussen, ein wirksames Mittel darstellt, um Verhaltensänderungen vorauszusagen und zu kontrollieren. Wie weit sind diese Annahmen und Erklärungen gültig?

In vielen Untersuchungen stellte sich heraus, daß nur eine geringe Korrelation zwischen gemessenen Einstellungen und dem sonstigen Verhalten besteht. Außerdem weist eine Einstellungsänderung, bewirkt durch den sozialen Einfluß einer überzeugenden Mitteilung, häufig keinerlei Beziehung zu einer *Verhaltensänderung* auf. Das ist nichts Überraschendes, wenn man bedenkt, daß die Bedingungen, unter denen verbale Äußerungen in Einstellungstests hervorgerufen werden, sich in vieler Hinsicht von den Bedingungen unterscheiden, bei denen die zu verändernden äußeren Verhaltensweisen auftreten. Selbst wenn beide Verhaltensformen zu einem gemeinsam zugrundeliegenden Einstellungskern in Beziehung stehen, unterliegt jede auch teilweise der Kontrolle ihrer eigenen Reizkontingenzen. Daher könnte es sein, daß bei der mündlichen Befragung einer Person, in deren Verlauf sie Anerkennung für eine tolerante Haltung erwartet, keinerlei Vorurteile sichtbar werden, während dieselbe Person in der Gesellschaft voreingenommener Freunde vielleicht völlig andere Einstellungen offenbart.

In letzter Zeit haben einige Forscher an einer neuen Art von Einstellungsänderung gearbeitet, die sich auf die weise aristotelische Feststellung stützt: „Der Mensch erwirbt eine bestimmte Qualität, indem er ständig in ganz bestimmter Weise handelt." Inzwischen besteht hinreichender Grund zu der Annahme, daß eine Einstellungsänderung am ehesten erreicht wird, *nachdem* die betreffende Person einer Situation ausgesetzt war, in welcher ihr Verhalten unmittelbar geändert wurde.

Individuen können in einer Vielzahl von Situationen und aus einer Vielzahl von Gründen dazu gebracht werden, ein Verhalten zu zeigen, das im Widerspruch zu ihren grundlegenden Einstellungen steht: in einer Debatte, beim Spiel, weil ihr Beruf es erfordert, um ihres Vorteils willen, um Bestrafung oder Blamage zu vermeiden, um keinen Ärger zu machen usw. Oft bewirkt bereits der Vollzug einer sonst selten praktizierten Verhaltensweise, daß an ihr positive Aspekte wahrgenommen werden, und mit der Zeit glaubt man eher das, was man selbst vertreten und getan hat, als was man gehört und gelesen hat. Wenn man Menschen dazu bringt, einen kleinen Verhaltensakt aus Gefälligkeit auszuführen, dann erhöht sich auch ihre Bereitschaft, einer größeren und diskrepanteren Aufforderung nachzukommen – die Technik, den „Fuß in den Türspalt zu schieben" (Freedman u. Fraser 1966).

In der Regel genügt es jedoch nicht, jemanden nur dahin zu bringen, daß er eine ihm sehr unangenehme Handlung ausführt, um seine Einstellung zu ändern. In dem Ausmaß, in dem er sein nachgiebiges Verhalten *äußeren* Einflüssen (wie Belohnung oder Zwang) zuschreiben kann, kann er auch seine ursprüngliche Einstellung beibehalten, obwohl sein Verhalten im Widerspruch dazu steht. Reizbedingungen aber, die eine Person zu einer diskrepanten Handlung bringen und diese als selbst gewählt erleben lassen, erzeugen einen Zustand der kognitiven Dissonanz; daher muß entweder a) die Einstellung dem Verhalten angepaßt werden oder b) psychologisch die Handlung von der Einstellung abgetrennt werden oder c) das Eingeständnis erfolgen, daß man sich in irrationaler Weise verhält.

Diese Ergebnisse stehen in Einklang mit unserer früheren Diskussion der Dissonanz.

Somit gelangen wir zu der Antwort auf die Fragen, die wir eingangs in bezug auf Kathy Crampton und Patty Hearst gestellt haben. Vermutlich erlebten sie ihren inneren Gesinnungswandel in dem Ausmaß als frei und unbeeinflußt von außen, in dem sie sich der situationsspezifischen Zwänge nicht bewußt wurden, die ausreichten, um solche Handlungsweisen bei ihnen zu bewirken. Hätte man starke physische Zwänge, Drohungen, Belohnungen und sonstige äußere Einwirkungen eingesetzt, um sie zu ihrer öffentlichen Einwilligung zu bringen, wären ihre privaten Überzeugungen wahrscheinlich nicht in dieser Weise beeinflußt worden. Mit Beendigung der äußeren Zwänge wären auch ihre privaten Überzeugungen wieder zum Vorschein gekommen. Aber wie sich bereits gezeigt hat, wird eine öffentliche Einwilligung, wenn sie durch kaum merkliche äußere Einwirkungen zustande kommt, von solchen Veränderungen der privaten Überzeugungen und Werthaltungen begleitet, die vom Individuum nicht nur als „echt" und „innengeleitet" erlebt werden, sondern voraussichtlich auch von Dauer sind.

Die Grundregel für jede Form von sozialer Beeinflussung ist daher, ein minimal notwendiges Maß an Druck auf eine Person auszuüben, um sie zu einer Verhaltensverpflichtung zu veranlassen und gleichzeitig ihre Wahrnehmung für Alternativen zu erweitern. Unter solchen Umständen ist nicht mehr festzustellen, ob die resultierenden Einstellungsänderungen erzwungen wurden oder tatsächlich auf der freien Entscheidung einer vernünftig urteilenden Person beruhen.

Gruppendynamik

Bei vielen Anlässen werden Menschen nicht nur von einer anderen Person überzeugt und zu einer Handlung veranlaßt, sondern durch den weitreichenden Druck der Gruppen, denen sie angehören. Ein Hauptgebiet der sozialpsychologischen Forschung ist die Untersuchung der Wirkung von Gruppenprozessen auf das Handeln der einzelnen Gruppenmitglieder.

Die gruppendynamische Bewegung

In den frühen 40er Jahren, als Behaviorismus und die Erforschung von Lernprozessen bei Tieren die Hauptansätze innerhalb der Psychologie darstellten, begann eine Gruppe junger Forscher, umfassendere Kategorien von molaren menschlichen Reaktionsweisen in Gruppenzusammenhängen zu untersuchen. Sie organisierten unter der Leitung von Kurt Lewin, der damals erst kürzlich aus Deutschland emigriert war, das erste offizielle Zentrum für Gruppendynamik, das sich zuerst am Massachusetts Institute of Technology (MIT) befand, heute aber der Universität Michigan angeschlossen ist. Sie errichteten auch die „National Training Laboratories" in Bethel, im Staate Maine, wo seit mehreren Jahrzehnten Menschen aus vielen Be-

rufssparten für Gruppenprozesse geschult werden und in deren „T-Gruppen" (Trainingsgruppen) die gegenwärtig so modischen „Encountergruppen" ihren Ursprung fanden (vgl. Kap. 13, Abschn. „Gruppenerfahrung").

Eines der Ziele dieser Schule war es, die dynamischen Eigenschaften *sozialer Interaktionen,* die innerhalb von Gruppen ablaufen, mit derselben Schärfe und Genauigkeit zu untersuchen, mit der andere psychologische Prozesse auf individueller Ebene getestet wurden. Zwei prominente Vertreter dieses Ansatzes formulierten das folgendermaßen (Cartwright u. Zander 1968):

„... Gruppendynamik sollte als ein Forschungsgebiet verstanden werden, das sich der Erweiterung der Kenntnisse über das Wesen von Gruppen, ihre Entwicklungsgesetzmäßigkeiten und ihre Wechselbeziehungen zu einzelnen Individuen, anderen Gruppen und größeren Institutionen widmet. Vier charakteristische Merkmale sind kennzeichnend dafür: a) Schwerpunkt auf empirischer Forschung von theoretischer Signifikanz, b) Interesse an der Dynamik und Interdependenz von Phänomenen, c) weitreichende Relevanz für alle Sozialwissenschaften und d) potentielle Umsetzbarkeit ihrer Ergebnisse in Versuche, das Funktionieren von Gruppen und deren Auswirkungen auf Individuen und Gesellschaft zu verbessern" (S. 7).

Die Erforschung von Gruppeneinfluß auf die Einstellungen und das Verhalten von Individuen erhielt ihren Anstoß durch das klassische Experiment, das Lewin während des 2. Weltkriegs durchführte.

Diese Untersuchung war sowohl von praktischer wie theoretischer Bedeutung. Während die üblichen Fleischsorten rationiert und knapp waren, unternahm er den Versuch, die Entscheidungen der Hausfrauen beim Fleischeinkauf zu ändern. Er versuchte, ihr Interesse für Innereien, wie Herz, Kalbsbries und Nieren, zu wecken, die von hohem Nährwert sind und damals leichter erhältlich, nicht rationiert und billiger, allgemein aber wenig beliebt waren. Die eine Hälfte der Gruppen hörte einen interessanten Vortrag, der ihre Ansicht über die Verwendung dieser Fleischsorten ändern sollte. Der ansprechende junge Redner (Psychologe Alex Bavelas) versuchte so überzeugend wie möglich zu wirken. Den anderen Gruppen wurde dasselbe Problem dargestellt, und anschließend wurden sie dazu aufgefordert, die Hinderungsgründe zu diskutieren, denen sich „Hausfrauen wie sie selbst" bei der Umstellung auf diese Fleischsorten gegenüber sahen.

Am Ende der Versammlung wurden die Frauen aufgefordert, durch Handzeichen zu erkennen zu geben, ob sie bereit seien, eine dieser Fleischsorten in der folgenden Woche auszuprobieren. Eine Nachuntersuchung ergab, daß nur 3 % der Frauen, die den Vortrag gehört hatten, eine der bis dahin gemiedenen Fleischsorten zum Kochen eines Gerichts verwendet hatten, während 32% der Teilnehmerinnen an der Gruppendiskussion und -entscheidung etwas davon auf den Tisch des Hauses gebracht hatten (Lewin 1947).

Man kann zumindest 4 Quellen von Gruppeneinfluß ausmachen, die wahrscheinlich bei der Verhaltensänderung der Versuchsteilnehmerinnen wirksam waren und für Gruppen allgemein charakteristisch sind: a) persönliche Anteilnahme, b) öffentliche Verpflichtung, c) soziale Unterstützung und d) normative Standards.

a) Persönliche Anteilnahme. Wenn Menschen an der Diskussion über Dinge teilnehmen, die für sie von Belang sind, und am Entscheidungsprozeß mitwirken, werden sie persönlich in die Situation verwickelt. In einer derart geschaffenen „Demokratie durch Mitwirkung" ist jedes Gruppenmitglied Teil des *aktiven* Änderungsprozesses und nicht *passiver* Empfänger irgendeiner von außen gelieferten Information oder einer von irgendeiner anderen Person getroffenen Entscheidung (vergleichbar etwa mit dem Unterschied zwischen der persönlichen Beteiligung in einer großen Vorlesung und der in einem kleinen Seminar). Forschung und praktische Erfahrung mit Gruppen in Betrieben und anderen natürlichen Situationen haben eindeutig gezeigt, daß *die Gruppenteilnahme* ein entscheidendes Moment dafür ist, daß Individuen neue Ideen aufgreifen und ihre üblichen Handlungsweisen ändern.

Tatsächlich werden Versuche seitens der Geschäftsleitung, Veränderungen im Produktionsprozeß ohne Absprache mit den Arbeitern durchzuführen, normalerweise mit direktem oder indirektem Widerstand, wie unerlaubtem Fernbleiben von der Arbeit, Minderung der Produktivität und sinkender Arbeitsmoral, beantwortet – selbst wenn die Veränderung der Arbeitserleichterung dienen soll (Coch u. French 1948).

b) Öffentliche Verpflichtung. Wird die Gruppenentscheidung durch „Handheben" herbeigeführt, ist die Wahrscheinlichkeit, daß die einzelnen Mitglieder die empfohlene Verhaltensänderung auch wirklich ausführen werden, größer als bei einer nichtöffentlichen Verpflichtung. Eine öffentliche Verpflichtung in Gegenwart anderer Gruppenmitglieder zwingt den Betreffenden dazu, sich auch entsprechend zu verhalten, wenn er von den anderen als konsequent angese-

hen werden und ihre spätere Anerkennung erhalten will. Verhaltensverpflichtungen tragen auch dazu bei, daß vage Gedanken und Meinungen konzentriert auf einen Punkt gebracht und in zielorientierte Aktionen umgesetzt werden (Kiesler 1971).

c) Soziale Unterstützung. Entscheidungen eines einzelnen werden gefestigt, wenn andere aus der Gruppe ihm zustimmen. Die soziale Unterstützung durch Gruppenkonsens verstärkt nicht nur das Vertrauen in die Richtigkeit seiner eigenen Entscheidung, sondern stellt auch einen Verteidigungswall gegen Opposition und Gegendruck von außen dar.

d) Normative Standards. Angesichts der Tatsache, daß wir uns in bestimmten Situationen einer unendlichen Vielfalt möglicher Reaktionsweisen gegenübersehen, leitet uns das Erkennen der von anderen Gruppenmitgliedern akzeptierten Standards in unserer Entscheidung für oder gegen ein bestimmtes Verhalten. Diese Regeln über die „Angemessenheit" sozialer Reaktionen in einer gegebenen Situation verhelfen zu einer Definition über die Natur der sozialen Realität, dienen als soziale Vergleichsmöglichkeiten bei der Entscheidung darüber, was „richtiges" Verhalten ist und liefern einen gemeinsamen Bezugsrahmen, in dem sich die Mitglieder konform verhalten können und so das Gefühl von Gruppenidentität verstärken.

Solche Standards nennt man *soziale Normen.* Sie stellen für uns alle starke Einflußgrößen dar und standen im Mittelpunkt zahlreicher Forschungen. In manchen Fällen sind die Gruppennormen klar und eindeutig und funktionieren fast wie Gesetze. In anderen Fällen besteht häufig eine Norm unausgesprochen, und neue Mitglieder nehmen erst allmählich diesen kontrollierenden Einfluß auf ihr Verhalten wahr. Oft wird man der Existenz einer Norm erst dann gewahr, wenn auf deren Verletzung eine Bestrafung erfolgt (s. „Unter der Lupe", S. 622).

Die Funktion sozialer Normen

Es trifft zwar zu, daß die durch harte Bestrafung im Falle einer Verletzung gestützten Gruppennormen eine Abstumpfung des Verhaltens und übermäßige Konformität begünstigen können, trotzdem haben sie eine wichtige Funktion und sind unentbehrlich.

Die Kenntnis der in einer bestimmten Gruppensituation wirksamen Normen ist eine große Hilfe bei der Orientierung und Regulierung des sozialen Lebens. Normen erleichtern den Prozeß sozialer Interaktion, indem sie jedem Teilnehmer die konkrete Voraussage ermöglichen, wie andere in einer Situation auftreten werden (z. B. wie sie sich kleiden) und was sie vermutlich sagen und tun werden sowie welches Verhalten von ihm selbst erwartet und gebilligt wird.

Mit dem Erlernen von Verhaltensweisen, die zu einer Optimierung des eigenen Belohnungs-Bestrafungs-Verhältnisses führen, bildet sich auch eine bestimmte Sichtweise der Welt, eine kognitive Struktur, eine Richtschnur für die „Erklärung" der Realität. So kommt es dazu, daß sich die sozial etablierte Realität über die physische und biologische hinwegsetzen kann.

Zur Norm gehört auch eine gewisse Toleranz gegenüber einer Abweichung vom Standard, die in manchen Fällen groß sein kann, in manchen geringer. Auf diese Weise hat jedes Mitglied einen Anhaltspunkt, um abschätzen zu können, wie weit man gehen kann, ohne daß man den restriktiven Zwang von Spott, Unterdrückung und Ablehnung zu spüren bekommt.

Den Normen einer Gruppe beizupflichten ist der erste Schritt, sich mit ihr zu identifizieren, und damit wird dem Individuum auch die Teilnahme an dem Prestige und an der Macht der Gruppe ermöglicht. Auf diese Weise wird z. B. aus dem mageren, kleinen Jungen ein zähes, gefürchtetes Mitglied der „Jets", oder ein kahlköpfiger Mann mittleren Alters auf einem Motorrad wirkt auf Außenstehende wie ein Mitglied der "Hell's Angels".

Die soziale Kontrolle, die durch Gruppennormen ausgeübt wird, wartet jedoch nicht darauf, daß Individuen sich einer Gruppe anschließen (davon abgesehen, daß jeder Mensch in eine Gesellschaft hineingeboren wird), sondern sie macht bereits den Hauptteil des Sozialisationsprozesses aus. „Ältere Leute respektieren", „danke sagen", „andere so behandeln, wie man selbst von ihnen behandelt werden möchte" und die Vorschriften der Etikette sind Normen, die uns fast vom Augenblick unserer Geburt an beeinflussen.

Wir lernen auch aus der Beobachtung, daß Normen selbst in Situationen wirksam sind, in denen soziale Interaktion begrenzt und vorübergehend ist. Zum Beispiel ist es üblich, daß man in Aufzügen mit dem Gesicht zur Tür steht und nicht zu laut spricht. Es ist nicht „richtig", sich in Warteschlangen vorzudrängeln. Es ist ungehörig, zum Naseputzen kein Taschentuch zu benutzen usw. Es ist jedoch ebenso offensichtlich, daß soziale Normen kulturabhängig sind: was in einer Gesellschaft angemessen ist, gilt in einer anderen oft als verpönt.

Die Macht sozialer Normen im Labor

Ein Ansatz zur Untersuchung des Einflusses von Gruppennormen auf das Verhalten des einzelnen besteht darin, daß man einen Vergleich zieht zwischen dem Urteil einer Person über einen Wahrnehmungsvorgang, wenn sie allein ist und wenn sie sich in Gesellschaft anderer befindet. Die beiden klassischen Experimente dazu wurden von Sherif (1935) und Asch (1955) durchgeführt.

Die Macht der Mehrheit

Sherif benutzte einen feststehenden Lichtpunkt in einem dunklen Raum als Reiz. In Abwesenheit jeglichen Bezugsrahmens scheint sich dieses Licht in ständiger Bewegung zu befinden. Diese Sinnestäuschung nennt man *autokinetisches Phänomen.*

Männliche Vpn sollten zunächst die Bewegung des Lichtpunktes individuell einschätzen. Ihre Urteile variierten beträchtlich: einige sahen eine Bewegung von einigen Zentimetern, andere gaben dagegen an, der Lichtpunkt bewege sich um mehrere Meter. Nach einer Reihe von Schätzungen etablierte sich jedoch bei jedem ein *Bereich,* in dem sich die meisten seiner Schätzangaben hielten. Aber wurde er dann einer Gruppe von 2 oder 3 anderen Personen zugeteilt, bildeten seine Schätzungen und die der anderen einen neuen Bereich, in dem sie alle übereinstimmten. Danach fielen seine Schätzungen auch weiterhin in diesen neuen Bereich, selbst wenn er allein im Raum war.

Diese von der Gruppe entwickelten Normen können von der Einschätzung des einzelnen selbst, wie sie vor Beginn des sozialen Einflusses erfaßt wurde, sehr abweichen. Und solche Normen bleiben wirksam: In einer Untersuchung konnte die Wirkung ein ganzes Jahr später noch festgestellt werden (Rohrer et al. 1954).

Man könnte einwenden, daß der soziale Einfluß, wie er in diesen Untersuchungen zum Ausdruck kommt, von geringer Bedeutung ist, da die ganze Bewegungswahrnehmung auf einer Täuschung beruhte und die ganze Situation so unklar war, daß keine physische Realität gegeben war, auf die sich das Individuum hätte stützen können. Forschungen von Asch haben jedoch überzeugend dargestellt, daß Gruppennormen auch dann das Urteil von Individuen beeinflussen können, wenn die zu beurteilenden Reize strukturiert und vertraut sind und exakt gesehen werden und wenn sie in einer nichtsozialen Situation dargeboten werden. Ironischerweise waren seine Untersuchungen ursprünglich für den Nachweis geplant, daß Individuen unter Bedingungen klar erkennbarer physischer Realität von dem Einfluß der sozialen Realität *unabhängig* sein würden. Stattdessen lieferte diese Forschung das klassisch gewordene Beispiel für Gruppen*konformität*.

Es wurden Grupen von 7–9 männlichen Studenten für ein „psychologisches Experiment über visuelle Wahrnehmung" zusammengestellt. Dann wurden Karten wie in Abb. 16.8 vorgehalten, und die Studenten sollten angeben, welche Linie auf der Vergleichskarte dieselbe Länge wie die Standardlinie hatte. Die Linien waren genügend unterschiedlich, so daß falsche Angaben unter normalen Umständen in weniger als 1% der Fälle vorkamen. Bis auf eines waren aber alle Mitglieder jeder Gruppe Verbündete des Vl und vorher angewiesen, einstimmig falsche Antworten bei 12 von 18 Versuchen zu geben.

Unter diesem Gruppendruck akzeptierten die Studenten der Minderheit in durchschnittlich 37% der Versuche die falschen Urteile der Mehrheit. Diese Zahl jedoch ist irreführend, weil die individuellen Unterschiede beträchtlich waren. Von den 123 Vpn in der Minderheit gaben ungefähr 30% fast immer nach, selbst bei Abweichungen bis zu 30 cm, während 25% der Vpn vollkommen unabhängig blieben.

Aus dem Interview mit den Vpn nach dem Experiment ging hervor, daß viele von denen, die sich der Meinung der Mehrheit nicht angeschlossen, großes Vertrauen in ihre eigene Urteilsfähigkeit hatten – nach den widersprüchlichen Reaktionen konnten sie ihre Zweifel schnell wieder überwinden. Andere unbeeinflußte Vpn vermuteten, daß sie sich wahrscheinlich irrten, meinten aber, daß sie ehrlich angeben sollten, was sie sahen. Von den Vpn, die sich der Mehrheitsmeinung anschlossen, hatten einige sofort den Eindruck, ihre Wahrnehmung müsse falsch sein; andere gaben an, sie hätten der Mehrheit nur zugestimmt, „um dem Vl die Ergebnisse nicht zu verderben". Alle beeinflußten Vpn unterschätzten die Häufigkeit ihrer konformen Reaktionen.

Als nächstes wurde der Plan des Experiments geringfügig verändert, um den Einfluß der Größe einer opponierenden Mehrheit zu untersuchen. Befand sich

eine Vp mit nur einer anderen im Widerspruch, die ein falsches Urteil abgab, zeigte sie nur geringe Unsicherheit; erhöhte sich die Oppositon auf zwei, gab die Vp in durchschnittlich 13,6% der Fälle nach. Die Wirkung erreichte fast ihre größtmögliche Ausprägung, wenn die Person sich einer Mehrheit von dreien gegenüber sah – die Fehlerquote stieg dann auf 31,8% an. Bei mehr als dreien nahm der Einfluß der Mehrheit nicht mehr wesentlich zu. Gab man der Vp noch einen zustimmenden Partner bei, ging der Einfluß der Mehrheit erheblich zurück – die Fehlerquote reduzierte sich auf ein Viertel der Fehlerwerte ohne Partner, wie Abb. 16.9 zeigt, und die Wirkung blieb auch dann bestehen, wenn die Person wieder ohne Partner war.

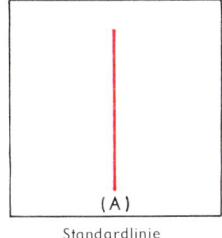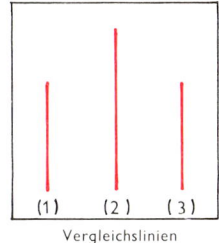

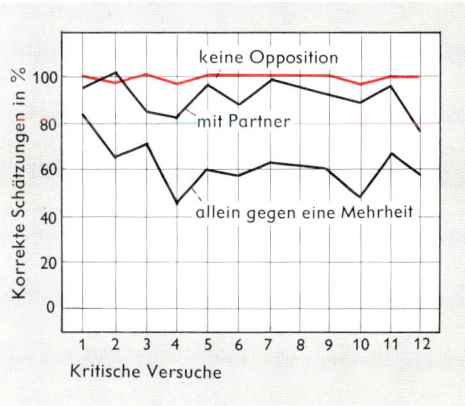

Dieser soziale Einfluß von Gruppen auf die Wahrnehmung und Urteile von Individuen wurde in anderen Experimenten über Konformitätsverhalten, mit unterschiedlichen Reizbedingungen und Vpn, wiederholt bestätigt. Man kann daraus den Schluß ziehen, daß ungefähr ein Drittel aller Personen, die sich mit einer Diskrepanz zwischen ihrem Erleben der Realität und der Interpretation anderer konfrontiert sehen, es vorziehen, ihre eigenen Wahrnehmungseindrücke zu verleugnen.

Die Macht der Minderheit

Angesichts der Macht, über die eine Majorität bei der Kontrolle von Möglichkeiten und Verstärkern verfügt, ist das Ausmaß an Konformität, das auf allen Ebenen unserer Gesellschaft existiert, nicht überraschend. Bemerkenswert ist dagegen, wie es jemand fertigbringt, sich der Vorherrschaft der Gruppe zu entziehen, oder wie etwas Neues – gegen die Norm Gerichtetes – zustande kommen kann. Jede Gesellschaft braucht zwar für ihre Selbsterhaltung Konformisten, die die etablierten Normen jederzeit verteidigen, bedient sich aber widerwillig ihrer Abweichler, wenn sie auch neue Ideen und Lebensformen benötigt, um voranzukommen.

Aber kann denn eine kleine Minorität die Majorität verändern und neue Normen schaffen, indem sie einfach dieselben grundlegenden psychologischen Prinzipien anwendet, die normalerweise bei der Errichtung der Mehrheitsnorm zur Anwendung kommen?

In jüngeren Untersuchungen einer Gruppe französischer Psychologen ergab sich, daß in einer Gruppe von 6 französischen Studenten, von denen 2 Verbündete des Vl waren, die ein blaues Licht beharrlich „grün" nannten, fast ein Drittel der uneingeweihten Versuchspersonen sich schließlich deren Urteil anschlossen und viele andere in einem späteren individuell durchgeführten Test „grüne" Reaktionen zeigten (Moscovici et al. 1969, Faucheux u. Moscovici 1967).

Wenn eine beharrliche Minorität in diesem Ausmaß Anhänger gewinnen kann, selbst wenn sie im Unrecht ist, hat eine Minorität mit einem stichhaltigen Anliegen hinreichende Erfolgschancen.

Unter der Lupe

Warum Charlie sich nicht mehr meldet

In einigen Colleges der USA herrscht die studentische Norm, daß die Mitarbeit bei den Vorlesungen gering gehalten werden sollte. In einem erwähnenswerten Fall hatte es für einen emsigen, naiven Studenten, der an einer Einführungsvorlesung in Psychologie teilnahm, schwerwiegende Folgen, als er die Norm verletzte, „den Mund zu halten und den Lehrer tun zu lassen, wofür er bezahlt wird". Dieser junge Student pflegte nicht nur Fragen ausführlich zu beantworten, sondern stellte auch selbst Fragen und lieferte unaufgefordert Informationen. Seine Nachbarn stießen sich anfänglich nur an, wenn er zu einer Antwort ansetzte, grinsten, runzelten die Stirn und räusperten sich. Mit der Zeit fingen sie an zu glucksen, zu kichern und mit den Füßen zu scharren. Schließlich versetzten sie ihm jedesmal, wenn er aufstehen wollte, absichtlich einen Stoß oder wendeten sich ihm zu und schlugen dabei seine Bücher herunter, oder sie blockierten seinen Sitz. Am Ende des Semesters hatte er aufgehört, sich zu melden oder gar zu antworten, wenn er vom Dozenten gefragt wurde. Zwei Jahre später erklärte derselbe Student sogar seinem Lehrer im Verlauf einer Studienberatung: „Ich höre überhaupt keine Vorlesungen mehr, selbst wenn der Lehrer gut ist; ich weiß nicht, woher es kommt, aber irgendwie werde ich dabei unruhig und ängstlich."

Die Macht sozialer Normen in realen Situationen

In Untersuchungen der verschiedensten realen Situationen bestätigte sich die Macht sozialer Normen über die Einstellungen und das Verhalten von Individuen.

Collegenormen vs. familiäre Normen

Welche Wirkung übt die Zugehörigkeit zu einer Collegegemeinschaft auf die Einstellungen und Wertvorstellungen ihrer Studenten aus? Diese Frage ist zweifellos für jeden Studenten von

Bedeutung, der dem doppelten Druck ausgesetzt ist, einerseits Mitglied einer Gruppe zu werden und andererseits seine Unabhängigkeit und Individualität zu bewahren. Eine Untersuchung, die 1935 begonnen wurde, liefert einige Erkenntnisse.

Bennington College liegt in einer kleinen Stadt in Vermont, und bei Beginn der Untersuchung existierte es erst seit 4 Jahren. Der Lehrplan betonte individuelle Lehrmethoden und Seminare in kleinen Gruppen. Die Gemeinschaft war „integriert, in sich geschlossen und selbstbewußt". Die vorherrschende Norm kann man als einen politischen und wirtschaftlichen Liberalismus bezeichnen. Andererseits kamen die meisten Mädchen aus einem konservativen Elternhaus und brachten konservative Einstellungen mit. Die zu untersuchende Frage war, welchen Einfluß diese „liberale Atmosphäre" auf die Einstellungen einzelner Studentinnen haben würde.
Der Konservativismus der Studienanfänger nahm mit jedem Jahr stetig ab. Bis zu ihrem Examensjahr waren die meisten Studentinnen zu einer eindeutig liberalen Haltung „konvertiert". Offensichtlich wurde dieser Wandel sowohl durch die Anerkennung für die Äußerung liberaler Anschauungen seitens des Lehrkörpers und älterer Semester bewirkt als auch durch die besseren Möglichkeiten in der Collegegemeinschaft, sich politisch zu informieren.
In einem zweiten Teil der Untersuchung sollte ermittelt werden, warum einige Mädchen dieser beherrschenden Norm widerstanden und ihren Konservativismus beibehalten konnten. Es zeigte sich, daß man die unbeeinflußten Mädchen zwei Gruppen zuordnen konnte. Einige, die zu einer kleinen, fest zusammenhaltenden Gruppe gehörten, waren sich des Konflikts zwischen ihrer konservativen und der liberalen Einstellung des Colleges einfach nicht bewußt geworden. Andere waren mit ihren konservativen Familien eng verbunden geblieben und hatten weiterhin deren Norm aufrechterhalten (Newcomb 1958).
20 Jahre später war der Einfluß des Bennington-Experiments noch spürbar. Die meisten Mädchen, die bei ihrer Entlassung liberal waren, blieben es auch, und diejenigen, die der Norm widerstanden hatten, waren konservativ geblieben. Zum Teil war dafür die Tatsache verantwortlich, daß sie Männer mit ähnlichen Wertvorstellungen geheiratet und auf diese Weise eine unterstützende häusliche Umgebung geschaffen hatten. Von denen jedoch, die das College als Liberale verlassen, aber Männer mit konservativer Einstellung geheiratet hatten, kehrte ein großer Prozentsatz zu dem Konservatismus ihres 1. Studienjahrs zurück (Newcomb 1963).
Bei Abweichung von Gruppennormen ist zu erwarten, daß eine gewisse soziale Ächtung die Folge sein wird. Für die meisten Menschen ist das der Punkt, an dem sie ein unangenehmes Gefühl der Entfremdung empfinden. Aber die Richtung, die die Gruppe einschlägt, wird letztlich durch individuelle Handlungen bestimmt. Zeigt eine Person Beständigkeit in einer abweichenden Einstellung, so wird das leicht als seltsame Schrulle abgetan oder, wie wir im vorangegangenen Kapiteln sahen, als „Verrücktheit" abgestempelt. Zwei derartige Menschen können die Täuschung bereits in eine Überzeugung verwandeln; kommen noch einige dazu, kann daraus eine soziale Bewegung entstehen. Aber noch wissen die Psychologen nicht, welche Eigenschaften es sind, die es einem einzelnen Individuum möglich machen, sich gegen eine jaschreiende Menge zu wenden und zu behaupten, daß der Kaiser gar keine Kleider anhabe.

Meine Norm ist besser als deine Norm

Die Übereinstimmung bei Gruppenzielen und Zielen des einzelnen läßt innerhalb der Gruppe ein Gefühl gemeinsamer Identität, Loyalität und Kooperation entstehen. Was aber geschieht in der alltäglichen Situation des Aufeinandertreffens von Angehörigen unterschiedlicher Gruppen? Zur Erforschung des Prozesses, der innerhalb der Eigengruppen ("in-group") zur Entwicklung von freundschaftlichen Beziehungen führt und Fremdgruppen ("out-group") zu Feinden macht, wurde ein spezielles Sommerlager errichtet (Abb. 16.10).

In diesem Lager wurden Spannungen zwischen zwei zum Zweck des Experiments gegründeten Gruppen erzeugt, die später wieder überwunden wurden, als die Gruppen auf ein gemeinsames Ziel hinarbeiteten. Die Vpn waren 22 normale Jungen von etwa 11 Jahren aus ähnlichem Milieu, die in 2 nach Größe und Fähigkeiten vergleichbare Gruppen aufgeteilt wurden. Vor Ankunft im Lager kannten sich die Jungen nicht, und sie merkten nicht, daß ein Experiment durchgeführt wurde.
Um die Jungen zu wirklichen Gruppen zusammenzuschmieden, wurden die beiden Gruppen in verschiedenen Baracken untergebracht, und sie führten die täglichen Aktivitäten getrennt durch. Am Ende dieses Teils des Experiments hatten die beiden Gruppen deutliche Gruppenstrukturen erworben, mit Führern, Bezeichnungen füreinander („Klapperschlangen" und „Adler"), Spitznamen, Geheimsignalen, kooperativen Verhaltensmustern innerhalb der Gruppe und Identifikationssymbolen (Flaggen und Abzeichen, die an Plätzen und Einrichtungen zur Kennzeichnung als „unsere" angebracht wurden). Daraufhin wurde mittels einer Reihe konstruierter Konkurrenzsituationen Rivalität zwischen den Gruppen entfacht. Wie vorausgesagt, verstärkte dies die In-group-Solidarität und erzeugte außerdem unvorteilhafte Stereotypien gegenüber der Out-group und ihren Mitgliedern. In-group-Demokratie und -Kooperation dehnte sich nicht auf die Out-group aus. Nachdem die „Adler" bei einem Tauziehen verloren hatten, verbrannten sie die Fahne der „Klapperschlangen". Die „Klapperschlangen" übten Vergeltung, und es folgte eine Reihe von Barackenüberfällen, begleitet von Beschimpfungen, Faustkämpfen und anderen Äußerungen von Feindseligkeit. Im Verlauf des Konflikts tat sich ein körperlich

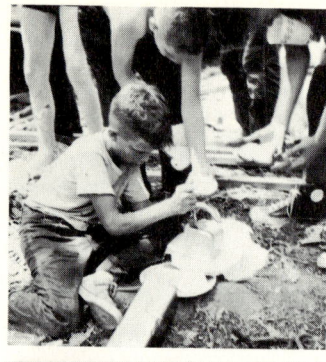

Abb. 16.10. Von der Konkurrenz zur Kooperation. Zu Beginn des Experiments entwickelte sich schnell eine kooperative Atmosphäre innerhalb jeder Gruppe; hier sehen wir die „Adler" beim Zubereiten einer Mahlzeit *(oben links)* und die „Klapperschlangen", wie sie gemeinsam ein Kanu zum See tragen *(oben Mitte)*. Während der 2. Phase des Experiments wurde die Konkurrenz zwischen den Gruppen gefördert, und es entwickelte sich sehr rasch eine starke Rivalität. Es fanden Kämpfe statt, bei denen Fahnen und sogar Kleidungsstücke als Trophäen erbeutet wurden *(oben rechts)*. Ein Tauziehen endete unentschieden *(unten links)*, als die „Klapperschlangen" die Strategie der „Adler" übernahmen und sich ebenfalls hinsetzten und „eingruben". In der letzten Phase des Experiments wurde Kooperation zwischen den Gruppen dadurch herbeigeführt, daß man Situationen schuf, die nur zusammen bewältigt werden konnten wie z.B. Komplikationen mit der Wasserversorgung *(unten Mitte)* oder das Herausziehen eines „feststeckenden" Fahrzeugs *(unten rechts)*

bedrohlich wirkender Führer hervor und trat an die Stelle eines weniger aggressiven Jungen, der bis dahin die „Adler" angeführt hatte. Dies zeigt, daß Beziehungen zu anderen Gruppen Veränderungen innerhalb einer Gruppe hervorrufen.

Es wurde dann versucht, die Feindseligkeit zu überwinden und die beiden Gruppen zur Kooperation zu veranlassen. Zunächst brachte man die rivalisierenden Gruppen bei angenehmen Aktivitäten, wie Essen und Abbrennen von Feuerwerkskörpern, zusammen. Die Jungen lehnten jedoch ab, miteinander umzugehen. Die Aktivitäten boten ihnen lediglich weitere Gelegenheit, ihre Feindseligkeit zum Ausdruck zu bringen.

Dies zeigt, daß der Kontakt zwischen den Gruppen allein noch nicht zur Abnahme von Spannungen führt.

Es wurden dann Situationen herbeigeführt, die die Interaktion beider Gruppen erforderte, um ein übergeordnetes Ziel zu erreichen – d.h. ein wichtiges Ziel, das nur durch die gemeinsame Anstrengung beider Gruppen erreicht werden konnte. Die eindrucksvollste Episode aus dieser Zeit war die, in der das Tau, das früher in einer höchst antagonistischen Situation eine besonders wichtige Rolle gespielt hatte, jetzt als Werkzeug diente. Bei einem nächtlichen Ausflug „streikte" der Wagen, der den Proviant bringen sollte, und die Jungen kamen auf die Idee, mit dem Seil den Wagen zu ziehen. Sie schlangen das Seil so um die Stoßstange, daß die beiden Gruppen je an einem Ende ziehen konnten; doch als am nächsten Tag der Wagen wieder „streikte", verteilten sich die Mitglieder beider Gruppen auf beide Seilenden und beseitigten damit die Gruppentrennung.

Weitere Hinweise für Einstellungsänderungen bei den Jungen erbrachte ein Vergleich der Soziogramme, die jeweils nach der Periode intensiver Rivalität und am Ende des Experiments durchgeführt wurden. Die Häufigkeit, mit der die „Klapperschlangen" „Adler" als Freunde wählten, stieg von 6,4 auf 36,4% aller Freundschaftswahlen. Die Wahlhäufigkeit der „Adler" für die „Klapperschlangen" stieg von 7,5 auf 23,2%. Außerdem wurden die Jungen aufgefordert, einander nach 6 Merkmalen zu beurteilen, um etwaige stereotype Vorstellungen ans Licht zu bringen. Während der antagonistischen Phase erhielten die „Adler" wenig günstige Beurteilungen von den „Klapperschlangen" und ebenso die „Klapperschlangen" von den „Adlern"; am Ende des Experiments unterschieden sich die Beurteilungen von In-group- und Out-group-Mitgliedern nicht mehr signifikant voneinander (Sherif u. Sherif 1956).

Zweifellos enthält diese Untersuchung einige Implikationen für die Überwindung von Verbitterung zwischen nationalen Gruppen und antagonistischen Gruppen innerhalb unserer eigenen Gesellschaft. Sie liefert wertvolle Hinweise für eine praxisorientierte Forschung – es bleibt die Frage offen, warum ihnen bisher so wenig Aufmerksamkeit geschenkt wurde.

Die Macht des Führers

Seit Jahrhunderten beschäftigen sich Untersuchungen politischer und sozialer Erscheinungen mit der Frage, worin gute Führung besteht. Haben große Führer angeborene Eigenschaften, die ihnen ein *Charisma* verleihen, eine besondere emotionale Ausstrahlung und Anziehungskraft. Oder erscheinen sie als Antwort auf prekäre Situationen an bestimmten Punkten im Verlauf der Geschichte und werden sozusagen durch das Gebot der Stunde auf den Plan gerufen? Wäre Napoleon ein großer Führer geworden, wenn er 1930 in der Schweiz geboren wäre? Wäre Martin Luther King jun. ein großer Führer seines Volkes geworden, wenn er hundertfünfzig Jahre früher gelebt hätte? Über solche Fragen läßt sich angeregt debattieren, aber sie sind von geringerem wissenschaftlichen Wert, außer daß sie unsere Aufmerksamkeit auf zwei Ansätze zur Untersuchung der Führereigenschaft

lenken: die Frage nach der *Persönlichkeitsstruktur* und die Frage nach der *äußeren Situation*.

Haben Führer auch „das Zeug dazu"?

In einer älteren Analyse über das „Wesen politischer Führung" wurde eine Reihe beachtenswerter Hypothesen aufgestellt:

„Man muß zugestehen, daß im politischen Alltag die Fähigkeit, in der Öffentlichkeit zu reden, von entscheidenderem Wert ist als irgend etwas anderes. Ist ein Mann auf dem Podium ein flüssiger und gewandter Redner, dann besitzt er die eine unentbehrliche Voraussetzung für einen Staatsmann. Verfügt er außerdem über die Gabe, die Gefühle seiner Zuhörer tiefgründig zu bewegen, dann kann seine Fähigkeit zur Führung der unendlichen Vielfalt des nationalen Lebens nicht mehr bestritten werden. Die Erfahrung hat gezeigt, daß es für einen erfolgreichen Führer nicht unbedingt notwendig ist, irgendwelche anderen Fähigkeiten in ungewöhnlich hohem Grad zu besitzen ... Der gute Schäfer denkt wie seine Schafe und kann seine Herde nur führen, wenn er ihr nicht mehr als ein kleines Stück weit vorausgeht. Er muß zwar als jemand aus der Herde erkennbar bleiben, zweifellos größer, lauter, rauher, und er hat vor allem hartnäckigere Wünsche und Ausdrucksmöglichkeiten als das gewöhnliche Schaf, ist aber ihrem Empfinden nach im wesentlichen von derselben Art wie sie. In der menschlichen Herde ist es für den Führer ebenso notwendig, unmißverständliche Identifikationsmerkmale zu haben" (Trotter 1916).

Jüngste Forschungen haben bestätigt, daß Führer tatsächlich meist die aktivsten Mitglieder ihrer Gruppe sind. Überdies kann in einer experimentellen Gruppe aus lauter Fremden jeder beliebige von den anderen als Führer angesehen werden, wenn seine verbale Beteiligung künstlich verstärkt wird, selbst wenn derjenige bereits in einer anderen Gruppe (wo er sich kaum verbal äußerte) als zur Führung ungeeignet und von geringer „sozialer Ausstrahlung" eingeschätzt wurde (Bavelas et al. 1965).

Einiges deutet darauf hin, daß ein Führer, um seine Effektivität zu erhalten, die Gemeinsamkeiten mit seinen Leuten betonen muß. Der Sturz eines Führers wird oft darauf zurückgeführt, daß er den Kontakt zur Basis verloren hat und denen, die ihm die Macht verliehen haben, keine Identifikationsmöglichkeit mehr bietet. Die frühen psychologischen Untersuchungen über Führung zielten, entsprechend der allgemeinen Orientierung am Individuum, auf eine Identifizierung der Eigenschaften ab, die allen Führern zu eigen sind. Ein Forscher kam zu dem

Ergebnis, daß die mit *effektiver* Führung am häufigsten verbundenen Eigenschaften in 5 allgemeine Kategorien unterteilt werden konnten (Stogdill 1948):

a) *Fähigkeit* (Intelligenz, geistige Spannkraft, verbale Gewandtheit, Originalität, Urteilskraft),
b) *erreichte Leistung* (Bildung, Wissen, sportliche Erfolge),
c) *Verantwortung* (Verläßlichkeit, Unternehmungsgeist, Beharrlichkeit, Aggressivität, Selbstvertrauen, Ehrgeiz),
d) *Teilnahme* (Aktivität, Gesellighet, Zusammenarbeit, Anpassungsfähigkeit, Sinn für Humor),
e) *Status* (soziale und wirtschaftliche Position, allgemeine Beliebtheit).

Es ist kein Wunder, daß der Versuch, ein Standardgefüge von Persönlichkeitszügen zur Charakterisierung von Führern ganz allgemein zu finden, fruchtlos blieb. Wären wohl auch übereinstimmende Persönlichkeitszüge zu erwarten bei Führern von etwa einer revolutionären Gruppe, eines Kirchenchors einer Vorstadtgruppe, die Partnertausch pflegt, einer Gewerkschaftsgruppe? Es scheint offenkundig, daß ein erfolgreicher Führer über jeweils die Mittel verfügen muß, die von den einzelnen Mitgliedern seiner Gruppe und der Gruppe als Ganzem benötigt werden, um ihr Ziel zu erreichen – und daß diese benötigten Mittel in unterschiedlichen Situationen variieren.

Empirische Befunde weisen darauf hin, daß in vielen Situationen *ein* Führer nicht ausreicht. Bales (1970) unterschied zwischen zwei allgemeinen Führungstypen: a) einem *aufgabenorientierten Führer,* dessen Ziel optimale Gruppenarbeit ist, und b) einem *sozial-emotionalen Führer,* dem v. a. daran liegt, ein gutes psychologisches Klima innerhalb der Gruppe zu erzeugen und zu erhalten, in dem Offenheit für die persönlichen Bedürfnisse, Probleme und individuellen Besonderheiten der Mitglieder herrscht.

Offenbar beruht effektive Führung weder ausschließlich auf Persönlichkeitsmerkmalen noch allein auf Umweltfaktoren, sondern hängt von einer optimalen Kombination zwischen Führerpersönlichkeit und situativen Anforderungen ab. Ein Forscher ermittelte, daß Führer mit stärkerer *Aufgaben*orientierung am effektivsten

waren, wenn a) die Führer-Mitglieder-Beziehungen gut und entweder eine hochstrukturierte Aufgabenstellung oder eine starke Machtposition des Führers oder beides gegeben war, oder das andere Extrem, wenn b) schlechte Führer-Mitglieder-Beziehungen, gering strukturierte Aufgaben und eine schwache Machtposition des Führers vorhanden waren. Führer mit stärkerer *Beziehungs*orientierung waren effektiver in Situationen, in denen entweder a) gute Führer-Mitglieder-Beziehungen, eine unstrukturierte Aufgabe und eine schwache Machtposition des Führers vorhanden waren oder b) schlechte Führer-Mitglieder-Beziehungen bei einer hochstrukturierten Aufgabe und starker Machtposition des Führers (Fiedler 1964, 1967). In der jüngsten Entwicklung innerhalb der Forschung über Führung wird eher die Rolle des Führers bei der „Definierung der Realität" hervorgehoben als seine Kontrollfunktion in bezug auf die Gruppenleistung, Edwin Hollander von der Universität New York in Buffalo richtete neuere Untersuchungen auf die Fragestellungen, wie überhaupt der Führerstatus erlangt und erhalten wird, welchen Einfluß Führer auf die Wahrnehmung ihrer Anhänger ausüben und in welcher Beziehung die spezifische Wahrnehmung des Führers seitens seiner Anhängerschaft zu Faktoren wie Gruppenloyalität, Identifizierung und Gerechtigkeits- und Vertrauensgefühl steht. Diese praxisorientierte Forschung beschäftigt sich auch mit einer Frage von aktueller politischer Bedeutung: wie gewählte Führer Angriffe auf ihre Autorität überwinden können (Hollander 1972, Hollander u. Julian 1969).

Haben verschiedene Führungsstile unterschiedliche Wirkungen?

Läßt man einmal das Problem der Erforschung von Persönlichkeitszügen, die einen Führer „ausmachen", beiseite, bleibt die Frage, mit der sich ein Team von Sozialpsychologen beschäftigt hat, nämlich ob der Stil eines Führers im Verhalten seiner Gruppe gegenüber einen Einfluß darauf hat, wie sich die Gruppe verhält. Im Jahre 1939, als die Untersuchung begann, wirkte das Beispiel von Hitlers autokratischer Herrschaft in Deutschland abschreckend auf die Leute, die eine demokratische Führung nicht nur für wünschenswerter, sondern auch für effektiver hielten. Einige vertraten sogar die Ansicht, daß die besten Führer solche wären, die sich nichtdirektiv verhielten, nur auf Wunsch durch Hilfestellung ihren Führungseinfluß geltend machten und im übrigen den Dingen ihren Lauf ließen – im *Laissez-faire*-Stil. Dieses komplexe Problem hat man in einem kontrollierten Experiment mit Gruppen von 10jährigen Jungen untersucht.

Es gab 4 Gruppen zu je 5 Mitgliedern, die nach der Schule zusammenkamen, um sich mit ihren Hobbys zu beschäftigen. Die Gruppen waren in bezug auf die Art der interpersonalen Beziehungen, Persönlichkeitseigenschaften und den intellektuellen, physischen und sozioökonomischen Status in etwa gleichartig; 4 männliche Erwachsene waren darin trainiert worden, jeden der 3 Führungsstile zu beherrschen, und sie spielten jede Rolle durch. Ein *autokratischer* Führer sollte: a) alle Gruppenrichtlinien bestimmen, b) die Techniken und Aktivitäten nur Schritt für Schritt diktieren, c) die einzelnen Aufgaben verteilen und jedem seinen Arbeitskameraden zuweisen, d) sich persönlich geben bei Lob und Kritik für die Arbeit einzelner, sich aber von Beteiligung an der Gruppenaktivität fernhalten, außer zur Demonstration von Arbeitstechniken. Ein *demokratischer* Führer sollte a) den Entscheidungsprozeß der Gruppe bei allen Unternehmungen ermutigen und unterstützen, b) allgemeine Schritte auf ein Ziel hin andeuten und eine umfassende Perspektive der Pläne fördern, c) Arbeitsteilung und -zuteilung der Gruppe überlassen, d) objektiv bei Lob und Kritik sein und sich an den Gruppenaktivitäten beteiligen, ohne zu viel Arbeit zu tun. Der *Laissez-faire*-Führer schließlich sollte: a) der Gruppe völlige Freiheit lassen bei einem Minimum von Führerbeteiligung, b) nur benötigtes Material und Informationen zur Verfügung stellen, c) sich nicht an Sachdiskussionen beteiligen und d) nur gelegentlich Kommentare abgeben, ohne den Versuch zu unternehmen, den Lauf der Dinge zu loben oder zu beeinflussen, es sei denn, er würde direkt darum gebeten.

Nach je 6wöchigen Perioden wurde jeder Führer einer anderen Gruppe zugeteilt, wobei er gleichzeitig einen anderen Führungsstil übernahm. Auf diese Weise lernten alle Gruppen jeden Stil unter einer anderen Führerperson kennen. Alle Gruppen trafen sich am selben Ort und unternahmen dieselben Aktivitäten mit ähnlichem Spielmaterial. Das Verhalten der Führer und die Reaktionen der Jungen wurden bei jedem Treffen beobachtet.

Dieses Experiment läßt folgende Verallgemeinerung zu (Lewin et al. 1939):

1. Die Laissez-faire-Atmosphäre ist mit der demokratischen nicht identisch. In den Laissez-faire-Gruppen wurde weniger – und schlechtere – Arbeit geleistet.
2. Demokratie kann leistungsfähig sein. Obwohl die Quantität der Arbeit bei den autokratischen Gruppen etwas höher war, waren in den demokratischen Gruppen Arbeitsmotivation und Interesse stärker. Verließ der Führer den Raum, arbeiteten die demokratischen Gruppen bezeichnenderweise weiter, die autokratischen dagegen nicht. Bei der Demokratie war auch die Originalität ausgeprägter.
3. Autokratie kann starke Feindseligkeit und Aggression hervorrufen, einschließlich Aggression gegenüber Sündenböcken. Die autokratisch geführten Gruppen zeigten bis zu 30mal häufiger Feindseligkeit, mehr Ermahnung zur Aufmerksamkeit, mehr Zerstörung ihres Wertmaterials und machten häufiger andere zum Sündenbock.
4. Autokratie kann Unzufriedenheit erzeugen, die sich nicht an der Oberfläche zeigt; 4 Jungen stiegen aus dem Experiment vorzeitig aus, alle während der autokratischen Perioden, ohne daß sie offen rebelliert hätten; 19 von 20 Jungen bevorzugten ihren demokratischen Führer, und unter Autokratie wurde häufiger Unzufriedenheit geäußert als unter Demokratie. „Entlastungsverhalten" (wie z. B. ungewöhnlich aggressive Gruppenhandlungen) am Tag des Übergangs in eine freiere Atmosphäre ließ auf vorhergegangene Frustrationen schließen.
5. Autokratie begünstigte Abhängigkeit und geringere Individualität. Es fanden sich mehr unterwürfige und abhängige Verhaltensweisen in den autokratisch geführten Gruppen, und die Unterhaltung war weniger abwechslungsreich und mehr auf die unmittelbare Situation beschränkt.
6. Demokratie fördert mehr Gruppengeist und freundschaftliche Atmosphäre. In den demokratisch geführten Gruppen wurde das Pronomen *ich* weniger häufig gebraucht, die spontanen Untergruppen waren größer, gegenseitiges Lob, freundliche Bemerkungen und allgemeine Munterkeit waren häufiger, und es herrschte größere Bereitschaft, das Gruppeneigentum zu teilen.

Diese Untersuchung über „Gruppendynamik" war bahnbrechend. Sie demonstrierte, daß Gruppeninteraktion und auf Gruppen bezogene Variablen experimentell untersucht werden können, um Schlußfolgerungen kausaler Art zu erbringen. Sie zeigte auch, daß dieselbe Person, unabhängig von ihren zugrundeliegenden Persönlichkeits*zügen*, einen auffallend unterschiedlichen Einfluß ausübte, wenn sie einen Führungs*stil* im Gegensatz zu einem anderen benutzte. Dies traf selbst dann zu, wenn die „Stile" durch situationsspezifische Anforderungen diktiert waren und nicht, wie es normalerweise eher der Fall ist, von politischer und ökonomischer Ideologie.

Zusammenfassung

Sozialpsychologie ist die Wissenschaft, die sich mit dem Verhalten von Individuen in sozialen Situationen beschäftigt. Sie umfaßt die Erforschung sowohl der *sozialen Verhaltensweisen* als abhängige Variablen, als auch der *sozialen Reize* als unabhängige Variablen. Selbst nichtsoziales Verhalten wird oft durch soziale Reize beeinflußt.

Mit der Hilfe der *Attributionsprozesse* machen wir uns ein Bild von anderen Menschen und schließen auf die Ursachen ihres Verhaltens.

Die Art unserer Wahrnehmung einer Person ist gefärbt durch unseren *ersten Eindruck,* unsere *Stereotype* über verschiedene Gruppen und unsere Tendenz, *Konsistenz* zu erwarten. Wir neigen eher dazu, *dispositionale Rückschlüsse* (Attribution) zu ziehen, die sich auf Eigenschaften des Individuums konzentrieren, als *situationsspezifische Rückschlüsse,* die Umweltfaktoren in den Mittelpunkt stellen. Diese Tendenz nennt man *Attributionsfehler.*

Die *Attributionstheorie* geht davon aus, daß der Mensch sowohl eine *Realitätsorientierung* als auch eine *Kontrollorientierung* in der Umwelt entwickelt; dadurch gewinnt er gleichermaßen die Möglichkeit der Erklärung und Vorhersage von Ereignissen in seinem Leben. Das schließt die aktive Informationssuche mit ein. Meist schreiben wir Konformität situativen Ursachen zu und führen Abweichung auf Disposition zurück. Extrinsische Verstärkung kann bewirken, daß eine intrinsisch motivierte Aktivität (dispositional) nur noch um der Belohnung willen (situativ) ausgeführt wird.

Persönliche und soziale Motive weisen eine größere Variationsbreite auf als biologische Triebe und sind stärker von Lernprozessen abhängig. Wird ihre Befriedigung verhindert, können daraus emotionale Störungen resultieren.

Das *Bedürfnis nach Leistung* ist in unserer Kultur weit verbreitet. Es ruft eine allgemeine Tendenz hervor, sich um Erfolg zu bemühen, wenn sich offenbar auch einige Individuen stärker darauf konzentrieren, Erfolg zu erreichen und andere eher Mißerfolg vermeiden wollen. Leistungsmotive bei Frauen werden erst seit kurzem untersucht; empirische Befunde lassen die Existenz eines Erfolgsvermeidungsmotivs vermuten. Diese Double-bind-Situation ist die Folge der geschlechtsspezifischen Sozialisation in unserer Gesellschaft.

Das Bedürfnis nach Handlungsfreiheit nennt man *Reaktanz.* Es offenbart sich in der Tendenz, eher auf seiner eigenen Wahl zu bestehen, als sich von den Vorschlägen anderer leiten zu lassen. Das *Bedürfnis nach sozialem Vergleich* veranlaßt uns dazu, unsere Leistung an der anderer zu messen. Die Erfüllung unseres *Bedürfnisses nach sozialer Anerkennung* bringt 5 bedeutende Konsequenzen mit sich: 1. sie verleiht Identität, 2. legitimiert unsere Existenz, 3. vermittelt Sicherheit, 4. schafft verbindende Sympathie, 5. beweist uns unsere Macht über die Umwelt.

Die Stärke des *Bedürfnisses nach Zusammenschluß* ist bei verschiedenen Individuen unterschiedlich ausgeprägt. Durch einen Zustand der Angst wird es eher verstärkt – jedenfalls wenn andere beteiligte Personen gleichermaßen ängstlich sind.

Altruismus (ohne das Bedürfnis anderen zu helfen) hat vermutlich instinktive und erlernte Anteile. In verschiedenen Erklärungsansätzen wurde Altruismus in Beziehung gesetzt zu a) *Empathie* (Miterleben der Gefühle anderer) und der Reduzierung einer fördernden Spannung, b) *Minderung von Schuldgefühlen,* c) *der Wirkung sozialer Normen.*

Aus der Erforschung des *Bedürfnisses nach Konsistenz* entstand die *Theorie der kognitiven Dissonanz,* die besagt, daß ein Individuum, das Inkonsistenz zwischen 2 Kognitionen erlebt, motiviert ist, diese Inkonsistenz durch irgendeine Veränderung mindestens einer der beiden zu reduzieren. Das Ausmaß an Dissonanz ist größer, wenn man erkennt, daß inkonsistente Handlungen frei gewählt und nicht von außen erzwungen wurde.

Untersuchungen über *interpersonelle Attraktion* haben gezeigt, daß wir solche Menschen eher mögen, die wir als attraktiv und kompetent wahrnehmen, und die uns ähnlich oder auch komplementär zu uns sind. Zu den Theorien über interpersonelle Anziehung gehört auch die *Austauschtheorie,* die beinhaltet, daß Menschen versuchen, größtmögliche Belohnungen bei geringstem Aufwand zu erlangen sowie die *Gewinn-Verlust*-Theorie, nach der *Veränderungen* im Urteil einer anderen Person über uns unsere Sympathie für diese Person in erheblicher Weise beeinflussen. Sogar *romantische Liebe* ist inzwischen zum Gegenstand von Laboruntersuchungen und Vorhersage geworden. Die Werte auf einer vor kurzem entworfenen romantischen Liebesskala zeigen positive Korrelationen zu tatsächlichem Verhalten und der Dauer von romantischen Liebesbeziehungen. Ein wesentlicher Aspekt der romantischen Liebe besteht in der Einfühlung *(Empathie)*; die Menschen haben die Tendenz, bei einem öffentlichen Auftritt des Partners ähnliche Anzeichen von Angst zu zeigen wie beim eigenen.

Versuche, uns zu überreden oder Einfluß auf uns zu nehmen, sind fast allgegenwärtig; sie stellen dann einen Anlaß zur Sorge dar, wenn die zu beeinflussende Person in irgendeiner Weise übervorteilt werden soll. *Propaganda* besteht aus Überredungsversuchen, deren Quelle oder wahrer Zweck verborgen ist; manchmal ist sie schwer von Erziehung zu unterscheiden. Überredungsversuche können dann als Zwang angesehen werden, wenn ein plötzlicher Wandel eintritt und nicht eine allmähliche Veränderung oder wenn die überredende Person die Situation und ihre Konsequenzen vollkommen unter ihrer Kontrolle hat.

Eine *Einstellung* ist eine relativ stabile Disposition, in bestimmter Weise auf Menschen und Situationen zu reagieren. Einstellungen bestehen aus 3 Komponenten: *Überzeugung, Affekt* (Emotion) und *Handlung*. Zu den mit der Entstehung von Einstellungen verbundenen Faktoren gehören *Information, Beobachtung, Belohnung* und *Bestrafung* sowie Abwehrmechanismen. Die Forschung über Einstellungsänderung legte den Schwerpunkt generell auf 3 Variablen: die *Quelle*, die *Nachricht* und den *Zuhörer*. In der Regel fand man eher komplexe Interaktionen als einfache Ursache-Wirkung-Beziehungen. Ein Hauptergebnis dieser Untersuchungen bestand darin, daß einer Einstellungsänderung häufig eine Änderung im Verhalten *vorausgeht* und nicht nachfolgt.

Die *gruppendynamische* Bewegung der 40er Jahre brachte die Untersuchung der Dynamik sozialer Interaktion innerhalb von Gruppen mit sich. Es gibt 4 Hauptquellen von Gruppeneinfluß:

1. *Anteilnahme* am Entscheidungsprozeß;
2. *öffentliche Verpflichtung* zu einem empfohlenen Handlungskurs;
3. *soziale Unterstützung* durch andere Gruppenmitglieder und
4. *normative Standards* (soziale Normen), die die Angemessenheit von Verhalten definieren.

Die Funktion von Normen liegt darin, die Wertvorstellungen der Gruppe zu erhalten und ihre Mitglieder wissen zu lassen, welche Verhaltensweisen erwartet und belohnt werden. Ein konformes Mitglied erreicht dadurch Status und Anerkennung; wer sich nicht anpaßt, wird von der Gruppe abgelehnt oder zur Konformität gezwungen.

Laboruntersuchungen haben ergeben, daß künstlich erzeugte soziale Normen die Beurteilung unserer Wahrnehmung beeinflussen können: die Tendenz, mit Gruppennormen *konform* zu gehen, selbst angesichts physischer Gegenbeweise, ist überraschend stark. Dennoch kann eine beharrliche Minderheit die Bildung andersartiger Normen zustande bringen. Das Festhalten an Gruppennormen kann zu einem Gefühl von Gruppenidentität (In-group) führen, das das Ausschließen und die Ablehnung von Nichtmitgliedern (Out-group) zur Folge hat. Um in solchen Situationen echte Eintracht und gegenseitige Anerkennung zu erreichen, muß in der Regel eine Interaktion stattfinden, die darauf abzielt, übergeordnete Ziele zu erreichen.

Führung wurde untersucht, indem man Eigenschaften erfolgreicher Führer herauszufinden suchte und die Auswirkungen verschiedener Führungsstile erforschte. Es zeigte sich, daß effektive Führung mit Persönlichkeitsmerkmalen wie Intelligenz, Leistung, Verantwortung, Anteilnahme und Status verbunden ist. Unterschiedliche Situationen erfordern Führer mit unterschiedlichen Eigenschaften, wie *aufgabenorientierte Führer* und *sozial-emotionale Führer*. Die Besonderheit der Situation und die Bedürfnisse und Erwartungen der Mitglieder bestimmen mit, welcher Führungsstil am effektivsten ist. Unterschiedliche Führungsstile können starke Auswirkungen auf die Leistung wie auf die Atmosphäre der Gruppe haben.

17 Pervertierung des menschlichen Potentials

[Gulliver hat dem König von Brobdingnag (Land der Riesen) über seine Heimat berichtet:]

„Ganz erstaunt war er [der König] über den geschichtlichen Bericht, den ich ihm über unsere Verhältnisse im letzten Jahrhundert erstattete; er schwur, sie seien nichts weiter als ein Haufen von Verschwörungen, Aufständen, Morden, Metzeleien, Verbannungen, die übelsten Wirkungen, die Habgier, Parteigezänk, Heuchelei, Treulosigkeit, Grausamkeit, Blutdurst, Wahnsinn, Haß, Neid, Begierde, Böswilligkeit und Ehrgeiz nur hervorbringen könnten."

[Der König kommentiert den Bericht wie folgt:]

„Aber nach dem, was ich aus Euren Erzählungen entnehme, und den Antworten, die ich mit vieler Mühe aus Euch herausgequetscht und gezerrt habe, kann ich nur den Schluß ziehen, daß die Hauptmasse Eurer Landsleute die allerverderblichste Sorte kleinen Ungeziefers sind, die die Natur jemals auf der Erdoberfläche herumkrabbeln ließ."

Jonathan Swift: *Gulliver's Travels*, 1726, Teil 2, Kap. 6

Obwohl diese totale Verurteilung als das Werk eines zynischen Verächters menschlicher Verhältnisse wenig Beachtung gefunden hat, haben sich im Laufe der Zeit viele andere Autoren in ähnlicher Weise über die „menschliche Natur" geäußert. So ist der große Abstieg des Menschen – einst das große und edelste Vorbild aller Geschöpfe – ein Hauptthema der westlichen Literatur.

Wie die biblischen Gelehrten berichten, hat der Niedergang des Menschen seinen Ursprung in einer Schwäche Adams, in seinem Stolz, der ihn zu Ungehorsam gegenüber Gott verleitete und die Vertreibung aus dem Paradies zur Folge hatte. Nach anderen Versionen liegt die verderbliche Macht dagegen außerhalb der Person Adams, d.h. in dem sozialen Einfluß Evas, die, von Satan in Schlangengestalt verführt, Adam überredete, entgegen dem Gottesgebot eine Frucht vom Baum der Erkenntnis zu essen.

Rousseau entwickelte das Thema vom verderblichen Einfluß sozialer Zwänge weiter und betrachtete den Menschen als ein edles, ursprünglich natürliches Wesen, das erst durch die Berührung mit der Gesellschaft verdorben wird. Um ihre ursprüngliche Art und ureigene Tugend zurückzugewinnen und zu bewahren, müssen die Individuen die Städte und die Zivilisation fliehen. Entsprechend diesem Rat zog der französische Impressionist Paul Gauguin den unverdorbenen Charme und das einfache und natürliche Leben auf Tahiti einem Leben in Paris vor. Für Amerikaner ist Thoreaus einsame Blockhütte am Waldsee (Massachusetts) zu einem Symbol für das Ablegen der Fesseln sozialer Konventionen geworden. Auch in der Gegenwart haben viele junge Leute auf diesen Appell zur Ursprünglichkeit geantwortet, indem sie kleine Gemeinschaften in ländlichen Gebieten gegründet oder sich bereits bestehenden angeschlossen haben („alternatives Leben").

In völligem Gegensatz zu dieser generellen Ansicht, die die menschlichen Wesen als unschuldige Opfer einer allmächtigen und bösartigen Gesellschaft sieht, steht die Auffassung, Menschen seien von Natur aus schlecht. Nach dieser Annahme werden die Menschen von Wünschen, Begierden und Leidenschaften gesteuert, es sei denn, sie werden auf dem Weg über die Erziehung oder durch die Führung anerkannter Autoritäten zu rationalen, vernünftigen und mitleidfähigen menschlichen Wesen gebildet.

Wie stehen *Sie* zu dieser Argumentation? Sind wir als gute Wesen geboren und werden wir von einer schlechten Gesellschaft verdorben, oder kommen wir schon als schlechte Menschen zur Welt, die in einer guten Gesellschaft zum Guten erst geformt werden müssen? Bevor Sie sich cntscheiden, sollten Sie eine alternative Sichtweise in Betracht ziehen. Möglicherweise ist jedem von uns die Chance gegeben, heilig oder sündig, altruistisch oder egoistisch, rücksichtsvoll oder brutal, dominant oder unterwürfig, geistig gesund oder krank zu sein. Möglicherweise stehen die sozialen Gegebenheiten, mit denen wir im Leben konfrontiert werden, und die Art und Weise, wie wir lernen, sie zu bewältigen, in einem ursächlichen Zusammenhang mit dem Potential, das wir entwickeln. Möglicherweise liegt gerade in den Prozessen, die uns die Fähigkeit verleihen, so hervorragende Dinge zu vollbringen, auch das Potential zur Pervertierung.

Bekanntlich ist die komplexe Entwicklung und Spezialisierung das Ergebnis unzähliger Jahrmillionen von Evolution, Adaptation, Entfaltung spezifischer Fähigkeiten und geeigneter Bewältigungsstrategien. Wir sind zum Herrscher der Welt avanciert. Wir machen uns die Tiere und die Materie zu unserem Überleben, unserer Bequemlichkeit und unserem Glück dienstbar. Zur Zeit sind wir im Begriff, unsere Herrschaft auf das Leben in den Ozeanen und im Weltraum auszudehnen. Wir konnten diese Position indes nur aufgrund unserer Fähigkeit erreichen, neue Beziehungen zu erlernen, uns an alte Beziehungen zu erinnern, Überlegungen anzustellen, Neues zu erfinden und Strategien des Handelns zu entwerfen. Wir haben die Sprache hervorgebracht, um mit Symbolen umgehen und unsere Gedanken und Informationen an andere weitergeben zu können. Unsere perzeptiven, kognitiven und motorischen Fertigkeiten gestatten uns zu sehen, zu reflektieren und auf unzählbare und komplizierte Arten Schmerz zu vermeiden, uns Vergnügen zu verschaffen und unsere Umwelt den eigenen Bedürfnissen anzupassen.

Nun können diese einzigartigen Eigenschaften aber auch ein krebsartiges Geschwür in sich bergen. Das Potential der Vollkommenheit ist zugleich ein Potential der Pervertierung und der Entartung.

Unser bemerkenswertes Gedächtnis beispielsweise befähigt uns, aus Fehlern zu lernen und Stetigkeit in unser Leben zu bringen, und es läßt uns komplexe Lernkunststücke meistern. Aber dieselbe Gedächtnisgabe kann unser Gemüt mit einer Vielzahl traumatischer Ereignisse, mit Furcht, Ängsten, ungelösten Konflikten und

geringfügigen Zwistigkeiten belasten. Da wir über ein Zeitbewußtsein verfügen, können wir für die Zukunft planen, Vorsorge treffen für schlechte Zeiten, Befriedigung aufschieben und Lehren aus der Vergangenheit ziehen. Aber gerade aus diesem Zeitverständnis mangelt es unserem gegenwärtigen Verhalten oft an Spontaneität. Wir übersehen die Zuneigung anderer Menschen oder die Schönheiten der Natur, so sehr sind wir in die tagtäglichen Obliegenheiten, Erwartungen und Verpflichtungen (als Konsequenz früherer Absprachen) verstrickt, wenn wir unseren Aufgaben nachgehen, Schulden vermeiden und Vorsorge für das Schlimmste (in Zukunft) treffen.

Eine unvollständige Liste menschlicher Eigenschaften und ihrer denkbaren positiven wie negativen Folgeerscheinungen findet sich in Tabelle 17.1. Versuchen Sie einmal, dieser Liste weitere Eigenschaften hinzuzufügen, die dieser dualistischen Natur Rechnung tragen, oder die Anführung der positiven bzw. negativen Aspekte zu vervollständigen.

Wir wenden uns in diesem Kapitel besonders jenen psychologischen Prozessen zu, die sich abspielen, wenn etwas mit den Menschen „nicht stimmt". „Soziale Pathologie" ist eine Thementik, die sich in gegenwärtigen Einführungstexten zur Psychologie recht selten findet. Wir beziehen diesen Bereich hier ein, da wir glauben, daß die wissenschaftliche Untersuchung des Verhaltens von Organismen so multiple Faktoren wie soziale, politische und ökonomische Einflüsse nicht übersehen darf. Wenn diese Einflüsse uns dazu führen zu konkurrieren, statt zu kooperieren, zu kämpfen, statt einander Zuneigung entgegenzubringen, zu vernichten und zu zerstören, statt etwas zu schaffen, dann sollten wir auch die Zusammenhänge erkennen. Nur mit Hilfe der Erkenntnis fehlerhafter Entwicklungen ist es uns möglich, unsere interpersonellen Beziehungen umzugestalten und sozialen Einrichtungen neue Konzeptionen zu verleihen, die geeigneter scheinen, den Bedürfnissen der einzelnen Individuen gerecht zu werden.

Tabelle 17.1. Die dualistische Natur menschlicher Attribute

Das Attribut	– befähigt uns,	– kann für uns aber auch bedeuten, daß wir
Gedächtnis	zu profitieren aus vergangenen Fehlern, komplexe Begriffe zu entwickeln und zu verwenden, Gegenwärtiges mit Vergangenem zu verbinden, neuartige von schon zuvor erlebten Ereignissen zu unterscheiden	Groll in uns tragen, an früheren Konflikten und vergangenen traumatischen Ereignissen leiden, an Spontaneität verlieren wegen all der Verpflichtungen und Obliegenheiten, einschneidende Gewissensbisse und Verlustgefühle empfinden
Zeitgefühl	den eigenen Werdegang chronologisch zu begreifen und Verständnis für ein kontinuierliches Selbst zu entwickeln, gegenwärtiges Verhalten auf die Zukunft zu transferieren, zu unterscheiden zwischen Vergänglichkeit und Beständigkeit	Veränderung fürchten, in der Vergangenheit leben, Schuldgefühle in uns tragen, uns vor einer unbekannten Zukunft fürchten, ängstlich werden, enttäuscht sind wegen unerfüllter Erwartungen, uns auf Vergangenes oder Zukünftiges konzentrieren, das Gegenwärtige aber vernachlässigen
Fähigkeit zu assoziieren und Schlüsse auf ungeschehene Ereignisse zu ziehen	Neues noch nicht Erfahrenes zu schaffen oder sich vorzustellen, von einzelnen Erfahrungen aus zu generalisieren, Theorien und Hypothesen zu bilden	negative und lähmende Assoziationen bilden, eine fehlerhafte Selbst- oder Fremdwahrnehmung besitzen, ein stereotypes und wahnhaftes Denken entwickeln
Wahrnehmung von Entscheidungsmöglichkeiten	nicht reflexhaft an Stimuli gebunden zu sein, uns als verantwortlich Handelnde zu betrachten, zu hoffen und auf die Zukunft zu bauen	Konflikte und Unentschiedenheit erleben, unter der Unfähigkeit leiden, zu handeln, wenn Handeln not tut
Verantwortlichkeit, Selbstbewertung	Stolz für Fertigkeiten zu empfinden, Befriedigung hinauszuzögern, schwierige oder unpopuläre Aufgaben in Angriff zu nehmen, uns um die Wirkungen unseres Handelns auf andere zu sorgen	uns unzulänglich fühlen, uns schuldig fühlen, da wir nicht entsprechend der Normvorstellungen leben oder jemanden im Stich gelassen haben, uns von unseren Verpflichtungen bedrängt fühlen
Motivation zur Leistungsfähigkeit	gut zu arbeiten, hohe Standards zu setzen, Gewinn aus harter Arbeit zu ziehen, technische Fortschritte zu erzielen, Mittel für die Erfüllung unserer Bedürfnisse heranzuziehen	Fehlschläge befürchten, uns unzulänglich fühlen, uns ängstlich in Prüfungen unserer Fähigkeiten verhalten, nur auf die eigene Selbstbestätigung hin arbeiten, um die „Nummer Eins" zu sein und andere zu übertrumpfen
Begriff der Gerechtigkeit	die Rechte des einzelnen zu schützen, faire Regeln für alle verbindlich zu machen, Chancengleichheit zu achten	individuelle Bedürfnisse Gruppenprinzipien oder -regeln opfern, Dissidenten foltern, einkerkern oder exekutieren, unsere eigenen Problemlösungen anderen aufzwingen
Fähigkeit des Gebrauchs der Sprache und anderer Symbole	als An- oder Abwesender mit anderen zu kommunizieren, um sich zu informieren, sich wohlzufühlen, sich zu vergnügen, zu planen und in gesellschaftliche Prozesse eingreifen zu können	Gerüchte und Lügen in Umlauf setzen oder deren Opfer sind, unsere wahren Gefühle verbergen, Flüche und verbale Herabsetzung gebrauchen, um jemanden zu verletzen, das Symbol mit der Realität verwechseln
Empfänglichkeit für soziale Einflüsse	Gruppennormen einzuhalten, Wertvorstellungen zu erlernen und weiterzugeben, zu kooperieren; eine Gemeinschaft aufzubauen	uns überkonform verhalten und die eigene Integrität opfern, Innovationen ablehnen und die Kreativität in uns und anderen lähmen
Zuneigung	zärtliche Gefühle zu erleben, für die Entwicklung und Selbständigkeit anderer zu sorgen, andere zu unterstützen, zu ermutigen, zu erfreuen, uns als erwünscht und unersetzlich zu empfinden	eifersüchtig und rachsüchtig werden, besitzergreifend die Freiheit eines anderen einengen, aus Liebesverlust depressiv und suizidal werden

Aggression und Gewalt

Wir leben in einer Welt der Gewalt. Die täglichen Nachrichten über Morde, Straßenraub, Tumulte, Suizide und Kriege spiegeln mit hinreichender Deutlichkeit das Ausmaß wider, in dem Menschen sich oder anderen Verletzungen zufügen. Wie läßt sich „abnormes" Verhalten erklären? Kann es kontrolliert werden?

An solchen Fragen interessierte Psychologen haben sich besonders der *Aggression* zugewandt, die sich als physisches oder verbales Verhalten mit der Absicht zu verletzen oder zu zerstören umreißen läßt. Untersuchungsbelege zur Aggression liegen aufgrund der verschiedenen Ansätze vor, einschließlich physiologischer Studien, klinischer Beobachtungen und Arbeiten zu aggressiven Interaktionen im Labor sowie in der „realen Welt". Darüber hinaus hat man sich besonders der Aggression bei Tieren zugewandt, in der Hoffnung, daß wir dadurch mehr von der Aggression unter den Menschen verstehen lernen. In diesem Abschnitt werden wir die verschiedenen Theorien der Aggressivität besprechen.

Aggression als angeborene Verhaltensweise

Hobbes stellt in seinem berühmten Essay *Leviathan* den Menschen als ein von Natur aus selbstsüchtiges, brutales und grausames Wesen dar. Mit der Redewendung *homo homini lupus est* (der Mensch ist des Menschen Wolf) gibt er seiner Auffassung vom Menschen deutlich Ausdruck. Obwohl in diesem Zitat der Wolf zu Unrecht verleumdet wird (Wölfe sind in der Tat eher friedlich und sanftmütig, zumindest gegenüber Artgenossen), entspricht diese Redewendung der ziemlich weit verbreiteten Ansicht, die den Menschen als ein instinktiv aggressives Tier betrachtet.

Psychische Energie: Thanatos und Katharsis

Einer der ersten psychologischen Vertreter dieser Auffassung war Sigmund Freud, der auch die Weiterentwicklung zu einem umfangreicheren theoretischen Konstrukt vollzog. Wie wir schon in Kap. 11 dargestellt haben, war er der Ansicht, daß der Mensch von Geburt an zwei gegensätzlichen Trieben ausgesetzt sei: einem Lebenstrieb

(Eros), der dem Menschen zu seinem Fortbestand und Überleben dient, und einem Todestrieb (Thanatos), der auf eine Selbstzerstörung des Individuums zielt. Freud glaubte, daß der Todestrieb sich oft nach außen gegen die Umwelt in Form von Aggression gegen andere umkehrt.

Nach Freud wird im Körper konstant Energie für den Todestrieb erzeugt. Kann diese Energie nicht in kleinen Mengen und in sozial akzeptabler Weise entladen werden, so wird sie akkumulieren und evtl. eine Abreaktion in einer extremen und sozial nicht mehr akzeptablen Form finden. Dies bedeutet, daß sich eine äußerst aggressive oder gewalttätige Person folgendermaßen beschreiben läßt: a) sie entwickelt viel aggressive Energie und ist b) unfähig, diese Energie in geeigneter Form und kleinen Mengen abzureagieren.

Freud hat diese Energie mit Wasser verglichen, das sich in einem Behälter sammelt, bis es schließlich zum Überlaufen in Form einer Aggression kommt. Es gibt auch einige „sichere Wege" des Energieabbaus, einschließlich *Katharsis* (griech. „Reinigung oder Läuterung"), wobei Emotionen in ihrer vollen Intensität durch Schreien, mit Wörtern oder in anderer symbolischer Bedeutung ausgedrückt werden. Als erster hat Aristoteles den Begriff der Katharsis verwendet, um den Ablauf eines guten Schauspiels verständlich zu machen, indem zuerst heftige Gefühle im Publikum ausgelöst werden, um sie dann wieder abzuklären.

*„Home they brought her warrior dead,
she nor swooned nor uttered cry.
All her maidens, watching said,
,she must weep or she will die'."*
Alfred Lord Tennyson: The Princess, 1847

Die Katharsishypothese hat in einer Arbeit von Sears (1961) eine gewisse experimentelle Unterstützung gefunden. Männliche Kinder mit einer hohen Aggressivität im 5. Lebensjahr sind auch mit 12 Jahren äußerst aggressiv. Einige Probanden sind auch weiterhin offensichtlich antisozial aggressiv. Andere hingegen zeigen, obwohl die *antisoziale* Komponente ihrer Aggressivität wenig ausgeprägt ist, eine hohe *prosoziale* Aggression (eine Aggression für gesellschaftlich akzeptierte Zwecke wie die Durchsetzung des Rechts oder die Bestrafung von Gesetzesübertretungen) und häufiger *Selbstaggressionen*, als Jungen

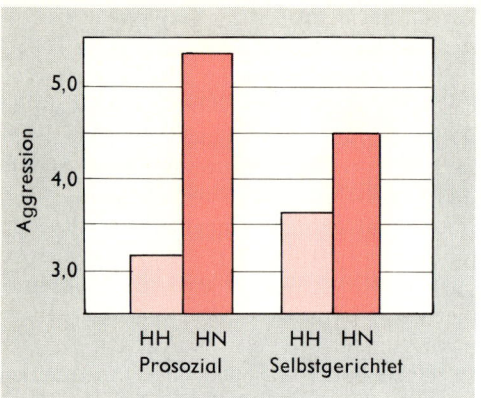

Abb. 17.1. Zunahme der prosozialen Aggression und Selbstaggression. Die Abbildung zeigt den Umfang prosozialer und gegen sich selbst gerichteter Aggression bei 2 Gruppen von Jungen, die beide ursprünglich eine hohe antisoziale Aggression im Alter von 5 Jahren aufwiesen. Die Jungen, deren antisoziale Aggression bis zum 12. Lebensjahr abnahm (HN), zeigten mehr prosoziale und gegen sich selbst gerichtete Aggression als Jungen, deren hohe antisoziale Aggression bestehen blieb (HH). (Nach Sears 1961)

mit hoher antisozialer Aggression (s. Abb. 17.1). Darüber hinaus sind die prosozial Aggressiven ängstlicher und furchtsamer gegenüber der antisozialen Aggression als die antisozial Aggressiven.

Auch eine Studie von Megargee (1966) unterstützt in gewissem Umfang Freuds psychisch-energetische Theorie der Aggression und Katharsis.

Megargee vertrat die Hypothese, daß extrem aggressive Handlungen von solchen Individuen begangen werden, die gewöhnlich zuviel Macht ausüben und unfähig sind, aggressive Energie in kleinen Mengen zu entladen. Der Antrieb der Aggression akkumuliere über die Zeit und wenn die Aggression schließlich auftrete, dann breche sie gleich in einer extremen Erscheinungsform aus.

Um diese Hypothese zu prüfen, verglich Megargee Jungen, die sich wegen geringfügiger Vergehen wie tätliche Beleidigungen oder Prügeleien von jugendlichen Gruppen in Haft befanden, mit Jungen, die wegen massiver Verbrechen wie Mord, brutale Schlägereien und tätliche Angriffe mit tödlichen Waffen einsitzen mußten. Nach Megargee waren die extrem Aggressiven, verglichen mit den mäßig Aggressiven, aber auch mit einer Gruppe durchschnittlicher Hochschulabsolventen, tatsächlich übermäßig bevormundet und angepaßt. Sie hatten sehr gute Führungszeugnisse in der Schule wie im Gefängnis und wurden von anderen Personen als sehr freundliche, kooperative und fügsame Leute eingeschätzt. Während ihrer Haft

zeigten sie weniger verbale und physische Aggression als alle anderen Gruppen jugendlicher Delinquenten. Darüber hinaus erzielten sie in psychologischen Tests zur Selbstkontrolle sehr hohe Punktwerte. Typischerweise war der Anlaß ihres ersten tödlich aggressiven Verhaltens eine vergleichsweise geringfügige Frustration oder unbedeutende Benachteiligung.

Trotz einiger unterstützender Belege ist Freuds Theorie von Psychologen kritisiert worden, da mit Hilfe dieser Theorie sich keine Faktoren spezifizieren lassen, die eine Prädiktion des Auftretens aggressiver Akte, deren Zielrichtung oder Erscheinungsform ermöglichen. Freuds Theorie wurde zwar in liebenswürdiger Form und mit letzten Endes deskriptiven Qualitäten verfaßt, besitzt aber doch nur geringen wissenschaftlichen Wert. Freud selbst äußerte, nach seinen letzten Schriftstücken zu urteilen, starke Zweifel an jenem Thanatos, was aber andere (wie z. B. May) nicht davon abhielt, diesen Trieb in ihre theoretische Konzeption des Menschen einzubauen.

Der „aggressive Instinkt"

Ein weiterer Vertreter der Theorie der angeborenen Aggression ist der bekannte Ethologe Konrad Lorenz (1966). Vor dem Hintergrund seiner Tierstudien ist er der Ansicht, daß Aggression eine spontane, angeborene Kampfbereitschaft darstellt, die für das Überleben des Organismus entscheidend ist. Unter den verschiedenen Spezies ist aber Aggression zwischen Vertretern derselben Art in der Regel nur selten mit tatsächlicher Verletzung oder sogar Tod verbunden, da ein Tier meistens Beschwichtigung oder Unterwerfung signalisiert. Laut Lorenz hat der Mensch diese Hemmung weitgehend verloren, sich den Instinkt der Aggression aber bewahrt, und ist somit zum Mörder geworden.

Lorenz versucht, die Gemeinsamkeiten humaner und animalischer Aggressionen herauszustellen, doch gibt es offensichtlich eine Reihe grundsätzlicher Unterschiede. Erstens sind aufgrund des Gedächtnisses und der Fähigkeit zum vernünftigen Abwägen die Handlungen des Menschen häufig kein Produkt der augenblicklichen Situation, sondern der Erinnerung oder gedanklicher Vorstellungen; zweitens kann der Mensch infolge seines Vermögens, Werkzeuge herzustellen und vorauszuplanen, in voller Absicht unbegrenzt und wirksam Verletzungen herbeiführen, ohne daß ein Gefühl der Aggressivität aufkommt oder eine persönliche Interaktion mit seinen Opfern vorausgeht. Ein Unterschied zwischen Mensch und Tier, von dem Lorenz berichtet, nämlich, daß angeborene Beschwichtigungsgebärden die Aggression bei Tieren hemmen, hat sich in einer systematischen Beobachtung als nicht existent erwiesen (Barnett 1967). Unter Tieren sind die Reaktionen auf unterwürfiges Verhalten anderer Tiere so vielfältig wie beim Menschen. Es läßt sich nur schwer vorhersagen, unter welchen Bedingungen das Signalisieren von Schwäche und Unterwerfung Sympathie auslösen oder eine faire Auseinandersetzung garantieren bzw. noch intensivere Gewalttätigkeiten seitens aggressiver Individuen oder Gruppen bewirken wird.

Während einer Auseinandersetzung mit der Polizei auf dem Gelände der Universität von Californien in Berkeley wurde ein Student geschlagen, als er aus einem besetzten Gebäude gezerrt wurde. In einem Protestbrief berichten Angestellte der Studentenkanzlei, daß er laut schrie: „Bitte schlagt mich nicht mehr! Will mir denn keiner helfen?" Nach der Darstellung wurde er um so mehr geschlagen, je mehr er um Gnade flehte (*San Francisco Cronicle*, 20. Februar 1969).

Physiologische Grundlagen der Aggression

Die Beziehungen zwischen Aggression und Biologie sind komplex und ungeklärt. Wir gehen hier nur auf die Rolle des Gehirns und genetischer sowie hormoneller Faktoren ein.

Der *Hypothalamus* und der *Mandelkern* (und wahrscheinlich weitere Regionen des Gehirns) scheinen einen Bezug zu aggressiven Verhalten zu haben. Wie Sie sich aus Kap. 2 erinnern werden, wurde ein angreifender Bulle auf der Stelle angehalten, indem man über einen Sender den Mandelkern seines Gehirns elektrisch stimulierte. Die komplexe chemische und anatomische Spezifität aggressionskontrollierter Hirnmechanismen wird dadurch verdeutlicht, daß die Injektion einer Substanz in den lateralen Hypothalamus von Ratten gewöhnlich spontane Mäusejäger am Töten hinderte, während eine andere Substanz – in exakt dasselbe Gebiet injiziert – normalerweise recht friedliche Ratten veranlaßte, Mäuse zu töten (Smith et al., 1970).

Epilepsie findet sich 10mal so häufig unter Kriminellen wie unter Nichtkriminellen (Mark u. Ervin 1970) und bei Wiederholungstätern sind abnorme EEGs i. allg. häufiger (Levy u. Kennard 1953). In dem Fall eines Mädchens, das über mehrere Kleinkinder hergefallen war und schließlich eines erstickt hatte, weil sie sich durch dessen Schreien belästigt fühlte, konnten die Ärzte ein spezifisches Hirnareal ausfindig machen, das *auf das Geräusch schreiender Babys* äußerst ungewöhnliche EEGs produzierte (Mark u. Ervin 1970).

Einige Arten aggressiven Verhaltens beim Menschen werden häufig mit Hirnstörungen in Verbindung gebracht. Beispielsweise fanden sich bei Personen mit *mangelnder Selbstkontrolle*, d. h. durch sinnlose Brutalität, pathologischen Rausch, sexuelle Gewalttätigkeit oder wiederholte ernste Autounfälle charakterisierte Personen, Erkrankungen des limbischen Systems oder des Temporallappens. Auch Hirntumoren können aggressives Verhalten bewirken, wie man im Fall des Massenmörders Charlie Whitman vermutete (s. „Unter der Lupe", S. 636).

Welche Rolle spielen spezifische Gene für aggressives Verhalten? Auch wenn Tiere, etwa Bullen und Hähne, selektiv nach ihrer Kampf- und Tötungsfähigkeit gezüchtet werden können (Scott 1958), wäre ein Analogieschluß auf den Menschen nicht zulässig. Der Volksmund der von „schlechten Erbanlagen oder schlechtem Blut" spricht, wird durch die Arbeiten über die Juke- und Kallikak-Familien unterstützt, doch waren diese Berichte, wie Kap. 9 zeigt, systematisch verzerrt und unglaubwürdig.

Erst kürzlich wurde mit der Möglichkeit, übermäßig aggressives Verhalten als das Ergebnis eines überzähligen Y-Chromosoms zu erklären, große Unruhe gestiftet (mit dem Y-Chromosom in einem XY-Paar eines befruchteten Eies wird das männliche Geschlecht eines Babys bestimmt und werden zugleich weitere maskuline Charakteristika begünstigt, wie Körpergröße und -stärke, die möglicherweise in einer Beziehung zur Aggressivität stehen). Obwohl ein statistisch signifikanter Prozentsatz der Insassen psychiatrischer Einrichtungen für Straftäter den XYY-Typ aufweist, ist jedoch ihr absoluter Anteil sehr gering, außerdem zeigen diese Insassen nicht mehr aggressives Verhalten als andere.

Unter Menschen wie unter Tieren kennzeichnet das männliche Geschlecht eine höhere Aggressi-

Unter der Lupe

Von gewalttätigen Impulsen übermannt

Im Sommer 1966 tötete Charles Whitman seine Frau und seine Mutter und kletterte dann auf einen Turm der Universität von Texas. Bewaffnet mit einem Jagdgewehr mit Zielfernrohr schoß er auf 38 Personen, von denen er 14 tötete, bevor er selbst erschossen wurde. Wie konnte er so etwas tun?

Bei den Untersuchungen fanden sich einige, von Whitman in der Nacht vor seiner Tat verfaßte Briefe, die vielleicht eine Antwort geben können:

„... in letzter Zeit verstehe ich mich selbst nicht mehr. Ich halte mich für einen durchschnittlichen, vernünftigen und intelligenten jungen Mann. Und doch bin ich seit kurzem (an den genauen Zeitpunkt kann ich mich nicht mehr erinnern) das Opfer vieler ungewöhnlicher, irrationaler Gedanken. Diese Gedanken kehren immer wieder, und es bedarf einer ungeheuren geistigen Anstrengung, um sich auf nützliche und förderliche Aufgaben zu konzentrieren. Im März, als sich plötzlich der Gesundheitszustand meiner Eltern rapide verschlechterte, empfand ich eine außerordentliche Anspannung. Ich konsultierte Dr. C. ... im Gesundheitszentrum der Universität und bat ihn, mir einen Experten für psychiatrische Störungen zu empfehlen, wobei ich wohl ahnte, daß ich unter solchen Störungen litt. Einmal sprach ich mit einem Arzt ca. 2 Stunden, wobei ich versuchte, ihm meine Furcht, von gewalttätigen Impulsen übermannt zu werden, verständlich zu machen. Nach einer Sitzung habe ich den Arzt nicht wieder gesehen, und seither kämpfe ich allein gegen diese geistige Unruhe, anscheinend ohne Erfolg. Nach meinem Tod soll in einer Autopsie geklärt werden, ob sich eine sichtbare organische Störung findet. Ich hatte in letzter Zeit fürchterliche Kopfschmerzen und habe in den letzten 3 Monaten 2 große Flaschen Excedrin verbraucht ...".

Autopsiebefund: um das Gebiet des Mandelkerns ein äußerst bösartiger Hirntumor von der Größe einer Walnuß (Sweet et al. 1969).

Abb. 17.2. „Wenn ich dies nicht getan hätte, hätte ich mir ein Gewehr besorgt und wäre auf ein Dach gestiegen, um auf Menschen zu schießen", sagte der junge Mann, der 19 Scheiben der Wells Fargo Bank in San Francisco mit dem Vorschlaghammer zertrümmerte, den der Polizist in Händen hält (*San Francisco Examiner/Cronicle,* 17. Juni 1973)

zeigten häufig eine Zunahme aggressiver Verhaltensweisen (Edwards 1971). Andererseits liegen den verschiedenen Aggressionsarten unterschiedliche physiologische Wirkmechanismen zugrunde. Moyer (1968) unterscheidet in der Tat zwischen 7 verschiedenen neurologischen und hormonellen Funktionsmustern, je nachdem, ob die Aggression als räuberisches Verhalten, als Auseinandersetzung unter Vertretern des männlichen Geschlechts, als von Furcht geleitetes Verhalten, als Gereiztheit, als Verteidigung territorialer Ansprüche, als mütterliche Abwehr oder als instrumentelles Verhalten zu deuten ist. Diese Erkenntnisse machen die Komplexität der Beziehungen zwischen physiologischen Faktoren und der Aggression, die bezeichnenderweise auch erlernte und situationsbedingte Faktoren enthält, weiter deutlich (vgl. auch Abb. 17.2).

Aggression als erworbener Trieb

Fast 20 Jahre, nachdem Freud die Existenz eines Todestriebes postuliert hat, wurde von einer Gruppe akademischer Psychologen der Yale-

vität – eine Tatsache, die offensichtlich z. T. dem frühen Einfluß von Sexualhormonen auf das Gehirn zuzuschreiben ist. Weibliche Tiere, denen männliche Sexualhormone injiziert wurden,

Universität eine alternative Sichtweise der Aggression vorgestellt, die sog. *Frustrations-Aggressions-Hypothese* (Dollard et al. 1939). Nach Ansicht dieser Autoren ist Aggression ein Trieb, der als Reaktion auf Frustration erworben wird. *Frustration* wurde definiert als der Zustand, der eintritt, wenn eine zielgerichtete Handlung unterbrochen wird. Die Intensität der Frustration wird von 3 Faktoren bestimmt: a) der Motivationsstärke bzgl. der zielführenden Reaktion, b) dem Grad der Interferenz mit ihr und c) der Häufigkeit, mit der zuvor zielführende Reaktionsabfolgen unterbrochen wurden. Eine Zunahme der Frustration zieht stärkere aggressive Reaktionen nach sich.

Es wurde jedoch schon bald deutlich, daß nicht jedem aggressiven Akt eine Frustration vorausgeht und nicht jede Frustration in Aggression mündet. Die ursprüngliche Frustration-Aggression-Hypothese wurde also dahingehend revidiert, daß jede Frustration zwar einen *Anreiz* zur Aggression darstellt, aber auch zu schwach sein kann, um tatsächlich aggressives Verhalten auszulösen (Miller 1941). Die Autoren stimmten mit Freud dahingehend überein, daß der aggressive Trieb eine Steigerung erfährt, wenn er sich nicht Ausdruck verleihen kann (wenn die Frustration andauert), sahen aber die Ursprünge aggressiven Verhaltens in *externalen* Faktoren (akkumulierte Frustrationserfahrungen) und nicht so sehr in internalen Faktoren („Aggressionstrieb").

Aggressionsverschiebung

Tritt Frustration ein, so richtet sich der erste und stärkste Impuls gegen den Ursprung der Frustration. Nimmt beispielsweise ein Kind Süßigkeiten wahr, die es wegen des Verbots der Mutter nicht essen darf, so ist es stark geneigt, ihr gegenüber aggressiv zu werden. Eine solche Aggression wird möglicherweise wegen drohender Bestrafung gehemmt. Nach der Frustration-Aggression-Theorie wird das Kind die Aggression von der ursprünglichen Frustrationsquelle weg *auf ein anderes Objekt* verschieben. Diese Tendenz, seinen Haßgefühlen Luft zu machen an einem ungefährlichen Zielobjekt, demonstriert das Beispiel des Mannes, der von seinem Chef heruntergeputzt wird, dann zu Hause seine Frau anschreit, die wiederum ihr Kind schlägt, das zuguterletzt seinen Zorn am Hund ausläßt.

Die Theorie besagt, daß die verschobene Aggression um so schwächer und der kathartische Effekt um so unvollständiger ausfällt, je geringer die Ähnlichkeit der Objekte mit der Quelle der Frustration ist.

Angewandt auf Vorurteile besagt die Frustrations-Aggressions-Theorie, daß die Aggression sich auf einen *Sündenbock* verschiebt, wenn die frustrierende Macht gefürchtet wird oder eine Vergeltung nicht möglich ist. Wahrscheinlich sind Minoritäten und Mitglieder von Außenseitergruppen bevorzugte Zielobjekte der verschobenen Aggression, da sie sich von Mitgliedern der Gruppe, der man selbst angehört (ihr gegenüber darf Aggression nicht geäußert werden), erkennbar unterscheiden und da sie ohnehin eine schwache Position haben und somit wahrscheinlich keine Vergeltung üben können.

„Wenn der Tiber bis in die Stadtmauern steigt,
wenn der Nil nicht über die Feldfluren geht,
wenn die Witterung nicht umschlagen will,
wenn die Erde bebt,
wenn es eine Hungersnot, wenn es eine Seuche gibt,
sogleich ertönt:
‚Die Christen vor die Löwen'!"
Tertullian, S. 114. (Übers. von H. Kellner)

Lief irgend etwas schief in Rom, so wurden die Christen den Löwen vorgeworfen. In späterer Zeit häuften sich die Verbrechen der Lynchjustiz an Schwarzen, wenn der Preis für Baumwolle im Süden auf den Stand um die Jahrhundertwende zurückfiel. Und während des 2. Weltkrieges wurden die Juden für alle Schwierigkeiten Deutschlands verantwortlich gemacht. Sehen Sie einige Parallelen in der Gegenwart?

Die Rolle von Auslösern in der Umwelt

Nach der modifizierten Frustration-Aggression-Hypothese wird die Bedeutung der inneren wie äußeren Faktoren gleichermaßen betont. Nach Berkowitz (1965) ist die Wahrscheinlichkeit, mit der Menschen aggressiv werden, abhängig von ihrer *inneren Bereitschaft zur Aggression* und *externalen Hirnreizen*, die Aggression auslösen und Zielobjekte bestimmen. Die internalen und externalen Reize ergänzen sich hinsichtlich ihrer Wirkung in Form einer additiven (oder gar multiplikativen) Funktion. Ist die eine Seite schwach, muß die andere stark genug sein, damit Aggression ausgelöst wird. Eine habituell aggressive Person besitzt eine starke „Bereitschaft", und es bedarf nur einer leichten Provokation von außen, wenn sie einer massiven und mehrfachen Frustration und einer deutlichen Provokation ausgesetzt ist.

Die so entscheidende Rolle geeigneter *Auslöser* (mißliebige Objekte oder Objekte, die schon immer Aggression weckten) läßt sich mit der folgenden Untersuchung demonstrieren.

Die Vpn saßen vor einem Tisch, auf dem sich entweder Waffen (beispielsweise ein Gewehr) oder ausgesuchte neutrale Objekte befanden. Jene Vpn, vor denen die Waffen lagen, antworteten auf Beleidigungen sehr viel heftiger als jene, die nur die neutralen Objekte zu Gesicht bekamen, und dies, obwohl selbstverständlich kein Gebrauch von den Waffen gemacht wurde. Scheinbar genügt allein die Gegenwart externaler aggressiver Hinweisstimuli (wie z. B. Gewehre), um die Wahrscheinlichkeit für aggressives Verhalten zu erhöhen (Berkowitz u. LePage 1967).

Der Begriff des externalen Auslösers wurde als weitere Erklärungsmöglichkeit dafür herangezogen, warum Minoritäten immer wieder zur Zielscheibe von Aggression und Vorurteil werden. Weil diese Gruppen schon früher die Zielscheibe von Aggression und Vorurteil waren, assoziiert man sie mit Feindseligkeit und Gewalt, und damit werden sie zum Auslöser immer neuer gegen sie gerichteter Aggressionen. Anders ausgedrückt: sie werden mit Gewalt assoziiert, weil sie in der Vergangenheit Aggression *erfahren* haben.

Um den Ablauf dieses Circulus vitiosus zu demonstrieren, wurde folgendes Experiment durchgeführt.

Die Vpn sahen einen Film über einen Preisboxkampf, in dem ein Mann namens Kelly von einem Mann namens Dunne fürchterlich verprügelt wurde. Später, vermutlich in einem weiteren Experiment, wurde denselben Vpn Gelegenheit gegeben, einer Person, deren Namen abwechselnd mit Bob Kelly, Bob Dunne oder Bob Riley angegeben wurde, einen Elektroschock zu verpassen.
Diese Person erhielt signifikant mehr Schocks, wenn sie den Namen Kelly statt einen der beiden anderen Namen trug (Geen u. Berkowitz 1966).

Aggression als sozial erlernte Verhaltensweise

Eine weitere Möglichkeit, die Frage nach der Ursache von Aggression zu beantworten, ist die Annahme, daß Aggression gleich vielen anderen Verhaltensweisen erlernt wird; sie ist nicht auf irgendeinen Instinkt oder Trieb zurückzuführen, sondern das Ergebnis von Normen, Belohnung, Bestrafungen und Modellen, denen das Individuum ausgesetzt war (Bandura 1973). Nach diesem *Erklärungsansatz des sozialen Lernens* kann Aggression das Resultat a) aversiver Erlebnisse und/oder b) antizipierter Vorteile oder Anreize sein. Jede Art aversiver Erfahrungen (nicht nur Frustration) erzeugt einen allgemeinen emotionalen Erregungszustand. Diese Erregung kann verschiedene Verhaltensweisen nach sich ziehen, abhängig davon, wie das Individuum gelernt hat, mit Belastung umzugehen. Unter erregten Menschen reagieren einige aggressiv, einige mit Rückzug, einige wenden sich an andere um Hilfe, einige engagieren sich für eine kognitive Lösung von Problemen. Genauso wie anderes Verhalten kann Aggression auch ohne emotionale Erregung auftreten, wenn das Individuum glaubt, damit ein erwünschtes Ziel zu erreichen (beispielsweise wenn ein Kind ein jüngeres schlägt, um ein Spielzeug zu bekommen).

Modelle der Aggression

Wie schon in Kap. 6 erwähnt, ist eines der Grundprinzipien, nach denen neues Verhalten erlernt wird, die Beobachtung anderer Menschen, die dieses Verhalten zeigen. Als erste wiesen Bandura und Mitarbeiter in ihren Arbeiten die Bedeutung aggressiver Modelle für die Entstehung aggressiven Verhaltens bei Kindern nach.

Kinder aus Kindergärten wurden verschiedenen Versuchsbedingungen ausgesetzt: einem aggressiven Modell als reale Person, einem Modell, das im Film aggressiv handelt, einer aggressiven Trickfilmfigur bzw. keinem Modell. Kurz nach dem Experiment waren alle Kinder leicht frustriert. Die VI führten sodann Messungen imitierter und nichtimitierter Aggression durch, die Kinder bei Abwesenheit des Modells zeigten.
Die frustrierten Kinder, die aggressive Modelle beobachtet hatten, äußerten viel imitiertes Aggressionsverhalten, während die frustrierten Kinder, denen kein Modell gezeigt worden war, generell kaum aggressiv waren. Zudem waren die Kinder, die das Modell im

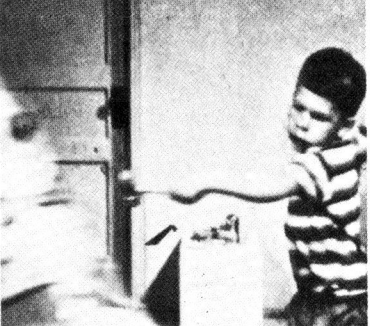

Abb. 17.3. Die Bilder zeigen, wie das Modell auf eine aufgeblasene Puppe hämmert und dieses Verhalten getreulich von 2 jungen Vpn imitiert wird

Film sahen, genauso aggressiv wie jene, deren Modell von einer realen Person gespielt wurde. Das Ausmaß, in dem die Kinder das aggressive Verhalten des Modells imitierten, ist in Abb. 17.3 wiedergegeben (Bandura et al. 1963).

Angenommen, Kinder bekommen ein Modell zu sehen, das für aggressives Verhalten bestraft wird. Würden sie mit geringerer Wahrscheinlichkeit aggressives Verhalten imitieren?

Es wurde Kindern ein Film vorgeführt, in dem ein Modell 4 neuartige aggressive Verhaltensweisen demonstrierte. In der Version der einen Gruppe wurde aggressives Verhalten belohnt, eine andere Gruppe sah eine Filmfassung, in der das Modell bestraft wurde; bei der dritten Gruppe ergaben sich für das Modell keine Konsequenzen. Nach dem Film zeigten die Kinder, die das bestrafte Modell beobachtet hatten, weit weniger Nachahmung aggressiven Verhaltens (Bandura 1965).

Beeinflußte aber die Beobachtung das *Erlernen* von Aggression oder nur die *Durchführung* aggressiven Verhaltens?

Nach Abschluß des Experiments boten die Vl jedem Kind eine Belohnung, wenn es das Modell kopierte. Angesichts dieses positiven Anreizes ahmten alle Kinder bereitwillig aggressive Reaktionen des Modells nach. Offensichtlich wurden die aggressiven Akte erlernt, gekoppelt mit dem Wissen, daß solche Handlungen in dieser Situation unangebracht sind. Erst nach Veränderung der Verhaltenskonsequenzen wurde die Handlung ausgeführt (Bandura 1965).

Die neuere Forschung zeigt, daß emotional erregte Kinder (z.B. wenn sie an Wettbewerbsspielen teilnehmen) eher ein Modellverhalten imitieren, und zwar sowohl aggressives wie nichtaggressives Verhalten (Christy et al. 1971).

„Mach' es so, wie ich es sage, nicht wie ich es vormache"

In einer Reihe von Experimenten zeigte sich, daß einige Modelle wirksamer Imitation erzeugen konnten als andere. Die erfolgreichsten Modelle sind fürsorgliche Betreuer, Erwachsene mit einem hohen Status, die Verfügungsgewalt über Mittel der Belohnung haben. Durch Modelle werden insbesondere die Menschen am meisten beeinflußt, die unselbständig und mäßig erregt sind und früher für Imitationsverhalten belohnt wurden (Bandura 1969).

Angenommen, Sie *möchten* aus irgendwelchen Gründen eine Person sehr aggressiv werden lassen, wie sähe Ihre ideale Lernsituation aus? Wie könnten Sie eine aggressive Person „programmieren"? Zunächst würden Sie sicherlich auf ein erwachsenes Modell Wert legen und, da Kinder von Erwachsenen abhängig sind, wäre es günstig, als Lernenden ein Kind zu haben. Sie würden darauf achten, daß der aggressive Erwachsene vom Kind bemerkt wird und daß das Kind emotional erregt ist. Beide Bedingungen sind erfüllt, wenn der Erwachsene das Kind bestraft – ein Kind bemerkt sicherlich eine Aggression, deren Zielobjekt es ist, und gewöhnlich ist es erregt, furchtsam und ärgerlich, wenn es bestraft wird. Andererseits sollte das erwachsene Modell ein fürsorglicher Betreuer sein und sollte Imitation in der Vergangenheit belohnt haben. Eltern würden sich in geradezu idealer Weise dazu eignen, da sie lange Zeit für das Kind gesorgt und häufig das Kind für die Nachahmung ihrer Einstellungen, Verhaltensweisen und Ansichten belohnt haben. Eltern kontrollieren auch die meisten der verfügbaren Belohnungen (Privilegien, Lob, Zuwendung, Süßigkeiten usw.) und sind damit recht mächtig.

Schließlich sollten, um die Situation vollends ideal zu gestalten, die Eltern noch für ihr aggressives Verhalten belohnt werden, indem sie *ihr eigenes* unmittelbares Ziel erreichen – daß ihnen gehorcht wird. Alles in allem läßt sich wohl kaum eine geeignetere Umwelt zum Erlernen von Aggression denken als ein durchschnittlich strafendes Elternhaus.

Wenn Eltern ein Kind, das sich aggressiv verhält, immer bestrafen, sobald sie einer Aggression gewahr werden, so wird das Kind aller Voraussicht nach bald lernen, aggressive Akte in Gegenwart der Eltern zu unterlassen. Nach Banduras Untersuchungen würden wir erwarten, daß imitatives Aggressionsverhalten zwar intensiv gelernt würde, aber in Gegenwart der Eltern zurückgehalten und in anderen Situationen ausgeübt würde – und so ist es auch. Kinder, deren Mütter zu Hause Aggressionen bestrafen, verhalten sich erfahrungsgemäß im Kindergarten sehr viel aggressiver (Sears et al. 1957). Eine Untersuchung an übermäßig aggressiven heranwachsenden Jungen zeigt, daß ihre Väter Aggression zu Hause schwer bestraften und sich konsequenterweise nur wenige Jungen dort aggressiv verhielten. Tatsächlich sind viele Eltern überrascht, wenn sie erfahren, daß ihre braven Kinder in der Schule äußerst aggressiv sind (Bandura u. Walters 1959). Paradoxerweise fördern Eltern, die ihr Kind wegen Aggression körperlich bestrafen, als Modell gerade das Verhalten, das sie versuchen zu eliminieren (vgl. Abb. 17.4).

Eltern können auch auf andere Weise zur Aggressivität erziehen. Wenn sie ihrem Sohn sagen, sich wie ein Mann zu verhalten, immer zurückzuschlagen und seine Fäuste zu gebrauchen, erziehen und ermutigen die Eltern ihn geradezu, sich anderen Menschen gegenüber aggressiv zu verhalten. Solche Eltern verzeihen nicht nur aggressives Verhalten, sie verlangen und belohnen es. Beispiel eines solchen „Aggressionstrainings" offenbart folgender Interviewausschnitt:

Interviewer: *„Haben Sie jemals Earl ermuntert, seine Fäuste zu gebrauchen, um sich zu verteidigen?"*

Mutter: *„Oh ja, oh ja. Er versteht es zu kämpfen."*

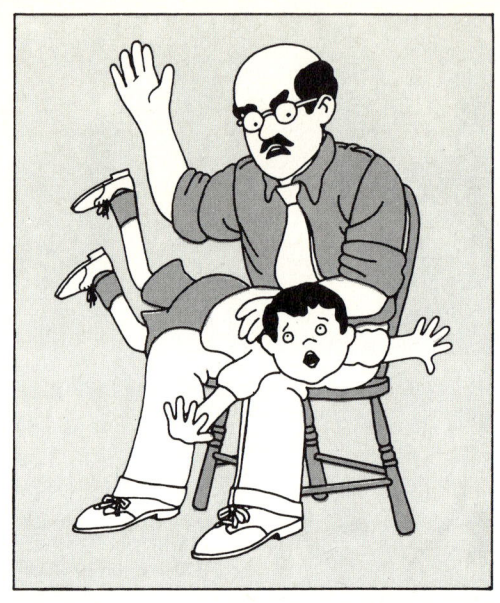

Abb. 17.4. „Das wird dich lehren, deine Schwester zu schlagen!"

I.: *„Wie haben Sie ihn hierin unterstützt?"*

M.: *„Schon als kleiner Junge hatte er ein Paar Boxhandschuhe. Sein Vater war Zeit seines Lebens Athlet und erzog ihn entsprechend."*

I.: *„Hat er sich jemals beklagt bei Ihnen, daß er mit einem anderen Burschen nicht auskommen konnte?"*

M.: *„Oh ja, als er noch jünger war. Ich sagte ihm, ‚gehe nur hin und fechte das selbst aus' ..."*

I.: *„Was würden Sie machen, wenn Sie Earl sähen, wie er einen anderen Burschen hänselt oder ihm miese Spitznamen gibt?"*

M.: *„Das wäre seine Sache. Und wenn der andere Junge ihn verprügeln will, wäre das Earls Angelegenheit. Er verdient es."* (Bandura u. Walters 1959, S. 115–116).

Auch das weitere kulturelle Umfeld kann gewalttätiges Verhalten fördern. Durch die Vorgabe vieler aggressiver Modelle und dadurch, daß gewalttätige Akte gutgeheißen werden und Prestige einbringen, kann die Gemeinschaft starken Druck auf den einzelnen ausüben – insbesondere auf jüngere Menschen –, sich den aggressiven Normen anzupassen (vgl. Abb. 17.5).

„Wie ich in meiner Kindheit beobachten konnte, fürchteten Katzen, mit denen wir herumbalgten, sich mehr davor, nicht zu kämpfen, als sich einem Kampf zu stellen. Das gleiche

Abb. 17.5. Nordirische Kinder werden auf der Straße Tag für Tag Zeugen aggressiver Handlungen und lernen, ihre erwachsenen Modelle zu imitieren

erwartete man auch von uns. Die Erwachsenen in der Nachbarschaft praktizierten dies. Sie lebten in der Vorstellung, daß von einem Mann erwartet wird zu kämpfen. Schlugen sich zwei kleine Jungen aus der Nachbarschaft, stachelten und trieben die Männer sie an. Keiner käme auf die Idee, den Kampf zu beenden … Man hat zu kämpfen, und jeder respektiert Menschen, die kämpfen … Ein Mann wird aufgrund seines Ansehens respektiert. Die Leute aus der Nachbarschaft, zu denen jeder aufblickte, waren wie die Katzen, die etwas getötet hatten" (Claude Brown: *Manchild in the Promised Land*, 1965, S. 253–256).

Äußerung der Aggression: Katharsis oder Ansporn?

Da die Theorie des sozialen Lernens keinen aggressiven Trieb oder Instinkt postuliert, lehnt sie auch den Begriff Katharsis ab – nämlich daß die Äußerung aggressiver Gefühle aggressives Verhalten reduzieren wird. Tatsächlich prophezeit sie gerade eine gegensätzliche Konsequenz: nämlich, daß durch das Ausdrücken aggressiver Impulse oder das Beobachten von Aggressivität

bei anderen die Wahrscheinlichkeit zu künftiger Aggression *zunehmen* wird. Diese Hypothese wird gestützt durch Untersuchungen der oben zitierten Art, die zeigen können, daß die Aggression nach Vorgabe aggressiver Modelle wächst. Darüber hinaus haben die Arbeiten gezeigt, daß die Äußerung aggressiven Verhaltens in einer permissiven Umgebung das ursprüngliche Verhaltensniveau aufrechterhält, statt die Aggressivität zu reduzieren.

Vpn wurden einem Widersacher vorgestellt, der große Wut in ihnen auslöste; der einen Hälfte wurde dann gestattet, einem verständnisvollen Interviewer gegenüber ihrem Ärger und ihrer Feindseligkeit Ausdruck zu verleihen. Den anderen Vpn wurde ein solches Interview nicht angeboten, sondern sie saßen für eine Weile nur herum. Später zeigten Vpn, die das kathartische Interview erlebt hatten, dem Widersacher mehr (statt weniger) Abneigung und blieben physiologisch erregter als die Probanden der Kontrollgruppe (Kahn 1966).

In einer anderen Untersuchung wurde Kindern Gelegenheit gegeben, gegen ein Kind, das sie frustriert hatte, körperliche oder verbale Aggression zu zeigen. Keine der Aktivitäten reduzierte ihre aggressiven Gefühle (Mallick u. McCandless 1966).

Die Ergebnisse dieser Untersuchung lassen vermuten, daß therapeutische Ansätze, die den Menschen ermutigen, aggressive Gefühle frei zu äußern, das Gegenteil der eigentlichen Intention bewirken können.

Diese und andere neuere Forschungsergebnisse widersprechen nicht nur den Instinkt- und Triebtheorien der Aggression, sondern sie scheinen auch den Vorstellungen des gesunden Menschenverstandes zuwider zu laufen, daß es gut ist, „Dampf abzulassen" und „seinem Herzen Luft zu machen". Diesen Widerspruch können Sie vielleicht besser verstehen, wenn wir zwischen der *Äußerung emotionaler Gefühle* und dem *aggressiven Handeln* unterscheiden. Den Gefühlen freien Lauf zu lassen (in Form von Schreien, Lachen oder Sprechen zu anderen), mag dazu führen, daß man sich besser fühlt oder daß die Angst nachläßt, aber die Äußerung von Aggression gegen einen Gegner, ob verbal oder als offenkundige Handlung, führt *nicht* dazu, die Wahrscheinlichkeit für Wiederholungen zu reduzieren.

Verleiten Massenmedien zur Gewalttätigkeit?

Für Verbrecher mag sich Verbrechen nicht lohnen, aber sicherlich lohnt sich die Darstellung von Gewalt für die Fernsehindustrie. Programme mit viel Handlung und Abenteuer (als ein beschönigender Ausdruck für Gewalt) haben das größere Publikum – und locken deshalb um so mehr teure kommerzielle Werbung an, was sich schließlich bezahlt macht. Demzufolge sieht jeder, der seinen Fernsehapparat einschaltet, mit großer Wahrscheinlichkeit sowohl dramatische wie komische Episoden, in denen Menschen auf vielfältige Weise getötet oder verletzt werden. Trickfilme mit liebenswerten, aber sadistischen Charakteren und Nachrichtensendungen mit Berichterstattungen von Kriegsbrennpunkten, Meuchelmorden, Aufruhr und alltäglichen Verbrechen.

Wie wirkt all diese Gewalt auf den Zuschauer? Wird er in irgendeiner Weise aggressiver durch das Fernsehen? Fragen dieser Art standen kürzlich im Brennpunkt des öffentlichen Interesses und der öffentlichen Diskussion. Nach den Verfechtern der Instinkt- und Triebtheorien der Aggression ist mit dem Sehen von Gewalt ein kathartischer Effekt verbunden, und dies hat somit eine positive gesellschaftliche Funktion, indem aggressive Energie abgebaut wird. Die Gegenposition wird von den Vertretern der sozialen Lerntheorie eingenommen, die darauf verweisen, daß Fernsehprogramme (ebenso wie andere Medien), Modelle und Bestätigung für gewalttätige Aktionen liefern und somit einen Hauptfaktor zur Förderung antisozialen Verhaltens darstellen. Die Forschungsergebnisse sprechen bisher i. allg. für die Theorie des sozialen Lernens. Wie schon oben erwähnt, hat die Vorgabe eines Aggressionsmodells das Niveau aggressiven Verhaltens bei Kindern beeinflußt. Sie erlernen nicht nur unmittelbar aggressive Reaktionen, sondern können selbst einige Monate später viele der gelernten Verhaltensweisen reproduzieren (Hicks 1968). Überdies hat man eine signifikante Korrelation zwischen dem Maß an Gewalttätigkeit, das kleinen Jungen im Fernsehen geboten wurde, und ihrer Aggressivität 10 Jahre später festgestellt (Eron et al. 1972).

Aggression (insbesondere eine realistische) im Film kann für zuschauende Kinder sehr aufregend sein. Sie werden beim Zusehen emotional erregt und erinnern sich gewöhnlich eher an aggressive als an nichtaggressive Inhalte (Osborn u. Endsley 1971). Kinder scheinen aber nach wiederholten Gewaltdarbietungen zu habituieren und geringere emotionale Erregung als zu Beginn zu empfinden (Cline et al. 1972). Möglicherweise könnte dies sogar mehr Schaden anrichten als das Lehren der Aggression: Eines Tages sind wir imstande, Gewalt und menschliches Elend ohne Emotionen, gleichgültig und blasiert zu betrachten, wir werden für dehumanisiertes Verhalten anderer Menschen gegenüber programmiert sein (s. unten, S. 667 ff.).

Es gab zwar einige Untersuchungen, die zeigen, daß Gewalt im Fernsehen kathartisch wirkt und aggressive Tendenzen vermindert, doch haben größere methodische Fehler deren Glaubwürdigkeit eingeschränkt.

In einer der am häufigsten zitierten Studien wurden z. B. kleinen Jungen in 2 Instituten 6 Wochen lang aggressive und nichtaggressive Fernsehprogramme dargeboten. Ihr aggressives Verhalten wurde vom Institutspersonal beobachtet und beurteilt. Die Autoren berichteten, daß die Resultate die Katharsishypothese unterstützten (Feshbach u. Singer 1971).

Es waren jedoch nur wenige der Ergebnisse statistisch signifikant, wenn die Jungen nach ihrem anfänglichen Aggressionsniveau gleichgesetzt wurden. Die Einteilung der Programme in „aggressive" oder „nichtaggressive" war ebenfalls zweifelhaft; so wurden z. B. Trickfilme (die in bezug auf Gewalt die höchsten Skalenwerte aufweisen) als „nichtaggressiv" eingestuft. Zudem kontrollierten die Vl nicht, welche Fernsehprogramme die Jungen sahen, und tatsächlich sahen die Jungen beides, gewalttätige wie nichtgewalttätige Sendungen.

Besser kontrollierte Replikationen dieser Studie haben inzwischen Feshbachs und Singers Ergebnisse widerlegt (Wells 1971) und zudem ergeben, daß jugendliche Kriminelle, die wiederholt Filme gewalttätigen Inhalts sahen, aggressiver wurden als jene, die Filme ohne Gewalttätigkeit sahen (Parke et al. 1972). Laborexperimente, Feldstudien und Korrelationsuntersuchungen haben gezeigt, daß das Sehen von Gewalt die Entwicklung von Aggressivität begünstigt. Unglücklicherweise bewirken solche wissenschaftlich belegte Aussagen nicht unmittelbar eine Veränderung der Gesellschaftspolitik.

Gewalttätige Interaktionen

Bisher haben wir uns auf Aggressionstendenzen *innerhalb* des Individuums konzentriert. Aggression tritt aber typischerweise in einem sozialen Kontext auf, der andere miteinbezieht. Um die Dynamik gewalttätigen Verhaltens besser zu verstehen, müssen wir die aggressiven Interaktionen *zwischen* Individuen näher betrachten.

Das geschlagene Kind

Eine der grundlegendsten und kritischsten sozialen Beziehungen ist die zwischen Eltern und Kind. Dieses Verhältnis ist nicht immer normal oder gesund, da manche Eltern ihre Kinder vernachlässigen, sich nur unzureichend um sie kümmern und ihre Zuneigung ihnen gegenüber nicht ausdrücken. Überdies trat in den letzten Jahren mit aller Deutlichkeit zutage, daß es Eltern gibt, die ihre Kinder körperlich mißhandeln, sogar bis zu einem tödlichen Ausgang (vgl. Abb. 17.6).

Genaue Statistiken sind kaum zu bekommen, nach einer konservativen Schätzung aber werden allein in den USA jedes Jahr über 700 Kinder von ihren Eltern getötet und über 40000 weitere werden von ihren Eltern, Geschwistern oder Verwandten ernsthaft geschlagen und gefoltert.

Nach weiteren Schätzungen waren vielleicht 3 Mio. Erwachsene an einer „Verschwörung des Stillschweigens" beteiligt, indem sie von Fällen der Kindsmißhandlung wußten, aber nicht in irgendeiner Form helfend eingriffen (Helfer u. Kempe 1968).

Wie kommt es zu solchen Mißhandlungen? Sind Eltern, die ihre Kinder so übel zurichten, ungewöhnlich sadistische Menschen? Die Erforschung dieser Fragen hat gezeigt, daß zwar Familien, in denen Mißhandlungen vorkommen, ganz bestimmte Konstellationen aufweisen, die Erwachsenen aber kaum als pathologisch „deviante" Personen betrachtet werden können.

Mißhandelte Kinder kommen häufiger aus Familien, die sich charakterisieren lassen durch Spannungen in der Ehe der Eltern (u. a. emotionale Probleme), ein relativ niedriges Familieneinkommen und ein starkes Vertrauen zur körperlichen Züchtigung als Erziehungs- und Kon-

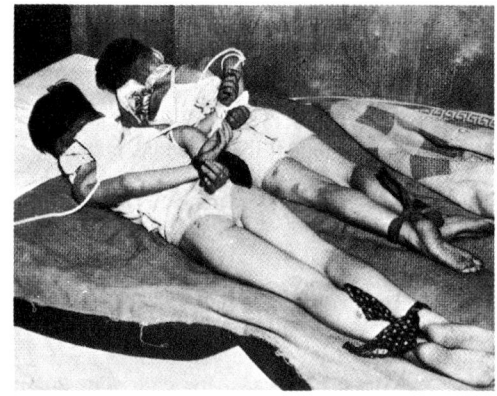

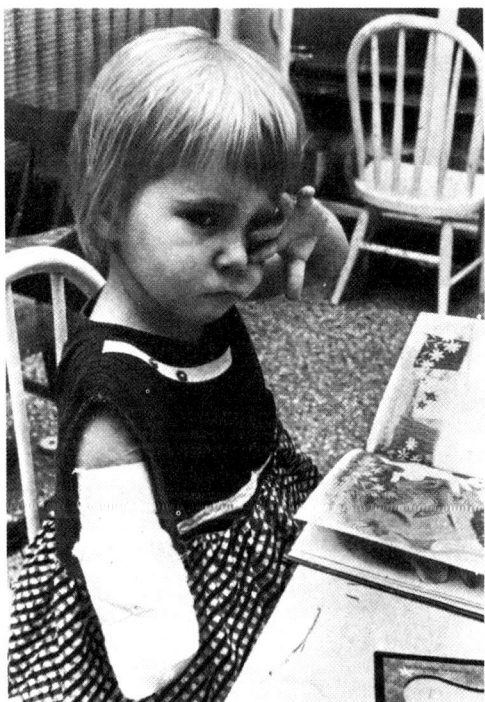

Abb. 17.6. Kindesmißhandlung. Wie sie selbst aussagten, wurden die Jungen *(oben)*, die in diesem Zustand von einem Nachbarn aufgefunden wurden, nachdem ihre Eltern abends ausgegangen waren, so gefesselt, „daß sie nicht an die Erdnußbutter gelangen konnten". Der Vater, der seiner kleinen Tochter *(unten)* die rechte Hand amputiert hatte, hat dies zunächst „als einen Unfall" dargestellt

trollmittel. Mißhandlungen richten sich oft nur gegen ein Kind statt gegen alle und scheinen mit dem Umstand zu korrelieren, ob ein Kind erwünscht war oder nicht. Mißhandelnde Mütter sind häufig sehr einsame Menschen, die nur wenig Kontakt mit anderen Menschen außerhalb ihres Zuhauses haben. Gewöhnlich haben sie fundamental falsche Auffassungen von der Entwicklung und den Fähigkeiten ihrer Kinder. Beispielsweise sind viele der Ansicht, daß ein Kind schon mit 12 Monaten oder gar früher den Unterschied zwischen Recht und Unrecht kennt (Elmer 1967).

Indem sie ihre Kinder als viel fähiger und potentiell verantwortungsvoller betrachten, als sie in Wirklichkeit sind, sind mißhandelnde Eltern zu sehr bereit, Schreien, in die Windeln machen oder Spielzeug zerstören als vorsätzliche Absicht oder Boshaftigkeit zu interpretieren. Da sie oft isoliert leben, haben die Eltern keine soziale Vergleichsgrundlage (die helfen könnte, ihre falschen Auffassungen zu korrigieren), und es mangelt ihnen auch an Unterstützung durch Freunde oder Verwandte in Zeiten besonderer Belastung. Gewöhnlich hatten Menschen, die ihre Kinder mißhandeln, selbst Eltern, die sie mißhandelten – ein klarer Fall von Gewalt, die Gewalt erzeugt (Silver et al. 1969).

Alle Bemühungen zur Bekämpfung der Kindesmißhandlung müssen an vielen verschiedenen Ebenen ansetzen. Es sind Gesetze verabschiedet worden, die ein medizinisches und sozialdienstliches Fachpersonal verlangen, das Fälle, in denen Verdacht auf Kindesmißhandlung besteht, aufdeckt. Gegenwärtig werden Programme entwickelt, nach denen ein Kind zeitweise von zu Hause entfernt werden kann, während die Eltern eine therapeutische Behandlung bekommen. Es sind Vorschläge für eine bessere Unterweisung bezüglich Geburtenkontrolle, Kindererziehung und Familienleben gemacht worden, und einige größere Krankenhäuser haben von einer Abnahme der Kindermißhandlungen berichtet. Unglücklicherweise wird in vielen Fällen das Verhältnis zwischen mißhandelnden Eltern und dem mißhandelten Kind ausschließlich vor einem juristischen Hintergrund ohne Bezug auf die involvierten sozialen und psychologischen Probleme bestimmt. Schwer mißhandelte Kinder werden möglicherweise ohne jede Prüfung der familiären Situation in die Obhut der Eltern zurückgegeben oder mißhandelnde Eltern werden vielleicht wie Kriminelle behandelt und nicht wie Menschen in verzweifelter Lage, die Hilfe benötigen. Lösungen dieses sozialen Problems sind nicht leicht zu erreichen, aber wenn die Gesellschaft nicht mehr länger dulden will, daß ihre Nachkommen durch die, die mit ihrer Obhut und ihrem Schutz betraut sind, zugrundegerichtet werden, dann müssen intensive Anstrengungen unternommen werden.

Zu einem Kampf gehören zwei

Bei interpersonaler Aggression ist selten ausschließlich die eine Person schuld und die andere vollkommen unschuldig. Typischerweise sind beide Personen in die Eskalation der Gewalt bis zum Punkt des tätlichen Angriffs verwickelt. Dieses Ablaufschema wird demonstriert durch die Interaktionen zwischen Polizeibeamten und Personen, die arretiert werden.

Zu einer Analyse von 344 Haftberichten zieht Toch (1969) den Schluß, daß in den Fällen, in denen es zu gewalttätigen Vorfällen kam, beide Parteien auf das reagierten, was sie als Bedrohung ihrer Unbescholtenheit und ihres Selbstwertgefühls empfanden. Häufig begann die Auseinandersetzung mit einem möglicherweise harmlosen Ansuchen eines Beamten nach einer Information, einem Identitätsnachweis oder einer Aufforderung wie „Gehen Sie weiter!" oder „Gehen Sie auseinander!". In 60% der untersuchten Fallschilderungen reagierte der Zivilist negativ auf die Annäherung des Beamten und unterließ jede Kooperation. Der Beamte betrachtete diese unkooperative Haltung als „irrational", respektlos und mögliche Verschleierung eines Verbrechens, während der Zivilist das ursprüngliche Ansuchen als nicht gerechtfertigt, unhöflich oder als einen Ausdruck persönlichen Mißfallens deutete. Dann wurde eine Kette von Ereignissen in Gang gesetzt, wobei beide Parteien zu dem spiralförmig wachsenden Potential von Gewalt beitrugen.

Tochs Analyse dieser Auseinandersetzungen ergibt, daß die Entwicklung der Gewalt generell nach einem 2stufigen Standardmuster erfolgt. Die 1. Stufe besteht in einer Handlung der einen Person, die von der anderen als *Provokation* aufgefaßt wird. Bei vielen der Vorfälle, in die die Polizei verwickelt ist, war der anfängliche verbale Annäherungsversuch des Beamten ein solcher Akt. Für den Beamten stellte dieser Annäherungsversuch einen Teil seiner beruflichen Pflicht dar, aber für den Zivilisten war es eine Bedrohung seiner persönlichen Würde und Willensfreiheit. Darin liegt üblicherweise der Kern der meisten gewalttätigen Auseinandersetzungen – keiner der Beteiligten zieht den Standpunkt des anderen in Betracht.

Auf die ursprüngliche Provokation folgt als 2. Stufe einer gewalttätigen Interaktion die *Eskalation und Konfrontation*. Jeder Mensch reagiert nicht nur auf das, was andere tun, sondern auch auf die eigene Wahrnehmung der hinter der Handlung stehenden *Absicht,* wodurch sich Schritt für Schritt die Aggressivität steigert. Diese Eskalation endet schließlich in einer gewalttätigen Konfrontation, wenn nicht einer oder beide den Ablauf unterbrechen. So führt Druck zu weiterem Druck. Bei den Interaktionen zwischen Polizeibeamten und Widerstand leistenden Bürgern werden aus höflichen Aufforderungen des Beamten schließlich Anordnungen, und diese eskalieren dann zu Drohungen oder Festnahmen. Der Bürger auf der anderen Seite wird häufig vom Widerstand zur verbalen Beschimpfung übergehen und daraufhin entweder einen Fluchtversuch oder einen tätlichen Angriff auf den Beamten wagen. Da diese wechselseitigen Provokationen und Eskalationen in steigender Intensität auftreten, können wir allmählich die Ursachen von einigen „polizeilichen Ausschreitungen" verstehen.

Die Rolle des Opfers

Obwohl es natürlich eine Reihe von Fällen gibt, in denen eine unbekannte Person attackiert wurde, kann die Kriminalstatistik die allgemeine Vorstellung nicht stützen, wonach ein Fremder ein widerstandsloses, ahnungsloses Opfer in der Dunkelheit tätlich angreift, in der Absicht, cs zu verletzen. In über 75% aller Fälle waren die Mörder und ihre Opfer Verwandte, Freunde oder Bekannte. Zwei Drittel aller Opfer von Raubüberfällen berichten, ihren Angreifer persönlich gekannt zu haben, während die meisten Opfer verbrecherischer Gewalttätigkeiten vorher zumindest in irgendeiner Beziehung zu dem Täter standen.

Ein Bericht des New York Police Department über 3 typische Stadtgebiete enthält einige interessante Fakten, die einem allgemeinen verbreiteten Irrglauben entgegenstehen:

Über 90% aller Opfer von Morden, Raubüberfällen und Gewalttätigkeiten wurden von Personen derselben Rasse angegriffen. Die Hauptopfer von Morden sind arm, schwarz, arbeitslos, entfremdet, alkohol- oder drogenabhängig! Ein armer Mensch mit einem Jahreseinkommen unter $ 3000 hat eine 5mal höhere Chance, beraubt zu werden als ein wohlhabender Bürger, der $ 10000 jährlich verdient (*San Francisco Chronicle,* 22. Februar 1970).

Es bedarf einer noch wesentlich intensiveren Forschung, was das Verhalten des Opfers und

den „sozialen Kontrakt der Gewalt" betrifft, wie er zwischen vielen Opfern und ihren Angreifern besteht (s. „Unter der Lupe", S. 646). In den Fällen, in denen die Opfer eine aktive Rolle übernehmen, stellt sich die Frage, wie ihr Verhalten tatsächlich aussieht (s. Ryan 1971). Und wie schaffen es einige potentielle Opfer, Aggression zu hemmen oder ihr Einhalt zu gebieten?

Kollektive und institutionalisierte Gewalt

„Historisch rührt die kollektive Gewalt in der Regel von den zentralen politischen Prozessen westlicher Länder her. Männer, die danach trachteten, die Hebel der Macht an sich zu reißen, sie festzuhalten oder erneut in den Griff zu bekommen, haben fortwährend die kollektive Gewalt in den Dienst ihrer Machtkämpfe gestellt. Die Unterdrückten haben gekämpft im Namen der Gerechtigkeit, die Privilegierten im Namen der Ordnung und die dazwischen im Namen der Furcht" (Tilly 1969, S. 4–5).

Im Laufe der Jahre hat die kollektive und institutionalisierte Gewalt viele verschiedene Formen angenommen. Regierungen haben fortwährend ihre Bürger ermahnt, die Waffen gegen fremde Invasoren zu ergreifen, sich aufzumachen, neues Land zu erobern. In Ländern wie den USA, in denen die Bedrohung durch Angriffe von außen sehr gering ist, hat sich die Gewalt gegen die inneren „Feinde" gerichtet – beispielsweise die amerikanischen Indianer, deren Anzahl in einer Reihe von „Scharmützeln" in unmenschlicher Weise von 850000 auf weniger als 400000 reduziert wurde. Wenn die Regierenden zu Unterdrückenden wurden, haben sich oft Menschen zusammengeschlossen, um ihre Herrschaft zu bekämpfen und zu stürzen. Viele Gemetzel haben im Namen religiöser Glaubenssätze stattgefunden.

Während einige dieser Gewaltaktionen Ausdruck von Haß- und Zorngefühlen waren, ist häufig die kollektive Gewalt nüchtern instrumental – ein Mittel zum Zweck. Sie kann dazu dienen, die Macht zu erhalten und den Status quo zu bewahren oder die bestehende Gesellschaft zu verändern und Macht zu gewinnen.

„Die Straßen unseres Landes sind in Aufruhr. Die Universitäten sind voller rebellierender und aufständischer Studenten. Die Kommunisten trachten danach, unser Land zu zerstören. Rußland bedroht uns mit seiner Macht. Die Republik ist in Gefahr. Jawohl, in Gefahr von innen und außen. Wir brauchen Ruhe und

Unter der Lupe

Das Schlemazel-Schlemiel-Syndrom: Lernen, ein gutes Opfer zu sein

Vielleicht liegt es an der so langen Verfolgungsgeschichte der Juden, daß die jiddische Sprache in ihrem Vokabular so reichhaltig ist, um zwischen Menschentypen zu differenzieren, die zu Opfern werden – aufgrund ihres Schicksals, wegen ihrer eigenen Ungeschicklichkeit oder fehlenden Empfindsamkeit, wegen selbst herbeigeführter Provokation, wegen Undankbarkeit der Kinder und anderem mehr.

Der *Schlemazel* ist eine Person, die beständig frustriert wird und niemals im Leben je eine Befriedigung erreicht. Es ist, als ob solche Menschen einen Blitzableiter für Schwierigkeiten mit sich herumtragen, der das Unheil regelrecht anzieht. Der Fatalismus des Schlemazel resultiert möglicherweise in seinem Selbstverständnis als jemand, auf den immer nur alles Unglück abgeladen wird; er reagiert zunehmend in einer Weise, die andere irritiert und somit Aggressionen sogar bei seinen Freunden und Verwandten auslöst. Der Schlemazel, der jede Hoffnung verloren hat, wird zum *Schlemiel*, wenn die destruktive, sich selbst erfüllende Prophezeihung andere veranlaßt, sich am Elend dieser Person zu ergötzen.

Ordnung. Ja, ohne Ruhe und Ordnung kann unsere Nation nicht überleben … Wir sollten Ruhe und Ordnung wieder herstellen.“

Nicht von einem amerikanischen Kandidaten der Ruhe und Ordnung in den 70er Jahren wurden diese Worte verfaßt, sondern 1939 von Adolf Hitler. Sie unterstreichen die Tatsache, daß es einige Formen der Gewalt gibt, die traditionsgemäß als legitim betrachtet wurden, wie z. B. die Anwendung der Gewalt von staatlicher Seite oder von der Polizei zur Aufrechterhaltung der Ordnung und zur Verbrechensbekämpfung. Sie demonstrieren auch, daß die Legitimation der Gewalt auf dem Vertrauen der Menschen in institutionelle Autorität beruht. Wenn dieses Vertrauen einmal zu schwinden beginnt, bröckelt die vorher bewilligte Legitimation ab, und jede Seite betrachtet die eigene Gewalt als legitim und die der anderen Seite als illegitim.

Was die eine Person als gerechtfertigte Gewalt ansieht, betrachtet eine andere als ungerechtfertigt; z. B. mag der Bewohner eines Gettos das Gefühl haben, daß das Eingreifen der Polizei eine illegitime Anwendung von Gewalt darstellt, während der Vorstädter es gutheißen kann, daß die Polizei ihre Aufgabe erfüllt. Im allgemeinen gilt, daß, je negativer man den angegriffenen Personen gegenüber eingestellt ist, um so größer das Maß an Gewalt ist, das man als gerechtfertigt empfindet. So ist eine Person, der protestierende Studenten mißfallen, eher bereit, einen maximalen Einsatz der Polizei zur Auflösung von Sit-ins oder Demonstrationen zubilligen. Gewalt, die als Selbstverteidigung oder Vergeltung wahrgenommen wird, wird mit höherer Wahrscheinlichkeit als gerechtfertigt akzeptiert. Da diese beiden Wertbegriffe in unserer Gesellschaft so überzeugend wirken, mag man sich die Frage stellen, in welchem Ausmaß sie positive Einstellungen zur Gewalt erzeugen könnten (Blumenthal 1972).

Steuerflucht, Preisstopp und irreführende Werbung sind Beispiele einer eher „legitimen“ Gewalt. Sie werden gewöhnlich von der allgemeinen Öffentlichkeit toleriert, und zwar aus Unwissenheit oder weil Aktivitäten dieser Art weniger persönlich bedrohend sind als das, was die Menschen als „wirkliches“ Verbrechen ansehen, wie Diebstahl, Straßenüberfall und Raub. In einer klassischen Untersuchung (Sutherland 1949) zeigte sich, daß die 70 größten Industrie- und Handelsgesellschaften in den USA alle an illegalen Aktivitäten beteiligt waren. Alle hatten verschiedene Verbrechen begangen, wobei eine Gesellschaft im Durchschnitt 14mal für schuldig befunden wurde. In Anbetracht dieser hohen Rückfallrate könnten 90% dieser Gesellschaften nach dem Gesetz als Gewohnheitsverbrecher betrachtet werden. Leute, die an derartigen Verbrechen beteiligt sind, empfinden ihr Handeln jedoch nicht als wirklich unrechtmäßig.

„Geschäftsleute unterscheiden sich von professionellen Dieben grundsätzlich durch ihr größeres Interesse an Status und Ansehen. Sie sehen sich als ehrbare Leute, nicht als Kriminelle, während professionelle Diebe, wenn sie aufrichtig sind, zugeben, Diebe zu sein. Der Geschäftsmann sieht sich zwar als Gesetzesbrecher, aber er hält die Gesetze für falsch, oder zumindest sollten sie ihn nicht einschränken, wohl aber andere. Er hält sich nicht für kriminell, da er nicht mit dem allgemein gültigen Stereotyp des Verbrechers übereinstimmt. Dieses Stereotyp wird immer aus den unteren sozioökonomischen Schichten bezogen" (Sutherland 1968).

Diese Einstellung zum Verbrechen mag der Grund sein, warum einige Leute der Ansicht waren, daß die am Watergate-Skandal (1972) beteiligten Personen nicht bestraft werden sollten, da sie doch gar keine kriminellen Typen seien.

Vorurteil und Rassismus

Wie wir gesehen haben, verleiht uns die Mitgliedschaft in einer Gruppe Sicherheit, einen Status, eine Basis der Realitätserfahrung und vieles andere, was für unser Überleben und das volle Heranreifen des menschlichen Geistes notwendig ist. Als Mitglied einer bestimmten Gruppe identifiziert zu werden, kann aber auch Unsicherheit, Verlust des Selbstwertgefühls und eine Gefahr für die Existenz mit sich bringen – wenn andere mit Macht danach trachten, unserer Gruppe den Stempel der Inferiorität aufzudrükken. Die Folgen von Vorurteilen können vielerlei Formen annehmen, aber allen gemeinsam ist eine weniger humane Reaktion auf andere Leute und eine Ablenkung psychologischer Energie aus einer kreativen Richtung in eine destruktive.

Man kann *Vorurteil* definieren als eine Summe erlernter Ansichten, Einstellungen und Wertvorstellungen, die das eine Individuum anderen gegenüber besitzt, wobei sein Urteil a) aufgrund unvollständiger Information gebildet wurde, b) relativ immun gegen anderslautende Informationen ist und c) in kategorischer Weise Menschen bestimmten Klassen oder Gruppen zuordnet, die (charakteristischerweise) negativ eingeschätzt werden.
Vorurteil ist somit ein innerer Zustand oder eine psychologische Haltung des Individuums, mit Voreingenommenheit auf Mitglieder einer bestimmten Gruppe zu reagieren. *Diskriminierung* ist das Verhalten, zu dem das Vorurteil führen kann. Zu der einen oder anderen Zeit waren wir wahrscheinlich alle einmal Gegenstand von Vorurteilen, ebenso wie Ursprung von Vorurteilen anderen gegenüber.
Ziehen Sie nicht nur die so viel diskutierten

Vorurteile gegen Mitglieder anderer rassischer, religiöser und ethnischer Gruppen in Betracht, sondern auch die Vorurteile gegen „Reaktionäre", „Spießer", „das Establishment", „Kommunisten", „Radikale", „Hippies" und „Sonderlinge", ebenso wie die der Alten gegenüber den Jungen und umgekehrt (s. „Unter der Lupe", S. 648).

Die Entwicklung des Vorurteils und seine Folgen

Eine der deutlichsten Demonstrationen, wie leicht vorurteilsbehaftete Einstellungen gebildet und wie willkürlich und unlogisch sie sein können, kommt aus der 3. Schulklasse einer Lehrerin in Riceville, Iowa. Die Lehrerin, Jane Elliott, wollte ihren Schülern dieser ausschließlich weißen ländlichen Gemeinde die Erfahrung des Vorurteils und der Diskriminierung vermitteln, um hieraus Schlüsse auf deren verführerische Anziehungskraft und zerstörerische Konsequenzen ziehen zu können. Zu diesem Zweck dachte sie sich ein äußerst bemerkenswertes Experiment aus, überzeugender als irgendeines von professionellen Psychologen.

Ohne Vorwarnung kündigte eines Tages die blauäugige Frau Elliott ihrer Klasse von 9jährigen Kindern an, daß Braunäugige intelligenter und bessere Menschen als Blauäugige seien. Den Kindern mit blauen Augen wurde, obwohl sie die Majorität stellten, einfach gesagt, daß sie unterlegen seien, und die braunäugigen Kinder sollten infolgedessen die „herrschende Klasse" bilden.
„Wir begannen mit der Diskriminierung, indem wir die Richtlinien für die unterlegene Gruppe absteckten, an die sie sich zu halten hatten, so daß sie wirklich ihren Platz in der neuen sozialen Ordnung einnahmen. Sie wurden angewiesen, im Raum hinten zu sitzen, als letzte zum Essen und in die Pause zu gehen, den Kindern mit braunen Augen die erste Wahl der Sitzplätze bei Lesegruppen zu überlassen, für Getränke nur den Wasserhahn und Papierbecher zu benützen (statt den für die Braunäugigen reservierten Getränkeautomaten) und viele andere frustrierende und erniedrigende Dinge. Sie wurden auch darüber informiert, daß den überlegenen Schülern, gerade weil sie überlegen seien, einige Privilegien eingeräumt würden, die den unterlegenen Schülern nicht zur Verfügung stünden (wie eine Extrapausenzeit für eine besonders gute Arbeitsleistung)."
Nach kurzer Zeit begannen die blauäugigen Kinder, ihre Aufgaben nachlässiger zu machen und depressiv, eigensinnig und ärgerlich zu werden. Folgende Wörter verwendeten sie am häufigsten für eine Selbstbeschreibung (nach Teilnahme an einem Rechtschreibetest und der Auswahl der geeigneten Wörter): „trau-

Unter der Lupe

Barrieren in korporativen Organisationen

Mit welcher Hartnäckigkeit das Vorurteil gegen Nichtmitglieder der eigenen Gruppe fortbestehen kann, offenbart sich in einem kürzlich veröffentlichten Bericht über die Beschäftigung von US-Bürgern verschiedenen ethnischen Ursprungs in leitenden Positionen der 106 größten Körperschaften. Amerikaner aus Lateinamerika und Polen stellten weniger als 1% der Beamten, während sie in der Gesamtpopulation 4,4 bzw. 6,9% repräsentieren. Amerikanern schwarzer Hautfarbe ergeht es noch schlechter: 0,1% der Beamten verglichen mit 17,6% der allgemeinen Bevölkerung von Chicago (Barta 1974). Wenn die Arbeitgeber keine qualifizierten Bewerber unter diesen Personengruppen finden können, wie sie oft argumentieren, woran kann das liegen?

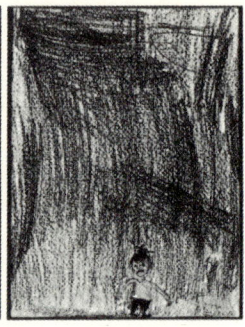

rig", „schlecht", „dumm", „langweilig", „häßlich", „schwierig", „gemein". Ein Junge sagte, er fühle sich wie eine „Pflanze". Von den braunäugigen Kindern berichtete die Lehrerin: „Aus ehemals erstaunlich kooperativen, besonnenen Kindern wurden widerliche, bösartige und diskriminierende kleine Drittkläßler ... es war gräßlich." Einige von ihnen machten den Vorschlag, das Personal der Cafeteria zu warnen, doch auf die blauäugigen Kinder achtzuhaben, da sie zusätzliches Essen stehlen könnten!

Um zu demonstrieren, wie willkürlich und irrational Vorurteile und ihre Rationalisierungen wirklich sind, erzählte die Lehrerin ihrer Klasse am nächsten Schultag, daß sie sich geirrt hätte und daß in Wirklichkeit die blauäugigen Kinder überlegen und die braunäugigen unterlegen seien. Die Kinder mit den braunen Augen gingen nun von ihren vorigen Selbstbezeichnungen wie „glücklich", „gut", „süß", „nett" zu ähnlich herabsetzenden, wie sie am Tag zuvor von den Blauäugigen benutzt wurden, über; ihre schulische Leistung verschlechterte sich, während sich die der neuen herrschenden Klasse verbesserte. Alte Freundschaften zwischen Kindern zerbrachen und wurden von Feindseligkeit verdrängt.

Die Erleichterung und Freude der Kinder am Ende, als sie aufgeklärt wurden und lernten, daß keiner von ihnen anderen unterlegen sei, ist deutlich auf dem Bild zu erkennen (Abb. 17.7 oben).

Hoffentlich hatten sie gelernt, sich in jene einzufühlen, bei denen sie möglicherweise in Zukunft bemerken, daß sie zum Zielobjekt von Vorurteilen gemacht werden (Elliott 1970).

Abb. 17.7. Neben den beobachtbaren Veränderungen im offenen Verhalten der Kinder zueinander und in ihren Schulaufgaben unter den beiden Experimentalbedingungen erhielt Jane Elliott Messungen zum Empfinden der Kinder unter jeder Bedingung dadurch, daß sie die Kinder Bilder zeichnen ließ, die ihr Gefühl ausdrücken sollten *(oben).* Wenn die Kinder „oben" waren, fühlten sie sich leistungsfähig und begabt und triumphierten in einem Gefühl der Macht und Überlegenheit. Waren sie „unten", so fühlten sie sich klein, mißmutig und niedergeschlagen und akzeptierten offensichtlich das durch die Diskriminierung vorgegebene Selbstbild als Unterlegene und Unwürdige. Die Wirklichkeitstreue der emotionalen Belastung, der die Kinder während des kurzen, 2 Tage dauernden Experiments ausgesetzt waren, wird auch durch die Überschwenglichkeit widergespiegelt, mit der sie sich am Ende um die Lehrerin als eine vereinte glückliche Gruppe drängten *(unten),* in der jeder jeden akzeptieren und von jedem akzeptiert werden konnte

Dieses Experiment wurde mit denselben Ergebnissen mit anderen Klassen und sogar mit einer Gruppe erwachsener Geschäftsleute wiederholt. In allen Fällen führte die Übernahme der auf angebliche Überlegenheit gegründeten Macht durch eine Gruppe über die andere bei den „Unterlegenen" – in Übereinstimmung mit dem Status, den man ihnen jetzt verliehen hatte – zum Zerfall ihrer sozialen Struktur, zum Verlust des Selbstwertgefühls und zu Veränderungen in ihrem Leistungsniveau, während gleichzeitig die „Überlegenen" das durch das „System" sanktionierte Verhaltensmuster der Diskriminierung als gerechtfertigt betrachteten (wie wir schon in der Stanford-Gefängnisstudie, S. 585–588, gesehen haben). Die Leichtigkeit und Geschwindigkeit, mit der solche Verhaltensmuster angenommen werden können, der psychologische Schaden, den sie sowohl beim Opfer wie beim Peiniger anrichten können, die Langzeitkosten für die Gesellschaft und ihre Dauerhaftigkeit machen aus dem Vorurteil eine Form der Pathologie, die nicht weniger ernst zu nehmen ist als die meisten desintegriertesten Formen psychotischen Verhaltens.

Mit dem Problem, eine schwarze Hautfarbe in einer Gesellschaft zu besitzen, die auf eine weiße Hautfarbe Wert legt, werden junge schwarze Kinder schon mit 3 Jahren konfrontiert (Landreth u. Johnson 1953). Bis zu dem jüngsten Emporkommen der „Black-is-beautiful"-Norm bedeutete braun oder schwarz zu sein – nach den Standards des weißen Amerika – soviel wie niederträchtig, schmutzig und alles Schlechte zu sein.

In einer Untersuchung von 253 3- bis 7jährigen schwarzen Kindern aus Schulen der Nord- wie Südstaaten ergab sich eine klare Präferenz für eine weiße Puppe (unter 2 weißen und 2 schwarzen Puppen). Fast 60% der Kinder empfanden eine weiße Puppe als „nett" und als die Puppe, mit der sie gern spielen würden, und eine schwarze Puppe als „böse aussehend". Ein Drittel der bis 6 Jahre alten Kinder wählte die weiße Puppe, wenn sie gebeten wurden, sich „die Puppe, die aussieht wie du" auszusuchen. Sogar ein Fünftel der Kinder mit der dunkelsten Hautfarbe ergriffen die weiße Puppe als die ihnen am ähnlichsten (Clark u. Clark 1958, vgl. auch Abb. 17.8).

In einem Test, in dem eine Geschichte weitererzählt werden mußte, waren sowohl schwarze wie weiße Kinder im Alter von 3–6 Jahren geneigt, schwarzen Personen negative Rollen wie „übler Bursche" oder Angreifer zu geben (Stevenson u. Stewart 1966). Schwarze Kinder im Süden wie im Norden wählten weniger die Mitglieder der eigenen Rasse als weiße Kinder zu Spielgefährten, denen sie gern gleichen oder mit denen sie gern spielen würden (Morland 1966).

Schlußfolgerungen dieser Art sind nicht auf schwarze Kinder beschränkt.

Umfangreiche Studien bei mexikanisch-amerikanischen Jugendlichen haben in ähnlicher Weise die von ihnen empfundene Stellung als „vergessene", „unsichtbare" Menschen von „der anderen Seite der Geleise" gezeigt (Heller 1966, Rubel 1966).

Eine Langzeitfolge des frühen Trainings, Inferiorität zu akzeptieren, demonstriert ein Experiment, in dem schwarze Studenten im Collegealter mit Weißen zusammenarbeiteten.

Schwarze Collegestudenten, die ihre intellektuellen Fähigkeiten nach relativ objektiven Standardkriterien, einschließlich Benotungen, nachgewiesen hatten und in den besten Colleges eingeschrieben waren, beugten sich dennoch den Urteilen der weißen Studenten, wenn sie in gemischtrassigen Teams waren. Aufgabenlösungen, die ein weißes Mitglied der Vierergruppen vorbrachte, wurden eher beachtet und akzeptiert, als von einem schwarzen Mitglied vorgeschlagene (Katz 1970).

Hat man einmal das abfällige Stereotyp als unbestreitbares Maß der *eigenen* Minderwertigkeit angenommen, dann möchte man sich möglicherweise von der verachteten Gruppe lösen, um seinen eigenen Weg zu gehen. Man ändert seinen Namen oder unterzieht sich einer Nasenkorrektur, man läßt sich die Haare glätten oder nimmt sonstige Veränderungen des eigenen Erscheinungsbildes vor. Man wechselt die Freunde und weist vielleicht sogar die eigene Familie zurück. Eine solche über Vorurteile herbeigeführte Reaktion ist eine der heimtückischsten Wirkungen des Vorurteils, da sich mit ihr das Individuum nicht nur gegen die eigene Gruppe, sondern auch gegen sich selbst wendet (s. „Unter der Lupe", S. 651).

Rassismus: Vorurteile gestützt durch Macht

Jahrzehntelang haben Psychologen die Determinanten, Funktionen und Konsequenzen des Vorurteils im Individuum untersucht. Sozial orientierte Psychologen haben versucht, Programme zur Modifikation vorurteilsbehafteter Einstellungen bei bigotten Personen zu entwickeln. Die Tatsache, daß im Brennpunkt des psychologischen Interesses das Individuum stand, hatte zur Folge, daß der breitere politische, soziale und ökonomische Kontext übersehen wurde, aus dem das individuelle Vorurteil genährt und gestützt wird.

Der Unterschied zwischen *Vorurteil* und *Rassismus* ist (grob definiert) ein Unterschied zwischen Individuen und Systemen, zwischen molekularen und molaren Niveaus der Analyse, zwi-

Ein schwarzes Mädchen

Ein weißes Mädchen

Ein schwarzer Junge

Ein weißer Junge

Abb. 17.8. Wie eine herrschende Vorurteilsideologie von Kindern, die deren Opfer sind, internalisiert werden kann, und die Ängste, die sie hervorbringen kann, wird in diesen Zeichnungen wiedergegeben, die von einem 6jährigen schwarzen Mädchen namens Ruby gemacht wurden. Sie wurden während ihres 1. Schuljahrs in einer integrierten Schule im Süden gezeichnet. Weiße Kinder werden als größer und stärker gezeichnet, sie lächeln, und ihre Körper sind deutlicher gegliedert und intakt. Dagegen sind die schwarzen Kinder ohne Gefühl gezeichnet, asymmetrisch und mit fehlenden Körperpartien. Sie sind generell kleiner und mit weniger Sorgfalt gezeichnet (Coles 1970)

schen individuellen Präferenzen und von Gruppen ausgeübter Macht, die sie in dieser Weise für ihr Überleben als notwendig erachten. Während sich Vorurteil im Geiste und in den Handlungen von Einzelpersonen abspielt, wird Rassismus über Gesetze und Verträge, Gruppennormen und Gebräuche verewigt und über Zeitungen, Lehrbücher und andere Massenkommunikationsmittel verbreitet. Die vorherrschende Rassenideologie einer Kultur liefert der Diskriminierung beständig informelle Unterstützung und soziale Bestätigung, obwohl der einzelne einsieht, daß sie nicht triftig ist, ja sogar zu Unrecht besteht. Vorstellungen dieser Art entwickeln sich zu unhinterfragten Annahmen, die nicht als voreingenommene Meinungen oder verzerrte Wertvorstellungen angesehen werden, sondern als augenscheinliche Wahrheiten. Sie leisten den wesentlichsten Beitrag für Rassenunterschiede im Rang der beruflichen Stellung in der Häufigkeit der Arbeitslosigkeit und bei der unterdurchschnittlichen Versorgung mit Woh-

Unter der Lupe

Identifizierung mit dem Angreifer

Der Terminus *Identifizierung mit dem Angreifer* wurde von Anna Freud geprägt, um einen Vorgang zu kennzeichnen, der vermutlich stattfindet, wenn ein Junge, der seinen Vater liebt, aber aufgrund der Rivalität um die Mutter auch fürchtet, von ihm kastriert zu werden, diesen Konflikt über die Identifizierung mit ihm löst. Dieser Vorgang reduziert nicht nur die empfundenen Unterschiede zwischen sich und seinem mächtigen Vater, sondern kann ihm durch magisches Denken den Glauben ermöglichen, daß er die Macht des Stärkeren, des möglichen Angreifers besitzt. Unterstützt werden Gedankengänge dieser Art durch Belege aus kulturvergleichenden Untersuchungen, die besagen, daß Gesellschaften, in denen sich sehr enge Bindungen zwischen Mutter und Kind entwickelt haben, für Jungen in der Pubertät sehr strenge Initiationsriten aufweisen (Whiting et al. 1958). Solche Riten bewirken die Loslösung des Jungen aus der Abhängigkeit von der Mutter und stellen sicher, daß er sich mit der Rolle des Mannes in seiner Gesellschaft identifiziert und sie akzeptiert – obgleich es Alternativhypothesen für die Entstehungsgründe solcher Riten gibt.

Unter bestimmten Bedingungen zieht jedoch die Identifizierung mit dem Angreifer eine aufgezwungene Spaltung des Selbst und eine Entfremdung von eigenen Persönlichkeitskomponenten nach sich. Bettelheim (1943, 1958) hat sehr anschaulich beschrieben, wie sich unter Zivilisten in deutschen Konzentrationslagern die Identifizierung mit nationalsozialistischen Gefängniswärtern entwickelte. Seine Analyse zeigt, wie Bedingungen, die eine Person hilflos und vom Wachpersonal hinsichtlich Überleben und jeglicher Verstärkung abhängig machen, extreme Formen kindlicher Identifikationen mit ihnen erzeugten.

Ältere Gefangene hatten die letzte Stufe der Anpassung an die Ausnahmesituation erreicht, wenn sie dieselben Formen verbaler und physischer Aggression anderen Gefangenen gegenüber wie ihre Wärter zu praktizieren begannen. Sie halfen mit, sich „Minderwertiger" zu entledigen und konnten, wenn sie Verräter entdeckten, diese tagelang foltern und dann töten. Sie versuchten sogar, im Aussehen der Gestapo zu gleichen und ihre Wertvorstellung zu internalisieren.

In der Stanforder „Gefängnisstudie" (Zimbardo et al. 1973; s. oben, S. 585 ff.), konnte eine ähnliche Identifizierung mit den Bewachern beobachtet werden, indem 80% der Bemerkungen der Gefangenen übereinander negativ waren.

---

nung, Schulunterricht, Gesundheitspflege und Nahrung. Sie leisten bei Verbrechen und Gewaltanwendung ihren Beitrag und haben in anderen Kulturen und zu anderen Zeiten zu „Heiligen Kriegen" geführt.

Unter der Flagge der „Bürde des weißen Mannes" war es den Siedlern möglich, die Schätze Schwarzafrikas auszubeuten. Die Indianer konnten ihres Landes, ihrer Freiheit und des ökologisch passenden Lebensraumes beraubt werden, indem neue Einwanderer aus Europa kamen, deren Verlangen nach Wohlstand, einer Heimstätte und neuen Horizonten mit der „Bedrohung durch die roten Wilden" kollidierte.

Die „gelbe Gefahr" war eine weitere journalistische Fiktion, um das Denken der Leute gegen Amerikaner orientalischer Abstammung einzunehmen. Nachdem ihre Verwendbarkeit als Arbeiter bei der Eisenbahn, in Bergwerken und bei anderen harten Arbeiten vorüber war, setzten die Presse und Arbeitergruppen Kampagnen in Gang, die Chinesen zu deportieren, sie und die japanischen Einwanderer der Rechte und Privilegien des Amerikaners zu berauben. Ist Ihnen bekannt, daß über 100 000 japanische Amerikaner zu Beginn des 2. Weltkriegs in den Weststaaten in Konzentrationslager gebracht wurden, ihr Vermögen gegen nur geringe Entschädigung veräußert wurde und Millionen Dollar ihres Geldes von der Regierung (ohne Zinsen) in Banken zurückgehalten und verwendet wurden? Nichts Vergleichbares wurde jenen Amerikanern deutscher oder italienischer Abstammung zugefügt – den beiden anderen Gegnern Amerikas in demselben Krieg.

Wenn eine Gruppe zum Zielobjekt des Vorurteils und der Diskriminierung wird, wird sie sozial isoliert, indem normale Interaktion verhindert und die Kanäle der Kommunikation zerstört und blockiert werden. Diese Isolation wiederum läßt Gerüchte und Stereotypien ungehindert entstehen, Phantasien auftauchen und wachsen und die „Fremdheit" der Gruppe, ob Realität oder Einbildung, mit der Zeit größer werden. Die Absonderung der amerikanischen Indianer in die Reservate und die isolierenden Siedlungsmuster unserer Städte vergrößern die Entfremdung zwischen Gruppen und verhindern sowohl Realitätsprüfungen wie gelegentliche Interaktionen.

Die Verschiedenheit einer isolierten Gruppe kann – statt der Ursache – ein *Ergebnis* der Diskriminierung und Absonderung sein.

Seit dem Mittelalter hat es in Japan aufgrund eines Mythos biologischer Inferiorität die systematische Segregation einer Pariakaste, bekannt als *Burakumin*, gegeben. Sie weisen weder rassische Unterschiede auf noch sind sie äußerlich von anderen Japanern zu unterscheiden, so können sie mit Sicherheit nur durch Registrierung des Geburts- und Wohnortes identifiziert werden. Im Laufe der Jahre sind sie jedoch aus der Gesellschaft als Unberührbare ausgestoßen, in dreckigen Hütten, in Gettos zusammengedrängt und in den Möglichkeiten zu heiraten, zu arbeiten (nur untergeordnete Arbeiten) und ausgebildet zu werden, beschränkt worden.

Generationen der Segregation und der untergeordneten Stellung haben Unterschiede *geschaffen*. Ihre Sprachmuster haben sich abweichend entwickelt und kennzeichnen sie nun ebenso wie die Cockney sprechende Londoner Unterschicht. Ungeachtet ihrer Fähigkeiten verhindern ihre Ausweispapiere (die ihren Beruf und Wohnort ausweisen) ein Entkommen. Es ist nicht verwunderlich, daß es unter Jungen aus den Burakumingettos eine höhere Verbrechens- und Arbeitslosenrate, häufigere Schulversäumnisse und -abbrüche und niedrigere IQ-Werte gibt. Diese Tatbestände werden dann als Kennzeichen für eine „angeborene Inferiorität der Rasse" gedeutet und zur Rechtfertigung der Notwendigkeit für weitere Diskriminierung herangezogen (DeVos u. Wagatsuma 1966).

„Letzten Endes kann man, wie einem jeder erfolgreiche Lehrer bestätigen wird, nur die Dinge lehren, die man selbst repräsentiert. Wenn wir Rassismus praktizieren, dann ist es Rassismus, was wir lehren."

Max Lerner: *Actions and Passions*, 1949

Können Vorurteil und Rassismus überwunden werden?

Wenn Vorurteil und Rassismus sich einmal etabliert haben, sind sie relativ löschungsresistent, da sie geeignet sind, gewisse Bedürfnisse des einzelnen sowohl als auch der Gruppe zu befriedigen und weil es so viele Voraussetzungen gibt, die dazu beitragen mögen, diese Einstellungen zu bestärken und aufrecht zu erhalten. Wir besitzen einige Anhaltspunkte, haben uns aber bislang bedauerlich unfähig erwiesen, mit diesem ernsten sozialen Problem fertig zu werden.

Veränderung des Handelns

Aus unserer Kenntnis über Einstellungsänderung in anderen Bereichen können wir vorhersagen, daß Bemühungen optimalerweise dort angesetzt werden können, wo die Menschen dazu gebracht werden, auf neue Weise zu handeln, statt ihnen Argumente zu liefern, warum sie so handeln sollen. Wie die Forschung zeigt, kann der *Kontakt* zwischen antagonistischen Gruppen bessere Beziehungen zwischen den Gruppen begünstigen und bestehende Feindschaften vermindern, wenn – und nur wenn – viele andere Faktoren dem förderlich sind; das bloße Einanderausgesetztsein hilft nicht und intensiviert eher bestehende Haltungen. Veränderungen als Ergebnis von Kontakten sind am wahrscheinlichsten, wenn der Kontakt eher lohnend als nachteilig ist, wenn er einem wechselseitigen Interesse oder Ziel dient und wenn die Teilhabenden empfinden, daß der Kontakt das Resultat ihrer eigenen Entscheidung war (s. „Unter der Lupe", S. 653).

Veränderung von Regeln und Verstärkern

Obwohl „Rechtschaffenheit sich nicht mittels Gesetzgebung regeln läßt", führt eine neue Vorschrift oder eine Regelung, der die Menschen allgemein Folge leisten, zu einem neuen System von Belohnungen und Bestrafungen und kann somit eine neue soziale Norm schaffen, die dann einen mächtigen Einfluß auf den einzelnen ausübt, sich dem neuen Verhaltensmuster anzupassen. Auf diese Weise geht die Legislative das Gruppenphänomen des institutionalisierten Rassismus ebenso an wie das Vorurteil des einzelnen. Dieselben Resultate könnten durch

Unter der Lupe

Holzköpfe lachen nicht über Archie Bunker

Das beliebte Programm „Die ganze Familie" hat zu erheblichen Kontroversen geführt, da sein Held als ausgesprochen blindgläubig dargestellt wird. Archie Bunker urteilt nicht in seinen Urteilen; er zeigt offene Verachtung für alle Andersartigen – die einer anderen Rasse, einem anderen Glauben, Geschlecht, Ursprungsland oder einer anderen politischen Meinung angehören. Einige Kritiker behaupteten, eine solche Blindgläubigkeit fördere Vorurteile, indem sie auf die leichte Schulter genommen werden und der Gebrauch von Stereotypen gutgeheißen werde. Befürworter blieben hartnäckig bei ihrer Meinung, sie habe einen positiven Effekt, da sie Vorurteile für die Öffentlichkeit aufdecke und die Extreme, zu denen Archie bei seinen Überlegungen gelangt, lächerlich wirkten. Was glauben Sie, welche Meinung am ehesten den Tatsachen entspricht?

Aufgrund einer durchgeführten Untersuchung scheinen die Kritiker eher recht zu behalten. Bei der Befragung von 237 amerikanischen Jugendlichen des mittleren Westens und von 130 Erwachsenen aus London, Ontario, wurden Reaktionen zu der Vorführung im allgemeinen und speziell zu Archie und seinem liberal denkenden Schwiegersohn Mike untersucht. Die Forscher Vidmar u. Rokeach (1974) kommen zu dem Ergebnis, daß das Programm „Vorurteile und Rassismus eher verstärkt als sie bekämpft".

Viele Zuschauer erkannten noch nicht einmal die Satire auf die Blindgläubigkeit. Im Gegenteil, sie stimmten mit Archies rassistischen Beschimpfungen überein. Im Vergleich zu unregelmäßigen Zuschauern hatten regelmäßige Zuschauer mehr Vorurteile, stimmten eher mit Archies Meinung überein, bewunderten Archie mehr als Mike und sahen Archie letztlich als Sieger an.

---

mehr informelle Übereinkommen erzielt werden, „Grundregeln" zu ändern.

Eine Schwierigkeit liegt natürlich darin, daß jene, die die neuen Regelungen schaffen müssen, oft diejenigen sind, die die mißliebige Gruppe als soziale oder ökonomische Bedrohung betrachten. Deshalb ist die Motivation für eine sinnvolle Veränderung gering und der Fortschritt quälend langsam. Es ist wichtig für diejenigen, die auf Veränderung hinarbeiten, sich zu vergegenwärtigen, daß Gruppen, die sich durch Veränderung bedroht fühlen, das Gefühl bekommen müssen, daß ihren wesentlichen Bedürfnissen dann Rechnung getragen wird, wenn sie für eine neue Regelung oder Gesetzgebung eintreten und sie nicht nur beschließen sollen.

Veränderung des Selbstbildes der Opfer von Vorurteilen

Junge Menschen, die Zielobjekte von Vorurteilen sind, sind möglicherweise gegen deren verkrüppelnde psychologische Wirkungen „geimpft" und somit bestärkt, ihr wirkliches Potential zu entwickeln und zu demonstrieren – wenn sie mit ihrer Abstammung, ihrer Geschichte und Gruppenidentität ein Gefühl des Stolzes verbinden können. Die Bewegung „Black is beautiful" stellt ein effektives Beispiel dieses Ansatzes dar.

Die einschlagende Wirkung dieser Selbstsicherung und dieses neuen Gruppenstolzes wird in einer Studie demonstriert, die rassische Präferenzen für Puppen augenscheinlich verschiedener Rassenzugehörigkeit untersuchte. Im Gegensatz zu früheren Ergebnissen (s. S. 649) zeigte diese Untersuchung, daß eine Majorität von 89 schwarzen Kindern die Puppen schwarzer Hautfarbe bevorzugte, mit ihnen häufiger spielte und sie attraktiver als Puppen weißer Hautfarbe fand. Obwohl die meisten der 71 weißen Kinder mit der weißen Puppe spielten und sie als nette Puppen empfanden, bezeichneten zudem 49 % von ihnen die Farbe der schwarzen Puppe als „nett" (Hraba u. Grant 1970).

Die unbewußte Ideologie des Sexismus

Welches Geschlecht ist *Ihrer* Meinung nach emotionaler, sensitiver, zärtlicher, empfindsamer, beschützender, intuitiver, eifersüchtiger, boshafter und geschwätziger? Welches ist Ihrer Meinung nach rationaler, kreativer, durchsetzungsfähiger, kühler, mit einer größeren Neigung zu Maschinen und Mathematik, kräftiger? Welches Geschlecht würde keinen guten Präsidenten oder Mittelstürmer in der Bezirksliga abgeben? Welches Geschlecht sieht komisch aus beim Wechseln von Kinderwindeln oder Herumwerkeln in der Küche? Ein Marsbewohner könnte antworten: „Oh, das weiß ich nicht, aber möglicherweise hat es damit zu tun, welche Kinder mit einer rosa oder blauen Babydecke zugedeckt werden."

Während Jungen mit Gewehren und Maschinenbaukästen spielen, bekommen Mädchen Puppen und werden angeregt, als Vorbereitung für ihre Lebensstellung als gehorsame, hingebungsvolle Frauen und aufopferungsvolle Mütter, Haushalt zu spielen. Es wird ihnen eher als männlichen Schülern gleicher Fähigkeit geraten, Handelsschulen und „Schulen, die den letzten Schliff geben sollen", zu besuchen. Wenn sie nicht außergewöhnlich gute Schülerinnen sind, werden sie viel seltener ermutigt, eine höhere Bildung anzustreben.

Selbst wenn sie – was die Ausnahme ist – den Titel eines Doktors der Philosophie erreicht haben, sind die Chancen, einen guten Arbeitsplatz zu erhalten, der persönlich und finanziell befriedigt, äußerst gering. Von ca. 30 Mio. berufstätigen Frauen arbeiten fast zwei Drittel als Hausangestellte, als Büroangestellte im Dienstleistungssektor oder als Verkäuferinnen. 1968 verdiente eine Frau mit 4 Jahren Collegeausbildung im Durchschnitt $ 6694 pro Jahr – dasselbe wie ein Mann, der 8 Schulklassen absolviert hat – und damit viel weniger als ihre männlichen Schulkameraden, die im Schnitt $ 11795 verdienten.

Die (häufig unbewußte) Ideologie, die zu diesen Unterschieden führt, wird *Sexismus* genannt. Zwei Hauptfaktoren, die für das Überdauern sexistischer Gedanken und Praktiken verantwortlich zu machen sind, sind die biologischen Schranken und die bestimmte Geschlechtsrollen einübende Sozialisation.

„Die Natur bestimmte die Frauen zu unseren Sklaven ... Sie sind unser Eigentum, nicht wir ihres. Sie gehören uns, geradeso wie ein Baum, der Früchte trägt, dem Gärtner gehört. Was für eine verrückte Idee, Gleichheit für Frauen zu verlangen! ... Frauen sind lediglich Gebärmaschinen."

Napoleon Bonaparte

Biologische Barrieren

Da Frauen einen Uterus haben und Kinder gebären und da eine künstliche Kontrolle dieser reproduktiven Funktion immer unvollkommen war, sind Frauen immer schon primär als *Kindergebärerinnen* definiert worden. Jede weitere Aktivität, die die Macht der sozialen Kontrolle über ihre reproduktiven Fähigkeiten hätte verändern können, wurde als Bedrohung der wirklichen Grundlagen der Gesellschaft und als „wider die Natur" aufgefaßt. Auf diese Weise wurde die grundsätzliche Dichotomie der Menschheit – verschiedene reproduktive Rollen – herangezogen, um alle die anderen angeblichen Unterschiede zwischen Mann und Frau zu rationalisieren und die diskriminierende Behandlung der Frauen zu rechtfertigen. Ohne die Möglichkeit, ihre eigene Reproduktivität zu beschränken, waren die anderen „Freiheiten" der Frauen Illusionen, die nicht wirklich genutzt werden konnten (Cisler 1970).

Die verbesserten Methoden der Geburtenkontrolle, neben sozialen Veränderungen im Bewußtsein für die Notwendigkeit eines reduzierten Bevölkerungswachstums, gleichberechtigter Beziehungen zwischen Mann und Frau, alternativer Lebensstile (alleinstehende Mütter, Kommunen usw.) und von Erleichterungen bei den Alltagsaufgaben gestatten den Frauen eine um vieles mannigfaltigere Selbsterfüllung.

Sozialisation von Geschlechtsrollen

Wenn Diskriminierung früh genug beginnt und beständig in vielen Lebensbereichen eines Menschen zum Tragen kommt, dann ist dies die einzig zugängliche gesellschaftliche Realität, auf die man seine Selbstidentität gründen und von der man ein Selbstwertgefühl ableiten kann (vgl. Abb. 16.9). Viele Untersuchungen haben gezeigt, daß Frauen im allgemeinen das Stereotyp der Inferiorität akzeptieren.

In einer Studie wurden von Frauen, die das College besuchten, 6 Artikel mit Themen vorgelesen, die von Erziehung bis hin zur Gesetzgebung reichen. Es wurde nichts über die Verfasser der Artikel erwähnt, aber angeblich stammte bei jedem der Themen eine Hälfte der Artikel von einem männlichen und die andere Hälfte von einem weiblichen Autor (z. B. John T. McKay oder Joan T. McKay). Dieselben Artikel wurden durchweg als maßgebender und interessanter eingestuft, wenn sie einem männlichen statt einem weiblichen Autor zugeschrieben wurden (Goldberg 1968).

Verschiedene Untersuchungen, in denen Gruppen männlicher und weiblicher Vpn dreier Altersstufen (7–12, 12–18, 18–26 Jahre) herangezogen wurden,

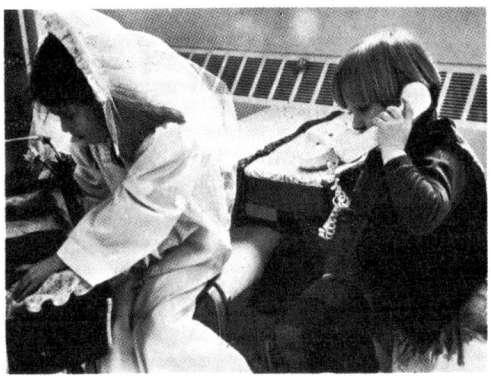

Abb. 17.9. Geschlechtsrollenlernen

haben gezeigt, daß Frauen durchgehend niedrigere Erwartungen bezüglich ihrer Aufgabenerfüllung und ihres akademischen Erfolges als die entsprechenden männlichen Probanden haben (Crandall 1969).

Stereotypes Denken darüber, was Mädchen und Frauen können und was nicht – und was sie tun sollten –, entwickelt sich aus der Voreingenommenheit, die durch einseitige Betrachtungsweisen entsteht. Nehmen wir z. B. das Fernsehen, mit dem viele Kinder mehr Zeit als mit der Schule zubringen. Nach einer breit angelegten Studie über die Hauptsendezeit des Kanadischen Fernsehens sehen die Kinder Frauen, die nur klägliche Vorbilder in bezug auf Leistungsverhalten abgeben (Manes u. Helnyk 1974). Ein häufiges Thema ist die finanziell unabhängige Frau entweder in unglücklicher Ehe oder in einer glücklichen Ehe, die sie durch die Entscheidung, eine verantwortliche Aufgabe zu übernehmen, aufs Spiel setzt. Aus anderen Untersuchungen wissen wir, daß Vorbilder im Film das Verhalten der Zuschauer beeinflussen (s. Bryan u. Schwartz 1971).

Frauen sind sehr viel häufiger als Männer Zielscheibe von Witzen in populären Zeitschriften.

Eine Analyse von 740 Witzen aus der Rubrik „Humor ist die beste Medizin" im *Reader's Digest* über einen Zeitraum von 6 Jahren ergab 6mal mehr gegen Frauen als gegen Männer gerichtete Witze. Der Humor der Witze hing häufig von der Annahme des Stereotyps der Frau als „verschwenderisch", „inkompetent", „klatschsüchtig", „nörglerisch", „sentimental", „geldgierig" oder „eifersüchtig" ab.

In den 40er Jahren war tatsächlich ein Drittel des Humors in dieser Rubrik sexistisch. Obwohl formal eine graduelle Abnahme zu verzeichnen ist, verbreitet diese einflußreiche Quelle weiterhin Vorurteilsstereotypie auf humorvolle Weise (Zimbardo u. Meadow 1974).

Eine in den 60er Jahren veröffentlichte gründliche Analyse der Geschlechtsrollen, wie sie in Texten an Grundschulen dargestellt werden, offenbarte sehr eindeutige Stereotypien.

Weibliche Charaktere a) kamen weniger häufig als männliche vor, b) folgten eher Anordnungen, statt selbst welche zu geben, c) waren eher mit ihrer Phantasie beschäftigt, anstatt damit, Probleme zu lösen, d) waren fügsamer und wortreicher und e) wurden häufiger zu Hause angetroffen. Während darüber hinaus positive Ergebnisse männlichen Aktionen zugeschrieben wurden, wurden glückliche Resultate nach weiblichen Aktionen auf die Umstände oder das Wohlwollen anderer zurückgeführt. Mit höherem Schulniveau ergab sich eine Zunahme an geschlechtlicher Differenzierung bezüglich dieser Dimensionen und eine divergierendere Darstellung „angemessener" Charakterisierungen von Männern und Frauen (Saario et al. 1973).

Sogar in allgemein üblichen Psychologietexten der Hochschulen manifestiert sich Sexismus in mannigfaltiger Weise, am offensichtlichsten als Auslassung: Frauen erscheinen selten, es sei denn als „Mütter". Die übermäßige Verwendung maskuliner Pronomen und des generischen Terminus *„man"* (das englische Wort "man" bedeutet Mann und Mensch zugleich) trägt evtl. dazu bei, ein Bild von der Psychologie als der Erforschung des männlichen Menschen zu vermitteln, nicht der Erforschung menschlichen Verhaltens generell (*American Psychological Association Task Force Report* 1974).

Die Angemessenheit des Terminus der *unbewußten Ideologie des Sexismus* (geprägt von Bem u. Bem 1973) läßt sich an einem alten *Science*-Artikel demonstrieren, der über die Entdeckung einer schwachen Menstruationsblutung an einem bestimmten Tag zwischen den Perioden beim Menschen (engl. "man") berichtet (Simpson u. Evans 1928, S. 453), wobei mit „man" ohne Zweifel die Spezies Mensch gemeint war, was aber doch eine gewisse Gedankenlosigkeit aufdeckt.

Pathologie in Stadtzentren

Menschen werden traditionsgemäß von Städten wegen der ökonomischen Möglichkeiten, die sie bieten und wegen ihrer kulturellen und gesellschaftlichen Angebote angezogen. Stadtzentren sind dort, „wo was los ist".

Heutzutage aber spielt sich nach Ansicht vieler

Menschen in der Stadt viel zu viel ab und dies alles zu schnell, zu unvorhersehbar und unkontrollierbar. Die Entwicklung scheint in ihrem Tempo unaufhaltsam; der Andrang nach begrenzten und oft sich verschlechternden Hilfsmitteln ist zu groß (Taxis, Sitzplätze in der U-Bahn, Kindergärten usw.); und es gibt viel zu viele Menschen, die einen betrügen wollen, zu viel Unhöflichkeit und zu wenig mitmenschliche Anteilnahme. Die Vorteile städtischen Lebens werden in zunehmendem Maß mit Anpassungen aufgewogen, die der einzelne gegenüber der sensorisch-kognitiven Überlastung und dem Streß, den ein solches Leben schafft, aufbringen muß.

Während die Stadt die höchste technologische Kontrolle über die Natur darstellt, hat sie zugleich begonnen, die Macht des einzelnen in ihr zu beschränken, um die Qualität des Lebens zu regulieren. Unsere großen Städte sind in der Tat zunehmend zu Zentren unlösbarer Probleme und zu Ursachen der Pathologie und des Verfalls für diejenigen geworden, die in ihren übertünchten Mauern leben müssen.

Im Sommer 1970 verhinderte eine Inversionswetterlage den Abzug der heißen und verschmutzten Luft über New York, was einen rapiden Anstieg der Temperaturen zur Folge hatte und Probleme in der Frischluftversorgung hervorrief. Die technische Lösung dieser Probleme war einfach: die Klimaanlagen und Luftbefeuchter wurden überall eingeschaltet. Aber der Bedarf an Energie überforderte die Kapazität der Elektrizitätswerke, so daß die Versorgung mit elektrischer Energie nicht nur für die Klimaanlagen, sondern ebenso für die U-Bahn reduziert werden mußte.

Dadurch wuchs die Frustration der aufgehaltenen und verspäteten Fahrgäste, weswegen viele auf ihren Wagen als Verkehrsmittel überwechselten. Natürlich führte die zunehmende Verwendung von Pkws in einer schon überfüllten Stadt nicht nur zu ärgerlichen Verkehrsstauungen, sondern lieferte auch seinen Beitrag zur Luftverschmutzung, ebenso wie die vergrößerten Anstrengungen der Versorgungseinrichtungen zur Erzeugung von mehr Strom. All dies war nur eines einer langen Reihe bestehender Probleme, die auf eine übermäßige Bevölkerungsdichte zurückzuführen sind: unzureichende Abfallbeseitigung und sanitäre Einrichtungen, unregelmäßiger Telefondienst, Lärmbelästigung,

überfüllte Schulen und unsichere Straßen, um nur einige zu nennen (s. auch Abb. 17.10).

In großen Städten ist es zu einem Grundsatz geworden, daß die Lösung eines Problems nur die Ursache für neue darstellt. Sobald ein Stadtbewohner es sich leisten kann, zieht er in die Vorstadt, wo er bessere Schulen, mehr Raum, Natur und ein privates Zuhause vorfindet. Wenn er aber seinen Arbeitsplatz in der Stadt hat, dann muß er fortan täglich hin- und herfahren. Um Verkehrsstauungen in den Hauptverkehrsadern der Städte, die frustrierende Suche nach einem Parkplatz am Straßenrand bzw. die beträchtlichen Parkgebühren zu umgehen, wird er zu einem Zeitkarteninhaber für Vorortzüge (Pendler).

Was aber sind die psychischen Kosten für einen Pendler?

Ein Psychiater verteilte 100 Fragebögen an Fahrgäste, die geduldig auf den „Bullet"-Zug um 7.12 Uhr von Long Island nach Manhattan warteten. Aus den 49 ausgefüllten Fragebögen geht hervor, daß der durchschnittliche Pendler, wenn überhaupt, sein Frühstück in weniger als 11 min hinunterschlingt, daß er darauf eingerichtet ist, täglich 3 h unterwegs zu verbringen und daß er schon seit 10 Jahren mit der Eisenbahn fährt und damit – unter der Annahme eines 2wöchigen Urlaubs und keines Ausfalls wegen Krankheit – über 7500 h auf diese Weise zugebracht hat. Zwei Drittel der Pendler waren der Ansicht, daß sich ihre familiären Beziehungen aufgrund des Pendelns verschlechtert haben, 59% fühlten sich erschöpft, 47% verspürten Ärger, 28% Unruhe, weitere klagten über Kopfweh, Muskelschmerzen, Verdauungsstörungen und andere Symptome als Langzeitfolgen des unsinnigen Gerennes von ihrem Wohnsitz auf dem Lande in die Stadt (Charatan 1973).

Trotz dieser betrüblichen Lebenserfahrung stellte sich der Pendler jeden Abend vor, dem wachsenden Angstgefühl und sozialer Pathologie entronnen zu sein, die so viele emotional zum Krüppel machen, die nicht wohlhabend genug sind, um in die Vorstädte fliehen oder sich den Luxus einer gut geschützten Etagenwohnung leisten zu können.

Pro Jahr gibt es mehr Morde in Manhattan Island als in England und Wales zusammen (wobei deren Bevölkerung fast 30mal so groß ist). In einem Bezirk von Harlem mit besonders hoher Kriminalität wird im Laufe eines Jahres jeder *Fünfhundertste* auf offener Straße Opfer eines Totschlags. Mehr als die Hälfte der Menschen, die in einem stark kriminellen Viertel interviewt wurden, fühlte sich unsicher und war

Abb. 17.10. 1968 erlebte New York binnen weniger Tage einen Streik der Müllabfuhr, der Lehrer, der Polizei und der Hafenarbeiter

der Ansicht, daß ihre Gemeinde kein geeigneter Ort sei, um Kinder aufzuziehen; zum Vergleich: im Bereich der Vorstädte waren weniger als 5% dieser Ansicht (Conklin 1971).

Hilfe! Wer wird mir helfen?

Einige der wirksamsten Faktoren zur Beeinträchtigung der menschlichen Natur liegen in solchen sozialen Bedingungen, die es ermöglichen, vielen Menschen nahe zu sein und doch zugleich sich ihnen fremd zu fühlen. Man ist in einer großen Stadt von buchstäblich Hunderttausenden von Menschen umgeben, hört sie im Radio, sieht sie im Fernsehen, ißt mit ihnen im Restaurant, sitzt neben ihnen im Kino, wartet mit ihnen in einer Schlange, wird in der U-Bahn mit ihnen herumgestoßen, berührt sie, aber bleibt unberührt, isoliert, als ob sie nicht existierten.

Für eine Frau in Queens existierten sie wirklich nicht.

„Über eine halbe Stunde lang beobachteten insgesamt 38 angesehene gesetzestreue Bürger in Queens (New York) einen Mörder, wie er einer Frau hinterher-schlich und sie in 3 aufeinanderfolgenden Angriffen in Kew Gardens erstach.

Zweimal störte und verscheuchte ihn das Ertönen ihrer Stimmen und der plötzliche Lichtschein aus ihren Schlafzimmern. Jedesmal aber kehrte er zurück, spurte sie auf und stach erneut auf sie ein. Nicht ein einziger rief während der Gewalttätigkeit die Polizei über Telefon an; ein Zeuge holte die Polizei, nachdem die Frau tot war" (*The New York Times*, 13. März 1964).

Dieser Zeitungsbericht über den Mord an Kitty Genovese war ein Schock für eine Nation, die den Gedanken an eine solche Apathie seitens der Bürger nicht ertragen konnte. Doch nur wenige Monate später gab es eine noch anschaulichere und niederschmetterndere Schilderung, wie entfremdet und isoliert man inmitten von Menschen sein kann. Stellen Sie sich für einen Moment vor, Sie wären in der Lage einer 18jährigen Sekretärin gewesen, die in ihrem Büro geschlagen, gewürgt, ausgezogen und vergewaltigt wurde und sich dann schließlich von ihrem Angreifer losreißen konnte. Nackt und blutend rannte sie das Treppenhaus hinunter bis zum Eingang und schrie: „Helft mir! Helft mir! Er hat mich vergewaltigt!" Eine Menschenmenge von 40 Personen versammelte sich auf der Geschäftsstraße und beobachtete völlig passiv, wie der Gewalttäter sie zurück nach oben schleppte. Nur das zufällige Eintreffen einer Polizeistreife bewahrte sie vor weiteren Verletzungen und vielleicht sogar Mord (*The New York Times*, 6. Mai 1964).

Hätten Sie die Polizei gerufen, wenn Sie in Kew Gardens gewohnt hätten? Hätten Sie eingegriffen, um der vergewaltigten Frau zu helfen? Werden Sie sich (wenn Sie die Chance haben zu helfen) um mehr als nur um die eigenen Angelegenheiten kümmern?

Je mehr potentielle Helfer, um so weniger Hilfe

Ist die Unterlassung von Hilfestellung in Notfällen die Folge irgendeines Persönlichkeitsdefekts von besonderen Zuschauern oder kann sie auf bestehende Bedingungen sozialen Lernens zurückgeführt werden, die auf jeden einwirken könnten?

Zwei Sozialpsychologen schickten sich an, diese Frage zu beantworten und schufen im Labor ein geniales Experiment analog der Situation, in der es gilt, als Hilfeleistender einzugreifen. Einem Collegestudenten, der sich in einem Raum befand, wurde glaubhaft gemacht, daß er über eine Sprechanlage mit anderen Studenten in Verbindung stehe. Während des Verlaufs einer Diskussion über persönliche Probleme hörte er Geräusche, die auf einen epileptischen Anfall bei einem der anderen Studenten hindeuteten. Die Vp hörte diesen Studenten über die Sprechanlage keuchend um Hilfe rufen:

„Ist da niemand, der mir helfen kann ... bitte helft mir ... ich bin völlig am Ende ... kommt schnell ... ich brauche jemanden ... so kommt doch, ich kann nicht mehr ... (es hört sich an, als würde er ersticken) ... ich sterbe, Hilfe, ich sterbe ... (Keuchen, dann Stille)."

Während des „Anfalls" war es der Vp nicht möglich, mit den anderen Studenten zu sprechen oder herauszufinden, was, wenn überhaupt, sie in dieser Notlage unternahmen. Die abhängige Variable war die Geschwindigkeit, mit der er den Vl von dem Vorfall unterrichtete. Die wichtigste unabhängige Variable war die Zahl der Menschen, von denen er annahm, daß sie die Diskussionsrunde mit ihm bildeten.

Es stellte sich heraus, daß die Wahrscheinlichkeit eines Eingreifens von der Zahl der nach Meinung der Vp anwesenden Zuschauer abhängt. Je größer diese Zahl war, um so mehr Zeit verging, die die Vp den Anfall berichtete, wenn sie dies überhaupt tat. Wie aus Abb. 17.11 hervorgeht, wurde in einer Situation, an der 2 Personen beteiligt waren, von jeder Vp innerhalb 160 s interveniert, aber fast 40 % der Vpn in der Situation mit der größeren Gruppe bemühten sich nicht, den Vl davon zu unterrichten, daß ein Student sterben könnte. Eine Reihe von Persönlichkeitstests,

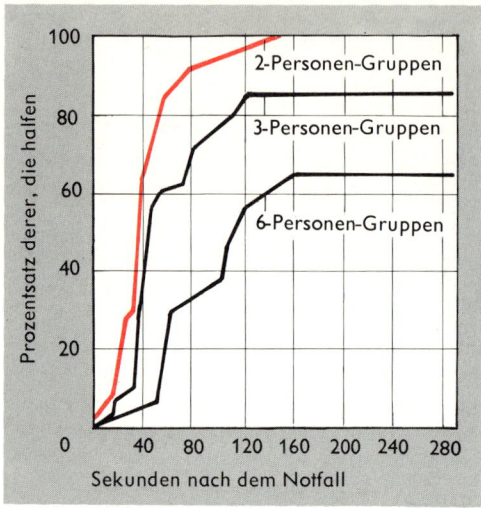

Abb. 17.11. Zuschauerintervention aus Personengruppen. (Nach Darley u. Latané 1968)

der jede Vp unterzogen wurde, konnte keinerlei signifikante Beziehungen zwischen besonderen Persönlichkeitsvariablen und der Geschwindigkeit oder Wahrscheinlichkeit des Eingreifens aufzeigen.

Nach entsprechenden Untersuchungen sind die Chancen, daß einem als Opfer einer Notfallsituation geholfen wird, größer, wenn die Zuschauer folgende Charakteristika aufweisen: eher schwarz als weiß, eher männlich als weiblich, eher während der Arbeit als der Freizeit, eher, wenn gerade in freundlicher Stimmung. Zuschauer sind auch eher bereit einzugreifen, wenn sie zuvor Zeuge waren, wie ein ihnen ähnlicher Typ jemandem in einer Notlage half, nicht aber, wenn sie andere Menschen als ihnen selbst ähnlich empfinden, die in der Notfallsituation *nicht* helfen. Darüber hinaus wird einem nur bis zu dem Grade geholfen, in dem die Situation eindeutig als Notfall gekennzeichnet ist und man versucht, so weit wie möglich sich selbst zu helfen, und wenn die Situation nicht konstruiert, gestellt erscheint.

Keine Zeit, um „Hallo" zu sagen

Eine der verblüffendsten Eigenschaften des modernen Lebens liegt darin, daß sich alles schneller zu bewegen und zu verändern scheint, als wir es psychisch verkraften können. Insbesondere in großen Städten wird alles, was stillsteht, etikettiert, abgeschleppt oder begraben.

Die außergewöhnlichste Untersuchung über das Ausmaß, in dem Hast und Eile die Grundlagen gesellschaftlichen Lebens zerstören können, bildet ein bemerkenswertes Experiment von Darley u. Batson (1973) an der Universität Princeton.

40 sich auf das geistliche Amt vorbereitende Studenten am theologischen Seminar von Princeton nahmen freiwillig an einer angeblichen Untersuchung über religiöse Bildung und Berufung teil. In einem Gebäude wurden sie kurz über die Untersuchung informiert, dann sollte sich jeder Student in einem anderen Gebäude melden, um eine Rede zu halten. Einige rechneten damit, eine Rede über die Aufgaben zu halten, für die die Studenten des Seminars sich einsetzen sollten; andere wurden darauf vorbereitet, eine Predigt über das Gleichnis vom barmherzigen Samariter zu halten. Dieses Gleichnis steht im 10. Kapitel des Lukas-Evangeliums.
„Es war ein Mensch, der ging von Jerusalem hinab gen Jericho und fiel unter die Mörder; die zogen ihn aus, schlugen ihn, gingen davon und ließen ihn halbtot liegen. Es begab sich aber, daß ein Priester dieselbe Straße hinabzog, und da er ihn sah, ging er vorüber. Desgleichen auch ein Levit; da er kam zu der Stätte und sah ihn, ging er vorüber. Ein Samariter aber reiste und kam dahin, und da er ihn sah, jammerte es ihn sehr. Er ging zu ihm und goß ihm Öl und Wein auf seine Wunden, verband sie ihm, hob ihn auf sein Tier, führte ihn in eine Herberge und pflegte ihn."
Bevor jeder Student fortging, um seine Rede zu halten, manipulierte der Vl systematisch seine Erwartungen hinsichtlich der Zeit, die er benötigen würde, um in das andere Gebäude zu gelangen.
Geringe Eile: „In wenigen Minuten werden sie drüben für Sie bereit sein, aber Sie können genausogut vorausgehen. Wenn Sie drüben warten müssen, dann sicherlich nur kurz."
Mittlere Eile: „Der Assistent ist für Sie bereit, bitte gehen Sie direkt hinüber."
Große Eile: „Oh, Sie sind spät dran. Sie wurden schon vor ein paar Minuten erwartet. Wir täten gut daran aufzubrechen. Um den Assistenten möglichst nicht warten zu lassen, sollten Sie sich beeilen."
Was aber fand die Vp vor, als sie über einen Gang dem anderen Gebäude zulief? In der Tat lag im Hausflur ein hingestürzter Mann keuchend, stöhnend, mit dem Kopf nach unten und geschlossenen Augen. Hier war die Gelegenheit gegeben, ein barmherziger Samariter zu sein, anzuhalten und dem armseligen Opfer zu helfen. Das „Opfer", das nicht wußte, welcher experimentellen Bedingung die jeweilige Vp unterstand, hielt als Beobachtung fest, ob eine Vp Hilfe leistete oder nicht und wie die Art der angebotenen Hilfe war. Die Seminaristen hielten schließlich ihre Rede und füllten dann einen Fragebogen aus, der Fragen zur Hilfeleistung an Menschen in Not enthielt und speziell dazu, wann sie zuletzt eine bedürftige Person gesehen hätten und ob sie ihr geholfen hätten. Danach wurden sie aufgeklärt, und der Zweck der Untersuchung wurde ausführlich erläutert.

Die Ergebnisse sind bestürzend und deprimierend: Insgesamt hielten 60% der Vpn nicht an, um dem Opfer zu helfen. Die Tatsache, daß sie im Begriff waren, eine Predigt über den barmherzigen Samariter zu halten, hatte keine Auswirkung auf die Wahrscheinlichkeit, selbst in diesem Sinne zu handeln. Bezeichnenderweise erlaubte die beste Vorhersage darüber, wer anhalten würde, um zu helfen, die Situationsvariable, d. h. der Grad der Eile. 63% derjenigen, die nicht in Eile waren, leisteten Hilfe; von denen mit mittlerer Eile halfen 45%. Nur 10% der Studenten, die sich angeblich verspätet hatten und in großer Eile waren, um die Predigt vom barmherzigen Samariter zu halten, hielten an, einem Mitmenschen zu helfen, der ihre Hilfe brauchte.

Es waren dies keine gefühllosen Menschen, sondern Individuen, die im Begriff waren, eine vorrangige Verpflichtung zu erfüllen, die mit der Hilfeleistung in Konflikt geriet.

Über(be)völkerung

In welchem Ausmaß trägt die physische Realität der Überbevölkerung zu Feindseligkeit und sozialen Krankheiten bei, die in Städten wie New York, Philadelphia, Newark, Detroit, Chicago, Tokio, Kalkutta, London u. a. so offenkundig sind?
Im Laufe der letzten beiden Jahrzehnte wurde von J. B. Calhoun am National Institute of Mental Health die gründlichste Untersuchung der Beziehungen zwischen Bevölkerung, physischer Umwelt und sozial-emotionalem Verhalten bei Tieren vorgenommen (Calhoun 1962, 1971; s. auch Abb. 17.12).
Kolonien wilder oder zahmer Ratten oder Mäuse wurden in einer künstlichen Umwelt aufgezogen, in der die Wirkungen einer wachsenden Bevölkerung über mehrere Generationen beobachtet werden konnten.

In einer Versuchsreihe wurde eine Art „Behausungsprojekt" entwickelt, in dem es 4 untereinander verbundene Einheiten gab, die über eine Wendeltreppe zu erreichen waren. Um in außen gelegene Einheiten gelangen zu können, mußten die Tiere die innen gelegenen passieren, die somit bald zum Brennpunkt sozialen Geschehens wurden. Als die Population auf 80 Ratten angewachsen war – 48 wären optimal gewesen –, begannen „fehlerhafte" oder lebenszerstörende Verhaltensweisen aufzutreten.
Obwohl Rohstoffe wie Nahrung und Material zum Nestbau in reichlichem Umfang vorhanden waren, kam es häufig zu bösartigen Kämpfen zwischen den männlichen Ratten, ebenso zu Angriffen auf die weiblichen und jungen Tiere ohne Veranlassung. Einige

Abb. 17.12. J. B. Calhoun betrachtet das „Universum 25" – jetzt als tote Stadt bezeichnet –, die gemeinsame Heimat von etwa 2200 Mäusen, die schließlich alle starben. Die speichenartigen Gebilde waren ihre Pfade, die Nabe war der gemeinsame Treffpunkt. Die Flaschen lieferten das benötigte Wasser und die Drahtkörbe das Futter

männliche Tiere waren hyperaggressiv, während sich andere zurückzogen und passiv wurden. Hyper-, Homo- und Bisexualität nahmen in erschreckendem Ausmaß zu. Die soziale Ordnung brach völlig zusammen bis hin zu dem Punkt, an dem normale Aktivitäten wie Nestbau und Kinderpflege von den weiblichen Tieren eingestellt wurden, Kannibalismus auftrat und kein Kind die Entwicklung zur Reife erreichte. In einer anderen experimentellen Version, in der die Wohnbehausungen wie „Etagenwohnungen eines Hochhauses" um ein offenes Gebiet angeordnet waren, gab es wiederum reichlich Nahrung und Nestbaumaterial, und die Tiere waren nicht bedroht von Krankheitskeimen, Raubtieren, Regen oder Schnee. Hier begann der Zusammenbruch, als alle angenehmen physischen Räumlichkeiten und sozialen Rollen ausgefüllt waren. Dominante männliche Tiere brachen allmählich bei der Verteidigung ihrer Territorien völlig zusammen. Muttertiere vertrieben ihre Jungen sehr früh aus den Nestern und wurden aggressiver und dominierender. Junge ausgewachsene Tiere hörten auf, um ein eigenes Territorium zu kämpfen, und begannen ein pathologisches Leben „auf den Straßen" des offenen Gebietes. Fortpflanzung wurde eingestellt. Die letzte Maus starb weniger als 5 Jahre nach dem Beginn der Untersuchung.

Wie wir in Kap. 13 sahen, führt eine intensive und unablässige Belastung dazu, daß die Nebennieren übermäßig Mehrarbeit leisten, um einen Hormonausstoß aufrechtzuerhalten, der für Verteidigungsreaktionen benötigt wird; sie wachsen und sind schließlich unfähig, überhaupt noch zu reagieren. Zudem wird das Körperwachstum unterdrückt, nimmt die Widerstandsfähigkeit gegenüber Infektionen ab, verändert sich die Zusammensetzung des Blutes, weisen verschiedene innere Organe Degenerationserscheinungen auf, und die Fortpflanzungsorgane stellen ihre Funktion ein, oder ihre Funktion wird mangelhaft. Die Übervölkerung und soziale Desorganisation in Calhouns Kolonien lieferte geeignete Belastungen, um solche Veränderungen zu provozieren.

Die Parallelen zwischen Calhouns Ergebnissen und der Gewalt, der Zerstörungswut, der sexuellen Pervertierung und dem allgemeinen Zusammenbruch gesellschaftlicher Umgangsformen in unseren großen Städten sind überdeutlich. Bislang wissen wir nicht, inwieweit wir seine Befunde auf den Menschen anwenden können oder welche die Rolle die Übervölkerung in dem Gesamtbild spielt. Dies ist ein sehr neuer Forschungszweig, und offenbar sind die Relationen komplexerer Natur als ursprünglich angenommen.

Es ist z. B. von Bedeutung, ob die Probanden ein persönliches Territorium wie einen Schreibtisch oder Stuhl besitzen, ob viel oder wenig Interaktion erforderlich ist und ob der Vl die *räumliche Dichte* (gleiche Anzahl von Individuen in verschieden großen Räumlichkeiten) oder die *soziale Dichte* (mehr oder weniger Individuen in gleichen Räumen) untersucht. Altersmäßige und kulturelle Unterschiede, Erwartungshaltungen und die Dauer der Überfüllung tragen dazu bei, deren Auswirkungen zu bestimmen. Der wichtigste Faktor scheint die individuelle Interpretation und Bewertung der Zusammendrängung zu sein. Während Übervölkerung bei Mäusen oder Ratten auf eindeutige und vorhersagbare Weise abläuft, wird ihr Einfluß auf menschliches Verhalten von einer ganzen Reihe anderer, insbesondere subjektiver „Variablen" vermittelt (s. Loo 1972, Freedman et al. 1972).

Anonymität und Abbau der Individualität

Ein Leben unter Fremden, mit denen man nur oberflächliche und unpersönliche Kontakte pflegt, kann zu Apathie, Entfremdung und Zy-

mität, die aus Uniformen oder den Jacken einer Bande resultiert, befreit aber auch die Träger aus konventionellen Verhaltenszwängen, insbesondere wenn es keine starke Führung gibt, und ist z. T. verantwortlich für Mord, Vergewaltigung und Plünderung, woran die Soldaten fast aller Länder beteiligt sind, wenn sie sich auf fremdem Boden befinden (s. „Unter der Lupe").

Anonymität ist nur eine von vielen Bedingungen, die durch Schwächung üblicher Kontrollen, die impulsives und unsoziales Verhalten unterdrücken, das Ausmaß persönlicher Deindividuation vergrößern kann. Andere sind z. B. nur teilweise oder diffuse Verantwortlichkeit, veränderte Zustände des Bewußtseins oder der Zeitwahrnehmung, emotionale oder sexuelle Erregung, sensorische Überbelastung, Neuheit oder mangelnde Struktur der Situation und physische Verwicklung in einen aggressiven Akt (Zimbardo 1969b).

Wenn Anonymität dem Abbau der Individualität und in der Folge größerer Empfänglichkeit gegenüber aggressiven und anderen antisozialen Akten förderlich ist, dann ist es im Interesse der Gesellschaft zu entdecken, welche Bedingungen den Abbau der Individualität verhindern und statt dessen die Individualität stützen.

In einer neuen Arbeit aus Stanford wurde einzelnen Gruppen von Collegestudenten mitgeteilt, daß ein Gruppenmitglied als Koordinator eines Stadtplanungssimulationsspiels gewählt werde. In der einen Versuchsbedingung war dies eine angenehme Aufgabe, für die sie bezahlt wurden; in der anderen Bedingung war das Auserwähltsein nicht wünschenswert, da der Koordinator für jede falsche Entscheidung Elektroschocks bekommen würde. In der positiven Version verhielten sich die Vpn verbal und nichtverbal in einer Art und Weise, die sie deutlich als Individuum kenntlich machte, während sie in der negativen Version alles mögliche taten, um als „nichts Besonderes" zu erscheinen und damit ihre Individualität aufzugeben (Maslach 1974).

Unter der Lupe

Anonymität und Aggression im kulturellen Vergleich

In einigen Gesellschaftsformen bereiten sich die Männer auf den Krieg vor, indem sie ihr Äußeres mit Masken oder Körperbemalung verändern, wogegen es in anderen Gesellschaften keinen solchen Vorgang einer wechselnden Selbstidentität gibt, um sich in einen Krieger zu verwandeln. Was sind Ihrer Meinung nach die Konsequenzen einer solchen Veränderung zu selbstaufgelegter Anonymität? Welche der beiden sozialen Gruppen würde nach Ihrer Prognose die größte Aggression im Kampf zeigen? Um diese Fragen beantworten zu können, untersuchte Watson (1973) 23 verschiedene Kulturen, von denen relevante Daten verfügbar waren. Die eindrucksvollen Ergebnisse sind in der Tabelle wiedergegeben. Unter den 15 Gesellschaftsformen, in denen Krieger ihr Erscheinungsbild veränderten, hatten 12 einen hohen Index bezüglich „Töten, Foltern oder Verstümmeln des Feindes", während nur eine von 8 Gesellschaftsformen, in denen das Äußere nicht verändert wird, sich in gleichem Ausmaß aggressiv zeigte.

	Kriegs-bemalung	Keine Kriegs-bemalung	Gesamt
Hohe Aggression	12	1	13
Niedrige Aggression	3	7	10
Gesamt	15	8	23

(Nach Watson 1973)

Vandalismus: Sinnlose Gewalt?

„Es ist eine geradezu mutwillige, sinnlose Zerstörung von Vandalen." Seltene Bäume in einer Parkanlage werden abgeschnitten, niedergetrampelt und zerhackt; Tiere in einem Asyl werden gequält und getötet, Vögeln werden die Federn ausgerissen, Kirchen werden entweiht, Synagogen geplündert; Schulen werden niedergebrannt, Fenster eingeworfen; Bars werden angezündet; öffentliche Telefone werden aus den Zellen gerissen; parkende Autos werden demontiert und beschädigt; Grabsteine auf Friedhöfen werden umgeworfen (vgl. Abb. 17.14).

Das ist die nur unvollständige Liste jener täglichen Aktivitäten, nicht etwa einer erobernden

feindlichen Armee, sondern einer seltsamen Art von Bürgern, nach den Barbaren, die im Jahre 455 v. Chr. nach Westeuropa eindrangen, *Vandalen* genannt. Der charakteristische Grundzug des Vandalismus ist die Zerstörung von Eigentum und Leben ohne ein offenbares Ziel, das dem Zerstörungsakt zugrundeliegt. Ein solches Verhalten erscheint unmotiviert und irrational, da die Täter eine Menge Energie in eine Aktivität legen, die keinen brauchbaren Wert für sie zu haben scheint.

Wann ist Zerstörung Vandalismus?

Gewissermaßen ist Vandalismus etwas, das jemand einfach so *bezeichnet* hat. Die Beschädigung von städtischem Eigentum nach einem großen Fußballspiel wurde gewöhnlich als ein „normaler" Vorgang akzeptiert. Das Einschlagen von Fenstern im College aber gilt als schändliche Tat, wenn es als Teil eines radikalen Protests betrachtet wird, gegen den mit ernsteren juristischen Mitteln eingeschritten wird – auch wenn das Ausmaß an Eigentumsschäden dasselbe ist wie bei grobem Unfug von Corpsstudenten oder Burschenschaftlern.

Hindernisse auf Eisenbahngleise zu legen, um einen Zug zum Entgleisen zu bringen, ist „grober Unfug", wenn die Tat von Kinder begangen wird, „Vandalismus", wenn die Täter bereits ein Alter erreicht haben, das eine gewisse Vernunft erwarten läßt, oder „Sabotage", wenn die Zugfracht der nationalen Verteidigung dient. Sogar das Töten von Tieren wird zum Sport, wenn der Schütze einen Jagdschein besitzt.

Während die Verschmutzung der Umwelt durch Abfall eine kriminelle Handlung darstellt, die eine Geldstrafe nach sich zieht, wenn sie von einer Einzelperson begangen wird, rief die Verschmutzung von Luft, Wasser und Boden durch Fabriken nicht einmal öffentliche Kritik hervor, bis jetzt eine neuere ökologische Bewegung („Umweltschützer") diese Handlungen als Vandalismus gegen die Güter der Menschheit brandmarkte.

Es hat viele bedeutsame Konsequenzen, wenn man eine gegebene destruktive Handlung als „vandalistisch" bezeichnet. Die erste ist zu verneinen, daß die Handlung aus legitimen Motiven resultiere. Die zweite liegt darin, die Handlungen von Menschen, deren Irrationalität eine Gefahr für jedermann darstellt, als „deviant" zu

Abb. 17.14. Alles, was die beiden 8jährigen Jungen *(oben)* zu sagen hatten, als sie beim Demolieren ihrer Schule ertappt wurden, war: „Wir hatten vor, das gesamte Gebäude zu zerstören." *Unten* sieht man einige Jugendliche bei der üblichen Form des Vandalismus

deklarieren. Die dritte ist, die Gesellschaft frei-zusprechen: Die Leute geben dem vermutlich gestörten Geist des Vandalen die Schuld, statt nach möglichen Ursachen in der Auseinandersetzung des Individuums mit der Gesellschaft zu suchen. Schließlich ergibt sich daraus die Fruchtlosigkeit von Abhilfemaßnahmen, die Unmöglichkeit der wissenschaftlichen Problemuntersuchung und das dringende Erfordernis, der Polizei härtere Abschreckungsmittel zuzugestehen und die Strafen zu verschärfen. Das einzige, was dabei herauskommt, scheint also eine Verschiebung der Angriffsziele und eine noch größere Verbreitung des Vandalismus zu sein.

Entdecken von Sinn in der „Sinnlosigkeit"

Wäre Vandalismus tatsächlich sinnlos, so könnten wir niemals hoffen, ihn unter Kontrolle zu bekommen, da ein Effekt ohne Ursache in keinen systematischen Plan paßt, der ihn begrenzen könnte. Glücklicherweise *ist* es möglich, sogar hinter dem scheinbar sinnlosen, bösartigen Vandalismus einen Sinn zu entdecken. Gewisse Aufschlüsse liefert uns die Geschichte, weitere Hinweise können wir uns verschaffen im Gespräch mit Bandenmitgliedern, bei der Beobachtung des Verhaltens von Collegestudenten, die physische Gewalt ausüben sowie mittels verschiedener Feldexperimente.

Als im 18. Jahrhundert eine Gruppe Arbeiter, genannt *Luddites*, begann, Fabrikmaschinen zu zerstören, wurden sie mit einem Stereotyp wie „wahnsinnig" und „verrückt" versehen und ihre Handlungen als „sinn-los" bezeichnet. Doch bildeten sie den Teil einer ernstzunehmenden Bewegung mit dem Ziel der Verbesserung der Gesellschaft. Sie protestierten gegen die Übel des industriellen Systems.

In ähnlicher Weise erschien die Zerstörung von Eigentum als „geistlos", die sich während der Rassenunruhen in Watts, Newark und anderen amerikanischen Städten im Laufe der späten 60er Jahre ereigneten, bis man merkte, daß die gewählten Ziele nicht willkürlich waren, sondern vorsätzliche Angriffe auf Geschäfte weißer Inhaber zu sein schienen, von denen man annahm, daß sie unredlich oder unhöflich zu Mitbürgern seien.

Die Analyse des Verhaltens von Banden zeigt untereinander zusammenhängende ursächliche Faktoren in ihren gewalttätigen Aktionen (Bekker 1963, W. Miller 1966, Yablonsky 1968). Typischerweise führen Bandenmitglieder, wie viele Personen in unteren sozioökonomischen Gruppen, ein Leben mit nur geringer Hoffnung auf Veränderung oder deutliche Verbesserung, ohne Empfindung für persönlichen Besitz oder Bezug zur Gesellschaft.

Soziale Bedingungen haben ihnen den Zugang zu den herkömmlichen Mitteln, ihr Leben zu bewältigen und einen gewissen Status, Prestige oder soziale Macht zu erreichen, verbaut. Sie reagierten darauf, indem sie zu Außenseitern wurden und eine Gegenkultur mit eigenen Normen bildeten. Aber sie bedürfen noch der traditionellen Kultur zur Lebensbewältigung in ihrer eigenen Subkultur. Ein Bandenmitglied erzählte:

„Hätte ich ein Messer gehabt, dann hätte ich ihn erstochen. Das hätte mir mehr Auftrieb gegeben. Die Leute hätten mich wegen meiner Tat und ähnlichem respektiert. Sie würden sagen, ‚da geht ein kaltblütiger Mörder'. Das gibt einem das Gefühl eines großen Bonzen" (Yablonsky 1968, S. 230–231).

Für einen solchen Jugendlichen mögen Vandalismus gegen Eigentum und Gewalt gegen Menschen nur eine Reaktion sein, um Langeweile in Erregung zu verwandeln und Vergnügen dabei zu empfinden, ein soziales Tabu zu brechen. Aufgrund unserer früheren Analyse würden wir auch behaupten, daß Vandalismus als Mittel dient, um ein gewisses Maß an Selbstbestätigung zu erhalten. Tatsächlich war die jüngste Mode unter Großstadtvandalen *Identifikations-Graffito*. Die Vandalen hinterließen ihre Visitenkarten an allen gut sichtbaren Wänden, Häusern, Kirchen, öffentlichen Gebäuden, Massenverkehrsmitteln, Toiletten u. a.

Bei tieferer Betrachtung könnte Vandalismus eine Bestätigung dafür sein, daß Menschen ohne Macht manchmal rebellieren und Macht ausüben können. Böswilliger Vandalismus kann als ein öffentliches Akzeptieren der gesellschaftlichen Ablehnung und als ein aktiver Versuch, sich als ein zu fürchtender Außenseiter darzustellen, angesehen werden. Offensichtlich erfährt eine Handlung, die sinnlos erscheint, tatsächlich *mehr Verstärkung* als eine Handlung, die verständlich und vorhersagbar ist. Die Leute machen sich einen Namen, gewinnen Anerkennung, man erinnert sich ihrer oder fürchtet sich vor ihnen wegen ihres Verhaltens, das außer-

Abb. 17.15. Zerstörungslust. Der Mann vom Abschleppdienst, der die böse zugerichteten Überreste entfernte, sagte, daß der letzte Wagen, den er in einem solchen Zustand gesehen hatte, mit einem Expreßzug zusammengestoßen war

halb des Gewöhnlichen steht, unberechenbar ist und nur sehr unwahrscheinlich von jemand anderem in der gleichen Situation ausgeführt wird. Willkür ist eine Methode, um zu zeigen, daß die eigene persönliche Macht durch innere Kräfte kontrolliert wird und nicht durch andere Menschen oder Ereignisse. Denselben Mechanismus finden wir in Camus' Theaterstück *Caligula*, in dem ein römischer Kaiser zu zeigen versucht, daß er ein Gott sei, indem er willkürlich Macht über Leben und Tod anderer Menschen – von Freunden wie Feinden – ausübt.

Man braucht nur einen alten Wagen, einen Vorschlaghammer und die Genehmigung zum Zertrümmern des Wagens zu geben, um selbst bei den schüchternsten Collegestudenten der Mittelschicht ein erstaunliches Maß an Gewalttätigkeit auszulösen.

Eine Gruppe zusammenwohnender Erstsemester wurde zu einem solchen „Smash-in" eingeladen. Sie demolierten nicht nur den Wagen in kurzer Zeit, sondern steckten ihn auch in Brand, versuchten die Feuerwehr bei den Löscharbeiten zu hindern und mußten schließlich mit Polizeikräften und Waffengewalt von weiterer Zerstörung zurückgehalten werden. Graduierte Studenten, die eingeladen waren, einem alten Wagen ein paar Beulen zu verpassen, taten dies zunächst widerstrebend, wurden dann aber von einem erheiternden Gefühl des physischen Zerstörens mitgerissen. Schließlich trampelte ein Student auf dem Dach des Wagens herum, zwei versuchten, die Türen herauszureißen und ein anderer versuchte systematisch, alle Glasteile des Wagens zu zertrümmern (Abb. 17.15).

Wer wird ein Vandale?

In einem eher systematischen Ansatz zur Feststellung, wer die Menschen sind, die Automobile mutwillig beschädigen, und welche Bedingungen mit einem solchen Vandalismus verbunden sind, wurde ein einfaches Feldexperiment in New York und Palo Alto, Californien durchgeführt (Abb. 17.16).

Zwei gebrauchte Wagen in gutem Zustand wurden auf der Straße mit entfernten Nummernschildern und geöffneter Motor- und Kofferraumhaube ihrem Schicksal überlassen. Der eine wurde ein paar Häuser vom Gelände der Universität New York entfernt in Bronx abgestellt, der andere in der Nähe der Stanford-Universität. Versteckte Beobachter paßten auf, fotografierten und führten über alle, die in Berührung mit dem „Köder" kamen, Buch. Die Vl erwarteten, daß die größere Anonymität der Stadt New York zu einem häufigeren Vorkommen von Vandalismus führen würde und daß die meisten Vandalen Heranwachsende und kleine Kinder sein würden.

Die erste Vorhersage wurde bestätigt, die zweite allerdings nicht. Nur 10 min, nachdem der New Yorker Wagen abgestellt war, erschienen die ersten Autoplünderer, eine Mutter, ein Vater und ihr junger Sohn. Die Mutter hielt Ausschau, während der Vater und sein Sohn das Handschuhfach leerten, dann den Kühler abmontierten und die Batterie herausbauten. Bald nachdem sie fortgefahren waren, hielt ein zweiter vorbeikommender Wagen an, und der erwachsene Fahrer setzte den Wagenheber bei dem verlassenen Auto an und entfernte die besten Reifen. Bis zum Tagesende hatte ein beständiger Zustrom an erwachsenen Vandalen alle nur erdenklichen entfernbaren Wagenteile mitgehen lassen.

Danach setzte eine „zufällige" Zerstörung ein, als andere Passanten anhielten, um den Wagen zu „inspizieren", dabei einen Reifen aufschlitzten, an die Tür urinierten, alle Fenster einwarfen und Motorhaube, Kotflügel, Türen und Dach verbeulten.

„In weniger als 3 Tagen blieb ein verbeulter, unbrauchbarer Metallhaufen übrig, das Resultat von 23 Vorfällen destruktiver Heimsuchung. Der Vandalismus wurde fast immer von einem oder mehreren Passanten beobachtet, die gelegentlich anhielten, um mit den Plünderern zu plaudern. Die meisten Zerstörungen wurden am hellichten Tage begangen und nicht in der Nacht (wie ursprünglich angenommen), und das Stehlen der Erwachsenen ging klar dem Vergnügen der Kinder beim Einwerfen der Fenster und beim Reifenaufschlitzen voraus. Die Erwachsenen waren allesamt gut gekleidete, ‚anständige‘ Weiße, die unter anderen Umständen fälschlicherweise für reife, verantwortungsvolle Bürger gehalten werden, die mehr Ruhe und Ordnung fordern."

Daß Anonymität einen Abbau der Hemmungen gegenüber einem solchen antisozialen Verhalten bewirkt, läßt sich aus dem überraschenden Kontrast zwischen den Geschehnissen in den beiden verschiedenen Lokalitäten folgern. In der Stadt Palo Alto

Abb. 17.16. Eine „anständige" Mittelschichtfamilie beginnt den abgestellten Wagen zu plündern *(oben)*. Ein weiterer Erwachsener entfernt die Reifen *(Mitte)*. Eine Gruppe von Kindern schlachtet die verbeulten Überreste aus *(unten)*

wurde auch nicht ein Teil gestohlen, noch wurde irgendein Teil des Wagens beschädigt, während er eine ganze Woche seinem Schicksal überlassen wurde. Ganz im Gegenteil schloß ein im Regen vorbeikommender Mann die Haube, so daß der Motor nicht naß werden konnte, was sich als Zeichen eines vorherrschenden Sinnes für soziales Bewußtsein in dieser Gemeinde deuten läßt (Zimbardo 1973)!

Es scheint, daß Vandalismus viele Verhaltensweisen impliziert und bei vielen Leuten in einer Vielfalt von Situationen vorkommt. Er ist nicht sinnlos, sondern kann vielen verschiedenen Zwecken dienen (s. „Unter der Lupe", S. 668).

Entmenschlichung menschlicher Beziehungen

Würden Sie jemals vorsätzlich einen anderen Menschen demütigen, in Verlegenheit bringen oder erniedrigen? Können Sie sich vorstellen, die Bitte einer armen Familie um etwas Essen oder Kleidung abzuschlagen, wenn Sie in der Lage wären, es allein durch Ihre Unterschrift zu erfüllen? Ist es denkbar, daß Sie jemals entscheiden würden, daß bestimmte Gruppen minderwertig sind, und ihre Ausrottung anordnen? Was würde es erfordern, Sie zum Töten eines Menschen zu veranlassen?

Diese und andere antisoziale Verhaltensweisen werden für normale, moralisch integre und idealistische Menschen unter bestimmten Bedingungen möglich, unter denen Menschen aufhören, andere als Wesen mit den gleichen Gefühlen, Antrieben, Gedanken und Lebenszielen wie sie selbst wahrzunehmen. Ein derartiger Verlust menschlicher Wesenszüge wird als *Dehumanisierung* bezeichnet. Das Ergebnis eines solchen Vorgangs ist, daß Menschen eher als Objekte denn als menschliche Wesen gesehen und behandelt werden (vgl. Abb. 17.17). Im Gegensatz zu humanen Beziehungen zwischen Menschen (die subjektiv, persönlich und emotional sind) ist eine entmenschlichte Beziehung objektiv, analytisch und arm an emotionalen und empathischen Interaktionen oder Reaktionen. Der Theologe Martin Buber hat die erste als „Ich-Du"-Beziehung beschrieben und die enthumanisierte als „Ich-Es"-Beziehung.

Der Entmenschlichungsprozeß schützt die einzelne Person gegen jede Art emotionaler Erregung, die schmerzhaft, überwältigend oder schwächend sein könnte oder evtl. mit einem notwendigen Verhalten interferiert. In großen Krisen oder Notstandssituationen (wie Kriegszeiten oder nationalen Katastrophen) oder in Situationen, die eine sorgfältige objektive und unpersönliche Arbeitsweise von einem menschlichen Wesen verlangen (wie in der Chirurgie), kann eine entmenschlichte Einstellung anderen gegenüber als eine Abwehr emotionaler Reak-

Unter der Lupe

Intentionen des Vandalismus

Vandalistische Handlungen können, entsprechend der Bedeutung, die das destruktive Verhalten für die Person hat, jeweils einer von 6 Kategorien zugeordnet werden.

1. *Habsüchtiger Vandalismus.* Zerstörung von Eigentum, um Geld oder Güter zu erlangen, z.B. Verkaufsautomaten oder Geldbehälter eines öffentlichen Telefons aufbrechen, Teile von Autos oder Zubehör von dem Heizungssystem eines Hauses abmontieren.
2. *Taktischer Vandalismus.* Zerstörung von Eigentum als ein Mittel, die Aufmerksamkeit auf einen Mißstand zu lenken oder eine Reaktion zu erzwingen. Als Beispiel für so einen praktischen Ansatz dienen Gefangene, die ihre Zellen oder den Speisesaal zerstören, um für angemessene Erleichterungen zu protestieren, oder ein Mann, der ein Schaufenster einwirft, um eingesperrt zu werden, so daß er von einer Institution aufgenommen wird.
3. *Ideologischer Vandalismus.* Ähnlich dem taktischen Vandalismus, nur ausgeführt für einen ideologischen Zweck. Beispiele sind gegen die Regierung gerichtete Slogans, die an Botschaftsgebäude gemalt werden, das Niederbrennen der R.O.T.C.-(Reserve-Officers-Trainings-Corps-)Zentralen und die „Untaten" auf den Collegeländen als eine Taktik, die Verwaltung zu veranlassen, die Polizei auf das Gelände zu holen, in der Hoffnung, daß die erwartete Überreaktion dann auch apathische Studenten und den Lehrkörper radikalisieren würde. Ab einem gewissen Punkt wird ideologischer Vandalismus als „Sabotage" oder „Verrat" bezeichnet.
4. *Rachsüchtiger Vandalismus.* Zerstörung, beschränkt auf ein ausgewähltes Zielobjekt als Revanche gegenüber dem Besitzer, einem Wachmann oder Stellvertreter. Manchmal zerstören Schüler ein Klassenzimmer, da sie glauben, daß der Lehrer ungerecht gewesen sei.
5. *Vandalismus als Spiel.* Zerstörung von Eigentum im Kontext eines Spiels: Wer kann die höchsten Fenster einwerfen, die meisten Straßenlampen ausschießen, am erfinderischsten Telefone funktionsuntüchtig machen.
6. *Böswilliger Vandalismus.* Eigentumszerstörung als ein Teil eines allgemeinen Ausdrucks der Wut oder der Frustration. Diese Art Vandalismus mag zwar wahllos sein, ist aber oft gegen die Symbole der Mittelschicht, öffentlicher Einrichtungen und Anonymität fördernder Systeme wie Untergrundbahn, Schulen und Automobile gerichtet (Cohen 1973).

Eine solche Klassifizierung macht deutlich, daß es viele Motive für Vandalismus und viele Menschen gibt, die als Vandalen *bezeichnet* werden könnten.

---

tionen dienen, die ansonsten stören oder lähmen könnten.

Auf diese Weise kann in diesen Situationen eine Dehumanisation angebracht sein. Entmenschlichung kann aber auch viele negative und destruktive Konsequenzen haben. Wenn man nicht auf die menschlichen Qualitäten von anderen reagiert, wird es eher möglich, inhuman gegen sie zu handeln. Eine goldene Regel ist dann: „Handele anderen gegenüber so, wie es dir beliebt". Es ist leichter, gefühllos oder roh zu entmenschlichten „Objekten" zu sein, ihre Bedürfnisse und Bitten zu ignorieren, sie für eigene Zwecke zu gebrauchen und sie zu vernichten, falls sie Ärger bereiten.

Der versuchte Völkermord an Juden und Zigeunern durch die Nazis konnte mit derselben „Effizienz" vollbracht werden, wie es täglich in den Schlachthäusern in Omaha geschieht, mit dem einfachen Hilfsmittel, daß diese menschlichen Wesen als niedere Formen tierischen Lebens betrachtet wurden. Für viele Militärangehörige in Vietnam wurden die Vietnamesen zu nichtmenschlichen Wesen, wie sich an der allgemeinen Durchschlagskraft der sog. „gook rule" (alle Eingeborene sind Chop Suey – Anm. d. Übers.)

Abb. 17.17. Dehumanisierungstendenzen: Mensch = Objekt

zeigt. Das Töten eines nicht an den Kampfhandlungen beteiligten Vietnamesen war im wesentlichen gleichzusetzen mit dem Töten eines Wasserbüffels.

Dieselben psychologischen Mechanismen liegen vielen alltäglichen Situationen zugrunde und stellen eine beständige Bedrohung für die fundamentalen Prinzipien sozialer Rechtsnormen und menschlicher Würde dar. Wenn eine große Zahl von Menschen gerichtlich belangt werden muß, so kann dieser Prozeß unpersönlich und bar jeder menschlichen Beziehung oder Anteilnahme ablaufen. Die „Füchse" von Studentenverbindungen läßt man durch Rezitieren zu ihrer eigenen Entmenschlichung beitragen: „Ich bin ein Fuchs, ein Fuchs ist die niedrigste Form tierischen Lebens im Universitätsbereich." Sogar eine Leichtathletikmannschaft zu trainieren, um die Ehre der Universität hochzuhalten, kann zu einer unglaublich grausamen Übung in Entmenschlichung und Brutalität werden (s. „Unter der Lupe").

Funktionieren der Entmenschlichung

Die Bedingungen, die Menschen veranlassen, andere als Objekte zu behandeln, stehen in

Unter der Lupe

Fußball bildet den Charakter

28 Fußballspieler gaben entweder selbst auf oder wurden aus einer Universitätsfußballmannschaft (am. Football) geworfen, da sie Einwände gegen die physisch brutalen Drillmethoden vor Saisonbeginn hatten. Wie einer der Spieler beschrieb, „war jeder so verzweifelt auf Sieg ausgerichtet, daß wir einander traten, verdroschen und in die Leistengegend schlugen und alles mögliche taten".

„Ringkämpfe, bei denen sich zwei Gegner unter einem 1,20 m vom Fußboden entfernten Drahtgeflecht bücken mußten, waren das grausamste, was ich je gesehen habe … das war in einem solchen Ausmaß entmenschlichend, daß man dort sogar seinen besten Freund zu töten versuchen würde … Wir fingen an, indem wir Rücken an Rücken auf einer Matte saßen und ein Wettkampf an jedem Mattenende begann. Auf einen Pfiff hin instruierten uns die Trainer, daß wir uns herumdrehen sollten, ‚dem anderen mit Schlägen die Hölle bereiten und ihn richtig in die Matten prügeln sollten'. Sie ließen die Wettkämpfe andauern, bis sie glaubten, daß man hart genug gearbeitet hatte oder vollkommen verprügelt worden war … Jedermann war verzweifelt"

„Man mußte gewinnen, da alle Verlierer immer wieder kämpfen mußten, bis sie gewannen. Ich mußte nicht weniger als 7- oder 8mal hintereinander kämpfen. Der letzte Verlierer des Tages mußte sich um 3.30 Uhr am Freitagmorgen melden, um die Stadionstufen hinauf- und hinunterzurennen. Die Leute waren psychisch und physisch so erschöpft, daß sie wie Betrunkene herumtaumelten, aufeinander losschlugen und sich häufig verfehlten. Wir waren zu ermüdet, um uns unten zu halten, und verschiedene Male standen Spieler auf und schnitten sich am Draht" (*Associated Press,* Pressenotiz, 11. Juni 1973).

Beziehung zu den Funktionen, die eine Entmenschlichung haben kann – die offensichtlichen Vorteile, die sie demjenigen bringen kann, der die Entmenschlichung bewirkt. Dehumanisierung kann a) gesellschaftlich, b) zum Selbstschutz, c) vorsätzlich zum eigenen Vergnügen oder d) rationalisiert als notwendiges Mittel zu einem guten Zweck auferlegt sein.

Gesellschaftlich auferlegte Entmenschlichung

Entmenschlichung kann in verschiedenen Situationen der Arbeitswelt durch die Art und Weise zustandekommen, wie Arbeit von der Gesellschaft definiert wird. Solche Definitionen gehören jeweils in eine der beiden Hauptkategorien: a) Die Arbeit erfordert, daß der einzelne andere Leute entmenschlicht, um mit ihnen verfahren zu können; b) die Arbeit selbst entmenschlicht die Arbeiter, da sie keine Gelegenheit läßt, um persönlichen Gefühlen oder einmaligen menschlichen Fähigkeiten Ausdruck zu verleihen.
Beispiele für Kategorie a) schließen Situationen mit ein, in denen mit einer großen Menschenmenge organisatorisch sinnvoll verfahren werden muß – etwa mit Collegestudenten während der Einschreibung, Untergrundbahnbenutzern während des Stoßverkehrs, Gefangenen oder psychiatrischen Patienten während der Essenszeit. Um diese Aufgaben zu erfüllen, werden Verwaltungsbeamte von Institutionen oft damit beauftragt, „den Zustrom zu managen", Zeitpläne zu beachten und störende Einflüsse zu minimalisieren. Wird die zu betreuende Zahl der Individuen jedoch zu groß, so werden sie nicht mehr als Individuen gesehen oder behandelt. Psychiatrische Patienten in und aus Eß- und Waschräumen zu bugsieren, verdrängt die therapeutischen Belange. Mit steigender Anzahl von Einschreibungen werden die Studenten zu anonymen IBM-Nummern, und es wird für Angehörige der Fakultät zunehmend schwieriger, genügend persönlichen Kontakt zu ihnen zu haben, um sie außerhalb der Kurse zu erkennen. Von den als U-Bahn-„Packer" Angestellten des Tokioter Nahverkehrssystems herumgestoßen zu werden, ist nicht mehr entmenschlichend, als eine administrative Abfuhr zu erhalten oder gesagt zu bekommen, daß hier keine (menschliche) Ausnahme von der Regel gemacht werden kann (Abb. 17.18).
„Man kann überhaupt keinen Stolz mehr empfinden. Es ist schwer, stolz auf eine Brücke zu sein, die man nie überqueren wird, auf eine Tür, die man nie öffnen wird. Man stellt Massenpro-

Abb. 17.18. In Tokio ist es normal, in die Pendlerzüge gestoßen zu werden

dukte her und sieht niemals das Endresultat" (aus einem Interview mit einem Stahlarbeiter; Terkel 1974).
Kategorie b) gesellschaftlich aufgebürdeter Dehumanisierung in einer Situation der Arbeitswelt läßt sich vielleicht am besten an jenem Wunder der amerikanischen Technologie, dem Fließband, demonstrieren. Auf dem Fließband einer Automobilfabrik passieren jede Arbeitsposition mehr als 50 Autos pro Stunde. Jeder einzelne hat weniger als 1 min, um seine Aufgabe zu erfüllen und muß sie Stunde für Stunde wiederholen.
Die Arbeit an solchen Fließbändern ist so deprimierend und erschöpfend, daß sogar während der letzten Periode hoher Arbeitslosigkeit – zwischen 8 und 9% – ein größerer Automobilhersteller berichtete, daß im Verlauf eines Jahres 4000 neu eingestellte Arbeiter nicht einmal den ersten Arbeitstag durchhielten! Auf jeden aber, der innerhalb von 8 h aufgab, kamen viele, die sich nicht den Luxus des Aufgebens leisten konnten und sich somit freiwillig zu „Zwangsarbeit" verpflichteten (Price 1972).

Solch ein Arbeiter hat keine innere Beziehung mehr zum Produkt seiner Arbeit und arbeitet nur für Geld, um sich Dinge zu kaufen, die andere Leute erzeugen. Das Resultat ist eine hohe Fehlzeitenrate, eine starke Fluktuation, eine geringe Qualität der Arbeit, Alkoholismus und Drogenmißbrauch bei der Arbeit, massive Unzufriedenheit unter den Arbeitern, Zunahme an psychosozialen Problemen, niedrige Produktivität und unsichere Autos, die in das Werk zurückgerufen werden müssen – all das sind Maße dafür, wie weit Dehumanisation in der gegenwärtigen Arbeitswelt verbreitet ist (Hearing des Kongresses zur Entfremdung des Arbeiters 1972).

Entmenschlichung zum Selbstschutz

In vielen Gesundheits- und Dienstleistungsbereichen müssen einige Personen in Situationen funktionsfähig sein, die gewöhnlich sehr intensive emotionale Gefühle auslösen, schmerzliche Einfühlung bewirken und/oder tabuisiertes Verhalten verlangen wie z. B. das Eindringen in die Privatsphäre oder die Läsionen des menschlichen Körpers. Um in solchen Situationen wirksam seine Aufgabe erfüllen zu können, muß der einzelne eine Abwehr gegen diese störenden Emotionen durch die Technik der Entmenschlichung entwickeln. Indem man einen Klienten oder Patienten in objektiver und unvoreingenommener Weise behandelt, wird es leichter sein, notwendige Interviews, Tests oder Operationen durchzuführen, ohne eine starke psychische Belastung zu empfinden.

Beispielsweise haben Chirurgen berichtet, daß sie, bevor sie ihre Funktion wirklich ausüben konnten, lernen mußten, unter dem Skalpell nicht die Person in ihrer Ganzheit wahrzunehmen, sondern nur ein Organ, ein Gewebe oder einen Knochen. Innerhalb des Berufes nennt man diesen Vorgang eine „unvoreingenommene Beziehung", ein Terminus, der in besserer Weise die schwierige (fast paradoxe) Lage wiedergibt, wenn man Menschen entmenschlichen muß, um ihnen zu helfen oder sie zu heilen.

Es ist jedoch möglich, daß diese „Objektivität" einen extremen Punkt erreicht. Wenn die psychische Belastung und Inanspruchnahme durch die Arbeit zu stark wird (etwa wenn ein Sozialarbeiter damit konfrontiert ist, mehreren hundert armen und leidenden Familien helfen zu müs-

sen), dann kann der Betreffende emotional „ausbrennen" und alle Gefühle für die zu betreuenden Menschen verlieren. Für einige Fürsorger ist es durchaus nicht ungewöhnlich, daß sie anfangen, Gesuche um Nahrungsmittel und Kleidung wegen des zusätzlichen Verwaltungsaufwandes abzulehnen, wobei sie dazu noch befürchten, betrogen zu werden.

Denselben selbstschützenden, unpersönlichen Stil sieht man manchmal bei Leuten, die sich mit geistig retardierten oder schizophrenen Kindern, mit Patienten im Endstadium ihrer Krankheit oder mit Menschen im Altersheim befassen.

In vielen der sog. Heime für ältere Menschen werden den unglücklichen Insassen starke Beruhigungsmittel gegeben, um sie kontrollieren zu können. Sie werden gezwungen, inaktiv zu sein und bettlägerig zu bleiben, um versicherungsrechtliche Risiken zu verringern und sie leichter handhaben zu können. Eine Privatsphäre wird ihnen nicht zugestanden, geringfügiger Vorteile werden sie beraubt, persönliche Eigenheiten werden nicht gestattet, und es wird ihnen kaum eine ihrer Gesundheit zuträgliche Kost verabreicht. Es wird den Patienten offenkundig, daß ihre weitere Existenz nur noch eine Belastung für ihre Verwandten und das Personal darstellt (Burger 1969).

Entmenschlichung zum eigenen Vergnügen

Manchmal werden andere Menschen allein zum eigenen Gewinn, Vergnügen oder Zeitvertreib gebraucht, ohne jedes Interesse an ihren Gefühlen und Gedanken. Ein Beispiel hierfür ist die Prostitution, wobei eine Person sich offen das Privileg erkauft, eine andere zu entmenschlichen. Darauf reagiert die Prostituierte in umgekehrter Richtung so, daß sie den Kunden eben nur als den nächsten Streich betrachtet. Männer, für die der Geschlechtsverkehr nur eine selbstbefriedigende Erfahrung darstellt – wobei die Frau nur ein Mittel zum Zweck ist –, zeigen diese Entmenschlichung, wenn sie eine Frau „ein Stück", „eine Kuh" usw. nennen.

Wie weit diese Empfindungslosigkeit gegenüber anderen Menschen gehen kann, zeigen Zeitungsberichte über Leute, die einen angeblichen Selbstmörder verhöhnten, sein Vorhaben doch zu Ende zu führen, und das nur, um den Nervenkitzel des Zuschauens zu erleben.

In Albany, New York, wurde ein Mann vor einem selbstmörderischen Sprung nur durch Zureden seines 7jährigen Neffen bewahrt, während die Zuschauer höhnten, „Spring! Spring! Spring!" Aus der sensationslüsternen Menge von ungefähr 4000 Menschen forderten ihn Leute auf zu springen mit „Los, Du Angsthase", „Du bist feige" und wetteten, ob er springen würde oder nicht. Der Kommentar eines gutgekleideten Mannes ist sehr lehrreich: „Ich hoffe, daß er auf diese Seite springt, wir könnten ihn nicht sehen, wenn er dort drüben runterspringt" (*New York Times*, 14. April 1964).

Dieselbe Perversion sozialer Anteilnahme wurde in Miami, Florida, bezeugt, als ein 87jähriger Mann, der aufgrund vieler einsamer Jahre depressiv war, drohte, durch einen Sprung von einer Brücke Selbstmord zu begehen. Statt zu versuchen, ihn vor dem Tod zu bewahren, verspottete ihn eine anwesende Menschenmenge: „Na los, spring! Spring! Spring!" Er nahm ihren Rat an und sprang. Ein junger Mann eilte ihm zu Hilfe, zog ihn aus dem Fluß und versuchte vergeblich, ihn wiederzubeleben – während eine apathische Menge zuschaute, ohne irgendeine Unterstützung anzubieten (*Knight Newspapers Service,* 17. August 1973).

Ein noch unglaublicheres Beispiel der Entmenschlichung ist der Bericht von Patienten eines psychiatrischen Krankenhauses, die von Wärtern aus der Anstalt geschmuggelt und zur Prostitution gezwungen wurden. Sogar kleine Mädchen waren betroffen. Die Wächter bekamen angeblich $ 10 für jeden herausgeschmuggelten Patienten, die Patienten bekamen Süßigkeiten oder eine Münze (*UPI* Pressenotiz, 25. März 1969).

Entmenschlichung als Mittel zum Zweck

Es hat in der Geschichte viele Zeiten gegeben, in denen Menschen eine Gruppe von Andersdenkenden als Hindernis auf dem Weg zu ihrem Ziel betrachteten. Indem man solche Leute in einer entmenschlichten Weise als „den Feind", „die Massen", „eine Bedrohung für die nationale Sicherheit", „minderwertig" usw. ansieht, macht man es sich wesentlich leichter, sie im Namen irgendeiner großen Sache wie Frieden, Sieg, Freiheit oder Revolution zu verfolgen und zu bekämpfen. Ihr Leiden, das an ihnen begangene Unrecht oder ihre Vernichtung ist dann gerechtfertigt als Mittel für einen „guten" Zweck. Man erinnert sich an viele Beispiele einer solchen Entmenschlichung, einschließlich des Abwerfens einer Atombombe auf die Einwohner von Hiroshima, um Frieden zu erreichen, einschließlich des Massenmordes an Juden durch die Nazis, da sie minderwertiger seien, und der Verweigerung einer medizinischen Behandlung von an Syphilis leidenden Schwarzen (die Kontrollgruppe in einer umstrittenen Studie in Tuskegee, Alabama), um den Krankheitsverlauf zu untersuchen.

Um die Gedankenlosigkeit zu demonstrieren, mit der Menschen diese entmenschlichte Betrachtungsweise anderer Menschen annehmen können, untersuchte ein Psychologe die Reaktionen einer Gruppe von Studenten auf eine angebliche Bedrohung ihrer Sicherheit.

Vpn waren männliche und weibliche Studenten (Alter zwischen 17 und 48 Jahre) der Universität Hawaii. Es wurden Gruppen zu 20 oder 30 Personen zusammengestellt, die sich eine kurze Rede eines Professors anhören sollten. Diese Autorität bat um ihre Kooperation als intelligente und gebildete Menschen, bei der Anwendung wissenschaftlicher Vorgehensweisen zum Töten geistig und seelisch Behinderter Unterstützung zu leisten. Das Problem wurde in überzeugender Weise folgendermaßen dargestellt:

„In letzter Zeit hat die zunehmende Bedrohung durch die Bevölkerungsexplosion eine steigende Beachtung gefunden. Von besonderem Interesse ist die Tatsache, daß geistig und seelisch Behinderte in der Bevölkerung viel schneller zunehmen als die seelisch gesunden und intelligenten Menschen. Wenn nicht drastische Maßnahmen dagegen ergriffen werden, wird sich eines Tages der gesunde und intelligente Teil der Bevölkerung in Gefahr befinden. Bildung und Geburtenkontrolle reichen als Mittel nicht aus, um diesen Aspekt der Bevölkerungsexplosion unter Kontrolle zu bekommen, und unglücklicherweise ist jetzt der Moment gekommen, wo neue Methoden entwickelt werden müssen, um dieses Problem zu bewältigen – und neue Maßnahmen werden gegenwärtig von verschiedenen Großmächten in der Welt, unsere eingeschlossen, erwogen. Ein Vorschlag ist die Euthanasie, d. h. der Gnadentod. Töten dieser Art wird von den meisten Experten nicht nur als Wohltat für die Behinderten betrachtet, da es ihnen das Elend eines solchen Lebens erspart, sondern – und das ist noch bedeutsamer – es nützt auch dem gesunden, tüchtigen und gebildeteren Teil der Bevölkerung.

Dies ist somit eine ‚Endlösung' für ein so schwerwiegendes Problem." …

„Es sollte dies ein nicht so erstaunlicher Gedanke sein, da wir es bereits in vielen Ländern praktizieren – inklusive unseres eigenen. Wir entscheiden, ob ein Mensch nicht würdig ist zu leben, wie im Falle der Todesstrafe. Nur ist noch nicht klar, welche Methoden des Tötens angewandt werden sollten, welche Methode am wenigsten Schmerzen verursacht und wer das Töten vornehmen und/oder entscheiden sollte, wann diese Maßnahme ergriffen werden soll.

Zu diesem Zweck ist eine weitere Forschung erforderlich, und unser Forschungsprojekt bezieht sich auf dieses Problem. Zur Lösung dieser Probleme müssen wir das Urteil intelligenter und gebildeter Menschen heranziehen, und deshalb bitten wir Sie um Ihre Unterstützung. Die Ergebnisse unserer Untersuchungen werden auf Menschen angewandt werden, sobald das System vervollkommnet ist. Gegenwärtig müssen wir unsere Versuche zunächst mit Tieren beginnen, und erst wenn die nötigen Daten vorliegen, werden die Ergebnisse in diesem Land oder in anderen Ländern auf den Menschen angewandt werden. Es ist sehr wichtig, daß dies in wissenschaftlicher Weise untersucht und angewandt wird."

Es wurden einige leichte Variationen in 4 getrennten Untersuchungen eingebracht bezüglich der Bedrohlichkeit der anzuwendenden Mittel (Kriegführung statt Euthanasie) und bezüglich der Frage, welche Gruppe (Amerikaner, Minderheitengruppen, Asiaten) als minderwertig zu charakterisieren sei.
Die Studenten gaben an, ob sie mit verschiedenen vorgegebenen Lösungen einverstanden waren oder nicht und beantworteten dann verschiedene Fragen über die praktischen Aspekte des systematischen Tötens.
Am Ende wurden sie über den wahren Zweck des Experiments aufgeklärt. Von ihren emotionalen Reaktionen und ihren Versuchen her, ihre vorherigen Antworten zu rechtfertigen, kann man annehmen, daß sie das so dargelegte Problem als solches akzeptiert und sich ernsthaft mit möglichen Lösungen befaßt hatten.

In der ersten Version billigten über zwei Drittel die „wissenschaftliche Lösung", wenn die Realisierung der Bedrohung noch zu Lebzeiten der Probanden erwartet wurde, während zwei Fünftel sie sogar noch guthießen, wenn die Bedrohung nicht einmal in 70–100 Jahren ein gefährliches Ausmaß erreichen würde. Die Anwendung wissenschaftlicher Ausrottungsmethoden wurde einem Töten der Minderwertigen vorgezogen, bei dem sie in eine Schlacht geschickt würden, und es gab größere Zustimmung für das Töten von Gruppen, die sich mehr von der eigenen unterschieden. Ihre Antworten auf die Fragen sind in der Tabelle 17.3 wiedergegeben.

Es ergab sich hier eine direkte Parallele zu Hitlers „Endlösung der Judenfrage". Es wurde aber als ein von humaner Gesinnung getragenes wissenschaftliches Projekt dargestellt, das, von Wissenschaftlern gutgeheißen, zum Nutzen der Menschheit geplant werde und sogar für jene eine Gefälligkeit bedeuten sollte, die eliminiert werden würden. Ferner wurde es mit der Analogie zur Todesstrafe „gerechtfertigt" und denjenigen, die um ihre Meinung gebeten wurden, wurde mit Begriffen wie intelligent und gebildet und hohen ethischen Werten geschmeichelt. Für den Fall, daß es irgendwelche nachhaltigen Bedenken geben könnte, wurde versichert, daß

Tabelle 17.3. Meinungen von Studenten (in %) bezüglich einer „Endlösung". (Nach Mansson 1972)

1. Stimmen Sie der Aussage zu, daß es immer Menschen geben wird, die eher dafür geeignet sind, weiterzuleben?

Zustimmung	90
Ablehnung	10

2. Wenn man ein solches Töten als notwendig erachtet, sollte derjenige, der die Entscheidung trifft, auch selbst den Tötungsakt ausführen?

Ja	57
Nein	43

3. Wäre es besser, wenn eine Person die Verantwortung trüge und eine andere für die Durchführung zuständig wäre?

Ja	79
Nein	21

4. Wäre es besser, wenn verschiedene Leute einen Knopf drücken würden, aber nur ein Knopfdruck den Tod verursachen würde? Auf diese Weise würde Anonymität gewahrt, und niemand wüßte, wer tatsächlich einen Menschen getötet hat.

Ja	64
Nein	36

5. Was wäre nach Ihrer Meinung die beste und wirksamste Methode, um den Tod herbeizuführen?

Hinrichtung durch elektr. Stuhl	1
schmerzloses Gift	9
schmerzloses Arzneimittel	89

6. Wenn vom Gesetz zur Mitwirkung aufgefordert, was würden Sie vorziehen:

a) Mitwirkung bei den Entscheidungen?	85
b) Mitwirkung beim Töten?	8
c) Mitwirkung bei den Entscheidungen und beim Töten?	1
Keine Antwort	6

7. Die meisten Menschen stimmen überein, daß in der Frage um Leben und Tod äußerste Vorsicht angebracht ist. Die meisten Menschen stimmen ebenfalls überein, daß es unter extremen Bedingungen völlig gerechtfertigt ist, jene zu eliminieren, die als gefährlich für das Allgemeinwohl betrachtet werden müssen. Stimmen Sie zu?

Ja	91
Nein	5
Unentschieden	4

eine sehr sorgfältige Forschung durchgeführt würde, bevor an Menschen Handlungen irgendwelcher Art vorgenommen würden. Es ist wahrscheinlich, daß alle 570 Vpn gesagt hätten, daß sie Hitlers Vernichtung von 6 Mio. Menschen mißbilligten, als es aber als etwas anderes und maskiert als etwas Edles bezeichnet wurde, akzeptierten 517 von ihnen die grundsätzliche Prämisse, und bis auf 33 gaben alle an, welchen Teil dieser Aufgabe sie am liebsten übernehmen würden. Nicht ein einziger Student lehnte es ab, an einem solchen Projekt teilzunehmen.

Wenige Jahre später wurde die Untersuchung an 618 Studienanfängern der Psychologie repliziert, ebenfalls an der Universität von Hawaii.

Die Ergebnisse waren wieder einmal beunruhigend. Sogar ohne die wissenschaftliche Begründung oder Bürgschaft einer Autorität fand sich eine allgemeine Sympathie für die Anwendung der „Endlösung" gegenüber Bevölkerungsteilen, die als „minderwertig" oder „gefährlich für das Allgemeinwohl" beurteilt wurden. Es ergaben sich keine signifikanten Unterschiede zwischen den Antworten derjenigen, denen die rationale Rechtfertigung durch einen von der Regierung beauftragten „Bevölkerungsexperten" gegeben wurde und denen, die einfach den Fragebogen ausfüllten, der von einem graduierten Studenten ohne jede Rechtfertigung ausgeteilt wurde. Erstaunlicherweise unterstützten 29% die Endlösung auch dann, wenn sie auf ihre eigenen Familienangehörigen angewendet würde! (Carlson u. Wood 1974).

Diese Ergebnisse sollten jeden Leser nachdenklich stimmen, da sie zeigen, welch geringer Anstrengung es möglicherweise bedarf, um diese „künstlichen" experimentellen Befunde auf den realen Alptraum zu übertragen, der sich in Deutschland während des 2. Weltkriegs ereignete, wie auch an anderen Orten und zu früheren Zeiten.

Techniken der Entmenschlichung

Welches sind die Methoden und Strategien, die Menschen verwenden, um die Entmenschlichung und eine emotionale Loslösung zu erreichen? Erstaunlicherweise ist zu dieser Frage nur wenig geforscht worden. Tatsächlich gibt es nur eine relevante Experimentaluntersuchung, die zeigt, daß Menschen in der Tat ihre emotionalen Reaktionen auf beunruhigende Stimuli kontrollieren können (Koriat et al. 1972). Die Vpn wurden gebeten, sich einen sehr aufregenden Film über Fabrikunfälle anzusehen, und sie wurden instruiert, sich psychisch davon zu *distanzieren*. Offenbar genügte diese verbale Instruktion, um zu bewirken, daß sich die Vpn von dem Film weniger emotional erregt fühlten (obwohl ihre physiologischen Reaktionen noch stark ausfielen). Im Gegensatz dazu zeigten Vpn, denen gesagt wurde, daß sie sich von dem Film stark berühren lassen sollten, eine signifikant stärkere physiologische Erregung und sagten auch, daß

sie sich emotional mehr erregt fühlten. Diese Arbeit basiert auf den Untersuchungen von Lazarus et al., die oben zitiert wurde.

Wie unterdrückten oder erhöhten die Vpn wirklich ihre emotionalen Reaktionen? Gegenwärtig müssen wir uns für eine Antwort auf einige unterstützende Belege und Spekulationen verlassen. Nach einer neueren theoretischen Analyse scheint es verschiedene Techniken zu geben, mit denen Menschen andere Menschen entmenschlichen können. In unterschiedlicher Weise helfen sie alle dem einzelnen, a) die andere(n) Person(en) als weniger menschlich wahrzunehmen, b) die Beziehung zu (einer) anderen (Person(en) in objektiven, analytischen Begriffen aufzufassen und/oder c) das Ausmaß an erfahrener Emotion und physiologischer Erregung zu reduzieren (Maslach u. Zimbardo 1973).

Einige Techniken repräsentieren eine spezielle Anwendung jener Abwehrmechanismen, die in Kap. 11 diskutiert wurden, in diesem Fall zum Schutz des einzelnen vor Schmerz, während anderen Schaden zugefügt wird.

Umbenennung

Der Gebrauch einer bestimmten Sprachform ist vielleicht eine der sichtbarsten Techniken der Entmenschlichung. Eine Veränderung von Bezeichnungen oder Begriffen, um Menschen zu beschreiben, ist ein Weg, um sie „objektiver" und weniger menschlich erscheinen zu lassen. Einige dieser entmenschlichenden Begriffe sind erniedrigend, wie z.B. "gook" (Ausdruck der amerikanischen Umgangssprache für koreanische oder vietnamesische Soldaten, auch für Landstreicher), „Sonderling", „Mischling", „Hippie". Andere Bezeichnungen sind abstrakter und beziehen sich auf große, undifferenzierte Einheiten, wie z.B. „die Ausländer", „die Massen", „unterentwickelte Länder".

Eine andere Form entmenschlichender Sprachgebräuche beschreibt Menschen in Begriffen funktionaler Beziehungen, in denen der einzelne zu ihnen steht. Beispielsweise reden Fürsorger häufig von „mein Sozialfall", wenn sie sich auf die von ihnen betreuten Menschen beziehen, während Armenanwälte von „mein Rechtsfall" sprechen. Ersatzwörter mit geringerer emotionaler Bedeutung können denselben Effekt haben. Der Vietnamkrieg lieferte verschiedene neue Beispiele von dieser Art der Wortveränderung: Aus dem „Töten" eines Menschen wurde „ausmerzen" oder „absolut unschädlich machen". Ähnlich fällt es anständigen Studenten leichter, in ihrem Collegebuchladen zu stehlen, wenn sie ihre Handlungsweise als „Aktion gegen das Establishment" umbenennen.

Intellektualisierung

Eine verwandte Technik der Entmenschlichung ist diejenige, in der der einzelne die Situation in eher intellektuellen und weniger in persönlichen Begriffen umdeutet. Indem man mit abstrakten Qualitäten von anderen Menschen umgeht (statt mit den eher menschlichen), kann man die Situation „objektivieren" und in einer weniger emotionalen Weise reagieren. Beispielsweise kann eine Krankenschwester, wenn sie mit einem psychiatrischen Patienten umgeht, der verbale Beleidigungen ausstößt, es vermeiden, persönlich betroffen zu sein, indem sie innerlich Abstand hält und in analytischer Weise die Probleme des Patienten sieht („dieser Patient zeigt ein Wahnsyndrom"). Auf ähnliche Weise können Ärzte ihre Patienten in Begriffen ihrer Erkrankung ansehen („ich nahm gestern zwei Koronarsklerosen auf") und Lehrer Verantwortungsgefühle für die Langeweile der Studenten vermeiden, indem sie die Schuld dafür der mangelnden Aufmerksamkeit der Zuhörer, der Teilnahmslosigkeit der Jugend oder der mangelnden Disziplin zu Hause zuschreiben.

Aufgliederung in Teilbereiche

In dem Ausmaß, wie eine besondere Situation oder Handlungsweise vom Rest des Lebens eines einzelnen getrennt werden kann, wird es leichter, sie aus den persönlichen Wertvorstellungen und Gefühlen abzulösen. Ein Beispiel hierfür ist die Ansicht, „daß man nicht töten soll – außer im Krieg".

Zurückziehen

Eine weitere Technik zur Reduktion emotionaler Erregung ist es, sich um andere so wenig wie möglich zu kümmern. Dies kann auf vielfältige Weise erreicht werden, z. B. indem man weniger Zeit mit anderen Leuten verbringt, sich physisch

distanziert (weiter entfernt steht oder keinen Augenkontakt hält) oder in unpersönlicher Weise kommuniziert (z. B. oberflächliche Allgemeinplätze, formale Mitteilungen) usw. Rosenhans (1973) Beschreibung, wie häufig das Personal eines psychiatrischen Krankenhauses in seinem „Glaskasten" bleibt und wie wenig Zeit es tatsächlich mit Patienten interagiert, ist ein gutes Beispiel für die Anwendung dieser Technik (vgl. Kap. 14, „Unter der Lupe", S. 500).

Verteilung der Verantwortung, soziale Unterstützung, Humor

Bei dem Versuch, mit starken Emotionen fertig zu werden, wird der einzelne sich oft um Hilfe und Unterstützung an andere wenden. Wenn solche Handlungen psychische Belastung und Unbehagen reduzieren, können sie angewendet werden, um Entmenschlichung zu fördern. Wenn man andere sagen hört „es ist nicht so schlimm" oder „sieh es dir doch einmal *so* an", hilft es einem, Abstand zu gewinnen. Verteilung der Verantwortung zu empfinden, kann auch die Entmenschlichung unterstützen. Wenn ein einzelner weiß, daß andere Menschen genauso fühlen oder dasselbe tun, macht ihm ein bestimmtes Verhalten möglicherweise weniger Gewissensbisse.

Über ein belastendes Ereignis scherzen und lachen zu können, ist ein weiterer Weg, um empfundene Spannung und Angst abzubauen. Dies kann die Situation in einem weniger ernsten Licht erscheinen lassen, weniger erschreckend und weniger „überwältigend". Beobachter haben auf den „kranken" Humor von Medizinstudenten beim Sezieren einer Leiche aufmerksam gemacht und haben vermutet, daß dieser Humor eben solchen Zwecken dient (Lief u. Fox 1963).

Die oben erwähnten Techniken sollten eine Vorstellung von der Vielfalt mehr oder weniger feinfühliger Methoden vermitteln, mit denen Dehumanisierung erreicht wird. Man muß sich noch viel mehr mit solchen Techniken beschäftigen; nicht nur um besser zu verstehen, wie sie funktionieren, sondern auch, um die Wirkung der Dehumanisierung sowohl auf ihr Objekt als auch auf die entmenschlichte Handlungen vollziehende Person ermitteln zu können. Man könnte einen Katalog über die Art und Weise und die Situationen aufstellen, in denen man auf entmenschlichte Art behandelt wurde, und ebensogut Geschehnisse, in denen man andere entmenschlicht hat, ohne sich dies zu vergegenwärtigen. Die nächste Aufgabe für Sie und unsere Gesellschaft wird es sein, Strategien zu entwickeln, um entmenschlichende institutionelle Beziehungen zu minimalisieren, damit wir unsere Aufgaben erfüllen können und zugleich uns doch anderen gegenüber nicht als Objekte, sondern als Brüder und Schwestern verhalten, für die wir Sorge tragen.

Zusammenfassung

Von den einen wird die menschliche Gattung als von Natur aus gut, aber von der Zivilisation verdorben betrachtet, von den anderen als von Natur aus böse und nur durch sozialen Druck gezügelt. Paradoxerweise können gerade die Fähigkeiten, die unsere größten Leistungen ermöglichen, wenn sie falsch eingesetzt werden, auch das größte Elend verursachen.

Das Überhandnehmen der *Aggression* hat manche Psychologen veranlaßt, sie als *instinktiv* anzusehen. Freud betrachtete Aggression als einen Ausfluß der Energie, die mit dem Todestrieb zusammenhängt. Physiologische Faktoren, die mit Aggression verbunden sind, umfassen Hirnschädigungen, genetische Anomalien und hormonelles Ungleichgewicht.

Die *Frustrations-Aggressions-Hypothese* vermutet, daß Aggression einen Antrieb darstellt, der als Reaktion auf *Frustration* erworben wird, die immer dann vorliegt, wenn eine zielgerichtete Handlungsweise vereitelt wird. Aggression kann von der Frustrationsquelle *weggelenkt* und gegen ein weniger angstmachendes Zielobjekt oder einen *Sündenbock* gerichtet werden. Beim Ausbruch von Aggression beeinflussen sich *Auslöser* in der Umwelt und innere Faktoren gegenseitig.

Nach dem *Ansatz der sozialen Lerntheorie* wird Aggression wie jedes andere Verhalten durch Beobachtungen eines *Modells* gelernt. Durch Beobachtung gelernte aggressive Reaktionen können in bestimmten Situationen ausgelebt, in anderen aber unterdrückt werden.

Im Gegensatz zu denen, die glauben, daß Aggression durch *Katharsis* abgebaut werden kann, glauben die Vertreter der sozialen Lerntheo-

rien, daß die Äußerung aggressiver Reaktionen die Wahrscheinlichkeit zukünftiger Aggression *erhöhen* wird. Die Forschung hat allgemein die Ansicht bestätigt, daß das Sehen von Gewaltdarbietungen in den Medien zu einer wachsenden Aggression unter Kindern führt.

Gewalttätige Auseinandersetzungen zwischen Eltern und Kind sind zum Gegenstand wissenschaftlicher Untersuchung geworden. *Mißhandelte Kinder* werden eher in Familien angetroffen, in denen es emotionale Belastungen und nur wenig Gelegenheit für soziale Vergleiche gibt. Eltern, die ihre Kinder schlagen, sind wahrscheinlich selbst von ihren Eltern geschlagen worden. *Interpersonale Aggression* ist gewöhnlich nicht einseitig, sondern eher eine Angelegenheit *wechselseitiger Provokation, Eskalation* und *Konfrontation*. Die meisten Opfer von Gewaltverbrechen sind persönlich mit ihrem Angreifer bekannt – oder sogar verwandt. Kollektive Gewalt wird möglicherweise als legitim angesehen, wenn dahinter eine soziale Macht steht.

Vorurteil ist eine Ansammlung von (gewöhnlich negativen) Meinungen, Einstellungen und Wertvorstellungen, die uns gegenüber Mitgliedern einer besonderen Gruppe beeinflussen, die *diskriminierendes Verhalten* hervorrufen. Sogar künstlich hervorgerufene Vorurteile und Diskriminierungen führen auf seiten der Opfer zu einer Abnahme des Selbstwertgefühls.

Wenn das Vorurteil von einem ganzen sozialen System getragen wird, dann wird es z.B. zum *Rassismus*. Etablierten Rassismus zu überwinden, erfordert die Veränderung von *Handlungen*, die Veränderung von *Regeln und Verstärkungen* und die Veränderung des *Selbstbildes der Opfer*.

Sexismus resultiert aus voreingenommenen Erwartungen über die Fähigkeiten und Persönlichkeitscharakteristiken der beiden Geschlechter. Er basiert primär auf *biologischen Barrieren* (Frau = Kindsgebärerin) und der *Sozialisation der Geschlechtsrolle* (Stereotypien, die die Gesellschaft von Geburt an dem Mädchen oder Jungen präsentiert).

Städtische Übervölkerung und Frustration führt oft zu pathologischen Bedingungen in unseren Städten. Zuschauer leisten möglicherweise keine Hilfe in einer Notfallsituation, besonders wenn viele andere anwesend oder wenn sie in Eile sind. Die Forschung hat gezeigt, daß *Über-*

völkerung zu einer ernsten sozialen und persönlichen Pathologie führen kann – die Schlußfolgerungen aus diesen Ergebnissen für den Menschen in überbevölkerten Stadtgebieten hängt zu einem großen Teil von der psychologischen Interpretation ihrer Lage ab.

Die *Anonymität* städtischen Lebens beraubt die einzelnen ihres Identitätsgefühls. Solchermaßen *deindividualisierte* Personen zeigen eher Aggression oder anderes antisoziales Verhalten. Anonymität und Verantwortungslosigkeit können durch das Tragen von Kostümen oder Uniformen begünstigt werden.

Vandalismus wird gewöhnlich als Zerstörung um des Zerstörens willen definiert. Ein- und dieselbe Handlung kann als Vandalismus oder als ein Streich angesehen werden, je nachdem, wer sie verübt. Vandalismus kann für Mitglieder einer Gegenkultur als Quelle der Erregung oder der Selbstbestätigung dienen, auch wenn die Ausführenden solcher Handlungen aus allen sozioökonomischen Schichten kommen. Vandalismus ist nicht notwendigerweise sinnlos für den Täter: Er kann *gewinnsüchtig, taktisch, ideologisch, rachsüchtig, bösartig* oder *spielerisch* sein.

Dehumanisation impliziert die Schaffung einer „Ich-Es"-Beziehung, in der andere Personen als Objekte behandelt werden. Ein solcher Vorgang kann als eine notwendige Schutzmaßnahme in Notfällen oder medizinischen Einrichtungen dienen, er kann aber auch hochgradig destruktiv gegenüber der Menschenwürde und sogar dem Menschenleben sein. Dehumanisierung kann *gesellschaftlich auferlegt* sein, wie in manchen Arbeitssituationen, kann als *Selbstschutz* notwendig sein, wie z.B. bei medizinischem Personal, entsteht durch *Selbstbefriedigung,* wenn andere nur zum eigenen Vergnügen ge- bzw. mißbraucht werden, oder kann als ein *Mittel zum Zweck* dienen, wie in der politischen Szenerie. Techniken, die angewendet werden, um Dehumanisierung zu erreichen, umfassen Umbenennung, Intellektualisierung, Aufgliederung in Teilbereiche, Rückzug, Verteilung der Verantwortung, soziale Unterstützung und Humor.

Nachwort: Ein Zukunftstraum

Wir haben nun ein großes Stück der Reise zusammen zurückgelegt, die wir im 1. Kapitel angetreten haben. Wir hoffen, daß Sie nun ein besseres Verständnis dafür haben, womit sich die Psychologie beschäftigt und wie einige der persönlichen und sozialen Probleme, die auf einen zukommen, durch die neuerworbene psychologische Anschauungsweise analysiert (und besser bewältigt) werden können.

Obwohl Sie am Ende dieses Buches und damit des Einführungskurses angelangt sind, stehen Sie natürlich erst am Anfang des umfassenderen detaillierteren Studiums vieler Aspekte psychologischer Forschung. Fast zu jedem Hauptthema, das wir dargestellt haben, bieten die meisten Hochschulen einen ganzen Kurs (oder mehrere Kurse) an, die sich genau mit den Begriffen, Methoden und dem darüber verfügbaren Wissen eines jeden beschäftigen. Möglicherweise möchten Sie weitere Kurse über die Themen, die Sie beruflich oder privat interessieren, belegen. Aber es gibt eine Menge Literatur in Ihrer Hochschulbibliothek selbst über jene Themen, auf die wir nur kurz eingehen konnten. Einer der Gründe, warum wir Literaturangaben verschiedener Studien, Forscher und Themen in den Text aufgenommen haben, besteht darin, daß Sie so leichter jenen Themen nachgehen können, über die Sie vielleicht mehr wissen wollen. Ein zweiter Grund ist, Sie und andere in den Stand zu versetzen, die Beweisführung, auf der spezifische psychologische Schlußfolgerungen basieren, unabhängig zu beurteilen; um Spekulationen und bloße Meinungen von gesicherten Daten und stichhaltigen Schlußfolgerungen trennen zu können.

In dieser letzten Stellungnahme möchten wir gern einige allgemeine Belange aufgreifen, die gewöhnlich in psychologischen Einführungsbüchern nicht diskutiert werden, aber für die viele Studenten Interesse zeigten – ökologische Psychologie und die ethische Tragweite von Eingriffen unter verschiedenen Gesichtspunkten des menschlichen Daseins.

Ökologie hat sich zu einem der Hauptanliegen unserer Zeit entwickelt, und wir möchten, daß Sie darüber nachdenken, inwiefern eine ökologische Perspektive eine ziemlich andere Ansicht der Psychologie anbietet als die mehr traditionelle, die das psychologische Denken bisher gekennzeichnet hat. Außerdem ist es wichtig, daß wir alle erkennen, daß – obwohl ökologische Probleme häufig als Umweltprobleme in bezug auf natürliche Hilfsmittel dargestellt werden – letztlich der Schlüssel sowohl zu diesen Problemen als auch zu ihren Lösungen die *Menschen* sind. Es sind letzten Endes die Einstellungen, Werte und Verhaltensweisen von Menschen, die zu Überbevölkerung, Verschmutzung, Mißachtung der Natur und ehrgeizigen Plänen zur „Modernisierung", „Urbanisierung" und Kontrolle der bestehenden Umwelt führen. Aber es gibt auch andere *Menschen,* die uns auf die Gefahren der übermäßigen Abhängigkeit von schwindenden Energievorräten und die langfristig negativen Konsequenzen von Eingriffen aufmerksam gemacht haben, die scheinbar kurzfristig wertvoll sind – wie der Gebrauch von DDT und anderen Schädlingsbekämpfungsmitteln, um Insekten unter Kontrolle zu bekommen. Wie ändern wir das Verhalten von Umweltverschmutzern, Räubern, Wucherern und ähnlichen? Hier muß sich die Psychologie einschalten.

Aber immer wenn eine Person in das Leben einer anderen, mit der Absicht es zu verändern, eingreift, treten ethische Fragen auf. Da die Psychologie eine experimentelle Wissenschaft ist, die auf einem Forschungsmodell basiert, nach dem meist versucht wird, Verhalten zu beeinflussen, müssen bei allen Forschungsaktivitäten ethische Überlegungen angestellt werden. Aber darüber hinaus stellt jede psychologische Therapie einen Versuch dar, die Art und Weise, wie Leute denken, empfinden und gegenüber anderen und sich selbst handeln, näher zu bestimmen. Ist es ethisch vertretbar, seine Wertvorstellungen dem „menschlichen Plan" aufzuzwingen, um die Persönlichkeit – wie „pathologisch" sie auch sein mag – eines anderen Individuums zu ändern? Nach welchen Kriterien können wir beurteilen, daß „erfolgreiche Therapie" im eigenen Interesse des Patienten und nicht einfach im Sinne der sozialen Ordnung geschieht, an die der Patient wieder angepaßt wird? Obwohl es auf solch allgemeine Fragen über ethische Belange von Interventionen keine Patentlösungen gibt, wird es Zeit, daß Psychologen, Studenten und andere Bürger einen ernsthaften Dialog darüber zu führen beginnen.

Ökologische Psychologie

„Ökologie ist unökonomisch,
aber nach einer anderen Logik
ist Ökologie ökonomisch."

Kenneth Boulding, 1974

In einer Stadt im südlichen Illinois fand man, daß Nitrate, die man als Dünger für die umliegenden Farmen benutzte (mit entsprechend verbesserten Ernteergebnissen), in das Grundwasser durchgesickert waren, wo sie in Anwesenheit bestimmter Bakterien in Nitrite umgewandelt werden, die sehr giftig sind und zu gefährlichen Kinderkrankheiten führen können. Aber die Farmer wurden langsam von dem erhöhten Ertrag abhängig, um die Bebauung wirtschaftlicher gestalten zu können; und die Stadt ist in ökonomischer Hinsicht wiederum abhängig vom Erfolg ihrer Farmer. Die Farmer können nicht einfach den Gebrauch von Nitraten aufgeben, ohne das ganze System zu erschüttern und den finanziellen Ruin zu riskieren; wenn sie jedoch so weitermachen, gefährden sie die Gesundheit der Kinder in ihrer eigenen Gemeinde.
Genauso wie wir erkannt haben, daß wir ein Teil eines biologischen *Ökosystems* sind, in dem alle Teile voneinander abhängig sind, entdecken wir, daß Menschen in einer Gemeinde voneinander abhängig sind und daß ein großer Teil ihres Verhaltens seine Wurzeln in dieser sozialen, wechselseitigen Abhängigkeit hat und nicht in isolierten Charakterzügen oder den besonderen Stimulusbedingungen einzelner, die sie im Augenblick beeinflussen.

Diese wechselseitigen Abhängigkeiten sind nicht offenbar, wenn wir das Verhalten einzelner Individuen untersuchen, und daher neigte die Psychologie dazu, das Spektrum von Problemen zu ignorieren, das sich auftut, wenn die Verquickung des Verhaltens von Individuen mit einem sozialen System ins Blickfeld rückt. Aber es ist zunehmend deutlich geworden, daß die Prinzipien der individuellen Psychologie nicht einfach und direkt auf jene übertragen werden können, die notwendig sind, um komplexe systembezogene Verhaltensweisen zu verstehen. Eine erfolgreiche Therapie mit einem Individuum kann das Gleichgewicht der ganzen Familie erschüttern. Ein Individuum mit guten Fähigkeiten beginnt schlechte Leistungen in der Schule zu zeigen, wenn gleichaltrige Kameraden akademisches Interesse mißbilligen. Normalerweise nette, anständige Leute töten im Krieg hilflose Dorfbewohner. Eine Menschenmenge verspottet einen ängstlichen Jungen, der mit Selbstmord droht. Ein aufrechter Bürger gibt einer Person, die er nicht kennt und der er nicht wehtun will, Schocks, von denen er annehmen muß, daß sie sehr gefährlich sind. Ein Theologiestudent hält eilfertig eine Predigt über den guten Samariter, nimmt sich aber nicht die Zeit, ein solcher zu sein, wenn er eine Person in offensichtlicher Not antrifft. Konkurrierende Fischer dezimieren wissentlich Fischschwärme bis zu einem Punkt, an dem ihr eigener Unterhalt gefährdet ist. Und Nationen, die schon genug Waffen haben, um ihre Feinde mehrmals zu töten, ersinnen weiterhin schrecklichere Mittel, um Menschen zu töten, während sie die Gelder für bitter nötige Sozial- und Gesundheitsdienste für ihre eigenen Bürger kürzen. Die Menschen verhalten sich in manchen Situationen auf eine Art und Weise, die unverständlich ist.
Es scheint, daß wir zwei Alternativen haben: entweder wir können solches sich widersprechendes Verhalten als irrational und unverständlich erklären, oder wir können – wenn wir annehmen, daß jedes Verhalten Ursachen hat – nach umfassenderen Prinzipien suchen, die solches Verhalten in eine Analyse des *sozialen Systems* einfügen, in der Kausalität anders wirksam ist als im Falle eines einzelnen Individuums, das auf einen isolierten Stimulus reagiert.
Wenn wir uns für das letztere entscheiden, was dann?

Mehrere Unterschiede zwischen den traditionellen Prinzipien zur Erklärung individuellen Verhaltens in einem sozialen Vakuum und den Prinzipien, die wir brauchen, um die ganze Ökologie komplexen sozialen Verhaltens zu erklären, treten deutlich hervor. Wir werden sie für die Diskussion bewußt trennen, obwohl (da wir es mit einem psychologischen Ökosystem zu tun haben) die verschiedenen Erscheinungen in ihrer vorliegenden Wirkungsweise insgesamt miteinander verbunden sind. Für die Analyse werden wir daher 3 Unterschiede in den *Themen* und 4 Unterschiede in *grundlegenden Konzepten* zwischen ökologischer und traditioneller Psychologie darstellen.

Unterschiede in den Themen

Ein Forscher, der sich die Komplexität von Verhalten in realen sozialen Situationen verständlich machen will, muß sich mit molarem und nicht mit molekularem Verhalten befassen, und zwar mehr mit der Beobachtung und Analyse von ablaufendem Verhalten als mit Manipulation und Kontrolle sowie – zusätzlich zu den Werten wissenschaftlicher Objektivität – mit menschlichen Werten.

Molare vs. molekulare Analyseeinheiten

Die psychologische Analyse hat meistens versucht, Verhalten durch Ereignisse in bestimmten Teilen des Organismus, besonders im Gehirn und anderen Teilen des Nerven- oder endokrinen Systems zu erklären. Dieser Prozeß der Konzentration auf die Teile wird *molekulare Analyse* genannt. Im Gegensatz dazu steht die *molare Analyse,* die das Verhalten des ganzen Organismus betrachtet.

Ein klassischer Experimentalpsychologe könnte z. B. die Beziehung zwischen der Stimulusintensität eines Lichtreizes und der Reaktionszeit einer Vp beim Loslassen eines Schalters untersuchen. Ein Psychologe, der Forschung auf molarer Ebene betreibt, könnte andererseits die Beziehung zwischen der Intensität der Straßenbeleuchtung und Raubüberfällen untersuchen. Beide versuchen die Einwirkung der Umwelt auf Verhalten zu untersuchen, aber der letztere definiert „Umwelt" sowie „Verhalten" auf breiterer Ebene.

Ein molekularer Ansatz ist eher reduktionistisch, wobei Ereignisse auf einem Organisationsniveau durch Prozesse auf einem niedrigeren Niveau erklärt werden, und man nimmt an, daß durch die Übertragung nichts verloren geht, so daß das Verhalten eines Organismus durch Nervenzellen und elektrochemische Prozesse adäquat beschrieben werden kann. Ein molarer Ansatz wird eher von Psychologen gewählt, die annehmen, daß Ganzheiten Eigenschaften haben, die in ihren Teilen nicht vorhanden sind oder sich nicht aus ihnen vorhersagen lassen; daß auf jedem Organisationsniveau neue Eigenschaften entstehen, die man am besten auf diesem Niveau untersucht und die vermutlich nicht einmal sinnvoll durch Prozesse auf niedrigerer Ebene beschrieben werden können. Sie würden z. B. argumentieren, daß es nutzlos wäre, die Entführung eines Flugzeugs durch Luftpiraten durch die Entladung ihrer Neuronen und die Kontraktion ihrer Muskeln erklären zu wollen. Angst, Hoffnung, Ärger, politische Ambitionen – all das sind Charakteristika menschlicher Wesen, die man nie in Neuronen, Drüsen oder Adern sehen würde. Und soziale Systeme haben Charakteristika (z. B. Kohäsion und Machtbeziehungen), die man den Individuen nicht ansieht.

Ein molarer Ansatz untersucht auch die Art und Weise, in der Merkmale einer Ganzheit die Wirkungsweise ihrer Teile beeinflussen. So arbeiten das Nervensystem, endogene Drüsen und andere interne Systeme verschieden, je nachdem, ob das Individuum Angst vor einer Prüfung hat, sich nach einer Unterhaltung sehnt oder tief in transzendentaler Meditation versunken ist. In ähnlicher Weise beeinflussen Charakteristika einer Gesellschaft das Verhalten und Wirken ihrer Bürger, und sie helfen tatsächlich, uns einige Verhaltensweisen verständlich zu machen, die irrational erscheinen, wenn man sie isoliert betrachtet. Obwohl Gesellschaften nicht organische physikalische Einheiten sind wie Organismen, repräsentieren sie Systeme, die in wechselseitiger Abhängigkeit stehen, die die Alternativen und Optionen, die einem Individuum zur Verfügung stehen und die Belohnungen oder Bestrafungen, die jeder Wahl folgen, bestimmen können.

Beobachtung und Klassifikation vs. Kontrolle und Intervention

Wie wir gesehen haben, bestanden die vorrangigen Ziele der traditionellen Psychologie in der Vorhersage und Kontrolle. Die am meisten bewunderte Forschung war das kontrollierte Experiment, in dem relevante Variablen konstant gehalten und unabhängige Variablen manipuliert werden können, so daß die Ergebnisse in Form von Ursachen und nicht nur in Form von Korrelationen beschrieben werden können.

Aber wenn Hypothesen auf diese Weise formuliert und überprüft werden, werden nur Bedingungen untersucht, die man zuvor schon als Ursachen vermutete. Wichtige Teile des Netzwerkes von Ursachen, die im täglichen Leben wirksam sind, können unerkannt und unerforscht bleiben. Außerdem können viele überaus wichtige Fragen über soziales Verhalten nicht auf diese Art erforscht werden, weil die Bereiche, die Psychologen manipulieren und kontrollieren können, in praktischer und ethischer Hinsicht begrenzt sind und weil in vielen Fällen die Einflußnahme des Forschers genau das Verhalten ändert, das untersucht werden soll.

Einer der Pioniere in ökologischer Psychologie, Roger Barker, hat zugunsten der Untersuchung intakter Verhaltensphänomene, wie sie in der natürlichen Umgebung (dem „Feld") der untersuchten Individuen vorkommen, einen interventionistischen Ansatz abgelehnt. Er hat sich die Aufgabe gestellt, den ganzen räumlichen und zeitlichen Kontext des Verhaltens so genau und umfassend wie möglich zu beschreiben – was geschieht, wann, wo, wer wie lange beteiligt ist. Anstatt die Situation mit einer Theorie anzugehen, die bewiesen, oder mit einer Hypothese, die überprüft werden soll, versucht er, bei der Beschreibung und Kategorisierung des Geschehens so wenig wie möglich seine vorgefaßte Meinung aufzudrängen.

In diesem Ansatz werden die in der natürlichen Umwelt gewonnenen Verhaltens*daten* zur Realität, die analysiert und verstanden wird, und ihre Veränderungen im Laufe der Zeit stellen einen wichtigen Aspekt bei der Beobachtung dar. Der ökologische Forscher greift sich nicht irgendeine Variable heraus und manipuliert sie in systematischer Weise; er erlaubt statt dessen, daß der „Verhaltensablauf" ununterbrochen

fließen kann und nur für die nachfolgende Analyse beobachtet und aufgezeichnet wird (vgl. „Unter der Lupe", S. 682).

Interesse an der Verbesserung der menschlichen Lebensbedingungen vs. wertfreie intellektuelle Entdeckung

Die Wissenschaft liefert die Mittel zur Sammlung von Fakten, um gewisse Probleme lösen zu können. Die Motivation für dieses Vorgehen liegt bei vielen Wissenschaftlern hauptsächlich in der intellektuellen Neugier für die Geheimnisse der Natur, also wie Dinge und Menschen dazu kommen, sich so zu verhalten, wie sie es tun. „Wissen um des Wissens willen" ist das Motto der „reinen Wissenschaft" einschließlich der „reinen Psychologie".

Wie wir im 1. Kapitel gesehen haben, akzeptieren jedoch viele Psychologen die Möglichkeit – und die Verantwortung – der Psychologie bei der Verbesserung der menschlichen Lebensbedingungen. Obwohl Objektivität in den Phasen der Datenerhebung und -analyse vorherrschen muß, beinhaltet die mögliche Nutzung der Ergebnisse zur Veränderung des menschlichen Daseins unvermeidlich Wertentscheidungen.

Der ökologische Psychologe kämpft mit Problemen, deren Lösungen sich auf die Qualität der Umwelt und direkt auf das Leben der Menschen in ihr auswirken könnten. Das ergibt das Gefühl einer „Mission": ein Ziel von sozialer Bedeutung, ein Interesse an praktischen Problemen und an Lösungen, die in Aktionsprogramme übersetzt werden können. Für einen solchen Forscher sind die humanistischen Belange mindestens genauso wichtig wie (oder wichtiger als) die losgelösten, wissenschaftlichen, intellektuellen Interessen an der Lösung eines Rätsels, das einem die Natur aufgegeben hat (vgl. „Unter der Lupe", S. 684).

Unterschiede in den Konzepten

Zusätzlich zu den Unterschieden in den Schwerpunkten und im Gesamtansatz gibt es Unterschiede in wesentlichen Konzepten, die sich aus dem Studium komplexen sozialen Verhaltens ergeben: multiple Ursachen und multiple Wirkungen anstelle „der unabhängigen Variablen" und „der abhängigen Variablen", gegenseitige

Unter der Lupe

Natürliche Situationen als Determinanten des Verhaltens

Barker und seine Kollegen von der Universität Kansas haben in einer kleinen Gemeinde im mittleren Westen sorgfältig Verhalten in natürlichen Situationen wie in einem Drugstore, in einer Autowerkstatt, bei einem Basketballspiel und beim Spielen nach der Schule analysiert. Sie haben herausgefunden, daß solch natürliche Lebensbereiche stabile Situationen darstellen, die einen starken Einfluß auf das Verhalten ausüben, das sich in ihnen ereignet, und daß sich dasselbe Individuum in unterschiedlichen Situationen ganz unterschiedlich verhalten kann.

Nur um ein Beispiel ihrer zahlreichen Befunde zu nennen: sie haben entdeckt, daß, nach Aussagen der Schüler, in kleinen Schulen mit relativ wenigen Kindern in der schulischen Umgebung doppelt so stark Druck auf sie ausgeübt wird, an schulischen Aktivitäten teilzunehmen. Sie übernehmen tatsächlich auch doppelt so viele verantwortungsvolle Ämter in diesen Bereichen und berichten von mehr Erfolgserlebnissen, die sich durch das Gefordertsein, die Teilnahme an wesentlichen Dingen, die Wertschätzung anderer und den Erwerb von Fähigkeiten sowie moralischer und kultureller Werte ergeben.

Die Art von Beobachtungen, die ein ökologisch orientierter Forscher vom Ablauf des Verhaltens aufzeichnet, ist in der nachfolgenden Darstellung des nachmittäglichen Spiels eines 8jährigen Jungen zu ersehen (nach Barker 1963)

Spielzeit nach der Schule   18.14–19.11 Uhr

Zeit ......
Ereignis Nr. ......
_____

Zeit ......
Ereignis Nr. ......
_____

⋮

_____

Beispiele:

Nr. Ereignis
719 Spielen in einer Festung
721 Gespräch über die Festung mit Roy
729 Blake zeigen, wie man schießt
736 Cowboy und Indianer spielen
740 Radio hören
745 Ein Glas Marmelade holen
750 Eingemachtes und Gurken essen
763 Mit Pfeil und Bogen schießen
774 Eine Geschichte über einen Pfeil erzählen

Beeinflussung und Systeme, die als organisches Ganzes statt als Ansammlungen von getrennt funktionierenden Einheiten verstanden werden.

Multiple Ursachen vs. „unabhängige Variablen"

Die Forschung der traditionellen Psychologie wurde von der Strategie geleitet, den Einfluß einzelner Faktoren auf das Verhalten zu isolieren. Die Variablen, die in irgendeiner Situation zur Wirkung kommen, werden willkürlich in 3 Kategorien eingeteilt: unabhängig, konstant und abhängig. Wenn man nur die unabhängige Variable variiert, kann der Forscher sagen, daß unter den Bedingungen des Experiments die Veränderung in der unabhängigen Variablen *verursacht* hat, und das wird *Effekt* genannt.

Aber wenn man einen Faktor für Untersuchungszwecke isoliert, passiert es häufig, daß man den fortwährenden Einfluß aller Variablen, die man *nicht* manipuliert hat, übersieht. Wenn man am Schalter dreht, geht das Licht nur dann an, *wenn* ein intakter Stromkreis, eine gute helle Glühbirne, ein Energiesystem für den Anschluß und so weiter gegeben sind.

Alle diese anderen Elemente sind ein Teil des Grundes dafür, warum das Licht angeht – nicht nur das Drehen am Schalter.

Auch im Verhaltensbereich kann eine genaue Kontrolle ermöglichen, daß einer Stimulusveränderung regelmäßig eine bestimmte Veränderung im Verhalten folgt, aber die Faktoren, die konstant gehalten werden, bleiben auch weiterhin ein Teil der Ursache: Nahrung als Verstärkung verändert das Verhalten nur, wenn der Organismus hungrig ist, wach ist, das Futter sehen, hören, riechen kann und sich sonst im Augenblick für nichts anderes interessiert.

Auf die Frage „Was ist dafür verantwortlich, daß dein Auto fährt?" gab es nach dem Februar 1974 eine andere öffentliche Antwort als vor der Zeit der Benzinknappheit (vgl. „Unter der Lupe", S. 685). In einem Bericht über die öffentliche Meinung hieß es, die meisten Leute glaubten, die Politik der Bundesregierung und der Ölgesellschaften bestimme, ob es genügend Benzin für Automobile gäbe oder nicht (Murray et al. 1974). Benzin könnte der direkte kausale Faktor für den Antrieb eines Automotors sein, aber seine Verfügbarkeit wurde zum Endprodukt einer ganzen Reihe von anderen Ursachen – internationale Intrige, der arabisch-israelische Konflikt, angebliche heimliche Absprachen zwischen den Ölfirmen, um die Preise durch Beschränkung der Vorräte hochzutreiben, politische Begünstigung der Großindustrie, das Fehlen adäquater Überwachung durch die Regierung oder langfristiger Pläne zur Energieerschließung usw.

Es ist wichtig zu erkennen, daß es in jeder Studie willkürlich festgelegt und eine Sache der Präferenzen ist, welche Variablen manipuliert und welche konstantgehalten oder ignoriert werden. Jeder Psychologe verändert die Variablen, von denen er annimmt, daß sie – je nach seiner Vorliebe für eine besondere Theorie – am wichtigsten seien, und hält die „unwichtigen" Variablen konstant.

Psychologen, die die Ergebnisse unterschiedlicher Verstärkung tabellarisch zusammenstellen wollten, haben Organismen von ähnlicher genetischer Herkunft, mit ähnlicher Motivation (wie z.B. Deprivationsdauer) eingesetzt. Wenn organismische Variablen auf diese Weise konstantgehalten werden, führen verschiedene Verstärkungspläne tatsächlich zu unterschiedlichen Lernkurven. Wenn Persönlichkeitstheoretiker Verstärkung konstantgehalten haben (vorausgesetzt, daß alle Vpn dieselbe Verstärkung erhielten) und Motivation oder andere organismische Variablen variiert haben, so hat man festgestellt, daß sich das Verhalten mit den Veränderungen in diesen Variablen verändert, und man hat dafür nicht als Grund die Verstärkungspläne erwähnt oder gesehen. Aber in beiden Fällen nehmen die konstantgehaltenen Variablen weiterhin Einfluß und sind ein Teil dessen, was das Verhalten „verursacht" hat. Wenn sie unter-

schiedlich gewesen wären oder gefehlt hätten, hätte das Verhalten ganz anders ausfallen können. Eine Änderung an irgendeiner Stelle des Systems könnte das Verhalten, das man beobachtete, verändert haben.

Manchmal zeigt sich, daß die Variablen, die wir konstantgehalten und ignoriert haben, von solch entscheidender Bedeutung sind, daß sie die Schranken des Untersuchungsplans durchbrechen und uns zwingen, sie zu erkennen und zu untersuchen, wie im Falle von Pawlow und den Hunden, die das experimentelle Verfahren „störten", indem sie Speichel absonderten, bevor sie das Fleisch bekamen. Ein starkes Motiv bei Mensch und Tier ist die *Neugier,* der Trieb, die Umwelt zu erforschen und zu kennen. Bis in die 50er Jahre, als man diese Quelle der Motivation „entdeckte", versuchten Forscher, deren „Interferenzeffekt" zu minimalisieren, indem man Versuchstiere sorgfältig an die Testumgebung anpaßte, bevor man ein Experiment begann, bei dem dann biologische Triebe oder die Lerngeschichte variiert wurden.

Die Suche der Sozial- und anderen Wissenschaften war traditionsgemäß die nach einfachen Ursachen, nach einfachen funktionalen Beziehungen, genau wie das auch beim Durchschnittsmenschen der Fall ist, der versucht herauszufinden, wodurch ein bestimmtes Ereignis verursacht wurde. In der Komplexität, die wir antreffen, suchen wir alle nach Vereinfachung. Manchmal ist es möglich, eine zentrale Ursache zu finden – einen Faktor, der den größten Teil der Variabilität in der Reaktion erklärt –, aber häufig tun wir dem Phänomen unrecht, wenn wir einfache Antworten fordern, die Kausalität jedoch in einem zusammenhängenden Netzwerk besteht, das nicht stückweise analysiert werden kann.

„Warum", so fragen wir, „werden unsere Autos, Schulen, Kirchen, Parks und Häuser auf eine offensichtlich sinnlose Weise entstellt und zerstört?" Wir haben in Kap. 17 gesehen, daß „Vandalismus" die Ursache für solche Zerstörung von Eigentum, die Konsequenz von sozialen Umweltbedingungen sein könnte, die eine Art Anonymität erzeugen. Aber damit sich Anonymität in Vandalismus ausdrückt, müssen auch noch andere Bedingungen erfüllt sein, wie z.B. frühere soziale Modelle für spezifische räuberische Handlungen, das Gefühl, außerhalb der Belohnungsstruktur der Gesellschaft zu ste-

Unter der Lupe

Den Räuber verschonen und die Opfer retten

Ein ausgezeichnetes Beispiel dafür, wie die Grundlagenforschung zu praktischen Schlußfolgerungen kommt, liefert eine neuere Studie, in der aversive Konditionierung eingesetzt wurde, um Überfälle von Kojoten auf Schafe unter Kontrolle zu bekommen (Gustavson et al. 1974).

Wilde Kojoten überfielen Lämmer in öffentlichen Ländereien im Westen der USA. Das führte zu einer scharfen Kontroverse zwischen jenen, die die Räuber ausrotten, und den Naturschützern, die die Art in ihrer natürlichen Umgebung schützen und hegen wollten. Um die Raubtiere einzudämmen, wurden normalerweise für den Abschuß der Tiere Prämien ausgesetzt. Nun findet die Psychologie, daß die Ergebnisse der „reinen" Forschung eine Lösung anbieten können.

Bei der Durchführung scheinbar „unpraktischer" Forschungsvorhaben, die sich mit den Grenzen der Konditionierungsgesetze befaßten, entdeckten Garcia et al. (1972) ein Phänomen, das sie „Köderscheu" nannten. Dies ist eine konditionierte Aversion gegen den Geschmack eines bestimmten Futters, die auf der Grundlage einer einfachen Lernerfahrung erworben wurde, in der das Tier vom Genuß dieses Futters krank wurde.

Die konditionierte Aversion gegenüber einer bestimmten Fleischsorte wurde bei 6 Kojoten erzeugt, indem sie mit Fleisch gefüttert wurden, das mit Lithiumchlorid behandelt worden war, was zu einer zeitweiligen Krankheit führt. Für 3 der Kojoten bestand das behandelte Fleisch aus Lammfleisch, für die anderen 3 Kojoten aus Hasenfleisch. Nach dieser Behandlung wurde das Angriffs- und Freßverhalten bei jedem Kojoten beobachtet. Mit nur einer oder maximal zwei Aversionserfahrungen unterließen es die Räuber, die Beute anzugreifen, deren Fleisch sie erkranken ließ, aber sie griffen weiterhin andere Beutetiere an.

Die Forscher nehmen an, daß Schafraub im offenen Gelände unterdrückt werden kann, wenn man das Fleisch toter Lämmer und Schafe mit dem nichttödlichen Gift behandelt, so daß der Geruch und Geschmack des Fleisches aversiv konditioniert wird. Das ist ein gutes Beispiel psychologischer Forschung, das wenig praktischen Nutzen zu haben scheint und auf eine unbestreitbar ökologische Art angewandt werden kann, um das Leben einer gefährdeten Art zu schonen, während man auch unterbindet, daß Tiere gerissen werden, die für unsere Ernährung wichtig sind.

---

hen, und die Unterstützung durch Gruppen bei solchen Aktivitäten.

Ein ökologischer Ansatz erkennt, daß die meisten wichtigen Ereignisse viele Ursachen haben. Außerdem wirken diese Ursachen nicht einfach unabhängig und additiv, sondern wie ein Netzwerk interaktiv. Deshalb müssen sie als Netzwerk, als wechselseitig abhängige, interagierende Variablen untersucht werden. Diese Variablen können in verschiedenen Netzen unterschiedliche Effekte haben, und sie können unterschiedliche Effekte haben, wenn sie alle auf einmal, statt eine nach der anderen, variiert werden. Wenn man sie isoliert als unabhängige Variablen untersucht, kann man ein unzutreffendes wie auch unvollständiges Bild erhalten.

Multiple Effekte vs. „das Ergebnis" oder „der Haupteffekt und Nebeneffekte"

Wie wir nach multiplen Ursachen suchen, so müssen wir auch multiple Effekte suchen. Das haben wir immer gewußt, aber für einen großen Teil unserer Forschung war das nicht wichtig – oder wir hielten es nicht für wichtig. Einige Erzieher haben versucht, spezielle Lehrsysteme zu entwickeln, um die sprachliche Leistung von Schulkindern zu verbessern. Aber abgesehen davon, daß Kinder lernen können, eine Liste mit Wörtern so gut zu buchstabieren, daß sie einen Test bestehen, können sie auch lernen, die Schule zu lieben oder zu hassen, Selbstachtung zu empfinden dadurch, daß sie sich auszeichnen, oder zu fühlen, daß sie, verglichen mit ihren Kameraden, dumm sind. Sie können auch zu einer bestimmten Zeit gute Leistungen zeigen,

Unter der Lupe

Was willst du deinem Auto geben, wenn das Benzin ganz aufgebraucht ist?

Wie werden sich die Automobilsüchtigen unter uns der Energiekrise anpassen? Ein Teil der Vorhersagen von Kenneth Boulding (1974) unterscheidet zwischen den langfristigen und kurzfristigen Anpassungen.

„Die deutlich sichtbarste und dramatischste Änderung bestand in der drastischen Preiserhöhung und der eingeschränkten Verfügbarkeit von Benzin für Privatautos. Diese Situation scheint für gewisse Zeit anzuhalten … Die langfristigen Effekte hängen jedoch sowohl von Veränderungen in der Technologie der Versorgung als auch in gewissem Maße davon ab, was man mit der Anpassung von Präferenzen und des Lebensstils überhaupt an die veränderten Preise und Einkommensstrukturen als die ‚Technologie des Bedarfs‘ bezeichnen könnte."

„Ich muß gestehen, daß man sich meiner Meinung nach in dieser Hinsicht bei Versorgungsproblemen mehr Mühe geben wird als bei den Forderungen nach Anpassung: besonders beim Auto dürfte das zutreffen … Es wundert einen nicht, daß es beliebt ist: es verwandelt seinen Fahrer in einen Ritter mit der Beweglichkeit des Aristokraten … Wendet man den Vergleich auf die Fußgänger oder Benutzer der öffentlichen Verkehrsmittel an, so sind diese Bauern, die neidvoll zu den Rittern aufschauen, die auf ihren mechanischen Rössern reiten. Wenn man einmal die Freuden einer Gesellschaft gekostet hat, in der beinahe jeder ein Ritter sein kann, ist es schwer, wieder ins Bauerndasein zurückzukehren. Ich nehme daher an, daß massive technologische Verlegenheiten auftreten werden, um das Automobil in irgendeiner Form beizubehalten, selbst wenn wir dafür die Kernfusion als letzte Energiequelle und flüssigen Wasserstoff als Benzinersatz einsetzen müssen. Die Alternative wäre eine Gesellschaft von zufriedenen Bauern, die alle ihren kleinen Garten bewirtschaften und mit dem Bus oder gar im elektrisch betriebenen Auto zur Arbeit fahren. Dieses Ergebnis erscheint irgendwie weniger plausibel als ein verzweifelter Versuch, neue Energiequellen zu finden, um unsere Mobilität als Ritter aufrechtzuerhalten."

die durch Noten erfaßt werden und dafür später durch anhaltende Spannungen und Sorgen verursachte Geschwüre bekommen. Sie können lernen, ihrem Lehrer zu folgen und diesen Gehorsam Autoritätspersonen gegenüber zu generalisieren, die ihn nicht verdienen.

Der ökologische Psychologe beschäftigt sich mit *allen* Effekten einer Intervention, einschließlich entfernter Effekte in anderen Teilen des Systems und verzögerter Effekte, die sich nicht unmittelbar zeigen. In sozialen und politischen Angelegenheiten kommt es nur zu oft vor, daß selbst eine Politik, die das erreicht, was sie beabsichtigte, schließlich auch viele andere Auswirkungen hat – die nicht alle so wünschenswert sind. Und die langfristigen negativen Effekte können die guten kurzfristigen Effekte mehr als nur ausschalten.

Der Assuanstaudamm in Ägypten liefert ein gutes Beispiel für kurzfristigen Erfolg bei der Erreichung eines Zieles mit unerwartetem langfristigem Unheil in einem anderen Teil des Systems. Der Damm hat erfüllt, wozu er geplant war – den Flußlauf des Nils zu kontrollieren und die Umgebung mit elektrischer Energie und Bewässerung zu versorgen. Aber er hat auch einen komplexen Lebenszyklus zerstört, in dem die Überflutung wichtige Nährstoffe als Teil einer Nahrungskette von Phytoplankton zu Zooplankton und Sardinen bis hin zum Menschen lieferte. Fischereien im Nildelta erzeugten gewöhnlich 1800 t Sardinen im Jahr und jetzt beträgt die Ausbeute nur 500 t. Durch die Regulierung der Fluten wurde die Lebensqualität aller Fischerdörfer negativ beeinflußt. Und selbst stromaufwärts sorgt man sich darum, daß Minerale, die durch die Bewässerung auf dem Boden liegenbleiben, das Land schließlich zerstören könnten; außerdem hat seit dem Bau des Dammes die *Schistosomiasis* (eine durch verseuchtes Wasser übertragene Darmkrankheit) in beunruhigendem Maße zugenommen.

Multiple Effekte vs. „das Ergebnis" oder „der Haupteffekt und Nebeneffekte"   685

Wenn unsere Psychologie stärker wird, müssen wir erkennen, daß jede Intervention, die wir im Leben anderer Menschen (oder in unserem eigenen Leben) vornehmen, viele Wirkungen haben wird, von denen einige unbeabsichtigt und einige unvorhersehbar sind; die langfristigen Effekte in einer Richtung können die kurzfristigen Effekte in einer anderen Richtung aufheben. Wir sollten uns auch der Tatsache bewußt werden, daß die Mehrzahl der sozialen Reformen und Gesetzgebungen, die dazu bestimmt sind, einen hervorstechenden sozialen Mißstand zu korrigieren, Interventionen, *experimentelle Manipulationen* sind. Wir halten die Existenz von Nervenkliniken und Gefängnissen für selbstverständlich, obwohl sie ursprünglich als eine liberale Reform geplant waren, um ein Asyl vor den Streßbedingungen des modernen Lebens in der turbulenten Zeit des Jackson-Amerika zu bieten (Rothman 1970). Nun, da es genug Beweise dafür gibt, daß diese „Asyle" Fehlschläge sind, werden sie nicht entfernt, weil sie zu einer „Institution" geworden sind und damit kritischer Bewertung standhalten.

In kalifornischen Gefängnissen werden die Insassen auf unbestimmte Zeit festgehalten: 6 Monate bis 5 Jahre; 5 Jahre bis lebenslänglich usw.). Der beabsichtigte Effekt dieser Neuerungen in der Rechtsprechung bestand darin, die Zeit im Gefängnis auf ein Minimum zu reduzieren, indem man dem Personal die Möglichkeit gab, einen Insassen für die frühestmögliche Entlassung vorzuschlagen, statt ihn eine vom Richter festgesetzte Zeit absitzen zu lassen, in der er nicht für „gutes Verhalten" belohnt werden konnte. Der *tatsächliche* Effekt bestand – im Gegensatz zum beabsichtigten – in einer *Verlängerung* der durchschnittlichen Haftdauer; die kalifornischen Haftzeiten sind nun die längsten in allen Staaten der USA.

Als Bürger und Psychologen müssen wir lernen, möglichst viele kurz- und langfristige Effekte einer vorgeschlagenen Änderung – und unserer gegenwärtigen Praktiken – zu antizipieren, so daß wir die Alternativen wählen können, die das günstigste Verhältnis von Nutzen und Kosten aufweisen – in ökonomischer, sozialer und psychologischer Hinsicht. Wir müssen auch darauf bestehen, daß jede derartige vorgeschlagene Intervention ständiger Überprüfung und kritischer Bewertung unterzogen wird, damit man bestimmen kann, ob sie effektiv, nutzlos oder

gar in der Gegenrichtung wirksam war. Die Begründung, soziale Experimente fortzusetzen, darf nicht in ihrer bloßen Existenz bestehen, sondern darin, daß sie spezifizierbare Verhaltensziele erreichen. Und alle sozialen Experimente, die bei uns durchgeführt werden, müssen fortwährend überprüft und unabhängig bewertet werden. Eine grundlegende Komponente jeder neuen sozialen Gesetzgebung sollte in der Tat ein Plan zur systematischen Entwicklungsforschung ihrer Effektivität im Hinblick auf ihre Intention sein.

Gegenseitige Beeinflussung vs. einseitige Einflußnahme

Die traditionelle Psychologie hat die Effekte von Stimuli auf Reaktionen – eine einseitige Einflußnahme – untersucht. Neuerdings haben viele Psychologen versucht, dieses Modell zu korrigieren, indem sie Rückmeldeschleifen als gegeben voraussetzten. Der ökologische Ansatz geht weiter und erkennt gegenseitige Beziehung und Beeinflussung als die allgemeinste Bedingung an. Der Einfluß eines Umweltfaktors auf das Verhalten wird rückgemeldet und verändert die Umgebung, die daraufhin das Verhalten ganz anders beeinflussen kann. Das Individuum sowie die Umgebung ändern sich fortwährend als Ergebnis ihrer Transaktionen. Traditionelle Versuchspläne ignorieren diesen gegenseitigen Einfluß, weil sie versuchen, eine Kategorie von Stimulusbedingungen auf eine Kategorie von Reaktionen zu beziehen – vorausgesetzt, daß andere Bedingungen gleich (konstant und kontrolliert) sind. Aber im realen Leben bleiben die Dinge nicht gleich und konstant, und ihre Fluktuationen ändern sich gegenseitig. Wenn wir das Verhalten als fortwährenden Fluß betrachten, sehen wir wechselseitige Einflüsse und dynamische Interaktionen – nicht Aktivitäten und Ereignisse, die stillsitzen und darauf warten, bis sie auf etwas bezogen werden.

Eine neugierige Ehefrau (eine Brünette) fragt z. B. ihren Ehemann, woher das blonde Haar auf seinem Jackett kommt. Angenommen, diese Frage weckt Schuldgefühle in ihm, die er zu vertuschen sucht, indem er die Offensive ergreift und mit verbaler Attacke antwortet. Die Intensität seiner Reaktion ist ein Hinweisreiz für sie, daß er vielleicht etwas vertuscht; sie verstärkt ihr Fragen. Ihr Fragen wird von ihm mit weiteren Aggressionen beantwortet, und die Episode eskaliert zu einer starken Auseinandersetzung. Wie könnte man in diesem Fall eine unabhängige Variable definieren? Ist es die Frage der Frau? Ihre Neugier? Das blonde Haar? Die Untreue des Ehemannes in der Vergangenheit? Die Art und Weise, wie sie Fragen stellt? Seine verteidigende Gegenattacke? Oder möglicherweise ein anderes Motiv ihrerseits, wie z.B. die Vertuschung ihrer eigenen Untreue? Oder ist es die Absicht, ihn zu einer schuldbewußten Gegenleistung zu bringen, wie z.B., seine Schwiegereltern zu besuchen? Die angemessene Analyse kann in der Tat nicht in der Isolierung von Variablen bestehen, sondern in der Untersuchung von Mustern der wechselseitigen Abhängigkeit zwischen den beiden beteiligten Parteien. Ein anderes Beispiel illustriert sogar noch besser den gleichen Punkt der feinen Interdependenz zwischen Umwelt und Verhalten.

Bevor der Direktor eines europäischen Zoos einen kleinen seltenen Vogel namens „Bartpferdchen" ins Vogelhaus setzte, verwendete er sehr viel Zeit, Mühe und Geduld darauf, die natürliche Umgebung und Lebensart des Vogels zu untersuchen. Er entwarf eine Zooumgebung, die in ökologischer Hinsicht dieser Art angemessen war, und der weibliche und der männliche Vogel schienen sich darin sehr glücklich zu fühlen. Die Vögel liebten ihre neue Umgebung so sehr, daß sie nicht nur fraßen und tranken und sich putzten und frei herumflogen, sie sangen, paarten sich, bauten ein Nest, legten Eier und brüteten Junge aus.
Der erfreute Tierwärter stellte ein paar Tage später mit Erschrecken fest, daß alle Babys tot auf der Erde lagen. Die Eltern waren noch so aktiv und „fröhlich" wie eh und je, und er nahm daher an, daß es ein Unfall gewesen war. Aber als der Paarungszyklus erneut durchlaufen und eine neue Brut ausgebrütet war, war auch sie bald tot.
Sorgfältige Beobachtung ergab, daß die Eltern die Mörder waren – sie schubsten die Jungen aus dem Nest auf die Erde, wo sie starben. Dieser Zyklus der Paarung, Ausbrütung der Jungen und aus dem Nest werfen, damit sie starben, wiederholte sich mehrere Male. Aber warum? Warum sollten sich diese sichtlich „normalen" Eltern in ihrer sorgfältig geplanten Umgebung auf diese „abnorme" Weise verhalten?
Der Direktor besuchte erneut die natürliche Umgebung, um festzustellen, ob er irgend etwas in seinem Plan übersehen hatte. Er entdeckte, daß die Jungen dort viele Stunden damit verbrachten, nach Futter zu schreien, während die Eltern viel Zeit aufbrachten, um Nahrung (die selten war) zu suchen. Außerdem hielten die Eltern das Nest sauber, indem sie jedes unbelebte Objekt wie Blätter, Eischalen oder Federn hinauswarfen.

Die Lösung! In der perfekt geplanten Umgebung gab es Futter in Fülle, so daß die Bedürfnisse der Brut rasch gestillt werden konnten. Nach der Fütterung schliefen die Jungen ein – während der Tagstunden, in denen die Eltern noch wach waren. Die Jungen wurden dann zu „leblosen Objekten" und wurden von den Eltern aus dem Nest geworfen. Als man das Futter in der geplanten Umgebung reduzierte und es nicht mehr so leicht zu finden war, blieben die Jungen wach und schrien nach Futter; die Eltern waren beschäftigt, es herbeizuschaffen, und alle lebten glücklich weiter (Willems 1973).

Dieses Beispiel zeigt eine komplexe Interdependenz zwischen der verfügbaren Nahrungsmenge, der elterlichen Suche danach, dem ungestillten Hunger der Jungen und ihrer Aktivität und ihrem Überleben. Es zeigt erneut, warum für den ökologisch orientierten Psychologen die meisten bedeutungsvollen Kriterien zur Bewertung jeglicher Behandlung langfristig angelegte Effektivitätsmaßstäbe sind. Die geplante Umgebung war ein Erfolg, wenn man nur die offensichtliche Anpassung der Eltern an sie bewertete. Aber wenn man in die Kriterien einschloß, ob die Kinder dieser Eltern überlebten, sah die Sache anders aus.
Dasselbe Problem tritt auf, wenn wir versuchen, den Erfolg sozialer Veränderungen für Menschen, wie z.B. das Leben in einer Wohngemeinschaft und alternative Heiratsbräuche, zu bewerten. Soll der Erfolg solcher Einrichtungen danach beurteilt werden, wie glücklich sie die Bürger machen, oder danach, ob sie eine gesunde Entwicklung und Wohlbefinden der Kinder der *nächsten* Generation begünstigen? Werden wir intelligent genug sein, um uns Modelle zu schaffen, von denen wir wie auch unsere Kinder profitieren (s. „Unter der Lupe", S. 688).

Systeme vs. Ansammlungen von Einheiten

Die traditionelle Psychologie hat viel Mühe aufgewendet, um Persönlichkeitszüge, Fähigkeiten, Triebe, Einstellungen und andere Merkmale von Individuen als Variablen zu identifizieren, um zu erklären, warum wir das tun, was wir tun. Der radikale Behaviorismus verfiel in das andere Extrem, indem er versuchte, alle Varianz im Verhalten durch äußere Ereignisse, hauptsächlich Verstärkungskontingenzen, zu erklären. Trotzdem wurde jeder Organismus als eine separate Einheit betrachtet.
Der ökologische Ansatz betont die Tatsache,

Unter der Lupe

Erwachsene im Übergangsstadium und das Leben in der Gemeinschaft

Die beiden Hauptperioden der persönlichen Entwicklung, die die meisten Gesellschaftssysteme anerkennen, sind Kindheit und Erwachsenenalter. „Jugendzeit" als ein Zwischenstadium tauchte erst in den Schriften von Entwicklungspsychologen und anderen in der Zeit um den 1. Weltkrieg auf. Es gibt eine Reihe von sozialen Veränderungen, die jetzt auftreten und die im Prozeß des Erwachsenwerdens eine weitere Stufe aufkommen zu lassen scheinen.

Die Zeitspanne, die vom 17. bis 19. Lebensjahr (Eintritt in die Hochschule) einerseits und bis Ende Zwanzig und Anfang Dreißig andererseits geht, kann man am besten mit *Übergangserwachsensein* bezeichnen. Sie ist die Konsequenz tiefgreifender Veränderungen in den Werten der modernen Gesellschaft, die wiederum zu noch größeren Veränderungen im Lebensstil kommender Generationen führen kann.

Die Forscher Danziger u. Greenwald von der Rutgers-Universität (1974) beschreiben diese Übergangsphase zum Erwachsenenalter als „eine Zeitspanne des Experimentierens mit verschiedenen Lebensstilen, als ein Suchen nach einer Karriereausrichtung und als eine Überprüfung von Erziehungszielen.

Es ist oft eine Zeit, in der das Verantwortungsgefühl auf ein Minimum reduziert und die persönliche Freiheit auf ein Maximum ausgeweitet wird. Der Wunsch, sich Möglichkeiten offenzuhalten, ständig flexibel und bereit für Veränderungen zu bleiben, ist typisch für dieses Übergangsstadium zum Erwachsenendasein."

Folgende Faktoren haben u. a. zu diesem neuen Stadium und zu den dazugehörenden Lebensstilen beigetragen: a) Die größere Zugangsmöglichkeit zu den Hochschulen hat für viele junge Leute, besonders die in Studentenheimen und ausschließlich mit Altersgenossen zusammenwohnenden, das Gefühl einer eigenen Identität der Jugend gesteigert, die zu alt ist, um Jugendlichen zugerechnet zu werden, und die zu jung ist, um als erwachsen zu gelten. b) Die Frauenbewegung stellt eine Herausforderung dar für die traditionellen männlichen und weiblichen, Ehemann-/Ehefraurollen und all dem kommerziellen Putz, der mit einer frühen Ehe und passiver Annahme der weiblichen Stellung im Haus verbunden war. c) Das Nullwachstum der Bevölkerung hat viele junge Erwachsene veranlaßt, den Wunsch nach großen Familien zu überdenken, das Aufziehen eigener Kinder hinauszuzögern oder sich für gar keine Kinder zu entscheiden. d) Die Billigung und Verfügbarkeit der Antibabypille hat neben andern die sexuellen Einstellungen verändert; als eine Folge davon hat sich ein Gefühl für die Zulässigkeit des Experimentierens mit verschiedenen Arten partnerschaftlichen Zusammenlebens herausgebildet. e) Der Anstieg der Scheidungsrate hat viele junge Menschen auf der Stufe zum Erwachsensein langfristigen Verpflichtungen gegenüber mißtrauisch werden lassen, und er hat das Modell alleinstehender Elternteile geschaffen, die sich diesem Lebensstil mit Erfolg anpassen.

Die Forscher schließen aus ihren Interviews mit Einzelpersonen, Paaren und Gruppen, daß „das Übergangsstadium zum Erwachsenendasein im Laufe der 70er Jahre von der Gesellschaft zunehmend anerkannt werden wird. Mehr Menschen im Alter zwischen 17 und Mitte und Ende Zwanzig werden diesen Lebensstil der Übergangsphase annehmen. Dies wird wesentliche ökonomische Auswirkungen haben, genauso wie die Formalisierung der Jugendzeit ökonomische Effekte hatte."

So werden wir Zeuge des Beginns eines neuen psychosozialen Stadiums, das zeigt, wie komplexe Kräfte in der Gesellschaft Bedingungen schaffen, die die Möglichkeiten eines Individuums beeinflussen. Wenn Individuen anfangen, sich für Neues zu entscheiden und neue Annahmen zu treffen, dann wird sich auch das System oder ein Teil davon ändern.

daß wir nicht so sehr von einer Umwelt umgeben werden, sondern vielmehr ein Teil von ihr sind und daß die Strukturen und der Druck der Systeme, von denen wir ein Teil sind, wichtige „Ursachen" für unser Verhalten darstellen. Die Art des Systems bestimmt, welche Möglichkeiten es gibt – wie im Falle der Farmer von Illinois, die zwischen materiellem Gewinn und der Gesundheit ihrer Kinder wählen mußten. Das soziale System kann starken Druck auf die eine oder andere Wahlmöglichkeit ausüben, wie im Falle der Studien zum Gehorsam von Milgram, in denen sich die Individuen durchweg aggressiv verhielten, obwohl sie nicht den Wunsch hatten, das Opfer zu verletzen und ihr Verhalten im Gegensatz zu ihren eigenen Anschauungen stand (s. „Unter der Lupe", S. 690). Eine alltägliche Art und Weise, in der die Strukturen und der Druck eines Systems uns daran hindern, mit anderen Individuen als menschliche Wesen zu interagieren, wird durch folgende Überschrift deutlich:

> Autofahrer ignorieren das
> Flehen eines zehnjährigen
> nackten Mädchens –
> Kind vergewaltigt,
> tot aufgefunden

Wie eine Zeitung berichtete, hat ein 10jähriges Mädchen vergeblich versucht, vorüberfahrende Autos auf einer belebten Schnellstraße anzuhalten, weil es Hilfe brauchte. Es geschah während der Stoßzeit, und etwa 100 Autos waren an ihm vorbeigefahren. Keines hatte gehalten, obwohl das Mädchen nackt war, schrie und heftig winkte. Sie war entführt worden, konnte aus dem Auto entkommen und versuchte, Hilfe zu holen. Als niemand anhielt, kam der Entführer zurück, vergewaltigte das Mädchen und erwürgte es.

Mehrere Autofahrer, die an dem Mädchen vorbeigefahren waren, berichteten später der Polizei, daß sie es gesehen hätten und daß außerdem ein Auto am Rande der Autobahn langsam auf es zugefahren sei. Die Gründe, die sie für ihr Weiterfahren anführten, verdeutlichten die „Autobahnmentalität", die wir durch unser Verkehrsnetz, das hohe Geschwindigkeiten zuläßt, geschaffen haben: „Ich konnte nicht glauben, was ich sah, ich fuhr so schnell vorbei", sagte ein Autofahrer. Ein anderer rechtfertigte sein Versagen, auf dieses menschliche Notsignal zu reagieren, indem er erklärte: „Ich hatte das Gefühl, daß Nachfolgende eine bessere Möglichkeit gehabt hätten, denn ich fuhr auf der Überholspur und hatte eine Geschwindigkeit

von ungefähr 110 km/h, und direkt hinter mir fuhren fünf bis sechs Autos" ...

Nicht daß die Autofahrer herzlos oder gefühllos gewesen wären. Aber sie waren Teile eines Systems interdependenter Teile, die mit einer Geschwindigkeit von 100 km/h fuhren. Sie haben das Mädchen nur ganz kurz gesehen, und bis sie erkannten, daß sich dort ein Mädchen befand, waren sie an ihm vorbeigefahren. Auf die Bremse zu treten wäre gefährlich gewesen. Sie konnten ja nicht wissen, was mit dem Mädchen geschehen war, und der ganze Druck ihrer Situation verhinderte die Kontaktaufnahme mit ihm und richtete ihre Aufmerksamkeit in erster Linie darauf, nicht sich selbst und andere in Gefahr zu bringen, indem sie die Spur wechselten oder plötzlich anhielten. Diejenigen, die das Auto auf sie zukommen sahen, nahmen wahrscheinlich an (oder hofften), daß irgendein guter Samariter ihr zu Hilfe gekommen war und fühlten sich erleichtert, weil es nicht mehr nötig war, es selbst zu tun.

Viele ihrer Rationalisierungen waren in der Realität begründet. Aber die Tatsache bleibt bestehen, daß sie weiterfuhren anstatt anzuhalten, um einem Kind in Gefahr zu helfen: im Sekundenbruchteil der Entscheidung hatte das Autobahn-„System" ihr Handeln auf diese Weise strukturiert.

Wir sehen also ein zirkuläres Muster: Menschen verändern die natürliche Umgebung und erzeugen physikalische und soziale Strukturen. Diese beengen, leiten und verändern uns wiederum, wobei sie bestimmte Verhaltensweisen – oft in einer Art und Weise, die wir nicht erwartet hätten – bestärken, während sie andere entmutigen oder verhindern.

John Platt von der Universität von Michigan hat auf „Fallen" aufmerksam gemacht, die sich manchmal in sozialen Systemen entwickeln, wobei Menschen manchmal Verhaltensweisen zeigen, von denen sie wissen, daß sie langfristig schädlich für sie sind, aber nicht wissen, wie sie sie unterlassen können (Platt 1973). Die Abhängigkeit der Farmer von Phosphaten ist ein Beispiel für eine solche Falle. Auch unsere Abhängigkeit von der Technologie ist ein Beispiel für unsere Abhängigkeit von der Dienstleistung anderer und von einem unbegrenzten Vorrat an natürlicher Energie. Wir sind gefangen von den Erfindungen und zeitsparenden Mitteln der modernen Technologie – und wir können einfach nicht mehr ohne sie auskommen, es sei denn, wir müßten es. *The Whole Earth Catalogue* fand breite Anerkennung und hohe Verkaufsquoten, weil er in vielen von uns ein Interesse an Selbstgenügsamkeit weckte, zu lernen, mit weniger auszukommen, indem wir sie für uns selbst und mit anderen praktizieren.

Unter der Lupe

Nachbarschaft vs. Menschenansammlungen

Den Unterschied zwischen einem System und einer Ansammlung von separaten Einheiten kann man in dem Unterschied zwischen alten Stadtvierteln in der Innenstadt von New York und den gleichen oder vergleichbaren Gebieten, die in „Wohnsiedlungen" umgewandelt worden sind, erkennen. Jane Jacobs (1961) hat beschrieben, daß die Benutzung von Bürgersteigen und anderen öffentlichen Plätzen in den früheren Stadtvierteln so viel oder so wenig menschlichen Kontakt ermöglichte, wie die Menschen es wollten, was zu einem Gefühl von Nachbarschaft und Vertrauen führte:

„Das Vertrauen einer öffentlichen Straße gegenüber wird im Laufe der Zeit durch viele, viele kleine Kontakte auf dem Bürgersteig aufgebaut. Es entwickelt sich dadurch, daß man an einer Theke ein Bier zu sich nimmt, sich bei einem Lebensmittelhändler Rat holt und dem Besitzer eines Zeitungskiosks Ratschläge gibt, einen Meinungsaustausch mit Kunden in der Bäckerei hat, zwei Jungen begrüßt, die an einem Ausschank Sprudel trinken, Mädchen anschaut, während man auf das Abendessen wartet, die Kinder ermahnt, vom Eisenwarenhändler von einer Stelle hört, sich eine Mark vom Apotheker ausleiht, Säuglinge bewundert und mit jedem Mitleid hat, dessen Mantel abgetragen ist" …

„Die Summe solch beiläufiger öffentlicher Kontakte im unmittelbaren Umkreis – meist zufällig, meist mit Besorgungen verbunden, alles bestimmt durch das persönliche Interesse und nicht aufgezwungen von irgend jemandem – das ist das Gefühl für die öffentliche Identität von Menschen, eine Mischung aus öffentlichem Respekt und Vertrauen, ein Rückhalt, wenn man selbst oder wenn der Nachbar in Not ist. Das Fehlen dieses Vertrauens wirkt sich für die Straßen in einer Stadt katastrophal aus."

Eine der Konsequenzen der An- oder Abwesenheit dieses Netzwerks des Vertrauens wird im Verhalten von Kindern in diesen Gebieten und in der Reaktion der Erwachsenen darauf deutlich. Jacobs stellt die Situation von zwei Seiten der gleichen großen Straße in einem Gebiet von New York einander gegenüber, das sich aus Bewohnern von ungefähr gleicher ökonomischer und rassischer Herkunft zusammensetzt. Auf der Straßenseite, die den alten Stadtteil abschloß, wo es noch viele öffentliche Plätze gab und die Leute auf den Gehsteigen herumschlenderten – was von utopischen Freizeitkritikern zutiefst bedauert wurde –, gab es mit den Kindern keine Probleme. Auf der gegenüberliegenden Projektseite verhielten sich die Kinder, die neben ihrem Spielplatz einen offenen Hydranten hatten, destruktiv, indem sie die geöffneten Fenster der Häuser und Erwachsene, die ahnungslos auf der Projektseite gingen, mit Wasser bespritzten; außerdem spritzten sie das Wasser in fahrende Autos. Aber niemand traute sich, sie davon abzuhalten. Sie waren anonyme Kinder, und die Identitäten hinter ihnen waren eine Unbekannte. Was wäre geschehen, wenn man mit ihnen geschimpft oder es ihnen verboten hätte? Wer hätte einem beigestanden auf dieser nichtssagenden Straßenseite? Würden sie sich hinterher gar an einem rächen? Lieber raushalten.

Unpersönliche Straßen in einer Stadt erzeugen unpersönliche Menschen …"

Dieser Kontrast zeigt die Schwierigkeiten, wenn man Befunde über Korrelationen zwischen bestimmten Einzelfaktoren, wie z. B. „sozioökonomischer Status" und bestimmten Verhaltensweisen benutzen will. Der Einfluß von vorliegenden sozioökonomischen Faktoren ist in verschiedenen Situationen unterschiedlich, er hängt davon ab, welche anderen Faktoren Einfluß nehmen und wie stark oder schwach *sie* sind. Die Unangemessenheit, einzelne Befunde zu interpretieren, während man andere wesentliche Faktoren in der Situation ignoriert, zeigt sich nach Jacobs an den öffentlichen Plätzen, die für Projekte geplant werden. Obwohl sie Plätze für Zusammenkünfte bereitstellen, bieten sie nicht die nötige Ausgewogenheit zwischen der Möglichkeit zur Kontaktaufnahme und der Möglichkeit, sich ins Private zurückzuziehen und die Kontaktaufnahme nach eigenem Ermessen zu gestalten. Zu oft werden geplante Versammlungsplätze wie Spielsäle zu Fallen, in denen die Besucher das Gefühl haben, sich nicht mehr absondern zu können, oder in denen sie nicht nur *beschränkt* Kontakt aufnehmen können. Wenn sich jemand zu sehr mit seinem Nachbarn im Projekt anfreundet, verliert er seine Bewegungsfreiheit und seine Unparteilichkeit. Daher entsteht die Tendenz, *keine* engen freundschaftlichen Beziehungen mit anderen Menschen in dem gleichen Projekt herzustellen, sondern Freundschaften in anderen Projekten oder in anderen Teilen der Stadt zu schließen. Dies wiederum erzeugt die Anonymität und den Mangel an sozialer „Bindung", der zur sozialen Pathologie vieler unserer Stadtzentren beiträgt.

Die gegenwärtige Energiekrise erzeugte ebenso neue kreative Energien, die sich an alternative Lebensstile richteten, die nicht so sehr von Öl, Kohle und Maschinen (die unser Leben von schwerer Arbeit befreiten und ihm seine Bescheidenheit nahmen) abhängig sind (vgl. Hammond 1974).

Ein weiteres Beispiel für eine soziale Falle wurde „die Tragödie der Gemeindewiesen" genannt. In England fand es jeder Farmer, der öffentliches Weideland benutzte, angebracht, immer noch eine zusätzliche Kuh zu halten. Es war klar, daß langfristig alle unter der übermäßig starken Nutzung leiden würden, doch jeder Farmer, der seine Herde einschränken würde, würde solange den kürzeren ziehen, wie die anderen ihre Herden groß hielten. Wie bringen wir Menschen dazu, nicht aus eigenem Interesse, sondern aus *gemeinschaftlichem Interesse* zu handeln? Oder anders ausgedrückt, wie wird uns je klar, daß kurzfristige Eigeninteressen häufig fatale langfristige Konsequenzen haben, weil sie das gemeinsame Gut – an dem wir auch teilhaben – schädigen?

Eine bekanntere soziale Falle ist das nukleare Wettrüsten, bei dem beide Seiten erkennen, daß jedem mehr damit gedient wäre, wenn man wertvolle Mittel und Fähigkeiten für das Leben und nicht für den Tod einsetzen würde. Aber keine Seite wagt den ersten Schritt zu tun (s. „Unter der Lupe", S. 692).

Solche sozialen Fallen sind nicht für Individuen typisch, sondern für Systeme. Sie schränken die verfügbaren Möglichkeiten ein und bestimmen, welche Konsequenzen eine getroffene Wahl haben wird. Somit bestimmen sie im wesentlichen, ob und wie Individuen im System ihre grundlegenden Bedürfnisse befriedigen können. Menschen, die „keine Wahl haben" und nicht ihren eigenen Lebensstil vom übrigen System getrennt aufbauen können, müssen den Regeln des Systems gehorchen, wenn sie erfolgreich sein wollen, und vielleicht sogar, wenn sie überleben wollen. Wenn die Befolgung der Regeln bedeutet, sich so zu verhalten, wie sie es ablehnen, dann bleibt ihnen nur die Möglichkeit, ihre Selbstachtung oder die Achtung anderer einschließlich der Anerkennung, dem Vorwärtskommen und materieller Belohnung, aufzugeben.

Aber obwohl unsere Handlungs- und Belohnungsmöglichkeiten als Individuen zu einem bestimmten Zeitpunkt durch diese Merkmale des Systems begrenzt sind, hängen wir nicht immer von ihrer Gnade ab, weil Systeme verändert werden können. Endlich lernen wir, daß das, „was ist", in sozialen Mustern nicht unvermeidbar ist. So wie wir unsere physikalische Welt verändert haben – manchmal bis zur Unkenntlichkeit –, beginnen wir zu erkennen, daß wir durch Planung und gemeinsames Handeln unsere soziale Welt verändern können, damit sie besser unseren menschlichen Bedürfnissen entspricht (s. „Unter der Lupe", S. 693).

Im verbleibenden Teil des Nachworts werden wir uns einige spezielle Probleme der Psychologie und ihre Möglichkeiten bei diesen Veränderungen ansehen, wenn wir uns mit ethischen Problemen der Intervention beschäftigen – im Labor, in der Therapie und in der größeren Gemeinschaft.

Unter der Lupe

Probleme auf dem Niveau des Systems erfordern Lösungen auf dem Niveau des Systems

In einer Stadt, die wir kennen, bedeutet Stoßzeit, daß man über eine Stunde braucht, um nach Hause zu kommen, anstatt wie sonst nur 20 min. Dies ist nicht so, weil es zu viele Autos auf den Straßen gäbe, sondern weil Autos sich in die Kreuzungen drängen, auch wenn es ihnen nicht möglich ist, die Kreuzung freizumachen, bevor die Ampel umschaltet. Auf diese Weise kann der Verkehr aus der anderen Richtung nicht einmal auf die Kreuzung gelangen, während er grünes Licht hat. Schließlich schiebt er sich langsam in die Kreuzung hinein, bis sie mit Wagen aus allen Richtungen vollgestopft ist. Jeder Fahrer bemüht sich um jeden Zentimeter, der ihn weiterbringt; wenn er das nicht täte, würde er es nie schaffen.

Das gleiche geschieht an der nächsten Kreuzung und an der übernächsten und so weiter, und so weiter in allen Richtungen. Auf diese Weise kann eine Kreuzung nicht frei werden, weil die nächste verstopft ist und das ganze Gebiet, in dem dichter Verkehr herrscht, wird plötzlich unbeweglich.

Die Menschen sind hilflos in solch einem System. Ihr normales Fahrverhalten ist plötzlich nicht mehr angepaßt. Sie haben nicht mehr die Wahl, höflich zu sein oder auf die Ampel zu achten. Das System, in dem sie gefangen sind, bietet ihnen keine rationale Lösung für das Problem an, über die Kreuzung zu gelangen. Sie mögen alle nicht, was sie tun, erkennen die Irrationalität und grollen jedem anderen, weil er im Wege ist, und versuchen ständig, sich vorwärtszudrängen.

Nur eine Veränderung im System kann ihr Problem lösen. Die Lösung könnte darin bestehen, daß man einen Verkehrspolizisten an der Kreuzung einsetzt oder indem man ein strenges Gesetz erläßt, das eine hohe Geldstrafe für den Fall vorsieht, daß man auf der Kreuzung erwischt wird, wenn die Ampel umschaltet. Von einer anderen Stadt wissen wir, daß auf der Kreuzung Verkehrsinseln sind. Jeder Autofahrer, der sich darin befindet, wenn die Ampel umschaltet, erhält eine Geldstrafe. Aber es ist auch möglich, Arbeitgeber von der gleitenden Arbeitszeit zu überzeugen, so daß der Schichtwechsel sich über eine längere Zeitspanne erstreckt. Ebenso könnten Fahrgemeinschaften und ein besseres Massenverkehrssystem die Anzahl der Autos reduzieren, die um ihre individuellen Rechte kämpfen. Solch einfache Veränderungen erfordern massive Änderungen im „Wohlstandsdenken", in der Bewertung des Verhältnisses von Privatsphäre und Komfort zum Gemeinwohl.

Die Ethik der Intervention

„Die spezialisierte Sichtweise des Wissenschaftlers erzeugt unvermeidbar ethische Dilemmata, schon weil Fachwissen und Techniken, die zugunsten von Menschen genutzt werden können, gewöhnlich auch zu manipulativen und ausbeuterischen Zwecken verwendet werden können."

American Psychological Association (APA):
Ethische Prinzipien 1973, S. 8

Ethische Probleme treten immer dann auf, wenn ein Individuum etwas tut, was Einfluß auf das Leben eines anderen hat. Sie stellen einen unvermeidbaren Teil jeden sozialen Lebens dar. Aber für den Beruf des Psychologen sind sie von besonderer Bedeutung, weil seine Forschung und Therapie direkte Interventionen in Verhalten, Denken und Weltanschauungen von Vpn und Klienten beinhaltet. Ethische Prinzipien umfassen die Übereinstimmung mit einem moralischen Richtmaß und mit den Richtlinien für ein angemessenes Vorgehen, die die eigene Gruppe oder der Berufsverband aufgestellt haben. In der Praxis ist es selten eine einfache, auf absolute Kriterien gestützte Entscheidung, zu bestimmen, was eine Verletzung ethischer Prinzipien darstellt. Trotzdem können Psychologen nur durch das Versprechen, sich im Umgang mit ihren Vpn und Klienten ständig um ethisches Handeln zu bemühen, mit den Möglichkeiten des Mißbrauchs von ethischen Maßstäben fertig werden.

Aufgrund der öffentlichen Entrüstung über die Vorenthaltung medizinischer Behandlung für Patienten mit Geschlechtskrankheiten oder Krebs, die in verschiedenen medizinischen Studien als „Kontrollgruppen" geplant waren, hat der Kongreß die Gesetzgebung ermächtigt, im Ministerium für Gesundheit, Erziehung und Soziales (der USA) einen Ausschuß für ethische Fragen zu gründen. Dieses Gesetz soll einen Ausschuß zum Schutz von Vpn in der Verhaltens- und biomedizinischen Forschung einrichten. Zum erstenmal gäbe es damit Gesetzesauflagen für die Forschung und eine ernste Beschränkung des Zugangs zu bestimmten Bevölkerungsgruppen von Vpn, die man nicht als befähigt ansieht, willentlich und informiert einer Teilnahme zuzustimmen – wie kleine Kinder, Waisen, Häftlinge, geistig Behinderte und andere. Solch ein Gesetz schützt die Rechte machtloser Personen in Anstalten. Jedoch müssen ohne die Mitwirkung solcher Individuen an der Forschung viele wesentliche Fragen, die ihre Betreuung, Behandlung und ihren Zustand betreffen, unbeantwortet bleiben.

Ähnliche Meinungsverschiedenheiten bestehen darüber, ob eine Vp über alle Aspekte der Forschung informiert werden muß und ob es ihr sogar freigestellt werden soll, an welcher experimentellen Behandlung sie teilnehmen will. Obwohl Offenheit und Ehrlichkeit Ziele der Forschung sein müssen, gibt es doch einige Probleme, die nicht erforscht werden könnten, wenn man nicht einige Information vorenthält – z.B. Forschung über Unsicherheit, unerklärbare Erregung, Entscheidungsbildung unter Streß oder bei mangelhafter Information und andere Dinge. Man hat zweifellos schon die Erfahrung gemacht, daß der wesentliche Teil des Experiments zunichte gemacht wird, wenn die notwendige Bedingung der *zufälligen* Zuweisung von Vpn zu Behandlungen und zu experimentellen und Kontrollgruppen nicht erfüllt ist. Wenn die Vpn frei wählen können, an welcher Behandlung sie teilnehmen wollen, dann ist es nicht möglich, kausale Beziehungen zwischen unabhängigen und abhängigen Variablen festzustellen, sondern nur korrelative Zusammenhänge. Alle Variablen, die bestimmen, welche Behandlung ein Individuum wählte, wären mit der experimentellen Variablen vermengt und würden das Ergebnis auf unbestimmte Art beeinflussen.

Unter der Lupe

Was ist gut für uns?

Wenn wir dazu beitragen wollen, den Haushalt der Erde in Ordnung zu bringen, müssen wir entscheiden, was „in Ordnung" ist. Bei der Erforschung dieser Ideen könnte es interessant sein, mit Freunden zusammen zu versuchen, deren „Utopien" zu beschreiben. Welche Merkmale sollte eine Umwelt aufweisen, die ganz nach den menschlichen Bedürfnissen ausgerichtet ist? Wenn sie fertig sind, dann vergleicht man ihre Formulierungen mit den eigenen und mit der folgenden Definition (nach Potter 1971). In Potters Formulierung sind für die Definition einer „optimalen Umwelt" folgende Merkmale angegeben:

1. Befriedigungsmöglichkeit für grundlegende Bedürfnisse durch individuelle oder kommunale Anstrengungen;

2. Gesundheit des einzelnen durch das Freisein von toxischen Chemikalien, unnötigen Traumen (Krieg, Verletzungen durch Unfall, Lärm usw.) und vermeidbaren Krankheiten;

3. Achtung vor gesunden ökologischen Prinzipien; lernen, mit der Natur zu leben und nicht, sie zu „beherrschen";

4. stetige Weiterentwicklung eines integrierten, angepaßten Reaktionssystems bei jedem Individuum als Ergebnis systematischer Herausforderungen durch physikalische und geistige Aufgaben, zu denen das Individuum fähig ist (oder die die oberste Grenze seiner Fähigkeit darstellen);

5. individuelles Glück, das die Entwicklung eines ungebrochenen Verständnisses persönlicher Identität und die Fähigkeit umfaßt, die positiven Möglichkeiten des Lebens zu schätzen und aus den negativen Erfahrungen zu lernen;

6. eine Verpflichtung jedes Individuums gegenüber den anderen Mitgliedern der Gesellschaft, ihre Stärke, Funktionstüchtigkeit und ihr Glück zu vergrößern;

7. fortwährendes Suchen nach Schönheit und Ordnung, das die Rolle der Individualität, der Exzentrizität und der Unordnung anerkennt.

Aber während die notwendigen Richtlinien diskutiert werden, sind Psychologen zweifellos für die Notwendigkeit expliziter ethischer Kriterien in der Ausübung ihres Berufes empfänglicher geworden. Dieses Interesse zeigt die zunehmende humanistische Orientierung in der Psychologie, die zunehmend schwerpunktmäßige Forschung mit Menschen anstatt mit Tieren und das wachsende Vertrauen in die Kraft psychologischer Interventionen mit dem Ziel der Verhaltensänderung.

Das Wesentliche der ethischen Ausrichtung in der Psychologie besteht in der Einhaltung kulturell akzeptierter Normen für die menschliche Behandlung von Vpn oder Klienten. Unangenehmes, Gefahr von Schaden (physisch, psychologisch oder sozial), Eindringen in die Privatsphäre, Verletzung der Selbstachtung müssen vermieden werden.

Forschung und Ethik

„Die ethischen Probleme psychologischer Forschung mit Menschen sind dem Forschungsvorhaben inhärent. Sie folgen aus der ganzen Art der wissenschaftlichen Forschung, wenn man sie mit menschlichen Teilnehmern durchführt und sind nicht Folge böser Absicht oder Gefühllosigkeit des Forschers gegenüber menschlichen Werten. Nahezu jede psychologische Forschung mit Menschen stellt einen vor irgendeine Wahl im Hinblick auf das relative Gewicht, das man ethischen Idealen beimißt, daß man einer bestimmten ethischen Überlegung den Vorzug vor anderen gibt. Aus diesem Grunde gibt es jene, die jegliches Bemühen abbrechen oder die Barrieren errichten würden, die die Erforschung vieler zentraler psychologischer Fragen ausschließen würden. Aber für Psychologen ist die Entscheidung, keine Forschung zu betreiben, selbst Gegenstand ethischen Interesses, da es unter anderem ihre Pflicht ist, ihre Befähigung zur Forschung letztlich für das menschliche Wohl einzusetzen" (APA 1973, S. 7).

Bei der Entscheidung, ein Projekt zu beginnen, sollte der Forscher folgende Punkte sorgfältig prüfen: a) Ziel und Zweck des Experiments (Grundlagen oder angewandte Forschung; Hilfe für eine bestimmte Vp oder eine Gruppe; ein Experiment von allgemeiner Bedeutung usw.); b) die Rechte des Individuums auf Privatsphäre, auf alternative Behandlung, auf Verweigerung der weiteren Teilnahme zu jeder Zeit und auf das Recht, so umfangreich wie möglich über die Hypothesen des Experiments und das gewonnene Wissen usw. informiert zu werden; c) die

Verantwortlichkeit des Untersuchers (wem gegenüber ist der Forscher für die Durchführung, für die Mitteilung der Befunde, für den Umgang mit Beschwerden usw. verantwortlich?) und d) der Vergleich von positiven Effekten und Risiken.

Dieser letzte Punkt gibt oft Anlaß, die Entscheidung über die Genehmigung einer Studie zu überdenken. Übersteigt der Nutzen bei der Durchführung der Studie die Risiken, die sie für die teilnehmende Vp birgt? Wenn das nicht der Fall ist, dann wird „kein Startzeichen" gegeben. Wenn die Vorteile überwiegen, dann muß sich die Ermöglichung der Durchführung oder Weiterführung des Projekts auf eine sinnvolle Analyse der besten verfügbaren Informationen stützen. Die Grundlage für diese Entscheidung erfordert nach dem Auszug aus den APA-Richtlinien, daß der Untersucher „3 Vp-Parameter, die mit den Risiken zusammenhängen, und dieselben 3 Parameter, die mit Vorteilen zusammenhängen, beurteilt und ausbalanciert. Dies ist das *Ausmaß* der beteiligten Risiken und Vorteile, die *Wahrscheinlichkeit,* mit der Schaden oder Wohlbefinden tatsächlich auftreten, und die *Anzahl* von Menschen, die leiden oder profitieren werden" (APA 1971, S. 10).

Es gibt jedoch keine verfügbare Rechnung für solche Gleichungen, die letzte Entscheidung ist noch immer persönlich und subjektiv. Als solche ist sie zu kritisieren, denn wenn ein Forscher wirklich an eine bestimmte Theorie oder ein bestimmtes Ergebnis glaubt, und jahrelang Zeit, Mühe, Geld und Ansehen investiert hat, dann kann das persönliche Interesse die Einschätzung des Verhältnisses von Vorteilen und Risiken sehr wahrscheinlich in Richtung „Start frei" verfälschen. Außerdem ist es am Anfang eines Forschungsvorhabens oft unmöglich, im voraus zu bestimmen, ob es überhaupt echte Vorteile oder langfristige Nachteile geben wird. Um die Bürde der Verantwortung und der Haftung für den Mißbrauch von den Schultern des Forschers zu nehmen, verlangt tatsächlich jede Universität, jede Klinik und Forschungseinheit, daß forschende Psychologen ihre Forschungsvorhaben einem Ausschuß aus ihrem Kollegenkreis zur Stellungnahme vorlegen. Diejenigen Vorhaben, die als ethisch fragwürdig eingestuft werden oder die gegen die Sicherheitsmaßnahmen der Regierung, des Berufsverbandes (APA) oder der lokalen Gruppe verstoßen, müssen entsprechend geändert werden, oder sie werden abgelehnt. Bei Themen, bei denen etwas Unsicherheit besteht, kann eine vorläufige Zustimmung für die Sammlung einer begrenzten Anzahl von Daten gegeben werden. Danach wird das Vorhaben dem Ausschuß erneut vorgelegt, und es sollte in bestimmten Abständen darüber berichtet werden. Dies ist einer absoluten „Start/kein Start"-Entscheidung in Abwesenheit entsprechender Daten, auf die sich eine solche Entscheidung stützen könnte, vorzuziehen. Wenn Forschungsvorhaben dem Urteil des Ausschusses zum Trotz durchgeführt werden, so könnte das ernste rechtliche und berufliche Konsequenzen für den Forscher haben.

Ziel dieser Ausschüsse ist es, die Rechte der Vp zu wahren und zugleich die Weiterführung der Forschung in wichtigen psychologischen und sozialen Problembereichen zu fördern.

Schmerz, Täuschung und Entdeckung

Wir haben in vorhergehenden Kapiteln darauf hingewiesen, daß sich ein Großteil der psychologischen Forschung dem Verständnis von Ursachen persönlicher und sozialer Pathologie, der Bewertung von Begriffen wie Angst, Furcht, Abhängigkeit, Aggression, Gehorsam usw. widmet. Aber experimentelle Manipulationen, die solche Zustände in Vpn hervorrufen, erzeugen – wenn auch nur vorübergehend – einen emotionalen Konflikt.

Hat irgend jemand das Recht, eine andere Person dazu zu bringen, sich verwirrt zu fühlen – wenn auch nur vorübergehend –, um einen Standpunkt zu beweisen oder eine Theorie zu überprüfen? Wenn eine Vp in einer Studie ein Mißerfolgserlebnis hat, in der in gewissem Maße die Selbstachtung manipuliert wurde, kann dieses herabgesetzte Selbstbewußtsein weiter andauern, selbst nachdem der Forscher die Manipulation reduziert und erklärt hat, daß der Mißerfolg willkürlich herbeigeführt und nicht wirklich leistungsbezogen war (wie Lepper et al. 1974 gezeigt haben).

Bei einigen Forschungsvorhaben besteht der Zweck darin, Reaktionen auf Streß zu untersuchen, und deshalb ist die Erzeugung von Streßreaktionen für die Studie notwendig. In der Arbeit von Lazarus über Bewältigungsstrategien (vgl. Kap. 13) wurden den Vpn zeitlich abgestufte Abfolgen von Dias dargeboten, die eindeutig starke physiologische und affektive Erregung hervorriefen. Aber die Ergebnisse dieser Untersuchung tragen dazu bei, Techniken zur Bewältigung von unvermeidbarem Streß im täglichen Leben auszuarbeiten.

Wie hätten *Sie* die folgenden beiden Studien bewertet, wenn Sie in einem Ethikausschuß wären, der sie annehmen oder ablehnen muß?

In der ersten Studie stellten sich männliche Alkoholiker für eine Untersuchung zur Verfügung, von der sie annahmen, daß es eine mögliche Therapie gegen Alkoholismus sei. Sie wurden nicht im voraus über den Effekt der Droge, die sie bekommen sollten, informiert, da der Forscher annahm, daß diese Information die traumatische Wirkung des Erlebnisses reduzieren würde. Der tatsächliche Zweck der Studie bestand darin, den Aufbau einer konditionierten Reaktion in einer traumatischen, aber nicht schmerzhaften Situation zu untersuchen. Die verwendete Droge störte den normalen Atmungsvorgang und erzeugte einen starken physiologischen Streß, der – obwohl er nicht körperlich schmerzte – so furchterregend war, daß „alle Vpn im Standardversuch sagten, daß sie glaubten zu sterben" (Campbell et al. 1964, S. 631).

In der zweiten Studie brachte man eine Gruppe von Rekruten in Situationen, die so gestaltet waren, daß man untersuchen konnte, wie sie auf lebensbedrohliche Ereignisse reagieren würden. Um nicht auf die unrealistischen, minimalen Bedrohungen, die sonst in Laboratorien über Streß üblich sind, angewiesen zu sein und um realistische Reaktionen auf Streß beim Militär zu untersuchen, wurden die Vpn in folgende Situationen gebracht: in ein Flugzeug, das scheinbar kurz vor dem Absturz war; in eine Öde, in der vermutlich radioaktive Strahlungen entwichen oder in der ein Waldbrand wütete oder in der Artilleriegeschosse fehlgesteuert waren. Wenn eine Vp um Hilfe funkte, versagte das Übertragungsgerät. „Wie würden Sie reagieren?" Das war die Frage der Forscher (Berkum et al. 1962).

„Wie stehen *Sie* zu derartigen Forschungen?", lautet unsere Frage. Wie beurteilen Sie Risiken und Nutzen dieser Studien, die durchgeführt worden sind, bevor die Ethikausschüsse gegründet wurden? Die Täuschung nimmt in der psychologischen Forschung viele Formen an, sei es, daß man nicht auf den eigentlichen Zweck der Studie oder irgendeiner kritischen Variablen hinweist oder daß man die Vp falsch informiert oder daß man die Vp hinsichtlich der Begründung für ein bestimmtes Ereignis oder sogar über den Kontrakt zwischen dem Experimentator und der Vp falsch informiert oder belügt. Ein Beispiel für das letztere ist die Studie von Festinger u. Carlsmith (1959; vgl. Kap. 16), in der die Vp während des kritischen Stadiums der Studie glaubte, daß sie selbst ein Assistent des Experimentators und nicht eine Vp sei, als es darum ging, den richtigen Assistenten (der als Vp verkleidet war) davon zu überzeugen, daß das langweilige Experiment interessant sei (für 1 oder 20 $ Belohnung). Falsche Auskunft über die Art der Erregung war ein zentraler Bestandteil der Studie von Schachter u. Singer (1962; vgl. Kap. 10) über emotionale Erregung durch Epinephrininjektionen mit und ohne angemessenes Wissen. In der Studie von Asch (1955; vgl. Kap. 16) über Konformität mußte jede Vp glauben, daß die Gruppe die zu vergleichenden Linien anders sah als sie, damit der Forscher untersuchen konnte, wie diese fehlende Übereinstimmung verarbeitet wird. Die Zurückhaltung von Information über ein Experiment kann bis zu einem gewissen Grad eine notwendige Bedingung sein, wenn man die fraglichen Variablen überhaupt untersuchen will, da sie sich wesentlich verändern würden, wenn die Vp wüßte, was geschieht.

H. Kelman von der Harvard-Universität äußerte sich lange Zeit kritisch über die Probleme der Täuschung und Ethik der Forschung mit Menschen. Er sagt: „Täuschung wird zu oft nicht als letzter Ausweg eingesetzt, sondern als eine Selbstverständlichkeit. Unsere Einstellung scheint zu sein, warum die Wahrheit sagen, wenn man täuschen kann? Diese unreflektierte Billigung, dieser routinemäßige Einsatz der Täuschung beunruhigt mich wirklich" (1967, S. 3).

In manchen Experimenten bleiben die Existenz und mögliche schlimme Konsequenzen der Täuschung selbst von Kritikern der auf Täuschung basierenden Forschung unbemerkt, weil der Schwerpunkt der Studie die Aufmerksamkeit des Lesers davon ablenkt. In der klassischen Studie über die kindliche Konfliktlösung in Gruppen durch den Einsatz übergeordneter Ziele täuschten Sherif u. Sherif (1956; vgl. Kap. 16) die Kinder (und die Eltern?), indem sie ihnen nicht sagten, daß ihr Sommerlager ein psychologisches Außenlabor sei, daß die Umgebung so gestaltet war, daß Konflikte erzeugt wurden. Als *Sie* unsere Beschreibung der Studie gelesen haben, waren Sie besorgt über die körperlichen Risiken des herbeigeführten Konfliktes in einer offenen Situation ohne angemessene Beaufsichtigung, besonders während der nächtlichen Überfälle, oder waren Sie besorgt darum, ob die Kinder durch ihre „Kampferfahrung" lernen konnten, wie sie bessere Krieger sein können?

Milgram rechtfertigte die Erfahrung, der er seine Vpn in der Studie über Gehorsam aussetzte, als eine Möglichkeit, „in der man etwas Wichtiges über sich selbst und allgemeiner über die Bedingungen menschlichen Handelns lernen kann" (1964, S. 850). So argumentiert er, daß die Teilnahme in einigen Bereichen der Forschung eine einmalige *Entdeckung* für Vpn darstellt. In der Tat beinhalten Täuschungsstudien durch ihren speziellen Charakter ein großes Potential an neuem Wissen über sich selbst. Wenn man lernt, daß man feige gehandelt hat oder blind einer verantwortungslosen Autorität gehorcht hat, so kann das eine wertvolle Einsicht sein, die einem Menschen helfen kann, solche Reaktionen in der realen Lebenssituation zu vermeiden – in der es wirklich zählt. Wenn man jedoch eine Lektion erteilt, wenn der Student weder danach gefragt noch darauf vorbereitet wurde, sie anzunehmen – und vielleicht gar nicht seinen Fehlern oder Schwächen ausgesetzt werden möchte –, so ist es eine fragwürdige Anmaßung des Experimentators, der die Notwendigkeit der Täuschung auf solcher Basis rechtfertigt.

In der experimentellen Untersuchung über das Eingreifen von Passanten, stimuliert durch die Unterlassung von Bürgern, auf die Notzeichen von Kitty Genovese zu reagieren (vgl. S. 657) finden sich die Nichthelfer nach der Studie ihrem Mangel an sozialem Verantwortungsgefühl konfrontiert, während die Helfer möglicherweise mit ihrer „Dummheit", so „übermäßig stark" auf einen gespielten Notfall reagiert zu haben, fertig werden müssen.

Ironischerweise ist ein großer Teil der Feldforschung über Altruismus (vgl. Kap. 16) Gegenstand der Kritik unethischer Arbeitsweise. Individuen, die nicht wissen, daß sie Vpn eines Experiments sind, finden einen verlorenen Geldbeutel oder Brief oder sehen, wie jemand anderes für einen guten Zweck Geld gibt oder hilft, einen platten Reifen zu flicken. Wie sie reagieren, wird beobachtet und registriert, ohne daß sie es wissen. Wenn sie danach aufgeklärt werden, werden sie sich vermutlich mit *geringerer* Wahrscheinlichkeit in Zukunft altruistisch verhalten, wenn ein echter Notfall oder ein soziales Bedürfnis auftritt, da sie nicht sicher sein können, daß es nicht einfach wieder ein geplantes verkleidetes Experiment ist. Wenn nicht, so haben sie ohne ihre Einwilligung und ohne einen persönlichen Nutzen oder Gewinn von ihrer Erfahrung an einem Forschungsvorhaben teilgenommen.

Diese Probleme sind schwierig, aber sie werden von allen angesprochen, die sicher sein wollen, daß wir nicht die psychologische Umwelt durch unethische experimentelle Praktiken verderben, die Verdächtigungen, Mißtrauen und Zynismus bei Studienanfängern und anderen Vpn in der psychologischen Forschung wecken. Das Bewußtsein der Probleme und die Empfänglichkeit für ihre vielen Aspekte ist die Voraussetzung für die Entwicklung von Lösungen, die sowohl gute Forschung als auch gute menschliche Beziehungen fördern.

Therapeutische Intervention auf Wunsch

Psychotherapieforschung muß sich mit all den oben erwähnten Themen sowie mit neuen befassen. Eine Studie, die die Effektivität der Psychotherapie beurteilen soll, erfordert eine zufällige Zuweisung zu Behandlungsgruppen und zu Kontrollgruppen ohne Behandlung, und zwar von Leuten, die aufgrund persönlicher Probleme um eine Therapie nachsuchen. Das Vorenthalten einer möglicherweise effektiven Behandlung ist unethisch, da es die Bedürfnisse eines Patienten zum jetzigen Zeitpunkt den Interessen einer unbekannten größeren Anzahl zukünftiger Patienten opfert, die von den Forschungsergebnissen profitieren könnten. Ähnlich werden Patienten in diesem Forschungsbereich nicht über die möglichen Therapien informiert, und sie werden entmutigt, den Therapeuten oder die Therapieart zu wechseln, selbst wenn sie keine Besserung sehen – und bezahlen doch für ihre seelische Gesundheitsfürsorge. Eine Lösung dieses Problems ist darin zu sehen, daß man jeder Vp der Kontrollgruppe später die therapeutische Behandlung anbietet, die sich als die effektivste erwiesen hat.

Auch im Verlauf der gewöhnlichen Therapie, in der Forschung keine Rolle spielt, treten ethische Probleme sehr häufig auf. Einige davon haben wir in Kap. 14 angesprochen. In welchem Ausmaß ist der Patient bei der Formulierung eines therapeutischen Kontraktes beteiligt, der ausdrücklich die Ziele der Therapie, den Ansatz, der angewandt werden soll, Alternativen und das Recht zu kritisieren, die Behandlung zu beenden oder andere Hilfe zu suchen, definiert? Zwischen Patienten aus der Durchschnittsbevölkerung und Doktoren, die in unserer Gesellschaft einen privilegierten Status besitzen, besteht ein erhebliches Machtgefälle: Forderungen, die ein Therapeut stellt, müssen in der Regel akzeptiert werden.

Therapeuten sind damit beschäftigt, Menschen zu helfen, deren Verhalten und Erfahrung nicht mit kulturellen Maßstäben der Normalität übereinstimmen. Therapeuten müssen mit der Möglichkeit rechnen, daß sie von der Gesellschaft dazu benutzt werden, den Status quo aufrechtzuerhalten, indem sie runde Stifte, die nicht in quadratische Öffnungen passen, ändern, anstatt die quadratischen Öffnungen zu ändern. Der Therapeut F. Spaner argumentiert, daß seine Kollegen die Verantwortung dafür haben, soziale Bedingungen verändern zu helfen, die Dysfunktionen erzeugen, und nicht einfach Menschen zu verändern, die Dysfunktionen haben. „Wenn wir nicht aktiv dazu beitragen, nützliche soziale Veränderungen voranzutreiben, dann tragen wir aktiv dazu bei, das System so aufrechtzuerhalten wie es ist" (1970, S. 62). Die Kraft dieser Aussage zeigt sich am deutlichsten, wenn Psychologen für eine Institution (wie z. B. Militär oder Gefängnis) arbeiten, in der ein Ziel der Therapie darin besteht, eine Person zu einem „guten Soldaten" oder einem „guten Häftling" zu machen. Wenn solch ein Ziel mit der Selbstverwirklichung und mit persönlichen Werten des Individuums in Konflikt gerät, wird der Therapeut dann je empfehlen zu rebellieren oder institutionelle Praktiken zu verändern, um sie der Person anzupassen, oder ist Anpassung immer eine Einbahnstraße?

Auf anderer Ebene ist die Definition von „Problemen" seelischer Gesundheit selbst in Frage gestellt, wenn man annimmt, daß die Schuld für das Leiden von Menschen und für die Situation, in der sie sich befinden, auf Fehlern beruht, die in ihnen selbst und nicht in der Situation liegen. Die Forscher Caplan u. Nelson aus Michigan beschreiben dies in ihrer provokativen Studie (1973) als eine allgemeine Tendenz in der Psychologie wie auch in der Gesetzgebung, im Rechtswesen und in den Vollzugsorganen, die sich darin äußert, die „persönliche Schuld" als den Grund für die meisten sozialen Probleme anzusehen. Wenn dieser Schuh nicht paßt, dann scheint der angemessene Handlungsablauf darin zu bestehen, zu entdecken, was mit dem Fuß nicht in Ordnung ist!

Die Extreme, die eine Therapie als ein unethisches Verfahren zur Kontrolle der menschlichen Freiheit im Denken und Handeln erreichen kann, werden in einem neuen Senatsbericht über psychiatrischen Mißbrauch in der Sowjetunion zur Unterdrückung politischer Dissidenten aufgedeckt. Die Abweichung von den engen Standards der politischen Orientierung, die in der UdSSR akzeptiert wird, ist politische Ketzerei. Ketzerei ist laut Definition ein Bestandteil von Anomalität, und intellektuelle Dissidenten werden für lange Haftstrafen in abgelegenen Nervenkliniken eingesperrt (vgl. „Unter der Lupe"). Alexander Solschenizyns Ausbürgerung aus der UdSSR, nachdem er solche Praktiken aufgedeckt hatte, trug dazu bei, sie bekannt zu machen, aber das sollte uns auch veranlassen, darüber nachzudenken, ob sie wohl auf die Sowjetunion beschränkt sind.

Soziales Management –
Intervention in der Gesellschaft

Es sind nicht nur Forscher und Therapeuten (und ihre Vpn und Patienten), die sich um die ethischen Belange ihrer Aktivitäten kümmern müssen. Solche Aktivitäten sind in unserer Gesellschaft relativ selten, verglichen mit dem weitverbreiteten „sozialen Management", das täglich stattfindet, wenn Menschen Bedingungen gestalten, in denen andere – oft ohne ihre Zustimmung oder gar Teilnahme am Entscheidungsprozeß – leben sollen. Die Wirtschaft gibt jährlich mehr für kommerzielle Forschung aus, als die US-Regierung der ganzen sozialen Forschung zukommen läßt (Meyer 1974, S. 9). Das

---

Unter der Lupe

Therapie als ein Hammer in einem Samthandschuh

Nachfolgend bringen wir einen Auszug aus *This Is How We Live,* eine Stellungnahme, die der sowjetische Autor A. Solschenizyn als Protest gegen den Arrest des Biologen Medwedew in der Sowjetunion abgegeben hat.

„Ohne einen Haftbefehl oder irgendeine medizinische Rechtfertigung kamen 4 Polizisten und 2 Ärzte in das Haus eines gesunden Mannes. Die Ärzte erklären, er sei verrückt; der Polizist schreit: ,Wir sind das Organ der Macht! Steh auf!' Sie binden seine Arme auf den Rücken und bringen ihn ins Irrenhaus.

Dies kann morgen jedem von uns passieren. Es passierte Schores Medwedew, einem Wissenschaftler, einem Genspezialisten und Publizisten, einem Mann mit klugem, genauem und brillantem Intellekt, einem Menschen mit einem guten Herzen. (Ich persönlich weiß von seiner uneigennützigen Hilfe für unbekannte sterbende kranke Menschen.)

Gerade wegen seiner vielfältigen Begabung wurde er als abnorm bezeichnet: eine gespaltene Persönlichkeit. Es ist genau seine Empfänglichkeit für Ungerechtigkeit, für Dummheit, die eine krankhafte Abweichung sein soll: mangelhafte Anpassung an das soziale Milieu. Wenn du einmal nicht so denkst, wie man es dir verordnet hat, dann bist du anomal! Und gut angepaßte Menschen – sie müssen alle gleich denken.

Das Gesetz kennt keine Grenzen; selbst die Appelle unserer besten Wissenschaftler und Schriftsteller verhallen ungehört.

Wenn dies nur der erste Fall wäre! Aber es wurde zur Mode, eine abwegige Methode der Vergeltung, ohne nach einem Fehler zu suchen, wenn der wahre Grund zu beschämend ist, um ihn auszusprechen. Einige der Opfer sind weithin bekannt; viele weitere sind unbekannt. Unterwürfige, eidbrüchige Psychiater drücken den Stempel der seelischen Krankheit auf.

Sie sagten, er kümmerte sich um soziale Probleme, übertriebene Heftigkeit und Geistesgegenwart, zu geniale geistige Anlagen und Mangel an ihnen …"

„Es wird Zeit, klar zu denken. Frei denkende, gesunde Menschen ins Irrenhaus einzusperren, ist geistiger Mord …" (1970, S. 6).

Management stellt gewöhnlich Betriebspsychologen an, um die Unzufriedenheit der Angestellten zu reduzieren, während die Produktion gesteigert wird; auf diese Weise erhöht sich die Gewinnspanne. Militärpsychologen entwickeln Propagandamaterial und entwerfen Indoktrinationsprogramme. Die Herausgeber von Zeitungen und die Programmgestalter von Radio und Fernsehen entscheiden nicht nur darüber, was als „mitteilenswert" berichtet werden soll, sondern auch über die Anordnung der Sendefolge, die die Öffentlichkeit immer wieder akzeptieren muß.

Es ist angebracht, sozialpolitische Veränderungen, die eine große Anzahl von Menschen betreffen, als experimentelle Manipulationen anzusehen, ob sie nun in formale Forschungspläne eingebaut sind oder nicht (vgl. „Unter der Lupe"). Auch sie sollten mit derselben Gründlichkeit auf mögliche Verletzungen ethischer Gepflogenheiten untersucht werden, wie wir dies nun bei Forschern und Therapeuten verlangen.

Wir sollten fragen: a) In welcher Weise sind die Menschen beteiligt, um die es geht? Haben sie der Manipulation zugestimmt? b) Was ist die Grundlage für die vorgeschlagene Manipulation? Wissenschaftliche Erkenntnis? Populärwissen? Ein rohes Machtspiel? c) Wie werden die Konsequenzen erfaßt? Werden die tatsächlichen Ergebnisse erkannt und veröffentlicht? d) Wenn die Manipulation gegenteilige Effekte hat, kann sie rückgängig gemacht werden? Wird sie die betreffenden Menschen oder ihre Umwelt irreversibel verändern? e) Welche Nebeneffekte wird die Manipulation haben? Die Flughafenüberwachung scheint z.B. die Flugzeugentführungen reduziert zu haben, aber sie hat zweifellos die Bürger dazu gebracht, Personendurchsuchungen, strenge Kontrollen und die stillschweigende Einwilligung zur weiteren Einschränkung ihrer Bewegungsfreiheit zu akzeptieren. Aus der ökologischen Perspektive betrachtet, die wir früher dargestellt haben, könnten sich die unerwarteten Langzeiteffekte als heimtückischer erweisen als die dramatischen unmittelbaren Gewinne bei Suchaktionen und Festnahmen.

Aber wer wird dem Ethikausschuß angehören, um als Wachhund den Mißbrauch der eigenen Standards der Gesellschaft aufzudecken? Wären Sie dazu bereit? Und woher käme die

Unter der Lupe

Vor- und Nachteile sozialer Experimente

Alice M. Rivlin, die Vorsitzende des Ausschusses für soziale Experimente der Brookings Institution, hat einige der Dilemmata analysiert, die in dem neuen Trend des sozialen Experimentierens enthalten sind. Diese umfassen:

1. *Planungsdilemmata,* die sich aus dem Konflikt zwischen dem Wunsch nach wohlbegründeten und verläßlichen Ergebnissen und dem Bedürfnis nach schnellen Ergebnissen bei geringen Kosten entwickeln.

2. *Anwendungsdilemmata,* die auftreten, wenn das Programm anläuft. Sollte man darauf bestehen, daß der ursprüngliche Plan wortwörtlich befolgt wird? Wenn ja, wie kann man herausfinden, was geschehen wird, wenn das Programm auf breiter Basis von Leuten angewandt wird, die sich nicht streng an den Plan halten?

3. *Bewertungsdilemmata,* die auch die Auswahl von Bewertern umfassen. Sicher sind jene, die mit dem Programm am meisten vertraut sind, am besten geeignet, es zu bewerten. Aber sind sie auch diejenigen, die am objektivsten sind?

4. *Zeitdilemmata,* die sich aus der Tatsache ergeben, daß Politiker vermutlich keine Forschung finanzieren, bevor eine Entscheidung ansteht, und so werden sie möglicherweise nicht die Zeit zugestehen, um die Forschung gründlich durchzuführen.

5. *Moralische Dilemmata,* die sowohl ethische Fragen umfassen wie sie im Text beschrieben sind als auch die Besorgnis um die Privatsphäre der Teilnehmer. Rivlin zieht den Schluß: „Wenn man sich nicht mehr darum bemüht, die gegenwärtigen Experimente so nützlich und vernünftig wie möglich zu gestalten, dann kann eine Reaktion gegen die ganze Methode entstehen und ein potentiell wirksames Werkzeug wird möglicherweise entfernt" (1974, S. 35).

Macht, um Sanktionen gegen Rechtsbrecher zu verhängen, wenn die Rechtsbrecher häufig selbst jene sind, die am meisten Macht haben?

„Der Psychologe glaubt an die Würde und den Wert des individuellen menschlichen Wesens. Er hat sich dazu verpflichtet, sein und anderer Leute Verständnis zu vergrößern. Während er sich darum bemüht, schützt er das Wohlbefinden jeder Person, die seine Hilfe sucht oder jeder Vp oder jedes Versuchstieres, die oder das Gegenstand seiner Forschung ist. Er nützt weder seine berufliche Stellung oder seine Beziehungen aus, noch erlaubt er bewußt, daß andere seine Hilfeleistung für Zwecke ausnutzen, die diesen Werten nicht entsprechen. Während er für sich Freiheit für Forschung und Kommunikation fordert, akzeptiert er die Verantwortung, die diese Freiheit mit sich bringt: für Kompetenz, wo er sie beansprucht, für Objektivität in seinen Forschungsberichten und für die Beachtung der Interessen seiner Kollegen und der Gesellschaft" (APA 1963, S. 1).

Literatur

Abelson, R. P., Aronson, E., McGuire, W. J., Newcomb, T. M., Rosenberg, M. J., Tannenbaum, P. H. (Eds.) *Theories of cognitive consistency: A sourcebook.* Chicago: Rand McNally, 1968

Abelson, R. P., Carrol, J. D. Computer simulation of individual belief systems. *American Behavioral Science* 1965, *8*, 24–30

Adams, J. *Conceptual blockbusting* (Portable Stanford Series). Stanford, Calif.: Stanford University Press, 1976

Adler, A. *The practice and theory of individual psychology.* New York: Harcourt Brace Jovanovich, 1929

Ahammer, I. M. Social-learning theory as a framework for the study of adult personality development. In P. B. Baltes, K. W. Schaie (Eds.), *Life-span developmental psychology: Personality and socialization.* New York: Academic Press, 1973

Ainsworth, M. D. S., Bell, S. M. Attachment, exploration, and separation: Illustrated by the behavior of one-year-olds in a strange situation. *Child Development*, 1970, *41*, 49–67

Akiskal, H. S., McKinney, W. T., Jr. Depressive disorders: Toward a unified hypothesis. *Science*, 1973, *182*, 20–29

Albright, G. L., Gift, H. C. Adult socialization: Ambiguity and adult life crises. In N. Datan, L. H. Ginsberg (Eds.), *Life-span developmental psychology: Normative life crises.* New York: Academic Press, 1975

Allport, F. H. *Theories of perception and the concept of structure.* New York: Wiley, 1955

Allport, G. W. *Personality: A psychological interpretation.* New York: Holt, Rinehart & Winston, 1937

Allport, G. W. *Personality and social encounter.* Berkeley/Calif.: Beacon Press, 1960

Allport, G. W. *Pattern and growth in personality.* New York: Holt, Rinehart & Winston, 1961

Allport, G. W. Traits revisited. *American Psychologist*, 1966, *21*, 1–10

Almond, R. The therapeutic community. *Scientific American*, 1971, *224*, 34–42

Alper, T., Korchin, S. J. Memory for socially relevant material. *Journal of Abnormal and Social Psychology*, 1952, *47*, 25–37

Altman, D., Levine, M., Nadien, J. Unpublished research cited in S. Milgram. The experience of living in cities. *Science*, 1970, *167*, 1461–1468

Amabile, T. Effects of extrinsic constraint on artistic creativity. Unpublished Ph. D. dissertation, Stanford University, 1977

American Psychological Association. Ethical standards of psychologists. *American Psychologist*, January 1963, *18* (1)

American Psychological Association. Ad Hoc Committee on Ethical Standards in Psychological Research. Proposed ethical principles submitted to the American Psychological Association membership for criticism and modification, 1971

American Psychological Association. Ethical principles in the conduct of research with human participants. *American Psychologist*, January 1973, *28* (1), 79–80

American Psychological Association Task Force Report: On issues of sexual bias in graduate education (Jan Birk, Chairperson), 1974

Ames, A. Visual perception and the rotating trapezoidal window. *Psychological Monographs*, 1951, *65* (7, Whole No. 234)

Angermeier, W. F. *Praktische Lerntips.* Berlin, Heidelberg, New York: Springer, 1976 (a)

Angermeier, W. F. *Kontrolle des Verhaltens.* Berlin, Heidelberg, New York: Springer, 1976 (b)

Angermeier, W. F. *Die Evolution des operanten Lernens und Gedächtnisses.* Basel: Karger, 1982 (a)

Angermeier, W. F. *The evolution of operant learning and memory.* Basel: Karger, 1982 (b)

Angermeier, W. F., Bednorz, P. *Langzeitgedächtnis bei Tieren* (in Vorbereitung)

Angermeier, W. F., Peters, M. *Bedingte Reaktionen.* Berlin, Heidelberg, New York: Springer, 1973

Anokhin, P. K. New conception of the physiological architecture of the conditioned reflex. In: *Intern symposium on brain mechanisms and behavior,* Montevideo. Moscow, U. S. S. R.: First Sechenov Medical Institute; 1959

Anokhin, P. K. Electroencephalographic analysis of corticosubcortical relations in positive and negative conditioned reactions. *Annals of the New York Academy of Sciences*, 1961, *92*, 899–938

Appleton, T., Clifton, R., Goldberg, S. The development of behavioral competence in infancy. In F. D. Horowitz (Ed.), *Review of child development research* (Vol. 4). Chicago: University of Chicago Press, 1975

Argyle, M., Little, R. Do personality traits apply to social behavior? Journal of Theory Social Behavior, 1972, *2*, 1–35

Arling, G. L. *Effects of social deprivation on maternal behavior of rhesus monkeys.* Unpublished master's thesis, University of Wisconsin, 1966

Arnold, M. B. *Emotion and personality* (2. vols). New York: Columbia University Press, 1960

Aronfreed, J. The socialization of altruistic and sympathetic behavior: Some theoretical and experimental analyses. In J. Macauley, L. Berkowitz (Eds.), *Altruism and helping behavior: Social psychological studies of some antecedents and consequences.* New York: Academic Press, 1970

Aronson, E. Some antecedents of interpersonal attraction. In W. J. Arnold, D. Levine (Eds.), *Nebraska Symposium on Motivation.* Lincoln: University of Nebraska Press, 1969

Aronson, E. *The jigsaw classroom.* Beverly Hills, Cal.: Sage, 1978

Aronson, E., Carlsmith, M. J. Experimentation in social psychology. In G. Lindzey, E. Aronson (Eds.), *Handbook of social psychology* (Vol. 2). Reading, Mass.: Addison-Wesley, 1969

Aronson, E., Linder, D. Gain and loss of esteem as determinants of interpersonal attractiveness. *Journal of Experimental and Social Psychology,* 1965, *1,* 156–171

Asch, S. E. Opinions and social pressure. *Scientific American,* 1955, *193* (5), 31–35

Atkinson, J. W. (Ed.) *Motives in fantasy, action and society.* Princeton: Van Nostrand, 1958

Atkinson, J. W. *An introduction to motivation.* Princeton: Van Nostrand, 1964

Attneave, F. *Applications of information theory to psychology: A summary of basic concepts, methods and results.* New York: Holt, Rinehart & Winston, 1959

Axelrod, J., Wurtman, R. Biological rhythms and the pincal gland. Mental Health Program Reports No. 4, 1970

Ayllon, T., Azrin, N. H. The measurement and reinforcement of behavior of psychotics. *Journal of the Experimental Analysis of Behavior,* 1965, *8,* 357–383

Ayllon, T., Michael, J. The psychiatric nurse as a behavioral engineer. *Journal of the Experimental Analysis of Behavior,* 1959, *2,* 323–324

Azrin, N. H., Fox, R. M. *Toilet training in less than a day.* New York: Pocket Books, 1976

Azrin, N. H., Holz, W. C. Punishment. In W. K. Honig (Ed.), *Operant behavior.* New York: Appleton-Century-Crofts 1966

Back, K. Intervention techniques: Small groups. *Annual Review of Psychology* 1974, *25*

Baddeley, A. D. *The psychology of memory.* New York: Basic, 1976 (dt.: *Die Psychologie des Gedächtnisses.* Stuttgart: Klett-Cotta, 1979)

Baer, D. M. A case for the selective reinforcement of punishment. In C. Neuringer, J. L. Michael (Eds.), *Behavior modification in clinical psychology.* New York: Appleton-Century-Crofts, 1970

Balagura, S. Influence of osmotic and caloric loads upon lateral hypothalamic self-stimulation. *Journal of Comparative and Physiological Psychology,* 1968, *66,* 325–328

Balagura, S., Hoebel, B. Self-stimulation of lateral hypothalamus modified by insulin and glucagon. *Physiology and Behavior,* 1967, *2,* 337–340

Bales, R. F. *Personality and interpersonal behavior.* New York: Holt, Rinehart & Winston, 1970

Baltes, P. B., Reese, H. W., Nesselroade, J. R. *Lifespan developmental psychology: Introduction to research method.* Monterey, Calif.: Brooks/ Cole, 1977

Bandura, A. Influence of models' reinforcement contingencies on the acquisition of imitative responses. *Journal of Personality and Social Psychology,* 1965, *1,* 589–595

Bandura, A. *Principles of behavior modification.* New York: Holt, Rinehart & Winston, 1969

Bandura, A. Modeling therapy. In W. S. Sahakian (Ed.), *Psychopathology today: Experimentation, theory, and research.* Itasca, Ill.: Peacock, 1970

Bandura, A. *Social learning theory.* (Module) Morristown, N. J.: General Learning Press, 1971

Bandura, A. *Aggression: A social learning analysis.* Englewood Cliffs, N.J.: Prentice-Hall, 1973

Bandura, A. *Social learning theory.* Englewood Cliffs, N.J.: Prentice-Hall, 1977 (a)

Bandura, A. Self-efficacy. *Psychological Review,* 1977, *84,* 191–215 (b)

Bandura, A., Ross, D., Ross, S. A. Imitation of filmmediated aggressive models. *Journal of Abnormal Social Psychology,* 1963, *66,* 3–11

Bandura, A., Walters, R. H. *Adolescent aggression.* New York: Ronald, 1959

Banks, W. C. *Determinants of interpersonal influence strategies.* Unpublished dissertation, Stanford University, 1973

Banks, W. C., Zimbardo, P. G., Phillips, S. *Variables related to the choice of positive versus negative means of interpersonal influence.* Unpublished manuscript. Stanford University, 1974

Barbizet, J. *Human memory and its pathology.* (D. K. Jardine trans.) San Francisco: Freeman, 1970

Barefoot, J. C., Gorido, M. The misattribution of smoking cessation symptoms. *Canadian Journal of Behavioural Science,* 1972, *4* (4), 358–363

Barfiedl, R., Geyer, L. Sexual behavior: Ultrasonic postejaculatory song of the male rat. *Science,* 1972, *176,* 1349–1390

Barker, R. G. The stream of behavior as an empirical problem. In R. G. Barker (Ed.), *The stream of behavior.* New York: Appleton-Century-Crofts, 1963

Barnes, J. M., Underwood, B. J. "Fate" of first-list associations in transfer theory. *Journal of Experimental Psychology,* 1959, *58,* 97–105

Barnett, S. A. Attack and defense in animal societies. In C. D. Clemente, D. B. Lindsley (Eds.), *Aggression and defense.* Los Angeles: University of California Press, 1967

Barron, F. X. *Creativity and psychological health: Origins of personal vitality and creative freedom.* Princeton, N. J.: Van Nostrand, 1963

Barta, R. *The representation of Poles, Italians, Latins and blacks in the executive suites of Chicago's largest corporations.* Chicago: The Institute for Urban Life, 1974

Bartlett, F. C. *Remembering: A study in experimental and social psychology.* New York: Macmillan, 1932

Bash, K. W. Contribution to a theory of the hunger drive. *Journal of Comparative Psychology*, 1939, *28*, 137–160

Bavelas, A., Hastorf, A., Gross, A. E., Kite, W. R. Experiments on the alteration of group structure. *Journal of Experimental Social Psychology*, 1965, *1*, 55–70

Bayley, N. On the growth of intelligence. *American Psychologist*, 1955, *10*, 805–818

Beach, F. A. The descent of instinct. *Psychological Review*, 1955, *62*, 401–410

Beck, A. T. *Depression*. New York: Harper & Row, 1967

Beck, A. T., Kovacs, M., Weissman, A. Hopelessness and suicidal behavior. *Journal of the American Medical Association*, 1975, *234*, 1146–1149

Becker, H. S. *Outsiders: Studies in the sociology of deviance*. New York: Free Press, 1963

Békésy, G. von. On the resonance curve and decay period at various points on the cochlear partition. *Journal of the Acoustical Society of America*, 1949, *21*, 245–254

Békésy, G. von. The ear. *Scientific American*, 1957, *197* (2), 66–78

Bellugi-Klima, U. Linguistic mechanisms underlying child speech. In E. M. Zale (Ed.), *Proceedings of the conference on language and language behavior*. New York: Appleton-Century-Crofts, 1968

Bem, D. J. An experimental analysis of self-persuasion. *Journal of Experimental Social Psychology*, 1965, *1*, 199–218

Bem, D. J. Self-perception theory. In L. Berkowitz (Ed.), *Advances in experimental social psychology* (Vol. 6). New York: Academic Press, 1972

Bem, D. J., Allen, A. On predicting some of the people some of the time: The search for cross-situational consistencies in behavior. *Psychological Review*, 1974, *81*, 506–520

Bem, S. L. The measurement of psychological androgyny. *Journal of Consulting and Clinical Psychology*, 1974, *42*, 155–162

Bem, S. L. Beyond androgyny: Some presumptuous prescriptions for a liberated sexual identity. In J. Sherman, F. Denmark (Eds.), *The future of women: Issues of psychology*. New York: Psychological Dimensions, 1978

Bem, S. L., Bem, D. J. Homogenizing the American woman: The power of unconscious ideology. In P. Zimbardo, C. Maslach (Eds.), *Psychology for our times: Readings*. Glenview, Ill.: Foresman, 1973

Bengtson, V. L., Haber, D. A. Sociological approaches to aging. In D. S. Woodruff, J. E. Birren (Eds.), *Aging: Scientific perspectives and social issues*. New York: Van Nostrand, 1975

Benson, H. *The relaxation response*. New York: Morrow, 1975

Berkman, L. F. *Psychosocial resources, health behavior, and mortality: A nine-year follow-up study*. Paper presented at the American Public Health Association Annual Meeting, Washington, D. C., October 1977

Berkowitz, L. The concept of aggressive drive: Some additional considerations. In L. Berkowitz (Ed.),

Advances in experimental social psychology (Vol. 2). New York: Academic Press, 1965

Berkowitz, L. Social norms, feelings, and other factors affecting helping and altruism. In L. Berkowitz (Ed.), *Advances in experimental social psychology* (Vol. 6). New York: Academic Press, 1972

Berkowitz, L., LePage, A. Weapons as aggression-eliciting stimuli. *Journal of Personality and Social Psychology*, 1967, *7*, 202–207

Berkum, M. M., Bialek, H. M., Kern, R. P., Yagi, K. Experimental studies of psychological stress in man. *Psychological Monographs*, 1962, *76* (15. Whole No. 534)

Berlyne, D. E. Conflict and the orientation reaction. *Journal of Experimental Psychology*, 1961, *62*, 476–483

Bernard, J., Sontag, L. W. Fetal reactivity to tonal stimulation: A preliminary report. *Journal of Genetic Psychology*, 1947, *70*, 205–210

Bernard, L. L. *Instinct*. New York: Holt, 1924

Bernstein, D. A. Modification of smoking behavior: An evaluative review. *Psychological Bulletin*, 1969, *71*, 418–420

Berscheid, E., Walster, E. Physical attractiveness. In L. Berkowitz (Ed.), *Advances in experimental social psychology* (Vol. 7). New York: Academic Press, 1974

Bettelheim, B. Individual and mass behavior in extreme situations. *Journal of Abnormal and Social Psychology*, 1943, *38*, 417–452

Bettelheim, B. Individual and mass behavior in extreme situations. In E. E. Maccoby, T. Newcomb, E. Hartley (Eds.), *Readings in social psychology*. New York: Holt, Rinehart & Winston, 1958

Bierbrauer, G. A. *Attribution and perspective: Effects of time set and role on interpersonal inference*. Unpublished doctoral dissertation, Stanford University, 1973

Billow, R. M. Metaphor: A review of the psychological literature. *Psychological Bulletin*, 1977, *84*, 81–92

Bindra, D. B. Interrelated mechanisms of reinforcement and motivation, and the nature of their influence on response. In W. J. Arnold, D. Levine (Eds.), *Nebraska symposium on motivation*. Lincoln: University of Nebraska Press, 1969

Binet, A., Simon, T. La mesure du développement de l'intelligence chez les jeunes enfants. *Bulletin de la Société Libre pour l'Étude Psychologique de L'Enfant*, 1911, *11*, 187–284

Birch, H. G. Sources of order in the maternal behavior of animals. *American Journal of Orthopsychiatry*, 1956, *26*, 279–284

Birren, J. E., Woodruff, D. S. Human development over the life span through education. In P. B. Baltes, K. W. Schaie (Eds.), *Life-span developmental psychology: Personality and socialization*. New York: Academic Press, 1973

Bitterman, M. E. The comparative analysis of learning. *Science*, 1975, *188*, 699–709

Blake, A. Coin collectors. *California Living Magazine*, January *23*, 1972 (Reprinted from

California Living, the magazine of the San Francisco Sunday Examiner & Chronicle)

Blake, B. G. A follow-up of alcoholics treated by behavior therapy. *Behavior Research Therapy,* 1967, *5,* 89–94

Block, J. *The Q-sort method in personality assessment and psychiatric research.* Springfield, Ill.: Thomas, 1961

Bloom, B. L. *Community mental health: A historical and critical analysis (Module).* Morristown, N.J.: General Learning, 1973

Blumenthal, M. Predicting attitudes toward violence. *Science,* 1972, *176,* 1296–1303

Bohne, B. A., Ward, P. H., Fernandez, C. Irreversible inner ear damage from rock music. *Audiology and Hearing Education,* 1978, *4,* 8, 10–13

Bolles, R. *Theory of motivation.* New York: Harper & Row, 1967

Bondy, C. (Hrsg.). *Die Messung der Intelligenz Erwachsener.* Bern: Huber, 1956 (Originally published, Wechsler, D., 1939)

Bongiovanni, A. *A review of research on the effects of punishment in the schools.* Paper presented at the conference on child abuse. Washington, D.C.: Children's Hospital National Medical Center, 1977

Bornstein, M. H. Chromatic vision in infancy. In H. W. Reese, L. P. Lipsitt (Eds.), *Advances in child development and behavior* (Vol. 12). New York: Academic Press, 1978

Boulding, K. E. The social system and the energy crisis. *Science,* 1974, *184,* 225–257

Bower, G. H. Improving memory. *Human Nature,* 1978, *1* (2), 64–73

Bower, G. H., Clark, M. C. Narrative stories as mediators for serial learning. *Psychonomic Science,* 1969, *14,* 181–182

Bower, S. A., Bower, G. H. *Asserting yourself.* Reading, Mass.: Addison-Wesley, 1976

Bower, T. G. R. Object preception in infants. *Perception,* 1972, *1,* 15–30

Bowes, W. A., Jr., Brackbill, Y., Conway, E., Steinschneider, A. The effects of obstetrical medication on fetus and infant. *Monographs of the Society for Research in Child Development,* 1970, *35* (4. Serial Nr. 137)

Bowlby, J. *Attachment and loss* (Vol. 1). *Attachment.* London: Hogarth; New York: Basic Books, 1969

Brady, J. P., Levitt, E. E. Hypnotically induced visual hallucinating. *Psychosomatic Medicine,* 1966, *28,* 351–363

Brady, J. V. Emotion and the sensitivity of psycho-endocrine systems. In D. D. Glass (Ed.), *Neurophysiology and emotion.* New York: Rockefeller University Press, 1967

Brady, J. V., Porter, R. W., Conrad, D. G., Mason, J. W. Avoidance behavior and the development of gastroduodenal ulcers. *Journal of the Experimental Analysis of Behavior,* 1958, *1,* 69–73

Bransford, J. D., Franks, J. J. The abstraction of linguistic ideas. *Cognitive Psychology,* 1971, *2,* 331–350

Brazelton, T. B. *Neonatal behavioral assessment scale.* Philadelphia: Lippincott, 1973

Breger, L., McGaugh, J. L. Critique and reformulation of "learning-theory" approaches to psychotherapy and neurosis. *Psychological Bulletin,* 1965, *63* (5), 338–358

Brehm, J. W. *A theory of psychological reactance.* New York: Academic Press, 1966

Brehm, J. W., Cohen, A. R. *Explorations in cognitive dissonance.* New York: Wiley, 1962

Brenner, M. *Caring, love, and selective memory.* Paper presented at the Annual Convention of American Psychological Association, Washington, D.C., 1971

Brenner, M. The next-in-line effect. *Journal of Verbal Learning and Verbal Behavior,* 1973, *12,* 320–323 (a)

Brenner, M.-H. *Mental illness and the economy.* Cambridge, Mass.: Harvard University Press, 1973 (b)

Bridgman, P. W. *The logic of modern physics.* New York: Macmillan, 1927

Brindley, G. S., Merton, P. A. The absence of a position sense in the human eye. *Journal of Physiology,* 1960, *153,* 127–130

Brogden, W. J., Culler, E. Experimental extinction of higher-order responses. *American Journal of Psychology,* 1935, *47,* 663–669

Brogden, W. J., Gregg, L. W. Studies of sensory conditioning measured by the facilitation of auditory acuity. *Journal of Experimental Psychology,* 1951, *42,* 384–389

Broman, S. H., Nichols, P. L., Kennedy, W. A. *Preschool IQ: Prenatal and early developmental correlates.* London: Erlbaum, 1975

Brower, L. P., Cranston, P. Courtship of the Queen Butterfly, Danaus Gillippus Berience. 16 mm sound film, serial number PCR 2123 K, *Psychological Cinema Register,* Pensylania State University, 1962 (Film)

Brown, C. *Manchild in the promised land.* New York: Macmillan, 1965.

Brown, R. W., Cazden, C. B., Bellugi-Klima, U. The child's grammar from I to III. In J. P. Hill (Ed.), *Minnesota symposia on child psychology* (Vol. 2). Minneapolis: University of Minnesota Press, 1969

Brown, R. W., McNeil, D. The "tip-of-the-tongue" phenomenon. *Journal of Verbal Learning and Verbal Behavior,* 1966, *5,* 325–337

Brôzek, J. Experimental investigations of nutrition and human behavior: A post script. *American Scientist,* June 1963, *51,* 139–163

Bruck, C. Battle lines in the Ritalin war. *Human Behavior,* August 1976

Bruner, J. S. *Toward a theory of instruction.* Cambridge: Belknap, 1966

Bruner, J. S. *Beyond the information given.* New York: Norton, 1973

Bruner, J. S., Goodman, C. C. Value and need as organizing factors in perception. *Journal of Abnormal and Social Psychology,* 1947, *42,* 33–44

Brunswick, E. *Perception and the representative design of psychological experiments.* Berkeley: University of California Press, 1956

Bryan, J. H., Schwartz, T. The effects of film material upon children's behavior. *Psychological Bulletin,* 1971, *75,* 50–59

Bryan, J. H., Test, M. Models and helping: Naturalistic studies in aiding behavior. *Journal of Personality and Social Psychology*, 1967, *6*, 400–407

Buber, M. *Pointing the way*. New York: Harper & Row, 1957

Burger, R. E. Who cares for the aged? *Saturday Review*, 1969, *52* (4), 14–17

Butler, R. A., Harlow, H. F. Persistence of visual exploration in monkeys. *Journal of Comparative and Physiological Psychology*, 1954, *47*, 258–263

Bykov, K. M. *The cerebral cortex and the internal organs*. New York: Chemical Publishing, 1957

Byrne, D. *The attraction paradigm*. New York: Academic Press, 1971

Byrne, W. L. Memory transfer. *Science*, 1966, *153*, 658–659

Caggiula, A. Analysis of the copulation-reward properties of posterior hypothalamic stimulation in rats. *Journal of Comparative and Physiological Psychology*, 1970, *70* (3), 399–412

Caldwell, D. K., Caldwell, M. C. Dolphins communicate – but they don't talk. *Naval Reviews*, June–July 1972, 23–27

Calhoun, J. B. A "behavioral sink." In E. L. Bliss (Ed.), *Roots of behavior*. New York: Harper & Row, 1962

Calhoun, J. B. *How the social organization of animal communities can lead to a population crisis which destoys them*. [Mental Health Program Reports No. 5 (DHEW) Publication No. (HSM) 72-9042]. Chevy Chase, Md.: National Institute of Mental Health, Dec. 1971

Campbell, B. A., Sheffield, F. D. Relation of random activity to food deprivation. *Journal of Comparative and Physiological Psychology*, 1953, *46*, 320–322

Campbell, D. Ethnocentrism and other altruistic motives. In D. Levine (Ed.), *Nebraska symposium on motivation*. Lincoln: University of Nebraska Press, 1965

Campbell, D., Sanderson, R. E., Lavertz, S. G. Characteristics of a conditional responde in human subjects during extinction trials following a single traumatic conditioning trial. *Journal of Abnormal and Social Psychology*, 1964, *68*, 627–639

Cannon, W. B. *Bodily changes in pain, hunger, fear and rage* (2nd ed.). New York: Appleton-Century-Crofts, 1929

Cannon, W. B. Hunger and thirst. In C. Murchison (Ed.), *A handbook of general experimental psychology*. Worcester, Mass.: Clark University Press, 1934

Caplan, N., Nelson, S. D. On being useful: The nature and consequences of psychological research on social problems. *American Psychologist*, 1973, *28*, 199–211

Caplan, R. D., Cobb, S., French, J. R. P., van Harrison, R., Pinneau, R. *Job demands and worker health: Main effects and occupational differences*. Washington, D.C.: National Institutes for Occupational Safety and Health, 1975

Carey, S., Diamond, R. From piecemeal to configurational representation of faces. *Science*, 1977, *195*, 312–313

Carlson, E. R. The affective tone of psychology. *Journal of General Psychology*, 1966, *75*, 65–78

Carlson, J. G., Wood, R. D. *Need the final solution be justified?* Unpublished manuscript, University of Hawaii, 1974

Carmichael, L. Ontogenetic development. In S. S. Stevens (Ed.), *Handbook of experimental psychology*. New York: Wiley, 1951

Carmichael, L. The onset and early development of behavior. In P. H. Mussen (Ed.), *Carmichael's manual of child psychology* (Vol. 1, 3rd ed.). New York: Wiley, 1970

Carr, A. The navigation of the green turtle. *Scientific American*, 1965, *212* (5), 78–86

Cartwright, D., Zander, A. (Eds.). *Group dynamics: Research and theory*. New York: Harper & Row, 1968

Cattell, R. B. *Personality and motivation: Structure and meaning*. New York: Harcourt Brace Jovanovich, 1957

Cattell, R. B. *The scientific analysis of personality*. Baltimore: Penguin, 1965

Charatan, F. Personal communication, Spring 1973

Chomsky, C. S. *The acquisition of syntax in children from 5 to 10*. Cambridge, Mass.: MIT Press, 1970

Chomsky, N. *Aspects of a theory of syntax*. Cambridge, Mass.: MIT Press, 1965

Christie, R., Geis, F. L. (Eds.). *Studies in Machiavellianism*. New York: Academic Press, 1970

Christy, P. R., Gelfand, D. M., Hartman, D. P. Effects of competition-induced frustration on two classes of modeled behavior. *Developmental Psychology*, 1971, *5*, 104–111

Cisler, L. Unfinished business: Birth control and women's liberation. In R. Morgan (Ed.), *Sisterhood is powerful*. New York: Random House, 1970

Clarizio, H. Some myths regarding the use of corporal punishment in schools. Paper presented at the Annual Meeting of the American Educational Research Association, April 2, 1975

Clark, E. V. On the acquisition of the meaning of *before* and *after*. *Journal of Verbal Learning and Verbal Behavior*, 1971, *10*, 266–275

Clark, K. B., Clark, M. P. Racial identification and preference in Negro children. In E. E. Maccoby, T. M. Newcomb, E. L. Hartley (Eds.), *Readings in social psychology*. New York: Holt, Rinehart & Winston, 1958

Clausen, J. A. Drug use. In R. Merton, R. Nisbet (Eds.), *Contemporary social problems*. New York: Harcourt Brace Jovanovich, 1971

Cline, V. B., Croft, R. G., Courrier, S. *The desensitization of children to television violence*. Unpublished manuscript, University of Utah, 1972

Coch, L., French, J. R. P., Jr. Overcoming resistance to change. *Human Relations*, 1948, *11*, 512–532

Cofer, C. N., Appley, M. H. *Motivation: Theory and research*. New York: Wiley, 1964

Cohen, F. *Psychological factors in the etiology of somatic illness*. Unpublished report, Stanford University, 1975

Cohen, S. *Property destruction: Motives and meanings*. In C. Ward (Ed.), *Vandalism*. London: Architectural Press, 1973

Colby, K. M. Computer simulation of neurotic processes. In R. W. Stacy, B. D. Waxman (Eds.), *Computers in biomedical research*. New York: Academic Press, 1965

Coleman, J. C. *Abnormal psychology and modern life* (5th ed.). Glenview, Ill.: Scott, Foresman, 1976

Coles, R. *Children of Crisis: A Study of Courage and Fear*. Boston: Atlantic-Little, Brown and Company, 1967

Coles, R. *Teachers and the children of poverty*. Washington: Potomac Institute, 1970

Collins, B. E., Martin, J. C., Ashmore, R. D., Rose, L. Some dimensions of the internal-external metaphor in theories of personality. *Journal of Personality*, 1973, *41*, 471–492

Condon, W. S., Sander, L. W. Neonate movement is synchronized with adult speech: Interactional participation and language acquisition. *Science*, 1974, *183*, 99–101

Conger, J. J. *Current issues in adolescent development*. Master lectures on developmental psychology. Washington, D.C.: American Psychological Association, 1976

Congressional Hearings on Worker Alienation. *Hearings before the Subcommittee on Employment, Manpower, and Poverty*. Washington, D.C.: U.S. Government Printing Office, 1972

Conklin, J. E. Dimensions of community response to the crime problem. *Social Problems*, 1971, *18*, 373–385

Conrad, R. Acoustic confusions and immediate memory. *British Journal of Psychology*, 1964, *55*, 77–84

Cook, S. W. The production of "experimental neurosis" in the white rat. *Psychosomatic Medicine*, 1939, *1*, 293–308

Cooley, C. H. *Human nature and the social order*. New York: Scribner, 1902

Coons, E., Levak, M., Miller, N. E. Lateral hypothalamus: Learning of food-seeking response motivated by electrical stimulation. *Science*, 1965, *150*, 1320–1321

Cowen, E. L., Beier, L. S. Threat-expectancy, word frequencies, and perceptual prerecognition hypotheses. *Journal of Abnormal and Social Psychology*, 1954, *49*, 172–182

Cowles, J. T. Food token as incentives for learning by chimpanzees. *Comparative Psychology Monographs*, 1937, *14*, 1–96

Craik, F. I. M., Lockhart, R. S. Levels of processing: A framework for memory research. *Journal of Verbal Learning and Verbal Behavior*, 1972, *11*, 671–684

Crandall, V. C. Sex differences in expectancy of intellectual, and academic reinforcement. In C. P. Smith (Ed.), *Achievement related motives in children*. New York: Russell Sage Foundation, 1969

Cross, P. G., Cattell, R. B., Butcher, H. J. The personality patterns of creative artists. *British Journal of Educational Psychology*, 1967, *37*, 292–299.

Culler, E., Finch, G., Girden, E., Brogden, W. J. Measurements of acuity by the conditioned response technique. *Journal of General Psychology*, 1935, *12*, 223–227

Curran, J. P. Skills training as an approach to the treatment of heterosexual-social anxiety: A review. *Psychological Bulletin*, 1977, *84*, 140–157

Danziger, C., Greenwald, M. *Alternatives: A look at unmarried couples and communes*. New York: Institute of Life Insurance, Research Services, 1974

Darley, J. M., Batson, C. O. From Jerusalem to Jericho: A study of situational variables in helping behavior. *Journal of Personality and Social Psychology*, 1973, *27*, 100–108

Darley, J. M., Latané, B. Bystander intervention in emergencies: Diffusion of responsibilities. *Journal of Personality and Social Psychology*, 1968, *8* (4), 377–383

Darwin, C. *The expression of the emotions in man and animals*. London: Murray, 1872

Datan, N., Antonovsky, A., Maoz, B. *A time to reap: The middle age of women in five Israeli subcultures*. Baltimore: Johns Hopkins University Press, 1978

Davenport, W. Sexual patterns and their regulation in a society of the Southwest Pacific. In F. Beach (Ed.), *Sex and behavior*. New York: Wiley, 1965

Davis, C. M. Self-selection of diet by newly weaned infants. *American Journal of Diseases of Children*, 1928, *36*, 651–679

Davison, G. C., Valins, S. Maintenance of self-attributed and drug-attributed behavior change. *Journal of Personality and Social Psychology*, 1969, *11*, 25–33

Deci, E. L. Intrinsic motivation, extrinsic reinforcement, and inequity. *Journal of Personality and Social Psychology*, 1972, *22*, 113–120

Dekker, E., Groen, J. Reproducible psychogenic attacks of asthma. In C. F. Reed, I. E. Alexander, S. S. Tomkins (Eds.), *Psychopathology: A source book*. Cambridge, Mass.: Harvard University Press, 1958

Delgado, J. M. R. *Physical control of the mind: Toward a psychocivilized society*. New York: Harper & Row, 1970

Delgado, J. M. R., Roberts, W. W., Miller, N. E. Learning motivated by electrical stimulation of the brain. *American Journal of Physiology*, 1954, *179*, 587–593

Dellas, M., Gaier, E. L. Identification of creativity: The individual. *Psychological Bulletin*, 1970, *73*, 55–73

Dember, W. N. Alternation behavior. In D. W. Fiske, S. R. Maddi (Eds.), *Functions of varied experience*. Homewood, Ill.: Dorsey, 1961

Dembroski, T. M., MacDougall, J. M. Stress effects on affiliation preferences among subjects possessing the Type A coronary-prone behavior pattern. *Journal of Personality and Social Psychology*, 1978, *36*, 23–33

Dembroski, T. M., MacDougall, J. M., Shields, J. L. Physiological reactions to social challenge in persons evidencing the type A coronary-prone behavior pattern. *Journal of Human Stress*, 1977, *3*, 2–9

Dempsey, D. Eye openers. The New York Times Magazine, Juli 20, 1975

Deutsch, M., Gerard, H. B. A study of normative and informational social influence upon individual judgment. *Journal of Abnormal and Social Psychology*, 1955, *51*, 629–636

DeValois, R. L. Neural processing of visual informations. In R. W. Russell (Ed.), *Frontiers in physiological psychology*. New York: Academic Press, 1966

DeVos, G., Wagatsuma, H. *Japan's invisible race*. Berkeley: University of California Press, 1966

DiCara, L. V., Miller, N. E. Instrumental learning of vasomotor responses by rats: Learning to respond differentially in the two ears. *Science*, 1968, *159*, 1485–1486

Diener, E., Fraser, S. C., Beaman, A. L., Kelem, R. T. Effects of deindividuation variables on stealing among halloween trick-or-treaters. *J. of Personality and Social Psychology*, 1976, *33* (2), 178–183

Dodwell, P. E., Muir, D., DiFranco, D. Responses of infants to visually presented objects. *Science*, 1976, *194*, 209–211

Dohrenwend, B. P., Dohrenwend, B. S. Social and cultural influences on psychopathology. *Annual Review of Psychology*, 1974, *25*

Dole, V. P. A relation between non-esterfied fatty acids in plasma and the metabolism of glucose. *Journal of Clinical Investigation*, 1956, *35*, 150–152

Dolinsky, R. Remembering jokes and non-jokes. Colloquium presentation, 1978

Dollard, J., Doob, L. W., Miller, N., Mowrer, O. H., Sears, R. R. *Frustration and aggression*. New Haven: Yale University Press, 1939

Dollard, J., Miller, N. E. *Personality and psychotherapy*. New York: McGraw-Hill, 1950

Dooling, D. J., Lachman, R. Effects of comprehension on retention of prose. *Journal of Experimental Psychology*, 1971, *88*, 216–222

Dubos, R. *Man adapting*. New Haven: Yale University Press, 1965

Dubos, R. Health and creative adaptation. *Human Nature*, January 1978, *1*, 74–82

Duffy, E. *Activation and behavior*. New York: John Wiley, 1962

Duncker, K. On problem solving. *Psychological Monographs*, 1945, *58* (5, Whole No. 270)

DuPont, R. L., Greene, M. H. The dynamics of a heroin addiction epidemic: Heroin abuse has declined in Washington, D.C. *Science*, 1973, *181* (4101), 716–722

Dwornicka, B., Jasienska, A., Smolarz, W., Wawryk, R. Attempt of dtermining the fetal reaction to acoustic stimulation. *Acta Oto-Laryngologica* (Stockholm), 1964, *57*, 571–574

Ebbinghaus, H. *Memory*. Teachers College, Columbia University, 1913 (Original: Uber das Gedächtnis. Leipzig: Altenberg 1885)

Edwards, A. E., Acker, L. E. A demonstration of the longterm retention of a conditioned galvanic skin response. *Psychosomatic Medicine*, 1962, *24*, 459–463

Edwards, A. L. *Manual for the Edwards preference schedule*. New York: Psychological Corporation, 1959

Edwards, D. A Neonatal administration of androstenedione, testosterone, or testosterone propionate: Effects on ovulation, sexual receptivity, and aggressive behavior in female mice. *Physiology and Behavior*, 1971, *6*, 223–228

Eich, J. E., Weingarten, H., Stillman, R. C., Gillin, J. C. State-dependent accessibility of retrieval cues in the retention of a categorized list. *Journal of Verbal Learning and Verbal Behavior*, 1975, *14*, 408–417

Eimas, P. D., Siqueland, E. R., Jusczyk, P., Vigorito, J. Speech perception in infants. *Science*, 1971, *171*, 303–306

Ekman, P., Friesen, W. V. The repertoire of nonverbal behavior categories, origins, usage, and coding. *Semiotica*, 1969, *1*, 49–98

Ekman, P., Sorenson, E. R., Friesen, W. V. Pancultural elements in facial displays of emotion. *Science*, 1969, *164*, 86–88

Elliot, J. Personal communication. October 1970

Elmer, E. *Children in jeopardy*. Pittsburgh: University of Pittsburgh Press, 1967

Elmer, E. *Studies of child abuse and infant accidents*. [Mental Health Program Reports, No. 5 (DHEW) Publication No. (HSM) 72-9042], Chevy Chase, Md.: National Institute of Mental Health, 1971

Engen, T., Lipsitt, L. P., Kaye, H. Olfactory responses and adaptation in the human neonate. *Journal of Comparative and Physiological Psychology*, 1963, *56*, 73–77

Erickson, H. M. Negation or reversal of legal testimony. *AMA Archives of Neurology and Psychiatry*, 1938, *40*, 548–553

Erickson, J. R., Jones, M. R. Thinking. *Annual Review of Psychology*, 1978, 61–90

Erickson, M. H. A special inquiry with Aldous Huxley into the nature and character of various states of consciousness. *American Journal of Clinical Hypnosis*, 1965, *8*, 14–33

Erikson, E. H. *Childhood and society*. New York: Norton, 1950 (dt.: *Kindheit und Gesellschaft*. Stuttgart: Klett, 1961)

Erikson, E. H. *Identity, youth, and crisis*. New York: Norton, 1968 (dt.: *Jugend und Krise*. Stuttgart: Klett, 2. Aufl., 1974)

Erikson, K. T. *Wayward puritans: A study in the sociology of deviance*. New York: Wiley, 1966

Eron, L. D., Huesmann, L. R., Lefkowitz, M. M., Walder, L. O. Does television violence cause aggression? *American Psychologist*, 1972, *27*, 253–263

Estes, W. K. *Learning theory and mental development*. New York: Academic Press, 1970

Estes, W. K. Learning theory and intelligence. *American Psychologist*, 1974, *29*, 740–749

Evans, R. I. (Discussions with A. Bandura). In *The making of psychology*. New York: Knopf, 1976

Eysenck, H. J. *The biological basis of personality*. Springfield, Ill.: Ch. Thomas, 1967

Eysenck, H. J. Personality, learning, and "anxiety". In H. J. Eysenck (Ed.), *Handbook of abnormal psychology*. London: Pitman, 2. Aufl., 1973

Eysenck, H. J., Eysenck, S. *Eysenck personality inventory*. San Diego: Educational and Industrial Testing Service, 1968

Eysenck, H. J., Rachman, S. *The causes and cures of neurosis*. San Diego, Calif.: Knapp, 1965

Eysenck, M. W. Extraversion, verbal learning, and memory. *Psychological Bulletin*, 1976, *88*, 75–90

Fairweather, G. W. et al. Relative effectiveness of psychotherapeutic programs: A multicriteria comparison of four programs for three different patient groups. *Psychological Monographs*, 1960, *74* (5, Whole No. 492)

Fairweather, G. W., Sanders, D. H., Maynard, R. F., Cressler, D. L. *Community life for the mentally ill: Alternative to institutional care*. Chicago: Aldine, 1969

Fantz, R. L. Pattern vision in newborn infants. *Science*, 1963, *140*, 296–297

Farina, A., Gliha, D., Boudreau, L. A., Allen, J. G., Sherman, M. Mental illness and the impact of believing others know about it. *Journal of Abnormal Psychology*, 1971, *77*, 1–5

Farina, A., Holland, C. H., Ring, K. The role of stigma and set in interpersonal interaction. *Journal of Abnormal Psychology*, 1966, *71*, 421–428

Farina, A., Ring, K. The influence of perceived mental illness on interpersonal relations. *Journal of Abnormal Psychology*, 1965, *70*, 47–51

Faucheux, C., Moscovici, S. Le style de compotement d'une minorité et son influence sur les reponses d'une majorité. *Bulletin du Centre d'Etudes et de Recherches Psychologiques*, 1967, *16*, 337–360

Feather, N. Valence of outcome and expectation of success in relation to task difficulty and perceived locus of control. *Journal of Personality and Social Psychology*, 1967, *7*, 372–386

Fechner, G. Th. *Elemente der Psychophysik*. Leipzig: Breitkopf & Härtel, 1860

Fenichel, O. *The psychoanalytic theory of neurosis*. New York: Norton, 1945

Ferguson, G. A. On learning and human ability. *Canadian Journal of Psychology*, 1954, *8*, 95–112

Ferguson, G. A. On transfer and the abilities of man. *Canadian Journal of Psychology*, 1956, *10*, 121–131

Ferguson, L. R. *Personality development*. Belmont, Calif.: Brooks/Cole, 1970

Ferguson, P. C., Gowan, J. C. TM: Some preliminary findings. *Journal of Humanistic Psychology*, 1976, *16* (3)

Ferrero, G. L. *Criminal man according to the classification of Cesare Lombroso*. New York: Putnam's, 1911

Ferriera, A. J., Winter, W. W.: Information exchange and silence in normal and abnormal families. In W. W. Winter, A. J. Ferriera (Eds.), *Research in family interaction*. Palo Alto, Calif.: Science & Behavior Books, 1964

Feshbach, S., Singer, R. D. *Television and aggression: An experimental field study*. San Francisco: Jossey-Bass, 1971

Festinger, L. A theory of social comparison processes. *Human Relations*, 1954, *7*, 117–140

Festinger, L. *A theory of cognitive dissonance*. Stanford: Stanford University Press, 1957

Festinger, L., Carlsmith, J. M. Cognitive consequences of forced compliance. *Journal of Abnormal and Social Psychology*, 1959, *58*, 203–221

Fiedler, F. E. A contingency model of leadership effectiveness. In L. Berkowitz (Ed.), *Advances in experimental social psychology* (Vol. 1). New York: Academic Press, 1964

Fiedler, F. E. *A theory of leadership effectiveness*. New York: McGraw-Hill, 1967

Fischetti, M., Curran, J. P., Wessberg, H. W. Sense of timing: A skill deficit in heterosexual-socially anxious males. *Behavior Modification*, April 1977, *1* (2), 179–194

Fiske, D. W., Maddi, S. R. *Functions of varied experience*. Homewood, Ill.: Dorsey, 1961

Flavell, J. H. *Cognitive development*. Englewood Cliffs, N.J.: Prentice-Hall, 1977

Fletcher, C. R. Attributing responsibility to the deviant: A factor in psychiatric referrals by the general public. *Journal of Health and Social Behavior*, 1967, *8*, 185–196

Folkins, D. H., Lawson, K. D., Opton, E. M., Jr., Lazarus, R. S. Desensitization and the experimental reduction of threat. *Journal of Abnormal Psychology*, 1968, *73*, 100–113

Fouts, R. S. Personal communication, July, 1977

Fox, R. M., Azrin, N. H. Dry pants: A rapid method of toilet training children. *Behavior Research and Therapy*, 1973, *11*, 435–442

Foy, D. W., Eisler, R. M., Pinkston, S. Modeled assertion in a case of explosive rages. *Journal of Behavioral Therapy and Experimental Psychiatry*, 1975, *6*, 135–137

Frankl, V. E. *Man's search for meaning*. Boston: Beacon Press, 1963 (Originally published, 1959)

Frankl, V. E. Logotherapy. In W. S. Sahakian (Ed.), *Psychopathology today*. Itasca, Ill.: Peacock, 1970

Fraser, S. C. *Deindividuation: Effects of anonymity on aggression in children*. Unpublished mimeograph report, University of Southern California, 1974 (a)

Fraser, S. C., Kelem, R., Diener, E., Beaman, A. The Halloween caper: The effects of deindividuation variables on stealing. Manuscript submitted for publication, 1974 (b)

Frederiksen, L. W., Jenkins, J. O., Foy, D. W., Eisler, R. M. Social-skills training to modify abusive verbal outbursts in adult. *Journal of Applied Behavioral Analysis*, 1976, *9*, 117–125

Freedman, J. L., Fraser, S. C. Compliance without pressure: The foot-in-the-door technique. *Journal of Personality and Social Psychology*, 1966, *4*, 195–202

Freedman, J., Levy, A., Buchanan, R., Price, J. Crowding and human aggressiveness. *Journal of Experimental Social Psychology*, 1972, *8*, 528–548

French, J. R., Caplan, R. D. *Occupational stress and individual strain*. Unpublished manuscript, University of Michigan, Institute for Social Research, 1971

Freud, S. Psychopathology of everyday life. In J. Strachey (Ed.), *The standard edition of the complete psychological works of Sigmund Freud*. London: Hogarth Press, 1960 (First German edition, 1901)

Freud, S. Introductory lectures on psycho-analysis. In J. Strachey (Ed.), *The standard edition of the complete psychological works of Sigmund Freud*. London: Hogarth Press, 1963 (First German edition, 1917)

Freud, S., Breuer, J. *Studien über Hysterie*. (1895). Gesammelte Werke, Bd. I. Frankfurt: Fischer, 1952, 75–312

Friedman, M., Rosenman, R. F. Overt behavior pattern in coronary disease. *Journal of American Medical Association*, 1960, *173*, 1320–1325

Friedman, M., Rosenman, R. F. *Type A behavior and your heart*. New York: Knopf, 1974

Friedman, S. B., Ader, R., Glasgow, L. A. Effects of psychological stress in adult mice inoculated with coxsackie B viruses. *Psychosomatic Medicine*, 1965, *27*, 361–368

Friedman, S. B., Glasgow, L. A. Psychologic factors and resistance to infectious disease. *Prediatric Clinics of North America*, 1966, *13*, 315–335

Frijda, N. H. Emotion and recognition of emotion. In M. Arnold (Ed.), *Feelings and emotions*. New York: Academic Press, 1970

Fromm, E. *Man for himself*. New York: Reinhart, 1947

Fry, D. *Homo loquens: Man as a talking animal*. Cambridge, England: Cambridge University Press, 1977

Funkenstein, D. H. The physiology of fear and anger. *Scientific American*, 1955, *192* (5), 74–80

Funkenstein, D. H., King, S. H., Drolette, M. E. *Mastery of stress*. Cambridge, Mass.: Harvard University Press, 1957

Gagné, R., Briggs, L. *Principles of instructional design*. New York: Holt, Rinehart & Winston, 1974

Gantt, W. H. Reflexology, schizokinesis, and autokinesis. *Conditional Reflex*, 1966, *1*, 57–68

Garcia, J., McGrowan, B. K., Green, K. F. Sensory quality and integration: Constraints on conditioning. In H. Black, W. F. Prokasy (Eds.), *Classical conditions II: Current research and theory*. New York: Appleton-Century-Crofts, 1972

Gardner, M. *Fads and fallacies in the name of science*. New York: Dover, 1957

Gardner, R., Gardner, B. T. Teaching sign language to the chimpanzee. *Science*, 1969, *165*, 664–672

Garner, W. R. Good patterns have few alternatives. *American Scientist*, 1970, *58*, 34–42

Gastaut, H., Bert, J. Electroencephalographic detection of sleep by repetitive sensory stimuli. In G. E. W. Wolstenholme, M. O'Connor (Eds), *The nature sleep*. London: Churchill, 1961

Gatland, K. Paranormal: Extrasensory perception: Party or tricks ... Or hidden forces? *The Daily Telegraph Magazine*, 1973, *475*, 62–63, 65

Gatlin, L. L. *Information theory and the living system*. New York: Columbia University Press, 1972

Gazzaniga, M. S., Sperry, R. W. Simultaneous double discrimination response following brain bisection. *Psychonomic Science*, 1966, *4*, 261–262

Geen, R., Berkowitz, L. Name-mediated aggressive cue properties. *Journal of Personality*, 1966, *34*, 456–465

Gelernter, H. *Realization of a geometry theorem proving machine*. Proceedings of the International Conference on Information Processing. Paris: UNESCO, 1960

Gendlin, E. Experiential psychotherapy. In R. Corsini, (Ed.), *Current psychotherapies*. Itasca, Ill.: Peacock, 1973

Gewirtz, J. L. Deprivation and satiation of social stimuli as determinants of their reinforcing efficacy. In J. P. Hill (Ed.), *Minnesota symposia on child psychology* (Vol. 1). Minneapolis: University of Minnesota Press, 1967

Gewirtz, J. L., Baer, D. M. Deprivation and satiation of social reinforcers as drive conditions. *Journal of Abnormal and Social Psychology*, 1958, *57*, 165–172

Gibson, E. J. The development of perception as an adaptive process. *American Scientist*, 1970, *58*, 98–107

Gibson, E. J., Walk, R. D. The "visual cliff." *Scientific American*, 1960, *202* (4), 67–71

Gilbert, G. M. Stereotype persistence and change among college students. *Journal of Abnormal and Social Psychology*, 1951, *46*, 245–254

Glanzer, M., Cunitz, A. R. Two storage mechanisms in free recall. *Journal of Verbal Learning and Verbal Behavior*, 1966, *5*, 351–360

Glass, D. C. *Behavior pattern, stress and coronary disease*. Hillsdale, N. J.: Erlbaum, 1977

Gluckman, M., Hirsch, J. The response of obese patients to weight reduction: A clinical evaluation of behavior. *Psychosomatic Medicine*, 1968, *30*, 1–11

Glucksberg, S., Danks, J. H. *Experimental psycholinguistics*. Hillsdale, N.J.: Erlbaum, 1975

Goffman, E. *Asylums: Essay on the social situation of mental patients and other immates*. Garden City, N.Y.: Doubleday, 1961

Goldberg, P. Are women prejudiced against woman? *Transaction*, 1968, *5* (5), 28–30

Goldiamond, I. Fluent and nonfluent speech (stuttering): Analysis and operant techniques for control. In L. Krasner, L. P. Ullman (Eds.), *Research in behavior modification*. New York: Holt, Rinehart & Winston, 1965

Goldstein, A. P., Heller, K., Sechrest, L. B. *Psychotherapy and the psychology of behavior change*. New York: Wiley, 1966

Goldstein, K. *The organism*. Boston: Beacon Press, 1963

Good, P. *The individual*. New York: Time-Life Books, 1974

Goodner, C. J., Russell, J. A. Pancreas. In T. C. Ruch, H. D. Patton (Eds.), *Physiology and biophysics*. Philadelphia: Saunders, 1965

Goodwin, D. W., Powell, B., Brener, D., Hoine, H., Stone, J. Alcohol and recall: state-dependent effects in man. *Science,* 1969, *163,* 1358–1360

Gough, H. G. Techniques for identifying the creative research scientist. In *Conference on the creative person.* Berkeley: University of California, Institute of Personality Assessment and Research, 1961

Gouldner, A. The norm of reciprocity: A preliminary statement. *American Sociological Review,* 1960, *25,* 161–178

Greene, W. A. The psychosocial setting of the development of leukemia and lymphomia. *Annals of the New York Academy of Sciences,* 1966, *125,* 794–801

Greenwald, A. G., Brock, T. C., Ostrom, T. M. *Psychological foundations of attitude.* New York: Academic Press, 1968

Gresham, W. L. Fortune-tellers never starve, by William Lindsay Gresham. *Esquire Magazine,* 1949, *32* (5)

Grimmet, H. Personal communication, October 1970

Gross, L. *Scarcity, unpredictability and eating behavior in rats.* Unpublished doctoral dissertation, Columbia University, 1968

Grossberg, J. M. Behavior therapy: A review. *Psychological Bulletin,* 1964, *109,* 73–88

Grossman, D. On whose unscientific methods and unware values? *Psychotherapy: Theory, Research and Practice,* 1968, *5,* 43–54

Grossman, S. P. Physiological basis of specific and nonspecific motivational processes. In W. Arnold (Ed.), *Nebraska symposium on motivation.* Lincoln: University of Nebraska Press, 1968

Gruber, R. P. Behavior therapy: Problems in generalization. *Behavior Therapy,* 1971, *2,* 361–368

Gruen, W. Emotional encapsulation as a predictor of outcome in therapeutic discussion groups. *International Journal of Group Psychotherapy,* 1966, *16,* 93–97

Grusec, J. Demand characteristics of the modeling experiment: Altruism as a function of age and aggression. *Journal of Personality and Social Psychology,* 1972, *22,* 139–148

Gruver, G. G. College students as therapeutic agents. *Psychological Bulletin,* 1971, *76,* 111–127

Guetzkow, H. S., Bowman, P. H. *Men and hunger.* Elgin, Ill.: Brethren, 1946

Guhl, A. M. The social order of chickens. *Scientific American,* 1956, *194* (2), 42–46

Guilford, J. P. *Personality.* New York: McGraw-Hill, 1959

Guilford, J. P. *The nature of human intelligence.* New York: McGraw-Hill, 1967

Guilford, J. P. Theories of intelligence. In B. B. Wolman (Ed.), *Handbook of general psychology.* Englewood Cliffs, N.J.: Prentice-Hall, 1973

Gunter, R., Feigenson, L., Blakeslee, P. Color vision in the cebus monkey. *Journal of Comparative and Physiological Psychology,* 1965, *60,* 107–113

Gustavson, C. R., Garcia, J., Hankins, W. G., Rusiniak, K. W. Coyote predation control by aversive conditioning. *Science,* 1974, *184,* 581–583

Haas, K. *Understanding ourselves and others.* Englewood Cliffs, N.J.: Prentice-Hall, 1965

Haber, R. N. *Contemporary theory and research in visual perception.* New York: Holt, Reinhart & Winston, 1968

Haith, M. M., Bergman, T., Moore, M. J. Eye contact and face scanning in early infancy. *Science,* 1977, *198,* 853–854

Haldeman-Julius, E. *First hundred million.* New York: Simon & Schuster, 1928

Hall, G. S., Lindzey, G. *Theories of personality.* New York: Wiley, 1957

Halverson, H. M. An experimental study of prehension in infants by means of systematic cinema records. *Genetic Psychology Monographs,* 1931, *10,* Nos. 2–3, 107–286

Hamill, R., Wilson, T. D., Nisbett, R. E. Ignoring sample bias: Inferences about populations from atypical cases. Unpublished manuscript, University of Michigan, 1978

Hammer, E. F. Creativity and feminine ingredients in young male artists. *Perceptual and motor skills,* 1964, *19,* 414

Hammond, A. L. Individual self-sufficiency in energy. *Science,* 1974, *184,* 278–282

Hampson, S. L. Determinants of psychosexual orientation. In F. Beach (Ed.), *Sex and behavior.* New York: Wiley, 1965

Hansel, C. E. M. *ESP: A scientific evaluation.* New York: Scribner's, 1966

Hardesty, A., Lauber, H. *Die Messung der Intelligenz Erwachsener.* Bern, Stuttgart: Huber, 1956 (Original: Wechsler, D., 1939)

Hardesty, F. P., Priester, H. J. *Handbuch zum Hamburg-Wechsler-Intelligenztest für Kinder.* Bern, Stuttgart: Huber, 1956

Harlow, H. F. The formation of learning sets. *Psychological Review,* 1949, *56,* 51–56

Harlow, H. F. The nature of love. *American Psychologist,* 1958, *13,* 673–685

Harlow, H. F. The development of learning in the rhesus monkey. *American Scientist,* 1959, *47,* 459–479

Harlow, H. F. Sexual behavior in the rhesus monkey. In F. Beach (Ed.), *Sex and behavior.* New York: Wiley, 1965

Harlow, H. F. *Learning to love.* San Francisco: Albion, 1971

Harlow, H. F., Harlow, M. H. Learning to love. *American Scientist,* 1966, *54,* 244–272

Harlow, H. F., Harlow, M. H., Meyer, D. R. Learning motivated by a manipulation drive. *Journal of Experimental Psychology,* 1950, *40,* 228–234

Harlow, H. F., McClearn, G. E. Object discrimination learning by monkeys on the basis of manipulation motives. *Journal of Comparative and Physiological Psychology,* 1954, *47,* 73–76

Harlow, H. F., Suomi, S. J. Induced depression in monkeys. *Behavioral Biology,* 1974, *12,* 273–296

Harlow, H. F., Zimmermann, R. R. Affectional responses in the infant monkey. *Science,* 1959, *130,* 421–432

Harriman, A. E. The effect of a preoperative preference for sugar over salt upon compensatory salt selection by adrenalectomized rats. *Journal of Nutrition,* 1955, *57,* 217–276

Harrower, M. Were Hitler's henchmen mad? *Psychology Today,* July 1976, 76–80

Hart, J. T. Memory and the memory-monitoring process. *Journal of Verbal Learning and Verbal Behavior,* 1967, *6,* 685–691

Hartry, A. L., Keith-Lee, P., Morton, W. D. Planaria: Memory transfer through cannibalism reexamined. *Science,* 1964, *146,* 274–275

Hartshorne, H., May, M. A. *Studies in the nature of character* (Vol. 1). Studies in deceit. New York: Macmillan, 1928

Hashim, S. A., Van Itallie, T. B. Studies on normal and obese subjects with a monitored food dispensing device. *Annals of the New York Academy of Sciences,* 1965, *131,* 654–661

Hatano, G. Personal communication, August 1975

Havighurst, R. J. History of developmental psychology: Socialization and personality development through the life span. In P. B. Baltes, K. W. Schaie (Eds.), *Life-span developmental psychology: Personality and socialization.* New York: Academic Press, 1973

Haviland, S. E., Clark, H. H. What's new? Acquiring new information as a process in comprehension. *Journal of Verbal Learning and Verbal Behavior,* 1974, *13,* 512–521

Hayes, J. R. Memory, goals, and problem solving. In B. Kleinmuntz (Ed.), *Problem solving: Research, method, and theory.* New York: Wiley, 1966

Hayes, K. J., Hayes, C. Imitation in a home raised chimpanzee. *Journal of Comparative and Physiological Psychology,* 1952, *45,* 450–459

Hazlitt, W. On taste. In *Sketches and essays.* London: Templeman, 1839

Hebb, D. O. *A textbook of psychology.* Philadelphia: Saunders, 1958

Heider, F. *The psychology of interpersonal relations.* New York: Wiley, 1958

Heider, F., Simmel, M. An experimental study of apparent behavior. *American Journal of Psychology,* 1944, *57,* 243–259

Held, R. Plasticity in sensory-motor systems. *Scientific American,* 1965, *213* (5), 84–94

Helfer, R. E., Kempe, C. H. *The battered child.* Chicago: University of Chicago Press, 1968

Heller, C. S. *Mexican-American youth: Forgotten youth at the crossroads.* New York: Random House, 1966

Helmholtz, H. *Handbuch der physiologischen Optik.* New York: Dover, 1952 (Originally published, Leipzig: Voss, 1867)

Helson, R. Sex differences in creative style. *Journal of Personality,* 1967, *35,* 214–233

Herrera, G. Effects of nutritional supplementation and early education on physical and cognitive development. Paper presented at the West Virginia University Conference on Life-Span Developmental Psychology: Intervention. Morgantown, W.Va., June 1978

Herrmann, T. Syntaktische Untersuchungen zum unmittelbaren Behalten von Wortketten. *Zeitschrift für Experimentelle und Angewandte Psychologie,* 1962, *9,* 397–416

Herrnstein, R. J. Will. *Proceedings of the American Philosophical Society,* 1964, *108,* 155–158

Hersen, M., Bellock, A. J. Assessment of social skills. In A. R. Ciminero, K. R. Calhoun, H. E. Adams (Eds.), *Handbook of Behavioral Assessment.* New York: Wiley, 1976

Hershenson, M., Munsinger, H., Kessen, W. Preference for shapes of intermediate variability in the newborn human. *Science,* 1965, *147,* 630–631

Hess, W. R. *Diencephalon: Autonomic and extrapyramidal functions.* (Monographs in biology and medicine, Vol. 3). New York: Grune & Stratton, 1954

Hicks, D. J. Effects of co-observer's sanctions and adult presence on imitative aggression. *Child Development,* 1968, *39,* 303–309

Higbee, K. L. *Your memory: How it works and how to improve it.* Englewood Cliffs, N.J.: Prentice-Hall, 1977

Hinkle, L. E., Jr., Plummer, N. Life stress and industrial absenteeism. *Industrial Medicine and Surgery,* 1952, *21,* 363–375

Hinkle, L. E., Wolff, H. C. Communist interrogation and indoctrination of "Enemies of the state." *Archives of Neurology and Psychiatry,* 1956, *76,* 115–174

Hitt, W. D. Two models of man. *American Psychologist,* 1969, *24,* 651–658

Hockett, C. D. The origin of speech. *Scientific American,* 1960, *203,* 88–96

Hodgkin, A. L., Huxley, A. F., Katz, B. Ionic currents underlying the activity in the giant axon of the squid. *Archives of Scientific Physiology,* 1949, *3,* 129–150

Hoebel, B., Teitelbaum, P. Hypothalamic control of feeding and self-stimulation. *Science,* 1962, *135,* 375–377

Hörmann, H. *Psychologie der Sprache.* Berlin, Heidelberg, New York: Springer, 1967

Hogan, R. A., Kirchner, J. H. Implosive, eclectic, verbal and bibliotherapy in the treatment of fears of snakes. *Behavior Research and Therapy,* 1968, *6,* 167–171

Hogarty, G. E., Guy, W., Gross, M., Gross, G. An evaluation of community based mental health programs. *Medicine* (Baltimore), 1969, *7,* 271–280

Hokanson, J. E., Burgess, M. The effects of three types of aggression on vascular processes. *Journal of Abnormal and Social Psychology,* 1962, *64,* 446–449

Hollander, E. P. Some future potentials in leadership research. Paper presented at the meeting of the American Psychological Association, Honolulu, September 3, 1972

Hollander, E. P., Julian, J. W. Contemporary trends in the analysis of leadership processes. *Psychological Bulletin,* 1969, *71,* 387–397

Holliman, N. B. Some principles as applied to human learning. Mimeo paper, Midwestern State University, 1976

Hollingshead, A. B., Redlich, F. C. *Social class and mental illness: A community study.* New York: Wiley, 1958

Holmes, D. S. Differential change in affective intensity and the forgetting of unpleasant personal experiences. *Journal of Personality and Social Psychology,* 1970, *15,* 234–239

Holmes, O. W. The poet at the breakfast table. Boston: Houghton Mifflin, 1872

Holmes, T. H., Masuda, M. Life change and illness susceptibility. In B. S. Dohrenwend, B. P. Dohrenwend (Eds.), *Stressful life events: Their nature and effects.* New York: Wiley, 1974

Holmes, T. S., Holmes, T. H. Short-term intrusions into the life-style routine. *Journal of Psychosomatic Research,* 1970, *14,* 121–132

Holt, H. Is psychoanalytic language obsolete? *Journal of Contemporary Psychotherapy,* 1970, *3,* 35–40

Holzberg, J. D.: The historical traditions of the state hospital as a force of resistance to the team. *American Journal of Orthopsychiatry,* 1960, *30,* 87–94

Honzik, M. P. The development of intelligence. In B. B. Wolman (Ed.) *Handbook of general psychology.* Englewood Cliffs, N.J.: Prentice-Hall 1973

Horn, J. L. Organization of data on life-span development of human abilities. In: L. R. Goulet, P. B. Baltes (Eds.), *Life-span developmental psychology: Research and theory.* New York: Academic Press, 1970

Horner, M. S. Fail: Bright women. *Psychology Today,* 1969, *3,* 36–38

Horney, K. *Neurosis and human growth.* New York: Norton, 1950

Hornstein, H. A. Promotive tension: The basis of prosocial behavior from a Lewinian perspective. *Journal of Social Issue,* 1972, *28,* 191–218

Howarth, E., Eysenck, H. J. Extraversion, arousal, and paired associate recall. *Journal of Experimental Research in Personality,* 1968, *3,* 114–116

Howes, E. R. Twin speech: A language of their own. *New York Times,* Sept. 11, 1977

Hraba, J., Grant, G. Black is beautiful: A reexamination of racial preference and identification. *Journal of Personality and Social Psychology,* 1970, *16,* 398–402

Hubel, D. H., Wiesel, T. N. Receptive fields of single neurones in the cat's striate cortex. *Journal of Physiology* (London) 1959, *148,* 574–591

Hull, C. L. *Principles of behavior: An introduction to behavior theory.* New York: Appleton-Century-Crofts, 1943

Hull, C. L. *A behavior system: An introduction to behavior theory concerning the individual organism.* New Haven, Conn.: Yale University Press, 1952

Hultsch, D. F. Adult age differences in retrieval: Trace dependent and cue dependent forgetting. *Developmental Psychology,* 1975, *11,* 197–201

Humphrey, J. A. Social loss. A comparison of suicide victims, homicide offenders and non-violent individuals. *Diseases of the Nervous System,* 1977, *38,* 157

Humphrey, T. The development of human fetal activity and its relation to postnatal behavior. In H. W. Reese, L. P. Lipsitt (Eds.), *Advances in child development and behavior* (Vol. 5). New York: Academic Press, 1970

Hyden, H. *Acta Physiologica Scandinavica* [Supplement *17*], 1943

Hyman, I. A., McDowell, E., Raines, B. Corporal punishment and alternatives in the schools: An overview of theoretical and practical issues. In J. H. Wise (Ed.), *Proceedings: Conference on corporal punishment in the schools.* Washington, D.C.: National Institute of Education, 1977

Inbau, F., Reid, J. E. *Criminal interrogations and confessions* (2nd ed.). Baltimore: Williams & Wilkins, 1967

Irwin, O. C. Infant speech: Development of vowel sounds. *Journal of Speech and Hearing Disorders,* 1948, *13,* 31–34

Irwin, O. C. The effect on speech sound frequency of systematic reading of stories to infants. Unpublished study by the Iowa Child Welfare Research Station 1958. In P. H. Mussen (Ed.), *Handbook of research methods in child development.* New York: Wiley, 1960 (a)

Irwin, O. C. Effect of systematic reading of stories. *Journal of Speech and Hearing Research,* 1960, *3,* 187–190 (b)

Isaacs, W., Thomas, J., Goldiamond, I. Application of operant conditioning to reinstate verbal behavior in psychotics. *Journal of Speech and Hearing Disorder,* 1960, *25,* 8–12

Itard, J. M. G. *The wild boy of Aveyron.* New York: Appleton-Century-Crofts, 1962

Ivey, A. E. *Microcounseling: Innovations in interview training.* Springfield, Ill.: Thomas, 1971

Izard, C. E. *The face of emotion.* New York: Appleton-Century-Crofts, 1971

Jacobs, E., Winter, P. M., Alvis, H. J., Small, S. M. Hyperbaric oxygen: Temporary aid for senile minds. *Journal of the American Medical Association,* 1969, *209,* 1435–1438

Jacobs, H. L., Sharma, K. N. Taste versus calories: Sensory and metabolic signals in the control of food intake. *Annals of the New York Academy of Science,* 1968, *134*

Jacobs, J. *Death and life of great American cities.* New York: Vintage Books, 1961

Jacobson, E. *Modern treatment of tense patients.* Springfield, Ill.: Thomas, 1970

Jacoby, L. L. Encoding processes, rehearsal and recall requirements. *Journal of Verbal Learning and Verbal Behavior,* 1973, *12,* 302–310

James, W. *What is an emotion? Mind,* 1884, *9,* 188–205

James, W. *The principles of psychology* (2 vols.). New York: Holt, 1890

James, W. *The varieties of of religious experience.* New York: Longmans, Green, 1902

James, W. An analysis of esophageal feeding as a form of operant reinforcement in the dog. *Psychological Reports,* 1963, *12,* 31–39

Jaspers, K. *General psychopathology*. Manchester, England: Manchester University Press, 1963 (dt.: *Allgemeine Psychopathologie* (8. Aufl.). Berlin, Heidelberg, New York: Springer, 1965)

Jellinek, E. M. *The disease-concept of alcoholism*. New Haven, Conn.: Hillhouse Press, 1960

Jencks, C., Smith, M., Acland, H., Bane, M. J., Cohen, D., Gintis, H., Heyns, B., Michelson, S. *Inequality*. New York: Basic Books, 1972

Jenkins, C. D. Recent evidence supporting psychologic and social risk factors for coronary disease. *New England Journal of Medicine*, April 29 and May 6, 1976, *294*, 987–994, 1033–1038

Jenkins, C. D., Rosenman, R. H., Friedman, M. Development of an objective psychological test for the determination of the coronary-prone behavior pattern in employed men. *Journal of Chronic Diseases*, 1967, *20*, 371–379

Jenkins, D. C., Rosenman, R. H., Friedman, M. Development of an objective psychological test for the determination of the coronary-prone behavior pattern in employed men. *Journal of Chronic Diseases*, 1967, *20*, 371–379

Jenkins, J. G., Dallenbach, K. M. Obliviscence during sleep and waking. *The American Journal of Psychology*, 1924, *35*, 605–612

Jenni, D. A., Jenni, M. A. Carrying behavior in humans: Analysis of sex differences. *Science*, 1976, *194*, 859–860

Jensen, A. R. Verbal medication and educational potential. *Psychology in the Schools*, 1966, *3* (2), 99–109

Jensen, A. R. Cumulative deficit in IQ of blacks in the rural south. *Developmental Psychology*, 1977, *13*, 184–191

Jensen, D. D. Paramecia, planaria and pseudolearning. Learning and associated phenomena in invertebrates. *Animal Behavior Supplement*, 1965, *1*, 9–20

Johnson, D. M. *A systematic introduction to the psychology of thinking*. New York: Harper & Row, 1972

Johnson, J. M. Punishment of human behavior. *American Psychologist*, 1972, *27*, 1033–1054

Joint Commission on Mental Illness and Health. *Action for mental health*. New York: Basic Books, 1961

Jones, D., Davis, K. From acts to dispositions: The attribution process in person perception. In L. Berkowitz (Ed.), *Advances in experimental social psychology* (Vol. 2). New York: Academic Press, 1965

Jones, E. E., Nisbett, R. E. The actor and the observer: Divergent perceptions on the causes of behavior. In E. E. Jones et al. (Eds.), *Attribution: Perceiving the causes of behavior*. Morristown, N.J.: General Learning Corp., 1972

Jones, M. C. A laboratory study of fear: The case of Peter. *Pedagogical Seminary and Journal of Genetic Psychology*, 1924, *31*, 308–315

Judson, A. I., Cofer, C. N. Reasoning as an associative process: I. "Direction" in a simple verbal problem. *Psychological Reports*, 1956, *2*, 469–476

Jung, C. *Collected Works*. New York: Bollinger Series, Pantheon Books, 1953

Kagan, J. The baby's elastic mind. *Human Nature*. 1978, *1* (1), 66–73

Kahn, M. The physiology of catharsis. *Journal of Personality and Social Psychology*, 1966, *3*, 278–286

Kahnemann, D., Tversky, A. On the psychology of prediction. *Psychological Review*, 1973, *80*, 237–251

Kalish, R. A. *Late adulthood: Perspectives on human development*. Monterey, Calif.: Brooks/Cole, 1975

Kanellakos, D. P., Ferguson, P. *The psychobiology of transcendental meditation*. Los Angeles: Maharishi International University, Spring 1973 (a)

Kanellakos, D. P., Ferguson, P. *The psychobiology of transcendental meditation*. Los Angeles: Maharishi International University, Spring 1973 (b)

Kanner, L. Autistic disturbances of affective contact. *Nervous Child*, 1943, *2*, 217–250

Kaplan, B. (Ed.). *The inner world of mental illness*. New York: Harper & Row, 1964, pp. 191–192

Kaplan, E. L., Kaplan, G. A. Is there such a thing as a prelinguistic child? In J. Eliot (Ed.), *Human development and cognitive processes*. New York: Holt, Rinehart & Winston, 1970

Karlins, M., Coffman, T. L., Walters, G. On the fading of social stereotypes: Studies in three generations of college students. *Journal of Personality and Social Psychology*, 1969, *13*, 1–16

Kastenbaum, R. Is death a life crisis? On the confrontation with death in theory and practice. In N. Datan, L. H. Ginsberg (Eds.), *Life-span developmental psychology: Normative life crises*. New York: Academic Press, 1975

Katchadourian, H. *The biology of adolescence*. San Francisco: Freeman, 1977

Katchadourian, H., Lunde, D. I. *Fundamentals of human sexuality*. New York: Holt, Rinehart & Winston, 1972

Katz, D., Braly, K. W. Racial stereotypes of one hundred college students. *Journal of Abnormal and Social Psychology*, 1933, *28*, 280–290

Katz, I. Experimental studies of negro-white relationships. In L. Berkowitz (Ed.), *Advances in experimental social psychology* (Vol. 5). New York: Academic Press, 1970

Katz, M. P. *The assessment and treatment of mental patients as a function of their attractiveness*. Unpublished dissertation, Stanford University, 1974

Kaufman, I., Rock, I. The moon illusion. *Scientific American*, 1962, *204*, 120–130

Kaufmann, W. *Existentialism from Dostoevsky to Sartre*. New York: Meridian, 1956

Kaye, H. Infant sucking behavior and its modification. In L. P. Lipsitt, C. C. Spiker (Eds.), *Advances in child development and behavior* (Vol. 3). New York: Academic Press, 1967

Kelley, H. H. The warm-cold variable in first impressions of persons. *Journal of Personality*, 1950, *18*, 431–439

Kelley, H. H. Attribution theory in social psychology. In D. Levine (Ed.), *Nebraska symposium on motivation.* Lincoln: Univ. of Nebraska Press, 1967

Kelley, H. H. Attribution in social psychology. In E. Jones et al. (Eds.), *Attribution: Perceiving the causes of behavior.* Morristown, N.J.: General Learning Corp., 1972

Kellogg, J. H. *The ladies' guide in health and disease.* Chicago: Modern Medicine Publishing Co., 1902

Kelly, E. L. *Assessment of human characteristics.* Belmont, Calif.: Brooks/Cole, 1967

Kelly, E. L., Fiske, D. W. *The prediction of performance in clinical psychology.* Ann Arbor: University of Michigan Press, 1951

Kelly, G. A. Man's construction of his alternatives. In G. Lindzey (Ed.), *Assessment of human motives.* New York: Holt, Rinehart & Winston, 1958

Kelman, H. C. Human use of human subjects: The problem of deception in psychological experiences. *Psychological Bulletin,* 1967, *67,* 1–11

Kelman, H. C. *A time to speak on human values and social research* (1st ed.). San Francisco: Jossey-Bass, 1968

Kendler, H. H., Kendler, T. S. Mediation and conceptual behavior. In K. W. Spence, J. T. Spence (Eds.), *The psychology of learning and motivation: Advances in research and theory* (Vol. 2). New York: Academic Press, 1968

Kerckhoff, A. C., Davis, K. E.: Value consensus and need complementarity in mate selection. *American Sociological Review,* 1962, *27,* 295–303

Kessen, W., Haith, M. M., Salapatek, P. H. Infancy. In P. H. Mussen (Ed.), *Carmichael's manual of child psychology.* New York: Wiley 1970

Kety, S. S. Psychoendocrine systems and emotions: Biological aspects. In D. C. Glass (Ed.), *Neurophysiology and emotion.* New York: Rockefeller University Press, 1967

Keys, A., Brôzek, J., Henschel, A., Mickelson, O., Taylor, H. L. *The biology of human starvation.* Minneapolis: University of Minnesota Press, 1950

Kiesler, C. *The psychology of commitment: Experiments linking behavior to belief.* New York: Academic Press, 1971

Kimble, G. A. *Hilgard and Marquis' conditioning and learning* (2nd ed.). New York: Appleton-Century-Crofts, 1961

Kinsey, A. C., Martin, C. E., Pomeroy, W. B. *Sexual behavior in the human male.* Philadelphia: Saunders, 1948

Kinsey, A. C., Pomeroy, W. B., Martin, C. E., Gebhard, R. H. *Sexual behavior in the human female.* Philadelphia: Saunders, 1953

Kinzel, A. F. *Body-buffer zone in violent prisoners.* Paper presented at the meeting of the American Psychiatric Association, May 1969

Kirtner, W. L., Cartwright, D. S. Success and failure in client-centered therapy as a function of client personality variables. *Journal of Consulting Psychology,* 1958, *22,* 259–264

Kitsuse, J. I. Societal reactions to deviant behavior: Problems of theory and methods. In H. S. Becker (Ed.), *The other side: Perspectives on deviance.* New York: The Free Press, 1964

Klaus, M. H., Kennell, J. H. Mothers separated from their newborn infants. *Pediatric Clinics of North America,* 1970, *17,* 1015–1037

Klein, R. F., Bogdonoff, M. D., Estes, E. H., Jr., Shaw, D. M. Analysis of the factors affecting the resting FFA level in normal man. *Circulation,* 1960, *22,* 772

Klimova, V. I. The properties of the components of some orientation reactions. In: *The orientation reaction and orienting-investigation of activity.* Moscow: Academy of Pedagogical Sciences, 1958

Klineberg, O. Emotional expression in Chinese literature. *Journal of Abnormal and Social Psychology,* 1938, *33,* 517–520

Köhler, W. *The mentality of apes.* New York: Harcourt Brace Jovanovich, 1926

Koestler, A. *The act of creation.* New York: Dell, 1964

Kohlberg, L. Development of moral character and moral ideology. In M. L. Hoffman, L. W. Hoffman (Eds.), *Review of child development research* (Vol. 1). New York: Russell Sage Foundation 1964

Kohlberg, L. Moral and religious education and the public schools: A developmental view. In T. Sizer (Ed.), *Religion and public education.* Boston: Houghton Mifflin, 1967

Kohlberg, L. Continuities in childhood and adult moral development revisited. In P. B. Baltes, K. W. Schaie (Eds.), *Life-span developmental psychology: Personality and socialization.* New York: Academic Press, 1973

Kolata, G. B. Childhood hyperactivity: A new look at treatment and causes. *Science,* 1978, *199,* 515–517

Kolers, P. A., Palef, S. R. Knowing not. *Memory and Cognition,* 1976, *4,* 553–558

Korchin, S. J. *Modern Clinical Psychology.* New York: Basic Books, 1976

Koriat, A., Melkman, R., Averill, J. R., Lazarus, R. S. The self-control of emotional reactions to a stressful film. *Journal of Personality,* 1972, *40,* 601–619

Krafft-Ebing, R. V. *Psychopathia sexualis.* New York: Physicians & Surgeons Book, 1932

Kringlen, E. Schizophrenia in twins. *Schizophrenia Bulletin,* 1969, *1,* 27–39

Krueger, W. C. F. The effect of overlearning on retention. *Journal of Experimental Psychology,* 1929, *12,* 71–78

Kübler-Ross, E. *On death and dying.* Toronto: Macmillan, 1969

Kuhn, M. H., McPartland, T. S. An empirical investigation of self attitudes. *American Social Review,* 1954, *19,* 68–76

Kupalov, P. S. Some normal and pathological properties of nervous processes in the brain. *Annals of the New York Academy of Sciences,* 1961, *92,* 1046–1053

Kutschinsky, B. *The effect of pornography: A pilot experiment on perception, behavior and attitudes.* (Technical Report of the Commission on Obscenity and Pornography, Vol. 8). Washington, D.C.: U. S. Government Printing Office, 1971

Laing, R. D. *The politics of experience.* New York: Pantheon, 1967

Lakin, M. *Experiential groups: The uses of interpersonal encounter, psychotherapy groups, and sensitivity training* (Module). Morristown, N. J.: General Learning Corp., 1972

Landis, C., Cushman, J. F. The relation of national prohibition to the incidence of mental disease. *Quarterly Journal of Studies an Alcohol,* 1945, *5,* 527–534

Landreth, C., Johnson, B. C. Young children's responses to a picture inset test designet to reveal reactions to presence of different skin color. *Child Development Monographs,* 1953, *24,* 63–80

Lane, H. *The wild boy of Aveyron.* Cambridge: Harvard University Press, 1976

Lane, R. C., Singer, J. L. Familial attitudes in paranoid schizophrenia and normals from two socioeconomic classes. *Journal of Abnormal and Social Psychology,* 1959, *59,* 328–339

Langner, T. S. et al. Reported in *The New York Times,* March 2, 1970, p. 28

Larsen, K. S., Coleman, D., Forbes, J., Johnson, R. Is the subject's personality or the experimental situation a better predictor of a subject's willingness to administer shock to a victim? *Journal of Personality and Social Psychology,* 1972, *22,* 287–295

Lashley, K. S. *Brain mechanisms and intelligence.* Chicago: University of Chicago Press, 1929

Lashley, K. S. Persistent problems in the evolution of mind. *Quarterly Review of Biology,* 1949, *24,* 28–42

Lashley, K. S. In search of the engram. In *Physiological mechanisms in animal behavior: Symposium of the Society of Experimental Biology.* New York: Academic Press, 1950

Latané, B. (Ed.). Studies in social comparison: Introduction and overview. *Journal of Experimental Social Psychology,* 1966, Supplement *1*

Lazarus, R. S. Emotions and adaptation: Conceptual and empirical relations. In W. J. Arnold (Ed.), *Nebraska symposium on motivation.* Lincoln: University of Nebraska Press, 1968

Leeper, R. A study of a neglected portion of the field of learning: The development of sensory organization. *Pedagogical Seminary and Journal of Genetic Psychology,* 1935, *46,* 41–75

Leeper, R. W. A motivational theory of emotion to replace "emotion as disorganized response." *Psychological Review,* 1948, *55,* 5–21

Lefcourt, H. M. The internal versus external control of reinforcement: A review. *Psychological Bulletin,* 1966, *65,* 206–220

Lefcourt, H. M. Recent development in the study of locus of control. In B. A. Maher (Ed.), *Progress in experimental personality research* (Vol. 6). New York: Academic Press, 1972

Lefford, A. The influence of emotional subject matter on logical reasoning. *Journal of General Psychology,* 1946, *34,* 127–151

Lefrançois, G. R. *Psychologie des Lernens.* Berlin, Heidelberg, New York: Springer, 1976

Lenneberg, E. H. On explaining language. *Science,* 1969, *164,* 635–643

Lepper, M. R., Greene, D. Turning play into work: Effects of adult surveillance and extrinsic rewards on children's intrinsic motivation. *Journal of Personality and Social Psychology,* 1975, *31,* 479–486

Lepper, M. R., Greene, D., Nisbett, R. E. Undermining children's intrinsic interest with extrinsic reward: A test of the overjustification hypothesis. *Journal of Personality and Social Psychology,* 1973, *28* (1), 129–137

Lepper, M. R., Ross, L., Hubbard, M. *Perseverance in self-perception and social perception: Biased attributional process in the debriefing paradigm.* Unpublished manuscript, Stanford University, 1974

LeShan, L. An emotional life-history pattern associated with neoplastic disease. *Annals of The New York Academy of Science,* 1966, *125,* 780–793

Leukel, F. A comparison of the effects of ECS and anesthesia on acquisition of the maze habit. *Journal of Comparative and Physiological Psychology,* 1957, *50,* 300–306

Leventhal, H. Findings and theory in the study of fear communications. In L. Berkowitz (Ed.), *Advances in Experimental Social Psychology* (Vol. 5). New York: Academic Press, 1970

Levi, L. Occupational stress: A psychophysiological overview. *Occupational Mental Health,* 1972, *2,* 6–9

Levine, J. M., Murphy, G. The learning and forgetting of controversial material. *Journal of Abnormal and Social Psychology,* 1943, *38,* 507–517

Levingood, R., Lowinger, P., Schoof, K. *Heroin addiction in the suburbs: An epidemiologic study.* Paper presented at the meeting of the American Public Health Association, 1971

Levy, S., Kennard, M. A study of electroencephalogram as related to personality structure in a group of inmates in a state penitentiary. *American Journal of Psychiatry,* 1953, *109,* 382–389

Lewin, K. Group decision and social change. In T. M. Newcomb, E. L. Hartley (Eds.), *Readings in social psychology.* New York: Holt, Rinehart & Winston, 1947

Lewin, K., Lippitt, R., White, R. K. Patterns of aggressive behavior in experimentally created social climates. *Journal of Social Psychology,* 1939, *10,* 271–299

Lewinsohn, P. M. A behavioral approach to depression. In R. M. Friedman, M. M. Katz (Eds.), *The psychology of depression: Contemporary theory and research.* New York: Wiley, 1974

Lichtenstein, E. How to quit smoking. *Psychology Today,* 1971, *4* (8), 42–45

Liddell, H. S. The conditioned reflex. In F. A. Moss (Ed.), *Comparative psychology.* New York: Prentice-Hall, 1934

Liddell, H. S. *Emitional hazard in animals and man.* Springfield, Ill.: Thomas, 1956

Lieberman, M. A., Yalom, I. D., Miles, M. D. *Encounter groups: First facts.* New York: Basic Books, 1973

Lieberman, P., Crelin, E. S. On the speech of Neanderthal man. *Linguistic Inquiry,* 1971, *2,* 203–222

Lief, H. I., Fox, R. C. Training for "detached concern" in medical students. In H. I. Lief, V. F. Lief, N. R. Lief (Eds.), *The psychological basis of medical practice.* New York: Harper & Row, 1963

Lilly, J. C. *Programming and metaprogramming in the human biocomputer.* New York: Bantam, 1974

Lindauer, M. S. Pleasant and unpleasant emotions in literature: A comparison with the affective tone of psychology. *Journal of Psychology,* 1968, *70,* 55–67

Lindsay, P. H., Norman, D. A. *Human information processing* (2nd ed.). New York: Academic Press, 1977 (dt.: *Einführung in die Psychologie! Informationsaufnahme und Verarbeitung beim Menschen.* Berlin, Heidelberg, New York: Springer, 1981)

Lipsitt, L. P. Learning in the first year of life. In L. P. Lipsitt, C. C. Spiker (Eds.), *Advances in child development and behavior* (Vol. 1). New York: Academic Press, 1963

Lipsitt, L. P. Learning processes of human newborns. *Merrill-Palmer Quarterly of Behavior and Development,* 1966, *12,* 45–71

Lipsitt, L. P. *Developmental psychobiology: The significance of infancy.* Hillsdale, N.J.: Erlbaum, 1976

Lipsitt, L. P. The study of sensory and learning processes of the newborn. *Clinics of Perinatology,* 1977, *4,* 163–186

Lipsitt, L. P., Reese, H. W. *Child development.* Glenview, Ill.: Scott, Foresman, 1979

Lipsitt, L. P., Reilly, B., Butcher, M. J., Greenwood, M. M. The stability and interrelationships of newborn sucking and heart rate. *Developmental Psychobiology,* 1976, *9,* 305–310

Loehlin, J. C., Lindzey, G., Spuhler, J. N. *Race differences in intelligence.* San Francisco: Freeman, 1975

Loftus, E. F., Palmer, J. C. Reconstruction of automobile destruction: An example of the interaction between language and memory. *Journal of Verbal Learning and Verbal Behavior,* 1974, *13,* 585–589

Loftus, G. R., Loftus, E. F. *Human memory: The processing of information.* Hillsdale, N.J.: Erlbaum, 1976

Logan, F. A. *Incentive.* New Haven: Yale University Press, 1960

Logan, F. A. Experimental psychology of animal learning and now. *American Psychologist,* 1972, *27* (11), 1055–1062

Longstreth, L. E. *Psychological development of the child* (2nd ed.). New York: Ronald, 1974

Loo, C. M. The effects of spatial density on the social behavior of children. *Journal of Applied Social Psychology,* 1972, *2,* 372–381

Lopata, H. Z. Widowhood: Societal factors in life-span disruptions and alternatives. In N. Datan, L. H. Ginsberg (Eds.), *Life-span developmental psychology: Normative life crises.* New York: Academic Press, 1975

Lorenz, K. *On aggression.* New York: Harcourt Brace Jovanovich, 1966

Lovaas, O. I. Learning theory approach to the treatment of childhood schizophrenia. In: *California Mental Health Research Symposium, No. 2: Be-*

havior theory and therapy. Sacramento, California: Department of Mental Hygiene, 1968

Lowen, A. *A practical guide to psychotherapy.* New York: Harper & Row, 1968

Luchins, A. S., Luchins, E. H. New experimental attempts at preventing mechanisation in problem solving. *Journal of General Psychology,* 1950, *42,* 279–297

Luckhardt, A. B., Carlson, A. J. Contributions to the physiology of the stomach. XVII. On the chemical control of the gastric hunger contractions. *American Journal of Physiology,* 1915, *36,* 37–46

Ludwig, A. M. Altered states of consciousness. *Archives of General Psychiatry,* 1966, *15,* 225–234

Lundin, R. W. *Personality: An experimental approach.* New York: Macmillan, 1961

Luria, A. R. *The mentally retarded child.* Oxford: Pergamon Press, 1963

Luria, A. R. *[The mind of a mnemonist: A little book about a vast memory]* (L. Solotaroff, trans.) New York: Basic Books, 1968, pp. 17–18

Luria, A. R. The functional organization of the brain. *Scientific American,* 1970, *222,* (3), 55–78

Luthe, W. (Ed.). *Autogenic therapy.* 6 vols.) New York: Grune & Stratton, 1969

MacLean, P. D. Psychosomatic. In J. Field, W. H. Magoun, V. E. Hall (Eds.), *Handbook of physiology* (Vol. 3). Washington, D.C.: American Psychological Society, 1960

MacKinnon, D. W. The study of creativity and creativity in architects. In *Conference on the creative person.* Berkeley: University of California, Institute of Personality Assessment and Research, 1961

Magoun, H. W. The ascending reticular system and wakefulness. In J. F. Delafresnaye (Ed.), *Brain mechanisms and consciousness.* Oxford: Blackwell, 1954

Magoun, H. W. Central neutral inhibition. In: M. R. Jones (Ed.), *Nebraska symposium on motivation.* Lincoln: University of Nebraska Press, 1963 (a)

Magoun, H. W. *The waking brain* (2nd ed.). Springfield, Ill.: Thomas, 1963 (b)

Maher, B. A. *Principles of psychopathology: An experimental approach.* New York: McGraw-Hill, 1966

Mahoney, M. J., Thoresen, C. E. *Self-control: Power to the person.* Monterey, Calif.: Brooks/Cole, 1974

Maile, F. R., Selzer, M. *The Nuremberg mind: The psychology of the Nazi leaders.* New York: New York Times Book, 1975

Maller, O., Clark, J. M., Kare, M. R. Short-term caloric regulation in the adult opossum. *Proceedings of the Society for Experimental Biology and Medicine,* 1965, *118,* 275–277

Mallick, S. K., McCandless, B. R. A study of catharsis of aggression. *Journal of Personality and Social Psychology,* 1966, *4,* 591–596

Mandler, J. M., Johnson, N. S. Remembrance of things passed: Story structure and recall. *Cognitive Psychology,* 1977, *9,* 111–151

Manes, A. L., Helnyk, P. Televised models of female achievement. *Journal of Applied Social Psychology,* 1974

Manis, M. *Cognitive processes.* Belmont, Calif.: Wadsworth Publishing, 1966

Mann, J., Sidman, J., Starr, S. *Effects of erotic films on sexual behavior of married couples.* (Technical report of the Commission on Obscenity and Pornography, Vol. 8). Washington, D.C.: U.S. Government Printing Office, 1971

Mansson, H. H. Justifying the final solution. *Omega,* 1972, *3* (2), 79–87

Marañon, G. Contribution à l'étude de l'action émotive de l'adrénaline. *Revue Francaise d'Endocrinologie,* 1924, *2,* 301–325

Margolis, B. K., Kroes, W. H. Occupational stress and strain. In A. McLean (Ed.), *Occupational stress.* Springfield, Ill.: Thomas, 1974, pp. 15–20

Margotta, R. Nervous and mental diseases. In: P. Lewis (Ed.), *The story of medicine.* New York: Golden Press, 1967

Mark, V., Ervin, F. R. *Violence and the brain.* New York: Harper & Row, 1970

Marks, I. M., Gelder, M. G. Transvestism and fetishism: Clinical and psychological changes during faradic aversion. *British Journal of Psychiatry,* 1967, *113,* 711–729

Marshall, G. *Unexplained arousal.* Unpusblished manuscript, Stanford University, 1974

Martindale, D. Torment in the tower. *Chicago,* April 1976

Maslach, C. Social and personal bases of individuation. *Journal of Personality and Social Psychology,* 1974, *29,* 411–425

Maslach, C., Zimbardo, P. G. *Dehumanization in institutional settings.* Paper presented at the American Psychological Association Convention, Montreal, Canada, 1973

Maslow, A. H. *Motivation and personality.* New York: Harper & Row, 1954

Maslow, A. H. Psychological data and value theory. In A. H. Maslow (Ed.), *New knowledge in human values.* New York: Harper & Row, 1959

Maslow, A. H. *Toward a psychology of being* (2nd ed.). New York: Van Nostrand, 1968

Maslow, A. H. *The farther reaches of human nature.* New York: Viking, 1971

Mason, J. W., Brady, J. V., Tolson, W. W. Behavioral adaptations and endocrine activity. In R. Levine (Ed.), *Endocrines and the central nervous system.* (Proceedings of the Association for Research in Mental Diseases, Vol. 43). Baltimore: Williams & Wilkins, 1966

Masserman, J. H. *Behavior and neurosis.* Chicago: University of Chicago Press, 1943

Masters, W. H., Johnson, V. E. *Human sexual response.* Boston: Little, Brown, 1966

Masters, W. H., Johnson, V. E. *Human sexual inadequacy.* Boston: Little, Brown, 1970

Matson, F. W. Humanistic theory. *The Humanist,* March/April 1971, 7–11

Maugh, T. H. Creativity: Can it be dissected? Can it be taught? *Science,* 1974, *184,* 1273

May, R. Values, myths, and symbols. *American Journal of Psychiatry,* 1975, *132,* 703–706

Mayer, J. Regulation of energy intake and body weight: The glucostatic theory and the lipostatic hypothesis. *Annals of the New York Academy of Sciences,* 1955, *63,* 15–43

Mayer, R. E. *Thinking and problem solving: An introduction to human cognition and learning.* Glennview, Ill.: Scott, Foresman, 1977

McArthur, L., Post, D. Figural emphasis and person perception. *Journal of Experimental Social Psychology,* 1977, *13,* 520–535

McCain, G., Segal, E. M. *The game of science.* Belmont, Calif.: Brooks, Cole, 1969

McCall, R. B. Childhood IQ's as predictors of adult educational and occupational status. *Science,* 1977, *197,* 482–483

McCandless, B. R. Socialization. In H. W. Reese, L. P. Lipsitt (Eds.), *Experimental child psychology.* New York: Academic Press, 1970

McClelland, D. C. *The achieving society.* Princeton: Van Nostrand, 1961

McConnell, J. V. Memory transfer through cannibalism in planaria. *Journal of Neuropsychiatry,* 1962, *3,* 15

McConnell, J. V., Jacobson, A. L., Kimble, D. P. The effects of regeneration upon retention of a conditioned response in the planarian. *Journal of Comparative Physiological Psycholoy,* 1959, *52,* 1–5

McConnell, R. A. *ESP curriculum guide.* New York: Simon & Schuster, 1971

McGinnies, E. Emotionality and perceptual defense. *Psychological Review,* 1949, *56,* 244–251

McGinnies, E., Sherman, H. Generalization of perceptual defense. *Journal of Abnormal and Social Psychology,* 1952, *47,* 81–85

McGregor, D. *The human side of enterprise.* New York: McGraw-Hill, 1960

Mead, G. H. *Mind, self and society: From the standpoint of a social behaviorist.* Chicago: University of Chicago Press, 1934

Mead, M. *Coming of age in Samoa.* New York: Morrow, 1961 (Originally published, 1938.)

Mead, M., Bateson, G. *Balinese character.* New York: Academy of Sciences, 1942

Meader, B. D., Rogers, C. R. Client-centered therapy. In R. Corsini (Ed.), *Current psychotherapies.* Itasca, Ill.: Peacock, 1973

Meecham, W. C., Smith, H. G. Decibels and nervous breakdowns. Reported in *Human Behavior,* November 1977, p. 50

Megargee, E. I. Undercontrolled and overcontrolled personality types in extreme antisocial aggression. *Psychological Monographs,* 1966, *80* (Whole No. 611)

Meichenbaum, D. A self-instructional approach to stress management: A proposal for stress inoculating training. In D. C. Spielberger, I. G. Sarason (Eds.), *Stress and anxiety* (Vol. I). New York: Wiley, 1975, pp. 237–263

Meichenbaum, D. *Cognitive-behavior modification: An integrative approach.* New York: Plenum, 1977

Melton, A. W., Irwin, J. M. The influence of degree of interpolated learning on retroactive inhibition and the overt transfer of specific responses. *American Journal of Psychology,* 1940, *53,* 173–203

Mendel, W. M. Effect of length of hospitalization on rate and quality of remission from acute psychotic episodes. *Journal of Nervous and Mental Disease,* 1966, *143,* 226–233

Mendels, J. *Concepts of depression.* New York: Wiley, 1970

Merrill, R. M. The effect of pre-experimental and experimental anxiety on recall efficiency. *Journal of Experimental Psychology,* 1954, *48,* 167–172

Meyer, D. E., Schvaneveldt, R. W. Meaning, memory structure, and mental processes. *Science,* 1976, *192,* 27–33

Meyer, J. The case for a national commission on advertising. In S. Divita (Ed.), *Advertising in the public Interest.* Chicago: American Marketing Association, 1974

Meyer, M. M., Ekstein, R. The psychotic pursuit of reality. *Journal of Contemporary Psychotherapy,* 1970, *3,* 3–12

Meyer, W.-U. Reported. In W. J. Arnold (Ed.), *Nebraska symposium on motivation.* Lincoln: University of Nebraska Press, 1968

Meyer, W.-U. *Leistungsmotiv und Ursachenerklärung von Erfolg und Mißerfolg.* Stuttgart: Klett, 1973

Middlebrook, P. *Social psychology and modern life.* New York: Knopf 1973

Milgram, S. Issues in the study of obedience: A reply to Baumrind. *American Psychologist,* 1964, *19,* 848–852

Milgram, S. Some conditions of obedience and disobedience to authority. *Human Relations,* 1965, *18* (1), 57–76

Milgram, S. *Obedience to authority.* New York: Harper & Row, 1974

Mill, J. S. *A system of logic* (9th ed.), Vol. 1: Ratiocinative and inductive. London: Longmans, Green, Reader & Dyer, 1875 (Originally published, 1843)

Miller, G. A. The magical numer seven plus or minus two: Some limits on our capacity for processing information. *Psychological Review,* 1956, *63,* 81–97

Miller, G. A. *The psychology of communication: Seven essays.* New York: Basic Books, 1967

Miller, G. A., Galanter, E., Pribram, H. K. *Plans and the structure of behavior.* New York: Holt, Rinehart & Winston, 1960

Miller, N. E. The frustration-aggression hypothesis. *Psychological Review,* 1941, *48,* 337–342

Miller, N. E. *Experimental studies of conflict.* In J McV Hunt (Ed.), *Personality and the behavior disorders, Vol. 1.* New York: Ronald Press, 1944

Miller, N. E. Fear as an acquired drive. *Journal of Experimental Psychology,* 1948, *38,* 89–101

Miller, N. E. Liberalization of basic S-R concepts: Extensions to conflict behavior, motivation, and social learning. In S. Koch (Ed.), *Psychology: A study of a science* (Vol. II). New York: McGraw-Hill, 1959, pp. 196–292

Miller, N. E. Learning of visceral and glandular responses. *Science,* 1969, *163,* 434–445

Miller, N. E., Di Cara, L. V. *Instrumental training of visceral functions.* [Mental Health Program Reports, No. 6 (DHEW) Publication No. (HSM) 73-9139]. Chevy Chase, Md.: National Institute of Mental Health, 1973

Miller, N. E., Di Cara, L. V., Solomon, H., Weiss, J., Dworkin, B. Learned modifications of autonomic functions: A review and some new data. *Circulation Research,* 1970, *27,* 3–11 (Supplement 1)

Miller, N. E., Dollard, J. *Social learning and imitation.* New Haven: Yale University Press, 1941

Miller, W. Violent crime in city gangs. *The American Academy of Political and Social Science,* March 1966

Milner, B., Penfield, W. The effect of hippocampal lesion on recent memory. *Transactions of the American Neurological Association,* 1955, *80,* 42–48

Minami, H., Dallenbach, K. M. The effect of activity on learning and retention in the cockroach. *American Journal of Psychology,* 1946, *59,* 1–58

Mischel, W. *Personality and assessment.* New York: Wiley, 1968

Mischel, W. Toward a cognitive social learning reconceptualization of personality. *Psychological Review,* 1973, *80,* 252–283

Mitchell, G., Schroers, L. Birth order and parental experience in monkeys and man. In H. W. Reese (Ed.), *Advances in child development and behavior* (Vol. 8). New York: Academic Press, 1973

Money, J., Ehrhardt, A. A. *Man and woman, boy and girl.* Baltimore: Johns Hopkins University Press, 1972

Monjan, A. A., Collector, M. I. Stress-induced modulation of the immune response. *Science,* 1977, *196,* 307–308

Montgomery, J., McBurney, R. D. *Operant conditioning token economy.* Camarillo, Calif.: Report of the Child Health and Human Development Center, 1970

Mook, D. G. Oral and postingestional determinants of the intake of various solutions in rats with esophageal fistulas. *Journal of Comparative Physiological Psychology,* 1963, *56,* 645–659

Morgan, C. T., Deese, J. *How to study* (2nd ed.). New York: McGraw-Hill, 1969

Morland, J. K. A comparison race awareness in northern and southern children. *American Journal of Orthopsychiatry,* 1966, *36,* 22–31

Morrell, F., Ross, M. Central inhibition in cortical conditioned reflexes. *American Medical Association Archives of Neurology and Psychiatry,* 1953, *70,* 611

Mosak, H., Dreikurs, R. Adlerian psychotherapy. In R. Corsini (Ed.), *Current psychotherapies.* Itasca, Ill.: Peacock, 1973

Moscovici, S., Lage, E., Naffrechoux, M. Influence of a consistent minority on the responses of a majority in a color perception task. *Sociometry,* 1969, *32,* 365–380

Mosher, L. R., Feinsilver, D. *Special report on schizophrenia.* Chevy Chase, Md.: National Institute of Mental Health, April 1970

Mosher, L. R., Feinsilver, D. *Special report: Schizophrenia.* Chevy Chase, Md.: National Institute of Mental Health, 1971

Mowrer, O. H. *Learning theory and behavior.* New York: Wiley, 1960

Moyer, K. E. Kinds of aggression and their physiological basis. *Communications in Behavioral Biology,* 1968, *2,* 65–87

Münsterberg, H. *On the witness stand: Essays on psychology and crime.* New York: Clark Boardman, 1927 (Originally published, New York: Doubleday, 1908)

Munn, N. L. The effect of the knowledge of the situation upon judgment of emotion from facial expression. *Journal of Abnormal and Social Psychology,* 1940, *35,* 324–338

Munroe, R. L. *Schools of psychoanalytic thought.* New York: Dryden, 1955

Munroe, R. L., Munroe, R. H. *Cross-cultural human development.* Monterey, Cal.: Brooks/Cole, 1975

Murray, H. A. *Explorations in personality.* New York: Oxford University Press, 1938

Murray, H. A. *The Thematic Apperception Test.* Cambridge, Mass.: Harvard University Press, 1943

Murray, J. R., Minor, M. J., Bradburn, N. M., Cotterman, R. F., Frandel, M., Pisarski, A. E.: Evolution of public response to the energy crisis. *Science,* 1974, *184,* 257–263

Muuss, R. E. *Theories of adolescence.* New York: Random House, 1962

National Clearinghouse for Mental Health Information: Publication No. 5027, March 1970

National Institute of Mental Health. *Lithium in the treatment of mood disorders.* DHEW Publication No. (ADM) 77–78. Washington, D.C.: U.S. Government Printing Office. Reprinted 1977

Neisser, U. *Cognitive psychology.* New York: Appleton-Century-Crofts, 1967

Nelson, K. *Accommodation of visual-tracking patterns in human infants to object movement patterns.* Unpublished doctoral dissertation, Yale University, 1970

Nesselroade, J. R., Baltes, P. B. Adolescent personality development and historical change: 1970–1972. *Monographs of the Society for Research in Child Development,* 1974, *39* (1, Whole No. 154)

Neugarten, B. L. *The psychology of aging: An overview.* (Master Lectures on developmental psychology). Washington, D. C.: American Psychological Association, 1976

Newcomb, T. M. Attitude development as a function of reference groups. In E. E. Maccoby, T. M. Newcomb, E. L. Hartley (Eds.), *Readings in social psychology.* New York: Holt, Rinehart & Winston, 1958

Newcomb, T. M. Persistence and regression of changed attitudes: Long-range studes. *Journal of Social Issues,* 1963, *19,* 3–14

Newell, A., Shaw, J. C., Simon, H. A. Elements of a theory of human problem solving. *Psychological Review,* 1958, *65,* 151–166

Niebuhr, R. In F. S. Mead (Ed.), *The encyclopedia of religious quotations.* Westwood, N.J.: Revell, 1965

Nisbett, R. E. Determinants of food intake in human obesity. *Science,* 1968, *159,* 1254–1255

Nisbett, R. E. Hunger, obesity and the ventromedial hypothalamus, *Psychological Review,* 1972, *79,* 433–453

Nisbett, R. E., Ross, L. *Human inference: Strategies and shortcomings in social judgement.* Englewood Cliffs, N.J.: Prentice-Hall, 1979

Nisbett, R. E., Schachter, S. The cognitive manipulation of pain. *Journal of Experimental and Social Psychology,* 1966, *2,* 227–236

Nisbett, R. E., Wilson, T. D. The halo effect: Evidence for unconscious alteration of judgments. *Journal of Personality and Social Psychology,* 1977, *36,* 250–256 (a)

Nisbett, R. E., Wilson, T. D. Telling more than we can know: Verbal reports on mental processes. *Psychological Review,* 1977, *84,* 231–259 (b)

Nizer, L. *My life in court.* New York: Pyramid, 1961

Nobles, W. W. Black people in white insanity: An issue for black community mental health. *Journal of Afro-American Issues,* 1976, *4,* 21–27

Nyswander, M. *The drug addict as a patient.* New York: Grune & Stratton, 1956

O'Connor, R. D. Modification of social withdrawal through symbolic modeling. *Journal of Applied Behavior Analysis,* 1969, *2,* 15–22

Office of Strategic Services Staff. *Assessment of men: Selection of personnel for the Office of Strategic Services.* New York: Holt, Reinhart & Winston, 1948

O'Hara, C. E. From "What Do You Think a Hangover Is?" *San Francisco Chronicle,* Jan. 1, 1972

Olds, J., Milner, P. Positive reinforcement produced by electrical stimulation of septal area and other regions of the rat brain. *Journal of Comparative Physiological Psychology,* 1954, *47,* 419–427

O'Leary, K. D., Kaufman, K. F., Kass, R. E., Drabran, R. S. The effects of loud and soft reprimands on the behavior of disruptive students. *Exceptional Children,* 1970, *37,* 145–155

Oppenheimer, R. Analogy in science. *American Psychologist,* 1956, *11,* 127–135

Orlando, N. J. The mock ward: A study in simulation. In O. Milton, R. G. Wahler (Eds.), *Behavior disorders: Perspectives and trends.* Philadelphia: Lippincott, 1973

Ornstein, R. E. *The psychology of consciousness.* San Francisco: Freeman, 1972

Osborn, D. K., Endsley, R. C. Emotional reactions of young children to TV violence. *Child Development,* 1971, *42,* 321–331

Osler, S. F., Fivel, M. W. Concept attainment. I. The role of age and intelligence in concept attainment by induction. *Journal of Experimental Psychology,* 1961, *62,* 1–8

Osnos, P. American doctor: Moscow imposes psychic stress. *Washington Post, January 23, 1977*

Osofsky, J. D. Neonatal characteristics and mother-infant interaction in two observational situations. *Child Development,* 1976, *47,* 1138–1147

Overmier, J. B., Seligman, M. E. P. Effects of inescapable shock upon subsequent escape and avoidance responding. *Journal of Comparative and Physiological Psychology,* 1967, *63* (1), 28–33

Papoušek, H. *Lernfähigkeit im Säuglingsalter.* Vortrag gehalten an der Universität Kaiserslautern, Januar 1978

Papoušek, H., Papoušek, M. Interdisciplinary parallels in studies of early human behavior: From physical to cognitive needs, from attachment to dyadic education. *International Journal of Behavioral Development,* 1978, *1,* 37–49

Parke, R. D., Berkowitz, L., Leyens, J., West, S., Sebastian, R. *The effects of repeated exposure to movie violence on aggressive behavior in juvenile delinquent boys: A field experimental approach.* Unpublished manuscript, University of Wisconsin, 1972

Parke, R. D., Walters, R. H. Some factors influencing the efficacy of punishment training for inducing response inhibition. *Monographs of the Society for Research in Child Development,* 1967, *32* (1, Whole No. 109)

Parkes, A. S., Bruce, H. M. Olfactory stimuli in mammalian reproduction. Odor excites neurohumoral responsis affecting oestrus, pseudopregnancy and pregnancy in the mouse. *Science,* 1961, *134,* 1049–1054

Patterson, F. G. *Linguistic abilities of a young lowland gorilla.* Paper presented at American Association for the Advancement of Science symposium: An account of the visual mode: man versus ape. Denver, 1977

Paul, G. L. Outcome of systematic desensitization. II. Controlled investigations of individual treatment technique variations, and current status. In C. M. Franks (Ed.), *Behavior therapy: Appraisal and status.* New York: McGraw-Hill, 1969

Pelletier, K. R. *Mind as healer, mind as slayer: A holistic approach to preventing stress disorders.* New York: Delta, 1977

Penfield, W. *The excitable cortex in conscious man.* Liverpool: Liverpool University Press, 1958

Penick, S., Smith, G., Wienske, K., Hinkle, A. An experimental evaluation of the relationship between hunger and gastric motility. *American Journal of Psychology,* 1963, *205,* 421–426

Peterson, L. R., Peterson, M. J. Short-term retention of individual verbal items. *Journal of Experimental Psychology,* 1959, *58,* 193–198

Pfungst, O. *Clever Hans (the horse of Mr. Von Osten).* New York: Holt, Rinehart & Winston, 1911

Phares, E. J. *Locus of control in personality.* Morristown, N.J.: General Learning Press, 1976

Piaget, J. Piaget's theory. In P. H. Mussen (Ed.), *Carmichael's manual of child psychology* (Vol. 1, 3rd ed.). New York: Wiley, 1970

Pierrel, R., Sherman, J. G. Train your pet the Barnabus way. *Brown Alumni Monthly,* February 1963, pp. 8–14

Pilkonis, P. A. Shyness, public and private, and its relationship to other measures of social behavior. *Journal of Personality,* 1977, *45,* 585–595 (a)

Pilkonis, P. A. The behavioral consequences of shyness. *Journal of Personality,* 1977, *45,* 596–611 (b)

Pitts, F. N. The biochemistry of anxiety. *Scientific American,* 1969, *220,* 69–75

Platt, J. Social trapps. *American Psychologist,* 1973, *28,* 641–651

Plutchik, R., Kellerman, H., Conte, H. Q. A structural theory of ego defenses and emotions. In C. Izard (Ed.), *Emotions and psychopathology.* New York: Plenum, 1979

Polya, G. *How to solve ist.* Garden City, N.Y.: Doubleday Anchor, 1957

Posner, E. G. The effect of therapists' training on group therapeutic outcome. *Journal of Consulting Psychology,* 1966, *30,* 283–289

Postman, L., Rau, L. Retention as a function of the method of measurement. *University of California Publications in Psychology,* 1957, *8* (3)

Potter, V. R. *Bioethics: Bridge to the future.* Englewood Cliffs, N.J.: Prentice-Hall, 1971

Premack, D. *A functional analysis of language.* Paper presented at the meeting of the American Psychological Association, Washington, D.C., 1969

Premack, D. The education of Sarah. *Psychology Today,* 1970, *4* (4), 54–58

Prescott, D. A. *Emotion and the educative process.* Washington, D.C.: American Council on Education, 1938

Pressey, S. L. A simple apparatus which gives tests and scores – and teaches. *School and Society,* 1926, *23*

Pribram, K. H. A review of theory in physiological psychology. *American Review of Psychology,* 1960, *11,* 1–40

Pribram, K. H. Interrelations of psychology and the neurological disciplines. In S. Koch (Ed.), *Psychology: A study of a science* (Vol. 4). New York: McGraw-Hill, 1962

Pribram, K. H. Emotion: Steps toward a neurophysiological theory. In D. C. Glass (Ed.), *Neurophysiology and emotion.* New York: Rockefeller University Press, 1967

Price, C. R. *New directions in the world of work.* Kalamazoo, Mich.: Upjohn Institute for Empoyment Research, March 1972

Rabkin, J. G., Streuning, E. Life events, stress, and illness. *Science,* 1976, *194,* 1013–1020

Rahe, R. H. The pathway between subjects' recent life changes and their near-future illness reports: Representative results and methodological issues. In B. S. Dohrenwend, B. P. Dohrenwend (Eds.), *Stressful life events: Their nature and effects.* New York: Wiley, 1974

Rahe, R. H., Holmes, T. H. Life crisis and major health change. *Psychosomatic Medicine,* 1966, *28,* 744

Rapoport, J. L., Buchsbaum, M. S., Zahn, T. P., Weingartner, H., Ludlow, C., Mikkelsen, E. J. Dextro amphetamine: Cognitive and behavioral effects in normal prepubertal boys. *Science,* 1978, *199,* 560–563

Rappaport, M., Silverman, J. A sensor for schizophrenics. *Behavior Today,* 1970, *1* (21), 1

Ratliff, F., Hartline, H. K. The responses of Limulus optic nerve fibers to patterns of illumination on the receptor mosaic. *General Physiology,* 1959, *42,* 1241–1255

Ratliff, F., Hartline, H. K., Miller, W. H. Spatial and temporal aspects of retinal inhibitory interaction. *Journal of the Optical Society of America*, 1963, *53*, 110–121

Raush, H. L., Raush, C. L. *The halfway house movement: A seach for sanity*. New York: Appleton-Century-Croft, 1968

Rawlings, E. Reactive guilt and anticipatory guilt in altruistic behavior. In J. Macauley, L. Berkowitz (Eds.), *Altruism and helping behavior: Social psychological studies of some antecedents and consequences*. New York: Academic Press, 1970

Razran, G. H. S. Decremental and incremental effects of distracting stimuli upon the salivary CRs of 24 adult human subjects. *Journal of Experimental Psychology*, 1939, *24*, 647–652

Reardon, F. J., Reynold, R. N. *Corporal punishment in Pennsylvania*. Harrisburg, Pa.: Pennsilvania State Department of Education, 1975

Regan, D., Williams, M., Sparling, S. Voluntary expiation of guilt: A field experiment. *Journal of Personality and Social Psychology*, 1972, *24*, 42–45

Reisman, D., Glazer, N., Denney, R. *The lonely crowd: A study of the changing American character*. New Haven: Yale University Press, 1950

Restle, F., Davis, J. H. Success and speed of problem solving by individuals and groups. *Psychological Review*, 1962, *69*, 520–536

Restle, F., Greeno, J. G. *Introduction to mathematical psychology*. Reading, Mass.: Addison-Wesley, 1970

Reuben, D. Letter to Dr. Davis Reuben. *San Francisco Examiner/Chronicle*, December 16, 1973

Revers, W. J. Der Thematische Apperzeptionstest. Bern, Stuttgart: Huber, 1958 (Originally published: Murray, H. A., 1943)

Reynolds, G. S. *A primer of operant conditioning*. Glenview, Ill.: Scott, Foresman, 1968

Rhine, J. B. Incorporeal personal agency: The prospect of a scientific solution. *Journal of Parapsychology*, 1960, *24*, 279–309

Rheingold, H. L., Gewirtz, J. L., Ross, H. W. Social conditioning of vocalizations in the infant. *Journal of Comparative Physiological Psychology*, 1959, *52*, 68–73

Ribble, M. A. *The rights of infants*. New York, Columbia University Press, 1943

Richter, C. P. The self-selection of diets. In: *Essays in biology*. Berkeley: University of California Press, 1943

Richter, C. P. On the phenomenon of sudden death in animals and man. *Psychosomatic Medicine*, 1957, *19*, 191–198

Rickles, K. *Non-specific factors in drug therapy of neurotic patients*. Springfield, Ill.: Ch. Thomas, 1968

Riegel, K. F. Dialectical operations: The final period of cognitive development. *Human Development*, 1973, *16*, 346–370

Riegel, K. F., Riegel, R. M. Development, drop, and death. *Developmental Psychology*, 1972, *6*, 306–319

Riesen, A. H. Arrested vision. *Scientific American*, 1950, *183* (1), 16–19

Riesen, A. H. Stimulation as a requirement for growth and function in behavioral development. In D. W. Fiske, S. R. Maddi (Eds.), *Functions of varied experience*. Homewood, Ill.: Dorsey, 1961

Rivlin, A. M. Social experiments: Promise and problems. *Science*, 1974, *183* (4120), 35

Roberts, T. B. Maslow's human motivation needs hierarchy: A bibliography. *Research in Education*. ERIC document ED-069-591, 1973

Roberts, T. B. Transpersonal: The new educational psychology. *Phi Delta Kappan*, November 1974, 191–193

Robertson, J. Uncontainable joy. In: R. Metzner (Ed.), *The ectastic adventure*. New York: Macmillan, 1968

Robinson, M. R., Freeman, W. J. *Psychosurgery and the self*. New York: Grune & Stratton, 1955

Roethlisberger, F. J., Dickson, W. J. *Management and the worker*. Cambridge, Mass.: Harvard University Press, 1939

Rogers, C., Skinner, B. F. Some issues concerning the control of human behavior: A symposium. *Science*, 1956, *124*, 1057–1066

Rogers, C. R. The case of Mary Jane Tilden. In W. U. Snyder (Ed.), *Casebook of non-directive counseling*. Boston: Houghton Mifflin, 1947 (a)

Rogers, C. R. Some observations on the organization of personality. *American Psychologist*, 1947, *2*, 358–368 (b)

Rogers, C. R. *Client-centered therapy: Its current practice, implications and theory*. Boston: Houghton-Mifflin, 1951

Rogers, C. R. *On becoming a person: A therapist's view of psychotherapy*. Boston: Houghton Mifflin, 1961

Rogers, C. R. *On personal power: Inner strength and its revolutionary impact*. New York: Delacorte, 1977

Rohrer, J. H., Baron, S. H., Hoffman, E. L., Swander, D. V. The stability of autokinetic judgments. *Journal of Abnormal Psychology*, 1954, *49*, 595–597

Romanes, G. *Animal intelligence*. New York: Appleton-Century-Crofts, 1881

Rosenhan, D. L. On being sane in insane places. *Science*, 1973, *179*, 250–258

Ross, L. Some afterthoughts on the intuitive psychologist. In L. Berkowitz (Ed.), *Cognitive theories in social psychology*. New York: Academic Press, 1979

Ross, L., Bierbrauer, G., Polly, S. Attribution of educational outcomes by professional and non-professional instructors. *Journal of Personality and Social Psychology*, 1974, *29*, 609–618

Ross, L., Rodin, J., Zimbardo, P. G. Toward an attribution therapy: The reduction of fear through induced cognitive-emotional misattribution. *Journal of Personality and Social Psychology*, 1969, *12*, 279–288

Roth, S. M. Attitudes toward death across the lifespan (Doctoral dissertation, West Virginia University, 1977). Dissertation Abstracts International, 1978, *38*, 3858B (University Microfilms No 7732097)

Rothman, M. A. Response to McConnell. *American Psychologist*, 1970, *25*, 280–281

Rotter, J. B. *Social learning and clinical psychology.* New York: Prentice-Hall, 1954

Rotter, J. B. Generalized expectancies for internal versus external controls of reinforcement. *Psychological Monographs*, 1966, *80* (1. Whole No. 609)

Rotter, J. B. External control and internal control. *Psychology Today*, 1971, *5* (1), 37–42, 58, 59

Rotter, J. B., Chance, J., Phares, E. J. (Eds.). *Applications of a social learning theory of personality.* New York: Holt, Rinehart & Winston, 1972

Rouse, L., Reilly, S. *Proposal for continued development of a treatment program for chronic patients.* Unpublished mimeo report. Palo Alto, Calif.: Veterans Hospital, 1974

Rozin, P. Specific hunger for thiamine: Recovery from deficiency and thiamine preference. *Journal of Comparative and Physiological Psychology*, 1965, *59*, 98–101

Rubel, A. J. *Across the tracks: Mexican-Americans in a Texas city.* Austin: University of Texas, 1966

Rubin, E. Figure and ground. In D. C. Beardslee, M. Wertheimer (Eds.), *Readings in perception.* Princeton: Van Nostrand, 1958 (Originally published, 1921)

Rubin, R. T., Miller, R. G., Arthur, R. J., Clark, B. R. *Differential adrenocortical stress responses in naval aviators during aircraft landing practice.* (Navy Medical Neuropsychiatric Research Unit Report No. 12). San Diego, Calif.: 1969

Rubin, Z. *Liking and loving.* New York: Holt, Rinehart & Winston, 1973

Ruma, S. J. Easier said than done: Theory and practice in applying social psychology. In M. Deutsch, H. A. Hornstein, *Applying social psychology: Implications for research, practice, and training.* Hillsdale, N.J.: Erlbaum, 1975, pp. 193–210

Rumbaugh, D. M., Gill, T. V., von Glasersfeld, E. C. Reading and sentence completion by a chimpanzee. *Science*, 1973, *182*, 731–733

Rumbaugh, D. M., Gill, T. V. The mastery of language type skills by the chimpanzee (Pan). *Annals of the New York Academy of Sciences*, 1976, *280*, 562–578

Rumelhart, D. E., Norman, D. A. *Accretion, tuning, and restructuring: Three modes of learning (Technical Report No. 63).* San Diego: Center for Human Information Processing, University of California, August 1976

Russek, M. Participation of hepatic glucoreceptors in the control of intake of food. *Nature*, 1963, *197*, 79–80

Ryan, W. *Blaming the victim.* New York: Pantheon, 1971

Saario, T. N., Jacklin, C. N., Tittle, C. K. Sex role stereotyping in the public schools. *Harvard Educational Review*, 1973, *43*, 386–416

Sachs, J. S. Recognition memory for syntactic and semantic aspects of connected discourse. *Perception and Psychophysics*, 1967, *2* (9), 411

Salapatek, P., Kessen, W. Visual scanning of triangles by the human newborn. *Journal of Experimental Child Psychology*, 1966, *3* (2), 155–167

Salter, A. *Conditioned reflex therapy.* New York: Capricorn Books, 1949

Samuel, A. Studies in machine learning using the game of checkers (Part 2). Recent progress. *IBM Journal*, November, 1967

Sarason, I. G., Johnson, J. H. The life experiences survey: Preliminary findings. *Office of Naval Research Technical Report*, May, 1976

Sarbin, T. R. On the futility of the proposition that some people can be labeled "mentally ill." *Journal of Consulting Psychology*, 1967, *31*, 445–453

Sarnoff, I. Psychoanalytic theory and social attitudes. *Public Opinion Quarterly*, 1960, *24*, 251–279

Savage-Rumbaugh, E. E., Rumbaugh, D. M., Boysen, S. Symbolic communication between two chimpanzees (Pan troglodytes). *Science*, 1978, *201*, 641–644

Scammon, R. E. The measurement of the body in childhood. In J. A. Harris, C. M. Jackson, D. G. Patterson, R. E. Scammon (Eds.), *The measurement of man.* Minneapolis: University of Minnesota Press, 1930

Schachter, S. *The psychology of affiliation.* Stanford: Stanford University Press, 1959

Schachter, S. Cognitive effects on bodily functioning: Studies of obesity and eating. In: D. C. Glass (Ed.), *Biology and behavior: Neurophysiology and emotion.* New York: Rockefeller University Press, 1967

Schachter, S. *Emotion, obesity and crime.* New York: Academic Press, 1971

Schachter, S., Singer, J. Cognitive, social and physiological determinants of emotional state. *Psychological Review*, 1962, *69*, 379–399

Schank, R. C., Abelson, R. P. *Scripts, plans, goals and understanding.* Hillsdale, N.J.: Erlbaum, 1977

Schein, E. H., Schneier, I., Barker, C. H. *Coercive persuasion: A sociopsychological analysis of the "brainwashing" of American civilian prisoners by the Chinesecommunists.* New York: Norton, 1961

Schein, M. W., Hale, E. B. Stimuli eliciting sexuell behavior. In F. Beach (Ed.), *Sex and behavior.* New York: Wiley, 1965

Schlosberg, H. The description of facial expressions in terms of two dimensions. *Journal of Experimental Psychology*, 1952, *44*, 229–237

Schlosberg, H. Three dimensions of emotion. *Psychological Review*, 1954, *61*, 81–88

Schneider, A. M. Control of memory by spreading cortical depression: A case for stimulus control. *Psychological Review*, 1967, *74*, 201–215

Schofield, W. *Psychotherapy: The purchase of Friendship.* Englewood Cliffs, New Jersey: Prentice-Hall, 1964

Schwartz, C. G. Perspectives on deviance: Wives' definitions of their husbands' mental illness. *Psychiatry*, 1957, *20*, 275–291

Schwartz, G. E. Voluntary control of human cardiovascular integration and differentiation through feedback and reward. *Science*, 1972, *175*, 90–93

Schwartz, G. E. The facts on transcendental meditation: Part II. TM relaxes some people and makes them feel good. *Psychology Today*, April, 1974, *7*, 39–44

Schwartz, M. S. Functions of the team in the mental hospital. *American Journal of Orthopsychiatry*, 1960, *30*, 100–102

Scott, R. A. A proposed framework for analyzing deviance as a property of social order. In R. A. Scott, J. D. Douglas (Eds.), *Theoretical perspectives on deviance*. New York: Basic Books, 1972

Scott, W. A. Research definitions of mental health and mental illness. *Psychological Bulletin*, 1958, *55*, 29–45

Sears, R. R. Relation of early socialization experiences to aggression in middle childhood. *Journal of Abnormal and Social Psychology*, 1961, *63*, 466–492

Sears, R. R., Maccoby, E. E., Levin, H. *Patterns of child rearing*. New York: Harper & Row, 1957

Sechrest, L., Wallace, J. Figure drawing and naturally occurring events: Elimination of the expansive euphoria hypothesis. *Journal of Educational Psychology*, 1964, *55*, 42–44

Seeman, M., Evans, J. W. Alienation and learning in a hospital setting. *American Sociological Review*, 1962, *27*, 272–283

Segall, M. H., Campbell, D. T., Herskowitz, M. J. *The influence of culture on perception*. New York: Bobs-Merrill, 1966

Selfridge, O. G. Pandemonium: A paradigm for learning. In *The mechanisation of thought processes*. London: Her Majesty's Stationery Office, 1959. As cited in Klatzky, R. L. *Human memory*. San Francisco: Freeman, 1975

Seligman, M. E. P. Depression and learned helplessness. In R. J. Friedman, M. M. Katz (Eds.), *The psychology of depression: Contemporary theory and research*. Washington, D. C.: Winston & Sons, 1974

Seligman, M. E. P. *Helplessness: On depression, development and death*. San Francisco: Freeman, 1975

Seligman, M. E. P., Maier, S. F. Failure to escape traumatic shock. *Journal of Experimental Psychology*, 1967, *74* (1), 1–9

Selye, H. *The stress of life*. New York: McGraw-Hill, 1956

Selye, H. The evolution of the stress concept. *American Scientist*, 1973, *61*, 692–699

Selye, H. *Stress in health and disease*. Woburn, Mass.: Butterworth, 1976

Shannon, C., Weaver, W. *The mathematical theory of communication*. Urbana, Illinois: University of Illinois Press, 1949

Shaw, G. B. *The adventures of the black girl in her search for God*. New York: Dodd, Mead, 1933

Sheffield, F. D., Campbell, B. A. The role of experience in the "spontaneous" activity of hungry rats. *Journal of Comparative Physiological Psychology*, 1954, *47*, 97–100

Sheldon, W. H. *The varieties of temperament*. New York: Harper & Row, 1942

Shepard, R. N. Externalization of mental images and the act of creation. In B. S. Randhawa, W. E. Coffman (Eds.), *Visual learning, thinking, and communicating*. New York: Academic Press, 1978, pp. 133–189

Sherif, M. A study of some social factors in perception. *Archives of Psychology*, 1935, *27*, 187

Sherif, M., Hovland, C. I. *Social judgment: Assimilation and contrast effects in communication and attitude change*. New Haven: Yale University Press, 1961

Sherif, M., Sherif, C. W. *An outline of social psychology* (2nd ed.). New York: Harper & Row, 1956

Sherman, J. A. Reinstatement of verbal behavior in a psychotic by reinforcement methods. *Journal of Speech and Hearing Disorders*, 1963, *28*, 398–401

Sherrod, K., Vietze, P., Friedman, S. *Infancy*. Monterey, Calif.: Brooks/Cole, 1978

Shirley, M. M. *The first two years: A study of twenty-five babies* (Vol. II). *Intellectual development* (Institute of Child Welfare Monograph Series No. 7). Minneapolis: University of Minnesota Press, 1933

Shvachkin, N. K. The development of phonemic perception in early childhood. In C. A. Ferguson, D. I. Slobin (Eds.), *Readings in child language development*. *1971*. (Originally published, *Izvestiya Akademii Pedagogicheskikh Nauk RSFSR*, 1948, *13*, 101–132)

Sidman, M., Stoddard, L. T. Programming perception and learning for retarded children. In N. R. Ellis (Ed.), *International review of research on mental retardation* (Vol. II). New York: Academic Press, 1969

Sigusch, V., Schmidt, G., Reinfeld, A., Wiedemann-Sutor, I. Psychological stimulation: Sex differences. *Journal of Sexual Research*, 1970, *6*, 10–24

Silver, L. B., Dublin, C. C., Lourie, R. S. Does violence breed violence? Contributions from a study of the child abuse syndrome. *American Journal of Psychiatry*, 1969, *126*, 404–407

Simmel, E. C., Hoppe, R. A., Milton, G. A. (Eds.). *Social facilitation and imitative behavior*. Boston: Allyn & Bacon, 1968

Simpson, M. E., Evans, H. M. Occurrence of faint bleeding on a definite intermenstrual day in man. *Science*, 1928, *68*

Sims, J. H., Baumann, D. D. The tornado threat: Coping styles of the north and south. *Science*, 1972, *176*, 1386–1391

Skeels, H. M. Adult status of children with contrasting early life experiences. *Monographs of the Society for Research in Child Development*, 1966, *31* (3), 1–65

Skinner, B. F. *Walden II*. New York: Macmillan, 1948

Skinner, B. F. Freedom and the control of men. *The american Scholar*, 1955–56, *25*, 47–65

Skinner, B. F. *Verbal behavior*. New York: Appleton-Century-Crofts, 1957

Skinner, B. F. Pigeons in a pelican. *American Psychologist*, 1960, *15*, 28–37

Skinner, B. F. *Beyond freedom and dignity*. New York: Knopf, 1971

Skinner, B. F. *About behaviorism*. New York: Knopf, 1974

Skinner, B. F., Solomon, H. C., Lindsley, O. R. A new method for the experimental analysis of the behavior of psychotic patients. *Journal of Nervous and Mental Disease*, 1954, *120*, 403–406

Slamecka, N. J. Retroactive inhibition of connected discourse as a function of practice level. *Journal of Experimental Psychology*, 1960, *59*, 104–108

Smith, D. E., King, M. B., Hoebel, B. C. Lateral hypothalamic control of killing: Evidence for a cholinoceptive mechanism. *Science*, 1970, *167*, 900–901

Sobey, F. *The nonprofessional revolution in mental health*. New York: Columbia University, 1970

Sokolov, E. N. Neuronal models and the orienting reflex. In M. A. Brazier (Ed.), *The central nervous system and behavior*. New York: Josiah Macy, 1960

Solley, C. M., Haigh, G. A. A note to Santa Claus. Topical research papers. *The Menninger Foundation*, 1957, *18*, 4–5

Solomon, R. L. Punishment. *American Psychologist*, 1964, *19*, 239–253

Solschenitsyn, A. I. Solzenitsyn's statement. *The New York Times*, June 17, 1970 (6. Excerpt)

Spaner, F. E. The psychotherapist as an activist in social change: A proponent. In F. F. Korten, S. W. Cook, J. I. Lacey (Eds.), *Psychology and the problems of society*. Washington, D. C.: American Psychological Association, 1970

Spears, W. C. Assessment of visual preference and discrimination in the four-month-old infant. *Journal of Comparative and Physiological Psychology*, 1964, *57*, 381–386

Speisman, J. C., Lazarus, R. S., Mordkoff, A. M., Davison, L. A. The experimental reduction of stress based on egodefenso theory. *Journal of Abnormal and Social Psychology*, 1964, *68*, 367–380

Spelke, E., Hirst, W., Neisser, U. Skills of divided attention. *Cognition*, 1976, *4*, 215–230

Spence, J. T., Helmreich, R. L. *Masculinity and femininity: Their psychological dimensions, correlates, and antecedents*. Austin, Texas: University of Texas Press, 1978

Sperling, G. The information available in brief visual presentations. *Psychological Monographs*, 1960, *74* (Whole no. 498)

Sperry, R. W. *Mental unity following surgical disconnection of the cerebral hemispheres*. (The Harvey Lectures, Series 62). New York: Academic Press, 1968

Spitz, R. A. Hospitalism: An inquiry into the genesis of psychiatric conditions in early childhood. In O. Fenichel et al. (Eds.), *Psychoanalytic study of the child* (vol. 1). New York: International Universities Press, 1945

Staats, A. W. *Social behaviorism*. Homewood, Ill.: Dorsey Press, 1975

Stagner, R. Homeostasis as a unifying concept in personality theory. *Psychological Review*, 1951, *61*, 5–22

Stampfl, T. G., Levis, D. J. Essential of implosive therapy: A learning theory-based psychodynamic behavioral therapy. *Journal of Abnormal Psychology*, 1967, *72*, 496–503

Standing, L., Conezio, J., Haber, R. N. Perception and memory for pictures: Single trial learning of 2560 visual stimuli. *Psychonomic Science*, 1970, *19*, 73–74

Stanley, J. The study of the very bright. *Science*, 1976, *192*, 668–669

Steiner, J. E. Human facial expressions in response to taste and smell stimulation. In H. W. Reese, L. P. Lipsitt (Eds.), *Advances in child development and behavior* (Vol. 13). New York: Academic Press, 1978

Stern, D. N., Jaffe, J., Beebe, B., Bennett, S. L. Vocalizing in unison and in alternation: Two modes of communication within the mother-infant dyad. *Annals of the New York Academy of Sciences*, 1975, *263*, 89–100

Stern, W. *Intelligenzproblem und Schule*. Leipzig: Teubner, 1911

Stern, W. The psychological methods of testing intelligence. *Educational Psychology Monographs*, 1914, *13*

Sternberg, S. High speed scanning in human memory. *Science*, 1966, *153*, 652–654

Stevenson, H., Stewart, E. A development study of racial awareness in young children. *Child Development*, 1966, *61*, 37–75

Stodolsky, S., Lesser, G. S. Learning patterns in the disadvantaged. *Harvard Educational Review*, 1967, *37* (4), 549–593

Stogdill, R. M. Personality factors associated with leadership: A survey of the literature. *Journal of Psychology*, 1948, *25*, 35–71

Stone, C. P., Bakhtiari, A. B. Effects of electroconvulsive shock on maze relearning by albino rats. *Journal of Comparative and Physiological Psychology*, 1956, *49*, 318–320

Stoyva, J. Self-regulation and the stress-related disorders: A perspective on biofeedback. In D. Mostofsky (Ed.), *Behavior control and modification of physiological activity*. Englewood Cliffs, N.J.: Prentice-Hall, 1976

Strickland, L. Surveillance and trust. *Journal of Personality*, 1958, *26*, 200–215

Stunkard, A., Koch, C. The interpretation of gastric motility: Apparent bias in the report of hunger by obese persons. *Archives of General Psychology*, 1964, *11*, 74–82

Sullivan, H. S. The interpersonal theory of psychiatry. New York: Norton, 1953

Surgeon General's Report. *The health consequences of smoking* [Public Health Service Publication No. (HSM) 72-7516]. Washington, D.C.: U.S. Department of Health, Education and Welfare, 1972

Sutherland, E. H. *White-collar crime*. New York: Holt, Rinehart & Winston, 1949

Sutherland, E. H. Crime of corporations. In G. Geis (Ed.), *White-collar criminal*. New York: Atherton, 1968

Swazey, J. P. *Chlorpromazine in psychiatry: A study of therapeutic innovation*. Cambridge, Mass.: MIT Press, 1974

Sweet, W. H., Ervin, F., Mark, V. H. The relationship of violent behavior to focal cerebral disease. In S. Garattini, E. Sigg (Eds.), *Aggressive behavior*. New York: Wiley, 1969

Szasz, T. S. *The myth of mental illness*. New York: Harper & Row, 1961

Szasz, T. S. *Psychiatric justice*. New York: Macmillan, 1965 (2. Aufl. 1974)

Szasz, T. S. *The age of madness*. Garden City, N. Y.: Anchor Press, 1973

Tanner, J. M. Physical growth. In P. H. Mussen (Ed.), *Carmichael's manual of child psychology* (Vol. 1, 3rd ed.). New York: Wiley, 1970

Tapp, J., Mathewson, D., D'Encarnacas, P., Long, C. The effect of the onset of stimuli reactivity in the rat. *Psychonomic Sciences*, 1970, *19*, 61–62

Tart, C. *Altered states of consciousness*. New York: Wiley, 1969

Tavris, C., Offir, C. *The longest war: Sex differences in perspective*. New York: Harcourt Brace Jovanovich, 1977

Taylor, S. E., Fiske, S. T. Salience, attention and attribution: Top of the head phenomena. In L. Berkowitz (Ed.), *Advances in experimental social psychology* (Vol. 11). New York: Academic Press, 1978

Teitelbaum, P., Epstein, A. The lateral hypothalamic syndrome: Recovery of feeding and drinking after lateral hypothalamic lesions. *Psychological Review*, 1962, *69*, 74–90

Templeton, R. D., Quigley, J. P.: The action of insulin on the motility of the gastrointestinal tract. *American Journal of Psychology*, 1930, *91*, 467–474

Terkel, S. *Working: People talk about what they do all day and how they feel about what they do*. New York: Pantheon Books, 1974

Terman, L. M. *The measurement of intelligence*. Boston: Houghton Mifflin, 1916

Terman, L. M., Merrill, M. A. *Measuring intelligence*. Boston: Houghton Miffling, 1937

Terman, L. M., Merrill, M. A. *The Stanford-Binet intelligence scale*. Boston: Houghton Mifflin, 1960

Terman, L. M., Oden, M. H. *Genetic studies of genius (Vol. V). The gifted group at mid-life*. Stanford, Calif.: Stanford University Press, 1959

Terrace, H. S. Errorless transfer of a discrimination across two continua. *Journal of Experiental Analysis of Behavior*, 1963, *6*, 224–232

Thigpen, C. H. Personal communication, August 1961

Thigpen, C. H., Cleckley, H. A. A case of multiple personality. *Journal of Abnormal and Social Psychology*, 1954, *49* (1), 135–144

Thigpen, C. H., Cleckley, H. A. *The three faces of Eve*. New York: McGraw-Hill, 1957

Thoits, P. *Life events, social isolation and psychological distress*. Unpublished doctoral dissertation, Stanford University, 1978

Thomas, J. C., Jr. An analysis of behavior in the hobbits-orcs problem. *Cognitive Psychology*, 1974, *6*, 257–269

Thompson, R., McConnell, J. V. Classical conditioning in the Planarian. Dugesia Dorotocephala.

Journal of Comparative and Physiological Psychology, 1955, *48*, 65–68

Thompson, R. F., Robertson, R. T., Mayers, K. S. Commentary on cortical association response areas. In G. M. French (Ed.), *Cortical functioning in behavior*. Glenview, Ill.: Scott, Foresman, 1973

Thorndike, E. L. The mental life of the monkeys. *Psychological Review Monograph*, 1901, *15* (Supplement)

Thorndike, E. L. *Measurement of intelligence*. New York: Teacher's College, Columbia University, 1926

Tillich, P. *The courage to be*. New Haven, Conn.: Yale University Press, 1952

Tilly, C. Collective violence in European perspective. In H. D. Graham, T. R. Gurr (Eds.), *Violence in America: Historical and comparative perspectives*. New York: New American Library, 1969

Tinklepaugh, O. L. An experimental study of representational factors in monkeys. *Journal of Comparative Psychology*, 1928, *8*, 197–236

Toch, H. *Violent men*. Chicago: Aldine, 1969

Toffler, A. *Future shock*. New York: Random House, 1970

Trabasso, T. R., Bower, G. H. *Attention in learning*. New York: Wiley, 1968

Treas, J. Aging and the family. In D. S. Woodruff, J. E. Birren (Eds.), *Aging: Scientific perspectives and social issues*. New York: Van Nostrand, 1975

Triplett, N. The dynamogenic factors in pacemaking and competition. *American Journal of Psychology*, 1897, *9*, 507–533

Troll, L. E. *Early and middle adulthood: The best is yet to be maybe*. Monterey, Calif.: Brooks/Cole, 1975

Trotter, W. *Instincts of the herd in peace and war*. London: Fisher Unwin, 1916

Tsang, Y. C. Hunger motivation in gastrectomized rats. *Journal of Comparative Psychology*, 1938, *26*, 1–17

Tschukitschew. Contributions of the Timiriazer Institute, 1929, 36. Zitiert in R. D. Templeton, J. P. Quigley, The action of insulin on the motility of the gastrointestinal tract. *American Journal of Physiology*, 1930, *91*, 467–474

Tulving, E. Episodic and semantic memory. In E. Tulving, W. Donaldson (Eds.), *Organization and memory*. New York: Academic Press, 1972

Tulving, E., Patkau, J. E. Concurrent effects of contextual constraint and word frequency on immediate recall and learning of verbal material. *Canadian Journal of Psychology*, 1962, *16*, 83–95

Turnbull, C. M. Some observations regarding the experiences and behavior of BaMbuti Pygmies. *American Journal of Psychology*, 1961, *74*, 304–308

Tversky, A. Features of similarity. *Psychological Review*, 1977, *84*, 327–352

Tversky, A., Kahneman, D. Causal schemata in judgments under uncertainty. In M. Fishbbein (Ed.), *Progress in social psychology*. Hillsdale, N.J.: Erlbaum, 1978

Tyler, L. E. *The psychology of human differences* (3rd ed.). New York: Appleton-Century-Crofts, 1965

Underwood, B. J. Spontaneous recovery of verbal associations. *Journal of Experimental Psychology,* 1948, *38,* 429–439

Unger, S. M. Habituation of the vasoconstrictive orienting reaction. *Journal of Experimental Psychology,* 1964, *67,* 11–18

U'Ren, M. B. The image of women in textbooks. In V. Gormick, B. K. Moran (Eds.), *Woman in sexist society: Studies in power and powerlessness.* New York: New American Library. 1971, pp. 318–346

Valenstein, E. S. *Brain control: A critical examination of brain stimulation and psychosurgery.* New York: Wiley, 1973

Valenstein, E., Cox, V., Kakolewski, J. The motivation underlying eating elicited by lateral hypothalamic stimulation. *Psychology and Behavior,* 1968, *3,* 969–971

Valenstein, E., Cox, V., Kakolewski, J. Re-examination of the role of the hypothalamus in motivation. *Psychological Review,* 1970, *77,* 16–31

Verhave, T. The pigeon as a quality-control inspector. In R. Ulrich, T. Stachnik, J. Mabry (Eds.), *Control of human behavior.* Glenview, Ill.: Scott, Foresman, 1966

Vidmar, N., Rokeach, M. Archie Bunker's bigotry: A study in selective perception and exposure. *Journal of Communication,* 1974, *24* (1), 36–47

Waldron, I. Why do women live longer than men? *Journal of Human Stress,* March 1976, 2–13

Walker, D. R., Milton, G. A. Memory transfer vs. sensitization in cannibal planarians. *Psychonomic Sciences,* 1966, *5,* 293–294

Wallace, B., Garrett, J. B. Reduced felt arm sensation effects on visual adaptation. *Perception and Psychophysics,* 1973, *14* (3), 597–600

Wallace, R. K., Benson, H. The physiology of meditation. *Scientific American,* 1972, *226,* 84–90

Wallach, M. A. Tests tell us little about talent. *American Scientist,* 1976, *64,* 57–63

Wallach, M. A., Kogan, N. *Modes of thinking in young children: A study of the creativity-intelligence distinction.* New York: Holt, Rinehart & Winston, 1965

Wallas, G. *The art of thought.* New York: Harcourt Brace Jovanovich, 1926

Walsh, D. A. Aging differences in learning and memory. In D. S. Woodruff, J. E. Birren (Eds.), *Aging: Scientific perspectives and social issues.* New York: Van Nostrand, 1975

Walster, E., Berscheid, E., Walster, G. W. New directions in equity research. *Journal of Personality and Social Psychology,* 1973, *25,* 151–176

Walther, R. J. Economics and the older population. In D. S. Woodruff, J. E. Birren (Eds.), *Aging: Scientific perspectives and social issues.* New York: Van Nostrand, 1975

Ward, W. C., Kogan, N., Pankove, E. Incentive effects in children's creativity. *Child Development,* June 1972, *43* (2), 669

Warden, C. J. *Animal motivation: Experimental studies on the albino rat.* New York: Columbia University Press, 1931

Wason, P. C. Problem solving and reasoning. *British Medical Bulletin,* 1971, *27 (3),* 206–210

Watson, J. B. *Behaviorism.* New York: Norton, 1925

Watson, J. B. Experimental studies on the growth of emotions. In C. Murchison (Ed.), *Psychologies of 1925.* Worcester, Mass.: Clark University Press, 1926

Watson, J. B., Rayner, R. Conditioned emotional reactions. *Journal of Experimental Psychology,* 1920, *3,* 1–14

Watson, R. I., Jr. Investigation into deindividuation using a cross-cultural survey technique. *Journal of Personality and Social Psychology,* 1973, *25,* 342–345

Watts, A. W. *The way of Zen.* New York: Vintage Books, 1957

Wechsler, D. *The measurement of adult intelligence* (3rd ed.). Baltimore: Williams & Williams, 1944

Wechsler, D. *Wechsler intelligence scale for children.* New York: Psychological Corp., 1949

Wechsler, D. *Wechsler adult intelligence scale.* New York: Psychological Corp., 1955

Weg, R. B. Changing physiology of aging: Normal and pathological. In D. S. Woodruff, J. E. Birren (Eds.), *Aging: Scientific perspectives and social issues.* New York: Van Nostrand, 1975

Wegrocki, H. J. A critique of cultural and statistical concepts of abnormality. *Journal of Abnormal and Social Psychology,* 1939, *34,* 166–178

Weiner, B. Motivational factors in short-term retention. II. Rehearsal or arousal? *Psychological Reports,* 1967, *20,* 1203–1208

Weiss, J. M. Effects of coping responses on stress. *Journal of Comparative and Physiological Psychology,* 1968, *65,* 251–260

Weiss, J. M. Effects of coping behavior in different warning signal conditions in stress pathology in rats. *Journal of Comparative and Physiological Psychology,* 1971, *77,* 1–13

Weiss, R. F., Buchanan, W., Altstatt, L., Lombardo, J. P. Altruism is rewarding. *Science,* 1971, *171,* 1262–1263

Weiss, T., Engel, B. Operant conditioning of heart rate in patients with premature ventricular contractions. *Psychosomatic Medicine,* 1971, *33,* 301–321

Weisskopf-Joelson, E. Some comments on a Viennese school of psychiatry. *Journal of Abnormal and Social Psychology,* 1955, *51,* 701–703

Weitzman, B. Behavior therapy and psychotherapy. *Psychological Review,* 1967, *74,* 300–317

Welker, W. I. An analysis of exploratory and play behavior in animals. In D. W. Fiske, S. R. Maddi (Eds.), *Functions of varied experience.* Homewood, Ill.: Dorsey, 1961

Wells, W. D. *Television and aggression: Replication of an experimental field study.* Unpublished manuscript, University of Chicago, 1971

Wever, E. G., Bray, C. W. Present possibilities for auditory theory. *Psychological Review,* 1930, *37,* 365–380

Wheeler, L. R. A comparative study of the intelligence of East Tennessee mountain children. *Journal of Educational Psychology,* 1942, *33,* 321–334

Whelan, E. *Boy or girl?* New York: Pocket Books, 1978

White, B. L., Held, R. Plasticity of sensorimotor development in the human infant. In J. F. Rosenblith, W. Allismith (Eds.), *The causes of behavior* (Vol. 1, 2nd ed.). Boston: Allyn & Bacon, 1966

Whiting, J. W. M., Kluckhohn, R., Anthony, A. The function of male initation ceremonies at puberty. In E. E. Maccoby, T. Newcomb, E. D. Hartley (Eds.), *Readings in social psychology*. New York: Holt, Rinehart & Winston, 1958

Wickens, D. D. Encoding categories of words: An empirical approach to meaning. *Psychological Review,* 1970, *77,* 1–15

Wiener, N. *Cybernetics.* New York: Wiley, 1948

Wiener, N. *The human use of human beeings.* Boston: Houghton Mifflin, 1954

Wiggins, J. S. *Personality and prediction: Principles of personality assessment.* Menlo Park, Calif.: Addison-Wesly, 1973

Willems, E. P. Go ye into all the world and modify behavior: An ecologist's view. *Representative Research in Social Psychology,* 1973, *4,* 93–105

Williams, R. B., Kimball, C. P., Williard, H. N. The influence of interpersonal interaction on diastolic blood pressure. *Psychosomatic Medicine,* 1972, *34,* 194–198

Williams, R. J. *Biochemical individuality.* New York: Wiley, 1956

Williams, R. L., Rivers, L. W. *The use of standard and nonstandard English in testing black children.* Paper presented at the meeting of the American Psychological Association, Honolulu, September, 1972

Williams, R. L. The silent mugging of the black community. *Psychology Today,* 1974, *7* (12), 32–41; 101

Williams, T. A., Friedman, R. J., Secunda, S. K. *Special report: The depressive illnesses.* Chevy Chase, Md.: National Institute of Mental Health, 1970

Wineman, D., James, A. *Policy statement: Corporal punishment in the public scholls.* Detroit: Metropolitan Detroit Branch of the ACLU of Michigan, 1967

Wing, C. W., Wallach, M. A. *College admissions and the psychology of talent.* New York: Holt, 1971

Winokur, G. The types of affective disorders. *Journal of Nervous and Mental Disease,* 1973, *156* (2), 82–96

Winter, G. D., Nuss, E. M. *The young adult: Identity and awareness.* Glenview, Ill.: Scott, Foresman, 1969

Winterbottom, M. R. *The relation of childhood training in independence to achievement motivation.* Unpublished doctoral dissertation, University of Michigan, 1953

Witkin, H. A., et al. *Personality through perception.* New York: Harper & Row, 1954

Wolf, M., Risley, T., Mees, H. Application of operant conditioning procedures to the behavior problems of an autistic child. *Behavior Research and Therapy,* 1964, *1,* 305–312

Wolf, S., Wolff, H. G. *Human gastric function* (2nd ed.). New York: Oxford University Press, 1947

Wolpe, J. *Psychotherapy by reciprocal inhibition.* Stanford: Stanford University Press, 1958

Wolpe, J. Reciprocal inhibition as the main basis of psychotherapeutic effects. In H. J. Eysenck (Ed.), *Behavior therapy and the neuroses.* New York: Pergamon Press, 1960

Wolpe, J. *The practice of behavior therapy.* New York: Pergamon Press, 1969

Woods, J. *The yoga-system of Pantanjali.* Cambridge, Mass.: Harvard University Press, 1914

Worchel, P. Anxiety and repression. *Journal of Abnormal and Social Psychology,* 1955, *50,* 201–205

Worchel, S., Brehm, J. W. Direct and implied social restoration of freedom. *Journal of Personality and Social Psychology,* 1971, *18,* 294–304

Yablonsky, L. The violent gang. In S. Endleman (Ed.), *Violence in the streets.* Chicago: Quadrangle Books, 1968

Yarrow, M. R., Schwartz, C. G., Murphy, G. S., Deasy, L. C. The psychological meaning of mental illness in the family. *Journal of Social Issues,* 1955, *11,* 12–24

Yates, B. T., Zimbardo, P. G. Self-monitoring, academic performance, and retention of content in a self-paced course. *Journal of Personalized Instruction,* June 1977, *2* (2)

Yerkes, R. M., Morgulis, S. The method of Pavlov in animal psychology. *Psychological Bulletin,* 1909, *6,* 257–273

Yoshii, N., Hockaday, W. J. Conditioning of frequency – characteristic repetitive EEG response with intermittent photic stimulation. *Electroencephalography and Clinical Neurophysiology,* 1958, *10,* 487

Young, P. T. *Motivation and emotion.* New York: Wiley, 1961

Young, P. T. Evolution and preference in behavioral development. *Psychological Review,* 1968, *75,* 222–241

Zajonc, R. B. Social facilitation. *Science,* 1965, *149,* 269–274

Zajonc, R. B. Social facilitation in cockroaches. In E. C. Simmel, R. A. Hoppe, G. A. Milton (Eds.), *Social facilitation and imitative behavior.* Boston: Allyn & Bacon, 1968

Zajonc, R. B. Family configuration and intelligence. *Science,* 1976, *192,* 227–236

Zeaman, D., Smith, R. W. Review and analysis of some recent findings in human cardiac conditioning. In W. F. Prokasky (Ed.), *Classical conditioning.* New York: Appleton-Century-Crofts, 1965

Zeigarnik, B. Über das Behalten von erledigten und unerledigten Handlungen. *Psychologische Forschung,* 1927, *9,* 1–85

Zeller, A. F. An experimental analogue of repression. II. The effect of individual failure and success on memory measured by relearning. *Journal of Experimental Psychology,* 1950, *40,* 411–422

Zigler, E. Social deprivation and rigidity in the performance of feebleminded children. *Journal of*

Abnormal and Social Psychology, 1961, *62*, 413–421

Zigler, E. Motivational determinants in the performance of retarded children. *American Journal of Orthopsychiatry*, 1966, *36* (5)

Zigler, E. Motivational and emotional factors in the behavior of the retarded. *Connecticut Medicine*, August, 1968

Zigler, E. Developmental versus difference theories of mental retardation and the problem of motivation. *American Journal of Mental Deficiency*, 1969, *73* (4)

Zimbardo, P. G. The effects of early avoidance training and rearing conditions upon the sexual behavior of the male rat. *Journal of Comparative and Physiological Psychology*, 1958, *51,* 764–769

Zimbardo, P. G. The human choice: Individuation reason, and order versus deindividuation, impulse, and chaos. In W. J. Arnold, D. Levine (Eds.), *Nebraska symposium on motivation*. Lincoln: University of Nebraska Press, 1969

Zimbardo, P. G. A field experiment in auto-shaping. In C. Ward (Ed.), *Vandalism*. London: Architectural Press, 1973

Zimbardo, P. G. *Shyness: What it is, what to do about it.* Reading, Mass.: Addison-Wesley, 1977

Zimbardo, P. G., Formica, R. Emotional comparison and self-esteem as determinants of affiliation. *Journal of Personality*, 1963, *31,* 141–162

Zimbardo, P. G., Haney, C., Banks, W. C., Jaffe, D. The mind is a formidable jailer: A Pirandellian prison. *The New York Times*, April 8, 1973, 38–60

Zimbardo, P. G., Meadow, W. *Sexism in the Reader's Digest, or Laugh and the world laughs at you.* Paper presented at the meeting of the Western Psychological Association, San Francisco, April 1974

Zimbardo, P. G., Miller, N. E. Facilitation of exploration by hunger in rats. *Journal of Comparative and Physiological Psychology*, 1958, *51,* 43–46

Zimbardo, P. G., Pilkonis, P. A., Norwood, R. M. *The silent prison of shyness* (Office of Naval Research Technical Report Z-17). Stanford, Calif.: Stanford University, November, 1974

Zimbardo, P. G., Weisenberg, M., Firestone, I., Levy, B. Communicator effectiveness in producing public conformity and private attitude change. *Journal of Personality*, 1965, *33,* 233–255

Zurcher, L. A. *The mutable self: A self-concept for social change.* Beverly Hills, Calif.: Sage Publications, 1977

Anhang: Lern- und Arbeitshilfen

K. Westhoff

Einleitung

Will man ein Lehrbuch nicht einfach lesen, sondern dessen Inhalt derart verarbeiten, daß man ihn in Zukunft nutzen kann, so stellen sich die Fragen: *Was ist das Wesentliche? Wie kann ich es besser behalten?* – Hierbei helfen die nun folgenden Arbeitsanleitungen. Durch Fragen und Aufforderungen wird der Text so akzentuiert, daß sich besonders wesentliche Stellen vom Hintergrund abheben. Damit wird die Wiederholung erleichtert und die eigenständige Verarbeitung gefördert. Bei der Bewältigung von typischen Anfängerschwierigkeiten helfen die begleitenden praktischen Lerntips.

Insgesamt sollen die Arbeitsanleitungen dazu dienen, Ihre Freude an der Lektüre des *Lehrbuches der Psychologie* von Zimbardo zu erhöhen, Ihren Lernerfolg zu steigern und Ihnen ein Beispiel für den Umgang mit Lehrbüchern generell zu geben.

Was will ich eigentlich?

Dies ist wohl die entscheidende Frage, bevor wir mit etwas beginnen, also auch vor dem Lesen des Lehrbuches der Psychologie von Zimbardo. Wollen Sie nur einmal hineinschauen in ein interessant aussehendes Buch oder wollen Sie etwas systematisiert einen ersten Einstieg in die Psychologie finden? Nur im zweiten Fall brauchen Sie hier weiterzulesen, denn alles, was jetzt folgt, soll Ihnen behilflich sein, leichter und mit Gewinn in die Psychologie einzusteigen.

Wozu lerne ich?

Wie fast alle Leser dieses Buches lesen Sie es zunächst und hauptsächlich, weil Sie an der Psychologie ganz allgemein interessiert sind.

Dazu können Sie sich beglückwünschen, denn das ist die beste Motivation überhaupt. So macht es am meisten Spaß. Alles folgende soll dazu dienen, Ihnen das persönliche Interesse an der Psychologie zu erhalten und auf Teilgebiete auszudehnen, die Sie vorher noch gar nicht kannten.

Viele von Ihnen werden nach der Lektüre dieses Buches gefragt werden, was Sie denn nun gelernt haben. Es können Freunde, Verwandte, Bekannte und auch Prüfer sein, die uns aus den verschiedensten Gründen eine solche oder ähnliche Frage stellen werden. Dann werden Sie wiederum die Erfahrung machen, daß Sie das meiste des Gelesenen wieder vergessen haben, leider oft auch solche Dinge, von denen Sie sicher waren, daß Sie sie behalten würden. Dies ist ausgesprochen ärgerlich, zum Glück jedoch nicht unabänderlich. Diese Arbeitsanleitungen sollen dazu beitragen, das Vergessen durch ein besseres Verstehen und Verarbeiten des Lehrbuches Ihrerseits möglichst stark zu vermindern.

Wie lerne und behalte ich?

Hierzu hat wohl jeder eine ganze Reihe von Erfahrungen gesammelt, doch haben wir alle den Wunsch, leichter zu lernen und besser zu behalten. Wenn Sie sich noch unsicher fühlen, ob Sie eine gute Methode zum Lernen kennen, dann lesen Sie zuerst in Kapitel 7 „Gedächtnis und Vergessen" die Seiten 270–272. Dort finden Sie u. a. eine Beschreibung der SQ3R-Methode. Sie werden eine Reihe von persönlichen Erlebnissen bestätigt finden. Im folgenden sollen Ihnen noch einige weitere Tips vorweg gegeben werden:

Erhalten Sie sich die Freude am Lesen! Dazu gehört, daß Sie sich nicht zuviel zumuten. Teilen Sie sich jedes Kapitel in drei bis vier Teile ein und lesen Sie pro Tag nur einen solchen Teil! Sie werden es auf diese Art immer wieder bedauern, das Buch schon wieder aus der Hand legen zu müssen und sich auf die nächste Arbeitseinheit freuen. Wenn Sie hingegen immer weiter lesen, bis Sie keine Lust mehr haben, müde sind oder Ihnen eine „zufällige" Ablenkung willkommenen Anlaß gibt, mit der Lektüre aufzuhören, so werden Sie feststellen, daß Sie sich am nächsten Tag nicht auf das Buch freuen. Je nach dem Grad der Überforderung dauert es dann einen oder mehrere Tage, bis Sie wieder Lust haben weiterzulesen. Zum Durcharbeiten eines Lehrbuchs gehört ein *Fachwörterbuch* und – nicht nur bei Anfängern – ein *Fremdwörterbuch*. Jeder erfolgreiche Leser verwendet solche Hilfsmittel zur Erleichterung.

Unterstützen Sie das Lesen durch Schreiben! Gehen Sie dabei von den Fragen aus, die in diesem Arbeitsheft zu jedem Kapitel zusammengestellt sind. Beantworten Sie diese und auch eigene Fragen schriftlich. Sie werden feststellen, daß vieles, was beim Lesen so klar war, beim Beantworten einer Frage schwerer zu reproduzieren und angemessen zu verarbeiten ist, als Sie sich das hätten träumen lassen. Dies ist jedoch ganz normal und liegt keineswegs an Ihren beschränkten Fähigkeiten. Es ist auch besser, Sie merken direkt nach dem Lesen, was nicht klar ist, und nicht erst dann, wenn Sie den Stoff jemandem erklären wollen.

Intensivieren Sie das Lernen durch Diskussionen! Wenn es sich machen läßt, sollten Sie den allein gelesenen und durchgearbeiteten Stoff in einer Gruppe von drei bis fünf Leuten besprechen. Sie werden erstaunt sein, wie unterschiedlich man „eindeutige" Aussagen auffassen kann und wie verschieden die Antworten auf die Fragen zum Text ausfallen. Durch diese Erfahrungen lernen Sie, Lehrtexte aus verschiedenen Perspektiven zu sehen und anzugehen.

Wozu sollen die Fragen und Aufforderungen dienen?

Als Anfänger hat man meist die Schwierigkeit, Wichtiges von Unwichtigem zu trennen. Vieles im Umgang mit einem Text wird leichter, wenn klar ist, welchen Anforderungen man nach der Bearbeitung genügen soll. Die verschiedenen Typen von Fragen und Aufforderungen sollen Ihnen helfen, den Text zu strukturieren und nach Ihren Bedürfnissen zu bearbeiten.

Zum Einstieg in eine Wissenschaft gehört notwendigerweise auch das Lernen von Definitionen, Methoden, Annahmen und Theorien. Nach solchen zentralen Aussagen kann man direkt oder indirekt fragen. Dies ist Ihnen sicher vom Unterschied zwischen Rechenaufgaben und Textaufgaben noch bekannt. Eine Mischung aus beiden Typen von Aufforderungen und Fragen soll Sie dazu anregen, selbst auch indirekte Fragen zu entwerfen und dann zu beantworten bzw. von anderen beantworten zu lassen.

In einer empirischen Wissenschaft wie der Psychologie sind jedoch nicht nur Begriffe, Annahmen und Theorien von Bedeutung, sondern immer auch deren Bezug zur Realität, d.h. in der Psychologie wird gefragt: Was bedeutet dies konkret für menschliches Verhalten? Erfahrungswissenschaften lernt man erst dadurch näher kennen, daß man sowohl die Prinzipien wissenschaftlichen Arbeitens als auch das konkrete Vorgehen bei der Prüfung einer Hypothese versteht. Daher liegen empirische Forschungsergebnisse nicht einfach vor; sie sind nur dann angemessen weiterzuverwerten, wenn man ihren theoretischen Hintergrund und die Methode kennt, mit deren Hilfe sie gewonnen wurden.

Ein weiterer Schritt zur Verarbeitung des Stoffes ist die Herstellung von Beziehungen zu unserem Alltag. Hierzu werden Sie im Lehrbuch von Zimbardo & Ruch viele hochinteressante Beispiele finden. Lassen Sie sich anregen, an allen Stellen den Bezug zu sich selbst, der Welt, in der Sie leben, und dem Lehrbuchwissen herzustellen. Sie können sicher sein, es geht immer!

Ein anderer Zugang zur Verbesserung des eigenen Verständnisses ist der ernsthafte Versuch, das Gelernte einem anderen, der das Buch nicht gelesen hat, zu erklären. Hierbei werden Sie feststellen, wieviel für Sie schon selbstverständliches Wissen und wieviel Ihnen noch nicht klar ist. Lassen Sie sich solche wertvollen Möglichkeiten, Erfahrungen zu sammeln, nicht entgehen. Sie selbst lernen am meisten dabei.

In Diskussionen können Sie wesentliche Erfahrungen machen: Man kann die gleichen Sachverhalte aus verschiedenen Perspektiven sehen, ohne entscheiden zu können, welche die richtige ist. Versuchen Sie also schon beim Lesen in eine „innere" Diskussion darüber zu kommen, wie man bestimmte Dinge auch noch sehen und erklären könnte. Dabei werden Sie die Gemeinsamkeiten und Unterschiede zwischen verschiedenen theoretischen Ausrichtungen und Forschungstraditionen erkennen, besser verstehen, behalten und darstellen können.

Je weiter Sie im Text kommen, um so deutlicher wird Ihnen, daß hier Informationen nicht einfach hintereinander aufgereiht sind, sondern untereinander in vielfältigen Beziehungen stehen. Gleichermaßen sollten Sie auch Ihre Gedächtnisinhalte organisieren, d. h. wie ein Netz oder eine Hierarchie. Indem Sie viele Querverbindungen zu anderen verwandten Gedächtnisinhalten herstellen, behalten Sie besser. Ferner kann man Gelerntes besser behalten, wenn man es zu neuen Einheiten zusammenfaßt, tut man dies nach übergeordneten Gesichtspunkten, handelt es sich um einen Abstraktionsvorgang.

Zu diesen verschiedenen obengenannten Vorgehensweisen sollen Sie die Aufforderungen und Fragen immer wieder anhalten. Wenn Sie die hier gegebenen Lerntips befolgen, so können Sie sicher sein, nicht bloß einfach mehr zu behalten, sondern auch ein besseres Verständnis für psychologische Fragestellungen zu entwickeln.

Wie verwende ich
die Arbeitsanleitungen richtig?

Den Fragen und Aufforderungen zu dem Lehrbuch der Psychologie sind zu jedem Kapitel einleitende Bemerkungen vorangestellt. Diese sollten Sie lesen, bevor Sie sich dem entsprechenden Kapitel zuwenden. Wenn Sie eine bestimmte von Ihnen selbst festgelegte Arbeitseinheit durchgearbeitet haben, sollten Sie zur Verarbeitung die dazugehörenden Fragen und Aufforderungen verwenden. Versuchen Sie immer zuerst selbständig das Ihnen wesentlich Erscheinende festzuhalten, denn ein solches Arbeitsheft kann nicht alle möglichen sinnvollen Fragen enthalten. Wenn Sie sich nur auf die Bearbeitung der im Arbeitsheft gemachten Anregungen beschränken und sich nicht selbständig bemühen, so werden Sie mit geringerem Lernfortschritt belohnt, als wenn Sie der obigen Empfehlung folgen.

Sie können mit Hilfe des Arbeitsheftes sich selbst kontrollieren und im systematischen Arbeiten trainieren.

Für das Behalten von verbalem Material ist die Wiederholung eine sehr wichtige Technik. Mit ein- oder zweimaligem Lesen werden Sie nicht viel behalten. Hierzu können Sie wiederum die Fragen und Aufforderungen im Arbeitsheft gut gebrauchen. Sie werden erstaunt sein, wieviele davon Sie nach 14 Tagen schon nicht mehr bearbeiten können, weil Sie sich an wesentliche Informationen nicht mehr erinnern. Um Ihnen hierbei zu helfen, sind die Überschriften aus dem Lehrbuch in die Arbeitsanleitungen übernommen worden. Dadurch können Sie leicht den relevanten Textteil wiederholen. Bei Fragen, deren Antworten ganz oder teilweise auf bestimmten Seiten zu finden sind, ist hinter der Frage die entsprechende Seitenzahl angegeben. Bei Fragen und Aufforderungen ohne Seitenzahl sollten Sie den ganzen entsprechenden Abschnitt des Kapitels wiederholen.

Bei der genaueren Betrachtung des Arbeitsheftes wird Ihnen auffallen, daß zu manchen Abschnitten eines Kapitels keine Fragen oder Aufforderungen zu finden sind. Bei diesen Teilen des Lehrbuchs sollte man sich nach Ansicht des Verfassers dieser Arbeitsanleitungen nur einen Eindruck bilden. Ihre Inhalte sind jedoch z. B. für Prüfungen ungeeignet, da das Dargestellte zu wenig konkret ist oder die komplexen Zusammenhänge in einem Einführungsbuch nicht ausführlich genug dargestellt werden können.

Doch nun genug der Vorrede: Viel Spaß bei der Lektüre des Lehrbuchs der Psychologie von Zimbardo!

Teil I. Die wissenschaftlichen und menschlichen Grundlagen der Psychologie

1 Die Psychologie als wissenschaftliches System

Aus dem Alltag sind wir gewohnt, unserem sogenannten gesunden Menschenverstand zu vertrauen. Leider ist aber das, was wir hierunter verstehen, bei näherem Hinsehen ziemlich unbrauchbar, um unser eigenes und das Verhalten unserer Mitmenschen zu verstehen oder zu erklären. Dieser sogenannte gesunde Menschenverstand verleitet uns auch viel zu oft dazu, Nachrichten unhinterfragt zu glauben. Zunächst muß man diese „naive" Sicht der Welt in Frage zu stellen lernen, wenn man wissenschaftlich arbeiten will. Wissenschaftliches Arbeiten verlangt in der Regel, die Dinge etwas anders zu sehen, als sie gemeinhin betrachtet werden, weil man mit Hilfe der Wissenschaften konkrete Probleme lösen will, für die sich die alltäglichen Bewältigungsstrategien als untauglich erwiesen haben.

Deshalb ist eine Wissenschaft so lange nicht zugänglich, als man nicht weiß, wie dort gearbeitet wird, d.h., welche wissenschaftlichen Methoden angewendet und welche allgemeinen Ziele angestrebt werden. So leicht und einfach der Einstieg in dieses Lehrbuch auch sein mag, so entscheidend ist doch für das weitere Verständnis der Inhalt dieses ersten Kapitels.

Denken Sie bitte an die Empfehlung, nicht zuviel auf einmal zu lesen. Dies ist besonders am Anfang wichtig. Teilen Sie den Stoff in eine Arbeitseinheit mehr ein, als Sie es nach dem ersten Durchblättern vorhaben!

1. Stellen Sie das Anliegen der Autoren in diesem Kapitel in einem Satz dar. (5)
2. Woher haben wir im Alltag unsere Informationen über menschliches Verhalten? (5)
3. Finden Sie eigene Beispiele für verzerrte Informationen in der Werbung.
4. Geben Sie ein eigenes Beispiel für eine sich selbst erfüllende Prophezeiung.
5. Mit der Rückkehr der Störche im Frühling nimmt auch die Anzahl der Geburten zu. Bringen die Störche vielleicht doch zumindest einen Teil der Kinder?
6. Erklären Sie hier, warum man wissen muß, wieviele Leute untersucht wurden und wieviele sich bei ihren Todesahnungen geirrt haben. (7)
7. Warum kann man bei der dargestellten Untersuchung nur feststellen, daß die Patientinnen berichten, sich sexuell mehr zu betätigen als dies die Nichtpatientinnen tun? (7–8)
8. Nach welchem Kriterium würden Sie sich wann für eine der beiden Abbildungen entscheiden?
9. Erläutern Sie anhand eines eigenen Beispiels, daß die Beobachtung menschlichen Verhaltens dieses ändern kann.
10. Wann könnte man erst von einem gesicherten Zusammenhang zwischen Stromausfall und Zunahme der Geburten neun Monate danach sprechen? (10)
11. Finden Sie in Ihrem Erfahrungsbereich ein Beispiel dafür, daß ein Kovariieren zweier Merkmale fälschlich so interpretiert wird, das eine sei die Ursache des anderen.
12. Erklären Sie ganz allgemein, was man als „wissenschaftliche Methode" bezeichnet. (12)
13. Von welcher Grundannahme geht jeder Wissenschaftler aus? (12)
14. Stellen Sie in Ihren eigenen Worten dar, wann man einen bestimmten Faktor als Ursache eines bestimmten Ereignisses ansehen kann. (12)
15. Warum müssen wissenschaftliche Aussagen immer so sein, daß sie von anderen Wissenschaftlern überprüft werden können? (13)
16. Was meinen die Autoren mit „Einengung des Blickwinkels" bei wissenschaftlichen Arbeiten? (14)
17. Überlegen Sie sich je ein eigenes Beispiel für eine deduktive und eine induktive Schlußfolgerung!
18. Was konnte der kluge Hans – wirklich? (15–16)
19. a) Erklären Sie mit Ihren eigenen Worten, was eine operationale Definition ist!
    b) Veranschaulichen Sie Ihre Erklärung an einem Beispiel aus dem Bereich menschlichen Verhaltens!
20. Wann kann man etwas messen? (17)
21. Was sind Hypothesen? (18)
22. a) Welche Rolle spielen Ihrer Ansicht nach Hypothesen im Forschungsprozeß? (17)
    b) Begründen Sie Ihre Ansicht!
23. Definieren Sie die Begriffe „unabhängige Variable" und „abhängige Variable"! (19–20)
24. Geben Sie Beispiele für operationale Definitionen von unabhängigen und abhängigen Variablen!
25. Wozu dient experimentelle Kontrolle? (20)
26. Welche Faktoren bewirken Variabilität in den Reaktionen? (20)
27. Nennen Sie zu dem typischen experimentellen Design (Unter der Lupe S. 21) die verschiedenen experimentellen Kontrollen!

28. Wann spricht man in der Psychologie von einem „signifikanten" Ergebnis? (24–25)
29. a) Wie bestimmt man das arithmetische Mittel, den Median und den Modus? (24)
    b) Zeigen Sie das an einer eigenen Zahlenreihe!
30. a) Wozu verwendet man Streuungsmaße? (24)
    b) Wie sind Streuungsbreite und Standardabweichung definiert? (24)
    c) Bestimmen Sie beide Maße für Ihre Zahlenreihe von Frage 30!
31. Was besagt eine Korrelation von r = 0,35 zwischen Intelligenzquotienten und Schulnoten?
32. Denken Sie sich ein eigenes psychologisches Experiment aus:
    a) Formulieren Sie Ihre experimentelle Hypothese!
    b) Formulieren Sie Ihre Null-Hypothese!
    c) Operationalisieren Sie Ihre unabhängige Variable!
    d) Operationalisieren Sie Ihre abhängige Variable!
    e) Wie können Sie zufällige und systematische Fehler möglichst gering halten? Wie gehen Sie dabei genau vor?
    f) Wie fassen Sie die in Ihrem Experiment gefundenen Meßwerte zusammen?
    g) Wann sprechen Sie von einem „signifikanten" Ergebnis?
33. Welche Gründe sprechen für Tier- und gegen Menschenversuche?
34. Geben Sie eine Definition von Psychologie. Erläutern Sie dabei, was unter „Verhalten" zu verstehen ist! (25)
35. Wieso sind Biologie, Physiologie, Neurologie, Embryologie, Genetik, Verhaltensgenetik, Anthropologie und Soziologie für die Psychologie wichtig? (Gehen Sie hierbei von den Definitionen auf S. 26 aus. Stellen Sie sich diese Frage im Laufe der Bearbeitung des Lehrbuches immer wieder!)
36. Geben Sie konkrete Arbeitsgebiete von Psychologen an! (27)
37. Nennen Sie die Ziele der Psychologie! (27)
38. Finden Sie ein eigenes Beispiel aus dem Bereich menschlichen Verhaltens, woran Sie den Unterschied zwischen Beschreibung und Schlußfolgerung erklären!
39. Woran erkennt man den Wert einer Theorie? (28)

40. Was verstehen die Autoren unter qualitativer Klassifikation? (28)
    Geben Sie zwei eigene Beispiele an!
41. Was verstehen die Autoren unter quantitativer Klassifikation? (28–29)
    Geben Sie zwei eigene Beispiele an!
42. Formulieren Sie eine eigene psychologische Hypothese, die Ihrer Ansicht nach Verhalten in bestimmten Situationen voraussagen kann. Wie würden Sie diese Hypothese prüfen?
43. Was verstehen die Autoren (und mit ihnen viele andere in der Psychologie) unter „Kontrolle" des Verhaltens? (30–31)
44. Stellen Sie anhand der „kompensatorischen Erziehung" mögliche soziale Implikationen psychologischer Forschung dar! (32–35)
45. Wovon gehen die psychodynamischen Ansätze in der Psychologie aus? (37)
46. Wonach suchen Behavioristen im menschlichen Verhalten? (37)
47. Erläutern Sie die Bedeutung des S-R-Standpunktes für die behavioristischen Ansätze! (38)
48. Welche menschlichen Verhaltensweisen interessieren besonders die kognitiven Psychologen? (41)
49. Wodurch zeichnet sich die phänomenologische Betrachtungsweise menschlichen Verhaltens aus? (41)
50. Von welchen Grundannahmen gehen Vertreter der humanistischen Psychologie aus? (43)

2 Die physiologischen Grundlagen des Verhaltens

Im ersten Kapitel haben Sie schon eine Menge gelernt. Haben Sie die Fragen und Antworten schon mit Ihrer Arbeitsgruppe durchdiskutiert? Oder haben Sie einmal versucht, einem Laien zu erklären, wie ein psychologisches Experiment aufgebaut ist?
Dieses zweite Kapitel ist ein anstrengender Brocken, besonders für diejenigen, die keine Kenntnisse in Biologie besitzen. Jedoch lassen Sie sich nicht bange machen. Sie werden das schaffen, wenn Sie sich nicht zuviel auf einmal zumuten. Hier gibt es viel zu lernen und zu behalten. Deshalb ist es sinnvoll, den Stoff z. B. in vier Arbeitseinheiten aufzuteilen. Nach dem

Erarbeiten einer Einheit sollten Sie eine längere Pause machen, in der Sie nichts Neues lernen, danach wiederholen Sie die Arbeitseinheit – dann machen Sie wieder eine Pause bzw. arbeiten erst am nächsten Tag im Text weiter.

Wenn Sie der Ansicht sind, hier gäbe es zuviel über die physiologischen Grundlagen des Verhaltens zu lernen, dann befinden Sie sich in zahlreicher Gesellschaft; das meint nämlich fast jeder Anfänger. Aber schon im nächsten Kapitel und in jedem folgenden werden Sie feststellen, wie dringend erforderlich diese Grundlagen sind; ohne sie kann man einfach keine psychologische Fragestellung nachvollziehen oder gar selbst entwickeln.

1. Nennen Sie zwei Gründe dafür, daß der erste Durchbruch bei der Erforschung der Wahrnehmung erst im 17. Jahrhundert stattfand. (47)
2. Durch welche Art der Betrachtung des menschlichen Körpers wurde seine wissenschaftliche Untersuchung möglich? (47)
3. Durch welchen Vorgang wird es dem Individuum möglich, seine Umwelt wahrzunehmen? (48)
4. Worauf sind Neurone spezialisiert? (48)
5. Stellen Sie mit Ihren eigenen Worten die Entwicklung einer Nervenzelle dar und gehen Sie dabei ein auf Differenzierung, Wanderung, Verzweigung und Wachstum. (49)
6. Warum beschäftigt man sich in der Psychologie mit dem Nervensystem? (51)
7. a) Was gehört zum zentralen Nervensystem (ZNS)? (51)
   b) Woraus besteht das periphere Nervensystem? (51)
   c) Welche Aufgaben haben diese Systeme? (51)
8. Wie sieht das Muster aus, nach dem das Nervensystem auf einen Reiz reagiert? (51)
9. Wie sieht ein Reflexbogen aus? (52)
10. Welche Eigenschaften muß ein gut funktionierendes Kommunikationssystem haben? (53)
11. Welche Teile eines Neurons sind für die Informationsübertragung besonders wichtig? (53)
12. Welche beiden Grundarten der Informationsübertragung kennen wir im Nervensystem? (53)
13. Wie funktioniert die axonale Übertragung? (53–56)
14. Was versteht man unter „absoluter" und „relativer Refraktärphase"? (56)
15. Welche Bedeutung haben die Reizschwelle und die Tatsache, daß das Neuron nach dem Alles-oder-Nichts-Prinzip feuert, für die Informationsübertragung im Nervensystem? (57)
16. Worin unterscheidet sich die synaptische von der axonalen Übertragung? (57)
17. Wie werden in einer Nervenzelle die ankommenden Impulse integriert und weitergeleitet? (57–58)
18. Wie kommt es, daß ein Impuls eine Synapse nur in einer Richtung überqueren kann? (59)
19. Stellen Sie den prinzipiellen Verlauf der sensorischen Neurone und der Motoneuronen dar! (61)
20. Warum ist der viszerale Teil des peripheren Nervensystems für die Erklärung menschlichen Verhaltens wichtig? (61)
21. Wie ist der viszerale Teil des peripheren Nervensystems gegliedert? (61)
22. In welchen alltäglichen Situationen wird das sympathische System des ANS aktiv? (62)
23. Welche Funktionen steuert der parasympathische Teil des ANS? (62)
24. Wie unterscheiden sich der sympathische und der parasympathische Teil des ANS in ihrer Reaktionsweise? (62)
25. Wie wirken der sympathische und der parasympathische Teil des ANS zusammen? (62)
26. Finden Sie Beispiele aus dem Alltag, bei denen Divergenz und Konvergenz im Nervensystem auftreten!
27. Wozu kann es nützlich sein, wenn ein zeitlich begrenzter Reiz eine Reaktion auslöst, die noch lange nach dem Abklingen des Reizes anhält?
28. Nennen Sie die hier wichtigen vier Funktionen des Verteilersystems im Rückenmark! (65)
29. Beschreiben Sie die Vorgänge bei einem Haltungsreflex! (65)
30. Was versteht man unter reziproker Innervation? (65)
31. Welche Eigenschaften eines Reizes bestimmen, welchen Reiz der Organismus vor einem anderen Reiz bevorzugt? (65)

32. Wie kann ein Organismus folgende Aspekte an einem Reiz erkennen:

   a) die allgemeine Art der Energie? (66)
   b) den Ursprungsort im Raum? (66)
   c) die Intensität? (66)

33. In welcher Beziehung stehen die Veränderung der Reizintensität und die Veränderung des Generatorpotentials zueinander? (67)

34. Wie läßt sich im Prinzip der schwächste wahrnehmbare Reiz messen? (68)

35. Geben Sie eigene Beispiele an für eine Nominal-, eine Ordinal-, eine Intervall- und eine Verhältnisskala!

36. Beschreiben Sie die möglichen Folgen einer zu hohen Reizintensität auf die Wahrnehmung! (69)

37. Nehmen Sie die sechs Körpersinne! (69–70)

38. Wozu dienen Zapfen und Stäbchen? (70)

39. Wie kommt es, daß wir ein komplettes Bild sehen, wenn doch in jedem Auge ein blinder Fleck ist?

40. „Nachts sind alle Katzen grau". Erklären Sie diesen Spruch!

41. Wie können Sie selbst bei sich feststellen, daß die Dunkeladaption auf der Netzhaut stattfindet? (73)

42. Wie ist das Ohr aufgebaut? (78)

43. Wie kann man sich die Umsetzung der Frequenz eines Tones im Ohr vorstellen? (77–79)

44. Wie wird die Lautstärke eines Tones im Ohr kodiert? (79)

45. Welches sind die grundlegenden Methoden zur Untersuchung der Informationsverarbeitung im Gehirn? (80)

46. Was besagt die Lehre von der Funktionslokalisierung? (80)

47. Erklären Sie die Kompensationsfähigkeit des ZNS! (80)

48. Beschreiben Sie die Lokalisation folgender Gehirnteile: Kortex, Großhirn, Kleinhirn, Hirnstamm, Balken! (84)

49. Wo sind die primären sensorischen und motorischen Zentren, die das Hör- und das Sehzentrum in der Großhirnrinde lokalisiert? (85)

50. Welche Folgen können Schädigungen der Assoziationsfelder haben? (87)

51. Welche Bedeutung hat die Hirnhemisphären-Dominanz für das Sprechen? (87)

52. Wann kommt es zu Agnosien und Aphasien? (87)

53. Was versteht man unter Kortikalisation? (88)

54. Worin bestehen die Hauptaufgaben des Kortex? (88)

55. Welche Bedeutung hat der Hypothalamus für menschliches Verhalten? (89)

56. Warum wird die Formatio reticularis auch retikuläres Aktivierungssystem genannt? (89–90)

57. Bei welchen Verhaltensweisen sind Strukturen des Rhinenzephalon beteiligt? (90)

58. Was zeigen die beim EEG registrierten Gehirnströme an? (91)

59. Durch welche Systeme hält der Körper ein konstantes inneres Gleichgewicht (Homöostase) aufrecht? (93)

60. Welche für das menschliche Verhalten wichtigen Funktionen erfüllen folgende Drüsen: a) Hypophyse, b) Schilddrüse, c) Nebennierendrüsen, d) Keimdrüsen?

61. Inwiefern sind physiologische Vorgänge für die Erklärung von Verhalten wichtig? Belegen Sie Ihre Ansicht anhand empirischer Untersuchungen! (93–97)

3 Entwicklung als Grundlage des Verhaltens

Hat das zweite Kapitel viel Mühe gemacht? Sie werden sehen, daß es sich gelohnt hat, schon in diesem Kapitel. Denn die Entwicklung menschlichen Verhaltens ist sehr stark von der Reifung der entsprechenden Strukturen des Körpers abhängig. Zum Verständnis menschlichen Verhaltens ist es deshalb erforderlich, etwas über die Wirkung von Vererbung und Reifung in ihrer Wechselwirkung mit der Umwelt zu wissen.

In vielen populärwissenschaftlichen Veröffentlichungen findet sich mehr oder weniger explizit die Ansicht, man könne die Bedeutung der Faktoren Anlage und Umwelt isoliert voneinander betrachten. Dies ist für das Verständnis von tierischem und menschlichem Verhalten ein irreführender Weg, denn erst in einer normalen Umwelt können sich die zum Verhalten erforderlichen körperlichen Strukturen gesund entwickeln. Diesen Gesichtspunkt sollten Sie bei der Lektüre dieses Kapitels immer im Auge behalten.

1. Womit befaßt sich die Entwicklungspsychologie? (101)
2. Übertragen Sie die vier allgemeinen Ziele der Psychologie auf den Teilbereich der Entwicklungspsychologie! (102)
3. Erläutern Sie die drei fundamentalen Prinzipien zur Erklärung wissenschaftlicher Befunde! (102–103)
4. Was versteht man in der Entwicklungspsychologie unter dem interaktionistischen Standpunkt? (103)
5. Charakterisieren Sie eine behavioristische Position in der Entwicklungspsychologie! (103)
6. Welche entwicklungspsychologische Position nehmen Vertreter einer psychodynamischen Richtung ein? (103)
7. Erklären Sie, warum das Alter in der Entwicklungspsychologie keine kausale Variable ist! (104)
8. Erklären Sie das Konzept der „Phase" in der Entwicklungspsychologie! Geben Sie Beispiele an! (105)
9. Was versteht man unter einer Querschnittsstudie in der Entwicklungspsychologie? (107) Veranschaulichen Sie Ihre Erklärung anhand eines eigenen Beispiels!
10. Stellen Sie die Vor- und Nachteile einer Längsschnittuntersuchung in der Entwicklungspsychologie dar!
11. Erklären Sie das Vorgehen bei einer Sequenzstudie! (107–108)
12. Geben Sie Belege dafür an, daß die Entwicklung des Verhaltens von der Ernährung abhängig ist! (109–110)
13. In welchen Bereichen benötigt man Wissen über die motorische Entwicklung von Säuglingen und Kindern?
14. Wie entwickeln sich Temperatur- und Schmerzempfindlichkeit beim Säugling? (113–114)
15. Wie kann man bei Säuglingen die Entwicklung der Geschmacks- und Geruchsempfindungen feststellen? (113–114)
16. Vergleichen Sie die ursprüngliche IQ-Definition von William Stern mit der heute verwendeten! (117–119) Worin sehen Sie Vorteile in der heutigen IQ-Definition?
17. Geben Sie Gründe an für den Abfall des IQ von Kindern aus entlegenen Gebieten! (120)
18. Nehmen Sie kritisch Stellung zu der Annahme Schätzung, daß Intelligenz zu 80% durch Anlage- und zu 20% durch Umweltfaktoren bestimmt sei! (119–121)
19. Welche soziale und politische Bedeutung hat die Anlage-Umwelt-Kontroverse?
20. Wie läßt sich der allgemeine Entwicklungsverlauf nach Piaget kennzeichnen? (122–123) Geben Sie Beispiele dafür an aus Beobachtungen an Kindern!
21. Skizzieren Sie die Phasen der psychosexuellen Entwicklung nach Freud! (125)
22. Worin sehen Sie die Bedeutung von Eriksons Ansicht über die menschliche Entwicklung?

4 Phasen der Lebensspanne

Entwicklungspsychologie befaßt sich mit den Veränderungen des Verhaltens von Menschen während ihrer gesamten Lebensspanne (lifespan developmental psychology). In diesem Kapitel sind daher unter diesem Gesichtspunkt wesentliche Abschnitte der Entwicklung des Menschen dargestellt. Vergleichen Sie immer die hier referierten Befunde mit Ihren eigenen Beobachtungen aus dem Alltag. Dabei ist es wichtig, daß es sich um wirkliche Beobachtungen handelt und nicht um stereotype Vorstellungen. Geben Sie also immer an, was Sie beobachtet haben. Was „man" weiß, ist leider oft falsch.

1. Welche Bedeutung hat die vorgeburtliche Entwicklung für das spätere Verhalten eines Menschen?
2. In welcher Weise sind Frühgeborene in ihrer Entwicklung benachteiligt? (137)
3. Stellen Sie am Beispiel des Saugverhaltens das Zusammenspiel zwischen angeborenen Verhaltenstendenzen und Lernen dar! (138)
4. Wie reagiert ein Säugling bei Erstickungsgefahr? (138–139)
5. Welche Effekte haben die Pflegeaktivitäten auf das Verhalten des Säuglings? (139)
6. Welche Bedeutung hat frühe Stimulierung für die Entwicklung eines Säuglings? (139–140)
7. Geben Sie Beispiele dafür an, wie Lernen auch schon beim Säugling das Verhalten modifiziert! (140–141)

8. Beschreiben Sie die Entwicklung innerhalb der Phase der sensumotorischen Intelligenz nach Piaget:

   a) Phase der reflexiven Aktivität (141)
   b) Phase der primären Zirkulärreaktionen (141)
   c) Phase der sekundären Zirkulärreaktionen (141)
   d) Phase der Koordination der sekundären Pläne (141–142)
   e) Phase der tertiären Zirkulärreaktionen (142)

9. Stellen Sie Unterschiede zwischen der Theorie der kognitiven Entwicklung von Piaget und der von Bruner dar! (142)
10. Beschreiben Sie die präoperationale Phase der Entwicklung! (144)
11. Was versteht man unter ikonischer und was unter symbolischer Repräsentation? (144–145)
12. Erproben Sie z.B. die „Umschüttungsaufgabe" an Kindern in Ihrer Umgebung! Was beobachten Sie?
13. Wie unterscheiden sich Kinder in der präoperationalen Phase von solchen in der konkret-operationalen Phase bei der „Murmelreihen-Aufgabe"? (145)
14. Stellen Sie Kindern in Ihrer Umgebung auch die „Murmelreihen-Aufgabe"! Beschreiben Sie das Vorgehen der einzelnen Kinder!
15. Geben Sie Beispiele für mögliche entwicklungspsychologische Beobachtungen, die man beim Spielen von Kindern machen kann!
16. Beschreiben Sie körperliche Veränderungen in der Pubertät! (147)
17. In welcher Weise können diese körperlichen Veränderungen das Verhalten beeinflussen?
18. Beschreiben Sie den kognitiven Entwicklungsstand in der formal-operationalen Phase! (147)
19. Wieso ist es entwicklungspsychologisch schwierig, das Erwachsenenalter befriedigend zu definieren? (149)
20. Worüber sind sich Entwicklungspsychologen bei der Betrachtung des jungen Erwachsenenalters einig? (149)
21. Beschreiben Sie einige Entwicklungsziele und -aufgaben im Erwachsenenalter! (150)

22. Nehmen Sie kritisch Stellung zum Konzept der sog. mid-life-crisis! (151)
23. Nennen Sie einige „schwierige" Situationen im Erwachsenenalter!
24. Wie kommen die negativen Bewertungen der Krisen im Erwachsenenalter zustande?
25. Welche positiven Entwicklungsmöglichkeiten sehen Sie in bestimmten Krisen im Erwachsenenalter?
26. Was trägt zur verminderten Kurzzeit-Gedächtnisleistung im höheren Alter bei? (155–156)
27. Stellen Sie empirisch gesicherte Ergebnisse zum Zusammenhang zwischen Altern und Intelligenz zusammen! (156)
28. Nehmen Sie kritisch Stellung zu der Ansicht, daß die Intelligenz im höheren Lebensalter absinkt! (156)
29. Welche Probleme sehen Sie mit dem als „terminal drop" bezeichneten Phänomen verbunden?
30. Wie kann man die verringerte Aktivität älterer Menschen erklären? (157)
31. Welche Bedingungen können die Zufriedenheit mit dem Ruhestand erhöhen? (157)

Teil II. Aus Erfahrung lernen

5 Lernen

Die Lernpsychologie ist eines der wichtigsten psychologischen Grundlagenfächer. Seit Jahrzehnten wird in diesem Bereich sehr erfolgreich geforscht, Ergebnisse von großer theoretischer und praktischer Bedeutung wurden erzielt. Hier werden Sie mit zentralen Forschungsergebnissen vertraut gemacht, die für ein angemessenes Verständnis menschlichen Verhaltens unbedingt erforderlich sind.

In allen anderen Kapiteln dieses Buches werden Sie wieder die Bezüge zur Lernpsychologie finden und auf die Informationen aus diesem Kapitel zurückgreifen. Lassen Sie sich deshalb Zeit mit dem Stoff. Auch wenn er sehr interessant ist, halten Sie sich an Ihre vorher vorgenommene Einteilung in Arbeitseinheiten.

Klassisches und operantes Konditionieren bilden den Schlüssel zur Erklärung des Erwerbs und der Veränderung von Verhaltensweisen, deshalb sollten Sie auch in der Gruppendiskussion nicht eher weitermachen, bis alle Unklarheiten beseitigt sind.

1. Welche beiden Arten von Zusammenhängen zwischen Ereignissen müssen Organismen lernen? Warum? (169)
2. Was lernten Pawlows Versuchshunde? (169)
3. Nennen Sie ein eigenes Beispiel dafür, daß Menschen aus den Folgen ihrer Handlungen lernen können!
4. Wieso ist das Verständnis von Lernprinzipien Voraussetzung für jegliche Analyse menschlichen Verhaltens? (170–171)
5. Wie sieht eine Orientierungsreaktion allgemein aus? (171)
6. Welche Komponenten gehören zu einer Orientierungsreaktion? (171)
7. a) Welche Bedingungen rufen eine Orientierungsreaktion hervor? (129)
   b) Finden Sie zu jeder Bedingung ein eigenes Beispiel aus Ihrem Leben!
8. a) Welche Erfahrung steckt hinter dem „Schafe zählen" als Empfehlung bei Einschlafschwierigkeiten? (172)
   b) Wie ist aber der Mißerfolg erklärbar, wenn das „Schafe zählen" nicht hilft?
9. a) Stellen Sie die Bedingungen zusammen für das Einschlafen am Lenkrad eines fahrenden Autos!
   b) Wodurch läßt sich diese Gefahr verringern?
10. Gibt es Reize, auf die keine Habituation erfolgt? (172–173)
11. Was können wir daraus schließen, wenn keine Dishabituation auf Habituation erfolgt, obwohl sich die Reizgrundlage geändert hat? (173)
12. Stellen Sie die Orientierungsreaktion und Habituation anhand von Sokolows Gehirnmodell dar! (175)
13. a) Stellen Sie den Prozeß der klassischen Konditionierung dar. Erklären Sie dabei die relevanten deutschen und englischen Begriffe! (175–176)
    b) Veranschaulichen Sie Ihre Darstellung anhand eines eigenen Beispiels!
14. Was versteht man unter generalisierter Erregbarkeit?
15. Welche Reihenfolge und welche zeitlichen Abstände zwischen CS und UCS sind bei der klassischen Konditionierung optimal? (177)

16. Was versteht man unter Reizgeneralisierung? (177–178) Geben Sie ein Beispiel an!
17. Geben Sie eine Erklärung (178) und ein eigenes Beispiel für den Prozeß der Reaktionsgeneralisierung!
18. Warum ist es sinnvoll, daß im Prozeß der klassischen Konditionierung Differenzierung über die Generalisation dominiert? (178, 180)
19. Wodurch kann eine „Hemmung" konditionierter Reaktionen auftreten? (180–181)
20. Was versteht man unter Konditionierung höherer Ordnung? (181)
21. Wie kann man eine klassisch konditionierte Reaktion löschen? (182–183)
22. Sieht man „Angst vor dem Zahnarzt" als klassisch konditionierte Reaktion an, so stellt sich die Frage, wie man sie löschen kann. Machen Sie hierzu einen Vorschlag unter Berücksichtigung der „spontanen Erholung" (Reflexrest)!
23. Wie kann man die Stärke einer konditionierten Reaktion bestimmen? (183)
24. Erklären Sie an einem Beispiel, wieso es gefährlich sein kann, wenn die die beobachtbare CR begleitenden Reaktionen nicht mitgelöscht werden! (183–184)
25. Wie kann man eine experimentelle Neurose erzeugen? (184, 186)
26. Erklären Sie einem Laien anhand des Diagramms auf Seite 185 das dazugehörende Experiment (Hypothesen, Vorgehen, Ergebnisse)! (184–186)
27. Worin sehen Sie die Bedeutung der Arbeiten zum klassischen Konditionieren?
28. Was versteht man unter operantem Verhalten? (189)
29. Was ist mit der Unterscheidung zwischen instrumentellem und operantem Lernen gemeint? (189)
30. Wie ist „zufällige Verhaltenshäufigkeit" definiert? (189)
31. Wie wird bestimmt, was eine „verstärkbare Reaktion" ist? (189–191) Geben Sie eigene Beispiele für verstärkbare Reaktionen!
32. Wie wird „Verstärkung" definiert? (191)
33. Was signalisiert ein diskriminativer Reiz? (191)
34. Erklären Sie an einem eigenen Beispiel: $S^D - R - S^R$!

35. Erklären Sie, was „primäre" und „sekundäre" bzw. „gelernte" Verstärker sind! (193)
36. Warum werden bei der Verhaltensmodifikation gelernte Verstärker primären Verstärkern oft vorgezogen? (193)
37. Was versteht man unter „Verhaltensanalyse"? (194)
38. Erklären Sie bei jeder der folgenden vier Beziehungen zwischen Reaktion und Verstärkung, was geschieht! Geben Sie für jede Beziehung ein eigenes Beispiel an:
   a) S^D R S^{R+}
   b) S^D R S^{R-}
   c) S^D R S^A
   d) R S^R
39. Geben Sie ein eigenes Beispiel für abergläubisches Verhalten! Erklären Sie es lernpsychologisch! (194–196)
40. Warum benutzt man für die Untersuchung des Lernverhaltens von Tieren eine stark vereinfachte, reizarme Umwelt (Skinner-Box)? (196)
41. Erklären Sie lernpsychologisch, daß sich immer wieder Menschen beim Glücksspiel ruinieren!
42. Erklären Sie, auch anhand eines eigenen Beispiels, wie ein fixiertes Ratenprogramm und ein variables Quotenprogramm aussieht! (197–198)
43. Erklären Sie, was ein fixiertes und was ein variables Intervallprogramm ist! (200) Geben Sie je ein eigenes Beispiel an.
44. Wie kann ein Lehrer in Lernsituationen, in denen eine Verstärkungsverzögerung unvermeidbar ist, dennoch seine Schüler „bei der Stange halten"? (200)

6 Lernprozesse und Verhaltensänderung

Nachdem Sie die Grundlagen des klassischen und operanten Konditionierens kennengelernt haben, wenden sich die Autoren in diesem Kapitel den Bedingungen für den Aufbau komplexer Verhaltensweisen zu. Von ganz besonderer Bedeutung ist dabei, welche Verhaltensweisen Menschen beobachten und wie sie diese Beobachtungen weiterverarbeiten. Die menschliche Informationsverarbeitung findet heute in der Psychologie großes Interesse und kann offensichtlich bei der Beantwortung vieler wichtiger Fragen helfen. Für die weitere Lektüre dieses Buches wird der Inhalt von Kapitel 6 immer wieder vorausgesetzt. Deshalb sollten Sie die Inhalte dieses Kapitels gründlich mit Ihrer Arbeitsgruppe durchsprechen.

1. Nennen Sie die vier grundlegenden Bedingungen der Verstärkung! (212) Veranschaulichen Sie sie an einem Beispiel!
2. Erklären Sie jede der folgenden sieben Methoden, um die erste gewünschte Reaktion hervorzurufen:
   a) Erhöhung der Motivation (212–213)
   b) Minderung oder Abbau von Einschränkungen (213)
   c) Umstrukturierung der Umwelt (213)
   d) spezielle Lenkung (213–214)
   e) Modellernen (214)
   f) Anweisung (214)
   g) Versuch und Irrtum (214–215)
   Veranschaulichen Sie Ihre Erklärungen durch ein eigenes Beispiel aus dem Alltag!
3. Welche Punkte müssen beachtet werden, wenn man erwünschtes Verhalten nach dem Prinzip der stufenweisen Annäherung formen will? (215)
4. Geben Sie ein anschauliches Beispiel für shaping (Verhaltensformung)!
5. Wie geht man bei der Bildung von Reaktionsketten vor? (216)
6. Welches Problem besteht generell, wenn Menschen oder Tiere in alltäglichen Situationen S^D und S^A unterscheiden sollen? (214) Veranschaulichen Sie dies an einem eigenen Beispiel!
7. Was versteht man unter aversiven Kontrollmaßnahmen? (217) Nennen Sie möglichst viele verschiedene Varianten von aversiven Kontrollmaßnahmen aus Ihrem Alltag!
8. Erklären Sie den Unterschied zwischen negativer Verstärkung und Bestrafung! (218)
9. Was versteht man unter einem konditionierten aversiven Reiz? (218)
10. Gegen welche der auf Seite 156 genannten Prinzipien wird in folgenden Bestrafungssituationen vom Strafenden verstoßen? Wann werden sie beachtet?
   a) „Wart' nur, wenn Vati heute abend nach Hause kommt, dann wird es was geben, du Faulpelz".
   b) „Du hast ab heute einen Monat Stubenarrest!"

c) Ein Hund zerbeißt Frauchens neue Stiefel. Sie gibt ihm in ihrer ersten Wut einen Klaps und tröstet ihn dann mit Süßigkeiten.

d) Ein vierjähriges Mädchen möchte das Spielzeug haben, mit dem gerade sein fünfjähriger Bruder im Wohnzimmer spielt. Der mag es aber nicht hergeben, darauf kratzt sie ihn. Die Mutter schickt die Kleine ins Kinderzimmer: „Wenn Dir wieder eingefallen ist, daß man auch ‚bitte' sagen kann, wenn man etwas haben möchte, darfst du wieder herkommen". „Ich will fernsehen!" „Na gut, aber hör' auf, dich zu zanken".

11. Warum ruft der alltägliche Gebrauch von Bestrafung mehr unerwünschtes Verhalten hervor als daß sie dieses abschwächt? (222)

12. Wie unterscheidet sich der Standpunkt von Vertretern der sozialen Lerntheorie von dem der orthodoxen Behavioristen? (225)

13. Was versteht man unter indirektem oder stellvertretendem Lernen? (225)

14. Welche Teilprozesse sind beim Beobachtungslernen von besonderer Bedeutung? (227)

15. Erläutern Sie das Zusammenspiel zwischen Umgebungsbedingungen und Aufmerksamkeit beim Beobachter! (227)

16. Wieso sind Behaltensvorgänge für das Modellernen wichtig? (227–228)

17. Nennen Sie die Voraussetzungen dafür, daß ein hinreichend motivierter Beobachter ein Verhaltensmuster nachvollzieht? (228)

18. Wieso ist es wichtig, zwischen dem Prozeß des Lernens und der Ausführung des Gelernten zu unterscheiden? (228) Geben Sie hierzu ein Beispiel aus Ihrem Alltag!

19. Wie kann man sich selbst bei der Lösung schwieriger Probleme zu helfen versuchen? (229)

20. Wie sieht nach Meichenbaum der dreistufige Prozeß aus, mit dem man seine Verhaltensweisen ändern kann? (230)

21. Was versteht man unter dem Konzept des „reziproken Determinismus? (230–231)

22. Was versteht man unter „Selbstregulation" des Verhaltens? (231)

23. Beschreiben Sie den Prozeß der Selbstregulation an einem konkreten Beispiel! Gehen Sie dabei auf „Selbstbeobachtung", „Gestaltung der Umwelt", „Verhaltenspla-

nung" und „Selbstverstärkung" ein! (vgl. 231, 233)

24. Wieso ist die sog. Selbstwirksamkeit eine der wichtigsten Determinanten des Verhaltens? (233)

25. Was versteht man in der Psychologie unter „Kognition"? (235)

26. Stellen Sie die drei Hauptmerkmale eines informationsverarbeitenden Systems dar! (235–236)

27. Beschreiben Sie die drei Arten, ein Informationsverarbeitungssystem zu steuern! (236–237)

28. Was versteht man unter „Kybernetik"? (237)

29. Was bedeutet der Begriff der „Steuerung" in der Kybernetik? (237)

30. Beschreiben Sie ein alltägliches Verhalten, das nach dem TOTE-Prinzip abläuft!

31. Welche Funktionen hat die Rückkopplung? (239)

32. Wie kann man die Informationsmenge operational definieren? (239)

33. Geben Sie ein eigenes Beispiel für die Nutzung von Redundanz im Alltag!

34. Welche Ihrer Schreibtischschubladen hat im Vergleich zu den anderen ein Maximum an Entropie?

35. Worin sehen Sie den Wert von Computersimulationen menschlichen Verhaltens?

7 Gedächtnis und Vergessen

Kaum etwas ist so ärgerlich in Schule und Hochschule wie die fortwährende Erfahrung, daß wir auch das wieder vergessen, was wir unbedingt behalten möchten. Jeder kennt ein paar Tricks, um das Vergessen zu verringern, doch ist kein menschliches Gedächtnis so gut, daß man seine Arbeitsweise als optimal bezeichnen würde. In diesem nun beginnenden Kapitel sind wichtige Forschungsergebnisse zusammengetragen. Vieles davon ist praktisch hilfreich. Insgesamt stehen wir bei der Gedächtnisforschung jedoch noch am Anfang, das weitaus meiste ist unerforscht. – Vergleichen Sie in Ihrer Arbeitsgruppe die verschiedenen Tricks und Techniken, die sie verwenden, um sich kurzfristig etwas zu merken oder es für längere Zeit einzuprägen.

1. Stellen Sie dar, daß die Prozesse des Enkodierens, des Speicherns und des Abrufens

für die Gedächtnisleistung entscheidend sind!

2. Wie heißen die sensorischen Informationsspeicher für den Gesichtssinn und das Gehör? Wie lange bleibt die Information in ihnen enthalten? (250)

3. Bei welchen alltäglichen Verhaltensweisen haben Sie die Arbeitsweise des sog. Echo bemerkt?

4. Wie kann man die „Lebensdauer" eines Ikon feststellen (250)

5. Wie lassen sich die auf den Seiten 251 und 252 dargestellten Ergebnisse zur verteilten Aufmerksamkeit sonst noch erklären (= Alternativhypothese)?

6. Wieviele unabhängige Einheiten können gleichzeitig im Kurzzeitgedächtnis behalten werden? (252)

7. Mit welcher Versuchsanordnung kann man prüfen, wie lange Informationen im STM erhalten bleiben? (252)

8. Wozu ist mechanisches Repitieren nützlich? Wobei hilft es nicht? (253)

9. Welche Rolle spielen „Inferenzen" bei der Wiedergabe von Informationen aus dem Langzeitgedächtnis? (255–256)

10. Welche Wirkung hat eine „tiefere" Verarbeitung auf das langfristige Behalten von Informationen? (257)

11. Was versteht man unter einem zustandsabhängigen Gedächtnis? (258)

12. Unter welchen Bedingungen ist es wahrscheinlicher, daß Information ins Langzeitgedächtnis gelangt? (258) Was bedeutet dies für Ihr Lernen, z.B. das Behalten der Informationen aus diesem Lehrbuch?

13. Wann würden Sie die mechanische Reproduktion und wann die Rekonstruktion als Methoden zur Prüfung der Behaltensleistung verwenden?

14. Welche Methode der Gedächtnisprüfung verwandte Ebbinghaus? (260)

15. Wie sieht die Vergessenskurve nach Ebbinghaus aus? (260)

16. Warum sind Wiedererkennungsleistungen besser als Reproduktionsleistungen? (261)

17. Wann würden Sie die Behaltensleistung über eine Methode der freien Wiedergabe und wann über Wiedererkennen prüfen?

18. Warum sind die in dieser Arbeitsanleitung enthaltenen Fragen und Aufforderungen auf freie Wiedergabe ausgerichtet? Was

hielten Sie statt deren von Mehrfach-Wahlaufgaben? Welche Hilfestellungen entfielen dann?

19. Was besagt die „Spurenzerfalltheorie" und was die „Interferenztheorie"? (261)

20. Was spricht eher für die Interferenztheorie? Belegen Sie Ihre Ansicht mit Ergebnissen empirischer Forschungen! (262)

21. Stellen Sie typische Versuchsanordnungen für Untersuchungen der retroaktiven und proaktiven Interferenz dar! (263)

22. Welche Faktoren verstärken die Interferenz? (263)

23. Stellen Sie die Vorgehensweisen beim Paarassoziationslernen und beim seriellen Lernen dar! (264–265)

24. Was versteht man unter dem Reihenpositionseffekt? (265)

25. Was versteht man unter dem „Zeigarnik-Effekt"? (268) Wie wird er erklärt? (268)

26. Wovon hängt es ab, ob die Gedächtnisleistung gefördert oder gehemmt wird? (269) Was bedeuten diese Ergebnisse für Ihre Bemühungen, z.B. den Stoff dieses Lehrbuches zu behalten?

27. Welchen Einfluß hat Überlernen auf die Gedächtnisleistung? (270–271)

28. Vergleichen Sie Ihre SQ3R-Methoden-Variante mit der anderer in Ihrer Arbeitsgruppe. Was stellen Sie fest?

29. Was bedeuten die Forschungsergebnisse zum "chunking" für die Organisation von Inhalten eines Lehrbuchs durch den Leser?

30. Stellen Sie Ihren Mitarbeitern in der Arbeitsgruppe dar, wie sie die Inhalte dieses Lehrbuchs an Strukturen oder Teilstrukturen von bereits vorhandenem Wissen festmachen.

31. Wie können Sie die Inhalte dieses Lehrbuchs so umwandeln, daß Sie pro Lernschritt weniger Einheiten lernen müssen?

32. Wie unterscheidet sich die Technik der „Erhöhung der Bedeutsamkeit" von der Technik „Gebrauch einer bereits vorhandenen Struktur"?

33. Bei welchen Inhalten fördert die „Technik der visuellen Vorstellung" die Behaltensleistung?

34. Wann ist die „Ortsassoziationsmethode" hilfreich bei dem Versuch, das Behalten zu verbessern?

35. Wie wirkt sich eidetische Vorstellungskraft auf das Lernen aus? (277)

8 Sprache und Schlußfolgerndes Denken

Sprechen und Denken sind für uns untrennbar miteinander verbunden. Viele haben schon die Erfahrung gemacht, daß die Technik des „lauten Denkens", d. h. man spricht aus, was einem gerade durch den Kopf geht, bei der Lösung von komplexen Problemen sehr nützlich ist. Es ist daher schon immer in der Psychologie von Interesse gewesen, wie hier die Ähnlichkeit zu den uns am engsten verwandten Tiere zu beurteilen sind. Können sie sprechen und Probleme lösen? Die hier zusammengetragenen Informationen sollen Sie anregen, sich auch über Ihr eigenes Sprechen und Problemlösen Gedanken zu machen, um Nutzen daraus ziehen zu können.

1. Warum werden die „Wau-Wau-Theorie" und die „Puh-Puh-Theorie" der Sprachentwicklung nicht ernstgenommen? (280) Was bedeutet dies allgemein für psychologische Theorien?
2. Erläutern Sie folgende Grundmerkmale von Sprachen:
   a) Sprech-Hör-Kanal (281)
   b) Spezialisierung (281)
   c) Willkür (281)
   d) Zeitperspektive (281)
   e) Produktivität (281)
   f) Vertauschbarkeit der Anordnung (282)
3. Welche Merkmale von Sprachen konnte man bei Tieren bisher nicht feststellen? (282)
4. Welche Funktionen erfüllt das Pfeifen der Delphine? (283)
5. Welche Kommunikationsarten haben einige Affen mit Erfolg gelernt? (283–285)
6. Können Affen von Menschen erlernte Kommunikationsarten untereinander verwenden? (286)
7. Stellen Sie die 4 Phasen der menschlichen Sprachentwicklung beim Säugling und Kleinkind dar! (286–288)
8. Was ist das Besondere an der Kindersprache bei den ersten Zusammenstellungen von Wörtern? (289)
9. Welche Argumente werden gegen eine lerntheoretische Erklärung des Spracherwerbs vorgebracht? (290)
10. Welche Bedeutung kommt körperlichen Grundlagen beim Spracherwerb zu? (291)
11. Widerspricht das Erlernen von Regeln ohne systematischen Unterricht den lernpsychologischen Forschungsergebnissen?
12. Geben Sie eigene Beispiele für autistisches und realistisches Denken!
13. Entwickeln Sie einen logisch wahren Syllogismus, bei dem die Konklusion faktisch falsch ist!
14. Geben Sie ein Beispiel für eine induktive Schlußfolgerung in der Psychologie!
15. Welche Gefahr sehen Sie bei einem induktiven Schluß? Was bedeutet dies für die Bewertung empirischer Forschungsergebnisse?
16. Stellen Sie die Kontinuitäts- und Diskontinuitätshypothese dar! (294–295)
17. Beschreiben Sie die beiden „Fallstricke" beim Lösen von Problemen! (296–299)
18. Geben Sie ein Beispiel für ein „gut" und für ein „schlecht" definiertes Problem! (299)
19. Was spricht für die Nützlichkeit von Metaphern? (300)
20. Welche Schwierigkeiten sehen Sie mit dem Gebrauch von Metaphern verbunden?
21. Erklären Sie, was die Autoren hier mit „Schema" meinen!
22. Geben Sie je ein Beispiel für ein situationsgesteuertes, ein rollengesteuertes und ein individuell gesteuertes Skript! (302–303)
23. Von welchen Grundannahmen geht die Attribuierungstheorie aus? (303–304)
24. Was sind Heuristiken und wozu dienen sie? (304)
25. Wie wirkt sich die Vorhandenseinsheuristik aus? (304–305)
26. Wann wirkt sich die Repräsentativitätsheuristik verzerrend auf Vorteile aus? (305)
27. Stellen Sie die Fehlerquellen von Inferenzstrategien zusammen! (305–306)
28. Wo wird der Inferenzfehler routinemäßig zur Beeinflussung der Meinungen von Menschen eingesetzt? (306) Geben Sie ein eigenes Beispiel dafür an!

9 Wahrnehmung

Über unsere Sinne haben wir Kontakt mit der Außenwelt und sind zum Überleben auf sie angewiesen. Die Arbeitsweise unserer Sinne verleitet uns zu der Annahme, diese vermittelten uns ein objektives Bild. Diese Annahme ist jedoch falsch. Die Wahrnehmung ist kein passiver Vorgang, bei dem Sinnesorgane auf Reize reagieren, sondern sie ist immer ein aktiver Prozeß der Verarbeitung von Reizen. Damit ist gemeint, daß Informationen so verwertet werden, daß sie unter den üblichen Bedingungen ein optimales Reagieren des Organismus ermöglichen.

Wenn Sie von dieser Grundidee bei der Lektüre dieses Kapitels ausgehen, so werden Sie feststellen, daß Sie im Verständnis Ihrer Reaktionen einen großen Schritt weitergekommen sind.

Verwenden Sie in diesem Kapitel nicht zuviel Zeit auf nur knapp dargestellte Theorien, denn zu einem umfassenderen Verständnis brauchen Sie unbedingt weitere Informationen. Hier sollen Sie nur einen ersten Eindruck bekommen von der Vielfalt der Erklärungsansätze und der Komplexität der Beziehungen.

1. Mit welcher einfachen Demonstration können Sie den phänomenalen Absolutismus eines Menschen erschüttern? (309)
2. Nennen Sie alltägliche Beispiele für das Phi-Phänomen! (310)
3. Geben Sie ein Beispiel dafür, daß unsere Wahrnehmungen von unseren bisherigen Erfahrungen mitbestimmt werden! (310–311)
4. Warum sehen Menschen und Autos, wenn man sie von einem Hochhaus aus betrachtet, so winzig aus? (315)
5. Erklären Sie das Phänomen, daß wir den Mond am Horizont größer erleben als wenn er hoch am Himmel steht! (315)
6. Was kann man aus der Untersuchung von optischen Täuschungen lernen?
7. Welche Faktoren arbeiten bei der visuellen Wahrnehmung zusammen?
8. Erklären Sie die Bezeichnung „Spielkasinotheorie" für die beiden skizzierten Theorien! (315–317)
9. Welche Rolle spielte die Wahrnehmung in den Theorien der britischen Empiristen? (317–318)
10. Erklären Sie anhand eines Beispiels die Ansicht der Gestaltpsychologen, daß das Ganze mehr ist als die Summe seiner Teile! (318)
11. Wie kann man die Ansicht begründen, daß die subjektive Erfahrung *die* Realität ist, mit der man sich in der Psychologie befassen soll?
12. Inwiefern kann man den Prozeß der Wahrnehmung mit einem Filterungsvorgang vergleichen? (318–319)
13. In welche drei großen Kategorien kann man die Wahrnehmungsuntersuchungen einordnen? (319)
14. Wie unterscheidet sich die Figur vom Grund? (320)
15. Was folgt aus den Beziehungen zwischen Figur und Grund für die Tarnung? (320)
16. Warum sind bei Föhn die Berge so „nah"?
17. Erklären Sie das Zustandekommen der optischen Täuschung mit den Baumstämmen auf den Eisenbahnschienen in Abbildung 9.3.!
18. Können wir mit einem Auge Objekte in ihrer relativen Position zueinander erkennen?
19. Welche Faktoren spielen bei der Tiefenwahrnehmung eine Rolle? (320–321)
20. Wie identifizieren wir die Richtung, aus der ein Schall kommt? (321–322)
21. Bei welcher Position einer Schallquelle relativ zu unserem Kopf fällt es uns am schwersten, die Schallquelle genau zu lokalisieren? (322)
22. Geben Sie Beispiele für den Einfluß der Kultur auf die Wahrnehmung! (322)
23. Welchen Einfluß auf die Einschätzung der Größe von Münzen hat die unabhängige Variable „arm vs. reich"? (325)
24. Welche möglichen Erklärungen gibt es für den Befund, daß Kinder in einer Untersuchung vor Weihnachten größere Weihnachtsmänner malten als danach? Wie sähe Ihr experimentelles Vorgehen aus?
25. Stellen Sie die Ergebnisse der Experimente dar, die dafür sprechen, daß es sinnvoll ist, einen perzeptiven Abwehrmechanismus anzunehmen! (326–327)
26. Welche Implikationen hätte der einwandfreie Nachweis außersinnlicher Wahrnehmung? (328)
27. Womit beschäftigt man sich in der Parapsychologie? (328)
28. Wie sehen typische Experimente in der Parapsychologie aus? (328)

29. Wie kommt es, daß die Ergebnisse der ESP-Forschung nicht akzeptiert werden? (328–329)
30. Welche methodologischen Probleme sind mit parapsychologischen Untersuchungen verbunden? (329)
31. Nennen Sie einige Ursachen für Bewußtseinsveränderungen! (331)
32. Was ist allen Bewußtseinsveränderungen gemeinsam? (331)

Teil III. Innere Determinanten und Persönlichkeit

10 Motivation und Emotion

Motivation und (Nicht-)Motiviertsein sind heute im Schulalltag häufig angesprochene Bereiche menschlichen Verhaltens. Da Motivation nie direkt beobachtbar ist, sondern jeweils aus bestimmten Verhaltensweisen erschlossen wird, nennen wir sie ein hypothetisches Konstrukt. Dies ist zum Verständnis dieses Kapitels von ganz entscheidender Bedeutung; auch die Beschäftigung mit anderen psychologischen Fragestellungen erfordert den Umgang mit hypothetischen Konstrukten.

Selbstverständlich haben Sie auch schon in den vorhergehenden Kapiteln solche hypothetischen Konstrukte kennengelernt. Nach der Lektüre dieses Kapitels sollten Sie in der Arbeitsgruppe der Frage nachgehen, wo vorher schon hypothetische Konstrukte eingeführt worden sind und welche Bedeutung sie für die Erklärung menschlichen Verhaltens haben.

Bei der Lektüre wird auch in besonderem Maße deutlich, wie wichtig die Beschäftigung mit den physiologischen Grundlagen des Verhaltens ist, denn ohne diese Informationen kann man die Ausführungen über Motivation und Emotion nicht immer verstehen.

1. Erklären Sie am Beispiel des Durstes, daß eine solche intervenierende Variable die Betrachtung von Verhaltensweisen vereinfacht! (344)
2. Wann spricht man in der Psychologie von „Trieb" und wann von „Motiv" und „Bedürfnis"? (344)
3. Wie kann man eine Motivation bzw. das Motiviertsein eines Individuums allgemein kennzeichnen? (344) Erläutern Sie das an einem Beispiel!
4. Von welcher Grundannahme geht man aus, wenn man Motivation als Erklärung für Variabilität im Verhalten heranzieht?
5. Geben Sie ein Beispiel dafür an, daß Motivation die Richtung des Verhaltens bestimmt!
6. Was halten Sie von dem Wunsch von Schülern und Studenten, man solle sie zum Lernen motivieren? Nehmen Sie ausführlich und möglichst differenziert Stellung! Verwenden Sie dabei alles, was Sie bisher in diesem Lehrbuch erfahren haben!
7. Welche Funktionen hat Motivation für das Verhalten? (347)
8. In welcher Beziehung stehen der Grad der allgemeinen Erregung und die Effektivität des Verhaltens? (348)
9. Was ist allen biologischen Trieben gemeinsam? (349)
10. Warum kann man in der Homöostase mehr sehen als die relative Konstanthaltung des chemischen Körpermilieus? (349)
11. Wie stellt man einen erhöhten biologischen Antrieb fest? (350)
12. Welche empirischen Ergebnisse sprechen gegen die Ansicht Cannons, daß einzig die Kontraktion des Magens das Hungergefühl verursachen? (351–352)
13. Welche Zusammenhänge fand man zwischen dem Blutzuckerspiegel und dem Hungergefühl? (352–353)
14. Welche Forschungsergebnisse lassen es zweifelhaft erscheinen, daß sich im Hypothalamus das Zentrum für Nahrungsaufnahme befindet? (353–354)
15. Wie mußte man die einfache Aktivierungshypothese modifizieren, wonach hungrige Tiere aktiver sind als satte? (354–355)
16. Entwerfen Sie ein Experiment zur Überprüfung der Frage, ob Tiere eine innere Uhr haben!
17. Durch welche Versuchsanordnungen kann man prüfen, ob durch Mund- und Magenrezeptoren oder eine kombinierte Reizung von beiden das Gefühl der Sättigung erzeugt wird? (356)
18. Geben Sie einige Beispiele für diätetische Selbstauswahl! (358)

19. Unter welchen Bedingungen kann man sich nicht auf eine funktionierende diätetische Selbstauswahl verlassen? (358–359)

20. Nennen Sie Unterschiede im Eßverhalten zwischen normal- und übergewichtigen Personen! (357)

21. Wie kann man diese Unterschiede experimentell überprüfen? (357)

22. a) Was versteht man unter „Unterernährungsneurose"?
    b) Wie hat man sie untersucht? (359–360)

23. Wozu können psychologische Untersuchungen menschlichen Verhaltens unter Nahrungsentzug bzw. -reduzierung dienen?

24. Worin unterscheidet sich die Sexualität von anderen primären Bedürfnissen? (361)

25. Diskutieren Sie die Ansicht, es gebe beim Menschen einen „Mutterinstinkt"! Wofür sprechen die Ergebnisse empirischer Forschungen?

26. In welchen Hinsichten ist der Kontakt mit einer nicht künstlichen Affenmutter für ein Affenbaby wichtig? (364–365)

27. Welche Schlüsse ziehen Sie aus den Untersuchungen an „mutterdeprivierten" Affen für die Beantwortung der Frage, wie weit sexuelles Verhalten von Affen angeboren ist oder von Umweltbedingungen geformt wird? (365)

28. a) Welche Kriterien der Bestimmung der Geschlechtszugehörigkeit gibt es? (367)
    b) Stimmen diese bei jedem Individuum überein? (367)

29. Welche Probleme sehen Sie bei der wissenschaftlichen Erforschung menschlichen Sexualverhaltens? (369–371)

30. Wie kommen verschiedene Motivationstheoretiker zu ihren unterschiedlichen Anzahlen und Einteilungen von Motiven?

31. Geben Sie ein Beispiel für erlernte Furcht! Erläutern Sie dabei den Konditionierungsvorgang. Wie kann man solches Verhalten löschen?

32. Heute werden zur Bewertung verschiedener Unterrichts- oder Schulformen oft psychologische Begleituntersuchungen gemacht. Wo können dabei Hawthorne-Effekte auftreten? Wie kann man sie verhindern bzw. kontrollieren?

33. Belegen Sie anhand von empirischen Untersuchungsergebnissen, daß die Neugier als

ein starkes Motiv angesehen werden kann! (377–378)

34. Welche Datenquellen kann man zur Beschreibung einer Emotion heranziehen? (380)

35. Wodurch wird die Erforschung von Emotionen erschwert? (380)

36. Welche Emotionen wurden besonders oft untersucht? (380) Wie erklären Sie sich das?

37. Beschreiben Sie die vier Grundtypen nichtverbaler Ausdrucksmöglichkeiten von Emotionen, die häufig untersucht werden! (381)

38. Von Geburt an blinde Kinder zeigen bei Emotionen den gleichen Gesichtsausdruck wie sehende. Kann man daraus schließen, emotionale Ausdrucksformen seien angeboren? (382)

39. Was spricht dafür, daß die Äußerung von Emotionen genetisch mitbestimmt ist? (381–382)

40. Welche Beobachtungen sprechen für die Bedeutung kultureller Faktoren für die Äußerung von Emotionen? (380–382)

41. Woraus resultiert unsere Sicherheit beim Erkennen der Emotionen anderer Menschen? (384)

42. a) Was besagt die James-Lange-Theorie der Emotion? (384–385)
    b) Wodurch wurde sie widerlegt? (385)

43. In welcher Weise sind Hormone an Emotionen beteiligt? (386)

44. Schildern Sie die Untersuchung von Schachter u. Singer (Hypothese, Vorgehen, Ergebnisse). Welche Probleme ergeben sich bei der Bewertung der Gültigkeit ihrer Befunde? (388–390)

45. Wie unterscheiden sich die theoretischen Auffassungen von Schachter und Arnold bzw. Lazarus? (390–391)

11 Persönlichkeit: Ansätze und Theorien

Die Persönlichkeitsforschung ist durch eine Vielzahl von oft sehr unterschiedlichen Richtungen gekennzeichnet, die sich mit dem hypothetischen Konstrukt „Persönlichkeit" beschäftigen. Es gibt eine Fülle mehr oder weniger präziser Definitionen von Persönlichkeit. Bei der Erarbeitung von Persönlichkeitstheorien wird besonders deutlich, wie eng die theoretische Arbeit mit dem empirischen Vorgehen verknüpft ist. Das heißt, man kann eine Persönlichkeitstheorie erst dann verstehen, wenn man ihre zentralen Annahmen und Hypothesen sowie die Methoden zu deren Überprüfung kennt und beurteilen kann. Voraussetzungen hierfür sind ein gründliches Studium der bisher dargestellten Bereiche der Psychologie, Kenntnisse der Sozialpsychologie und vor allem eine gute Kenntnis der psychologischen Methodenlehre.

Da dies in einem einführenden Lehrbuch nicht alles geleistet werden kann, sollten Sie sich in diesem Kapitel anregen lassen, auf dem Gebiet der Persönlichkeitsforschung später intensiver zu arbeiten, wenn es interessant und notwendig ist. Dazu lassen Sie sich von einem Experten geeignete weiterführende Literatur angeben. Gehen Sie deshalb hier *nur* von den Aufforderungen und Fragen in diesen Arbeitsanleitungen aus.

1. Worin unterscheiden sich der im Alltag verwendete Begriff „Persönlichkeit" und der gleichlautende psychologische Terminus? (395)
2. Nennen Sie die Informationsquellen für „naive Persönlichkeitstheorien"! (396)
3. Beschreiben Sie das Anliegen der Persönlichkeitsforschung! (396–397)
4. Unter „normal" kann man verstehen: 1. was die meisten tun (statistische Norm); 2. was einer idealen Vorstellung, z. B. Gesundheit, entspricht (Idealnorm) und 3. was eine soziale Norm an Verhalten fordert.
   a) Ordnen Sie die folgenden Beispiele richtig zu: 1. man soll nach jeder Mahlzeit die Zähne putzen; 2. die meisten Leute haben Karies; 3. Ihr Gebiß hat keine Karies.
   b) Finden Sie für jede der drei Bedeutungen von „normal" ein eigenes Beispiel!
5. Erläutern Sie die möglichen Gründe für unseren Eindruck, daß Menschen sich sehr konsistent verhalten! (397–399) Geben Sie jeweils ein eigenes Beispiel an!
6. Geben Sie Beispiele für alltägliche Einordnungen von Menschen in bestimmte Klassen von Typen!
7. Wieso ist die Typologie von Sheldon keine brauchbare Persönlichkeitstheorie? (400–401)

8. Was versteht man allgemein unter einem Persönlichkeitsmerkmal? (401)
9. Welche Annahme teilen die Persönlichkeitstheorien von Cattell, Guilford und Eysenck? (402–403)
10. Erläutern Sie einige Stärken und Schwächen der Merkmalstheorien! (403)
11. Worin bestand die Schwäche der Verwendung des Instinktbegriffs in der Psychologie? (403–405)
12. Was ist mit der Grundannahme des Determinismus bei Freud gemeint? (405)
13. Was halten Sie aufgrund Ihres erworbenen Wissens von der Grundannahme Freuds, daß dem Säuglings- und frühen Kindesalter die entscheidende Bedeutung für die Persönlichkeitsentwicklung zukommt?
14. Was verstand Freud unter Eros und Thanatos? (406)
15. Welche Bedeutung hat das Unbewußte bei Freud? (406–408)
16. Skizzieren Sie Es, Ich und Überich! (408–410)
17. Wann ist ein Mensch nach Freud nicht gestört? (410)
18. Was zeigt der Gebrauch von Abwehrmechanismen an? (410)
19. Stellen Sie die wichtigsten Kritikpunkte an Freuds Ansatz dar! (410–412)
20. Von welcher Grundannahme geht Rogers bei seinen Aussagen über die Persönlichkeit aus? (413)
21. Stellen Sie die Hierarchie der Bedürfnisse nach Maslow dar! (415)
22. Wieso ist Selbstverwirklichung nach den Kriterien Maslows die Voraussetzung für Höhepunktserlebnisse?
23. Welche Kritik kann an den humanistischen Theorien geübt werden? (416–417)
24. Welche persönlichkeitstheoretische Auffassung vertritt Skinner? (417)
25. Welches Ziel verfolgten Dollard und Miller? (417–419)
26. Charakterisieren Sie die soziale Lerntheorie! (419)
27. Wie unterscheidet sich die soziale Lerntheorie von anderen lerntheoretischen Auffassungen in der Persönlichkeitsforschung? (419)
28. Welche Kritik wird an lerntheoretischen Ansätzen in der Persönlichkeitsforschung geübt? (420)

12 Die Beurteilung der Persönlichkeit und individueller Unterschiede

Anfänger im Bereich der Persönlichkeitsforschung verwirrt immer wieder die Fülle verschiedener Persönlichkeitsmerkmale. Dabei erscheinen nicht nur die theoretischen Grundlagen verschiedener Ansätze unvereinbar; auch sind die Operationalisierungen der gleichen Persönlichkeitsmerkmale oft sehr verschieden. Im folgenden Kapitel können Sie einen Eindruck von der Vielzahl zu beachtender Aspekte bei der Beurteilung individueller Unterschiede bekommen. Gehen Sie auch hier *nur* von den Fragen und Aufforderungen in dieser Arbeitsanleitung aus, wenn Sie den Stoff „lernen". Die anderen Informationen sollen Ihren Eindruck von der Persönlichkeitspsychologie vertiefen und Sie zu weiterer Lektüre in diesem Bereich anregen.

1. Erklären Sie Retest-Reliabilität, innere Konsistenz und Validität eines Tests! (426–427)
2. Warum braucht man für die sinnvolle Interpretation eines Testergebnisses Normen? (427)
3. Wie sehen mögliche Beurteilungsskalen für Merkmale aus? (428)
4. Beschreiben Sie den Halo-Effekt! (429)
5. Welche Schwierigkeiten sehen Sie bei der Beurteilung eines Menschen anhand von Informationen aus Verhaltensstichproben? Welche Vorteile erwarten Sie?
6. Beschreiben Sie die Kontrollüberzeugungen eines typischen Internalen und eines typischen Externalen! (434–436)
7. Was messen Machiavellismus-Skalen? (437)
8. Wie definiert Zimbardo Schüchternheit? (438–439)
9. Welche Folgen hat ausgeprägte Schüchternheit? (439)
10. Was meint man mit Androgynie? (441)
11. Wie wird die Ausprägung der Androgynie einer Persönlichkeit festgestellt? Was bedeuten hohe Werte in Androgynie? (442)
12. Von welcher Zielsetzung gingen Binet und Simon bei der Entwicklung der ersten Intelligenztests aus? (443–444)
13. Welche Faktoren erklären einen Teil der Variabilität von Intelligenztestresultaten? (446–448)
14. Welche Vorteile hat die Bestimmung der Ausprägung von Primärfähigkeiten gegenüber der IQ-Bestimmung? (449–450)
15. Wie ist Kreativität in der Psychologie definiert (451)
16. Was muß zur Originalität von Ideen hinzukommen, damit kreatives Verhalten gezeigt wird? (452–453)
17. Wie sieht der Zusammenhang zwischen Intelligenz und Kreativität aus? (453)
18. In welchen Bereichen der Persönlichkeit unterscheiden sich kreative von weniger kreativen Menschen? (453)
19. Was ist von der „Verwandtschaft von Genie und Wahnsinn" zu halten? (453–454)

13 Was ist Streß, und wie kann man ihn umgehen?

Kaum ein anderer psychologischer Begriff ist heute so in aller Munde wie „Streß". Die Vagheit des Begriffs Streß trägt dazu bei, daß man ihm in der Wissenschaft mit Skepsis begegnet. Viele Psychologen ziehen es denn auch vor, Reaktionen auf bestimmte Beanspruchungen zu untersuchen, denen Menschen ausgesetzt sind. Vielleicht nehmen Sie diese Bemerkung zum Anlaß für die Überprüfung aller Ausführungen in diesem Kapitel: Könnte man den Begriff Streß weglassen oder ersetzen? Welche Konsequenzen hätte das jeweils?

1. Welche Eigenschaften erklären die hohe Anpassungsfähigkeit des Menschen? (458)
2. Gibt es auch angenehme Ursachen für Streß? (459)
3. Beschreiben Sie die drei Phasen des Allgemeinen Adaptionssyndroms! (460–461)
4. Wie wirken Emotionen und andere Faktoren auf die Entstehung psychosomatischer Krankheiten? (462–464)
5. Nennen Sie die Charakteristika des ganzheitlichen Ansatzes in der Medizin! (464–466)
6. Stellen Sie den Grundgedanken dar, der hinter einer Streßskala mit Lebensveränderungseinheiten steht! (466, 468)
7. Was läßt sich gegen die LCU-Forschungen kritisch einwenden? (469)
8. Welche Bedeutung kommt sozialen Beziehungen für die Gesundheit von Menschen

zu? Belegen Sie Ihre Ansicht anhand von Ergebnissen empirischer Forschungen! (469–470)

9. Nennen Sie Bedingungen für das Auftreten von Streß im Bereich der Arbeit! (470)

10. Welche Folgen kann berufliche Unterforderung haben? (471)

11. Welche Verhaltensweisen zur Bewältigung von Anforderungen bilden den ineffektiven Typ A? (472–474)

12. Was spricht dafür, daß Typ-A-Verhaltensweisen kulturell und sozioökonomisch bedingt sind? (474)

13. Wieso ist die Behauptung falsch, daß Menschen, die von Selbstmord sprechen, ihn nicht versuchen? (476, 478)

14. Wie sieht eine „Entspannungsreaktion" aus? Welche Faktoren fördern sie? (478–479)

15. Welche abendländischen Meditationsformen kennen Sie? Worin besteht ihre Gemeinsamkeit mit TM?

16. Auf welche Weise werden beim Biofeedback die Prinzipien des operanten Konditionierens genutzt? (481)

17. Welche Probleme sind bis heute bei der Verwendung von Biofeedback ungelöst? (481)

18. Wie müssen Warnungen formuliert sein, damit sie eine Verhaltensänderung bewirken helfen? (483)

19. Welche Ziele sollen mit den Selbstinstruktionen zur Streßbewältigung nach Meichenbaum erreicht werden? (483)

20. Wie sehen die vier Stufen für Selbstinstruktionen zur Streßreduzierung aus? (483)

21. Was sind die wesentlichen Ziele von Encountergruppen? (483–484)

22. Worin bestehen Gefahren bei der Teilnahme an Encountergruppen? (485)

Teil IV. Das Potential des Individuums und der Gruppe: Möglichkeiten und Gefahren

14 Abweichungen, Pathologie und Irresein

Psychopathologische Phänomene gehören für die meisten zum Faszinierendsten am menschlichen Verhalten. Wer vermutet, daß in diesem Bereich deshalb besonders erfolgreiche Forschungen vorliegen, täuscht sich jedoch: Erklärung und Behandlung von Verhaltensstörungen sind noch immer nicht zufriedenstellend.

Wenn es auch in der medizinischen und psychologischen Grundlagenforschung erfolgreiche Ansätze gibt, die diesen Mangel beheben könnten, so fehlt doch bis heute eine Integration der verschiedenen Bemühungen. Sowohl bei der Erklärung der Entstehung von Verhaltensstörungen als auch bei den Schlußfolgerungen bezüglich einer Therapie gehen die Ansichten weit auseinander. Man ist sich noch nicht einmal über die Einteilung der Störungen einig. Auch die im Lehrbuch vorgenommene Einteilung ist nur eine von mehreren möglichen sinnvollen, wenn auch die am häufigsten verwendete.

Da das gesicherte Wissen über die Entstehung von Verhaltensstörungen gering ist, die Anzahl der offenen Probleme jedoch sehr groß, sollten Sie sich bei der Lektüre dieses Kapitels insbesondere der kritischen Reflexion widmen. Bedenken Sie dabei vor allem: Die Bezeichnung für eine Verhaltensstörung erklärt noch nichts!

1. Welchen Wert haben Fallstudien bei der Erforschung von gestörtem Verhalten? (497)

2. Nehmen Sie kritisch Stellung zur gesellschaftlichen Definition von Geisteskrankheit!

3. Stellen Sie die Grundannahme bei einer rein körperlich orientierten Betrachtungsweise (= medizinisches Modell) von Geisteskrankheiten dar! (499)

4. Welche Folgen hat es, wenn man nur körperliche Bedingungen bei der Erklärung und Therapie von Geisteskrankheiten beachtet? (499)

5. Nennen Sie die Hauptkritikpunkte am sog. medizinischen Modell. (499–500) Woher stammen Sie? (501)

6. Welche Folgen hat das Etikett „geisteskrank" für den so bezeichneten Menschen? (501–503)

7. In Kapitel 11 (Anmerkung 4 dieser Arbeitsanleitungen) hatten wir unterschieden: 1. statistische Norm, 2. Idealnorm und 3. soziale Norm. Zeigen Sie im folgenden immer wieder auf, wie die Vermengung dieser drei Bedeutungen von „normal" zu Mißver-

ständnissen bei der Beschäftigung mit gestörtem Verhalten führen!

8. Was verstehen die Autoren unter Sucht? (506)

9. Was bewirkt unsere Auffassung über „Willensstärke", wenn wir uns mit dem Problem der Sucht befassen? (507)

10. Welche Verhaltensweisen sind typisch für Alkoholabhängigkeit und wodurch werden sie verstärkt? (508)

11. Beschreiben Sie verschiedene Grade der Alkoholabhängigkeit! (508)

12. Nennen Sie Voraussetzungen und hilfreiche Bedingungen für eine erfolgreiche Therapie bei Alkoholabhängigkeit! (509)

13. Nennen Sie einige Hilfestellungen für Alkoholabhängige, die die „Anonymen Alkoholiker" bieten! (509)

14. Geben Sie Beispiele aus Ihrer Erfahrung von wertvollen Erlebnissen, die Raucher dem Zigarettenkonsum zuschreiben!

15. Machen Sie einen differenzierten Vorschlag zur Hilfe bei Zigarettenabhängigkeit, für den Sie Ihr gesamtes psychologisches Wissen aktivieren! Denken Sie dabei an persönliche, soziale und gesellschaftliche Bedingungen!

16. Was versteht man unter psychischer Abhängigkeit? (515)

17. Wie kommt körperliche Abhängigkeit zustande? (515)

18. Stellen Sie die drei Stadien des Suchtverlaufes dar! (516)

19. Wieso kann man Drogenabhängigkeit nicht allein im Individuum begründet sehen? (516)

20. Warum sind bei einer wirkungsvollen Prävention und Therapie von Drogenabhängigkeit gesellschaftliche Faktoren von Bedeutung?

21. Wo verläuft die Grenze zwischen dem Recht auf Selbstverwirklichung und sozialen Verpflichtungen? (517)

22. Wann bezeichnet man Verhaltensweisen als „neurotisch" (517)

23. Was versteht man unter „neurotischer Angst?" (518)

24. Wann spricht man von einer „Phobie"? (518)

25. Wie unterscheiden sich alltägliche Zwangsgedanken von neurotischen? (519)

26. Wann kann man Handlungen als „zwanghaft" bezeichnen? (520–521)

27. Wie kann man feststellen, ob eine Konversionshysterie vorliegt? (521)

28. Wie kommt es, daß man heute im Vergleich zum 19. Jahrhundert Ohnmachten nur noch sehr selten beobachten kann? (522)

29. Wann spricht man allgemein von einer „hysterischen Bewußtseinsspaltung"? (522–525)

30. Wodurch ist eine hypochondrische Neurose gekennzeichnet? (524–525)

31. Welche Kombination von Verhaltensweisen wird als „depressive Neurose" bezeichnet? (525–526)

32. Welches Ziel verfolgen alle Ansätze zur Therapie neurotischen Verhaltens? (526)

33. Wodurch unterscheidet sich psychotisches Verhalten vom sog. normalen und neurotischen Verhalten? (526–528)

34. Welche organischen Schädigungen können psychotisches Verhalten verursachen? (528)

35. Was versteht man unter „funktionellen Psychosen"? (528)

36. Wodurch sind Größenwahn, Beziehungswahn und Verfolgungswahn gekennzeichnet? (529)

37. Diskutieren Sie den Übergang von „alltäglichen" zu „neurotischen" und „endogenen" Depressionen. Worin liegen Gemeinsamkeiten, und wo gibt es Unterschiede? (530–533)

38. Wieso kann man nicht von „der" Schizophrenie sprechen? (535)

39. Welche Bedeutung kommt den genetischen Grundlagen eines Menschen für die Entwicklung psychotischen Verhaltens zu? (537–538)

40. Worin liegen Schwierigkeiten bei der Erforschung des Einflusses von Erbfaktoren auf psychotisches Verhalten? (537–538)

41. Warum ist der Zusammenhang zwischen Schichtzugehörigkeit und Arten gestörten Verhaltens psychologisch nur ein erster Schritt zur Untersuchung der Bedeutung von Umweltfaktoren bei der Entwicklung gestörten Verhaltens? (538–540)

15 Therapeutische Modifikation des Verhaltens

Jeder Anfänger im Fach Psychologie zeigt starkes Interesse an der therapeutischen Modifikation des Verhaltens. Dabei hat er meistens schon Informationen über die sogenannte Psychoanalyse und gruppendynamische Versuche. Die wissenschaftlichen Grundlagen zu diesen Ansätzen sind in der Psychologie ebenso komplex wie umstritten.

Die aus der experimentellen Lernforschung abgeleiteten therapeutischen Vorgehensweisen, die unter dem Begriff „Verhaltenstherapie" zusammengefaßt werden, sind hingegen in ihrer Wirkung überprüfbar und genügen somit erst dem Kriterium der Objektivität.

Da in den vorangegangenen Kapiteln die Lernpsychologie relativ ausführlich dargestellt, die Grundlagen für die anderen therapeutischen Verfahren jedoch nur gestreift wurden, sollen nur Fragen und Aufforderungen zu den behavioristisch orientierten Therapien, d. h. der Verhaltenstherapie, bearbeitet werden.

1. Stellen Sie die Grundannahmen der behavioristisch orientierten Therapieformen dar! (555, 557)
2. Was soll sich durch eine behavioristisch orientierte Therapie beim Klienten ändern? (557)
3. In welchen Situationen ist es sinnvoll, Verhalten zu „löschen"? (557–558)
4. Geben Sie ein Beispiel dafür, daß man nicht auf alles unerwünschte Verhalten mit der Unterlassung einer Verstärkung reagieren kann!
5. Welche Voraussetzungen müssen erfüllt sein, damit „Löschung" funktionieren kann? Gehen Sie dabei ein auf die Definitionen von Verstärkung, Verhaltensanalyse und Modellwirkungen.
6. Was muß anstelle des „gelöschten" Verhaltens treten? Was bedeutet dies für alltägliches Verhalten?
7. Worin besteht die Grundidee der „reziproken Hemmung"?
8. Warum eignet sich die Technik der Desensibilisierung besonders gut für die Therapie phobischer Verhaltensweisen?
9. Wie geht man im Prinzip bei der Desensibilisierung vor? (558–559)
10. Wie wird die Verhaltenstherapie von Eysenck und Rachman gekennzeichnet? (560)
11. Erklären Sie die lernpsychologischen Grundlagen für die Technik der Reizüberflutung!
12. Unter welchen Verstärkungsbedingungen ist Reizüberflutung ein erfolgversprechendes Vorgehen?
13. Wie geht man im Prinzip bei Reizüberflutung vor? (559–560)
14. Wie sieht das Vorgehen bei einer Aversionstherapie im Prinzip aus? (561)
15. Auf welche Lernprinzipien ist die Aversionstherapie gegründet?
16. Welche Probleme ergeben sich bei der Aversionstherapie?
17. Geben Sie Beispiele an für den erfolgreichen Einsatz positiver Verstärkung! (562)
18. Wo verwenden Sie bei sich selbst positive Verstärkung?
19. Wie verstärken Sie die Personen in Ihrer Umgebung? [Denken Sie dabei auch an negative Verstärkung (≠ Bestrafung!).
20. Wann ist Modellernen im Alltag zu beobachten?
21. Bei welchen Verhaltensstörungen kann Modellernen eingesetzt werden? (563–564)
22. Stellen Sie das Vorgehen bei der „Münzökonomie" dar! (564–565)
23. Stellen Sie die Überprüfung der Wirksamkeit der Münzökonomie mittels eines ABA-Versuchsplans dar!
24. Was kann man gegen die Münzökonomie als Ersatz für Schulnoten einwenden? (565)
25. Welche Vorteile hat die Münzökonomie in der Erziehung? (567)
26. Warum stellt die Ansicht, die wirksame unabhängige Variable sei bei verhaltenstherapeutischen Verfahren manchmal nicht klar zu erkennen, eine wichtige Kritik an den geschilderten Techniken dar? (567)
27. Inwiefern ist unerwünschtes indirektes Lernen eine mögliche Schwachstelle beim verhaltenstherapeutischen Vorgehen? (567)
28. Durch welche Maßnahmen wird die Generalisierung von in therapeutischen Situationen gezeigten Verhalten auf alltägliche Situationen gefördert? (567)
29. Kognitive Verhaltenstherapie berücksichtigt explizit die Vorstellungen, Erwartungen, Einstellungen und Gedanken des

Klienten in für ihn schwierigen Situationen. Geben Sie hierfür ein Beispiel! (568)

30. Wieso ist das Erlernen sozialer Fertigkeiten bei Verhaltensproblemen oft von entscheidender Bedeutung?

16 Die sozialen Grundlagen des Verhaltens

Die Sozialpsychologie hat als Fach eine besondere Stellung innerhalb der Psychologie. Hier werden die Informationen aus anderen Bereichen psychologischer Forschung oft anders akzentuiert. Diese Ergebnisse verweisen darauf, daß Wahrnehmung, Lernen, Denken usw. sehr deutlich von sozialen Faktoren beeinflußt werden.

Für das Verständnis menschlichen Verhaltens sind sozialpsychologische Forschungen unerläßlich, viele alltägliche Verhaltensweisen werden dadurch erst verständlich. In diesem Kapitel können Sie sehr deutlich die Beziehungen zwischen Theorie, Empirie und Praxis verfolgen.

Wenn Sie mit Ihrer Gruppe bis hierher gekommen sind, haben Sie schon eine Reihe von gemeinsamen Erfahrungen gemacht, die zeigten, daß eine Gruppe nie nur sachlich ausgerichtet sein kann. Besprechen Sie die dargestellten Informationen auch einmal unter diesem Aspekt. So können Sie sich z.B. fragen, wann und unter welchen Bedingungen Sie Schwierigkeiten miteinander hatten. Was mußten Sie ändern, um wieder gut zusammenarbeiten zu können?

1. Schildern Sie das „Gefängnisexperiment" von Zimbardo und Mitarbeitern! (585–588)
2. Welche Schlußfolgerungen ergeben sich aus dem Gefängnisexperiment? (588)
3. Was spricht dafür, daß der „Gruppe" als Kerneinheit der menschlichen Evolution zentrale Bedeutung zukommt? (588–589)
4. Womit beschäftigt sich die Sozialpsychologie? (589)
5. Charakterisieren Sie die Stellung der Sozialpsychologie innerhalb der Psychologie! (589)
6. Weisen Sie die Beziehungen der Sozialpsychologie zu Nachbardisziplinen der Psychologie, wie z.B. Soziologie und Anthropologie, auf. (589)

7. Was versteht man in der Psychologie unter dem Prozeß der „Attribution"? (589)
8. Wie kann man erklären, daß der erste Eindruck so oft von entscheidender Bedeutung ist für die spätere Beurteilung eines Menschen? (590)
9. Welche Wirkungen haben Stereotype? (590)
10. Was versteht man unter dem Halo- oder Hofeffekt? (591)
11. Stellen Sie die folgenden Beurteilungsfehler dar und veranschaulichen Sie sie anhand eines eigenen Beispiels:
    a) logischer Fehler
    b) Mildefehler
    c) allgemeiner Tendenzfehler.
12. Stellen Sie Situationen dar, in denen die Tendenz wirksam ist, Personen konsistenter zu sehen als sie sich verhalten.
13. Welche Bedeutung hat die Tendenz, konsistent wahrzunehmen, für Entscheidungen, z.B. in der Schule, bei Gericht oder in einer Partnerschaft?
14. Geben Sie eigene Beispiele für dispositionale und situationsspezifische Attributionen!
15. Welche drei grundlegenden wissenschaftlichen Ansätze zur Erklärung der Variabilität menschlichen Verhaltens gibt es? (592)
16. Was versteht man unter „Attributionsfehler"? (593)
17. Erläutern Sie die Bedeutung der Variablen „Selbst-Betroffensein vs. Betroffensein-anderer" für die Art der Attribution! (593)
18. Von welchen Annahmen geht die Attributionstheorie aus? (594)
19. a) Wann neigt man eher zu dispositionalen Attributionen? (594)
    b) Wann werden eher situationsspezifische Attributionen geäußert? (594)
20. Was kann geschehen, wenn man für eine intrinsisch motivierte Aktivität von außen belohnt wird und diese Belohnung nach einer Weile entfällt? Schildern Sie ein Beispiel dazu! (594–595)
21. Welche Variablen werden als grundlegend für die Stärke der Leistungsmotivation angesehen? (597)
22. Warum ist eine Unterscheidung zwischen Personen mit Hoffnung auf Erfolg und solchen mit Furcht vor Mißerfolg sinnvoll? (597)

23. Welche Bedeutung kommt dem Gefühl zu, für Erfolg oder Mißerfolg selbst verantwortlich zu sein? (598)

24. Von welcher Annahme geht die Reaktanztheorie Brehms aus? (598–599)

25. Welche praktischen Schlußfolgerungen ergeben sich aus der Reaktanztheorie für den Alltag?

26. Was lernt man durch soziale Vergleiche? (600)

27. Soziale Anerkennung hat mindestens fünf unterscheidbare Konsequenzen. (600–601) Wäre es nicht sinnvoller, diese Konsequenzen als eigene Motive zu konzipieren? Begründen Sie Ihre Ansicht!

28. Nennen Sie Bedingungen für ein erhöhtes Bedürfnis nach Zusammensein mit anderen! Wie hat man diese Bedingungen experimentell untersucht? (601–602)

29. Welche Bedingungen fördern altruistisches Verhalten? Belegen Sie Ihre Ansicht anhand der Ergebnisse von empirischen Untersuchungen! (603)

30. Worin besteht die Grundannahme aller Konsistenztheorien? (603)

31. Wann entsteht kognitive Dissonanz? (603)

32. Wovon hängt die Stärke der kognitiven Dissonanz ab? (604)

33. Welche Möglichkeiten gibt es, kognitive Dissonanz zu reduzieren? (604)

34. Welche Bedeutung kommt der Variablen „öffentlich vs. privat" bei der Dissonanzreduktion zu? (604)

35. Nennen Sie einige Bedingungen, die die Attraktivität von Menschen füreinander erhöhen! (605)

36. Welche Bedeutung hat körperliche Schönheit für die Bevorzugung oder Ablehnung von Menschen? (606)

37. In welchen Grenzen sind kompetente Menschen attraktiv? (606)

38. Warum sind Personen, die sich als einander ähnlich erleben, in der Regel attraktiv füreinander? (606)

39. Von welcher Grundannahme geht die Austauschtheorie aus? (607)

40. Stellen Sie in Ihren Worten die austauschtheoretische Erklärung für Freundschaft und Liebe dar! (607)

41. Welche Vorhersagen macht die Gewinn-Verlust-Theorie der interpersonalen Attraktion? (608)

42. Wie kann man die Vorhersagen der Gewinn-Verlust-Theorie der interpersonalen Attraktion erklären? (608)

43. Für welche Population von Menschen und welchen Abschnitt ihres Lebens ist die Liebesskala von Rubin konzipiert?

44. Was versteht man unter „Propaganda"? (612)

45. Wann spricht man davon, daß bei einem Überredungsversuch „Zwang" ausgeübt wird? (614)

46. Definieren Sie „Einstellung"! (614)

47. Wie werden Einstellungen erworben? (614–615)

48. Welche Gruppen von Merkmalen wirken bei Einstellungsänderungen zusammen? (615–616)

49. Unter welchen Bedingungen kann man Einstellungen ändern durch zuvor geändertes Verhalten? (617–618)

50. In welchen alltäglichen Situationen geht einer Einstellungsänderung eine Verhaltensänderung voraus?

51. Stellen Sie an einem eigenen Beispiel die Bedeutung der folgenden vier Quellen des Gruppeneinflusses dar (619):
    a) persönliche Anteilnahme,
    b) öffentliche Verpflichtung,
    c) soziale Unterstützung,
    d) normative Standards.

52. Welche Funktionen haben Normen? (620)

53. Stellen Sie die Bedeutung sozialen Einflusses auf unsere Wahrnehmung anhand der Untersuchungen von Sherif (autokinetisches Phänomen) und Asch dar. (620–622)

54. Wie kann eine Minderheit die Wahrnehmung der Mehrheit beeinflussen? (622)

55. Welchen Einfluß kann eine Schule bzw. Hochschule auf die Einstellung von Schülern bzw. Studenten haben? Belegen Sie Ihre Ansicht anhand empirischer Forschungsergebnisse! (623)

56. Was halten Sie von internationalen Begegnungen, deren Initiatoren davon ausgehen, daß Kontakt mit Angehörigen anderer Völker positive Einstellungen und freundschaftliches Verhalten der Völker zueinander fördert? Gehen Sie bei Ihrer Antwort von der auf den Seiten 623–625 dargestellten Untersuchung von Sherif und Sherif aus!

57. Welche Faktorengruppen bzw. deren

Wechselwirkung fördern eine effektive Führung? (625–626)

58. Womit muß man rechnen, wenn man eine bisher autokratisch geführte Gruppe oder Klasse übernimmt und demokratisch führen will?

59. Welche Variablen, die z. B. an einer Schule eine Rolle spielen, wurden im Experiment von Lewin et al. nicht variiert? Was bedeutet das für die Generalisierbarkeit der Ergebnisse, z. B. auf Schulen?

17 Pervertierung des menschlichen Potentials

Als Thema dieses Kapitels kann die Anwendung psychologischen Wissens auf soziale Probleme angesehen werden. An Beispielen wird eine psychologische Betrachtungsweise demonstriert und die enge Verknüpfung von Grundlagenforschung mit praktischen Problemen aufgewiesen.

Natürlich kann im Rahmen eines einführenden Lehrbuchs keine umfangreiche Darstellung und Diskussion aller Gesichtspunkte erfolgen, dennoch wird die Komplexität der Bedingungen menschlichen Verhaltens erhellt und an einigen Stellen werden Anstöße zur eigenen Weiterarbeit gegeben. Zum Beispiel können Sie am Ende dieses Buches das Thema „Sexismus" über die Ausführungen im Lehrbuch hinaus bearbeiten, indem Sie in der Arbeitsgruppe alle diesbezüglichen Informationen aus den vorhergehenden Kapiteln zusammentragen und zusätzlich Informationen aus den Massenmedien kritisch bewerten, wie Sie dies aufgrund der Lektüre des Lehrbuches nun beherrschen. Sie sehen hierbei, wie weit das selbständige Arbeiten Fortschritte gemacht hat.

Dieses Kapitel können Sie als Aufforderung ansehen, Ihr Wissen über menschliches Verhalten weiter zu vertiefen. Es warten noch viele Probleme auf *Ihre* Lösung!

1. Welche Probleme sind mit Freuds Konzeption des Thanatos verbunden? (633–634) (Beantworten Sie diese Frage noch einmal, nachdem Sie Kapitel 17 ganz durchgearbeitet haben.)

2. Diskutieren Sie die Ansicht von Lorenz, Aggression sei angeboren! (Beantworten Sie diese Frage noch einmal, nachdem Sie Kapitel 17 ganz durchgearbeitet haben.)

3. In welchem Zusammenhang stehen physiologische bzw. biologische Vorgänge und aggressives Verhalten? (635–636)

4. Was besagt die Frustrations-Aggressions-Hypothese? (637)

5. Wovon hängt die Stärke einer Frustration ab? (637)

6. Finden Sie drei eigene Beispiele aus verschiedenen Bereichen alltäglichen Verhaltens, die belegen, daß nach Frustration nicht Aggression folgen muß!

7. Finden Sie alternative Erklärungen für aggressives Verhalten, z. B. gegenüber Minoritäten, ohne dabei auf die sog. Aggressionsverschiebung zurückzugreifen.

8. Inwiefern kann man aggressives Verhalten gegenüber Minoritäten durch die Aussage erklären, bestimmte Minoritäten stellten externale Auslöser dar für aggressives Verhalten? (638)

9. Wann kann nach der sozialen Lerntheorie aggressives Verhalten gezeigt werden? (638)

10. Wie können Kinder aggressive Verhaltensweisen lernen? (638–639)

11. Unter welchen Bedingungen ist die Wirkung eines Modells auf zu erwerbendes Verhalten am deutlichsten? (639)

12. Wie erklären Sie es, daß Kinder, die sich in Gegenwart ihrer Eltern ausgesprochen wohlerzogen verhalten, in Gesellschaft von Jüngeren und Schwächeren besonders aggressiv sein können? (639–640)

13. Nehmen Sie begründet Stellung zu der Ansicht, man müsse seine „Aggressionen herauslassen", wenn man sich wohlfühlen wolle! (481)

14. In welcher Weise kann durch Massenmedien aggressives Verhalten bzw. Gleichgültigkeit gegenüber Aggression gegen andere gefördert werden? (642)

15. Unter welchen Bedingungen kommt es eher zu Kindesmißhandlungen? (643–644)

16. Was versteht man in der Psychologie unter „Vorurteil"? (647)

17. Beschreiben Sie einige der Bedingungen, unter denen aus Menschen „Arier" gemacht werden können! (vgl. hierzu 647–649)

18. Heben Sie „Vorurteil" und „Rassismus" gegeneinander ab! (649–652)

19. Erklären Sie an einem Beispiel, daß Vorurteile wirken können wie sich selbst erfüllende Prophezeiungen! (652)
20. Wie können Vorurteile und Rassismus geändert werden? (652–653)
21. Zählen Sie mehrere Gruppen von Situationen auf, in denen Kinder am Modell lernen, wie sich Männer und wie sich Frauen verhalten!
22. Unter welchen Bedingungen helfen Menschen in einem Notfall am ehesten? (658)
23. Kann man die Wirkungen von Übervölkerung bei Mäusen übertragen auf menschliche Lebensbedingungen? (659–660) Begründen Sie Ihre Ansicht!
24. Wie ist der Zusammenhang zwischen Anonymität und aggressivem Verhalten nach den vorliegenden Ergebnissen von Experimenten? (661–663)
25. Welche Wirkungen können Namensschilder z.B. an den Uniformen von Polizisten haben?
26. Welche Folgen können eintreten, wenn Verhaltensweisen als „vandalistisch" bezeichnet werden? (664–665)
27. Warum ist die Etikettierung von Verhaltensweisen als „Vandalismus" wenig aufschlußreich? Welches Vorgehen würden Sie anstelle einer solchen Etikettierung bevorzugen?
28. Wann spricht man von einer „entmenschlichten Beziehung"? (667)
29. Wozu dient der Entmenschlichungsprozeß? (667–674)
30. Geben Sie Beispiele an für
    a) gesellschaftlich auferlegte Entmenschlichung (670–671)
    b) Entmenschlichung als Selbstschutz (671)
    c) Entmenschlichung zum eigenen Vergnügen (671–672)
    d) Entmenschlichung als Mittel zum Zweck (672–674)
31. Geben Sie je ein eigenes Beispiel an für folgende Techniken der Entmenschlichung:
    a) Umbenennung, b) Intellektualisierung, c) Aufgliederung in Teilbereiche, d) Zurückziehen, e) Verteilung der Verantwortung, f) soziale Unterstützung, g) Humor.

Autorenverzeichnis

Sachverzeichnis

bias (s. Beurteilungsfehler)
Bindung(sverhalten) (attachment)   139, 364 f.
Binet-Intelligenztest   443 f.
biofeedback   480 f.
Biologie   26
biomedizinische Therapien   545–552
bipolare Zellen   71 f.
bit   239
BITCH (Black Intelligence Test of Cultural Homo-
    genity)   448
Blickkontakt und Bindungsverhalten   117
blinder Fleck   71 f.
Bogengänge   78
Bouton terminal (s. Endknopf)   53
Brocca-Sprachzentrum   87
Brücke (Pons)   82
BSRI (Bem Sex Role Inventory)   442
BTBC (Boehm Test of Basic Concepts)   448
bystander-Phänomen   657–659

Cannabis sativa   513
chaining (s. Verkettung)   216
checklist   428
Chemotherapie   548–552
– und medizinisches Modell   551 f.
Chiasma opticum   81
Chlorpromazin   548 f.
Chromosomen-Aberration und Aggression   635 f.
chunking   272–274
chunks, Anzahl, u. Behalten   273 f.
– und Mnemotechnik   274
Cocktailpartyphänomen   250 f.
commitment (s. Verhaltensverpflichtung)
compliance   617 f.
Computerprogramm   241 f.
Computertechnologie   237
Computersimulation   240–243
Contergan   136
Corpus Callosum (Balken)   81, 84, 95–97, 190
– geniculatum laterale   72
Corti-Organ   78
counterbalancing (s. Ausbalancieren; experimentelle
    Kontrolle)
CR ("conditioned reaction"; s. Reaktion)
crowding (s. Übervölkerung)
CS ("conditioned stimulus"; s. Reiz)
Curare   314
– und Konditionierung   203

Daten, Primär- vs. Sekundärdaten   18
Datenverarbeitung, elektronische (EDV) vs. mensch-
    liche   243
Datum (s. Meßwert; Konstrukt)
Deduktion   14
–, Denkfehler   292
Definition, operationale   16
Dehumanisierung (s. Entmenschlichung)   667
Deindividuation und Anonymität   660–663
Dementia praecox   534
Dendriten   53–57
Denken, autistisches   291
–, deduktives   292
–, evaluatives   293

–, induktives   292 f.
–, kreatives   293
– und Problemlösen   291–299
–, produktives   294
–, realistisches   291
–, reproduktives   294
–, schlußfolgerndes   292
Denkprozesse (s. kognitive Prozesse)
Denkstörungen   291
Depolarisation   56–59
Depression, diätetische (s. a. Unterernährungsneuro-
    se)   360
–, endogene vs. reaktive   530–532
– und erlernte Hilflosigkeit   219, 532
– und kortikale Verstärkungsmechanismen   533
–, Merkmale   532
–, neurotische vs. psychotische   531 f.
– und Suizid   447
– und verbale Selbstinstruktion   229 f.
depressive Neurose   525 f.
Deprivation und Motivation   350 f.
– und operantes Konditionieren   212
–, soziale
–, –, und Retardation   391
–, –, und Verstärkerwirksamkeit   377
Desensibilisierung, systematische   130, 558 f.
Determinismus   230 f.
– und psychodynamische Persönlichkeitstheorie
    405
–, „weicher"   557
Devianz (s. Psychopathologie)
– und Vandalismus   664 f.
Dezibel (dB)   79
diätetische Selbstauswahl   358
Dienzephalon (Zwischenhirn)   81
Differenzierung und klassisches Konditionieren
    178–181
disengagement   158
Dishabituation und Orientierungsreaktion   173
Diskontinuitätshypothese des Problemlösens   295
Diskrimination und experimentelle Neurose   184–
    187
Diskriminationstraining   193, 216 f.
–, Anwendungen   188
Diskriminierung und Vorurteil   647, 649 f.
Dispersionsmaße (s. Streuungsmaße)
Dispersionstheorie des Hörens   79
Divergenz im Nervensystem   64
– in der Netzhaut   72
Dominanz-Submissivitätshierarchie (s. a. Hackord-
    nung)   94
Doppelblindversuch   27 f.
Drehtürphänomen   533, 550, 579
„dritte Kraft" (s. Humanismus)
Drogen, psychoaktive, und Abhängigkeit   515 f.
–, psychotrope   512 f.
Drogenmißbrauch, prädisponierende Persönlichkeits-
    merkmale   516
Drogensucht   511–517
Drüsen, endokrine   92 f.
Dualismus   47 f.
Dunkeladaptation   73
Durchführungskontrolle (s. experimentelle Kon-
    trolle)

hardware 240f.
Hautsinne 69f.
HAWIE, HAWIK (Hamburg-Wechsler-Intelligenz-
test) 446
Hawthorne-Untersuchung (Effekt) 377
Heiratsalter 150
helfendes Verhalten 657–659
Helligkeitswahrnehmung 73
Hellsehen 328
Hemisphären 84
–, kontralaterale Organisation 94–97
Hemisphärendominanz 87, 96f.
Hemmung und klassisches Konditionieren 178–181
–, konditionierte 181
–, laterale und Konturenwahrnehmung 74f.
– und operantes Konditionieren 213
Hering-Theorie (s. Gegenfarbenmodell)
Hermaphroditismus 367–369
Herzfrequenz, Konditionierung 183
Herzkrankheit (s. Koronarerkrankung)
Heuristiken 304f.
Hinderniskasten (“obstruction box”) 350f.
Hinterhauptslappen (s. Okzipitallappen) 71
Hinterwurzel 61
Hippocampus 81, 90, 175, 190
– und Informationsübertragung 258
Hirnnerven 51, 81
Hirnstamm 61f., 81, 84
Hoden 92
hohes Erwachsenenalter 154–160
Homöostase 93, 349f.
Homosexualität 372f.
Homunkulustheorie der psychischen Entwicklung
101
Hören 77–80
–, Entwicklung 114
Hormonausschüttung bei Streß 461
– bei Übervölkerung 659f.
Hormone 50, 92
– und Emotion 385–392
Hörnerv 78
Hörschwelle 79f.
Hörzentren 87
Hornhaut 71
Hospitalismus 140
Human- und Tierversuche 25
Humanismus 42f.
humanistische Bewegung 568f.
– Psychotherapie 570–572
– Modell 42–44
Hunger 351–360
–, aktivierende vs. sensitivierende Wirkung 354f.
–, Blutchemie 352f.
–, externe Reizkontrolle 355f.
– und Kalorienwert vs. Geruchsreiz 356
– und Sättigungsmechanismen 356–359
Hungergefühl und Magenkontraktion 351f.
Hungertrieb und Unterernährung 359f.
Hungerzentren 353f.
Hyperaktivität bei Kindern 550
Hyperpolarisation 56
– und IPSP 59
Hypnose und Hysterie 521
Hypnotika 513

Hypochondrie, neurotische 524f.
Hypoglykämie 353
Hypophyse 81, 92f., 386
Hypophysenvorderlappen
– und Streß 461
Hypophysenwachstumshormon 93
Hypothalamus 81, 89
– und Aggression 635
– und Emotion 385f.
–, Stimulation
–, –, und Triebzustände 353f.
Hypothesen, Definition 18
–, Eliminierung 18–20, 24
–, experimentelle 24f.
– und experimentelle Kontrolle 20–25
– und induktives Denken 292f.
Hypothesenprüfungsansatz der Sprachentwicklung
291
Hysterie 38, 405, 521–524

Ich 408, 552
–, Abwehrmechanismen 410f.
Ich-Ideal und Persönlichkeitsentwicklung 408f.
Ich-Integrität 106, 127, 160
Ideen als Elemente der Erfahrung 317f.
Identifizierung mit dem Angreifer 651
Identität 106, 126, 149
Idiolalie 279
Idopsin 72
I-E-Skala (s. a. Kontrollüberzeugung) 435
Ikon 250
ikonische Repräsentation 142, 144
Imitationslernen (s. Beobachtungslernen) 227
Imitationskorrekturmodell des Spracherwerbs 290f.
Implosivtherapie (s. a. Reizüberflutung) 559f.
Impuls, elektrischer
–, –, des Nerven 53f., 65
Impulsübertragung im Nerven 48, 50
Individualdistanz 11f.
Individuation 555
individuelle Unterschiede
– –, Untersuchung und Messung 424–434
Induktion 14
Inferenz und Langzeitgedächtnis 255
–, statistische 24f.
Inferenzstrategien 305f.
Informationsspeicher und Gedächtnissysteme 249–
258
–, sensorische 250–252
Informationstheorie 239f.
Informationsverarbeitung
–, menschliche 234–243
–, –, vs. Computersimulation 240f.
Informationsverarbeitungsniveau und Gedächtnis
(“level of processing”) 257
Informationsverarbeitungssystem, Hauptmerkmale
235–238
Inhibition (s. Hemmung)
Initiative 126, 146
Innenohr (Kochlea) 77f.
innere Konsistenz (s. Reliabilität)
Input, sensorischer und Nervensystem (s. a. Informa-
tionsspeicher) 51

Schwellen und Skalierung 67 f.
score (s. Testpunktwert)
scripts 302 f.
Seh-Areale 71
Sehen 70–77
–, Entwicklung 114–117
Sehnerv 71 f.
Sehsysteme 70–73
sekundärer Krankheitsgewinn 405
Selbst, theoretische Konzeptionen 414
Selbstabkapselung 106, 127, 152
Selbstbehauptung, Entwicklung 146
Selbstbeobachtung 230 f.
Selbstbericht 16
– und Verhalten 8
Selbstbewertung 230
Selbstbild 228, 230
Selbstdarstellung 423 f.
Selbsterfahrungsgruppen 483–485
Selbstinstruktionen 229
Selbstregulation 230–234
selbstregulatorische Prozesse 419
Selbstreizung 354
– und operantes Konditionieren 190
Selbstsicherheitstraining 568
Selbstsystem 127
Selbstverstärkung 231–234
–, Mechanismus vs. Prozeß 233
Selbstverwirklichung (-aktualisierung) 43, 413–416,
    555
Selbstwirksamkeit (self efficacy) 233
self fulfilling prophecy 6
Semantik 300–302
semantische Informationsverarbeitung im Langzeitge-
    dächtnis 255–258
Senilität 90
sensorische Bahnen (Afferenzen) 62, 64
sensorische Informationen, verschiedene Arten 69 f.
– Puffersystem (s. Informationsspeicher)
Septum 90, 94, 190
Sequenzstudie 107 f.
Settingstruktur 266 f.
Sexismus und Geschlechterrollenstereotypien 654 f.
–, unbewußte Ideologie 653–655
Sexualhormone 93
Sexualität 38, 145, 149, 152
–, menschliche 366 f.
–, –, und Erregung 369–371
–, –, Erregungs- und Reaktionsmuster 371 f.
–, –, Hetero- und Homosexualität 372 f.
– und methodologische Probleme 371
–, psychodynamischer Ansatz 406–408
–, psychologische Aspekte 366 f.
–, Tabuisierung 366
Sexualtrieb 360–373
– und Alter 371 f.
– vs. andere Triebarten 361
Sexualverhalten und Bemutterung 365
– und frühkindliche soziale Erfahrungen 361
–, kulturelle Variation 372
–, Merkmale 361 f.
shaping (s. Verhaltensformung)
shuttle box (Wechselkäfig) 376
Signal (s. a. Informationstheorie)

– und Lernen 170
Signifikanz 24 f.
Signifikanzniveau 25
sinnlose (sinnarme) Silben 252 f.
Skalenniveau 68 f.
Skalierung 68 f.
Skelettmuskulatur, Kontrolle 60 f.
Skinner-Box 21, 40, 196, 213, 217
– und Gehirnstimulation 190
Sklera 71
software 240 f.
Somatotyp, Kategorien nach Sheldon 400 f.
Sozialbehaviorismus 420
soziale Anerkennung, Bedürfnis 600 f.
– Beziehungen und Gesundheit 469 f.
– Einfluß 610–619
– Erleichterung ("social facilitation") 615
– Erwünschtheit und Attraktion 607
– Interaktion 618–627
– Lerntheorie 143, 224–234
– – und Persönlichkeit 419
– Normen und Abweichung 506
– Pathologie 630–676
– Vergleichsprozesse 599 f.
– – und Attraktion 606
Sozialisation im Jugendalter 147
– im Kindesalter 145 f.
– im Säuglingsalter 143
Sozialisierung und psychosoziale Entwicklungspha-
    sen 127
Sozialpsychologie, Ansatz 588 f.
Soziologie 26
späte Kindheit 144
Spielkasinotheorien der Wahrnehmung 315–317
Spielverhalten 145
Spinalisierung 64
split-brain-Patienten 95–97
Spontanerholung 183
Sprache 280–291
–, Entwicklung 286–291
–, Kriterien 281 f.
– bei Tieren 282–286
–, Wesen 280–286
Sprachentwicklung, biologische Faktoren 291
– im Kindesalter 144 f.
–, Phasen 286–288
–, Schema 288–290
Spracherwerb 142 f.
Sprachlaute im 2. Lebensjahr 287 f.
Sprachlernen, Theorien 290 f.
Sprachproduktion im Säuglingsalter 287
Sprachschatz 143 f.
Sprachursprung 280
Sprachwahrnehmung im Säuglingsalter 287
Sprachzentren 87
spreading-depression-Methode 96
Spurenzerfallstheorie des Vergessens 261–263
SQ3R-Methode 270–272
S-R-Theorie 39
Stäbchen 70 f.
–, Summation und Lichtsensibilität 73
Stadtzentren, Psychopathologie 655–667
Standardabweichung 24, 445
Standardisierung als Gütekriterium 427

Quellenangaben

Abbildungen und Zitate, auf die nicht an den entsprechenden Stellen im Buch hingewiesen wird, sind nachstehend genannt. Wir bedanken uns bei allen für die freundliche Unterstützung.

9 After National Safety Council, 1969.
11 Chicago Board of Health, 1969.
17 Courtesy of Charles Pfizer & Co., Inc., photo by Art Green (links); photo by Will Rapport, courtesy of Prof. B. F. Skinner (rechts).
19 Scott, Foresman staff photographer.
22 Photo by Dr. Ph. G. Zimbardo.
33 The Bettermann Archive (oben); photo by James Ballard (unten).
34 Wide World (center; courtesy of Dr. Ph. G. Zimbardo, links); courtesy Jester of Columbia University (rechts).
38 Brown Brothers.
40 Ken Heyman.
42 Adapted from Hitt, 1969.
43 The Bettermann Archive.
47 The Bettermann Archive.
52 University College London.
55 From De Robertis, E. "Submicroscopic Morphology of the Synapse," *International Review of Cytology*, 1959, 9, 61–96. New York: Academic Press, Inc. Reprinted by permission.
60 Courtesy of Dr. Edwin R. Lewis (oben links); courtesy of Dr. Sanford L. Palay (oben rechts).
66 From *Neurophysiology: A Primer* by C. F. Stevens, 1966, John Wiley & Sons, Inc. Reprinted by permission of the publisher.
74 Photo courtesy of Dr. Edwin R. Lewis.
75 From "Spatial and Temporal Aspects of Retinal Inhibitory Interaction" by F. Ratliff et al., *Journal of the Optical Society of America*, Vol. 53, 1959, 110–121, by perimission of the publisher (links); photo by James Ballard (rechts).
76 From *Frontiers in Physiological Psychology* by R. W. Russell, Editor, by permission of Academic Press and the author. Copyright © 1966, Academic Press Inc.
87 Adapted from "The Functional Organisation of the Brain" by A. R. Luria. Copyright © 1970 by Scientific American, Inc. All rights reserved.
90 Courtesy of Dr. José M. Delgado.
94 Courtesy of Dr. José M. Delgado.
96 From *The Harvey Lectures*, Series 62, 1968, by permission of Academic Press, Inc., and the author.
102 Drawing by Niklaas Hartsoeker, from *Early Theories of Sexual Generation* by the late Prof. F.

J. Cole (links oben); photo by A. G. Schering, Berlin, as published in *Nature,* courtesy of *Science News* (links unten); Bayley, N. "On the Growth of Intelligence," *American Psychologist,* 1955, 10, 805–818. Copyright © 1955 by the American Psychological Association (rechts oben); reprinted by permission.
108 From Nesselroade, J. R. and Baltes, P. B. "Adolescent Personality Development and Historical Change: 1970–1972." *Monographs of the Society for Research in Child Development,* Vol. 39 (1, Serial No. 154), 1974, © The Society for Research in Child Development, Inc.
111 Scammon, R. E. "The Measurement of the Body in Children." In Harris et al., *The Measurement of Man,* Fig. 67, p. 184. Minneapolis: University of Minnesota Press, 1930. Reprinted by permission.
112 From *The First Two Years,* by Mary M. Shirley, by permission of University of Minnesota Press.
113 From *Genetic Psychology Monographs,* by Hsiao Hung Hsiao, by permission of Clark University Press.
116 Photos by William Vandivert, courtesy of *Scientific American.*
118 Photos, Susan Carey and Rhena Diamond, Massachusetts Institute of Technology; graph from S. Carvey and R. Diamond, "Piecemeal to Configurational Representation of Faces," *Science,* January 21, 1977, 195, 312–313, fig. 2. Reprinted by permission.
123 Wide World.
129 Photos by J. E. Steiner, from *Advances in child development and behavior,* Vol. 13, by H. W. Reese and L. P. Lipsitt, by permission of Dr. J. E. Steiner and Academic Press Inc.
136 Stern/Black Star.
138 Photograph by Ken Heyman.
140 Suzanne Szasz/Photo Researchers, Inc.
148 "Carrying Behavior in Humans: Analysis of Sex Differences." Jenni, D. A. and Jenni, M. A., *Science,* November 19, 1976, Vol. 194, 859–860, Fig. 1 und 2. Reprinted by permission.
151 Adaption of Tables from *Marriage and Family Development* (5th ed.) by Evelyn Mills Duvall. Copyright © 1957, 1962, 1967, 1971, 1977 by J. B. Lippincott Company. Reprinted by permission of Harper & Row, Publsihers, Inc.
153 George Bellerose/Stock, Boston.
154 Nat Farbman, *Life Magazine,* © 1947 Time Inc. (oben); Christa Armstrong/Photo Researchers, Inc. (unten).

158 Geoffry Gove/Photo Researchers, Inc.

161 John Launois/Black Star (oben und unten).

162 Demographisches Jahrbuch der Vereinten Nationen.

165 Courtesy of Eli Lilly and Company.

174 Photo courtesy of Dr. Lewis P. Lipsitt, Hunter Laboratory, Brown University (links); reprinted from the *Journal of Comparative and Physiological Psychology,* Vol. 56, 1963, 73–77, by permission of the American Psychological Association and the authors (oben rechts); from "Decrement and Recovery of Olfactory Stimuli in the Human Infant" by Trygg Engen and Lewis P. Lipsitt, *Journal of Comparative and Physiological Psychology,* 1965, *59,* 312–316, by perimssion of the authors (unten rechts).

175 Nach Sokolow, 1960.

176 Reprinted from the *Psychological Bulletin,* Vol. 6, 1969, 257–273, by permission of the American Psychological Association.

179 Culver Pictures.

180 The Bettermann Archive.

181 From "Central Inhibition in Cortical Conditioned Reflexes" by F. Morrell and M. Ross, *The American Medical Association Archives of Neurology and Psychiatry,* Vol. 70, 1953, 611, by permission of the publisher and the authors (oben); from *Electroencephalography and Clinical Neurophysiology,* Vol. 10, 1958, 487–502, Fig. 3, by permission of Elsevier Publishing Company (unten).

188 Courtesy of Dr. Thom Verhave (links); courtesy of Dr. B. F. Skinner (rechts).

198 The New York *Times* (oben); courtesy of Dr. Warren R. Street, Central Washington State College/Reprinted by permission of APA Monitor.

203 Courtesy of Dr. Neal E. Miller.

222 Adapted from O'Leary, Kaufman, Kass, & Drabran, 1970. Copyright 1970 by The Council for Exceptional Children. Reprinted by permission.

223 Culver Pictures.

226 Thomas Brand (oben links); Wendy Rosen Malecki (oben rechts); © 1977 Erika Stone/ Photo Researchers, Inc. (unten).

232 Courtesy of Ph. G. Zimbardo, Inc.

238 Adapted from *Plans and the Structure of Behavior* by George A. Miller, Eugene Galanter and Karl H. Pribram. Copyright © 1960 by Holt, Rinehart and Winston, Inc. Reprinted by permission of Holt, Rinehart and Winston (oben); Adapted with permission from *Encyclopaedia Britannica* (15th ed.), 1974, *2,* 506.

242 From Attneave, Fred, *Applications of Information Theory to Psychology: A Summary of Basic Concepts, Methods, and Results.* Copyright © 1959 by Henry Holt and Company, Inc. Reprinted by permission of Holt, Rinehart and Winston.

254 "High Speed Scanning in Human Memory," Sternberg, S., *Science,* Vol. 153, 652–654, Fig. 1, August 5, 1966. Reprinted by permission.

256 Adapted from D. E. Meyer and R. W. Schwaneveldt, "Meaning, Memory Structure, and Mental Processes," *Science,* April 2, 1976, Vol. 192, 27–33. Diagram reprinted by permission. (Originally from A. M. Collins and M. R. Quillian, "Retrieval Time from Semantic Memory," *Journal of Verbal Learning and Verbal Behavior,* 1969, *8,* 240–247. Reprinted by permission of Academic Press and the author.)

257 Sachs, Jacqueline S. "Recognition Memory for Syntactic and Semantic Aspects of Connected Discourse." *Perception and Psychophysics,* 1967, *2.* Reprinted by permission.

260 From Ebbinghaus, H. *Memory,* 1885.

262 From an article by Jenkins and Dallenbach in *American Journal of Psychology,* 1924, *35,* 605–612. Champaign, Ill.: University of Illinois Press. Reprinted by permission.

264 From A. W. Melton & J. M. Irvin, "The Influence of Degree of Interpolated Learning on Retroactive Inhibition and the Overt Transfer of Specific Responses." *American Journal of Psychology,* 1940, *53,* 173–203. Champaign: University of Illinois Press. Reprinted by permission.

265 From Postman, L. and Rau, L. *Retention as a Function of the Method of Measurement.* University of California Publications in Psychology, 1957, 8(3). Reprinted by permission.

267 From J. M. Mandler and N. S. Johnson, "Rememberance of Things Parsed: Structure and Recall." *Cognitive Psychology,* 1977, *9,* 111–151, Academic Press, New York. Reprinted by permission.

271 From the *Journal of Experimental Psychology,* Vol. 12, 1929, 71-78. Copyright 1929 by the American Psychological Association. Reprinted by permission.

275 From *Psychonomic Science,* Vol. 14, 1969, 181–182, by permission of Psychonomic Journals, Inc.

276 Photo by Wayne Schiska.

279 Wide World.

282 Photo by David K. Caldwell, by permission of Biological Systems, Inc.

285 Dr. David Premack (oben links); Yerkes Regional Primate Center of Emory University (oben rechts); Dr. Ronald Cohn, The Gorilla Foundation (unten).

288 Courtesy of Childrens Television Workshop.

295 Photo by Baron Hugo Van Lawrick.

303 Wide World.

310 Courtesy of Dr. Herman A. Witkin.

311 Reprinted by permission from *Scientific American,* photos by William Vandivert.

316 Courtesy of the Institute for International Social Research (oben).

322, 324 (unten), 326 (rechts) From "A Study of a Neglected Portion of the Field of Learning – the Development of Sensory Organisation" by Robert Leeper, *The Journal of Genetic Psychology,* 1935, *46,* 41–75, by permission of The Journal Press and the author.

323, 324 (oben) Courtesy of Dr. Norwood R. Hanson, from Hanson, N. R., *Patterns of Discovery.* Cambridge University Press, 1958.

326 From "The Perceived Size of Coins in Normal and

Hypnotically Induced Economic States" by W. R. Ashley, R. S. Harper, and D. L. Runyon, *American Journal of Psychology,* Vol. 64, 1951, 564–572, by permission of the University of Illinois Press.

330 The Daily Telegraph Magazine/Woodfin Camp and Associates.

333 Les Klug.

337 From *The Psychology of Consciousness* by Robert E. Ornstein. W. H. Freeman and Company. Copyright © 1972.

339 Arthur Rickerby; *Life* Magazine © Time, Inc.

348 From *A. Textbook of Psychology* by D. O. Hebb, 2nd ed., 1966, 235, Fig. 75, by permission of W. B. Saunders Company and the author.

350 From *Animal Motivation: Experimental Studies on the Albino Rat* by C. J. Warden, 1931 Columbia University Press, by permission of the publisher.

355 From *Psychonomic Science,* Vol. 19, 1970, 61-62, Fig. 2, by permission of Psychonomic Journals, Inc.

360 Wallace Kirkland, courtesy of *Life,* © 1945, Time, Inc.

362 By permission of Dr. L. P. Brower.

364, 365 (rechts) Courtesy of Dr. Harry F. Harlow, University of Wisconsin Primate Laboratory.

365 From the *American Psychologist,* Vol. 13, 1958, 673–685. Copyright 1958 by the American Psychological Association. Reprinted by permission (links).

376 Photos by Dr. Ph. G. Zimbardo.

382 United Press International.

383 Courtesy of Dr. H. Schlosberg and the American Psychological Association.

384 United Press International.

386 From *Endocrines and the Central Nervous System* by R. Levine, Editor, Proceedings of the Association for Research in Mental Disease, Vol. 43, 1966 Williams and Wilkins, by permission of the Association for Research in Nervous and Mental Disease.

387 From *Human Gastric Functions* by Wolf and Wolff, Oxford University Press 1947, by permission.

389 From *Psychological Review,* Vol. 69, 1962, 379–399. Copyright by the American Psychological Association. Reprinted by permission.

396 Harvey Stein.

400 From G. L. Ferrero: *Criminal Man According to Classification of Cesare Lombroso,* 1911.

401 Michael I. Valery/FPG (links); Ken Heyman (rechts).

404 Fig. 1 of mean recall scores from Eysenck, H. J. *Eysenck on Extraversion,* 1973, 173. England: Granada Publishing Limited. Reprinted by permission.

407 Wayne Miller/Magnum Photos (oben).

411 Plutchik, R., Kellerman, H., and Conte, H. A Structural Theory of Ego Defenses and Emotions, in *Emotions and Psychopathology,* C. Izard (Ed.). New York: Plenum Publishing Corporation, 1978 (oben); © Punch, London (unten rechts).

418 From Miller, Neal, E. "Experimental Studies of Conflict" found in *Personality and the Behavior Disorders,* 1944, 440. New York: The Ronald Press Company.

420 Hall, C. S., and Lindsay, G. "Dimensional Comparison of Theories of Personality," from *Theories of Personality.* Copyright © 1957 by John Wiley & Sons, Inc. Reprinted by permission.

432 Prepared by John Mayahara.

433 Van Bucher/Photo Researchers, Inc.

436 Charles Gatewood/Magnum Photos.

439 From Zimbardo, Ph. G., Pilokins, P. A., and Norwood, R. M. "The Silent Prison of Shyness." The Office of Naval Research Technical Report Z-17, November 1974. Stanford, Cal.: Stanford University Press. Reprinted by permission.

440 © Bob Combs '74/Photo Researchers, Inc.

443 Vannuci Photo Services/FPG (oben); © Alice Kandell/Rapho – Photo Researchers, Inc. (unten).

447 © Bob Krueger '76/Photo Researchers, Inc.

451 © George Holton '72/Photo Researchers, Inc.

452 Courtesy of Dr. Frank Barron.

460 From Magoun, H. W. *Brain Mechanisms and Consciousness,* Delafresnay, J. F. (Ed.), 1954. Copyright by Blackwell Scientific Publications Limited. Reprinted by permission (links); Orville Andrews/FPG (rechts).

461 From Hans Selye, *Stress in Health and Disease.* Worburn, Mass.: Butterworth (Publishers) Inc., 1976. Reprinted with the permission of the publisher.

462 Ken Regan/Camera 5 (oben); Frank Fisher/GAMMA/LIAISON (unten).

464 Sherry Suris/Photo Researchers, Inc.

467 U.S. Army Photo, courtesy of Walter Reed Army Institute of Research.

468 From "Short Term Intrusions into the Life-style Routine" by T. S. Holmes and T. H. Holmes, *Journal of Psychosomatic Research,* Vol. 14, 121–132, June 1970. Reprinted by permission of Pergamon Press, Ltd. and T. H. Holmes.

472 Courtesy of Ph. G. Zimbardo, Inc.

473 Nicholas Sapieha/Stock, Boston.

475 Arthur Grace/Stock, Boston.

480 From Ferguson, P. G., Gowan, J. C. "TM: Some Preliminary Findings." *Journal of Humanistic Psychology,* 1976, 16. Copyright by the Association for Humanistic Psychology. Reprinted by permission (oben links); Barbara Alper/Stock, Boston (oben rechts); © Ray Ellis '77/Photo Researchers, Inc. (unten rechts).

482 Folkins, Lawson, Opton, and Lazarus. "Desensitization and the Experimental Reduction of Threat." *Journal of Abnormal Psychology,* 1968, 73, 100–113. Copyright 1968 by the American Psychological Association. Reprinted by permission.

484 Photograph by Ken Heyman.

485 Washington Star Syndicate, Inc.

491 Photo by Jean Claude Lejeune.

495 The Bettermann Archive, Inc.

502 From Haas, K. "Let the Punishment Fit the

Crime." *Understanding Ourselves and Others,* 1965. Reprinted by permission of Prentice-Hall, Inc., Englewood Cliffs, New Jersey.

504 "Miss Patch," courtesy of Mell Lazarus and Publishers-Hall Syndicate, © Field Enterprises, Inc., 1974.

510 From *Psychological Bulletin,* Vol. 71, 1969, 418–420. Copyright 1969 by the American Psychological Association. Reprinted by permission.

515 From *Science,* Vol. 181, 716–722, August 24, 1973. Copyright 1973, by the American Association for the Advancement of Science.

539 From *Social Class and Mental Illness* by E. P. Hollingshead & F. C. Redlich, 1958, John Wiley & Sons, Inc., by permission.

544 Bob Towers (oben links); Marc J. Pokempner (unten links); Ken Regan/Camera 5 (oben rechts).

548 Paul Fusco/Magnum Photos.

560 From *The Causes and Cures of Neurosis* by H. J. Eysenck & S. Rachman (San Diego: R. Knapp, 1965), by permission of the publishers, Routledge & Kegan Paul, Ltd., and the authors.

562 Photos by Allan Grant.

563 Courtesy of Ph. G. Zimbardo.

564 Reproduced by permission of the publisher, F. E. Peacock Publishers, Inc., Itasca, Illinois. From A. Bandura, "Modelling Therapy," *Psychopathology Today: Experimentation,* in W. S. Sahakian's *Theory and Research,* 1970, 533.

566 From "Proposal for Continued Development of a Treatment Program for Chronic Patients" by L. Rouse & S. Reilly. Unpublished Mimeo Report, August 26, 1973, by permission.

575 From "The Therapeutic Community" by Richard Almond. Copyright © 1971 by Scientific American, Inc. All rights reserved.

586 Courtesy of Ph. G. Zimbardo.

590 Reprinted by permission of Newspaper Enterprise Association.

591 From the *Journal of Personality and Social Psychology,* Vol. 13, 1969, 1–16. Copyright 1969 by the American Psychological Association. Reprinted by permission.

592 From the *American Journal of Psychology,* Vol. 57, 1944, 243–259, by permission of the University of Illinois Press.

598 From the *Nebraska Symposium on Motivation,* edited by W. Arnold, © 1968 University of Nebraska Press. Reprinted by permission.

602 Adapted from *The Psychology of Affiliation* by S. Schachter, 1959, Stanford University Press, by permission of the publisher (links); adapted from *Social Psychology and Modern Life* by Patricia Niles Middlebrook. Copyright © 1973 by Alfred A. Knopf, Inc.; reprinted by permission of the publisher (rechts).

605 From *The Cognitive Control of Motivation: The Consequences of Choice and Dissonance* by Philip

G. Zimbardo. Copyright © 1969 Scott, Foresman and Company.

609 From *Liking and Loving* by Zick Rubin. Copyright © 1973 by Holt, Rinehart and Winston, Inc. Reprinted by permission of Holt, Rinehart and Winston, Inc.

610 Adapted from "Informational Loss in a Social Setting" by Melcolm Brenner, from Mimeographed Technical Report, University of Michigan, 1970. Used by permission of the author.

611 U.P.I.

621 From "Opinions and Social Pressure" by Solomon E. Asch. Copyright 1955 by Scientific American, Inc. All rights reserved (oben und unten).

624 Courtesy of Dr. Muzafer Sherif, from Sherif, M., & Sherif, Carolyn, *An Outline of Social Psychology* (Rev. ed.). New York: Harper & Row, 1956.

634 Reprinted from the *Journal of Abnormal and Social Psychology,* Vol. 63, 1961, 466–492. Copyright 1961 by the American Psychological Association. Reprinted by permission.

636 San Francisco Examiner.

639 Courtesy of Dr. A. Bandura.

641 Gilles Peress/Magnum Photos.

643 U.P.I. (oben und unten).

648 Courtesy of Mrs. Jane Elliott and ABC Television, photo by Charlotte Button.

650 From *Children of Crisis: A Study of Courage and Fear,* by permission of Atlantic-Litle, Brown and Co. Copyright © 1964, 1965, 1966, 1967 by Robert Coles.

655 Alice Kandell/Rapho Guillmette Pictures.

657 Charles Gatewood.

658 Reprinted from the *Journal of Personality and Social Psychology,* Vol. 8, No. 4, 1968, 377–383. Copyright 1968 by the American Psychological Association. Reprinted by permission.

660 Wide World Photos.

661 Photo courtesy of Ph. G. Zimbardo, Inc. (oben); graph adapted from Ph. G. Zimbardo, "The Human Choice: Individuation, Reason and Order Versus Deindividuation, Impulse, and Chaos." In W. J. Arnold & D. Levine (Eds.), *Nebraska Symposium on Motivation,* 1969 (unten).

663 Reprinted from the *Journal of Personality and Social Psychology,* 1973, 25, 342–345. Copyright 1973 by the American Psychological Association. Reprinted by permission.

664 Wide World Photos (oben); Ken Heyman (unten).

666 Courtesy of Dr. Ph. G. Zimbardo.

667 Courtesy of Dr. Scott C. Fraser.

669 Joel Meyerwitz.

670 Martha Cooper Guthrie.

673 From „Justifying the Final Solution" by H. H. Mansson from a paper presented at the International Congress of Psychology, London, 1969. Reprinted by permission.

W. Kintsch

Gedächtnis und Kognition

Übersetzt aus dem Englischen von A. Albert
1982. 107 Abbildungen. X, 411 Seiten
Gebunden DM 49,50. ISBN 3-540-11241-3

Die Monographie gibt eine lehrbuchartige Einführung in das Gebiet
der Gedächtnispsychologie und der Psychologie kognitiver Prozesse. Es werden verschiedene Aspekte des Gedächtnisses – wie
z.B. Lernmethoden, selektive Aufmerksamkeit, Kodierungspro-
zesse, das Problem verschiedener Gedächtnisspeicher bzw. die
Rolle des Gedächtnisses für kognitve Prozesse herausgearbeitet,
wobei ein besonderes Schwergewicht auf die Verwendung von
Sprache gelegt wird.

D. Klebelsberg

Verkehrspsychologie

1982. 60 Abbildungen. VIII, 305 Seiten
Gebunden DM 66,–. ISBN 3-540-11713-X

Dies ist die erste lehrbuchartige deutschsprachige Gesamtdarstel-
lung zu Problemstellungen, Methoden und Forschungsergebnissen
der Verkehrspsychologie, die bisher in einer Fülle von Einzelpubli-
kationen in verschiedenen Fachorganen abgehandelt wurden.
Der Inhalt erstreckt sich u.a. auf die Bereiche der Analyse des Ver-
kehrsverhaltens, der Fahrtüchtigkeit, der Fahreignung, der ergono-
mischen und der pädagogischen Verkehrspsychologie sowie auf den
Bereich der verkehrspsychologischen Theorienbildung. Die Verkehrspsychologie wird hier in enger Verbindung zur Verkehrstech-
nik, Kraftfahrzeugtechnik, Verkehrsmedizin und zum Verkehrsrecht
behandelt; Möglichkeiten zur Verwertung verkehrspsychologischer
Forschungsergebnisse für konkrete Aufgaben in der Praxis werden
angeboten.

H. Sydow, P. Petzold

Mathematische Psychologie

Mathematische Modellierung und Skalierung in der Psychologie

Unter Mitarbeit von H. Hagendorf, B. Krause
1982. 87 Abbildungen. 323 Seiten
Gebunden DM 49,50. ISBN 3-540-11339-8

Dieses Lehrbuch stellt sich die Aufgabe, die Studierenden in die
Mathematische Psychologie und ihre Methoden einzuführen, ihre
Anwendung an ausgewählten Beispielen zu demonstrieren und ein
vertiefendes Studium der Spezialliteratur vorzubereiten. Im ersten
Teil des Werkes werden Grundkenntnisse über Skalierungsmodelle
und -verfahren vermittelt, um den Leser zu ihrer praktischen
Anwendung zu befähigen. Der zweite Abschnitt stellt die wichtig-
sten Teilgebiete der mathematischen Modellierung in der Allgemei-
nen Psychologie dar und weist den Nutzen mathematischer
Modelle in der Psychologie nach.

Springer-Verlag
Berlin
Heidelberg
New York
Tokyo

H. Heckhausen

Motivation und Handeln

Lehrbuch der Motivationspsychologie

1980. 175 Abbildungen, 72 Tabellen. XXI, 785 Seiten
Gebunden DM 68,–. ISBN 3-540-09811-9

Dieses Lehrbuch macht die Vielfalt der motivationspsychologischen
Forschung überschaubar und begreifbar, ihre Ergebnisse werden
integriert. Dargelegt werden Theorien und Methoden der Motivationspsychologie bis hin zu den neuesten kognitiven Ansätzen, ferner verschiedene Motivationsarten wie Leistung, Angst, Macht, Helfen, Aggression etc. sowie Motivationsentwicklung und Änderung
von Motiven durch Intervention.

G. R. Lefrancois

Psychologie des Lernens

Report von Kongor dem Androneaner

Übersetzt und bearbeitet von W. F. Angermeier, P. Leppmann,
T. Thiekötter
1976. 41 Abbildungen, 10 Tabellen. XI, 215 Seiten
DM 38,–. ISBN 3-540-07588-7

P. H. Lindsay, D. A. Norman

Einführung in die Psychologie

Informationsaufnahme und -verarbeitung beim Menschen

Übersetzt aus dem Englischen von H.-D. Dumpert, F. Schmidt,
M. Schuster, M. Steeger. 1981. 309 Abbildungen, XII, 566 Seiten
Gebunden DM 68,–. ISBN 3-540-09874-7

Dieses Lehrbuch ist eine Einführung in neuere Richtungen der Psychologie, die sich infolge der „Kognitiven Wende" in der Psychologie seit Anfang der sechziger Jahre aus einer erneuten Hinwendung
zu kognitiven Prozessen und aus einer kognitivistischen Betrachtung menschlichen Verhaltens ergeben hat.

W. Metzig, M. Schuster

Lernen zu lernen

Anwendung, Begründung und Bewertung von Lernstrategien

1982. 26 Abbildungen. IX, 154 Seiten
DM 19,80. ISBN 3-540-11250-2

L. Sachs

Statistische Methoden

5., neubearbeitete Auflage. 1982. 5 Abbildungen, 25 Tabellen,
1 Klapptafel. XIII, 124 Seiten
DM 12,80. ISBN 3-540-11762-8

Anhand von Beispielen aus den Bereichen Technik, Natur- und
Sozialwissenschaften zeigt dieses Buch auf, wann und wie bei der
Gewinnung und Auswertung gemessener bzw. gezählter Beobachtungen eine bestimmte Formel oder ein bestimmter Test anzuwenden ist und wie die Resultate zu interpretieren sind. Die vorliegende
5., neubearbeitete und erweiterte Auflage enthält wieder zahlreiche
methodische Verbesserungen und Ergänzungen sowie eine ausführliche Bibliographie.

Springer-Verlag
Berlin
Heidelberg
New York
Tokyo